格陵兰
(丹)
巴芬湾
洋
白令海峡
美国
阿拉斯加
北
哈德孙湾
加
拿
大
白令海
阿拉斯加湾
阿留申群岛(美)
渥太华
美
美
国
华盛顿
大
百慕大群岛
(英)
洲
墨西哥
墨西哥湾
古巴
巴哈马
伯利兹
墨西哥城
牙买加
多米尼加
洪都拉斯
海地
危地马拉
加勒比海
萨尔瓦多
尼加拉瓜
哥斯达黎加
巴拿马
委内瑞拉
圭亚那
苏里南
法属圭亚那
哥伦比亚
厄瓜多尔
南
巴
秘
利马
鲁
玻
利
维
亚
苏克雷
美
巴西利亚
西
巴
拉
圭
智
阿
洲
圣地亚哥
根
乌拉圭
布宜诺斯艾利斯
利
廷
马尔维纳斯群岛
(福克兰群岛)
(阿根、英争议)
洋
西
圣基茨和尼维斯
安提瓜和巴布达
瓜德罗普岛
(法)
多米尼克
马提尼克岛
(法)
圣卢西亚
圣文森特和格林纳丁斯
巴巴多斯
格林纳达
特立尼达和多巴哥
夏威夷群岛
波
马绍尔群岛
利
莱
恩
群
岛
平
尼
洋
基里巴斯
瑙鲁
所罗门群岛
图瓦卢
菲尼克斯群岛
(基)
西萨摩亚
社会群岛
(法)
土阿莫土群岛(法)
斐济
南库克群岛
汤加
土布艾群岛
(法)
瓦努阿图
新喀里多尼亚
(法)
洋
洲
复活节岛(智)
新西兰
惠灵顿
极
洲

世界知识

年鉴

1993/94

世界知识出版社

亚洲

中国

阿富汗

阿拉伯联合酋长国

阿曼

阿塞拜疆

巴基斯坦

巴勒斯坦

巴林

不丹

朝鲜

菲律宾

格鲁吉亚

哈萨克斯坦

韩国

吉尔吉斯

柬埔寨

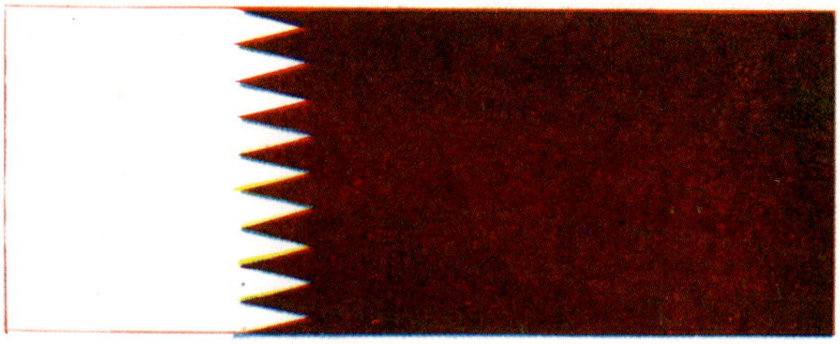

卡塔尔

科威特

老挝

黎巴嫩

马尔代夫

马来西亚

蒙古

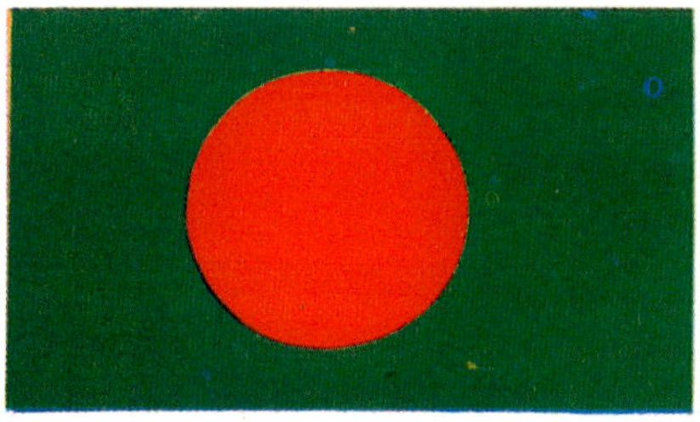

孟加拉国

缅甸

尼泊尔

日本

塞浦路斯

沙特阿拉伯

斯里兰卡

塔吉克斯坦

泰国

土库曼斯坦

乌兹别克斯坦

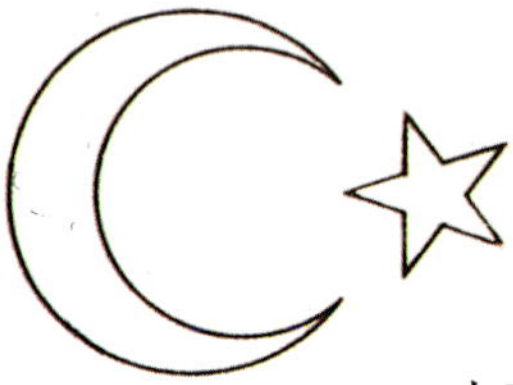
土耳其

文莱

锡金

新加坡

叙利亚

亚美尼亚

也门

伊拉克

伊朗

以色列

印度

印度尼西亚

约旦

越南

非洲

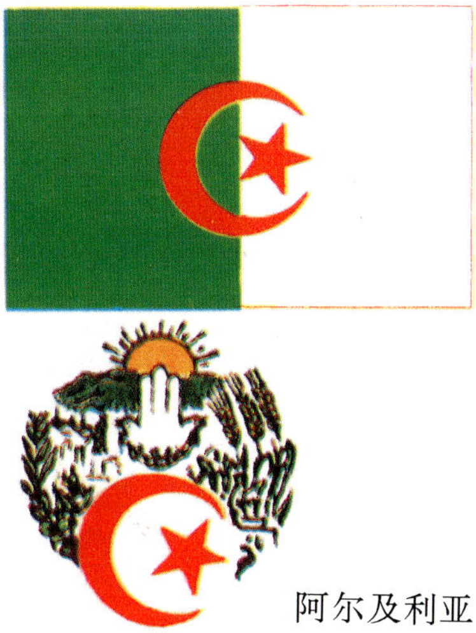

阿尔及利亚

埃及

埃塞俄比亚

安哥拉

贝宁

博茨瓦纳

布基纳法索

布隆迪

赤道几内亚

多哥

厄立特里亚

佛得角

冈比亚

刚果

吉布提

几内亚

几内亚比绍

加纳

加蓬

津巴布韦

喀麦隆

科摩罗

科特迪瓦

肯尼亚

莱索托

利比里亚

利比亚

卢旺达

马达加斯加

马拉维

马里

毛里求斯

毛里塔尼亚

摩洛哥

莫桑比克

纳米比亚

南非

尼日尔

尼日利亚

塞拉利昂

塞内加尔

塞舌尔

圣多美和普林西比

斯威士兰

苏丹

索马里

坦桑尼亚

突尼斯

乌干达

赞比亚

扎伊尔

乍得

中非

欧洲

阿尔巴尼亚

爱尔兰

爱沙尼亚

安道尔

奥地利

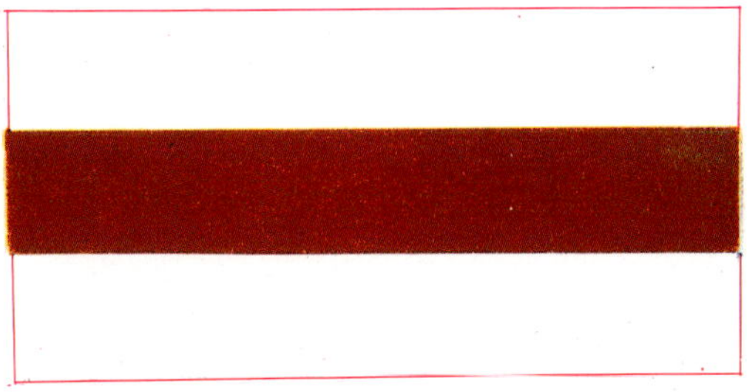

白俄罗斯

斯洛伐克

斯洛文尼亚

乌克兰

西班牙

希腊

匈牙利

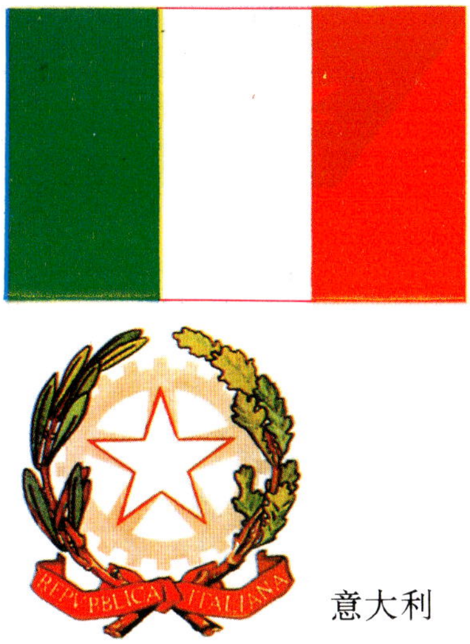

意大利

英国

哥斯达黎加

格林纳达

古巴

圭亚那

海地

洪都拉斯

加拿大

美国

墨西哥

尼加拉瓜

萨尔瓦多

圣基茨和尼维斯

圣卢西亚

圣文森特和格林纳丁斯

苏里南

特立尼达和多巴哥

危地马拉

委内瑞拉

乌拉圭

牙买加

智利

大洋洲

澳大利亚

巴布亚新几内亚

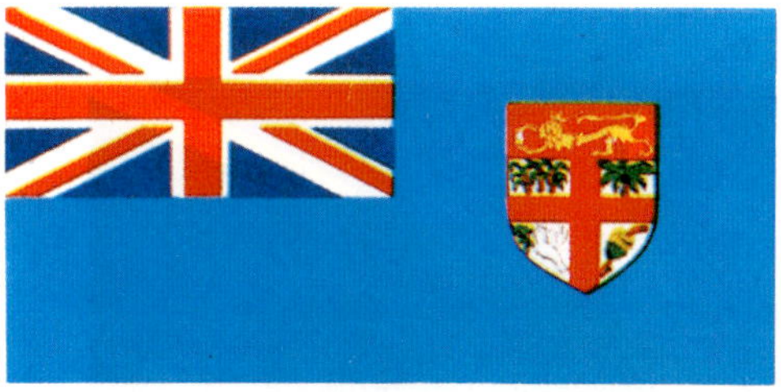

斐济

附

国际奥林匹克委员会

联合国

国际红十字会

红新月会

阿拉伯国家联盟

非洲统一组织

欧洲共同体

美洲国家组织

编辑说明

一、本年度(1993/94)《世界知识年鉴》介绍1992年的国际政治经济大事和各国基本情况,所收资料一般截至1992年底,少数资料收至1993年初。

二、本年度《年鉴》分五部分:国际大事,新闻事件、人物和名词,各国概况,国际组织和国际会议,便览。

根据《年鉴》使用者反映,历年《年鉴》中所收"世界大事记"部分使用价值相对较小,为节省篇幅计,本年度《年鉴》删去未收。

三、本年度《年鉴》在保持原有篇幅和体例基本不变的前提下,力求增加反映当年变化的新材料,压缩历年不变的内容,便于使用者在仍能查得基本情况的条件下更多掌握动态资料。同时,力求增加对外交往中的实用材料。为此,对各国概况部分中的个别栏目和栏目内容作了调整。

1."政治"、"经济"两大栏中关于当年情况的概述予以加强。

2.取消"对外关系"中的"对当前重大国际问题的态度"栏目,将其内容写入"对外关系"综述中。

3."同我国的关系"栏中增加了我国驻各该国和各该国驻华外交代表的姓名,使馆及商务处地址,电话、电传号码等。

4."自然地理"和"历史"两大栏简化合并成"简况"。

5.“团体”和“行政区划”两栏删去。

6.“人民生活”改为大栏目。

此外，便览部分的内容也有少许调整。

四、本年度《年鉴》首次以独立的专文分别介绍南斯拉夫联邦共和国解体后成立的五个共和国以及1993年独立的厄立特里亚的概况。上年度《年鉴》首次刊载的苏联解体后成立的15个共和国概况在本年度《年鉴》中也充实了资料。有关这些国家的介绍均由专业研究人员根据广泛收集的最新资料写成。

五、本年度《年鉴》各个国家和地区的顺序仍沿用往年《年鉴》办法，先按亚洲、非洲、欧洲、美洲、大洋洲、南极洲顺序分洲排列，洲内再以各个国家和地区名称的汉语拼音先后为序。前苏联15个独立国家的概况在上年度(1992/93)《年鉴》中曾暂时置于欧洲各国之后，在本年度《年鉴》中分别按其地理位置排于亚洲和欧洲。

六、本《年鉴》所用资料来源不同，在编辑过程中虽尽可能订正和统一，但前后不一之处尚未能完全避免。所用译名尽量采用通用译法。

七、本《年鉴》在编辑、出版过程中，得到许多单位和个人的帮助和支持，谨此表示谢意。

八、本《年鉴》涉及面广，编者水平有限，缺点和错误在所难免，欢迎《年鉴》的使用者和各界专家指正。对本《年鉴》的批评和建议请寄本社工具书编辑部(地址：北京东单外交部街甲31号；邮编：100005；电话：5125544—775，776；传真：5133181)。

目　录

国际大事

新闻事件、人物和名词

各 国 概 况

亚　洲

非　洲

欧　洲

美　洲

大　洋　洲

南 极 洲

国际组织和国际会议

国 际 组 织

联合国及同联合国建立关系的政府间机构类

政 治 类

经　济　类

科学技术文化类

工 会 类

宗 教 类

其 他

国 际 会 议

便 览

国 际 大 事

前南斯拉夫局势

1992年是南斯拉夫最终解体并陷入血雨腥风的内战的一年。随着联合国维持和平部队的进入，克罗地亚的战争逐渐平息，素有“小南斯拉夫”之称的波黑共和国却枪声又起，并愈演愈烈，久拖不止；牵动多方神经的马其顿问题和科索沃紧张局势潜伏着酿成多国冲突的可能性。由前南斯拉夫危机引发的难民潮直接威胁着欧洲的安全和稳定。国际社会为政治解决前南斯拉夫危机作出了艰巨的努力，主持召开前南斯拉夫问题国际会议，提出多项可行性建议和方案，迫使交战各方达成多次停火协议。然而，每次均是墨迹未干，战事又起，前南斯拉夫问题和平解决的前景至年底仍然扑朔迷离。

一、联合国维持和平部队的进入，前南斯拉夫的解体

1992年新年伊始，在联合国秘书长特使万斯调停下，原南人民军和克罗地亚军队于1月3日在萨拉热窝签署了内战爆发以来的第15个停火协议，表明冲突双方将接受联合国于1991年11月27日通过的向南派驻和平部队的721号决议。2月21日，联合国安理会通过向前南斯拉夫派遣约1.4万人维和部队的743号决议。但原南联邦和克罗地亚及克境内的塞尔维亚克拉伊纳共和国在联合国部队的地区分布上存在分歧。原南联邦坚持和平部队进驻克境内塞族聚居区和克族聚居区的中间地带；克坚持和平部队应驻扎在该共和国同塞及波黑共和国的边界上；克拉伊纳领导人则反对在其地区内部署联合国部队。经过艰难谈判和流血冲突，三方终于达成一致。3月，联合国和平部队进驻克罗地亚塞族聚居的三个地带，在克罗地亚与波黑接壤的边界地区则由进驻的联合国军事观察员进行监视。克境内原南人民军、克共和国和塞族武装或撤走或解散，武装冲突暂告平息。然而克境内塞族聚居区的最后归属仍然未定，埋伏着冲突的隐患。

4月27日，塞尔维亚和黑山共和国组成了酝酿已久的“新南斯拉夫”，即南斯拉夫联盟共和国。这标志着存在47年之久的南斯拉夫社会主义联邦共和国最终解体。1991年6月宣布脱离南联邦独立的斯洛文尼亚、克罗地亚两个共和国和1992年3月3日宣布独立的波黑共和国已得到世界绝大多数国家的承认，并于1992年5月成为联合国成员国。尽管由于希腊的反对，1991年9月宣布独立的马其顿共和国尚未得到广泛承认，但事实上，在原南斯拉夫境内已呈现五国并存的局面。

二、波黑内战成为前南斯拉夫问题的焦点

前南斯拉夫的解体和联合国维和部队的进入并未从根本上结束该地区的民族冲突。

波黑共和国是原南斯拉夫境内民族结构最复杂的共和国，境内三大民族穆斯林族、塞尔维亚族和克罗地

亚族分别信仰伊斯兰教、东正教和天主教。三个主要民族政党穆斯林民主行动党、塞尔维亚民主党、克罗地亚民主共同体在未来波黑的国体问题上存在尖锐分歧，穆斯林族和克罗地亚族主张独立，塞尔维亚族则反对独立，声称如果波黑独立，它就要脱离波黑而独立。

1992年2月29日至3月1日，波黑共和国在塞族抵制的情况下就独立问题举行全民公决，62.6%的公民支持独立。3月3日，波黑议会在塞族议员退席的情况下宣布波黑独立，致使民族矛盾激化，三个主要民族政党纷纷扩建准军事力量，武装冲突事件开始在萨拉热窝等地发生，各地陆续出现了地盘争夺战。

起初波黑三方曾就维持波黑统一、以民族成分为基础将波黑划分为三个地区达成原则协议，但未就具体范围等问题取得一致。4月6日和7日，欧共体和美国相继承认波黑独立，随后，塞族宣布成立波黑塞尔维亚共和国，脱离波黑独立，大规模内战从此蔓延至波黑全境。

卷入波黑内战的除三族非正规部队外，还有克罗地亚武装力量和原南人民军波黑驻军。西方报界透露，一些西方国家为了各自利益，也通过各种方式向波黑的有关方面提供武器。南联盟共和国建立后，南国防部于5月10日与波黑当局就原南人民军的安置达成撤回波黑驻军中南联盟公民的协议。但南驻军中80%的指战员是波黑共和国的塞族居民，因而撤军并不能从根本上改变波黑战场上的力量对比。到1992年底，塞族武装与克族武装已扩大了自己的地盘，分别占据了波黑60%和30%的领土，军事目标已经实现，国体问题的分歧已趋向一致。它们都力图在实际占据的领土基础上划定边界，按“瑞士模式”建立联邦制。穆斯林虽然发誓要“解放”“被侵犯”的领土，建立统一的世俗国家，但迫于情势的变化，也提出变通的方案，如实行划区自治，但不是按民族来划分，而是按经济特点和地理位置将波黑划分为8～10个自然区，在经济、文化、教育方面实行自治，但全国实行统一的军事和外交，各自然区不得同其他共和国合并。显然，未来国体之争仍然是波黑内战绵延不绝的主要原因。

波黑独特的民族和宗教特点，加之历史的原因，使它与原南各共和国、欧洲及穆斯林国家有着密切的关系。波黑内战一开始就带有某种国际性。倘若战火进一步蔓延，燃及科索沃和马其顿，乃至整个巴尔干半岛，必将带来灾难性的后果。

三、科索沃局势与马其顿问题是前南斯拉夫危机的新热点

科索沃是南联盟塞尔维亚共和国的一个自治省，在它的200万人口中，阿尔巴尼亚族人占90%。长期以来，科索沃的阿族人一直要求成立科索沃共和国，企图脱离塞尔维亚和南斯拉夫，甚至要求与阿尔巴尼亚合并。但南、塞领导人都认为，科索沃是南塞领土不可分割的组成部分，阿族人作为少数民族的合法权益应该得到保障，但不能闹独立和分裂。科索沃问题是南内部事务，决不允许外来势力干涉或使其国际化。

1992年以来，科索沃阿族政党在秘密选举中组成了自己的政权，而且不承认塞尔维亚共和国政权。阿族人与南驻科军队和警察经常发生武装冲突，导致流血事件时有发生。

马其顿问题的核心不在于它何时得到国际社会的承认，而在于它与周边国家有着密切的联系，并直接牵系着巴尔干的安危。占马其顿人口21%的阿族人大多聚居在与科索沃接壤的西部地区。1992年11月初，马其顿首都的阿族人因警察追捕违法倒卖香烟的阿族青年而与官方对抗，结果酿成武装骚乱，导致4人死亡，30余人受伤。这场武装骚乱立即引起周边国家的反应。11月25日，在土耳其倡议下，在伊斯坦布尔召开了除南联盟和希腊之外的以巴尔干国家为主的11国外长会议，呼吁阻止一场可能发生的地区性战争。同时马其顿内部矛盾也不断激化。由于国际社会对塞尔维亚的严厉制裁殃及马其顿，使其经济形势每况愈下。激进的反对党趁机发难，攻击现政府。令国际社会忧虑的是，如果持温和民族政策的现政府垮台，民族主义政党上台执政，历史上领土之争就可能重现，从而引起周边国家的争执甚至冲突，直至引发一场新的巴尔干战争。正是基于避免马其顿局势失控的危险，联合国安理会于1992年12月11日做出了向马其顿派遣维和部队的795号决议。

四、南联盟和平解决前南斯拉夫问题的努力受挫

从1992年下半年开始，新当选的南联盟总统乔西奇、总理帕尼奇和南政府为制止波黑冲突、摆脱国际制裁、重返国际大家庭采取了重要的外交行动。他们宣布前南各共和国之间的边界不可侵犯，分别与克、波黑、马其顿共和国达成协议，准备在现存边界内互相承认的基础上实现相互关系正常化，支持对波黑的人道主义援助等。南政府的这些努力虽然得到国际社会的肯定，但南联盟内部矛盾即南联盟政府与联盟内实力派塞尔维亚共和国领导人在一些原则问题上的不可调和的分歧，使南联盟的和平努力屡屡受挫，收效甚微。

他们之间的分歧主要在于：塞领导人坚持南联盟是前南斯拉夫的合法继承者，反对南联盟重新申请加入联合国；强调所有塞尔维亚人应生活在一个国家里；支持克罗地亚和波黑境内的塞族独立；不主张抢先承认马其顿共和国，不承认在科索沃存在歧视性法律。南联盟领导人则以制止波黑内战和解除国际制裁为首要

任务，反对诉诸武力，主张和平解决争端，并与前南各共和国实现关系正常化。

1992年9月和11月，在南联盟议会中拥有绝对多数议席的塞尔维亚社会党和激进党两度对总理帕尼奇及其政府提出不信任案，只是由于黑山代表的反对，帕尼奇才侥幸化险为夷。12月29日，上述两党第三次弹劾帕尼奇，并以绝对多数票通过了对帕尼奇及其政府的不信任案。南联盟内部的变化使西方通过南联盟谋求前南问题内部解决的希望破灭，增大了和平解决前南问题的错综复杂性和西方对南军事干预的危险性。

五、国际社会调解前南斯拉夫危机

国际社会对前南斯拉夫局势格外关注。联合国和欧共体先后向波黑派出了军事观察员和和平使团，在冲突各方间斡旋，多次促成停火协议和召开和会，迫切希望采取措施，制止战火蔓延。

1992年安理会总共通过了20多项有关前南斯拉夫问题的决议，呼吁停止内部冲突和外部干预，并采取了一系列制止冲突的实际步骤。5月30日，在欧美以及穆斯林国家的推动下，联合国安理会通过对新成立的南斯拉夫联盟共和国实行贸易、航空和外交制裁的757号决议，以迫使它停止对波黑、塞族的支持。随后，法国、英国、意大利、比利时等与美国一起，立即派遣大批海军，封锁南海岸线。6月10日，联合国维和部队根据6月8日安理会758号决议将其使命扩大到波黑，执行解除塞族武装对萨拉热窝机场封锁的任务，并于当月29日接管萨拉热窝机场。8月13日，安理会通过770号决议，授权其成员国采取一切必要手段确保对波黑共和国的人道主义援助到达待援地区。9月19日，安理会通过777号决议，终止南在联大及其所属委员会的所有活动。10月19日，安理会决定在波黑上空设立禁飞区。这些空前严厉的国际制裁和孤立措施使南在政治经济上陷入极大困难。

8月26日，联合国和欧共体联合召开了前南斯拉夫内部问题伦敦国际会议，会议发表声明首次没有把战争责任简单地归于塞尔维亚一方，而是提出了一系列解决冲突的原则措施。其要点是：全面停火，将重武器置于联合国的控制之下，建议联合国安理会在波斯尼亚和塞尔维亚、黑山边界设观察员，监督从波斯尼亚撤出一切重武器，加快人道主义援助，让难民重返家园，立即关闭所有拘留营等。随后在日内瓦举行的和平谈判中，前南问题国际会议两主席万斯和欧文穿梭于交战各方进行调解，取得了一定成果。9月30日，南联盟总统乔西奇和克罗地亚总统图季曼发表联合声明，强调两国现有边界不可侵犯，双方将互相承认并实现关系正常化。南军队将撤出有争议的普雷夫拉卡半岛，使该地实现非军事化。10月23日，在联合国驻波黑和平部队司令法国将军莫里云的主持下，波黑三方的军事代表在萨拉热窝举行了首次会议，讨论有关执行波黑非军事化的日内瓦协议及其他人道主义和政治军事问题。11月10日，三方签署协议，接受联合国提出的11月12日起无条件停火的建议。但是以后的事实表明，战火并未因此停息。

12月11日，联合国安理会未雨绸缪，通过向马其顿派遣700名维和部队人员的795号决议，以防止冲突向马其顿蔓延。这是联合国首次向尚未发生武装冲突和战争的国家派遣维和部队，同时，在一个非联合国成员国执行维和使命，在联合国历史上也属罕见。

在联合国积极寻求和平解决前南斯拉夫危机的同时，一些西方国家和穆斯林国家也在酝酿对前南斯拉夫进行军事干预。6月26日，欧共体12国首脑聚会葡萄牙首都里斯本，并最后声明，表示不排除军事干预的可能性。西欧联盟的军事专家在伦敦开会决定实行海军行动方案，即西欧联盟成员国海军参加对亚得里亚海的封锁行动，以加强联合国对塞尔维亚的禁运。7月底，在日内瓦召开了向前南斯拉夫战乱受害者提供人道主义援助国际会议，这次会议连同8月13日在日内瓦举行的联合国人权委员会特别会议被认为是西方对南采取武装干预的政治、外交和舆论准备。伊斯兰国家也一再要求对波黑进行军事干涉，土耳其议会甚至授权政府可以应联合国要求出兵波黑；由于科索沃地区和马其顿共和国的局势骤然紧张，阿南边境以及希马边境也是一派剑拔弩张、秣马厉兵的气氛。

欧美国家都不愿前南斯拉夫战乱扩大而危及自身利益，但在前南危机上的做法并不完全一致。美国布什政府采取的主动行动不多，因此受到克林顿指责。欧洲国家企图争夺解决前南危机的主导权，但力量有限。在是否进行军事干预问题上，美英于1992年12月中旬宣布原则上同意提出一项使用武力实施联合国建立禁飞区决议的动议，但又担心陷入无以自拔的战争泥潭。德国虽然积极插手前南事务，但以宪法所限为由拒绝出兵。法国等则担心动武会使其参加联合国维和部队的人员遭受伤亡。可以预见，如何制止前南斯拉夫战乱进一步蔓延，谋求以和平方式政治解决前南危机仍将是1993年国际政治舞台的主题之一。（马小宁）

欧洲一体化进程

在欧洲共同体的历史上，1992年是极不寻常的一年：筹备了七年之久的欧洲统一大市场于年底正式诞生，欧共体实现了自成立以来最宏伟的一个目标；西欧联盟起步向军事实体转变，法德正式组建欧洲军团，欧洲朝着共同防务迈出了重要一步。但是，欧洲一体化建设同时也受到了重大挫折，深化与扩大均遇到严峻挑战：《马斯特里赫特条约》的批准程序受阻，欧洲货币体系遇到空前危机，欧共体和欧洲自由贸易联盟未能如期建成欧洲经济区。无论从积极还是消极意义而言，1992年欧洲发生的一系列重大事件，将长期影响欧洲一体化进程以及国际关系的分化组合。

一、统一大市场启动运行

1985年欧共体通过的建立内部市场白皮书规定，1992年底是完成内部大市场的最后期限，实现商品、人员、资本和劳务自由流通的立法措施（1990年4月定为282项）应于1993年1月1日前完成批准手续，并且转换成各成员国的立法。尽管1992年是欧洲的多事之秋，欧洲联合碰到了一些困难，大市场仍如期建成。

1992年9月2日，欧共体委员会通过了最后一份关于内部市场建设的报告。报告指出，282项立法已被欧洲理事会通过了90%，各成员国在把欧共体的立法措施转为本国立法方面，也表现积极，12国的平均转换率达75%，丹麦、法国和德国都在80%以上。据报告统计，付诸实施的措施已产生良好的经济效果，例如：欧共体的内部贸易，已从1985年占欧共体贸易总量的54%增到1991年的60%；1988年以来大市场建设创造了150万个新的就业岗位。欧共体委员会因而得出结论：统一大市场已成事实，从1993年起完全可以有效运转。

1992年底，欧共体理事会通过了266项立法，诸成员国的立法转换率已达80%以上。1993年1月1日零时，欧共体12国用熊熊烽火庆祝统一大市场如期建成。

但是，大市场的诞生是象征性的，要使之名副其实尚需付出艰巨努力。单就“四大流通”而言，12国对人员自由流通问题直至1992年11月底的欧共体内政部长理事会上仍有分歧。英国、爱尔兰和丹麦三国出于对本国安全的考虑，拒绝开放边界，其他9个申根协议（1990年6月19日在卢森堡申根签署的有关国家公民自由通行等的协议，原订1992年夏季生效）的签字国，由于技术上的原因，其边界检查大约要到1993年夏季甚至年底才能取消。12国在间接税、动植物检疫等方面的立法转换未能完成，也影响大市场的运行。此外，理应在12国内通行的生命保险，要到1994年7月方可实行。有关水利、能源、运输、通信等应该公开的领域，各国有权视自身情况暂不开放。总之，要消除各国边界、技术和财政税收等方面的壁垒，真正实现“四大流通”，还有漫长而又艰难的路程。

二、防务联合取得突破性进展

1992年，西欧联盟向军事实体转化方面获得重大突破，欧洲国家在安全领域中的合作明显加强。

6月底，西欧联盟理事会决定加强作战能力。9月初，意大利、法国和西班牙三国国防部长在罗马联合倡议，建立一支欧洲海空部队，“由每个参加国指定的军舰组成”，“随时完成西欧联盟交给的使命”。10月，一个由40名军官组成的“军事计划参谋部”在西欧联盟总部诞生，其任务是筹建军事指挥系统和联络系统。联盟计划建立一支由自己指挥的军队，总兵力为5万人，在法德军团的基础上组成。11月20日，西欧联盟在罗马召开由诸成员国外交部长和国防部长参加的部长理事会，决定自1993年1月把设在伦敦的西欧联盟常设理事会和秘书处迁往布鲁塞尔。在这次会上，希腊被吸收为新成员，丹麦和爱尔兰被接纳为观察员，冰岛、挪威、土耳其为联系国。理事会还通过了《关于前南斯拉夫的声明》，决定加强对前南斯拉夫禁运的检查，包括在亚得里亚海上对过往船只实行更为严格的检查。两天之后，西欧联盟所属舰只首次检查了开往前南斯拉夫港口的两艘商船，标志着西欧联盟愈来愈深入地参与欧洲地区的“危机处理”。

法德拟建的联合军团也在1992年内大体准备就绪。5月21～22日，法国总统密特朗和德国总理科尔举行第59次法德首脑会晤，正式宣布批准建立联合军团。两国于7月1日在法国的斯特拉斯堡成立联合指挥部。11月底，双方在巴黎就联合军团的职能达成协议，声称如果北约成员国受到侵略，法德军团将置于北约和西欧联盟的指挥之下。军团计划将于1995年10月开始服役。比利时、西班牙、卢森堡等西欧联盟成员国也表示了参加这一军团的意向。

三、《欧洲联盟条约》受挫

1991 年 12 月 9～10 日，欧共体 12 国在荷兰西南部马斯特里赫特小镇召开首脑会议，通过了旨在深化欧洲一体化的《欧洲联盟条约》，通称马斯特里赫特条约。1992 年 2 月 7 日，欧共体理事会正式签署条约，并且决定经各成员国批准后于 1993 年 1 月 1 日起和欧洲统一大市场同步实施。

马约由《政治联盟条约》和《经济与货币联盟条约》组成。《政治联盟条约》的基本目标是，12 国将逐步达到奉行共同的外交政策和安全防务政策，扩大欧共体的权力和职能，增加欧共体决策权，并且在某些问题上可采取特定多数决策的方式。《经济与货币联盟条约》计划分三个阶段实施。第一阶段从 1991 年 7 月 1 日至 1993 年 12 月，要求所有成员国有效地协调经济、财政政策，各成员国货币加入欧洲货币体系的汇率机制。第二阶段从 1994 年 1 月至 1996 年 12 月，成立独立的欧洲货币机构并使之逐步完善，使各成员国的经济、货币和财政政策趋于一致。第三阶段是从 1997 年 1 月 1 日、最迟至 1999 年 1 月 1 日建立欧洲中央银行，实行欧洲单一货币。中央银行的内部事务，各成员国政府不得干预，银行的资本按成员国人口和国内生产总值摊派筹集。

1992 年 6 月 2 日，丹麦公民投票否决了马约，遂导致旷日持久的马约危机。9 月 20 日，法国选民以 51.05％的微弱多数通过马约。11 月 4 日，英国下院仅以 3 票多数（319 对 316）通过马约，第二天梅杰首相宣布，待 1993 年 5 月丹麦第二次公决后再完成批准马约的程序。这样，虽然其他 10 个成员国在 1992 年内陆续完成批准程序，马约仍无法于 1993 年 1 月 1 日起如期生效。

1992 年 12 月 12 日，欧共体爱丁堡首脑会议经过激烈争论后，就丹麦重新批准马约问题达成协议，同意丹麦不参加欧洲统一货币计划，对欧洲共同防务政策也不承担义务。会议没有就批准马约规定最后期限。这样，马约与欧洲统一大市场同步实施的设想未能实现。

四、欧洲货币体系爆发空前危机

1992 年 7 月 20 日，德国不顾欧美伙伴的反对，把利率提高到 8.75％，创战后最高纪录。在欧洲货币体系内，出现了抢购马克及抛售英镑、里拉、比塞塔等弱币的风潮，使弱币对马克的汇率一路下滑。9 月 14 日，欧共体宣布里拉贬值 7％。16 日，英镑对马克的比价暴跌，英格兰银行当天两度提高利率，并抛出 100 亿英镑的外汇支持英镑，仍未能挽回颓势，英镑对马克的比价跌到欧洲货币体系的汇率机制规定的 1：2.778 最低限之下。17 日，欧共体被迫决定，英镑和里拉“暂时”脱离欧洲货币体系，西班牙的比塞塔贬值 5％。在这场席卷西欧的货币危机中，比利时法郎、葡萄牙埃斯库多对马克的比价也接近下限，法国法郎也遭到严重冲击。11 月间，危机形成第二个冲击波，酿成当月 22 日比塞塔和埃斯库多同时贬值 6％，丹麦克朗和爱尔兰镑备受投机打击，瑞典克朗也宣布和欧洲货币单位脱钩。法国法郎只是在马克的全力支持下才幸免遭劫。

欧洲货币体系是欧洲经货联盟的基础，欧洲一体化的核心组成部分。它的险些崩溃，也是马约受挫的原因之一。为防不测，欧共体已加强对货币市场的监督和对金融体系的改革。诸成员国也在加强协调，研究如何保护欧洲货币体系使之免受更大的灾难。

五、欧洲经济区协定推迟实施

1992 年 5 月 2 日，欧共体和欧洲自由贸易联盟在葡萄牙的波尔图正式签署建立欧洲经济区的协定。协定经两大组织的成员国议会和欧洲议会批准后，自 1993 年 1 月 1 日起生效。

欧洲经济区是欧共体扩大的重要表现形式。19 个欧洲发达国家建立起占世界贸易总额 40％以上的贸易区，实现商品、人员、资本和劳务的自由流通，无疑是欧洲一体化的一项重大成就，也是欧共体以自己为核心、经济区为中环、东欧国家为外环的“三个同心圆”战略的组成部分。5 月 20 日，欧洲自由贸易联盟部长会议决定，加快在法规、管理体制方面向欧共体靠拢，在布鲁塞尔建立与欧共体相应的组织机构。

然而 1992 年 12 月 6 日，瑞士公民投票以微弱多数否决了欧洲经济区协定。这样，尽管其他欧贸联成员国和欧共体成员国均已批准协定，但该协定不仅在 1993 年 1 月 1 日无法实施，也少了一名重要成员国。欧洲经济区难产和马约危机及欧洲货币体系动荡密切相关。欧洲一体化深入受阻必然殃及它的扩大。

综上所述，欧洲一体化于 1992 年进入滞缓的困难时期，其原因主要有四。第一是经济不景气。1992 年欧共体的经济增长率仅为 1.1％，其中第二季度还是负增长。失业率从 1991 年的 9.7％升到 9.9％，致使社会矛盾激化，德、英、意、法等国爆发大规模的骚乱或示威。第二，西欧政局不稳，欧共体的主要成员国执政党地位普遍削弱。英国保守党政府仅靠微弱多数继续执政，梅杰的欧洲政策受到保守党内部的猛烈攻击。法国社会党信誉大跌，1993 年 3 月立法选举前景暗淡。德国科尔政府威信下降。意大利勉强凑成的新内阁也极为脆弱。第三，东欧难民西涌，引发和加剧了西欧的社会问题，助长了各国的民族主义势力。第四，一体化和国家主权间的矛盾日益突出。随着一体化深入发展,选民们对削弱国家主权的疑虑加重。以上四方面的问题解决得如何,将决定1993年一体化能否取得新的进展。

(魏 葳)

美欧日矛盾的发展

美欧日关系中相互竞争和争夺的一面在1992年里明显发展。它们仍是盟国,但经济领域中的摩擦更加尖锐,政治上争夺主导权的明争暗斗日趋明显。美国开始把过去的被保护者欧洲和日本视为潜在对手,而欧日则更积极地以平等伙伴姿态与美国一争高低。

一、美欧矛盾

贸易摩擦在美欧关系中最为突出。从年初到岁末,双方为此争吵不休。1991年12月20日,关贸总协定总干事邓克尔提出一项削减补贴的一揽子妥协建议;以1990年为计算削减幅度的基期,到1999年欧共体农业生产和出口补贴分别削减20%和36%,享受补贴的农产品数量削减24%,平均关税削减36%,并要求关贸总协定各成员国开放出口市场3%,6年后增加到6%。该项建议得到美国等的支持,但欧共体国家异口同声地予以拒绝。法国官员担心此举会使"欧共体变成一个由美国左右的自由贸易区"。世界关贸总协定范围内的乌拉圭回合谈判由此搁浅,美欧相互攻讦。1992年2月上旬,美国副总统奎尔为逼迫欧共体国家在贸易谈判中就范,竟然在慕尼黑安全政策会议上,以放弃保护欧洲安全相要挟,警告欧洲人"乌拉圭多边谈判同北约是联系在一起的"。欧共体国家对此猛烈回击,迫使布什两天后出面更正,否认贸易谈判与安全问题相关。但由于美欧都坚持原有立场,使谈判长期陷入僵局。2月,美欧围绕公共采购市场问题发生激烈争吵,双方相互指责对方实行贸易保护主义。据报道,5月法国外长迪马访美时,贝克国务卿曾当面质问客人:"你们究竟是拥护还是反对美国?"尽管法国外交部7月2日对此公开"辟谣",但也承认法美之间在许多重大问题上存在着分歧。7月上旬,七国首脑会议连续第三个年头许诺,要于年内结束关贸总协定谈判,但会议结束不久,美法便相互指责。7月23日,欧美油料贸易首轮谈判不欢而散,美国指责欧共体对油料作物补贴过高,声称将采取报复性措施,欧共体则一面表示愿意谈判,另一面抱怨美国的行动缺乏法律依据。10月,美欧就乌拉圭回合的难点农产品贸易重开谈判,先在布鲁塞尔,后在多伦多、卢森堡和芝加哥激烈地讨价还价,每次都未取得进展。11月20日,美国和欧共体代表在华盛顿白宫附近的布莱尔宫达成一项原则协议,又称"布莱尔宫协议":欧共体将从1994年起6年内削减农产品出口补贴21%,并休耕油料作物播种面积15%,在此期间将欧共体对农业的出口补贴削减36%。德国对此表示欢迎,但法国立即予以坚决反对,并扬言要在欧共体内使用否决权。意大利、比利时、爱尔兰等国也支持法国的强硬立场。由于美欧在农产品贸易上互不相让,致使1992年里签署全球性多边贸易协定的期望落空,持续了6年之久的乌拉圭回合谈判不得不拖到1993年再作计议。

美欧之间1992年初还爆发了"空中客车"之争,美国波音公司总裁在1月13日指责欧"空中客车"公司享受了21年的补贴,扬言此问题如不解决,该公司将采取报复措施。3月31日,美欧终于就有关削减民用飞机生产补贴问题达成协议,但协议细节并未透露,舆论界认为这表明问题并未彻底解决。11月底,美国又宣布对法、德、英、意、比、西等12国的钢铁公司征收临时反倾销税,指控它们的美国市场补贴倾销钢材,损害美国钢铁工业的利益。除此之外,美欧间在纺织品贸易、世界劳务市场以及军火市场上的摩擦也频频发生。

在经济政策上,美欧也往往各行其是,难于协调。美国为刺激经济回升,采取压低利率的政策,而欧共体诸国因德国的利率居高不下,利率均偏高。美国对此抱怨了整整一年,欧洲人依然我行我素。

冷战结束后美欧失去了共同敌人,原先美欧间以保护被保护关系为特征的联盟基础动摇,加以双方力量对比发生变化,因此,1992年欧美对欧洲事务主导权的争夺明显突出。困扰双方政治关系的症结,是欧洲安全防务上的分歧。美国为维护自己在欧洲的利益,极力假手欧安会、联合国等组织机构,特别是通过维持和改造北约控制住对欧洲安全事务的领导权。它一再警告欧洲不要干损害北约的事情,同时积极主张扩大北约职能,尽快吸收东欧一些国家为其成员国。7月上旬,在欧安会第四次续会上,美国主张由北约充当欧安会的"武装臂膀",遭到西欧国家反对。与美国强调北约作用相反,西欧努力加强西欧联盟,并在建设欧洲的"独立防务"问题上迈出了一步。1992年5月下旬,法德首脑共同宣布批准筹建联合军团,企图使之成为未来欧洲部队的基础。美国不断指责这是要同北约争夺防务领导权，直到年底法德表示同意在北约受到军事威胁以及北约向联合国维和部队提供支援时，有条件地将法德军团交北约指挥，双方的争吵才暂告缓和。6月底，被认为将发展成欧共体“武装臂膀”的西欧联盟决定加强自己的战斗能力。7月10日，它决定派遣联合舰队，参加对前南斯拉夫的禁运。就一定意义而言，这是欧洲人问鼎欧洲安全主导权的一个步骤。

此外，在中东，欧洲人被美国人排除在阿以谈判之外；在处理前南斯拉夫危机和援助独联体国家等政策上，美欧的做法也不尽相同，在或明或暗地争夺主导权。

二、美日矛盾

1992年美日矛盾空前尖锐。1月7～10日布什访日，企图缓解已经非常紧张的美日关系。双方达成的《行动计划》重点在经济和贸易关系方面，特别是汽车和汽车零部件问题日方就此作出了一些让步，但此后双方的指责和争吵反而增多。1月20日，宫泽首相表示，日方答应3年内每年从美进口2万辆汽车、汽车零部件进口增至190亿美元只“是目标，而并非诺言”。当月底，美国兴起抵制日货运动，公众反日情绪高涨。2月初，宫泽首相火上浇油，批评美国工人“缺乏职业道德”，在美国引起更大愤怒，造成日本汽车被砸，日裔美国人受辱。2月19日，名古屋中京大学校长在美国波士顿遭两名白人枪杀。数日后，日本一房地产开发商在加州卡马里奥市被人刺死于车库内。许多美国人甚至认为，美国的经济不景气很大程度上责在日本。日本则批评美国人是咎由自取，岂可嫁祸他人。美日朝野相互厌恶情绪日益表面化。

美日矛盾激化到如此地步，直接原因是双边贸易严重不平衡。1992年美国对日本的贸易逆差高达436.7亿美元，比上年增加14.3%，占美国当年贸易赤字843亿美元的一半以上。据美国人统计，每10亿美元的对日贸易逆差，会使美国丧失大约3万个就业机会。根据1991年签订的协定，1992年底外国半导体在日市场占有率应超过20%，但自1992年3月起该占有率一直在15%徘徊。美议员要求对日采取制裁措施。为避免纠纷，6月两国就此达成协议，日表示愿采取特别紧急措施，增加进口。在高科技领域，从1991年7月到1992年3月，两国企业涉及专利的诉讼达7件之多，且标的金额都在数亿至数十亿美元以上。1992年3月4日，美国霍尼威尔公司诉日本美能达公司侵害该公司自动对焦技术专利权案了结，后者同意支付1.27亿美元赔款。霍尼威尔公司又将矛头指向其他5家日本公司，并威胁说要对日本生产电视摄像机的厂商提出诉讼。可见，两国间的经济摩擦已从大米、汽车、半导体以及玻璃等产品，扩大到专利、投资和技术领域。

为减少对日贸易逆差，美国主要使用两种手段。一是报复，依据综合贸易法“特别301条款”征收惩罚性关税，限制日本货进入美国市场。1992年7月初，美众议院通过主要是针对日本的贸易法案，允许政府对参与不公正贸易的国家采取报复行动，要求限制日本汽车进口数量和提高日本公司在美生产的小汽车所使用的美制部件百分比。这种办法有些威慑作用，短期内可收到实效。3月间，日本担心美国报复，曾宣布实行“自主限制”，保证1992年度对美出口汽车不超过165万辆。但日本往往随着时间的推移，悄悄地突破自己规定的数额。第二是不断敦促日本开放本国市场，尽可能增加对日出口。这种手段则收效甚微。日本政府对美国要求总是表面应承，虚与委蛇，实则不予理会，1992年内在进口美国汽车和外国半导体问题上的情况就是如此。

鉴于综合国力不断上升，日本政治上加快了调整全球战略的步伐，希图尽早结束完全听命于美国的局面。1992年2月，日本舆论界主张联合国应“摆脱五大国霸权体制”，日本在其新的结构中应享有重要地位。7月，日本首相宫泽访美，提出日本有资格成为安理会常任理事国，同时还流露出要同美平分亚太地区主导权的意向。宫泽的此次访美，被认为是“政治旅行”。对日本的这种动向，美国颇具戒心，曾一再强调不会放弃包括亚太地区在内的世界事务主导权。美国国内“日本敌国论”也不胫而走。

三、欧日矛盾

欧日关系不如美欧关系或美日关系重要，双方纠葛也较少。1992年欧日矛盾的焦点，依然是日本产品倾销欧共体市场，而欧共体商品却和美国商品一样，多方努力仍难进入日本市场，造成欧共体对日贸易出现巨额逆差。1991年欧对日贸易逆差达280亿美元，据估计1992年这一逆差将在300亿美元上下。

日本的汽车、复印机、半导体芯片、电子计算机，乃至彩色电视机、录像机和照相机，与欧洲同类产品相比，价格便宜，质量尚好，所以畅销欧共体市场。80年代末，日本汽车仅占欧共体汽车市场的10%，可1992年间，欧共体不得不作出规定，把日本汽车占欧共体市场的份额限制在16%以内，这就说明面对日本商品的咄咄逼人攻势，欧共体只能节节败退。

近些年来，日本积极采取技术输出、资本输出和装备输出，以取代部分商品输出，在欧洲内部大市场建成前先钻进去占领地盘，躲过欧共体对日本产品的进口限制。最为明显的是日汽车公司纷纷在欧洲设厂。仅在英国，日产汽车公司的小轿车厂1992年底已年产17.5万辆，本田公司的工厂将年产5万辆，丰田公司的工厂也在年底生产出第一部车并计划年产10万辆。对此，欧洲人虽早有警觉，也在设法对付，却奈何不得。1992年底，日欧在汽车贸易谈判上，即因如何计算“出口”汽车数额等问题分歧严重，而未能达成协议。

在政治方面，日本依恃雄厚经济实力，在美国的支持下，于1992年7月首次作为“特别客人”列席欧安会首脑会议。该次会议同意日本今后可以参加欧安会各级会议，但无决定权。从此日本将直接参与欧洲事务。日本要在欧洲发挥政治大国作用的意图，同欧洲国家的考虑也是有抵触之处的。

1992年，美日欧三方矛盾相互交织，各方在不同的问题上有不同的伙伴和对手。美欧联合压日本开放市场，缩小对外贸易顺差；日美携手要欧共体调低利率，不要把内部市场弄成“欧洲堡垒”，欧日一道指责美国高赤字预算使西方经济回升乏力。在错综、变化的关系中，各方都存在不同程度的保护主义，相互让步的余地缩小，致使政策难于协调，妥协难于达成。

总之，冷战结束后，联盟关系发生重大变化。欧日对美国的依赖减弱，美国也酝酿调整对欧日的战略。1992年春天，美国防部拟定一份《防务规划指导》草案，内中说美国“必须显示必要的领导作用使潜在的竞争对手不必去谋求发挥更大的作用，也不必采取更为咄咄逼人的姿态来保护它们的合法利益”。该文“劝阻”欧日不要向美国领导地位挑战。3月8日，《纽约时报》将文件的详细内容披露于众，立即在欧洲和日本掀起轩然大波。五角大楼虽然很快修改了这个文件，但美国实际上并未消除对欧日作为潜在对手的戒心。

（魏　崴）

中东和平进程

1992年，阿以有关各方进行了自1991年10月底马德里中东和会以来的第三至第八轮双边谈判。其间，隶属阿以多边谈判范围的地区经济合作委员会5月在布鲁塞尔、10月在巴黎开过两轮会议；环境委员会5月在东京、10月在海牙开过两轮会议；水资源委员会5月在维也纳、9月在华盛顿开过两轮会议；军控委员会5月在华盛顿、9月在莫斯科也举行了两轮会议；难民工作委员会于11月11～12日在渥太华只开了两天会议。1992年的阿以双边谈判分为巴—以、叙—以、黎—以、约—以四向进行。巴以谈判中双方在巴勒斯坦的最终地位问题上存在根本分歧；叙以、黎以之间的关键问题则是以色列分别从戈兰高地和黎巴嫩南部撤出问题；约以虽无领土之争，但包括水资源在内的其他争端不少。经过一年的多轮谈判，阿以双边谈判未取得实质性进展。

第三轮阿以双边谈判（以1991年11月马德里中东和会中的阿以两边谈判为第一轮计算，如以1991年12月阿以华盛顿谈判为第一轮计算则为第二轮）原定于1992年1月7日在华盛顿举行，但阿拉伯代表团为抗议以色列驱逐被占领土上的12名巴勒斯坦人而决定推迟与会。1月6日，联合国安理会通过了谴责以色列驱逐行为的决定，终使第三轮阿以谈判在1月13日得以恢复。巴勒斯坦、约旦和以色列三方代表团克服了程序性分歧，使谈判从14日开始进入实质性问题的讨论。巴勒斯坦代表团首先提出一个自治方案，其要点包括：由联合国维持和平部队进入约旦河西岸和加沙地带接替以色列军队；以色列军队在选举前分阶段撤离到边界指定地点；巴勒斯坦人在国际监督下选举国民代表大会，并由国民代表大会产生临时政府；在西岸和加沙地带的“最后地位”解决之前，临时政府行使管辖权力。与此同时，巴勒斯坦方面要求以色列停止在西岸和加沙地带扩建犹太人定居点。但以色列代表团宣称巴方的自治方案是“不能接受的”，并拒绝在现阶段讨论定居点问题。在这轮谈判中，以色列与叙利亚、黎巴嫩就戈兰高地和黎巴嫩南部问题的谈判也未取得进展。

正当中东和谈进入关键性问题谈判之际，以色列参政的两个小党因极力反对巴勒斯坦自治，分别于15日和16日退出联合政府，酿成特拉维夫政府危机。沙米尔总理遂宣布提前大选，以色列代表团于16日奉召回国，致使第三轮阿以双边谈判突然中断。

经由美国居间斡旋，第四轮阿以双边谈判于2月24日至3月4日在华盛顿举行。谈判一开始，以色列代表团就提出以方关于巴勒斯坦人在被占领土实行“自治”的方案。该方案建议由巴勒斯坦人接管约旦河西岸和加沙地带的农业、预算税收、工商、旅游、地方警察和法院等12个方面的权力，但土地、水源和安全仍由以色列掌管。此外，方案未提及巴勒斯坦选举和以色列停止在被占领土上建立犹太人定居点等要害问题。巴勒斯坦代表团拒绝了这一方案，批评以色列把巴勒斯坦居民当作“这些土地上没有任何权利的居民”来对待。

针对以色列的方案，巴勒斯坦代表团在1月份制定的“自治”计划的基础上，于3月3日又提出了更详细的方案。根据这个方案，约旦河西岸、加沙地带和东耶路撒冷的巴勒斯坦人在1992年9月29日前，在国际监督下举行自由选举，选出由190人组成的巴勒斯坦立法机构，任命一个由20人组成的行政委员会，接管目前由以色列军政府掌管的上述地区所有权力，并建立"强大的警察部队"来负责这些地区的安全。该方案还要求以色列军队从上述地区撤走并停止移民活动。

在4日的谈判中，以色列代表团正式拒绝了巴方的自治方案，称之为"建立巴勒斯坦国的计划"，将"危及"以色列的安全，不能作为谈判基础。而巴勒斯坦方面则坚持立即实施这一方案，并将从确定选民、选区、选举工作人员这些选举的基本工作和司法工作做起。

在以色列—黎巴嫩谈判中，黎巴嫩代表团团长查马斯建议，如果以色列表示愿意执行联合国安理会425号决议，保证从黎巴嫩南部撤军，并同意讨论撤军的时间表，那么，黎巴嫩政府将"非常认真地对待"以色列关于安全方面的担忧。但以色列方面却坚持要把以色列撤军和叙利亚在黎巴嫩的驻军以及伊朗支持黎巴嫩真主党的问题连同一起讨论，致使会谈毫无进展。

在以色列—叙利亚谈判中，以色列首席代表阿哈龙提出，叙利亚要首先承认"1967年前的边界不再有效"，然后双方才能就两国的新边界问题举行谈判，新边界确定后以色列保证从戈兰高地撤军。但是，叙利亚方面坚持要以色列全面执行联合国安理会242号决议，必须首先撤出戈兰高地，然后再谈其他问题。叙利亚代表于3月4日向以色列代表转交了关于如何全面理解242号决议的正式声明。以方代表答应在重开会谈时给予答复。

第五轮阿以双边谈判于4月27～30日在华盛顿举行。在巴以谈判中，以色列代表向巴方提出了一个关于在约旦河西岸和加沙地带进行"市政选举"的方案，作为"临时自治安排"的第一步。巴方认为，以色列的方案是个不完整的计划，远远不符合巴勒斯坦提出的选举要求。巴勒斯坦代表团强调，选举不仅应在城市举行，而且应在全国举行，并产生巴勒斯坦的全国立法机构，接管以色列占领当局的一切权力。巴方指出，以色列的"市政选举"建议只是给巴勒斯坦人在市政和社会经济事务方面以地方自治权，而同时仍继续把持对安全事务和自然资源的控制权。

在叙以谈判前夕，叙利亚决定允许其境内的犹太居民自由旅行，不再受额外限制。在谈判中，以方要求叙利亚承认以色列的存在，叙以达成军控协议，进而签署两国和平条约，并使和约的签署与戈兰高地问题紧密挂钩。叙方坚持以色列必须首先确认叙利亚对戈兰高地拥有主权，并作出具体撤军安排。

在以黎谈判中，以色列提出要对黎巴嫩南部作出安全安排和民间安排，并相应地成立一个安全委员会和文官委员会，负责安全问题和两国关系正常化的具体步骤。如两委员会工作有成效，再讨论425决议的执行问题。黎方强调，必须首先实施以色列从黎巴嫩南部撤军的425号决议，在此基础上，再协商确定与此相关的其他问题。

在约以谈判中，双方重点讨论了水资源、环境、通讯、安全、边界及签署和约等问题。

在这轮为期4天的谈判中，既没有达成任何协议，也没有取得任何突破。

以色列6月大选导致政权更迭。工党领袖拉宾继任总理后，表示要继续与阿拉伯方面磋商和平问题，希望首先就被占领土巴勒斯坦自治达成协议。拉宾政府曾宣布，以色列不会永久占领约旦河西岸和加沙地带，但也不会撤退到1967年以前的以色列边界。关于在被占领土建立犹太人定居点问题，拉宾将其分为"政治的"和"安全的"两种，虽然宣布冻结属于前者的6500套居民点住房计划，但另外属于后者的1万多套居民点住房的修建照常进行。美国认为，拉宾政府较之沙米尔政府在政策上具有某种"灵活性"。以色列大选后，美国国务卿贝克立即出访中东，旨在为中东和谈"注入新的活力"。然而，阿拉伯国家仍旧疑虑重重，认为以色列在占领或拖延归还阿拉伯被占领土这一核心问题上，不会因政权更迭而出现突变。

第六轮阿以双边谈判于8月24日至9月24日在华盛顿举行。此前，以色列方面表示接受联合国安理会242号决议作为谈判基础，来"全面"解决中东和平问题，从而在一定程度上改善了阿以和谈气氛。

在叙以谈判中，双方曾设想发表一个"联合声明"，阐述全面解决阿以冲突和叙以争端的原则，以便为今后谈判规划框架，但双方在领土问题上僵持不下。叙利亚方面表示，可在以色列撤出戈兰高地的同时，签署叙以"和平协议"，改变了它一直坚持以色列必须先从戈兰高地撤军，否则不能谈判和平与安全的立场。另一方面，以色列也改变了它先前一直坚持的必须先行签订叙以和约，否则不讨论从戈兰高地撤军的立场，并表示愿意归还"部分"戈兰高地领土来换取以叙间的"全面和平"。但在会谈中，以色列代表团有意回避就领土问题与叙方进行深入详尽的讨论。由于叙以在领土这个核心问题上的谈判未能取得突破，双方发表"联合声明"的计划也随之告吹。

在巴以谈判中，双方因分歧尖锐也未取得实质性进展。巴勒斯坦代表团批评以色列关于巴勒斯坦临时自治的安排中拒绝承认安理会242号决议的原则，即以土地换和平的原则，以致忽略了东耶路撒冷的地位、以色列撤军、停止移民活动等基本要点。而巴方在其自治的《框架文件》中明确表示，不能把东耶路撒冷排除在自治安排之外，要求以色列军队撤至双方指定地点，强调巴勒斯坦"权力机构"拥有立法权力和立即停止犹太移民等。但以方认为242号决议与临时自治安排无关，只适用于自治三年后开始的被占领土"最终地位"的谈判。

10月21日，阿以双方在华盛顿开始举行第七轮谈判。因美国大选在即，这轮谈判提前于10月28日暂时休会。

在这轮谈判的前一阶段，巴勒斯坦方面与以色列代表就土地、水资源、权力、责任等方面的临时自治安排进行了非正式的小组讨论，并讨论了1993年春季在被占领土举行巴勒斯坦自治权力机构的选举问题。在叙以谈判中，双方讨论了全面解决中东冲突的原则及叙以争端的三个核心问题：土地、安全与和平问题，并就解决中东问题的全面性和双方的安全安排问题达成了“原则协议”。黎巴嫩和约旦代表也与以色列方面分别讨论了边界、安全等问题。

11月9～19日，第七轮阿以双边谈判在华盛顿复会。此前，美国当选总统克林顿曾于11月4日发表声明表示，他将同布什总统共同努力，推动中东和谈继续前进。在这轮谈判进行的同时，以色列军队与真主党游击队在黎巴嫩南部的冲突不断加剧。尽管阿以双方继续讨论了巴勒斯坦临时自治、戈兰高地等问题，约以代表也就谈判议程初步达成了协议，但阿以代表频频相互指责，致使和谈再度陷于停滞状态。

阿拉伯舆论认为，谈判“倒退”的主要原因是阿拉伯国家担心美国当选总统克林顿采取比布什更亲以色列的态度，因此在等待观察克林顿政府的中东政策走向。美国政府为了不失去在中东和谈中的特殊地位，力图保持和谈势头，建议于12月举行第八轮阿以双边谈判。以色列表示接受这一建议，但阿拉伯代表认为，除非以色列在归还被占领土的问题上作出重大让步，否则第八轮中东和谈也难有实质性进展。

12月7日，第八轮阿以双边谈判开始在华盛顿举行。巴勒斯坦代表团敦促美国正式参加阿以双边谈判，以推动中东和平进程。巴勒斯坦方面拟与以色列在第一阶段的会谈中讨论以色列撤出被占领土，以及选举巴勒斯坦自治政府管理除安全和外交以外的各项事务的问题。

巴勒斯坦代表团将参加这次谈判的人数从14人减为4人，以表示对谈判进度迟缓的不满。巴勒斯坦代表团发言人阿什拉维说，此举是向以色列和美国政府传达的一个“明白无误的信号”。因为“以色列仍没有进入正题，仍不严肃，仍没有遵守和谈的有关规定。”

以色列在谈判中表示，它将只允许巴勒斯坦人选举一个行政委员会，管理约旦河西岸和加沙地带大约40％的地区，但以色列不会撤出被占领土。以色列与巴勒斯坦谈判的首席代表鲁宾斯抱怨说，巴方减少代表团人数违反了规定，使会谈难以为继。此外，以色列继续与叙利亚、黎巴嫩和约旦分别谈判，讨论谈判议程问题。

12月中旬，一名以色列警官在被占领土遭哈马斯(伊斯兰抵抗运动)绑架后被处死。12月16日，以色列决定将415名巴勒斯坦“嫌疑分子”驱逐到黎巴嫩南部。17日，出席华盛顿第八轮阿以双边谈判的阿拉伯各代表团拒绝同以色列方面举行最后一天的谈判，以示抗议。这轮谈判至此不欢而散。巴勒斯坦代表团宣布，如果以色列不立即撤销驱逐令，巴勒斯坦方面将暂停参与中东和谈。18日，安理会一致通过799号决议，强烈谴责以色列驱逐巴勒斯坦人的行为，要求以色列立即将所有被驱逐的巴勒斯坦人安全送回被占领土。

迫于国际压力，以色列虽然采取了某些缓解步骤，但仍拒不改变驱逐决定。阿拉伯方面坚持，驱逐事件若不能妥善解决，中东和谈将难以恢复。美国等有关方面为此进行外交斡旋，寻求各方都能接受的解决驱逐事件的妥协方案，以期尽早恢复阿以双边谈判。参见《世界知识年鉴》(1992/93)。

(朱梦魁)

俄美关系

1992年是苏联解体后的第一年。俄罗斯作为苏联主要继承国之一一旦独立登上国际舞台，它同美国的关系便步入与冷战时期苏美对抗关系截然相反的轨道。一年来，俄美关系的中心是支持和援助叶利钦总统的自由市场经济、多党制民主化和面向西方的外交政策改革，使之不再逆转。双方在这点上是一致的，但彼此又有疑虑，由此展开了频繁的交往。

削减战略核武器的新协议

1991年12月25日戈尔巴乔夫宣布辞去苏联总统职务并将核控制权移交叶利钦之后，美国总统布什随即宣布承认原苏联所有12个共和国，迅速同俄罗斯等六国建立全面的外交关系，并对俄罗斯在联合国继承苏联的席位也予以充分承认。

苏联解体后，美国和西方首先关切的是核扩散和核裁军问题，即原苏联的核武器分别为俄罗斯、乌克兰、白俄罗斯、哈萨克斯坦掌握后是否会失去控制，以及1991年戈尔巴乔夫同布什签署的削减战略核武器条约和他所作的裁军承诺是否继续有效。

1992年1月15日，美国副国务卿巴塞洛缪访问俄罗斯，就核控制和核裁军问题同俄罗斯领导人进行磋商。1月25日，为打消西方国家的忧虑，叶利钦宣布俄罗斯不再把美国当作潜在的敌人,俄罗斯领土上的洲际导弹"不再对准美国的城市"。叶利钦的讲话受到布什的欢迎。1月28日,布什在国情咨文中提出了裁减核武器的新计划。该计划包括两方面的内容,一是所谓的"主动行动",即取消部分战略武器的发展计划,包括不再生产B-2轰炸机,取消发展新型洲际导弹计划,不再生产更多的MX导弹和新型的海基导弹弹头,停止采购更多的先进巡航导弹。二是有条件地采取对应的裁军行动,即如果独联体取消所有陆基多弹头导弹,美国将取消MX多弹头导弹,把民兵Ⅱ式多弹头改装成单弹头导弹,并减少1/3左右的海基导弹弹头。此外,美国还将把大部分载核战略轰炸机转为常规武器。

一天后,即1月29日,叶利钦便对布什建议作出反应。他在电视讲话中提出限制和裁减军备的新建议。叶利钦称,削减战略武器条约已提交俄联邦最高苏维埃批准,在此条约生效之前,俄罗斯将从战斗值勤撤下600枚陆基和海基战略弹道导弹,或者1250个核弹头;销毁或准备销毁130座洲际弹道导弹发射井;准备拆除6艘核潜艇导弹发射装置;停止某些种类的战略进攻性武器的研制和现代化计划。此外,俄罗斯将停止生产图-160和图-95MC重型轰炸机;停止生产现有种类的空基和海基远程巡航导弹,并准备在相互对等基础上销毁所有的海基远程巡航导弹;放弃举行30架以上大规模重型轰炸机的演习;将带有弹道导弹的现役核潜艇削减一半以上,并准备在相互对等基础上完全放弃潜艇的巡逻。叶利钦表示,俄罗斯将在三年内而不是七年内把战斗值勤的战略进攻性武器减少到原苏美协议规定的水平。他还表示希望俄美两国留下来的战略进攻武器都不再对准对方的目标。在反导弹防御等方面,俄罗斯准备同美国对等地销毁现有的反卫星系统,并且共同研制全球防卫系统以取代星球大战计划。叶利钦还宣布,已与乌克兰达成有关协议,将在比预计期限更短的时间内拆除部署在乌克兰境内的战略核武器。

2月1日,叶利钦在纽约参加安理会首脑会谈后前往戴维营同布什进行会谈。两人签署的《关于两国关系的戴维营声明》称"不再把对方看作是潜在的敌人",表示俄美双方的关系"将是建立在互相信任和尊重的基础之上,共同致力于民主和经济自由的友谊和伙伴关系"。但双方在削减战略武器方面未能取得进展。

为了实地了解原苏联各共和国独立后的政策动向,以便抓住布什原来在4月1日提交美国国会的《1992年支持自由法案》中所谓苏联解体所提供的"帮助自由在俄罗斯和欧亚国家生根并繁荣壮大的百年难遇的机会",美国国务卿贝克于2月10～18日继上年12月16～18日访问俄罗斯等国后,在两个月内第二次遍访独联体各国。他此行重点除援助问题外,便是防止核扩散和促成核裁军。在俄罗斯,他于2月17日会见叶利钦,双方同意讨论建立一套预防弹道导弹的预警系统,并一致同意今后军控谈判改由两国外长直接讨论。此后,贝克同俄外长科济列夫曾于2月18日在莫斯科、3月11日在布鲁塞尔举行两轮会谈。6月8～9日,两人在华盛顿的会谈中终于原则上同意在本世纪末将各自的战略核弹头削减到4700枚,即双方在履行美苏《削减战略武器条约》的基础上再削减50%的进攻性战略武器。但双方在削减何种战略武器上僵持不下。美国坚持销毁俄方占优势的全部陆基多弹头洲际导弹,特别是美国认为对其威胁最大的SS-18导弹,而俄罗斯则力图为保留均势而希望保留一定数量的陆基多弹头导弹。6月10日,叶利钦在俄罗斯军队高级将领会议上批评美国企图在谈判中谋求核优势。但布什在6月13日的一次谈话中否认美国追求核优势。

6月16～17日,叶利钦正式访问美国。他此行主要目的之一是争取早日落实美国早先宣布的西方240亿美元一揽子援俄计划。为此,他在裁军问题上作出较大让步,同意在2003年前全部销毁俄罗斯的SS-18陆基弹道导弹,同时允许美国在作一些削减后,继续保有相当数量的潜射弹道导弹。双方确定在今后11年内将把各自的战略核弹头削减到3000～3500枚。叶利钦称,他和布什的谈判是在没有人希望赢得单方面优势的情况下进行的。叶利钦和布什签署了《华盛顿宪章》,再一次确定美俄"伙伴和友好关系"。10月,布什和叶利钦分别签署了两国暂停核试验9个月,即将暂停核试验的期限延长到1993年7月1日的命令。12月29日,美俄双方终于在日内瓦完成了第二阶段削减战略武器条约草案。1993年1月3日,布什和叶利钦在莫斯科签署了这一条约。这一条约 的基本内容就是1992年6月华盛顿会谈达成的协议:在2003年1月1日前将战略核武器弹头削减2/3,即削减到3000～3500枚。这比1991年7月美苏第一阶段削减战略核武器条约规定的7年内各自削减近40%即削减到6000枚,又进了一步。

美国和西方的援俄行动

苏联解体后,俄罗斯国内政治动荡,经济下降,社会不满情绪增加。俄罗斯领导人寄希望于美国和西方国家给以政治支持和经济援助。美国也认为稳定叶利钦的地位符合美国战略利益,一年来多次联合西方国家对俄罗斯进行经济援助。

1月22～23日,美国积极倡议在华盛顿召开了由47个国家和一些国际组织参加的援助独联体国际协调会议。由于各国对俄国政局会否逆转尚无把握,这次会议只提出了一些"人道主义"援助计划,对于长期经济援助则提了一系列苛刻条件,如要求俄国实现"民主政治",自由市场经济,尊重现有边界,建立能够控制武器的中央司令部,实行军工转产、军队不得介入政治等。布什表示要拿出6.45亿美元帮助俄罗斯和独联体其他国家，并从2月10日起实施代号为"行动带来希望"的向独联体空运2万吨左右的人道主义援助物资的计划。

4月1日美国总统布什正式宣布，美国和西方七国集团向独联体国家提供240亿美元的经济援助。其中包括：稳定卢布基金60亿美元；由国际货币基金组织、世界银行及欧洲复兴和开发银行等国际金融机构提供的贷款45亿美元；延缓偿还债务本金25亿美元；双边援助110亿美元。美国1992年在上述计划中所占份额将近45亿美元，其中9亿美元为美国在国际财政机构努力中所占的份额(约20%)；15亿美元用于对俄罗斯的一项货币稳定基金；将近21亿美元为双边援助。这一揽子计划的大部分，包括稳定基金和国际货币基金组织和世界银行的资助，什么时候开始提供将取决于俄罗斯政府和国际货币基金组织能否在5月间签订一项关于俄罗斯全面改革结构的"调整方案"的协定。这一"调整方案"要在西方监督下实施，俄罗斯应按西方标准完成政治经济体制转轨。这个240亿美元的一揽子计划须经7月七国首脑会议最后批准。此外，布什总统还许诺，美国将取消那些限制美国公司与原苏联做生意的立法。

美国选择第六次俄罗斯人代会4月6日召开前夕宣布上述援助计划，对加强叶利钦及其政府的地位产生了直接效果。在俄罗斯政府遭受人代会猛烈批评的关键时刻，美国及其盟国纷纷发表声明或讲话，声称如果放弃现行改革政策，就将"中止对俄援助"。美国及西方的支持使盖达尔得以继续担任俄罗斯第一副总理。4月26日，盖达尔在华盛顿会晤七国财长和中央银行行长后，西方七国集团作出决定，原则上同意向俄罗斯提供240亿美元的援助计划，但附有一系列条件：1.减少预算赤字以稳定经济，减少政府的作用；2.抑制货币增长以控制通货膨胀，停止向没有存活力的企业发放贷款；3.建立发展市场经济(包括私有化和私有所有权)所需的法律机构和合同权利；4.改革农业和能源部门；5.建立外汇流动系统，使得原苏联的独立国家能完成它们的国际付款；6.确定一个实际的、统一的、由市场决定的兑换率。决定指出，"只有在上述基础上"西方才可能"坚定地"支持叶利钦的改革，提供已答应的240亿美元援助。

在援助条件如此苛刻而又迟迟不到位的背景下，俄罗斯国内一部分舆论开始对以俄罗斯完全接受美国价值观为前提的俄美"伙伴关系"表示不满。在俄罗斯议会内，不少议员的"反西方情绪已经表面化"，反对派甚至指责叶利钦、科济列夫奉行"卖国政策"。4月29日，国际货币基金组织要求俄罗斯放开能源价格。叶利钦考虑到此举可能带来更大幅度的涨价，"人民的忍耐力会崩溃"，回绝了国际货币基金组织的要求。叶利钦指出，俄罗斯不能在国际货币基金组织的指挥下改革。

俄罗斯国内的不满情绪使美国及西方国家感到不安。5月24日，63个国家和12个国际组织的代表在里斯本第二次召开国际援助独联体协调会议。会议决定，今后西方将由提供人道主义紧急援助转向提供技术援助，帮助俄罗斯实现经济体制"转轨"，并要求俄罗斯及独联体国家把接受外援与谋求自救相结合。为了防止原苏联的核技术扩散而造成对西方的潜在威胁，经贝克提出，美、欧、日三方各出资2500万美元在俄建立国际科学技术中心，以阻止原苏联的核专家外流。

7月2日，美国参议院通过美国援助独联体国家的计划。该计划除过去已批准的人道主义援助和农业贷款外，还包括：授权向俄罗斯等独联体国家提供4.7亿美元经援，为稳定俄罗斯等国的货币提供30亿美元的基金；向国际货币基金组织提供123亿美元的份额，以便该国际金融机构对俄罗斯等国经济改革进行援助。

7月8日，西方七国首脑在慕尼黑举行会议，叶利钦受邀赴会。美国积极促使与会国通过了同原苏联各国和东欧国家塑造"新的伙伴关系"的政治宣言，但在经援问题上实际成果不多。叶利钦希望迅速兑现240亿美元援助，他带去的"求援清单"包括要求西方发放第一笔10亿美元的贷款；允许俄罗斯至少延期两年偿还债务；希望西方出资400亿美元帮助改造原苏联建造的核电站。但他不愿全盘接受国际货币基金组织的调整方案。与会西方七国则提出"以援助促自助"的对俄10点计划，同意在240亿美元援助计划中先由国际货币基金组织给予10亿美元的紧急贷款(8月份拨款)，用以解决俄罗斯的收支平衡问题。但其余经援将作为长远计划，根据俄罗斯"宏观经济情况"，即按国际货币基金组织的要求进行改革的程度，再定是否提供和何时提供。会议原则同意推迟1992年到期的100余亿美元的俄罗斯债务偿还的时间，具体解决办法由俄罗斯与"巴黎俱乐部"债权国谈判商定。至于改建核电站问题，美国已在年初专门拨出4亿美元的改造款项，这次会议上各国表示无力再给援助。

10月29日，77个国家和19个国际机构的代表在东京召开第三次国际援助独联体协调会议，会上日本因为北方领土问题未解决，只答应向俄罗斯提供1亿美元的人道主义援助。美国代理国务卿伊格尔伯格除同意提供4.3亿美元的以粮食为主的紧急人道主义援助外，表示美国已无力再多出钱。会议同意设立以世界银行为核心的协调援助机构，负责分别对俄罗斯及独联体国家进行技术和经济改革方面的人道主义援助。据统计，1992年俄罗斯从240亿美元的援助中实际仅得到10多亿美元。

售印火箭技术之争

1992年5月，俄美之间发生了一场火箭之争。5月

5日，美国国务院发言人宣称，俄罗斯向印度提供价值2.5亿美元的低温火箭发动机的1991年协议违反了西方国家签署的“导弹及其技术控制制度的协议”，如果俄罗斯不放弃该项交易，美国将采取制裁措施。当时正在新德里访问的俄罗斯国务秘书布尔布利斯对此表示，俄将坚定地信守同印度达成的协议。5月9日，叶利钦和布什的电话讨论未能改变美国的强硬立场。5月11日，美国国务院宣布，由于俄印这笔交易，美国将在两年内断绝同俄罗斯(包括印度)航天机构的一切贸易往来。5月13日，俄罗斯外交部就此表示遗憾。自苏联解体以来，这是美俄政府第一次发生这样的争执。

1992年7月科济列夫出席了东盟外长马尼拉会议。他在会上说，“俄罗斯是双头鹰：东方对它的重要性不亚于西方”。叶利钦在11月中旬、12月中旬和1993年1月下旬先后访问了韩国、中国和印度，并把随后的出访目标定在日本。1993年1月29日，他在新德里记者招待会上说，俄国外交政策是建立在“把民族利益放在首位”，“使所有政治因素达到合理平衡”等原则基础之上的。他表示，在同美国解决核裁军问题以后，“我们就要开始实行在东西方之间保持平衡的政策”。这表明，俄国为了自身利益，在同美国结成“全球性战略伙伴”的同时，也不能一味损害它同其他一些国家的关系。

（孙宏治）

新闻事件、人物和名词

新 闻 事 件

东西方经济首脑会议 1992年5月8～9日，首次东西方经济首脑会议在德国明斯特举行。出席会议的有美国、德国、日本、法国、加拿大、英国、意大利等西方七大工业国以及白俄罗斯、捷克斯洛伐克、匈牙利、哈萨克斯坦、波兰、俄罗斯、乌克兰、匈牙利等八国的经济、外贸部长和一些企业界代表，约100多人。会议主要讨论了西方工业国家和东欧及独联体国家经济合作问题。西方国家代表表示，将对东欧国家的商品进一步开放市场，并准备提供技术援助。会议没有新的经济援助允诺，主要是为同年7月在德国举行的七国经济最高级会议作准备，促使西方国家协同帮助东欧和独联体国家，给他们更多的技术援助；另外对东欧和独联体国家的经济改革给予具体的咨询，帮助他们搞好私有化、经营管理、职业培训等，会议就此通过了东欧改善投资条件的十点计划，并决定今后东西方经济会议每年定期举行。 (沉 思)

世界空间大会 1992年8月31日至9月5日，世界空间大会在美国华盛顿举行，来自60多个国家的4000多名代表与会。这次大会是国际空间年的主要活动之一，其主题是“发现、开发与合作”。这是历史上规模最大、讨论议题最广泛的一次国际性空间会议。大会期间，每天举行30多个专题研讨会，发表了3000多篇论文。联合国副秘书长约瑟夫·弗纳·里德在开幕式讲话中指出，世界空间大会讨论如何利用空间技术监视变化中的地球环境和保护环境及地球资源是十分重要的。他还呼吁在国际空间合作方面需要采取新的方法，以迎接新的机遇和挑战。由中国国家科委副主任惠永正率领的中国代表团出席了大会，中国长城工业公司参加了与大会同时举办的大型空间展览会。

(沉 思)

第15届世界能源大会 于1992年9月20～25日在马德里召开，来自包括中国在内的100个国家的3000多名代表和能源专家出席了大会。

大会的主题是“能源与生存”。西班牙国王卡洛斯和世界能源委员会主席约翰·福斯特在讲话中一致呼吁各国能源生产者和消费者加强合作，保护环境，以便改善全人类的生活质量。与会者本着改善生活质量、加强团结与合作等原则，经过深入的探讨，对未来世界能源发展的前景、能源与环境、能源与经济发展以及能源与合作等问题达成了共识。

大会认为，发展能源必须加强国际合作和改善生态环境，以利各国经济和社会的持续发展。同时强调，经济的增长和环境保护必须同步进行。

正在西班牙访问的中国副总理邹家华在会上发表了讲话，指出当今世界能源生产和消费的现状极不合理，能源丰富的第三世界国家消耗能源很少，而高收入的国家却大量消耗能源。他呼吁实施节能优先政策，加强发达国家和发展中国家的国际合作，改革现行的能源价格体系，建立新的能源经济秩序。 (张人洁)

哥伦布首航美洲500周年纪念 1992年10月12日是克里斯托弗·哥伦布首航美洲登上华特林岛（也

有人认为是萨马纳礁岛,现均属巴哈马)500周年。世界许多国家和地区举行了各种纪念活动:4～8月由西班牙、葡萄牙、意大利等国共同组织了沿哥伦布航线的环球航海船队;4～10月西班牙在哥伦布"发现"美洲新大陆航行的出发点——塞维利亚举办了主题为"发现的时代"的世界博览会;5～8月意大利在哥伦布的故乡热那亚举办了"哥伦布:船舶与海洋"国际博览会;10月11日西班牙政府在塞维利亚市举行了纪念哥伦布到达美洲500周年的大会,等等。世界各地还举办了有关哥伦布的生平、到底是谁首先到达美洲、哥伦布首航美洲的历史作用等内容的各种学术研讨活动。与此同时,美国和拉美的一些印第安人组织举行了各种活动,抗议对这一事件的纪念。他们认为哥伦布到达美洲是当地印第安人受到征服和奴役的开始。早在1988年11月,联合国教科文组织执委会即指出:"西班牙船到达新大陆构成了两个大陆相遇,而不是发现。因此为哥伦布到达美洲500周年所举行的应为'纪念'活动而不是'庆祝'活动。" (张良福)

全球第一夫人会议 1992年2月25～26日,首次农村妇女经济发展全球第一夫人会议在日内瓦万国宫举行。会议通过《支持农村妇女日内瓦宣言》,呼吁国际社会采取有效措施,帮助农村妇女摆脱贫困。

农村妇女作为家庭主妇,支撑起社会的细胞——家庭。同时,在经济建设、社会发展事业中,她们也是一支生力军。在第三世界国家中,据国际农村基金会对117个国家的调查,67%的农村妇女直接参加农业劳动,55%的粮食产量归功于她们。农村妇女还积极从事多种经营,发展农村经济。但是,由于各方面对妇女的歧视,千百万农村妇女生活贫困,许多人衣食短缺,积劳成疾,甚至死于非命。据国际农村发展基金会调查,发展中国家生活极度贫困的农村妇女人数已达5.5亿,约占农村穷人总数的60%。

面对这一严峻形势,由哥伦比亚、埃及、马来西亚、尼日利亚、塞内加尔和土耳其6国第一夫人发起,国际农业发展基金会组织召开了这次第一夫人会议。来自世界各国的70位第一夫人出席了这次盛会,她们同各国代表一起从政治、经济、文化教育等各个角度剖析导致农村妇女穷困的原因,呼吁国际社会改变对妇女的歧视态度,努力给农村妇女创造更多的发展机会。会议决定成立第一夫人代表委员会,每两年举行一次会议。

上海农委主任张燕,作为杨尚昆主席的特别代表,出席了这次会议。 (张人洁)

俄韩"黑匣子"风波 1992年11月俄罗斯总统叶利钦访问韩国准备签署俄韩基本条约时,突然亲手将1983年被苏联击落的韩国民航007客机上的"黑匣子"交给卢泰愚总统。卢泰愚惊喜之余,在未检查"黑匣子"的情况下,便同意向俄罗斯提供15亿美元贷款。时隔不久,韩国交通部负责人宣布,叶利钦交回的"黑匣子"是空的,根本没有飞行记录带。一时间,舆论哗然。

1983年9月1日,大韩航空公司的一架波音747客机在靠近原苏联萨哈林岛的鄂霍茨克海上空被苏军战斗机击落,机上269名乘客和机组人员全部遇难。当时,韩国方面说飞机是偏离航线误入苏联领空的;而苏联则认为这是韩国和美国联合策划的一次间谍活动。事后,韩国一直希望得到"黑匣子",以便弄清事故真相。

这次叶利钦交回空"黑匣子"被韩国人认为是"欺骗"。舆论认为"叶利钦愚弄了韩国民众",要求中止给俄国的巨额贷款,要求俄方公布击落客机事件的真相,反对派则嘲笑卢泰愚政府"愚蠢"、"不称职"。外务部长官李相玉被迫向全国道歉。韩国政府指示其驻莫斯科大使向俄方提出抗议,并强烈要求归还"黑匣子"内记录飞行数据的磁带。

面对这种情况,12月8～9日,俄罗斯倡议在莫斯科召开了有韩国、美国、日本、俄罗斯和国际民航组织参加的国际会议,决定由国际民航组织主持调查工作。 (张人洁)

"佐川快件公司"丑闻 1992年2月14日,东京地方检察厅以"特别渎职罪嫌疑"之名,逮捕了东京佐川快件公司前社长渡边广康及3名有关嫌疑犯。这桩原本属于公司内部纠纷的案件却因涉及与政界人士之间的"金钱授受关系"而引起社会各界关注,震撼了整个日本。

佐川快件公司是佐川快件集团公司的一个主要公司,主要从事汽车运输业。该公司前社长渡边广康与佐川快件集团公司董事长佐川清关系甚笃,被视为佐川清的得力臂膀;同时,他与政界人士交往甚密,并通过这层特殊关系,为公司牟取巨大利益。渡边又是一个慷慨的"赞助者",佐川清从内部材料发现,渡边擅自向一些关系密切的公司提供债务保证和贷款,给本公司造成126亿日元损失,便于1991年7月向东京地方检察厅提出控告。经过东京地方检察厅调查,这起案件不仅仅是内部钱财纠纷,它还涉及到该公司与政界人士间的"金钱授受关系"。据渡边广康供认,他曾向包括金丸信在内的10多名政治家共捐款22亿日元。

佐川案曝光之后,日本自民党副总裁和竹下派"经世会"会长金丸信不得不承认接受了5亿日元的"政治捐款",并引咎辞职。接着新潟县知事金子清也因在选举时接受佐川快件公司3亿日元"政治捐款"而辞职。渡边等人不仅与自民党人有联系,同在野党议员也有来往。佐川案件再一次暴露了日本政治机体上滋生的"金钱病灶",严重冲击着日本政局。 (张人洁)

"拂晓丸"运钚风波 钚既是核燃料,又是制造核武器的重要材料,近年来日本大量运进并储存钚,引起世界各国关注。1992年8月24日，日本专门用于运输核燃料钚的运输船“拂晓丸”驶离日本横滨港，前往法国瑟堡军港运输钚。历时135天，行程5万公里，于1993年1月5日晨，载着1吨多钚驶进日本茨城县东海港。

飘洋过海运输核燃料，其安全令人担心。虽然日本派出“敷岛”号护卫船护航，美国也派出核潜艇暗中护航，日、法对其航线、航程严加保密。但当有关消息一经披露，仍引起世界各国的强烈反应。“拂晓丸”可能经过的拉美国家、东南亚各国、非洲沿岸国家纷纷向日本发出警告，不允许其经过自己的领海。国际绿色和平组织派出“索洛”号船跟踪监视。日本国内抗议核运输的运动在“拂晓丸”航行期间从未间断。（张人洁）

日本正式实施海外派兵法 日本海外派兵法正式名称为“协助联合国维持和平行动合作法案”（简称PKO法案）。此法案经长期激烈争论，终于1992年6月9日、15日分别在参、众两院获得通过，并于9月17日向柬埔寨派出参加维持和平行动的首批自卫队员。

日本在战后制定的宪法中规定不允许向海外派遣自卫队，战后历届政府也一直遵守宪法规定。1990年10月，日本政府借海湾战争之机，向国会提交了“联合国和平合作法案”，要求派遣自卫队员对以美军为首的多国部队进行后方支援。该法案明显违背宪法，受到在野党和国民反对，成为废案。1991年8月，日本政府旧案重提，抛出“协助联合国维持和平行动合作法案”。由于各党派在审议过程中围绕一党私利纷争不已，PKO法案再度作废。

1992年该法案获得通过并付诸实施，突破了战后47年来的“宪法禁区”，引起日本战后宪 法体制、安全保障及防卫政策的一系列变更。参见《世界知识年鉴》(1992/93)。（张人洁）

伊拉克农业部核查风波 1992年7月5日，联合国武器核查小组认为伊拉克农业部大楼内藏有与伊导弹发展计划有关的文件，要求入楼搜查，伊则以政府办公大楼是国家主权的象征不能随意由外人搜查为由予以拒绝。核查小组立即在大楼周围布置警戒线，昼夜监视其出口。美国及其主要西方盟国坚持要求伊拉克全面执行联合国安理会关于海湾战争停火决议的全部条款，声称联合国核查人员有权进入伊拉克领土上的任何场所，收缴有关文件。伊拉克则坚持事关国家主权，拒绝核查小组进入大楼。双方立场尖锐对立。出于安全考虑，核查小组在大楼门前被阻17天后于22日撤离。美国官方立即对伊以武力相威胁。美、英、法三国还扬言将向伊发出期限只有几天的最后通牒。在美、英、法强大压力之下，伊拉克于7月26日以改组核查小组为条件，允许其进入农业部大楼执行核查任务。核查小组于29日结束对大楼的检查，未发现任何有关伊武器计划的材料。（王法云）

美国等国在伊拉克南部设立“禁飞区” 1992年8月26日美国总统布什宣布，从27日起实施在伊拉克南部建立“禁飞区”的计划。这项美、英、法三国酝酿已久的计划规定，伊拉克的军用飞机和武装直升机不得在北纬32度以南飞行，否则将被击落。美、英、法三国的空军随即在伊南部展开大规模的巡航，确保“禁飞区”计划实施。伊拉克北纬32度以南地区约占全国面积的1/3，伊拉克主要空军基地和部分大油田都集中在该地区。美、英、法在这里设立“禁飞区”，声称是为了保护这一地区的什叶派穆斯林免遭伊拉克空袭，实际上是企图保持对萨达姆的压力，最终迫使萨达姆下台。“禁飞区”加上1991年3月联合国在伊拉克北纬36度线以北为库尔德人建立的“安全区”，使萨达姆控制的区域已被削减到只占伊拉克领土的1/3。（王法云）

以色列大规模驱逐巴勒斯坦人 1992年12月13日哈马斯组织绑架了以色列警官托勒达诺，并提交换托勒达诺的条件：以当局释放该组织领导人雅辛。15日以色列发现托勒达诺的尸体。为此，以安全部队搜捕并监禁1600名巴勒斯坦活动分子。16日，以内阁决定对“煽动分子和危及人们生命的巴勒斯坦人”进行为期两年的驱逐。17日，以色列最高法院批准被占领土军事当局的驱逐令，当天400多名巴勒斯坦人被驱赶到南黎巴嫩的无人山区。

国际社会特别是阿拉伯国家强烈谴责以当局大规模的驱逐行动。18日，联合国安理会一致通过了要求以色列“立即安全地”遣返所有被逐巴勒斯坦人的799号决议。但以政府无视国际社会的反对，坚持其不妥协的立场。1993年2月1日，以决定让被逐的巴勒斯坦人中的100人返回家园，其他人的被驱逐期由两年缩短为一年，阿拉伯国家联盟及巴解主席阿拉法特均拒绝以色列的部分遣返建议，坚决要求以色列执行安理会799号决议。（王法云）

印度阿约迪亚寺庙之争 1992年12月6日，成千上万印度教徒冲进印度北方邦阿约迪亚的巴布里清真寺，拆毁寺内建筑，引发一场大规模教派流血冲突，在国内外引起强烈反响。

印度教徒把阿约迪亚视为大神罗摩的诞生地，曾在恒河岸边修建了“罗摩”庙。1528年，穆斯林统治者拆毁“罗摩”庙，在其原址修建了巴布里清真寺。几百年来，印度教徒和穆斯林为争夺这方圣地，不断发生冲突。

近年来，以印度教徒为主的印度人民党鼓吹建立印度教国家，提出推倒清真寺，重建“罗摩”庙的口号，并与“世界印度教大会”等组织联合行动，号召教徒到阿约迪亚去建庙——“为神服务”。1990年，印度教徒曾冲进巴布里清真寺，引发了一场教派冲突，1000多人死亡，导致人民党政府垮台。1992年7月，国大党政府表示可在寺旁建庙，但不得毁寺，遭印度人民党拒绝。

这次拆寺建庙事件在印度引发了全国性的骚乱，造成200多人丧生，数百人受伤，严重冲击国内政局，同时也引起邻国和其他国家穆斯林的强烈反应。为平息骚乱，拉奥政府逮捕了印度人民党领导人阿德瓦尼，并禁止该党和印度教组织的活动。夏尔马总统应政府要求，解散了由人民党执政的北方邦政府和邦议会，对该邦实行总统治理。　（张人洁）

海尔·塞拉西一世遗骸重见天日　1992年2月16日，埃塞俄比亚末代皇帝海尔·塞拉西一世的遗骸在他死后17年重见天日。

塞拉西皇帝于1930年登基。二次大战期间，曾领导埃塞俄比亚（当时称阿比西尼亚）人民抵御意大利侵略者，捍卫了国家的独立和尊严。1974年9月，埃塞俄比亚宣布结束帝制，塞拉西被废黜并遭监禁，一年后，政府宣布他病故，终年83岁。塞拉西的尸体长期下落不明。许多人认为他死得蹊跷，对政府公布的死因众说纷纭。门格斯图倒台后，塞拉西一世的遗骨终于被从原皇宫厕所的地板下掘出。埃塞俄比亚新政权决定在其诞生100周年（1992年7月23日）时为他举行盛大的重新入葬典礼。　（王法云）

安哥拉大选危机　1992年9月29～30日，安哥拉独立以来首次多党制总统和议会选举在800名国际观察员监督下和平举行，480万登记选民的95%参加了投票。11名候选人竞选总统，18个政党角逐223个议会席位。

10月3日，大选初步结果表明，执政党安人运（安哥拉人民解放运动）在议会和总统选举中领先，安盟（争取安哥拉彻底独立联盟）主席萨文比遂公开指责政府在大选中舞弊，表示不接受大选结果。随后，安盟军队总参谋长等11位将军宣布安盟军队脱离新组建的全国统一军队。安盟随之进行军事调动，蚕食政府控制区。安人运及政府指责安盟企图重新挑起内战，同时作应战准备。首都罗安达和其他省份陆续发生武装冲突，形势骤然紧张。政府采取克制态度，广泛争取国际舆论的同情和支持。经一再推迟，安选举委员会10月17日公布了大选正式结果：安人运获议会223个席位中的129席（占53.74%），安盟获70席（占34.1%），其他议席为另外十个政党所得；安人运总统候选人多斯桑托斯得票49.57%，安盟候选人萨文比得票40.07%，两人均未超过半数，需举行第二轮总统选举。联合国秘书长驻安哥拉特别代表宣布大选"大体上是自由公正的"，并敦促安盟接受大选结果。联合国安理会和美、葡等国均对这一结论予以支持。

10月31日起，政府军与安盟部队在罗安达激战三天，造成近千人死亡。安盟损失惨重。此后，安盟加紧抢占地盘，据称占领了全国70%以上的领土，攻占不少城镇，对首都形成三面包围之势。面对安盟的挑战，政府召开了多党会议以争取其他党派的支持，并根据大选结果于11月底和12月初分别组成新议会和新政府。

1993年新年伊始，政府武装力量向安盟发动大规模反攻，战事迅速蔓延至十多个省份，安哥拉重陷内战旋涡。　（李飞月）

莫桑比克签署和平总协议　1992年10月4日，莫桑比克总统希萨诺和反对派莫全国抵抗运动（简称抵运）主席德拉卡马在罗马签署和平总协议，双方谈判代表团团长签署了关于军事问题、保证事项、停火安排三个议定书。希萨诺和德拉卡马发表即席讲话，保证遵守承诺和履行协议。津巴布韦总统穆加贝、博茨瓦纳总统马西雷及联合国副秘书长等重要人物出席了签字仪式。国际社会普遍对和平协议签署表示欢迎。

和平总协议的主要内容有：协议签字30天后在联合国监督下实行全面停火；双方军队在协议生效后的1个月内分别在指定地点集结、6个月内遣散；双方各出1.5万人组建全国统一军队；在协议生效后的1个月内，津巴布韦驻守贝拉走廊的军队完成从莫撤军；协议生效后1年举行大选。

自1990年7月起，莫政府和抵运在意大利政府和意、莫教会组织的调停以及美国的斡旋下，进行了十几轮谈判。双方分别就相互政治保证、政党组建与登记和大选原则等问题签订了第一、二、三号议定书，并制定了选举法。

1992年8月7日，莫总统希萨诺同莫抵运领导人德拉卡马在罗马举行了首次直接会谈，并签署了联合声明。双方同意在1992年10月1日前签署和平总协议，协议签字后，停火立即生效。后几经拖延，双方终于1992年10月4日正式签署了和平总协议。

和平协议正式生效后，双方基本上遵守了停火协议。按和平协议建立的联合国监督和控制委员会及下属的国防军组建、停火、安置复员军人3个委员会于1992年11月4日成立，并开始工作。1992年12月16日，联合国安理会通过了"联合国莫桑比克行动"计划，决定向莫派联合国维持和平部队，以保证和平进程的顺利进行。

和平总协议的签署标志着长达16年之久、造成数百万人伤亡的内战宣告结束，它是莫历史的转折点，莫从此进入了结束战争、走向和平的新阶段，将对南部非洲地区的和平与稳定产生积极影响。　（熊利春）

博伊帕通惨案　1992年6月17日深夜，约200名武装暴徒冲进南非约翰内斯堡市南郊博伊帕通黑人居住区，杀死39人，其中包括16名妇女和8名儿童，制造了"博伊帕通惨案"，遭到了南非各界和国际上的同声谴责。

1992年5月中旬，以非国大(南非非洲人国民大会)和南非当局为主要谈判对手的“民主南非大会”第二次会议因政府与非国大在成立临时政府及过渡期安排、两院制议会、通过宪法所需议员比例等关键问题上发生严重分歧，谈判陷入僵局。与此同时，南非政府假手黑人之间的冲突，牵制和削弱非国大。自6月16日起，非国大及其盟友(南非共和南非工会大会)在全国开展群众运动，举行罢工和示威游行，要求政府采取措施，制止暴力冲突，松动在谈判中的僵硬立场，加快和平进程。

案发后，非国大总书记赶赴现场察看，称这一屠杀事件是整个国家的悲剧，并指责军警涉嫌其中。南非政府对屠杀事件表示震惊，发誓绝不放过凶手。南非人权委员会认为屠杀事件证明因卡塔自由党和军警内的某些势力在策动暴力方面有利可图。警方和因卡塔均矢口否认与此案有染，警方还声称因卡塔应对屠杀负责。

6月21日，非国大指责政府应对此次惨案负责，宣布中止同政府谈判，23日同另外8个组织退出“民主南非大会”。曼德拉致德克勒克备忘录，提出制止暴力冲突，惩办凶手等14项要求，并以此作为恢复同政府谈判的先决条件。而时隔不久，又爆发了西斯凯惨案。 (孙保红)

西斯凯惨案 1992年9月7日下午1时30分，约40000名支持非国大的群众前往黑人“独立家园”西斯凯首府比索示威游行，西斯凯军队向非国大游行队伍开枪，造成29人死亡，近200人受伤的西斯凯惨案。

6月16日起，非国大在全国开展群众行动，举行罢工和示威游行。9月，非国大把斗争矛头指向黑人家园西斯凯，旨在压亲南非政府的西斯凯当局在黑人家园内创造自由的政治活动空气。在举行示威游行前，非国大向西当局提出申请，得到西“高等法院”的批准，但前提条件是不允许进入比索，不许携带武器。西军政领导人科佐称由于拥挤的人群中有人向部队开枪，西卫兵奉命自卫。

惨案发生后，国内反响强烈。非国大发表声明，指责西斯凯领导人科佐和德克勒克政府应对惨案负责。非国大、南非共和南非工会大会发表联合声明，要求政府立即采取措施制止再次发生类似事件，并要求边境地区的人民在没有威胁的情况下有政治活动的自由。德克勒克总统反驳非国大对政府的指责，认为冲突是群众行动引起的；民主党认为这次事件的责任在非国大，示威引起了暴力冲突。

西斯凯惨案也引起了国际社会的极大关注。各国对此事件表示震惊，认为南非政府对未能阻止此类暴力的发生负有责任，并称该事件表明谈判是解决南非民主问题的唯一出路。

非国大主席曼德拉在西斯凯边界向遇难者献了花圈。他说，西斯凯发生的大屠杀严重损害了和平谈判的恢复，但重申“非国大是倡导谈判的建筑师，并致力于真正的谈判”。9月17日，西斯凯惨案死难者追掉会在威廉王镇举行。9月26日，南非总统德克勒克和非国大主席曼德拉会晤，双方就通过民主选举产生制宪议会达成协议，并同意恢复制宪谈判。 (孙保红)

保加利亚审判日夫科夫案 1992年9月4日，保加利亚最高法院刑事判决厅公布了对“日夫科夫案件”审判结果，为持续1年半之久的案件划上了句号。

托·日夫科夫出生在一个贫农家庭，受过中等教育。1932年加入共产党，40年代初组织并领导了反法西斯游击运动。保解放后，曾任保共中央候补委员、委员、中央书记、政治局委员。1962年11月至1971年7月任部长会议主席。1971年7月起，任国务委员会主席；1981年4月开始任保共中央第一书记、总书记。1989年11月保政局剧变后，他被抄家、软禁，最后遭逮捕。1991年2月25日，他被押上法庭，被指控犯有奢政罪、经济罪和民族罪。法庭经过长达1年半的调查和审理，未能找到所需证据，最后以“利用职权谋私”为他定罪。

判决书中说：日自1962年至1989年11月10日任部长会议主席、保共中央第一书记和总书记期间，“越权以为自己和他人谋取好处为目的”，“低价出售小汽车67辆，分发食品费、交际费等，为国家造成2100多万列弗的巨额损失”，因此判处他7年监禁，并罚款2101.38万列弗。

81岁高龄的日夫科夫在受审的最后一次发言中说，对他的审判是一次“政治审判”，操纵审判的人想借此获得民主斗士的名声，以骗取能够使他们进入国家新领导层的政治红利。他的辩护人之一阿·伊利耶夫也称“审判是一场政治阴谋”。 (远 行)

德国引渡和审判昂纳克 1992年7月29日晚，前民德党和国家领导人埃里希·昂纳克在柏林特格尔机场被统一后的德国警方逮捕，关进了莫阿比特监狱。

1989年10月民德政局剧变，昂被迫辞去一切职务，不久因身患重疾住进了波茨坦附近的苏军医院。1990年11月3日，柏林地方法院下令逮捕昂纳克，罪名是其在任职期间曾下令射杀企图投奔西德的东德人。当时因昂就医于苏军医院，德方无权进入抓人，逮捕令未得到执行。翌年3月13日，苏以“实行人道主义”为由将昂秘密送往莫斯科。此后，德方多次向苏提出引渡昂纳克的要求，均遭拒绝。苏解体后，俄罗斯政府宣布昂在莫斯科逗留非法，并于12月10日发出驱逐令。11日昂纳克以大使客人的身分住进智利驻莫斯科使馆，此后智、德、俄三国就解决昂的问题进行过多次交涉、谈判。1992年7月29日，昂被取消了在使馆的居住权，当晚便被遣送回柏林。

11 月 12 日，柏林地方法院开始审理此案。法庭上，昂反驳了司法当局对他的指控，强调当年他的所作所为完全是为了捍卫国家主权，是合法而无可非议的。因昂身患肝癌，两个多月的审判过程时断时续。其律师曾多次以昂的病情在不断恶化为由要求终止审判而遭否决，最后向柏林宪法法院提出上诉。鉴于昂的病情，宪法法院于 1993 年 1 月 12 日裁决：继续监禁、审判昂违反了“人的尊严应得到尊重”的基本原则。柏林地方法院决定终止审判，同时取消逮捕令。13 日，80 岁高龄的昂纳克飞抵智利与夫人、女儿团聚。（远 行）

罗斯托克暴力排外事件 1992 年 8 月 22 日，德国东部港口城市罗斯托克发生了一起二战以来最为严重的暴力排外事件。

东欧巨变后，大量东欧难民涌入德国。德国针对外国难民的新纳粹活动猖獗。自 1991 年秋霍尔斯维达市首次出现袭击外国难民营事件后，德国东部新纳粹势力的活动有增无减，暴力排外事件频频发生。1992 年 3 月起，极右分子多次在德累斯顿和莱比锡等城市砸毁外国人店铺、饭馆，拦路抢劫外国人财物，造成多人伤亡。发生在罗斯托克市的骚乱则是这些事件的最高潮。

事发当晚，150 多名极右分子聚集在该市利希滕哈根难民营前，他们冲进附近的小吃店豪饮暴食后，便肆无忌惮地向罗马尼亚难民居住的建筑物内投掷燃烧瓶和石块。顿时，难民营内烈焰腾空，火光冲天。当局即刻出动警察制止暴乱，并用大轿车将难民转运到安全地。但极右分子气焰嚣张，又以木棍、石块与警察展开恶战。在以后的几天中，许多外地极右分子闻讯也赶来参战，使暴徒人数近千，围观者达数千人之多。骚乱整整持续了一周。此期间，警、军方共出动 1600 人，混战中有 100 多名警察受伤；警方共逮捕了 400 余人。这场骚乱造成的直接经济损失超过 100 万马克。

罗斯托克骚乱导致德国另外 15 个地区也爆发了同样的暴力袭击外国人事件。8 月下旬至 9 月初，勃兰登堡州、萨克森—安哈尔特州、黑森州的难民营都曾遭到极右分子猛烈袭击。9 月 26 日萨克森豪林集中营犹太人棚屋（“犹太人苦难博物馆”）也被焚烧。11 月 22 日夜，极右分子在北部的石荷州默尔恩放火点燃两处外国人住宅，当场烧死一名土耳其妇女和两名少女。据德国官方统计，1992 年全德各地发生暴力袭击外国人事件共达 2285 起。

暴力排外事件遭到德国各界同声谴责。科尔总理称它是德国的“耻辱”。1992 年 11 月 8 日，30 万人在柏林集会游行，在“人的尊严不容侵犯”的口号下，强烈抗议极右分子的排外暴行。德国总统魏茨泽克、联邦议院议长聚斯穆特、总理科尔等都参加了游行。然而，游行遭到极右分子的捣乱，科尔总理也被石块击中。（远 行）

俄法院审理苏共案 1991 年苏联 8 月事件后，俄罗斯总统叶利钦于 8 月 23 日、25 日及 11 月 6 日先后签发了《关于停止俄共活动》、《关于苏共和俄共财产》及《苏共和俄共的活动》等三项总统令，宣布停止俄共、苏共的活动并没收苏共的财产。

同年 12 月 12 日，俄罗斯的 37 名原共产党人民代表向俄宪法法院提出申诉，要求审理上述总统令是否违宪 。法院受理此案后，于 1992 年 5 月 26 日首次进行庭审调查。此后，由于各方意见分歧，观点针锋相对，使审理过程时断时续。在前后半年多的时间内，法庭共召集了 52 次听证会，有 46 名证人和 16 名专家作法庭发言。前苏共总书记戈尔巴乔夫和前苏共的其他一些高级领导人亦曾被传讯，除戈氏外，其他人都到庭作证。

1992 年 11 月 30 日，俄宪法法院院长佐里金自称在没有受到当局压力的情况下，做出了一个“符合宪法”的妥协判决：叶利钦关于禁止苏共、俄共在俄境内活动并没收其财产的总统令中，禁止其上层领导机构的活动是符合宪法的，而禁止其基层组织的活动则是违法的；没收苏共利用国家资金所建造的办公楼等财产是对的，但没收苏共用党员交纳的党费所建筑的房屋则是错误的。佐里金还宣布说，这是终审判决，不准上诉，宣布之后即刻生效。

判决宣布后，此案中的双方都称自己获得了“胜利”。（远 行）

哈巴什赴法就医事件 1992 年 1 月 27 日，解放巴勒斯坦人民阵线总书记乔治·哈巴什在突尼斯总部突发脑溢血昏厥。经巴勒斯坦红新月会征得法国红十字会同意，哈巴什于 29 日晚乘坐一架由法国红十字会包租的医用飞机到达巴黎住院就医。此事立即在法国引起一场风波。西方一直指责巴“人阵”从事国际恐怖活动。法国政界反对派人士指责政府对允许哈巴什来法一事处理失当。法国保安部门把哈巴什扣留在病房里。30 日，法国红十字会主席、总统府顾问迪福瓦夫人等 4 名高级官员被迫宣布辞职。哈巴什被扣押引起阿拉伯国家特别是巴勒斯坦的强烈抗议，巴“人阵”否认它同国际恐怖活动有牵连，巴解有关组织要求法国允许哈巴什离开。2 月 1 日，哈巴什获准离开巴黎，风波始告结束。（王法云）

意大利法官法尔科内遭黑手党暗杀 1992 年 5 月 23 日的一声巨响，夺去了意大利著名反黑手党大法官法尔科内的生命。杀害他的黑手党马多涅家族事后称，这是送给一名正在狱中服刑的黑手党党徒的结婚礼物。法尔科内 53 岁，有黑手党“百科全书”之称，自大学法律系毕业后，一直在意大利西西里与黑手党进行顽强的斗争。1978 年，法尔科内被派到巴勒莫市办理当地的黑手党大案。1991 年，他奉调前往首都罗马，任司法部主管刑事案的高级法官，专门对付监狱内的黑手党成员。1992年初，法尔科内重返西西里，统领那里的反黑手党之战。他一生最大的成就当数1986年集体起诉474名黑手党分子，并使其中的350名被判无期徒刑。法尔科内在获得“反黑手党大旗手”美誉的同时，亦成为黑手党暗杀的头号目标。案发当天，法尔科内与妻子在保镖的保护下，秘密飞抵西西里岛。离开机场后，他亲自驾车驶往首府巴勒莫市。在距目的地大约还有6公里时，事先埋在路面下的近2吨炸药突然被人遥控引爆。3名保镖当即身亡，法尔科内夫妇身受重伤，奄奄一息。法官在被送往医院途中气绝身亡，其妻死在医院。案发后，意大利举国愤怒，政府亦发誓要不惜一切代价打击黑手党的暴力活动。（远　行）

伽利略平反　1992年10月31日，梵蒂冈教皇约翰·保罗二世宣布，罗马教廷在1633年对伽利略的判决是错误的，是教廷过去“拒绝接受科学进步”的一个象征，称伽利略案是一个“悲剧”。伽利略（1564～1642）是意大利著名的数学家、天文学家和物理学家。他1632年发表了《关于托勒密和哥白尼两大世界体系对话》，支持并发展哥白尼的地动说，于翌年被罗马教廷圣职部判处终身监禁，后改为软禁，直至去世。

（王法云）

“伊拉克门”事件　在伊拉克1990年8月入侵科威特前几周，英国一家多国公司在得到英国政府同意的情况下，向伊拉克出售了价值25万英镑的可用于加工研制核武器的设备。这起被称为“伊拉克门”事件的曝光，在1992年引起英国舆论大哗。

英国政府在1985年10月曾宣布，禁止向两伊战争交战双方提供军事装备。两伊战争结束后该禁令并未取消，伊拉克却成了英国机床的第三大进口国。这些机床可用于军工生产。英向伊拉克出售用于军工生产的机床一直持续到伊入侵科威特前夕。在与此有关的30多家公司中，马特里克斯·丘吉尔公司是大卖主。英国海关指控该公司破坏武器禁运法案，对公司3名经理提起公诉。这3名经理在法庭上声称他们出口机床是在政府知情并许可的条件下进行的。政府方面对此一直保持缄默。后来，在法庭一再催促下，当时任贸易工业大臣、现任内政大臣的阿兰·克拉克才出庭作证，承认当时贸易工业部的确“出于政治原因”发给这家公司出口许可证。法庭只得裁定对上述三人的指控不成立。

“伊拉克门”事件震撼英国政坛，反对党趁机发难，要求政府公开真相。在此情况下，1992年11月17日梅杰首相不得不在议会宣布，授予法官司科特特别权力，全面调查“伊拉克门”事件。以全面审查英国政府是否卷入了向伊拉克出售武器的丑闻。调查可以涉及任何问题、所有大臣，文职人员在需要时都要提供证词。此事件调查尚在进行中。（王法云）

温莎堡大火　1992年11月20日中午，英国闻名遐迩的温莎古堡建筑群突然燃起大火，200多名消防人员闻讯赶赴现场灭火。恰在城堡内的安德鲁王子，立刻与宫内工作人员一起转移宝瓶、书籍、绘画等部分贵重珍品。女王闻讯亦亲临现场视察。经过4个小时的抢救，火势得到控制。古堡内的布伦斯维克塔、教堂私人祈祷室、圣乔治国宴厅、克里姆森画室、切斯特塔等建筑被烧毁，损失达数千万英镑之巨。温莎堡位于伦敦西泰晤士河畔，有900年历史，是英国女王五大宫殿中历史最悠久的一处。宫中珍藏不计其数的历代名画、各类珍宝和名贵器具。女王及其亲属常在此度周末，其他时间供游人参观。经调查，这场大火是由于聚光灯使布帘过热而引起的。据估计，仅被毁建筑的修复费用就高达6000万英镑。（王法云）

英国王室绯闻风波　1992年，英国王室绯闻迭出，其中以查尔斯王子的婚姻危机最为令人注目。12月9日，首相梅杰在议会宣读了英王室一份声明，宣布英国王子查尔斯亲王和戴安娜王妃在结婚11年之后，正式决定分居，但不办理法律上的离婚手续。据称，这项决定不影响查尔斯继承王位和戴安娜王妃成为王后的“宪法地位”。查尔斯与戴安娜1981年在圣保罗大教堂举行婚礼，他们的结合被誉为“世纪性婚姻”。但近年来，报界披露他们夫妻关系紧张，婚姻生活并不像他们出现在公众面前时那样美满恩爱，还相继披露了王子和王妃的婚外恋情，引起社会各界巨大反响。

此前，女王的次子约克公爵安德鲁王子与萨拉王妃在结婚6年后于3月19日宣布离婚。萨拉王妃的绯闻及艳照曾多次使王室处境尴尬。一波未平，一波又起，女王的独生女安妮公主于4月14日宣布同结婚18年的丈夫马克·菲利普斯上尉离婚，将与王室侍卫官劳伦斯结合。英国上下再次为之哗然。而温莎堡失火和纳税之争更使女王雪上加霜。难怪女王在庆祝她登基40周年的午餐会上称1992年为“可怕的一年”。

（王法云）

美洲国家召开禁毒首脑会议　1992年2月27～28日，美国、玻利维亚、哥伦比亚、厄瓜多尔、墨西哥和秘鲁六国的首脑及委内瑞拉外长，在美国得克萨斯州的圣安东尼奥召开了第二次反毒品生产和走私会议。会议发表了《圣安东尼奥宣言》及其附件《行动战略》。宣言回顾了自1990年2月15日美、玻、哥、秘四国禁毒首脑第一次会议以来在禁毒方面取得的进展及当前面临的挑战，提出了今后在禁毒中加强合作的各项任务及各国间的合作必须符合本国的法律、尊重各国的主权和领土完整并严格遵守国际法。会议期间，墨、哥、委等三个较发达国家要求美国采取新的措施，增加这些国家对美国的出口，从而刺激拉美国家经济，创造就业机会，从根本上打击毒品生产行业。其他三国则强调美国应增加对它们的投资，使古柯种植农放弃毒品生产而转产其他。与会国一致确认：经济的发展对禁毒的顺利进行具有重要意义；禁毒行动必须建立在共同承担责任的原则基础上并以均衡的方式进行；毒品问题需要通过多种办法相结合的途径加以对付；与会各国还表示，将每年举行一次高级会议，以协调禁毒行动。

（王学荣）

巴西总统科洛尔被迫辞职　1992年12月29日，巴西总统费尔南多·科洛尔宣布辞职，从而结束了持续半年多的巴西政治危机。

1989年12月，年仅40岁的科洛尔通过两轮选举，一举夺魁，成为巴西最年轻的总统，任期5年。1992年初，他被指控卷入腐败活动而受到各方谴责。揭发这一秘闻的人是总统的胞弟、科洛尔家族三大公司之一的董事长佩德罗·科洛尔。他向报界揭发，科洛尔总统的密友、阿拉戈阿斯州巨商保罗·法里亚斯在科洛尔上台前后从事大量非法活动，这些活动均与总统有关。

法里亚斯舞弊案在巴西政坛引起轩然大波，全国舆论大哗。国会成立两院联合调查委员会，对法里亚斯及他与科洛尔的关系进行调查。

8月24日，调查报告公布，科洛尔被指控犯有非法受贿、对法里亚斯包庇纵容、参与法里亚斯非法牟利活动、蓄意作假证以欺骗国会等罪行。此后，要求弹劾总统、惩办腐败官员的大规模浪潮此起彼伏。9月1日，巴西新闻界联合会主席和巴西律师协会主席受反对党委托，联名向国会众议院递交弹劾科洛尔的议案。9月29日，弹劾案获得通过。10月2日，参议院正式向科洛尔发出停职令和传票，以渎职罪和刑事罪名义，令其停职半年，听候审理。虽然科洛尔一再坚持表白自己清白无辜，但最终仍不得不辞去总统职务。他是巴西也是拉美第一位被弹劾的总统。　（张人洁）

秘鲁“光辉道路”首领被捕　秘鲁最大的恐怖组织“光辉道路”领导人阿维马埃尔·古斯曼于1992年9月12日在利马被捕，这是秘鲁近来反恐怖斗争所取得的最大战绩。

1934年12月4日生于秘鲁南部阿雷基帕市，私生子。中学时即已表现出出色的组织才能。后入阿雷斯帕的圣奥古斯丁大学，受哲学教师影响，成为激进分子。毕业后曾任哲学教授，组织了以他为核心的激进左派团体。1964年加入“红旗”，1967年担任该组织中央委员会主席。1970年“红旗”改名为“光辉道路”。1980年秘鲁结束军人统治后，古斯曼下令开展“武装斗争”。此后恐怖活动不断升级。“光辉道路”成立以后共进行了2.3万次武装破坏活动，造成2.5万人丧生、经济损失达200多亿美元。1990年藤森当选总统后，秘鲁先后颁布了“自首法”、“严惩恐怖分子法”，并悬赏100万美元缉拿古斯曼。8月底警方获悉古斯曼等人潜入利马，正在策划破坏将于10月12日举行的纪念哥伦布发现美洲500周年活动，于是采取突击行动将其抓获。

（张人洁　曹维秀）

哥伦比亚毒枭埃斯科瓦尔越狱　1992年7月22日，世界“毒品大王”、哥伦比亚麦德林贩毒集团头号毒枭巴勃罗·埃斯科瓦尔及其同伙越狱逃跑。

埃斯科瓦尔是在哥伦比亚严厉打击贩毒分子的情况下，于1991年6月19日被迫向当地司法当局自首的，逃跑前一直被关押在专门为他建造的恩维加多监狱。他虽身陷囹圄，却依然遥控狱外犯罪活动。为此，哥伦比亚政府决定把他转移到一个军事基地去。于是埃斯科瓦尔等人举行暴动，把到狱中与监狱长等人研究转移的司法部副部长、监狱局局长等人扣做人质。政府派遣部队进入监狱采取了军事行动，被扣押的人质全部获救，一些贩毒分子被捕，但埃斯科瓦尔等人已逃之夭夭。　（王学荣）

美国国会议员透支丑闻　美国在1991年10月揭露的众议院银行丑闻，在1992年大选中进一步曝光。众议院银行是专为众议员以及众议院工作人员服务的银行。1991年9月，美国审计署查帐时发现众多议员在以往的39个月里开出这家银行的空头支票达两万多张。于是众议院议长、民主党人弗利于同年10月令这家银行停止营业，并授权众议院道德委员会进行调查。经调查，从1988年7月至1991年10月，355名（含59名前任）众议员或多或少地在众议院银行开过空头支票，多者达几百张，累计大约2万张，票面价值1080万美元。透支者中还包括3名在职部长：国防部长切尼、农业部长马迪根和劳工部长马丁女士。1992年在道德委员会公布的透支帐户清单中，有66个帐户被列为严重透支帐户，24个帐户被列为透支最严重者。名列首榜的723号帐户在39个月中开出743张空头支票，票面价值高达59亿多美元。这一丑闻，加之同时揭出的众院邮局毒品交易、食堂帐目不清及议员大肆挥霍公款等事，引起美国广大公众的强烈不满与关注，数十名议员被迫宣布不再竞选连任。　（王学荣）

洛杉矶种族冲突事件　1992年4月29日，美国第二大城市洛杉矶爆发大规模反对种族歧视的暴力冲突，冲突持续了三天。其间，洛杉矶火光冲天，浓烟弥漫，商店关门，学校停课，银行歇业，整个城市陷入瘫痪和混乱之中。这场种族冲突的导火线，是4月29日加利福尼亚州一地方法院宣判1991年3月3日晚残暴殴打黑人青年罗德尼·金的4名白人警察无罪。法院判决后，洛杉矶各界群情激愤，广大黑人群众举行抗议示威，并同前往弹压的警察发生冲突，最终酿成近27

年来美国最大规模的种族冲突。这场浩劫使50多人死亡、2000多人受伤，1万多人被捕、5000多座房屋被烧毁或遭严重破坏，财产损失逾10亿美元。这场冲突的冲击波还蔓延到了纽约、旧金山、费城等美国其他城市。联邦政府调集数万名海军陆战队和国民警卫队员，出动大批装甲车，才使冲突平息。这次由于违反人权和种族歧视而造成的大规模种族冲突震惊了全世界，引起国际社会的极大关注。1993年2月上述案件重新开审后，洛杉矶局势又趋紧张。4月17日，洛杉矶联邦法院裁决，四名警察中两人有罪，局势才暂趋缓和。

（王学荣）

美国允许从外国绑架嫌疑犯 1992年6月15日，美国最高法院在审理墨西哥医生温贝托·阿尔瓦雷斯·马查因被绑架到美国一案时，竟然宣判美国政府可以在其他国家把美国认为的嫌疑犯绑架到美国受审。这一宣判公然无视别国主权和独立，违反国际法准则，引起世界各国的强烈反响。拉美国家纷纷表示反对和谴责；澳大利亚、西班牙等国家也表示抵制和担忧。

阿尔瓦雷斯·马查因是墨西哥医生，美国政府指控他涉嫌1985年在墨西哥杀害一名美国缉毒人员，遂于1990年2月由美国国家毒品管制局人员将他绑架到美国审判。

墨美两国间签订有引渡条约，但美国最高法院拒绝把阿尔瓦雷斯·马查因送回墨西哥。墨西哥政府认为在其领土上绑架墨公民到别国受审的作法是"犯罪行为"，美国法院的裁决"无效"，墨西哥政府拒绝接受，并于6月19日照会美国，要求美国立即释放被绑架的墨西哥医生。

面对各国的抗议，美国总统及美国政府表示，美国政府会尊重别国领土主权和国际法，不会任意到外国绑架嫌疑犯。但美国政府并未撤消最高法院的裁决。

（张人洁）

美国判决诺列加 1992年7月10日，迈阿密的美国联邦地区法院以"贩毒"、"诈骗"等罪名，判处巴拿马前政府首脑诺列加40年徒刑。美国法院审判外国政府首脑，这在历史上是首次。

诺列加1983年担任国防军司令后便成为巴拿马的实权人物。巴美关系一度较为融洽，但在80年代后半期，诺列加与美之间的矛盾增加，从外交争执上升到公开冲突。美国于1987年开始利用巴拿马国内政治矛盾着手推翻诺列加。1988年2月，美国迈阿密大陪审团以诺列加参与并支持向美国贩运毒品的活动第一次提出起诉，但因诺列加仍在当权而无法进行审判。1989年12月美国入侵巴拿马后，诺列加落入美军手中，并于1990年1月4日被押解到迈阿密候审。1991年9月美国司法部对诺列加正式提起公诉。1992年4月陪审团裁决诺列加犯有贩毒等8项罪状，7月迈阿密地区法院就此案进行了最终判决。参见《世界知识年鉴》(1992/93)。

（王学荣）

"伊朗门"案件牵连布什 1992年圣诞节前夕，美国总统布什发布特赦令，赦免因涉嫌"伊朗门"一案而受起诉或被判刑的前国防部长温伯格及里根政府的其他5名官员，实际上结束了长达6年、投入了大量人力财力、结果仍然扑朔迷离的大调查。

所谓"伊朗门"事件，是指1985年11月里根政府通过以色列向伊朗秘密出售武器，以获取美国在黎巴嫩的人质获释，并以出售武器所得的大笔款项又被用于支持尼加拉瓜反政府武装的这一政治丑闻。此事被揭露后，美国众参两院成立了特别调查委员会。负责调查"伊朗门"丑闻的美国联邦特别检察官沃尔什指控布什赦免同该案有牵连官员的决定是滥用总统权力，他还在一份有关"伊朗门"丑闻的报告中表示，布什总统的决定使美国公众无法了解以前国防部长温伯格为首的一批官员可能违法的事实真相。他同时指责布什"非法扣压"记载着1986年11月以后有关"伊朗门"内幕的记录，而他是到1992年12月11日才得知这批材料在布什手中。

联邦大陪审团1992年6月16日提交的起诉书说，布什参加了里根政府的高级官员1986年1月7日举行的会议。在那次会议上，布什总统赞成通过以色列向伊朗出售武器，以换取美国人质获释的计划。

尽管布什自称未卷入"伊朗门"事件，但仍有舆论认为布什的特赦令是为了保护自己。 （王学荣）

新 闻 人 物

希克马蒂亚尔 1992年4月阿富汗纳吉布拉政权垮台后，阿各派游击队之间冲突迭起。在众多游击队领袖当中，年轻的希克马蒂亚尔是举足轻重的人物之一。希克马蒂亚尔1947年生于达兹里，其父是阿最大部族——普什图族部落头人。60年代末他就读于喀布尔大学工程系，在校期间参加旗帜派共产主义青年团，从事反对查希尔王朝的活动。1968年退团，参与组建原教旨主义组织"穆斯林青年"。1972年被政府通缉，流亡巴基斯坦。1973年达乌德政变后回国，依然从事反政府活动。曾参加拉巴尼领导的伊斯兰促进会。后因政见相左于1976年退出，加入伊斯兰党并成为该党领导人。1978年4月阿人民民主党上台后，他继续从事反政府武装斗争。1988年3～8月曾任阿"七党联盟"主席。他领导的游击队组织严密、装备精良，在各派当中只有拉巴尼的阿伊促会游击队能与之抗衡。

希克马蒂亚尔一再强调要按力量大小分配权力，而其他各派则深恐其独揽大权，故自1981年以来，游击队几次组合，均未如愿以偿。近一年来，经过几度厮杀，几度谈判，各派于1993年3月7日达成和平协议，规定由希克马蒂亚尔出任总理并与其他领导人协商后组成新内阁。 （刘式云）

穆塔利博夫 1992年3月6日，阿塞拜疆首任总统阿亚兹·尼亚齐·奥格雷·穆塔利博夫被迫辞职。穆塔利博夫1938年5月12日生于巴库，阿塞拜疆族。1958年任水利工程和土壤改良科研所设计室主任设计师。1959～1974年在巴库日用电表厂历任装配车间班长、工程师、技术检验科科长、总工程师和厂长。此间于1962年毕业于阿塞拜疆石油和化学学院。1963年加入苏共。1974年后历任巴库日用电机生产联合公司总经理、巴库市纳里马诺夫斯克区党委第二书记、阿塞拜疆地方工业部长。1982年任阿部长会议副主席兼计委主席，1989年1月任部长会议主席。1990年1月当选阿共第一书记。同年5月被阿最高苏维埃选为共和国总统。1991年9月当选首位民选总统。此后，阿在纳—卡地区与亚美尼亚的冲突中节节失利，在以人民阵线为主的反对派强烈要求下，他不得不挂冠而去。1992年5月14日，阿最高苏维埃决定恢复穆的总统职务，他立即宣布在全国实行紧急状态。但翌日反对派军队攻占总统府，穆仓皇逃往莫斯科。 （沉 思）

加姆萨胡尔季阿 1992年初，格鲁吉亚首任总统兹维阿德·加姆萨胡尔季阿被赶下台。他1939年生于格鲁吉亚西部，阿布哈兹族人。曾就读于第比利斯大学西欧文学系。1978年起在格鲁吉亚文学研究所工作，写过诗歌和寓言，并把西方的文学作品译成格鲁吉亚文。1989年后，他领导"自由格鲁吉亚——圆桌会议"联盟，主张格鲁吉亚独立，赢得了众多的支持者。1990年9月，格鲁吉亚首次举行多党选举，他当选为格鲁吉亚最高苏维埃主席。次年5月，他又在全民选举中当选为该共和国总统。但他实行的内外政策引起了反对派的不满，政府总理及几个重要部长先后辞职加入了反对派队伍。1991年12月22日，反对派武装进攻政府大厦；次年1月6日，加姆萨胡尔季阿逃往亚美尼亚，同日，以前总理西古阿、民兵组织领导人约谢利阿尼和国民卫队司令兼第一副总理基托瓦尼为主的反对派宣布成立军事委员会作为临时政府。1月中旬，加姆萨胡尔季阿宣布开始内战，但不久，支持加的武装部队被迫转入"地下斗争"。3月中旬，他的宿敌谢瓦尔德纳泽出任格国务委员会主席。加姆萨胡尔季阿流亡到车臣首都格罗兹尼，但他表示将"继续斗争下去"。 （张永椿）

金丸信 1992年，日本自民党内实权人物金丸信命运多舛。1月8日，他作为自民党最大派系"经世会"（竹下派）会长担任自民党副总裁。3月20日，在枥木县遭右翼分子枪击，侥幸脱险。8月27日，金丸信在自民党总部举行记者招待会，承认1990年众议院大选前曾接受了东京佐川快件公司社长渡边广康提供的5亿日元政治捐款，违反了政治伦理，宣布辞去副总裁和"经世会"会长职务。他的突然辞职被认为是一场"政治地震"，也是自1992年1月自民党众议员阿部文男因接受共和钢筋公司贿赂而被捕以来，日本政坛"金权政治"的又一次曝光。各界要求彻底查明佐川案件真相。东京地方检察院，特别搜查部以违反政治资金规正法数量限制罪，对金提出起诉，并迅速做出裁决，判金犯有上述罪刑，课以罚款20万日元。舆论界和在野党以为量刑过轻，自民党内一些人士也要求严肃党纪。金在一片四面楚歌声中，于10月14日在本派干部会议上正式宣布，承担"佐川快件公司非法政治捐款"案的责任，辞去众议员一职。从此，金在自民党内叱咤风云多年的政治生命不光彩地宣告彻底结束。1993年3月6日，金又因偷税数亿日元被警方正式逮捕，后获保释。参见《世界知识年鉴》（1991/92）。 （刘式云）

纳比耶夫 1992年9月7日，塔吉克斯坦总统拉赫曼·纳比耶夫在杜尚别机场遭反对派武装人员包围，被迫签署了辞职声明。纳比耶夫1930年出生，1954年毕业于塔什干水利工程和农业机械化学院。后从事工程技术工作，曾任塔吉克农业技术设备联合公司副经理。1960年加入苏共。1961～1971年在塔吉克共产党中央机关工作。1971～1973年任塔吉克农业部长。1973～1982年任塔吉克部长会议主席和外交部长。1982～1985年任塔吉克共产党中央第一书记。1991年9月当选塔最高苏维埃主席，代行总统职务。在同年11月24日塔独立后首次总统全民选举中，以58%的选票当选总统。纳上任后不久，塔国内政局持续动荡不安，政府的拥护者同反动派之间武装冲突不断，最终导致纳比耶夫的去职。1993年4月10日，他在家乡去世。 （沉 思）

素金达 1992年5月24日，执政仅48天的泰国总理素金达·甲巴允宣布辞职。1933年8月，素金达生于曼谷一个铁路员工家庭，其母是从广东潮州移居泰国的华裔。他曾在曼谷一所大学学医，后入军事学院并获奖学金，是泰国皇家军事学院第五期毕业生。自1958年起在陆军任职，曾在美西点军校学习，担任过泰国驻美大使馆武官。1990年4月任陆军总司令，1991年2月政变后兼任泰国武装部队最高司令。1992年3月大选后应亲军方政党之邀，4月7日素金达上将辞去军职，出任泰国新政府总理。他是泰国自1932年摒弃君主专制制度以来的第19位总理，也是第八位出任总理职务的高级军事将领。反对派以素金达不是民选议员等为由表示强烈反对，素金达则声称宪法未规定非议员不能当总理而态度强硬。双方对抗局面愈演愈烈，导致5月17～20日在曼谷爆发流血冲突，造成大量人员伤亡。后由国王出面干预，经枢密院大臣炳安排，双方谈判达成协议，素金达被迫辞职，随后议会通过宪法修正案，规定总理必须从当选议员中产生，政治危机暂告结束。 (刘式云)

利维 1992年3月29日，以色列副总理兼外长戴维·利维宣布辞职。后经多方安抚，他才收回辞呈。利维于1937年生于摩洛哥拉巴特的一犹太人家庭，其父是木匠。1957年移居到以色列。他当过建筑工人。1965年步入政界。后加入自由运动党并进入该党中央委员会，被选为执行委员。1969年作为该党代表进入议会，成为最年轻的议员。1977年被选进内阁，任移民安置部长。后改任副总理兼住房建筑部长。1990年7月出任副总理兼外交部长。他原是利库德集团内第二号人物，被认为是以内阁中最强有力地支持中东和谈的人士，并曾多次在利库德集团内对沙米尔的领导地位发出挑战。他的辞职表明以执政党内部分歧加剧。1992年6月利库德集团大选失利后，在翌年3月举行的领导人选举中，利维败于本雅明·内亚尼亚胡。 (刘式云)

布迪亚夫 1992年6月29日，阿尔及利亚最高国务委员会主席穆罕默德·布迪亚夫在阿东部港口安纳巴遇刺身亡。这是埃及总统萨达特遇刺后，阿拉伯世界又一起国家元首被刺事件。

布迪亚夫1919年生于姆西拉。二次大战期间曾在法国军队中当过副官。1954年参与创建阿"民族解放阵线"。阿尔及利亚8年独立战争期间曾任临时政府的副总统和民族解放阵线5人领导集团的协调员。阿独立后曾组建"社会主义革命党"。由于政见分歧，1965年曾被当时的总统本·贝拉缺席宣判死刑。布迪亚夫因此流亡法国、摩洛哥等地27年。直到1992年1月16日，阿国内政局动荡，沙德利总统辞职，布迪亚夫才接受军方领导人邀请回国执政。上任后，他采取了一系列非常措施，宣布在全国实施12个月的紧急状态，取缔穆斯林原教旨主义组织伊斯兰拯救阵线的合法地位，并对伊阵的7名领导人提出起诉，意欲稳定国内局势。这些措施在伊阵及其支持者中引起强烈反响。布迪亚夫执政后，还着手清除贪污腐败现象，指示总检察长对挥霍和侵吞国家巨额资财的军政要员进行调查。这些措施触犯了许多既得利益者。布迪亚夫之死使阿局势更加复杂化。 (张永椿)

勃兰特 1992年10月8日，著名国际活动家、前西德总理维利·勃兰特因病去世。勃兰特1913年12月18日生于德国北部城市吕贝克。因是私生子，随母姓，取名赫伯特·弗拉姆。自幼生活贫寒，受外祖父社会民主党思想的影响很深。16岁时加入社会民主党。1931年加入社会主义工人党，并任该党吕贝克党组织主席。1933年1月希特勒上台后，转入地下，并于3月改用现名偷渡丹麦。很快又转到挪威，获挪威国籍。1940年4月纳粹德国入侵挪威，又逃亡到瑞典，并入瑞典国籍。1946年任挪威驻柏林军事使团的新闻专员。1948年春申请恢复德国国籍，后出任德国社会民主党中央委员会驻柏林特派员。1957年10月当选为西柏林市长。1966年任西德外交部长。1969年出任联邦政府总理。他推行的"新东方政策"（所谓"新"是相对于基民盟长期推行的对东方关门的僵硬政策而言），被认为"有助于缓和第二次世界大战后欧洲的紧张局势"。他同东德签订了两德关系基础条约，又同苏、波、捷等华约国家签订了包括放弃使用武力、承认战后边界和领土现状、促进相互关系正常化等内容的条约（统称东方条约），大大改善了西德与苏联及东欧国家的关系。1971年获诺贝尔和平奖。1974年5月因其秘书纪尧姆被揭露是东德间谍而引咎辞职。此后继续活跃在国内和国际舞台，先后担任德国社民党主席、名誉主席和社会党国际主席。他曾频繁出访各国，为南北问题、东西方关系以及社会党国际事务，与国际上许多政界、经济界要人磋商。 (曹维秀)

金克尔 1992年5月，克劳斯·金克尔接替根舍出任德国外长。他1936年12月17日出生在德国巴登—符腾堡州梅村根镇。在黑辛根读完国立高中后，去图宾根、波恩及科隆大学攻读法学，1964年获博士学位。1968年在联邦内政部任职，先后任部长办公室主任、外交部执行司及计划司司长。1979年改任联邦情报局局长。1982年任司法部国务秘书，1990年底出任司法部长。金克尔在外交上主张积极进取的战略，同时又强调要谨慎、灵活、讲究策略。认为维护西欧一体化，坚持马约，努力推进欧洲联盟的进程仍将是德国外交政策的重点，但强调德国应在欧洲之外发挥作用，扩大影响。他呼吁增强德国在亚洲的参与，努力寻求与东盟各国、印度、蒙古及中国扩大合作。他上任后力主取消对中国的各种限制，以使德中关系纳入到"有秩序的、正常的轨道上"。11月初，金克尔访华时表示"支持恢复中国在关贸总协定的缔约国地位"，重申"德国将坚持一个中国的政策。" (张永椿)

鲁茨科伊 1992年，俄罗斯副总统亚历山大·鲁茨科伊与总统叶利钦之间的政见分歧日趋加深。鲁茨科伊 1947 年 9 月 16 日出生于乌克兰，俄罗斯族。23 岁加入苏共，24 岁毕业于飞行学院。1985～1988，曾两次赴阿富汗参战，当过空军团长，后升任侵阿苏军副司令，荣获过“列宁勋章”、“红旗勋章”及“苏联英雄”的称号。在他第二次入阿作战时，飞机被地面火力击伤，他靠降落伞降到巴基斯坦领土，成了俘虏，后被释放回国。1990 年 6 月在俄共成立大会上，他当选为俄共中央委员。1991 年 6 月他作为叶利钦的搭档，当选俄罗斯副总统。同年 8 月 3 日“俄罗斯共产党人民主党”(后改名为“自由俄罗斯人民党”)宣布成立，鲁被选为主席。1992 年初，俄实行“休克疗法”，鲁持不同看法，并公开批评叶利钦使俄“处于崩溃的边缘”。叶不得不于 2 月 13 日要求鲁“用明确的书面文件”阐明他“作为副总统的立场”。4 月，他向议会揭露了大量高级官员犯罪的事实，此后叶利钦先后解除了他主管发展农业及农工综合体的工作及他领导的反犯罪斗争部际委员会的职务，被“挂在空档上”。6 月他与其他党派组成中间派“公民联盟”(在议会拥有 1/3 席位)，其矛头针对叶利钦及其政府班子，并于年底将激进改革派代表人物、代总理盖达尔赶下了台。 (吴建华)

盖达尔 1992 年 12 月 9 日，俄罗斯总理候选人叶戈尔·铁木罗维奇·盖达尔在俄人代会举行的秘密投票中未能获得必要的多数，失去出任总理的机会。盖达尔生于 1956 年，俄罗斯族。毕业于莫斯科大学，获经济学博士学位，通晓英、西班牙、塞尔维亚—克罗地亚语。曾先后在前苏联《共产党人》杂志和《真理报》编辑部及前苏联科学院工作，担任过苏联国民经济科学院经济政策研究所所长。1991 年 11 月初，盖达尔被任命为副总理，负责经济政策问题，兼任经济和财政部部长。1992 年 3 月升任第一副总理，主管经济改革政策。6 月中旬又出任代总理。他认为，必须在俄建立完全的自由市场经济，坚决地推行强硬的改革方针。在他主持下，从 1992 年起俄开始推行以全面放开物价、紧缩银根、稳定财政、大规模实行私有化为主要内容的“休克疗法”。这一疗法未能奏效，俄物价严重失控、生产急剧下降，失业人数剧增，政府遭到社会各界猛烈抨击。在此形势下，虽然叶利钦总统全力支持盖达尔并提名他任总理，但人代会认为政府活动“不能令人满意”、实施的经济改革的形式和方法“不符合大多数公民的利益”，最终否决了总统的提名。 (沉 思)

米洛舍维奇 1992 年 12 月 20 日，南斯拉夫塞尔维亚共和国总统斯·米洛舍维奇在塞尔维亚大选中击败在国际上颇有声望的南总理帕尼奇，连任总统。米洛舍维奇生于 1941 年，18 岁加入南共盟，30 多岁便当上大银行董事长，45 岁出任塞尔维亚共盟主席。在原南斯拉夫发生裂变前夕，他借助塞尔维亚人的民族情绪，收回了伏伊伏丁那和科索沃两个少数民族自治省的自治权，从而赢得塞尔维亚人的支持。在要求实行多党制的呼声中，他又将塞共盟和社盟(统一阵线)改组成塞尔维亚社会党，并以塞尔维亚共和国总统身份兼任该党主席。塞尔维亚和克罗地亚开战之后，大量的人员伤亡和严重的通货膨胀使他的声望下降，但并没有动摇他的地位。米洛舍维奇主张对内搞以公有制为主体的多种所有制，受到中老年人，尤其是广大工人、农民的欢迎；对外主张仍奉行不结盟政策。在塞尔维亚大选获胜后，他提出三条施政纲领：一、促进前南斯拉夫所有地区的和平，但强调必须公正；二、尽快恢复经济；三、反对贪污犯罪，保证公民安全。 (张永椿)

帕尼奇 1992 年 7 月 14 日，具有南斯拉夫和美国双重国籍的富商米兰·帕尼奇被南议会选为南斯拉夫联盟共和国的首任总理。他于 1929 年 12 月 20 日生于贝尔格莱德，塞尔维亚族人，毕业于贝尔格莱德大学生物化学系。1956 年移居美国，1963 年加入美国国籍，但仍保留南国籍。1960 年，他与人合创 ICN 制药公司，目前该公司已在世界 60 多个国家设立分支机构，其中包括它在 1990 年与南斯拉夫最大的制药厂“加莱尼”合资成立的 DPI 制药公司。为争取缓解国际制裁并扭转濒临崩溃的经济，南总统乔西奇决定选择经历特殊的帕尼奇出任总理，以摆脱困境。帕尼奇上任后提出停止内战和流血、实施民主、重振经济的口号，并为促进各方和解、摆脱国际制裁做了许多努力，获得南各阶层的普遍好感。但帕尼奇对南国内情况缺乏深入了解，更没有一个政党给以有力的支持。在 12 月 20 日的塞尔维亚总统大选中由于他主张承认前南各共和国之间的边界、同意南斯拉夫联盟重新申请加入联合国、主张“全面移植美国政治经济制度”等，失去了许多选民的支持，西方明显的偏袒更使选民反感，终被米洛舍维奇击败。12 月 29 日，南公民院和共和国院分别以绝对多数票通过了对南总理及联盟政府的不信任案，随后公民院决定由副总理拉·孔蒂奇履行总理职责。(张永椿)

布思罗伊德 1992 年 4 月 27 日，贝蒂·布思罗伊德当选为英国下议院议长。她是英国下院 700 年历史上的第一位女议长，也是自第二次世界大战以来第一任非执政党的议长。她 1930 年生于约克郡一个纺织工人的家庭。早年为舞蹈演员。16 岁加入工党，曾担任工党基层组织的领导人，同时也是青年工人联盟成员。21 岁时在约克郡迪斯伯利市竞选市议员，后入政府交通运输部任秘书。1973 年当选下院议员，进入国会。1987 年被推举担任下院副议长，成为议长韦瑟里尔的助手，经常主持下院的议会辩论。在工党中，她是主张英国加入欧共体的代表人物，也是反对英国单方面削减核武器的重要人物之一。 (曹维秀)

彭定康 1992年7月9日，前英国保守党主席彭定康(Christopher Patten，英国名克里斯托弗·帕滕)就任第28任香港总督。彭定康1944年5月12日生于一个传统的天主教家庭，本人也是天主教徒。曾就读于牛津大学，主修现代史，获荣誉文学士。1974～1979年任保守党研究部主任。1979年5月首次入选下议院。1979～1981年，任兰开斯特公爵郡大臣的国会私人秘书。1981年任社会事务大臣的国会私人秘书。1981～1983年任保守党在国会的财务委员会副主席、国防专责委员会和财政程序专责委员会的委员。1989年出任环境大臣，首次进入内阁；梅杰担任首相后，彭定康任保守党主席和兰开斯特公爵郡大臣。1992年5月7日英国地方选举后，彭辞去保守党主席职务。他打破了以往一直由殖民地政务官或职业外交官出任港督的传统，而成为第一位同时也可能是最后一位出任港督的政治家。彭上台后推出的“政改方案”违背了中英联合声明、与基本法衔接的原则以及中英已达成的协议和谅解，挑起中英在香港问题上的公开争论和对抗。

(张永椿)

欧文 在1992年8月举行的关于前南斯拉夫问题的伦敦会议上，戴维·欧文被任命为两位调解人之一。欧文1938年7月2日生于英国得文郡普利茅斯市郊普利姆普顿一医生家庭。曾在剑桥大学学习医学，获硕士学位，毕业后在伦敦圣托马斯医院任神经和心理科医生。1961年加入工党。1966年入选下院。1968年任议会常务次长、负责防御(皇家海军)事务；1970～1972年、1979～1980年为反对党议会前座发言人。1976年被封为枢密院参事。1977年2月任外交大臣。1981～1982年任议会委员会总主席。1981年参与创立社会民主党，1983年起为社会民主党领袖。自称属于前外交大臣克罗斯兰所倡导的“蓝水”外交学派，意即英国应扮演世界性的角色，而不是把眼光只局限于欧洲大陆。作为一个老资格的外交家，欧文思维敏捷，讲话大胆，办事果断，特别善于把握复杂的技术问题和具体细节。

(张永椿)

克林顿 1992年11月3日，四年一度的美国大选揭晓，民主党候选人威廉(昵称比尔)·杰弗逊·克林顿在32个州和首都获胜，以370对168的选举人票数(得票率为43%对38%)击败在职总统布什，当选第42任第52届美国总统。他是美国第一位二战以后出生的总统。1946年8月19日生于阿肯色州霍普镇，自幼家境清贫，出生前4个月，父亲因车祸去世。幼时一度靠经营小店的祖父母抚养。1968年毕业于美国乔治城大学外交学院，并获得罗兹奖学金赴英国牛津大学深造。1970年考入耶鲁大学法律系，1973年毕业后在阿肯色州法学院任教并开业当律师。1978年当选为阿肯色州州长，成为当时美国最年轻的州长。两年后竞选连任失败。1982年重新当选阿肯色州州长。任职期间，他在经济上保护企业利益，为企业免税 以促进投资，使阿肯色州经济增长达29%，就业率和收入增长率也高于全国平均数。此外，他还使该州教育经费从全国最低上升至全美第三位，高校入学率也从39%提高到51%。1991年6月，克林顿被《新闻周刊》评为全美处理政务效率最高的州长之一。80年代以来，他还曾担任过全国民主党州长大会主席、全国州长协会主席和民主党领导委员会主席，并且还是美国外交委员会和国际三边委员会成员。在竞选中，他提出“振兴美国”的口号。在国内政策上，主张对富人增税，对中产阶级减税，对企业投资在税收上给予优惠；增加教育投资；推行保守的联邦政府开支政策等等。在对外和防务政策上，主张大幅裁减军队和军费开支，要求西方盟国承担更多的防务义务，同时强调美应在世界上担负起领导职责，反对孤立主义。他和戈尔搭档，终于使民主党人在阔别白宫12年后东山再起。克林顿的妻子希拉里是他在耶鲁大学的同窗，家境富有，且是全美有名的律师。他们有一女儿。

(张永椿)

佩罗 1992年，罗斯·佩罗成为美国大选中的风云人物。2月20日，这位跻身美国15名大富豪行列的亿万富翁在接受美国有线新闻电视网(CNN)记者采访时首次表示，他愿以独立候选人身份竞争总统职位。佩罗1930年6月27日出生于得克萨斯州的特克萨卡纳市。其父是牛仔，后成为马商和棉花商。他曾为父亲驯马、卖报。后入特克萨卡纳初级大学、美国海军学院学习。1953年入海军服役。1957年退役后进入国际商用机器公司任推销员。1962年，他以夫妇两人积蓄的1000美元建立了电脑数据处理公司。经过几十年的苦斗，从一个默默无闻的小业主成为拥有30亿美元资产的亿万富翁。他的参选在不满两党政治的选民中一度激起了巨大的热情，使竞选活动呈三足鼎立之势。由于内外压力，7月16日他突然宣布不参加竞选。10月1日，佩罗又出人意料地宣布重新参加竞选，但其势头已大不如前。在选举中，他终未能打破美国“两党政治”的格局，虽获得19%的选票，但未获一张选举人票。

(张永椿)

万斯 在1992年8月举行的讨论前南斯拉夫问题伦敦会议上，赛勒斯·万斯被任命为两位调解人之一。万斯1917年3月27日生于美国西弗吉尼亚州克拉克斯堡，幼年丧父，靠父母的好友抚养成人。曾就读于耶鲁大学，获法学博士等学位。毕业后先后在纽约的辛普森、撒切尔与巴利特法律事务所工作，嗣后任纽约律师协会主席。1957年涉足军政界，曾在国防部、陆军部等任过要职。1976年底，出任卡特政府国务卿，后因在营救伊朗美国人质问题上与总统意见相左挂冠而去。在国防部工作期间，曾先后以总统特别代表身份处理过巴拿马运河事件和调解多米尼加内战，协助解决希腊、土耳其在塞浦路斯问题上的争端，并多次参加美苏限制军备谈判和越南问题的巴黎和谈。1991 年 10 月 8 日，被任命为联大秘书长加利的私人特使前往调解南斯拉夫危机。1993 年 5 月 1 日，挪威外交大臣斯托尔腾贝格接替万斯出任调解人。此前万斯由于家庭原因辞去调解人职务。 （张永椿）

新闻名词

国际空间年 1992 年为国际空间年，这是第 44 届联合国大会于 1989 年 12 月 8 日正式确定的。国际空间年的宗旨是：世界各国联合起来，共同迎接空间世纪的挑战，使全人类都能从空间科学的新发现和空间技术的实际应用中取得最大效益。国际空间年的活动包括：以开发、探险、教育为主题所进行的航天技术研究，探索太空，普及空间科技知识以及以"和平、利用"为目的所开展的各项活动。

国际空间年活动得到了许多国家的积极响应。很多国家还成立了专门机构。为协调全球性国际空间年活动，国际科学联合会空间年特别委员会、国际宇航联合会空间年委员会等国际性组织相继成立，其中最大的是"国际空间年活动组织"(SAFISY)，它由 29 个国家和地区的空间机构及 10 个国际性组织组成(中国也是成员国之一)。它由地球科技小组、教育应用小组和空间科学小组 3 个专家组主持日常工作，所要实施的最大项目是"地球使命"计划。该计划有 13 个项目，内容包括探测温室效应对地球的影响、世界森林状况、海洋对气候及碳循环的影响、大陆土地覆盖状况、极地臭氧层的波动现象等等。国际空间年期间，各类国际会议和各种太空活动大大促进了空间技术的普及应用和国际合作。

1990 年初我国成立了以国家科委主任宋健为名誉主任的"国际空间年中国筹备委员会"。筹委会制定了我国的活动计划，举办了一系列的研讨会、展览会等。我国还参加了有关的全球性合作项目。（刘式云）

国际残疾人日 1992 年 10 月 13 日，第 47 届联合国大会通过决议，确定每年 12 月 3 日为"国际残疾人日"。决议要求各国政府和国际组织通力合作，继续开展持续有效的活动，以改善残疾人的状况。该届联大特别会议还审议了将于 1992 年结束的"联合国残疾人十年"的活动和"残疾人世界行动纲领"。为纪念第一个"国际残疾人日"，12 月 3 日联合国总部举办了为残疾人服务的计算机和先进技术展览。联合国秘书长加利在为"国际残疾人日"发表的书面讲话中，要求各个领域和社会各阶层的人们时刻关心残疾人的权益和要求，而不只是在"国际残疾人日"这一天。 （张永椿）

哈马斯运动 指活跃于巴勒斯坦地区的一个伊斯兰组织所从事的反对以色列的活动。"哈马斯"(Hamas)是阿语"伊斯兰抵抗运动"(Harakat al Muqawama al Islamiya)的简称，是巴勒斯坦地区除巴勒斯坦解放组织之外的另一支主要的反以力量。该组织于 1988 年正式成立。在理论上，受伊斯兰原教旨主义思想的影响；在组织上，属于分布在许多阿拉伯国家的"穆斯林兄弟会"的一个分支；其指导原则是伊斯兰教；其斗争目标是在从地中海到约旦的巴勒斯坦土地上建立一个伊斯兰共和国；主张开展"圣战"；反对任何一种和平解决巴勒斯坦问题的提议、方案和国际会议；反对巴解组织要把巴勒斯坦建成为一个世俗国家的计划。目前其成员约有 2 万人，并拥有大量的支持者和同情者。他们来自各行各业，多数是年轻人，其中知识分子和大学生占相当大的比例。哈马斯的基层组织是"家庭"，每个"家庭"有若干以兄弟相称的"家庭成员"和一个"家长"。活动经费来源于当地穆斯林的捐助和国外的资助，包括一些伊斯兰国家的政府。哈马斯的创建者和领导人是阿赫马德·雅辛教长，现被以色列逮捕。另一位领导人是阿卜杜拉—阿齐兹·兰蒂西，为加沙伊斯兰大学的教师。哈马斯的活动从组织示威游行罢工等抗议活动，到开展武装斗争，袭击、绑架以色列军警和在约旦河西岸及加沙地带的犹太定居者，并打击巴勒斯坦人中与以色列的合作者；还要求穆斯林严格按伊斯兰教规生活，要求妇女戴头巾面纱。以色列政府为消除哈马斯造成的威胁，采取了驱逐、逮捕和分化瓦解等一系列措施。1992 年 12 月，以政府将 415 名哈马斯成员和支持者驱逐到南黎巴嫩。哈马斯和巴解在意识形态以及斗争的目标和 方式等问题上存在着极大的分歧，双方多次发生冲突。 （张永椿）

关于朝鲜半岛无核化共同宣言 1992 年 2 月 19 日上午在平壤文化宫举行的朝鲜第六次北南高级会谈中，北方政务院总理延亨默和南方国务院总理郑元植交换了《关于朝鲜半岛无核化共同宣言》文本，该文件由此正式生效。1991 年以来，朝鲜半岛核武器问题已成为国际关注的焦点之一。美国自 50 年代起就将战术核武器部署到朝鲜南方。1991 年 12 月 18 日，朝鲜南方总统卢泰愚发表无核宣言，美国总统布什随即表示对从朝鲜南方全部撤走美国核武器不持异议。此举为解决朝鲜半岛核武器问题铺平了道路。朝鲜北方于1985年加入《防止核武器扩散条约》后曾提出只要美国从朝鲜南方撤走核武器并对其核设施进行同时调查，北方就可签订核安全协定和接受核调查。由此，朝鲜北方于1992年1月30日在维也纳同国际原子能机构签署了核安全协定并据协定的程序接受核调查。此前，朝鲜北南方于1991年12月26日开始在板门店就核武器问题的谈判取得重大进展，双方于1991年12月31日草签了无核化宣言。宣言共6条，主要包括：双方不试验、制造、生产、接受、拥有、储存、部署和使用核武器；只把核能用于和平目的；不拥有核后处理设施和钠浓缩设施；按规定的程序和方法彼此检查对方选定的、双方都同意的场所；组成北南核控制共同委员会并开展工作。（吴建华）

朝鲜《关于北南和解、互不侵犯和交流合作协议书》 朝鲜《关于北南和解、互不侵犯和交流合作协议书》在1992年2月19日的第六次北南高级会谈中，经北南双方总理互换其文本，并开始生效。40多年来，朝鲜半岛的局势经历了艰难曲折的过程。北南双方自70年代以来尽管举行过多种层次的会谈，但进展不大。在1990年举行的前三次北南总理会谈中，北方主张首先签署北南互不侵犯宣言，而南方则坚持先签署合作交流协议书。双方各执一辞，未能达成协议。1991年9月朝鲜北南方同时加入联合国后，北南关系迅速改善和发展。同年10月第四次总理会谈是北南和解的真正开始，双方在和谐的气氛中就签署协议书草案达成一致。1991年12月13日，北南第五次总理会谈取得了重大突破，双方总理在汉城签署了"协议书"，这是朝鲜分裂46年来达成的第一个框架性文件。协议书共4章25条，主要包括：双方互相承认和尊重对方的制度、不干涉对方的内部问题、不对对方进行诽谤中伤、不进行旨在破坏和颠覆对方的一切活动；双方不对对方使用武力，不以武力侵略对方；双方实现科学、技术、教育等各个领域的合作与交流，实现民族成员的自由往来和接触；等等。"协议书"的签署打破了朝鲜北南长期对峙状态，为北南关系的进一步改善，加强对话与协商，增进交流与合作开创了新的局面，将对朝鲜半岛的统一进程产生积极的推动作用。（吴建华）

"恢复希望行动" 指联合国向索马里派遣多国部队的行动。自1991年1月西亚德政权垮台后，索国内出现各派武装林立、四方割据的局面，流血冲突迭起，加上百年不遇的大旱，使得索国家和社会机构完全解体，经济崩溃，民族生存受到严重威胁。1992年7月下旬，联合国安理会决定向索紧急空运救援物资。然而由于索全国已陷入无政府状态，国际救援工作经常受到阻碍。为确保赈灾顺利进行，12月3日安理会一致通过了794号决议，决定派遣一支以美国为首的多国部队进入索马里。这是联合国近30年来在非洲采取的一次规模最大的军事干预行动。决议受到非洲统一组织等的欢迎。12月9日凌晨，1800名美国海军陆战队官兵在摩加迪沙登陆，此后法、加、意等20多国部队3.3万多人陆续抵索（其中美军约2.5万人），并于年底占领了8个城市，使国际救援活动得以重新展开。由于索马里和平进程缓慢，"恢复希望行动"会延续多久，为国际社会所关注。（张永椿）

"开放天空"条约 1992年3月24日，在欧安会赫尔辛基后续会议上，与会国外长正式签署了"开放天空"条约。根据美国总统布什1989年的倡议举行的"开放天空"谈判，曾于1990年2月和4月分别在渥太华和布达佩斯举行过两轮。第3轮会谈于1991年9月在维也纳开始举行。1992年3月18日，北约与原华约的24个谈判国终于达成一致意见。条约包括的地理范围西起加拿大的温哥华东至海参崴，横跨美、欧、亚三大洲的48个国家。条约规定，每个签字国都有权在别国的领空进行监督性飞行，但必须提前72小时通知当事国，原则上监督国使用自己的监督飞机，但被监督国有权提供本国的监督飞机，费用由监督国承担。条约还规定了每个签字国每年允许监督飞行的具体数目：美国和俄罗斯联邦（包括白俄罗斯）各为24次，德国、英国、法国、加拿大、土耳其、乌克兰各为12次，其他国家各为2～7次不等。参见《世界知识年鉴》(1992/93)。（沉　思）

黑海经济合作区 指黑海地区11个国家通过双边或多边合作网来加强成员国间经济合作的经济活动区域。建立黑海经济合作区的主张是土耳其总统厄扎尔于1989年提出的，得到了苏联、保加利亚和罗马尼亚的响应。此后四国代表多次开会讨论建立合作区的可行性。1992年2月3日，土、保、罗等9国外长草签了关于建立黑海经济合作区的协议，尔后希腊和阿尔巴尼亚也被吸收进来。6月25日，土耳其、希腊、阿尔巴尼亚、保加利亚、罗马尼亚、摩尔多瓦、乌克兰、俄罗斯、格鲁吉亚、亚美尼亚和阿塞拜疆等11个国家的元首和政府首脑在伊斯坦布尔签署了《黑海经济合作宣言》，正式宣告黑海经济合作区的诞生。根据宣言，各成员国将在基本建设、能源、采矿、冶金、农业、信息交换、保险和科技等领域进行合作；逐步为劳务、商品、服务和资金自由流通创造条件；将通过双边或多边合作网逐步加强成员国间的经济合作；还将成立"黑海外贸和投资银行"，以促进成员国间经贸的合作；将建立合资企业；并将定期举行至少每年一次的外长会议，讨论合作进程，制定政策和目标。黑海经济合作区的成立将为该地区的经济发展带来新的活力。（张永椿）

太空镜 又称"太空伞"、"人造小太阳"等。指在太空中安设的太阳光反射器，可利用其为极圈内的城镇、边远地区和自然灾害区照明。1993年2月4日，俄罗斯宇航中心宣布在"和平号"轨道站上进行的设放太空伞的试验获初步成功。该太阳光反射器由镀铝塑料薄膜制成，为许多能够展开的大型薄片式结构，展开时如一面直径20米的镜子，能够将阳光反射到地面上。俄空间科学家计划把大约100面太阳光反射器发射到地球轨道上，使其排列成围绕地球的一个环。它除了用来照亮地球以外，还能把阳光聚集到宇宙飞船的太阳能板上，为宇宙飞船提供动力，也可以用来销毁外层空间的"空间垃圾"。 (张永椿)

法德军团 又称欧洲军团。指向西欧联盟成员国开放、具有欧洲属性的法德联合军事组织。1992年5月21～22日，法国总统密特朗和德国总理科尔在法国拉罗谢尔举行会晤时宣布正式组建。双方协议，一旦组成欧洲联军，法德军团将是其核心部分。双方计划，第一步在1988年初组建的4200人的法德混合旅的基础上由法德再各抽调一个作战师(即战后法驻德特里尔的第1装甲师和德第10装甲师)组成3.5万人的联合军团，1996年正式服役；第二步吸收其他西欧联盟成员国参加，最终组成约5万人的欧洲军团。它将隶属于西欧联盟，是未来欧洲政治联盟的武装力量。其主要任务是：保卫北约成员国；参加联合国维持和平行动；参加人道主义援助行动。军部设在法国斯特拉斯堡。由于法国1966年退出了北约一体化指挥机构，有些国家担心该军团的发展会削弱北约在欧洲的传统地位。11月30日，法德向北约递交了一份将欧洲联军交北约指挥的备忘录，保证"当北约成员国安全受到侵犯以及在执行维持和平任务时，欧洲联军将由北约的欧洲盟军最高司令部统一指挥。"法德为建立欧洲独立防务体系、进而推动欧洲一体化深入发展而作的努力，在欧美各国引起不同的反响。比利时、卢森堡、西班牙、挪威、意大利等国已不同程度地表示了参与的意向，而美、英则持异议，在西欧联盟其他成员国中也还存在着各种分歧。因此，法德军团乃至整个欧洲军团的建立将不会是一帆风顺的。 (张永椿)

微波炸弹 指运用微波技术制成的一种炸弹，属于所谓"非杀伤性武器"之一种。它的作用是摧毁敌人的电子设备而使敌人的操作人员暂时处于瘫痪状态而不是被杀死。微波炸弹将由飞机或导弹发射，在空中爆炸后，能烧毁一定范围内的电脑电路和电话线；爆炸时释放出的大规模电磁脉冲还能扰乱人的大脑神经系统，从而使人暂时失去知觉。这种炸弹内装置了波管，当由普通爆炸物构成的外壳被引爆后，引爆物沿着波管纵向不断粉碎波管，并大大增强电磁脉冲的强度，从而产生特殊的摧毁效应。英国国防部门正在研制此类"微波炸弹"。 (张永椿)

北美自由贸易区 1992年8月12日，美国、墨西哥和加拿大三国贸易谈判代表在华盛顿签署协议，决定建立"北美自由贸易区"。根据协议，在今后的15年内三国间将逐步取消一切关税和贸易壁垒，实现农产品在三国市场的自由流通；取消对服务业和相互投资的限制。协议还规定对知识产权进行有效的保护，同时将开放汽车、通讯设备、纺织品、食品、金融保险及投资业等新市场，从而建成一个北起加拿大育空河地区、南至墨西哥尤卡坦半岛，横跨整个北美大陆、面积达2130.7万平方公里、拥有3.6亿消费者、年国民生产总值达6.5万亿美元的北美经济共同市场，成为世界上最大的经济贸易集团。北美自由贸易区的建立反映了当今世界经济区域集团化的趋势。事实表明，美国的经济发展和就业机会的增加越来越依赖于对外贸易的增长。欧洲统一市场的建立和亚太地区的经济腾飞也使美国加快了建立以自己为中心的经济圈的步伐。北美自由贸易区的建立将进一步打开北美大陆的外贸渠道。 (曹维秀)

布坎南现象 指美国总统大选中出现的"新孤立主义"思潮的表现。帕特里克·布坎南是美国共和党内一位保守派代表人物，早年在乔治敦大学就读，并获哥伦比亚大学新闻学院硕士学位，曾任尼克松总统的演讲撰稿人和里根总统的对外通讯主任，近年来一直活跃在新闻界，是一些著名大报的专栏作家和全国性有线电视新闻网的时事辩论专题节目主持人。1991年12月，他宣布参加总统大选，以其"美国优先"的口号向竞选连任的布什总统发起挑战，获得不少选民的青睐。他的竞选主张可归纳为：反对全球主义，提倡民族主义；反对美国统治下的和平，坚持旧的保守主义价值观；反对将美国的财富和力量用于模糊不清的世界新秩序，主张把美国置于首位。他的政策主张实质上是美国"新孤立主义"思潮的集中表现。近一二年来，美国面临的国内外形势发生了重大变化。由于苏联、东欧剧变，美苏对峙的两极世界格局已经崩溃；在综合国力竞争中，欧日构成对美国的最大挑战。而美国国内持续一年半的经济衰退仍无转机，各种经济、社会问题成堆。在这种情形下，主张对外"收缩"、全力应付国内问题的"新孤立主义"思潮便应运而生。 (张永椿)

"生物圈2号"实验室 由德克萨斯州石油大王爱德华·巴斯出资1.5亿美元在亚利桑那州苏诺兰沙漠修建的"生物圈2号"于1991年9月26日开始启用。按计划，8名男女科学家将在其中生活两年，以证明人们能够在封闭的环境中保持空气、水、废物的再循环，同时能自产粮食、蔬菜、肉类，自给自足地生活。根据规定，除非“生物圈2号”内出现大批动植物死亡，有人怀孕或身患重病，圈内的科学家一般不能离开。但在1991年10月，女科学家珍尼因为割伤手指而第一个走出密封建筑物的气闸门进行外科紧急治疗。她返回时，带回一大包东西。人们对此发出疑问，生物圈内有医学博士及医疗护理方面的专人，珍尼为何要小病大医呢？1992年7月，气闸门再次打开，运出一些水和植物样本。8月25日，气闸门第三次启动，研究人员接受了外界的一些蛋白质粉以及瓶子、标签及药物等其他供给品，并将一些水、血液、尿液和胶卷等运出生物圈。据统计，自启用至1992年9月，8位科学家每人平均体重下降16%。“生物圈2号”内的科学家们称，气闸门开启对密闭环境试验没有影响，但有些人对此持有异议。1993年9月26日，8名科学家在人造世界中生活了两年后安然无恙地走出“生物圈2号”。由于“生物圈2号”内氧气含量下降，二氧化碳含量曾一度达到正常值的10倍以上，人们曾被迫向实验室内多次补充氧气和空气。科学家们进行了大量的实验并取得了宝贵的数据。他们的体重平均下降了14%。他们生产了所需食物的80%，圈内大多数动植物也都生存了下来。两年中有45万游客到此参观。尽管实验中出现了一些故障，有些人批评该实验带有商业色彩，但许多人认为这次有史以来最大的生态实验达到了预期目的。参见《世界知识年鉴》(1992/93)。 (刘式云)

“托里塞利”法案 指1992年9月下旬美国国会通过的旨在对古巴进行经济封锁和贸易禁运的法案。该法案的正式名称为“1992年古巴民主法案”，是由美国民主党议员托里塞利等人提出的，故名。10月23日布什总统已正式批准该法案。根据该法案，美国将继续扩大对古巴的贸易制裁措施，不但继续禁止美国本国公司同古巴进行贸易，而且还禁止美国在海外的公司同古巴开展贸易。它还规定，在古巴港口停泊过的外国船只半年之内不得进入美国港口，美将不向给古巴财政援助和贸易优惠的国家提供经济援助。提出该法案的托里塞利宣称，其目的是“为古巴的解放开辟道路”。该法案不仅遭到古巴社会各界的强烈反对，而且受到国际舆论的普遍谴责。11月24日，联大通过决议，要求美国必须停止对古巴的经济、贸易和金融封锁。决议重申国家主权平等、不干预和不干涉内政、国际通商和通航自由等原则，要求所有国家遵守《联合国宪章》，不颁布和实行对古巴进行经济、商业和金融封锁的法律和措施。敦促已有这种法律和措施的国家尽快采取必要步骤取消这些法律和措施。 (张永椿)

各国概况

亚洲

中国

国名　中华人民共和国。

面积　约960万平方公里。

人口　117171万(1992年,不包括台湾省和香港、澳门)。

首都　北京,人口1032.2万(1990年底)。

国家元首　中华人民共和国主席江泽民,1993年3月27日当选。

民族　统一的多民族国家,有56个民族。汉族约占总人口的92%,55个少数民族共占8%。少数民族中,人口超过千万的是壮族;超过百万的有回、维吾尔、彝、苗、满、藏、蒙古、土家、布依、朝鲜、侗、瑶、白、哈尼、哈萨克、傣、黎等;超过10万的有傈僳、佤、畲、拉祜、水、东乡、纳西、柯尔克孜、土、羌、达斡尔、景颇、仫佬、锡伯等;万人以上的有撒拉、布朗、仡佬、毛南、塔吉克、普米、怒、阿昌、鄂温克、乌孜别克、德昂、京、基诺、裕固、保安、俄罗斯等;万人以下的有门巴、独龙、鄂伦春、塔塔尔、珞巴、高山、赫哲等。此外,还有一些尚待识别的民族。通用汉语。

民族团结和民族平等是党和政府的一贯政策。我国宪法规定:"中华人民共和国各民族一律平等。国家保障各少数民族的合法的权利和利益,维护和发展各民族的平等、团结、互助关系。"

宗教　多宗教国家。主要宗教有佛教、道教、伊斯兰教、天主教和基督教新教(我国俗称基督教)。宗教信仰自由是党和政府对待宗教问题的基本政策。宗教界是广泛的爱国统一战线的一个重要的组成部分。正当的宗教活动和宗教节日受到尊重,教堂、寺庙和宗教文物受到保护。

简　况

位于亚洲东部、太平洋西岸。与朝鲜、俄罗斯、哈萨克斯坦、吉尔吉斯斯坦、塔吉克斯坦、蒙古、阿富汗、巴基斯坦、印度、尼泊尔、锡金、不丹、缅甸、老挝和越南等国家为邻。海岸线长约18000余公里,隔海与日本、菲律宾、马来西亚、文莱、印度尼西亚等国相望。大部分地区位于北温带和亚热带,属东亚季风气候。世界文明古国之一。约4000年前进入阶级社会。从公元前21世纪夏朝建立起,历经商、周、秦、汉、三国、晋、南北朝、隋、唐、宋、辽、金、元、明,到清朝前期为古代社会。1840年鸦片战争后逐渐沦为半封建半殖民地社会。1911年辛亥革命推翻封建帝制。1921年中国共产党成立后领导中国人民进行反对帝国主义和封建主义的斗争，历经北伐战争、土地革命战争、抗日战争和解放战争，终于取得新民主主义革命的伟大胜利，于1949年10月1日建立了中华人民共和国。

政 治

1978年12月中共第11届三中全会决定把工作重点转移到社会主义现代化建设中来。1979年3月中共中央进一步指出，在摆脱"左"的错误的同时，必须在思想上、政治上坚持四项基本原则，即坚持社会主义道路，坚持无产阶级专政，坚持共产党的领导，坚持马列主义、毛泽东思想。1982年9月，中共12大明确规定了党在新的历史时期的总任务，即团结全国人民，自力更生，艰苦奋斗，逐步实现工业、农业、国防和科学技术现代化，把我国建设成高度文明、高度民主的社会主义国家。1987年10月，中共13大第一次系统地阐明了社会主义初级阶段的理论，明确提出了党在这个历史阶段建设有中国特色社会主义的基本路线，号召全党牢记这条基本路线所规定的一个中心——经济建设，两个基本点——坚持四项基本原则和坚持改革开放。

1991年4月9日，全国人大七届四次会议通过了《国民经济和社会发展十年规划和第八个五年计划纲要》，《纲要》提出了我国实现第二步战略目标的基本要求。同年9月，中共中央工作会议着重研究了进一步搞好国营大中型企业的问题。11月，中共13届八中全会审议并通过了《中共中央关于进一步加强农业和农村工作的决定》。

1992年初邓小平南巡谈话后，我国加快了改革开放和现代化建设步伐。10月，中国共产党举行第14次全国代表大会。大会听取和审查了江泽民总书记代表13届中央委员会所作的题为"加快改革开放和现代化建设步伐，夺取有中国特色社会主义事业的更大胜利"的报告；审议并通过了中国共产党章程(修正案)；选举了中央委员会和中央纪律委员会。

大会指出，11届三中全会以来，我国取得了举世瞩目的巨大成就。在改革开放和现代化建设中逐步形成和发展了建设有中国特色社会主义的理论，制定和实行了党在社会主义初级阶段的基本路线。

大会指出，抓住有利时机，集中力量把经济建设搞上去，力争国民经济在讲求效益的前提下有一个较高的增长速度是完全可能的。大会认为，将我国经济体制改革的目标确定为建立社会主义市场经济体制，是有中国特色社会主义理论的丰富和发展。建立社会主义市场经济体制，涉及经济基础和上层建筑的许多领域，要有一系列相应的体制改革和政策调整，必须抓紧制定总体规划，有计划、有步骤地实施。大会号召全党和全国人民，坚持党的基本理论和基本路线不动摇，把建设有中国特色社会主义的伟大事业继续推向前进。

【宪法】中华人民共和国成立后，颁布过四部宪法。1982年宪法规定，我国是工人阶级领导的、以工农联盟为基础的人民民主专政的社会主义国家。社会主义制度是我国的根本制度。中华人民共和国一切权力属于人民。1988年七届全国人大第一次会议通过宪法修正案，对宪法第10条第四款和第11条进行了修改和增补。1993年3月29日，八届全国人大第一次会议通过宪法修正案，将"国营经济"和"国营企业"分别修改为"国有经济"和"国有企业"；将"社会主义初级阶段"、"建设有中国特色社会主义理论"、"国家实行社会主义市场经济"等内容写进宪法。

【全国人民代表大会】最高国家权力机关。其常设机关是常务委员会。全国人大和全国人大常委会行使立法权。全国人大由省、自治区、直辖市和军队选出的代表组成，每届任期5年。

1993年3月15～31日，第八届全国人民代表大会在北京召开。大会审议并通过了《政府工作报告》、《1992年国民经济和社会发展情况与1993年国民经济和社会发展计划》、《1992年国家预算执行情况和1993年国家预算》、《中华人民共和国宪法修正案》、《七届全国人大常委会工作报告》、《最高人民法院工作报告》、《最高人民检察院工作报告》、《关于设立澳门特别行政区的决定》、《关于澳门特别行政区基本法的决定》、《关于澳门特别行政区第一届政府、立法会和司法机关产生办法的决定》、《关于批准澳门特别行政区基本法起草委员会关于设立全国人大常委会澳门特别行政区基本法委员会的建议的决定》、《关于授权全国人大常委会设立香港特别行政区筹备委员会的准备工作机构的决定》等。

大会选举江泽民为中华人民共和国主席，荣毅仁为副主席；选举江泽民为中华人民共和国中央军事委员会主席；选举任建新为最高人民法院院长；选举张思卿为最高人民检察院检察长。大会根据国家主席江泽民的提名决定李鹏为国务院总理；根据国家中央军委主席江泽民的提名决定刘华清、张震为中华人民共和国中央军事委员会副主席。此外，八届一次会议根据李鹏总理的提名决定了新一届国务院组成人员。

第八届全国人大常务委员会委员长乔石；副委员长19名，他们是：田纪云、王汉斌、倪志福、陈慕华、费孝通、孙起孟、雷洁琼、秦基伟、李锡铭、王丙乾、帕巴拉·格列朗杰、王光英、程思远、卢嘉锡、布赫、铁木耳·达瓦买提、甘苦、李沛瑶、吴阶平；秘书长曹志；均于1993年3月27日当选。

【政府】称国务院。国家权力机关的执行机关和最高国家行政机关。实行总理负责制。各部、各委员会实行部长、主任负责制。每届任期5年。总理、副总理、国务委员连续任职不得超过两届。本届国务院于1993年3月29日组成。全体成员共46名，他们是：

总 理 李 鹏

副总理　朱镕基　邹家华　钱其琛　李岚清

国务委员　李铁映　迟浩田　宋　健　李贵鲜　陈俊生　司马义·艾买提　彭珮云　罗　干

国务院秘书长　罗　干(兼)

外交部长　钱其琛(兼)

国防部长　迟浩田(兼)

国家计划委员会主任　陈锦华

国家经济贸易委员会主任　王忠禹

国家经济体制改革委员会主任　李铁映(兼)

国家教育委员会主任　朱开轩

国家科学技术委员会主任　宋　健(兼)

国防科学技术工业委员会主任　丁衡高

国家民族事务委员会主任　司马义·艾买提(兼)

公安部长　陶驷驹

国家安全部长　贾春旺

监察部长　曹庆泽

民政部长　多吉才让

司法部长　肖　扬

财政部长　刘仲藜

人事部长　宋德福

劳动部长　李伯勇

地质矿产部长　朱　训

建设部长　侯　捷

电力工业部长　史大桢

煤炭工业部长　王森浩

机械工业部长　何光远

电子工业部长　胡启立

冶金工业部长　刘　淇

化学工业部长　顾秀莲

铁道部长　韩杼滨

交通部长　黄镇东

邮电部长　吴基传

水利部长　钮茂生

农业部长　刘　江

林业部长　徐有芳

国内贸易部长　张皓若

对外贸易经济合作部长　吴　仪

文化部长　刘忠德

广播电影电视部长　艾知生

卫生部长　陈敏章

国家体育运动委员会主任　伍绍祖

国家计划生育委员会主任　彭珮云(兼)

中国人民银行行长　李贵鲜(兼)

审计署审计长　吕培俭

【中国人民政治协商会议】在中国共产党领导下的，有各民主党派、无党派民主人士、人民团体、少数民族人士和各界爱国人士参加的，由全体社会主义劳动者、拥护社会主义的爱国者和拥护祖国统一的爱国者组成的，包括台湾同胞、港澳同胞和国外侨胞在内的最广泛的爱国统一战线组织。

1993 年 3 月 14～27 日，政协第八届委员会第一次会议在北京举行。会议期间，2000 多名委员听取并讨论了七届常委会的工作报告，列席了八届全国人大第一次会议，听取并讨论了李鹏总理所作的政府工作报告。

大会通过了政协八届一次会议政治决议，政协八届一次会议关于修改《中国人民政治协商会议章程》第四章第 41 条(即将“中国人民政治协商会议的省、自治区、直辖市、自治州、设区的市的地方委员会每届任期五年。县、自治县、不设区的市和市辖区的地方委员会每届任期三年。”修改为“中国人民政治协商会议的省、自治区、直辖市、自治州、设区的市、县、自治县、不设区的市和市辖区的地方委员会每届任期五年。”)的决议，政协八届一次会议提案委员会关于提案审查情况的报告。

全国政协八届一次会议选出了新的领导人。全国政协主席李瑞环；副主席 25 名，他们是：叶选平、吴学谦、杨汝岱、王兆国、阿沛·阿旺晋美、赛福鼎·艾则孜、洪学智、杨静仁、周培源、邓兆祥、赵朴初、巴金、刘靖基、钱学森、钱伟长、胡绳、钱正英、苏步青、侯镜如、丁光训、董寅初、孙孚凌、安子介、霍英东、马万祺；秘书长宋德敏。

【政党】中国共产党：1921 年 7 月 1 日成立，是中国工人阶级的先锋队，中国各族人民利益的忠实代表，中国社会主义建设的领导核心。党的行动指南是马克思列宁主义、毛泽东思想，最终目标是实现共产主义的社会制度。

1992 年 10 月，中国共产党举行第 14 次全国代表大会，修改了党章，选举了新的领导机构。

中央政治局委员共 20 名，他们是：丁关根、田纪云、朱镕基、乔石、刘华清、江泽民、李鹏、李岚清、李铁映、李瑞环、杨白冰、吴邦国、邹家华、陈希同、胡锦涛、姜春云、钱其琛、尉健行、谢非、谭绍文。

中央政治局候补委员：温家宝、王汉斌。

中央政治局常务委员会委员：江泽民、李鹏、乔石、李瑞环、朱镕基、刘华清、胡锦涛。

中央委员会总书记：江泽民。

中央书记处书记：胡锦涛、丁关根、尉健行、温家宝、任建新。

中央军事委员会主席：江泽民。

中央军事委员会副主席：刘华清、张震。

中央军事委员会委员：迟浩田、张万年、于永波、傅全有。

中央纪律检查委员会书记：尉健行。

中央纪律检查委员会副书记：侯宗宾、陈作霖、曹庆泽、王德瑛、徐青。

中央纪律检查委员会常务委员会委员：王光、王德瑛、刘丽英、安启元、李至伦、何勇、陈作霖、侯宗宾、徐青、曹庆泽、尉健行、彭钢、傅杰。

民主党派共8个:

(1)中国国民党革命委员会:1948年1月成立,主要由原国民党中的爱国民主人士组成。主席李沛瑶。

(2)中国民主同盟:成立于1941年,原名中国民主政团同盟,1944年9月改称现名。主要由文教界知识分子组成。主席费孝通。

(3)中国民主建国会:1945年12月建立,成员主要是工商业者及与民建会工作有联系的知识分子。主席孙起孟。

(4)中国民主促进会:1945年12月成立,主要成员是中小学教育界和文化出版界的知识分子。主席雷洁琼。

(5)中国农工民主党:前身是1930年成立的中国国民党临时行动委员会,1947年3月改称现名。成员主要是医药卫生界和文教界的知识分子。主席卢嘉锡。

(6)中国致公党:1925年由侨居美洲的洪门致公党人士组成。成员主要是归国华侨及与华侨有联系人士。主席董寅初。

(7)九三学社:前身是1944年部分从事民主运动的文教科技界人士发起成立的民主科学社,1945年9月改称现名。主席吴阶平。

(8)台湾民主自治同盟:1947年11月成立,成员主要是居留大陆的台湾省籍爱国民主人士。主席蔡子民。

经　济

经过40余年的奋斗,我国已从一个半封建半殖民地的贫穷落后国家发展成为拥有独立的和比较完整的工业体系和国民经济体系的初步繁荣富强的社会主义国家。

1992年,全国各族人民认真贯彻邓小平同志视察南方的重要谈话和党的14大精神,我国改革开放和现代化建设进入蓬勃发展的新阶段,各地区、各部门积极性空前高涨,改革开放步伐全面加快,有力地推动了国民经济的高速增长,取得了重大成就,使我国经济在90年代再上新台阶有了一个良好的开端。据初步统计,全年国内生产总值为23938亿元,比上年增长12.8%;其中第三产业增加值6623亿元,增长9.2%,占国内生产总值的27.7%。经济运行中存在的主要问题是:固定资产投资规模偏大;货币投放增长过猛;交通运输更加紧张;城市物价和部分生产资料价格涨幅偏高。

(资料来源:国家统计局关于1992年国民经济和社会发展的统计公报)

【资源】矿产资源丰富,已探明储量的有136种。其中煤、锡、铀、钼、钨、稀土、钛、锑、汞、铅、锌、铁、金、银、硫、磷、石墨、萤石、菱镁、铜、铝、锰、硼、滑石、高岭土的探明储量均居世界重要地位。水力资源居世界首位,理论储量6.8亿千瓦,其中3.8亿可供开发。森林覆盖率为12.98%。

【工业】1992年工业战线积极贯彻《全民所有制工业企业转换经营机制条例》,改革向广度和深度发展,推动了工业生产的高速增长。全年完成工业增加值10116亿元,比上年增长20.8%,是改革开发以来增幅最高的一年,占国内生产总值的42.3%。在全部工业中,集体所有制增长28.5%;中外合资、合作经营和外资企业增长48.8%;非国有工业增加值增量占全国新增工业增加值的61%。国有工业增加值比上年增长14.4%,大、中型工业增加值增长15.5%。

全国轻工业增加值5047亿元,比上年增长20.9%;重工业增加值5069亿元,比上年增长20.7%。

工业经济效益扭转了前几年持续滑坡的趋势,逐步回升。1992年工业经济效益综合指数由上年的84提高到89。但整体经济效益水平仍然较低,产成品资金占用较多,国有企业亏损面还比较大。

1992年主要工业品产量如下:

	产　量	比上年增长%
化学纤维	208.3万吨	9.1
纱	490万吨	6.3
布	185亿米	1.8
机制纸及纸板	1590万吨	7.5
糖	815.5万吨	27.4
原盐	2813万吨	16.7
卷烟	3288万箱	1.9
合成洗涤剂	161.6万吨	10.6
彩色电视机	1314万部	9.1
家用洗衣机	712.7万台	3.7
家用电冰箱	475.3万台	1.1
能源生产总量(折标准燃料)	10.67亿吨	1.8
原煤	11.1亿吨	2.1
原油	1.42亿吨	0.5
发电量	7470亿度	10.3
钢	8000万吨	12.7
钢材	6534万吨	15.9
10种有色金属	293万吨	13.1
水泥	3.04亿吨	20.3
木材	5580万立方米	−3.9
硫酸	1396万吨	4.7
纯碱	450.6万吨	14.5
化肥(折纯)	2099万吨	6.1
化学农药	28.4万吨	11.3
发电设备	1312万千瓦	12.7
金属切削机床	21.2万台	29.1
汽车	108.2万辆	51.5
拖拉机	6.3万台	19.2

(资料来源:同上)

【农业】农业生产持续发展。1992年全国农村进一步完善家庭联产承包责任制,积极推进多种形式的农业社会化服务体系的建设和调整农业生产结构,大力开展农田水利建设,农业生产获得较好收成。全年农业增加值为5808亿元，比上年增长3.7%，占国内生产总值的24.2%。

农村经济继续全面发展。1992年乡镇企业迅速发展。全年农村工业、建筑业、运输业和商业、饮食业等非农产业经济比上年增长36.9%，占农村经济的比重进一步上升。

农作物结构有所调整，农业生产条件进一步改善。但农业生产资料价格上涨较快，农产品"卖难"问题比较突出，一些地方农业用地被占用过多，农业基础地位还比较脆弱。

1992年农产品产量如下：

	产量(万吨)	比上年增长%
粮食	44258	1.7
棉花	452.8	－20.2
油料	1640	0.1
其中：油菜籽	765.3	2.9
甘蔗	7252	6.8
甜菜	1501	－7.9
黄红麻	61.9	20.7
烤烟	314.2	17.8
蚕茧	67.3	15.2
茶叶	55.9	3.1
水果	2400	10.3

林业生产建设和绿化工作取得新的成绩。1992年全国造林面积8897万亩，比上年增长6%。防护林体系建设取得新的进展，国家造林项目和速生丰产林建设深入展开。

畜牧业生产全面增长。1992年主要畜产品产量和牲畜存栏数如下：

	产量	比上年增长%
猪牛羊肉	2933万吨	7.7
其中牛羊肉	300万吨	10.3
牛奶	501万吨	7.8
绵羊毛	24.7万吨	2.9
肉猪出栏数	3.48亿头	5.8
猪年末数	3.85亿头	4.2
羊年末数	2.06亿只	持平
大牲畜年末数	1.34亿头	1.7

(资料来源：同上)

渔业生产再创历史纪录。全年水产品产量1546万吨，比上年增长14.5%；其中淡水产品产量增长12.1%，海水产品产量增长16.1%。

【旅游业】旅游业进一步兴旺。1992年到我国旅游、访问以及从事各项活动的海外旅游者达3811万人次，比上年增长14.3%，旅游外汇收入达39.5亿美元，比上年增长38.7%。

【交通运输】交通运输生产保持全面增长。1992年交通运输邮电生产增加值为1402亿元，比上年增长9.1%。但交通运输不适应经济和社会发展需要的矛盾加剧。铁路运输更加紧张；公路运输因运价比例不合理及路况标准低，影响运输优势的发挥；水运技术状况差，运输能力不足，港口压船、压港现象加剧。

1992年各种运输量如下：

	货物周转量	比上年增长%
铁路	11620亿吨公里	5.9
公路	3500亿吨公里	2.0
水运	13300亿吨公里	2.5
空运	13.5亿吨公里	33.7
管道	625亿吨公里	0.6
	旅客周转量	比上年增长%
铁路	3150亿人公里	11.5
公路	3030亿人公里	5.5
水运	180亿人公里	2.0
空运	399亿人公里	32.5

(资料来源：同上)

沿海主要港口货物吞吐量为5.9亿吨，比上年增长10.9%。

【市场价格】1992年价格改革迈出较大步伐。全国提高了粮食购销价格，出台了铁路货运、煤炭、天然气等基础产品和部分公用事业价格改革项目，不少城市在给居民适当补贴的前提下，放开了肉禽蛋、蔬菜的价格，提高了房租等服务项目价格，进一步扩大了市场调节比重，价格形成机制有了较明显的改善。生产资料销售总额中，市场调节部分已上升到70%以上；社会商品零售总额中，市场调节部分已上升到90%左右。市场物价总水平涨幅控制在宏观调控目标之内，但城市物价涨幅较大，特别是大中城市受粮食、房租、水电费、学杂费、理发等价格上涨幅度较大的影响，居民生活费价格涨幅偏高。

1992年各类价格比上年上涨幅度(%)：居民生活费用价格6.4(其中城镇8.6，35个大中城市10.9，农村4.7)；零售物价5.4(其中消费品5.6，食品类7.7，粮食24.3，食用植物油5.8，衣着类2.8，日用品类1.4，文化娱乐用品类－4.3，书报杂志类3.3，药及医疗用品类9.1，建筑装璜材料类6.5，燃料类14.6，农业生产资料3.7)；服务价格13.4(其中城镇15.8，35个大中城市21.3，农村11.6)；能源、原材料购进价格11；工业品出厂价格6.8；农副产品收购价格3.4。

【财政金融】1992年国家财政总收入4188.97亿元，完成预算的107.1%。其中经常性预算收入3126.88亿元，完成预算的105.4%；建设性预算收入(不包括国内外债务收入)为766.01亿元，完成预算的102.2%。国家财政总支出4426.46亿元，完成预算的107.4%。其中经常性预算支出2755.51亿元，完成预算的107%，占预算总支出的62.3%；建设性预算支出1670.95亿元，完成预算的108.2%，占预算总支出的37.7%。1992年财政赤字237.49亿元，比预算扩大29.63亿元。其中中央财政赤字206.39亿元，比预算略有减少；地方财政，年初中央代编的预算是平衡的，执行中出现赤字31.1亿元。

【对外贸易】1992年进出口增长加快。出口总额

850 亿美元，比上年增长 18.2%；进口总额 806 亿美元，增长 26.4%。进出口结构进一步改善，工业制成品出口所占比重已上升到 80%；进口中，国内紧缺原材料及机械运输设备明显增加。1992 年“三资”企业出口大幅度上升，全年出口总额为 174 亿美元，比上年增长 44.1%，占全国出口总额的比重由上年的 16.8%提高到 20.4%。

【外资利用】有大幅度增长。1992 年新签利用外资协议金额 685 亿美元，比上年增长 2.5 倍；实际使用外资 188 亿美元，增长 62.7%。其中外商直接投资协议金额 575 亿美元，实际投资 111.6 亿美元，分别增长 3.8 倍和 1.6 倍。随着投资领域的拓宽和开放地区的扩大，“三资”企业大量增加。到 1992 年末，在我国注册的“三资”企业已达 8.4 万个，比上年末增加 4.7 万个。

【对外经济技术合作】取得明显进展。1992 年对外承包工程和劳务合作新签合同金额 63 亿美元，比上年增长 75%；完成营业额 28 亿美元，增长 18.5%。

人民生活

1992 年城镇居民人均生活费收入为 1826 元，比上年增长 18.2%，扣除价格因素，实际增长 8.8%。1992 年全国职工工资总额 3890 亿元，比上年增长 17%；职工平均工资 2677 元，增长 14.4%，扣除价格因素，实际增长 5.3%。但国家机关人员和一部分生产经营不景气的企业职工的收入增长相对较慢。全年农村居民人均纯收入为 784 元，比上年增长 10.6%，扣除价格因素，实际增长 5.9%。但东、中、西部差异较大，一部分贫困地区居民生活水平还比较低。

1992 年城镇新安排就业 700 多万人，年末城镇待业率为 2.3%，国家还为 30 余万待业职工提供了生活救济。年末全国职工人数为 14790 万人，比上年末增加 282 万人；城镇私营企业从业人员和个体劳动者共 830 万人，增加 70 万人。

1992 年末居民储蓄存款余额达 11545 亿元，比上年末增加 2437 亿元，增长 26.8%；居民的金融投资意识增强，购买的股票、债券等各种有价证券明显增加。

1992 年城镇新建住宅 2 亿平方米，农村新建住宅 6.2 亿平方米。

1992 年末全国医院共有病床 274.4 万张，比上年末增长 2.1%。专业卫生技术人员 407.4 万人，比上年增长 2.2%；其中医生 180.8 万人（含中、西医师 132.8 万人），增长 1.6%；护师、护士 104 万人，增长 2.7%。

1992 年全国各类社会福利院床位达 88.8 万张，收养 70.1 万人。城乡各种社会救济对象得到国家救济的达 3957 万人次。

体　育

体育事业取得显著成就。我国运动员在第 25 届巴塞罗那奥运会上，获金牌 16 块、银牌 22 块、铜牌 16 块，金牌和奖牌总数排在独联体、美、德之后，居世界第四位，创造了历史新记录。我国运动员还在第 16 届冬季奥运会上，获得 3 块银牌，实现了奖牌“零的突破”。在 1992 年的重大国际比赛中，我国运动员共获奖牌 186 块，67 名运动员获得 89 个世界冠军，31 人 4 队 106 次创造 42 项世界纪录，37 人 6 队 109 次创造 52 项亚洲记录，145 人 20 队 248 次创造 131 项全国记录。群众体育事业迅速发展，近 78%的学校推行《国家体育锻炼标准》，88%的学生达到合格标准。

军　事

武装力量由解放军、武装警察部队和民兵组成。领导全国武装力量的是中央军事委员会，中央军委实行主席负责制，主席由全国人大选出。实行以义务兵役制为主体的义务兵与志愿兵相结合、民兵与预备役相结合的兵役制度。中央军事委员会主席江泽民。中国人民解放军总参谋长张万年。

1992 年国家财政支出的国防费为 377.8 亿元，完成预算的 102.1%。

文化教育

1992 年国家财政支出的文教科学卫生事业费为 789.47 亿元，完成预算的 106.5%。

【教育】1992 年国家用于教育事业的经费为 551.43亿元，比上年有较大幅度的增加。1992 年全国招收研究生 3.34 万人，比上年增加 3700 人；在校研究生 9.42 万人，增加 6100 人。普通高等学校招收本、专科学生 75.4 万人，增长 21.7%；在校学生 218.4 万人，增加 14 万人。各类中等职业技术学校在校学生 685.4 万人（含技工学校学生 158.2 万人），占高中阶段在校学生总数 1390 万人的 49.3%。全国初中在校学生 4122 万人，小学在校学生 1.22 亿人。学龄儿童入学率达 97.95%；小学毕业生升学率由上年的 77.7%提高到 79.7%。“希望工程”初见成效，普通初中和小学学生辍学率分别为 5.8%和 2.2%。

1992 年成人高等学校招收本、专科学生 59.2 万人，在校学生 147.9 万人，与上年基本持平；成人中等专业学校在校学生 174.4 万人，比上年增加 6.1 万人；成人技术培训学校毕业学生 4959 万人次；成人中、小学在校学生 828.9 万人；全年共扫除文盲 523.3 万人。

【科研】1992 年，全国科技机构、高等院校和大中型工业企业等单位用于科技活动的经费支出为 421 亿元，比上年增长 3.2%。其中研究与发展经费支出 169 亿元，比上年增长 19%，相当于国内生产总值的 0.71%。1992 年末国有企事业单位共有各类专业技术人员 2457 万人，比上年末增长 2.7%。全国县级以上国有独立研究开发机构 5487 个，高等院校办科研机构 2230 个，大中型工业企业办科研机构 8522 个；从事科技活动人员 232.4 万人，其中科学家和工程师 142.4 万人。

1992 年，全国共取得省部级以上重大科技成果 3.1万项；获国家奖励的成果 980 项，其中国家奖 170 项，国家科学技术进步奖 649 项，国家星火奖 161 项。

受理国内外专利申请6.7万件，授权专利3.1万件，分别比上年增长34%和28%。1992年新建成10个重点实验室。到1992年末，我国批准设立的国家级高新技术产业开发区52个。

【新闻通讯】1992年全国性和省级报纸出版192亿份，各类杂志出版23.8亿册，图书70.2亿册。主要报纸有《人民日报》、《光明日报》、《解放军报》、《中国青年报》、《文汇报》、《羊城晚报》等。主要刊物有《求是》、《新华文摘》、《世界知识》、《瞭望》、《人民文学》、《收获》等。

有两家通讯社。新华社为国家通讯社，1937年建于延安，在29个省、自治区、直辖市以及90多个国家和地区设有分社，对外用中、英、法、俄、西班牙和阿拉伯等文字播发新闻。中国新闻社建于1952年，是以华侨、港台同胞和中国血统外籍人为对象的民办通讯社。

1992年有广播电台812座，中、短波广播发射台和转播台714座；有电视台591座，1千瓦以上电视发射台和转播台1018座。

对外关系

中国奉行独立自主的和平外交政策，从本国人民和世界人民的长远利益和根本利益出发，把反对霸权主义和强权政治、维护世界和平、发展各国友好合作和促进共同经济繁荣，作为自己对外工作的根本目标。在处理国与国关系时，中国主张互不干涉内政，以和平共处五项原则为指导，而不以社会制度、意识形态和价值观念的异同为标准。

1991年苏联解体后，国际关系中两极格局终结，世界朝着多极化发展。在一个较长的时期内，避免新的世界大战成为可能。但是，各种不稳定因素增加。一些国家和地区政治、经济、社会危机深重，民族分裂、武装冲突加剧；南北贫富差距进一步扩大；霸权主义和强权政治依然存在；发达国家之间以及它们同发展中国家之间的矛盾更加错综复杂；世界范围内的经济竞争日益激烈。

在复杂多变的国际形势下，我国对外工作取得了重大成就，为国内的改革开放和现代化建设创造了有利的外部环境，为维护世界和平作出了应有的贡献。

积极发展同周边国家的睦邻友好关系，争取和平安宁的周边环境，是我国外交工作的重点。现在我国同周边国家的关系处于全方位的良好状态。中日关系健康稳定地向前发展。中朝之间的传统友谊继续巩固和加强。中韩建交为促进两国的全面发展奠定了基础。我国同印度尼西亚恢复了外交关系，同新加坡、文莱建交，与东盟国家的关系取得全面发展。中越关系实现了正常化。我国同巴基斯坦、孟加拉国等南亚国家的传统友谊得到加强。中印关系显著改善和加强。我国同俄罗斯建立了新的关系，两国关系存在着进一步发展的广阔前景。我国同新独立的前苏联各共和国建立了友好合作关系。我国同少数几个国家存在的边界问题，有的已经解决，有的正在谈判并获得积极进展。在主权属我的南沙群岛问题上，我国提出“搁置争议，共同开发”的主张，并愿为南中国海地区的长期稳定与互利合作而努力。

加强同广大发展中国家的友谊和合作是我国外交政策的一个基本点。我国已正式成为不结盟运动的观察员，同77国集团的合作关系不断加强。

我们愿意在相互尊重、互不干涉内政、求同存异的基础上，继续同西方各国发展友好合作关系，寻求共同利益的汇合点。中国一贯重视中美关系，我们相信，只要美国政府遵循中美之间3个公报的原则，就能排除障碍，使两国关系继续得到改善和发展。

中国作为联合国安理会常任理事国，一贯遵循联合国宪章的宗旨和原则，为维护世界和平和稳定，推动政治解决地区冲突和国际争端，为促进世界裁军进程和各国的共同发展，作出了积极努力。中国历来主张，地区冲突应该通过谈判解决，不赞成使用武力和外部武力干预。我国为达成全面政治解决柬埔寨问题的巴黎和平协定作出了自己的贡献，希望柬四方以本国人民利益为重，实现民族和解和国内和平。中国关心和支持中东问题的和平解决，将继续为推动中东和平进程作出努力。我们希望，前南斯拉夫以及其他地区的武装冲突，通过和平谈判得到公正解决。

我国一贯主张按照“公平、合理、全面、均衡”的原则，实现有效的裁减军备和军备控制，反对以军控和军售为手段干涉别国内政。1992年我国正式加入《不扩散核武器条约》，1993年又签署了关于禁止化学武器的公约。我们欢迎美俄两国达成第二阶段削减战略武器的协议，希望认真付诸实施。

我们坚决反对利用人权问题干涉别国内政。我们认为，只有尊重各国的政治、经济、社会制度和历史、宗教、文化特点，在相互理解、求同存异的基础上，就人权问题进行平等的讨论和合作，才能有效地促进整个人类人权和基本自由的普遍实现。

中国政府主张在和平共处五项原则的基础上，建立和平、稳定、公正、合理的国际新秩序。我们认为，国际关系应该民主化，国家不分大小、强弱、贫富，都是国际社会的平等成员，都有权参与国际事务的讨论和解决，不能以大欺小，以强凌弱，以富压贫。必须承认世界的多元化，各国都有权选择适合本国国情的社会制度、意识形态、经济模式和发展道路，别国不得干涉。国际争端必须坚持用和平方式解决，反对诉诸武力或以武力相威胁。必须改变现行的不公正不合理的经济秩序，而代之以建立在平等互利基础上的经济新秩序。

截至1993年3月，我国已同155个国家建立了外交关系。（慧　芳）

台湾省情况

【面积】由台湾本岛、周围属岛和澎湖列岛等88个岛屿组成，总面积约36000平方公里，台湾本岛面积35798平方公里，是我国第一大岛。

【人口】2073.4万人(1992年11月统计)。

【简况】位于中国大陆架的东南缘,东濒太平洋,西隔台湾海峡与福建省相望,扼西太平洋航道中心,战略地位重要。台湾本岛南北长394公里,东西最宽处144公里。地处温带和热带之间,属热带和亚热带气候,年平均气温约22℃。

台湾自古以来就是中国的领土,台湾和大陆本来连在一起,后来由于地壳运动,相连结的部分陆沉为海峡,台湾遂成海岛。据中国史籍记载,台湾在隋以前称为“夷洲”,隋时称“流求”,沿用至宋、元,亦称“琉球”。明万历年间因谐音称为“台湾”。宋、元时期中国政府正式设官建制,管辖台湾和澎湖,自此台湾和澎湖一直被列入中国版图。葡萄牙航海者当年通过台湾海峡时见岛上风光旖旎,曾称它为“福摩萨”(葡语意为“美丽”)。1624年起被荷兰殖民主义者占领。1662年郑成功在岛上居民协助下收复台湾。1684年改为台湾府,隶属福建省台湾厦门道。1885年(光绪十一年)建台湾省。中英鸦片战争以后,美、英、法、日等帝国主义国家都曾入侵台湾。1894年中日甲午战争清军战败,1895年日本迫使清政府签订《马关条约》,割去了台湾、澎湖。二次大战中,中、美、英3国于1943年12月1日签署的《开罗宣言》规定,“日本所窃取于中国之领土,例如满洲、台湾、澎湖列岛等,归还中国”。1945年中、美、英、苏签署的《波茨坦公告》又重申,《开罗宣言》的条件必将实施。1945年8月15日,日本无条件投降,10月25日台湾重归祖国。

【政治】1949年国民党当局逃到台湾后一直控制着台湾的军政要津,并坚持反共政策。1975年蒋介石去世后,蒋经国接掌台湾统治大权。1988年1月蒋经国去世后,由李登辉继任“总统”。1990年3月举行了“总统”、“副总统”选举,李登辉当选为“总统”,李元簇为“副总统”。国民党当局在台设立的“中央”机构,有“国民大会”、“总统府”及“行政院”、“立法院”、“司法院”、“考试院”、“监察院”等5院。现任“5院”院长分别是:“行政院”院长连战、“立法院”院长刘松藩、“司法院”院长林洋港、“考试院”院长邱创焕、“监察院”院长陈履安。

国民党是台湾的执政党。1988年召开的国民党“十三大”,推选李登辉为主席,现任秘书长为许水德。有中央委员180人,中央常务委员31人;另设有中央评议委员会,委员218人。国民党在台湾省、市各地都设有党务机构。现有党员212万人,其中台湾省籍党员约占75%以上。

目前,在台湾还有其他一些政党,如中国青年党和中国民主社会党;1986年9月成立的民主进步党(简称民进党);1987年以来先后成立的中国自由党、民主自由党、中国民主正义党、中国民众党、工党和劳动党等60多个政党。民进党经过几年经营,已成为台湾政治舞台上最大的反对党,号称有党员4万多人,其党内有“美丽岛系”与“新潮流系”两大主要派别。1991年10月举行的民进党“五大”,公然将“台独”主张纳入党纲,表明了该党的“台独”性质。现任主席为许信良。

国民党当局以反共为借口,在台湾地区实施戒严(即军事管制)长达38年之久。在台湾同胞及国际舆论的强大压力下,国民党当局终于被迫宣布,从1987年7月15日起在台湾本岛及澎湖地区解除戒严令,但在金门、马祖及东沙、南沙等岛屿继续实施戒严;并宣布“国家安全法”及其施行细则从同一日期起生效。在“国家安全法”里,国民党当局宣称台湾仍然处于“动员戡乱时期”,继续坚持“反共基本国策”,限制人民基本权利,规定人民集会、结社不得违背“宪法”或主张共产主义,人民未经许可不得入出境。因此解除戒严并不意味军事统治的结束。1992年11月7日台当局宣布终止金门、马祖地区战地政务,逐步实施地方自治。李登辉上台后,为应付与缓解岛内矛盾和压力,并迫于我统一祖国政策的强大威力,于1991年5月宣布终止“动员戡乱时期”,废除“动员戡乱时期临时条款”,这在客观上有利于海峡局势的缓和及两岸关系的发展。1991年12月台湾举行了国民党迁台40多年来首次“国大”代表选举,即所谓第二届“国大”选举,结果在全部403个席位中,国民党占318席,民进党75席,“全国民主非政党联盟”4席,青年党1席,无党籍人士5席。1992年台湾岛内各派政治势力围绕着“修宪”及二届“立委”选举展开了激烈的较量。在民进党“国代”无法对抗国民党而退出“国大临时会议”后,由国民党一党主导“修宪”;年底“立委”选举,国民党遭受严重挫折,在161个席位中,仅获得102席(含自行参选者7席);民进党势力明显增强,获得了51席;其他政党和无党籍8席。

【经济】农、林资源较丰富。森林面积约占全岛面积的1/2,是世界上出产樟脑最多的地方。盛产稻米、甘蔗、茶叶、热带及亚热带水果和鱼类。

1963年起工业在经济中的比重超过了农业。以台北为中心的北部工业区是台湾省最大的工业区,以纺织、食品、电子、机械工业为主。以高雄为中心的南部工业区,以大型钢铁、造船、石油化工为主。纺织工业是台湾省的经济支柱。电力工业以火力发电为主。已建三座核电厂。海运是最重要运输方式,航线通往日本、东南亚以及欧、美各地。有环岛铁路。公路交通发达。桃园、高雄为主要航空港。

1992年经济增长率为6.06%,生产总值毛额5.3万亿元新台币(约合2210亿美元),人均生产总值10215美元。1992年商品进出口总额为1535亿美元,其中出口额为815亿美元,进口额为720亿美元。出口工业品、农产品和农产加工品。进口资本设备、农工原料和消费品。主要贸易伙伴是美国和日本。1992年对美贸易额占台对外贸易总额的26%,其中对美出口额占出口总额的29%,进口额占进口总额的23%,对美贸易顺差78亿美元；对日贸易额占对外贸易总额的20%，其中出口额占出口总额的11%，进口额占进口总额的30%，对日贸易逆差达129亿美元。

截至1992年底，外国及华侨在台私人投资总额为164亿美元，投资来源主要是美国、日本和欧洲。对外投资250亿美元，资金主要流向美国、马来西亚、泰国、印尼和大陆等地。

【台湾与大陆的统一问题】1979年元旦，中华人民共和国全国人民代表大会常务委员会发表《告台湾同胞书》，郑重宣布了争取和平统一祖国的大政方针。1981年9月30日，叶剑英委员长进一步提出实现大陆和台湾和平统一的方针政策，包括"举行中国共产党和中国国民党两党对等谈判，实现第三次合作，共同完成祖国统一大业"；"国家实现统一后，台湾可作为特别行政区，享有高度的自治权，并保留军队"；统一后"台湾现行社会、经济制度不变，生活方式不变，同外国的经济、文化关系不变。私人财产、房屋、土地、企业所有权、合法继承权和外国投资不受侵犯"；建议双方"共同为通邮、通商、通航、探亲、旅游以及开展学术、文化、体育交流提供方便，达成有关协议"。80年代初，邓小平同志提出统一祖国的"一国两制"构想。此后，我国领导人一再就和平统一问题发出呼吁。1992年10月12日，江泽民总书记在党的14大政治报告中再次重申，中国共产党愿意同中国国民党尽早接触，以便创造条件，就正式结束两岸敌对状态、逐步实现和平统一进行谈判。希望台湾当局顺应民心，消除阻挠祖国统一的人为障碍，使两岸关系有一个新的发展。台湾当局虽于1991年2月颁布"国家统一纲领"，5月宣布终止"动员戡乱时期"，但迄今仍顽固拒绝国共两党对等谈判，阻挠直接"三通"。

近年来，随着海峡两岸人民的往来增多，台湾同胞对祖国大陆的了解日益增进，要求与大陆直接"三通"的呼声越来越高。自1987年10月15日台湾当局宣布允许台湾同胞到大陆探亲和1988年11月9日有条件开放大陆同胞赴台，至1992年底，台胞赴大陆探亲、旅游、经商者已有400多万人次，大陆同胞赴台人员有1.4万人次。1992年，两岸民间往来持续增加，经济、文化、科技人员交流扩大，人员交往出现了双向交流的局面。继台"总统府国策顾问"赵耀东、"中央研究院院长"吴大猷等访大陆后，大陆一些著名科学家以及新闻记者、文艺、科技团组也先后应邀赴台。1992年全年来大陆台胞达136万人次。两岸经贸关系持续发展。1992年，两岸间接贸易额达73亿美元，比1991年增长26%。截至1992年底，台商来大陆投资项目总数为10245个，协议金额约89.7亿美元。两岸授权的民间团体，大陆方面的"海峡两岸关系协会"和台湾方面的"海峡交流基金会"，已就两岸之间的事务性问题进行了多次接触和商谈，对两岸关系发展起着有益的推动作用。

（刘侃　崔罗生）

附：香港和澳门

香　港

【面积】1074平方公里。

【人口】5902100人（1992年12月），其中98%是华人。

【简况】位于广东省珠江口东侧。境内多丘陵。地处亚热带季风区，气候温暖湿润，雨量充沛。香港地区（包括香港岛、九龙和"新界"）旧属广东新安县（今深圳市）管辖。1840年英国发动鸦片战争，强迫清政府于1842年签订《南京条约》，割让香港岛。1857年英法联军发动第二次鸦片战争，迫使清政府于1860年缔结《北京条约》，割让九龙半岛南端今界限街以南的地区。后来英国又乘列强瓜分中国之际，逼迫清政府于1898年签订《展拓香港界址专条》，强租今界限街以北、深圳河以南的九龙半岛北部大片土地以及附近230多个大小岛屿（后统称"新界"），租期99年，1997年6月30日期满。

中华人民共和国成立后，我国政府曾多次阐明我对香港问题的立场：香港是中国的领土，中国不承认帝国主义强加给中国的不平等条约。对这一历史遗留的问题，中国政府一贯主张，在适当时机通过谈判和平解决，在解决之前暂时维持现状。

1982年9月，英国首相撒切尔夫人应邀访问我国，中英两国领导人就香港问题举行了会谈，双方一致同意在这次访问后通过外交途径继续进行商谈。我国政府解决香港问题的基本方针是：一定要在1997年收回香港，恢复行使主权；保持香港的繁荣和稳定。为此，我国政府根据"一个国家，两种制度"的构想，制订了一系列特殊的政策，其中包括：收回香港后成立香港特别行政区，直辖于中央人民政府；香港特别行政区除外交和国防事务属中央人民政府管理外，享有高度自治权，由香港当地人自己管理；香港现行的社会、经济制度不变；照顾英国和其他国家在香港的经济利益等。1983年7月，中英两国政府代表团就香港问题开始谈判，双方经过22轮会谈，于1984年9月达成协议并草签了《中华人民共和国政府和大不列颠及北爱尔兰联合王国政府关于香港问题的联合声明》。同年12月19日赵紫阳总理和英国首相撒切尔夫人签署了上述声明。1985年5月27日两国政府互换了《联合声明》的批准书。中国政府在《联合声明》中声明，收回香港地区是全中国人民的共同愿望，中华人民共和国政府决定于1997年7月1日对香港恢复行使主权。英国政府声明，联合王国政府于1997年7月1日将香港交还给中华人民共和国。中华人民共和国对香港的基本方针政策，也以中国政府单方面声明的方式写入《联合声明》，并在附件一中作了具体说明。

【中英两国关于香港问题的联合声明执行情况】中英自1984年签署关于香港问题的联合声明以来，两国在香港问题上的合作原本是好的。但是，1992年10月香港总督彭定康在英国政府的支持下，不守信用，在未与中方磋商的情况下就在其上任后发表的第一份施政报告中提出了一套要对香港现行政治体制进行重大改变的"政制方案"，这种做法和方案的内容都违背了中英联合声明，违背了与基本法衔接的原则，违背了中英双方过去已经达成的有关协议和谅解，破坏了中英在香港问题上磋商合作的基础，势将影响香港在1997年的平稳过渡和政权的顺利交接，损害香港的繁荣稳定。英方这种做法引起了香港社会各界人士的普遍反对。

对此，中国政府多次明确地指出，在香港过渡时期的后半段，中英双方应当在联合声明的基础上加强磋商、密切合作，共同处理好所有涉及香港在1997年的平稳过渡和政权顺利交接的重大问题。港督提出的所谓"政制方案"的要害不是要不要民主的问题，而是英方守不守国际信义的问题。中方一贯主张并积极致力于保持香港的长期繁荣和稳定。中方希望合作，不希望对抗，但在涉及中国的国家主权和民族利益的问题上，中国政府绝对不会拿原则作交易。要恢复中英在香港问题上的合作，英方就必须彻底放弃港督的"政制方案"，重新回到中英联合声明、与基本法衔接的原则以及中英双方过去已经达成的有关协议和谅解的轨道上来。否则英方就必须承担由此而引起的一切严重后果。

中英联合联络小组于1992年3月、6月、9月和12月分别在香港、北京、伦敦和香港举行了第22、23、24和25次会议。双方就涉及卫生、信托、仲裁、国际展览、贸易、邮政、麻醉品、海洋污染、国际私法、交通、科技、防止国际犯罪和司法协助等31项国际公约在1997年后继续适用于香港特别行政区问题达成协议，并在香港单独与外国签订移交逃犯、投资保护和民航等协定问题的讨论方面取得了进展。在彭定康提出其政改方案之后，我在第25次会议上阐明了中方关于香港政制发展的原则立场并严肃批评了港督"三违反"的政改方案。

1992年初，英方提出一个成本高、效益低，并有可能给未来特区政府造成沉重财政负担的机场财务安排。我明确指出，该项安排违反了中英《关于香港新机场建设及有关问题的谅解备忘录》的原则和规定，希望英方认真加以修改。中英机场委员会就机场财务安排问题举行了6次会议；7月初，我与英首相特使科尔斯在北京就此问题举行了高层会谈；我还与先后来访的前英国首相外事顾问柯利达、离任港督卫奕信和新任港督彭定康讨论了此问题，进行了充分的说理斗争。尽管我作出了很大的努力，但英方仍坚持其错误立场，并于11月单方面就机场平台合约向立法局申请拨款。对此，我严正声明，由此产生的一切后果将由英方负责。

中英土地委员会于1992年3月、7月在香港举行了第25和26次会议，批准了1992/93年度批地计划并商定该年度土地开发平均成本为每平方米3950港元。

【经济】香港是世界上一个重要的国际金融中心。到1992年年底，在香港的持牌银行、有限制牌照银行及接受存款公司的数目分别为164间、56间及147间。共有27个国家的银行在香港设有分行。截至1992年12月底，所有认可机构的资产总额为57300亿港元，比上年高出2%。根据1992年进行的一项全球外汇市场调查的结果，香港的外汇市场在1992年初的平均每日成交额达到610亿美元，居世界第六位；香港外汇市场与日本东京、新加坡同为亚洲最大的外汇市场。香港也是世界4大黄金市场之一，1992年底时每两黄金价格为3078港元；1992年香港金银贸易场的成交量达到2400万两，与上年的水平相当。香港的股市在1992年底时的资本总额为13320亿港元，占亚洲第二位。

香港还是一个自由港，其机场、港口十分繁忙。在空运方面，1992年的航机班次(包括客运及货运)比前一年增加10%，搭乘飞机的旅客人数也比1991年激增14%；在海运方面，1992年内集装箱的总处理量为760万个，整体增幅为25%，其中经处理的离港集装箱为390个，到港集装箱则为370万个。

香港经济属以对外贸易、金融、制造业、房地产和旅游业为主要支柱的轻型经济结构。1992年香港的本地生产总值开支为7425.82亿港元，实质增长为5%。1992年香港对外贸易总额比上年增长21.7%。虽然1992年港产品出口并未比上年有明显的增长，但转口贸易却有大幅增长，以实质计算，比1991年增加约28%。贸易增长的直接动力，来自中国内地扩大开放后进出口贸易的激增。1992年香港转口货值达到6908亿港元，占全部出口贸易货值的74.7%，转口货值中与中国有关的占86.2%。1992年，中国内地首次超越美国成为港产品出口的最大市场。据统计，中国内地从香港的进口额占中国进口总额的25.5%；对香港的出口额占中国内地出口总额的44.1%。中国内地还是香港进口货物最重要的来源地，1992年香港从中国内地进口的货物价值为3540亿港元，占香港当年进口货物总额的37%，以价值计算，比1991年上升21%。1992

年香港进口货物的来源地第二至第六位依次为日本(占香港进口货物总值的17%,下同)、台湾(9%)、美国(7%)、韩国(5%)、新加坡(4%)。自1985年以来,中国内地一直是香港最大的贸易伙伴。

香港的经济结构正在迅速地转变,更趋向以服务业为主。服务业在香港本地生产总值中所占的比例,从1985年的64%增至1991年的73%,在就业人口方面所占比率则由1986年的55%增至1992年的66%。

1992年访港旅客的总人数达到719万人,比上年上升了16%。在1992年内,经香港到中国内地的游客人数达到170万人,比上年增加了28%。截至1992年底,香港共有酒店房间33534间,比上年增加8%;酒店平均租住率为82%,比上年上升了7%。

1992年,香港的用电量为262亿度,与1991年比较,增加了3%;煤气用量为18200太焦耳,比上年上升12%。在私人交通工具方面,至1992年底获发牌照的私人用车共有237035辆,比上年高出12%。

(赵湛滨)

澳　门

【面积】18平方公里,其中澳门半岛6.7平方公里,凼仔、路环两岛11.3平方公里(1991年底澳门官方统计)。

【人口】40.19万(1991年人口普查),其中华人占97%。

【简况】澳门位于广东省南部,珠江口西岸,北与珠海市拱北接壤,南濒中国南海,西与珠海市湾仔隔河相对,东与香港隔江相望,相距42海里,两地之间有喷射船、水翼船客运服务。澳门半岛、凼仔、路环之间有澳凼大桥和填海公路相接。地处亚热带季风区,气候温暖湿润。澳门历来是中国领土,旧属广东省香山县(今中山市)管辖。1535年(明嘉靖十四年),葡萄牙人贿赂广东地方官吏,取得在码头停靠船舶和进行贸易的权利。1553年(明嘉靖三十二年),以曝晒水浸货物为由上岸居住。1557年(明嘉靖三十六年)起在澳门建房定居。鸦片战争后,葡乘机扩大其在澳门侵占的地盘,1851年和1864年先后侵占了凼仔和路环岛。1887年葡迫使清政府签定《中葡会议草约》和《北京条约》,塞进了"永驻管理澳门"的条款。此后,葡一直占领澳门并把澳门划为葡领土。1976年葡宪法始规定澳门是葡萄牙管辖的特殊地区。

中华人民共和国成立后,我国政府曾多次阐明对澳门问题的立场:澳门是中国领土的一部分,澳门问题属历史遗留下来的问题。中国政府主张在条件成熟时,通过谈判解决澳门问题,在解决以前暂时维持现状。1979年2月中葡建交时,两国政府就澳门问题达成原则谅解,肯定了澳门是中国领土,定将归还中国。两国政府自1986年6月30日起经过历时9个月的4轮谈判,于1987年3月26日草签了《中华人民共和国政府和葡萄牙共和国政府关于澳门问题的联合声明》及《中华人民共和国政府对澳门的基本政策的具体说明》、《关于过渡时期的安排》两个附件。4月13日,两国总理分别代表本国政府正式签署联合声明,并于1988年1月15日交换了批准书。声明规定,自交换批准书之日起《联合声明》开始生效,澳门进入过渡时期;在澳门过渡期内,澳门的行政管理由葡萄牙政府负责。我国将于1999年12月20日对澳门恢复行使主权。

【中葡联合声明的执行情况】根据中葡联合声明成立的中葡联合联络小组于1992年举行了3次全体会议和6次专家会议,就澳门过渡时期面临的各种重大问题进行了磋商,并取得了不同程度的进展。按照中葡双方达成的协议,1991年12月12日,葡部长会议审议通过了关于中文在澳门的官方地位的法令,12月23日,该法令由葡总统苏亚雷斯签署,并作为455/91号法令刊登在12月31日的《共和国日报》上,1992年1月13日,澳门《政府公报》予以公布实施。该法令规定"中文在澳门和葡文具有同等官方地位和法律效力。"5月,中葡双方就《保护臭氧层维也纳公约》及1987年《关于消耗臭氧层的物质的蒙特利尔议定书》适用于澳门的问题达成协议。11月,中葡双方就成立航空协议范本工作小组问题,澳门加入亚太电信组织和海关合作理事会问题,经1990年6月27～29日在伦敦举行的议定书缔约方第二次会议对1987年《关于消耗臭氧层的物质的蒙特利尔议定书》的修正及《公民权利和政治权利国际公约》和《经济、社会及文化权利国际公约》适用于澳门问题达成了协议。12月17日,葡萄牙共和国议会通过了关于将上述两个人权公约延伸适用于澳门的决议,12月29日和31日,葡总统和总理分别签署和副署了该决议,12月31日,澳门《政府公报》予以公布。中葡土地小组1992年举行了一次全体会议,11月4日,双方就澳门政府1992年度批地计划达成了协议,同意批出土地面积为36公顷,主要为商业、居住、公共事业用地。

【澳门基本法制定情况】1992年3月16日,第七届全国人民代表大会常务委员会第25次会议通过决议,公布了《中华人民共和国澳门特别行政区基本法(草案)》和三个附件:《澳门特别行政区行政长官的产生办法》、《澳门特别行政区立法会的产生办法》、《在澳门特别行政区实施的全国性法律》,同时还公布了《全国人民代表大会关于澳门特别行政区第一届政府、立法会和司法机关产生办法的决定(草案代拟稿)》、《澳门特别行政区基本法起草委员会关于设立全国人民代表大会常务委员会澳门特别行政区基本法委员会的建议》。自公布之日起至7月底,在澳门和全国其他地区就澳门基本法草案广泛征求了意见。9月23～28日,澳门基本法起草委员会中央和澳门特别行政区的关系、居民的基本权利和义务、政治体制、经济、文化和社会事务5个专题小组举行会议，对澳门基本法草案条文再次进行了讨论和修改。12月8～9日，起草委员会第三次主任扩大会议审议讨论了基本法草案修改提案的提出和表决办法。1993年1月13～15日，澳门基本法起草委员会第九次全体会议在北京举行。会议听取了起草委员会5个专题小组修改基本法草案有关条文的工作报告，听取了鲁平秘书长关于修改基本法草案的说明，听取了区旗、区徽图案评选委员会关于区旗、区徽图案修改情况的工作报告。会议采取无记名投票的方式，以全体委员2/3以上多数通过了18个修改提案。会议还评选出了澳门特别行政区区旗、区徽图案（草案）。会议决定将经修改通过的《中华人民共和国澳门特别行政区基本法（草案）》、澳门特别行政区区旗、区徽图案（草案）以及为全国人民代表大会草拟的《全国人民代表大会关于澳门特别行政区第一届政府、立法会和司法机关产生办法的决定（草案）》和《澳门特别行政区基本法起草委员会关于设立全国人民代表大会常务委员会澳门特别行政区基本法委员会的建议》提请全国人大常委会审议，并建议常委会提请第八届全国人民代表大会第一次会议审议。1993年3月31日，八届全国人大一次会议审议通过了中华人民共和国澳门特别行政区基本法，包括3个附件和区旗、区徽图案；关于设立中华人民共和国澳门特别行政区的决定；关于《中华人民共和国澳门特别行政区基本法》的决定；关于澳门特别行政区第一届政府、立法会和司法机关产生办法的决定；关于批准澳门特别行政区基本法起草委员会关于设立全国人民代表大会常务委员会澳门特别行政区基本法委员会的建议的决定。

自1988年8月基本法起草委员会成立至1993年1月基本法起草工作结束，在长达4年零5个月的时间里，起草委员会先后举行了9次全体会议，70次专题小组会议，3次主任委员扩大会议，4次区旗、区徽图案评选委员会会议，还先后就澳门基本法草案征求意见稿和澳门基本法草案两次在澳门和全国其他地区广泛征求意见。

【经济】澳门是自由港。过去只有鞭炮、火柴、神香等手工业，经济长期以来以赌业为主。60年代中期至80年代中期，出口制造业带动澳门经济迅速增长，形成了以出口制造业、旅游博彩业、金融业和地产建筑业为主体的多元化经济结构。进入90年代，澳门总体经济稳步增长。1992年澳门经济在调整中获得全面、平稳的发展。全年生产总值为380亿元（澳门元，下同），经济实质增长率约为5%，通货膨胀率为7.7%。贸易进出口总额为298亿元，比上年增长了6.08%，其中进口157亿元，比上年增长了5.9%；出口141亿元，比上年增长了6.3%。全年到澳门的游客为769.91万人次，比上年增长2.7%。全澳19家银行存款总额为631亿元。汇率（1992年）：103澳门元＝100港币。

【其他】1992年4月2日，《澳门司法组织纲要法》在澳门生效，高等法院、审计院相应成立，澳门政府于11月公布两院院长、法官、助理总检察长等职务的人选。

1992年6月15日，澳门与欧洲经济共同体贸易合作协定签署，该协定于1993年1月1日生效。1992年9月26日，亚洲首座欧洲资讯中心在澳门设立。

1992年9月20日，澳门举行第五届立法会选举。新一届立法会由8名直选议员、8名间选议员和7名官委议员组成。林绮涛、何厚铧分别当选为立法会的正、副主席。

（程玉梅）

阿　富　汗

国名　阿富汗伊斯兰国（The Islamic State of Afghanistan）。

面积　652300平方公里。

人口　1551万（1988年国际财政统计年鉴）。普什图族占40%，塔吉克族占30%，此外还有乌兹别克、哈扎拉、土库曼、俾路支、努里斯坦等民族；其中有500余万人成为难民流亡巴基斯坦和伊朗等国。普什图语和达里语（即波斯语）是官方语言，其他地方语言有乌兹别克、俾路支、土耳其语等。98%的居民信奉伊斯兰教，其中90%属逊尼派，其余是什叶派。

首都　喀布尔（Kabul），人口约150万（1989年）。

国家元首　总统布尔汉努丁·拉巴尼（Burhanuddin Rabani），1992年12月30日当选。

简　况

亚洲中西部的内陆国家。北邻土库曼斯坦、乌兹别克斯坦、塔吉克斯坦，西界伊朗，南部和东部连巴基斯坦，东北突出的狭长地带与中国接壤。属大陆性气候，干燥少雨，冬季严寒，夏季酷热。18世纪中叶，阿富汗人民赶走波斯侵略者，1747年建立了阿富汗王国。19世纪，阿富汗是英国和沙俄的角逐场所。1919年阿国王阿曼努拉宣布阿富汗独立，定8月19日为阿富汗独立日。1933年查希尔继承王位。1973年达乌德发动军事政变，推翻查希尔王朝，宣布成立阿富汗共和国。1978年4月，阿人民民主党发动军事政变，改国名为阿富汗民主共和国。1987年12月改国名为阿富汗共和国。

政　治

1992年初，在联合国秘书长加利及其代表塞万的推动下，阿富汗问题政治解决进程明显加快。3月18日，纳吉布拉总统表示同意交权。但由于喀布尔政权统治集团内部矛盾激化，导致国内局势失控。4月16日，纳吉布拉被迫下台，联合国的和平计划也因此受挫。4月28日，阿游击队领导人穆贾迪迪接管政权，任临时国家元首。阿改国名为阿富汗伊斯兰国。6月28日，游击队另一领导人拉巴尼接替穆贾迪迪任临时总统。阿游击队接管政权后，各派之间矛盾尖锐复杂，经常发生武装冲突，尤其在1992年8月，希克马蒂亚尔派同拉巴尼派两支武装力量发生激烈冲突，喀布尔战火纷飞，造成万余人伤亡，数十万市民外逃，许多建筑物被毁。12月30日，喀布尔举行决策委员会会议，拉巴尼当选为阿过渡政府总统，任期两年。1992年6月，拉巴尼发表施政演说，宣布阿富汗将遵守联合国宪章和人权宣言，奉行积极的中立政策，参加不结盟运动和伊斯兰国家组织，加强和发展同世界各国尤其是伊斯兰邻国的友好关系，呼吁国际社会向阿提供援助。

【宪法】1978年4月塔拉基执政后废除了宪法。1980年4月卡尔迈勒政权制定的"国家基本原则"起着临时宪法的作用。1987年11月30日纳吉布拉政权制定了新宪法。1990年5月29日，大国民会议通过该宪法的修正案。1992年4月28日阿游击队接管政权后新政府已着手制定新伊斯兰宪法。

【议会】国家最高立法机关，由人民院和参议院组成。1992年12月30日闭幕的决策委员会上选出250名代表组成国民议会。

【支尔格大会(大国民会议)】由总统、副总统、两院议员、内阁成员、首席法官、总监察长、省(市)长、省议会议长、部落头人、宗教领袖以及社会知名人士组成，在国家遇到重大问题时由国家元首召集，会期不定。

【政府】(暂缺)

【司法机构】法院分为4级：最高法院、省法院、县(市)法院和分法院，另设军事法院。最高法院首席法官由总统任命。

【政党】在阿伊斯兰国建立前，阿富汗祖国党原是执政党。前苏联侵阿期间建立的各派抵抗组织在游击队掌权后均以各自组织的名义进行活动。

(1)祖国党(TheWatan Party)：原名阿富汗人民民主党，1965年1月成立。1990年6月改名为祖国党。原有党员17万多人，1992年4月游击队掌权后不再公开活动。主席穆·纳吉布拉。

(2)阿富汗伊斯兰党(The Islamic Party of Afghanistan)：1974年成立，原教旨主义派，普什图族，信奉伊斯兰教，属逊尼派。主要领导人是古尔布丁·希克马蒂亚尔。

(3)阿富汗伊斯兰促进会(Jamiat Islamic of Afghanistan)：1972年成立。游击队司令为马苏德，原教旨主义派，普什图族，信奉伊斯兰教，属逊尼派。主要领导人是布尔汉努丁·拉巴尼。

(4)阿富汗伊斯兰党(哈利斯派)：1979年从古尔布丁·克马蒂亚尔的伊斯兰党中分裂出来，普什图族，信奉伊斯兰教，属逊尼派。主要领导人是尤纳斯·哈利斯，原教旨主义派。

(5)阿富汗圣战者伊斯兰联盟(The Islamic Alliance of Afghan Mujahidden)：1981年成立，原教旨主义派，普什图族，信奉伊斯兰教，属逊尼派。主要领导人是阿卜杜·拉苏·萨亚夫。

(6)阿富汗伊斯兰民族阵线(The National Islamic Front of Afghanistan)：1979年成立，民族主义派，普什图族，信奉伊斯兰教，属逊尼派。主要领导人是赛义德·盖拉尼。

(7)阿富汗伊斯兰革命运动(Movement for the Islamic Revolution of Afghanistan)：1978年成立，民族主义派，普什图族，信奉伊斯兰教，属逊尼派。主要领导人是纳比·穆罕默迪。

(8)阿富汗民族解放阵线(The Afghan National Liberation Front)：1978年成立，民族主义派，普什图族，信奉伊斯兰教，属逊尼派。主要领导人是西卜加图拉·穆贾迪迪。

(9)阿富汗伊斯兰统一党(Islamic Unity Party of Afghanistan)：1991年改用现名，原为阿富汗伊斯兰革命联盟，1987年9月16日成立，由胜利组织、伊斯兰运动、伊斯兰圣战卫士、伊斯兰革命联合阵线、伊斯兰呼声、伊斯兰力量、伊斯兰党和真主党联合组成，简称八党联盟，原教旨主义派，信奉伊斯兰教，属什叶派，多为哈扎拉族等少数民族。总部原设在伊朗德黑兰，1992年4月后迁入国内。主要领导人是马扎里。

【重要人物】布尔汉努丁·拉巴尼：总统，阿富汗圣战者领导委员会主席，阿原伊斯兰促进会主席。1938年7月生于巴达赫尚省。1959年进入喀布尔大学神学院，毕业后留校任教。1964～1968年在埃及爱资哈尔大学深造，回国后任喀布尔大学哲学、宗教学教授。50年代在喀布尔大学参加"伊斯兰运动中心"，1972年当选为该运动中心主席。1974年因反对达乌德政府遭通缉，逃亡巴基斯坦。1978年4月塔拉基发动军事政变上台后，他组织武装力量，宣布圣战，自任伊斯兰促进会主席。1990年出任阿七党联盟临时政府外交部长。1992年6月28日，拉巴尼接替穆贾迪迪，任阿伊斯兰国临时总统。1992年12月30日，拉巴尼在决策委员会会上以多数票当选为阿伊斯兰国过渡政府总统，任期两年。

经　济

落后的农牧业国家，1971年被联合国列为最不发达国家之一。十多年战乱环境，使阿经济遭到严重破坏，500多万人流亡国外，沦为难民。

国民生产总值(1988年)：31亿美元。

人均国民生产总值(1993年2月):150美元。

国民生产总值增长率(1988年):－2.2%。

通货膨胀率(1990年):56.7%。

货币名称:阿富汗尼,简称阿尼。

汇率(1992年平均):1美元＝50.60阿尼;自由汇率:1美元＝1000阿尼。

【资源】已探明的矿藏有天然气、铁、铜、煤、青金石、大理石等。天然气储藏量约1600亿立方米。

【工业】1986年工业产值7.49亿美元,约占国民生产总值的24%。手工业占工业产值的41.75%。主要有地毯、纺织、皮革、水泥、电力、采煤、汽车修理和制糖等。最近几年由于连年战乱,工业产量均下降。

【农牧业】国民经济的主要部门,农牧业产值占国民生产总值的60%,占国民收入的68%。农牧业人口占全国人口的81.48%。主要牲畜存栏数如下(单位:万头):

	1988	1989	1990
牛	155	160	165
绵羊	1150	1250	1350
山羊	205	210	215

(资料来源:1992/93年英国经济季评)

主要农作物产量如下(单位:万吨):

	1988	1989	1990
小麦	192.5	192.5	192.5
玉米	83.8	75	80
大米	49	45	43
大麦	25	25	25
棉花	12	6	6
豆类	4	4.1	4.1
甜菜	2	1	1
水果	77.8	75.9	78.1

(资料来源:同上)

【交通运输】无铁路和出海口,仅阿同土库曼斯坦和乌兹别克斯坦边界上的阿姆河和昆都士河可部分通行内河轮船,交通运输主要靠公路和空运。

公路:全长约1.9万公里,70%被战争破坏。1986年货运量为754万吨。

空运:有两家航空公司,其中阿利亚纳航空公司经营国际航线,巴赫塔尔航空公司经营国内航线。1987/88年度阿航空公司客运量约23.9万人次,货运量为4640吨。

【财政金融】财政连年赤字,1987/88年度财政总收入为2.55亿美元。1989/90年度黄金与外汇储备总额为5.25亿美元。截至1988年,欠外债16亿美元。

【对外贸易】同60多个国家和地区有贸易关系。外贸连年逆差。主要贸易伙伴是前苏联和东欧各国(前苏联占阿外贸总额的60%)。主要出口天然气、皮张、干鲜果品、地毯和棉花等。主要进口小麦、纺织品、茶叶、小五金、糖、植物油和石油产品。近几年外贸情况如下(单位:百万美元):

	1988/89	1989/90	1990/91
出口额	394.7	235.9	235.1
进口额	900.3	821.7	936.4
差 额	－505.6	－585.8	－701.3

(资料来源:同上)

【外国援助】从50年代至1986年,共获得外国援助46.61亿美元,其中大部分为前苏联援助(占75%以上)。1989/90年度阿接受外援1.33亿美元,其中前苏联提供1.04亿美元,占78%。联合国为重建阿富汗设立信托基金,按"和平工程"计划需募集20亿美元,截至1989年8月,已集资7.16亿美元。

人民生活

内战仍在继续,交通运输严重受阻,物价上涨,居民生活必需品供应不足。消费物价指数1989年为242.9(1985年为100)。

军　事

1929年组建正规军,其前身是部落武装。1992年4月总兵力约23万,其中陆军12万,空军2万,武装警察约4万,革命自卫队3万多,国家卫队约2万。实行征兵制。服役期战斗员3年,非战斗员4年。

1988年国防开支占财政收入的60%。

在前苏军侵阿期间各地建立了许多抵抗组织,其武装力量大约20万人。

文化教育

【教育】教育事业落后,文盲约占总人口的80%。1989年全国有扫盲班2.61万个;在校中、小学生约91.7万,1988年有中、小学1244所。1989年高等院校7所,在校大学生超过4万人。喀布尔大学是全国最高学府,1946年创建。伊斯兰大学成立于1988年4月。

【新闻出版】主要报纸有《信息报》,原祖国党机关报,1992年4月停刊;《祖国报》;《阿尼斯报》;《喀布尔时报》,阿官方报纸。

阿富汗广播电台成立于1925年,对外用9种语言广播。阿富汗广播电视台于1978年建立,用波斯语、普什图语和英语广播。

对外关系

阿富汗政府向来奉行独立、中立和不结盟政策,是不结盟运动的创始国之一。1992年4月伊斯兰政权建立后,新政府努力发展同各国,特别同伊斯兰国家的友好关系。目前同十几个国家保持正常外交关系。

【同我国的关系】1955年1月20日中阿正式建交,以后两国一直保持友好关系,两国领导人多次互访。

1992年2月,阿轻工食品部副部长拉希米一行应邀访华,并同天津国际经济技术合作公司签署合同。4月30日,杨尚昆主席致电祝贺穆贾迪迪就任阿伊斯兰国国家元首。6月29日,杨尚昆主席致电祝贺拉巴尼任阿伊斯兰国临时总统。5月,新华社两名记者应邀访阿。

中国驻阿富汗大使馆临时代办：张敏。馆址：Sardar shah Mahmoud Ghazi Wat，Kabul，Afghanistan。电话：20446，25551，22340(办公室)25552(商务处)，电报挂号：CHINEMA KABUL（使馆）CHINTRAD KABUL（商务处），电传号：079-23256 CHNTRD AF。

阿富汗驻华大使馆临时代办：古拉姆·穆罕默德·苏汉尼亚尔(G.M.sukhanyar)。馆址：北京东直门外大街8号。电话：5321582(使馆)，5322269(馆长)。

【同巴基斯坦的关系】1992年4月阿伊斯兰国建立后，阿巴关系明显改善，来往增多。4月29日，巴总理谢里夫率高级代表团对阿进行正式友好访问。8月6日，阿总理法里德正式访巴。9月25～27日，阿临时总统拉巴尼对巴进行正式访问。11月，阿总参谋长瓦尔达克率高级军事代表团访巴。11月26日，阿副总理兼外长盖拉尼赴巴参加经济合作组织外长会议。6月3日，阿巴恢复通航。1992年巴向阿提供6万吨小麦、一些药品和1000万美元现金援助。

【同伊朗的关系】1992年两国关系改善。9月27～30日阿临时总统拉巴尼访伊。11月9日，伊外长韦拉亚提访阿，两国决定建立合作混合委员会。伊支持阿参加地区经济合作委员会。1992年伊向阿提供了90多架次飞机的食品和药品援助。9月伊红新月会医疗队抵阿工作。10月19日伊文化部副部长贾纳梯访阿，两国签署文化合作协议和谅解备忘录，双方将在文化和新闻方面加强合作。

【同沙特阿拉伯的关系】1992年4月阿伊斯兰国建立后，阿同沙特关系日益发展。6月18日，阿临时总统拉巴尼访问沙特。7月沙特政府特使访阿，决定赠阿7万桶汽油、7万桶煤油和6万桶柴油。10月，沙特21人代表团分别会见阿建设部和财政部负责人，讨论援阿修复公路和提供财政援助问题。

【同印度的关系】1992年3月阿众议院议长阿巴维率团访印。11月阿外交国务部长拉夫拉伊对印进行工作访问。11月阿交通部长祖哈德访印，讨论印向阿公共汽车公司提供援助事。1992年印向阿提供4.4万吨小麦和150吨食品和300万卢比药品援助。

【同中亚邻国的关系】1992年2月阿副总统哈蒂夫率团先后访问哈萨克斯坦和土库曼斯坦，分别签署建交协议。4月7日，阿政府发表声明，承认格鲁吉亚独立。7月14日塔吉克斯坦共和国最高委员会代主席阿克巴尔·沙赫和总理阿克巴尔率高级代表团访阿，双方签署建交协议和发展经济、技术、文化合作议定书，双方同意建立合作混合委员会。1992年10月13日，阿临时总统拉巴尼访问乌兹别克斯坦，两国建立大使级外交关系，开辟喀布尔—塔什干航线。

【同俄罗斯联邦的关系】前苏联解体后，阿新政权与俄罗斯的来往明显减少。1992年8月，因安全原因，俄驻阿使馆人员全部撤离喀布尔，但保留俄驻马扎里沙里夫领馆。11月，俄联邦议会副议长安德罗诺夫访阿，阿临时总统拉巴尼和国防部长马苏德分别会见代表团，双方讨论了加强两国外交关系问题。俄方允诺向阿提供生活必需品，并参加阿的重建工作。

【同美国的关系】1979年2月14日，美国因其驻阿大使达布斯遭杀害，阿美关系降为代办级。1989年2月11日美驻阿使馆人员全部撤离喀布尔。1992年6月美国政府特使唐穆胜对阿进行工作访问。1992年，美向阿提供2900万美元人道主义援助。

【同德国的关系】1992年10月德国政府在派遣研究经济形势代表团访阿后，决定向阿提供700万马克人道主义援助，免除阿6300万马克债务，并允诺将提供1亿马克援助。11月，阿德签署经济合作议定书，德允诺向阿提供500万马克日用品援助。11月，德国霍赫斯特公司代表团访阿，德方允诺援阿恢复喀布尔霍赫斯特制药厂。12月，德国紧急卫生援助小组访阿，签署向阿提供无偿援助议定书。1992年，德国接收7批共500多名阿伤残儿童去德免费医疗。

【同联合国的关系】1991年联合国组织向阿提供290万美元援助，用于扫雷计划。1992年7月联合国组织向阿提供1.8亿美元用于安置难民、扫雷、食品、卫生和农业等方面援助。9月世界粮农组织赠阿4000吨粮食。

（羌品兴）

阿拉伯联合酋长国

国名　阿拉伯联合酋长国　（The United Arab Emirates）。

面积　77700平方公里(不包括所属岛屿，1992年阿联酋年鉴)。

人口　190.9万(1991年)，其中2/3来自印度、巴基斯坦等国。阿拉伯语为官方语言，通用英语。居民大多信奉伊斯兰教，多数属逊尼派；在迪拜，什叶派占多数。

首都　阿布扎比(Abu Dhabi)，人口约79.8万(1991年)。

国家元首　总统扎耶德·本·苏尔坦·阿勒纳哈扬(Zayed Bin Sultan Al-Nahyan)，1971年当选，1976、

1981、1986、1991年连任。

简　况　位于阿拉伯半岛东部，北濒波斯湾，海岸线长644公里。西北与卡塔尔为邻、西和南与沙特阿拉伯交界、东和东北与阿曼毗连。属热带沙漠气候，夏季气温40～50℃，冬季气温7～20℃。公元7世纪隶属阿拉伯帝国。16世纪起，葡萄牙、荷兰、法国等殖民主义者相继侵入。1820年英国入侵波斯湾地区后，强迫当地7个酋长国与其签订"永久休战条约"，此后逐步沦为英国的保护国。1971年3月1日英国宣布同波斯湾各酋长国签订的条约于年底终止。同年12月2日阿拉伯联合酋长国宣告成立。由阿布扎比、迪拜、沙迦、哈伊马角、富查伊拉、乌姆盖万和阿治曼7个酋长国组成联邦国家。

政　治　联邦最高委员会由7个酋长国的酋长组成，是最高权力机构。国内外重大政策问题均由该委员会讨论决定。总统和副总统从最高委员会成员中选举产生，任期5年。总统兼任武装部队总司令。1971年扎耶德当选总统，并连任至今。无政党。

1992年阿政局稳定，经济持续发展。扎耶德总统举措稳重，对内主张加强联邦的统一和团结，大力发展国民经济，提高人民生活水平。对外奉行中立、不结盟的政策，主张阿拉伯和海湾国家团结与合作。

【宪法】1971年7月18日，联邦最高委员会通过临时宪法，同年12月3日宣布临时宪法生效，沿用至今。

【议会】称联邦国民议会，亦称全国协商议会，咨询机构，每届任期两年。1993年2月由40人组成第九届议会，议员分别由各酋长国酋长提名，总统任命。议长由议会选举产生。议会有权讨论和修改内阁提出的法律草案，有权对联邦政府缔结的条约和协定提出咨询。议长哈吉·本·阿卜杜拉·穆海利比。

【政府】1990年11月20日组成第六届政府，共25人。主要成员：副总统兼总理马克图姆·本·拉希德·阿勒马克图姆(Maktoum Bin Rashid Al-Maktoum)，副总理苏尔坦·本·扎耶德·阿勒纳哈扬(Sultan Bin Zayed Al-Nahyan)；财政、工业部长哈姆丹·本·拉希德·阿勒马克图姆(Hamdan Bin Rashid Al-Maktoum)，国防部长穆罕默德·本·拉希德·阿勒马克图姆(Mohammed Bin Rashid Al-Maktoum)，外交部长拉希德·阿卜杜拉·努艾米(Rashid Abdullah Al-Nuaimi)，石油、矿产部长尤素福·本·欧麦尔·本·尤素福(Yousef Bin Omeir Bin Yousef)，经济贸易部长赛义德·古巴什(Saeed Ghobash)。

【重要人物】扎耶德·本·苏尔坦·阿勒纳哈扬：总统。1918年生。1946年任阿布扎比酋长国东方省省长。1966年接任阿布扎比酋长国酋长。1971年起当选为阿拉伯联合酋长国总统。曾获1988年"世界伟人"称号。喜好骑马和鹰猎，擅长射击。

经　济　以石油生产和石油化工工业为主。石油收入占政府财政收入的40.5%。政府实行"量入而出、增收节支"和指导消费的经济政策，压缩基建规模，减少政府开支，努力实行多样化经济发展方针。在发展石化工业的同时，注意利用天然气资源，发展水泥、炼铝、服装、食品加工等工业，重视发展农、牧、渔业。政府充分利用各种财源，重点发展文教、卫生事业，继续完成和扩大在建和现有项目。

国内生产总值(1991年)：1254亿迪尔汗。

国内生产总值增长率(1991年)：16.7%。

货币名称：迪尔汗；1迪尔汗＝100菲尔斯。

汇率(1992年平均)：1美元＝3.65迪尔汗。

通货膨胀率(1990年)：8%。

【资源】石油和天然气资源非常丰富。1989年已探明的石油储量为2000亿桶。居石油输出国组织成员国第二位。天然气储量为57620亿立方米，居世界第三位。

【工业】1991年工业产值26.5亿美元，占国内生产总值的13.9%。从业人口64万人。以石油化工工业为主。此外还有天然气液化、炼铝、塑料制品、建筑材料、服装和食品加工等工业。近几年石油产量和收入情况如下：

	1989	1990	1991
产量(亿桶)	7.07	7.75	10.95
收入(亿美元)	120	150	147

(资料来源：1992年阿联酋年鉴)

【农业】农业不发达。1991年农、牧、渔业产值6.1亿美元，占国内生产总值的1.8%。近年来，政府致力于发展农业，鼓励农民多开垦土地，兴办农场和种植园，并向农民提供各种优惠服务和无息贷款。全国可耕地面积32万公顷，已耕地面积19.3万公顷。粮食依赖进口。蔬菜可满足市场需求的60%。主要农产品有椰枣、玉米、蔬菜、柠檬等。

【交通运输】境内无铁路，各酋长国之间由现代化高速公路相连。

公路：总长约2200公里，有汽车约32万辆。

水运：有14个港口，1991年年吞吐量为3700万吨。迪拜拉希德港是中东第二大深水港。

空运：有5个国际机场，最大的迪拜国际机场1991年总客运量为940多万人次，起降飞机14.9万架次。

【财政金融】联邦政府财政收入来自各酋长国的石油收入。近几年政府预算收支情况如下(单位：亿美元)：

	1989/90	1990/91	1991/92
总收入	35.1	40.8	43.5
总支出	40	42.6	47.3
赤　字	4.9	1.8	3.8

(资料来源：阿联酋官方统计数字)

截至1991年底，外汇储备48.4亿美元，黄金储备

2.15亿美元，在国外资产超过500亿美元。

【对外贸易】外贸在经济中占有重要位置。出口石油、天然气、石油化工产品、铝锭和少量土特产品。进口主要有粮食、机械和消费品。同100多个国家和地区有贸易关系，主要贸易伙伴是日本、美国、英国、法国、德国和意大利等。近几年对外贸易持续顺差，情况如下（单位：亿美元）：

	1989	1990	1991
出口额	156	214.6	318
进口额	101	115.8	242.4
差　额	55	98.8	75.6

（资料来源：1992年阿联酋年鉴）

【对外援助】1971年7月成立阿布扎比阿拉伯经济发展基金会，以贷款、参股、赠予和技术援助等方式向阿拉伯国家和亚洲、非洲的发展中国家提供援助。至1992年已向43个国家提供了约15.6亿美元的援助。

人民生活

1991年人均国民收入为18500美元，居世界前列。实行免费医疗，1991年有公立医院35家，诊所93家，病床约4341张，医生约3000人，平均每600人一位医生。另有8家私人医院，675家诊所，医生1282人。政府重视妇幼保健工作，婴儿死亡率由1980年的37‰下降到现在的15‰。

军　　事

1976年5月6日，联邦最高委员会决定统一各酋长国的军队，设立武装部队总司令部，联邦总统任武装部队总司令。实行志愿兵役制。

总兵力4.3万。武器装备主要来源于英、美、法等国。武装部队的兵源30%来自本国，其余主要为阿曼、巴基斯坦等国人。教官多为英国和巴基斯坦人。陆军4万，全国共分西部、中部和北部3个军区。编制为一个王家警卫旅、一个装甲旅、一个机械化步兵旅、两个步兵旅、一个炮兵旅和一个防空旅。海军1500人，各类作战舰只15艘。空军1500人（含警察部队的航空联队），编制有4个作战中队，作战飞机70余架，武装直升飞机25架。

1991年国防开支为49亿美元。

文化教育

【教育】国家重视发展教育事业和培养本国的科技人才，实行免费教育制。国家致力于扫盲工作，现已建成130多个扫盲中心，并制定到2000年的十年扫盲规划。1990年教育经费5.5亿美元，有公立学校512所，私立学院289所，在校学生39.86万人，教师约2万人。阿联酋大学是唯一大学，大学生1万多人，下设8所专科学院，有学生1562人。国家平均每年向外派留学生200人。

【新闻出版】主要报刊有《联合报》，发行5.5万份；《宣言报》，发行5万份；《海湾报》，发行5.8万份；《海湾时报》，发行5万份。此外还有《海湾新闻》、《酋长国新闻》、《海湾之花》杂志等。

阿拉伯联合酋长国通讯社是国家通讯社，1977年6月成立。在国内各主要城市以及伦敦、巴黎、华盛顿、开罗、突尼斯、贝鲁特等地派有常驻记者。用阿拉伯文和英文发稿。

阿联酋有4家电台，3家电视台，在阿布扎比的电台每天用阿、英、法和乌尔都语播送节目。电视台新闻节目用阿、英语播送。此外还建有卫星地面接收站。

对外关系

奉行中立、不结盟的外交政策。坚持睦邻友好的和平外交政策，主张通过和平协商解决争端，维护世界和平。不允许外国在阿建立军事基地。主张加强第三世界、阿拉伯、伊斯兰和海湾合作委员会国家的团结与合作。重视发展同美国、西欧和日本的关系。支持巴勒斯坦人民的正义斗争，承认巴勒斯坦国。要求全面执行联合国关于中东问题的各项决议，谴责以色列当局驱逐415名巴勒斯坦人。认为马德里中东和会是迈向解决阿、以冲突，实现永久公正的一个重要步骤，并出席了有关会议。要求伊拉克执行所有联合国安理会有关决议，立即释放全部科威特被扣留人员，并对因海湾战争造成的经济、资源损失承担全部责任。反对肢解伊拉克，重视恢复阿拉伯国家的团结，主张谅解曾在海湾危机中支持伊的阿拉伯国家。苏联解体后，阿立即承认新成立的独立国家联合体，希望独联体能促进国际间的稳定与合作。支持建立国际经济新秩序，主张加强发展中国家的经济合作和在南北对话中采取一致立场；发展中国家同发达工业国之间应建立相互尊重和平等互利的合作关系；发达国家应采取合作和更灵活的政策，以减轻发展中国家日益严重的债务负担。至1991年底，已同117个国家建交。

【同我国的关系】1984年11月1日两国建交。建交后两国间重要往来不断增多。阿联酋总统扎耶德、沙迦酋长苏尔坦分别于1990年5月和1991年5月访华。中国国家主席杨尚昆于1989年12月访问了阿联酋。

1992年，中国国家领导人杨尚昆主席、李鹏总理、陈慕华副委员长、钱其琛国务委员兼外长、秦基伟国务委员兼国防部长和公安部蒋先进副部长等，先后出访途经阿联酋沙迦或迪拜酋长国。2月，北京外国语学院院长王福祥访阿。4月，卫生部副部长胡熙明顺访阿。11月，我对外友好协会会长韩叙率友协代表团访阿。6月4日，中、阿草签了投资保护协定。12月30日，两国签署了《关于两国卫生部医疗卫生技术合作协议》、《中国向阿联酋派遣医生议定书》、《中国向阿联酋扩大派遣护士议定书》。

据中国海关总署统计，1992年两国进出口商品总额达6.08亿美元，其中中方出口额为5.43亿美元，进口额为6552万美元。

中国驻阿联酋大使：刘宝莱。馆址：ABU DHABI ZONE 2 STREET 11 NO. 207 (AL SUDAN

STREET NO. 207)。电话：009712-314276。电传：009712-023928。商务处电话：009712-652722。电传：009712-023829。驻迪拜总领馆电话：009714-453357。电传：009714-456267。

阿联酋驻华大使：伊斯梅尔·尤素夫·奥贝德。馆址：塔园外交人员办公楼1单元9层1号。电话：5322112。

阿同台湾当局有贸易往来，1990年阿台贸易额近10亿美元。

【同美国的关系】两国关系较密切。阿呼吁美在解决中东问题上发挥积极作用，反对美在巴勒斯坦问题上偏袒以色列的政策。美是阿主要贸易伙伴之一。

【同法国的关系】两国关系较好。1991年9月，扎耶德总统访法，双方签订了“军事训练和军事合作协定”。法还是阿联酋最大的武器供给国。

【同日本和巴基斯坦的关系】日本是阿联酋最大的贸易伙伴，1990年两国贸易额为74亿美元，其中阿向日出口61亿美元。

同巴基斯坦交往密切。扎耶德总统及王室成员每年去巴进行私人访问和猎鸨。每年向巴提供财政援助和贷款。

【同欧共体的关系】经贸关系密切。阿向欧共体国家出口的石油占阿石油出口总量的20%以上。

【同伊朗的关系】在同伊朗关于阿布穆萨岛和大、小通布岛领土争端问题上，阿联酋坚持对3岛的主权要求，但主张通过和平谈判方式，实现政治解决。

【同邻国的关系】重视发展睦邻友好关系，先后通过谈判同沙特和阿曼解决了关于“布赖米绿洲”的边界划分。在海湾合作委员会中，同各国经常就双边、地区和国际问题进行磋商和协调。（李秀连）

阿　　曼

国名　阿曼苏丹国(The Sultanate of Oman)。

面积　31.2万平方公里(《92阿曼》)。

人口　200万(1991年)，绝大多数是阿拉伯人，另有印度、巴基斯坦等外籍人。官方语言为阿拉伯语，通用英语。本国居民绝大多数信奉伊斯兰教，90%属伊巴德教派。人口自然增长率为3.5%。

首都　马斯喀特(Muscat)，人口40万(1991年)。

国家元首　苏丹兼首相卡布斯·本·赛义德(Qaboos Bin Said)，1970年7月23日即位。

简　况

位于阿拉伯半岛东南部。与阿联酋、沙特、也门等国接壤，濒临阿曼湾和阿拉伯海。海岸线长1700公里。除东北部山地外，均属热带沙漠气候。平均温度约为24度。公元前2000年已广泛进行海上和陆路贸易活动，并成为阿拉伯半岛的造船中心。公元7世纪成为阿拉伯帝国的一部分。1624年，建立亚里巴王朝，其势力曾扩张到东非部分海岸和桑给巴尔岛。18世纪中叶，建立赛义德王朝，统治阿曼至今。1507年起，先后遭葡萄牙、波斯和英国的入侵与占领。1967年建立马斯喀特和阿曼苏丹国。1970年8月9日，宣布改国名为阿曼苏丹国。

政　治

阿曼是君主制国家，无宪法，禁止政党活动。由苏丹颁布法律、法令和批准缔结国际条约、协定。阿现政权实行自由和开放政策。

【国家咨询委员会】1991年11月12日由卡布斯颁布诏书成立，是在原国家协商委员会的基础上建立的一个审议监督机构。总部设在首都马斯喀特。共有60名成员，主席由苏丹任命，另59名委员，分别代表59个州。每届任期3年，可连选连任。委员会常设机构由主席、两名副主席及首届会议选出的5名委员组成。另设一个秘书处，由秘书长和若干副秘书长及办事人员组成。主席每年向苏丹汇报一次工作。咨询委员会主席是阿卜杜拉·本·阿里·本·穆罕默德·卡塔比(Abdullah Bin Ali Bin Mohammed al Qatabi)。1992年咨询委员会共举行4次例会，研究了有关社会、经济、法律、卫生、教育等问题。

【政府】内阁成员由苏丹任命。1991年12月10日，卡布斯颁布谕令，对部分人事和机构进行了调整。主要成员如下：苏丹兼首相卡布斯·本·赛义德，苏丹特别代表苏维尼·本·谢哈卜(Thuwaini Bin Shihab)，负责安全和国防事务副首相法赫尔·本·泰穆尔·阿勒·赛义德(Fahr Bin Taimour Al-Said)，负责法律事务副首相法赫德·本·马哈茂德·阿勒·赛义德(Fahd Bin Mahmoud Al-Said)，负责财政和经济事务副首相卡伊斯·本·阿卜杜勒·穆乃姆·扎瓦维(Qais Bin Abdul-Munem AL-Zawawi)；石油和矿产大臣赛义德·本·艾哈迈德·尚法里(Said Bin Ahmed Al-Shanfari)，外交国务大臣尤素福·本·阿拉维·本·阿卜杜拉(Yousef Bin Alawi Bin Abdullah)，商业和工业大臣马格卜勒·本·阿里·本·苏尔坦(Maqbool Bin Ali Bin Sultan)，司法、宗教基金和伊斯兰事务大臣哈穆德·本·阿卜杜拉·哈尔西(Hamoud Bin Abdullah Al-Harthy)，内政大臣巴德尔·本·沙乌德·本·哈里卜·布塞义迪(Badr Bin Saoud Bin Hareb Al-Busaidi)。

【司法机构】政府设司法、宗教基金和伊斯兰事务部，主管司法及宗教事务。全国设有45所法庭，在首都和一些州设上诉法院。

【重要人物】卡布斯·本·赛义德：阿曼苏丹(即国王)兼首相和国防、外交、财政大臣。1940年11月18日生于南部地区的萨拉拉，是赛义德王朝第13位君主。16岁赴英国学习，1960年毕业于英圣赫斯特军事学院，后在英步兵团任中尉，1964年返回阿曼。回国后学习伊斯兰教义和阿曼历史等。因不满其父统治，于1970年7月23日废黜其父，登基执政。

经　济

卡布斯执政后，利用石油收入大力发展国民经济，实行开放政策和自由经济。近几年，强调"国民收入来源多样化"的方针，重点发展农渔业、中小工业及开发其它矿产资源，以改变国民经济严重依赖石油的状况。非石油产值在国内生产总值中的比例已由1974年的31.6%上升到1990年的57%。1991年开始执行第四个五年计划(1991～1995年)，计划总收入85.71亿里亚尔，总支出94.50亿里亚尔，分别比第三个五年计划增长23%和17%。至1995年，计划国内生产总值达到47.77亿里亚尔，平均年增长6.3%；投资的60%将分配首都以外各地区，以实现各地平衡发展；增加对非石油产业的投资，使其产值年增11.3%(石油部门计划年增4.5%)；从石油纯收入中提取7.5～10%建立"紧急储备专款"，以应付因国内外经济形势意外变化而带来的影响。

国内生产总值(1991年)：37.92亿里亚尔。

人均国内生产总值(1989年)：2396里亚尔(合6229美元)。

国内生产总值年增长率(1991年)：7.67%。

货币名称：阿曼里亚尔；1里亚尔＝1000比索。

汇率(1991年12月)：1美元＝0.385阿曼里亚尔。

通货膨胀率(1990年)：10.8%。

失业率：无失业。

【资源】60年代始开采石油，现已探明石油储量45亿桶，天然气储量17万亿立方英尺，煤储量约3600万吨，铜储量约2000万吨，还有铬、金、银及优质石灰石等。水产资源丰富。

【工业】起步较晚，基础薄弱。目前仍以石油开采为主，同时政府积极支持和鼓励其它中小工业。1992年非石油工业企业达3648家，投资额4.01亿里亚尔。加工工业产值从1980年的1560万里亚尔上升至1990年的1.511亿里亚尔。除少数较大型企业如炼油厂、水泥厂、面粉厂等由政府参与投资经营外，其它均属私营中小企业，主要从事非金属矿产、木材加工、食品、纺织等生产。部分工业产品已能满足国内需要。近几年石油产销情况如下：

	1989	1990	1991 *
产量(亿桶)	2.338	2.40	2.652
出口量(亿桶)	2.15	2.19	2.455
出口额(亿里亚尔)	13.44	19.42	12.754
平均日产(万桶)	64.1	66	72.66

* 为估计数字。

(资料来源：当地报纸和1991/92年度英国经济情报所国家概况)

水泥年产量85万吨，可满足国内需要的70%；1989年电解铜产量1.5万吨，大部分出口，全国电站装机容量1465.2兆瓦，1990年发电45.04亿度。

【农业】80%以上人口从事农牧渔业。1990年农业产值为9040万里亚尔，占国内生产总值2.2%。全国可耕地24万公顷，现种植4.1万公顷，其中80%种植椰枣、柠檬、香蕉等水果和蔬菜。粮食作物以小麦、大麦、高粱为主，不能自给。1990年蔬菜产量为16.23万吨，水果18.24万吨，大田作物(饲料、粮食)35.43万吨。鱼产品自给有余，1990年鱼产量为11.8万吨，是阿曼非石油产品出口收入的主要来源之一。

【交通运输】境内无铁路，国内运输主要依靠公路。

公路：1990年公路总长23847公里，其中沥青路4733公里(包括401公里单向高速公路)。阿曼国家运输公司拥有各种载客汽车300多辆。

水运：海港主要有卡布斯港、赖苏特港和法赫尔石油运输专用港。1989年进港船只1210艘(不包括石油运输)，卸货113.25万吨。

空运：1981年5月成立的阿曼航空公司系公私合营企业，现有飞机8架，主要担负国内客货运输。阿曼与阿联酋、巴林、卡塔尔共同投资的"海湾航空公司"经营国际航线。国际机场有首都西卜机场和萨拉拉机场。

管道运输：由内地油田至法赫尔港铺设有输油管道，总长279公里，不加压流量每天为72.5万桶。

【财政金融】近几年政府财政预算收支情况如下(单位：亿里亚尔)：

	1991	1992	1993
收入	15.773	17.114	16.985
支出	18.140	19.594	20.735
差额	－2.367	－2.480	－3.75

(资料来源：阿曼官方报纸)

截至1990年底，外汇储备16.72亿美元，外债31.31亿美元。

【对外贸易】1991年出口总额24.41亿里亚尔。出口商品主要是石油，约占出口总额的90%，主要输往日本、韩国、中国台湾。非石油出口有铜、鱼类、水果和蔬菜等。进口商品有机械、运输工具、食品及工业制成品等，主要来自英国、阿联酋(转口)、日本等。近几年外贸情况如下(单位：亿里亚尔)：

	1989	1990	1991
出口额	15.12	21.1	24.41
进口额	8.67	10.67	12.28
差　额	6.45	10.43	12.13

(资料来源：阿曼报刊)

人民生活

国家实行免费医疗。居民平均寿命 65 岁。截至 1991 年，全国共有综合性医院 49 所（不包括军队和私营医院），91 所卫生中心，3 所妇产中心，共有病床 3493 张。现有医生近千人，护士 3000 人左右。

军事

阿曼是海湾合作委员会成员国，在军事防御方面与之相互协调。卡布斯任武装力量最高统帅并兼任国防大臣。哈米斯·本·哈米德·卡勒巴尼中将任总参谋长。实行志愿兵役制。

总兵力 25500 人（不包括皇家卫队）。其中陆军 20000 人，海军 2500 人，空军 3000 人。

1993 年国防预算开支为 16.38 亿美元。

文化教育

【教育】实行免费教育制。在全国开展扫盲和成人教育。近 10 年来，已有 24000 人脱盲，计划到 2000 年消除所有文盲；开设了各种职业学校，培养国家需要的专业人才。1991/92 学年有各类初、中级学校 800 所，在校学生 36 万人。卡布斯大学是唯一高等学校，1986 年 11 月建成开学，设有 6 个学院。

【新闻出版】全国现有报刊 15 种，主要有：《阿曼报》，发行量约 2 万份；《观察家报》，发行量 1 万份；《祖国报》，私营阿拉伯文日报；《阿曼时报》，私营英文周刊。

阿曼新闻社，1986 年 5 月成立，是官方新闻机构。

阿曼广播电台，1970 年始建于首都马斯喀特。1974 年萨拉拉电台建成，现两台通过人造卫星并联广播。1979 年建成人造卫星地面站。

马斯喀特和萨拉拉两座彩色电视台分别建于 1974 和 1975 年，两台统一节目。

对外关系

奉行中立和不结盟政策，遵循联合国宪章的原则和宗旨，恪守阿加入的国际和地区性条约，在和平共处、互相尊重主权、独立、不干涉别国内政基础上同所有国家建立友好关系，通过对话和和平方式解决国家之间的分歧。主张海湾地区国家和国际社会一道，共同努力维护本地区的稳定与安全。支持联合国有关伊拉克问题的决议，同时主张维护伊的统一和领土完整，反对肢解伊。主张中东问题应在联合国 242、338 号决议基础上通过和平对话获得全面公正的解决。支持恢复巴勒斯坦人民的合法民族权利，实现中东地区各国的和平安全与稳定。认为召开中东问题国际会议是结束阿以冲突的最好办法。阿外交国务大臣出席了 1992 年 1 月在莫斯科举行的中东问题多边谈判。截至 1992 年，已同 109 个国家建立了外交关系。

【同我国的关系】1978 年 5 月 25 日同我国建交。建交后两国友好关系不断发展。

1992 年 4 月，中国卫生部副部长胡熙明访问阿曼，双方签署了中阿卫生及医疗合作议定书。10 月，阿曼商业和工业大臣马格布勒·本·阿里·本·苏尔坦访华，与经贸部长李岚清共同主持中、阿贸易混委会第一次会议，双方签署了会谈纪要。同月，中、阿外交部官员在京举行了第六次政治磋商，双方就进一步加强两国友好合作关系的途径和地区、国际问题交换了意见。11 月，中国人民对外友好协会会长韩叙访问阿曼，会见了阿民族遗产和文化大臣费萨尔。12 月，阿曼石油代表团访华，与中国石油天然气总公司探讨了两国在石油方面加强合作的途径。此外，中国新闻工作者代表团、中国《经济日报》代表团也先后访问了阿曼。

1992 年中国同阿曼进出口商品总额为 45509 万美元，其中中方出口额为 818 万美元，进口额为 44691 万美元。

中国驻阿曼大使：张志祥。馆址：House No. 465, Way1507, Al-Ansherah Street, Medinat Alalam, Muscat, Sultanane Of Oman。电话：(968)603782。传真：96860232。商务处地址：No. 216, Hatat Houscat, Sultanate Of Oman。电话：(968)564700。传真：(968)564602。

阿曼驻中国大使：穆什塔格·本·阿卜杜拉·萨利赫（1992 年 9 月离任，新大使尚未到任）。馆址：亮马河南路 6 号。电话：5322357，5323322。

台湾在阿曼设有“台北经济文化办事处”（原名为“远东贸易中心”），阿在台设商务代表处。双方保持贸易往来。台是阿原油和铜的主要出口地之一。

【同海湾国家的关系】阿曼是海湾合作委员会成员国，同其他 5 个成员国在政治、经济和军事等各方面有着十分密切的合作关系。1992 年 12 月，阿曼苏丹卡布斯出席在阿联酋召开的海湾合作委员会第十三次首脑会议。4 月，阿曼苏丹特别代表苏维尼访问阿联酋。5 月，阿曼、阿联酋两国混委会第二次会议在阿曼举行。6 月，阿曼苏丹卡布斯访问沙特，就阿沙双边关系、海湾形势和中东问题与沙特国王法赫德举行会谈。12 月，科威特国民议会议长访问阿曼。

【同其他阿拉伯国家的关系】1992 年 4 月，埃及外长穆萨访问阿曼，签署了阿、埃谅解备忘录；6 月，阿曼苏丹卡布斯对埃及进行私人访问；8 月，埃及总统穆巴拉克访问阿曼。1 月，约旦国王侯赛因对阿曼进行私人访问。4 月，叙利亚总统阿萨德访问阿曼。10 月，阿曼苏丹特别代表苏维尼访问也门，同也门总理阿塔斯在萨那签署了两国边界协议；也门外长埃里亚尼访阿，向卡布斯苏丹转交了萨利赫总统的信件。

【同英国的关系】同英国有着传统的密切关系。1992 年 1 月，英国国防大臣访阿；2 月，英王储查尔斯访阿；4 月，英前首相撒切尔夫人访阿；10 月，英采购事务国务大臣访阿。7 月，阿曼苏丹卡布斯访问英国，会见了伊丽莎白女王和梅杰首相；12 月，阿曼负责财经事务副首相扎瓦维访问英国。

【同美国的关系】两国关系较密切。早在 1837 年和

1843年美阿两国先后在对方设立了领事馆，1972年两国外交关系升格为大使级。1991年5月，美国防部长切尼访阿；6月，美国会外委会成员史蒂文访阿；9月，美中央司令部司令约瑟夫上将访阿。（吴静雅）

阿　塞　拜　疆

国名　阿塞拜疆共和国（The Republic of Azerbaijan，Азербайджанская Республика）。

面积　8.66万平方公里。

人口　713.1万（1990年1月1日），其中阿塞拜疆人占82.7%，俄罗斯人占5.6%，亚美尼亚人占5.6%。国语为突厥语。阿塞拜疆族信仰伊斯兰教。

首都　巴库（Баку），人口177.9万（1990年1月）。

国家元首　总统阿布法兹·埃利奇别伊（Абульфаз Эльчибей），1992年6月7日当选。

自然地理

位于外高加索的东南部。北靠俄罗斯联邦，西部和西北部与亚美尼亚、格鲁吉亚相邻，南与伊朗接壤，东邻里海。纳希切万自治共和国位于亚美尼亚西南部，与伊朗相邻。海岸线长800公里。山地占全国面积1/2。北部是大高加索山脉的东南部，南部是小高加索山脉，其间是库林盆地。东南为塔雷什山脉，中部和西南部为库拉一阿拉克斯低地。主要河流有库拉河和阿拉克斯河。气候呈多样化特征，平原、低地为干燥和潮湿的亚热带气候，山地为高原冻土带气候。低洼地区平均气温7月份为25～28℃，1月份为1～3℃。多数低洼地区年降水量为200～300毫米；大高加索山南坡的年降水量达1300毫米。

历　史

阿塞拜疆部族基本形成于公元11～13世纪。11～14世纪受到塞尔柱突厥人、蒙古人的入侵。16～18世纪，阿塞拜疆属伊朗的苏斐王朝。从18世纪中叶起，在阿塞拜疆领土上先后建立了十几个封建国家。19世纪30年代，沙俄吞并了北阿塞拜疆（现阿塞拜疆共和国领土）。1917年11月，在阿塞拜疆建立了苏维埃政权一巴库公社。1918～1920年国内战争时期，因外国武装干涉，阿塞拜疆、格鲁吉亚和亚美尼亚的资产阶级政党曾联合建立“外高加索行政委员会”，并于1918年4月宣布独立。1920年恢复了苏维埃政权，并于4月28日宣告成立阿塞拜疆苏维埃社会主义共和国，1922年3月12日加入外高加索苏维埃社会主义联邦共和国（同年12月30日该联邦加入苏联）。1923年7月，俄共（布）中央高加索局决定将亚美尼亚人聚居的纳戈尔诺一卡拉巴赫州划归阿塞拜疆管辖，作为其自治州。1936年12月5日阿塞拜疆苏维埃社会主义共和国改为直属苏联，成为其加盟共和国之一。作为联盟成员，阿塞拜疆虽仍有其自己的宪法及与之相应的立法机关（最高苏维埃）和执行机关（部长会议），但均属地方机构，不具有国际法主体地位。从1988年起，纳戈尔诺一卡拉巴赫自治州要求脱离阿塞拜疆，遭阿当局拒绝，遂导致旷日持久的武装冲突。1991年2月6日阿塞拜疆改国名为“阿塞拜疆共和国”，8月30日宣告独立。

政　治

1992年，阿塞拜疆同亚美尼亚争夺纳戈尔诺一卡拉巴赫的武装冲突加剧，国内各派政治力量的斗争也日趋尖锐，政权几经更迭。3月初，阿塞拜疆政府军在纳一卡冲突中严重失利，迫使原总统穆塔利博夫于3月6日辞职，由阿塞拜疆议长穆·马梅多夫任临时总统。5月14日，阿最高苏维埃召开非常全会，恢复了穆塔利博夫总统职务，并确定侯赛因诺夫为总理。15日，穆塔利博夫总统宣布在首都实行紧急状态。当日，人民阵线（当时的反对派）同政府的对抗发展成武装冲突，反对派占领了总统府，穆塔利博夫下落不明。18日，最高苏维埃同意马梅多夫辞去最高苏维埃主席和代总统职务，选举人民阵线副主席甘巴罗夫为最高苏维埃主席、代总统。6月7日，阿举行大选，人民阵线主席埃利奇别伊当选阿塞拜疆共和国总统。埃利奇别伊总统表示：阿的目标是“建立法制的民主国家”，并以与邻国合作为方向，但不准备加入独联体。

【宪法】现行宪法于1978年4月21日根据前苏联宪法制定通过，1991年11月26日加以修改。

【议会】最高立法机关称大国民会议。主席为伊萨·甘巴罗夫（Иса Гамбаров）。

【政府】1993年1月26日，阿里·马希莫夫被任命为总理。政府其他主要成员有：外交部长托菲克·加瑟莫夫（Тофик Гасымов）；对外经济联络部长劳夫·卡拉耶夫（Лауф Караев）。

【行政区划】全国包括一个自治共和国：纳希切万自治共和国，一个自治州：纳戈尔诺一卡拉巴赫自治州和61个区。

【政党】（1）人民阵线（Народный фронт）：执政党，主席阿布法兹·埃利奇别伊（现任总统）。

（2）阿塞拜疆民族独立党（Партия национальной независимости Азербаджана）：从“人民阵线”分裂出来的主要反对党，主席埃季巴尔·马梅多夫（Этибар Мамедов）。

（3）独立阿塞拜疆（Независимый Азербайджан）：1993年1月23日成立，领导人为尼扎米·苏莱曼诺夫(Низами Сулейманов)。

【重要人物】阿布法兹·埃利奇别伊:总统。1938年生于阿塞拜疆纳希切万自治共和国,长期从事阿拉伯东方哲学的研究和教学工作。1989年阿人民阵线成立时被选为主席,1991年获连任。1992年6月当选总统,埃主张以"民主、突厥主义和伊斯兰"作为复兴阿塞拜疆的三条原则。在经济方面,主张私有制和市场经济。在民族政策方面,主张各民族一律平等,以突厥语为国语。在对外政策方面,主张积极发展同世界各国联系,同土耳其、伊朗、俄罗斯建立"平衡关系"。

经济

以重工业为主,特别是石油和天然气工业在前苏联占很大比重。但轻工业不发达。1985年以后,阿试行经济改革计划,包括调整经济结构、扩大企业自主权等措施。1988年以来,由于纳一卡州冲突加剧以及由此引发的与亚美尼亚的对抗持续不断,近年来经济形势不断恶化。

货币名称:马纳特(manat,манат)。

【资源】石油、天然气资源丰富。目前巴库油气田浅层油田已采尽,正向深层和海域及库拉河、拉克斯低地发展。南里海油气田面积20万平方公里,已发现数十个油气区。

【工业】主要工业部门为石油加工工业。本世纪20年代,阿的石油产量曾占前苏联的95%、世界石油产量的50%。目前,阿石油工业仅次于俄罗斯,在前苏联各国中占第二位。此外,石油化学工业、机器制造业、有色冶金工业、轻工业和食品工业也较发达。机器制造业以油气开采设备为主。

【农业】以种植业为主,植棉业占有重要地位。此外,烟草、蔬菜、谷物、茶叶、葡萄和水果种植也占有一定比重。畜牧业以肉毛两用和肉奶两用为主。

【交通运输】以铁路运输为主。1990年运营的铁路总长为2090公里,公路总长为2.67万公里,其中硬面公路2.55万公里。内河航道500公里。主要海港是巴库。

【财政金融】1992年7月16日,阿总统发布命令,自8月15日发行本国货币马纳特,并确定1个马纳特等于10个卢布。

人民生活

1989年职工月平均工资179卢布。每100户职工和农庄庄员主要耐用消费品的拥有量为:黑白电视机66台和89台,彩电35台和5台,电冰箱和冰柜91台和81台,洗衣机45台和23台,小汽车均为13辆;城市人均住宅面积为12.1平方米,农村为11.1平方米;每万名居民拥有医生39人,中等医务人员99人,病床99.9张。近年来因阿经济形势恶化,物价飞涨,人民生活水平大幅度下降。

军事

1991年11月25日,阿最高苏维埃通过了共和国武装力量法,并成立了国防部。1992年4月6日,阿塞拜疆与俄罗斯签署了关于划分里海区舰队的协定,阿得到该舰队25%的财产。1992年6月埃利奇别伊当选总统后,兼任阿武装力量总司令。前苏联在阿塞拜疆部署4个作战师、130架作战飞机。

文化教育

【教育】实行免费教育。教育体制分为学前教育、普通小学教育、职业技术教育、中等专业教育和高等教育。1990/91年度,阿共有4300所各类普通学校,学生140万,其中中等专业学校75所,学生5.8万,高等院校17所,学生10.5万。

【新闻出版】主要报刊有:《巴库工人报》,1906年创刊,俄文,独立报纸。《自由》周刊,人民阵线机关刊物。

官方通讯社为阿塞拜疆电讯社。

对外关系

1991年12月21日,阿塞拜疆前总统穆塔利博夫签署了《阿拉木图宣言》,加入独联体。1992年6月7日埃利奇别伊当选阿总统后,表示此举未经议会批准,无效,阿将不参加独联体,但阿也不会同其他国家建立反俄政治联盟。目前,阿以观察员身份参加独联体国家首脑会议。截至1992年9月8日,已有120个国家承认阿塞拜疆独立,50个国家与阿正式建交;俄罗斯、伊拉克、伊朗、美国、法国、土耳其、中国等国已在阿设立外交代表机构。1992年3月2日,联合国大会接纳阿塞拜疆为联合国成员国。

【同我国的关系】1991年12月27日,钱其琛外长致电阿塞拜疆外长,通知中国政府正式承认阿塞拜疆共和国独立。1992年4月2日,中国政府代表(中国驻俄罗斯大使)王荩卿同阿塞拜疆外长萨德霍夫在阿首都巴库签署了中阿两国建交公报,即日起两国建立大使级外交关系。8月,我国在阿塞拜疆设立了大使馆。

1992年4月16日,国务委员兼外长钱其琛会见来京出席联合国亚太经社会第48届会议的阿塞拜疆外长萨德霍夫一行。9月25日,钱外长在出席联大会议期间会见了阿塞拜疆外长加瑟莫夫。

两国经贸关系也开始起步。1991年12月12日至14日,我国对外经济贸易部刘山在部长助理率领的中国政府经贸代表团访问阿塞拜疆,双方签署了关于发展两国经贸关系的会谈纪要,草签了中阿两国政府间经贸协定,并就互设商务代表机构换文。目前,我国已在阿塞拜疆设立了经济商务参赞处。两国1992年贸易额为150万美元。

中国驻阿塞拜疆大使夏树元。

【同俄罗斯的关系】阿与俄罗斯关系发展正常。俄罗斯多次出面调停阿塞拜疆和亚美尼亚之间因纳一卡冲突引起的争端。1992年2月,俄、阿、亚三国外长在莫斯科召开三方会议,就纳卡问题签署联合公报,但会谈刚完冲突又起。4月,俄阿外长两度会晤,双方主张尽快举行会晤解决纳一卡问题。9月30日,俄代总理盖达尔访问阿塞拜疆，双方签署了1993年关于经贸合作、自由贸易及相互成立商务代表处的政府间协定。10月，埃利奇别伊总统访俄，阿俄签订友好合作和相互安全条约。

【同亚美尼亚的关系】因纳戈尔诺—卡拉巴赫自治州的归属问题而造成的阿亚对立已持续四年多，1992年两国关系更趋紧张。俄罗斯、伊朗、欧安会等各方曾一再进行调停，但均未能奏效。4～5月份亚美尼亚曾一度在战场上得手。5月底阿人民阵线领导人上台后，对亚持强硬态度，并在纳—卡地区加强了攻势，战场形势有所变化，两国关系更趋紧张。10月13日，阿总统声称，由独联体国家组成的维持和平部队进驻阿塞拜疆不能实现。迄今，阿亚围绕纳—卡问题引起的冲突时缓时激，未能解决。

【同伊朗的关系】阿独立后，加强了与伊朗的关系。1992年2月16日，阿总统参加了在德黑兰举行的穆斯林国家首脑会议，表示希望伊朗在解决纳—卡冲突问题上发挥影响。3月15日和5月8日，阿塞拜疆和亚美尼亚两次在伊朗的调解下达成停火协议；5月7日，阿塞拜疆与伊朗签署了“友好和睦邻宣言”及一系列协议，伊朗同意向阿提供5000万美元贷款，每年向阿出口10亿立方米天然气。伊朗银行已在巴库开设了分行。

【同土耳其的关系】阿独立后，同土耳其的关系迅速发展。1992年1月，阿前总统穆塔利博夫访问土耳其，两国签署了友好合作睦邻条约。土耳其答应向阿方提供经济和军事援助。2月初，阿塞拜疆及其他黑海地区国家在伊斯坦布尔共同签署了土总统倡议建立的“黑海经济共同体协议”。6月，新就任的阿总统埃利奇别伊访问土耳其，参加黑海经济合作区首脑会议。10月30至31日，土耳其与阿塞拜疆等5个突厥国在安卡拉举行首脑会议并发表《安卡拉宣言》，决定发展多领域的合作。阿总统出席会议，并在会后对土耳其进行正式访问(11月1～5日)。

【同其他国家的关系】1992年2月，美国国务卿贝克访问阿塞拜疆，同时决定美与阿建交。1992年12月10日，阿总统埃利奇别伊访问乌克兰，与乌总统克拉夫丘克签署了两国友好合作条约。1992年12月底，格鲁吉亚议会代表团访阿，双方签署了关于加强两国间议会联系的议定书。

（宜　楚）

巴 基 斯 坦

国名　巴基斯坦伊斯兰共和国(The Islamic Republic of Pakistan)。

面积　796095平方公里。

人口　11732万(1992年1月估计)。旁遮普族占63%，信德族占18%，巴丹族占11%，俾路支族占4%。乌尔都语为国语，英语为官方语言。96%以上的居民信奉伊斯兰教(国教)，少数信奉基督教和印度教。

首都　伊斯兰堡(Islamabad)，人口40万(1992年)。

国家元首　总统吴拉姆·伊沙克·汗(Ghulam Ishaq Khan)，1988年12月13日就职。

简　况

位于南亚次大陆西北部。东接印度，东北与中国毗邻，西北与阿富汗交界，西邻伊朗，南濒阿拉伯海。海岸线长980公里。除南部属热带气候外，其余属亚热带气候。南部湿热，北部地区干燥寒冷。年平均气温27℃。巴基斯坦原为英属印度的一部分，1858年随印度沦为英国殖民地。1940年3月全印穆斯林联盟通过了建立巴基斯坦的决议。1947年6月英国公布“蒙巴顿方案”，实行印、巴分治。同年8月14日巴基斯坦宣告独立，成为英联邦的一个自治领，包括巴基斯坦东、西两部分。1956年3月23日巴基斯坦伊斯兰共和国成立，仍为英联邦成员国，1972年退出。1971年3月东部宣布成立孟加拉人民共和国。1971年12月布托出任总统。1977年7月陆军参谋长齐亚·哈克接管政权，实行军法管制。1988年11月，巴基斯坦人民党选举获胜重新执政，结束了11年军人统治。12月吴拉姆·伊沙克·汗当选总统，贝·布托任总理。1990年11月纳瓦兹·谢里夫当选为巴基斯坦总理，组成以伊民盟为主体的联合内阁。

政　治

1992年是谢里夫总理领导的伊民盟政府执政的第二年。谢继续推行经济改革政策。在军队的配合下，在治理信德省治安和抗洪救灾方面取得成效。由于总统和军方的支持，谢政府挫败了反对党人民盟发动的“长征”倒谢运动，保持了政局的基本稳定。

【宪法】现行宪法于1973年4月由国民议会通过，8月14日生效。根据现行宪法的规定，从1990年起，总统不再拥有任免总理的权力，总理仍由国民议会选举产生，但继续有权任免军队首脑、法官和解散议会。1991年7月通过对宪法的第12次修订，规定联邦政府有权设立特别法庭和上诉法庭，以打击犯罪，整治社会治安。

【议会】联邦立法机构。1973年宪法颁布后实行两院制，由国民议会(下院)和参议院(上院)组成。国民议会经普选产生，参议院按每省议席均等的原则，由省议会和国民议会遴选产生。国民议共217席，其中207席为穆斯林席，10个为少数教派特别席，分别由穆斯林和少数教派选民直接选举产生。参议院共87席，其中：每省（共4个省）19席（5席为专家、学者和专业人员特别席），联邦首都地区3席，联邦管辖部落地区8席，由省议会和国民议会议员推选产生。国民议会议员任期5年，设议长和副议长各1人。参议院议员任期6年，每3年退职半数，设主席和副主席各1人。本届国民议会于1990年11月成立，共217席，其中伊斯兰民主联盟占105席，人民党占45席，移民运动15席，人民民族党和伊斯兰神学者协会拉赫曼派各6席，其余为各小党派和独立人士所得。议长古哈尔·阿尤布·汗（Gohar Ayub Khan），1990年11月4日就任。参议院于1985年3月21日恢复，87名现参议员中，大多数为伊民盟成员，人民党7名，民主祖国党4名，其余为小党派成员和独立人士。主席瓦西姆·萨贾德（Wasim Sajjad），1988年12月24日就职，1991年3月21日连任。

【政府】1990年11月成立现内阁。1991年9月10日扩大，有28名联邦部长。总理兼外交部长穆罕默德·纳瓦兹·谢里夫（Mohammad Nawaz Sharif）。

新任部长有：议会事务兼青年部长乔德里·阿米尔·侯赛因（Chaudhry Amir Hussain），宗教事务部长毛拉纳·阿布杜尔·萨塔尔·汗·尼亚齐（Maulana Abdul Sattar Khan Niazi），工业兼文化部长谢赫·拉希德·艾哈迈德（Shaikh Rashid Ahmed），地方政府和农村发展部长吴拉姆·达斯塔吉尔·汗（Mr. Ghulam Dastagir Khan），国防部长赛义德·豪斯·阿里·沙阿（Syed Ghous Ali Shah），新闻广播部长阿布杜尔·萨塔尔·拉里卡（Abdul Sattar Lalika），司法部长乔德里·阿布杜尔·加富尔（Chaudhry Abdul Ghafoor），铁道部长吴拉姆·艾哈迈德·比劳尔（Mr. Ghuam Ahmed Bilour），水电部长夏赫扎达·贾姆·穆罕默德·优素福（Shahzada Jam Mohammad Yousuf），省际协调部长穆罕默德·阿斯拉姆·汗·哈塔克（Mohammad Aslam Khan Khattak），科技部长依拉希·巴赫什·苏姆罗（Illahi Bakhsh Soomro），环境和城市事务部长恩瓦尔·赛福拉（Mr. Anwar Saifullah）。其他主要成员：商业部长马立克·穆罕默德·纳伊姆·汗（Malik Mohammad Naeem Khan），财政部长萨塔基·阿齐兹（Mr. Sartaj Aziz），内政部长乔德里·舒贾特·侯赛因（Chaudhry Shujaat Hussain）。

【司法机构】最高法院为最高司法机关，各省设高等法院，各由一名首席法官和若干法官组成。最高法院首席法官穆罕默德·阿夫扎尔·佐勒（Mohammad Afzal Zullah），1990年1月1日就任。全国设巴基斯坦检察长，各省设省检察长。巴基斯坦检察长阿齐兹·A·门什（Aziz A Munshi），1990年8月7日就任。

【政党】政党林立，派系众多。目前全国性大党主要有：

（1）伊斯兰民主联盟（Islamic Jamhoori Ittehad）：简称伊民盟，执政党。1988年10月成立。原由穆斯林联盟、伊斯兰促进会、伊斯兰神学者协会及其6个党派联合而成。主张继续奉行前总统哈克制定的内外政策。1991年伊民盟内部分歧加剧，一些成员党开始退出。主席穆罕默德·纳瓦兹·谢里夫。

（2）巴基斯坦穆斯林联盟（Pakistan Muslim League）：简称穆盟，成立于1906年。1986年1月由穆盟帕加罗派（当年真纳领导的全印穆斯林联盟后来演化出来的一派）改组而成。1988年11月大选前曾一度分裂，后又重新合并，并成为伊民盟的骨干成员党。党章规定要在巴实现政治、社会和经济改革。主席穆罕默德·汗·居内久（Mohammad Khan Junejo）。谢里夫总理兼任穆盟旁遮普省主席。

（3）移民民族运动（Muhajir Qaumi Movement）：简称移民运动，成立于1978年。印巴分治前后由印度来巴基斯坦的穆斯林移民组成。要求提高政治地位，维护其合法权益。主要影响在卡拉奇和信德省的其他主要城市。1990年大选后参加了伊民盟政府。原领导人阿尔塔夫·侯赛因于1992年6月辞职，现领导人是塔立克·阿齐兹（tariq Aziz）。

（4）全国人民党（National People's Party）：1986年成立。党的指导原则是民主、仁爱、公正和社会主义。大选后参加了伊民盟政府。主席吴拉姆·穆斯塔法·贾托伊（Ghulam Mustafa Jatoi）。该党于1992年4月退出伊民盟。

（5）巴基斯坦人民党（Pakistan People's Party）：简称人民党，巴第二大党、最大反对党。成立于1967年12月，主要势力在信德省和旁遮普省。主张议会民主，自由平等和经济私有化。党的终身主席努斯拉特·布托（Nusrat Bhutto），并列主席贝娜齐尔·布托（Benazir Bhutto）。

其他党派还有：伊斯兰促进会、人民民族党、民主祖国党、伊斯兰神学者协会拉赫曼派、巴基斯坦神学者协会、团结运动、巴基斯坦民主党等。

【重要人物】吴拉姆·伊沙克·汗：总统。1915年生于西北边境省，毕业于旁遮普大学生物化学系。1940年加入西北边境省文官系统。1947年印巴分治时，任西北边境省首席部长秘书。后历任内政秘书、发展秘书、西巴水电发展局主席。自1966年起历任中央财政部秘书、内阁秘书、国家银行总裁、国防部秘书长等职。1981年3月任联邦财政和经济事务部长。1985年3月任参议院主席。1988年8月17日任代总统，同年12月13日就任总统。从政经验丰富，精通财政金融。有1子3女。 **穆罕默德·纳瓦兹·谢里夫**：总理、伊斯兰民主联盟主席。1949年生于拉合尔，早年就读于拉合尔政府学院，旁遮普大学法学院毕业，获法学士学位。1981年任旁遮普省首席部长。1985年以来连续3次当选为国民议会议员和旁遮普省议会议员。1988 年被选为伊斯兰民主联盟主席。1990 年 11 月 6 日，当选为总理。实业家，重视发展经济和市政建设。有两子两女。

经　济

以农业为主，依赖外援。齐亚·哈克执政后，经济稳定，发展较快，国内生产总值增长率和人均收入居南亚之首。以贝·布托总理为首的人民党政府注意政策的连续性，但由于朝野斗争激烈，社会秩序恶化，加上气候不佳，致使经济增长未达指标，财政拮据。1990 年 8 月海湾危机后，美国停止对巴的军事、经济援助和石油涨价给巴经济造成重大损失。谢里夫政府重视经济改革，大力推行非国有化和提倡自力更生，努力摆脱经济困难。一年来巴经济略有起色。

国民生产总值(1991/92 年度)：12150 亿卢比。

人均国民生产总值(1991/92 年度)：10358 卢比。

国民生产总值增长率(1991/92 年度)：6.4%。

货币名称：巴基斯坦卢比。

汇率(1992 年平均)：1 美元＝25 卢比。

通货膨胀率(1991/92 年度)：10%。

失业率(1991/92 年度)：3.13%。

【资源】主要矿藏有：天然气 4411 亿立方米、石油 6500 万吨、铁 4.3 亿吨、铜 4.12 亿吨、铝土 7400 万吨，还有大量的铬矿、大理石和宝石。森林覆盖率3.8%。

【工业】1991/92 年度工业产值为 1497 亿卢比，占国民生产总值的 18%。最大的工业部门是棉纺织业，其他还有毛纺织、制糖、造纸、烟草、制革、机器制造、化肥、水泥、电力、天然气、石油等。近几年主要工业品产量如下(单位：万吨)：

	1989/90	1990/91	1991/92
棉纱	67.5	77.5	86.2
棉布(亿平米)	2.23	2.2	2.3
糖	171.4	177.2	210.5
黄麻	7.4	7.6	7.7
水泥	553.7	581.8	609.5
植物油	51.6	49.9	81.9
化肥	293.9	216.4	212.1
自行车(万辆)	39.4	32.9	

(资料来源：1991/92 年度巴基斯坦经济调查)

【农牧业】1991/92 年度农业产值为 2451.4 亿卢比，占国民生产总值的 22%。主要农产品有小麦、大米、棉花、甘蔗等。全国可耕地面积 2092 万公顷，其中水浇地 1568 万公顷。农业人口占总劳动力的 51%。主要农作物产量如下(单位：万吨)：

	1989/90	1990/91	1991/92
小麦	1430	1457	1466
大米	322	327	320
玉米	118	119	118
甘蔗	3549	3599	3421
棉花(万包)	856	961	1250

(资料来源：同上)

1991/92 年度主要畜产品产量(单位：万吨)：牛奶 1630、牛羊肉 152、羊毛 4.93、蛋 49 亿个。

【旅游业】旅游业发展较慢，旅游者多为定居在欧美的巴基斯坦人或海湾国家的游客。主要旅游点有卡拉奇、拉合尔、白沙瓦、拉瓦尔品第、伊斯兰堡、奎塔、费萨拉巴德和北部地区等。

【交通运输】国内客货运输以公路为主。近年来，公路和空运网的增加远远快于铁路。计划至 2000 年铁路和公路运输量的比例达到 33∶67。

铁路：全长 8775 公里；1990/91 年度客运量 131 亿人公里，货运量 39.1 亿吨公里。

公路：全长 169502 公里；1990/91 年度预计客运量 1290.26 亿人公里，货运量 339.4 亿吨公里；1991 年全国各种汽车总数为 2170864 辆，其中货车 69770 辆，小汽车 418696 辆。

水运：商船 28 艘，总吨位 492400 吨；有卡拉奇和卡西姆两个国际港口；1990 年下半年总吞吐量为 1216.8 万吨。

空运：巴基斯坦国际航空公司有民航机 43 架，飞往 41 个国际机场；1989/90 年度客运量 93 亿人公里，货运量 12.87 亿吨公里；有伊斯兰堡、卡拉奇、拉合尔和白沙瓦 4 个国际机场。

【财政金融】近几年财政收支情况如下(单位：亿卢比)：

	1989/90	1990/91	1991/92
收入	1605.8	1885	2306
支出	2166.29	2465	2643
赤字	560.47	580	337

(资料来源：同上)

截至 1992 年 6 月底外汇储备 10.2 亿美元，外债为 164.8 亿美元，同期内债为 5000 亿卢比。

【对外贸易】近年来，政府一直努力加速工业化，扩大出口，缩小外贸逆差。与 70 多个国家和地区有贸易关系。近几年的外贸情况如下(单位：亿美元)：

	1989/90	1990/91	1991/92
出口额	49.46	56.89	66
进口额	74.05	79.36	93
差　额	－24.59	－22.47	－27

(资料来源：同上)

主要进口石油及石油制品、机械和交通设备、钢铁产品、化肥和电器产品等。主要出口棉花、大米、纺织品、皮革制品和地毯等。主要贸易对象为日本、美国、沙特阿拉伯、德国和英国。

【外国援助】经济建设主要靠外援。截至 1991 年 6 月 30 日，外国承诺的贷款和赠款为 433 亿美元，将兑现 321 亿美元。1990/91 年度承诺的外援估计为 32.21 亿美元，已兑现约 21.05 亿美元。援款中 81%来自援巴财团，19%来自其他国家和伊斯兰友好国家，其中

4%是对在巴境内阿富汗难民的援助。

人民生活

政府努力解决社会问题，改善穷人生活条件，特别是就业和卫生问题。全国有一些社会和宗教福利组织从事福利活动。1991/92年度人均收入414美元。1991年7月至1992年3月期间消费物价指数比去年同期上涨6.24%。1990年，每千人拥有0.47名医生，0.65张病床，8.1部电话机，17.5台电视机。

军　事

总统为三军最高统帅，内阁设国防委员会，是最高军事决策机构，总统任该委员会主席。实行三军参谋长独立指挥的领导体制，设立三军参谋长联合委员会，负责三军事务的计划与协调。三军参联会主席夏米姆·阿拉姆·汗陆军上将。陆军参谋长阿希夫·纳瓦兹·詹朱阿陆军上将。实行募兵制，陆军服役期限为7年，海、空军为7～8年。

武装力量由现役部队、预备役部队和地方军组成。总兵力为50.5万人。陆军46.3万，编成9个军部、18个步兵师、2个装甲师、112个旅和6个航空兵中队。空军2.6万人，编成7个飞行联队、27个飞行中队。海军1.6万人，编成1个舰队、4个中队和3个航空兵中队。

1991/92年度国防开支为709.56亿卢比占总预算的27.5%。

文化教育

【教育】实行中小学免费教育。政府大力提高识字率，改善大中专学校的教育设施和条件，同时决定增加教育经费。文盲占总人口的66%。1991/92年的教育经费为240.9亿卢比，占国民生产总值的3%。著名高等学府有伊斯兰堡真纳大学、旁遮普大学、卡拉奇大学和白沙瓦大学等。各级学校数目及学生、教师人数如下：

	学校(所)	学生(万人)	教师(万人)
小学	127575	885.6	21.8
中学	13604	341.7	18.42
文理学院	612	49.6	1.76
职业学校	99	8.55	0.4
大学	22	7.74	0.43

(资料来源:同上)

【新闻出版】全国共有报刊1748种，主要报纸发行量在5～30万份之间。英文报纸有《黎明报》、《巴基斯坦时报》、《穆斯林报》和《国民报》等；乌尔都文报纸有《战斗报》、《时代之声》和《东方报》等；以上除《巴基斯坦时报》和《东方报》为官办外，其余为私人报纸。

主要通讯社：巴基斯坦联合通讯社(国营)、巴基斯坦国际通讯社(私营)。

广播电台：巴基斯坦广播公司，有16个电台，对外用14种语言广播。

电视台：有巴基斯坦电视公司，主要城市均有电视台。

对外关系

奉行独立和不结盟外交政策，注重发展同伊斯兰国家和中国的关系，致力于维护南亚地区和平与稳定，在加强同第三世界国家团结合作的同时，发展同西方国家的关系。主张阿富汗各派消除分歧，全面执行白沙瓦协议，尽快实现国内和平以重建家园。呼吁柬埔寨各方尽快表现出诚意，切实执行巴黎协议。支持阿拉伯人民反对以色列侵略和扩张的斗争，要求以色列从其占领的阿拉伯领土撤出。反对军备竞赛及其向太空发展。主张同印度一起签订核禁试条约和建立南亚无核区。呼吁建立不受他国政治控制和经济剥削的公正的国际经济新秩序，建立南北对话的国际讲台。要求发达国家采取切实措施，缩小国际贫富差距。到1991年，已同世界上110多个国家建立了外交和领事关系。

【同我国的关系】1951年5月21日中巴建交。两国领导人互访频繁。

1992年中巴两国在各个领域的友好合作关系进一步发展。巴方访华的主要有：巴总理特使、联邦商业部长纳伊姆·汗(3月)，联邦总监察长乌斯曼(4月)，空军参谋长法鲁克(5月)，陆军参谋局长法鲁赫(5月)，旁遮普省省督阿兹哈尔(6月)，参联会主席夏米姆(8月)，国防部长高斯(9月)，总理谢里夫(10月)，财政部长阿齐兹(11月)，生产部长纳比(11月)，水利电力发展总署主席穆塔兹(12月)，审计长艾山(12月)。中方访巴的主要有：核工业总公司总经理蒋心雄(2月)，解放军总后勤部部长赵南起(6月)，全国政协副主席钱正英(6月)，广播电视部副部长王枫(7月)。一年来，中巴两国签署了中巴领事条约、关于中国政府向在巴基斯坦境内的阿富汗难民提供救济物资的换文、北京—伊斯兰堡以及西安—拉合尔结为友好城市协议。1992年中巴两国贸易额为5.5亿美元，其中中方出口5.28亿美元。

【同美国的关系】1954年5月，巴美签订共同防御援助协定及双边防御协定。

1991年，巴美关系仍处低潮，但继续维持一定水平的关系。1992年巴参议院主席萨贾德(4月)、陆军参谋长阿西夫(1月)、空军参谋长法鲁克(7月)和外交国务部长坎久(6月)访美，美中央军区司令霍尔(4月)、陆军参谋长沙利文(4月)访巴。两国海军还举行联合演习(8月)。美虽仍拒绝恢复援助，但同意巴通过商业渠道购买武器零件，还恢复了非政府机构给巴的经援。

【同前苏联各共和国的关系】1991年苏解体后，巴积极发展同中亚各国的关系，推动其加入"经济合作发展组织"。一年来，巴总理访问土库曼斯坦和乌兹别克斯坦，哈萨克斯坦、乌兹别克斯坦和塔吉克斯坦领导人访巴。1992年10月，巴外交部秘书长扎基访俄，两国政府签订了"巴俄关系准则"，表示将进一步发展政治经济和军事交流。

【同印度的关系】巴印两国间曾于1947年、1965年和1971年3次爆发战争。1971年巴同印断交。1976年两国复交

1992年2月，巴印总理在出席达沃斯经济论坛年会时会晤，表示将努力改善两国关系。同月，“查谟－克什米尔解放阵线”组织跨线进军行动，导致巴印关系紧张。5月，两国爆发“外交驱逐战”。6月，巴印总理在出席巴西环发会议时会晤，表示要采取措施缓和两国关系。8月，巴印第六轮外秘磋商在新德里举行，双方签署了关于禁止使用化学武器和两国外交官行为新准则两个协议。9月，巴印总理在印尼出席不结盟首脑会议时会晤，保证谈判解决两国争端。11月，巴印第六轮国防秘书磋商在新德里举行，双方原则同意星峡冰川非军事化。12月，巴印关系因巴布里清真寺被毁再度紧张。

【同阿富汗的关系】1992年4月阿伊斯兰政府成立后，巴总理谢里夫和其他政府官员访阿，努力推动阿各派消除分歧，尽快实现和平以重建家园。同时向阿提供大量经济援助，对阿局势的发展起了重要作用。

【同伊斯兰国家的关系】巴政府视“同伊斯兰国家的团结为巴外交政策的支柱”之一，积极支持阿拉伯国家，谴责以色列。巴还向海湾国家输出劳务。海湾战争中巴与海湾伊斯兰国家的关系进一步加强。1992年10月，伊沙克·汗总统访问土耳其、沙特。12月，谢里夫总理和陆军参谋长阿西夫分别访问孟加拉国和沙特。

（陈世杰）

巴 勒 斯 坦

国名　巴勒斯坦国(The State of Palestine)。

面积　1947年11月分治前巴勒斯坦地区总面积为2.7万平方公里。1988年11月，巴勒斯坦全国委员会第19次特别会议宣告成立巴勒斯坦国，但其疆界尚未确定。

人口　506万(1988年数字，包括流落在巴勒斯坦以外的阿拉伯巴勒斯坦人)。讲阿拉伯语。绝大多数信奉伊斯兰教。

首都　耶路撒冷(1947年11月联大第181号决议规定耶路撒冷国际化，由联合国管理。以色列在1948年和1967年两次战争中先后占领耶路撒冷整个地区，并于1980年7月宣布统一的耶路撒冷为其永久的首都。1988年11月，巴勒斯坦全国委员会第19次特别会议通过《独立宣言》，宣布耶路撒冷为新成立的巴勒斯坦国首都)。

国家元首　总统亚西尔·阿拉法特(Yasir Arafat)1989年4月2日当选，1991年9月28日再次当选。

简　况

位于亚洲西北部。地处亚、非、欧三洲交通要冲，战略地位重要。北接黎巴嫩，东邻叙利亚、约旦，西南与埃及的西奈半岛接界，南端的一角临亚喀巴湾，西濒地中海。海岸线长198公里。属亚热带地中海型气候，夏季炎热干燥，冬季温暖湿润。公元前20世纪前后，闪米特族的迦南人定居在巴勒斯坦的沿海和平原。公元前13世纪腓力斯人在沿海建立国家；该世纪末希伯来各部落迁入定居。公元7世纪成为阿拉伯帝国的一部分。阿拉伯人不断移入，并和当地土著居民同化，逐步形成了现代阿拉伯巴勒斯坦人。16世纪起巴勒斯坦成为奥斯曼帝国的一部分，一次大战后沦为英国的委任统治地。19世纪末大批犹太人移入巴勒斯坦。1947年11月29日联合国大会通过分治决议，规定在巴勒斯坦建立阿拉伯国(1.15万多平方公里)和犹太国(1.52万多平方公里)，耶路撒冷(176平方公里)国际化。1948年5月犹太人成立以色列国；阿拉伯人反对此决议，未立国。以色列与阿拉伯国家发生4次大规模的战争，100多万巴勒斯坦阿拉伯人沦为难民。1964年5月在耶路撒冷市召开的巴勒斯坦第一次全国委员会会议决定成立巴勒斯坦解放组织，它为争取巴勒斯坦人民的合法民族权利进行了多种形式的斗争。1988年11月15日在阿尔及尔举行的巴勒斯坦全国委员会第19次特别会议通过《独立宣言》，宣布接受分治决议，建立首都为耶路撒冷的巴勒斯坦国。

政　治

海湾战争结束以来，巴解以积极和灵活立场推动中东和平进程，寻求通过谈判解决巴勒斯坦问题。为此，巴解接受了美以提出的条件，与约旦组成联合代表团参加中东和谈。巴提出在被占领土最终地位解决之前在西岸、加沙选举产生立法议会并组织巴勒斯坦人自治政府，管理除国防和外交以外的一切事务，而以只同意巴勒斯坦人有限行政自治，谈判迄无实质进展。巴“人阵”、“民阵”等10个组织反对巴解的立场，要求中止与以的谈判。为此1992年巴解中央委员会和巴解执委会召开了一系列重要会议，决定继续与以的谈判。12月17日，以色列驱逐400多名巴勒斯坦人，巴解被迫宣布暂时中止与以和谈。

【巴勒斯坦解放组织】巴解组织1964年5月在耶路撒冷成立。最高权力机构是“巴勒斯坦全国委员会”，介于全委会和执委会的常设机构是中央委员会。

目前，参加巴解的有7个巴勒斯坦派别组织，它们是“法塔赫”、“人阵”、“民阵”两派、“巴解阵”、“阿解阵”、“巴勒斯坦人民党”(原巴共)和“人斗阵”。

【巴勒斯坦全国委员会】相当于议会，是巴解组织的最高权力机构，有委员约350人，迄今已举行了20次会议。现任主席阿卜杜勒·哈米德·萨耶赫(Abdul Hamid Alsa'eh)。

【巴勒斯坦解放组织执行委员会】巴解组织的常设领导机构。本届执行委员会于1991年9月经巴勒斯坦全国委员会第20次会议选出，共有18名委员。1969年以来，执行委员会主席一直由亚西尔·阿拉法特担任。

巴解组织总部设在突尼斯，其机关刊物为《革命的巴勒斯坦》。通讯社为巴勒斯坦通讯社。广播电台为“巴勒斯坦之声”。

【巴勒斯坦各主要派别和组织】(1)巴勒斯坦民族解放运动：简称“法塔赫”(FATEH)。巴勒斯坦解放组织中最大派别，成立于1959年。1963年“法塔赫”在阿尔及尔设立第一个办事处。1965年1月1日起开展了反对以色列的武装斗争。此后，其武装力量“暴风部队”有较大发展。亚西尔·阿拉法特一直任该组织主要负责人并兼任“暴风部队”总司令。“法塔赫”最高权力机构是代表大会，代表大会闭会期间由革命委员会行使职权，革命委员会选举产生中央委员会领导该组织。

(2)解放巴勒斯坦人民阵线：简称“人阵”(Popular Front)。1967年12月成立，目前是巴解中仅次于“法塔赫”的第二大组织。总书记乔治·哈巴什(George Habash)。机关刊物为《目标》周刊。

(3)解放巴勒斯坦民主阵线：简称“民阵”(Democratic Front)。1969年2月自“人阵”分出。总书记纳耶夫·哈瓦特迈赫(Nayef Hawatmeh)。机关刊物为《自由》周刊。1991年4月，“民阵”分裂，一派以哈瓦特迈赫为首，另一派以原“民阵”副总书记亚西尔·阿布德·拉布(Yasir Abd Rabbu)为首，目前两派均自称“民阵”。

(4)巴勒斯坦人民解放战争先锋队：该组织及其武装部队通称“闪电”(Al-Saiqa)。1968年10月创建，受叙利亚复兴党“巴勒斯坦统一组织地区领导”的领导。“闪电”的最高权力机构是总司令部，下设政治部、组织部、军事部等机构。总书记伊萨姆·卡迪(Issam Al-Khadi)。机关刊物为《先锋》周刊。

(5)解放巴勒斯坦人民阵线(总指挥部)：简称“人阵(总部)”[Popular Front (General Command)]。1968年初自“人阵”中分出。总书记艾哈迈德·贾布里勒(Ahmed Jabriel)。机关刊物为《前进》周刊。

(6)巴勒斯坦解放阵线：(Palestine Liberation Front)。简称“巴解阵”1976年由“人阵”(总部)分出，1977年4月正式成立。1983年分为两派：一派由前总书记塔拉阿特·雅古卜(Telaat Yacoub)领导，另一派为前副总书记穆罕默德·阿巴斯(Mohamad Abbas)领导。1987年4月两派宣布联合，雅古卜任总书记，阿巴斯任副总书记，但仍保留两套班子。1988年11月17日雅古卜病逝，代行总书记尤素夫·米卡达哈。现两派仍分裂。

(7)解放巴勒斯坦阿拉伯阵线：简称“阿解阵”(Arab Liberation Front)。1969年4月成立。总书记阿卜杜勒·拉希姆·艾哈迈德(Abdul Rahim Ahmed)于1991年6月病逝。机关刊物为《阿拉伯革命者》周刊。

(8)巴勒斯坦人民斗争阵线：简称“人斗阵”(Popular Struggle Front)。1967年由“人阵”分裂出来后成立。总书记萨米尔·古希(Samer Ghoushi)。

另外，巴勒斯坦的群众团体很多，主要有工人联合会、教师联合会、妇女联合会、学生联合会、作家新闻工作者协会、工程师联合会、律师联合会、农民联合会、画家和艺术家联合会、红新月会等。这些团体都有代表参加巴解组织。

【重要人物】亚西尔·阿拉法特：巴勒斯坦国总统、巴解组织执行委员会主席、巴勒斯坦革命武装力量总司令。1929年8月4日生于耶路撒冷。逊尼派穆斯林。1952年在开罗学习期间当选为巴勒斯坦学生联合会主席。1961年同阿布·杰哈德等人开始筹建“法塔赫”和“暴风”部队。1969年起，一直任巴解组织执行委员会主席。1971年起任巴勒斯坦革命武装力量总司令。1989年4月2日，当选巴勒斯坦国总统。同年8月，当选“法塔赫”中央委员会主席。1991年9月28日再次当选巴勒斯坦国总统。1992年在突尼斯与29岁的基督教徒苏哈结婚。 **阿卜杜勒·哈米德·萨耶赫**：巴勒斯坦全国委员会主席。1916年生于约旦河西岸的纳布卢斯市。英国委任统治时期曾任宗教法官，后任约旦宗教上诉法院法官和院长。以色列侵占约旦河西岸后，任伊斯兰最高理事会主席和巴勒斯坦宗教事务最高委员会主席。1970年任约旦宗教事务大臣、约旦大学宗教法学院教授。1984年11月当选巴勒斯坦全国委员会主席。

军　　事

1964年8月，巴勒斯坦解放组织成立巴勒斯坦解放军，同年9月第二次阿拉伯国家首脑会议予以同意。巴解放军由恩杰鲁特旅、哈坦旅和卡迪斯亚旅组成。

巴勒斯坦国宣告成立后，巴解组织于1988年12月成立了“巴勒斯坦民族人民军”，宣布其主要任务是保卫巴勒斯坦国土和维护治安。

对外关系

巴解组织成立后，得到阿拉伯国家的广泛支持。1974年10月拉巴特阿拉伯国家首脑会议承认其为巴勒斯坦人民的唯一合法代表。同年11月以观察员身份参加联大会议和工作。1976年8月在第五届不结盟国家会议上被接纳为正式成员，同年9月被接纳为阿盟正式成员。巴解已同100多个国家建立了各种形式的关系。1988年11月15日巴勒斯坦国宣告成立，现已得到100多个国家的正式承认。巴解组织原驻一些国家的办事处已先后改为巴勒斯坦国大使馆。1988年12月15日，巴勒斯坦国成为联合国观察员。

1988年11月15日，巴勒斯坦全国委员会第19次特别会议通过了《独立宣言》和《政治声明》。明确宣布接受联合国安理会242号和338号决议。主张中东和平国际会议应以承认巴勒斯坦人民的民族权利为基础，特别是巴勒斯坦人民的民族自决权，重申反对任何形式的恐怖主义。要求以色列军队撤出包括耶路撒冷在内的所有阿拉伯领土。建议在全面解决中东问题以前，将以色列占领的约旦河西岸、加沙地带及耶路撒冷城临时交联合国托管。同年12月，巴解组织执委会主席阿拉法特在日内瓦召开的第42届联大审议巴勒斯坦问题会议上提出巴、以及阿以冲突其他各方以242、338号决议为基础，在中东和会范围内寻求对中东问题的全面解决。1991年10月，巴解组织同意在被占领土的巴勒斯坦人同约旦联合组团出席由美、苏主持召开的中东和平会议。目前，巴解组织坚持在和谈中将被占领土最终地位的谈判与过渡阶段的自治谈判挂钩；通过立法选举组成过渡阶段的巴临时自治机构；在被占领土停建犹太人定居点；要求包括耶路撒冷在内的被占领土内外巴勒斯坦人都有权参加谈判。

【同我国的关系】中国政府和人民一贯支持巴勒斯坦人民争取恢复合法民族权利的正义事业。

1965年5月，巴解组织在北京设立享有外交机构待遇的办事处。1988年11月20日两国建交。同年12月31日，巴解驻京办事处改为巴勒斯坦国驻华大使馆，其主任改任巴勒斯坦国驻华大使。1990年7月5日起中国驻突尼斯大使兼驻巴勒斯坦国特命全权大使。

中、巴建交后，两国关系进一步发展。阿拉法特总统、卡杜米外长和巴解其他领导人多次来华访问，中国领导人在出访阿拉伯国家中也多次会见阿拉法特总统和巴解其他领导人。中国政府利用各种场合和途径，一再重申对巴勒斯坦人民正义事业的支持，并对巴人民给予力所能及的物质援助。1992年4月，阿拉法特总统政治顾问、"法塔赫"中央委员、对外关系负责人哈尼·哈桑应中国外交部的邀请访华；10月，应中国共产党的邀请再度来华访问，双方决定中国共产党和"法塔赫"建立党的关系。5月，应中华全国总工会的邀请，由巴工人总联合会副总书记阿布·莱伊勒率领的巴工联代表团访华。12月，巴外长卡杜米率团访华，李鹏总理会见，钱其琛国务委员兼外长与其会谈。7月，中国国家主席杨尚昆出访突尼斯期间，会见了阿拉法特总统。9月，钱其琛国务委员兼外长出席在雅加达举行的不结盟国家首脑会议期间会见了阿拉法特总统；同月，钱外长在出访以色列时在耶路撒冷会见了被占区巴勒斯坦人代表。

1992年我向被占领区巴勒斯坦居民提供了价值400万元人民币的援助物资。同年，巴勒斯坦人在华留学生30名。

中国驻突尼斯大使安惠候为兼任驻巴勒斯坦国大使。使馆地址及电话见突尼斯篇。

巴勒斯坦国驻华大使穆斯塔法·萨法拉尼(H. E. Dr. Moustapha Sapharinу)。使馆地址：三里屯东3街2号。电话：5321361。传真：5323241。

【同阿拉伯国家的关系】(1)埃及：埃及是最先支持巴解组织的阿拉伯国家之一，曾是巴解组织开展政治活动的主要基地。埃、以签订戴维营协议后，巴解组织同埃及关系中断。1982年穆巴拉克总统执政以后，双方关系逐步改善。1987年11月，埃及宣布重新开放巴解组织驻开罗办事处。近几年来，埃及一直是美、巴联系的中间人，并对美、巴对话起了重要的推动作用。1990年8月2日以后，由于双方对海湾危机的立场不同，关系冷淡。海湾战争后，随着中东和平进程的推进，巴解对中东和会问题采取灵活立场，双方关系渐趋缓和，巴解决定参加中东和会，双方更加接近。1991年10月21日，阿拉法特访问埃及，与穆巴拉克总统进行了会谈，双方关系实现了正常化。1992年阿拉法特和巴解其他领导人多次访问开罗。现在埃及有10万巴勒斯坦人。

(2)叙利亚：叙曾是巴游击队的重要基地和后方。许多巴游击队组织的总部或领导机构设在大马士革。1983年以来，因在对解决中东问题的政治主张方面存在分歧，叙利亚领导人与阿拉法特等巴领导人关系恶化。1988年4月，巴叙关系有所缓和。由于叙、巴对海湾危机的立场不同，双方中断关系正常化的谈判。随着海湾战后中东和平进程的推进，双方进行了多次接触。1991年5月23日，巴解政治部主任卡杜米访叙，恢复关系正常化谈判。10月15日阿拉法特访叙，与阿萨德总统会谈。至此，巴叙关系经过长达8年的紧张时期，终于恢复了正常。此后，双方经常就中东和平进程问题交换意见，协调立场。在叙利亚有约30万巴勒斯坦人。

(3)黎巴嫩：1970年以后，黎巴嫩曾是巴各游击队组织主要活动基地。巴解组织总部也曾长期设在黎巴嫩。1982年以色列入侵黎巴嫩，巴解武装被迫撤出。近两年来，巴解的军事人员逐渐返至在黎南部的巴勒斯坦难民营。黎总统赫拉维反对巴解武装力量在黎的存在，而巴解则强调巴武装在黎的存在是阿盟的决定，也符合巴、黎双边协定。1991年7月，黎巴嫩政府在南部行使主权，收缴了在黎巴嫩南部的巴解人员的武器，巴解在黎武装已不存在。在黎巴嫩有40万巴勒斯坦人。

(4)约旦：巴、约之间在历史、地理、血缘等方面有着特殊关系。约旦曾是巴解组织总部所在地。1970～1971年巴游击队武装全部撤出约旦。但不久双方关系恢复，80年代初双方曾共同拟定建立约巴邦联的"约巴协议"。1990年海湾危机发生后，由于双方对解决危机立场和主张相同，来往更加密切。阿拉法特总统多次赴约会见侯赛因国王。1991年，随着中东和平进程的推进，巴、约关系进一步密切，双方决定组成约巴联合代表团出席中东和会。为此约巴双方经常协调磋商,阿拉法特总统多次访约。1992年6月21日,侯赛因国王向阿拉法特总统授"复兴勋章"。约旦是阿拉伯世界唯一给予巴勒斯坦人以国籍的国家,现巴勒斯坦人占约旦总人口的60%。

(5)沙特阿拉伯等海湾国家:沙特、科威特等海湾国家曾是巴解的主要财政援助国。巴解对海湾危机和战争的立场使沙特等海湾国家不满,关系恶化。1991年3月31日,海湾合作委员会秘书长比沙拉公开宣布,中断对巴解的财政援助。但在巴解决定出席马德里中东和会后,沙特等海湾国家与巴解关系又有所缓和,沙特还部分恢复了对巴援助。1991年9月和10月、1992年2月和6月,沙特支持巴勒斯坦人民委员会分4次向巴解汇款1652万美元。官方往来开始恢复。1992年6月26日,巴解执委阿布·马成率团访问阿曼苏丹国。6月26日和8月26日沙特和阿曼驻突大使先后向阿拉法特总统转交了法赫德国王和卡布斯苏丹的信件。但原在海湾国家的50万巴勒斯坦人的多数已离去。

【同西欧国家的关系】巴解组织重视发展与欧洲国家的关系,已在十多个西欧国家派驻了形式不同的代表。欧共体认为巴勒斯坦国未确定边界,且无政府,故在法律上未承认巴国。但不少国家一直与巴解保持着各种形式的联系,并不断向被占区巴勒斯坦人提供物质援助。海湾危机发生后,西欧国家指责巴解在海湾危机和战争中支持伊拉克,1991年2月6日,欧共体12国外长宣布冻结与巴解和阿拉法特的接触。海湾战争结束后,西欧国家与巴解的联系很快得到恢复。1992年12月4日,瑞士政府正式承认巴解常驻日内瓦联合国代表为驻日内瓦正式代表。

【同前苏联各共和国的关系】巴解组织重视发展与前苏联的关系。阿拉法特曾多次访苏。苏联解体后,巴解重视与前苏联各共和国发展关系。1991年9月1日,巴解致电祝贺波罗的海3国独立;12月20日,宣布承认前苏联15个共和国独立。1992年1月18日,巴解与阿塞拜疆和土库曼斯坦签署协定,宣布与阿、土建立大使级外交关系。

【同美国的关系】美国长期以来拒不承认巴解组织。1988年11月,巴解宣布接受安理会242和338号决议和谴责恐怖主义之后,巴美于1988年12月开始对话。1989年巴美双方举行3次正式对话和数次接触,但未取得实质性进展。1990年3月22日和4月24日,美参、众两院先后通过决议,承认耶路撒冷为以色列永久首都。巴解对此表示"抗议"和"愤慨",宣布"完全拒绝",要求美"重新考虑"。6月20日,美借口巴解对5月30日"巴解阵"袭击以色列海滩事件处理不力,宣布中止美巴对话。海湾危机爆发后,巴解一再抨击美为其石油利益而派兵海湾,在处理海湾危机问题和巴勒斯坦问题上实行"双重标准",要求美以同样的标准执行联合国和安理会关于解决巴勒斯坦问题的决议。美则抨击巴支持伊拉克,一再宣称短期内不恢复与巴解对话。但美一些前政府官员一直与巴解有联系。海湾战争结束后,美推行中东和谈计划,巴解对此采取积极立场,巴、美关系渐趋缓和。3月6日,布什在国会宣布要以"土地换和平"原则推动中东和平进程。3月7日,巴解执委会声明欢迎布什上述讲话。此后,美国务卿贝克多次与被占区巴勒斯坦人代表对话。美对巴解决定参加中东和会表示欢迎。但美仍拒绝恢复巴美对话,拒绝承认巴解。

(聂兵杰)

巴　林

国名　巴林国(The State of Bahrain)。

面积　692平方公里(由大小36个岛屿组成)。

人口　52万(1991年巴林人口调查局公布)。巴林籍人33万,其他为印度、巴勒斯坦、孟加拉国、伊朗、菲律宾和阿曼人。阿拉伯语为官方语言,通用英语。大多数居民信奉伊斯兰教,什叶派穆斯林占总人口的60%。

首都　麦纳麦(Manama),人口16万(1991年)。

国家元首　埃米尔伊萨·本·萨勒曼·阿勒哈利法(Isa Bin Salman Al-Khalifa),1961年12月16日即位。

简　况

位于波斯湾中部的岛国。界于卡塔尔和沙特阿拉伯之间,属热带沙漠气候,炎热、干燥,7～8月平均气温为35℃,1～2月为15℃。公元前3000年即建有城市。公元前1000年腓尼基人到此。公元7世纪成为阿拉伯帝国的一部分。1507～1602年遭葡萄牙人占领。1602～1782年处于波斯帝国的统治之下。1783年宣告独立。1820年英国入侵巴林,强迫其签订波斯湾总和平条约。1880年沦为英保护国。1971年3月英宣布其同波斯湾诸酋长国签订的所有条约在同年年底终止,8月14日巴林宣布独立。

政　治

巴林系君主立宪制酋长国。国家元首埃米尔由哈利法家族世袭，掌握政治、经济和军事大权。

1992年，巴林政局稳定。埃米尔哈利法举措稳重，宣布成立协商会议，以适应国际、国内的需要。

【宪法】独立后第一部宪法于1973年6月2日公布，同年12月开始生效。宪法规定，巴林是独立的伊斯兰阿拉伯国家，统治权由哈利法家族长子世袭；埃米尔为国家元首，有权任命首相、批准内阁成员和决定议会开会日期及解散议会；国家的立法权属于埃米尔和议会，行政权属于埃米尔和内阁，司法审判权以埃米尔的名义行使；禁止组织政党或集会结社。

【议会】1970年曾组成咨询性质的国务委员会，1972年曾选出制宪议会，1973年选出国民议会，1975年8月24日，因议会拒绝通过内阁提出的安全法，埃米尔宣布解散议会，迄未恢复。

【协商会议】1992年12月16日，埃米尔宣布成立协商会议，此会议为咨询性质，无立法权，可就国家法律、政策提出意见。每届任期4年，可以连任。会议由30人组成，什叶派占一半名额。成员及主席均由埃米尔任命。埃米尔有权罢免成员并任命新人代之，有权解散会议。协商会议下设法律、外交、服务、公共设施和财经等委员会。主席依卜拉欣·哈米丹(Ibrahim Humaidan)。

【政府】本届内阁1975年8月25日组成，经过多次调整，现主要成员有：首相哈利法·本·萨勒曼·阿勒哈利法(Khalifa Bin Salma Al-Khalifa)，王储兼武装部队总司令哈马德·本·伊萨·阿勒哈利法(Hamad Bin Isa Al-Khalifa)；外交大臣穆罕默德·本·穆巴拉克·阿勒哈利法(Mohammed Bin Mubarak Al-Khalifa)，贸易和农业大臣哈比布·艾哈迈德·卡西姆(Habib Ahmad Qassim)，财政和国民经济大臣易卜拉欣·阿卜杜勒·凯里姆(Ebrahim Abdul Karim)。

【重要人物】伊萨·本·萨勒曼·阿勒哈利法：第十代埃米尔。1933年7月3日生于麦纳麦。1956～1961年任麦纳麦市长。1958年11月被立为巴林酋长继承人，1961年12月16日正式即位。1971年8月14日巴林独立后，16日将酋长改为埃米尔。1972伊萨将自己登基日定为巴林国庆日。伊萨自幼酷爱文学、艺术，热心社会活动，在诗歌创作方面有一定成就。已婚，有5子6女。长子为王储兼武装部队总司令。　**哈利法·本·萨勒曼·阿勒哈利法**：首相。1936年生，埃米尔之弟。1957年任教育委员会主席。1959年任政府秘书长。1960年任财政大臣。1966～1970年主持国家行政委员会工作。1970年任国务委员会主席。1973年被任命为首相。

经　济

巴林是海湾地区最早开采石油的国家，石油收入占国内生产总值的1/6，占政府收入和公共支出的一半以上。巴林还是海湾地区银行和金融中心；现在巴林有260余家外国银行分行和各种金融机构、办事处等。

国民生产总值(1990年)：39亿美元。

国家总收入(1991年)：11亿美元。

国内生产总值增长率(1991)：1.3%。

货币名称：巴林第纳尔。

汇率(1980年至今)：1美元＝0.376巴林第纳尔。

【资源】1991年探明石油储量约3000万吨，天然气储量约2900亿立方米。

【工业】主要有石油和天然气开采，炼油和炼铝工业等。1991年石油产量约220万吨，收入约8亿美元；天然气产量约40亿立方米。

【农业】全国可耕地面积5880公顷，约占全国总面积的8.8%，实际种植面积3780公顷。从事农业的人口不足7000人。粮食主要靠进口。

【交通运输】境内无铁路。首都和主要城镇有公路相连。巴林和沙特之间由长达25公里的法赫德国王大桥相连。萨勒曼有一深水港，有现代化装卸设备。

巴林是连接东西方的空中交通枢纽。海湾航空公司由巴林、卡塔尔、阿曼和阿联酋4国共同投资和经营。麦纳麦国际机场每天约有60余架次飞机起落。

【财政金融】政府的财政收支以每两年制订一次的预算为基础。

1990年外汇储备12.3亿美元，黄金储备0.43亿美元。截至1991年巴林在外国银行中的存款为300亿美元。近几年财政收支情况如下(单位：亿美元)：

	1989	1990	1991
总收入	12	13	11.4
总支出	13	14	12
赤　字	1	1	0.6

(资料来源：根据巴林官方报纸)

【对外贸易】巴林在历史上是沙特阿拉伯的主要转口港。由于沙特港口建设的发展，巴林在这方面的重要性已经减弱。主要出口石油产品和铝锭。主要贸易伙伴是沙特、美国、英国、日本、澳大利亚和新西兰。

近几年对外贸易情况如下(单位：亿美元)：

	1989	1990	1991
出口额	26.9	37	34
进口额	28.0	36	39
差　额	－1.1	1	－5

人民生活

1991年人均收入约7000美元。全国实行免费医疗，有公立医院54所，医护人员2000余人，另有一所军事医院。

军　事

巴林系海湾阿拉伯国家合作委员会成员国，执行该委员会统一的防御政策。王储兼国防大臣哈马德·本·伊萨·阿勒哈利法任武装部队总司令。实行志愿兵役制。

武装部队总兵力6050人，其中陆军5000，海军600人，空军450人。空军拥有24架美制飞机，还有美制"毒刺"式防空导弹。

文化教育

【教育】实行免费教育和普及九年一贯制的中等教育制度。教育宗旨是普及和完善教育种类,提高教学水平。1991年全国有国立中、小学147所,私立学院90所。巴林大学建于1978年。还有一所成人教育中心。

【新闻出版】全国共有报纸13种,主要报纸有:《海湾日报》(英、阿文),《光明日报》(阿文),《巴林湾日报》(阿文),《海湾每周镜报》(英文)等。巴林广播电台1955年开始播音,用阿语和英语广播。

对外关系

奉行中立不结盟政策,主张加强海湾国家之间的团结与合作,反对外来势力干涉海湾事务。要求伊拉克执行安理会一切有关决议,但反对干涉伊内政,主张维护伊拉克的领土统一。支持巴勒斯坦人民的正义斗争,反对以色列的侵略扩张政策。赞同召开中东和平国际会议,希望阿以争端能得到公正、持久的解决。强调对波黑穆斯林给予坚定、原则性的支持,要求伊斯兰和阿拉伯国家团结起来,制止在那里发生的流血事件。已同50多个国家建交,有20多个国家向巴林派有常驻大使。

【同我国的关系】1989年4月18日中、巴正式建立外交关系。

1992年2月,巴林新闻大臣穆埃耶德访华,并为“巴林文化展览”剪彩。11月,中国人民对外友好协会会长韩叙访巴。1992年,两国贸易额为1209万美元,其中中方出口额为1000万美元,进口额为209万美元。

中国驻巴林大使:王小庄。馆址:P. O. BOX NO. 3150 VILLA NO. 379 RWAD NO. 1912 BLOCK NO. 319 AL-HOORA MANAMA BAHRAIN。电话:00973-293155。电传:9444 CHEM BN。

巴林驻华大使:侯赛因·拉希德·萨巴厄(Hussein Rashid Al-Sabbagh)。馆址:塔园外交人员办公楼2-9-1。

电话:5325025,5325017,5323639,5325028。

1977年台湾在巴林设立“中华民国贸易办事处”,1991年8月巴林责成其更名为“台北经济文化办事处”。

【同美国的关系】两国关系密切。1991年10月,巴同美签署防务合作条约。近年来,多次与美举行联合军事演习。

【同英国的关系】同英国有传统的交往。1990年5月,巴内政大臣穆罕默德访英,双方签署“追踪、冻结、没收毒品贸易资产”谅解备忘录。

【同前苏联各共和国的关系】1991年承认俄罗斯联邦和其他独联体国家,并宣布愿同这些共和国建立友好合作关系。

【同卡塔尔的关系】同卡塔尔有领土纠纷,1986年4月底双方曾就法什迪贝尔珊瑚礁的主权归属问题发生武装冲突。经海湾合作委员会成员国调解,1988年10月双方同意通过协商解决领土争端。1990年12月在多哈召开的第11届海湾合作委员会首脑会议上,卡塔尔提出最终解决卡、巴岛屿争端的要求,会上有关各方达成将此争端提交海牙国际法院裁决的协议。卡塔尔于1991年7月向海牙国际法庭提起诉讼。8月,巴林外交部就巴、卡关系发表声明,呼吁召开沙特、卡、巴3国委员会会议,以便求得对这一问题的友好解决,或将两国分歧问题联合提交国际法庭裁决。1992年4月16日,卡发表第40号埃米尔令,宣布“卡塔尔领海为12海哩”,17日,巴林发表声明予以拒绝。两国领土纠纷仍悬而未决。

(李 群)

不 丹

国名 不丹王国(The Kingdom of Bhutan)。

面积 4.6万平方公里。

人口 60万(1991年)。不丹族占80%,还有尼泊尔等族。不丹语“宗卡”和英语为官方语言。大乘佛教为国教。

首都 廷布(Thimphu),人口2.7万(1990年)。

国家元首 国王吉格梅·辛格·旺楚克(Jigme Singye Wangchuk),兼任陆军统帅和国家计划委员会主席。1972年7月24日即位,1974年6月2日加冕。

简 况

不丹位于喜马拉雅山南坡,东、北部与中国接壤,西、南部与印度交界,西部与锡金为邻,为一内陆国。境内多山,气候较为复杂。公元7世纪是吐蕃帝国的一部分。9世纪成为独立部落。12世纪后,大乘佛教逐渐成为执掌世俗权力的教派。1907年建立不丹王国。1910年1月英国同不丹签订《普那卡条约》,规定不丹对外关系接受英“指导”。印度独立后于1949年8月同不丹签订《永久和平与友好条约》,规定不丹对外关系接受印度“指导”。1961年后,不丹国王多次公开表示要保持自己的主权和独立。1971年不丹加入联合国。

政 治

僧俗双重统治的封建王国,无政党。吉格梅·辛格·旺楚克即位后,在经济上强调自力更生;对外主张不结盟,在和平共处五项原则的基础上,同一切国家发展友谊与合作关系。

【议会】国民议会于1953年成立,为最高立法机构，有议员150名，其中100名民选代表，任期3年，10名教派代表和40名由国王任命的政府代表任期不限。

【皇家咨询委员会】成立于1965年，为最高监察机构，对日常行政工作起咨询作用，有权对各部之间的纠纷进行仲裁。共有11名成员，主席由国王指定，每届任期5年。

【政府】国王兼政府首脑。大臣由国王任命，并需得到国民议会的批准。主要大臣是：陛下驻财政部代表索南·旺楚克公主(Sonam Choden Wanchuk)，外交大臣达瓦·策林(Dawa Tsering)，内政大臣达戈·策林(Dago Tsering)，社会服务、通讯和旅游大臣扎西·多吉(T. Tobgyal)，贸易和工业大臣奥姆·普拉丹(Om Pradhan)。

【司法机构】国王拥有最高司法权力，包括受理最高上诉案件。高等法院有6名法官。各县设有地方法院，由一名法官处理地方诉讼案件。

【重要人物】吉格梅·辛格·旺楚克：国王。1955年11月11日出生于廷布，曾在印度、英国留过学。1972年继承王位，1974年加冕，为旺楚克王朝第四代国王。

经　济

不丹经济以农业为主，农业人口占总人口的94.3%，工业不发达。从1961年起实行"五年计划"经济。第七个五年计划于1992年7月开始，总投资为226.8亿努扎姆。

国内生产总值(1989/90年度)：10.78亿努扎姆。

国内生产总值增长率(1990年)：7.5%。

货币名称：努扎姆，与印度卢比等值。

汇率(1992年底)：1美元＝30努扎姆。

通货膨胀率(1991年)：13.3%。

【资源】有白云石、石灰石、大理石、石墨、煤、铅、铜等矿藏，水力资源丰富。森林占全国面积的71%。

【工业】大多数为小型企业，工业总产值占国内生产总值的16%。电力、酿酒、水泥、食品加工、化学制品和矿业占工业总值的90%。

【农牧林业】农、林、牧业占国内生产总值的51%。耕地面积为13.7万顷。粮食基本能自给。1992年度粮食产量为20万吨，主要农作物有玉米、稻子、小麦、大麦、荞麦、马铃薯和小豆蔻。有牛约42万头，猪7.3万头，羊9.1万只。年产木材32.2万立方米。盛产水果。

【旅游业】是不丹外汇的重要来源。每年3～6月和9～12月是旅游季节。

【交通运输】现有公路3000多公里。有两个小型飞机场。不丹航空公司有两架小型和一架中型飞机，开设了从帕罗分别至加尔各答、达卡、加德满都、曼谷和新德里的航班。

【财政金融】1992/93年度预算总收入为19.38亿努扎姆，支出为32.92亿努扎姆。现有外汇储备约600万美元。

【对外贸易】对外贸易的78%同印度进行。出口农产品、酒类、水泥、小豆蔻、松香和手工艺品。进口工业设备、石油、汽车等。1991年出口额为13.88亿努扎姆。

【外国援助】印度是不丹的主要援助国，在1992年7月开始的第七个五年计划中，印度已承诺将给予75亿卢比的援助。一些西方国家和联合国组织也给不丹2亿多美元的优惠贷款和赠款。1991～1993年亚洲开发银行向不丹提供2400万美元的贷款。

人民生活

现有约30所医院，120个诊疗所和基层保健单位。疟疾和肺病较为流行。

军　事

1942年民兵武装组织建立，1964年正式改编军队。国王是最高统帅。现任首席作战指挥官是兰姆·多尔吉少将。不丹王家陆军约1万人，编为7个中队(相当于营)，49个连。印度派出一名少将率领的"军事训练团"(约有4000人)训练不丹军队。军事装备全部由印度提供。此外，印度还派"丹塔克工程部队"(相当于一个旅)进驻不丹，负责军事交通、通讯等建设。

文化教育

【教育】实行免费教育。文盲占60%。现有各种学校195所(其中有两所学院)，在校学生7万多名，教师2600人。

【新闻出版】《昆色尔》周刊、《德鲁克·洛塞尔》季刊均系官方刊物，用英文、不丹文和尼泊尔文出版。

对外关系

不丹称其对外政策要促进两个主要利益：加强不丹的主权和独立；达到经济自力更生的目的。主张大小国家一律平等，奉行不结盟政策，在和平共处的基础上同一切国家发展友谊和合作，特别是同邻国友好相处。反对外国干涉主权国家的事务，要求外国军队从其侵占的国家撤出去。已同印度等15个国家建立了外交关系。

【同我国的关系】不丹同我国有悠久的关系。中不虽迄未建交，但两国关系友好，边境地区一直保持安宁。从1984～1992年在副外长和外长之间举行了8轮边界会谈。双方根据互谅互让的指导原则，正在就划定中不边界问题进行友好磋商。1992年两国民间贸易额为3万美元。

【同印度的关系】1979年9月不丹要求修改印不条约，并表示没有必要在所有外交政策上同印商量。1985年2月不丹国王访印，重申1949年条约对不丹没有约束力，同时强调不丹同印度有着很好的关系，印度是不丹的亲密邻邦和经济计划主要支柱。不丹国王从1990年以来多次访问印度。

【同南亚其他国家的关系】不丹同南亚所有国家建立了外交关系，来往日益增多。不丹积极主张加强南亚区域合作。1985年5月，不丹国王在廷布召开的南亚区域合作外长会议上提出把"主权、平等、领土完整、政治独立、不干涉内政和互利"作为今后指导南亚国家关系的基本准则，得到与会者的一致赞同。　(徐承濂)

朝　鲜

国名　朝鲜民主主义人民共和国(The Democratic People's Republic of Korea)。

面积　122762平方公里。

人口　2200多万(1987年)。为单一民族。通用朝鲜语。

首都　平壤(Pyong' yang),人口200余万(1987年)。

国家元首　国家主席金日成(Kim Il Sung),1972年12月当选并连任至今。

简　况

位于亚洲东部朝鲜半岛北半部。东北与俄罗斯接壤,北部与中国为邻,东部为日本海,西部为黄海。半岛海岸线全长约17300公里(包括岛屿海岸线)。属温带季风气候,年平均气温8～12℃。公元1世纪形成高句丽、百济、新罗。公元7世纪新罗统一朝鲜,公元10世纪高丽取代新罗。公元14世纪末李氏王朝取代高丽,改国号为朝鲜。1910年8月沦为日本殖民地。1945年8月15日获得解放。同时,苏美两国以北纬38°线为界分别进驻北半部和南半部,1948年底苏军撤出。1946年2月北半部成立北朝鲜临时人民委员会。1948年9月9日朝鲜民主主义人民共和国宣告成立。1950年6月25日朝鲜战争爆发,美国入侵朝鲜。10月25日中国人民志愿军赴朝参战。1953年7月27日停战。1958年10月中国人民志愿军全部撤出朝鲜。1958年朝宣布完成了城市和农村生产关系的社会主义改造,建立了社会主义经济制度。

政　治

【宪法】1972年12月27日,第五届最高人民会议第一次会议通过《朝鲜民主主义人民共和国社会主义宪法》。1992年4月,第九届最高人民会议第三次会议对原宪法进行了增删和修改。新宪法共171条,比原宪法多22条。新宪法规定国家以主体思想为自己活动的指导方针;将最高人民会议每届的任期由4年改为5年;删去国家主席担任朝鲜一切武装力量的最高司令官和国防委员会委员长,指挥和统率国家的一切武装力量的条款,增添了"国防委员会"一节,规定国防委员会为国家的最高军事领导机关,国防委员会委员长指挥和统率所有武装力量;最高人民会议除具有选举国家主席的职权外,又新增了可罢免国家主席的职权;国徽图案中新增了"革命圣地白头山";新宪法还新增了国家奖励机关、企业、团体同外国的法人或个人的企业合营和合作等内容。

【议会】称最高人民会议。国家最高权力机关,行使立法权。议员由选举产生,每届任期5年。闭会期间的常务机构为最高人民会议常设会议。本届会议是1990年5月选举产生的。议长杨亨燮,1990年5月连任。

【中央人民委员会】国家权力的最高领导机关,首脑为国家主席。现任委员:金日成、吴振宇、李钟玉、朴成哲、韩成龙、姜成山、徐允锡、崔文善、金鹤凤、康贤洙、朴承一、李奉吉、林亨九、池昌益(秘书长)、玄哲奎、白范洙、李吉松。

【政府】称政务院,国家最高权力的执行机关。本届政务院于1990年5月组成。1992年12月,第九届最高人民会议第四次会议通过总理等人事任免事项,其组成为:总理姜成山,副总理金达铉、金永南、洪成南、金福信、姜希源、金润革、金焕、金昌柱、张澈;外交部长金永南(兼),社会安全部长白鹤林,国家计划委员会委员长金达铉(兼),轻工业委员会委员长金福信(兼),化学工业部长金焕(兼),对外经济委员会委员长李成大,交通委员会委员长李用茂,农业委员会委员长金元镇,水产委员会委员长崔福渊,国家建设委员会委员长金应相,人民服务委员会委员长孔镇泰,国家科学技术委员会委员长李子方,电子自动化工业委员会委员长金昌浩,金属工业部长崔永林,机械工业部长郭范基,矿业部长金弼焕,煤炭工业部长金利龙,资源开发部长金世永,船舶工业部长李石,建设部长赵哲俊,建材工业部长李同春,林业部长金载律,地方工业部长金成久,原子能工业部长崔学根,城市经营部长李铁棒,递信部长金学燮,劳动行政部长李载润,财政部长尹基贞,教育委员会委员长崔基龙,文化艺术部长张澈(兼),保健部长金洙学,铁道部长朴勇锡,海运部长吴成烈,贸易部长金达铉(兼),对外经济事业部长郑松南,商业部长韩章根,科学院院长金景峰,国家体育委员会委员长朴明哲,中央银行总裁郑成泽,中央统计局长申京植,中央资料总联合商社总社长蔡奎斌,政务院事务局长郑文山。

【司法机构】司法机关有中央法院、道(直辖市)法院、人民法院(基层法院)和特别法院。中央法院是最高审判机关,院长崔元益。检察机关有中央检察所,道、市、郡检察院和特别检察所。中央检察所统一领导检察工作,所长李勇燮。

【政党】(1)朝鲜劳动党:执政党。成立于1945年10月10日。有党员300多万。该党主要目标是实现社会主义的完全胜利,最终建成共产主义社会。总书记金日成;政治局常委:金日成、金正日、吴振宇;政治局委员:金日成、金正日、吴振宇、李钟玉、朴成哲、姜成山、金永南、桂应泰、徐允锡、全炳浩、崔光、韩成龙。

(2)朝鲜社会民主党：成立于1945年11月3日。委员长李季白于1993年1月逝世。

(3)天道教青友党：成立于1946年2月8日。委员长郑信革。

此外还有祖国统一民主主义战线和祖国和平统一委员会等。

【重要人物】金日成：国家主席。1912年4月15日生于平壤市万景台。早年在中国东北进行抗日武装斗争。1945年朝鲜解放后回国，同年12月任北朝鲜临时人民委员会委员长。1948年9月任朝鲜民主主义人民共和国内阁首相。1950～1953年任军事委员会委员长和朝鲜人民军最高司令官。1953年荣获朝鲜民主主义人民共和国元帅称号。在1956年劳动党"三大"和1961年"四大"上，当选中央委员会委员长。在1957、1962和1967年连任内阁首相。1966年10月当选党中央委员会总书记。并在1970、1980年连任党的总书记和中央军事委员会委员长。在1972、1977、1986、1988、1990年连续被选为共和国主席。曾3次荣获朝鲜民主主义人民共和国英雄称号，并获劳动英雄称号。1992年4月荣获朝鲜民主主义人民共和国大元帅称号。**金正日**：朝鲜劳动党中央政治局常委、党中央书记。1942年2月16日生。1960～1964年在金日成综合大学学习。1964年起在朝鲜劳动党中央委员会工作。1973年9月当选党中央书记，翌年2月当选党中央政治委员会委员。1980年10月在朝党"六大"上当选党中央政治局常委、党中央军事委员会委员和党中央书记。1990年5月任国防委员会第一副委员长。1991年12月任朝鲜人民军最高司令官。1992年4月获朝鲜民主主义人民共和国元帅称号。曾两次荣获朝鲜民主主义人民共和国英雄称号。　**姜成山**：政务院总理。1931年3月3日生，1970年当选中央委员，1973年任平壤市人民委员会委员长，并当选政治局候补委员。1980年任政治局委员。1982年任政务院第一副总理。1984年任政务院总理。1986年被免去总理职务，调任党中央书记。1988年任咸镜北道党委责任书记、道人民委员会委员长。1992年12月再次出任总理。

【统一问题】1992年1月，金日成主席在新年献词中强调指出，北南要根据祖国统一三大原则，认真履行《北南和解、互不侵犯和合作交流协议》，争取早日实现祖国统一。有关国家要尊重协议精神，积极协助朝鲜民族以自主、和平方式解决统一问题。

【北南总理会谈】会谈始于1990年9月。1992年双方总理举行了第六、七、八次会谈。在第七次会谈中，双方同意成立南北联络办事处和有关机构。在第八次会谈中，双方签署了《北南和解、互不侵犯和合作交流协议》的3个附属协议书和《北南和解共同委员会组成运作协议书》，成立了和解共同委员会。原定于1992年12月举行的第九次会谈由于美国和韩国宣布恢复举行"协作精神93"军事演习，朝宣布中断对话而未能如期举行。

【北南人员交流】1992年7月，朝鲜副总理兼对外经济委员会委员长金达铉应韩国副总理兼经济企划院长官崔珏圭的邀请访韩，受到卢泰愚总统接见，金达铉转达了金日成主席的口信；9月，韩国派团参加了在平壤举行的"第三次亚洲和平与妇女的作用"国际研讨会；10月，由韩国民间企业界人士组成的考察团访朝并对南浦进行了考察。

【北南经贸状况】1988年以来，北南双方通过不同方式和渠道开展贸易往来，1992年双方贸易额为2.123亿美元。1991年和1992年双方直接贸易总额为273万美元。截至1992年9月，南方在北方的合营工厂已有66个。

经　济

1987年起开始执行发展国民经济第三个七年计划(1987～1993)。1991年12月宣布建立先锋自由贸易区，1992年10月公布《外国人投资法》、《外国独资企业法》和《合作法》，鼓励外国向朝鲜投资。货币名称：朝鲜元；1元＝100分。汇率(1992年)：1美元＝2.2朝元。

【资源】已探明矿产300多种，其中有用矿200多种。石墨、菱美矿储量居世界前列。铁矿及铝、锌、铜、金、银等有色金属和煤炭、石灰石、云母、石棉等非金属矿物储量丰富。水力和森林资源也很丰富。

【工业】以采矿、冶金、机械、电力、纺织、化工等为主，机械设备的国内自给率达98%。

【农业】以种植水稻和玉米为主，产量各占粮食产量的一半左右。总耕地面积约200万公顷。

【交通运输】以铁路为主。铁路总长度为8863公里，电气化铁路总长度为2000多公里，电力机车牵引比重达90%以上。公路总长度7500多公里。已建成平壤—南浦、平壤—元山—金刚山、平壤—开城高速公路。主要港口有清津、南浦、兴南、元山等。平壤顺川机场为主要国际机场，无定期国内航线。定期国际航线有平壤—北京，平壤—莫斯科，平壤—索非亚等。1992年1月，朝鲜和日本达成年度包机飞行协议，商定日本航空和全日空飞行20架次，朝鲜民航和金刚山国际航空飞行60架次。1993年初，双方商定将上述年度包机飞行协议顺延一年。

【财政金融】近几年财政收支情况如下(单位：亿朝元)：

	1990	1991	1992
收入	356.9041	371.9484	395.92
支出	355.1348	369.924	395.92
差额	1.7693	2.0244	0

【对外贸易】同100多个国家和地区建立了贸易关系。出口产品主要有机床、金属制品、水泥、铁矿石、无烟煤、镁砂、人参、绸缎和水产品等。进口产品主要有石油、炼焦煤、机械设备、棉花和大豆等。主要贸易对象为

中国、日本和其他第三世界国家。

【合资企业】朝鲜1984年9月公布《合资经营法》后至1992年9月，合资项目累计达140多项，外资总金额约1.5亿美元。

人民生活

1953年起，全国实行免费医疗制。人均寿命从解放前的36岁增加到74岁。1986年国民收入人均2400美元。

军 事

朝鲜人民军成立于1948年2月8日，其前身为1932年4月25日在中国东北创建的朝鲜人民革命军。最高司令官原为金日成，1991年12月由金正日接任。人民武装力量部部长兼人民军总政治局局长吴振宇元帅。总参谋长崔光次帅。1990年5月朝最高人民会议九届一次会议决定新设国防委员会，选举金日成为委员长，金正日为第一副委员长。实行普遍义务兵役制，陆军服役5年，海空军3～4年。

1992年军费占国家财政预算支出11.6%。

文化教育

【教育】实行11年义务教育制。大学生和专科学校的学生都享受国家发给的助学金。大专院校260多所，中专570多所。著名高等学府有金日成综合大学、金亨稷师范大学、金策工业大学、人民经济大学等。全国有知识分子160万。

【新闻出版】主要报刊：《劳动新闻》，朝鲜劳动党中央委员会机关报。《民主朝鲜》，政府机关报。《勤劳者》杂志，月刊，朝鲜劳动党中央委员会机关刊物。

朝鲜中央通讯社（简称朝中社），国家通讯社，1946年12月5日成立。

朝鲜中央广播电台，国家广播电台，1945年10月14日成立。

朝鲜中央电视台和开城电视台60年代开始播放节目；万寿台电视台，1983年底开始播放节目。

对外关系

朝鲜奉行自主、和平、友谊的外交政策，在完全平等和相互尊重的原则上发展同其他国家的关系。1992年与乌克兰、土库曼、吉尔吉斯斯坦、摩尔多瓦、哈萨克斯坦、阿塞拜疆、白俄罗斯、塔吉克斯坦、乌兹别克斯坦、亚美尼亚、阿曼、斯洛文尼亚、克罗地亚建交，与智利复交。1993年初又与捷克共和国、斯洛伐克共和国、卡塔尔建交。截至1993年1月，建交国已达130个。

【同我国的关系】1949年10月6日两国建交。1953年11月签订经济文化合作协定，1961年7月签订友好合作互助条约。近年来，两国领导人多次互访，进一步增进了两国之间的友好合作关系。

1992年朝方访华的代表团主要有：以总编辑玄峻极为团长的《劳动新闻》代表团（3月）；以政治局长孙成宇为团长的社会安全部代表团（4月）；最高人民会议常设会议议长杨亨燮（5月）；以副总理兼文化艺术部长张澈为团长的政府文化代表团（6月）；以全在善大将为团长的人民军友好参观团（11月）等。1992年4月杨尚昆主席访朝，其他访朝的代表团主要有：以陈敏章部长为团长的政府卫生代表团（2月）；国家体委主任伍绍祖、以济南军区司令张万年为团长的解放军友好代表团（4月）；中央候补委员、书记处书记丁关根（5月）；书记处书记、中央军委秘书长杨白冰（6月）；以海军政委魏金山为团长的前中国人民志愿军代表团和以空军副司令刘志田为团长的前中国人民志愿军英雄代表团（10月）等。

1992年两国签署的协定有：政府贸易协定及有关换文和经济技术合作换文、卫生及医学科学领域合作1992/93年度执行计划书、中朝科技合作委员会第32届会议议定书。

中国驻朝鲜大使：郑义。馆址：平壤市牡丹峰区长村洞。电话：00850-2813003。传真：00850-3813245。

朝鲜驻华大使：朱昌骏。馆址：建国门外日坛北路。电话：5321186。商务处电话：5321145。

【同美国的关系】1992年1月，朝党中央书记金容淳同美副国务卿坎特在纽约举行了首次高级会谈。截至1992年底，朝美两国在北京进行的参赞级接触已达29次，朝方在1992年还先后两次向美方移交30具在朝鲜战争中死亡的美军士兵遗骨。此外，美宗教界领导人格拉哈姆、《华盛顿时报》记者、由核裁军问题专家组成的卡内基基金会代表团、由美前助理国务卿、前州长、前国会议员组成的自由联合代表团、美战略和国际问题研究所副所长威廉姆·泰勒、美基督教教会协议会代表团、美前司法部长詹姆斯·克拉高格、美参议员史密斯、美国务院韩国处副处长吉诺纳斯相继访朝，其中吉诺纳斯是访朝的第一位美国务院现职官员；朝鲜访问美国的有以基督教中央委员会委员长姜英燮为团长的朝基督教及学者代表团。

【同日本的关系】1992年1月，朝日在北京签署两国开设直飞航线和营业性包机的协议文件。1992年访朝的日本代表团主要有：《朝日新闻》社代表团（3月）、以田边诚为团长的日本社会党友好代表团、以众议院议员、前防卫厅长官为团长的日本自民党代表团（4月）、以东亚贸易研究会长为团长的日本经济交流代表团和日朝友好亲善参观团（7月）以及日本国际政治研究者代表团（8月）。朝鲜社会科学者协会委员长黄长烨率社会科学者代表团访日（3月）。

1991年1月开始举行的朝日建交谈判截至1992年底已进行8次，尚未取得实质性进展。

【同独联体国家的关系】原苏联解体后，朝与独联体各国建立了外交关系。

1992年1月和3月，俄罗斯总统特使罗高寿、以总参谋长兼第一副总司令萨姆索诺夫为团长的独联体武装力量代表团先后访朝；1993年1月，叶利钦总统特使、副外长库纳泽访朝，俄方建议重新修订1961年签订的友好合作互助条约等。朝俄双方表示愿意实现两国关系正常化。

【同其他国家的关系】1992年，李钟玉副主席访问了埃及、杨亨燮议长访问了埃及、津巴布韦、纳米比亚。金永南副总理兼外长访问了柬埔寨、老挝、越南、印度、叙利亚、伊朗、巴基斯坦、印度尼西亚。金达铉副总理访问了埃及、利比亚、伊朗。党中央书记金容淳访问了意大利等西欧几国。总参谋长崔光访问了叙利亚。访问朝鲜的外国领导人主要有：老挝国家主席凯山·丰威汉、柬埔寨国家元首诺罗敦·西哈努克、芬兰共产主义工人党总书记麦其哈尼、几内亚总统孔戴、塞拉利昂总统莫莫、印度尼西亚副总统苏达莫诺等。　（张晓芬）

东　帝　汶

名称　东帝汶(East Timor)。

面积　14874平方公里（1990年统计）。

人口　74.8万（1990年统计）。主要是巴布亚人和马来人后裔，华人约1万。通用德顿语。居民多信奉拜物教，约有20万人信奉天主教，少数人信奉基督教新教和伊斯兰教。

首府　帝力(Dili)，人口约3万（1975年统计）。

简　况

位于东南亚努沙登加拉群岛最东端。包括帝汶岛东部和西部北海岸的欧库西地区以及附近的阿陶罗岛等。西部与印尼西帝汶相接。属热带草原气候，其它地区为热带雨林气候。年平均气温26℃。16世纪葡萄牙殖民者入侵。1613年荷兰势力侵入，并排挤葡势力至东部地区。1859年葡、荷签订条约，重新瓜分帝汶岛。帝汶岛东部及欧库西归葡，西部并入荷属东印度（今印尼）。1942年日本占领东帝汶。战后葡恢复对东帝汶的殖民统治，1951年名义上改为葡海外省。1960年第15届联大通过了1542号决议，宣布帝汶岛及附属地为葡萄牙管理的领土。

政　治

1975年葡政府宣布东帝汶举行公民投票，实行民族自决。东帝汶各派政治势力也于同年先后成立了3个主要政党。即：主张独立的东帝汶独立革命阵线(Frente Revolucionaria De Timor Leste Independente)，简称革阵；主张同葡维持关系的帝汶民主联盟(Uniao Democratica Timorense)，简称民盟；主张同印尼合并的帝汶人民民主协会(Associacao Popular Democratica Timorense)，简称民协。同年8月民盟发动政变，要求立即独立，成立“独立政府”，革阵进行反击，并控制了大部分地区。被击溃的民盟势力同科塔党、工党等小党联合组成“反共运动”，要求同印尼合并，希望印尼提供武器并为其训练军队。1975年11月革阵宣布东帝汶独立，成立东帝汶民主共和国。民盟和民协发表联合声明，称东帝汶是印尼领土的一部分。12月印尼出兵东帝汶。革阵撤至山区开展游击战。1976年7月苏哈托总统签署特别法案，宣布东帝汶归并印尼，成为印尼的第27个省。1975年12月联合国大会就印尼出兵东帝汶通过决议，要求印尼撤军，呼吁各国尊重东帝汶的领土完整和人民的不容剥夺的自决权利。此后联大每年均审议东帝汶问题。1982年联大以50票赞成，50票弃权，46票反对，通过了支持东帝汶人民自决的决议。1983年以后，联大连续几届推迟审议东帝汶问题。

1975年印尼入侵东帝汶后，葡萄牙宣布同印尼断交。1984年7月葡总统府发表公报，“谴责任何干涉东帝汶人民自由表达意愿的企图”，重申“决意同直接卷入东帝汶冲突的所有各方进行对话”，并寻求“尊重东帝汶人民意愿的和平解决办法”。1984年8月安哥拉、莫桑比克、几内亚比绍、佛得角、圣多美和普林西比5国在比绍举行会议，“敦促葡萄牙以东帝汶前管理国的身分尽责任”。1985年6月澳大利亚、新西兰、日本、挪威、瑞典和一些西欧国家以及欧洲议会的408名议员呼吁印尼停止镇压运动，并同东帝汶的代表举行会谈。9月联合国秘书长在一份报告中表示希望葡、印尼会谈能提供为国际所接受的公正和全面的解决办法；印尼也寻找能为葡所接受的解决途径。1986年4月革阵和民盟在里斯本声明，将采取联合行动使东帝汶问题得到公正合理的解决，并呼吁葡政府支持这一行动。7月18日葡萄牙议会一致决议重申东帝汶人民的自决权，拒绝把东帝汶并入印度尼西亚。

1991年11月11日，东帝汶首府帝力发生示威群众与印尼军队冲突的流血事件，葡萄牙等西方国家对此反应强烈。印尼事后组织了全面调查并惩处了部分有责任的军人。据印尼官方调查，在这次流血事件中，死亡50多人，伤90多人。

经　济

长期受殖民统治，经济落后，人民生活贫困。一些地区的居民基本上处于自然经济状态，以农业为主。地处热带，自然条件较好，已发现的矿藏有金、锰、铬、锡、铜等。在帝汶海域有储量丰富的石油和天然气，石油储量估计在10万桶以上。农牧业为其经济主要成分，主要农产品有玉米、稻谷、薯类等，粮食不能自给。经济作物有咖啡、橡胶、椰子等。经济作物主要供出口。交通不便，许多公路只能在旱季通车；帝力港为深水港；包考镇有国际机场，可起降大型飞机。　（林　文）

菲律宾

国名 菲律宾共和国(Republic of the Philippines)。

面积 299700平方公里。

人口 6068万(1990年5月统计),自然增长率2.3%。主要民族是马来族,其中包括他加禄人、伊洛戈人、邦班牙人、比萨亚人和比科尔人等,占全国人口的85%以上;少数民族有穆斯林、华、印尼、阿拉伯、印度、西班牙和美国人,还有人数不多的土著民族。有70多种语言,国语是以他加禄语为基础的菲律宾语,通用英语。居民约85%信奉天主教,4.9%信奉伊斯兰教,少数人信奉独立教和基督教新教,土著民族多信奉原始宗教,华人多信奉佛教。

首都 马尼拉市(Manila),人口780万(1990年5月)。

国家元首 总统菲德尔·拉莫斯(Fidel V. Ramos),1992年6月30日就任。

简况

位于亚洲东南部。北隔巴士海峡与中国台湾省遥遥相对,南和西南隔苏拉威西海、巴拉巴克海峡与印度尼西亚、马来西亚相望,西濒南中国海,东临太平洋。共有大小岛屿7107个,其中吕宋岛、棉兰老岛、萨马岛等11个主要岛屿占全国总面积的96%。海岸线约18533公里。属热带海洋性气候,高温多雨。马尼拉平均气温27.6摄氏度。早在西班牙殖民者入侵之前,菲律宾就有许多土族部落和马来族移民建立的割据王国。1521年麦哲伦率领的西班牙远征队到达该岛。1565年西班牙侵占菲律宾,统治菲300多年。1898年美国通过对西班牙战争后签订的"巴黎条约"占领了菲律宾。1942年菲律宾被日本占领。二次大战后,菲律宾复受美国统治。1946年7月4日菲律宾宣告独立。1965年费迪南德·埃·马科斯就任二次大战后第六任总统,并3次连任。1983年8月反对党领导人贝尼格诺·阿基诺被谋杀,导致政局动荡。1986年2月7日提前举行总统选举。科拉松·阿基诺在人民群众、天主教会和军队的支持下于2月25日就任总统。

政治

1992年菲律宾政局呈现相对稳定。阿基诺总统执政期满,5月举行6年一度全国大选,前国防部长拉莫斯以获全部选票23.5%的微弱多数当选为菲第八任总统。拉莫斯总统执政后,致力于实现社会安定,推动民族和解。成立全国统一委员会,颁布大赦计划,释放被囚叛军,废除了实施历时35年的"反颠覆法",宣布菲律宾共产党合法化。同时,还与菲共、右翼军人团体和穆斯林摩洛民族解放阵线举行探索性会谈,在和解问题上达成共识,并为开始正式和谈作准备。为了整顿治安,创造安定的社会环境,成立以副总统埃斯特拉达为首的总统打击犯罪委员会,力刹猖獗一时的绑架、抢劫风;整肃军警,撤换了前国家警察总监。在宿务和达沃设立总统办事处,加强中央与地方的联系,规定每月29日为"接见人民日"。

【宪法】菲独立后迄今曾颁布过3部宪法。现行宪法于1987年2月2日经由全民投票通过,同年2月11日由总统正式宣布生效。该宪法规定:实行行政、立法、司法三权分立政体。总统拥有行政权,由选民直接选举产生,任期6年,不得连任。总统无权实施戒严法,无权解散国会,不得任意拘捕反对派;禁止军人干预政治;保障人权,取缔个人独裁统治;进行土改。

【议会】称国会,最高立法机构。由参、众两院组成。参议院由24名议员组成,由全国直接选举产生,任期6年,每3年改选1/2,可连任两届。众议院有议员250名,其中200名由省、市按人口比例分配,从全国各选区选出;25名由参选获胜政党委派,另外25名由总统任命。众议员任期3年,可连任3届。本届议会于1987年7月27日产生。现有参议员23名,众议员207人。参议院主席埃德加多·安加拉(Edgardo Angara),众议院议长何塞·德·维尼西亚(Jose de Venecia)。

【政府】实行总统内阁制。总统是国家元首、政府首脑兼武装部队总司令。现内阁于1992年6月30日组成,有内阁成员21名:执行部长埃德尔米诺·阿曼特(Edelmiro Amante),外交部长罗伯托·罗慕洛(Roberto R. Romulo),国防部长雷纳托·德维利亚(Renato de Vilia),司法部长弗兰克林·德里隆(Franklin Drilon),卫生部长胡安·弗拉维尔(Juan Flavier),环境、自然资源部长安赫尔·阿尔卡拉(Angel Alcala),土地改革部长埃内斯托·加里劳(Ernesto Garilao),教育、文化、体育部长阿曼德·法维拉(Armand Fabella),农业部长罗伯托·塞瓦斯蒂安(Roberto Sebastian),财政部长小拉蒙·德尔罗萨里奥(Ramon del Rosario Jr.),内务与地方政府部长拉菲尔·阿卢南三世(Rafael Alunan Ⅲ),预算、管理代部长小萨尔瓦多·恩里克兹(Salvador Enriquez Jr.),公共工程、公路部长何塞·德赫苏斯(Jose de Jesus),新闻部长鲁道夫·雷耶斯(Rodolfo T. Reyes),社会福利代部长科拉松·德莱昂(Corazon de Leon),科学、技术代部长里卡多·格洛里亚(Ricardo Gloria),贸易、工业部长里萨利诺·纳瓦罗(Rizalino Navarro),运输、交通部长小赫苏斯·加西亚(Jesus B. Garcia Jr.),旅游代部长维森特·卡洛斯(Vincente Carlos),劳工、就业代部长涅瓦斯·孔费索尔(Nieves Confesor),经济计划部长谢利托·阿比托(Cielito Habito),能源部长德尔芬·拉扎罗(Delfin Lazaro)。

【司法机构】司法权属最高法院和各级法院。最高法院由1名首席法官和14名陪审法官组成,均由总统任命,拥有最高司法权,下设上诉法院,地区法院和市镇法院,另外还有反贪污法院、税务法院等专业性法院。最高法院首席法官安德雷斯·纳瓦萨(Andres R. Narvasa)。检察工作由司法部检察长办公室负责,总检察长罗尔·哥科(Raul Goco)。国家总律师为弗朗西斯科·查维斯(Francisco Chavez)。

【政党】政党多达100余个,大多数为地方性小党。全国性的主要政党有:

(1)全国基督教民主联盟党(National Union of Christian Democracy):执政党。该党由现任总统拉莫斯于1992年大选前创建。主张廉政肃贪,恢复死刑;通过谈判实现民族和解,达到社会稳定;鼓励出口和加速吸引外资,实行土改,发展能源;倡导经济外交,奉行更为开放的外交政策。主席为前外长罗尔·曼格拉普斯(Raul Manglapus)。

(2)战斗党(Laban):反对党。原名菲律宾民主战斗党,成立于1988年,在阿基诺总统执政期间发展成菲最大的执政党。1992年5月大选期间,由于阿基诺总统支持全国基督教民主联盟党总统候选人拉莫斯竞选,致使该党发生分裂。11月全国代表大会时改为现名。主张建立政治稳定、经济自主、尊重人权的社会。主席为奈普塔里·冈萨雷斯(Neptali Gonzales)。

(3)全国人民联盟党(National People's Coallition):反对党。成立于1991年10月。成员包括原马科斯建立的新社会运动党绝大部分和国民党部分。主张禁止政府官员经商,通过就业、创造财富来解决社会问题;实现现代化高效益的农业和工业,停止对国营企业的补贴,扩大税收范围,偿还一切外债。主席爱德华多·许焕戈(Eduardo Cojuanco)。

(4)摩洛民族解放阵线(Moro National liberation Front):菲律宾南部穆斯林反政府武装组织。1972年成立。同伊斯兰国家外长会议有联系。1977年后分裂为3派。其中两派主张在菲南部棉兰老地区实行民族自治,另一派主张棉兰老地区脱离菲律宾,成立一个独立的伊斯兰共和国。1987年1月,该派放弃独立要求,并与政府就棉兰老地区自治问题进行多次谈判,但未能达成协议。1992年10月和1993年1月,南部穆斯林武装组织与拉莫斯政府分别在利比亚首都的黎波里和印尼首都雅加达就自治问题举行了两轮探索性谈判。主席努尔·米苏阿里(Nur Misuari)。

(5)菲律宾共产党(Communist Party of the Philippines):1968年12月建立。1969年3月该党建立了军事组织——新人民军,进行武装斗争。该党及其组织长期以来被政府宣布为非法。拉莫斯政府成立后,1992年9月,双方在荷兰首都海牙举行了探索性会谈。近年来,新人民军严重受挫,兵力从1987年的2.5万人减至1991年底的1.6万人。

此外还有一个1930年成立的老菲共,该党于1974年11月与政府和解,成为合法政党。

【重要人物】菲德尔·拉莫斯:总统。1928年3月18日生于菲律宾中吕宋的邦阿锡南省。1950年毕业于美国西点军校。1951年获美国伊利诺斯大学土木工程硕士学位。1986年任武装部队参谋长,1988任国防部长。1991年辞去公职竞选总统,5月在大选中获胜。6月30日,就任总统。喜欢照相、集邮、打高尔夫球和跳伞等。

经　济

椰子生产和出口占世界第一位;是世界市场蕉麻的主要供应国。60年代后期采取经济开放政策,积极吸引外资,经济发展取得一定成效。1982年被世界银行列为"中等收入国家"。80年代初,由于受西方经济衰退影响,经济形势一度恶化。进入90年代,由于海湾战争、皮纳图博火山的爆发以及一系列自然灾害的影响,经济受到严重打击,困难加剧。

国民生产总值(1992年):12616亿比索。

人均国民生产总值(1992年):29808比索。

国民生产总值增长率(1992年):0.62%。

货币名称:菲律宾比索。

汇率(1992年12月31日):1美元=25.1比索。

通货膨胀率(1992年):8.9%。

失业率(1992年):13%。

【资源】主要有铜、金、银、铁、铬、镍等20余种。铜蕴藏量约41亿吨,金1.01亿吨,镍16亿吨。有丰富的地热资源,预计有20.9亿桶原油标准能源。1976年以来在巴拉望岛西北部海域发现石油,储藏量为3.5亿桶。森林面积1250万公顷。

【工业】工矿业总产值占国民生产总值的35%左右。1992年工业产值为2490亿比索,比1991年增加0.45%;矿业产值为207亿比索,比1991年下降14.11%(按1985年不变价格计算)。主要矿产品产量如下(单位:万吨):

	1990	1991	1992
铜	69.32	58.12	12.35
黄金(万公斤)	2.46	2.49	2.27
银(万公斤)	4.71	3.84	3.09
铬	10.09	6.82	
镍	6.08	5.63	1.40
锌	0.02		
煤	124.68	126.71	

(资料来源:菲矿业局)

【农林渔业】农业产值占国内生产总值的22.5%。粮食作物和经济作物分别占农产品产值的60%和40%。1992年农业(包括林、牧、渔业)产值为2060.65

亿比索，比1991年增长0.92%。主要农作物产量如下(单位：万吨)：

	1990	1991	1992
稻谷	930	967	922
玉米	485		456
蕉麻	8.04		8.4
香蕉	291.3		306
椰子(吨)	225	207	181

(资料来源：菲国家经济发展署，农业统计署)

菲森林资源丰富，有红木、樟木等名贵木材。由于长期无计划砍伐，森林面积逐年缩小。1991年木材产值66.44亿比索(按1972年固定价格计算)。

现已开发的海水淡水渔场面积2080平方公里，捕捞技术仍比较落后。1989年捕鱼量为236.66万吨，出口14.5万吨。

【服务业】服务业在国民经济中占有主要地位，其产值占国民生产总值的40%左右。近几年来，服务业产值逐年增长。1991年为2984.47亿比索(按1972年固定价格计算)。

【旅游业】旅游业是菲外汇收入重要来源之一。1992年接待游客115万人次，较1991年增加16%；收入15.2亿美元。主要旅游点有：百胜滩、蓝色港湾、碧瑶市、马荣火山、伊富高省原始梯田等。

【交通运输】以公路运输为主。铁路不发达，均集中在吕宋岛。航空运输主要由国家航空公司经营，全国各主要岛屿间都有航班。

铁路：总长1200公里，其中能通车的仅964公里(1986年)。截至1990年11月底，客运量2.42亿人公里，货运量1860.5万吨公里。

公路：1990年总长16.06万公里；车辆总数162.02万辆(其中有货车12.92万辆，小汽车45.64万辆)。

水运：1988年有商船1140艘，总吨位434.28万吨，货运量1717.76万吨。全国共有399个大小港口，总吞吐量16788.4万吨。主要港口为马尼拉、宿务、怡朗、三宝颜等。

空运：1989年有机场173个(其中86个为国营机场，87个为私人机场)；主要机场有尼诺·阿基诺国际机场、宿务市的马克丹国际机场和达沃机场等；国际航线总长3602.6万公里。

【财政金融】财政收支近几年来连续出现赤字，财政收入80%以上来源于税收。近几年财政收支情况如下(单位：亿比索)：

	1990	1991	1992
收入	3405.42	1806.44	2274.8
支出	3578.66	2543.85	2425
差额	−173.24	−737.41	−150.2

(资料来源：菲国家国库局)

外债负担沉重，外债总额为294.22亿美元(1992年10月)。1992年国际储备52亿美元，外汇储备43亿元。国际收支盈余3.3亿美元(1992年11月)。

【对外贸易】主要出口椰产品、糖、矿产品、木材等，进口石油、机械化工、金属材料、棉纱、合成纤维等。近几年来菲政府积极发展对外贸易，促进出口商品多样化和外贸市场多边化，进出口商品结构发生显著变化，非传统出口商品如成衣、电子产品、工艺品、家具、化肥等的出口额已超过传统商品出口额。1992年主要出口产品为椰油、半导体、成衣、冻虾、铜锭、糖、化肥等，外汇收入96亿美元，比上年增长48.9%。主要进口产品为原油及燃料油、机械及配件、交通运输设备、化工产品等。消费品进口比重下降，生产资料进口比重增加。菲约与150个国家有贸易关系，主要贸易伙伴是美、日、德、香港、英国等。近几年对外贸易额如下(单位：亿美元)：

	1990	1991	1992
总　额	203.1	207.4	227.5
出口额	81.5	87.36	96.9
进口额	121.6	120.04	144.8
差　额	−40.1	−32.68	−47.9

(资料来源：菲国家统计办公室、中央银行)

【外国资本】1970～1989年，外国投资50.3亿美元，其中美资占31.1%，日资占15.2%，香港投资占10%。1992年外国投资总额达3.28亿美元，比1991年下降21.04%。主要投资在制造业和建筑业。

【外国援助】外援主要来自美、日、西欧国家和国际金融组织。1986～1990年菲接受的官方援助总数为89.8亿美元，1991年外国援助总额为6.33亿美元。

人民生活

1992年人均国民收入为887美元。1992年1月失业人数231.1万。现有劳动力2533.8万(1992年1月)。近几年来，人民生活水平逐步提高，但贫富不均现象仍然严重存在，到1988年为止，最贫困的30%家庭仅获国民收入的9.3%，而10%的家庭所得收入占国民收入的35.7%。1991年每千人约拥有1名医生，1.5张病床，17部电话，60辆汽车。

军　事

1901年建立保安队。1936年以保安队为基础建立了陆军。1944年重组军队。1946年以陆军为基础建立了国防军，分海、陆、空和保安军4个军种。1950年4月19日正式改称菲律宾武装部队，并将3月22日(1897年菲革命军反抗西班牙殖民统治的斗争日)定为建军节。总统是最高统帅。武装部队司令部是三军指挥机构，总参谋长是最高军事指挥官。国防部是菲军行政管理机构。武装部队总参谋长利桑德罗·阿瓦迪亚(Lisandro Abadia)中将。实行志愿兵役制，服役3年以上。

武装部队总兵力为11.45万人。陆军7.15万人。编成5个步兵师及其他8个旅等。海军2.6万人。编成1个作战舰队司令部，6个海区司令部和1个海军陆战旅。空军1.7万人。编成1个强击机中队，1个战斗机中队,2个平叛飞机中队,1个平叛直升机联队,5个运输机中队,3个教练机中队,1个总统专用运输机联队。另有菲律宾国家警察部队9.9万人,其中保安军4.1万人,警察5.8万人。

1993年军费预算8亿美元,比去年增加22%,占政府预算开支的6.8%。

文化教育

【教育】政府重视教育,1993年教育预算为356亿比索,占政府预算开支的11.48%。鼓励私人办学,为私立学校提供长期低息贷款,并免征财产税。宪法规定,中小学实行义务教育。1980年文盲占全国人口的9.8%。1991/92学年全国在校学生1683万,其中小学生1056万,中学生421万,大学生206万。全国有120多所职业学校,教师60多万。著名高等学校有菲律宾大学、阿塔尼奥大学、东方大学、远东大学、圣托玛斯大学等。

【新闻出版】主要英文日报有:《马尼拉公报》、《菲律宾询问日报》、《自由报》、《马尼拉时报》、《菲律宾星报》、《马尼拉纪事报》。菲文日报:《消息报》、《菲律宾快报》。华文日报:《世界日报》、《商报》、《菲华时报》、《联合日报》和《环球日报》。发行量最多、影响最大的是英文日报。

菲律宾通讯社:官方通讯社成立于1973年3月1日。与中国、马来西亚、印尼、泰国、巴基斯坦、日本等15个国家和地区的通讯社建立有新闻交换关系,与美联社、合众国际社、路透社均有工作联系。

全国有330个广播电台,44家电视台,分属100家广播公司,其中广播局和人民电视台属官方性质,其余均为私人所有。菲律宾广播电台、电视台使用的语言主要是英文、他加禄文和中文。

对外关系

宣称奉行独立的外交政策,在平衡、平等、互利、互敬的基础上发展同所有国家的政治经济关系,重视同美国、日本的关系,积极促进东盟国家之间的合作,强调发展同第三世界和社会主义国家的关系。认为签署柬和平协定将会促进东南亚国家的经济发展。菲于1992年8月召回其驻南大使,以抗议南在波黑共和国侵犯穆斯林人权的行为。1992年9月,菲外长罗慕洛在第十届不结盟首脑会议上,赞同有关国家的如南不执行联合国决议则取消南不结盟成员国资格的提议。支持朝鲜半岛和平、统一和无核化,主张北南朝鲜分别加入联合国。谴责以色列占领阿拉伯领土并侵犯人权,要求按联合国安理会242号决议解决中东问题。截至1991年底,已同100个国家建交。

【同我国的关系】1975年6月9日建交后,两国在政治、经贸、文化、科技等各个领域的合作不断发展。马科斯总统(1975年6月)、阿基诺总统(1988年4月)先后访华。赵紫阳总理(1981年8月)、李鹏总理(1990年12月)等先后访菲。中菲两国政府签有贸易、文化、民用航空、科学技术合作和旅游合作等协定,此外两国还签订了邮政包裹、广播电视合作、新闻交换等协定。

1992年,两国友好合作关系继续顺利发展。6月,菲新政府成立,菲德尔·拉莫斯就任菲律宾总统。杨尚昆主席、李鹏总理致电表示祝贺。7月,钱其琛国务委员兼外长访菲,两国签署投资保护协定。

1992年中菲双方贸易额3.6亿美元,中方出口2.09亿美元,进口1.5亿美元。

中国驻菲律宾大使:黄桂芳。馆址:4896 PASAY ROAD, DASMARINAS VILLAGE, MAKATI, METRO MANILA PHILIPPINES。办公室电话:853148。商务处电话:572555,584636。电传:27682 EPRCC PH。签证处电话:572585。

菲律宾驻中国大使:菲力普·马比兰安(Felipe Mabilangan)。馆址:北京建国门外秀水北街23号。电话:5322794,5321872,5322518,5322451。

【同美国的关系】菲美保持密切的盟友关系,两国曾签有军事基地协定、军事援助协定和共同防御条约。1991年9月菲参议院否决了菲美基地条约后,现只保留共同防御条约。美在菲原驻有包括克拉克空军基地和苏比克海军基地在内的6个军事基地。1991～1992年11月24日,美先后向菲归还了全部6个基地,结束了美在菲长达93年之久的驻军。此后,菲美又签署一项协议,今后菲仍将向美军开放苏比克港湾。

美是目前菲最大贸易伙伴和主要投资国。1985～1991年,美还向菲提供累计为30亿美元的援助。1991年9月菲参议院否决延长美国军事基地后,美对菲军事、经济援助由原来的5.2亿美元削减到1992年财政年度的1.82亿美元,其他援助由2亿美元削减为4000万美元。1993年度,美计划向菲提供4000万美元的军、经援助。

【同日本的关系】1956年7月正式建交。日本是菲目前最大投资国和第二大贸易伙伴。1980～1989年间,日向菲提供了36亿美元的优惠贷款和赠款。1991年,日在菲直接投资为2.03亿美元。近年来,两国高层往来较密切。拉莫斯总统就职典礼时,日派出了以前首相海部俊树为首的高级代表团,拉莫斯总统也把日列为其首批出访国家之一。菲支持日在国际上发挥政治作用。

【同其他东盟国家的关系】菲是东盟成员国,重视同东盟国家在各个领域的合作。1992年菲新政府成立后,拉莫斯总统于同年12月对泰国进行首次国事访问;罗慕洛外长也于8月首访泰国、新加坡和印尼3国。菲和马来西亚之间存在着沙巴领土争执,1963年、1968年两国曾为此两度断交,1969年复交。阿基诺政府曾表示愿同马来西亚友好解决沙巴问题。菲与文莱保持着正常国家关系。1992年10月拉莫斯就任总统后应邀首访文莱,参加苏丹博尔基亚登基25周年庆典。

【同印支国家的关系】1975年4月菲同其他东盟

国家一起承认民主柬埔寨政府，次年5月同柬建交。1976年7月越南副外长潘贤访菲，两国建交。1979年越侵柬后，菲政府谴责越南侵略，要求越撤军。1990年3月菲越举行了首轮外交磋商。1992年11月22日，罗慕洛外长访越。 （陆 治）

格鲁吉亚

国名 格鲁吉亚共和国(The Republic of Georgia，Республика Грузия)。

面积 6.97万平方公里。

人口 545.6万(1990年1月1日)。其中格鲁吉亚人占70.1%，亚美尼亚人占8.1%，俄罗斯人占6.3%，阿塞拜疆人占5.7%(1989年)。官方语言为格鲁吉亚语。格鲁吉亚人多信仰东正教。

首都 第比利斯(Tbilisi，Тбилиси)，人口126.7万(1990年1月)。

国家元首 格鲁吉亚议会主席兼国家元首爱德华·阿姆夫罗西耶维奇·谢瓦尔德纳泽(Эдуард Амвросиевич Шеварднадзе)，1992年10月12日当选。

自然地理

位于外高加索中西部。北与俄罗斯相邻，东南和南分别与阿塞拜疆和亚美尼亚相邻，西南则与土耳其接壤，西邻黑海。海岸线长308公里。格鲁吉亚境内2/3为山地和山前地带，一半以上的土地在海拔1000米以上。平原主要在西部沿海地区，约占领土1/10。北部为高加索山脉(又称大高加索山脉)，南部为南格鲁吉亚高原(又称小高加索山脉)，其间为低地、平原和少量高原。主要河流有库拉河和里奥尼河。大部分地区气候呈高山地带特征，西部则属亚热带地中海式气候。1月份平均气温为3～7℃，8月平均气温为23～26℃。年平均降水量为3000毫米。

历 史

格鲁吉亚人的祖先自古就居住在南高加索高原。公元前6世纪，格鲁吉亚境内建立了奴隶制的科尔希达王国，公元前4～前3世纪建立了伊比利亚王国，公元4～6世纪建立封建国家，公元6～10世纪基本形成格鲁吉亚部族，8～9世纪初，建立了卡赫齐亚、爱列京、陶—克拉尔哲季封建公国和阿布哈兹王国。11～12世纪，经济和文化极为昌盛。13～14世纪遭到蒙古鞑靼人和帖木儿的入侵。15世纪起，建立了许多独立的王国和公国。16～18世纪，格鲁吉亚领土被伊朗和土耳其侵吞。1801年、1803～1864年间，东格鲁吉亚和西格鲁吉亚先后被并入俄罗斯。格鲁吉亚人民参加了俄国1905至1907年的革命、1917年的2月革命和10月社会主义革命。1917年11月，孟什维克攫取了政权，1918～1920年，格鲁吉亚领土被德国、土耳其和英国军队占领。1921年格鲁吉亚人民建立了苏维埃政权，同年2月25日(俄历)成立格鲁吉亚苏维埃社会主义共和国；同年7月，阿扎尔苏维埃社会主义自治共和国加入格鲁吉亚，12月，阿布哈兹苏维埃社会主义共和国加入格鲁吉亚(1931年2月以后改为苏维埃社会主义自治共和国)。1922年3月12日格鲁吉亚加入外高加索苏维埃社会主义联邦共和国，同年12月以该联邦成员身分加入苏联；1936年12月5日格鲁吉亚苏维埃社会主义共和国改为直属苏联，成为其加盟共和国之一。作为联盟成员，该共和国虽有其单独的宪法及与之相应的立法机关(最高苏维埃)和执行机关(部长会议)，但只是地方机构，不具有国际法主体地位，其法律不能与苏联法律相抵触。

1990年10月28日，格鲁吉亚反对党联盟“自由格鲁吉亚圆桌会议”在议会选举中获胜并组建政府，并于同年11月4日举行的新议会第一次会议上发表独立宣言，改国名为“格鲁吉亚共和国”。经过全民公决，格鲁吉亚于1991年4月9日正式独立；同年5月26日，“自由格鲁吉亚圆桌会议”领导人兹维阿德·加姆萨胡尔季阿当选格鲁吉亚共和国首任总统。不久“自由格鲁吉亚圆桌会议”内部分裂。从同年9月起，反对派控制的国民卫队与忠于总统的军队之间严重对立并发展成武装冲突，最终导致加姆萨胡尔季阿政权于1992年1月被推翻。

政 治

1992年格鲁吉亚局势继续动荡。(1)政权几次更迭。1月1日，格鲁吉亚自由民主党、基督教民主联盟、国民大会和民族民主党等组织举行会议，宣布成立以基托瓦尼和约谢科阿尼为首的军事委员会并接管共和国权力，前政府总理西古阿被任命为临时总理。1月16日，加姆萨胡尔季阿总统及其支持者被打败，加流亡到车臣共和国。3月11日，格军事委员会作出成立国务委员会的决定，并任命前苏联外长谢瓦尔德纳泽为国务委员会主席，西古阿为代总理，基托瓦尼为第一副总理。自国务委员会成立之后，军事委员会停止活动。同年10月12日，谢瓦尔德纳泽经全民大选当选为格鲁吉亚共和国议会主席，后又被确认为国家元首。(2)民族冲突此起彼伏。1月19日，南奥塞梯自治州就南奥塞梯独立及与俄罗斯合并问题举行全民公决，绝大多数人赞成独立，但遭格当局拒绝，矛盾遂演变为武装冲突。5月，局势急剧恶化；6月，南奥塞梯方面与格鲁吉亚政府一度达成停火协议，但未能实现。格军队突击南奥塞梯中心茨欣瓦利；24日，谢瓦尔德纳泽与俄罗斯总统叶利钦在索契就停止南奥塞梯冲突和部署联合缓冲部队达成协议；7月14日，俄格维持和平部队进入冲突地区，局势有所缓和。南奥塞梯战火刚刚有所平息，格西部的阿布哈兹自治共和国议会又于7月23日宣布阿为主权国家。格国务委员会立即宣布这一决定“没有法律效力”，自此双方对立加剧。8月，由于格内务部长在阿布哈兹遭原总统加姆萨胡尔季阿支持者绑架而导致武装冲突并演变为新的地区热点。格国民卫队占领了阿首府苏呼米。此后，格政府与阿方两次达成停火撤军协议，均遭破坏。9月3日，格、阿、俄以及北高加索山地民族联合会四方领导人在莫斯科会晤，再次通过协议，确定从9月5日起停火。此后，形势虽有所好转，但迄今冲突时有发生。

【宪法】1991年4月9日格鲁吉亚宣布独立以来，尚无宪法。1992年12月6日格议会决定，为继承1921年的格鲁吉亚宪法，格将制定新宪法。此前，格议会已通过“格鲁吉亚共和国国家权力法”。该法规定，格为议会制的、三权分立的民主共和国：议会拥有最高立法权，议会主席——国家元首和政府同样拥有最高行政权，而法院拥有司法权。

【议会】议会是最高国家权力机关，也是最高立法机关。1992年5月21日颁布的“格鲁吉亚议会选举条例”规定，议会实行一院制，由169名议员组成，每届任期三年。本届议会于1992年10月11日选举产生。获得议席最多的三个政党是：民族民主党14席，绿党11席，民主党10席。10月12日，谢瓦尔德纳泽当选为议会主席。议会议长为瓦赫坦戈·戈古阿泽（Вахтанг Гогуадзе）。

【政府】本届政府于1992年12月组成，主要成员有：总理田吉兹·西古阿（Тенчиз Сигуае），副总理阿夫坦吉尔·马尔吉阿尼（Автандил Маргиани），副总理祖拉布·克尔瓦利什维利（Зураб Кервалишвили），副总理兼国防部长田吉兹·基托瓦尼（Тенгиз Китовани），外交部长亚历山大·奇克瓦伊泽（Александр Чикваидзе），农业和食品工业部长格奥尔基·克维西塔泽（Георгий Квеситадзе），财政部长卡哈·波皮阿什维利（Каха Попиашвили），国家财产管理部长阿夫坦古尔·西拉加泽（Автандил Силагадзе），经济部长米哈伊尔·吉布季（Михаил Джибути）。

【行政区划】格鲁吉亚共和国包括两个自治共和国（阿布哈兹自治共和国和阿扎尔自治共和国），一个自治州（南奥塞梯自治州），65个行政区，3个直辖市。

【司法机构】格鲁吉亚最高法院院长明吉阿·乌格雷赫利泽（Миндиа Угрехелидзен）。格鲁吉亚检察院检察长捷夫多列·尼尼泽（Тевдоре Нинидзе）。

【政党】格鲁吉亚注册登记的政党现有100多个。1992年有32个政党和4个选举联盟参加了议会大选。目前无执政党。全国性的主要政党有：

（1）格鲁吉亚民族民主党（Национальнодемократическая партия Грузии）：建于1917年，1921年2月停止活动，1987年重新建党，现有成员约4000人，主要来自青年学生。该党主张在格加强独立、建立民主秩序、维护人权和复兴经济。党的主席是格·昌图里亚（Г. Чантурия）。

（2）格鲁吉亚绿党（Партия Зелёных Грузии）：成立于1988年4月，现有6000多名党员，主要来自知识分子、青年、工人、农民和个体生产者。主要政治主张是环境保护、建立自由市场，反对使用暴力和违反法纪。领导人祖拉布·日万尼亚（Зураб Жвания）。

（3）格鲁吉亚民主党（Демократическая партия Грузии）：1991年5月成立，有60多个基层组织，主要来自法律工作者和律师。该党主张建立民主、自由和独立的格鲁吉亚，以美国民主党作为其学习的榜样。主席卡·加里巴什维利（К. Гарибашвили）。

此外，还有格鲁吉亚民族公正党、格鲁吉亚国家民族统一党、格鲁吉亚人民党、格鲁吉亚劳动人民社会党等。

【重要人物】爱德华·阿姆夫罗西耶维奇·谢瓦尔德纳泽：议会主席兼国家元首。1928年1月28日生于兰奇胡季区马马季村一学者家庭，格鲁吉亚人。从1946年起在格鲁吉亚共青团担任领导工作，后从事党的工作。1949年加入苏联共产党。1959年毕业于国立库塔伊西师范学院。1964～1972年先后任公安部第一副部长、部长、内务部长。1972年起先后出任第比利斯市党委第一书记、格鲁吉亚共产党第一书记。1985起任苏联外交部长，从1990年起兼任苏联总统委员会委员。1985～1990年任苏共中央政治局委员。1990年12月辞去苏联外长职务，1991年7月退出共产党。1991年“8·19”事件后至苏联解体前任苏联对外关系部部长。1992年3月返回格鲁吉亚并主持国务委员会工作。1992年10月12日当选为议会主席（行使国家元首职能）。任前苏联外长时曾三次访华。著有《我的选择》一书（1991年）。

经　济

格鲁吉亚尚未形成独立的国民经济体系。近年来经济情况连续恶化。

国民生产总值（1990年）：139.43亿卢布（当年官方比价美元同卢布比价为1：6）。

人均国民生产总值（1990年）：2582卢布。

货币名称：卢布。

【资源】自然资源比较贫乏，石油和天然气几乎全部依靠邻国供给。但锰矿石储量丰富（约2亿多吨，占前苏联20%），质地优良。还有一些煤、铜等矿藏。

【工业】重工业以锰矿石开采、铁合金、钢管、电力机车、载重汽车、金属切削机床、钢筋混凝土等生产为主。锰矿石年产近300万吨，占前苏联20%以上；铁合金生产占前苏联10%强。轻工业以食品、纺织业为主，主要产品有罐头、葡萄酒、茶叶加工以及纸张、皮鞋、服装等。格鲁吉亚酿造的葡萄酒著称于世。

1990年格重、轻工业和食品工业生产的产值如下(按1982年批发价格计算)：工业总产值为100亿卢布；重工业总产值为38.6亿卢布，其中，石油动力工业为2.2亿卢布，冶金工业为4.1亿卢布，机器制造业为14.6亿卢布，化学工业为7.9亿卢布，建筑材料工业为2.9亿卢布；轻工业产值为21.4亿卢布；食品工业为7亿卢布。

【农业】格鲁吉亚是前苏联亚热带经济作物的重要基地，农业的主要部门是茶树、果树栽培业和葡萄种植业。其茶叶产量占前苏联产量的95%，柑桔产量占98.5%，蚕茧产量居前苏联第二位(仅次于乌兹别克)。谷物生产以小麦、玉米为主，但产量较低，不能自给，经济作物主要是烟草和香精油作物。畜牧业主要饲养牛、羊，并以奶、肉两用为主，亦不能自给。1990年按可比价格计算的农业产值为29.689亿卢布。当年主要农产品产量如下(单位：万吨)：粮食59.31，马铃薯29.38，蔬菜64.32，水果69.12，葡萄69.10，柑桔28.31，茶叶50.17；向日葵7700吨。

【旅游业】格鲁吉亚旅游资源丰富，发展潜力较大。北部的高加索山脉和西部的黑海海滨都是世界著名的旅游胜地，主要旅游城市有第比利斯、苏呼米、博尔若米、新阿方、皮聪达等。但目前旅游收入在国民经济中不占重要地位。

【交通运输】货运以铁路和海运为主，公路在客运中占较大比重。1990年交通运输情况如下：

公路：总长2.16万公里，其中硬面公路2.02万公里；客运量7.265亿人公里，货运量23.09亿吨公里。

铁路：总长1570公里；客运量1450万人公里，货运量123.544亿吨公里。

海运：客运量80万人公里，货运量618.54亿吨公里。主要海港有巴统和波季。

【财政金融】1990年国家预算总收入49.009亿卢布，总支出48.489亿卢布，结余0.52亿卢布。据世界银行报告，预计1992年底格鲁吉亚的外债为13.76亿美元。

【对外贸易】1990年对外贸易总额为19.461亿卢布，当年外贸逆差为21.153亿卢布。在出口中，工业品占98.98%，农产品占0.96%。在进口中，工业品占89.83%，农产品占10%强。

【外国援助】据谢瓦尔德纳泽总统在议会的报告，截至1992年11月4日，外国对格援助额为：欧共体7000万欧洲货币单位，美国4000万美元，土耳其5000万美元。

人民生活

1989年每100户职工和农庄庄员耐用消费品拥有量分别为：彩电42台和11台，电冰箱及冰柜97台和92台，洗衣机76台和74台，小汽车27辆和25辆；城市人均住宅面积为16.2平方米，农村为21.2平方米。每万名居民拥有医生58.5个，中等医务人员124.7个，病床110张。

近年来，人民生活水平急剧下降。市场上商品严重短缺，物价飞涨，许多生活日用品和食品限量供应。

军　事

1992年4月30日，格政府作出关于建立"本国武装力量计划"的决定，但目前尚未实现。国家元首谢瓦尔德纳泽兼任格武装力量总司令。现任国防部长为田吉兹·基托瓦尼，第一副部长兼武装力量总参谋长为诺达尔·古扎比泽(Нодар Гуджабидзе)。

文化教育

【教育】实行免费教育。在1990/91学年，格共有大学生和中小学生151.03万人，其中中等职业学校学生5.56万人，专科学生4.29万人，大学生10.39万人，各种业余学校学生43万人。全国共有19所高等学校。主要高等学校有国立第比利斯大学。

【科研】格鲁吉亚科学院是国家最主要研究机构。据1987年统计，格科学院有9个分院，46个科研机构，约6000名科学工作者，其中55名院士，72名通讯院士，482名博士，2464名副博士。

【新闻出版】1990年报纸发行份数为11.75亿份。主要报纸有《格鲁吉亚共和国报》，格鲁吉亚文，独立报纸，反映官方立场。《自由格鲁吉亚报》，俄文，独立报纸，反映官方观点。主要通讯社有官方通讯社格鲁吉亚新闻通讯社(Сакинформ，简称ГИА)和格鲁吉亚独立通讯社(ИЛРИН ДА)等。

对外关系

谢瓦尔德纳泽掌权后，表示愿在平等互利、尊重独立与领土完整等原则基础上积极发展对外关系；恪守积极中立原则。格表示不参加独联体和其他任何国家集团，但主张同俄罗斯和前苏联其他共和国发展双边关系。

【同我国的关系】1991年12月27日，钱其琛外长致电格鲁吉亚外长，通知中国政府正式承认格鲁吉亚共和国独立。1992年5月26日，杨尚昆主席致电格鲁吉亚国务委员会主席谢瓦尔德纳泽，祝贺格鲁吉亚国庆(独立日)。6月9日，中华人民共和国政府代表(中国驻俄罗斯大使)王荩卿同格鲁吉亚共和国政府代理第一副总理兼外交部长亚·达·奇克瓦伊泽在第比利斯签署了两国建交联合公报，即日起两国建立大使级外交关系。10月，我国在格鲁吉亚设立了大使馆。

10月13日，杨尚昆主席电贺谢瓦尔德纳泽就任格鲁吉亚议会主席。11月11日，万里委员长电贺瓦赫坦戈·戈古阿泽当选格鲁吉亚议会议长。12月11日，谢瓦尔德纳泽接见我驻格使馆代办表示，格把中国作为格外交政策的重点国家之一，他本人希望能在1993年实现访华。

中格1992年贸易额为368万美元。

我驻格鲁吉亚首任大使王凤祥。

【同俄罗斯的关系】格境内的南奥塞梯冲突和阿布哈兹冲突经常影响格俄之间的关系。1992年5月南奥塞梯冲突激化,俄议会与格政府相互指责,两国关系恶化。6月24日,格国务委员会主席与俄总统叶利钦在索契会晤达成《关于调解格鲁吉亚—奥塞梯冲突的原则协议》,确定在南奥塞梯停火,并组成联合维持和平部队。此后,两国关系有所改善。格鲁吉亚与俄罗斯于1992年7月1日正式建交。9月初,鉴于在阿布哈兹自治共和国的冲突升级,格、俄、阿布哈兹三方在莫斯科会晤,签订了关于在阿布哈兹停火的协议,同时谢瓦尔德纳泽与叶利钦于9月3日、28日两度会晤,双方同意采取措施履行已达成的协议并保持接触。围绕格俄双边关系,两国曾多次举行双边谈判。

【同美国的关系】1992年3月24日格鲁吉亚与美国正式建交;两国关系正常。5月25～26日美国务卿贝克访格,宣布6月底前向格运送500吨食品、33吨药品。

【同其他国家的关系】谢瓦尔德纳泽担任格鲁吉亚领导人后,努力发展与前苏联各共和国及周边国家的关系,并积极谋求参加国际合作组织。1992年2月3日,格签署了"黑海经济共同体"协议。5月15日格被接纳为北大西洋合作委员会成员。6月14～16日,格总理西古阿访问伊朗,双方签署加强双边关系和贸易往来谅解备忘录。格在阿塞拜疆和亚美尼亚之间的争端和冲突中持中立立场。　　（宜　楚）

哈萨克斯坦

国名　哈萨克斯坦共和国（The Republic of Kazakhstan,Республика Казахстан)。

面积　271.73万平方公里(是前苏联除俄罗斯之外的第二大加盟共和国)。

人口　1738万(1992年7月1日)。有130多个民族。哈萨克族有650万,占总人口的40%。俄罗斯族有620万,约占人口总数的38%。日尔曼族、乌克兰族各约100万,鞑靼族有30万,白俄罗斯族有20万,维吾尔族有20万。另外还有东干(回族)、乌兹别克、朝鲜等族。有华人近3万人。官方语言为哈萨克语。俄语作为族际间的交流语言。1992年共和国颁布宗教信仰自由法。全国有24种教派,900多个宗教组织。主要大教是伊斯兰教(逊尼派)、东正教。此外还有基督教新教、佛教等。

首都　阿拉木图(Алма-Ата),人口112.8万。

国家元首　总统努尔苏丹·阿比什维奇·纳扎尔巴耶夫(Нурсултан Абишевич Назарбаев)。1990年4月起担任哈萨克斯坦共和国总统,1991年12月再次当选。

自然地理

位于亚洲中部,北靠俄罗斯,南邻乌兹别克斯坦、土库曼斯坦和吉尔吉斯斯坦,西靠里海,东部与中国相邻(与中国有1700多公里的共同边界)。大部分领土为平原和低地。西部的卡拉盆地低于海平面132米,是前苏联最低的地方。东部和东南部是阿尔泰山脉和天山山脉。境内有山区高地作物带、半沙漠和沙漠作物带。土壤为褐色、灰褐色、栗色和黑色。有河流7000多条,多为内流河。主要河流有:额尔齐斯河、锡尔河、乌拉尔河、恩巴河、伊犁河等。大小湖泊有4.8万个,主要有巴尔喀什湖、斋桑湖、阿拉湖、田吉兹湖。气候属干旱的大陆性气候。1月份平均气温－19～－4℃;7月平均气温19～26℃。年降水量北部为300～400毫米,山区为1000～2000毫米。

历　史

公元前3～前1世纪,哈萨克斯坦境内出现了奴隶制社会。公元6～8世纪,建立过突厥汗国、突骑施、葛逻禄等封建国家。9～12世纪,西部和西南部、南部和东南部先后加入乌古斯、吉尔克和钦察等国,后建立喀喇汗王朝。12世纪上半叶遭契丹人的入侵。13世纪初被蒙古—鞑靼人征服。16世纪初,哈萨克部族基本形成。18世纪初进行了反对准葛尔人入侵的斗争。18世纪30～40年代,小帐和中帐并入俄罗斯帝国,至19世纪60年代,哈萨克全境处于俄罗斯帝国的统治之下。哈萨克人民先后参加了1905～1907年的革命、1916年的中亚起义、1917年的二月革命和十月社会主义革命。1917年11月至1918年2月建立苏维埃政权。1920年8月26日,成立吉尔吉斯苏维埃社会主义共和国,属俄罗斯联邦。1925年4月19日,中亚各苏维埃社会主义共和国按民族划界,改称哈萨克苏维埃社会主义自治共和国,仍隶属俄罗斯联邦。1936年12月5日作为一个加盟共和国加入苏联。1990年10月25日,哈萨克最高苏维埃通过主权宣言。1991年12月10日,哈萨克斯坦最高苏维埃第七次会议作出决议,哈萨克苏维埃社会主义共和国改名为哈萨克斯坦共和国。1991年12月16日,哈萨克斯坦最高苏维埃通过国家独立法,宣布正式独立。

政　治

1991年12月21日,哈萨克斯坦签署"阿拉木图宣言"和《独立国家联合体协议议定书》,正式加入独联体。

独立后,哈萨克斯坦把巩固新生的主权国家、保持社会政治稳定作为其基本国策，称哈萨克斯坦不照搬别国的经验，而是要寻找哈萨克斯坦自己的政治、经济发展模式，建立一个“正常的、总统制社会的、实行多种成份市场经济的民主国家”。哈萨克斯坦将实行多党制，逐步的向西方式三权分立制过渡，强调加强社会保障，注重民族团结，主张建立政教分离的国家。1992年5月16日，哈萨克斯坦总统发表《哈萨克斯坦主权国家形成和发展战略》，进一步确定了哈萨克斯坦今后十五至二十年的发展方向和步骤。

【宪法】1993年1月28日，最高苏维埃以309票赞成、2票反对、1票弃权通过了共和国新宪法，确定了立法、行政、司法三权分立的原则。这部宪法是哈萨克斯坦作为主权国家的第一部宪法。按照新宪法，哈萨克斯坦的国体制度为民主非宗教和单一制国家。哈萨克斯坦实行总统制。总统掌管最高行政权。各州、直辖市的行政首脑由总统直接委派。原部长会议改为内阁，隶属总统领导。最高苏维埃是共和国的最高立法机关。共和国最高法院行使司法权。

【议会】称最高苏维埃，最高权力机构，其主要职能是：根据总统的提名（或建议）批准共和国内阁总理和内阁人员组成的任命；批准共和国总统有关建议和撤销共和国部和国家委员会的命令；选举共和国法院、各州、阿拉木图市法院的人员组成，任命共和国总检察长、共和国国家仲裁长；批准共和国检察机构；根据共和国最高苏维埃的提名选举共和国宪法监督委员会；对共和国国家政治、经济生活的重大问题实施立法调节；规定地方人民代表的活动；确立地方人民代表苏维埃人民代表的活动；确立所有制关系组织管理国民经济和社会的民族一文化建设；制定关于预算、财政、劳动工资、价格、税收、维护自然环境、利用自然资源、确定社会组织地位等方面的立法；批准共和国国家经济和社会发展计划、国家预算计划及其执行情况的报告。批准共和国总统关于实施紧急状态的决议等。本届最高苏维埃于1991年经选举产生，任期5年。最高苏维埃主席谢里克博尔森·阿博吉尔金（Серикболсын Абдильдаевич Абдильдин）。最高苏维埃由18个专门委员会组成。最高苏维埃可视情况新组建常设委员会或改组原专门委员会。各专门委员会对最高苏维埃负责并向它报告工作，各专门委员会的活动与工作由共和国最高苏维埃主席团负责协调。

【政府】共和国内阁总理和内阁人员由总统提名、共和国最高苏维埃批准、在总统领导下开展工作。1991年1月1日，共和国总统颁布“哈萨克斯坦共和国内阁组成命令，正式建立了共和国第一届内阁。原内阁成员有30人。1993年1月进行大规模改组，现内阁成员是：总理谢尔盖·亚历山大罗维奇·捷列先科（Сергей Александрович Терещенко），第一副总理谢姆巴耶夫·达乌列特·哈米托维奇，副总理扎巴金·阿瑟加特·阿西耶维奇，苏尔丹诺夫·库阿内什·苏尔塔诺维奇，阿比里西伊托夫·加雷姆·阿比里西伊托维奇，副总理兼国有资产委员会主席库里布扎诺夫·扎内别克·萨里莫维奇；共和国国务顾问有：西特林·茹可耶夫·图列根·特列科维奇，苏列伊麦诺夫·卡伊尔别克，卡拉曼诺夫，克基尔巴耶夫·阿比什。

工业部长萨拉马金，经济部长伊兹捷列乌奥夫，反垄断委员会主席斯沃伊克，财政部长杰尔比索夫。其他部长有权参加内阁会议，但在内阁中无表决权。对外经济联系部部长阿比舍夫，内务部部长舒莫夫·弗拉基米尔·戈奥尔吉耶维奇，地质和地下矿藏保护部部长特鲁博尼可夫·列夫·米哈伊罗维奇，卫生部部长捷维亚特科·瓦西里·尼古拉耶维奇，外交部部长苏列伊麦诺夫·图列台·斯卡科维奇，物质资源部部长土拉波夫，教育部部长沙亚赫梅托夫·沙伊苏尔丹·沙亚梅赫托维奇，科学与新技术部部长阿比里西伊托夫·加列姆·阿比里西伊托维奇，报刊、新闻部部长萨尔辛巴耶夫·阿尔登巴耶夫，邮电部部长乌里扬诺夫·伊戈尔·弗拉基米尔罗维奇，农业部部长图尔苏姆巴耶夫·巴尔塔姆·莫尔达巴耶维奇，居民社会保障部部长卡德罗圣娃·扎乌列·茹苏波夫娜，运输部部长尼格马特让·伊辛加林·卡巴塔耶维奇，交通建设部部长别克布拉托夫·沙米尔·哈伊鲁尔罗维奇，旅游、体育、运动部部长图雷索夫，商业部部长茹尔齐科夫，劳动部部长别伊谢诺夫·西亚特·久先巴耶维奇，生态和生物资源部部长梅德韦杰夫·斯维亚托斯拉夫·亚历山大罗维奇，动力和燃料资源部部长拜克诺夫·卡德尔·卡尔卡巴托维奇，司法部部长叶尔让诺夫·加里汉·努尔姆哈姆别托维奇，文化部部长拉赫马季耶夫·叶尔克加尔，国防部部长努尔马加姆别托夫·萨加达特·科扎赫梅托维奇，国有资产委员会主席卡里布让诺夫·扎涅别克·萨里莫维奇，国家建筑、建设委员会主席古里巴耶夫·阿斯卡尔，国家民族问题上委员会主席K·苏尔丹诺夫，国家水资源委员会主席克普沙克帕耶夫，国家土地关系和土地规划委员会主席阿里姆别克夫·谢里克·沙亚赫梅托夫，国家统计与分析委员会主席T·如马苏尔塔诺夫，国家实施工业安全生产监督和矿山监督委员会主席O·M·穆里基巴耶夫，国家青年事物委员会主席塔斯马加姆别托夫，国家安全委员会主席巴耶克诺夫·布拉特·阿布德拉赫马诺维奇，国家紧急状态委员会主席马基耶夫斯基，国家专利委员会主席焦尔达斯别科夫·梅尔扎台。

【行政区划】基本行政区划为州。州下设区，区下设镇、乡和村。全国共有19个州、218个区、84个市、213个村镇、2467个乡。各州名称如下：阿克纠宾斯克、阿拉木图、阿特劳、东哈萨克斯坦、江布尔、杰兹卡兹干、卡拉干达、克孜勒奥尔达、科克切塔夫、库斯坦纳奈、曼格斯陶、巴甫洛达尔、北哈萨克斯坦、谢米巴拉金斯克、塔尔迪库尔干、图尔盖、西哈萨克斯坦（原名为乌拉尔)、阿克毛拉(原名为切利诺格勒)、南哈萨克斯坦(原名为奇姆肯特)。阿拉木图和列宁斯克两市为直辖市。较大的城市还有卡拉干达、奇姆肯特、江布尔等市。哈现有7个州被确定为自由开发区。

【司法机构】主要司法机构为共和国宪法法院、共和国最高法院和最高检察院。其领导人均由最高苏维埃选举任命产生。共和国宪法法院现任院长巴伊马哈诺夫(M. T. Баймаханов),1992年7月2日就任,任期10年。最高法院院长艾特穆哈姆别托夫(T. K. Айтмухамбетов),1990年4月就任,任期10年。最高检察院院长图亚科巴耶夫(Ж. A. Туякбаев),1990年底就任,任期5年。

【政党】现有7个主要政党和近40个较大的社会组织。主要政党有:

(1)社会党:1991年9月8日,原哈萨克共产党宣布改名为哈萨克社会党。1993年有成员47240人。宗旨是"坚定不移地实现民主改革。巩固族际和谐和公民和睦"。支持总统的施政纲领,同意搞市场经济和非国有化,但反对人民贫困,主张保护雇佣劳动者的利益。1992年3月14日,在阿拉木图举行第19次代表大会(承袭原哈共代表大会顺序),通过了新的党章和党纲,选举了党的政治执行委员会和党的检查委员会,著名作家和社会活动家、人民代表阿里姆让诺夫被选为党的主席。

(2)哈萨克共产党:在哈萨克共产党非例行紧急代表大会之后,部分不同意代表大会决议的原哈共党员于1991年11月8日决定成立哈萨克共产党,表示要"努力设法在已经掀起反对共产党运动的条件下继续生存下去,并将以合法的方法为各级政权而积极斗争。到1991年12月号称有党员已发展到5.5万人。党的两主席是:列昂尼特·科罗利科夫和多·克舍别科夫。该党现在正积极争取登记注册,实现合法化。

(3)人民大会党:1991年10月成立。1992年6月27日,16个州210名代表在阿拉木图召开了第一次代表大会,宣布该党成立。1991年12月底登记时共有党员24000名。党员大部分为知识分子。党纲规定党的主要任务是维护族际主义和人的全面权利。在经济方面实现先进的市场经济。在政治和意识形态方面建立多党制和多元论。在法制方面保障法律的至高无尚。人民代表、"内华达－谢米巴拉金斯克"国际反核运动主席奥·奥·苏莱曼诺夫当选为党的主席。

(4)社会民主党:1990年5月底举行成立大会。党的主席为D·库什莫夫。

(5)"12月"民族民主党:1990年12月1日成立,领导人是X·科扎赫梅夫。

(6)"解放"政党(Азат):1990年在"解放"公民运动基础上成立。但"运动"继续保留。党的主席是C·阿卡塔耶夫。现有党员8万人。

【团体】主要有:

(1)"内华达—谢米巴拉金斯克"国际反核运动:1989年4月成立,领导人为人民代表、著名诗人奥·奥·苏列伊麦诺夫。

(2)哈萨克语协会:1989年10月成立,哈萨克斯坦科学院院士、语言所所长阿布达力·海达洛夫教授为协会会长。1990年12月22日,该协会改名为"世界哈萨克语协会"。

(3)维吾尔文化中心:1989年11月成立,中心主席为哈科学院维吾尔学研究所研究员K·D·戈得扎姆别尔吉耶夫。

(4)"联合"族际公民运动:1990年成立,领导人为尤·布纳科夫。

(5)哈萨克斯坦工会联盟:1990年10月成立,主席为埃·扎克谢列科夫。

(6)哈萨克斯坦农民联盟:1991年4月成立,主席为K.扎那托夫。

(7)哈萨克斯坦独立工会中心:1991年9月成立,主席为L·索洛明。

(8)哈萨克斯坦民主运动:1990年4月成立,主席为埃·苏尔丹别克夫。

(9)共和国青年联盟:由共青团组织改名而来,主席为人民代表H·奥马罗夫。

(10)哈萨克斯坦穆斯林妇女联合会:1990年4月成立,会长为A·H·努格曼诺娃。

(11)哈萨克斯坦共和国妇女联合会:主席为M·M·阿赫麦托娃。

(12)哈萨克斯坦"人民一致"联盟:1992年2月6日成立政治委员会主席为人民代表C·阿布德拉赫曼诺夫。哈萨克斯坦总统纳扎尔巴耶夫为该联盟领袖。现有成员1万人。

(13)哈萨克斯坦对外友好协会:主席阿米尔汉诺夫。

【重要人物】努尔苏丹·阿比什维奇·纳扎尔巴耶夫:总统。1940年生于阿拉木图州切莫尔干—卡斯克连区,哈萨克族。毕业于卡拉干达钢铁公司附属工厂大学、苏共中央高级党校函授班。1960年参加工作,当过高炉炉工,钢铁公司党委书记。1977年任卡拉干达州委第二书记、第一书记。1979年任哈萨克共产党中央书记。1984～1989年任哈萨克共和国部长会议主席。1989年任哈萨克党中央第一书记。1990年2月兼任哈萨克最高苏维埃主席。同年4月起任哈萨克斯坦总统。1991年"8·19"事件后宣布辞去哈共中央第一书记职务,并声明不参加任何新党。1991年12月1日再次当选总统。1991年7月访华。　**谢里克博尔森·阿博吉尔金**:最高苏维埃主席。1937年出生于谢米巴拉金斯克阿克苏区。哈萨克族。1960年毕业于哈萨克斯坦农学院。曾任国营农场农技师。1963～1967年,在哈农业经济研究所读研究生,尔后任高级研究员。1967年起,任共和国国家计划委员会处长、副司长。1974～1976

年，任国家计委副主席。1982～1985 年任哈萨克斯坦共和国农业部第一副部长，共和国农、工综合体高级管理学院院长。1985～1987 年，任哈农工综合体委员会第一副主席（部长级），1987 年起哈部长会议常驻全苏部长会议代表。1990 年 4 月被选为共和国最高苏维埃副主席。1991 年 12 月 11 日起任共和国最高苏维埃主席。阿曾任哈共中央委员，前苏联人民代表。两次获劳动红旗奖章、一次荣誉勋章及其他奖章。 **谢尔盖·亚历山大罗维奇·捷列先科**：总理。哈萨克斯坦共和国人民代表。1951 年生于滨海边疆区列索扎沃斯克市，俄罗斯族。原苏共党员，现哈萨克社会党员。1973 年毕业于国立哈萨克农学院。此后，毕业于阿拉木图高级党校（函授部）。先后担任奇姆肯特州集体农庄总工程师，秋里库巴州共青团第一书记。1973 年起从事党务工作。1986 年当选为奇姆肯特州苏维埃执委会主席。1989 年起任哈萨克部长会议第一副主席。此后，任哈萨克最高苏维埃第一副主席。1990 年 4 月当选为哈萨克苏维埃社会主义共和国副总统兼奇姆肯特州人民代表苏维埃主席、州党委第一书记。1991 年 10 月被任命为哈萨克斯坦共和国总理。1992 年 2 月下旬访华。

经　济

工业农业国。经济实力在前苏联各加盟共和国中居第三位，仅次于俄罗斯和乌克兰。经济主要分为三个区域：北部为粮食区，主要作物为小麦和玉米；中部为资源产区，集中了哈萨克的主要矿藏；南部主要生产轻工产品，人口较稠密。苏联解体后，哈宣布实施全面、稳妥的经济改革，实行非国有化，逐步向市场经济过渡。1992 年 1 月 3 日，纳扎尔巴耶夫发布总统令，宣布自 1 月 6 日起放开物价。2 月上旬，哈总统发布《关于农工综合体、国有农业、收购、加工和服务企业财产私有化的紧急措施》及将至少 50%应当实行私有化的中小工业企业改造成股份企业、租赁企业和私营企业的命令。4 月哈总统又颁布《在生产领域加快所有制非国家和私有化措施》。截至 1993 年 1 月在哈萨克各行业中私有化和非国有化的企业达 6198 家，其中工业企业占 8.8%，农业占 10%，建筑业占 5%。在吸引外资、加强国际经济合作方面，政府相继制定并通过了《关于开展外经活动基本原则》、《关于外国投资法》、《外汇调节法》、《关于自由经济区的法令》和《关于保障外经活动自主权的总统令》等一系列法令。

苏联解体后，原来的经济运行机制被打破，各共和国之间的经济联系削弱或中断。哈萨克斯坦自独立以来经济不断恶化，生产下滑，商品短缺，物价上涨，人民生活水平下降。

国民总产值（1992）：11200 亿卢布，比 1991 年下降 13%。

生产性国民收入（1992）：570 亿卢布，比 1991 年减少 14.2%（1991 年比 1990 年下降 10%）。

社会劳动生产率增长率：1992 年比 1991 年下降 12.6%（1991 年比 1990 年下降 5.4%）。

货币名称：卢布。

汇率（1993 年 2 月 12 日）：1 美元＝561 卢布（哈国家银行美元与卢布的比价）；1 美元＝660 卢布（交易市场）。

通货膨胀率：2000%。

从业人数：1992 年，哈萨克斯坦劳动力资源达 940 万人，占全国人口的 55%，从业人数 740 万人（其中在国营企业从业人数为 600 万），比 1991 年减少 20 万。

【资源】自然资源丰富，已探明的有 90 多种矿藏。铜、铅、锌、铬储量都居前苏联之首。铁、石油、天然气、磷钙石、煤和各种盐的储量也较丰富。森林面积占领土的 3.3%。

【工业】长期以来哈萨克以原料生产为专业化方向，重点是发展煤炭、石油。加工工业和机器制造业不发达。大部分生产资料和生活资料依赖进口。主要工业部门有色金属、黑色金属、采煤、石油、电力、化工、建材等。1992 年工业总产值为 12325.607 亿卢布，比 1991 年下降 14.8%。一半工业企业没有达到 1991 年的水平，整个工业停留在 1981 年的水平。除天然气开采量基本与 1991 年持平外（81.13 亿立方米），其他产品全面下降。1992 年主要工业产品产量（单位：万吨）：石油 2174，煤 12654.3，发电 812.9（亿度），生铁 4666；钢 606.4。同年哈萨克斯坦在军转民方面也未取得积极成果，国防综合体企业生产的产品减少 30%。

【农业】1991 年农业总产值比 1990 年下降 8%。拥有农业耕地 3600 万公顷。是前苏联的主要粮食产地。约有 2000 多国营农场和 400 多个集体农庄。

近几年主要农产品产量（单位：千吨）：

	1986～1989 年平均	1990	1991
各类粮食（加工后重量）	24108	28448	11931
甜菜（工厂用）	1432	1134	723
籽棉	322	324	290
向日葵	117	141	108
土豆	2114	2324	2153
蔬菜	1229	1136	928
水果、浆果	258	301	71
葡萄	116	139	60

1992 年产粮 2950 万吨（按加工后的重量计算），是哈萨克历史上继 1979 年后的第二个丰收年。其他大多数农产品的购储量比往年减少，葵花籽的收购量只有 1991 年的 85%，甜菜为 72%，土豆和蔬菜减少 1/3。

哈萨克历史上曾是畜牧业为主的地区。但十月革命后畜牧业发展缓慢，直到 50 年代末，畜牧产品产量和牲口存栏头数仅达到 1913 年时的水平。近几年主要畜产品产量为（单位：千吨）：

	1986～1990年平均	1990	1991
肉类(屠宰量)	1465	1560	1550
奶类	5350	5642	5530
蛋类(百万个)	4185	4185	4025
毛类(实重)	108	108	102

近几年主要畜产品收购量(单位:千吨):

	1986～1990年平均	1990	1991
牲畜、家禽(活重)	1790	1659	1504
奶类	3100	3283	2922
蛋类(百万个)	2523	2394	2325
毛类(加工成毛线)	59	60	59

1992年畜牧业生产严重下降。截至1993年初,牛和家畜的总头数减少到80年代中期水平。猪、羊头数甚至降低到70年代中中期水平。1992年牲畜存栏数:牛951.1万头;羊3419.4万只;马168.8万匹;猪257.3万头。同1991年相比,1992年肉类产量减少38%,牛奶产量减少14%,纯奶制品产量减少32%,产蛋率下降6%。同年家畜和家禽的购储总量下降41%,牛奶下降27%,鸡蛋下降30%,兽毛下降29%。

1992年,50%的土豆、40%蔬菜、近3/4的果品、50%的牛奶、1/3的肉和蛋由私人供给。

【服务业】服务业中饮食业发展较快,利润较高,其他服务性行业受物价因素影响,普遍不景气。1991年在生活服务和公共饮食中,几乎有1/2的企业亏损。

在生活服务行业中有1086家企业的下属单位以租赁形式经营。其中从业人员为19.3万人,销售服务额为3.725亿卢布,占整个销售服务额的25.4%。到1992年1月,商业和公共饮食行业中有395家企业(商店、咖啡厅、餐馆)按新的方式经营,销售额61亿卢布(占17.8%)。

【旅游业】旅游业很不发达。独立以来,重视旅游业的开发。同中国、土耳其以及独联体国家都建立了旅游合作关系。1992年来哈的外国旅游者为9430人。主要旅游景点有:首都阿拉木图市的高山滑冰场、科普恰盖高山湖、巴尔喀什湖等。

【交通运输】国内交通以铁路、公路和航空运输为主。

铁路:总长1.455万公里(1985年),其中电气铁路占22%,承担了共和国95%的货运量。由阿拉木图可以乘火车直达欧洲、远东和中亚各国。连接中国的"友谊—阿拉山口"铁路已经建成。1992年6月哈中国际旅客列车正式通车。这条东起中国连云港,西到荷兰鹿特丹的"欧亚大陆桥"贯通哈萨克全境,被称作"现代丝绸之路"。

公路:11.3万公里(1985年),其中硬质路面8.25万公里。有5条公路连接中国边疆口岸。

内河航道:长约6200公里。里海、咸海、巴尔喀什湖、额尔齐斯河、锡尔河和乌拉尔河均可通航。主要港口有古里耶夫等。

石油管道:主要有古里耶夫—奥尔斯克、乌津—谢甫琴科、乌津—古比雪夫。

天然气管道:干线有中亚—中央区、中亚—乌拉尔、布哈拉—塔什干—奇姆肯特—江布尔—比什凯克—阿拉木图。

空运:民航有1000多架飞机。阿拉木图同各州、及独联体各国首都都有航线,同莫斯科、法兰克福、伊斯坦布尔等大城市有航空联系。阿拉木图和乌鲁木齐有定期航班。阿拉木图至北京航线也于1992年12月开通。

近两年各类运输货运量如下(单位:百万吨):

	1991	1992
总运量	925	759
铁路	332	282
公路	562	450
民航	0.03	0.026
石油管道运输	20	19.4
内河运输	11	

1992年各类运输客运量如下(单位:百万人次):

铁路	36.7
公路	2650.5
民航	5.2
内河	1.6
城内电气	257.6

【财政金融】1992年投放到流通中的货币比1991年增长15.3倍。银行一半以上的出纳开支靠发行货币抵补。1992年预算税收2380亿卢布,赤字为80亿卢布。截至1993年1月1日,对各企业单位的贷款额超过1万亿。居民手中有170亿的游资。外汇储备为15亿美元,外债总额约达28.5亿美元,偿债率约52%。欠独联体各国的外债有600亿卢布。

【对外贸易】1991年出口额达15.58亿卢布,比1990年增长44.6%。年进口额为7亿多卢布。1992年,外贸总额为19.58亿美元。出口14.89亿美元,进口4.69亿美元。主要出口产品是石油及石油制品。黑色金属、有色金属、机器制造产品在出口供货中所占的比例不足2%。1992年购买食品和食品原料近3亿美元,占进口总额的64.5%。

【外国援助】1991年,哈接受外国1700吨商品的人道主义援助,其中1200吨食品,近100吨药品和医疗设备。1992年接受外国5100吨商品的人道主义援助,其中食品有4500吨,其他为药品和医疗设备。主要援助国是美国、荷兰和德国。

【外国资本】至1992年底,哈萨克斯坦的合资企业已有1500多家,其中400多家为西方国家投资,但独资建企业的甚少。在哈注册的已有近20家外国公司、银行和部门的代表处。在西方国家对东欧各国的投资计划中,哈萨克居第一位。投资额高达300亿美元(包括已签协议长期落实的数额)。主要投资国为美国、意大利、英国、土耳其、法国、韩国等。投资方向主要是石油、天然气开采和加工、采矿、轻工和农产品加工等。外国投资短期内将会对提高哈萨克轻工产品的产量和质量起到一定的作用。

人民生活

由于近年经济形势的持续恶化，导致人民生活日渐贫困。1992年居民货币收入比1991年增长5.7倍。然而，零售物价的增长超过居民货币票面收入的增长40%。1992年12月同1991年同期相比，商品和服务的消费价格上涨14倍。1992年1～12月食品价格每月上涨19%。

1992年12月与去年同期相比，非食物性商品价格上涨了12.2倍。

1992年，在国营经济部门中的工人和职员的票面月平均工资超过4000卢布，比91年增加了9倍，到1992年年底达到13359卢布。卫生、教育、文艺界的月平均工资收入分别为4515、5168和5398卢布。信贷部门和国家保险单位职员的月工资最高达3万卢布。日用消费品价格的上涨使得居民不得不将其收入的42.9%用于购买食品。1992人均居民住宅面积为14.5平方米。1992年正式登记的失业人数有70500人，其中有领失业救济金的占54%。

1992年犯罪率继续上升，当年已登记的犯罪案件超过20万起，比上年增长了16%。每1万人犯罪率为118起。

军　事

哈萨克斯坦是前苏联拥有核武器的4个共和国之一，境内有拜科努尔宇航中心和谢米巴拉金斯克核试验基地（现已关闭）。1991年10月成立国防委员会。1992年1月10日纳扎尔巴耶夫宣布命令，以布署在哈萨克斯坦境内的前苏联内务部队为基础组建共和国内务部队。5月7日纳扎尔巴耶夫总统发布命令将国防委员会改为国防部，任命原国防委员会主席努尔加姆别托夫为国防部长。5月8日宣布正式组建哈萨克斯坦独立的武装力量。12月23日，最高苏维埃通过《哈萨克斯坦国防和武装力量法》。哈萨克斯坦境内有第40集团军、一个空军和一个防空军。上述三个军由哈萨克斯坦和独联体武装力量双重领导。1992年8月18日，哈总统颁布命令组建本国的边防部队，属国家安全委员会。

1992年军费预算为190亿卢布。

文化教育

【教育】基本无文盲，识字率达99.8%。每万人有大学生163人。目前，全国学前教育机构有8500个，受教育儿童110万。全日制普通小学8230所，学生320万。中等教育除普通学校外，还包括职业技术学校和中等专业学校。共有各类普通教育学校8895所。中等专业学校248所。有大专院校63所，其中大学有4所，在校人数100400人（包括函授和走读）。著名院校有：哈萨克大学、哈萨克工学院、哈萨克农学院等。

【科研】科研门类齐全，实力较雄厚，在前苏联科研系统中占重要位置。全国共有200多个科研所，有各种科研人员4万多人，其中副博士有1.4万人，博士1000多人。最主要的科研机构是哈萨克科学院和哈萨克农业科学院。哈萨克斯坦科学院共有5个分院、44个研究所、4个研究中心，有科研人员4400多人。其中博士和副博士有近3000人。哈物理、天文学和数学研究力量较强，在光技术、宇航研究和应用、植物培养与研究领域也有较大优势。共和国科研单位和国外相应科研机构就近百个课题在进行合作。

【新闻出版】1989年出版报纸443种、杂志96种。主要报纸刊有《哈萨克斯坦真理报》、《哈萨克苏维埃报》、《火星报》等。

哈萨克通讯社是国家通讯社，拥有多种语言播音的广播电台和电视台。电台有五套节目，每天播音为100小时，其中哈语节目占40个小时。电视台每天播送本国的三套节目，并全天转播俄罗斯、吉尔吉斯斯坦和乌兹别克斯坦的节目。还不定期播放土耳其的电视节目，电视覆盖面达到城乡居民人数的75%。哈各州、市也有自己的电视台。

哈萨克斯坦现有出版社近十家，出版各个领域的书籍。除俄语外，还出版有维尔语、朝鲜语等教材和书籍。共和国拥有各类图书馆9800多所，共藏书1.125亿册。

对外关系

哈萨克斯坦独立以后把巩固新生的主权国家，摆脱经济困境，保持社会稳定作为其制定对外政策的基本出发点。在对外交往中采取全方位有重点、以经济利益为中心的较务实的外交政策。以外交推动对外经贸，进一步缓解国内经济困难。同时，积极谋求在国际事务中发挥作用。哈充分肯定联合国在维护世界和平中所起的积极作用，认为没有联合国，便很难有当今的世界秩序。哈认为国际社会应设置有关机构预防并制止冲突和战争的爆发及曼延。哈反对军备赛，欢迎业已达成的裁减进攻性战略核武器协议，主张全面禁止核试验并彻底销毁化学和其他大规模杀伤性武器。哈萨克斯坦地处欧亚交叉点，强调要成为两大洲独特的“联系环节”，希望有关国家在国际关系中不首先使用武力或采取军事行动来反对他国。哈主张使世界上的政治军事联盟转变为新的集体和安全的国际安全体系机制。哈萨克斯坦认为世界“热点”地区矛盾冲突的根源在于“财富消费不平等”，即工业发达的“北方”与为其提供原材料的“南方”之间的矛盾。哈主张南北双方共同努力将不发达国家人民的生活水平“拉平”到发达国家人民的生活水平。哈认为，出现“热点”地区矛盾和冲突的另一个原因在于缺乏对少数民族权力和民族自决的明确概念。认为不能将少数民族应享有的公正权利同其民族自决混为一谈。否则，多民族国家的每一个民族都追求建立自己的国家就将不可避免地引起“地缘政治的崩溃”，而新建立的小国既无财力，又无军队，不管其意愿如何，都将受强国的支配。哈认为对“热点”地区的战乱应考虑到“各方利益的平衡”，不诉诸武力，而是通过政治对话来解决。

哈现已获得100多个国家的承认并同其中70多个国家建立了外交关系。目前，在阿拉木图的其他国家的外交机构有近20家。哈已加入了联合国、世界货币基金会、世界银行、欧洲复兴银行、亚洲发展银行等国际和地区性组织。

【同我国的关系】中哈两国是近邻，哈独立后，非常重视发展与中国的关系。早在1991年7月，哈萨克总统纳扎尔巴耶夫对中国的新疆进行了访问，江泽民总书记与其在北京进行了会见。1991年12月27日，中国宣布承认哈独立。1992年1月，中国经贸部部长李岚清、外交部副部长田曾佩率中国政府代表团访问了哈萨克斯坦，双方签署了两国建交公报，确定在和平共处五项原则的基础上发展睦邻友好关系。2月下旬，哈政府总理捷列先科率政府代表团访华，杨尚昆主席、江泽民总书记、李鹏总理分别与其进行了会见和会谈。双方签署了联合公报、公民相互往来协定、中国向哈提供商品贷款协定以及两国建立经贸、科技合作委员会等协定。6月下旬，中哈国际列车通车。哈总理等乘首趟列车由阿拉木图到乌鲁木齐参加了庆祝仪式，并同吴学谦副总理进行了会见。8月上旬，哈外交部长苏列伊麦诺夫率团访华。李鹏总理会见了哈外长一行，钱其琛外长与其进行了会谈。11月22～24日，中国外交部长钱其琛对哈进行了访问。哈总统纳扎尔巴耶夫、总理捷列先科会见了中国外长。两国外长举行了会谈。

此外，1992年，中哈两国副部长级以上的团组互访各有近20起。

在中国共产党十四大和哈萨克社会党十九大召开之际，两党曾互致贺电。中国共产党代表团还应邀出席了哈社会党十九大。

中哈经贸关系有较大发展。目前，中国在哈的各类合资企业有十余家。在哈的大的合作项目有：乌鲁木齐工贸中心、阿拉木图保温瓶厂、“江布尔彩扩中心”、“中国餐馆”、“友谊笔厂”、“友谊”商场等。

1992年，中哈两国贸易额达36910万美元，占中国与前苏联各国贸易总额66.6亿的5.4%，其中中国由哈进口14117万美元，向哈出口22793万美元。在独联体国家中哈是中国的第二大贸易伙伴。

中国驻哈萨克斯坦大使：张德广。馆址：阿拉木图市富尔曼诺夫大街137号，电话：639291，634966，传真：639372。签证处电话：632482。商务处电话：399345，328560，392007。哈萨克斯坦驻中国大使：穆·阿乌埃佐夫。馆址：塔园外交人员办公楼1单元13层1号、2号；电话：5326182。

【同俄罗斯的关系】哈在政治、经济、军事等领域同俄罗斯有特殊关系。双方认为哈俄关系应成为独联体各国之间相互关系的“良好榜样”。哈总统认为，建立哈俄间的平等睦邻关系对独联体具有决定性意义。

1992年3月21～22日，哈俄两国总统在莫斯科会晤，双方商定要心平气和地解决两国间所有问题，并决定采取协调一致的行动。3月下旬，哈俄举行政府首脑会晤，就发展经济关系双方签署了十几个文件，商定制定共同的价格政策，协调财政金融活动，取消了相互供货等经济活动方面的限制，成立发展经贸合作的常设机构等。5月25日，哈俄两国总统在莫斯科签定了友好合作与互助条约。这一条约包括哈俄双边关系中政治、经济、军事等各个领域。双方商定拥有共同的军事战略空间，共同使用军事基地和设施，承认双方现有边界不可侵犯。双方还商定建立统一的经济区。10月，哈、俄两国总统发表声明，表示两国将在经济、军事等方面加强合作与协调。10月21～22日，哈、俄两国政府首脑举行会谈并签署了互设全权代表机构（大使馆）议定书、1993年经济贸易协定、自由贸易协定和互设商务代表处协定等文件。12月下旬，哈俄两国政府举行谈判，捷列先科总理和切尔内梅尔金总理分别代表两国政府签署了决定两经济关系的四个文件：调节1992年相互结算债务办法和办理政府间贷款协定；执行两国政府和中央银行在货币贷款方面协议的议定书；哈萨克斯坦和俄罗斯自由贸易协定及有关议定书（议定书规定取消两国间的贸易障碍，并且对一些主要商品免征进口税）；1993年第一季度相互供应食品和消费品以及军工综合体问题议定书。

【同独联体的关系】哈一直把发展同独联体国家的关系视为其外交政策优先考虑的方面，积极谋求各国在独立的基础上实现独联体一体化。认为应该将独联体国家的内部政治发展与它们之间的经济一体化分开，即在维护本国的政治独立和主权的同时，考虑同其他各共和国之间的千丝万缕的联系，强调在独联体国家之间没有新的更有效的经济联系方式之前，应保持原先的“一切”积极和互利的经贸合作形式，并竭尽全力发展上述合作。哈已同俄罗斯、乌兹别克、吉尔吉斯、摩尔多瓦签署友好合作条约，也准备同土库曼、阿塞拜疆、亚美尼亚签署类似条约。

在安全方面，哈主张在独联体框架内建立集体防御空间、加强并提高防御联盟的效力。同俄罗斯一起积极防止并调停独联体个别国家内部（塔吉克内战）以及独联体地区性（如纳卡冲突等）的武装冲突。1992年5月，在独联体第五次首脑会议上哈与俄罗斯、乌兹别克、土库曼、亚美尼亚、塔吉克等六国签署了一项集体安全协议。1993年1月下旬，哈萨克斯坦在独联体明斯科首脑会议上签署了《独立国家联合体章程》。

哈还积极参加了独联体跨议会大会1992年3月下旬在阿拉木图和12月底在圣彼得堡召开的会议，极力主张加强各国议会在法律领域进行合作。

哈虽与俄罗斯一起致力于维护独联体，但不同程度上也表现出对独联体的失望。哈萨克斯坦希望能建立一个能协调实施独联体各国所签协议的多国机制。

【同美国等西方国家的关系】早在苏联解体前，纳扎尔巴耶夫总统就访问过美、英、法、加拿大和西班牙等西方国家，旨在吸引西方国家的公司去哈投资。哈独立后继续加强与美国和西方国家的关系。但是，哈强调这种关系应建立在互相平等、相互利益均衡的基础上，丝毫不能损害哈民族利益。哈独立后，美国国务卿贝克和法国外长迪马等西方要员相继访哈。

哈重视美国在国际事物中的政治作用。纳扎尔巴耶夫总统于1992年5月19～22日对美国进行了正式访问。双方签署了哈美贸易协定、海外投资保证协定、哈美双边投资协定、哈全境向美驻哈外交官开放协定、美国向哈提供技术与人道主义援助协定、关于取消双重征税的协定等六个文件。美国“雪弗龙”公司决定对哈投资400亿美元开采哈西部石油。哈美利润分成分别为80%和20%。1992年2月3日美国驻哈使馆开馆。美国驻哈临时代办1992年1月15日到任，9月15日，原临时代办升为大使并向哈总统纳扎尔巴耶夫递交了国书。

1992年9月23～26日，哈萨克斯坦总统访问了法国，双方签订了哈法友好、谅解、合作条约和保护投资协定。哈总统在欧安会巴黎宪章上签了字。目前，法埃尔夫石油公司已同哈签署了共同开发生产石油的合同，法商业信贷银行也与外经银行签订了合作议定书。此外，法汤姆逊公司准备帮助哈改善哈机场设施。

【同穆斯林国家的关系】哈是前苏联六个穆斯林共和国之一，与中东和南亚地区的土耳其、伊朗、巴基斯坦等穆斯林国家在种族、宗教、语言、文化、地缘等方面有着较为深远的历史渊源。哈独立以后与这些国家的关系发展很快。哈认为不同土耳其、伊朗等国发展关系，其外交政策将是不全面的。哈与穆斯林国家发展关系时强调从本国的实际利益出发并以公认的国际法为基础。1991年3月，土耳其总统厄扎尔访问了哈萨克斯坦。9月，哈总统纳扎尔巴耶夫访问土耳其，双方签署了《相互关系原则声明》、《相互信任备忘录》以及经贸方面的一系列文件。同年年底伊朗外长访问哈。

1992年2月上旬，哈在土耳其首都安卡拉加入了以土耳其为核心的“黑海经济合作组织”。2月16～17日，哈作为观察员参加了在伊朗首都德黑兰举行的中西亚国家经济合作组织首脑会议。2月19日，哈签署了由伊朗发起的关于里海经济合作组织的协议。4月底，土耳其总理德米雷尔率200多人的代表团正式访哈，双方签署了在政治、经济、文化等方面开展密切合作的一系列协议。5月在哈总统纳扎尔巴耶夫倡议下，中亚四国（塔吉克斯坦除外）和伊朗、土耳其、巴基斯坦在土库曼斯坦首都阿什哈巴德召开会议，就地区经济合作及一些地区和国际重大问题交换了意见，签署了经济合作协定。6月下旬，哈参加了在土耳其伊斯坦布尔举行的黑海地区11国会议，签署了“关于黑海经济合作计划”协议。10月30～31日，哈参加了在土耳其首都安卡拉召开的中亚六国国家首脑会议，签署了《安卡拉宣言》，表示要加强该地区的区域性合作。

中东国家经济实力对哈有一定的吸引力。哈独立后与埃及、叙利亚、沙特、伊拉克、科威特、阿曼等中东穆斯林国家的关系在不断发展。

【同亚洲国家的关系】哈在发展与西方关系的同时积极谋求恢复和加强与东方传统的历史联系，扩大与周边亚洲国家的经贸往来。1991年10月，哈总统在庆祝国庆讲话中说，“我们采取面向东方的方针，与其说是由于我们共和国的地理位置、民族接近和文化共同性决定的（尽管这些因素非常重要），倒不如说这些国家的市场经济的经验对我们更容易理解。同中国、土耳其、韩国、新加坡的接触，今天正在给我们带来实际的成果。”

1992年2月，纳扎尔巴耶夫总统先后访问了印度和巴基斯坦。哈巴签署了指导两国关系基本原则的协定及在经贸科技、教育、旅游、体育等方面进行合作的框架文件。巴允为哈提供1亿美元的贷款。巴基斯坦还向哈捐赠了5000吨大米。印度和巴基斯坦制定了帮助哈萨克斯坦培养银行、经济管理、外交、农业等方面的人才的计划。目前，印度、巴基斯坦驻哈大使都已经到任，哈萨克斯坦也准备于1993年上半年在印、巴开设大使馆。

哈同东盟国家的关系有着良好的发展前景。1991年9月，新加坡前总理李光耀访问了哈萨克斯坦。哈计划在1993年同马来西亚、新加坡、印度尼西亚建立高层次的关系，从而使哈同这些国家在政治、经济、科技、文化等方面的合作关系进入更具体的阶段。

日本、朝鲜、韩国、蒙古对哈都有较大的吸引力。1990年哈总统访问了韩国。此后，日本外相、朝鲜外长都对哈进行了访问。去年，哈总理捷列先科访问了蒙古。双方签署了在经济文化等领域合作的一系列文件。

哈总统纳扎尔巴耶夫1992年提出了建立亚洲安全和合作体系的主张。哈萨克斯坦为实现这一倡仪进行了积极的外交活动，以寻求建立亚洲国家更紧密的联系。

（崔国杰）

韩　国

国名　大韩民国(Republic of Korea)。

面积　99237平方公里(韩国海外公报馆1992年12月出版《韩国手册》)。

人口　4326.8万(1991年)。为单一民族,通用韩国语。部分人信奉佛教、基督教等。

首都　汉城(Seoul),人口1100多万(1991年)。

国家元首　总统金泳三(Kim Young Sam),1992年12月19日经全民投票选举当选,1993年2月25日正式就任第七共和国总统。

自然地理

位于亚洲大陆东北朝鲜半岛的南半部。东濒日本海,西面与中国山东省隔黄海相望。半岛海岸线全长约17300公里(包括岛屿海岸线)。地形多为丘陵和平原,地势比北半部低。著名山脉有汉拏山(海拔1950米)、雪岳山(海拔1780米)、智异山(海拔1915米)等。较大的河流有汉江(全长514公里)、洛东江(全长525公里)。属温带季风气候,海洋性特点显著。年平均降水量1500毫米左右。

历　史

公元1世纪形成高句丽、百济、新罗。公元7世纪新罗统一朝鲜,公元10世纪高丽取代新罗。公元14世纪末李氏王朝取代高丽,改国号为朝鲜。1910年8月沦为日本殖民地。1945年8月15日获得解放。同时,苏美两国以北纬38°线为界分别进驻北半部和南半部(1949年6月美军撤出,只留下一小批军事顾问)。1948年8月15日大韩民国宣告成立,李承晚任总统。1960年4月,李承晚下台。1961年5月军人发动政变,朴正熙出任"国家复兴委员会"主席,1963年12月改任总统。1979年10月26日朴正熙遇刺身亡。同年12月12日,全斗焕发动政变。1980年9月,全斗焕出任第11届总统。根据新宪法,全斗焕于1981年3月任第12届总统。1987年10月修改宪法,改总统间接选举制为总统直接选举制,同年12月,经过公民投票,卢泰愚以36%的得票率当选并于1988年2月就任第13届总统。

政　治

1992年3月进行第14届国会选举,在299个议席中,执政的民自党获149席,未过半数。其后民自党积极动员在野党和无党派议员加入该党奏效,至6月底,议席数增至159席,超过半数。同年12月,举行了第14届总统选举。为使选举公正进行,卢泰愚总统组成了"中立内阁",辞去了民自党总裁职务并退出了民自党。经过7个党派候选人的激烈竞争,最终民自党候选人金泳三以42%得票率当选第14届总统。

【宪法】1987年10月27日全民投票通过新宪法,次年2月25日生效。新宪法规定,总统享有作为国家元首和武装力量总司令的权力,任期5年,不得连任。

【议会】称国会,立法机构。第14届国会于1992年3月选出,任期5年。在297个议席中执政的民主自由党占163席,民主党95席,统一国民党28席,无党派11席。国会议长朴浚圭。

【政府】称内阁。1993年2月25日,金泳三就任第七共和国总统,同时组成新内阁,成员是:总理黄寅性,副总理兼经济企划院长官李经植,副总理兼统一院长官韩完相;外务部长官韩升洲,内务部长官李海龟,财务部长官洪在馨,法务部长官金斗喜,国防部长官权宁海,教育部长官吴炳文,文化体育部长官李敏燮,农林水产部长官许信行,商工资源部长官金喆寿,建设部长官高炳佑,保社部长官宋贞淑,劳动部长官李仁济,交通部长官李启谥,递信部长官尹东润,总务处长官崔昌润,科技处长官金始中,环境处长官黄山城,公报处长官吴邻焕,政务第一长官金德龙,政务第二长官权英子,法制处长官黄吉秀,报勋处长官李炳台,安企部长官金德,汉城市市长李元钟,平总长官柳琼贤。

【行政区划】一个特别市(汉城),九个道(京畿、江原、忠清南、忠清北、全罗南、全罗北、庆尚南、庆尚北、济州)、五个直辖市(釜山、大邱、仁川、大田、光州)。

【司法机构】设有大法院、高等法院、地方法院和家庭法院;大检察厅、高等检察厅、地方检察厅和支厅。现任大法院院长千庆松,大检察厅长官李会昌。

【政党】(1)民主自由党(简称民自党):执政党。1990年2月9日由当时执政的民主正义党和在野的统一民主党(总裁金泳三)、新民主共和党(总裁金钟泌)合并组成。该党主张"以自由、民主和自由市场经济作为国家的基础,主导国家的民主统一,在自主自存的基础上,建立先进的福利社会"。对外政策以对美、日、西欧关系为基础,在平等互利的原则下与不同制度、不同信念的国家建立外交和经济合作关系。总裁金泳三。

(2)民主党:1991年9月10日成立,代表最高委员李基泽。

【团体】各种全国性团体多达1000多个。韩中友好协会成立于1982年4月,现任会长是锦湖集团会长朴晟容。其宗旨是:在互相尊重主权的基础上,增进韩中两国在经济、社会、文化、体育、艺术、科技等非政治领域的相互交流,以增进两国民间友好和社会繁荣,进而为亚洲和世界和平作出贡献。

【重要人物】金泳三:韩国第14届总统。1927年12月20日生于庆尚南道巨济岛。1952年毕业于汉城大学文理学院哲学系，1974年在美国获名誉博士。1951年任总理秘书。1954年和1960年先后当选为国会民议院议员。1961年任新民党青年部长。1963年任民政党宣传部长。1965年任民众党院内总务兼发言人，1967年任新民党院内总务。1971年任韩国问题研究所所长。1973年任新民党副总裁、政务会议副议长。1974年任新民党总裁，1976年任新民党顾问。1979年再次当选新民党总裁。1987年任民主党总裁，被提名为总统候选人，后落选。曾历任第6、7、8、9、10、13届国会议员。1990年民正、民主、共和3党合并后，任民自党最高委员。1992年12月当选韩国第14届总统。著有《我们没有依靠的地方》、《论四十年代的旗手》、《政治长久，政权短暂》、《高举民主化的旗帜》、《领导人走的路》、《人生的意义》等。金泳三信仰基督教，不吸烟，不喝酒，爱好足球和游泳。有2子3女。

【统一问题】1991年11月8日，卢泰愚总统发表争取在韩半岛实现无核化和实现和平的宣言，12月18日又宣布韩国不存在核武器。1992年，南北双方除举行总理会谈外，从3月开始还举行了多次政治委员会、军事委员会、交流与合作委员会、核控委员会等一系列会议。1993年2月25日，金泳三总统在就职演说中称，他愿在任何时间和地点会见金日成主席，讨论南北和解和统一问题。

经 济

韩国自60年代初开始推行"出口立国"政策，以出口带动经济增长，实行政府主导下的宏观经济运营体制。60年代经济平均增长率为8.8%，70年代为9.7%。80年代以来又提出向"民间主导型"过渡，官方民间双管齐下，大力开展对外经济贸易，建立健全了外向型经济管理体制，使经济得到迅速发展，1988～1991年的经济平均增长率为9.4%，人均国民生产总值从1987年的3110美元上升到1992年的6700美元，被称为亚洲"四小龙"之一。随着经济的迅速增长，经济结构发生了从自然农业转向现代制造业的变化。第一产业在整个产业结构中比例从1966年的34.8%下降到1991年的8.1%。第二产业的比例从1966年的20.5%增长到1991年的27.9%。第三产业的比例从1966年的44.7%上升到1991年的64%。韩国从1962～1991年已完成了6个五年计划，从1992年开始实行第七个五年计划。当前经济处于调整时期。由于80年代后半期忽视了投资和技术开发，加上工资增长过快，企业机制削弱等原因，面临着通货膨胀、出口不旺、市场竞争力下降、许多中小企业倒闭等问题。

国民生产总值(1992年)：2940亿美元。

人均国民生产总值(1992年)：6700美元。

国民生产总值增长率(1992年)：4.5%。

货币名称：韩元。

汇率(1992年12月29日)：1美元＝777.35韩元。

通货膨胀率(1992年)：6.2%。

失业率(1992年)：2.4%。

【资源】矿产资源较少，已发现的矿物有280多种，其中有经济价值的共50多种。有开采利用价值的矿物有铁、无烟煤、铅、锌、钨等，但储藏量不大。由于自然资源匮乏，主要工业原料均依赖进口。

【工业】从60年代初开始起步，主要部门有钢铁、汽车、造船、电子、纺织等。1968年建成的浦项钢铁厂目前已成为世界第二大钢铁联合企业。汽车产量占世界第九位。电子工业以高技术密集型产品为主，为世界十大电子工业国之一。1991年工业机械产值130亿美元，电子产品产值331亿美元。1990年造船能力达438万吨，是居日本之后的世界第二大造船国。1991年造船工业出口总额41.3亿美元。1991年主要工业产品产量(单位：万吨)：钢铁2610，电解铜20，锌锭23.2，铅锭6.7，合成树脂339.5，化肥157.2，水泥4210.4，化学纤维138.9；汽车149.6万辆，发电量1186.19亿度。

【农业】可耕地面积约占国土总面积的22%，主要分布在西部和南部平原、丘陵地区。主要农作物有水稻、大麦和小麦。随着经济的发展，农业在国民生产总值中所占比例已从1962年的37%下降到1988年的10.8%，农业人口比重从1962年的63.1%下降到1990年的15.1%。1990年主要农、牧、渔业产品产量(单位：万吨)：粮食663.5，水果176.6，肉类77.3，蔬菜870，水产品327.5。

【旅游业】韩国风景优美，有许多文化和历史遗产。旅游业较发达。1991年旅游总收入为34.26亿美元，游客人数达3196340人次。政府制定了一系列促进旅游发展的法律，近10年来外国游客人数以年平均11.5%的速度增长。旅游收入以年平均25.4%的速度增长。

主要旅游服务设施：全国有42家饭店达到国际标准，其中部分已加入国际饭店预订系列。汉城的洲际饭店、乐得饭店、乐得世界饭店、新罗饭店、凯悦饭店、拉马达文艺复兴饭店、希尔顿国际饭店、广场饭店、喜来登一沃克希尔饭店、瑞士大饭店和朝鲜饭店等11家饭店被列入超豪华类别。

主要旅游点：景福宫、德寿宫、昌庆宫及昌德宫、国立博物馆、国立国乐院、世宗文化会馆、湖岩美术馆、南山塔、国立现代美术馆、江华岛、民俗村、板门店、庆州、济州岛、雪岳山及东海岸等。

【交通运输】交通运输比较发达。近年来，随着经济的发展，交通运输量迅速增长。全国已建成铁路网和高速公路网。在过去的20余年中，国内旅客年运输量从1966年的16.56亿人次增长到1990年的144.87亿人次，增长7.8倍以上，国内货运量从1966年的5970万吨增长到1990年的3.37亿吨，增长4.6倍以上。

铁路：总长6462公里，其中复线为846公里，约占铁路总长的27%，电气化铁路524.5公里，约占铁路总长的17%。

地铁总长度为151公里，其中汉城的地铁系统总长度达125.7公里，居世界第七位，每天运送300万人次，占全市交通总量的21.2%。

公路：高速公路总长1597.4公里。1991年机动车辆424.8万辆，其中小轿车272.8万辆、大轿车42.8万辆，卡车107.7万辆，特种汽车1.5万辆。

水运：主要是海上交通运输，用于对外贸易。截至1991年底，商船队的总吨位960万吨，货运能力24.8365万吨，港口总数47个，总吞吐量2.49亿吨。主要港口有：仁川、群山、木浦、釜山、浦项、济州湾等。

空运：国际航线45条，1991年国内客运量1225万人次，国际航线客运量10.27万人次。

现有3个国际机场：汉城的金浦机场、釜山的金海机场、济州岛上的济州机场。

【财政金融】1990年财政收支情况：

总收入304535亿韩元，总支出274368亿韩元。

截至1992年11月底，累计外债419.2亿美元，其中短期外债174.7亿美元，长期外债244.5亿美元，扣除对外资产305.8亿美元，纯外债为113.4亿美元。

1991年外汇储备为137.3亿美元，1992年为171.5亿美元。

【对外贸易】进出口总额占国民生产总值的50%左右。同160多个国家和地区有经济贸易关系。1992年在世界贸易大国中排名第13位。

近几年进出口情况如下(单位：亿美元)：

	1990	1991	1992
进口额	698.4	815.25	817.02
出口额	650.1	718.70	767.82
差　额	－45.3	－96.55	－49.20

主要进口产品有原油、煤、焦炭、原棉、原糖、铝、原木、化学原浆等。主要出口产品有工业机械、电子、石化、纺织品等。韩国和美国的贸易额占韩国对外贸易的首位。1991年韩国26%的商品销往美国(价值186亿美元)，当年韩美贸易额达380亿美元。美国是韩国最大的市场。韩国和日本的贸易居第二位，1991年双边贸易额达355亿美元。韩日贸易多年来不平衡。截至1991年，韩国对日贸易逆差累计达663亿美元。

【对外投资】1991年为11.25亿美元(453项)，1992年为12.55亿美元(500项)。

【对外援助】韩国向发展中国家提供援助始于60年代，1975年以后对外援助有所增加。到目前为止，已培训了4141名外国工程技术人员，向国外派出540名专家和32个医疗队等，通过经济合作基金捐赠了价值1亿多美元的机械设备和物资以及2亿多美元贷款。每年通过官方开发援助形式向发展中国家提供大约1亿美元援助。

【海外承包】1991年海外承包82件，金额30.38亿美元，1992年72件，金额27.8亿美元。

【外国资本】60和70年代，外国在韩国的投资仅占资本流入的一小部分。80年代起韩国放宽了投资限制，外资有所增加。1991年引进外资13.96亿美元，1992年为8.94亿美元，97.8%的外资用于制造业。

人民生活

社会保障制度分两类，一类是根据社会保障法制订的保险计划，其中包括医疗、失业、工伤事故、家庭补助、分娩和家庭丧葬等补助，另一类是公共救济计划或免费赠予。1990年人均收入为394.2万韩元，同年消费物价平均上涨指数8.6%，批发物价平均上涨4.2%。1991年每837人拥有1名医生，每302人拥有1张病床，1990年人均居住面积14平方米，1991年城市住房供给率达74.2%；每千人拥有汽车0.5辆，电话340部，平均每户拥有1台电视。

军　事

实行普遍征兵法和招募志愿兵。陆军和海军陆战队服役期为两年半，空军和海军为3年。总统为三军最高统帅。国防部长官权宁海。

据韩国1992/93年度国防白皮书，韩国现有总兵力65.5万人(不包括防卫兵)，其中陆军54万，海军6万，空军5.5万。

1991年国防预算为109.3亿美元，占财政预算的28.7%，占国民生产总值的4%。

美在韩国驻军3.7万人。1991年韩国为美驻军分摊的直接费用为1.53亿美元，1992年为1.8亿美元，1993年将增加到2.2亿美元。

文化教育

【教育】实行小学6年制义务教育。高等教育机构分公立和私立，其中80%是私立。教育部的预算一般占政府预算的22.8%，占国民生产总值的3.4%左右。

截至1991年全国有各类学校(公立、私立)19629所，学生10920785人，教师394899人。著名大学有汉城大学、延世大学、高丽大学等。1991年各级教育情况如下：

	学校(所)	学生(人)	教师(人)
幼儿园	8421	425535	19706
小学	6245	4758505	138200
初中	2498	2232330	92348
普通高中	1085	1406891	58757
职业高中	617	804021	36515
特殊学校	122	20210	2864
公民学校	1	150	4
公民高中	10	480	66
中等商业学校	1	26	3
商业高中	27	22956	703
各种职业学校(初中课程)	8	5044	162
各种职业学校(高中课程)	34	34147	1340
初级学院	118	359049	7953

师范学院	11	16019	693
学院和大学	115	1052140	35175
研究生院	316	91304	
各种职业学校（大学本科课程）	20	22449	410

（资料来源：韩国手册）

【新闻出版】截至1992年上半年，韩国共有92家日报，其中63家普通报纸、17家经济报纸、2家英文日报、1家中文日报和3家体育文娱报纸。此外还有6家专业性日报。这些报纸中有4家在汉城出版，其它的则属地方报纸。《东亚日报》、《朝鲜日报》、《中央日报》、《韩国日报》、《汉城新闻》和《京乡新闻》是6大全国性日报。除《汉城新闻》外，其他报纸均属私营。皆用韩文出版。《朝鲜日报》1920年3月5日创刊，《东亚日报》1920年4月1日创刊，这两家报纸发行量均超过100万份，在全国舆论界有举足轻重的影响。

联合通讯社于1980年12月19日由合同通讯社和东洋通讯社合并而成。是韩国所有新闻媒体共办的一个合作性通讯社。韩国所有的日报、电台和电视台都拥有联合通讯社的股份。它在华盛顿、纽约、洛杉矶、东京、巴黎、伦敦、曼谷、布宜诺斯艾利斯、布鲁塞尔、开罗、香港、莫斯科和北京设有分社，同40家外国通讯社签订了新闻交换协定或合作协议。

共有97个广播电台，其中包括42个调频台和1个短波台。韩国广播公司1927年开始试播，1954年之前是韩国唯一广播电台，自1953年开始对外广播，目前用11种语言播音。基督教广播电台1954年开办，私营电台，主要播送新闻、娱乐以及教育和宗教节目。远东广播电台1956年12月开办，每周播送100小时的韩、英、汉、俄语节目。文化广播电台1961年12月开播，隶属于《中央日报》，拥有全国性广播网，在各大城市有卫星转播站。大韩民国军队广播电台建于1954年，专门为部队播音。驻韩美军广播电台1950年10月开始播音。专门为美军及其家属服务，每天用英语播音24小时。1990年以来，韩国还出现了一些国营和私营专业广播电台，如1990年6月成立的交通广播电台，同年12月问世的国营教育广播电台等。

韩国第一家私人电视台于1956年开播，1959年毁于一炬，1961年12月31日，政府开办了第一家正式电视台——韩国广播公司电视台。目前，共有39个电视台，其中20个是商业电视台。韩国广播公司电视台，成立于1961年12月31日。东洋广播公司电视台，成立于1964年12月。文化广播公司电视台，成立于1969年8月。汉城广播公司电视台，1991年12月开播。电视台平日播放时间为10个半小时，假日播放时间为18个小时。

对外关系

70年代实行“灵活、自主的实利外交”。80年代实行“主动、积极、多边”外交，在加强与美、日等西方国家关系的同时，努力增进与第三世界、不结盟国家的关系，谋求改善与苏、中等不同制度国家的关系，并大力开展经济外交。1988年卢泰愚总统发表“7.7宣言”，把改善与社会主义国家的关系“作为外交工作的首要目标”，大力开展“北方（指社会主义国家）外交”。金泳三总统宣称，他将推行的外交政策是：“推进符合国际政治、经济新秩序的安保统一外交、民族自主外交和解决贸易摩擦的经济实利外交，并展开联合国外交，提高韩国的地位，使韩国在21世纪亚洲太平洋时代发挥主要作用。”截至1993年2月，已与167个国家建交。1992年同安哥拉、亚美尼亚、中国、南非、斯洛文尼亚、克罗地亚、越南等国建立了外交关系。

【同我国的关系】1992年8月23～25日，韩国外长李相玉应国务委员兼外长钱其琛的邀请正式访华，两国外长于24日签署了中韩建交联合公报。9月27～30日，韩国总统卢泰愚应杨尚昆主席邀请对我国进行了国事访问。访问期间，杨尚昆主席同卢泰愚总统会谈，江泽民总书记和李鹏总理分别会见。12月韩国第二政务长官金甲现率韩国妇女代表团访华，吴学谦副总理会见。12月韩国副总理兼经济企划院长官崔珏圭访华，杨尚昆主席会见。11月中国国务委员兼国家科委主任宋健率中国政府科技代表团访韩，卢泰愚总统会见。

两国政府已签订的协定有：贸易协定、相互鼓励和保护投资协定、关于设立经济、贸易、技术联合委员会协定和科学技术合作协定。

1991年双边直接贸易额32.4亿美元，1992年，双边直接贸易额50.6亿美元，截至1992年9月底，我共批准韩国来华投资项目总计728项，协议外资金额4.69亿美元。

中国驻韩国大使张庭延。馆址：汉城中区明洞2街83番地。电话：3195101，7797387CCICOS。电传：28643。传真：3195107，3195103。

韩国驻华大使卢载源。馆址：建国门大街1号国贸中心四层。电话：5052608，5052609。传真：5053607。

【同美国的关系】韩美于1949年1月建交，1953年10月签订了“共同防御条约”，美对韩负有安全防卫义务。1992年1月5～7日，布什总统访韩，与卢泰愚总统举行了会谈。11月20日，第23届韩美安保协议会在汉城举行，双方签署了“美韩战时支援协定”。1993年1月26日，韩美同时宣布恢复举行当年的“协作精神”军事演习。

【同日本的关系】日本投降后的头几年，韩日没有政府间来往。1951年10月，双方就建交、赔款、渔业、旅日韩侨地位等问题开始举行会谈，1965年6月达成协议，签订了“韩日基本关系条约”及其4个协定。同年12月建立外交关系。1983年中曾根首相访韩，1984年全斗焕总统访日，表示接受日方对过去战争的“道歉”，称“从现在起开辟韩日睦邻友好关系的新时代”。双方还就取消第三代旅日韩侨按指纹制度达成协议。1992年11月8日，卢泰愚总统访日，与宫泽首相在京都举行非正式首脑会晤，表示今后将继续努力扩大双边贸易，改善贸易不平衡状况。对历史问题，双方同意在正确认识历史的条件下，建设性地予以处理。

【同俄罗斯的关系】从70年代初开始，韩国和苏联在国际活动中有所接触，此后经贸关系有所发展。1989年韩苏互设贸易办事处。1990年3月，金泳三以韩国执政党负责人的身份访苏，受到戈尔巴乔夫总统的接见。同年6月4日，卢泰愚总统与戈尔巴乔夫在旧金山会晤，就实现关系正常化进行了商谈。同年9月30日，韩苏两国外长在联大会晤后发表联合公报，宣布建立大使级外交关系。同年12月卢泰愚访苏，与戈尔巴乔夫举行会谈，并发表了“莫斯科宣言”，签署了防止双重关税、投资保障、贸易、科技合作4个协定。1992年6月，韩国外长李相玉访问了俄罗斯。同年11月18～20日，俄罗斯总统叶利钦访问韩国，同卢泰愚总统进行会谈，双方签署了两国基本关系条约、关于发展1993年两国国防部的联系备忘录等一系列文件。

【同其他国家的关系】1992年捷克斯洛伐克总统哈维尔、泰国王储哇集拉隆功、贝宁总统索格尔罗、乌兹别克斯坦总统卡利莫夫、危地马拉总统塞拉诺利亚斯等先后访问韩国。韩国外务部长官李相玉访问了比利时、奥地利、越南等，还同越南签署了韩越建交联合公报。

（李彦珍）

吉尔吉斯斯坦

国名　吉尔吉斯斯坦共和国（The Republic of Kyrgyzstan，Республика Кыргызстан）。

面积　19.85万平方公里。

人口　436.7万(1990)。吉尔吉斯族占57.9%，俄罗斯族占28%，全国共有80多个民族。吉尔吉斯语为国语，俄语为族际交际语言。70%的居民信仰伊斯兰教，多数属逊尼派，其余居民信仰东正教。

首都　比什凯克(Бишкек)，人口61.6万(1990)。

国家元首　总统阿斯卡尔·阿卡耶夫(Аскар Акаев)，1991年10月12日当选。

自然地理

位于中亚东北部。北和东北邻哈萨克斯坦，西南毗连乌兹别克斯坦，南靠土库曼斯坦和塔吉克斯坦，东南和东部与中国接壤。内陆国。边界线全长4170公里，其中同我边界总长约1100公里。境内多山，90%的领土位于海拔1500米以上，处在天山山脉西段和帕米尔高原。胜利峰海拔7439米。山脉与广阔的高山谷地相间，在边缘地区有较低的谷地。主要河流有纳伦河(在吉境内535公里)、楚河(在吉境内221公里)。位于东北部的高山湖泊伊塞克湖海拔1607米，为不冻湖。属大陆性气候。1月份平均气温－6℃，7月份平均气温15～20℃。中部地区年降水量200～800毫米，费尔干纳山脉西南坡900～1000毫米。

历　史

中国史书称“坚昆”、“黠戛斯”、“吉利吉思”、“乞儿吉斯”。其首领曾先后被唐朝封为左屯卫大将军、坚昆都督、英武诚明可汗。以后一直与中国中央政权来往密切。曾先后属于突厥、瓦拉、喀尔喀蒙古、准噶尔、浩罕。16世纪受沙俄压迫自叶尼塞河上游迁居至现居住地。19世纪上半叶被沙俄吞并。1917年11月至1918年6月建立起苏维埃政权。1924年10月14日成立卡拉吉尔吉斯自治州，属俄罗斯联邦。1926年2月1日成立吉尔吉斯苏维埃社会主义自治共和国。1936年12月5日成为前苏联的一个加盟共和国。1990年12月12日发表主权宣言。1991年8月31日，吉尔吉斯共和国最高苏维埃非例行会议通过国家独立宣言，宣布独立。同年12月21日签署《阿拉木图宣言》和《独立国家联合体协议议定书》，加入独立国家联合体。

政　治

1991年8月21日，阿卡耶夫总统颁布《关于实施吉尔吉斯斯坦共和国社会团体法》，规定不允许在国家机关中建立党派组织，同时积极推行“民主改革”和多党制。强调民族和睦和各个社会集团平衡。1992年7月，阿卡耶夫总统在最高苏维埃会议上提出1992～1995年经济改革纲领，提出实行激进改革，加速向市场经济过渡，用一年半时间稳定经济，同时提出私有化计划。

【宪法】尚无宪法，独立后的第一部宪法正在制定中。

【议会】最高苏维埃是最高立法机构，通过选举产生。现任最高苏维埃主席是麦·舍利姆库洛夫(Медеткан Шеримкулов)。

【政府】内阁是国家权力最高执行机构，内阁成员由总统任命。本届内阁总理图·成吉雪夫(Турсунбек Чынгышев)，副总理阿·叶尔克巴耶夫(А. Еркебаев)；外交部长埃·卡拉巴耶夫(Э. Карабаев)，工业部长埃·奥穆拉利耶夫(Э. Омуралиев)，农业部长克·阿萨诺夫(К. Асанов)，教育部长成·扎库罗娃(Ч. Джакулова)，文化部长达·纳扎尔马托夫(Д. Назарматов)，财政部长克·库纳库诺夫(К. Кунакунов)，卫生部长纳·卡塞耶夫(Н. Касыев)，内务部长苏塔利诺夫(Саталинов)，司法部长尤·穆卡姆巴耶夫(Ю. Мукамваев),国防委员会主席扎·乌买达利耶夫(Д. Уметалиев),国家对外经济委员会主席阿·萨雷古洛夫(А. Сарыгулов),国家安全委员会主席阿·巴卡耶夫(А. Вакаев)。

【行政区划】全国划分为6个州、21个市、40个区。6个州是:伊塞克库尔州、纳伦州、奥什州、楚河州、塔拉斯州、贾拉拉巴德州。

【政党】实行多党制。新吉尔吉斯共产党1991年9月重新组建并获官方登记,党员2000人。此外还有阿萨巴运动、吉尔吉斯民主运动(主席卡·阿赫马托夫)、斯拉夫基金会等。

【团体】(1)工会联合会:1990年10月6日成立,由28个行业工会联合组成,拥有会员160万人,主席埃·阿巴基罗夫(Э. Абакиров)。

(2)吉中友协:1992年4月8日成立,主席为吉科学院副院长特·科依楚耶夫。

【重要人物】阿斯卡尔·阿卡耶夫:吉首任总统。1944年出生于吉尔吉斯。吉尔吉斯族。技术科学博士。吉尔吉斯斯坦共和国科学院院士。1968年毕业于列宁格勒精密力学和光学学院,后长期任教。1981年加入苏共,1990年当选为苏共中央委员,现已退党,未再加入其他政党。1986年任吉共中央科学和高教部部长。1987年任共和国科学院副院长、院长。1990年10月当选为吉尔吉斯共和国总统。1991年10月12日再度当选。 **图·成吉雪夫**:总理。1944年出生,毕业于莫斯科公路学院,公路建设工程师。从事过共青团和党务工作,曾任吉共中央委员会部长、托格玛特市党委第一书记、市苏维埃执委会主席。1991年1月任共和国主管社会、文化问题的副总理。1992年2月被任命为总理。

经　　济

以农牧业为主,经济呈原料型。1992年经济生产继续滑坡,生产下降21%。工业产值1992年前8个月比上年同期下降25%,农业产值下降23%。正在从计划经济向市场经济过渡,主要是推行私有化。按照吉拟定的方案,80%的商业、90%的服务业和30～40%的工业企业将转为私有制,在农牧业地区广泛推行土地改革,建立私人农场和农户经济。土地为国家所有,使用权允许买卖。1992年全面放开物价,主要食品价格仍由国家控制。积极创造条件吸收外资,已制定外国投资法、租赁合同法和租赁企业法。努力改变原料型经济。

【资源】自然资源丰富,主要有石油、天然气、煤、有色和稀有金属,特别是锑、汞等。水力资源也很丰富。1991年发电量为140亿千瓦小时。

【工业】工业产值约占国民经济的32%。

【农业】1991年粮食收购量为150万吨。

【交通运输】主要依靠公路运输,占货运量的90%,公路总长1.91万公里,其中硬路面1.69万公里。各区中心均有公路连接。铁路总长371公里。各州中心之间有民航线路连接。伊塞克湖可以通航。

【财政金融】仍在卢布区内。1992年财政赤字150亿卢布。

【外国援助】吉1992年获得4.6亿美元的贷款。其中,国际货币基金组织和世界银行允向吉提供1～1.2亿美元,其余由韩国(2亿美元)、日本、美国、加拿大、土耳其、沙特、意大利和西班牙提供。俄罗斯提供了150亿卢布技术贷款和10亿卢布工业贷款。

军　　事

目前只成立了一支1000人组成的国民卫队。前苏联在吉驻有1个作战师,现归俄罗斯管辖。

文化教育

【教育】共有各类普通学校1800所(90万学生),中等专业学校48所(4.6万学生),高等学校9所(5.93万学生)。每千名15岁以上居民中具有高等和中等教育的有842人,其中受过高等教育的94人(1989)。

【科研】主要科研机构为吉尔吉斯斯坦科学院,创立于1954年,目前有3个分院(物理技术和数学科学分院、化学工艺和生物科学分院、社会科学分院)、18个科研机构、27名院士和35名通讯院士。

【新闻出版】1989年出版1016种书籍和小册子,总发行量1100万册,平均每千人拥有2544册。

对外关系

吉宣布奉行永久中立和全面开放的政策,不参加任何军事集团,不建立自己的军队,委托俄罗斯军队保卫吉国家安全。吉总统宣布吉外交任务旨在追求经济利益和人道利益。已获100多个国家承认并与40多个国家建交。1992年吉总统先后出访了土耳其、瑞士、加拿大、印度。

【同我国的关系】1992年1月5日,以经贸部长李岚清为团长的中国政府代表团访吉,两国签定中吉建交公报和政府经贸协定。5月12～16日,吉总统阿·阿卡耶夫和吉总理图·成吉雪夫访华,双方签署经贸、教育、卫生、广播电视、航空运输、旅游等领域的8个合作文件。8月3～5日,吉总理图·成吉雪夫为落实两国最高级会晤达成的协议访问我国新疆乌鲁木齐。11月20～22日,我国务委员兼外交部长钱其琛访吉。两国国庆期间,两国领导人互致贺电。中国向吉提供了1万美元现款和30万人民币物资的救灾援助以及3000万人民币的商品贷款。

双方还签署了关于鼓励和相互保护投资协定、关于中国向吉提供商品贷款的协定。我国在吉已开办了6家合资企业。1992年中吉贸易总额为3548万美元。

中国驻吉尔吉斯斯坦大使:潘占林。馆址:г. Бишкек, ул. Токтогула, 196. 电话:(3312)222423;电传:(064)245110,CHEMB SU。

1992年2月23～27日,吉对外经济联络部部长帕雷什库拉到台湾进行"私人商务访问",25日会见了台"外长"钱复。帕呼吁台同吉直接通航,在农业、畜牧业和银行合作等方面向吉投资。钱允研究。

【同俄罗斯的关系】吉同俄罗斯政治、经济、军事联系较多。1991年从独联体国家运入货物总额为52亿卢布，其中50%来自俄罗斯。吉总统表示，吉在过渡期内不得不依靠俄罗斯，吉一旦能够自立，将走自己的道路。吉同俄已签定友好合作互助条约（1992年6月10日）和军事合作协定并委托俄军守卫吉边界。

【同美国的关系】重视同美国的关系。阿卡耶夫总统1991年11月访问了美国。同年12月17日美国务卿贝克访问吉尔吉斯斯坦。

【同伊斯兰世界的关系】吉是前苏联6个穆斯林国家之一，独立后积极发展同中东、南亚地区一些穆斯林国家的关系，与土耳其、伊朗和巴基斯坦等国加强了人员往来和各方面的合作，参加了1992年2月16～17日在伊朗首都德黑兰召开的中西亚国家经济合作组织首脑会议和5月9～10日在土库曼斯坦首都阿什哈巴德召开的中西亚国家首脑会议。4月土耳其总理德米雷尔访吉，吉总统于10月回访土耳其并参加了突厥语国家首脑会议。　（张喜云）

柬埔寨

国名　柬埔寨(Cambodia)。

面积　181035平方公里。

人口　约920万（联合国驻柬埔寨临时权力机构统计）。有20多个民族，其中高棉族占80%，此外为占族、普农族、老族、泰族、斯丁族等少数民族。高棉语为通用语言，高棉语同英语、法语均为官方语言。佛教为国教，80%以上的人信奉佛教，占族多信奉伊斯兰教，少数城市居民信奉天主教。

首都　金边(Phnom Penh)，人口约90万（联合国1991年统计）。

国家元首　诺罗敦·西哈努克亲王(Samdech Norodom Sihanouk)，1960年6月20日宣誓就任柬埔寨王国国家元首。1991年7月17日被推举任柬埔寨全国最高委员会主席。

简况

位于中南半岛南部。东和东南部同越南接壤，北部与老挝相邻，西和西北部与泰国毗连，西南面濒暹罗湾。海岸线长约460公里。热带季风气候，年平均温度为24℃。建国于公元1世纪下半叶，历经扶南、真腊、吴哥等时期。9～14世纪吴哥王朝为鼎盛时期，国力强盛，文化发达，创造了闻名于世的吴哥文明。1863年沦为法国保护国。1940年被日本占领。1945年日本投降后，重遭法国殖民者占领。1953年11月9日柬埔寨王国宣布独立。1954年7月法国被迫同意撤军。

政治

1960年柬埔寨共产党成立。1970年3月18日朗诺在美国策动下发动政变，23日西哈努克亲王宣布成立柬埔寨民族统一阵线，5月5日成立以宾努亲王为首相的柬埔寨王国民族团结政府。1975年4月17日柬全国解放。1976年1月颁布新宪法，改国名为民主柬埔寨。1978年底，越南出兵侵占柬埔寨。1982年7月9日，西哈努克亲王、宋双、乔森潘3派抵抗力量实现联合，组成民主柬埔寨联合政府。1990年2月3日，西哈努克亲王宣布改国名为柬埔寨。9月9～10日，柬埔寨四方在雅加达发表联合声明，宣布组成柬埔寨全国最高委员会。1991年6月24～26日，柬埔寨全国最高委员会帕塔亚会议达成协议，自6月24日起在柬全国范围内实现无限期停火，并停止接受一切外国军援；确定了柬全国最高委员会统一的国旗、国歌，决定成立秘书处并在金边设立总部。7月16～17日，柬全国最高委员会在北京举行工作会议，一致推举西哈努克亲王为主席。10月23日，柬埔寨问题巴黎会议召开，18个国家的代表和柬埔寨全国最高委员会全体成员共同签署了关于全面政治解决柬埔寨冲突的巴黎协定。巴黎协定签署之后，柬埔寨进入全面实施巴黎协定的过渡时期。1991年11月，柬埔寨国家元首、全国最高委员会主席西哈努克亲王返回祖国，全国最高委员会在金边设立总部。1992年1月6日，联合国加利秘书长任命主管裁军的副秘书长明石康为秘书长负责柬埔寨事务的特别代表、联合国驻柬埔寨临时权力机构负责人。1月14日，柬全国最高委员会召开会议，柬四方均同意释放战俘；实行多党制，任何拥有5000名以上选民签名支持的政党经最高委员会审核后即可参加竞选；实行新闻自由，允许国内外的任何报刊在柬出版发行。2月25日至3月1日，西哈努克亲王先后视察了原抵抗力量三方控制区。2月28日，联合国安理会通过第745号决议，决定根据巴黎协定建立任期不超过18个月的联合国驻柬埔寨临时权力机构，并规定最迟于1993年5月前在柬埔寨举行大选。决议批准向柬埔寨派遣2.2万人的联合国维和人员，其中1.95万为军人，其余为警察和行政官员。3月11日，首批联合国维和部队抵柬埔寨。3月15日，明石康特别代表就任，联合国驻柬临时权力机构在金边设立总部，并从即日起开始运转。3月30日，在泰国滞留的柬埔寨难民首批遣返回柬。4月18日，联合国秘书长加利访柬。4月20日，柬全国最高委员会会议同意联柬机构筹组关于难民回归、恢复和重建、选举法、保护人权等专门委员会，最高委员会成员并签署了两项国际人权公约。5月7日，柬全国最高委员会会议审议并签署了关于联柬机构在柬地位的协定。5月14日，西哈努克亲王发表告同胞书，呼吁维护国家统一与和平，指出短时间内柬不必实行共和国或王国制，这是解决柬问题的最好办法。5月26日，在柬全国最高委员会会议上，明石康特别代表根据巴黎协定对第二阶段停火安排的有关规定向柬各方提出12点要求，主要包括：允许联柬机构在各方控制区完全自由行动、遵守停火、标明各自的雷区、勘定军队集结点、为解除武装和解散70%军队做准备，6月13日之后部队不准再有调动等。民柬方面主席乔森潘发言强调越南撤军是解决柬其它一切问题的首要条件，要求在实施第二阶段停火之前必须完成部署在柬东部的所有核查站，向每个核查站派出柬四方代表，柬四方军队的集结、缴械、复员等程序必须同时进行。西哈努克亲王提出柬应同时举行议会选举和总统选举。6月5日，西哈努克亲王召集柬全国最高委员会会议，讨论实施第二阶段停火问题。乔森潘坚持必须先解决越南撤军和全国最高委员会拥有实权等两个问题后才能开始第二阶段停火。中国外交部发言人于6月7日发表谈话，表示支持柬全国最高委员会和联柬机构为如期实施第二阶段停火计划所做的努力，呼吁柬各方在西哈努克亲王的领导下，本着实现民族和解、全面落实巴黎协定的诚意，同联柬机构密切合作，主张对实施协定过程中出现的具体问题和意见分歧，根据实事求是和妥善处理的原则由柬全国最高委员会和联柬机构协商解决。6月22～24日，援柬重建国际会议在东京举行，包括中国在内的33个国家和12个国际组织的代表以及柬全国最高委员会成员出席了会议。会议通过了《关于柬埔寨和平进程的东京宣言》和《关于柬埔寨的恢复与重建的东京宣言》。和平宣言呼吁柬各方以真诚合作的精神通过和平方式解决争端，呼吁全面和及时地执行第二阶段停火。重建宣言说，恢复和重建的成功很大程度上取决于对巴黎协定的严格遵守。国际援助应完全尊重柬主权，不偏不倚。根据巴黎协定，在有关国际援助问题上，代表柬埔寨的权力机构是全国最高委员会。宣言还宣布成立柬埔寨重建国际委员会。与会国家承诺向柬提供总共8.8亿美元的援助。6月26日，联柬机构发表公告宣布，为确保举行自由、公正的大选，那些可能影响选举的各种行政机构应该置于联合国的监督和控制之下，特别是要对外交、国防、财政、公共安全和新闻机构进行控制，至于教育、农业、渔业、运输、动力、旅游、矿产等行政机构也应通过柬全国最高委员会交给联合国控制。联柬机构有权向柬各方的行政机构派遣工作人员，并对关于一些行政机构不符合和违背巴黎协定的行动的控告进行调查。6月27日，民柬方面发表声明表示，柬现有的行政机构可在联柬机构的监督和控制下继续工作，但建议在柬各方现有行政机构和警察部队内建立柬全国最高委员会的协商委员会。7月12日，民柬方面发表声明表示同意有条件地实施第二阶段停火，一旦将金边政权的各部委、议会、内阁逐步非政治化，取消其正副部长、总理、总统等职位，民柬的武装力量将逐步集结进入营地。7月21日，联合国安理会就援柬问题通过决议，确保国际社会为恢复和重建柬埔寨所提供的援助今后只能有利于履行巴黎协定并与联柬机构充分合作的当事方。

8月5日，柬全国最高委员会在暹粒召开会议，讨论联柬机构起草的柬选举法，民柬方面对草案中关于享有投票权的“柬埔寨人”的条款持保留意见，明石康行使裁决权通过选举法。8月22日，金边方面发表声明，建议在制宪会议选举前举行全民投票，选举西哈努克亲王为总统或国家元首。8月27日，泰国、日本外交部官员同民柬方面官员举行三方会晤，民柬同意泰、日关于设立柬全国最高委员会和联柬机构领导下的行政磋商机构的建议，但要求在柬各方控制区内设立由联柬机构领导的柬全国最高委员会的协商委员会，会晤未达成一致意见。9月10日，柬全国最高委员会会议在民柬方面不同意的情况下通过了联柬机构起草的刑事诉讼法。9月12日，西哈努克亲王、明石康同民柬方面领导人在拜林就柬大选前的权力分配问题举行会谈，没有取得进展。10月5日，联柬机构总部发言人宣布即日开始选民登记。10月12日，民柬方面发言人发表声明表示，由于巴黎协定的基本条款未能得以实施，柬还不具备举行自由、公正大选所必不可少的中立政治环境，民柬方面将不参加大选。10月13日，联合国安理会通过第783号决议，决定按照联合国和平计划所确定的时间表推动选举进程，在1993年5月之前举行柬大选。要求民柬履行巴黎协定规定的义务，执行第二阶段停火计划。10月20日，柬全国最高委员会会议未能就选举、财产所有制、外国军队撤出等议题达成协议。西哈努克表示，柬大选时他将不作为国家元首的候选人参加。11月7～8日，在西哈努克亲王、巴黎会议两主席法国外长迪马、印度尼西亚外长阿拉塔斯、联柬机构负责人明石康的联合主持下，柬全国最高委员会在北京举行非正式磋商，寻找打破柬僵局的办法，会议未取得进展。11月30日，联合国安理会通过第792号决议，确定柬制宪会议选举最迟在1993年5月举行，谴责民柬方面不遵守其义务，决定对其采取包括冻结海外资产等经济制裁措施。中国对此决议案投了弃权票。同日，民柬方面宣布成立“柬埔寨民族团结党”筹建委员会，乔森潘、宋成分别任主席、副主席。

【宪法】根据巴黎协定规定，将由通过自由公正的大选产生的制宪会议起草并通过一部柬埔寨新宪法。

【柬埔寨全国最高委员会】经柬埔寨问题巴黎会议授权，会议两主席印尼和法国于1990年9月9～10日在雅加达召开由柬各方参加的非正式会议，与会者达成协议，宣布成立全国最高委员会，作为柬过渡时期唯一的合法机构和权力来源，体现柬埔寨的独立、主权和统一，对外代表柬埔寨。该委员会由12人组成，诺罗敦·西哈努克亲王在柬全国最高委员会1991年7月16日举行的北京工作会议上被一致推举为最高委员会主席。

1991年12月30日，该委员会在首都金边举行第一次会议。

【政府】根据巴黎协定，在巴黎协定签署后直到柬新政府成立之前的整个过渡时期，柬全国最高委员会是唯一的合法机构和权力来源，与此同时，现存的由抵抗力量三方组成的柬埔寨民族政府和金边方面的"柬埔寨国"政府不宣布解散。

柬埔寨民族政府：1982年6月22日，诺罗敦·西哈努克亲王、宋双、乔森潘在吉隆坡就成立联合政府问题达成协议，7月9日，民柬联合政府成立。1990年2月3日，改名为柬埔寨民族政府，核心成员为：柬埔寨主席西哈努克亲王（1991年7月辞去主席职务）、总理宋双、负责外交事务的副主席乔森潘。

金边政权：1979年1月8日组成以韩桑林为首的"柬埔寨人民革命委员会"，10日成立"柬埔寨人民共和国"。1981年5月1日成立"国会"。6月13日，"国会"第一次会议产生"国务委员会"和"部长会议"。现任"国务委员会主席"韩桑林、"国会主席"谢辛、"部长会议主席"洪森。

【政党】(1)柬埔寨爱国、民主、民族大团结阵线（Front de Grande Union Nationale Patriotique et Démocratique du Kampuchea）：习惯称民主柬埔寨方面（Parti du Kampuchea Démocratique），成立于1979年8月21日，临时主席乔森潘，阵线武装力量为民主柬埔寨国民军，总司令宋成。1985年8月24日，乔森潘任民主柬埔寨方面主席，宋成任副主席。1992年11月30日，民柬方面宣布成立"柬埔寨民族团结党"筹建委员会，乔森潘、宋成分别任主席、副主席。

(2)争取柬埔寨独立、中立、和平与合作民族团结阵线（Front d'llnion Nationale Pour Un Cambodge Indépendeut, Neulre, Pacifique et Coopératif）：1981年3月26日在平壤成立。阵线武装力量为柬埔寨民族独立军，诺罗敦·拉纳烈王子任总司令兼总参谋长。1989年8月，西哈努克亲王辞去该阵线主席职务，莫尼克公主和涅·刁龙任联合主席。1992年2月27～28日，该阵线在柬埔寨举行全国代表大会，将阵线改为政党。大会选举产生了党的领导机构，原阵线秘书长拉纳烈王子任主席，涅·刁龙任名誉主席。

(3)高棉人民民族解放阵线（Front Nationale de Libération du Peuple Khmer）：1979年10月9日在柬泰边境成立。最高领导机构是阵线执委会，主席宋双。阵线武装力量是高棉人民民族解放武装力量，沙索萨康任总参谋长。1992年5月21～22日，阵线在金边举行代表大会，成立以宋双为主席的佛教自由民主党。

(4)柬埔寨人民党（Parti du Peuple Kampuchea）：原名柬埔寨人民革命党，1991年10月17～18日举行党的特别代表大会，改为现名。原党主席韩桑林任名誉主席，谢辛出任主席，洪森任副主席。

截至1993年2月，柬已有22个政党，除上述4大政党外，还有沙索萨康任主席的自由民主党、英丹领导的民主党等。有20个政党登记参加柬埔寨大选。

【重要人物】**诺罗敦·西哈努克亲王**：柬国家元首、柬全国最高委员会主席。1922年10月31日生于金边，高棉族，系诺罗敦、西索瓦两大王族之后裔。1941年4月23日继承王位，1955年3月放弃王位，组织人民社会同盟参加全国竞选，获胜后任首相兼外交大臣。1960年4月当选为国家元首。1970年3月18日朗诺集团发动政变，西哈努克亲王于当月23日在北京宣布成立柬民族统一阵线，任主席。1975年4月金边解放后回国，经柬特别国民大会确认仍为国家元首和柬民族统一阵线主席。1976年4月宣布退休。1979年1月越南占领金边前夕来华。1981年3月在平壤宣布成立争取柬埔寨独立、中立、和平与合作民族团结阵线，任主席至1989年8月。1982年7月9日出任民主柬埔寨主席。1990年2月任柬埔寨主席、柬抵抗运动领袖。1991年7月16日宣布辞去上述职务，7月17日被推举全国最高委员会主席。同年10月23日率柬全国最高委员会全体成员出席巴黎会议，参加签署《关于全面政治解决柬埔寨冲突的协定》。11月14日返回金边，被柬埔寨各方一致拥戴为国家元首。著有《我同美国中央情报局的13年》、《甜蜜和辛酸的回忆》等回忆录，爱好体育、音乐、文艺、摄影，曾自编、自导、自演数部影片。夫人莫尼克·西哈努克公主。　**宋双**：柬全国最高委员会成员，高棉人民民族解放阵线执委会主席、佛教自由民主党主席。1911年10月5日出生于下柬埔寨。1933年毕业于巴黎高等商业学校，获博士学位。在西哈努克亲王执政时期历任副省长、外交部顾问、财经大臣、计划大臣、外交大臣、国家银行行长、国家元首私人顾问、副首相、首相等职。1969年被封为亲王。1970年3月朗诺政变后移居法国。1979年10月9日宣布成立高棉人民民族解放阵线，任执委会主席。1982年7月9日就任民柬联合政府总理。1990年9月参加柬全国最高委员会。1991年5月21日，当选为佛教自由民主党主席。　**乔森潘**：柬全国最高委员会成员、民柬方面主席、柬民族团结党筹建委员会主席。1934年7月27日出生于柬柴桢省。曾留学法国，获巴黎大学经济学博士学位。西哈努克亲王执政时期历任商业国务秘书、经济大臣、商业大臣、国民议会经济事务和计划委员会副主席。1970～1975年，曾任柬王国民族团结政府国防大臣、副首相、民族统一阵线中央政治局委员、民族解放人民武装力量总司令。1976年当选民柬国家主席团主席。1979年12月当选柬爱国、民主、民族大团结阵线临时主席，同时兼任民柬政府总理。1982年7月9日就任民柬负责外交事务的副主席。1985年8月24日任民柬方面主席。1990年9月参加柬全国最高委员会。　**洪森**：柬全国最高委员会成员、柬人民党副主席、"柬埔寨国"总理。1951年出生于磅湛省一个农民家庭。5年抗美战争期间，曾任柬共革命军某部团长。1978年5月，参加东部大区反中央活动失败后，随韩桑林、谢辛等人逃往越南。同年12月2日，韩桑林等在越南成立"柬埔寨救国团结阵线"，洪森被推选为阵线中央委员兼青年联盟主席。1979年1月任"柬埔寨人民共和国"外交部长，当选柬人民革命党中央委员会委员，后任总理兼外长。1990年9月被免去外长职务，1991年10月当选柬人民党副主席。1990年9月参加柬全国最高委员会。**诺罗敦·拉纳烈王子**：柬全国最高委员会成员，争取柬埔寨独立、中立、和平与合作民族团结阵线党主席，柬埔寨独立民族军总司令。1944年生于金边。西哈努克亲王的长子。70年代初赴法，在巴黎索尔本大学教授法律。1982年底，接受西哈努克亲王的任命，赴曼谷任西哈努克亲王驻柬埔寨和亚洲私人代表。曾任争取柬埔寨独立、中立、和平与合作民族团结阵线秘书长。1992年2月任该阵线党主席。1990年9月参加柬全国最高委员会。

经　济

由于长期战乱，经济千疮百孔，民生凋敝，被联合国列为世界最不发达国家之一。

【资源】矿藏主要有金、磷酸盐、宝石和石油，还有少量铁、煤。林业、渔业、果木资源丰富。森林面积1337万公顷，覆盖率为74%，木材种类多达200余种，总蓄积量约11.36亿立方米。盛产贵重的柚木、铁木、紫檀、黑檀、白卯等热带林木，并有多种竹类。洞里萨湖是东南亚最大的天然淡水渔场，素有"鱼湖"之称。西南沿海也是重要渔场，多产沙丁鱼、金枪鱼、巴士鱼等。

【工业】基础薄弱，门类单调。战前主要有纺织、造纸、锯木、农机、炼胶、水泥、玻璃、胶合板及卷烟、制糖、食品加工等工厂。受长期战乱影响，大多数工厂机器设备陈旧，原料缺乏，技术落后。自1991年底实行自由市场经济制度以来，不少工厂转为私有。

【农业】在国民经济中占主要地位。农业人口约占总人口的90%，可耕地面积670万公顷，主要农产品有稻米、玉米、大豆、薯类等。稻米种植面积占全部耕地面积的80%。湄公河、洞里萨河、巴萨河沿岸为主要产稻区，马德望省素有"粮仓"之称。据金边方面公布的资料，1992年雨季计划种植稻谷204万公顷，因干旱只完成计划的50%，估计1992年缺粮25万吨。经济作物有橡胶、胡椒、棉花、糖棕、大豆、烟草和麻类等。

【交通运输】以公路和内河运输为主。主要交通线集中于中部和南部平原地区以及洞里萨湖流域。北部、东北部和西南山区交通闭塞。全国公路总长1.5万公里，其中1号公路从金边通往越南胡志明市，4号公路从金边通往磅逊港，5号公路从金边经马德望通向泰国边境。内河航运以湄公河、洞里萨河和洞里萨湖为主，重要河港有金边、磅湛、洞里贝和磅清扬，雨季5000吨轮船可沿湄公河上溯至金边，旱季可通航2000吨货轮。磅逊港为主要对外海港。全国铁路有两条：金边—波贝，全长385公里，可通曼谷；金边—磅逊，全长270公里，是交通运输的大动脉。有波成东、暹粒、磅清扬3个大型机场。

【外国援助】1992年6月20～22日在东京召开的援柬重建国际会议上，与会国响应联合国秘书长关于柬埔寨目前的迫切需求和国家恢复的呼吁，共认捐8.8亿美元，其中，中国认捐1千万美元。

军　事

柬埔寨四方曾一致同意自1991年6月24日起在柬全国范围内实现无限期停火，在大选前各派裁减70%的军队和武器装备，保留的30%军队及武器装备由联合国驻柬临时权力机构控制，在大选前后复员或改编为统一的国民军。但由于实施第二阶段停火遇到严重困难，上述计划未能落实。

文化教育

【教育】60年代文教事业一度有较大发展。1975年后主要致力于扫盲和文化普及工作。近年来恢复了一些中、高等学校。全国有25所中专，金边市有7所大学，还开办了不少英语、汉语速成班。教育方面师资、设备、资金均很缺乏。

【新闻出版】目前，柬尚未有全国统一的通讯社、报刊发行机构，各主要政治派别均有自己的报纸或刊物。西哈努克亲王元首办公厅发行《文献月刊》；金边方面发行《柬埔寨日报》、《人民日报》；争取柬埔寨独立、中立、和平与合作民族团结阵线党和佛教自由民主党分别发行阵线公报（半月刊）。

柬主要的4个政治派别分别拥有自己的广播电台，均以高棉语对国内广播。联合国驻柬临时权力机构也在柬设立了广播电台。目前，只有金边方面拥有电视台。

对外关系

柬埔寨奉行独立、和平、中立和不结盟的外交政策，反对外国侵略和干涉，主张遵循和平共处五项原则同所有邻国建立睦邻友好关系，通过和平谈判解决国与国之间的争端。

1992年，意大利、英国、印度尼西亚、朝鲜、越南、老挝、中国、马来西亚、德国、日本等国外长或副外长、澳大利亚总理等先后正式访柬。泰国财政部长、澳大利亚移民部长、德国国防部长、日本建设省大臣也先后访柬。有40多个国家向柬埔寨全国最高委员会派出了外交代表。5月13日，拉纳烈王子代表柬全国最高委员会出席了不结盟国家外长会议。9月初，西哈努克亲王出席了在雅加达举行的第10次不结盟国家首脑会议。

【同我国的关系】柬与我国于1958年7月19日正式建交。我国已故周恩来总理、刘少奇主席等领导人曾多次正式访柬，西哈努克亲王也多次率团访华并曾在华长期领导柬人民争取国家独立、民族解放的斗争。两国友好合作关系在各个历史时期不断发展。

1992年，在柬埔寨进入过渡时期的新形势下，两国友好关系继续发展。4月9～11日，西哈努克亲王应杨尚昆主席的邀请率领柬全国最高委员会四方代表团对我国进行正式友好访问。江泽民总书记、杨尚昆主席分别会见了代表团，李鹏总理同西哈努克亲王举行会谈，双方就柬形势、双边关系及共同关心的国际问题交换了看法。双方还发表了联合公报，表示愿在新的历史条件下，在和平共处五项原则基础上发展友好合作关系。中国对参加柬埔寨全国最高委员会的四方一视同仁，平等对待。中国将尊重柬埔寨自由、公正大选的结果，尊重柬埔寨人民对本国政治、经济和社会制度的选择。柬埔寨方面表示尊重和支持中国政府在台湾问题上的严正立场，柬确认不和台湾建立官方关系。7月12～13日，金边方面领导人谢辛首次访华。李鹏总理、钱其琛国务委员兼外长分别会见。1992年内，西哈努克亲王先后5次来华，同我国领导人多次接触，增进了相互了解。

2月11～12日，钱其琛国务委员兼外长应柬全国最高委员会主席西哈努克亲王的邀请正式访柬，拜会了西哈努克亲王，分别会见了柬四方领导人和联柬机构负责人。6月22日，我国外交部副部长徐敦信率团出席在东京举行的援柬重建国际会议时宣布，中国政府决定在柬过渡时期再向柬全国最高委员会提供1000万美元的援助，用于同最高委员会商定的项目。9月22～23日，徐敦信副外长应邀访柬。

中国驻柬埔寨全国最高委员会代表：傅学章。代表处地址：Keo Mony156，Phnom Penh。传真电话：8552326271。

柬埔寨驻中国大使：江裕朗。馆址：北京市东直门外大街9号。传真电话：5323507。

【同泰国的关系】柬泰是近邻，自1979年以来，泰国支持和帮助柬抵抗力量争取独立、和平的斗争，希望柬埔寨问题得到全面、彻底的解决，柬保持持久和平与稳定，以有利于泰国的安全。1992年泰国财政部长、外交部副部长相继访柬。9月，西哈努克亲王访泰，同阿南总理就柬局势交换意见。联合国安理会通过对民柬实施经济制裁的792号决议后，川·立派总理表示，泰作为联合国成员国尊重安理会的决议，但在执行时首先应考虑泰国的利益。

【同越南的关系】1967年6月15日，柬三国政府与越南民主共和国建交。1969年6月14日，柬三国政府承认越南南方共和临时革命政府。1970年5月6日，越南民主共和国政府和越南南方共和临时革命政府分别承认柬王国民族团结政府。1977年12月31日，民主柬埔寨发表声明将柬越武装冲突公开，并决定暂时中断与越南的外交关系。1979年1月7日，越南出兵侵占柬埔寨。1989年9月26日，越宣称已从柬"全部撤军"。1991年10月23日，越南在关于全面政治解决柬冲突的巴黎协定上签字。1992年1月25～27日，越南外长阮孟琴访柬，同西哈努克亲王签署了联合公报。

【同朝鲜的关系】柬朝有着传统的友好关系。西哈努克亲王同朝鲜领导人关系密切，经常赴平壤访问和居住。西哈努克亲王继1991年7月以柬全国最高委员会主席的身份访朝后，于1992年4月15～25日在平壤参加金日成主席80寿辰和朝鲜人民军建军60周年的庆祝活动，11月2日应金日成主席的邀请对朝鲜进行正式友好访问。金主席授予西哈努克共和国英雄称号和一级国旗勋章，授予莫尼克公主共和国一级自由独立勋章。1月22～24日，朝鲜副总理兼外长金永南访柬。

【同美国的关系】柬美于1950年2月建交。1970年3月18日美国策动朗诺政变推翻西哈努克亲王后，两国关系中断。美国不承认柬埔寨民族政府，也不承认金边政权，支持柬非共抵抗力量，并向柬难民提供人道主义援助。1991年底柬全国最高委员会在金边设立总部后，美国向柬派驻大使。1992年1月1日，美国国会亚太事务小组委员会主席索拉兹访柬，会见西哈努克亲王和洪森。1月4日，布什总统访问新加坡期间宣布取消自1975年以来美对柬实施的贸易禁令。

【同法国的关系】柬法两国历史上有传统关系。民柬执政时期，两国无正式外交关系。法国不承认柬民族政府，也不承认金边政权。法国作为柬问题巴黎会议两副主席之一，力求在柬问题中发挥重要作用。西哈努克亲王经常同法国领导人就有关问题交换意见。1992年3月，"柬埔寨国"总理洪森访法。　（张金凤）

卡　塔　尔

国名　卡塔尔国(The State of Qatar)。

面积　11437 平方公里。

人口　51.8万(1991年统计)土著居民约占人口总数的40%，其他为外籍人，主要来自印度、巴基斯坦和东南亚国家。阿拉伯语为官方语言，通用英语。居民大多信奉伊斯兰教，多数属逊尼派中的瓦哈比教派，什叶派占全国人口的16%。

首都　多哈(Doha)，人口约34万人(1989年)。

国家元首　埃米尔兼首相哈利法·本·哈马德·阿勒萨尼(Khalifa Bin Hamad Al-Thani)，1972年2月22日即位。

简　况　位于波斯湾西南岸的卡塔尔半岛上，与阿联酋和沙特接壤。海岸线长550 公里。属热带沙漠气候，夏季炎热漫长，最高气温可达46℃；冬季凉爽干燥，最低气温7℃。公元7世纪为阿拉伯帝国的一部分。1517 年葡萄牙人入侵。1555

年被并入奥斯曼帝国版图。1846年萨尼·本·穆罕默德建立了卡塔尔酋长国。1882年英国入侵,并宣布该地区为英国的"保护地"。1971年9月1日卡宣布独立。1972年2月22日废黜埃米尔艾哈迈德,哈利法出任埃米尔。

政　治

卡塔尔系君主立宪制的酋长国。埃米尔为国家元首,掌握国家最高权力,由阿勒萨尼家族世袭。禁止政党活动。1992年内阁虽进行了部分调整,但王室成员仍占很大比重。政局持续稳定。

【宪法】1974年4月埃米尔颁布临时宪法。宪法规定:卡塔尔是一个独立的主权国家;伊斯兰教为国教。埃米尔在内阁和咨询委员会的协助下行使权力。宪法承认法官的独立性。在"永久宪法"产生并生效以前,该临时宪法一直有效。

【议会】称咨询委员会,系咨询机构,职能是协助埃米尔行使统治权力。委员会有权审议立法和向内阁提出政策建议。委员会成员全部由埃米尔任命,内阁大臣为该委员会当然成员。每届任期3年,可以延长。本届为第二届,成立于1975年12月。1978年和1991年4月埃米尔决定延长委员会现任成员的任期直到1994年3月30日。议长阿里·本·哈利法·阿勒赫特米(Ali Bin Khlifa Al-Hetmi)。

【政府】本届内阁于1989年7月18日成立,1992年9月2日改组,王室成员占多数。主要成员:埃米尔兼首相哈利法·本·哈马德·阿勒萨尼,王储兼国防大臣哈马德·本·哈利法·阿勒萨尼(Shel Kh Hamad Bin Khalifa Al-Thani);内政大臣阿卜杜拉·本·哈利法·阿勒萨尼(Shel Kh Abdullah Bin Khalifa Al-Thani),财政经贸大臣穆罕默德·本·哈利法·阿勒萨尼(Shel Kh Mohamed Bin Khalif Al-Thani),外交大臣哈马德·本·贾西姆·本·贾布尔·阿勒萨尼(Shel Kh Hamad Bin Jassim Bin Jabor Al-Thani),交通运输大臣阿卜杜拉·萨利赫·阿勒曼纳(Abdullah Saleh Al-Thani)。

【重要人物】哈利法·本·哈马德·阿勒萨尼:卡塔尔埃米尔。1932年生于多哈附近的雷阳城。1947年其父去世后被立为王储。1960年为王储和副埃米尔。1962年任副首相、王储兼财政大臣。1966年,哈利法任卡塔尔、迪拜金融机构主席。1972年以前,任民事法庭庭长、教育大臣、财政和石油大臣、外交大臣及首相等职。1972年2月22日,哈利法废黜其堂兄艾哈迈德,成为卡塔尔第八代埃米尔,并兼首相。 **哈马德·本·哈利法·阿勒萨尼:**王储兼国防大臣,系埃米尔哈利法的儿子。1950年生于多哈,在卡塔尔受小学、初中、高中教育。1971年7月,毕业于英国圣赫斯特军事学院,回国后任卡塔尔第一快速部队司令。1972年任武装部队总司令。现为少将衔。1977年5月31日,被立为王储兼国防大臣。

经　济

以石油为主。80年代后期以来,由于国际油价跌落,政府开始注重发展其他工业并成立卡工业发展中心,制定了近、远期发展目标。1989年成立最高计划委员会,以协调各部门的发展。

国内生产总值(1990):73.60亿美元。

人均国内生产总值(1989):15751美元。

国内生产总值增长率(1992年):4.0%。

货币名称:卡塔尔里亚尔。

汇率(1989年12月):1美元=3.643卡塔尔里亚尔。

通货膨胀率(1989年):5.5%。

【资源】主要有石油和天然气。1990年已探明石油储量为33亿桶,天然气储量4.4万亿立方米。地下水源贫乏。

【工业】以石油、化工工业为主。还有钢铁、水泥、化肥、造纸和海水淡化等工业。1990年原油年产量1.27亿桶。除石油以外的制造业年产值约占国内生产总值的11.8%。

【农牧业】全国可耕地面积为2.8万公顷,已耕地7000公顷。政府注意发展农业,但从事农业生产的主要是外籍工人。粮食主要依赖进口,蔬菜产量能满足国内需求的50%左右。

【交通运输】各主要城市之间由现代化公路网相连,全国公路总长为900公里。主要海港有多哈港和乌姆赛义德港。多哈国际机场有连接欧洲和亚洲的17条航线。

【财政金融】自1986/87财政年度起,预算出现赤字。近年来财政收支情况如下(单位:亿里亚尔):

	1989/90	1990/91	1991/92
收入	93.00	101.82	84.38
支出	105.25	103.65	117.06
赤字	12.25	18.3	32.68

(资料来源:1992/93年度经济季评)

1991年黄金储备2.377亿美元,外汇储备6.3117亿美元;截至1988年外债总额为9.16亿美元。

【对外贸易】主要出口石油、石化产品、钢材等。进口产品主要是粮食、机械、建筑材料及轻工产品、药品等。主要贸易伙伴有日本、美国及西欧国家。对外贸易情况如下(单位:亿美元):

	1989	1990
进口额	14	16.9
出口额	27.8	35.19
差　额	13.8	18.29

(资料来源:英国经济季评)

人民生活

1989年人均收入1.7万美元,仅次于阿联酋和科威特,居世界第三位。全国实行免费医疗。全国有主要医院4所,共有1100多个床位,另有医疗卫生中心近20个。

军　事

卡塔尔系海湾阿拉伯国家合作委员会成员国,执行统一的防御政策。埃米尔为武装力量最高统帅。王储兼国防大臣哈马德为武装部队总司令。实行志愿兵役制。

武装部队总人数为9700人，其中陆军9000人，空军300人，海军400人。武器装备主要来自英、美、法等西方国家。自1987年以来，历年国防预算约为1.65亿美元。

文化教育

【教育】政府重视发展教育事业，实行免费教育，对成绩优异的学生提供留学深造机会，并发给奖学金。1991/92年度财政预算教育和关心青年方面拨款约0.64亿里亚尔。目前全国共有学校197所，另有阿拉伯、外国私人学校48所。有中小学生63091人。中小学教师4000多名。1977年建成的卡塔尔大学是一所配有现代化设备的综合性大学，也是卡唯一的一所高等学府。下设5个学院，在校学生近6000名，教师500多名。

【新闻出版】主要阿文报刊：《多哈月刊》、《阿拉伯人日报》、《旗帜报》、《时代周刊》、《海湾市场》周刊、《今日海湾》、《每周消息》周刊。英文报刊有《海湾时报》。1978年创刊。

卡塔尔通讯社建于1975年，是阿拉伯国家主要通讯社之一。多哈广播电台用阿、英、法和乌尔都语广播。多哈电视台从1970年8月开始播放节目，1974年开始播放彩色电视节目。

对外关系

奉行中立、不结盟的外交政策。强调伊斯兰国家特别是阿拉伯国家间的团结与合作。重视海湾国家的睦邻友好关系，主张通过和平协商解决海湾国家间的分歧，共同维护海湾的安全与稳定。要求伊拉克执行联合国所有有关决议，但主张维护伊拉克的领土统一，并同伊实现关系正常化。支持巴人民正义斗争；主张在安理会关于中东问题的242号、338号等有关决议的基础上实现土地换和平，政治解决阿、以争端；认为中东国际和会是实现中东全面、公正和持久的合适途径。1992年4月承认波黑。支持波黑穆斯林，谴责塞尔维亚对他们的进攻，并多次提供援助。截至1989年底，卡塔尔已同73个国家建立了外交关系。

【同我国的关系】1988年7月9日，中、卡正式建交。1992年7月，中卡草签了航空协定，10月，卡埃米尔之兄穆罕默德·本·阿勒萨尼亲王访华。我国教育、新闻等代表团访卡。

1992年两国贸易总额为7747万美元，其中我向卡出口831万美元，进口6917万美元。

中国驻卡塔尔大使：谭声琤。馆址：No. 2 Farig Al-Hitmi Rashid St. Doha。电话：00974-824200。电传：5120 Chinem。

卡塔尔驻华大使：穆罕默德·萨阿德·法希德（Mohamed Saad Al Fuhaid）。馆址：塔园外交人员办公楼1单元9层2号。电话：5322231，5322232，5322233。

卡同台湾有贸易关系。台湾在卡设有远东贸易公司。

【同美国的关系】同美国关系密切。卡塔尔每年向美国出口石油产品，进口工业品和消费品。1992年与美签订了防务合作协议。

【同独联体的关系】卡塔尔承认独联体及其各共和国独立并与之建立外交关系。

【同巴林的关系】卡、巴两国在法什特迪贝尔珊瑚礁群岛的主权归属问题上一直存在争议。1986年4月卡空军飞机袭击该岛，后经海湾合作委员会成员国调解，1988年10月双方就该岛的领土纠纷达成协议，决定通过协商解决问题，不再提交海牙国际法庭。1990年12月10日在多哈召开的第11届海湾合作委员会国家首脑会议上，卡塔尔提出最终解决卡、巴岛屿争端的要求，有关各方达成将此争端提交海牙国际法庭裁决的协议，1991年7月卡向海牙法院提起诉讼。8月，巴要求将两国分歧联合提交国际法庭裁决。1992年4月16日，卡埃米尔发布第40号埃米尔令，宣布“卡塔尔领海为12海里”，17日，巴林发表声明予以拒绝。

【同沙特的关系】1992年9月30日，卡塔尔、沙特发生边界武装冲突。两国关系恶化。卡单方面中止沙、卡1965年边界协议，并抵制海湾合作委员会有关会议。12月底，在埃及总统穆巴拉克的调解下，双方签署了解决边界争端的协议。卡随之宣布取消关于中止1965年沙、卡边界协议的决定。

（李　群）

科　威　特

国名　科威特国（The State of Kuwait）。

面积　17818平方公里。

人口　140万（1992年估计）。科威特籍人占45%，其余为“无国籍人”和外国侨民。阿拉伯语为官方语言，通用英语。居民中95%信奉伊斯兰教，其中约70%属逊尼派，25%为什叶派。

首都　科威特城（Kuwait City），人口16.8万（1985年统计）。

国家元首　埃米尔贾比尔·艾哈迈德·萨巴赫（Jaber Al-Ahmed Al-Sabah），1977年12月31日即位，成为第13代埃米尔。

简　况　位于亚洲西部波斯湾西北岸。与沙特、伊拉克相邻，东濒波斯湾。海岸线长213公里。有布比延、法拉卡等10多个岛屿。热带沙漠气候，炎热干燥。1月和7月平均气温分别为12℃和34℃，最热时白天达52℃。7世纪时是阿拉伯帝国的一部分。1581年起哈立德家族统治科威特。1756年萨巴赫家族取得统治权，建立了科威特酋长国。1822年英国总督从巴士拉迁至科威特。1871年科成为奥斯曼帝国巴士拉省的一个县。1899年英国成为科的宗主国，1939年科正式沦为英国的保护国。1954年科成立了以酋长阿卜杜拉·萨巴赫为首的最高委员会，1960年从英国人手里接管了司法权和货币管理权。1961年6月19日宣布独立。

政　治　科威特是君主世袭制酋长国，埃米尔是国家元首兼武装部队最高统帅。一切法律以及与外国签订的条约和协定均由埃米尔批准生效。对内禁止一切政党活动。内阁重要职务由王室成员担任。

1990年8月2日，科被伊拉克吞并。1991年3月复国，其后，科迅速开始了战后恢复和重建工作。加强国防。对社会治安进行了综合治理。主张维护民族独立，在政府部门和经济机构中推行科威特化。政治上放松了对党派和反对派活动的限制，解除了报禁。1992年10月科举行第七届国民议会选举，参加竞选的7个政治派别获得民选议席的70%。这是科议会于1986年被埃米尔宣布解散后首次进行的议会选举。随后改组了内阁，新内阁中吸收了6名反对派或无党派人士。

【宪法】1962年11月12日正式颁布宪法。宪法规定，科是一个完全独立的阿拉伯国家；伊斯兰教为国教，其教义是立法的基础；埃米尔必须由穆巴拉克·萨巴赫家族后裔世袭；立法权由埃米尔和议会行使，埃米尔有权解散议会和推迟议会会期；行政权由埃米尔、首相和内阁大臣行使；司法权由法院在宪法规定范围内以埃米尔名义行使；王储的任命由埃米尔提名，议会通过；埃米尔任免首相，并根据首相提名任免内阁大臣等。

【议会】称国民议会，为立法机构，一院制。由选举产生的50名议员和内阁成员组成，每届任期4年。1992年10月5～6日，恢复了议会选举，选出50名民选议员。参选的7个政治派别获得民选议席的70%。前议员集团和独立人士各获10席；部落代表9席；前国民会议（咨询机构）6席；伊斯兰宪章运动和伊斯兰人民联盟各3席；伊斯兰全国联盟和民主论坛各2席，宪章联盟1席。议长艾哈迈德·阿卜杜·阿齐兹·萨敦（Ahmed Abdul Aziz Al-Sadoun），1992年10月21日就任。

【政府】本届内阁系独立后的第16届内阁，1992年10月17日组成，内阁成员16人。王储兼首相谢赫萨阿德·阿卜杜拉·萨利姆·萨巴赫（H. H. Sheikh Saad Abdullah Al-Salem Al-Sabah），第一副首相兼外交大臣谢赫萨巴赫·艾哈迈德·贾比尔（Sheikh Sabah Al-Ahmad Al-Jaber），第二副首相兼内阁事务国务大臣达里·阿卜杜拉·奥斯曼（Dhari Abdullah Al-Othman），内政大臣谢赫艾哈迈德·哈姆德·贾比尔（Sheikh Ahmed Hamoud Al-Jaber），教育大臣和高教大臣艾哈迈德·阿卜杜拉·鲁卜伊博士（Dr. Ahmad Abdullah Al-Rubei），水电大臣和公共工程大臣艾哈迈德·穆罕默德·阿德萨尼（Ahmad Mohamed Al-Adsani），社会事务劳动大臣贾西姆·穆罕默德·奥恩（Jassem Mohamed Al-Aoun），宗教基金和伊斯兰事务大臣贾姆安·法利赫·阿兹米（Jamaan Faleh Al-Azmi），交通大臣和住房事务国务大臣哈比卜·朱海尔·海亚特（Habib Johar Hayat），新闻大臣谢赫萨乌德·纳赛尔·萨乌德·萨巴赫（Sheikh Saud Nassir Al-Sabah），工商大臣阿卜杜拉·拉西德·哈杰里博士（Dr. Abdallah Lahim Al-Hajeri），卫生大臣阿卜杜拉·瓦哈卜·符赞（Dr. Abdul Wahab Al-Fouzan），石油大臣阿里·艾哈迈德·贝格利（Ali Ahmed Al-Baghli），国防大臣谢赫阿里·萨巴赫·萨利姆（Sheikh Ali Sabah Al-Salem），司法和行政事务大臣迈沙里·贾西姆·安杰里（Mesari Jassem Al-Anjari），财政大臣和计划大臣纳赛尔·阿卜杜拉·罗丹（Nassir Abdullah Al-Rawdan）。

【司法机构】司法机构隶属于司法部。最高法院院长和总检查长由埃米尔任免。

【政党】战后，科威特出现了6个政治派别：

（1）前议员集团：由1985年议会50名议员中的30名组成。主张民主改革，在科政界影响较大。领导人为现议长艾哈迈德·萨敦。

（2）伊斯兰宪章运动：1991年3月成立，为穆斯林兄弟会和传统派组织，掌握许多金融和商业公司，财力雄厚。主张以温和手段促使科成为更遵循伊斯兰法的国家。

（3）伊斯兰人民联盟（什叶派组织）：主张实施伊斯兰法，采取温和的方式推行原教旨运动。

（4）伊斯兰全国联盟（什叶派原教旨主义组织）：主张大体与伊斯兰人民联盟相同。

（5）民主论坛：战后于1991年3月成立的第一个政治派别，成员多为知识分子，自称是左派民族主义组织。强调人民权力，反对王室成员垄断内阁职位。不反对埃米尔世袭制。

（6）宪章联盟：战后成立，由商人富豪组成，多为科工商会会员。

【重要人物】贾比尔·艾哈迈德·萨巴赫：埃米尔。生于1928年，是第10任埃米尔艾哈迈德之子。1949年担任艾哈迈迪省公安署主任和石油地区行政长官。1955年任财政署署长。科独立后，1962年任第一届内阁财政大臣，后又兼任工业大臣等职。1965年任首相。1966年被指定为王储。1977年12月31日贾比尔即位，成为第13任埃米尔。

经　济

石油是财政收入的主要来源，约占国内总收入的90%。近几年来，政府强调发展多种经济，不断增加国外投资，截至1988年国外投资总额约达1200亿美元。据估计，科在海湾战争中的损失约1000亿美元，战后重建需耗资500～1000亿美元。1992年，科迅速提高石油产量，增加出口，到年底石油日产量已恢复到战前165万桶。

国内生产总值(1990年)：133.4亿美元。

国内生产总值增长率(1990年)：11%。

货币名称：科威特第纳尔；1第纳尔＝100迪尔汗＝1000菲尔斯。

汇率(1992年)：1美元＝0.292科威特第纳尔。

通货膨胀率(1990年)：2.0%。

【资源】石油和天然气储量丰富。1989年已探明的石油储量为960亿桶，1992年初估计天然气储量为1.37万亿立方米。

【工业】以石油开采、冶炼和石油化工为主。近年来石油产量及其收入情况如下：

	1988	1989	1990*
产量(万吨)	7600	8700	5534
收入(亿美元)	74.03	67.97	59.18

* 为1～7月统计数字。

(资料来源：1990/91英国经济情报所国家概况)

【农业】可耕地面积约14182.27公顷，无壤培植面积约156公顷。近年来，政府重视开发农业，但农业产值在国内生产总值中的比例仍不足1%，大部分农牧产品依靠进口。

【交通运输】全国有公路约3800公里，其中高速公路约160公里，与邻国伊拉克和沙特阿拉伯直接相通。首都的国际机场有班机通往五大洲主要国家，每年乘客200～300万人次。主要港口是舒威赫港和舒艾巴港。

【财政金融】近年来财政年度实际收支情况如下

(单位：亿美元)：	1990/91	1991/92	1992/93
总收入	81.77	29.79	75.78
总支出	123.56	215.95	144.55
赤　字	41.79	186.16	68.76

(资料来源：1992/93英国经济情报所国家概况)

1991年，国家总储备金40.945亿美元，外汇储备30.666亿美元，黄金储备为253.9万盎司。截至1992年底，后代储备金约350亿美元，外债110亿美元，内外债共300亿美元左右，1993年计划用石油收入的25～30%偿还债务。

【对外贸易】在经济中占有重要地位，主要出口石油、天然气和化工产品，进口商品有机械、运输设备、工业制品、粮食和食品等。1991年主要贸易对象以及占科进口百分比：美国34.8%、日本12.4%、英国8.8%、加拿大8.7%、德国7.8%、南斯拉夫6.0%。近几年外贸情况如下(单位：亿美元)：

	1989	1990*
出口额	113.8	65.8
进口额	66.2	45.5
差　额	47.6	20.3

* 为1～7月统计数字。

(资料来源：1991年第四期英国经济季评)

【对外投资】截至1988年，对外投资约达1200亿美元，其利润收入超过石油收入。主要投资对象是美国、德国、英国、法国、瑞士、荷兰等。主要投资形式是股票、房地产和银行存款等。因海湾战争和战后重建，到1992年底，科海外资产还有约400亿美元。

【对外援助】每年用其国内生产总值的约3.8%来援助发展中国家。1961年成立的阿拉伯经济发展基金会拥有资本70多亿美元，专门负责对外援助，截至1991年底，该基金会已向65个发展中国家和贫穷国家及地区提供了379笔约56.67亿美元的低息贷款。战后发放贷款总额3.6亿美元。

人民生活

政府实行高福利制度，免缴个人所得税，享受免费教育和医疗，并提供岗位、物价、房租和结婚等补贴。1989年人均国民收入约16400美元。1989年物价指数同1985年相比上升3.3%。每644人拥有一名医生。

军　事

实行义务兵役制，服役期限：义务兵2年(大学生1年)；预备役14年。总兵力2.2万人。埃米尔为武装部队最高统帅，马吉德·阿卜杜拉·拉赫曼·萨尼伊为武装部队总参谋长。

1990年军费开支15.04亿美元，占国内生产总值的5.9%。

文化教育

【教育】全国小学、初中、高中均实行四年制，小学和初中实行免费义务教育。全国有小学、中学和各类成年人培训中心600余所，高等院校11所。1988/89学年在校注册学习人数占全国人口的30%。

【新闻出版】全国共有7家日报，其中阿拉伯文版5种：《舆论报》、《政治报》、《火炬报》、《祖国报》和《新闻报》；英文版2种：《科威特时报》和《阿拉伯时报》。

科威特通讯社系国家通讯社，建于1956年10月，1978年5月开始用阿拉伯文向国内发稿，1980年起用阿拉伯文、英文向国外发稿。

科威特广播电台建于1951年，用阿拉伯语和英语广播。

科威特电视台建于1962年12月。

对外关系

奉行中立不结盟政策，主张在和平共处五项原则基础上同所有国家发展关系。是阿拉伯联盟和海湾合作委员会成员国，积极维护阿拉伯国家团结，努力加强同伊斯兰国家的联系，强调海湾合作委员会成员国之间在政治、经济、军事等领域里的协调与合作，维护海湾地区的安全和稳定，主张解决第三世界债务问题。主张全面、公正地解决中东问题，认为承认巴勒斯坦人民合法的民族权利，包括自决和建立独立国家的权利是解决中东问题的关键，承认巴勒斯坦国。认为以色列应该与邻国一起寻求和平，贯彻并执行联合国安理会关于要求以色列撤出阿拉伯被占领土的第242号和第338号决议。强调在242、338号决议和以土地换和平的原则基础上推动中东和平进程。谴责塞尔维亚人对波黑穆斯林的屠杀，支持波黑穆斯林，呼吁国际社会进行干预，并对波黑进行人道主义援助。1992年7月科关闭了驻南斯拉夫大使馆，科大使转驻波黑共和国。

【同我国的关系】1971年3月22日中科正式建交。建交以来，两国关系友好。科威特埃米尔先后于1990年12月和1991年11月两次访华。中国国家主席杨尚昆于1989年12月、国务院总理李鹏于1991年7月分别访问科威特。

1992年3月3～7日，科威特财政大臣纳赛尔·阿卜杜拉·罗丹率经济代表团对中国进行了友好访问，李鹏总理会见了罗丹一行，经贸部副部长吴仪与之进行会谈。6月23～25日，亚奥理事会主席、科威特奥委会主席艾哈迈德·法赫德·萨巴赫亲王对中国进行了友好访问，国际奥委会副主席、中国奥委会主席何振梁与法赫德亲王会谈并签署了《中、科体育合作协议》。7月28～31日，科威特埃米尔特使新闻大臣巴德尔·加西姆·雅古布访华，向杨尚昆主席转达埃米尔关于海湾局势的口信，广播电影电视部长艾知生同巴德尔就中科两国在广播电视方面的合作举行了会谈，并签署了《中国广播电影电视部同科威特新闻部广播电视合作备忘录》。

1992年9月22日，中国国务委员兼外长钱其琛在出席联大会议期间会见了科威特副首相兼外交大臣萨利姆·萨巴赫·萨利姆。10月19日，中国国务院总理李鹏致电科威特王储兼首相萨阿德·阿卜杜拉·萨巴赫，祝贺他连任首相职务；国务委员兼外长钱其琛致电萨巴赫·艾哈迈德·贾比尔·萨巴赫，祝贺其被任命为第一副首相兼外交大臣。10月23日，全国人大委员长万里致电艾哈迈德·萨敦，祝贺他当选国民议会议长。11月20日，政协副主席卢嘉锡应邀出席在科召开的第三世界科学院第四次大会。11月24～26日，中国人民对外友好协会会长韩叙应邀访科，科埃米尔贾比尔、国民议会议长萨敦、前副首相兼外交大臣萨利姆、首都省省长(王储兼首相之弟)分别会见。

10月26日，中国国际航空公司北京—卡拉奇—科威特航线复航。10月30日，中科在京签署科威特阿拉伯经济发展基金会向中国厦门机场二期项目提供贷款的协定。该项目贷款总额约为1800万美元。11月4日，中国石化工程建设公司在科威特艾哈迈迪汇炼油厂(800万吨/年)重建项目的国际招标中中标。承包合同总额约为5100万美元。

1992年中科贸易额为6287万美元，其中中方出口5996万美元。

【同美国的关系】科美关系密切。1961年6月科美建交。1990年8月科被伊拉克占领后，科、美关系进一步加强，1991年9月19日科美签订一项为期10年的安全合作协定。美是科的主要贸易伙伴之一。科反对美偏袒以色列的政策。1992年，科美共举行了5次联合军事演习。9月2日，科向美“安德鲁飓风”灾区捐款1000万美元。

【同西欧国家及日本的关系】科英关系密切，两国领导人和政府官员互访频繁。1992年2月11日科英签署为期10年的《安全谅解备忘录》。科在英投资约有80亿美元。

科法关系近年有所发展。1992年8月18日科法签订为期十年的《防务合作协定》。

日本为科第一大贸易伙伴，日主要从科进口原油及石油产品，向科出口电器、机械、纺织品及其他日用品。

【同伊拉克的关系】海湾战争结束后，科威特呼吁国际社会保持对伊拉克的制裁，敦促伊全面执行安理会有关决议，释放被扣留人员及伊对科战争赔偿。1992年8月26日，联合国安理会通过关于伊拉克和科威特边界问题的第773号决议。科、伊新边界(约200公里)向伊方推移约0.6公里(约合120平方公里)。

【同伊朗的关系】1977年2月宣布承认伊朗新政权。海湾危机中，伊朗同情科威特，战后，科主张海湾安全体系不应该将伊朗排除在外。 (谭邦林)

老 挝

国名 老挝人民民主共和国(The Lao People's Democratic Republic)。

面积 236800平方公里。

人口 424万(1992年)。有60多个部族，统划成三大民族，即老龙族(主要是老族、泰族，约占全国人口的60%)、老听族(主要是卡族、普囡族)、老松族(主要是苗族、瑶族)。通用老挝语。居民多信奉佛教。

首都 万象(Vientiane)，人口47万(1992年)。

国家元首 国家主席诺哈·冯沙万(Nouhak Phoumsavanh)，1992年11月25日就任。

简 况 位于中南半岛北部的内陆国家，北邻中国，南接柬埔寨，东界越南，西临缅甸，西南与泰国毗连。属热带、亚热带季风气候，年平均气温20～30℃。公元8世纪建澜沧王国。14世纪为鼎盛时期。1893年沦为法国保护国。1940年9月被日本占领。1945年10月12日宣布独立。1946年法国再次入侵，1954年7月法国签署关于恢复印度支那和平的日内瓦协议，从老挝撤军。不久美国取代法国。1962年美国签订关于老挝问题的日内瓦协议，老成立联合政府。1974年4月成立了以富马为首相的新联合政府和以苏发努冯为主席的政治联合委员会。1975年12月宣布废除君主制，成立老挝人民民主共和国。

政　治

1975年后，老挝人民革命党一直执政。1991年3月老挝人民革命党召开第五次全国代表大会，调整了内外政策；1992年11月凯山主席逝世后，老挝新领导人重申继续贯彻其既定的内外政策。继续坚持六项基本原则，主张继续建设和发展人民民主制度，为逐步走向社会主义创造条件，加强党的领导，重视国防和社会治安工作，努力执行建设祖国、保卫祖国两大战略任务。

【宪法】1991年8月老挝最高人民议会通过了老挝人民民主共和国第一部宪法。宪法明确规定，老挝人民民主共和国是人民民主国家，全部权力归于人民，各族人民在老挝人民革命党领导下行使当家作主的权力。

【议会】称国会，国家最高立法机构，负责起草制定宪法和各项必要的法律。有议员85名。第三届国会于1993年2月20～25日在万象举行了首次会议。现任国会主席沙曼·维雅吉(Samane Vignaket)。

【政府】1991年8月，老挝最高人民议会把部长会议改为政府，1993年2月改组政府，现任政府总理坎代·西潘敦(Khamtay Siphandone)，副总理奔·西巴色(Phoune Sipraseuth)，副总理兼国家计划与合作委员会主任坎培·乔布拉帕(Khamphouy Keoboualapha)；总理府部长炮·本纳喷(Phao Bounnaphol)，国防部长朱马里·赛雅(Choummaly Saygnasone)，内政部长阿桑·牢力(Asang Laoly)，外交部长宋沙瓦·凌沙瓦(Somsavat Lengsavad)，司法部长坎温·布法(Khamouan Boupha)，财政部长坎赛·苏发努冯(Khamsay Souphanouvong)，贸易部长宋巴迪·澳拉山(Sompradith Vorasane)，国家银行行长布斯翁·苏万纳冯(Boutsabong Souvannavong)。

【司法机构】老挝最高人民法院为最高司法权力机关，院长凯特(Ket)；最高人民检察院院长派·乌拉(Phay Oula)；老挝党政监察委员会主席迈占丹·辛玛尼(Maychantane Sengmany)。

【政党】(1)老挝人民革命党(The Lao People's Revolutionary Party)：1955年3月22日建立，原称老挝人民党。1972年召开“二大”时改为现名，截至1992年底有党员6万人。1992年11月凯山主席逝世后，老党中央非常会议选举坎代·西潘敦为党中央主席。政治局委员有：诺哈·冯沙万、坎代·西潘敦、奔·西巴色、迈占丹·辛玛尼、沙曼·维雅吉、乌东·卡提亚(Oudom Khatthiya)、朱马里·赛雅松、宋拉·占塔马(Somlath Chanthamath)、坎培·乔布拉帕、通辛·塔玛冯(Thongsing Thammavong)。

(2)老挝建国阵线：成立于1956年1月，现有中央委员94名。主席梅苏·赛宋平(Maysouk Saysompheng)。

【重要人物】坎代·西潘敦：老挝人民革命党主席兼政府总理。1924年2月8日生于占巴塞省一个农民家庭。1947年参加革命。1954年加入印度支那共产党。1961年任老挝人民解放军总司令。1972年以后历任老挝人民革命党二、三、四、五届中央政治局委员，三、四届中央书记处书记。1975年担任政府副总理兼国防部长和人民军总司令。1991年8月出任老挝政府总理。1992年11月在老党中央非常会议上被选为党中央主席。1993年2月22日在老挝第三届国会上连任政府总理。坎代曾于1959年来华参加中国国庆十周年庆祝活动。**诺哈·冯沙万**：国家主席。1914年4月9日生于沙湾拉吉省一个农民家庭。1946年参加救国运动。1950年加入印度支那共产党，任老挝抗战政府经济部长。1972年以后历任老挝人民革命党二、三、四、五届中央政治局委员。1975年12月任副总理兼财政部长。1989年当选为老挝第二届最高人民议会主席。1992年11月当选为老挝人民民主共和国主席，1993年2月22日在老挝第三届国会上连任国家主席。

经　济

以农业为主，工业基础薄弱，发展缓慢。1988年以来，以革新为中心，进一步调整经济结构，即农林业、工业和服务业相结合，以农林业为基础，优先发展农林业。1992年继续推行全面革新开放路线，实行利用和发挥建立在多种所有制形式基础上的各种经济成份的政策，努力把自然和半自然经济转为市场经济。对外实行开放，颁布外资法及其实施细则，改善投资环境。扩大对外经济关系，争取引进更多的资金、先进技术和管理技术。目前存在的主要问题是：财政困难，资金短缺等。

国民生产总值(1991年)：约6375.51亿基普。

国民生产总值增长率(1991年)：4%。

人均国民生产总值(1992年)：约220美元。

货币名称：基普。

汇率(1992年12月)：1美元＝700基普。

【资源】有锡、铅、钾、铜、铁、金、石膏、煤、盐等矿藏，迄今得到少量开采的有锡、石膏、钾、盐、煤等。水力资源丰富。森林面积约900万公顷，全国森林覆盖率约40%，产柚木、紫檀等名贵木材。

【工业】1991年工业生产总值约1133亿基普，占国民生产总值的17.8%左右。主要有发电、锯木、碾米、卷烟、纺织、食品、采矿等企业及一些小型水泥厂、修理厂、炼铁厂和纺织、制铁、陶瓷、手工业作坊等。从业人口约10万人，约占总劳动力的4.2%。近几年主要工业品产量如下：

	1989	1990	1991
电力(百万度)	708	844	827.7
锡矿(吨)	384	480	349
原木(万立方米)	5.9	31	30
盐(万吨)	1.3	1.16	7.5
卷烟(百万盒)	21.9	30	29.6
啤酒(万升)	375	430	689
布(万米)	94.3	36.8	14.5
胶合板(万张)	81.4	100	34.6

(资料来源:1991年老挝统计年鉴)

【农业】1991年农业生产总值约3652亿基普,约占国民生产总值的57.3%。主要有水稻、玉米、薯类、咖啡、烟叶、花生、棉花等。全国耕地面积约70万公顷,农业人口约350万,约占全国人口的90%。1992年稻谷产量达150万吨。近几年主要农产品产量如下(单位:万吨):

	1989	1990	1991
稻谷	140	149	122
玉米	4.39	6.6	6.8
薯类	16	21.8	13.2
蔬菜	6.57	5.35	5.1
大豆	0.49	0.42	0.55
花生	0.59	0.64	0.56
烟叶	3.35	5.64	4.35
棉花	0.44	0.5	0.48
咖啡	0.54	0.52	0.8
茶叶	0.074	0.162	0.17

(资料来源:同上)

近几年主要畜禽存栏数如下(单位:万头、只):

	1989	1990	1991
水牛	102.62	107.1	107.1
黄牛	81.65	84.1	86.7
猪	134.95	197.2	183
羊	10.52	13.9	11
禽	724.9	788.4	862.9

(资料来源:同上)

【交通运输】无出海口,无铁路,主要靠公路和水路运输,此外还有航空运输。近几年来集中力量维修7、9、10、13号公路。湄公河可以分段通航载重20~200吨船只。1991年交通运输情况如下:

公路:总长14093公里,客运量为778.9万人次,货运量为61.5万吨。

水路:总长4600公里,客运量12.1万人次,货运量为106万吨。

空运:有7条国际航线,即万象至昆明、北京,曼谷,清迈,莫斯科,河内,胡志明市及金边。客运量11.8万人次,货运量700吨。万象的瓦岱机场是唯一的国际机场。

【财政金融】1992年预算收入2367亿基普,支出2367亿基普。截至1992年底累计欠外债8.15亿美元,外汇储备8100万美元。

【对外贸易】1992年出口额约1.7亿美元,进口额约2.84亿美元,与50多个国家和地区有贸易关系。目前老挝实行自由贸易政策,革新外贸体制,减少原材料出口,增加成品、半成品出口。重要出口商品由国家统一控制。1991年主要出口产品有:电力(6.6亿度)、原木(1.2万立方米)、胶合板(65万张)、咖啡(611吨)、石膏(8.4万吨)。主要进口产品有:各种车辆(533辆)、自行车(28890辆)、燃料油(14.7万吨)、水泥(11万吨)、钢材(5.6万吨)、纸张(1052吨)、布匹(200万米)、食糖(1.1万吨)、粮食(2.6万吨)。主要贸易对象为泰国、中国和越南。

【外国资本】根据1988年颁布外资法,政府不干涉外资企业的事务,允许外资企业汇出所获利润;外商可在老挝建独资企业、合资企业,国家将在头5年不向外资企业征税等。1989年又制定了外资法实施细则。至1992年底,政府已批准外资项目280个,协议金额为4.9亿美元。

主要投资国家和地区有泰国、美国、中国台湾、中国、新加坡、香港等,其中泰商投资项目最多,到1992年底达112项,为1.6亿美元。

【外国援助】1991年获外援约两亿美元。主要援助国及组织有:日本、瑞典、澳大利亚、中国、泰国、联合国开发计划署、世界银行、亚洲开发银行等。外援修建项目主要有公路、桥梁、码头、通讯、水电站、农田水利等。

人民生活

实行低工资制。1991年人均收入约220美元,物价上涨指数约10%,消费品价格指数为6%,职工退休后可拿基本工资的80%。国家职工和普通居民均享受免费医疗。到1991年底,全国有医院147所,卫生站723个;每千人拥有病床1.8张,医生1人。1991年人口出生率4.16%,死亡率1.55%。

军　事

老挝人民军前身为老挝爱国战线领导的"寮国战斗部队",始建于1949年1月20日,1965年10月改为老挝人民解放军,1982年7月改称现名。最高领导机构是中央国防和治安委员会。实行义务兵役制,服役期最少为18个月。

武装部队总兵力约6.5万人,其中陆军5万余人,编制为5个步兵师;空军2000多人,内河巡逻部队1000多人,机关院校5000人。

文化教育

【教育】学制:小学5年,初、高中各3年。到1984年上半年全国已基本扫除文盲。1991/92学年各级学校情况如下:

	学校(所)	学生(人)	教师(人)
小学	6604	581669	16108
初中	701	95290	5813
高中	117	32510	2362
技工学校	6	731	184
中专	6	2288	300
大专	1	177	29
大学	1	490	86

共计	7435	713155	24882

(资料来源:同上)

【新闻出版】全国共有17种报刊、杂志。1991年发行报纸53万份,杂志3.3万份。《人民报》为老挝人民革命党中央机关报,创刊于1950年8月13日,用老挝文出版。其他还有《新万象》、《人民军报》和《老挝青年报》等。

巴特寮通讯社:1968年1月成立,国营。

老挝国家广播电台:设在万象,用老挝语广播,对外用越、柬、法、英、泰语广播。此外,还有老挝人民军广播电台和7个省级广播电台。

老挝国家电视台建于1983年12月。每天播放老挝语节目1～2小时。

对外关系

奉行独立自主的和平外交政策,主张在和平共处五项原则基础上同世界各国发展友好合作关系,继续加强与中国睦邻友好与合作,保持同越南"特殊关系",积极发展同东盟国家和前苏联各共和国友好合作关系,努力争取西方资金和技术。支持柬在西哈努克亲王领导下实现民族和解,主张全面实施巴黎协定。截至1992年底已同74个国家建交,1989年同巴勒斯坦国升格为大使级关系。1991年同美国升格为大使级关系。

【同我国的关系】1961年4月25日中老建交。我国对老挝人民的抗美救国斗争和战后经济建设提供过大量的经济援助。

1989年10月,老挝部长会议主席、人民革命党总书记凯山·丰威汉对我国进行正式友好访问,中老两党、两国关系实现了正常化。1990年12月,李鹏总理对老挝进行正式友好访问,标志着中老睦邻友好关系进入了新的发展阶段。

1991年10月,老挝总理坎代·西潘敦应邀访华,两国总理签署了具有历史意义的中老边界条约。

1992年7月14日,老挝国家主席凯山·丰威汉发布主席令,授予邓小平同志老挝国家最高金质勋章。

1993年1月,国务委员兼外长钱其琛应邀访老,两国外长签署了中老边界议定书和投资保护协定。

1992年老挝领导人和团组访华的主要有:老挝人民革命党主席兼国家主席凯山·丰威汉(1992年4月)、老党中央顾问、前国家代主席富米·冯维希(6月)、文化部代表团(2、12月)、建国阵线主席梅苏·赛宋平(3月)、服务局代表团、教育代表团、经济考察团、《人民报》总编波班·沃拉昆(5月)、总参谋长艾(6月)、监察委代表团、总政代表团、和平团结友好委员会主席辛加坡将军(7月)、琅勃拉邦省委书记占西·波西坎(8月)。1992年中方访老的主要团组有:国务委员兼国家教委主任李铁映、卫生部长陈敏章、中央党校代表团(2月)、国防部外事局代表团(4月)、云南省副省长赵廷光(5月)、共青团中央第一书记宋德福(12月)。11月28日,中共中央政治局委员、国务院副总理邹家华作为中国特使赴老参加凯山主席葬礼。1992年8月老挝在昆明设立总领馆。至1992年底,已遣返在华老挝难民2060人。1992年中老进出口贸易总额达3153万美元。

中国驻老挝大使:黄国材。馆址:万象市西沙塔纳县瓦纳村。电话:3494或16-9076,商务处电话:16-9075。

老挝驻华大使:本梅·达拉洛。馆址:北京市三里屯东四街11号。电话:5321224。

【同越南的关系】1992年两国继续保持"特殊关系",在经贸、科技、文化等领域的合作进一步得到加强。同年2月和8月越南部长会议主席武文杰、越共中央总书记杜梅先后访老,双方签订《1992年老越友好合作协定》和《1992～1996年老越友好合作协定》,并发表了联合公报,强调继续保持特殊团结和合作关系,改变合作方式,讲究实效。11月,越共中央总书记杜梅参加凯山主席葬礼。1988年以来,越在老投资4个项目共55万美元。

【同泰国的关系】1950年12月老泰建交。1992年两国高层往来频繁,促进了相互间了解,两国关系进一步改善。主要团组往来有:1月凯山主席访泰,授予泰国王、王后"澜沧圣菩提"勋章各一枚,泰王储、公主老挝最高荣誉勋章各一枚。2月坎代总理访泰,双方签署友好合作、旅游合作协定。泰副总理抛·沙拉信(3月)、武装部队总司令甲社(5月)、泰王储哇集拉隆功(6月)、商业部长阿马勒(9月)、诗琳通公主(10月)等先后访老。11月泰王储哇集拉隆功、诗琳通公主、巴颂外长、副议长西帕侬、前总理素金达等赴老参加凯山主席葬礼。1992年定期举行两国维护边界治安委员会例会,并联合清剿泰境内的老挝反政府武装,10月老泰警方合作,破获泰国罪犯抢劫老挝国家银行200万美元案并归还全部赃款。3月泰、老、缅3国外长在曼谷签署禁毒合作协定。1992年两国互派武官,6月开通万象—清迈国际航线。

【同日本的关系】1952年12月老日建交。1988年老挝外长西巴色访日后,日本对老挝的经济援助以及两国间交往逐年增多。1992年1月,最高人民议会主席诺哈·冯沙万应日本政府邀请访日;6月日本内阁大臣、国土厅长官访老,10月日本国会代表团访老,11月日本前外相中山太郎赴老参加凯山主席葬礼。5月日本无偿援老电视台破土动工;7月两国政府签署协定,日本无偿援助老挝通讯、水利等5个项目共计24亿日元;12月两国政府换文,日本免除老挝修建南俄河水电站下半年所欠债务1亿日元。

【同法国的关系】1951年老法建交。1989年12月,凯山主席首次应邀访法,加强了两国友好与合作。1992年1月法国议会外委会主席米歇尔、9月法国副外长卡特林相继访老;11月,法国总统密特朗派顾问作为特使赴老参加凯山主席葬礼。1月法国政府提供经费为老挝培训14名飞行员,8、9月,两国签署双方合作纪要,法国将援助老挝建一座地面卫星接收站,并在人员培训、出版、广播电视等方面继续予以援助，11月两国签署议定书，法国向老挝提供400万美元援助，更新万象机场的通讯设施。

【同美国的关系】1950年老美建交。1975年后两国仅维持代办级外交关系。1991年11月，两国关系升格为大使级外交关系。1992年8月，双方恢复互派大使。3月美国助理国务卿所罗门访老，4月美国参议院代表团访老。美国对老挝协助寻找美军失踪人员遗骸、禁毒合作表示满意，并援老50万美元，4000吨大米。至此，老挝已向美国移交美军失踪人员遗骸50多具，还有500多具待寻找。

【同俄罗斯的关系】1960年10月老挝同原苏联建交。1975年老挝成立共和国后，原苏联一度成为老挝最大的援助国。1991年，苏联解体后，原苏联给老挝的援助全部中止。1991年12月老挝政府正式宣布承认俄罗斯联邦，并在和平共处五项原则的基础上发展同俄罗斯的友好关系。1992年3月老挝向俄派驻大使，同时俄罗斯总统任命原苏联驻老大使为俄驻老大使。11月凯山主席逝世，俄副总统鲁茨科伊前往老驻俄大使馆吊唁，叶利钦总统发了唁电，并派特使参加凯山主席葬礼。12月2日老挝国庆17周年之际，叶利钦总统给诺哈主席发了贺电。　（*龙定斌*）

黎　巴　嫩

国名　黎巴嫩共和国（The Republic of Lebanon）。

面积　10452平方公里。

人口　273万（1991年）。绝大多数为阿拉伯人。阿拉伯语为官方语言，通用法语、英语。居民54%信奉伊斯兰教，主要是什叶派、逊尼派和德鲁兹派；46%信奉基督教，主要有马龙派、希腊东正教、罗马天主教和亚美尼亚东正教等。

首都　贝鲁特（Beirut），人口约150万（1987年）。

国家元首　总统埃利亚斯·赫拉维（Elias Hrawi），1989年11月24日就任。

简　况

位于亚洲西南部地中海东岸。东、北部邻叙利亚，南界巴勒斯坦、以色列，西濒地中海。海岸线长220公里。沿海夏季炎热潮湿，冬季温暖。沿海平原和贝卡谷地7月平均最高气温为32℃，1月平均最低气温分别为7℃和2℃。公元前2000年为腓尼基的一部分。以后相继受埃及、亚述、巴比伦、波斯和罗马统治。7～16世纪初并入阿拉伯帝国。1517年被奥斯曼帝国占领。第一次世界大战后沦为法国委任统治地。1941年6月英军在自由法国部队协助下占领黎巴嫩。同年11月自由法国部队总司令卡特罗将军宣布结束对黎的委任统治。1943年11月22日黎宣布独立，成立黎巴嫩共和国。1946年12月英、法军全部撤离黎巴嫩。

政　治

独立前后，各教派达成协议，按各派实力分配国家权力机构。后各派对权力分配产生分歧，导致长期武装冲突。1992年，黎巴嫩政府继续实施《塔伊夫协议》，促进民族和解，收缴各派民兵武器，安置本国难民，制定战后重建计划。由于各派政见不尽一致，国内形势仍不稳定。5月初，全国各地民众举行大罢工，抗议通货膨胀，黎镑暴贬，生活困难，要求卡拉米政府下台。6日，卡拉米总理被迫宣布辞职。16日，拉希德·索勒赫接任总理职务。7月16日，议会通过选举法修正案，决定议席增至128名，议员候选人的保证金增至1000万黎镑。8月23日、30日和9月6日，全国分三个阶段进行20多年来首次议会大选，由于卡斯卢旺地区选民抵制，在10～11月又进行了最后一次补选，阿迈勒运动主席纳比·贝里以105票绝对多数当选议长。贝里表示，将致力于民族和解，争取在本届议会任期满时能取消政治教派制。15日，赫拉维总统批准索勒赫总理提出的辞职。31日，拉菲克·哈利里奉命组阁。新政府成员由原来的24名增加到30名，吸收了一批经济、技术专家担任内阁部长，主管生产、服务、工农业、贸易和交通等部门。11月7日，议会通过哈利里总理的施政纲领，其主要内容是：全面执行安理会425号决议，解放被以色列占领的南部领土；巩固和发展同叙利亚的特殊关系，执行《黎、叙兄弟合作和协调条约》各项条款；致力于国家经济重建，削减国家财政赤字，安置内战难民和实行行政改革。

【宪法】1926年5月23日颁布，后经7次修改。全文共分6个部分，102条。1990年9月修改时增加了前言。宪法规定黎巴嫩是一个独立、统一和主权完整的国家，是议会民主共和国，具有阿拉伯属性。任何有悖各教派共处原则的权力均属非法。总统由议会选举产生，任期六年，不得连选连任。卸任六年后方可再次当选。修改宪法必须由总统提议后、经政府向议会提出，或10名以上议员提出动议，并获议会三分之二多数通过。

【议会】为一院制。主要职能是制定法律、修改宪法、选举总统、批准总理和阁员人选及审议国家财政预算和对外条约及协定。议席按教派间协商后的比例分配，议员由普选产生，任期4年。议会原设99个议席，基督教派和伊斯兰教派按6∶5分配席位。根据"塔伊夫协议"，黎政府于1991年6月任命基督教和伊斯兰教各占一半的108名议员。1992年7月议会通过选举法修正案，议席增至128人。本届议会于1992年10月16日选举产生,基督教和伊斯兰教议员各占一半,即马龙派34席,逊尼派27席,什叶派27席,德鲁兹派8席,亚美尼亚东正教派5席,亚美尼亚天主教派1席,希腊东正教派14席,希腊天主教派8席,阿拉维派2席,基督教新教派1席,少数民族1席。现任议长纳比·贝里(Nabih Berri),1992年11月当选。

【政府】1992年10月31日,拉菲克·哈利里奉命组成内阁,成员名单如下:总理兼财政部长拉菲克·哈利里(Rafik AL-Harir),副总理米歇尔·穆尔(Michel EL-Murr);国防部长穆赫辛·达卢勒(Mohsen Dalloul),外交侨民事务部长法雷斯·布维兹(Fares Boueiz),内政部长比夏拉·麦尔海吉(Bishara Merhej),新闻部长米歇尔·萨马哈(Michel Samaha),邮电和电讯部长穆罕迈德·戈吉里(Mohammed Ghaziri),水电资源部长乔治·埃夫拉姆(George Efrem),国民教育与美术部长米哈伊尔·达希尔(Mikhail AL-Daher),农业部长阿迪勒·古尔塔斯(Adel Kortas),工业和石油部长艾斯阿德·利兹克(Asaad Rizk),旅游部长尼古拉·法图士(Nichola Fattoush),经济贸易部长哈古卜·德姆里江(Hagop Demourijian),劳工部长阿卜杜拉·阿明(Abdullah AL-Amin),住房与合作部长马哈穆德·阿布·哈姆丹(Mahmoud Abu Hamdan),公共工程与运输部长穆罕默德·穆尔台达(Mohammed Mourtada),司法部长巴希治·塔巴拉(Bahij Tabbara),卫生、社会事务部长马尔旺·哈马德(Marwan Hamade),城乡事务国务部长苏莱曼·托尼·弗朗吉亚(Suleiman Tony Franjien),社会与残疾人事务国务部长伊利·胡贝卡(Elie Hobeika),环境事务国务部长萨米尔·穆格比勒(Samir Mokbel),侨民事务国务部长里达·瓦黑德(Rida Wahid),运输事务国务部长欧麦尔·米斯卡维(Omar Miskawi),职业和技术教育事务国务部长哈桑·埃兹丁(Hassan Izzeddine),难民事务国务部长瓦立德·琼布拉特(Walid Joumblatt),文化及高等教育事务国务部长米歇尔·伊德(Michel Edde),国务部长安瓦尔·哈里勒(Anwar AL-Khalil),国务部长阿里·奥赛朗(Ali Osseiran),国务部长福阿德·辛纽拉(Fuad Siniora),国务部长沙希·巴尔苏米扬(Chahe Barsoumian)。

【司法机构】法院分为初审法院、上诉法院、最高法院、行政法院和治安法院。此外还有处理婚丧、遗产继承等问题的宗教法庭。

【政党】(1)黎巴嫩阵线(The Lebanese Front):1976年9月成立,是基督教马龙派主要政党和知名人士的联合阵线。由于内部分歧严重,其政治影响已严重削弱。

(2)黎巴嫩长枪党(The Lebanese Kataeb Party):1936年11月成立,基督教马龙派政党。1992年6月8日,长枪党举行大选,乔治·萨阿德(George Saadeh)获胜,第三次连任该党主席。

(3)黎巴嫩力量(The Lebanese Forces):原系黎巴嫩阵线领导的统一武装力量,实际上受长枪党控制。因政见分歧,于1985年3月从长枪党分离出来,并具有完全的独立性。其领导人为萨米尔·贾加(Samir Geagea)。

(4)自由国民党(The National Liberal Party):1958年9月成立,成员大部分是基督教徒。主席杜里·夏蒙(Dory Chamoun)继任主席。

(5)"阿迈勒"运动("Amal"Movement):1974年成立,前身为"被剥夺者运动"。伊斯兰教什叶派主要组织。曾拥有民兵约6000人,部分已解散,余部集中在黎南部。主席纳比·贝里。

(6)社会进步党(The Progressive Socialist Party):1949年5月成立,为穆斯林德鲁兹派政党,1980年该党加入社会党国际。主席瓦立德·琼布拉特(Walid Joumblatt)。

(7)黎巴嫩共产党(The Lebanese Communist Party):1924年成立,1948年被宣布为非法,1970年取得合法地位。有党员3000人。1992年9月17日总书记乔治·哈维宣布辞职,现由副总书记法鲁吉·赫鲁吉任代总书记。

(8)黎巴嫩共产主义行动组织(Organization of Communist Action Lebanon):1970年由黎巴嫩社会主义者运动和社会主义黎巴嫩合并而成。与黎共不和,双方互不来往。主要领导人穆赫辛·易卜拉欣(Mohsen Ibrahim)。

(9)叙利亚民族社会党(The National Syrian Social Party):1932年成立。1987年9月该党分裂为两派。

(10)真主党(The Party of God):1982年以色列入侵黎巴嫩期间成立,黎穆斯林什叶派政党,与伊朗关系密切。该党拥有民兵约5000人,集中在黎南部地区。1992年2月18日,谢赫·阿巴斯·穆萨维总书记,被以色列炸死,希肯·哈桑·纳斯拉拉赫(Sheikh Hassan Nasrallah)当选总书记。

【重要人物】埃利亚斯·赫拉维:总统。天主教马龙派。1930年生于扎赫勒。1961年任扎赫勒市政委员会委员,1972年当选议员,任议会农业委员会主席、财政委员会委员。1980～1982年担任公共工程部长。1989年11月24日,经议会选举出任总统。已婚,有5个孩子。1978年随联合国粮农组织代表团访华。　**拉菲克·哈利里**:总理兼财政部长。穆斯林逊尼派。1944年生于赛达,1965年就读贝鲁特阿拉伯大学企业管理系。1971年创建西库尼斯特建筑公司。1978年创建沙特—奥吉承包公司。1980年创建黎巴嫩奥吉公司和文化、医疗联合体。1983年建立哈利里公司,并在法国、英国、美国建立其分支机构。1982年以色列入侵黎后,建立哈利里基金会,向难民提供药品和食品,承担重建贝鲁特中心商业区。1992年10月22日奉命组阁出任总理。曾获黎巴嫩雪松勋章(最高级)和贝鲁特金钥匙。已婚,有4子1女。

经 济

黎是个以商业为主的国家，商业和服务业产值占国内产值的70%以上，曾享有中近东贸易、金融、交通和旅游中心的盛名。近十几年来，因以色列入侵和黎内部战火连绵，经济损失估计约400亿美元，其中水、电、通讯、道路等基础设施损失80亿美元以上。哈利里出任总理后，着手进行经济和行政改革，酝酿实现国营企业私有化，并积极寻求外援，力图恢复国内经济建设。

国民生产总值(1991年)：37亿美元。

国民生产总值增长率(1990年)：－10%。

人均国民生产总值(1991年)：1112美元。

货币名称：黎巴嫩镑。

汇率(1992年7月)：1美元＝2030黎镑。

通货膨胀率(1991年)：50%。

失业率(1988年)：5.84%。

【资源】矿产资源少，且开采不多。矿藏主要有铁、铅、铜、褐煤和沥青等。

【工业】以加工业为主，从事工业人数约10万。1991年工业产值13.35亿美元。食品、饮料加工占工业总产值的24.8%，纺织、服装、制革业占17.1%，木材、家具为18.1%；金属、机械加工为13%；非金属加工业占12.5%；其他工业为14.5%。1991年工业出口额由1990年的3.5亿美元增至6亿美元。

【农业】农业生产不发达。1990年农业人口23.7万。1991年农业产值2.27亿美元。全国可耕地面积30万公顷，其中灌溉面积8.6万公顷。农产品以水果和蔬菜为主。水果产值占农业产值的51%。果园面积约6万公顷，主要是柑桔、苹果。年出口水果约26万吨。黎粮食生产落后，主要靠进口。国内粮食耕种面积共8万公顷，其中大麦、小麦种植面积2.5万公顷。其他农产品有玉米、马铃薯等。经济作物有烟草、甜菜、橄榄等，其中烟叶占农业收入的6%。养鸡业比较发达。

【旅游业】黎原为中东旅游胜地。内战前，每年入境旅客达200万人次以上，旅游收入占国民收入的20%以上。内战以来，旅游业一蹶不振，1991年赴黎游客人数仅39万，旅游收入仅占国民产值的7%左右。现有各类饭店520家，大部分因内战遭受不同程度的破坏，重建工作正在进行。

【交通运输】黎交通以海、空为主，公路次之。1991年交通运输业产值由1990年的240万美元增至1亿美元。

公路：贯穿全境，全长约7100公里，其中沥青路3500公里。

铁路：全长335公里，全部为国有，实际上已废弃不用。

水运：主要港口有贝鲁特港、的黎波里港、赛达港。贝鲁特港为主要贸易港，年吞吐量为400万吨，有3个码头，12个泊位，总长度为3250米，可同时停靠25条货轮，泊位最深为33米，一般为3～7米。

空运：贝鲁特是著名航空港，内战前有70家航空公司的飞机飞经贝鲁特机场。内战以来，机场经常被迫关闭。1987年飞机流量为5588架次，客流量为421018人次。

【财政金融】内战前，预算基本保持平衡。内战以来，财政经济状况日益恶化，赤字年年增加，1990年赤字占预算总额的65%。近年财政预算情况如下(单位：亿黎镑)：

	1990	1991	1992
预算总额	6660	10260	17767
赤　字	3870	6260	7296

(资料来源：黎报刊统计数据)

贝鲁特曾是中东金融中心，外汇和黄金可自由买卖。1992年全国有72家银行，其中贝鲁特67家。美、英、意、日及前苏联都在黎设有银行。1990年黎外汇储备12.75亿美元，黄金储备922万盎司。外债1991年达1.19亿美元。1991年银行储蓄由1989年的10亿美元增加到56亿美元。

【对外贸易】外贸在国民经济中占有重要地位，政府对外贸采取鼓励和开放政策，绝大部分商品可以自由进口；同时对本国生产的商品也有一定的保护措施。出口商品主要有蔬菜、金属制品、纺织品、化工产品、玻璃制品和水泥等。主要贸易对象是意大利、法国、美国、沙特阿拉伯、伊拉克、约旦和叙利亚。外贸情况如下(单位：亿美元)：

	1990	1991
进口额	23.8	30
出口额	5.1	4
差　额	－18.7	－26

(资料来源：同上)

【外国援助】内战后截至1991年12月黎重建工作所获赠款和长期贷款8.37亿美元，其中欧共体2.25亿美元，意大利1.62亿美元，法国0.14亿美元，科威特发展银行0.55亿美元，阿拉伯社会发展银行0.55亿美元，世界银行1.25亿美元，伊斯兰发展银行0.10亿美元，沙特阿拉伯0.6亿美元。

人民生活

1987年人均国民收入约980美元。1991年全国医疗服务费为80亿黎镑，平均每千人1.426名医生，床位2.43个。

军 事

政府军由陆、海、空三军组成。总统为军队最高统帅。内战中军队分裂。1984年组成“六人军事委员会”，与总司令共同掌握领导和指挥军队的最高权力。实行义务兵役制，服役期限为18个月。

总兵力约3.3万人，此外还有边防部队2万人，海防部队5000人及准军事部队内部治安军。由法国和美国负责提供武器和训练。

陆军3.1万人，编成14个旅和1个突击团。装备坦克182辆、装甲车200辆、装甲运输车700辆、火炮328门、反坦克炮218门，还有反坦克导弹400枚及各型高炮89门。

1991年4月后，陆续收编各派民兵约5000人。空军1500人，编成1个战斗机中队、3个直升机中队和1个教练救援机中队。装备战斗机5架和直升机40架。海军500人，装备4艘巡逻快艇和2艘登陆艇。内部治安军8000人，装备有50辆装甲车、6艘巡逻艇。

文化教育

【教育】1992年教育经费预算为2069.95亿黎镑，占国家财政总预算的12.96%。1989年全国有中小学2305所，学生71.9万，教师52017名。公立学校1271所，教师占全国中小教师总人数的51.72%，学生占32.94%。其它还有私人免费和私人收费学校。综合大学4所，相当于大学和大学预科的学院20多所。黎巴嫩大学是唯一国立综合大学，1953年创建。贝鲁特阿拉伯大学，创办于1960年。贝鲁特美国大学，由美国教会创建于1866年，用英语讲课。该校附属的"美国大学医院"规模大，设备先进，是贝鲁特最主要的医院。贝鲁特圣·约瑟大学，1881年建立，用法语讲课。

【新闻出版】以中东新闻中心著称。全国各类报刊有600余家，其中52家政治性日报。主要日报有《白天报》，发行约4万份；《使者报》发行量5万份；《旗帜报》发行量6.2万份，其中在黎发行2.95万份；《家园报》发行量为1.4万份；《安瓦尔报》发行5.8万份。主要刊物有《事件周刊》、《阿拉伯周刊》、《狩猎者》、《杂志周刊》、《黎巴嫩评论》、《星期一早晨》等。

通讯社：黎巴嫩国家通讯社是唯一的官方通讯社，成立于1962年，属新闻部领导。每日发阿、英、法3种文字的新闻稿，只报道官方的黎国内消息。中央通讯社为私人通讯社，创立于1982年9月。每日用阿文报道黎国内政治、经济、商业等方面的消息，无国际新闻。《中东报道》是私人通讯社，1977年创办。除周末外，每日发黎国内、外消息的英文通讯稿。周末有综述和新闻分析内容的专刊。在开罗和华盛顿设有分社。

广播电台：黎巴嫩广播电台为国家广播电台，属新闻部领导。其前身是《东方电台》，始建于1938年。1962年开始增用阿、法、英、西和葡语对外广播。内战爆发后，由于经济困难，该台被迫停止对外广播。《祖国之声》电台为黎伊斯兰教逊尼派慈善基金会于1984年创办。每天广播20个小时，除英语新闻节目外，主要用阿语广播。《人民之声》电台为黎巴嫩共产党于1987年创办，每天广播18小时，每隔半小时有一次新闻节目。在开罗、巴黎、伦敦和莫斯科派有常驻记者。

电视台：黎巴嫩国家电视台，成立于1978年。属黎巴嫩电视公司所有，政府仅有一半资本，但公司的董事长和董事会成员均由政府任命。每天有两套节目，每套播放10小时，用阿、法和英语播放新闻节目，教育、卫生、文化娱乐等节目则以阿语为主。黎巴嫩广播公司电视台成立于1985年，是基督教"黎巴嫩力量"主要舆论工具之一。该台也有两套节目，其中一套称为"C3"，以法语节目为主，除播放本国编制的新闻节目外，还转播法国"TV5"电视台的法语新闻节目。马什雷克电视台创办于1989年，属马什雷克广播、电视和电影公司所有，由黎巴嫩股份公司承办，是一家私营电视台。每天用3个频道播放电视节目，覆盖面不仅遍及黎巴嫩全国，而且远达叙利亚、约旦、塞浦路斯和埃及的部分地区，并在埃、叙、约等国派有常驻记者。新电视台创办于1991年，是黎巴嫩共产党的舆论工具，宣传黎共政策和主张。每天播放8个小时。此外还有黎巴嫩党派办的政治性电视台和地区办的娱乐性电视台。

1992年4月，黎政府决定暂允许182家广播电台和42家电视台继续存在。

对外关系

奉行中立、不结盟和开放政策。与美、法等西方国家和梵蒂冈关系良好，与叙利亚关系密切。

【同我国的关系】1955年11月，中国贸易代表团访黎并签订了贸易协定。1971年11月9日，中、黎建交。此后，两国不断发展友好合作关系。1992年1月，黎巴嫩总理卡拉米会见中国驻黎大使杨一怀，称赞黎中关系是历史性的和高尚纯洁的，并对同中国保持友好合作关系感到自豪，相信中国政府将继续支持黎的立场。2月，中国代表在日内瓦举行的人权会议上发言，表示中国政府对以色列袭击黎巴嫩事件的严重关注，并谴责以色列侵犯黎人民人权的行为。4月和5月，黎巴嫩总统赫拉维、总理卡拉米和议长侯赛尼分别会见即将离任的杨一怀大使，赞赏中国支持黎人民和阿拉伯人民正义事业的立场，表示愿进一步巩固和发展黎中友好关系，并希望中国继续支持黎要求以色列撤出黎南部地区的正义立场。4月22日，黎巴嫩外交部长布维兹代表赫拉维总统授予杨一怀大使骑士级雪松勋章。5月14日，中国外交部副部长杨福昌访黎，会见了黎巴嫩总统赫拉维、议长侯赛尼、总理卡拉米，与外长布维兹举行会谈。杨福昌副部长表示，中国政府支持黎巴嫩关于全面执行安理会425号决议和以色列从所占领的阿拉伯领土撤军的要求。7月15日，黎巴嫩总统赫拉维接受中国新任驻黎巴嫩大使朱培庆递交的国书，表示黎重视发展黎中两国友好合作关系，希望中国继续支持黎提出执行安理会关于以色列从黎南部撤军的425号决议的建议。9月，辽宁省政府顾问孙奇率友好经济代表团访黎，与黎有关经济贸易部门以及实业界人士就进一步开拓贸易和经济技术合作进行磋商。11月19日，中国文化部部长助理高运甲访问黎巴嫩，与国民教育和美术部长达希尔签署了两国文化合作协定。12月1日，黎巴嫩总理哈利里在会见朱培庆大使时表示，黎重视同中国发展关系，希望增加黎、中两国高级官员互访，欢迎中国参与黎经济重建工作，并称这将有利于进一步开展各领域的友好合作关系。12月，黎中友协成立，议员、北方医生协会主席里亚德·阿斯拉夫任主席。

1992年中、黎贸易总额为6229万美元，其中中国向黎出口6205万美元，进口24万美元。

中国驻黎巴嫩大使：朱培庆。馆址：RUE 72, NICOLAS IBRAHIM SURSOCK, RAMLET-BAIDA, BEYROUTH。电话：830314（办公室），830316（文化处），830318（商务处），830317（武官处）。电传：21344 LE CHINCO。

黎巴嫩驻中国大使：法里德·萨马哈（H. E. Mr. Farid Sammaha）。使馆地址：三里屯东六街51号。电话：5321560，5322197，5323281。

【同美国的关系】美支持《塔伊夫协议》和赫拉维总统及新政府。赫拉维总统重视发展同美关系，先后派议员、财长访美，寻求政治、经济与军事上的支持和援助。美决定在1990和1991年向黎提供5425万美元援助。1992年3月美决定向黎提供7550吨食品援助，取消向黎出口武器的限制，恢复黎军官在美接受培训的项目。7月美国务卿贝克访黎，就中东和平进程和黎形势与赫拉维总统、索勒赫总理和布维兹外长交换意见。贝克表示，美支持黎统一、独立、主权和领土完整，希望叙利亚根据《塔伊夫协议》精神尽快重新部署在黎的部队。赫拉维总统要求美敦促以色列从黎南部撤军。

【同法国的关系】两国有传统的关系。1992年2月法国经济和议会代表团访黎，探讨参与黎经济重建工作的途径。7月黎巴嫩新闻部长访法，法方同意帮助黎重建黎广播电台、电视台；在技术培训和制作节目等方面进行合作。12月黎总理哈利里访法，要求法积极参加黎重建，特别是在水电和通讯方面。法方赞赏哈利里政府为实现民族和解所作的努力，支持黎独立、主权和领土完整，支持黎要求执行安理会425号决议的要求，愿意参加黎重建，对黎所欠债务重作安排。

【同叙利亚的关系】黎叙在法国委任统治时期是一个国家。黎独立后，叙未承认黎独立，黎叙仍保持着“特殊关系”。1976年5月以来，叙军约3万人一直以“阿拉伯威慑部队”的名义驻扎在黎。1991年5月22日，黎、叙两国元首签署《兄弟关系、合作与协调条约》，确定两国将进行最高级和最全面的协调。9月1日，两国国防部长和内政部长签署《安全与防务条约》，并组成“国防与安全事务委员会”，负责研究和制定保证两国安全的计划，共同对付外部侵略和内乱。1992年，黎巴嫩总统、总理、议长等领导人多次访叙，与叙领导人就双边关系和地区问题交换意见。在中东问题上，双方重申了“土地换和平”的原则。在双边关系问题上，强调叙黎合作的重要性，叙领导人表示支持哈利里政府。

【同巴勒斯坦的关系】黎国内有40万巴勒斯坦人，主要生活在几个难民营里。1969年11月3日，黎、巴双方签订《开罗协议》，就双方关系和巴勒斯坦解放组织在黎活动范围作了规定。1987年5月21日黎议会通过废除《开罗协议》及其附件的决议。对此，巴解表示反对。黎政府及各派组织均反对巴勒斯坦人在黎定居。1992年12月17日，以色列将400余名巴勒斯坦人驱逐至黎南部的无人地区，黎拒绝接受，但允许国际红十字会向被驱逐的巴人提供帐篷和食品。

【同以色列的关系】黎巴嫩南部与以色列接壤。1990年以来黎巴嫩政府多次要求联合国采取行动制止以色列武装袭击黎南部。在1991年10月30日开始的中东和平会议上，黎坚持要求以色列执行联合国安理会关于以从黎南部撤出的425号决议，使黎政府恢复对南部地区行使主权。1992年2月16日，以色列武装直升机在黎巴嫩南部用火箭袭击黎真主党总书记穆萨维乘坐的汽车，穆夫妇和孩子遇害，致使黎、以关系更趋紧张。9月16日，黎拒绝以色列提出成立讨论边界安全问题的“联合军事委员会”。12月19日，黎支持安理会关于谴责以色列大批驱逐巴勒斯坦人的799号决议。　（郑小龙）

马　尔　代　夫

国名　马尔代夫共和国（The Republic of Maldives）。

面积　298平方公里。

人口　21.4万（1990年3月统计）。均为马尔代夫族。官方语言为迪维希语，上层社会通用英语。伊斯兰教为国教，属逊尼派。

首都　马累（Male），人口5.5万（1991年统计）。

国家元首　总统穆蒙·阿卜杜勒·加尧姆（Maumoon Abdul Gayoom），1978年11月11日就职，1983、1988年连任。

简　况　印度洋上的群岛国家，南北长约800公里，东西宽约130公里，位于印度南部约600公里和斯里兰卡西南部约670公里处。由19组环礁、1190个珊瑚岛组成，分布在约9万平方公里的海域内。马位于赤道附近，具有明显的热带气候特征，炎热潮湿，无四季之分。年平均气温28℃。公元1116年建立苏丹国。近400年来，先后遭受葡萄牙和荷兰殖民主义的侵略和统治，1887年沦为英国保护国。1932年改行君主立宪制。1952年成为英联邦内的共和国。1954年恢复君主立宪制。1965年7月26日马宣布独立。1968年11月11日改为共和制。

政　治

1978年加尧姆当选总统，执政至今。马政府强调建立一个公正、稳定的社会。重视经济发展和文教卫生事业。马没有政党、团体，实行伊斯兰教法。

【宪法】现行宪法是1968年颁布施行的，以后经过多次补充和修改。宪法规定，马是完全独立的主权国家。总统由国民议会提名，全体选民过半数选举产生，任期5年。总统有权批准法律，召开国民议会特别会议，颁布临时法令和实行大赦，任命部长。

【议会】称国民议会，为最高立法机构。任期5年。由48人组成，其中总统提名8人，首都马累选出2人，19组环岛各选2人。议会以简单多数通过法案。议长艾哈迈德·扎基(Ahmed Zaki)。

【政府】实行总统内阁制，本届内阁成立于1988年11月。1990年2月和1991年3月两次调整内阁，现内阁主要成员有：总统兼国防部长、国家安全部长和财长加尧姆；外长法图拉·贾米尔(Fathulla Jameel)，总统事务部长兼代理总检察长穆罕默德·扎希尔·侯赛因(Mohamed Zahir Hussain)，渔业和农业部长阿巴斯·易卜拉欣(Abbas Ibrahim)，内政和体育部长乌马尔·扎希尔(Umar Zahir)。

【司法机构】司法独立。首席法官由总统任命，首都设有高等法院，外岛设有地方法院。现任高等法院首席法官穆萨·法蒂(Mossa Fathy)。总检察长穆哈默德·扎希尔·侯赛因。

【重要人物】穆蒙·阿卜杜勒·加尧姆：总统。1937年12月29日生，毕业于开罗爱资哈尔大学，获伊斯兰法律和哲学学士学位。曾先后任外交部秘书、次官和常驻联合国代表、交通部长等职。1978年起任现职。已婚，有2子2女。

经　济

渔业、旅游业和船运业是马经济的三大支柱。

国内生产总值(1991年)：10.481亿拉菲亚。

人均国民生产总值(1991年)：约为470美元。

国内生产总值增长率(1991年)：8%。

货币名称：拉菲亚。

汇率(1992年6月)：1美元＝10.48拉菲亚。

【资源】拥有丰富的海洋资源，有各种热带鱼类及海龟、玳瑁和珊瑚、贝壳之类的海产品。

【工业】工业不发达，1991年工业收入占国内生产总值的5.8%。仅有小型船舶修造厂、海鱼和水果加工及纺织等手工业。近几年建立了几个外资服装加工厂。

【农业】1990年和1991年农业产值分别为8513和9000万拉菲亚，呈不断上升趋势。全国可耕地面积6900公顷，土地贫瘠，农业十分落后。椰子生产在马农业中占重要地位，约有100万棵椰子树。其它农作物有小米、玉米、香蕉和木薯。随着旅游业的扩大，蔬菜和家禽养殖业开始发展。

【渔业】是国民经济重要部门。渔业收入分别占国内生产总值的16%和国家出口收入的72%。马渔业资源丰富，盛产金枪鱼、鲣鱼、鲛鱼、龙虾、海参和少量的石斑鱼、鲨鱼、海龟和玳瑁等。鱼主要出口英国、斯里兰卡、泰国和德国。近几年渔业生产及收入情况如下：

	1989	1990
捕鱼量(万吨)	5.36	7.60
渔业收入(亿拉菲亚)	1.33	1.42

【旅游业】近年有较大发展，是马第二大外汇收入来源。全国拥有68个旅游点。游客主要来自西欧、澳大利亚和日本等国。1991年共接待外国游客19.6万人，旅游收入1.7亿拉菲亚，占国内生产总值的18.4%。

【交通运输】主要交通工具是船。陆上交通局限于首都马累，自行车为陆上交通工具。海运业主要经营香港到波斯湾和红海地区及国内诸岛间的运输业务，拥有50多艘商船。马民航事业不发达。有6条国际航线和9条包机航线通往马累，斯里兰卡、印度、新加坡、阿联酋及一些欧洲国家有定期航班飞往马累。

【财政金融】1990年收入6.21亿拉菲亚，支出7.66亿拉菲亚，赤字1.45亿拉菲亚。

政府估计，1989年外债4720万拉菲亚。截至1988年9月底，外汇储备1650万美元，国际收支盈余1600万美元。

【对外贸易】主要出口海产品和成衣，进口纺织品、石油产品、食品和生活用品。日本、印度、泰国、斯里兰卡和德国是主要贸易国。外贸情况如下(单位：万美元)：

	1987	1988
出口额	3530	4740
进口额	7390	9050
差　额	－3860	－4310

人民生活

大部分居民以鱼、椰子和木薯为主食，近年粮食食品有所增加。医疗卫生落后，全国仅有5家医院，最大的医院在马累，有94张床位。1990年政府医疗卫生支出1.4亿拉菲亚，占全国总开支的15.5%。

军　事

马武装力量十分薄弱，仅有400～500人，由国民卫队、警察卫队和海上巡逻队组成，集中在首都马累。

文化教育

【教育】实行免费教育。成人识字率估计已达98%，到1995年全国可普及小学教育。1990年教育经费约为1.1亿拉菲亚，占政府总支出的12%。有中学2所，小学38所，就职培训中心、师范学校、科学教育中心及伊斯兰教育中学各1所，全国无大学。各环礁设有一个教育中心，主要向成年人提供非正规的文化教育。执教的教师中有近一半为外籍教师。

【新闻出版】全国有两种日报和少量周刊，系迪维希语，主要在首都马累发行。还有一份双周刊英文报纸。

电台“马尔代夫之音”建于1962年，用英文和迪维希语对全国广播。电视台于1978年3月建成启用，同年修建了卫星通讯站，可通过卫星转播世界各地的节目。

对外关系　奉行和平、独立和不结盟的外交政策，同所有尊重马独立和主权的国家友好，重视发展与印度、日本、斯里兰卡以及阿拉伯国家的关系。希望得到国际组织和其他国家的援助。马支持印度洋和平区倡议，积极参与不结盟运动和南亚区域合作联盟活动；支持巴勒斯坦解放事业和南部非洲人民反对种族歧视、争取民族解放的斗争；支持建立国际经济新秩序；主张全面裁军，维护世界和平，特别提倡维护小国安全。到1991年底，已同103个国家建立外交关系。

【同我国的关系】1972年10月14日中马建交，建交后两国友好合作关系不断发展。1984年10月马总统加尧姆对我国进行了正式访问。1990年经贸部副部长李岚清访马。

1992年3月，我经贸部副部长王文东率团访马，与马签订了技术合作协定。6月，马内政和体育部长乌马·扎希尔访华，与我签署了“援建马累第三幢住房”和“中国专家住房”两项换文。11月，徐敦信副部长在中马建交20周年之际访马。

1992年中马贸易总额为110万美元，其中中方出口额为50万美元，进口额为61万美元。

中国驻马尔代夫大使：由驻斯里兰卡大使张联兼任。

1992年6月，马尔代夫非官方航空机构开始同台湾“长容”航空公司建立从台北到马累的包机飞行，每周两班。

【同其他国家的关系】1991年7月，南亚区域合作联盟部长会议第九次会议在马尔代夫召开。

同斯里兰卡有悠久的历史、文化和经济联系。早在英国统治时期，马就在斯设有代表机构，1966年升为高级专员署。1992年10月斯总统普雷马达萨以南盟主席身份访马。

同印度关系密切，两国高层往来较多。1991年马总统访印，印副总统访马。　（刘谨凤）

马　来　西　亚

国名　马来西亚(Malaysia)。

面积　329758平方公里(马来西亚1992/93年度经济报告)。

人口　1756.7万(1991年普查)。其中马来半岛1418.2万；马来族占58.1%，华人31.3%，印巴人6.3%；沙捞越164.8万，沙巴173.7万，沙捞越土著民族中以伊班族为主，沙巴以卡达山族为主。马来语为国语，通用英语和华语。伊斯兰教为国教，此外还信奉佛教、印度教和基督教。

首都　吉隆坡(Kuala Lumpur)，人口115万(1991年)。

国家元首　最高元首为苏丹·阿兹兰·沙阿(Sultan Azlan Shah)，1989年4月26日就任。

简　况　东南亚国家。全境被南中国海分隔成东、西马来西亚。西马位于马来半岛南部，南与新加坡、北与泰国接壤，东临南海，西濒马六甲海峡；东马位于加里曼丹岛北部，东南与印度尼西亚、西北一角与文莱为邻。海岸线总长4192公里。属热带雨林气候。内地山区年平均气温22～28℃，沿海平原为25～30℃。

公元初马来半岛有羯荼、狼牙修等古国。15世纪初以马六甲为中心的满剌加王国统一了马来半岛的大部分。16世纪起先后被葡萄牙、荷兰、英国占领，20世纪初完全沦为英国殖民地。沙捞越、沙巴历史上属文莱，1888年两地沦为英国保护国。二次大战中马来亚、沙捞越、沙巴被日本占领，战后英国恢复其殖民统治。1957年8月31日马来亚联合邦宣布独立。1963年9月16日马来亚联合邦同新加坡、沙捞越、沙巴合并组成马来西亚(1965年8月9日新加坡退出)。

政　治　1991年2月马哈蒂尔总理提出要在2020年将马来西亚建设成在各个领域都具有马来西亚特色的发达国家。6月马政府公布1991～2000年的“国家发展政策”，提出要继续“消灭贫穷，重组社会”，并将国民团结作为首要目标。1992年马国内政局稳定，经济持续以较高的速度发展。以巫统为首的国民阵线继续执政。反对党伊斯兰教党和沙巴团结党仍分别控制着吉兰丹和沙巴两州政权，与中央政府矛盾不断。

【宪法】1957年颁布马来亚宪法，1963年马来西亚成立后继续沿用，改名为马来西亚联邦宪法，后多次修订。宪法规定：最高元首为国家首脑、伊斯兰教领袖兼武装部队统帅，由统治者会议选举产生，任期五年。最高元首拥有立法、司法和行政的最高权力，以及任命总理、拒绝同意解散国会等权力。但最高元首的权力仅为象征性，内阁掌握实权。

【统治者会议】由柔佛等9个州的世袭苏丹和马六甲等4个州的州长组成。其职能是在9个世袭苏丹中轮流选举产生最高元首和副元首；对国家宪法和全国性的伊斯兰教问题有最后的决定权；对影响国家政策以及马来族、沙巴和沙捞越土著民族的特殊地位等问题进行审议。凡有关统治者特权地位的法律，未经该会议同意，不得通过。

【议会】称国会，最高立法机构。由上议院和下议院组成。上议院有69名议员，其中43名由最高元首任命，另外26名由各州立法议会各推派2名，任期三年。上议院议长达图·G·瓦迪韦卢(Datuk G. Vadiveloo)，1992年4月就任。下议院有议席180个，议员任期五年。1992年10月决定将议席增至196个。本届国会于1990年10月第八次大选后组成。以新巫统为首的国民阵线占2/3以上多数议席，反对党民主行动党占20席，"四六"精神党占8席，伊斯兰教党占7席，独立人士4席。下议院议长坦·斯里·穆罕默德·扎希尔·伊斯迈尔(Tan Sri Mohamed Zahir Ismail)，1982年6月起连任三届至今。

【政府】本届政府1990年10月组成。主要成员有：总理兼内政部长达图·斯里·马哈蒂尔·宾·穆罕默德医生(Dato'Seri Dr. Mahathir bin Mohamad)，副总理兼国家和乡村发展部长阿卜杜勒·加法尔·宾·巴巴(Abdul Ghafar bin Baba)；外交部长达图·阿卜杜拉·宾·艾哈迈德·巴达维(Datuk Abdullah bin Ahmad Badawi)，财政部长达图·斯里·安瓦尔·伊卜拉希姆(Datuk Seri Anwar Ibrahim)，国际贸易和工业部长达图·斯里·巴杜卡·拉菲达·阿齐兹(Datuk Seri Paduka Rafidah Aziz)，国防部长达图·斯里·纳吉布·敦·拉扎克(Datuk Seri Najib Tun Razak)。

【司法机构】最高法院于1985年1月1日正式成立。设有马来亚高级法院和婆罗洲高级法院，各州设有地方法院和推事庭。另外还有特别军事法庭和伊斯兰教法庭。最高法院院长坦·斯里阿卜杜勒·哈米德·奥马尔(Tan Sri Abdul Hamid Omar)，于1988年11月10日就任。

【政党】注册政党有39个，其中10个政党组成国民阵线联合执政，其余为反对党。共产党被宣布为非法。

(1)国民阵线(National Front)：1974年4月在马来亚联盟党的基础上扩大而成，成员党相对独立。大选时国阵各党采用统一的竞选标志和宣言，议席候选人内部协商分配。其成员包括新马来民族统一机构(又称新巫统，New United Malays National Organization)、马来西亚华人公会(Malaysian Chinese Association)、马来西亚印度人国大党(Malaysian Indian Congress)、人民运动党(又称民政党，The People's Movement Party)、人民进步党(The People's Progressive Party)、沙捞越土著保守统一党(Parti Pesaka Bumiputra Bersatu Sarawak)、沙捞越人民联合党(The Sarawak United People's Party)、沙捞越国民党(The Sarawak National Party)、沙捞越达雅克族党(Parti Bangsa Dayak Sarawak)、沙巴人民正义党(Angkatan Keadilan Rqkyat，Sabah)。国民阵线主席马哈蒂尔。

(2)新马来民族统一机构(新巫统)：该党是由1946年5月11日成立的巫统演变而成。1987年4月巫统党内选举被控非法，该党亦被宣布为非法，翌年2月马哈蒂尔在巫统基础上另组"新巫统"。现有党员150万人，均为马来人，其中80％是原巫统党员。主席马哈蒂尔。

(3)马来西亚华人公会：简称马华公会，1949年2月27日成立。华人政党，党员约55万，总会长林良实。

(4)马来西亚印度人国大党：简称印度国大党，1946年8月2日成立。党员约32万人，均为印度人。主席萨米·维卢。

(5)人民阵线(People's Front)：反对党阵线，1992年5月正式成立。平时各成员党相对独立，大选时联合与国民阵线抗衡。由"四六精神党"(Semangat 46)、民主行动党(The Democatic Action Party)、人民党(The People's Party)、哈民党(Hamin)等7个反对党组成。主席东姑·拉扎利(Tengku Tan Sri Razaleigh Hamzah)。

(6)"四六精神党"：1988年2月由巫统分裂出来的政党，仍沿用巫统纲领。绝大多数是原巫统党员，马来人。主席东姑·拉扎利。

(7)民主行动党：最大反对党。1966年3月成立，是以华人为主的多民族政党。前身是新加坡人民行动党的分枝。秘书长林吉祥(Lim Kit Siang)，主席曾敏兴(Chen Man Hin)。

(8)伊斯兰教党(Parti Islam Se Malaysia)：反对党。1952年成立。有党员26.4万多人，均为信仰伊斯兰教的马来人。主要势力在北马。现在吉兰丹州执政。主席法齐勒·穆罕默德·诺尔(Ustaz Fadzil Mohamed Noor)。

(9)沙巴团结党(Parti Bersatu Sabah)：反对党。1985年3月成立。是以卡达山人为主的多民族政党。1986年6月加入国民阵线，1990年10月退出国阵。现在沙巴州执政。主席拜灵·吉地甘(Datuk Joseph Pairin Kitingan)为沙巴州首席部长。

(10)马来亚共产党(The Communist Party of Malaya)：1930年4月30日成立。日本侵马期间曾领导人民进行抗日游击战争。1948年被英国殖民当局宣布为非法后转入地下活动。1955年曾和政府进行和平谈判，但失败。1989年12月与政府签署和平协议，结束了武装斗争。总书记陈平。

【重要人物】苏丹·阿兹兰·沙阿：最高元首。1928年4月19日生于霹雳巴都牙也，中学毕业后赴英国诺丁汉大学和林肯法学院攻读法律，1954年在英国获准成为律师，回国后在法律界供职。1965年出任法官，1982年11月任马来西亚联邦法院院长。1984年2月任霹雳州第34任苏丹，同年4月26日任第八任副最高元首。1989年4月26日任第九任最高元首。喜欢看书和体育运动。是国际曲棍球联合会副会长，亚洲曲棍球联合会会长，也是马奥林匹克委员会副主席。已婚，有5名子女。　**达图·斯里·马哈蒂尔**：总理。1925年12月20日生于吉打州。

1953年毕业于新加坡马来亚大学医学系。当过医务官和开业医生。是巫统早期党员。1969年因公开要求拉赫曼总理下台被巫统开除。1972年重新加入巫统。同年当选为党的最高理事会理事。1974年当选为国会议员，此后历任教育部长、副总理兼国防部长、总理兼内政部长。1981年任巫统主席和国民阵线主席。1988年重组巫统后继任主席。1990年10月大选后蝉联总理兼内政部长。1985年11月正式访华。著有《马来人的困境》一书，影响较大。已婚，有5名子女。

经　济

自然资源丰富。橡胶、锡、棕油和胡椒的产量和出口量居世界前列。70年代以来不断调整产业结构，制造业和服务业发展迅速。80年代中期，经济出现困难。政府采取刺激外资和私人资本增长措施后，经济明显好转。1991年7月制定了自1991年开始的第六个五年发展计划，确定年均增长率为7.5%。强调经济平衡发展和基础工业多元化，重视人力资源开发。1992年马经济继续以较高的速度增长，建筑业、制造业等仍保持强劲的增长势头。马政府充分利用马政局稳定、资源丰富、基础设施较完善等优势，积极吸引外资，及时调整政策，转变经济形式，使工业从劳动密集型转向高科技和资金密集型；改变出口贸易结构，减少对传统外贸市场的依赖，使马经济在国际经济普遍不景气的情况下仍能取得较高速的增长。目前的主要问题是：技术人员和劳工严重短缺，基础设施的增长赶不上经济发展的速度，通货膨胀压力增大。

国内生产总值(1992年，估计)：936.24亿林吉特。

国内生产总值增长率(1992年，估计)：8.5%。

人均国民生产总值(1992年，估计)：7554林吉特。

货币名称：林吉特；1林吉特＝100分。

汇率(1992年)：1美元＝2.50林吉特。

通货膨胀率(1992年，估计)：5%。

失业率(1992年，估计)：4.1%。

【资源】锡矿丰富，产量居世界第四位。石油储藏量30亿桶(1986年探明)，天然气1.5万亿立方米。此外还有铁、金、钨、煤、铝土、锰等矿产。盛产热带硬木。

【工业】政府鼓励以本国原料为主的加工工业。重点发展电器、汽车装配、钢铁、石油化工、纺织品等。1992年制造业产值(按1978年不变价格)估计为274.67亿林吉特，占国内生产总值的29.3%。矿业以锡、石油和天然气开采为主，1992年矿业总产值占国内生产总值的8.7%。近几年工矿业产品产量如下：

	1990	1991	1992*
锡(万吨)	2.85	2.07	1.8
石油(万桶/日产)	62.25	64.87	66.1
液化天然气(万吨)	668	799	810
原木(万立方米)	4015	4017	4020

*　为估计数字。

(资料来源：马来西亚1992/93年度经济报告)

【农业】1992年农业产值占国内生产总值的16%，农业人口占全国从业人口的26%。有耕地面积约414万公顷，占可耕地面积的30.6%。以经济作物为主，主要有橡胶、油棕、胡椒、可可、椰子等。稻米自给率为75%。近几年主要农产品产量如下(单位：万吨)：

	1990	1991	1992*
橡胶	129	125	122
棕油	609.5	614	645
稻谷	184.05	195.7	186.4
可可	24.7	23	18.4

*　为估计数字。

(资料来源：同上)

渔业以近海捕鱼为主，近年来深海捕捞和养殖业有发展。1992年鱼产量估计为98万吨。

【旅游业】1992年外国旅游者500多万人次，外汇收入约50亿林吉特。

【交通运输】全国有良好的公路网，公路和铁路主要干线贯穿马来半岛南北，航空业亦较发达。

公路：总长50840公里(1990年)。注册机动车辆580万辆(包括摩托车)，1990年有货车25995辆。

铁路：总长2300公里，主要贯穿马来半岛。1990年货运量460万吨，客运量800万人次。

水运：内河运输不发达，海运80%以上依赖外航。1991年共有各类船只1008艘，其中100吨位以上的注册商船508艘，注册总吨位175.5万吨；远洋船只50艘。主要港口有巴生、槟城、关丹、新山、古晋、纳闽等；1990年主要港口吞吐量约1亿吨。

空运：民航由马来西亚航空公司经营，有飞机64架，辟有52条国际航线。1990年货运量约24万吨，客运量1700多万人次。主要机场有吉隆坡苏邦机场、槟城机场。

【财政金融】实行赤字预算，用扩大发展开支办法刺激经济发展。1992年联邦政府的内债总额为760.7亿林吉特，各类外债427亿林吉特。截至1992年9月，黄金和外汇储备为428亿林吉特。财政预算收支情况如下(单位：亿林吉特)：

	1991/92	1992/93	1993/94
收入	340.53	381.06	391.19
支出	396.93	424.14	424.44
赤字	56.4	43.08	33.25

(资料来源：同上)

【对外贸易】外贸出口收入约占国民生产总值的50%。主要出口制成品、石油、棕油、橡胶、锡、木材、可可、电子产品和纺织品；进口机械运输设备、食品、烟草和燃料等。主要贸易对象是日本、美国、新加坡，它们分别占马1992年1～7月出口总额的13.4%、18.5%、23.3%，进口总额的25.7%、15.3%、16%。对外贸易情况如下(单位：亿林吉特)：

	1990	1991	1992*
总　额	1587.65	1953.28	2104.62

进口额	791.19	1008.31	1058.54
出口额	796.46	944.97	1046.08
差　额	5.27	−63.34	−12.46

* 为估计数字。

(资料来源:同上)

【外国资本】积极吸收外资。1991年外国投资总额为150.6亿林吉特。1992年头7个月,马政府共批准217项外国投资计划,投资金额69.5亿林吉特。主要投资国有美国、英国和日本,其拟议中的投资额分别为21.4亿、16亿、10.7亿。主要投资于石油、电子电器、食品、塑料等行业。

人民生活

1989年平均2656人1名医生,650人1张病床。1991年,86%居民有自来水供应。1992年人均国民收入约3022美元。平均每10.1人拥有1部电话机。

军　事

1935年创建陆军;1958年从英国人手中接管了海军,1963年改为马来西亚皇家海军;1958年6月1日正式建立马来皇家空军。马最高元首是三军最高统帅。国防决策机构为国家安全委员会,总理任主席。武装部队总司令为最高指挥官,总司令雅谷布·扎因将军。实行志愿兵役制,服役期为10年。

三军总兵力12.95万人。陆军10.5万人,编1个军团司令部、4个师、12个步兵旅、1个特种部队旅。海军1.25万人。空军1.2万人,编两个管区(下辖5个营)、12个飞行中队和支援部队。

1992年国防安全总开支估计为64.13亿林吉特,1993年国防安全预算75.69亿林吉特。

文化教育

马、华、印各族都有自己独特的文化。政府努力塑造以马来文化为基础的国家文化,推行"国民教育政策",重视马来语的普及教育。

【教育】实施小学免费教育。1992年教育经费开支为79.65亿林吉特,1993年教育经费预算约84.1亿。15岁以上人口识字率为78.5%。小学适龄儿童入学率为95%,政府津贴的小学约7000所,中学900多所。全国有马来亚大学、国民大学等7所高等院校。

【新闻出版】约有50家报纸,用8种文字出版。主要报纸有:马来文的《马来西亚使者报》、《每日新闻》、《祖国报》;英文的《新海峡时报》、《星报》、《马来邮报》;华文的《南洋商报》、《星洲日报》等。

马来西亚国家新闻社:简称马新社,半官方通讯社。

马来西亚广播电台:官办,建于1946年。拥有6个广播网,用马来、英、华和泰米尔语广播。马来西亚之声:建于1963年,用马来、阿拉伯、英、印尼、缅甸、他加禄和泰语等8种语言对外广播。

马来西亚电视台:官办,建于1963年,设有两个频道,用马来、英、华和泰米尔语播放。电视台第三频道是马私营电视网,1984年6月1日开播。

对外关系

奉行中立、不结盟的外交政策,主张建立东南亚和平、自由和中立区。优先发展同东盟国家的关系,视东盟为其外交政策的基石。关注建立国际政治、经济新秩序问题。希望新的世界秩序不是任何特定的受益者强加给这个世界的,联合国所有会员国都应参加制定新的世界秩序,大力开展经济外交,积极推动南南合作,谴责西方国家贸易保护主义。努力加强地区经济合作,倡议并大力推动建立"东亚经济会议",积极促进东盟自由贸易区的成立。积极同伊斯兰国家、不结盟国家发展关系。认为柬和平进程不应把任何一方排除在外。积极参与柬的经济与社会重建工作。要求以色列全部撤出阿拉伯领土;承认巴勒斯坦国,不承认以色列。主张通过谈判协商解决中东问题。强烈谴责发生在波黑地区的屠杀行为,批评西方国家不愿对此采取行动加以制止,呼吁联合国安理会召开特别会议讨论波黑冲突。积极向波黑难民提供庇护和捐款。反对保留南斯拉夫不结盟运动成员国地位,1992年8月宣布与南断交。已同80多个国家建交。

【同我国的关系】1974年5月31日两国建交后,领导人多次互访,近年来两国友好合作关系又有了新的发展。1990年12月李鹏总理访问马来西亚。1991年9月马最高元首苏丹·阿兹兰·沙阿来华进行国事访问。

1992年中马关系又有进一步发展。1月杨尚昆主席对马进行国事访问。8月姚依林副总理对马进行正式友好访问;马国防部长纳吉布正式访华。10月马外交部长阿卜杜拉·巴达维访华。3月两国签署了新闻合作协定,7月签署了科技合作协定。两国经济合作稳步发展,合资项目增加,领域扩大。截至1992年底,中国在马获批准的投资项目共65个,投资额2.7亿美元;马在华投资项目128个,投资额1.5亿美元(不包括间接投资)。1992年两国贸易额为14.75亿美元,中方逆差1.84亿美元。

中国驻马大使:金桂华。馆址:马来西亚吉隆坡安邦路229号(229,Jalan Ampang,Kuala Lumpur)。办公室电话:2428495,2441966。领事部电话:2428585。传真:603-2414552。商务处电话:4513555。传真:603-4513233。

马来西亚现任驻华大使:达图·诺尔·阿德南(Dato Noor Adlan)。馆址:北京东直门外大街13号。电话:5322531。

马来西亚与我国台湾省保持着密切的经贸关系。马在台驻有"马来西亚文化贸易交流中心",其工业发展局在台设有办事处;台在马驻有"台北经济文化办事处"。台是马最大的外来投资者之一,1990年台在马投资近23.9亿美元,1991年虽猛降至13.14亿,但仍高居榜首,1992年1～7月,台在马投资为1.17亿。台也是马重要的贸易伙伴,1991年双边贸易额达29亿美元,1992年1～8月为22.6亿。

【同东盟国家的关系】马是东盟成员国，同东盟成员国政治、经济、文化关系密切，并注意协调对重大国际问题的立场。

与印尼关系密切，但两国在关于西巴丹岛和吉丹岛的归属问题上存在争议。1992年9月双方签署了边境谅解备忘录，划定了东马和印尼加里曼丹长达89公里的边界。

马泰关系良好。1992年8月，泰副总理格森访马。双方军警举行了联合水上演习。

与菲律宾存在沙巴领土主权和南沙群岛部分岛礁归属的争议，虽进行了多次谈判，但未取得任何进展。1992年9月，菲外长罗慕洛访马，罗表示，菲政府领导人将尽力说服菲有关方面放弃沙巴主权。

与新加坡关系密切。新副总理王鼎昌和外长黄根成于1992年6月访马。双方多次举行联合军事演习，军队领导人进行了互访。

与文莱交往甚密。1992年6月文莱苏丹率外交、财政、教育大臣访马，与马签署了国防、教育、新闻广播等谅解备忘录；10月马各州苏丹、马哈蒂尔总理及多名部长访文，参加文苏丹登基25周年庆典。双方军队领导人也进行了互访。

【同英国的关系】马曾是英国殖民地。80年代初因马收购英资企业问题，两国关系曾一度冷淡。近几年有所缓和，但英在马的投资及经济上对马的影响力大为削弱。1992年7月，英外交大臣赫德访马，他表示，英不会反对马关于建立“东亚经济会议”的建议。他还透露，英目前是欧洲国家中在马投资最多的国家，达25亿英镑。

【同日本的关系】日本为马最大贸易伙伴、主要投资国和向马贷款最多的国家。1992年10月，马外长阿卜杜拉和总理马哈蒂尔先后访日。马哈蒂尔总理访日时表示，日作为经济大国，应该在国际舞台上发挥更大和更关键的作用。

【同美国的关系】马重视与美的经贸合作关系，但对美的贸易保护主义不满。不赞成美在东盟建立新的军事基地，但支持美在东南亚保持一定的军事存在。抨击美将其民主、人权模式强加于发展中国家。

【同前苏联各共和国的关系】重视发展同独联体国家的关系。1992年5月，马外长阿卜杜拉·巴达维访问俄罗斯、哈萨克斯坦、吉尔吉斯斯坦、乌兹别克斯坦和土库曼斯坦等5国，成为苏联解体后第一个访问独联体的东盟外长。6月乌兹别克斯坦总统卡里莫夫对马进行国事访问，两国签订了技术和经济合作协定及科学与文化协定。

【同印度支那国家的关系】重视印支市场。期望加强与印支各国的经济合作关系。希望印支三国能加入东盟。1992年马与越南的关系发展较快。两国总理进行了互访。双方签定了投资保护、双边付款、海运、邮电合作及经济、科技合作等5项协定和马技术援助越橡胶业的谅解备忘录。越专门辟出3块土地供马企业家投资。马已成为越最大的外来投资者之一。（陈秀梅）

蒙　古

国名　蒙古国（Mongolia，Монгол улс）。

面积　156.65万平方公里。

人口　220万（1993年1月1日）。喀尔喀蒙古族占全国人口的80％（1989年），还有哈萨克族等。主要语言为喀尔喀蒙古语。部分居民信奉喇嘛教。

首都　乌兰巴托（Улаанбаатар），人口57.89万（1991年）。

国家元首　总统彭萨勒玛·奥其尔巴特（Пунсалмаагийн Очирбат），1990年3月当选蒙古人民共和国大人民呼拉尔主席团主席，同年9月3日当选蒙古首任总统。

简　况

位于亚洲中部的内陆国。南、东、西与中国接壤，北与俄罗斯相邻。属典型的大陆性气候，冬季最低气温可至－40℃，夏季最高气温达35℃。原称外蒙古或喀尔喀蒙古。公元前3世纪，成为匈奴帝国的中心。公元13世纪初，成吉思汗统一大漠南北各部落，建立统一的蒙古汗国。1279～1368年建立元朝。1911年12月蒙古王公在沙俄支持下宣告独立。1917年沙皇灭亡后复归中国统治。1921年蒙古人民革命胜利，同年7月建立君主立宪政府。1924年11月26日废除君主立宪，成立蒙古人民共和国。1945年2月英、美、苏三国首脑雅尔塔会议规定，“外蒙古（蒙古人民共和国）的现状须予维持”，作为苏参加对日作战的条件之一。1946年1月5日当时的中国政府承认外蒙古独立。

政　治

1992年蒙古政局相对稳定。蒙古在政治上实行多党制，在经济上实行开放政策，采取向市场经济过渡的措施，搞私有化。1992年1月16日，政府总理达·宾巴苏伦在向大人民呼拉尔会议作政府工作报告之后，宣读了他给总统和大人民呼拉尔的辞呈。21日蒙古人民革命党举行四中全会，讨论了总理提出的辞呈问题，全会决定向大人民呼拉尔会议建议，让宾巴苏伦继续留任总理。22日人革党中央和中监委举行联席全会，达希云登主席在报告中指出，人革党在改革进程中已放弃了马列主义的某些原理，如社会主义革命、社会主义建设计划、无产阶级专政、无产阶级政党学说等。改革后的社会主义思想就是关于人道的公民民主社会的思想。23日大人民呼拉尔会议以59%的微弱多数通过了对宾巴苏伦总理的信任案。1992年2月12日改国名为"蒙古国"。6月28日，全国举行有13个政党参加角逐的国家大呼拉尔选举，26个选区选举产生76名国家大呼拉尔委员，人革党获得绝对胜利。7月20日，新选出的国家大呼拉尔首次会议开幕，会议选举了大呼拉尔主席、副主席和各常设委员会，任命了总理和新政府成员。

【宪法】现行宪法是蒙古历史上的第四部宪法，于1992年1月通过。自同年2月12日起生效。宪法规定：蒙古国是独立、主权的共和国；视在本国建立人道的公民民主社会为崇高目标；在未颁布法律的情况下，禁止外国军事力量驻扎在蒙古国境内和通过蒙古国领土；国家承认公有制和私有制的一切形式；国家尊重宗教，宗教崇尚国家；蒙古国根据公认的国际法准则和原则，奉行和平外交政策；有宗教信仰与不信仰的自由。根据该宪法，改国名为"蒙古国"，摘去了国旗中的五角星，更换了国徽，建立设有总统的议会制。

【议会】国家大呼拉尔是国家最高权力机关，立法权只属于国家大呼拉尔。国家大呼拉尔可提议讨论内外政策的任何问题，并将以下问题置于自己特别权力之内予以解决：批准、增补和修改法律；确定内外政策的基础；宣布总统和大呼拉尔及其成员的选举日期；决定和更换大呼拉尔常设委员会；颁布认为总统已经当选并承认其权力的法律；罢免总统职务；任免和变动总理、政府成员；决定国家安全委员会的结构、组成成员及权力；决定赦免等。国家大呼拉尔为一院制议会，其成员由有选举权的蒙古国公民在普遍、自由、直接选举的法律基础上以无记名投票的方式选出，任期四年；国家大呼拉尔主席、副主席从大呼拉尔成员中产生，任期四年，可根据法律规定提前罢免。本届国家大呼拉尔于1992年7月产生。共76个席位，人革党71席，三党联盟(民主党、民族进步党和联合党)4席，社会民主党1席。主席那楚格·巴嘎班迪(Нацагийн Багабанди)，1992年7月20日当选。

【政府】国家最高执行机关，政府成员由国家大呼拉尔任命。本届政府于1992年7月由人革党单独组成。政府成员为：总理彭·扎斯莱(П. Жасрай)，副总理兼行政部长勒·额奈比希(Л. Энэбиш)，副总理乔·普勒布道尔吉(Ч. Пурэвдорж)；蒙古国部长兼总理下属的国家发展局长楚·乌兰(Ч. Улаан)，自然环境部长扎·巴特扎尔嘎勒(З. Батжаргал)，建筑和城市建设部长策·达米朗(Ц. Дамиран)，国防部长沙·扎丹巴中将(Ш. Жадамбаа)，对外关系部长策·贡布苏伦(Ц. Гомбосурэн)，地质矿产资源部长道·朝克巴特尔(Д. Цогбаатар)，交通运输和邮电部长拉·桑德勒汗(Р. Сандалхан)，财政部长达·达瓦桑布(Д. Даваасамбуу)，文化部长那·恩赫巴雅尔(Н. Энхбаяр)，燃料动力部长宾·吉格吉德(Б. Жигжид)，贸易与工业部长策·朝格特(Ц. Цогт)，法律部长那·鲁布桑扎布(Н. Лувсанжав)，人口政策和劳动部长额·贡布扎布(Э. Гомбожав)，食品和农牧业部长策·乌勒德(Ц. Өөлд)，科学教育部长那·乌勒吉呼特格(Н. Өлзийхутаг)，健康部长帕·尼亚木达瓦(П. Нямдаваа)。

【司法机构】在蒙古国只能由法院行使司法权。法院的基本体制由国家最高法院和各级地方法院构成。法官保持独立，由大法官和法官组成。总统根据司法总务委员会向国家大呼拉尔的推荐任命最高法院法官，并根据最高法院的建议，从最高法院成员中任命大法官。最高法院院长达·登别尔勒策伦(Д. Дэмбэрэлцэрэн)，1990年9月11日当选。国家检察署总检察长和各级地方检察长分别行使法律的最高检察权和地方检察权。总检察长由总统商国家大呼拉尔任命。总检察长贡·巴赫德勒(Г. Бахдал)，1990年9月11日就任。

【政党】蒙古实行多党制。目前共有11个注册政党，即：

(1)蒙古人民革命党(Монгол Ардын Хувъсгалт Нам)：执政党。1921年3月1日成立，原称蒙古人民党，1925年3月改称现名。1992年10月有党员8.7万名。2月26～28日人革党举行二十一大，达希云登主席在报告中说，"在目前国内条件下，已无法把社会主义和社会主义思想作为党的政策方针"，党将以蒙古和东方哲学中的中道思想作为思想理论和方法论的基础，以议会活动作为实现目标的方法。大会选出了中央委员会，通过了新党纲和党章，决定不改变党名、撤销中监委，改设党的自我监督中心，21届1中全会选出由10人组成的中央主席团，布·达希云登(Б. Даш-Ендон)连任中央委员会主席。10月3日，人革党举行五中全会，全会修改了党章，调整了中央机构，撤销了中央委员会和全会，改设党的代表会议，中央委员转为代表会议成员。同日召开首届代表会议，讨论了组织问题，设立了11人组成的党的领导委员会，以取代原中央主席团；选举布·达希云登为党的总书记，暂时保留"党的自我监督中心"。新党纲指出，党的目标在于"把蒙古社会的进步、未来同建设成为人道的公民民主社会联系在一起"；党的性质是"坚持民族民主思想的民族民主党"。目前人革党内存在三个派别，即："争取蒙古人民党传统与改革之翼"、"社会主义者同盟之翼"和"新一代之翼"。

(2)蒙古社会民主党(Монголын Социал-Демократ Нам)：1990年3月2日成立。1992年6月有党员2万多名。1992年5月，社会民主党召开二大，表示支持各政党联合的进程。主席巴·巴特巴雅尔(Б. Батбаяр)。

(3)蒙古绿党(Монголын Ногоон Нам)：1990年3月9

日成立。1992年有党员3000多名。1992年10月该党召开第二次非常代表大会，讨论了是否加入民族民主党的问题，未果。该党由临时委员会领导，主席尼亚木(Л. Ням)。

(4)蒙古宗教民主党(Монголын Шашинтны Ардчилсан Нам)：1990年6月28日成立。1992年有党员2000多名。党的主席策·巴雅尔苏伦(Ц. Баярсурэн)。

(5)蒙古牧民农民统一党(Монголын Малчин, Тариачны Нэгдсэн Нам)：1991年12月7日成立。1992年有党员2000多名。主要目标是发展农牧业部门，理论依据是阴阳论。主席巴·冈苏赫(Б. Гансух)。

(6)蒙古工人党(Монголын Ажилчны Нам)：1992年4月9日成立。1992年有党员800多名。该党主张建立由国家调控的市场经济，限制产生剥削的条件。政治委员会主席普勒布(Пурэв)。

(7)蒙古民族民主党(Монголын Үндэсний Ардчилсан Нам)：第一大在野党。1992年10月26日成立，11月有党员41500名。该党是由蒙古民主党、蒙古民族进步党、蒙古复兴党和联合党合并而成。1992年10月25～26日召开联合代表大会，通过了党纲、党章、党旗和党徽，选举了领导机构——由115人组成的党的会议和党的主席。27日，党的会议成立了由21人组成的总委员会，任命了总书记。该党章程称，该党崇尚民主与正义，为人民自由与幸福生活，为蒙古独立与繁荣昌盛开展各方面的活动。该党首次代表大会政治报告称，该党不为某个阶级和集团服务，是"民族民主性质的政治力量"。主席达·冈包勒德(Д. Ганболд)、总书记策·巴桑扎布(Ц. Баасанжав)。

此外，还有蒙古人民党、蒙古独立党、蒙古资本家党和蒙古私有者统一党。

【重要人物】彭萨勒玛·奥其尔巴特：总统。1942年1月生于扎布汗省图德布泰县牧民家庭。1965年毕业于苏联列宁格勒矿业学院。同年加入蒙古人民革命党。1975年获技术学副博士学位。1966年起先后任工业部专家、煤矿总工程师。1972年起任燃料动力工业和地质部副部长、燃料动力工业部长。1985年起任对外经济联络委员会主席、对外经济联络和供应部长。1990年3月起任大人民呼拉尔主席团主席。1990年9月3日当选为蒙古首任总统。1991年9月依法放弃了党籍，并被免去中央委员职务。已婚。有二个女儿。 **彭茨克·扎斯莱**：总理。1933年生于戈壁阿尔泰省布格特县。1961年毕业于苏联莫斯科市经济统计学院经济师专业。1970年获经济学副博士学位。1966～1970年任中央统计局副局长。1970～1975年任国家价格委员会主席。1975～1976年任国家价格和标准化委员会主席。1976～1978年任党中央计划和财务机构部长。1978～1984年任国家计划委员会第一副主席、共和国部长。1984～1988年任部长会议副主席兼国家计划委员会主席。1988年1月起任部长会议副主席兼国家计划经济委员会主席。1989年12月至1990年3月任部长会议第一副主席。1990年3月至1992年7月任蒙古生产服务合作社联合会主席。1992年7月21日在国家大呼拉尔首次会议上被任命为总理。1951年加入蒙古人民革命党。1971年起历任候补中央委员、中央委员。1989年12月至1990年3月任政治局候补委员。曾4次当选大人民呼拉尔代表。1992年7月当选国家大呼拉尔委员。已婚，有一女二子。 **布德拉格查·达希云登**：蒙古人民革命党总书记。1946年生于库苏古尔省车车尔勒格县牧民家庭。1968年毕业于蒙古国立大学历史教师专业。哲学副博士、副教授。1968～1974年在蒙古国立大学任教。1978～1979年任党中央巡视员。1979年任高级党校副校长，1985年任党中央党的建设部(原称党务部)副部长、部长。1990年4月起任乌兰巴托市党委主席。1990年4月在人革党特大上当选为党中央监察委员会委员、中监委常委。同年11月当选为中央委员、中央主席团委员。1991年2月至1992年10月任人革党中央委员会主席。1992年10月3日当选为党的总书记。

经 济

从1991年起不再执行五年计划，开始向市场经济过渡，并逐步实行私有化。5月国家小呼拉尔通过了财产私有化法。规定，私有化的方法是发放投资证书，把企业财产和股票转为私有财产。1992年2月22日政府作出决定，从同年3月1日起提高畜、肉的最低收购价，放开除面粉和面包外，其他食品和日用品的价格。9月28日政府作出决定，规定从10月1日起，面粉、面包、居民用电、市内客运服务转入自由价格体制。12月新设立了以市场为导向的商业税。同月20日起放开石油产品价格转入。截至1992年底，私有化第一阶段——小私有化已基本结束，农牧业私有化基本实现，大私有化已完成60%多，全国对1800万头牲畜实行了私有化，比去年增加28.7%。目前全国有私营企业1万多家。

1992年蒙古经济持续滑坡，国民收入比1991年下降14%左右，国民生产总值下降10%，工业总产值下降15%，农牧业总产值下降6%。蒙处于严重的经济危机之中，通货膨胀，财政赤字，外汇告罄，食品、日用品和燃油供应十分紧张。

国民生产总值(1991年)：179.598亿图格里克。

人均国民生产总值(1991年)：8436图格里克。

国民收入(1991年)：151.396亿图格里克。

货币名称：图格里克；1图格里克＝100蒙戈。

汇率(1992年)：1美元＝40图格里克。

通货膨胀率(1991年)：约250%。

失业率(1991年)：约8%。

【资源】地下资源丰富。现已探明的有煤、铜、钨、萤石、金、银、钼、锡、铁、铅、锌、铀、锰、磷、盐、石油等80多种矿产的500多个矿，其中250个为煤矿，蕴藏量约500亿吨。此外，萤石蕴藏量约800万吨，磷2亿吨，金3000吨、银7000吨。石油15900亿公升。已开采的主要有煤、铜、钼、金、铀等。蒙俄合营额尔登特铜钼矿是世界十大铜矿之一，铜的储量为759.9万吨，钼21.6万吨。森林资源较丰富，木材蓄积量为12亿立方米。

【工业】以轻工、食品、采矿和燃料动力工业为主。1992年工业总产值为112亿图格里克，1991年工业部门职工总数为11.97万人，约占总劳力的11.9%。近年主要工业品产量如下（单位：万吨）：

	1990	1991	1992
电力（亿度）	28.142	25.497	24.067
煤	715.70	703.68	597.75
萤石	45.5	75.52	62.20
铜精矿	35.40	25.74	30.02
钼精矿（吨）	4208	3718	3500
水泥	44.08	22.68	13.25
皮靴，皮鞋（万双）	422.25	399.41	224.47
面粉	18.98	17.44	18.19
畜肉（吨）	54218.6	46873.8	24661.2
奶和奶制品（百万公升）	59.6	50.6	27.7
面包	6.33	6.06	6.09
饲料	11.91	10.21	8.27

（资料来源：1991年蒙古国经济与社会状况统计手册，1992年蒙古国经济和社会情况初步结果公报）

【农牧业】1992年农牧业总产值约22.21亿图格里克。1991年全国有261个农牧业合作社、53个国营农牧场和20个饲料场。

50年代末开始发展种植业。主要作物有小麦、大麦、燕麦和饲料作物等。1991年农业产值占国民生产总值的6.2%。农业用地约130万公顷。近年来农产品产量如下（单位：万吨）：

	1990	1991	1992
谷物	71.83	59.53	49.39
蔬菜	4.17	2.33	2.64
马铃薯	13.11	9.75	7.85

畜牧业是传统的经济部门，国民经济的基础。1992年全国打草64.39万吨，接育仔畜875.12万只，年底牲畜存栏数为2565.95万头，其中母畜1140万头，自留畜占牲畜总头数的70.2%。近年来各种牲畜存栏情况如下（单位：万头，万只）：

	1990	1991	1992
总头数	2590	2552	2566
骆驼	53.75	47.60	41.49
马	226.20	225.93	219.78
牛	284.87	282.20	281.4
绵羊	1508.30	1472.10	1463.47
山羊	512.57	524.96	559.81

（资料来源：同上）

【服务业】公用事业收入1990年、1991年和1992年分别为3.58亿、4.93亿和11.10亿图格里克，分别约占当年国民生产总值的3.9%、2.7%和6.8%。生活服务业收入1990年、1991年和1992年分别为2.93亿、3.66亿和3.57亿图格里克，分别约占当年国民生产总值的3.1%、2.0%和2.2%。1992年，全国有1567个合作社和9901家个体经济单位。

【旅游业】1991年全国有4个旅游基地和宾馆，共有1200个床位，共接待外国游客11.31万名，旅游收入达700万美元。1992年全国有90个单位从事旅游服务工作。主要旅游设施有“乌兰巴托饭店”、“巴彦高勒饭店”、“杭爱饭店”，主要旅游点有特列尔吉休养所、南戈壁、东戈壁和阿尔泰狩猎区等。

【交通运输】铁路和公路为主要运输方式。铁路担负着全国货运量的3/4和客运量的1/3。1992年全国各类运输的货运量为1520万吨，比上年减少1870万吨（55.2%），客运量为19.565亿人公里，比上年增加3700万人公里（1.9%）。1991年交通运输情况如下：

铁路：总长1815公里；货运量1030万吨，客运量5.96亿人公里。

公路：总长约5万公里，其中硬面公路1300公里，经整修的碎石路约3000公里；1992年9月统计，蒙全国有33700辆公车；货运量2620万吨，客运量9.13亿人公里。

水运：1990年货运量7万吨。

空运：航线总长39100公里；客运量4.48亿人公里，货运量4000吨；航空飞机共67架；国际机场1个，乌兰巴托机场为主要机场，与莫斯科、伊尔库茨克、北京和呼和浩特之间有定期航班，蒙古包机每年不定期飞日本。

【财政金融】近年财政收支情况如下（单位：亿图格里克）：

	1990	1991	1992
收入	67.121	58.403	109
支出	68.736	89.116	115
赤字	1.615	30.713	6.237

（资料来源：同上）

蒙古黄金与外汇储备告罄。1992年1月蒙同美国一公司商定，蒙抵押4.418吨黄金，向该公司贷款4020万美元。截至1990年，蒙外债总额为98.208亿转帐卢布，其中欠前苏联债务96.85亿转帐卢布。1991～1992年又新增外债务1亿多美元。截至1993年1月1日，蒙贷款债务余额为184亿图格里克，比1992年初增加59亿图格里克。

【对外贸易】同30多个国家和地区有贸易关系。实行经济开放政策，在扩大同俄、中等国合作的同时，十分注意发展同日、美等资本主义国家以及亚太地区国家的经贸合作。截至1992年8月，有外贸权的单位达490个。100%的燃料汽油、近80%的工业原料零件和40%的日用品靠进口。近年来外贸情况如下（单位：亿美元）：

	1990	1991	1992
总　额	15.847	7.089	7.679
进口额	9.240	3.609	3.999
出口额	6.607	3.480	3.680
差　额	－2.633	－0.129	－0.319

（资料来源：同上）

1992年出口产品主要有铜钼精矿、羊毛、山羊绒、皮张、地毯和畜产品等；进口商品主要有机器设备、燃料油和日用品等。主要贸易对象是俄罗斯，1992年9月对俄贸易额占蒙贸易总额的50%多。1991年蒙外贸出口的88.2%，进口的75.4%是同原社会主义国家之间进行的，而1992年则分别降为78.9%和68.6%。

【外国资本】蒙投资法生效后，截至1992年9月在蒙古已建立了合资企业59家。主要投资国是俄罗斯。

【外国援助】在蒙古国民经济投资中占很大比重，过去绝大部分来自原苏联，自1991年起主要来自西方国家和国际组织。1991～1992年上半年，西方国家和国际组织已承诺向蒙提供2.2亿美元的援助和贷款。截至1992年底蒙已获得1.224亿美元的援助和贷款。1992年蒙共收到日、美、中、德等国提供的2740万美元的人道主义援助。1992年5月在第二次东京援蒙国际会议上西方国家和国际组织承诺，自同年7月起的一年半之内将向蒙提供3.3亿美元的贷款和援助。1991～1993年期间，日本提供5400万美元的无偿援助，8500万美元的优惠贷款；美国提供6000万美元的无偿援助；德国提供3500万德国马克和900多万美元的援助；丹麦提供1500万美元的无偿援助；韩国提供1000万美元的优惠贷款和100万美元的无偿援助；国际货币基金组织、世界银行和亚洲开发银行共提供2.8亿美元的贷款等。

人民生活

1992年，蒙政府考虑到货币贬值，物价、服务费上涨，采取了旨在增加预算内单位职工工资和保障部分有困难的居民生活的措施，重新确定了居民的最低生活水平，城市为990图格里克，牧区为650图格里克，设立了专门基金帮助生活在贫困线以下的居民，并为预算内单位职工平均增加一倍工资，对领取退休金和优抚金者予以一定补助。1992年人均国民收入约68美元。1992年通货膨胀进一步加剧，物价上涨3.3倍。全国约有35万人(占总人口的15.8%)生活在贫困线以下。1992年蒙全国有私人汽车11000辆，私人摩托车45000辆；1992年每千人拥有医生2.6名、中级医务人员7.6名；1991年每千人拥有电话34部、病床12.1张；全国住房总面积为540万平方米，全国有11.2%的人住私房，有120万人(占总人口的59.1%)居住在蒙古包里。

军　事

蒙古人民军于1921年3月18日创建。总统兼任武装力量总司令。国防部是全国最高军事统帅机构，对人民军各军种部队实施直接指挥。武装力量总参谋长拉·嘎瓦少将。实行义务兵役制，1992年起服役期改为一年。

现总兵力约1.4万多人。

1992年的国防经费为9.142亿图格里克，占国家预算的11.6%。

文化教育

【教育】政府实行免费教育。普及了不完全中学教育，正执行普及完全中学教育的任务。目前全国有文盲1万多人。1992年每千人拥有高等院校学生8人。主要高等学校有：蒙古国立大学、国立师范大学、农牧业大学、医科大学、技术大学等。

1991年各级学校情况如下：

	学校(所)	学生(万人)	教师(人)
全日制普通教育学校	643	41.47	20500
职业技术学校	40	1.93	1400
中等专业学校	32	1.58	1300
高等院校	7	1.75	1341
劳动者普通教育学校	60	0.32	

(资料来源：同上)

【新闻出版】1991年全国有64种报纸，年发行量约2100万份；13种杂志，年发行量约30万份。1992年国家统一注册的刊物共达200多种，其中私人报纸12种，私人杂志3种。主要蒙文报刊有：《人民权利报》、《政府新闻报》、《真理报》、《言论报》、《劳动报》、《蒙古青年报》、《独立报》、《世界报》、《星火》杂志，1993年民族民主党所属《自由报》创刊。

蒙古通讯社(简称蒙通社或蒙查美社)：创建于1921年，1957年10月改为国家通讯社。现在莫斯科和北京派有常驻记者。

蒙古广播电台(乌兰巴托广播电台)：国营广播电台。1934年9月1日首次播音，使用喀尔喀蒙古语。用两套节目全天播音26小时，对外用蒙、俄、华、哈萨克、英、法、日7种语言，每天平均广播累计约20个小时。在5个省会有转播台，覆盖率90%以上。

蒙古电视台：国营电视台。1967年9月27日建台，使用两个频道，一个播放本国节目，一个转播俄罗斯节目。1981年起播放彩色电视节目。1991年1月起转播美国世界新闻网的电视节目。1992年9月7日起，开辟了“乌兰巴托”电视节目频道，每周一播出，每次播放3～4个小时。

对外关系

蒙根据公认的国际法准则和原则，奉行和平外交政策。蒙领导人表示，近两年来蒙对外关系完全摆脱了几十年来片面的意识形态统治。强调首先发展同两大邻国俄罗斯、中国的友好合作关系。1992年起，蒙注意发展同亚太地区国家的双边关系，更加重视同日、美等西方国家和国际金融组织的关系。截至1992年12月，已同125个国家建立了外交关系。1992年先后同乌克兰、哈萨克斯坦、白俄罗斯、乌兹别克斯坦、摩尔多瓦、亚美尼亚、梵蒂冈、阿塞拜疆、吉尔吉斯斯坦、土库曼斯坦、塔吉克斯坦、阿曼、格鲁吉亚和文莱建交。

【同我国的关系】1949年10月16日中蒙建交，以后两国关系迅速发展。60年代中后期，两国关系经历了曲折。80年代末两国关系实现正常化以来，睦邻友好关系发展顺利。1952、1959和1962年蒙古总理泽登巴尔三次访华。1954年蒙大人民呼拉尔主席团主席桑布访华。1956年蒙古人民革命党中央第一书记丹巴访华。1990

年蒙大人民呼拉尔主席团主席彭·奥其尔巴特访华。1991年蒙古人民革命党中央委员会主席贡·奥其尔巴特访华。1954和1960年周恩来总理两次访蒙。1991年杨尚昆主席访蒙。

1992年1月蒙政府助理总理普勒布道尔吉率领的政府贸易代表团出席在北京举行的中蒙经济贸易和科技合作委员会第二次会议，签署了经济技术合作议定书、中蒙经济贸易和科技合作委员会第二次会议纪要以及中国政府向蒙古政府赠送一批一般物资的换文。3月总检察长巴赫德勒率团访华；健康部首席副部长嘎·达希泽伯格访华。4月和平与友好组织联合会主席楚·冈包勒德率和友联团、青年和体育运动委员会主席乔·卓里格特巴特尔、健康部副部长道·巴雅尔赛汗访华。5月政府总理宾巴苏伦对中国进行正式友好访问，这是30年来蒙古总理首次访华。访问期间，双方签署了《关于经济合作的协定》、《关于中国政府向蒙古政府提供贷款的协定》、《关于汽车运输协定实施细则》和《关于植物检疫的协定》；5月国家小呼拉尔法律委员会主席南·冈巴雅尔率团访华；《人民权利报》总编辑巴·利格登率团、贸工部副部长巴音扎尔格勒率团访华。6月珠·古尔拉格查副主席率和平委员会代表团访华。7月国家自然环境监督委员会主席巴特扎尔格勒率气象代表团访华，参加中蒙气象科技合作第三次会谈。8月前国防部长扎·云登上将率老战士代表团、首席副外长扎·乔音霍尔访华。10月国家民防指挥中心主任贡·达木丁苏伦少将率民防代表团访华。

1992年5月卫生部副部长顾英奇率团访蒙。6月国务委员兼国防部长秦基伟上将率军事代表团访蒙。7月吴乃文副署长率中国海关代表团访蒙。8月最高法院副院长端木正率团访蒙；刘习良副部长率中国广播电视代表团、公安部部长助理李润森率中国公安代表团、《人民日报》社副社长李晋有率团访蒙。9月伍绍祖主任率中国体育代表团访蒙；国家科委副主任、中蒙科技合作委员会中方主席李效时为团长的中国政府科技代表团出席中蒙科技合作第四届会议，签订了1993/94年度科技合作计划。

1992年中国同蒙古的进出口商品总额为1.8387亿美元，其中中国出口额为1.3576亿美元，进口额为4811万美元。

中国驻蒙古大使：裴家义。馆址：蒙古国乌兰巴托市苏赫巴托区友谊街5号。信箱：672。电报挂号：422Ulan-Bator。电话：00976-1(国家代码)＋320955或323940；商务处、领事部的电话：同上。

蒙古驻中国大使：洪·奥勒兹沃依。馆址：北京建国门外大街秀水北街2号。电话：5321203(值班)，5321810(交际处)。传真：5325048。电传：210634MGLEM CN。商务处电话：5321952。签证处电话：5321952。

【同俄罗斯、中亚和东欧国家的关系】蒙领导人表示，蒙一贯谋求同俄罗斯发展全面友好关系，主张巩固同俄罗斯及独联体其他国家的传统关系，主张同东欧国家发展互利合作。1992年3月蒙政府总理宾巴苏伦对俄进行工作访问。4月俄罗斯最高苏维埃民族院主席Р·Г·阿布杜拉季波夫率团访蒙，双方签署了关于发展蒙俄议会联系的协议书；蒙首席助理总理冈包勒德对俄进行工作访问。5月俄政府副总理、蒙俄政府间经济贸易合作委员会俄方主席В·А·马哈拉泽率俄政府代表团访蒙，参加两国政府间合作委员会首次会议，双方签署了会议纪要和1992年经济贸易合作议定书与支付协定。6月驻蒙原苏军开始最后阶段的撤军；文化艺术发展委员会主席巴·巴德尔乌根访俄，双方签署了两国文化合作条约。8月底驻蒙原苏军全部撤完。10月贡布苏伦外长对俄进行工作访问，双方草签了蒙俄友好关系与合作条约，俄方转交了30年代在原苏联遭迫害的4位蒙古领导人的档案材料副本。11月蒙国防部长扎丹巴中将对俄进行工作访问。12月普勒布道尔吉副总理对俄进行工作访问；国家大呼拉尔人革党议会党团负责人吉·包勒德巴特尔率团访俄。1992年1月21日同乌克兰建交；22日同哈萨克斯坦建交；25日白俄罗斯部长会议主席克比奇对蒙进行工作访问，双方签署了建交公报与政府经济贸易合作协定；25日、30日蒙分别同乌兹别克斯坦和摩尔多瓦建交。2月21日同亚美尼亚建交。3月哈萨克议会代表团访蒙。4月16日、22日、23日和24日分别同阿塞拜疆、吉尔吉斯斯坦、土库曼斯坦和塔吉克斯坦建交。5月12日同格鲁吉亚建交；国家监察局长扎·色莱特尔访问捷克；蒙古乌克兰政府间经济贸易合作协定与支付协定在基辅签署。6月贡布苏伦外长访问乌克兰，双方签署了关于建立领事关系的议定书；匈牙利司法部长鲍尔绍伊对蒙进行工作访问；16日废止蒙捷两国于1976年12月20日签订的关于公民互免签证的协定。10月哈萨克斯坦总理捷列先科访蒙，双方签订了两国政府间支付协定和1993年贸易经济合作协定。11月乌克兰总统克拉夫丘克访蒙，双方签署友好关系与合作条约、政府间科技合作协定和文化教育合作协定。12月普勒布道尔吉副总理访问乌克兰；蒙自由独立刊物《今日报》社社长巴·巴特巴雅尔在波兰会见瓦文萨总统；交通运输和邮电部长桑德勒汗访问哈萨克斯坦。

【同美国的关系】1987年1月27日建交。近年来蒙美关系发展较快。1992年1月国家小呼拉尔副主席基·扎尔德汗率团对美国进行工作访问。2月普勒布道尔吉副总理率团出席在美国丹佛市举办的“蒙古是矿产丰富之国”讨论会。8月美亚洲基金会总裁福勒访蒙；蒙民主党主席门·恩赫赛汗、民族进步党委员会主席达·冈包勒德和联合党主席桑·卓里格出席美共和党例行代表大会；美新闻工作者代表团、国会人权问题基金会总裁米科、国际开发署副主任霍斯曼访蒙。9月美太平洋总司令劳森海军上将率军事代表团访蒙。12月美国政府向蒙古提供农产品援助协定在华盛顿签署。

【同亚洲国家的关系】1992年1月蒙总统代表乌·马夫列特访问土耳其、沙特阿拉伯和阿曼；蒙朝政府间经济与科技协定委员会第三次会议在平壤举行。2月蒙副外长巴·道尔金策伦对尼泊尔、印度进行工作访问，签署了蒙尼贸易协定；副总统兼国家小呼拉尔主席贡其格道尔吉率议会代表团访问韩国、尼泊尔、巴基斯坦和菲律宾。3月贡布苏伦外长访日。4月蒙财政部副部长达·达瓦桑布访韩；大人民呼拉尔主席姜·乌尔特那桑出席金日成主席80寿辰庆祝活动；印度副总统沙尔马访蒙，双方签署了蒙印两国政府经济技术合作协定；韩国外相李相玉访蒙，双方签署了两国关于对所得避免双重征税和防止偷漏税的协定，互换了关于韩国国际合作署青年志愿人员纲要的照会。4月27日同阿曼苏丹国建交。5月日本参议院议长长田裕二率国会代表团访蒙；贡布苏伦外长访问文莱；18日同文莱建交；宾巴苏伦总理对日进行工作访问，并出席援蒙国家第二次东京会晤；贡布苏伦外长访问土耳其，双方签署了蒙土两国政府经济贸易与技术合作、文教、科技和体育合作协定、互换外资和公务签证协定。6月蒙朝政府部经济、科技合作委员会朝方主席金成久访蒙；蒙日互换了关于为双方常住(三年)外交人员及其家属签发多次往返签证的照会；韩国贸工代表团访蒙、蒙韩经济合作委员会首次会议在乌兰巴托举行；日本喇嘛去蒙祭奠日军坟冢。7月蒙总理顾问杜·索德诺木访日。8月大呼拉尔办公厅副秘书长杭盖访问菲律宾、斯里兰卡；人革党自我监督中心主任图德布率党的工作者代表团访日。9月蒙联合党主席桑·卓里格在日本拜见日本天皇和皇后。10月泰国诗琳通公主访蒙。12月蒙选举委员会主席勒哈木苏伦访韩。

【同其他国家和国际组织的关系】1992年2月蒙国家小呼拉尔副主席扎尔德汗率团对加拿大进行工作访问；副总统兼国家小呼拉尔主席贡其格道尔吉对澳大利亚进行工作访问；亚洲基金会蒙古纲要主任塞维林华斯率团访蒙；蒙总统夫人策维勒玛参加在日内瓦举行的“提高乡村妇女经济生活水平”会晤；宾巴苏伦总理访问德国、法国，对比利时和欧共体进行工作访问，同比利时—卢森堡经济联盟签订相互支持和保护投资协定。3月蒙首席助理总理冈包勒德出席在柏林举行的财产私有化问题国际会晤，并通过政党渠道访问了波恩；蒙意1992～1994年文化合作计划签署；国际原子能机构副总干事穆斯利姆访蒙。4月，4日同梵蒂冈建交；在英国伦敦举办蒙古宗教展览；副总统兼国家小呼拉尔副主席贡其格道尔吉率议会代表团出席在夏威夷举行的亚太议会论坛；蒙首席副外长乔音霍尔出席在北京举行的亚太经社会48届年会；联合国教科文组织总干事马约尔访蒙，签署合作备忘录；蒙民盟、民主党、民族进步党和联合党代表团访问德国。5月贡布苏伦外长出席在印尼举行的不结盟国家外长会议；6月贡布苏伦外长访问奥地利，双方签署两国文化关系联合声明；奥地利国民议会议长利哈里率团访蒙；宾巴苏伦总理参加在巴西举行的联合国环发会议，途经卢森堡时签署了蒙与欧共体经济合作协定；奥地利贸工代表团访蒙；副外长哈·贝赫巴特访问瑞典、丹麦和芬兰。7月德国外交国务部长舍菲尔访蒙；丹麦议会办公厅代表团访蒙。8月德国经济合作部长卡·迪·施普郎格访蒙；亚行副总裁汤姆森访蒙。9月贡布苏伦外长出席第十届不结盟国家首脑会议；大呼拉尔副主席兼蒙古议员团执委会副主席姜·贡布扎布率团出席各国议会联盟第88次会议；蒙社民党主席巴特巴雅尔参加在柏林举行的社民党国际代表大会；在比利时举办蒙古日活动；国际劳工组织代表团访蒙；奥其尔巴特总统和贡布苏伦外长出席在纽约举行的第47届联大。10月第二次援蒙国家协商会晤在乌兰巴托举行。11月蒙民族民主党主席冈包勒德参加美国国际管理中心国际讨论会。12月普勒布道尔吉副总理访问德国；关于欧共体为加强蒙古畜牧医疗服务向蒙提供援助和执行计划的协定在布鲁塞尔签署；关于法国政府向蒙古提供2000万法郎无偿援助的政府间协定在巴黎签署；欧洲议会代表团访蒙。

（王　珏）

孟加拉国

国名　孟加拉人民共和国(The People's Republic of Bangladesh)。

面积　143998平方公里。

人口　1.098亿（1992年3月估计）。孟加拉族占98%，另有20多个少数民族。孟加拉语为国语，通用英语。伊斯兰教为国教，信奉者占86.6%，信奉印度教的占12.1%，信奉佛教的占0.6%，信奉基督教的占0.3%。

首都　达卡(Dhaka)，人口610万(1991年)。

国家元首　总统阿布杜尔·拉赫曼·比斯瓦斯(Abdur Rahman Biswas)，1991年10月8日就任。

简　况

位于南亚次大陆东北部恒河、布拉马普特拉河三角洲。北、西、东三面与印度交界，东南与缅甸为邻，南临孟加拉湾。海岸线长579公里。大部分地区属亚热带季风型气候，湿热多雨，5～10月为雨季，11～4月为旱季。雨季平均气温30℃，旱季平均气温20℃。18世纪后半叶沦为英国殖民地，成为英属印度的一个省。1947年印、巴分治，孟被分为东、西两部分，西部归印度，东部归巴基斯坦。1971年3月东巴宣布独立。1972年1月正式成立孟加拉人民共和国。

政　治

1992年是孟加拉国实行议会民主制的第二个年头。民族主义党政府自1991年执政以来，调整了内外政策，对内推进了民主进程，改总统制为议会制。一年来，孟朝野双方主要围绕伊斯兰大会党主席阿扎姆是否犯有战争罪和社会治安恶化等问题展开争斗。古拉姆·阿扎姆在1947年印巴分治后曾为伊大党东巴地区的领导人。因该党反对独立战争被取缔，阿也被取消公民资格，于1978年由巴基斯坦返孟。1991年底阿当选孟伊大党主席，遭到各界人士强烈抗议。自"消灭七一年凶手和帮凶委员会"在多数反对党的支持下设立"人民法庭"判处阿扎姆死刑后，集会、游行、罢市等抗议活动不断。与此同时，孟社会治安状况日益恶化，反对党不断向政府施压，于8月初向议会提出对民族主义党政府的不信任案，指责政府在维护社会治安方面表现无能，这是孟有史以来的第一次。执政党凭借在议会的多数席位否决了此案。9月中旬，孟总统颁布了打击恐怖活动法令，治安状况有所好转。

【宪法】1972年11月4日颁布，12月16日生效。1979年2月28日修改。基本原则是"信仰真主，民族主义，民主和社会主义"。1982年3月军管后，宪法中止实行。1986年11月10日宪法恢复执行。1991年8月6日，孟议会通过第12次宪法修正案，主要内容为：总理行使国家最高行政权力，以总理为首的内阁集体向议会负责；总统为国家元首，由议会选举产生，每届任期五年，不得超过两任；总统可任命在议会得到多数支持的议员为总理，并根据总理决定的人选任命内阁成员，等等。

【议会】宪法规定议会行使立法权。议会由公民直接选出的300名议员和由议员遴选的30名女议员组成，任期五年。本届议会于1991年2月27日选举产生，其中，民族主义党170席，人民联盟92席，民族党35席，伊斯兰大会党20席，孟加拉国共产党5席，其余席位为一些小党和独立人士所得。议长谢赫·拉扎克·阿里(Shekh Razak Ali)，1991年10月12日当选。

【政府】本届内阁由22名部长、16名国务部长和3名副部长组成，于1991年9月20日宣誓就职。内阁主要成员有：总理兼国防部长、编制部长卡莉达·齐亚夫人(Begum Khaleda Zia)；司法部长米尔扎·古拉姆·哈菲兹(Mirza Golam Hafiz)；农业部长和灌溉、水利与洪水控制部长马吉德·哈克退役少将(Maj. Gen. Retd. M. Majidul Huq)；外交部长穆斯塔菲兹·拉赫曼(A. S. M. Mustafizur Rahman)；财政部长赛福尔·拉赫曼(Saifur Rahman)；内政部长阿布杜勒·马丁·乔杜里(Abdul Matin Chowdhury)。

【司法机构】最高法院是最高司法机构，有首席法官一人及法官若干人，均由总统任命。最高法院分为上诉庭和高等法院庭两部分。首席法官和一部分指定的法官审理上诉庭的案件，其他法官审理高等法院庭的案件。达卡有高等法院和劳工上诉法院。此外还有巡回法院，县法院，民事、刑事法院。首席法官萨哈布丁·艾哈迈德(Shahabuddin Ahmed)，1990年1月14日就任。检察长拉菲古尔·哈克(Rafiqul Haque)，1990年4月5日就任。

【政党】党派林立，主要有：

(1)孟加拉国民族主义党(Bangladesh Nationalist Party)：议会第一大党，1978年9月成立。主席卡莉达·齐亚夫人(Begum Khaleda Zia)。

(2)孟加拉国人民联盟(Bangladesh Awami League)：议会第二大党，前身是巴基斯坦人民穆斯林联盟，1949年10月建立。孟独立后至1975年曾为执政党。1992年9月第七次全国理事会会议修改了党章，决定放弃社会主义和公有制原则，实行市场经济，引进自由竞争机制。8月，该党联合其他6个反对党在议会就社会治安恶化问题向政府提出不信任案。主席谢克·哈西娜·瓦吉德(Sheikh Hasina Wazed，女)。

(3)孟加拉国民族党(Bangladesh Jatiya Party)：议会第三大党，1986年1月1日成立。该党1992年8月参加了在议会对执政党提出不信任案。主席侯赛因·穆罕默德·艾尔沙德(Hussain Muhammad Ershad)。

【重要人物】阿布杜尔·拉赫曼·比斯瓦斯：总统。1926年9月生于巴利萨尔县。在达卡大学获文学学士学位和法学学士学位。1952年参加过语言运动。1955年加入巴利萨尔律师协会。1959年受聘为高等法院律师。1962和1965年当选为东巴议会议员，任议会秘书，负责财政、计划、文官、行政和教育事务；并任法律和议会事务常务委员会主席。1974和1976年任巴利萨尔律师协会主席。1978年9月，孟民族主义党成立后任中央委员和巴利萨尔县委员会召集人。1979年当选议员。在齐亚政府期间任黄麻部长，议会评估委员会主席。在萨塔尔政府任卫生及人口控制部长。1991年2月再次当选议员，4月5日当选议长。10月8日当选为总统。　**卡莉达·齐亚夫人**：总理、民族主义党主席。1945年8月15日生于迪纳吉普尔县，系前总统齐亚·拉赫曼的遗孀。1960年入苏伦德拉纳特学院学习，在校期间与齐亚·拉赫曼上尉结婚。1981年5月齐亚·拉赫曼总统遇刺身亡后，齐亚夫人开始从政。1982年3月任民族主义党副主席，1984年2月任主席。1991年2月当选为议会议员。3月19日任总理。有2子。齐亚夫人曾于1980年随其丈夫访华，1991年6月任总理后访华。

经　济

孟是农业国，最不发达国家之一。独立后共执行了以下4个经济计划。目前正在执行第四个五年计划(1990～1995年)。现政府主张实行市场经济,鼓励私人和外国投资,制定了出售亏损的国营企业、裁减冗员的经济体制改革政策。1991/92年度孟农业获得丰收,粮食产量达1888万吨,比上一年增产约0.12%。

国内生产总值(1991/92年,按1990/91年不变价格):7519.5亿塔卡。

人均国内生产总值(1991/92年度):6848.4塔卡。

国内生产总值增长率(1991/92年度):4.04%。

货币名称:塔卡;1塔卡=100派沙。

汇率(1991年):1美元=36.596塔卡。

通货膨胀率(1990/91年度):约5.5%。

【资源】天然气已公布的储量为2831亿立方米,煤储量7.5亿吨。森林面积约200万公顷,覆盖率约15%。

【工业】1991/92年度工业产值占国内生产总值的7.78%,以麻、棉纺织业和化工为主。从业人口242万,约占总劳力的8%。近几年主要工业产量如下(单位:万吨):

	1989/90	1990/91	1991/92
麻制品	32.2	26.1	25.1
棉纱	4.28	4.25	4.51
棉布(万米)	5190	4740	5240
砂糖	18.4	24.6	26.2
水泥	33.7	27.4	23.2
纸	4.7	4.3	4.1
新闻纸	5.04	4.95	4.8
化肥	161.8	153.44	180.99
钢锭	7.5	5.8	4.2

(资料来源:1991/92财政年度孟加拉国经济调查)

【农业】1991/92年度农业产值占国内生产总值的38.39%。以稻米为主,主要经济作物是黄麻。耕地面积约2693.5万英亩。约90%的人口生活在农村。主要农产品产量如下(单位:万吨):

	1989/90	1990/91	1991/92
稻米	1785.7	1833	1787.9
小麦	89	100.8	90
黄麻(万包)	463.6	470	527
甘蔗	742.3	838	800

(资料来源:同上)

【交通运输】内河航运,承担65%的货运量和38%的客运量。近几年交通运输情况如下:

铁路(1990/91年度):总长2745.65公里;客运量5500万人次,货运量253.3万吨。

公路(1988/89年度):总长7559公里;机动车辆总数202794辆(其中货车20707辆,小汽车32252辆)。

水运:孟加拉国海运公司有海轮21艘,总吨位301274吨,海运航线5条,货运量256.1258万吨。内河航运线总长约8400公里;内河航运公司有船只331艘。主要港口有:吉大港,年吞吐量620万吨;孟格拉港,年吞吐量296.3万吨。

空运:民航机8架;国际航线27条,国内航线7条;1991/92年度客运量110万人次(其中国内航线40.7万人次),货运量23751吨(其中国内航线1400吨);达卡齐亚机场为唯一的国际机场。

【财政金融】发展预算资金主要靠外援。近几年财政收支情况如下(单位:亿塔卡):

	1989/90	1990/91	1991/92
国库预算			
收入	677.8	805.0	910.0
支出	674.0	730.0	808.3
发展预算			
收入	510.2	566.8	750.0
支出	510.2	566.8	750.0

(资料来源:同上)

截至1992年3月底外汇储备为13.57亿美元。截至1991年6月底负外债115.6亿美元,1991/92年度需偿还5.602亿美元。

【对外贸易】与130多个国家和地区有贸易关系,主要出口黄麻及麻制品、皮革、茶叶、水产、服装等。进口以粮食、机械、交通器材、石油为主。主要贸易对象有美国、日本、新加坡、德国、英国、泰国、中国等。近几年对外贸易情况如下(单位:亿塔卡):

	1989/90	1990/91	1991/92
进口额	1237.5	1237.4	1372.5
出口额	497.6	605.6	794.8
差　额	−739.9	−631.8	−577.7

(资料来源:同上)

【外国援助】自独立至1991年6月共获外援279.52亿美元,实际支付224.6亿美元,其中赠款109.327亿美元。1990/91年度获外援17.325亿美元,其中赠款8.314亿美元,占48%。

1971年12月16日至1991年6月30日主要援助国和国际组织对孟援助情况如下(单位:亿美元):

	赠款	贷款	总额
美国	18.871	7.655	26.526
日本	9.468	22.226	31.694
加拿大	14.671	0.16	14.831
国际开发协会		36.42	36.42

(资料来源:同上)

人民生活

达卡中产阶级生活指数以1973/74年度为100,1992年3月增至727。1990/91年度有医院535所,病床23870张,注册医生20396人。

军　事

1971年印巴战争前夕,巴军部分官兵和东巴的一些地方部队从巴基斯坦军、警中分离出来,组成"民族解放军"。孟加拉国成立后,这支队伍整编成正规军。总统是武装部队最高统帅。陆、海、空三军分立,三军的作战指挥权分别由三军参谋长负责。陆军参谋长努鲁丁·汗中将。实行志愿兵役制。三军总兵力10万人。陆军8.7万人,海军8000

人，空军5000人。

1991/92年度国防开支130.1亿塔卡，约占国库预算支出的16.47%。

文化教育

【教育】学制为小学五年、中学七年、大学四年，1991/92年度教育经费125.56亿塔卡，约占国库预算支出的15.53%。文盲占人口的74%。著名大学有达卡大学。1991年各级学校数目及学生、教师人数如下：

	学校(所)	学生(人)	教师(人)
小学	45917	11939949	189508
中学	11039	3277013	114149
大学及学院	658	854212	20597

(资料来源：1991/92财政年度孟加拉国经济调查)

【新闻出版】全国有400多种报刊，主要孟文报纸《团结报》，私营，发行20万份；《孟加拉日报》，政府报业托拉斯经营，发行8万份。主要英文报纸有：《孟加拉国观察家报》、《孟加拉国时报》和《新国家报》。

主要通讯社有孟加拉国通讯社。

广播电台：除达卡的中央台外，还有8个地方台，对外用8种语言广播。电视台：除达卡电视发射台外，外地还有10个转播台。设有两个地面卫星转播站。

对外关系

奉行独立自主、不结盟政策，强调在主权平等、互不干涉内政的基础上同一切国家建立友好关系，特别是加强同邻国和穆斯林国家的友好关系，促进南亚区域合作。支持各国反对殖民主义、种族主义、外来侵略和干涉的斗争，主张以和平方式解决国际争端。主张全面政治解决柬埔寨问题。要求以色列从它所占领的阿拉伯领土撤走，主张公正、全面解决中东和巴勒斯坦问题。主张裁军和建立新的国际经济秩序，国与国之间应遵循和平共处五项原则。已同100多个国家和地区建立了外交关系。

【同我国的关系】1975年10月4日两国建交，此后两国关系迅速发展。1992年9月，孟加拉国议长谢赫·拉扎克·阿里率孟加拉国议会代表团访华，11月，廖汉生副委员长率全国人大代表团回访。两国议会代表团互访，增进了两国议会间的了解和两国人民间的友谊。11月，徐敦信副外长访孟，参加两国外交部官员首次磋商。孟方1992年访问中国的还有：计划部长A·M·扎伊鲁丁·汗中将(4月)，空军参谋长阿尔塔夫·侯赛因·乔杜里少将(11月)，商业部长M·K·安瓦尔(12月)，能源部长孔达卡尔·莫·侯赛因(12月)等。中方1992年访问孟的还有：中联部副部长蒋光化(4月)，总参装甲兵部部长陈本少将(5月)等。9月，国务委员兼外交部长钱其琛在纽约出席第47届联大期间会见了孟加拉国外长穆斯塔菲兹·拉赫曼。

1992年两国贸易额为2.2072亿美元，其中中国出口为2.1478亿美元，进口为595万美元，与上年相比，出口增加5.3%，进口减少35.6%。

【同美国的关系】1972年4月美国承认孟。美国是孟最大的援助国之一。从1972年至1991年6月美已向孟提供26.526亿美元双边援助。1992年3月，孟加拉国总理卡·齐亚访问美国，布什总统表示美将在政治上、经济上支持齐亚政府。双方签署了关于美向孟提供粮食援助的协议。11月，孟总统比斯瓦斯和总理卡·齐亚分别电贺克林顿当选美国总统。

【同印度的关系】独立初期同印度关系密切。至1991年6月底印累计向孟提供援助3.675亿美元，其中赠款1.84亿美元。1992年5月，齐亚总理访印，与拉奥总理主要讨论了关于恒河水分配问题，双方表示要共同努力，达成临时分水安排并找出一个全面的、长期的解决方法。6月，孟、印举行了印向孟租让丁·比卡通道的开放仪式，根据3月两国政府达成的协议，通道租期为99年。7月，孟商业部长M·K·安瓦尔访印，参加孟印双边贸易会谈。同月，印水利部长V·C·舒拉克访孟。

【同前苏联各共和国的关系】1972年1月24日苏承认孟。至1991年6月底苏累计援孟3.887亿美元，其中赠款3460万美元。苏联解体后孟迅即承认俄罗斯和其他10个独联体国家。1992年1月，孟俄签订了投资48.3亿塔卡在孟建21万千瓦发电设备的议定书。12月，俄副外长访孟，签署了两国外交部每年举行一次官员磋商的协议。

【同巴基斯坦的关系】1975年10月3日两国正式建交。至1991年6月巴累计给孟3410万美元的赠款。1992年4月，巴陆军参谋长访孟。7月，卡·齐亚总理访巴，与谢里夫总理讨论了遣返滞留在孟的巴基斯坦人和两国财产分配问题。10月，孟外长穆斯塔菲兹·拉赫曼访巴。12月，巴总理谢里夫访孟，与卡·齐亚总理讨论了印度巴布里清真寺事件对南亚地区的影响。　(田耀明)

缅　甸

国名　缅甸联邦(The Union of Myanmar)。

面积　676581平方公里。

人口　约4155万(1992年6月)，人口增长率为18.8‰。共有135个民族，主要有缅族、克伦族、掸族、克钦族、钦族、克耶族、孟族和若开族等，缅族约占总人口的65%。各少数民族均有自己的语言，其中缅、克钦、克伦、掸和孟等族有文字。全国80%以上的人口信奉佛教，约8%的人口信奉伊斯兰教。

首都 仰光(Yangon)，人口约300万。

国家元首 国家恢复法律和秩序委员会主席丹瑞上将(Gen. Than Shwe)，1992年4月23日就职。

简 况

位于中南半岛西部。东北与中国毗邻，西北与印度、孟加拉国相接，东南与老挝、泰国交界，西南濒孟加拉湾和安达曼海。海岸线长3200公里。属热带季风气候，年平均气温27℃。1044年形成统一的国家后，经历了蒲甘、东坞和贡榜3个封建王朝。19世纪英国发动3次侵缅战争后占领了缅甸，1886年将缅划为英属印度的一个省。1937年缅脱离英属印度，直接受英国总督统治。1942年5月被日本占领。1945年3月全国总起义，缅甸光复。后英国重新控制缅甸。1948年1月4日缅脱离英联邦宣布独立。1958、1962年奈温将军两次政变，并于1974年3月当选国务委员会主席(总统)。1981年11月辞职。1988年9月，以国防部长苏貌将军为首的"国家恢复法律和秩序委员会"接管国家政权，宣布废除宪法，解散人民议会、国务委员会、部长会议和各级国家权力机构，于9月21日成立新政府。23日将"缅甸联邦社会主义共和国"改名为"缅甸联邦"。

政 治

1990年5月27日，缅甸举行了首次多党制民主大选，最大的政党"全国民主联盟"获485个议席中的396个席位。但军政府坚持需先召开国民大会，确定制宪原则，制定新宪法后，军政府才能移交权力。1992年4月23日丹瑞上将接任恢复法律和秩序委员会主席后，撤消宵禁令和两项军管法令，陆续释放1200余名"政治犯"，各大专院校亦于8月24日复课。1993年1月9日军政府主持召开国民大会。

【国家恢复法律和秩序委员会】于1988年9月成立，后曾变动，系国家最高权力机构，共由22人组成。主席三军总司令兼陆军司令丹瑞上将(Gen. Than Shwe)，秘书长国防部军情处处长钦纽少将(Maj. Gen. khin Nyunt)，副秘书长陆军参谋长丁吴少将(Maj. Gen. Tin Oo)。

【政府】现政府成立于1988年9月21日，经几次改组后，内阁成员由最初的9人增至目前的29人。主要成员如下：总理兼国防部长丹瑞上将，副总理貌貌钦(Maung Maung Khin)中将，丁吞(Tin Tun)中将；内政部长蓬敏(Phone Myint)中将，贸易部长吞基(Tun Kyi)少将，计划财政部长埃博尔(Abel)准将，外交部长吴翁觉(U Ohn Gyaw)。

【司法机构】最高法院为国家最高司法机关，首席法官吴昂都(UAung Toe)，下有4位法官。检察院为国家最高检察机关，检察长吴达吞(U Tha Tun)。

【政党】1988年9月18日缅甸军队接管国家政权，宣布废除一党制，实行多党民主制。1990年5月27日举行的多党制大选，有93个政党参加竞选。近两年有大批政党宣告解散或被取缔，现仅剩8个政党。

(1)全国民主联盟(National League for Democracy)：成立于1988年9月，系缅甸最大政党和最有影响的反对党，约有党员200万。在1990年5月27日的大选中获得485个议席中的396个席位。主席吴昂瑞(U aung Shwe)，总书记吴伦(U Lwin)。

(2)民族团结党(National Unity Party)：由建于1962年、执政26年的原缅甸社会主义纲领党于1988年9月24日改组而成，现有党员100多万，系缅第二大政党。在1990年5月27日大选中获10个席位。主席吴达觉(U Tha Kyaw)，总书记吴吞意(U Tun Yi)。

(3)掸邦民主联合会(Shan Nationalities League for Democracy)：1988年10月成立，为掸邦少数民族政党。在1990年5月27日大选中获23个席位。主席吴昆吞吴(U Hkun Htun Oo)，总书记吴赛艾邦(U Sai Ai Pao)。

(4)联邦民族民主党(Union National Democracy Party)：1988年12月16日成立，是从全国民主联盟中分裂出来的。名誉主席吴昂季(U Aung Gyi)，主席吴觉敏雷(U Kyaw Myint Lay)，总书记吴基汉(U Kyi Han)。

(5)民主党(Democracy Party)：成立于1988年9月20日。主席吴都威(U Thu Wai)，总书记吴登伦(U Thein Lwin)。

(6)缅甸共产党(Burma Communist Party)：成立于1939年8月25日，昂山曾任第一任总书记。1948年被宣布为非法后，转入地下坚持武装斗争。1989年3月以来，缅共中央相继分裂，部分力量同政府议和停火。目前主要领导人波京貌。

【重要人物】丹瑞上将：国家恢复法律和秩序委员会主席兼政府总理、国防部长和三军总司令。1933年2月出生于曼德勒省叫栖镇，1953年毕业于军官培训班。历任国防部一级参谋，副师长、师长、西南军区司令，原纲领党伊洛瓦底省党委主席，陆军副总参谋长。原纲领党四大、五大中央委员。1988年9月18日缅军接管政权后，出任国家恢复法律和秩序委员会成员。1989年12月任三军副总司令兼陆军司令。1990年3月任恢复法律和秩序委员会副主席。1990年3月18日晋升为上将。1992年4月23日接替苏貌大将出任现职。

经 济

自然条件优越，资源丰富。但多年来工、农业发展缓慢。1987年12月被联合国列为世界上最不发达国家之一。1989年3月31日政府颁布《国营企业法》，宣布废除社会主义经济制度，实行市场经济，并逐步对外开放，允许外国资本赴缅投资，允许农民自由经营农产品，私人可经营进出口贸易。定1992年为经济年。由于各种原因，完成经济计划情况不佳，经济发展仍面临许多困难。

国民生产总值(1991/92年度，按可比价格，按当年价格)：509.015亿缅元，1765.714亿缅元。

人均国民生产总值(同上):1225缅元,4249缅元。

国民生产总值增长率(1991/92年度):1.3%。

汇率(1991/92年度):1美元=6.2749缅元。

通货膨胀率(1991/92年度):32.65%。

【资源】矿产资源主要有锡、钨、锌、铝、锑、锰、金、银等,宝石和玉石在世界上享有盛誉。石油和天然气蕴藏量较大。森林资源丰富,全国拥有林地3412万公顷,覆盖率为50%左右。柚木产量占世界总产量的70%,每年可满足国际市场需求量的90%。水力资源丰富,但利用不多。

【工业】1991/92年度工业净产值按可比价格计算为45.412亿缅元,完成计划的91.6%,比上年度减少0.4%。工业产值中,私人企业占74.4%。全国37934个企业中,私人企业占35548个。全国从事工业的人数约113万,占劳动力总数的7.02%。工业主要有小型机械制造和装配、纺织、印染、碾米、木材加工、石油和天然气开采、制糖、造纸、化肥和制药等。主要工业产品产量如下:

	1989/90	1990/91	1991/92
原油(万桶)	550	530	570
天然气(亿立方英尺)	397.15	336.47	335.5
水泥(万吨)	45.44	40.20	40.00
汽车(辆)	815	771	946
抽水机(台套)	1765	1905	2111
拖拉机(台)	220	255	300
化肥(万吨)	19.2	13.3	22.34
食糖(吨)	34430	25330	47210
电视机(台)			19444
纸张(吨)	14950	10350	16050

(资料来源:1992/93年缅甸计财部报告)

【农林牧渔业】农业为国民经济基础。按可比价格计算,1991/92年度农业净产值约为194.821亿缅元,完成计划的90.2%,比上年度增长0.1%。从事农业的劳动力1052万,约占全国总就业人数的65.73%。耕种面积为2001万英亩。主要农作物有水稻、小麦、玉米、花生、芝麻、棉花、豆类、甘蔗、烟草和黄麻等。主要农作物的产量如下(单位:万吨):

	1989/90	1990/91	1991/92
稻谷	1380.3	1396.9	1319.7
小麦	12.4	12.3	14.9
玉米	412.7	449.6	432.6
花生	45.9	47.2	46.6
棉花	6.3	6.2	6.8
甘蔗	200.8	196.2	227.6
黄麻	3.4	2.4	2.2

(资料来源:同上)

畜牧渔业以私人经营为主,按可比价格计算,1991/92年度净产值为39.2亿缅元,完成计划的98.6%,比上年度增长7.2%。允许外国公司在划定的海域内捕鱼,向外国渔船征收费用。1990/91年度,开始同一些外国公司合资开办鱼虾生产和加工出口企业。1991/92年度肉类产量为1.809亿公斤,鱼、虾产量为7.754亿公斤。

按可比价格计算,1991/92年度林业净产值为9.8亿缅元,完成计划的93.1%,比上年度增长5.1%。柚木产量33万吨,硬木产量189万吨。

【服务业】主要由运输、通讯、金融、社会福利等项构成。因受资金短缺、技术落后和设备陈旧等条件所限,仍处于落后状态。按可比价格计算,1991/92年度产值为85.35亿缅元,比上年度增长2.9%。1991/92年度从事服务业的人数约121万,占全国总就业人数的7.53%。

【旅游业】风景优美,名胜古迹多。主要景点有世界闻名的仰光大金塔、文化古都曼德勒、千塔之城蒲甘以及山都威的额不里海滩。但旅游业发展缓慢,特别是受政局动荡的影响,游客锐减。近两年游人有所增加。1991年外国游客共8061人,外汇收入约1312万美元。较著名的旅游饭店有:仰光的茵雅湖饭店、总统饭店、海滨饭店、在曼德勒有曼德勒饭店,蒲甘有蒂丽毕瑟亚饭店等。

【交通运输】运输设施陈旧落后,铁路多为窄轨,主要依靠水路运输。按可比价格计算,1991/92年度,运输总值为19.32亿缅元,完成计划的99.2%。水运占运输总量的87.80%,铁路占10.02%,陆路占2.15%,空运仅为0.03%。

铁路:总长2973公里。拥有蒸汽机车66台,柴油机车270台,客车厢903节,货车厢7454节。1991/92年度客运量为5625.1万人次,客运里程27.67亿英里。货运量为2173万吨,货运里程3.45亿吨英里。

水运:内河航道约为10271公里。可供远洋货轮停靠的港口15个,其中仰光港最大,年吞吐量为180万吨,占全国总吞吐量的85%。其它小型港口132个。1991/92年度运送旅客2760万人次,客运里程4.56亿英里,运送货物262.1万吨,货运里程32.4亿吨英里。

公路:总长14967英里,共有客车1327辆,货车2061辆。1991/92年度,客运量1.1335亿人次,客运里程12.97亿英里,货运量78万吨,货运里程7100万吨英里。

空运:有福克 F27型飞机5架,福克 F28型飞机3架,直升机2架。有机场37个,仰光机场为唯一的国际机场。1991/92年客运量为42.9万人次,客运里程1.13亿英里。货运量2460吨,货运里程66.4万吨英里。

【财政金融】近几年财政收支状况如下(单位:亿缅元):

	1989/90	1990/91	1991/92
收入	106.228	140.897	127.354
支出	151.608	209.609	264.288
赤字	45.380	68.712	136.934

(资料来源:同上)

截至1990/91年度,共积欠外债约42亿美元,日本为缅最大债权国,其次是德国。截至1991年9月底外汇和黄金储备共约2.6亿美元。

【对外贸易】军政府放宽对外贸限制，允许私人经营外贸业务，并开放了同邻国的边境贸易。近年外贸情况如下(单位：亿美元)：

	1989/90	1990/91	1991/92
进口	5.127	8.494	8.681
出口	4.303	4.933	5.117
差额	－0.824	－3.561	－3.564

(资料来源：同上)

主要出口商品有大米、玉米、各种豆类、饮料、橡胶、矿产品、木材、珍珠、宝石和水产品等。主要进口工业原料、零配件、五金产品和消费品等。

人民生活

一般公职人员的月收入约为800～2000缅元，一般工人的月收入约为500～1200缅元。1991/92年度人均国民收入约4020缅元，人均消费约3660缅元。实行全民免费医疗，但药品奇缺。共有医院、卫生所711所，医生12243名，病床27470张。平均每万人拥有病床6.6张，医生2.9名。

军　事

缅军成立于1942年，当时称"缅甸独立军"。1945年3月27日，民族英雄昂山等人发起反日运动，改名称"爱国军"，3月27日定为建军节。1988年以后，调整国防体制，取消总参谋部，建立军种司令部。1992年9月25日丹瑞上将接任三军总司令。丹纽少将和登温少将分别任海军司令和空军司令。

总兵力约25万，其中海军1万，空军1万，另有6万警察部队。陆军编成11个军区，11个机动师，海军编成3个海军基地，空军编成6个空军基地。

1990/91年度军费开支11.163亿美元，约占国民收入的30％。

文化教育

独立后，政府注意维护传统民族文化和发展教育。

【教育】分基础教育，职业教育和高等教育。政府重视扫盲工作。1991/92年度教育经费46.733亿缅元，比上年度增加7.881亿缅元。著名学府有仰光大学等。1990/91年度各级学校数目及学生、教师人数如下：

	学校(所)	学生(万人)	教师(万人)
小学	36499	575.9712	19.8909
中学	2062	97.7569	4.9122
高中	858	33.8995	1.8381
大专院校	36	26.0173	0.6416

(资料来源：同上)

【新闻出版】报纸均为官办。目前有《劳动人民日报》，缅文、英文各一份。1988年缅动乱期间停刊的缅文《镜报》于1992年9月复刊。

缅甸通讯社为国家通讯社。

广播电台为官办。"缅甸之声"始建于1937年。目前用缅甸语、英语及8种少数民族语言广播。

电视台建于1980年6月，11月1日起正式播送电视节目。1990年5月开始，陆续修建了腊戌、景栋、八莫、密支那、克雷和仰光6个卫星地面接收站。

对外关系

奉行独立、积极的外交政策，不依附于任何大国和国家集团。主张在和平共处五项原则的基础上，同各国友好相处，重视发展同邻国的睦邻友好关系。主张在和平共处五项原则的基础上，建立一个国家不分大小，相互尊重，平等协商，并严格遵守联合国宪章的国际新秩序，联合国在其中应发挥更加积极的作用。认为不结盟运动不仅应有权，而且应更积极地参与建立一个公正、和平与安全的世界新秩序。缅于1979年9月退出，1992年9月重返不结盟运动。主张全面禁止和彻底销毁核武器，并将常规军备削减到国家自卫的水平。1992年缅决定加入防核扩散条约，并加入1949年订立的关于保护战争受害者的4个日内瓦公约。希望成为销毁化学武器公约的首批成员国。对全面政治解决柬埔寨问题巴黎协议的签署表示欢迎。希望在联合国的监督下，尽快举行公正的大选，由柬埔寨人民选出自己的政府。已与69个国家建立了外交关系。

【同我国的关系】1950年6月8日两国建交。50年代，两国总理共同倡导了和平共处五项原则。1960年，两国政府解决了边界问题。

1992年9月缅计划财政部兼贸易部长埃博尔准将出席在北京召开的联合国亚太经社会第48届年会；7～10月，铁道部长吴温盛、二工部长吴丹瑞、社会福利和救灾安置部长当敏准将等先后率团访华。同年5月，外交部副部长杨福昌赴缅同缅外交部官员进行首次磋商；6月，公安部副部长俞雷率团访缅，与缅甸和联合国禁毒署共同签署三方合作禁毒项目协议；11月卫生部副部长孙隆椿访缅。11月26日至12月3日，中缅第二次边界联检委员会在北京召开第一次会议，双方就两国边界全线联检达成初步协议。

据中国海关部署统计，1992年两国进出口贸易总额达3.682亿美元。两国边境贸易发展较快，1992年双方边贸额约15亿元人民币。

【同日本的关系】缅日于1954年12月建交。日本是缅甸的主要贸易伙伴和最大的援助国。1992年7月，日本副外相柿泽弘治访缅。缅能源部长吴钦貌登和第一工业部长盛昂中将先后于10月和11月率团访日，吴翁觉外长参加47届联大会议后于10月顺访日本。日迄未恢复对缅经援。

【同美国的关系】1948年两国建交，1990年大选后，美国强烈呼吁军政府向民选政府移交权力，并谴责军政府严重侵犯人权，压制民主，要求释放在押全部政治犯。缅曾撤销对美新任驻缅大使任命的同意。目前美已恢复了向缅派驻新大使，但两国关系仍较冷淡。

【同印度的关系】1992年印度在对缅广播中停止了对缅领导人的人身攻击，8月，缅外交部政治司司长访印，两国关系有所改善。

【同东盟国家的关系】重视发展同东盟各国的睦邻

友好关系，希望加入东盟组织。东盟反对对缅采取强硬施压的做法。缅泰关系较密切，军政府执政以来，双方部长级官员互访达25次以上，军队领导人交往尤为频繁。1992年2月泰国副总理沙拉信访缅，缅4名部长级官员访泰。两国在农业、禁毒、伐木和捕鱼等方面进行了合作，双方还签订了3项在缅近海合作勘探开采锡矿的合同。两国边界地区虽发生过一些小的磨擦，均能通过友好协商加以解决。缅甸同新加坡的经贸关系密切，新在缅已开设了多家合资工厂和商店。缅与其他东盟国家也基本保持正常往来。1992年缅计财部长和能源部长分别访问菲律宾和印尼，1月10日缅与印尼通航。缅与文莱一致同意尽快建立正式外交关系。

【同孟加拉国的关系】缅孟多年来保持友好交往。但两国边境穆斯林移民问题一直是两国间一个非常敏感的问题。自1991年下半年以来，因缅政府在缅、孟边境地区清查户口，围剿反政府武装，致使大量边民（孟方统计约25万人）非法进入孟加拉国。1991年11月和1992年4月，孟、缅两国外长互访，就逃孟边民的遣返问题达成协议。1992年底，缅、孟双方有关人员举行第12次会晤。迄今缅已按协议接受1.8万余人遣返。

（辛　冰）

尼　泊　尔

国名　尼泊尔王国（The Kingdom of Nepal）。

面积　147181平方公里。

人口　18462081人（1991年9月普查），到1991年7月止，前10年的人口年平均增长率为2.4％。全国有拉伊、林布、苏努瓦尔、达芒、马嘉尔、古隆、谢尔巴、尼瓦尔、塔鲁等30多个民族。尼泊尔语为国语，上层社会通用英语。居民89.5％信奉印度教，5.7％信奉佛教。

首都　加德满都（Kathmandu），人口414264人（1991年9月普查）。

国家元首　国王比兰德拉·比尔·比克拉姆·沙阿·德瓦（Birendra Bir Bikram Shah Dev），1972年1月31日即位。

简　况

内陆山国，位于喜马拉雅山南麓，北邻中国，其余三面与印度、锡金接壤，国境线全长2400公里。全国分北部高山、中部温带和南部亚热带三个气候区。北部冷季最低气温为－40℃，南部夏季最高气温为45℃。公元前6世纪建立王朝。公元1769年沙阿王朝统一尼泊尔并延续至今。1846～1950年，为拉纳家族统治时期，国王大权旁落。1950年，拉纳家族统治结束，尼实行君主立宪；1960年，马亨德拉国王亲政，实行无党派评议会制。1990年全国暴发大规模“人民运动”，比兰德拉国王决定实行君主立宪的多党制。

政　治

1992年4月，加德满都举行罢工、罢市、罢课和游行示威，反对物价上涨，警察与群众发生冲突并造成伤亡，首都实行宵禁。5、6月间，举行市、县、村各级地方选举，尼大会党在选举中获得大多数席位。7月比兰德拉国王在上、下两院联席会议上发表政策讲话，强调“多党民主”制度化，进行农业结构调整，加速自由化经济，重申维护民族利益、独立、民主和人权。11月尼共产党等四个左派组织在加德满都联合举行集会和游行，追究政府同印度签署塔纳克普尔文件的责任，要求首相引咎辞职。

【宪法】现行宪法于1990年11月9日颁布。宪法规定，尼泊尔是一个实行多党制民主和拥有主权和领土完整的印度教君主立宪王国。国王是尼泊尔民族和人民团结的象征。国王有宣布紧急状态、制订、修改和废止王位继承法等权力。

【议会】议会为最高立法机构，由国王、下院和上院组成。下院设205席，由各县按人口比例选举产生一至数名议员，任期5年。上院设60席，其组成是：国王任命10席，由下院和选举团分别选举产生35席和15席，任期6年，每2年改选1/3。1991年5月大选后，在议会下院205个议席中，大会党获112席，尼共（联合马列）获69席，其余由尼其他政党和独立人士获得。达曼·纳特·敦加纳（Damana Natha Dhungana）于1991年6月23日当选为下院议长。贝尼·巴哈杜尔·卡尔基（Beni Bahadur Karki）于1991年6月30日当选为上院议长。

【政府】根据宪法规定，国王任命在下院获得多数票的议会党团领袖为首相，并在首相的主持下组成内阁。现内阁组成于1991年5月29日。1991年12月30日，首相改组内阁。1993年1月11日，尼政府对一些部名进行调整，调整后的内阁由首相、8名大臣、7名国务大臣和7名助理大臣组成。主要成员是：首相兼宫廷事务、国防和外交大臣吉里贾·普拉萨德·柯伊拉腊（Girija Prasad Koirala）；住房和物资计划大臣巴尔·巴哈杜尔·拉伊（Bal Bahadur Rai），土地改革和管理大臣贾加纳特·阿查里雅（Jagannath Acharya），旅游和民航大臣拉姆·哈里·乔西（Ram Hari Joshi）；内政大臣谢尔·巴哈杜尔·德乌帕（Sher Bahadur Deupa）；地方发展兼农业大臣拉姆·钱德拉·包德尔（Ram Chandra Poudel）；总行政、法律、司法和议会事务大臣马赫希沃·普拉萨德·辛格（Maheshwor Prasad Singh）；财政国务大臣马赫什·阿查里雅（Mahesh Acharya）。

【司法机构】法院分为三级：最高法院、上诉法院和县法院。国王根据宪法委员会的推荐，任命最高法院首席法官，并根据司法委员会推荐任命其他各级法官。首席法官任期为7年。现任最高法院首席法官比什沃纳特·乌帕德亚雅(Bishwanath Upadhyaya)，1991年8月7日就任。总检察长莫蒂卡吉·斯塔皮特(Motikaji Stapith)，1991年2月6日就任。

【政党】目前，尼泊尔共有党派70多个，其中主要党派有3个。

(1)尼泊尔大会党(Nepali Congress)：1947年1月成立。1992年11月2日，该党成立新的中央委员会。主席克里希纳·普拉萨德·巴特拉伊(Krishna Prasad Bhattarai)；总书记马亨德拉·纳拉扬·尼迪(Mahendra Narayan Nidhi)。

(2)尼泊尔共产党(联合马列)(Nepal Communist Party [United Marxist-Leninist])：由尼共(马)和尼共(马列)于1991年1月7日合并而成。主席曼·莫汉·阿迪卡里(Man Mohan Adhikari)；总书记马登·班达里(Madan Bhandari)。

(3)民族民主党(Rastriya Prajatantra Party)：1992年1月3日成立。该党由其前身民族民主党昌德派和民族民主党塔帕派(两党均成立于1990年5月29日)合并而成，由前评议会人士组成。主席苏尔雅·巴哈杜尔·塔帕(Surya Bahadur Thapa)。

【重要人物】**比兰德拉·比尔·比克拉姆·沙阿·德瓦**：国王。1945年12月28日生于加德满都。幼年时在印度受初等教育，后在英国伊顿公学、日本东京大学和美国哈佛大学受中、高等教育。1955年3月15日被宣布为王位继承人。1972年1月31日继承王位。访问过亚、非、欧、美许多国家。 **吉里贾·普拉萨德·柯伊拉腊**：首相。1925年生于印度比哈尔邦。在大学时期即投身于印度的独立运动。50年代曾任尼大会党莫朗县委主席。1976年起任尼大会党总书记。先后于1985和1990年同大会党其他领导人一起发动"不合作运动"和"人民运动"。1991年5月23日被国王任命为首相。

经 济

尼泊尔为农业国，是世界上最不发达的国家之一。从1992/93经济年度到1996/97经济年度期间，尼实行第八个五年计划。

国内生产总值(1990/91年度)：1053亿卢比。

人均国内生产总值(1990/91年度)：5704卢比。

国内生产总值增长率(1990/91年度)：5.5%(按现行价格计算)。

国民总收入(1990/91年度)：1074.47亿卢比。

货币名称：尼泊尔卢比；1卢比＝100拜萨。

汇率(1991年第三季度)：1美元＝42.7卢比。

通货膨胀率(1990/91年度)：9.8%。

【资源】有铜、铁、铝、锌、磷、钴、石英、硫磺、褐煤、云母、大理石、石灰石、菱镁矿、木材等，其中只有云母、大理石、石灰石等得到少量开采。水力资源丰富，水电蕴藏量为8300万千瓦，约占世界水电蕴藏量的2.3%。其中2700万千瓦可发展水力发电。

【工业】基础薄弱，规模小，机械化水平低，发展缓慢。1990/91年度，工业产值为70.78亿卢比。

【农业】农业人口占全国总人口的90%。1990/91年度农业产值为562.3亿卢比，占国内生产总值的53.4%。主要农产品产量如下(单位：万吨)：

	1989/90	1990/91	1991/92
水稻	339	350.2	322.3
玉米	120.1	123.1	120.5
小麦	85.5	83.6	76.5
大麦	2.7	2.8	2.8
小米	22.5	23.2	22.9
甘蔗	98.8	110.6	129.1
油料作物	9.8	9.2	8.8
烟叶	0.7	0.7	0.6
马铃薯	67.1	73.8	73.3
黄麻	1.6	1.6	1.9

(资料来源：1991/92年度尼泊尔政府经济调查报告)

【旅游业】1991年外国游客292995人。1990/91年度旅游外汇收入为35.876亿卢比。

【交通运输】到1991年7月中旬，尼公路总长7401公里，其中沥青路面3016公里。铁路全长51公里。有各类机场43个，除首都有一国际机场外，其余为简易机场；全国仅有一家国营的尼泊尔皇家航空公司，国内主要城镇有班机通航，国外同印度、巴基斯坦、泰国、孟加拉国、文莱、新加坡、香港、阿拉伯联合酋长国、中国、德国和英国等国家和地区通航。

【财政金融】近几年财政收支情况如下(单位：亿卢比)：

	1988/89	1989/90	1990/91
总支出	180.05	196.693	235.498
常规开支	56.762	66.718	75.703
发展开支	123.288	129.975	159.795
总收入	94.575	112.629	128.946
政府收入	77.769	92.875	107.299
外国援助	16.806	19.754	21.647
赤字	85.475	84.064	106.552
外债	56.664	59.596	62.567
内债	13.3	21.5	45.527

(资料来源：同上)

截至1992年4月，尼黄金与外汇储备为247.343亿卢比。

【对外贸易】主要贸易伙伴是印度。进口主要商品是煤、石油制品、羊毛、药品、机械、电器、化肥等，出口主要商品是地毯、成衣、皮革、农产品、手工艺品等。近年来尼外贸情况如下(单位：亿卢比)：

	1988/89	1989/90	1990/91
出口	41.953	52.172	76.037
进口	162.637	184.061	241.979

差额	-120.684	-131.889	-165.942

（资料来源：同上）

【外国援助】近几年接受外援情况如下（单位：亿卢比）：

	1988/89	1989/90	1990/91
无偿援助	47.59	62.388	27.699
贷款	56.44	95.912	28.955

主要援助国和国际组织是德国、法国、瑞士、荷兰、美国、加拿大、日本、印度、中国、沙特阿拉伯以及援尼财团（包括美、日、德、英、法等国）、联合国开发计划署、亚洲开发银行和世界银行等。

人民生活　1990/91年度，尼全国有医院111所，拥有病床4570张，医生1196人。

军　事　国王为皇家军队最高统帅。国家安全委员会由首相、国防大臣和参谋长组成，首相任主席。尼泊尔只有陆军，参谋长为加杜尔·萨·忠·巴·拉纳（Gadur S. J. B. Rana）上将。实行志愿兵役制。总兵力3.5万人。有1个宫廷警卫旅，7个步兵旅，1个炮兵团，1个工兵营，1个装甲侦察分队。全国有警察2.8万人。

1990/91年度国防开支（常规开支）为11.514亿卢比。

文化教育　【教育】1990/91年度教育经费：常规开支3.663亿卢比，发展开支14.16亿卢比。1990年全国识字率为26%。特里布万大学是全国唯一的一所大学，下设64所分院和33个中央教学部。此外还有133所私立分院。到1991年5月，各级学校情况如下：

	学校（所）	学生（万人）	教师（人）
小学	18681	292.6	74849
中学	6173	76.7	24590
大学	1	9.3753	4862

（资料来源：同上）

【新闻出版】全国最大的两份日报为：《廓尔喀报》，尼泊尔文，1902年创刊；《新兴的尼泊尔》，英文，1965年创刊。均为官方报纸。此外还有日报、周刊等各类刊物多种。

尼泊尔民族通讯社为全国唯一的通讯社，官办，成立于1962年4月。

尼泊尔广播电台是全国唯一的电台，官办，成立于1948年，用尼泊尔语和英语广播。

尼泊尔电视台1985年12月28日在首都正式开播。1989年5月，比拉特纳加尔市也开始正式播送电视节目。

对外关系　尼泊尔外交政策以联合国宪章、不结盟、和平共处五项原则、国际法和对世界和平的共识为指导原则。尼致力于在平等的基础上在经济、社会和其它领域内维护同邻国、南亚国家和世界各国之间的友好合作关系。反对种族隔离和种族歧视；反对军备竞赛，主张停止核扩散，谴责以武力解决争端和侵犯别国领土主权的行为；要求美、俄为实现中东和平继续作出努力；呼吁南非政府保持局势安定；欢迎为恢复阿富汗的正常秩序所作的一切努力；欢迎朝鲜半岛紧张局势的缓和；要求国际社会认真对待环境与发展问题；提倡人权，但反对用人权问题达到某种特别的政治目的。截至1993年1月，已同100个国家建交。

【同我国的关系】1955年8月1日中尼建交以来，两国人民之间的传统友谊和友好合作关系不断发展。两国一直保持高层往来。1973～1987年间，比兰德拉国王多次访华。1957～1984年间，周恩来总理、邓小平副总理、李先念主席等先后访尼。1989年11月，李鹏总理访尼。

1992年3月，尼首相柯伊拉腊访华。6月，尼泊尔议会下院议长达曼·纳特·敦加纳率团访华。11月，廖汉生副委员长率人大代表团访尼。

1992年中尼贸易总额为3586万美元，其中中方出口额为3510万美元。

【同印度的关系】1947年6月两国正式建交。1989年初，尼印两国在贸易和过境条约问题上发生分歧。1990年6月印同意恢复尼印15个过境点并向尼提供煤和石油产品，尼同意免除对印商品的附加关税，两国关系有所改善。1991年12月，尼内阁首相柯伊拉腊访印，双方就贸易、过境等问题达成协议。1992年10月，印总理拉奥访尼，两国关系进一步改善。

【同美国的关系】1947年4月尼美建交并签订友好和商务条约。从1990年4月起，美国对正在尼进行的民主进程持欢迎态度。　（邢德昌）

日　本

国名　日本国（Japan）。

面积　37.78万平方公里。

人口　12443万（1992年10月）。主要为大和族，北海道约有2万阿伊努族人。通用日语。神道和佛教较盛行。

首都　东京（Tokyo），市区人口8132万（1992年

9月)。

国家象征　天皇明仁(Akihito),1989年1月即位,年号"平成"。

简　况

太平洋西侧的岛国。西隔东海、黄海、朝鲜海峡、日本海与中国、朝鲜、俄罗斯相望。由北海道、本州、四国、九州4个大岛和约3900多个小岛组成。海岸线长3万多公里,多海湾和良港。属温带海洋性季风气候。6月多梅雨,夏秋季多台风。1月平均气温北部－10℃,南部10℃;7月北部18℃,南部26℃。

公元4世纪中叶出现统一的国家——大和国。5世纪初达到鼎盛时期,势力扩及朝鲜半岛南部。公元645年发生大化改新,仿照唐朝律令制度,建立起以天皇为绝对君主的封建的中央集权国家体制。12世纪末进入由武士阶级掌握实权的军事封建国家,史称"幕府"时期。17世纪中叶,实行了长达200年的闭关锁国政策。19世纪中叶以后,被迫签约开国,民族矛盾和社会矛盾激化。1868年,革新派推翻幕府统治,实行"明治维新",恢复天皇至高无上的统治,发展资本主义,并逐步走上对外侵略扩张的道路。1945年8月15日,在第二次世界大战中战败,宣布无条件投降。1947年5月始由绝对天皇制国家变为以天皇为国家象征的资本主义议会内阁制国家。

政　治

战后几十年来,日本政局虽有过一些波动起伏,但总的来说相对稳定。除40年代后期社会党一度组织过不到一年的联合内阁外,一直是自民党(1955年以前为自由党和民主党)一党执政。1992年,日本政局在保持基本平稳的同时,也出现了一些波动。在7月举行的参议院改选中,自民党获胜,执政基础有所加强,多数在野党受挫。但自8月以后,自民党副总裁金丸信及该党一些人的权钱交易丑闻被揭出后,受到在野党猛烈抨击,迫使金丸信引咎辞职,退出政界,并导致竹下派内讧分裂,自民党在国民中的支持率大幅下跌。12月11日,宫泽首相改组内阁,并调整了自民党领导机构,根据新的派系力量结构重新配置了党政班子,选用了一些形象清廉和精通政策的实力人物担任各项要职,使其执政地位有所加强。

一年来,宫泽内阁对内重视经济发展,多次降低利率,扩大公共投资,刺激经济复苏。同时,继续抓政治改革的旗帜,以缓解国民对政治腐败的不满。对外在坚持日美同盟,加强日欧关系的同时,大力开展亚太外交,积极参与国际事务。

【宪法】现行《日本国宪法》于1947年5月3日实施。宪法规定:实行以立法、司法、行政三权分立为基础的议会内阁制;天皇为日本国和日本国民总体的象征,无权参与国政;"永远放弃把利用国家权力发动战争、武力威胁或行使武力作为解决国际争端的手段,为达此目的,日本不保持陆、海、空军及其他战争力量,不承认国家的交战权"。

【议会】称国会。最高权力机关和唯一立法机关。由众议院和参议院组成。众议院议员512名,任期4年。内阁总理大臣有权解散众议院重新选举众议员。参议院议员252名,任期6年,每3年改选半数,不得中途解散。在权力上,众议院优于参议院。现任众议院议长樱内义雄,参议院议长原文兵卫。1992年底各政党在众、参两院占有议席情况如下:

	众议院	参议院
自由民主党	275	107
社会党	137	74
公明党	46	24
共产党	16	11
民社党	13	12
日本新党	0	4
其他党派	5	16
无党派	6	4
缺员	13	0

【政府】内阁是国家的最高行政机关,对国会负责。由内阁总理大臣(首相)和分管各省、厅(部)的20名大臣组成。内阁总理大臣由国会提名,天皇任命;其他内阁成员由内阁总理大臣任免。现任内阁于1992年12月11日组成,全体成员是:首相宫泽喜一,副首相兼外务大臣渡边美智雄(1993年4月辞职,法务大臣后藤田正晴接任副首相,武藤嘉文接任外相);法务大臣后藤田正晴,大藏大臣林义郎,文部大臣森山真弓,厚生大臣丹羽雄哉,农林水产大臣田名部匡省,通产大臣森喜朗,运输大臣越智伊平,邮政大臣小泉纯一郎,劳动大臣村上正邦,建设大臣中村喜四郎,自治大臣村田敬次郎,官房长官河野洋平,总务厅长官鹿野道彦,北海道冲绳开发厅长官北修二,防卫厅长官中山利生,经济企划厅长官船田元,科技厅长官中岛卫,环境厅长官林大干,国土厅长官井上孝。

【司法机构】司法权属于最高法院及下属各级法院。采用"四级三审制"。最高法院为终审法院,审理"违宪"和其他重大案件。高等法院负责二审,全国共设四所。各都、道、府、县均设地方法院一所(北海道设四所),负责一审。全国各地还设有家庭法院和简易法院,负责民事及不超过罚款刑罚的刑事讼诉。

最高法院长官(院长)由内阁提名,天皇任命,14名判事(法官)由内阁任命,需接受国民投票审查。其他各级法院法官由最高法院提名,内阁任命,任期10年,可连任。各级法官非经正式弹劾,不得罢免。现任最高法院长官草场良八。

检察机构分为最高检察厅、高等检察厅、地方检察厅。检察官分为检事总长(总检察长)、次长、检事长、检事等。检事长以上官员由内阁任命。法务大臣对检事总长有指挥权。现任检事总长笕荣一。

【政党】战后日本实行"政党政治",代表不同阶级、阶层的各种政党相继恢复或建立。目前参加国会活动的主要政党有7个,即自由民主党、社会党、公明党、民社党、共产党、社会民主联合、日本新党。

(1)自由民主党(简称自民党):1955年11月由自由党和民主党合并而成,已连续执政36年。自民党是日本的主要保守政党,在中小城市和农村势力较强。自民党国会议员大多以"实力人物"为核心,分为许多派系,目前主要有三塚派、宫泽派、渡边派、小渊派(继承原竹下派)、羽田派(由原竹下派分立出来)、河本派。党首为总裁,由该党国会议员选举产生,任期2年,原则上只能连任1次,可酌情适当延长。第15届总裁宫泽喜一。

(2)社会党:第一大在野党。1945年11月成立。党员12.7万人。1947年6月社会党曾组织联合政权,执政9个月。1990年4月社会党长期开展日中友好活动,1983年3月与中国共产党正式建立两党关系。现任中央执行委员长山花贞夫,1993年1月当选。

(3)公明党:在野党。1964年11月成立。初为宗教团体创价学会的参政团体,1970年实行政教分离。党员21.3万人。中央执行委员长石田幸四郎。

(4)民社党:在野党。1960年1月成立。原为社会党内拥护日美安全条约的一个右翼派别,党员10.5万人。中央执行委员长大内启伍。

(5)日本共产党:在野党。1922年7月成立。党员49万人。1966年前同中国共产党有联系,后来断绝。中央执行委员会主席宫本显治,干部会委员长不破哲三。

(6)社会民主联合(简称"社民联"):在野党。1978年3月成立。由社会党江田三郎派同新潮流会合并而成,人员不多。在国会活动中同其他政党组成统一会派而不构成单独的政治势力。代表江田五月。

(7)日本新党:1992年5月成立。主张对内实行政治经济改革,确立消费者权益和扩大地方自治;对外发挥对世界和平的主动精神,促进开放型经济,为保护地球环境作贡献。代表细川护熙。

【重要人物】宫泽喜一:内阁总理大臣。1919年10月8日生于广岛县。东京大学法学部毕业后入大藏省。早年曾留学美国。1967年以来9次当选众议员,历任通产大臣、外务大臣、经济企划厅长官、官房长官、副首相兼大藏大臣和自民党总务会长等党政要职。1988年12月因涉嫌利库路特丑闻遭到各方指责,辞去竹下内阁大藏大臣兼副首相职务。1991年10月在竹下、河本两派支持下当选自民党总裁,并于11月5日就任日本战后第20届内阁总理大臣。

经　济

1955年完成经济重建。此后在近20年的时间里,经济持续高速增长。1973年石油危机后转入低速增长。1986年日元大幅度升值后,开始注重调整经济结构,外需主导型试图将经济结构向内需主导型转变,加速发展高科技产业,使经济再次出现较高增长,从1987～1991年的4年半时间里,国民生产总值年平均增长率达5%,接近战后最长的"伊奘诺景气"。但1991年下半年起,随着"泡沫经济"的崩溃,经济出现衰退,1992年进一步加剧,全年经济增长率只有1.5%。

1968年日国民生产总值已跃居资本主义世界第二位。近年来,随着日本经济实力不断增强和苏联解体,地位进一步上升,成为仅次于美国的世界第二大经济强国。1991年国民生产总值约占世界的14%。海外纯资产3830亿美元,居世界第一。

国民生产总值(1992年):33686亿美元。

人均国民生产总值(1992年):27258美元。

国民生产总值增长率(1992年):1.5%。

货币名称:日元。

汇率(1992年平均):1美元=126日元。

外汇储备(1992年):727.88亿美元。

失业率(1992年):2.2%。

【资源】矿产资源贫乏,除煤、锌有少量储藏外,绝大部分依赖进口。主要资源依赖进口的程度为:煤92.9%,石油99.7%,天然气96.1%,铁矿石100%,铜99%,铝矾土100%,铅矿石82.8%,镍矿石100%,磷矿石100%,锌矿石65.4%。森林面积2458万公顷,占国土总面积的65%,但木材72%依赖进口,是世界上进口木材最多的国家。水力资源丰富,水力发电量约占发电总量的11.8%。近海渔业资源丰富。

【工业】工业高度发达,是国民经济的主要支柱,工业产值占国内生产总值的42.1%。1991年工业就业人口1842万人,占就业人口6369万的28.9%。1991年工业生产比上一年增长2.1%,增长率下降连续3年。企业倒闭10723起,比上一年增长65.8%,负债总额7.96万亿日元。70年代开始提出调整产业结构设想,从劳动、资本密集型逐步转为知识、技术密集型。进入80年代,加快以电子技术、生物技术和新材料为重点的高技术产业的发展。1986年,电子工业产值已超过汽车业而成为日本第一大产业。主要工业产品产量如下:

	1989	1990	1991
粗钢(万吨)	10790.8	11034	10964
汽车(万辆)	1302	1348	1324
造船(万吨)	526	648	700
彩电(万台)	1257.8	1324	1343
录相机(万台)	2824.2	2792	2605
发电量(亿度)	7046.8	7575.9	7831

(资料来源:1992年日本统计月报)

工业主要集中在太平洋沿岸地区,京滨、阪神、中京、北九州为四大传统工业地带,70年代以后又出现北关东、千叶、濑户内海及骏河湾等新兴工业地带。1989年这些地带的工业总产值占日本全国工业总产值的73%。

【农林牧渔业】农林牧渔业占国内生产总值2.5%,在国民经济中居次要地位。1991年农林牧渔业就业人口462万,占总就业人口的7.2%。耕地面积520万公顷,约占国土面积的13%,主要种植水稻、小麦、大豆等。1990年主要食用农水产品自给率:稻米100%,小麦15%,豆类8%,肉类70%,水产品68%,油脂29%。主要

农牧渔业产品产量如下(单位:万吨):

	1989	1990	1991
水稻	1029.7	1049	956
小麦	98.5	952	759
牛肉	54.8	54.9	58
猪肉	159.3	156	146
牛奶(百万公升)	4161	4261	4242
鸡蛋	242.3	239.7	253
水产	1191	1088	987

【旅游业】1991年出国旅游人数为870万人,比上一年减少38.4万人。外国人赴日旅游人数为298万人,比上一年增加27.5万人。

【交通运输】客运以铁路和公路为主,货运以公路和海运为主。1991年客运总量13309亿人公里,比上年增长2.5%左右;国内货运总量5599亿吨公里,比上年增长2.4%。

铁路:总长46552公里,其中电气化高速铁路(新干线)为2012公里;1992年3月,新干线"希望号"投入运营,最高时速达270公里;同年7月,东京至山形之间开通了"小新干线";1991年客运量4001亿人公里,比上年增长3.3%,占客运总量的30%;货运量271.58亿吨公里,比上年略有减少,约占货运总量的4.8%。

公路:1991年公路总长为112万公里,其中现代化高速公路4869公里。客运量6730.72亿人公里,比上年增长1.5%,占客运总量的50.5%;货运量2837.76亿吨公里,比上年增长4.2%,占货运总量的50.6%。

水运:1991年国内船舶货运量2482亿吨公里,占货运总量的44.3%。港口约有1080个,年吞吐量1亿吨以上的有神户、横滨、名古屋、大阪、千叶等。

空运:1991年国内航班运送旅客553.48亿人公里,比上年增长7.2%,货运8.12亿吨公里,比上年略有增长。国际航班运送旅客513.48亿人公里,比上年增长8.5%,货运43.3亿吨公里,比上年减少。航空公司主要有"日本航空(JAL)"、"全日本空输(ANA)"和"日本航空系统(JAS)"。主要机场有成田、羽田、大阪、福冈等。

【财政金融】为削减庞大的财政赤字,1990年大藏省提出重建财政的5年计划,即到1995年将国债占一般会计的比重减少到5%。但是,由于"泡沫经济"的崩溃和税收减少,1992年国债发行额占预算的比重再次超过二位数,达10.1%,为7.28万亿日元。1992年底国债余额已达174万亿日元。1991年财政预算70.3474亿日元。1992年财政预算72.21万亿日元,比上一年增长2.7%,增长幅度是1987年以来最低水平。国债还本付息16.44万亿日元,占支出的22.8%,创历史最高纪录。1992年预算主要支出情况(单位:万亿日元):

总额	72.2180
防卫费	4.5518
社会保障费	12.7374
公共事业费	6.9409
政府开发援助	0.9522
文教费	5.6834
财政投资	40.8022

日本的中央银行是日本银行。由于经济不景气,1991年下半年起,日本银行采取放松银根的金融政策,到1992年4月,先后4次降低中央银行的贴现率,最终降到3.75%。

【对外贸易】对外贸易在国民经济中占重要地位。1992年贸易额约占国民生产总值的17%。出口仅次于美国和德国,为世界第三大出口国。近几年进出口贸易情况如下(单位:亿美元):

	1990	1991	1992
出口额	2869.66	3145.25	3396.50
进口额	2345.56	2367.37	2330.21
差　额	524.01	777.89	1075.29

(资料来源:1993年东洋经济统计月报)

出口商品的七成左右是机械、电子工业产品,进口以矿产资源、石油为主。近年进口结构发生显著变化,制成品所占比重迅速上生,出口结构中高技术产品比重增加。主要的贸易对象是美国、德国、台湾、中国、韩国。

1992年日本的主要贸易对象贸易额(单位:亿美元)及占日本进出口贸易的百分比:

	出口额	%	进口额	%
美国	958.61	28.2	521.87	22.4
德国	203.04	5.9	107.33	4.6
韩国	177.71	5.2	115.81	4.9
中国台湾	211.46	6.2	94.37	4
香港	207.59	6.1	20.43	0.8
英国	122.85	3.6	48.97	2.1
中国	119.57	3.5	169.46	7.2
澳大利亚	70.49	2	123.90	5.3
法国	63.11	1	54.11	2.3

(资料来源:同上)

1992年主要商品进出口额(单位:亿美元)及占日本贸易总额的百分比:

	出口额	%
汽车	605.13	17.8
化工产品	191.24	5.6
钢铁	133.33	3.9
机械	763.44	22.4
电视机	24.04	0.7
录相机	49.62	1.4
音响	71.58	2.1
集成电路	98.78	2.9
精密仪器	160.05	4.7
船舶	79.46	2.3
	进口额	%
食品	371.57	15.9
水产品	125.01	5.3
煤炭	60.41	2.5
原油	301.07	12.9

化工产品	173.53	7.4
机械仪器	428.25	18.4
纤维制品	153.22	6.5
木材	76.36	3.2
液化天然气	72.68	3.1
肉类	64.59	2.7

（资料来源：同上）

【对外投资】截至1991年末，对外直接投资累计额3523亿美元。1991年对外直接投资415亿美元，比上一年减少26.9%。主要投资地区所占比率为：北美45.3%，欧洲22.5%，亚洲14.3%，中南美8%，大洋洲7.9%。投资行业所占比率：制造业29.6%，金融保险12%，不动产21.4%。

【对外援助】1991年日本政府对外开发援助总额首次突破100亿美元，达110.34亿美元，再次跃居世界第一。受援地区主要是亚洲（占51%），非洲占11.4%，中南美占8.1%，中东占20.4%。

人民生活

1991年职工每户月平均实际收入54.87万日元，比上一年增长5.2%；每户月实际支出43.03万日元，其中消费支出34.54万日元。每千人拥有医院病床约14张，医生1.7人。电话机452部。小汽车普及率78.6%，电冰箱和彩电普及率分别为98.9%和99%，人均住房面积17.4平方米。

军　事

二次大战后日军全部被解散，美军对日实行单独军事占领。1954年建立陆、海、空自卫队，并实行了一系列扩军计划。1976年制订《防卫计划大纲》，提出1977年以后的防卫设想和扩军方针：保持均衡发展的防卫态势，坚持重视质量的建军原则，使之独立应付有限的小规模战争。至1990年已基本达到大纲所定指标。1990年12月，内阁会议又批准了新“中期防卫力量整备计划”（1991～1995年），该计划规定5年军费总额为22.75万亿日元（合1720亿美元），比上一个5年计划增加4.35万亿日元，年增长率（3%）有所降低（原为5.4%）。计划的重点是注重质量，提高武器装备水平，加强后勤、情报、通信建设，更多地承担驻日美军费用等。

1957年日本政府制定“国防基本方针”，其主要内容是：(1)支持联合国行动，谋求国际协调，实现世界和平。(2)安定民生，提高爱国心，确立国家安全保障的基础。(3)根据国力国情，在自卫所必需的范围内，有效渐进地增强防卫力量。(4)对外部入侵，在将来联合国能够有效地阻止之前，以日美安全保障体制加以对付。根据上述基本方针，日本还制定了其它一些基本军事政策，主要是：在和平宪法下，实行专守防卫，不做威胁他国的军事大国，坚持日美安保体制，确保文官统制，遵守非核三原则，自主地有节制地增强防卫力量。近年来，由于国内外形势的变化，日本已对其迄今的军事政策做出调整，军费多次突破占国民生产总值1%的限额，1991年4月派遣自卫队赴海湾参加多国部队的扫雷活动，1992年9月又派遣自卫队参加联合国驻柬维持和平行动。

内阁首相对自卫队拥有最高指挥监督权。安全保障会议是有关安全保障的决策机关，由首相、外相、藏相、内阁官房长官、防卫厅长官、经济企划厅长官及根据内阁法第九条预先指定的一名国务大臣组成，首相任主席。内阁设防卫厅，长官由文职人员担任，受首相之命，通过陆、海、空三军幕僚长（参谋长）统帅陆、海、空自卫队。统合幕僚会议（参谋长联席会议）是防卫厅长官的辅助机构，由主席和三军幕僚长组成，负责拟定和调整三军的作战、训练和后勤补给计划，搜集分析军事情报。自卫队实行志愿兵役制。陆上自卫队服役期限为2～3年，海、空自卫队为三年。一般根据本人希望，每人可延长服役一次（二年）。

现有自卫队总兵力240266人，陆上自卫队151176人，包括12个师、2个混成旅、1个坦克师、1个炮兵师、1个空降旅、1个教导旅、1个直升机团和8个霍克导弹群；海上自卫队43583人，包括4个反潜护卫舰队、10个反潜舰队、6个潜艇舰队、2个扫雷部队、16个陆基反潜机部队，拥有60艘反潜护卫舰艇、16艘潜水舰、220架空中作战机；航空自卫队45392人，包括28个防卫部队、18个飞行队、1个地对空导弹部队、430架空中作战机。

驻日美军总兵力约44900人。

1992年度防卫费总额为45518亿日元，占国民生产总值0.941%，比上一年增长3.8%。

文化教育

【教育】学制为小学6年、初中3年、高中3年、大专2～3年、大学4年。实行9年义务教育。大学有国立大学、公立大学和私立大学。著名的国立综合大学有东京大学、京都大学等，著名的私立大学有早稻田大学、庆应大学等。1992年教育经费为56834亿日元，约占当年国家预算总额的7.9%。义务教育入学率近100%，高中升学率为94.5%，大学升学率为31.6%。日本重视社会教育，函授、业校、广播、电视、电话教育等较普遍。1991年各级学校概况：

	学校（所）	教员（人）	学生（人）
小学	24023	444903	9157429
初中	11198	286965	5188300
高中	5345	286092	5494900
大专	592	20933	504087
大学	514	126445	2205516

（资料来源：1993年时事年鉴）

【新闻出版】新闻出版业发达。综合性日报有124家，日发行量5203万份。全国有影响的报纸通称“六大报”：《朝日新闻》、《读卖新闻》、《每日新闻》、《日本经济新闻》、《产经新闻》、《东京新闻》。全国发行的三大地方报为：《中日新闻》、《北海道新闻》、《西日本新闻》。以上8家报纸日发行量约3221万份。1991年出版图书42345

种，发行杂志3918种。较有影响的杂志有：《中央公论》、《东洋经济》、《经济学人》、《文艺春秋》等。

广播电台、电视台共有197家。电视平均每天播放19小时以上，广播平均每天播音22小时以上。电视、广播普及率均达100%。全国性的电视、广播公司主要是：日本广播协会（NHK），1925年成立，属半官方性质；东京广播公司（TBS），1951年成立；日本电视广播网公司（NTV），1953年成立；全国朝日广播公司（ANB），1959年成立；富士电视公司（FUTV），1959年成立。除日本广播协会外，其他电视广播公司均为私营。

主要通讯社：共同通讯社是日本最大的通讯社，简称共同社，创立于1945年。时事通讯社是第二大通讯社，简称时事社，创立于1945年。

对外关系

日本以日美关系为其外交“基轴”，近年开始重视亚洲外交，加强同西方发达国家及欧共体的协调与合作，同时积极发展同中国、东盟的关系，努力改善日俄关系。

宫泽内阁把在国际政治舞台上发挥更大作用作为当前外交的重要着眼点，努力提高外交自主性，积极参与建立国际新秩序。1992年，日本明确提出希望成为安理会常任理事国，与印度等国向联合国大会提出了要求改组安理会的共同提案。日本认为，冷战结束后多极化趋势进一步发展，构筑新的国际秩序是当务之急，日美欧三极是多极化时代的主要支柱，日本的国际责任进一步增大。主张国际新秩序应达到“和平、自由、繁荣”三个目标，强调日本积极、主动、创造性地参加建立新秩序“是时代赋予的光荣使命”。日本把派自卫队参加联合国维持和平活动视为参与国际政治事务、拓展大国外交的重要手段。1992年6月，日本国会通过《联合国维持和平活动合作法》，从法律上确认日自卫队可前往境外执行联合国主持的国际维持和平活动。同年9月，日首批自卫队人员赴柬埔寨参加维和活动。截至1992年底，日本同167个国家建立了外交关系。

【同我国的关系】1972年9月29日，双方恢复了外交关系，翌年1月互设大使馆。此后，中国在大阪、札幌、福冈、长崎，日本在上海、广州、沈阳分别开设总领事馆。1978年8月12日，园田外相访华时双方签署中日和平友好条约。同年10月邓小平副总理访日时双方互换中日和平友好条约批准书。进入80年代以后，铃木首相（1982年9月）、中曾根首相（1984年3月、1986年11月）、竹下首相（1988年8月）、海部首相（1991年8月）先后访华。华国锋总理（1980年5月）、赵紫阳总理（1982年5月）、胡耀邦总书记（1983年11月）、彭真委员长（1985年4月）、李鹏总理（1989年4月）先后访问了日本。

1992年是中日邦交正常化20周年，两国政府和民间友好团体举行了大量纪念活动。江泽民总书记和万里委员长分别于4月和5月访日，日本天皇和皇后10月对我国进行了有史以来的首次正式访问。上述高层往来使两国友好关系的发展上了一个新的台阶。此外，自1980年以来，两国共举行了5次中日政府成员会议，1984年成立的中日友好二十一世纪委员会已召开7次会议，两国外交当局举行了12次定期磋商，中日民间人士会议已举行5次。双方通过各种对话渠道，定期交换意见。

两国经济合作发展顺利。1990年10月，日决定恢复向我提供1989年一度冻结的第三批（1990～1995年）政府贷款8100亿日元。1992年日又决定向我提供10000亿日元的第三批能源贷款。1992年日对华投资大幅度增加，协议金额达21.73亿美元，比上年增加167.6%，实际投资金额为7.10亿美元，比上年增加33.2%。

1992年中日贸易总额达到253.8亿美元，创历史最高水平，比上年增加25.1%，其中我方出口116.9亿美元，进口136.8亿美元，中方逆差19.8亿美元。

中国驻日本大使：徐敦信。馆址：〒106东京都港区元麻布3-4-33。电话：03-3403-3380。传真：03-3403-3345。商务处地址：〒106东京都港区南麻布5-8-16。电话：03-3440-2011。传真：03-3446-8242。签证处电话：03-3403-0995。

日本国驻华大使。国广道彦。馆址：北京市建国门外日坛路七号。电话：532-2361（总机）。

【同美国的关系】1951年9月8日，签订《日美安全保障条约》。1960年1月，日美修改该条约，签订《共同合作与安全保障条约》。

日美政治、军事、经济关系十分密切。日本以日美关系为其外交基轴，军事上借助于日美安保体制，美视日为其在亚太地区的重要盟国。为适应国际形势的变化，两国均注意克服分歧，加强协调。两国首脑往来频繁，各个领域都保持着对话渠道。1992年1月布什总统访日，双方表示要建立两国“全球性伙伴关系”，为建立国际新秩序“共同发挥主导作用”，发表了《东京宣言》、《行动计划》和《关于世界经济增长战略的联合声明》。1993年4月，宫泽首相访美，同美新任总统克林顿进行了首次首脑会谈，双方均表示将日美（美日）关系视为最重要的双边关系。近年来，两国军事合作有所发展，1987年日本宣布参加美“战略防御计划”。美不断要求日本增加负担驻日美军经费，1991年1月签署的《日美地位协定的新特别协定》规定，日方负担额今后逐年增加，1995年将负担50%。

日美经济摩擦问题仍是两国关系中的重大悬案。1992年日对美出口958.61亿美元，进口521.87亿美元，顺差436.74亿美元（日方统计）。美把长期不能解决日美经济摩擦的原因归咎于日本的外贸体制和流通体制，近年来通过双边首脑会谈和事务级磋商等各种渠道频频压日让步，要求日强化禁止垄断法，进一步开放市场。1989～1990年日美进行了五轮“贸易结构协商”，1992年1月布什访日时再度施压，迫使日本做出让步。克林顿总统在1993年4月与宫泽的会谈中也强调不解决贸易不平衡问题日美难以进行全球性合作。

【同西欧的关系】日本十分重视同西欧国家的政治经济关系，双方保持着各个层次的对话渠道。1992年7月，日本政府首次派代表参加欧安会首脑会议，开始以观察员身份参与欧安会机制。1992年4月底5月初，宫泽首相先后访问了法国和德国，谋求两国支持日在北方领土问题上的立场，以向俄罗斯共同施压。

在经济领域，日本与西欧各国矛盾加剧，欧共体于1992年5月专门制作了针对日本的报告，要求日进一步开放市场。1992年日本同西欧贸易总额为1098亿美元，其中日本出口720亿美元，进口378亿美元。

【同东欧的关系】1989年美苏首脑马耳他会谈及罗马尼亚政局剧变后，日本认为"东欧局势已不可逆转"，加强了同东欧的政治、经济关系并对其给予支持。1992年5月，日承诺出资4亿美元，参加振兴东欧国家中小企业基金。1992年日本同东欧的贸易额为13.04亿美元，日本顺差1.46亿美元。

【同前苏联各共和国的关系】1991年12月苏解体后，日本立即承认俄罗斯联邦政府，承认其他共和国独立。

由于俄罗斯继承了前苏联的主要国际权利与义务，日本采取了以对俄关系为主，兼顾独联体其他各国的方针。1992年1月，日本副总理兼外相渡边美智雄访俄，同俄确定两国将就缔结和平友好条约进行协商。宫泽首相同月底在纽约与俄总统叶利钦举行会谈，商定叶利钦于9月中旬访问日本。由于日俄在解决北方领土问题上的分歧未能解决，叶利钦在原定访日数日前突然宣布延期访日，使日俄关系一度陷入停滞状态。其后，日适当调整对俄政策，谋求与俄重新对话。进入1993年后，日俄关系开始有所松动。1993年4月，日本在东京主持召开了西方七国外长和财长参加的援俄会谈，日决定向俄提供18.2亿美元的双边援助，还表示将不再坚持把援俄和解决北方领土问题挂钩。日本首相和外相同出席此次会议的俄罗斯外交部长科济列夫进行了会谈，俄方表示叶利钦愿在1993年5月底访日，日对此表示了欢迎。

日本与独联体各国贸易往来不甚活跃，1992年为34亿美元，其中日出口10亿美元，进口24亿美元。

【同朝鲜的关系】1991年1月，以中平立为团长的日本政府代表团访朝，同以田仁彻为团长的朝鲜政府代表团正式开始建交谈判。这是1948年朝鲜建国以后，日本政府代表团首次访朝。截至1992年11月，双方在平壤、东京、北京共举行了八轮建交谈判，主要焦点是：一、日方要求朝鲜签署核安全保障条约后尽快无条件接受核核查，朝方反对以此作为建交前提条件；二、日方认为，1910年日朝签订的合并条约是合法有效的，朝方要求日本必须对武力侵朝和殖民统治进行正确反省；三、关于战争赔偿问题，日方主张日朝不是交战国关系，补偿只能在"财产请求权"范围内解决，朝方认为日方必须给予战争赔偿；四、日方主张日朝建交文件中必须写明朝鲜南北方实际管辖范围，朝方认为日方主张旨在使目前的分裂合法化。

由于双方立场相左，建交谈判于1992年11月中断，迄未恢复。1993年3月，朝宣布退出防止核扩散条约，日朝关系进一步趋冷。

【同韩国的关系】日本政府十分重视同韩国的关系。双方关系发展比较平稳，高层往来频繁，双方还设立了外长定期协商制度。1992年1月，宫泽首相访韩，双方表示要建立新型日韩关系。

日韩两国历史问题纠葛较深。二战期间日军强迫朝鲜妇女充当军妓事被披露后，韩国朝野纷纷要求日本政府澄清事实，做出补偿。1993年3月，韩国政府宣布不再就此向日本索要经济赔偿，但仍要求日方查清事实真相并作出深刻反省。日本政府已表示正式道歉。韩国多次要求日本天皇访韩，但未成行。

日韩经济关系密切。韩对日贸易长期逆差，1992年日韩贸易额为292亿美元，日本出口177亿美元，进口115亿美元。

【同东南亚国家的关系】日本政府历来十分重视同东南亚国家特别是东盟国家的关系。该地区是日本商品出口、资本输出的重要市场和原材料来源地，又是日本海上运输的重要通道。1992年日与东南亚各国贸易总额为1618亿美元，日本出口1043亿美元，进口575亿美元。

日本把加强同东盟的关系作为重要的外交政策之一，一方面对过去战争责任表示反省，重申不做军事大国，另一方面积极以资金援助、技术合作和人员培训等方式密切同东盟的政治经济关系。宫泽首相1993年1月先后访问马来西亚、印尼、文莱、泰国等东盟四国，并就日本新的亚太外交政策发表演讲，再次反省过去日本对东南亚的侵略，强调日本愿帮助东盟各国发展经济，在维持地区安全与稳定方面同东盟加强合作。

【同印度支那国家的关系】越南入侵柬埔寨时，日本停止了对越、柬的经济合作。近年来，日本积极参与柬问题的政治解决，1991年成为巴黎和平协定的签字国。柬实现停火后，日本恢复了驻柬使馆工作，表示愿为柬战后复兴提供援助，并于1992年6月在东京主持召开了柬战后复兴国际会议。日本同越南的关系有所改善，互访级别提高。1993年3月，越南总理武文杰在两国建交后首次访日，两国领导人就改善双边关系和加强经济合作交换了意见。1989年老挝总理凯山访日后，日老关系保持平稳发展。

【同中东国家的关系】日本同中东国家经济关系密切，其石油进口的70%来自中东，中东也是日投资和商品出口的重要市场。1992年日本同中东国家的贸易总额为444亿美元，日出口152亿美元，进口292亿美元。由于日本经济对中东石油严重依赖，1973年石油危机后，日本采取了"接近阿拉伯国家的政策"，在阿以冲突和两伊战争中均保持中立，1977年巴勒斯坦解放组织在东京开设了办事处。海湾危机爆发后，日本提供130亿美元支持美对伊动武，并向有关阿拉伯国家提供了约20亿美元的经济援助。

1992年1月，日本首次参加了在莫斯科举行的中东和平国际会议，表示日愿为中东和平做贡献。日本对中东问题的基本态度为：以色列应从1967年以后占领的所有阿拉伯领土上撤退；承认巴勒斯坦人的民族自决权；阿拉伯各国应承认与以色列共存。

（韩志强 刘志坚 吴江浩）

塞浦路斯

国名 塞浦路斯共和国（The Republic of Cyprus）。

面积 9251平方公里。

人口 70.8万（1990年估计）。希腊族占80%，信奉东正教；土耳其族占18%，信奉伊斯兰教；另有少数亚美尼亚、拉丁和马龙族。主要语言为希腊语和土耳其语，通用英语。

首都 尼科西亚（Nicosia），人口14万（1990年估计）。

国家元首 格拉夫科斯·克莱里季斯（Glafcos Clerides），1993年2月28日就职，任期5年。

简况

位于地中海东北部，北距土耳其40公里。为地中海第三大岛。海岸线长782公里。属亚热带地中海型气候，夏季干热，冬季温湿。年平均气温夏季28～35℃，冬季4～10℃。公元前1500年，希腊人移居塞岛。后曾被埃及、波斯等国征服。公元前58年并入罗马帝国。公元395年后归属拜占庭帝国。1571年由奥斯曼帝国统治。1878年割让给英国，1925年成为英“直辖殖民地”。1959年2月19日与英国、希腊、土耳其签订“苏黎世—伦敦协议”。1960年8月16日塞宣布独立，成立塞浦路斯共和国。1961年加入英联邦。

政治

独立后，希、土两族因制宪等问题的意见分歧，多次酿成流血冲突。1974年后，土族北移，形成两族南北分裂局面。1992年6月，塞希土两族领导人在纽约参加了由联合国秘书长主持的“近距离间接谈判”。双方讨论了秘书长的“一套设想”、领土调整和流离失所人员等问题。10月26日，两族继续谈判。由于两族在领土、制宪和流离失所人员三大问题上分歧很大，谈判未取得进展。

1993年2月14日，塞举行总统选举，约40万选民参加了投票。民主大会党主席克莱里季斯获得50.3%的选票，战胜在任总统瓦西利乌，当选为新总统。

【宪法】现行宪法于1960年8月16日公布。宪法规定塞为共和国，总统由希族人担任，土族人任副总统，行政权属总统、副总统，他们对行政方面的重大决定均有最后否决权。由于两族争端，宪法并未得到贯彻。

【议会】实行一院制，众议院每5年选举一次，共有80席，其中希族56席，土族24席（土族因不参加塞全国议会选举，其议席多年空缺）。现议会系1991年5月选出，56个议席分配如下：民主大会党20席，劳动人民进步党18席，民主党11席，社会党7席。议长亚历山德鲁斯·格拉诺斯（Alexandros Galanos 民主党人），1991年5月30日当选。

【政府】新政府于1993年2月28日组成。全体成员：外交部长阿莱科斯·米哈伊利迪斯（Alecos Michaelides），财政部长凡德劳斯·伊康诺米迪斯（Phedros Economides），国防部长考斯塔斯·伊利亚迪斯（Costas Eliades），交通与工程部长阿达莫斯·阿达米迪斯（Adamos Adamides），商工部长斯坦利奥斯·克利阿里斯（Stelios Kiliaris），农业和自然资源部长考斯塔斯·帕特里迪斯（Costas Petrides），内政部长丁诺斯·米哈伊利迪斯（Dinos Michaelides）劳动和社会保险部长安德里亚斯·莫修乌塔斯（Andreas Moushioutas），卫生部长曼诺利斯·赫里斯托菲迪斯（Manolis Christofides），教育部长克莱伊蕾·安吉利督（Claire Angelidou，女），政府发言人亚纳基斯·卡苏利迪斯（Yannakis Cassoulides）。

【司法机构】有最高法院、刑事法院、区级法院、宗教法院（希族）和家庭事务法院（土族）。最高司法理事会由共和国总检察长和最高法院院长及法官组成。最高法院院长安德烈亚斯·劳伊佐斯（Andreas Loezos）。总检察长米哈拉基斯·特里安达菲利迪斯（M. Triantafyllides）。

【政党】（1）民主大会党（Democratic Rally）：1976年7月4日成立，议会第一大党。约有党员1万人，多系银行家、工商业资本家、律师、医生和高级职员等。主席格拉夫科斯·克莱里季斯（Glafcos Clerides）。

（2）劳动人民进步党（The Working People's Progressive Party）：1926年8月成立，前身为塞浦路斯共产党。1941年改组并改现名。现有党员1.4万人。总书记德米特里斯·赫里斯多菲亚斯（Demetris Christofias）。

（3）民主党（Democratic Party）：1976年7月11日成立。约有党员8000人，成员多系中小企业主、职员、自由职业者和富裕农民等。主席斯皮罗斯·基普里亚努（Spyros Kyprianou）。

(4)社会党(The Socialist Party of EDEK):原称统一民主中间联盟。1970年5月成立。党员约3000人。主席瓦索斯·里萨利迪斯(Vassos Lyssarides)。

土族的主要政党:(1)民族团结党(National United Party):土族执政党,1978年8月成立。主席德尔维什·埃尔奥卢(Derviç Eroğlu)。(2)族社解放党(Communal Liberation Party):1976年3月成立。主席阿尔普·杜尔杜伦(Alp Durduran)。(3)共和土族党(Turkish Republican Party):1970年成立。主席奥兹凯尔·奥兹居尔(Ozker Ozgül)。

【重要人物】格拉夫科斯·克莱里季斯:总统。1919年生于尼科西亚。律师。曾在英国学习法律。二战时加入英国皇家空军参加对德空战。1955年投身反英武装斗争。1960年独立前担任过塞临时司法部长。独立后为历届议会议员,担任过第一、二届议会议长。1974年希腊军人集团在塞发动政变失败后,任临时总统,直至马卡里奥斯总统结束流亡回国。1969年组建统一党。1967年组建民主大会党,任主席。1993年2月14日当选总统。

经　济

1991年是塞1989～1993年五年计划的第三年,由于海湾战争的影响,经济增长速度放慢。

国民生产总值(1991年):27亿塞镑。

国内生产总值(1991年):26亿塞镑。

国内生产总值增长率(1991年):1.5%。

人均国民收入:10000美元。

货币名称:塞浦路斯镑。

汇率(1991年):1塞镑=2.160美元。

通货膨胀率(1991年):5%。

失业率(1991年):3%。

塞土族经济发展较缓慢,依靠土耳其的援助。1992年预算为14.99亿土耳其里拉。

【资源】矿藏以铜为主。其它有黄铁、铬和石棉。近年来矿源接近枯竭,开采量逐年下降。森林面积1735平方公里。水力资源贫乏,已建立大型水坝6个,总蓄水量1.9亿立方米。

【工业】加工制造业在国民经济中占有重要地位。1991年加工工业总产值为10.1亿塞镑,增长率为2.9%,占国民生产总值的37%。从业人员25.5万人。主要工业部门有食品加工、纺织、炼油等。近年主要工业产品产值如下(单位:亿塞镑):

	1990	1991
食品、饮料、烟	2.59	2.73
纺织品、服装、鞋和皮革	2.27	2.4
金属产品、机械和设备	1.22	1.31
非金属矿产品	0.78	0.81
木材、木制品(包括家具)	0.78	0.83

(资料来源:塞浦路斯中央银行、统计局)

【农业】1991年农、林、渔、猎产值为1.68亿塞镑,占国内生产总值5.8%。从业人口3.4万人。

【旅游业】1991年旅游人数为138.5万人,比上年下降11.3%,创汇4.65亿塞镑,比上年减少16.9%。

【交通运输】无铁路。有公路11292公里。有私人小汽车24.5万辆,公共汽车、出租车和卡车近1.6万辆。主要港口有利马索尔、法马古斯塔、拉纳卡。塞海运业发达,目前在塞注册的商船约2000艘,总吨位1900万吨。国际机场有拉纳卡和帕福斯机场,有14家外国航空公司与塞通航。

【财政金融】1991年财政赤字为1.275亿塞镑,创历史最高点,占国内生产总值的4.8%。国际收支赤字3240万塞镑。外债7.3亿塞镑,内债5.2亿塞镑。外汇储备10.7亿塞镑。

【对外贸易】主要进口商品为机械、运输设备、工业原料、石油及其制品等;主要出口服装、酒类、轻工产品及农产品。进出口情况如下(单位:亿塞镑):

	1990	1991
出口额(离岸价)	4.69	4.4
进口额(到岸价)	11.74	12.1
差　额	−7.05	−7.7

1991年对外贸易地区和进出口额(单位:亿塞镑):

	进口	出口
欧洲共同体	6.2	1.9
东欧贸易区	9.2	0.21
阿拉伯国家	0.5	1.4
其他国家	4.47	0.48

人民生活

十多年来人民的平均收入增长4倍多,平均每3.3人拥有1辆小汽车,每482人有1名医生,每1000人有390部电话、335台电视机,每年有60%以上的人出国旅游,人均寿命女77岁,男72岁。

军　事

国民警卫队是塞政府的武装力量,建于1964年,司令和一些高级军官由希腊军官担任。实行义务兵役制,服役期为26个月。

总兵力10800人,有机械化侦察营3个,步兵营18个,突击队2个,炮兵连6个,辅助分队8个。另有警察部队3000名。

1990年国防开支1.55亿塞镑,占国民生产总值的6.5%。

土族的常规部队"保安部队"有4500人,编为7个步兵营和1个装甲连。

希腊在塞驻军1850人;土耳其驻军29000人;英国在塞有两个军事基地,驻军约4200人;联合国维持和平部队2300人。

文化教育

【教育】比较普及,小学和初中实行义务教育。多年来教育经费占政府预算的13%左右,占国民生产总值的4%。有各类学校995所,在校学生123281人;各种高等专科学校19所,无大学。高中毕业生的近50%升入本国高等专科学校,其余到国外留学,每年在国外的留学生约1万人。大学毕业生占人口比例的23%，中、小学和高等专科学校的师生比例为1:17.1。

【新闻出版】有各种报刊30余种。希族主要有：《自由爱好者报》，1955年创刊，发行量2万份；《黎明报》，1956年创刊，发行量1.4万份；另有《斗争报》、《今日报》、《自由新闻报》、《真理报》和《新闻报》等。土族主要有《灰狼报》，1951年创刊，发行量5000份。

塞浦路斯通讯社于1976年4月成立，为非官方通讯社。塞浦路斯广播电台建于1952年，除用希腊语广播外，还用土、英、法、阿拉伯和亚美尼亚语广播。电视台建于1957年。土族电台、电视台分别建立于1963年和1976年。

对外关系 塞对外奉行不结盟政策，是不结盟运动25个创始国之一。强调维护国家独立、主权、统一和领土完整，主张同世界各国发展友好关系，侧重发展与西方国家的关系。认为苏联的变化是近年来国际关系改善的决定因素。认为许多发展中国家的经济形势不仅没有改善，反而进一步恶化，债务危机蔓延，对此表示忧虑。对小国的安全深表不安。主张用和平手段解决争端。重视不结盟运动，积极参加其活动。1992年2月，塞主办了不结盟国家外长会议。

【同我国的关系】重视同我国发展关系。1971年12月14日两国建交。1974年5月总统马卡里奥斯大主教访华。1984年6月基普里亚努总统访华。1990年8月瓦西利乌总统访华。

1992年3月，塞议长格拉诺斯和劳进党总书记赫里斯托菲亚斯分别访华。5月，塞交通与工程部长莱诺·斯塔夫拉基斯访华；杨福昌副外长访塞。10月我经贸部部长助理石广生率我政府经贸代表团访塞。11月我公安部副部长蒋先进访塞。

1992年中塞进出口商品总额为3848万美元，其中中方出口额为3528万美元，进口额为321万美元。

中国驻塞浦路斯大使：陈振友。馆址：No. 28, Archimidous Str. Engomt Nicosia。通信地址：P. O. Box 4531, Nicosia, Cyprus。电话：(02)352182/3(值班办公室)。电传：6376 CHINAEB CY。商务处地址：No. 3, Korinthos Str. Acropolis。通信地址：P. O. Box 7088, Nicosia, Cyprus。电话：(02)313533/4。电传：4910 CHINACOF CY。

塞浦路斯驻华大使：索里奥斯·扎克谢奥斯。使馆地址：塔园外交人员办公楼2-13-2。电话：5325057。

【同美国的关系】美多次提出解决塞问题的方案并支持联合国秘书长的斡旋。1974年后，美每年向塞提供1500万美元援助。塞认为美有能力使土耳其改变对塞立场，促其做出让步。

【同欧共体的关系】1987年10月，塞成为第一个与欧共体签订关税同盟的非该组织成员国。1990年7月塞正式申请加入欧共体。

【同希腊的关系】两国关系密切。希族一直保持着希腊的语言、文化传统和宗教信仰。在对外关系中塞一直把塞希关系放在首位。希每年向塞提供2000万美元的财政援助。

【同土耳其的关系】土坚决支持塞土族。1974年土耳其出兵塞岛。1983年11月"北塞浦路斯土耳其共和国"宣布成立后，土即予以承认。每年土族近一半的财政支出由土耳其援助。

（吴建萍）

沙 特 阿 拉 伯

国名 沙特阿拉伯王国(Kingdom of Saudi Arabia)。

面积 224万平方公里。

人口 1693万(1992年)。含外侨456.3万，绝大部分为阿拉伯人。官方语言为阿拉伯语，通用英语。伊斯兰教为国教，逊尼派约占85%，什叶派约占15%。

首都 利雅得(Riyadh)，人口约180万(1991年)。

国家元首 国王兼首相法赫德·本·阿卜杜勒·阿齐兹(Fahd Bin Abeul-Aziz)，1982年6月即位。

简 况 位于阿拉伯半岛。东濒波斯湾，西临红海，同约旦、伊拉克、科威特、阿联酋、阿曼、也门等国接壤。海岸线长2437公里。西部高原属地中海型气候，其他地区属亚热带沙漠气候。夏季沿海地区气温38～39℃，内地有时高达54℃；冬季气候温和。公元7世纪，伊斯兰教的创始人穆罕默德的一些继承者建立阿拉伯帝国，8世纪为鼎盛期，版图横跨欧、亚、非3洲。11世纪开始衰落，16世纪为奥斯曼帝国所统治。19世纪英国侵入，当时分汉志和内志两部分。1924年内志酋长阿卜杜勒·阿齐兹兼并汉志，次年自称为国王。1932年9月18日定国名为沙特阿拉伯王国。

政 治 沙特是政教合一的君主制王国，禁止政党活动。无宪法，《古兰经》和穆罕默德的圣训是国家执法的依据。国王系国家元首，亦称"两个圣地(麦加和麦地那)的仆人"，并兼任武装部队总司令和大臣会议主席(即内阁首相)等职务。国王行使最高行政权和司法权。大臣、副大臣、省长、副省长、驻外使节和其他高级行政官员以及军队上校以上军官均由国王任命。国王有权批准和否决内阁会议决议及与外国签订的条约、协议。1992年3月，法赫德国王颁布治国基本法，规定沙特王国由其缔造者阿卜杜勒·阿齐兹·拉赫曼·费萨尔·沙特国王的子孙中的优秀者出任国王。国王有权立废王储，解散协商议会。基本法还废除了王储自动成为国王的权利，并确认了阿卜杜勒·阿齐兹王储为王位继承人。

【议会】亦称王室长老委员会，是最高权力机构。拥有确立或废黜国王，调解王室内部分歧、商议重大国事等权力。委员会由国王、王储、国防大臣和王室中资深的亲王组成。主席阿卜杜勒·阿卜杜·拉赫曼（Abdul Abdul Rahman）。

【协商会议】1992年3月，法赫德国王宣布成立协商会议，该会议由议长和60名委员组成，委员由国王在六个月内任命。议会任期为四年，是咨询机构，负责向国王提出建议。9月6日法赫德国王任命本·朱贝尔（Bin Jubir）为协商会议主席，但迄未任命会议委员。

【政府】本届政府于1982年6月组成，主要成员：国王兼首相法赫德·本·阿卜杜勒·阿齐兹，王储兼副首相、国民卫队司令阿卜杜拉·本·阿卜杜勒·阿齐兹（Abdullah Bin Abdul-Aziz），第二副首相兼国防和航空大臣苏尔坦·本·阿卜杜勒·阿齐兹（Sultan Bin Abdul-Aziz）；内政大臣纳伊夫·本·阿卜杜勒·阿齐兹（Naif Bin Abdul-Aziz），外交大臣沙特·本·费萨尔·本·阿卜杜勒·阿齐兹（Saud Bin Faisal Bin Abdul-Aziz），财政和国民经济大臣穆罕默德·阿里·阿巴·海伊勒（Mohammed Ali Aba Al-Khail），石油与矿产资源大臣哈希姆·纳泽尔（Hashim Nazer），朝觐事务和宗教基金大臣阿卜杜勒·瓦哈卜·艾哈迈德·阿卜杜勒·瓦西（Abdul Wakhab Ahmed Abdul-Wasi）。

【司法机构】以《古兰经》和《圣训》为执法依据。设有高等法庭和普通法庭。高等法庭设在麦加、吉达和麦地那。特别上诉法庭设在利雅得和麦加。另有普通法庭处理一般案件和贝都因部落事务，该类法庭由宗教法裁判官主持。司法机构隶属司法部。

【重要人物】法赫德·本·阿卜杜勒·阿齐兹：国王兼首相。1920年生于利雅得。幼年曾在宫廷接受伊斯兰教育，后在欧美接受高等教育。1953年出任第一任教育大臣，1962年任内政大臣，1967年晋升为第二副首相，1975年3月被定为王储兼第一副首相并受命执掌朝政。1982年6月13日继承王位，成为沙特第五任君主。喜欢观看骆驼比赛和足球赛等运动项目。

经　济

以石油收入为主要经济来源。80年代起，开始向多样化经济方向发展，以工农业为重点，逐步实现了粮食自给。政府鼓励自由经济和自由竞争，支持私人及合资企业经营发展项目，保护和促进民族经济的发展。第五个五年计划（1990～1995年），计划拨款2008亿美元。由于海湾战争，支出增加约200多亿美元。

国内生产总值（1990年）：983亿美元。

人均国内生产总值（1992年）：6450美元。

年通货膨胀率（1992年）：2.2%。

货币名称：沙特里亚尔。

汇率（1992年12月）：1美元＝3.75里亚尔。

【资源】以"石油王国"著称，石油储藏量居世界之首。截至1991年1月，已探明的储量为2575亿桶，占世界总储量的1/4。天然气储量为71641亿立方米。

此外，还有金、铜、铁、锡、铝、锌等矿藏。水力资源以地下水为主。地下水总储量为36万亿立方米，按目前用水量计算，地表以下20米深的水源可使用320年左右。

【工业】石油和石化工业为经济命脉。年产原油3～4亿吨，石油收入约200～450亿美元。政府充分利用本国丰富的石油、天然气资源，大力引进国外的先进技术设备，建立先进的外向型企业，逐步改变依赖石油出口的单一经济结构。采取鼓励和促进工业发展、保护民族工业的一系列措施：免费提供工业地皮；优先提供无息或低息贷款；免除工业厂房设施、机械设备、原材料等物资的进口税；倡导使用本国产品，对本国能生产的同类进口商品课以高关税等。目前，已建成以石油、化工、钢铁、炼铝、水泥、海水淡化和电力工业为主的十几个大型骨干企业。至1990年底，全国有各类大中型工业企业2255家，资本总额约为259亿美元，有产业工人14.8万。全国的工业产品逾万种。石化产品外销70多个国家和地区。但从1991年6月起沙开始向国外出口钢材。

近3年石油产量及收入情况如下：

	1990	1991	1992
产量（桶/日）	635	850	870
收入（亿美元）	449	475	490

【农业】沙特特别重视农业。全国有可耕地3200万公顷，耕种面积300万公顷。农业收入占国民生产总值的13%。农产品出口额占非石油出口总额的30%。粮食自给有余。1991年小麦产量达360万吨，其中160万吨可供出口，居世界小麦出口国第六位。主要农作物有小麦、大麦、椰枣、西红柿、西瓜及其它蔬菜。目前椰枣年产52万吨，居世界首位。奶制品、鸡蛋、家禽和某些蔬菜自给有余，部分向邻国出售。全国有水井1700眼，水坝220座，以及1000多公里的管道灌溉网。有29个海水淡化厂。

【服务业】截至1988年，已投入使用的旅馆有250家，拥有客房22500间，客房出租率为45%。饭店、旅馆雇员12500人。

【交通运输】近年逐步建成一个"陆、水、空"立体交通网，公路交通是主要运输方式。

公路：总长120578公里，其中高速公路3900公里，国际公路网与约旦、也门、科威特、卡塔尔、阿联酋、巴林等国相通。

铁路：总长1250公里，年客运量17万多人次，货运量120余万吨。

海运：目前有商船376艘；船舶吨位275万吨，居阿拉伯国家之首。现有8个大型海港：吉达港、达曼港、朱拜勒工业和商业港、延布工业港和商业港、腊斯塔努拉港和季赞港。其中吉达港的卸货率名列世界前茅，腊斯塔努拉港是世界上最大、最现代化的石油输出港。共有泊位174个，年吞吐量达2.45亿吨。

空运：沙特航空公司系中东最大的航空公司，在世界民航公司中名列第15位。拥有波音、"空中客车"等现代化飞机。全国有25个机场，其中利雅得、吉达、麦加、达兰为国际机场；有40条国际航线；延伸四大洲70多个国家；有24条国内航线。每天平均260个航班，年载客量1650万人次，年载货量31.5万吨/米。

输油管道：大型输油管道有两条。一条从达曼到黎巴嫩，现已停止使用；另一条从东部加瓦尔油田横穿半岛连接西部延布港，全长1215公里，设计日输油能力为185万桶。1987年又建成一条925公里长的东西管道，日输油能力达320万桶。正计划投资4亿美元，把东西输油管道的日输油能力增加到480万桶。

电讯：目前全国有150多万条电话线路连接国内近4000个村落；另有3300条国际电话线路。用户电报线路3万多条，电报用户为1.7万户，5万条微波传输线路（包括2条电视传送线路），长1.5万公里。1974年开始卫星与世界各地进行电话、电报、电传和传真联系并进行电视转播。1985年启用了阿拉伯通讯卫星，全国现有7个地面卫星接收站，进一步改善了沙特与阿拉伯各国间的通讯联系。

【财政金融】12家商业银行中除国民银行、利雅得银行和拉吉希金融投资公司三家为本国银行外，其他均为合资银行。1988年沙特银行存款为1293亿里亚尔。拥有国际流通资金202.54亿美元，居海湾国家之首。全国有七家证券交易所。由于海湾战争的影响，未公布1991年财政预算，继续按1990年预算计划执行。1990年和1991年实际支出1260亿美元，超支500亿美元。1991年沙首次向外国借贷，从国际银行筹措了45亿美元，同时在国内还发行了各种债券。1992年财政预算支出482.67亿美元，收入402.67亿美元，赤字80亿美元。

近年财政预算如下（单位：亿里亚尔）：

	1990	1991	1992
总收入	1180	1180	1510
总支出	1430	1430	1810
赤　字	250	250	300

（资料来源：沙特统计局公布数字）

截至1991年底，外汇储备为110亿美元，黄金储备为459.6万盎司。

【对外贸易】实行自由贸易和低关税政策。出口以石油为主，石化及某些工业产品的出口量也在逐渐增加。进口主要是生产资料、服务性设备和各类消费品。主要贸易伙伴是美国、日本、英国、德国、意大利、法国以及韩国等。由于大量出口石油，对外贸易长期顺差。近几年对外贸易情况如下（单位：亿美元）：

	1988	1989	1990
出口额（离岸价格）	237.4	277.4	444.2
进口额（到岸价格）	217.8	211.5	240.4
差　额	19.6	65.9	203.8

（资料来源：1991年第四期经济季评）

人民生活

沙特是高福利国家。实行免费医疗。1991年底，有公立医院210家，私人医院50家，各类医疗中心、诊所2573个，医生2300余人，护士4700多名，病床4万张。还有104个慈善机构，其中有14个孤儿院、2个残疾儿童福利院、9个老人福利院，有2500名服务人员。人均寿命男60岁、女64岁。

军　事

武装部队建于1964年。最高国防会议为国防最高决策机关。国王为武装部队最高统帅，武装部队总参谋长为穆罕默德·萨利赫·哈马迪上将。军队分正规军和国民卫队。正规军实行义务兵役制，一般兵种服役期两年，特殊兵种服役三年。

武装部队总兵力约9.8万人。陆军约6.6万人，编为3个装甲旅、1个空降旅、1个步兵旅、1个王室警卫团、23个炮兵营。海军约7800人，组成红海和波斯湾两支舰队。空军约1.6万人，编有攻击机中队、截击机中队等。此外还有国民警卫队、边防部队、特种安全部队和海上警卫队等。

1993年国防预算为164亿美元，占政府预算支出的31%。

文化教育

【教育】政府注意智力投资和人才培养，实行免费教育。1992年教育预算约83亿美元，占政府预算的17.2%。中、小学学制各为六年。政府从1975年起制定了20年综合扫盲计划。1991年全国共有各类学校1.6万所，其中综合性大学7所，学院78所，高等宗教大学5所，教师人数59700人，在校学生约300万，其中大学生12万人。每年有数千名学生赴美、英等西方国家留学，费用由国家负担。在国内读书的大学生，除免费提供食宿外，每人每月还享受300美元的津贴。

【新闻出版】《乌姆·古拉》周刊是官方报纸。此外，全国还发行11种报纸，23种杂志。阿拉伯文报纸主要有：《国家报》、《欧卡兹报》、《座谈报》、《利雅得报》、《半岛报》、《中东报》（在伦敦出版）等，英文报刊主要有：《阿拉伯新闻》、《沙特报》、《沙特商业》、《沙特经济概览》等。

沙特通讯社：简称沙通社，1971年1月23日成立，直接受新闻部领导。用阿、英、法文发稿。在华盛顿、伦敦、突尼斯、贝鲁特、开罗等地设有分社。

广播电台：利雅得广播电台1965年建成。1962年在麦加建成《伊斯兰召唤》电台，1972年建成《古兰经》广播电台。以上电台除用阿拉伯语广播外，每天还用英、法、乌尔都、斯瓦希里、波斯和班加利语对外广播。

电视台：1964年建立电视网，现有5个电视台。1965年开始播放黑白节目，1976年开始彩色播映。1983年开始播放英、法语节目。目前电视网已覆盖全国95%的地区。

对外关系

奉行中立、不结盟的外交政策。主张国与国之间互相尊重、睦邻友好、互不干涉内政。提倡各国为实现和平、稳定与繁荣进行合作。致力于加强伊斯兰和阿拉伯国家的团结与合作。近年来，逐步调整对外政策，实行多方位外交方针，积极发展与西欧、日本的关系，重视发展同中国的关系，对苏联、东欧发生的变化持欢迎态度。海湾战争之后，沙加强了同美国的关系，同时努力改善同周边国家尤其是海湾合作委员会国家的关系。认为巴勒斯坦问题是中东问题的核心。承认巴勒斯坦国，反对对阿拉伯国家的侵略和扩张。主张在联合国有关决议的基础上，公正、合理解决中东和巴勒斯坦问题。支持美苏主持召开的中东和会。主张通过加强海湾六国的防御能力，组建30～50万人的联合部队，逐步实现依靠海湾六国自身的力量保卫海湾安全。同时，坚持对伊拉克实行制裁，保持对其压力，迫其执行安理会所有决议，但也主张维护伊的统一和领土完整。支持在中东地区禁止大规模杀伤武器的军备竞赛，赞成使中东地区成为无核、无化学、无生物等毁灭性武器的地区。但强调对该地区各国应一视同仁。沙已加入核不扩散条约。主张建立一个国家不分大小和贫富、平等行使其主权和独立、不干涉他国内政、承认和尊重各国人民的自决权、没有霸权、独裁、政治讹诈，并以和平手段解决彼此间争端、不以武力相威胁的和平共处的国际秩序。截至1991年底，已同80多个国家建立了外交关系。

【同我国的关系】1990年7月21日中沙建立大使级外交关系。两国友好合作关系稳步发展，双方往来不断增加。1991年7月，国务院总理李鹏对沙特进行了正式友好访问。

1992年10月，中国贸促会在沙特达兰市举办大型贸易展览会。中国贸促会副会长崔玉山主持开幕式，沙特东方省省长穆罕默德亲王会见展团团长，副省长沙乌地亲王为开幕式剪彩。11月，沙特财务大臣阿巴·海勒率团访华，与中国经贸部长李岚清举行了会谈并签署了“中、沙贸易、投资和技术合作协定”。李鹏总理会见了沙财经大臣一行。11月，中国人民对外友好协会会长韩叙率团访沙，外交大臣费萨尔、沙利雅得省省长萨勒曼亲王分别会见了韩叙一行。

根据中国海关统计，1992年中沙两国贸易总额为5.7167亿美元，其中中国向沙特出口4.4426亿美元，从沙特进口1.2741亿美元。

1992年中国赴麦加朝觐的穆斯林约2095人。

中国驻沙特阿拉伯大使：孙必干。馆址：ABDUL HAGG IBNSAID ST. NO. 22 AL-RAEID QUARTER-RTYADH。电话：009661，4824298。传真：009661，4821123。电传：407688 OCRCN SJ。商务处电话：4549338。电传：0495　407861　CHINA SJ。

沙特阿拉伯驻华大使：陶菲克·哈立德·阿里·迈德尔。馆址：三里屯北小街一号。电话：5325325，5324825。

沙特同台湾于1990年7月断交，1991年2月台驻沙机构改称“台北贸易文化代表处”。

【同美国的关系】1943年5月沙美建交。两国签有共同防御协定和吉达机场租借权协定。海湾危机发生后，沙美关系加强。海湾战争后沙同美就海湾地区战后安全安排和召开中东和会问题相互协调立场。1990年海湾危机以来，沙同美先后签订购买价值200多亿美元的武器合同，美国会已批准的武器合同额约100亿美元。

【同英国的关系】海湾战争后，两国关系继续发展，1988年7月，沙英签订价值300亿美元的巨额军贸协定。1991年5月，英国外交大臣赫德访沙。

【同前苏联各共和国的关系】沙已先后承认了前苏联各加盟共和国的独立，欢迎独联体的成立。1992年1月阿塞拜疆共和国总理哈萨诺夫访沙，并宣布两国建交。同年2月，沙外交大臣费萨尔访问了乌兹别克斯坦、塔吉克斯坦、土库曼斯坦和阿塞拜疆，并先后同它们建立了外交关系。

【同阿拉伯国家的关系】主张阿拉伯国家应加强团结与合作，多次参与调解阿拉伯国家之间的争端。1990年8月海湾危机爆发后，同埃及、叙利亚的关系进一步加强。由于沙与多国部队一起参加了解放科威特的战争，伊拉克于1991年1月宣布废除伊沙互不侵犯条约和有关协议，并于2月同沙断交。经过海湾战争，沙同也门、约旦、巴解等关系恶化，沙将80万也门侨民、劳工驱赶回国，停止了对约旦的援助和石油供应。1992年，沙同约旦、也门和巴解等关系均有缓和。

【同卡塔尔的关系】1992年9月30日，沙特与卡塔尔发生武装冲突。卡宣布中止1965年两国边界协议，两国关系一度恶化，10月5日内阁会议强调沙将以理智和远见的态度处理这一事件，沙政府从其加强海湾合作委员会成员国之间的一贯立场出发，愿以友好互谅精神解决沙、卡边境冲突事件。同年12月19日，经埃及总统胡斯尼·穆巴拉克的调解，卡、沙两国领导人共同签署了“解决沙、卡边界分歧协定”。卡遂于12月24日宣布取消中止1965年两国边界协定的决定，沙、卡关系得到明显改善。

（李剑华）

斯 里 兰 卡

国名 斯里兰卡民主社会主义共和国(The Democratic Socialist Republic of Sri Lanka)。

面积 65610平方公里。

人口 1720万(1991年估计)。僧伽罗族占74%,泰米尔族18.1%,摩尔族7.1%,其他0.8%。僧伽罗语、泰米尔语同为民族语言,上层社会通用英语。居民69.3%信奉佛教,15.5%信奉印度教,7.6%信奉伊斯兰教,7.5%信奉基督教,其他0.1%。

首都 科伦坡(Colombo),人口62万(1988年估计)。

国家元首 总统拉纳辛哈·普雷马达萨(Ranasinghe Premadasa),1989年1月2日就职。[1993年5月1日普雷马达萨总统在科伦坡遇刺身亡]

简 况

位于南亚次大陆南端印度洋上的岛国。西北隔保克海峡与印度半岛相望。接近赤道,终年如夏,年平均气温28℃。2500年前,由印度移至锡兰的德拉维之僧伽罗人建立了辛哈勒王朝。15世纪起先后被葡萄牙和荷兰统治,17世纪末成为英国殖民地。1948年2月获得独立,定国名锡兰,成为英联邦的一个自治领。1972年5月22日改称斯里兰卡共和国。1978年8月16日改国名为斯里兰卡民主社会主义共和国,仍为英联邦成员国。1987年起民族矛盾恶化,暴力事件增多。

政 治

1992年僧泰民族问题依然突出,8月8日政府军北方战区司令触雷遇难,11月6日海军司令被炸身亡。9月1日,最高法院对总统选举案作出终审判决,驳回了班达拉奈克夫人关于1988年总统选举无效的请愿书。

【宪法】现行宪法于1978年9月7日生效,为斯历史上第四部宪法,改总理制为总统制,任期6年。1982年后多次修改宪法,将议会任期6年改为到期时可通过公民投票决定是否延长,规定斯所有官员,包括议员在内,必须宣誓反对分裂主义,维护国家的统一。

【议会】实行一院制。本届议会于1989年2月15日选出,任期6年。议席225个,其中统一国民党133席,自由党67席,泰米尔联合解放阵线16席,统一社会主义联盟3席,人民联合阵线3席,独立人士13席。议长穆罕默德(M. H. Mohamed)。

【政府】本届政府于1989年2月组成,1990年3月改组,1991年3月重新调整,现内阁主要成员有:总统兼国防部长、政策计划执行部和佛教事务部部长拉纳辛哈·普雷马达萨,总理兼财政部长迪·班·维杰通加(D. B. Wijetunga);外交部长赫拉特(H. Herat),种植园工业部长卡鲁纳蒂拉克(R. karunatilleke),重建、恢复和社会福利部长达亚拉特纳(P. Dayaratue)。

【司法机构】由三部分组成:法院,包括最高法院、上诉法院、高级法院和地方法院等;司法部,负责司法行政工作;司法委员会,负责法院人事和纪律检查。最高法院首席法官拉纳辛哈(P. Ranasinghe)。

【政党】(1)统一国民党(United National Party):执政党。1946年9月6日成立。约420万党员。主席卡利尔(M. C. M. Kaleel),总书记库雷(B. S. Cooray)。

(2)斯里兰卡自由党(Sri Lanka Freedom Party):第二大党。1951年9月由已故所罗门·班达拉奈克创建。1981年和1984年先后两次分裂。主席班达拉奈克夫人(S. Bandaranaike),总书记达·森那纳亚克(D. Senanayake)。

(3)泰米尔联合解放阵线(Tamil United Liberation Front):1976年5月由泰米尔族主要政党——联邦党、泰米尔大会党等联合组成,宗旨是在泰米尔人聚居的地区建立泰米尔国。

此外,还有穆斯林大会党、统一社会主义联盟、人民联合阵线、斯里兰卡共产党、伊拉姆人民革命解放阵线、民主统一国民阵线、僧伽罗防务组织、僧伽罗遗产组织以及非法的人民解放阵线和"猛虎"组织等。

【重要人物】拉纳辛哈·普雷马达萨:总统。1924年6月23日生于科伦坡。僧伽罗人,佛教徒。早年在洛伦兹学校、科伦坡约瑟夫学校毕业。1950年3月当选科伦坡市议会议员。1955～1959年任科伦坡市副市长。1956年加入统一国民党。1960年起先后任地方政府部驻议会秘书、政府议会党团领袖、地方政府部长、反对党(统一国民党)议会党团领袖。1976年起任统一国民党副领袖。1977年7月起任地方政府、住房、建筑和公路部长,执政党议会党团领袖。1978～1988年任总理。1989年1月出任总统。爱好文学,写过几本僧伽罗文小说。有一子一女。

经 济

斯里兰卡是以种植园经济为主的农业国。政府推行自由竞争和对外开放的经济政策,近年来经济发展较快。1991年斯国民生产总值比上年增长4.8%。但由于资金缺乏,以及不利的国际贸易条件、民族问题和国内动乱的影响,经济仍面临不少困难。1992年政府继续推行"经济结构调整"方案:(1)废止社会福利措施,取消补贴,放开物价。(2)对原国营企业实行"人民化"(即私有化)。(3)改善投资环境,大力吸引外资。"经济结构调整"使斯在遭受大灾的1992年仍保持经济增长。

国民生产总值(1991年):1324亿卢比。

人均国民生产总值(1991年):19235卢比(合465美元)。

国民生产总值增长率(1991年):4.8%。

货币名称:卢比。

汇率(1991年):1美元=41.37卢比。

【资源】主要矿藏有石墨、宝石、钛铁、锆石、云母等。石墨、宝石、云母等已开采。渔业、林业和水力资源丰富。

【工业】有食品、饮料、烟草、纺织、服装、皮革、木材、造纸、化工、石油加工、橡胶、塑料和金属加工及机器装配等工业,大多集中于科伦坡地区。1989～1991年工业产值(按当年市场价格计算)分别为649亿、868亿和1002亿卢比。

【农业】1991年农业产值占国(内)生产总值26.9%(按当年价格计算)。可耕地面积400万公顷,已种植200万公顷。农业人口占全国总人口77.6%。主要作物为茶叶、橡胶、椰子和稻谷。1991年农业(包括林、渔业)产值(按1982年不变价格计算)308.69亿卢比。主要农产品产量如下:

	1989	1990	1991
茶叶(万吨)	20.70	23.30	24.07
橡胶(万吨)	11.07	11.40	10.39
椰子(亿个)	24.86	25.23	21.84
稻谷(万吨)	206.30	253.80	238.90

(资料来源:1991年斯里兰卡中央银行年报)

【旅游业】一度发展较快,1983年发生民族骚乱后,旅游业受到很大影响。1990年有明显恢复,1991年又有较大发展。旅游业情况如下:

	1989	1990	1991
游客(万人)	18.4	29.8	31.8
收入(亿卢比)	27.5	48.0	64.6

(资料来源:同上)

【交通运输】交通方便。全国有公路2.8万公里,铁路1944公里,远洋轮船8艘。主要港口有科伦坡、高尔和亭可马里。科伦坡机场为国际机场。兰卡航空公司经营国际航空业务。

【财政金融】财政情况如下(单位:亿卢比):

	1989	1990	1991
收入	603.86	746.61	840.49
支出	821.64	998.14	1195.27
赤字	217.78	251.53	354.78
外债	1562.98	1768.83	2145.79
内债	1175.62	1338.96	1521.18

(资料来源:同上)

【对外贸易】实行自由外贸政策,除政府控制的石油外,其他商品均可自由进口。主要出口商品有茶叶、橡胶、椰子、纺织品、服装和石油产品。近年来,出口贸易结构发生根本变化,农产品(含茶叶)和原料(含橡胶)出口在出口贸易中的比重从原来的75%减少到30%左右,工业制成品(主要是服装)从原来的30%左右增加到52%。主要出口对象是美国、德国、法国、日本、伊朗、新加坡等,主要进口对象是日本、印度、韩国、香港、马来西亚等。外贸情况如下(单位:亿卢比):

	1989	1990	1991
总　额	1364.00	1872.10	2110.21
出口额	561.75	794.81	843.78
进口额	802.25	1077.29	1266.43
差　额	−240.50	−282.48	−422.65

(资料来源:同上)

【外国资本】政府实行保护外资的政策。全国已建立3个自由贸易区。从1978～1991年已批准斯外合资项目1074个,总投资额14.5亿美元,其中外资9.6亿美元。外资主要来自日本、香港、澳大利亚、德国、韩国和中国台湾。由于投资环境不断改善,来斯投资的外商成倍增加,大科伦坡经委会1990年批准的项目为114个,1991年为230个,1992年头10个月为298个。

【外国援助】提供援助的国家和国际组织有30多个,其中主要有日本、德国、美国、英国、加拿大、荷兰以及世界银行和亚洲开发银行等。援斯财团允诺1992年向斯提供8.25亿美元援助(不包括双边援助)。

人民生活

长期以来实行大米补贴、免费教育和全民免费医疗等项福利措施。从1978年起政府将享受大米补贴人数减少一半。1992年人均国民生产总值增至510美元,居南亚之首。

军　　事

总统兼武装部队总司令。三军作战总指挥瓦纳辛哈中将。实行志愿兵役制。

总兵力130500人。陆军7万,海军8500人,空军1万,警察、国民辅助志愿队和家乡卫队等准军事部队4.2万人。

1991年国防开支约为142亿卢比。

文化教育

民族文化历史悠久,深受佛教影响。

【教育】实行免费教育,1991年教育经费开支90.84亿卢比,占当年总支出的8%。居民识字率为86.5%。主要大学有佩拉德尼亚大学和科伦坡大学。有中小学110401所,1991年在校学生425.17万人,教师17.6万人。有大学9所(包括一所开放大学),1989年在校学生20848人。

【新闻出版】全国有报刊200余种,4个报业系统:(1)锡兰联合报业公司:通称"湖滨大厦",1918年创办,1973年7月由政府接管出版5种日报,3种周刊。主要报刊有《每日新闻》,最大英文日报;《每日太阳报》,最大僧伽罗文日报之一。(2)乌帕里集团报业公司:1981年11月创办。出版日报、周刊各2种。主要报刊《岛报》为英、僧文日报,发行量很大。(3)独立报业公司:1961年创办,私营。主要报刊有《太阳报》,英文日报;《日报》,僧文日报。(4)雄狮报业公司:1930年创办,私营。出版泰米尔文报刊,《雄狮报》为最大泰米尔文日报。

兰卡通讯社:1977年由几家报业公司联合创办的半官方新闻机构。

斯里兰卡广播公司:原名锡兰电台,1972年改用现名,系官方广播电台。

斯里兰卡电视台:1982年开播,是斯最大的电视台,每天用英、僧、泰三种语言播出。

对外关系　奉行不结盟的外交政策,支持和平共处五项原则,反对各种形式的帝国主义、殖民主义、种族主义和大国霸权主义,维护斯里兰卡独立、主权和领土完整,不允许外国对斯内政和外交事务进行任何干涉。关心国际和地区安全,主张全面彻底裁军和建立国际政治、经济新秩序。积极推动南亚区域合作和尽早召开印度洋和平区会议。反对南非种族主义和以色列对巴勒斯坦和阿拉伯国家的侵略;认为当今不结盟运动仍有活力,比冷战时期更有意义,强调经济发展应是目前不结盟国家主要关注的问题,并在人权问题上采取共同立场。已同90多个国家建立了外交关系。

【同我国的关系】中斯是友好国家,两国人民有着深厚的传统友谊。1957年2月7日建交。建交后,两国关系在和平共处五项原则的基础上顺利发展,两国高层领导多次互访。斯里兰卡总理班夫人(1962、1972)、总统贾亚瓦德纳(1984)、总理(现任总统)普雷马达萨(1979、1988)、总理维杰通加(1989)先后访华。周恩来总理(1957)、李先念主席(1986)、李鹏总理(1990)等先后访斯。

1992年,中斯继续保持友好合作关系。2月,两国共同庆祝了建交35周年。3月,经贸部副部长王文东率团访斯,出席中斯经贸联委会第一次会议;国务委员兼教委主任李铁映访斯。7月,司法兼高教部长哈米德访华。8月,斯里兰卡共产党代表团访问我国。9月,斯中协会团访华。10月斯里兰卡舞蹈团访华演出。

1992年中斯贸易总额为1.13亿美元,其中中方出口额为1.07亿美元。

中国驻斯里兰卡大使:张联。馆址:381A,BAUDDHALOKA MAWATHA COLOMBO7. SRI LANKA。电话:94-1-694491(办公室),91-1-580912(商务处)。电传:22408 CHINCO CE。

斯里兰卡驻华大使:苏希塔·高塔马达萨。馆址:北京建国门外建华路3号。电话:5321861,5321862。

1991年,斯台贸易呈上升趋势。斯从台进口额为85.91亿卢比,从中国大陆进口额为41.97亿卢比。

【同美国的关系】斯美关系密切,美是斯主要的援助国和贸易伙伴之一。

【同印度的关系】斯印有悠久的历史联系,两国高层保持往来。1992年1月,斯外长赫拉特率团出席印斯联委会第一次会议。3月,斯工业和科技部长拉尼尔赴印参加印斯科技小组委员会会议。5月印宣布斯泰米尔猛虎组织为非法组织,禁止其在印的活动,斯印关系趋于缓和。10月,斯总统普雷马达萨以南盟主席身份访印。

【同南盟的关系】积极支持和参与南亚区域合作联盟的各项活动。1992年,斯作为南盟主席,积极推动南盟国家发展合作关系,使南盟各国在扶贫、建立南亚优惠贸易体制、筹建南亚发展基金等方面取得了不同程度的进展。斯总统于10月对南盟各国进行了访问,1992年被南亚国家公认为区域合作进展较快的一年。

(刘谨凤)

塔吉克斯坦

国名　塔吉克斯坦共和国(The Republic of Tadzhikstan,Республика Таджикистан)。

面积　14.31万平方公里。

人口　551.2万(1992年)。主要有塔吉克、乌兹别克、俄罗斯、德意志、朝鲜、格鲁吉亚、亚美尼亚等民族。其中塔吉克族占62.3%,乌兹别克族占25%,俄罗斯族占8%,官方语言为塔吉克语(属印欧语系伊朗语族)。俄语为第二通用语。塔吉克族信仰伊斯兰教,多数为逊尼派,少数为什叶派。

首都　杜尚别(Душанбе)。人口62.2万(1991年)。

国家元首　最高苏维埃主席埃莫玛利·拉赫莫诺夫(Эмомали Рахмонов),1992年11月当选。

自然地理　内陆国。位于中亚东南部,地处帕米尔高原,西部和北部与乌兹别克斯坦和吉尔吉斯斯坦相连,南邻阿富汗,东与中国新疆接壤,同我国有400多公里的共同边界。93%的国土为山地,主要有天山山脉、帕米尔山脉和吉萨尔—阿赖山脉。主要河流有锡尔河、阿姆河和泽拉夫尚河。属大陆性气候,1月平均气温2～－20℃,7月平均气温23～30℃,年平均降水量为150～300毫米。

历　史　塔吉克人是中亚国家的一个古老民族。公元前6～前4世纪先后被波斯阿契米尼德王朝、马其顿王亚历山大和叙利亚王国塞琉古王朝统治。公元前3世纪起并入希腊巴克达利亚王国和贵霜王国。9～10世纪属塔希列王朝和萨马尼王朝，基本上形成塔吉克部族。13世纪被蒙古鞑靼人征服，14～15世纪属帖木尔后裔统治的国家。16世纪起加入布哈拉汗国。1868年，北部费尔干纳州和撒马尔罕州各一部分并入俄国。1917年11月至1918年2月，北部建立苏维埃政权。1918年底全境建立苏维埃政权。由于民族国家疆界划分，1924年10月14日成立塔吉克苏维埃社会主义自治共和国，属乌兹别克苏维埃社会主义共和国。1929年12月5日改为塔吉克苏维埃社会主义共和国，并加入苏联。1990年8月24日，共和国最高苏维埃发表主权宣言，1991年9月9日宣布独立，并确定9月9日为独立日。同年12月加入独联体。

政　治

塔独立后，各种政治、宗教、宗族派别斗争激烈，伊朗、阿富汗等外国势力也竞相插手，导致政局动荡。1992年3～5月，伊斯兰复兴党、民主党结成的反对派连续组织数万人示威游行和集会，并占领了广播电台、电视台和总统府，迫使纳比耶夫总统同意建立有反对派参加的民族和解政府和国民议会。5月12日，纳比耶夫任命反对派领袖之一的伊斯兰复兴党乌斯蒙为政府副总理。反对派在联合政府内阁成员中占1/3的席位，内政、国防、外交、广播电视部长和主管公检法的副总理等职务均由反对派担任。此后，南部地区库尔干秋别和库利亚布州反对与支持总统的两派仍不断发生武装冲突。7月，纳比耶夫总统先后撤掉了反对派担任的国防委员会和国家安全委员会主席的职务，并解除了总理米尔佐耶夫的职务。8月反对派向总统发出最后通牒，要求总统辞职。9月7日，纳比耶夫在飞往支持他的北部地区时，在机场被反对派扣押，纳被迫在辞职书上签字。议长伊斯坎达罗夫被任命为代总统。但是，两派的较量并未停止。10月下旬，原议长肯贾耶夫带领库利亚布州民兵开进首都，攻占了总统府等要害部门。不久又被迫撤出首都，但前议长肯贾耶夫和代总统伊斯坎达罗夫达成妥协，将举行最高苏维埃会议，讨论罢黜纳比耶夫总统是否合法等问题。

11月16日，召开最高苏维埃第12届第16次非常会议，选举原库利亚布州州长拉赫莫诺夫为共和国最高苏维埃主席(国家元首)，阿卜杜拉贾诺夫为部长会议主席(原为代总理)。塔新政权拥有较有战斗力的武装组织，已控制了全国绝大部分地区。新政权提出建立世俗国家，从政府和议会中清除伊斯兰分子，采取了一系列措施稳定政局，并积极争取独联体及国际社会的支持和援助。

【宪法】1992年11月16日，共和国最高苏维埃12届第16次会议通过了新宪法草案，决定不实行总统制，实行议会领导体制，建立民主、法制、世俗国家。

【议会】称最高苏维埃。一院制，每三个月开一次会。本届议会于1990年选举产生，任期五年。目前，议会不是按党派选举产生，议会席位也不是按党派来分配的。最高苏维埃主席埃莫玛利·拉赫莫诺夫(Эмомали Рахмонов)。1992年11月当选。

【政府】本届政府于1992年11月组成。主要成员有：部长会议主席阿卜杜玛利克·阿卜杜拉贾诺夫(Абдумалик Абдулоджанов)，部长会议副主席阿·萨马多夫(А. Самодов)；外交部长拉·阿利莫夫(Р. Алимов)，国家安全委员会主席萨·祖胡罗夫(С. Зухуров)，对外经济联络部长伊·哈耶夫(И. Хаев)，商业和物资部长哈·索利耶夫(Х. Солиев)，工业部长沙·乌马罗夫(Ш. Умаров)。

【行政区划】全国划分为1个自治州、3个州、45个区、19个市、330个村。自治州为：戈尔诺－巴达赫尚。各州名称：列宁纳巴德、库利亚布、库尔干秋别。

【司法机构】设有最高法院和检察院。最高法院院长是玛·沙罗夫(М. Шаров)，总检察长是萨·玛赫玛德纳扎尔(С. Махмадназар)。

【政党】全国有五个政党，都不是执政党，在国家政治生活中不起决策作用。主要有：

(1)共产党(Коммунистическая Партия)：曾是唯一合法执政党。前苏联"八·一九"事件后共产党迫于形势宣布停止活动，并在1991年9月21日举行的非例行代表大会上决定改名为社会党。后在1992年1月19日又恢复了共产党名称。主席为绍·沙勃多洛夫(Ш. Шабдолов)。

(2)伊斯兰复兴党(Партия Исламского Возрождения)：1992年3月以来，该党纠集各种势力向政府发起进攻，经过半年多的内战，夺取了部分政府权力。主张变共和国为伊斯兰国家，改变国家管理形式，并要求俄罗斯军队撤出共和国。1992年11月新政权上台后，将其领导人全部清除出政府，现在复兴党领导人全部逃往国外，该党几乎处于被取缔的状态。主席为希姆玛特佐达(Химматзода)。

(3)民主党(Демократическая Партия)：目前，该党领导人也都逃往国外，同样几乎处于被取缔的状态。主席为绍·尤素夫(Ш. Юсуф)。

【团体】主要有：(1)人民阵线：目前是共和国最大的团体。在建立新政权中发挥了重要作用。

(2)拉斯托赫兹(人民运动)：曾支持伊斯兰运动，现已不再积极活动。

(3)拉里巴达赫尚(意即：帕米尔红宝石)协会：曾支持伊斯兰运动，现也不再积极活动。

此外，还有对外友好和文化联络协会、塔吉克人协会、俄罗斯人协会、乌兹别克人协会、维吾尔人协会等。

【重要人物】埃莫玛利·拉赫莫诺夫：最高苏维埃主席。1952年生于库里亚布州丹加拉镇，塔吉克族人。1971年，在库尔干秋别市榨油厂当电工。1972～1974年在前苏联军队服役。1982年毕业于塔吉克国立大学经济专业。1988年任库里亚布州丹加拉区列宁集体农庄工会理事会书记，工会主席。1988年6月起任丹加拉区列宁农场场长。1992年11月初当选为库里亚布州人民代表苏维埃执委会主席。1992年11月19日，在共和国最高苏维埃第12届16次会议上当选为共和国最高苏维埃主席。 **阿卜杜玛利克·阿卜杜拉贾诺夫**:部长会议主席。1949年生于苦盏市,塔吉克族人。1971年毕业于敖德萨工艺学院。1979年先后任列宁纳巴德州诺夫斯基面粉联合加工厂副总工程师和副厂长。1980年任共和国采购部副部长。1986年任共和国谷物产品部第一副部长,1987年任部长。1992年9月任共和国代总理,1992年11月在最高苏维埃第12届第16次非常会议上被任命为部长会议主席。

经 济

是独联体中最贫穷的共和国之一,经济结构单一,长期以来对前苏联依赖较大。苏联解体后,原有经济联系中断,工农业生产大幅滑坡,通货膨胀严重,特别是1992年以来,战乱频仍,自然灾害不断,经济加速恶化。战乱使共和国损失2500亿卢布。财政赤字已占国民生产总值的40%,商品,特别是食品、日用消费品极度匮乏。此外,南北经济发展不平衡,北方经济比较发达,南方经济则相当落后。

国内生产总值(1991年):209亿卢布。

人均国民收入(1991年):182卢布。

货币名称:卢布。

失业率(1991年底):40%。

【资源】矿产资源以铀为主,储量居独联体首位。其次还有铅、锌、钼、钨、锑、锶、金矿、石油、天然气、煤、岩盐、萤石等。境内还蕴藏有多种建筑材料。水力资源丰富,人均水力资源蕴藏量居世界前列。努列克水电站是中亚最大的水电站,装机容量为300万千瓦。

【工业】1991年工业生产总值为105亿卢布,占国民生产总值的50%。全国有400家大型工业企业。主要有采矿、轻工、食品、有色冶金、化工、机器制造和电子工业。其中轧棉业在独联体居第二位,丝绸生产占第四位,葡萄酒酿造业比较发达。1991年主要工业产品产量如下(单位:万平米):

棉布13000,丝绸7800,织毯品1200,针织品1700;铝锭40万吨,化肥50万吨。发电量175亿度。

【农业】1991年农业生产总值为50.9亿卢布,占国内生产总值的25%。农业以棉花为主,境内40%的可耕地用来种棉花,种植面积为30万公顷。棉花单产在独联体中居首位,籽棉产量约占独联体的10%,居第三位,1992年产籽棉43万吨。养蚕业较发达。此外,还有水果和少量的水稻、玉米。畜牧业以放牧为主,饲养牛、羊、马。1991年主要农产品产量如下(单位:万吨):棉花80,鲜果21,蔬菜53,土豆20,葡萄17.5。

1992年主要牲畜存栏数如下(单位:万头):羊324.15,牛134.94,猪21.15。

【服务业】1987年共和国服务行业就业人员比例占全国就业人数的36.8%。

【交通运输】主要依靠公路和铁路。

公路:总长2.85万公里。

铁路:1989年运营的铁路总长480公里。

空运:航线总长8.34万公里。1991年客运量210万人,货运量2300万吨/公里。首都与其他独联体国家有定期航班。

水运:内河航道总长200公里。

【财政金融】1992年财政收入为157亿卢布,仅完成国家预算收入的66.5%。逾期内债为120亿卢布。

【对外贸易】1992年进出口贸易总额为2.3亿自由外汇。其中进口贸易额为1.2亿自由外汇;出口贸易额为1.05亿自由外汇。与世界50多个国家有贸易关系。

【外国援助】从独联体国家获得约3000亿卢布的低息贷款、从美国获得3000万美元人道主义援助(总统布什执政时提供500万,克林顿上台后提供2500万)、土耳其答应以最低利率提供5000万美元贷款,其中70%为商品贷款、30%为投资,并答应在土耳其总理访问塔吉克斯坦时再提供5000万美元,中国提供了1万美元的捐款。

人民生活

1989年职工月工资为188.3卢布,国营农场工作人员的月平均工资为158.7卢布,集体农庄庄员的月平均工资为166.3卢布;每100户职工和农庄庄员文化生活用品和家庭耐用消费品的拥有量分别为:黑白电视机72台和90台,彩电28台和3台,录音机39台和26台,照相机5架和1架,电冰箱和冰柜73台和42台,洗衣机57台和32台,吸尘器25个和3个,缝纫机70台和71台,小汽车21辆和24辆,摩托车9辆和19辆;按人均计算的居民住宅面积城市11.7平方米,农村8平方米;每万名居民拥有28.5个医生,79.2个中等医务人员,105张病床。

军 事

目前,还没有自己的军队,正准备在俄罗斯的帮助下组建军队,按照计划,军队将不超过1.8万人,只起防御作用。俄在塔有驻军1个师。

文化教育

【教育】1989年教育经费为7.1亿卢布,占国家预算支出的28%。全国有10所高等院校、43所中等专业学校、80所职业技术学校、3100所各类普通学校。1989年每千名15岁以上的居民中受过高等和中等教育的837人,其中受高等教育的75人;每万名居民中高等学校和中等专业学校毕业的专门人才分别为17人和25人;受中等教育的有16.61万人;在国民经济部门就业的受过高等教育和中等专业的教育的女专家为14.55万人。著名高等学校有:塔吉克国立大学、塔吉克工学院、塔吉克医科大学、塔吉克农业大学、塔吉克师范大学等。

【科研】主要科研机构为共和国科学院,下设3个分院,16个科研机构,1505名科学工作者,其中89名科学博士,680名科学副博士。共和国有22名院士,28名通讯院士。

【新闻出版】主要是《人民报》,俄文,创刊于1925年11月,为独立报纸。俄文报纸还有《杜尚别晚报》、《实业与政治报》和塔共机关报《塔吉克之声》。塔吉克文报纸有《共和国报》和《人民之声报》。

首都杜尚别有广播电台和电视台，广播电台除用塔吉克语和俄语以外，还用英语、阿拉伯语等广播。塔吉克电视台用塔吉克语和俄语播放。

对外关系 1991年9月9日宣布独立。由于共和国独立时间不长，加之战乱频仍，其外交刚刚起步。奉行全方位的外交政策，优先发展同邻国的关系，积极争取与西方国家建立外交关系，以争取西方国家的援助和投资。为获得各方面的政治和经济支持，不但加入了北约和欧共体，而且还加入了土耳其、巴基斯坦和伊朗组织的经济合作组织。独立后，已得到100多个国家的承认。截至1992年底，同美国、英国、法国、德国、罗马尼亚、中国、日本、伊朗、土耳其、沙特阿拉伯、巴基斯坦、印度和阿富汗等十几个国家建立了外交关系。

【同我国的关系】1992年1月4日同我国建立大使级外交关系，一年来两国关系发展稳定。

1992年1月4日，经贸部部长李岚清、外交部副部长田曾佩率领的中国政府代表团访问了共和国，双方签署了两国建交公报，双方同意在和平共处五项原则基础上发展友好合作关系，塔政府确认不和台湾建立任何形式的官方关系。3月中旬，中联部副部长李淑铮访塔。5月塔吉克斯坦发生特大洪水和泥石流，杨尚昆主席致电纳比耶夫总统，就塔受灾事表示慰问，我以红十字会名义向塔捐款一万美元。6月20日，副总理赛德穆拉多夫随哈萨克斯坦共和国总理捷烈先科前来我国新疆乌鲁木齐参加中哈国际列车庆祝活动。8月26日，我首任驻塔吉克斯坦共和国大使郗照明到任。9月23日，钱其琛外长在联合国总部出席47届联大时会见塔外长。12月3日，国家主席杨尚昆和全国人大常务委员会委员长万里电贺拉赫莫诺夫当选最高苏维埃主席。

两国经贸关系顺利发展。1月4日，中塔签署两国政府经济贸易协定。7月19～26日，新疆维吾尔自治区副主席塔依尔·买买提率领自治区经贸代表团访问塔吉克斯坦共和国。9月1～7日，塔共和国合作社社长率塔政府代表团和经贸代表团来我国新疆参加乌鲁木齐交易会。9月，塔邮电部部长乌斯曼诺夫应邀来京同我邮电部领导人商谈了中塔邮电合作问题。1991年双方贸易额为276万美元。其中中方出口196万美元，进口80万美元。

中国驻塔大使：郗照明。馆址：杜尚别，共产党大街，塔吉克饭店；电话27-75-36。商务处电话：275168。

【同美国的关系】1992年2月19日同美国建立外交关系。希望同美国建立最亲密的关系，争取得到美国政治上和经济上的支持。1992年2月美国国务卿贝克率大批实业界人士访塔，答应考虑给塔最惠国待遇问题，4月13日美国参议员杰克逊率代表团访塔，7月14日美国副国务卿麦里访塔，9月与美国签订协议，美向塔提供为期30年的1000万美元的贷款。布什执政时，向塔提供了500万美元的人道主义援助，克林顿入主白宫后，向塔提供了2500万美元的人道主义援助。

【同俄罗斯的关系】在平等合作的基础上优先发展同俄罗斯的关系。1992年4月俄罗斯外长科济列夫访塔，签订两国建交协议。5月塔在独联体塔什干首脑会议上同俄罗斯、哈萨克斯坦、乌兹别克斯坦等国一起签署"集体安全条约"。7月俄罗斯副总理绍欣访塔，双方讨论了关于签订两国友好、合作、互助条约等问题。9月俄罗斯代总理盖达尔访塔，双方签订了一系列文件。目前，俄罗斯驻塔第201师在塔境内负责保障共和国局势的稳定。

【同中亚四国的关系】塔独立后，同中亚四国关系密切。1991年12月在土库曼斯坦首都召开的中亚国家首脑会议上签署了土库曼斯坦、乌兹别克斯坦、塔吉克斯坦、吉尔吉斯斯坦四国友好合作条约。1992年4月23日，中亚五国领导人在吉尔吉斯首都比什凯克举行会议。主张中亚五国在相互尊重领土完整、不改变彼此间现有的边界、互不使用武力威胁、尊重各国选择独立发展道路的权力、互不干涉内政的基础上发展友好合作关系。五国间应加强经济合作，建立五国共同市场机制。塔新政权成立后，拉赫莫诺夫访问了哈萨克斯坦、吉尔吉斯斯坦等国。

【同伊朗、土耳其、巴基斯坦的关系】1992年6月下旬至7月上旬塔总统纳比耶夫访问伊朗、巴基斯坦，签署了经济、科技、文化等方面协议。塔新政府上台后，主张积极发展同这些国家的关系，但不同它们搞政教合作，只发展经济合作。塔加入了伊朗、土耳其、巴基斯坦组织的经济合作组织。

【同阿富汗的关系】同阿有1500公里的共同边界。呼吁世界各国注意阿问题，希望联合国以及中国、印度、巴基斯坦、伊朗、土耳其等一起保证阿富汗地区的稳定。

（王嘉宁）

泰　国

国名　泰王国(The Kingdom of Thailand)。

面积　513115平方公里。

人口 5760万(1992年底统计)。全国有30多个民族,泰族占40%,老族35%,马来族3.5%,高棉族2%,此外还有苗、瑶、桂、汶、克伦、掸等山地民族。泰语为国语。佛教为国教,90%以上的居民信仰佛教,马来族信奉伊斯兰教,还有少数信奉基督教新教、天主教和印度教。

首都 曼谷(Bangkok),人口587.6万人(1992年统计)。

国家元首 国王普密蓬·阿杜德(Bhumibol Adulyadej),拉玛九世,1946年即位,1950年5月5日加冕。

简 况

位于中南半岛中部。与柬埔寨、老挝、缅甸、马来西亚接壤,东南临泰国湾,西南濒安达曼海。海岸线长2600多公里。热带季风气候。全年分热、雨、旱三季。年平均气温24～30℃。1238年开始形成较为统一的国家。先后经历了素可泰王朝、大城王朝、吞武里王朝和曼谷王朝。16世纪,葡萄牙、荷兰、英国、法国等殖民主义者先后入侵。19世纪末,曼谷王朝五世王大量吸收西方经验进行社会改革。1896年,英法签订条约,规定暹罗为英属缅甸和法属印度支那之间的缓冲国。暹罗成为东南亚唯一没有沦为殖民地的国家。1932年6月人民团发动政变,改君主专制为立宪政体。1938年銮披汶执政,次年6月改称泰国。

政 治

近60多年来,泰政变达20多次,更迭了19届总理。1991年2月,由泰国武装部队最高司令顺通·空顺蓬上将和陆、海、空军司令发动军事政变,推翻了差猜政府,成立了以阿南·班雅拉春为总理的临时政府。1992年泰国举行了两次全国大选,三易总理,发生了五月流血事件。1992年3月22日泰全国大选,有军方背景的团结正义党获79席,成为第一大党,联合泰国党、社行党、民众党等四党组阁,并推举团结正义党主席纳隆为总理,但由于美国披露纳隆涉嫌贩毒,纳隆未能组阁。四党转而支持三军司令兼陆军总司令素金达出任总理。4月7日国王根据维安院主席顺通和下议院主席阿蒂提名,批准素金达为总理。同日,新希望党、民主党、正义力量党和统一党等结成反对党联盟,并发表联合声明,坚持应由民选议员出任总理,呼吁联合组阁的各党不应违背人民的民主意志。4月17日素金达内阁组成。4月20日四反对党在皇家田举行群众集会,反对素金达出任总理。23日反对党联盟向阿蒂提交修宪议案。5月4日约10万群众再次集会,正义力量党主席占隆在集会上宣布绝食,要求修改宪法和反对非民选人士出任总理。9日阿蒂召集执政党和反对党联席会议,各方就修宪中有关总理应来自民选等四项条款达成一致意见。其后执政各党召开协调会议后又表示对前述修宪内容尚未做最后决定,有待进一步慎重考虑。各界对此反应强烈。17日约20万群众在皇家田再次集会和游行,并与军警发生冲突。18日,素金达总理宣布曼谷以及附近四府实行紧急状态。下午,政府出动军队驱赶集会群众,并逮捕集会领导人占隆等人。深夜,军警动用武力强行清场,导致流血事件,局势急转直下。20日晚,政府宣布曼谷市及附近四府实行宵禁。同日晚国王同时召见素金达总理和集会领导人占隆,要求双方停止对立,协力结束危机。21日素金达宣布无条件释放占隆和2000多名被捕群众,并宣布取消宵禁。24日素金达宣布辞去总理职务。26日,代总理米猜签署命令,解除曼谷市和附近四府的紧急状态。6月1日泰国贸易院、工业院和银行公会联合发表声明,反对原执政五党继续组阁。6月10日国会会议三读通过总理来自民选等四项修宪议案,同日,阿蒂提名阿南·班耶拉春出任总理,组织临时政府,获国王批准。6月14日阿南内阁组成。6月30日阿南总理宣布解散议会,并定于9月13日举行全国大选。8月1日阿南总理免除了与五月流血事件有关的三军最高司令、陆、空军司令等高级将领的职务。原最高司令兼空军司令甲社调任军事总督察,原军事总督察瓦拉那接任最高司令。原空军副司令干·披曼蒂任空军司令,原陆军司令伊沙拉蓬和陆军副司令威洛被调任国防部副部长,原最高副司令威蒙任陆军司令。9月13日泰举行年内第二次全国大选。民主党获得较多议席。17日民主党同有关政党达成联合组阁协议,推举民主党主席川·立派为总理。23日国王根据下议院议长提名任命川为泰国第20届总理。29日成立了由民主党、新希望党、正义力量党、统一党和社会行动党组成的五党联合政府。

【宪法】现行宪法于1991年12月7日获立法议会通过,12月9日颁布实行,是泰国第15部宪法。宪法共11章、223条。规定泰国实行以国王为元首的民主政治制度;国王是神圣不可冒犯的。任何人不得指责或控告国王。公民享有在宪法规定下的自由权力,享有言论、写作、出版与发行、和平静坐及不携带武器集会的自由。公民有捍卫国家、服兵役、守法、纳税和协助官方公务等义务。政府总理由下议院议长提名,国王任命,其他阁员不超过48人。1992年6月10日国会三读通过四项宪法修正案,即总理来自民选,下议院议长兼任国会主席,上议员权力只限于审议法律,国会第二期会议也可辩论议案。6月30日上述后三项修正案颁布实施,总理来自民选一项9月实施。

【议会】称国会,实行上、下两院制。立法、审议政府施政方针、国家预算和对政府工作进行监督为其主要职能。而上议员的权力只限于审议法律。现上议院是1992年3月泰全国大选后由国王根据维安院主席提名任命的,有议员270名。宪法规定上议院议员最长任期六年,每三年以抽签方式确定1/2议员离职,空缺的一半由国王任命补充。下议院是同年9月大选后产生的,下议员共360名,全部来自民选,任期四年。各党派在下议院所占议席:民主党79席、泰国党77席、国家发展党60席、新希望党51席、正义力量党47席、社会行动党22

席、统一党和自由正义党各8席、群众党4席、民众党3席、公民党1席。下议院议长担任国会主席，上议院议长为国会副主席。现国会主席兼下议院议长玛鲁·汶纳(Marut Bunnag)1992年9月22日就任；国会副主席兼上议院议长米猜·雷初攀(Meechai Ruchuphan)同年6月23日就任。

【政府】1992年9月29日由49人组成，主要成员有：总理川·立派(Chuan Leekpai)，副总理班雅·班他坦(Banyat Bantadthan)，副总理庵雷·威拉旺(Amnuay Viravan)，副总理素帕猜·帕尼帕(Supachai Panitchpakdi)；国务部长特蓬·猜亚南(Tirdpong Jayananda)，国务部长沙威·普提威候(Savit Bhothiwihok)，国务部长素拉萨·添巴色(Surasak Thiamprasert)，国务部长钦纳武·顺通西马(Chinnawut Sunthornsima)，国防部长威集·素玛上将(Gen. Vijit Sookmark)，内政部长差瓦利·荣猜育上将(Gen. Chavalit Yongchaiyodh)，交通部长威奈·颂蓬(Winai Sompong)，外交部长巴颂·顺西里(Prasong Soonsiri)，农业合作部长尼蓬·蓬攀(Nipon Promphan)，大学部长素贴·阿塔高(Suthep Attakor)，科技环境部长披讪·蒙拉萨沙通(Phisarn Moonlasartsathorn)，财政部长他麟·林曼夏民(Tarrin Nimmanhaeminda)，商业部长乌泰·屏知春(Uthai Pimchaichon)，司法部长素威·坤吉滴(Suwit Khunkitti)，工业部长沙南·卡宗巴色(Sanan Kachornprassart)，教育部长讪攀·通沙玛(Sampham Thongsamak)，卫生部长汶攀·盖瓦他那(Boonphan khaewwattana)。

【司法机构】最高司法机构为司法委员会，由18名委员组成，大理院(最高法院)院长为主任委员，司法部次长、高级法院院长和大理院第一副院长为委员，其他从在职和退休法官中选出。大理院院长巴曼·参司(Pramarn Chansue)，检察长柯曼·帕他拉披隆(Komain Bhatarabhirom)。

【政党】目前在内政部合法登记注册的共有16个政党。主要政党有：(1)民主党(Democrat Party)：执政党。1946年成立，泰国历史最久的政党。主要成员为上层官员、知识分子和商界人士。主席川·立派。

(2)新希望党(New Aspiration Party)：执政党。1990年10月成立。主席差瓦利·荣猜育上将。

(3)正义力量党(Palang Dharma Party)：执政党。1988年5月成立。主席汶初·洛乍那沙天(Boonchu Rojanastien)。

(4)社会行动党(The Social Action Party)：执政党。1974年成立。主要由企业家、银行家、商人、退休军官和知识分子组成。主席蒙迪·蓬帕尼(Montree Pongphanit)。

(5)泰国民族党(Chat Thai Party)：在野党。1974年10月成立。主要由退役军人和一批新兴工业企业家组成。主席巴曼·阿滴列山(Pramarn Adireksan)。

(6)国家发展党(Chart Phathana Party)：在野党。1992年7月成立，主要以原泰国党差猜派为核心，吸收其他党前议员组成。主席差猜·春哈旺(Chartichai Chunhavan)。

此外还有统一党、民众党、公民党、群众党等，以及被宣布为非法的泰国共产党。

【重要人物】普密蓬·阿杜德：曼谷王朝第九世国王。1927年12月5日生于美国。曾在瑞士的大学攻读政治和法律。1946年6月即位，1950年5月5日加冕。重视农业，经常巡视农村，赞助实施了土地改革、水利、优良品种培植等多项农村发展计划。重视中泰关系的发展。爱好打羽毛球、摄影、吹萨克斯管。擅长音乐，作有《雨丝》等多首著名乐曲。1950年4月与诗丽吉王后结婚，育有子女四人：乌汶叻达娜公主、哇集拉隆功王储、诗琳通公主、朱拉蓬公主。　**川·立派**：总理。1938年7月28日生于泰南董里府。曾在马来西亚槟城学习中文，1958年毕业于绘画雕刻学校。后获法政大学法律学士学位，毕业后任职律师。1969年加入民主党步入政界。1975年任民主党执委。1976年任该党副主席。1975年起先后任司法、商业、卫生、农业合作和教育部长等职。1986年7月大选后被推选为下议院议长。1990年1月曾任差猜政府副总理。1991年1月接替披猜任民主党主席。1992年9月出任泰国第20任总理。已婚。夫人帕蒂蓬·素扎丽坤。育有一子，名素拉布。曾于1984年12月和1986年2月两次率教育和文化代表团访华。

经　济

泰国自60年代开始有计划地发展经济，1961～1991年，已完成六个经济发展计划，现为第七个五年计划。主要实行自由经济政策，鼓励私人投资和竞争，大力吸收外资和技术并推动国营企业私有化或公私合营，减少政府指令性干预，鼓励私营部门发挥更大的作用。近几年泰国经济发展势头良好，经济结构发生了重要变化，农业在整个国民经济中的比重从60年代末的40.5％下降到1991年的13.5％。第三产业发展也比较迅速。1992年国民生产总值增长7.5％。一般舆论认为，按此速度增长下去，在不久的将来，泰国有可能跻身亚洲新兴工业国的行列。存在的主要问题是工程技术人员不足，基础设施超负荷，教育和科学技术滞后。

国内生产总值(1992年底，按1972年不变价格计算)：294亿美元。

国内生产总值增长率(1992年)：7.5％。

人均国民收入(1992年底)：1828美元。

货币名称：铢。

汇率(1992年底)：1美元＝25.2铢。

通货膨胀率(1992年)：4.3％。

失业率(1992年)：4％。

1991/92年部分项目主要经济指标如下(单位：亿铢)：

	数值 1991	数值 1992*	变动(%) 1991	变动(%) 1992
国内生产总值				
(1972年不变价格)	6812	7354	7.9	7.5
农业部门	919	963	3.6	3.5
非农业部门	5893	6391	8.5	8.2
物价指数				
消费物价指数(1988年=100)	125.6	130.8	5.7	4.1
批发物价指数(1988年=100)	132.0	132.3	6.9	0.2
现金差额	1237	857		
金融				
商业银行存款	17306	20248	21.4	17.0
商业银行私人信贷	14896	21422	33.5	21.0

* 1992年数字为初步统计数字。

(资料来源:泰国国家银行)

【资源】锡、褐煤、钾盐、油页岩、天然气储量丰富,其它还有钨、铁、铝、锑、铬、重晶石、萤石、宝石和石油等。褐煤蕴藏量约20亿吨,油页岩蕴藏量约187亿吨。

【工业】主要有采矿、食品加工、纺织、服装、电子、石油化工、建筑材料、汽车装配等。1992年工业就业人口360万,占总劳力的11.4%。1992年工业增长率为9.3%,与上年大体持平。矿业增长5.2%,建筑业增长17.5%,制造业因私人投资的减少而放缓。银行和保险业与去年持平或略有下降。

【农业】泰国是以农业为主的国家,农产品是外汇收入的主要来源之一。主要有稻谷、玉米、木薯、橡胶、甘蔗、绿豆、麻、烟草等。1992年从事农业的人口为1880万,占总劳力的59.7%。政府重视农业的发展,1992年农业增长3.5%。泰国是世界著名的大米生产和出口国,1992年出口大米478万吨,总值11.82亿美元。木薯产量居世界第一位,橡胶、玉米和蔗糖也是重要的出口商品,冻鸡和冻虾已跻身世界主要出口国行列。

【服务业】服务业比较发达,国内外投资充足,宾馆,餐饮,购物等服务设施已具相当规模,其中曼谷的东方宾馆已连续多年被评为世界十大最佳宾馆之首。

【旅游业】1992年因三次更迭政府和"五月流血事件"等因素的影响,旅游业受到一定影响,但外国游客仍达520万人次左右,比上年减少1.7%,创汇42.8亿美元,比上年减少1.3%。主要旅游点除曼谷、普吉、清迈和帕他雅以外,清莱、华欣、苏梅岛等一批新的旅游点发展较快。

【交通运输】国内以空运和公路运输为主。国际航线可达亚、美、欧及大洋洲近40个城市。曼谷廊曼机场是东南亚重要航空枢纽。近年交通运输情况:

铁路:总长3920公里,主要干线有四条:曼谷至北部清迈府,曼谷至东北部四色菊府,曼谷至东北部廊开府,曼谷至南部陶公府,1991年客运量为8690万人次。

公路:全长46047公里(其中国家级公路17920公里),各府、县都有公路相连。海运线可达日、美、中国、新加坡及欧洲。曼谷是最重要的港口,其他还有宋卡港、梭桃邑港等。

【财政金融】自1988年以来,财政收支连续五年顺差。财政收支情况如下(单位:亿铢):

	1990	1991	1992
收入	3950	4651	4978
支出	2927	3418	4213
差额	1023	1233	765

(资料来源:泰国国家银行)

1992年度国际收支盈余13.47亿美元。截至1992年12月底,外汇储备215亿美元,相当于1992年上半年6个月的进口总值。外债偿还率10.6%,1992年累计外债374亿美元。

【对外贸易】实行自由贸易政策,80年代以来,泰国的出口产品由过去依靠大米、橡胶等初级农产品,转向多样化,近年来工业品出口继续增加,初级农产品出口比例不断下降。1992年对外贸易总额增长16%。1991年工业品占出口总值的78%,农产品占15.6%,电子产品出口值已超过纺织品。出口产品主要有大米、玉米、木薯、橡胶、锡、加工食品和纺织、电子产品等;进口工业品、燃料和消费品,主要贸易对象为日、中国台湾、美、欧共体及东盟其他国家,但对外贸易逆差逐年增大,1992年有所好转。对外贸易情况如下(单位:亿铢):

	1990	1991	1992
出口额	5900	7070	8360
进口额	8290	9870	10540
差 额	−2390	−2800	−2180

(资料来源:同上)

【对外投资】主要对美国、东盟各国、中国大陆及台湾投资,近年开始重视对印支三国的投资。对华投资的公司主要有:正大集团、中华总商会、盘谷银行等,累计投资总额超过10亿美元,协议投资总额约34亿美元。

【对外援助】1992年1月,泰国总理阿南访越期间,向越提供600万美元贷款;2月,泰向俄罗斯联邦提供3000万美元商品贷款,用于购买泰国大米。

【外国资本】泰国政府长期实行对外开放、鼓励投资的政策,对外商投资提供了一系列的优惠条件,同时不断完善基础设施,创造良好的投资环境,吸引了大批外国资本。主要对泰投资国家和地区为日本、中国台湾、美国、英国、新加坡、香港、澳大利亚、荷兰等,主要投资项目为石油化工、集成电路、电子零配件、汽车装配、橡胶制品和造纸等。

1987～1990年是外国投资的黄金时期,投资额不断上升,1991年以后投资增长势头减缓。1992年头11个月申请鼓励投资项目总数为404项,总投资额1652.93亿铢,较去年同期减少24%,投资总数比1991年的587宗减少31%,是六年来的最低点。

【外国援助】主要接受美国的军事经济援助,但数目不大。1992年美向泰提供缉毒经费援助共330万美元;亚洲开发银行向泰提供58.5万美元的援助,用于研究小型城市的建设;新西兰平均每年向泰提供约64万美元的援助。

人民生活

1992年物价基本稳定;自同年1月1日起,对20万种商品征收增值税,国内消费物价指数较1991年上涨4.1%。1992年人均国民收入达45700铢(约合1828美元),比上年增长1.8%。1992年4月1日起再次调整最低工值,比上年增长15%。1992年就业人口3140万人,占劳动力总数的96%。

军　事

19世纪中叶始建陆、海军,1915年建空军,宪法规定国王为武装部队最高统帅。三军最高司令为瓦拉那·阿披乍里空军上将。实行义务兵役制,服役期二年。

总兵力约27.7万人。另有预备役50万人,地方准军事部队8万人,警察18.7万人。陆军19万人,分为4个军区,辖7个步兵师、2个骑兵(装甲)师、2个特战师、2个炮兵师等共18个师;预备役为4个步兵师建制;海军4.5万人(包括海军航空兵和海军陆战队),编为1个作战舰队、1个陆战队司令部、5个海军基地。空军4.2万人,编为4个航空师11个飞行大队。泰国国防委员会决定,泰军将在10年内裁减25%(其中前5年裁减15%)。

1992年国防预算为692.73亿铢(约合27.48亿美元),约占国家预算的15%,居各类预算的第二位。

文化教育

〖教育〗中、小学教育为12年制,即小学6年、初中3年、高中3年。中等专科职业学校为3年制,大学一般为4年制,医科大学为5年制。1992/1993年度教育预算为697.383亿铢(约合27.6亿美元),占财政总预算的15.1%,在各类预算中列第一位。著名高等学府有:朱拉隆功大学、法政大学、马希顿大学、诗纳卡琳威洛大学、亚洲理工大学等,此外,还有著名的开放性大学兰甘亨大学和素可泰大学等。

〖新闻出版〗新闻媒体主要仿效西方国家形式。曼谷主要泰文报纸有:《泰叻报》、《民意报》、《每日新闻》、《国家报》和《沙炎叻报》等,主要华文报纸有:《新中原报》、《中华日报》、《星暹日报》等;主要英文报纸有:《曼谷邮报》、《民族报》等。

广播电台共有230多家,其中政府民众联络厅掌管的有59家。官方电台为泰国国家广播电台,设有国外部,用泰、英、法、华、马来、越、老、柬、缅、日等语言广播。"自由亚洲之声"电台由外交部管理,主要转播"美国之音"报道,并用越、老、柬、缅等语言广播。

电视台主要有五家,都设在曼谷。其他地区转播曼谷电视台传送的节目。

对外关系

在继续坚持全方位外交的同时,进一步加强经济外交,强调本区域国家间的合作。

1992年9月,川·立派任总理后,除继续实行对美、日、中、欧共体等大国和国家集团的平衡政策外,强调以经济为中心,大力开展经济外交;积极加强同东盟在政治、经济、安全等各领域的全面合作;特别重视同印支和缅甸等邻国的友好关系,同越、老、柬的经贸合作有较大发展。继续关注柬埔寨和平进程,主张全面实施巴黎协定,认为制裁民柬无助于柬问题的解决。1992年泰国先后与哈萨克斯坦、土库曼斯坦、亚美尼亚、白俄罗斯、格鲁吉亚、安哥拉建交,并将在南非共和国约翰内斯堡和德班分别建立总领事馆。

〖同我国的关系〗1975年7月1日,中泰建交后,两国在各个领域的友好合作关系得到全面、顺利的发展。1992年泰国政局动荡较大,但正如中泰领导人一致认为的那样,不论中泰各自国内有什么变化,都没有也不会影响两国友好关系。中泰双方继续保持了高层次的往来。1992年泰国哇集拉隆功王储(10月)、诗琳通公主(10月)、国会上议院议长米猜(8月)相继访华,钱其琛国务委员兼外交部长正式访泰(9月)。中国驻泰国大使:李世淳。馆址:泰国曼谷拉差达披色路57号 No. 57 Rachadaphisek Rd Bangkok, Thailand。电话:(662)2457032(办公室),2457038(商务处),2457036(领事部)。传真:(662)2468247。

泰国驻中国大使:蒙迪·差利占。馆址:北京光华路40号。电话:(01)5321903,5321980。

〖同东盟其他国家的关系〗泰是东盟成员国,把加强同东盟各国伙伴关系作为对外政策的基石。

同马来西亚关系:1992年2月,双方成立专门委员会,处理边界争端。双方高层领导人互访也很频繁。1992年泰前外长阿沙(1月)和现外长巴颂(12月)访马,马国防部长纳吉(2月)访泰。

同新加坡的关系:1992年,泰国总理阿南(1月)、武装部队最高司令哇拉纳(12月)访新,新加坡空军司令(10月)访泰。

同印度尼西亚的关系:1992年3月泰国外长阿沙访问印尼,双方签署了建立经济技术合作委员会的协议。

同菲律宾的关系:1992年6月泰国外长阿沙出席菲新总统拉莫斯就职典礼,8月副总理抛·沙拉信访菲;同月菲外长罗慕洛访泰,12月菲总统拉莫斯访泰。

同文莱的关系:1992年10月,泰国王储哇集拉隆功和总理川·立派参加文莱国王登基25周年庆典。

〖同美国的关系〗1856年两国建交。二次大战后美国开始向泰提供经济、军事援助。近年来,泰美关系逐渐转向经济贸易合作,现美已成为泰商品出口的重要市场。

1992年,由于美国反对泰国的政变,两国政治和军事关系较为冷淡,但其它方面关系仍然保持正常发展。美国表示支持阿南总理提出的东南亚自由贸易区计划,并对3月泰国举行的民主选举表示赞赏。后因美方披露纳隆涉嫌贩毒,使纳隆组阁归于失败,泰美关系又出现麻烦。泰发生五月流血事件后,美谴责泰政府用武力镇压民主示威者，并中止了同泰军队每年一度的金眼镜蛇联合军事演习。9月泰国再次大选，成立了川·立派为总理的政府，美又恢复了对泰的援助计划。11月泰国诗琳通公主应美国一些学术机构的邀请访问美国。美国访泰的有助理国务卿所罗门（3月）、副国务卿肯特（5月）。

【同东欧国家的关系】泰与东欧国家来往关系较少，主要为双边贸易。波兰是泰国在东欧贸易的第一大伙伴，其次是捷克。1992年访泰的东欧国家领导人有：前捷克和斯洛伐克共和国总理彼得·彼特哈特（2月）；匈牙利副外长（2月）；罗马尼亚国防部长（1月）。

8月泰国关闭驻原南斯拉夫首都贝尔格莱德使馆。

【同印度支那国家的关系】同越南的关系：1976年两国建立外交关系。

1992年11月，泰国王储殿下代表国王首次访越；1月泰总理阿南访越，这是自1976年两国建交以来泰国总理首次访越。两国总理签署了“联合公报”和“关于修订1978年两国经贸和技术合作协定议定书”。9月泰正式在越胡志明市设总领事馆。此外，泰方还有前总理差猜（12月）、巴颂外长（12月）、威迁副外长（1月）、素金达最高司令访越（1月）；越南有武文杰总理（7月）、潘文凯副总理（3月）、阮孟琴外长（7月）访泰。两国就渔业纠纷和领海分界线问题达成了协议。

同老挝的关系：1950年12月建交。两国高层互访频繁，经济合作正逐步展开。1991年4月，泰内阁通过决议，将把对老关系放在睦邻关系的首位。1992年，泰国王储（6月）和诗琳通公主（10月）分别访老。此外，泰武装部队最高司令兼空军司令甲社（5月）也访问了老挝。老挝访泰的有：国家主席凯山·丰威汉（1月）、总理坎代（2月）、人民议会副主席诺哈·冯沙万（4月）。两国签署了“友好合作条约”，“促进旅游合作协定”，发表了联合公报，两国召开了第二次经济联合委员会会议，就两国经济合作、缉毒合作、湄公河合作、边界争端以及难民问题进行了讨论。

同柬埔寨的关系：1979年越侵柬后，泰反对越侵略，承认民柬地位。1991年巴黎协定签署后，泰较早向柬最高委员会派出大使。

1992年2月，泰国向柬派出工兵部队执行联合国在柬维和计划中的排雷筑路任务，并在泰柬边境进行柬难民遣返工作。泰前总理差猜应金边政权总理洪森邀请访柬（8月）；柬全国最高委员会主席西哈努克亲王访泰（9月）。

【同其他国家的关系】泰积极发展同各国的友好关系。1992年，泰国王储访问孟加拉（1月）、朝鲜（3月）、印度（4月），法国（5月）、韩国（5月）；诗琳通公主访问蒙古（11月）；朱拉蓬公主访问日本（7月）、巴西（6月）。其他访泰的外国领导人有：莫桑比克总理（2月）、新西兰副总理兼外长麦金农（4月），澳大利亚副总理霍·布莱恩（11月）。泰国还向俄罗斯提供商品贷款。（卓　泰）

土　耳　其

国名　土耳其共和国（The Republic of Turkey）。

面积　779360平方公里（含境内水域，经济季评）。

人口　5860万人（1991年6月统计）。土耳其人占80%以上，库尔德人约占15%。土耳其语为国语。99%的居民信奉伊斯兰教，其中85%属逊尼派，余属阿拉维派。

首都　安卡拉（Ankara），人口255.9万（1990年10月普查）。

国家元首　总统图尔古特·厄扎尔（Turgut Özal）1989年11月9日就任，任期7年。

简　况

地跨亚欧两洲，大部位于小亚细亚半岛。邻格鲁吉亚、亚美尼亚、阿塞拜疆、伊朗、伊拉克、叙利亚、希腊和保加利亚，濒地中海和黑海。海岸线长3518公里。沿海属亚热带地中海式气候，内陆为大陆型气候，其年平均温度分别为14～20℃和4～18℃。土耳其人史称突厥，8世纪起由阿尔泰山一带迁小亚西亚，14世纪建奥斯曼帝国，16世纪鼎盛。20世纪初沦为英、德半殖民地。1919年凯末尔发动民族解放战争，1923年10月29日成立土耳其共和国。

政　治

50年代起，民主党、正义党、祖国党先后执政。1991年10月大选后，正确道路党和社会民主人民党组成联合政府，取代连续执政8年的祖国党政府。新政府允诺在国内加快民主化进程，解决东南部治安问题，降低通货膨胀，发展生产；外交上努力抓住机遇，发挥土的地区大国作用。1992年，政府从立法入手，开始改革步骤。5月，议会通过司法改革法案，缩短对刑事嫌疑犯的拘留期，禁止酷刑。其后政府又制定了关于准许被前军政权1981年取缔的政党重新恢复的法令。社会民主人民党随后发生分裂，致使执政两党在议会的优势减弱。此后主要反对党祖国党也出现分化。1992年3月起，库尔德工人党加紧在东南部开展反政府游击活动。10月，土军两万人进入伊拉克北部，扫荡该党游击队营地，月底，该党宣布无条件向伊拉克库尔德族议会缴械。

【宪法】现行宪法于1982年11月7日通过，是共和国第三部宪法。宪法规定土为民主的世俗国家，尊重人权，维护和平、正义与民族主义。大国民议会为唯一的立法机构。

【议会】称土耳其大国民议会，立法机构，共有议席450个，经大选产生，任期五年。1991年11月6日成立第19届议会。1992年底各党拥有议席情况为：正确道路党182席，祖国党95席，社会民主人民党52席，繁荣党40席，共和人民党21席，人民劳动党18席，民族劳动党13席，民主左翼党3席，民族党2席，无党派24席。议长胡萨迈廷·金道鲁克(Hüsamettin Cindoruk)，1991年11月16日就任。

【政府】又称部长会议。本届政府1991年11月20日成立。总理苏莱曼·德米雷尔(Süleyman Demirel)，副总理兼国务部长埃尔达尔·伊诺努(Erdal Inönü)；国务部长(分管经济)汤苏·奇尔莱尔(Tansu Çiller)，国防部长内夫扎特·阿雅兹(Nevzat Ayaz)，内政部长伊斯梅特·塞兹金(İsmet Sezgin)，外交部长希克梅特·切廷(Hikmet Çetin)，财政海关部长苏梅尔·奥拉尔(Sümer Oral)。

【司法机构】中央一级的法院有：宪法法院，审理有关法律是否违反宪法的案件，审判国家高级官员；上诉法院，审理下级法院的刑、民事案件；行政事务法院，审理行政纠纷案件；司法分歧法院，审理民事、行政、军事法院间的判决分歧；审计法院，监督国家预算开支执行等审计情况。上述各法院院长依次为：耶克塔·贡戈尔·厄兹丹(Yekta Güngör Özden)、伊斯梅特·奥加克丘奥卢(İsmet Ocakçioğlu)、苏莱曼·蒂尔克奥卢(Süleyman Türkoğlu)、穆阿迈尔·图朗(Muanmmer Turan)、韦吉迪·戈努尔(Vecdi Gönül)。共和国首席检察官哈鲁克·雅尔德姆吉(Haluk Yardimci)。

【政党】1992年，土各政党间分化改组较为频繁。目前，土约有十多个政党。

(1)正确道路党(True Path Party)：执政党。1983年6月23日成立，有党员约210万。主张发展私人资本，限制国家在经济生活中的作用，重视与美国的关系，要求加入欧共体。主席苏莱曼·德米雷尔。1992年12月，正义党召开第十次代表大会，决定该党加入正确道路党。

(2)社会民主人民党(Social Democratic Populist Party)：执政党。1985年9月26日由人民党和社会民主党合并而成。有党员约100万。主席埃尔达尔·伊诺努。1992年3月，该党14名国会议员因在库尔德问题上对该党领导不满而退党。9月，该党部分人员另组共和人民党。

(3)祖国党(Motherland Party)：主要反对党。1983年5月20日成立，有党员190万。自称为民族主义保守政党。主席梅苏特·耶尔马兹(Mesut Yilmaz)。1992年11月，在该党特别党代会上耶尔马兹及其支持者挫败一些党的元老夺取党的领导权的挑战。会后，包括前总理和前党的副主席在内的该党16名在任国会议员和61名前议员退党。

(4)繁荣党(Welfare Party)：反对党。1983年7月19日成立。有党员33万。伊斯兰宗教色彩浓厚。主席内吉梅廷·埃尔巴康(Necmettin Erbakan)。

(5)共和人民党(Republican People's Party)：反对党。1923年由共和国缔造者凯末尔组建。1981年被军政权取缔。1992年9月9日，该党恢复并举行第25次全国代表大会，选举德尼兹·巴伊卡尔(Deniz Baykal)为党主席。该党具有社会党色彩，党员由社会民主人民党及民主左翼党中分离者组成。

(6)民主左翼党(Democratic Left Party)：反对党。1985年11月14日成立。自称是社会民主党性质的"大众党"。主席比伦特·埃杰维特(Bülent Ecevit)。

此外，还有人民劳动党、自由民主党、民族劳动党、改良民主党、工人党、新生党等政党。

【重要人物】图尔古特·厄扎尔：总统。1927年生。1950年毕业于伊斯坦布尔技术大学，获硕士学位。后任安卡拉电业局电气工程师。1952年赴美进修经济管理。1961年在国防科学委员会任职，后任总理府技术顾问。1967年任国家计划组织主任，兼任经济协调委员会主任。1972～1973年任世界银行特别项目顾问，后在私营部门任职。1979年12月任总理经济顾问和国家计划组织主任。1980～1982年任副总理，负责经济事务。1983年5月创建祖国党，任主席；同年12月13日任总理。1989年10月31日当选总统。　**苏莱曼·德米雷尔**：总理。1924年生。1949年毕业于伊斯坦布尔大学建筑工程系，曾赴美国深造。1955～1960年任国家水利局局长。1962年加入正义党任组织部长，1964年任该党主席。1963年任副总理。1965、1969、1975、1977、1979年屡任总理，1980年9月12日军事接管时下台，并被禁止参与政治活动。1987年出任正确道路党主席，同年当选为国会议员。1991年11月20日再度出任总理。

经　济

在中东地区农业较好，轻纺等工业有一定基础。80年代以来，推行市场经济，国民经济得到发展。1990年开始执行第三个五年计划，规定计划期间国民生产总值年均递增7%。1992年经济回升，国民生产总值增长5.5%，工业增长7%，出口增长12%。但通货膨胀仍较高，财政赤字扩大。

国民生产总值(1991)：47340万亿里拉(约合1130亿美元)。

人均国民生产总值(1991)：1970美元。

国民生产总值增长率(1992)：5.5%。

货币名称：土耳其里拉。

汇率(1992年底)：1美元＝8556里拉。

失业率(1991年)：15%。

通货膨胀率(1991年)：66%。

【资源】矿产资源丰富，主要有硼、铜、铁、铝矾土及煤等。三氧化二硼和铬矿储量分别约7000万吨和1亿吨，均居世界前列。煤炭储量约65亿吨，多为褐煤。森林面积2000万公顷。

【工业】1991年工业产值313亿美元，占国民生产总值的27.7%。工业增长速度3.2%。1990年，工业从业人员353.3万（包括建筑业89万人），占总就业人数的21%。主要工业部门有纺织、食品加工、能源、化工、钢铁、水泥、汽车等。主要工业品产量如下（单位：万吨）：

	1989	1990	1991
钢	785.4	941.3	935.1
水泥	2380.0	2441.6	2626.1
棉纱	4.2	4.5	3.8
发电(亿度)	530.4	575.5	602.2

（资料来源：1992年第四期经济季评，1992年欧罗巴世界年鉴）

【农牧业】1991年农业产值184.2亿美元，占国民生产总值的16.3%。有耕地2780万公顷，其中水浇地210万公顷，果园360万公顷。农业人口占全国总人口的41.2%。粮食及水果等自给有余，均有出口。主要农产品产量如下（单位：万吨）：

	1989	1990	1991
小麦	1620	2000	2040
大麦	450	730	780
玉米	200	210	210
甜菜	1093	1399	1509
棉花	56.5	63.5	61.6
烟草	25.3	28.8	24.3

（资料来源：1992年欧罗巴世界年鉴）

1990年有绵羊3150万只，山羊1310万只，牛1160万头。

【服务业】80年代发展较快，特别是交通、通讯为优先发展方向。1990年服务业产值占国内生产总值的49%，服务业从业人员516.3万人，占全部从业人数的30%。

【旅游业】80年代中期以来发展迅速。1991年受海湾战争影响，外国游客数为520万人，旅游收入26.54亿美元，分别比上年减少53.5万人和6.92亿美元。旅游床位有15万多张。主要旅游点有伊斯坦布尔、伊兹密尔、安塔利亚、布尔萨、安卡拉、科尼亚等。

【交通运输】以陆路为主，公路运输发达。近10年来，政府大力投资，已建成125公里高速公路。

铁路：总长10369公里，其中电气化铁路582公里。1990年客运量1.39亿人次，货运量1340万吨。

公路：国家级公路31149公里，省级公路27979公里。1990年有小轿车165万辆，大轿车和面包车19.3万辆，卡车52.1万辆。

海运：1989年有商船2872艘，客轮955艘，油船208艘，合计总吨位约400万吨。国际货物吞吐量1.79亿吨。主要港口有伊斯坦布尔、伊兹密尔、梅尔辛、伊斯肯德伦、萨姆松、特拉布松。

空运：1990年有民航飞机33架，国际航线20多条，客运量458.4万人次，货运量5.7万吨。主要机场有伊斯坦布尔、安卡拉、伊兹密尔等。

【财政金融】近三年财政预算情况如下（单位：万亿里拉）：

	1990	1991	1992
收入	55.00	101.27	176
支出	63.90	118.41	208
赤字	8.90	17.14	32

（资料来源：1992/93年度和1992年第一期经济季评）

1992年8月14日，黄金储备15亿美元，外汇储备135.4亿美元。1991年国际收支经常性项目盈余5.21亿美元。1992年6月，内债115.5万亿里拉，外债509亿美元。

【对外贸易】1991年出口总额占国民生产总值的12%，出口中约80%为工业品，主要出口产品有纺织品、加工食品、棉纱布匹、皮革制品、化工、活畜、矿产品。近年来，钢铁、汽车、家电及机械产品等逐渐进入国际市场。进口原油、机电产品、化工、车辆、煤炭、有色金属等。近年来对外贸易情况如下（单位：亿美元）：

	1989	1990	1991
进口额	157.9	223.0	210.4
出口额	116.3	129.6	136.0

（资料来源：1992年第二期经济季评）

1991年主要贸易对象及土进出口额（单位：亿美元）：

	出口	进口
德国	34.13	32.31
美国	9.13	22.41
意大利	9.72	18.45
沙特	4.85	18.29
法国	6.89	12.27
英国	6.76	11.66
苏联	6.11	10.98
日本	2.26	10.92

（资料来源：1992年欧罗巴世界年鉴）

【外国资本】截至1992年底，在土开业的外国公司数为2332家，约定引进外国资本总额为101亿美元。

人民生活

1991年人均国民收入约为1600美元。这年政府两度给公职人员加薪。但通货膨胀较严重。同年平均8.6人拥有1部电话，1189人拥有1名医生。1992年政府对教育和卫生的拨款占国民生产总值的比例比前10年平均数提高2.5倍。

军　事

1921年凯末尔创建国民军。总统为武装部队最高统帅，总参谋长是道安·居莱什上将。国家安全委员会是最高国防决策机构；最高军事委员会是武装部队内部事务最高决策机构；总参谋部是武装部队的最高作战指挥机构，下辖各军种；国防部是同总参谋部进行合作的最高行政机构。实行义务兵役制，服役期18个月。

1991年总兵力58.9万人，另有宪兵12万人。陆军兵力47万人，设有4个集团军司令部和10个军部。海军兵力5.9万人，设有舰队司令部、南部海区司令部和北部海区司令部。空军6万人，编为2个战术空军司令部、1个防空司令部、1个后勤司令部。1992年，政府决定将总兵力裁减到43万人，服役期缩短至15个月。

武器装备主要来自美国，近年来努力进行军队现代化建设。1991年国防预算14.97万亿里拉，占国家预算总额的12.6%。

北约在土设有东南欧盟军司令部、战术空军司令部。美国在土设有16个军事基地和设施，常驻土军事人员5000人。

文化教育

【教育】小学5年，初、高中各3年，中专2～3年，大学4～6年。小学为义务教育，中、小学免费。1990年教育预算约8.5万亿里拉，占国家预算的13.3%。文盲人数约为全国人口的15%。1989/90学年全国各级学校情况如下：

	学校(所)	教师(万人)	学生(万人)
小学	51170	22.1	676.7
中学	7175	10.3	274
技术和职业学校	2542	4.7	77.2
高等院校	387	2.9	56

(资料来源：1992年欧罗巴世界年鉴)

有大学29所，著名高等学府有安卡拉大学、哈杰泰佩大学、中东技术大学、比尔肯特大学、伊斯坦布尔大学、博斯普鲁斯海峡大学。

【新闻出版】全国有日报约400种，各种期刊约500种。主要报刊：《自由报》，发行60万份；《国民报》，发行40万份；《日安报》，发行30万份；《太阳报》，发行29万份；《共和国报》，发行13.9万份；《喉舌报》，发行10万份。

主要通讯社：阿纳多卢通讯社，半官方，创建于1920年；安卡拉通讯社，1971年成立。

土耳其广播电视组织：1946年成立。对内广播主要有安卡拉、伊斯坦布尔、伊兹密尔电台等；用16种语言对外广播。1992年，电视台有8个频道播放彩色节目。

对外关系

一贯奉行与西方结盟的政策，为北约成员国。海湾战争后加强了与美国和西方的关系。苏联解体后，在中亚、黑海和巴尔干地区外交活跃，对地区事务的影响进一步增强。认为冷战结束后世界进入了民主、人权和市场经济等西方意识形态占统治地位的时代，国际安全取得积极发展。但世界面临新的危险和问题。表示土推行理智、现实和富有活力的外交政策，努力引导周边事态的发展，为地区稳定作贡献。赞同联合国到世界热点地区维持和平。1992年2月6日承认了斯洛文尼亚、克罗地亚、马其顿和波黑的独立。支持联合国安理会和伦敦会议有关波黑问题的决议，谴责塞尔维亚对波黑的军事行动，支持并执行对南斯拉夫的制裁，要求国际社会对塞尔维亚进行有限军事干预，在波黑建立禁飞区，解除对波黑的武器禁运。强调纳卡地区是阿塞拜疆领土的一部分，要求亚美尼亚放弃对纳卡地区的扩张。呼吁阿亚两国通过和谈解决纠纷。欢迎阿富汗临时政府接管政权，希阿建立具有广泛代表性的政府，呼吁阿各派力量相互合作，尽快实现和平。支持召开中东问题国际和会，参加和会水资源等多边工作小组会议。支持巴勒斯坦人民包括建国在内的合法权利，要求以色列从1967年以来所占领的阿拉伯领土上撤走，同时主张确保以色列在安全边界内的生存权利。

【同我国的关系】1971年8月4日同我国建交。80年代两国交往增多，关系发展。1982年12月和1985年7月，土总统和总理分别访华。我国国家主席和总理分别于1984年3月和1986年7月访土。

1992年中土交往较多。4月福建省委书记陈光毅率中国共产党代表团访土。6月海军司令张连忠访土。8月土国务部长杰伊洪访华。9月土文化部长萨拉尔访华。10月土卫生部长阿克图纳访华。11月国务委员兼国防部长秦基伟访土；土上诉法院院长奥贾克丘奥卢访华。12月土武装部队第二总长屈佩利上将访华。1992年，两国先后签署了司法协助协定、卫生合作协定和海运协定。1992年，中土贸易总额为17744万美元，其中中国出口额为6889万美元。

中国驻土耳其大使：胡昌林。馆址：GÖLGELİSOK. NO. 34，GAZİOSMANPAŞA，ANKARA。电话：4360628。电传：44532 CHAM TR。商务处电话：4377107。电传：46387 CHCM TR。

土耳其驻华大使：雷夏特·阿勒姆(Reşat Arim)。馆址：三里屯东5街9号。电话：5322650。电传：210690 TUPEK CN。商务处电话：5323846。电传：210168 PETİC CN。

1986年台湾在伊斯坦布尔设立"远东贸易服务中心办事处"。1989年台湾在安卡拉设立"台北经济文化协会办事处"。1991年土台贸易额2.69亿美元。

【同美国的关系】土极为重视与美国的关系，海湾战争和苏联解体后，两国协调与合作进一步密切。1992年2月，德米雷尔总理访美，双方同意扩大伙伴关系。4月厄扎尔总统对美进行私人访问。克林顿当选美国总统后表示，美对土政策不会改变。美大力帮助土军实现现代化，每年约向土提供5亿美元军援。

【同独联体国家的关系】土重视同俄、乌等独联体国家的睦邻合作关系。1992年，土总理、议长和外长分别访俄，俄外长访土，两国签订友好合作协定。同年，乌克兰总统克拉夫丘克访土，土外长和议长先后访乌，两国签订友好合作协定。土同哈萨克斯坦、乌兹别克斯坦、土库曼斯坦、吉尔吉斯斯坦和阿塞拜疆都是突厥语国家。独联体成立后，土把发展同上述国家的关系置于外交优先地位。至1992年1月，上述5国总统都分别访土。2月，切廷外长出访5国，探讨土向这些国家提供援助和双边合作事宜。4月德米雷尔总理出访5国，宣布土向5国提供总额超过10亿美元的贷款援助及1万名来土留学奖学金名额，同5国分别签署了有关经贸合作等一系列协定。10月底，土邀5国总统聚会，发表“安卡拉宣言”，表示将发展各国在经贸、文教等方面的合作。

【同黑海地区国家的关系】1992年6月25日，由土邀请和组织，俄罗斯、乌克兰、摩尔多瓦、亚美尼亚、格鲁吉亚、阿塞拜疆、罗马尼亚、保加利亚、阿尔巴尼亚总统和土耳其、希腊总理在伊斯坦布尔举行首脑会议，签署了《黑海经济合作宣言》，黑海经济合作区从此成立。

【同经济合作组织的关系】1992年2月，厄扎尔总统赴德黑兰出席土耳其、伊朗、巴基斯坦3国经济合作组织首脑会议，决定接纳独联体中亚诸国为该组织新成员。11月，切廷外长赴伊斯兰堡出席该组织外长特别会议，正式接纳阿富汗、阿塞拜疆和中亚5国为该组织成员国。

【同希腊的关系】1992年，土希关系继续有所改善。2月，两国总理在瑞士达沃斯会晤，商定恢复两国对话进程。6月，希腊总理米佐塔基斯对土进行私人访问，两国领导人同意加快两国睦邻友好合作条约的准备工作。

【同欧共体的关系】土重视加强同西欧的关系，努力成为欧共体完全成员国。1992年11月，欧共体12国外长和土外长举行双方合作部长理事会会议，欧共体表示将进一步密切同土关系。7月，西欧联盟接纳土为其联系成员国。1992年4月，法国总统密特朗访土，两国关系得到加强。1992年上半年，土与德国关系一度出现波折，7月德外长金克尔访土，两国关系修复。

【同阿拉伯和伊斯兰国家的关系】土重视同阿拉伯和伊斯兰国家发展关系。1992年6月和9月，土在伊斯坦布尔分别举办了伊斯兰会议组织特别外长会议和该组织经贸合作会议。同年，土加强了与伊朗和叙利亚在治安等方面的联系，11月，3国外长在土举行会议，强调保持伊拉克领土完整的重要性。对伊拉克，土要求伊政府执行安理会有关决议，伊在此基础上回到国际社会；10月伊议长访土。1992年，土与埃及总统进行了互访。

（文　果）

土库曼斯坦

国名　土库曼斯坦（Turkmenistan，Туркменистан）。

面积　48.81万平方公里。

人口　380.9万（1991年），其中土库曼族占72%，俄罗斯族占10%，乌兹别克族占9%，此外还有哈萨克族，鞑靼族，亚美尼亚族及其他民族。官方语言为土库曼语（属突厥语系），俄语为第二通用语。土库曼族信仰伊斯兰教（逊尼派）。

首都　阿什哈巴德（Ashgabat Ашгабат），人口45万（1992年）。

国家元首　总统萨帕尔穆拉特·尼亚佐夫（Сапармурат Ниязов），1990年10月27日当选，1992年6月21日连任。

自然地理

内陆国家，位于中亚西南部，北部与东部同哈萨克斯坦、乌兹别克斯坦接壤，西濒里海，南邻伊朗，东南与阿富汗交界。东西跨度1100公里，南北距离650公里，全境大部是低平原（地处图兰低地南部），由东南向西北倾斜，中部为占全国领土总面积80%的卡拉库姆大沙漠（面积居世界第四位）。南部和西南部是科彼特达格和巴洛帕美斯山脉和山麓。主要河流有阿姆河、捷詹河、穆尔加布河及阿特列克河等。河流主要分布在东部。50年代开始建设的卡拉库姆运河总长1450公里，灌溉面积50万公顷，是世界上最大的灌溉及通航运河之一。属强烈大陆性气候。1月平均气温－7.5℃。7月平均气温28℃（阿什哈巴德市为38℃）。年降水量60～150毫米，在山麓和山谷地带200～300毫米。

历　史

公元前1000年，土库曼境内出现阶级社会。公元前6～4世纪土库曼曾被波斯人、马其顿人统治。公元5～8世纪遭哌哒人、突厥人、阿拉伯人入侵。9～10世纪属塔希列王朝和萨曼王朝。11～13世纪并入塞尔柱王朝和花拉子模帝国。13世纪被蒙古鞑靼人征服。15世纪基本形成土库曼民族。16～17世纪加入希瓦汗国和布哈拉汗国。19世纪60年代末和80年代中，部分领土并入俄国。土库曼人民参加了1917年的二月革命和十月社会主义革命，1917年11月至12月建立了苏维埃政权。1924年10月27日成立土库曼苏维埃社会主义共和国，加入苏联。1990年8月22日，土库曼最高苏维埃通过主权宣言。1991年10月27日根据全民投票的结果，土库曼最高苏维埃通过共和国独立法，宣布成立独立主权国家，并将国名改为“土库曼斯坦”，同年12月21日加入独立国家联合体。

政　治

目前土政权实际上仍掌握在原共产党人手中，所有制仍以公有制为主（85%的土地公有）。但强调土建设的既不是社会主义、共产主义，也不是资本主义，而是民主、法制的世俗国家。土实行总统制，现总统萨·尼亚佐夫为土首任总统，1990年10月27日经全民投票当选。1992年6月21日在新宪法基础上通过全民选举，尼亚佐夫再次当选为总统。独立一年多来，土国内政局相对稳定，改革的步子较稳，各民族和睦相处，社会较安定。正在探索适合本国国情的发展道路。决定从现在起的十年为过渡时期，总任务是政治上稳定十年，实现由计划经济向市场经济的过渡，加强国家统一和民族团结。提倡宗教信仰自由，主张政教分立。对外实行积极中立政策。

【宪法】1992年5月18日通过土库曼斯坦第一部宪法。宪法规定土是一个“民主、法制和非宗教的国家”，18岁以上的公民有选举权，25岁以上的公民可被选为人民委员会和国民议会代表，为决定国家和社会生活中最重大的问题可举行全民公决，举行全民公决的权力属人民委员会。公民有权组织政党和其他社会团体，但需要在宪法和法律的范围内开展活动。禁止组织旨在改变宪法体制，使用暴力及带有民族或宗教色彩的政党。

【议会】宪法规定土库曼斯坦人民委员会为土人民政权的最高代表机构，由总统领导，一年至少召开一次，其成员有总统、议会代表、最高法院院长、最高检察长、内阁成员、各州、区、市的行政负责人。人民委员会代表由选举产生，任期五年。其主要职能是审议和通过重大问题的决定，如修改和补充宪法，举行全民公决，制定国家经济、社会、政治发展方向的建议，决定改变国家边界，批准或废除同外国签订的条约，宣布战争和和平状态等。

国民议会是国家最高立法机关。负责通过和修改宪法与法律，对其进行解释，确定总统、议会的选举，通过内阁活动纲领，确定国家预算，检查其执行情况等。议会由50名成员组成，议员按行政区选举产生。议长萨·穆拉多夫(С. Мурадов)。

【政府】内阁是国家权力最高执行和管理机构。本届内阁成立于1992年6月，现任总统尼亚佐夫为政府内阁主席，内阁会议由总统主持召开。有13名内阁副主席(副总理)，其中5名为州长。8名内阁副主席分管24个部委，其分工为：奥·阿伊道格德耶夫(О. Айдогдыев)分管文化、新闻、教育、卫生，焦·巴巴库利耶夫(Дж. Бабакулиев)分管农业、农工，巴·阿·巴扎罗夫(Б. А. Базаров)分管科学、高教，亚·奥韦佐夫(Я. Овезов)分管建筑、交通、投资，瓦·格. 奥特契尔措夫(В. Г. Отчерцов)分管经济、财政，马·拉扎波夫(М. Ражапов)分管计划、改革，列·萨巴罗夫(Р. Сапаров)分管轻工，纳·托·苏龙诺夫(Н. Т. Суюнов)分管地质、石油、天然气、化工；5名州长内阁副主席为：阿什哈巴德州州长焦·阿曼萨哈托夫(Дж. Амансахатов)，塔沙乌兹州州长莫塔耶夫(С. Мотаев)，查尔朱州州长奥杰耶夫(П. Одеев)，马雷州州长奥拉佐夫(К. М. Оразов)，克拉斯诺沃茨克州州长普哈诺夫(Р. Пуханов)，外交部长哈·阿塔耶夫(Халыкбоерды Атаев)(1992年8月被任命)，内务部长恰雷亚罗夫(С. Чарыяров)，卫生部长阿塔耶娃(女，А. Т. Атаева)，商业部长阿加哈诺夫(Х. Агаханов)，文化和旅游部长努尔穆哈梅多夫(Г. К. Нурмухамедов)，农业和粮食部长梅列多夫(П. Мередов)，消费品部长阿塔耶夫(А. Атаев)，建设部长奥拉兹穆哈梅多夫(Н. Оразмухамедов)，国家供应委员会主席哈纳莫夫(Ханамов)，消费协会主席希黑耶夫(И. Шыхыев)。

【行政区划】分为5个州(阿什哈巴德州、塔沙乌兹州、查尔朱州、马雷州、克拉斯诺沃茨克州)，41个区，16个市，74个镇，276个村。

【司法机构】最高法院为土最高司法机关，根据宪法审理民事和刑事案件。

【政党】土库曼民主党。1991年11月19日土库曼共产党举行中央全会，通过了关于党的根本改革以及改革党的目标与任务的决议，决定在共产党基础上建立土库曼民主党。12月16日该党举行第25次代表大会，决定解散和改名。大会选举土总统、原土共第一书记尼亚佐夫为土库曼民主党主席。实际上民主党为执政党，地位较稳固，在国家最高立法和代表机构的议会和人民委员会中分别有80%和76%的成员为民主党党员。90%以上的部门领导人兼任党委书记。现有党员5.3万人，其中工人占14%，农民占16%，知识分子占45%，其他占25%。党员来自48个民族。政治委员会(中央委员会)第一书记为穆萨耶夫(О. Мусаев)。目前，国内尚无别的政治组织和派别与民主党相匹敌。

【团体】(1)土库曼全国总工会：在原工会基础上建立，下设州、市、各企业工会基层组织，共有会员140万。主席里扎耶娃(А. С. Ризаева)。

(2)土库曼斯坦青年联盟：是在原土共青团的基础上组建的，支持土总统和政府的改革，现有成员40万人。中央委员会主席团由9人组成。每年召开一次中央全会，每三年召开一次代表大会。下属企业24个。愿与我全国青联建立联系，就青年教育、干部培养、组织旅游等问题交流经验。主席杜尔德耶夫(Дурдыев)。还有世界土库曼人人文协会主席萨·尼亚佐夫总统。土库曼穆斯林协会主席纳斯鲁拉赫(А. Насруллах)等。

【重要人物】萨帕尔穆拉特·尼亚佐夫：总统。1940年生于阿什哈巴德。土库曼族。动力工程师。1959年任土库曼地区地质勘探系统职工工会委员会指导员。1967年毕业于列宁格勒工学院。曾在土库曼别兹梅茵国营地区发电站当车间班长、工长。1970～1985年从事党和苏维埃重要工作。1985年被任命为土库曼部长会议主席。同年12月当选为土库曼共产党中央委员会第一书记。1990年1月13日当选为土库曼最高苏维埃主席。同年10月27日当选为土库曼斯坦第一任总统。尼亚佐夫还是世界土库曼人人文协会主席和土库曼斯坦民主党主席。1992年6月21日再次当选为土库曼斯坦总统。同时，尼还是政府首脑。已婚，有两个孩子，爱好诗歌、哲学、历史和音乐。1992年11月19～23日率高级代表团对我国进行了正式访问。　**萨哈特·涅佩索维奇·穆拉多夫**：国民议会议长。1932年生于职员家庭。1952年任土库曼加里宁农学院共青团委书记、工会主席并同时在该学院学习。1956年毕业后任水利工程师。1960年研究生毕业，获技术科学副博士。先后任土库曼斯坦科学院抗震建筑研究所副研究员、水利工程技术科研所主任，学术活动协调委员会副主席。1965年在土库曼共产党中央任科学和学校部副部长、部长等职。1970年起任国立土库曼大学校长。1979年任土高等和中等专业教育部部长。1985年起任工学院院长。1990年当选为土最高苏维埃第一副主席，同年11月当选为最高苏维埃主席。1992年5月当选为土库曼斯坦议长。著有3部学术著作和50多篇论文，是土壤改良和灌溉农作学方面的专家，曾获两枚劳动红旗勋章，并获“土库曼斯坦高等学校功勋工作者”荣誉称号。已婚，有三个孩子。

经　济

土经济结构单一。长期以来一直是前苏联的原料供应地，以种植业和畜牧业为主，工业基础较薄弱。苏联解体后，原有经济联系中断，土经济遭破坏，生产下降，国民生产总值1992年头8个月比上年同期下降11%。工业生产1992年比1991年下降16.7%。土对独联体其他国家经济上依附性较大，土所需商品70%从独联体进口。目前正进行经济体制改革，逐步向市场经济过渡，但不搞全面私有化。实行多种成分所有制，强调各种所有制一律平等，注意实行社会保障。为实现十年过渡到世界发达国家水平，加快改革开放步伐，加速发展食品加工综合体，积极发展对外经济联系，在租赁基础上大量吸引外资，开发能源、矿业资源。已制定对外经济活动法规，通过“外国投资法”等。投资法规定在土的外国投资不得被收归国有和征用。1992年12月决定建立自由企业活动经济区，划出七块地区为自由企业活动经济区，实行优惠税收，简化海关手续，规定本国和外国的法人和自然人均可开办各种形式的企业，1996年前免交土地租金，减收水、电、天然气费用，前三年不纳利润税，还允许开办银行、保险等方面的合资企业和外国独资企业。

国民收入(1991年，当年价格)：137亿卢布。

人均国民收入(1991年)：3600卢布。

货币名称：卢布。

汇率(1992年)：1美元＝400～500卢布。

通货膨胀率(1992年)：1183%。

失业率(1992年)：15%。

【资源】天然气和石油资源丰富，储量分别为13万亿立方米和2.13亿吨。此外还有硫磺、芒硝、钾盐、碘、溴、有色及稀有金属等，天然海盐储量居世界第一，是前苏联重要化工原料基地。

【工业】工业产值为150亿卢布(1991年，当年价格)，其中燃料、能源占27.5%，机器制造业占5.1%，化工5.4%，建材5.8%，轻工业41%，农工综合体14.4%。较突出的工业部门是石油和天然气开采、化工和制毯业。还有机器制造、电力、轻工、食品等。加工工业十分落后。加工能力只占其产量的3～8%。1991年产天然气840亿立方米(出口760亿立方米)，是仅次于俄罗斯和美国的世界第三大天然气出口国，每年还生产540万吨石油，发电149亿度。化学工业以开采天然化工原料为主。年产硫磺65万吨，碘45万吨，碘化钾41万吨，溴7200吨，硫酸钠27万吨，碘、溴、硫酸钠产量分别占前苏联产量的24%、28%、40%。此外还生产9000吨工业用碳、2.25万吨泻利盐、65万吨食盐、13.5万吨磷肥、11.2万吨氮肥、2.3万吨天青石、78.8万吨硫酸、2.2万吨氨、9.91万吨硫酸铝、2530吨聚乙稀薄膜、1.59万吨人造洗涤剂。

机器制造业年产1200台冷却塔电风扇，1100台离心石油泵。

轻工业年产45万吨皮棉，280万平方米棉布，740万平方米丝绸，290万平方米毛料，410万双鞋，1050万件针织品。

制毯业是土传统工艺品，公元前数千年就已驰名，以独特的图案装饰著称，其图案已成为新独立的土库曼斯坦国旗和国徽的组成部分。年产138万平方米的地毯(其中用传统工艺生产的4.6万平方米)，远销50多个国家。

【农业】1991年农业总产值26亿卢布(当年价格)，种植业在农业产值中占70%以上。全国可耕地面积3900万公顷，农田1700万公顷，其中高产田450万公顷，水浇地130万公顷。对农业实行新政策，实行土地多种所有制形式和经营方式，对农业采取扶持政策，大幅度提高农产品价格，建立土地转让机构。农作物种植比例：棉花占50%、饲料占27%、粮食占15%、蔬菜及瓜类占6.7%。以生产细纤维棉花为主。葡萄种植和养蚕业较发达。年产150万吨籽棉(其中1/4为细纤维棉花)，约占前苏联棉产量的28%，但只有3%的棉花在土加工。年产47万吨粮食，40万吨蔬菜，30万吨瓜类，16万吨葡萄。

【畜牧业】以饲养卡拉库尔绵羊为主，年产卡拉库尔羊羔皮86万张，占前苏联羊羔皮产量的20%，羊毛1.6万吨。还盛产良种马。阿哈尔捷金马产于科彼特达格山脉和卡拉库姆沙漠之间的绿洲，公元前4～3世纪开始出名。在1960年第17届罗马奥运会上阿哈尔捷金马曾获金牌，在之后的几届奥运会也都获奖。土人民以此种良马为骄傲，马的图案已成了土国徽的组成部分。

【交通运输】运输系统包括铁路、公路、海运、航空。全年各类运输周转额为2.866亿吨。

铁路：总长2120公里；主要干线克拉斯诺沃茨克—查尔朱—昆格勒，联结土与欧洲国家；马雷—布哈拉—克尔基奇—铁尔梅兹，通往阿富汗；已开始建设的捷詹—萨拉格斯—马什哈德铁路，同伊朗和中近东的铁路网相连。

公路：总长13602公里，主要干线为克拉斯诺沃茨克—阿什哈巴德—查尔朱，贯穿土全境，将该国西部和东部联成一体。

水运：克拉斯诺沃茨克海港是里海东岸最大港口，

连接土与地中海和波罗的海各港口。内河航运1300公里。

空运：由土库曼斯坦航空公司经营，同前苏联各加盟共和国首都和大城市有定期航班。1992年开辟了由阿什哈巴德至伊斯坦布尔、德黑兰的国外航线，阿什哈巴德国际机场完工后，该市将是从伦敦至曼谷的最短中间站。

石油管道约650公里，天然气管道约1320公里。

【财政金融】独立一年来，因传统经济关系遭破坏，生产下降，财政收入减少。1992年在俄罗斯等国放开物价的压力下，土被迫于1月10日放开物价，与此同时总统发布命令，由国家控制最低工资限度，禁止物价上涨超过工资上涨的速度。

银行系统分两级，国家银行为一级，商业银行为二级。1992年9月土加入了国际货币基金组织和世界银行。

外汇储备大约1.5亿美元。财政赤字300亿卢布。

【对外贸易】土拥有巨大出口潜力，1991年外贸总额134亿卢布。年出口皮棉6万吨，石油制品22万吨，硫磺2万吨，手工制地毯2.5万平米，甘草1300吨，卡拉库尔羊羔皮2万张。

土通过俄罗斯向欧洲出口天然气，1992年出口天然气760亿立方米，电70亿度。

土所需粮食近1/2，肉1/3，奶1/2靠进口。每年进口粮食100万吨。

【外国援助】巴基斯坦向土提供1000万美元贷款；土耳其向土贷款7500万美元，向2000名土留学生提供赴土耳其学习的奖学金；伊朗提供5000万美元贷款；法国一银行拟给土5亿美元贷款；英伦敦国际商业银行向土贷款8200万美元；中国向土提供3000万人民币商品贷款。

1992年7月土发生肠道传染病，我红十字会向土政府援助10万元人民币药品。美国通过红十字会向土提供6000万吨食品的人道主义援助，印度向土提供1000万卢比（合300多万美元）的药品。

人民生活

由于原有经济联系遭破坏，工业结构调整尚未进入正轨，生产急剧下降，加之年初放开物价，造成通货膨胀，人民生活日益贫困化。但土政府在推行改革时重视社会保障和居民福利，在被迫放开物价后，执行对主要食品、药品价格由国家调控的政策，对大米、面粉、黄油等基本食品国家给予物价补贴（1992年国家此项开支达250亿卢布），对低收入居民和学生给予补助，并不断提高职工工资。总统发布命令从1993年1月起居民可在一定数量内免费使用水、电和煤气等。养老金法规定国民有权获得国家养老金、残废抚恤金及抚养补助金。

人均住房面积：城市11.2平方米，农村10.4平方米，每千人拥有3.55个医生，9.96个中等医务人员，11张病床。

年平均工资为15300卢布（1992年）。

军　事

已成立自己的国防部，负责统辖内务部队、卫戍部队、民防和国民卫队。1992年1月6日土总统尼亚佐夫宣布目前驻扎在土库曼斯坦的所有军队都应受土总统指挥。前苏联在土库曼部署有4个作战师，防空军4个团，总兵力10.8万人，作战飞机205架。

1992年12月14日土库曼斯坦人民委员会第二次会议作出重要决定，授于总统尼亚佐夫土武装力量最高统帅大将军衔。

文化教育

【教育】1989年每千名15岁以上居民中，受过高等和中等教育的864人。其中受过高等教育的83人，每万名居民中高等学校和中等专业学校毕业的专业人才分别为19人和30人。土库曼斯坦有10所高等院校（其中9所在首都阿什哈巴德），在校学生4万多人。中小学1764所，在校学生85万；其中专科学校41所，中等专业技术学校90所（3.9万学生）。有1400所学校用土库曼语讲课，其他的364所学校用俄语、乌兹别克语、哈萨克语讲课。在乌兹别克斯坦和塔吉克斯坦的土库曼学校里分别有2.5万和5千学生根据土库曼专家制定的教学大纲进行教学。

【科研】土库曼斯坦科学院（1951年建立）。共有科学教育工作者5900人，其中2700人获得学术职称。研究所19个。科学院设院长，三名副院长，一名秘书长。院长巴巴耶夫。科学院有三个分院（数学、物理、化学科学分院、生物科学分院和社会科学分院）；有16名院士，25名通讯院士，博士100人左右，副博士600人。

1991年由12个科研单位联合组成农业科学院，重点研究农产品加工问题。1992年成立医学科学院。

【新闻出版】1989年共出版661种书籍和小册子，总发行量810万份，每千人拥有的书籍和小册子2257份。

主要报刊为：《土库曼斯坦火星报》，土部长会议和议会机关报。《政治谈话人》，土库曼民主党机关刊物，创刊于1991年12月。以及《阿什哈巴德晚报》。

主要通讯社：土库曼斯坦国家通讯社。

对外关系

实行积极中立的对外政策，坚持和平共处原则，主张和平解决争端，在相互尊重，互不干涉内政的基础上与世界各国发展友好合作关系。推行多方位外交，以巩固自身独立并为其发展创造较好的国际环境。已加入了联合国、欧安会、国际货币基金组织、国际开发银行、经济合作组织（ECO）及其他国际组织，但不参加任何政治、军事集团。土重视同周边国家的关系，实行开放政策，相继与俄罗斯、伊朗、土耳其等国签署了双边友好合作条约，土总统先后出访了伊朗、土耳其、印度、沙特和中国。目前，已有近百个国家承认了土库曼斯坦。土与50多个国家建立了外交关系。

【同我国的关系】1991年12月27日，国务委员兼外交部长钱其琛电贺土库曼斯坦独立，并宣布承认土政府。1992年1月6日，中土建立外交关系。一年来两国关系在和平共处五项原则的基础上得到顺利发展。土重视对华关系，赞赏我改革成就和内外政策。1992年11月19～23日，土库曼斯坦总统尼亚佐夫率高级代表团正式访华。江泽民总书记、杨尚昆主席、李鹏总理分别同尼亚佐夫总统进行了会晤和会谈。杨尚昆主席和尼亚佐夫总统签署了中土联合公报。双方还签署了领事条约、互免公务旅行和团体旅游签证协定、中国政府向土库曼斯坦政府提供三千万人民币商品贷款协定、两国投资保护协定、卫生合作协定、文化合作协定、民航协定备忘录等八个文件。

1992年中土两国开始了直接的经贸往来，我国有20个团组赴土访问考察。主要有中国银行代表团（3月）、中国机械设备进出口总公司（3月）、上海经贸代表团（4月）、新疆政府代表团（7月）、中国石油天然气总公司考察组（12月）。此外土建设部两位副部长访问我甘肃兰州（7月）、土部长级代表团参加我新疆举办的乌鲁木齐贸易洽谈会（9月）。

据中国海关总署统计，1992年中、土进出口商品总额为450万美元，其中，中方出口额409万美元，进口额为41万美元。

其他方面的交往有：

4月下旬，甘肃省兰州市市长等六人代表团访土签署了兰州与阿什哈巴德结为友好城市的协议。

8月下旬应土库曼斯坦对外友协的邀请，以陈昊苏副会长为团长的中国人民对外友好协会代表团访土，阿什哈巴德市与我代表团进行了会晤。代表团与土对外友协就双方的交往与合作交换了意见，并签定了合作计划。

9月下旬，应土库曼斯坦文化旅游部的邀请，以刘昌杰副省长为团长的四川省政府代表团赴土主持了“中国四川节”开幕式，并对土进行了友好访问。在举办“四川节”期间，组织了资阳杂技演出、四川轻工业品展览、广汉烹饪表演、四川电影节、少儿美术展，并进行了经贸洽谈和新闻采访活动。

10月我广播电影电视部代表团赴土举办了中国电影周。

10月下旬以中华全国总工会副主席王厚德为首的中国工会代表团访问了土库曼斯坦并签署了友好合作协议。

中国驻土库曼斯坦大使：程振声。尚未建馆，目前暂住“Президентский Совет”，г. Ашгабат，ул. Ногина，д. 11（阿什哈巴德市，诺金街11号，总统苏维埃饭店）。电话：3632-46-88-33；传真：3632-46-88-33。

【同独联体的关系】由于历史原因，土库曼与前苏联各加盟共和国之间存在着千丝万缕的联系，特别是经济联系。土是独联体成员国，对独联体有继续依赖的一面，但土对独联体不热心，反对成立凌驾于各成员国之上对各国发号施令的中央集权式的协调机构，认为独联体的决议只是建设性的。土几次未参加独联体的“集体活动”，也不赞成建立独联体集体安全体系，主张在平等互利基础上发展与独联体各国间的双边友好关系。

10月，土与乌克兰签定了友好合作条约，双方就天然气价格达成协议，土恢复向乌克兰提供天然气。

【同俄罗斯的关系】1992年3月建交。土在政治、经济、军事上对俄罗斯依赖性大，土无力靠本国军队保卫边界，又处于统一的卢布区内，因此与俄保持特殊友好关系。与俄的贸易额占土对外贸易的70%，土天然气主要通过俄的输气管出口，其工业设备、汽车等全部由俄制造。因此，土把同俄的关系放在其对外政策的首位。

1992年6月8日，俄罗斯国防部长格拉乔夫访土，与土政府签定了军事合作议定书，决定在前苏联驻军的基础上建立由土、俄联合指挥的民族军。7月下旬，俄罗斯副总理绍辛访土，俄土双方签署了13个文件，以加强两国在经济、军事、外交等方面的合作关系。7月31日，尼亚佐夫总统和叶利钦总统签署土俄友好合作条约及在政治、经济、外交、军事等领域合作的协议。8月27日，土与俄签署了与俄共同守卫国境线的合作条约。

对前苏联财产的分割，土既不要前苏联的财产，也不承担前苏联的债务。

【同中亚其他国家的关系】土与中亚其他国家的关系密切。主张与中亚各国在互利基础上建立“新型关系”。1991年12月在土首都阿什哈巴德召开中亚国家首脑会议，签署了土库曼斯坦、乌兹别克斯坦、塔吉克斯坦、吉尔吉斯斯坦四国友好合作条约及经济合作协议。1992年4月22～23日，土总统参加了在吉首都比什凯克举行的中亚五国首脑会议，讨论地区经济合作问题。5月上旬，在土首都又召开了中西亚七国首脑会议，发表联合声明，签署了经济合作协议，再次强调加强地区经济合作的重要性。

土与乌兹别克斯坦有两千多公里的共同边界，两国签署了为期十年的友好条约。

【同伊朗的关系】1992年建交。土、伊有1700公里的共同边界。土独立一年多以来，尼亚佐夫总统三次访问伊朗。1992年2月中旬，在伊首都德黑兰举行的经合组织（由伊朗、土耳其、巴基斯坦创建于1985年）首脑会议上土被接纳为正式成员。土还参加了由伊朗倡导的黑海经济合作区。伊朗在土首都开设了驻前苏联中亚地区的第一个使馆。4月中旬，伊朗石油部长访土，签署了关于土天然气经伊朗输往土耳其及欧洲的协议。输气管道由伊负责铺设和管理，第一期工程耗资25亿美元。5月上旬，伊朗总统拉夫桑贾尼访土，同尼亚佐夫总统举行了会谈，双方签署了友好合作条约，伊向土提供5000万美元贷款。作为内陆国家。土迫切需要伊朗、土耳其及巴基斯坦为其提供出海口。

【同土耳其的关系】1992年建交。土库曼系原奥斯曼帝国的一部分，与土耳其在语言、文化、宗教等方面有较大的共同点。土独立后，1992年尼亚佐夫总统和土外长均访过土耳其，对土政教分离、议会民主、市场经济模式较感兴趣，但不照搬土耳其模式。5月上旬，土耳其总理德米雷尔率庞大代表团访问土库曼斯坦，同尼亚佐夫总统举行了会谈，双方签署了友好合作条约以及开辟航线、建立合资银行、投资保护等协议。土耳其向土库曼斯坦提供7500万美元贷款，为两千名学生提供赴土耳其学习的奖学金，同时为土进行干部培训。土农业粮食部与土耳其格鲁波公司签订了在土库曼斯坦马雷州建三家棉纺厂的合作协议。

【同巴基斯坦的关系】1992年建交。5月10日，巴基斯坦总理谢里夫访土，双方签定合作协议，向土提供1000万美元贷款，巴还向土捐赠5000吨大米，并紧急空运了药品。巴表示要购买土的天然气，建议修建一条经阿富汗到巴基斯坦的输油管道。

【同西方国家的关系】土为寻求外援，也重视发展同西方国家的关系。1991年6月尼亚佐夫总统访问了意大利。1992年2月中旬，美国国务卿访土，与土总统尼亚佐夫举行了会谈，贝克对土与周边国家的关系表示关注。同年，美向土提供6000吨食品的人道主义援助。

土与英国伦敦国际商业银行签定合同，该行向土贷款8200万美元，年息4.5%，5年还清。　（殷松龄）

文　莱

国名　文莱达鲁萨兰国(Brunei Darussalam)。

面积　5765平方公里。

人口　260863人(1991年统计)。马来人占65.2%，华人占20.4%，其他土著占7.9%，印度人占3.1%。马来语为国语，通用英语和华语。伊斯兰教为国教，其他还有佛教、基督教、拜物教等。

首都　斯里巴加湾市(Bandar Seri Begawan)，人口约4.7万(1991年统计)。

国家元首　苏丹·哈吉·哈桑纳尔·博尔基亚·穆伊扎丁·瓦达乌拉(Sultan Haji Hassanal Bolkiah Mu'izzaddin Waddaulah)，1967年10月5日即位。

简　况

位于婆罗州西北沿海地带，三面与马来西亚的沙捞越州接境，并被分隔为不相连的两部分，北面濒南中国海，海岸线长约161公里。属热带雨林气候，终年炎热多雨。年平均气温28℃。古称渤泥。15世纪伊斯兰教传入，建立苏丹国。16世纪初达到极盛时期。16世纪中期起，葡萄牙、西班牙、荷兰、英国等相继侵入。1888年沦为英国的保护国。1941年被日本占领。1946年英国恢复对它的控制。1959年与英国签订协定，规定国防、治安和外交事务由英国管理。1971年同英国重新签约，规定除国防和外交事务外，苏丹恢复行使全部内部主权。1984年1月1日文莱宣布完全独立。

政　治

独立时宣称文莱永远是一个主权、民主和独立的马来穆斯林君主国。独立以来，苏丹政府大力推行"马来化、伊斯兰教化和君主制"政策，重点扶持马来族等土著人的经济，进行现代化建设的同时严格保持伊斯兰原则，注意巩固王室统治，加强王室和人民之间的团结。同时对穆斯林极端分子的活动严加控制。

【宪法】1959年9月29日颁布第一部宪法。1971年和1984年曾进行重要修改。宪法规定苏丹为国家元首，拥有全部行政权。设宗教、枢密、内阁、立法和世袭等5个委员会(独立后立法委员会被停止，内阁委员会改为内阁政府)，协助苏丹理政。

【议会】原立法议会由33人组成，其中16人由民选产生。1962年和1965年曾进行立法议会选举，但1970年被停止。此后，全部立法议员由苏丹任命。1984年宣布取消议会。

【政府】本届政府于1988年12月1日由文莱苏丹宣布组成，共有12名内阁成员，主要有：首相兼国防大臣苏丹·哈桑纳尔·博尔基亚；外交大臣穆罕默德·博尔基亚亲王(Mohamed Bolkiah)，财政大臣杰佛瑞·博尔基亚亲王(Jefri Bolkiah)，首相署苏丹特别顾问兼内政大臣佩欣·达图·哈吉·伊萨(Pehin Dato Haji Isa)，工业和初级资源大臣佩欣·达图·哈吉·阿卜杜勒·拉赫曼(Pehin Dato Haji Abdul Rahman)。

【司法机构】最高法院由上诉法院和高级法院组成，此外还有伊斯兰教法院。首席法官丹尼斯·罗伯茨爵士，宗教法院首席法官为佩欣·达图·阿卜杜勒·哈密德(Pehin Dato Abdul Hamid)，总检察长由司法事务大臣佩义兰·巴林(Pengiran Bahrin)兼任。

【政党】1985年5月30日苏丹宣布允许政党注册，随后出现了文莱国家民主党和文莱国家团结党。现仅存文莱国家团结党。

文莱国家团结党(Brunei United National Party)：1986年2月从国家民主党分裂而成，自称是多元民族政党，同政府联系较密切，很少活动。秘书长阿旺·哈达·扎纳尔·阿比丁(Awang Hatta Haji Zainal Abiddin)。

【重要人物】苏丹·哈吉·哈桑纳尔·博尔基亚：苏丹、国家元首、首相兼国防大臣。1946年7月15日生于斯里巴加湾市。幼年在国内受宫廷教育，1959年到吉隆坡维多利亚学院(中学)就读。1961年被封为王储。1966年在英国皇家圣赫斯特军事学院受训，获上尉军衔。1967年10月5日在其父退位后继任第29世苏丹，翌年8月1日加冕。1984年独立时任首相兼财政大臣和内政大臣。1986年10月改兼任国防大臣。兴趣广泛，爱好马球、游泳、高尔夫球、网球等运动，喜欢驾驶飞机和收集赛车。有三子六女。　**穆罕默德·博尔基亚亲王**：外交大臣。1947年8月27日生于斯里巴加湾市，现苏丹的大弟弟。1960年赴吉隆坡维多利亚学院学习，1964年返文莱，在苏丹·奥玛尔·阿里·赛福鼎学院就读。1965～1967年在英国圣赫斯特陆军军官学校受训。1971年在伦敦加入爱尔兰卫队，后到英国国防部工作。自1984年起一直担任外交大臣职务。苏丹不在国内期间任代理苏丹。爱好马球、羽毛球、板球和漫步等运动。有三子三女。

经　济

石油和天然气是经济支柱。1990年石油和天然气产值占国内生产总值的46%，政府非石油部门占30%，私人非石油部门占24%。独立以来大力推行经济多样化政策，力图改变过分依赖石油和天然气的单一经济结构。1991年开始的第六个五年发展计划预算为55亿文元，其中30%用于包括教育、卫生等社会福利，20%用于基础设施建设，贸易和工业方面投资占10%。该计划仍以建立产业多样化为主要目标，旨在保持油、气工业发展的同时，加强人力资源的开发和工业的发展，鼓励私人企业的发展。经济发展中存在的主要问题是国内市场狭小、缺乏技术劳动力等。

国内生产总值(1990年)：75.2亿文莱元。

国内生产总值增长率(1990年)：5%。

人均国内生产总值(1990年)：30154文莱元。

货币名称：文莱元；1文莱元＝100分。

汇率(1991年10月)：1美元＝1.62文莱元。

通货膨胀率(1991年)：2.5%。

【资源】1992年估计石油蕴藏量为14亿桶，天然气约3200亿立方米。森林面积469046公顷。

【工业】以石油、天然气开采和提炼为主，建筑业是新兴的第二大产业，其他还有食品加工、家具制造、陶瓷、水泥、纺织等。近年来石油和天然气日产量如下：

	1989	1990	1991
石油(万桶)	13.2	15.2	16.2
天然气(亿立方米)	86.6		

(资料来源：1992/93年度经济季评)

【农业】农、林、渔业约占国内生产总值的2.2%，其中农业约占1%。种有小面积的水稻，还有橡胶、胡椒、椰子等热带作物。80%食品依赖进口。大米自给率为25%，蔬菜、牛肉、蛋类、家禽等已实现自给或近乎自给。渔业产值约0.35亿文元，65%的鱼、虾进口。1989年原木产量20.46万立方米。近年主要作物产量(单位：千吨)：

	1988	1989
稻米	1.93	1.56
蔬菜	1.65	1.63
水果	3.30	3.94

【服务业】1988年服务业产值占国内生产总值的25.9%。近年来政府鼓励发展服务业，取得了较大的发展。

【旅游业】旅游业欠发达，外国游客较少。主要旅游景点有独具民族特色的水村、赛福鼎清真寺等。

【交通运输】公路：1989年总长为2199公里，注册车辆118113辆，其中私人用车约10万辆。

水运：水运是重要的运输渠道。穆阿拉深水港是主要港口，此外还有斯里巴加湾市港、瓜拉白拉奕港和卢穆港等，主要供石油和液化天然气出口使用。与新加坡、马来西亚、香港、泰国、菲律宾和印尼有定期货运航班。

空运：首都有国际机场。文莱皇家航空公司有6架客机，开辟了16条国际航线。1990/91年度客运量为31万人次，货运量为4818.8吨。

【财政金融】国家财政收入主要依赖石油和天然气的出口收入。1990年官方外汇储备为250亿美元，无外债。全国有8家银行，其中7家是外国银行，下设40个支行。截至1989年银行总资产47.6亿文莱元。政府近年收支情况如下(单位：亿文莱元)：

	1988	1989
收入	24.868	25.259
支出	27.214	28.462
赤字	2.347	3.203

(资料来源：同上)

【对外贸易】主要出口石油和液化天然气，进口机器和运输设备、工业品、食物、药品等。主要贸易对象为日本、英国、新加坡、韩国、泰国、马来西亚和美国等。日本占其总出口的51%、进口的6%，英国和新加坡分别占其总出口的14%、4%和进口的32%、34%。近几年外贸情况如下(单位：亿文莱元)：

	1989	1990	1991
出口额	36.94	41.08	44.93
进口额	17.23	31.19	30.38
差　额	19.71	9.89	14.12

(资料来源：同上)

【外国资本】英国资本居首位，其次是日本、美国。投资项目主要在石油勘探和开采、天然气液化工程及发电站等方面。

人民生活

国家不征收个人所得税，实行医疗保健和各级教育免费制度。人均国民收入1.7万美元。1988年政府拥有8所医院，病床971张(每千人4张)；平均每4人1台电视，每4人1部电话，每2人1辆私人汽车。

军　事

文莱皇家军团建立于1961年5月31日，军队指挥权由英国人控制。1984年独立后，改称为文莱皇家武装部队，苏丹任最高统帅兼国防部长，拥有对军队的管理和指挥权。实行志愿兵役制。

1989年三军总兵力为4200人，其中陆军3400人，海军500人，空军300人。另有900人的英国廓尔喀禁卫军、驻守石油城诗里亚的800人廓尔喀步兵营及1750人的皇家警察。

1989年国防开支为3.628亿文莱元，占全年预算的12.7%。

文化教育

【教育】识字率达90%。政府实行免费教育，并资助留学费用。华文学校费用则由私人负担。1988年有小学146所，学生39226人，普通中学27所，学生19092人。文莱达鲁萨兰大学创办于1985年10月，是唯一的大学，设有4个系，1988年在校学生935人。1989年教育开支为2.475亿文莱元，约占预算的8.7%。

【新闻出版】主要报纸：《婆罗州公报》日报，发行3.5万份；《文莱灯塔》周报，马来文，每周三出版，发行4.5万份。文莱新闻社创建于1959年。

文莱电台拥有两个广播网，一个用马来语和方言，一个用英语、华语和廓尔喀语广播。1975年开设彩色电视频道，用马来文和英文播送节目。

对外关系

奉行同各国友好的外交政策，视东盟为其对外政策的基石。重视发展同东盟国家、伊斯兰教国家、英联邦国家、日本和美国的关系。对区域性经济合作持积极态度，反对贸易保护主义。认为近年来国际形势的变化对国际政治关系产生了深刻的影响，联合国和地区组织应在维护和平与稳定中发挥作用。主张国家无论大小、强弱，都应相互尊重主权和自由。积极参与柬埔寨问题和平进程，是柬埔寨问题巴黎协定的签字国之一，认为该协定应得到执行。主张东盟发展同印支各国的关系。主张公正、永久和全面解决中东问题，支持巴勒斯坦解放组织，反对以色列占领阿拉伯领土。1992年同密克罗尼西亚、几内亚、越南、阿根廷、斯威士兰、马达加斯加、蒙古等国建交，建交国已达70多个。1992年9月1日在雅加达不结盟运动国家首脑会议上被接纳为不结盟运动正式成员国。

【同我国的关系】两国于1991年9月30日建交。1992年两国关系又取得了进展。5月14日，中国驻马来西亚大使兼任首任驻文莱大使金桂华向文莱苏丹递交国书。7月17～19日，国务委员兼外长钱其琛应邀对文莱进行正式访问，这是中国外长首次访问文莱。访问期间，钱外长同文莱外交大臣穆罕默德·博尔基亚亲王举行会谈，并拜会了文莱苏丹、内政大臣、工业和初级资源大臣。双方就双边关系和共同关心的地区和国际问题交换了意见，一致认为两国之间存在许多共识，并愿进一步发展两国经贸等各个领域的友好合作关系。10月4～9日，金桂华大使应邀赴文莱参加苏丹登基25周年庆典活动。10月24日，文莱驻马来西亚高级专员兼首任驻华大使佩欣·阿卜杜勒·莫明向杨尚昆主席递交国书。

1992年两国商品进出口总值1539万美元，中方出口1027万美元，进口513万美元。

【同英国的关系】两国目前仍保持着密切的政治、军事、经济联系。英国帮助文莱培训高级军官，并供应武器装备。1992年11月文莱苏丹应邀对英国进行独立以来的首次国事访问。访问期间，苏丹被授予牛津大学国内法名誉博士学位和英国皇家空军名誉元帅称号。

【同日本的关系】日本是文莱的最大经济贸易合作伙伴，是文莱石油和天然气的主要出口市场。日本首相宫泽喜一1993年1月访问文莱。

【同东盟各国的关系】文莱系东盟成员国，与东盟其他各国都互设大使馆或高专署，关系密切，来往甚多。与新加坡联系最密，两国货币等值流通，各个领域的合作密切，往来频繁。文为新提供军事训练基地，帮助文训练军官。与马来西亚和印尼同文同种同宗教，经济、文化往来密切，印、马两国还帮助文莱训练行政和军事人员。与菲律宾和泰国保持友好往来，关系良好。1992年10月文莱苏丹登基25周年之际，东盟其他5国的国家元首或政府首脑均赴文莱参加庆典活动。

（黄溪连）

乌兹别克斯坦

国名 乌兹别克斯坦共和国（The Republic of Uzbekistan Республика Узбекистан）。

面积 44.74万平方公里。

人口 2200万（1992年）。有100多个民族，其中乌兹别克族约占70%，俄罗斯族约占10%，其他民族占20%，主要有：鞑靼、哈萨克、塔吉克、卡拉卡尔帕克、吉尔吉斯、土库曼、朝鲜族等。乌兹别克语为官方语言。主要宗教为伊斯兰教，属逊尼派。

首都 塔什干（Ташкент），人口210万。

国家元首 总统伊斯拉姆·阿卜杜加尼耶维奇·卡里莫夫（Ислам Абдуганиевич Каримов），1990年3月24日在共和国最高苏维埃会议上当选，1991年12月29日在全民选举中以86%的得票率再次当选。

自然地理 位于中亚地区中部，在咸海以南、阿姆河以东。北部和西部邻哈萨克斯坦，南靠土库曼斯坦和阿富汗，东与吉尔吉斯斯坦、塔吉克斯坦接壤。内陆国。地势东高西低，西北部是图兰低地（占总面积的80%），低地大部是克齐库姆沙漠。东部和南部是天山山脉、吉萨尔—阿莱山脉。两山脉之间是费尔干纳和泽拉夫尚等盆地。主要河流有阿姆河、锡尔河、泽拉夫尚河。属强烈的大陆性气候。1月平均气温－6～－3℃，7月26～32℃。年降水量平原地区为80～200毫米，山区为1000毫米。

历　史 历史悠久，公元前1000年乌兹别克境内出现了阶级社会。公元9～11世纪形成乌兹别克民族。11～12世纪基本上形成以乌兹别克部族为主的国家。13世纪被蒙古人征服。16世纪建立了布哈拉汗国和希瓦汗国。18世纪建立了浩罕国。19世纪60～70年代，乌兹别克的部分领土（现撒马尔罕州和费尔干纳州等）并入俄罗斯。1917年乌兹别克人民参加了十月社会主义革命，并于1917年11月至1918年3月建立苏维埃政权，其大部分领土并入当时的土耳其斯坦苏维埃社会主义自治共和国。1924年中亚民族国家疆界划分后于10月27日成立乌兹别克苏维埃社会主义共和国，并加入苏联。1991年8月31日，乌兹别克共和国最高苏维埃非例行会议通过国家独立法，宣布独立，并把9月1日定为独立日。12月21日，乌兹别克签署了《阿拉木图宣言》和《独立国家联合体协议议定书》，加入独立国家联合体。

政　治 1992年是乌政府确立内外政策、实施经济改革计划的重要一年。7月2～3日，乌召开第12届10次最高苏维埃会议，卡里莫夫作了《关于乌兹别克斯坦政府内外政策基本方向和共和国经济、社会状况》的报告。会议发表了告各政党、社会运动、团体和全体国民书，听取了新宪法草案的报告，并批准了新的国徽和不久签署的乌俄、乌哈双边条约和独联体一些国家的集体安全条约。会议以经济、政治改革为主题，通过了近40个重大决议，为乌今后政治经济的发展确定了方向。9月1日，乌举行纪念独立一周年的庆祝活动。卡里莫夫总统率全体领导人出席庆典，并发表了长篇贺词，号召广大人民共同努力以建立稳定、富强的乌兹别克。节前出版了卡里莫夫的新著《乌兹别克斯坦革新和进步之路》，详细论述了乌独立一年来所走过的道路及今后的发展方向。12月8日，乌兹别克召开第12届最高苏维埃第11次会议，通过了该共和国独立后的第一部宪法，为乌的真正独立奠定了基础。

独立一年来，乌政府一直把稳定局势，发展经济，提高人民生活水平作为中心任务，对“民主改革”持审慎态度，注重维护民族和睦，因而国内局势比较稳定。但乌目前也存在着一些不稳定因素，1992年初乌首都塔什干发生的1万余名大学生的示威集会，就反映了国内居民对经济形势的不满情绪。此外，塔吉克内战、宗教势力膨胀等都对乌社会的稳定构成威胁。

【宪法】现行宪法于1992年12月8日通过，是共和国独立后的第一部宪法。

宪法确定乌是主权的民主国家，依照立法、执法、司法三权分立的原则建立国家政权：议会是国家最高代表机构，行使立法权；总统是共和国首脑和执法首脑，享有最高执法权，部长内阁是以总统为首的统一执法体系的重要环节；司法体系由共和国的宪法法院、最高法院、最高经济法院、卡拉卡尔帕克共和国最高法院组成，实施司法权。

【议会】称最高会议。主要职能是：通过宪法和其他法律，制订国家内外基本方针和战略计划，确定乌立法、执法、司法机构的体制和职权，批准国家预算，对关税、外汇和信贷以及行政区结构进行立法调节，改变共和国边界，选举最高会议主席和副主席、选举宪法法院、最高经济法院成员，批准总统关于任命和解除总理、副总理、部长内阁成员的命令，批准总统关于实施紧急状态的命令，批准和废除国际条约和协议等。

最高会议代表在多党制的基础上分选区选举产生，任期五年。本届最高会议中人民民主党占绝对多数，议长沙弗卡特·穆希特季诺维奇·尤达舍夫。

【政府】政府主要成员有：总统伊斯拉姆·阿卜杜加尼耶维奇·卡里莫夫，总理阿布杜尔哈希姆·穆塔洛夫，第一副总理朱拉别科夫，外长萨德克·萨利霍维奇·萨法耶夫。

【行政区划】分为1个自治共和国（卡拉卡尔帕克共和国）、10个州、149个区、124个市、104个镇、1245个村。10个州为：安集延、布哈拉、卡什卡达里亚、纳曼干、撒马尔罕、苏尔汉达里亚、锡尔河、塔什干、费尔干纳、花剌子模。

【司法机构】包括共和国宪法法院、最高法院、最高经济法院。最高法院院长乌拜杜拉·库尔班诺维奇·明巴耶夫（Убайдулл Курбанович Минбаев）。乌检察机构及地方检察机构任期均为五年。检察长布里托什·穆斯塔发耶维奇·穆斯塔发耶夫（Буритош Мустафаевич Мустафаев）。

【政党】乌规定，所有政党必须在共和国司法部注册登记后，才能成为正式合法政党，并有权参加竞选。现经过合法登记的政党有：人民民主党、意志民主党、农民党、祖国进步党等。

人民民主党：是最大政党。1991年9月14日，乌兹别克共产党举行非例行的第23次代表大会，决定在共产党的基础上成立“乌兹别克人民民主党”。代表大会宣布，人民民主党为乌兹别克共产党的法律继承者；11月1日，乌兹别克斯坦人民民主党召开成立大会，大会通过了新的党纲和党章，选出了中央委员会和中央监察委员会。有37万党员，基本上是原来的共产党人，也吸收了不少新党员。该党下设200多个市区委和1.1万个基层组织。在500名议员中，人民民主党占75%的席位(375名)。人民民主党的目标是建立“公正的民主社会”。支持卡里莫夫总统的内外政策，谴责其他反对派的违宪行为；主张对内实行社会公正和保障公民福利、建立以国有制为主体的多种所有制；对外加强同各国党派的合作和直接联系。卡里莫夫总统任该党主席，拉苏洛夫为该党第一书记。乌其他党派力量薄弱，在议会中所占的席位很少，没有足够的力量与人民民主党抗衡。

【团体】乌现在的团体基本上是在原联盟时期团体的基础上改建的，主要有：

(1) 乌兹别克斯坦总工会：成立于1991年，现有44800多个基层组织，工会会员766.7万人，总工会主席布里·阿拉穆拉多维奇·阿拉穆拉多夫。

(2)乌兹别克斯坦青年联盟：在原共青团基础上组建。有成员251万人。第一书记阿德哈姆·萨特瓦尔季耶维奇·奥尔济马托夫。

(3)乌兹别克斯坦妇联：成立于1991年6月21日，有8000名成员，主席季尔多娜·玛赫穆多夫娜·阿林别科娃。

【重要人物】伊斯拉姆·阿卜杜加尼耶维奇·卡里莫夫：总统，乌人民民主党主席。1938年生于撒马尔罕市，乌兹别克族。经济学博士。毕业于中亚工业学院和塔什干国民经济学院。1960年起，先后在塔什干农机厂、塔什干契卡洛夫航空生产联合体工作。1964年入党，1966年起任乌计划委员会科学和新技术推广司主任专家、计委第一副主席。1983年起任共和国财政部长。1986年任共和国部长会议副主席、计划委员会主席。1986年12月当选为乌兹别克共产党卡什卡达里亚州委第一书记。1989年6月起任乌共中央第一书记，并当选为苏联人民代表。1990年3月24日在共和国最高苏维埃会议上当选为乌兹别克共和国总统。1991年12月29日在第一次全民总统选举中当选为乌兹别克斯坦总统。1992年3月访华。　**阿布杜尔哈希姆·穆塔洛夫**：总理。1947年出生在塔什干州阿汉加兰斯克区捷利亚马村。1965年开始工作，在塔什干谷物产品公司当工人，后在乌兹别克谷物产品部各级岗位上担任领导职务。1976年在全苏食品工业学院毕业，工艺工程师。1979～1986年任阿汉加兰斯克谷物产品公司经理，1986年被任命为副部长。1987年任乌兹别克斯坦苏维埃社会主义共和国谷物产品部部长，1991～1992年任乌兹别克斯坦共和国副总理，1992年起任共和国总理。已婚，有一子三女。　**沙弗卡特·穆希特季诺维奇·尤达舍夫**：最高会议主席。1943年出生。毕业于莫斯科动力学院和苏共中央社会科学院。1961年参加工作。1969～1974年任乌兹别克科学院电子研究所主任工程师，乌兹别克电子生产联合企业技师，车间主任，纳曼干机电厂总工程师，纳曼干灯具厂厂长。1974年起历任乌兹别克共产党纳曼干州州委督导员、处长、区执委会主席，州执委会副主席，市委书记。1986～1987年任苏共中央某部督导员。1987年任乌兹别克共产党锡尔河州委第二书记。1988年任费尔干纳州委第一书记。1990年任乌兹别克共产党中央监察委员会主席。同年3月兼任费尔干纳州苏维埃主席。1991年起任乌兹别克斯坦共和国最高苏维埃主席。1992年12月任最高会议主席。

经　济

乌资源丰富，是独联体中亚五国中经济力量较强的一个。但经济结构单一，是前苏联主要原料基地。农业、畜牧业和采矿业比较发达，棉花产量占前苏联的2/3，羊羔皮产量也占原苏联的2/3，蚕茧产量占前苏联的1/2，黄金产量占前苏联的1/3。轻工业不发达。62%的日用品依靠其他共和国提供。苏联解体后，乌与前苏联各共和国多年形成的联系中断，乌经济状况不断恶化，人民生活水平下降。

为尽快摆脱困境，乌政府采取了一系列经济改革措施。在经济改革方面，乌坚决反对东欧和俄罗斯的“休克疗法”，基本上是靠国家集中下达指令性计划领导经济改革，侧重于平稳地向市场经济过渡。根据国情特点，乌把农业作为经济改革的突破口，逐步推广租赁承包制，兴办家庭农场，扩大农民宅旁园地的分配量，并允许农民在完成国家定货后将农产品自由出售。乌工业改革刚刚起步，虽通过了一些改革法规，但因缺乏完整的配套措施，成果不大。

社会总产值(1992年)：3757亿卢布。

人均社会总产值(1992年)：17077.2卢布。

货币名称：卢布。

失业人数(1992年)：9.8万。

【资源】自然资源丰富，主要有石油、天然气、煤、有色金属和稀有金属。黄金产量居独联体国家第二位，世界第七位(年产约70吨)，天然气居独联体第三位(年产约500亿立方米)。最近又在乌东南部的费尔干纳盆地发现了大油田。此外，铜、锌、铝钒土等金属矿藏也十分丰富。

【工业】1992年工业总产值为1227亿卢布，比上年下降了6.2%。目前，乌有1500家大中企业，在中亚五国中工业力量较强。有色冶金工业较发达，多金属矿及金的开采和冶炼在前苏各共和国中占领先地位。其次，燃料(天然气)工业、机械制造业(特别是农业机械制造)和化学工业也较发达。轻工业主要是轧棉，食品工业主要是榨油。

【农业】乌经济以农业为主，1992年农业总产值1460亿卢布。乌耕地总面积400万公顷，其中350万公顷为水浇地。农业人口占人口总数的60%，人均占有耕地约2公顷。

农业以植棉为主，棉田总面积170万公顷，年产皮棉150万吨 。稻田12万公顷，其他粮食(主要是麦类)和饲料90多万公顷，菜田27万公顷，烟田1万公顷，瓜果田100万公顷。1992年产大米约55万吨，玉米55万吨。乌每年需进口600万吨谷物，其中，400万吨为粮食，余为饲料。乌的粮食过去主要靠哈萨克和俄罗斯供应，1991年开始基本从美国和加拿大进口。

畜牧业较发达，有奶牛170万头，马7万匹，骆驼5万峰，羊1000万只（其中卡拉库尔羊600万只），鸡2500万只和猪50万头。年产蚕丝3万吨。

【交通运输】交通运输以公路为主，铁路、航空运输业也较发达。总货运量为2.95亿吨，其中铁路6380万吨，公路2.31亿吨，空运2.2万吨。总客运量为281亿人公里，其中铁路54亿人公里，公路185亿人公里，空运42亿人公里。主要的天然气管道有：中亚—中央区、布哈拉—乌拉尔、布哈拉—塔什干—比什凯克—阿拉木图线等。

【财政金融】近几年财政预算情况如下（单位：亿卢布）：

	1990	1991	1992
收入	153.7	302.8	1427
支出	150.5	323.9	1884

乌已同俄罗斯签署协议，接受俄方提出的"零点方案"，即乌在前苏联的债务与债权份额均由俄罗斯继承。

【对外贸易】1992年，乌对外贸易总额为17.98亿美元，其中出口8.69亿美元，进口9.29亿美元。出口总额占其国民收入的5%。主要出口有色金属及其制品，主要进口食品和日用品。在乌进出口总额中，中国占14.4%，居第一位，其次是韩国、瑞士等。

【外国资本】截至1992年底，在乌注册登记的外国合资企业共570家，其中美国53家、土耳其30家、德国等17家（截至1993年2月1日，中乌合资企业为46家）。外国协议投资总额数亿美元，其中最大项目是同韩国合资兴建的汽车制造厂，双方各投资1亿美元。目前，在乌首都塔什干已开设50多个外国商务和公司代表处。

【外国援助】截至1992年底，土耳其、中国、印尼、印度同乌正式签署贷款协议，土耳其提供5.95亿美元商品贷款和2.5亿美元投资贷款，中国3000万人民币商品贷款，印尼1亿美元商品贷款，印度1000万美元投资贷款。乌独立后，土耳其、美国、德国、韩国、日本等国先后向乌提供了药品、医疗设备、食品、日用品等人道援助。

人民生活

乌兹别克政府在推行改革的同时，在尽量照顾广大居民生活水平不急剧下降的前提下，实行分阶段稳步向市场过渡的经济改革方针。但是，由于经济情况不断恶化，人民生活水平仍不断下降。1992年乌曾三次增加工资，但由于每次调幅有限，乌目前的工资水平仍是独联体中较低的（月平均工资约三千卢布），全国约有一千万人生活在贫困线下。为此，乌政府每年拨款140亿卢布对食品等生活必需品实行国家补贴，同时还采取发放各种票证和对贵重物资外运实行监督等严格措施，保护国内消费市场。

军　事

乌兹别克独立后就开始建立本国的国防体系。1991年9月5日，乌兹别克最高苏维埃非常会议决定成立国防部和民族近卫军，内务部和克格勃机关以及部署在共和国境内的内务部队都归共和国管辖。1992年1月28日，乌最高苏维埃决定，前苏联武装力量驻扎在乌境内的部队兵团、军事院校、军事机构和其他军人组织归共和国管辖（不包括由独联体武装力量联合司令部管辖的战略军事部队）。3月24日，卡里莫夫颁布命令组建共和国边防军，在乌国家安全委员会内设立边界保卫局，负责管辖中亚边防军区驻乌境内的所有部队。

前苏联在乌兹别克部署1个作战师，290架作战飞机。

目前，乌总兵力3万人，包括步兵、空军、特种部队和国民近卫军。乌国防部长为阿赫梅多夫中将。根据协议，乌军属独联体联合武装力量的一部分，联合武装力量总部有乌军方代表。一旦需要，乌武装力量将服从独联体联合武装力量总部的指挥。

文化教育

【教育】乌教育事业比较发达，实行免费教育。共和国每年用于高、中级教育的经费占国家预算的7%。公民受教育程度较高，文盲低于1%。乌著名的高校有：国立塔什干技术大学、国立塔什干大学、塔什干公路学院、塔什干建筑艺术学院、乌兹别克国立世界语大学、国立塔什干农业大学等。有各种学校1万多所，其中高等院校55所，全日制大学生15.6万；全日制中小学8745所，教师42.0525万、在校学生463.99万；全国有学龄前教育机构9834所，共有儿童1339513名（其中3至6岁儿童占35.1%），保育员104005名。

【新闻出版】主要报刊有：《东方真理报》，始于1917年，是乌最早发行的报纸，每周用俄文出版3次，每次9万份。《乌兹别克之声报》，人民民主党党报。1918年创刊。乌兹别克文，日发行16万份，俄文1万份。《人民论坛报》，1991年1月创刊，最高苏维埃和部长内阁机关报，乌兹别克文，日发行量为10万份，俄文2万份。《塔什干真理报》（每日6万份），塔什干州人民代表苏维埃机关报，1954年创刊，用俄文和乌兹别克文出版。《塔什干晚报》，创刊于1966年，塔什干市人民代表苏维埃机关报，日发行俄文5万份，乌兹别克文版3万份。主要杂志《经济与生活》，创刊于1919年，现为国家预测与统计委员会机关刊物，每期俄文版4000份，乌兹别克文版1.7万份。《萨奥达特》，妇女杂志。创刊于1925年，现每期发行25万份。《科学与生活》，知识性刊物，出版于1933年，发行量13万份，《东方之星》，宗教性杂志，创刊于1932年，每期2.5万份。

乌兹别克斯坦国家通讯社建于1924年，前身为"塔斯社"分社，现为全国唯一通讯社，有记者121人。驻外记者主要在独联体各国，计划今年将在土耳其设立分社。

乌主要广播电台为塔什干广播电台。建于1921年，目前有4个频道，其中两个对全国广播，两个对塔什干州广播。每昼夜播音17小时。此外，电台还接收莫斯科广播电台的节目。对外广播有英语（每天2小时）、维吾尔语（每天2个半小时）、阿拉伯语（每天1小时）、土耳其语（每天1小时）、印地语（每天1小时）等。1993年1月起每天用中文广播1小时。

乌兹别克斯坦电视台建于1965年。现有4个频道。其中两个频道转播中央台和俄罗斯台电视节目，两个频道为乌兹别克台节目，乌兹别克一台全天播放10小时，除每晚播20分钟俄语新闻及接收30分钟美国新闻外，余为乌兹别克语节目。乌兹别克二台对塔什干州播放，每周两天乌兹别克语节目，两天俄语节目。其它时间转播土库曼斯坦、吉尔吉斯斯坦节目。此外，乌兹别克电视台每星期日还借用俄罗斯台用朝鲜语、土耳其语、鞑靼语、维吾尔语等播放节目。

对外关系

乌兹别克独立后，积极推行独立自主的外交政策，开展全方位外交，以巩固独立成果，并争取广泛的经济援助。一年多来，卡里莫夫总统及乌政府和议会的其他领导人先后访问了印度、土耳其、中国、巴基斯坦、沙特、韩国、印尼等二十多个国家，共签署了几十个双边合作协议。乌兹别克已正式加入了联合国、欧安会、国际货币基金组织、世界银行等组织，国际地位不断提高。在开展全方位外交的同时，乌重视同独联体各国，特别是同俄罗斯的双边关系，强调同穆斯林国家的合作。在解决阿富汗和塔吉克等地区冲突问题中谋求发挥积极作用。截至1993年3月，122个国家承认乌独立，65个国家与之建交。

【同我国的关系】1991年8月31日，乌兹别克斯坦宣布独立，12月27日，我国政府宣布承认乌独立并于1992年1月2日与其建立大使级外交关系，双方确定在和平共处五项原则的基础上发展友好合作关系。5月11日我驻乌首任大使关恒广向乌总统卡里莫夫递交了国书；10月15日，我驻乌使馆举行开馆仪式。乌最高苏维埃主席尤达舍夫、总理穆塔洛夫、最高苏维埃副主席布格罗夫及外交部长阿勃杜拉扎科夫、塔什干市市长及12名部长出席开馆仪式。建交一年多来，中乌两国对发展双边关系都采取了比较积极的态度，两国领导人间的往来主要有：1992年1月2～3日，经贸部部长李岚清和外交部副部长田曾佩率领中国政府代表团访问了乌兹别克斯坦。访问期间，两国签署了建交联合公报、中乌政府经贸协定及其他基础协定和文件，为今后两国发展政治、经济、文化和科技关系奠定了良好基础；1992年3月12～14日，总统卡里莫夫应中国主席杨尚昆的邀请，对我国进行了国事访问。杨尚昆主席与卡里莫夫总统进行了重要的和内容丰富的交谈。江泽民总书记和李鹏总理分别与卡里莫夫总统举行了会见和会谈。双方发表了联合公报，签署了14个合作文件；3月16～17日，以中共中央候补委员、中联部副部长李淑铮为首的中共代表团应邀访问了乌兹别克斯坦。乌人民民主党第一书记拉苏洛夫等与中共代表团进行了友好的会谈。11月18～20日，我国外长钱其琛访问了乌兹别克斯坦，钱外长与乌外长阿勃杜拉扎科夫举行了会谈，两国外长就双边关系和地区形势交换了意见。乌总统卡里莫夫、最高苏维埃主席尤达舍夫也分别会见了钱外长。

中乌建交后，两国经贸往来日趋活跃，互访团组不断增多，签订了大量意向性经济合作协议，其中，部分协议已经落实。据中国海关总署统计，1992年中国同乌兹别克进出口总额为5252万美元，其中，中方出口额为3889万美元，进口额为1363万美元。

中国驻乌大使为关恒广，馆址：塔什干，果戈里街七十九号，电话：(3712)331396。中国驻乌商参处电话：649197，649036。

【同土耳其的关系】乌兹别克斯坦是前苏联六个穆斯林国家之一，在宗教、民族、语言及文化传统方面与中东和南亚地区的穆斯林国家有着传统的历史联系。因此，乌特别重视发展与这些国家的关系。1992年2月16日，乌兹别克斯坦政府代表团应邀出席了在伊朗首都德黑兰召开的第一届“中西亚国家经济合作组织”首脑会议。该组织由伊朗、土耳其、巴基斯坦发起，旨在进一步拓宽和发展地区性经济合作。在这次会议上，乌被接纳为正式成员国。

在与穆斯林国家的关系中，乌尤其重视与土耳其的关系。乌、土两国不仅都是穆斯林国家，而且同属突厥语系，两国有着传统的联系。乌独立后，土耳其在世界上首先承认其独立，并向其敞开大门。土耳其所采取的稳定的社会、经济发展模式对乌有很大吸引力。1991年12月17～21日，乌总统卡里莫夫应土耳其共和国总统厄扎尔的邀请访土。访问期间，两国签署了9个文件，主要有：两国相互关系的原则和目的条约，两国经贸合作协议，两国文化、科学、教育、保健、体育和旅游合作协议，两国交通运输合作协议等。1992年4月下旬，土总理苏莱曼·德米雷尔率100多人的政府代表团访问了独联体6个穆斯林国家。土代表团出访的第一站是乌首都塔什干。访问期间，双方签署了联合公报，并就促进和保护投资、公路和航空运输、合作发展中小型企业、开发银行、提供贷款等签署了9个文件，其中最引人注意的是土答应向乌提供5亿美元的政府贷款以及一笔用于购买200万吨小麦和25万吨糖的商品贷款。目前，乌土两国关系十分密切，乌政府明确强调要学习“土耳其模式”，发展同土耳其的“特殊关系”，并将此作为外交工作的重点。

【同独联体国家的关系】乌政府重视发展同独联体国家的关系，以修补前苏联时期所形成的政治经济联系。与此同时，乌强调，乌同独联体各国的关系是在相互承认主权和独立的基础上的一种崭新的关系，乌绝不走回头路。

在独联体各国中，乌特别重视发展与俄罗斯的关系。在独立初期，乌曾声称要“绕开莫斯科”，但随着独联体各国相互依赖不断增强，乌重新调整了对俄政策，强调俄在保证中亚地区和平与稳定中的作用。1992年5月30日，乌俄签署了《乌兹别克斯坦—俄罗斯国家关系基础、友好与合作条约》，条约为期十年，主要包括政治、经济、军事、文化等各个方面的内容。在政治方面，双方在相互承认主权、独立的基础上，确立了某些政治关系原则，就保护各自的非主体民族利益问题达成了协议。经济方面，双方在平等互利的原则下，就乌俄之间的相互供货问题达成妥协。军事方面，双方承认两国现存的边界不可侵犯，俄承诺保证乌边界的稳定和不可侵犯等。条约还规定，双方将进一步发展在科技、教育及文化方面的合作。

同时，乌政府也重视发展与中亚其他四国的政治经济联系，主张建立中亚共同市场，以促进经济发展。1992年4月23日，乌与中亚其他四国领导人签订了关于在经济改革和价格领域实行协调政策、建立跨国基金会等协定。

【同西方国家的关系】乌独立后努力推进同美国等西方国家的关系。美国对乌等中亚国家的政局动向也表示关注。1992年2月中旬，美国国务卿贝克访问了乌兹别克，与乌总统卡里莫夫进行了会谈。　（周文智）

锡　金

国名　锡金(Sikkim)。

面积　7100平方公里。

人口　405505人(1991年调查)。75%为尼泊尔族，其余为锡金族和雷布查族等。通用锡金语和尼泊尔语，英语为官方语言。信奉喇嘛教和印度教。

首都　甘托克(Gangtok)。

简　况　位于喜马拉雅山南麓，在中国西藏和不丹、尼泊尔、印度之间，为内陆国。全境几乎都在海拔1500米以上。南部为肥沃的谷地，北部为山区。属亚热带山地季风气候。世袭君主国。17世纪建立锡金王国。1887年英国强占锡金。1890年沦为英国的保护国。1947年印度与锡金签订“维持现状协定”。1949年6月印军进驻锡金。1950年12月签订《印度和锡金和平条约》，锡金从此成为印度的“保护国”，国防、外交、经济等均由印度控制。1968年8月甘托克爆发反印示威，要求废除印锡条约。印度政府于1973年4月对锡实行军事占领，5月8日印锡签订“锡金协定”。1974年6月20日锡议会通过了由印度拟定的锡金宪法，规定印度政府派驻的首席行政官为政府首脑和议会议长。同年9月《印度宪法修正案》规定锡金为印度的“联系邦”，在印度两院各为锡金设一个议席。1975年印度军队软禁了锡金国王。不久，印度议会通过决议，正式把锡金变为印度的一个“邦”。

政　治　1982年1月，被废黜的锡金国王帕尔登·顿杜普·纳姆加尔在纽约病逝。同年2月，王储旺楚克·滕辛·纳姆加尔即位，为锡金第13世国王。新国王对记者表示，印度吞并锡金是非法的。

经　济　以农业为主，生产稻谷、玉米、青稞、马铃薯和小豆蔻等。森林面积占国土的36%。水力资源丰富。有肥皂、皮革、火柴、编织、水果加工、酿酒等工业和手工业。全国有碎石路1500多公里。　（布建国）

新　加　坡

国名　新加坡共和国(The Republic of Singapore)。

面积　637平方公里(1992年新加坡年鉴)。

人口　276万(1991年)，华人占77.7%，马来人14.1%，印度人7.1%，其他1.1%。人口增长率1.7%。英语、华语、马来语、泰米尔语为官方语言，马来语为国语，英语为行政用语。马来人和巴基斯坦人多信奉伊斯兰教，印度人信奉印度教，华人、斯里兰卡人多信奉佛教，此外，还有人信奉基督教。

国家元首　总统黄金辉(Wee Kim Wee)，1985年9月2日就任，1989年9月2日连任。

简　况　城市国家，位于马来半岛南端。北隔柔佛海峡与马来西亚为邻，有长堤通马来西亚的新山。南隔新加坡海峡与印度尼西亚相望。地处太平洋与印度洋航运要道——马六甲海峡的出口处，由50多个海岛组成；新加坡岛占全国面积的91.6%。属热带海洋性气候，常年高温多雨，年平均气温24～27℃。古称单马锡，8世纪建国，属印尼室利佛逝王朝。18～19世纪初是马来亚柔佛王国的一部分。1824年沦为英国殖民地，一直是英在远东的转口贸易商埠和在东南亚的主要军事基地。1942年日本入侵。1945年英国恢复殖民统治，次年划为直辖殖民地。1959年6月新实行内部自治，成为自治邦，李光耀任总理。1963年9月16日并入马来西亚。1965年8月9日脱离马来西亚，成立共和国，10月加入英联邦。

政　治

80年代末，执政党人民行动党加快自我更新过程，第一代元老已基本退出政坛。1990年11月，第一副总理吴作栋接替李光耀任总理。1991年8月新加坡举行大选，9月组成了新内阁。

【宪法】1963年9月新、马合并颁布了新加坡州宪法。1965年12月州宪法经修改后成为新加坡共和国宪法，并规定马来西亚宪法中的一些条文对新加坡仍适用。宪法规定：总统为国家元首，由议会选举，任期四年；总统委任议会中多数党的领袖任总理；总统和议会共同行使立法权。1991年，国会通过民选总统选举法案。

【议会】称国会。实行一院制。议员由公民投票选举产生，任期五年。本届国会于1991年8月大选产生，为第七届国会。共有81个议席，人民行动党77席，民主党3席，工人党1席，议长陈树群(Tan Soo Khoon)。

【政府】本届内阁于1991年9月8日就职。主要的内阁成员有：总理吴作栋(Goh Chok Tong)，高级部长(总理公署)李光耀(Lee Kuan Yew)，副总理王鼎昌(Ong Teng Cheng)，副总理李显龙(Lee Hsien Loong)；贸工部长丹那巴南(Dhanabalan)，外交部长黄根成(Wong Kan Seng)，国防部长杨林丰(Yeo Ning Hong)，财政部长胡赐道(Richard Hu Tsu Tau)，律政兼内政部长贾古玛(Jaya Kumar)。

【司法机构】设最高法院和总检察长公署。宪法规定，英国枢密院对最高法院的判决有最后裁决权，但是总统有权决定是否上诉枢密院。最高法院大法官杨邦孝(Yong Pung How)，总检察长陈锡强(Chan Sek Keong)。

【政党】已注册的政党有21个。主要有：(1)人民行动党(The People's Action Party)：执政党。1954年11月成立。1959年大选后一直保持执政党地位。主席王鼎昌，秘书长吴作栋。

(2)工人党(The Worker's Party)：1957年11月创建。近年来该党在群众中的影响有所扩大。秘书长贾耶拉南(Jeyarepnan)。

(3)新加坡民主党(Singapore Democratic Party)：1980年7月成立。在中、上层知识界有一定影响。

【重要人物】黄金辉：总统。1915年11月4日生于新加坡，曾就读于珍珠山学校和莱佛士书院。1959年任《海峡时报》副总编辑。1973～1980年任驻马来西亚高级专员。1980～1984年任新加坡广播局董事长，1985年任总统至今。　**吴作栋**：总理。1941年生。1964年毕业于新加坡大学经济系。1977年任财政部高级政务部长。1979年任贸工部长。1985年任第一副总理兼国防部长。1990年11月任总理。　**李光耀**：1923年生于新加坡。1946年赴英留学，在剑桥大学法律系和伦敦中殿法院学习。1950年8月回新加坡当律师，多次代表工会同英殖民政府谈判。1954年与拉贾拉南等人发起组织人民行动党，任该党秘书长。1959年新加坡自治邦成立，出任总理。1965年新独立后，长期担任总理。1990年11月辞去总理职务，改任内阁资政(高级部长)。

经　济

传统经济以商业为主，包括转口贸易、加工出口、航运等。独立后，坚持自由经济，大力吸引外资，发展多样化经济。80年代以来，加速发展资本密集、高增值的新兴工业。目前，政府经济发展方向是：以服务业作为发展中心，加速经济国际化、自由化、高科技化。

国民生产总值(1991)：706.57亿新元。

国内生产总值(1991)：690.76亿新元。

国民生产总值增长率(1991)：6.7%。

国民收入(1991)：600亿新元。

货币名称：新加坡元；1元＝100分。

汇率(1991)：1美元≈1.64新元。

通货膨胀率(1991)：3.4%。

失业率(1991)：1.9%。

1992年经济增长率5.8%，其中：制造业 2.3%，建筑业 17.6%，商业 3.3%，运输与通讯业 9.2%，金融与专业服务 5.4%，其它 4.8%。

【工业】主要有制造业，包括炼油、石化、修造船、电子电器、纺织、交通设备等部门，其产品占外汇收入总额的50%。新加坡是世界第三大炼油中心，日炼油能力110万桶。

【农业】在国民经济中所占比例不到1%。主要有家禽饲养、蔬菜种植和水产。粮食全部靠进口，80%的蔬菜从马来西亚、中国、印尼和澳大利亚进口。

【旅游业】主要外汇来源之一。1991年有541万旅游者。

【交通运输】交通发达，设施便利。有铁路67公里，客运量50万人。公路总长2837公里，其中高速公路102公里。新是世界重要的转口港，80多个国家的150多家船务公司的船只使用此港。新是联系欧、亚、大洋洲的航空中心。新加坡航空公司同世界49个航空公司建立了联系，每周有1500次班机起落。目前，航线所达国家54个，城市110个。

【财政金融】1992年财政收支盈余49.462亿新元，国际收支盈余100亿新元。

1991年债务590.4亿新元，其中内债590亿新元，外债4000万新元。

新是国际金融和亚洲美元市场中心之一。

【对外贸易】经济对外依赖性强，对外贸易为国民经济重要支柱。主要进口原油、机械设备、工业原料和食品等；出口石化产品、电子电器、纺织品等，还转口橡胶、木材、石油钻探设备等。美国、日本、马来西亚、西欧是主要贸易伙伴。1991年进出口总额2189.7亿新元，其中出口额1025亿新元，进口额1164.7亿新元。

人民生活 1991年人均国民收入2万新元，国民储蓄总额331亿新元。政府注意改善人民的居住条件，全国87.6%的居民已搬入政府统建的住房。

军　　事 军队组建于1965年，建军节为7月1日。总统为三军统帅。三军总参谋长黄维彬中将。实行义务兵役制，服役期2～3年。三军总兵力5.55万人。陆军4.5万人，编为1个装甲旅，3个步兵旅、6个炮兵营、1个突击营、6个工兵营、3个通讯营。海军4500人，装备各型舰只45艘。空军6000人，装备各型飞机约220架。另有准军事部队4万人。

1992年国防预算41亿新元。

根据"五国防务安排"，新西兰和澳大利亚在新驻军近千人。

文化教育 保留各民族传统文化的同时，鼓励向新加坡统一民族文化演变。

【教育】小学实行教育免费。1992/93年度教育经费预算27.8亿新元，占同期国内生产总值预算的3.72%。大学有新加坡国立大学、南洋理工大学等。

【新闻出版】英文报有《海峡时报》、《商业时报》；华文报有《联合早报》、《联合晚报》、《新民日报》；马来文报有《每日新闻》；此外还有印地文报。

新加坡广播电台：1936年6月成立。1959年1月开始以马来语、英语、华语、泰米尔语广播。每天广播时间共135个小时。

新加坡电视台：1963年成立。1974年开始播送彩色节目。共有三个台，每周播映时间164个小时。

对外关系 奉行"大国平衡"政策，主张美国势力继续留在亚太地区，以确保本地区的"力量均衡"；主张日本在政治和经济上在亚太区域发挥更大作用；致力于东盟的团结与合作；积极开展以经济外交为重点的对外交往，加强同美国、日本、西欧和亚洲新兴工业国家和地区的经济合作。目前已同90多个国家建立了大使级外交关系。1992年同拉脱维亚、白俄罗斯、吉尔吉斯斯坦、斯威士兰、克罗地亚、危地马拉和巴拉圭建立了外交关系。

【同我国的关系】1990年10月3日两国建交。1992年中新之间的友好合作关系继续深入发展。来访有：4月，杨邦孝大法官和胡赐道财长分别访华。5月，陈树群议长访华。8月，新闻及艺术部长杨荣文访华。9月，李光耀资政、王鼎昌副总理分别访华。11月，内政部长贾古玛访华。出访有：1月，杨尚昆主席访新。3月，国务委员兼科委主任宋健访新。8月，姚依林副总理访新。

1992年，中新贸易总额32.7亿美元，其中我出口20.3亿美元，进口12.4亿美元，比上年分别增长0.8%和16.3%。

1992年1～9月，新对华投资421项，投资金额4.9亿美元。

中国驻新加坡大使杨文昌。新加坡驻华大使郑东发。

【同美国的关系】重视同美国的关系。1992年1月，美国总统布什访新。4月，美国国防部长切尼访新。5月，新加坡内阁资政李光耀和副总理王鼎昌分别访美。9月，国防部长杨林丰访美。

【同日本的关系】同日本关系密切。1992年6月，新内阁资政李光耀访日。11月，资政李光耀、副总理李显龙、国防部长杨林丰分别访日。12月，李光耀赴日参加"1993东京座谈会"。

【同马来西亚的关系】重视同邻国马来西亚的传统关系。1992年4月，新外长黄根成赴马来西亚柔佛参加开斋节招待会。12月，马财政部长伊卜拉希姆访新。

【同印度尼西亚的关系】重视同邻国印度尼西亚的关系。1992年4月，新总理吴作栋同印尼总统苏哈托为峇淡工业园主持开幕式。（荣　强）

叙　利　亚

国名　阿拉伯叙利亚共和国（The Syrian Arab Republic）。

面积　185180平方公里(包括仍被以色列占领的戈兰高地约1000平方公里)。

人口　1300万(1992年统计)。阿拉伯人占80%以上，还有库尔德人、亚美尼亚人、土库曼人和切尔克斯人等。阿拉伯语为国语。85%的居民信奉伊斯兰教，14%信奉基督教，伊斯兰教中逊尼派占80%(约占全国人口的68%），什叶派占20%，在什叶派中阿拉维派占75%（约占全国人口的11.5%）。

首都　大马士革（Damascus），人口273.6万（1991年统计）。

国家元首　总统哈非兹·阿萨德（Hefez Al-Assad），1971年3月就任，1978、1985和1992年三次连任。

简　况

位于亚洲西部，地中海东岸。北靠土耳其，东邻伊拉克，南连约旦，西南与黎巴嫩、巴勒斯坦、以色列接壤，西与塞浦路斯隔海相望。海岸线长183公里。沿海和北部地区属亚热带地中海气候，南部地区属热带沙漠气候。最低气温－10℃，最高气温达40℃左右。

有近5000年的历史。曾先后被亚述帝国、马其顿军队、罗马人、欧洲十字军、埃及王朝和奥斯曼帝国侵占或统治。1920年沦为法国委任统治地。1941年9月27日，“自由法兰西军”总司令贾德鲁将军以盟国名义宣布叙独立。1943年8月叙成立自己的政府，1946年4月17日英、法被迫撤军。1958年2月1日，埃及和叙利亚宣布合并，成立阿拉伯联合共和国。1961年9月28日叙宣布脱离阿联，成立阿拉伯叙利亚共和国。

政　治

从1963年起，一直由复兴党执政。1992年，叙利亚政局稳定。复兴党统治巩固。当局对内注意开放民主并有限地放宽新闻控制。在总统连任之际，释放600多名政治犯。经济状况有所好转。对外政策较前灵活，在国际上的活动范围进一步拓宽。

【宪法】1973年3月12日经全国公民投票通过。它规定叙是人民民主和社会主义国家，是阿拉伯祖国的一部分。复兴党是国家的执政党。伊斯兰教法是立法的主要根据。

【议会】称人民议会，国家立法机构。其职能是：提名共和国总统人选；通过法律；讨论内阁政策；通过国家总预算和发展计划；批准有关国家安全的国际条约和协定；决定大赦；接受和批准议员的辞呈；撤销对内阁成员的信任。议员任期4年。本届议会于1990年5月选举产生，共250席，其中阿拉伯复兴社会党134席，阿拉伯社会主义联盟8席，共产党8席，社会主义统一分子党7席，阿拉伯社会主义者党5席，民主社会主义统一党4席，其他独立人士84席。议长阿卜杜勒·卡迪尔·卡杜拉（Abdul Qader Qaddourah），1990年6月11日连任。

【政府】1992年6月29日，组成本届内阁，共37名成员。他们是：总理马哈茂德·祖阿比（Mahmoud Al-Zouabi），副总理兼国防部长穆斯塔法·塔拉斯中将（Lt. Gen. Mustafa Tlass），副总理（福利事务）拉希德·艾赫特里尼（Rashid Ekhtarini），副总理（经济事务）萨利姆·亚欣博士（Dr. Selim Yassine）；外交部长法鲁克·沙雷（Farouk Al-Share），国务部长尤素夫·艾哈迈德（Yousef Ahmad），内政部长穆罕默德·哈尔巴博士（Dr. Mohammad Harba），新闻部长穆罕默德·苏莱曼博士（Dr. Mohammad Salman），经济与外贸部长穆罕默德·阿马迪博士（Dr. Mohammad Al-Imadi），文化部长纳加哈·阿塔尔博士（Dr. Najah Al-Attai，女），水利部长阿卜杜·拉赫曼·马德尼（Abdul Rahman Madani），总统府事务部长瓦赫布·法德尔（Wahib Fadel），电力部长卡迈勒·阿尔巴巴（Kamel Al-Baba），环境事务国务部长阿卜杜·哈米德·曼杰德（Abdul Hamid Al-Munajed），教育部长加桑·哈勒比（Ghassan Al-Halabi），外交事务国务部长纳赛尔·卡杜尔（Nasser Qaddour），财政部长哈立德·姆哈尼博士（Dr. Khaled Al-Mahayni），卫生部长伊亚德·夏迪博士（Dr. Eyad Al-Shatti），宗教基金部长阿卜杜·马吉德·德拉布利斯（Abdul Majid Al-Trabulsi），社会事务劳动部长阿里·哈里勒（Ali Al-Khalil），供应与内贸部长纳迪姆·阿卡希（Nadim Akkash），旅游部长阿明·阿布·夏马特（Amin Abdul Shamat），国务部长侯赛因·哈索（Hussein Hassoun），内阁事务国务部长达纳胡·达乌德（Danho Dawood），农业与农业改革部长艾斯阿德·穆斯塔法（As'ad Mustafa），地方管理部长叶海亚·阿布·阿斯利（Yahya Abu Assali），石油矿产部长纳迪尔·纳布利斯（Nadder Nabulis），计划事务国务部长阿卜杜·拉赫曼·萨比艾（Abdul Rahim Al-Sbei'i），司法部长阿卜杜勒·塔拉巴博士（Dr. Abdulla Tulba），高等教育部长萨利赫·索卡尔博士（女）（Dr. Salha Sanqar），交通部长拉德瓦尼·马尔迪尼（Radwan Murtini），工业部长艾哈迈德·尼扎姆丁博士（Dr. Abmad Nizam Eddin），运输部长穆费德·阿卜杜·克里姆博士（Dr. Mufid Abdul Karim），建筑部长马杰德·阿左·拉赫巴尼（Majed Ezzo Rheibani），住房福利部长哈萨姆·萨法迪（Husam Al-Safadi），国务部长纳比勒·马拉赫（Nabil Al-Mallah），哈纳·马拉德（Hanna Murad）。

【司法机构】全国设最高法院，省设上诉法院。市、县设有初级法院和调解法庭。最高法院院长纳萨拉特·曼拉·海达尔（Nasalate Manla Haidar），总检察长穆罕默德·哈桑（Mohammad Hassan）。

【政党】叙利亚有大小党派十几个。复兴党是执政党。全国进步阵线（National Progressive Front）是复兴党为团结其他政党于1972年成立的统一战线组织。参加该阵线的党派还有：阿拉伯社会主义联盟、叙利亚共产党、阿拉伯社会党、民主社会主义分子党和社会主义统一分子运动。

（1）阿拉伯复兴社会党（The Baath Arab Socialist Party）：简称复兴党。成立于1947年4月。是一个泛阿拉伯的民族主义政党，自1963年以来一直执政。总书记哈菲兹·阿萨德。

（2）叙利亚共产党（Communist Party Syria）：1924年11月成立，前身是叙利亚和黎巴嫩共产党。1958年11

月分别成立叙共和黎共。目前分成两派：巴格达什派，总书记巴格达什(Bagdash)；费萨尔派，总书记尤素夫·费萨尔(Yosef Faisal)。

(3)阿拉伯社会主义联盟(Syria Arab Socialist Union)：1964年成立，原是埃及"阿拉伯社会主义联盟"在叙的一个分支。总书记萨夫旺·古德希(Safwan Gudesi)。

此外还有阿拉伯解放党、国家社会党和阿拉伯共产主义组织劳动联盟等。

【重要人物】哈菲兹·阿萨德：总统。1930年10月6日生于拉塔基亚省的一个农民家庭，属穆斯林什叶派中的阿拉维派。毕业于霍姆斯军事学院和空军学院。历任空军司令、复兴党地区领导成员。1970年11月领导"纠正运动"后任复兴党总书记、政府总理兼国防部长。1971年当选为总统至今。已婚，有4子1女。 **马哈茂德·祖阿比**：总理。1938年生于德拉省，属穆斯林逊尼派。1963年毕业于开罗大学农学院。历任加布、伊德里斯和哈马省农业部门负责人，复兴党地区领导成员。1981年11月先后当选为议员、议长。1987年11月任总理，1992年连任。

经　济

以农业为主，工业基础薄弱，国营经济占主导地位。近年来，叙政府放宽经济政策，扩大私营和公私合营部门在国民经济中的比例。通过调整收购价格和税率、颁布新税务法和投资法等措施，发展生产、吸引外资。1992年农业收成好，石油收入增加，经济形势较前有好转。

国民生产总值：6210亿叙镑(1991年)；6570亿叙镑(1992年)。

国内生产总值：3540亿叙镑(1991年)；4000亿叙镑(1992年)。

人均国民生产总值(1991年)：28253叙镑。

国内生产总值增长率(1991年)：5%。

货币名称：叙利亚镑。

汇率(1992年12月)：1美元＝42叙镑。

通货膨胀率(1991年)：7.7%。

失业率(1991年)：5.9%。

1991年各行业产值(单位：百万叙镑)及占国民生产总值比例(%)如下：

农、林、渔业	164465	26.5
开采业	54337	8.8
加工业	139015	22.3
水、电	6158	1
建筑	30311	4.9
商业	99735	16
交通、运输	57375	9.2
财政、保险	12377	2
服务业	57075	9.2

(资料来源：1992年叙利亚《革命报》)

【资源】主要有石油、磷酸盐、天然气、岩盐、沥青等。已探明的石油储量为22.4亿桶。

【工业】主要工业部门有炼油、纺织、食品、卷烟、水泥和发电等。日产石油近50万桶，实现石油及其产品自给，并开始部分出口。1992年部分主要工业产品产量或产值如下：炼油1200万吨，煤气30万吨，柴油300万吨，岩盐6.5万吨，纺织业60亿叙镑。

【农业】1992年农林渔业总产值为1737.56亿叙镑。近年农、林、牧各类产品产量如下(单位：万吨)：

	1991	1992
小麦	240	300
大麦	103.7	109
棉花	55.5	63
玉米	22.5	25
土豆	45	45
西红柿	45	45
甜菜	66.5	127
橄榄	22.6	50
葡萄	47.5	55
苹果	21	30
柠檬酸	45	40
绵羊存栏数(万头)		1500
牛存栏数(万头)		77.1

(资料来源：1993年1月叙利亚《复兴报》)

土地总面积：1851.8万公顷。1992年土地使用情况如下(单位：万公顷)：

森林	79.3	占总面积4%
草原和牧场	786.9	占总面积43%
已开垦地	614.9	占总面积33%
未开垦地	377.7	占总面积20%
旱地	509.8	占已开垦地82%
灌溉地	105.1	占已开垦地18%

(资料来源：1992年12月《复兴报》)

【旅游业】1991年接待外国游客1442441人次，旅游收入为2亿叙镑。

【交通运输】叙利亚是中东一些国家出入地中海的走廊，陆、海、空运输比较发达。国内交通运输以公路为主，连接各城镇，并可通往土耳其、伊拉克、约旦和黎巴嫩。1991年交通运输情况如下：

铁路：总长2238公里；客运量460万人，货运量520万吨。

公路：总长33693公里，其中1991年新建公路240公里。

水运：塔尔图斯港和拉塔基亚港的吞吐量分别为413.7和222.1万吨。

空运：除大马士革国际机场外，还有6个省级地方机场。全国各机场飞机降落18752架次，乘客140万人。

【对外贸易】在国民经济中占较大比重，是外汇主要来源之一。叙重视国家对外贸的领导，主要物资的进出口由国家控制。主要出口产品有石油和石油产品、棉花和棉花制品、磷酸盐、香料、皮革等。主要进口产品有药品、糖、运输车辆和配件、钢材、金属、粮食、木材等。对外贸易情况如下(单位：亿美元)：

	1990	1991
出口额	42.21	34.30
进口额	20.62	24.02
差　额	21.59	10.28

(资料来源:1992年经济季评)

人民生活

1992年人均国民收入约670美元。1990年有医院227所,床位13663张,医生15523名。

军　事

1946年建军。70年代发展较快,成为中东一支较强的武装力量。武装部队总司令部为最高统帅机构,阿萨德任总司令。总参谋长希克马特·谢哈比。实行义务兵役制,服役期为两年半。

总兵力40.4万人,武器装备主要来自前苏联。陆军33万人,编为4个装甲师、4个机械化师、3个装甲旅、4个机械化旅和5个炮兵旅。海军2500人。空军7万人,编为11个攻击机中队、12个截击机中队、2个运输机中队。另有准军事部队15万多人。

1991年国防开支为164.27亿叙镑,占国家预算26%。

文化教育

【教育】普及小学义务教育,学制6年;初、高中学制6年,初中基本实行义务教育制;高中二年级开始分文、理科。1990年文教经费计40亿叙镑,占国家预算的7%。文盲率由1970年的52%降低到1991年的20%。全国有4所大学:大马士革大学、阿勒颇大学、十月大学和复兴大学。1992年有大学生18.5万。1990/91年度学校情况如下:

	学校(所)	学生(人)
小学	9683	2452086
初、高中	3084	827786
技工学校	214	47150
职业学校	280	14788

(资料来源:1992年3月叙利亚《革命报》)

【新闻出版】全国性阿拉伯文日报有:《复兴报》、《革命报》和《十月报》,发行量分别为4.5、3和4万份。

阿拉伯叙利亚通讯社(简称叙通社)是官方通讯社,于1966年建立。该通迅社在埃及、利比亚、苏丹、黎巴嫩、伊拉克和约旦等阿拉伯国家设有分社。

1947年在大马士革建立叙国家电台。对外广播语种有:阿、法、英、希伯来、土耳其、西、葡、俄和保加利亚语。

1960年7月在大马士革建立国家电视台。电视台分两套节目:第一套节目为阿语节目;第二套节目为阿语、英语、法语节目,并建有卫星接收站,播放美国有线电视新闻广播公司(CNN)的节目。

对外关系

奉行不结盟政策,主张阿拉伯国家联合自强,以大小国家一律平等为基础,建立国际新秩序。近年来,叙外交政策趋于灵活、现实和多方位。参加了关于解决中东问题的阿以双边谈判。坚持全面、公正和持久地解决阿以冲突,反对部分或单独解决。要求以色列无条件地撤出1967年侵占的包括戈兰高地在内的阿拉伯领土,恢复巴勒斯坦人民的合法权利。继续将阿以双边谈判取得实质性进展作为参加多边谈判的条件。1992年3月,先后同亚美尼亚、乌兹别克斯坦、乌克兰、土库曼斯坦、哈萨克斯坦、阿塞拜疆和塔吉克斯坦建立了外交关系。

【同我国的关系】1956年中叙建交。建交后双边关系继续有所发展。1992年叙方访华的有:全国进步阵线代表团、叙高等政治学院代表团、两个叙利亚共产党代表团和《复兴报》社代表团;我方访叙的有:经贸部部长助理田润之率领的中国政府经济代表团和全国对外友协副会长刘庚寅率领的友好代表团等。

1992年中、叙进出口商品总额为7894万美元,其中中方出口7742万美元,进口152万美元。

中国驻叙利亚大使:张真。馆址:83,RUE ATA AYOUBI DAMASCUS, SYRIA。电话:247968,339594。商务处电话:667026。电传:412628 CHINCO SY。

叙驻华大使:卢特夫拉·海达尔。馆址:北京三里屯东4街6号。电话:5321372,5321347。

【同美国的关系】海湾战争后,叙美关系有较大改善。1992年,叙七次参加在华盛顿举行的中东问题阿以双边谈判。美国务卿贝克两次访叙,受到阿萨德总统接见。阿萨德致电克林顿当选美国总统,表示希望叙美关系继续改善,并为中东和平进程的成功继续合作。美迄今仍将叙列入支持恐怖主义活动国家的黑名单。

【同埃及的关系】1989年,叙埃恢复外交关系后,两国各个领域的关系持续发展。1992年3月阿萨德总统访埃;6月穆巴拉克总统访叙;7月埃及西德基总理访叙,双方就中东问题协调立场,并探索加强发展两国关系的途径。

【同黎巴嫩的关系】1990年10月,黎巴嫩冲突各派实现停火,叙支持赫拉维政权,同黎保持"特殊关系"。目前,叙在黎驻军近4万人。1992年黎总统、总理、议长频繁访叙,其中赫拉维总统访叙7次,哈利里总理访叙4次,议长贝里访叙2次。

【同巴勒斯坦的关系】1983年,叙与巴解组织的关系曾一度恶化。1991年叙、巴关系开始改善。1992年,巴勒斯坦国外长卡杜米曾多次赴大马士革出席阿拉伯外长会议,协调参加中东和平进程的立场。

【同海湾国家的关系】海湾危机后,叙利亚、埃及和海湾六国外长在大马士革举行会议,通过依靠埃及、叙利亚的军事实力和海湾六国的财力建立海湾地区安全体系、加强地区经济合作的《大马士革》宣言。1992年4月,阿萨德先后访问了沙特、阿联酋、科威特、阿曼、巴林和卡塔尔,就中东形势、双边关系及落实《大马士革宣言》等问题同往访国领导人交换了看法。 (袁继兴)

亚美尼亚

国名 亚美尼亚共和国(The Republic of Armenia,Республика Армения)。

面积 2.98万平方公里。

人口 337.6万(1991年),其中亚美尼亚人占93.3%,阿塞拜疆人占2.6%,俄罗斯人占1.6%,库尔德人占1.7%(1989年)。官方语言为亚美尼亚语。亚美尼亚人信仰基督教。

首都 埃里温(Ереван),人口120.1万(1989年)。

国家元首 总统列翁·捷尔—彼得罗相(Левон Тер-Петросян)。

自然地理

位于外高加索南部的内陆国。西与土耳其接壤,南与伊朗交界,北与格鲁吉亚相邻,东临阿塞拜疆。北部和东部是小高加索山脉,全境90%以上的地区在海拔1000米以上,平均高度为1800米 。全国地势特征是兼有山地、高原、平原、谷地和湖泊凹地等各种地形。最高点为阿拉加茨山,海拔4090米。主要河流是阿拉克斯河,最大湖泊是塞凡湖。气候、土壤和植被都具有高山地带的特征,全境多为亚热带气候,但随地势增高,逐渐变为寒带气候。1月平均气温为－2～12℃;7月平均气温为8～26℃,年降水量为200～800毫米。

历　史

公元前9～前6世纪,在现亚美尼亚境内建立了奴隶制的乌拉杜国。公元前6～前3世纪,亚美尼亚领土处于阿凯米尼得王朝和塞琉古王朝统治下,建立了大亚美尼亚国。公元3～4世纪,归附于波斯萨萨尼王朝,后被土耳其和波斯瓜分。7～15世纪,先后遭到阿拉伯人、拜占庭人、突厥—塞尔柱人以及蒙古人的入侵。16～18世纪被伊朗和土耳其瓜分。1804～1828年间,两次俄—伊战争以伊朗失败告终,原被伊朗占领的东亚美尼亚被并入俄罗斯,西亚美尼亚仍被土耳其统治。第一次世界大战期间,亚美尼亚人遭土耳其屠杀,许多人迁徙他乡。1920年,亚美尼亚建立了苏维埃政权。1920年1月29日,建立了亚美尼亚苏维埃社会主义共和国;1922年3月加入外高加索苏维埃社会主义联邦共和国,同年12月30日以该联邦成员国身份加入苏联;1936年12月5日亚美尼亚苏维埃社会主义共和国改为直属苏联,成为其加盟共和国之一。作为联盟成员,亚美尼亚虽仍有其自己的宪法及与之相应的立法机关(最高苏维埃)和执行机关(部长会议),但均属地方机构,不具有国际法主体地位。1990年8月23日,亚美尼亚最高苏维埃通过独立宣言,并改国名为"亚美尼亚共和国";1991年9月23日,亚美尼亚根据全民公决结果,正式宣布独立;1991年10月16日亚美尼亚全民族运动领导人列翁·捷尔—彼得罗相当选为亚第一任总统。他宣布亚的基本方针是,建立独立的法制国家、多党制民主和自由的市场经济。同年12月21日,亚签署《阿拉木图宣言》和《独立国家联合体协议议定书》,加入独立国家联合体。

政　治

1992年,亚美尼亚局势复杂动荡,特别是由于与阿塞拜疆之间四年来围绕纳戈尔诺—卡拉巴赫地区归属问题的冲突长期拖而未决,严重影响了国内局势。3月18日,鉴于阿塞拜疆对亚美尼亚实行封锁造成的影响,亚总统宣布在全境实行紧急状态。7月30日,由于亚当局和反对派在纳—卡问题上意见相左,亚总统解除加·阿鲁秋尼扬总理职务,任命霍·阿鲁秋尼扬为新总理。1993年2月2日,由于经济战略问题上的严重分歧,多数议员要求政府辞职。总统随即又解除了霍·阿鲁秋尼扬的总理职务,任命格兰特·巴格拉强为代总理,并于同月12日正式任命。与此同时,反对派还组织大规模游行,要求彼得罗相总统辞职,并要求召开制宪会议,提前举行大选。

【宪法】尚无宪法。前苏联宪法实际上已失效。1993年2月亚总统已提出新的宪法草案,最高苏维埃正在讨论。

【议会】称最高苏维埃,是国家最高立法机关。本届议会1990年5月选举产生,任期5年。现议会共设260席,其中亚美尼亚全民族运动52席,达什纳克楚琼18席,拉姆卡瓦尔—阿扎塔坎15席,农民民主党11席。最高苏维埃主席巴布肯·阿拉尔克强(Бабкен Араркцян),1991年12月起任职。

【政府】独立以来政府几经改组。1993年2月组成了新政府。设有总理1人,副总理1人,国务部长6人,部长22人,局长8人。主要有:总理格兰特·巴格拉强(Грант Багратян);外交部长瓦甘·阿科博维奇·帕帕江(Ваган Акобович Папазян),代理国防部长瓦茨根·马努克扬(Вазген Манукян),经济部长阿绍特·叶吉阿扎良(Ашот Егиазарян)。

【行政区划】分为37个区,27个市,31个镇,479个村。

【司法机构】最高法院院长巴尔谢格杨(Барсегян),检察院总检察长盖沃尔克杨(Геворкян)。

【政党】亚美尼亚现有政党及政治组织29个,在议会中占有席位的9个,其中主要有:(1)亚美尼亚全民族运动(Армянское Общенациональное Движение):执政党。成立于1988年,主席捷·伊·拉扎良(Тер Иушк Лазарян),现有成员8000人左右。主张民主、自由、独立、法制国家和市场经济。

(2)亚美尼亚革命联合会（Армянская Революционная Федерация）：简称达什纳克楚琼(Дашпакцутюн)：成立于1890年，实行集体领导制。估计人数为6000人。1919～1920年曾夺取政权，1920年苏维埃成立后转到国外活动，1988年重新返回亚美尼亚。主要目标是统一、独立和自由的亚美尼亚，赞同社会主义的市场经济。

(3)民族自由联合会(Объединение Национального Самоопределения)：成立于1987年，主要目标是在民族自决的基础上恢复亚美尼亚的国家独立。主席帕鲁伊尔·艾里克扬(Паруйр Айрикян)。

(4)亚美尼亚共产党：成立于1902年，1990年8月成为在野党，1991年苏联解体后亚共瘫痪，1992年3月重新登记，恢复活动。现有成员5万人。该党主要目标：亚独立，与俄罗斯结盟，建立灵活的、可调节的社会主义经济。现任书记谢·格·巴达良(С· Г· бадарян)。

【团体】亚美尼亚妇女委员会(Совет женщин Армении)：成立于1990年，主要宗旨是保卫妇女权利。主席阿科皮扬(Акопян)。

【重要人物】列翁·捷尔—彼得罗相：总统。1945年生于叙利亚阿勒颇市。1968年毕业于埃里温国立大学语言文学系东方学专业，1978年于列宁格勒大学获语文学副博士学位，1987年获博士学位。著有6部专著和70余篇论文。1960年开始从事政治活动，1988年成为亚美尼亚卡拉巴赫运动委员会领导人之一，并被捕入狱。1989年11月当选为亚美尼亚全民族运动理事会主席。1990年8月当选为最高苏维埃主席。1991年10月被选为共和国总统。喜欢文学，已婚，有一子。　**格·阿·巴格拉强**：政府总理。1958年10月18日生于埃里温一个工人家庭。1979年毕业于埃里温国民经济学院。1979～1981年在前苏军服役。1982～1987年进入亚美尼亚科学院经济所研究生院学习，获经济学副博士学位。历任副研究员、研究员。1990年9月任亚美尼亚共和国部长会议第一副主席兼国家经济委员会主席。1991年12月任亚美尼亚副总理兼经济部长。1993年2月起任亚美尼亚共和国总理。

经　济

以工业为主。白兰地酒和水果罐头享有盛名。由于能源匮乏，天然气主要靠邻国俄罗斯和阿塞拜疆供给。从1988年起，与阿塞拜疆为争夺纳卡地区发生武装冲突，同年12月发生的大地震及前苏联解体导致的各共和国间经济纽带的断裂，给亚经济带来破坏性影响。1991年11月，阿塞拜疆关闭了通往亚美尼亚的天然气管道，使亚80%的企业被迫停产。当前亚整个国民经济处于严重危机之中。据《亚美尼亚共和国报》，亚1992年头11月的国民收入只相当于1991年同期的40%左右；1993年3月不同程度开工的工业企业只有20%左右。

【资源】有色金属矿藏丰富，主要有铜矿、铜钼矿和多金属矿。此外，硫磺、大理石和彩色凝灰岩储量可观。但缺乏矿物燃料，能源奇缺，主要能源为水力资源。

【工业】主要工业部门有机器制造业、化工工业、石化工业、有机合成工业等。有色金属冶炼业以炼铜、铝为主。轻工业主要包括针织业、制鞋业和食品工业，轻工业产值约占工业产值的40%。与1991年相比，工业生产下降49%，倒退到了1971年的水平。

【农牧业】以种植葡萄、烟草、甜菜和水果为主，谷类作物主要是小麦、大麦和玉米，粮食不能自给。畜牧业以奶肉两用的养羊业为主。

【交通运输】以铁路和公路为主。1990年运营的铁路总长840公里，公路总长7700公里。

【财政金融】目前以卢布为国家货币。

【对外贸易】1992年对外贸易总额为21.977亿卢布，其中出口16.367亿，进口5.61亿，但不包括与独联体国家的贸易。

【外国援助】1992年欧共体技术援助956万欧洲货币。美国技术援助353万美元，人道主义援助5500万美元。联合国援助700万美元。

人民生活

1989年职工平均工资219.9卢布，每100户职工和农庄庄员主要耐用消费品的拥有量为：黑白电视机47台和69台，彩电54台和26台，录音机38台和23台，电冰箱和冰柜99台和97台，洗衣机92台和90台，吸尘器58个和41个，小汽车26辆和34辆；城市人均居住面积为13.5平方米，农村为16.9平方米；每万名居民拥有医生42.7人，中等医务人员102.1人，病床90.2张。1989年以后，居民生活水平大幅度下降。1992年以来，由于天然气供应紧张，居民能源供应几乎中断，取暖、做饭有时都无法保障。

军　事

1991年11月25日亚美尼亚最高苏维埃决定组建本国武装力量，并通过了征兵法。亚美尼亚总统为武装力量总司令。设有国防部、总参谋部等，实行雇佣军制。亚军尚在组建之中。苏联解体前，在亚美尼亚布置有3个作战师。亚美尼亚独立后，这些武装力量仍驻在亚美尼亚。

文化教育

【教育】实行免费教育。教育体制包括学前教育、普通中小学教育、职业技术教育、中等专业教育和高等教育。据1990/91学年统计，共有各类普通学校1400所，在校学生60万，其中中等专业学校70所，学生4.59万；高等学校14所，学生6.84万人。主要院校有埃里温国立大学。

【科研】亚美尼亚科学院是共和国科学研究中心。截至1990年1月，科学院共有院士48名，通讯院士52名，设有6个部、33个研究机构。

【新闻出版】全国有235种报刊。主要报纸有《亚美尼亚共和国》，俄文，1990年创刊，亚最高苏维埃机关报；《亚美尼亚之声》，亚、俄文报，1991年创刊，独立报纸；《叶尔基尔》(Еркир，意为"国家")，亚文报，1991年创刊，达什纳克楚琼中央机关报；《阿兹格》(Азг，意为

"民族"),亚文报,1991年创刊,拉姆卡瓦尔—阿扎塔坎党报。

主要通讯社是官方的亚通社。

对外关系　捷尔—彼得罗相当选总统后表示,亚将同所有国家建立牢固的联系。1991年12月21日亚美尼亚作为创始国之一签署了成立独立国家联合体的《阿拉木图宣言》和协议议定书。此后亚对独联体一直持支持立场。捷尔—彼得罗相总统认为,独联体在外高加索的存在是亚美尼亚政治的唯一稳定因素。1992年4月15日,亚总统在塔什干独联体国家首脑会议上签署了独联体集体安全条约,同时这不排除亚发展与其他安全体系的关系,亚应开展全方位外交活动。1992年3月2日,联合国大会接纳亚美尼亚为联合国成员国。目前同亚美尼亚建交的国家有106个。

【同我国的关系】1991年12月27日,钱其琛外长致电亚美尼亚外长,通知中国政府正式承认亚美尼亚共和国独立。1992年4月6日,中国政府代表(中国驻俄罗斯大使)王荩卿同亚美尼亚外长奥瓦尼相在亚首都埃里温签署中亚两国建交联合公报,即日起两国建立大使级外交关系。7月,我国在亚美尼亚设立了大使馆。

1992年7月2～6日,亚副总统兼总理加吉克·阿鲁秋尼扬率政府代表团访华,会见了李鹏总理和万里委员长。双方签署了联合公报以及两国外交部磋商议定书、科学技术合作协定、鼓励和相互保护投资协定、文化教育体育卫生旅游合作协定、中国向亚美尼亚提供商品的政府贷款协定等文件。同年9月1日,钱其琛国务委员兼外长在出席不结盟国家外长会议期间,会见了亚美尼亚外长奥瓦尼相。另外,亚轻工业部长姆克尔强于1992年6月和11月两次访问我国。8月26日,我轻工业部长曾宪林率轻工业代表团访亚。

中国已在亚设立了经济商务参赞处,两国已签订政府间经贸协定。两国1992年贸易额为107万美元。

中国驻亚美尼亚大使:赵希迪。馆址:巴格拉米扬元帅大街12号;电话:518915。

【同俄罗斯的关系】1991年12月29日,亚美尼亚同俄罗斯签署了友好合作和相互安全条约。1992年8月21日,亚总统和总理访俄。捷尔—彼得罗相总统与叶利钦总统进行了会谈;加·阿鲁秋尼扬总理与盖达尔代总理签署了关于合作研制和生产武器的协定。9月30日,盖达尔访问亚美尼亚,双方签署了一系列经济合作方面的文件。在独联体问题上,亚美尼亚在主要方面支持俄罗斯的立场,但对俄罗斯在解决纳—卡州冲突方面未能起到应有作用时有怨言。

【同阿塞拜疆的关系】从1988年起,亚美尼亚与阿塞拜疆围绕纳戈尔诺—卡拉巴赫自治州问题发生对立,并导致大规模武装冲突。1992年以来,两国关系进一步恶化。2月20日,在俄罗斯外长斡旋下,亚阿两国外长在莫斯科会晤,达成了在纳—卡州停火的协议,但协议未能执行。5月8日,在伊朗总统的调解下,亚美尼亚总统与阿塞拜疆代总统会晤并签署结束冲突的"三国元首德黑兰声明",但仍未能付诸实施。在战场上,两国武装冲突时缓时激,各有胜负。

【同美国的关系】1991年11月,亚美尼亚总统捷尔—彼得罗相访问美国。同年12月亚美尼亚与美国建交。1992年2月,美国务卿贝克对亚美尼亚进行工作访问,讨论了双边关系和和平解决纳—卡冲突问题。3月,亚议长阿拉克强访美;8月,亚副总统兼总理加·阿鲁秋尼扬访美,双方讨论了两国经济与政治关系。

【同其他国家的关系】亚美尼亚重视与前苏联各共和国的关系,主张维护和加强独联体。1992年,亚总统曾先后赴莫斯科、明斯克、基辅、塔什干和比什凯克出席独联体国家首脑会议,并签署了独联体章程。此外,亚美尼亚重视发展与近邻的关系,并加强地区性经济合作。1992年4月,亚总统访问了叙利亚;5月,亚总统访问伊朗,双方签署了亚伊合作友好睦邻条约;7月,亚参加了在伊斯坦布尔召开的黑海区域合作首脑会议;10月,亚外长奥瓦尼相访问土耳其。　(宜　楚)

也　门

国名　也门共和国(The Republic of Yemen)。

面积　531869平方公里。

人口　1425万(1992年2月估计)。绝大多数是阿拉伯人。官方语言为阿拉伯语。伊斯兰教为国教,什叶派的宰德教派和逊尼派的沙斐仪教派各占50%。

首都　萨那(Sanaa),人口87万(1992年9月)。

国家元首　总统委员会主席阿里·阿卜杜拉·萨利赫(Ali Abdullah Saleh)中将,1990年5月22日由北方咨询委员会和南方最高人民委员会主席团选举产生。

简　况　位于阿拉伯半岛南端。与沙特、阿曼相邻,濒红海、亚丁湾和阿拉伯海。海岸线长2000余公里。山地和高原地区气候较温和,沙漠地区炎热干燥。也门有3000多年文字记载的历史,是阿拉伯世界古代文明摇篮之一。公元前14世纪建立麦因王朝。16世纪后先后遭葡萄牙、奥斯曼帝国和英国的入侵和占领。1918年建立独立王国。1934年,英国迫使王国承认其对也门南部的占领,也门被正式分割为南北两方。北部也门巴德尔王朝1962年9月被推翻,成立了阿拉伯也门共和国。南部也门于1967年摆脱英殖民统治,获得独立并成立南也门人民共和国。

政　治

1990年5月22日,阿拉伯也门共和国与也门民主人民共和国宣布统一,成立也门共和国。由北方咨询委员会和南方最高人民委员会主席团选举,组成以阿里·阿卜杜拉·萨利赫为主席、阿里·萨利姆·比德为副主席的五人总统委员会。实行"全国人民会议"和"也门社会党"两党联合执政体制。过渡期为两年半,过渡期满后在全国举行大选。统一后的也门强调政治多元化,开放党禁,致力于加强民族团结、消除分裂影响;宣传民主,鼓励人民广泛参与国家治理;注意发展民族经济,吸引国内外投资,开发农业和石油及矿产资源;重视教育,统一教学体制;缓解经济困难和提高人民生活水平。

【宪法】1989年11月30日,原南、北也门领导人比德和萨利赫在亚丁签署了关于也门统一宪法委员会1981年12月30日起草的统一宪法草案。1990年5月21日,双方议会通过了该草案并决定在6个月内完成对该宪法草案的投票工作。1990年12月30日,总统委员会颁布命令,成立监督实施公民投票工作的委员会。1991年5月15～16日,全国就统一宪法举行公民投票,有1364788人参加投票,占登记总人数的72%,其中,98.3%的选民赞成宪法。宪法规定,伊斯兰法是也门共和国一切立法的基础和依据,共和制是国家的根本,实行政治多元化。

【议会】统一后的也门议会于1990年5月成立,共有301名议员。由原北方协商议会、南方最高人民委员会成员及总统委员会任命的31名议员组成。1990年5月26日议员会议选举产生议长和议会主席团。议长为亚辛·赛义德·努曼(Yasin Saeed Nuaman),议会主席团成员有:阿里·艾哈迈德·穆格比勒·古赛姆(Ali Ahmed Mgbil Ghthim),尤素福·穆罕默德·艾哈迈德·舒哈里(Youssef Mohammed Ahmed Al-Shuhari),赛义德·穆罕默德·哈基米(Saeed Mohammed Al-Hakimi)。

【政府】本届政府于1990年5月24日组成,共有39名内阁成员,主要有:总理海达尔·阿布·贝克尔·阿塔斯(Haider Abu Bakr Al-Attas)),第一副总理哈桑·穆罕默德·马基(Hassan Mohammed Makki),内政副总理穆贾希德·叶海亚·阿布·夏瓦里布(Mujahid Yahya Abu Shwareb),安全和国防副总理萨利赫·奥贝德·艾哈迈德(Saleh Obeid Ahmed),劳动力培训和行政改革副总理穆罕默德·海达尔·马斯杜斯(Mohammed Haider Masdous);外交部长阿卜杜勒·克里姆·埃里亚尼(Abdul Kareem Al-Iryani),石油和矿产资源部长萨利赫·阿布·贝克尔·本·侯赛努(Saleh Abu Bakr Bin Hussainoon),供应和贸易部长法德勒·穆赫辛·阿卜杜拉(Fadhle Mohsin Abdullah),计划和发展部长法拉杰·本·加尼姆(Faraj Bin Ghanem),财政部长阿勒维·萨利赫·塞拉米(Alawi Saleh Al-Salami),国防部长海赛姆·加西姆·塔希尔(Haithem Qashim Taher)。

【司法机构】1991年7月,总统委员会宣布成立最高司法委员会,由1名主席和9名委员组成。主席由总统委员会主席担任。总统委员会根据成立也门共和国的协议和共和国宪法以及司法权法,宣布成立最高法院,设1名最高法院院长,1名第一副院长,1名副院长、45名委员。最高法院院长穆罕默德·伊斯梅尔·哈吉法官(Mohammed Ismail Haji),总检察长穆罕默德·巴德利(Mohammed Badri),第一法律顾问塔哈·阿里·萨利赫(Tahe Ali Saleh)。

【政党】目前,有40多个政党,实行"全国人民会议"和"也门社会党"两党联合执政。主要党派如下:

(1)全国人民大会:1982年8月成立。有代表1000名,70%为民选,30%由领导机构任命,每届任期4年。设有常务委员会。由75名委员担任。有8个工作委员会。总书记阿里·阿卜杜拉·萨利赫总统。

(2)也门社会党(Yemeni Socialist Party):前身为1963年8月9日成立的"被占领的南也门民族解放阵线"。1978年10月11日"民阵"党代会宣布成立也门社会党。党员约2万多人。总书记阿里·萨利姆·比德。

(3)也门改革集团:是也门统一后组建的最大的反对党,现仍处于发展阶段,有成员1000多人,主要来自部落、商界和宗教界。其基本纲领是"光荣属于真主、真主的使者和信徒","一切事务应通过协商决定",主张"伊斯兰法为一切法律之本"。也门最大的部落哈希德部落酋长阿卜杜拉·本·侯赛因·艾赫迈尔为该党最高机构主席,富赛勒为副主席,阿尼斯为该党总书记。

其他政党还有也门人联盟、也门统一集团、自由人宪政党、阿拉伯复兴社会党等。

【重要人物】阿里·阿卜杜拉·萨利赫中将:总统委员会主席。1942年生于萨那。1960年入武装部队士官学校学习。1962年参加推翻封建王朝的"九·二六"革命。历任装甲兵部队排、连、营、团、旅长等职。后升任曼德海峡军区司令。1978年7月任阿拉伯也门共和国总统兼武装部队总司令,1979年8月当选为全国人民大会总书记。也门统一后当选为总统委员会主席。 **阿里·萨利姆·比德**:总统委员会副主席。1939年生于哈德拉毛省。曾在开罗技术专业学校进修机械专业。1960年加入阿拉伯民族主义运动。1963年"民阵"成立时是领导成员之一。民主也门独立后任国防部长。1969年6月起历任外长、国务部长、计划部代理部长、地方管理部长。1980年10月任副总理。1986年2月当选为也门社会党总书记。也门统一后当选为总统委员会副主席。 **海达尔·阿布·巴克尔·阿塔斯**:总理。1939年生于哈德拉毛省。1963年在开罗大学读电力工程专业,获电力工程学士学位。1981年初在保加利亚获经济博士学位。民主也门独立后，任哈德拉毛省电力局长和工程交通部驻该省督察。1969～1977年历任公共工程和交通部长、建设部长。1986年2月8日当选为民主也门最高人民委员会主席团主席。也门统一后任总理。　**亚辛·赛义德·努曼**：议长。1947年生于拉赫杰省。1971年毕业于开罗大学经济系，获硕士学位。1967年加入“民阵”。1971～1982年先后任老亚丁“民阵”组织书记、副总理办公室主任、外贸公司副总经理、工商会主席、经济工业部次长、工业部次长、计划部副部长、渔业部长等职。1982年2月任副总理兼渔业部长。1986年2月任总理，统一后任议长。

经　济

以农业为主，粮食不能自给，是世界上最不发达的国家之一。政府重视农业生产，扩大农业贷款，兴修水利，以实现粮食、蔬菜、水果自给。大力开发石油和其他矿产资源；鼓励发展民族资本；对外实行开放，注意吸引侨汇和利用外资和外援。

1992年，也门政府致力于减少预算赤字和政府开支，努力控制通货膨胀，指导人民消费，稳定物价，提高人民生活水平。政府极为重视石油的勘探和生产，努力通过加强和发展生产力以及开发石油和矿产克服经济危机。但海湾战争带来的失业、侨汇锐减等问题依然严重地影响着也门的经济发展。

国内生产总值(1990年)：772亿里亚尔。

人均国民生产总值(1990年)：6468里亚尔。

国民收入(1990年)：855亿里亚尔。

货币名称：也门货币尚未统一。目前北方货币里亚尔和南方货币第纳尔在全国通用。1第纳尔＝100里亚尔。

汇率(1992年)：1美元＝12.01里亚尔。

　　　　　　　1美元＝0.4615第纳尔。

通货膨胀率(1992年)：50％。

失业率(1992年)：25％。

【资源】有铜、铁、铝、铬、镍、钴、金、银、煤、盐、大理石、硫磺、石油、天然气、石膏等。近年来，不断发现新油田，石油前景看好。已探明的石油储藏量53亿桶，天然气储藏量约为15亿立方尺。

【工业】有纺织、化工、制铝、制革、建材、卷烟、食品及加工工业。80年代中期开始开采石油。目前也门已有石油公司24家，1991年也门石油工业总产值52亿里亚尔，占国内生产总值的5.8％。采掘工业有7家企业，总产值7亿里亚尔，占国内生产总值的0.6％。加工工业有200家，总产值达96亿里亚尔。

【农牧渔业】1991年农业生产总值达177亿里亚尔。全国可耕地面积约532.1万公顷，已耕地面积约112万公顷。农业人口约占全国人口的70％。农产品主要有棉花、咖啡、高粱、小米、玉米、大麦、豆类、芝麻、喀特和烟叶。粮食1/3依靠进口。棉花和咖啡可供出口。近几年农产品产量如下(单位：万吨)：

	1988	1989	1990
高粱	59.4	57.4	49.1
小麦	14.2	16.3	15.3
玉米	5.8	6.8	6.6
大麦	4.9	5.9	5.5

(资料来源：1992/93年度经济季评)

1990年肉产量达37953吨，奶产量153662吨，1991年牲畜生产总值50亿里亚尔。1990年牲畜存栏数：羊709.9万头，牛117.5万头，骆驼17.4万头。

1990年捕鱼量为75164吨，其它海产品3173吨。1991年渔业生产总值达16亿里亚尔。

【交通运输】全国无铁路。有沥青路5073公里，其他各种道路3.5万公里。

空运：各大城市均有机场，萨那、亚丁和里扬机场为国际机场。有民航飞机14架，1990年3个国际机场飞机起落架次为26503架次，抵离旅客14万人次。

海运：有港口7个，年吞吐量为2107万吨，年装船货量为1175万吨，年靠港船只数为2977艘。亚丁港是最大港口，港内有30个泊位，可停靠万吨级货轮，荷台达港年吞吐量150万吨，木哈港年吞吐量35万吨，此外还有穆卡拉港。

【财政金融】近年财政预算收支情况如下(单位：亿里亚尔)：

	1990	1991
收入	247.04	352.18
支出	462.56	509.8
赤字	215.52	157.62

(资料来源：1991年度也门国家财政预算说明)

1989年外汇储备为3.244亿美元，截至1989年外债总额为49亿美元。

【对外贸易】实行进口许可证制度。国内建设所需物资和运输工具、机械设备、轻工产品等均需进口；出口产品主要有咖啡、棉花、皮革、石油、盐和尼龙制品等。主要贸易伙伴是沙特、日本、法国、意大利、德国、中国、美国、澳大利亚等。近几年进出口情况如下(单位：百万里亚尔)：

	1988	1989	1990
出口额	5394	7451	8316
进口额	19841	19333	18867
差　额	－14447	－11882	－10551

(资料来源：1992/93年度经济季评)

人民生活

实行免费医疗制度。1990年全国有医院74家、床位7970张；设有床位的卫生中心94家，床位1921张，不设床位的卫生中心298家；初级卫生站912家，药房1091家。1990年有出租和私人车33825辆，商业运输车35406辆。1989年人均收入522美元。

军　事

也门军队于统一后由南北军队合并组成。实行义务兵役制。兵役法规定，年满18岁的男性公民服役两年。萨利赫主席兼任军队总司令，总参谋长阿卜杜拉·侯赛因·巴希里准将。陆、海、空三军总兵力7万余人，此外还有国家内政安全警察约2万人和部落武装2万余人。陆军6万人；海军2800人，有2个海军基地，各类舰艇34艘；空军6000人，有各类飞机271架。也门武器装备90%以上为前苏联提供。

1991年国防预算达127.27亿里亚尔。

文化教育

【教育】政府重视发展文化教育事业，全国大中小学实行免费教育。小学实行义务教育制度，并致力于扩大基础、技术、职业教育。1992年政府向教育部门拨款116.15亿里亚尔，比上年增加39.6%，占国家总预算的14%。1990年有小学6727所，中学5000所。中小学生在校人数148.7252万人，中小学教师6275人。现有2所大学。萨那大学建于1970年，下设9所学院，1个语言中心，1992年在校学生数为7万人。萨那大学还在塔兹省设有分院。亚丁大学下设9所学院，是一所综合性大学。

【新闻出版】1990年5月成立3个报业公司：(1)革命报业公司：出版《革命报》、《统一报》、《马因杂志》、《体育报》；(2)共和国报业公司：出版《共和国报》、《晚报》；(3)"十月十四日"报业公司：出版《十·十四日报》。《革命报》、《十·十四日报》为也门官方报纸，阿拉伯文日报。

也门通讯社(简称萨巴社)：官方通讯社，也门统一后，由原北也门萨巴通讯社(创建于1968年)和原南也门亚丁通讯社(创建于1970年)合并而成，每日用阿拉伯文和英文对外发稿。

萨那广播电台建于1948年，用阿拉伯语、英语广播。亚丁广播电台创建于1954年，用阿拉伯语广播。

萨那电视台建于1975年。亚丁电视台于1964年建成。

对外关系

也门统一后，政府重申恪守过去南、北双方分别同各国签署的一切协议和国际条约，遵守联合国宪章和阿拉伯联盟宪章；奉行中立、不结盟政策；坚持睦邻友好、和平共处、不干涉内政，以和平方式解决分歧的原则；支持民族解放运动，反对种族歧视和种族隔离政策；致力于同各国发展友好关系；积极参与国际事务。主张在阿拉伯国家范围内，和平解决阿拉伯兄弟国家间的所有分歧，要求国际社会特别是安理会五个常任理事国为寻求中东地区持久、全面的和平发挥积极作用。呼吁国际社会取消对伊拉克人民的封锁，反对美等西方国家在伊南部设立"禁飞区"，主张维护伊主权和领土完整。关于海湾战后安全安排问题，要求外国军队撤出海湾地区，由本地区国家安排该地区的安全事宜。主张全面公正地解决中东问题。反对以色列侵略扩张，要求收复被占领的阿拉伯全部领土，支持巴勒斯坦人民为返回家园、民族自决和建立独立国家而进行的正义斗争。赞同召开中东和平国际会议。希望中东和会在安理会、阿拉伯及伊斯兰首脑会议决议框架内研究问题，保证巴勒斯坦人民在自己的土地上建立以耶路撒冷为首都的独立国家等合法权利，以解决巴勒斯坦问题。支持伊斯兰国家外长特别会议呼吁联合国为最后制止前南斯拉夫各共和国相互残杀而采取的所有措施，谴责使波黑穆斯林遭屠杀的行径，召回也门驻南斯拉夫大使。支持联合国安理会为恢复和平所采取的所有措施和步骤。支持波黑人民要求独立和建立独立国家的权利。要求国际社会负起责任，向波黑人民提供援助。认为联合国制裁利比亚的748号决议是不公正的。目前已同100多个国家建立了外交关系。

【同我国的关系】1956年9月24日我国与阿拉伯也门建立公使级外交关系，1963年2月13日升格为大使级。1968年1月31日我国与民主也门建立大使级外交关系。阿拉伯也门共和国总统萨利赫和民主也门共和国总理努曼于1987年先后访华。也门统一后，两国关系继续不断发展。1992年4月20～22日，应国务委员兼外交部长钱其琛的邀请，也门外长埃里亚尼率团访华。访华期间，李鹏总理会见了埃里亚尼一行。双方外长就中也双边关系、海湾局势、地区和国际形势等问题交换了看法。双方还签署了关于确认中国与阿拉伯也门共和国1990年3月4日签署的领事条约适用于也门共和国的备忘录。4月，应也门全国人民大会和也门社会党的邀请，中国共产党中央委员、福建省省委书记陈光毅率领中国共产党代表团访问也门。代表团与全国人民大会和也社党举行了联合会谈，代表团分别会见了萨利赫主席和阿塔斯总理。5月，也门建设部副部长穆罕默德·奥多·杜巴来华主持中也第二届经济技术和贸易合作混委会，这是也门统一后举行的首次中也混委会会议。杜巴与混委会中方主席经贸部副部长王文东共同签署了中国和也门两国政府1992/93年度贸易议定书。7月，应经贸部部长李岚清的邀请，也门供应和贸易部长法德勒·穆哈辛·阿卜杜拉一行访华。10月，中国教委副主任滕藤率领中国教育代表团访问也门。同月，交通部副部长王展意访问也门，同也门建设部副部长杜巴就加强两国经济合作问题举行了会谈，双方签署了会谈纪要。

1992年两国贸易总额为14831万美元，其中我方出口7440万美元，进口7390万美元。

中国驻也门大使：李留根。地址：AL-ZUBEIRI STREET，SANA'A，THE REPUBLIC OF YEMEN。信箱：P. O. BOX 482。电话：274337，275340，275411(商务处)。国家地区号：9671。电传：2548 CCCOFF YE。传真：275342 。电报挂号：CHINEMBASSY，SANA'A。也门驻华大使：加利卜·赛义德·阿杜菲(H. E. MR. GHALED SAEED AL-ADOOFI)。地址：北京三里屯东三街五号。电话：5321558，5323394。

【同美国的关系】也门北方于1948年4月与美国建立公使级外交关系，1963年2月升格为大使级。1967年

“六·五”中东战争时同美断交，1970年恢复外交关系。南方独立前，美国在亚丁设有领事馆。1967年12月美承认民主也门，把领事馆升格为大使馆。1969年10月两国断交，1990年5月复交。对于也门统一，美表示支持，1990年1月萨利赫总统访美。1991年6月，布什总统致信萨利赫总统称重视并希望发展美也双边关系。海湾危机爆发后，两国关系一度冷淡。1992年11月也门外交部长埃里亚尼率团访问美国。同月，萨利赫主席致电克林顿祝贺其当选为美国总统，并表示愿在互相尊重和继续相互合作从而有利于两国人民的原则基础上，进一步发展两国关系。

【同前苏联各共和国的关系】苏联解体后，也门重视发展与独联体国家的关系。1992年2月拉脱维亚总理访问也门，双方签署了关于建立两国非常驻大使级外交关系的联合公报。5月也门外交事务国务部长达利访问立陶宛、乌兹别克、乌克兰，并与立陶宛、乌兹别克签署了建立外交关系的联合公报。

【同沙特阿拉伯的关系】1970年阿拉伯也门同沙特建交。双方在历史上有着密切的经济、贸易和宗教等方面联系。1976年3月民主也门同沙建交。1990年8月海湾危机爆发后，约80万旅居沙特的也侨返回。萨利赫主席曾为此于同年8月访问沙特。两国存在领土纠纷，双方就此举行过3轮谈判。 （李连和）

伊　拉　克

国名　伊拉克共和国(The Republic of Iraq)。

面积　44.18万平方公里。

人口　1828万(1989年)。阿拉伯人占73.5%，库尔德人21.6%，其余为土耳其人、亚美尼亚人、亚述人、犹太人和伊朗人。官方语言为阿拉伯语，库尔德地区的官方语言是库尔德语，通用英语。居民中96%信奉国教伊斯兰教(什叶派约占60%，其余为逊尼派)，少数人信奉基督教或犹太教。

首都　巴格达(Baghdad)，人口530多万(1988年)。

国家元首　革命指挥委员会主席、共和国总统萨达姆·侯赛因(Saddam Hussein)，1979年7月就任。

简　况

位于亚洲西南部。与伊朗、土耳其、叙利亚、约旦、沙特、科威特接壤，东南濒波斯湾。海岸线长60公里。除东北部山区外，属热带沙漠气候。夏季最高气温50℃以上，冬季在0℃左右。

公元前4700年就出现了城邦国家。公元前2000年建立了巴比伦王国，公元前550年起，先后遭波斯人、阿拉伯帝国和奥斯曼帝国入侵和统治。1920年沦为英国“委任统治区”。1932年获得完全独立。1958年7月14日推翻费萨尔王朝，成立伊拉克共和国。

政　治

1968年复兴党政变上台，推行阿拉伯“统一、自由、社会主义”的纲领。1979年萨达姆全面接管政权。

现政权执政以来，利用石油收入加速经济建设，改善人民生活，对外奉行中立、不结盟政策。先后经历了两伊战争和由伊武装入侵和吞并科威特引发的海湾战争，综合国力严重削弱。1992年，伊继续受到全面封锁和制裁，内外处境困难，政局受到严重影响。5月，伊北部库尔德人举行议会选举，6月组成议会，7月成立政府，塔拉巴尼派的马苏姆出任政府总理。8月，美、英、法以保护什叶派穆斯林为由，在伊南部设立了“禁飞区”。10月伊反对派组织在伊北部召开全国代表大会，决定组成“伊拉克民族协商议会”，选举产生了执委会和最高领导机构。

【宪法】1968年9月颁布临时宪法，规定伊拉克是“人民民主国家”“伊斯兰教为国教”；经济上实行“社会主义公有制”，保护私有制；总统为国家元首，并兼武装部队总司令和革命指挥委员会主席。

【革命指挥委员会】简称“革指会”，国家最高权力机构。它有权解散议会，直接颁布法律和作出具有法律效力的决议，决定国家对外宣战和媾和，批准国家预算、决算以及对外签署条约、协定等。革指会主席有权任命副总统、总理、部长和其他高级军政官员。本届革指会于1991年9月改组，共11名成员，萨达姆总统连任主席。

【议会】称国民议会。由250名议员组成，任期为四年。每年春、秋召开两次会议。它有权制定法律，讨论通过国家预算、国民发展计划、条约与协定等。第三届国民议会于1989年4月产生，议长萨阿迪·马哈迪·萨利赫(Sa'di Mehadi Saleh)。

【政府】本届内阁政府于1991年9月组成，其后稍有变动。主要成员有：总理穆罕默德·海姆宰·祖拜迪(Mohamed Hamza Al-Zubaidi)，副总理塔里克·阿齐兹(Tareq Aziz)；国防部长阿里·哈桑·马吉德(Ali Hassan Al-Majeed)，内政部长瓦特班·易卜拉欣·哈桑(Wathban Ibrahim Hassan)，外交部长穆罕默德·赛义德·卡兹米·萨哈夫(Mohammed Sa'eed Kazem Al-Sahaf)，财政部长艾哈迈德·侯赛因·胡达伊尔(Ahmed Hussein Khudayer)，贸易部长穆罕默德·马哈迪·萨利赫(Mohamed Mahdi Saleh)，石油部长乌萨迈·阿卜杜·拉扎克·哈马迪·海堤(Usama Abdel-Razzaq Humadi Al-Hiti)。

【政党】(1)阿拉伯复兴社会党(The Arab Baath Socialist Party):1947年4月在大马士革成立。1950年前后,在约旦、伊拉克和黎巴嫩等国建立分支。领导机构分民族领导机构和地区领导机构。民族领导机构为该党总部,设在大马士革;地区领导机构为设在各阿拉伯国家的分支。1968年伊拉克复兴党人执政后,在巴格达另设民族领导机构,总书记萨达姆·侯赛因。

(2)库尔德民主党(The Kurdish Democratic Party):1945年成立,1975年后该党分裂成三派:

巴尔扎尼派于1975年两伊达成和解协议后,被迫率12万武装人员和家属撤到伊朗境内建立基地。1979年巴尔扎尼死后,由他的两个儿子伊德里斯、马斯乌德继续领导库尔德民主党。海湾战争后,该派同库尔德其他反对派在伊北部地区加强了反政府活动,并参加了库尔德反对派与政府就库尔德人自治的谈判。

塔拉巴尼派于1975年11月组成库尔德斯坦爱国联盟,总部设在大马士革,拥有武装近万人。海湾战争后,该派游击队在北部地区多次同政府军发生武装冲突。尽管塔拉巴尼也参加了同政府就有关库尔德自治问题的谈判,但仍主张通过武装斗争和在国际保障的情况下,争取库尔德人自治。

阿克拉维派主要成员多系库族部落首领和地方有影响人物。参加了"全国民族进步阵线",总书记哈希姆·哈桑·阿克拉维(Hashim Hassan Al-Aqrawi)。

(3)伊拉克共产党(The Communist Party of Iraq):1934年成立,1958年曾参加推翻费萨尔王朝的斗争。1963年伊复兴党执政后,伊共参加复兴党领导的"全国民族进步阵线"。1978年3月伊共指责复兴党的内外政策,次年被伊当局逐出"全国民族进步阵线",再次转入地下,并在北部地区开展反对现政权的活动。总书记阿齐兹·穆罕默德(Aziz Mohammed)。

(4)伊斯兰号召党(The Islamic Call Party):亦译达瓦党。该党前身为50～60年代出现的法蒂玛党。1974年该党秘密改为"达瓦党"。大部分成员是伊拉克纳杰夫地区什叶派的宗教人士和伊朗侨民。该党在伊朗的支持下从事反对伊拉克政府的活动。海湾战争后,该党在伊南部地区发动了大规模什叶派穆斯林的反政府骚乱,后被政府军武力镇压下去。

(5)全国民族进步阵线(The Progressive National and Patriotic Frant):1973年7月成立,是伊拉克复兴党的统一战线组织。主要由复兴党、库尔德民主党(阿克拉维派)等党派和一些独立的民族主义分子组成。复兴党多次强调对该阵线的"绝对领导"。最高委员会主席萨达姆·侯赛因总统。

【重要人物】萨达姆·侯赛因:总统、革命指挥委员会主席、复兴党伊拉克地区领导机构总书记、武装部队总司令。1937年4月28日生于萨拉赫丁省提克里特县一个农民家庭,是前总统贝克尔的侄子。1957年加入复兴党。1960年2月入开罗大学。1963年2月复兴党执政后,回国任复兴党伊拉克地区领导机构成员。同年11月阿里夫推翻复兴党政权,1964年10月被捕,两年后越狱。1968年7月复兴党再次执政后,萨于11月出任革命指挥委员会副主席、复兴党伊拉克地区领导机构副总书记。1976年1月晋升为上将。1979年7月任现职,并连任至今。1979年10月当选为复兴党民族领导机构副总书记。

经　济

国民收入主要靠石油。1988年两伊战争停火后,在很短的时间内石油生产和出口能力迅速提高。1988年伊发展计划投资总额为36亿第纳尔(约合115亿美元),其中42%用于工农业项目。1990年8月伊拉克入侵科威特后,联合国对伊实行严厉的经济制裁,冻结伊在海外的全部资产,世界各国停止了与伊的经贸往来,伊经济遭受重大打击,基本陷于瘫痪状态。

国内生产总值(1989年):661 .9亿美元。

国内生产总值增长率(1989年):15.4%。

国民收入(1988年):147亿第纳尔。

货币名称:伊拉克第纳尔;1第纳尔＝1000菲尔斯。

汇率(1991年9月):1美元＝0.31第纳尔。

通货膨胀率(1990年):45%。

【资源】石油资源丰富。1988年1月已探明的石油储量达1000亿桶以上,半探明的储量为500亿桶,在世界石油储量最多的国家中仅次于沙特,占第二位,分别占欧佩克和世界已探明总储量的15.5% 和14%。天然气储量预计约达3.1万亿立方米,占世界已探明总储量的2.4%。磷酸盐储量100亿吨。

【工业】主要有石油开采和提炼。两伊战争前石油年产量最高达1. 75亿吨。有八座炼油厂,总计日炼油能力32. 3万桶。1989年产石油1.4亿吨,收入达170亿美元,占国内生产总值的61.3%。伊入侵科威特后,土耳其和沙特相继关闭了伊的三条出口输油管道,伊的石油出口完全停止。1989年产硫磺140万吨,发电装机容量为8538兆瓦。

【农业】可耕地面积为800万公顷,已耕地面积近500万公顷。1970年颁布新土地法,政府对农业大量投资,兴建水利,改良土壤,鼓励集体经营。1988年农业人口占全国人口的33%。主要农作物有小麦、大麦、水稻和椰枣等。粮食不能自给,1989年进口小麦、大米等280多万吨。年产椰枣约40万吨,约占世界总产量的40%。近年主要农产品和牲畜产量如下(单位:万吨、万头):

	1987	1990
小麦	72	120
大麦	75	190
水稻	15	
绵羊	870	
山羊	140	
牛	150	

(资料来源:1990年英国经济季评)

【旅游业】主要旅游点有乌尔城(公元前2060年)遗址、亚述帝国(公元前910年)遗迹和哈特尔城遗址(俗名"太阳城")。位于巴格达西南90公里处的巴比伦是世界著名古城的遗址,盛传的"空中花园"被列为古代世界七大奇迹之一。

【交通运输】国内交通运输以公路为主。海湾战争期间,交通设施遭到严重破坏,空运迄未恢复。

铁路:总长3084公里。

公路:总长3.6万公里(高速公路850公里)。

水运:巴士拉是唯一商业港口,年吞吐量500多万吨;贝克尔港原为大型输油港,年输油能力84万吨。

空运:巴格达和巴士拉有国际机场。

输油管:现有三条输油管,总长3750公里;1989年底,日输油量达315万桶。

【财政金融】1989年预算赤字72亿第纳尔。伊入侵科威特后,联合国实行经济制裁,冻结了伊在国外的资产,伊财政枯竭,伊第纳尔不断贬值(官价不变)。

1988年外汇储备约为10余亿美元。截至1991年8月,欠外债约750～800多亿美元。

【对外贸易】外贸主要由国家控制,但也鼓励私人进口。近几年外贸额如下(单位:亿美元):

	1988	1989
出口额	110	142
进口额	71	102

(资料来源:同上)

主要出口原油、硫磺、椰枣、化肥及水果蔬菜等,进口各种生产资料、粮食等生活必需品。

1990年伊同主要贸易伙伴国的贸易占外贸总额的比例如下(%):

出口		进口	
美国	28.5%	德国*	13.3%
巴西	9.9%	美国	10.7%
土耳其	9.8%	土耳其	9.2%
日本	7.8%	法国	8.7%
荷兰	7.4%	英国	8.4%
西班牙	4.6%	日本	4.5%
法国	3.5%	意大利	4.5%
意大利	3.0%	巴西	3.1%

* 包括6月以后东德。

(资料来源:1991年第三期英国经济季评)

人民生活

海湾战争后,消费品奇缺,生活水平急剧下降。1988年全国共有医院197所,其它卫生机构1495个,共有病床2.9万张,医生8306人。平均每万人拥有病床约17张,医生8人。每千人拥有电话57部,私人小汽车53辆。

【战后重建工作】海湾战后,伊当局采取措施,集中资金,保证了重点项目的重建和修复工作。截至1992年底,伊修复了70%的被炸毁的水、电、交通和石油等基础建设。现巴格达市供电已恢复90%,原油日产恢复到230万桶(战前350万桶),134座被炸毁的桥梁中已有120座被修复,巴格达市内被炸毁的大型建筑物基本修复一新。

军　事

1921年独立后在英国帮助下建立王国军队。30年代先后建立空军、海军。共和国成立后,改组了军队。两伊战争停火后,伊优先发展军火工业,花费重金引进高科技和购买国外尖端技术设备,努力使武器装备国产化。海湾战争期间,伊军队和武器装备损失惨重,大部分军事工业和设施被摧毁。战后,联合国通过销毁伊大规模毁灭性武器的决议。在联合国的监督下,销毁了一些"飞毛腿"导弹、生化武器和核设施等。革命指挥委员会主席、总统兼任武装部队总司令。复兴社会党军事局是最高军事决策机构。

总兵力(战后)35万(含四个师的共和国卫队),装备有坦克2300辆,装甲运兵车4400辆、重炮1000门。空军约3万(一半为防空军),有130架战斗机,125架截击机,120架攻击型直升机,230架运输直升飞机。

文化教育

【教育】实行免费教育。计划1990年扫除文盲。有巴格达、巴士拉、摩苏尔等大学。1988/89年各级学校情况如下:

	学校(所)	学生(万人)	教师(万人)
小学	9914	300	12
中学	2109	100	4.347
大学	7	15.8	0.728

【新闻出版】全国主要报纸有:《革命报》,复兴党机关报,1968年7月创刊;《共和国报》,政府机关报,1963年创刊;《伊拉克报》,库尔德民主党机关报,1968年创刊;《巴格达观察家报》,伊拉克对外发行的英文报纸,1969年创刊。

伊拉克通讯社是官方通讯社,用阿拉伯文和英文两种文字发稿。有"群众之声电台"、"巴格达电台"和"库尔德电台",除用阿拉伯语、库尔德语、土库曼语广播外,还用英、法、俄、土、波斯、乌尔都、斯瓦希里、俾路支等语对外广播。

巴格达有两个电视台,在尼尼微、巴士拉、米桑、基尔库克和穆萨纳各有一个发射台。

对外关系

奉行中立、不结盟政策。1992年伊继续受到国际社会的制裁,对外关系受到限制。自1991年5月至1992年底,联合国特委会已向伊派出48个武器核查小组。其中核武器核查组16个,化学武器核查组13个,弹道导弹核查组12个,生物武器核查组2个。销毁了一些根据决议应销毁的武器和设施。伊在海湾战争停火前夕,宣布接受当时联合国安理会就海湾危机作出的十二项决议,海湾战后至1992年底,联合国安理会又先后通过了十四项决议,伊对其中大部分决议有重大保留,未明确接受;对一些决议则予以遣责和拒绝。在执行这些决议时,伊不时同联合国发生分歧和冲突。

【同我国的关系】1958年8月25日中伊建交以来，两国关系一直友好，两国党、政、民间团体相互来往频繁。1990年5月，万里委员长访伊。9月，伊第一副总理拉马丹访华。11月，钱其琛外长访问伊拉克，要求伊接受联合国安理会的有关决议，尽快从科撤军。1991年2月伊副总理哈马迪访华。1992年，两国关系继续受到对伊制裁的影响。同年9月，钱其琛外长在出席不结盟国家首脑会议和四十七届联大会议期间先后会见了伊拉克副总统拉马丹和伊拉克外长萨哈夫。

【同美国的关系】1967年中东战争后，伊美断交。两伊战争爆发后，两国关系有较大发展。1984年11月，两国恢复外交关系。海湾危机爆发后，美坚决反对伊吞并科威特，组成以美为首的多国部队，用武力恢复了科的主权和独立。1991年2月伊拉克宣布与美国断交。1992年美伊围绕执行安理会决议等问题多次发生对抗，美国一再声称要以武力迫使伊执行安理会决议。8月26日，美、英、法在伊南部设"禁飞区"，禁止伊战斗机飞入北纬32度线以南的伊领空。伊认为设"禁飞区"计划违背了联合国决议，侵犯了伊的主权。伊同美等国的对抗加剧，以至发生军事冲突。

【同前苏联各共和国的关系】伊同前苏联1944年建交。1972年两国签订"友好条约"，关系一度密切。海湾危机爆发后，苏反对伊对科的吞并。苏联解体后，伊即承认俄罗斯等独立国家联合体11个成员国、波罗的海三国和格鲁吉亚共和国的独立。海湾战争后，俄罗斯支持一切迫伊遵守联合国决议的措施，并赞同美、英、法在伊南部地区建立"禁飞区"。

【同阿拉伯国家的关系】海湾危机爆发前，伊拉克与绝大多数阿拉伯国家关系友好，同海湾阿拉伯国家关系较密切；1989年2月，伊拉克、埃及、约旦、也门四国组成阿拉伯合作委员会；1989年5月，在巴格达召开阿拉伯特别首脑会议；1987年，伊与利比亚关系正常化。伊与叙利亚长期不和，1980年伊叙断交后迄未恢复关系。海湾危机爆发后，阿拉伯国家不同程度地反对和谴责伊对科威特的入侵和吞并。海湾阿拉伯国家、埃及、叙利亚、摩洛哥派兵参加了多国部队或向其提供军事方便。海湾战争后，多数阿拉伯国家停止了与伊的官方往来。1992年，海湾阿拉伯国家和埃、叙等国继续坚持对伊制裁的立场，要求伊执行联合国安理会关于海湾问题的所有有关决议，但也主张维护伊的统一和领土完整。到1992年底，阿曼、巴林、卡塔尔等阿拉伯国家恢复或改善了同伊的关系。

【同伊朗的关系】两伊战争结束后，两伊仍处于敌对状态。海湾危机发生后，伊拉克于1990年8月17日正式宣布从伊朗领土上撤军，10月两伊恢复外交关系。但由于伊在海湾战争中让伊朗保管的飞机以及战俘问题未得到解决，加之伊指责伊朗支持其南部什叶派穆斯林的反政府武装活动，两伊关系始终未得到更好的解决。

【库尔德问题】库尔德人居住在伊北部地区，约350万人，曾为争取民族自治进行过长期斗争。海湾战争后，库尔德人大规模的反政府武装活动遭伊政府军镇压，大批难民逃往土耳其和伊朗境内。1991年4月美、法等国在伊北部建立了库尔德难民"安全区"。此后伊政府与库尔德反对派举行了多轮有关库尔德地区自治权利的谈判，但均未达成协议。　　（苏高潮）

伊　朗

国名　伊朗伊斯兰共和国(The Islamic Republic of Iran)。

面积　164.5万平方公里。

人口　5959万(1992年统计)，波斯人占66%，阿塞拜疆人占25%，库尔德人占5%，余为阿拉伯人、土库曼人等少数民族。官方语言为波斯语。伊斯兰教为国教，98.8%的居民信奉伊斯兰教，其中91%为什叶派，7.8%为逊尼派。

首都　德黑兰(Tehran)，人口约850万(1988年估计)。

领袖　阿亚图拉·赛义德·阿里·哈梅内伊(Ayatollah Seyyed Ali Khameneyi)，1989年6月4日当选。

国家元首　总统霍贾特伊斯兰·阿克巴尔·哈什米·拉夫桑贾尼(Hojatoleslam Akbar Hashemi Rafsanjani)，1989年8月3日就职。

简　况

位于亚洲西南部。邻亚美尼亚、阿塞拜疆、土库曼斯坦、伊拉克、土耳其、巴基斯坦和阿富汗，南濒波斯湾和阿曼湾。属大陆性气候，冬冷夏热，大部分地区干燥少雨。

伊朗是具有四五千年历史的文明古国，史称波斯。公元前6世纪古波斯帝国盛极一时。公元7～18世纪，阿拉伯人、突厥人、蒙古人、阿富汗人先后侵入。19世纪以来，逐步沦为英、俄的半殖民地。1925年建立巴列维王朝。1978年始全国爆发了反对国王统治的群众运动。1979年2月11日，伊朗宗教领袖霍梅尼正式接管政权，4月1日，建立伊朗伊斯兰共和国。

政　治

1989年6月3日霍梅尼病逝，专家会议于第二天推举总统哈梅内伊为新领袖。7月28日，议长拉夫桑贾尼当选总统。1992年伊朗政局基本稳定。这一年中的最重大事件是4月10日和5 月8日分两轮举行的议会大选。约1880万选民参加了投票。据报道，主张务实的温和势力赢得了总共270个议席中的绝大多数席位，激进势力仅得到30席。这次选举后，伊领导层对建国方针提出了一些主张。5月底新议会开幕。6月初，努里当选议长时强调，本届议会将继续遵循霍梅尼制定的原则。7月1日，领袖哈梅内伊表示，伊朗应由伊朗人来建设，外国人不可信。7月底8月初，拉夫桑贾尼总统说，国家的独立要靠具有责任感和专业知识的人才方能实现，要防止外国对伊斯兰文化的渗透。但不要把自己封闭起来。11月，议长努里表示坚决服从领袖哈梅内伊、称专家治国思想为自由主义，应认真对付。

【宪法】伊斯兰革命后第一部宪法于1979年12月颁布，规定伊实行政教合一制度，神权统治高于一切。1989年4月对宪法进行部分修改，突出强调伊斯兰信仰、体制、教规、共和制及最高领袖的绝对权力不容更改。重要修改内容有：领袖可由专家会议推举的一名宗教法学家担任，而不一定是最高宗教权威；取消总理职位，由总统直接领导内阁，负责行政权；设立"确定利益委员会"，裁决议会与宪法监护委员会在立法问题上的分歧；设立司法总监，负责司法权；成立最高国家安全委员会，取代战时的最高国防委员会。同年7月，哈梅内伊正式批准经全民投票通过的新宪法。

【议会】伊斯兰议会是伊最高立法机构。实行一院制，有270个席位，绝大多数议员属伊斯兰教什叶派，少数为伊斯兰教逊尼派以及基督教和犹太教徒。议员由选民直接选举产生，任期四年。本届议会于1992年5月组成，是伊革命后的第四届议会。现任议长霍贾特伊斯兰·阿里·阿克巴尔·纳泰格·努里（Hojatoleslam Ali Akbar Nataq Nuri），1992年6月2日当选。

【政府】本届内阁于1989年8月成立，设22个部。总统可授权第一副总统掌管内阁日常工作，有权任命数名副总统，协助主管专门事务。主要成员有：第一副总统哈桑·哈比比（Hassan Habibi），负责法律和议会事务的副总统阿塔乌拉·莫哈杰拉尼（Ataollah Mohajerani），负责执行事务的副总统哈米德·米尔扎德（Hamid Mirzadeh）；内务部长霍贾特伊斯兰·阿卜杜拉·努里（Hojatoleslam Abdullah Nuri），石油部长古拉姆礼萨·阿加扎德（Gholamreza Aghazadeh），外交部长阿里·阿克巴尔·韦拉亚提（Ali Akbar Velayati），国防和武装部队后勤部长阿克巴尔·托尔康（Akbar Torkan），财经部长莫赫辛·努尔巴赫什（Mohsen Nurbakhsh）。

【司法机构】司法总监是司法方面的最高首脑，由领袖任命，任期五年。最高法院院长和总检察长由司法总监任命，任期亦五年。司法部长由司法总监推荐，总统任命，负责协调与行政权和立法权的关系。在司法总监领导下，还设有行政公正法庭和国家监察总局，分别审理民众对政府机关的诉讼和监督国家机关的工作。司法总监阿亚图拉·穆罕默德·雅兹迪（Ayatollah Mohammad Yazdi），最高法院院长霍贾特伊斯兰·穆塔扎·莫格塔达伊（Hojatoleslam Mortaza Mogh-tadayi），总检察长霍贾特伊斯兰·穆罕默德·穆罕默迪·雷沙赫里（Hojatoleslam Mohammad Mohammadi Reyshahri）。

【政党】1988年12月，伊颁布政党法，要求所有党派向内务部重新登记，经审查批准后才能开展活动。获准活动的政党组织有：

(1)德黑兰战斗的宗教人士协会：为1987年从革命初期成立的"德黑兰战斗的宗教界协会"分化出来的组织，成员大多是宗教界和政界的知名人士。书记霍贾特伊斯兰·迈赫迪·卡鲁比（Hojatoleslam Mehdi Karubi）。

(2)伊斯兰指导党：主席大流士·扎格阿里·马兰迪。

(3)伊朗拜火教协会：主席阿达希尔·阿扎尔古沙斯伯。

【重要人物】**阿亚图拉·赛义德·阿里·哈梅内伊**：领袖。1939年生于东部圣城马什哈德。1958年赴库姆神学院学习。1963年后因参加反国王活动，曾多次被捕，一度被流放。1979年革命胜利后，先后任革命委员会成员、国防部副部长、革命卫队司令、德黑兰市教长、伊斯兰共和党书记、最高国防委员会主席、伊斯兰共和国总统等职。1989年6月霍梅尼逝世后继任领袖。 **霍贾特伊斯兰·阿克巴尔·哈什米·拉夫桑贾尼**：总统。1934年生于克尔曼省，14岁入库姆神学院学习。60年代起从事反国王活动，多次被捕。1979年革命胜利后任革命委员会成员、内务部长等职。1980年7月，当选为议长。1981年被任命为霍梅尼驻最高国防委员会的代表。1983年7月当选为负责霍梅尼身后选定继承人的"专家会议"副主席，1988年6月被霍梅尼任命为武装部队代总司令兼德黑兰市临时教长，1989年7月28日当选为总统，8月3日宣誓就职。

经 济

伊政府推行较为务实的经济政策，抓住两伊战争结束的有利时机，加速战后国内重建步伐。在推进自由经济、扩大私有成分的同时，加强税收，以保证财政收入的增加和调整分配关系。1990年1月议会通过了新的五年计划，总投资额达27.6万亿里亚尔。海湾危机发生后，由于油价上涨，财政亏空、银根紧张的状况一度有所缓解。但1992年以来，由于油价低于预期水平，外汇收入减少，对外支付发生困难。国内通货膨胀严重，开工不足，失业率高。

国内生产总值（1991年，以1982年固定价格计算）：119929亿里亚尔（现价467768亿里亚尔）。

国民收入（1991年，以1982年固定价格计算）：105684亿里亚尔（现价405359亿里亚尔）。

货币名称：里亚尔。

汇率(1992年1月):1美元=65里亚尔。

通货膨胀率(1990年):25～30%。

失业率(1989年):30%。

【资源】1991年已探明的石油储量为928亿桶,占世界总储量的9.3%(1992年增为9.43%),居世界第四位。1990年已探明的天然气储量17万亿立方米,仅次于前苏联,居世界第二位。此外,还有铜、铬、铅、锌、铁和煤等矿石资源。高岭土2200万吨。森林面积1247万公顷。

【工矿业】石油是经济命脉,1991年出口原油收入158亿美元。石油收入占全部外汇收入的90%。现有炼油厂6座,年加工能力约5325万吨。其他主要工业部门有纺织、食品、建材、地毯、造纸、电力、化工、汽车、冶金、钢铁和机械制造。1991年非石油产品出口收入26亿美元。近几年工矿业部门产值情况如下(单位:亿里亚尔,按1982年固定价格计算):

	1989	1990	1991
石油	18895	22647	24888
矿产	586	631	621
水电煤气	2067	2467	3135
建筑	4259	4382	4768

近几年主要工业产品产量(单位:万吨):

	1989	1990	1991
水泥	1259	1443	1540
钢铁	92	107	120
食糖	54	57	60
植物油	50	56	57
电视机(万台)	41	60	62

(资料来源:伊朗统计年鉴)

【农牧业】农业较落后。农业人口约2200多万,占全国人口的45.5%。可耕地5100万公顷,占全国面积的30%。已耕地1486万公顷,其中水浇地566万公顷。牧场面积9000万公顷,其中好牧场1900万公顷。大部分地区干旱缺水,农业机械化程度较低。粮食不能自给,每年需进口约30亿美元的食品。1989、1990和1991三年农业产值分别为27460、29675和31188亿里亚尔(按1982年固定价格计算)。1991年农业产值占国内生产总值的26%左右。近几年农业主要产品产量(单位:万吨):

	1989	1990	1991
小麦	601	855	890
大麦	285	375	330
稻米	185	227	250
甜菜	354	364	490
棉花	39	44	39

(资料来源:同上)

【服务业】1989、1990和1991年三年的服务业收入分别为40553、44212和46487亿里亚尔(按1982年固定价格计算)。

【交通运输】国内运输主要靠公路,进出口货物80%靠海运。

公路:总长11万多公里,其中干线1.5万公里,高速公路457公里。

铁路:总长5800多公里,其中干线4567公里,支线1235公里。

水运:伊朗航运公司有货轮89艘,其中69艘为远洋轮;年货运量约1000万吨。有油轮30艘,总吨位为600万吨。全国有七大商港:霍拉姆沙赫尔、霍梅尼、布什尔、阿巴斯、恰巴哈尔、安扎里、诺沙尔。哈尔克岛为原油输出港,储油能力1000万桶。

空运:有24个机场,其中德黑兰、阿巴丹和阿巴斯为国际机场。有大型客机26架,运输机4架。有14条国际航线和以德黑兰为中心通往全国各大城市的国内航线。

【财政金融】近几年政府财政预算情况如下(单位:亿里亚尔):

	1990	1991
收入	56320	69330
支出	63080	81220
赤字	6760	11890

(资料来源:伊朗统计年鉴)

截至1992年底,外债为300亿美元。

【对外贸易】原油及其制品出口为外汇主要来源。此外,还出口金属矿石、皮革、地毯及干鲜果品和鱼子酱等。主要进口商品有粮食、食品、药品、生产资料及生活用品等。主要贸易伙伴是德国、日本、意大利、土耳其、法国等。德是伊最大的贸易对象国,25%进口货来自德国。1991年伊德贸易额达82.1亿马克,其中进口67.2亿马克,出口14.9亿马克(含6.3亿马克石油)。同年伊同意大利贸易额为35亿美元。近几年对外贸易情况如下(单位:百万美元):

	1989	1990	1991
出口			
原油	12037	17441	15802
地毯	345	509	1128
干鲜果	319	328	413
鱼子酱	36	44	39
棉花	1.7	2	2.4
铜	18	152	178
矿石	46	51	56
皮革	95	61	75
总计:	13081	18768	18415
进口			
医药食品	2639	2358	3153
化工产品	1507	1625	2174
钢铁	1210	3072	4106
工业运输工具	3235	5847	7816
总计:	14666	20526	27445

(资料来源:伊朗统计年鉴)

人民生活

按现价计算,1991年人均国民收入70万里亚尔,政府对部分食品和生活用品实行补贴。物价上涨指数(1982年为100):

1991年为463.5。全国有医院、诊所906个，病床7.8万张，普通医生1.8万人，专科医生8000人，牙医3000人；平均2200人有1名医生，每1.7万人有1名牙医。

军　事

伊朗武装部队由经过改组的前政权军队和1979年6月成立的伊斯兰革命卫队组成。领袖为武装部队总司令。革命卫队由领袖直接指挥。卫队司令是雷扎伊，军队联合总参谋长是沙赫巴齐。最高军事决策机构为最高国家安全委员会，由总统、外长、内务部长、国防部长、军队联合总参谋长、卫队司令及领袖的两名代表组成。实行义务兵役制，服役期二年。

总兵力65.45万人（正规军和革命卫队）。陆军30万人，编为3个机械化师、7个步兵师、1个特种兵师、1个空降旅、12个地空导弹营及若干个独立装甲旅和步兵旅等。海军2万人，有6个基地。空军3.5万人，编为8个攻击机、1个侦察机、2个加油机、5个运输机中队。

革命卫队30万人，辖11个军区。此外还有直属内务部的治安部队和一些准军事组织，包括民兵性的“动员组织”等。

文化教育

【教育】实行中、小学免费教育，重视高等教育，每年教育经费5500亿里亚尔。现有文盲1400万人，女性文盲占妇女人口的79.2%。1988年有大学46所，在校本科生约30万人。

【新闻出版】有报刊、杂志近百种，大部分在德黑兰出版。主要官方报纸有：《世界报》、《消息报》、《虔诚者报》、《伊斯兰共和报》。此外还有《使命报》、《早安报》和英文版的《德黑兰时报》和《世界报》国际版。

伊斯兰共和国通讯社是唯一的官方通讯社，1979年革命前称波斯通讯社。

国家广播电视台成立于1966年，1979年改名为伊朗伊斯兰共和国声像组织。电台用波斯语、阿拉伯语、英语、法语、德语等对外广播。电视有两个台播放节目。

对外关系

奉行独立、不结盟的对外政策，宣布“不倾向东方，也不倾向西方”。伊斯兰在外交政策中高于一切，主张推广伊斯兰意识形态。反对超级大国的霸权主义。积极发展同伊斯兰、第三世界和不结盟国家的关系。除美国、以色列和南非外，愿同所有国家在互利和互相尊重的基础上发展关系。主张在互相尊重主权、领土完整，互不干涉内政的基础上建立国际政治新秩序，并以公正合理、平等互利、等价交换的国际经济新秩序取代目前不公正的国际经济秩序。同时认为由美国一国主宰的新秩序对人类将是一场灾难。主张在阿富汗建立一个独立、不结盟和基础广泛的伊斯兰政权，明确表示不能让美国超级大国及其走卒取代原东方超级大国及其傀儡去控制阿富汗。呼吁阿各派加强团结与合作，维护阿国内的和平与稳定。强烈反对以色列的侵略扩张，支持巴勒斯坦人民的正义斗争，认为在被占领土收复前，不应成立巴勒斯坦国。反对召开中东和会，认为和谈只能增强犹太复国主义的扩张本性，强调任何政府都无权拿巴人民的权利作交易。主张波斯湾安全应由沿岸各国维护，反对外来干涉，反对外国驻军。要求在地区事务中拥有更多的发言权。认为伊拉克政府虽是本地区的一个不稳定的因素，但这不应成为美国通过武力来决定伊拉克人民命运的借口，表示反对肢解伊拉克。指责塞尔维亚侵略波黑，屠杀穆斯林，要求国际社会干预，包括有限军事干预。截至1992年，已同140多个国家建立了外交关系。

【同我国的关系】中伊1971年8月16日建交。1979年伊新政权建立后，两国关系继续发展。议长拉夫桑贾尼（1985年6月）、总统哈梅内伊（1989年5月）、议长卡鲁比（1991年12月）、总统拉夫桑贾尼（1992年9月）先后访华；我人大常委会委员长万里（1990年5月）、国务院总理李鹏（1991年7月）、国家主席杨尚昆（1991年10月）相继访伊。在拉夫桑贾尼总统访华期间，两国政府签订了《和平利用核能合作协定》。1992年其他双边重要交往有：伊外长韦拉亚提访华（4月）；我国务委员兼国防部长秦基伟上将访伊（10月）。

自1990年起，两国贸易和经济合作改为现汇支付。1992年两国贸易额为4.36亿美元，其中我出口3.35亿，进口1.01亿。

中国驻伊朗大使华黎明。大使馆馆址：53 GOLESTAN 1，PASDARAN AVE.，TEHRAN。电话：244010，245131。电传：212879，CHIN IR。传真：009821244114。商务处电话：282532，289098。电传：213237 COMO IR。

伊朗驻中国大使塔鲁米拉德。大使馆馆址：三里屯东6街13号。电话：5322040。商务参赞电话：5322149。

【同美国的关系】强烈反美。1979年11月，由于美国允许前国王去美治病，伊扣押美驻伊使馆外交官为人质，引发震惊世界的人质事件，两国关系恶化，1980年4月7日断交。后伊美在个别问题上曾达成某些协议，但美对伊一直采取孤立遏制政策，伊则强烈反对美插足波斯湾，坚持要美归还被冻结的伊在美资产。美仍把伊列入支持恐怖主义国家的名单，伊对此反应强烈。双方矛盾依旧。

【同原苏联各共和国的关系】积极发展同原苏联各国特别是中亚穆斯林共和国的关系。1992年伊与俄罗斯、阿塞拜疆、哈萨克斯坦、土库曼斯坦等国组建“里海国家经济合作组织”，同塔吉克斯坦等国建立“波斯文化中心”，还相继与乌克兰、白俄罗斯等国正式建立外交关系。

【同西欧国家的关系】重视改善和发展同西方国家关系，与法、德、意关系较密切。1990～1991年伊外长韦拉亚提三次访法。1992年7月韦拉亚提两次访德。同月韦拉亚提访意。1991年意、法、德外长先后访伊，奥地利总统瓦尔德海姆访伊。

【同巴基斯坦、土耳其和经济合作组织的关系】十分重视同巴基斯坦、土耳其的睦邻友好关系。1985年3国组建了经济合作组织(ECO),以加强相互经贸合作。1992年2月,3国在德黑兰召开首脑会议,决定接纳中亚诸国加入。1992年11月底,该组织举行外长会议,中亚5国和阿塞拜疆、阿富汗成为组织成员国。与会各国表示要加强彼此在工农业、经济、文化、教育等领域的联系。1992年伊总统访巴。1992年10月土总理访伊。

【同海湾及阿拉伯国家的关系】两伊战争期间,同大多数阿拉伯国家关系冷淡。两伊停火后,伊着手改善同阿拉伯世界的关系。海湾危机的爆发促使伊同海湾国家关系好转,伊的国际处境随之改善。但1992年伊同阿联酋在位于波斯湾的阿布穆萨、大小通布三岛主权归属问题上矛盾激化。4月,伊占据阿岛上阿联酋(沙迦)管区,8月以未办许可证为由拒绝100多名阿联酋籍和外籍人登岛,事态恶化。海湾合作委员会、阿盟以及埃及等阿拉伯国家纷纷发表声明,谴责伊朗"侵略行径"。当事双方虽曾就此谈判,但因各自坚持原有立场而陷入僵局。目前,伊阿双方均表示愿通过和平谈判解决分歧。此事件阻碍了伊同阿拉伯国家改善关系的进程。

【同伊拉克的关系】1980年9月两国爆发战争。1988年8月,双方在接受安理会598号决议基础上正式停火,但战争状态并未结束。1990年8月的海湾危机给解决两伊问题带来了转机,萨达姆总统当即宣布接受伊朗和平建议的全部条件。10月14日两伊复交;11月双方就换俘、朝圣、继续谈判实施598号决议等达成协议。在海湾危机期间伊朗严守中立,两伊关系有了明显变化,但两伊尚未签署和平协议。伊朗要求确定侵略者,并由伊拉克赔偿战争损失数千亿美元。1991年12月12日,联合国秘书长向安理会提出报告,确定伊拉克为两伊战争的发动者。

(*群　力*)

以　色　列

国名　以色列国(The State of Israel)。

面积　根据1947年联合国关于巴勒斯坦分治决议的规定,以色列国的面积为1.49万平方公里。目前,以色列占领着约旦河西岸、加沙地带、东耶路撒冷和戈兰高地,实际控制面积为2.8万平方公里。

人口　515.5万(1992年9月统计,包括约旦河西岸、加沙地带和东耶路撒冷犹太居民)。其中犹太人占81.9%,阿拉伯人、德鲁兹人及其他人占18.1%。希伯来语为国语,希伯来语和阿拉伯语均为官方语言,通用英语。犹太教为国教,居民中81.5%多信奉犹太教,14.5%信奉伊斯兰教,其余信奉基督教和其他宗教。

首都　建国时在特拉维夫(Tel Aviv),1950年迁往耶路撒冷(Jerusalem)。1980年7月30日,以议会通过法案,宣布耶路撒冷是以色列"永恒的与不可分割的首都"。对于耶路撒冷的地位和归属,阿拉伯国家同以色列一直有争议,前者要求"以色列撤出1967年以来它所占领的一切阿拉伯领土,包括阿拉伯的耶路撒冷(指东耶路撒冷)"。绝大多数同以有外交关系的国家仍把使馆设在特拉维夫。耶路撒冷市人口52.45万(1992年底统计)。

国家元首　总统哈伊姆·赫尔佐克(Chaim Herzog),1983年5月5日就职,1988年5月9日连任。

简　况

位于亚洲西部。东接约旦,东北部与叙利亚为邻,南连亚喀巴湾,西南部与埃及为邻,西濒地中海,北与黎巴嫩接壤,地处亚、非、欧三大洲结合处,地理位置十分重要。海岸线长度为198公里。地中海型气候,夏季炎热干燥,冬季温和湿润,最高气温39℃,最低气温4℃左右。

犹太人远祖是古代闪族的支脉希伯来人。公元前13世纪末开始从埃及迁居巴勒斯坦。公元前63年罗马人入侵,大部分犹太人被赶出巴勒斯坦。公元7世纪巴被阿拉伯帝国占领,阿拉伯人成为当地居民的绝大多数。1917年英国占领巴勒斯坦,同年11月2日发表《贝尔福宣言》,表示"赞成在巴勒斯坦为犹太人建立一个民族之家"。翌年美国也同意这一宣言。1922年7月24日国际联盟通过了英国对巴勒斯坦的"委任统治训令",规定在巴建立"犹太民族之家"。1947年11月29日,联合国大会通过决议,决定在巴勒斯坦分别建立阿拉伯国和犹太国。1948年5月14日,以色列国正式成立。此后与阿拉伯国家发生了四次大规模战争。

政　治

1992年6月23日,第13届议会选举揭晓,以工党为首的左翼政党取得议会多数席位,执政15年的利库德集团遭到惨败。这次大选是在国际形势剧变,中东和谈正在进行,以美战略关系发生变化,以国内面临一系列社会、经济问题的情况下进行的。工党取胜的原因很多,主要是民心思变、民心思定。以色列国内主张通过和谈解决阿以冲突的力量已成为主流。在中东和平进程问题上,工党既强调以的安全,又具有一定的灵活性,同意作出必要的领土让步。工党的主张对渴望和平的以色列人民来说较为可取,颇得人心。其次,以选民对利库德为核心的右翼内阁近年来的政绩颇为失望,对以美关系趋于冷淡十分不安。由于利库德集团执政期间将大量资金用于在被占领土修建犹太定居点,使国内经济困难日益严重，通货膨胀，失业率上升，百姓颇有怨言。再则，工党推选拉宾出任党的领袖，增强了竞争的地位，争取到大批中间选民的支持。

7月 2日，以色列总统赫尔佐克授权拉宾组阁，工党虽在议会中获44席，但距多数尚远，它必须联合其他党派才能组阁。工党与"梅雷茨"组织和沙斯党经过讨价还价后，三党就组成联合政府达成协议。7月13日，以色列议会以67票赞成，53票反对通过了以拉宾为总理的新内阁。同日，拉宾在议会发表施政演说时指出："以色列应顺应世界和平、缓和和合作的潮流，与阿拉伯国家谋求和平，让被占领土的巴勒斯坦人自治，在国内促进经济增长，增加就业，促进企业私有化，减少政府干预经济，鼓励中小企业发展吸收和安置移民。"

拉宾新政府上台后，在外交政策上有较明显的调整。修复与美国、西欧国家的关系，争取美国100 亿美元贷款担保。缓和同邻国的关系，特别是在中东问题上采取了一些灵活的措施，如：同意把联合国安理会第242 和338 号决议作为和谈的基础；停建被占领土部分犹太定居点；释放部分被关押的巴勒斯坦人；废除禁止与巴解接触的法律等等。这些措施改善了中东和谈气氛，使阿以双边会谈越过了程序性争执，开始探讨实质性问题。

【宪法】没有正式的成文宪法，现只有《议会法》、《总统法》、《国防军法》、《内阁法》、《审判法》、《选举法》和《经济法》等一些基本法。

【议会】最高权力机构。拥有立法权，负责制定和修改国家法律，对政治问题表决，批准内阁成员并监督政府工作，选举总统、议长，由议员组成一些常设委员会和专门委员会。一院制，由 120名议员组成。议员由普选产生，任期 4年。每 4年选举一次，在第四年的犹太教历 8月的第三个星期二举行。议员候选人以政党为单位参加竞选。获有效选票1.5 %的政党才能有议席。各党按所得选票占总有效票比例在议会安排相应的议员席位。本届议会（第13届）于1992年 6月23日产生，工党44席，利库德集团32席，"梅雷茨"组织12席，十字路口党 8席，东犹圣经卫士党 6席，全国宗教党 6席，犹太圣经联盟 4席，争取和平与平等民主阵线 3席，祖国党3席，阿拉伯民主党 2席。议长谢瓦·魏思（Shevah Weiss，工党 ）。

【政府】现政府于1992年 7月13日组成，12月27日改组，有18名成员。总理兼国防部长伊扎克·拉宾（Yizhak Rabin ）；外交部长西蒙·佩雷斯（Shimon Peres），贸易和工业部长迈克·哈里西（Michael Harish），财政部长阿伯拉罕·肖哈特（Avraham Shohat），住房和建设部长便雅悯·本·阿里爱泽（Benjamin Ben Eliezer），司法部长大卫·利白（David Libai），交通部长以色列·凯撒（Yisrael Kessar），卫生部长哈伊姆·雷蒙（Haim Ramon），旅游部长乌瑞·伯拉姆（Uri Baram ），经济、计划和科技部长西蒙·肖特里（Shimon Shetreet），内政部长阿耶·德里（Arye Deri），移民安置部长雅伊尔·茨万（Yair Tsaban），教育和文化部长舒拉米特·阿洛尼（Shulamit Aloni），能源部长阿姆侬·鲁宾斯坦（Amnon Rubinstein），农业部长雅各·错尔（Yaakov Tsur），环境部长尤西·夏里特（Yossi Sarid ），劳动和社会福利部长奥拉·纳米尔（Ora Namir），公安和电讯部长摩西·肖哈尔（Moshe Shahal）。

【司法机构】最高法院、地区法院和基层法院三级制组织系统，此外还有专项法庭、宗教法院和劳资法院。最高法院院长梅厄·沙姆加尔（Meir Shamgar）。

【政党】以色列政党繁杂，有20多个政党，且不断变化。主要有：

（1）以色列工党（Israel Labour Party）：执政党。1930年成立。1992年 2月，伊扎克·拉宾击败佩雷斯，成为工党领袖。6月23日，工党在第13届议会选举中获胜，7月13日，由拉宾组阁。

（2）利库德集团（Likud）：在野党。1973年 9月由加哈尔集团、自由中心、拉姆党、人民党、国土完整运动等党联合组成。主要代表来自中东地区的犹太人的利益。1992年2月20日伊扎克·沙米尔（Ytzhak Sh amir）再次当选为领袖。

（3）全国宗教党（National Religious Party）：1956年由精神中心党和中心工人党合并而成。领导人阿弗内尔·沙吉（Afneir Shji ）。

（4）统一工人党（United Worker's Party）：1948年成立。总书记埃拉扎尔·格拉诺特（Elazar Granat）。

（5）以色列新共产党（拉卡赫派，New Communist Party of Israel〔.Rakah〕）：1919年成立。1965年 8 月分裂为以施穆尔·米库尼斯为首的"马基派"和以梅厄·维尔纳为首的"拉卡赫派"。1975年"马基派"自行解散。从此"拉卡赫派"成为以色列唯一的共产党。总书记梅厄·维尔纳（Meir Vilner）。

【重要人物】哈伊姆·赫尔佐克：总统。1918年生于北爱尔兰。1935年移居耶路撒冷，后就读于剑桥大学。二次大战爆发后应征入伍，因战功卓著被授予爵士称号。战后从英军退役，回到巴勒斯坦加入当时的犹太地下军事组织——哈加纳。1948年以建国后，历任总参情报部部长、驻美使馆武官。1957年晋升为少将，1967年"六·五"战争后，出任被占领的约旦河西岸军事长官。1975年任以驻联合国代表团团长。1978年当选为工党议员。1983年5月5日出任以第六任总统。1988年 5月9日连任。 **伊扎克·拉宾**：总理。1922年生于耶路撒冷。1940年参加犹太人地下军事组织——哈加纳。1948年阿以战争期间任以军旅长。1949年作为以军代表团成员参加阿、以停火谈判。1950年任以色列国防军总参谋部作战部长。1952年在英国坎伯利参谋学院进修。1954年任总参谋部军训部长，晋升少将。1956年任北部军区司令，1960年任副总参谋长，1964年任总参谋长。1968

年任驻美大使。1973年任劳工部长。1974年当选议员。1974～1977年任工党领袖，并出任总理。1977年辞职。1984～1990年任国防部长。1992年重新当选工党领袖，并再次出任总理。 **西蒙·佩雷斯**：外交部长。1923年生于波兰。1934年移居巴勒斯坦。1943年当选青年运动书记。1948年任国防部海军事务负责人，阿以战争期间任国防部驻美使团团长。1952年任国防部办公厅副主任、主任。1959年当选议员至今。1959～1965年任国防部副部长。1969年任占领区经济发展和难民安置部长。1970年任通讯和运输部长。1974年任情报部长。1975～1977年任国防部长。1977～1992年任工党领袖。1984～1986年任总理。1986～1988年任副总理兼外长。1988～1990年任财政部长。1992年7月任现职。有二子一女。

经　济

经济为混合型，比较发达。农业、工业、科技及军工等部门技术水平较高。私人企业比重较大，但政府对主要部门控制严格，许多企业都由工会掌管。合作经济主要以农村中的基布兹（集体社）和莫沙夫（合作社）为主。1987年政府通过货币贬值、削减行政开支等改革计划，1989年又采取了增收节支一揽子经济措施。1990年7月，政府取消了一些基本食品的补贴；9月，内阁特别会议通过了财政部长莫达伊的经济计划，旨在吸引投资，使每年经济增长8.5%，出口增长13%，并在未来5年内为新移民创造50万个就业机会。目前，由于以色列实行的是战时经济，加之大量犹太移民涌入，失业率居高不下，房租价格不断上涨，经济仍有一定困难。

国内生产总值（1991年）：570亿美元。

人均国内生产总值（1992年）：11500美元。

国民生产总值增长率（1991年）：3%。

货币名称：新谢克尔。

汇率（1991年）：1美元＝2.2791谢克尔。

通货膨胀率（1991年）：18%。

失业率（1992年）：12%。

【资源】矿产资源较贫乏。主要有钾、石灰石、铜、铁、磷酸盐、镁、锰、硫磺等。森林占总面积的5.7%。

【工业】工业较为发达，1990年工业产值为301.5亿美元，占国内生产总值的58.4%。主要工业有电子、军火、钻石加工、化工、纺织、电机、运输设备、机械和建筑等。电子、军工等尖端工业发展迅速。1990年工业出口额达115.8亿美元，钻石为27.8亿美元，化工产品为14.48亿美元。1988年主要工业产品产量（单位：万吨）：面粉52.8，棉纱1.35，氨水8.92，液化气19.75，聚乙烯9.43，水泥232.6；发电量187.61亿度。

【农业】1991年农业总产值占国内生产总值的5%，从事农业人数占总劳动力的3.5%。全国有莫沙夫458个，人口15.7万；基布兹269个，人口12.6万。全国有耕地面积433.3万杜纳亩（1杜纳亩＝1.4市亩），其中水浇地面积215.3万杜纳亩。1989年主要农作物产量（单位：万吨）：柑桔109，蔬菜90.6，小麦20.2。1989年捕获鲜鱼2.98万吨，养牛35.8万头，羊34.5万头，母鸡705万只。

【服务业】1990年公共服务业人数达43.9万人，占总劳动力的29.4%；个人和其它服务业人数为10.9万，占总劳动力的7.4%。

【旅游业】在经济中占重要地位。以幅员虽小，但有独特的旅游胜地，如世界三大宗教（基督教、伊斯兰教和犹太教）的圣地——耶路撒冷及其众多的名胜古迹。每年都有数以百万计的人来以游览观光，90%的游客来自欧洲和美洲。旅游业是赚取外汇的一个主要来源。1991年旅游收入占国民生产总值的4%，占出口额的10%以上，增值率为85%，全国有大约6万名雇员直接在旅游机构中工作。

【交通运输】约占国民生产总值的7%，商品和劳动力出口的6%，并雇用了国内7%的劳动力。陆地货运占总货运量的1/2，船舶和航空运输占1/4，国内公路运输发达，汽车、公共汽车和载重汽车是主要运输工具。国际运输以海法港和本·古里安国际机场为主。1989年交通运输情况如下：

铁路：总长度为573公里；客运量231.2万人次，货运量665.1万吨。

公路：总长度13074公里，特拉维夫、海法与耶路撒冷之间均有高速公路相连；各种车辆有98.9万辆，其中私人汽车77.8万辆。

水运：商船共72艘，总吨位242.6万吨；主要港口有海法、阿什杜德和埃拉特；港口吞吐量1943.9万吨。

空运：国际航线客运量69.53万人公里；有各类飞机36架；与美国、加拿大、埃及、希腊、肯尼亚、葡萄牙、罗马尼亚、南非、西班牙和土耳其等国有定期航班。

【财政金融】1992年财政预算为1070亿谢克尔，约合420亿美元。1991年赤字为70亿美元。1990年外汇储备为62.75亿美元，黄金储备2.39亿美元。截至1991年底外债达236.9亿美元。在国外资产约77亿美元，其中59亿美元外汇和6亿美元的外国政府债券属于以政府，其余12亿美元为私人资产。

【对外贸易】由于经济规模小，国内市场相对也小的原因，以只能通过扩大出口来推动经济增长，外贸在国民经济中占较大的比重。以一直把大部分创造性资源用于发展出口贸易，国民生产总值中工业生产的半数用来出口。以周边国家都是阿拉伯国家，由于长期处于敌对状态，贸易受阻。因此，以集中力量打入远方市场，35%的出口物资运往欧共体，9%运往欧洲其它地区，30%运往美国，15%运往亚洲。主要贸易伙伴23个。与欧洲共同体签订了《自由贸易协定》，工业产品可以免税进入欧共体市场，农产品享受优惠关税减免待遇。另外澳大利亚、美国、奥地利、加拿大、日本、芬兰、新西兰等国还向以提供普惠制（GSP）待遇。近几年对外贸易情况如下（单位：亿美元）：

	1989	1990	1991
出口额	103.35	115.76	112.19
进口额	127.36	151.04	166.88
差 额	－24.01	－35.28	－54.69

主要出口商品（单位：百万美元）：

	1989	1990	1991
加工钻石	3079.8	3236.1	3074.2
杂货	616.9	821.4	945.7
金属机械和电子产品	3229.1	3356.6	3239.6
化工产品	1267.8	1449.7	1454.5
橡胶、塑料	311.7	368.6	379.7
木材、纸、油漆	95.3	113.9	118.5
纺织品、服装、皮革	634.8	787.5	851.1
食品	567.4	657.1	537.5
矿产、采石	311.1	294.5	299.7
其它工业产品	431.3	338.2	327.0
新鲜水果、蔬菜	118.2	177.0	183.0
柑桔	131.7	180.5	172.7
其它农业产品	276.8	298.7	310.0

（资料来源：以色列《对外贸易统计》季刊1991年第4期）

主要贸易伙伴及额度（单位：百万美元）：

	出口		进口	
	1990	1991	1990	1991
欧洲	4999.1	5008.4	9504.3	10208.6
欧共体	4258.0	4273.5	7556.6	8068.5
欧洲自由贸易联盟	501.7	456.8	1756.0	1839.2
其他欧洲国家	239.4	278.1	191.7	300.9
亚洲	1949.2	1752.5	1048.8	1359.9
印度	96.4	80.1	69.6	62.2
香港	536.1	548.5	119.7	142.5
台湾	54.0	49.0	133.9	185.3
日本	874.3	721.9	546.5	733.4
新加坡	106.5	80.8	57.5	84.1
菲律宾	72.4	51.9	2.8	6.7
韩国	51.5	71.8	61.4	79.2
泰国	117.6	89.9	48.1	54.6
非洲	166.5	185.3	274.7	300.4
美洲	3905.2	3980.0	3031.6	3626.8
北美洲	3606.9	3716.7	2862.1	3397.6
美国	3488.1	3594.2	2722.8	3261.1
加拿大	101.6	94.7	133.8	129.2
中美洲	17.5	30.4	11.9	27.9
南美洲	280.8	232.9	157.6	201.3
大洋洲	113.8	120.8	37.3	49.1
未分类国	946.0	846.2	1429.8	1361.5
总额（毛数）	12079.8	11893.2	15325.5	16906.3

（资料来源：以色列《每月统计公报》1992年3月）

1991年主要贸易伙伴在以进、出口总额中所占比例（%）：

	出口	进口
欧共体	35.9	47.1
其他欧洲国家	6.1	12.6
美国、加拿大	30.0	20.1
中美洲、南美洲	2.5	1.4
亚洲、非洲	16.2	9.8
其他	9.3	8.4

（资料来源：以色列制造商协会1992年4月）

【外国援助】美国每年向以提供30亿美元（其中经援18亿，军援12亿）的援助。1948～1989年美国总共向以提供了466.6亿美元的援助，其中一部分为赠款。1990年10月美国会批准追加7亿美元的紧急援助。1991年1月德国向以提供了7.32亿美元的援助。1991年3月，欧共体宣布向以提供2.1亿美元低息贷款。

人民生活

政府实行高福利高消费政策，对一些基本商品实行补贴。1991年月平均收入为1200美元。1992年失业人数达18万人。全国有153家医院，27516张床位（每千人6张），医生1.2万名，护士2万名，另外还有870个母子医疗中心，人均寿命女76.8岁，男73.2岁。全国拥有219万部电话（每千人450部）。

军 事

国防军正式建于1948年5月26日，其前身是二次大战中的“犹太旅”和“犹太突击队”。最高军事决策机构为国防委员会，由总统、总理以及国防、外交、内政、财政、运输、通讯部长和总参谋长组成，总理任主席兼武装部队最高统帅。战时成立以总理为首的战时内阁。国防部是最高军事指挥机构，国防部长行使总司令职权。总参谋长负责训练和作战指挥。实行义务兵役制，年满18岁男子服役3年，女子2年，此外，所有55岁以下男公民和35岁以下女公民每年必须服役45～60天。

现役部队14.9万人，紧急时可动员60.6万人。陆军13万人，动员后可达50万人，编成12个装甲师、9个机械化旅、5个伞兵旅、12个地区和边防步兵旅、15个炮兵旅。空军3万人，动员后可增加到8.5万人，编为15个飞行中队和15个防空导弹营。海军1万人，动员后可达2万人，编成1个联队。

1990/91年度国防预算为53.5亿美元。

文化教育

【教育】政府重视教育事业，5～16岁儿童享受义务教育，免费教育至高中毕业。凡未满18岁且未完成初等教育的青少年还必须参加专门的补习班。教育经费占全年预算的8.5%。文盲率为5.3%，其中男性为2.9%，女性7.9%。著名的高等院校有：以色列科学和人文学院、耶路撒冷希伯来大学、特拉维夫大学、海法大学、以色列技术学院。1988/89年度各级学校数目和师生人数如下：

	学校（所）	教师（人）	学生（人）
小学	1841	42008	632869
中学	696	27191	388067
大学	7	68570	77222

【新闻出版】以新闻出版业较发达，发行的报刊杂志总数为1188种，其中36种日报，17种为希伯来文，其

余为阿文、英文、法文等。主要报刊:《国土报》,希伯来文日报,无党派报纸,发行量约 5.5万份;《话报》,希伯来文日报,以色列总工会机关报,发行量 5万份;《晚报》,希伯来文晚报,发行量15万份;《新消息报》,希伯来文晚报,发行量30万份;《耶路撒冷邮报》,英文日报,发行量 5万份;《每日卫报》,希伯来文日报,统一工人党机关报,发行量 2.5万份;《团结报》,阿拉伯文日报,以共产党机关报。

通讯社:犹太通讯社(JTA),设在耶路撒冷;以色列通讯社(INA),1923年成立,每天发希伯来文电讯稿,设在耶路撒冷;以色列联合通讯社(ITIM),1950年成立,设在特拉维夫。

广播电台:以色列广播局,1948年成立,总部设在耶路撒冷,每天用希伯来、阿拉伯、英、意第绪、俄等15种语言对国内、外广播;以色列国防军之声,1951年设立,军方电台,用希伯来语广播。

以色列电视台1968年开播,总台设在耶路撒冷,每天播放希伯来语和阿拉伯语的彩色电视节目。以色列电视教育中心1966年成立,主要播放电视教学课程,包括学校课程和成人教育课程。1986年开始建立商业电视网。

对外关系　保持与西方国家传统的友好关系;维护与美战略盟友地位;积极发展与独联体各国和东欧国家关系;推动中东和平进程,力图实现同阿拉伯国家和解;争取与更多的国家恢复或建立外交关系。有条件地参加了中东和会三个阶段的会议,同意把安理会 242 、338 号决议作为和谈基础,但反对归还全部被占领土,主张以"戴维营协议"为模式解决阿、以争端,愿在马德里中东和会框架内继续谈判。拒绝同巴解组织谈判,同意约旦河西岸和加沙地带的巴勒斯坦人实行有限的行政自治,坚持分阶段解决,反对建立巴勒斯坦国。

截至1992年底,以与 117 个国家建立了外交关系。1992年与以建交的国家有:中国、印度、赞比亚、安哥拉、尼日利亚、白俄罗斯、塞拉利昂、格鲁吉亚、奥地利、刚果、冈比亚。

【同我国的关系】两国于1992年 1月24日正式建立外交关系。

自1991年始,中国同以色列的交往增多,两国关系逐步走向正常化。1992年 1月22～26日,以色列副总理兼外长利维访华,两国签署了建交公报。9月15～17日,国务委员兼外长钱其琛对以色列进行正式访问。10月30日,中以签署政府间贸易协定。12月24～30日,以色列总统赫尔佐克偕夫人正式访华。

据中国海关统计,1992年两国贸易额达5147万美元,其中中方出口1276万美元,进口3871万美元。

以同台湾有民间贸易往来,1992年贸易总额为2.02亿美元,以出口4200万美元,进口1.6 亿美元。

中国驻以色列大使:林真。电话:00972-3-5467277。文传00972-3-5467251。

以色列驻华大使:苏赋特。地址:中国北京建国门外大街 1号,国际贸易中心西办公楼四层。电话:5052288。电传:5052970 。传真:5050328。

【同美国的关系】1948年 5月14日同美国建交。两国有着特殊的战略盟友关系。1990年 3月和 4月,美参众两院分别通过决议,承认耶路撒冷为以色列的首都。1991年 4月,美国国务卿贝克访以,双方达成关于参加中东和平进程的九点协议:一、进行"双轨制"谈判;二、和平进程的最终目的不是建立一个巴勒斯坦国;三、巴代表团成员应来自西岸和加沙并经过以同意,外部和东耶路撒冷的巴人不能参加;四、不要求以同巴解对话,美也不同巴解对话;五、联合国 242号决议不止一个解释,以有权作出自己的解释;六、同被占领土巴人的谈判将以1989年以政府和平倡议为基础;七、苏联必须同以恢复全面外交关系方可参加中东和谈;八、苏参加中东和谈也要接受美以达成的原则;九、在同以进行协调或同意后,方可更改协议或会谈记要。1992年上半年,由于沙米尔政府在定居点、中东和谈及美向以提供贷款担保等问题上意见不一,以美关系一度紧张。拉宾出任总理后,主动改善与美关系。7月,美国务卿贝克访以。8月,拉宾访美,双方就贷款担保问题达成协议。美将在5年内向以提供100亿美元的贷款担保,10月1日起生效,双方各承担3.5 %风险费。11月 4日,拉宾总理向美当选总统克林顿致贺电,表示希望继续加强美以特殊关系,保证以的安全与和平。11月16日,以总统赫尔佐克访美。

【同前苏联各共和国的关系】1947年,前苏联投票赞成联合国大会关于巴勒斯坦分治的决议。以建国后,苏立即与以建立外交关系。苏联解体后,以已同前苏联15个共和国中13个国家建立了外交关系。1992年 4月,俄罗斯副总统访以。5月白俄罗斯总理和外长访以。9月哈萨克斯坦总理访以。

【同东欧国家的关系】以现同所有东欧国家均恢复或建立了外交关系。

1992年 5月,以总统赫尔佐克访问波兰;9月匈牙利总统访以;11月波兰外长访以。

【同西欧国家的关系】与西欧国家有着传统关系。早期犹太复国主义运动的代表人物大多数来自欧洲;西欧工商界的犹太人向以提供了大量的捐款。1992年5月,利维外长访问欧洲,希腊总理、法国工贸部长访以。7月16日同奥地利恢复外交关系。佩雷斯出任外长后先后访问了英国、法国、意大利、西班牙。9月拉宾总理访问德国,11月访问意大利。10月法国外长迪马访以。10月葡萄牙总理首次访以。11月法国总统密特朗访以。

【同阿拉伯国家的关系】以建国后同阿拉伯国家发生了四次战争,侵占了阿拉伯国家大片土地。现实际控制领土几乎是1947年分治决议规定的两倍。

1979年 3月，以同埃及正式签订了和平条约，两国结束了战争状态。1980年 2月，双方互派大使。1992年 7月21日，拉宾总理访问埃及，这是六年来两国首脑首次会晤。

1981年 6月，以炸毁了伊拉克首都巴格达郊区塔穆兹核反应堆。海湾战争中，伊拉克向以发射了39枚"飞毛腿"导弹，造成 4人死亡，300多人受伤，以始终持克制态度，未予还击。

1982年 6月，以出兵入侵黎巴嫩，1985年 6月撤出时在黎南部保留约 850平方公里的安全区，扶植约3000人的"南黎军"，并经常同黎巴嫩和巴勒斯坦武装发生冲突。

1992年12月，以驱逐415 名巴勒斯坦人，遭到国际社会的普遍谴责。12月18日，联合国安理会一致通过799号决议，要求以色列立即遣返被驱逐的巴勒斯坦人。

1990年 6月，沙米尔总理宣称，欢迎叙利亚总统阿萨德访以，进行无先决条件的会谈。1991年11月，以议会通过一项戈兰高地不容谈判的决议。1992年 9月以第一次表明以"领土换和平"的原则也适用于戈兰高地。

1992年 7月10日，以内阁部长访问摩洛哥。

自1991年10月马德里中东和会以来，以阿已进行了8轮双边谈判，但未取得实质性进展。

【同非洲国家的关系】1967年"六·五"战争和1973年"十月战争"后，非洲29个国家相继与以断交，只有南非、斯威士兰、莱索托、马拉维与以保持外交关系。近年来，以先后与扎伊尔、利比里亚、科特迪瓦、喀麦隆、多哥、肯尼亚、中非、埃塞俄比亚复交。以与非洲国家贸易额达 7亿美元，其中与南非贸易额达 5 亿美元。以在非洲工作的技术人员达4000多名。1992年 5月，利维外长访问尼日利亚，以尼恢复外交关系。同月，安哥拉外长访以，两国建立外交关系。4月，以与赞比亚建交，6月，赞比亚部长级代表团访以。7月以同贝宁建交。9月，冈比亚外长访以，两国恢复外交关系。

【同拉美国家的关系】自60年代起，以就与拉美国家发展关系，政府要员频繁出访拉美。以每年向拉美国家销售军工产品占以军品出口的一半以上。萨尔瓦多等国还聘用以军事顾问。

【同国际组织的关系】1991年12月16日，联合国大会以 111票赞成、25票反对、13票弃权、17票缺席通过决议，撤销1975年联大第3379号决议中"犹太复国主义是一种形式的种族主义"的界定。　　（刘向华）

印　度

国名　印度共和国(The Republic of India)。

面积　2974700平方公里。

人口　总数8.44亿（1991 年 普 查），出 生 率29.9‰，死亡率9.6‰，人口自然增长率2.11%。有10个大民族和许多小民族，印度斯坦族占46.3%，泰鲁固族8.6%，孟加拉族7.7%，马拉地族7.6%，泰米尔族7.4%，古吉拉地族4.6%，坎拿达族3.9%，马拉雅拉姆族3.9%，奥里雅族3.8%，旁遮普族2.3%。印地语为官方语言，同时也普遍使用英语。约有83%的居民信奉印度教，其次为伊斯兰教(11%)、基督教(3%)、锡克教(2%)、佛教和耆那教等。

首都　新德里(New Delhi)，连同德里人口共838万(1991年普查)。

国家元首　总统尚卡尔·达亚尔·夏尔马(Shankar Dayal Sharma)，1992年7月25日就任。

简　况

位于南亚次大陆。与巴基斯坦、中国、尼泊尔、锡金、不丹、缅甸和孟加拉国为邻，濒临孟加拉湾和阿拉伯海。海岸线长6083公里。属热带季风气候，气温因海拔高度不同而异，喜马拉雅山区年平均气温12～14℃，东部地区26～29℃。

世界四大文明古国之一。公元前2000年前后创造了灿烂的印度河文明。公元前1500年至前1200年进入吠陀时代。公元前325年形成统一的奴隶制国家。1526年建立莫卧儿帝国，成为当时世界强国之一。1600年英国侵入，建立东印度公司。1849年全境被英占领，沦为英殖民地。1947年6 月英将印度分为印度和巴基斯坦两个自治领。同年8月15日，印巴分治，印度独立。1950年1月26日，印度共和国成立，为英联邦成员国。

政　治

1991年6月拉奥总理组成国大党(英）少数派政府以来，逐步调整内外政策。对内强调教派和睦和社会安定，着手进行经济改革，加速对外开放步伐；对外继续奉行不结盟政策，同时强调适应形势发展，为不结盟运动注入经济合作内容，努力改善同西方发达国家的关系，扩大相互谅解与合作，谋求西方的资金和技术援助。1992年印度政局处于相对稳定阶段。国大党(英)政府为改变其少数地位，在处理同其他政党关系方面奉行协商求同原则，在不同问题上争取不同反对党的支持，形成议会"工作多数"，顺利通过了一些重要法案，举行了总统、副总统选举，否决了对政府的不信任案。继续坚持经济改革，取得一些成效，财政危机得到缓解。但是国内不稳定因素一直严重存在。5月，代表印度教徒利益的印度人民党继续号召在与穆斯林有争议的阿约迪亚城巴布里清真寺址上建立罗摩庙，被印度最高法院制止。7月，印度政府表示可以在巴布里清真寺附近建庙，但不得毁坏清真寺，这未能满足印度人民党的要求。此后，印度人民党号召印度教"志愿服务"人员12月6日到阿约迪亚建立罗摩庙。当天，虽有军警在场，但无法制止印度教徒的宗教狂热，巴布里清真寺被一批印度教极端分子拆毁。这在印度各地激发了严重的教派冲突，千余人死于动乱，财产损失达3亿卢比。印度政府因未能保住具有464年历史的巴布里清真寺而受到多方责难。事后，政府采取措施逐步控制了局势。但是，寺庙之争余波未平，仍将影响印度未来局势的发展。

【宪法】宪法于1950年1月26日生效。规定印为联邦国家，是主权的、社会主义的、世俗的民主共和国，采取英国式的议会民主制。公民不分种族、性别、出身、宗教信仰和出生地点，在法律面前一律平等。总统为国家元首和武装部队的统帅，由议会两院及各邦立法议员选出的人员组成"选举团"选出，每届任期5年。总统依照以总理为首的部长会议的建议行使职权。

【议会】由联邦院（上院）和人民院（下院）组成。联邦院共244席，议员由各邦及中央直辖区立法院议员选举产生，任期6年，每两年改选1/3。联邦院每年召开4次会议。宪法规定副总统为法定的联邦院议长。现任联邦院议长科杰里尔·拉曼·纳拉亚南（Kocheral Raman Narayanan），1992年8月21日就任。人民院为国家主要立法机构，其主要职能为：制定法律和修改宪法；控制和调整联邦政府的收入和支出；对联邦政府提出不信任案，并有权弹劾总统。人民院共545席，由选民直接选举产生，每5年举行一次大选。第10届人民院于1991年5月产生。现有532席，其中国大党（英）251席，印度人民党119席，人民党56席（包括阿吉特·辛格派20席），印共（马）35席，印共13席。人民院议长希夫拉吉·维什瓦纳特·帕蒂尔（Shivraj Vishwanath Patil），1991年7月10日就任。

【政府】本届政府于1991年6月21日组成，1993年1月17日进行第一次改组。改组后的主要内阁成员有：总理普·维·纳拉辛哈·拉奥（P. V. Narasimha Rao）兼人事、上访和养老金、科技、海洋开发、原子能、空间、航天、化工和肥料、乡村发展、非常规能源、司法和公司事务，暂兼工业部及其他无内阁部长或独立主持部务的国务部长负责的部门；财政部长曼莫汗·辛格（Manmohan Singh），内政部长斯·比·恰范（S.B . Chavan），国防部长沙勒德·帕瓦尔（Sharad Pawar，后于3月3日调任马哈拉施特拉邦首席部长，现国防部长暂由总理兼任），农业部长巴尔拉姆·贾卡尔（Balram Jakhar），外交部长迪内希·辛格（Dinesh Singh），商业部长普拉纳布·慕克吉（Pranap Mukarji）。

【司法机构】最高法院是最高司法权力机关，有权解释宪法、审理中央政府与各邦之间的争议问题等。各邦设有高等法院，县设有县法院。最高法院法官由总统委任。现任首席法官M·H·卡尼亚（M. H. Kania）。总检察长由总统任命，其主要职责是就执法事项向政府提供咨询和建议，完成宪法和法律规定的检察权，对宪法和法律的执行情况进行监督等。总检察长职务现空缺。

【政党】按照印度选举委员会的规定，凡具备在人民院选举中拥有4%的得票率或者占有4%的席位等条件的政党方可称为全国性政党。目前，得到选举委员会认可的有8个全国性政党，其他地方性政党约40余个。全国性政党主要有：

(1) 印度国民大会党（英迪拉·甘地派）(National Congress〔Indira Gandhi〕)：简称国大党（英）。执政党。1885年12月成立。印独立后长期执政，1969年底发生分裂，1978年初，英·甘地另组新党，改现名。现任主席普·维·纳拉辛哈·拉奥。

(2) 印度人民党（Bharatiya Janata Party）：在野党。1980年4月成立。自称有250万党员。代表北部印度教徒势力和城市中小商人利益，与具有准军事性质的印度教派组织"国民志愿服务者同盟"关系密切。主席穆尔里·马诺哈尔·乔希（Murli Manohar Joshi）。

(3)人民党（Janata Dal）：1988年成立，由老人民党、民众党（阿）、民众党（巴）、人民阵线和桑贾伊思想论坛组成。1989年12月至1990年11月以该党为主的全国阵线在中央执政。1990年11月第一次分裂，以钱德拉·谢卡尔为首的一部分人退出另组人民党（社会派）。1992年7月第二次分裂，以阿吉特·辛格为首的一部分人退出另组人民党（阿吉特·辛格派）。主席索·拉·博迈（S. R. Bommai）。

(4)印度共产党（马克思主义）(Communist Party of India〔Marxist〕)：简称印共（马）。1964年以孙达拉雅和南布迪里巴德为代表的一派从印度共产党分出后组成。近年来发展较快，党员增至36万。在西孟加拉邦长期执政。总书记哈·辛·苏吉特（H. S. Surjeet）。

(5)印度共产党（Communist Party of India）：成立于1933年。有党员54万名。1964年分裂，以党主席什·阿·丹吉为首的一派仍沿用印共名称。1981年4月，丹吉因支持英·甘地与党内发生分歧而被开除出党，该党再次分裂。总书记英德拉吉特·古普塔（Indrajit Gupta）。

【重要人物】尚卡尔·达亚尔·夏尔马：总统。1918年8月生于中央邦。曾在印度和英国多所大学就读，获剑桥大学法学硕士、文学博士和伦敦大学律师资格等。曾执教剑桥大学，担任哈佛大学法学院研究员。独立前因参加抗英斗争被监禁8个月。独立后在中央邦任国大党邦委主任、邦首席部长等职。1968年任国大党全国委员会总书记。1980年入选人民院，其后曾出任安得拉邦、旁遮普邦和马哈拉施特邦邦长。1987年9月3日就任印度副总统。1992年7月就任印度总统。著有《国大党对国际事务的态度》、《印苏关系》、《革命观点》等书。有二子一女。1992年4月13日在前往朝鲜访问途中在广州作短暂停留。　**普·维·纳拉辛哈·拉奥**：总理。1921年6月28日生于安得拉邦卡林那加尔一个农民家庭。早年在海得拉巴、孟买等大学学习，获文学和法学学士学位。青年时期积极参加印独立运动。1956年任原海得拉巴邦国大党总书记、安得拉邦党主席。1957年当选为安得拉邦议员。1962～1973年先后担任邦法律、新闻、卫生、教育部长和首席部长。1974～1977年任国大党全国委员会总书记。1977～1991年连续五次当选人民院议员。1980～1989年先后任外交、内政、国防、人力资源部长。1991年5月当选国大党(英)全国工作委员会主席。1991年6月就任第九任总理。曾研究印度哲学、文学、历史及园艺学，擅长写诗和文学翻译。通晓英、法、梵文等10种语言。夫人已故，有三子五女。1988年12月曾作为外长随拉·甘地总理访华。

经　　济

独立后经济有较大发展。1985～1990年"七五"计划期间年均增长5.6%，国民生产总值已居世界第12位。农业由严重缺粮达到基本自给，农业总产值居世界第四位；工业已形成较为完整的体系，自给能力较强，工业总产值居发展中国家第四位。科技事业发展迅速，有较强科研能力。经济中存在的主要问题是：生产率低，经济效益差，农业受制于自然条件，工业发展缺乏资金和技术，人口负担重等。近年来，失业增加，通货膨胀，财政赤字，贸易逆差，外债负担等问题日益突出，已成为经济发展的制约因素。

现政府于1991年7月宣布进行经济改革，颁布了新的工业、贸易、投资和外汇政策，又陆续公布了一些新的措施，其中包括卢比大幅度贬值、逐步取消出口补贴、放宽对外资的限制、继续向私人和外资企业开放一些重要经济部门、整顿国营企业等等，旨在运用更为自由化的经济政策和市场机制，争取提高工业企业效益，增加就业，扩大出口，吸引外资，保持经济的稳定增长。

国内生产总值(1991/92年度)：21231亿卢比。

人均国民生产总值：310美元。

国内生产总值增长率(1991/92年度)：1.2%。

货币名称：印度卢比；1卢比＝100派士。

汇率(1993年2月)：1美元＝33.19卢比。

通货膨胀率(1992/93年度)：7%。

失业人数(1991年6月城乡总计)：约1亿。

【资源】资源丰富，铝土储量和煤产量均占世界第五位，云母出口量占世界出口量的60%。主要资源可采储量估计为：煤362.55亿吨，铁矿石95.24亿吨，铝土21.06亿吨，铬铁矿1.29亿吨，锰矿石5300万吨，锌764万吨，铜237万吨，铅223万吨，石灰石10.1亿吨，磷酸盐8100万吨，黄金39吨，石油7.26亿吨，天然气6480亿立方米。此外，还有云母、石膏、钻石及钛、钍、铀等矿藏。森林覆盖率约为19.5%。

【工业】1989/90年度工矿业产值为5686.1亿卢比，占当年国内生产总值的28.8%(均按1980/81年度不变价格计算)。国营和私营企业产值分别占工业总产值的30%和60%。化工、冶金、电力设备、石化等重工业产品约占工业总产值的50%，纺织、食品、精密仪器、汽车、航空和空间等新兴工业发展迅速。1991/92年度受货币贬值、政府开支减少等因素影响，工业生产成本剧增，产值出现十年来首次负增长。近几年主要工业产品产量如下(单位：万吨)：

	1988/89	1989/90	1990/91
煤	20700	21370	22350
铁矿砂	4890	5070	5070
原油	3200	3410	3300
水泥	4430	4580	4890
钢材	1284	1300	1340
化肥(氮、磷肥)	896.4	853.4	903.8
布(亿平方米)	181.84	187.22	203.54
汽车(万辆)	31.72	35.07	36.63
发电量(亿度)	2214	2454	2646

(资料来源：印度政府1991/92年度经济概览，其中1990/91年度为暂定数字)

【农业】1989/90年度农业总产值为5869.5亿卢比，占当年国内生产总值的29.7%(均按1980/81年度不变价格计算)。农村人口约占全国的77%。全国耕地面积约1.77亿公顷，其中灌溉面积占32.8%。粮食生产占农业产值的68.1%。印为世界重要产棉国，1990/91年度棉花种植面积占世界23%，产量占12%。各种牲畜存栏数约4亿多头，其中养牛2亿多头，居世界第一。1990/91年度粮食产量超过1.77亿吨，创历史最好水平，比上年度增长3.44%，1991/92年度粮食产量则下跌了约1.5%。近些年主要农副产品产量如下(单位：万吨)：

	1988/89	1989/90	1990/91
粮食总产量	16990	17100	17723
稻米	7050	7360	7460
小麦	5410	4980	5450
豆类	1380	1260	1400
油料	1800	1690	1840
甘蔗	20300	22560	24030
皮棉(万包)*	869	1140	980
黄麻(万包)*	670	710	780
牛奶	4840.6	5144.8	5371.6
禽蛋(亿枚)	188.9	202.04	210.55
鱼类	315.2	367.7	383.6

*　每包皮棉为170公斤，每包黄麻为180公斤。

(资料来源：同上)

【服务业】80年代以来以高于其他产业的速度发展。1989/90年度第三产业总产值为7725.4亿卢比，占国内生产总值的39.13%(均按1980/81年度不变价格计算)。从业人数1989年为1510.8万人，其中86.7%为政府机关和国营部门职工。

【旅游业】政府已将旅游业作为社会效益良好的创汇产业列入发展重点。"七五"计划期间,外国旅游者人数以年均10%的速度递增,1989年达到133.7万人次。旅游收入逐年增加。近两年受国内社会动荡等因素影响,外国游客减少。主要旅游点有阿格拉、德里、斋浦尔、昌迪加尔、纳兰达、迈索尔、果阿、海德拉巴、特里凡特琅等。

【交通运输】铁路是最大的国营部门,亦为主要运输手段,总长度居亚洲第一位,世界第三位。铁路部门实行单独预算,每年与中央财政预算一起提交议会讨论通过。近年来,公路运输发展较快,已承担了全国货运量的45%,为世界最大的公路网之一。海运能力居世界第18位。

铁路:1991年铁路线全长62366公里,其中电气化铁路10800公里;1990/91年度客运量2957亿人公里,货运量为2427亿吨公里,客、货运输收入1139.64亿卢比。

公路:1991年总长约203.7万公里,分为三级,其中一级国家干道线全长3.4万公里;1991年初运行中的各种机动车辆约2149.4万辆,其中客车35.2万辆,货车147.9万辆;全国日平均客运量为6000万人次。

水运:共有53家海运公司,其中30家承担远洋运输业务;1991年底,全国共有海运货船415艘,总吨位为594万吨;内陆可航行河道总长约1.4万公里,实际使用的不足30%;河、海港口共约240个,其中海港139个;1990/91年度港口总吞吐量为15260万吨;孟买为全国最大港口,海运的1/5和集装箱运输的1/2经过这里;其他重要海港有加尔各答、马德拉斯、科钦、果阿等。

空运:现有各型民用飞机815架;1987/88年度客运量为171.53亿人公里,货运量为6.454亿吨公里,其中国际客运90.43亿人公里,国际货运5.432亿吨公里;航线通达各大洲主要城市。全国有德里、孟买、加尔各答和马德拉斯4个国际机场;国内机场86个。

【财政金融】中央和地方财政分立,预算有联邦和邦两级。每年4月1日至次年3月31日为一个财政年度。多年来推行赤字预算以刺激经济发展,庞大的赤字已成为经济中主要的不稳定因素。现政府提出紧缩财政,削减政府支出,将财政赤字占国内生产总值的比例由1990/91年度的8.4%降到1991/92年度的6.5%。1990/91年度货币发行量比上年度增加15.1%。同年,储蓄和信贷均呈下降趋势。近年中央和地方财政预算情况如下(单位:亿卢比):

	1989/90	1990/91	1991/92
总收入	14749.4	16759.6	18721.4
总支出	15810.7	17944.3	19816.0
赤　字	1061.3	1184.7	1094.6

(资料来源:同上;表中1991/92年度为预算数,其余为修正数)

截至1991年12月,黄金储备948.96亿卢比,外汇储备928.67亿卢比,另有3230万单位特别提款权。国际收支长年失衡,1989/90年度逆差623.08亿卢比(合37.424亿美元),其中经常项目赤字982.38亿卢比(合59.005亿美元)。据政府统计,截至1991年12月31日,外债额为17026.7亿卢比(合610亿美元)。

【对外贸易】近年来,由于进口增加、出口不振,贸易赤字日益严重,成为国际收支失衡的主要原因。1991年7月,新政府颁布自由贸易政策,宣布取消出口补贴,废除进口许可证制度,允许企业将出口创汇的30%留成用于再进口或自由买卖,使卢比在一定程度上变成可兑换货币,降低进口税,使黄金进口合法化,并对大多数进口品取消了非关税限制。近几年外贸情况如下(单位:亿卢比):

	1989/90	1990/91
进口额	3541.6	4319.3
出口额	2768.1	3255.3
差　额	−773.5	−1064.0

(资料来源:同上)

1990/91年度主要进口商品为:石油及其制品、珠宝原料、化工原料、机电设备、钢铁等;主要出口商品为:珠宝制品、成衣、机械及五金制品、化工制品、皮革制品、棉纱、铁矿砂等。印仍为世界最大的茶叶和香料产地,1989年出口额分别占世界的21.1%和12.6%。欧共体、亚太和北美为最重要的贸易地区,1990/91年度与这些地区的贸易额占印外贸总额的比例分别为28.56%、24.98%和14.37%,居前10位的贸易对象是美国、前苏联、日本、西德、英国、比利时、沙特阿拉伯、法国、澳大利亚和伊朗。

【对外投资】到1990年,在国外共建立179个合资企业,印方投资约12亿卢比,这些企业分布于37个国家和地区,马来西亚和新加坡最为集中。

【对外援助】1991年以来,分别向尼泊尔、毛里求斯提供了3.5亿和2亿卢比贷款,并向孟加拉国提供了1亿卢比救灾援款。

【外国资本】英国为最大投资国,其次是美国。近年来,德国、日本投资增加,其地位已与英、美相当。1991年吸引外资2.1亿美元。外国投资中,直接投资所占比重很小。为改善投资环境,政府从1991年7月起实行新的外资政策,外资已出现明显上升趋势,至1992年底共吸引外资12亿美元,比80年代引进外资的总额还多。政府还成立了一个外国投资促进委员会,允许外国人直接向其股市投资。对外汇管理法作了重大修改,把每个国民拥有外币的限度从250卢比放宽到15000卢比,即500美元。

【外国援助】国际金融机构贷款和政府间双边贷款分别占外援总额的60%和40%。前者中90%由世界银行集团提供。到1991年,历年承诺的外援总额已达8968.31亿卢比,使印成为世界上主要的受援国之一。近年取得外援情况如下(单位:亿卢比):

	1988/89	1989/90	1990/91
国际复兴开发银行	300.43	444.24	221.90
国际开发协会	85.5	145.56	169.84
亚洲开发银行	88.96	63.19	80.19
苏　联	621.0	188.0	
日　本	117.81	41.79	170.25
西　德	42.87	25.23	108.07
荷　兰	0.61	8.44	22.72
法　国	29.28	41.98	0.13
英　国	7.87	8.15	25.32
美　国	3.45	6.83	3.76

（资料来源：印度储备银行统计、印度政府1991/92年度经济概览。表中数字英、美均为赠款额）

人民生活

历届政府将消除贫困作为经济发展的首要任务之一，贫困人数占人口比例有所下降。1991/92年度人均国民收入按1980/81年度不变价格计算为2174卢比，仍属低收入国家。1982～1991年，城市消费物价指数上升了93%，其中粮食指数上升近100%。个人消费支出中，食品开支约占55%。到1990年，全国共有医院39971家，其他各级各类医疗机构15万多个，登记行医人员36.5万人，登记的牙医为11011人。1990年，人均口粮473.5克/天，食油5.6公斤/年，棉布10.1米/年；平均每万人拥有9.4张病床、4.4个医生。1991年，人口估计寿命为59岁。

军　事

印军前身为英国殖民主义者的雇佣军。1947年印巴分治后始建分立的三军。1978年创建独立的海岸警卫队。总统是名义上的武装力量统帅，内阁为最高军事决策机构。国防部负责部队的指挥、管理和协调。各军种司令部负责拟定、实施作战计划，指挥作战行动。陆军参谋长为罗德里格斯上将，海军参谋长为拉姆达斯上将，空军参谋长为苏里上将。实行募兵制。陆、海、空三军总兵力为126万，居世界第四位。其中陆军110万，分东、南、西、北和中央五大军区，拥有中程导弹。海军4.7万分为西、东二支舰队和南部科钦训练基地，拥有两艘航空母舰；孟买和维沙卡帕特南为最大的海军基地，分别是西、东舰队司令部所在地。空军11.3万分成西、西南、东、南和中央五个军区，拥有米格29、幻影2000等先进作战飞机。海岸警卫队分西岸、东岸、安达曼和尼科巴3个大队，指挥部分设于孟买、马德拉斯和布莱尔港。另有5万多地方武装、40多万武装警察和20多万预备役军人。1990/91年度国防预算额约合100亿美元。

文化教育

【教育】实行12年一贯制中小学教育。高等教育共8年，包括3年学士课程、2年硕士课程和3年博士课程。此外还有各类职业技术教育、成人教育等非正规教育。1990/91年度学龄儿童入学率为99.6%，但辍学率较高。1990/91年度各级政府教育经费为225.08亿卢比，占预算开支的3.5%。1991年，7岁以上人口的识字率为52.11%。政府计划在1995年普及初小并消灭15～35年龄段的文盲。全国现有176所综合性大学，著名的有德里大学、尼赫鲁大学、加尔各答大学等。

【科研】重视科研工作，有科技人员250～300万，在人数方面仅次于美、俄而居世界第三。政府设有科学技术、海洋开发、空间研究、原子能等部门并由总理兼任其领导。总理科学顾问委员会负责提供政策咨询，科技部下属的科技司负责协调全国科研工作。科研机构分联邦政府、邦政府和企业、院校自办三级，其中联邦政府所属的大型研究所有200多个，联邦政府直辖的科学和工业研究委员会对推动科研起了很大作用。1990/91年度各级政府计划用于科学、技术和环境研究的经费约89.29亿卢比，占预算总开支的1.4%。

【新闻出版】印报刊大多属私人所有。到1988年底，全国共有92种文字的报刊25536种，总发行量为5487.3万份。印地文和英文报刊分别占总数的32%和17%。报刊中，日报占8.9%。最大的3家报纸依次为《甘露市场报》、《旁遮普之狮》和《印度时报》。此外，主要印地文报纸有《新印度时报》、《傍晚时报》、《印度斯坦》等；主要英文报纸有《印度快报》、《印度斯坦时报》、《政治家报》、《印度教徒报》等。其它还有反映印度共产党观点的日报《爱国者报》以及印共（马）的机关报《人民民主》周刊等。

主要新闻机构和通讯社有：(1)新闻发布署：相当于政府中央通讯社，拥有1167名国内和181名国外特派记者，电传网覆盖全国各地，向8000余家新闻单位供稿。设有8个地区总分社和27个分社。(2)印度报业托拉斯：印最大通讯社，半官方性质。成立于1947年8月，后兼并印联合通讯社和路透社印度支社，于1949年元旦开业。现设136个国内分社和11个海外分社，员工1000多名，海外记者30多名。英文日发稿量超过10万字。(3)印度联合新闻社：印第二大通讯社，系报业同仁的合股企业。1959年登记成立。现有分社100多个。目前向四个海湾国家及新加坡、毛里求斯提供新闻服务，在迪拜、华盛顿和新加坡设有分社，向22个国家派驻了记者。(4)印度斯坦新闻社：私营，主要编发印地文、马拉地文、古吉拉特文和尼泊尔文的新闻。

全印广播电台隶属政府新闻广播部，广播网覆盖全国人口95%。对内使用23种语言播音，日播音75小时15分钟。拥有101名国内记者，向7个国家派有常驻记者。

全印电视台于1959年9月试播，1976年脱离全印广播电台成为独立机构，隶属新闻广播部。全国现有18家电视台，6个邦开通了卫星电视接收。电视网覆盖全国人口的80%。

对外关系

印为不结盟运动创始国之一，历届政府均强调不结盟是其外交政策的基础，努力与所有国家发展关系，力争在地区和国际事务中发挥重要作用。随着冷战的结束和国际形势的剧变，现政府调整了外交政策，继续坚持不结盟运动的方向，强调其存在的现实意义，要求平等参与国际事务；优先改善与邻国的关系，创造有利于自身发展的持久稳定及和平的地区环境；重点加强与美国等西方国家的关系，尤其是经济关系；保持与中国发展友好合作关系的势头，日益重视与亚太地区各国的合作交流；强调其外交政策的中心思想是在和谐、一致及愿意为争取和平及解决人类的基本问题和需要的基础上建立地区和国际的新秩序。认为新的国际秩序应当是公正合理、考虑到所有国家的利益并能为所有人接受的。主张改革安理会、增加常任理事国的数量以使其决策民主化，1992年联大期间正式向大会提出成为安理会常任理事国的要求。要求进一步加强南南合作和南北对话，呼吁各国共同创造一个有利于第三世界发展的公正合理的新经济秩序。主张全面彻底裁军，特别是核裁军。在1992年初的安理会首脑会议上进一步提出在本世纪末提前实现无核世界的目标。强调区域裁军要根据各国自愿的原则。拒绝签署核不扩散条约，认为该条约对非核国家采取了歧视性规定。不赞成巴基斯坦提出的建立南亚无核区和就南亚核不扩散问题举行美、中、俄、印、巴五国磋商的建议，认为任何地区性核安排必须在全球范围内解决。但表示可先就此问题进行双边讨论，如有必要再进行五国磋商。主张推进人权应考虑各国的具体情况，对发展中国家来说，发展问题优于民主和人权，任何国家不应在人权的名义下被剥夺获得援助的权利，反对将一国的人权标准强加于另一国，从而损害别国的主权和统一。指出由于污染主要来自发达国家，并且也只有它们有足够的资金和技术，因而生态环境保护的主要责任应由这些国家承担；建议发达国家和发展中国家联合从事研究和开发来解决环境问题。强调要充分发挥联合国在解决阿富汗问题上的作用，力避发生流血和大规模内战，确保联合国和平计划的实施。希望国际社会继续努力，保证柬的主权、独立、中立和不结盟地位。1980年承认韩桑林政权并与之建交，此后一直与金边政权保持密切往来。支持阿拉伯人民的正义斗争，认为中东问题的关键是巴勒斯坦问题。支持召开中东问题国际会议，表示愿意参加中东和平谈判。长期支持非洲人民反对种族主义和种族隔离的斗争，是不结盟运动援助非洲前线国家基金会的主席国。欢迎南非政府与黑人代表对话，认为1992年3月的南非白人公决结果是结束白人少数统治的积极、重大步骤。主张国际社会继续保持对南非的制裁，直至南非彻底消灭种族隔离制度，建立不分种族的单一民主政体为止。同130多个国家有外交关系。1992年1月同以色列建交。

【同我国的关系】1950年4月1日中印建交。1959年西藏事件后，中印关系恶化。1962年10月，中印边境发生大规模武装冲突。1976年双方恢复互派大使后，两国关系逐步改善。

1992年2月，国务委员兼国家教委主任李铁映率中国教育代表团访问印度。4月民政部长崔乃夫访问印度。5月印度总统文卡塔拉曼访问中国。7月印度国防部长帕瓦尔访问中国。11月印度福利部长凯萨里和人力资源开发部长阿琼·辛格分别访问中国。12月廖汉生副委员长率全国人大代表团访问印度并主持首次在印度举行的中国文化节开幕式和中国驻孟买总领馆的开馆仪式。中印边界联合工作小组第四和第五轮会谈和副外长级磋商分别于2月和10月在新德里和北京举行。中断30年的中印边境贸易得到恢复。1992年中印两国贸易额为3.3943亿美元，其中中方出口为1.5844亿美元，进口为1.8099亿美元。

中印之间主要存在边界问题。中印边界全长约2000公里，分东、中、西三段。双方争议区共约12.5万平方公里，其中东段约9万平方公里，中段约2000平方公里，西段约3.35万平方公里。最大的争议在东段，印度占领着大约9万平方公里的中国土地。1989年6月至1992年10月，中印边界联合工作小组共举行五轮会谈，双方同意采取具体措施维护实际控制线地区的和平与安宁。

中国驻印度大使：程瑞声。馆址：50-D，SHANTIPATH，CHANAKYAPURI，NEW DELHI-110021，INDIA。电话：91-11-600328（传达室），91-11-608944（商务处），91-11-606682（签证处）。电传：(081 31) 72210 SINO IN。

印度驻中国大使：钱德拉谢卡尔·达斯古普塔。馆址：北京日坛东路1号。电话：5321856，5321908。

【同前苏联各共和国的关系】印与前苏联1947年建交。1955年后，前苏联开始向印提供巨额经济、军事援助。1971年两国签订《和平友好合作条约》，建立极为密切的双边关系。1991年底苏联解体后，印大力开展与前苏各共和国的接触交往。1992年1月，印外交、国防和商业高级代表团分别出访俄罗斯、乌克兰等共和国。印俄商定以印俄《友好合作条约》取代原印苏《和平友好合作条约》，并就俄向印供应国防、电力设备和两国逐步取消卢比贸易等问题达成谅解。2月，印总理拉奥与俄总统叶利钦在参加安理会首脑会议期间首次举行会晤。是年第一季度，哈萨克总统纳扎尔巴耶夫、吉尔吉斯总统阿卡耶夫、塔吉克总统纳比耶夫、乌克兰总统克拉夫丘克等先后访印。1993年1月，俄罗斯总统叶利钦首次访问印度。双方签署了《印俄友好合作条约》和在经贸、科技、军工、安全、航天等领域发展合作的9项协定。两国间还解决了长期的债务问题。印欠前苏联98.71亿卢布的债务，双方达成协议按1990年1月1日卢布的国际汇率（1卢布约合20卢比）计算债务，从而使印对俄债务减少30%左右，约剩100亿美元。俄允诺向印提供8.3亿美元贷款用于印购买俄武器零配件，双方商定在印建立军工合资企业。俄还提出在二三年内使印俄贸易增至30～35亿美元，石油恢复到每年400万吨的正常供应。1992年印俄贸易额约15亿美元。

【同美国的关系】 50、60年代关系密切。1971年印与前苏联签订《和平友好合作条约》并发动肢解巴基斯坦的第三次印巴战争后，印美关系严重受挫。80年代后期关系有所恢复，近年来得到进一步发展。在克什米尔问题上，美已转变态度，不再支持巴基斯坦的立场。1991年1月，印曾允许参加海湾战争行动的美军运输机在孟买加油。1992年两国成立了陆军合作指导委员会，同年5月，印美在阿拉伯海果阿—喀拉拉沿海一带首次举行海军演习。印美在核不扩散、经贸、人权等问题上存在分歧。1992年6月和11月，印美就核不扩散和南亚安全问题举行了两次双边会谈。1990/91年度印美双边贸易额为1004.2亿卢比。

【同巴基斯坦的关系】 1947年8月印巴分治后始终不睦，并于1948、1965和1971年三次爆发全面战争。1971年12月断交，1976年7月复交。80年代关系有所缓和，近年来因克什米尔争端又不时出现紧张局面，边境交火事件不断。双方领导人和官员为改善关系进行过多次对话和谈判。1992年2月和10月，巴两次制止了克什米尔激进分子对印控区的"越线进军"行动，从而防止了两国严重冲突的发生。8月，印巴在新德里举行第6轮外秘会谈，双方签署了禁止研制化学武器的协议。

印巴克什米尔争端：1947年印巴分治时，克什米尔地区归属未定。信奉印度教的克什米尔王公决定将这一穆斯林人口占77%的地区归属印度，遂引发第一次印巴战争。1949年联合国通过决议，要求印巴停火并举行公民投票决定克什米尔的地位。但投票一直未能举行。第三次印巴战争后，双方达成《西姆拉协议》，同意通过双边谈判解决彼此间的所有争端。目前，印度主张按此协议的精神解决克什米尔争端，反对第三国插手调解。而巴基斯坦则要求实施联合国的决议，并呼吁国际社会予以关注。克什米尔争端是印巴不和的主要原因。

【同其他邻国的关系】 与南亚邻国各方面联系较多，但也存在许多矛盾。拉奥总理表示在执政期间将把发展同邻国的关系放在应有的重要地位。1992年2月印总统进一步表示印把加强同邻国的关系放在最优先的位置。近年来与邻国关系得到一定改善。

印度与斯里兰卡之间存在着泰米尔人等问题。印派驻斯的维持和平部队曾围剿斯泰米尔分离武装。1990年3月印军撤出斯后，印保证不以任何方式卷入斯内部冲突，反对泰米尔人在印从事反斯活动，并准备遣返在印的泰米尔难民。1992年1月，斯外长访印；10月，斯总统普雷马达萨以南盟主席的身份访印。是年印政府采取措施禁止"泰米尔虎"组织在印活动。

印度与尼泊尔之间存在小块领土争端和贸易、移民等问题。1989年初，两国在贸易和过境条约问题上发生分歧，印对尼实行了长达14个月的封锁，1990年6月印向尼重开贸易过境点，两国紧张关系有所缓和。1991年12月，尼新任首相柯伊拉腊访印，双方分别签署了贸易和过境条约，结束了困扰双方多年的争执。1992年10月，印总理拉奥访问尼泊尔，两国关系进一步改善。

印与孟加拉国之间有恒河水分配、海上划界(包括一些岛屿的归属)、非法移民、越界和走私等问题。1992年3月，印宣布向孟出租连接孟与廷比加飞地的通道；5月孟总理卡莉达·齐亚访印。12月印阿约迪亚巴布里清真寺被印度教极端分子拆毁，孟穆斯林作出强烈反应。孟政府采取措施制止了孟穆斯林越线进军阿约迪亚的行动。

（布建国　延秀生）

印度尼西亚

国名　印度尼西亚共和国(The Republic of Indonesia)。

面积　面积 1904569平方公里。

人口　1.81亿(1991年统计)。有100多个民族，爪哇族占47%，巽他族占14%，马都拉族7%。各民族语言200多种，通用印尼语。信奉伊斯兰教的人占90%，基督教6.5%，天主教3.1%，其余人信奉印度教、佛教和原始拜物教等。

首都　雅加达(Jakarta)，人口825.4万(1990年人口普查)。

国家元首　总统苏哈托(Soeharto)，1968年3月21日正式就任，连任至今。

简　况

位于亚洲东南部，地跨赤道，由太平洋和印度洋之间13667个岛屿组成，其中约6000个有人居住。海岸线长3.5万公里。热带雨林气候，平均气温25～27℃。公元3～7世纪建立了一些分散的王朝。13世纪末14世纪初爪哇形成强大的麻喏巴歇封建帝国。15世纪先后遭葡萄牙、西班牙和英国的入侵。荷兰1596年入侵，1602年成立具有政府职权的"东印度公司"，开始长达300多年的殖民统治。1942年日本入侵，1945年日本投降后爆发8月革命，8月17日宣告独立，成立印度尼西亚共和国。

政　治

1965年"九·三〇"运动以后，苏哈托逐步掌握国家最高权力。1968

年3月21日被临时协商会议正式任命为总统，蝉联至今。苏哈托执政20多年来，坚持建国五基，奉行独立自主和积极的外交政策，注重经济建设。1991年11月东帝汶发生"帝力事件"。1992年6月举行第五次全国大选。大选结果基本反映了三个政党的实力对比，执政党专业集团仍占绝对优势。但国内要求民主、自由、改革的呼声有所提高。1993年3月进行总统、副总统选举，并组成新内阁。1992年9月当选为不结盟运动主席国，同月成功地召开了第十届不结盟首脑会议，国际地位有所提高。

【宪法】现行宪法是"四五宪法"。规定人民协商会议为国家最高权力机构。总统是最高行政首脑和武装部队最高统帅，直接领导内阁，有权单独颁布政令和宣布国家紧急状态法令，对外宣战或媾和等。宪法规定建国五基（又称"潘查希拉"，即信仰神道、人道主义、民族主义、民主和社会公平）为立国之本。

【议会】称人民协商会议。国家最高权力机构。有权制订、修改宪法和国家施政大纲，选举总统和副总统。议员1000名，除包括人民代表大会全体成员外，还有各政党、武装部队、专业集团、地方及各行业组织的代表，任期五年。1992年成立的第七届人民协商会议中，专业集团424席，武装部队150席，地方代表149席，社会名流100席，建设团结党93席，印尼民主党84席。主席瓦霍诺（Wahono）。

【国会】称人民代表大会 。国家立法机构。议员500名，任期五年。其中100名为总统指定的武装部队代表，其余400为各政党当选代表。1992年6月选举产生第五届国会。其中专业集团282席，建设团结党62席，印尼民主党56席，武装部队100席。议长由人民协商会议主席瓦霍诺兼任。

【政府】总统内阁制。本届内阁于1993年3月组成，共41名成员，他们是：总统苏哈托（Soeharto），副总统特里·苏特里斯诺（Try Sutrisno）；经济、财政和建设监督事务统筹部长萨勒·阿菲夫（Prof. Dr. Saleh Afiff），工业、贸易事务统筹部长哈尔塔托（Ir. Hartarto），政治、安全事务统筹部长苏西洛.苏达尔曼（Soesilo Soedarman），人民福利事务统筹部长阿兹瓦尔·阿纳斯（Ir. Azwar Anas），内政部长约吉·S·梅梅德（Yogie S. Memed），外交部长阿里·阿拉塔斯（Ali Alatas），国防安全部长埃迪·苏德拉查特将军（Gen. Edi Sudradjat），司法部长乌托约·乌斯曼（H. Oetojo Oesman），新闻部长哈尔莫哥（H. Harmoko），财政部长马利·穆罕默德（Drs. Mar'ie Muhammad），贸易部长沙特里约·布迪阿尔佐·尤多诺（Prof. Dr. Satrio Budihardjo Joedono），工业部长东基·阿里维博沃（Ir. Tungky Ariwibowo），农业部长沙利佛丁·巴哈尔夏（Dr. Ir. Sjarifudin Baharsjah），矿能部长伊达·巴古斯·苏查纳（Ida Bagus Sudjana），林业部长查马路丁·苏尔约哈迪库苏莫（Ir. Djamaloedin Soeryohadikoesoemo），公共工程部长拉迪纳尔·穆赫塔尔（Ir. Radinal Moochtar），交通部长哈尔扬多·达努迪尔托（Dr. Haryanto Dhanutirto），旅游、邮电和通讯部长尤卜·阿维（Joop Ave），合作社与小企业部长苏比亚克多·查克拉沃尔达亚（Drs. Subiakto Tjakrawerdaya），劳动力部长阿卜杜尔·拉迪夫（Drs. Abudul Latief），移民安置部长西斯沃诺·尤多胡索多（Ir. Siswono Yudohusodo），教育、文化部长瓦尔迪曼·佐约内戈罗（Dr. Ing. Wardiman Djojonegoro），卫生部长苏尤迪（Prof. Dr. Sujudi），宗教部长塔尔米兹·达黑尔（Dr. Tarmizi taher），社会事务部长恩唐·库苏玛·因坦·苏沃诺（女）（Dra. Endang Kusuma Inten Soeweno），国务部长兼国务秘书穆尔迪约诺（Drs. Moerdiono），国务部长兼内阁秘书萨迪拉·穆尔希德（Drs. Saadillah Mursjid），国家建设计划国务部长兼国家建设计划委员会主席吉南加尔·卡塔萨斯米塔（Ir. Drs. Ginandjar Katasasmita），研究和技术事务国务部长兼技术研究应用署主任哈比比（Prof. Dr. Ing. B. J. Habibie），粮食事务国务部长兼后勤事务局长易卜拉欣·哈桑（Prof. Dr. Ibrahim Hasan），人口事务国务部长兼全国计划生育协调委员会主席哈尔约诺·苏约诺（Dr. H. Haryono Suyono），投资事务国务部长兼投资协调委员会主席桑约托·萨斯特罗瓦尔多约（Ir. Sanyaoto Sastrowardoyo），土地事务国务部长兼国家土地局局长索尼·哈尔索诺（Ir. Soni Harsono），人民住房事务国务部长阿克巴尔·坦戎（Ir. Akbar Tanjung），环境事务国务部长萨尔沃诺·库苏玛阿马查（Ir. Sarwono Kusumaatmadja），妇女作用事务国务部长敏·苏甘迪（女）（Nyonya Mien Sugandhi），青年、体育事务国务部长哈约诺·伊斯曼（Haryono Isman），提高国家机构效率事务国务部长西拉拉希（T. B. Silalahi）。

【司法机构】最高法院和最高检察院独立于立法和行政机构。政府司法部下辖各级地方法院。最高法院正副院长和最高检察长由总统任免。最高法院院长普尔沃诺苏哈迪·甘达苏卜拉塔（Purwono Suhadi Gandasubrata），最高检察院院长辛基（Singgih）。

【政党】信仰建国五基和承认"四五宪法"是各政党存在的必要条件。根据1975年国会通过的政党法，允许存在的政党有：

（1）专业集团（Golongan Karya）：1959年由不隶属于任何政党的行业群众组织组成了松散的专业集团联合秘书处，1964年10月，61个群众组织联合成立专业集团。1970年12月该组织扩大成为包括政府公务员、军事系统文职人员以及工、农、商、律师、医生、记者、宗教界和妇女等291个群众组织的专业组织。中央领导委员会总主席瓦霍诺，中央指导委员会主席苏哈托。

（2）建设团结党（Partai Persatuan Pembangunan）：1973年1月由伊斯兰教师联合会、印尼穆斯林党、印尼伊斯兰教师联盟党（现已退出建设团结党）和白尔蒂伊斯兰教党合并组成。合并后除印尼穆斯林党外，其他党仍可作为宗教团体从事非政治活动。总主席伊斯迈尔·哈桑·迈塔隆(Ismail Hasan Metareum)。

(3)印尼民主党(Partai Demokrasi Indonesia)：1973年1月由印尼民族党、印尼基督教党、天主教党、平民党和印尼独立拥护者联盟合并组成。总主席苏尔亚迪(Soerjadi)。

【重要人物】苏哈托：总统、退役陆军上将。伊斯兰教徒。1921年6月8日生于爪哇日惹市附近的格木苏村。1945年10月进入军界，历任连、营、团、旅长、师参谋长和军区司令。1960年任陆军参谋长第一助理兼陆军总后备兵团司令和陆军防空部队司令。1965年"九·三〇事件"后任陆军司令。1966年3月任副总理兼陆军司令，同年7月任内阁主席团主席兼国防安全部长和陆军司令。1967年3月任代总统。1968年3月起任总统至今。1990年11月访华。妻子婷·苏哈托。有三子三女。著有《我的思想、言论和行动》。

经　济

为亚太地区经济发展最快的国家之一。1985年以前，石油、天然气生产占国民收入的60%以上，80年代调整了经济结构和产品构成。1992年非油气产品出口估计达219亿美元，增长20%，1993/94年度将完成第一个25年建设计划并进入第二个25年建设计划，即经济"起飞"阶段。1992年，政府采取措施刺激出口，吸引外资，并继续紧缩银根，有效地抑制了经济过热和通货膨胀，经济稳步增长。但负债过重，国内投资下降。

国民生产总值(1990年)：约976.225亿美元。

人均国民生产总值(1992年)：625美元。

国民生产总值增长率(1992年)：5.5%。

人均国民收入(1992年)：625美元。

货币名称：印度尼西亚盾。

汇率(1992年)：1美元＝2060盾。

通货膨胀率(1992年)：4.94%。

失业率(1992年)：2.21%。　半失业率(周工作时间在35小时以下，1992年)：39.45%。

【资源】资源丰富。矿产主要有石油、天然气、煤、锡、铝矾土、镍和铜等。已探明矿藏储量为：石油500亿桶，天然气73万亿立方米，煤342亿吨。此外，地热资源丰富，森林面积1.15亿公顷。

【工业】1990年采矿业、制造业的产值分别为287480亿盾和86020亿盾，在国民生产总值中的比例分别为14.5%和9.5%。1991年工业增长11.01%，占国民生产总值的22.22%。估计1992年工业增长10%，工业品出口额200亿美元。年出口额在10亿美元以上的产品有：纺织、木材、加工皮革、机械、钢铁。1990年采矿业、制造业、公用事业的从业人口及所占总劳力的比例分别为53万人(0.7%)、769万人(10.1%)、13万人(0.2%)。主要工业品产量(单位：万吨)：

	1988/89	1989/90	1990/91
纺织品(百万米)	3503	4494	5028
化肥(尿素)	424.6	489.2	513.1
水泥	1321.8	1409.9	1578.3
纸制品	105.2	134.4	140.0
棕榈油	72.8	84.6	96.9

主要矿产品产量(单位：万吨)：

	1988	1989	1990
锡	3.1	3.1	3.0
铝钒土	86.2	116.4	138.5
铜	33.2	39.9	65.7
镍矿石	202.1	217.9	233.7
石油(百万桶)	491	514	533
天然气(百万立方米)	52.4	54.5	61.1

(资料来源：1992/93英国经济季评)

【农业】1990年产值达430620亿盾，占国内生产总值的21.8%，农业人口占总人口的55.9%，耕地面积1420万公顷。主要农作物和经济作物有：大米、橡胶、棕榈、咖啡、茶、烟草、糖料和香料。1992年稻谷产量47C.29万吨。主要农产品产量如下(单位：万吨)：

	1989	1990	1991
大米	3041	3072	3013
木薯	1710	1580	1580
大豆	130	150	150
花生	60	70	60
橡胶	118	123	
棕榈油	221	233	
糖	210	211	
丁香	6.2	9.4	
水产品	302	316	

(资料来源：同上)

【旅游业】政府重视旅游业，注意开发旅游点，兴建饭店，培训人员和简化入境手续，外国游客逐年增加。旅游业已成为次于石油和纺织品的第三大创汇项目。1992年外国游客达306万人次，旅游外汇收入32.71亿美元。至1992年，星级饭店达467家，客房数达420116间。主要旅游点有婆罗浮屠佛塔、印尼缩影公园、日惹皇宫等。

【交通运输】铁路：总长约6500公里，其中约1500公里在爪哇，其余在苏门答腊岛。截至1990/91年度，处于良好状态下的铁路长3737公里。1990年客运量为5800万人次，货运量1256万吨。

公路：总长266326公里，其中83479公里处于良好状态。

水运：在印尼占有很重要地位，1990/91年度，内河(湖)客运量为459万人次，货运量1200万吨；海运方面拥有各类船只5190艘，总货运量为3889万吨。有港口392个，主要港口有丹戎不碌、丹戎佩拉、勿老湾、乌戎潘当。

空运：印尼鹰记航空公司为最大的航空公司。1992

年中期拥有80多架飞机，其次为鸽记航空公司，有飞机22架，均经营国内国际航班。1990/91年度客运量880万人次，货运量为146000吨。机场共486个，主要机场为苏加诺—哈达机场。

【财政金融】近几年财政状况如下（单位：亿盾）：

	1988/89	1989/90	1990/91
收入	329950	381690	494510
支出	329900	381650	494500

（资料来源：同上）

1992年外汇储备达115.8亿美元，国际收支赤字45亿美元。截至1991/92年度外债达780亿美元，该年度偿还外债107.8亿美元，还本付息率为32%。

【对外贸易】外贸在印尼国民经济中占重要地位，政府采取措施鼓励出口，1990年出口总额占国内生产总值的26.30%。近年来外贸状况如下（单位：百万美元）：

	1989	1990	1991
出口额	22160	25675	29214
进口额	16360	21873	25869
差　额	5800	3838	3273

（资料来源：同上）

据印尼贸易部长公布的数字，1992年印尼出口增长了16%，总额达到339.2亿美元，进口总额为270.3亿美元，贸易顺差达68亿美元，比1991年增长了10%。

1991年印尼主要进口产品有工业原材料、机械设备、燃料及润滑油、交通工具和食品及饮料等。主要出口产品有原油及制成品、天然气、胶合板、成衣、纺织品和橡胶等。主要出口国为日本、美国、新加坡、韩国、中国；主要进口国为日本、美国、德国、新加坡、韩国。

【外国资本】印尼政府鼓励外国投资，特别是对非油气部门的投资。外国投资对印尼经济的发展起了促进作用。自1967年到1992年底，印尼共批准外资519亿美元。1992年共批准外资102亿美元，部分情况如下：

	数额（亿美元）	项目（个）
日本	12	35
香港	9.63	31
英国	7.63	
韩国	6.29	20
台湾	5.47	19

【外国援助】外援主要来自以美、日、欧共体和世界银行为主的"援助印尼国际财团"。1990/91年度外援为56亿美元，占该年度印尼预算收入的26.3%。1990年日本对印尼的援助额为8.67亿美元，德国对印尼援助额为9900万美元。

人民生活

截至1990/91年度，印尼的公共保健中心、附属公共保健中心和流动保健服务中心分别达到6021、20124、4420个，各类医院1610所，病床数达到122191张。住房方面，实施住房规划，在城乡完成了一些建设和改造项目，主要是建立公共住宅和净水供应设施以及改善居住环境。1992年全国新就业人口15万，提供就业机会160万个。贫富不均比较严重，生活在贫困线以下的人数为2720万。

军　事

1945、1946、1949年先后建立陆、海、空军。总统兼武装部队最高统帅。武装部队司令苏特拉查特。实行征兵制。总兵力27.9万人，其中陆军21.5万人，海军3.8万人，空军2.6万人。陆军分为10个军区。海军编为东西两个舰队司令部。空军编为第一（西部）和第二（东部）两个司令部。1992年11月在泗水举行了有15000人参加的历史上规模最大的陆海空三军及警察部队的联合军事演习。

文化教育

【教育】印尼实行小学义务教育，学制为小学6年，初、高中各3年，大学4～7年。1992/93年度教育、青年及文化经费为30019亿盾，占发展预算13.1%，文盲率1990年为16%，学龄儿童入学率为100%。1990/91年度小学在校生人数为2975万人，初中为590万人，大学入学人数为52.4万人，其中42%继续升学。1989年全国共有小学20多万所，中学4万多所，国立大学44所，私立大学650所。著名大学有印度尼西亚大学、艾尔朗卡大学、加査马达大学等。

【新闻出版】1990/91年度共发行日报5143779份，周报4520623份，周刊2192308份。主要报刊有：《战斗报》、《专业集团之声》、《独立报》、《明灯报》、《印度尼西亚日报》。

通讯社：安塔拉通讯社，官办，1939年成立。印尼民族通讯社，私营，1967年成立。武装部队新闻社，国防安全部主办的新闻通讯社。

印度尼西亚广播电台为官方广播电台，成立于1945年9月11日，截至1990/91年度，共有49个电台，其中47个全天播音。每天用10种语言对海外广播12小时。

电视台：国营印度尼西亚电视台于1967年8月17日正式运营，共有10个分台，273个转播器，1990/91年度共播放38122小时，其中80%为国产节目。印尼鹰记电视台为私营电视台，1988年1月14日建立，主要面向雅加达及其周围地区，5 5%为娱乐节目。泗水的太阳电视台也是私营电视台，1990年8月24日成立，节目多为娱乐片。1991年1月23日，由私营公司组建了一个教育电视台，由印尼文教部提供节目，每天播出8小时。

对外关系

奉行独立自主的积极的外交政策，主张大国平衡，积极参与国际和地区事务。重视发展与东盟成员国的友好合作关系。1992年9月当选为不结盟运动主席，主持召开第十届不结盟运动首脑会议，主张不结盟运动在联合国中发挥更大作用，促进南南合作和南北对话。9月，苏哈托以印尼总统和不结盟运动主席国身份出席第47届联大，呼吁改组联合国，扩大安理会。反对美国及西方国家把经济援助和人权、环境等问题挂钩。作为巴黎会议两主席之一，在柬埔寨各方之间积极斡旋，推动巴黎协定的实施。主持召开三次南海问题研讨会，主张和平解决南沙争端。在东帝汶问题上表示愿同葡萄牙以任何方式进行对话。1992年6月22日同乌兹别克斯坦建交，10月2日同斯洛文尼亚建交。已同95个国家建立了大使级外交关系。

【同我国的关系】1950年4月13日两国建交。1967年10月30日两国外交关系中断。1989年国务委员兼外长钱其琛在东京会晤印尼苏哈托总统和国务部长穆尔迪奥诺，双方就中印尼关系正常化问题发表三点一致意见。1990年7月，印尼外长阿拉塔斯访华，发表了中、印尼复交联合公报，决定自8月8日起两国正式恢复外交关系。1990年11月，苏哈托总统访华。1991年10月印尼议长哈里斯·苏胡德访华。1990年8月和1991年6月，李鹏总理、杨尚昆主席分别访问了印尼。

1992年，两国高层往来频繁，友好合作关系进一步向深度和广度发展。印尼副总统苏达尔莫诺(4月)、武装部队司令特里·苏特里斯诺(9月)、执政党总主席瓦霍诺(8月)分别率团来访。艾知生(2月)、陈慕华(8月)、倪志福(8月)、陈希同(8月)、钱其琛(8月)、李岚清(12月)、钱正英(12月)等领导人访问印尼。4月，中、印尼双方司法部长签署了《关于法律事务合作谅解备忘录》，5月双方高级官员小组签署了《关于移民事务合作和高级官员会晤纪要》，12月，中国经贸部和印尼贸易部签署了《中华人民共和国政府和印度尼西亚共和国政府经济、贸易和技术联合委员会第二次会议协议纪要》。1992年双方贸易额达20.26亿美元，其中中方进口15.54亿美元。

中国驻印尼大使：钱永年。使馆馆址：雅加达苏迪尔曼大街69号(Jl. Jend. Sudirman Kav. 69 Kebayoran Baru, Jakarta Selatan, Indonesia)。电话：714596。传真：7207782。商务处电话：5495347，传真：5301382。领事部电话：714903，714515。传真：7207782。

印尼驻华大使：阿普杜拉赫曼·古纳迪尔查(Abdurahman Gunadirdja)。使馆馆址：三里屯外交公寓B座。电话：5325484，5325485。传真：5325368。商务处电话：5325780。签证处电话：5325434。

台湾在印尼设有经济贸易代表处。截至1992年9月，台在印尼投资达39亿美元。1992年上半年双边贸易额达12.17亿美元。台为印尼第三大投资者和第六大贸易伙伴。

【同美国的关系】1963年美国宣布停止对印尼援助，两国关系恶化。1968年两国关系迅速恢复和发展。自1967年以来，美国在印尼石油、天然气勘探方面的投资额约315亿美元。美支持印尼建立东南亚和平稳定的外交政策。1992年美国防部长切尼访问印尼。4月印尼拒绝美二名参议员访问东帝汶的要求。

【同日本的关系】1958年1月两国签订了和约和战争赔款以及经济合作协定。此后两国高级领导人互访频繁。1991年10月日本明仁天皇访问印尼。日本对印尼的经援、投资和外贸均占首位，日每年向印尼提供约2～3亿美元的经援。1951～1990年，日在印尼共投资1873个项目，日允诺将继续提供援助，并不和人权问题挂钩。1992年9月，苏哈托对日进行工作访问，寻求日对不结盟运动工作重点转移到经济上的支持。12月16日，苏哈托总统在接受日新任大使递交国书时称印尼和日本的关系是发达国家和发展中国家合作的典范。

【同其他东盟国家的关系】把东盟作为"贯彻对外政策的基石之一"，积极发展同东盟各国的友好和经济关系，巩固东盟的团结，致力于建立东南亚和平、自由、中立区。1992年1月，苏哈托赴新加坡出席第四届东盟国家首脑会议。12月11日，东盟自由贸易区委员会第三次会议在雅加达召开，就共同有效优惠关税达成协议，规定自1993年1月1日起降低15大类产品的关税。

同马来西亚的关系：1957年同马来西亚联邦建交，1963年9月马来西亚成立后两国断交，进入对抗时期。1967年复交。1991年3月马哈蒂尔总理访问印尼。10月，马来西亚最高元首苏丹·阿兹兰访问印尼。10月，阿拉塔斯外长到吉隆坡参加印尼、马来西亚联合委员会第一次会议。1992年1月，印尼武装部队总司令特里将军赴马参加两国边界联委会第20次会议，就边界、联合演习、边界联合搜索、救护等问题签署了谅解备忘录。同月，马科技部长刘贤镇访问印尼。5月，马武装部队司令对印尼进行结识性访问。9月，马、印尼警察第11次联合演习在马槟城举行。同月，马总理马哈蒂尔派新闻部长到雅加达就马电视台播放东帝汶事件电视片一事向印尼道歉，强调仅仅是疏忽所致。

同新加坡的关系：1967年9月7日建交，1991年1月吴作栋总理访问印尼。7月黄金辉总统访问印尼。8月，两国签订了有关共同建立和使用空战行动训练设施的协议。

同菲律宾的关系：1950年1月建交。双方主张根据"群岛原则"划定领海范围。1991年1月，菲律宾武装部队参谋长利桑德罗·阿巴迪访问印尼。11月5日，两国边境联合委员会第13次会议在菲律宾乌戎潘当举行，双方签署了两国边民边境往来协定。

同泰国的关系：1951年3月建交。1991年5月阿南总理访问印尼，双方成立了双边特别经济委员会。7月，泰国和印尼空军举行第七次联合防空军事演习。1992年1月，阿拉塔斯外长访问泰国，签署了成立两国部长级联合委员会的协议。3月，泰外长沙拉信访问印尼，出席联合委员会第一次会议，就加强贸易、投资、技术、农业、渔业合作交换了意见，并签署了经济合作协定。2月，泰海军司令访问印尼，11月泰总司令访问印尼。

同文莱的关系：1984年2月两国互派大使。此后两国领导人多次互访。1991年10月文莱达鲁萨兰国元首苏丹·哈桑纳尔·博尔基亚访问印尼。10月苏哈托夫妇赴文莱参加苏丹登基25周年纪念大典。

【同印度支那国家的关系】1956年同越南建立总领事级关系，1974年升为大使级。1991年越南部长会议副主席陈德良和部长会议主席武文杰先后访问印尼，双方签署了联合新闻公报和航空、海运和投资保护协定。1992年7月，越南总理武文杰访问印尼，10月，印尼阿斯特石油公司同越南石油公司签署了一项为期25年的合作协议 1978年同民柬建交。1989年印尼和法国外长共同担任了巴黎柬埔寨问题国际会议两主席。1991年10月23日，阿拉塔斯外长同法国外长迪马主持了柬问题巴黎会议，并作为两主席之一，签署了《柬埔寨冲突全面政治解决协定》等文件。1992年1月，阿拉塔斯访柬，会晤柬最高委员会各派，就柬各派合作及大选等问题进行斡旋。5月，苏哈托总统接见来访的宋双时说，印尼对柬问题的全面解决负有责任，印尼将继续同法国磋商，寻求全面解决的办法。6月，阿拉塔斯在东京重建柬埔寨部长级国际会议上说，印尼拟向柬提供广泛的技术的经济援助。1992年印尼共向柬派出维持和平人员1978名。9月，印尼国防部长穆尔达尼赴柬实地考察印尼维持和平部队的作用。

【同荷兰的关系】印尼独立后，荷仍在印尼保持很大的势力。1960年两国断交，1963年复交。截至1992年3月，荷在印尼投资21.9亿美元，共93个项目。1991年11月帝力事件发生后，荷兰率先对印尼 实行制裁。1992年2月，苏哈托在接见荷新任大使时说，印尼承认外国的合作和援助对于促进印尼的发展是重要的，但印尼不能牺牲作为一个主权国家的基本原则。援助国企图使援助附带政治条件就是干涉内政，对此必须予以拒绝。25日，印尼宣布拒绝荷兰援助，要求荷兰不再担任援助印尼国际集团主席。6月，苏哈托在出席里约热内卢世界环发大会时会见荷兰首相吕贝尔斯时，邀请荷兰女王访问印尼，称拒绝援助不影响双边关系。4月，贸易部长阿里芬对荷兰进行工作访问，表示印尼政府愿促进双边关系的发展，但不接受荷兰的援助。7月，荷兰外相范登布鲁克访问印尼，探讨印尼拒援后双边合作的新领域，并称荷的人权态度不变，对东帝汶事态表示密切关注。11月，荷教育和科技部长同印尼文教部长签署了促进教育、科技领域合作的谅解备忘录。12月，荷外贸部长范罗伊访问印尼。

【同澳大利亚的关系】1950年5月同澳大利亚建交。帝力事件后，两国关系有所倒退。1992年1月，阿拉塔斯外长同来访的澳北地区首席部长佩戎签署了在贸易、工业、基础设施、技术和服务领域进行经济合作的协定。3月，澳外长在访问东帝汶时声明承认印尼对东帝汶的主权。4月澳总理基廷访问印尼，双方签署了避免双重税收、渔业合作和罪犯引渡三个协定。10月，印尼—澳大利亚部长级讨论会在雅加达召开，双方签署了促进投资保护、科技合作、保护版权协定及关于教育培训、渔业管理合作两个谅解备忘录。

【同葡萄牙的关系】帝力事件发生后，葡萄牙反应最为强烈，率先在欧共体成员国内组织播放电视新闻片，并在国内组织哀悼活动。3月，葡"和平船"驶往东帝汶，遭印尼海军拦截。5月，阿拉塔斯在东帝汶竞选时说，东帝汶作为有争议的领土仍在联合国的议程中，印尼愿通过任何方式同葡萄牙接触。9月印尼政治、安全统筹部长苏多莫在会见欧洲议员团时表示：印尼拒绝葡萄牙议员访问东帝汶。12月阿拉塔斯和葡萄牙外长在纽约就东帝汶问题恢复会谈，但没有结果。

（林文　何淼）

约　旦

国名　约旦哈希姆王国(The Hashemite Kingdom of Jordan)。

面积　91390平方公里。

人口　388.8万(1991年)，人口增长率约为3.5%。大部分为阿拉伯人，其中60%以上是巴勒斯坦人，还有少数土库曼人、亚美尼亚人和吉尔吉斯人。阿拉伯语为国语，通用英语。90%以上的居民信奉伊斯兰教，属逊尼派；信奉基督教的约占8%，属东正教、罗马天主教。

首都　安曼(Amman)，人口96.5万(1991年)。

国家元首　国王侯赛因·伊本·塔拉勒(Hussein Ibn Talal)，1952年8月11日登基，1953年5月2日加冕。

简　况

位于亚洲西部，阿拉伯半岛的西北，西与巴勒斯坦、以色列为邻，北与叙利亚接壤，东北与伊拉克交界，东南和南与沙特阿拉伯相连。约旦基本上是个内陆国家，亚喀巴城是唯一出海口。首都安曼和西部山地属亚热带地中海型气候，气候温和。平均气温1月为7～14℃，7月为26～33℃。

约旦原是巴勒斯坦的一部分。公元7世纪初属阿拉伯帝国版图。公元1517年归属奥斯曼帝国。一次大战后沦为英国委任统治地。1921年英国以约旦河为界，把巴勒斯坦一分为二，西部仍称巴勒斯坦，东部建立外约旦酋长国。1946年3月22日英承认外约旦独立，5月改国名为外约旦哈希姆王国。1948年5月第一次阿以战争中，约占领了约旦河西岸4800平方公里的土地。1950年4月，外约旦同西岸合并，改称约旦哈希姆王国。1967年第三次阿以战争中，以色列占领西岸。1988年7月，约旦国王侯赛因宣布中断同约旦河西岸地区的"法律和行政联系"。

政　治

约旦是君主立宪制国家，设参、众两院，权柄掌握在以侯赛因国王为首的哈希姆家族王室手中。面对世界和中东地区急剧变化的新形势，侯赛因国王及时调整内外政策，对内一方面开放党禁，1992年9月正式通过“政党法”，强调民主、自由、人权，以顺应民众对开放民主的要求，另一方面注意遏制以穆斯林兄弟会为代表的原教旨主义势力的增长，采取恩威并举的措施，以稳定政局；对外继续主动改善同美国等西方国家的关系，努力修补与埃及、叙利亚及海湾国家的裂痕，积极参与中东和平进程。

【宪法】1952年1月1日颁布生效。宪法规定，约旦是一个世袭的阿拉伯君主立宪制国家，立法权属国王和议会。国王是国家元首，有权审批和颁布法律、任命首相、批准和解散议会统率军队。1960年1月议会通过关于国王有权延长众议院任期的宪法修正案。1974年1月、1976年2月和1984年1月议会3次通过宪法修正案，授权国王可无限期推迟选举，并在内阁认为有必要修改宪法时，有权召开议会特别会议。

【议会】称国民议会，由参议院和众议院组成。参议院议员人数不超过众议院议员人数的一半，全部由国王从年龄40岁以上的人士中任命。议长任期两年，议员任期4年，期满后均可再次被任命。在众议院举行会议时，参议院可同时举行内容相同的会议。众议院如被解散，参议院亦停止举行会议。众议院议员由普选产生，凡年满19岁的男女公民均可参加选举。议长每年由议员秘密选举产生，任期4年。1989年11月8日第11届国民议会众议院组成，在80个众议院席位中，穆斯林获68席（其中穆斯林兄弟会占23席），基督教徒获9席，吉尔吉斯人获3席。众议院议长阿卜杜勒·拉蒂夫·阿拉比亚特（Abdul Latif Arabiyat）。侯赛因国王任命40名参议员组成参议院。参议院议长艾哈迈德·卢齐（Ahmad Al Lawzi）。

【政府】1991年11月21日，谢里夫·扎耶德·本·沙克尔受命组成现内阁。内阁主要成员有：首相兼国防大臣谢里夫·扎耶德·本·沙克尔（Al Sharif Zaid Bin Shaker），副首相兼教育大臣祖干·亨达维（Thogan Al Hindawi），副首相兼运输大臣阿里·苏赫迈特（Ali Al Sohaimat）；外交大臣卡迈勒·阿布·贾比尔（Kamel Abu Jaber），财政大臣巴西勒·加尔达奈（Basil Jardaneh），内政大臣乔代特·萨布勒（Jawdat Al Sboul），宗教、伊斯兰事务大臣阿兹丁·哈提卜·泰密米（Izzaldin Al Khateeb Al Tamimi）。

【司法机构】设有初级法院、中级法院、高级法院和国家安全法庭等。最高法院院长为里法特·夏穆德（Rifat Shemoot）。

【政党】1952年4月9日开始建立政党，后被解散。1991年6月9日侯赛因国王正式宣布解除长达33年的党禁，实行多党制，1992年9月议会通过“政党法”。迄今，内政部正式批准成立的政党共15个，主要有：

（1）伊斯兰行动阵线党（The Islamic Action Front）：主要由约旦穆斯林兄弟会组成，少数伊斯兰独立人士参加，为原教旨主义组织，称为“伊斯兰政党”，是约目前最大的政党。总书记伊斯哈克·法尔汗（Ishak Farhan）。

（2）约旦阿拉伯复兴社会党（Jordanian Arab Baath Socialist Party）：总书记艾哈迈德·纳吉达维（Ahmad Najdawi）。

（3）约旦共产党（The Jordanian Communist Party）：总书记雅古卜·扎耶丁（Yakoub Zayydin）。

（4）约旦民主人民党（Jordan People's Democratic Party）：总书记台西尔·奇卜里（Tayseer Al Zibri）。

（5）社会民主党（Jordanian Socialist Democratic Party）：总书记伊萨·马达纳特（Issa Madanat）。

（6）约旦进步民主党（Democratic Party For Progress in Jordan）：总书记阿里·阿米勒（Ali Amer）。

其他还有约旦民主人民统一党、自由党、阿拉伯统一民主党、全国联盟党、未来党、信誓党、人民统一党、进步与正义党、觉醒党。

【重要人物】**侯赛因·伊本·塔拉勒**：国王。1935年11月14日生于安曼，1949～1952年在埃及亚历山大维多利亚学院、英国哈罗公学和桑赫斯特军事学院学习。1952年8月11日登基，次年5月2日正式加冕。1982、1983年两次访华。爱好体育，擅长驾驶各型飞机和汽车。育二子二女。　**哈桑·伊本·塔拉勒**：王储。1947年3月20日生于安曼，系侯赛因国王二弟。1964年毕业于英国哈罗公学，1965～1967年在英国牛津大学学习政府和历史学，并获硕士学位。1965年4月被立为王储。有三女一子。　**谢里夫·扎耶德·本·沙克尔**：首相。1934年生于安曼，50年代先后在埃及亚历山大维多利亚学院、英国圣赫斯特军事学院就读，后又去美国指挥参谋学院进修。沙克尔系侯赛因国王表兄，曾任约军参谋长、武装部队总司令。1987年被授予元帅军衔。1989年4月被任命为“过渡时期”首相，1991年11月16日第二次出任内阁首相。

经　济

约旦系发展中国家，可耕地面积小，资源较贫乏，经济基础薄弱。国民经济主要支柱为侨汇、外援和旅游。1990年海湾危机后，约旦的经济形势急剧恶化，侨居海湾地区的约30万约旦及巴勒斯坦侨民返约，增加了其经济负担，外援、旅游、转口贸易及侨汇收入骤减，人民生活水平明显下降。近一年来约政府重视立足本国，经济略有起色。开始执行“1992～1998年经济全面复兴计划”，物价已基本稳定，通货膨胀率也有所下降。

国民生产总值（1991年）：36.4亿美元。

国民生产总值增长率（1992年）：7％。

货币名称：约旦第纳尔。

汇率（1993年6月）：1美元＝0.688第纳尔。

通货膨胀率(1992年):10%左右。

【资源】主要有磷酸盐、钾盐、铜、锰和油页岩。磷酸盐储量约20亿吨。死海海水可提炼钾盐,储量达40亿吨。铜、锰和油页盐正在开采中。

【工业】多属轻工业和小型加工工业,主要有采矿、炼油、食品加工、玻璃、纺织、塑料制品、卷烟、皮革、制鞋、造纸等。有5个规模较大的工业企业(磷酸盐、钾盐、炼油、水泥、化肥)。磷酸盐公司有资本1亿美元,72.5%由政府直接投资,有职工4100多人。阿拉伯钾盐公司有资本7250万第纳尔,其中约旦占股56%。1991年主要工业品产量(单位:万吨):磷酸盐 446、钾盐 141.5、水泥 167.49、石油产品 230.7、化肥 60.21;发电33.95亿度。

【农业】农业不发达,1992年农业总产值约2亿第纳尔。可耕地面积约90万公顷,已耕地面积仅50万公顷,多集中在约旦河谷。可耕地中7%为水浇地,每年所需粮食3/4靠进口。1990年主要农作物产量(单位:万吨):小麦8.29、大麦4.24、烟草 0.29、西红柿 37.69、橄榄 6.37、西瓜、甜瓜 8.05、柑橘 15.41。

【旅游业】旅游业是约旦的三大经济支柱之一,又是主要外汇来源之一。海湾危机前,一般年收入约6亿美元。其后旅游业受到沉重打击,不景气迄今未完全消除。1991年旅游收入仅为7000万美元。主要旅游点有安曼、死海、杰拉什、佩特拉、阿杰隆古堡、亚喀巴等。

【交通运输】以公路运输为主。公路建设发展很快,以基本建成沟通全国城乡的公路网。交通运输情况如下:

铁路:总长730公里;客运量3.13万人次,货运量378.95万吨。

公路:总长7080公里;车辆总数232361辆,其中货车44619辆,小汽车140479辆。

海运:亚喀巴港是约旦唯一港口,进出口贸易集散中心,拥有集装箱码头和散装码头。1991年货物吞吐量1504万吨,靠港船只2222艘。

空运:约旦皇家航空公司拥有各种飞机22架;国际航线36条;安曼的阿丽娅国际机场的年客运量250万人次,货运量6.6万吨。

【财政金融】1993年财政收支预算情况(单位:亿第纳尔):总收入 12.801,总支出 13.28,赤字 0.479。

海湾战争后,30多万长期居住在海湾国家的约旦侨民回国,带回大量外汇,使约黄金、外汇储备增加,1992年底达48.5亿美元。截至1992年底负外债66.246亿美元,财政赤字近10亿美元。

【对外贸易】与世界100多个国家和地区有贸易往来。主要进口粮食、肉类、纺织品、交通和工业器材;主要出口磷酸盐、钾盐、化肥、蔬菜、水果。主要贸易伙伴为沙特、伊拉克、美国、意大利、日本、德国、英国、印度以及中国台湾。1991年对外贸易情况(单位:亿第纳尔):出口 7.707,进口 17.10,逆差 9.3984。1991年的主要商品出口额(单位:亿第纳尔):磷酸盐 1.2,钾盐 0.9676,化肥 0.8647,蔬菜 0.4353。

【外国援助】1989年1月,欧共体提供130万第纳尔赠款。联合国开发署对实施中的第四个援助方案(1988～1991)提供1000万美元。"伦敦俱乐部"决定将于 1989年1月1日至 1991年6月30日到期的5.75亿美元债务延缓11年,并免息6年。1989年约旦得到世界银行提供的1.5亿美元的长期贷款。1990年外援约为2.46亿美元,1991年约为3.47亿美元。1991年以来美等西方国家已部分恢复对约援助。

人民生活

对本国公民实行免费医疗;政府工作人员根据职业不同,每月可领取交通、出差、服装、住房、家庭人口、物价等各种补贴。1991年因受海湾危机影响,人均收入降至约650美元,1992年底恢复到约900美元。约旦人普遍拥有小汽车、电冰箱、电视机和电话机。

军　事

1906年建军,6月10日为建军节。军队以伊斯兰教义为指导思想,以"笃信真主,忠君报国"为宗旨。国王为武装部队最高统帅。1976年9月,约旦开始实行义务兵和志愿兵相结合的兵役制。服役期为两年。1982年7月,侯赛因国王宣布成立人民军,凡在高中和高校就读的男女学生,以及年满16～55岁的男性公民均应参加。约正规军总兵力约9.94万人,其中陆军8.5万人,空军1.4万人,海军400人。

1992年国防开支为3.57亿第纳尔。

文化教育

【教育】国家重视教育事业,公民从小学到高中享受免费教育。高等教育前分为基础教育和高中教育。基础教育为10年一贯制;高中教育是建立在一般文化基础上的非义务性专业学习,学制为两年。全国有各类学校3634所,教师4.53万人,学生101.67万多人。有4所高等学府:约旦大学、雅尔穆克大学、约旦科技大学和穆塔大学。

【新闻出版】主要报刊:《宪章报》,阿文日报,日发行量9万份左右;《言论报》,阿文日报,日发行量10万份左右;《人民之声报》,阿文日报,日发行量5万份;《约旦时报》,英文日报,日发行量7000份。

佩特拉通讯社:官方通讯社,1969年成立。每天用阿、英文发稿,在贝鲁特、开罗、大马士革、波恩、巴黎等地派有常驻记者。

约旦广播电台与电视台均系官方机构,1985年9月,电台同电视台合并,成立广播电视总局。约旦哈希姆王国广播电台,1959年创建。约旦电视台,1968年建立,设有彩色电视系统,1972年起通过卫星转播世界新闻。

对外关系

奉行中立、不结盟政策,主张通过谈判解决国际争端。努力加强同阿拉伯国家的合作,支持巴勒斯坦事业,积极推动中东和平进程,并保持同美国等西方国家的较密切关系。反对以色列的侵略、扩张和在阿拉伯被占领土建立犹太人定居点的政策。主张在联合国242号和338号决议基础上，通过谈判确立中东公正、持久的和平，积极参加中东和会，努力推进中东和平进程。主张早日解除对伊拉克的制裁，呼吁阿拉伯国家消除分歧。截至1990年底，已同86个国家建立了外交关系。

【同我国的关系】自1977年4月7日中、约建交以来，两国关系稳步发展。1982年12月、1983年8月侯赛因国王两次访华。1984年3月国家主席李先念访约。1990年6月，国务委员兼国防部长秦基伟访约；8月约旦副首相兼外交大臣马尔旺·卡西姆访华；11月钱其琛外长访约。1991年7月，李鹏总理访约。1992年5月外交部副部长杨福昌访约；9月，约文化大臣萨麦拉、社会发展大臣穆夏卡伯、约军地面部队参谋长突尔克中将先后访华；11月，中约双方草签两国航空运输协定。

1992年中、约贸易总额为9633万美元，其中我出口额为7077万美元，进口2557万美元。

中国驻约旦大使：王世杰。馆址：AD-DAHTA JAKARTA STREET AMMAN JORDAN ，P. O. BOX 7365 AMMAN JORDAN。电话：办公室：666136。文化处：699137。武官处：666138。经参处：816199； 817939。商务处：817186 。使馆传真：698713。约旦驻中国大使：萨米赫·法尔基。馆址：三里屯东6街5号。电话：办公室：5323906。

1991年5月，台湾驻约机构挂出“中华民国(台湾)商务办事处”招牌，经交涉，6月约政府令台机构将牌子摘下。

【同美国的关系】同美国关系密切，但注意与美国保持一定距离。美重视约在中东地区的作用，竭力拉约同以谈判解决中东问题。海湾危机爆发后，由于约旦同情伊拉克，反对以美国为首的多国部队进攻伊拉克，美、约关系一度变冷，美冻结对约军、经援助。战后，约积极参与美发起的中东和会，约美关系有所改善，美已部分恢复对约援助。

【同西欧国家的关系】积极发展同西欧，特别是英、法、德等国的关系，希望西欧在解决中东问题方面发挥作用，并寻求经济援助。侯赛因国王曾多次出访英、法、意、德等西欧国家。

【同巴勒斯坦的关系】约巴之间有着特殊关系。1988年11月巴勒斯坦国成立后，约旦立即予以承认；1989年1月7日，约同意巴解驻约办事处升格为大使馆；1990年4月阿拉法特访约，双方原则同意建立“约巴邦联”的设想。对于海湾危机，约、巴解立场基本一致。在中东和谈问题上，约巴密切配合，协调立场，组成联合代表团参加中东和谈。

【同伊拉克的关系】约旦同伊拉克关系密切。伊拉克的费萨尔王朝创始人与侯赛因国王的祖父阿卜杜拉国王为同胞兄弟。两伊战争中，约旦站在伊拉克一边，曾派5000名志愿军赴伊参战。约亚喀巴港转口贸易的60%来自伊，约出口的一半销往伊，所需原油的90%和燃料的99%由伊提供。海湾危机中，约对伊持同情态度。

【同其他阿拉伯国家的关系】约旦一向重视发展同各阿拉伯国家的关系。海湾危机发生后，由于约旦采取与埃、叙、沙特及科威特等海湾国家相悖的立场，同这些国家的关系变冷。沙特中断财政援助及石油供应并驱逐20名约外交官；科威特对居住在其国内的非科威特人采取严格的居留手续，致使30多万约旦人由海湾国家返回国内。危机结束后，约主动改善同这些国家的关系。目前，约同埃、叙关系有所改善，但同海湾国家特别是沙、科关系仍未见明显好转。 （李 琛）

越 南

国名 越南社会主义共和国(The Socialist Republic of Viet Nam)。

面积 329556平方公里。

人口 7000万(1992年底越官方公布数字)。京族占89%，还有 岱、傣、芒、侬、苗、瑶、土等60多个民族。通用 越南语。居民多信奉佛教，还有天主教、和好教、高台教等。

首都 河内(Ha Noi)，人口350万(1992年)。

国家元首 国家主席黎德英(Le Duc Anh)，1992年9月23 日 就职。

简 况 位于中南半岛东部，北与中国接壤，西与老挝、柬埔寨交界，东部和南部临南海。海岸线长3260多公里。属热带季风气候，高温多雨。年平均气温24℃左右。河内6月最热，平均气温28. 9℃，1月最冷，平均气温为16、5℃。

10世纪后开始建立封建国家。1884年沦为法国保护国。1945年9月2日宣布独立，成立越南民主共和国，同月法国重新入侵越南。1954年7月签订关于恢复印度支那和平的日内瓦协定，越南北方获得解放，南方仍由法(后被美国取代)统治。1973年1 月越美在巴黎签订关于在越南结束战争、恢复和平的协定，美军从南方撤走。1975年5月南方全部解放，1976年4月选出统一的国会，7月宣布全国统一，定国名为越南社会主义共和国。

政　治

1992年越南社会和经济情况继续好转，政局稳定，经济有较大发展。6月18～29日，越共中央召开了七届三中全会，提出了今后国家外交、国防与安宁等方面的任务以及目前对党进行革新与整顿的主张和措施。越国会在3、4月间召开八届11次会议，通过了1992年宪法。9月和12月召开了九届国会第一、二次会议，一次会议选举产生了国会主席、副主席，国家主席、副主席，政府总理等国家机构领导人，并通过了政府组织法、人民法院组织法和人民检察院组织法。

【宪法】第四部宪法于1992年4月15日在八届国会11次会议上通过，它继承和发展了1946、1959和1980年宪法，体现了越共七大提出的社会主义目标与国家全面革新路线。宪法规定：不再设置国务委员会，改设国家主席；越南社会主义共和国国家政权属于人民；越南共产党以马克思列宁主义和胡志明思想为指导思想；国会是人民的最高代表机关，是国家的最高权力机关；越南经济是在国家管理下朝着社会主义方向发展的多种成份市场经济。

【议会】称国会，国家最高权力机关。任期5年，通常每年举行两次例会。现为第九届国会，1992年7月产生，共有国会代表393人。国会主席农德孟。

【政府】国会的执行机构和国家最高行政机关。本届政府于1992年10月1日组成。总理武文杰，副总理潘文凯、阮庆，陈德良；国防部长段奎，内务部长裴善悟，外交部长阮孟琴，政府组织与干部委员会主任（部长）潘玉祥，司法部长阮庭禄，财政部长胡济，国家科学技术环境部长邓友，劳动荣军社会部长陈庭欢，教育培训部长陈洪军，卫生部长阮仲仁，文化通讯部长陈环，建设部长吴春禄，水利部长阮景营，交通运输部长裴名流，农业与食品工业部长阮公藏，水产部长阮进郑，重工业部长陈隆，轻工业部长邓武诸，能源部长蔡奉倪，商业部长黎文哲，国家计划委员会主任（部长）杜国杉，国家总监察长阮奇锦，国家银行行长高士兼，国家合作与投资委员会主任（部长）窦玉春，民族与山区委员会主任（部长）黄德毅，政府办公厅主任（部长）黎春贞，人口与计划生育工作部长梅奇，保护少年儿童工作部长陈氏青青，负责政府若干事务部长潘文渐、何光豫。

【司法机构】司法机构由最高人民法院最高人民检察院及地方法院、地方检察院和军事法院组成。现任最高人民法院院长范兴，最高人民检察院院长黎清道。

【政党】越南共产党：执政党。1930年2月3日成立，同年10月改名为印度支那共产党，1951年改名为越南劳动党，1976年改用现名。约有党员200多万人。1991年6月召开的越共“七大”通过了《政治报告》等5个纲领性文件，选举了新的中央领导机构：总书记杜梅；政治局委员13人：杜梅、黎德英、武文杰、陶维松、段奎、武莺、黎福寿、潘文凯、裴善悟、农德孟、范世阅、阮德平、武尘志；书记处书记11人：杜梅、黎德英、陶维松、黎福寿、阮河潘、红河、阮庭肆、张美华、杜光胜、阮德平、黎可漂。

【重要人物】杜梅：越共中央总书记。1917年2月2日生于河内市清池县一个农民家庭。1936年参加革命，1939年加入印度支那共产党。抗法期间，先后任河东省委书记、河南省委书记、南定省委书记和抗战行政委员会主席、第三联区党委委员、宁平省委书记、第三联区党委副书记、抗战行政委员会副主席、军区政委、红河左岸区党委书记、抗战行政委员会主席、军区政委。1955年后，历任海防市委书记、军事行政委员会主席、商业部副部长、部长、副总理兼国家基本建设委员会主任、建设部长。1988年6月至1991年8月任部长会议主席。1960年在党的“三大”上当选为中央委员，1976年12月在党的“四大”上当选为政治局候补委员，1982年3月党的“五大”和1986年12月党的“六大”连任政治局委员。1991年6月“七大”上当选为总书记。　**黎德英**：国家主席。1920年12月1日生于承天—顺化省富旺县长河乡，工人出身。1937年参加革命，1938年加入印度支那共产党，1951年任南部东区指挥部参谋长。1956年任总参谋部作战局副局长。1960年任总参谋部军力局局长、大校。1963年任越军副总参谋长。抗美战争时期一直在南方工作，先后任南部平原战场参谋长、第9军区副司令兼参谋长，第9军区政委、司令员，第7军区司令员兼政委。1974年破格晋升中将。1975年“胡志明战役”任南方指挥部副司令兼参谋长，西贡西南路纵队司令员。西贡解放后任市军管会委员。1976年当选为中央委员。1980年晋升上将，任国防部副部长、副总参谋长。1982年当选为政治局委员。1985年晋升大将。1986年当选为政治局委员。1987年2月任国防部长，同年9月任中央军事党委副书记。1991年6月当选为政治局委员、书记处书记、中央军事党委第一副书记。1992年9月当选为越南国家主席。　**武文杰**：政府总理。1922年11月23日生于九龙省汪廉县中协乡一个农民家庭。1938年参加革命，次年加入印度支那共产党。抗法期间，曾任迪石省委常委、副书记，薄寮省委书记，后江地区各省党委副书记，西贡嘉定地区党委书记。1973～1975年任南方局常委。1975年西贡解放时，任特委书记和西贡市军管会副主席。1976年任胡志明市市委副书记、市人委主席。1977年任胡志明市市委书记。1986年任部长会议副主席兼国家计委主任，1987年任部长会议第一副主席。1991年8月任部长会议主席。1992年9月当选为越南政府总理。1960年当选为越共中央候补委员。1976年当选为政治局候补委员。1982年起为历届政治局委员。

经 济

越南目前以农业经济为主，各地区经济带有自给自足性质，各行业生产专业化和产品发展水平不高，各城市和工业区，基础设施不完善，过于薄弱。1986年底越共召开“六大”以来，越积极推行经济革新路线，逐步改革高度集中的产品经济体制，推行在国家管理下的市场经济体制，已初见成效。现已确立了以全民和集体所有制为主的多种所有制结构和以按劳分配为主的多种分配制形式，在调控领域决定大力推行市场机制，物价近于全部放开。农村普遍实行家庭承包制，工业取消包给制，扩大国营企业生产经营自主权，实行经济核算制，并开始了企业股份化试点。1992年越进一步推进革新开放，国民经济继续向好的方向转变，完成和超额完成了国家计划的主要指标，工农业产值分别比1991年增长14.5～15％和4.4％。

社会生产总值(1991年)：约 244 亿美元 。

人均国民生产总值(1991年)：200 美元。

国内生产总值增长率(1991年)：2.4％。

国民收入(1991年)：约117亿美元。

货币名称：越南盾。

汇率 (1992年11月)：1美元＝10800越盾。

通货膨胀率(1992年)：15％。

失业率(1992年)：6.6％。

【资源】越南矿产资源丰富，类型多样。主要有煤、铁、钛、锰、铬、铝、锡、磷等。已探明矿物储量的有：煤炭35.9亿吨、铁8.6亿吨、钛1000万吨、锰140万吨、铬1900万吨、稀土1000万吨、锡8.6万吨，铝矾土和磷的估计储量分别为120亿吨和14亿吨。此外，已探明石油工业储量为10亿吨。森林目前有800～900万公顷。水能资源具有3000 万千瓦的效能，年发电量可达2600～2700亿度。

【工业】1991年工业产值占国民生产总值的34.2％左右，1991年工业总产值约102亿美元。1992年工业产值比1991年增长14.5％，其中国营中央和地方工业分别增长23％和6.4％，非国营工业增长6％。60 多种主要产品产量有不同程度增长。近年主要工业产品产量(单位：万吨)：

	1990	1991	1992
原油	270	395	550
轧钢	10.2	13	20
发电量(亿度)	87.2	91	70
化肥	35.4	43.4	8
水泥	253.4	317.7	320
煤	462.7	432.6	400

【农业】越南是传统农业国。农业人口约占总人口的80％。林地及耕地占全部土地的60％，1991年有耕地面积为932.6万公顷。农产品出口约占出口总金额的40％ 。农业以生产粮食作物和经济作物为主。粮食作物包括稻米、玉米、马铃薯、番薯和木薯等，经济作物主要有黄麻、蒲草、桑叶、蔗糖、花生、茶、咖啡、橡胶等。1992年农业产值比1991年增长4.4％，粮食产量创历史最高纪录，出口大米约180万吨，跃居世界第二位。近年主要农牧渔业产品产量(单位：万吨)：

	1990	1991	1992
粮食	2154	2170	2400
生猪存栏数(万头)	1226	1214	1230
蔬菜			330
水产品	89	107	108

【交通运输】海陆交通比较发达。在“四五”(1986～1990)期间，交通运输有所发展，平均每年货运量增加9.8％，客运量增长8.7％，但交通运输仍是越经济中的薄弱环节。

铁路：网络包括6条干线和一些支线，总长3220公里，干线全长2700公里。有500个机车头，其中150多个蒸汽机车头。1989年货运量为250万吨，客运量1170万人次。

公路：公路网遍布全国，总长10万多公里(其中1万公里国道，1.5万公里省道，3千公里街道，剩余的是各县、乡连接的公路)；目前，公路质量很差，柏油路、水泥路约占公路总数的10％。汽车数量为7万辆，其中4.5万辆货车，2.5万辆客车。

水运：水运线总长7000公里。内河水运有1370 艘拖船、6360艘货船、3760艘驳船；海运有55艘货船、6 艘驳船。主要军、商港口有金兰湾、西贡港、岘港、海防港、鸿基港。1989年主要港口货物吞吐量约640万吨。

空运：民用航空和空军的基础设施尚未划分清楚。全国共有大小机场90个，其中有 15个已用于民用航空，有3个国际机场：内排机场(河内市)、岘港机场(岘港市)和新山一机场(胡志明市)。民用航空约有30架飞机，大都为苏制，飞机已很旧，性能低，现已开始向国外公司租用飞机。

管道运输：汽油管道运输建于60年代。现在有275公里长的 B12输油管道。根据设计功率，油管通油能力为100万吨/年。每年接收约300万吨汽油。

【财政金融】1992年，越进一步改革完善税收制度，加强征税，清理三角债，健全经济法规，国内财政收入比上年增加82％，但财政透支仍相当严重，1992年度财政赤字约3.6亿美元。1991年外债为140亿美元。

【对外贸易】外贸工作很薄弱，长年呈外贸逆差，近年来发展较快。从1990年开始，大幅度入超得到有效控制，1992年同87个国家和地区有贸易往来，外贸进出口金额增长超过20％ ，为48.4亿美元，其中出口24.6亿美元，创历史最高纪录，并首次出现顺差。出口商品主要有原油、大米、水产品、煤、锡、橡胶、咖啡、桂皮、茶叶和服装。进口物资主要为燃料、原料、成套设备和消费

品。近年对外贸易情况(单位:亿美元):

	1990	1991	1992
总　额	42.89	37	48.4
出口额	18.15	18	24.6
进口额	24.74	19	23.8
差　额	−6.59	0	0.8

【外国资本】1987年底公布投资法,截至1992年底,越已批准同40多个国家和地区外商签订555项投资合同,协议金额共46亿多美元(1992年为20亿美元)。其中245 项在胡志明市(16亿美元),79项在河内(5亿美元),21 项在海防(4亿美元);油气开采项目占协议金额23.3%,工业项目占36.4%,旅游项目占17.9%。对越投资额最大的是台湾。但由于基础设施差,工艺落后等原因,越南在利用外资方面仍受到很大限制,截至1992年底,实际使用外资仅11亿美元。

1992年12月国会对投资法进行了补充修改,把合资和独资企业经营期限由20年延长至50或70年,规定合资企业可在境外银行开户,个人可同外商合资办厂,加工出口区的产品免除关税等。

【外国援助】1975～1990年,越的主要援助款项来自前苏联。1991年柬埔寨问题巴黎和平协定签订以来,一些西方国家先后解除了对越持续多年的禁运,开始以各种形式对越提供援助,1992年西方国家向越提供的发展援助近5亿美元。主要援助国有:法国、意大利、瑞典、澳大利亚、德国等。

人民生活

在"四五"(1986～1990年)计划期间,人民生活有所提高,集体、个体经济较为富有,靠工资的职工、干部的生活水平仍很低。1992年物价上涨指数从 1990 、1991年的70%降至15%。1992年人口自然增长率为22.9‰。1991年区级以上医院有1430多所,医生2.3万多人。

军　事

1944年12月22日建军。实行主力部队、地方部队和民兵自卫队组成的三结合"全民国防"体制。越共政治局为最高军事决策机构,通过国防部对全国部队实行统一领导。国防与安宁委员会主席黎德英,副主席武文杰。委员为国会主席农德孟、国防部长段奎、内务部长裴善悟和外交部长阮孟琴。实行义务兵役制,服役期依兵种不同为2～4年不等。

总兵力为60万,其中海军5万,空军3万余人,防空军5万余人,机关院校10万余人,其余为陆军。1992年军费开支1.2亿美元。

文化教育

【教育】普通教育学制为12年,1～9年为基础级,10～12年为中学级。1991年文盲人数占总人口的10%。全国已基本建立起一个较完整的教育体系,达到乡有一、二级学校(相当小学、初中)、县有三级学校(相当于高中)或中专。1992/93是越南实行普遍教育改革的最后一年。国家对教育培训事业十分关心,1991年国家预算对这方面的投资达18200亿盾,占财政预算的12%。著名高等学校有河内综合大学、河内百科大学、河内外语师范大学、胡志明市综合大学、胡志明市百科大学等。1991年各类学校、在校生和教师情况:

	学校(所)	学生(万人)	教师(万人)
一、二级普通学校	14500	1130	40
三级普通学校	1100	50	4
中专	270	12.5	1
大学、大专	102	12.8	2.1
成人职业学校	242	12	0.65

1992/93学年,越全国中小学生共有1500万名,其中幼儿启蒙班250万,小学生920万,初中生270万,高中生55万。

【新闻出版】新闻法规定报纸由国家控制。全国共有报刊300多种,年出版量为3亿印张(出口15万印张)。中央及地方出版社48家,1991年出版各种图书3500种,6500万册。主要报刊有:《人民报》,越共中央机关报,1951年创刊;《人民军队报》,越南人民军总政治局机关报;《共产主义》月刊,越共中央政治理论刊物,1956年创刊;《大团结报》,祖国战线中央机关报。

越南通讯社:国家通讯社,1945年创立,1976 年越南南方解放通讯社与之合并。

1977年成立越南广播和电视委员会,下辖"越南之声"广播电台、中央电视台。"越南之声"广播电台成立于1954年,用越南语及数种少数民族语言播音,此外,还用中国普通话及粤语、俄语、英语、法语、西班牙语、印尼语、老挝语、柬埔寨语等11种外语对外广播。越南中央电视台成立于1970年,可同时播送两套节目。

对外关系

1991年6月越共"七大"提出,今后外交工作的总任务是"维护和平,扩大友好、合作,为经济建设创造有利的国际环境",宣布越愿成为国际社会一切国家的朋友。据此,越提出"多样化、多方向"的外交政策。随着柬埔寨问题巴黎协定的签订,越的国际环境得到了改善,国际交往日益扩大,同世界各国,特别是同周边国家的关系得到了较大改善和发展。截至1992年12月,越已同128个国家建立了外交关系。1992 年同越南建交的国家有:文莱、摩尔多瓦、哈萨克斯坦、格鲁吉亚、马绍尔群岛共和国、亚美尼亚、塔吉克斯坦、土库曼斯坦、阿塞拜疆、韩国、捷克、斯洛伐克等12国。此外,越南还同智利恢复了外交关系。

【同我国的关系】中越两国于1950年1月18日建交。在长期的革命斗争中,两国人民结下了深厚的友谊,70年代中期以前两国领导人多次互访。越美战争结束后,中越关系逐渐恶化。1991年11月,双方宣布中越关系实现正常化。

1992年两国关系得到了良好的发展。2月钱其琛国务委员兼外长访越。9月中越副外长在河内举行磋商。

11月30日至12月4日，李鹏总理应邀对越南进行正式友好访问，双方肯定了中越关系正常化一年来两国关系取得的进展，一致同意采取有效措施，进一步促进和发展两国在各个领域特别是经贸领域的互利合作关系。1992年10月和1993年2月，中越专家小组先后在北京和河内举行了两轮边界谈判，就解决两国边界领土争议的原则交换了意见。1991年11月至1992年12月，双方共签订了贸易协定、处理边境事务临时协定，以及经济合作、互免签证、邮电、海运、民航、铁路、科技、投资保护、经济技术合作和文化等12项协定。目前双边贸易主要是边境贸易和地方贸易，两国政府间的贸易正在逐步恢复和发展，1992年官方贸易额约2亿美元，中国对越投资600万美元。

中国驻越南大使：张青（1993年4月上任）。馆址：河内市黄耀街46号（SO NHA 46 PHO HOANG DIEU HA NOI）。电话：844253736。传真：844232826。商务处电话：844232845。

越南驻华大使：邓严衡。馆址：北京建国门外光华路32号。电话：5321125，5321155。传真：5325720。商务处电话：5325415。

根据1991年11月和1992年12月中越联合公报精神，越南只同台湾进行民间贸易往来。近年来，越台民间经贸关系发展很快，截至1992年，台湾对越投资达10.9亿美元，约占越国外总投资额46亿美元的1/4，台湾已成为越的最大投资者。1991年越台贸易额为2.3亿美元。

【同美国的关系】越美迄今尚未建立外交关系。越全国统一后，越美双方曾就建交问题进行过谈判，后因出现柬埔寨问题，美方宣布中断谈判。1990年越美恢复接触，1991年美国提出美越关系正常化的“路图”。1992年越美继续各个级别的接触。1月、10月，美国总统负责战俘和失踪人员的特使维西将军先后两次访越，双方已就寻找在越战中失踪的美军人问题达成协议（10月）。3月，美助理国务卿所罗门访越，美提出7项人道主义援越计划以及解决战争失踪人员和战俘问题的5点建议。4月，美国务院宣布美同意恢复同越南的直接通信联系。10月，越南外长阮孟琴在纽约出席第47届联大期间访问华盛顿，同美国防部长切尼和代理国务卿伊格尔伯格就两国关系正常化问题举行了会谈。11月11日，美国当选总统克林顿说，在“最终、彻底”解决越南战争中美军战俘及失踪人员问题之前，美不会与越南实现关系正常化。12月14日，美国政府宣布放松对越南贸易上的一些限制，其中包括允许一些公司同越方签订合同、在越建立办事处、雇用工作人员、设计一些项目、进行初步的可行性研究和工程技术方面的调查等。美同时又说，对越南的禁运仍然有效。

【同前苏联各共和国的关系】越苏两国于1950年1月30日建交。苏联解体后，越表示重视同前苏联各加盟共和国发展关系。1992年越逐步恢复同这些国家的关系。3月，以部长会议副主席科斯蒂科夫率领的白俄罗斯共和国政府代表团访越，这是第一个独联体成员国代表团访问越南。双方签署了经贸合作协定。7月，以越南部长会议副主席陈德良为首的越南政府代表团和以俄罗斯副总理马哈拉泽为首的俄罗斯政府代表团先后进行互访。双方签署了越俄两国政府1992年换货议定书。根据这项议定书，越俄双方1992年双向贸易额为8亿美元。双方还签订了越俄政府关于经贸科技合作委员会的章程等文件、科技合作协定、关息贷款。双方还同意将讨论越南偿还欠原苏联的100亿卢布的债务问题。7月，陈德良还访问了乌克兰。12月，亚美尼亚共和国副总统阿鲁秋尼扬访越，签署了经贸合作、投资保护、科技文化合作等协定及外交部合作议定书。此外，越还同立陶宛签订了经济贸易合作关系框架协定，同爱沙尼亚签署了经济贸易合作协定。同白俄罗斯签署了1992年经贸合作议定书。

【同东欧国家的关系】1992年，越外长访问了波兰、匈牙利。越政府商业代表团访问了罗马尼亚。同罗政府签署了有关扩大两国之间的经贸合作关系的文件。

【同老挝和柬埔寨的关系】印支三国抗美战争结束后，越一直强调同老、柬（金边）的“特殊关系”。1992年2月，越部长会议主席武文杰对老挝进行正式友好访问，双方就促进越老在新阶段全面合作关系的措施交换了意见，签署了1992～1995年阶段和1992年经济、文化、科学技术合作框架文件。8月，越共中央总书记杜梅率越党和国家高级代表团应邀对老挝进行正式友好访问。越老签署了1992～1993年科技合作议定书。1992年11月越共中央总书记杜梅参加了老挝人民革命党主席、老挝国家主席凯山·丰威汉的葬礼。

越南是柬埔寨问题巴黎协定签字国之一，1992年1月，应柬埔寨全国最高委员会主席西哈努克亲王的邀请，越外长阮孟琴访问了柬埔寨。双方发表了联合声明。

【同东盟各国的关系】越南同东盟6国均有外交关系。关于柬埔寨问题的巴黎协定签字后，越南同东盟各国的关系得到了较快恢复和发展。1991年10月至1992年3月，越部长会议主席武文杰遍访东盟6国。印尼总统苏哈托、泰国总理阿南、马来西亚总理马哈蒂尔、新加坡前总理李光耀，泰国、印尼、新加坡、菲律宾外长等先后访问了越南。东盟已取消对越的经济制裁。越同东盟各国签订了一系列协定，相互间的经贸关系日益扩大。1992年7月21日，越在1976年东南亚友好合作条约上签字，正式参加了巴厘条约，并成为东盟的观察员。越同东盟各国的贸易额在越外贸总额所占比例已从过去的10～20%上升至60%，从1991年底至1993年初，越同东盟各国签订的各种经贸、科技合作协定达44项，东盟各国在越投资总额已超过4亿美元。

【同日本的关系】1973年9月21日越日建交。由于越出兵柬埔寨，日本政府冻结了对越援助并停止了两国间的经贸关系。关于柬埔寨问题的巴黎协定签字后，两国关系有了改善和发展，1992年4月，越国会主席黎光道访问日本，10月越外长阮孟琴访日。11月日外务省宣布向越南提供总额为455亿日元（合3.69亿美元）的商业贷款，从而恢复了日本已中断14年的对越援助。

【同其他国家的关系】1992年1月28日，朝鲜副总理兼外长金永南对越南进行正式访问。3月、9月，越外长阮孟琴、越共中央总书记杜梅先后访问印度。5月24日至6月12日，越外长阮孟琴应邀访问法国、波兰、匈牙利、比利时、英国、荷兰等国。7月1～22日，越部长会议副主席陈德良应邀访问了丹麦、挪威等国家。

（高德可）

非洲

阿尔及利亚

国名 阿尔及利亚民主人民共和国(The Democratic People's Republic of Algeria, La République Algérienne Démocratique et Populaire)。

面积 2381741平方公里。

人口 2640万(1992年),大多数是阿拉伯人,其次是柏柏尔人,约占总人口20%。少数民族有姆扎布族和图雷格族。官方语言为阿拉伯语,通用法语。伊斯兰教是国教。

首都 阿尔及尔(Algiers),人口260万(1987年)。

国家元首 阿里·卡菲(Ali Kafi),1992年7月2日出任最高国务委员会主席。

简况 位于非洲西北部。北临地中海,东临突尼斯、利比亚,南与尼日尔、马里和毛里塔尼亚接壤,西与摩洛哥、西撒哈拉交界。海岸线长约1200公里。北部沿海地区属地中海气候,年平均气温25℃;中部为热带草原气候;南部为热带沙漠气候。公元前3世纪,阿北部建立过两个柏柏尔王国。后被罗马、拜占庭、阿拉伯人、西班牙、土耳其和法国先后入侵。1905年沦为法国殖民地。1962年7月3日正式宣布独立。7月5日定为独立日。1963年9月,本·贝拉当选首任总统。1965年6月,胡阿里·布迈丁发动政变上台,1976年12月当选总统。1979年2月,沙德利·本·杰迪德上校当选为总统。

政治 1991年底,阿举行第一轮立法选举。结果伊斯兰拯救阵线(以下简称伊阵)击败执政的民族解放阵线获胜,在已选出的228个议席中获188席,只需在原定于1992年1月16日举行的第二轮选举中再得28席,即可掌握议会多数。1992年1月11日,沙德利总统辞职。12日,最高安全委员会宣布取消第二轮选举。14日,成立了以穆罕默德·布迪亚夫为首的五人最高国务委员会,在1993年底以前行使宪法赋予总统的职权。伊阵对形势变化反应强烈,2月初在十几个城市组织游行示威,与军警发生流血冲突。当局遂宣布紧急状态,起诉伊阵。3月4日阿尔及尔地方法院宣判取缔伊阵。伊阵转入地下,从事武装袭击军警等恐怖活动。6月29日布迪亚夫在东部视察期间遇刺身亡。7月2日卡菲就任最高国务委员会主席。7月8日贝莱德·阿卜杜·萨拉姆接替格扎利任总理。当局的主要政策是:严厉打击伊阵的恐怖活动,保障社会安定,建立国家权威;重视解决教育、住房、失业等问题,努力实现社会公正,恢复群众对政权的信任;经济上,重视国营企业的作用,反对盲目私有化,实行紧缩,严格限制进口,缓解外债压力,争取在三五年内恢复经济正常发展。

【宪法】现行宪法于1989年2月23日经全国公民投票通过。新宪法取消了原宪法中与社会主义有关的全部内容;在公民权利中增加承认政治结社和罢工的权利;确立三权分立并建立宪法委员会;规定扩大总统权力,总统是全国武装力量的最高统帅,掌握国防和外交大权,主持部长会议并兼任国家最高安全委员会、最高司法委员会主席。

【政府】现政府于1992年7月19日组成,1993年2月3日改组,由35名成员组成。包括:总理兼经济部长贝莱德·阿卜杜·萨拉姆(Belaid Abdesselam)、国防部长哈立德·纳扎尔(Khaled Nezzar)、外交部长里达·马立克(Redha Malek)、总理部长级顾问迈斯欧德·阿耶特·沙拉勒(Messaoud Ait Chaalal)、司法部长阿卜杜勒·哈吉德·穆希巴希(Abdelhadjid Mahi Bahi),通讯与文化部长阿布巴克尔·贝勒卡伊德(Aboubakr Belkaid)、内政与地方事务部长穆罕默德·哈尔迪(Mohamed Hardi)、国民教育部长艾哈迈德·贾巴尔(Ahmed Djebbar)、工业与矿业部长贝勒卡塞姆·贝拉尔比(Belkacem Belarbi)、老战士部长卜拉希姆·希布特(Brahim Chibout)、农业部长穆罕默德·埃利斯·迈斯利(Mohamed Elyes Mesli)、宗教事务部长萨希·拉穆里(Sassi Lamouri)、住房部长法鲁克·特巴勒(Farouk Tebal)、卫生与人口部长穆罕默德·萨基尔·巴贝斯(Mohamed Seghir Babes)、劳工与社会事务部长塔哈尔·哈姆迪(Tahar Hamdi)、职业培训部长贾鲁勒·巴赫里(Djelloul Baghli)、旅游与手工业部长阿卜杜勒·瓦哈卜·巴格里(Abdelwahab Bakelli)、文化与新闻部长哈姆拉维·哈比卜·舒基(Hamaraoui Habib Chawki)、青年与体育部长阿卜杜勒·卡迪尔·哈姆里(Abdekader Khemri)、邮政电讯部长塔希尔·阿朗(Tahar Allan)、运输部长穆罕默德·阿莱斯基·伊斯利(Mohamed Arezki Isli)、能源部长哈桑·穆夫提(Hacen Mefti)、装备部长穆克达德·希菲(Mokdad Sifi)、外交部负责合作与马格里布事务的部长级代表阿卜杜勒·阿齐兹·赫莱夫(Abdelaziz Khellef)、国库部长级代表艾哈迈德·本·比杜尔(Ahmed Benbitour)、商业部长级代表穆斯塔法·马格拉维(Mustapha Magraoui)、预算部长级代表阿里·卜拉希提(Ali Brahitti)、公安部长级代表兼保安总局长穆罕默德·图勒巴(Mohamed Tolba)、负责行政与司法事务部长级顾问玛利亚·贝勒米胡卜·扎尔达尼(Mme Meriem Belmihoub Zerdani)、民族团结部长级代表赛义达·本·哈比里斯(Mme Saida Benhabyles)、中小工业部长级代表里达·哈姆亚尼(Reda Hamiani)、负责基础与中等教育国务秘书塔希尔·扎尔胡尼(Tahar Zerhouni)、负责高等教育国务秘书塔耶卜·谢里夫(Tayeb Cherif)、科研国务秘书玛丽卡·阿拉卜(Mme Malika Allab)、政府秘书长卡迈勒·莱乌勒米(Kamel Leulmi)。

【司法机构】设最高司法委员会，主席和副主席分别由总统和司法部长担任。法院分3级：最高法院、省级法院和市镇法庭。不设检察院，在最高法院和省级法院设检察长，均受司法部领导。最高法院院长穆罕默德·塔吉亚(Mohamed Tejuia)。

【政党】1989年7月5日颁布政治结社法，允许多党并存。截至1992年1月，已有50多个政党经内政部批准合法。现无任何政党参与执政。主要政党有：

(1)民族解放阵线(Front de Libération Nationale)：前身为"团结与行动委员会"，成立于1954年8月。同年11月1日发动抗法武装起义，改名为"民族解放阵线"，1977年10月又易名为"民族解放阵线党"，1988年11月恢复"民族解放阵线"的名称。阿独立后，民阵长期执政。最高国务委员会成立后，民阵成为在野党。总书记阿卜杜·麦赫里。

(2)伊斯兰拯救阵线(Front Islamique du Salut)：1989年3月10日成立。主张以古兰经和圣训为基础，建立伊斯兰国家，实行伊斯兰法。由13人组成的"协商委员会"为领导机构。1990年6月伊阵在地方议会选举中获胜，成为第一大反对党，并在1991年底的第一轮议会选举中取得压倒胜利。议会选举被中止后，伊阵表示强烈不满，组织大规模示威游行，导致流血冲突。1992年3月4日伊阵被取缔。伊阵大部分领导成员已被捕，并受到审判。

(3)社会主义力量阵线(Front des Forces Socialistes)：1963年成立。主张根据人民的需要和意愿发展国家，尊重言论自由，反对个人专制，建设一个自由、进步、团结的社会。领导人侯赛因·阿依特·艾哈迈德(Hocine Ait Ahmed)。

(4)争取文化与民主联盟(Rassemblement pour la Culture et la Démocratie)：1989年2月11日成立，由柏柏尔人组成。主张党政教分离；把柏柏尔语同阿拉伯语一样作为官方语言；建立国家与私人相互补充的市场经济；全面改革教育制度。总书记赛义德·萨迪(Said Saadi)。

【重要人物】阿里·卡菲：最高国务委员会主席。1928年生于斯基克达省。50年代初开始从事革命活动。1954年加入阿革命委员会，翌年加入民族解放阵线；1957年4月被任命为第二军区司令；1961年任民阵驻开罗办事处主任；1962～1964年先后任驻叙利亚、黎巴嫩、利比亚、埃及和意大利等国大使；1990年任全国老战士组织总书记。1992年1月14日任最高国务委员会委员。1992年7月2日任最高国务委员会主席。　**贝莱德·阿卜杜·萨拉姆**：总理兼经济部长。1928年生于塞蒂夫省。学生时代加入阿人民党。曾任北非留法穆斯林学生会主席。1953年创建阿尔及利亚穆斯林学生联合会。1955年加入民族解放阵线。1958年任临时政府文化部长助理。1962年3月任临时政府"埃维昂协议"谈判办事处经济事务代表。1964～1966年任碳化氢公司总经理。1965年7月至1977年4月任工业与能源部长。1977年4月至1979年任轻工业部长。1992年7月8日起任政府总理兼经济部长。

经　济

经济发展长期比例失调。过分依赖石油收入。80年代阿开始经济改革。主要内容是：下放经营权，减少国家干预；国家对计划、外贸、财政、金融作相应调整，引入市场经济机制；逐步放开价格，调整汇率；争取外援，改变债务结构。近年来阿经济状况不佳，外债负担沉重，生产停滞，货币大幅度贬值，通货膨胀严重。萨拉姆任总理后，主张在国家宏观控制下有步骤、有计划地实行市场经济；重视国营企业的作用，反对盲目私有化；鼓励私人投资；进行大规模基础设施建设，刺激经济发展，创造就业机会；实行紧缩政策，削减政府开支。严格限制进口。

国内生产总值(1992年)：10390亿第纳尔。

人均国内生产总值(1992年)：3.93万第纳尔。

国内生产总值增长率(1992年)：1%。

货币名称：阿尔及利亚第纳尔。

汇率(1992年12月)：1美元=22.13第纳尔。

通货膨胀率(1992年)：40%。

失业率(1992年)：21.4%。

【资源】主要有石油和天然气。石油储量为12亿吨;天然气探明储量为38000亿立方米,占世界第五位。此外,还有铁、汞、铅、锌、铜、磷酸盐、铀等矿藏。铁矿有5个,最大的是廷杜夫的杰比勒特夫铁矿,蕴藏量约30亿吨,品位达55%。铀矿蕴藏量估计5万吨,磷酸盐5亿吨。森林面积为120万公顷,1990年产木材14.5万立方米。阿软木产量居世界第三位。

【工业】以石化工业为主。1990年除碳化氢外的工业产值513亿第纳尔,碳化氢产值1150亿第纳尔,分别占国内生产总值的10.3%和23.1%。1991年石油产量约4000万吨,天然气产量1060亿立方米,出口液化石油气350万吨,精炼成品1680万吨。1991年碳化氢产品出口119.8亿美元,占出口总额的97.4%。此外,还有采矿、冶金、机械制造、汽车制造、化工、食品等工业。1989年产铁矿石274.8万吨。

【农牧渔业】1990年农业产值478亿第纳尔,占国内生产总值的9.6%。农业劳动力占总劳动力的25%。主要农产品有粮食(小麦、大麦、燕麦和豆类)、蔬菜、葡萄、柑桔和椰枣。可耕地面积2000万公顷,耕地面积750万公顷,其中水浇地36万公顷。1992年粮食产量340万吨。目前50%的食品仍需进口。

全国有草原3510万公顷,果园45万公顷,葡萄园8.2万公顷,年产葡萄酒505万升。牧场23万公顷。1989年有绵羊1731.6万只,山羊240.4万只,牛140.5万头,骆驼12.2万峰,马8.6万匹。

阿有1200公里海岸,有各种渔船1500只。另外阿还与毛里塔尼亚、塞内加尔等国建立混合渔业公司,在大西洋发展远洋捕鱼。1991年捕鱼量为9万吨。

【旅游业】80年代以来,石油收入减少,开始重视发展旅游业,允许旅游公司自主经营管理,鼓励国内对旅游业的投资,对在旅游区的投资7年免税。1988年旅游收入为7000万美元,外国游客44.7万人。目前全国旅游接待能力为4.8万个床位,有国营旅游管理公司17个,旅行社57个,雇员14万人。现有综合旅游点17个。

【交通运输】陆地运输以公路为主,公路运载量占83%,铁路占17%。

铁路:总长3836公里,其中窄轨1260公里;1989年客运量5252万人次,货运量1256万吨;1989年开始在首都阿尔及尔修建总长为26.5公里的地铁。

公路:总长10万公里,其中干线3万公里,二级公路2万公里;各种机动车辆55万辆;1989年客运量8810万人次,货运量820万吨。

水运:近几年有所发展,有9个主要港口,最大的港口是阿尔及尔港,有大小泊位37个;国营海运公司有各种船只70艘、拖轮20艘。

空运:全国有机场60多个,其中4个大型机场,航线通24国;1990年客运量674万人次,货运量35793吨。

管道运输:共有6条输油管道,总长3611公里,年输油能力11590万吨;天然气输气管道长7404公里。

【财政金融】财政预算情况如下(单位:亿第纳尔):

	1991	1992	1993
总支出	1953	3279	5040
行政预算	1183	2039	3039
装备预算	770	1240	2001
总收入	1953	3284	3356
普通税收	961	1284	1420
石油税收	992	2000	1936
收支差额	0	5	−1684

(资料来源:阿政府历年公布的财政法)

1992年外汇储备9亿美元,外债总额为280亿美元,到期债务还本付息约占当年出口收入的65%。

【对外贸易】原由国家控制,国营公司垄断经营。1991年3月宣布对外贸易向商人开放。阿主要出口碳化氢产品,政府鼓励其它产品出口。同时主张外贸伙伴多样化,鼓励与发展中国家和东欧贸易,现主要贸易伙伴仍是西方工业国。近几年的外贸情况如下(单位:亿美元):

	1989	1990	1991
进口额	92.09	87.8	95
出口额	94.54	129.6	123
差　额	2.45	41.8	28

进口主要产品为生产设备、工业半成品、食品、消费品等。出口主要产品为石油和天然气。

1990年主要贸易对象及占阿进出口总额的比例(%):

	进口	出口
法国	28.6	13.8
意大利	12.3	19.2
美国	10	21
德国	9.8	7.4

(资料来源:1992年第四期阿尔及利亚经济季评)

人民生活

阿曾实行国家补贴的福利政策。随着阿开始经济改革,补贴逐步减少,食品和消费品价格上涨。1992年6月政府取消了除面包、牛奶、粗面粉外所有其它食品的补贴。1992年10月阿尔及尔物价指数为355.8(1982年为100)。1991年10月至1992年10月物价平均上涨33.6%。医疗、教育、娱乐设施价格上涨50%。国家对低收者给予适当补贴。

1989年全国有263所医院,1238个卫生中心、493个诊所、59350张病床。医生21243名,平均每1192人1名医生。

军　事

阿武装力量前身为民族解放军,独立后改称阿尔及利亚国家人民军。实行义务兵役制和志愿兵相结合的兵役制度,义务兵役制规定,男性公民服役期为18个月。总统为三军统帅,兼国防部长、最高安全委员会主席。最高安全委员会负责就国家安全问题向总统提出建议。国防部是军队最高领导机构。1991年8月议会通过“1991～1997年国家防务计划”。人民军参谋长格纳伊齐亚·阿卜杜·马立克少将，军队总监阿里·布哈贾准将。全国划分为六个军区，下设若干军分区。装备主要来自前苏联，其余来自英、法、意、德和美国等。

总兵力19.55万。其中陆军17.7万。编有3个装甲旅、8个机械化旅、9个摩托化步兵旅、1个特种部队旅等。海军6500人。空军1.2万。另有宪兵2.3万，海岸警卫队550人，预备役15万人。

1992年国防预算为196亿第纳尔。

文化教育

【教育】对6～16岁儿童普及义务教育。1980年起实行9年一贯制基础教育。强调教育阿拉伯化、阿尔及利亚化和一体化，重视对青年的职业培训。1989年9月政府提出彻底改革教育制度。1992年教育经费为439亿第纳尔，占国家预算支出的13.4%。有大专院校70余所，主要大学有：阿尔及尔大学、君士坦丁大学等；中、小学校15700所，小学入学率94%，中学入学率61%。现有小学生402.76万。中学生140.85万。大学生研究生共22.7万，大学教员1.45万。根据1989年统计，阿有文盲742万。

【新闻出版】过去阿新闻出版由国家垄断，主要报纸有：《圣战者报》、《人民报》、《地平线报》和《晚报》。主要刊物有：《阿尔及利亚时事周刊》、《非洲革命》和《圣战者报周刊》。实行多党制后，实行新闻自由，一些政党创立了党报，也出现了一些独立地方报刊。

阿尔及利亚新闻社：国营通讯社，创建于1961年，有工作人员650名，在14个国家设有分社。

阿尔及利亚广播电台：国营电台，创建于1956年，前身为“战斗的阿尔及利亚之声”。有4套节目。

阿尔及利亚电视台：国营电视台，创建于1970年。

对外关系

奉行独立、自主、不结盟的对外政策，维护民族独立和国家主权，主张在平等互利、互相尊重主权的基础上同所有国家发展友好合作关系。认为当前对世界和平的最大威胁是南北差距拉大和发展中国家的贫困。促进发展是维护世界和平的重要条件之一。主张国家不论大小，一律平等，各国的利益都应得到公正、平等的重视。联合国应加强在发展国际合作、促进发展中国家经济振兴方面所起的作用。认为不结盟运动仍有其生命力，是各成员国捍卫政治经济利益、相互支持、采取共同行动的工具，在推动南北对话、建立各国均可公平参与管理国际事务的新秩序方面可发挥积极作用。认为中东和会是解决中东问题、建设和平的良好开端。但所有的解决方案都应是全面的，只有在有关各方，包括巴勒斯坦方面参加的情况下才能在该地区建立和平。认为西撒问题是非殖民化问题，应根据联合国及非统有关决议尽早予以和平解决。阿支持联合国和平计划和秘书长特别代表为解决西撒问题所做的努力，对和平计划推迟表示遗憾，对摩洛哥宣布在包括西撒在内的地区举行立法选举表示担忧，希望继续谈判，实现西撒问题有关各方都能接受的和平。

【同我国的关系】1958年9月19日阿临时政府成立，12月20日两国建立外交关系。沙德利总统于1982年4月访华，周恩来总理于1963年12月访阿。

1992年中国与阿尔及利亚的友好合作关系继续稳步发展。5月阿科研国务秘书克拉迪访华。双方签订了《中华人民共和国政府与阿尔及利亚民主人民共和国政府科技合作协定》。9月国务委员兼外长钱其琛在不结盟首脑会议和联大期间两次会见阿外长，就国际形势和双边关系交换了意见。

1992年阿在华有留学生12名；中国在阿医疗队员185人。

1992年中阿贸易额为3004万美元，我出口2734万美元，进口270万美元。

中国驻阿尔及利亚大使：王建邦。馆址：34Boulevard des Martyrs ALGER；电话：605056、622724。

阿尔及利亚驻中国大使：阿贝德·马希埃丁（Abed Mahieddine）。馆址：三里屯路7号；电话：5321231。

【同马格里布国家的关系】1963年10月阿与摩洛哥曾因边界争端发生武装冲突。1976年3月阿承认“西撒国”后，摩宣布与阿断交。1988年5月16日阿、摩复交。1992年6月摩洛哥批准摩阿边界协议。11月摩国王特使访阿。1993年2月阿最高国务委员会成员兼外长马立克访摩，就双边关系和地区问题与摩方交换了意见。摩支持阿现政权，但双方在西撒问题上仍有分歧。

阿与利比亚关系曾因利与摩洛哥结盟而一度冷淡。1986年沙德利与卡扎菲两次会晤，两国关系趋于缓和。双方在经济、文化、社会等领域签订了十几个合作协定，并成立了十余个混合公司。1992年阿最高国务委员会成立后，利表示支持。利元首卡扎菲就“利涉嫌炸毁美法客机事件”3次派特使访阿。3月阿外长参加了阿盟外长特别会议，参与了阿盟调解利与西方关系危机的行动。阿呼吁有关各方谨慎克制，强调必须按照国际法办事。对安理会制裁利表示不安，认为制裁将影响马格里布地区，并延缓马格里布联盟建设。11月阿外长访利。

阿与突尼斯于1983年3月签署“友好和睦条约”，两国关系密切友好。1992年初伊阵在立法选举中获胜后，突单方面关闭边境。阿最高国务委员会成立后，突表示支持。12月突内政部长访阿。1993年2月阿最高国务委员会主席卡菲访突，双方签署了关于两国边界界标的协议。

【同西欧国家的关系】阿同欧洲共同体国家关系密切。欧共体各国是阿的主要贸易伙伴。阿碳化氢产品大部分销往欧共体国家。1992年初阿政局变化后，欧共体曾一度冻结了对阿援助。后欧共体对阿最高国务委员会采取的措施表示理解，并逐步恢复对阿援助。8月欧共体提供1亿美元贷款，用于阿住宅建设。9月与阿签订向阿提供5亿美元的贷款协议。另外意大利、西班牙等国也向阿提供了大量财政援助。

阿与法国有传统关系，密特朗执政后曾6次访阿。法是阿的第一位贸易伙伴和最大的债权国。阿是法在非洲的第一位贸易伙伴。1992年初阿中止立法选举后，法作出不利于阿的反应，两国关系冷淡。3月阿外长访法，两国关系开始改善。法向阿提供了60亿法郎贷款。1993年1月法外长正式访阿，转交了密特朗总统致卡菲主席的信，信中对阿明确表示支持。2月阿总理访法，双方签署了关于法向阿提供60亿法郎出口信贷的协议，两国关系全面恢复。

阿在法侨民约80万人，留学生1万人。

【同美国的关系】1962年9月与美国建交，1967年中东"六·五"战争爆发后宣布同美断交，1974年11月复交。1992年阿美关系继续发展。8月美向阿提供2.14亿美元贷款，用于购买油田设备零备件。美几家公司与阿签订了共同勘探石油的协议。10月阿外长访美。阿是美粮食的主要进口国之一。1992年美以补贴价格向阿出口了52.4万吨粮食。美是阿重要贸易伙伴，阿1/3原油销往美国。

【同前苏联的关系】1962年7月阿独立后，两国建交，双边关系十分密切。阿大部分武器装备来自苏联，但两国贸易处于较低水平。1991年8月苏"八·一九"事件后，沙德利总统致函苏总统戈尔巴乔夫，表示阿对震撼苏联的危机有一个令人愉快的结局感到满意。12月阿承认俄罗斯联邦和独联体。（邓 励）

埃 及

国名 阿拉伯埃及共和国（The Arab Republic of Egypt）。

面积 1002000平方公里。

人口 5831万（1992年8月）。其中穆斯林约占87%。信奉基督教的科普特人约占11.8%。官方语言为阿拉伯语。

首都 开罗（Cairo），人口约1200万（1989年）。

国家元首 总统穆罕默德·胡斯尼·穆巴拉克（Mohammed Hosni Mubarak），1981年10月13日当选。1987年10月12日连任。

简 况

跨亚、非两大洲，大部分位于非洲东北部，只有苏伊士运河以东的西奈半岛位于亚洲西南。西连利比亚，南接苏丹，东临红海并与巴勒斯坦接壤，北濒地中海，海岸线长约2700公里。全境干燥少雨。尼罗河三角洲和北部沿海地区属地中海型气候，平均气温1月12℃，7月26℃。其余大部分地区属热带沙漠气候，炎热干燥，沙漠地区气温可达40℃。埃及是世界四大文明古国之一。公元前3200年出现奴隶制的统一国家，当时国王称法老。公元前6世纪以后，埃及长期为外来民族所统治。公元640年阿拉伯人入侵埃及，推行"阿拉伯化"。1517年被土耳其人征服，成为奥斯曼帝国的行省。1882年英军占领埃及。1914年，英取消奥斯曼帝国对埃的宗主权，宣布埃为英"保护国"。1922年2月28日，英宣布埃及为独立国家，但保留对国防、外交、少数民族等问题的处置权。1952年7月23日，以纳赛尔为首的"自由军官组织"推翻法鲁克王朝，成立"革命指导委员会"，掌握国家政权。1953年6月18日宣布成立埃及共和国。1958年2月埃及同叙利亚合并成立阿拉伯联合共和国，1961年叙利亚发生政变，"阿联"解体。1971年9月1日埃及改名为阿拉伯埃及共和国。

政 治

穆巴拉克执政后，对原来的政策逐步进行调整，提出"民主、稳定、发展"的口号，强调国内安定，适当开放民主，与反对党进行对话，同时加强社会治安，镇压制造恐怖活动的极端主义分子；重视发展民族经济，实行生产性开放政策，积极吸引外资，坚持国营、私营企业并举，注意改善人民生活。在外交方面重视改善和发展与阿拉伯国家的关系。

1992年，埃及政局基本稳定。经济改革逐步深入，放开物价、减少补贴、推行私有化等一系列新措施相继出台，并取得了一定成效。但宗教暴力活动在埃南部地区愈演愈烈，恶性案件时有发生。对此，埃政府继续把国内稳定放在首位，在继续有限度地开放民主、缓和与反对党关系的同时，对制造恐怖活动、暴力事件、暗杀等犯罪行为予以坚决打击；同时在经济改革过程中坚持稳步前进的方针，注意照顾社会承受能力，强调团结、稳定是经济发展的基础。

【宪法】永久宪法于1971年9月11日经公民投票通过。宪法规定埃及是"以劳动人民力量联盟为基础的民主和社会主义制度的国家"；总统是国家元首、武装部队最高统帅；总统由人民议会提名，公民投票选出，任期6年。1980年5月22日经公民投票修改宪法，规定政治制度"建立在多党制基础上"；"总统可多次连选连任"，并增加了"建立协商会议"的条文。

【议会】人民议会是最高立法机关。议员由普选产生，任期5年，议长、副议长由新议会选出后，每年还需经议会重新选举确认。议会的主要职能是：提名总统候选人；主持制定和修改宪法；决定国家总政策；批准经济和社会发展计划及国家预算、决算，并对政府工作进行监督。本届议会于1990年11月通过全民选举产生，有议员444人，另由总统任命10人。454个议席中，民族民主党成员381名，独立人士59名，集团党6名。另外还有几个选区的8名议员尚未选出。在埃及颇有影响的原教旨主义组织穆斯林兄弟会及其他一些反对派政党失去了在议会中的席位。议长艾哈迈德·法塔希·苏鲁尔(Ahmed Fathi Sorour)博士，1990年12月13日当选，1991、1992年两次连任。

【政府】本届政府于1987年10月13日由总统任命组成，并于1991年5月进行了调整，现主要成员是：总理阿提夫·穆罕默德·纳吉布·西德基(Atef Mohammed Naguib Sidki)，副总理兼计划部长卡迈勒·艾哈迈德·甘祖里(Kamal Ahmed El-ganzouri)，副总理兼农业和农垦部长尤素福·阿明·瓦利(Youssef Amin Wali)，外交部长阿姆鲁·穆萨(Amr Moussa)，电力和能源部长穆罕默德·马希尔·阿巴扎(Mohammed Maher Abaza)，工业部长穆罕默德·阿卜杜勒·瓦哈布(Mohammed Abdel Wahab)，石油和矿产资源部长哈姆迪·阿卜杜勒·瓦哈布·巴奈比(Hamdi Abdel Wahab Banbi)，经济和外贸部长尤斯里·阿里·穆斯塔法(Yusri Ali Mostafa)，财政部长穆罕默德·艾哈迈德·拉扎兹(Mohammed Ahmed El-razzaz)，国际合作国务部长穆里斯·麦克拉马拉(Maurice Makramallah)。

【司法机构】法院包括最高法院、高级法院、中级法院和初级法院，开罗还设有最高宪法法院。检察机构包括检察总院和各省、县检察分院。最高法院院长卡迈勒·安瓦尔·穆罕默德(Kamal Anwar Mohammed)博士，总检察长拉加·伊斯梅尔·阿拉比(Ragga Ismail El-arabi)大法官。

【政党】1952年革命后，曾禁止政党活动。1976年开始实行多党制。目前主要政党有6个：

(1)民族民主党(National Democratic Party)：执政党，成立于1978年7月，同年10月，阿拉伯社会主义党并入。现有党员约250万。思想基础是伊斯兰教义、阿拉伯民族主义和以埃及文明为基础的民主社会主义。主张消除阶级之间的流血斗争，实现富裕和建设性的社会主义。1992年7月党的第六次代表大会对上述思想原则进行了修改，使其包括宗教价值、阿拉伯属性、民主和全面发展等内容，取消了“社会主义”字样，突出了民主色彩。穆巴拉克总统连任民族民主党主席。总书记为副总理兼农业和农垦部长尤素福·阿明·瓦利(Youssef Amin Wali)。

(2)新华夫脱党(New Wafd Party)：反对党，1978年2月成立。党员约5万人。主席福阿德·萨拉基丁(Fuaad Saragedin)。

(3)社会主义工党(Socialist Labour Party)：反对党，1978年12月成立。党员3万多人。主席易卜拉欣·舒克里(Ibrahim Shukri)。

(4)自由社会主义者党(Liberal Socialist Party)：反对党，1976年11月成立，其前身是“自由社会主义者论坛”。党员约10万人。主席穆斯塔法·卡迈勒·穆拉德(Mustapha Kamal Murad)。

(5)民族进步统一集团党(National Progressive Unionist Party)：反对党，前身是1975年成立的“民族进步论坛”，1976年11月改为现名。党员约5万人。主席哈立德·毛希丁(Khaled Mohiedin)。

(6)乌玛党(Uma Party)：反对党，1983年7月成立，其前身是1907年成立的乌玛党。主席艾哈巴德·萨巴希(Ahbad Sabashi)。

1991年，穆巴拉克总统批准了埃及青年党、绿党(在埃获政治地位的第一个环境组织)和阿拉伯社会主义联盟建党的要求。1992年4月19日，经埃最高行政法院政党事务委员会批准，阿拉伯民主纳赛尔主义党成立。此外，还有尚为非法的埃及共产党和穆斯林兄弟会等。

【重要人物】穆罕默德·胡斯尼·穆巴拉克：总统、民族民主党主席。1928年5月4日生于曼努菲亚省一职员家庭。1949、1950年先后毕业于埃及军事学院和空军学院，曾3次赴前苏联学习。历任空军学院教官和院长、轰炸机旅旅长、空军基地司令、空军参谋长等职。1972年任国防部副部长兼空军司令，1975年任副总统。1978年任民族民主党副主席，1980年5月任该党总书记。1981年10月当选总统，1982年1月当选民族民主党主席。1987年10月12日蝉联总统。懂英文和俄文，爱好运动，特别爱好打板球。夫人苏珊1989年5月获联合国教科文组织颁发的“莫利斯·贝特”奖，以表彰她在保护儿童方面所作出的突出贡献。有二子。

纳吉布·西德基：总理。1930年生于坦塔。1951年获开罗大学法律学士学位，1958年获巴黎大学财政、经济学国家博士学位。曾任开罗大学法学院教授和公共财政、财务立法系主任。1973年以后历任埃及驻法国使馆文化参赞、联合国教科文组织常委、埃财政和经济事务总监、协商会议财政委员会主席、投资和自由区总局理事会成员等。1986年11月任总理。著有《俄国税收》等书。夫人为德国人。有二子。

经　济

1952年纳赛尔推翻法鲁克王朝后，对原有较大的工业、商业、银行、保险业、运输业和进出口贸易实行国有化。1974年萨达特总统开始放宽对经济控制，实行“经济开放”政策。穆巴拉克总统执政后，继续调整经济政策，进行财政、经济和管理改革，实行“生产性开放政策”；在发展国营企业的同时，继续放宽对私营企业的限制，经济有所发展。1991年，由于埃及在海湾危机中持反对伊拉克侵吞科威特的坚定立场受到美国等西方国家和海湾阿拉伯国家的赞赏，先后有20多个国家和金融机构向埃及提供贷款和紧急援助，并被免除各种债务250多亿美元。埃及的经济困难因此得到了缓解。1991年5月，埃着手进行经济改革，采取了放开银行利率、美元对埃镑实行自由兑换、减少补贴、调整物价、外贸进一步自由化等措施，经过一年多实践，已取得一定成效。自1992年7月1日起，埃开始执行第三个五年计划(1992/93～1996/97)，总投资额为1540亿埃镑，主要指标为：使预算赤字由目前占国内生产总值的9.5%降到3.5%；大力发展私人资本，私营投资在总投资额中所占比重由"二五"的38.7%增至58.1%；在保持"二五"的经济发展速度(国内生产总值平均年增长率5.1%)的同时，将人口年增长率从2.6%降至2.3%；改善住房、饮水、通讯、交通等社会福利和基础设施条件，提供319万个就业机会。

国内生产总值(1992/1993年度)：1310亿埃镑。

人均国内生产总值(1992年)：600美元。

国内生产总值增长率(1992年)：4%。

国民收入(1988年)：113亿美元。

货币名称：埃及镑。

汇率(1992年)：1美元＝3.32埃镑。

通货膨胀率(1992年6月底)：9.7%。

失业率(1992年)：24%。

【资源】主要有石油、天然气、磷酸盐、铁等。初步探明的储量为：石油60亿桶，天然气11.6万亿立方英尺，磷酸盐约12亿吨，铁矿1.82亿吨。阿斯旺水坝是世界七大水坝之一，全年可发电100亿度。此外还有锰、煤、金、锌、铬、银、钼、铜和滑石等。

【工业】以纺织、食品加工等轻工业为主。近年来石油、钢铁、电力、化肥、水泥、机械等重工业也有较大发展，石油工业发展尤为迅速，1991年/1992年度石油产量4400万吨，为非洲第四大产油国，出口额达12.85亿美元。1992年工业产品出口额达20亿美元。但产值占国内生产总值75%的国营企业长年亏损，已累计负债620亿埃镑，国家每年给国营企业的补贴占预算赤字的1/3。

【农业】在国民经济中占有重要地位。农村人口占全国总人口的52%。全国可耕地1991年增至740万费丹(1费丹合6.3市亩)，占全国面积近3.5%。埃政府极为重视农业发展和扩大耕地面积，1982～1990年已投资38亿埃镑开垦土地100万费丹，1992年政府又给1万名毕业生分配了5万费丹土地。主要农作物有棉花、小麦、水稻、高粱、玉米、甘蔗、亚麻、花生、水果、蔬菜等。1992年产小麦460万吨，玉米510万吨，高粱670万吨，稻米340万吨(1991年)，棉花超过700万坎塔尔(1坎塔尔约合50公斤)，当年农产品出口额在出口总额中的比重已从1990年的29.6%上升到33%。

【旅游业】埃及历史悠久、文化灿烂，名胜古迹很多，具有发展旅游业的良好条件。政府非常重视发展旅游业。1990年，埃及旅游、民航部拨专款3000万美元发展机场设备、建设旅游区。旅游收入是埃外汇主要来源之一。1991年，因受海湾战争的影响，旅游收有所下降，但全年来埃的外国游客仍有200万人次，收入26亿美元。1992年来埃外国游客达300万人次，收入30亿美元。全国有各类旅馆饭店558家，其中五星级饭店32家。主要旅游点有：金字塔、狮身人面像、爱资哈尔清真寺、古城堡、希腊罗马博物馆、卡特巴城堡、蒙塔扎宫、卢克索神庙、卡纳克神庙、国王谷、阿斯旺水坝等。

【交通运输】交通运输十分便利，近几年海、陆、空运输能力增长较快。1982～1990年，埃及政府对公路、铁路、地铁、空运及扩建、改造机场的投资达100.60亿埃镑。

铁路：全长7000公里；1986/87年度客运量为6.7亿人次。正在开罗修建的第一条地铁全长42.5公里，第一期工程已于1987年9月竣工通车。

公路：全长4万多公里；至1986年，全国有货车29.1万辆，公共汽车19.8万辆，小汽车76.3万辆。

水运：1988年共有商船145艘，总载重量为150多万吨；有7条国际海运航线；内河航线总长约3000公里。现有港口7个，年吞吐量3050万吨，主要港口有亚历山大、塞得港、苏伊士等。苏伊士运河是沟通亚、非、欧3洲的主要国际航道，每年通过的船只近万艘。1991/92年度，埃苏伊士运河过境收入达18.56亿美元。

空运：有民航飞机58架，国际机场5个，开罗机场是重要国际航空站。

管道运输：近年来发展迅速。1988年，天然气管道及控制网为1927公里，1990年石油管道总长4210公里。

【财政金融】财政来源除税收外，主要靠石油、侨汇、运河和旅游4项收入。近3年财政预算收支情况如下(单位：亿埃镑)：

	1990/91	1991/92	1992/93
收入	374.73	450.83	533.89
支出	412.48	544.31	625.33
净赤字	37.75	93.48	91.44

(资料来源：1992/93年度埃及财政预算及发展计划)

近两年主要外汇收入情况如下(单位：亿美元)：

	1990/91	1991/92
侨汇	40	45
旅游	26	30
苏伊士运河	17.77	18.56
石油	16.79	12.85

1992年外汇储备120亿美元；国际收支实现赢余50亿美元；内外债务总额达500多亿美元，其中外债295亿美元。

【对外贸易】由于出口商品少，对外贸易连年逆差。

近几年主要出口商品为原油。同120多个国家和地区有贸易关系，主要贸易伙伴是美国、法国、德国、意大利、英国、日本等。近年来外贸进出口情况如下(单位：亿美元)：

	1989/90	1990/91	1991/92
出口额	29.07	36.04	38.65
进口额	88.41	103.03	98.31
差　额	−59.34	−66.99	−59.66

近年来，主要进口产品机械、运输设备、化工产品、牲畜及畜产品、粮食、蔬菜、油料等。

主要出口产品棉花、马铃薯、柑橘、原油及石油产品、纺织品等。

【外国援助】1991～1993年，埃获国际援助总额约80亿美元。美国是埃及的主要援助国，目前每年给埃及提供经、军援25亿美元。向埃及提供援助的国家和组织还有：德国、日本、英国、意大利、比利时、荷兰等国家及世界银行、国际货币基金组织。1990年8月海湾危机爆发后，西方和海湾阿拉伯国家减免埃及债务计255亿美元。

人民生活

政府长期实行家庭补贴，另外还对大米、面包、面粉、食油、糖和能源等实行物价补贴，1990/91年度政府用于食品的补贴为25亿埃镑。1991/92年度政府用于人民生活中基本物品的价差补贴高达45.2亿埃镑。1988年统计，全国每10个家庭拥有电视机9台，冰箱7台；每7家拥有电话机1部；每15家拥有汽车1辆。随着埃经济改革不断深化，政府将逐步调整物价，减少补贴，同时不断增加职工工资。为此，计划在1992/93年度中将补贴由1991/92年度45.2亿埃镑减至38.8亿埃镑，工资总额由1991/92年度的82.88亿埃镑增至99.8亿埃镑。

军　事

总统兼任武装部队最高统帅。最高决策机构为国防委员会，主席由总统兼任。武装部队总司令是国防部长穆罕默德·侯赛因·坦塔维。最高统帅和总司令通过总参谋部指挥全军。实行义务兵和志愿兵相结合的制度，义务兵服役期3年。

武装部队总兵力45.2万，其中陆军32万，海军2万，空军2.7万，防空军8.5万。另有国民警卫队6万人，边防军1.2万人，公安部队6万人，海岸警卫队7000人。

1991/92年度国防开支为33亿埃镑，占当年财政总支出的6.06%。

文化教育

【教育】实行普及义务小学教育制度。文盲占全国人口近一半，政府计划在今后10年内为1800万公民扫盲。全国有综合性大学13所，著名的有开罗大学、亚历山大大学、艾因·舍姆斯大学、爱资哈尔大学等，1989/90学年度全国各大学共招新学生63225人。1988年，全国在校学生1080万人。

【新闻出版】现有日报7家，各种期刊70多种，分7大系统。主要阿拉伯文报刊及其发行量为：

消息报，100万份；金字塔报，30～50万份；共和国报，30～44万份；晚报，4万份。金字塔经济学家(周刊)，50万份；最后一点钟(周刊)，10万份；图画(周刊)，8万份；鲁兹·尤素福(周刊)，10万份。

主要法文报刊及其发行量为：埃及前进报，1.5万份；埃及日报，3万份。

中东通讯社：唯一的国家通讯社。1956年成立。

广播电台：国家广播电台，1928年创建，用阿拉伯语及30多种外语向国内、外广播。

中东广播电台：建于1964年，主要为商业服务。

亚历山大广播电台：建于1960年，用阿拉伯语播音。

埃及电视台：国营，建于1960年，共有3个频道，用阿拉伯语播放节目。第二频道每天在固定时间里用英、法语播放新闻节目。

对外关系

穆巴拉克总统执政后，奉行独立自主、和平、友好和不结盟政策，主张在相互尊重和不干涉内政的基础上同世界各国发展友好合作关系。主动改善并加强了同所有阿拉伯国家的关系。1989年5月恢复了阿拉伯国家联盟成员国资格；1990年11月，阿盟总部迁回开罗。强调非洲属性，发展同非洲国家的友谊与合作，努力推动南南合作和南北对话。同美国保持特殊关系，但不与其结盟；苏联解体后，埃承认前苏联各加盟共和国独立；同西欧和日本等国家关系不断发展。认为当今世界正向联合的欧洲、美国、日本、俄罗斯和中国五极以及埃及、印度、巴西、阿根廷和墨西哥5个具有地区影响的国家并存的格局发展。强调当今世界的主要问题是南北发展不平衡，经济问题日益突出。认为目前国际新秩序的特点是经济集团化。阿拉伯国家只有实现粮食自给、组成阿拉伯集团、尽快解决相互之间的争端、摆脱宗教极端主义，才能应付挑战，在新秩序中发挥重要作用。阿拉伯联合可分两步走：先结成不同的区域集团，然后按欧洲模式实现全面联合。

主张政治解决中东问题，支持召开中东地区和会，强调有关各方都要作出不损害主权的让步。认为全面和平包括"安全"和"公正"两个因素，必须基于"土地换和平"原则以及联合国安理会关于戈兰、西岸、加沙、黎巴嫩南部等问题的决议。东耶路撒冷是被占领土的一部分，解决上述问题的原则同样适用于耶城。主张以色列应从1967年占领的阿拉伯领土撤出，恢复巴勒斯坦人民的合法权利以及保证包括以色列在内的中东所有国家在安全的和相互承认的边界内生活的权利。还主张中东销毁大规模毁灭性武器和中东地区成为无核区。埃及强烈谴责伊拉克侵吞科威特，并于1990年8月18日宣布退出阿拉伯合作委员会。海湾战后，埃同叙利亚和海湾阿拉伯6国外长于1991年3月6日发表了关于今后中东及海湾地区安全安排的《大马士革宣言》，主张建立以埃叙等阿拉伯国家为核心的中东安全体系。埃及是不结盟运动核心国家之一。埃认为当前主要矛盾已不再是东西方对抗，而是南北发展不平衡，不结盟运动的宗旨和原则应适应新的国际形势变化，主要在发展经济方面发挥作用。主张将不结盟运动与77国集团合并为“第三世界运动”，将南北之间的对抗与斗争转为对话与合作。支持波黑穆斯林，呼吁承认波黑的独立和领土主权，主张联合国安理会对塞尔维亚进行严厉制裁，并派出首批400名埃及士兵参加联合国维持和平部队开赴萨拉热窝。表示南联盟无权继承原南联邦在联合国及其他国际组织的席位，欢迎安理会关于取消南斯拉夫在联合国席位的决议，主张将南开除出不结盟运动。埃支持南非非洲人国民大会与南非政府在“民主南非大会”范围内进行的分享权力的谈判，希望通过谈判在南非最终消除一切形式的种族隔离制度，建立起一个公正、平等的民主社会。认为债务问题主要是由于不平等的贸易造成的，解决债务问题是债务国和债权国双方的责任和双方的利益所在，主张债务国通过与债权国协商、谈判的作法达到减免部分债务(特别是军债)、降低利率、重新安排债务偿还期的目的。埃及已与150多个国家建立了外交关系。1992年内，埃及先后与下述11国宣布建交：阿塞拜疆(1月)、乌兹别克(1月)、乌克兰(1月)、立陶宛(1月)、拉脱维亚(1月)、爱沙尼亚(1月)、白俄罗斯(2月)、摩尔多瓦(2月)、亚美尼亚(3月)、斯洛文尼亚(4月)、克罗地亚(10月)。在阿富汗圣战者游击队于1992年4月28日在喀布尔接管政权、成立阿临时政府后，埃外交部于5月1日发表声明表示欢迎，并宣布埃政府决定立即与阿恢复外交关系。

【同我国的关系】埃及是第一个承认我国并同我建交的阿拉伯、非洲国家。1956年5月30日中、埃建交后，两国友好合作关系不断发展。来华访问的埃方主要领导人有：阿里·萨布里部长执行会议主席(总理)(1963年4月)，沙菲副总统(1973年9月)，穆巴拉克总统(1976年4月、1980年1月、1983年4月、1990年5月、1992年10月，前两次为副总统)，马哈古卜议长(1985年7月)、苏鲁尔议长(1991年4月)。先后访埃的我国主要领导人有：周恩来总理(1963年12月、1965年4月、1965年6月)，赵紫阳总理(1982年12月)，李先念主席(1986年3月)，李鹏总理(1986年10月、1991年7月，前次为副总理)，杨尚昆主席(1989年12月)，中共中央政治局常委李瑞环(1991年7月顺访)。中国国际航空公司自1991年10月8日起开辟北京—迪拜—开罗往返航班。1991年10月22日，中国—埃及友好协会在北京成立。

1992年，两国在政治、经济、贸易、文化和科技等领域的友好合作关系持续发展。2月，埃及协商会议主席希勒米应我政协邀请率协商会议代表团访华。10月，应杨尚昆主席邀请，埃及总统穆巴拉克偕夫人访华，李鹏总理在与穆巴拉克总统会谈时表示，中国政府将向埃及政府提供1亿元人民币无息贷款和300万人民币赠款(用于兴建穆巴拉克科学城)。此外，埃电力能源部长阿巴扎(4月)、行政监察署长拉赫曼(4月)、科研部长埃扎(4月)、亚非团结委员会主席哈姆罗希(5月)亚历山大省省长乔赛基(5月)、经贸部长穆斯塔法(6月)、最高法院院长安瓦尔(10月)、前总理哈利勒(10～11月)、苏伊士运河管理局主席阿德尔(11月)也先后访华。以院长蒋顺学中将为首的中国人民解放军军事科学院友好代表团和以会长赛福鼎副委员长为首的中埃友协代表团也先后访埃。5月底至6月初，埃外交部长助理戈巴来京与杨福昌副外长共同主持了中埃两国外交部官员第四次政治磋商。1992年内，中埃双方还签署了两国电力技术合作备忘录、文化合作1993～1995年执行计划和关于上海市与亚历山大省结为友好省市的协议书，达成了互派监察人员到对方实习培训的协议。10月12日，埃及开罗发生强烈地震，我政府向埃政府无偿提供了价值40万美元的生活物资和医疗器材及药品。

1992年，中国与埃及商品进出口总额为1.7565亿美元。

中国驻埃及大使：朱应鹿。馆址：14 BAHGAT ALY ST. ZAMALEK CAIROEGYPT；电话：3411219/3417691；电传：93216 CHEMB UN。商务处地址：22 RUE BAHGAT ALY, ZAMALEK CAIRO EGYPT；电话：3417423/3416561。

埃及驻中国大使：沙米尔·勃尔汗·拉吉布(Samir Borhan Raghib)。馆址：北京日坛东路2号(No. 2, RI TAN DONG LU, BEIJING, CHINA)；电话：5321825/5322760。商务处电话：5321920。

【同美国的关系】1967年“六·五”战争后，埃宣布同美断交，1974年两国复交。1975年后萨达特总统多次访美，埃美关系密切。1979年埃以和约签订后，美国每年向埃及提供经、军援20多亿美元。据美国众议院外事委员会公布，1977～1989年，美向埃提供各种援款达320亿美元。穆巴拉克总统执政后已多次访美。1988年两国签订为期5年的军事合作谅解备忘录，两国还举行过多次联合军事演习。在中东和平努力中，埃及重视美国的作用。穆巴拉克总统赞扬美开始同巴解组织直接对话是历史性的转折点。埃对美在中东问题上采取偏袒以色列的立场时有批评。海湾危机进一步密切了两国政治、经济和军事关系。1992年初，埃总统顾问巴兹访美。7月，美国国务卿贝克访埃；同月，埃武装部队总参谋长哈拉基率埃军事代表团访美，埃美双方商定，美助埃生产美式超级坦克。同时，美国际发展署代表团访埃时宣布，美在1992/1993财政年度以及下一年度向埃提供的援助额仍为25亿美元。11月4

日，穆巴拉克总统电贺克林顿当选美国总统，希望克像其前任布什那样加强美与埃及、阿拉伯关系。

【同独联体的关系】埃及早在1952年革命前（1943年）就同前苏联建立了公使级外交关系，1954年升为大使级关系。穆巴拉克总统执政后，两国关系逐渐得到改善，双方签署了贸易、文化、渔业合作协定。1984年7月恢复大使级关系，以后两国来往进一步增加，各个领域中的关系不断发展。1991年9月26日，穆巴拉克总统访苏，与戈尔巴乔夫举行了会谈。12月22日，穆巴拉克致电前苏联11个共和国领导人，祝贺成立独立国家联合体。前苏联驻埃大使馆易名为俄罗斯联邦驻埃及大使馆。12月27日，埃、俄签订1992年上半年两国贸易协议。12月31日，埃及经济代表团访莫斯科，签订为期6个月，价值6亿埃镑的贸易协定。这一协定取消了埃与前苏联签订的协定书，但规定俄将承担一部分前苏联根据条约应对埃承担的义务，其余由独联体其他共和国承担。

1992年，埃与独联体各国关系续有发展。埃与前苏联境内的9个独立国家建交；加强与独联体内穆斯林国家的经济与宗教关系，派遣伊斯兰学者前往传授阿拉伯语和古兰经；俄罗斯外长科济列夫和副总统罗茨科伊、亚美尼亚总统列翁—彼得罗相、乌兹别克总统加利摩夫和乌克兰总统克拉夫丘克先后访埃。5月，埃外长穆萨率团参加在里斯本举行的援助独联体的63国官员会议，表示埃将向独联体出口药品、食品和衣物，并愿传授逐步进行经济改革的经验。

【同西欧国家的关系】1973年10月中东战争后，埃同西欧国家的关系有较大的发展。1982年6月埃与法国提出了解决中东问题的共同方案草案。1985年以来，穆巴拉克总统多次出访法国、英国、德国、意大利、希腊等国。埃希望西欧国家在推动中东和平进程中发挥积极作用，重视同它们磋商中东问题和协调行动。埃积极争取西欧国家的财经、技术援助。法国、德国、英国、意大利等国每年向埃提供一定数额的经援和承建一些项目。法国是埃及的第二大债权国。1990年5月，穆巴拉克总统访问英国。11月，法国总统密特朗访问埃及。1991年，埃及与西欧各国关系进入一个全新的阶段。英国首相梅杰、奥地利总统瓦尔德海姆、葡萄牙总理席瓦尔、欧共体主席雅克·德洛克相继访埃；穆巴拉克总统先后访问卢森堡、英国、德国、奥地利、意大利、法国。英国、爱尔兰、荷兰、德国、意大利、西班牙、瑞典、奥地利、挪威、比利时等国外长也先后访埃。荷兰、德国、英国和巴黎俱乐部分别向埃提供了较大数量的经援、优惠贷款或减免埃一定数量的所欠债务。

1992年，埃与西欧国家之间高层接触不断。穆巴拉克总统先后于2月和11月两次访法，4月出访欧共体主席国葡萄牙。10月下旬，英国首相梅杰、法国总理克勒松和希腊总理米佐塔基斯来埃参加阿拉明战役50周年纪念活动，此外，埃外长穆萨一年内两次访问法国，并先后访问葡萄牙、德国、瑞士和西班牙；德国国防部长、英国外交大臣、意大利外长和比利时副首相兼对外关系大臣也分别访埃。

【同苏丹的关系】埃与苏丹的联系历史悠久。1974年两国签订《政治和经济一体化协定》。1976年7月签署《埃及——苏丹联合防御协定》。埃以和约签订后，苏丹是3个未同埃断交的阿拉伯国家之一。1985年4月苏丹成立以达哈卜将军为首的新政权后，埃接受苏丹前总统尼迈里在埃政治避难，两国关系一度冷淡。1987年2月苏丹总理迈赫迪访埃，双方签署了埃苏《兄弟宪章》，以取代原来的一体化协定。1988年7月，两国签订了军事技术合作协定。1990年2月，苏丹最高委员会主席巴希尔上将访埃。由于两国对海湾危机立场各异，双边关系发展受到影响。1991年1月3日，埃、叙、利、苏4国总统在利比亚米苏·腊塔城会晤。4月3日，苏丹外交国务秘书哈奇访埃。11月29日，苏丹国务部长伊斯梅尔访埃。

1992年，埃、苏两国关于边境哈拉伊卜三角地的领土争端再起，关系趋于紧张。1991年下半年苏丹与加拿大国际石油公司签署关于勘探哈拉伊卜地区石油资源的协议，埃曾作出反应，并于1992年2月派出22名士兵进入该地区。同月9日，苏丹革命指挥委员会副主席祖贝尔访埃，同埃领导人就改善双边关系、恢复传统友谊交换了意见，决定成立由两国外交部次长为首的混委会，谈判解决包括哈拉伊卜争端在内的双边分歧。3月，埃总统政治事务办公室主任兼外交部第一国务秘书巴兹率团抵喀土穆，同苏外交部第一次长亚辛进行首轮谈判。10月，两国外交部次长在开罗共同主持混委会第二次会议。两次会议均未就哈拉伊卜归属问题取得任何实质性进展。

【同沙特阿拉伯的关系】埃同沙特阿拉伯一直在经济、人员交往和宗教事务方面有密切的合作关系。1979年埃以和约签订后，沙同埃断交，并对埃采取经济制裁措施。近几年来两国关系不断改善。1985年11月穆巴拉克总统在马斯喀特会晤了沙特王储阿卜杜拉。1987年11月沙同埃恢复外交关系，并恢复对埃及的经济援助。1988年1月，穆巴拉克总统访问沙特。1990年，穆巴拉克总统两次访沙；沙特外交大臣费萨尔亲王两次访埃，就海湾危机问题进行磋商，两国关系进一步加强。并于同年签订经济、贸易、技术合作协议。海湾危机爆发后，埃应沙特要求派兵驻沙，沙特向埃提供1.75亿美元的援助。1991年海湾战争促使两国军政往来更加密切，高级互访不断。当年3月6日，埃、叙和包括沙特在内的海湾6国外长在叙开会，发表了关于今后中东及海湾地区安全安排的《大马士革宣言》。

1992年2月，埃外长穆萨访沙，出席埃、沙两国部长委员会会议，与沙外交大臣费萨尔亲王签订了两国科技合作协定。9月，埃、沙两国外长赴多哈出席第六次《大马士革宣言》国外长会议，会议同意就实施《宣言》中的军事、政治、经济、文化、新闻等条款采取实际步骤。12月，穆巴拉克总统对沙特、卡塔尔进行穿梭访问，调解两国边境争端，促成了沙、卡两国元首举行会谈，就两国边境走向达成协议，并同意成立沙、卡、埃3国委员会，制订有关执行1965年两国边境协议的有效步骤。

【同叙利亚的关系】叙强烈反对戴维营协议和埃以和约，1977年12月两国断交。穆巴拉克总统执政后，主动表示愿同叙改善关系，并多次重申支持叙为收复戈兰高地所作的努力，反对对叙的任何侵略。1987年1月穆巴拉克总统和阿萨德总统在科威特举行了会晤。1989年12月27日，埃、叙两国正式恢复外交关系。1990年4月，埃任命驻叙大使。同年穆巴拉克总统两次访叙；叙利亚总统阿萨德两次访埃。海湾危机爆发后，两国外长频繁磋商，协调立场，双边关系明显加强。叙总统阿萨德3次访埃；埃及总统穆巴拉克、总理西德基回访。两国签订了避免双重税收协定、贸易合作协定和两国协调、合作及农业一体化议定书。

1992年，叙总统阿萨德于3月和9月两次访埃，穆巴拉克总统于6月访叙。2月和7月，叙总理祖阿比和埃总理西德基互访，共同主持两国最高混委会第三次会议，签订了空运、农业、兽医检疫和人员交流4项协定，并决定加强两国在工矿、能源、建筑等领域的合作关系，双方还决定在政治上实行全面合作，协调两国对地区和国际问题的立场。

【同利比亚的关系】1977年两国发生边界武装冲突，1979年两国断交。1984年10月24日埃议会通过决议，宣布退出1971年9月由埃、利、叙3国组成的阿拉伯共和国联邦。1984年9月卡扎菲致函穆巴拉克表示，愿以50亿美元援款为条件，换取一封写有埃准备撤销戴维营协议的信，遭埃拒绝。此后，埃多次谴责利在埃搞恐怖、暗杀活动；利指责埃在边境地区集结军队，制造紧张局势。近年来，埃利双方都表示了改善两国关系的愿望；利派特使访埃，埃拒绝美国提出的惩罚利的要求，归还利运输机等。1988年12月埃同意利民航班机恢复飞开罗的航线。1990年穆巴拉克总统两次访利，卡扎菲两次访埃。1991年，埃、利两国致力于两国一体化进程，双方领导人频繁互访，利领导人卡扎菲3次访埃。埃及总统穆巴拉克两次访利。同年3月，利开放利、埃边界；8月，埃开放埃、利边界。

1992年，美、英、法3国和利比亚之间在洛克比空难事件上的对抗逐步升级。埃利用其与利和西方均存在友好关系的特殊地位，在有关各方斡旋，谋求和平、合法地解决炸机事件，避免对利实行制裁。4月15日联合国安理会第748号决议生效后，埃继续进行调解努力，以免局势进一步升级，并寻求和平解决危机的途径。埃在积极做西方工作的同时，也与利频繁进行高层接触。为此，穆巴拉克总统于4月和8月3次与卡会晤。与此同时，埃、利双边关系继续保持发展势头。10月，埃总理西德基访利，出席埃、利最高级混委会会议，双方签订了关于石油、教育、卫生、农业、灌溉和交通运输等领域的合作协定。

【同约旦的关系】约旦政府曾宣布反对戴维营协议，1979年4月1日与埃断交，但双方的人员互访、贸易和文化关系未断。1984年9月25日约宣布与埃复交。此后，埃、约在推动中东和谈问题上密切配合，协调立场，两国领导人互访、磋商十分频繁。1989年2月18日，埃、约和伊拉克和阿拉伯也门4国领导人在巴格达宣布成立“阿拉伯合作委员会”。两国因在海湾危机中立场相悖，双边关系发展受阻。1990年8月2日伊拉克入侵科威特后，埃宣布退出该委员会。1991年3月，埃及外长马吉德表示，约旦国王在海湾危机中犯了错误，但埃、约之间不会有仇恨，敌意。埃承认约旦在和平解决中东问题过程中有重要作用，欢迎两国开始新的一页。9月，穆巴拉克总统会见约旦外交大臣努苏尔。12月，穆巴拉克政治顾问巴兹访约，向侯赛因国王转交了穆的一封信。巴兹是自海湾危机以来第一个访约的埃高级官员。

【同伊朗的关系】1979年4月，伊朗伊斯兰共和国成立后，埃及总统萨达特同意被废黜的伊朗国王巴列维在埃政治避难，两国关系于同年5月中断。断交两年后，双方又关闭了驻对方的利益监管处。两伊战争期间，埃支持伊拉克，埃伊(朗)关系继续紧张。海湾危机期间，埃、伊双方于1991年初议定重开两国驻对方的利益监管处。同年3月，埃驻德黑兰利益监管处代表前往德黑兰赴任，4月，伊任命驻开罗利益监管处主任。但两国在战后海湾安全安排问题上存在严重分歧。

1992年中，埃、伊两国外交部负责人均表示，两国关系正朝着正常化方向发展。同年8月，伊朗与阿联酋之间关于阿布·穆萨等3岛屿的主权争端再起，埃支持阿联酋对阿布·穆萨岛拥有主权，反对伊对大、小通布岛的控制。11月，埃一辆载有外国游客的旅游车在上埃及基纳省遭袭击，6人受伤，埃指责伊向埃及极端分子提供武器和财援，幕后支持埃恐怖活动。此后，双方唇枪舌战，关系又趋紧张。12月6日，埃召回其驻德黑兰利益监管处代表。

【同以色列的关系】1948、1956、1967、1973年埃以之间发生过4次战争。1977年11月萨达特总统访问耶路撒冷。1978年9月18日，萨达特总统同以色列总理贝京、美国总统卡特在美国签署了“戴维营协议”。1979年3月26日萨达特和贝京在华盛顿签署了和平条约，宣布结束两国间的战争状态，1980年两国建立了大使级外交关系。1982年6月以入侵黎巴嫩，埃于9月召回驻以大使。1984年佩雷斯任以色列总理后，埃以关系开始松动。1986年9月佩雷斯总理访问埃及，埃以双方就塔巴(西奈半岛东南部面积约1平方公里的海滨休养地，1982年埃收复西奈时以拒绝撤出此地)争端提交国际仲裁问题达成协议，原则上同意召开中东和平国际会议。当年12月,埃宣布向以派驻新大使。1987年,两国外长互访,就中东和平国际会议和双边关系举行了会谈。1988年9月29日国际仲裁委员会宣布,确认"埃及对塔巴的历史、法律权利"。1989年3月15日,以色列撤离塔巴,埃及收回包括塔巴在内的西奈全部以占领土。1991年7月,以色列外长利维应邀访埃。9月,埃对外关系副总理加利在巴黎会见以总理沙米尔。穆萨外长在联合国总部会见利维。10月,以色列利库德党右翼组织的议会代表团访埃。

1992年6月,以色列工党在大选中获胜,埃表示欢迎,认为以的中东政策将变得较为灵活,有利于推进中东和平进程。以工党领袖拉宾任总理后不久即于7月21日应邀访埃,成为6年来第一位以政府首脑访埃。埃总统穆巴拉克赞扬拉宾关于停止签署修建新定居点合同的决定是朝着正确方向迈出的良好步骤,称埃希望看到以有更多的行动,并表示埃将努力说服其他阿拉伯国家继续中东和平进程。以副总理兼外长佩雷斯也于9月和11月两次访埃。埃外长助理易卜拉希和外长穆萨也分别于6月和11月访以。12月,拉宾政府作出驱逐400多名巴勒斯坦人的决定后,埃要求以允许被逐巴人返回家园,以利于中东和平进程。

(管承治　王怡)

埃塞俄比亚

国名　埃塞俄比亚(Ethiopia)。

面积　1223600平方公里(含厄立特里亚)。

人口　5500万(1992年),年增长率30‰。有80多个民族,其中奥罗莫族、阿姆哈拉族和提格雷族分别占总人口的40%、30%和8%。其他较大的民族还有索马里、阿法尔、锡达莫等族。主要民族语言有奥罗莫语、阿姆哈拉语和提格里尼亚语等,通用英语。居民中45%信奉伊斯兰教,40%信奉东正教,信奉其他宗教的占5%。

首都　亚的斯亚贝巴(Addis Ababa),人口230万(1991年)。

国家元首　过渡政府总统梅莱斯·泽纳维(Meles Zenawi),1991年7月22日就任。

简　况

位于非洲东北部、红海西南岸。东与吉布提、索马里接壤,北、西与苏丹交界,南邻肯尼亚。海岸线长1013公里。大部地区气候温和,年平均气温10～27℃,首都年平均气温16℃。埃是具有3000多年历史的古国。公元初期建立阿克苏姆王国。约在10世纪末扎格王朝取而代之。13世纪耶库诺、阿姆拉克推翻扎格王朝,建立阿比西尼亚。19世纪初分裂成许多公国。1889年绍阿国孟尼利克二世称帝,统一全境,建都亚的斯亚贝巴。1890年意大利入侵,宣布埃受其"保护"。1896年3月埃军在阿杜瓦战役中击溃了意大利侵略军。10月签订和约,意承认埃独立。1930年11月2日,海尔·塞拉西一世登基。1936年5月意大利占领亚的斯亚贝巴,塞拉西一世流亡英国。1941年意军向埃抵抗部队和盟军投降,海尔·塞拉西一世返国复位。1974年9月12日一批军人、警察起事废黜帝制,成立军事行政委员会。1977年2月11日门格斯图发动政变执政。1991年5月28日门政权被推翻。7月1日成立过渡政府,革阵主席梅莱斯·泽纳维任总统。

政　治

1992年1月4日,代表院批准关于建立新的、独立的警察部队的条例。24日,梅莱斯总统表示埃未来政府将基于联邦制,保证各民族自治。3月29日,埃塞俄比亚人民革命民主阵线指责奥罗莫解放阵线挑起冲突,要求奥解阵放弃对抗态度,并以和平方式行使过渡宪章赋予的合法权力。4月1日,奥解阵执委会发表声明,称奥罗莫族人准备不惜牺牲挫败任何武装威胁和挑衅。15日和21日,在美国政府和厄立特里亚政府的调解下,埃革阵和奥解阵先后两次达成和解协议。5月14日,除3个区外,县乡级选举都已结束。5月27日,总统府宣布,自即日起取消首都等城市的宵禁。6月21日,埃全国民族区选举进行投票。此前,奥解阵宣布不参加民族区选举。22日,奥解阵宣布退出代表院和政府。7月1日,奥解阵正式关闭其在首都的办事处。8月5日,代表院决定成立立宪委员会。20日,全国10个民族区代表院相继成立。29日,代表院第三次紧急会议批准新内阁。9月7日,代表院批准中央和民族区权限法草案,规定除国防、外交和对外经济合作3个部外其余部委都可在民族区设立分支机构。29日,全国选举委员会宣布,9个区的930万选民中的79.3%参加了选举,有50个政治组织参加各级竞选。12月18日,梅莱斯总统举行记者招待会,表示厄经过30年内战,由厄人民自决是现实、明智之举,符合双方的长远利益;并强调,不管公决结果如何,过渡政府都将与厄保持关系,相互支持。

【宪法】1991年7月5日制定《过渡时期宪章》。宪章确认各民族有自决权,每个公民均享有信仰、言论、结社及和平集会的自由。规定在民选政府产生前,过渡政府履行管理一切法律和政策的职责。

【议会】1991年7月,埃革阵与各派召开圆桌会议协商成立了代表院(相当于议会)。代表院是过渡时期埃最高权力机构，负责监督部长委员会的工作，并负有批准总理对部长委员会的任命，根据宪章制定并颁布公告和法规，批准国家预算，建立制宪委员会，批准国际协定等权力。29个政治组织和派别分享87个席位。代表院主席由梅莱斯·泽纳维总统兼任。

【政府】部长委员会由总理和各部部长组成。本届政府于1992年8月30日组成，有21名成员。他们是：总理塔米拉特·莱内（Tamirat Layne）、外交部长塞尤姆·梅斯芬（Seyoum Mesfin）、财政部长阿莱马耶胡·达巴（Alemayehu Daba）、国防部长塞耶·亚伯拉哈（Seye Abraha）、内政部长库马·德梅克萨（Kuma Demeksa）、贸易部长约瑟夫·库马洛（Yosef Kumalo）、工业部长阿塞法·卡贝德（Assefa Kebbede）、司法部长马塞梅·所罗门（Matheme Solomon）、新闻部长内加索·吉达达（Negasso Gidada）、卫生部长阿达内奇·基丹—马利亚姆（Adanech Kidane-Mariam）、教育部长吉妮特·泽乌德（Genet Zewde）、矿产、能源部长伊兹丁·阿里（Izedin Ali）、国营农场、咖啡、茶叶发展部长哈桑·阿卜德拉（Hassen Abdella）、农业部长埃利亚斯·内加萨（Elyas Negassa）、工程与城市发展部长海尔·阿塞吉德（Haile Asegide）、文化体育部长卢乌勒—塞拉西·特马莫（Luule-Sellassie Temamo）、劳工和社会事务部长门贝雷·阿莱马耶胡（Menbere Alemayehu）、交通通讯部长瓦克吉拉·盖梅丘（Wakjira Gemechu）、对外经济合作部长阿卜杜勒·梅吉德·侯赛因（Abdul Mejid Hussein）、自然资源开发与环境保护部长梅斯芬·阿贝贝（Mesfin Abebe）、计划与经济发展部长杜里·穆罕默德（Duri Mohammed）。

【司法机构】设最高法院、高等法院和初等法院。最高法院院长卡马尔·白德里（Kamal Bedri），大法官穆罕默德·斯拉依（Mahammed Sirai）。

【政治组织】埃有近90个政治和民族组织，主要有：

（1）埃塞俄比亚人民革命民主阵线（The Ethiopian People's Revolutionary Democratic Front）：简称“埃革阵”。成立于1988年，由提格雷人民解放阵线、埃人民民主运动、奥罗莫人民民主组织和埃民主官员革命运动组成。主席梅莱斯·泽纳维。

（2）全体阿姆哈拉人政治组织（All Amhara Political Organization）：成立于1992年1月24日。主张在和平、安定及正义的原则下维护本民族利益和国家的统一。

（3）埃塞俄比亚南方人民民主统一战线：由16个政党组建于1992年10月，宗旨是促进南方各民族文化和历史，加速地区发展，并支持在各民族平等的基础上实现埃统一，代表南方4个区的45个民族。执委会主席阿巴特·基索（Abate Kisho）。

【重要人物】**梅莱斯·泽纳维**：总统、埃塞俄比亚人民革命民主阵线主席。1955年7月9日生于阿杜瓦，提格雷族人。1971年在亚的斯亚贝巴大学学医。1974年参加武装斗争，先后加入提格雷马列联盟和提格雷人民解放阵线。1987年成为提人阵领导人。1988年建立埃革阵，并任最高委员会主席。1991年5月，埃革阵推翻门格斯图政权后，先后任临时政府和过渡政府总统并兼任武装部队总司令。

经　　济

埃为世界最不发达国家之一。经济以农牧业为主。由于长期内战和自然灾害，近年来工农业生产下降，出口收入锐减，财政状况恶化，经济濒临崩溃。1991年5月以来，过渡政府为恢复和振兴经济，制定了过渡时期经济政策和经济改革计划。其主要内容包括：实行自由化经济，改革税制，控制政府开支和银行信贷，降低预算赤字并调整比尔汇率；优先发展农业，促进交通运输业发展，扩大能源供应；推行市场经济的同时仍保持土地和一些关键性工业的国家所有权。

国内生产总值（1991年）：61.7亿美元。

人均国内生产总值（1991年）：120美元。

国内生产总值增长率（1991/92年）：5%（官方）。

货币名称：比尔；1比尔＝100分。

汇率（1992年10月）：1美元＝5比尔。

通货膨胀率（1991/92年）：40.7%。

失业率（1990/91年）：31.6%。

【资源】矿产和水力资源丰富。有石油、天然气、煤、金、铂、铜、钾盐、锌、铁、镍等，大部未开发。已探明的天然气储量为680亿立方米，水资源100亿立方米。水力发电潜力560亿度。埃还是地热能源最丰富国家之一。由于水土流失、盲目砍伐，森林破坏严重，覆盖面积仅2%。

【工业】1989/90年度工业产值为18.78亿比尔。制造加工业以食品、纺织、饮料、香烟、皮革和建材为主。全国有工人8万名，其中女工占1/3。布局不平衡，主要集中在亚的斯亚贝巴、阿斯马拉、迪雷达瓦等地。原料、设备及零件依赖进口。

【农牧业】农业是经济支柱，农业产值占国内生产总值的41.6%，农产品出口占出口总额的90%。全国80%以上人口从事农业。可耕地约有8500万公顷，已耕地1600余万公顷，水浇地有350万公顷。粮食不能自给，1992年粮食产量约769万吨。主要粮食作物有：台麸、大麦、玉米、高粱；经济作物有咖啡、豆类、油菜籽、甘蔗和长纤维棉。咖啡是出口收入主要来源，占外汇总收入的95%（1992年）。

畜牧业占农业的比重为38%，牧场面积为6372万公顷，占国土面积的51%。1990年牲畜存栏数估计为：牛2700万头，绵羊2400万只，山羊1800万只。

【服务业】服务业产值占国内生产总值的39%。服务业包括销售业、交通运输、金融服务、公共行政、社会服务、住房与家庭服务等。从事服务业人数占农村总劳力的10%，占城市就业者的71.4%。

【旅游业】1990/91年度接待游客7.7万人，创汇2500万美元。主要旅游景点有：塔纳湖一青尼罗河源头，南方五大湖区，阿克苏姆古城堡，拉里贝拉大教堂等。

【交通运输】以公路为主。1985/86年度交通运输业情况如下：

铁路：总长781公里。

公路：总长43000公里，车辆总数64427辆。

水运：阿萨布港和马萨瓦港总吞吐量为320万吨。国家海运公司有12艘货轮，总吨位5.5万吨，最大载重量近9万吨，另租有11艘货轮。1991/92年度，公司运输货物3万吨，收入8000万比尔。

空运：埃塞俄比亚航空公司拥有50余架先进的各型客、货飞机，并于1986年开始组装生产小型喷农药飞机。有44条航线通往非、欧、亚3洲，1989/90年度客运量为63万人次，收入5.634亿比尔，纯利润3000万比尔。有国际机场4个，国内机场39个。

【财政金融】1992/93财政年度过渡政府预算总额为59.318亿比尔，其中经常性开支31.4亿比尔，基本建设支出27.678亿比尔。1991年财政赤字1.36亿比尔，黄金与外汇储备9420万美元。截至1992年10月，外债额34.2亿美元，偿债率为75%。

【对外贸易】由于主要出口农产品产量锐减，以及国际市场初级产品价格猛跌，外贸连年逆差。1991年出口额为2.97亿美元，进口额10.76亿美元，贸易逆差7.79亿美元。进口机械设备、原油、食品等，出口咖啡、皮革、油菜籽、牲畜、豆类和卡特草等。主要贸易伙伴为前苏联、美国、德国、意大利和日本等。近几年外贸情况如下（单位：百万美元）：

	1988	1989	1990
出口额（离岸价格）	889	912	616
进口额（到岸价格）	2336	1968	2238
差　额	−1447	−1056	−1622

（资料来源：1992年第一期经济季评）

【外国援助】外援多为官方发展援助和国际金融机构贷款，过去40年累计得到贷款27亿比尔。1992年接受外援13亿多美元，其中埃"恢复与重建项目"获赠、贷款6.574亿美元，双边援助总额5.94亿美元，多边援助总额2.15亿美元。

人民生活

1991年消费价格指数为145.0。1992年10月调整工资，最低月工资为105比尔。实行免费医疗制。全国有医院86所，诊所2174个，医疗中心158个；医生人数1560人，病床11745张。婴儿死亡率为13.3%，平均寿命47岁。

军　事

根据过渡政府代表院通令，埃人民革命民主阵线部队转为过渡期国防军，总数约10万人。

文化教育

【教育】实行免费教育和12年教育制。重视发展教育事业，坚持开展扫盲运动。1991年教育经费支出2.15亿美元，占预算支出的8%。文盲率从1974年的93%降至1991年的28%。全国有小学生290万人，小学教师58400人；中学生84.27万人，中学教师18500人。有大学4所，学生22701人。亚的斯亚贝巴大学为唯一综合大学，有教师784人，学生16116人。

【新闻出版】埃现出版25种报纸和杂志。主要报刊有《埃塞俄比亚先驱报》（发行量6000余份）和《新年报》。

"埃塞俄比亚之声"广播电台，对内广播用阿姆哈拉语、提格里尼亚语、奥罗莫语，对外广播有英语、索马里语和法语等。

埃塞俄比亚电视台建于1974年，用阿姆哈拉、提格里尼亚、奥罗莫和英语向全国主要城市播放。

对外关系

奉行多元化外交政策，主张在互相尊重主权、互不干涉内政、平等和互利的基础上同所有国家发展关系，并积极改善与邻国关系。主张国际政治、经济秩序民主化。主张加强非洲大陆和地区间的团结与合作，实现非洲经济一体化；反对西方国家不顾各国社会情况差异，向非洲国家推行统一的民主模式。支持南非人民反对种族隔离的正义斗争，欢迎南非国内和平进程，但认为大多数黑人迄今未获得政治和经济权力，应继续对其施加压力，直至在南非建立一个无种族歧视、民主、统一的政府。认为为了实现非洲之角的和平与稳定，该地区国家应致力于国家建设，彼此消除怨恨，并就本地区问题进行磋商，以便解决影响该地区稳定的根本问题。对索局势恶化深表忧虑，认为索问题是地区性的，对周边国家有影响；联合国维和部队应保持中立并使索各部族派别回到谈判桌上来，通过和平途径解决问题。认为巴勒斯坦问题是中东问题的核心，希望根据联合国有关决议予以解决。承认巴勒斯坦国，同时与以色列有外交关系。

【同我国的关系】1970年11月24日中、埃建交。两国重要互访有：中方周恩来总理（1964年），钱其琛外长（1991年）等先后访埃。埃方塞拉西一世皇帝（1971年）、门格斯图总统（1988年）、沃利副总理（1989年、1991年）、特斯法耶副总理兼外长（1990年4月）、塞尤姆外长（1992年12月）等先后访华。两国政府签有经济技术合作协定、贸易协定、文化合作协定等。我援埃建成项目有公路、乡村供水工程、柴油电站和缝纫线厂等。1992年6月，中国红十字会向埃红十字会赠送4.5万比尔救灾捐款。

1992年我向埃出口商品总额为736万美元，无进口。

中国驻埃塞俄比亚大使：金森。馆址：Jimma Road，Higher 24，Kebbele 13，Addis Ababa。电话：办公室711960，文化处711561，商务处710059，经参处710428。电传：21526。地区号：098。传真：002511-712457。

埃塞俄比亚驻中国大使:海尔·乔吉斯·布鲁克(Haile Giorgis Brouk)。馆址:建国门外秀水南街3号。电话:5321782,5321721。

【同美国的关系】埃、美于1903年建交。1990年美向埃提供1800万美元援助。1991年7月,埃过渡政府成立后,埃、美关系有较大发展。1992年8月至12月,前总统卡特,美国关于索马里问题特别代表、新闻署主任亨利·卡托和非洲事务助理国务卿赫尔曼·科恩相继访埃。埃对外经济合作部长阿卜杜勒(1月)和代表院副主席费卡杜(5月)访美。12月24日,布什总统向国会建议取消对埃产品征收进口税的限制。1992年美向埃提供了2.82亿美元援助。

【同邻国的关系】同苏丹关系:门格斯图执政时期,埃与苏丹长期不和,相互指责对方支持各自的反政府力量。1991年7月,埃过渡政府成立后,两国关系有很大改善。1992年11月,苏丹革命指挥委员会和部长会议副主席萨利姆少将访埃,代表院副主席费卡杜(2月)和梅莱斯总统(7月)相继访苏丹。双方签订了包括政治、经济、文化、军事、安全等方面的全面合作协议。

同肯尼亚关系:1991年11月,莫伊总统访埃,与埃总统梅莱斯签署肯、埃友好合作协定,并决定恢复两国部长级混委会。1992年6月,梅莱斯总统会晤莫伊总统。6月,两国边境地区官员就维护治安、和平解决部族冲突和实施联合国难民署计划达成协议。

同吉布提关系:1991年4月吉布提总统古莱德访埃,吉、埃签订了两国友好合作协定。1992年1月,古莱德总统在埃的迪雷达瓦会晤梅莱斯总统,双方讨论了非洲之角问题。10月,吉布提总理访埃并同塔姆拉特总理会谈。

同索马里关系:埃、索因欧加登归属问题长期不和,并于1964、1977年两次爆发战争。1977年两国断交。1988年4月两国关系正常化。1991年埃过渡政府成立后,两国关系较前改善。1992年12月19日和22日,梅莱斯总统分别会见索马里联合大会两派领导人迈赫迪和艾迪德,就尽早结束索各派之间冲突、促进救援工作和重建和平交换意见。

【同阿拉伯国家的关系】埃与埃及等阿拉伯国家关系友好。1992年2月,埃及总统穆巴拉克和外长相继访埃。4月和12月,埃新闻部长迪马和计划与经济发展部长杜里分别访问埃及。12月25~28日,塔姆拉特总理率团访问也门。双方在旅游、教育、能源、矿产等方面达成了合作协议。 (王文春)

安 哥 拉

国名 安哥拉共和国(The Republic of Angola, República de Angola)。

面积 1246700平方公里。

人口 1050万(1992年估计)。主要有奥温本杜族(约占人口40%)、金本杜族(22%)、巴刚果族(13~16%)、隆达族等30多个部族。官方语言为葡萄牙语,各主要部族讲自己的民族语言。49%的人信奉罗马天主教,13%的人信奉基督教新教,余多信奉拜物教。

首都 罗安达(Luanda),人口200万(1990年估计)。

国家元首 总统若泽·爱德华多·多斯桑托斯(José Eduardo dos Santos),1979年9月就任,1985年12月和1990年12月连任。

简 况

位于非洲西南部。北邻刚果、扎伊尔,东接赞比亚,南连纳米比亚,西濒大西洋,海岸线长1650公里。大部分地区属热带草原气候,年平均气温22℃。南部属亚热带气候。

中世纪时期,安哥拉分属刚果、恩东戈、马塔姆巴和隆达四个王国。在1884~1885年柏林会议上,安被划为葡萄牙殖民地。1922年葡占领安哥拉全境。1951年成为葡的一个"海外省"。1975年1月,安哥拉人民解放运动(简称安人运)、安哥拉民族解放阵线(简称安解阵)和争取安哥拉彻底独立全国联盟(简称安盟)同葡政府达成关于安哥拉独立的《阿沃尔协议》,并同葡当局共同组成过渡政府。不久,安人运同安盟、安解阵发生武装冲突,过渡政府解体。11月11日,安人运宣布成立安哥拉人民共和国,阿戈斯蒂纽·内图任总统。1976年,安人运击溃安解阵,并将安盟部队逐出城市。

政 治

1979年9月内图病逝,多斯桑托斯接任总统职务。1991年5月31日,安哥拉总统多斯桑托斯和安盟主席萨文比分别代表政府和安盟,在葡萄牙首都里斯本附近的比塞斯正式签署了和平协议。1992年1月,安举行了有26个政党参加的多党会议,安盟未与会;安统一国民军总参谋部成立。3月,联合国秘书长驻安特别代表玛格丽特·安斯蒂抵安。9月27日政军联合委员会发表声明,宣布即日正式取消双方原有的武装部队,代之以安统一国民军。9月29~30日安举行独立以来首次多党制总统和议会选举。10月,大选结果表明安人运领先。联合国确认安大选"大体上是自由公正的",但安盟指责政府舞弊,宣布不接受大选结果。安盟军队脱离统一国民军并进行军事调动。双方陆续在多省发生武装冲突,10月底,在罗安达激战三天,安盟失利。11月,政府召开多党会议,并根据大选结果组成新的国民议会。12月,安"民族团结政府"宣誓就职。

【宪法】现行宪法于1975年11月11日颁布，1978年1月、1980年8月、1991年3月和1992年8月四次修改。宪法规定，安的首要目标是消除殖民主义遗留的影响，建立一个繁荣、民主和没有人剥削人的国家。安实行多党制。共和国总统兼任政府首脑和武装部队总司令。总统有权公布或废除法律，宣布战争或和平状态，任免政府部长、军队高级将领、省长、总检察长、最高法院法官等。省议会同省政府的权力分开。法院和法官有权独立行使审判权。宪法还规定，安既不参加任何国际军事组织，也不允许在本国领土上建立外国军事基地。

【议会】安哥拉国民议会是国家最高权力机关和立法机构。其主要职能：修改宪法，批准、修改或取消法律；审批国民议会常务委员会的立法工作；监督宪法和法律的实施；监督国家和政府机关的工作；批准国民经济计划和国家预算并监督执行；批准大赦；宣布戒严和紧急状态法，以及授权总统宣布战争或和平状态。每届任期五年，每年举行两次例会。

1992年8月，议会第二次特别代表大会决定将国名由"安哥拉人民共和国"改为"安哥拉共和国"；"人民议会"改为"国民议会"；各级法院均删去"人民"字样。

1992年11月，根据多党选举结果组成新的国民议会。在223个议员席位中，安人运占129席，安盟70席。其他议席为另外10个政党所得。议长费尔南多·若泽·弗兰萨·范迪嫩(Fernando José de Franca Van-dúnem)。

【政府】本届政府于1992年12月产生，政府成员有：总理马科利诺·莫科(Marcolino Moco)，国防部长佩德罗·马里亚·托尼亚"佩达莱"(Pedro Maria Tonha "Pedalé")，内政部长桑塔纳·安德烈·佩德罗夫(Santana Andre Petroff)，外交部长维南西奥·达西尔瓦·莫拉(Vanencio da Silva Moura)，领土管理部长安东尼奥·保罗·卡索马(António Paulo Kassoma)，财政部长萨洛芒·若泽·希林宾比(Salomao Jose Xirimbimbi)，石油部长阿尔比纳·法利亚·阿弗利加诺(Albina Faria Africano)，工业部长伊萨利诺·门德斯(Isalino Mendes)，农业及农村发展部长伊萨克·多斯安若斯(Isac dos Anjos)，渔业部长玛利亚·德法蒂马·亚尔丁(Maria de Fatima Jardim)，地矿部长若泽·多明戈斯·迪亚斯(Jose Domingos Dias)，市政和公共工程部长小马特乌斯·德布里托(Mateus de Brito Junior)，交通部长安德烈·布兰当(Andre Brandao)，贸易及旅游部长埃曼努尔·卡尔内罗(Emanuel Carneiro)，卫生部长马蒂尼奥·埃帕兰加(Martinho Epalanga)，教育部长若昂·曼努埃尔·贝尔纳多(Joao Manuel Bernardo)，社会福利救济部长诺尔贝托·多斯桑托斯(Norberto dos Santos)，文化部长维克多里诺·奥西(Victorino Hossi)(安盟)，青年和体育部长儒斯蒂诺·若泽·费尔南德斯(Justino Jose Fernandes)，司法部长保罗·希皮利加(Paulo Chipilica)(安民主论坛)，公共管理和社会安全就业部长安东尼奥·多明戈斯·内图(Antonio Domingos Neto)。

【司法机构】设有最高法院、革命法院、上诉法院和共和国总检察院。革命法院受国防安全委员会直接领导，上诉法院专门受理上诉案件。最高法院院长若昂·费利扎多(Joao Felizardo)。总检察院为国家法律监督机关，受总统直接领导。总检察长安特罗·德阿布雷乌(Anthero de Abreu)。

【政党】1991年3月安人民议会通过实行多党制，至1992年底全国共有约30个政党。主要政党有：

(1)安哥拉人民解放运动(Movimento Popular de Libertacao de Angola)：简称安人运(MPLA)。自安独立后一直执政。1956年12月10日，由安哥拉非洲人斗争党同共产主义小组联合组成。现有30万党员(1992年)。1992年5月召开第三次特别代表大会，决定从党的名称中去掉原有的"劳动党"字样，并制定竞选纲领。主席若泽·爱德华多·多斯桑托斯。

(2)争取安哥拉彻底独立全国联盟(Uniao Nacional Para Independencia Total de Angola)：简称安盟(Unita)。安哥拉最大的反对党。成立于1966年3月。1967年开始反对葡萄牙殖民统治的武装斗争。1975年初，安盟同安人运、安解阵和葡当局组成过渡政府。1975年8月，安爆发内战。1976年2月，安盟转移到农村和丛林山区，继续进行反对安人运政府的游击活动。1991年5月，安盟有武装部队6.5万人，其中正规部队2.8万人，游击队3.7万人。1992年4月，经最高法院批准，安盟成为合法政党。8月，安盟第一届全国代表大会在洛比托召开，600名代表出席。主席若纳斯·萨文比(Jonas Savimbi)。

较有影响的政党还有：社会革新党(PRS)、安哥拉人民解放阵线(FNLA)、民主自由党(PLD)等。

【重要人物】若泽·爱德华多·多斯桑托斯：总统、安人运主席。1942年8月28日生于罗安达市一工人家庭。从中学时代起积极参加反对殖民统治、争取民族独立的斗争。1961年加入安人运，1962年任安人运青年副主席、安人运驻刚果代表。1963～1970年在苏联学习石化和通讯兵专业，获硕士学位。1975年6月，任安人运中央对外联络部长、卫生部长。9月，当选安人运中央委员、中央政治局委员。安独立后，历任外交部长、第一副总理、计划部长、计委主任、安人运中央文教体育书记、国家重建部书记、经济发展和计划部书记等职。1979年9月，任安人运——劳动党主席、共和国总统兼武装部队总司令。1980年11月任人民议会议长。1985年12月和1990年12月再次当选为安人运——劳动党主席。　**若纳斯·马列罗·萨文比**：安盟主席。1934年8月3日生于安哥拉莫希哥省一个铁路员工家庭，奥温本杜族人。1958年赴里斯本学医，1960年转到瑞士攻读政治学，1965年获博士学位。六十年代初投身反对葡萄牙殖民统治、争取安独立的斗争。1961年参加安哥拉人民联盟，任总书记。1962年协助罗伯托创建安解阵，在以罗伯托为首的安哥拉革命流亡政府中任外交部长。1964年7月宣布退出安解阵和流亡政府。1966年3月创建安盟，任主席。1975年安独立后爆发内战，萨文比领导安盟进行反政府的游击活动。1991年3月，在安盟"七大"上再次当选为主席。

经　济

资源丰富，有一定的工、农业基础。独立后，因长期战争和自然灾害等影响，经济较困难。1988年开始实施为期三年的"整顿经济财政纲要"。"纲要"强调重视价值规律，执行调动多种经济成分积极因素的"结合政策"，加强对外经济合作。1991年11月，安政府公布新经济调整计划，以对付国内经济和社会危机。措施包括增加工资、放开部分商品价格、货币贬值等。

国内生产总值(1991年)：75.8亿美元。

人均国民生产总值(1991年)：735美元。

国内生产总值增长率(1991年)：0.6%。

货币名称：新宽扎。

汇率(1992年12月)：1美元＝550新宽扎。

【资源】矿产资源丰富，已探明的有石油、天然气、钻石、铁、铜、锰、黄金、钨、铀、铝、锌、镁、钛、镍、煤、石膏、云母等30多种。1987年探明石油储量20.59亿桶。森林面积约5000万公顷，出产乌木、非洲白檀木、紫檀木等名贵木材。水力、海洋资源较丰富。

【工矿业】石油、钻石等矿业在经济中占有重要地位。1991年矿业产值占国内生产总值的58%。工业有炼油、水泥、建筑、车辆装修、纺织、服装、塑料、制糖、食品、榨油、水产加工和烟草等部门。近几年主要产品产量如下：

	1989	1990	1991
石油(万桶/日)	45.3	47.6	49.5
钻石(万克拉)	132	125	96
液化石油气(万桶)	186	229	—

(资料来源：1992/93年经济季评)

【农业】1989年农业产值244亿宽扎，占国内生产总值的12.9%。耕地面积800万公顷，农业人口占全国人口的70%以上。主要种植咖啡、甘蔗、棉花、剑麻、花生等作物。咖啡、剑麻是主要出口农产品。咖啡1974年产量达22.5万吨，居世界第四和非洲第二位；1991年产量约1万吨。粮食近年需要进口，1992年产量约45万吨。

【交通运输】以公路运输为主。

公路：总长7.2万公里，其中1.8万公里为柏油路面。

铁路：总长2952公里，本格拉铁路全长1340公里，与扎伊尔的铁路连接，是南部非洲铁路运输的一条干线。

水运：海运船队总吨位10万多吨；主要港口罗安达、洛比托和纳米贝等均可停靠万吨级货船。

空运：安哥拉航空公司有16架民用飞机，客货运输量居非洲第5位，与葡、意、俄、巴西以及刚、扎、津、南非、纳米比亚、圣多美和普林西比等国有定期航班；国际航线年客运量超过100万人次；罗安达国际机场可起降大型客机。

【财政金融】近几年财政收支情况如下(单位：亿宽扎)：

	1988	1989	1990
收入	631	649	767
支出	1197	1197	1325
赤字	566	548	558

(资料来源：同上)

1991年财政赤字约占国内生产总值的27%。

1989年底黄金储备1860万美元，1990年外汇储备2亿美元；国际收支逆差2.36亿美元。1990年底累计外债约87亿美元。

【对外贸易】1991年出口总额占国内生产总值的45%。近几年对外贸易情况如下(单位：亿美元)：

	1989	1990	1991
出口额	30.1	38.8	34.3
进口额	13.4	15.8	13.5
差　额	16.7	23.0	20.8

(资料来源：1992年第四期经济季评)

1991年出口主要产品有石油、钻石，其中原油及石油产品出口约占当年出口总额的90%；进口主要产品有日用百货、原材料和机械设备。1991年主要出口市场是美国(占当年出口总额的57%)、法国(11%)、德国(6%)、巴西(5%)；进口主要来自葡萄牙(占当年进口总额的30%)、美国(11%)、法国(10%)、日本(8%)。

【外国援助】1990年接受外援1.7亿美元。主要由意大利、瑞典、荷兰、法国、葡萄牙、欧共体等提供。

人民生活

工资标准由国家统一制定。行政、技术、管理人员工资均为工人工资的两倍。干部、职工每年可带薪休假一个月。全国实行免费医疗。有各类医院、诊所673所，病床1.5万张，每千人拥有病床1.7张。1986年有本国医生近400人，外国医生600人，护士8000余人。平均每万人有1名医生、9名护士。

军　事

1991年5月签署的和平协议规定，由政府军和安盟军组成5万人的统一国防军，其中陆军4万人(双方各2万)，空军6千人，海军4千人。其余10多万人将退伍。1992年1月，统一国防军总参谋部成立。至1992年9月，11.5万政府军和3.7万安盟军的大部分已集结。9月底大选前夕安政军联合委员会宣布取消原政府和安盟武装力量。

文化教育

【教育】儿童从7岁起接受8年免费义务教育。阿戈斯蒂纽·内图大学是唯一的大学。1992年有大学生近4500人、中学生约15万人、中技生约1万人、小学生约100万人。1991年议会通过立法允许建立私人学校。

【新闻出版】《安哥拉日报》为官方葡文日报，发行量4万余份；《共和国公报》为官方不定期刊物，葡文；《安哥拉北方》、《支部》由安人运主办；《劳动者之声》由工人联合会主办；《对外贸易》、《能源》为专业性杂志、季刊；1992年起安盟发行周报《安哥拉大地》。

安哥拉通讯社：国家通讯社，有记者近百人，驻外有7个分社。

安哥拉国家电台：用葡语和多种民族语言广播，对外用葡、西、英、法等语言广播。

安哥拉人民电视台：国营，每天播放15小时。

对外关系

奉行和平共处和不结盟的对外政策；主张在相互尊重主权、互不干涉内政、平等互利的基础上，同所有国家建立和保持外交关系；要求建立国际经济新秩序。已与100多个国家建立外交关系，1992年与以色列建交。

【同我国的关系】1983年1月12日中安建交后，两国关系不断发展。1988年10月多斯桑托斯总统访华，双方签署了两国政府关于成立经济、技术和贸易合作混合委员会的协定和文化协定以及中国共产党和安人运——劳动党合作协定。1989年8月，钱其琛外长访安。1992年3月，中共代表团访安；8月，杨福昌副外长访安，安人运劳动党代表团访华。1992年中安两国贸易总额为3788万美元。

中国驻安哥拉共和国特命全权大使：张宝生。馆址：RUA PRESIDENTE HOUARI BOUMEDIENNE NO. 196-200，MIRAMAR-LUANDA，ANGOLA。电话：344185/344658。国家地区号：244-02。电传：4171 CHINAEM AN。商务处电话：322803，电传：3134。

安哥拉尚未在华设使馆。

【同前苏联的关系】1975年11月16日两国建交。1976年10月，两国缔结为期20年的《友好合作条约》。多斯桑托斯任总统后九次访苏。1982年两国签署经济、技术和贸易合作协议，苏允提供20亿美元贷款，用于建卡潘达水电站等项目。苏联解体后，1991年12月28日，安政府宣布承认独立国家联合体。1992年1月，俄罗斯外长科济列夫访安。

【同古巴的关系】1975年11月两国建交，同年古派军队驻安，1988年驻安古军达5万人。1991年5月古巴军队提前全部从安撤出。多斯桑托斯总统六次访古。卡斯特罗主席两次访安。

【同美国的关系】两国未建交。1985年7月，美宣布废除《克拉克修正案》，公开支持安盟，并向其提供军援。1990年美参与推动安交战双方进行和平谈判，后作为观察员参加和谈及和平协议签字后所设机构的工作。1992年，安、美互设代表处。美助理国务卿科恩及帮办多次访安。10月初，安外长赴美通报安大选冲突情况。有七八家美公司在安投资，安60%以上的石油由美公司开采并向美出口。1991年，安向美出口额为19.55亿美元，从美进口额为1.5亿美元。

【同葡萄牙的关系】葡原为安宗主国。1976年10月两国建交，但葡政府允安盟在里斯本设办事处。1978年6月，两国总统在几内亚比绍会谈，签署了合作总协议。现有两万多名葡技术人员在安工作。1991年从葡进口额为4.1亿美元。1990年起葡作为调解人积极推动安和平进程。1992年2月，葡国防部长访安。

【同非洲国家的关系】安注意发展与邻国的关系。安与刚果签有友好合作条约，与刚、赞、扎等国有党的合作关系。安是非洲前线国家成员国，同其他前线国家领导人频繁会晤。1992年，多斯桑托斯总统访问了纳米比亚、加蓬；圣普总统特罗瓦达访安。

在安哥拉前总统内图的倡议下，非洲葡语五国首脑会议自1979年起轮流在5国首都举行。五国签有经济合作总协议、合作行动纲领。

安反对南非的种族隔离制度，支持南非人民争取民主和种族平等的斗争。安与南非无外交关系，但有经贸关系。1992年，两国互设代表处，并正式通航、通邮。1月，南非外长博塔访安；3月，安国防部长托尼亚访南非。9月，安外长洛伊访南非。安大选后，南非外长多次赴安调停安武装冲突。安不时指责南非支持安盟。

（李飞月）

贝　宁

国名　贝宁共和国（The Republic of Benin，la république du Bénin）。

面积　112622平方公里。

人口　4855349人（1992年4月）。有46个部族，主要有芳族、约鲁巴族、阿贾族、颇尔族和松巴族等。官方语言为法语。全国比较流行的语言有芳语、约鲁巴语和巴利巴语。居民中65%信奉拜物教，15%信奉伊斯兰教，12%信奉天主教，5%信奉基督教新教。

首都　波多诺伏（Porto-Novo），国民议会所在地。人口30万（1991年）。政府所在地科托努（Cotonou），人口 70 万人(1991 年)。

国家元首 总统尼塞福尔·索格洛(Nicéphore Soglo),1991 年 3 月当选。

简 况

位于西非中南部,东邻尼日利亚,西北、东北与布基纳法索、尼日尔交界,西与多哥接壤,南濒大西洋。海岸线长 125 公里。沿海平原为热带雨林气候,常年气温在 20～34℃之间,最高可达 42℃;中部和北部为热带草原气候,年平均温度 26～27℃。16 世纪前后,贝宁出现许多小王国和酋长国。18 世纪阿波美王国鼎盛时期统一了南部和中部。1904 年并入法属西非,1913 年沦为法国殖民地。1958 年成为法兰西共同体内的"自治共和国"。1960 年 8 月 1 日独立,成立达荷美共和国。1975 年 11 月 30 日改国名为"贝宁人民共和国"。

政 治

1992 年 2 月改国名为"贝宁共和国"。贝宁政府以巩固民主、振兴经济、增强民族团结为国内三大任务。为此,新政府授予前总统克雷库终身豁免权,妥善安置军队,稳定军心;利用对话和法制两手平息工潮、学潮,维护社会秩序。经济上,继续执行以国营企业私营化、裁减公职人员和紧缩开支为主的结构调整计划,按期发放工资,提高农产品收购价格,多方争取经济援助。1992 年国内政局相对稳定,但经济仍然较困难,诸多社会矛盾依然存在。

【宪法】现行宪法于 1990 年 12 月 2 日公民投票通过,是贝宁历史上第 7 部宪法。宪法规定,"建立一个法制和民主多元化的国家",实行行政、立法和司法分离的原则和总统制。总统为国家元首、政府首脑和武装部队统帅,由直接普选产生,任期 5 年,可连选连任一次。

【议会】称国民议会,一院制,行使立法权并对政府工作进行监督。设在首都波多诺伏。成员称"议员",由直接普选产生,任期 4 年,不得兼任其他公职。议员候选人由政党或政党联盟提名,不能以个人身份参加竞选。本届议会于 1991 年 2 月 17 日选举产生,共 64 议席。议会中分新共和国(21 席)、民主与团结(24 席)、协调一致(15 席)3 个党团及非党团(4 席)。议长阿德里安·温贝吉(Adrien Houngbédji)。

议会下设财贸、法制、生产计划、教育文化、社会事务和国防安全与合作等 5 个委员会。1992 年 5 月,民主与社会进步运动、劳工与民主党、国家重建自由民主联盟等 9 党议员在议会内部成立"总统多数派",并声明团结在索格洛政府行动计划周围,共同建设新贝宁。但此举遭到民主复兴党、全国团结民主党议员的反对。

【政府】本届政府于 1991 年 7 月 29 日组成,成员如下:共和国总统、国家元首和政府首脑尼塞福尔·索格洛,国务部长、共和国总统府秘书长兼国防部长德西雷·维埃拉(Désiré Vieyra),内政、安全和领土管理部长理查德·阿贾霍(Richard Adjaho),外交和合作部长泰奥多尔·奥洛(Théodore Holo),财政部长保罗·多苏(Paul Dossou),司法部长伊夫·耶胡埃西(Yves Yehouessi),计划和经济结构调整部长罗贝尔·塔尼翁(Robert Tagnon),负责同议会关系部长、政府发言人弗朗西斯科·马里于斯(Francisco Marius),国民教育部长卡里姆·德拉马内(Karim Dramane),公共工程和运输部长弗洛朗坦·明托—巴巴(Florentin Minto-Baba),公职和行政改革部长阿拉比·安托万·贝甘(Alabi Antoine Gbégan),文化和通讯部长保兰·洪通吉(Paulin Hountondji),工业和中小企业部长里戈贝尔·拉迪波(Rigobert Ladikpo),环境、住宅和城建部长厄斯塔什·萨雷(Eustache Sarre),劳动、就业和社会事务部长韦罗尼克·阿奥约夫人(Véronique Ahoyo),卫生部长韦罗尼克·劳森夫人(Véronique Lawson),能源、矿业和水利部长欧雷利安·胡埃苏(Aurélien Houessou),贸易和旅游部长贝尔纳·胡埃尼翁(Bernard Houegnon),农村发展部长马马·阿达穆·恩迪亚耶(Mama Adamou N'diaye),青年和体育部长泰奥菲尔·纳塔(Théophile Nata)。

【司法机构】根据宪法设立最高法院和其他法院,法庭行使司法权。最高法院是国家行政和司法裁判以及国家审计的最高权力机关,辖刑事、行政、审计三个法庭。中央一级设上诉法院,系终审法院。各省设一审法院,县和县级市设治安法院。各级法院均委派有共和国检察官。最高法院院长弗雷德里克·努塔伊·温德通(Frédéric Noutai Houndéton),最高法院检察长皮埃尔·埃乌米(Pierre Ehoumi)。此外,宪法还规定设立专门审理总统和政府成员履行公务中叛国、渎职和侮辱国民议会等罪行的高等法院以及审理法律的合宪法性和调解国家机关权限纠纷的宪法法院。

【政党】截至 1992 年底,已取得合法地位的政党有几十个。其中较有影响的政党有:

(1)民主复兴党(Parti du Renouvean Démocratique):主席阿德里安·温贝吉(Adrien Houngbédji)。

(2)重建国家自由民主人士联盟(Rassemblement des Démocrates Libéreaux pour la Reconstruction Nationale):主席塞维兰·阿乔维(Sévérin Adjovi)。

(3)民主与团结联盟(Alliance pour la Démocratie et la Solidarité):1992 年 12 月 5 日成立。主张多元化民主政治,建立既保证私营部门发展又有国家调节的经济。主席马蒂亚斯·盖德农(Mathias Guédénon)。

(4)我们的共同事业(Notre Cause Commune):主席阿尔贝·特沃杰雷(Albert Tévoédjré)。

(5)贝宁复兴党(Renaissance du Benin):1992 年 3 月 24 日成立。该党吸收支持索格洛总统的各界人士,宗旨是复兴贝宁历史文化,作为国家政治生活的催化剂。主席罗西娜·维埃拉·索格洛夫人(Rosine Vieyra Soglo),总书记夏尔·多苏(Charles Dossou)。

(6)贝宁主义革命党(Parti Béniniste de la Révolution):1992 年 1 月召开第一次代表大会,宗旨是:加强

基层民主，振兴国民经济、维护国家主权和社会正义，主张建立非洲邦联和非洲合众国。主席让·巴蒂斯特·贝梅(Jean Baptiste Baimey)。

(7)贝宁共产党(Parti Communiste du Bénin)：成立于1977年，原名达荷美共产党，1992年12月改为现名。主张武装夺取政权，建立无产阶级专政。与我们的共同事业联合组成反对派。第一书记帕斯卡尔·方托基(Pascal Fantodji)。

【重要人物】尼塞福尔·索格洛：总统、国家元首、武装部队统帅。祖省阿波美人，1934年1月29日生于多哥首都洛美。曾在法国里尔公共法律学院和巴黎大学学习，毕业于法国国立行政学校。1963～1965年任财政、经济和计划部财政总监和技术顾问，同时兼任国家货币委员会主席和西非国家中央银行理事。1965～1978年历任财政部长、财政总监察署处长、财政总监、贝宁大学客座教授。1979～1987年在世界银行任候补执行董事、执行董事。1987～1989年任贝宁财政总检察长。1990年2月在"全国有生力量会议"上被推选为过渡政府总理兼任国防部长。1991年3月当选总统。夫人罗西娜·维埃拉，律师。两子分别在美国和加拿大工作。

经　济

联合国公布的最不发达国家之一，经济落后，工业基础薄弱，农业和服务业是国民经济的两大支柱。80年代中期开始对经济政策和经济结构进行调整。1989年和1991年先后同世界银行和国际货币基金组织达成两期结构调整贷款协议。1991年继续按结调计划推行国营企业私有化，紧缩开支和裁减公职人员，但因遇到重重阻力而未能落实。

国内生产总值(1992年)：5670亿非洲法郎。

人均国内生产总值(1992年)：432.5美元。

国民生产总值增长率(1992年)：4.7%。

国民收入：760亿非洲法郎。

货币名称：非洲金融共同体法郎(简称非洲法郎)。

汇率(1992年12月)：1美元＝270非洲法郎。

通货膨胀率(1991年)：7～8%。

【资源】资源贫乏。矿藏主要有石油、铁矿石、磷酸盐、铁、大理石、黄金等。大部分储量较小，工业开采价值不大。石油开采已近枯竭。黄金仅有手工开采。

【工业】产值占国内生产总值的11.5%，1990年工业总产值约520亿非洲法郎。主要有油脂、纺织、食品等农产品加工业和建材业。工业人口约占全国人口的7%。

【农业】产值占国内生产总值的40%，农产品出口占出口总额的50%。有可耕地705万公顷，已耕地150万公顷。农业人口占全国人口的90%。粮食基本自给。农业发展在国民经济发展中占优先地位，1992年农业投资180亿非洲法郎，农业增长率为4～5%。主要农作物产量如下(单位：万吨)：

	1990/91	1991/92
薯类	181.91	212.09
豆类	5.04	6.042
谷物	54.77	56.099
棉花	18.5	18.5

(资料来源：1992年2月20日官方公布)

1991年底牲畜存栏数：牛100万头，羊200万只，猪70万头。

鱼产品产值占农业产品的5%，年产量约25000吨，其中9000吨为海鱼。

林产占农业的3%，年采伐量2990立方米。

【交通运输】铁路：总长635公里，其中440公里与尼日尔共有。

公路：总长7500公里，其中1070公里为沥青路。

海运：科托努港为地区性转运港。共6个码头，船台总长1370米；港口仓库面积5.7万平方米，集装箱场面积6.5万平方米，保税区仓储面积6万平方米；1989年货运量89万吨。

空运：科托努机场为国际机场，跑道长2.4公里，可起降各种类型的飞机；1990年客运量18.4万人次，货运量3900吨。

【财政金融】国家财政收入主要靠税收，其中关税占40%。1992年财政预算为1365亿非洲法郎。1993年财政预算收支均为1552亿非洲法郎(1993年1月26日议会通过)，投资预算671.4亿非洲法郎。截至1992年底，外债为4500亿非洲法郎。

【对外贸易】外贸长期逆差。主要出口棉花、花生、棕榈油、咖啡等农副产品，进口食品、烟酒、纺织品等日用工业品，其中80%向邻国转口。主要贸易对象是法国和欧洲经济共同体其他国家。近年来对外贸易情况如下(单位：亿非洲法郎)：

	1990	1991	1992
出口额	580	839	961
进口额	1160	1391	1508
差　额	－580	－552	－547

(资料来源：贝宁政府公布的数字，1992年为计划数)

人民生活

公职人员最低保证工资24000非洲法郎。人均收入260美元。议员月收入567500非洲法郎，政府部长月收入1024791非洲法郎。全国有医院6所(共1465个床位)，卫生中心31个，诊所186个，妇产医院65所，另有一些私人医院和诊所。平均寿命47岁。

军　事

1960年建军，1977年改组为国防军、公安军和民兵。1990年2月"全国有生力量会议"决定实行军队"非政治化"，4月开始整编。解散民兵，公安军所辖警察和海关、水域、森林警察分别划归有关部，国防军改称"武装力量"。保留陆、海、空三军和宪兵建制。实行义务兵役制。武装力量总参谋长努波·塞拉芬上校。

总兵力6350人。其中陆军3800人，装备坦克12

辆、装甲车43辆;海军200人,装备巡逻艇5艘;空军350人,装备运输机15架、直升机4架;宪兵2000人。军队的改组和整编仍在进行。

文化教育

【教育】系西非地区教育比较发达的国家。每年教育经费约占国家行政预算的1/4到1/3。63%的人受过初等教育,16%受过中等教育。1991年全国有小学3127所,中学159所,大学1所(贝宁大学),大中小学生共约60万人(其中大学生10873人),教职员工21000人。1991年入学率:小学59.19%,中学17.33%,高等教育2%。

【新闻出版】主要报刊有:《民族报》,发行量3000份;《海湾报》,发行量15000份;《大洋十字》,发行量7000份。

贝宁通讯社是国家通讯社,主要向本国报社、电台发布消息,国际新闻多来源于法新社。

贝宁广播电视局拥有电视台和广播电台各一家。电视台每天播放5小时,本国制作的节目约占1/5。

对外关系

奉行"实用、灵活、不排他"的外交政策,强调"外交为发展服务",以谋求外援为基本出发点。重点面向西方,突出同法国的特殊关系,同时保持和发展同其他国家的友好合作。坚持睦邻友好,重视区域合作,支持实现西非经济一体化,主张和平解决争端。认为当前世界所面临的突出问题是民主与发展,贫困、饥饿和不发达是未来世界局势紧张的根源,必须建立公正的国际政治、经济新秩序。认为"贝宁模式"是解决非洲政治、经济危机的最佳途径,但贝宁无意输出"贝宁模式",希望各国人民根据本国国情以和平方式实现民主。认为非洲长期被忽视,日益"边缘化"和"贫困化"。呼吁工业国家制定援助非洲的"马歇尔计划",并采取措施,缓解结构调整计划带来的消极影响和解决非洲债务问题。认为南非种族隔离的法律支柱已不复存在,种族隔离制度正在走向消亡,但建立非种族主义自由社会的道路仍很漫长,国际社会应在保持对南非压力的同时,随着形势的发展,逐步减轻经济制裁。南非一旦实现民主,将会推动整个非洲的发展。因此,正在考虑调整同南非的关系。支持巴勒斯坦人民的正义斗争,同时也主张维护以色列的生存权利。1973年同以色列断交,中东和会开始后准备同以复交。重视同阿拉伯国家的关系,希冀得到财政援助。截至1991年底,已同92个国家建立了外交关系。

【同我国的关系】1964年11月12日建交。1966年1月贝宁单方面宣布终止两国关系,同年4月与台湾"复交"。1972年12月29日恢复同我国的外交关系。前总统克雷库曾于1976年和1986年两次访华。姬鹏飞副委员长和田纪云副总理分别于1978年和1984年访问贝宁。两国签订有经济技术、医疗合作协定以及贸易、文化和互免签证等协定。中国宁夏回族自治区和贝宁博尔古省为友好省区。

1992年两国关系顺利发展。1月,中国文化部副部长高占祥率中国政府文化代表团访问贝宁。5月,贝宁总统索格洛访华,两国政府签订了互免签证协定、贷款协定。9月,贝宁文化和通讯部长洪通吉率文化代表团访华。11月,中国外交部部长助理李肇星访问贝宁。11月29日是中国和贝宁关系正常化20周年。国务委员兼外交部长钱其琛与奥洛外长互致贺电,中国人民对外友协和双方大使馆均举行了庆祝活动。

中国驻贝宁大使:赵惠民。馆址:科托努机场路使馆区2号(Numéro 2 Zone Ambassadeur la Route de l'Aéroport)。电话:301292。商务处电话:301097。

贝宁驻中国大使:奥古斯特·阿拉沃。馆址:北京光华路38号。电话:5322741,5322302。

【同法国的关系】法国是贝宁的前宗主国。80年代以来两国关系密切。1990年2月贝宁政权更迭后,两国关系进一步发展。索格洛任过渡政府总理时,曾于1990年8月访问法国,1991年3月当选总统后曾两度赴法就医。1990、1991两年中,法国合作部长三次访问贝宁。法国历来居贝宁援助国之首,至1988年,援助总额达7.46亿美元,1990年为170亿非洲法郎(约合6300万美元)。法国每年向贝宁提供80个奖学金名额。1990年在贝宁的法国人约2600人,其中合作人员153人。1991年底,法国向贝宁派遣驻军150人。

【同德国的关系】1990年2月政权更迭后,贝宁成为德国对非洲援助的重点国家。1991年德向贝宁提供4500万美元的财政援助,1992年增至5800万美元。

【同美国的关系】1961年建交。索格洛执政以来曾两度访问美国,当选总统后两国关系发展较快。美国官方援助额自1991年起由每年的200万美元增加到800万美元,1992年为1050万美元,并允诺为贝宁第二期结构调整计划提供750万美元,在今后6年内提供5700万美元帮助贝宁发展小学教育。

【同邻国的关系】与毗邻的尼日利亚、多哥、尼日尔、布基纳法索保持友好合作关系。同尼日利亚签有经济、贸易、军事、文化等协定,两国设有混合委员会。与多哥合建了莫诺河南贝托水电站,两国设有"边界划分混合委员会"和"发展混合委员会"。1992年底,多哥政局混乱,索格洛以西非国家经济共同体执行主席身份多次进行调解无效,呼吁西方国家对多施加压力。与尼日尔共有科托努至帕拉库铁路;同布基纳法索关系良好。科托努港设有供布基纳法索、尼日尔、马里等内陆国家使用的免税区和供布基纳法索专用的仓库。

(程 涛)

博茨瓦纳

国名　博茨瓦纳共和国(The Republic of Botswana)。

面积　582000平方公里。

人口　132.5万(1991年普查数)。绝大部分为班图语系的茨瓦纳人(占人口的95%)。全国有8个主要部族:恩瓦托族、昆纳族、恩瓦凯策族、塔瓦纳族、卡特拉族、莱特族、罗龙族和特罗夸族。其中恩瓦托族最大,约占总人口的40%。欧洲人和亚洲人约1万。官方语言为英语,通用茨瓦纳语和英语。多数居民信奉基督教新教和天主教,农村地区部分居民信奉传统宗教。

首都　哈博罗内(Gaborone),人口13.8万(1991年统计数)。

国家元首　总统凯图米莱·马西雷(Sir Ketumile Masire)爵士,1980年7月18日就任,1984年和1989年连任。

简　况

非洲南部内陆国家,东接津巴布韦,西连纳米比亚,北邻赞比亚,南界南非。大部地区属热带干旱草原气候,西部为沙漠、半沙漠气候。年平均气温21℃,大部分地区干旱少雨。独立前称贝专纳。公元13~14世纪茨瓦纳人由北方迁居此地。1885年英国将该地区划为英国"保护地",称"英属贝专纳"。1965年3月3日宣告独立,定名为博茨瓦纳共和国,仍留在英联邦。

政　治

独立后由博茨瓦纳民主党执政,卡马任总统。1980年7月马西雷接任总统职务,博民主党连续执政。马西雷政府坚持"民主、发展、自力更生和团结"的建国4原则,致力于经济和社会发展,政局长期稳定,经济迅速发展。1992年初,博发生副总统兼地方政府和土地部长穆西、农业部长克韦拉霍贝以权谋私,侵占国家土地的事件,在博各界引起强烈反应。3月9日,马西雷总统改组内阁,穆、克两人被迫辞职。3月17日,3个主要反对党举行记者招待会,要求解散议会、提前大选,遭马西雷拒绝。

【宪法】1966年2月制定,同年9月30日生效。后经几次修改,沿用至今。宪法规定实行多党议会制,立法、行政、司法三权分立;总统为国家元首、政府首脑兼武装部队总司令,由国民议会选举产生;总统和国民议会组成国会;国民议会通过的决议、法案须经总统批准才能生效;总统有权召集或解散国民议会。

【议会】国民议会由34名民选议员、4名总统指定的特选议员、检察长和议长组成,每届任期5年。本届国民议会于1989年10月大选产生,民主党占31席(不包括4名特选议员),民族阵线占3席。议长莫特拉戈拉·恩瓦考(Moatlagola P. K. Nwako)。

【政府】实行总统内阁制。本届政府于1992年3月组成。总统凯图米莱·马西雷,副总统兼财政发展计划部长莫哈伊(F. G. Mogae),外交部长豪希特维·切佩(Graositwe K. T. Chiepe),矿产资源和水利部长阿尔奇·莫惠(Archie Mogwe),工商部长波内塞哈·凯迪基尔维(Ponatshengo H. K. Kedikilwe),农业部长基巴斯拉芒·莫拉凯(Kebathlamang P. Morake),工程和交通部长马杭(D. N. Magang),地方政府、土地和住房部长查普森·布塔莱(Chapson J. Butale),劳工、内政部长帕特里克·巴洛皮(Patrick K. Balopi),教育部长摩洛莫(R. Molomo),卫生部长泰马内(B. K. Temane)。

【司法机构】由高等法院、上诉法院和传统法院组成。传统法院相当于初级法院,由各部族酋长担任法律执行人。高等法院首席法官区艾登·利文赛·鲁克(Eden Livesey Luck)。总检察长莫卡马(M. D. Mokama)。

【政党】共有7个。

(1)博茨瓦纳民主党(Botswana Democratic Party):1962年1月成立。独立后一直执政。总裁凯图米莱·马西雷爵士。

(2)博茨瓦纳民族阵线(Botswana National Front):主要反对党,1967年10月成立。总裁肯尼思·考马(Kenneth Koma)。

(3)博茨瓦纳人民党(Botswana People's Party):1960年12月成立。总裁奈特·马里佩(Knight Maripe)。

(4)博茨瓦纳独立党(Botswana Independence Party):1962年成立,由人民党分裂而来。总裁莫茨萨迈·姆弗(Motsanai K. Mpho)。

(5)博茨瓦纳进步联盟(Botswana Progressive Union):1982年成立。总裁克维勒(D. K. Kwele)。

(6)博茨瓦纳自由党(Botswana Freedom Party):1989年成立。总裁利奇·托梅朗(Leach Thomelang)。

(7)博茨瓦纳工党(Botswana Labour Party):1989年成立。总裁奥斯瓦德·雅各布斯(Oswald Jacobs)。

【重要人物】凯图米莱·马西雷爵士:总统、民主党总裁。1925年7月23日生于南部区卡尼耶村,恩瓦凯策族人。曾在卡尼涅小学和南非的泰格·克鲁夫中学就读。1950年在卡尼耶创办中学。1956年经营私人农场。1958年进入新闻界,先后任记者和《非洲回声报》

编辑。1962年同前总统卡马一起创建博茨瓦纳民主党，任总书记和党的机关报主编。1981年起担任民主党主席。独立时任副总统，1980年起任总统。1983年当选为南部非洲发展协调会议主席。1992年南部非洲发展协调会议改为南部非洲发展共同体，任首届主席。1990年发起“非洲事务全球联盟”并任主席。曾获名誉哲学、法律和人文学博士学位和荣誉勋章。1991年12月，英国女王授予“圣迈克尔和圣乔治”最高勋位。

经　济

博曾是世界上最贫穷国之一。独立后博政府重视经济发展，主张通过经济独立巩固政治独立。实行自由市场经济，争取外援，采取优惠措施吸引外资和先进技术。自独立以来，经济发展迅速，国内生产总值年均增长率达13%，人均收入由25美元增至2800美元，被誉为“非洲小康之国”。钻石、铜镍和牛肉为博经济三大支柱。轻工业有一定基础，以畜产品加工为主。农业较落后，粮食主要靠进口。1991年始执行第7个国家发展计划并制定了农业政策。

国民生产总值（1992年）：69.12亿普拉。

人均国内生产总值（1992年）：2800美元。

国内生产总值增长率（1992年）：8.8%。

货币名称：普拉。

汇率（1992年7月）：1美元＝2.069普拉。

通货膨胀率（1992年）：17.7%。

失业率（1992年）：26%。

【资源】矿产资源丰富。主要矿藏为钻石，其次是铜镍、煤、铂、铁、金、锰等。石油勘探正在进行之中。钻石储量和产量均居世界前列。已探明的铜镍矿蕴藏量为4600万吨，煤蕴藏量170亿吨。

【工矿业】70年代中期起，采矿业取代畜牧业成为国民经济的主要部门。博是世界上最重要的钻石生产国之一，平均年产量为1500～1600万克拉。钻石基本出口，是博收入的主要来源，占出口总额的76.5%。轻工业以畜产品加工为主，其次是饮料、金属加工和纺织业等。博是非洲最大的畜产品加工中心之一，有现代化的大型屠宰厂和肉类加工厂，年加工能力为30万头牛。

【农牧业】可耕地占全国面积的15%，种植面积为可耕地的5%，1990/91年度为19万公顷。1990年，政府根据本国实际情况把多年来提倡实现“基本谷物自给”的方针，改为努力提高本国有经济效益的农作物及食品生产，进口在本国生产不合算的粮食产品。1991年，政府制定新农业政策，鼓励农民多种粮，种好粮，确保粮食自给。由于1992年遭受特大干旱，粮食产量只达正常年景的80%。

畜牧业以养牛为主，产值约占农牧业总产80%。1992年牛存栏数280万头。

【旅游业】有3个国家公园、5个野生动物保护区。奥卡万戈内陆三角洲为主要旅游点。4200人从事旅游工作，每年接待8万旅游者，外汇收入6000～7000万普拉。

【交通运输】以公路运输为主，主要城镇之间有公路相连，总长2000公里，其中沥青路面1500公里。铁路长900公里，纵贯东部，连接南非和津巴布韦。首都有卡马国际机场，航线通往南非、津巴布韦、赞比亚、莱索托、斯威士兰、纳米比亚、肯尼亚和英国。

【财政金融】近三年财政收支情况如下（财政年度为每年4月至次年3月；单位：亿普拉）：

	1990/91	1991/92	1992/93
收入	33.18	32.96	38.04
支出	28.99	27.06	36.30
盈余	4.19	5.90	1.74

（资料来源：1992年经济季评）

截至1992年7月，外汇储备40.9亿美元。截至1991年底，外债总额4亿美元，偿还率4.4%。

【对外贸易】主要出口钻石、铜镍锭、牛肉、纺织品，进口食品、饮料、汽车、运输设备、机器、电器、金属、石油产品。主要贸易对象为欧共体、南非、南部非洲关税联盟。近三年对外贸易情况如下（单位：亿普拉）：

	1989	1990	1991
出口额	36.61	35.08	37.4
进口额	25.57	39.46	39.8
差　额	11.04	－4.38	－2.4

（资料来源：同上）

人民生活

1992年人均国内生产总值为2800美元，消费指数年均170。人口增长率3.4%，实行免费医疗。有15所医院，1790张病床。人均寿命59岁。

军　事

1977年4月建国防军，现任司令卡马中将。1989年有军队4500人，警察部队1000人，警察总监赫希费尔德。1991/92年度军事预算2.44亿普拉，占预算支出的8%。

文化教育

【教育】各级学校均实行免费教育。计划至90年代中期普及初等教育。1991年有小学551所，学生247358人；中学93所，学生43991人；1所大学（博茨瓦纳大学），4所学院，学生2000余人。1992/93年度教育经费为5.73亿普拉。

【新闻出版】发行报刊5种。主要有官方日报《每日新闻》，发行量3万份；私人周刊《卫报》、《报导者》，发行量数千份。

博茨瓦纳通讯社：官方通讯社，1981年创办，主要报导国内消息。国际消息主要来源于西方国家通讯社。

博茨瓦纳广播电台：官方电台，1965年创办，用英语和茨瓦纳语广播。

博茨瓦纳电视台：私营电视台，1988年创办，主要播放录相片。

对外关系

奉行独立自主的不结盟政策，坚持正义原则，反对帝国主义、殖民主义和种族主义；主张国际间互相尊重主权、平等、自决，互不干涉内政，通过和平方式解决争端；积极参与并推动地区经济合作，实行睦邻政策，积极发展与各国友好合作关系。要求减免最不发达国家的债务，建立国际经济新秩序，并希望发达国家减少军费开支，增加对最不发达国家的援助；主张尽快解决中东问题，尤其是巴勒斯坦问题。认为阿拉伯国家之间以及阿拉伯和犹太人之间存在着和解的条件。以色列和阿拉伯国家都应权衡利弊，认识到只有和解才对己有利。认为非洲正在兴起民主化和多元化，方向是正确的，但希望有关国家采取和平方式实现其选择的制度。

【同我国的关系】1975年1月6日与我国建交。1991年在北京设立驻华使馆。两国友好合作关系稳步发展。访华的博领导人有：总统卡马(1976年)、总统马西雷(1980、1983、1991年)、前副总统穆西、外交部长切佩。访博的我国领导人有：副总理李鹏(1986年)、外交部长钱其琛(1989年)。

1992年，博遭受特大旱灾，我向博捐赠了3000吨玉米。副外长杨福昌(8月)、教委副主任柳斌(11月)、贵州省副省长张树魁(8月)访博。博内政兼管文化部长巴洛皮(10月)、卫生部长马特内(11)、民主党副总书记赛茨博霍(10月)、妇女协会主席卡马夫人(5月)访华。1992年中博贸易总额654万美元，其中中国出口146万美元，进口508万美元。

中国驻博茨瓦纳大使：王义浩。馆址：No. 3096，3097 North Ring Road，Gaborone P. O. Box 1031。电传：2428 BD CHINA。电话：352209(办公室)，353270(经商处)。

博茨瓦纳驻中国大使：马腾骥。馆址：北京塔园办公楼1-8-1/2。邮政编码：100600。电话：5325751。电传：5325713。

【同西、北欧国家的关系】同英国有密切的传统关系。英曾是博主要援助国和重要贸易伙伴之一，两国高级官员频繁互访。有大批英国人在博政府、经济和教育部门任职，博国防军和警察主要由英国人训练。1991年12月，马西雷总统访英。

同德国经贸关系发展很快，德是博最大贸易伙伴援助国。1991年6月，马西雷总统访德。

【同美国的关系】博、美关系日益密切，美将博列为贸易优惠国，是博最大的援助国之一。1992年美向博援助2500万普拉。博、美军事合作有所加强，1992年联合举行军事训练。

【同日本的关系】近年来博注重与日本的往来。日向博援助逐渐增加。1992年，马西雷总统访日，双方就免入博签证达成协议。

【同邻国的关系】博是非洲前线国家成员国，经常就南部非洲问题与其他前线国家进行磋商，对和平解决安哥拉和莫桑比克问题报以极大的关注。博积极推动地区经济合作，是南部非洲发展协调会议创始国之一，也是该组织总部所在地。马西雷总统曾任该组织主席。1992年，南部非洲发展协调会议改为南部非洲发展共同体，马西雷任首届主席。博与莱索托、斯威士兰同为南部非洲关税同盟成员国，经济关系密切。

1990年纳米比亚独立后，博即刻与之建交。马西雷总统是第一个访问纳米比亚的外国元首。1991年7月再度访纳。双方签有加强文教合作及防务与安全谅解协议和议定书。1992年5月，马西雷总统与努乔马在博举行边界会谈，就解决界河问题初步达成一致。

与南非经济关系密切，但没有外交关系。一贯支持南非人民反对种族隔离制度的斗争；不反对国际社会对南非实行经济制裁，但表示自己无力参与；欢迎南非政府采取的改革措施；希望南非加快政治解决进程，早日建立一个民主、自由、不分种族的新南非。1991年，博、南互设代表处。1992年，南非政府和泛非大在博举行三次谈判。

博与赞比亚有着传统友谊，1991年12月，赞总统奇卢巴访博。

博重视维护和发展同津巴布韦的友好关系。1992年津总统穆加贝访博。

(樊建萍)

布基纳法索

国名　布基纳法索(The Burkina Faso，Le Burkina Faso)。

面积　274200平方公里。

人口　920万(1992年)。共有60多个部族，分为沃尔特和芒戴两个族系。沃尔特族系约占全国人口的70%，主要有莫西族、古隆西族、古尔芒则族、博博族和洛比族。芒戴族系约占全国人口的28%，主要有萨莫族、马尔卡族、布桑塞族、塞努福族和迪乌拉族。在北部地区还有一些从事游牧业的颇尔人和经商的豪萨人。官方语言为法语。主要民族语言有莫西语、迪乌拉语和颇尔语。56%的居民信奉原始宗教，30%信奉伊斯兰教，13%信奉天主教。

首都　瓦加杜古(Ouagadougou)，人口约68.8万(1992年)。

国家元首　共和国总统布莱斯·孔波雷(Blaise Compaoré)，1987年10月执政，1991年12月当选总统。

简况

位于非洲西部的内陆国。东邻贝宁、尼日尔，南与科特迪瓦、加纳、多哥交界，西、北与马里接壤。属热带草原气候，年平均气温27℃，首都最高气温达40℃以上。公元9世纪建立了以莫西族为主的王国，15世纪莫西人首领建立亚腾加和瓦加杜古王国。1904年沦为法国殖民地。1957年成为"半自治共和国"。1958年12月成为法兰西共同体内的"自治共和国"。1960年8月5日宣告独立，定国名为上沃尔特共和国。1984年8月4日改国名为布基纳法索。

政治

1987年孔波雷执政以来，大力开展"矫正革命运动"，对桑卡拉时期过激的内外政策进行了调整。1990年下半年开始实行政治多元化。1991年6月通过宪法，布进入过渡时期；12月举行总统选举，孔波雷当选总统。1992年5月，孔波雷所属政党"争取人民民主组织—劳动运动"在人民议会选举中获胜，6月组成以该党为主的第四共和国政府，从而结束了为期一年的民主化过渡阶段。新政府强调国内团结和民族和解，大力健全和调整各级军、政机构，积极采取措施缓解社会矛盾；实行经济结构调整，努力发展国民经济。

【宪法】1991年6月2日，公民投票通过独立以来第四部宪法。宪法规定，布基纳法索是一个民主、统一、非宗教的国家，实行行政、立法、司法三权分立制度。共和国总统是国家元首、武装部队最高统帅、最高司法委员会主席，由全国直接选举产生，任期7年，可连选连任一届。总理由总统任命。

【议会】实行三权分立、相互制约的议会民主制。议会分上、下两院。上院为代表院，按照选举法规定的分配数额间接选举产生，总统有权指定5名"社会杰出人士"为代表院代表，任期3年，但目前上议院尚未组成。下院为人民议会，议员经全国立法选举产生，具有立法权，任期5年。1992年5月24日举行议会选举，选出议员107人。各政党所占议席情况如下：争取人民民主组织—劳动运动78席，进步爱国人士全国公会—社会民主党12席，非洲民主联盟6席，民主与联合同盟4席，非洲独立党2席，社会主义民主运动、进步民主人士运动、布基纳社会党、独立社会民主人士联盟和社会民主人士联盟各1席。人民议会议长邦涅桑·阿尔塞纳·耶(Bongnessan Arsene Ye)，1992年6月17日就任。

【政府】1992年2月26日，孔波雷总统组成第三届过渡政府。6月16日，正式任命尤素福·韦德拉奥果(Yousouf Ouedraogo)为布基纳法索第四共和国政府总理。首届政府于6月19日组成，共29名成员。主要成员如下：国务部长兼财政计划部长罗克·马克·克里斯蒂安·卡博雷(Rock Mark Christian Kaboré)、国务部长卡尼杜阿·纳波奥(Kanidoua Naboho)、国务部长埃尔芒·亚梅奥果(Hérman Yaméogo)、总统府专务部长萨里夫·迪亚洛(Salif Diallo)、国防部长亚卡·拉巴(Yarga Larba)、对外关系部长托马·萨农(Thomas Sanon)、领土管理部长朗戈·安托瓦·萨瓦多戈(Raogo Antoine Sawadogo)、公共工程、住宅与市政规划部长约瑟夫·卡博雷(Joseph Kaboré)、工贸矿业部长泽费翰·迪亚博雷(Zephirin Diabré)。

【司法机构】国家最高司法委员会为最高司法机构，主席由国家元首兼任。国家最高法院为司法执行机构，下设立法院、司法院、行政院、审计院。最高法院院长由总统任命，现任院长巴尔泰莱米·托厄(Barthèlèmy Toë)。最高检察长阿马杜·雅塔萨耶(Amadou Yatassaye)。

【政党】截至1992年6月底，全国共有政党67个，其中注册获承认的61个，正式参加立法选举的27个，在议会获得席位的10个。主要政党有：

(1)争取人民民主组织—劳动运动(Organisation pour la Démocratie Populaire-Mouvement du Travail)：1989年4月由原人民阵线内的"军队中的共产党人"、"布基纳法索共产主义者联盟"、"共产主义斗争联盟"等政治组织中的部分成员组成。有19人在现政府中任职，是布基纳法索第一大政党。总书记西蒙·孔波雷(Simon Compaoré)。

(2)进步爱国人士全国公会—社会民主党(Convention Nationale Des Patriotes Progressistes-Parti Social Démocrate)：1988年1月成立，布基纳法索第二大政党。主席皮埃尔·约瑟夫·塔普索巴(Pierre Joseph Tapsoba)。

(3)民主与联合同盟(Alliance pour la Démocratie et la Fédération)：1990年从"进步民主人士运动"分裂出来的组织。主席埃尔芒·亚梅奥果(Hérman Yaméogo)。

(4)非洲民主联盟(Rassemblement pour la Démocratie Africaine)：1991年6月成立。总书记热拉尔·康戈·韦德拉奥果(Gérard Kango Ouédraogo)。

(5)社会主义民主运动(Mouvement pour la Démocratie Socialiste)：1984年成立，原名布基纳共产主义者小组，1991年改为现名。主要领导人伊萨·多米尼克·科纳泰(Issa Dominique Konaté)。

(6)进步民主人士运动(Mouvement des Démocrates Progressistes)：1987年10月成立。总书记拉萨内·旺格拉瓦(Lassané Ouangraoua)。

此外，还有布基纳社会党、非洲独立党、社会民主人士联盟、独立社会民主人士联盟、社会进步党、布基纳社会主义集团、爱国民主人士小组等。

【重要人物】布莱斯·孔波雷：总统。莫西族人，1951年2月3日生于瓦加杜古。先后在喀麦隆、法国、摩洛哥等国军校进修。1981年任波城伞兵突击队训练中心司令。1983年8月4日与桑卡拉一起发动"八·

四”政变后，任全国革命委员会成员、总统府国务部长兼司法部长。1987年10月15日发动政变推翻桑卡拉政权，任人民阵线主席、国家元首兼政府首脑。1991年12月当选总统。　**尤索福·韦德拉奥果**：总理。1952年12月生于巴姆省。经济学家。曾留学法国，获第戎大学经济学硕士和社会经济学博士学位。1983～1984年在瓦加杜古大学任教。1984年以来历任总统府专员、计划与人民发展部部长、合作部长、计划与合作部长、经济社会理事会主席。1992年6月被任命为总理。

经　济

联合国宣布的最不发达国家之一。农牧业是国民经济的主要部门。农业以家庭经营方式为主。工业基础薄弱，矿产资源贫乏，现代工业极不发达。政府重视经济建设，强调建立独立的、繁荣的、有计划的经济，发展国家资本主义，鼓励发展私营经济，大力开展对外经济合作和贸易，积极争取外援和外资。第一个五年计划（1986～1990年）期间国民生产总值年均增长3.5%。1991年开始实施第二个五年计划（1991～1995年），总投资5080亿非洲法郎，预计国民生产总值年增长率为4%。与此同时，实行同世界银行和国际货币基金组织达成的经济结构调整计划（1991～1993年）。1992年的经济发展在结调计划框架内进行，农业产值有较大提高，国民生产总值增长6%，国内收入增加，国际财政收支状况有所改善。

国民生产总值（1992年）：8360亿非洲法郎。

人均国民生产总值（1992年）：350美元。

国民生产总值增长率（1992年）：6%。

货币名称：非洲金融共同体法郎，简称非洲法郎。

汇率（1992年12月）：1美元＝270非洲法郎。

通货膨胀率（1990年）：3%。

【资源】已探明的矿藏：黄金储量150万吨（含金量22吨），锰1770万吨，磷酸盐2.5亿吨，锌银合成矿1000万吨，石灰石600万吨。

【工业】基础薄弱，产值约占国内生产总值的12.6%。主要有农牧产品加工、食品、建筑、采矿和电力等工业，还有少量金属加工、木材、化学和造纸工业。

【农牧业】农业产值约占国内生产总值的40%。90%的人口从事农业。全国有可耕地900万公顷，已耕地300多万公顷。主要粮食作物有小米、高粱、玉米和稻谷。1991/92年度，粮食产量有较大增长，超过了245万吨。主要经济作物是棉花、花生、卡利特果等。近年来产量有所增长，特别是棉花，1991年度棉花产量达18.95万吨。拥有良好的发展牧业条件，牧草覆盖面积占全国领土的47%。截至1991年，主要牲畜存栏数为：牛386万头，羊490万头，猪59.6万头，家禽1668万只。畜牧产品是出口产品的大项。

【交通运输】地处内陆，交通不便。随着经济的发展，交通业已成为具有战略意义的部门。交通运输是两个五年计划的重点投资部门之一。

铁路：瓦加杜古—阿比让铁路全长1175公里，其中518公里在布境内，全国45%的进出口货物依靠铁路运输。建设中的瓦加杜古—唐巴奥铁路全长375公里，现仅修成瓦加杜古至卡亚的108公里路段，于1993年1月投入商业运行，卡亚至唐巴奥的240公里路段因缺资金已停止设计。

公路：总长约1.4万公里，其中沥青路约1700公里，国家级公路3299公里、省级公路1446公里、地区级公路1524公里，其余为土路。货运量占全国货运量的50%以上。

空运：布是非洲航空公司成员国。有两家规模较小的国家航空公司，分别承担客运和货运业务。全国共有小型机场49个。瓦加杜古和博博—迪乌拉索各有一个国际机场。

【财政金融】财政预算收入主要靠关税和国内税收，预算支出绝大部分用于公职人员工资和偿还外债。1992年把得到的外国援助列入预算，预算收入3.67亿美元，支出4.12亿，赤字0.45亿。至1992年，外债总额为2598亿非洲法郎。

【对外贸易】奉行多样化经营的外贸政策。1992年6月，取消除棉花以外的其他农产品的出口税。近年来棉花和黄金出口有较大幅度增长。外贸连年巨额逆差，出口额约占进口额的25～30%。1991年贸易逆差约5.1亿美元。1992年国际棉花价格下跌，布出口收入减少。

出口产品主要有棉花、黄金、肉类、牲畜、皮革、蔬菜、水果和卡利特果。进口商品主要有石油、机械设备、粮食、建筑材料、医药用品、日用品等。主要贸易伙伴是法国、欧共体国家、科特迪瓦、塞内加尔、多哥、美国等。

【外国援助】外援是建设资金的主要来源。近年来，外国对布援助有所增加。1987～1990年共获外援11.95亿美元，平均每年约3亿美元。主要援助国家和国际组织是法国、德国、意大利、联合国机构、欧共体和非洲开发银行等。1992年，德国提供援助2300万美元，联合国开发计划署提供援助5000万美元。

人民生活

政府注意通过增加公职人员工资、扩大就业、改善医疗卫生条件等提高人民生活。1991年全国有公职人员33663人，平均月工资9.3万非洲法郎（约360美元）。由于实施结构调整计划，导致部分企业倒闭，失业人员增加。为此，世界银行资助建立了国家建设劳动就业所，三年内可提供4000个就业机会。全国共有8家医院，病床2050张，医务人员4100人。儿童死亡率为16.7%，人口死亡率为2.2%，人均寿命47岁。每千人拥有电话2.6部。

军　事

1960年独立后即组建军队，11月1日为建军日。全国武装力量由正规军和准军事部队组成。武装部队最高统帅为孔波雷总统；总参谋长巴塔耶·法亚马（Bataille Fayama）

中校。全国划分为6个军区。总兵力约1.5万人，其中正规军近9000人，准军事部队约6000人。正规军包括陆军、空军和特种兵，准军事部队主要由宪兵和警察组成。每年军费预算约占国民生产总值的17～20%。

文化教育

【文化】重视文化事业。瓦加杜古享有“非洲电影城”美称。1969年开始创办瓦加杜古泛非电影节，每两年一次，迄今已举办了13届，在国际电影界具有一定影响。国内经常举办大型艺术节。1992年4月举行了第六届全国文化周；6月举办了第三届发展戏剧节，非洲20多个国家派文艺团体参加演出。拥有一批较知名的艺术家，著名电影导演伊德里萨·韦德拉奥果执导的影片曾获法国戛纳电影节大奖。

【教育】重视发展教育事业和成人扫盲。教育经费约占国家预算的17～20%。1992年学龄儿童入学率为30.69%，是世界上适龄儿童入学率最低的国家之一。文盲人数占全国总人口的80%。1992年，全国共有中、小学2363所，在校学生472979人，教师7343名。瓦加杜古大学是全国唯一的综合性大学，在校学生约4000人。

【新闻出版】目前全国共有报刊杂志20多种，其中大多数为私人刊物。官方主要报刊有《希德瓦亚》，发行量4000～5000份；《非洲十字路口》和《希德瓦亚画报》。主要私人报刊有《观察家》、《国家报》、《星期四》、《擅入者》等。

布基纳新闻社：官方通讯社，成立于1964年，1984年正式运营。负责接收和发播国内外重要新闻，1992年开始每周编发两期《每日新闻》。

布基纳国家广播电台：1959年落成，每天用法语和民族语言播音约19个小时。星期日用英语播送半个小时新闻节目。

布基纳国家电视台：建于1963年。1978年起用一个频道播放彩色电视节目，每天4～5小时，周末增加播出时间。覆盖面积仅限于瓦加杜古。1992年8月起，博博—迪乌拉索设立了转播台，可收看到该台节目。另有4个省会有电视台，不定期播放国家电视台节目。

对外关系

奉行和平、独立自主、不结盟和睦邻友好的外交政策，愿在和平共处原则基础上与不同政治和经济制度的国家建立友好合作关系，发展国际合作。强调务实的经济外交。主张和平解决国与国之间的争端。积极维护非洲团结，促进非洲大陆及地区经济合作。认为冷战结束后，由某一个主要西方国家为首的国际领导机构正在形成，南方国家应更加团结一致，在建设国际新秩序中发挥重要作用。呼吁债权国采取切实行动，帮助债务国解决债务问题。强调必须把民主、人权同发展权统一起来，人权首先是人的生存权。主张非洲各国根据本国情况实现民主化进程，而不能由外部势力强加民主模式。欢迎和支持南非一切积极的改革，但认为国际社会应保持对南非的压力和制裁，直至种族隔离制度被彻底铲除。支持联合国安理会对利比里亚问题的调停努力，主张和平解决利问题。欢迎中东和平进程。迄今，已同102个国家和组织建立了外交关系。

【同我国的关系】1973年9月15日两国建交。孔波雷执政以来，中布两国友好合作关系不断加强。孔波雷总统曾于1989年9月访华。1991年7月，中共中央政治局常委李瑞环率中国共产党代表团访布。

1992年11月，外交部部长助理李肇星访布，受到孔波雷总统、韦德拉奥果总理的分别会见。1992年，中布进出口商品总额为1528万美元，其中，中国向布出口250万美元，从布进口1278万美元。

中国驻布基纳法索大使：吴嘉森。馆址：Quartier Rodogde, Secteur 4, Ouagadougou。电话：306604。商务处电话：306598。传真：00226 313578。

布基纳法索驻中国大使：雷蒙—爱德华·韦德拉奥果（W. Raymond-Edouard Ouedraogo）。馆址：北京三里屯6街9号。电话：5322550，5322492。

【同法国的关系】法是布的前宗主国，最大的贸易伙伴和援助国。自布独立以来，法共向布提供援助约12亿美元，其中1990～1992年，法年均援助达1亿美元。1991年起，法对布援助全部改为赠款。目前有300名法国专家在布工作。孔波雷执政以来，重视改善和发展与法国的关系，1990～1992年曾三度访法。1992年，法高等国际研究学校授予孔波雷荣誉博士称号。法国赞赏和支持布多党民主进程，曾为布宪法公民投票和总统选举资助3亿非洲法郎。

【同美国的关系】1962年签订布、美合作协定。1961年以来，美援布总额为2.6亿美元。1991年，美提供1300万美元援助、2.2万吨粮援。1991～1992年，美向布人权运动组织提供援款2430万非洲法郎。但美反对布援助利比里亚全国爱国阵线。1992年11月，美曾为此召回驻布大使并拒绝布委派新任驻美大使。

【同利比亚的关系】布、利关系自1988年以来逐年改善，孔波雷曾多次访利。1991年，利向布赠送2.3万吨水泥，用于建造布总统府；取消布所欠30亿非洲法郎债务，向布提供廉价石油并允为布修建一条42公里的公路。1992年2月、8月，孔波雷总统又两次访利。

【同邻国的关系】孔波雷执政以来，布与科特迪瓦关系密切，双方在各个领域的交往甚多；与尼日尔、多哥、贝宁的关系发展正常；与加纳曾有误会，但近年来不断改善。1992年，孔波雷总统分别出访马里、尼日尔；韦德拉奥果总理访问了科特迪瓦和马里。马里总统科纳雷亦于10月访布。布还参与调解了多哥内部政治危机。布与加纳关系续有改善，加曾向布议会选举派遣了观察员。

（陈　林）

布隆迪

国名　布隆迪共和国(The Republic of Burundi, La République du Burundi)。

面积　27834平方公里。

人口　562万(1991年),年增长率2.8%(1990年)。由胡图(83%)、图西(16%)和特瓦(1%)三个部族组成。官方语言为基隆迪语和法语,民族语言为基隆迪语,部分居民讲斯瓦希里语。居民中65%信奉天主教,10%信奉基督教新教,5%信奉伊斯兰教,其余信奉原始宗教。

首都　布琼布拉(Bujumbura),人口24万(1990年)。

国家元首　总统皮埃尔·布约亚(Pierre Buyoya)少校,1987年9月3日就任。

简　况

位于非洲中东部赤道南侧的内陆国。北与卢旺达接壤,东、南与坦桑尼亚交界,西与扎伊尔为邻,西南濒坦噶尼喀湖。西部湖滨与河谷及东部为热带草原气候;中西部属热带山地气候。年平均气温一般为20～25℃,最高可达33℃。17世纪以前,以放牧为生的图西人到此,建立了封建王国,对当地胡图族进行统治。1890年成为德属东非的一部分。1922年成为比利时委任统治地。1946年联合国将布交由比利时"托管"。1962年7月1日宣布独立,成立布隆迪王国。1966年11月28日米孔贝罗发动政变,成立布隆迪共和国。1976年11月1日巴加扎政变上台,成立布隆迪第二共和国。1987年9月3日,布约亚少校发动政变,建立第三共和国。1988年曾发生历史上第四次部族流血冲突,4万人逃往卢旺达。新政权平息骚乱后,实行民族和解政策。1991年1月成立难民接待安置委员会,2月通过"民族团结宪章"。

政　治

1992年3月政府挫败一起军事政变后,公民投票顺利通过新宪法;4月改组政府,并颁布政党法,实行多党制;12月成立筹备选举"技术委员会",负责起草选举法和乡镇法。预定1993年上半年举行立法和总统选举。

【宪法】1992年3月9日全民公决通过,13日颁布实施,是布独立以来的第三部宪法。宪法规定布隆迪是一个单一、独立和主权的、世俗和民主的共和国;政府属于人民,来自人民,服务人民;实行多党制和三权分立。总统以单名两轮制普选产生,任期五年,可连任一次。总理由总统任命,对总统和议会负责。议会行使立法权,监督政府工作。

【议会】预定1993年第一季度选举产生。

【政府】本届政府于1992年4月组成。政府成员除总统外还有:总理阿德里安·西博马纳(Adrien Sibomana),对外关系和合作部长利贝尔·巴拉鲁涅雷策(Libere Bararunyeretse),内政和地方集体发展部长弗朗索瓦·恩盖泽(Francois Ngeze),国防部长莱昂尼达斯·马雷加雷格(Leonidas Maregarege),农牧部长朱迈纳·侯赛因(Jumaine Hussein),农村发展部长加布里埃尔·托伊(Gabriel Toyi),财政部长热拉尔·尼伊比吉拉(Gerard Niyibigira),工商部长阿斯泰尔·吉鲁奎贡巴(Astere Girukwigomba),计划部长伊萨克·布达布达(Isaac Budabuda),能源矿业部长吉尔贝·米登德(Gilbert Midende),公共工程与城市发展部长让一巴蒂斯特·姆博宁金戈(Jean-Baptiste Mbonyingingo),交通和邮电部长弗雷德里克·恩根泽布霍罗(Frederic Ngenzebuhoro),整治、旅游和环境部长路易·恩杜维马纳(Louis Nduwimana),司法和掌玺部长塞巴斯蒂安·恩塔胡加(Sebastien Ntahuga),高等教育与科研部长吕克·鲁金加马(Luc Rukingama),初、中等教育部长欧仁·恩达罗(Eugene Ndaro),手工业、职业教育和青年部长博纳旺蒂尔·班古兰博纳(Bonaventure Bangurambona),卫生部长诺贝尔·恩根达巴尼夸(Norbert Ngendabanyikwa),通讯文体部长和政府发言人阿方斯·卡德盖(Alphones Kadege),公职部长阿道夫·纳哈约(Adolphe Nahayo),劳动与社会保险部长朱莉·恩吉里耶(Julie Ngiriye),妇女培训和社会保护部长维克图瓦·恩迪库马纳(Victoire Ndikumana),外交合作国务秘书夏尔·伊坦吉沙卡(Charles Itangishaka),安全国务秘书洛朗·卡金比(Laurent kagimbi)。

【司法机构】由最高法院、宪法法院、特别最高法院、上诉法院、审计院、商业法庭、劳动法庭、省级法院及总检察院、地方检察院组成。最高法院院长韦南·卡马纳(Venant Kamana)。

【政党】截至1992年11月共有8个合法政党。

(1)争取民族进步统一党(Le Parti de l'Unitépour le Progrès National—UPRONA,原译作"民族统一进步党"):简称乌普罗纳党。1959年1月成立,党员150万。《政党法》颁布后,于1992年5月14日重新登记获合法地位。独立以来一直为执政党。宗旨是为布隆迪的民族团结、国家主权、社会公正、民主,及各项发展进行和平的政治斗争。1992年3月底举行第三次全国代表大会,选举产生了90人的中央委员会。根据新宪法规定,布约亚总统不再兼任党主席,由前总书记尼古拉·马尤吉(Nicolas Mayugi)任主席。

(2)布隆迪民主阵线(Front pour la démocratie au Burundi—FRODEBU):1992年7月23日被批准为合法政党。曾从事秘密活动6年。成员以胡图人居多。宣称要最终建立以胡图族为主的政权,主张促进人的基本权利,实现政治、公民、经济、思想和宗教等各方面的自由。主席梅尔希奥·恩达达耶(Melchior Ndadaye)。

(3)争取民主和经济社会发展集合运动(Ralliement pour la Démocratie et le Développement Economique et Social—RADDES):1992年7月20日获准成为合法政党。口号是自由、公正、发展。主席约瑟夫·恩泽伊马纳(Joseph Nzeyimana)。

此外,还有人民和解党、人民党、布隆迪人民联盟、争取权利与发展全国联盟、自由党等合法反对党。

【重要人物】皮埃尔·布约亚少校:总统。1949年11月24日生于南方布鲁里省。图西族。信奉天主教。1967～1975年先后在比利时布鲁塞尔王家军校和装甲部队学习,后到法国装甲和骑兵部队受训。1977年2月回国任侦察连长。1979年12月当选为党中央委员。1980年11月赴联邦德国军校进修。1982年8月回国,任装甲营司令。1984年9月任总参谋部作战训练局长。1987年9月3日发动军事政变,建立第三共和国,任救国军事委员会主席、总统兼国防部长。1990年12月当选为争取民族进步统一党主席。1992年3月根据新宪法关于国家元首不得担任党领袖的规定辞去党主席职务。

经 济

农牧业国家,是联合国宣布的世界最不发达国家之一。发展经济的主要障碍是国家小、人口多、资源贫乏、无出海口。1991年布政府同国际货币基金组织签署第三阶段(1991～1994年)结构调整计划协议。强调优先发展农业,扶植多种经营,发展农产品加工,改善交通运输,扩大对外贸易,并注意对国营企业进行整顿、调整或私营化等全面改革。

国内生产总值(1990年):1891亿布隆迪法郎,约合11亿美元。

人均国内生产总值(1990年):210美元。

国内生产总值增长率(1990年):3.4%。

货币名称:布隆迪法郎。

汇率(1991年12月):1美元=181.5布隆迪法郎。

通货膨胀率(1990年):7.1%。

【资源】矿藏主要有镍、泥炭、钸、钽、锡等。镍矿蕴藏量约3亿吨,品位为1.5%。泥炭储量约5亿吨。森林覆盖率仅为国土面积的3%,约9.2万公顷。

【工业】1990年工业产值为253.14亿布隆迪法郎,占国内生产总值的15.21%。从业人员8万余人。主要有农产品加工、纺织、卷烟和发电等。主要工业品产量如下:

	1988	1989	1990
卷烟(万支)	28509	33260	38381
农药(万吨)	0.374	0.243	0.38
布匹(万平方米)	1246	1439	1258.8
火柴(万箱)	4.033	2.871	3.11
汽水(万升)		1534.19	1374
啤酒(万升)		9188.5	10100.4
食糖(吨)		8518	10310
水泥纤维板(吨)	2870	2800	2982

(资料来源:官方公布数字)

【农牧业】1990年农牧业产值为878.2亿布隆迪法郎,占国内生产总值的50.5%。90%以上的人口从事农牧业。可耕地面积约占全国总面积51%,已耕地面积为205万公顷。粮食作物占垦地面积90%,主要有玉米、大米、高粱、薯类、芭蕉等。经济作物占垦地面积10%,主要有咖啡、茶叶、棉花。畜牧业原较发达,现逐年衰退。牧场占全国总面积30%,天然牧场为147.7万公顷。主要粮食作物产量如下(单位:万吨):

	1988	1989	1990
甘薯	61.9	42.6	
木薯	56.7	60	
豆类	32	18.7	14.9
玉米	20.6	19	
大米	2.7	2.5	
芭蕉	148	160.8	160.8

(资料来源:1992/93年经济季评)

主要经济作物产量如下(单位:吨):

	1988	1989	1990
咖啡	35312	32451	34925
茶叶	3721	3858	4044
籽棉	2959	2869	2192

(资料来源:同上)

【服务业】80年代以来,交通运输、商业、银行、社会服务等服务业逐年有所发展。1990年,服务业产值为457.357亿布隆迪法郎,占国内生产总值的26.3%。

【交通运输】内陆国,无铁路,交通不便。

公路:总长7500公里,其中国家级公路1740公里(柏油路970公里),省级公路5000多公里;陆运主要经卢旺达、乌干达抵肯尼亚的蒙巴萨港出海,全长2025公里。

水运:主要航道为坦噶尼喀湖,航线总长175公里;由坦噶尼喀湖南下经坦桑尼亚基戈马港,转铁路抵达累斯萨拉姆港出海,全长1428公里;主要港口为布琼布拉港,年吞吐能力为30～40万吨;1990年货运量18.42万吨。

空运:首都国际机场可起降波音747等大型客机;1990年客运量为33568人次,货运量为2298吨;比利时、法国、俄罗斯、坦桑尼亚、埃塞俄比亚、卢旺达、喀麦隆、肯尼亚、扎伊尔等国有定期航班飞往布琼布拉,布国家航空公司辟有通往卢、肯、坦、扎的航线。

【财政金融】国家预算由普通预算和发展预算组成。1990年普通预算收入308.89亿布郎，发展预算收入8.09亿布郎。近几年预算收支情况如下(单位:亿布隆迪法郎)：

	1988	1989	1990
总收入	247.54	328.17	316.98
普通收入	238.84	314.97	308.89
发展收入	8.7	13.2	8.09
总支出	283.77	359.28	
普通支出	248.54	313.44	
发展支出	35.23	45.84	
差额	−36.23	−31.11	

(资料来源:1992/93年经济季评)

1991年外汇储备为1.42亿美元。截至1990年底,外债累积9.06亿美元,债务清偿率为43.5%。

【对外贸易】出口收入占国内生产总值10%左右,占国家普通预算收入50%以上,同50多个国家和地区有贸易关系。近几年出口咖啡价格下跌,进口食品、生产资料等价格上升,布外贸连年逆差。进出口贸易情况如下(单位:亿布隆迪法郎)：

	1989	1990	1991
出口额	123.04	128	166.43
进口额	299.1	401.79	447.87
差　额	−176.06	−273.79	−281.44

(资料来源:同上)

主要出口产品有咖啡、茶叶、棉花、皮张等,进口物资为工业原料、机器设备和消费品。最大贸易伙伴为欧洲经济共同体。主要贸易对象是比利时、德国、法国、英国、美国和日本。

【外国援助】1985～1990年共接受外援12.323亿美元,其中已拨付6.984亿。主要来自法国、比利时、德国、欧共体、国际开发协会等。1990年接受外援2.818亿美元。

人民生活

1990年人均国民收入210美元。平民实行部分免费医疗,军人就医全部免费。全国医疗费用开支占国家预算的5%。全国有36所医院、115所妇产院、269个诊所和卫生中心,平均每21120人有一个医生,每1747人有一张病床。

军　事

1967年3月7日建军。总统为武装部队统帅,总参谋长米歇尔·米巴鲁瓦上校。

全国设6个军区,20个兵营。总兵力约20000人,其中陆军11000人(4个步兵营、1个伞兵营、1个突击营、2个机械化营、1个炮兵营、1个工兵营),空军450人,湖军450人,宪兵和警察约8000人。士兵服役期6年,军官不限。军费预算约占每年普通预算的20%。

文化教育

【教育】实行小学六年义务教育制。1992年教育经费约占国家普通预算的20%。文盲占全国人口66%。1990年全国有小学1317所,其中国立1285所,私立32所,在校学生63.42万人,教职员9246人。中学教育分普通中学、中等师范学校和中等技术专业学校三种类型。全国共有114所中学,1990年在校生3.87万人,教师2153人。布隆迪大学是全国最高学府,设有5院8系,1992年在校生约4000人,教师556人,其中182人为外籍教师。此外还有高等农业学院、城市建设规划技术学院、军事干部学院、神学院、国际关系研究中心和高等贸易、新闻、司法警官等大专院校。

【新闻出版】主要报刊有:《新生报》,日报,日发行量2700份;《团结》周刊,发行量10000份;《布隆迪杂志》,不定期刊物,发行量800份。

布隆迪新闻社为官方通讯社,1976年6月创建。

布隆迪革命之声电台是国家广播电台,分一台和二台,一台用基隆迪语对内广播,二台用法语、英语和斯瓦希里语对内对外广播。

布隆迪电视台为国家电视台,1984年12月由法国援建,每天17～23时用基隆迪语、法语播放新闻和专题节目。

对外关系

奉行睦邻友好、不结盟、国际合作政策。主张建立新的国际经济秩序,发达国家应采取有力措施帮助发展中国家战胜贫困。反对西方借人权干涉第三世界国家内政,认为人权首先是生存权、发展权,各国的政治制度应由各国人民自己选择。支持以非国大为首的进行的反种族主义斗争,欢迎德克勒克政府同非国大谈判寻求解决南非目前政治危机的办法,认为在局势取得实质性变化之前应继续对南非施加压力,不能停止制裁。主张只有执行联合国安理会242号和318号决议,恢复巴勒斯坦人民的民族权利,才能解决中东问题。欢迎阿以直接谈判。截至1992年12月,布已与113个国家建立了外交关系。

【同我国的关系】1963年12月21日两国建交。1965年1月29日布单方面宣布中断两国外交关系。1971年10月13日复交。此后,两国友好合作关系发展顺利。1979年3月巴加扎总统访华,1989年2月布约亚总统访华。1991年7月中共中央政治局常委、书记处书记李瑞环访布。

1992年4月两国举行第六次合作混委会会议,签署了多项经济合作协议。7月,布执政党乌普罗纳党主席马尤吉访华。1992年中国同布隆迪进出口商品总额为362万美元,其中中国出口额为360万美元,进口额为2万美元。

中国驻布大使:江康。馆址:Sur la Parcelle 675 A VUGIZO, BUJUMBURA。电话:224307,224082。商务处电话:222558。电传:5137BCCHINE。

布隆迪驻华大使:塔尔希斯·恩塔基比罗拉(Tharcisse Ntakibirora)。馆址:北京光华路25号。电话:5322328。

【同比利时的关系】比是布前宗主国，两国传统关系较深。比在农牧、教育、卫生等方面向布提供财经、技术援助。1990年比援助布3950万美元。至1990年底，比在布有50多个合作项目、219名专家和技术人员。1992年10月比合作与发展国务秘书访布。

【同法国的关系】布法关系长期稳步发展，两国签有经济、技术、军事、文化等合作协定。1990年法对布援助额约4300万美元。法在布专家、技术人员共150余人。1992年5月两国在布琼布拉举行第十一次合作混委会会议，10月布总理西博马纳访法。

【同美国的关系】美在医疗卫生、农业、环保、能源和培训等方面向布提供援助，1989年对布援助1000万美元，1990年允向布提供1600万美元的援助。1991年美助理国务卿科恩访布。1991年6月和1992年9月布总理西博马纳访美。

【同邻国的关系】重视巩固和加强与邻国卢旺达、扎伊尔等国的友好关系，特别是同卢关系有较大改善。1992年，布约亚总统两次访扎，并参加在卢举行的大湖国家经济共同体第十四届首脑会议。布外长于1992年3月访卢。卢总理、外长和国防部长也于同年分别访布。

（卢沙野）

赤道几内亚

国名 赤道几内亚共和国（The Republic of Equatorial Guinea，Republica de Guinea Ecuatorial）。

面积 28051.46平方公里（其中大陆部分26017.46平方公里，岛屿2034平方公里）。

人口 34.7万（1990年）。主要部族有分布在大陆的芳族（约占全国人口的85%）和居住在比奥科岛的布比族。官方语言为西班牙语，法语为第二官方语言。居民90%以上信奉天主教。

首都 马拉博（Malabo），人口4.63万（1989年）。

国家元首 总统奥比昂·恩圭马·姆巴索戈（Obiang Nguema Mbasogo），1979年任最高军事委员会主席、国家元首，1982年任总统，1989年连任。

简况

位于非洲中西部，西濒大西洋，北接喀麦隆，东、南与加蓬交界。海岸线长482公里。属赤道雨林气候，年平均气温24～26℃。1471～1778年，葡萄牙相继占领比奥科、科里斯科和安诺本等岛。1778年葡将包括上述3岛在内的奥戈韦河（今加蓬境内）至尼日尔河沿海地区划归西班牙势力范围。1845年西建立殖民统治。1964年1月实行“内部自治”。1968年10月12日经过公民投票正式宣告独立，定国名为赤道几内亚共和国。

政治

1979年奥比昂总统执政以来，致力于扩大民主、维护国内安定和恢复国家经济。1991年8月，在赤几民主党第一次全国特别代表大会上，赤几正式宣布实行多党制。1992年，赤几社会发生重大变化。继1月6日颁布“政党法”不久，奥比昂总统又宣布解散政府和最高法院，并组成由原宗教和司法部长西尔维斯特雷·西阿莱·比莱卡为总理的过渡政府。目前国内政局基本稳定。

【宪法】现行宪法于1991年11月17日全民投票通过。规定赤几是一个主权、独立、民主统一的共和制国家。共和国总统是国家元首，体现民族团结和代表国家；总统通过全民直接选举产生，任期7年，可连选连任。

【议会】称人民代表院，是国家最高代表和立法机关。1983年10月成立。由60名代表组成。其中45名经普选产生，15名由总统任命，任期5年。本届为第二届人民代表院，于1988年7月选出。议长弗朗西斯科·博丁·恩加洛（Francisco Bodien Ngalo）。

【政府】1992年1月20日，奥比昂总统任命西尔维斯特雷·西阿莱·比莱卡为过渡政府总理，22日组成过渡政府。过渡政府共26名部长，主要成员有：总理西尔维斯特雷·西阿莱·比莱卡（Silvestre Siale Bileka），副总理兼牧业和渔业部长米格尔·奥约诺·恩东·米富穆（Miguel Oyono Ndong Mifumu），公共职能和行政协调部长西里亚科·塔马里特·布尔戈斯（Ciriaso Tamarite Burgos），外交和法语国家事务部长本哈明·姆巴·埃库亚·米科（Benjamin Mba Ekua Miko），司法和宗教部长马里亚诺·恩苏埃·恩圭马（Mariano Nsue Nguema），领土管理和地方社团部长胡里奥·恩东·埃拉·曼格（Julio Ndong Ela Mgngue），公共工程、住房和城市规划部长阿历杭德罗·恩沃罗·奥沃诺（Alejandro Envoro Ovono），教育部长安东尼奥·帕斯库亚尔·奥科·埃博博（Antonio Pascual Oko Ebobo），矿业和石油部长胡安·奥洛·姆巴·恩森（Juan Olo Mba Nzeng），文化、旅游和手工业促进部长胡安·巴尔博亚·博内克（Juan Balboa Boneque），农业和森林部长安赫尔·阿洛戈·恩查马（Angel Alogo Nchama），工业、能源和中小企业促进部长塞维里诺·奥比昂·本戈诺（Severino Obiang Bengono），卫生部长安塞尔莫·恩苏埃·埃沃罗（Auselmo Nsue Eworo），劳动和社会促进部长埃内斯托·玛丽亚·卡耶塔诺·托埃里达（Ernesco Maria Cayetano Tohezida），交通、邮政和电信部长马塞里诺·奥约诺·恩图图穆(Marelino Oyono Ntutumu),妇女促进和社会事务部长克里斯蒂娜·琼贝·尚加尼(Cristina Ndjambe Djangani),国防部长梅拉尼奥·埃本登·恩索摩(Melanio Ebendeng Nsomo),经济和贸易部长费利佩·伊内斯特罗萨·伊卡卡(Felipe Hinestzosa Ika-ka)。

【司法机构】包括最高法院、地方高等法院、总检察院、初审法院和军事法庭。最高法院是全国最高审判机关,由1名院长和12名成员组成。任期5年。总检察院为国家法律监督机关和国务委员会的咨询机构。最高法院院长和总检察长由总统任命。1992年1月23日,莱昂西奥·埃强·阿沃罗(Leoncio Edjang Avoao)和索特洛·西·翁多(Sotelo Si Ondo)分别被任命为最高法院院长和总检察长。

【政党】共有11个政党。主要有:

(1)赤道几内亚民主党(Partido Democratico de Guinea Ecuatorial):执政党,成立于1986年12月23日,现有党员7500人,主席奥比昂·恩圭马·姆巴索戈。

(2)人民联盟党(Uniao Popular):反对党。基本目的是争取实现国家政治、经济的发展和自由。领导人阿古斯汀·姆巴·恩苏埃。

(3)自由民主大会(Convencion Liberal Demoeratica):反对党。主张自由、进步开放和谈判的政治;尊重大多数人的意愿,坚决主张政、教分离。主席桑托·帕斯库尔·比科莫(Santo Pascual Bicomo)。

(4)赤几社会民主党(Partido Social Demoerata):反对党。政治纲领是改革、民主、人民和进步;推崇国家只参与战略部门的自由市场经济,主张国家自主、合理分配财富和社会实力。口号是"祖国、民主、繁荣"。领导人佩德罗·巴耶梅。

(5)赤几民主进步联盟(Alianza Democratica del Progreso):原称民主基督教联盟,反对党。主张对话是国家发展的手段之一,提倡全民参政,机会、条件人人均等,并认为发展民族经济是当务之急。领导人安东尼奥·班德·拉邦。

此外,还有民主社会联盟、赤几进步党、争取社会民主联合党、人民行动党、社会民主人民联合党、社会民主联盟党等,均为反对党。

【重要人物】奥比昂·恩圭马·姆巴索戈:总统、民主党主席。1942年6月5日生于蒙戈莫县。1963年被录取为国土警卫队士官生。同年9月赴西班牙萨拉戈萨军事学院学习两年。回国后曾任比奥科岛驻军司令、国防部供应和计划局长、人民武装力量部秘书长、副部长等职。1979年8月3日发动军事政变,推翻马西埃政权,任最高军事委员会主席。同年10月任国家元首、政府首脑。1980年2月晋升为上校。1982年8月就任总统。1986年10月晋升为准将。1988年10月当选民主党主席。1989年8月连任总统。　**西尔维斯特雷·西阿莱·比莱卡**:过渡政府总理。1940年3月8日生于巴内依县。1963～1965年在马德里中央大学学习政治学和伦理学。1965～1971年在日内瓦学习,获硕士学位。1973年回国。1979年任宗教和司法委员会委员。1980年任财产登记员,担任巴塔第一审检察官。1982年任领土管理检察员、司法和宗教局长。1986年任大法官。1989年8月任司法和宗教部部长。1992年1月任过渡政府总理。已婚,有10个子女。

经　济

以种植经济作物为主的农业国,经济十分落后,为世界最不发达国家之一。奥比昂执政后,恢复传统外向型经济,鼓励私人经营,实行对外开放,保护公私财产,保障贸易和外国投资自由,不断调整经济政策,颁布新"投资法",实行国营企业和农场私营化,积极加入中非关税和经济联盟及法郎区。上述政策和措施使赤几经济困难稍有缓解,市场物资增加,贸易较前活跃,特别是1992年初开始出口原油。石油、天然气开发呈现良好势头,将有助于促进国民经济的发展。但由于外援减少,初级产品价格下跌,资金短缺,管理不善等原因,赤几的经济仍十分困难。

国内生产总值(1991年):438.80亿非洲法郎。

人均国内生产总值(1991年):426.5美元。

国内生产总值增长率(1992年):7%。

货币名称:中非金融合作法郎,简称非洲法郎。

汇率(1992年12月):1美元=270非洲法郎。

通货膨胀率(1992年):3%。

【资源】矿藏有石油、天然气、磷酸盐、黄金、铝矾土等。林业资源丰富,全国森林面积约80万公顷。主要在大陆地区,储量约3.74亿立方米。木材品种繁多,名贵木材占1/4,其中黑檀木尤为珍稀。渔业资源丰富。

【工矿业】工业基础落后,只有少量农林产品加工、汽车修配等小型工厂以及一些小型水电站和火电厂。1991年底美国华尔特石油公司在距比奥科岛西北部27公里的大陆架上建成两座海上油井,当年开始生产石油,日产4600桶。目前该公司正在产油海区两侧另建两口油井。预计1993年原油日产量将超过1万桶。该公司还在比奥科岛建立了天然气回收装置,所生产的煤气除供电厂发电外,还将满足居民生活所需。

【农业】全国80%的人口从事农业生产,农业产值在国内生产总值中占很大比重。全国可耕地面积约78万多公顷。主要粮食作物有木薯、芋头、玉米等。但农业生产力水平低下,粮食不能自给。主要经济作物有可可、咖啡、木材。1992年可可产量为3700吨。

南部海域盛产非洲黄鱼、巴鱼、大虾等。现有几家较大的渔业公司,其中两家为西班牙公司,余为合资经营。根据协议,欧洲经济共同体每年有20多条船只在赤几海域捕鱼。

【交通运输】全国公路总长1391公里,其中573公里为沥青路,818公里为土路。另有1356公里森林通道。无铁路。有3个港口、2个机场。马拉博和巴塔既是航空港又是重要海港。马拉博与马德里、杜阿拉、利伯维尔、莫斯科等地有定期航班。

【财政金融】近年来财政情况如下(单位:亿非洲法郎):

	1989	1990	1991
收入	58.56	76	75.71
支出	83.35	85.21	84.04
赤字	24.79	9.21	8.33

(资料来源:1991年赤几经济、贸易和计划部公布数字)

1991年外汇储备80万美元,外债总额2.0865亿美元。

【对外贸易】外贸在国民经济中占重要地位。主要出口木材、可可、咖啡。1991年出口收入分别为:木材1678万美元,可可596万美元,咖啡29万美元。近几年对外贸易情况如下(单位:百万美元):

	1989	1990	1991
出口额	53.55	97.25	45.57
进口额	48.46	97.15	55.09
差 额	5.09	0.10	−9.52

(资料来源:同上)

人民生活必需品和生产资料等均依赖进口。主要出口对象:西班牙、德国、意大利等。主要进口对象:西班牙、法国、意大利等。

【外国援助】主要援助国和组织有:西班牙、法国、世界银行、国际货币基金组织、欧洲投资银行等。1992年外国对赤几援助减少。

人民生活

政府将工资分为8级,年工资第1级36万非洲法郎,第8级6万非洲法郎。私人企业劳动者最低工资5.5万非洲法郎。儿童死亡率高达12.4%。全国有3个地区级医院,5个省级医院,11个市级医院,150个卫生站。西班牙、中国、前苏联等国派有医疗队,共有医生60名。

军 事

武装部队由海、陆、空三军组成。奥比昂总统为武装部队总司令。实行志愿兵役制。总兵力约1550人,其中陆军1400人,海军100人,空军50人。另有500名摩洛哥士兵常驻赤几。

文化教育

【教育】1991年全国有小学707所,小学生62000人,教师1000余人;普通中学和职业中学28所,中学生13291人;一所农业学校,学生40人。无大学,在函授大学注册的有517名学生。现有数百名留学生在西班牙、法国、中国等国学习。

【新闻出版】《黑檀木报》是全国唯一的报纸,发行量1200份。赤道几内亚国家电视台是唯一的电视台。全国有3家广播电台:马拉博电台、巴塔电台和"2000年非洲"电台。

对外关系

奉行不结盟、睦邻友好和多元化的外交政策,主张在和平共处、平等互利的基础上加强与各国的友好关系。同西班牙、法国等国关系较密切。主张非洲团结,积极参加地区政治经济合作,重视与周边国家的关系。要求建立国际政治、经济新秩序。承认巴勒斯坦国,呼吁通过谈判和平解决中东问题。欢迎南非政权的"政治改革"。目前已同100多个国家建立了外交关系。

【同我国的关系】1970年10月15日中、赤几建交以来,两国关系友好。奥比昂总统曾两度访华。我与赤几签有多项经济技术合作协定,向赤几提供了多笔贷款。我先后为赤几援建了电台、电信工程、公路、水电站、输变电工程、医院和客货轮等项目,并向赤几派遣了医疗队。

1992年,中、赤几友好关系继续顺利发展,4月杨尚昆主席访问朝鲜时会见了奥比昂总统;5月,以中央政治行政书记胡安·米查为团长的赤几民主党代表团访华,受到中共中央政治局常委宋平同志会见;11月,我援建的马拉博新医院正式开业,我12名医务人员应聘在该院工作。目前有38名赤几留学生在华学习。1992年中国同赤几进出口总额为26万美元,其中中国出口额为18万美元,进口为8万美元,分别比去年同期增长118.5%和58.7%。

中国驻赤道几内亚大使:王永成。馆址:Carretera de Aeropuerto Malabo-C. P. No. 40,Malabo-Guinea Ecuatorial。电话:2239,2381。经参处电话:3340。地区号:0999。

【同西班牙的关系】赤几原为西殖民地。1977年两国断交。1979年8月奥比昂执政后,西率先承认,两国复交。此后,两国领导人多次互访。1990年,赤、西签订第二个四年计划,西援助总额达1.2亿美元。两国合作领域涉及军事、渔业、农业等多方面。1991年西班牙首相冈萨雷斯访问赤几。1992年双方因在西前首相充当政治顾问一事上发生龃龉,两国外交关系一度紧张,并影响到双边经济和技术合作,至今未举行双边合作评估会议和签署第三个四年合作计划。

【同法国的关系】近年来两国关系发展迅速,双方领导人互访较多。1989年法政府决定免除赤几欠法全部债务,同年,赤几政府宣布法语为第二官方语言。1990年法国向赤几提供了5亿非洲法郎的贷款。目前,两国设有混合委员会,协调法在财政、农业、能源、通讯、交通、军事等方面对赤几的援助。1991年法国与赤几签订了几项合作协定。

【同美国的关系】1976年赤几与美断交,1979年奥比昂执政后两国复交。双方互有往来。美每年捐赠100万美元帮助培养赤几留学生。美国在赤几派有和平队。1990年起两国合作开采石油,并于1991年12月打出原油。原油出口美国,每桶出口价为2.3美元左右。

【同前苏联的关系】马西埃政权时期两国关系密切。1979年奥比昂执政后逐渐疏远。1986年以来,两国关系有所发展,双方往来增多。赤几政府已承认俄罗斯联邦为前苏联的继承者，同前苏联的外交关系自动成为赤几同俄罗斯联邦之间的外交关系，并同独联体所有成员国建立政治、经济、社会和文化关系。（樊蜀云）

多　哥

国名　多哥共和国（The Republic of Togo，La République Togolaise）。

面积　56600平方公里。

人口　370万（1992年）。人口增长率为3%。全国有41个部族：南部以埃维族和米纳族为主，分别占全国人口的23.2%和6%；中部阿克波索、阿凯布等族占33%；北部卡布列族占13.89%。官方语言为法语。民族语言以埃维语和卡布列语较通用。居民中约70%信奉拜物教，20%信奉天主教和基督教，6%信奉伊斯兰教。

首都　洛美（Lomé），人口67万（1992年）。

国家元首　总统纳辛贝·埃亚德马（Gnassingbé Eyadèma）将军，1967年4月出任，1972年1月当选，1979年12月和1986年12月连任。

简　况

位于非洲西部，南濒几内亚湾，东邻贝宁，西界加纳，北与布基纳法索接壤。海岸线长53公里。南部属热带雨林气候，北部属热带草原气候。年平均气温沿海地区为27℃，北部为30℃。15世纪起，葡萄牙殖民者侵入多哥沿海地带。1884年沦为德国殖民地。1920年9月，多哥的西、东部被英、法分别占领，二次大战后，由英、法分别"托管"。1957年加纳独立时，英托管的西部多哥并入加纳。东部多哥于1956年8月成为法兰西共同体内的"自治共和国"，并于1960年4月27日正式宣布独立，定名为多哥共和国。

政　治

1967年埃亚德马执政后，解散议会，废除宪法，取缔政党。1968年建立全国唯一政党多哥人民联盟。1990年10月，埃亚德马总统宣布多哥接受多党制，并于翌年4月开放党禁。1991年7、8月间，多哥召开"全国会议"，通过了过渡时期（1991年8月28日～1992年8月28日）临时宪法《基本法》，成立过渡政府和临时立法机构共和国最高委员会，确定1992年5、6月份举行大选。但由于过渡期以来局势依然不稳，各项选举几经推迟，未能按期举行。1992年7～8月，埃亚德马总统与反对派组成的对等委员会经过谈判，就调整过渡机构职权、改组政府等问题达成协议，决定延长过渡期至12月31日。9月14日，埃亚德马总统与科菲戈总理协商组成第三届过渡政府；27日，多哥公民投票通过第四共和国宪法。10月20日，部分军人包围议会大厦，将40多名最高委员会成员拘为人质，要求解冻多哥人民联盟的党费。反对派借机要求军队中立并改组政府。埃亚德马总统和科菲戈总理几经磋商未能达成共识。11月9日，科菲戈总理免除过渡政府两位部长职务，遭埃亚德马总统否决，引起一场严重危机；16日，由24党组成的民主反对派集体和独立工会集体发起无限期罢工，多哥危机进一步加剧。

【宪法】1992年9月27日，公民投票通过第四共和国宪法。宪法规定多哥实行半总统制。总统为国家元首和军队最高统帅，经直接选举产生，任期五年，可连选连任一次；总统拥有解散议会、颁布议会通过的法令和赦免等权。总理对议会负责，议会可对总理提出不信任案，获议会三分之二通过即可要求任命新总理。宪法可根据总统和议会的提议进行修改，由议会或公民投票表决通过。

【议会】1991年8月26日，多哥全国会议选举产生由79人组成的临时议会——共和国最高委员会。最高委员会负责监督过渡期基本法的执行，对总统和过渡政府总理提交的法令进行表决。主席：菲利普·法诺科·克波兹罗（Philippe Fanoko Kpodzro），1991年8月26日当选。

【政府】1993年2月12日，多哥组成第四届过渡政府"危机政府"。本届政府共由18名成员组成：总理约瑟夫·科库·科菲戈（Jeseph Kokou Koffigoh），国防部长伊努萨·特拉奥雷·布拉伊马（Inoussa Traoré Bouraïma），经济和财政部长弗朗克·菲亚尼奥（Franck Fianyo），外交和合作部长瓦塔拉·方巴雷·纳查巴（Ouattara Fambaré Natchaba），掌玺、司法兼负责与高委会联系部长阿雷巴·波洛（Arégba Polo），领土管理和安全部长孔贝维·乔治·阿博让（Combévi Georges Agbodjan），工业和国营企业部长帕亚多瓦·布佩西（Payadowa Boukpessi），青年、体育和娱乐部长格雷古瓦·埃索哈纳姆·拉瓦尼（Grégoire Essohanam Lawani），社会福利、民族团结和人权部长雷吉娜·韦雷·加扎罗夫人（Régine Wéré Gazaro），公共卫生和人口部长米歇尔·阿贝诺克塞维·居祖（Michel Agbénoxévi Kudzu），装备和矿业部长亚沃·泰泰·萨米埃尔·阿蒂波（Yao Tété Samuel Atikpo），通讯和文化部长孔拉·芒萨·本杰明·阿贝卡（Komla Mensah Benjamin Agbéka），计划和领土整治部长扬贾·扬查布雷（Yandja Yentchabré），国民教育和科研兼技术教育和职业培训部长巴穆尼·索莫卢·斯塔尼斯拉斯·巴巴(Bamouni Somolou Stanislas Baba),农村发展、环境和旅游部长尼古拉·科西·诺梅吉(Nicolas Kossi Noimédji),商业和运输部长克乌库·德·方蒂(Kweku de Fanti),就业、劳动和公职部长若阿香·加巴一多维(Joachim Gaba-dovi),领土管理和安全部负责选举的国务秘书布卡里·塔比乌(Boukari Tabiou)。

【司法机构】设最高法院、上诉法院和初级法院。最高法院下设司法、行政两个法庭,由院长、庭长和法官组成。最高法院院长雅克·阿帕洛(Jacques Apaloo)。检察权由设在各级法院的检察长行使。

【政党】目前全国共有政党 60 个,主要有:

(1)多哥人民联盟(Le Rassemblement du Peuple Togolais):成立于 1969 年 11 月 30 日,原执政党。埃亚德马总统为创始人并曾长期担任主席。为适应多党制,1991 年 5 月 27 日,根据新颁布的政党宪章向内政部重新注册登记。1991 年 11 月 27 日,最高委员会曾通过决议解散该党,遭到强烈反对。1992 年 10 月,在多哥军队干预下,最高委员会同意解冻被"全国会议"宣布冻结的多哥人民联盟党党费。总书记维尼科·阿梅德尼亚托(Vignito Amédégnato)。

(2)振兴行动委员会(Le Comité d'Action pour le Renouveau):成立于 1991 年 4 月 30 日。主席亚沃维·阿博依博(Yawovi Agboyibo)。

(3)非洲人民民主大会(La Convention Démocrati-que des Peuples Africains):诞生于 1989 年,1991 年 4 月 25 日正式宣布成立。总书记梅桑·尼南维(Messan Gnininvi)。

(4)多哥民主联盟(L'Union Togolaise pour la Démocratie):成立于 1991 年 4 月 6 日。主席埃德姆·科乔(Edem Kodjo)。

(5)争取民主和团结联盟(L'Union pour la Démocratie et la Solidarité):成立于 1991 年 4 月 26 日。主席安托万·福利(Antoine folli)。

其他政党还有:多哥民主人士联盟、泛非社会党、独立共和党、争取发展行动党、民主复兴党、多哥民主阵线、多哥社会民主党、多哥民主党、多哥自由社会党、多哥和解联盟、保卫共和民主人士联盟等。

【重要人物】纳辛贝·埃亚德马:共和国总统、国家元首。1936 年生于多哥北部科扎省卡拉市郊皮亚村的一个农民家庭,卡布列族。曾在家乡的教会学校就读。1953 年参加法国军队,被编入非洲兵团,先后在印度支那、阿尔及利亚、尼日尔、法国和贝宁等地服役。1962 年 9 月回国。1963 年 1 月 13 日参加北部军人发动的政变。同年 2 月至 1967 年 12 月从中尉、上尉、少校、中校,一直晋升为准将。1967 年 1 月 13 日发动军事政变,4 月出任总统兼国防部长。1969 年 11 月创建多哥人民联盟。1971 年 11 月晋升少将。1972 年 1 月当选总统。1976 年 6 月晋升上将。1979 年 12 月和 1986 年 12 月两次蝉联总统。1991 年 5 月起不再兼任国防部长;在 7～8 月举行的全国会议上保留总统、国家元首职务。爱好狩猎、摔跤。 **约瑟夫·科库·科菲戈**:"危机政府"总理。1948 年生于克罗托省的克佩莱一达福。埃维族人。农民之子。洛美道关中学毕业后,进入科特迪瓦阿比让大学攻读法律。1970 年因组织游行被该校开除,后转赴法国普瓦提埃大学继续深造,获律师职业合格证书和司法研究院毕业证书。1976 年加入普瓦提埃律师公会。回国后,先在维亚勒律师事务所供职,后开设私人律师所。1980 年创办多哥律师公会,1990 年 6 月升任会长。同年 7 月创建独立的人权组织多哥人权同盟。1991 年 3 月,参与创建"复兴联合阵线"并担任副主席,在同政府就有关多党民主进程的一系列问题进行谈判中发挥了重要作用;7 月 13 日,在全国会议上被推选为主席团第一副主席;8 月 26 日,当选过渡政府总理,成为多哥独立以来首任总理。已婚,有子女三人。

经 济

联合国公布的世界最不发达国家之一。实行自由化、私营化和鼓励私人创办企业的经济政策。实行严格的宏观经济政策,以恢复经济平衡,促进经济增长。近年来由于社会动乱,罢工频仍,财政收入减少,赤字增加,工农业生产下降,经济状况恶化,经济结构调整成效不大。1992 年主要经济目标是:经济增长率达到 4%;通货膨胀率控制在 3.5%;减少分别占国内生产总值 9.9%和 4.5%的国际收支和预算赤字。

国内生产总值(1991 年):4435 亿非洲法郎。

人均国内生产总值(1991 年):12.08 万非洲法郎。

国内生产总值增长率(1991 年):－0.5%。

货币名称:非洲金融共同体法郎(简称非洲法郎)。

汇率(1992 年 12 月):1 美元＝270 非洲法郎。

通货膨胀率(1991 年):3.7%。

【资源】主要矿业资源是磷酸盐,已探明储量约 1.6 亿吨。其他矿藏有石灰石、大理石、铁和锰等。

【工业】工业产值占国内生产总值的 22%。除采矿业外,有水泥、饮料、棕榈油、制糖和面粉等加工工业。全国共有 60 多家中小企业,1992 年多哥水泥厂和糖厂效益较好。1991 年磷酸盐出口收入占出口总值的 49%。1992 年 1～9 月出口磷酸盐 163 万吨,比上年同期减少 28%。近几年磷酸盐生产和销售情况如下:

	1989	1990	1991
产量(万吨)	336	244	300
出口量(万吨)	335	256	312
收入(亿非洲法郎)	450	324	347

(资料来源:多哥官方公布数字)

【农牧渔业】农业产值约占国内生产总值的 33%。全国 73%的劳动人口从事农业。可耕地面积约 400 万公顷,已耕地 86 万公顷,粮食作物种植面积约 50 万公顷。除城市尚需进口一些细粮外,1984 年起实现粮食自给。1991年粮食总产量为153万吨，其中木薯59万吨、山药39万吨、玉米29万吨、高粱12万吨、小米6万吨、大米2.5万吨、花生3万吨、豆类2万吨。经济作物种植面积约20万公顷，以棉花、可可、咖啡为主，约占出口收入的30%。近年来可可、咖啡产量不断下降，棉花已成为最重要的经济作物，占出口收入的15%。1991年生产棉花100247吨、咖啡9646吨、可可6884吨。

多哥畜牧业不能满足国内消费。1989～1991年牲畜存栏数：牛28.5万头，羊295万只，猪44.6万头，家禽671万只，提供肉类2.4万吨。1992年进口肉类1.1万吨。

渔业主要依靠手工捕鱼，近年开始有外资公司经营。1991年捕鱼1.1万吨，其中淡水鱼4000万吨，进口鱼类产品3.2万吨。

【旅游业】80年代以来，多哥旅游业发展较快。现拥有旅馆52家，客房2100间，其中三星级以上房间923个，旅游业从业人员近2000人。1987～1990年每年接待游客约13万人次，旅馆业年收入约60亿非洲法郎。近两年来由于社会动乱，旅游行业十分不景气。1992年旅馆利用率从1990年的40%下降至26%。主要旅游点有洛美、多哥湖、帕利梅风景区和卡拉市。

【交通运输】以公路为主。

公路：总长7500公里，其中国家级公路2367公里，沥青路1520公里。有4条公路干线，分别通往布基纳法索、加纳和贝宁等国，是沟通西非沿海地区与内陆的重要干线。

铁路：总长512公里。由于设施陈旧并受公路运输冲击，铁路运输能力较差。1990年客运量63万人次，货运量16万吨。

海运：主要港口是洛美港，吞吐能力为600万吨，能同时停泊四艘2.5万吨级的货轮。多哥90%以上的进出口货物经由洛美港运输。尼日尔、布基纳法索和马里等西非内陆国约1/5的进口货物经该港转口，1990年和1991年吞吐量分别为196万吨和163万吨。

空运：全国有两个国际机场，6个小型机场。洛美道关国际机场是主要航空港，可起降大型客机。年空运能力70万人次，货运能力1.1万吨，居西非第三位。但近几年运输量不足，仅达50%。国内有小型飞机飞往尼昂姆图古、阿塔帕梅、索科德和芒戈。

【财政金融】1992年多哥财政预算收支均为936亿非洲法郎。

1991年国际储备3.461亿美元；国际收支逆差242亿非洲法郎。截至1991年底，到期外债还本付息额148亿非洲法郎，实际偿付96亿；外债总额3700亿非洲法郎。1992年，巴黎俱乐部同意免除多哥50%外债，其余债务延期偿还。

【对外贸易】实行自由贸易政策，鼓励进出口贸易。1988年起取消对一些商品的进口限制。近几年进出口额如下（单位：亿非洲法郎）：

	1989	1990	1991
出口额	782	729	714
进口额	1506	1583	1252
差　额	－724	－854	－538

（资料来源：多哥官方公布数字）

1991年主要出口商品是磷酸盐、棉花、咖啡、可可，约占出口总值的78%；进口工业制成品、石油产品、车辆、药品、食品、烟草等。主要出口对象为加拿大（占出口总额的12%）、墨西哥（7%）、法国（6%）、西班牙（6%）、尼日利亚（5.7%）；进口国为法国（占进口总额的31%）、日本（7%）、荷兰（7.1%）、美国（5%）、德国（4%）。

【外国援助】据不完全统计，1990年获外援527亿非洲法郎；1991年获332亿非洲法郎，其中贷款约139亿非洲法郎，赠款193亿非洲法郎。援助主要来自欧共体、法国、美国、德国和日本等。

人民生活

每周工作40小时，职工月工资最高2.2万非洲法郎，最低1.2万非洲法郎，洛美市劳动者平均月工资为2万非洲法郎。家庭补贴为每个子女每月2000非洲法郎。1991年有35万失业者。同年9月洛美物价消费指数达428.6，比上年同期上涨4.2%。全国有公立医院和卫生所27所，私人诊所651个，共有病床4000张。70%的居民饮用自来水。

军　事

武装部队始建于1961年11月，国防部是最高军事决策机构。总统埃亚德马为最高统帅，下设总统特别参谋长和总参谋长。总统特别参谋长亚奥·马维利波利米·阿梅吉少将，总参谋长巴萨比·邦福准将。实行义务兵和志愿兵相结合的兵役制度，义务兵服役期两年。凡年龄在18～25岁的青年均可报名入伍。

1991年总兵力约1.3～1.4万人。

1992年国防预算118.25亿非洲法郎，约占财政预算的20%。

文化教育

【教育】教育制度分初级教育（学前教育和小学）、二级教育（初中）、三级教育（高中）和四级教育（大学）。普及小学教育，但近几年儿童入学率不足60%，平均每130个学龄儿童有一位老师。教育经费约占国家财政预算的20～25%。全国共有公立、私立和教会学校3019所。高等学校有贝宁大学，设13个系、学校和学院。1990～1991年度学校情况如下：

	学校（所）	学生（人）	教员（人）
学龄前教育	231	10200	376
小学	2471	642484	10310
中学	314	324916	4124
大学和中技	3	8387	455

（资料来源：多哥官方公布数字）

【新闻出版】官方日报《多哥新闻报》1972～1991

年曾改称《新征途报》，1991年10月14日恢复原名，发行量1万份。私营报刊有20多家，主要有：《海湾信扎》、《民主人士》、《每周论坛》、《团结报》、《真言报》、《振兴报》等。

多哥通讯社：国家通讯社，成立于1975年，负责采编国内新闻和抄收外国通讯社的国际新闻，每周发行5期《每日新闻》，以国内新闻为主。

洛美广播电台：建于1953年8月，用法、英、德语对全国广播，并用埃维、卡布列等民族语言播送新闻。每天播音18.5个小时。卡拉广播电台：建于1975年，负责对北方地区广播，主要用法语播音，也用埃维语和卡布列语播送新闻、广告，每天播音三次，每次3～7小时不等。

多哥电视台：建于1973年，唯一的官方电视台。主要使用法语，定时用埃维语和卡布列语播放新闻。

对外关系

奉行不结盟和睦邻友好的外交政策，主张在平等互利、互相尊重主权和领土完整的基础上同所有国家建立友好合作关系，重视发展同西方国家的关系。积极促进地区合作，维护非洲团结。

主张在尊重人权及各国人民间相互信任、和平、团结的基础上建立国际新秩序，认为维护世界和平就应平等分配地球上的财富，和平与安全事关世界所有国家，各国应平等参与。认为债务问题应由债务国和债权国双方共同解决。债务国应做好还债准备。工业国家要研究减免或减少债务问题。认为非洲的出路在于一体化，其关键在于协调各国机构。实现非洲振兴的第二个条件是发挥人的主动性和创造性。多哥系西非国家经济共同体调解委员会成员国，积极参与调解利各派冲突，强调寻求持久、和平解决危机的方式，支持利人民通过政治途径解决自己的问题，呼吁利有关各方恪守所达成的协议。赞赏联合国批准关于利问题的阿布贾首脑会议决议，支持联合国对利实行武器禁运和向利派驻代表。支持南非非洲人国民大会为消除南非种族隔离制度所进行的斗争，主张对南非保持一切形式的压力，以彻底根除种族隔离制度。多哥已同70多个国家建立外交关系。

【同我国的关系】1972年9月19日建交以来，两国关系发展顺利。埃亚德马总统曾三次访华。姬鹏飞副委员长和田纪云副总理于1978年和1984年先后访多。

1992年9月19日中国和多哥建交20周年之际，钱其琛国务委员兼外交部长和纳查巴外长相互致电视贺，双方并举行了一系列庆祝活动。11月4～6日，中国外交部部长助理李肇星访问多哥，分别受到埃亚德马总统、科菲戈总理和最高委员会副主席埃贡的接见，同纳查巴外长举行会谈并签署了中国向多哥赠送一批物资的换文。12月4～7日，多哥装备和矿业部长阿蒂波访华，同中国化工进出口总公司就中国购买多哥磷酸盐事进行了商谈并签署了一项合同。1992年中国和多哥进出口商品总额7698万美元，其中中方出口7533万，进口166万。

中国驻多哥大使：周贤觉。馆址：TOKOIN-OUEST PRES DE L'HOPITAL DE LOME。电话：213159。电传：5070 SINOCOM TO。商务处电话：215243。

多哥驻中国大使：亚沃·布卢阿·阿博（Yao Bloua Agbo）。馆址：东直门外大街11号。电话：5322202，5322444。

【同法国的关系】法是多前宗主国。两国在各个领域的关系密切，签有外交、财政、文化、军事等11项合作协定。埃亚德马总统曾多次访法，密特朗总统曾两次访多。法是多历史上最大的援助国和贸易伙伴，自1979年至今，共向多提供公共援助1000亿非洲法郎。法开发银行三十年来提供项目援助900亿非洲法郎。1991年法对多援助约20亿非洲法郎，法多贸易总额为430亿非洲法郎。法每年向多提供100多个奖学金名额。有70多名法国教师在多任教。法还为多培训军官，并向多武装部队派遣顾问和教官。1991年12月多发生兵变事件后，法应多过渡政府总理要求，向其邻国贝宁派遣300名伞兵。1992年10月，为抗议多部分军人围困议会大厦，拘禁最高委员会成员，法宣布中止对多军事援助。

【同德国的关系】多德有着密切的传统关系。1977～1988年，埃亚德马总统曾四次访德。德是多第二大援助国，三十年来，共向多提供援助945.2亿非洲法郎；截至1990年，共免除多债务2亿多美元。1991年多发生兵变后，德曾一度中止对多援助，但1990～1991年对多财政援助仍达76亿非洲法郎。德计划今后每年援多4000万马克。有30多名德志愿人员在多工作。

【同美国的关系】近十年来，两国关系发展较快。1990年8月，埃亚德马总统访美。美支持并促成在洛美建立自由工业区，资助多人权组织，鼓励美企业家在多投资或租赁企业。美向多提供军事技术设备，帮助多培训军官，每年对多公共援助约600万美元；1991年免除多债务41亿非洲法郎，向多提供援助40.6亿非洲法郎，并向多赠送了价值1亿非洲法郎的物资和现款。美支持多哥多党民主进程。1991年6月美副国务卿科恩访多，要求多各方按期举行多党选举；9月美前总统卡特访多时允诺美将向多选举派遣观察员。美目前在多有125名和平队员。

【同邻国的关系】多哥同加纳历史上曾有"西多哥"归属之争。多前总统奥林匹欧之子曾流亡加纳并在加从事反对埃亚德马政府的活动，两国关系时有摩擦。1991年两国关系明显改善。科菲戈总理和谢阿卡外长分别访加，加临时全国保卫委员会成员齐卡塔亦率团回访，双方就开放边界、恢复双边混委会活动、互派常驻大使等达成协议。但由于埃亚德马总统指责加容允多反对派策划颠覆活动，加对此提出强烈抗议，两国关系趋于恶化。

多哥同贝宁关系曾比较友好，两国在莫诺河上合建有南贝托水电站。1991年多全国会议后，两国关系一度更为密切，过渡政府总理科菲戈曾访贝。多发生兵变后，索格洛总统派团赴多进行调解。1992年10月埃亚德马总统赴贝宁出席西非国家经济共同体关于利比里亚问题的小型首脑会议，受到热情接待。11月索格洛总统提出调解多国内政治危机，遭埃亚德马总统拒绝，两国关系开始冷淡。

多哥同布基纳法索关系甚密。布总统孔波雷曾三次访多。两国人员互访频繁。1992年两国开始合作拍摄一部反映两国历史的影片。（江　滢）

佛　得　角

国名　佛得角共和国(The Republic of Cape Verde,Republica de Cabo Verde)。

面积　4033平方公里。

人口　38万(1991年)。绝大部分为黑白混血的克里奥尔人，欧洲人占3%。官方语言为葡萄牙语，民族语言为克里奥尔语。98%的居民信奉天主教，少数人信基督教新教和复临派教。

首都　普拉亚(Praia)。人口6.1万(1990年)。

国家元首　总统安东尼奥·马斯卡雷尼亚斯·蒙特罗(Antonio Mascarenhas Monteiro)，1991年2月17日当选。

简　况

在北大西洋的佛得角群岛上，东距非洲大陆的最西点(塞内加尔境内)佛得角500多公里。属热带干燥气候，终年盛行干热的东北信风，年平均温度24℃。1495年沦为葡萄牙殖民地。1951年成为葡海外省，由总督统治。自1956年后，在几内亚和佛得角非洲独立党(以下简称几佛独立党)领导下，开展争取民族独立的群众运动。1974年12月，葡政府被迫同几佛独立党签订佛独立协议，并组成由双方代表参加的过渡政府。1975年7月5日正式宣布独立，成立佛得角共和国，佩雷拉任总统。

政　治

1991年初，进行议会自由选举。反对党争取民主运动取胜，组成新的全国人民议会和以“民运”主席维加为首的新政府。2月17日举行总统选举，“民运”支持的安东尼奥·蒙特罗当选。4月4日新政府正式就职。此后，新政府用一年的时间进行人事和机构整顿，并完成了地方政府的选举，制定并通过了新宪法和第三个全国发展计划。在制宪或修宪问题上，执政的民主运动与在野的独立党发生重大分歧。1992年7月底至8月初，召开第四届全国人民议会第二次特别会议，专门讨论宪法问题；8月5日，在独立党议员弃权情况下，民运派通过了第二共和国第一部宪法，该宪法于9月25日开始生效。

【宪法】1992年8月25日颁布。宪法规定，佛得角实行温和议会制。佛得角是一个民主法制的主权国家，确认人权的不可侵犯和不可割让。承认并尊重人民的基本权利和自由，法律面前人人平等。实行多元民主。

【议会】全国人民议会的主要职能是：修改宪法；制定法律，表决议案和决议；决定公民实行复决和大赦；通过国家总预算；批准条约；通过全国发展计划；讨论、修改或废除国家机关制定的与宪法和法律相悖的条例和规定；监督宪法和法律的实施；批准政令；审议并通过政府的施政纲领。第四届议会于1991年1月13日选举产生，“民运”占56席，独立党23席。议长阿米尔卡·斯潘塞·洛佩斯(Amiicar Spencer Lopes)。

【政府】1991年1月26日组成，1992年1月15日改组，其主要成员有：总理兼国防部长卡洛斯·维加(Carlos Veiga)；外交部长若热·丰塞卡(Jorge Fonseca)；财政计划部长若泽·托马斯·维加(Jose Tomas Veiga)。

【司法机构】法院分为3级，即最高法院、地区法院和分区法院。最高法院院长由总统任免。最高法院院长奥斯卡尔·戈麦斯(Oscar Gomes)。

检察院分3级。总检察长由总理任免，现任总检察长亨里克·蒙特罗(Henrique Monteiro)。

【政党】有3个主要政党。

(1)争取民主运动(O Movimento para a Democracia)：简称“民运”，执政党。1990年3月14日成立。1991年1月通过选举上台。主张政治多元化，走选举参政道路；主张经济私有化、推行市场经济和贸易自由化体制。主席卡洛斯·维加。

(2)佛得角非洲独立党(Partido Africano da Independencia de Cabo Verde)：简称独立党，反对党。1981年同几佛非洲独立党分裂后成立。自1975年佛独立后，执政至1991年1月。因在大选中败北，现为佛第一大反对党。1991年7月召开五大，修改党章，把“建设一个自由民主、进步和团结的社会”作为该党的奋斗目标。1992年9月加入社会党国际。总书记佩德罗·皮雷斯(Pedro Pires)。

(3)佛得角民主独立联盟(A Uniao Cabo-Verdiana Independente e Democratica)：反对党。1978年5

月成立于荷兰鹿特丹，主要在侨民中活动。其宗旨是为建立一个自由和参与的社会而奋斗。目标是拟通过选举，在1996年取得政权。主席安特罗·巴罗斯（Antero Barros）。

【重要人物】安东尼奥·蒙特罗：总统。1944年2月16日生于圣地亚哥岛的桑塔卡塔林纳县。曾在里斯本大学、比利时的洛维纳大学学习。1977～1980年任佛得角全国人民议会秘书长。1980～1990年任最高法院院长。1991年3月22日就任总统。　**卡洛斯·维加**：总理兼国防部长、争取民主运动主席。1949年10月21日生于明德罗市。曾在里斯本大学法律系学习。历任普拉亚市检察院法官（1975年）、总检察长（1978～1980年）、议员和全国人民议会宪法法律特别常设委员会副主席（1985～1990年），参与过政治经济和行政法规的制定。1991年1月出任总理。

经　济

农业国，自然条件差，干旱少雨，可耕地只占国土的10%，被联合国列为世界最不发达国之一。1988年底，提出重点发展外向型经济、建立出口加工工业的方针。"民运"政府组成后，着手制定战略发展计划，1992年8月佛议会通过了第三个全国发展计划（1992～1995年），将运输、通讯、旅游、渔业、基础设施和海运等部门列为发展重点；改革经济体制，使佛经济市场化，并将国营企业逐步私有化；对经济结构进行了调整。

国内生产总值（1991年）：250亿埃斯库多。

人均国内生产总值（1991年）：65789埃斯库多。

国内生产总值增长率（1991年）：1.0%。

货币名称：埃斯库多；1康托＝1000埃斯库多。

汇率（1992年8月10日）：1美元＝63.02埃斯库多。

通货膨胀率（1991年）：6.5%。

【资源】资源匮乏，主要矿产有石灰石、白榴火山灰、浮石、岩盐等。

【工业】工业基础薄弱，发展缓慢，市场小。1990年工业产值占国内产值的6%。有中小工厂230余家，主要为建材、染料、烟草、制药、饮料、面粉、制鞋、制衣、制盐和水产、木材加工等。全国加工制造业共有工人3900人，个体手工业户2000个左右。

【农牧渔业】可耕地9万公顷，已耕地3.7万公顷。80%以上人口从事农业。主要产品有玉米、豆类、甘蔗、香蕉、咖啡等。十年九旱，连年歉收。粮食不能自给。一般年景，粮产仅占国内用粮的5～10%。1991年产粮2500吨。

畜牧业发展缓慢。1988年有牛1.3万头、羊8.3万只、猪7万头。

渔业资源较丰富，捕鱼业在国民经济中占重要地位。有渔业人口1.4万，约占全国人口的5%。年捕捞量为7000吨。鱼产品出口占出口总额的41%。

【服务业】在国民经济中占有相当重要位置。1988年政府服务一项在国内产值中名列第三，占12.8%。

【旅游业】重点开发项目之一。目前有旅馆40家，客房864间。1989年旅游收入占国内产值的2.3%。葡萄牙、德国和俄罗斯等国企业界已同佛签约，拟在佛投资建旅馆。1992～1995年预计投资约4290万美元（1992年比价）。

【交通运输】岛内运输主要靠公路。公路总长1200公里，主要是石块路。各岛之间运输靠飞机和船只。各岛均有小型机场。萨尔岛的阿·卡布拉尔国际机场最大，可起降波音747飞机。佛航有时租用外国飞机，开辟萨尔—里斯本、萨尔—阿姆斯特丹等不定期航班。港口8个。最大的明德罗港可停靠10万吨级货轮和30万吨级油轮。注册商船34条。1990年，其产值占国内总产值的10.6%。

【财政金融】财政预算情况如下（单位：亿埃斯库多）：

	1990	1991	1992
总收入	96.16	102.32	104.70
总支出	96.16	102.32	108.58
赤　字			3.88

截至1992年底，外债总额为1.33亿美元。

【对外贸易】80%以上的粮食、布匹、日用百货、五金交电、机械设备和建筑材料等均靠进口。可供出口的产品较少，主要有食盐、龙虾、鱼产品、咖啡和香蕉。主要贸易伙伴是葡萄牙、意大利、法国、安哥拉、荷兰等。近3年贸易情况如下（单位：万美元）：

	1989	1990	1991
出口额	1120	900	1000
进口额	11020	9000	8500
差　额	－9900	－8100	－7500

（资料来源：1992年第三期经济季评）

【外国援助】1990年共受援9297万美元，比上年（6677万美元）增长39.2%。其中技术合作3145万美元，项目投资4439万美元，粮援1712万美元。主要援助国有葡萄牙、瑞典、荷兰、美国、西班牙、法国、意大利、前苏联、德国和奥地利。

（资料来源：联合国开发署1990年佛得角合作发展报告）

人民生活

1990年人均收入680美元；企业工人最低工资10康托，车间工人20康托，一般技术人员35康托，经理50康托，银行经理90康托；失业率25.9%。年人均食肉13公斤、禽1.4公斤、鱼14公斤。1990年2月止，共装电话9000部，平均每百人2.6部。有中心医院2个，地区医院3个，卫生中心14个，妇幼保健、计划生育站17个，卫生所28个，基层卫生室50个；医生102名，护士192名，每3349人有一名医生。两个中心医院共有床位351个。

军　事

佛得角人民革命武装力量总兵力900余人。分为3个军区，驻守圣维森特、萨尔和圣地亚哥3岛。独立初期曾设有海、空军，后解散。为保卫渔业资源，目前正筹建海岸防卫队。

现任参谋长弗·埃里贝罗。实行义务兵役制。服役期两年。1991年国防预算占总预算的2.55%。有警察800人，已由内政部分管。民兵于1991年5月解散。

文化教育

【教育】政府重视发展教育事业，1991/92年教育经费占国家总预算的18%。1988年，人均教育经费达50美元。目前已普及小学4年义务教育，正在为普及小学6年教育做准备。重视成人教育，设有各类培训中心，扫盲取得显著成果。全国文盲人数已从1980年占总人口的53%下降到1988年的38%。1991年中、小学校师生情况如下：

	学校(所)	学生(人)	教师(人)
小学	363	63838	1715
中学	7	11041	435

【新闻出版】有6种主要报纸。《佛得角新报》和《政府公报》为官方报纸。私营报纸有《消息报》，发行量4000份；《周报》，发行量4000份。

佛得角通讯社为国家通讯社。

佛得角国家电台：1975年创办，用葡语和克里奥尔语广播。

佛得角国家电视台：基本覆盖全国，现可直接转播葡萄牙和法国国际台新闻节目。

对外关系

奉行和平、中立和不结盟外交政策。主张在和平共处基础上与世界各国发展友好合作关系，致力于非洲团结和地区合作，反对外来干涉，拒绝外国在佛设立军事基地，主张通过对话和谈判解决国际争端，要求建立国际经济新秩序。敦促南非政府继续改革，欢迎南非在建立非种族主义政权后，参与非洲大陆的发展事务。赞赏安哥拉两派的和平诚意，呼吁安盟接受选举结果。欢迎莫桑比克政府和莫抵运签署和平协议。同西非各国奉行友好睦邻政策，优先发展同葡语6国、欧共体、美、日的合作关系。承认阿拉伯撒哈拉民主共和国。谴责以色列的侵略扩张行径，承认巴勒斯坦国。截至1992年8月已同68个国家建立了外交关系。1991年10月16日当选为联合国安理会非常任理事国。

【同我国的关系】1976年4月25日中佛建交。此后，两国关系不断发展。佩雷拉总统和皮雷斯总理曾先后于1982年和1986年访华。

1992年3月28日至4月4日佛"民运"代表团访华，10月20～26日佛军队参谋长里贝罗访华。1992年1月31日李鹏总理在联合国安理会首脑会议期间会晤佛总理维加，9月24日钱其琛外长在47届联大期间会见佛外长丰塞卡，11月8～11日中共代表团访佛。1992年中国同佛得角贸易总额为16万美元，中国出口16万美元，无进口。

中国驻佛得角大使：宓世衡。馆址：Box №8 Achada de Santo Antonio Praia-Cape Verde。电话：613299(办公室)，613369(经商处)，613429(值班)。电传：099387 PCV(转)。

【同葡萄牙的关系】佛独立后，同葡仍保持着特殊关系。80年代以来，两国领导人互访频繁，先后签订了40多项合作协定和议定书，合作范围逐年扩大。葡向佛派出20多批专家，每年援佛金额平均为1200万美元。1988年6月葡总理卡瓦科·席尔瓦访佛，双方签署了军事技术合作、文化交流、海洋开发等14项协定和议定书。1989年、1990年和1991年，佩雷拉总统、皮雷斯总理、蒙特罗总统先后访葡。1992年1月和5月，佛总理维加两次访葡(后一次是私人访问)。1991/92年，佛在葡公派留学生420名。

【同美国的关系】佛、美关系良好。佛在美有侨民30万，年均侨汇1000多万美元。1989～1991年间美对佛援助额分别为483万、606万和1100万美元。自1977年以来，佛已派250人赴美培训。美在佛和平队员先后有200余人，1991年在佛22人。1991年美向佛赠玉米1.8万吨。1992年4月，佛美草签第二个粮援协定，据此美在1992～1996年间，每年须向佛提供援粮1.5～2.2万吨。1989年和1990年，皮雷斯总理和佩雷拉总统先后访美。1991年9月10日美国副总统奎尔访佛，美佛签署了美向佛提供400万美元的援助协定。1992年9月30日至10月11日佛总理维加访美，主要是做侨民工作。

【同独联体国家的关系】1992年1月16日佛政府承认独联体各共和国，同日佛在政府公报中称，应俄罗斯政府要求，佛承认苏驻普拉亚使团和团长从即日起代表俄罗斯联邦。1992年6月，俄罗斯副总统、白俄罗斯总统和乌克兰最高苏维埃主席在参加里约环发首脑会议后，在萨尔国际机场停留，佛总理维加前往会晤。

【同欧洲经济共同体的关系】双方关系密切，互派有常驻代表。根据前3个洛美协定，截至1990年底，佛从欧共体共获援款1.11亿欧洲货币单位。在第四个洛美协定期间(1991～1995年)佛可获2700万欧洲货币单位的赠款。

(俞　翔)

冈　比　亚

国名　冈比亚共和国(The Republic of the Gambia)。

面积　10367平方公里。

人口　87.5万(1992年官方估计),自然增长率3.4%。主要有5个部族。曼丁哥族最大,占人口的42%,富拉族占16%,沃洛夫族占16%,朱拉族占10%,塞拉胡里族占9%。官方语言为英语,民族语言有曼丁哥语、沃洛夫语以及无文字的富拉语和塞拉胡里语等。90%的居民信奉伊斯兰教,其余信奉基督教新教、天主教和拜物教。

首都　班珠尔(Banjul),人口4.6万(1989年8月普查)。

国家元首　总统兼武装部队总司令达乌达·凯拉巴·贾瓦拉(Dawda Kairaba Jawara),1970年4月24日出任第一届总统,1972～1992年5次连任。

简　况

位于非洲西部,为一狭长平原,楔入塞内加尔共和国境内,西濒大西洋,海岸线长48公里。内地平均气温约27℃。15～16世纪葡萄牙人曾入侵。此后英国和法国殖民者也相继侵入。1783年凡尔赛和约把冈比亚河两岸划归英国。1889年英、法达成协议,划定当今冈比亚边界。1964年12月英同意冈于1965年2月18日独立。1970年4月24日冈比亚宣布成立共和国,贾瓦拉任第一届共和国总统。

政　治

实行议会民主和多党制,强调民族团结,致力于发展经济。1990年11月实行为期三年的经济持续发展计划,巩固和发展经济恢复计划所取得的成果,经济逐步好转。1992年4月29日,冈举行了第五届总统和议会选举,执政的人民进步党领袖达乌达·贾瓦拉获58.5%的选票,再次蝉连总统。人民进步党赢得议会36个议席中的25席,以绝对多数继续执政。

【宪法】现行宪法于1970年4月通过。宪法规定:冈比亚为共和制,总统为国家元首兼武装部队总司令。总统由直接普选产生,卸任总统在新总统选出前继续行使职权,但过渡期不得超过120天。副总统在国民议会中为政府事务领袖。

【议会】为一院制。众议院是全国最高立法机构。议员43名,其中35名由全国35个选区选举产生;4名酋长议员在全国酋长中选举产生,3名指定议员由总统任命。总检察长是当然议员。议长由总统任命,副议长从酋长议员中选举产生。议会每5年改选一次。本届议会于1992年4月产生。议长莫莫杜·巴布卡尔·恩吉(Momodou Baboucarr N'jie),1992年4月蝉联。

【政府】本届政府于1992年5月组成,成员有:总统达乌达·贾瓦拉,副总统兼国防部长、负责文官、人事管理和妇女事务赛胡·萨巴里(Saihou Sabally),总检察长兼司法部长哈桑·贾洛(Hassan Jallow),外交部长奥马尔·赛(Omar Sey),内政部长拉明·基蒂·贾邦(Lamin Kiti Jabang),农业部长奥马尔·阿马杜·贾洛(Omar A. Jallow),自然资源和环境部长萨乔·图雷(Sarjo Touray),工程和交通部长马修·雅亚·巴尔德(Matthew Yaya Baldeh),卫生部长兰丁·贾洛·松科(Landing Jallow Sonko),教育部长巴杰(A. E. W. Badjie),新闻和旅游部长阿尔卡里·詹姆士·盖伊(Alkali James Gaye),青年、体育和文化部长布巴卡尔·迈克尔·巴尔德(Bubacarr Michael Baldeh)。

【司法机构】分最高法院和地方法院。以英国司法为基础,辅以本国制定的法律、穆斯林法及传统习惯法。最高法院大法官为冈政府聘请的尼日利亚人伊曼纽尔·奥拉英卡·阿约拉(Emmanuel Olayinka Ayoola),总检察长哈桑·贾洛。

【政党】实行多党制,全国有5个合法政党。

(1)人民进步党(The People's Progress Party):执政党,1959年2月成立。现有党员20万人。总书记达乌达·凯拉巴·贾瓦拉。

(2)国民大会党(The National Convention Party):1975年9月从人民进步党分裂出来后成立。总书记谢里夫·穆斯塔法·迪巴(Sheriff Mustapha Dibba)。

(3)冈比亚人民党(The Gambian People's Party):1986年2月成立,迄今未宣布党章、党纲。领导人阿桑·穆萨·卡马拉(Assan Musa Camara)。

(4)争取独立与社会主义人民民主组织(The People's Democratic Organization For Independence and Socialism):1986年7月成立。负责人西迪·贾塔(Sidi Jatta)。

【重要人物】达乌达·凯拉巴·贾瓦拉:总统。1924年5月11日生于麦卡锡岛区巴拉贾利村。曼丁哥族。1948年起先后在加纳阿基莫塔学院、英格兰格拉斯哥大学和苏格兰爱丁堡大学学兽医,获热带兽医学学位。1958年被任命为首席兽医官。1959年辞职从政,建立和领导冈人民进步党。1960年当选为议员,并被任命为教育部长。1961年辞去教育部长职务,以示抗议英殖民总督任命亲英的联合党领导恩吉为首席部长。

1962年6月出任"半自治政府"总理。1963年任"自治政府"总理。1965年2月出任独立后第一任总理。1970年4月起任总统。贾曾任伊斯兰会议组织和平委员会主席、冈比亚河开发组织执行主席、西非国家经济共同体执行主席。早年信奉基督教,从政后皈依伊斯兰教。喜欢打高尔夫球、驾快艇、园艺和阅读。　**赛胡·萨巴里**:副总统。1947年生于北岸区上巴迪布县的卡塔巴村。1959年在伊丽莎小学就读,之后在冈比亚高中和电讯培训中心学习。曾任冈比亚电台工程师。1974年被任命为总统办公室议会秘书。1977年任经济计划和工业发展部议会秘书。1978～1990年8月历任经济计划和工业发展部长,农业部长,财政、贸易部长、财政经济事务部长等职。1992年5月任副总统兼国防部长、负责文官、人事管理、妇女事务。萨为人民进步党全国执行委员会、中央委员会和秘书处成员。

经　济

农业国,被联合国列为世界最不发达国家之一。自1985年7月始,政府推行五年经济恢复计划。经济增长率连续5年保持在4%以上,工业、农业、贸易、交通运输、服务业、外汇储备和人均收入均有增长。1990年11月实施为期3年的经济持续发展计划,以巩固和发展业已取得的经济成果。1991年该计划在执行过程中,受干旱和海潮等自然灾害影响,农业大幅度歉收,主要经济作物花生减产50%,国内生产总值仅增2～3%,经济困难。

国内生产总值(1991/92年度):310256万达拉西(约合33907万美元)。

人均国内生产总值(1989/90年度):658达拉西。

国内生产总值增长率(1991/92年度):4%。

货币名称:达拉西。1达拉西＝100布图。

汇率(1992年12月):1美元＝8.75达拉西。

通货膨胀率(1991年):13%。

【资源】矿藏资源贫乏,已探明有钛、锆、金红石混生矿(储量约150万吨)和高岭土(50多万吨),均未开采。

【工业】基础薄弱,发展缓慢。1989/90年度的工业产值为5640万达拉西,占国内生产总值的11.9%。仅有花生加工、肥皂、塑料、制盐、制砖、电子表装配、啤酒、制革和糖果厂等。

【农业】1989/90年度农业产值为1.631亿达拉西,占国内生产总值的34.5%。1988年农业人口662000人,占全国人口的81.8%。可耕地面积48万公顷,已耕地占39%,半数种植花生。主要粮食作物有玉米、谷子、高粱、大米等。粮食不能自给。近几年主要农作物产量如下(单位:吨):

	1988/89	1989/90	1991/92
花生	98360	130000	84000
大米	23520	20700	21000
粗粮	70680	75557	92000
棉花	1847	3400	2372

(资料来源:1992年冈政府预算报告和1992年度经济季评)

1988～1990年捕鱼量分别为19077吨、22475吨和35230吨。

【旅游业】冈外汇主要来源之一。1990/91年度外国游客为71490人次。1988/89年度旅游收入占国内生产总值的10%。

【交通运输】冈比亚河是内陆地区的主要运输线。全国无铁路。公路总长2388公里。班珠尔是主要的海运港口,年吞吐量为20万吨。设在班珠尔的云杜姆国际机场有航班连接伦敦、达喀尔、比绍、蒙罗维亚、弗里敦、阿克拉、拉各斯等,但无国内航线。

【财政金融】近几年财政收支情况如下(单位:亿达拉西):

	1987/88	1988/89	1989/90
收入	3.37	4.522	5.129
支出	4.827	4.24	5.275
差额	－1.457	0.282	－0.146

(资料来源:1991～1992年经济季评)

截至1992年6月18日,官方外汇储备7.34亿达拉西(约合8022万美元)。1992年底冈外债总额3.7亿美元。

【对外贸易】实行自由贸易政策,进口关税较低,向邻国转口贸易活跃。主要进口食品、燃料、机械、交通运输设备,主要出口花生及花生制品。贸易对象主要为:英国、德国、法国、中国、美国、日本、比利时、卢森堡、几内亚和瑞士等。近几年进出口情况如下(单位:亿达拉西):

	1988	1989	1990
出口额	3.888	1.98	3.212
进口额	9.194	12.211	15.739
差　额	－5.306	－10.231	－12.527

(资料来源:同上)

军　事

冈武装部队由国民军和国家宪兵部队组成。实行志愿兵役制。国民军创建于1984年,总兵力750人,其中海军小分队100人。国家宪兵部队是准军事部队,1986年组建,共有550名官兵。国防部长由副总统萨巴里兼任。1988/89年度军费总额约1735万达拉西。

文化教育

【教育】1990年成人识字率为25%。小学实行免费教育。每年教育经费约占财政预算的10%。1988年在校师生情况如下:

	学校(所)	学生(人)	教师(人)
小学	226	69938	2410
中学	9	5355	233
中等技校	18	11073	425

(资料来源:冈比亚1992年度财政预算报告)

【新闻出版】主要刊物有:《冈比亚新闻公报》,发行约5000份。《冈比亚时报》,发行约6000份。

冈比亚广播电台：官方电台，1962年5月建立，用英、曼丁哥、沃洛夫、富拉等语言播音。覆盖面为国土的2/3。

希德广播电台：瑞典人经营的非政治性私人电台。1970年5月起在班珠尔市播音。

立体声广播电台：冈人经营的第一家立体声商业广播电台。1990年12月试播，全天播放音乐和商业广告。

对外关系 奉行不结盟政策，强调维护国家主权和民族独立，重视非洲团结，注意发展睦邻关系和区域合作，主张南南合作、南北对话和建立新的国际经济秩序。认为建立国际经济新秩序应解决发展中国家的债务、资金倒流、初级产品价格下跌、贸易条件恶化等问题，否则，贫富差距会越来越大。主张召开国际会议解决非洲国家的债务危机，认为只有在有关方面把全部债款转为赠款后，才会给债务国的经济发展注入活力。希望在南非建立一个自由、多种族和民主的社会。在彻底根除种族隔离制度前，呼吁国际社会继续对南非实行经济制裁。为解决利比里亚冲突，呼吁国际社会对西非国家经济共同体和其在利的维持和平部队予以支持和援助。为此冈提供了10万达拉西捐款，并派遣105名官兵。贾瓦拉总统任西非国家经济共同体调解委员会主席时，为利停止内战、实现和平作出了积极的努力。至1991年底，冈已同60个国家建立了外交关系。

【同我国的关系】1974年12月14日两国正式建交。两国在各个领域的友好合作关系发展顺利。1975～1991年贾瓦拉总统4次访华。1990年2月地质矿产部长朱训参加冈独立25周年庆典。6月，经贸部部长助理乌兰木伦率中国政府经济代表团访冈。中方访冈的还有徐信副总长率领的中国军事友好代表团，中国妇女代表团。1991年中国向冈比亚出口商品额为446万美元，进口额为2万美元。

冈仍与台保持贸易往来，1987/88年度台向冈出口额为115.8万美元。

中国驻冈比亚大使：林廷海。馆址：6A，MARINA PARADE，BANJUL THE GAMBIA。电话：(00220) 96177，96178。

【同英国的关系】冈英保持着密切的传统关系，1985年底至1989年2月英向冈赠款1450万英镑。

【同美国的关系】1979年冈美建交。1986～1988年美每年赠冈8000吨大米。1991年美将向冈提供890万美元的经济和安全援助。

【同塞内加尔的关系】冈塞关系友好，两国签有外交、防务等10余项协议。1981年12月成立塞冈邦联。1989年9月邦联解体后两国关系紧张。近年来两国关系逐渐改善，1991年1月8日塞外长访冈，两国政府签订了最新友好条约。根据这项条约，两国政府将在国际、安全、交通运输、卫生、财贸、渔业、农业和能源等13个领域密切合作。

【同以色列的关系】1973年阿以战争爆发后，冈中止了与以色列的外交关系。1992年9月13日，冈外长奥马尔·赛访问以色列时与以外长佩雷斯签署了复交公报。冈是非洲国家中第16个与以恢复外交关系的国家。

【同欧洲经济共同体的关系】1975～1990年欧洲经济共同体援冈1.74亿达拉西，1985/86～1987/88年度向冈提供花生出口补贴2.56亿达拉西。

（卢 坤）

刚 果

国名 刚果共和国(The Republic of Congo，la Rèpublique du Congo)。

面积 342000平方公里。

人口 268万(1992年)。有大、小部族170多个，属班图语系。最大的部族是南方的刚果族，包括拉利族、巴刚果族、维利族，约占总人口的45%；北方的姆博希族占16%；中部太凯族占20%；北方原始森林里还生活着少数俾格米人。官方语言为法语。民族语言南方为刚果语、莫努库图巴语，北方为林加拉语。全国居民中一半以上信奉原始宗教，26%信奉天主教，10%信奉基督教，3%信奉伊斯兰教。

首都 布拉柴维尔(Brazzaville)，人口91万(1992年)。

国家元首 总统帕斯卡尔·利苏巴(Pascal Lissouba)，1992年8月20日当选。

简 况 位于非洲中西部，赤道横贯中部。东、南两面邻扎伊尔、安哥拉，北接中非、喀麦隆，西连加蓬，西南临大西洋，海岸线长150多公里。南部属热带草原气候，中部、北部为热带雨林气候。年平均气温24～28℃。13世纪末至14世纪初，班图人在刚果河(扎伊尔河)下游建立了刚果王国。1884～1885年柏林会议上把刚果河以西地区划为法国殖民地，即现刚果。1910年刚果被划为法属赤道非洲领地，称中央刚果。1960年8月15日独立，定名刚果共和国。

政　治

1992年5月，刚果举行了地方议会选举。在6月24日和7月19日举行的两轮立法选举中，泛非社会民主联盟、刚果民主与全面发展运动，以及前执政党刚果劳动党分别成为第一、第二和第三大党。泛非社会民主联盟与刚果劳动党联手组成议会多数派。8月16日，泛非社会民主联盟主席帕斯卡尔·利苏巴获胜，当选总统。利表示要加强民族团结，稳固发展多元民主化，以科技为后盾，协调发展全国经济；对外加强睦邻友好，以非洲为根本，发展与他国的友好合作关系。9月1日，利苏巴任命邦戈—努瓦拉为总理，组成了以泛非社会民主联盟占多数的政府。10月13日，刚果劳动党和科莱拉领导的民主复兴联盟组成议会多数派，要求总统重新组建政府，10月31日弹劾努瓦拉政府。11月17日，利苏巴总统宣布解散议会，提前举行立法选举。议会多数派发起"不服从"和"死城"运动。12月2日，刚果军方出面调解，主持召开协商会议，各派达成妥协：总统与各政党协商任命新总理；组成民族团结政府，负责立法选举；成立由反对派人士担任主席的立法选举筹备委员会；选举日程由民族团结政府和筹备委员会共同商定。12月5日，利苏巴根据协议精神，任命达科斯塔为总理，组成民族团结政府。

【宪法】现行宪法是由全国会议起草并于1992年3月15日全国公民投票通过的。宪法规定：国家主权属于人民；实行立法、司法、行政三权分立和半总统、半议会制政体；共和国总统由直接普选产生，是国家元首和军队最高统帅，监督宪法的执行和行政机构的正常运转；总统任命或撤销由议会多数派产生的总理及其内阁成员，主持内阁会议；总统有权在征询总理和国民议会议长意见后解散国民议会；总理为政府首脑，领导政府的活动并保证法律的执行。

【议会】由国民议会和参议院组成。国民议会共有125个席位，议员由直接普选产生，任期5年。参议院共设60个席位，9个省及首都各占6席。参议员须年满50岁，由县、市及省级议员间接产生，任期6年。每隔两年对参议院1/3议席进行改选。议会拥有立法和宪法公民投票的提议权。参议院具有地方和群众团体利益的代表性，负责调停和提供咨询。本届国民议会于1992年7月23日产生，泛非社会民主联盟获39席，刚果民主与全面发展运动获29席，前执政党刚果劳动党拥有18个席位。国民议会议长安德烈·穆埃莱(André Mouele)。11月17日利苏巴总统宣布解散议会。本届参议院于1992年7月26日产生。60个席位中，泛非社会民主联盟与刚果民主与全面发展运动分别获23和14个席位。议长奥古斯坦·博瓦尼(Augustin Poignet)。

【政府】现政府于1992年12月25日组成，主要负责组织立法选举和处理政府日常事务。内阁成员是：总理克洛德·安托万·达科斯塔(Claude Antoine Da Costa)，国防国务部长雷蒙·达马斯·恩戈洛(Raymond Damase Ngolo)，内政和安全部长(兼管区域和权力下放)弗朗索瓦·阿亚耶内(Francois Ayayene)，外交和合作部长(兼管法语国家事务)邦雅曼·本库卢(Benjamin Bounkoulou)，财政和预算部长克莱芒·穆万巴(Clement Mouamba)，矿产、能源和石油部长让—皮埃尔·蒂斯特雷·奇卡亚(Jean-Pierre Thystere Tchicaya)，经济发展和计划部长(兼管预测)蒙贡加—孔博—恩吉拉(Moungounga-Kombo-Nguila)，邮电和交通部长马马杜·卡马拉·代卡莫(Mamadou Kamara Dekamo)，水利和森林部长奥古斯特·塞莱斯坦·贡加拉德·恩库瓦(Auguste Celestin Gongarad Nkoua)，工业发展、渔业和手工业部长克莱芒·米耶拉萨(Clement Mierassa)，农业、畜牧业、环境、旅游和娱乐部长格雷瓜尔·莱富沃巴(Gregoire Lefouoba)，设备和公共工程部长克洛德·阿方斯·西卢(Claude Alphonse Silou)，住房、城市规划和重建部长朗贝尔·恩加利巴利(Lambert Ngalibali)，掌玺和司法部长让—弗朗索瓦·奇宾达—宽古(Jean-Francois Tchibinda-Kouangou)，国民教育和教育制度改革部长博纳旺蒂尔·布卡卡—瓦迪亚班图(Bonaventure Boukaka-Ouadiabantou)，商业和消费部长加布里埃尔·博基洛(Gabriel Bokilo)，科技发展部长(兼管职业培训)多米尼克·埃贾卡(Dominique Edjaka)，劳动和就业部长贝夫·安德利(Beeve Andely)，公职和行政改革部长普罗斯珀·科约(Prosper Koyo)，运输和民航部长里戈贝尔·帕布—姆巴基(Rigobert Pabou-Mbaki)，卫生、人口和社会事务部长阿尔弗雷德·奥平巴(Alfred Opimba)，青年和体育部长伊西多尔·姆武巴(Isidore Mvouba)，文化和艺术部长伊冯·诺贝尔·甘贝格(Yvon Norbert Gambeg)，负责合作和法语国家事务国务秘书威廉·奥塔(William Otta)。

【司法机构】宪法规定司法独立于行政和立法机构行使其职权，设普通法院、专门法庭、上诉法院和最高法院。特别最高法院由议会和最高法院法官组成。最高司法委员会是司法独立的保障机构，由共和国总统任主席。

【政党】截至1991年底，共有70余个政党正式注册登记。主要有：

(1)泛非社会民主联盟(Union Panafricaine pour la Démocratie Sociale)：1991年6月30日成立，约有党员4万，在全国各地建有基层组织。自称为泛非性质的社会民主党。主席帕斯卡尔·利苏巴。

(2)刚果民主与全面发展运动(Mouvement Congolais pour la Démocratie et le Développement Integral)：约有党员7万，主要在普尔地区活动。主席贝尔纳·科莱拉(Bernard Kolelas)。

(3)刚果劳动党(Parti Congolais du Travail)：1969年12月31日成立，创始人马里安·恩古瓦比。

主席德尼·萨苏—恩格索(Denis Sassou-Nguesso),总书记昂布瓦兹·爱德华·努马扎莱(Ambroise-Edouard Noumazalaye)。

(4)民主与发展同盟(Rassemblement pour la Démocratie et le Développement):1991年11月成立,约有党员7600人,主要在奥旺多地区和布拉柴维尔市活动。主席若阿希姆·雍比·奥庞戈(Joachim Yhomby-Opango)。

(5)民主与社会进步同盟(Rassemblement pour la Démocratie et le Progrès Social):1990年10月19日成立。对内主张恢复民主,增强人民的民族意识,维护民族独立,建立公、私互补的现代化竞争经济体制;对外主张积极互利的国际团结合作。总书记蒂斯特雷·奇卡亚(Thystere Tchicaya)。

其他较有影响的政党有:社会进步与民主联盟、民主与发展全国协议会、变革与进步力量、全国复兴爱国联盟、社会民主与捍卫新共和人民党等。

【重要人物】帕斯卡尔·利苏巴:总统。1931年生于尼阿里省马约科县。早年就读法国,获自然科学法国国家博士学位。1961～1969年先后任农、牧、水、林业部长,总理兼农、牧、水、林、工业与贸易部长,计划国务部长等职。其后弃政从教,任布拉柴维尔大学理学院院长。1973年进入刚果劳动党中央委员会,但不久因与恩古瓦比政见分歧而离去。1977年因涉嫌恩古瓦比谋杀案被判死刑,由于加蓬总统邦戈的干预幸免于难。1979～1991年在国外从事教学和科研活动,先后任法国巴黎第三大学人口遗传学教授、联合国教科文组织自然科学司司长、非洲科技特别顾问、驻内罗毕非洲科技办事处主任。1991年返刚果,创建泛非社会民主联盟,任主席。1992年8月16日当选总统。

经　济

石油和木材为经济两大支柱。1989年7月劳动党"四大"提出要把振兴经济和实现粮食自给作为国家今后的主要任务,并通过了第二个五年计划(1990～1994年)的指导方针。1992年初成立的过渡政府制定了"刚果经济稳定和复兴计划",颁布了新投资法,鼓励外商和私人投资。利苏巴当选总统后重申以科技为后盾的经济发展纲领,主张协调全国发展,尽快振兴经济。

国内生产总值(1990年):7983亿非洲法郎。

人均国内生产总值(1990年):35.17万非洲法郎。

货币名称:中非金融合作法郎,简称非洲法郎。

汇率(1991年):1美元=282.11非洲法郎。

通货膨胀率(1990年):-0.9%。

【资源】已探明的石油储量约7～10亿吨,目前正进行大规模开采。钾盐矿储量约数十亿吨,磷酸盐矿600万吨,铁矿1.5～1.8亿吨。此外还有铝、锌、铜等金属矿。森林面积2000万公顷,约占全国面积的2/3,其中可采面积1400万公顷。

【工矿业】1991年工矿业产值占国内生产总值的30.1%。石油工业在国家经济中占重要地位。1990年产石油803万吨。此外有食品、纺织、皮革、化工等工业。主要工业品产量如下:

	1988	1989	1990
啤酒(万升)	7328	6216	6305
卷烟(万盒)	3944	3586	3354
汽水(万升)	1786	—	1520
印染布匹(万米)	879	1155	877
原糖(吨)	30641	36545	28000
石油(万吨)	704	796	803

(资料来源:刚果官方公布数字)

【农林业】1991年农业产值占国内生产总值的13.8%。可耕地面积820万公顷,已耕地面积约22万公顷。全国农业人口93万余人,占全国总人口的48.7%。主要粮食作物有木薯、玉米、稻谷、花生、马铃薯等,主要经济作物有可可、咖啡、油棕、烟草等。粮食不能自给,每年需进口15～20万吨。

木材是刚果第二大自然资源,出口收入仅次于石油。木材品种有300余种,可供出口的有铁木、刺果美等40余种。年平均木材产量在35～40万立方米。

畜牧业和渔业发展缓慢,主要饲养牛、羊、猪、鸡。1989年牲畜存栏数:牛5.6万头,羊15万只,肉鸡34万只。1990年共捕鱼5.4万吨。养鱼业尚属初创,1989年产鱼248吨。

【服务业】在国民经济中占有较重要地位,1991年产值达1913亿非洲法郎,占国内生产总值的24.8%。

【交通运输】近几年交通运输情况如下:

铁路:大西洋铁路是非洲最早的铁路之一,总长800公里;1990年客运量236万人次,货运量214万吨。

公路:总长1.2万公里,其中沥青路1100公里。

水运:内河航线总长6485公里,1990年内河货运量47万吨。黑角港口是非洲西海岸3大海港之一,年吞吐量1000万吨左右。

空运:全国有22个机场,布拉柴维尔和黑角有国际航空站。刚果航空公司拥有4架小型飞机,1架租用的波音737客机,主要经营国内航运。

【财政金融】近年来财政预算情况如下(单位:亿非洲法郎):

	1990	1991	1992
预算总额	2552	3023	2892
行政预算	1936	2819	2684
投资预算	616	203	223
赤　字		800	1003

(资料来源:同上)

1990年外汇储备358万美元,黄金储备313万美元。截至1990年底,累积外债11480亿非洲法郎,内债2611亿非洲法郎。1990～1991年到期债务约1900亿非洲法郎。国际收支长期逆差。

【对外贸易】1987年以来,由于石油产量逐年提

高，对外贸易连年顺差。对外贸易情况如下(单位:亿非洲法郎):

	1988	1989	1990
进口额	1557	1603	1990
出口额	2512	3684	4310
差　额	955	2081	2320

主要出口产品为石油、木材、可可和咖啡。石油占年出口值的80%以上，木材、钻石、糖约占15%。主要出口美国、法国、比利时、意大利等。主要进口运输设备、机电、仪器、金属制品、纺织原料和食品。主要从法国、美国、日本等进口。

【外国资本】外资在刚主要经济部门中占重要地位，约占石油开采业的80%、建筑业的90%、商业的80%。截至1990年，外国在刚投资总额约11009亿非洲法郎。近年来，由于刚经济困难，外资大量减少。

【外国援助】1990年刚接受外援总额约1.96亿美元(单位下同)，其中赠款0.49亿，贷款1.47亿。在外援总额中，双边援助为1.78亿。主要援助国有法国、意大利、前苏联、德国和美国。

人民生活

1991年1月刚政府规定，城市职工最低基本工资每月40800非洲法郎，最高基本工资每月376000非洲法郎。1989年国民收入人均33.39万非洲法郎，物价指数比1988年上涨4.2%。1990年全国有综合医院3所，区县医院13所，医疗中心35个，诊疗所104个，门诊所450个，卫生站341个；各类医务人员5623人，其中医生500多人(包括外国医生100人左右)，助理医生342人，护士1780人。

军　事

独立后组建军队，称刚果武装力量。1966年2月改编为国家人民军。1991年5月恢复刚果武装力量名称。总统为军队最高统帅，政府对武装力量实施行政领导。军事决策机构为内阁会议、国防理事会和防务委员会。内阁会议确定防务政策；国防理事会制定防务总方针；防务委员会确定作战目标，批准作战计划。总理负责执行防务政策。全国划分为7个军区。总参谋长让·马里·穆科科准将。实行义务兵役制，服役期两年。

1990年有正规军8800人，其中陆军8000人，海军300人，空军500人。军事装备主要来自法国和前苏联。

1990年军费开支为286.6亿非洲法郎，占国家预算的11.2%。

文化教育

【教育】是黑非洲文化教育水平较高的国家。1990年教育经费为363.3亿非洲法郎，占当年国家预算的14%。小学实行义务教育制，1990年适龄儿童入学率为99%。在校大、中、小学生共68.4万人，其中小学生64.3万，中学生2.9万。政府积极开展扫盲运动，曾数次在国际上获扫盲奖。恩古瓦比大学是刚果唯一高等学府，包括10个院系，1990年在校学生1.2万人。

【新闻出版】主要报刊有:《星报》，官方法文日报；《刚果画报》，政府机关刊物，法文月刊；《非洲周刊》，教会刊物，现不定期出版。

刚果新闻社:官方通讯社。1960年创建，每日出版法文新闻稿。

刚果电台:官方电台，用法语和刚果语、林加拉语等民族语言广播。独立后改名为刚果革命之声，1991年全国会议后改现名。刚果电视台:官方电视台，1973年建立。

对外关系

对外奉行和平、睦邻友好和不结盟政策。反对种族主义，维护非洲团结和世界和平。强调非洲国家应通过协商对话，和平解决争端。主张在当今世界旧秩序已被打破的情况下，各国和联合国共同努力建立一个民主的、更为人道的国际新秩序。认为外援对非洲的发展至关重要，对非洲日趋边缘化表示关切，要求国际社会和联合国增加对非洲的援助。1992年7月11日，刚果与马耳他建交。

【同我国的关系】1964年2月22日中刚建交，刚是黑非洲地区同我建交较早的国家之一。建交以来，两国关系发展顺利，刚历届总统均曾访华。利苏巴当选总统后，表示愿继续发展和加强同中国的友好合作关系。

1992年10月，外交部部长助理李肇星访问刚果，向利苏巴总统转交了杨尚昆主席的信件。

1992年中刚两国贸易总额为632万美元，其中我国出口588万美元，进口44万美元。

中国驻刚果大使:叶弘良。馆址:BOULEVARD DE MARECHAL LYAUTEY BRAZAVILLE。电话:831122(传达室) 831120(办公室)，电传:0981 HSIN-HUA KG。商务处电话:830063。

刚果驻中国大使:阿尔方斯·穆伊苏·波阿蒂(Mouissou-Pouati Alphonse)。馆址:三里屯东四街七号。电话:5321658。

【同法国的关系】法是刚前宗主国，两国关系密切。1987～1991年法向刚提供双边援助1636.3亿非洲法郎，居外国援刚之首。法还是刚主要贸易伙伴，1991年两国贸易总额达1211.4亿非洲法郎，其中法向刚出口759.6亿非洲法郎，进口451.5亿非洲法郎。法在刚技术人员和侨民有7250人。1982年10月密特朗总统访问刚果。萨苏总统于1984、1987年两次访法。1989年萨苏应邀参加法国大革命200周年庆典。1991年7月米隆戈总理访法。1992年5月10～15日，刚果总理米隆戈访问法国。1992年12月6～8日利苏巴总统访法。

【同美国的关系】1977年刚美复交以来，两国关系逐步发展，经济、贸易往来不断增加。美在刚投资开发石油，近年来成为刚石油主要进口国。1990年美从刚进口970.7亿非洲法郎，出口181.1亿非洲法郎，仅次于法国，居第二位。1986年10月和1990年2月萨苏总统两次访美。1991年12月米隆戈总理访美。

【同前苏联各共和国的关系】刚果与前苏联于1964年建交，关系密切。双方签有文化、科学合作、贸易、航空、经济技术合作协定和友好合作条约。苏联解体后，原苏联驻刚使馆改为俄罗斯大使馆，同时关闭了在黑角的总领馆。1992年3月24日，刚果政府决定，承认波罗的海三国(立陶宛、拉脱维亚和爱沙尼亚)以及俄罗斯联邦等独联体成员国。

【同邻国及其他非洲国家的关系】刚是中部非洲经济关税同盟和经济共同体成员国。同扎伊尔、加蓬、喀麦隆、中非、安哥拉等邻国均保持睦邻友好关系。1992年9月27日，利苏巴总统对科特迪瓦进行了24小时的私人访问。10月4日，利苏巴总统赴加蓬参加第17届法非首脑会议。10月刚果总理努阿拉访问加蓬。12月14～15日，利苏巴总统赴赤道几内亚参加中部非洲关税、经济联盟首脑会议。同月22～23日，加蓬总统、总理对刚果进行了24小时的友好工作访问。

(王同庆)

吉 布 提

国名 吉布提共和国(The Republic of Djibouti, La République de Djibouti)。

面积 23200平方公里。

人口 52万(1992年)。主要有伊萨族和阿法尔族。伊萨族占全国人口的一半，讲索马里语；阿法尔族约占40%，讲阿法尔语。另有阿拉伯人、欧洲人和混血种人。官方语言为法语和阿拉伯语。伊斯兰教为国教，94%的居民为穆斯林。

首都 吉布提市(Djibouti)，人口20万(1986年)。

国家元首 总统哈桑·古莱德·阿普蒂敦(Hassan Gouled Aptidon)，1977年6月24日当选，1981年、1987年连任。

简 况

位于非洲东北部亚丁湾西岸，扼红海进入印度洋的要冲，南界索马里，北、西、南三面与埃塞俄比亚毗连。海岸线全长372公里。主要属热带沙漠气候，内地属热带草原气候，终年炎热少雨。热季平均气温35℃以上，最高可达46℃；凉季平均气温25℃以上。殖民主义者入侵之前，境内由若干分散的苏丹王统治。1850年法国开始入侵，1888年占领全境。1896年成立“法属索马里”殖民地政府。1946年为法国海外领地之一。1975年12月31日，法宣布同意吉布提独立。1977年6月27日宣告独立，定名为吉布提共和国。

政 治

1992年吉政局激烈动荡。1月21日，古莱德总统发布命令，成立宪法起草委员会。2月6日，古莱德总统发表谈话说吉已确定实行民主化和多党制，要求武装叛乱集团放下武器。10日，政府军和安全部队击退武装叛乱集团对约博基镇的进攻。24日，武装叛乱集团500多人再次进攻约博基镇，又为政府军击退。7月9日，古莱德总统决定大赦1986年9月7日判刑的5名反对派人士。8月8日，执政党争取进步人民联盟举行特别代表大会，通过了适应多党制新形势的新党章。9月4日，吉就新宪法草案举行公民投票，结果该宪法草案以97%的压倒多数通过。10日，国民议会通过政党法和选举法。27日，争取进步人民联盟和民主革新党申请注册获批准。10月2日，民主革新党宣布成立。15日，全国民主党申请注册获批准。17日，古莱德总统发布命令，将订于11月20日举行的议会选举推迟至12月18日。10月23日，全国民主党正式成立。12月18日，吉举行议会选举，争取进步人民联盟和民主革新党参加竞选，全国民主党抵制选举。结果争取进步人民联盟获74.5%的选票，赢得了议会中全部65个席位。

【宪法】现行宪法于1992年9月4日经全民公决通过并颁布实施。宪法规定总统由全民直接秘密投票选举产生，任期6年，不能连任两届以上；并规定总统职位空缺时，由最高法院院长代理国家元首职务，并在30天至45天之内选出新总统。宪法还规定，政党必须非种族化、非部族化、非宗教化和非地区化。

【议会】国民议会为国家最高立法机构。议员由普选产生，任期5年，共65名。本届议会于1992年12月18日选举产生。议长阿卜杜卡德尔·瓦贝里·阿斯卡尔(Abdoulkader Waberi Askar)，1987年和1992年底两次连任。

【政府】总统兼政府首脑。本届政府于1987年11月23日组成，1990年11月、1991年5月两次改组，现政府主要成员有：总理兼计划和领土治理部长巴尔卡特·古拉特·哈马杜(Barkat Gourad Hamadou)，外交和合作部长穆明·巴敦·法拉赫(Moumin Bahdon Farah)，内政、邮电部长艾哈迈德·布拉莱·巴拉赫(Ahmed Boullaleh Barreh)，国防部长伊斯梅尔·阿里·尤素福(Ismael Ali Youssouf)，财政经济部长穆萨·布拉莱·罗布莱(Moussa Bouraleh Robleh)，卫生和社会事务部长伊德里斯·阿尔比·法拉(Idriss Harbi Farah)。

【司法机构】司法权由独立的司法官行使，并由代表人民的审判员协助。最高法院院长法拉赫·阿里·瓦贝里，检察长萨阿德·艾哈迈德·舍赫。

【政党】有3个合法政党。(1)争取进步人民联盟(Rassemblement Populaire pour le Progres)：1979年3月4日成立。主席哈桑·古莱德·阿普蒂敦。

(2)民主革新党(Parti Du Renouveau Democratique)：1992年10月2日成立。领袖穆罕默德·贾马·厄拉贝。

(3)全国民主党(Parti National Democratique)：1992年10月23日成立，领袖阿当·罗布勒·阿瓦勒(Aden Robleh Awaleh)。

【重要人物】**哈桑·古莱德·阿普蒂敦**：总统兼政府首脑、争取进步人民联盟主席。1916年10月生于吉布提市。伊萨族人。年轻时作过护士和承包商。1950年起先后当选为法国国民议会议员，吉代议委员会委员、副主席，领地议会议员，领地政府委员会副主席。自1975年组建非洲人民争取独立联盟(吉独立后改称争取进步人民联盟)至今，一直任主席。1977年2月当选为吉议会议员、政府委员会主席。　**巴尔卡特·古拉特·哈马杜**：总理，争取进步人民联盟第一副主席。1930年生于吉布提市。阿法尔族人。年轻时为技术工人。1958年起任领地议会议员，领地政府教育、卫生部长和法国参议员等职。1977年5月当选为国民议会议员。1979年起历任争取进步人民联盟中央委员、中央执委、政治局委员和第一副主席。

经　济

联合国宣布的最不发达国家之一，资源贫乏，自然条件差，经济十分落后。工农业基础薄弱，95%以上的农产品和工业品依靠进口，90%以上的建设资金依靠外援。服务行业在经济中占主导地位，占国内生产总值的79.1%。1991年以来，受海湾战争、索马里内战和吉北部战乱的影响，经济形势恶化。1992年，由于吉北部战乱和邻国埃塞俄比亚、索马里难民大量涌入，经济更加困难。

国内生产总值(1989年)：4.03亿美元。

人均国内生产总值(1989年)：179美元。

货币名称：吉布提法郎；1吉法郎＝100生丁。

汇率(1991年12月10日)：1美元＝168.50吉布提法郎。

通货膨胀率(1986年)：19.3%。

失业率(1992年)：43.5%。

【资源】资源贫乏，主要有盐和地热资源，还有少量未开发的铁、铜、冰洲石、石膏等。盐总储量为20亿吨，已开发。地热正着手开发。

【工业】1989年工业产值占国内生产总值的18.1%。有制造业、建筑业以及矿泉水、机械修配、船舶修理、炼油、制革、发电等小型工业。

【农牧业】农业产值占国内生产总值的2.8%(1989年)。以畜牧业为主。1990年有牛7.3万头，绵羊41.6万只，山羊50.2万只，骆驼5.9万峰。全国有500多农户，可耕地6000公顷，已耕地407公顷，其中70公顷可灌溉。主要种植玉米、蔬菜、水果和椰枣。粮食不能自给，每年从欧共体、法国、日本等国接受1.2万吨粮食援助。1989年蔬菜产量1572吨。1990年捕鱼量900吨。

【旅游业】政府重视发展旅游业。有9家旅馆，共440个房间。1989年游客约4.08万人。主要旅游景点有阿萨尔湖、阿贝湖、古拜特·阿尔·卡拉卡魔渊、阿尔都巴火山、达依原始森林、朗达兴奔古瓦莱瀑布、塔朱腊海上乐园等。

【交通运输】在经济中占重要地位。吉布提港是东非优良海港之一，现有14个泊位，其中13个为远洋泊位。1991年约有830艘船停靠，年卸货量148.2万吨。1991年港口赢利4.8亿多吉法郎。

吉布提与埃塞俄比亚首都有铁路相通，全长781公里，吉境内长约106公里。全国有公路2905公里，其中沥青路281公里。吉布提国际机场可起降大型客、货机，是前往法国及乌干达等非洲内陆国家的中转站。1991年吉布提航空公司飞行10条国际航线。

【财政金融】1990年财政预算执行结果为：经常性收入216.3亿吉布提法郎，支出231亿吉法郎，赤字14.7亿吉法郎。

【对外贸易】主要进口粮食、纺织品、机械设备、电器产品、运输材料等。出口商品包括食盐、牲畜、皮张等。主要贸易伙伴为法国、埃塞俄比亚、日本、意大利、沙特阿拉伯、美国、泰国等。法国分别占吉进口额和出口额的30%和50%左右。近几年对外贸易情况如下(单位：百万美元)：

	1989	1990	1991
出口额(离岸价格)	41.8	48.5	54.5
进口额(到岸价格)	196.5	214.8	376
差　额	－154.7	－166.3	－321.5

(资料来源：国际贸易基金组织贸易数字指南)

【外国援助】1991年吉布提接受各种外国援助约7420万美元。法国援额约占总数的35%。提供援助的还有欧共体、意大利、卢森堡、沙特阿拉伯、挪威、瑞士以及世界银行、联合国儿童基金会等国际组织。

人民生活

1990年估计平均寿命48岁。1990年婴儿死亡率11.4%。10.7%的儿童严重营养不良。全国有6所医院，36个医疗站，1838张床位，可满足80%的居民就医需要。1991年艾滋病患者达3500人。从1980年7月1日起，政府规定最低周工资不得低于15860吉法郎。

军　事

武装部队于1977年6月6日建立。实行志愿兵役制。总统为武装部队总司令。

总兵力3030人，其中陆军160人，编成1个炮兵团、1支边防部队和1个装甲连；海军60人；空军100人。另有宪兵1200人，国家治安部队1400人。

文化教育

【教育】吉布提学制为小学6年，中学7年。采用法国教育制度、教育法和教科书。1990年有小学66所，学生3.06万，教师707人；中学16所，中学生7838人，教师307人；另有495人在国外接受高等教育。妇女的91%和男子的85%为文盲。吉政府已制定扫盲计划，第一期（1991～1992年）招收4300名妇女。

【新闻出版】《民族报》，唯一的官方法文周报，每星期四出版，每期发行4300份（1991年）。《官方公报》（法文）为不定期出版的政府刊物。

吉布提广播—电视台用法语、索马里语、阿法尔语和阿拉伯语广播。电视台每晚播出综合节目。1980年建成的地面卫星通讯站，可转播法国和邻国电视节目。

对外关系

奉行中立、不结盟和睦邻友好政策，主张与世界各国在平等的基础上合作，反对霸权主义，主张通过和平方式解决争端，重视发展同邻国的关系，积极促进地区和平与合作。强调非洲之角要保持“和平、稳定和安全”，积极调解有关国家的矛盾。主张阿拉伯国家加强团结，支持阿拉伯国家和巴勒斯坦人民的正义斗争，承认巴勒斯坦人民的正当权利，反对以色列的侵略扩张政策。支持召开中东和会，对和会持乐观态度。已同50多个国家建有外交关系。1992年10月，吉当选为联合国安理会非常任理事国。

【同我国的关系】1979年1月8日中、吉两国建交后，两国友好关系顺利发展。1979年12月和1991年3月古莱德总统两次访华。吉方访华的还有议长阿斯卡尔（1981年）、外交和合作部长穆明·巴敦·法拉赫（1986年）等。中方访吉的有：姬鹏飞副总理（1980年）、城乡建设部部长芮杏文（1985年）、杨福昌副外长（1990年）等。

1992年我国向吉布提出口商品总额为1590万美元，进口额1万美元。两国政府签有文化和经济技术合作协定。

中国驻吉布提大使：杨永瑞。馆址：LOT V LOTISSEMENT DU HERON DJIBOUTI。电话：350404。电传：CHINA DJI，5926，DJ。地区号：00253。

吉布提在华无使馆。

【同法国的关系】法国是吉最大的援助国，1991年向吉提供预算补贴3100万法国法郎，另提供特别援助和各类经援分别为5000万和7300万法国法郎，总计约合2500余万美元，其中90%为赠款。法在吉各部门（外交部除外）派有顾问，在吉有3800～4500名法国驻军。1992年11月，吉总统古莱德访法。4月，吉外长穆明访法。

【同埃塞俄比亚的关系】两国关系友好，签有友好合作协定和农业科技合作、埃、吉培训吉农艺人员和牧业合作等议定书。1991年初，门格斯图政权被推翻后，埃新政府重视同吉发展关系。埃副外长、内政部副部长等先后访吉。1991年11月4～6日和1992年1月，古莱德总统访埃。吉、埃（塞）铁路是吉经济命脉，埃塞俄比亚3/4的进出口货物通过吉港，吉所需农产品大部分从埃塞俄比亚进口。

【同索马里的关系】两国之间签有友好条约和渔业、文化协定，畜牧业合作协议，农业科技协议，港口及航海条约，航空条约等。1991年1月索马里西亚德政权被推翻后，吉积极调解索马里各派冲突，并分别于6、7月在吉召集了两次索马里和解会议。吉、索陆海边界曾于1989年3月关闭，1991年10月9日重新开放。吉支持联合国安理会向索马里派兵保护人道主义援助的794号决议。

【同美国的关系】美国每年向吉布提提供总额为400～500万美元的财政和军事援助。1991年4月23～27日，古莱德总统首次访美。　（王　原）

几　内　亚

国名　几内亚共和国（The Republic of Guinea，La République de Guinée）。

面积　245857平方公里。

人口　707万（1991年）。全国有20多个部族，其中富尔贝族（亦称富拉族或颇耳族）约占全国人口的30%，马林凯族（又称马宁加族）约占30%，苏苏族约占16%。各部族均有自己的语言，主要通用语有布拉尔语、马宁加语和苏苏奎伊语；官方语言为法语。全国约85%的居民信奉伊斯兰教，10%信奉原始宗教，5%信奉天主教和基督教新教。

首都　科纳克里（Conakry），人口约95万（1991年）。

国家元首　共和国总统、政府首脑兰萨纳·孔戴少将（Lansana Conté），1984年4月5日就任。

简　况

位于西非西岸，北邻几内亚比绍、塞内加尔和马里，东接科特迪瓦、南界塞拉利昂和利比里亚，西濒大西洋，海岸线长约352公里。沿海地区为热带季风气候，内地为热带草原气候。年平均气温为24～32℃。9～15世纪，为加纳王国和马里帝国的一部分。15世纪葡萄牙殖民主义者开始入侵。1885年被柏林会议划为法国势力范围，1893年被命名为法属几内亚。19世纪后期，萨摩利·杜尔建立了乌拉苏鲁王国，坚持抗法斗争。20世纪初，阿尔法·雅雅领导了大规模反法武装起义。1958年9

月28日，通过公民投票反对法国戴高乐宪法，拒绝留在法兰西共同体内。同年10月2日正式宣告独立，成立几内亚共和国，塞古·杜尔任政府首脑，1961年起任总统。

政治

1984年3月底塞古·杜尔总统逝世。4月以兰萨纳·孔戴上校和迪亚洛·特拉奥雷上校为首的军人成立国家复兴军事委员会，接管了国家最高权力，宣布成立几内亚第二共和国，组成新政府，孔戴任总统，特拉奥雷任总理。12月国家复兴军事委员会和政府改组，解除特拉奥雷的总理职务。1985年7月挫败特拉奥雷发动的政变。12月再次改组国家复兴军事委员会和政府。随后解散议会，终止宪法，取缔几内亚民主党；改行自由经济，进行经济调整和改革。1990年12月23日，举行公民投票，通过了根本法。1991年1月，宣布解散国家复兴军事委员会，成立新的国家最高权力机构“全国复兴过渡委员会”。12月颁布了依据根本法制定的政党、新闻、选举和司法等12个专门法律。1992年初，由于失业和部族矛盾等原因在首都和几个内地城市曾发生局部骚乱。2月6日孔戴总统颁布法令改组政府。4月，政党法实施，实行多党制。

【宪法】1990年12月举行公民投票通过根本法。根本法规定，几内亚实行总统制，总统兼国家元首和政府首脑。总统由普选产生，任期5年，可连任两届。

【议会】称“全国复兴过渡委员会”，最高权力机构，1991年1月成立。其职责是“负责指导国家总政策，执行国家复兴计划”。1992年1月8日改组后由15人组成，秘书长索里·东布雅(Sory Doumbouya)。

【政府】本届政府是孔戴政权的第七届政府。1992年2月6日组成，成员18人。主要成员有：总统、政府首脑兰萨纳·孔戴少将，外交与国际合作部长伊卜拉依马·西拉(Ibrahima Sylla)，总统府国防部长阿卜杜拉赫曼·迪亚洛中校(Abdourahamane Diallo)，内政与安全部长勒内·阿尔塞尼·戈麦兹(René Alsény Gomez)，计划与财政部长索里巴·卡巴(Soriba Kaba)，司法掌玺部长萨利夫·西拉(Salifou Sylla)，农业和畜牧资源部长伊卜拉依马·索里·索(Ibrahima Sory Sow)，自然资源、能源与环境部长图马尼·达昆·萨科(Toumani Dakoun Sakho)，领土整治部长伊卜拉依马·迪亚洛少校(Ibrahima Diallo)，高等教育和科学研究部长夏尔·帕斯卡尔·托尔诺(Charles Pascal Tolno)，中、小学教育和职业培训部长迪亚洛·阿依沙·巴(Diallo Aicha Bah，女)，公共卫生与社会事务部长马迪贝·福法纳(Madigbe Fofana)，通讯部长法苏·让·克洛德上尉(Fassou Jean Claude)，青年、文化、艺术和体育部长迪亚塞尼·多朗克·阿西法特(Diasseny Dorank Assifat)，行政改革、公职和劳动部长法苏·鲁阿·勒内(Fassou Loua Rene)，工业和中、小企业部长马马杜·博依·巴里(Mamadou Boye Barry)，贸易、交通和旅游部长南泰宁·卡马拉(Nantenin Camara，女)，公共卫生和社会事务部负责妇女和儿童培训的国务秘书马卡雷·卡马拉(Makale Camara，女)。

【司法机构】全国设普通法院和特别法院。普通法院包括最高法院、上诉法院、初审法院和治安法院。最高法院下设诉讼、行政、经济财政和立法4个法庭。特别法院包括特别最高法庭、军事法庭和劳动法庭。最高法院院长拉明·西迪梅(Lanine Sidine)。

【政党】1984年4月孔戴政变上台后，取缔执政党——几内亚民主党，并禁止一切政党活动。1992年4月，实行多党制。现有42个合法政党。主要有：几内亚人民联盟、几内亚复兴进步党、争取新共和同盟，由长期旅居国外的反对派知识分子组成；几内亚进步党、几内亚民主党，由杜尔时期的一些部长组成；几内亚人民党、全国进步联盟、几内亚统一进步党，由现政权官员组成。

【重要人物】兰萨纳·孔戴：共和国总统、国家元首兼政府首脑。苏苏族，1934年生于科亚，信奉伊斯兰教。曾在科特迪瓦和塞内加尔军校学习。1955年6月至1958年10月在法国军队中服役。1959年3月起在几内亚军队中供职，并参加过几内亚比绍和佛得角抗葡解放战争。60年代曾任总参谋部秘书长、国库出纳官、恩泽雷科雷第四营和金迪亚第二营副营长等职。1970年11月抗击葡萄牙雇佣军入侵时，任保卫首都科纳克里的军事指挥官。此后曾任几内亚人民军博凯军区司令和陆军副参谋长。1984年4月3日政变后任国家复兴军事委员会主席，4月5日出任总统，12月兼任政府首脑。1990年4月晋升为少将。1992年1月辞去全国复兴过渡委员会主席职务。

经济

农业国，工业基础薄弱，被联合国列为世界最不发达国家之一。1984年4月军政权执政后推行自由经济，调整经济结构，颁布新投资法，鼓励发展私人经济，强调优先发展农业。1985年12月在世界银行和国际货币基金组织支持下实施“货币和经济改革计划”。1986年1月6日发行新货币几内亚法郎。近几年经济有较大发展，1989年国内生产总值比1988年增长4.3%，1990年增长率为4.7%。现正实施《1990～1992年三年投资计划》，重点是农业和基础设施。1991年4月与世界银行和国际货币基金组织签订了《进一步深化结构调整协议》。

国内生产总值(1990年)：18850亿几内亚法郎。

人均国内生产总值(1990年)：27万几内亚法郎。

国内生产总值增长率(1992年)：3.5%。

货币名称：几内亚法郎。

汇率(1991年12月31日)：1美元＝934几内亚法郎。

通货膨胀率(1992年)：19%。

【资源】地下资源丰富，素有“地质奇迹”之称。铝矾土储量估计为180亿吨，占世界总储量的2/3，已探明储量约90亿吨，年产量居世界第二位，品位高达58～62%。铁矿石储量估计为150～400亿吨，品位高达70%。钻石储量为4亿克拉。黄金及一些稀有金属的蕴藏量也相当丰富。水力资源极为丰富，年发电量可达630亿度。东南部有大片原始森林。沿海渔业资源也较丰富，近海浅层水域鱼的蕴藏量为23万吨，深海区蕴藏量约100万吨。

【工矿业】工业基础薄弱，制造业不发达，其产值仅占国内生产总值的3.6%(1990年)。主要工业部门有卷烟、食糖、饮料、纺织、家具、铝瓦等。独立后陆续建成40余家国营企业，至1990年，绝大多数被关闭或私有化；现有的七八家较大的企业多为合资或外商独资。矿业是较为重要的经济部门，1990年产值4740亿几内亚法郎，占国内生产总值的24%。矿产品出口约占出口总额的90%。主要矿业公司有博克、弗里亚、金迪亚三大铝矿和阿雷多尔黄金钻石开采公司等，共有职工9000余人。近几年主要矿产品产量如下：

	1988	1989	1990
铝矾土(万吨)	1680	1750	1753
氧化铝(万吨)	59.5	62.4	64.2
钻石(万克拉)	15.01	13.01	14.66
黄金(吨)	8.17	1.03	1.247

(资料来源：1992/93年经济季评)

【农牧林渔业】1990年4项产值5510亿几内亚法郎，占国内生产总值的27.8%，其中农业产值为4220亿几内亚法郎，占国内生产总值的21.3%。农村人口占全国人口的75%。可耕地约750万公顷，已耕地200万公顷。粮食不能自给。主要粮食和经济作物产量如下(单位：万吨)：

	1988	1989	1990
玉米	8	10.8	10
高粱	3.4	3.4	3.4
稻谷	52.1	42.6	50
木薯	40	35.8	45
香蕉	11	11	11
菠萝	3	3.6	3.6
棕榈油	4.5	4.7	5
花生	5	4.5	5.2
咖啡	0.9	1	0.69

(资源来源：同上)

1990年畜牧业和渔业产值为810亿几内亚法郎，占国内生产总值的4.1%。1990年牲畜存栏数为：牛180万头，羊192万只，猪5万头，鸡1300万只。1991年捕鱼量10万吨。

全国森林面积1400万公顷，其中原始森林1000万公顷，人造林400万公顷。1990年林业产值480亿几内亚法郎，占国内生产总值的2.4%。

【旅游业】目前有4家大型饭店，全国共有客床2000张。

【交通运输】内陆交通不发达，以公路运输为主。近年来交通运输情况如下：

铁路：总长1046公里。有4条铁路干线，其中3条为通往矿区的专用线。

公路：总长1.4万公里。其中全年可通行的公路4500公里(其中沥青路面1300公里)，支路9450公里。各种车辆约10万辆。

水运：科纳克里港为西非最大海港之一，1990年吞吐量约520万吨。卡姆萨深水港为博克铝矿专用港，年吞吐量约1000万吨。

空运：科纳克里机场为国际机场，全国另有12个国内机场。几内亚航空公司经营不定期航线。

【财政金融】国家财政预算连年赤字。近几年来财政收支情况如下(单位：亿几内亚法郎)：

	1988	1989	1990
收入	1893	2666	3583
支出	2713	3349	4055
赤字	820	683	472

(资料来源：1991/92年经济季评)

截至1987年底，外汇储备为3550万美元。1989年国际收支逆差1亿美元。截至1990年底，外债总额达24.96亿美元，占国内生产总值的89.7%，偿债率为8.3%。

【对外贸易】主要贸易伙伴是法国、美国、比利时、德国、意大利、巴西和西班牙等国。近几年对外贸易情况如下(单位：万美元)：

	1989	1990	1991
进口额	58900	69300	72800
出口额	69900	78800	79800
差　额	11000	9500	7000

(资料来源：1992/93年经济季评)

主要出口产品有：铝矾土、氧化铝、钻石、黄金和咖啡等。近几年主要出口产品收入如下(单位：万美元)：

	1988	1989	1990
铝矾土	36100	40700	44800
氧化铝	9300	13000	16300
钻石	9900	6400	7000
黄金	3400	4000	4600
咖啡	1600	2300	2200

(资料来源：同上)

主要进口商品有石油和化工制品、大米、面粉、机械设备、建筑材料、纺织品、交通运输器材及日用品等。

主要贸易对象及占总额比例(%)：

出口	1990年	进口	1992年
美国	23.3	法国	35.8
法国	13.9	美国	9.3
德国	13.9	比利时—卢森堡	8.7
西班牙	12.9	德国	6.2
爱尔兰	8.9	意大利	4.7
		香港	4.5

【外国援助】1990年获得外援3.13亿美元(单位下

同)，其中双边援助 1.63，多边援助 1.5。双边援助法国提供 0.93，德国 0.2，意大利 0.13，日本 0.09，美国 0.07。国际开发协会提供多边援助 0.52，欧共体 0.3，联合国开发计划署 0.12。

人民生活

1990 年 3 月，公职人员工资提高 10%。同年 4 月，提高教师和公职人员的津贴，其中教师收入提高 40～91%。现公职人员年均工资收入为 1730 美元。消费品物价指数以 1988 年为 100 计算，1989 年为 126，1990 年为 160，1991 年为 179。全国有 8 所一级医院，29 所地方医院和 101 个卫生中心。全国仅有 13%的人口可以得到医疗服务，平均每 1 万人拥有 1 名医生，每 2477 人 1 张病床。人均寿命男性为 41 岁，女性为 44 岁。全国有电话机 1.8 万部，其中 2/3 集中在首都科纳克里。电话拥有率为每百人 0.32 部。

军　事

人民军成立于 1958 年 11 月。总统兼任武装力量总司令，通过人民军部(即国防部和安全部)和总参谋部领导三军参谋部和各军区。实行义务兵役制，服役期 2 年。三军总参谋长费南多·蒂亚尼上校。1989 年国防开支估计为 2700 万美元。

总兵力 9700 人。陆军 8500 人，编有装甲营、步兵营、炮兵营、特种部队营、高炮营等 11 个营；海军 400 人；空军 800 人。另有宪兵 1000 人，共和国卫队 1600 人。

文化教育

【教育】1984 年 5 月起实行教育改革，规定法语为教学语言，允许私人开办学校。全国有小学 2085 所，中学 232 所，中小学在校学生 37.4 万人；职业技术学校 30 所，在校学生 5656 人；高等院校 16 所，在校学生 6245 人。科纳克里大学是最高学府，1962 年建立，分社会科学、自然科学和生物科学 3 个学科。适龄学生入学率小学为 61%，中学为 21%，大学为 8%。成人文盲率为 75%。

【新闻出版】《自由报》为官方法文报纸，每周出版 3 期。

几内亚通讯社为官方通讯社。几内亚广播电台为官方电台，每天用法语、布拉尔语、马宁加语和苏苏奎伊语等对内广播，用英语和法语等对外广播。几内亚电视台为官方电视台，自 1977 年开始播放节目。

对外关系

奉行不结盟和全面开放的对外政策，坚持维护民族独立和国家主权，重视非洲团结和非洲经济一体化；主张尊重各国主权和领土完整，反对干涉别国内政，注意睦邻友好和发展区域合作；赞同“南北对话”和“南南合作”，呼吁建立国际经济新秩序；强调外交为发展服务，愿同世界上所有国家和国际组织合作，积极寻求国际支持和援助。认为以色列的扩张主义是中东不稳定的根源，只有承认巴勒斯坦人民在巴解组织领导下成立独立国家的权利，中东问题才能得到解决。认为中东和平会议是寻求解决冲突可行的途径。已承认巴勒斯坦国。几在利内战中保持中立，呼吁利交战各方实现停火，主张通过全国和解与和平谈判的方式解决冲突，支持西非国家经济共同体为恢复利和平所作的努力。现约有 35 万利难民滞留在几内亚。支持南非黑人反对种族歧视的正义斗争，认为在彻底根除种族隔离制度以前，国际社会应继续对南非政权实行制裁。认为没有一项置于有效国际监督的、始终如一的全面彻底裁军政策，维护和平是不可能的；希望多边裁军机构应继续努力，以便在裁军尤其是核武器和化学武器的裁减方面取得更为充实的成果。几已同 110 多个国家建立了外交关系。

【同我国的关系】1959 年 10 月 4 日建交以来，两国友好合作关系发展顺利。两国签有中几友好条约和经济、贸易、卫生、文化及技术合作等协定。杜尔总统、孔戴总统都曾访华。周恩来总理、陈毅副总理兼外长、耿飚副总理和黄华副总理兼外长等先后访几。

1992 年 9 月和 11 月几外交和国际合作部长伊卜拉依马·西拉、国防部长迪亚洛先后访华。1 月，国务委员兼外交部长钱其琛访问几内亚。4 月 15 日，杨尚昆主席在朝鲜平壤会见孔戴总统。1992 年两国贸易总额为 3090 万美元，其中中国出口 3073 万美元，进口 16 万美元。

中国驻几内亚大使：江翔。馆址：DONKA，CONAKRY。电话：44-48-35，商务处电话：461340。

几内亚驻中国大使：阿布·卡马拉（Abou Camara）。馆址：三里屯西 6 街 2 号。电话：5323649。

【同法国的关系】1963 年建交。1965 年几指责法与“反几阴谋”有牵连，双方撤回大使。1975 年两国复交。1984 年 4 月几军人执政以来，两国关系发展迅速。1986 年法总统密特朗访几。1989 年孔戴总统访法。法为几最大出资国。1985～1991 年法向几提供 5000 亿几内亚法郎的援助，并免除全部债务。1992 年 1 月法国负责非洲事务的总统特别顾问戴博塞访几。

【同美国的关系】杜尔总统曾 4 次访美，并在美病逝。1988 年 10 月，孔戴总统赴美进行私人访问。1990 年美国国际开发署向几提供 2800 万美元的援助。1991 年美向几提供 1000 万美元的赠款和 4300 万美元的援助贷款。1992 年 1 月，美国负责非洲事务的副国务卿科恩访几。

【同其他非洲国家和邻国的关系】重视发展同邻国的友好合作关系，与周边国家高层往来频繁。同塞拉利昂一直保持良好关系。1986 年同塞拉利昂、利比里亚签订了“互不侵犯和安全合作条约”。1978 年分别与科特迪瓦和塞内加尔重新互派大使并签订友好合作条约。1980 年因领海划分同几内亚比绍发生纠纷，1985 年经国际法院仲裁解决。　　　　（王　勇）

几内亚比绍

国名 几内亚比绍共和国(The Republic of Guine-Bissau, República da Guiné-Bissau)。

面积 36125平方公里。

人口 110万(1991年)。有13个部族,其中巴兰特族、富拉族、曼丁加族、曼雅科族和巴贝尔族占全国人口的80%。官方语言为葡萄牙语。通用克里奥尔语(无文字)。63%的人信奉拜物教,36%信奉伊斯兰教,其余信奉天主教。

首都 比绍(Bissau),人口19万(1991年)。

国家元首 国务委员会主席兼政府首脑和人民武装部队最高统帅若奥·贝尔纳多·维埃拉(João BernardoVieira),1984年5月16日就职,1989年6月20日连任。

简　况

位于非洲西部,包括比热戈斯群岛等岛屿。大陆部分北接塞内加尔,东、南邻几内亚,西濒大西洋。海岸线长约300公里。属热带海洋性季风气候,全年高温,年平均气温约25℃。1446年葡萄牙殖民者侵入博拉马岛。1879年沦为葡殖民地,1951年定为"海外省"。1973年9月24日,几内亚比绍共和国在解放区宣告成立并颁布宪法。翌年9月葡予以承认,并于10月撤出全部占领军。1980年11月14日部长会议主席维埃拉发动"调整运动",推翻卡布拉尔政府,成立革命委员会,自任主席。

政　治

1991年1月21日在几佛独立党第二次特别代表大会上,提出深化民主和实行多党制的方针。5月几比全国人民议会特别会议通过了取消宪法中关于几佛独立党为唯一政党的条款,并通过了建立多党制的法律。12月26日在几佛独立党第五次全国代表大会上,宣布1992年举行总统和立法选举。因财政原因,选举推迟。

【宪法】1984年5月17日通过的现行宪法为第三部宪法,规定几比是民主、世俗、统一的反帝、反殖的主权共和国,全国人民议会是国家最高权力机关,国务委员会主席是国家元首、政府首脑和武装部队最高统帅。

【议会】全国人民议会行使立法权,就国内外重大问题制定法律,并负责监督国家法律的执行。国务委员会是全国人民议会常设机关,在议会闭会期间,行使议会职权。本届议会于1989年6月产生,任期5年,由150名议员组成,其中1/3由几佛独立党中央指定,2/3由各省选举产生。议长迪亚戈·阿莱路亚·洛佩斯(Tiago Aleluia Lopes),1989年6月20日就任。

【政府】本届政府于1989年7月20日组成,1992年10月26日改组,其主要成员如下:国务委员会主席兼政府首脑若奥·贝尔纳多·维埃拉,总理卡洛斯·科雷亚(Carlos Correia),外交和合作部长贝纳迪诺·卡尔多佐(Bernardino Cardoso),司法部长马马多·皮雷斯(Mamadu Saliu Djalo Pires),领土管理部长曼努埃尔·马内(Manuel Mane),财政部长菲林多·巴罗斯(Filinto Barros),农村发展和农业部长马里奥·卡布拉尔(Mario Cabral),渔业部长爱德华多·费尔南德斯(Eduardo Fernandes),商业和工业部长亚苏马内·马内(Assumane Mâne),卫生部长恩里克达·戈麦斯(Henriqueta Godinho Gomes),国家教育部长亚历山大·富尔塔多(Alexandre Furtado),社会事务和妇女进步部长弗朗西斯卡·佩雷拉(Francisca Perreira),公共工程部长阿尔贝托·戈麦斯(Alberto Lima Gomes),运输和通讯部长路易斯·桑卡(Luis Oliveira Sanca),国防部长桑巴·马内(Samba Lamine Mane),内政部长阿布巴卡尔·巴尔德(Abubacar Balde)。

【司法机构】最高法院是最高司法机关,国家检察院是最高检察机关,最高法院院长和总检察长均由国务委员会主席任命。最高法院院长若奥·奥里热梅·克鲁斯·平托(João Aurigeme Cruz Pinto)。总检察长马里奥·埃内斯托·塞梅多·洛佩斯(Mario Ernesto Semedo Lopes)。

【政党】有3个主要政党。

(1)几内亚和佛得角非洲独立党(Partido Africano da Independencia da Guiné e Cabo Verde):执政党。创建于1956年9月19日。1977年11月确定为几内亚比绍和佛得角两国共同的政党。1981年1月佛得角另立新党,11月几比党决定沿用原名,从此两国一党的状况宣告结束。1991年1月决定开放多党政治。总书记维埃拉。

(2)几比社会民主统一党(O Partido Unico Social Democratico-PUSD):反对党。创建于1991年5月30日,现有17300多名党员。领导人维克托·萨乌德·马里亚(Victor Saude Maria)。

(3)几内亚比绍抵抗运动—巴法塔运动(O Movimento BAFATA):简称"抵运",反对党。创建于1986年7月27日,1991年12月成为合法政党。有党员8万余人。"抵运"与其他4个已经合法登记的组织组成"民主论坛",协调反对独立党政府的一些行动,"抵运"任"论坛"主席。领导人戈麦斯(Domingos Fernandes Gomes)。

【重要人物】若奥·贝尔纳多·维埃拉:国务委员

会主席、几佛非洲独立党总书记。1939年生于比绍市，巴贝尔族。中学毕业后当过电工。1960年加入几佛独立党。1961年曾来中国学习。1962年后历任南部卡提约行政区军事负责人、南线部队司令、战争委员会副主席兼全国作战负责人、独立党常设书记处成员、人民议会议长、临时政府武装部队部部长、斗争执行委员会常委、独立党几比全国委员会主席。1978年10月任总理，1980年任革委会主席，1981年11月当选几佛独立党总书记。1982年5月兼任武装部队部部长和内政部长。1984年5月当选国务委员会主席，1989年6月连任。

经　济

农业国。是联合国公布的最不发达国家之一。近几年来，政府采取了优先发展农业，调整工业和基建项目，改革商业体制，整顿国营企业，鼓励私人资本等措施。1987年4月，在国际货币基金组织的支持下，制订了经济结构调整三年计划，实行更为自由化的经济政策，并取得一些成效。

国内生产总值(1991年)：5700亿比索。

人均国内生产总值(1991年)：518181比索。

国内生产总值增长率(1991年)：6.0%。

货币名称：比索。

汇率(1992年8月10日)：1美元＝4993比索。

通货膨胀率(1991年)：50%。

【资源】主要矿藏有铝矾土(蕴藏量2亿吨)，磷酸盐(储量约1亿吨)。沿海有石油。森林覆盖率约为56%。渔业资源丰富。

【工业】基础薄弱，工业产值约占国民生产总值的8%。全国约有企业70家，职工5600名。以农产品和食品加工业为主，其中碾米、花生脱壳、榨油和木材加工约占工业总产值的75%。

【农牧渔业】农业产值占国民生产总值的50%以上，农业人口约占全国人口的90%，农村劳动力45万。可耕地约90万公顷，已耕地45.4万公顷。近年主要农产品产量如下(单位：万吨)：

	1988	1989	1990
水稻	14.5	16.2	16.0
杂粮	8.0	8.2	9.1
花生	3		
棉花	0.2		
棕榈仁	1.4		

(资料来源：1992年经济季评)

畜牧业产值约占国民生产总值的15%，全国约有300万公顷牧场，20%的农业人口以牧业为主。1988年家畜存栏数如下：牛34万头、猪29万头、绵羊20.5万只、山羊21万只。

沿海地区以捕鱼为业的人口约有4000～5000人，年捕捞量达25～35万吨。海产品出口和向外国人发放捕鱼许可证是几比外汇收入的重要来源。

【交通运输】无铁路，以公路和水运为主，内河和近海航运占有重要地位。

公路：总长2600多公里，其中二级、三级公路(沥青路面)约550公里。

水运：内河和近海航运通航里程达1800多公里；主要港口比绍港，年吞吐量约50万吨。

空运：首都附近有奥斯瓦尔多·维埃拉国际机场，可供波音747等大型飞机起降；拥有中型客机两架，每周有定期航班往返塞内加尔、佛得角和几内亚。

【财政金融】财政困难，连年赤字。1989年财政预算收入为1200.81亿比索，财政支出为1363.78亿比索，赤字162.97亿比索。截至1991年，外债总额达6.20亿美元。

【对外贸易】外贸连年逆差。近年外贸情况如下(单位：亿美元)：

	1989	1990	1991
出口额	0.017	0.021	0.017
进口额	0.078	0.087	0.063
差　额	－0.061	－0.066	－0.046

(资料来源：1992年第三期经济季评)

主要出口产品为腰果、花生米、原木、鱼产品等，主要进口商品是运输设备、建材、粮食、燃料和润滑油等。主要贸易伙伴是葡萄牙、英国、南斯拉夫、日本、意大利、泰国、荷兰等国家。

人民生活

全国有劳动人口45万人，其中领国家固定工资的职工仅有2.5万人，占全国总劳动人口的5.5%。1989年初，公职人员平均增加工资80%，最低月工资为3.1万比索。仅靠工资收入的中、下层职工生活艰难。全国有中心医院2所，省、县级医院16所，卫生所130个，共有1300张病床，150名医生(含国际合作者)。自1989年起国家已取消公费医疗制。

军　事

人民革命武装部队创建于1964年11月16日。国务委员会主席为武装部队最高统帅，国务委员会是最高军事决策机构。政府设武装部队部，下辖总参谋部，总参谋长由国务委员会主席兼。实行义务兵役制，士兵服役期为2～3年，军官为10年以上。

三军总兵力6000余人。其中陆军5700人，分编5个步兵营、1个装甲旅、1个炮兵营、1个通讯营、1个侦察大队、1个工兵连；海军275人；空军75人。另有准军事部队2000人。1987年国防预算807万美元。

文化教育

【教育】独立以来重视发展教育事业，1987年教育经费15.5亿比索，约占当年国家财政预算的17%。文盲占全国人口的80%。1987年全国共有小、中学和技术、职业培训学校839所，学生注册人数为93772人，适龄儿童入学率不到30%。教师总数为3974人。无大学，1988年向国外派出留学生296名。

【新闻出版】《前进报》：政府机关报，发行量5000份。

几内亚比绍国家通讯社：官方通讯社，创建于1972年3月。

几内亚比绍国家广播电台：成立于1974年9月。用葡萄牙语、克里奥尔语及其他地方语言播音。每天播出14小时。几内亚比绍国家电视台：1989年11月14日正式开播，播出时间为每周五、六、日。

对外关系

奉行反帝、反殖、不结盟和独立自主的外交政策，捍卫国家主权，反对外来干涉；支持民族解放运动，维护非洲团结统一；愿同世界上不同社会制度和发展水平的国家建立平等互利的友好合作关系；主张建立国际经济新秩序；强烈谴责南非当局的种族隔离制度；承认阿拉伯撒哈拉民主共和国；反对以色列侵略，1988年11月承认巴勒斯坦国。同60多个国家有外交关系。

【同我国的关系】1974年3月15日两国建交。1982年4月几比国家元首维埃拉访华。我承担的经援项目有：稻谷技术推广站、竹藤编技术、体育场、扩建卡松果医院等。1976～1989年我向几比派出7批医疗队。

1990年5月26日，几比与台湾建立所谓"外交关系"，5月31日，我宣布中止同几内亚比绍的外交关系。10月8～12日，几比国家元首维埃拉访问台湾，同台签署了《"中华民国政府"与几内亚比绍共和国政府经济暨科技合作总协定》。

【同葡萄牙的关系】同葡保持特殊关系。两国签有友好总协定，合作范围涉及农业、工业、通讯、航空、渔业、水电、文化教育、新闻、体育、司法和行政管理等。两国设有混委会。1980年以来，葡向几比提供贷款7000余万美元。葡是几比的第一大贸易伙伴和最大援助国。现有100多名葡专家在几比工作。葡每年向几比提供一定数额的奖学金名额。

【同美国的关系】自1976年建交以来两国关系逐渐改善。美国国际开发署在比绍设有代表处，在农业、水利、医疗卫生、教育和沿海安全等方面提供援助。1988年美第一次向几比派遣和平队。

【同法国的关系】1986年11月28日维埃拉第5次访问法国。几比总理、外长也先后访法。1981～1985年法提供援款约2亿法郎、各种车辆40辆、直升飞机1架、小麦和面粉等1.1万吨。1985年1月和1986年1月，法反潜舰和驱逐舰先后访几比。

【同非洲葡语国家的关系】重视发展同安哥拉、佛得角、莫桑比克和圣普的关系。自1979年以来，五国举行了10次首脑会议，签订了政治、经济、文化、贸易、航运、邮电、侨务、领事和财政等合作协定或议定书。1988年，在几比举行了第8次非洲葡语国家首脑会议，维埃拉以协调主席的名义遍访安、佛、莫和圣普，并代表5国在联大发言。

【同佛得角的关系】几比和佛得角人民在几佛非洲独立党的领导下，为争取民族独立进行了长期的斗争。两国获得独立后，继续保持了一党两国的关系。几比政变后，两国关系恶化，佛得角另立新党。1982年6月两国元首在莫桑比克首都马普托会晤后，两国关系正常化，但两党尚无来往。

【同几内亚的关系】两国来往密切。1980年几比政变后，几内亚首先承认几比新政府并给予粮援。两国元首关系甚密，互访频繁。1985年2月14日经海牙法庭仲裁，两国海域争端得到圆满解决。

【同塞内加尔的关系】两国签有友好条约和经贸等十几项协定。两国对海域划分有争议，1979年9月提交国际仲裁法庭裁决未果。1989年7月31日，国际仲裁法庭再次作出裁决，几比拒不承认其合法和有效性，并向海牙国际法院提出重新审理的要求。　（俞　翔）

加　纳

国名　加纳共和国(The Republic of Ghana)。

面积　239460平方公里。

人口　1560万(1991年)。主要部族有阿肯族、莫西—达戈姆巴族、埃维族、加—阿丹格贝族4大部族。各部族均有自己的语言。官方语言为英语。居民42.8%信奉基督教新教和天主教，38.2%信奉拜物教，12%信奉伊斯兰教。

首都　阿克拉(Accra)，人口约100万(1988年底)。

国家元首　总统杰里·约翰·罗林斯(Jerry John Rawlings)，1981年底执政，1992年11月当选，1993年1月7日就任。

简　况

位于非洲西部、几内亚湾北岸，西邻科特迪瓦，北接布基纳法索，东毗多哥，南濒大西洋，海岸线长约562公里。沿海平原和西南部阿桑蒂高原属热带雨林气候，沃尔特河谷和北部高原地区属热带草原气候。全境终年高温，2～3月气温最高，可达34℃；8～9月较凉爽，最低15℃。古加纳王国建于公元3～4世纪，10～11世纪时达到极盛时期。1471年葡萄牙殖民者入侵加纳海岸，掠夺黄金。1897年全境沦为英殖民地，称"黄金海岸"。1957年3月6日黄金海岸独立，改名加纳。1960年7

月1日成立加纳共和国，仍留在英联邦内，恩克鲁玛任总统。

政　治

罗林斯执政以来，逐步调整内外政策，政治上奉行全国和解方针，经济上接受西方援助和贷款条件，执行经济复兴计划，外交上推行多元化。加经济状况有所好转，政局保持稳定。1989年开始政治体制改革，1991年初，允诺将军人政权“还政于民”。1992年4月，全民公决通过新宪法；5月，开放党禁；9月，罗林斯宣布退出军职，并被全国民主大会党提名为总统候选人；11月3日，举行总统选举，罗林斯获58.3%的选票当选。但反对派指责政府在大选中舞弊，并拒绝参加原定于12月8日举行的议会选举，政府被迫一再推迟议会选举。12月29日，在4个主要反对党抵制的情况下举行议会选举，全国民主大会党获95%的席位(190议席)。1993年1月7日成立加纳第四共和国。

【宪法】1992年4月26日通过全民公决，确定现行宪法为加纳第四共和国宪法，1993年1月7日起生效。宪法规定：加纳是一个民主国家，致力于实现自由和公正，尊重基本人权、自由和尊严；议会需在通过法案并得到总统同意后方可行使制宪权；总统是国家元首、政府首脑和武装部队总司令，任期4年，连选连任不得超过两任；内阁由总统任命，议会批准；司法机关独立于立法和行政权，有解释、执行和强制执行法律的权利。

【议会】国家最高权力机构，有立法和修改宪法的权利。议员由全国选举产生，共200个议席，任期4年。本届议会于1992年12月29日选举产生，其中，全国民主大会党获190席，成为第一大党，全国大会党及其他以独立身份参加竞选的候选人只占10席。议长安能法官(Annan)于1993年1月7日就任。

【政府】本届政府由37位部长组成，于1993年3月22日宣誓就职。主要成员如下：财政部长奎西·博奇韦(Kwesi Botchwey)，国防部长阿尔哈吉·玛哈玛·伊德里苏(Alhaje Mahama Iddrisu)，外交部长奥贝德·阿萨莫阿(Obed Asamoah)，内政部长门萨·奥塞—奥伍苏(Mensah Osei-Owusu)，议会事务部长奥伍苏—阿昌庞(J. H. Owusu-Acheampong)，卫生部长乔治·奥平佩(George Obimpeh)，教育部长哈里·索耶(Harry Sawyer)，总检察长兼司法部长科菲·阿克萨(Dr. Kofi Akosa)，贸易及工业部长埃玛·米歇尔夫人(Mrs. Emma Mitchal)。

【司法机构】分为司法系统和公共法庭系统。司法系统包括最高法院、上诉法院、高等法院、巡回法院、少年法庭、检察长办公室等。最高法院为终审法院，由首席法官和6名以上法官组成。首席法官任院长。各级公共法庭是为了确保“人民参加司法程序”，以最终实现司法民主化而于1982年建立的。全国公共法庭为终审法庭。公共法庭由临时全国保卫委员会任命的全国公共法庭管理委员会管理。此外，加纳还存在着传统法庭，由酋长根据习惯法处理当地的民事纠纷。现任最高法院院长索瓦(E. N. P. Sowah)，总检察长科菲·阿克萨。

【政党】1992年5月18日开放党禁，国内形成3大政治派系：恩克鲁玛派、丹夸—布西亚派和罗林斯派。3大政治力量先后组成6个政党。

(1)全国民主大会党(National Democratic Congress)：执政党。罗林斯派。1992年6月10日宣布成立。其前身为4个独立的政治团体，即：新国家俱乐部、发展联盟、鹰俱乐部和前线俱乐部。其成员多为退伍军人和罗林斯的支持者。该党在政治上全力支持临时全国保卫委员会及其政府，赞扬政府10年来取得的成就，强调普通百姓参政议政；经济上主张政府和私人企业共同发展，创造良好的投资环境；外交上主张在国际事务中主持公道，维持和平。在1992年12月29日举行的大选中一举获胜，成为全国第一大党。

(2)新爱国党(New Patriatic Party)：在野党。丹夸—布西亚派。1992年6月2日成立。其成员多为上层知识界人士。该党政治上主张尊重人权、法治，推行政治多元化，并保证多元化基础上的民主、言论、结社和宗教信仰自由；经济上主张搞自由经济，实行私有制，加快推行私有化，保证人民自由从事经济活动的权利；推行务实外交，着眼于吸引外国投资，以解决国内经济问题。该党1992年11月参加总统竞选败北后，于12月宣布抵制议会选举。主席阿杜·博阿亨(Adu Boaheng)。

(3)人民遗产党(People's Heritage Party)：在野党。恩克鲁玛派。1992年5月19日成立，主要成员为社会各界的知名人士。该党政治上主张修改宪法，恢复传统法庭；经济上主张大力推行私有化。1992年11月参加总统竞选失败后，遂抵制于同年12月举行的议会选举。主席厄斯金将军 (General Erskin)。

此外，加纳还有3大政党：人民全国大会党、全国独立党和全国大会党，3党均属恩克鲁玛派。

【重要人物】杰里·约翰·罗林斯：总统。1947年6月22日生于阿克拉。阿克拉阿奇莫塔中学毕业。1967年8月应征入伍，后到塔科腊迪空军士官生训练学校学习。1969年获空军中尉军衔，1978年4月晋升为空军上尉。1979年5月发动军事政变，失败后被捕，被判处死刑；6月被营救出狱后，再次发动军事政变，推翻以阿库福为首的最高军事委员会，成立武装部队革命委员会并任主席；9月向民选产生的利曼政府交权；11月被解除军职并被迫退役。1981年12月31日第三次发动军事政变。1982年1月11日任临时全国保卫委员会主席。1992年9月宣布退出军职。1993年1月7日就任总统。

经　济

以农业为主。可可、矿产品和木材为三大经济支柱。1983年以来，加纳政府实行经济复兴计划，调整经济取得了较显著的成效。1988年又补充实行"缓解结构调整对社会不利影响的行动计划"，以减轻结构调整给人民生活造成的暂时压力，巩固改革成果。1983～1991年连续数年财政无赤字，国民生产总值年均增长保持在5%左右，通货膨胀率从1983年的123%降至1992年的9.8%。1992年由于国内大选及自然灾害等原因的影响，经济出现困难，增长率仅为3.9%，财政赤字达1447亿塞迪(约合2.55亿美元)。

国内生产总值(1991年)：约24000亿塞迪。

人均国内生产总值(1991年)：约15.4亿塞迪。

国民生产总值增长率(1992年)：3.9%。

货币名称：塞迪。

汇率(1992年12月)：1美元＝530塞迪。

通货膨胀率(1992年10月)：9.8%。

【资源】矿产资源丰富，主要矿物储量：黄金约20亿盎司、钻石约1亿克拉、铝矾土4亿吨。此外还有锰、石灰石、铁矿、红柱石、石英砂和高岭土等。

【工矿业】工业基础薄弱，工业原料大部分依赖进口。1990年工业产值约占国内生产总值的16%。1992年工业产值比上年增长5.8%。制造业近年来有较大发展，1990年在国内生产总值中所占比例从1983年的3.9%猛增到9.2%。采矿业较发达，钻石、黄金的开采量连年增长。锰矿产量在非洲名列前茅。此外，还有纺织、水泥、木材加工、电力、冶金、金属加工、酿酒、碾米等轻工业和加工工业。近几年主要矿产品产量如下：

	1989	1990	1991
黄金(万盎司)	43.4	50	93.6
钻石(万克拉)	27.9	48.5	33.2
锰（万 吨）	33.4	36	31

(资料来源：1992/93年经济季评年终综述)

1992年黄金和钻石的出口量继续猛增，仅黄金一项年出口收入达3.13亿美元。

【农业】1991年农业产值占国民收入的44.5%，比上年增长4.8%，而1992年则下降了0.6%。全国60%以上劳动力从事农业。可可是传统出口创汇商品，产量曾长期居世界之首，1990年出口收入占总收入的40%，1991年出口创汇3.53亿美元，1992年为3.07亿美元。其他经济作物有油棕、橡胶、棉花、花生、甘蔗、烟草等。

粮食作物种植面积约200万公顷，主要作物为玉米、薯类、高粱、大米、小米等。近年来，粮食生产可满足国内需要的77%。1991年木薯产量达360万吨。近几年主要粮食产量如下(单位：万吨)：

	1988	1989	1990
玉米	75.1	74.9	55.3
大米	9.5	7.4	8.1
小米	13.9	18	7.5
高粱	16.1	21.5	13.6
木薯	330	332.7	271.7
大蕉	120	104	79.9

(资料来源：同上)

1992年木材出口收入为1.32亿美元，原木是第三大出口创汇产品。

畜牧业比较落后，1988年国内肉类自给率为50%。1989年牲畜存栏数分别为：牛120万头，羊420万只，猪55万头，鸡800万只。

渔业资源丰富，但捕鱼设备简陋，多以个体捕捞为主。1988年海洋捕鱼30.29万吨，内陆捕鱼6.5万吨。沃尔特水库年产淡水鱼4.5万吨。

【旅游业】政府重视发展旅游业，主要旅游点有阿布里植物园、阿科松博、库马西文化中心、海岸角、埃尔米纳奴隶堡及金矿带等。为发展旅游业，政府于1991年制订了一个五年计划。1992年外国游客达20万，创汇1.38亿美元。

【交通运输】国内运输主要靠公路。

公路：总长约3.22万公里，其中1/3是一级和二级公路。1991年库马西和塔科腊迪之间修建了一条135公里长的高速公路。

铁路：总长1267公里；1990年客运量约2.77亿人公里，货运量约1.27亿吨公里。

水运：主要海港有特马和塔科腊迪。特马港是西非最大的人造海港。1990年对两港进行了扩建，扩建后的特马港吨位比原来增加50%，达270万吨；塔科腊迪港的吨位增加128%，达160万吨。

空运：首都阿克拉有国际机场，国内主要城市间有航班。

【财政金融】近几年财政收支情况如下(单位：百万塞迪)：

	1989	1990	1991
收入	214513	273000	512050
支出	148643	257000	480810
盈余	65870	16000	31240

(资料来源：1989年、1990年数字来自经济季评1991/92年经济季评年终综述，1991年为加政府公布数字)

1992年财政赤字达1447亿塞迪。截至1991年底，外债总额达38亿美元。

【对外贸易】外贸收入占国内生产总值的42%。主要出口可可、木材、黄金、钻石；进口燃料、化工产品、机械产品、运输设备、饮料、食品。主要贸易对象为英国、荷兰、尼日利亚和德国等。1991年出口总收入为9.93亿美元，外贸逆差为2.63亿美元。1992年出口收入为9.83亿美元，进口额为12.79亿美元，外贸逆差达2.96亿美元。

【外国援助】1991年西方国家和国际机构提供的赠款和贷款共2.58亿美元，1992年约为2.69亿美元。主要援助国是英国、美国、日本、德国、加拿大以及国际货币基金组织和世界银行。

人民生活

1991年人均国民收入约357美元，从1991年7月1日起，体力劳动者最低日工资提高到460塞迪。1992年8月开始实施新的文官工资制度，工资上调幅度达70%。政府职员、工人及其他公务员享有医疗、住房、交通等多种补贴，退休后可以享受退休保险。近年来物价上涨幅度较大，人口增长过快，失业问题较严重。1992年失业率为13.5%。1988年有两所教学医院、8所省级医院、36所县级医院、11所专科医院、35所教会医院。县级以下卫生中心、卫生站、门诊所430多个。全国共有医生700名，护士1000名，私人医生300名。1990年平均寿命为56岁，1991年人口增长率为2.6%。1992年婴儿死亡率从1970年的13.3%降到7.7%。

军　事

1957年3月独立时建立陆军，1959年建立海军、空军，但军队仍控制在英国人手里。1961年起用本国军官，收回军队指挥权。聘用英、加拿大等国顾问或教官参与军队的训练和军官培训。装备主要来自英国。全国武装力量总司令为总统罗林斯。1990年国防预算为148.11亿塞迪。

三军总兵力1991年估计为11900人，其中陆军10000人，空军800人，海军1100人。另有民兵5000人。

1989年国防开支约112亿塞迪。

文化教育

【教育】1987年政府实行教育体制改革，缩短学制，加强基础教育。1991年全国学龄儿童入学率为72%。现行学制是：小学6年，初中3年(以上两个阶段属义务教育)，高中3年(或中等技术学校3～4年)，高等科学技术学校2～4年。1990年教育经费开支260亿塞迪。高级科技学校有加纳大学、库马西科技大学和海岸角大学，现有学生8469人，教师1164人。全国有文盲560万，每年扫盲56万人。1989/90年度各级学校、学生、教师情况如下：

	学校(所)	学生(万人)	教师(万人)
小学	9368	160	6.2670
初中	5169	50.7	3.4584
高中	245	12	0.8525
中等技校	22	1.5	0.0792

【新闻出版】主要报纸：《人民每日写真报》，发行12万份；《加纳日报》，发行8万份。

加纳通讯社：官方通讯社，成立于1957年。

加纳广播公司设有广播电台和电视台。目前电台有3个频道，分别用埃维、阿肯等6种地方语和英语播音。电视台1986年开始播放彩色电视节目。

对外关系

奉行积极中立和不结盟的对外政策。重视非洲团结。注意发展睦邻关系和区域合作。努力改善同西方的关系，争取外援。在国际事务中积极发挥作用，主张在处理国与国关系时，坚持正直和诚实的原则。要求改革不合理的国际政治和经济秩序。支持南非人民反对种族隔离制度的斗争，主张在南非建立一个非种族主义的自由民主社会。积极参加西非国家经济共同体为制止利比里亚内战、恢复其和平所做的努力，派出1500名士兵参加多国维持和平部队进驻利。主张中东所有国家都有生存的权利，支持恢复巴勒斯坦人民实现自决、建立自己国家和巴难民重返家园的合法权利。1992年，与亚美尼亚和乌克兰建交。至今已和50个国家建立了外交关系。

【同我国的关系】1960年7月5日同我建交。1966年加军政府单方面与我断交。1972年两国复交。两国领导人曾多次互访。加前总统恩克鲁玛、临时全国保卫委员会特别顾问齐卡塔、罗林斯主席、国家经济合作委员会主席顿·阿瑟博士和部长委员会主席奥斌先后访华；聂荣臻副总理、周恩来总理、陈毅副总理兼外长、耿飚副总理、黄华副总理兼外长、李鹏副总理、中国政府特使地矿部长朱训等先后访加。两国签有友好条约、经济技术合作协定、贷款协定、贸易和支付协定、文化交流协定等。

1992年中国同加纳的关系继续顺利发展。1月16～18日，应加纳政府的邀请，国务委员兼外交部长钱其琛访问加纳，受到罗林斯主席会见，钱其琛外长向罗林斯转交了杨尚昆主席的信件，加纳外交部长阿萨莫阿与钱外长举行了会谈。12月1～4日，国家教委副主任柳斌率中国教育代表团访加。12月27日至1993年1月1日，以机电部副部长陆燕荪为团长的中国政府代表团访加，出席我援加国家剧场的落成典礼和移交仪式，并签署了中国向加纳提供新贷款的协定。加纳部长委员会主席(总理)奥斌、工业和科技部长布塔会见了代表团。罗林斯主席出席了落成典礼，为国家剧场剪彩，并发表了热情洋溢的讲话。1991年中加贸易总额2450万美元，其中中方出口2155万美元。

【同英国的关系】英是加原宗主国，在加政治、经济、军事、文化等部门有传统利益和影响。加是英在撒哈拉以南非洲的第三大市场。1990年英对加出口约1.52亿英镑。加纳是撒哈拉以南非洲国家中接受英国援助最多的国家。自1983年以来，英共向加提供贷款近2亿英镑。1991年，英向加提供4000万英镑贷款，另外通过欧共体提供1000万英镑贷款。1992年又在此基础上增加了1000万英镑的贷款。

【同美国的关系】自1955年起，美向加大量提供经济技术援助。美在加投资仅次于英国。自1976年开始，两国关系一度冷淡。1987年美恢复对加援助。1991年美向加提供4000万美元贷款，并取消了加近2亿美元的债务。1992年美向加提供的贷款数额猛增到近1亿美元。1961年以来，美向加共派出300多名和平队员。

【同德国的关系】两国关系发展较快。1991年德国向加纳提供170亿塞迪贷款。

【同日本的关系】1983年加实行经济复兴计划以来，两国关系迅速发展。1988、1989和1991年日本共向加纳提供了数额分别为56亿塞迪、38亿塞迪和55亿塞迪的3笔赠款。1991年日还向加提供贷款625万美元。1992年日本向加提供贷款及其他援助近1.2亿美元。近年来，两国政治交往较为密切。

【同邻国的关系】加同桑卡拉时期的布基纳法索关系密切。1987年10月布发生军事政变后，两国关系降温，1988年以来略有好转。1991年布代表团访问加纳，两国关系加强，并开始在交通运输等方面进行合作。

加与多哥长期就"西多哥"的归属问题存在争议。1986年6月流亡在加的多哥反对派在多策划政变未遂，两国关系紧张并关闭边界。1988年，两国关系开始改善。近年来两国虽因多遣返加侨时有摩擦，但关系一直朝好的方向发展。1991年11月两国决定重新开放边界，关系日趋缓和。1992年1月多外长访加，同年8月加外长回访多哥，双方商定在法律、刑警、移民及安全事务方面进行合作。但近来由于多指责加参与多国内暴力事件，加之多国内局势动荡引发边境问题，导致两国关系再次出现波折。　（欧渤芊）

加　蓬

国名　加蓬共和国(The Gabonese Republic, La République Gabonaise)。

面积　267667平方公里。

人口　125万(1990年)。属班图种族的有40多个部族，主要有芳族(占全国人口31%)，巴普努族(占22%)等，俾格米种族3000多人。官方语言为法语。民族语言有芳语、米耶内语和巴太凯语。居民50%信奉天主教，20%信奉基督教新教，10%信奉伊斯兰教，其余信奉原始宗教。

首都　利伯维尔(Libreville)，人口35万(1985年)。

国家元首　总统哈吉·奥马尔·邦戈(El Hadj Omar Bongo)，1967年11月继任总统，1973年2月正式当选总统，1979年和1986年连任。

简　况

位于非洲中西部，赤道横穿中部，西濒大西洋，东、南与刚果为邻，北与喀麦隆、赤道几内亚交界。海岸线长800公里。属典型的赤道雨林气候，全年高温多雨，年平均气温26℃。公元12世纪，班图人从非洲东部迁入，奥果韦河两岸出现了一些部落王国。18世纪沦为法国殖民地。1911年被法转让给德国。一次大战后复归法国。1958年成为"法兰西共同体"内的自治共和国。1960年8月17日宣告独立。

政　治

1967年11月加蓬首任总统姆巴病逝，副总统邦戈继任总统。翌年，邦戈创建加蓬民主党，实行一党制；推行"民主、协商的进步主义"政治和"有领导有计划的自由主义"经济政策。1990年3月召开由广泛的政治团体参加的全国协商会议，4月宣布改行多党制；9～10月举行多党立法选举，民主党获胜；11月组成多党联合政府。1992年1月17日至4月21日，加大部分中小学教师罢教；2月5日，全国大城市发生罢工；2月24～25日，反对党在利伯维尔和让蒂尔港发起"死城"运动，一度造成两市瘫痪。3月政府出动军队维持社会秩序，酿成"3.23流血事件"。7月，反对党在议会对政府提出不信任案；9月，"伐木者全国联盟"等反对党组织集会游行反对在利伯维尔举行法非首脑会议。

【宪法】1991年3月26日颁布新宪法。规定，加蓬实行三权分立，政党根据多党民主原则参加选举。总统由直接普选产生，任期5年，可连任一次。总统是国家元首和武装力量最高统帅，有权解散议会，任命总理并在总理建议下任命政府成员，主持部长会议。总统和总理共同掌握行政最高权力。总理对总统和议会负责。在总统职位临时或最终空缺时，由议长行使总统职权。新宪法还规定成立宪法法院和全国新闻委员会。

【议会】一院制国民议会是最高立法机关，每届任期5年。依据宪法有权通过法律，批准对外宣战和15天以上的戒严令，可通过不信任案推翻政府。本届议会系1990年11月3日组成，共120名成员，全部由直接选举产生。10个政党在议会占有席位，其中民主党66席，进步党17席，伐木者全国联盟17席。议长朱尔·布尔代斯·奥古利冈代(Jules Bourdès Ogouliguende)，1990年11月就任；1993年1月辞职。现议长职位暂时空缺。

【政府】本届政府于1992年8月18日组成，主要成员有：总理、政府首脑卡西米尔·奥耶—姆巴(Casimir Oyé-Mba)；高等教育部长米歇尔·昂舒埃(Michel Anchouey)，设备和建设部长扎卡里·米博托(Zacharie Myboto)，司法和掌玺部长塞尔日·姆巴(Serge Mba)，劳动、就业、职业培训和人力资源部长西蒙·奥约诺·阿巴阿(Simon Oyono Aba'a)，国防、安全和移民部长马丹·菲代勒·马尼亚加(Martin Fidèle Magnaga)，外交、合作和法语国家事务部长帕斯卡利娜·邦戈(Pascaline Bongo)，领土管理、地方行政单位和权力下放部长安托万·姆邦姆布·米雅库(Antoine Mboumbou Miyakou)，中小企业和手工业部长维克多·马潘古·穆卡尼·穆埃察(Victor Mapangou Moucani Muètsa)，国家监督、准公共部门改革和私营化部长保罗·比约盖·姆巴(Paul Biyoghe Mba)，矿业、能源和水力资源部长让·平(Jean Ping)，财政、预算和参与部长保罗·通吉(Paul Tongui)，农业、畜牧业和农村发展部长欧仁·卡库·马亚扎(Eugène Kakou Mayaza)，国民教育部长波莱特·穆萨武(Paulette Moussavou)，公职和行政改革部长皮埃尔一克拉弗·赞·厄博默(Pierre-Claver Nzeng Ebome)，计划、经济和领土整治部长埃马纽埃尔·翁多·梅托戈(Emmanuel Ondo Methogo)，商业、工业和科研部长安德烈·迪厄多内·贝尔(André Dieudonné Berre)，运输部长热罗姆·恩古阿·贝卡莱(Jérôme Ngoua Békalé)，社会事务、国民互助和同议会联系部长昂热勒·克里斯蒂娜·翁多(Angele Christine Ondo)，水力和森林部长欧仁·卡皮托(Eugène Capito)，卫生和人口部长让·雷米·彭迪·布伊基(Jean Remy Pendy Bouyiki)，居住、土地登记和城市规划部长阿德里安·恩科盖·埃辛戈内(Adrien Nkoghé Essingone)，海运部长若阿基姆·马奥特·马古因迪(Joachim Mahotès Magouindi)，青年、体育、艺术和文化部长拉扎尔·迪贡贝(Lazare Digombé)，旅游、环境和国家公园部长佩潘·蒙戈科吉(Pépin Mongockodji)，新闻和邮电部长、政府发言人帕特里斯·恩齐安吉(Patrice Nziengui)，矿业、能源和水力资源部长级代表夏尔·曼古卡(Charles Mangouka)，青年、体育、艺术和文化部长级代表约朗德·比克(Yolande Bike)。

【司法机构】设初审法院、上诉法院、最高法院、刑事法院和特别法院。各级法院依法独立行使审判权。最高法院设宪法、行政、司法、审计 4 庭，院长邦雅曼·潘布一孔比拉(Benjamin Pambou-Kombila)，1990 年 11 月就职。各级法院设检察长一人，由最高司法委员会任命，行使检察权。最高法院总检察长皮埃雷特·朱阿萨(Pierette Djouassa，女)，1990 年 9 月就职。

【政党】现有 15 个合法政党，其中 1 个为执政党，5 个为参政党，10 个在议会拥有席位。主要政党有：

(1)民主党(Parti democratique du Gabon)：执政党。1968 年 3 月成立。强调维护国家稳定和民族团结，主张加强民主建设。邦戈总统为该党创始人。总书记雅克·阿迪阿埃诺(Jacques Adiahénot)。

(2)伐木者全国联盟(Rassemblement national des Bûcherons)：参政党。系由 1981 年 1 月成立的民族复兴运动分裂出来的一个派别，原名民族复兴运动“伐木派”，1990 年 12 月 20 日改为现名。主张经济自由竞争，反对国家干预，强调发展农村经济。主席保罗·姆巴·阿贝索罗(Paul Mba Abessolé)。

(3)进步党(Parti gabonais du Progrès)：反对党。1990 年 3 月成立。主张“改革制度”，健全国家政治生活，实行公平分配，发展民族经济。主席阿贡乔·奥卡韦(Agondjo-Okawé)。

(4)民族复兴运动“钓鱼派”(Morena)：参政党。系由 1981 年 1 月成立的民族复兴运动分裂出来的一个派别，1990 年 1 月称现名。主张建立“没有人剥削人”的社会制度。第一书记恩佐盖·恩圭马(Nzoghé Nguéma)。

此外，在议会中拥有席位的政党还有：社会党、社会主义协会、社会主义联盟、民族复兴运动“原始派”、社会民主党、民主和发展联盟等。

【重要人物】哈吉·奥马尔·邦戈：总统。1935 年 12 月 30 日生于上奥果韦省的莱科尼县。巴太凯族人。1958 年毕业于布拉柴维尔市技术学校贸易专业。同年入法国空军服役。加蓬独立后入外交部任职。1962 年 3～10 月任总统办公室副主任、主任。1963 年 2 月至 1964 年 4 月负责新闻和旅游部工作。此后负责国防工作。1965 年 9 月至 1966 年 11 月先后任总统府负责国防的部长级代表和新闻部长。1966 年 11 月任政府副主席。1967 年 3 月当选为共和国副总统。1968 年创建加蓬民主党，任总书记，1986 年改任主席，1990 年辞去主席职务。　**卡西米尔·奥耶一姆巴**：总理、政府首脑。1942 年 4 月生于利伯维尔。芳族人。曾获法国巴黎大学法学博士学位。1970 年任利伯维尔市银行行长。1978 年任中部非洲国家银行总裁。1990 年 4 月任过渡政府总理，11 月被任命为政府总理。1991 年 6 月辞职，同月再次受命组阁。

经　　济

是中等收入的发展中国家。独立后经济发展迅速。其中以石油为主的采掘业发展较快，加工工业和农业基础薄弱。石油、锰、铀和木材为加经济四大支柱。1986 年因石油降价和美元贬值使加收入锐减，经济陷入困境，被迫将 1984～1988 年的五年计划推迟至 1990 年完成，并与国际货币基金组织和世界银行达成协议，实施两个结构调整计划(1986～1988 年和 1989～1990 年)。1990 年 10 月起又实施为期 18 个月的结构调整计划。1992 年虽然石油产量增长，但财政仍然困难。

国内生产总值(1990 年)：12848 亿非洲法郎。

人均国内生产总值(1990 年)：107 万非洲法郎。

国内生产总值增长率(1990 年)：14.1%。

货币名称：中非金融合作法郎，简称非洲法郎。

汇率(1990 年平均值)：1 美元＝272 非洲法郎。

通货膨胀率(1990 年)：6.7%。

【资源】已探明可开采的石油储量约 2 亿吨。锰矿蕴藏量 2 亿吨，占世界储量 25%，仅次于南非、前苏联，居世界第三位。金属铀蕴藏量 3.5～4 万吨，次于尼日尔，居非洲第二位。铁矿储量 8～10 亿吨。铌矿储量 4000 万吨，是仅次于巴西阿拉萨的第二大矿。森林面积占全国土地的 80%，原木储量约 3 亿立方米，次于扎伊尔，居非洲第二位，其中奥堪美榄和刺果美洲榄

1亿立方米，奥堪美榄产量居世界第一位。水产资源81.7万吨。

【工矿业】采矿业是主要经济部门，1990年石油和其他矿业产值分别占国内生产总值的38.8%和3.7%。矿产品出口占出口总值的86.6%。加是世界上最大的二氧化锰生产国，其产量为世界产量的1/2；金属锰产量占世界产量的1/3。近几年石油及主要矿产品产量如下(单位：万吨)：

	1988	1989	1990
石油	792.2	1037.9	1349.4
金属锰	225.4	225.5	221.4
铀(吨)	912	868	709

(资料来源：1991年《黑非洲公报》、1992/93经济季评)

工业主要有石油冶炼、木材加工和食品等。现有一个炼油厂，年生产能力80万吨。胶合板厂年生产能力8.5万立方米，为世界第二大胶合板厂。1990年生产原木162.6万立方米。电力工业发展较快，1990年发电9.18亿度。

【农业】农牧业发展缓慢，粮、肉、菜、蛋均不能自给。1990年农牧渔业产值950亿非洲法郎，占国内生产总值的7.6%。耕地面积仅占全国土地面积的0.5%，就业人口的50%从事农业。主要农产品有木薯、芭蕉、玉米、山药、芋头、可可、咖啡、蔬菜、橡胶、棕榈油等。近几年主要农作物产量如下(单位：吨)：

	1988	1989	1990
咖啡	1142	1218	337
可可	1600	1887	1596
糖	19160	19163	20900
棕榈果	51376	58766	110000
棕榈油	10346	12500	10400

(资料来源：同上)

1990年牛存栏28000头。1990年捕鱼19087吨，自给率为30%。

【服务业】80年代初有所发展，1988～1990年产值分别为811亿、837亿和950亿非洲法郎，占国内生产总值的8.4%、7.4%和7.6%。

【旅游业】政府重视开发旅游资源。1990年有旅馆74家，客房3000多间，床位5800个，餐馆、夜总会200家。

【交通运输】陆路运输不发达，主要靠水运和空运，进出口物资90%靠海运。

铁路：全长648公里。1990年客运量21.1万人次，货运量248.7万吨。

公路：全长7562公里，其中沥青路779公里。

水运：内河已通航道350公里。有远洋货轮2艘。主要海港奥文多港和让蒂尔港，1988年总吞吐量855.8万吨。

空运：加航拥有波音747大型客机，辟有通往非洲和欧洲10多条国际航线，1990年客运量40万人次，货运量9850吨；有利伯维尔、让蒂尔港和弗朗斯维尔3个国际机场，国内机场133个。

拥有世界上最长的矿石运输缆车道，全长76公里。

【财政金融】近年财政收支情况如下(单位：亿非洲法郎)：

	1988	1989	1990
收入	2571	2586	3590
支出	3337	3455	3930
赤字	766	869	340

(资料来源：同上)

1990年财政收入中石油占1848亿非洲法郎，其他收入1742亿；支出中经常性支出为2253亿非洲法郎，投资支出609亿，其他支出1068亿。

1990年底黄金和外汇储备27746万美元。1990年国际收支顺差620亿非洲法郎。1990年底共欠债11200亿非洲法郎，其中外债8130亿，内债3070亿。偿债率为7.6%。

【对外贸易】执行自由贸易政策，与140多个国家和地区建有贸易关系。1990年进出口额占国内生产总值68.8%。主要出口石油、木材、锰和铀，主要进口食品、轻工产品、机械设备等。主要贸易对象是法国等西方国家。1990年从法国进口额占加总进口额47%，向法国出口额占加总出口额35%；向美国出口额占加总出口额31%。对外贸易情况如下(单位：亿非洲法郎)：

	1988	1989	1990
出口额	3561	5187	6754
进口额	2357	2398	2092
差 额	1204	2789	4662

(资料来源：同上)

【外国援助】自独立至1990年底共获外援25.16亿美元，其中法国13.3亿，占总额的53%；欧共体3.3亿，联合国1.04亿。1990年获外援1.71亿美元，其中法国1.38亿，多边援助1350万。

人民生活

实行高福利政策，本国人每月各种补贴2万非洲法郎。最低保证工资4.4万非洲法郎。实行全民公费医疗制度。1990年失业人口62000人。1987年有28所医院，632个医疗中心和诊所，共有病床5329张，医生300多人。1989年全国拥有电视机5.5万台。

军 事

独立后，以驻扎在加蓬的法国殖民军为基础组建军队。最高防务委员会是国家防务最高领导机构，总统任主席，并任安全部队最高统帅。实行志愿兵役制。

武装力量由国家武装部队、国家宪兵部队、国家警察部队和总统卫队组成，统称“安全部队”，共9450人。国家武装部队由陆海空三军和消防营组成，直属总统管辖。总兵力2850人，其中陆军1900人，海军350人，空军600人。

1990年国防预算394亿非洲法郎，占行政预算的20%。

文化教育

【教育】小学实行免费教育，大中学生全部享受国家助学金；教育制度与法国相似，教学用法语进行。1990年教育和社会事务预算704亿非洲法郎，占行政预算的1/3。学龄儿童入学率100%。1988年有大专院校19所，国立奥马尔·邦戈大学和马苏库科技大学是综合大学，全国有大学生4089人；中学96所，学生4.8万人，教师2285人；小学992所，学生19.5万人，教师4229人。

【新闻出版】主要报刊有：《团结报》，发行1万份。1990年先后创刊《振兴》、《钥匙》、《消息》等报，分别是民主党、伐木者全国联盟和民族复兴运动的机关报。

加蓬新闻社：官方通讯社，创建于1966年11月。

广播电台：加蓬电台，国营，建于1959年，用法语播音。第二广播电台，1973年建立，设在总统府内。莫亚比短波电台，又称非洲一台，建于1981年，加、法合营。

电视台：电视一台，建于1963年，国营，各省设转播站。电视二台，建于1973年，设在总统府内，仅覆盖利伯维尔市。非洲电视台，建于1988年，私营。

对外关系

奉行开放、不结盟和国际合作政策。主张发展南南合作，进行南北对话，建立国际经济新秩序；强调睦邻友好和非洲团结；提倡通过对话、和解和非暴力解决世界和地区冲突；支持联合国的机构改革；积极促进安哥拉政府和安盟和解，实现安哥拉国内和平；支持联合国安理会5个常任理事国提出的和平解决柬埔寨问题的方案；支持朝鲜北南双方对话，主张在无外来干涉情况下朝鲜人民独立、民主地实现祖国统一；支持阿拉伯国家和巴勒斯坦人民反对以色列侵略扩张的斗争，支持联合国有关巴勒斯坦问题的决议，赞成在联合国主持下召开有巴解参加的中东和平国际会议；承认巴勒斯坦国，也承认以色列为主权国家。至1992年底，已与100个国家建立了外交关系。1992年10月与南非建交。

【同我国的关系】中、加于1974年4月20日建交后，两国关系发展顺利。1974～1991年邦戈总统曾7次访华。1983年1月赵紫阳总理访加。

1992年3月，全国政协副主席马文瑞率中国政协代表团访加。10月加民主党副总书记和武装部队参谋长也先后访华。1992年中加贸易额为4977万美元。

中国驻加蓬大使：孙治荣。馆址：Libreville，B.P. 3914 Boulevard Triomphal El Hadj Omar Bongo。电话：743207/743208（使馆），732873（商务处）。电传：5376 GO（使馆），5825 GO（商务处）。

加蓬驻中国大使：莱尼翁戈—恩敦巴·本杰明（Legnongo-Ndumba Benjamin）。馆址：北京光华路36号。电话：5322810/5323824。

加蓬同台湾有贸易关系。台向加年出口额为25～30亿非洲法郎。1991年台从加进口额为17亿新台币。

【同法国的关系】同法国一直保持"特殊"关系。戴高乐之后的历任法国总统均曾访加，邦戈任总统后访法30余次。法援居对加外援之首。法在加常驻军队600人。1992年11月，邦戈总统赴法访问；5月，加国防部长访法。同年1月法外长迪马访加；11月，法武装部队参谋长访加，访问中双方讨论了军事合作问题。

【同美国的关系】加、美于1960年建交。美在加投资仅次于法国。1973～1991年邦戈总统9次访美。1992年2月、6月，美国副国务卿、副国务卿帮办先后访加，就加民主化和美在加投资等问题交换意见。9月，双方签署在加深海勘探开采石油合同。

【同邻国的关系】重视发展睦邻友好关系和地区合作，积极参与利比亚与乍得冲突的调解和安哥拉和平进程。1992年2月纳米比亚总统努乔马访加。5月塞内加尔总统迪乌夫和南非黑人领袖曼德拉先后来访。12月邦戈出访刚果。

（吕建峰）

津 巴 布 韦

国名　津巴布韦共和国（The Republic of Zimbabwe）。

面积　390759平方公里。

人口　1040万（1992年统计）。非洲人占绝大多数，主要有绍纳族（占79%）和恩德贝莱族（占17%）。白人约12万，亚洲人约4.2万。英语为官方语言，通用民族语言为绍纳语和恩德贝莱语。多数非洲人信奉原始宗教，白人和少数非洲人信仰基督教新教或天主教。

首都　哈拉雷（Harare），人口140万（1992年）。

国家元首　总统罗伯特·加布里埃尔·穆加贝（Robert Gabriel Mugabe），1987年12月就任。1990年4月连任。

简　况

非洲东南部内陆国家。东邻莫桑比克，南接南非，西和西北与博茨瓦纳、赞比亚相邻。属热带草原气候，首都哈拉雷地区平均气温热季16～27℃，凉季7～21℃。公元1100年前后开始形成中央集权国家。13世纪马卡伦加人建立莫诺塔帕王国，15世纪初王国达到极盛时期。1890年沦为英国南非公司殖民地，1923年英国政府接管该地，并给予"自治领地"地位。1980年4月18日独立。

政　治

独立以来，以穆加贝总统领导的津政府积极奉行民族团结与种族和解的政策，对外奉行积极的不结盟政策，政局保持长期稳定。1992年7月，津政府改组内阁，调换了几名部长，政府部门由原来的21个减少到18个，目的在于节省开支，提高效率。但津舆论和反对党认为政府机构仍过于庞大。反对党的活动仍较活跃，且呈联合趋势，其中“民盟”(恩冬加派)、统一运动等4个反对党于7月组成“联合阵线”。针对反对党的活动，执政党“民盟”制定重振党的计划，强调加强党的建设，宣传教育群众和团结群众，鼓舞士气，提高党的威信。3月份，津议会通过了酝酿几年的“土地征购法”，授权政府可强行征购白人农场主的土地，用于安置黑人农民，征购价格由政府决定。广大黑人对此表示欢迎，白人农场主则持反对态度。由于旱灾和经济改革“阵痛”的影响，群众生活水平下降，不满情绪增长，对经济改革计划疑虑加深，各种抗议活动时有发生，社会治安恶化。但政府救灾措施尚好，未发生饥荒和动乱。

【宪法】现行宪法于1979年12月制定，通称“兰开斯特协议”。1987年8～9月津议会修改宪法，取消白人在议会享有保留席位的规定，取消总理职位，决定设立执行总统，作为国家元首、政府首脑和武装部队总司令统管国事，任期6年。1990年2月津议会通过第9号宪法修正案，将原有参、众两院议会制改为一院制。同年6月通过的第10号宪法修正案彻底废除了对原宪法中某些特别条款作改动的一切限制。

【议会】由150人组成，任期5年。其中120人由民选产生，8人为现任省长，10人从酋长中选举产生，12人由总统直接任命。现议会于1990年3月选举产生，在120名民选议席中，民盟获117席，统一运动党获2席，民盟(西托莱派)获1席。议长诺兰·马孔贝(Nolan Makombe)，1990年4月任职。

【政府】实行执行总统制，内阁包括由总统任命的副总统和部长组成。只有议会议员才能入阁。本届内阁于1990年4月组成，同年8月和1992年7月进行了两次改组。现成员为：副总统西蒙·文格塞·穆增达(Simon Vengesai Muzenda)，副总统乔舒亚·恩科莫(Joshua Nkomo)；国家事务、就业创造和合作社部高级部长迪戴姆斯·穆塔萨(Didymus Mutasa)，国家事务、就业创造和合作社部国务部长朱慧琼(Fay Chung，女)，财政部高级部长伯纳德·奇泽罗(Bernard Chidzero)，财政部国务部长蒂昌德皮·马沙亚(Tichaendepi Masaya)，地方政府和城乡发展部高级部长约瑟夫·姆西卡(Joseph Msika)，地方政府和城乡发展部国务部长斯维森·姆贝肖拉(Swithun Mombeshora)，外交部长内森·沙穆亚里拉(Nathan Shamuyarira)，司法、法律和议会事务部长埃默森·穆南加瓜(Emmerson Munangagwa)，国家安全部长悉尼·塞克拉马伊(Sydney Sekeramayi)，国防部长莫文·马哈奇(Moven Mahachi)，内政部长杜米索·达本格瓜(Dumiso Dabengwa)，总统办公室计划委员会主任理查德·霍维(Richard Hove)，土地、农业和水利发展部长孔比莱·坎盖(Kumbirai Kangai)，新闻和邮电部长戴维·卡里曼齐拉(David karimanzira)，工职人员、劳工和社会福利部长约翰·恩科莫(John Nkomo)，工业和商业部长克里斯托弗·乌谢沃孔泽(Christopher Ushewokunze)，交通和能源部长丹尼斯·诺曼(Dennis Norman，白人)，矿业部长埃迪森·佐布戈(Eddison Zvobgo)，卫生和儿童福利部长蒂莫西·斯坦普斯(Timothy Stamps，白人)，公共建设和国家住房部长伊诺斯·奇科奥雷(Enos Chikowore)，环境和旅游部长赫伯特·穆雷瓦(Herbert Murerwa)，高等教育部长斯坦利·穆丹盖(Stanley Mmdenge)，教育和文化部长维特尼斯·曼关迪(Witness Mangwende)，总统办公室负责妇女事务国务部长腾吉维·莱沙比(Tenjiwe Lesabe，女)。

【司法机构】法院体制分4级：最高法院、高等法院、地方法院和初级法院。最高法院是终审上诉法庭。首席大法官安东尼·古贝(Anthony Gubbay，白人)。总检察长帕特里克·奇纳马萨(Patrick Chinamasa)。

【政党】有6个主要政党。

(1)津巴布韦非洲民族联盟(爱国阵线)(Zimbabwe African National Union-Patriotic Front)：执政党，简称“民盟”，由原穆加贝领导的民盟和恩科莫领导的人盟于1989年合并组成，约有300万党员。在议会占147席。对内奉行民族和解政策，对外奉行积极的不结盟政策。主席兼第一书记穆加贝，副主席兼第二书记恩科莫和穆增达。

(2)津巴布韦统一运动(Zimbabwe Unity Movement)：1989年4月成立。发起人特克雷原是民盟总书记，独立后，因政见分歧并发表攻击党的言论被开除出党。该党反对社会主义；主张实行多党制，恢复独立时的宪政体制，取消现行的执行总统职务。主席埃德加·特克雷(Edgar Tekere)。

(3)津巴布韦非洲民族联盟(恩冬加派)(Zimbabwe African National Union〔Nkonga〕)：恩冬加是其党旗的标志，加注“恩冬加派”是为了同执政的津民盟相区别。由于其创始人是西托莱，也被称为“民盟西托莱派”。成立于1976年，1977年参与史密斯政权的“内部解决”。1985年和1990年两次大选中均获1个席位，有党员150万人。该党主张多党民主制，要求民盟政府下台，在津开展一场“拯救运动”。主席西托莱(Ndabaningi Sithole)。

(4)统一非洲人全国委员会(United African National Council)：简称“全委会”。1971年12月成立。独立前曾是国内最大的合法组织。1977年其领导人穆佐雷瓦参与史密斯白人政权的“内部解决”方案，并于1979年5月出任“总理”。反对“一党制的马克思主义国家”，主张多党民主制。主席爱德华·马扎瓦纳(Edward Mazaiwana)。

(5)津巴布韦保守派联盟(Zimbabwe Conservative Alliance):1962年3月成立,为白人右翼政党,独立前曾长期执政,推行种族隔离政策。独立后按兰开斯特宪法规定在议会中保有20个席位,1987年津议会废除白人保留议席,该党遂失去所有席位。主席杰拉德·史密斯(Gerald smith)。

(6)民主党(The Democratic Party):成立于1991年12月,系从"统一运动"中派生出的一个新党。有党员30多万,主要为农民、工人等基层群众。成立后虽未提出系统的纲领,但政治上活跃,多次参加议员补缺选举。主张多党民主制,反对实行社会主义,指责政府政策失误,要求提前举行大选。主席埃马纽尔·马戈奇(Emmanuel Magoche)。

反对党还有全国民主联盟、全国进步联盟、津人民民主党、民主改革论坛。

【重要人物】罗伯特·加布里埃尔·穆加贝:执行总统、民盟主席。1924年2月生于哈拉雷附近库塔马的农民家庭,绍纳族塞祖鲁人。1942年起从事教育工作,同时继续接受高等教育。1951年毕业于南非黑尔堡大学并获文学士学位,随后通过函授先后获巴苏陀兰大学教育学士和伦敦大学经济学、法学和行政管理学学士学位。1960年投身于政治活动,先后担任民族民主党和人盟的宣传书记。1963年同西托莱等人创建民盟,并任总书记。1964年8月被捕入狱,1974年11月获释。1975年初去莫桑比克领导津解放斗争,1977年当选民盟主席。1976年10月和1979年9月率民盟代表团出席关于津独立问题的日内瓦谈判和伦敦制宪会议。1980年4月起任总理。1984年8月和1989年12月连任民盟主席兼第一书记。1987年12月任首任执行总统,1990年3月大选后连任。　**西蒙·穆增达**:副总统、民盟副主席。1922年10月生于马旬戈省古图市一农民家庭,属绍纳族中的卡伦加部族。1948年毕业于南非的马龙山学院,后在南非的德班任教两年。1950年回津。1953年开始参加政治活动。1957年参加创建非洲人国民大会。1961年参加津巴布韦非洲民族联盟。1964年被选为民盟组织副书记。民盟被宣布为非法后,被捕入狱,1971年11月获释。1977年当选为民盟全国执行委员会委员。1978年任民盟副主席。津独立后,任副总理兼外长。1984年8月当选民盟副主席兼第二书记。1988年1月至今任副总统。1989年12月当选统一后的民盟副主席兼第二书记。　**乔舒亚·恩科莫**:副总统、民盟副主席。1917年1月生于北马塔贝莱兰省一个贫寒家庭,属恩德贝莱族的分支卡兰加部族。早年当过伐木工人和汽车司机。通过业余进修,获得南非大学社会学学士学位。1951年任南罗得西亚非洲铁路工人协会总书记。1952年任非洲人国民大会主席。1960年以非洲人国民大会为基础组成南罗得西亚民族民主党,任主席。同年组建并领导津巴布韦人民联盟(简称"人盟")。1964年被南罗得西亚白人当局逮捕,被监禁和限制自由达十年之久。1974年底获释后,重新任人盟主席,组织游击队,开展武装斗争。1980年出任穆加贝政府的内政部长。1981年1月改任公共事务部长,1982年2月被解职。1988年1月出任高级部长。1989年12月任民盟副主席兼第二书记。1990年8月被任命为副总统。

经　济

经济发展水平在南部非洲仅次于南非。制造业、矿业和农业为三大支柱产业。1989年政府开始对经济结构和政策进行调整。1991年2月宣布实施1991～1995年五年经济调改计划,包括吸收外资、放松进出口限制、整顿国营企业、逐步减少和取消国家财政补贴和物价控制、精减机构等措施,争取在今后5年内使经济增长率保持在5%的水平上,同时逐步使市场经济发挥决定性作用。1992年1月政府结合经济调改计划又公布了第二个五年发展计划(1991～1995年)。执行改革计划两年来,已引起通货膨胀加剧、货币贬值、福利削减等一系列阵痛。1992年遭受特大干旱,农业产值下降40%,粮食等作物产量仅及常年的20%,全国有一半人口需救济,需进口粮食240多万吨。因缺水缺电,工矿业也深受影响。整个经济形势空前恶化:失业增加,通货膨胀,赤字增多,市场萧条,外贸逆差扩大,预计国内生产总值下降12～15%。津政府宣布这场旱灾为"全国性灾难",不得不放慢经济调改的步子。

国内生产总值(1991年):190.03亿津元。

人均国内生产总值(1991年):1827津元。

国内生产总值增长率(1991年):3.6%。

货币名称:津巴布韦元。

汇率(1992年平均):1美元=5.040津元。

通货膨胀率(1992年):40～45%。

失业率:约30%。

【资源】自然资源丰富,有煤、铁、石棉、金、银、锂、铌、铅、锌、锡、铀、铜、镍等。煤蕴藏量约270亿吨。铁蕴藏量约2.5亿吨。铬和石棉的储量均很大。

【工矿业】基础较好,1990年工矿业产值占国内生产总值的34.6%,达45.07亿津元。轻重工业较齐全,有相当的加工能力,一般钢材、钢铁制品及轮胎、化工、纺织、汽车装配等基本自给,有些尚可出口。矿产品90%供出口。近几年主要矿产品产量(单位:万吨):

	1988	1989	1990
石棉	18.6	18.7	16.05
镍	1.15	1.16	1.14
铜	1.61	1.58	1.48
煤	506.5	511.2	550.4
锡	0.085	0.085	0.084
铁矿石	102.0	114.3	126.0
铬矿石	56.16	62.75	56.26
金(万盎司)	48.1	51.5	54.4

(资料来源:1992/93年经济季评)

【农牧业】农业发展水平较高,盛产烟草、棉花,正常年景粮食自给有余,有南部非洲"粮仓"之称。全国75%的人口直接以农业为生。1990年农牧业产值16.86亿津元,占国内生产总值的12.9%。近几年各种农、畜产品收购量(单位:万吨):

	1988/89	1989/90	1990/91
玉米	119.6	90	77.9
小麦	25.7	28.4	32.3
大豆	12.2	13.8	10.2
高粱	2.27	0.89	0.57
棉花	32.4	26.4	18.3
花生	2.3	1.9	1.8
烟草	12.3	13.5	13.9
咖啡	1.26	1.46	1.36
牛奶	24.41	25.71	26.2
牛肉	41.1	37.6	40.8
猪肉	19.81	20.61	20.71
羊肉	4.08	4.58	4.14

(资料来源:同上)

【服务业】津独立后,随着教育、卫生事业的发展,服务业产值成倍增长,从1979年的0.98亿津元增加到1990年的18.08亿津元,占国内生产总值的13.9%。

【旅游业】旅游业逐年发展,1991年外国游客69.6万,收入1.23亿美元,占国家外汇收入的4.4%。全国有近70家旅馆。最著名的风景点为维多利亚瀑布,还有26个国家公园和野生动物保护区。

【交通运输】以铁路为主,最近的出海口为莫桑比克的贝拉港和马普托港,另有两条铁路通南非港口。

铁路:总长2836公里;1990年货运量110.5亿吨公里,客运量286万人次。

公路:总长8.5万公里,其中15%为沥青路面,55%为砾石路面。1987年有大小客车26.4万辆,货车6.6万辆。

空运:全国有8个机场,其中哈拉雷、布拉瓦约和维多利亚瀑布机场为国际机场。津巴布韦航空公司经营至伦敦、雅典、法兰克福等十几条国际航线。1989年航空客运量58.34万人次,货运量1510万吨公里。

【财政金融】近几年财政收支状况(单位:亿津元):

	1989/90	1990/91	1991/92
收入	53.07	67.59	81.75
支出	58.65	77.02	89.44
赤字	5.58	9.43	7.69

(资料来源:同上)

截至1991年底,外汇储备1.497亿美元,国际收支逆差9250万美元。积欠外债33.73亿美元,占国内生产总值的54.8%,偿债率为24.4%。

【对外贸易】出口商品中工、矿和农产品各占出口收入的1/3,主要有铁合金、钢、服装、黄金、镍、石棉、烟草和棉花。主要进口商品有机械、运输设备、石油产品和化工产品。主要贸易对象为南非、英国、美国、德国、博茨瓦纳、日本、意大利等国。

近几年进出口贸易额情况如下(单位:亿津元):

	1989	1990	1991
出口额(离岸价)	33.41	42.31	55.30
进口额(到岸价)	28.21	52.07	74.29
差　额	5.20	-9.76	-18.99

(资料来源:同上)

【外国援助】独立以来,津每年获得约2～3亿美元的援助。主要援助国和组织为美国、英国、德国、日本、西北欧国家和世界银行等。为表示支持津的经济改革,1991年以来外国对津援助增加。1992年底,津获得西方国家14亿美元的援助承诺。外国提供的发展援助占津国内生产总值的5.5%。

人民生活

政府大力发展医疗卫生事业,政府卫生开支由1960年的6000万津元上升到1991年的5.67亿津元,占当年国内生产总值的4.3%,月收入在150津元以下者享受免费医疗。婴儿死亡率为49‰。约每7000人有1名医生,每1.39万人有1名护士。1991年以来,由于推行经济改革计划,通货膨胀加剧、物价飞涨、失业增加和福利削减,人民生活受到一定影响。为保护低收入者,政府采取了建立"社会基金"、控制生活必需品价格等措施。

军　　事

军队由陆军和空军组成。实行志愿兵役制,但1987年颁布了征兵法。最高军事决策机构是国防委员会。总统兼武装部队总司令。陆军司令维纳瓦什中将,空军司令什里中将。

军队5.46万人,其中陆军5.16万人,空军3000人。

1992/93年度国防预算13.25亿津元,占国家预算总支出的12.5%。

文化教育

【教育】津政府高度重视教育工作,教育支出历来居政府财政支出之首。1992/93年度津教育支出23.025亿津元,占政府财政总支出的21.7%。独立后实行小学免费义务教育。1989年有小学4504所,在校学生226万;中学1500所,在校学生69万;农业、技术及师范类学校的在校生约2.6万人。津巴布韦大学是津唯一的高等学府,始建于1953年,1989年有教授、教师600人,其中三分之一为外籍教师,学生8100多人。

【新闻出版】主要报刊有:《先驱报》,英文日报,发行14万份;《星期日邮报》,英文周报,发行15万份;《记事报》,英文日报,发行2.1万份。

津巴布韦全非通讯社:1980年10月建立。

津巴布韦广播公司:1933年成立,分电台和电视台两部分。电台有4个台,即英语台、非洲台、音乐台和科教台,分别以英语、绍纳语和恩德贝莱语播出;电视台建立于1960年,有两个频道,均为彩色节目,都在下午、晚间播放。

对外关系

奉行不结盟政策,强调任何国家都有权选择自己的发展道路,反对将援助与政治“多元化”挂钩；支持通过谈判政治解决南非问题；支持巴勒斯坦人民的正义斗争；呼吁核大国加紧裁军和加强南北对话，主张建立国际经济新秩序；积极致力于不结盟运动的改革与发展及非洲的团结与发展，特别是同南部非洲国家的地区合作。1992年3月穆加贝总统被选为南部非洲前线国家主席。1992年，津同智利、白俄罗斯、乌克兰、哈萨克斯坦、亚美尼亚和爱沙尼亚建立了外交关系，使津的建交国增至95个。

【同我国的关系】1980年4月18日建交。两国关系一直较好。穆加贝总统分别于1980、1981、1985、1987年4次访华，赵紫阳总理1983年初访津。两国政府间签有4个经济技术合作协定以及贸易协定和文化协定，设有经济贸易混合委员会，中津两党签有合作议定书。我国向津派有医疗队。

1992年4月，津国防部长理查德·霍维访华；5月，津政治事务部副部长鲁谢沙女士访华；9月，津新任国防部长马哈奇率领津政府经贸代表团来北京参加中津经济贸易混委会第三次会议，双方签署了两国经济技术合作会谈纪要；10月，津公共建设和国家住房部长奇科奥雷访华。同年1月，陕西省杂技团对津进行访问演出；3月，以中共中央委员、贵州省委书记刘正威为团长、陕西省委副书记安启元为副团长的中国共产党代表团访津；3月，中国人民解放军空军司令王海访津；4月，中国政府向津政府赠送3000吨玉米，救济旱灾灾民；5月，中国文化部向津教育文化部赠送37件管弦乐器。

1992年中、津两国贸易额为1.2533亿美元，其中中国出口2743万美元，进口9790万美元。

中国驻津巴布韦大使：顾欣尔。馆址：30，BAINES AVENUE，HARARE，ZIMBABWE，P.O.BOX 4749，HARARE。电话：263-4-727303，263-4-794959(传真)。商务处：730516(带传真)，电传：700262。经参处：735252(带传真)。

津巴布韦驻华大使：博尼费思·古瓦·奇卡乌西库(Boniface G. Chidyausiku)。馆址：北京朝阳区三里屯东3街7号。电话：5323795，5323665。电传：22671 ZIMPK CN。

【同美国的关系】同美国保持正常友好关系。1980～1990年美向津提供的直接和间接援助达4.3亿美元。1992年2月和3月，美国非洲事务国务卿帮办杰佛里·戴维杜和负责非洲事务的助理国务卿科恩分别访津。1992年，美共向津提供了9.75亿(约1.9亿美元)津元的援助，其中6亿多津元是赈灾粮援。美国继续向津派和平队。

【同英国的关系】两国关系密切，英国是津的主要贸易伙伴和援助国，1980年以来英在津派有军训团帮助训练军队。穆加贝总统多次访英。1991年10月，英国女王伊丽莎白二世访津，出席在哈拉雷举行的第28届英联邦国家首脑会议。1992年5月和9月，穆加贝总统两次访英，与梅杰首相会谈。9月，英国海外发展国务部长恰克女士访津，向津提供了9200万津元的财政援助。是年，英国共向津提供各类援助约5亿津元。

【同前苏联各共和国的关系】津与前苏联于1981年2月建交。两国关系逐步发展。1985年和1987年穆加贝总统两次访苏。两国签有经济技术合作协定、贸易协定、建立经贸混委会协议、文化协定和两党合作协议。1992年1月，津外交部宣布承认俄罗斯联邦，继续与之保持业已存在的外交关系，同时承认其余11个国家，并在多边承认的基础上，与白俄罗斯、乌克兰和哈萨克斯坦建交。6月，津又同亚美尼亚和爱沙尼亚建交。

【同非洲国家的关系】津是《非洲经济共同体条约》发起国和南部非洲发展共同体和东南部非洲优惠贸易区的成员国，主张实现南部非洲国家经济一体化。与莫桑比克建立了全面合作关系，签有友好条约和防务协定。1982年来，津根据协定，在莫桑比克常驻有约5000军队，保护津通往莫出海口的“林波波走廊”和“贝拉走廊”。津与坦桑尼亚、博茨瓦纳和纳米比亚关系密切。与赞比亚和安哥拉保持正常友好关系。津独立后，于1980年7月宣布中止同南非的外交关系，目前表示只有在南非建立临时政府后，津才考虑与南非发展关系。1992年4月，津运输部长诺尔曼访南非，与南非运输部长威尔格麦德讨论合作救灾问题，这是多年来两国高级政府官员首次会晤。津政府还与南非政府签署了一项有关救灾的谅解备忘录。10月，穆加贝总统在罗马出席莫桑比克和平协议签字仪式时与南非外长博塔进行了交谈。作为前线国家，津同其他前线国家经常就南非问题协调立场。1992年穆加贝总统访问了马拉维、博茨瓦纳、莫桑比克、加纳，恩科莫副总统访问了纳米比亚。访津的非洲国家领导人有：莫桑比克总统希萨诺、博茨瓦纳总统马西雷、肯尼亚总统莫伊等。

1992年，津巴布韦积极推动莫桑比克和平进程。穆加贝总统作为调解人多次会晤莫桑比克“抵运”领导人德拉卡玛，调解莫政府与莫“抵运”的冲突，推动莫政府与“抵运”在罗马签署了和平总协议，使莫和平进程进入一个新阶段。经穆加贝总统调解，博茨瓦纳和纳米比亚政府就解决卡西基里岛纠纷达成了一致意见。津向索马里派出1000人参加联合国部队；派军事人员参加监督卢旺达停火行动和安哥拉联合国停火与大选监督团以及英联邦驻南非观察团。

(郑竹强)

喀麦隆

国名　喀麦隆共和国(The Republic of Cameroón, La République du Cameroun)。

面积　475422平方公里。

人口　1198.7万(1991年估计数)。人口增长率2.9％。约有239个部族,主要有富尔贝族、巴米累克族、赤道班图族(包括芳族和贝蒂族)、俾格米族、西北班图族(包括杜阿拉族)。法语和英语为官方语言。主要民族语言有富拉尼语、雅温得语、杜阿拉语和巴米累克语,均无文字。富尔贝族和西部一些部族信奉伊斯兰教(约占全国人口的20%);南部及沿海地区信奉天主教和基督教新教(占35%);内地及边远地区仍信奉拜物教(占45%)。

首都　雅温得(Yaoundé),人口70万(1987年)。

国家元首　总统保罗·比亚(Paul Biya),1982年11月6日就任,1984、1988、1992年连任。

简　况

位于非洲中西部,西南濒几内亚湾,西接尼日利亚,东北界乍得,东与中非共和国、刚果为邻,南与加蓬、赤道几内亚毗连。海岸线长354公里。西部沿海和南部地区为赤道雨林气候,北部属热带草原气候。年平均气温24～28℃。公元5世纪起,境内先后形成一些部落王国和部落联盟国家。1884年成为德国的"保护国"。一次大战期间,英、法军队分别占领喀。1922年国际联盟将东、西喀麦隆分交法、英"委任统治"。1960年1月1日喀麦隆法托管区根据联合国决议独立,成立喀麦隆共和国,阿赫马杜·阿希乔出任总统。同年2月,喀英托管区北部和南部分别举行公民投票,北部遂于6月1日并入尼日利亚,南部于10月1日与喀麦隆共和国合并,组成喀麦隆联邦共和国。1972年5月20日,公民投票通过新宪法,取消联邦制,成立中央集权的喀麦隆联合共和国。1982年11月阿希乔辞职,保罗·比亚继任总统。1984年1月改国名为喀麦隆共和国。

政　治

比亚总统执政以来,对内实行"民族复兴"纲领,主张"民主化和民族融合",贯彻有领导的"自由主义"经济政策;对外奉行独立、不结盟和广泛国际合作政策。1990年12月实行多党制,推行"渐进民主"。1992年3月1日举行首次多党立法选举,比亚领导的人民民主联盟获近半数议席,与保卫共和民主运动组成联合政府。4月9日,比亚任命喀西部人西蒙·阿希迪·阿舒为政府总理。该届政府中新增设副总理和国务部长各1人,加上26名部长和10名国务秘书共39人。上届政府中仅16名部长、4名国务秘书留任。10月11日,喀提前举行总统选举,比亚再次蝉联。反对党社会民主阵线对大选结果不服,西北省发生暴力事件。比亚总统于10月27日宣布在该省实行3个月的紧急状态。11月27日,喀组成包括人民民主联盟、人民联盟、民主进步联盟、保卫共和民主运动和民族进步党在内的5党联合政府。12月28日,比亚总统宣布提前解除西北省的紧急状态。

【宪法】现行宪法于1972年5月20日经公民投票通过,后经5次修改。宪法规定,共和国总统是国家元首和武装部队最高统帅,有权任免总理和批准总理提名的部长,颁布法律和法令,必要时可提前举行总统选举、宣布紧急状态,主持最高国防会议、最高司法会议和部际有关国际关系问题的会议。总统由选民直接选举,任期5年,可连选连任。总统空缺时,由议长代行总统职务。总理是政府首脑,领导政府工作,负责执行法律,行使制定规章权,任命行政官员。

【议会】国民议会为最高立法机构,实行一院制。每年召开两次例会,第一次例会主要讨论和批准国家年度财政预算,第二次例会重点审议和通过法律草案。议员直接普选产生,任期5年。本届议会于1992年3月选出,为多党制议会,共有180议席,其中人民民主联盟88席,全国民主进步联盟68席,人民联盟18席,保卫共和民主运动6席。议长卡瓦耶·耶格·贾布里勒(Cavaye Yege Djibril)。

【政府】本届政府于1992年11月27日组成,共45人。主要成员有:总理西蒙·阿希迪·阿舒(Simon Achidi Achu),负责领土管理事务的副总理安泽·琼吉·吉尔贝(Andze Tsoungui Gilbert),负责城市规划和住房事务的副总理哈马杜·穆斯塔法(Hamadou Mustapha),负责邮电事务的国务部长达科莱·代萨拉(Dakole Daïssala),负责计划和领土整治事务的国务部长奥古斯坦·弗雷德里克·科多克(Augustin Frédéric Kodock),负责新闻事务的国务部长奥古斯坦·孔楚·奎梅尼(Augustin Kontchou Kouomégni),总统府负责国防的部长级代表爱德华·阿卡姆·姆富穆(Edouard Akame Mfoumou),对外关系部长费迪南·莱奥波德·奥约诺(Ferdinand Léopold Oyono),对外关系部部长级代表弗朗西斯·恩夸因(Nkwain Francis),司法和掌玺部长杜瓦拉·穆托梅(Douala Moutome),畜牧、渔业和畜产工业部长阿马乔达·阿朱吉(Hamadjoda Adjoudji),高教部长埃佐阿·蒂图斯(Edzoa Titus),卫生部长姆贝德·约瑟夫(Mbede Joseph),劳动和社会保险部长姆比拉·西蒙(Mbila Simon),工商发展部长曼登·昂巴萨·帕特里斯

(Mandeng Ambassa Patrice),财政部长恩茨米·安托万(Ntsimi Antoine),公职和行政改革部长萨利·达希鲁(Sale Dahirou),社会事务和妇女条件部长亚乌·艾萨图(Yaou Aïssatou),负责与议会联系的部长级代表麦达迪·萨杜(Maidadi Sadou),农业部长恩金亚姆·斯特凡(Njinyam Stephen),总理府负责稳定计划和振兴经济的部长级代表蒙泰·蒂厄多内(Monthe Dieudonné),公共工程部长博卡姆·让·巴蒂斯特(Bokam Jean Baptiste),科学和技术研究部长阿尤克·塔克姆(Ayuk Takem),旅游部长苏曼·皮埃尔(Souman Pierre),环境和森林部长巴瓦·金戈尔(Bava Djingoer),青年和体育部长贝尔纳·马苏瓦二世(Massoua Ⅱ Bernard),国民教育部长罗贝尔·姆贝拉·姆巴佩(Robert Mbella Mbappe),矿业、水和能源部长桑格巴·让·博斯科(Samgba Jean Bosco),交通部长伊萨·奇罗马·巴卡里(Issa Tchiroma Bakary),文化部长比蓬·乌姆·约瑟夫·玛丽(Bipoun Woum Joseph Marie),特别事务部长埃邦·恩戈莱·约翰(Ebong Ngolle John),特别事务部长奥库达·马丹·阿里斯蒂德·莱奥波德(Okouda Martin Aristide Léopold)。

【司法机构】国家元首担任国家最高司法委员会主席,并直接任命法官。最高法院院长迪邦达·姆埃尔·阿列克西(Dipanda Mouelle Alexis),总检察长利苏克·阿·穆隆·马丁(Rissouck A Moulong Martin)。

【政党】截至1992年底,共有近80个政党。主要政党情况如下:

(1)喀麦隆人民民主联盟(Le Rassemblement Démocratique du Peuple Camérounais):前身是喀麦隆民族联盟,1966年9月1日成立,1985年3月24日改称现名。1990年12月前为唯一合法政党和执政党。当前的任务是促进全国的团结和统一,发展经济和文化,反对部族主义和宗教特权。1990年6月28～30日举行了第一次代表大会。全国主席保罗·比亚。总书记敦巴·约瑟夫·夏尔(Domba Joseph-charles)。

(2)全国民主进步联盟(Union Nationale pour la Démocratie et le Progrès):1990年5月成立,1991年3月25日被批准为合法政党。1992年3月在立法选举中成为议会第二大党,大选后有2人入阁,其中党的第一副书记穆斯塔法出任副总理。至1991年7月,该党已在全国建立248个基层委员会,总部设在雅温得。党内名人颇多,多系前总统阿希乔部下,在北方穆斯林居住地区有较大影响。1992年1月4日召开首届党代会,布巴·贝洛·玛伊加里(Bouba Bello Maigari)当选为联盟主席。

(3)喀麦隆人民联盟(Union des Populations du Cameroun):成立于1948年,曾为喀独立作出过贡献。1966年9月,前总统阿希乔宣布实行一党制后,该联盟被解散,其领导人大多流亡国外。喀实行多党制后,该联盟即恢复活动,于1991年2月12日被批准为合法政党。1992年3月在立选中进入议会,10月大选后有4人进入政府。有党员10万人。喀麦隆妇女民主联盟和喀麦隆民主青年为其附属组织。主席恩代·恩图马扎(Ndeh Ntumazah),总书记奥古斯坦·科多克(Augustin Kodock)。

(4)保卫共和民主运动(Mouvement Démocratique pour la Défence de la République):1991年10月9日成立。在极北省有一定影响。1992年3月与比亚总统的党合作组成联合政府,在11月组成的政府中占有4席。党的负责人、最高协调委员达柯勒·戴萨拉(Dakole Daissala)。

此外,还有民族进步党、社会民主阵线、喀麦隆民主联盟、人民团结党等党派。

【重要人物】保罗·比亚:总统、人民民主联盟全国主席。1933年2月13日生于南部省贾一洛博州。1956～1962年先后在法国路易斯·勒克昂公立中学、巴黎大学、海外高等研究学院攻读法律和政治学,1960年获国际法学士学位。回国后历任总统府特派员、国民教育、青年和文化部办公厅主任、秘书长、共和国总统府民事办公室主任、秘书长兼民事办公室主任、部长级秘书长、国务部长级秘书长等职。1975年6月任政府总理。1982年11月任总统至今。1975年2月当选为民族联盟中央委员、政治局委员,1980年任中央委员会副主席,1983年9月任全国主席。1985年3月任喀麦隆人民民主联盟全国主席,1990年6月连任。爱好体育、文娱,喜欢骑自行车和打网球。

经　济

喀是中等收入的发展中国家。国民经济以农业为主,自然条件较优越。独立后实行"有计划的自由主义"、"自主自为平衡发展"和"绿色革命"三项经济发展原则,国民经济持续增长。比亚总统执政后,强调优先发展农业和中小企业,大力吸引外资,合理开发和利用本国资源。80年代经济增长率保持在7%左右。1986年以来,经济陷入困难。喀政府制定了一些紧缩措施。1988年9月,同国际货币基金组织签署了"结构性调整"协议。1991年12月,喀获准执行该"结构性调整"协议的第二个财政协定。1992年,喀政府继续采取经济紧缩政策,主要措施有:努力发展工业,带动整个国民经济振兴;恢复、振兴具有战略意义的企业;整顿效益差的企业,实行私有化;积极勘探新矿源;逐步取消进口产品数量的限制,成立反倾销委员会;扩大税基、限制减免税范围;减少公职人员工资总额和补贴,制定退休制度。世界银行称喀是黑非洲国家克服经济困难最有成效的国家之一。

国内生产总值(1990/91年度):32070亿非洲法郎。

人均国内生产总值(1990/91年度):267250非洲法郎。

国内生产总值增长率(1990/91年度):-2.5%。

货币名称：中非金融合作法郎，简称非洲法郎。

汇率(1991年)：1美元＝282非洲法郎。

通货膨胀率(1990年)：1.4%。

失业人口(1990年)：50万，其中城市失业率为12%，农村为4%。

【资源】自然资源较丰富。已查明的主要矿藏有：铝矾土(储量为11亿吨以上，矾土品位为43%，硅石品位为3.4%)、铁(约1.6亿吨)。此外还有铀、黄金、钻石、铜、锌、铅、锰、白钨、钼、镍等。石油储量估计为1.03亿吨，天然气储藏量约1100亿立方米。森林面积2197万公顷，约占全国总面积的40%；木材蕴藏量40亿立方米，品种达300多种；可采材面积约1740万公顷。水力资源丰富，占世界水力资源的3%。

【工业】独立后工业发展较快，初步形成以农产品加工工业为主的工业体系。工业产值约占国内生产总值的1/3，全国8%的劳动人口从事工业。工业水平居黑非洲前列。1991年宣布新的"十年工业规划"，涉及农产品加工、建筑、铝矿开采、水泥、化肥、木材加工、钢铁、机械、医药、电力和化工业等部门。主要工业部门有食品、饮料、卷烟、纺织、服装、造纸、锯木、建材、化工、炼铝、电力、炼油等。石油收入占国内生产总值的10%，占出口收入的35%。1991年产原油690万吨。水力发电占电力生产的97%，1989年发电总量为258万度。建材工业发展迅速，每年以8.5%速度递增。

【农林牧渔业】农业人口占总人口的70.9%，耕地面积占全国面积的18%。近年来，农业生产稳步发展。1989年农业产值为9760亿非洲法郎，占国内生产总值的27%，占出口收入的40%。1989年粮食和经济作物产值分别占农业产值的45%和25%。主要粮食作物有小米、高粱、玉米、稻谷、薯类、芭蕉等。粮食自给率为97%。主要经济作物有可可(居世界第5位)、咖啡、棉花、花生、油棕等。近几年主要农产品产量如下(单位：万吨)：

	1989/90	1990/91	1991/92
稻谷	9	9.75	10
小米、高粱	28.9	21.8	39.4
玉米	48.33	60	54.39
香蕉	7.5	10	15
棕榈油	11.4	12	12.3
可可	12.47	12	10
咖啡	13.76	8.64	8.41
籽棉	16.5	12.5	12

(资料来源：喀麦隆1992/93年度财政法)

全国有66家木材加工厂，年加工能力为320万立方米。1990年出口木材247.9万立方米，出口收入占出口总额的1/10，占国内生产总值的2%。

有10万人从事捕捞和渔业加工业。1990年捕鱼12万吨、虾1000吨。

北部地区畜牧业较发达。畜牧业产值占农业产值的15%。每年生产12万吨肉，4.5万吨奶，2300吨鸡蛋。1990/91年牲畜存栏数：牛430万头，羊570万只，猪70万头，家禽1400万只。

【旅游业】政府重视发展旅游业。1975年加入国际旅游组织。1987年全国有大、中型旅馆80多家，7431间客房，10398张床位。接待游客12万人，其中40%来自非洲国家，18%来自法国。旅游收入186亿非洲法郎。主要旅游点有贝努埃、瓦扎和布巴恩吉达等天然动物园。1992年11月在罗马召开的第44届国际旅游组织大会上，喀被选为该组织执委会主席。

【交通运输】独立以来，交通运输发展迅速，已初步形成陆海空立体交通网络。公路交通占全国运输总量的85%以上。

铁路：总长1115公里，采用宽一米的窄轨；1990/91和1991/92年度客运量分别为232.86和273.4万人次，货运量分别为122.96和128.48万吨。

公路：总长约38069公里，其中沥青路4069公里。

水运：主要海港有杜阿拉、林贝和克里比，其中杜阿拉港吞吐量占总吞吐量的96%；1989/90年度总吞吐量386.97万吨，其中集装箱运输量73.28万吨。主要河港是加鲁阿港，属季节性河港，1989年货运量14394吨。

空运：喀麦隆航空公司有9架飞机，其中波音747飞机4架，波音737飞机3架，有定期航班飞往欧洲和非洲16个国家；1988/89年度喀航客运量45.9万人次，货运量9562吨；全国有63个机场，杜阿拉、加鲁阿和雅温得－恩西马朗为国际航空站。

【财政金融】财政收入主要靠税收。1992/93年度财政预算总额5460亿非洲法郎，比上年增加10亿非洲法郎。其中行政预算4100亿非洲法郎，比上年度增加8.5%；发展预算1360亿非洲法郎，比上年度减少18.6%。1990/91和1991/92年度财政赤字分别为2070和2100亿非洲法郎。

1990年国际收支经常项目逆差3.45亿美元，外汇储备3409万美元，其中黄金储备855万美元。1990年累计外债60.23亿美元，占当年国内生产总值的46%，其中中长期债务50.14亿美元，短期债务8.88亿美元。

【对外贸易】实行贸易开放政策，强调贸易伙伴多样化。同100多个国家有贸易往来，与30多个国家签订了贸易协定。1989年出口和劳务收入占国内生产总值的19.2%。出口物资主要有可可、咖啡、木材、原油、铝制品等，进口物资主要是工业设备和企业消费物资等。主要贸易伙伴有法、西、荷、德、美、日、意、比等国。近年来对外贸易情况如下(单位：亿非洲法郎)：

	1989	1990	1991
进口额	4150	4031	4100
出口额	5624	5837	6000
差　额	1474	1806	1900

(资料来源：1992/93年伦敦经济季评)

【外国援助】主要援助国为法国、加拿大、美国、德国、欧共体、联合国开发计划署和国际农业发展基金。近年喀获外援情况如下(单位:百万美元):

	1988	1989	1990
双边援助	258.8	306.7	516.1
多边援助	54.1	173.7	168.8
共　计	312.9	480.4	684.9

(资料来源:同上)

人民生活

1990年以来失业率为12%。工资水平大致为:最低工资3万非洲法郎,办事员月工资5万,管理人员10万,公职人员30万,部级官员50～90万,但实际各地区和部门工资很不统一,相差悬殊。1985/86年度全国有388所医院、51所产院、134个门诊所、244个卫生发展中心和418个初级卫生中心,共有医护人员8000人,其中医生600名。平均每1.75万人1名医生。1992/93年度卫生预算259.46亿非洲法郎,占国家预算的4.75%。

军　事

1960年独立后建军。总统为全国武装部队最高统帅。总参谋长皮埃尔·赛芒格少将。下设3个军区。实行志愿兵役制。

三军总兵力7620人,其中陆军6600人,海军670人,空军350人。另有宪兵4000人。

1992/93年度军费预算512.75亿非洲法郎,占国家预算的9.39%左右。

文化教育

【教育】重视教育事业,通过增加教育经费、改进助学金发放办法、对私立学校提供补贴等措施推行普及教育,扩大入学率。儿童入学率为79%。近几年来,教育经费在政府各部的预算份额中一直保持首位。1992/93年度教育预算为807.1亿非洲法郎,约占国家预算的14.8%。1990年全国有公、私立中、小学和幼儿学校7800多所,教师6.5万名,学生300万名。高等院校有雅温得大学和杜阿拉、德昌、恩岗德雷、布埃阿等4个大学中心,教师约700名,学生4.5万左右。雅温得大学是规模最大的高等学府,设有法律和经济、文学和人文、高等师范、国家高等综合技术等8所院校。1992年8月喀西部开设首家私立“高等技术学院”。1992年喀有500万文盲,文盲率为40%。

【新闻出版】有报刊50余种。主要有:《喀麦隆论坛报》,发行6.5万余份,最高达10万份;《团结报》,发行1.2万份;《喀麦隆共和国公报》,发行1500份;《喀麦隆新闻》,发行5000份;《喀麦隆农、牧、林业》,发行850份;以及《荣誉与忠诚》和《农民之声》。喀私人报刊近50余种,其中《信使报》发行量达6万份。

喀麦隆新闻出版社:成立于1977年7月,其前身为喀麦隆通讯社。

喀麦隆广播电台:用法、英和6种地方语言广播。地方电台有:布埃阿、杜阿拉、加鲁阿、贝尔图阿、巴富萨姆、巴门达、恩岗德雷和雅温得电台等。

喀麦隆国家电视台:1986年4月建立,发射网可覆盖全国领土的80%,每日播放彩色电视节目。1988年1月建成全国电视制作中心。

对外关系

对外奉行独立、不结盟和广泛国际合作政策。反对帝国主义、殖民主义和种族主义,反对外来势力干涉非洲国家内政,积极推动非洲团结和合作。主张通过对话和平解决国际争端,重视地区合作,努力实现合作伙伴多样化。要求建立国际政治、经济新秩序。认为贫困是对第三世界国家民主的严重威胁,没有发展就不可能有真正的民主,不能光谈人民的自由权而无视人民的生存权和发展权。1992年6月,喀同印度尼西亚建交。与喀建交国家总数增至98个。

【同我国的关系】1971年3月26日两国正式建交。建交后两国来往不断。前总统阿希乔曾两次访华,1987年3月保罗·比亚总统访华。1978年8月、1986年11月陈慕华副总理、国务委员张劲夫分别率政府代表团访喀。

1992年1月25日,喀卫生部长以比亚总统名义向中国援喀医疗队队员授予勇士勋章和荣誉骑士勋章。3月7～11日,全国政协副主席马文瑞率政协代表团访喀。4月6～11日,全国人大常委会委员蔡子民率中国人大代表团出席在雅温得召开的各国议会联盟第87届大会。4月19日至5月1日,喀新闻部长奥古斯坦·孔楚·奎梅尼率政府文化代表团访华。4月23日至5月5日,喀人民民主联盟妇女组织全国执行局第一副主席唐克·伊丽莎白女士率该党妇女代表团访华。5月6～13日,中国机电产品进出口商会在雅温得举办“中华人民共和国机电产品展销会”。11月10～13日,由政治局委员、国民议会议员唐弗·萨米埃尔率领的喀人民民主联盟代表团访华。11月20日,中国驻喀麦隆大使申连瑞代表国家教委向雅温得大学移交我援建的微生物实验室。申连瑞大使离任前喀对外关系部长代表比亚总统授予他一级勇士勋章。1992年,中、喀贸易总额2564万美元,其中中国出口960万美元,进口1604万美元。

中国驻喀麦隆大使:张龙宝。馆址:Nouveau Bastos Yaoundé Cameroun。信箱号码:B. P. 1307 Yaoundé。电话:210083,200471,国家号:237。商务处电话:203191。电传:AMBCHINE 8821 KN。传真号:00237210418。驻杜阿拉市经济贸易常设办事处电话:210091,电传:BUPEC 5572 KN。

喀麦隆驻中国大使:埃莱·埃利·埃蒂安(Eleih Elle Etian)。馆址:北京市三里屯东5街7号。电话:5321828。传真号:5321761。负责商务官员电话:5321948。负责签证官员电话:5321263。

喀麦隆同台湾有贸易往来。1991年喀、台贸易额80亿非洲法郎,台顺差40亿非郎,占台对外贸易总额的1.6%。

【同法国的关系】喀法关系密切。两国签有合作条约和有关经济、货币、财政、军事、司法等 10 多项合作协定。法是喀最大援助国，1991 年，法经济合作中央银行向喀提供 10.61 亿法国法郎援助（约 2.13 亿美元）。喀是法在黑非洲法语国家中第一大贸易伙伴，喀出口收入的 27.9%和进口物资的 42.3%来自法国。1991 年，喀、法贸易总额 78.4 亿法国法郎，其中喀出口为 42.8 亿法国法郎，进口为 35.6 亿法国法郎。喀在法侨民有 1.7 万人，法在喀侨民 1 万人。1992 年 3 月 17 日，法国总统非洲事务顾问让·克里斯托夫·密特朗访喀。4 月 16 日法国经济和财政部长米歇尔·萨潘访喀并签订向喀提供约 92.5 亿非洲法郎的贷款协定。5 月 8 日法国经济合作中央银行决定向喀提供 485 亿非洲法郎，以帮助喀经济结构调整。8 月 19 日喀财政部长恩迪奥罗·朱斯坦同法政府签署一项 2 亿非洲法郎的延期还款协定。12 月 3 日，比亚总统对法国等欧洲国家进行私人访问。

【同美国的关系】喀重视发展同美国的关系；美亦把喀列为重点发展关系的非洲国家。前总统阿希乔曾 4 次访美。近年来，美每年对喀援助 2200 万美元。1990 年美向喀提供援助 6.4 亿美元。美国有 100 多家公司在喀设有代表处或代理人。另有 160 名和平队员。美每年进口约 6 亿美元的喀石油，向喀出口约 6000 万美元的制成品。1991 年，喀、美贸易总额 2.16 亿美元，其中喀向美出口为 1.27 亿美元，进口 8900 万美元。1992 年 8 月 19 日美同意喀延期偿还 50 亿非洲法郎债务。10 月 19 日喀对外关系部长雅克·罗歇·布赫·布赫召见美驻喀大使，指责美在喀大选期间干涉喀内政，并召回喀驻美大使。11 月 29 日，美决定暂停对喀经济援助。

【同邻国及其他非洲国家的关系】重视发展睦邻友好关系，努力推动非洲国家的团结和合作。喀同尼日利亚和赤道几内亚通过协商解决了边界问题。1992 年 1 月和 12 月，乍得总理两次访喀，喀、乍决定恢复因战争中断了 20 年的两国航空关系。6 月，喀与扎伊尔恢复通航。2 月 6 日，刚果黑角铁路发生事故，喀向刚提供 200 万非洲法郎药品。7 月 29 日，比亚对塞内加尔进行友好工作访问。5～7 月喀国民议会议长卡瓦耶·耶格·贾布里勒率代表团赴尼日利亚参加喀、尼边界合作讨论会；8 月 4～7 日喀国防部长阿卡梅·姆富穆·爱德华访尼；9 月 25 日尼内政部长哈比奥·加拉莱马·达乌达访喀。11 月 14～19 日南非大主教图图访喀。

（唐安生）

科　摩　罗

国名　科摩罗伊斯兰联邦共和国（The Federal Islamic Republic of the Comoros, La République Fédérale Islamique des Comores）。

面积　2235 平方公里（包括马约特岛）。

人口　48.5 万（1992 年，不包括马约特岛）。自然增长率 3.3%（1992 年）。主要由阿拉伯人后裔、卡夫族、马高尼族、乌阿马查族和萨卡拉瓦族组成。通用科摩罗语，官方语言为法语和阿拉伯语。95% 以上的居民信奉伊斯兰教。

首都　莫罗尼（Moroni），人口约 4 万（1987 年）。

国家元首　总统赛义德·穆罕默德·乔哈尔（Said Mohamed Djohar），1990 年 3 月 13 日当选。

简　况

印度洋西部岛国，由大科摩罗、昂儒昂、莫埃利、马约特 4 岛组成。位于非洲东侧莫桑比克海峡北端入口处，东、西距马达加斯加和莫桑比克各约 500 公里。属热带雨林气候，终年湿热，年平均气温 23～28℃。西方殖民者入侵前长期由阿拉伯苏丹统治。1841 年法国入侵马约特岛，1886 年其他 3 岛均为法控制。1912 年科摩罗 4 岛正式沦为法国殖民地。1914 年划归法国驻马达加斯加殖民当局管辖。1946 年成为法国的一个“海外省”。1961 年取得“内部自治”。1975 年 7 月 6 日独立，成立科摩罗共和国，1978 年 10 月 22 日改国名为科摩罗伊斯兰联邦共和国。1990 年 3 月，乔哈尔当选总统，随后组织了科独立以来的第一个多党联合政府。

政　治

1992 年 1 月，乔哈尔总统成立了有 12 个政党参加的民族团结政府。这届政府在其 4 个月的任期内，召开了 24 个政党参加的“国民大会”，通过了宪法草案。6 月，全民公决通过了科第二部宪法。9 月，科发生未遂政变。11 月，举行独立以来首次多党议会选举，科 24 个政党中的 16 个政党进入了议会。

【宪法】现行宪法于 1992 年 6 月 7 日经全民公决通过。规定：科实行联邦制，各岛自治。总统为国家元首和武装部队最高统帅，由直接选举产生，任期 5 年，可连选连任；任何政党都不能单独组阁，必须组成一个多党联合政府；总统主持内阁会议，任命全国主要官员，在征得总理、议长同意的情况下，可解散议会；总理是政府首脑，总统在联邦议会占多数席位的党内任命总理，并根据总理的提议任命部长；政府对议会负责。

【议会】联邦议会是共和国最高立法机构。议员通过直接选举产生，任期 5 年。本届议会于 1992 年 11

月选举产生，共有42名议员。议会中有16个政党，其中争取权力分散民主联盟7席，科摩罗民主进步运动5席，舒马党3席。议长阿米里·阿杜马纳（Amiri Attoumane）。

【政府】本届政府于1993年1月6日组成，系乔哈尔总统任命的第七届政府。其成员为：总理兼经济、贸易部长哈立迪·阿卜杜拉赫曼·伊卜拉欣（Halidi Abderemane Ibrahim），外交事务与合作国务部长赛义德·阿图马纳·赛义德·阿默德（Said Athoumane Said Ahmed），掌玺、司法、公职、就业、劳工与议会关系部长卡阿比·鲁巴尼（Kaabi Roubani），装备、能源、城市规划和住宅部长穆罕默德·拉里夫·乌卡夏（Mohamed Larif Oukacha），财政、预算、计划部长卡阿比·埃·亚克鲁蒂·穆罕默德（Caabi El Yachroutu Mohamed），工业生产、渔业、手工业、农村发展部长阿迈德·赛义德·伊西拉默（Ahmed Said Issilame），国民教育、职业与技术培训部长穆萨·赛义德·阿默德（Moussa Said Ahmed），卫生与人口部长阿默德·布尔阿纳（Ahmed Bourhane），运输、旅游、环境部长赛义德·埃·哈德·穆罕默德（Said El Had Mohamed），内政与权力分享部长莱迪纳·阿马迪（Laidine Ahamadi），新闻、邮电部长富阿德·阿布杜拉伊姆（Fouad Abdourahim），伊斯兰及阿拉伯事务与古兰经教育部长穆斯利姆·邦·穆萨（Mouslim Ben Moussa），文化、青年、体育、娱乐国务秘书萨利赫·马穆德（Soilihi Mahamoud）。

【司法机构】终审法院是最高司法机构。

【政党】现有24个政党。主要有：

（1）乌吉玛党（Oudzima），又称科摩罗进步联盟（Union Comorienne pour le progrès）：1972年初建，1983年5月重建，为科最大政党，党员1.1万多人。总书记奥马尔·塔穆（Omar Tamou）。对内主张自由化和私有化。

（2）保卫民主全国联盟（Union Nationale Pour la Démocratie）：1985年初由部分流亡法国的原政府官员和知识分子在马赛组建。总书记阿卜·巴卡尔·布阿纳（Aboubakar Boina）。

（3）争取变革与民主联盟（Rassemblement pour le changement et la Démocratie）：成立于1991年1月11日，由乌吉玛党的实权派分裂而来。总书记赛义德·阿里·尤素夫（Said Ali Youssouf）。对内主张实行联邦制，建立法制国家，进行彻底变革。

（4）争取权力分享民主派联盟（Union des Democrates pour Decentralisation）：1991年12月15日成立。该党是昂儒昂岛党，昂岛省县机构的工作人员多系该党成员。其目标是：建立牢固的民主体制；改变科现社会结构；政府机关权力分散，社会权益均等。主席哈立迪·阿卜杜拉曼·易卜拉欣（Halidi Abderemane Ibrahim），总书记易卜拉欣·穆罕默德·阿拉维（Ibrahim Mohamed Allaoui）。

其他政党还有：科摩罗民主进步党、科摩罗民主共和联盟、革新与民主运动、科摩罗民主阵线、科摩罗人民阵线、科摩罗劳动进步党、科摩罗社会党、科摩罗保卫民主进步党、民主进步运动等。

【重要人物】赛义德·穆罕默德·乔哈尔：总统。1918年出生于马达加斯加的马任加市。1927～1937年在马岛读小学、中学。1938～1941年在马岛任教。1941年返回科摩罗，先后在昂岛、马约特岛、大科岛任教并任校长。1952年当选为昂岛议员。1957年任科地方政府经济、装备部长。1961年任科地方自治政府秘书长。1963年起先后任公职、劳工、青体部长、社会事务和劳工部长。1972年被选为议员主席。1973年任地方自治政府主席办公室主任。1973～1975年任驻马达加斯加代表。科独立后，1979～1982年任全国商会会长。1987年任最高法院院长。1989年11月任代总统。1990年3月当选总统。　**哈利迪·阿卜杜拉赫曼·伊卜拉欣：**总理、政府首脑兼经济、贸易部长。1954年生于昂儒昂岛，在家乡读书。1975～1978年萨利赫任总统时期，曾任全国革命委员会协调员，并代理过国家元首。萨利赫后期，因涉嫌政变，被判6个月监禁。1978年通过高中毕业会考后，赴多哥上大学。1983年获哲学学士和教育学学士学位后回国，在昂儒昂岛的中学教哲学。1990年作为舒马党成员，出任乔哈尔第一届政府内政部长、第三届政府新闻、文化、青年和体育部长。此后与舒马党脱离关系，组织权力分散与民主联盟，并任主席。1992年8月任总统府顾问。已婚，有5个孩子。

经　济

科是联合国宣布的世界上最不发达国家之一，实行自由经济制度，保护私有制，鼓励私人和外国投资开办企业。近年来，由于国际市场的影响，出口产品价格下跌，收入减少，财政入不敷出。为复兴经济，政府制定并部分实施1983～1986年临时发展计划和1983～1990年发展计划。1980～1985年，国民生产总值年均增长7%。但自1986年起，经济恶化情况日趋严重。1991年5月，科与世界银行和国际货币基金组织签订"结构调整计划"，着手进行经济体制改革。1992年是科独立以来经济最困难的一年。财政危机严重，市场萧条，商品短缺。外国投资基本停止，外国援助减少，外债负担沉重。

国内生产总值（1991年）：704.9亿科摩罗法郎。

国民生产总值增长率（1991年）：3%。

人均国民收入（1989年）：469美元。

货币名称：科摩罗法郎。

汇率（1992年4月）：1美元＝256.63科法郎。

通货膨胀率（1991年）：4%。

【资源】无矿藏资源。水力资源贫乏。森林面积约2万公顷，占国土面积的15%。渔业资源较丰富。

【工业】1991年工业产值占国内生产总值的4.48%。主要工业为香料加工、船舶和车辆修理、家具、制砖等。法国的邦包公司、卡尔凡公司、克里马迪公司和科摩罗的阿卜杜拉公司、阿迈德公司控制了全国的主要经济活动。

【农业】科是以农业为主的国家，85%的人口在农村，80%的劳动力从事农业生产。1991年农业产值占国内生产总值的40%，农产品出口占出口总额的99%。全国可耕地为12.3万公顷，已耕地1.7万公顷。粮食不能自给，主要粮食作物为水稻、玉米和薯类。经济作物为丁香、鹰爪兰、华尼拉香草。近几年主要产品产量如下(单位:吨)：

	1989	1990	1991
旱稻	3050	3055	3050
玉米	3550	3570	3570
薯类	62822	47165	
豆类	7050	7150	
禽类	180	183	175
牛肉	920	945	940
羊肉	311	320	315
蛋	413	413	
奶(升)	925000	950000	
香蕉	49500	50250	51000

(资料来源:科中央银行1991年报告)

有渔民8000多人，年捕鱼4000～5000吨。

【交通运输】无铁路，岛上交通靠汽车，岛际靠轮船和飞机。独立以来，政府用于交通运输方面的投资占全部经济建设资金的一半以上。

公路:总长828公里(其中300公里为土路)；各种机动车辆约2万辆。

水运:客货两用轮两条，总吨位1760吨；有昂儒昂穆察穆杜港和莫罗尼港等港口，年吞吐量约10万吨。

空运:有莫罗尼—哈哈亚国际机场；有一架飞机飞国内航线和马约特岛。

【财政金融】财政收入主要靠税收，其中间接税收占75%。行政支出占预算总支出的88%。1991年预算赤字达40.6亿科法郎。财政收支情况如下(单位:亿科法郎)：

	1988	1989	1990
收入	103.52	95.11	88.19
支出	113.03	112.05	101.05
赤字	9.51	16.94	12.86

(资料来源:同上)

1991年黄金储备2700万美元。财政平衡依靠法国的财政补贴和国际援助。1991年外债达746亿科法郎。

【对外贸易】香草、丁香、依兰香精为科摩罗三大出口产品，1990年出口额约占出口总收入的90%。1991年出口丁香2.75吨，出口额为10亿科法郎；出口依兰香精43吨，出口额为9亿科法郎。

近几年由于原料和初级产品国际市场价格下跌，外贸连年逆差。进口商品主要有粮食、食品、水泥、铁、石油产品、日用品、交通工具和建筑材料等。主要贸易对象为美国、法国、德国、加拿大、南非、日本、泰国等。美国是科第一买主，1991年由科进口29.94亿科法郎，占科出口总额的42.6%，法国占第二位，进口21.48亿科法郎，占科出口总额的30.5%。近几年对外贸易情况如下(单位:亿科法郎)：

	1989	1990	1991
出口额	58.08	48.83	70.28
进口额	135.75	140.4	163.99
差　额	−77.67	−91.57	−93.71

(资料来源:同上)

【外国援助】1990、1991、1992年接受外援分别为67.80、63.85、72.7亿科法郎。提供赠款的主要有联合国系统、欧洲发展基金、法国、沙特阿拉伯、科威特、日本、德国、比利时等，提供贷款的主要有沙特阿拉伯基金、科威特基金、非洲发展基金、世界银行等国际金融机构。

人民生活

全国有5所医院，10个卫生中心和49个卫生站。80%的人患有轻重不同的疟疾症。婴儿死亡率121.7‰。平均寿命54岁。

军　事

科军队为职业军人。军官、士官从高中毕业生中招收，士兵则按军队的需要不定期招收，无严格的年龄限制等规定。全国设大科摩罗、昂儒昂、莫埃利3个军区。1990年12月1日，科军队改组，原武装部队和总统卫队合并，改称科摩罗国防军。总统为最高统帅。国防军司令阿扎尼·阿苏马尼。

科与法签有“防御协定”，马约特岛设有法海军基地和驻军司令部，科海、空防务完全依靠法国。法军舰定期在科海域游弋。

文化教育

【教育】1986年11月制定了开展以科摩罗语言文字为主要内容的扫盲运动。近4年来共有3456人脱盲。国外提供的奖学金是科学生接受高等教育重要途径。文盲占人口的50%。适龄儿童入学率介于25%～30%之间。1990年有小学257所，初级中学45所，高级中学6所；小学生67825人，中学生14472人。大专院校有全国高等教育学院、全国卫生学校，1990年有学生354人。1992年教育经费占财政支出的22%。

【新闻出版】《科摩罗回声报》，发行1500份，3/4在国内发行，1/4邮寄法国销售。

科摩罗广播电台:由政府控制。1991年4月，由德国无偿援建的中、短波发射台投入使用，科广播已可覆盖全国4个岛屿。

对外关系

奉行和平、中立、不结盟政策，赞成区域合作，要求建立国际经济新秩序。注意改善和加强同邻近国家的关系。主张裁军，反对大国军备竞赛。主张南北对话，赞成南南合作。

谴责以色列的侵略、扩张，支持巴勒斯坦人民的正义斗争，认为巴解组织是巴勒斯坦人民唯一合法代表，任何旨在解决这一问题的谈判都必须有巴勒斯坦解放组织参加。承认巴勒斯坦国。主张建立印度洋和平区，实现该地区非核、非军事化，反对大国在该地区的争夺。截至1990年初已同52个国家建立了外交关系。

【同我国的关系】1975年11月13日两国建交。1976年6月两国政府签订了经济技术合作协定。科方访华的主要有：科总统阿卜杜拉（1988年11月），第一副议长阿卜杜拉·阿迈德·纳索夫（1989年9月），议长阿卜杜拉·哈里发（1990年6月），外交与合作部长姆塔拉·迈沙（1991年8月）。中方访科的主要有：经贸部顾问石林率领的政府代表团（1985年7月），外交部副部长杨福昌（1992年2月）。

中国驻科摩罗大使：祝成才（常驻马达加斯加）。馆址：Coulee De Lave No.c.109 Moroni Comores。电话：732521。电传：235 AMBACHIN KO。经商处电话：732931。

科摩罗在华无使馆。

【同法国的关系】两国有着特殊的关系。科独立后同法国的关系一度中断。1978年7月1日两国建交，同年12月签订了友好合作条约及一系列协定，法国开始全面恢复对科的各项援助。每年法对科无偿援助约占科受援总额的一半。1992年2月乔哈尔总统访法，法政府向科提供4亿科法郎的财政拨款。5月科外长赛义德·哈桑访法。1992年，法国向科提供的具体项目援助为2000万法国法郎。科、法两国在马约特岛归属问题上有争议。

【同美国的关系】1985年8月26日美在科建馆。美援助科搞了一些农业发展项目。1990年9月，美向科派第一位常驻大使。

【同周围岛国的关系】1984年科与毛里求斯建交，1986年两国签订了合作协定。1986年7月马达加斯加驻科领馆开馆。1990年4月，科外长访问毛里求斯。6月，乔哈尔总统率团出席马达加斯加独立30周年庆典活动。11月，乔哈尔总统再次访问马达加斯加。1991年2月，科政府代表团访问马达加斯加。

【同南非的关系】南非曾在科设商务处和领事馆。后因财政原因撤销驻科领事馆。1992年5月，科外长哈桑·哈希姆访问南非。双方商定将互设使馆。

（王　原）

科特迪瓦

国名　科特迪瓦共和国（The Republic of Cote d'Ivoire，La République de Côte d'Ivoire）。

面积　322463平方公里。

人口　1320万（1992年）。全国有60个部族，主要分4大族系：阿肯族系约占41％，曼迪族系约占26％，克鲁族系约占17％，沃尔特族系约占16％。各部族均有自己的语言，全国大部分地区通用迪乌拉语（无文字）。官方语言为法语。全国人口24％信奉伊斯兰教，15％信奉天主教，其余信奉拜物教。

首都　政治首都亚穆苏克罗（Yamoussoukro），人口10.7万（1987年估计）。经济首都阿比让（Abidjan），人口200万（1987年估计）。1983年3月12日科决定将首都迁往亚穆苏克罗，但至今政府机构及外交使团仍留在阿比让。

国家元首　总统费利克斯·乌弗埃—博瓦尼（Fèlix Houphouet-Boigny），1961年4月就任，1990年10月30日第七次当选。

简　况

位于非洲西部。西与利比里亚和几内亚交界，北与马里和布基纳法索为邻，东与加纳相连，南濒几内亚湾，海岸线长约550公里。属热带气候。北纬7°以南为热带雨林气候，年平均气温25℃；北纬7°以北为热带草原气候，年平均气温略高于南部。中世纪时期曾建立过一些小王国。11世纪塞努弗人在北部建立的宫格城，为当时非洲南北贸易中心之一。15世纪后半叶，葡、荷、法殖民者相继入侵。1893年沦为法自治殖民地。1960年8月7日独立，翌年4月脱离法兰西共同体。

政　治

独立以来，乌弗埃—博瓦尼任总统至今。对内实行“和平、稳定、对话、发展”的政策，经济发展取得一定成就，政局相对稳定。80年代以来，经济发生困难，1990年初曾发生社会动乱。1990年4月实行多党制，推行“政治民主化”，对经济进行结构调整。同年10月总统选举中，博瓦尼再次当选。在11月举行的议会选举中，民主党以绝对多数获胜，组成新政府。1992年初妥善平息了反对党制造的社会动乱后，政局趋于平静。

【宪法】现行宪法于1960年11月由国民议会批准实行，历经5次修改。宪法规定实行总统制，行政、立法和司法三权分立。总统由普选产生，为国家元首和武装部队统帅，任期5年，可连选连任。总统缺位，由议长代行总统职权。

【议会】国民议会是最高立法机关，议员分区选举产生，每届任期5年。本届议会于1990年11月产生，议员175名，其中民主党163名，人民阵线9名，工党1

名,无党派人士2名。议长任期5年,其他成员任期1年,可连选连任。议长亨利·科南·贝迪埃(Henri Konan Bédié)。

【政府】由总统任命的总理和部长组成。总理为政府首脑,对总统负责。本届政府于1990年11月30日组成,主要成员有:总理兼经济和财政部长阿拉萨纳·德拉马纳·瓦塔拉(Alassane Dramane Ouattara),总理府负责经济、财政和计划的部长级代表达尼埃尔·卡布朗·丹康(Daniel Kablan Duncan),国防部长莱昂·科南·科菲(Léon Konan Koffi),外交部长阿马拉·埃西(Amara Essy),内政部长埃米尔·贡斯当·邦贝(Emile Constant Bombet)。

【司法机构】最高法院和各级法院行使司法权。最高法院由宪法法庭、刑事法庭、行政法庭和审计法庭组成。最高法院院长拉泽尼·库利巴利(Lazéni Coulibaly)。

【政党】1990年4月30日宣布实行多党制,现有40个合法政党,另有17个政党正在筹建中。

(1)科特迪瓦民主党(Parti Démocratique de Côte d'Ivoire):执政党。1946年4月30日成立,创始人费利克斯·乌弗埃—博瓦尼。成立初期领导群众进行反对法国殖民主义的斗争。1950年后主张同法妥协。1958年对"戴高乐宪法"投赞成票。独立后,一直是执政党。主席费利克斯·乌弗埃—博瓦尼,总书记洛朗·多纳—福洛戈(Laurent Dona-Fologo)。

(2)科特迪瓦人民阵线(Front Populaire de Côte d'Ivoire):主要反对党。1982年成立,党员58万,骨干力量是知识分子和青年学生,主张实行社会主义。1992年2月曾组织大规模游行示威,酿成打砸抢烧暴力事件。遭政府镇压后宣布放弃暴力斗争,决定通过选举和平夺权。在国民议会中占有9个议席。总书记洛朗·巴博(Laurant Gbagbo)。

(3)科特迪瓦劳工党(Parti Ivoirien des Travailleurs):在国民议会中占1个议席。1992年8月召开第一次全国代表大会,通过了《左翼政党联合战略的决议》等文件,重申召开全国会议、成立过渡政府的主张;选举了新的领导机构。总书记弗朗西斯·沃迪埃(Francis Wodié)。

【重要人物】**费利克斯·乌弗埃—博瓦尼**:总统、民主党主席。1905年10月18日生于亚穆苏克罗的一个酋长家庭。1918~1925年就读于达喀尔师范学校和医科学校,毕业后回国行医。1940年任亚穆苏克罗的酋长。1944年组建非洲农业工会,任总书记。1946年4月创建科特迪瓦民主党,任主席。同年9月与塞古·杜尔等组建非洲民主联盟,任主席。在国内多次领导反对殖民统治的政治斗争。1945年至科特迪瓦独立前,曾担任法属西非大议会议员、主席,法国民议会议员,科领地议会主席,法内阁部长级代表、卫生部长和国务部长等职,并担任过阿比让市长。1959年4月任总理。1960年8月7日科独立后任总统至今。 **阿拉萨纳·德拉马纳·瓦塔拉**:总理兼经济和财政部长。1942年生。在布基纳法索受中等教育,1962年赴美留学,获经济博士学位。1968~1973年在国际货币基金组织总部工作。1973~1978年在西非国家中央银行总部任研究部经理、行长特别顾问、副行长。1984年后任国际货币基金组织非洲部经理兼总裁顾问、西非国家中央银行行长。1990年被任命为稳定和振兴经济部际委员会主席,11月25日出任总理。

经 济

独立后,实行以"自由资本主义"和"科特迪瓦化"为中心内容的自由经济体制。60~70年代经济发展迅速,国民生产总值年平均增长率达8%。1980年国内生产总值达101.9亿美元,是1960年独立时的22倍。进入80年代以来,由于西方经济危机的影响,特别是出口农产品价格不断下跌,经济状况恶化。为克服经济困难,1990年6月开始实施稳定和振兴经济的"瓦塔拉计划",1991年初见成效。1992年未达到预定目标,国内生产总值下降2.4%。为改变单一的经济结构,自1992年起增加了对采矿业和石油、天然气开发的投资。

国内生产总值(1992年):26343亿非洲法郎。

人均国内生产总值(1991年):740美元。

国内生产总值增长率(1992年):-2.4%。

货币名称:非洲金融共同体法郎,简称非洲法郎。

汇率(1992年12月):1美元=271.6非洲法郎。

通货膨胀率(1992年):3%。

失业率(1992年):10%。

【资源】主要矿藏有钻石、黄金、锰、镍、铀、铁和石油。已探明的石油储量约12亿吨,天然气储量156亿立方米,铁30亿吨,铝矾土12亿吨,镍4.4亿吨,锰3500万吨。现有森林250万公顷。

【工业】1990年工业产值占国内生产总值的24%。有企业815家,就业人口8万,资本总额4250亿非洲法郎,其中国家资本占55%。食品加工业是主要工业部门,占工业营业总额的35~40%;其次是棉纺织业;还有炼油、化工、建材和木材加工工业。

【农业】系农业国。1992年农业产值8549亿非洲法郎,占国内生产总值的32.5%;农产品出口占出口总收入的60%。全国80%的劳动力从事农业生产,耕地面积802万公顷。经济作物占重要地位,1992年可可产量75万吨,占世界总产量的30%,居第一位,出口收入占国家出口总额的35%;咖啡产量19万吨,居非洲第一,世界第三位,出口收入占国家出口总额的25%;籽棉产量28万吨,居非洲第三位;棕榈油24万吨,居非洲第一、世界第三位。粮食不能自给,主要有玉米、小米、高粱、稻米、木薯、山药等。1991/1992年度主要农产品产量(单位:万吨):可可78.6、咖啡37.5、棕榈油24、籽棉28、稻谷66、玉米51、木薯139、山药275。

森林资源丰富，木材曾是第三大出口产品。由于过量采伐、农业开发、干旱和森林火灾等原因，森林面积锐减，从1960年的1000万公顷减至1991年的250万公顷。目前政府采取措施限制森林砍伐和木材出口。1990年原木产量为256.2万立方米，出口41.7万立方米，出口收入1028.34亿非洲法郎。

畜牧业不发达。禽蛋基本自给，肉类一半靠进口。1992年牛羊肉产量40470吨、猪肉11170吨、各种家禽26450吨。

渔业产值占农业生产总值的7%，就业人口7万。1991年捕捞、加工、销售营业额1000亿非洲法郎。金枪鱼出口4.7万吨，占水产品出口收入的30%。

【旅游业】1988年接待游客约18万人，收入150亿非洲法郎，占国内生产总值的0.48%，从业人员1.5万。全国有24家旅行社或办事处，阿比让有星级旅馆38家，客房使用率均在50%以下。

【交通运输】海运：进出口贸易的98%以上通过海运。阿比让港是西非最大的天然良港和黑非洲最大的集装箱港口，也是西非内陆国家的主要出海口和进出口货物的集散地；可同时停泊60多艘船只，年装卸集装箱2.2万只；1992年吞吐量1000万吨。圣·佩德罗港是第二大港口，主要承运木材。

铁路：总长630公里，主要是阿比让—尼日尔铁路科境内段。

公路：总长68000多公里，其中沥青路5440公里，高速公路141公里；全国有5850个货运商行，各种车辆31万辆，其中货车1.7万辆。

空运：全国有大小机场28个，其中阿比让、布瓦凯、亚穆苏克罗3个机场可供大型飞机起降。科特迪瓦航空公司除经营国内航线外，还开辟了马里、布基纳法索和几内亚航线。非洲航空公司总部设在阿比让。有12家外国航空公司开辟了飞往科特迪瓦的定期航班。

【财政金融】1979年以来，国际收支连年逆差。自1990年实行稳定和振兴经济计划以来，国家财政状况有所好转。当年财政赤字由上年的2240亿非洲法郎降至250亿，1991年结余150亿，实现了财政计划宏观平衡。1992年内外债分别为77亿和165亿美元；还本付息额12亿美元，占出口收入的33%；外汇储备2900万美元。

【对外贸易】外贸连年顺差，在国民经济中占重要地位。1992年出口额占国内生产总值的33.13%。主要出口可可、咖啡、棕榈油、棉花、橡胶、木材等，进口机械设备、原油、交通工具、化学制品、建筑材料、电器、食品等。主要贸易伙伴是法国，其次为美国、意大利、德国。1992年，科对法出口27.84亿法国法郎，从法进口41.97亿法国法郎，逆差14.13亿法国法郎。1990～1992年进出口情况如下(单位：亿非洲法郎)：

	1990	1991	1992
出口额	9342	8953	8734
进口额	7897	7936	7562
差　额	1445	1017	1172

(资料来源：科特迪瓦经济财政部1992年8月公布)

【外国援助】1990年共接受外援7.365亿美元，比1989年增加44.62%。援助主要来自法、美、日、加、德等国和世界银行、欧洲开发基金、非洲开发银行等国际金融组织。

1990年获外援情况如下(单位：万美元)：

	赠款	贷款	合计
法国	5281.4	20818.9	26100.3
世界银行		15030.0	15030.0
欧洲开发基金会	13438.7	1062.9	14501.6
非洲开发银行		9303.3	9303.3
美国	1021.8	1287.6	2309.4
日本	1263.8		1263.8
加拿大	1084.9		1084.9
德国	571.9	446.5	1018.4
世界粮食计划署	919.8		919.8
联合国开发计划署	497.6		497.6
其他	1366.8	253.6	1620.4
总计	25446.7	48202.8	73649.5

(资料来源：联合国开发计划署《1990年发展合作报告》)

人民生活

全国共有137所医院(其中妇产医院70家)，妇幼保健站27个，农村医疗点366个，各种医疗中心51个。共有医生1300多人，平均9019人拥有1名医生；病床1万多张，平均1138人有1张病床。居民预期寿命55岁，人口增长率23‰，死亡率13‰。

军　事

全国武装力量创建于1960年7月27日，由武装部队、宪兵和总统卫队组成。国防委员会为最高军事决策机构，总统兼任武装力量总司令，国防部长具体负责武装力量的管理。总参谋长盖伊·罗伯尔准将(Guei Robert)。实行义务兵役制，服役期6个月。全国设4个大军区。

总兵力11750人，武器装备主要由法国提供。武装部队共7050人：其中陆军6100人，由3个步兵营和7个不同兵种的连队组成，装备有轻型坦克5辆、装甲车21辆，火炮10余门、火箭筒300余枚、高射炮19门；海军500人，配备有巡逻艇10艘，轻型舰只4艘，水陆两用飞机一架；空军450人，配备有各种作战飞机19架、直升机8架。宪兵3600人，分4个中队配备于4大军区。总统卫队1100人，由总统直接指挥。

1989年国防预算占国民生产总值的1.2%。

文化教育

【教育】重视教育事业。1992年教育经费占国家行政预算的42%，入学率70%，文盲率55%。有大学10余所，在校生3万余人。科特迪瓦国立大学是一所综合性大学，设2个分校和7个学院。1992年各类学校师生情况如下：

	学校(所)	教师(万人)	学生(万人)
高等学校	10		3
中学	461	1.6	38
小学	5923	4	150
技术学校			0.4

此外，在国外就读的学生4万人。政府还组织在职人员进修和职业培训。

【新闻出版】全国有报刊20余种：《博爱晨报》和《象牙晚报》为官方报纸，发行量分别为30万份和20万份。《民主党人》和《爱国者》周刊是执政党机关刊物，发行量分别为1.8万份和6万份。

反对党发行的报刊有《道路》日报和《我们的时代》、《新报》、《新视野》等周刊。

科特迪瓦通讯社为官方通讯社，1961年6月2日成立。在全国各地设10个分社和6个省级记者站，同法新社、路透社及北非国家通讯社有业务联系。

科特迪瓦国家广播电台是国家电台，分一台和二台，用法语和当地语言广播。"希望电台"为私营的天主教电台，1991年3月开播。

"科特迪瓦电视台"为官方电视台，分电视一台和电视二台。电视一台于1963年8月开播，可覆盖85%的国土。电视二台原为电视一台的第二套彩色节目，1973年8月开播，1991年11月正式独立成台，覆盖面仅限于阿比让市方圆50公里之内。

对外关系

奉行"和平、中立、对话和不结盟"和"全方位"、"伙伴多样化"的外交政策，在尊重国家独立、主权和不干涉内政的原则基础上同世界各国建立和发展关系。主张通过对话解决各国间的分歧和争端，反对强权政治和外来干涉。认为世界面临的问题是和平与发展，呼吁建立国际政治经济新秩序；主张南北对话和南南合作。谴责发达国家的贸易保护主义，要求西方国家增加对发展中国家的投资和援助，保证原料的合理价格。维护非洲团结和统一，支持非洲经济一体化和地区合作。认为非洲民主化浪潮的根源是贫困化，非洲的关键问题不是意识形态和是否实行多党制，而是如何摆脱贫困和不发达。非洲各国应根据自己的传统、国情和人民利益确定民主形式，而不应该照抄西方模式。认为外债已成为非洲发展的一大障碍。债务问题是由于不平等的国际交换产生的，有关各方应进行直接对话，寻求实事求是、行之有效的解决办法。呼吁债权国在取消最穷国债务的同时，也应对中等收入国家予以照顾。发达国家应帮助非洲国家发展经济，解决不合理的原料价格问题，否则非洲国家无力还债。认为只要巴勒斯坦问题得不到解决，就不会有中东的和平。要求以色列归还被占领的阿拉伯领土，同时承认以色列国存在的权利。1973年同以色列断交，1986年2月复交。未承认巴勒斯坦国。谴责南非当局的种族歧视和种族隔离政策，赞赏南非总统德克勒克进行的政治改革；主张通过谈判和对话，建立一个种族平等的新南非。1992年4月两国建交。呼吁利比里亚各方进行谈判，尽早实现和平。1991年，博瓦尼总统作为西非国家经济共同体5国委员会主席，先后4次主持召开寻求结束利内战途径的亚穆苏克罗会议。科已同80多个国家建立了外交关系。

【同我国的关系】1983年3月2日建立外交关系。两国签署了经济合作协定、科学技术合作协定和贸易协定。

1992年7月国家主席杨尚昆访科，两国签订了新的经济合作协定。杨主席在阿比让宣布了在新的国际形势下，中国同非洲国家关系的6项原则。1月，国务委员兼外交部长钱其琛访科。科文化、妇女、高教和科研、农业等部长访华。天津市和鄂州市分别与阿比让市和阿本古鲁市结为友好城市。

中国驻科特迪瓦大使：蔡再杜。馆址：Boulevard de France, Quartier desAmbassades a Cocody Abidjan。电话：44.59.00，44.69.56。电传：Telex：27128。邮政信箱：01 B.P.3691 Abidjan 01。

科特迪瓦驻中国大使：阿内(Anet N'Zi Nanan Koliabo)。馆址：塔园外交人员办公楼2单元10楼1号、2号。电话：5321482，5323192，5321223。

台湾在科设有"远东贸易公司驻科特迪瓦办事处"，"中央社"在科派有1名常驻记者，部分原台农耕队员以私人名义受聘于科政府部门或公司。1988年科、台贸易额约7300万美元。

【同法国的关系】科、法关系密切，两国领导人互访频繁。双方签有外交、军事、经济、文化、技术等方面的合作协定。1983～1990年，法向科提供援助共15.8亿美元，占同期科接受双边援助总额的70%以上。法向科派出的合作人员最多时曾达3900多人。法在科设有军事基地，常驻海军陆战队450人，两国每两年举行一次联合军事演习；法对科军援每年约25亿非洲法郎，在科军事顾问有100多名；科每年有300多人在法军校受训。1992年1月，法国外长迪马访科。4月，科总理瓦塔拉对法进行工作访问。

【同美国的关系】独立后，科、美关系不断发展。博瓦尼总统曾4次访美。1990年美向科提供3000万美元援助，并免除500万美元官方债务。美在科派遣有和平队。科总理瓦塔拉曾对美进行工作访问。1992年美向科提供150亿补助金，用于卫生和计划生育项目。12月，美国务卿帮办罗宾逊访科。

【同邻国的关系】奉行睦邻友好政策，主张通过谈判和对话和平解决争端。同马里一直保持友好，1992年6月，瓦塔拉总理出席科纳雷总统就职仪式。同布基纳法索关系密切，1992年7月和11月，布基纳法索总统孔波雷和总理韦德拉奥果先后访科。近年来同几内亚、加纳的关系亦有所改善。　　(杨富国)

肯 尼 亚

国名　肯尼亚共和国(The Republic of Kenya)。

面积　582646平方公里。

人口　2410万(据1989年人口普查统计推算)。人口增长率为3.34%。全国有42个部族,吉库尤族为全国最大部族,占全国人口的25%;其次是卢奥、卢希亚、康巴和卡伦金族等。此外,还有少数印度人、巴基斯坦人、阿拉伯人和欧洲人。斯瓦希里语为国语,和英语同为官方语言。居民多数信奉基督教,其余信奉原始宗教、伊斯兰教和印度教。

首都　内罗毕(Nairobi),人口180万(1990年估计)。

国家元首　总统丹尼尔·阿拉普·莫伊(Daniel T. Arap Moi),1978年10月就任,1979年11月、1983年9月、1988年3月和1992年12月四次连任。

简　况

位于非洲东部,赤道横贯中部。东邻索马里,南接坦桑尼亚,西连乌干达,北与埃塞俄比亚、苏丹交界,东南濒印度洋,海岸线长约500公里。全境位于东非热带季风区,气候温和,最高气温为22～26℃,最低为10～14℃。公元7世纪,肯尼亚东南沿海地带已形成一些商业城市,阿拉伯人开始到此经商和定居。1920年沦为英国的殖民地。1960年3月27日,肯尼亚非洲民族联盟和肯尼亚非洲民主联盟成立。1963年5月举行大选,肯尼亚非洲民族联盟获胜。同年6月1日成立自治政府,12月12日宣告独立,国名为肯尼亚。1964年12月12日成立共和国,仍留在英联邦内;肯雅塔出任首任总统。1978年莫伊继任总统至今。

政　治

1991年12月实行多党制。1992年1月,政府允许反对党登记注册。3月,政治犯的母亲进行绝食斗争,政府的镇压行动在内罗毕市内引起大规模骚乱。4月,西部地区部族械斗加剧,造成多人死伤。5月,由于警察与穆斯林教徒发生冲突,蒙巴萨市发生骚乱。6月8日～7月20日,肯尼亚举行选民登记,登记总数为790多万。8月5日,议会批准总统选举法修正案,规定总统最多可连任两届,每届五年,总统须在至少5个省分别获25%支持票方可当选。12月29日大选开始,莫伊以190万余张选票再次当选总统,"肯盟"亦赢得了议会多数席位。

【宪法】1964年制定共和国宪法,后经七次修改。宪法规定总统为国家元首兼政府首脑和武装部队总司令,任期五年。总统拥有最高行政权、任免权,有权召集或解散国会。总统和内阁集体对议会负责,公民享有宗教信仰、言论、集会、结社和迁徙的自由。1991年12月,肯议会第七次修改宪法,废弃了一党制条款,使肯尼亚成为多党制国家。

【议会】国民议会为肯最高立法机构,实行一院制。国民议会对政府事务进行监督,可对政府投不信任票。总检察长在议会无投票权,议长有决定票。国民议会由202名议员组成,其中民选议员188名,总统指定12名,当然议员(国民议会议长和总检察长)2名。每届议会任期五年。年满18岁的肯尼亚公民均可参加议员竞选。肯议会为英联邦议会联盟和各国议会联盟成员。本届议会(第七届)于1993年1月产生,议长弗朗西斯·奥尔·卡帕洛(Francis ole kaparo)。

【政府】实行总统内阁制。内阁由总统、副总统、各部部长和总检察长组成。本届内阁于1993年1月组成,成员如下:总统丹尼尔·阿拉普·莫伊,副总统兼计划和国家发展部长乔治·萨伊托蒂(George Saitoti),总统办公室国务部长玛利姆·穆哈迈德(H. Maalim Mohamed)、基普卡利亚·克·科奈斯(Kipkalya K. Kones),外交和国际合作部长姆西约卡(S. K. Musyoka),财政部长维克利费·穆萨利亚·穆达瓦迪(Wycleffe Musalia Mudavadi),教育部长约瑟夫·杰·卡莫索(Joseph J. Kamotho),土地开垦、地区和水利部长达留斯·姆·姆贝拉(Darius. M. Mbela),能源部长约翰·卡亚洛(John Kyalo),环境和自然资源部长萨姆布(J. Sambu),运输和交通部长奥蒂埃诺(Dalmas Otleno),商业和工业部长穆金迪亚(K. M. Mukindia),旅游和野生动物部长恩·卡塔纳·恩加拉(Katana Ngala),卫生部长恩加西亚(J. M. Angatia),地方政府部长威廉·奥莱·恩蒂玛马(William Ole Ntimama),内务和民族遗产部长洛特多(F. Lotodo),土地和城市发展部长姆林吉(J. K. Mulinge),劳工和人力发展部长菲利普·马辛迪(Philip Masinde),新闻广播部长马卡奥(J. Makau),文化和社会服务部长卡尔维奥(J. Kalweo),合作社发展部长姆尼(K. Munyi),公共工程和房建部长恩盖诺(J. Ngeno),研究、技术培训和技术部长奥尼扬卡(Z. Onyonka),总检察长瓦科(Amos Wako)。

【司法机构】法院分为四级,即地区法院、驻节法院、高等法院和上诉法院。在穆斯林人口占多数的地区设伊斯兰法院。首席法官汉考克斯(A. R. W. Hancox)。

【政党】(1)肯尼亚非洲民族联盟(Kenya African National Union):简称"肯盟"。执政党。成立于1960年3月,由肯尼亚非洲人联盟、自由党和内罗毕大会党等

30多个地区协会联合组成。现有党员500余万。总裁莫伊，代理主席威尔逊·恩多罗·阿亚(Wilson Ndolo Ayah)。

(2)恢复民主论坛(Forum of Restoration of Democracy)：反对党。成立于1991年8月，1992年1月成为合法政党。主席奥金加·奥廷加(Oginga Odinga)。1992年10月，由于内部矛盾，论坛分裂为两个政党。一个是奥廷加领导的恢复民主论坛(肯尼亚)，另一个是马蒂巴、希库库领导的恢复民主论坛(正统)。

(3)肯尼亚民主党(Democratic Party of Kenya)：反对党。1992年1月8日成立，17日成为合法政党。临时主席姆瓦伊·基巴基(Mwai Kibaki)。

其他政党还有肯尼亚非洲人国民大会、肯尼亚国民大会、肯尼亚全国民主同盟、民主工党、肯尼亚全国民主运动、社会民主党等。

【重要人物】丹尼尔·阿拉普·莫伊：总统、肯尼亚非洲民族联盟总裁。1924年9月生于裂谷省巴林戈区，卡伦金族，信奉基督教。曾任教育部长、地方政府部长、内政部长、副总统等职。1978年8月任代总统，同年10月任总统、肯盟总裁。1992年12月第四次连任总统。

经　济

是撒哈拉以南非洲经济发展较好的国家之一。实行以私人经济为主的"混合经济"体制，允许多种经济形式的存在和发展。优先发展农业，积极争取外援，注意吸引外资。1989年开始实行第六个五年计划，其主题是"参与进步"，目标是加速农业增长、促进工业门类多样化、强调发展小农业和城镇行业。1986～1990年(以1982年不变价格计算)，国内生产总值年增长3.8%，人均收入年均增长1.2%。1991/92财政年度，由于政局动荡，经济增长速度下降，投资减少，通货膨胀率上升。国际咖啡价格下降导致对外贸易状况恶化。

国内生产总值(1991年)：98.00亿肯镑。

人均国内生产总值(1991年)：427.9肯镑。

国内生产总值增长率(1991年)：2.2%。

货币名称：肯尼亚镑，1肯镑=20先令。

汇率(1992年11月)：1美元=32.00肯先令。

通货膨胀率(1992年)：27.0%。

失业率(1991年)：13%。

【资源】矿藏主要有纯碱、盐、萤石、石灰石、重晶石、金、银、铜、铝、锌、铌和钍等。目前除纯碱和萤石外，多数矿藏尚未开发。森林面积137万公顷。1991年造林面积16.9万公顷。

【工业】独立以后发展较快，门类渐趋齐全。1991年矿产品产量44.2万吨，产值5780万肯镑。制造业产值占国内生产总值的12%，增长率为5.3%。85%的日用消费品产自国内，其中服装、纸张、食品、饮料、香烟等基本自给，有些还供出口。较大的企业有炼油、轮胎、水泥、轧钢、发电、汽车装配厂等。近几年主要工业品产量如下(单位：万吨)：

	1989	1990	1991
纯碱	24	23.2	22.0
萤石	9.51	8.05	7.74
食糖	43.1	41.4	43.2
水泥	131.6	151.1	142.3
炼油	214.5	222.4	210.0
发电量(亿度)	29.64	31.51	32.85

(资料来源：1991/92年、1992/93年经济季评)

【农业】农业是国民经济的支柱，全国85%的人口从事农、牧业。1991年农业产值(包括林、渔业)占国内生产总值的27%。全国可耕地面积10.48万平方公里，已耕地占可耕地面积的73%。正常年景粮食基本自给，并有少量出口。咖啡、茶叶是肯主要出口换汇产品。近几年主要农作物产量和主要经济作物上市量(单位：万吨)：

	1989	1990	1991
玉米	62.59	50.93	30.35
小麦	23.32	18.65	19.90
咖啡	11.31	11.19	8.71
茶叶	18.06	19.7	20.36
剑麻	3.74	3.93	3.88
甘蔗	430	420	400

(资料来源：同上)

畜牧业在经济中也较重要，1989年牲畜存栏数为1300万头。1991年，牛奶产量为3.59亿升；捕鱼182300吨，产值8800万肯镑。

【服务业】包括财政、保险、不动产、商业服务及其他服务业。近几年服务业产值如下(单位：亿肯镑)：

1988	1989	1990
5.02	5.77	6.86

(资料来源：同上)

【旅游业】旅游业是肯主要创汇行业之一，其收入占出口总额的20%。1991年接待游客68.2万人，旅游收入5.94亿肯镑。主要旅游点为内罗毕、察沃、安博塞利、纳库鲁、马拉等地的国家公园、风景区及其他地方博物馆等。

【交通运输】以公路运输为主，1991年产值102.98亿肯先令。

公路：公路总长5.45万公里，其中沥青路约6700公里，全天候石子路1.8万公里。1991年产值45亿肯先令。

铁路：总长1937公里。1991年货运量330.9万吨，客运量261.6万人次；产值9.63亿肯先令。

空运：全国共有大小机场150多个。肯尼亚航空公司开设16条国际航线，与30多个国家通航。1991年内罗毕、蒙巴萨机场的货运量为5.38万吨，客运量为257.3万人次；产值26.82亿肯先令。

水运：蒙巴萨港有16个深水泊位，可停泊2万吨级货轮。1991年吞吐量为710.2万吨，产值13.4亿肯先令。

【财政金融】财政收入主要靠税收。近几年财政收支情况如下(单位:亿肯镑):

	1989/90	1990/91	1991/92
收入	21.73	28.83	31.84
支出	23.68	33.27	35.10
赤字	1.95	4.44	3.26

(资料来源:1992/93年经济季评)

1991年国际收支赤字43.84亿肯先令(约合1.53亿美元)。1992年5月外汇储备仅6300万美元;外债总额68.4亿美元,人均外债285美元。1990/91财政年度偿债率为29%。

【对外贸易】在国家经济中占有重要地位。主要贸易伙伴是英国、德国、美国、日本以及南部、东部非洲国家。主要进口商品为原油、机械、钢铁、车辆、药品、化肥等;主要出口商品为咖啡、茶叶、花卉、石油产品、水泥、剑麻、除虫菊、纯碱、皮革、罐头等。近几年对外贸易情况如下(单位:亿肯镑):

	1989	1990	1991
出口额	10.2	12.43	16.30
进口额	22.39	25.45	26.46
差　额	−12.19	−13.02	−10.16

(资料来源:同上)

【外国援助】自独立至1988年,肯共获双边和多边援助约73.66亿美元,60%为无偿援助。主要援助国为美国、德国、英国、日本、荷兰、加拿大等以及国际开发协会、欧洲共同体、联合国开发计划署、非洲开发银行等国际组织。外援主要用于农业、军事、交通运输、教育卫生、电讯及社会发展项目。1990年接受外援总额为12.2亿美元,1991年西方援助国以肯尼亚经济改革进展缓慢为由中止了总数为3.5亿美元的援助,使肯经济受重创。

人民生活

1991年底,内罗毕零售价格指数:低收入者为190.2,中等收入者211.7,高收入者208.7,分别比上年增长19.8%、18.9%和19.9%(1986年=100)。1991年就业人数为199万人,新就业9000人,比上年增长5.1%。1991年全国共有医院病床33086张,注册医生3357人。

军　事

独立后建军。总统兼武装部队总司令。总参谋部是最高指挥机构,总统通过总参谋长统帅全军。总参谋长穆哈迈德上将。实行募兵制和志愿兵制。据伦敦国际战略研究所统计:至1991年中,肯尼亚有陆军19000人,空军3500人,海军1100人,准军事性警察总队4000人。肯、美1980年签订协定,肯允许美使用肯海、空设施。同年肯同英签署双边防务和援助协定。

1991/92年度军费开支2.23亿肯镑,约占当年财政预算的6.3%。

文化教育

【教育】实行免费初等教育,小学、中学、大学分别为“8-4-4”的学制。政府重视发展教育事业,1991/92年度教育经费为6.87亿肯镑,约占当年政府预算支出的19.5%。1991年全国共有小学14864所,中学2678所,大学4所,技术学校23所;在校小学生约538.9万人,中学生约64.1万,大学生2.16万;在校教师小学15.57万人,中学2.59万人,大学5000人;此外,还有约1000名学生在国外学习。建于1956年的内罗毕大学是肯最大的综合性大学。

【新闻出版】主要报刊:《旗帜报》,英文日报,发行量约8万份;《民族日报》,英文版,发行量约15万份;《今日民族报》,斯瓦希里文日报,发行量约5万份;《肯尼亚时报》,英文日报,“肯盟”党报,发行量约4万份;《每周评论》,肯最大的私营英文周刊,发行量约1.85万份。

肯尼亚通讯社为官方通讯社,成立于1964年,向内罗毕的广播电台、电视台和报刊提供新闻和图片。

“肯尼亚之声”由国家广播电台和电视台两部分组成。电台用英语、斯瓦希里语、印地语和15种非洲语言广播。电视台于1983年正式开播,用英语和斯瓦希里语播放。

对外关系

奉行不结盟的外交政策,反对外国干涉内政和外国意识形态渗入,重视发展同西方国家的关系,加强同亚洲、非洲、阿拉伯国家的关系;注意同各国发展经济和贸易关系;重视睦邻友好,促进地区和平与稳定,强调地区合作,主张非洲经济一体化。致力于非洲和平和发展,排除外来干涉,和平解决争端,积极参与排解非洲国家间纠纷,呼吁发达国家为非洲国家经济发展提供援助。支持巴勒斯坦人民争取自决的斗争和建立独立国家的权利,要求以色列撤出1967年以来所占领土。呼吁以色列与阿拉伯国家直接对话,促进中东地区的和平。对中东和会的召开表示欢迎。主张建立国际经济新秩序,开展南北对话,促进南南合作。主张债权国和债务国进行对话,在全球范围内解决发展中国家的债务问题。呼吁发达国家减免发展中国家的债务。肯已与80余个国家建立了外交关系。

【同我国的关系】1963年12月14日两国建交。1967年10月肯关闭其驻华使馆。莫伊总统执政后,两国关系改善。其后两国领导人互访不断。莫伊总统于1980年和1988年两次访问中国。1991年1月9～11日,外交部长钱其琛对肯进行正式友好访问。1991年12月,孙起孟副委员长率全国人大代表团访肯。1992年4月,我国特使陈慕华率代表团参加中国援建的莫伊综合体育中心竣工移交典礼。

中国驻肯尼亚大使:陈平初。馆址:WOODLANDS ROAD, KILIMANI DISTRICT, NAIROBI。电话:722559,726851,721434(经参处)。区号:002542。电传:23011 CECOM KE(商务处);传真:002542726402。

肯尼亚驻华大使(暂缺)。馆址:三里屯西6街4

号。电话:5323381,5322473。

【同英国的关系】肯、英在政治、经济、军事上保持着传统的密切关系。肯独立以来英共向肯提供5.7亿英镑的财政与技术援助,使肯成为接受英国援助最多的国家(占英对全非援助总额的14%)。英在肯私人投资约15亿美元。英是肯最大的贸易伙伴,1991年肯出口英国数额占其贸易总额的16.4%,从英国进口额占其总额的16.3%。英每年还向肯提供500个奖学金名额。1992年9月和11月,英外交大臣赫德和英联邦事务国务部长乔克夫人先后访肯。5月和7月,肯外长阿亚和副总统兼财政部长萨伊托蒂分别访英。5月,莫伊总统和梅杰首相在巴西会晤。

【同美国的关系】1980年6月两国签订协议,肯同意美海军、空军使用肯港口和机场设施。肯是接受美国援助最多的黑非洲国家之一,美共向肯提供了10亿美元的援助。1992年3月,美国海军和海军陆战队与肯军方在肯尼亚滨海地区举行联合军事演习。4月,肯副总统兼财政部长萨伊托蒂在纽约同美国务卿贝克会晤。但美国一直支持肯尼亚反对党,不断批评肯政治、经济改革进程缓慢,人权记录不佳,而且对肯大选横加干涉,在西方国家中止对肯经援的问题上起了重要作用。莫伊总统一再指责美国粗暴干涉肯内政。肯大选揭晓之后,美国承认了大选结果,呼吁肯反对党接受大选结果,同肯政府合作。

【同邻国的关系】肯与坦桑尼亚关系友好,两国间的合作不断扩大。1991年1月和3月,莫伊总统两次访坦;姆维尼总统2月访肯。两国领导人均强调加强双边合作的重要性。双方同意建立联合委员会促进双边贸易和合作,并简化移民程序,为边界人员和物资交流提供便利。肯和乌干达关系时有紧张。1991年初,因肯指责乌已制定侵肯计划,两国关系紧张,3～5月双方边界地区发生多起冲突,造成人员伤亡。8月,两国召开边界联合会议,同意放松边界贸易和人员往来。11月,莫伊访乌,两国总统均强调将致力于和平和睦邻友好,同意建立常设部长级委员会,以促进双边政治、经济合作。10月,肯、坦、乌三国首脑在参加英联邦首脑会议时一致同意进一步加强地区经济合作,莫伊总统提出了建立地区经济共同体的意向。11月,三国总统在内罗毕举行首脑会议,任命组成一个外交部长委员会负责制定东非三国合作计划。1992年3月,肯、坦、乌三国外长在乌干达商讨三国区域合作事宜。肯积极参与调解索马里的内部冲突,呼吁交战各方通过谈判、以和解精神解决冲突。肯向索马里、埃塞俄比亚、苏丹难民提供了人道主义援助。3月,莫伊总统顺访苏丹。11月,苏丹总统巴希尔访问肯尼亚。

【同南非的关系】欢迎南非政府逐步取消种族隔离政策的措施,已取消了对南非的制裁,与南非通航,并逐步发展同南非的经济、旅游和文化往来。1991年6月,南非总统德克勒克访肯;6月,肯外长阿亚赴南非参加非国大第48届全国代表大会,并同南非外长会谈。9月,肯贸易代表团访问南非。1992年5月,肯外长阿亚访问南非,与南非外长博塔签订了互设代表处的协定。6月,莫伊总统参加世界环发大会时途经南非,同南非总统德克勒克举行了会谈。　（高　翔）

莱　索　托

国名　莱索托王国(The Kingdom of Lesotho)。

面积　30344平方公里。

人口　168万(1988年)。多属班图语系的巴苏陀族和祖鲁族黑人。白人约3000人,亚洲人数百人。人口增长率2.7%。通用英语和塞苏陀语。约90%居民信奉基督教新教和天主教,其余信奉原始宗教和伊斯兰教。

首都　马塞卢(Maseru),人口约8万(1985年)。

国家元首　国王莱齐耶三世(Letsie Ⅲ),1990年11月6日继位。

简　况

非洲东南部内陆国家,四周为南非所环抱。属大陆性亚热带气候,最高气温33℃,最低－7℃。独立前称巴苏陀兰。19世纪初巴苏陀族酋长莫舒舒一世统一各族,建立了王国。1868年英国正式宣布巴苏陀兰为其"保护地",并于1871年将其并入英国在南非的开普殖民地。1966年10月4日独立,定名为莱索托王国,莫舒舒二世任国王。独立后实行君主立宪制,由国民党执政。

政　治

1991年4月30日政变后拉马迈上校接管政权。1992年政治局势基本稳定。7月,前国王莫舒舒二世与军政府达成协议,结束流亡生活返回家园。

【政府】本届政府于1992年6月成立。成员有大臣委员会主席兼国防、安全和公共事务大臣艾利亚斯·皮索内·拉马迈少将(Maj-Gen. Elias Phisoane Ramaema),外交大臣特科内·科特罗(Tokone Kotelo),新闻、广播大臣帕特里克·莫拉波(Chief Patrick Janathan Mplapo),财政和计划大臣莱修勒·托哈拉尼(Mr. Leshoele Thohalane),工程、交通和通讯大臣塞哈拉哈拉·玛拉波(Chief Sehalahala Molapo),高原水利和能源大臣润森·哈比(Reentseng Habi),就业、社会福利、补助金大臣帕埃帕埃·里昂纳德·莫塔卡西(Hon. Colonel Paepae Leonard Mthakathi),司法、宪法大臣克勒博内·马奥波(Kelebone Maopo),卫生大臣莫勒费·科莱(Colonel Molefi Khoele),水利、能源和矿业大臣莱索勒·贾尼(Col. Lesole Jane),贸易和工业大臣莫勒塔内·莫克罗阿内(Moletsane Mokoroane),内政、酋长事务和乡村发展大臣莫勒费·贝伦(Chief Molefi Bereng),教育大臣莱和罗诺罗·马乔巴尼(Dr. Leholonolo Machobane),旅游、体育和文化大臣马茨奥萨·莫克内(Colone Mats'osa Mokone),农业、合作、市场大臣詹姆斯·莱比索·丁基斯瓦沃(Hon. Major-General James Lebitso Dingiswayo)。

【司法机构】由高等法院、上诉法院、中心法院和地方法庭组成。大法官卡利南(B. P. Cullinan)。

【重要人物】莱齐耶三世:国王。生于1963年7月17日。前国王莫舒舒二世的长子。先后在马塞卢私人小学和英国的一所罗马天主教学校就读。毕业后,在王室创办的安普利弗斯学院完成了高中学业。1980～1984年在莱索托国家大学学习并获法学士学位。1984～1986年取得英国布里斯托尔大学英国法律文凭。随后又在剑桥大学和伦敦大学进修发展学和农业经济学。1989年12月16日被任命为地区最高酋长并在马塞卢市政厅和制宪会议任职。1990年11月6日继任王位,12日举行加冕大典。　**拉马迈少将**:军委会主席、大臣委员会主席兼国防、安全和公共事务大臣。生于1934年。曾在南非当过金矿矿工。受过朝鲜人训练。1986年任军委会成员,历任外交大臣,就业、社会福利大臣和工程、交通、通讯大臣。1991年5月接任现职。6月晋升为少将。

经　济

自然资源贫乏,经济落后,是联合国公布的最不发达国家之一。80年代,因受西方经济衰退和旱灾影响,经济较困难。1980～1988年国民生产总值年均增长1.9%。人均国民生产总值每年下降0.7%。1988年接受国际货币基金组织的条件,实施三年(1988～1991年)经济结构调整计划。国内生产总值年均增长指标为4%。1992年受干旱影响,国民生产总值增长速度有所下降。

国内生产总值(1991年):17.635亿马洛蒂。

人均国民生产总值(1991年):470美元。

国内生产总值增长率(1991年):5.2%。

货币名称:洛蒂,复数为马洛蒂。

汇率(1992年8月):1美元=2.761马洛蒂。

通货膨胀率(1991年):14.0%。

【工矿业】以加工业和手工业为主。1990年工业产值约占国内生产总值的24%。全国有中、小工厂70余家,多数从事食品、饮料、成衣、制革、建筑材料、家具、化肥等生产,雇佣工人3万余人。矿业以钻石为主。由于国际市场萧条,主要钻石矿已于1982年停产。现只有几家小公司开采,年产仅几千克拉。

【农牧业】农业是莱的经济支柱。80%人口从事农业,可耕地仅占全国面积的13%,约36万公顷。由于水土流失严重和连年干旱,农业在国民经济中比重下降,1990年农业产值占国内生产总值的比例由1988年的23.5%降为16.8%。1990年主要农作物产量:玉米11.1万吨、高粱2.8万吨、小麦2万吨和豆类7000吨。1992年因遭受百年不遇的干旱,缺粮30万吨。畜牧业占重要地位,全国66%的土地可供放牧,是非洲著名马海毛产地。1990年有牛53万头,绵羊147万只,山羊146万只,猪7.4万头,马12.1万匹。

【旅游业】政府鼓励发展旅游业。观赏山景是主要旅游项目。1988年游客人数比1987年有所减少,为11.1万人,创汇1200万美元。大部分游客来自南非。

【交通运输】内陆国家,交通运输主要靠公路。仅有铁路2.6公里,从首都通向南非。

公路:总长4714公里(1988年),其中沥青公路571公里,砂石路2337公里。

空运:全国有小机场31个、大小飞机40架。首都马塞卢国际机场可起降中型民航客机。国际航线通往南非、莫桑比克、博茨瓦纳、津巴布韦、斯威士兰、塞舌尔和以色列。

【财政金融】近几年财政状况如下(单位:亿马洛蒂):

	1988/89	1989/90	1990/91
收入	3.55	5.25	4.188
支出	5.238	5.93	4.215
赤字	1.688	0.68	0.27

1990年政府外债3.90亿美元,偿还率2.4%。1990年底外汇储备6500万美元,黄金储备7240万美元。

【对外贸易】1991年度出口额为5700万美元,进口额7.37亿美元,逆差为6.80亿美元。逆差主要靠侨汇、外援弥补。进口商品主要为食品、燃料、机械等。出口主要为马海毛、钻石等。主要贸易伙伴是南非。

【外国援助】1988年获外援4.4亿美元。主要援助国和国际组织有:美国、联邦德国、瑞典、英国和联合国、欧洲共同体、非洲开发银行及世界银行等。

人民生活

国内就业不足,1989年失业率达35%以上。每年均有45%男劳力在南非。1988年在南非工作的劳工为12.5万人。1989年消费物价指数为193.7(1980年=100)。全国有政府医院11所、农村诊所30个、教会医院8所、私人诊所72个,病床2224张。1989年医疗经费2210万马洛蒂。

军　事

皇家国防军前身系准军事部队,于1986年改编组成,现有2000人。司令莫洛甫(S.K. Molopa)。1989/90年国防安全开支8330万马洛蒂,占当年国家总预算19.6%。

文化教育

【教育】成人识字率为65%。小学实行义务教育。1989/90年文教经费为 8250 万马洛蒂，占当年国家总预算 19.4%。1988 年有小学 1179 所，学生 345524 人，教师 6210 人；中学 116 所，学生 33564 人，教师 1995 人；职业学校 9 所，学生 1670 人。莱索托国家大学学生 1224 人，教师培训学院学生 627 人。

【新闻出版】主要报刊有：《今日莱索托》，发行 2500 份；《莱索托之光》，发行 1.5 万份；《彗星》，发行 3000 份；《巴苏陀参事》，发行 1.2 万份。《舒舒妇女杂志》，全国发行。

莱索托通讯社：1983 年由联合国教科文组织资助建立。

莱索托电台和电视台：建立于 1988 年，用塞苏陀语和英语播放。

对外关系 奉行不结盟和睦邻友好政策；同 70 多个国家建立了外交关系。是"南部非洲关税同盟"、"南部非洲发展共同体"和"东部和南部非洲优惠贸易区"的成员国。

【同我国的关系】1983 年 4 月 30 日中莱两国建交。莱方来访的有：首相乔纳森（1983 年）、国王莫舒舒二世（1985 年）和王后玛莫哈托（1987 年）。中方访莱的有冶金工业部长李东冶（1985 年）、外交部长钱其琛（1989 年）、中国政府文化代表团（1989 年）。两国签有经济技术合作协定和文化协定。1992 年我红十字会赠莱红十字会 1000 吨玉米以抗旱救灾。

1990 年 4 月 5 日莱与台湾"复交"，7 日我宣布中止同莱的外交关系。1992 年台湾向莱捐赠 5000 吨粮食。

【同英美等西方国家的关系】英国与莱有传统关系，是莱最大的援助国。1992 年英向莱援助的款项创历年最高记录。但近年来两国贸易有明显下降，1991 年两国贸易总额为 395 万英镑，比 1990 年减少 193 万英镑。1988 年莱国王访英。

美国现为莱最大的援助国，历年累计总额达 1 亿美元。1987 年为 1900 万美元，在莱援助人员有 150 人，其中"和平队员"97 人。1987 年 5 月，莱军委会主席莱哈尼耶访美。1989 年 10 月，莱国王访美。1991 年 5 月双方在华盛顿商定美在卫生、航空等方面进行投资。

德国也给莱以大量援助，累计 2.6 亿马克；1991 年援莱 180 万马克。瑞典、加拿大和爱尔兰等国每年各援莱 300～400 万美元。1988 年 9 月罗马教皇保罗二世访莱。

【同南非的关系】莱政府注意保持同南非的睦邻关系。1986 年后关系更为密切。莱在经济上对南非依赖尤深，每年从南部非洲关税同盟分得的收入占莱财政收入 60%。莱在南非的劳工的汇款额约占莱国民生产总值的 60%。这两项是莱外汇的主要来源。1990 年 10 月，莱同南非签订两国边境桥梁协议和航空协议。9 月，南非非洲人国民大会总书记恩佐率领代表团访莱，双方领导人首次会晤。1992 年莱同南非签署建桥协议。

【同非洲其他国家的关系】莱与博茨瓦纳、斯威士兰同是南部非洲关税同盟成员国，1973 年三国成立了"联合协商委员会"，定期磋商合作问题。莱积极参与地区合作，在南部非洲发展协调会议中负责协调土壤、水力资源与旅游等合作事项。国王曾于 1987 年 5 月和 1989 年 10 月先后访问博茨瓦纳和斯威士兰。1989 年 1 月，斯威士兰外交大臣访莱。

莱同莫桑比克的关系有所加强。两国先后签定贸易、技术合作、文化交流及航空协定。1991 年 4 月莫外长访莱。

莱同赞比亚关系友好。两国签有文化合作、经济技术和航空等协定。

1989 年 10 月，国王访问津巴布韦。

1990 年 8 月，莱外交大臣访问津巴布韦、莫桑比克、马拉维、斯威士兰等 4 国。 （樊建萍）

利比里亚

国名 利比里亚共和国（The Republic of Liberia）。

面积 111370 平方公里。

人口 261 万（1990 年联合国估计，其中 100 万因战乱逃亡邻国）。有 22 个部族，较大的有克佩尔（40 万）、巴萨（25 万）、丹（12.4 万）、克鲁（12.1 万）、格雷博（11.5 万）、马诺（10.8 万）、洛马（8 万）、戈拉（7 万）、曼丁哥（5 万）、贝尔族（1 万），以及 19 世纪自美国南部移居来的黑人后裔 4 万余人。较大部族均有自己的语言。官方语言为英语。全国 60% 的居民信奉拜物教，25% 信基督教，15% 信伊斯兰教。

首都 蒙罗维亚（Monrovia），人口 46.5 万（1986 年估计）。

临时国家元首 临时政府总统阿莫斯·索耶（Dr Amos Sawyer）博士，1990 年 8 月就任。

简　况 位于非洲西部。北接几内亚，西北界塞拉利昂，东邻科特迪瓦，西南濒大西洋，海岸线长 537 公里。属热带季风气候。年平均气温约 25℃。9～10 世纪，靠近撒哈拉沙漠中、西非地区的部分居民移居谷物海岸（即今利比里亚）。15 世纪下半叶，葡萄牙人来此贩卖奴隶，随后荷、英、法、德等殖民者相继侵入。1824年命名为利比里亚(拉丁文意为"自由")。1838年成立利比里亚联邦,由美国派任总督。1847年7月26日宣告独立,建立利比里亚共和国,约瑟夫·罗伯茨任总统。另一黑人移民区于1854年2月4日建立马里兰共和国,1857年并入利。1860年美国黑人移民建立"真正独立党",该党自1869年起执政百余年。1980年4月12日,以土著克兰族人塞缪尔·多伊军士长为首的17名士兵发动政变,结束美国黑人移民后裔的统治,建立以多伊为首的军政府。

政　治

1989年12月以来,利处于无中央政府、派系混战割据状态。索耶临时政府在西非维持和平部队的支持下,控制首都蒙罗维亚;泰勒的"全国爱国阵线"控制除首都以外的利90%的国土;由前总统多伊残部组成的"争取民主联合解放运动"占据利与塞拉利昂交界的大角山州。

为政治解决利内战,西非国家经济共同体积极进行调解。1991年6～10月,该组织先后召开了4次有关国家首脑会议,并达成协议。协议主要内容是:1.在西非维持和平部队监督下,在自1991年11月15日起的60天内利各派武装部队返回兵营,由维持和平部队接管全国港口、机场以及进入利通道。2.成立联合选举委员会,自1991年10月30日起的6个月内举行大选。3.在塞拉利昂与利交界的利境内建立一缓冲地区,由维和部队驻防。泰勒声称受到"争取民主联合解放运动"的威胁,拒绝解除武装。协议未得到实施。1992年6月,在塞内加尔首都达喀尔举行西非国家经济共同体关于利问题外长会议,重申1991年10月第四次亚穆苏克罗首脑会议上达成的协议。10月,现任西非国家经济共同体执行主席、贝宁总统索格洛在科托努再次召开共同体首脑会议,讨论解决利问题的途径。11月,共同体的各国首脑在尼日利亚新首都阿布贾讨论并通过对泰勒进行经济和军事制裁的决议。

1992年10月,泰勒以维和部队扣留其军火船只为由向驻扎在蒙罗维亚的维和部队发起军事进攻。维和部队予以还击,出现维持和平部队同泰勒"全国爱国阵线"直接交战的局面。

【宪法】1984年7月全国公民投票通过,1986年1月6日正式生效。宪法规定"三权分立"原则。总统是国家元首、政府首脑和武装部队总司令,任期六年,可连任两届。立法权属议会,议员由直接选举产生。实行多党制,国家权力由各党派分享,防止一党专政。

【临时政府】1990年8月,在西非国家经济共同体主持下,在冈比亚首都班珠尔组成以阿莫斯·索耶为首的临时政府。主要成员有:总统阿莫斯·索耶博士,总统事务部长约瑟夫·赛耶·关努博士(Dr Joseph Saye Guanna),外交部长加布里埃尔·巴克斯·马修斯(Gaberiel Baccus Mathews),国防部长爱德华·凯瑟利(Edward Kessely),财政部长弗朗西斯·卡普(Francis Karpeh)。

【司法机构】设最高法院、国际巡回法院、地方初级法院和特别军事法庭。各级法官由总统任命。最高法院由1名大法官和4名副法官组成。

【政党】(1)利比里亚人民党(Liberian People's Party):前身为"非洲正义运动",1984年8月13日重组更名。主席达斯帝·沃洛科里(Dusty Wolokolie)。

(2)利比里亚行动党(Liberian Action Party):1984年8月成立。旗手杰克逊·多伊(Jackson Doe),主席亚伯拉罕·克罗曼(Abraham Kroman)。

(3)团结党(Unity Party):1984年8月成立。旗手爱德华·凯瑟利,主席卡洛斯·史密斯(Carlos Smith)。

(4)利比里亚全国民主党(National Democratic Party of Liberia):1984年7月31日成立。主席奥格斯塔斯·凯恩(Augustus Caine)。

(5)利比里亚全国爱国阵线(The National Patriotic Front of Liberia, NPFL):1989年12月24日成立。成员约7000人,多为吉奥族,部分来自邻国的政治流亡人员。总部设在格班加。领导人查尔斯·泰勒(Charles Taylor)。

(6)利比里亚独立全国爱国阵线(The Indepentent National Patriotic Front of Liberia, INPFL):1990年7月从全国爱国阵线中分裂出来。领导人普林斯·约翰逊(Prince Johnson)。

(7)利比里亚争取民主联合解放运动(The United Liberation Movement in Liberia for Democracy, ULIMO):1991年8月由前总统多伊残余部队及其支持者在塞拉利昂成立,成员约5000人。同年9月,从塞境内攻入利比里亚并夺取了泰勒控制的大角山州。领导人罗利·西基(Raleigh Seekie)。

【重要人物】阿莫斯·索耶博士:临时政府总统。1945年6月生于希诺州格林维尔镇,祖籍塞拉利昂。1963～1966年在利比里亚大学攻读政治学,获学士学位。1966～1973年就读于美国伊利诺伊埃文斯顿市的西北大学,先后获政治学硕士和哲学博士学位。1973年回利比里亚大学执教。1981～1983年任利新宪法起草委员会主席。1984年8月,任利比里亚人民党首任主席,遭多伊政府查禁,索被捕入狱。1986年在美国布卢明顿的印第安纳大学非洲研究中心任研究员。1988年1月,与流亡美国的利知名人士在华盛顿成立"利比里亚宪法民主协会",任首届执行主席。1990年8月,任利全国团结临时政府总统。　**查尔斯·泰勒**:1948年生于蒙罗维亚郊区。曾在美国波士顿一塑料工厂当机修工,后进本特雷学院就读,1977年获经济学士学位。1979年任"美洲利比里亚协会联盟"主席。同年,被多伊任命为政府"总服务局"局长,后任商业部副部长。1984年因被控贪污罪受通缉而逃往美国。5月,被美波士顿警察局拘捕。1985年越狱逃往欧洲。1987年带领一批利比里亚反政府人士在利比亚接受军训。1989年底创立全国爱国阵线并率部由科特迪瓦攻入国内。

普林斯·约米·约翰逊：1959年生于宁巴州东部的坎普莱。吉奥族人。1971年加入利比里亚武装部队。1974年升为中尉。曾在美国南卡罗来纳州的福特·杰克逊接受武警训练。后任利武装警察指挥。1977年因车祸而被开除。1985年因参与奎翁巴未遂政变而被捕，不久越狱出逃，流亡科特迪瓦。1989年随泰勒攻入利。翌年创建独立全国爱国阵线。

经　济

农业国。铁矿砂和天然橡胶的生产为两大经济支柱，产量与出口量均居非洲首位。工业不发达，仅有少数企业生产日用消费品。1986年1月多伊发动绿色革命并制定三年经济恢复计划，但效果甚微。1989年底爆发内战，战乱使利经济陷于瘫痪。1990年9月被联合国列为第42个最不发达国家。

国内生产总值(1991年)：28亿美元。

国内生产总值实际增长率：－10%。

人均国民生产总值(1987年)：457美元。

货币名称：利比里亚元。美元为利主要流动货币。

汇率(1992年3月)：1美元＝8.50利元。

通货膨胀率(1991年)：100%。

【资源】铁矿砂储量估计为18亿吨，还有钻石、黄金、铝矾土、铜、铅、锰、锌、钶、钽、重晶石、蓝晶石等矿藏。森林覆盖面积479万公顷，占全国总面积的58%。是非洲一大林区，盛产红木等名贵木材。

【工矿业】1986年采矿业总产值占国内生产总值的24%，制造业占7%。全国有三大铁矿开采公司，以德国、瑞典、美国等外资为主。工业主要有水泥、砖瓦、制糖、化工、制鞋、啤酒、饮料、橡胶加工等，共有制造厂200多家。主要工矿品产量如下：

	1985	1986	1987
铁矿砂(万吨)	1436.9	1438.3	1390
水泥(万吨)	9.41	9.6	
发电量(亿度)	4.13		
木材(万立方米)	41		
钻石(万克拉)		24.2	
黄金(万克拉)		60.98	

(资料来源：利比里亚计划部统计资料等)

【农业】农业产值占国内生产总值的36%。1984年农业人口为91.1万。可耕地380万公顷。粮食自给率为60%。主要农产品产量如下(单位：万吨)：

	1988	1989	1990
稻米	29.8	29.0	
木薯	44.7	40.0	
棕榈油	3.5	3.5	
橡胶	10.8	11.8	7.3

(资料来源：1992/93年度经济季评)

1988年主要牲畜存栏数：牛4.2万头，猪14万头，山羊23.5万只，绵羊24万只。

1987年捕鱼量1.87万吨。

【交通运输】铁路：总长500公里，均由各采矿公司经营，用于铁矿砂运输。

公路：总长11000公里，其中全天候公路2036公里，柏油路739公里。

水运：海运业在世界上占有特殊地位，1988年有1507艘外轮在利登记注册，悬挂利国旗航行，总吨位达4973万吨，年收入登记费1860万美元；利至今拥有世界上吨位最大的商业船队。有蒙罗维亚、格林维尔、哈珀、布坎南和罗伯茨波特等五个港口，布坎南港是运输铁矿砂的专用港口。

空运：罗伯茨国际机场是非洲最大机场之一，首都和各州府间均有直达班机。

【财政金融】主要收入靠税收、外轮登记费、出口税和国营企业利润。近年来政府财政收支情况如下(单位：亿美元)：

	1986/87	1987/88	1988/89
收入	2.057	1.986	2.028
支出	2.966	2.825	2.489
赤字	0.909	0.839	0.461

截至1988年11月，外汇储备118万美元(黄金储备除外)。

截至1991年底，外债总额已达35亿美元。

【对外贸易】主要出口铁矿砂、天然橡胶，1986年两者出口值占出口总值70%，占国内生产总值一半；还出口黄金、木材、钻石、咖啡、可可等。进口原料、燃料、消费品、机械设备、车辆等。主要贸易伙伴有德国、美国、意大利、法国、西班牙、日本、比利时和卢森堡。近几年进出口贸易情况如下(单位：万利元)：

	1988	1989	1990
出口额	88350	227060	184560
进口额	231580	303170	449430
差　额	－143230	－76110	－264870

(资料来源：同上)

【外国援助】美国是最大的援助国，1987/88年度提供3150万美元。其次是荷兰、德国和日本。国际货币基金组织1982～1985年提供2.5亿美元的特别提款权，用于支持利财政预算。世界银行每年提供1500～1800万美元贷款。1988年1月，欧洲经济共同体与利签订两笔贷款协议，一笔8780万美元，其中3200万为赠款；另一笔为210万美元。同年4月日本同利签订提供160万美元赠款协议，用于购买日本化肥、农药、农机和车辆。1989年2月联合国开发计划署向利提供120万美元贷款。自1989年底爆发内战以来，美向利捐赠1.3亿美元用于利救济工作，其中1.12亿元为食品援助。

人民生活

1986年全国有医院33所，医疗中心30个，诊疗所294个，病床2750张，医生200多名，护士364人。长期战乱使人民流离失所，约100万难民逃亡邻国。

军　事　1908年创建军队，称利比里亚边防部队，1982年改称利比里亚国民警卫队。1989年总兵力曾达5800人：陆军5300人；海军500人（即海岸警卫队）。1990年9月多伊垮台后，政府军溃散；同年，西非国家经济共同体向利派出维持和平部队8000人。全国爱国阵线兵力为7000人，独立全国爱国阵线兵力为1000人。利临时政府无武装力量。

文化教育　【教育】文盲约占全国人口的75%。实行小学、中学12年教育制度。公立中小学生免交注册费和学费。大学学制一般为四年。1986年全国共有中小学1830所（其中公立学校1158所，教会学校304所，私立学校268所），在校小学生23万，中学生5.3万，教师7202人。高等院校3所，即利比里亚大学、杜伯曼技术学院和考廷顿大学学院。利比里亚大学为公立综合性大学，全国最高学府，1987年有学生4268人、教师268人。

【新闻出版】《新利比里亚人报》为官方报纸，每周3期，发行量1.5万份。此外还有《观察家报》、《快报》、《镜报》、《利比里亚创世报》、《星期日人民报》、《利比里亚展望》等10多种私人报纸杂志。

利比里亚通讯社是利官方新闻机构，每周一至五出版新闻稿。利比里亚广播系统属新闻部领导，下设广播电台和电视台。此外，还有"争取非洲胜利永恒之爱电台"和"天主教电台"等教会电台。"美国之音"转播站于1962年在蒙罗维亚建立，是美在非洲最大的转播站，向全非、中东转播。

对外关系　【同我国的关系】1977年2月17日同我国建交。1978年6月托尔伯特总统访华，两国签订经济技术合作协定。1982年5月多伊总统访华，两国签订文化协定。1984年12月田纪云副总理访利，两国签署了我向利提供无息贷款的协定。1986年11月布拉莫外长访华。1988年10月利知名人士访华团访华。1992年10月对外友协副会长许群应利临时政府邀请率代表团访利。

1989年10月2日，利比里亚政府宣布与台湾重新建立"外交关系"，并于10月9日签署关于重新建立"外交关系"的联合公报。翌日我外交部发表声明，宣布自即日起中止同利比里亚的外交关系。

【同美国的关系】130多年来同美一直保持着传统的密切关系。美在利天然橡胶、铁矿砂生产和银行等行业中投资约4亿美元。美在利有常驻军事代表团及和平队。托尔伯特总统曾四次访美。1979年卡特总统访利。1982年多伊元首访美。1986、1987年舒尔茨国务卿两次访利。1987年8月利美签订《经济稳定支持计划》，美派经济专家协助利管理经济。1988年11月两国政府宣布终止计划。截至1989年美共援利8.71亿美元。

【同邻国的关系】1986年利与塞拉利昂和几内亚签订《互不侵犯和安全合作条约》。1988年3月三国总统举行马诺河联盟首脑会议。1989年12月利爆发内战，目前，在几内亚有利难民30多万，科特迪瓦17万，塞拉利昂6万。

（卢　坤）

利　比　亚

国名　大阿拉伯利比亚人民社会主义民众国（The Great Socialist People's Libyan Arab Jamahiriya）。

面积　1759540平方公里。

人口　470万（1991年），主要是阿拉伯人，其次是柏柏尔人。阿拉伯语为国语。绝大多数居民信仰伊斯兰教。

首都　的黎波里（Tripoli），人口150万（1991年）。

国家元首　"九·一"革命领导人奥马尔·穆阿迈尔·卡扎菲（Omar Muammar Al-Qathafi）上校，1969年9月1日就任。

简　况　位于非洲北部。东接埃及和苏丹，西邻突尼斯和阿尔及利亚，南界尼日尔和乍得，北濒地中海。海岸线长1900余公里。北部沿海属亚热带地中海型气候，气温最高可达50℃以上，内陆广大地区属热带沙漠气候。公元前201年利比亚人在反抗迦太基统治的斗争中曾建立统一的努米底亚王国，7世纪阿拉伯人打败拜占庭人，征服当地的柏柏尔人，带来了阿拉伯文化和伊斯兰教。16世纪奥斯曼帝国攻占的黎波里塔尼亚和昔兰尼加，控制了沿海地区。1912年10月利在意土战争后成为意大利的殖民地。1943年初法、英分别占领利南、北部。二战后，由联合国对利全部领土行使管辖权。1951年12月24日利比亚宣告独立，成立联邦制联合王国，后改名为利比亚王国。1969年9月1日，以卡扎菲为首的"自由军官组织"推翻伊德里斯王朝，成立阿拉伯利比亚共和国。1973年5月卡扎菲提出了既非资本主义也非"共产主义"的"世界第三理论"。1976年卡扎菲阐述这一"理论"的《绿皮书》出版。1977年3月2日卡扎菲为实施该"理论"发表了《人民权力宣言》，宣布利进入"人民直接掌握政权的民众时代"，取消各级政府，建立各级人民大会和人民委员会，改共和国为民众国，同时在全国范围内普遍建立各级革命委员会组织。

政　治

1992年，利比亚因炸机事件受安理会制裁，外部压力加剧，对利内政产生较大影响。经济困难增加，通货膨胀，人心波动，反对势力有所抬头。在此情况下，政治上，利当局继续宣传民众国制和世界第三理论，激发群众的爱国热情；宣布将利比亚划分成1500个公社，取消省、市、区级政权，将职权下放到公社；在各机构加强"革命委员会"的建设，充分发挥其对群众的"督促和鼓动作用"。经济上，进一步放宽政策，鼓励"伙伴企业"和私人企业经营工商业。

【宪法】1969年12月曾颁布临时宪法。1973年卡扎菲发动"文化革命"，宣布停止执行一切现行法律。1977年3月发表的《人民权力宣言》规定：《古兰经》为利的社会法典；人民直接行使权力是民众国政治制度的基础；保卫国家是每个公民的职责。宣称利信奉自由、社会主义和阿拉伯统一等原则。

【议会】称全国人民大会，国家最高权力机构，由各地基层人民大会和人民委员会的秘书（基层议会和政府的一把手）组成，负责讨论和决定有关法令、预算、对外政策、缔结条约、任命全国人民大会常设机构与全国人民委员会的成员以及审理全国人民委员会的工作等。1976年11月举行第一次大会，每年召开一次例会，必要时召开特别会议。秘书处秘书（议长）兹纳提·穆罕默德·兹纳提(Zinati Mohmmed Al Zinati)。

【政府】称全国人民委员会，国家最高行政机构。本届人民委员会于1992年1月18日组成，共有13名成员：全国人民委员会秘书（总理）阿布·宰义德·奥穆尔·杜尔达（Abu Zaid Omar Dorda），对外联络和国际合作办公室秘书奥马尔·穆斯塔法·蒙塔赛尔(Omar Mustafa Al Muntasser)，工业秘书贾达拉·阿祖兹·塔勒希(Jadallah Azzouz Al Talhi)，海洋资源秘书米夫塔哈·穆罕默德·库阿伊贝（Muftah Mohammed Kaiba)，计划、贸易与财政秘书穆罕默德·贝伊特·马尔(Mohammed Bait Al Mal)，教育、青年、科研与职业培训秘书马图格·穆罕默德·马图格(Maatoug Mohammed Maatoug)，农业改良、土地开发与动物资源秘书伊萨·阿布杜拉·卡菲（Isa Abdel Kafi)，卫生与社会保险秘书巴格达迪·马哈穆迪(Al Baghadadi Al Mahmoudi)，能源秘书阿卜杜拉·萨利姆·贝德里(Abdullah Salem Al Badri)，统一秘书祖马·迈赫迪·法扎尼(Guma Al Mahdi Al Fezzani)，新闻文化与民众鼓动秘书阿里·穆尔西·夏伊里(Ali Mursi Al Shaeiri)，公共设施、旅游与交通秘书穆巴拉克·夏米赫(Mubarek Al Shamikh)。

【司法机构】1979年9月卡扎菲宣布由司法人民委员会（部）掌管司法权。原有的最高法院等机构被各地革命委员会建立的特别法庭和革命法庭等取代。为统一审判工作，1988年3月成立人民法院和人民检察局。1990年10月，宣布恢复最高法院。人民法院院长哈里发·赛义德·加迪(Khalifa Seid Kadi)。最高法院院长穆罕默德·阿里·贾迪（Mohammed Ali Al-Jadi)。人民检察局局长阿卜杜·萨拉姆·阿里·马祖基(Abdel Salam Ali Al-Mazzoughi)。总检察长阿卜杜尔·拉扎格·苏萨阿(Abdel Razag Assusaa)。

【政党】利禁止一切政党活动。卡扎菲于1971年创建的阿拉伯社会主义联盟自1976年起也停止活动。

【重要人物】奥马尔·穆阿迈尔·卡扎菲上校："九·一"革命领导人。1942年生于锡尔特市以南30余公里的沙漠地区，卡达法部落人。1961年在班加西利比亚大学攻读历史，1963～1965年在班加西军事学院学习。"九·一"革命后晋升为上校。1970年1月兼任总理和国防部长。1977年3月国家机构改革后，任全国人民大会秘书。1979年3月后不再担任行政职务。

经　济

1978年后，利比亚采取了工人接管工厂、土地全民所有和取消私商等经济措施，实行了经济国有化。1987年起，逐步放宽经济政策。利是北非重要石油生产国。石油及其产品出口占出口总值的95%以上。1990年8月海湾危机爆发后，油价一度上涨，利因此受益。1992年利比亚遭受国际制裁，同外界空运中断，加之油价疲软，经济困难加大。为改善经济状况，利继续放宽政策，在发展"伙伴企业"的同时，积极鼓励私人经营工、商业，提出除石油和大型企业外，要把其它所有企业转变为伙伴企业或私人股份公司，甚至医院、学校也可由私人开办。

国内生产总值(1991年)：约306.05亿美元。

国民收入(1991年)：289.32亿美元。

人均国民收入(1991年)：约6150美元。

国内生产总值增长率(1991年)：约5.28%。

货币名称：第纳尔。

汇率(1992年10月)：1美元＝0.285第纳尔。

【资源】以石油为主，探明储量为450～500亿桶。其次为天然气，探明储量达12180亿立方米。其他有铁（蕴藏量20～30亿吨）、钾、锰、磷酸盐、铜、锡、硫磺、铝矾土等。沿海水产主要有金枪鱼、沙丁鱼、海绵等。

【工业】石油是利的经济命脉和主要支柱。50年代发现石油以来，石油开采发展很快。炼油工业也已崛起。1991年石油收入约102亿美元。1992年，石油收入计91亿美元。1992年日采油在150万桶上下。此外，还有食品加工、石化、化工、建材、发电、采矿、纺织业等。主要工业产值如下（单位：百万第纳尔）：

	1987	1988	1989
碳化氢	1965.0	1730.0	1961.5
采矿	42.0	44.5	46.5
制造	442.5	487.5	560.5
电、气和水	124.5	138.5	152.5
建筑	835.0	892.5	920.0

（资料来源：1992/1993年度经济季评）

【农业】1989年，利农业（包括畜牧业）产值约为3.96亿第纳尔，占国内生产总值的5.5%。务农人员占全国总劳力的20%。可耕地面积约370万公顷，约占全国总面积的1.2%，水浇地不到1%。粮食不能自给，靠大量进口。主要农作物有小麦、大麦、玉米、花生、柑桔、橄榄、烟草、椰枣、蔬菜等。主要农产品产量如下（单位：万吨）：

	1987	1988	1989
小麦	18.5	17.5	19.5
大麦	17.6	13.4	17
蔬菜	67	66.5	85
水果	26.8	29.5	31.5
橄榄	14.7	17	15

（资料来源：同上）

畜牧业在农业中占重要地位。牧民和半牧民占农业人口一半以上。全国有牧场850万公顷。1989年有羊（绵羊、山羊）580万只，牛24万头，骆驼19万峰，驴6.2万头，马4.8万匹。

为解决用水问题，利正在修建一条人工河，即一项用管道把南部地下水引向沿海地区的巨大工程。1991年，人工河第一期工程竣工。

【交通运输】以公路为主，无铁路。

公路：总长25000公里，其中高速公路6000多公里。有公共汽车1730辆，私人汽车45.39万辆，卡车23.45万辆。

水运：主要港口有的黎波里、班加西、托卜鲁克、卜雷加、德尔纳、米苏腊塔、扎维亚、拉斯拉努夫。有商船10余艘，油轮16艘。

空运：设有利比亚阿拉伯航空公司。主要民用机场设在的黎波里、班加西、米苏腊塔、塞卜哈、托卜鲁克、锡尔特和卜雷加，拥有各式客机30余架。1992年4月15日起，安理会制裁利比亚的748号决议生效，同国外空运联系全部中断。

【财政金融】近几年财政预算如下（单位：亿美元）：

	1989	1990	1991
行政预算	39.56	49.83	47.57
发展预算	30.44	39.66	64.13
进口预算	40.44	20.34	41.04
总　计	110.44	109.84	152.74

（资料来源：1992/1993年度经济季评及利比亚全国人民大会决议等）

截至1991年底，外汇储备48.85亿美元，黄金储备9.72亿美元。1991年外债约60亿美元，主要是短期商业债务。1991年往来账户盈余估计为8.15亿美元，1992年赤字估计达1.9亿美元。

【对外贸易】主要出口产品是石油（产量的80%以上供出口）。主要进口粮食、食品、机械、建材、运输设备、电器，化工和轻工产品以及武器装备。主要贸易对象是意大利、德国、西班牙、法国、英国和土耳其等。

1991年与部分国家的贸易情况如下（单位：亿美元）：

	出口	进口
意大利	46.06	14.18
德国	21.32	6.91
西班牙	12.35	0.69
法国	8.29	3.34

（资料来源：1992/1993年度经济季评）

1988～1990年进出口情况如下（单位：百万美元）：

	1988	1989	1990
出口额	56.44	72.83	113.62
进口额	57.53	65.17	75.82
差　额	−1.09	7.66	37.80

（资料来源：同上）

人民生活

"九·一"革命以来，人民生活提高很快。已消除失业。依靠巨额石油收入实行高工资、高福利政策，全民享有免费医疗和教育，对粮食、糖、茶叶等生活必需品实行价格补贴。通过私建、公建并举，改善了住房条件，已无棚户区。现有17所综合医院和88个医疗中心。平均每千人有病床4.8张，医生2名，电话70部。大多数家庭都有小汽车。多年来市场一直萧条，1988年起允许私人店铺开业，商品短缺略有缓和，但物价上涨。1992年供应短缺加剧，货币加速贬值。

军　事

独立后，组建了利比亚王家军队，1962、1963年先后建立海军和空军。"九·一"革命后，实行义务兵和志愿兵相结合的兵役制，服役期2～4年。1983年2月通过"革命总动员计划"，对全体适龄男女进行军训。1988年8月，卡扎菲宣布取消正规军，将其改编为"民众国卫队"，并在各省建立由省政府防御人民委员会领导的"防卫区"（地方部队）。11月，决定撤销最高指挥部和总司令之职。1989年9月宣布成立全国临时防务人民委员会（总司令部），尤尼斯·贾比尔任委员会秘书，负责具体军务。卡扎菲一直任武装部队最高统帅。主要装备来自前苏联。

三军总兵力8.5万。准军事力量"人民武装"4万人。陆军5.5万，拥有各种坦克2950辆，装甲运兵车和战车1835辆，各种火炮1690门。编有1个坦克师，38个坦克营，2个机械化步兵师，54个机械化步兵营，1个国家警卫旅，43个炮兵营，12个空投突击营，7个地地导弹旅，3个地空导弹旅。海军8000人（包括海岸警卫队），装备有潜艇、护卫舰、海防舰艇、驱潜快艇、巡逻艇、水雷舰艇、两栖舰艇、支援舰艇以及直升飞机。空军2.2万人（包括防空部队），已知服役的作战飞机513架，武装直升机45架，训练机89架（不包括不少储存机库的飞机）。编有1个轰炸机中队，9个战斗机中队，7个地面攻击战斗机中队，1个平叛机中队，1个侦察机中队，2个运输机中队。

1989年防务预算为15.1亿美元。

文化教育

【教育】实行免费教育。1990/91年度教育经费(包括科研经费)1.15亿第纳尔,占行政预算总额的7.8%。1988年5%的男子和10%的妇女为文盲。1990年在校学生总数为132.53万人。各级学校教师总数为97858名。1989年有89个职业训练中心,受训人数达16293人。全国有4所高等院校。的黎波里法塔赫大学、班加西卡尔尤尼斯大学是两所历史较久的综合性大学,都在托卜鲁克分设了院校。塞卜哈大学是1986年开设的新校。卜雷加有一所科学技术学院,米兰腊塔有其分校。

【新闻出版】主要报刊:《新黎明报》,发行约4万份;《绿色进军周报》,发行2～5万份。

民众国通讯社:官方通讯社,每天出版阿、英、法文新闻稿。在巴黎、伦敦、罗马和贝鲁特等地设有分社。

民众国广播电台:官方电台,创建于1957年,1979年后改用现名,用阿语和英语广播。大阿拉伯祖国和革命委员会之声电台:官方电台,用英、法、俄、德、罗、匈、南、保、捷等语言广播。

民众国电视台:官方电视台,创建于1968年,后改现名,用阿、英、法语播放。

对外关系

奉行反帝、反霸、反对种族歧视和不结盟政策,维护民族独立和国家主权。在国际交往中强调发展民间关系。主张在公正、平等、尊重国家主权与互不干涉内政等国际准则基础上建立国际新秩序,反对大国操纵国际事务。认为世界格局由两极转化为一极后,不结盟运动已无力对海湾危机等国际事件作出有效反应,但不结盟运动的宗旨和原则需维护,主张将不结盟运动改名为第三世界运动,使其为发展中国家服务。对以色列奉行"不和解、不谈判和不承认"的政策,反对在马德里开始举行的中东和会。承认巴勒斯坦国。支持巴勒斯坦和阿拉伯国家人民为恢复民族权利、收复失地而进行的斗争。对海湾危机保持中立,既反对伊拉克侵占科威特,也反对美等对伊发动战争。主张阿拉伯统一,把实现阿拉伯国家的全面统一视为利的"历史责任"。卡扎菲曾说,阿拉伯统一如果不能和平实现则以武力实现之,并提出成立"阿拉伯联邦"方案。利曾先后同埃及、苏丹、突尼斯、阿尔及利亚、叙利亚、摩洛哥等国签订过"统一"、"合并"或"联盟"协议。迄今已同近百个国家建立外交关系。

【同我国的关系】1978年8月9日两国建交。建交后,两国关系稳步发展。1982年10月卡扎菲访华,正式签署两国建立经济贸易和科学技术合作混合委员会的协议和"相互合作计划"。1984年5月、1985年9月、1987年12月,我国副总理李鹏、田纪云和人大常委会副委员长王任重先后访利。

1992年1月,利比亚领导成员贾卢德(二号人物)再次访华。8月,利领导人卡扎菲的特使、经济计划秘书(部长)蒙塔赛尔访华。同年2月,我国化工部部长顾秀莲赴利,出席中、利经济贸易和科学技术混合委员会第四次会议,双方签署了会议纪要。

1992年,两国贸易总额7812万美元,全部为我出口。

中国驻利比亚大使:王厚立。馆址:M486 Gargaresh,Tripoli;电话:(218)75131;电传:2182175689。

利比亚驻中国大使:米夫塔赫·马迪(Muftah O. Madi)。馆址:北京三里屯6街3号;电话:5323666。

利比亚同我国台湾有民间贸易往来。台湾在的黎波里设有非官方商务处。

【同美国的关系】"九·一"革命后,利美关系一直紧张。1972年始,两国维持代办级外交关系。1979年双方撤馆,但未宣布断交。1980年里根政府上台后,美指责利支持国际恐怖主义,两国关系迅速恶化。1981年8月两国在锡尔特湾发生空战。1982年美宣布禁止进口利石油及向利出口石油技术和设备。1983年7月美谴责利"侵略"乍得,下令核动力航空母舰"艾森豪威尔号"进入地中海待命。1986年1月美宣布冻结利在美资产,下令美5家石油公司和石油技术人员撤出利比亚。4月15日美以打击恐怖主义为由空袭了利首都的黎波里和第二大城市班加西。1989年1月美扬言要袭击利"化学武器工厂",并在地中海上空击落两架利军用飞机。1991年11月14日,美同英一起指控利两名情报人员策划炸毁泛美航空公司103航班,并联合英、法,针对利拒交炸机嫌疑犯,推动安理会于1992年1月21日通过了要利响应3国有关要求的731号决议,于同年3月31日通过了制裁利的748号决议。一年来,利表示愿与美改善关系,美未置理。

【同前苏联各共和国和东欧国家的关系】苏联解体后,利外联办(外交部)发表声明,表示承认前苏联各共和国独立,愿同这些国家继续保持友好合作关系。重新任命了驻俄罗斯大使。1992年,利比亚先后同哈萨克斯坦、阿塞拜疆、乌克兰和土库曼斯坦等建立了外交关系。但利比亚对上述国家推行资本主义制度表示不满。

利比亚表示支持1989年10月起东欧国家发生的大规模示威游行和政权更迭,称这是按卡扎菲《绿皮书》思想进行的人民革命,同这些国家的新政权继续保持外交关系。

【同乍得的关系】利、乍间存在领土争议。1973年利占领乍北部奥祖地区11万平方公里的领土。1986年2月利军支持"乍得全国团结过渡政府"主席古库尼南进遭失败后,利和乍几次交战。1987年9月11日利、乍宣布接受非统停火呼吁。1988年5月25日卡扎菲宣布承认乍得哈布雷政权。10月3日两国宣布复交,1989年8月两国在阿尔及尔就政治解决领土争端达成协议,规定若争端一年内未获解决,将提交国际法院仲裁。1990年8月,利、乍元首在摩洛哥会晤,同意两国分别将奥祖问题提交国际法院。同年12月利承认乍新政府首脑、国务委员会主席代比。1991年2月代比访利。1992年10月代比再次访利。

【同西欧国家的关系】利、法关系时紧时松。1973年底卡扎菲访问法国。1976年双方签订经济合作、海运等四个协定。后因法支持乍得前总统哈布雷的军队在乍得北部同利军作战，两国关系紧张。1988年5月卡扎菲关于和平解决乍得问题的讲话，受到法国政府欢迎。1989年6月法决定部分放松对利的军事禁运。9月法负责国际文化关系的国务秘书德博塞访利，出席利“九·一”革命20周年庆典。1990年4月，法在黎巴嫩人质经卡扎菲帮助获释，法总统密特朗致电卡表示感谢。11月利对外联络和国际合作秘书(外长)布夏里访法。1991年4月，法外长迪马访利。11月，法指控4名利官员策划炸毁法国联合航空运输公司772航班，在安理会内与美、英一起对利采取行动，于1992年第一季度，推动安理会通过了731号决议和对利实行制裁的748号决议。

利比亚和意大利的关系较密切。意是利最大的贸易伙伴，是利石油主要进口国。意在利约有60家公司。1988年11月利领导成员贾卢德访意。1989年9月意大利外长德米凯利斯访利，出席利“九·一”革命20周年庆典。1991年6月，意总理安德里奥蒂访利。1992年1月，利领导成员贾卢德访意。利要求意赔偿在殖民时期给利人民造成的损失。在美、法客机被炸问题上，意的态度较其他西方国家缓和。

利、英关系紧张。1984年4月两国断交，英指责利支持爱尔兰共和军搞恐怖、分裂活动，利攻击英对北爱尔兰实行殖民统治。1989年，英解冻了利在英的5亿美元存款。1990年，利邀请英下议院议员代表团访利，探讨恢复利、英关系。1991年11月，英、美联合指控利两名情报人员策划炸毁泛美103航班，酝酿对利进行国际制裁。1992年第一季度，又同美、法促使安理会作出了前述两个针对利的决议。年中，英、利官员3次会晤。应英要求，利向英提供了利与爱尔兰共和军关系的详细材料。

【同阿拉伯国家的关系】1989年2月17日，卡扎菲和北非其它4国元首在摩洛哥的马拉喀什签署成立阿拉伯马格里布联盟条约。1990年1月和7月，卡出席了分别于突尼斯与阿尔及利亚举行的马盟国家元首委员会第一、二次会议。8月，卡扎菲同本·阿里总统在突尼斯机场会晤。同月，卡扎菲访阿。12月，阿总统沙德利访利。1991年3月马盟国家元首委员会第三次会议在利比亚举行，4国元首和摩洛哥外长出席。8月，阿、摩、突、毛(里塔尼亚)4国元首均赴利出席利人工河第一期工程竣工典礼。9月，马盟国家元首委员会第四次会议在摩洛哥召开，利领导成员贾卢德与会。同月，贾卢德访突，出席利、突最高后续委员会会议。1992年1月，贾卢德访问阿、摩、突3国，就美、法客机被炸事件与3国领导人交换意见。4月15日起，马盟国家执行安理会对利制裁的748号决议，利表示不满。11月，马盟国家元首委员会第五次会议在毛里塔尼亚举行，利驻摩大使代表利出席。

利对海湾危机持中立态度，同立场对立的阿拉伯国家均保持较好关系。同埃及关系尤其密切。双方分别于3月、8月宣布撤销两国边境关卡，取消国界。同年，两国元首频繁互访。1992年4月和8月埃及总统穆巴拉克访利；1992年4月和1993年1月利领导人卡扎菲访埃。利与苏丹关系密切。1991年6月，卡扎菲访问苏丹，出席苏丹新政权执政两周年庆祝活动；8月中旬、下旬及11月，苏丹救国革命指挥委员会主席巴希尔3次访利。1992年，利、苏往来相对减少，4月和12月，苏丹救国革命指挥委员会副主席兼副总理祖贝尔两次访利。1992年，巴勒斯坦总统阿拉法特多次访利，就共同关心的问题同卡扎菲交换意见。

1992年第一季度，利比亚派高级官员遍访阿拉伯各国，会见了这些国家的领导人，在美、法客机被炸问题上寻求其支持。阿拉伯国家均表示支持利立场，但都执行了安理会对利制裁的748号决议，科威特还按规定减少了利驻科外交人员。

【同非洲国家的关系】最近几年利同非洲国家关系进一步发展，停止了对一些国家反对派的支持。1988年，卡扎菲宣布愿同肯尼亚、加蓬、扎伊尔、科特迪瓦、利比里亚、毛里求斯、塞内加尔和冈比亚8国恢复外交关系。此后，塞内加尔、加蓬和扎伊尔等先后同利复交。1990年5月，利同纳米比亚建交。1992年3月，利同利比里亚复交。同年，乌干达、几内亚比绍、利比里亚和乍得等国国家元首访利，布基纳法索元首再次访利。

(沈鹤皋)

留　尼　汪

名称　留尼汪岛(L'Ile de la Réunion)。

面积　2512平方公里。

人口　598000人(1992年2月)。自然增长率17.3‰。居民主要为法国人，另有少数马达加斯加人、印度人、华人和克里奥尔人。官方语言是法语。85%的居民信奉天主教，少数人信仰伊斯兰教、印度教。

首府　圣但尼(Saint-Denis)，人口121974人(1993年2月)。

行政长官 省长吕贝尔·富尔尼(Hubert Fournier),1992年12月就职。

简 况 位于西南印度洋中的一个火山岛上,西距马达加斯加650公里,东北距毛里求斯190公里。海岸线长207公里。沿海为热带雨林气候,终年湿热;内地属山地气候,温和凉爽。平均气温最热月26℃,最冷月20℃。17世纪60年代法在此建立航海站并移入大批奴隶,从此在该岛定居。1810年7月被英国占领。1815年4月英法签订《巴黎协定》,将留归还法国。1848年9月正式定名为留尼汪岛。1946年3月成为法国的一个"海外省"。1981年9月,法国国民议会通过"权力下放法案",该岛成为拥有全权的海外领地,统辖临近的新胡安岛、欧罗巴岛、特罗姆林岛、格洛里厄斯群岛和印度礁。省长由法国政府任命,是驻省的国家代表,起监督作用。在法国的两院中,该岛有5名众议员,3名参议员。

政 治 1992年3月22日留尼汪举行地区议会选举,1991年被查禁的"自由广播电视台"领导人卡米·苏德尔当选议长。在随后进行的省议会选举中,原议长埃里克·布阿耶当选连任。12月1日,圣但尼市"保护商人及手工业者联合会"组织示威游行,要求省政府减免行业税,2日、3日发展为骚乱,一些商店、汽车被烧、抢,损失达数千万法郎。12月底,法中央政府宣布自1993年1月1日起将包括留在内的海外省行业间最低月工资提高3%,即达到5146法郎。

【地区议会】地区立法机构。下设经济等8个委员会,负责确定地区预算,分配国家拨款、贷款,制定发展计划,并在税收、公路基金、立法建议、采取特别措施等方面拥有全权。但国防、外交则由法国政府统一管辖。有45名议员,由直接选举产生,任期6年。现议会于1992年3月组成。苏德尔领导的"自由广播电视台"获17席,右翼保卫共和联盟和法国民主联盟14席,留尼汪共产党9席,社会党5席。议长卡米·苏德尔(Camille Sudre)。

【省议会】地方行政机关。有47名议员,任期6年,每3年改选1/2。现议会于1992年3月组成,右派28席,留尼汪共产党13席,社会党6席。议长埃里克·布阿耶(Eric Boyer)。

【司法机构】有1个上诉法院,2个大审庭,1个重罪法院,4个初审法庭,2个儿童法庭,2个拘留所。上诉法院院长亨利·蒂利沃(Henri Thiriot)。

【政党】有11个政党,其中一些政党是法国政党的支部或与其有联系。主要政党是:

(1)留尼汪共产党(Le Parti Communiste Réunionnais):1959年成立,是该岛势力最大、组织最为严密的政党。在法国国民议会中有2名议员,在参议院中有1名议员。总书记保罗·韦尔热(Paul Vergès)。

(2)保卫共和联盟(Le Ressemblement Pour La République):法国保卫共和联盟的一个省部,在法国保卫共和联盟总部派有代表。省部书记保罗·莫罗(Paul Moreau)。

(3)法国民主联盟(L' Union pour la Démocratie Française):1978年成立。法国民主联盟的一个省部。书记吉尔贝·热拉尔(Gilbert Gérard)。

(4)法国留尼汪未来党(France-Réunion-Avenir):1986年成立,右翼政党。在法国国民议会中有一名议员。

(5)社会党—留尼汪联合会(Le Parti Socialiste-Fédération de la Réunion):原为法国社会党的一个省部,1972年分离。总书记让—克洛德·弗卢多(Jean-Claude Fruteau)。

经 济 1986年开始实施若干发展措施以来,经济情况明显好转。

岛内生产总值(1990年):约284亿法郎。

人均生产总值(1990年):47528法郎。

岛内生产总值增长率(1970～1988年平均值):6.3%。

货币名称:法国法郎。

汇率(1992年3月):1美元=5.6法郎。

失业率(1992年):35%。

【资源】矿藏丰富。海域蕴藏有钴、铜和锰等矿。1990年森林覆盖面积87730公顷,占全岛面积的34.8%。

【工业】工业总产值占岛内生产总值的26.1%。主要有制糖业,此外还有建筑业、公共工程、小型机械制造等。制糖业在经过1991年的回升之后,1992年又略有增长。1990～1992年糖产量(单位:吨):192000,214531,226000。

【农牧渔业】粮食几乎全部靠进口。经济作物有甘蔗、天竺葵、香草、水果等。1990年岛上有农户15000多家,耕地63600公顷,其中甘蔗种植面积33200公顷,占全部耕地的52.2%。近几年经济作物产量如下(单位:吨):

	1988	1989	1990
甘蔗	2228900	1756500	1790200
香草	54.4	119.5	31.2
天竺葵	20.6	14.6	23.3
烟草	192.8	107.0	107.8
水果	30910	27492	35128

畜牧业比较发达,肉蛋能满足岛上居民一半的需要。近几年肉、蛋、奶产量如下:

	1988	1989	1990
肉(吨)	7870.4	8453.2	8870.9
蛋(百万个)	74.4	74.8	77.9
奶(千升)	200.7	204.9	215.7

渔业资源丰富,是收入的重要来源之一。近几年捕鱼量和产值如下:

	1988	1989	1990
产量(吨)	2053	1725	1731

产值(万法郎)	6691.6	6269.0	6075.5

【服务业】80年代服务业有较大发展。1990年从业人数108465人，占全岛在业人数的74.2%。1988年产值约133.6亿法郎，占岛内生产总值的64.8%。

【旅游业】近年来地方当局积极开发旅游业。游客人数逐年增加。主要来自法国本土(占72%)，其次是毛里求斯(5%)和欧洲共同体其他国家(3%)。旅游收入占岛内生产总值的9%。1990年有饭店37家，床位1605张，接待游客200300人次。

【交通运输】公路发达，主要城市间都有公路相通。

铁路：总长614公里，只用于制糖业的运输。

公路：总长2710公里，其中国家级公路345.7公里，省级公路731.5公里，其他公路1602.9公里。各种汽车146400辆(1991)。

水运：加莱角港是岛上最大的海港，也是法国的第五大港。岛上的运输一半以上经过此港。1988～1990年港口吞吐量分别为：1902900吨、2081000吨、2051000吨。

空运：圣但尼—吉洛国际机场每周都有航班赴法国本土、肯尼亚和邻近岛国。1988～1990年客运量分别为647589人、739144人、816499人；货运量分别为14766吨、16789吨、16487吨。

【财政金融】省财政预算一半靠法国政府拨款，近年预算收支情况如下(单位：亿法郎)：

	1988	1989
收入	30.84	32.01
支出	30.97	33.41
赤字	0.13	1.40

【对外贸易】外贸逆差年年增长。主要进口石油产品、粮食和农产品、建筑材料和设备，出口蔗糖、香料、烟草等。法国本土是最大的贸易伙伴。1990年出口的83.1%输往法国，进口商品的68.5%来自法国。其他贸易伙伴除欧共体国家外，还有非洲的法郎区国家和南非、马达加斯加等。近几年对外贸易情况如下(单位：百万法郎)：

	1988	1989	1990
进口额	10006.5	11087.6	11322.3
出口额	987.8	1030.0	999.9
差　额	−9018.7	−10057.6	−10322.4

人民生活

1990年人均收入47528法郎，仅及法国本土居民的40%，但高于周围岛国。1992年失业人数为78720人。1990年各类医务人员4500人，其中医生933人，牙医232人；病床3237张，平均每千人5.4张。人均寿命男69岁，女78.3岁，婴儿死亡率为8.3‰。1991年有电视机105482台，电话162380门，电冰箱140278个。81%的家庭有自来水。

军　事

1989年法国在留尼汪驻军3300人(包括在马约特岛的驻军)，其中陆军2200人，海军300人，空军350人，由设在留的法国南印度洋地区武装力量司令部指挥。此外还有600名宪兵。

文化教育

【教育】实行法国本土的教育制度，学制小学5年，中学7年。1990/91年度有小学360所，学生115018人，教师5156人；中学56所，技校16所，职业中学17所，学生79574人，教师5491人。留尼汪大学于1970年建立，有学生4607人，教师137人。另外还有高等技术学校和师范学院。

【新闻出版】有3家日报：《留尼汪岛日报》发行2.6万份；《留尼汪日报》发行2.3万份；《证言报》发行6000份。另外还有11家周刊、月刊和双月刊。

法国海外电台每天有4套节目播音，电视台有4个频道播放电视。

对外关系

涉外事务由法国政府统一管辖。近年来，法国政府允许地方同其他国家的省、市签订合作协议，进行文化、经济和友好往来。

【同我国的关系】1992年2月26～28日，外交部副部长杨福昌结束对东非五国访问后过境留尼汪，拜会了留省长德瓦特尔、圣但尼市市长阿内特，并同当地华人社会进行了友好接触。4月底，中国侨务代表团和内蒙古艺术团访留。10月7～18日，圣但尼市市长阿内特、副市长李传豪等6人应中国人民对外友好协会邀请访华，参观了北京、上海、南京、杭州、广州等地。

【同毛里求斯的关系】毛里求斯与留尼汪关系较为密切。1988年12月毛里求斯总理贾格纳特访留。1990年12月，留航空公司与毛直接通航。1992年11月毛教育部长帕尔苏拉曼访留。

【同印度洋国家的关系】1986年1月，法国以留尼汪的名义加入印度洋委员会，增进了留与马达加斯加、毛里求斯、塞舌尔、科摩罗等周围岛国的关系。1992年，留派代表参加了9月在毛里求斯举行的“印度洋西南岛国论坛”第二次会议和10月在科摩罗举行的第十届印度洋委员会部长会议。

(余劲松)

卢 旺 达

国名　卢旺达共和国(The Republic of Rwanda, La République Rwandaise)。

面积　26338 平方公里。

人口　720 万(1991 年 8 月官方估计)。由胡图(占 85%)、图西(占 14%)、特瓦(占 1%)三个部族组成。官方语言为卢旺达语和法语,民族语言为卢旺达语,部分居民讲斯瓦希里语。居民 45%信奉天主教,44%信奉原始宗教,10%信奉基督教新教,1%信奉伊斯兰教。

首都　基加利(kigali),人口约 40 万(1991 年)。

国家元首　总统朱韦纳尔·哈比亚利马纳(Juvénal Habyarimana),1973 年 7 月 5 日就任,1978、1983 和 1988 年连任。

简　况

位于非洲中东部赤道南侧的内陆国。东连坦桑尼亚,南界布隆迪,西和西北与扎伊尔为邻,北与乌干达接壤。大部地区属热带高原气候和热带草原气候,温和凉爽,年平均气温 18℃。16 世纪图西人建立封建王国。1890 年沦为"德属东非保护地"。1922 年根据凡尔赛和约,将卢委托给比利时统治。1962 年 7 月 1 日宣告独立,成立共和国,卡伊班达就任总统。独立后,图西和胡图两部族多次发生冲突,大批图西族难民流亡国外。

政　治

1973 年 7 月 5 日,哈比亚利马纳发动军事政变,成立第二共和国并自任总统。1990 年 10 月,侨居乌干达反政府难民组织"卢旺达爱国阵线"向卢发动武装进攻,战事持续至今。1991 年 6 月卢宣布实行多党制。

1992 年 4 月 16 日,哈比亚利马纳总统任命反对党"共和民主运动"第一副主席恩桑济亚勒米·迪斯马斯为总理,组成有 5 党参加的过渡政府。4 月 23 日,根据修改的宪法和政党法,哈比亚利马纳少将宣布退出军界。5 月 28 日,全国民主和发展共和运动在首都基加利发动大规模反政府示威游行,与共和民主运动等党发生冲突,造成伤亡。29 日,因反对裁减军队,鲁彦盖里和基塞尼两市发生军人哗变。一些士兵上街打、砸、抢,造成 10 人死亡,事后当局宣布实行宵禁。6 月 3 日,参政的共和民主运动、自由党和社会民主党与卢"爱国阵线"在布鲁塞尔举行会晤,宣布结成反政府联盟。6 月 6~8 日,卢外交合作部长恩古林齐拉·博尼法斯率政府代表团与执委巴德·比齐芒古率领的"爱国阵线"代表团在巴黎举行会谈,双方同意进行直接谈判,通过协商解决武装冲突。7 月 10~15 日,卢政府与"爱阵"在坦桑尼亚的阿鲁沙举行直接谈判,双方就实现国内和平的时间表、政治谈判原则、中立军事观察小组和政治军事混合委员会组成办法等问题达成协议,决定自 7 月 31 日午夜开始停火。8 月 10~18 日,卢政府与"爱阵"在阿鲁沙举行第二轮谈判,双方讨论了制定新宪法、政治多元化、组成新议会、成立民族团结过渡政府等问题,并就建立法制国家达成协议。1992 年 9 月 7 日至 1993 年 1 月 9 日,卢当局与"爱阵"在阿鲁沙举行第三轮谈判。双方就过渡政府和议会的产生方式和席位分配等问题达成协议。"爱阵"有 5 人进入政府,其中 1 名部长兼任副总理。过渡议会共 70 席。入阁 4 党和"爱阵"各得 11 席。

【宪法】1991 年 5 月 30 日国民发展议会审议通过了宪法修改草案。宪法规定,卢为民主、社会和主权共和国,其原则是"民有、民治和民享";实行多党制,行政、司法、立法三权分立;总统是国家元首和武装部队最高统帅,由直接普选产生,任期五年,只能连任两届;设立总理职务,总理是政府首脑,由总统任命。

【议会】国民发展议会为最高立法机构,主要职权是通过法案,监督政府工作,决定国家财政预算等,并与总统共同行使立法权和修宪权。议员经选举产生;议长、副议长由总统提名经选举产生,任期 5 年。第三届议会于 1989 年 1 月 8 日选出,议员 70 人。议长德奥多尔·辛迪古布瓦博(Théodore Sindikubwabo)。

【政府】本届政府于 1992 年 4 月 16 日成立,由全国民主和发展共和运动、共和民主运动等五党组成。成员如下:总理恩桑济亚勒米·迪斯马斯(Nsengiyaremye Dismas),外交合作部长恩古林齐拉·博尼法斯(Ngulinzira Boniface),内政和县发展部长穆尼亚泽萨·福斯坦(Munyazesa Faustin),国防部长加萨纳·雅姆(Gasana James),农牧部长恩扎穆兰巴霍·弗雷德里克(Nzamurambaho Frederic),中小学教育部长乌维林吉伊姆扎纳·阿加特(Uwilingiyimzana Agathe)女士,高教科研文化部长姆班古拉·达尼埃尔(Mbangura Daniel),财政部长鲁盖内拉·马克(Rugenera Marc),公职部长穆吉拉内扎·普罗斯珀(Mugiraneza Prosper),新闻部长恩当盖耶霍·帕斯卡尔·贝龙(Ndengejeho Pascal Baylon),商业、工业和手工业部长恩塔马比亚里罗·阿涅(Ntamabyariro Agnes)女士,计划部长恩吉拉巴特瓦雷·奥古斯坦(Ngirabatware Augustin),卫生部长比齐蒙古·卡西米尔(Bizimungu Ca-simir),交通邮电部长恩塔盖鲁拉·安德烈(Ntageru-ra Andre),劳动和社会事务部长恩达辛瓦·兰多尔德(Ndasingwa Landoald),公共工程和能源部长加塔巴齐·费利西安(Gatabazi Felicien),环境和旅游部长鲁胡穆利扎·加斯帕(Ruhumuliza Gaspard),家庭和妇女培训部长尼拉马苏胡科·保利娜(Nyiramasuhu-ko Pauline)女士,青年和协作运动部长恩扎博尼马纳·卡利斯特(Nzabonimana Callixte)。

【司法机构】由司法部、最高司法会议、最高法院、行政法院、上诉法院、审计法院和宪法法院组成。总统是司法权独立保证人。审判机构分为县法庭、初审法院(省、专区)、上诉法院(4个)和最高法院4级。初审法院以上各级法院均设检察院。最高法院院长约瑟夫·卡瓦鲁冈达(Joseph Kavaruganda)。

【政党】现有16个合法政党,主要政党情况如下:

(1)全国民主和发展共和运动(Mouvement Republicain National pour la Démocratie et le Développement—MRND):1975年7月5日由哈比亚利马纳总统创建。原名全国革命发展运动。曾作为唯一合法政党执政近17年,现有9人进入政府。1991年4月特别代表大会决定将党名改为现名。会议调整了党的各级领导机构,增设了两名中央副主席。主席哈比亚利马纳总统,总书记爱德华·卡赫麦拉(Edourd Kareméra)。

(2)共和民主运动(Mouvement Démocratique Républicain—MDR):1991年7月成立,8月1日被批准为合法政党。有3人入阁。是卢目前最大的反对党。重要成员多有独立初"帕梅胡图民主共和运动党"背景,不少人曾在政府任职。主要负责人巴加拉加扎·塔代(Bagaragaza Thaddée)。

(3)自由党(Parti Libéral PL):1991年7月14日成立。8月10日获合法地位。有3人在政府任部长。组织机构遍及全国。口号为"自由、正义、进步"。临时执委会主席朱斯坦·穆根齐(Justin Mugenzi)。

(4)基督教民主党(Parti Démocrate Chrétien PDC):1991年7月14日成立。8月10日成为合法政党。目前,只有1人进入政府。口号为"劳动、正义、博爱"。对内主张巩固国家统一,严格管理国家财政,争取经济独立。对外主张国际团结与合作。指导委员会主席纳英齐拉·让·达马塞纳(Nayinzira Jean Damascéne)。

(5)卢旺达社会党(Parti Socialiste Rwandais PSR):1991年8月18日成立。信奉马克思主义,参加社会党国际。第一临时全国书记恩泽吉尔伊马纳·安托万。

【重要人物】朱韦纳尔·哈比亚利马纳:共和国总统、全国民主发展共和运动主席。1937年3月8日生于吉塞尼省。胡图族,天主教徒。1961年基加利军官学校毕业后进入比利时皇家军事学校,受短期伞兵训练。1973年晋升为少将。同年7月5日推翻卡伊班达政府,任第二共和国总统。1978年12月当选为总统。

经　济

卢是农牧业国家,农牧业人口占全国人口的96%,属于联合国宣布的世界上最不发达国家之一。1990年,由于国际市场咖啡价格不断下跌和受海湾危机造成的石油价格上涨的影响,加之"十月战争"巨额耗资,经济更加困难。卢政府接受世界银行和国际货币基金组织提出的经济结构调整计划,于11月同其签订了《1990～1993年中期经济和财政政策纲领文件》,并宣布卢旺达法郎贬值40%,实行开放市场、价格等一系列经济和贸易自由化政策。1992年7月,日内瓦出资者圆桌会议确定实施1992～1994年投资计划,规定卢国内生产总值年增长率4%。

国内生产总值(1990年,1991年):1764.69亿,1702.92亿卢旺达法郎。

人均国内生产总值(1989年,1990年,1991年):298.5,258,171美元。

国内生产总值增长率(1990年,1991年):1.3%,－3.5%。

货币名称:卢旺达法郎。

汇率(1991年12月):1美元＝120.3卢旺达法郎。

通货膨胀率(1991年):19.6%。

【资源】自然资源贫乏。已开采的矿藏有锡、钨、铌、钽、绿柱石、黄金等。锡储藏量约10万吨,泥炭蕴藏量估计为3000万吨,基伍湖天然气蕴藏约600亿立方米。森林面积55万公顷,约占全国面积的20.9%。

【工业】1990年工矿业产值为328亿卢旺达法郎,占国内生产总值的20.5%。工业从业人口约14万。现有各类工矿企业220余家,除农畜产品加工厂外,还有卷烟、火柴、造纸、肥皂、电池、水泥厂等。绝大部分工业品依赖进口。1990年全国发电量7829万度,年需进口9568万度电,水力发电占年总需电量 的54.65%。卡吕吕马锡冶炼厂是非洲最大锡厂之一,尼亚卡班戈钨矿是非洲最大的钨矿。1989～1991年矿产品产量如下(单位:吨):

	1989	1990	1991
锡	1095.3	1048.3	870.9
钨	194.5	289.3	212.4
绿柱石	64	109.9	195.3
天然气(万立方米)	13.179	93.741	108.873

(资料来源:1992/93年伦敦经济季评)

【农牧业】1990年农牧业产值为563.2亿卢旺达法郎,占国内生产总值的35%。农产品占全国出口总额80%以上。全国可耕地面积约185万公顷,已耕地面积120万公顷。粮食作物主要有玉米、高粱、稻谷、薯类、豆类、芭蕉等。经济作物主要有咖啡、茶叶、棉花、除虫菊、金鸡纳等,大部分供出口。1989～1991年主要农作物产量如下(单位:万吨):

	1989	1990	1991
豆类	24	23.3	24.1
薯类	122.9	132.9	186.4
高粱	14.7	16.3	
玉米	9.5	9.4	

谷类	26.5	27.8	32.8
香蕉	247.7	263.2	250.2
咖啡	3.03	3.47	2.61
茶叶	1.3	1.29	1.34
除虫菊	0.82	1.05	0.09

（资料来源：同上）

畜牧业较发达，天然牧场占全国总面积1/3。1989年主要牲畜存栏数：牛78.85万头，猪28万头，绵羊72.55万只，山羊197.65万只，家禽267万只，家兔37.5万只。年捕鱼量5000吨。

【交通运输】无铁路，交通运输靠公路和航空。进出口货物通道：一是从基加利经乌干达至肯尼亚的蒙巴萨港，全程1721公里；二是从基加利到布隆迪的布琼布拉，然后由水路经坦桑尼亚的基戈马转铁路抵达累斯萨拉姆港，全程1762公里；三是从基加利到鲁苏莫经坦桑尼亚的伊萨卡转铁路抵达累斯萨拉姆港，长1638公里。

公路：总长206340公里，其中干线6401公里，支线199939公里；1987年有机动车4.5万辆，其中货车600辆，小汽车2.5万辆；1991年国际公路货运量216676吨。

空运：卢国家航空公司拥有一架波音707货机和数架小型客机，有飞往坦桑尼亚、布隆迪和扎伊尔的定期航班。首都有国际机场，可起降波音747等大型客机。比利时、法国、埃塞俄比亚、肯尼亚、坦桑尼亚、喀麦隆、布隆迪、扎伊尔航空公司在卢有航班。由于战争，1990年机场客运量比1989年下降29.5%，货运量由12737吨下降到6426吨。

【财政金融】财政预算分普通预算、发展预算和特别预算。1991～1992年普通预算和发展预算情况如下（单位：亿卢旺达法郎）：

	1991	1992
普通预算	400.03	479.59
发展预算	176.97	161.18
特别预算	1.15	0.2
总额	578.15	640.97

1987～1989年财政收支情况如下（单位：亿卢旺达法郎）：

	1987	1988	1989
收入	235.8	218.1	223.1
行政支出	207	225.4	191.5
发展支出	36.9	43	37.1
赤字	−8.1	−50.4	−5.5

（资料来源：1992/93年经济季评）

卢国家银行无黄金储备，只有可兑换外汇储备。截至1990年外汇储备13.32亿卢旺达法郎。截至1991年累计外债890.12亿卢旺达法郎，内债387.37亿卢旺达法郎。

【对外贸易】近年来，因咖啡价格暴跌，外汇收入锐减。外贸长期逆差。现采取进出口贸易许可证自由发放制度。1989～1991年进出口情况如下（单位：亿卢旺达法郎）：

	1989	1990	1991
出口额	77.77	84.78	119.65
进口额	196.23	188.04	285.49
差　额	−118.46	−103.26	−165.84

（资料来源：卢旺达国民银行报告）

主要出口咖啡、茶叶、皮革等农副产品和锡、钨等矿石；主要进口燃料、车辆、机械、电器、建筑材料和纺织品等。主要贸易对象有比利时、日本、美国、德国、英国以及肯尼亚等。卢咖啡90%销往美国，茶叶80%销往英国，矿石大部分销往比利时。1991年，卢出口咖啡72.1亿卢旺达法郎、茶叶27.97亿卢旺达法郎、锡0.32亿卢旺达法郎。

【外国援助】1990年接受外援约2.95亿美元，其中双边援助1.93亿美元，多边援助1.02亿美元。主要援助国和国际组织有比、法、德、日、美、世界银行和欧共体。

人民生活

1991年全国有医院34所、医疗中心186家、门诊部69所，医生261名；扎每年自己培养医生10名左右。

军　事

卢武装部队由卢旺达军队和宪兵部队组成。10月26日为卢武装部队节。最高军事机构是国防部，下设军队参谋部和宪兵参谋部。总统为武装部队最高统帅。实行募兵制，士兵服役期为4年，军官为终身制。

总兵力从1989年的7000多人增至40000人，其中宪兵8000人。其余为陆军和空军。总统卫队约1000人。装备主要来自比利时和法国，军队中聘有比、法教官。

1989年国防费用为34亿卢郎，占国内生产总值的2%。1990年发生难民冲突后，军费高达79亿卢郎。1991年增至132亿卢郎，占国内生产总值的6.9%。

文化教育

【教育】国立和私立教育并行。小学实行八年制，中学六年制。教育经费约占国家预算的20%左右。文盲率为49%。1991年全国有公立小学1789所，小学生90万人，小学教师16394人；公立中学77所，私立中学16所，中学生20789人，中学教师1469人。农村手工业综合中心共323个，学生32660人。全国有3所高等院校，4所私立院校。卢旺达国立大学是卢最大的综合性高等学校，1991年在校学生3860人，大学教员525人。卢每年向外派遣留学生100～200人。

【新闻出版】全国共有报刊10余种。主要报刊为：《英瓦霍报》发行量5.3万份；《接班人》发行量1600份；《基尼亚马特卡》发行量1.5万份；《对话》发行量约1800份。

卢旺达通讯社为官方通讯社，1975年成立。出版法文《每日新闻》，发行量约500份。

卢旺达广播电台系国家广播电台，1961年由西德援建。用卢旺达语、法语、斯瓦希里语和英语广播，共有2套节目，每天播音13～14小时。

对外关系　奉行和平、中立和不结盟政策。强调尊重国家独立、主权和领土完整，反对干涉别国内政，主张通过和平谈判解决国际和地区争端；重视睦邻友好，维护非洲团结；积极参加南南合作，主张开展南北对话，促进国际合作和建立国际经济新秩序。截至1992年底，卢同86国建立了外交关系。

【同我国的关系】1971年11月12日中卢建交，两国友好合作关系发展顺利。1978年和1983年，哈比亚利马纳总统两次访华。我国领导人耿飚副总理、人大常委会副委员长荣毅仁、政协副主席钱正英1988年率团访卢。

1992年3月，政协副主席马文瑞率团访卢。7月31日，中国红十字会决定向卢旺达战争难民捐赠一批物资。9月，中华全国总工会副主席、全国人大常务委员会委员章瑞英率中国工会代表团访卢。10月，卢农业科学研究所所长卡鲁利率团访问云南省。12月28日，卢总统哈比亚利马纳和总理恩桑济亚勒米出席中国援建的基本古医院扩建工程奠基仪式。

中国驻卢旺达大使田逸民。馆址：42，Boulevard de la Revolution B. P. 1345 Kigali-Rwanda。电话：250-75415(使馆)，250-75629(商务处)。传真：250-76420。电传：22539 Ambachine RW。

卢旺达驻中国大使卢基拉(Rukira Isid ore Jean Baptiste)。馆址：北京秀水街30号。电话：5322193。

【同比利时的关系】比是卢前宗主国，两国关系密切。两国在卫生、教育、农业、基建、旅游、人员培训等领域内合作。卢同比10个县建立友好关系。1988～1992年8月，比向卢提供4755万美元援助，赠款632万美元，免除卢553万美元债务，承担了45个项目。1992年5月，比利时军事合作代表团访卢，向卢提供6700万比利时法郎军援。6月，卢外长访比。比驻卢使馆向战争难民提供2.5亿卢旺达法郎紧急补充援助。7月卢总统哈比亚利马纳访比。8月在卢召开卢比合作发展混委会。10月比合作发展国务秘书访卢，向卢难民提供1500万比郎紧急援助。10月8日，卢总理恩桑济亚勒米访比。

【同法国的关系】近年来，卢法关系发展较快。1992年卢总统哈比亚利马纳第8次访法。1962～1992年8月，法向卢共提供援助2.8亿美元，赠款3655万美元，免除卢债务1417万美元。法为卢经济结构调改计划提供财政援助，在卢工农、采掘业、旅游、储备、运输、军事等领域进行合作。自1990年战争以来法积极参与调停，并协同卢解决难民问题。1992年5月，法合作部军事合作委员会瓦莱将军、法合作和发展部长德巴尔热先后访卢。9月，卢总理恩桑济亚勒米访法。4月，法向卢难民提供1500多万卢旺达法郎援助。10月法向卢中立军事观察组提供价值40亿美元物资援助。

【同美国的关系】卢美1963年建交。1992年10月，卢总理访美。美向卢经济结构调整和战争难民提供援助。美自1975年起向卢派出和平队员，目前在卢有42人。1992年5月，美负责非洲事务助理国务卿科恩访卢，促使卢交战双方和谈。美向卢难民提供210.5万美元现汇和价值2.5亿卢旺达法郎生活物资援助。赠款1315万美元，用于妇幼保健。还提供2.5亿卢旺达法郎财政援助。

【同德国的关系】德国是卢历史上第一个宗主国。卢独立后同联邦德国一直保持密切关系。1962～1992年，联邦德国向卢提供了5.78多亿美元的援助，赠款29.5亿美元，免除卢债务5934万美元。两国签有政治、经济、科技和文化领域的合作协定。卢14个县同德建立友好关系。卢200所学校同德结成姐妹校。1992年3月德同卢签订1991/92年度财政合作协定，向卢提供5000万马克。10月，德合作部长斯帕朗柯尔访卢，向难民提供2000吨大米和2500万马克援助。11月，德、卢举行发展合作技术咨询第9次会议，提出1993/94年合作计划。12月18日，德再次向卢难民提供300万马克和4800吨玉米。

【同邻国的关系】卢重视发展与布隆迪、扎伊尔、乌干达、坦桑尼亚的友好合作关系。

1988年8月布发生严重部族流血事件。数万胡图族人涌入卢境内。1990年10月，卢爱国阵线发动内战后，卢难民又涌入布境内。为妥善处理难民问题，卢布两国元首多次接触。1992年6月，卢总理恩桑济亚勒米访布，双方决定互相遣返两国非法难民。8月7～8日，卢国防部长加萨纳访布，讨论了双方共同边境的安全措施。

1990年10月在乌境内的卢难民组成“爱国阵线”向卢发动进攻，卢乌关系一度紧张。1992年8月7～8日，卢总理恩桑济亚勒米访乌。两国签署安全合作条约。23日，卢总统哈比亚利马纳在布隆迪同乌干达总统穆塞韦尼就地区和平问题进行会晤。

扎伊尔和坦桑尼亚为卢实现和平积极斡旋调解。1992年7月坦桑尼亚为卢交战双方在阿鲁沙和谈提供方便。

(唐安生)

马达加斯加

国名 马达加斯加共和国(The Republic of Madagascar，La République de Madagascar)。

面积 627000平方公里(包括周围岛屿)。

人口 1230万(1991年)。马达加斯加人占总人口的98%以上，由18个部族组成，其中较大的有：麦利那(占总人口的26.1%)、贝希米扎拉卡(14.9%)、贝希略(12.0%)、希米赫特(7.2%)、萨卡拉瓦(5.8%)、安坦德罗(5.3%)和安泰萨卡(5.0%)等。各部族语言、文化、风俗习惯大体相同。在马定居的尚有少数科摩罗人、印度和巴基斯坦人、法国人，另有华侨和华裔约1.1万人。民族语言为马达加斯加语(属马来—波利尼西亚语系)，官方通用法语。居民中信奉基督教(天主教和新教)的占70%，信奉传统宗教的占20%，信奉伊斯兰教的占8%。

首都 塔那那利佛(Antananarivo)，人口125万(1988年估计)。

国家元首 总统迪迪埃·拉齐拉卡(Didier Ratsiraka)，1975年12月就任，1982年11月和1989年4月两次连任。

简　况

位于印度洋西南部，为世界第四大岛。隔莫桑比克海峡与非洲大陆相望。海岸线长5000公里。东南沿海属热带雨林气候，终年湿热，年平均气温24℃；中部为热带高原气候，温和凉爽，年平均气温18.3℃；西部为热带草原气候，年平均气温26.6℃。16世纪末麦利那人在中部建立了伊麦利那王国。1794年伊麦利那王国发展为中央集权的封建国家，于19世纪初统一全岛，建立马达加斯加王国。1896年沦为法国殖民地。1960年6月26日宣布独立，成立马达加斯加共和国。

政　治

1975年6月拉齐拉卡上台执政。近年来国内政局动荡。1991年12月19日成立过渡政府。其主要任务是：对内在18个月之内完成第三共和国的各项准备；对外保持外交政策的连续性，继续推行全方位外交，发展同世界各国的友好合作关系。

1992年马政局时有动荡。3月下旬，全国会议召开，讨论制定新宪法和选举法。其间曾发生谋杀原反对派领袖扎非等暴力事件。7月29日又发生了武装分子占领国家电台的未遂政变。在制定新宪法的问题上，拉齐拉卡总统主张建立联邦制国家，与过渡政府意见相左。8月19日，全国公民投票通过了关于建立第三共和国、维护统一国家的新宪法。原反对派又极力阻止拉齐拉卡参加总统选举。双方一度剑拔弩张，塔马塔夫等省发生流血事件。11月25日举行总统选举第一轮投票。反对派领袖、过渡时期国家最高权力机构主席扎非得票45%，拉齐拉卡获29%，遥遥领先于其他6个候选人，进入第二轮投票选举。

【宪法】 1992年8月19日经公民投票通过。该宪法宣告马达加斯加第三共和国成立。

【国家最高权力机构】 1991年11月23日成立，是向第三共和国过渡的三机构之一，职能是制定国家的方针政策和监督政府的工作。该机构由31人组成。秘书处由教会负责，下设国防委员会。主席阿尔贝·扎非(Albert Zafy)。

【过渡政府】 过渡时期国家最高行政管理机构，负责组织全国会议、对新宪法的公民投票、各级选举以及建立马达加斯加第三共和国。本届政府于1991年12月19日组成，共37名成员，主要有：总理居伊·拉扎纳马西(Guy Razanamasy)，第一副总理弗郎西斯克·拉武尼(Francisque Ravony)，第二副总理阿尔弗莱德·拉曼加苏阿维纳(Alfred Ramangasoavina)，外交部长塞泽尔·拉贝努卢(Cesaire Rabenoro)，武装力量部长菲力普·德西雷·拉马卡韦卢将军(Général Philippe Désiré Ramakavelo)，内政部长西尔万·拉布图阿里松上校(Colonel Sylvain Rabotoarison)，财政部长埃瓦里斯特·马尔松(Evariste Marson)。

【司法机构】 设最高宪法法院、最高法院、上诉法院和法庭。

最高宪法法院负责监督和检查宪法执行情况，裁决各种法令和规定，并对总统选举、议员选举是否符合法律进行监督。由七名成员组成，任期五年。院长由总统任命。院长胡努雷·拉科托马纳纳(Honoré Rakotomanana)。

最高法院对上诉法院和法庭实行监督，首席院长由总统任命，其他成员为议会选举的职业法官。院长兰德里亚纳利索卢·西尔万(Randrianarisolo Silvain)。上诉法院首席院长艾梅·拉科托尼里纳(Mme. Aime Rakotonirina)。

【政党】 1990年3月1日最高革命委员会通过《自由组织政党法令》后，已注册的新老政党有33个。主要政党如下：

1. 马达加斯加社会主义战斗运动(Mouvement Militant pour le Socialisme Malgache MMSM)：1990年7月20日由原"全国保卫革命阵线"中的革命先锋党、独立大会党、莫尼玛党、基督教民主联盟、翁济党和莫玛社会主义联盟6党创立，10月又有9个新成立的小党加入。"运动"设政治局，主席迪迪埃·拉齐拉卡。"运动"内几个主要党为：

(1)马达加斯加革命先锋党(Avant-Garde de la Révolution Malgache AREMA)：1976年3月19日成立，马最大政党，执政党。全国约有3万余个支部。总书记迪迪埃·拉齐拉卡。

(2)马达加斯加独立大会党(Parti du Congrès pour l'Indépendance de Madagascar，马文缩写AKFM)：成立于1958年11月。主要由高级知识分子、技术人员组成。主席拉科托瓦奥·安德里安蒂亚纳(Rakotovao Andriantiana)，总书记吉泽尔·拉贝萨哈拉(Gisèle Rabesahala)。

(3)争取马达加斯加独立全国运动(Mouvement National pour l'Indépendance de Madagascar—MONIMA)：简称莫尼玛党，成立于1958年7月。据称有30万党员。主席蒙贾·乔纳(Monja Jaona)。

(4)争取全国统一人民跃进党(Elan Populaire pour l'Unité Nationale，马文缩写VONJY)：又称翁济党，1973年成立。

此外还有马达加斯加基督教民主联盟、莫尼玛社会主义联盟等。

2.争取马达加斯加发展党(Parti Mititant pour le Développement de Madagascar，马文缩写MFM)：即原卑贱者争取政权党，成立于1972年，1990年10月19日改现名。该党近年指责拉齐拉卡政权腐败，要求修改1975年宪法。主席马南达菲·拉科托尼里纳(Manandafy Rakotonirina)。

3.马达加斯加复兴独立大会党(Parti du Congrès pour l'Indépendance de Madagascar Renouveau，马文缩写AKFM-FANAVAOZANA，前译马达加斯加新独立大会党)：1989年3月29日成立，自称是科学社会主义的左派政党，目标是建立一个民主的、大家庭的社会主义。主席安德里亚曼贾托·里夏尔·马伊齐松(Andriamanjato Richard Mahatsison)。

4.社会民主党(Parti Social Démocrate)：原由前总统齐腊纳纳于1957年成立，1972年停止活动，部分党员加入翁济党或革命先锋党。1990年3月23日恢复活动。自称参加反对党论坛是为了起草新宪法，不是为了同反对党联合。总书记安德烈·雷桑帕(Andre Resampa)。

5.马达加斯加基督教民主运动(Mouvement Démocrate Chrétien de Madagascar)：成立于1990年4月6日。自称反对党。主席让·雅克·拉科托尼艾纳(Jean Jacques Rakotoniaina)。

【重要人物】迪迪埃·拉齐拉卡：总统、革命先锋党总书记。1936年11月4日生于塔马塔夫省瓦图曼德里，属贝希米扎拉卡部族，信仰天主教。曾先后在法国布勒斯特海军学校和土伦海军高等通讯学校学习。回国后在海军服役，曾任海军巡逻艇艇长。1970年任马驻法国大使馆武官。1972年任外交部长。1973年升为海军中校。1975年2月任军人委员会成员、外交部长，6月任最高革命委员会主席、国家元首兼政府首脑，12月当选总统。1976年3月建立革命先锋党并任总书记。1977年任全国保卫革命阵线主席。1982、1989年连任总统。1983年晋升为海军上将。1990年7月任马社会主义战斗阵线主席。　**阿尔贝·扎菲**：国家最高权力机构主席，全国发展和民主联盟总书记。1927年5月1日生于安齐腊那那省的贝齐亚卡，信仰天主教。已婚，有三子。青年时曾赴法学医，是著名的外科大夫和教授。1972～1975年任社会事务部长，1990年创建全国发展和民主联盟，同年10月当选"有生力量常设委员会委员长"。1991年7月被反对派推举为过渡政府总理，11月就任现职。　**居伊·拉扎纳马西**：过渡政府总理。1928年12月19日生。无党派人士。曾就读于巴黎医药学院，1959年回国后在塔马塔夫开药店，后任一医药公司总经理。马独立后，曾任塔马塔夫市府参事，后负责该市财政委员会工作。1989年当选为塔那那利佛市市长。1991年8月被任命为总理。

经　济

以农业为主，工业基础薄弱，农业人口占总人口的80%以上。拉齐拉卡总统执政后，采取国有化政策。自1983年起实行开放农产品市场、提高农产品收购价格、鼓励私人经济和外国投资以及进出口贸易自由化等措施，在国际货币基金组织和世界银行支持下实行经济结构调整。1989年12月，马政府颁布新的"投资法"和"工业自由区"条例，给外资、外国企业较多的优惠和特权。政府还采取了放宽贷款条件、降低利率、调低工商税收、鼓励私人兴办小型企业等措施，经济较前活跃，出口增加。法国等西方国家减免了马所欠大笔债务，但债务压力仍较沉重。海湾危机爆发后，马进口费用增加，本已稍有好转的经济又面临新的困难。1991年严重的政治和社会动乱使马经济雪上加霜。

国民生产总值(1991年)：49000亿马法郎。

人均国内生产总值(1991年)：39.84万马法郎。

国内生产总值实际增长率(1991年)：－1%(经济季评估计)。

货币名称：马达加斯加法郎。

汇率(1992年12月)：1美元＝1800马法郎。

通货膨胀率(1991年)：12.8%。

【资源】矿藏丰富，石墨储量居非洲首位，还有云母、铀、铅、宝石、石英、金、银、铜、镍、铝矾土、铬煤等。河流湍急，水力发电潜力大。森林面积1470万公顷。

【工业】工业产值约占国内生产总值的15%。有大小企业580余家，职工92000余人(1988年)，一半以上的企业设在塔那那利佛省。主要有轻工业、采矿业、农产品加工业、纺织业、建材工业、炼油、农机维修等。主要工矿业产品产量如下(单位：吨)：

	1987	1988	1989
铬铁矿	106773	163000	165397
石墨	13569	13958	15865
云母	403	912	1182
汽油(立方米)	65093	68809	99049
糖	101216	114100	120407
棉布(万米)	—	—	5949.6
水泥	45200	32700	23607

(资料来源:1992～1993年经济季评)

【农业】农业人口占总人口80%以上,产值约占国民生产总值的40%,出口收入的70%来自农业。全国可耕地880万公顷,已耕地280万公顷。耕地2/3以上种植大米,其他粮食作物有木薯、玉米等,大米已接近自给。主要经济作物有咖啡、丁香、剑麻、甘蔗、花生、棉花等。华尼拉(香草)产量及出口量居世界首位。全国牧场面积3485万公顷,占总面积的60%。1988年牲畜存栏数:牛1023.2万头,猪166.2万头,羊205万只。沿海盛产黄鱼、金枪鱼、龙虾、海参等,近年沿海捕捞、对虾养殖业有较大发展。主要农、渔业产品产量如下(单位:万吨):

	1988	1989	1990
稻谷	214.9	239	242
玉米	15.64	16.04	15.5
木薯	219.53	227.7	229.2
咖啡豆	8.35	8.82	8.5
华尼拉	0.7	0.7	0.85
丁香	0.8	0.71	0.95
棉花	3.14	4.14	3.3
甘蔗	199.5	199	200
海鱼	5.1	5	5.1
虾		0.7	0.9
金枪鱼		0.9	1
龙虾	0.03	0.03	0.02

(资料来源:世界银行1991年度报告)

【旅游业】旅游资源丰富,但服务设施不足。近年来马政府将旅游业列为重点发展行业,鼓励外商向旅游业投资。1990年11月建立一所旅游学校培养专门人才,同年法国PULMAN旅馆集团开始在马修建一个庞大的旅馆网。1989年有旅馆客房1967间,游客数38950人,旅游收入2200万美元,1990年游客数44000人。游客主要来自西欧。主要旅游点是努西贝岛、圣玛丽岛。

【交通运输】交通不发达。

铁路:总长1095公里;1989年客运量2.33亿人公里,货运量2.12亿吨公里。

公路:总长近40000公里,其中柏油路面约5000公里;各种车辆约10.5万辆。

水运:内河航道共3500公里,但仅400余公里用于航运;沿海港口共18个,1989年进出口货物吞吐量共111万吨。90%的海运集中在东部港口图阿马西那(塔马塔夫),年吞吐量约95万吨。

空运:马达加斯加航空公司有定期航班飞往欧洲、非洲和西南印度洋诸岛国。全国有大小机场57个,但仅首都伊瓦图国际机场可停靠大型飞机。1990年马政府投资725亿马法郎用于维修和扩建12个主要机场。1989年客运量3700万人公里,货运量251.8万吨公里。

【财政金融】连年赤字。1991年预算收入5926亿马法郎,支出7437亿马法郎,赤字1511亿马法郎。

1990年7月外汇储备1.57亿美元。1990年外债总额39.38亿美元,偿债率47.5%。

【对外贸易】出口总额占国内生产总值的17.3%(1989年)。1987年后实行贸易进出口自由化政策,鼓励出口多样化,出口额有所增加。近年进出口贸易额如下(单位:亿美元):

	1988	1989	1990
进口额	3.64	3.40	4.58
出口额	2.74	3.12	3.02
差　额	－0.90	－0.28	－1.56

(资料来源:世界银行1991年度报告)

主要进口商品为石油、车辆、机械设备、药品、日用消费品及食品等。主要出口商品为咖啡、华尼拉、丁香、鱼类、石墨、铬等。主要贸易对象国是法国(约占马对外贸易总额的30%)、美国、日本、德国、前苏联、中东产油国、东南亚部分国家和印度洋诸岛国等。

【外国资本】实行经济自由化以来外国直接投资逐年增加。1990年直接投资逾2000万美元。

【外国援助】1990年共获外援4.45亿美元。同年6月,法国再次免除马所欠40亿法国法郎的公共债务。除法国外,其他援助国依次为日本、瑞士、西德、美国以及国际金融组织等。

人民生活

1987年职工最低月工资为23867马法郎,主要城市基本工资约3万马法郎,1990年8月物价指数为204.0(1985年为100)。平均11700人有1名医生,每1730人有一名护士。平均500人有1部电话。

军　事

独立后组建人民军。拉齐拉卡执政后将国防军和国家宪兵合并组成人民武装力量,重组人民军。军队最高统帅是迪迪埃·拉齐拉卡总统,人民军总参谋长让·克洛德·拉萨莫埃利准将。国防部为军事行政机构。全国设6个军区。实行义务兵役制,服役期约18个月。

人民军总兵力2.1万人,其中陆军2万,主要装备有坦克12辆、装甲车100辆以及各种火炮。海军500人,其中包括1个海军陆战连,装备有巡逻艇和两栖舰艇。空军500人,装备有各种飞机40余架,其中作战飞机12架、直升机6架。另有宪兵部队7500人。

1991年国防预算为586亿马法郎。

文化教育

【教育】实行五年义务教育。1989年文教总经费为1008.6亿马法郎,占财政预算支出的11.3%。适龄儿童平均入学率73.4%。1988/89学年有小学13672所，教员37894人；初中1142所，教员11200人；高中336所，教员4976人。有大学6所，其中塔那那利佛大学规模最大，1989年全国大学生39075人，教员893人，其中外籍教员166人。

【新闻出版】官方报刊有：《消息与舆论》，马文日报；《新闻》马、法文周刊；法文《政府公报》等。民间报纸有发行量2.5万份的《马达加斯加午报》及《马达加斯加十字架报》、《马达加斯加晨报》和《论坛报》等。刊物有《印度洋杂志》等。

全国通讯社为马达加斯加国家通讯社。国家设马达加斯加广播电视台。电台有两套节目，第一套节目用马语每天播出16小时，第二套节目用法语每天播出4小时(周末10小时)。电视台用马语、法语每天播放约7小时(周末12小时)。

对外关系

奉行不结盟政策，注意睦邻关系，主张建立"印度洋和平区"和印度洋区域合作，推行"全方位"的外交政策。近几年来，为谋求外援，注意改善和发展同法、美等西方国家的关系。呼吁在国际关系中北方和南方、南方和南方之间加强团结，担心西方国家增加对东欧国家援助而牺牲发展中国家的利益，认为发达国家仍将需要发展中国家的原料和市场。主张中东问题由国际社会总体解决，包括伊科问题、犹太人问题和巴勒斯坦问题。认为巴勒斯坦问题得不到解决，中东地区就永远不会有和平。承认巴勒斯坦国。希望南非的民主进程能使种族歧视完全消除，颁布一部确保所有南非人民合理权益的宪法，认为应帮助南非总统德克勒克推进改革进程。主张在印度洋建立一个非军事的、无核的和平区。

【同我国的关系】1972年11月6日两国建交后，双边关系发展良好。马方访华的主要有：拉齐拉卡总统(1972年11月，1974年1月，1976年6月，1985年10月)、议长安德里亚纳拉欣贾卡(1986年9月)等。我方访马的主要有：姬鹏飞副总理(1980年8月)、宋平国务委员(1985年6月)、李先念主席(1986年3月)、陈慕华副委员长(1990年6月)等。

1992年中马关系稳步发展。2月，杨福昌副外长应邀访问马达加斯加；4月，马达加斯加过渡政府第一副总理拉武尼访华。两国政府签订了经济技术合作协定。1992年两国进出口总额为619万美元，其中我国出口额为443万美元。

中国驻马达加斯加共和国大使：祝成才。馆址：AMBASSADE DE LA REPUBLIQUE POPULAIRE DE CHINE EN REPUBLIQUE DE MADAGASCAR。信箱号：B.P.1658 NANISANA-AMBATOBE ANTANANARIVO MADAGASCAR。电话：40129，40856。经参处地址：BUREAU DU CONSEILLER ECONLMIQUE DE L'AMBASSADE DE LA REPUBLIQUE POPULAIRE DE CHINE EN REPUBLIQUE DE MADAGASCAR。信箱号：B.P.4094 AMBOHIDRATRIMO ANTANANARIVO MADAGASCAR。电话：44529。

马达加斯加驻华大使：让·雅克·莫里斯(Jean Jacques Maurice)。馆址：三里屯东街3号。电话：5321353，5321643。传真：5322102。电传：22140。

【同法国的关系】1973年修改了法、马协定，法拆除在马的军事设施，撤走驻军，马退出法郎区。拉齐拉卡执政后，将法资公司收归国有。80年代以来，两国关系有了较大发展。法宣布免除马40亿法国法郎的债务，马同意法军舰在迪耶果—苏瓦雷斯军港停泊，两国同意成立一个工作组研究解决新胡安等四个小岛的主权争议问题。1991年7月下旬，法政府要求马政府停止逮捕反对派领导人并尽早释放被捕者；马发生"8.10"流血事件后，法宣布中断与马的军事合作；10月，马反对派领导人扎非应法绿色组织邀请访法；法向马各派提出限定一过渡期、进行全民公决等解决办法。

【马法对新胡安等岛屿主权的争议】19世纪末，法占领格洛里厄斯群岛、新胡安岛、巴萨斯礁和欧罗巴等四岛，并在岛上设立气象站和机场。1960年马达加斯加独立后曾要求归还四岛。70年代马政府多次重申该四岛无论在地理上还是历史上都属于马达加斯加。1979年马驻联合国代表要求将关于四岛问题的议案列入大会议程。马政府的上述努力均遭法反对。1990年双方同意成立一个工作组研究四岛争议问题。

【同美国的关系】近年两国关系有较大发展，美支持马进行经济结构调整，对马经援有较大幅度增加。1990年5月，马议长安德里亚纳拉欣贾卡率团访美。

【同南非的关系】近年来，南非国内形势变化后，马开始发展与南非的经贸关系。1990年8月，南非总统德克勒克对马进行短暂工作访问，双方决定互设经济、贸易联络处，并签订通航协定。同年9月，马与南非正式恢复通航。

【同朝鲜的关系】马、朝关系密切。朝向马提供经济援助，马支持朝关于和平统一朝鲜半岛的主张，支持南、北朝鲜以一个代表团加入联合国。拉齐拉卡总统多次访朝，1990年10月又赴朝参加朝劳动党成立45周年庆祝活动。同年6月，朝鲜副总理兼外长金永南参加马独立庆典。

【同印度洋委员会成员国的关系】马重视发展同西南印度洋岛国的政治和经济关系，主张印度洋委员会成员国首脑会议尽早召开。1990年4月，印度洋委员会第八届部长会议在塔那那利佛举行。同年1月，毛里求斯副总理兼财长维努·拉什米纳雷杜访马。3月，拉齐拉卡总统首次访问毛并出席毛独立22周年庆典。6月和11月，科摩罗总统乔哈尔率代表团两次访马。

【同其他国家的关系】1990年2月，前联邦德国免除马1.9亿马克的债务。同年，马外长贝马南贾拉先后访问了新加坡、埃及、古巴、伊朗等国。　(刘存孝)

马 拉 维

国名 马拉维共和国(The Republic of Malawi)。

面积 118484平方公里(包括24208平方公里水域)。

人口 948万(1992年估计)。1991年增长率为3.6%,出生率5.6%,死亡率2%。绝大多数为班图语系黑人。主要有尼昂加族、契瓦族和瑶族。约有8000欧洲人和1.2万亚洲人。官方语言为英语和奇契瓦语。约50%的人信奉基督教,少数人信奉伊斯兰教,其余信奉原始宗教。

首都 利隆圭(Lilongwe),人口23.3万(1987年)。

国家元首 总统海斯廷斯·卡穆祖·班达(Hastings Kamuzu Banda),1966年7月6日就任,1971年7月6日任终身总统。

简 况

非洲东南部的内陆国家。西毗赞比亚,东北连坦桑尼亚,东部和南部与莫桑比克为邻。属热带草原气候。气候温和,年平均气温20℃左右。16世纪班图人开始大批进入马拉维湖的西北一带,并在马拉维及毗邻地区定居。1891年英国正式宣布这一地区为"英属中非保护地"。1907年设立总督,改称尼亚萨兰。1953年10月英国强行将该地同南罗得西亚(今津巴布韦)、北罗得西亚(今赞比亚)组成"中非联邦"。1963年12月联邦解体。1964年7月6日独立,改名马拉维。1966年7月6日宣布成为共和国,仍留在英联邦内。

政 治

实行一党制。1992年要求"政治多元化"、实行"多党制"的呼声越来越高。3月,马拉维天主教会致函班达总统,谴责政府践踏人权,限制学术自由,迫害持不同政见人士;主张政治改革。4月,马著名工会领导人、新成立的流亡者和班达政府批评者委员会主席奇哈纳公开宣布其斗争的目标是推翻班达政权,呼吁国际社会停止对马的援助,促其进行民主改革,并毅然回国,向马当局发出挑战。5月初,首都利隆圭、第二大城市布兰太尔爆发有史以来最大规模的罢工和示威游行,数千名纺织工人走上街头要求增加工资,得到其他劳动群众和学生的广泛支持。中旬,南部茶农再度为增加工资举行罢工。

【宪法】现行宪法于1966年7月6日通过,规定实行总统内阁制,总统为国家元首、武装部队总司令和政府首脑。内阁部长、首席法官、高级文官和军官均由总统任命。1970年11月修改宪法,规定班达为终身总统,班达去世后,将由执政党总书记和两名部长组成临时执政小组,监督选举新总统。

【议会】一院制,由总统、议长、副议长、民选议员等组成。根据宪法,总统有权任命议长和若干名议员,有权宣布议会休会或解散。所有议员必须是马拉维大会党成员,并一律由总统终审批准,每届任期5年。1992年5月大选后组成本届议会,其中民选议员112名。另有总统任命议员若干名。议长马拉尼·莫迪凯·龙古(Malani Mordecai Lungu)。

【政府】本届政府于1992年1月组成。终身总统班达兼任外交、农业、工程、妇女儿童和公共事务部长,不管部部长德莱扎(W. B. Deleza),交通和通讯部长罗伯逊·契尔瓦(Robson Chirwa),地方政府部长卡托拉·费利(E. C. Katola Phiri),财政部长路易斯·契曼戈(Louis Chimango),贸易、工业部长多尔顿·卡托波拉(Dalton Katapola),新闻、旅游部长姆奋久·姆瓦基昆加(Mfunjo Mwakikunga),教育和文化部长迈克尔·穆兰姆巴拉(Michael Mlambala),卫生部长海瑟尔威克·恩塔巴(Hetherwick Ntaba),国务部长坦博(J. Z. U. Tembo),劳工部长毕纳利(W. V. Binal),森林、自然资源部长桑博(Dr. E. Sambo)。

【司法机构】分最高上诉院、高等法院及传统法院。首席法官马库塔(F. L. Makuta)。

【政党】马拉维大会党(Malawi Congress Party):唯一合法政党,成立于1944年,原名为尼亚萨兰非洲人国民大会。1959年改称现名。终身主席为现任总统班达。总书记职位自1984年起空缺。

【重要人物】海斯廷斯·卡穆祖·班达:共和国终身总统,马拉维大会党终身主席,1902年5月14日生于马拉维中部卡孙古地区。契瓦族人。曾在南非金矿当职员。1923年去美国学习历史和政治。1931年获芝加哥大学哲学博士学位。1937年毕业于美国梅哈里医学院,获医学博士学位。后又去英国格拉斯哥和爱丁堡继续攻读医学。1942～1958年,先后在英国和加纳行医。1958年回国后当选为尼亚萨兰非洲人国民大会主席。1959年3月被捕,1960年7月出狱。1963年出任自治政府总理。1964年马拉维独立时出任政府总理。1966年任总统,1971年7月6日任终身总统。

经 济

农业国。烟叶、茶叶和甘蔗是三大经济作物,其中烟叶出口占出口总收入的60%。独立以来政府注重发展经济,重视私人经济,鼓励外国投资,经济稳步缓慢发展。国民生产总值年增长率从80年代的2.6%提高到目前的4.7%。根据1987～1996年经济发展计划,在增加农业生产的同时，促使经济多样化，发展小型企业。1992年遭受重大旱灾。

国内生产总值(1991年)：59.17亿克瓦查。

人均国内生产总值(1991年)：250美元。

国内生产总值增长率(1991年)：7.8%。

货币名称：马拉维克瓦查。

汇率(1992年3月)：1美元＝3.319克瓦查。

通货膨胀率(1990年)：12%。

【资源】矿藏有煤、铝矾土、石棉、石墨、磷灰石、铀、铁矿等。总储量为9.85亿吨，其中，煤蕴藏量约7亿吨、铝矾土约2800万吨。森林面积约780万公顷。

【工业】1990年工业生产总值占国内生产总值的13.6%。主要是初级产品加工业，包括烟草、茶叶、蔗糖、酿酒、棉纺、建材等。主要工业产品产量如下：

	1985	1986	1988
原糖(万吨)	6.9	7.6	7.3
啤酒(万升)	6570	6270	6590
纸烟(亿支)	8.59	8.74	9.56
毛毯(万条)	68.1	61.6	55.1
水泥(万吨)	6.2	6.9	6.1
发电量(亿度)	4.73	5.1	5.83

(资料来源：1992年欧罗巴年鉴)

【农牧渔业】农业是经济命脉，其产值占国民生产总值的1/3。38%的土地为可耕地，80%的劳动力从事农业生产。主要农作物有玉米、水稻、木薯等，主要经济作物有烟叶、茶叶、甘蔗等。是非洲第二大烟草生产国。近年来主要农产品产量如下(单位：万吨)：

	1989	1990	1991
茶叶	3.95	3.91	4.05
烟叶	8.63	10.12	11.34
花生	0.06	0.45	0.59
籽棉	2.79	3.20	5.25
玉米	23.13	20.07	45.68
豆类	0.35	1.43	1.31
水稻	0.96	0.79	0.18
蔗糖	15.72	18.93	19.11

(资料来源：1992/93年度经济季评)

畜牧业以养牛、羊为主。1989年有牛110万头、羊100万只、猪25万头。

马拉维湖和希雷河上游为主要产鱼区。22万人从事捕鱼。1990年捕鱼7.37万吨，比上年增长4%。

【旅游业】1990年游客12.99万人次，主要来自津巴布韦、赞比亚、南非、英国等国。主要旅游胜地有马拉维湖、国家公园、狩猎区和自然保护区等。

【交通运输】以陆路交通为主。

铁路：总长789公里。1988年客运量9445万人公里，货运量6375.7万吨公里。

公路：总长12215公里，其中沥青路2662公里。

空运：有民用机场4个，大小客机9架，国际航线5条，通往南非、肯尼亚、赞比亚、津巴布韦等国。

【财政金融】近几年财政预算如下(单位：亿克瓦查)：

	1989/90	1990/91	1991/92
总收入	11.64	13.26	13.59
总支出	12.46	13.98	15.56
赤　字	0.82	0.72	1.97

(资料来源：1991/92年度经济季评)

1991年底外汇储备为1.498亿美元。1990年黄金储备370万美元；外债总额15.44亿美元，偿债率27.3%。

【对外贸易】主要出口烟草、咖啡、茶叶、蔗糖，进口工业设备、石油、化肥、化工产品等。主要贸易对象有南非、英国、美国、日本、德国、法国、荷兰以及南部非洲关税同盟成员国。近几年来对外贸易情况如下(单位：亿克瓦查)：

	1989	1990	1991
出口额	7.41	11.48	13.329
进口额	13.89	15.82	19.785
差　额	－6.48	－4.34	－6.456

(资料来源：1992/93年度经济季评)

【外国援助】1990年共得到外国援助4.924亿美元。外援主要来自日本、英国、德国、美国以及世界银行、欧洲共同体等。

人民生活

约有劳动力312万人。1990年人均国民收入约200美元。1989年从业人员平均月工资97.7克瓦查，政府工作人员平均月工资101.94克瓦查，农业劳动者平均月收入33.8克瓦查。1989年失业人数为17.93万人。有21所区级医院、2所中央医院、1所综合医院。1992年，政府投资2500万美元创办一所卫生学校，每年可培养30名医生。人均寿命46岁。

军　事

武装力量包括正规军和警察。总统为武装部队总司令。正规军总兵力7250人，其中陆军7000人、海军陆战队100人、空军150人。实行志愿兵役制，服役期两年。后备军1000人，警察500人。武器主要由英国、法国等提供。

文化教育

【教育】沿袭英国教育制度。学校有公立和私立两种，学制小学8年、中学4年。成人文盲率58.8%。1990/91年度师生情况如下：

	教师(人)	学生(人)
小学	20580	1325453
中学	1096	29326
技校	60	770
师范学校	190	2909
马拉维大学	235	2685

【新闻出版】主要报刊：《每日时报》，发行量1.4万份；《马拉维新闻》，发行量1.35万份。

马拉维通讯社：官方通讯社，1966年创办。

马拉维广播公司：1964年创办，半商业、半官方性质，用英语和奇契瓦语广播。

对外关系

奉行“自由选择结盟和中立”政策。积极发展同英、美等西方国家的关系，主张睦邻友好，通过谈判解决国际争端和地区冲突。与近 50 个国家有外交关系。

【同我国的关系】马拉维独立时，我曾致电祝贺并予以承认。马政府同时邀请我与台湾当局参加其独立庆典，我未派代表参加。两国没有外交关系。1992 年我同马开始接触。9 月，我驻津巴布韦大使应邀非正式访问马拉维。10 月，我红十字会向马赠送 1500 吨玉米抗旱救灾。

1966 年 7 月，马同台湾建立“外交关系”。班达总统、“国家女主人”卡扎米拉、大会党司库约翰·坦博等曾访问台湾。马同台湾签有台向马提供军事装备的协议和通航协议。台在马承建有水利灌溉工程、农技等项目。1992 年台向马捐赠 325 万美元抗旱救灾，并以贷款形式向马出售波音 737 飞机。

【同非洲国家的关系】近年来注意改善与发展同邻国的关系。莫桑比克总统萨莫拉和希萨诺、莫安全部长马奇尼亚先后访马。“国家女主人”卡扎米拉也曾访莫。两国间签有总合作协议与防务安全协议。马派有军队在莫保卫“纳卡拉走廊”。莫在马难民约 29 万人。1992 年马交通、通讯部长，森林和自然资源部长访莫。

1985 年马同坦桑尼亚建交。1989 年坦桑尼亚总统姆维尼访马，1991 年班达总统回访，双方建立了混委会。马在经坦赞铁路出口的“北方通道”问题上同坦桑尼亚进行合作。1992 年，坦第二副总统访马，两国签署“引渡协议”。

马与赞比亚、津巴布韦、博茨瓦纳等国在交通、经济、贸易等方面建有合作关系。1991 年 8 月和 12 月，津巴布韦总统穆加贝和赞比亚总统奇卢巴分别访马。1992 年，马交通、通讯部长和森林、自然资源部长访津。

【同南非的关系】1967 年同南非建交，是非洲唯一与南非有外交关系的国家。1988 年 9 月南非总统博塔访马。1989 年 6 月，南非经济事务部长斯泰恩和副外长梅林访马。1990 年两国签订一项贸易协议，规定南非对从马进口的商品实行免税。两国在交通、教育、贸易、卫生等方面合作密切。1992 年，曼德拉访马。

【同西方国家的关系】同英国、美国关系密切。1990 年两国皆向马 提供了新的援助。1991 年班达总统访英。12 月美国副总统奎尔访马。英国是马的传统贸易伙伴。美国、加拿大、德国、日本在交通、医疗卫生、农牧业等方面向马提供经济援助。1992 年，马财政部长访问日本。

（樊建萍）

马　　里

国名　马里共和国(The Republic of Mali，La République du Mali)。

面积　1241238 平方公里。

人口　848 万（1990 年）。全国有 23 个部族，主要有：班巴拉（占全国人口的 34.5%）、颇耳(11%)、塞努福（9%)、萨拉考列（8.6%)、桑海（6.1%)、马林凯(6.1%)和多贡族(5%)等。各部族均有自己的语言，但无文字。通用班巴拉语，官方语言为法语。80%的居民信奉伊斯兰教，18%信奉传统拜物教，1.2%信奉天主教和基督教。

首都　巴马科(Bamako)，人口 70.4 万(1990 年)。

国家元首　总统阿尔法·乌马尔·科纳雷(Alpha Oumar Konaré)。1992 年 4 月 26 日当选，6 月 8 日宣誓就职。

简　况

位于非洲西部撒哈拉沙漠南缘，西邻毛里塔尼亚、塞内加尔，北、东与阿尔及利亚和尼日尔为邻，南接几内亚、科特迪瓦和布基纳法索，为内陆国。北部为热带沙漠气候，干旱炎热；中、南部为热带草原气候。历史上曾是加纳帝国、马里帝国和桑海帝国的中心地区。1895 年沦为法国殖民地。1958 年成为“法兰西共同体”内的“自治共和国”。1960 年 9 月 22 日独立。莫迪博·凯塔任总统。1968 年 11 月，穆萨·特拉奥雷政变上台。

政　治

1991 年 3 月，阿马杜·图马尼·杜尔发动政变，建立军人过渡政权。1992 年 1 月，公民投票通过了新宪法。4 月，举行全国大选，阿尔法·乌马尔·科纳雷当选总统。6 月，过渡政府辞职，过渡时期结束。6 月，科纳雷总统宣誓就职，成立第三共和国，任命尤努西·杜尔为总理，组成首届多党联合政府。9 月，改组军队，使之脱离国家政治生活，警察脱离军队建制，划归领土管理和安全国务部管辖。政府还颁布法令，对新闻机构、教育体制等进行一系列改革。1993 年 4 月，巴马科爆发学生骚乱，导致杜尔政府辞职。科纳雷总统任命阿卜杜拉耶·塞古·索为总理，组建新政府。

1992 年 6 月和 12 月，马里特别刑事法庭两次开庭审判前总统特拉奥雷及前政府要员。

1992 年 4 月，马过渡政府与北方图阿雷格族武装在巴马科正式签署实现和解的《全国公约》。但暴力事件仍时有发生。11 月和 12 月，科纳雷总统视察了通布图、加奥和基达尔北方3个大区，推动实施《公约》，恢复地方政府机构和生产。

【宪法】现行宪法于1991年8月在全国会议上制定，1992年1月经全民公决通过，6月付诸实施。宪法规定：马里实行立法、行政、司法三权分立。总统由直接普选产生，任期5年，可连选连任一次。总统是国家元首，拥有任免总理和部长、颁布法令、组织公民投票、解散议会、宣布紧急状态等重要行政权利。国民议会享有立法和监督权。政府是由总统直辖的最高执行机构，向国民议会负责。司法独立。公民享有思想、宗教、信仰、言论、结社、劳动、休息、私人财产不受侵犯、自由经营和社会救助等权利。

【议会】称国民议会，最高权力机构，一院制。议员由普选产生，任期5年。主要机构由执行局、专门委员会和议会党团组成。本届国民议会于1992年3月产生，应有135名议员，实有115名，尚有20名待选。其中非洲团结正义党占71席，全国民主创议大会党9席，保卫民主阵线(政党联盟，下同)9席，民主发展联盟—苏丹联盟党分裂派9席，《共和公约》签字党联盟8席，马里进步党—劳动、统一、民主社会联盟7席。议长阿里·努乌姆·迪亚洛(Ali Nouhoum Diallo)，1992年7月13日当选。

【政府】本届临时政府于1993年4月16日产生，其成员如下：总理阿卜杜拉耶·塞古·索(Abdoulayé Sékou Sow)，领土管理和权力下放国务部长马马杜·拉明·特拉奥雷(Mamadou Lamine Traoré)，矿产、能源和水利国务部长约罗·迪亚基特(Yoro Diakité)，国防部长迪翁孔达·特拉奥雷(Dioncounda Traoré)，外交、马里侨民和非洲统一部长穆罕默德·阿卢塞尼·杜尔(Mohamed Alhousseini Touré)，经济、财政和计划部长马哈马尔·乌马尔·马伊加(Mahamar Oumar Maiga)，交通部长桑巴·西迪贝(Samba Sidibé)，环境部长穆罕默德·阿格·埃尔拉夫(Mohamed Ag Erlaf)，手工业和旅游部长昂巴乔·卡索盖(Ambadio Kassogué)，卫生、团结和老年人部长莫迪博·西迪贝(Modibo Sidibé)，青年和体育部长布巴卡尔·卡拉莫科·库里巴利(Boubacar Karamoko Coulibaly)，就业、职业培训和私营部门发展部长法杜·海达拉(女，Fadou Haidara)，基础教育部长迪亚洛·芳达·卡马拉(女，Diallo Fanta Camara)，农村发展部长布巴卡尔·萨达·西(Boubacar Sada Sy)，司法和掌玺部长哈米杜·迪亚巴特(Hamidou Diabaté)，建筑、城市规划和住房部长阿卜杜拉耶·迪乌普(Abdoulayé Diop)，劳动、公职和行政管理现代化部长乌斯曼·乌马卢·西迪贝(Ousmane Oumarou Sidibé)，中等、技术和职业教育部长马马杜·巴木·杜尔(Mamadou Bamou Touré)，高等教育和科研部长阿卜杜拉耶·查理·达尼奥科(Abdoulayé Charles Danioko)，国内安全部长桑达·萨马盖(Sada Samaké)，文化和通讯部长舍克纳·卡米索科(Cheickna Kamissoko)，人权和机构联络部长穆罕默德·迪亚拉(Mohamed Diarra)，经济、财政和计划部负责预算的部长级代表、政府发言人巴卡里·科南巴·特拉奥雷(Bakary Konimba Traoré)。

【司法机构】由最高法院、宪法法院、高级法院、行政法院、上诉法院、重罪法庭、一审法院等机构组成。最高法院系终审法院，下设司法院和行政财务院。高级法院由国民议会议员组成，负责审理涉及国家元首和国家高级官员的诉讼案。一审法院为初审法院，同级的还有巴马科地区法院、商业法院、治安法院和劳动法院等。最高法院院长贝卡伊·恩迪亚伊(Bekayé N'Diayé)。

【政党】1991年3月实行多党制，同年7月召开的全国会议制定并通过了《政党法》。现有48个政党。主要有：

(1)非洲团结正义党(Parti Africain pour la Solitarité et la Justice)：执政党。前身为马里民主联盟，1991年5月成立。“自由、劳动、团结”为该党箴言。该党为马目前人数最多、组织最完备、影响最大的政党。主席阿尔法·乌马尔·科纳雷。总书记穆罕默德·迪科(Mohamedoum Dicko)。

(2)全国民主创议大会党(Le Congrès National d'Initiative Démocratique)：前身是全国民主创议委员会，1991年5月成立。宗旨是建立法制国家，实现政治、经济和社会的民主化；合理分配收入，公民享有平等竞争权。该党在议会自成议会党团，影响较大。主席蒙塔加·塔尔(Mountaga Tall)，总书记阿米杜·迪亚巴泰(Amidou Diabaté)。

(3)苏丹联盟—非洲民主联盟(L'Union Soudanaise-Rassemblement Démocratique Africain)：1946年成立，1968年被取缔，1991年4月正式恢复活动。该党成立不久就因总统候选人等问题发生了分裂。目前，以巴巴·海达拉为首的一派参加了多党联合政府。以科纳泰领导的另一派于1992年5月召开大会，选举茫达拉·库里巴利为名誉主席，塞伊杜·巴蒂安·库亚特为政治局总书记。科纳泰联合其他反对党，组成保卫民主阵线，成为反对党联盟的主要领导人。总书记马马杜·戈洛戈(Mamadou Gologo)。

其他政党还有新民主和劳动党、民主进步党、民主进步联盟、民主正义党、民主劳动联盟、民主发展同盟和马里发展党等。

【重要人物】阿尔法·乌马尔·科纳雷：总统。1946年2月2日出生于卡伊大区，先后在巴马科、达喀尔和华沙学习，获华沙大学历史系博士学位。年轻时任中小学教师。1978年任青年、文化部长。1979年7月任负责文化、体育、艺术等事务的青年部长。1980年后任高等教育中心研究员。1990年10月，创建马里民主联盟。1991年5月，以该联盟为基础创立非洲团结正义党并任主席。1992年4月当选总统，6月就职。著有《非洲政权观念》、《马里人文编年史》、《马里宪法》和《马里政党》等书。已婚，有4个孩子。

经 济

农牧业国家，工业基础薄弱。1985年采取了开放粮食市场、逐步实行自由价格等措施。1988年8月，马政府与国际货币基金组织签署了"结构改革"和"备用信贷"，并据此制定"经济结构调整计划"和"国营企业改革计划"。1991年3月的社会动荡给马经济造成了巨大损失。科纳雷政权继续执行结构调整和经济自由化政策，并宣布紧缩经济，压缩信贷，控制财政支出，全面放开物价。1992年5月，马通过《1990～2010年全国通讯发展规划》，决定投资1740亿非洲法郎发展全国电话通讯网络。7月马同世界银行和国际货币基金组织在华盛顿签订了《1992～1995年经济财政政策纲领意向书》和《1992～1993年度备忘录》。马政府还决定取消人头税，减轻农民负担，鼓励发展农业。

国内生产总值(1991年)：6914亿非洲法郎。

人均国内生产总值(1991年)：8万非洲法郎。

国内生产总值增长率(1991年)：1.2%。

国民总收入(1991年)：7740亿非洲法郎。

货币名称：非洲金融共同体法郎，简称非洲法郎。

汇率(1991年12月)：1美元＝275非洲法郎。

通货膨胀率(1990年)：1.9%。

【资源】现已探明的主要矿藏资源及其储量：岩盐5300万吨，磷酸盐2000万吨，黄金250吨，铝矾土12亿吨。森林面积110万公顷，覆盖率不到1%。水力资源丰富。

【工业】1990年工业产值882亿非洲法郎，占国内生产总值的12.9%。主要工业部门有食品、纺织、卷烟、建筑材料、机修和制药等。1991年底，全国有职工4万余人，个体手工业部门雇工、学徒50万人。1991年发电量2.42亿度。

【农牧业】1990年农业产值3132亿非洲法郎，约占国内生产总值的46%。农村人口占总人口的78%，从事农业生产的人口占全国人口的43%、占就业人口的82%。全国耕地面积218万公顷，约占可耕地面积的11%。近年来主要农作物及其产量如下(单位：万吨)：

	1989	1990	1991
小米、高粱、玉米	188.4	177.8	166.4
稻谷	28.7	33.8	29.4
籽棉	24.9	23.1	25.5
花生	11.2	15.7	18

(资料来源：1992/93年经济季评和1991年马里经济统计)

畜牧业在国民经济中占重要地位，是马第二大出口产业，产值占国内生产总值的20%左右。1991年有牛520万头、羊1272万只，是西非地区存栏数最高的国家。全国约有30万渔民，年产鲜鱼约3.6万吨、薰鱼和干鱼约1.3万吨。

【服务业】主要由交通通讯、商业、行政和税收等部门构成。1989年和1990年，服务业总产值为2712亿和2819亿非洲法郎，分别占国内生产总值的41%和41.3%。

【旅游业】1990年接待外国游客9.6万人。全国共有40家旅馆饭店，1731张床位。主要旅游城市有首都巴马科、古城通布图和水城莫普提。

【交通运输】国内运输主要靠公路。进出口物资需经邻国港口转运。两条国际公路经巴马科通往科纳克里和阿比让，公路总长分别为961公里和1227公里。仅有一条连接库利科罗、巴马科和达喀尔的国际窄轨铁路，巴马科至达喀尔铁路长1250公里。近年来交通运输情况如下：

铁路：总长1035公里；客运量88万人次，货运量53万吨。

公路：总长19000公里(其中沥青路面2000公里)；小汽车2万辆，货车1.3万辆。

水运：内河航线总长3534公里；客运量5.5万人次，货运量5万吨。

空运：1990年国家参与20%的投资，成立马里塔斯航空公司。共有5架飞机，主要经营国内航线。1992年5月，马获准加入非洲多国航空公司。巴马科塞努国际机场可起降各种大型客货飞机。1991年，国际客运量18.5万人次，国际货运量7895吨。

【财政金融】近几年来国家财政预算收支情况如下(单位：亿非洲法郎)：

	1989	1990	1991
收入	1096	1161	1070
支出	1735	1486	1850
赤字	639	325	780

(资料来源：1992年西非货币联盟公报和1992年5月热带市场报)

1990年外汇储备(不含黄金)1.9亿美元，外债24.33亿美元，还债率11.5%。国际收支逆差，但由于有外援弥补，国际收支总平衡尚有余额75亿非洲法郎。

【对外贸易】实行贸易自由化政策，政府通过发放进出口意向书对贸易进行宏观管理。现同100多个国家和地区有贸易关系。法国、科特迪瓦、塞内加尔和阿尔及利亚等是主要的贸易伙伴。主要出口产品有棉花、牲畜、花生、皮革和黄金等；主要进口产品有机械、建筑材料、化学制品、燃料和食品等。近年对外贸易情况如下(单位：亿非洲法郎)：

	1988	1989	1990
进口额	1528	1544	1721
出口额	749	859	920
差 额	−779	−685	−801

(资料来源：马里国家统计局公布的资料)

1990年，马里主要向下列国家和地区出口：前苏联占其出口总额的13%，阿尔及利亚10%，比利时、卢森堡10%，中国台湾9%，法国7%；主要从下列国家进口：法国占其进口总额的28%，科特迪瓦20%，德国6%，荷兰5%。

【外国援助】独立后至1985年，获外国援助总额约9743亿非洲法郎。1986～1990年为20.61亿美元。1990年，马获外援总额4.95亿美元(货币单位下同)，其中双边援助3.36亿，多边援助1.59亿。在双边援助中，法国提供1.34亿，荷兰0.36亿，德国0.31亿，美国0.30亿。在多边援助中，欧共体提供0.47亿，联合国国际发展协会0.43亿，非洲发展基金0.21亿，联合国开发计划署0.14亿。

人民生活

1990年人均国民收入约9万非洲法郎。工资收入差别较大，普通职工月工资3万非洲法郎左右。消费品价格指数以1987年为100计算，1990年为109，1991年为112。全国有13所医院、48个省级保健站、264个县级诊所，还有若干产院和妇幼保健站。每2万人拥有1名医生，每2500人拥有一张病床。能得到卫生服务的人占全国人口的15%。儿童死亡率达130‰。

军　事

独立后，马里政府召回在法国外籍军团中的本国青年，并以他们为基础组建了马里军队。1月20日为建军节。总参谋长图马尼·西索科上校(Toumanie Sissoko)。实行义务兵和志愿兵相结合的兵役制度，义务兵役期为两年。

武装力量由陆军、空军、宪兵、警察、共和国卫队和民兵组成，总兵力约1.5万人。其中陆军6900人，空军400人，宪兵1800人，警察1000人，共和国卫队2000人，民兵3000人。

1990年国防开支为141.83亿非洲法郎，占国家预算的5.4%。

文化教育

【教育】沿用法国教育体制。由基础、中等和职业技术以及高等教育3部分组成。儿童入学率为30%(1991年)，文盲占全国人口的81.2%(1987年)。1990/91学年马向国外公派留学、进修生共计2768人。同年，马学校、学生和教师情况如下：

	学校	学生	教师
基础教育	1359	397758	11672
中等和职业教育	27	20444	1797
高等教育	8	5674	675

(资料来源：根据马里统计局公布的资料整理)

【新闻出版】全国发行的报刊杂志共20多种。《发展报》，发行量约1万份；《回声报》，发行量3000份；《震旦报》，发行量2000份；《共和国人》，发行量2000份；《小贝壳》月刊和《妇女》杂志发行量各3000份。另外还有《道路》、《明镜》和《车轮报》等。

马里新闻和广告社为官方通讯社，创建于1961年。每周发行一期《新闻周刊》，刊登国内外新闻。

马里广播电台是官方电台，始建于1957年，播音覆盖面占全国人口的75%。对内广播用法语、班巴拉语、颇耳语和桑海语等九种语言；对外广播用法语、英语和阿拉伯语。另外还有五家私营电台。

马里电视台是唯一官方电视台，创建于1984年，覆盖面仅限巴马科、卡伊、塞古和锡卡索等4个城市。

对外关系

奉行独立、和平、睦邻友好和不结盟的对外政策。主张尊重国家主权，不干涉别国内政，通过和平方式解决国际争端和地区冲突；加强非洲团结，促进睦邻友好，积极推动非洲一体化发展；愿与一切爱好和平、正义和进步的国家建立友好关系；呼吁建立国际新秩序，强调外交为经济发展服务，努力寻求国际援助。马是不结盟运动的创始国之一。认为国际形势剧变给不结盟运动造成了困难。主张发展中国家加强团结合作，维护不结盟运动，使之在国际舞台上发挥更加重要的作用。主张国际社会加强合作，债权国和债务国共同分担责任，寻求解决债务问题的有效办法。赞成关于召开促进发展的国际会议的倡议。呼吁南非当局珍惜时机，制止暴力事件，为谈判创造良好的环境，最终彻底废除种族隔离制度，建立民主、自由、种族平等的新南非。目前马已解除了禁止南非飞机飞越马领空和经停马机场以及禁止同南非进行贸易的制裁。呼吁利比里亚冲突各方执行《亚穆苏克罗和平协议》和达喀尔首脑会议的决议，通过对话和谈判实现政治和解，恢复和平，维护西非地区的稳定。认为索马里内战使索人民深陷危机。呼吁国际社会增加人道主义援助，支持联合国和非统组织为恢复索和平所作的努力。马于1973年1月同以色列断交。支持巴勒斯坦人民为争取民族自决权而进行的斗争，反对以色列占领巴勒斯坦和阿拉伯领土，谴责以在被占领土采取非人道行为。呼吁国际社会进一步推动阿以会谈，使中东地区实现公正、永久的和平。马承认巴勒斯坦国并建立了外交关系。

【同我国的关系】自1960年10月25日两国建交以来，友好合作关系发展顺利。马前总统凯塔和特拉奥雷均曾访华。周恩来总理、陈毅副总理兼外长、耿飚副总理、黄华副总理兼外长和田纪云副总理等先后访马。

1992年1月，国务委员兼外长钱其琛对马里进行正式访问，双方签署了中国政府向马里政府提供贷款的协定。8月，锡加索大区区长阿尔法·索访问云南。9月，国务委员兼外长钱其琛在雅加达会见杜尔总理。10月，马全国工人联合会教育、文化书记奥马尔·迪科访华。非洲团结正义党总书记穆罕默德·迪科和苏丹联盟—非洲民主联盟总书记马马杜·戈洛戈分别致电祝贺中共十四大召开。11月，中共中央委员、统战部副部长蒋民宽率中国共产党代表团访马。12月，科纳雷总统和夫人对中国进行正式访问，双方签署了中国政府向马政府提供贷款的协定和中国向马赠送物资的换文。

1992年中国同马里进出口商品总额为4034万美元,其中中方出口543万美元,进口3491万美元。

中国驻马里大使:刘立德。馆址:HIPPODROME。电话:223597和223443。电传:455 XIN HUA BKO(地区号:0985)。经济商务参赞处电话:226362和223823,电传:BCCACM 2646 MJ。

马里驻华大使:卡富古纳·科奈(Kafougouna Koné)。馆址:北京市三里屯东4街8号。电话:5321704和5321687。

【同法国的关系】法国是马里的原宗主国。1960年11月3日,两国关系正常化,保持传统的特殊关系。法是马主要的援助国和合作伙伴。1991年,法向马提供的援助约148.60亿非洲法郎。同年,法军事代表团访马,探讨两国军事合作事宜。1992年2月法合作与发展部长阿维丝访马,双方签订总额为32.75亿非洲法郎的合作协议。9月,法国国际广播电台总台长安德烈·拉尔基访马,拟在马设立中波电台。1992年10月,法前总理罗卡尔对马进行私人访问。杜尔外长访法。12月,科纳雷总统访法。

【同美国的关系】两国于1960年9月29日建交。1992年1月,美负责非洲事务的助理国务卿科恩访马。9月,美前总统卡特访马。1991年,美向马提供的援助达5000万美元。同年,美军事代表团访马,商讨两国军事合作。1992年3月,美向马提供430万美元的农业援助。8月,美马签订3项协定,美将向马提供1005.2万美元的无偿援助。

【同前苏联各共和国的关系】1960年10月14日同前苏联建交。前苏联同马关系密切,向马提供了大量援助。1992年1月,马政府发表声明正式承认俄罗斯和其他独联体成员国。9月,马国民教育国务部长海达拉访俄,就妥善解决马在前苏联的留学生问题达成协议。10月,马外长杜尔访俄。

【同德国的关系】1960年10月12日两国建交。1991年德国向马提供援助42亿马克。1992年2月,马德签订军事合作协定,德将于1992～1994年向马提供600万马克的军援。4月,两国签订德向马提供总额为3000万马克的两项贷款协定。

【同日本的关系】近年来,马日关系有所发展。两国扩大政府间的经技合作,日向马提供较多无偿援助。1992年3月,两国在巴马科举行换文仪式,日向马提供500万日元(合10亿非洲法郎)的援助。

【同邻国的关系】1992年7月,马国防国务部长阿卜杜拉耶·塞古·索访问毛里塔尼亚。10月,毛总统塔亚来马参加塞河组织成立20周年庆典。

1989年以来,马同塞内加尔签署了铁路运输、港口及旅游等协定。1992年4月,塞外长吉博·卡访马。6月、7月和8月,科纳雷总统3次赴塞分别参加非洲统一组织第28届首脑会议、第15届西非国家经济共同体首脑会议和西非货币联盟首脑会议以及塞内加尔河开发组织第10届首脑会议。10月,塞总统迪乌夫来马参加塞河组织成立20周年庆典等。

1991年5月,杜尔主席访问阿尔及利亚。1992年10月,科纳雷总统访阿。

1992年6月,尼日尔总统赛义布来马参加科纳雷总统就职仪式。10月,马国防国务部长索访尼。11月,尼总理谢富在巴马科作短暂停留。

1991年9月,杜尔主席访问几内亚。1992年6月,科特迪瓦总理瓦塔拉来马参加科纳雷总统就职仪式。7月,科纳雷总统访科。

马同布基纳法索有1100公里的共同边界,两国曾于1974年和1985年两次发生大规模武装冲突。1986年12月,两国政府接受海牙国际法庭的最终裁决。1992年2月,布总统孔波雷访马。4月,杜尔总理赴布参加萨赫勒抗旱委员会第10次首脑会议。9月,科纳雷总统访布。

(王英武)

毛 里 求 斯

国名 毛里求斯共和国(The Republic of Mauritius)。

面积 2040平方公里(包括属岛)。

人口 111万(1993年2月估计)。自然增长率12.3‰。居民中68.4%是印度和巴基斯坦人后裔,27%是克里奥尔人(欧洲人和非洲人混血),2.9%为华裔,1.7%为欧洲人后裔。官方语言为英语,法语也普遍使用,多数人讲印地语和克里奥尔语。居民的51%信奉印度教,31.3%信奉基督教,16.6%信奉伊斯兰教,另外还有少数人信奉佛教。

首都 路易港(Port-Louis),人口13.37万(1993年2月)。

国家元首 总统卡萨姆·乌蒂姆(Cassam Uteem),1992年7月1日就任。

简 况

印度洋西南部岛国。西距马达加斯加约800公里,离非洲大陆2200公里。海岸线长217公里。属亚热带海洋性气候,终年湿热。年平均气温沿海25℃,中央高原20℃。毛里求斯原为荒岛。1598年开始为荷兰人统治,1715年被法国占领,1814年成为英国殖民地。此后,从美洲、非洲、印度移入大批奴隶、囚犯和自由民到此垦殖。1968年3月12日宣布独立，实行总督制，英国女王为其国家元首。

政　治

1991年9月，毛里求斯提前大选，社战党领袖贾格纳特第四次出任总理。现政权执政以来，对内致力于社会稳定、经济发展，对外坚持外交为经济服务，积极争取外援，保持了政局的稳定。1992年3月12日，根据已通过的宪法修正案，毛里求斯成立共和国，总督林加杜改任共和国首任总统。6月，议会选举战斗党人士、原工业部长乌蒂姆出任总统，同时对政府进行部分改组。9月，社战党—战斗党联盟候选人在全国四大地区行政委员会主席竞选中获胜。10月20日，执政党联盟候选人、战斗党人士埃索夫在第三选区的议员补选中获胜。

【宪法】1968年3月颁布。规定英国女王为国家元首，由其任命的总督代行职权。根据1991年12月通过的宪法修正案，毛里求斯改君主立宪制为共和制，总统为国家元首，根据总理的提名，由议会选举总统和副总统，任期5年。

【议会】根据1991年12月通过的宪法修正案，改立法议会为国民议会。一院制，为国家最高权力机构，制定法律，批准政府的各项法令和财政预算。议会由70名议员组成，其中62名由选举产生，另外8名从落选的候选人中择优任命。本届议会于1991年9月15日选举产生，任期5年。社战党—战斗党联盟57席，工党—社民党联盟7席，罗德里格斯人民组织2席（还有4名官委议员空缺）。议长伊斯瓦尔德奥·西塔拉姆(Iswardeo Seetaram)，1991年9月27日就任。

【政府】本届政府成立于1991年9月27日，1992年6月部分改组。现包括总理在内共25名成员：总理兼国防、国内安全、新闻、国内外通讯和属岛部长阿内罗德·贾格纳特爵士(Sir Aneerood Jugnauth)，副总理兼卫生部长帕拉姆汉萨·纳巴布辛格(Paramhamsa Nababsing)，外交部长保罗·雷蒙·贝朗热(Paul Raymond Berenger)，经济计划与发展部长斯瓦莱·卡斯纳里(Swaley Kasenally)，工业和工业技术部长让—克劳德·戴莱斯特拉克(Jean Claude de l'Estrac)，财政部长拉玛·希达南(Rama Sithanen)，环境和生活质量部长巴舍·克达博科斯(Bashir Khodabux)。

【司法机构】由最高法院、民事上诉法院、刑事上诉法院和10个地区法院组成。最高法院由大法官、陪席推事和另外5个法官组成。对涉及宪法解释、最高法院或上诉法院的判决或裁决不服者，可上诉英国枢密院。此外，还有常设仲裁法庭、调解法院和工业法院。大法官维克多·克洛夫爵士(Victor Clover)，总检察长和司法部长阿兰·加努(Alan Ganoo)。

【政党】注册参加1991年大选的政党有25个，主要有：

(1)社会主义战斗运动(Militant Socialist Movement)：执政党。1983年4月8日组建，由原来从毛里求斯战斗运动分裂出来的成员和原社会党成员合并而成。现有党员6万多人，为毛第一大党。领袖阿内罗德·贾格纳特。

(2)毛里求斯战斗运动(Militant Movement of Mauritius)：执政党。1969年成立。全国有90个支部。领袖普雷姆·纳巴布辛格(Prem Nababsing)。

(3)工党(Labour Party)：在野党。1936年2月23日成立。独立以来曾长期执政。领袖纳文·拉姆古兰(Navin Ramgoolam)。

(4)毛里求斯社会民主党(Party Mauritius Social Democrate)：在野党，前身是毛里求斯人民联盟，1953年易名为毛里求斯人党，1964年改称现名。1983年8月至1988年8月参加政府。领袖加埃唐·杜瓦尔(Gaetan Duval)。

(5)毛里求斯社会党(Party Socialist Mauricien)：在野党，1979年成立，1983年4月解散，1988年7月31日恢复活动。领袖哈里什·布多(Harish Boodhoo)。

【重要人物】卡萨姆·乌蒂姆：总统。1941年3月22日生。1959年就读于路易港皇家中学。1960～1970年任无线电报务人员和监督人员。1970年至1972年任社会福利委员会司库。1973年至1991年历任世界青年联盟驻教科文组织代表、就业社会福利和民族团结部长、战斗党副总书记和议会反对党领袖、路易港市市长、工业部长和工业技术部长。从1976年起任议员。1992年7月1日就任毛里求斯共和国第二任总统。已婚，有三个子女。爱好阅读，会英语、法语、乌尔都语和克里奥尔语。　**阿内罗德·贾格纳特爵士**：总理兼国防、国内安全、新闻、国内外通讯和属岛部长、社会主义战斗运动领袖。1930年3月29日生。印度人后裔。1949年任中学教员。1951年赴英国攻读法律。1955年回国开业当律师。1959年加入"独立前进集团"。1965年出席伦敦制宪会议。1965～1967年先后任国务部长、劳工部长。1967年4月辞去部长职务，重操律师职业。1971年加入毛里求斯战斗运动，后被选为该党主席。1974年任毛里求斯战斗运动影子内阁总理。1982年6月出任联合政府总理。1983年另组社会主义战斗运动，自任领袖。8月在大选中获胜，继任总理。1987年8月和1991年9月连选连任总理至今。1988年6月获得英国爵士勋位。有一子一女。会英语、法语、克里奥尔语和印地语。

经　济

原为生产蔗糖的单一经济，七十年代末调整经济结构，经济得到迅速发展。目前糖业、出口加工和旅游业为三大经济支柱。资源缺乏，经济易受国际市场影响。为发展经济，毛政府鼓励外国投资，并拟使毛成为西南印度洋地区的金融中心。

国民生产总值(1992年)：471亿卢比。

人均国民生产总值(1992年):44926卢比。

国民生产总值增长率(1992年):6.4%。

货币名称:卢比。

汇率(1992年4月):1美元=16.67卢比。

通货膨胀率(1992年):2.9%。

失业率(1992年):超过1%。

【工业】以制糖业和出口加工业为主。制糖是毛的传统工业,现有19家现代化糖厂。1991年糖产量为611340吨,其收入占出口总收入的1/3,占国民生产总值的9%。出口加工业是80年代初发展起来的新兴工业,至1991年底,出口加工的企业共有586家,职工90861名,占全国就业人口的31%,主要生产纺织品、服装、钟表、珠宝首饰、仪表等。1992年工业产品出口额达135亿卢比。

【农业】产值占国民生产总值的12%,从业人员占就业劳动力的1/4。全国可耕地面积为11.08万公顷,其中蔗田76186公顷,粮田5262公顷。1991年产粮58350吨。粮食主要靠进口,每年约20万吨左右。其他农作物有甘蔗、茶叶、烟草、洋葱、水果等。1992年甘蔗产量为5780510吨。畜牧业主要饲养牛、羊、猪、鹿、鸡等。猪肉和鸡基本自给。1990年出口鹿1191头,获600万卢比收入。渔业专属经济区有170万平方公里,水产资源丰富。1989年有渔民3000人,捕鱼15000吨。

【旅游业】旅游业发展迅速。1992年,毛已有旅馆82家,住房5146间,床位10646个,游客33万人,住房率为60%。旅游业收入44亿卢比,增长8%。

【交通运输】以公路为主。

公路:总长1795公里,其中干线840公里,城乡道路928公里,高速公路27公里。1991年有各种机动车辆123545辆,其中出租汽车3500辆。

海运:路易港是国际商港,有3个船坞,深水港长1320米,年吞吐量250万吨以上,仓库4万平方米,全国90%以上的进出口物资靠海运。

空运:普莱桑斯机场为唯一的国际机场。毛与英、法、意、德、印、新加坡、香港、南非、塞舌尔等国和地区开辟有18条国际航线,每周有144个航班。1991年前10个月的客运量为454798人次。

【财政金融】税收是财政收入的主要来源。近几年财政预算情况如下(单位:亿卢比):

	1990/91	1991/92	1992/93
收入	90.40	109.58	121
支出	94.53	117.74	131
赤字	4.13	8.16	10

(资料来源:毛里求斯官方统计)

1992/93年度发展预算为37亿卢比。截至1992年7月外汇储备为147亿卢比。1990年6月3日内外债总额为194亿卢比,其中外债58亿卢比。人均负债17864卢比,约1100美元。

【对外贸易】外贸是国民经济的重要组成部分。1992年进出口总额为467亿卢比。主要进口粮食及其他食品、棉毛原料、机器设备、石油产品等。同100多个国家和地区有贸易往来,主要贸易对象是法国、英国、美国、德国、南非、日本等。近几年进出口情况如下(单位:亿卢比):

	1990	1991	1992
出口额	179.87	192.73	207
进口额	240.44	246.72	260
差　额	−60.57	−53.99	−53

(资料来源:同上)

人民生活

实行免费医疗、免费教育、失业救济、米面价格补贴等高福利政策。1992/93财政年度社会福利开支12亿卢比,医疗卫生经费10.4亿卢比,分别占预算总支出的8.3%和7.2%。全国有公立医院11所,综合医院3所,病床2857张,医生847名,护理人员2485名。1990年平均寿命男性66.44岁,女性71.7岁。每15人有一门电话,每40人有一辆汽车。1990年50%的家庭用上了煤气。

军　事

无正规作战部队。武装力量由警察、特别机动队和特工队组成,总统为总司令。武装力量实际由总理掌握。现有警察5000人,归警察厅指挥,下属防暴队、空中侦察和救护队、海岸巡逻队。特别机动队有750人。特工队隶属国家安全局,负责警卫和监督外交使团。1990年7月政府决定建立快速干预旅,任务是维持社会治安。该旅装备精良并聘有外国教官培训。

1990/91财政年度军事预算开支为5亿卢比,占预算支出的6.3%。

文化教育

【教育】从1977年起,对中、小学和职业教育实行免费。1991/92年度教育经费为16.4亿卢比,占预算总支出的11.3%。中、小学入学率为98%。1992年有小学273所,其中公立230所,共有学生129154人,教师8016人;中学125所,其中公立23所,共有学生81115人,教师3947人。毛里求斯大学是唯一大学,设农业、公共工程、司法行政、科学和人文科学5系,在校学生1479人。此外,还有师范学院、甘地教育学院和若干职业中专。

【新闻出版】无通讯社,新闻部通过电传向报界转发西方各大通讯社的国际新闻。有报纸10余家,杂志6种,影响较大的有《快报》、《毛里求斯人报》、《太阳报》等。

毛里求斯广播—电视公司建立于1964年,政府拥有主要资本。电台每天用英、法、印地、克里奥尔和华语播音。电视台大部分节目用法语播放,其次是印地语和克里奥尔语。

对外关系

奉行和平、中立、不结盟的外交政策,主张互不干涉内政,在平等基础上同所有国家发展友好关系，坚持"外交为经济服务"的方针，寻求西方的援助和投资，积极参与地区合作和南南合作。欢迎南非当局废除3项种族隔离法。对印度洋地区小国的安全和领土完整问题表示担忧，主张该地区完全非军事化，成为一个安全、国际合作区。1992年，毛先后同南非建立领事关系，同白俄罗斯、哈萨克斯坦、乌克兰和圭亚那建立非常驻大使级外交关系，并宣布承认波黑共和国、克罗地亚共和国、斯洛文尼亚。韩国因经济原因从1992年1月起关闭其驻毛使馆。截至1992年底，毛同81个国家建立了外交关系，有10个国家在毛设使馆。毛在11个国家派有常驻使节。

【同我国的关系】1972年4月15日两国建交。此后，友好合作关系不断发展，两国政府签有经济技术合作协定、文化协定、体育协定等，并成立了经济技术和贸易合作联合委员会。拉姆古兰总理（1972年）和贾格纳特总理（1983年和1991年）先后访华；姬鹏飞副总理（1980年）、宋平国务委员（1985年）、陈慕华副委员长（1990年6月）等先后访毛。

1992年1月，中联部部长朱良率中国共产党代表团访毛。2月，外交部副部长杨福昌访毛。4月，文化部副部长陈昌本率中国政府文化代表团、侨办代表团、学术团、内蒙古艺术团、工艺品展销团及北京服装表演队出席毛里求斯举办的首届世界华人研讨会。11月，国家教委副主任柳斌率中国教育代表团访毛，同毛方签订了两国1993～1994年教育合作协议以及关于相互承认证书、学位和职称的协议。11月，国家体委主任伍绍祖率中国体育代表团访毛。此外，毛里求斯商业和海运部贝丘、公职部长鲁依、住房和城市规划部卡塔里等先后访华。

1992年中、毛两国贸易总额2358万美元，我出口约2345万美元，进口约14万美元。

中国驻毛里求斯大使：杨一怀。馆址：EMBASSY OF THE PEOPLE'S REPUBLIC OF CHINA，ROYAL ROAD，BELLE ROSEHILL。电话：4549111，4549015；4549113（商务处）；4645556（领事部）；865635（经参处）；088596，088547（文化处）。电报挂号：CHINAEMBA PORT LOUIS。电传：0230-4646012 CHINCOM IW。

【同法国的关系】法是毛主要援助国和贸易伙伴。1991年法向毛提供了7500万卢比，用于筹建"法语国家首脑会议中心"。毛、法举行了第12次经委会议，商定了今后3年的合作项目。

【同英国的关系】毛一直是英联邦成员国，同英保持传统关系。1992年7月1日，英政府致函毛政府，表示英愿就查戈斯群岛的前途与毛谈判，保证毛在该地区的捕鱼权和采矿权。毛表示将不再把查岛问题提交国际会议，愿与英协商解决。

【同美国的关系】近年来同美国关系有发展。1992年2月19日，美国海军第七舰队司令阿瑟少将访毛。8月28日，美宣布从1992年10月1日起减少食糖进口，将毛的食糖配额从15000吨降至13993吨。11月5日，贾格纳特总理致电祝贺克林顿当选美国总统。1992年，美共向毛贷款9350万卢比、各类援助325万卢比。

【同印度的关系】同印度有传统关系。两国领导人每年都进行互访。政府部门聘有印度顾问。1992年印向毛提供2亿卢比贷款、500万卢比一般物资和50名奖学金名额。1992年3月11～13日，印总理拉奥赴毛参加毛独立及成立共和国的庆典活动。4月26日，毛总统林加杜访印。4月27日，毛社战党总书记萨佳达和战斗党主席福基尔应邀出席印国大党第79届代表大会。8月4～12日，毛外长贝朗热访印。

【同南非的关系】同南非关系较密切，两国互设有商务代表处。毛在南非有2万侨民，南非有40余名企业家在毛投资办厂。1992年7月3日，南非驻毛领事馆正式开馆。

【同邻国的关系】奉行睦邻友好政策。1982年倡议成立了地区组织印度洋委员会。1992年1月20日，毛外长贝朗热访问马达加斯加。5月10日，毛、塞经济混委会第二次会议在毛举行。9月22日，印度洋西南岛国论坛第二次会议在毛举行，与会5国主要讨论了地区的环境和开发问题。（余劲松）

毛里塔尼亚

国名　毛里塔尼亚伊斯兰共和国（The Islamic Republic of Mauritania，La République Islamique de Mauritanie）。

面积　103万平方公里。

人口　210万（1991年），阿拉伯摩尔人和黑人各占30%，具有阿拉伯文化语言传统的哈拉廷人（又称黑摩尔人）占40%。黑人主要部族是图库勒族、索宁克族、颇尔族和沃洛夫族。1991年7月12日通过的新宪法规定，阿拉伯语、颇尔语、索宁克语和沃洛夫语为民族语言，官方语言为阿拉伯语。通用语言为法语。伊斯兰教是国教。

首都　努瓦克肖特（Nouakchott），人口近60万

(1991年)。

国家元首　共和国总统马维亚·乌尔德·西德·艾哈迈德·塔亚(Maaouya Ould Sid' Ahmed Taya)上校,1992年1月24日当选。

简　况

位于非洲撒哈拉沙漠西部。与西撒哈拉、阿尔及利亚、马里和塞内加尔接壤。西濒大西洋,海岸线长667公里。属热带大陆性气候,高温少雨。年平均气温约30℃。公元7世纪阿拉伯人进入,并建立封建王朝。1912年沦为法国殖民地。1957年成为半自治共和国,1958年成为"法兰西共同体"内的自治共和国,定名为毛里塔尼亚伊斯兰共和国。1960年11月28日宣告独立。

政　治

塔亚自1984年执政后,在政治上强调民族团结,重建群众教育机构,逐步推进"民主化"。1991年分阶段改组了群众教育机构。7月举行全民投票,通过新宪法,开始实行多党制。1992年1月24日,塔亚以62.65%的多数票当选为总统。3月和4月,举行国民议会和参议院选举,支持塔亚的民主社会共和党获得绝大多数席位。4月18日,塔亚宣誓就任总统,任命了政府总理,组成了由民社党控制、无反对党人士参加的新内阁。至此,毛比较平稳地完成了重大的"民主化"步骤,目前政局比较稳定,但经济仍较困难。

【宪法】1961年5月20日颁布第一部宪法。1991年7月12日通过新的宪法草案。主要内容是:实行总统制,总统为国家元首,由普选产生,任期6年,可连选连任;建立议会制和多党制。

【议会】宪法规定立法权属议会。议会由国民议会和参议院组成,国民议会79名议员由直接选举产生,任期5年。参议院53名议员由市政委员会组成选举团间接选举产生,另3名在海外侨民中选举产生;参议院议员任期6年,每两年改选其中的1/3。国民议会议长任期5年,参议院议长在每两年部分改选后产生。本届议会是毛第一届议会。国民议会于1992年3月14日通过直接选举产生,共79个议席,其中民主社会共和党获67席,独立人士10席,革新党1席,民族团结联盟1席。参议院于1992年4月11日选举产生,共53个议席,其中民主社会共和党占34席,独立人士19席。国民议会议长谢赫·西德·艾哈迈德·乌尔德·巴巴(Ceikh Sid' Ahmed Ould Baba)和参议院议长迪昂·布布·法尔巴(Dieng Boubou Farba)均于1992年4月27日当选。

【政府】本届政府成立于1992年4月20日,政府成员由塔亚总统任命。现内阁成员有:总理西迪·穆罕默德·乌尔德·布巴卡尔(Sidi Mohamed Ould Boubacar),外交与合作部长穆罕默德·阿卜德拉赫曼·乌尔德·穆瓦内(Mohamed Abderrahmane Ould Moine),国防部长艾哈迈德·乌尔德·明尼赫(Ahmed Ould Minnih),司法部长索·阿布·丹巴(Sow Abou Demba),内政、邮政、电讯部长莱姆拉博特·西迪·马赫默德·乌尔德·谢赫·艾哈迈德(Lemrabott Sidi Mahmoud Ould Cheikh Ahmed),财政部长卡内·谢赫(Kane Cheikh),计划部长穆罕迈杜·乌尔德·米歇尔(Mohamedou Ould Michel),渔业与海洋经济部长阿卜达拉依·乌尔德·阿卜迪(Abdallahi Ould Abdi),商业、手工业与旅游部长迪亚加纳·穆萨(Diagana Moussa),工业与矿业部长西迪·穆罕默德·乌尔德·穆罕默德·瓦尔(Sidi Mohamed Ould Mohamed Vall),农村发展与环境部长马乌鲁德·西迪·乌尔德·阿卜达拉(Maouloud Sidi Ould Abdallah),装备运输部长穆罕默德·乌尔德·阿马尔(Mohamed Ould Amar),水利能源部长穆罕默德·勒米尼·乌尔德·艾哈迈德(Mohamed Lemine Ould Ahmed),国民教育部长斯海尔·乌尔德·姆巴莱克(Sghaire Ould M'bareck),公职、劳动、青年与体育部长莫克达·乌尔德·哈耶(Moctar Ould Haye),卫生与社会事务部长艾哈迈德·乌尔德·格纳哈拉赫(Ahmed Ould Ghnahallah),文化与伊斯兰指导部长利玛姆·乌尔德·代盖迪(Limam Ould Tegueddi),通讯和与议会联系部长拉希德·乌尔德·萨莱赫(Rachid Ould Saleh),负责马盟事务的国务秘书谢亚赫·乌尔德·艾利(Cheyakh Ould Ely),扫盲与初级教育国务秘书哈特里·乌尔德·塔莱伯·吉杜(Khattry Ould Taleb Jiddou),妇女地位国务秘书玛利耶姆·曼特·艾哈迈德·艾莎(Mariem Mint Ahmed Aicha),户籍国务秘书哈塔尔·乌尔德·谢赫·艾哈迈德(Khattar Ould Gheikh Ahmed),政府秘书长巴·西莱耶(Ba Sileye)。

【司法机构】宪法规定司法权独立于立法权和行政权,总统保证司法的独立性,总统主持最高司法会议,政府设有司法部,最高法院成员由国民议会和参议院在各自的议员中选出同等数目成员组成,院长在其成员中推举产生。毛司法机构由最高法院、特别法院、上诉法院、刑事法庭、轻罪法庭、违警罪法庭、劳工法院、省级法院、县级法院组成。1980年建立伊斯兰法庭,实行伊斯兰法。最高法院院长为穆罕默德·乌尔德·姆博依利克(Mohamed Ould M'Boirick)。

【政党】1978年前达达赫执政时期,实行一党制,执政党为人民党。1978年军人执政后取缔一切政党。1991年7月,塔亚颁布的新宪法规定实行多党制。目前被政府承认的有16个政党,主要有:

(1)民主社会共和党(Parti Republicain Democratique et Social):1991年8月28日成立。成立时有500人签名,其中包括努瓦克肖特、努瓦迪布、罗索、基法、内马、提季克贾、巴尔卡7个市的市长。领导机构为17人的协调委员会,其中包括4名现政府成员。该党支持塔亚,主张继续坚持1984年12月12日拯救运动的纲领。主席为谢赫·西德·艾哈迈德·乌尔德·巴巴

(Cheikh Sid 'Ahmed Ould Baba)。

(2)民主力量联盟—新时代(Union des Forces Democratiques—Nouvelle Epoque):1991年10月2日成立。为毛目前最大的反对党。建党时有成员1264名,目前仅努瓦克肖特市就有12000名成员。主张实行自由和社会经济,要求成立由各党派参加的民族团结过渡政府,负责保证民主进程的可信性和透明度。全国委员会主席达达赫。

(3)民主团结联盟(Rassemblement Pour la Democratie et l'Unite):1991年8月22日成立。同年9月4日召开第一届大会,有1600名成员到会。主席为前阿塔尔市市长和毛里塔尼亚市长协会主席艾哈迈德·乌尔德·西迪·巴巴(Ahmed Ould Sidi Baba)。

新成立的其他政党还有建设计划联盟、民族先锋党和自由、平等和正义党。

【重要人物】马维亚·乌尔德·西德·艾哈迈德·塔亚上校:共和国总统。1941年生于阿塔尔市。毕业于法国装甲兵学校、陆军实践初级学校、高等军事学校。1978年以前历任国防部长顾问、军分区司令、副参谋长等职。1978年军人执政后,先后任宪兵司令、参谋长、国防部长和总理。1984年12月任军委会主席、国家元首。1992年1月当选为共和国总统。

经　济

1986年毛被联合国定为世界最不发达国家之一。经济以农牧业为主,基础薄弱。1984年12月塔亚执政后制定了四年财政经济复兴计划。1986年起实现了国家预算平衡。1988年制定了1989～1991年巩固和振兴计划,规定国民生产总值每年增长4%,总投资额为590亿乌吉亚,其中93.3%靠外援。海湾危机爆发后,科威特、伊拉克、沙特以及美国等西方国家对毛停援或减援,致使毛蒙受损失约3.29亿美元。1991年获得了约1。6亿美元的经援和35000吨的粮援,部分缓解了国内的经济困境。1992年,毛在继续推行灵活、务实的对外政策、努力争取外援的同时,制定了1992—1995年经济振兴计划,努力调整银行体系,鼓励投资,改善国家财政管理,调整公共企业,目标是3年内使国内生产总值年增长速度达到3.5%,通货膨胀降至3.6%,对外结算的赤字降至6.6%。1992年,毛渔业、公共工程、工业、运输、通讯和第三产业运营良好,国民经济增长率为2.4%,但铁矿砂出口量比1991年减少了20%,由于风沙、干旱等自然灾害严重,粮食继续减产、货币贬值,经济形势依然严峻。

国民生产总值(1991年):7.96亿美元。

人均国民生产总值(1991年):355美元。

国民生产总值增长率(1991年):2.6%。

货币名称:乌吉亚。

汇率(1992年10月):1美元=106乌吉亚。

通货膨胀率(1992年):15%。

失业率(1988年):15%。

【资源】主要有铁矿,储量估计达87亿吨。其他资源储量:铜矿2200万吨,石膏约40亿吨,磷酸盐1.3亿吨。渔业资源丰富,年可捕量为300万吨。

【工矿业】工业不发达。铁矿开采在国民经济中占重要地位,1989年铁矿砂产量为1210万吨,出口1113万吨,创汇1.8亿美元,约占毛出口总收入的30%。1990年铁矿砂产量为1154万吨,出口值为2.25亿美元,1991年铁矿砂产量为1024万吨。此外还有一些小型加工业。

【农牧渔业】毛是农牧业为主的国家。现有可耕地面积23万公顷。1988年农牧业人口占全国人口的63%。主要农作物有小米、高粱、玉米、小麦、水稻、花生、椰枣等。1992年粮产量7.28万吨。粮食自给率较低,每年需大量进口,并要求国际援助。现牧业人口占全国人口的35%。1990年,畜牧业产值为95.6亿乌吉亚,占国民生产总值的15.9%。牲畜总数达1080万头,主要为羊、牛和骆驼。1990年鱼产量为30万吨,产值37.92亿乌吉亚,占国内生产总值的6.3%,鱼产品出口28.5万吨,收汇约2亿美元。1992年头8个月鱼产品出口1.46亿美元,占同期出口总额的51%。

【交通运输】交通不发达。只有一条长675公里的铁路,用于运输铁矿砂。公路9000公里,其中柏油路1635公里。港口有努瓦迪布港、努瓦迪布铁矿砂出口港、中国援建的努瓦克肖特友谊港和努瓦克肖特港,总吞吐量为120万吨(不包括铁矿砂出口)。机场25个,其中努瓦克肖特和努瓦迪布机场为国际机场。

【财政金融】近几年财政预算情况如下(单位:亿乌吉亚):

	1990	1991	1992
收入	218.41	231.72	247.23
支出	179	231.72	247.23
差额	39.41		

1992年毛国际收支逆差,外债逾20亿美元,约为当年国内生产总值的210%,人均负债居世界之首。

【对外贸易】外贸在经济中占重要地位。人民所需生活资料的80%及绝大部分生产资料靠进口。主要贸易对象是:法国、日本、意大利、西班牙、德国、前苏联、比利时、卢森堡等。近年来对外贸易情况如下(单位:亿乌吉亚):

	1989	1990	1991
出口额	371.90	346.80	410.24
进口额	293.41	328.75	366.94
差　额	78.49	18.05	43.30

(资料来源:1992/1993年度经济季评)

毛主要出口鱼产品和铁矿砂,进口运输设备、机械装置、食品、消费品、石油等。1990年主要贸易国及其在毛外贸总额中所占比例(%):

	出口		进口
日本	22.8	法国	40.0
意大利	16.8	西班牙	9.2

比一卢	12.1	西德	8.5
法国	12.0	意大利	6.6
前苏联	9.4	比一卢	6.4

（资料来源：1992/1993 年度经济季评）

【外国援助】1992 年，获得外援总额为 1.788 亿美元，主要来源：德国 4762.7 万美元，法国 3874.5 万美元，日本 1821.7 万美元，中国 144.3 万美元，欧共体 1603.8 万美元，阿拉伯基金 1584.9 万美元，开发署 1277.3 万美元，国际农业发展基金 1251 万美元，世界银行 830.2 万美元，非洲发展银行 735.9 万美元，欧共体粮援 4162 吨，粮食署 8400 吨。

人民生活

毛实行社会救济，每月每个小孩补贴 50 乌吉亚。最低工资约为每月 70 美元。自 1991 年底，除了具有战略价值的商品，其它所有商品价格全部放开。1992 年，毛货币乌吉亚贬值幅度约 27%，物价成倍上涨。1990 年全国有省级医院 14 所，县级门诊所 70 个，共有病床 1325 张，医生 225 名，平均每 8226 人有 1 名医生。人口自然增长率 2.8%，出生率 4.76%，死亡率 2.1%，平均寿命45 岁。

军　事

独立后建立国民军，指挥官多为法国人。1965 年开始启用本国军官，至 1973 年指挥官全部由本国军官担任。国防部未设部长职务，秘书长管理日常事务。军队由参谋部指挥。总参谋长默莱耶·乌尔德·布克莱斯上校。实行义务兵（两年）和志愿兵相结合的兵役制度。全国有 6 个军区。

三军总兵力 11100 人。其中陆军 10500 人，编有步兵营 4 个、炮兵营 1 个、骆驼兵营 2 个、装甲侦察中队 1 个、高炮连 4 个、工兵连 1 个和伞兵连 1 个；海军 450 人；空军 150 人。另有宪兵 1800 人，国民卫队 2800 人，边防卫队 100 人，内卫部队 1000 人。

1987 年军费开支占国家预算的 18.7%，为 32.3 亿乌吉亚（约合 4372 万美元）。

文化教育

【教育】重视发展教育事业，强调教育阿拉伯化和伊斯兰化。为提高入学率，1989 年开始实行为期 5 年的第三个教育计划（1989～1993），投资 3740 万美元，由世界银行援助。1992 年教育经费占国家预算的 30%。文盲人数占全国人口的 45%。1992 年加强了扫盲教育，4486 人参加了扫盲学习班。1991 年入学率为 50.9%。努瓦克肖特大学于 1981 年建立，是毛第一所综合性大学。还有 26 所伊斯兰教经学校。1992 年新修 75 所学校。1992 年各级学校师生人数如下：

	学校(所)	学生(人)	教师(人)
小学	1121	161461	3519
中学	87	37375	
技术学校	47	1089	124
高等学校	9	8398	300

【新闻出版】主要报刊为：《视野报》（法文和阿拉伯文），发行量 3500 份。还有 29 个私营报刊。

毛里塔尼亚新闻社：官方通讯社，1975 年成立，无外派记者，所发国外消息主要来源于法新社和路透社。通过阿拉伯联合酋长国通讯社往国外发消息。

毛里塔尼亚电视台：国营，由伊拉克出资，法国援建，1983 年试播，1984 年正式开播，只有一套彩色节目，用阿拉伯语、法语和黑人少数民族语言播放。

毛里塔尼亚广播电台：国营，1960 年建立。目前只有一套节目。

对外关系

奉行独立、和平、中立的外交政策，积极发展睦邻友好关系。认为国际社会应根据联合国有关非洲大陆发展公约，有力地支持和帮助非洲国家，否则，建立国际新秩序即无从谈起。对利比亚因"洛克比事件"遭受美、英等西方国家打击和联合国制裁表示同情，希望国际社会与利一道寻求各方都能接受的解决办法，毛和其它马盟成员国一道呼吁安理会取消对利制裁。反对以色列的侵略扩张政策，支持巴勒斯坦人民争取合法权利、实行民族自决、建立自己国家的正义斗争，支持被占领土人民的起义。承认巴勒斯坦国。支持召开马德里中东和会，认为只有允许巴人民建立以耶路撒冷为首都的巴勒斯坦国，收回所有阿拉伯被占领土，才能解决阿以冲突，在中东建立公正持久的和平。承认阿拉伯撒哈拉民主共和国，但不同意其在毛设使馆。塔亚执政后，宣布对西撒问题恪守中立，主张政治解决。支持联合国和非统为解决这一冲突所作的努力，愿为和平解决西撒问题与联合国全力合作；尊重和接受摩洛哥与西撒人阵达成的任何协议。认为马格里布国家面对世界上地区联合趋势，特别是面对欧共体等强大经济实体的挑战，只有联合才能振兴本地区经济。一贯积极参与马盟建设。塔亚总统 1992 年担任马盟执行主席，于 11 月在毛首都主持召开了马盟第五次元首委员会会议。至 1993 年与 84 个国家建立了外交关系。

【同我国的关系】1965 年 7 月 19 日两国建交后，友好合作关系不断发展。达达赫总统、海德拉主席、塔亚主席先后访华。陈慕华副总理（1980 年 4 月）和李鹏副总理（1984 年 5 月）先后访毛。

1992 年两国之间的友好合作关系继续发展。在联合国第 48 届人权大会上，毛支持我反对西方反华提案的斗争，投票赞成巴基斯坦提出的有关动议。国务委员兼外长钱其琛在出席联大期间于 9 月 24 日会见了毛里塔尼亚外长穆瓦内，双方就两国关系和国际问题交换了意见。3 月，毛方派组来华审查国际会议中心初步设计，并签订了审查纪要。4 月，上海外经公司和大连国际公司赴毛就向毛大型渔船派成套船上工作人员事进行了考察，并同毛渔业工业与设备联合会签署了渔工劳务协议。6 月 30 日至 7 月 5 日，中国农业部副部长张延喜对毛里塔尼亚进行了工作访问，会见了塔亚总统、布巴卡尔总理及渔业与海洋经济、农村发展和环境、交通运输、卫生与社会事务等部部长。双方主要就发展两国渔业合作问题举行了会谈，并签署了《会谈纪要》。8月，两国签署了维修友谊港的换文协议和更新姆颇利农场部分设备的换文协议。

根据中国海关总署的统计，1992年中国与毛里塔尼亚进出口商品总额为1479万美元，中国出口1470万美元，进口8万美元。

1992年，毛在华留学生有15人。1992年，中国在毛工作的医务人员共26人。同年，中国向毛赠送了价值约742万乌吉亚的医药和医疗器械。

中国驻毛里塔尼亚大使：柳白。电话：52070、52462。

毛里塔尼亚驻中国大使：哈默德·乌尔德·艾里(Hamoud Ould Ely)。地址：三里屯东三街九号；电话：5321346、5321703。

【同法国的关系】毛法有密切的传统关系。两国签有防务协定。法是毛最大贸易伙伴。法每年向毛提供各类援助约3000万美元。法在毛侨民和各部门的专家有4000多人。1991年法向毛提供6050万美元财援，2000吨粮援。1992年法国向毛提供各种援助3.2亿法郎，5月布巴卡尔总理访法。

【同美国的关系】1961年毛美建交。每年美向毛提供一定数额的援助。海湾战争后，美对毛停援或减援，1991年美对毛援助仅约17.7万美元。美是毛主要援粮国之一，但1991年美对毛无粮援。

【同前苏联的关系】1964年7月毛苏建交。双方签署了民航、渔业合作、文化等协定。苏每年接受70～80名毛留学生，并承担全部费用。1991年毛在独联体各国留学生共400名。1991年苏对毛无新的援助项目。

【同马格里布国家的关系】同马格里布所有国家保持良好关系。努力加强同马盟成员国在政治、经济、文化、科研等方面的友好合作关系。1992年5月毛总理布巴卡尔访问摩洛哥、突尼斯和阿尔及利亚。11月马盟首脑会议在毛举行。

【同塞内加尔的关系】毛、塞有着传统的合作关系。1989年4月，毛塞边民发生流血冲突，两国关系急剧恶化，并于8月21日断交。1991年毛、塞关系有明显改善。11月塔亚主席在巴黎法语国家第四次首脑会议期间同塞总统迪乌夫会晤。1992年4月毛外长穆瓦内访塞，两国复交，并恢复通航、通邮。随后双方重新开放了陆界口岸。8月迪乌夫总统赴毛出席第四次塞内加尔河开发组织首脑会议。　(张　华)

摩洛哥

国名　摩洛哥王国(The Kingdom of Morocco，Le Royaume du Maroc)。

面积　459000平方公里(不包括西撒)。

人口　2400万人(1988年7月)，阿拉伯人约占80%，柏柏尔人约占20%。阿拉伯语为国语，通用法语。信奉伊斯兰教。

首都　拉巴特(Rabat)，人口100.9万人(1989年)。

国家元首　国王穆莱·哈桑二世(Moulay Hassan Ⅱ)，1961年3月3日即位。

简　况

位于非洲西北端。东、东南接阿尔及利亚，南邻西撒哈拉，西濒大西洋，北隔直布罗陀海峡与西班牙相望，扼大西洋入地中海的门户。海岸线长1700多公里。1月平均气温12℃，7月22～24℃。最早的居民是柏柏尔人。公元7世纪阿拉伯人进入。现在的阿拉维王朝建立于1640年，哈桑二世国王是该王朝的第21位君主。从15世纪起，西方列强先后入侵。1912年3月30日沦为法国保护国。同年11月27日，法国同西班牙签订《马德里条约》，摩北部狭长地区和南部伊夫尼等地区划为西班牙保护地。1947年摩苏丹穆罕默德五世要求独立，改变保护制度。1953年法废黜并放逐穆罕默德五世，另立阿拉法为苏丹。1955年11月法被迫同意穆罕默德五世复位。1956年3月2日获得独立。1957年8月14日定国名为摩洛哥王国，苏丹改称国王。

政　治

西撒问题出现之前，摩国内矛盾较为突出，1971年7月和1972年8月，曾发生两次未遂军事政变。1975年，哈桑二世发动35万人进驻西撒的“绿色革命”，提出“祖国统一，领土完整”高于一切的口号，同时开放党禁，恢复议会，允许各党派竞选参政，在君主立宪制下实行多党制。近年来，政局一直比较平稳。1992年，反对派借修宪公民投票和筹备立法选举之机，加强联合，独立党、社盟、人盟、人民民主行动组织及进社党组成民主集团，抨击政府，要求修改宪法和选举法，扩大民主，改善人民群众的福利。当局采取了一些开放民主的措施，以稳定政局。8月，哈桑二世国王宣布解散政府，组成以无党派人士拉姆拉尼为首相的过渡内阁，以示政府在修宪和立法选举中保持中立。9月4日，摩举行公民投票，政府提出的新宪法以99.96%的票数获通过。政局较为稳定。

【宪法】摩独立以来，已颁布4部宪法。现行宪法于1992年9月4日经公民投票通过。宪法规定：摩为君主立宪制国家；国王是国家元首，宗教领袖，武装部队最高统帅；王位世袭；国王任命首相，并根据首相的提议任命内阁成员；国王有权主动或根据政府辞呈解散政府。

【议会】即代表院。本届议会为第五届，于1984年10月组成，共有议员305名，其中2/3通过直接选举产生，1/3由地方议会、各行业协会和薪俸阶层代表选出，议员任期均为6年，议长每3年改选一次。原定在1990年举行议会选举，后经哈桑二世国王建议举行公民投票，决定推迟两年举行。各党派、团体所占席位如下：

宪政联盟83席，全国自由人士联盟61席，人民运动党47席，独立党41席，人民力量社会主义36席，全国民主党24席，劳工联合会5席，民主劳工联盟3席，工人总联合会2席，进步与社会主义党2席，民主人民行动组织1席。议长艾哈迈德·奥斯曼(Ahmed Osman)(1987年10月当选)。

【政府】本届政府于1992年8月11日组成，为摩独立以来的第21届政府，共有成员28名。此届政府为立法选举前的过渡政府，原政府中13名隶属各党派的大臣，除国务大臣一人外，其余全部离职，由无党派人士接替。主要政府成员有：首相穆罕默德·克里姆·拉姆拉尼(Mohamed Karim Lamrani)，国务大臣穆莱·艾哈迈德·阿拉维(Moulay Ahmed Alaoui)，外交和合作国务大臣阿卜杜·拉蒂夫·菲拉利(Abdellatif Filali)，内政、新闻大臣德里斯·巴斯里(Driss Basri)，司法大臣穆莱·穆斯塔法·巴拉比·阿拉维(Moulay Mustapha Belarbi Alaoui)，财政大臣穆罕默德·巴拉达(Mohamed Berrada)，海洋渔业和海运大臣本萨利姆·斯梅利(Bensalem Smili)，海外侨民事务大臣拉菲克·哈达维(Rafiq Haddaoui)，外交国务秘书艾哈迈德·舍尔卡维(Ahmed Cherkaoui)。

【司法机构】司法机构分4级：最高法院、上诉法院(10个)、初级法院(44个)和初级法院派驻的法官处。全国设有最高司法委员会。法院院长和法官由国王任命。最高法院院长易卜拉欣·卡达莱。

【政党】实行多党制，现有14个合法政党，主要政党有：

(1)宪政联盟(Union Constitutionelle)：1983年3月成立。拥护君主立宪制，忠于王室。主张经济自由化，发挥私营经济作用和对外开放。主席马蒂·布阿比德(Maati Bouabid)。

(2)全国自由人士联盟(Rassemblement National Des Independants)：1978年成立。鼓励自由竞争，实行土改。主席艾哈迈德·奥斯曼(Ahmed Osman)。

(3)人民运动(Mouvement Populaire)：1957年9月成立。代表柏柏尔族部落酋长和地主阶级利益。支持国王的各项政策，要求经济开放，发展竞争。总书记穆罕默德·昂萨尔(Mohanmed Laenser)。

(4)独立党(Parti de l' Istiqal)：1943年12月成立。代表地主和民族资产阶级利益。赞成君主立宪制，主张对宪法、行政、财政、经济和社会进行改革。总书记穆罕默德·布塞塔(Mohamed Boucetta)。

(5)人民力量社会主义联盟(Union Socialiste des Forces Populaires)：1972年7月从人民力量全国联盟中分出。代表中、小资产阶级及知识分子的利益。党员9.7万人。党的纲领为"解放、民主和社会主义"。总书记尤素菲(Youssoufi)。

(6)进步与社会主义党(Parti du Progres et du Socialisme)：原摩洛哥共产党，1943年1月成立。党员约5万人。党的宗旨是"以科学社会主义理论"为指导，在摩建立一个没有人剥削人的社会主义社会，反对暴力，主张通过议会道路进行民族主义革命。总书记阿里·亚塔(Ali Yata)。

【重要人物】哈桑二世：国王。1929年7月9日生。毕业于法国波尔多大学，获法学学士学位和民法硕士学位。1956年受父命组建王家武装部队并任参谋长。1957年7月9日被立为王储。1960年任副首相兼国防大臣。1961年3月3日登基。哈桑二世喜欢法国文学和古典音乐，善于演说。著有《挑战》一书。有二子三女。长子西迪·穆罕默德为王储。 **艾哈迈德·奥斯曼**：议长。1930年1月3日生于摩洛哥北部城市乌季达。中学、大学期间与当时的王储哈桑二世同窗多年。获法学学士学位。1955年11月进入国民协商议会。1956年在穆罕默德五世国王办公厅从事法律工作。1957～1972年，历任外交部欧美司长，国防部秘书长，驻西德、美国大使，行政事务大臣，国王办公厅主任等职。1972～1979年出任首相，1984年10月当选为议长。

经　济

摩执行经济调整政策，实行企业私有化和贸易自由化，致力于发展农业生产，计划到本世纪末实现粮、油、奶制品自给自足。1992年为(1988～1992)五年计划的最后一年，其主要经济目标是巩固8年经济结构调整的结果，减少财政赤字，使之维持在国内生产总值的2%左右，实现国民经济增长率4%以上，将通货膨胀率压缩至8%以下，并为逐步走向全国私有化经济打下基础。经过多年经济结构调整，银行、税收等改革措施逐步深化，私有化政策已开始付诸实施，经济形势明显好转。1992年的财政赤字仅占国内生产总值的1%左右，创历史最好水平。

国内生产总值(1990年)：230亿美元。

人均收入(1991年)：830美元。

国内生产总值增长率(1992年)：4%。

货币名称：迪拉姆。

汇率(1992年12月)：1美元＝8.6迪拉姆。

通货膨胀率(1992年)：5.5%。

失业率(1992年)：17.3%。

【资源】磷酸盐为主要资源，探明储量640亿立方米，占世界储量的60%。其它矿产资源有铁、铅、锌、钴、锰、钡、铜、盐、磁铁矿、无烟煤、油页岩等。其中油页岩储量1000亿吨以上，含原油60亿吨。

【工矿业】工业不发达。1990年的工业产值为1035亿迪拉姆。80年代以来，政府强调优先发展中、小工业和轻工业。工业企业主要部门有：农业食品加工、化工医药、纺织皮革、采矿和机电冶金工业。现有企业5700家，职工总数约27.4万人，占全国就业人口的4.7%。纺织工业发展较快，现有1200多家企业，产品1/3供出口，并可满足国内消费需求。磷矿是摩洛哥经济的重要支柱之一，1992年产量为1790万吨，比1990年下降16.3%，出口914万吨，比1990下降21.7%。手工业在国民经济中占重要位置，主要产品有毛毯、皮革制品、金属加工品、陶瓷和木制家具。

【农牧渔业】农业在国内生产总值中占1/5，农业人口占全国总人口57%，可耕地828万公顷，已耕地666万公顷。粮食作物占地面积551万公顷。目前有蓄水坝70座，可灌溉土地88万公顷。主要农作物有小麦、大麦、玉米、水果、蔬菜等，其中粮食自给率达80%、糖70%、奶60%、油20%、肉100%。1992年，粮食严重歉收，仅产粮286万吨。

草地和牧场2029万公顷，适合牧业生产。1991年有牛343万头，羊1626万只，山羊998万只。

渔业资源极为丰富，是非洲第一大产鱼国。现拥有大小渔船9300艘。1991年捕鱼量59万吨。沙丁鱼出口居世界首位。

【旅游业】旅游业发达，居非洲国家之首。旅游为侨汇之后的第二大外汇来源，占国家外汇收入的13%。1991年，来摩旅游者达324万人，旅游外汇收入达11亿美元。直接或间接从事旅游人口达40多万人，各种旅馆有床位14万张。目前，全国有旅游职业培训学校12所。摩国家旅游局在国外设有17个代表处。

【交通运输】陆路交通较发达。公路运输量占全国货运量的68%，铁路占30%以上。

铁路：总长2904公里，其中复线246公里，单线1647公里，其中50%实现电气化。另有765公里磷酸盐运输线。1991年客运量1199万人次，货运量为2900万吨。

公路：总长64452公里，其中一级公路15907公里，二级公路9367公里，三级公路39187公里。卡萨布兰卡至拉巴特为高速公路。

水运：现拥有9个国际港口，主要有卡萨布兰卡、萨非、穆罕默迪耶、阿加迪尔和丹吉尔，其中卡萨布兰卡港口最大，1991年吞吐量为3104万吨。

空运：摩王家航空公司拥有飞机40多架，有国际和国内机场19个。该公司航线通往四大洲38个国家。1991年，运送旅客168万人次，货物25884吨。

【财政金融】近年来，摩政府连续执行紧缩政策，财政状况有所好转。1993年国家总预算（单位：亿迪拉姆）：收入912.04，支出950.95，比1992年度分别增长7.3%和10%；预算赤字38.55。政府预算为801.17，占总预算的85%左右。

1992年外汇储备为35亿美元。1988年黄金储备1.25亿迪拉姆。1992年，外债总额达216亿美元。

【对外贸易】对外贸易历来是摩重要的经济部门，发展出口产品生产一直是经济投资的重要方向。摩同90多个国家和地区有贸易往来，主要贸易对象为欧洲共同体。1991年外贸总额930亿迪拉姆，其中进口597.20亿，出口372.83亿，逆差124.37亿。主要出口产品有食品、矿产品、服装和皮革产品等。主要进口产品有粮、糖、奶制品、茶、食油、石油、机械设备、电子产品和半成品等。

人民生活

摩政府执行振兴经济、增加就业、发展医疗卫生、司法及其它社会服务，逐步缩小社会差别，改善低收入者生活水平的政策。对生活必需品给予部分补贴。1989年最低工资每月1086.8迪拉姆。1990年，工、商、农业人员最低工资均增10%。1992年最低工资上调15%。有公立医院12所，军医院5所，综合医院13所，私人医院102所，医疗中心和医疗诊所有1360个，地方医院78所，产院、计划生育中心443个，大学医务中心2所，每个省有一卫生中心，全国共有医生4900多名，牙科医生227名，护士2万名，病床3万张。摩的全国抗癌中心是非洲大陆唯一研究、治疗癌症的机构。

军　事

武装部队建于1956年5月14日，1957年和1960年建立空军和海军。5月14日为建军节。现无国防部，只设国防行政管理机构，主管国防行政事务。陆、海、空三军均设有总监（将军，大臣级），由国王直接指挥。哈桑二世国王为军队最高统帅兼总参谋长，王储西迪·穆罕默德任三军总协调员。实行义务兵役制，兵役期为18个月。武器装备主要来源于美国、法国等。三军总兵力近20万人，其中包括国王卫队1500人，宪兵1万人。陆军16万人，编有3个司令部，3个机械化旅，2个伞兵旅，11个机械化团等。海军7000人，其中包括1500人的陆战部队，有4个海军基地。装备有护卫舰、海防舰艇、两栖舰艇、支援舰艇。空军2万人，编有6个中队，装备有战斗机、侦察机、武装直升机、训练机、地空导弹、空空导弹等。

1990年的国防预算为110.1亿迪拉姆。

文化教育

【教育】摩重视教育，强调教育普及化、教材统一化、教师摩洛哥化和教学阿拉伯化。1990年摩文盲人数约占总人口的58%，全国有扫盲中心381个。每年9月8日为全国扫盲日。国立中、小学教师已全部摩洛哥化，大学教师97%为摩洛哥人。著名的高等学校有穆罕默德五世大学、哈桑二世大学、穆罕默德一世大学、卡迪伊亚德大学、卡鲁维因宗教大学和穆罕默德·本·阿卜杜拉大学。1991/92年度有国外留学生12000名，研究生600

名，职业培训7.4万人，干部培训8500人。各级学校、学生、教师情况如下：

	学校(所)	学生(万人)	教师(万人)
小学	3500	338	9
中学	991	36.1	2.5095
大学	46	20.3	0.6522

【新闻出版】目前出版的报刊共254种，其中阿文版154种，法文版100种。主要报刊及发行量：《新闻报》，约3万份；《撒哈拉晨报》，5万份；《摩洛哥晚报》，4.5万份；《舆论报》，7万份；《旗帜报》，5万份；《宣言报》，2.5万份；《马格里布报》，1万份；《民族使命报》，2万份。

马格里布阿拉伯通讯社：成立于1959年，1977年宣布为国家通讯社。现有记者130名。与阿拉伯国家通讯社间有供稿联系，与法新社、美联社、塔斯社和新华社等订有交换新闻的协定，与亚、非、拉60个通讯社签有合作协定。在12个国家设有分社。

摩洛哥广播电台：建于1928年，1959年归国家掌握，由新闻部领导。在全国设有9个分台，采用阿、法、英、西班牙和柏柏尔语的3种方言广播。

摩洛哥电视台：建于1962年，1972年开始播放彩色电视节目，全国84%的人可收看电视。1989年建立摩洛哥电视二台，为私人台。

对外关系

对外奉行不结盟政策；维护民族独立和国家主权。重视与美国、法国等西方国家及阿拉伯海湾国家发展关系。支持巴勒斯坦人民的正义斗争，承认巴勒斯坦国。认为非斯阿拉伯会议通过的“阿拉伯和平计划”是和平解决中东问题的基础，主张阿以对话。谴责苏联犹太人移居被占领土，谴责美国参议院承认耶路撒冷为以色列首都的决议。支持并以观察员身份出席了1991年10月、1992年3月中东和会。支持南非人民的正义斗争，呼吁国际社会一起行动起来，为彻底铲除种族隔离这一反人类的制度而努力。1992年4月，摩在南非设立外交机构代表处，称其目的是支持南非的民主进程。认为除个别情况外，不结盟运动已完成其支持殖民地人民反殖、争取独立斗争的初期任务，主张把南北关系问题列入不结盟运动的政策中，呼吁把发展问题作为其最主要问题，并为此目标在各国间建立相互信任的关系。认为建设马盟和加强马盟各国间的关系，把各成员国人民联为一体是迎接各种挑战、维护地区和平与稳定的需要，强调在相互尊重的基础上发展马盟与欧共体、马盟与地中海国家的关系。现与115个国家建立了外交关系。

【同我国的关系】1958年11月1日与我国建交。建交后两国在政治、经济、文化等领域建立了友好合作关系，两国互访不断。摩访华的主要有：首相马蒂·布阿比德(1982年2月)、议长奥斯曼(1986年4月)、拉拉·梅里安公主(1987年3月)、西迪·穆罕默德王储(1991年11月)。1963年12月，周恩来总理和陈毅副总理访摩。

1992年8月，摩特使、海外侨民事务大臣哈达维访华；6月，杨尚昆主席对摩洛哥进行国事访问。

1992年7月我向摩提供3000万元人民币无息贷款和300万元人民币的物资赠款。1992年两国贸易额约1.4亿美元。自1975年以来，我向摩派出医疗队，现有医疗队员74名。

中国驻摩洛哥大使：安国政。馆址拉巴特苏维西法赫斯大街16号(16，Charia Al-Fahs souissi Rabat)；电话(212)754056，754940(商务处)；电传31023 M CHINJBA，32698 COMCHINE(商务处)。

摩洛哥驻中国大使：阿卜杜·拉赫曼·布夏拉(Abderrahman Bouchaara)。馆址北京三里屯路16号(16，San li Tun Lu Beijing)；电话5321796 5321489。

台湾在摩卡萨布兰卡市设有贸易公司代表处。

【同美国的关系】摩与美关系密切。1987年2月，两国签署协定，摩允许美国航天飞机在紧急情况下使用卡萨布兰卡穆罕默德五世机场和本古里基地。1989年，美开始在穆罕默迪亚建一战略油库为美第六舰队提供补给。1990年8月美国防部长切尼访摩。1991年8月国务卿贝克访摩；9月，哈桑二世国王第六次访美。美已取代法国成为摩第一位小麦供应国。美还在摩丹吉尔修建了美本土之外的“美国之音”的最大转播站。美有160名和平队员在摩工作。摩每年向美派出留学生、进修生200～300名。

【同法国的关系】摩、法有传统关系，两国元首多次互访。1990年哈桑二世批评法把经济援助与人权问题挂钩的作法。1991年摩对法借口人权问题干涉摩内政进行了反击，致使两国关系风波迭起。1992年摩法关系有所改善，法总理、外长分别访摩，同意把摩法关系从援助关系转为伙伴关系，并允向摩提供长期优惠贷款，为摩向世界银行、欧洲开发银行及海湾私人资本贷款提供担保。摩在法有52万侨民，2.3万留学生。法在摩有5万侨民。法是摩第一位贸易伙伴，两国贸易额约占摩外贸总额的1/4。法在摩的私人投资占外国投资总额的30%多。法是摩最大的债权国。摩法军事关系密切，摩军装备大部由法国提供。

【同独联体国家的关系】1992年，摩向俄罗斯提供967吨的紧急食品援助；俄罗斯向摩提供1亿欧洲货币单位的财援；8月，俄罗斯渔业部长访摩，两国签署了为期3年的渔业合作协定。除俄罗斯外，摩还与乌克兰、爱沙尼亚、吉尔吉斯斯坦、阿塞拜疆、立陶宛、摩尔多瓦建立了外交关系。

【同西班牙的关系】摩、西有传统关系。两国领导人互访不断。1991年西国王和首相同时访摩，两国签署了《西摩友好、睦邻与合作条约》，这是西首次与一个阿拉伯国家签署类似条约。摩西存有领土纠纷，摩要求收回现为西占领的休达、梅利利亚及地中海沿岸一些小岛，双方均表示不以武力解决。1992年，两国签署了农业、渔业合作协议和科技研究、技术援助协定及架设海底电缆协定。西是摩第二位贸易伙伴。

【同周边国家的关系】1976年因阿尔及利亚支持西撒人阵，承认西撒国，摩与阿断交。1988年5月两国恢复外交关系。同年6月，哈桑二世国王访阿。1989年2月沙德利总统访摩。5月14日摩议会批准摩、阿边界条约。1991年5月，哈桑二世国王率王储和王子访阿，双方发表联合公报表示赞同以公民投票方式解决西撒问题。1992年1月，曾客居摩28年之久的布迪亚夫回国担任阿最高国务委员会主席后，两国关系有所改善。7月，奥斯曼议长代表哈桑二世出席布的葬礼。8月，摩外交国务大臣菲拉利和内政大臣巴斯里赴阿，转达了哈桑二世尽早会晤阿最高国务委员会新主席卡菲的愿望。

1980年因利比亚承认西撒国，摩与利断交。1981年4月两国复交。1984年8月，哈桑二世和卡扎菲签署两国联盟条约。1986年8月，哈桑二世宣布废除摩、利国家联盟条约，但卡扎菲称摩单方面废约无效。1989年5月卡扎菲访摩；8月底哈桑二世国王访利。1992年安理会因"洛克比"空难事件作出制裁利比亚决议后，摩参加阿盟七国调解委员会参与调解。之后，摩宣布执行安理会决议。

1976年摩同毛里塔尼亚分治西撒，并结成军事联盟。1981年3月，毛指责摩参与未遂政变，与摩断交。1985年4月两国复交。摩毛关系近年来有所改善。1992年5月，毛总理和外长访摩，转交了塔亚总统致哈桑国王的信函。11月，摩派首相出席了在毛举行的马盟第五次首脑会议。

【同其他阿拉伯国家的关系】1992年10月哈桑国王出访沙特、约旦，积极调解两国在海湾战争中的积怨。自西撒冲突以来，沙特每年向摩提供大量财援。摩40%以上的石油靠沙特赠送。11月，哈桑二世出访约旦、叙利亚和埃及，试图为进一步推动中东和谈发挥其影响。

（耿文兵）

莫　桑　比　克

国名　莫桑比克共和国(The Republic of Mozambique，A República de Moçambique)。

面积　799380平方公里。

人口　1570万(1990年估计)。1990年人口自然增长率2.7%，人均寿命47.5岁，1989年儿童死亡率173‰。有60多个部族，绝大多数属班图语系。主要有马库阿—洛姆埃族(约占总人口的40%)、绍纳—卡兰加族、尚加纳族、佐加族、马拉维—尼扬加族、马孔德族和瑶族等。此外，还有数万名白人、混血人和印巴人，以及200余名华侨、华裔。官方语言为葡萄牙语，主要部族有自己的语言。大多数人信奉原始宗教。约300万人信伊斯兰教，168万人信天主教，50万人信基督教新教，4000多人信印度教。

首都　马普托(Maputo)，人口约120～130万(1990年)。

国家元首　总统若阿金·阿尔贝托·希萨诺(Joaquim Alberto Chissano)，1986年11月6日就任。

简　况

位于非洲东南部。南邻南非、斯威士兰，西界津巴布韦、赞比亚、马拉维，北接坦桑尼亚，东濒印度洋，隔莫桑比克海峡与马达加斯加相望，海岸线长2630公里。属热带草原气候，年平均气温20℃。

13世纪，马绍纳人在现津巴布韦和莫桑比克一带建立莫诺莫塔帕王国。1505年遭葡萄牙殖民者入侵，1700年沦为葡的"保护国"。1951年葡将其改为"海外省"。1964年9月莫桑比克解放阵线领导人民开始进行反对葡殖民主义统治的武装斗争。1975年6月25日正式宣告独立，成立莫桑比克人民共和国，莫桑比克解放阵线主席萨莫拉任总统。

政　治

1986年10月19日，萨莫拉总统因飞机失事遇难后，希萨诺继任总统。独立后，全国抵抗运动(简称"抵运")一直进行反政府武装活动。莫政府从1991年起开始实行多党制，积极寻求通过政治手段解决国内战乱。1992年，莫和平进程取得重大进展。经过两年多艰难谈判，莫政府和莫"抵运"于10月4日在罗马签署了和平总协议，13日共和国议会通过了该和平协议，从而结束了长达16年之久的内战。根据和平协议，双方军队于停火生效后开始分别在指定地点集中，双方各出1.5万人组建全国统一军队；6个月内遣散其余兵员；一年后举行大选；"抵运"在现行国家制度内开展政治活动；成立监督和控制委员会，负责监督和执行协议，该委员会由莫政府、"抵运"、联合国、非统组织和莫双方商定的国家的代表组成，主席由联合国秘书长任命。

【宪法】1990年11月30日生效的《莫桑比克共和国宪法》的主要内容有：以多党制取代一党制，实行党政分开和司法独立，删去原宪法关于莫解阵党在国家和社会中享有领导作用的保证条款，莫解阵党主席不再是共和国的当然总统，总统和议员均由全民直接选举产生，一切经过登记的政党都可参加竞选，总统任期5年，只能连任二届；取消原宪法中"社会主义"的提法和一切马列主义意识形态的词句，删去原国家、议会和最高法院名称中的"人民"字样;建立实行市场经济机制,实行国家、合作、混合、私人等多种经济成分并存;扩大公民自由与权利,如保证公民享有言论、新闻和宗教信仰自由以及罢工权利,废除死刑等。

【议会】称共和国议会,国家最高权力机关,行使国家立法权。常设机关是共和国议会常务委员会。本届议会于1986年12月选举产生,共有议员250人,候补议员10人,常务委员会委员21人。1992年3月24日至4月4日共和国议会举行第4次会议,审议并通过了批准成立非洲经济共同体机构条约的决议等法案。10月13日,共和国议会举行第一次特别会议,讨论通过了10月4日希萨诺总统和"抵运"领导人德拉卡马在罗马签署的和平总协议。12月11日至19日共和国议会举行了第五次会议,讨论并通过了建立共和国警察、共和国总统的权利和特权、九三年预算及国家总预算等法案。议长马塞利诺·多斯桑托斯(Marcelino dos Santos)。

【政府】部长会议是国家最高权力的执行机关。总理受总统的委托召集并主持部长会议。本届部长会议于1989年1月组成,经多次调整,现主要成员有:总理兼计划部长马里奥·达格拉萨·马顺戈(Mario da Graca Machungo),国防部长阿尔贝托·希潘德(Alberto Chipande),外交部长帕斯科亚尔·莫孔比(Pascoal Mocumbi),安全部部长马里亚诺·马齐涅(Mariano Matsinha),内政部部长科罗内·安东尼奥(Colonel Antonio),财政部长埃内亚斯·达康塞桑·科米什(Eneias da Conceicao Comiche),贸易部长丹尼尔·滕贝(Daniel Tembe)。

【司法机构】设有最高法院及省、县、区级法院和共和国检察院。最高法院为最高司法机构,院长马里奥·曼加泽(Mario Mangaze),总检察长爱德华多·穆伦布埃(Eduardo Mulembue)。

【政党】至1992年底,除执政的莫解阵党外,15个反对党先后宣布成立,其中包括"抵运"在内已有4个政党履行登记手续而获合法地位。

(1)莫桑比克解放阵线党(Partido Frelimo):简称"莫解阵党"。执政党。1962年6月25日成立。原名莫桑比克解放阵线,1977年2月改为现名。党员464550人(1991年)。1977年莫解阵"三大"确定为"马列主义先锋党",1989年"五大"改为"全民党"。1990年8月五届三中全会通过有关实行多党制的决定。主席若阿金·阿尔贝托·希萨诺。总书记费莉希亚诺·萨罗蒙·贡达纳(Feliciano Gundana)。

(2)莫桑比克全国抵抗运动(Renamo):简称"抵运"。莫最大的反对党。1976年初成立。拥有部队一万余人,主要在莫广大农村地区活动。"抵运"称,它是"在莫为恢复人民的自由与权利,反对压迫和剥削的共产主义政权而斗争的全国运动",其主要目标是"推翻莫的共产主义政权,建立一个以自由选举为基础的由全体莫桑比克人民参加的民主政权"。根据1992年10月4日签署的和平协议,"抵运"作为合法政党在莫现行国家制度内开展政治活动。主席阿方索·德拉卡马(Afonso Dhlakama)。

【重要人物】若阿金·阿尔贝托·希萨诺:总统,莫解阵党主席。1939年10月22日生于加扎省希布托县马莱伊塞村。50年代末创建莫全国学联并任主席。1960年先后留学葡萄牙和法国。1962年积极参加莫解阵创建工作,并历任解阵中央委员、执行委员。1963年任解阵主席蒙德拉纳的秘书。后任莫解阵教育书记、新闻宣传书记、安全与防务书记、安全书记、军政委员会委员、驻坦桑尼亚和东非代表。1974年7月协助萨莫拉主席同葡萄牙谈判。9月达成关于莫独立的《卢萨卡协议》后,出任莫过渡政府总理。1975年6月莫独立后任外交部长。1986年11月3日出任莫解阵主席,6日就任共和国总统兼武装部队司令。1980年被授予少将军衔。荣获《蒙德拉纳》一级勋章、《九·二五》一级勋章等。 **马里奥·达格拉萨·马顺戈**:总理。1940年12月1日生于伊尼杨巴内省马希谢县希古克村。1959年就读于商业学院预科。1961年考入里斯本财经学院。1962年成为莫解阵秘密成员。1970年返莫后任国家复兴银行经济师。1974年9月任过渡政府经济合作部长。独立后历任工商部长、工业能源部长、农业部长、计划部长、赞比西亚省领导人等。在莫解阵党历次代表大会上均当选为中央委员、多次当选为政治局委员。1986年7月任中央经济政策书记、总理。

经　济

莫为农业国,是联合国宣布的最不发达国家之一。因连年战乱、自然灾害和国际经济的影响,经济十分困难。1983年起调整政策。1987年实施三年经济复兴计划后,经济下降颓势得到扭转,三年间,国内生产总值年平均增长4.5%。但经济发展未能保持稳步上升水平。1991年国内生产总值仅增长0.9%。

国内生产总值(1991年):25721亿梅蒂卡尔。

人均国民生产总值(1991年):15.8万梅蒂卡尔。

货币名称:梅蒂卡尔。

汇率(1992年10月):1美元=2340梅蒂卡尔。

通货膨胀率(1992年预计):70%。

【资源】有煤、铁、铜、金、钽、钛、铋、铝、石棉、石墨、云母、大理石和天然气等,其中煤蕴藏量60亿吨,钛600多万吨,钽矿储量居世界首位。森林面积460万公顷,其中生产林100万公顷。水力资源丰富,赞比西河上的卡布拉巴萨水电站装机容量207.5万千瓦,为非洲第一,世界第六大发电站。

【工业】主要是加工工业,大部分集中在马普托、贝拉和楠普拉等市,有制糖、制茶、粮食及腰果加工、卷烟、榨油、纺织、木材、水泥、炼油、机车车辆制造、电池及轮胎业等。由于缺乏原材料和零配件,设备老化,开工率低等原因,1991年工业生产仅完成计划的80%。

但工业产品出口却有较大增长，1991年工业产品出口为1989年的两倍，近5000万美元。

【农业】农业是莫国民经济的基础，1990年农业产值约占国民生产总值的37.3%，全国人口的85%为农业人口。腰果、棉花、糖、剑麻是传统出口农产品。主要粮食作物有玉米、稻谷、大豆、木薯等。1991年棉花产量创独立以来最高纪录。因严重干旱等影响，1991/92年度，预计产粮58.4万吨，缺粮98.2万吨。渔业资源丰富，盛产对虾及贝类水产品，1991年计划捕捞贝类水产品7500吨。

【交通运输】莫铁路、港口主要为内陆邻国服务。国际货运曾是主要外汇来源之一，因受国内战乱影响，运量与收入均大为减少。

铁路：总长3843公里；1990年货运量310万吨，其中国际货运200万吨。

公路：总长41105公里，独立以来新铺公路550公里。1983年有各种车辆85800辆，1986年货运量20.2万吨。

水运：内河航线1500公里，有马普托、贝拉和纳卡拉等港口15个。1990年港口吞吐量590万吨，其中国内货物100万吨，国际货物490万吨。

空运：莫桑比克航空公司拥有大小飞机13架，其中4架波音737，1架波音767和1架DC10。首都与6省有航线，国际航线通往西、北欧、俄罗斯、巴西和非洲邻国等。1989年运送旅客24.3万人次、货物4000吨。有大小机场16个，其中国际机场3个。

【财政金融】1991年财政收入下降，截至8月仅完成计划的51.6%，与1990年同期相比下降6.7%，国家预算开支的60%依靠外援。1991～1992年预算收支情况如下(单位：亿梅蒂卡尔)：

	1991	1992
收入	4426	4650
支出*	9678	11450
赤字	5252	6800

* 支出包括投资款项，1991年和1992年投资分别为4800亿和6300亿。

(资料来源：莫1991年11月《新闻报》)

1988年外汇储备1.56亿美元，1991年国际收支逆差5.44亿美元，1992年累计外债54亿美元。

【对外贸易】主要出口产品是对虾、腰果、原棉、糖和煤等。主要进口产品为粮食、燃料、原材料、设备及零配件等。同50多个国家和地区有贸易关系。1990年主要出口国为：西班牙(占总额17.9%)、美国(11.6%)、日本(10.4%)和葡萄牙(5.6%)等；主要进口国为：南非(占总额23.2%)、前苏联(9.8%)、美国(7.1%)和意大利(6%)等。近几年进出口贸易情况如下(单位：亿美元)：

	1988	1989	1990
出口额	1.03	1.05	1.26
进口额	7.36	8.08	8.77
差　额	−6.33	−7.03	−7.51

(资料来源：1992～1993年经济季评)

【外国资本】1985～1990年，莫政府批准的外国私人投资项目82个，总额2.83亿美元。1991年外国直接投资约2250万美元。主要投资国：美国、英国、津巴布韦、西班牙、德国、南非和日本。投资行业：农业、旅游业、矿产石油勘探、交通运输、渔业和工业等。

【外国援助】近年来联合国每年召开一次紧急援助莫桑比克捐赠国会议，1987～1990年间共筹集援助资金9.08亿美元。1991年西方援助国和金融机构在巴黎援莫认捐会议上承诺1992年向莫提供11.25亿美元援助。1992年，罗马捐赠国会议和巴黎协商集团会议分别为莫筹资3.2亿和7.6亿美元。主要援助国是意大利、瑞典、美国、法国等。

人民生活

国民生产总值人均仅80美元(1989年)。失业率估计为50%。至1990年4月，有978个卫生单位(占总数的46%)因战乱被破坏或关闭。每4.4万人拥有1名医生。

军　事

莫武装部队创建于1964年9月25日。原名莫桑比克人民解放军。总统兼任武装部队总司令。总参谋部是军队的具体指挥机构。总参谋长安东尼奥·哈马泰。实行义务兵役制，服役期两年。1991年国防开支占国家总预算的37.4%。

总兵力7.2万人。其中陆军6.5万人；空军6000人，有43架战斗机和12架直升机；海军1000人，有26艘巡逻艇。

文化教育

【教育】1990年7月实行教育制度改革，允许私人办学，结束了独立以来只能政府办学的历史。1989年文盲率为68%。蒙德拉纳大学是唯一综合性大学。1986年全国有小学教师2.6万人，中学教师3422人。1991年在校注册的学生为120万。因战争缘故，至1990年共有2773所中小学被毁坏，致使50万学生无法入学。

【新闻出版】全国性报刊10余种。主要有：《新闻报》，发行量6.5万份；《莫桑比克日报》，发行量1.6万份；《星期日报》，发行量3.5万份；《时代》，发行量4万份；《挑战报》和《莫桑比克新闻汇编》。

莫桑比克通讯社：国家通讯社，1976年成立。

莫桑比克电台：官方电台，1975年成立，用葡语、英语和民族语言广播。对内广播19个小时，对外约5个小时。

莫桑比克电视台：国营，1981年起试播，每周播4次，每次4小时。

对外关系

奉行独立不结盟政策，主张在相互尊重主权和领土完整、平等、互不干涉内政和互利原则的基础上与其他国家发展友好合作关系。支持民族解放斗争，主张通过谈判解决冲突，主张各国全面裁军，支持把印度洋变为无核区与和平区的原则。已同90多个国家建立了外交关系。

【同我国的关系】1975年6月25日两国建交。建交后两国友好合作关系不断发展。1992年3月,中共中央委员、贵州省委书记刘正威率中国共产党代表团访莫。8月,杨福昌副外长访莫。5月,莫桑比克议长桑托斯率莫议会代表团访华。7月和9月,莫解阵党中央行政与财政书记阿朗和总书记贡达纳分别率莫解阵党考察团和代表团访华。12月,莫外交部长莫孔比访华,双方签署了经济技术合作协定。6月,中国政府向莫政府赠送3000吨玉米,救济旱灾灾民。10月,莫桑比克—中国友好协会在马普托正式成立。

中国驻莫桑比克大使:肖思晋。馆址:NO. 1309 AV. DOS MARTIRES DA MACHAVA P. O. BOX4668,MAPUTO,MOZAMBIQUE。电话:491566,491560。国家地区号:258-1。电传号:6-449 HNALMMO。商务处电话:491879。经参处电话:490306。

莫桑比克驻华大使:达尼艾尔·萨乌尔·姆班泽(Daniel Saul Mbanze)。馆址:北京朝阳区塔园外交人员办公楼1单元7楼1号。电话:5323664,5323578。

【同美国的关系】自1982年以来两国关系得到改善并不断发展。1984年美国取消对莫提供经援的禁令。1986、1987、1990年莫总统三次访美。1990年1月,美将莫从"马列主义国家"名单中除名,取消对莫提供军援的禁令。1992年,美国负责非洲事务的助理国务卿科恩多次访莫,同莫政府及"抵运"负责人举行会晤。7月1~12日,莫总统希萨诺对美进行私人访问,会见了美国务卿贝克。11月7日,希萨诺致电克林顿,祝贺其当选美国总统。近年来美向莫提供援助逐年增加,现每年约1亿美元。1992财政年度美向莫提供了2.2亿美元的援助。莫为黑非洲接受美援助最多的国家。

【同西欧国家的关系】1992年,莫桑比克同西欧国家的关系得到进一步加强。莫同其原宗主国葡萄牙有传统的合作关系,1992年4月,莫外交部长莫孔比访葡;6月,莫总统希萨诺对葡进行了私人访问。意大利是莫桑比克和平谈判的调停国,为莫桑比克最终签署和平协议作出了重要贡献。近年来西欧国家向莫提供的援助逐年增加。

【同前苏联的关系】莫领导人曾多次访问前苏联和参加苏共代表大会、十月革命节等活动。苏曾是莫最大的援助国之一。1991年底苏联解体,莫政府于12月27日发表声明,承认宣布独立的前苏联12个共和国,并表示愿意根据国际法准则同各国建立外交关系和发展友好合作关系。

【同前线国家及周边国家的关系】莫桑比克是前线国家和南部非洲发展共同体的成员。莫重视同前线国家及周边国家的关系。1992年3月和12月,莫总统希萨诺两次赴哈拉雷出席前线国家首脑会议。8月,希萨诺出席在温得和克举行的南部非洲发展协调会议第12次首脑会议,参加签署将该组织转变为南部非洲发展共同体的条约。1992年,希萨诺多次访问津巴布韦,会晤穆加贝总统。10月,希萨诺率莫党政代表团参加博茨瓦纳执政党博民主党成立30周年的庆祝活动。5月,博总统马西雷访莫。 (熊利春)

纳米比亚

国名 纳米比亚共和国(The Republic of Namibia)。

面积 824269平方公里(包括沃尔维斯湾)。

人口 140万(1991年10月普查数),人口增长率30‰,多数为黑人。主要部族有:奥万博族、卡万戈族、达马拉族、赫雷罗族,以及卡普里维、纳马、布什曼、雷霍伯特和茨瓦纳族。此外,有白人7.8万,有色人4.8万。官方语言为英语,通用南非荷兰语、德语和广雅语、纳马语及赫雷罗语。90%的居民信奉基督教,其余信奉原始宗教。

首都 温得和克(Windhoek),人口12.5万(1990年估计)。

国家元首 总统萨姆·努乔马(Sam Nujoma),1990年2月16日当选。

简　况

位于非洲西南部,北同安哥拉、赞比亚为邻,东、南毗博茨瓦纳和南非,西濒大西洋。海岸线长1600公里。属热带沙漠气候,年平均气温18~22℃。1890年被德国占领。1915年南非占领西南非洲。1960年4月西南非洲人民组织成立,并开始进行争取民族独立的斗争。1968年联合国大会将西南非洲更名为纳米比亚。1978年联合国通过实现纳米比亚独立的435号决议,要求终止南非统治,通过联合国监督下的公民投票实现纳独立。1990年3月21日纳正式宣布独立。

政　治

独立以来,纳政府奉行民族团结与和解政策,争取、安抚白人,团结不同肤色的人参与国家的恢复与重建,进一步对旧国家机器进行改造。在1992年底地区和地方政府选举中,"人组"在全国13个地区获胜,控制了即将设立的议会二院——全国委员会。在53个地方政府选举中,

“人组”获胜 38 个，这样，“人组”基本控制了中央、地区和地方政府 3 级政权和议会两院的多数。经济上执行经济紧缩政策，减少政府开支、增加财政收入、控制通货膨胀；同时注意发挥私人经济的积极性；对外执行开放经济政策，吸引外资，努力增加就业；着重调整农产品价格结构和发展商业性农场，促进农业生产的发展；确定 200 海里专有经济区，大力发展渔业加工业。经济低速增长，但 1992 年因矿业不振、农业遭旱灾，通膨率和失业率较高。

【宪法】现行宪法于 1990 年 2 月制定。规定：纳是一个主权、独立、统一和世俗的共和国；实行三权分立、两院议会和总统内阁制，总统为国家元首和政府首脑兼武装部队总司令，每届任期 5 年，连任不得超过两届。

【议会】由国民议会和全国委员会组成。国民议会拥有立法权，由直接选举和按比例代表制产生的 72 名议员和总统指定的不超过 6 名议员组成，每届任期 5 年。本届国民议会是纳独立后的第一届议会，由制宪议会于纳独立之日转变而成。西南非洲人民组织占 72 席中的 41 席，特恩哈尔民主联盟占 21 席；联合民主阵线占 4 席；基督教全国行动占 3 席；爱国阵线、联邦大会和民族阵线各占 1 席。议长莫斯·佩纳尼·奇腾德罗(Mose Penaani Tjitendero)。全国委员会拥有审议和驳回国民议会方案的权利。1992 年底举行了地区和地方政府选举。根据宪法，全国委员会将由每个地区委员会选举 2 名代表组成。

【政府】实行总统内阁制。本届政府于 1990 年 3 月 21 日纳独立当日宣誓就职，1992 年 4 月进行了改组，现主要成员有：总理哈格·根哥布(Hage Geingob)，外交部长西奥本·古里拉布(Theo-Ben Gurirab)，国防部长彼得·穆希汉吉(Peter Mueshihange)，财政部长格哈德·汉尼科姆(Gerhard Hanekom)，内政部长希菲科潘叶·波汉巴(Hifikepunye Pohamba)，贸易和工业部长本·阿马提拉(Ben Amathila)，工程、运输和通讯部长马可·豪西库(Marco Hausiku)，农业、水利和农村发展部长安东·冯·威特希姆(Anton von Wietersheim)，土地、复兴和安置部长里查德·卡佩瓦·卡巴加尼(Richard Kapelwa Kabajani)。

【司法机构】由最高法院、地方法院和低级法院组成。大法官和总检察长由总统任命。最高法院大法官汉斯·伯克(Hans Berker)。总检察长哈穆特·鲁佩尔(Harmut Ruppel)。

【政党】有大小政党 40 多个。主要政党是：

(1)西南非洲人民组织(South West Africa People's Organization)：简称“人组”，是纳最大的民族主义政党，也是执政党。1960 年 4 月 19 日成立，前身是 1958 年成立的奥万博兰人民组织。其目标是把纳建设成为自由、独立和民主的国家。1966 年 8 月开始武装斗争。1989 年 11 月在制宪议会选举中获胜。1991 年 12 月，举行了纳独立后的第一次全国代表大会，决定将民族解放组织转变为群众性政党。主席萨姆·努乔马，总书记摩西·加罗卜(Mose Garoeb)。

(2)特恩哈尔民主联盟(Democratic Turnhalle Alliance)：简称“民主联盟”。议会第一大反对党。由白人共和党联合 10 个部族集团于 1977 年 11 月成立。1989 年经重新组合后包括 12 个政党和派别。宣称“既反对共产主义，也反对种族主义”。1989 年同意实施联合国安理会 435 号决议并参加竞选。在同年 11 月举行的制宪议会选举中以 28.6%的选票获 21 个席位，成为最大的反对党。拒绝参加“人组”为主的政府。在 1992 年底的 3 个地区和 6 个地方政府选举中获胜。代理总裁米谢科·穆荣戈(Mishake Muyongo)，主席德克·马奇(Dirk Mudge)。

(3)纳米比亚联合民主阵线(United Democratic Front of Namibia)：1989 年 2 月由达马拉委员会、有色人工党、爱国团结运动等 8 个政党组成。在制宪议会选举中获 5.6%的选票。在 1992 年底的全国地方政府选举中在 2 个选区获胜。主席克里斯蒂(Engelhardt christy)，执行委员会主席加斯布(Johannes Gâseb)。

(4)基督教全国行动(Action Christian National)：成立于 1989 年初，是以西南非洲国民党和德裔白人政治组织为主的白人政党。主张保护白人利益，建立高度自治的地方政府。主席简·迪·怀特(Jan De Wet)。

此外，参加政府的政党还有纳米比亚西南非民族联盟和联合民主阵线，未参政但在议会中拥有议席的政党还有纳米比亚爱国阵线、纳米比亚联邦大会和西南非洲人民组织—民主主义者，既未参政在议会中也无议席的政党有纳米比亚基督教民主党等。

【重要人物】萨姆·努乔马：西南非洲人民组织主席、共和国总统兼武装部队总司令。1929 年 5 月 12 日生于纳米比亚北部奥万博兰地区的奥卡哈奥一农业工人家庭，属奥万博族的恩多加小部族人。早年就读于家乡教会学校，后在温得和克读夜校。1955～1959 年当过铁路雇员、温得和克市公务员和商店职员，并开始参加政治活动。1958 年和托伊沃等人一起创建奥万博兰人民组织(1960 年改名西南非洲人民组织)，同年 12 月被南非当局拘留。1960 年 3 月获释后流亡国外，同年被选为“人组”主席。1961 年 3 月在坦桑尼亚建立“人组”国外临时总部。1966 年 8 月领导“人组”开始武装斗争。1989 年 9 月回纳参加竞选，1990 年 2 月 16 日当选总统，3 月 21 日宣誓就职。1991 年 12 月在“人组”全国代表大会上再次当选为主席。有三子一女。　**哈格·根哥布**：总理、“人组”政治局委员。1941 年生。达马拉族人。1958～1961 年在奥古斯丁师范学校就读。1970 年获纽约福特汉大学学士学位。1972 年获纽约社会研究学院国际关系学硕士学位。1961 年在校期间因参加抗议班图教育制度的游行被校方开除。1962 年参加西南非洲人民组织，同年底流亡国外。1963～1971

年先后任“人组”驻博茨瓦纳副代表、驻联合国和美国代表。1969 年当选为“人组”中央委员和组织书记。1972～1975 年任联合国秘书处政治事务协助官员。1975 年 7 月任“人组”政治局委员和联合国纳米比亚学院院长。1989 年 6 月任“人组”竞选委员会主任，并返回国内组织、领导“人组”竞选活动，11 月当选为纳制宪议会主席。翌年 2 月主持通过纳独立宪法，3 月 21 日被任命为总理。

经　济

以采矿业为主，矿业、畜牧业和渔业是纳经济的三大支柱，产品 90%外销。独立后政府明确宣布尊重私有财产，不实行大规模国有化；实行混合经济体制，由私人资本、外国资本和政府参与的混合企业作为国家的经济支柱。在土地方面，采用补偿方式将未充分利用和被白人农场主遗弃的土地收归国有，分配给无地或少地的黑人群众；同时设法安置难民，逐步改善黑人的生活状况；制定投资法，鼓励外国投资。1992 年由于发生严重旱灾，经济发展较为困难。纳政府采取以农为主，抗旱救灾，扶助中、小企业发展的务实经济政策，保证了粮食的供应和价格稳定，同时减轻农民负担，鼓励发展生产。在工业方面，纳政府制定了工业发展规划，通过降低利率，建立证券交易所，吸引资金，促进信贷，以推动生产发展，从而使纳在严重自然灾害的情况下取得了经济增长。

国民生产总值(1991 年)：58.7 亿兰特。

人均国民生产总值(1991 年)：4187 兰特。

国民生产总值增长率(1991 年)：2% 。

国民收入(1990/91 年)：27 亿兰特。

货币名称：兰特(南非货币)。

汇率(1991 年)：1 美元＝2.761 兰特。

通货膨胀率(1992 年 8 月)：18.7%。

失业率(1992 年)：35%。

【资源】矿产资源丰富，是非洲第四大矿产国，素有“战略金属储备库”之称。主要矿藏有钻石、铀、铜、铅、锌、钨等。沿海有丰富的鱼类资源。

【工矿业】采矿业为最大的经济部门。1991 年采矿业产值为 10.84 亿兰特，占国内生产总值的 20%。制造业不发达，仅有肉类、鱼类加工厂、食品厂、木材加工厂和机械厂。85%的日用品依赖进口。1991 年制造业产值 2.27 亿兰特，占当年国内生产总值的 4.2%。近几年主要矿产品产量如下：

	1989	1990	1991
钻石(万克拉)	92.7	76.3	119.4
黄金(公斤)	336	1605	1851
白银(吨)	108	92	91
氧化铀(吨)	3628	3786	3220
氧化砷(吨)	2399	1637	1804
镉(吨)	88	69	67
粗铜(万吨)	3.80	3.32	3.19
铅(精炼，万吨)	4.42	3.51	3.34
锂(吨)	1398	1271	1300
二硫化铁(万吨)	19.65	13.89	12.71
锌(万吨)	3.93	3.77	3.31

(资料来源：1992/93 年经济季评)

【农牧渔业】1991 年农牧渔业产值 8.97 亿兰特，占国内生产总值的 16.7%。畜牧业较发达，占农牧业总产值的 80～90%。有农牧场 6300 余家，绝大多数为白人经营。种植业一向较落后，粮食不能自给，每年需从南非进口 10 万吨左右。1992 年农业因受严重旱灾的影响，生产下滑，粮食歉收 70%以上，畜牧业在不同程度上也受到影响。独立后，纳政府确定 200 海里专有经济区，实行渔业许可证制度和严格控制捕鱼数额与配额，使渔业生产迅速恢复。1991 年渔业生产增产 84%，1992 年仍保持高速发展，其产值从过去占国内生产总值的 3%上升到 6%。沿海盛产鲱鱼、沙丁鱼、鲭鱼、鳕鱼及龙虾等。

【旅游业】较发达。海滩、自然保护区等旅游点集中在北部和南部地区。有饭店 600 多家。1991 年外国游客 21.3 万人次，旅游外汇收入 2.73 亿兰特。63%的游客来自南非，其他主要来自西欧。

【交通运输】基础设施较发达。

铁路：总长 2382 公里；年均客运量 48 万人次，货运量 200 万吨。

公路：总长 5.8 万公里，其中沥青路 4500 公里；年均客运量 5 万人次，货运量 18 万吨。

水运：沃尔维斯港是最大的深水港，年吞吐量约 100～200 万吨。

空运：各大城市均有机场，首都的国际机场有定期航班飞往南非、博茨瓦纳、德国及瑞士。

【财政金融】纳独立后留在南部非洲关税同盟和共同货币区内，关税、外贸、外汇收入仍受南非控制。南非取消了对纳的财政预算补贴。1992/93 年财政预算收入为 29.76 亿兰特，支出 35.44 亿兰特，实际赤字 3.47 亿兰特。截至 1990 年 3 月，外债额为 7.141 亿兰特，主要债权国是南非。

【对外贸易】1991 年矿产品(钻石、铀等)占出口总值的 61%。其次为牧、鱼产品(牛、紫羔羊皮等)。主要进口食品、机械设备、石油产品、化学药品及日用消费品等。南非是纳主要贸易伙伴，分别占纳进、出口商品的 75%和 50%。其他贸易伙伴是英国、日本、德国、法国、美国、比利时和意大利。近几年外贸情况如下(单位：亿兰特)：

	1989	1990	1991
出口额(离岸价)	29.43	27.65	32.63
进口额(离岸价)	32.92	31.61	34.11
差　额	－3.49	－3.96	－1.48

(资料来源：同上)

【外国援助】纳独立后加入了南部非洲发展协调会议、国际货币基金组织和关贸总协定。1990 年 6 月在纽约举行的国际援纳认捐会上，100 多个国家和 30 几个国际组织认捐总额达6.96亿美元，绝大部分为无偿赠款。双边援助认捐额达5.31亿美元，用于1990～1993年。1992年2月，欧共体向纳提供3700万兰特援助，用于农业、医疗卫生等部门。3月，欧共体委员会副主席马林访纳，同纳签订了3.58亿兰特援助协定。

人民生活

人均国民收入1000多美元，但社会严重两极分化，90%的黑人平均收入不到90美元，而5%的白人收入高达16000美元。1991年温得和克市消费品价格年率指数为377，上涨了11.9%；食品价格年率指数443，上涨了5.9%。1989年全境有医院61所、诊所156个。共有9000个床位，平均每1000人有5.6个。80%的医院设在白人区，广大黑人医疗条件较差。

军　事

纳宪法规定，国防军的组成应按平衡结构原则进行。新组成的国防军从“人组”战士、原防暴警察和西南非洲领土军中按同等人数吸收。英国和肯尼亚等国帮助培训国防军的骨干，已组成了指挥和后勤系统，建立了6个营的编制，人数达1万人。国防军司令迪莫·哈马姆波(Dimo Hamaambo)少将。1992/93年国防预算开支1.75亿兰特，占总预算支出的5%。

文化教育

【教育】1988年有中小学1153所，在校学生37.4万人。有一所大学，学生5000人；还有4所科技学院和2所农学院。政府实行普及教育制度，规定6年免费义务小学教育，增加校舍，提高教师的水平，促进职业教育。1992/93年度教育预算经费为6.95亿兰特，占总预算支出的20%。纳全国文盲率为60%。

【新闻出版】有报刊十余种。主要报刊(发行量)：《纳米比亚人报》(2万份)，《共和报》(1.2万份)，《今日纳米比亚报》(5000份)，《温得和克广告报》(8000份)。

纳米比亚广播公司：原称西南非洲广播公司，成立于1979年，为国家所有，下设广播电台，用英、德、南非荷兰语等11种语言广播；电视台只有一个频道，主要用英语播出节目。

对外关系

奉行不结盟、中立和睦邻友好政策，支持加强非洲国家间的合作、南南合作和南北对话，主张通过谈判解决国际争端。已加入联合国及其附属机构、不结盟运动、非洲统一组织和英联邦等国际组织，同100多个国家建交，其中46个国家已在纳设立常驻使团。

【同我国的关系】我国一贯支持纳人民争取民族独立的正义斗争，纳独立后，两国即建交。此后，两国关系顺利发展。1991年9月，纳总理根哥布访华，并与李鹏总理签署了中纳经济技术合作协定。同年11月，孙起孟副委员长率领全国人大代表团访纳。

1992年9月，纳总统努乔马对中国进行国事访问。两国政府签署了中纳两国政府经济技术合作协定，并就中国政府为纳无偿援建儿童活动中心项目及在贷款项下为纳提供打井项目进行可行性考察换文确认。5月，纳教育文化部副部长温特沃斯访华。11月，纳全国工人工会主席特威亚访华。6月，李鹏总理在出席里约联合国环境与发展首脑会议期间举行工作晚宴，招待包括努乔马总统在内的一些国家领导人。1月，钱其琛国务委员兼外长访纳。11月，国家教育委员会副主任柳斌访纳，同纳方签署了1993～1995年两国教育合作备忘录。1月，陕西省杂技团根据中纳文化合作协定对纳进行友好访问演出。3月，中国红十字会向纳捐赠1万美元抗旱救灾援助。

1992年中纳进出口商品总额为12万美元，其中中国进口额为1万美元，出口额为11万美元。

中国驻纳米比亚大使：吉佩定。馆址：39 BEETHOVEN STREET，WINDHOEK 900，NAMIBIA，P. O. BOX 22777，WINDHOEK。电话：0026461-222089。电传：50908-675 WK。传真：225544。

【同非洲国家的关系】重视与非洲国家特别是前线国家的团结和友好合作关系。独立后加入了前线国家和南部非洲发展协调会议。1992年2月，努乔马总统访问尼日利亚、加纳和加蓬。6月，努乔马访问肯尼亚。8月，南部非洲发展协调会议在纳召开首脑会议。

【同南非的关系】对南非采取务实的外交政策。在政治上，坚决反对南非种族隔离制度，主张对南非实行制裁，支持南非国大的斗争；经济上，保持与南非合作关系。南非在纳设有代表处。纳工业品和食品主要从南非进口，其货币是南非兰特，纳又是南部非洲关税同盟成员，电讯、铁路、公路及海运主要经由南非，经济上对南非依赖很大。目前纳正努力逐步减少对南非的依赖，改变其殖民地经济体系。1992年9月，两国经过谈判，南非同意从1992年11月起与纳对沃尔维斯湾及其沿海岛屿实行共管。

【同美国的关系】美国在纳有较大的经济利益。美在纳公司占外国在纳公司的1/3以上。1991年2月美给予纳贸易最惠国待遇，使纳4230多种产品免税进入美国。纳还同美正式签署了国际军事教育和培训协定，根据协定美在1991年财政年度向纳提供25.3万兰特培训纳军官。1991年9月，美国副总统奎尔访纳，向纳提供270万美元，用于保护海洋资源。

【同西欧国家的关系】同西欧国家有着密切的政治和经贸关系。独立后，纳申请加入洛美协定，同西欧国家签署了许多经贸、文化和科技等合作协定。德国和北欧等国向纳承诺和提供了大量财政经济援助和赠款，帮助纳发展经济。

(张学茼)

南 非

国名 南非共和国(The Republic of South Africa)。

面积 1221037平方公里。

人口 3970万(1990年估计数)。分黑人、白人、有色人和亚洲人四大种族,分别占总人口的76.7%、12.7%、8.1%和2.4%。黑人约3000万,主要部族有祖鲁、哲豪萨、斯威士、茨瓦纳、北苏托、南苏托、聪加、文达、恩德贝勒、山干等。白人主要为荷兰血统的阿非利卡人(约占57%)和英国血统的白人(约占39%)。有色人约321万。亚洲人主要是印度人(约占99%)和华人。官方语言为英语和南非荷兰语。白人、有色人的大多数和60%的黑人信奉基督教新教或天主教;亚洲人约60%信奉印度教,20%信奉伊斯兰教;部分黑人信奉原始宗教。

首都 比勒陀利亚(Pretoria)为行政首都,人口82.3万(1985年人口普查数字,包括郊区,下同);开普敦(Cape Town)为立法首都,人口191.15万;布隆方丹(Bloemfontein)为司法首都,人口23.3万。

国家元首 总统弗雷德里克·威廉·德克勒克(Fredrick Willem de Klerk),1989年9月6日当选,20日正式就职。

简 况

位于非洲大陆最南端。北邻纳米比亚、博茨瓦纳、津巴布韦、莫桑比克和斯威士兰。东、南、西三面濒印度洋和大西洋。海岸线长2500公里。全国大部分地区属热带草原气候。夏季最高气温32～38℃;冬季最低气温为－10～－12℃。历史上曾是荷兰人、英国人争夺的殖民地。1910年英将开普省、纳塔尔省、德兰士瓦省和奥兰治自由邦合并为“南非联邦”,作为英的自治领地。1961年5月31日,南非退出英联邦,成立南非共和国。南非白人统治当局在国内推行种族歧视和种族隔离政策。1911年以来先后颁布了几百种种族主义法律、法令。1959年制定“班图自治法”,规定黑人在原来聚居的“保留地”上,按部族建立“黑人家园”,最后发展为10个黑人家园,其中特兰斯凯、博普塔茨瓦纳、文达、西斯凯已宣布“独立”,但除南非外,世界上所有国家都拒绝承认它们。

在国际社会的强大压力和南非人民的斗争下,南非白人统治集团内部出现分化。90年代以来,南非国内形势发生了重大的变化。

政 治

德克勒克1989年执政以来,推行政治改革,解除对非国大、南非共、泛非大等三十多个政治组织的禁令,释放政治犯,废除种族隔离的支柱性法律和法令。1992年3月,德克勒克在就是否赞成继续改革的白人公决中获胜。5月,民主南非大会举行第二次会议。由于南非政府与非国大在成立临时政府及过渡安排、两院制议会、通过宪法所需议员比例等关键问题上存在严重分歧,会议没有取得任何进展。自6月16日起,非国大及其盟友南非共和南非工会大会决定在全国开展群众行动,以迫使政府在谈判中让步。17日,约200名暴徒在博伊帕通制造了39人被害的惨案。非国大强烈谴责南非当局蓄意制造事端,宣布退出制宪谈判。随后,非国大继续组织了一系列罢工、游行示威、向黑人家园进军等大规模群众行动。9月7日,在黑人家园西斯凯首府比索发生惨案。26日,在政府满足非国大释放政治犯、禁止在公共场所携带危险武器、加强对季节工人单身宿舍警戒等三点要求后,非国大领导人曼德拉与德克勒克举行会晤。双方达成谅解备忘录,同意成立民族团结临时政府和通过民主选举产生制宪议会。27日,南非因卡塔自由党因对政府、非国大撇开其他政党组织而单独达成协议不满,宣布中断与政府接触,并与博普塔茨瓦纳、西斯凯等黑人家园政府结成反对非国大的联盟。11月下旬,德克勒克首次宣布政府关于过渡期的时间表,计划在1994年3月或4月举行大选。

非国大与政府继续举行双边会谈。但谈判进程一波三折。首先,在建立新南非问题上双方立场严重分歧。分歧的焦点集中在非国大要求尽快在一人一票的基础上通过普选产生制宪议会,以实现权力向黑人过渡;南非政府则主张谈判实现黑、白人分享权力,地方政府拥有较大权力,议会设两院,参院有否决权,反对“得票多者掌管一切”,力求最大限度地维护少数白人的既得利益。其次,各个政党和组织围绕权力和利益再分配问题表现出尖锐对立和分歧,黑人解放组织之间亦不够团结。第三,久禁不息的暴力事件对和平进程脱轨常起触媒作用。1992年,南非暴力事件夺去3500多人的生命,已成为和平进程的最大威胁。

1992年,联合国安理会通过765号和772号决议,敦促各方停止暴力冲突,尽快恢复制宪谈判。联合国、欧共体、英联邦和非统组织向南非派遣观察员,监督国家政治生活和暴力事件,为南非和平进程注入了新的活力。

【宪法】现行《南非共和国宪法》是第三部宪法,于1984年9月3日正式生效。该宪法规定:共和国总统和议会行使最高立法权,总统为国家元首和政府首脑。这部宪法继续剥夺广大黑人的政治权利,虽允许有色人和印度人参加议会,但仍由白人掌握和运用国家权力。

【议会】1984年9月3日起，实行白人、有色人和印度人三院议会制。议员共308人，通过直接选举、间接选举和总统任命产生。每届任期五年。白人议院共178席，其中12席间接选举或由总统任命。有色人议院共85席，其中5席间接选举或由总统任命。印度人议院共45席，其中5席间接选举或由总统任命。1989年9月大选后至1992年6月，经过间接选举、总统任命和补缺选举的变化，各政党在各议院的议席数为：在白人议院中，国民党104席，保守党42席，民主党32席；在有色人议院中，工党46席，国民党35席，自由党1席，无党派人士3席；在印度人议院中，团结党23席，民族人民党10席，荣誉人民党4席，民主党3席，南非人民党1席，民族联邦党1席，无党派人士3席。议长艾利·卢洛(Eli Louw)，1992年1月当选。

【政府】实行总统内阁制。内阁成员由总统随时任免。本届内阁于1989年9月组成，已进行过多次改组。以下为1992年11月的内阁主要成员及新成员：总统弗雷德里克·威廉·德克勒克，外交部长皮克·博塔(Pik Botha)，国防部长耶内·卢洛(Gene Louw)，宪法和发展部长勒尔夫·迈耶(Roelf Meyer)，司法部长科比·库切(Kobie Coetsee)，人力部长利昂·韦塞尔斯(Leon Wessels)，水利和林业部长戈特·孝茨(Gert Kotze)，教育和培训及住房部长萨姆·德比尔(Sam de Beer)，内政和环境部长盖里特·维尔容(Gerrit Viljoen，11月退休)，财政部长和工业、贸易及经济协调部长德里克·基斯(Derek Keys)，地方政府部长德舍斯·德尔波特(Tertius Delport)，国民教育部长皮特·马雷(Piet Marais)。

【司法机构】分最高法院和地方法院两级，此外还有专门黑人司法机构。最高法院为最高司法机构，由上诉庭、省庭和地方庭组成。全国共有6个省庭、3个地方庭和765个地方法院。纯系黑人之间的诉讼由专门黑人司法机关审理。专门黑人司法机关有酋长院、专员法院和上诉庭。最高法院首席法官迈克尔·科贝特(Michael Corbett)。

【政党】主要政党有：(1)国民党(National Party)：白人执政党。1914年7月成立，1948年执政至今。代表荷裔白人农牧场主和资产阶级的利益，长期主张“白人至上”，推行种族歧视和种族隔离政策。1989年2月2日，在改革问题上裹足不前的彼得·威廉·博塔被迫辞去该党领袖职务，由弗雷德里克·威廉·德克勒克接替。1990年8月，德克勒克建议国民党向所有种族开放，得到各省国民党代表大会的赞同。前领袖博塔因不满德克勒克的改革政策于5月退出国民党。领袖弗雷德里克·威廉·德克勒克。

(2)保守党(Conservative Party)：白人第一大反对党。1982年3月由从国民党分裂出来的反对“宪法改革”派组成，代表荷裔白人农牧场主右翼的利益。1992年5名该党议员因不满保守党拒不同非国大会谈的僵硬立场而退党，另组阿非利卡人联盟党。主席特勒尼赫特(A. Treurnicht)。

(3)民主党(Democratic Party)：第二大白人反对党。1989年4月由原进步联邦党、全国民主运动和独立党三个左翼白人政党合并而成。支持者主要是英裔白人。自称是南非“温和”、“中左”的反对党，主张废除种族隔离制度，积极参预南非和平进程。1992年，该党通过宪法提案，要求在南非建立联邦制国家，实行两院制议会。主席扎克·德比尔(Zach de Beer)。

(4)南非非洲人国民大会(African National Congress of South Africa)：简称非国大，南非最大的黑人民族主义政党。创立于1912年，原名“南非土著人国民大会”，1925年改现名。有成员70万。1960年被南非当局宣布为“非法”。1961年决定开展武装斗争，并成立“民族之矛”军事组织，由纳尔逊·曼德拉任司令员。1962年8月，曼德拉等被捕入狱。非国大在极其困难的条件下长期坚持斗争，成为南非影响最大的黑人解放组织。近年来，非国大注意根据形势的变化调整斗争策略。1992年5月第二次“民主南非大会”陷入僵局后，该党从6月16日起在全国范围内开展群众行动，以迫使政府作出让步。9月26日，在政府作出某些让步后，曼德拉主席与德克勒克总统举行了会晤，达成谅解备忘录。非国大为联合国观察员，在一些国家设有办事处。主席纳尔逊·曼德拉(Nelson Mandela)，副主席沃尔特·西苏鲁(Walter Sisulu)，全国主席奥立弗·坦博(Oliver Tambo)。

(5)阿扎尼亚泛非主义者大会(Pan Africanist Congress of Azania)：简称泛非大，黑人民族主义政党。1959年4月由非国大内反对奉行非暴力政策的部分成员组成。1960年被南非当局宣布为“非法”。1961年建立军事组织“波戈”，开展武装斗争。1990年2月，其在国内的合法地位得以恢复。1992年与南非政府三次举行会谈。同年底，泛非大军事组织阿扎尼亚人民解放军发动两起袭击白人平民事件，受到国内外的强烈谴责。主席克莱仑斯·马奎图(Ciarence Makwetu)，第一副主席约翰逊·姆兰博(Johnson Mlambo)。

(6)南非共产党(South African Communist Party)：1921年7月成立。1950年被南非当局宣布为“非法”。1990年2月在南非国内重新获得合法地位。现有299个支部，2万多名党员。是非国大重要的政治盟友，部分领导人在非国大内担任要职。全国主席乔·斯洛沃(Joe Slovok)，总书记克里斯·哈尼(Chris Hani)。

(7)因卡塔自由党(Inkatha Freedom Party)：是以南非纳塔尔省地区祖鲁族为主的黑人民族主义政党。前身是“民族文化解放运动”，成立于1928年，1975年重建。1990年6月向所有种族开放，同年12月改为政党并用现名。自称有成员220万。支持德克勒克政府的改革，表示愿意参加谈判进程。该党出席了1991年12

月和1992年5月的“民主南非大会”。1992年9月，因不满政府与非国大在未同因卡塔协商的情况下就禁止在公共场所携带危险武器等问题达成妥协，宣布中止与政府的接触。总裁盖夏·曼·布特莱奇(Gatsha M. Buthelezi)。

此外，还有工党(有色人政党)、团结党(亚洲人政党)和民族人民党(印度人政党)等。

【重要人物】弗雷德里克·威廉·德克勒克：总统，国民党领袖。1936年3月18日生于德兰士瓦省。1958年毕业于波切夫斯特鲁姆大学，获文学士和法学士学位。当过律师，曾任地方国民党支部主席、地方法律协会主席。1972年12月当选为国民党议员。1975年任德兰士瓦省国民党新闻官。1978～1981年先后任内阁邮电部长，社会福利、津贴、文体部长，矿业、能源和环境规划部长，内政部长等职。1982年3月起任德兰士瓦省国民党主席，1984年9月起任全国教育部长，1985年7月起兼任白人议院部长理事会主席。1989年2月接替彼得·威廉·博塔任国民党领袖。8月出任代总统，9月当选总统。 **纳尔逊·曼德拉**：南非非洲人国民大会主席，南非著名黑人领袖。1918年7月18日生于特兰斯凯乌姆塔塔地区坦姆布族酋长家庭。青年时代就投身于黑人解放事业，并为此放弃继承酋长地位。1944年参加非国大，曾任非国大德兰士瓦省主席和全国副主席。1961年参加创建非国大军事组织“民族之矛”并担任司令员，开展武装斗争。1962年8月被捕。次年6月被南非当局判处无期徒刑。1990年2月11日获释，3月2日重新当选非国大副主席。1991年7月当选为主席。主要著作有《走向自由之路不会平坦》、《斗争是我的生命》等。 **盖夏·曼·布特莱奇**：因卡塔自由党总裁、夸祖鲁“黑人家园”首席部长。1928年8月27日生于马拉巴蒂尼一祖鲁族名门家庭。系19世纪中叶抗击殖民主义侵略的祖鲁帝国夏卡国王的后裔。1951年毕业于纳塔尔大学。青年时代曾参加非国大，当过该组织前主席艾伯特·卢图利的助手。1953～1957年任布特莱奇部落代理酋长。1957年后任布特莱奇部落大酋长。1970～1976年历任祖鲁兰地方当局首席执行官、夸祖鲁立法议会首席执行官。1977年夸祖鲁“黑人家园”实行自治后任首席部长。1975年3月当选为“民族文化解放运动”(因卡塔)主席。1976年获祖鲁兰大学法学博士学位，1985年获美国佛罗里达塔姆帕大学法学博士学位。著有《夸祖鲁的发展》、《因卡塔》、《特兰斯凯的独立》、《南非的宪法》等。

经　济

南非是非洲经济最发达的国家。国民生产总值约占非洲的30%。1982年以后出现战后首次经济衰退。1986年下半年经济开始回升。1987～1989年平均经济增长率为2.6%。实行自由市场经济，但也有较大的国营成份。1988年决定减少国家对经济的干预，逐步将一些国有企业私营化。由于政治动乱、国际制裁和还债负担沉重，经济增长受到限制，80年代以来人均收入持续下降。

国内生产总值(按1991年市场价格计算)：2966.67亿兰特。

人均国内生产总值(1991年)：7725兰特。

国内生产总值增长率(1991年)：－0.6%。

货币名称：兰特。

汇率(1991年)：1美元＝2.761兰特。

通货膨胀率(1991年)：15.5%。

【资源】矿产资源丰富。黄金、铂族金属、锰、钒、铬、硅铝酸盐的储量居世界第一位，钻石居第二位，镍、锆、磷酸盐居第三位，煤、钛、锌居第四位。1986年已探明的矿藏储量：黄金2万吨(占世界总储量的48%，下同)、铂族金属2.67万吨(70%)、锰127亿吨(79%)、钒540万吨(33%)、蛭石7300万吨、铬24亿吨(55%)、硅铝酸盐5160万吨(38%)、铀25.66万吨、煤584.04亿吨(11%)、铁5987亿吨(7%)，钻石3.6亿克拉(25%)。

【工业】1991年工业产值665.67亿兰特，占国内生产总值的24.9%。制造业是国民经济的最大部门，吸收了全国劳动力的12.3%。工业门类齐全，技术先进。主要有钢铁、金属制品、化工、运输设备、机器制造、食品加工、纺织、服装。部分工业制成品产量如下(单位：万吨)：

	1988	1989
面粉	95.9	124.5
精制糖	129.7	146.2
啤酒(亿升)	18.33	18.61
棉纱	8.47	8.89
棉织品(亿平方米)	1.56	1.76
鞋类(百万双)	4180	4490
水泥	676.0	726.1
橡胶轮胎(万个)	681.3	686.0
氮肥	67.7	85.7
磷肥	31.6	29.9
生铁	694.1	731.5
原料钢材	865.0	933.7
精炼铜	16.8	19.7
电视机(万台)	35.1	34.4
收音机(万台)	109.2	94.1
货车(万辆)	10.9	12.0
客车(万辆)	27.6	25.8

(资料来源：1991年欧洲年鉴)

电力工业较发达。发电量占全非洲的60%。国内净能源消费的20%为电力。1991年总发电量1489亿度，主要是火力发电。已建成两个核反应堆，发电能力各92.2万千瓦。

【矿业】重要经济部门。1991年矿业总产值达276.95亿兰特，占国内生产总值的10.4%。矿产品出口约占出口总值的70%，其中黄金占出口总值的

40%。作为世界上最大的黄金生产国和出口国，南非迄今共生产了4万多吨黄金，占人类历史上黄金总产量的2/5。全国约8.5%的劳动力从事矿业。主要矿产品产量如下(单位：万吨)：

	1990	1991
钻石(万克拉)	852.6	844.6
铜	17.1	18.5
铬	425.1	451.2
石棉	14.6	14.9
铁矿石	3029.0	2895.2
锰	379.2	319.1
黄金(吨)	603.0	598

(资料来源：1992/93年度经济季评)

【农业】农业较发达。1991年农、林、渔业总产值124.95亿兰特，占国内生产总值的4.7%。可耕地约占土地面积的15%，灌溉面积80万公顷。9.8%的劳动力从事农业生产。除满足本国需要外，33%的农产品可供出口，占非黄金出口收入的30%左右。主要农作物产量如下(单位：万吨；此数字不包括独立的黑人家园)：

	1989/90	1990/91
玉米	834.3	769.9
小麦	202.6	170.2
高粱	28.8	25.1
花生	6.8	9.5
葵花籽	63.1	58.5
甘蔗	1863.6	1808.3

(资料来源：1992年南非官方年鉴)

【旅游业】旅游业发达，设施完善，有饭店近1400家，床位约9.2万个。旅游点主要集中在东北部和东、南沿海地区。1990年接待外国游客达1029093人次，创汇25亿兰特。

【交通运输】有非洲最完善的交通运输系统，以铁路、公路为主，空运发展迅速。

铁路：总长2.35万公里，其中1.85万公里为电气化铁路。1989/90年度货运量1.62亿吨，客运量5.58亿人次。

公路：总长约23万公里，其中1800公里为高速公路，13万公里为砾石路。1991年全国共有车辆547.2万辆。

水运：主要港口有开普敦、德班、东伦敦、伊利莎白港、理查兹、萨尔达尼亚湾和莫瑟尔拜。有商船990艘，总吨位75.5万吨。1990年港口吞吐量11000万吨。

空运：南非航空公司(国营)拥有包括15架波音747、17架波音737和13架空中客车在内的各类民航机共45架，与非洲、欧洲、亚洲及中东、南美一些国家通航。1989/90年度客运量为537.4万人次，货运量为6.7万吨。主要国际机场有史末资国际机场(约翰内斯堡附近)、博塔国际机场(德班)和马兰国际机场(开普敦)。1991年国际上对南非航空制裁取消后，恢复和开辟了一些新航线。

【财政金融】1990/91年度预算(单位：亿兰特)：收入741.61，支出730.65，盈余10.96。1990年底，外债总额为224亿美元；1991年底，外汇和黄金储备为98.14亿兰特。

【对外贸易】鼓励出口，但国际制裁使南非对外贸易的发展受到一定影响，出口业每年因制裁所蒙受的损失就达30亿兰特。近年来，西方国家对南非的经济制裁已陆续取消。外贸情况如下(单位：亿兰特)：

	1990	1991
出口额	604.55	655.66
进口额	441	481.76
差　额	163.5	173.90

(资料来源：同上)

主要出口黄金、金属制品、钻石、煤等，主要进口机器设备、交通运输设备、石油、化工产品和科学仪器等。主要贸易伙伴是：日本、意大利、美国、德国、英国、法国和中国台湾等。

人民生活

1990/91年度医疗保健经费为70.24亿兰特，占当年预算总支出的9.8%。婴儿死亡率为62‰。每1155人拥有一名医生，每7人拥有一部电话。1980～1989年间，个人可支配实际收入平均降低1.3%。基本消费品物价指数如下(1985年=100)：

	1988	1990
食品	170.9	220.1
服装	160.1	213.4
住房	138.3	169.4
综合	155.4	203.8

各种族收入差距甚大，以1987年月人均收入为例(兰特)：白人1959、亚洲人1060、有色人737、黑人593。1988/89年度医疗保健费白人平均597.11兰特，黑人只有137.84兰特。1991年，南非各种族失业率分别为黑人24.5%(161.2万)、白人4%(8.3万)、有色人16.6%(20.2万)、亚洲人12.8%(4.3万)。

军　事

陆、海、空军分别建于1912、1922和1920年。国家安全委员会是负责国防安全的最高决策机构，下辖国家情报局、国防咨询委员会和国防部。对白人实行义务兵役制(服役期限为1年)，对非白人实行志愿兵役制。国防军包括常备军、国民军和突击队等。总统为全国武装力量总司令。国防军司令利本伯格中将(1990年11月任职)。1991年6月常备军总数为10.3万(65%是白人)。其中陆军7.75万人，分驻11个军区；海军6500人；空军1.1万人和卫生部队8000人。另有预备役军人67万。准军事部队包括6万名警察和3.7万名后备役警察。

1990年以来，南非停止了对安、莫反政府武装的支持，军队开始朝着小型精干的方向转变，并三次裁减军备。1991/92年度预算中，国防开支为92亿兰特。

文化教育

【教育】长期实行种族隔离的教育制度，设有四个“教育部”分别负责白人、黑人、有色人和亚洲人的教育。1983年提出实行“隔离但平等”的教育“改革”。1985年设立第五教育部，即国民教育部，负责制定国民教育的总体政策。黑人受教育机会远低于白人。1988/89年度白人教育费用人均3082兰特，黑人则只有765兰特。白人学校师生比例是1∶21.6，黑人学校为1∶40.13(不包括黑人家园)。白人完成5年教育率为98.41%，有色人73.37%，亚洲人84.81%，黑人只有53.05%(不包括黑人家园)。平均文盲率为20.7%。1991年有中小学生794.5万人，其中黑人学生579.4万，白人学生102.1万；有白人大学10所，黑人大学4所，有色人大学1所，印度人大学1所，及面向所有种族的函授大学1所。此外，4个“独立”“黑人家园”各有1所大学。近年来白人大学的入学限制有所放松，已有部分黑人学生入校学习。共有大学生30.8万，其中白人学生15.7万，黑人学生11万。1991年2月，南非政府允诺通过与各界协商逐步建立单一的教育体制。1990/91年度教育预算经费133.46亿兰特，占预算总开支的18.7%。用于白人40.7%，黑人38.1%，有色人15.1%，亚洲人6.1%。

【新闻出版】定期出版的报刊杂志有700多种，居非洲之首。发行在40万份以上的主要报纸有：《星期日时报》(英文)、《报道报》(南非荷兰文)、《星报》(英文)。此外还有《星期日论坛报》(英文)、《伊兰加报》(祖鲁文)、《伊姆沃报》(哲豪萨文和英文)和《索韦托人报》(英文)。

南非新闻联合社是全国性新闻机构。南非广播公司下辖广播电台和电视台。广播电台有23套节目，每周播音3492小时；对外以“南非之音”名义播出，每周208小时。电视台有5个频道，3个用英语和南非荷兰语、2个用黑人语言播映。

对外关系

宣称奉行“在主权、平等、互利和互不干涉内政的基础上同一切国家保持和发展双边友好关系”的外交政策。1991年在加速国内改革的同时，大力开展外交活动，国际处境有较大改善。近年来，对美苏关系的缓和表示欢迎。宣布承认波罗的海三国和前苏联11国独立，支持俄罗斯联邦继任联合国安理会常任理事国席位，同东欧国家发展关系取得重大进展。为争取有利于其国内改革的外部环境，南非努力改善同周边国家的关系，停止了对安哥拉、莫桑比克反政府武装的直接支持，推动安、莫国内和谈，并表示愿为促进本地区经济合作发挥积极作用，同前线国家的关系有所改善。南非政府已宣布参加《防止核扩散条约》。截至1992年2月，南已与30多个国家(不包括台湾伪使馆)建有外交关系，另有一些国家同南非有领事和商务等关系。

【同我国的关系】我国政府一贯坚决反对和严厉谴责南非当局的种族主义政策，大力声援和支持南非人民反对种族主义的正义斗争。中国欢迎1990年以来南非形势发生的积极变化，支持通过谈判政治解决南非问题。随着南非形势发生积极变化，中国开始同南非进行民间往来。1992年2月，中国国际问题研究所驻比勒陀利亚南非研究中心正式成立。1月20日，国务委员兼外长钱其琛在访问非洲六国途中在南非约翰内斯堡机场转机。3月19日，中国外交部发言人在回答记者提问时对南非白人公民投票结果表示欢迎，希望通过南非各种族人民的共同参与和积极努力，早日建立起一个统一、民主和种族平等的新南非。20日，李鹏总理就联合国“消除种族歧视国际日”致电联合国反对种族隔离特别委员会主席，重申中国支持南非人民反对种族隔离制度的正义斗争。中国政府还同往年一样，向联合国南非信托基金会捐款3万美元。4月，以中共中央对外联络部秘书长李北海为首的中共代表团出席在南非举行的泛非大第三次全国代表大会。同月，江泽民总书记会见南非共产党总书记哈尼一行。6月25日，外交部发言人就6月17日发生的“博伊帕通惨案”答记者问时，强烈谴责破坏南非和平进程的图谋。7月，应南非共产党邀请，以中联部副部长李淑铮为首的中国共产党代表团访问南非。8月，外交部副部长杨福昌对南非进行非正式访问。10月4～10日，应杨尚昆主席的邀请，非国大主席曼德拉首次访问中国。江泽民总书记、杨尚昆主席分别会见并宴请曼德拉主席，李鹏总理也予以会见。北京大学授予曼德拉主席名誉法学博士学位。

1962年南非同台湾当局建立了“领事关系”，1976年升格为“大使级外交关系”。1992年，南非外长博塔访问台湾。台湾是南非第七大贸易伙伴，南非则是台在非洲第一大贸易伙伴。1992年双边贸易额约19亿美元。台在南非投资约15亿美元，约有250家企业。

【同非洲国家及邻国的关系】近两年来，南非重返非洲的步伐加快，同非洲国家的关系明显松动。1991年前，在非洲南非仅与马拉维有外交关系。1992年，南非同科特迪瓦、莱索托、加蓬、刚果先后建立外交关系，同大多数非洲国家有贸易往来。1991年贸易额已达50.4亿美元。南非在南部非洲九国以及扎伊尔、科特迪瓦、科摩罗、毛里求斯、马达加斯加、圣普、多哥、摩洛哥、肯尼亚等国设有商务或利益代表处。

1992年南非与非洲国家的关系继续得到改善。德克勒克总统访问了尼日利亚(4月)、莫桑比克(7月)。博塔外长访问了安哥拉(1月、10月)、尼日利亚(4月)、科特迪瓦(5月)、塞内加尔(5月)、纳米比亚(8月)。到南非访问的要员有：赞比亚外长(3月、5月)、安哥拉国防部长(3月)、津巴布韦交通部长(4月、6月、10月)、尼日利亚前总统(4月)、肯尼亚外长(5月)、尼日利亚外长率领的非统组织代表团(5月)、肯尼亚总统(6月)、摩洛哥外长(6月)、喀麦隆能源部长(7月)、莫桑比克外长(8月)、安哥拉外长(9月)。

1992年3月,前线国家首脑会议在哈拉雷举行。会议认为南非白人公民投票结果会对南非和平进程产生积极影响。各国领导人呼吁南非在缓解严重旱灾对本地区造成的危害方面发挥主要作用。6月底,非统组织第28届首脑会议通过有关南非问题的决议,对南非暴力事件增多深表关注,要求南非政府采取有效措施制止暴力冲突。会议再次呼吁成员国在南非成立临时政府前不同南非建立官方联系。

【同美国的关系】两国关系密切,并签有"防御互助条约"和军事协定。1992年2月,美敦促联合国人权委员会缓和其多年来强烈谴责南非政府的立场。3月,美政府宣布将向南非提供862万兰特援款用于住房和城市发展项目。美国务院宣布将南非列入"友好国家"。5月,美副总统夫人访问南非。8月,美助理国务卿访问南非。

【同英国的关系】英国在南非有着重大的经济利益,同南非一直保持着密切的关系,是南非最大的海外投资者和第二大贸易伙伴。近年来,英国在欧共体和英联邦中积极主张取消对南非的制裁。1992年2月,曼德拉访问英国。1月和11月,德克勒克两度访英。1月,英国外交、联邦事务及海外发展大臣访问南非。

【同其他西方国家的关系】1992年,南非同西方国家的关系继续得到较大改善。德克勒克先后访问了瑞士(2月)、法国(2月)、日本(6月)、西班牙(6月)。访问南非的要员有:瑞士副外长(2月)、荷兰外贸部长、加拿大前总理(3月)、丹麦外长、加拿大外长(4月)、荷兰交通部长、瑞士对外经济关系国务秘书(6月)、英联邦秘书长(7月)、英国外交大臣及丹麦外长、葡萄牙合作国务部长组成的欧共体代表团(9月)、德国经济合作部部长(10月)、法国副外长(11月)。

1992年,欧共体正式宣布取消从南非进口金币及钢铁制品的禁令,法国宣布取消不从南非进口煤炭的禁令,丹麦宣布取消对南非的贸易制裁,欧共体、意大利宣布取消对南非的石油禁运。南非首次与西方大国签署《经济工业合作协定》。

7月,南非体育代表团参加第25届奥运会,取得两枚银牌。

【同俄罗斯的关系】前苏联反对南非当局推行的种族隔离制度,于1957年断绝与南非的外交关系。1991年,随着南非问题政治解决进程的发展和苏内外政策变化,两国关系明显升温。苏解体后,南非与俄罗斯关系有突破性发展。1992年2月,俄外长访问南非,两国签署了关于恢复大使级外交关系和在开普敦及圣彼得堡互设总领馆两项协议。3月,俄贸易代表团首访南非。4月,南非与俄就通航问题达成协议。5月,俄对外经济关系部副部长访问南非,塔斯社在约翰内斯堡和开普敦设立分社。6月,德克勒克应邀访俄,双方发表了联合公报,确定在采矿和加工、储存农产品等领域进行科技交流,在开采黄金、白金、钻石等贵重金属和在国际市场限定其价格方面协调行动,俄将向南非提供科研成果,南非向俄提供5000万美元贷款。7月,俄罗斯工商会驻约翰内斯堡办事处成立,南非商品展览会在莫斯科举行。8月,俄罗斯原子能部长访问南非。

【同东欧国家及南斯拉夫的关系】东欧各国先后于50年代后期中断了与南非的外交关系。近两年来,南非与东欧国家的关系有了很大发展。1992年2月,德克勒克先后出访匈牙利、捷克斯洛伐克和波兰,分别签署了互免外交和公务签证协议及贸易协定。南非外长博塔同保加利亚外长签署协议,将两国关系由"利益代表处"升格为"大使级"外交关系。4月,南非与南斯拉夫联邦签署两国尽快建立外交关系的意向书并互设利益代表处。5月,捷克斯洛伐克总理访问南非。

(孙保红)

尼日尔

国名　尼日尔共和国(The Republic of Niger, La République du Niger)。

面积　1267627平方公里。

人口　810万(1990年)。全国有5个主要部族:豪萨族(占全国人口53.6%)、哲尔马—桑海族(22%)、颇尔族(8.5%)、图阿雷格族(8%)和卡努里族(4.3%)。各部族均有自己的语言,豪萨语可在全国大部分地区通用,官方语言为法语。98%的居民信奉伊斯兰教,少数人信奉拜物教和基督教。

首都　尼亚美(Niamey),人口40万(1988年)。

国家元首　共和国总统阿里·赛义布(Ali Saïbou)准将,1987年11月14日就任。1989年12月10日当选总统。

简　况

位于非洲中西部,撒哈拉沙漠南缘的内陆国家。东邻乍得,西界马里、布基纳法索,南与贝宁、尼日利亚接壤,北与阿尔及利亚、利比亚毗连。北部属热带沙漠气候,南部属热带草原气候,年平均气温30℃,是世界上最热国家之一。历史上未形成过统一的王朝。7～16世纪,西北部属桑海帝国。8～18世纪,东部属博尔努帝国。18世纪末,颇尔人在中部建立了颇尔帝国。1904年成为法属西非领地。1922年沦为法国殖民地。1957年获得半自治地位。

1958年12月成为法兰西共同体内的自治共和国。1960年7月退出法兰西共同体,8月3日正式宣告独立。

政　治 1987年11月赛义布执政后,政治上致力于民主化进程,经济上倾向自由化和私有化,对外实行全方位外交。1990年11月,尼日尔接受多党制。在1991年7~11月举行的"全国会议"上,尼成立过渡机构,谢富·阿马杜当选过渡政府总理,赛义布保留总统职位至1993年大选。1992年,尼日尔政局动荡。2月发生兵变,军人拘捕了最高委员会主席和内政部长,要求释放因钦塔巴拉登事件被监禁的军官,发放拖欠的军饷。后经总统干预,过渡政府满足了军人的部分要求,事件得以平息。3月,谢富总理组成第二届过渡政府。但新政府依然面临一系列难题:国内政治、社会、部族矛盾尖锐,党派斗争加剧,财政经济严重恶化。

【议会】1991年10月23日,尼日尔全国会议确立国家最高过渡机构之一——共和国最高委员会作为立法机构,行使过渡议会职责,负责检查和监督过渡政府对"责任书"规定的任务和全国会议各项决议的实施。最高委员会由15人组成,设常委5人,主席安德烈·萨利夫(André Salifou),1991年10月当选。

【政府】本届过渡政府于1992年3月27日组成,共24人,主要成员如下:总理兼国防部长谢富·阿马杜(Cheffou Amadou),交通、文化、青年和体育部长兼政府发言人阿尔贝·赖特(Albert Wright),内政部长达乌达·哈比乌(Daouda Rabiou),国民教育和研究部长布博·加多(Boube Gado),外交和合作部长阿米杜·阿萨纳·迪亚洛(Hamidou Hassane Diallo),司法和掌玺部长阿布杜·蒂乌索(Abdou Tiousso),财政和计划部长拉乌阿尔·夏法尼(Laoual Chaffani),商业、运输和旅游部长穆罕默德·穆萨(Mahamed Moussa),农业和畜牧部长布卡尔·阿巴·马拉姆(Boukar Abba Mallam),水利和环境部长阿萨纳·阿布杜(Hassane Abdou),矿业、能源、工业和手工业部长马哈马杜·乌呼穆杜(Mahamado Ouhoumoudou),公共卫生部长苏莱马纳·萨义杜(Souleymane Saidou),社会发展、人口和妇女促进部长阿伊萨塔·巴尼亚夫人(Aissata Bagna),装备和住房部长拉乌阿里·巴拉乌(Laouali Baraou),公职和劳动部长玛丽亚玛·巴纳科耶夫人(Mariama Banakoye)。

【司法机构】过渡时期最高司法机构有最高法院和最高审判庭。最高法院负责仲裁过渡时期各国家机构间的争端;最高审判庭是为审理历届政府贪赃枉法而设立的临时特别机构。

【政党】1991年全国会议后继续活动的政党仅10余个。主要有:

(1)全国发展社会运动—纳萨拉(Mouvement National pour la Société de Développement-Nassara):由原尼执政党全国发展社会运动衍化而来。1991年3月成立,党员100多万人。主席唐加·马马杜(Tandja Mamadou)。

(2)尼日尔社会和民主同盟—拉哈马(Convention Démocratique et Sociale-Rahama):1991年1月11日成立,党员100多万人。主席马哈马纳·乌斯马纳(Mahamane Ousmane)。

(3)尼日尔争取民主和社会主义党—塔雷亚(Parti Nigérienne pour la Démocratie et le Socialisme-Tarayya):1991年1月8日成立,成员主要是知识分子和工人。总书记马哈马杜·依索夫(Mahamadou Issoufou)。

其他主要政党还有:民主和进步爱国者联盟、尼日尔民主联盟—萨瓦巴、尼日尔进步党—非洲民主联盟、争取民主进步人民力量联盟—萨瓦巴、尼日尔社会民主党—阿尔埃里等。

【重要人物】阿里·赛义布:共和国总统。1940年生于尼亚美省瓦拉姆县津加吉邦达村。哲尔马族。信奉原始宗教。1954年在塞内加尔圣路易空军预备学校学习。1956年6月服役于法国殖民军队。1960年为国家武装部队中士。1962年9月至1964年8月在法国费雷儒斯军官学校学习,获少尉军衔。1966年8月晋升为中尉。1970~1971年在法国参谋学校学习。回国后先后任通迪比亚训练中心副司令和司令。1973年任阿加德兹军区司令。1974年4月军人执政后,任最高军事委员会委员和农村、经济、环境和居民救济部长;12月任武装部队参谋长兼居民救济负责人。1975年8月晋升为少校。1976年4月任国家武装部队总参谋长。1981年晋升为中校。1982年赴巴黎军事学院高等研究所进修。1986年1月晋升为上校。1987年11月10日孔切主席逝世后,代理最高军事委员会主席职务,后又出任最高军委会主席、国家元首兼国防、内政部长。1988年7月晋升为准将。1989年5月,任全国发展社会运动主席;12月当选总统。1991年7月,辞去全国发展社会运动主席职务。 **谢富·阿马杜**:过渡政府总理兼国防部长。1942年生于马拉迪省库尔纳尔村。1969~1985年在非洲及马达加斯加航空安全局、非洲航空公司、尼日尔航空公司和尼日尔动物资源开发公司等部门任职。1985~1991年先后任国际民用航空组织西非和中非地区代表助理、代表。1991年10月26日在尼全国会议上当选为过渡政府总理。

经　济 以农牧业为主,是联合国公布的最不发达国家之一。为扭转财政经济困难形势,从1986年开始,在世界银行和国际货币基金组织的支持下,实行经济结构调整,迄今已实施了两个结调计划(1986~1989,1990~1993),重点是国营企业私有化,贸易自由化,放开物价和进出口市场;鼓励竞争,促进私人经济发展;实行严厉的紧缩政策。但结调计划并未扭转尼经济窘况。1992年,尼经济依然极度困难，财政危机更趋严重，国际收支严重失衡，国库空虚，预算赤字360亿非洲法郎，资金短缺高达1000亿非洲法郎，外援、外资减少，经济发展处于全面停滞状态。

国内生产总值(1991年)：6470亿非洲法郎。

人均国内生产总值(1991年)：8.3万非洲法郎。

国民生产总值增长率(1991年)：1%。

货币名称：非洲金融共同体法郎，简称非洲法郎。

汇率(1992年12月)：1美元＝270非洲法郎 。

【资源】已探明铀储量20万吨，居世界第五位。煤蕴藏量600万吨。还有磷酸盐、铁、石膏、石油等矿藏。

【工业】工业基础薄弱。1989年工业产值824亿非洲法郎，占国内生产总值的16.05%。工业部门主要有电力、纺织、采矿、农牧产品加工、食品、建筑和运输业等。全国仅有54家中小型企业，其中亏损企业约占90%。有两家大型铀矿开采公司，国家分别占有33%和31%的股份。1988、1989和1990年铀产量分别为3037吨、2960吨和2831吨。

【农牧业】农业是最主要的经济部门，产值约占国内生产总值的36%。全国85%以上的居民从事农业。有可耕地1723.89万公顷，已耕地588.29万公顷。粮食生产很不稳定，1991年产粮约230万吨，其中小米185万吨、高粱47万吨，估计有余粮17.7万吨。

牧业是经济的第二大支柱，在出口中占第二位，约占出口收入的10%。1991年全国牲畜总头数为1280.9万头。

【服务业】1989年服务业产值3322亿非洲法郎，占国内生产总值的51%。近年来，服务业中的"非正规部门，即国家尚未掌握和控制的手工业、批发商、零售商、食品业、运输业和其他服务性行业"发挥着越来越大的作用，致使尼国家税收连年下降。1990年仅尼亚美市就有3万非正规部门业主。

【旅游业】1984年才起步。主要旅游点有：W自然保护区、阿加德兹图阿雷格族城和泰内雷沙漠等。最主要的旅游活动为一年一度的巴黎——达喀尔汽车拉力赛。有旅馆24家，客房935间。

【交通运输】尼为内陆国，境内无铁路。进出口物资主要经贝宁科托努、尼日利亚拉各斯和多哥洛美等邻国港口转运和空运。

公路：截至1989年，公路总长为11354公里，其中沥青路3165公里，余为土路。

空运：尼日尔为非洲航空公司成员，有尼亚美和阿加德兹两个国际机场，其中尼亚美机场为甲级国际机场，4个国内民运机场。尼日尔航空公司因亏损严重，已于1990年1月解散并拍卖。1991年9月，尼一家私营航空运输公司开始国内航运业务，并计划开辟国际航线。1989年尼亚美国际机场客运量97461人次，货运量4714吨。

水运：境内尼日尔河段雨季可航行较大船只。

【财政金融】实行平衡预算。1992年4月，共和国最高委员会通过了过渡政府提出的1992年度国家预算：经常性预算1068亿非洲法郎(货币单位下同)，比1991年增加7.5亿；投资预算716亿，比1991年减少87亿。1991年投资预算实现率只有38%，为305亿，1992年争取达到60%，即430亿。

1990年外汇储备2.222亿美元。黄金储备310万美元。至1991年底，外债累计达3550亿非洲法郎。1990年偿债率为41%。

【对外贸易】外贸连年逆差。1989年商品和劳务出口占国内生产总值的17.3%。近几年进出口情况如下(单位：亿非洲法郎)：

	1989	1990	1991
进口额	1274	1238	1273
出口额	992	871	838.3
差　额	－282	－367	－434.7

(资料来源：尼日尔官方公布数字)

主要进口商品为机器设备、粮食、汽油和其他工业消费品。主要出口产品为铀、牲畜和皮革等。1990年铀、牲畜和皮革的出口收入分别占出口总值的69.3%、15.2%和2.3%。主要进口国家为法国，占尼进口的一半以上，其次为日本、德国、意大利、英国和荷兰。

【外国援助】尼对外援依赖严重。1991年外援额约2.018亿美元，物资援助约6150万美元。主要援助国和国际组织有法国、美国 、日本、德国、比利时、欧共体、国际开发协会和联合国粮农组织等。

人民生活

1989年人均国民收入266美元。1980～1991年最低工资一直为每小时109.2非洲法郎。政府从1982年起冻结公职人员工资，仅在1988年平均提高职工工资6%。但1980年以来，消费品价格却上涨了50%。以1962/63年度为100计算，1990年尼亚美消费品价格指数为446.7。至1990年，全国共有国家级医院和省级住院中心8个，县级医疗中心31个，乡村医疗点4530个，此外还有妇产医院71个，妇幼保健站46个及其他专科医务所、防治中心288个。全国共有病床3081张，平均每2500人有1张病床，每2000个育龄妇女有1张产床。

军　事

武装力量由军队、宪兵、警察、共和国卫队组成。宪兵、警察、共和国卫队为准军事力量，由内政部领导；军队则由国防部统辖，总参谋部指挥。在过渡时期，过渡政府总理为尼武装力量最高统帅。总参谋长马祖·伊萨中校。

军队总兵力约3500～4000人。陆军包括3个步兵营以及装甲连、摩托化连等。全国设尼亚美、阿加德兹、津德尔3个军区。空军仅150人左右，拥有1架波音737座机和4架运输机。

文化教育

【教育】教育方针是：教育同社会相结合，为经济服务。1983年以来，建立了国民义务任教制，大学毕业生先到中学义务任教一年后再分配工作。从1984年开始，对在校学生实行暑假轮流军训制。近10年来国民教育在各年度预算中一直占国家拨款的20%以上。1990年有小学2098所，教员7920人，学生318000人；中学、师范学校及各类职业学校131所，教师2583人，学生70461人。适龄儿童入学率不满30%，文盲率在90%以上。

【新闻出版】尼国家新闻机构由通讯、文化、青年和体育部统一领导。主要报刊有：《萨赫勒日报》和《萨赫勒星期日刊》，发行量分别为3500和4万份；《哈斯凯》，发行量5000份；《共和报》，发行量5000份。

尼日尔新闻社：官方通讯社，成立于1987年，主要接收法新社和泛非通讯社的电讯。

萨赫勒之声国家广播电台：创建于1958年，每周广播118小时，除用法语外，还用豪萨、哲尔玛、卡努里、阿拉伯、图布等8种民族语广播。

萨赫勒电视台：国家电视台，建于1975年。1979年开始播送彩色电视节目。自1988年11月起每天播出，用法语和6种民族语播放。

对外关系

奉行"和平、中立、不结盟"的外交政策。主张在相互尊重独立、主权和民族尊严的基础上同一切国家发展关系；强调和平解决国际争端，重视睦邻友好，致力于地区合作及非洲的团结、统一和发展；反对强权政治，反对大国干涉非洲事务；执行"外交为发展服务"的方针，争取各方尤其是西方国家的援助。截至1991年底，尼与世界上99个国家和地区建立了外交关系。

【同我国的关系】1974年7月20日同我建交。此后，两国关系发展顺利。已故孔切主席曾两次访华。姬鹏飞副委员长1978年访尼。

1992年，中尼关系发生逆转。6月19日，尼过渡政府和台湾当局在台北签署公报，决定建立"大使级外交关系"。经中国方面严正交涉，尼总理办公厅于6月27日发表公报，宣布尼日尔撤销承认台湾。7月22日，尼政府不顾国内大多数舆论的反对，发表公报确认承认台湾的决定。7月30日，武东和大使奉命向尼政府进行了严正交涉，对尼政府同台湾当局建立所谓"外交关系"提出强烈抗议，并宣布中止同尼日尔的外交关系。两国政府间的一切协议也随即停止执行。中国在尼日尔的专家和医疗队相继回国，中国停止向尼留华学生提供奖学金。但中国吉林国际技术合作公司等民间机构仍继续留在尼日尔开展业务。尼在华仍有少量自费留学生。

【同法国的关系】法是尼前宗主国。法为尼最大援助国和贸易伙伴。1987～1990年期间，法每年向尼提供经援约150亿非洲法郎，居援尼各国之首。1980年和1982年，德斯坦总统和密特朗总统分别访尼。1986年和1988年，孔切主席和赛义布主席分别访法。1991年11月尼过渡政府成立后，注意保持和法的特殊关系。谢富总理在上任不久即赴法参加法语国家首脑会议并拜会了密特朗总统。12月最高委员会主席萨利夫应邀访法。1992年初，法先后派法语国家事务部长和财政部非洲经济顾问访尼。但法对尼财政援助减少，使尼颇为失望。

【同美国的关系】1960年尼、美建交。80年代，尼、美关系发展较快。1980年和1985年美副总统蒙代尔和布什先后访尼；1981年和1984年孔切主席两次访美。截至1990年，美援尼总额约1.28亿美元。近几年，美每年对尼援助在2000万美元（不包括紧急援助和食品援助）左右。1991年美向尼提供援助2600万美元，紧急援助1170万美元；免除尼债务10亿非洲法郎。

【同前苏联各共和国的关系】尼、苏1971年建交。两国签有经济、技术、文化、教育、太阳能等合作协定。1991年，苏继续派遣16名医生在尼工作，全部费用由欧共体承担，并向尼提供8名奖学金。1992年2月6日尼政府发表声明，宣布承认前苏各共和国的独立，尼驻苏大使改为驻俄罗斯大使。

【同邻国的关系】同尼日利亚、阿尔及利亚、马里、布基纳法索、贝宁、乍得关系较好。同利比亚关系曾因利支持孔切政权的反对派而一度恶化，近年来两国关系得到改善。

【同其他国家的关系】尼同前联邦德国和统一后的德国一直保持较密切的关系。1979年，联邦德国将尼独立以来积欠的160亿非洲法郎贷款改为赠款，并决定以后对尼援助均改为赠送，近年来，德国对尼援助达100亿非洲法郎。

尼与加拿大、比利时、意大利等西方国家有较深的经济合作关系。尼日尔和加拿大共合作完成了20多个发展项目，总资金达460亿非洲法郎。1991年6月，比利时免除了尼20亿非洲法郎债务。意大利在1991～1992年间向尼提供了120亿非洲法郎援助。（张炳琳）

尼日利亚

国名　尼日利亚联邦共和国(The Federal Republic of Nigeria)。

面积　923768平方公里。

人口　88514501人(1991年人口普查),年增长率为2.1%。有250多个民族,其中最大的是北部的豪萨—富拉尼族(占全国人口29.5%)、西部的约鲁巴族(占20.3%)和东部的伊博族(占16.6%)。主要民族语言有豪萨语、约鲁巴语和伊博语。英语为官方语言。居民中47.2%信奉伊斯兰教,34.5%信奉基督教,12.3%信仰其他宗教。

首都　阿布贾(Abuja),1991年12月正式从拉各斯(Lagos)迁入。人口378671人(1991年)。

国家元首　总统、联邦军政府首脑兼武装部队总司令易卜拉欣·巴达玛西·巴班吉达(Ibrahim Badamasi Babangida)上将,1985年8月27日就任。

简　况

位于西非东南部,东邻喀麦隆,东北隔乍得湖与乍得相望,西接贝宁,北界尼日尔,南濒大西洋几内亚湾。海岸线长800公里。属热带季风气候,年平均气温为26～27℃。尼日利亚是非洲古国。公元8世纪扎格哈瓦游牧部落在乍得湖周围建立了卡奈姆—博尔努帝国。14～16世纪桑海帝国盛极一时。1472年葡萄牙入侵,16世纪中叶英国入侵。1914年沦为英国殖民地。1960年10月1日宣告独立,成为英联邦成员国。1963年10月1日,宣布成立尼日利亚联邦共和国。

政　治

1985年巴班吉达执政后,注意缓和军人领导集团内部矛盾,兼顾部族利益,实行经济改革振兴国家经济,并允诺于1992年"还政于民"。1989年解除党禁,组成社会民主党和国民共和大会党。社会民主党在1990年举行的地方议会、行政首脑选举中获多数票,在1991年的州长和州议会选举中与国民共和大会党平分秋色。1992年,尼社会比较动荡,示威游行、宗教冲突和学潮时有发生,并曾有几次大规模骚乱。"还政于民"进程步履维艰。5月全国选民登记;7月进行国民议会选举,社会民主党获得多数票;8月、9月两次总统初选均因发生舞弊而被宣布无效。巴班吉达总统重新调整"还政于民"时间表,宣布总统选举将推至1993年6月12日举行,8月27日军政府交权,并于年底成立国民议会和军政权监督下的文人过渡政府。

【议会】称国民议会,分参众两院。议员经政党提名直接普选产生,任期4年;行使立法权及批准建立新州,但在1993年8月27日前议案须经国家防务和安全委员会认可。本届议会于1992年7月选举产生,共选出参议员91名,众议员593名,1992年12月5日正式就职。社会民主党在两院占绝对多数,该党艾约奇亚·阿宇(Iyarchia Ayua)和阿贡瓦·阿纳科维(Agunwa Anakwe)分别任参众两院议长。

【政府】本届联邦政府于1992年底成立,由国家防务和安全委员会和过渡委员会组成。国家防务和安全委员会掌握国家行政大权,负责制定国家政策,指导国家的全部活动。其主席为巴班吉达总统;主要成员有副总统奥古斯图·艾科莫(Augustus Aikomu)海军上将,国防参谋长和国防秘书(即国防部长)萨尼·阿巴查(Sani Abacha)陆军上将,国防副参谋长穆尔塔拉·恩亚科(Murtala Nyako)海军上将,陆军参谋长萨利胡·易卜拉欣(Salihu Ibrahim)陆军中将,海军参谋长奥玛绍拉(D. P. Omatsola)海军中将,空军参谋长艾金·达达(Akin Dada)空军中将等。

过渡委员会在国家防务和安全委员会的监督下主持政府日常行政工作并使现政府顺利过渡到下届文人政府。其主席欧内斯特·肖内坎(Ernest Shonekan)、外交秘书马修·穆布(Matthew T. Mbu)、内政秘书阿尔哈吉·阿布杜拉哈曼·奥凯内(Alhaji Abdurahaman Okene)、农业、水利资源与农村发展部秘书阿尔哈吉·加鲁巴·阿布杜卡蒂尔(Alhaji G. Abdulkadir)、商业与旅游部秘书伊努瓦·巴卡利(Inuwa Bakari)、教育与青年发展部秘书本·恩瓦布泽教授(Ben Nwabueze)、财政部秘书德莱·奥拉肖里(Dele Olashore)、卫生与民众服务部秘书克里斯托弗·欧科吉(Christopher Okogre)、工业与技术部秘书阿尔哈吉·阿米努·萨勒(Alhaji Aminu Sale)、新闻与文化部秘书伍齐·楚库梅利吉(Uche Chukwumerije)、石油与矿产资源部秘书菲利普·阿西欧杜(Philip Asiodu)、劳工与生产力部秘书弗朗西斯·埃拉(Francis Elah)、动力与钢铁部秘书努拉·伊马姆少将(退役)(Nura Imam)、主管警察事务秘书弗朗西斯·奥吉(Francis Orji)、交通与通讯部秘书欧鲁沃里·阿迪欧雄(Oluwole Adeosun)、工程与住房部秘书巴纳巴斯·格梅德(Barnabas Germade)、主管国家计划委员会主席阿尔哈吉·穆斯塔法·乌玛拉(Alahaji Mustapha Umara)、主管机构与从事管理秘书阿尔哈吉·扎尔玛·戈加莱姆(Alhaji Zarma Gogaram)、州与地方政府事务部秘书阿尔哈吉·玛西杜·达尔哈特(Alhaji Maccido Dalhat)。

【司法机构】联邦设有最高法院、上诉法院和高等法院，各州设高级法院和地方法院。有的州还设有习惯法上诉法院，在穆斯林集中的州还设有伊斯兰"沙里亚"上诉法院。此外，全国还设有若干特别军事法庭。联邦大法官穆罕默德·贝洛(Mohammed Bello)。总检察长克莱门特·阿克潘博(Clement Akpamgbo)。

【政党】有两个政党。

(1)国民共和大会党(National Republic Convention)：1990年9月正式成立，1990年登记党员490万。

(2)社会民主党(Social Democratic Party)：1990年9月成立。1990年登记党员470万。国民议会中的多数党。

两党执行委员会因其候选人在9月总统初选中作弊而被解散。1992年10月21日军政府任命两党看守委员会。国民共和大会党和社会民主党的看守委员会主席分别为奥昆努(A. L. Okunnu)和谢卡里(I. Shekari)。

【重要人物】易卜拉欣·巴达玛西·巴班吉达：总统、军政府首脑兼武装部队总司令。1941年8月17日生于尼日尔州首府明纳市。1962年在尼军事训练学院受训。1963年获少尉军衔。其后赴印度军事学院学习。1966年晋升中尉。1966～1967年在英国皇家装甲学院受训。1968年晋升上尉。1970年在尼国防学院任少校连长兼指导员。1974年晋升中校团长。1975年任拉各斯装甲兵司令。1977年在尼指挥参谋学院学习。1979年晋升准将。1979～1980年在尼政策、战略研究院和美国一所高级国际防务训练班深造。1981～1983年任陆军参谋和计划主任。1983年晋升少将。同年年底布哈里发动军事政变后出任尼最高军事委员会委员兼陆军参谋长。1985年8月27日发动军事政变，推翻布哈里政权出任现职至今。1987年10月晋升上将。 **奥古斯图斯·艾科莫**：国家防务和安全委员会委员、副总统。1939年10月20日生于本代尔州。1958年加入海军。1959～1961年在英国皇家海军学院和皇家海军工程学院受训。1964年和1967年分别晋升海军中尉、海军上尉。1969～1970年在印度进修，毕业后升为海军少校。1973年在印度国防参谋学院受训。1974年、1977年和1980年先后晋升海军中校、上校、准将。1982年在尼政策、战略研究院深造。1983年升任海军作战部长。1984年任尼最高军事委员会委员兼海军参谋长，并晋升海军少将。1986年任总参谋长。1987年晋升海军中将。1990年8月29日任副总统。同年晋升海军上将并退役。 **欧内斯特·肖内坎**：联邦政府首脑、过渡委员会主席。1936年5月9日出生于奥贡州阿贝沃库塔市。1956年毕业于拉各斯语法学校。1962年在伦敦大学学习。1988年在阿罕马杜贝大学获法律博士学位；后又获埃努古州大学商业博士学位。著有《尼日利亚经济》一书，并发表过许多论文。1964年任尼日利亚联合非洲公司法律助理，1980年升任公司总裁。爱好墙球、游泳、读书。

经　济

原为农业国，70年代石油工业崛起，一跃为非洲最大的产油国。与此同时，国民经济比例失调，农业被忽视，其他产业发展缓慢。80年代后，随着世界市场油价下跌，尼经济陷入困境。1986年以来，政府致力于经济结构调整，注意发展农业和其他非石油产业。1990年因石油价格上涨，尼出口收入大幅度增加，财政状况有所好转，但1991年财政赤字仍高达35亿美元。1992年尼经济陷于严重衰退。尼虽先后与伦敦俱乐部、意大利就债务问题达成协议，但外债依然沉重，财政赤字及通货膨胀加剧，汇率急剧下跌，9月份被国际货币基金组织划为低收入国家。

国内生产总值(1992年)：4468亿奈拉。

人均国民生产总值(1992年)：203美元。

国内生产总值增长率(1992年)：3.6%。

货币名称：奈拉；1奈拉＝100克布。

汇率(1992年)：1美元＝20奈拉。

通货膨胀率(1992年)：33.7%。

失业率(1991年8月)：10%。

【资源】主要矿藏有石油、天然气、锡、煤、石灰石等。已探明石油储量约58亿吨，以目前产量可继续开采30～50年。天然气储量约100万亿立方米，目前尚未大量开发利用。煤储量约15亿吨。沥青储量约430亿桶。森林覆盖率14%。

【工矿业】石油和天然气工业是国民经济的支柱，1991年石油产值为117.5亿奈拉，占国内生产总值的12.46%。近几年工业生产指数如下(1972年为100)：

	1988	1989＊	1990＊＊
制糖业	38.1	33.3	42.0
软饮料	1045.1	1747.6	1765.2
啤酒	544.4	469.9	512.6
棉织品	141.9	128.4	138.8
合成纤维	4386.5	4453.3	4053.3
鞋业	24.5	17.4	16.9
炼油	364.5	362.9	398.7
水泥	336.1	383.4	394.3
肥皂、洗衣粉	483.1	585.3	617.2
车辆装配	243.1	207.6	204.5
收音机、电视机	25.9	21.8	19.4

＊　修正后数字。

＊＊　估算数字。

(资料来源：1990年尼日利亚中央银行年度报告)

【农业】1991年农业产值285.7亿奈拉，占国内生产总值的30.3%。北方主要发展畜牧业，南方以种植业为主。可耕地7120万公顷。1992年粗粮总产量为3500万吨。1988～1990年主要农作物产量如下(单位：万吨)：

	1988	1989＊	1990＊＊
玉米	127.7	133.8	146.9
小米	372.0	380.2	419.7

高粱	329.8	334.6	364.7
稻米	52.9	68.7	75.6
豆类	126.3	123.2	138.5
木薯	315.5	372.7	407.0
山药	913.2	917.2	988.7
大豆	12.1	13.4	14.6
甜瓜	27.5	20.4	20.8
花生	68.6	81.2	86.2
椰果	10.8	11.0	11.8
原棉	19.4	18.7	27.6
棕榈仁	54.5	60.0	62.0
棕榈油(万升)	498.6	511.1	512.1
可可	23.0	25.6	24.4
橡胶	6.8	8.0	8.8
甘蔗	88.8	90.0	92.0

* 修正后数字。

* * 估算数字。

(资料来源:同上)

【旅游业】尼旅游资源丰富,但尚未很好开发。1986～1988年旅游收入7亿奈拉,占国内生产总值的1%。全国有饭店34家,主要旅游点有:夸拉州和高原州的瀑布,博尔诺州的乍得湖寺院,十字河州的大牧牛场,伊莫州的奥古塔湖,翁多州的温泉和包奇州的野生动物园。1991年9月拉各斯市开始建设耗资4亿美元的大型综合娱乐设施,其规模居非洲第一、世界第四。

【交通运输】陆地运输以公路为主,自1989年大众运输计划以来,在水路、公路和铁路运输方面取得一定成果,但运输紧张问题仍存在。

铁路:总长3505公里以上。1990年客运量634.5万人次,收入3139.9万奈拉;货运量37.1万吨公里。

公路:总长13万公里,其中高速公路2.91万公里;1990年修复和重建公路1547公里。公路运输占国内货运量的93%和客运量的96%。

水运:内河航线总长8575公里。全国有13个港口,总装卸能力为3200万吨。1990年经海港出口93.8万吨,进口1330万吨。主要港口有拉各斯港、哈尔科特港和科科港。

空运:国营、私营航空公司共有客、货飞机37架。1990年客运量7.6亿人公里,货运量1887.8万吨公里。全国有3个国际机场,分别在拉各斯、卡诺和哈尔科特港。

管道运输:有300公里长的输油管系统。

【财政金融】财政收入主要靠石油出口和税收。1991年财政预算总收入687.3亿奈拉,实际收入959亿奈拉,支出1153亿奈拉,赤字194.37亿奈拉。1992年6月外汇储备41.12亿美元。1992年上半年国际收支逆差57亿奈拉。1991年国内外债务占总支出的68.4%,1992年外债总额为270亿美元。

【对外贸易】主要出口石油、可可、橡胶和棕榈仁,其中石油收入占外汇收入的90%。由于出口结构不合理,近年来政府鼓励非石油产品,特别是农产品出口,1991年还在南方沿海地区着手建立出口加工区。主要进口机械设备、车辆和日用品等。1992年10月取消小麦进口禁令。贸易对象以美国和西欧国家为主。1990年主要进口国为英国(4.6亿英镑,占进口总额的16%)、法国(9.7%)、德国(13.4%)、美国(9.9%);主要出口国为美国(56亿美元,占出口总额的44%)、德国(8.9%)、西班牙(8.4%)、荷兰(5.1%)、英国(4.0%)。

人民生活

1991年被世界银行宣布为第13位最穷国。1992年人均国民收入约200美元,政府工薪人员最低月工资600奈拉。1992年因经济困难,通货膨胀严重,百姓生活水平下降。尼平均6750人有一名医生,一万人有一名牙医。平均寿命50岁左右。

军　事

奉行"威慑与防卫相结合"的战略方针。武装部队总司令为总统巴班吉达。实行志愿兵役制,每年征兵一次。武装部队由陆、海、空三军,警察部队和国民警卫队组成,其中陆军7万人,海军8000人,空军1.1万人,警察12万人,警卫队7000人。1990年8月开始改革武装力量,对军队进行大规模精简整编,以实现向文官政府过渡的计划。1992年国防预算为28.38亿奈拉,占预算总额的10%。

文化教育

早在2000多年前就有了比较发达的文化。著名的诺克、伊贯和贝宁文化使尼享有"黑非文化摇篮"的美誉。1986年,著名小说家、诗人和戏剧家沃尔·索因卡荣获诺贝尔文学奖,成为世界上第一位获得诺贝尔奖的黑人。

【教育】1976年起实行小学免费教育。但由于经济困难,自1985年起改为收费。学制为小学6年,初中3年,高中3年,大学4年。从1992年起,实行9年制义务教育。目前全国有文盲4500万。1988年全国约有大学100所,学生14万人。著名大学有:拉各斯大学、伊巴丹大学、尼日利亚大学。1991年有中学生350万人,小学生1400万人。

【新闻出版】尼新闻广播和出版事业较发达。1988年全国有100多家出版社,日报26家,晚报5家,周报53家,期刊45种。主要报纸发行情况如下:《每日时报》发行30多万份,《民族和睦报》发行约15万份,《新尼日利亚人报》发行15万份,《卫报》发行约50万份,《先锋报》发行5万份,

尼日利亚通讯社:官方通讯社,1978年10月成立。在国内各州和35个城市派有记者,在国外7个国家设有分社和常驻记者。

尼日利亚广播公司:其前身是1957年成立的尼日利亚联邦无线电广播公司,1978年6月改为现名,受联邦政府新闻部领导。在全国各州设有电台。总台设在拉各斯。

尼日利亚国家电视台：官方电视台，成立于1962年。全国划分为6个电视区。20个州有自己的电视台。中央通过卫星每天向全国播放两套电视节目。

对外关系　奉行不结盟、睦邻友好和"以非洲为中心"的外交政策。近年来强调外交促进经济发展。努力与一切国家保持和改善关系。维护非洲团结，促进地区合作，在非统组织和西非国家经济共同体内积极发挥作用。反对殖民主义和种族主义。认为联合国致力于人类经济和社会幸福的任务同维护世界和平与安全同等重要。联合国必须民主化，主张增加安理会常任理事国。主张改善国际贸易和信贷条件，加强南南合作和南北对话，调整国际经济秩序，认为债权国应一笔勾销债务国的债务。主张以色列应从它占领的阿拉伯领土撤军，支持召开有冲突各方参加的中东和平国际会议。欢迎南部非洲发生的积极变化，愿意继续在南非民主进程中起促进作用。主张和平解决利比里亚内部冲突，呼吁支持联合国派兵维持利和平。1992年尼积极推动利和平进程。11月，巴班吉达总统在阿布贾主持召开了关于利问题的西非国家经济共同体小型首脑会议，寻求解决利危机。并继续增兵西非国家经济共同体驻利维持和平部队，目前尼驻利维持和平部队人员已近8000人。

【同我国的关系】1971年2月10日中、尼建交以来，两国友好关系发展顺利。访华的尼领导人有：前国家元首戈翁、巴班吉达总统(1984年以陆军参谋长身份)、最高司令部参谋长亚拉杜瓦、副总统埃奎梅、陆军参谋长阿巴查和外长恩瓦楚库等。先后访尼的我国领导人有：耿飚副总理、黄华副总理、田纪云副总理、徐惠滋副总参谋长、吴学谦副总理、徐信副总参谋长、地质矿产部副部长张文岳等。

1992年尼外交部特别政治顾问奥努访华。

1992年中尼贸易总额为9696万美元，其中中方出口9100万美元，进口596万美元。

尼与台湾有贸易关系，台湾对尼出口年均1.56亿美元，从尼进口年均2100万美元。台湾在拉各斯设有"台北世界贸易中心"。1992年尼与台湾就开发尼出口加工区签署备忘录。

中国驻尼日利亚大使：胡立鹏。馆址：Plot 161A Idejo Street，Victoria Island，Lagos，Nigeria。电话：612586，612400。电报挂号：612404。商务处地址：Plot 161A Adeola Odeku Street，Victoria Island，Lagos，Nigeria。电话：612404；电传：21541 NCNA。

尼日利亚驻中国大使馆公使：阿姆伯得(Mr. O. E. Ambode)。馆址：三里屯东5街2号。电话：5323631，5323632，5323633。传真：5321650。

【同美国的关系】1960年尼、美建交。两国关系友好。美国前总统卡特、副总统蒙代尔、布什总统、国务卿舒尔茨、助理国务卿科恩和副总统奎尔先后访尼。尼前总统沙加里和外长阿金耶米曾分别访美。1992年10月，美国际发展局拨出11130万美元专款用于尼卫生、医疗、农业等部门的建设；11月美黑人妇女参议员布劳恩女士率团访尼。美国是尼石油出口的主要对象之一。

【同英国的关系】尼原为英国殖民地，独立后为英联邦成员。1988年和1989年英首相撒切尔夫人两次访尼。1989年巴班吉达总统访英。1990年，查尔斯王子和戴安娜王妃访尼。1991年，尼恢复了中断20年的对英煤炭出口，英石油公司重返尼从事石油勘探活动，两国签署了重新安排尼外债的协议。1989年至1991年4月，英国共向尼提供援助9720万英镑。

【同法国的关系】1961年尼因反对法国在撒哈拉沙漠试验原子弹而中止同法国的外交关系。1965年两国复交。1984年法在尼资本增至47.57亿美元，但法在尼投资近年来呈下降趋势。法是尼第二大债权国。1990年2月，巴班吉达总统访法，同法就减免债务问题进行了商谈。法国向尼提供2000万美元低息贷款，双方还签署了"避免双重征税"和"互惠促进和保护投资"两项协定。1991年，法国重新安排了尼所欠4.86亿外债，并向尼提供1亿法郎赠款和1亿法郎新贷款。1992年前7个月法对尼出口达5亿美元，比去年同期增长23%。

【同俄罗斯的关系】1961年尼与前苏联建交，两国间签有军贸协定、经济合作协定和文化教育协定。1991年5月，双方曾签署协议，决定到1992年2月建成阿乔库塔钢铁厂；12月，尼承认俄罗斯为前苏联的继承者。

【同德国的关系】尼是德国在非洲仅次于南非的第二大贸易伙伴和主要石油供应国之一。1987年德国在尼公司达515家，居其对非洲各国投资的首位。1983年，原联邦德国总统魏茨泽克曾访尼。1992年2月，巴班吉达总统访问德国。

【同邻国及其他非洲国家的关系】1992年4月8～10日，南非总统德克勒克访问尼日利亚，两国关系实现正常化。同年11月4～6日，南非非国大主席曼德拉访尼，与巴班吉达总统举行了会谈。尼同许多非洲国家建立了经济技术合作双边委员会，并向十几个非洲国家派有技术服务援助团。1992年2月，尼外长恩瓦楚库分别出访肯尼亚、乌干达、扎伊尔和索马里；11月，尼副总统艾科莫访问埃塞俄比亚；12月，尼派兵参加美出兵索马里的行动，并赠送一批食品救济索难民。尼积极参与对苏丹内部冲突的调解，并与邻国乍得、贝宁、喀麦隆就边界问题进行了友好协调。　（李　雯）

塞拉利昂

国名　塞拉利昂共和国(The Republic of Sierra Leone)。

面积　72326平方公里。

人口　426万(1991年估计数)。有20个部族。南部的曼迪族最大,北部和中部的泰姆奈族次之,两者占总人口的60%以上;林姆巴族占8.4%;由英、美移入的"自由"黑人后裔克里奥尔人占2%;欧洲人3000人;几内亚侨民约4万人;利比里亚侨民5000人;黎巴嫩侨民3万人;印度侨民600余人。官方语言为英语,部族语言主要有曼迪语、泰姆奈语、林姆巴语和克里奥尔语。50%以上居民信奉拜物教。

首都　弗里敦(Freetown),人口469776人(1986年1月普查)。

国家元首　全国临时执政委员会主席兼国防部长瓦伦丁·梅尔文·斯特拉瑟(Valentine Melvin Strasser)上尉。1992年4月29日政变上台。

简　况

位于非洲西部,北、东与几内亚接壤,南与利比里亚交界,西濒大西洋。海岸线长约340公里。属热带季风气候,高温多雨。年平均气温约26℃。曼迪人于13世纪进入该地区。1462年葡萄牙殖民主义者侵入,荷兰、法国和英国殖民者亦随后来此从事贩奴活动。1808年沿海地区成为英国殖民地,1896年塞沦为英"保护地"。1961年4月27日宣布独立,但仍留在英联邦内。1971年4月19日成立共和国,史蒂文斯出任总统。1978年6月经全国人民投票通过一党制共和国宪法。

政　治

1985年10月1日,军队司令约瑟夫·赛义杜·莫莫少将当选共和国总统。莫莫总统执政后期,完成了一党制向多党制政体的转变。由于靠近利比里亚的地区发生边境战争,形势趋于紧张。1992年初塞社会矛盾加剧,各政党争夺权力的冲突不断升级,大中小学教师大罢工,暴力事件频仍,政局激烈动荡。4月29日,来自前线的年轻军官发动军事政变,推翻莫莫政权,成立以斯特拉瑟上尉为首的全国临时执政委员会接管国家权力,同时中止宪法及禁止各政党活动,并于5月3日成立新政府——全国临时执政委员会政府部长会议。

【宪法】1991年宪法规定:总统为国家元首、政府首脑、武装部队总司令,由直接普选产生,任期5年,连任不得超过两届;总统有权任免副总统、内阁部长、军队司令、警察总监、总检察长、首席法官。

【议会】称众议院,一院制,最高立法机关。议会通过的法案经总统签字方能生效。议员任期5年。第五届议会于1986年6月产生。1992年4月29日政变后,议会被解散。

【政府】称全国临时执政委员会政府部长会议,系过渡政府。1992年5月3日组成,后经几次改组。现成员有:总统兼国防部长瓦伦丁·梅尔文·斯特拉瑟上尉,首席秘书所罗门·詹姆斯·穆萨上尉(S. A. J. Musa),财政、发展和经济计划部长约翰·卡雷莫(Dr. John Karimu),外交部长穆罕默德·拉明·卡马拉(Dr. Mohamed Lamin Kamara),劳工、电力和能源部长亚历克斯·布朗(Alex R. E. Browne),工程部长詹姆斯·菲力普·博杜中校(Lt. Col. James Philip Gbondo),交通、通讯部长弗兰克林·卡博(Franklyn Kargbo),内政和乡村发展部长阿利马尼·奥斯曼·卡马拉(Col. [Rtd] Alimany Osman Kamara),贸易、工业和国营企业部长阿瑟·亚伯拉罕(Dr. Arthur Abraham),新闻、广播和文化部长欣多洛·特里(Hindolo Trye),总检察长兼司法部长阿诺德·毕晓普·古丁(Arnold Bishop Gooding),南方省驻节部长伊德里斯·卡马拉中尉(Lt. Idriss Kamara),东方省驻节部长汤姆·纽曼中尉(Lt. Tom Nyuma),北方省驻节部长法拉·西沃少校(Maj. Fallah Sewah),教育部长巴锡·班古拉(Bassie Bangura),卫生和社会服务部长阿金·阿吉博拉·吉布里尔中校(Lt. Col Akim Ajibola Gibril),农业、林业部长阿布杜尔·卡里姆·塞塞中校(Lt. Col Abdul Karim Sesay),矿产资源部长雷金纳德·格洛弗上尉(Capt. Reginald Glover),土地、住房和环境部长科罗马中校(Lt. Col S. F. Y. Koroma),青年、体育和社会动员部长姆巴约中尉(Lt. C. E. M'bayo),旅游部长图雷(退休少校)(Maj. Gabriel Abass Turay)。

【司法机构】分上级法院和下级法院。上级法院有最高法院、上诉法院和高等法院,审理刑事和民事案件。下级法院包括地区治安法院和酋长领地地方法院。最高司法机关是最高法院。首席法官和上级法院法官由总统直接任命。总检察长阿卜杜拉伊·奥斯曼·康特。首席法官谢库·穆罕默德·弗·库杜布(Sheku Mohammed F. Kutubu)。

【政党】1991年实行多党制,主要政党有5个。

(1)全国人民大会党(The All People's Congress):1960年9月11日成立,党员约50万。全国行政书记爱德华·图雷(Edward Turay)。

(2)塞拉利昂人民党(The Sierra Leone People's Party):1951年4月成立,是塞历史上最早出现的政党。1978年6月被解散。1991年7月恢复活动。临时全国主席萨利·朱苏·谢里夫(Salia Jusu Sheriff)。

(3)全国民主党(The National Democratic Party):1990年5月成立,党员约6万人。临时主席阿卢辛·福法纳(Alusine Fofana)。

(4)团结党(The Unity Party):1991年11月27日成立。口号是"国家第一"。理论是实行分享民主制。领袖为塞缪尔·马利吉第二(Mr. Samuel S. Maligi Ⅱ),总书记阿哈默德·阿布·凯莫卡(Mr. Ahmed Abu Kemokai)。

(5)全国行动党(The National Action Party):1991年11月成为合法政党。口号是为大家服务。领导人谢卡·卡诺(Dr. Sheka Kanu)。

【重要人物】瓦伦丁·梅尔文·斯特拉瑟:全国临时执政委员会主席兼国防部长。1966年9月15日生于弗里敦附近的艾伦镇,信奉基督教。1986年考入大学,后因家境困难改入军事学院学习。1987年被授予少尉军衔。1990年8月参加西非维持和平部队进驻利比里亚,1991年4月返塞,被派往塞利边界前线。1991年晋升上尉。1992年4月29日发动军事政变,任全国临时执政委员会主席、国家元首。 **所罗门·詹姆斯·穆萨上尉**:全国临时执政委员会副主席兼政府部长会议首席秘书(总理)。1965年12月17日生于维珀福斯。1975～1985年分别在小学和圣·爱德华中学学习。1986年入军校学习。1987年10月30日晋升少尉,1989年升中尉,1991年参加西非维持和平部队进驻利比里亚。1992年4月政变后担任全国临时执政委员会副主席,晋升上尉。1992年12月兼任总理。

经　济

以农业和矿业为主。1987年曾实行经济紧急状态法,严惩黄金、钻石走私行为。90年代莫莫执政后期,塞财政拮据,商品奇缺、通货膨胀严重,外债高筑,边境战争使塞背上沉重的包袱,经济濒于崩溃。

国内生产总值(1990/91年度):2000亿利昂。

人均国内生产总值(1990/91年度):250美元。

国内生产总值增长率(1991年):1%。

货币名称:利昂。

汇率(1992年12月):1美元=535利昂。

通货膨胀率(1991年):100%。

【资源】矿藏主要有钻石、铁矿、铝矾土、金红石和黄金等。铁矿储量1.87亿吨,铝矾土储量1.22亿吨,金红石储量约1亿吨。金矿发现5处,其中仅南方省包马洪地区矿砂储量即达2000万吨,每吨矿砂含金0.2盎司。森林面积约32万公顷,占土地总面积的4%。木材储量300万立方米。

【工矿业】1987年工矿业产值约占国内生产总值的11.5%,1989年占出口总值的80%以上。从业人数占总劳动力的20%。工业以轻工为主,有工厂60多家,主要有制糖、粮油加工、机修、卷烟、酿酒、木材加工等,产值约占国内生产总值的4.1%。近年来主要工矿业产量情况如下:

	1988	1989	1990
钻石(万克拉)	2.8	6.4	1.0
铝矾土(万吨)	140.3	156	144
金红石(万吨)	12.6	12.6	14.4
黄金(万盎司)	0.08	0.24	1.29

(资料来源:1992/93年经济季评)

【农业】农业产值占国内生产总值的40%,全国人口的65%从事农业。可耕地536万公顷,已耕地50万公顷。粮食作物以稻米、木薯为主,其次是小米和玉米。粮食不能自给,每年需进口大米约10万吨。经济作物有可可、咖啡、棕榈仁、花生等。1990年产咖啡4313吨,棕榈仁1189吨,可可1327吨。

1988年有牛33万头,猪5万头,绵羊33万只。渔业资源丰富,年捕捞量约10万吨,最高达30万吨。

【旅游业】1988年全国有旅馆1957家,其中国际标准饭店5家,住房率20%。接待游客10万人次,95%为法国人。旅游收入1410万美元。

【交通运输】铁路仅有一条从马兰帕铁矿至佩佩尔港的矿山专用线,长92公里。全国公路总长约7900公里。海运多由外国轮船经营。主要港口弗里敦港有5个泊位,可停泊万吨轮船,年吞吐量为125万吨。佩佩尔、邦特、尼蒂为矿产品和农副产品出口港。1984年国际货运量为38.3万吨。内河航线750公里,但有些河流一年只有3个月可航行。隆吉机场是唯一的国际机场。国内机场有9处,可停降小型飞机。1984年航空客运量10万人次,1987年货运量2920吨。

【财政金融】财政预算一直存在赤字。近几年预算收支情况如下(单位:百万利昂):

	1990/91	1991/92
收入	17902	33900
支出	31951	59000
赤字	14049	25100

(资料来源:同上)

截至1991年外汇储备570万美元。1991年外债12.5亿美元。

【对外贸易】同70多个国家和地区有贸易往来,主要贸易伙伴为比利时、卢森堡、荷兰、美国、德国、英国、尼日利亚、中国等。近年来对外贸易情况如下(单位:百万美元):

	1989	1990	1991
出口额	142.2	144.3	126
进口额	187.5	162.9	149
差　额	—45.3	—18.6	—23

(资料来源:1992年第一期经济季评)

主要进口工业制品、机械、运输设备、石油和粮食等。主要出口钻石、铝矾土、金红石、铁矿砂、黄金、可可、咖啡、棕榈仁、生姜等。

【外国援助】1983～1988年共接受外援5.126亿

美元。1992年获外援7290万美元，占塞国家发展预算的90%。

人民生活

1986/87年度就业人数62630人。1989年弗里敦消费物价指数843(1980=100)。全国有医院63家，保健医疗中心和诊所266个。1989年婴儿死亡率74‰。1986年有医生300名，牙医18名，病床4025张。

军　事

塞军队成立于1961年，称塞拉利昂皇家部队，1971年改称塞拉利昂共和国武装部队。实行志愿兵役制。

总兵力3150人，其中陆军3000人，海军150人，空军装备要员专机——直升机1架。此外还有准军事部队800人，警察6700人，其中包括特种治安部队2500人。1991年向利比里亚派遣维持和平部队700人。

1987/88年军费开支约1.56亿利昂。

文化教育

【教育】小学实行义务教育。成人文盲率为80%。1991年度在校师生情况如下：

	学校(所)	学生(人)	教师(人)
小学	2262	433600	12972
中学	232	104452	5263
技术和职业学校	16	6086	475
大学	2	2314	324

【新闻出版】共发行报刊18种，均为英文。其中官办报纸2家。《每日邮报》发行1万份。此外还有《新公民报》、《进步报》、《新箭报》、《为民报》、《国民报》、《周末星火》、《观察家》、《纪事报》、《环球报》、《体育之星》、《先锋报》、《爱国者》、《视察报》等私营报纸。

塞拉利昂新闻社1980年建立。

塞拉利昂广播事业局建于1934年，每天用英语和曼迪、林姆巴、泰姆奈等部族语言和克里奥尔语广播。每周还播放法语。电视台建于1963年，1972年并入广播事业局，现因设备破旧，停止播放节目。

对外关系

塞政府坚持国家平等、尊重主权与领土完整以及同所有国家合作的外交政策；致力于非洲团结和地区合作；反对外来势力干涉非洲事务；重视睦邻关系；要求建立新的国际经济秩序，主张南北对话和南南合作。反对和谴责南非种族主义政策，主张对南非进行制裁。承认巴勒斯坦国，认为只有解决巴勒斯坦问题才能给中东地区带来和平，要求以色列从它占领的阿拉伯领土上撤出。呼吁召开非洲债务问题的国际会议，欢迎债权国取消低收入国家的债务。

【同我国的关系】1971年7月29日两国建立外交关系，并签定经济技术合作协定、贸易支付协定。其后双方往来不断。1973、1981和1985年史蒂文斯总统3次访华。1986年和1990年莫莫总统两次访华。姬鹏飞副委员长、田纪云副总理、廖汉生副委员长等先后访塞。迄今，我已为塞承担农业、公路桥、体育场、糖厂等援建项目，向塞派遣医疗队。1992年4月塞发生军事政变后，塞领导人重视对华关系，1993年2月，塞外长卡马拉访华。

中国驻塞拉利昂共和国特命全权大使：高建中。馆址：NO. 29, WILBERFORCE LOOP, FREETOWN。电话、地区号：0998　31571(使馆)　40490(商务处)　40610(经参处)。

塞拉利昂共和国驻华特命全权大使：谢库·敦布亚。馆址：北京东直门外大街7号。电话：532.1446，532.1222。

【同美国的关系】1970、1971年美、英两次在塞策划政变未遂，塞美关系一度紧张，美召回驻塞大使，关闭金红石公司。1976年6月美宣布恢复中断8年的对塞援助；7月史蒂文斯总统宣布"塞美恢复特殊关系"。1979年始美两公司在塞沿海勘探并试采石油和天然气。1987年4月塞美友协成立。1961年以来美向塞共派出5600名和平队员，目前在塞有和平队员200名，每年耗资400万美元。1977～1989年美向塞共提供4200万美元的粮援。美每年向塞提供1000万美元援助。

【同英国的关系】现仍为英联邦成员。塞英关系较密切，1983年至1988年英共向塞提供2990万美元援助。

【同德国的关系】塞与联邦德国1961年建交。1961～1987年德向塞提供约3.97亿西德马克援助，其中贷款转赠款1.65亿马克。1986年和1988年德两次取消塞1.48亿美元债务。目前德有80多名专家在塞工作。塞有200余名学生在德学习。

【同几内亚的关系】两国关系密切。1967年3月21日塞发生军事政变后，史蒂文斯曾流亡几内亚。1971年3月，两国签订共同防务协定，几派军队在塞驻防。1973年5月几军全部撤出。1980年塞、几、利比里亚三国首脑签署协定，几正式加入马诺河联盟。1992年4月军事政变后，莫莫总统在几避难。

【同利比里亚的关系】1985年利比里亚指责塞卷入利未遂政变，封锁两国边界。1986年11月塞、几、利三国总统在蒙罗维亚签订"互不侵犯和安全合作条约"。1990年塞积极参与西非国家经济共同体对利比里亚内战的调解活动，并派300人参加维持和平部队。1991年3月以来，利比里亚内战波及塞边境地区，对塞安全造成威胁。　　(卢　坤)

塞内加尔

国名 塞内加尔共和国(The Republic of Senegal,La République du Sénégal)。

面积 196722平方公里。

人口 750万(1991年)。全国有20多个部族,主要是沃洛夫族(占全国人口的40%)、谢列尔族(14%)、颇尔族(13%)、图库列尔族(10%)、迪乌拉族(5%)、曼丁哥族(5%)。各部族都有自己的语言,全国80%的人讲沃洛夫语,官方语言为法语。90%的居民信奉伊斯兰教,5%信拜物教,其余信奉天主教。

首都 达喀尔(Dakar),人口200万(1992年)。

国家元首 总统阿卜杜·迪乌夫(Abdou Diouf),1981年1月1日就任,1983年和1988年两次连任。

简 况

位于非洲西部凸出部位的最西端。北界毛里塔尼亚,东邻马里,南接几内亚和几内亚比绍,西濒大西洋。海岸线长约500公里。属热带草原气候,年平均气温29℃,最高气温可达45℃,公元10世纪,图库列尔人在此建立泰克鲁王国,14和16世纪先后并入马里帝国和桑海帝国。1864年沦为法国殖民地。1959年与马里结成联邦。1960年6月马里联邦宣告独立,同年8月塞退出马里联邦,成立独立共和国。1980年12月31日,塞首任总统列奥波尔德·塞达·桑戈尔自动引退,由总理阿卜杜·迪乌夫接任。

政 治

1991年,迪乌夫总统决定恢复1983年取消的总理职位,任命哈比卜·锡亚姆为总理,吸收反对党入阁,组成有社会党、民主党、独立劳动党参加的首届联合政府。1992年,多党联合政府运转正常。各政党积极准备1993年总统和立法选举。7月,迪乌夫正式发布总统令,宣布1993年2月21日为共和国总统选举日。下半年,塞国内出现了一些不稳定的因素。9月1日,在南部卡萨芒斯地区发生流血事件。政府军一小分队在执行巡逻任务时遭到"卡萨芒斯民主力量运动"的突然袭击,结果造成52人死亡,70多人受伤。事件虽很快得到平息,但该地区骚乱活动仍时有发生。10月18日,塞民主党4名参政部长借口在政府中受排挤宣布集体辞职,正式退出联合政府。10月28～30日,为声援卫生和社会劳动者统一工会的罢工,电力劳工统一工会组织全国性罢工,国家电网因此陷于瘫痪,90%以上的工矿和生产企业被迫停产。此次罢工造成的损失之严重,为塞独立以来所罕见。

【宪法】现行宪法于1963年经公民投票通过。宪法规定:总统是国家元首、政府首脑和武装部队最高统帅,由直接普选产生,任期5年,可连任。总统不能履行职责时,由议长代理,并在3个月内举行大选。1991年3月,国民议会特别会议再度修宪,复设总理职位,扩大反对党在议会常设局的比例。

【议会】称国民议会,每5年普选一次。本届议会于1988年4月组成,共120个议席,社会党103席,民主党17席。议长任期一年,可连选连任。议长阿卜杜勒·阿齐兹·恩岛(Abdoul Aziz Ndaw)。

【政府】本届政府于1991年4月8日组成,原有27名成员,其中部长19名,部长级代表7名。1992年10月民主党4名部长辞职。他们是国务部长、劳动和职业培训部长、非洲经济一体化部长和国民教育负责扫盲和促进国语的部长级代表。目前主要成员:总理哈比卜·锡亚姆(Habib Thiam),经济、财政和计划部长法马拉·易卜拉依马·萨尼亚(Famara Ibrahima Sagna)(兼非洲经济一体化部长),武装部队部长梅杜纳·法尔(Médoune Fall),外交部长吉博·拉伊蒂·卡(Djibo Laity Kâ),内政部长马迪昂·卡里·迪昂(Madieng Khary Dieng)。

【司法机构】司法权由最高法院、最高检察院、上诉法院、预审法庭、重罪法院和治安裁判所等各级法院行使。1992年,塞进行了司法体制改革,取消国家安全法庭,成立立宪委员会、行政法院。现任最高法院院长优素·恩迪亚耶(Youssou Ndiaye),1992年6月任命。总检察长塞依杜·巴(Seydou Bao),1992年6月任命。

【政党】现有18个合法政党,主要有:

(1)塞内加尔社会党(Le Parti Socialiste du Sénégal):执政党,党员200万人。前身为塞内加尔民主集团,1958年改名为塞内加尔进步联盟,1976年12月改为现名。纲领是实行"民主社会主义"。总书记阿卜杜·迪乌夫,名誉主席桑戈尔。

(2)塞内加尔民主党(Le Parti Démocratique Sénégalais):第二大党,1974年7月31日成立,党员50万。该党主张以民主方式取得政权,建立"民主社会主义"。总书记阿卜杜拉耶·瓦德(Abdoulaye Wade)。瓦德1992年宣布参加1993年总统大选。

(3)独立劳动党(Le Parti de l'Indépendanceet du Travail):原为塞非洲独立党地下派。1981年获合法地位,并改为现名。该党主张民主、多元化和广泛联合。总书记阿马特·当索科(Amath Dansokho),1991年4月参加联合政府。

(4)人民解放党(Le Parti Pour la Libération du Peuple):1983年7月成立。总书记巴巴卡尔·尼昂

(Babacar Niang)。

(5)民主联盟—争取劳动党运动(Ligue Démocratique-Mouvement Pourle Parti du Travail):1979年成立,自称"共产主义组织","信仰马克思主义"。总书记阿卜杜拉耶·巴西里 (Abdoulaye Bathily)。

此外,还有塞内加尔人民党、社会主义劳工组织、共产主义劳工联盟、人民民主运动、非洲独立运动党、全国民主联盟、塞内加尔共和运动、塞民主联盟—革新党、塞内加尔民主党(革新)等。

【重要人物】阿卜杜·迪乌夫:总统、社会党总书记。1935年9月7日生于卢加区。1955年入达喀尔法学院,3年后赴巴黎大学攻读法学和政治学,同期还就读于法国国立侨民学校。1960年进入政界,历任国际技术合作局局长、考拉克行政区长官、总理府秘书长、计划和工业部长等职。1980年2月任总理。1981年1月1日接任总统,后连任。有两子两女。

经　济

塞是农业国。工业有一定基础。1984年以来,推行新农业和新工业政策,减少国家干预,逐步实行国营企业私有化,鼓励企业间自由竞争;强调优先发展农业,争取粮食自给;重视对直接生产项目的投资,提高工业生产水平,增强出口创汇能力;为引进外资和技术,在达喀尔开设自由工业区。在财政方面实行紧缩政策。第七个四年计划(1985～1989年)总投资6450亿非洲法郎。

国内生产总值(1991年):15134亿非洲法郎。

国内生产总值增长率(1991年):1.4%。

货币名称:非洲金融共同体法郎,简称非洲法郎。

汇率(1992年12月):1美元=271.6非洲法郎。

通货膨胀率(1991年):1.3%。

【资源】矿产资源贫乏,主要有磷酸盐、铁、海盐、石油、大理石等。磷酸盐藏量约2亿吨,年开采量约150万吨。铁矿藏量6亿吨。水力资源较丰富。森林面积占全国面积的1/5,约390万公顷。

【工业】1990年工业生产总值2732亿非洲法郎,占国内生产总值的18.3%。全国有500多家企业,主要是农产品加工、食品、化工、纺织、皮革、炼油、建材工业等。85%的工厂企业集中在达喀尔。近年来,工业生产不景气,百余家国营和准国营企业亏损。

【农林渔业】农产值占国内生产总值的22%,农业人口占全国的70%。可耕地800万公顷,已耕地260万公顷。主要经济作物有花生和棉花。花生种植面积100万公顷,出口量居世界第一,是国民经济重要支柱之一。主要农作物有小米、高粱、玉米和水稻。粮食不能自给,平均每年进口粮食34万吨。1991年农业收成较好,粮食总产值100万吨。近年主要农作物产量如下(单位:万吨):

	1989	1990	1991
花生	81.90	70.25	75.80
棉花	2.90	4.33	5.20
小米、高粱	76.57	66.55	64.50
稻谷	16.82	17.50	22.00
玉米	13.14	14.56	10.60

(资料来源:1992/93年经济季评和塞农业部门统计资料)

1990年林业产值为153亿非洲法郎,占国内生产总值的1%。渔业是塞经济的主要支柱之一,也是外汇的主要来源。全国约有13万人从事捕鱼业。1991年的捕鱼量为40万吨,鱼产品出口创汇631亿非洲法郎。

【旅游业】塞经济的四大支柱之一,近年发展较快。旅游点主要集中在达喀尔、捷斯、济金朔尔地区。近年旅游业情况:

	1988	1989	1990
游客人数(万)	29.95	30.22	30.52
收入(亿非洲法郎)	424	437	455
占国内生产总值%	2.9	2.9	2.9

(资料来源:1992/93年经济季评)

【交通运输】主要靠公路和铁路,有以佛得角区为中心的连结全国各地的陆路交通干线网。达喀尔是非洲通往欧洲和美洲的海上交通要道,也是重要的国际航空枢纽。

铁路:总长1225公里。

公路:总长14000公里,其中柏油路3900公里。1987年有各种机动车辆10.5万辆。

水运:塞内加尔河全年通航距离为220公里,汛期可通航924公里。达喀尔港是西非第二大港,年吞吐量500万吨。其他港口有圣·路易港、考拉克港和济金朔尔港。

空运:达喀尔约夫机场为国际机场。1988年客运量90万人次。

【财政金融】财政收入的主要来源是各种税收和外国援助。1991/92年财政预算总额为6608.67亿非洲法郎。(按18个月计算,即1991年6月至1992年12月)1991年外汇储备1320万美元,外债总额35亿美元。

【对外贸易】主要出口花生、磷酸盐和鱼产品等,进口产品主要是粮食、石油、机电设备和日用消费品等。主要贸易伙伴是法国(1989年占塞进口总额的36.6%和出口总额的28.5%)、意大利、美国、科特迪瓦等。近年进出口贸易情况如下(单位:亿非洲法郎):

	1989	1990	1991
出口额	2420	2482	2548
进口额	3185	3202	3349
差　额	−765	−720	−801

(资料来源:同上)

人民生活

1990年人均收入700美元,最低工资每小时201非洲法郎,达喀尔地区平均消费价格指数(1967年为100)为494.2。全国有医院16所,卫生中心(站)670多个,医务人员2300名,其中医生约500名。

军　　事

最高军事决策机构是国防委员会，总统为武装部队最高统帅。政府设武装部队部，军队设总参谋部，下辖5大军区。总参谋长芒苏尔·塞克(Mansour Seek)准将。实行义务兵役制，服役期两年。

总兵力16500人。陆军9700人，编有步兵部、工兵营、总统卫队、炮兵群、侦察中队、伞兵连等部队；海军700人；空军500人；准军事部队5600人。

1991/92年度国防预算占当年财政预算的12.89%。

法在达喀尔有驻军1200人。塞军中还有数百名法国顾问。

文化教育

【教育】近几年来，政府对教育进行全面改革，教育得到较快发展。1991/92年度国民教育预算占国家总预算的27.37%，政府将拨款5亿非洲法郎兴建4000个教室，招收700名小学教员，同时鼓励私人办学，并将拨专款帮助私立学校。议会还通过了"议员捐献两天工资资助教育、卫生事业"的法案。1988年，7～12岁儿童入学率为54.5%。全国有小学2400多所，学生65万人；中学151所，学生14万人；高等院校10所，学生2万人。达喀尔大学创立于1957年，是黑非洲历史最悠久的高等学府之一，设有5个系和一些附属学院及研究所。在国外的留学生和研究生约5000人。

【新闻出版】最大的法文日报《太阳报》，发行量5万份。此外，还有《变革》、《震旦》、《解放了的》、《政客》等报刊。

塞内加尔通讯社是国家通讯社，成立于1957年。国内有7个分社，国外无分社。同近20个外国通讯社签有新闻交流协定。

广播电视隶属通讯部领导。1973年建立广播电视局，1992年改为国营公司，名为塞内加尔广播电视，统管广播电视工作。电视台覆盖面积为80%。

对外关系

奉行全方位和不结盟政策，维护非洲团结，支持民族解放运动，重视睦邻友好，积极推动区域合作，特别是非洲经济一体化进程，主张南北对话、南南合作和建立国际经济新秩序。认为建立国际经济新秩序与建立国际政治新秩序是密不可分的。当前的经济关系对发展中国家是不公正的，国际经济关系应遵循公正、平等、合理、互利及尊重主权的原则。认为冷战已结束，不结盟运动应调整其成立时所确定的宗旨和原则，把发展问题作为主要目标。强调应警惕东西方对抗转变成南北对抗，帮助非洲国家发展是西方的根本利益所在。批评发达国家未兑现将其国民生产总值的0.7%用以援助的允诺。希望加速实现非洲一体化，建立非洲经济共同体。认为非洲国家只有联合起来才能加速其发展。支持南非非洲人国民大会及其他民族民主力量的正义斗争，积极评价德克勒克总统为废除种族隔离政策、实行民主改革所作的努力，欢迎德克勒克总统同曼德拉进行的谈判。支持西非国家和平解决利比里亚问题的努力。支持联合国1992年授权有关国家对索马里采取军事行动以保证人道主义援助计划顺利实施的决定。

1992年，塞同毛里塔尼亚恢复外交关系；又先后同立陶宛、拉脱维亚和乌克兰建交。

【同我国的关系】1971年12月7日中塞建交。两国先后签订了经济技术合作协定和贸易协定、中国向塞派遣医疗队的协议、中塞文化合作协定、塞社会党和中国共产党合作协议书、中国向塞提供新贷款的协定。1984年中国海洋渔业总公司同塞内加尔渔业公司签订了渔业合作合同。我向塞援建了一座综合性体育场和一座水坝，并先后派出农技组、打井队、医疗队和技术合作组。塞方访华的主要有：桑戈尔总统(1974年)、阿马杜·西塞·迪亚议长(1981年)、迪乌夫总统(1984年)、阿卜杜勒·阿齐兹·恩岛议长(1990年)等。我方访塞的主要有：陈慕华副总理(1980年)、黄华副总理兼外长(1981年)、彭冲副委员长(1982年)、李鹏副总理(1984年)、廖汉生副委员长(1985年)、中共中央政治局常委、书记处书记李瑞环(1991年)。

1992年1月6～10日，以文化部副部长高占祥为团长的中国文化代表团访塞，与塞文化部签署了"1992～1994年中塞文化合作交流协议执行计划"。1月12～15日，国务委员兼外交部长钱其琛应邀访塞，受到迪乌夫总统的接见；3月12～18日，国家教委副主任庄世炎率领的中国国家教委代表团访塞，双方签署了"中塞教育援助项目"换文；5月，塞工会代表团应邀对中国进行友好访问；8月17日，中国共产党向塞社会党赠送2亿西非法郎的物资；9月，由中华全国总工会副主席章瑞英率领的中国工会代表团访塞；9月，塞立宪委员会主席姆巴耶访问中国；9月11日，中国同塞签署了五眼装备井援助合同；11月，中国在捷斯地区举办"中国文化周"活动。

根据海关总署统计，1992年中国同塞内加尔的进出口商品总额为2676万美元，其中中方出口为2622万美元，进口为54万美元。

中国驻塞内加尔大使：仓友衡。馆址：9-10，RUE PROJETEE，FANN-RESIDENCE DAKAR。电话：241467，249113，245254。商参处电话：230541。电传：61188 SINOCOM SG。

塞内加尔驻中国大使：马迪·恩岛(MADY NDAO)。馆址：建国门外日坛东1街1号。电话：5322593，5322646。

【同法国的关系】塞在政治、经济、军事、文化教育等领域同法国保持着传统的"特殊关系"。法是塞的主要贸易伙伴。塞是获得法援最多的非洲国家之一。近两年，法每年援塞约1000亿非洲法郎，其中40%是财政赠款。法援占塞外援的1/3。近年来两国领导人多次互访。1985年9、10月间，法总统密特朗先后3次访塞或作技术性停留。1987年3月法总理希拉克访塞。1985～1989年迪乌夫5次访法。1992年6月1～3日，迪乌夫总统率高级代表团访法。

【同美国的关系】近年来，塞美关系有较大发展，美对塞援助和投资逐年增加。美已成为塞第二大贸易伙伴。里根总统把塞列为"优先援助的长期盟国"。1985～1988年美援总额为1.9亿美元。近年来迪乌夫每年访美一次，1990年7月，塞美在塞举行联合军事演习。1991年9月，迪乌夫总统对美进行第六次访问，美宣布免除塞4200万美元的债务。1992年3月8日，美参谋长联席会议主席鲍威尔访塞。9月7日，美前总统卡特访塞。

【同冈比亚的关系】1982年2月，塞冈通过协议正式结成邦联，迪乌夫和贾瓦拉分别任邦联正副总统。1989年9月31日，邦联正式解体。1991年5月25日，塞冈两国外长在班珠尔签署了"塞冈友好合作条约"。

【同几内亚比绍的关系】两国存在殖民统治时期遗留下的领海纠纷。为解决这一争端，两国政府进行了多年谈判。1989年7月31日日内瓦仲裁法庭作出裁决，几比拒不承认其合法和有效性，并向海牙国际法庭提出重新审理。1990年5月，两国边防部队在争议地区发生冲突，但很快平息。双方表示恪守和平解决两国争端的原则。1991年11月，海牙国际法庭再次审理塞、几比海域纠纷，裁定日内瓦仲裁法庭1989年7月的裁决有效。1991年，几比自愿充当解决塞内加尔卡萨芒斯问题的担保国，并促成塞政府与"卡萨芒斯民主力量运动"达成停火协议。1992年9月，几比国防部长访塞，表示将努力促使"卡问题"的最后解决。

【同毛里塔尼亚的关系】1978年两国达成边界相互谅解协议。1989年4月，两国因一起边民冲突而酿成大规模相互驱赶侨民运动，造成双方侨民数百人死亡，直接经济损失近千亿非洲法郎。8月21日，两国断绝外交关系，并中止一切经济往来和贸易交流。1991年7月18日，塞毛外长在几内亚比绍首都举行正式会晤，签署了联合公报。之后，两国外长定期会晤。1992年4月21～23日，毛塔外长默哈迈德·阿·梅内率高级代表团访塞，受到迪乌夫总统的接见。双方签署了关于恢复外交关系的联合公报。5月，两国签订了解决双方出入境问题的"框架协议"。6月，塞外长访毛，两国关系进入新阶段。8月，迪乌夫总统亲自率团出席在毛塔举行的塞内加尔河流域开发组织首脑会议。10月，塞内政部长对毛塔进行友好工作访问。至此，两国关系全面正常化并出现好的势头。

【同扎伊尔的关系】1991年11月13日，迪乌夫总统派遣国务部长瓦德前往金沙萨，调解扎伊尔执政党同反对党的争端。22日，迪乌夫总统和蒙博托总统主持扎执政党和各党派签署了"联合声明"。

【同利比里亚的关系】1991年9月，塞决定派兵1500人参加西非国家经济共同体驻利比里亚维持和平部队。美国为塞军提供后勤支持。1992年，塞政府宣布1993年将从利比里亚全部撤军。（吴　杰）

塞　舌　尔

国名　塞舌尔共和国(The Republic of Seychelles)。

面积　陆地面积455平方公里。领海面积40万平方公里。

人口　70438人(1991年)。年增长率为1%。主要是班图人、克里奥尔人(欧洲人和非洲人混血)、印巴人后裔、华裔和法裔等。克里奥尔语为国语，通用英语和法语。居民多信奉基督教，80%的居民属罗马天主教派，少数人属圣公会教派。还有一些人信仰伊斯兰教。

首都　维多利亚(Victoria)，人口2.7万(1992年)。

国家元首　总统弗朗斯·阿尔贝·勒内(France Albert Rene)，1977年6月5日就任，1979年、1984年和1989年三次连任。

简　况

位于印度洋西部的岛国，为亚、非两大洲交通要冲，西距肯尼亚1593公里，南面与马达加斯加、毛里求斯相望。属热带雨林气候，高温多雨。年平均气温24～30℃，最高气温39℃。1609年英国人侵。1756年被法国占领。1794年英国取代法国。以后英、法多次易手，轮流占领。1814年英、法签订和约，塞舌尔遂成为英国殖民地。1970年实行内部自治。1976年6月29日宣告独立，成立塞舌尔共和国，仍留在英联邦内。民主党主席曼卡姆任总统，人民联合党主席勒内任总理。

政　治

1977年6月5日人民联合党发动政变，推翻曼卡姆，由勒内任总统至今。勒内执政后，实行一党制，宣布"消灭一切形式的歧视、压迫和剥削"，建立一个"机会均等"和"适合塞国情"的社会主义社会。1991年取消党禁，改行多党制，共有8个政党先后登记注册。1992年7月，在国际监督下举行全国制宪委员会成员资格选举，执政党——塞舌尔人民进步阵线以58%的选票获胜，前总统曼卡姆领导的民主党获33.8%的选票，其他反对党共获8%的选票。根据协议，"阵线"和民主党分别派出

14 和 8 名代表组成立法委员会在三个月内起草新宪法后交全民公决。11 月 15 日举行全民公决，由于反对党的反对，新宪法草案仅获 53.7%票，未达到规定的 60%的赞成票而被否决。勒内总统宣布将于 1993 年 1 月 6 日举行第二轮宪法委员会会议。

【宪法】1979 年 3 月颁布的宪法规定，塞舌尔是一党制的社会主义国家，塞舌尔人民进步阵线是全国最高权力机构。总统是国家元首兼武装部队总司令，有权任免内阁部长、议会主席、检察长、首席法官。行政权和立法权归总统。总统由人民进步阵线全国人民代表大会提名，全国选举产生，任期 5 年，可连任 3 届。1992 年，由"阵线"和民主党组成的立宪委员会制定的新宪法，因反对党反对未获通过。

【议会】一院制。本届人民议会于 1987 年 12 月选举产生，共有 25 名议员。其中 23 名由各行政区选举产生，2 名由总统任命。议员均为人民进步阵线成员，任期 4 年。议会没有独立的立法权，其职能是向公众传达和宣传人民进步阵线和政府的方针、政策，法律、法令，听取群众意见并向人民进步阵线中央和政府反映情况。议长弗朗西斯·麦格雷戈（Francis Macqregor）。

【政府】实行总统内阁制。本届政府于 1989 年 6 月组成。勒内总统兼任国防部长。内阁部分成员：财政部长詹姆斯·米歇尔（James Michel），环境、经济计划与对外关系部长达尼埃尔·德·圣·热尔（Danielle de St. Jorre）。

【司法机构】由最高法院、上诉法院、治安法庭和租赁委员会组成。最高法院有首席法官和高级陪审推事。总检察长为政府的法律顾问。大法官伊萨克·阿邦（Issak Abban），总检察长弗朗西斯·张山（Francis Chang-Sam）。

【政党】（1）塞舌尔人民进步阵线（Seychelles People's Progressive Front）：执政党。前身是塞舌尔人民联合党，建于 1964 年，1978 年 6 月改现名。全国设有 23 个地区支部，共有 3000 多名党员。1991 年 12 月，"阵线"召开特别代表大会，选举产生新中央委员会，通过"阵线"向全民开放的群众性政治组织过渡的决议，勒内再次当选"阵线"总书记。

（2）塞舌尔民主党（Seyehelles Democratic Party）：最大的反对党，建于 1964 年。主张实行全面私有化、西方化，建立一个自由经济和民主国家。代表大商人和富人的利益。领导人詹姆斯·曼卡姆（James Mancham）。1977 年勒内上台执政后，曼一直流亡英国，1992 年 4 月返塞。

【重要人物】弗朗斯·阿尔贝·勒内：总统。1935 年 11 月 16 日生于马埃岛。1954 年在伦敦大学学习法律，1958 年回国任律师。1961 年再次赴英攻读政治学并加入英工党。1964 年 6 月返塞创建塞舌尔人民联合党并任主席。1965 年后曾两次当选立法议会议员。1970 年塞实行"内部自治"时，为议会反对党领袖。1975 年任联合政府工程和土地发展部长，次年任总理。1977 年 6 月出任总统。1978 年 6 月任人民进步阵线主席。1979 年 6 月后兼任武装部队总司令。1984 年 6 月，"阵线"第五次代表大会废除主席职务，勒内当选为总书记。1989 年 6 月兼任国防部长。爱好园艺和捕鱼，著有《斗争的哲学》、《展望未来》、《新地平线》等书。

经　济

经济基础脆弱。旅游业为主要经济支柱，粮食和日用品依赖进口。勒内执政后，实行部分国有化，经济一度严重困难。80 年代中期，调整经济政策，开放农产品市场，提高农产品收购价格，鼓励私人经济和外国投资，放宽进出口贸易限制等等，经济情况明显好转。1992 年经济增长率为 7%。人均国民生产总值超过 5800 美元。

国内生产总值（1991 年）：19.28 亿卢比。

人均国内生产总值（1991 年）：5590 美元。

国内生产总值增长率（1992 年）：8%。

人均国民收入（1992 年）：27151 卢比。

货币名称：塞舌尔卢比。

汇率（1991 年 12 月）：1 美元＝ 5.3 卢比。

通货膨胀率（1991 年）：4.5%。

【资源】自然资源贫乏，渔业资源丰富，森林面积约 2000 公顷。

【工业】1991 年工业产值占国内生产总值的 13.7%，从业人数 4188 人。共有企业 70 多家，主要有金枪鱼罐头厂、饮料厂、饲料加工厂、肉类加工厂、乳制品厂、电视机组装厂等。工业产品有食品、油漆、家具等。主要工业产品产量如下：

	1989	1990	1991
啤酒（万公升）	5243	5342	5891
软饮料（万公升）	4378	4995	5600
香烟（万支）	5800	6700	6940
金枪鱼罐头（吨）	2417	2763	3571
发电量（万度）	9430	10009	10550

（资料来源：塞舌尔管理与资料处）

【农牧渔业】1991 年农牧渔业产值占国内生产总值的 4.6%，粮食、肉类等大都靠进口。1990 年从业人数为 2199 人。可耕地约 1 万公顷，主要种植肉桂、椰子、茶等经济作物和水果、蔬菜。由于农业资金不足，劳动力价格昂贵，椰干和肉桂生产不景气。家禽业约占农牧渔业总产值的一半，鸡、蛋基本自给。沿海盛产金枪鱼，但捕捞能力不高。为开发渔业资源，政府利用外资，成立了"海洋渔业公司"和"印度洋金枪鱼罐头厂"，并计划开发多种海产品。塞政府同欧共体、法国、西班牙、日本、韩国等国签有渔业协定。

1989～1991 年农牧渔业产品情况如下：

	1989	1990	1991
椰干（出口量，吨）	1337	874	456
肉桂（出口量，吨）	249	71	200
茶叶（产量，吨）	150	219	241
牛（屠宰量，头）	393	320	383

猪(屠宰量,头)	4745	5517	6082
鸡(屠宰量,万只)	39.51	40.29	40.79
鱼(吨)	4392	5137	5746

(资料来源:同上)

【旅游业】塞岛风景秀丽,景色迷人。1992年在德国举办的世界十大旅游点评选中名列第三。旅游业产值占国内生产总值的50%,占国家外汇总收入的80%。全国有15～20%的人口从事旅游业。由于塞国小和偏远等地理条件的限制,旅游业重点是开辟高档次旅游市场和以提高服务质量来吸引外国游客。1992年旅游业发展继续创好成绩。主要国际旅游市场为意大利、德国、法国等西欧国家。马埃岛、普拉兰岛、拉迪格岛和伯德岛为主要旅游点。1989～1991年旅游业情况如下:

	1989	1990	1991
游客数(人)	86093	103770	90050
游客消费总额(亿卢比)	5.22	6.46	5.26
旅馆床位(张)	3430	3590	3680
客房使用率	66%	72%	56%

(资料来源:同上)

【交通运输】以空运和水运为主,首都维多利亚港位于印度洋国际航道,是印度洋上的重要交通枢纽。无铁路。1991年交通运输情况如下:

公路:总长308公里;有机动车近5000辆,新注册车辆305辆。

水运:维多利亚港是唯一港口,进出口集散中心,拥有集装箱码头。年吞吐量25万吨,货运量40.5万吨,转运17.1万吨。

空运:塞舌尔航空公司有1架大型波音767飞机(飞国际航线)和5架轻型飞机(飞国内航线),有直达航班飞往欧洲(巴黎、伦敦)和亚洲(新加坡)。国际客运量33万人次,货运量3147吨,国内客运量17.3万人次。

【财政金融】1990～1992年财政收支情况如下(单位:百万卢比):

	1990	1991	1992
总收入	1035.9	992.4	1172.0
总支出	1036.8	1026.5	1185.5
赤　字	0.9	34.1	13.5

(资料来源:塞舌尔官方统计局数字)

1992年总收入中,经常性收入1105.3百万卢比,赠款66.7百万卢比;总支出中,经常性支出982.6百万卢比,资本支出173.6百万卢比,纯贷款29.3百万卢比。

1992年底黄金和外汇储备为2760万美元。1991年累计外债2.02亿美元,偿债率为9.8%。

【对外贸易】外贸连年逆差。主要出口产品有金枪鱼罐头、鱼类、椰干、肉桂。主要进口产品为机器、车辆、食油、石油及日用品等。主要贸易伙伴是南非、新加坡、英国、巴林和法国等。近几年外贸情况如下:(单位百万卢比):

	1989	1990	1991
进口额(到岸价)	930.2	993.8	911.9
出口额(离岸价)	70.1	73.1	86.1
转口额	123.4	228.4	165.8
差　额	－736.7	－692.3	－659.9

(资料来源:塞舌尔管理与资料处)

【外国援助】主要靠西方,每年获外援约2000多万美元。法国每年提供约1000万美元,美国约800万美元。近几年来西方国家以塞人均收入较高为由,不愿增加对塞的援助,为此,塞正努力谋求外援来源多样化。

人民生活

塞政府推行全民福利政策,实行免费教育、免费医疗和全面就业计划,提供优惠建房贷款和发放各种救济金等。限制高工资,提高低工资,逐渐缩小贫富差别,月工资最低为1700卢比(约330美元),最高为6000～7000卢比。物价基本稳定。1991年平均物价指数为115.6。

军　事

1977年建立人民解放军,1980年改名为人民国防军,由陆军和海岸警备队组成。勒内任国防军总司令,奥波德中校任总参谋长。实行志愿兵役制,每两年征兵一次。

总兵力800人,其中陆军500人,海岸警卫队300人。另有总统警卫队50人,警察450人(其中武装警察60人),国民警卫队(原民兵)1000人。1992年国防预算为9500万卢比。

文化教育

【教育】塞政府重视教育。1992年教育预算为1.36亿卢比。实行9年制免费义务教育。1981年设立"青年村",规定小学毕业生均要到"青年村"接受一年劳动和政治教育。1983年成立综合技术学校,学制三年,为塞最高学府。1991年在校学生、教师人数如下:

	总数	小学	初中	青年服务队	综合工艺学校
学生	22069	9840	6041	1365	1684
教师	1363	491	397	123	179
学生/教师比率					16.1

(注:学生和教师总数中,还包括幼儿园师生人数)

(资料来源:同上)

【新闻出版】主要报刊有《民族报》(发行量3500份),《政府公报》,《人民》,《群岛回声》,《塞舌尔周报》。

塞舌尔新闻通讯社:官方通讯社,成立于1979年,使用英、法文发布消息。

塞舌尔广播公司,每天用克里奥尔、英、法语播音。国家电视台建于1983年,亦用以上三种语言播出。

对外关系

奉行多元化外交和不结盟政策,强调在尊重主权和不干涉别国内政的基础上同所有国家合作。重视区域合作和改善睦邻关系。积极支持建立新的国际经济新秩序,主张南北对话和加强南南合作。认为冷战虽结束,非洲仍面临许多问题，需要政治稳定，更有效的组织与严密的管理，建立地区性经济集团，依靠集体力量共同发展。反对以色列的侵略政策，支持巴勒斯坦人民的解放斗争，承认巴勒斯坦国。认为发达国家正在建立一种不利于穷国的机制，债务问题使发展中国家陷入毫无希望的境地，呼吁发达国家帮助发展中国家发展经济。主张建立印度洋和平区，要求从印度洋撤出所有外国军事基地、军舰及军事人员。希望尽早召开印度洋地区会议讨论印度洋和平区问题。

迄今，塞已与120多个国家建交。1992年，先后与毛里塔尼亚、秘鲁、几内亚比绍、约旦、哥斯达黎加、乌干达、以色列、斯洛文尼亚等国建交。

【同我国的关系】1976年6月30日中塞建交。两国关系顺利发展，先后签订经济技术合作协定、文化合作协定和关于中国向塞派医疗组的协议。勒内总统1978年、1983年和1991年三次访华。1992年2月杨福昌副外长访塞，与塞方签订了中、塞互免签证协定。11月，国家体育运动委员会主任伍绍祖访塞，12月，环境保护局局长曲格平访塞。

中国驻塞舌尔大使：杨一怀。馆址：PLAISANCE，MAHE，SEYCHELLES。电话：使馆(0248)-44295，经商处44279。信箱号码：P. O. BOX 680。电报挂号：CHINAEMBA VICTORIA。

【同法国的关系】同法国保持传统关系，在文化方面受法国影响较深。目前法国已超过英国，成为塞的最大援助国。双方在旅游、渔业、农业、文化、教育和卫生等方面的合作项目达30多个。1990年8月11～12日，法国总统密特朗访塞，允诺不减少对塞的援助。1992年8月，勒内总统对法进行工作访问。

【同美国的关系】勒内执政初期，塞、美关系冷淡。近几年来，两国关系有显著改善。1989年，勒内总统首次访美。1991年，塞、美签订延长租用卫星追踪站的协定，美国将年租金增至450万美元。1992年，美向塞提供330万美元援款，用于偿还外债。美还给塞50万卢比的军事训练援助。

【同英国的关系】两国关系一度冷淡。近年双方关系有所发展。勒内总统先后四次访英。英每年援塞款约100万英镑，主要提供技术援助和奖学金。英还是塞的主要贸易伙伴。

【同邻国的关系】塞重视发展同毛里求斯、马达加斯加、留尼汪和肯尼亚等邻国关系。塞、毛曾因沙亚·马拉沙洲海域归属问题发生争执，双方现已同意共同保护和开发该海域。1982和1989年勒内总统两次访毛，1989年4月，毛总理贾格纳特回访塞。两国关系明显改善，双方在经济、文教等方面的合作进一步加强，并积极推动西南印度洋区域合作。塞同马达加斯加、肯尼亚的关系均好，1990年10月，塞、马两国签订合作开发石油和天然气协议。1991年3月勒内总统访问马达加斯加并参加了在马举行的印度洋首脑会议。1990年1月，肯尼亚外长罗伯特·奥科访塞，两国签订建交协议和两项技术合作协议。同年7月，勒内总统访问肯尼亚。

【同南非的关系】塞与南非关系有很大发展。1991年，南非国防部长访塞。1992年5月，塞与南非建立领事和贸易关系。7月，两国签订航空协定。南非不仅给塞300万美元作为1981年雇佣军侵塞的赔偿，还将在塞投资5000万卢比，发展渔业加工和小工业项目。现南非已在塞外贸中跃居首位。 (詹映红)

圣多美和普林西比

国名 圣多美和普林西比民主共和国(The Democratic Republic of Sao Tome and Principe, República Democrática de São Tomé e Príncipe)。

面积 996平方公里(圣多美岛858平方公里，普林西比岛138平方公里)。

人口 121253人(1991年普查)。90%为班图人，其余为混血种人。官方语言为葡萄牙语。居民80%信奉天主教。

首都 圣多美(São Tomé)，人口约35000人(1991年估计)。

国家元首 总统米格尔·多斯安若斯·德库尼亚·利斯博阿·特罗瓦达(Miguel dos Anjos da Cunha Lisboa Trovoada)，1991年3月当选，4月3日就任。

简　况

非洲中西侧几内亚湾东南部岛国，由圣多美、普林西比以及罗拉斯、卡罗索等14个小岛组成。海岸线长220公里。属热带雨林气候，两岛平均气温27℃。1522年沦为葡殖民地。17～18世纪被荷兰、法国占领。1878年再度为葡统治。1951年成为葡的海外省。1975年7月12日宣告独立。

政　治

1990年8月，全民投票通过新宪法，实行多党制。1991年1月，圣普民主统一党—思索小组在议会选举中获胜，成为执政党；3月，无党派人士米格尔·特罗瓦达当选为总统。民主统一党—思索小组执政以来，致力于“变革”，精减机构，健全法制，实行总统、议会、政府、法院四权分立，整顿经济秩序，强调加速经济私有化和自由化。

1992年政局出现动荡。4月，由于国内经济困难等原因引发政治危机，执政党与其他反对党以及特罗瓦达总统之间产生尖锐矛盾，特罗瓦达总统被迫解散达约政府，并于5月任命原财政部长阿莱格雷为新政府总理，并由其组成民主统一党—思索小组第二届政府。12月，圣普举行地方议会选举，反对党圣普解放运动—社会民主党获胜。

【宪法】1990年8月颁布新宪法。宪法规定：圣普是一个独立的主权国家，是建立在基本人权基础上的民主法治国家。总统是国家元首、武装力量总司令，经普遍、直接和无记名投票选举产生，任期5年。

【议会】全国议会是国家最高代表和立法机关，由依法当选的议员组成。每届任期4年。全国议会通过的宪法、法律和决议均由总统颁布。本届议会于1991年2月产生，共有议员55人，民主统一党—思索小组占33席，解放运动—社会民主党21席，民主联盟党1席。议长莱奥内尔·马里奥·达尔瓦(Leonel Mário D'alvo)，1991年3月就任。

【政府】本届政府于1992年5月16日组成，共设10个部和3个国务秘书处。诺贝尔托·科斯塔·阿莱格雷(Norberto Costa Alegre)任总理和政府首脑。其他成员有：国防与内政部长埃瓦里斯托·卡瓦略(Evaristo Carvalho)，外交部长阿尔贝蒂诺·布拉甘萨(Albertino Bragança)，司法、劳工和政务部长奥莱加里奥·蒂尼(Olegário Tiny)，财政与经济部长阿尔林多·德卡瓦略(Arlindo de Carvalho)，教育、青年和体育部长若奥·邦芬(João Bonfim)，社会装备与环境部长奥斯卡·索萨(Óscar Sousa)，商业、工业、旅游和渔业部长阿泽米罗·普拉泽雷斯(Arzemiro Prazeres)，卫生部长杜尔塞·戈麦斯(Dulce Gomes，女)，农业与农村发展部长若泽·门德斯(José Mendes)，普林西比地区部长西尔维斯特雷·温贝利纳(Silvestre Umbelina)，社会通讯与文化国务秘书弗雷德里科·多斯安若斯(Frederico dos Anjos)，劳工与地方管理国务秘书阿尔明多·阿吉亚尔(Armindo Aguiar)，合作与发展国务秘书马特乌斯·里塔(Mateus Rita)。

【司法机构】最高司法法院是圣普的最高级法院，其成员由议会任命；检察院由共和国总检察长领导，总检察长由政府提名、总统任命。现任最高法院院长迪奥尼索·托梅·迪亚斯(Dionisio Tomé Dias)，总检察长埃瓦里斯托·德·卡瓦略(Evaristo De Cavalho)。

【政党】1990年9月颁布《政党法》，规定一个政党的最低定员数不少于250名，且必须在国家最高诉讼法院登记注册后方为合法。截至1992年，登记注册的合法政党共4个。

(1)民主统一党—思索小组(Partido de Convergência Democrática-Grupo de Reflexão)：执政党。其前身为思索小组，成立于1990年11月。有党员2000多人。主席莱奥内尔·马里奥·达尔瓦，总书记丹尼尔·达约(Daniel Daio)。

(2)圣多美和普林西比解放运动—社会民主党(Movimento da Libertação de São Tomé e Príncipe-Partido Social Democrático)：第一大反对党。成立于1960年9月。当时称圣多美和普林西比解放委员会，1972年改为解放运动，1990年9月改为现名。总书记卡洛斯·达格拉萨(Carlos da Graça)。

(3)民主党—民主联盟(Partido Dèmocrático-Coligação Democrática)，由3个各自独立的反对派组织——全国抵抗阵线、全国民主行动及民主独立同盟于1990年10月5日合并而成，当初称圣普民主联盟。主席维尔吉利奥·德卡瓦略。

(4)基督教民主阵线党(Frente Democrática Cristã)：成立于1990年12月12日，其前身为圣多美和普林西比"革新阵线"。主席阿丰索·桑托斯(Afonso Santos)。

【重要人物】米格尔·特罗瓦达：总统。1936年6月1日出生。1960年发起创建圣普解放委员会的主要领导人之一。1972年任解放运动政治局委员、外事书记。1975年7月出任临时政府总理兼外交、国防部长；12月任首届政府总理兼经济部长。1979年4月任工商部长，10月因被指控参与动乱阴谋而被捕入狱。1981年7月获特赦后侨居法国，在社会党国际组织供职。1990年5月回国。1991年3月当选总统。　**诺贝尔托·阿莱格雷**：总理和政府首脑。生于1950年。曾在前民主德国高级工业学院学习，获工程师学位。1986年任工业能源局长。1990年11月当选民主统一党—思索小组全国委员会委员、政治委员会委员、书记处外事书记。1992年2月任财政部长，5月任现职。有两个女儿。　**莱奥内尔·马里奥·达尔瓦**：全国议会议长、民主统一党—思索小组主席。1936年出生于圣多美。曾在葡萄牙和法国学习，获经济学博士学位。1960年参与创建圣多美和普林西比解放委员会("解运"前身)。独立后曾任外交、教育和体育部长、议长和最高法院院长等职，1982年脱离"解运"。1990年当选为民主统一党—思索小组主席。1991年2月任议长。

经　济

为联合国公布的世界最不发达国家之一。是以种植可可等经济作物为主的农业国。独立后实行以国营经济占主导地位的经济政策。1987年7月以来进行经济结构调整，迄今已同国际货币基金组织和世界银行达成两期结调计划。重点是调整物价、汇率、税率和信贷政策；改革国营企业，鼓励由私人承包经营；实行土地私有化，优先发展农业；解散国营进出口公司，实行贸易自由化；广泛争取外援。但收效不大，财政经济依然严重困难。

国内生产总值(1991年)：5500万美元。

人均国内生产总值(1991年)：约440美元。

国内生产总值增长率(1991年)：3%。

货币名称：多布拉。

汇率(1991 年 8 月):1 美元=260 多布拉。

通货膨胀率(1991 年):55%。

【资源】森林和灌木面积约占全国陆地面积的 60%,尚未发现矿藏。渔业、水力资源较丰富。

【工业】不发达,1991 年工业产值占国内生产总值的 6.7%。只有陶瓷、砖瓦、饮料、肥皂、印刷、汽车修理和木材加工等小工厂。此外还有两座水电站和一座热电站,装机容量分别为 1600、1900 和 2600 千瓦。

【农业】1991 年农业产值占国内生产总值的 16.7%。全国 51%的劳动人口从事农业。可耕地面积为 48300 公顷,已耕地 38000 公顷。主要经济作物有可可、椰干、咖啡、棕榈仁等。可可产值占国内生产总值 20%以上,1991 年产量 3500 吨。粮食不能自给。

【交通运输】全国有公路 380 公里,机场和浅水港各 2 个。圣多美国际机场可供大型客机起降。

【财政金融】1991 年度国家财政实际收入为 21.413 亿多布拉,支出 21.73 亿多布拉,赤字为 3170 万多布拉;外汇储备不足 200 万美元,不够一个月的进口需要。1992 年外债累计达 2.5 亿美元。

【对外贸易】外贸在国民经济中占重要地位。主要出口产品有可可、椰干、棕榈仁、咖啡等。1991 年可可出口收入 350 万美元,占出口总收入的 87%以上。粮食、工业产品和日用消费品需要进口。主要出口对象是德国、西班牙和澳大利亚等国;主要进口国是意大利、葡萄牙和美国。

【外国援助】1991 年接受外援约 1100 万美元。主要援助国和国际组织为葡萄牙、法国、美国、欧洲经济共同体、联合国开发计划署、国际货币基金组织、世界银行、非洲开发银行等。

人民生活

1990 年人均国民收入 280 美元,最低基本工资为 5000 多布拉。1992 年货币贬值 150%。物价特别是燃料价格上涨 200%。职工工资未增加,实际生活水平下降 70%。1988 年实行部分自费医疗,并计划逐步实行全部自费。1990 年全国有 3 所医院,6 所产院,2 个综合门诊部,1 个妇幼保健计划中心和 1 个国家卫生教育中心;共有医务人员 1013 名,其中本国和外国医生 57 名;病床 560 张。人口出生率为 36.7‰,死亡率为 11.5‰,其中儿童死亡率为 70‰。平均寿命 64 岁。自 1987 年发现第一例艾滋病以来,已死亡 7 人,目前患者 400 余人。

军　事

圣普革命武装力量组建于 1975 年,1991 年 5 月改名为圣普武装力量。武装力量由武装部队、警察、总统卫队和民兵组成,共约 1000 人。其中包括陆军 2 个营、海军 1 个排,民兵 1 个营和总统卫队 100 人。武器装备主要来自前苏联。总参谋长若奥·瓜雷斯马·维埃加斯·贝希加斯上尉。

文化教育

【教育】国家重视教育事业,实行中、小学免费教育制度,校舍、师资逐年增加。全国原有 53 所小学和 3 所中学,1992 年又新建一所初级中学,对 30 余所中小学进行维修;在大中型企业建立学校和幼儿园;注重师资培训,并与葡萄牙合作,聘请葡、英教师在各中学执教。无高等院校,选派学生到葡萄牙、俄罗斯等国留学或深造。文盲占总人口的 13%。

【新闻出版】主要报刊有:《消息报》(原《革命报》)发行量为 2000 份,《共和国日报》发行量为 500 份,《劳动报》,《编年史》,《新共和国报》、《劳工报》等。

电台、电视台各一家。电台每天用葡语播音 17 小时。电视台于 1982 年 7 月开始试播,现每晚播出。

对外关系

奉行和平和睦邻友好政策,主张同所有国家建立和发展友好合作关系,重点发展与周边国家、非洲葡语国家以及欧洲经济共同体国家的关系。要求建立国际政治、经济新秩序,积极参加地区经济合作。谴责大国和国际金融机构干涉发展中国家内政。主张加强南南合作以改变南北之间的力量对比。认为当今世界出现的尊重人权和民主化潮流为各国发展友好合作关系创造了有利条件。认为苏联解体、东欧剧变有利于国际局势的缓和,但担心会给不发达国家社会经济的发展带来不利因素。反对南非当局的种族隔离制度,承认南非国内已发生的积极变化,欢迎南非在取消种族隔离制度后加入非洲组织,认为同南非的经济技术合作有利于黑非洲国家的经济发展。承认巴勒斯坦国,支持巴勒斯坦解放组织,要求以色列撤出其占领的阿拉伯领土。

【同我国的关系】1975 年 7 月 12 日建交以来,两国友好合作关系发展顺利。前总统达科斯塔曾两度访华,我外交部部长助理周觉、江苏省委书记韩培信、经贸部部长助理刘岩和外交部副部长杨福昌先后访问了圣普。

1992 年 6 月,两国签署了中国向圣普政府提供贷款的协定;10 月,中国对外友协秘书长王金城率团访问圣普,签订了双方 3 年友好合作协议;11 月,圣普民主统一党—思索小组主席、议长达尔瓦率该党代表团访华。1992 年中国向圣普出口商品总额为 3 万美元,无进口。

中国驻圣多美和普林西比大使:孙治荣。馆址:Avenida da Presidente Kwame N'kruma №24 B.- C. P. 176.- São Tomé - São Tomé e Príncipe。电话:21323,22170,21464,21587。电传:213 PUBLICO ST。经商处地址:Avenida da Presidente Kwame N'kruma №46 B.- C. P. 142.- São Tomé - São Tomé e Príncipe;电话:21550,21785。

【同非洲国家的关系】同安哥拉、莫桑比克、几内亚比绍、佛得角等 4 个葡语国家关系密切,签有多项合作协定。5 国首脑每年举行一次会议,协调对外政策和互利合作。1991年4月3日，莫桑比克、几内亚比绍、佛得角总统、安哥拉外长出席了圣普总统特罗瓦达的就职典礼。

【同葡萄牙的关系】两国签有友好合作、经济、贸易、文化和科技等多项协定。葡派有医生、教师、工程师、技术人员及其他专家在圣普工作。1991年4月3日，葡萄牙总统苏亚雷斯出席了特罗瓦达总统的就职典礼。1992年10月特罗瓦达总统访葡。同年7月，葡萄牙决定减免圣普1992～1994年51%的债务，同意将圣普对葡官方债务转为当地货币。

【同前苏联的关系】独立后同前苏联建交。两国签有渔业、领事、贸易、科技、文化、新闻、干部培训、医疗、航空等协定。由于经济原因，1992年8月俄罗斯驻圣普大使馆撤离，俄将任命非常驻大使。目前，圣普在俄有65名留学生。

【同法国的关系】两国签有经济、文化等合作协定。法向圣普派遣农业技术人员。近几年法国向圣普提供双边援助约1300万美元。1992年7月，法决定全部免除圣普对法债务。

【同美国的关系】1985年圣普向美国派出常驻大使。美每年向圣普提供少量援助。两国有军事合作项目。1992年，美与圣普签署一项援助合作协议，美将提供130万美元帮助圣普兴建学校。　（樊蜀云）

圣赫勒拿

名称　圣赫勒拿(St. Helena)。

面积　122平方公里。

人口　6657人(1990年统计)。96%以上是圣赫勒拿人，为欧洲移民与部分印度人和非洲黑人的混合人种。通用英语。居民大部分信奉基督教。

首府　詹姆斯敦(Jamestown)，人口1413人(1987年)。

总督　艾伦·胡尔(Alan Hoole)。

简　况

位于南大西洋，东距非洲大陆1840公里。是一火山岛。属热带海洋性气候。詹姆斯敦年平均气温21℃。1502年葡萄牙人到达该岛。1633年荷兰人侵占。1659年英国东印度公司取代荷兰，在此行使管辖权。1815～1821年法国皇帝拿破仑被放逐、囚禁并死于该岛。1834年4月英国议会通过决议，规定该岛为英国直辖殖民地，由英国派任总督。二次大战期间成为英国海军基地。1960年以后发展为电信中心。

政　治

1981年10月总督任命宪法委员会修订宪法。1988年修宪告结。新宪法于1989年1月1日正式生效，由此取代了1967年颁布的宪法。

【宪法】现行宪法规定，该岛行政权与立法权仍归属英王室，但通常由本岛官员施行宪法条款。宪法确定了圣赫勒拿岛及其属岛(阿森松岛和特里斯坦—达库尼亚群岛)的总督和首席长官。圣赫勒拿立法议会由议长、3名官方长官(首席秘书、司库和总检察长)及12名当选议员组成；行政会议由总督领导，由上述3名官方长官和5名当选为立法会议的成员组成。当选的立法会议成员也可成为行政会议成员，但作为立法与行政会议成员的总检察长没有投票权。由立法会议成员中产生政府中各委员会主席及其大多数成员。总督通过立法会议和行政会议行使对属岛的权力。

【政府】本届政府(1992年5月)主要成员：总督兼首席长官艾伦·胡尔，首席秘书霍恩(M. S. Hone)，司库罗斯林(M. Rosling)，政府秘书格林(A. A. Green)，农业及自然资源委员会主席乔治(T. S. George)，公共工程及服务委员会主席莱格(H. B. Legg)，卫生委员会主席哈得逊(I. D. Hudson)，社会福利委员会主席普雷德汉姆(R. Pridham)，教育委员会主席本杰明(E. W. Benjamin)，财政委员会主席奈茨(P. C. Knights)。

【司法机构】没有最高法院、地方法院、债务法院和少年法院。首席法官约翰·法莱·斯佩里(John Farley Spry)爵士。总检察长戴维·杰里迈亚(David Jeremiah)。地方法官索普(D. H. Thorpe)。

【政党】(1)圣赫勒拿进步党(St. Helena Progressive Party)：1973年成立。主张同英国保持密切关系。

(2)圣赫勒拿劳动党(St. Helena Labour Party)：1975年成立。反对依靠英国援助，主张发展私人企业。领导人宋东(Thornton)被驱逐出该岛后，该党已基本停止活动。

自1976年起，两党已少有活动。

经　济

很大程度上依赖英国政府提供的发展援助。以农牧业为主，可耕地面积3580公顷。主要农作物有玉米、马铃薯和蔬菜。主要经济活动是捕鱼、家畜饲养和手工艺制作。近年来木材加工业得到发展。1988年有各种牲畜4912头，家禽10931只。渔业资源丰富，1982年开始深海捕鱼。据联合国粮食及农业组织估计，1987～1989年分别捕鱼741、796、1013吨。

国民生产总值(1990年)：1850万美元。

人均收入：3380美元。

货币名称：圣赫勒拿镑，与英镑同值。

汇率(1991年):1镑=1.7694美元。

【交通运输】全岛公路总长111公里,其中沥青路为94公里。1987年有车1301辆。无铁路和飞机场。对外联络主要靠海上交通。每隔两个月有班轮通往伦敦、开普敦和佛得角等地。詹姆斯敦港为唯一港口,1987年进港船只154艘。

【财政金融】1988/89年度预算收支情况(单位:镑):收入:5923000(包括预算援助3544000);支出:5923000。

截至1991年3月31日,政府储蓄银行存款总额为4178072镑。

【对外贸易】外贸情况如下(单位:万镑):

	1987/88	1988/89
进口额	565.6	446.6
出口额	10	12.6
差　额	−555.6	−434

主要进口食品、饮料、烟草、饲料、建材、机器设备及汽车等;主要出口鱼、咖啡、手工艺品和羊毛。主要贸易对象为英国和南非。

【外国援助】1988/89年度从英国共获2100万英镑的援助。其中包括350万预算津贴,130万船只补贴,160万发展援助,230万技术合作费用和1230万更换船只的费用。

文化教育

【教育】实行免费教育,无文盲。1987年有小学8所,学生675人,教师32人;中学4所,学生513人,教师74人。

【新闻出版】《圣赫勒拿新闻》发行1500份。有政府广播电台。1990年该岛有2500台无线电收音机。

附:属　岛

(一)阿森松岛(Ascension):小火山岩岛,位于圣赫勒拿西北1131公里,面积88平方公里。人口1099人(1991年12月;不包括英国军事人员),其中765人为圣赫勒拿人。首府乔治敦(Georgetown)。气候炎热。1815年英国海军占领此地。1922年11月英殖民部接管,管辖权属圣赫勒拿。该岛战略地位重要,二次大战期间曾是美国空军的加油基地,1965年又改为卫星和导弹追踪站。它不仅是英国在南大西洋的重要供应站,还是国际重要通讯中心,通过卫星和电缆向欧洲、南非和其他地区提供电讯服务。1982年英国和阿根廷因马岛主权归属问题发生战争后,英政府恢复向该岛派驻军队,现有222人。该岛以盛产"绿色海龟"而著称。居民从事蔬菜种植和家禽饲养。1991年有机动车534辆,船54艘。年度预算(截至1991年3月31日):收入316600英镑,支出384200英镑。行政长官布赖恩·N·康奈利(Brian N. Connelly)。

(二)特里斯坦—达库尼亚群岛(Tristan da Cunha Group):位于圣赫勒拿岛以南2100公里,东距南非开普敦2400公里。由特里斯坦—达库尼亚(98平方公里)、戈夫(91平方公里)、英纳塞西布尔和奈丁格尔等4个小岛组成,总面积200多平方公里。首府爱丁堡(Edinburgh)。该岛于1938年1月归属圣赫勒拿岛。特里斯坦岛人口299人(1990年12月)。气候温和湿润。1990/91年度预算收入592656英镑,支出527414英镑。渔业税和邮票为主要收入来源。小龙虾捕捞业是主要行业。农产品有马铃薯,饲养牲畜和家禽。出口鱼产品,贸易对象主要为美国、法国和日本。行政长官伯纳德·E·庞斯富特(Bernard E. Pauncefort)。(牧　原)

斯　威　士　兰

国名　斯威士兰王国(The Kingdom of Swaziland)。

面积　17363平方公里。

人口　75万(1991年估计)。人口增长率3.2%。斯威士族占90%,祖鲁族和通加族占6%,白人占2%,其余为欧非混血种人。官方语言为英语和斯瓦蒂语。约60%的人信奉基督教和天主教,其余信奉原始宗教。

首都　姆巴巴纳(Mbabane),人口3.9万(1986年)。

国家元首　国王姆斯瓦蒂三世(Mswati Ⅲ),1986年4月25日登基。

简　况

非洲东南部内陆国家,北、西、南三面为南非所环抱,东与莫桑比克为邻。属亚热带气候,年平均气温西部为16℃,东部为22.2℃。15世纪后期斯威士人由中部非洲和东非逐渐向南迁移,16世纪定居于此地并建立起王国。1907年成为英国"保护地"。1968年9月6日宣布独立,成立斯威士兰王国。1986年4月25日马科塞蒂韦王储登基,称姆斯瓦蒂三世。

政　治

1992年初，反对党组织群众在主要城市示威游行，要求取消1978年颁布的紧急状态法，并向国王递交实现政治生活正常化的建议书。5月，国王调整"接待委员会"成员，吸收反对派人士入会。该委员会成立于1991年9月，旨在审议"廷克汉德拉"宪法。同月，教师协会为增薪举行全国性罢教。6月，糖业工人罢工，抗议政府欠发多月工资。

【宪法】现行宪法于1978年10月制定。宪法规定，斯是一个没有种族歧视、不分肤色和信仰、人人平等地享有自由和公正的国家；私有财产不可侵犯；禁止一切政党活动。国王为权力至高无上的国家元首，其行政权由首相主持的内阁行使，立法议会的作用仅限于辩论政府提案并向国王提供咨询。

【议会】由参、众两院组成，参议员20名，众议员50名。国王任命参、众议员各10名，其余由选举产生。本届议会于1987年11月大选后组成。参院主席杰考伯·马文贝拉(Jacob Mavimbela)。众院议长塞斯·德拉米尼(Seth Dlamini)。1992年10月9日，国王姆斯瓦蒂三世决定解散议会。与此同时，国王还宣布废除旧的议会选举制度。

【政府】本届政府于1991年10月组成。内阁主要成员如下：首相奥博德·德拉米尼(Obed Dlamini)，外交大臣乔治·马姆巴(George Mamba)，财政大臣巴纳巴斯·西布西索·德拉米尼(Barnabas Sibusiso Dlamini)，内政和移民大臣索班德拉(Prince Sobandla)，国防大臣空缺。

【司法机构】由高级法院、区法院、上诉法院、斯威士(酋长)法庭组成。斯威士法庭只负责审理本酋长所管辖地区的民事和刑事案件。首席法官尼古拉斯·汉纳(Nicholas Hannah)。总检察长梅茨扎(T. A. Metsza)。

【重要人物】姆斯瓦蒂三世：国王。1968年4月19日生于姆巴巴纳卢萨塞尼王宫，是已故国王索布扎二世的第67子，1983年摄政的恩通比王后的独子。名叫马科塞蒂韦(Makhosetive)，意即"各族之王"。1982年8月索布扎二世驾崩后，被王室委员会推选为王储。随后前往英国求学，进入英格兰西部多塞特郡一家寄宿学校就读。1986年4月25日登基。

经　济

奉行自由市场经济政策，重视利用私人和国外资本，鼓励出口，致力于经济和出口多样化。斯在第四个五年计划(1983～1988年)中经济发展迅速，人均国民收入在黑非洲居前列。

国内生产总值(1991年)：24亿埃马兰吉尼。

人均国民生产总值(1991年)：900美元。

国内生产总值增长率(1991年)：2.5%。

货币名称：埃马兰吉尼。

汇率(1992年8月)：1美元=2.761埃马兰吉尼。

通货膨胀率(1990年)：12.8%。

【资源】资源丰富，主要矿藏有石棉、煤、铁、金、钻石、高岭土等。煤蕴藏量估计20亿吨。森林面积达12万公顷，约占斯总面积的7%，主要是人造林。

【工矿业】工矿业发展较快，在国民经济中所占比重跃居第一位，其产值占国内生产总值的30.8%。主要有石棉、煤、榨糖、木材加工、纸浆、水果罐头和棉纺等工业。1990年产石棉35938吨，煤15万吨，糖49万吨。

【农业】农业在国民经济中占主导地位。农业产值占国内生产总值的25%。劳动力的75%从事农业生产。可耕地占8%。主要种植玉米、高粱、甘蔗、柑桔、棉花等，粮食不能自给。1990年稻子3000吨，玉米13万吨，高粱4000吨，土豆9000吨，红薯5000吨，豆类6000吨，柑桔43000吨，甘蔗380万吨，棉籽32000吨，棉花11000吨；牲畜存栏数：牛66万头，羊32.5万只，绵羊3.5万只，马2000匹。

【旅游业】近年来旅游业发展较快。1989年共接待旅客20144人，创汇5900万埃马兰吉尼。斯山景秀丽并有各种娱乐设施。

【交通运输】交通比较发达，以公路运输为主。

铁路：总长370公里，与莫桑比克和南非的铁路相连接。

公路：总长2853公里，其中柏油路面700公里，土路1000公里，碎石路1230公里。

空运：有曼齐尼国际机场；有国际航线通往南非、马拉维、莫桑比克、津巴布韦、赞比亚、肯尼亚等国。

【财政金融】近几年财政状况如下(单位：亿埃马兰吉尼)：

	1989/90	1990/91	1991/92
收入	4.465	6.396	7.040
支出	4.475	5.688	6.985
差额	−0.10	0.708	0.055

(资料来源：1992年经济季评)

1991年累计外债为2.597亿美元，1991年黄金储备1.72亿美元，截至1991年底外汇储备1.595亿美元。1992年非洲开发银行提供了3000万美元贷款。

【对外贸易】外贸在国民经济中占有重要地位，出口额约占国内生产总值60%。1990年出口额2.379亿埃马兰吉尼，进口额4.712亿埃马兰吉尼，逆差2.333亿埃马兰吉尼。农矿产品占出口总额的75%，主要有糖、纸浆、水果罐头、柑桔、石棉和煤油等；主要进口产品有石油化工产品、食品、机械、运输设备等。南非是最主要的贸易伙伴，约占贸易额60%。其他还有英国、美国、日本、加拿大、新西兰、澳大利亚、荷兰、瑞士、法国。

人民生活

1991年就业人数为92090人，占总人口16%。1990年消费物价指数(1985=100)为168.9。1990年共有医院33所，病床1717张。1990/91年度医疗经费5180万埃马兰吉尼，占国家总预算的9.1%。

军　事　1973年建军。实行义务兵役制。1983年总兵力2657人,另有警察和王室卫队。1990/91年军费开支为3110万埃马兰吉尼。

文化教育　【教育】政府重视教育事业,实行小学义务教育。教育经费在历年预算中占首位,1992年为1.30亿埃马兰吉尼。成人识字率为67.9%。1989年有小学490所,小学生157208人,教师4890人;中学生41550人,教师2088人。斯威士兰大学是全国唯一高等学府,1989年有学生1289人,教师130人。另有5所师范和职业培训学校。

【新闻出版】主要报刊有:《斯威士兰时报》,发行量1.1万份;《斯威士兰观察家》,发行1万份;《斯威士兰新闻》,发行7000份;《斯瓦蒂日报》,发行4000份。

斯威士兰新闻广播电台:建于1966年,用英语和斯瓦蒂语广播。斯威士兰商业广播电台:属私人电台,设在南非约翰内斯堡,用英语、葡语和印地语对南部非洲广播。斯威士兰国际广播电台:建于1974年,用23种语言对东、中、南部非洲及远东国家广播。斯威士兰电视台:创建于1978年,国立英语台。

对外关系　奉行不结盟和睦邻友好的对外政策。主张相互尊重主权、互不干涉内政、和平谈判解决国家间的分歧;重视发展同非洲国家的关系;支持建立国际经济新秩序,赞成南北对话;愿促进人类和平与正义。

【同我国的关系】斯威士兰与我国尚未建立外交关系。斯独立时邀请台湾当局代表参加独立庆典并与之"建交",双方往来密切。1985年台湾"行政院"副院长访斯。1986年4月台湾派"特使"参加姆斯瓦蒂三世国王加冕典礼。1985年和1988年斯首相访台。1989年国王姆斯瓦蒂三世访台。1991年1月台"外长"严复和"副外长"分别访斯。斯、台签有农业技术和手工业合作协定,台在斯派有农耕队和手工艺队。

【同西方国家的关系】斯是英联邦成员国,同英国关系密切。1987年3月英王储查尔斯访斯。

1972年斯、美两国建交以来,美国向斯提供的援助居各国之首,1987年美国援助为1200万美元,占斯当年接受外援的1/4。1968～1985年,美先后向斯派遣和平队员达1000多人。

斯同法国、瑞典等国分别签有烟草种植和贸易协定,德国、丹麦和瑞典也是斯的重要援助国。

【同南非的关系】同南非未建交,但保持睦邻关系,并是南部非洲关税同盟成员。1982年2月两国缔结了共同安全条约。按该条约要求,斯当局驱逐了南非非洲人国民大会在斯人员。南非在斯设有贸易代表处。1990年2月,南非释放黑人领袖曼德拉,斯表示谨慎欢迎。斯对南非境内的坎格瓦尼和夸祖鲁两个"自治家园"有领土要求。1991年德克勒克总统访斯。

【同其他国家的关系】斯同莫桑比克保持友好关系。1992年国王姆斯瓦蒂三世访莫,签署了经济、文化、科技协议。

斯同赞比亚关系亦较密切。1984年10月双方签定关于两国成立常设联合委员会的协议。1992年1月赞总统奇卢巴访问斯威士兰。

斯与博茨瓦纳、莱索托同属南部非洲关税同盟,交往较多。1989年莱国王访斯。1990年4月和8月,博总统马西雷和斯国王互访。　（樊建萍）

苏　丹

国名　苏丹共和国(The Republic of the Sudan)。

面积　2505813平方公里。

人口　2656万(1992年)。阿拉伯人占39%,黑人占30%,主要部族有丁卡、努厄尔、希卢克、邦哥、赞迪等;土著居民有31%,有努厄尔人和富尔人等。全国约有600个部族。官方语言为阿拉伯语,通用英语。50%的居民信奉伊斯兰教,绝大多数属于逊尼派,南部居民信奉基督教和拜物教。

首都　喀土穆(Khartoum),人口280万。

国家元首　拯救祖国革命指挥委员会主席奥马尔·哈桑·艾哈迈德·巴希尔(Omer Hassan Ahmed Al-Bashirl)中将,1989年6月30日就任。

简　况　位于非洲东北部,红海西岸,为非洲面积最大的国家。北与利比亚、埃及为邻,南与扎伊尔、乌干达、肯尼亚交界,西与乍得、中非共和国接壤,东连埃塞俄比亚,东北濒红海。海岸线长约720公里。属热带沙漠气候和热带气候,最热季节气温可达40～50℃;年平均气温29.2℃。13世纪伊斯兰教迅速传播,建立了芬吉和富尔伊斯兰王国。19世纪70年代,英国开始向苏丹扩张,1899年苏丹沦为英国和埃及"共管"。1956年1月1日宣布独立,成立共和国。1969年5月25日,以加法尔·穆罕默德·尼迈里上校为首的军官集团发动军事政变,改国名为苏丹民主共和国,尼任总统兼总理。1985年4月6日,苏瓦尔·达哈卜将军发动军事政变,成立过渡军事委员会,后改国名为苏丹共和国。1986年大选后,乌玛党和民主联合党联合执政,萨迪克·马赫迪任总理。1989年6月30日,以奥马尔·哈桑·巴希尔将军为首的军人发动政变，组成“拯救祖国革命指挥委员会”，巴希尔任主席，兼任内阁总理、国防部长和军队总司令。

政　治

以巴希尔为首的军政府执政后，冻结了1985年制定的过渡宪法；实行党禁；停止非官方新闻机构的活动。军政权将实现国内和平、结束南方战争和发展经济作为其施政纲领。1989年8月和12月先后同南方反叛运动进行两轮和谈。1990年召开了讨论政治制度的全国对话会议，决定建立人民代表大会制度。1991年1月起宣布在全国范围内（南方3省除外）实行伊斯兰法，以“古兰经”和“圣训”作为制定政治、经济、社会生活方针和政策的准则，并对苏丹法律和司法进行改革。同年成立苏丹联邦政府，下设9州，取代以前的省。1992年苏继续致力于巩固政权、发展经济和解决南方问题。2月，成立苏丹全国过渡委员会（过渡议会）并召开第一次会议，旨在通过选举产生有关各方参加的民选全国委员会，以逐步取消军人组成的革指会，重组内阁和选举总统，全面实施新的政治体制，从军人统治转向“人民参政”。2～9月苏丹政府军对南方反叛运动发动大规模军事进攻，占领了南方重镇波尔等城市；5月，苏丹政府同南方反叛运动在尼日利亚首都阿布贾举行了第三次和谈，因双方分歧过大，和谈未取得成果。

【议会】1992年1月成立全国过渡委员会（过渡议会），行使立法和监督权。主席（议长）穆罕默德·阿明·哈里发(Mohamed Alamin Khalifa)。

【政府】本届政府系1989年7月组成，是苏丹军政权执政后的第一届政府，经多次小范围改组后，现主要成员名单如下：总理兼国防部长奥马尔·哈桑·艾哈迈德·巴希尔中将，副总理兼内政部长祖贝尔·穆罕默德·萨利赫(Al-Zubeir Mohamed Salih)准将，内阁事务部长阿瓦德·艾哈迈德·贾兹(Awad Ahmed Al-Gaz)，外交部长阿里·萨赫卢勒(Ali Sahloul)，司法部长兼总检察长艾哈迈德·马哈茂德·哈桑(Ahmed Mohmoud Hassan)，财政和经济计划部长阿卜杜拉西姆·哈姆迪(Abdulrahim Hamdi)，农业和自然资源部长艾哈迈德·阿里·卡尼夫(Ahmed Ali Genif)，工业部长塔吉·西尔·穆斯塔法(Tajal Sir Mustafa)，贸易、合作和供应部长易卜拉欣·阿比德拉(Ibrahim Abeidalla)。

【司法机构】全国设高级司法委员会。下设最高法院和总检察院。总检察长由司法部长兼任。

【重要人物】奥马尔·哈桑·艾哈迈德·巴希尔中将：救国革命指挥委员会主席兼总理。1944年1月1日生于苏丹北部善迪镇。曾在苏丹行政管理学院学习，在指挥和参谋学院学习军事，在马来西亚军事部门进修。在苏丹西部军区司令部和航空运输部队等部门工作。曾任第八步兵旅旅长。　**穆罕默德·阿明·哈里发中校**：全国过渡委员会主席。1948年生于科多凡省。曾在通讯局任职，是参谋指挥学院学员。曾在埃及受过通讯技术训练。1989年成为革指会委员，1991年当选为政治委员会副主席与和平对话会议主席。

经　济

苏丹是联合国宣布的世界上最不发达的国家之一。经济以农业为主。巴希尔政府执政后采取了增加税收、缩减政府开支，增加出口等措施，并于1990年6月通过了1990～1993年拯救经济三年计划。1990/91年度苏丹经济仍较困难，货币大幅度贬值，物价上涨。1992年2月，苏丹政府重新调整经济政策，提出一系列改革措施：向私有化经济过渡；放开美元与苏丹镑的官方比价和商业比价；发行新货币第纳尔；放开物价，逐步取消政府对石油产品、煤气、面包和食糖等商品的补贴。由于重视发展农业和风调雨顺，1992年粮食丰收，不仅自给亦可出口。但因经济基础薄弱，缺乏资金，能源交通设施落后，外债达150亿美元，经济发展仍缓慢。

国内生产总值(1991/92年度)：4040亿苏丹镑。

人均国内生产总值(1991/92年度)：约200美元。

国内生产总值增长率(1991/92年度)：9.6%。

货币名称：苏丹镑、第纳尔（1992年5月开始发行，与苏丹镑同时流通，换算为1第纳尔＝10苏丹镑）。

汇率：1美元＝120苏丹镑(1992年10月)。

通货膨胀率(1992年)：115%。

失业率(1991年)：约30%。

【资源】有铁、铬、铜、锰、金、铝、铅、铀、锌、石棉、石膏、云母、滑石、石油、天然气和木材等。主要矿物资源储量：铁约3亿吨，铜900万吨，铬70万吨，银约9000吨，石油80～100亿桶。森林面积5800多万公顷，占全国面积23.3%。在林业资源中，阿拉伯树胶占重要地位。水力资源丰富，有200万公顷淡水水域。

【工业】基础薄弱，1992年产值占国民生产总值的17.5%。主要工业有纺织、制糖、制革、制鞋、肥皂、面粉加工、卷烟、罐头、炼油、水泥、塑料、印刷等。多数工厂开工不足30%。近年来苏政府积极调整工业结构，重点发展纺织、制糖、石油等工业。1992年6月苏丹收回石油开采权，艾布贾比尔油田于8月开始产油，日产量2000桶。主要产品产量如下：

	1987/88	1988/89	1990/91
糖(千吨)	407.3	351.8	428
纺织品(百万码)		15.8	16.4
水泥(千吨)	131.9	169.4	149.7

（资料来源：苏丹银行年度报告）

【农业】苏丹经济的主要支柱，产值占国民生产总值的30%，农牧产品出口占出口总值的80～90%。农业人口占全国总人口的80%。可耕地为8400万公顷，已耕地700万公顷。经济作物在农业生产中占重要地位，占出口额的66%。主要粮食作物有高粱、谷子、小麦和玉米。1992年粮食总产量498万吨。主要农作

物产量如下(单位:万吨):

	1989/90	1990/91	1991/92
高粱	160	120	370
谷子	16.7	8.8	30.8
小麦	42	68	89.5
棉花	44.4	44.3	47
芝麻	16.8	7.8	
花生	23	12.5	
阿拉伯树胶	28.9	6.0	4

(资料来源:苏丹年鉴)

1989/90年度全国牲畜存栏数为6000万头。其中牛2058.2万头,绵羊2016.7万只,山羊1484.4万只,骆驼274.2万峰。

【旅游业】旅游业有发展潜力。70年代中期每年接待旅游者2.3～6.5万人次。由于资金短缺,南部长期战乱,旅游业发展受到影响。首都喀土穆有五星级旅馆5座,床位1200张。

【交通运输】1990/91年度交通运输产值占国内生产总值的11.1%。

铁路:总长4784公里。有机车296辆。1991年货运量仅为20万吨,1992年提高到120万吨,年客运量约100万人次。

公路:总长4万公里,其中沥青公路5000多公里,其余为碎石公路。承担着苏国内货物运输的75%左右。

水运:有远洋商船10艘,总吨位12.2万吨;内河航线总长4070公里,有轮船300多艘。苏丹港是唯一商港,年吞吐量800万吨,承担着90%的进出口运输任务。

空运:苏丹民航局有大型喷气客机10多架,1992年从法国订购2架大型"空中客车"。1989/90年度货运量为5219吨。1991年客运量为49万多人次。全国共有民航机场50多个,喀土穆、苏丹港、卡萨拉、朱巴、朱奈纳机场为国际机场。

管道运输:苏丹港至喀土穆建有输油管道,全长815公里,年输油能力80万吨。

【财政金融】近年来财政收支情况如下(单位:亿苏丹镑):

	1990/91	1991/92	1992/93
收入	155	326	737
支出	162	430	1564

(资料来源:苏丹1992/93财政年度预算报告)

赤字逐年增大,1992/93年度预算赤字通过借贷可减少到340亿苏丹镑。

1992年外汇储备760万美元,无黄金储备,外债累计150多亿美元,内债30多亿美元。

【对外贸易】外贸在苏丹经济中占有重要地位,外汇收入主要依赖棉花、芝麻、花生、阿拉伯树胶和牲畜等农畜产品的出口,而工业产品及石油产品几乎完全依靠进口。主要贸易对象是沙特、埃及、英国、德国、美国、日本、意大利等。近几年进出口情况如下(单位:亿美元):

	1989	1990	1991
进口额	11.94	6.49	11.38
出口额	6.71	3.27	3.03
差 额	－5.22	－3.22	－8.35

人民生活

80年代人口平均增长率为2.8%。1992年7月,苏政府调整国家机关企业职工工资,确定为20个级别,最高工资为7000苏丹镑,最低为1210苏丹镑。一般家庭基本生活费用占工资的66.52%,住房占12.36%。实行全民免费医疗,1989年共有医院205所,病床19200张,血库31个,X光检查所58个。

军　事

武装部队建立于英国殖民统治时期。独立后,军队实行了苏丹化。8月14日为建军节。苏武装力量由陆、海、空及防空军组成。救国革命指挥委员会主席为最高统帅兼武装部队总司令。设有总司令部和总参谋部。国防部长由巴希尔主席兼任。总参谋长是哈萨·阿卜杜·拉赫曼·阿里中将。实行义务兵役制,规定18～30岁的苏丹人必须有31个月的服役期。全国分为东、西、南、北、中和喀土穆6个军区。

军队总兵力约10.1万人,其中陆军9万人,海军2000人,空军3000人,防空军6000人。

1991/92年财政年度国防支出为70亿苏丹镑,1992/93年财政年度国防预算为200亿苏丹镑。

文化教育

【教育】1988年6月,教育部决定取消中等和高等教育免费的规定,小学仍为免费教育。1990/91年度苏丹拨款14亿苏丹镑用于教育事业。全国人口的64%为文盲,25%的学龄儿童不能入学。全国有中、小学校11553所,学生有313万人。综合大学5所,专科院校11所。喀土穆大学建于1902年,是苏丹最早建立的高等学府。恩图曼伊斯兰大学建于1912年。

【新闻出版】主要报刊有《武装部队报》、《新苏丹报》、《拯救祖国报》、《新地平线》和月刊《今日苏丹》。

苏丹通讯社:官方通讯社,1971年5月成立,在内罗毕、摩加迪沙、恩贾梅纳、开罗、吉布提设有分社。每日出版阿、英文新闻电讯稿各400多份。在印度、美国和联合国派有记者。

苏丹国家广播电台:设在恩图曼市,建于1940年,用阿、英、法、索马里等语言对内、外播音。在国内共有9个发射台。朱巴等城市建有地方广播电台。朱巴电台主要用英语向南方播音。

苏丹国家电视台:设在恩图曼市,建于1963年12月。同各阿拉伯国家和一些外国电视台有业务交流关系,收视观众约1000万。瓦德迈达尼和朱巴等地建有地方电视台。

对外关系　对外坚持不结盟政策，遵守联合国、非统和阿盟宪章；优先与阿拉伯兄弟国家发展关系；在互相尊重领土主权和互不干涉内政的原则下发展与非洲邻国的关系；加强同友好国家的关系。认为，冷战结束、苏联解体后，人类面临唯一超级大国的霸权主义威胁。东西对峙已转为发达国家欲维护其特权同发展中国家要求进步与发展之间的矛盾；联合国遭受强权支配，成为霸权主义实施侵略与报复的工具；贫穷国家的经济发展权利遭受强权政治的侵害与剥夺。支持建立新的国际政治、经济秩序，以维护所有国家的合法权益、国家主权和经济权利。呼吁债权国减息，重新安排乃至冻结和取消债务。支持伊朗关于取消安理会常任理事国否决权的建议，认为否决权应是联合国所有成员国共同享有的权利，而不应是常任理事国所垄断的特权。主张伊拉克从科威特撤军，恢复科威特的独立和合法政府，但未公开谴责伊的入侵。反对以美国为首的多国部队对伊采取的军事行动。主张召开在联合国主持下由中东有关各方包括巴勒斯坦人民的唯一合法代表巴解组织参加的中东和平会议；认为以色列应撤出所有被占领的阿拉伯领土。承认巴勒斯坦国；对以色列仍采取不承认、不和解、不谈判的政策。已同近百个国家建立了外交关系。

【同我国的关系】1959年2月4日两国建交。建交以来两国关系不断发展。苏访华的主要有：武装部队最高委员会主席、部长会议主席阿布德中将（1964年5月），尼迈里总统（1970、1977、1984年），议长伊兹丁·赛义德（1984年9月），过渡军事委员会委员、武装部队参谋长陶菲克中将率高级代表团（1986年1月），萨迪克总理（1987年12月），救国革命指挥委员会主席巴希尔（1990年11月）。我访苏的有：周恩来总理、陈毅副总理（1964年1月），乌兰夫副委员长（1978年11月），李鹏副总理（1984年5月），王任重副委员长（1987年11月）。

1992年两国关系发展，双方往来增多。中方：2月监察部长尉健行率团访苏；5月国家教委副主任滕藤率教育代表团访苏；9月交通部副部长王展意率中国政府经济代表团访苏。苏方：5月水利部长雅古布·舒拉率团访华；9月高教科研部长易卜拉欣·奥马尔率团访华；11月内阁事务部长阿瓦德·阿布·贾兹率团访华。

8月，两国签署金额为1亿美元的“1992年贸易议定书”。

1992年两国贸易总额达5290万美元，其中我出口4367万美元，进口为923万美元。

1992年苏丹在华留学生总数达79人。中国驻苏丹大使：吴德成。馆址：MANSHIA DISTRICT，SUDAN；电话：77730 电传：24205。商务处地址：MANSHIA DISTRICT，SUDAN；电话：75274；电传：24205。苏丹驻中国大使：安瓦尔·哈迪·阿卜杜·拉赫曼。馆址：三里屯东2街1号；电话：5323715。

【同美国的关系】1952年美在喀土穆设联络处，苏丹独立后升为大使馆。1967年同美断交。1972年复交。1976～1985年尼迈里6次访美。1976～1987年，美向苏丹提供贷款和其他援助共18亿美元。1985年3月美副总统布什访问苏丹。1987年10月萨迪克总理访美。1990年美国指责苏丹违反人权，停止了除紧急救济以外的其他援助。1991年苏丹谴责美国为首的多国部队对伊拉克采取的军事行动。1992年，美国在联大三委提出“苏丹的人权”提案，再次指控苏丹违反人权，两国关系更加紧张。

【同独联体和东欧国家的关系】苏丹和前苏联于1956年建交。1969和1971年，尼迈里两次访问苏联。1991年苏丹对戈尔巴乔夫下台和苏联解体未发表评论，对独立国家联合体予以承认，并表示将同这些国家建立外交关系。

1992年4月，苏丹先后宣布承认波斯尼亚—黑塞哥维纳共和国、克罗地亚共和国和斯洛文尼亚共和国独立。5月，苏谴责南斯拉夫军队干涉波黑内战，要求国际组织采取有效措施，制止发生在波黑共和国对穆斯林的残酷屠杀。8月，呼吁伊斯兰国家向波黑的穆斯林提供援助。11月苏丹关闭其在南斯拉夫的使馆，并通知南关闭在苏的使馆，以抗议屠杀波黑穆斯林的行动。

【同埃及的关系】两国关系源远流长。1979年后尼迈里对埃以和约进行公开批评，导致双方撤回大使。1981年恢复大使级外交关系。埃及总统穆巴拉克执政后，两国总统多次互访。1982年两国签订了《一体化宪章》。1985年苏丹政变后，尼迈里在埃及政治避难，埃未同意苏丹过渡政府引渡尼迈里的要求。1987年2月，苏丹总理萨迪克访埃，签订了两国《兄弟宪章》，废除了尼迈里时期的《一体化宪章》。巴希尔执政后，埃及率先承认新政权。1989年7月巴希尔访埃。1989年12月31日穆巴拉克总统出席苏丹庆祝独立节活动。1990年2月巴希尔再次访埃，宣布1975年签署的《苏丹埃及联合防御条约》依然有效。1991年海湾战争爆发后，双方立场对立，埃及对宗教色彩浓重的军政府不满，两国关系冷淡。1992年苏埃在哈拉伊卜归属问题上再次发生争执，虽两次召开混委会磋商，但无进展。

【同利比亚的关系】1975和1976年苏丹两次未遂政变后，苏丹谴责卡扎菲支持苏丹反政府势力，宣布同利断交。1978年复交。1981年因乍得问题，苏丹再次与利断交。1984年3月卡扎菲宣布利决定“同苏丹南方革命结成联盟”。1985年苏丹发生政变，利率先承认苏丹新政权。1988年8月31日两国签署苏丹—利比亚统一联合体声明。11月萨迪克总理访利。1989年6月30日苏丹政权更迭后，利对巴希尔政府表示支持。

8月2日，巴希尔主席访利。1990年9月巴希尔和卡扎菲在利正式签署政治、经济、教育、文化等方面的一体化协议。1991年3月利向苏提供10万吨石油和3万吨柴油。6月卡扎菲率团参加苏丹革命两周年庆祝活动。1992年利比亚因洛克比事件受到联合国制裁，苏对利表示支持和同情，但亦执行了对利的制裁，引起利的不满，两国一体化进程有名无实。

【同埃塞俄比亚的关系】苏丹与埃塞俄比亚因双方支持对方反对派而长期交恶。1985年苏丹政变后，过渡政权表示愿改善两国关系。1987年4月萨迪克总理提出关于和平解决苏丹南方问题和促进苏丹和埃塞俄比亚关系的建议。1988年6月16日埃塞派出驻苏丹大使。12月埃塞总理塞拉西访问苏丹。1989年6月苏丹政权更迭后，埃塞政府表示支持巴希尔新政权。7月，巴希尔主席出席第25届非统首脑会议期间会晤了埃塞总统门格斯图，两国关系一度出现改善。1990年1月埃塞与以色列复交，苏丹指责埃塞与以勾结支持苏丹南部反政府力量领导人加朗。1991年5月门格斯图下台，巴希尔向埃塞新领导人梅莱斯表示祝贺，6月两国首脑就双边关系进行了会谈。10月巴希尔出访埃塞，双方就发展经济、政治、社会和文化等领域的关系达成协议。1992年苏丹与埃塞的关系较好。

【同沙特阿拉伯的关系】尼迈里执政时曾多次访问沙特，得到沙特政治和经济上的支持。1986年6月和10月苏丹最高委员会主席米尔加尼和总理萨迪克先后访问沙特。1987年7月和12月，萨迪克总理和米尔加尼主席再次分别访问沙特。1989年6月巴希尔主席执政后，沙特表示将继续同苏丹保持友好关系。1989年7月，巴希尔主席访问沙特。1990年2月沙特向苏丹提供2亿美元的援助。1990年苏丹与沙特对海湾危机立场相左，严重影响了两国关系的发展。1992年苏丹指责沙特支持苏南方反叛运动及流亡在外的反对派，两国关系进一步恶化。

【同其他国家的关系】苏丹与伊拉克关系密切。巴希尔注意发展同伊拉克的关系，从伊得到大量军援。海湾战争后，苏丹呼吁安理会取消对伊的制裁。1992年1月，苏丹和阿联酋因两国间政治分歧而互逐外交官。5月巴希尔主席访问叙利亚，同叙领导人就中东地区形势和双边关系问题举行了会谈。7月突尼斯指责苏丹支持突原教旨主义组织“复兴运动”而与苏丹断交。10月巴希尔主席访问约旦，同侯赛因国王就双边关系和共同关心的阿拉伯和伊斯兰问题进行了会谈。

苏丹同一些邻国关系有所改善，分别与肯尼亚、乍得签署了在政治、经济、边界安全等领域进行合作的协议。（刘慧昭）

索 马 里

国名 索马里共和国(The Somali Republic)。

面积 637657平方公里。

人口 750万(1990年联合国估计)，自然增长率31‰。绝大部分是索马里人，分属萨马勒和萨卜两大族系。萨马勒族系占全国人口的80%以上，分为达鲁德、哈威伊、伊萨克和迪尔4大部族；萨卜族系分为迪吉尔和拉汉文两大部族。6大部族又分为几十个小氏族。官方语言为索马里语和阿拉伯语。通用英语和意大利语。伊斯兰教为国教。

首都 摩加迪沙(Mogadishu)。

国家元首 临时总统阿里·迈赫迪·穆罕默德(AliMahdi Mohamed)，1991年2月3日当政，8月17日正式就任临时政府总统，任期两年。

简 况

位于非洲大陆最东部的索马里半岛上。北临亚丁湾，东濒印度洋，西与肯尼亚、埃塞俄比亚接壤，西北与吉布提交界。海岸线长3200公里。大部分地区属热带沙漠气候，西南部属热带草原气候，终年高温，干燥少雨。首都年平均气温27.5℃。公元前1700多年，建立了以出产香料著称的“邦特”国。公元7世纪起，阿拉伯人不断移居于此，并在亚丁湾和印度洋沿岸建立贸易点和若干个苏丹国。1887年索北部、1925年索南部分别沦为英国“保护地”和意大利殖民地，称为“英属索马里”和“意属索马里”。1941年英国控制了整个索马里。1960年6月26日索北区独立。7月1日索南区独立，即日南、北两部分合并，成立索马里共和国。1969年西亚德开始执政并于1991年1月被反政府组织推翻。

政 治

1992年索马里政局继续动荡，国家四分五裂，全国处于无政府状态。索人民的苦难引起国际社会严重关注，国际组织加强了对索马里的救助、调解与干预。但因各派分歧严重，和平进程举步维艰。

1月3日，联合国特使乔纳赴索调解冲突未果。4日，首都摩加迪沙对立的迈赫迪和艾迪德两派间又发生激战。8日，临时总统迈赫迪呼吁联合国派维和部队监督停火，艾迪德则发表声明，反对外来干涉。23日，联合国安理会通过733号决议，宣布对索实行全面武器禁运。在联合国、非统、阿盟和伊斯兰会议组织的积极斡旋下，交战双方代表2月14日在纽约达成立即停火协议。但墨迹未干，15日两派战火复燃。22日，索马里联合大会、爱国运动和民主运动等组织发表联合声明，反对联合国出兵干预索内战。29日，以联合国为首的联合劝和团抵索。3月3日，双方在联合国主持下签订了一项停火协议并立即生效，但5日两派再次交火并互相指责对方违反停火协议。8日，摩加迪沙市近10万居民上街举行和平游行，要求停止流血冲突，恢复国家和平与统一。此后全国仍时有武装冲突发生。3月17日和4月24日，安理会通过746号和751号决议，决定向索马里紧急派遣一个20人技术小组和50名军事观察员监督停火，实施第一期联合国索马里行动（“联索行动”）。4月底，前总统西亚德卷土重来，率残部进逼摩加迪沙，被“联大”艾迪德派击退。4月29日，西亚德及其追随者1200多人逃往肯尼亚东北地区。5月17日，西亚德飞抵尼日利亚寻求政治避难。6月8日，索马里11个政党的发言人在亚的斯亚贝巴宣布，将在3个月内成立新的“临时政府”。7月27日，安理会一致通过关于索马里局势的767号决议，紧急向索派遣一个技术队。8月12日，在国际社会压力下，索各派终于与联合国达成协议，同意第一批500名联合国士兵入索保护人道主义救助工作的正常进行。28日，安理会通过775号决议，授权秘书长向索增派3000名护援部队。9月19日，索马里联合大会迈赫迪派、民族阵线和爱国运动中一派经过5天讨论后发表声明，同意立即停火，并表示愿共同努力，在民主和尊重人权的基础上组成一个全国政府。10月31日，8个主要组织在摩加迪沙举行会谈，但未取得任何进展。12月4日，安理会一致通过794号决议，批准秘书长授权以美国为首的多国部队对索采取大规模军事行动，建立人道援助所需的安全环境。索各派于12月11日在美军监督下再次达成停火协议。

【政府】本届临时政府于1991年2月3日组成，10月1日改组。主要内阁成员有：第一副总统阿卜杜卡迪尔·穆罕默德·阿旦（Abduqadir Mohamed Adan），第二副总统奥马尔·莫亚利姆·穆罕默德（Omar Moallim Mohamed），总理奥马尔·阿尔特·加利卜（Omar Arteh Ghalib），财政部长埃尔米·法拉赫·努尔（Elmi Farah Nur），外交部长穆罕默德·阿里·哈茂德（Mohamed Ali hamud），国防部长穆萨·伊斯兰·法拉赫（Muse Islan Farah），内政部长穆罕默德·肯亚雷·阿夫塔赫（Mohamed Qanyare Aftah）。

【政党】共有十余个政党组织，主要有：

（1）索马里联合大会（United Somali Congress）：简称“联大”，1989年初成立于罗马，成员大部分来自哈威伊族。主要在摩加迪沙周围及中部地区活动。1990年底，该组织武装力量攻入首都摩加迪沙，经过激战于1991年1月底推翻了西亚德政权，并成立临时政府，其执委会领导人之一迈赫迪任临时总统。主席穆罕默德·法拉赫·艾迪德（Mohamed Farah Aideed）。目前“联大”已分裂为各以迈赫迪和艾迪德为首的两个对立派。

（2）索马里民族运动（Somali National Movement）：简称“民运”，1981年成立于伦敦，1982年在埃塞俄比亚的迪雷达瓦设总部。系索成立最早、实力最强、影响最大的武装组织。成员大部来自伊萨克族，约有2万余人，主要在北方活动。1991年5月18日宣布北方“独立”，成立“索马里兰共和国”，其领导人阿卜杜拉赫曼·艾哈迈德·阿里·图尔（Abdurahman Ahmed Ali Tour）为总统。“索马里兰共和国”现控制西北部的三个州，人口约300万，迄今未获国际承认。

（3）索马里爱国运动（Somali Patriotic Movement）：简称“爱运”，成立于1989年，成员主要来自欧加登部族，主要在索南部基斯马尤市及其周围地区从事反政府活动。领导人艾哈迈德·奥马尔·杰斯（Ahmed Omar Jess）。

（4）索马里救国民主阵线（Somali Salvation Democratic Front）：简称“救阵”，成立于1981年10月，成员以米周提尼族和多尔巴汉塔族为主，活动于索东北部及中部地区。领导人穆罕默德·阿卜希尔·穆萨（Mohamed Abshir Mousa）。

（5）索马里民族阵线（Somali National Front）：简称“民阵”，亲前总统西亚德武装组织。1991年1月西亚德政权被推翻后成立，在索马里南部的索、肯、埃塞边境活动，成员以马列汉族为主。领导人穆罕默德·赛义德·赫尔希·摩根（Mohamed Said Hersi Morgan），是前总统西亚德的女婿。

【重要人物】阿里·迈赫迪·穆罕默德：临时总统。生于1941年。属哈威伊部族中的阿布加尔族。信奉伊斯兰教。当过教师，1969年前曾任议员。后从商，经营摩加迪沙麦加旅馆。是“联大”执委会领导人之一和该组织的主要财政资助人。1991年1月“联大”推翻西亚德政权后被任命为临时总统，同年8月17日根据吉布提第二次和会的决议正式就任临时总统。　**穆罕默德·法拉赫·艾迪德**：“联大”主席、军事领导人。来自哈威伊部族中的哈卜尔盖迪尔族。是联合大会内迈赫迪的对立派领导人。

经　济

索马里是联合国宣布的世界上最不发达的国家之一。经济以畜牧业为主。70年代初，由于采取的国有化政策过激，加上自然灾害等因素，经济严重困难。80年代，在世界银行和国际基金会组织支持下，调整经济政策，强调优先发展农业，逐步实行经济自由化，放宽贸易限制，鼓励外资和私人投资，取消农产品价格控制，实行先令贬值、美元拍卖、紧缩财政开支等措施，经济一度好转。近年来由于内乱和大旱，导致经济全面崩溃。

国内生产总值（1989年）：17亿美元。

人均国内生产总值（1990年）：170美元。

国内生产总值增长率（1990年）：1.6%。

货币名称：索马里先令。

汇率(1992年1月):1美元=8000先令。

通货膨胀率(1990年):173%。

【资源】矿产资源主要有铁、锡、锰、镍、铬、镁、锌、铝、铀、石英石、绿柱石和石膏等。东北部和南部地区还发现有石油和天然气。除绿柱石和石膏外,大部矿藏未开发。森林覆盖率为13%。渔业资源丰富,但迄今未大量开发。

【工业】工业基础薄弱。原材料、机器设备和零配件几乎全靠进口。主要工业部门有纺织、皮革、制糖、制盐、制药、烟草、食品加工、印刷、电力、炼油和建筑材料工业等,以中、小型企业为主。由于资金、原料和技术人员严重匮乏以及国内市场有限等因素,工厂开工率和设备利用率严重不足。

【农业】索第二大产业。1988年农业产值占国内生产总值的12%。全国有可耕地820万公顷,占国土面积的13%,目前已耕地只有100万公顷左右。农业人口占全国人口的25%。粮食仍不能自给,每年需进口粮食30余万吨。由于内战加之大旱,1991、1992年粮食几乎全靠国际救济。主要农作物有高粱、玉米、大米、豆类、芝麻、棉花、甘蔗和香蕉等,其中香蕉是第二大出口产品。年产乳香600吨,没药200吨,各占世界产量的一半。近年主要农作物产量如下(单位:万吨):

	1988	1989	1990
高粱	23.5	33.4	25.0
玉米	35.5	29.9	31.5
芝麻	4.6	5.0	5.0
香蕉	11.5	10.5	11.0
甘蔗	45.0	45.0	24.0
大米	1.2	2.0	1.5
豆类	0.9	1.2	1.4

(资料来源:索农业部、世界粮农组织《生产年鉴》)

【畜牧业】畜牧业是索最重要的产业部门、主要经济支柱。其产值占国内生产总值的36%,出口收入占总出口收入的80%。全国拥有干旱、半干旱牧场5000万公顷,占国土面积的80%。近几年主要畜产品产量如下(单位:万头):

	1988	1989	1990
骆驼	684.1	685.0	685.5
山羊	2055	3100	2110
绵羊	1350	1380	1380
牲畜	498.3	500.0	510.0

(资料来源:索畜牧部、世界粮农组织《生产年鉴》)

【渔业】索拥有非洲最长的海岸线,渔业资源丰富,据估计年捕获量可达17.9万吨。由于捕捞方式落后,加上市场销售等的局限性,目前年捕捞量仅有2万吨左右。

【交通运输】不发达,无铁路。主要公路全长4965公里,其中柏油路2500公里。内陆交通运输主要靠汽车和骆驼。海上运输占重要地位,主要港口有摩加迪沙港、基斯马尤港和柏培拉港。有大小机场21个,摩加迪沙、柏培拉有国际机场,可起降大型客机。

【对外贸易】外贸在经济中占重要地位,但连年逆差。主要出口活畜、香蕉、乳香、没药和皮革,其中活畜占出口收入的70%左右。主要进口原油、机械及零配件、食品、车辆、建材、医药和纺织品。主要贸易伙伴为沙特阿拉伯、意大利、美国、英国和德国。

人民生活

月工资最低为1200索先令,最高约为1万索先令。人均寿命47.5岁(1989年)。1990年全国有各级医院80所,平均每1020个病人有一张病床,每17500人有一名医生。

文化教育

【教育】1972年创索马里文字,并规定为官方语言之一。随后开展扫盲运动,使识字率从独立前的2%提高到60%。实行中小学义务教育制。索马里国立大学为最高学府,建于1970年,现有15个院系。

对外关系

【同我国的关系】两国于1960年12月14日建交,关系一向友好。1964年2月周恩来总理访索。1986年3月李先念主席访索。西亚德总统曾于1972年和1978年两次访华。

1990年底索马里内战爆发,中国驻索使馆、医疗队和工程技术人员于1991年1月暂时撤离,两国保持外交关系。

1992年10月,我国向索马里捐赠价值400万元人民币的药品和一般物资。

【同美国的关系】美曾是索最大援助国。1980~1987年美给索的经济、军事援助总额达7亿美元。以后,美对索援助逐年减少,1990年仅为574万美元,军援停止。1992年8月,美国以肯尼亚为基地向索空运了大量食品。

【同意大利的关系】索、意有传统的经济、政治关系。意为索的最大援助国和重要贸易伙伴。1989年意向索提供1.776亿美元的援助。索内战爆发后,意政府积极进行调解并向索提供3500万美元的救济。1991年2月,索临时政府总理府国务部长埃尔米访意。

【同阿拉伯国家的关系】索是阿拉伯国家联盟成员,与阿拉伯国家有着悠久的宗教、文化和贸易关系。在中东问题上支持阿拉伯国家的立场。沙特阿拉伯、科威特、埃及、阿联酋等是索的重要援助国和贸易伙伴。索内战爆发、南北分裂后,埃及等阿拉伯国家积极调解,呼吁索马里恢复和平与统一。1991年3月,索临时政府外交国务部长伊斯梅尔访问也门、埃及;3~4月,加利卜总理先后出访沙特、阿曼、阿联酋、卡塔尔、巴林、埃及和叙利亚。

【同吉布提的关系】1985年索北方战乱时,吉政府关闭与索的海陆边界。1990年5月,索、吉曾因边界问题发生摩擦。索内战爆发后,吉总统古莱德多方调解并促成了索第一、第二次民族和解会议。1991年10月,吉政府宣布重新开放吉、索海陆边界。

【同埃塞俄比亚的关系】两国对欧加登地区存有争议。1977年爆发欧加登战争，同年9月埃、索断交。1978年，索被迫从欧加登撤军。此后两国军队在边界不断发生摩擦，关系继续紧张。1988年4月两国签订关系正常化协议，8、9月间互派大使。索内战爆发后，埃塞积极调解。

【同肯尼亚的关系】索内战爆发后，其难民纷纷流入肯尼亚，在肯共有30余万人，给肯经济、社会造成很大影响。肯总统莫伊多次呼吁索各派和解、停火并积极参与调解。（韦宏添）

坦桑尼亚

国名　坦桑尼亚联合共和国(The United Republic of Tanzania)。

面积　945087平方公里（其中桑给巴尔2657平方公里）。

人口　2590万（1992年统计），其中桑给巴尔75万（1991年估计），自然增长率3.2%。非洲人占98.5%以上，分属126个部族。人口超过100万的有苏库马、尼亚姆维奇、查加、赫赫、马康迪和哈亚族。此外，有少数阿拉伯人、印巴人和欧洲人后裔。斯瓦希里语为国语，官方通用英语。居民37%信奉原始拜物教，32%信奉天主教和基督教，30%信奉伊斯兰教；桑给巴尔居民95%以上信奉伊斯兰教。

首都　达累斯萨拉姆(Dar es Salaam)，人口157.38万(1992年6月)。新都多多马(Dodoma)尚在建设中，人口14.3762万（1992年6月）。

国家元首　总统阿里·哈桑·姆维尼（Ali Hassan Mwinyi)，1985年10月27日当选，1990年10月28日连任。

简　况

位于非洲东部、赤道以南。北界肯尼亚和乌干达、南与赞比亚、马拉维、莫桑比克接壤，西与卢旺达、布隆迪和扎伊尔为邻，东濒印度洋。大陆海岸线长840公里。东部沿海地区和内陆的部分低地属热带草原气候，西部内陆高原属热带山地气候，大部分地区平均气温21～25℃。桑给巴尔岛属热带海洋性气候，终年湿热，年平均气温26℃。坦桑尼亚是古人类发源地之一。7～8世纪，阿拉伯人和波斯人大批迁入。阿拉伯人于10世纪末成立了伊斯兰王国。1886年坦噶尼喀内陆划归德国势力范围，1917年11月英军占领坦噶尼喀全境。1961年12月9日宣告独立，翌年12月9日成立坦噶尼喀共和国。桑给巴尔于1890年沦为英国“保护地”。1963年12月10日宣告独立，成为由苏丹王统治的君主立宪国。1964年1月12日，桑人民推翻了苏丹王的封建统治，建立桑给巴尔人民共和国。1964年4月26日坦噶尼喀和桑给巴尔组成联合共和国。同年10月29日改国名为坦桑尼亚联合共和国。

政　治

近几年来，坦桑尼亚政府调整内外政策，致力于发展经济。执政的革命党于1992年2月18～19日召开全国特别代表大会，与会代表一致投票通过了在坦桑尼亚建立多党制的决议。4月28日，议会召开会议，将宪法做了适合多党制的修改。7月1日，坦桑尼亚正式实行多党制，开始有步骤地向多党制过渡。截至1992年12月底已有20多个党派获准临时注册，截止1993年2月已有6个政党获得正式注册。

【宪法】现行联合共和国宪法和桑给巴尔宪法分别产生于1977年和1979年。1984年坦桑尼亚国民议会和桑给巴尔代表会议分别通过联合共和国宪法修正案和桑给巴尔宪法修正案。联合共和国分设联合政府和桑给巴尔革命政府，联合共和国设总统和两名副总统（分别来自大陆和桑给巴尔，第一副总统兼联合共和国总理，第二副总统兼桑给巴尔总统），每届任期5年，连任不得超过两届。联合共和国总统为国家元首、政府首脑和武装部队总司令。总统任命总理，总理主持联合政府日常事务。桑给巴尔宪法规定桑革命委员会由20名成员组成，首席部长主持桑革命政府日常事务，对桑代表会议负责。桑革命政府有权处理桑给巴尔的非联合事务。

【议会】一院制，称国民议会，是联合共和国最高立法机构。议会选举与总统选举同时进行，每5年选举一次。本届议会是独立后的第六届议会，1990年11月组成，有议员184名。议长亚当·萨皮·姆克瓦瓦(Adam Sapi Mkwawa)。

桑给巴尔代表会议为桑立法机构，拥有对联合事务以外的桑事务的立法权。本届代表会议于1990年10月组成，议长阿里·哈米斯·阿布达拉（Ali Khamis Abdella)。

【政府】本届政府于1990年11月15日组成，1992年5月29日和10月21日内阁部分改组。主要及新成员有：总统阿里·哈桑·姆维尼，第一副总统兼总理约翰·塞缪尔·马莱塞拉(Johhn Samuel Malecela)，第二副总统兼桑给巴尔总统萨勒明·阿穆尔(Salmin Amour)；副总理兼内政部长奥古斯丁·姆雷马(Augustine Mrema)，总统府国防与国民服务部长阿布杜勒拉赫曼·基纳纳(Abdulrahman Kinana)，财政部长基戈马·马利马(Kighoma Malima)，交通运输部长菲利蒙·萨伦吉(Philemon Sarungi)，农牧发展和合作社部长杰克逊·马奎塔(Jackson Makweta)，卫生部长阿姆拉尼·马亚吉拉(Amrani Mayagila)，新闻和广播部长威廉·希加(Willian Shija)，外交和国际合作部长约瑟夫·瑞加西拉(Joseph Rwegasira)，科学和高等教育部长本杰明·姆卡帕(Benjamin Mkapa)，劳工和青年发展部长艾哈迈德·哈桑·迪里亚(Ahmed Hassan Diria)。

本届桑给巴尔革命政府于1990年10月组成。首席部长奥马尔·阿里·朱马(Omar Ali Juma)。

【司法机构】设有宪法特别法院、上诉法院、高级法院、地方法院以及检察院、司法人员委员会和常设调查委员会。桑给巴尔岛和奔巴岛各设一宗教法庭，处理违反伊斯兰教义案件。大法官弗朗西斯·尼亚拉利(Francis Nyalali)，总检察长达米安·卢布瓦(Damian Lubuva)。

桑给巴尔独立行使司法权，但上诉案件由坦桑尼亚上诉法院审理。大法官哈米德·马哈姆德·哈米德(Hamid Mahamoud Hamid)，总检察长伊迪·旁杜·哈桑(Idi Pandu Hassan)。

【政党】(1)坦桑尼亚革命党(Chama Cha Mapinduzi)：执政党，由原坦噶尼喀非洲民族联盟和非洲设拉子党于1977年2月5日合并而成，截止1992年4月有党员350万。该党于1992年2月召开全国特别代表大会，同意取消党章中规定的“革命党是唯一的政党，并对一切事务拥有最终决定权”的条款。同年3月革命党全国执委会召开会议决定将党的副主席由一人增为二人，由全国代表大会选举产生，分别主管大陆和桑岛党的工作；撤销所有在工作场所的党支部；军人和警察必须放弃革命党党籍，不准参与任何政党活动。12月17～20日召开第四次全国代表大会，姆维尼总统再次当选为革命党主席，马莱塞拉总理和桑给巴尔总统阿穆尔当选为副主席。上届副主席卡瓦瓦引退。本次大会确定了革命党90年代的政策纲领，提出仍以自力更生和社会主义为发展国民经济的指导思想。

(2)多党民主联盟(the Union for Multi-Party Democracy，简称UDM)：1991年10月成立。主张军队脱离政治和政党，重新讨论坦、桑联合的合法性；改善公务员制度，宣称《阿鲁沙宣言》是一项盗窃人民财产的计划，号召允许流亡国外的政治犯回国。主席封迪基拉(Fundikira)。

(3)全国建设和改革委员会(the National Convention for Construction and Reform，简称NCCR)：1991年6月成立。其宗旨是协调和指导多党制支持者的活动，促进多党制的讨论，要求重新讨论坦桑联合，无条件释放在押政治犯，允许和平游行、结社；主张军队脱离政治和政党，尽快举行多党选举。主席马兰多(Marando)。

(4)公民联合阵线(the Civic United Front，简称CUF)：亦称人民党(Chama cha Wananchi)，1992年6月5日由“桑给巴尔多党促进委员会”和“人民党”合并组成。其宗旨是：根据人权原则，为所有坦桑尼亚人的权利和平等而斗争。该党自称受到90%的桑给巴尔人的拥护，在大陆有150万党员。主席马帕拉拉(Mapalala)。

主要政党还有国家民主同盟、自由民主党、国家进步党、实用主义民主同盟、坦桑尼亚民主党、民主党、稳进人民党和联合人民民主党。

【重要人物】阿里·哈桑·姆维尼：联合共和国总统、政府首脑兼武装部队总司令和革命党主席。1925年5月8日生于坦噶尼喀大陆滨海省基萨维拉县，信奉伊斯兰教。幼年定居桑给巴尔。1945～1963年，先后在桑小学、师范学校任教，曾任师范学校校长。1954～1962年曾两度赴英国进修师范教育课程，获英国哈尔大学师范专业文凭。1964～1969年任桑国家贸易公司副总经理、东非货币委员会(桑给巴尔)主席、全国斯瓦希里语研究委员会编委等职。1970～1983年任尼雷尔总统办公室国务部长、联合政府卫生部长、内政部长、驻埃及大使、联合政府自然资源和旅游部长及副总统办公室国务部长。1984年任桑给巴尔总统，1985年当选联合共和国总统，1990年连任。1990年8月和1992年12月两次当选革命党主席。

经　济

是联合国宣布的最不发达国家之一。1967年实行国有化并开展“乌贾马”运动。1985年政府接受国际货币基金组织的调改方案后，在西方财政援助和监督下，实行了两个“三年经济恢复计划”，目标是扩大生产，增加外汇收入，平衡国际收支与财政预算和平抑通货膨胀。1992年7月开始实施第三个经济恢复计划。1991/92财政年度，坦桑大陆经济增长率为3.8%，桑给巴尔经济增长率为4.8%。坦桑尼亚政府重视农业的发展，改造农业合作社体制，允许私商进入部分农产品市场竞争，提高农产品收购价格。1992年开始对现有400多家国营企业进行改革，压缩国营企业的数量，减少政府对亏损企业的补贴，对企业的管理采取合资、售股、租赁和承包方式，对无法赢利的企业，政府将进行清理和关闭。政府还加强银行的作用，放松外汇管制，允许私人开设外汇兑换所，同时减少对外贸的控制，鼓励出口。为保护地方民族工业，还采取了减税措施。政府还筹备建立自由港、出口加工区和经济开发区。桑给巴尔岛丰巴海岸和奔巴岛的米切韦尼已开辟为自由经济区。

国内生产总值(1991年)：5735.36亿先令。

人均国内生产总值(1991年)：23506先令。

国内生产总值增长率(1991/92年度)：3.8%。

货币名称：坦桑尼亚先令，1先令＝100分。

汇率(1992年10月)：1美元＝330先令。

通货膨胀率(1991/92年度)：20%。

【资源】坦是非洲第四大矿储国，已探明的主要矿藏量为：钻石200万吨(含量6.5克拉/吨)，金矿35万吨，煤3.24亿吨，铁1.3亿吨，磷酸盐1000万吨，天然气300亿立方米。森林和林地面积约4400万公顷，占国土面积45%。出产安哥拉紫檀、乌木、桃花心木、栲树等。水力资源丰富，潜在发电能力为400万千瓦。

【工业】1991/92年度工业产值为504.66亿坦先令，占国内生产总值8.8%。大陆制造业以农产品加工和进口替代型轻工业为主，包括纺织、食品加工、皮革、制鞋、轧钢、铝制品、水泥、造纸、轮胎、化肥、炼油、汽车装配、农具制造等。桑给巴尔工业主要是农产品加工，有椰子加工厂、丁香油厂、碾米厂、石灰厂、自来水厂、发电厂和印刷厂等。工业开工率为50%。近几年主要工业产品产量如下：

	1989	1990	1991
肉罐头(千吨)	34	26	
白酒(千公升)	1164	1202	
啤酒(千公升)	53729	46044	49899
卷烟(百万支)	2848	3742	3816
布匹(平方米)	70897	63279	62820
剑麻纤维(千吨)	18398	20288	18367
木材(立方米)	1687	1525	
除虫菊药(千吨)	40	40	
化肥(吨)	27030	17426	20632
染料(吨)	2037	2199	
石油产品(千吨)	411	337	337
水泥(千吨)	596	664	1023
铁(吨)	15372	9129	
铅板(千吨)	20294	21721	
铝(千吨)	1498	2537	
收录机(千台)	297	71	102
电池(百万节)	28	27	44

(资料来源：《坦桑尼亚1992/93年经济形势报告》)

【农业】农业是坦经济的支柱，1990/91年度农业产值3586.93亿坦先令，占国内生产总值62.5%，农产品出口收入占外汇收入的75～80%。农业人口占总人口87%。全国可耕地面积3940万公顷，已耕地面积620万公顷，草原3500万公顷，森林和灌木4178万公顷。主要农作物有玉米、小麦、稻米、高粱、小米、木薯等。主要经济作物有咖啡、棉花、剑麻、腰果、丁香、茶叶、烟叶、除虫菊等。近几年大陆主要粮食产量如下(单位：千吨)：

	1988/89	1989/90	1990/91
玉米	3125	2445	2332
稻谷	467	481	406
小麦	97	106	84
豆类		388	425

(资料来源：1992/93年经济季评)

主要经济作物产量(单位：千吨)：

	1988/89	1989/90	1990/91
咖啡	49.5	37.1	55.8
棉花	63.3	42.1	52.0
茶叶	15.6	20.1	18.0
腰果	18.9	16.5	30.2
烟叶	10.7	11.0	11.9
剑麻	33.3	32.2	33.5

(资料来源：同上)

1990年有1300万头牛，1370万只羊，28.10万头猪，3200万只家禽。

【服务业】1991年服务业产值占国内生产总值28.7%，各部门所占比重和产值(单位：先令)分别为：销售和旅游业14.5%和833.25亿；交通和运输8.2%和470.17亿；金融和商业服务5%和287.57亿；政府和其他收入6%和344.78亿。

【旅游业】坦野生动物资源丰富。全国有11个国家公园，近10个野生动物保护区和50个野生动物控制区。主要旅游点有塞伦盖提、恩戈罗戈罗、马尼亚腊湖、米库米动物园和乞力马扎罗山、东非大裂谷等。1991年接待14.67万游客，外汇收入6300万美元。

【交通运输】以公路运输为主。

公路：大陆公路总长5.3万公里，其中干线公路1.7万公里，沥青公路3660公里；桑给巴尔公路总长982公里。

铁路：总长4460公里。1991年铁路客运量306.5万人次，货运量170.8万吨。

水运：沿海有达累斯萨拉姆、坦噶、姆特瓦拉三大港口。达累斯萨拉姆为主要港口，有万吨泊位8个，年吞吐量350万吨。

空运：全国有大小机场53个，其中达累斯萨拉姆、乞力马扎罗和桑给巴尔为国际机场。1977年建立坦桑尼亚航空公司，以国内航线为主。国际航线主要飞往莫桑比克、赞比亚、布隆迪、卢旺达、乌干达、塞舌尔、马达加斯加、扎伊尔、埃塞俄比亚、马拉维、科摩罗、毛里求斯、印度和英国等。1991年客运量28.6万人次，货运量279.9万吨。

【财政金融】近几年的财政预算情况如下(单位：亿先令)：

	1989/90	1990/91	1991/92
支出	1517.87	2090.00	2279.73
收入	971.12	1185.47	1539.20
国外贷款或赠款	535.65	856.53	679.53
赤字	11.00	48.00	

(资料来源：同上)

1992年6月外汇储备1.5107亿美元。1991年国际收支逆差10.21亿美元。1991年外债总额56.1亿美元，内债545.22亿先令。

【对外贸易】出口以农产品为主，其中棉花、剑麻、腰果、咖啡、烟草、茶叶、丁香占外汇收入80%；工业出口占次要地位,包括钻石、纺织品、服装、皮革制品、鞋、树胶、铝制品等。主要进口食品、饮料、机械设备、金属制品、交通运输工具、石油等。主要贸易对象有德国、英国、日本、荷兰、意大利、新加坡、肯尼亚、印度和中国等。近几年进出口情况如下(单位:亿美元):

	1989	1990	1991
出口额(离岸价)	3.95	4.08	3.94
进口额(到岸价)	12.3	13.64	13.81
差　额	−8.35	−9.56	−9.87

(资料来源:同上)

【外国资本】1990年4月议会通过《全国投资促进法》。1990年7月成立的投资促进中心负责审批投资项目,并接受国内外投资商的咨询。截至1991年底,批准211个合资或独资项目,总金额约9.1亿美元。投资者分别来自意大利、韩国、加拿大、英国等。

【外国援助】1991年,14个捐助国和9个国际组织对坦承诺的援助达9.8亿美元。西方对坦官方发展援助总额占坦当年国内生产总值的33.2%(1991年)。按1989年统计,主要国家援助总额依次为瑞典1.15亿美元、意大利9470万美元、荷兰7688万美元、丹麦7338万美元、日本6874万美元、芬兰5440万美元、挪威4810万美元和加拿大3872万美元。向坦提供援助的多边组织主要是世界银行8170万美元、国际开发协会2510万美元、联合国开发计划署1386万美元、世界卫生组织705万美元和世界粮农组织623万美元。

人民生活

职工享有的社会福利包括工伤赔偿、解雇费、养老金、免费医疗、差旅和假期补贴。各项社会福利相当职工基本工资的20%。1991年大陆居民消费价格指数为2434.8,增长22.3%。1992年政府宣布雇员最低月收入大陆为5000先令,桑给巴尔为4500先令。1991年7月起开始实行5天工作制。1992年9月已确认的爱滋病患者11.82万人,爱滋病毒携带者80万人。1991年有医院173家,医疗站3014个,农村卫生所273个,共有病床44770张。有本国医生960名,外国医生295名。

军　事

坦桑尼亚人民国防军由坦噶尼喀长枪队和桑给巴尔解放军于1964年合并而成。国防军司令欧内斯特·姆维塔·基阿罗上将。实行两年国民兵役制。1992年7月开始将总兵力削减38%,国防军、军队总部和国民服务队总部合并,取消师的建制,减少旅的建制,国民服务队向民用服务发展。

总兵力46800人(1990年中)。其中陆军45000人,编成2个师、8个步兵旅、1个坦克营、2个野炮营、2个摩托化营、1个萨姆导弹营、2个反坦克营和1个通讯营;海军800人;空军1000人。另有警察野战部队1400人,水上警察100人,国民服务队(民兵)10万人。

1991年度国防开支为194.385亿先令,占预算总额的8.34%。

文化教育

【教育】学制为:小学7年,初中4年,高中2年,大学4年。1992年全国人口识字率为90%。大学2所:达累斯萨拉姆大学和索科伊内农业大学。1990年公立小学10484所,1992年在校小学生340.8万。1990年公立中学136所,学生64382人。

【新闻出版】主要刊物有《每日新闻》(年发行量约8万份),《自由报》,《民族主义者报》和《工人日报》。此外还有英文周刊《商业时报》,斯瓦希里文双周刊《火焰报》。

坦桑尼亚通讯社:国家通讯社,1976年10月成立,大陆各省设有分社,有少数驻邻国的记者。

坦桑尼亚电台:国家电台,建于1951年。设在达累斯萨拉姆,分别用英语和斯瓦希里语广播。桑给巴尔革命之声:桑给巴尔电台,建于1964年,用斯瓦希里语广播,每天播音9个小时。

桑给巴尔电视台:国营,1973年3月建成,用斯瓦希里语播送节目。大陆现无电视台。

对外关系

奉行不结盟和全方位经济外交政策。维护非洲团结,主张采取和平方式解决非洲的内部冲突,加强与邻国的经济技术合作,主张地区经济合作和在互相尊重、互不干涉内政和尊重双方利益的基础上与其他国家发展友好关系。认为各国应有在平等互利基础上对国际事务的参与权,各国都有权选择适合本国国情的政治制度,国与国之间应相互尊重独立、主权和领土完整。主张发达国家在解决发展中国家债务、贸易条件恶化、资金倒流和环境资源等问题上采取积极态度,呼吁发展中国家开展南南合作,减少对北方的依赖。呼吁国际社会增加对南非解放运动的支持和援助,呼吁南非早日建立过渡政府,为民主选举做准备。坦政府已解除对南非领事签证、文化及科技方面的制裁,但继续保持对南非贸易、投资制裁和武器禁运。支持巴勒斯坦人民的斗争,反对以色列侵略扩张政策,承认巴勒斯坦国,支持召开中东和会,主张阿拉伯国家承认以色列的存在。要求发达国家减免第三世界的债务,并与债务国就重新安排偿债问题进行谈判,呼吁召开解决非洲外债的国际会议。截止1992年已与112个国家建立外交关系。

【同我国的关系】1964年4月26日同我国建交。两国关系长期友好,双方人员往来频繁。1992年8月,坦桑尼亚总统姆维尼访华,其间,两国政府签订了经济技术合作协定、文化交流协定。8月和9月,坦工会代表团访华。9月,坦前总统尼雷尔和新闻广播部长希加相继访华。10月,桑给巴尔首席部长奥马尔访华;坦防空军司令姆博马访华。1月,中共中央对外联络部部长朱良率中国共产党代表团访坦。2月,空军司令员王海率空军代表团访坦;中国监察部长尉健行访坦。4月,文化部副部长陈昌本率中国文化代表团访坦。12月,铁道部副部长孙永福率中国政府代表团访坦。

1992年中国同坦桑尼亚进出口商品总额为1.0869亿美元，其中中方出口额1.0798亿美元，进口额70万美元。

中国驻坦桑尼亚大使：孙国桐。馆址：No. 2, Kajificheni Close, Toure Drive, Dar es salaam。电话：67212,67694,67586。电传：41036 Chinemba。地区号：0989。

坦桑尼亚联合共和国驻中国大使：（暂缺）。馆址：三里屯6街53号。电话：5321491,5321719。

【同英国的关系】坦原为英国的"保护地"，现为英联邦成员国，两国关系密切，往来频繁。自1986年以来，英国共向坦提供援助1.2亿英镑。1991年英国减免坦5500万美元的债务。1992年初，姆维尼总统、马莱塞拉总理、革命党总书记科林巴先后访英。

【同美国的关系】1992年3月，坦桑尼亚外长迪里亚访美，呼吁美国工商业人士到坦投资。5月，美国海外私人投资公司访坦。

【同独联体国家的关系】承认独联体11国和波罗的海3国并与这些国家建交，表示愿在相互合作和互利的基础上继续发展与这些国家的友好关系。

【同邻国的关系】1992年1月9日，坦桑尼亚、肯尼亚、乌干达三国外长在肯尼亚首都内罗毕举行会议，决定各国成立国家委员会，由其研究并确定共同合作的领域。12日，坦在肯尼亚港口城市蒙巴萨设立领事馆。

10月13日，坦、乌两国政府在乌干达首都坎帕拉签订军事合作协议，坦将帮助训练乌干达全国抵抗运动军队。11月，乌干达总统穆塞维尼访坦。

坦桑尼亚积极调解卢旺达政府和卢旺达爱国阵线之间的冲突，使谈判取得一定进展。7月，卢旺达外交合作部长恩古林齐拉访坦。

4月，坦桑尼亚与马拉维在达累斯萨拉姆签订引渡条约；7月，坦桑给巴尔总统阿穆尔访问马拉维。

（刘彦明）

突　尼　斯

国名　突尼斯共和国(The Republic of Tunisia, La République Tunisienne)。

面积　164150平方公里。

人口　820万（1992年估计数）。90%以上为阿拉伯人，其余为柏柏尔人和犹太人。阿拉伯语为国语，通用法语。伊斯兰教为国教，主要是逊尼派；少数人信奉天主教。

首都　突尼斯(Tunis)，人口80万（1992年估计数）。

国家元首　总统宰因·阿比丁·本·阿里(Zine El Abidine Ben Ali)，1987年11月7日就任。1989年4月当选总统。

简　况

位于非洲北端。西与阿尔及利亚为邻，东南与利比亚接壤，北、东临地中海，隔突尼斯海峡与意大利相望，海岸线长1200公里。北部属热带地中海型气候，夏季炎热干燥，冬季温暖湿润。南部属热带沙漠气候。公元前9世纪初，腓尼基人在今突尼斯湾沿岸地区建立迦太基城，后发展为奴隶制强国。公元前146年成为罗马帝国的阿非利加省。5～6世纪先后被汪达尔人和拜占庭人占领。703年被阿拉伯穆斯林征服。13世纪哈夫斯王朝建立了强大的突尼斯国家。1574年沦为土耳其奥斯曼帝国的一个省。1881年成为法国保护领地。1957年7月25日突制宪会议通过决议，废黜国王，宣布成立突尼斯共和国。独立后，布尔吉巴被任命为第一任总统。1987年11月7日，总理本·阿里宣布废黜布尔吉巴，接任共和国总统。

政　治

1989年4月，突尼斯举行总统和立法选举，本·阿里当选总统，宪政联盟获全部议席。突尼斯继续推行政治民主化进程和经济自由化政策。此后，反对党一度要求参政、分权，政府则一方面加强执政党的优势，另一方面与合法反对党对话，满足其部分要求。但迄未合法的"复兴运动"（原教旨主义组织）利用海湾危机扩大势力，不断挑动罢工、罢课，甚至暴力对抗。1991年，突政府两度大规模搜捕"复运"分子，在全国揭露和声讨"复运"通过暴力推翻政府的阴谋。1992年，在内政方面，突加强政权建设，调整党、政、军领导班子，标榜民主和人权，与合法反对党对话，以暴力颠覆国家政权、谋害总统罪名审判"复运"骨干分子；大力发展经济，稳步推进自由化进程。1992年，突政局稳定，经济状况较好。

【宪法】1959年6月1日，制宪议会通过了共和国第一部宪法，规定突是自由、独立的主权国家，实行共和制政体。1976年4月，通过宪法修改草案，宣布布尔吉巴为共和国终身总统。1988年7月，通过宪法修正案，删改"终身总统"等8项条款，增加了"竞选议员年龄"，"总统职位空缺时由议长担任临时总统职务"等内容。

【议会】国民议会，为一院制，任期5年。1989年4月，突尼斯举行议会选举，宪政民主联盟获全部141个议席。议长哈比卜·布拉雷斯(Habib Boulares)。

【政府】1992年8月17日，突政府部分调整后主要成员名单如下：总理哈米德·卡鲁伊(Hamed Karoui)，国务部长兼内政部长阿卜杜勒·卡拉勒(Abdallah Kallel)，司法部长萨迪克·沙巴纳(Sadok Chaabane)，部长级总统办公室主任穆罕默德·杰里(Mohamed El Jeri)，外交部长哈比卜·本·叶海亚(Habib Ben Yahia)，国防部长阿卜杜勒·阿齐兹·本·迪亚(Abdelaziz Ben Dhia)，国际合作和外国投资部长穆罕默德·格努希(Mohamed Ghannouchi)，财政部长努里·扎尔加蒂(Nouri Zorgati)，经济部长萨迪克·拉巴赫(Sadik Rabah)，计划与地区发展部长穆斯塔法·纳布利(Mustapha Nabli)，农业部长穆勒迪·祖阿维(Mouldi Zouaoui)，国有土地部长穆斯塔法·布阿齐兹(Mustapha Bouaziz)，装备和住房部长谢尔夫丁·盖卢兹(Charfeddine Guellouz)，环境与领土整治部长穆罕默德·马赫迪·麦里卡(Mohamed Mehdi Mlika)，交通部长塔希尔·哈吉·阿里(Tahar Haj Ali)，旅游和手工业部长穆罕默德·杰加姆(Mohamed Jegham)，邮电部长哈比卜·阿兹拉格(Habib Lazreg)，教育与科学部长穆罕默德·沙菲(Mohamed Charfi)，文化部长蒙吉·布斯尼纳(Mongi Bousnina)，卫生部长艾迪·穆赫尼(Hedi Mhenni)，社会事务部长穆罕默德·法代勒(Mohamed Fadhel)，职业培训与就业部长蒙塞尔·卢依西(Moncer Rouissi)，青少部长穆罕默德·萨阿德(Mohamed Saad)，宗教事务部长阿里·沙比(Ali Chabbi)，政府秘书长利达·格里拉(Ridha Grira)。

【司法机构】全国设最高法院，下设4个庭；5个上诉法院，下设19个庭；13个初级法庭；51个区级法院以及财政法庭和行政法庭。法官由总统任命。总统和司法部长分别任法官最高理事会正、副主席。最高法院院长哈迪·贝萨迪克(Hedi Bessadok)，行政法院院长拉希德·萨巴格(Rachid Sabbagh)。

【政党】(1)宪政民主联盟(Rassemblement Constitutionennel Democratique)：执政党。1934年3月成立。原名宪政党，1964年改为社会主义宪政党，1988年2月改现名。1988年7月有党员150万，基层组织5323个。以民主、开放为政治路线。主席为本·阿里总统。总书记沙德利·纳法蒂(Chedly Neffati)。

(2)社会民主运动(Mouvement des Democrates Socia- listes)：1978年6月创立，1983年11月获合法地位。主张开放民主，实行多党制、轮流执政，反对使用暴力。现有党员1.5万人。主席穆罕默德·穆阿达(Mohmed Moaada)，总书记穆斯塔法·本·加法尔(Mustapha Ben Kafar)。

(3)突尼斯共产党(Parti Communiste Tunisien)：1937年创建。其前身突尼斯共产主义小组是法国共产党的一个支部。主张实行多党制，轮流执政。1963年1月因涉嫌谋杀总统事件，被宣布为非法。1981年7月取消禁令后成为合法政党。总书记穆罕默德·哈尔迈勒(Mohamed Harmel)。

(4)人民团结党(Parti de L'Unite Populaire)：1981年2月成立，由人民团结运动本·萨拉赫派分裂而来。主张建立公正、自由的社会主义社会。1983年取得合法地位。总书记穆罕默德·贝勒哈吉·欧麦尔(Mohamed Belhaj Amor)。

(5)社会进步联盟(Rassemblement Socialiste Progressiste)：1983年12月成立。1988年9月获合法地位。总书记艾哈迈德·纳吉布·沙比(Ahmed Nejib Chebbi)。

(6)进步社会党(Parti Social pour le Progres)：1988年9月12日获合法地位。负责人莫尼尔·贝吉(Mounin El Beji)。

(7)人民团结运动(Mouvement de l'Unité Populaire)：1975年建立。迄未取得合法地位。总书记艾哈迈德·本·萨拉赫(Ahmed Ben Salah)。

(8)复兴运动(Ennahdha)：1986年6月创立。原名伊斯兰倾向运动。1989年2月改现名。系原教旨主义组织，成员主要是青年(占80%)和知识分子。主张恢复突尼斯的伊斯兰特性；按照伊斯兰原则，合理分配国家财富。至今尚未获得合法地位。主席拉希德·格努西(Rached Ghannouchi)。

【重要人物】宰因·阿比丁·本·阿里：总统。1936年9月生于苏斯省。曾受电子学高等教育，获电子工程师文凭。后又毕业于法国圣·西尔军械学校、炮校、美国情报与安全高等学校、野炮和高炮学校。1958年起历任突参谋部参谋、军事安全处处长、驻摩洛哥空军海军武官、国防部长办公室专员、国家安全总局局长、驻波兰大使、内政部负责国家安全的国务秘书、总理府负责国家安全的部长级代表、内政部长等职。1979年4月由上校晋升为准将。1987年5月任内政国务部长，10月任总理，11月任总统。1988年7月，在宪政民主联盟特别代表大会上，当选为该党主席。1989年4月当选总统。 **哈米德·卡鲁伊**：总理。1927年12月30日生于苏斯省。1946年中学毕业后，赴法国巴黎医学院学习，1957年获专科医生称号。1964～1981年两次当选为议会议员，1979年当选为宪政党中央委员，1980年1月被任命为政治局委员，1983年11月任议会副议长，1986年任青年体育部长，1987年10月任总理府部长、党部主任，1988年7月任司法部长，1989年9月任总理，宪政民主联盟副主席。 **哈比卜·布拉雷斯**：议长。1933年7月24日生于突尼斯市。曾留学法国。1949年加入新宪政党，1955年起先后任突《晨报》总编，突尼斯非洲通讯社第一任总社长，突尼斯广播电视台台长，经济社会委员会委员，文化新闻部长，议员，驻埃及大使，文化部长，总统特别顾问，外交部长和国防部长。1991年10月22日起任议长。

经济

以农业为主，但粮食不能自给。工业以石油和磷酸盐开采、加工为主。旅游业发达,在国民经济中占重要地位。1992年开始实行第八个经济计划(五年),中心内容是:优先发展农业,贸易自由化,开放市场,调整经济结构,国营企业企私有化,改革财政制度,吸收外资,争取外援,控制外债。该计划规定突经济年增长率为6%。

国内生产总值(1992年):约131亿第纳尔。

人均国民生产总值(1992年估计):约1667美元。

国内生产总值增长率(1992年):8.6 %。

货币名称:第纳尔。

汇率(1992年):1美元=0.9295第纳尔。

通货膨胀率(1992年):5.5 %。

失业率(1992年):15.7%。

【资源】主要有磷酸盐、石油、天然气、铁、铝、锌等。探明储量为:磷酸盐20亿吨,石油7000万吨,天然气615亿立方米,铁矿石2500万吨。

【工矿业】主要有石油开采业和以磷酸盐为原料的化工业。1990年工业产值(含矿业)占国内生产总值的28.2%。1992年实现工业增长7.7%。1991年产原油518.9万吨,磷酸盐650万吨,铁矿石29.5万吨,锌9000吨。纺织业在轻工业中居首位,占整个工业投资的1/5。自1986年起,纺织、皮革产品出口额已超过原油、化肥。1990年纺织品和皮革的出口额为11.79亿第纳尔。能源、磷酸盐和化工产品出口额为9.89亿第纳尔。

【农业】全国可耕地面积900万公顷,已耕地500万公顷,其中5%为水浇地。全国劳动力的35%从事农业。1991年农业产值为16.88亿第纳尔,比1990年增加15.3%,占国内生产总值的14.84%。突粮食自给率60%。1992年产粮220万吨。

突是橄榄油主要生产国,全国种植橄榄5500万株,占地约140万公顷,占耕地面积的28.7%。1992年产橄榄132万吨,产橄榄油25万吨。全国有天然和人工牧场23.3万公顷。1991年牛、羊、山羊存栏数分别为35.7万头、331.2万只和69.3万只。1991年肉类产量为13.9万吨,估计肉类、牛奶自给率分别为90%和55%。

【旅游业】旅游业在国民经济中居重要地位,是突第一外汇来源。全国500家旅馆拥有15万张床位,居非洲和阿拉伯国家之首。直接或间接从事旅游业的人员30万人,占全国人口的4%。1991年受海湾危机影响,旅游业收入下降,接待游客287万人次,收入6.8亿第纳尔。1992年接待游客400万人次,收入9.5亿第纳尔,约占国家收入的3～4%,为出口收入的18.3%。旅游设施主要分布在80公里长的沿海地带,有5大旅游中心,300多家旅馆,其中新建的苏斯"康达维"中心已成为全国最大的旅游基地。突尼斯、苏斯、莫纳斯提尔、崩角和杰尔巴岛是著名的旅游区。

【交通运输】交通运输比较发达。

铁路:总长2100多公里,以轨距1米的窄轨为主,占1713公里,其余为轨距1.44米的宽轨。国营铁路公司拥有机车136辆,货车皮5267节,运货能力为15.7万吨。

公路:总长18952公里。1990年公路客运量4.39亿人次,货运量1600万吨。

海运:有两支船队,总吨位22.4万吨,承运突进出口商品的10%。主要港口是突尼斯—古莱特、比塞大、斯法克斯。

空运:有两个国营航空公司,主要是突尼斯航空公司,拥有8架波音727、4架波音737和1架空中客车客机。突与国内外44个城市通航,1990年客运量512.51万人次,货运量2.8万吨。有5个国际机场:突尼斯—迦太基机场、莫纳斯提尔机场、杰尔巴机场、斯法克斯机场和杜泽尔机场。

【财政金融】1991年受到海湾危机的影响,财政预算入不敷出加剧,1992年有所好转,该年度财政预算的特点是:通过加快改革、发展经济、促进出口和控制对外支付保持财政经济总平衡。预算总额为89亿第纳尔,支出为44.5亿第纳尔,预算赤字3.67亿第纳尔,投资25亿第纳尔。1992年外汇储备9亿第纳尔,外债总额为70亿第纳尔(估计数),其中3/4为长期债务。负债率占国民生产总值的49.1%,还本付息额11.65亿第纳尔,占外汇收入的19.5%。

【对外贸易】1986年以来,突推行贸易自由化政策,迄今自由进口的商品额占进口总额的85%,自由出口的商品额占出口总额的95%。1992年出口总额占国民生产总值的43.6%。近几年对外贸易情况如下(单位:亿第纳尔):

	1990	1991	1992
进口额	48.52	47.89	52.76
出口额	30.86	34.30	30.02
差　额	－17.66	－13.59	－22.74

欧共体国家是突的主要贸易伙伴。1991年在突进出口中分别占71.1%和76.7%。法国、意大利、德国是名列前茅的3个国家,1991年在突进出口中所占比例如下:

	出口(%)	进口(%)
法国	25.2	26.0
意大利	19.8	17.4
德国	16.4	14.3

突主要出口产品是纺织品、磷酸盐及其加工产品、原油等。进口原料、机械、粮食以及石油加工产品等。

人民生活

政府对基本食品实行物价补贴,是突70年代以来社会福利政策的主要内容之一。随着人口增长,财政负担日益沉重,1989年物价补贴达4亿第纳尔,相当于当年国家预算的12%、国内生产总值的2.4 %。为此政府决定缩小补贴范围,减少补贴费用,分期提高基本食品价格,同时采取措施保护困难户和低工资收入者的购买力。全国74%的居民享受医疗保险,8 %的居民持有免费医疗证。

全国卫生系统共有各类医务人员和职工4万人，全国平均每2127人有1名医生。医疗设施分公立医院、私人医院和个人门诊所，以公立医院为主，共128所，其中教学医院8所、省级医院23所、县区级医院97所。全国每1000个家庭拥有冰箱460台，电视机680台，汽车110辆，电话90部。目前，全国有10万人生活在贫困线以下，8万户贫困家庭享受补助。占全国人口10%的富有者的消费占全国总消费额的1/3，10%的贫困者仅占2%。

军 事

1956年建立国民军，1959年建立海军和空军。总统为武装部队总司令。1975年起实行义务兵役制，服役期一年。

三军总兵力42100人(含26400义务兵)。陆军31000人(含25000义务兵)，其编制是：机械化旅2个、撒哈拉旅1个、伞兵突击旅1个、装甲侦察团1个、野炮团3个、高炮团2个、工兵团1个，拥有各类坦克和装甲车398辆，炮78门。海军5000人(含义务兵700人)，拥有各类舰只33艘。空军4100人(含义务兵700人)，有作战飞机29架，其它飞机64架，直升飞机41架。准军事部队中，宪兵10000人，国民卫队7000人。军事装备主要来自法国、美国、意大利。

1991年国防预算为3.17亿第纳尔。

文化教育

【教育】实行基础义务教育制，从1989/90学年起，将过去的小学6年、初中3年合并为9年一贯制基础教育。1992年教育和科研经费为7.89亿第纳尔，占国家预算的17.8%。全国1/4的人口在各级学校学习，教育均免费。大学共6所：宰敦大学(伊斯兰高等学府)，突尼斯文学、艺术、人文大学(简称突尼斯一大)，突尼斯科学、技术、医科大学(简称突尼斯二大)，突尼斯法律、经济管理大学(简称突尼斯三大)，中部大学和南部大学。6所大学下设63所院校。1991/92学年突尼斯教育情况如下：

	学校(所)	学生(人)
小学	3736	1420000
中学	547	523000
大学	63	71000

【新闻出版】主要报刊有：《复兴报》、《自由报》、《突尼斯新闻报》和《新闻报》。主要周刊有《现实》等。

突尼斯非洲通讯社为：国家通讯社，创建于1961年1月，现有记者、编辑130余人，在巴黎、波恩、纽约、布鲁塞尔、阿尔及尔、拉巴特、开罗、科威特、达喀尔等地派有常驻记者，抄收40多家通讯社新闻，在国内有130多家新闻订户。

突尼斯广播电视总台：国营，统管全国广播和电视工作，下设电台和电视两个部。突尼斯广播电台于1936年首播，现用阿、法、意语播送4套节目。电视台于1966年6月1日起开播，现分一台(阿文)和二台(法文)。此外，突直接转播意大利电视一台和法国电视二台节目。

对外关系

奉行中立、睦邻和不结盟政策，执行温和、务实的方针，重视发展与欧美国家的关系，强调突的阿拉伯、非洲、伊斯兰属性。愿在相互尊重、平等互利基础上同所有国家保持和发展友好合作关系。反对用双重标准解决国际事务，主张建立国际政治经济新秩序。主张进行南北对话，加强南北合作，实现南北共同繁荣。支持巴勒斯坦人民的正义斗争，是世界上第二个承认巴勒斯坦国的国家，支持并积极参与中东和平进程，认为巴解和阿拉伯方面应争取在这一和平进程中实现巴勒斯坦人民的合法权利。积极参与马格里布建设，主张建立一个无边界的马格里布，人员与物资自由交流，建立马格里布身份证，在经济上寻找成员国间的互补性，发展与平衡相互贸易，主张从经济入手，逐步建成地区经济集团，政治上希望马盟对外用一个声音说话。突是马盟93年度主席国。反对恐怖主义，也反对西方国家对利比亚的制裁，对联合国748号决议表示遗憾，努力寻求通过协商和平解决危机。突反对伊拉克侵吞科威特，更反对西方国家军事干预，主张在阿拉伯范围内和平解决危机。

【同我国的关系】1964年1月10日，周恩来总理访突时两国宣布建交。1967年9月我关闭驻突使馆，1971年10月复馆。此后双方关系不断发展。近年双方主要领导人来往有：1991年4月，突总统本·阿里访华，12月，突宪盟总书记纳法蒂访华；1991年6月，中共中央政治局常委乔石访突。

1992年中突关系顺利发展。7月，国家主席杨尚昆访突。双方签署了中突经济技术合作协定，我向突提供3000万元人民币无息贷款和300万元人民币赠款。4月，突外交国务秘书马吉杜卜访华。5月，突青少部长穆罕默德·萨阿德访华。6月，我海军司令员张连忠访突。9月，突经济部长萨迪克·拉巴赫访华。同月我卫生部长陈敏章访突。10月，突海军参谋长谢里夫访华。2月28日，中国派遣医疗队赴突工作议定书在突签署。3月31日，中突领事条约在突签署。1992年，我在突医疗队员共53名。1975至1992年累计在华突留学生共76名。

据中国海关总署的统计，1992年中突贸易额为5190万美元，其中中方出口额为2850万美元，进口额为2340万美元。

中国驻突尼斯大使：安惠侯。馆址：突尼斯市朱古尔特大街41号，41，AVENUE JUGURTHA-/TUNIS；电话：(216)282.090，238.123，239.050(经参处)，230.249(商务处)；电传：15471 CHICOM TN(商务处)。

突尼斯驻中国大使：穆罕默德·哈比卜·卡巴奇(Mohamed Habib Kaabachi)。馆址：三里屯东街1号，电话：5322435 5422436。

【同法国的关系】突法关系较深，经济关系密切。法国在突外贸和外资中居首位。1991年突在法有侨民30万人，法在突侨民6500人。海湾危机后两国关系一度冷淡，直至1991年9月密特朗总统访突后恢复正常。

【同美国的关系】突前总统布尔吉巴曾4次访美，美总统艾森豪威尔、副总统布什、国务卿舒尔茨曾先后访突。1987年11月本·阿里接任总统后，美迅速给予政治和经济上的支持。但两国关系一度因海湾危机而冷淡。1991年8月，美国国务卿贝克访突，双方关系有所改善。

【同埃及的关系】1988年，突、埃两国恢复了中断近十年的外交关系，1989年埃及总统穆巴拉克访突。此后，埃及总理西德基率团出席在突召开的两国高级混委会第一次会议，签署了突埃科技、工业、贸易、交通运输等领域合作的12个协议。1990年3月，本·阿里总统访埃。6月，突议长巴利访埃。1991年突外长本·叶海亚访埃。

【同欧洲共同体国家的关系】1976年以来，突与欧共体签订过3个财政议定书，欧共体经援总额达4.58亿欧洲货币单位。欧共体是突最大贸易伙伴，1991年欧共体在突进出口总额中分别占77%和71.1%，双方贸易总额达58.42亿第纳尔。

【同马格里布国家的关系】1983年，突曾与阿尔及利亚、毛里塔尼亚签订"友好和睦条约"。1988年6月，本·阿里总统前往阿尔及利亚出席马格里布国家第一次首脑会议，1989年2月，马格里布五国元首在摩洛哥签订了关于成立阿拉伯马格里布联盟的条约。1990年1月，马盟首次元首委员会会议在突召开，本·阿里接任马格里布联盟元首委员会主席，任期半年。1990年7月，本·阿里赴阿尔及尔出席马盟第二次元首委员会会议。1991年3月和10月，本·阿里分别赴的黎波里和拉巴特参加马盟第三次和第四次元首委员会会议。1992年11月，本·阿里赴努瓦克肖特出席马盟第五次元首委员会会议。　（郭　玮）

乌　干　达

国名　乌干达共和国(The Republic of Uganda)。

面积　241038平方公里。

人口　1660万(1992年官方统计)。全国有33个部族，主要分为南北两大部族群：南方部族群包括巴干达(约占全国人口18.1%)、安科莱(9.8%)、巴索加(8.3%)、托罗、布尼奥罗等族；北方部族群包括阿乔利、兰吉、卡拉莫琼、伊泰索、马迪、卡夸等族。国语为斯瓦希里语，官方语言为英语，主要通用语言为卢干达语。居民信奉天主教(占总人口36%)、基督教新教(33%)、传统宗教(20%)、伊斯兰教(8%)和东正教(0.2%)。

首都　坎帕拉(Kampala)，人口77.4万(1992年)。

国家元首　总统约韦里·穆塞韦尼(Yoweri Museveni)，1986年1月29日就任。

简　况

位于非洲东部，地跨赤道的内陆国家。东邻肯尼亚，南与坦桑尼亚和卢旺达交界，西与扎伊尔接壤，北与苏丹毗连。大部地区属热带草原气候，年平均气温一般在22℃左右。公元1000年，布干达地区建立王国。19世纪中叶，布干达王国成为东非地区最强盛的国家。1890年英军侵入布干达。同年，英、德签订瓜分东非的协定，布干达划为英国势力范围。1894年6月沦为英"保护国"。1962年10月9日宣布独立，仍留在英联邦内。1963年10月，取消英派驻乌的总督。1967年废除封建王国和国王，建立乌干达共和国。

政　治

1986年现政权执政后，实行民族和解政策，建立基础广泛的联合政府。经济上采取务实政策，实行社会主义和资本主义相结合的"混合经济"。1992年3月，穆塞韦尼宣布改组内阁，将原计划和经济发展部与财政部合并为财政和经济计划部，原商业、合作社和销售部与工业和技术部合并为商业、工业和合作社部，同时任命了一批部长和副部长等。11月，政府再次进行改组，重新任命国防部国务部长和渔业部长等。

7月全国抵委会通过决议，在新宪法实施之前正式中止其他政党政治活动(政党总部内的行政活动除外)，政府就此立法。1992年底，政府裁减公职人员16450名，平均每月节省开支1亿乌先令。政府也开始了裁军工作。10月，第一批438名军人退伍返乡。平均每年可节省开支200亿乌先令。根据计划，在今后三年内将裁减4～5万名军人。

【宪法】1967年9月通过独立后的第二部宪法，1971年阿明上台后被废除。1979年奥博特第二次执政后重新采用。1985年7月军事政变后，军政府宣布中止该宪法。1986年1月"抵运"执政后，对该宪法进行了修改。规定：总统为国家元首兼政府首脑和武装部队总司令，经大选产生，任期5年。最高法院为国家最高司法机关，在全国行使无限司法权。1992年12月31日，宪法委员会将制宪报告和新宪法草案提交总统，拟于1993年成立制宪议会，讨论并通过新宪法，1994年举行大选。

【议会】1985年7月政变后,国民议会被解散。"抵运"政府成立后,全国抵抗委员会行使临时议会职能。1989年2月举行扩大全国抵委会选举,其成员由原来的94人增至278人,其中210人通过选举产生。主席摩西·基贡戈(Moses Kigongo)。

【政府】1986年1月29日成立以来曾6次改组,现由44名成员组成,总统兼任国防部长,其他主要成员有:副总统兼内政部长萨姆森·巴比·基塞卡(Samson Babi Kisekka),总理乔治·科斯马斯·阿迪耶波(George Cosmas Adeyebo),第一副总理兼抵运全国政委埃里亚·卡泰加亚(Eriya Kategaya),第二副总理兼外交部长保罗·塞莫格雷雷(Paul Ssemogerere),第三副总理兼司法和宪法事务部长阿布·巴克尔·马扬贾(Abu Baker Mayanja),商业、工业和合作社部长理查德·卡伊朱卡(Richard Kaijuka),旅游、野生动物和文物部长詹姆斯·瓦帕卡布洛(James Wapakhabulo),财政和经济计划部长马扬贾·恩坎吉(J. S. Mayanja Nkangi),公职部长塞缪尔·塞巴格雷卡(Samuel Ssebagereka)。

【司法机构】全国设高等法院、上诉法院和地方法院。政府设司法部。司法部长兼总检察长。首席法官威廉·万布齐(William Wambuzi)。

【政党】全国有党派近15个,主要有全国抵抗运动、民主党、乌干达人民大会党和保守党。

(1)全国抵抗运动(The National Resistance Movement):简称"抵运"。1981年6月由前总统卢莱领导的"乌干达自由战士"和穆塞韦尼领导的"人民解放军"合并而成。1992年2月底3月初,全国抵委会举行1986年执政后的第三次地方抵委会换届选举。"抵运"主席兼全国抵抗军最高指挥部司令约韦里·穆塞韦尼。

(2)民主党(The Democratic Party):成立于1956年,受天主教支持。在巴干达族和城市工商界中影响较大。在1961年立法议会选举中获胜,组织了第一个乌干达非洲人政府。1969年12月被人民大会党取缔。1973年党的宣传书记保罗·塞莫格雷雷流亡美国,在美重建民主党,后该党参加乌全国解放阵线并参加了阿明下台后的历届政府。1992年5月,在坎帕拉等地开始陆续重建支部,并恢复了支部活动。总裁保罗·塞莫格雷雷,主席罗伯特·基塔里科(Robert Kitariko)。

(3)乌干达人民大会党(The Uganda People's Congress):简称"人大党"。创建于1960年,由乌干达国民大会党同民族进步党、乌干达人民联盟党合并而成,系奥博特政权时期的执政党。1985年7月奥博特政权被推翻,总裁奥博特逃往国外。

(4)保守党(The Conservative Party):原卡巴卡耶卡党,1980年5月改现名,代表布干达封建酋长和王室贵族利益。主席马扬贾·恩坎吉。

【重要人物】约韦里·穆塞韦尼:总统、全国抵抗运动主席兼全国抵抗军最高指挥部司令。1945年生。1970年毕业于坦桑尼亚达累斯萨拉姆大学。回国后任奥博特总统府研究助理秘书。阿明上台后,流亡坦桑尼亚,开展反阿明斗争。1979年任全国解放阵线执委兼军委会副主席。同年6月任国防部长。1980年任爱国运动主席。1981年2月创建人民抵抗军并任司令,6月任全国抵抗运动副主席及全国抵抗军最高指挥部司令。1985年1月任"抵运"临时主席。1986年1月任总统。

经 济

农业国,自然条件较好,由于连年战乱,经济发展极为缓慢。到"抵运"执政时,经济已濒临崩溃。目前,乌是世界上最不发达国家之一。为恢复和振兴经济,现政府制定了建立独立、完整、自主的民族经济体系,实行混合经济、自立更生、争取外援的基本经济政策。在国际货币基金组织的支持下,提出了全面恢复经济的一揽子经济政策和1987～1991年经济复兴和发展计划,采取了优先恢复农业,增加出口品种,限制进口,开展易货贸易,压缩行政开支,整顿国营企业,扶植私人经济发展等措施。国民生产总值增长率连续三年(1987～1989年)保持在6～7%,1990年为4.0%,1991年为4.1%。1992年经济私有化进程加快。由于主要出口换汇作物咖啡的国际价格持续下跌,国际收支逆差拉大,财政益显拮据,对外援的依赖愈益严重。

国内生产总值(1991年):2644.19亿乌先令(按1987年不变价格计算)。

人均国内生产总值(1991年):15746乌先令。(同上)

国内生产总值增长率(1991年):4.1%。

货币名称:新乌干达先令。

汇率(1992年12月):1美元=1260先令。

通货膨胀率(1992年7月):63%。

【资源】已探明的矿产资源有:铜、锡、钨、绿柱石、铁、金、石棉、石灰石和磷酸盐等。森林面积6129平方公里,产硬质木材。水产资源丰富,维多利亚湖是世界上最大的淡水鱼产地之一。水力发电潜力约2000兆瓦。尼罗河上的欧文水电站是工业动力的重要来源,设计发电能力为150万千瓦。

【工业】较落后,产值不足国内生产总值的10%。1991年工业产值137.62亿乌先令,占当年国内生产总值的5.2%。主要工业部门有农产品加工、制糖、纺织、卷烟、水泥和软饮料等。企业数量少,规模小,设备差。因缺少零部件和原料,开工率约为30%。1989～1991年工矿业产品产量如下:

	1989	1990	1991
发电量(亿度)	6.609	7.379	7.827
牛奶加工(万升)	1711.0	1731.0	2120.0
软饮料(万升)	1790.0	2427.0	2598.0
香烟(亿支)	15.86	12.90	16.88

水泥(万吨)	1.738	2.692	2.714
棉织品(万平方米)	1175.5	815.2	890.4
锡(吨)	45.0	31.2	72.2
钨(吨)	32.2	48.3	98.3

(资料来源:乌干达政府1992/93财政年度预算报告)

【农业】经济最重要的组成部分。农业产值占一般国内生产总值的70%和出口收入的95%。1991年农业产值1568亿乌先令,占当年国内生产总值的59%。农业人口占全国人口的80%。粮食自给有余。全国可耕地占陆地总面积的42%,已耕地面积390万公顷,占可耕地面积的17%。主要粮食作物有小米、木薯、玉米、高粱、水稻、饭蕉等。主要经济作物有咖啡、棉花、烟草、茶叶等。1989～1991年主要农作物产量如下(单位:千吨):

	1989	1990	1991
大蕉类	7469.0	7843.0	8080.0
谷类	1637.0	1580.0	1523.0
薯类	5474.0	5255.0	5629.0
豆类	485.0	498.0	488.0
油类	206.0	257.0	246.0
棉花(皮棉)	3.210	4.249	8.212
咖啡	169.042	128.747	150.339
茶叶	4.658	6.704	8.877
烟草	3.456	3.322	5.140

(资料来源:同上)

【牧渔业】在经济中占重要地位。有近50万人从事畜牧业生产。河流湖泊面积4.2万平方公里,渔业资源较丰富。但因缺乏现代化捕捞设备及保鲜和贮藏技术,捕鱼量很低。1989～1991年牲畜、家禽存栏数如下:

	1989	1990	1991
牛(万头)	441.6	491.3	510
羊(万只)	346.4	417.1	495
猪(万头)	71.6	82.4	120

1989～1991年捕鱼量、产值如下:

	1989	1990	1991
产量(万吨)	21.35	24.52	25.49
产值(亿乌先令)	236.2	342.8	1276.3

(资料来源:同上)

【旅游业】60～70年代初,旅游业是仅次于咖啡和棉花的第三大赚汇业。连年战乱致使旅游人数锐减。近年来旅游业增长较快。游客主要来自北美和西欧国家。主要旅游点有瀑布和野生动物公园。1991年外国游客6万人。

【交通运输】以公路运输为主。乌为内陆国家,90%以上的进出口物资需经肯尼亚的蒙巴萨港。1991年运输情况如下:

铁路:总长1240公里;客运量约5900万人公里,货运量9900万吨公里。

公路:总长2.7万公里,其中沥青路1800多公里;机动车辆总数43017辆,其中私人车辆39098辆。

空运:有恩德培国际机场和10多个国内机场;客运量900万人公里,货运量1000万吨公里。

【财政金融】近几年财政预算情况如下(单位:亿乌先令):

	1989/90	1990/91	1991/92
收入	1113.499	2055.864	2819.853
支出	1692.642	2616.26	4103.07
赤字	579.143	560.396	1283.217

(资料来源:同上)

截至1992年,外债总额达31亿美元,偿债率为130%。

【对外贸易】在国民经济中占重要地位,咖啡出口占出口总额的94%以上,其次是棉花、茶叶。主要进口商品有石油产品、食品、日用品、机械设备。主要贸易对象有美、英、法、德、日、肯尼亚等国。1989～1991年进、出口情况如下(单位:亿美元):

	1989	1990	1991
进口额	6.59	6.18	4.9
出口额	2.52	1.78	1.72
差　额	−4.07	−4.4	−3.18

(资料来源:同上)

人民生活

乌全国288万户,50%以上的人口属于每户月收入低于2.5万乌先令的贫困户。另有41%属低收入户。中高收入户只占全国人口的8%左右,收入为7.5万～30万乌先令。1988年底共有81所医院和122个健康中心。平均寿命男47岁,女50岁;婴儿死亡率为108‰。截至1992年底有150多万艾滋病病毒携带者,3.8万艾滋病病例。

军　事

乌干达全国抵抗军是全国抵抗运动的军事组织,"抵运"掌权后遂成为政府军。创建于1981年6月。现有5～6万人,编为6个师。1987年开始组建空军。全国抵抗军统帅为穆塞韦尼总统,空军司令穆吉萨·蒙图少将。

1980/91财政年度国防开支为403.20亿乌先令,占当年财政支出的32.96%。

文化教育

【教育】实行英国教育体制,小学7年,初中4年,高中2年。学龄儿童在学率为70%。麦克雷雷大学为乌最高学府,建于1922年。此外还有伊斯兰大学,商学院,技术学院,高、初级师范学校等。1991年教育经费为185.3亿乌先令,占当年财政预算的15.15%。1991年各级学校、教师、学生情况如下:

	学校	教师	学生
小学	8046	78259	2539549
公立中学	514	13476	235245
教师进修学院	71	1338	15980
技术院校	52	787	8579
师范学院	10	548	4178
商业学院	5	190	2490
其他高等院校	3	455	3219

大学	3	579	7468

（资料来源：同上）

【新闻出版】共有10余种用英语和卢干达语出版的国家和地区报刊，发行总量约10万余份。主要报刊：《新观察报》，每周两期，发行1万份；《友人报》，每期发行7000份。

乌干达通讯社：国家新闻机构，设有地球卫星转播站。

乌干达广播电台：国家广播电台，设有中、短、超短波等波段。以英语、斯瓦希里语为主，另有卢干达语等16个部族语言的广播。

乌干达电视台：彩色电视台，在6个城镇设有转播台，覆盖全国。

对外关系

奉行独立自主和不结盟政策，重视睦邻友好，促进地区合作，不依附于任何国家集团，主张在平等、互惠、独立的基础上同各种社会制度的国家发展政治、经济和文化等关系。致力于非洲大陆的彻底解放，认为大多数非洲国家所面临的主要问题是经济以及意识形态上的真正独立，希望实现范围广泛的非洲经济一体化，主张恢复东非共同体。反对南非种族主义，对南非为结束种族隔离制度采取的措施表示欢迎，但认为尚未真正触动种族隔离制度，南非政权应首先制止暴力行为。要求国际社会继续对南非保持压力，促使南非彻底废除种族隔离制度。积极主张南南合作，认为南南合作是第三世界国家争取解放和维护自身权益的一项创举。主张加强区域合作和发展国家间的来往，以建立新的、公正的国际秩序。支持不结盟运动，认为不结盟运动已成为世界政治中一支独立的和至关重要的力量。主张债权国大幅度削减债务，取消世界最穷国家的债务。

【同我国的关系】中、乌于1962年10月18日建交，建交以来，两国关系一直友好。“抵运”执政后，特别是1989年3月穆塞韦尼总统访华后，两国关系有了新的发展。1992年4月，全国政委、政府第一副总理卡泰加亚对中国进行友好访问。10月，外交国务部长基韦金贾访华。2月，监察部部长尉健行访乌。4月，全国人大常委会副委员长陈慕华应乌干达政府邀请对乌进行友好访问，期间，两国政府签订了经济技术合作协定。

中国驻乌干达大使：徐英杰。馆址：37，MALCOLM X AVENUE，KOLOLO，KAMPALA。电话：235087。商务处电话：259881；商务处电传：61383 CHINAC UG。

乌干达驻华大使：弗·亚·奥凯乔（Frederick A. Okecho）。馆址：北京三里屯东街5号。电话：5321708；电传：5322242。

【同美国的关系】1984年8月美负责人权事务的助理国务卿阿布拉姆斯谴责乌政府破坏人权，乌中断了乌、美军事合作协定。奥凯洛上台后，美停止了对乌援助。“抵运”执政后，美恢复了对乌的援助。1979～1991年，美国国际开发署共向乌提供双边援助金额2.463亿美元。1992年6月穆塞韦尼总统访美，美方表示，两国关系友好，美支持乌政府在民主化进程中采取的行动。11月，穆塞韦尼电贺美国当选总统克林顿，希望保持和加强两国真诚友好的关系。

【同英国的关系】乌是英联邦成员国，与英有着传统的友好关系。截至1991年2月，英政府共向乌提供了1.2亿英镑赠款。1992年英国政府向乌教育界提供280万英镑援助。自1987年以来，英国文化协会每年向乌赠书，截至1992年底已赠送价值8.2万英镑图书。

【同肯尼亚的关系】肯尼亚的蒙巴萨港是乌的主要出海口，肯是乌在非洲的最大贸易伙伴。乌与肯因边界纠纷曾发生武装冲突，两国关系时有紧张。1992年1月，乌、肯两国外长就建立一个处理两国边界贸易、政治、经济等问题的联合委员会草案达成协议。2月，乌、肯两国边界地区有关官员举行边贸会议，同意两国边贸实行自由化。9月，乌前总统奥凯洛从坦桑尼亚到肯尼亚避难，乌、肯两国就奥问题开始谈判。12月，肯因大选而单方面关闭边界。

【同其他邻国的关系】乌干达同坦桑尼亚关系密切。1992年10月，坦桑国防部长访乌，签署了坦桑人民国防军为抵抗军进行军事培训的换文。11月乌总统穆塞韦尼访坦，两国强调和平解决地区冲突的紧迫性。

1992年，乌干达与卢旺达因难民问题边界冲突时有发生，两国领导人为解决边界难民问题频繁接触。1月，乌、卢两国总统在坦桑尼亚阿鲁沙举行会谈，同意为实现和平而采取措施，以改善两国关系。5月，卢外长抵乌，与卢反政府武装谈判并拜会了穆塞韦尼总统，向其转交了卢总统的特别信件。8月，卢总理访乌，双方签订了两国边界设监督小组的协议。12月，乌、卢两国总统在布隆迪首都举行会谈，一致同意关于难民问题的部长级委员会重新开始工作。（关若沟）

西撒哈拉

名称 西撒哈拉（West Sahara）。

面积 266000平方公里。

人口 16万（1986年）。居民为阿拉伯人和柏柏尔人，通用阿拉伯语和西班牙语。信奉伊斯兰教。

首府　阿尤恩（La Youne），人口13万（1988年）。

简　况　位于非洲西北部，北接摩洛哥，东、南邻阿尔及利亚和毛里塔尼亚，西濒大西洋，海岸线长约900公里。境内大部为沙漠和半沙漠地带。属热带沙漠气候，西部沿海气候湿润，东部高原气候干燥。内地每日温度升降通常为11～14℃。公元7世纪，阿拉伯人进入该地区。15世纪中叶葡萄牙人入侵。1884年西班牙殖民者在沿海地区建立据点，并向内地扩张，1886年将西撒划为“保护地”，1958年1月改划为海外省。1973年5月10日，萨基亚哈姆拉和里奥德奥罗人民解放阵线（简称西撒人阵或波利萨里奥阵线）宣布成立，决定通过武装斗争争取西撒独立。阿尔及利亚、摩洛哥和毛里塔尼亚反对西班牙对西撒的殖民统治。1975年11月14日，西、摩、毛3国签定《马德里协议》，规定西于1976年2月26日从西撒撤离。摩、毛随即签订分治西撒协定，摩占领北部17万平方公里，毛占领南部9万平方公里。阿尔及利亚谴责摩、毛分治西撒。1976年2月27日，西撒人阵宣布成立阿拉伯撒哈拉民主共和国，3月5日组成政府。此后，摩、毛军队同西撒人阵之间的武装冲突不断发生。1979年8月5日，毛同西撒人阵签订和平协定，放弃对西撒的领土要求，退出西撒战争，摩随即占领了毛退出的地区。摩在西撒建立起6道总长2720公里的防御墙，派有10万军队和行政管理机构。西撒人阵不断向摩在西撒的防御墙发动袭击。

政　治　1979年7月第16届非统首脑会议建议在西撒全面停火和组织公民投票，以决定独立或维持现状。1981年6月，第18届非统首脑会议通过决议，要求在西撒举行公民投票，并成立西撒实施委员会。1983年6月，第19届非统首脑会议通过决议，要求冲突双方摩洛哥和西撒人阵直接谈判，以实现停火和公民投票。1984年11月，西撒国首次作为非统成员出席在亚的斯亚贝巴召开的第20届非统首脑会议。摩因此宣布退出非统组织。自1975年以来，联合国大会多次通过关于西撒问题的决议，重申西撒人民有不可剥夺的自决和独立的权利。1980年联大要求摩与人阵直接谈判以最终解决西撒问题。1984～1987年，历届联大均通过决议，重申第19届非统首脑会议决议的内容。1986年4～5月，在联合国秘书长德奎利亚尔的主持下，摩洛哥与西撒人阵在纽约举行两轮间接接触，各自阐述了对西撒问题的一贯立场。1987年7月，摩与西撒人阵在日内瓦举行第三轮间接谈判，讨论了联合国派遣技术小组去西撒进行实地考察问题。11月，联合国技术小组向联合国秘书长提出考察报告。1988年8月15日，德奎利亚尔会见摩外交大臣和西撒人阵代表，向其递交一份解决西撒冲突的和平建议，摩表示原则同意，西撒人阵表示有条件地接受。9月，联合国安理会决定授权德奎利亚尔任命一名特别代表来处理西撒问题。1989年1月3～5日，摩洛哥与西撒人阵在摩洛哥马拉喀什进行了首次直接对话。6月，联合国秘书长先后访问了摩洛哥、阿尔及利亚及西撒，同有关方面就实施和平计划问题进行了接触，并组成了西撒和平计划实施技术小组。1990年6月19日，德奎利亚尔发表了西撒局势的报告，提出了西撒和平计划的执行计划，其主要内容是：任命一位秘书长特别代表，全权负责在西撒组织公民投票；成立“联合国西撒哈拉公民投票特派团”，包括民事、军事和治安3个小组，负责监督停火，减少摩洛哥军队，监督在划定地点的双方军队，监督当局处理行政事务的情况，组织公民投票。阿尔及利亚和毛里塔尼亚表示将与特别代表合作，并尊重公民投票结果。摩表示接受此计划，但于1990年10月公布备忘录，对联合国委派人员的职权与期限提出异议，坚持不撤出摩在西撒的军队及行政机构，要求缩短公民投票期，坚持摩关于确定选民资格标准的要求。1991年4月29日，联合国一致通过690号决议，批准秘书长关于在西撒举行公民投票的修正案。修正案规定：成立联合国西撒公民投票特派团；自联合国通过特派团预算之日起16周内，宣布在西撒停火；停火后11周内，双方交换战俘，确定参加公投人员名单，摩减少在西撒的驻军至6.5万人；从停火后第17周起准备公投；第20周举行公投。5月17日，联合国大会批准西撒特派团预算。6月27日，摩与西撒人阵接受在9月6日停火。摩表示支持公投，但坚持对西撒拥有主权。7月摩向联合国提出12万人的补充选民名单，遭联合国秘书长特别代表拒绝。8月9日，摩非正式宣布联合国特派团必须在停火和选民名单制定后才能进驻西撒。原定在8月中、下旬进驻西撒的特派团于9月5日进驻西撒。9月6日宣布正式停火，结束了长达16年之久的西撒战争。

1991年12月，联合国秘书长特别代表芒斯辞职。原订于1992年初举行西撒公投的计划因摩洛哥与西撒人阵在确定选民名单问题上分歧严重而未能如期举行。1992年3月，联合国秘书长加利任命雅各布·汗为其西撒问题特别代表。此后，雅与摩洛哥、阿尔及利亚及西撒人阵多次磋商，力图敦促摩与西撒人阵就确定选民资格问题达成妥协。但摩洛哥始终坚持1974年西班牙普查人口时登记的名单（73000人）只是确定选民资格的一种参考根据，强调凡具有撒哈拉人身份的，不论当时和现在居住何处，都有投票权。西撒人阵则坚持上述名单是确定选民资格的唯一根据，坚决反对在此基础上扩充选民。10月，特别代表同摩和西撒人阵磋商后，决定于11月30日至12月1日在日内瓦召开西撒部落酋长会议，寻求解决选民资格难题的途径。双方各派19名代表与会，但因西撒人阵对摩洛哥派出的代表资格提出异议，特别代表提出的折衷方案又未被接受，会议被迫取消。

联合国派往西撒军事观察人员目前共328人(由25个国家派出)，设有总司令部和下属3个地区司令部及10个哨所，其职责除监督摩洛哥和西撒人阵执行停火协议外，还肩负着组织、监督自决公民投票的使命。

经　济　磷酸盐矿藏丰富，仅布克拉的藏量即达17亿吨。建有现代化的磷酸盐开采场。1976年发生战争后，磷酸盐生产陷于停顿。1980年恢复生产。此外，还有钾、铜、石油、铁、锌等资源。

多数居民从事畜牧业，主要饲养羊和骆驼。沿海渔业资源丰富，居民以捕鱼为生。

附：一、摩洛哥控制区

摩洛哥在西撒设立4个省的建制，并且建立了各级行政管理机构和地方议会、协商会议。摩洛哥议会中，西撒人占12个议席。摩洛哥十几个政党也在西撒积极活动，设立支部。

十几年来，摩洛哥在西撒投资十几亿美元，大兴土木，修建城市。新修和扩建公路2000公里(1975年为60余公里)，计划今后十年再筑公路5000公里；共修建住宅6000套，在建2000套；打井1300眼。在西撒首府阿尤恩修建了哈桑二世国际机场，该机场有直升飞机40架，年客运量可达20万人次。1986年在校小、中学生分别为15051名和5973名。与此同时，还修建了14个诊所和9个康复中心，共有病床400张。十多年来，西撒发展迅速，首府阿尤恩已由2万余人的小镇建成为有13万人的现代化城市。

摩洛哥在西撒驻军及附属人员共15万。

二、西撒人阵控制区

阿拉伯撒哈拉民主共和国把西撒分为5大行政区，但实际仅控制与摩洛哥、毛里塔尼亚和阿尔及利亚交界的狭窄地带，自然条件很差。西撒人阵难民营设在阿尔及利亚廷杜夫省境内，分4大营地，每个大营划为几个小营。各营地有学校、医院、卫生所，并进行生产活动。难民总数约15万人。

联合国难民署每年向西撒人阵提供援助350万美元，西、北欧国家向难民营提供食品援助。　(耿文兵)

赞　比　亚

国名　赞比亚共和国(The Republic of Zambia)。

面积　752614平方公里。

人口　830万(1992年中估计)，大多属班图语系黑人。有73个部族，其中奔巴族约占全国人口的18%，通加族占10%，其他还有洛兹族、恩戈尼族和隆达族等。欧亚人7万。官方语言为英语，部族语言有31种。农村居民大多信奉原始宗教，全国约有30%的人信奉基督教或天主教，亚洲移民多信奉印度教和伊斯兰教。

首都　卢萨卡(Lusaka)，人口98万(1990年估计)。

国家元首　总统弗雷德里克·雅各布·泰特斯·奇卢巴(Frederick Jacob Titus Chiluba)，1991年11月2日就任总统。

简　况　非洲中南部内陆国家，东连马拉维、莫桑比克，南接津巴布韦、博茨瓦纳和纳米比亚，西邻安哥拉，北靠扎伊尔及坦桑尼亚。属热带草原气候，年平均气温21℃。9世纪，境内先后建立过卢巴、隆达、卡洛洛和巴罗兹等部族王国。1889～1900年英国人罗得斯建立的“英国南非公司”逐渐控制了东部和东北部地区，1911年英国将两地区合并，以罗得斯的名字命名为“北罗得西亚保护地”。1964年10月24日正式宣布独立，定国名为赞比亚共和国，但仍留在英联邦内。卡翁达任总统。

政　治　自1991年11月多党民主运动(多民运)执政以来，奉行政治多元化，实行自由市场经济，逐步推行私有化，政局基本稳定。在1992年底赞地方政府选举中，“多民运”获1190席位中的883席。经济困难加深，物价大幅度上涨，工潮、学潮不断，社会治安恶化。

【宪法】现行宪法是在1973年宪法的基础上修改而成，1991年7月由议会通过。宪法规定：总统为国家元首、政府首脑及军队总司令，由普选产生，任期5年，可连任一届；取消总理职位，设副总统一职；内阁部长由总统从议员中任命；在总统负责下实行立法、司法和行政三权分立。此外，新宪法还增加了允许反对党存在、取消紧急状态，不再设宪法法院等条款。

【议会】国民议会为最高立法机构，由150名议员组成。本届议会1991年11月由普选产生，其中多党民主运动议员125名，联合民族独立党议员25名。议会每届任期5年，其主要职能是制定宪法、批准国际条约、通过预算、决算等。议长罗宾逊·姆瓦阿奎·纳布利亚托(Robinson Mwaakwe Nabulyato)。

【政府】实行总统内阁制。本届内阁于1991年11月组成，1992年8月经过改组，现成员主要有：总统弗雷德里克·雅各布·泰特斯·奇卢巴，副总统利维·姆瓦纳瓦萨(levy Mwanawasa)，不管部长戈弗雷·米扬达(Godfrey Miyanda)，国防部长本·姆维拉(Ben

Mwila)，外交部长弗农·姆旺加(Vernon Mwaanga)，财政部长伊曼纽尔·卡松德(Emmanuel Kasonde)，内政部长纽斯泰德·津巴(Newstead Zimba)，卫生部长博尼弗斯·卡维姆贝(Boniface Kavimbe)，交通部长安德鲁·卡希塔(Andrew Kashita)，能源和水利发展部长阿尔弗雷德·哈姆巴伊(Alfred Hambayi)，土地部长道森·卢庞加(Dawson Lunpunga)，青年、体育和儿童发展部长卡本达·卡扬戈(Kabunda Kayongo)(女)，科技和职业训练部长雷米·穆肖塔(Remmy Mushota)，新闻和广播部长迪派克·帕特尔(Dipak Patel)，旅游部长克里斯通·坦博(Christon Tembo)，劳工和社会安全部长路德维格·宋达希(Ludwig Sondashi)，环境和自然资源部长凯利·瓦卢比塔(Kelly Walubita)，社区发展和社会福利部长加布里埃尔·马卡(Gabriel Maaka)。

【司法机构】由最高法院、高等法院和地方法院组成。最高法院院长安纳尔·西伦格威(Annel M. Silungwe)。总检察长阿里·哈米尔(Ali Hamir)。

【政党】1990年12月恢复多党制。现登记注册的政党共33个，主要有：

(1)多党民主运动(The Movement For Multi-Party Democracy—MMD)：1990年12月成立。执政党。有党员120万人。主席奇卢巴，副主席姆瓦纳瓦萨，全国执行主席伊莱亚斯·奇皮莫(Elias Chipimo)。

(2)联合民族独立党(United National Independence Party—UNIP)：1958年成立，最大的反对党。1987年底有党员70.4万人。1992年9月举行第二次特别党代会，穆索科特瓦内(K. Musokotwane)当选为该党第二任主席，米本杰(Benjamin Mibenge)为总书记，卡翁达退休。该党宣称，将不再坚持社会主义思想体系，正在制定新的以经济建设为主要内容、既适合本国国情又能为国际社会所接受的民主社会经济体系，为赞的主权和人民权力而奋斗。

【重要人物】弗雷德里克·奇卢巴：总统，多党民主运动主席。1943年4月生于赞比亚铜带省基特韦市。奔巴族人。曾就读于英国伦敦大学。1966～1990年在赞比亚阿拉斯公司任职，历任会计助理、运输主管及信贷经理。1973年9月曾任赞比亚驻联合国大会代表。1974年起担任赞工会大会主席。多次担任国际劳工组织技术委员会工人主席职务。1991年2月当选为多党民主运动主席，同年11月当选总统。　**肯尼思·戴维·卡翁达**：前总统。1924年4月生于北方省钦萨利县。奔巴族人，基督教徒。曾任小学教师和中学校长，并在铜矿区从事过福利工作。1946年参与创建北罗得西亚"非洲人国民大会"，任组织书记。1953～1958年任该党总书记。1958年10月退出该党，另组"赞比亚非洲人国民大会"，并任主席。1959年3月该党被取缔，卡被流放。在此期间，该党其它领导人迈因扎·乔纳等成立联合民族独立党。1960年1月卡任该党主席。1962年12月当选为议员。1964年1月任内部自治政府总理。独立后一直任赞比亚共和国总统。1991年11月竞选总统失败。1992年9月辞去联合民族独立党主席职务。曾4次访华。获得过名誉法学博士学位。著作有：《赞比亚定将自由》(1962年)、《论不结盟》(1966年)、《赞比亚的人道主义及其实践》(1967年)等。已婚，有子女9人。

经　济

自然条件优越，有矿业、农业、制造业三大产业。70年代中期，由于国际市场铜价下跌，赞铜产量下降，加之自然灾害，经济形势每况愈下。为克服困难发展经济，赞政府从1983年起实施国际货币基金组织的"经济改革和结构调整计划"，1987年5月中止执行。1990年3月，赞政府再度与国际货币基金组织和世界银行达成协议，实施三年经济结构调整计划，继续采取货币贬值、削减公共开支与粮食补贴、双重汇率鼓励出口等措施。1991年，赞经济形势继续恶化。同年11月，新政府上台后，把发展国民经济、改善人民生活水平放在首位。12月，赞同国际货币基金和世界银行就执行"经济结构调整计划"完成谈判。一年来，赞坚持执行这一计划，调整政策，采取了一系列措施，主要有：取消对玉米面、化肥的补贴，放开物价；开放全部利率和金融市场，筹办证券交易所；解除对外汇市场的管制，放开汇率，成立外汇对换所；放开石油产品的进口、分配销售，减少进口税；制定投资条例，建立投资中心；议会通过私有化法案修正案，成立私有化署，17个国营企业开始招标出售，为国内外私人企业投资创造环境；改革税制和税务管理等。由于赞经济基础薄弱，长期实行高补贴的社会福利政策，执行"经济结构调整计划"带来不小的振动和冲击，1992年又遇历史上罕见的干旱，目前经济相当困难。

国内生产总值(1991年)：2039.2亿克瓦查。

人均国内生产总值(1991年)：25426克瓦查。

国内生产总值增长率(1992年)：－2.8%。

货币名称：克瓦查。

汇率(1991年)：1美元＝61.728克瓦查。

通货膨胀率(1992年)：230%。

失业率(1989年)：20%。

(注：1992年12月，赞开放外汇市场，放宽克瓦查与几种主要硬通货的兑换限制。克瓦查兑美元的比价从原来的238∶1变为315∶1左右，贬值35%。)

【资源】矿藏丰富，以铜为主。铜蕴藏量9亿多吨，约占世界铜总蕴藏量的15%，素有"铜矿之国"之称。钴是铜的伴生矿，储量约35万吨。此外还有铅、镉、硒、镍、锌、锰、锡、金、银、铁、铀、煤、绿宝石、水晶、钒、石墨、云母等矿物。森林面积约占全国面积的50%。

【工矿业】采矿业较发达，是国民经济中主要部门之一。矿业在国内生产总值中的比重为7.3%，1991年矿业产值148.32亿克瓦查。1992年度矿产量：铜42.5

万吨,钴4950吨。由于长期开采,储量渐减,开采成本增加,出口价格下降,导致生产、出口、换汇呈下降的总趋势。

制造业落后,原材料和技术均依赖进口。1991年产值为741.2亿克瓦查,占国内生产总值的36.3%。主要有炼油、化肥、纺织、水泥、玻璃、粮食加工、制糖、铜制品、轮胎、锯木、汽车装配等。

【农业】1991年农业产值为320.78亿克瓦查,占国内生产总值的15.7%。全国约半数人口从事农业。可耕地约900万公顷,已耕地约144万公顷。土地肥沃,气候温和,适合多种农作物的生长。主要农作物是玉米,另有花生、棉花、烟草、甘蔗、蔬菜等。正常年景玉米可自给。1992年由于遭遇严重旱灾,农业生产下降39.3%。主要农作物产量如下(单位:千吨):

	1988/89	1989/90	1990/91
玉米	1219	646	818.2
水稻	5.5	5.5	5.1
小麦	44.7		
向日葵	7.4	18.6	22.9
籽棉	34.1	30.1	
大豆	20.5	25.5	55.4
烟草	2.7	3.4	3.7
花生	0.2	0.4	20.1

(资料来源:1992/93年经济季评)

【旅游业】有世界著名的维多利亚瀑布和19处国家野生动物园,其中卡富埃国家公园占地面积最大。1988年游客约10万人,创汇500万美元。

【交通运输】以铁路为主,公路次之。1990年交通运输业占国内生产总值的4.0%。

铁路:总长2164公里(1988年),由赞比亚铁路和坦赞铁路(891公里)两部分组成;1987年赞比亚铁路货运量460万吨,客运量130万人次。

公路:总长37360公里(1988年),其中柏油路6477公里。

空运:全国有大小机场127个,其中18个是主要机场,卢萨卡、恩多拉、利文斯敦和姆富韦为国际机场。赞比亚航空公司为国营公司,经营国内和国际航空业务,国际航线12条。1987/88年度客运量6.12亿人公里,货运量263.4万吨公里。

1991年,由于经济衰退、油价上涨及国际社会放松对南非制裁等因素的影响,赞航空运输亏损3.64亿克瓦查,被迫中止了纽约航线。同年5月赞航与乌干达、坦桑尼亚航空公司达成航线联合的协议。1992年,赞航已欠外国航空公司7700万美元,欠本国银行1000万美元。

【财政金融】近几年财政收支状况(单位:亿克瓦查):

	1990	1991	1992 *
收入	231.43	425.92	799.02
支出	299.26	704.2	902.12
赤字	67.84	278.28	103.1

* 为预算数字。

(资料来源:同上)

1991年外汇储备1.8亿美元,黄金储备130万美元。1992年,巴黎俱乐部成员国、国际货币基金组织和世界银行采取取消债务、降低利率和延长偿还期等办法,减免了赞所欠的部分外债。截至1992年底,赞外债总额65亿美元,是世界上人均外债最多的国家之一。

【对外贸易】主要出口铜、钴、锌、木材、烟草、食糖、咖啡等矿产品和初级农产品,其中铜占出口总额的80%以上,是赞最重要的外汇来源。主要进口机械设备、石油、化工品、医药和纺织品等。赞与100多个国家和地区建立了贸易关系。主要贸易对象是英国、德国、法国、日本、美国、意大利、沙特阿拉伯、南非和东非邻国。近几年外贸情况如下(单位:亿克瓦查):

	1988	1989	1990
出口额(离岸价)	97.91	184.34	391.43
进口额(到岸价)	68.1	128.17	376.28
差 额	29.81	56.17	15.15

(资料来源:同上)

【外国援助】自1991年11月"多民运"执政以来,赞共获外援15亿美元。

人民生活

由于经济不振、外债增多、通货膨胀,以及高出生率,人民生活水平不断下降。1991年11月多民运执政以来,放开物价,取消包括玉米面在内的各种补贴。1992年赞每袋25公斤的白精玉米面从1670克瓦查涨到2150克瓦查,涨幅约26%。汽油等燃料平均提价20%。人民生活受到很大影响。工潮、学潮时有发生。1990年全国就业人数为40万人。1984年赞医务人员共有8181人,已注册登记的传统医师有5000人。1986年有病床2.3万多张,每千人拥有病床3.5张。城市卫生供水设施落后。

军 事

独立后组建的国防军由陆军、空军和国民卫队组成。总统是全国武装力量最高统帅。实行志愿兵役制。1991年11月新政府上台后对军队的建军原则、组织体制及高级军官任命进行了调整,强调必须建设和保持一支训练有素、有一定威慑作用的国防军,以确保国家安定和内部政局的稳定。

总兵力1.92万人,其中陆军1.6万人、空军2000人,另有警察机动部队700人和准军事警察500人。武器装备主要来源于前苏联、美国、意大利、加拿大及德国。编有1个装甲团、9个步兵营、3个炮兵连、2个高炮连、1个工兵营、2个通信中队、6个飞行中队和1个防空导弹营。

文化教育

【教育】重视发展教育事业,1987年的教育经费为2.79亿克瓦查。实行7年制普遍义务教育。1990年文盲率为27%。1986年有小学3164所,学生1442000人,教师29800

人；中学276所，学生150200人，教师5600人；职业技术学校14所，学生5400人，教师500人；师范学院14所，学生4200人，教师550人；大学2所，学生3800人，教师575人。

【新闻出版】主要报刊有：《赞比亚每日邮报》，发行量4.5万份；《赞比亚时报》，发行量6.5万份；还有《每日快迅报》、《每周邮报》和《全国镜报》。

赞比亚通讯社：官方通讯社，1969年1月成立。

赞比亚广播电台：建于1966年1月，用英语和7种本国语言广播。赞比亚电视台：1966年成立。

赞比亚是泛非新闻社南部非洲地区分社所在地。该社负责对安哥拉、博茨瓦纳、莱索托、马拉维、莫桑比克、赞比亚和津巴布韦进行新闻报导。

对外关系

奉行在平等互利基础上同世界各国友好合作的外交政策。称"睦邻、民主、自由、人权、和平"是赞外交政策的基石。新政府执政初期奉行倾向西方，经济优于政治的外交政策，现正逐步进行调整，强调政治外交与经济外交并重，"在结交新朋友的同时，不放弃老朋友。"支持南非和平进程，主张建立国际新秩序，同英、美等西方关系密切。已同106个国家建有外交关系。

【同我国的关系】两国1964年10月建交。其后两国领导人多次互访。两国间签有贸易协定、经济技术合作协定、科学技术合作协定、文化协定等。我在赞的援建项目主要有：坦赞铁路、卢萨卡—卡奥马公路、塞曼公路、穆隆古希纺织印染厂以及打井供水工程等。我还向赞派有医疗队。

1992年10月，赞空军司令昔卡帕瓦夏中将率领军事技术代表团访华。11月，赞国防部长姆维拉访华。1月，中联部部长朱良率领中国共产党代表团在赞过境。8月，外交部副部长杨福昌访赞，向奇卢巴总统递交了杨尚昆主席的信，并签署了中国政府向赞比亚政府提供100万人民币的一般救灾物资的换文。9月，钱其琛国务委员兼外长在出席第十次不结盟国家首脑会议期间会见了赞副总统姆瓦纳瓦萨。12月，铁道部副部长孙永福率领中国政府代表团应邀访赞，并出席中、赞、坦三国关于坦赞铁路第七期技术合作的部长级会谈，同赞、坦签署了三国关于坦赞铁路第七期技术合作议定书、关于坦赞铁路专项贷款协定和四项推迟偿还到期的中国贷款的议定书。

1992年1月，为帮助赞控制痢疾，中国政府向赞卫生部赠送价值约100万克瓦查的抗菌药品。5月，为帮助赞抗旱救灾，中国政府向赞政府捐赠3000吨玉米。6月，中国政府向赞提供价值100万人民币的仪器设备，并派遣4位中国教师到赞比亚大学执教。6月，中国政府向赞副总统姆瓦纳瓦萨选区捐赠4万美元，以帮助该地区修诊所。7月，为帮助赞救灾，中国政府通过非统组织向赞捐赠价值380万克瓦查的一批药品和300条毛毯。8月，为帮助赞控制霍乱疫情，中国红十字会捐款1万美元。

1992年中赞两国进出口商品总额2162万美元，其中中国出口额为537万美元，进口额为1625万美元。

中国驻赞比亚大使：杨增业。馆址：7430 HAILE SELASSIE AVENUE，LUSAKA。电话：0902-253770，0902-250090（使馆）；0902-253601（商务处）。信箱号码：P. O. BOX 31975 LUSAKA（使馆），P. O. BOX 33208 LUSAKA（商务处）。电传：ZA 0902-41360 CHINEB（使馆）。

赞比亚驻华大使：卡桑达（P. L. Kasanda）。馆址：北京三里屯东4街5号。电话：5321554，5321778，5322058。传真：5321891。电传：22388 ZAMPEK CN。

【同美国的关系】卡翁达总统1983、1987和1989年访美，布什副总统于1982年访赞。赞反对美偏袒南非当局，呼吁美等西方国家对南非实行全面的强制性制裁，并向非洲前线国家提供更多的支持和援助，在推动和平解决南部非洲问题方面发挥作用。美是对赞援助最多的国家。1990年美向赞提供援助3500万美元，并推迟赞所欠1亿美元的偿还期。1991年美向赞提供1900万美元的援助，并免除赞所欠6300万美元债务。

1992年2月和11月，奇卢巴总统两次访美。3月，美驻欧洲军队副总司令莫卡西将军访赞，同赞方签署了军事援助协议。6月，美向赞捐款1700万美元用于维修公路。

【同英国的关系】同英国有传统关系。卡翁达总统曾多次访英。1989年1月，英外交和联邦事务国务大臣乔克访赞，并签署了0.35亿英镑的技术合作协定。1991年8月，英国向赞提供500万英镑的援助。

1992年2月和6月奇卢巴总统两次访英。英国在1992年度向赞提供了5500万英镑，是英国捐赠给非洲国家的最高数额。

【同独联体的关系】1992年1月，赞比亚政府承认俄罗斯联邦，并与俄建交。2月，赞正式承认其他独联体国家。

【同邻国的关系】赞是非洲前线国家成员国之一，1985年9月，卡翁达总统任前线国家首脑会议主席。赞与博茨瓦纳、莫桑比克、坦桑尼亚、津巴布韦等国关系密切，与上述国家领导人会晤频繁。1991年12月，奇卢巴总统上任不久便出访纳米比亚、津巴布韦、马拉维、坦桑尼亚、博茨瓦纳和莫桑比克，表达了赞将继续维护睦邻友好关系的愿望。1992年1月，奇卢巴总统访问斯威士兰。12月，奇卢巴总统出席在津巴布韦召开的前线国家首脑会议。奇卢巴总统现任东、南部非洲优惠贸易区主席，主张该组织与南部非洲发展共同体合并，走经济一体化道路。

【同南非的关系】1990年3月，卡翁达总统在温得和克会见南非总统德克勒克。8月，卡翁达分别致电非洲人国民大会领袖曼德拉和南非总统德克勒克，祝贺非国大和南非政府的第二轮会谈取得成功，并重申赞将继续支持非国大反对种族隔离的斗争。1992年1月，由南非外交部、卫生部和贸易官员组成的政府代表团访赞，讨论制止霍乱问题。3月，赞外长姆旺加访问南非。4月，南非工贸部副部长访赞。5月，赞在南非开设旅行社。7月，南非国防部长率军事代表团访赞，讨论双边军事合作。9月，非国大主席曼德拉访赞，奇卢巴总统表示继续支持南非解放运动和和平进程，并将提供财政援助，为促进南非各派加速制宪发挥作用。10月，南非在赞设立贸易代表处。 （张学荫）

扎 伊 尔

国名 扎伊尔共和国(The Republic of Zaire，La République du Zaire)。

面积 2344885平方公里。

人口 4009万(1991年)。平均寿命54岁。人口年增长率3.2%。全国有254个部族，较大的部族有60多个，分属班图、苏丹、尼格罗三个人种。其中班图人种占全国人口的84%，主要分布在南部、中部和东部，包括刚果、班加拉、卢巴、蒙戈、恩贡贝、伊亚卡、尼亚卢安达—乌隆迪等部族；苏丹人种多数居住在北部，人口最多的是阿赞德和孟格贝托两个部族；尼格罗人种主要集中在赤道密林里，以俾格米和阿卢尔两个部族人口居多。法语为官方语言，主要民族语言有林加拉语、基刚果语、契卢巴语和斯瓦希里语。居民45%信奉天主教，24%信奉基督教新教，17.55%信原始宗教，13%信金邦古教，余信伊斯兰教。

首都 金沙萨(Kinshasa)，人口450万(1991年)。

国家元首 共和国总统蒙博托·塞塞·塞科·库库·恩关杜·瓦·扎·邦加(Mobutu Sese Seko Kuku Ngbendu Wa Za Banga)，1965年11月24日就任，1970、1978和1984年连任。

简 况

地处非洲中西部。东邻乌干达、卢旺达、布隆迪、坦桑尼亚，南接赞比亚、安哥拉，北连苏丹和中非共和国，西隔扎伊尔河(刚果河)与刚果相望。西部有狭长走廊通向大西洋，海岸线长37公里。北部属热带雨林气候，南部属热带草原气候。气温27℃。13～14世纪是刚果王国的一部分。1884～1885年柏林会议将扎划为比利时国王的“私人采地”，称“刚果自由国”。1960年6月30日宣告独立，卡萨武布当选总统，卢蒙巴为总理，定国名刚果共和国，简称“刚果(利)”。

政 治

1965年11月24日国民军总司令蒙博托发动政变，推翻卡萨武布，自任总统，宣布成立第二共和国。1966年5月首都改名金沙萨，国名简称“刚果(金)”。1971年10月27日改国名为扎伊尔共和国。蒙博托执政后逐渐建立起一党制国家，强调维护政治、经济独立，清除殖民主义的思想和文化影响。1973～1974年实行“扎伊尔化”(民族化)和“彻底化”(国有化)。1975年放弃国有化政策。80年代以来实行自由化经济政策。1990年4月24日，蒙博托总统宣布成立第三共和国，实行多党制。1991年8月7日召开全国会议。9月23～24日首都金沙萨和内地一些城市相继发生大规模社会骚乱后，蒙博托总统曾先后任命反对派领导人艾蒂安·齐塞凯迪、蒙古尔·迪亚卡、恩古扎·卡尔·伊·邦德为总理组织危机政府。1992年1月19日，恩古扎总理宣布中止全国会议。4月，蒙博托总统宣布恢复全国会议。7月31日，蒙同反对派达成“全面政治妥协”。8月15日，齐塞凯迪据此在全国会议上当选总理，并得到蒙博托总统的任命。12月1日，蒙博托总统宣布解散齐塞凯迪政府，令齐重新组织广泛的民族团结政府，遭齐拒绝。6日，全国会议在选举产生了共和国最高委员会和通过了《第三共和国宪法草案》等文件后宣布闭幕。10日，蒙宣布在新政府组成前，由各部秘书长负责管理政府日常事务，齐则声称他的政府继续合法存在。

【宪法】现行宪法是1974年8月15日颁布的第二部宪法。1990年6月21日国民议会通过宪法修正案，以适应多党制，权充过渡时期宪法。修改后的宪法规定扎伊尔实行立法、行政、司法三权分立制，总统为国家元首，是国家独立、民族团结和领土完整的保证人、军队统帅；总理由总统任命，是政府首脑，对议会负责。

【议会】称国民议会，一院制。最高立法机构，有权对政府及国家公职机关实行监督。议员由普选产生，任期5年。本届国民议会产生于1987年9月6日，共有议员210名。议长昂祖鲁尼·邦贝(Anzuluni Bembe)，1989年10月5日当选。

【政府】本届政府于1992年8月29日成立，由总理和21名部长组成。总理艾蒂安·齐塞凯迪·瓦·穆隆巴(Etienne Tshisekedi Wa Mulumba)，内政和领土安全部长马蒂厄·博松加(Mathieu Bosunga)，对外关系部长皮埃尔·伦比(Pierre Lumbi)，司法和掌玺部长罗歇·吉桑加(Roger Gisanga)，国防和退伍军人部长保罗·班多马(Paul Bandoma)，国民教育部长洛卡·内·孔戈(Loka ne Kongo)，科学和技术研究部长泰奥菲勒·姆本巴(Theophile Mbemba)，文化艺术部长热尔维·卡班巴·瓦·卡班巴(Gervais Kabamba wa Kabamba)，财政、预算和证券部长伯努瓦·阿塔莱(Benoit Atale),经济、工业和外贸部长费尔南德·塔拉·恩盖(Fernand Tala-Ngai),计划、重建和供应部长基拉拉胡穆·伊森戈马(Kirarahumu Isengoma),中小企业和手工业部长保罗·卡皮塔·沙巴尼(Paul Kapita Shabani),公共工程和领土整治部长姆维塔·卡德姆韦(Mwita Katemwe),农业和乡村发展部长恩坎加·邦戈(Nkanga Boongo),环境和旅游部长塔尔西塞·洛塞克(Tharcisse Loseke),公共卫生和社会事务部长奥诺里娜·纳布尼(Honorine Nabuni),交通运输部长博杜安·卡比西(Baudouin Kabisi),矿业和能源部长让·塞卡·布霍罗(Jean Seka Buhoro),邮政、电话和电报部长孔布·基·卢泰特(Kumbu Ki Lutete),公职部长卢巴加·温迪索加(Lubanga Wendisonga),劳工和社会救济部长姆本布·穆松(Mbumb Musong),青年、体育和娱乐部长夏尔·贡加迪基(Charles Gonghadiki)。

【司法机构】按照县(乡、村)、专区、省、中央相应行政区划分别设立治安法庭、大审法庭、上诉法院、最高法院。各级司法机关依法行使司法审判权,不受行政机关干预。国家司法委员会统管全国司法事务,由最高法院审判委员会全体成员、最高军事法庭庭长和各上诉法院院长组成。最高法院院长任该委员会主席。最高法院院长巴兰达·米库因·莱列尔(Balanda Mikuin Leliel)。

【政党】截至1992年底,共有近400个政党,分属总统派"统一民主力量"和强硬反对派"神圣联盟"两大阵营。主要政党有:

(1)人民革命运动(Mouvement Populaire de la Révolution, MPR):1967年5月20日成立。创始人蒙博托。该党原是扎唯一合法政党,1990年4月24日蒙博托宣布实行有限多党制后,该党失去执政党地位。蒙本人亦辞去主席职务并退党,辛加·乌朱接任党的临时领导机构主席。1991年4月20日,蒙博托接受党特别代表大会请求,重新担任主席职务。1991年10月6日,该党联络一批政党和社会团体,组成了以它为核心的"统一民主力量"。

(2)争取民主和社会进步联盟(Union pour la Democratie et le Progrès Social, UDPS,原译作"社会进步和民主联盟"):1982年2月15日成立,1991年1月17日获政府批准成为合法政党。反对派"神圣联盟"的创始成员。成员大多是知识分子和劳动群众,主要分布在东、西开赛、沙巴和下扎伊尔等省。领导人艾蒂安·齐塞凯迪·瓦·穆隆巴(Etienne Tshisekedi Wa Mulumba)。

(3)联邦主义者和独立共和人士联盟(Union des Fédéralistes et des Républicains Indépendants, UFRI):1990年6月成立时称独立共和党,同年8月同几个小党合并后改为现名。1991年1月14日被批准为合法政党。原为"神盟"创始成员,后因转向总统派而被开除。主席恩古扎·卡尔·伊·邦德(Nguz-a-Karl I Bond)。

(4)基督教社会民主党(Parti Démocrate et Social Chrétien, PDSC):1990年4月26日成立,1991年1月17日获准成为合法政党。"神圣联盟"创始成员。主席伊莱奥·松戈·昂巴(Ileo Songo Amba)。

此外,扎还有10多个卢蒙巴主义政党,较大的有前卢蒙巴政府代总理基赞加领导的卢蒙巴主义统一党和卢蒙巴的战友格贝尼领导的卢蒙巴民族运动,多属反对派阵营。

【重要人物】蒙博托·塞塞·塞科·库库·恩关杜·瓦·扎·邦加:总统。1930年10月14日生于赤道省利萨拉县。班加拉族人,天主教徒。原名约瑟夫·德西雷·蒙博托,1972年改为现名,简称蒙博托·塞塞·塞科(意为扎伊尔河流域的一位不可战胜的勇士)。早年在科基拉特维尔(现称姆班达卡)读小学和中学,1948年被选送比利时布鲁塞尔社会科学院研究院学习。1949年回国,在殖民当局治安部队服役7年,当过文书、会计、军事记者和军士长。1956年后任《非洲现实报》总编辑。1958年赴比利时社会研究院进修新闻专业,同年加入卢蒙巴领导的刚果民族运动党。刚果(利)独立后,先后任卢蒙巴总理办公室国务秘书、陆军参谋长和国民军总司令,获上校军衔。1961年晋升少将。1965年11月起任总统,并晋升为中将。1967年5月20日创建人民革命运动,任主席。1980年10月15日被册封为班加拉族大酋长。1982年被授予元帅军衔。

经　济

矿业、水力和森林资源丰富。采矿业比较发达。农业落后,粮食不能自给。由于交通不便和国际市场矿产品价格下跌,以及实行"扎伊尔化"和"彻底化"政策的影响,1982年国民经济首次出现负增长。为克服困难,扎伊尔政府于1983年和1989年同国际货币基金组织签订两个经济结构调整协定,实行紧缩财政、增加税收、控制通膨和稳定货币等政策,但收效甚微。近年扎经济形势进一步恶化。

国内生产总值(1990年):62390亿扎伊尔(市场价格)。

人均国内生产总值(1990年):不足180美元。

国内生产总值增长率(1990年):-2.6%。

货币名称:扎伊尔。

汇率(1992年10月):1美元=185万扎伊尔。

通货膨胀率(1991年):4228.5%。

【资源】自然资源丰富。铜是最主要矿藏,蕴藏量5200万吨,居世界第四位。钴储量50万吨。工业用钻石、锌、锰、锡、钽、锗、钨、镉、镍、铬等也很丰富,此外还有铁、金、银、白金、铝、磷酸盐等。森林面积1.25亿公顷,约占国土面积的53%,其中8000万公顷可供开采,目前仅开采62万公顷。盛产乌木、红木和花梨木等贵重热带木材。水力资源丰富,估计蕴藏量为1.06亿千瓦。煤储量约6000万吨。西部大西洋沿岸和近海地区石油已探明储量为2500万吨。

【工矿业】矿业是扎经济的重要支柱。近年其产值占国内生产总值的25%,出口值占出口总值的2/3。主要矿产品产量如下(单位:万吨):

	1989	1990	1991
铜	44.06	35.55	29.15
锌	2.35	3.57	2.52
钴	0.93	1	0.88
黄金(吨)	2	4.5	4.5
钻石(百万克拉)	17.6	19.4	16.8
煤	10	7.83	
原油(万桶)	986.6	1093.7	985.5

(资料来源:1992/93年经济季评)

工业以加工制造业为主,有食品、纺织、制鞋、化学、制药、电器、汽车装配、木材加工和建材等。因资金短缺,原料供应不足,开工率仅30%。主要工业产品产量如下:

	1987	1988
玉米粉(万吨)	8.9	
食糖(万吨)	6.9	7.9
啤酒(万公升)	452.6	459
香烟(亿支)	10.1	10.5
软饮料(万公升)	133.2	192.3
印染布(万平方米)	4486	4437
鞋类(万双)	275.2	295.4
锯木(万立方米)	42	41.6
胶合板(万立方米)	12.7	13.5
自行车(万辆)	1	0.6
水泥(万吨)	49.1	47.2
硫酸(万吨)	14	15.2
肥皂(万吨)	5.3	4.7

(资料来源:1991/92年经济季评)

【农业】长期以来,农业产值占国内生产总值的10%左右。全国可耕地1亿公顷,已耕地近600万公顷。1991年农村人口占全国人口的72%。

1991年扎主要粮食作物产量和种植面积如下:

	面积(万公顷)	产量(万吨)	产量比上年增长(%)
玉米	125.9	90.64	3.54
稻谷	41.1	35.63	3.5
小麦	0.738	0.68	1.1
木薯	238.8	1823	2.35
豆类	21.05	12.21	0.16
花生	58.77	43.52	1.19
芭蕉	38.35	180.2	0.05

(资料来源:扎伊尔农业部国家农业统计局)

主要经济作物产量如下(单位:万吨)

	1987	1988
棕榈油	7.98	6.55
咖啡	9.17	9.92
可可	0.6	0.6
橡胶	1.57	1.17
棉花	0.68	0.62
甘蔗	70	89

(资料来源:1989年国际货币基金组织报告)

【交通运输】内河运输占重要地位,陆路运输较困难,空运相对发达。

水运:内河总长2.3万公里,其中1.5万公里可通航,1986年货运量49万吨。主要港口有马塔迪、博马和巴纳纳。辟有通往西非、地中海国家、法国、北欧、美国和日本5条远洋定期航班。1988年海运货物150万吨。

公路:总长14.5万公里,其中沥青路2801公里(1991年)。

铁路:全长5254公里,其中电气化线路858公里。

空运:国内航线约3.9万公里,非洲航线约1.4万公里,洲际航线约2.4万公里,与布鲁塞尔、巴黎、罗马、雅典有定期航班。全国有金沙萨、卢本巴希、戈马和基桑加尼4个国际机场,35个普通机场,100个小机场。有6家航空公司,其中扎伊尔航空公司是非洲较大航空公司之一,于1991年7月私营化。

【财政金融】财政收入主要靠税收。1991年国家财政预算执行结果为:收入68610亿扎伊尔,支出216330亿扎伊尔,赤字147720亿扎伊尔。

1990年经常项目国际收支逆差6.43亿美元。1991年底外汇储备1.8285亿美元,黄金储备783万美元。截至1990年底累计外债为101.15亿美元,年须偿还本息3.55亿美元。负债率141%,偿债率15.4%。

【对外贸易】在国民经济中占重要地位。主要出口铜、钴、钻石、咖啡,进口粮食、日用消费品、机械设备和石油制品。主要贸易伙伴是比利时、法国、美国和德国。近年对外贸易情况如下(单位:亿美元):

	1988	1989	1990
出口额	21.78	22.01	21.38
进口额	16.45	16.83	15.39
差额	5.33	5.18	6

(资料来源:1992/93年经济季评)

【外国援助】1985年以前共获外援70亿美元。1985~1990年共获36.48亿美元。1990年获9.122亿美元,其中法国提供1.802亿美元,意大利1.463亿、德国1.153亿、比利时0.954亿。

人民生活

1992年10月政府一般职员月工资1000万扎伊尔,相当于6美元。与此同时,一袋(50公斤)木薯粉售价4500万扎伊尔。全国有医院、诊所、防疫站和疗养院4382所,医生1456人,床位7.96万张。平均1.4万人1名医生,1800人1名护理人员。每340人有一辆汽车。

军　事

扎伊尔国民军组建于独立后。最高国防委员会为最高军事决策机构,武装部队最高统帅蒙博托总统任该委员会主席。总参谋长马赫莱·利耶科中将。全国划分为8个军区。实行志愿兵役制。

总兵力2.6万人。武器装备来自美、法、意、比和前苏联等国。陆军2.2万人，编有步兵师和特种部队师各一个；海军1500人；空军2500人，编有5个飞行中队和一个运输联队。另有宪兵2.5万人，民卫队2.5万人。

1987年国防预算72.9亿扎伊尔，占当年预算总支出的13%左右。

文化教育

【教育】中、小学教育公立、私立、教会学校并存，大学教育全为公立。1989年适龄儿童入学率为76%，青壮年文盲占45%。1988年教育预算约占当年国家预算支出的8%。全国有3所大学、19所高等技术学院、14所教育学院、3920所中等学校、9838所小学。1986～1987年全国有中小学生739万人。

【新闻出版】主要报纸有:《萨隆哥报》，发行量约6000份；《埃利马报》，发行量近万份。此外，有地方报刊6家。军队和工会也分别出版报纸。全国性期刊有月刊《火》。

扎伊尔之声电台、扎伊尔通讯社和扎伊尔电视台为官方宣传机构。在基桑加尼和卢本巴希两市也设有电视台。

对外关系

奉行积极的中立和不结盟政策，维护国家主权，主张睦邻友好，致力于非洲团结，反对外部势力干涉非洲事务。主张加强联合国的作用，支持联合国为维护世界和平，实现彻底裁军、国际合作和各国协调发展所作的一切努力。主张发展中国家间积极开展地区、部门合作，从而有效地推动南南合作。主张不结盟运动在新的国际背景下为寻求新的世界力量均衡而努力。对非洲大陆某些地区的冲突感到不安，希望通过谈判实现非洲国家的统一、安定与和谐。希望南非当局继续改革以彻底消除南非社会政治生活中的种族隔离；要求南非人民保持冷静，停止兄弟之间的残杀。主张按联合国大会和安理会的有关决议一揽子解决中东问题，欢迎召开中东和会。截至1989年已同99个国家建立外交关系。

【同我国的关系】1961年2月20日两国建交，9月18日两国关系因故中断。1972年11月24日两国实现关系正常化。此后，两国领导人互访不断；蒙博托总统4次访华，赵紫阳总理、田纪云副总理、李铁映国务委员等曾访扎。

1992年10月，外交部部长助理李肇星访问扎伊尔。11月两国召开第四届合作混委会会议，签署了多项合作协议。1992年中国同扎伊尔进出口总额为1338万美元，其中中国出口777万美元，进口560万美元。

中国驻扎伊尔大使:李培宜。馆址:NO.447，AVENUE DES AVIATEURS-GOMBE，KINSHASA。电话:21207，22907。商务处电话:34202，电传:21378 CINOCOM ZR。

扎伊尔驻华大使:隆博·洛·芒加芒加(Lombo Lo Mangamanga)。馆址:北京三里屯东5街6号。电话:5321995。

【同美国的关系】蒙博托执政初期，扎、美关系密切。70年代，在国际事务中扎公开批评美对非洲的政策，曾先后驱逐两任美国驻扎大使，两国关系一度紧张。里根执政期间，蒙博托总统几乎每年访美一次。1987～1989年，扎美在扎沙巴省多次举行联合军事演习。1990年5月扎发生卢本巴希大学事件后，美中止对扎军援。1991年9月，美宣布停止向扎提供新的发展援助。1992年，美非洲事务助理国务卿科恩两次访扎，要求蒙博托总统加速民主化进程。

【同比利时的关系】两国有传统关系。比是扎重要的援助国和贸易伙伴。70年代初，两国关系一度紧张。1988年10月，比首相马尔滕斯访扎时允诺减免少量债务，非但未获比议会批准，反而引起比国内某些政界人士和新闻界对扎政府和蒙博托总统的攻击。蒙对此极为不满，两国关系再度紧张。后经摩洛哥等调解，两国关系得以修复。1990年5月扎卢本巴希大学事件后，比宣布对扎实行全面经济制裁，两国关系再度陷入危机。1991年9月间，比因扎发生社会骚乱而派兵赴扎撤侨。1992年7月10日，比政府直接向扎全国会议提供1250万比郎援助，遭扎政府强烈抗议。齐塞凯迪政府成立后，比于10月宣布恢复与扎合作，并允向扎提供紧急人道主义援助。

【同法国的关系】法国是扎主要商品提供国和最大援助国。1991年9月扎发生社会骚乱，法派兵赴扎护侨撤侨，并中止与扎合作和对扎援助。1992年4月法关闭在扎伊尔基桑加尼的文化中心。

【同邻国的关系】1980年后，扎伊尔同刚果的关系不断发展。1988年2月，蒙博托总统和萨苏总统互访，两国首都结为友好城市。扎、刚和中非3国在乌班吉河上的合作项目莫巴伊水电站开始实施。1991年11月，刚果政府强行驱赶在刚的扎侨，扎政府予以强烈谴责。1992年4月，刚果外长恩岗达访扎。12月1日，刚总统利苏巴访扎，在巴多利特会见了蒙博托总统。

扎伊尔同赞比亚曾因历史遗留的边界问题发生纠纷。1986年10月两国总统互访。1989年3月蒙博托总统再次访赞，4月赞比亚总理马谢凯访扎。1992年起，赞开始从扎进口电力，两国在电力合作方面成为重要伙伴。

1978年7月扎伊尔与安哥拉建交。两国签订有防务和安全等协定。1989年4月蒙博托总统访安，同年6月和7月，多斯桑托斯总统两次访扎。近年来，为实现安哥拉国内和平，蒙博托总统进行了频繁的调解。1992年11月，安再次爆发内战，安人运和桑托斯总统指责蒙博托总统支持安盟主席萨文比，扎指责安政府迫害扎侨的暴行。

扎伊尔和布隆迪、卢旺达同属大湖国家经济共同体，关系密切。三国元首频繁互访或出席在对方国家举行的区域性经济会议。1988年8月，蒙博托以大湖共同体执行主席身份积极调解布的部族纠纷和布、卢矛盾，并为安置布难民提供20万美元的赠款。1990年10月，扎政府派兵1000人支援卢政府反击卢难民武装进攻，并积极调解卢难民问题。1991年3月和9月，扎政府两次促成卢冲突双方达成停火协议。1992年，布、卢总统均曾访扎。三国还在卢召开了大湖国家经济共同体第十四届首脑会议。

【同以色列的关系】扎伊尔同以色列1973年10月断交，1982年5月复交。1984年1月扎政府同以色列塔曼财团签订一项议定书，该财团向扎投资4亿美元。1988年5月以同美国、比利时合资在金沙萨建立了一所综合医院。1991年5月，以军副总参谋长访扎。

（卢沙野）

乍　得

国名　乍得共和国（The Republic of Chad，La République du Tchad）。

面积　1284000平方公里。

人口　550万，年自然增长率为2.33%（1991年）。全国共有大小部族140多个。北部、中部和东部居民主要是阿拉伯血统的柏柏尔族、瓦达伊族、巴吉尔米族等，约占全国人口的45%；南部和西南部的居民主要为萨拉族、马萨族、科托科族、蒙当族等，约占全国人口的55%。法语和阿拉伯语同为官方语言。南方居民通用苏丹语系的萨拉语，北方通用乍得化的阿拉伯语。居民中44%信奉伊斯兰教，33%信奉基督教，23%信奉原始宗教。

首都　恩贾梅纳（N'Djamena），原名拉密堡，1973年9月5日改为现名。人口80万（1991年）。

国家元首　总统伊德里斯·代比（Idriss Deby），1990年12月4日任国务委员会主席、国家元首，1991年3月4日就任总统。

简　况

位于非洲中北部，撒哈拉沙漠南缘，是个内陆国。东接苏丹，南与中非、喀麦隆交界，西与尼日尔、尼日利亚为邻，北连利比亚。北部属热带沙漠气候，南部属热带草原气候，全年高温炎热。除北部高原山地外，大部地区年平均气温27℃以上，北部可达29℃。公元9～10世纪先后建立加涅姆—博尔努王国等穆斯林苏丹王国。1902年沦为法国殖民地。1910年划为法属赤道非洲的一个领地。次年法国以赤道非洲换取德国承认法对摩洛哥的“保护”。一次大战后，赤道非洲重归法国。1946年乍得成为法海外领地。1957年初成为“半自治共和国”。1958年11月28日成为“法兰西共同体”内的“自治共和国”。1960年8月11日宣告独立，成立乍得共和国，托姆巴巴耶出任国家元首。1975年马卢姆发动军事政变，成立军政府。1982年哈布雷攻占首都，出任总统。

政　治

1990年12月，“爱国拯救运动”主席伊德里斯·代比率反政府武装力量进占首都出任国务委员会（临时政府）主席、国家元首，1991年3月4日就任总统。代比政权调整内外政策，努力恢复经济，促进民族和解，宣布实行多党制。1991年底、1992年初，前总统哈布雷余部进攻乍得湖地区，一度攻陷博尔和利瓦等地。2月，首都昆杜勒军营兵变，士兵中发生部族仇杀；不久，乍得人权同盟副主席贝希迪遇害，反对党派组成“危机委员会”，群众上街，要求严惩凶手，召开圆桌会议，成立协调政府。4月中旬，公共工程部长阿巴斯·科蒂因对先后被免去总参谋长等要职不满，发动兵谏，要求恢复原职，后经调解事态平息。5月7日，政府宣布推迟拟于5月底召开的多党全国会议；19日，代比总统主持内阁特别会议，审议并通过了修改《国家宪章》的部分条款，扩大总理权限；20日宣布成立多党协调政府，任命反对派人士约多伊曼为总理。5月底，哈布雷余部联合“促进民主和发展运动”所属西部武装力量再次向乍得湖地区发动进攻，在法国增兵恩贾梅纳后，战事才得以平息。6月，科蒂等策动武装暴动，阴谋败露后逃离首都。1993年1月召开了各党派参加的全国会议。

【宪法】乍得国家宪章（临时宪法）于1991年3月3日公布，1992年5月19日修改。宪章规定：加强民族团结和实现多元化民主为基本国策。乍得是一个拥有主权、世俗、民主、社会统一和不可分割的共和国。总统是国家元首和军队最高统帅。总统任免政府总理和部长，以及共和国临时委员会成员。总统任职至新宪法颁布之日止。总理（政府首脑）领导政府工作，确保法律和法规的实施；在总统领导下支配军队和治安部队；在总统缺席或不能视政时，代行其职责。

【议会】乍得共和国临时委员会为全国最高协商机构，负责起草宪法草案，参与研讨国家大政方针。临委会委员不得在政府和军队中兼职，也不得在任何以赢利为目的的公私部门供职。1991年3月10日成立。共23名成员，均由总统任命。本届委员会于1992年8月18日组成，主席马尔东·巴达·阿巴斯（Maldom Bada Abbas）。

【政府】本届政府于1992年5月20日组成，同年8

月12日和10月14日两次改组。现成员如下:总理、政府首脑约瑟夫·约多伊曼(Joseph Yodoyman),内政和安全部长科伊布拉·吉马斯塔(Koibla Djimasta),外交部长穆罕默德·阿里·阿杜姆(Mahamat Ali Adoum),司法和掌玺部长优素福·托戈伊米(Youssouf Togoimi),计划和合作部长伊卜尼·奥马尔·穆罕默德·萨利赫(Ibni Oumar Mahamat Saleh),财政部长萨菲·阿卜杜勒—卡迪尔(Safi Abdel-Kader),贸易和工业发展部长哈比卜·杜图姆(Habib Doutoum),地矿、能源和水利资源部长姜贝·哈桑(Djangbeye Hassan),公共工程和运输部长卜拉欣·蒂代(Brahim Tidei),邮电部长纳吉塔·贝阿苏马勒(Nadjita Beassoumal),农业部长班贝·丹萨拉(Bambe Dansala),畜牧部长奥斯卡·约马吉(Oscar Yomadji),国民教育和科研部长菲代勒·蒙加尔(Fidel Moungar),旅游和环境部长皮埃尔·托基努(Pierre Tokino),公职部长奥斯曼·吉达(Ousman Djiddah),青年和体育部长哈桑·法杜勒(Hassan Fadoul),新闻和文化部长吉迪·比沙拉(Djiddi Bichara),卫生部长穆罕默德·泽内·法代勒(Mahamat Zene Fadel),人道事务部长基姆巴耶·内斯托尔·纳吉杜姆代(Djimbaye Nestor Nadjidoumde),国防驻节部长卢姆·希南苏·莱纳(Loum Hinansou Laina),内政国务秘书查里·马伊纳·阿福努(Tchari Maina Affono),财政国务秘书卡达迪·恩达格迈苏·恩杜松(Kadadi N'Dagmaissou Ndusson),政府秘书长阿卜杜勒—拉赫曼·伊佐(Abde Rahmane Izzo)。

【司法机构】中央有上诉法院、检察院、特别法庭和军事法庭。14个省设有初审法庭、刑事法庭和6个地方分庭。首都恩贾梅纳还设有劳动法庭。特别法庭和军事法庭庭长、上诉法院院长和检察院检察长均由国家元首任命。上诉法院院长伊萨·科格里(Issa Kogri),检察长多诺拉拜耶·敦古斯·莫罗(Donorbaye Doungous Moro)。

【政党】爱国拯救运动(Mouvement Patriotique du Salut):简称"爱拯运",1990年3月11日成立。原为反哈布雷的政治、军事组织,现为执政党。对内主张反对专制、尊重人权,主张多党民主,发展混合经济。1991年7月25～28日召开"爱拯运"全国特别代表大会,决定1992年5月举行由各政党召开的全国会议,有步骤地向多党制过渡。主席伊德里斯·代比。

此外,政府已批准30余政党合法化。主要反对党有:民主进步联盟、争取乍得民主进步同盟、争取民主共和同盟和争取民主进步全国联盟等。

【重要人物】伊德里斯·代比:总统。1953年生于比尔廷省。扎卡瓦族人。70年代曾留学法国。1979年加入乍得民族解放阵线——北方武装部队。1982年6月任"北方武装部队"副司令。同年12月出任乍得全国武装部队总司令。1985年11月被派往法国军事学院进修。回国后任总统府国防与安全顾问。1984年6月至1988年11月先后任全国独立和革命联盟中央执行局军事和安全书记。1989年4月1日同武装部队司令贾穆斯和内政部长伊特诺发动兵变未遂,后流亡苏丹。1990年3月任乍得爱国拯救运动主席。同年12月4日就任乍得国务委员会主席、国家元首。1991年3月4日就任总统。1991年获"世界和平咨文"翁贝托·比安卡诺欧洲奖。

经　济

农牧业国家,经济落后,被联合国列为世界上最不发达国家之一。代比执政后,执行经济结构调整计划,重点整顿国营企业和公职部门;鼓励私人投资和发展中、小企业;宣布实行企业私有制和自由市场经济;整顿海关,打击走私,保证税收。在努力恢复和发展经济的同时,积极争取国际援助,鼓励外国投资。由于连年战争,经济遭到严重破坏,又连续遭受自然灾害,经济困难。多党协调政府节流开源,紧缩财政,努力恢复经济。

国内生产总值(1990年):3440亿非洲法郎。

人均国内生产总值(1990年):190美元。

国内生产总值增长率(1990年):3.0%。

货币名称:中非金融合作法郎,简称非洲法郎。

汇率(1991年):1美元=282.1非洲法郎。

通货膨胀率(1990年):0.6%。

【资源】矿藏资源较丰富,但大多尚未开采。主要有天然碱、石灰石、白陶土和钨、锡、铜、镍、铬等。1970年以来,乍得湖东北部加涅姆省和南方洛贡省均发现石油。北部奥祖山区有铀、锰等矿。

【工业】1990年工业产值为507亿非洲法郎,占国内生产总值16.9%。工业基本是农牧业产品加工,其中又以棉花加工为主,还有一些纺织、卷烟、农机制造、面粉、饮料、制糖等中小企业。年产天然碱约1万吨,部分供出口。近年主要工业产品产量如下:

	1988	1989	1990
皮棉(万吨)	4.79	5.68	5.81
纺织品(万米)	596.6	1028.6	337.6
糖(吨)	25684	39749	46977
香烟(万包)	1020.2	935	1237.8
啤酒(万公升)	1090	1147	1160
发电量(万度)	7378.7	7797	8969.6

(资料来源:乍得计划和合作部经济统计资料)

【农业】1988年农业产值为875.28亿非洲法郎,占国内生产总值28.4%,增长率为82.4%。全国可耕地面积5200万公顷,已耕地700万公顷。农村人口占全国人口的77.2%。主要粮食作物有高粱、玉米和小米,还有少量稻米和小麦等。主要经济作物是棉花。棉花出口占出口总额的50%。全国约有1/4人口种植棉花。近几年棉花生产萎缩。经济作物还有烟草、花生、芝麻、甘蔗和阿拉伯树胶等。

近年主要粮食和经济作物产量如下(单位:万吨):

	1988	1989	1990
玉米	2.8	1.6	3.1
大米	4.20	5.21	6.00
高粱	50.1	54.6	45.5
棉花	12.78	13.75	15.11

(资料来源:1992/93 年经济季评)

【畜牧业】在国民经济中仅次于农业,居第二位。1988 年畜牧业产值为 372.23 亿非洲法郎,占国内生产总值 12.1%。全国约有 100 万人从事畜牧业。

近年牲畜存栏数如下(单位:万头、万只):

	1988	1989	1990
牛	409.8	419.7	464.4
羊	448.9	462.5	476.3
马	18.77	19.53	17.87
骆驼	51.72	53.28	54.88
驴	23.43	23.91	26.38
猪	1.25	1.32	1.38

(资料来源:乍得计划和合作部经济统计资料)

【服务业】80 年代以来,国内商业、交通、电讯等服务性行业逐步恢复。1988 年服务业产值为 921.14 亿非洲法郎,占当年国内生产总值的 29.9%。

【交通运输】内陆国家,无铁路,主要靠公路运输。公路总长 2.5 万公里,其中沥青路 253 公里,4 条主要公路干线全长约 1 万公里。离首都最近的邻国出海口是喀麦隆的杜阿拉,相距 1970 公里。乍得航空公司有一架飞机,年客运量 1.5 万人次。目前国内只有萨尔赫、蒙杜和阿贝歇等几个主要城市有航班。恩贾梅纳国际机场可起落波音 747 等大型远程飞机,是非洲国际航线重要航空站之一。

【财政金融】政府财政收入主要来自税收。最近几年,因走私、偷漏税严重,财政拮据。近年财政预算情况如下(单位:亿非洲法郎):

	1990	1991	1992
收入	316	358	358
支出	477	425	489
赤字	161	67	131

(资料来源:同上)

1991 年黄金、外汇储备为 1.2 亿美元。1988 年国际收支经常项目顺差 2550 万美元。截至 1990 年底,累积外债 4.92 亿美元。

【对外贸易】主要出口商品是皮棉,其他为肉类和皮张等畜产品;主要进口石油、化工、机电产品、建筑材料、汽车、纺织品、食品、药材等。主要出口国是葡萄牙、德国、西班牙、法国等;主要进口国是法国、尼日利亚、喀麦隆等。外贸连年逆差。

1990 年进口额 777 亿非洲法郎,出口额 512 亿非洲法郎,逆差额 265 亿非洲法郎。

【外国援助】1990 年外援总额为 3.186 亿美元,其中双边援助 1.825 亿美元,多边援助为 1.361 亿美元。主要援助国和国际组织是法国、意大利、美国、德国、加拿大、荷兰、西班牙、比利时以及联合国、欧共体等。

人民生活

全国共有 429 个医疗卫生设施,总床位 4010 张。其中综合性医院仅有两所,即恩贾梅纳中央医院和军事医院。各类医务人员 5129 人,其中医生 164 人(含外国医生 61 人)。1991 年医疗卫生预算为 20.7 亿非洲法郎,约占国家财政预算的 5.1%。

军　事

1991 年 1 月代比总统颁布命令将全国武装部队改编为乍得国民军,由陆军、空军、宪兵组成,总兵力由 4.5 万人缩减为 2.5 万人。最高军事统帅伊德里斯·代比上校。总参谋长穆罕默德·加夫。全国划分为 7 个军区。实行义务兵役制,服役期一年半。1991 年军费为 160 亿非洲法郎,占国家财政预算的 44.69%。

文化教育

【教育】实行 6 年义务教育制。1991 年儿童入学率为 59%。乍得大学是全国唯一的一所大学,设 4 个院、8 个系。1991 年教育经费 56.9 亿非洲法郎,占国家财政预算的 15.5%。1991 年各级学校、学生、教师情况如下:

	学校(所)	学生(人)	教师(人)
小学	2705	530000	7880
中学	67	60000	1360
大学	1	3987	128

【新闻出版】主要报刊为《乍得新闻稿》,另外还有《恩贾梅纳周刊》等 7 种私人报刊。

乍得新闻社为国家通讯社。

乍得国家广播电台:1965 年建台,主要用法语、萨拉语、阿拉伯语广播。

乍得国家电视台:1987 年 12 月建台。用法语和阿拉伯语播放节目,每周播出 4 天。定时转播喀麦隆电视节目。

对外关系

奉行和平、睦邻友好、不干涉和不结盟政策。强调维护国家主权和领土完整,不干涉别国内政,谋求同一切爱好和平、正义的国家发展友好合作关系。维护世界和平和非洲团结,积极参加区域性合作。主张开展南北对话和建立国际经济新秩序。认为环境问题是涉及世界各国利益的重大问题,对身处萨赫勒地区的环境状况十分关切。主张在联合国范围内,通过和平方式解决国际争端,广泛争取国际社会的支持和经济援助。已同世界上 67 个国家建立了外交和领事关系。

【同我国的关系】1972 年 11 月 28 日中乍两国建交,此后两国关系发展顺利。1978 年 9 月马卢姆总统访华。1990 年 6 月哈布雷总统访华。1989 年 11 月国务委员兼教委主任李铁映访乍。

1990 年 12 月,代比执政以来,重视发展同中国的友好合作关系。1992 年 10 月,外交部部长助理李肇星访乍;11 月国务院副秘书长席德率中国政府代表团访乍,参加中国援建的人民宫竣工典礼仪式和中乍建交二十周年庆祝活动，并同乍得政府签署了经济技术合作协定。

1992 年中国同乍得进出口商品总额为 646 万美元，其中中方出口额 645 万美元，进口额 1 万美元。

中国驻乍得大使：郭天民。馆址：PRESIDENT BLANCHART，N'DJAMENA。电话：513662。电传：0976，5325 KD CHINAMBA。传真：513684。商务处地址：RUE HAVRE，N'DJAMENA。电话：513321。

乍得驻华大使：埃莱纳・乔纳（HELENA TCHIOUNA）。馆址：光华路 21 号。电话：5321296。电传：22287。传真：5323638。

【同法国的关系】乍法有密切的传统关系。法是乍第一大援助国，两国签订有财政、经济、文化、教育和军事等一系列合作协定。法每年向乍提供 2～3 亿法国法郎的财政援助。法驻乍部队人数在千人左右，侨民 3000 人。1991 年 2 月、8 月、11 月和 1992 年 12 月，代比总统 4 次访法。1992 年，法国总统特别参谋长凯诺将军 3 次访乍，双方签署改建乍军队的协议。同年 11 月，法为乍全国会议提供 500 万法国法郎援助。

【同美国的关系】乍美于 1961 年建交。1964 年 6 月两国签订合作协定。1982～1991 年，美向乍共提供了 2.2 亿美元的援助。1992 年，美提供了 1600 万美元的援助。同年美国负责非洲事务的助理国务卿访乍；乍外交部长、财政部长和计划合作部长先后访美。美向乍派有“和平队”。

【同利比亚的关系】乍得和利比亚长期存在关于“奥祖地带”归属问题的领土争端。哈布雷执政后，多次发生军事冲突。1988 年 10 月，两国宣布恢复邦交并在 11 月初互派了大使。1989 年 8 月 31 日，乍、利外长就和平解决两国领土争端签署了原则协议。1990 年 8 月，哈布雷和卡扎菲在摩洛哥会晤，双方一致同意把乍、利领土争端交由海牙国际法院仲裁。9 月 1 日和 8 月 31 日，乍、利双方分别把两国领土争端诉讼函提交国际法院。12 月代比上台后，释放了 450 名利比亚战俘，利则向乍新政府运来 70 吨食品和药物。乍、利签有经济、科技、文化合作协定。利在乍设有发展银行。1991 年利比亚宣布免除乍所欠全部债务（2000 万美元），并向乍提供了 300 万美元现汇援助和一批救灾物资。1991 年 2 月、8 月和 1992 年 10 月，代比总统 3 次访利；1992 年 12 月利比亚派代表团参加代比执政两周年庆典。

【同其他非洲国家的关系】乍重视发展同邻国及其他非洲国家的友好合作关系，积极参加地区合作。代比总统执政以来，先后访问了加蓬、多哥、布基纳法索、尼日利亚、科特迪瓦、尼日尔、苏丹、塞内加尔和扎伊尔等非洲国家。

（王同庆）

中　非

国名　中非共和国（The Central African Republic，La République Centrafricaine）。

面积　622984 平方公里。

人口　287.8 万（1990 年）。全国有大小部族 32 个，主要有巴雅、班达、桑戈、曼吉阿、萨拉、姆布姆、雅科玛等，其中巴雅族占总人口约 17.1%，班达族占 17.5%，曼吉阿族占 3.7%。官方语言为法语、桑戈语。居民 30%信奉基督新教，20%信奉天主教，7%信奉伊斯兰教，其余信奉原始宗教。

首都　班吉（Bangui），人口 50 万（1988 年）。

国家元首　总统安德烈・科林巴（André Kolingba）上将，1985 年 9 月 21 日任职，1986 年 11 月 21 日当选总统。

简　况

位于非洲大陆中部的内陆国家。东接苏丹，南界刚果、扎伊尔，西连喀麦隆，北邻乍得。北部属热带草原气候，南部属热带雨林气候，年平均气温 26℃。公元 9～16 世纪，曾建立班加苏、腊法伊和宰米奥等 3 个部落王国。1891 年沦为法国殖民地。1910 年被划为法属赤道非洲领地，称乌班吉沙立。1960 年 8 月 13 日宣告独立，戴维・达科出任总统。1966 年 1 月陆军参谋长让—贝纳尔・博卡萨发动军事政变，自任总统并于 1976 年称帝。1979 年 9 月戴维・达科政变上台，1981 年 3 月当选总统。1981 年 9 月 1 日武装部队参谋长安德烈・科林巴宣布军队接管政权，自任国家复兴军事委员会主席。1986 年 11 月 21 日公民投票，正式选举科林巴为总统。

政　治

科执政后强调民族团结、社会安定、振兴经济和重建国家。1987 年 2 月组建单一政党中非民主联盟；同年 7 月举行立法选举，恢复议会民主。1991 年 4 月宣布实行多党制。

1992 年中非局势动荡。2 月，当局同反对党和工会召开协商会议。由于在举行全国讨论会还是全国最高会议等问题上存在意见分歧，会议历时近 3 个月，以失败告终。6 月 8 日起，中非教员工会罢教 8 天，其他工会罢工 3 天。8 月 1 日至 9 月 5 日，科林巴召开全国讨论会。多数反对党予以抵制。会议开幕当天，反对党组织群众游行，欲阻止会议召开，治安部队动用武力弹压，造成争取民主与进步党的一名成员死亡。反对党遂于 3 日在班吉市发动“死城”运动。8 月 15～22 日，公共部门的 6 个工会罢工一周，要求政府支付已拖欠 4

个月的工资。9月7日,科林巴宣布10月举行总统和立法选举。后选举因首都班吉发生动乱而被迫中止。11月24日,科林巴与反对党达成协议,同意现总统任期延长至新总统任职;总统和立法选举推迟至1993年2月;由总统和反对党总统候选人共同成立全国临时政治委员会,负责监督宪法的执行并协助国家元首的立法工作。12月4日,原总理弗朗克辞职;科林巴任命反对派人士马朗多马为新总理。8日,成立过渡联合政府。

【宪法】现行宪法于1986年11月21日经公民投票通过。规定实行共和政体和中非民主联盟一党制,共和国总统为国家元首、军队统帅,由直接选举产生,任期6年,可连选连任。部长由总统直接任命。1991年3月修宪:增设总理职位,总理为政府首脑;赋予议会有对政府提不信任案的权力,以加强对政府监督作用。1992年8月再次修宪:增加确立多党制和政党法的有关条款;确定三权分立,保证司法独立;实行半总统制,总统和国民议会相互独立;国民议会可对政府通过不信任案;经济地区委员会成员由任命改为选举产生。

【议会】称联席议会,由国民议会和经济地区委员会组成。国民议会就共和国总统或国民议会的议员提交的法案表示意见。经济地区委员会主要是保证地方、首都和主要经济与社会活动部门的代表参与国家政策的制定。联席议会议长,任期半年,经总统默许也可连任。经济与地区委员会成员共有36人,一半由总统指定,一半由国民议会议长提名,经国民议会选举产生,任期3年。国民议会由直接普选产生,议员除首都4名外,每省3名,任期5年。本届议会成立于1987年10月15日,由52名议员组成。议长加斯帕尔·索坎比(Gaspard Sokambi),1990年10月当选。

【政府】本届政府于1992年12月8日组成。主要成员有:总理、政府首脑蒂莫泰·马朗多马(Timothée Malendoma),经济、计划、统计和国际合作国务部长蒂埃里·宾加巴(Thierry Bingaba),外交部长让—玛丽·巴西亚(Jean-Marie Bassia),司法、掌玺部长马塞尔·梅泰法拉(Marcel Metefara),公安和领土管理部长阿尔方斯·贡巴迪(Alphonse Gombadi),财政部长埃马尼埃尔·多库纳(Emmanuel Dokouna),国民教育和科研部长米歇尔·科尤特(Michel Koyt),运输、民航和邮电部长戈贝尔·比桑格(Gobert Bissengue),国防、老战士、能源、矿业、地质和水利部长雷蒙·姆比蒂孔(Raymond M'bitikon),乡村发展、水源、森林、狩猎、渔业和旅游部长皮埃尔·戈尼费—恩盖博纳努(Pierre Gonifei-Ngaibonanou),商业、工业、中小企业和准国营部门改革部长奥古斯特·泰内科耶佐阿(Auguste Tene Koyzoa),公共工程、建设和住宅部长戴维·贝拉卡索(David Belakaso),新闻、青年、体育、艺术和文化部长托尼·达·西尔瓦(Tony Da Silva),卫生部长西蒙·费库姆(Simon Feikoumou),社会事务、妇女条件和国家团结部长吕特·罗朗女士(Ruth Roland),公职、劳动、社会保险和职业培训部长菲德尔·奥格巴米(Fidele Ogbami),负责政府总秘书处和与议会联络部长伊斯梅尔·尼马加(Ismaila Nimaga),能源、矿业、地质和水利国务秘书克里斯托弗·恩冈齐(Christophe Nganzi),公安和领土管理国务秘书昂图瓦内·博科利(Antoine Bokoli),青年、体育、艺术和文化国务秘书克里斯托弗·加赞贝蒂(Christophe Gazambeti)。

【司法机构】共和国总统保障司法独立。主要司法机构有最高司法会议、最高法院、特别最高法院、上诉法院、大审法院、初审法庭及刑事、军事、行政等法庭。总统担任最高司法会议主席。1988年1月重组最高法院,建立了特别最高法庭。最高法院院长、特别最高法庭庭长均由总统任命。最高法院院长西代莱·曼达巴—博尔努(Fidele Mandaba-Bornou),特别最高法庭庭长米歇尔·安托万·罗比内·德·圣·奥梅尔(Michel Antoine Robinet De Saint Omer),检察长加布里埃尔—方斯坦·姆博杜(Gabriel-Faustin Mbodou)。

【政党】1991年4月科林巴总统宣布改一党制为多党制。截至1992年底,全国已有19个政党注册登记成为合法政党。

(1)中非民主联盟(Rassemblement Démocratique Centrafricain):1987年2月成立。原为唯一合法政党和执政党。党员85万。总书记洛朗·戈米纳·潘帕利(Laurent Gomina Pampali)。

(2)黑非洲社会发展运动(Mouvement de l'Evolution sociale de l'Afrique Noire):1949年9月成立,创始人为中非开国元勋波冈达。1959年3月达科担任总统后继任党主席。1966年1月博卡萨执政后使"运动"成为单一执政党,并自任党主席。1979年11月达科总统再次执政后取缔了该党。1991年7月恢复活动,并成为合法政党。领导人普罗斯佩·拉沃特拉马(Prosper La-vodrama)。

(3)争取进步爱国阵线(Front Patriotique pour le progrès):前身是乌班吉爱国阵线—劳动党,1972年创建,1976年开始活动,1981年2月更名为劳动党。1991年7月改为现名,并注册登记成为合法政党。其成员主要是知识分子和职员。领导人阿佩尔·贡巴(Abel Goumba)。

其他合法政党还有:中非人民解放运动、社会民主党、争取民主和进步联盟、争取经济和社会发展人民联盟、中非社会主义运动等。

【重要人物】安德烈·科林巴上将:总统。1936年8月12日生于班吉。雅科玛族人,曾就学于刚果布拉柴维尔勒克莱尔军事预科学校、法国弗雷米斯现役军官学校和蒙塔尔吉通讯技术学校。1954年应征入伍,曾任布拉柴维尔法军装甲兵连通讯军官、中非广播电台台长、中非武装部队通讯兵司令。1975年起先后任驻加拿大和联邦德国大使。1979年9月任武装部队总参谋长。1981年7月晋升上将，任国家复兴军事委员会主席、国家元首、政府首脑兼国防和退伍军人部长、武装部队总参谋长。1985年9月成立新政府，自任总统。1986年11月21日经公民投票正式当选总统。爱好摄影、跳舞和足球运动，年轻时曾是颇有名气的足球前锋。

经　济

联合国宣布的世界最不发达国家之一。经济以农业为主，工业基础薄弱，80%以上的工业品靠进口。钻石、咖啡、棉花、木材是中非经济四大支柱。科林巴执政后实行“灵活、有计划的自由经济”政策，注意发展私营中小企业，鼓励私人和外国投资。1986年开始实施1986～1990年《经济和社会发展》五年计划。1986、1988和1990年，中非政府3次同国际货币基金组织和世界银行达成协议，执行经济结构性调整计划。1992年中非经济形势严峻，财政危机，资金短缺，公共投资下降，出口作物产量滑坡，市场疲软，经济萎缩。

国内生产总值(1990年)：3789亿非洲法郎。

人均国内生产总值(1990年)：125000非洲法郎。

国内生产总值增长率(1990年)：3.6%。

货币名称：中非金融合作法郎，简称非洲法郎。

汇率(1990年10月)：1美元＝255非洲法郎。

通货膨胀率(1990年)：－0.3%。

【资源】矿产主要是钻石，分布地区占全国面积的1/2。此外还有铀(储量2万吨)、铁(储量350万吨)、黄金、铜、镍、锰、铬、锡、汞和石灰石(储量800万吨)等。北部地区还发现石油。森林面积3.4万平方公里，约占全国面积的6%，可采面积2.7万多平方公里，木材储量8732万立方米，盛产热带名贵木材。水力资源丰富。北部和东部有较多的大象、犀牛等野生动物资源。

【工业】1990年工业产值占国内生产总值的17%，增长率为2.5%。主要有钻石开采、木材加工、电力、卷烟和食品加工业。钻石和黄金产量如下：

	1988	1989	1990
钻石(千克拉)	359.1	447.7	414.8
黄金(公斤)	384.9	293.8	226.6

(资料来源：1991/92年经济季评)

【农牧业】1990年农业产值占国内生产总值的42.3%。全国从事农业的人口180万。可耕地约650万公顷，已耕地约60万公顷。1990年总伐木量24.36万立方米。主要农作物产量如下(单位：万吨)：

	1988	1989	1990
棉花	2.8	2.65	3.5
咖啡	2.02	1.2	0.73
木薯	28.16	28.44	27.88
花生	11.35	10.23	10.48
玉米	7.26	7.7	6.20
高粱、小米	4.87	5.79	5.37

(资料来源：同上)

1990年牲畜存栏：牛260万头，绵羊和山羊130万只，生猪41.3万头，家禽300万只。

【交通运输】无出海口，亦无铁路，空运规模很小，主要靠公路和河运。

公路：总长22560公里，其中国家级公路5044公里，地方级公路3934公里，乡村便道11300公里。1987年货运量11.3万吨。

水运：乌班吉河、桑加河和洛巴耶河航运线总长2800公里，班吉是全国最大的河港，年吞吐量约30万吨；1987年货运量18.8万吨。

空运：班吉姆波科为国际机场。有定期航班通往巴黎、罗马、布拉柴维尔、杜阿拉、恩贾梅纳、洛美和利伯维尔等地。有12个中型机场和50多个简易机场。年均客流量为10万人次。

【财政金融】财政收入主要靠税收。近3年财政预算情况如下(单位：亿非洲法郎)：

	1989	1990	1991
收入	390	435	498
支出	889	855	871
赤字	499	420	373

(资料来源：同上)

1990年黄金和外汇储备为1.22亿美元，累计外债9.01亿美元；同年国际收支情况为收入1.51亿美元，支出2.42亿美元，赤字9100万美元。

中非是中部非洲货币联盟成员国，中部非洲国家银行行使中央银行职权，其发行的中非金融合作法郎与法国法郎的比价固定为50：1。

【对外贸易】主要出口钻石、咖啡、木材、棉花和烟草，进口轻工、纺织、粮油食品和石油产品。主要贸易对象是法国等西欧国家。1988～1990年对外贸易情况如下(单位：亿非洲法郎)：

	1988	1989	1990
出口额	398	472	412
进口额	533	593	584
差　额	－135	－121	－172

(资料来源：同上)

【外国援助】1990年中非接受外援总额2.36亿美元；其中赠款1.33亿美元，占总额的56%。法国每年提供150～160亿非洲法郎的援助。多边援助主要由联合国系统和欧共体提供。1992年，国际货币基金组织和世界银行冻结对中非的贷款，除法国继续援助外，德、日、美拒绝提供财援。

人民生活

职工最低工资1.3万非洲法郎，公职人员还享受相当于工资10%的补贴。1990年消费品价格指数134.9。截至1985年，全国共有医疗单位290个，医生113名，医务人员900余人，病床3640张，平均每2.3万人1名医生。

军　事

1961年独立后在法国帮助下创建部队，全国划分为4个军区。科林巴总统兼任武装部队参谋长。实行义务兵役制，服役期两年。

1991年武装力量共6500人，其中陆军和总统府卫队共3500人，空军300人，宪兵2700人。武器装备为苏式和法式。

文化教育

【教育】大、中、小学均实行免费教育。1989年教育经费占国家预算总额的13%。班吉大学是全国唯一的综合性大学。1988/89年度教育情况如下：

	学校(所)	学生(人)	教师(人)
小学	993	297964	4067
中学	45	43961	843
大学	2	2747	79

(资料来源：1989年中非财经部、教育部报告)

【新闻出版】有两份报纸、一份刊物。《每日新闻》，1974年创刊，后一度停刊，1987年4月复刊后改为周刊。《团结报》，发行约1000份。《经济简报》，发行约100份。

中非新闻社1974年5月建立。

中非广播电台建于1958年12月，节目70%用桑戈语广播，30%用法语广播。

中非电视台建于1972年，只有首都班吉和姆拜基市可收看节目。

对外关系

奉行对外开放、不结盟和国际合作政策，维护民族和国家主权，强调睦邻友好，重视南南合作，赞同南北对话，主张建立公平合理的国际经济新秩序。反对以色列扩张主义，支持以安理会242号和338号决议为基础解决巴勒斯坦问题。承认巴勒斯坦国，同时承认以色列的生存权力；谴责南非种族主义，支持对南非进行全面制裁。

【同我国的关系】1964年9月29日两国建交。1966年1月博卡萨上台后，同我断交。1976年8月20日，双方签署两国关系正常化公报。1981年9月科林巴执政后，两国关系有所发展。科曾于1983年和1990年两次访华。1991年7月8日，由于中非政府同台湾当局签署了“复交”联合公报，我中止与中非的外交关系，现由俄罗斯驻中非使馆代管中国在中非的权益。

【同法国的关系】同法国一直保持传统的密切关系。独立后与法国签订了十多个双边合作协定。根据中(非)、法防务协定，法国在中非设有军事基地，驻军1200人。法是中非最大的援助国和主要经贸伙伴，1990年法向中非提供了7410万美元的援助。

【同美国的关系】1963年同美建交。美国总统特使、美国非洲事务副国务卿曾先后访问过中非。至1989年底，美在中非有和平队员121人。1990年美共向中非提供300万美元的援助。1992年7月，中非外长托莱格访美。

【同俄罗斯的关系】1960年12月同前苏联建交，1980年1月22日断交，1988年3月18日恢复外交关系。1991年前苏联解体后，中非同俄罗斯继续保持外交关系。

【同邻国的关系】强调睦邻友好、重视地区合作。为中部非洲经济共同体成员。科林巴总统先后访问过扎伊尔、刚果、苏丹和加蓬等邻国。同扎伊尔签有友好合作条约及经济技术、科学和社会文化总协定；同刚果签订了卫生和文化科学技术合作协定；同苏丹签有贸易、关税和领事协定；同乍得签有卫生、睦邻友好和反偷猎协定。1992年5月，中非总理弗朗克前往布隆迪，参加第八届中非国家经济共同体政府首脑会议；7月2日，弗朗克总理于达喀尔第28届非统首脑会议闭幕后会晤了加蓬总统邦戈，并同塞内加尔总统迪乌夫举行了会谈。

(吕建峰)

厄立特里亚

国名 厄立特里亚(The state of Eritrea)。

面积 12.432万平方公里。

人口 约400万(1993)。有9个民族，主要为提格雷族、阿法尔族、萨霍族等。主要语言为提格雷尼亚语、阿拉伯语和英语。居民约50%信奉基督教，50%信奉伊斯兰教。

首都 阿斯马拉(Asmara)，人口约42.5万。

国家元首 总统伊萨亚斯·阿费沃尔基(Issaias Afewerki)，1993年5月21日当选。

自然地理

位于东非及非洲之角的最北部，西与苏丹接壤，南邻埃塞俄比亚，东南同吉布提毗邻，东北濒临红海，海岸线长1200公里。隔海与沙特阿拉伯、也门相望，扼欧、亚、非三洲海上通道的咽喉——曼德海峡，战略地位十分重要。境内多丘陵高地，沿海有狭长平原，海滨多珊瑚礁。大部属热带干燥气候，草原和半荒漠广布。

历史

公元初期，厄立特里亚中央高原地区就已成为现今埃塞俄比亚土地上的阿克苏姆帝国的政治、经济、文化中心。公元9世纪后阿克苏姆帝国崩溃。此后这一带政治、经济和文化中心南移。埃塞俄比亚形成国家后，其历代君王始终未放弃对厄立特里亚的统治，但对于除厄中央高原外的大部地区，埃塞俄比亚君王的统治鞭长莫及。1887年遭意大利占领，建成统一的厄立特里亚殖民地。1941年意军战败，厄成为英国托管地。此后多数信奉基督教的高原居民赞成与埃塞合并，而其他地区多数信奉伊斯兰教的居民则主张独立。1950年12月联合国通过决议，决定厄作为一个自治体同埃塞俄比亚结成联邦，允许厄有自己的宪法、议会和独立的政府。1952年厄组成地方政府，并与埃塞结成联邦。1962年埃塞强制取消联邦制，宣布厄为其一个省。在此前后，厄立特里亚解放阵线成立，开始了争取厄独立的武装斗争。

政　治

厄立特里亚人民曾长期为厄独立而斗争。早在1958年，流亡国外的一些人士成立了"厄立特里亚解放运动"。1961年9月，"厄立特里亚解放阵线"成立，并开始进行武装斗争。1969年解放阵线部分成员另组"厄立特里亚人民解放阵线"(厄人阵)，加强了武装斗争。埃塞俄比亚政府多次对厄反政府武装进行镇压，1970年底宣布对厄实行军管。1974年厄反政府武装几乎控制了厄整个地区。1977～1978年埃塞俄比亚政府军发动反攻，夺回对厄的控制权。此后交战双方进入相持阶段。80年代末厄反政府武装逐渐在军事上取得优势。1991年厄人阵同埃塞俄比亚的其他解放组织向政府军发起大规模进攻，5月21日门格斯图政权倒台，24日厄人阵部队在厄全境取得胜利。29日，厄人阵宣告厄临时政府成立，组成28人的国务委员会，由伊萨亚斯·阿费沃尔基任总书记和武装部队总司令。与此同时，厄临时政府与埃塞过渡政府达成协议，同意由1993年4月在联合国监督下的厄全民公决决定厄是否独立。在公决决定独立前，厄人阵规定，厄境内不允许多党活动，国内一切事务均由厄人阵主宰；但又声称，厄独立后将实行多党民主制，经过一段过渡期后，厄人阵将终止活动。1993年4月23～25日，厄举行全民公决，结果99.8%的人赞成独立。4月27日，厄宣布独立。埃塞过渡政府随即宣布接受这一投票结果，承认厄为一个独立的主权国家。5月21日，厄国民议会选举阿费沃尔基为厄首任总统。5月24日凌晨，厄正式宣告独立并举行开国庆典，有黄色橄榄枝图案的红、蓝、绿三色旗冉冉升起。

【政治组织】厄立特里亚人民解放阵线：简称"厄人阵"。成立于1969年。由1961年成立的厄立特里亚解放阵线分裂出的部分人士另组而成。约有10万人的武装力量。政治目标是争取厄立特里亚的独立。主席伊萨亚斯·阿费沃尔基。

【重要人物】伊萨亚斯·阿费沃尔基：总统。1946年出生于一个小商贩家庭。1962年中学毕业。后入亚的斯亚贝巴大学工程系学习，三年后辍学加入厄解放阵线，随后任厄解放阵线政治委员。1969年底因策略分歧退出厄解放阵线，另组建厄人民解放阵线。1977年当选为该阵线副总书记，1987年当选为总书记至今。1991年5月29日厄临时政府成立后任临时政府秘书长兼军队总司令。1993年5月21日当选总统。懂英、法、德、阿拉伯等五门外语。

经　济

为恢复和重建经济，厄政府决定奉行市场混合经济政策，重要经济部门和资源由国家控制，鼓励私有企业，减少国家干预，鼓励国内外私人投资。为吸引外资，临时政府制定了投资法，规定给外资5年免税和降低进口税等优惠。但由于30年内战和连续不断的干旱影响，厄经济至今未摆脱困难，经济恢复进展缓慢，外国投资数额不大。据统计，厄人均国民生产总值115美元。

农业是厄经济支柱，全国80%的人口从事农业，其中35～40%的人口从事畜牧业和农牧业。1991年农产品产量7万吨，1992年达到约25～30万吨。但粮食仍不能自给。为优先发展农业，争取粮食自给，两年来厄临时政府重新分配了土地，开放了农村自由市场，并向农民发放种子、农具、耕牛、化肥，兴修水利，植树造林。农民生产积极性有所提高。

工业凋蔽，严重开工不足。主要有纺织、食品加工、皮革、玻璃器皿、制鞋等工业。埃塞工业的1/3集中于此。到战争结束时，厄境内的40家国营工厂和600家私营企业均已瘫痪。尽管临时政府采取非国有化、免税等优惠政策，但终因基础设施破坏殆尽，缺乏零部件，加之能源短缺，开工率在30%左右，失业率高达50%。

马萨瓦—阿斯马拉—阿戈达特—萨布德腊特铁路为交通干线。此外还有法特马港—库卢利铁路。马萨瓦、阿萨布为主要海港。

对外关系

奉行和平、不结盟、睦邻友好的对外政策，在和平共处原则的基础上发展与所有国家的关系。支持世界各国正义与民主运动。厄与埃塞历来关系密切，双方已宣布仍将保持和发展这种关系。厄的独立使埃塞成为一个内陆国，厄同意埃塞使用其两个红海港口。厄自宣布独立以来，许多国家宣布承认厄并与之建立了外交关系。1993年5月28日，厄成为联合国第183个成员国。6月4日，非洲统一组织接纳厄为其第52个成员。

【同我国的关系】1993年5月24日两国建交。外交部副部长杨福昌作为中国政府特使参加了厄立特里亚的开国庆典。阿费沃尔基总统会见了杨福昌副外长，并进行了友好的谈话。杨副外长向厄总统递交了中国国家主席江泽民和总理李鹏就厄立特里亚独立给他的联名贺电。杨福昌副外长和厄外交部长马哈茂德·谢里夫就发展两国关系举行了会谈。在这之前，杨福昌副外长和厄经济发展与计划部长滕赛签署了中国向厄立特里亚提供贷款的协议和中厄两国经贸合作协议。

(公　抒)

欧洲

阿尔巴尼亚

国名 阿尔巴尼亚共和国(The Republic of Albania)。

面积 28748平方公里。

人口 330万(1992年)。其中阿尔巴尼亚人占98%,少数民族中希腊族58700多人,马其顿族4690多人,黑山、塞尔维亚、克罗地亚族100多人,其他民族1260多人。全国通用阿尔巴尼亚语。1990年解除对宗教的禁令。信奉伊斯兰教、东正教和罗马天主教。

首都 地拉那(Tirana),人口374000多人。

国家元首 共和国总统萨利·贝里沙(Sali Berisha),1992年4月就任。

简况

位于东南欧巴尔干半岛西岸。北部和东北部分别与南斯拉夫联盟和马其顿接壤,南部和东南与希腊为邻,西临亚得里亚海和爱奥尼亚海,隔奥特朗托海峡与意大利相望。海岸线长472公里。属亚热带地中海型气候。平均气温1月1~8℃,7月24~27℃。1190年建立封建制公国。1415年起被土耳其统治近500年。1912年11月28日独立(1992年11月阿议会确定该日为国庆日)。一次大战中被奥匈、意、法军占领。1920年11月伦敦大使会议承认阿独立。1925年成立共和国。二战期间先后被意、德法西斯占领。1944年11月29日全国解放。此后阿劳动党(原共产党)一党执政47年。

政治

1992年是阿政治体制发生根本变化的一年。劳动党在3月22日的议会大选中失利,失去了二战后一直掌握的政权。成立仅一年多的民主党获得绝对多数,成为执政党,基本结束了自1990年底开始的国家政体转变的过程。

阿于1991年3月举行了第一次多元议会选举,原执政党劳动党获胜,任期本该4年,但在以民主党为首的反对派一再强烈要求下,提前举行大选,结果沦为在野党。民主党获得议会多数席位,该党一些主要人物担任了国家元首、议长、政府总理等职,组成了有其他党派却无社会党参加的多元政府。民主党政府主张政治多元化,经济私有化,社会西方化,对外主张以发展对西欧和美国的关系为主。政府的短期目标为稳定社会秩序和民心,推进"休克疗法"式的激进改革,通过争取外援来解决人民的口粮,渡过国家经济危机。民主党执政后,通过了一系列决议、决定或立法,取缔共产党,撤换大批原劳动党的干部和所有驻外使节,拘捕前党和国家领导人,软禁前国家总统阿利雅,基本完成了土地私有化,开始对商业、服务业、运输业实行私有化,放开了除主要食品外的商品价格,取消前政府给待业职工发给80%工资的决定,改为实行社会保险制度。

1992年党派之争仍很激烈,除原有的民主党与社会党斗争激烈外,民主党内部也因意见不和发生分裂,由原民主党副主席阿·伊玛米等人发起组建新党——阿尔巴尼亚民主联盟,使民主党在议会中的席位有所减少。原来与民主党为同盟关系的社民党、共和党也对执政后的民主党开始表示不满,提出提前大选和改组政府的要求。

新政府成立后,局部性的社会动乱仍时有发生。5月,9000名铁路工人举行总罢工,要求改善生活和工作条件;7月,数千名阿居民闯入地拉那使馆区要求出国,与警方发生冲突。另有近百名军人在发罗拉附近劫持一军船逃往意大利。8月,波利昌军工厂千名工人罢工,并与治安部队发生冲突。社会党一议员还因此次事件被取消了议员的豁免资格。

【宪法】1946年3月14日制宪会议通过共和国第一部宪法,后又数次修改。1991年4月,议会通过《宪法主要条款法》,规定阿为议会制共和国,将原国名"阿尔巴尼亚社会主义人民共和国"改为"阿尔巴尼亚共和国",总统为国家元首,由议会秘密投票选举产生,可连任两届,不得担任法律规定以外的职务,如是议员须放弃议员资格。禁止各政党在国防部和内务部、军事机关、外交部和驻外机构、司法检查部门进行活动。阿是非宗教化国家,国家尊重公民的宗教信仰自由。国家经济建立在多种所有制和国家调控的基础上。法人和自然人有责任根据其收入按比例向国家纳税。保证外国人在阿投资、建立合资或独资企业的权利和汇出利润的权利。

【议会】人民议会为最高国家权力机关,也是唯一立法机关,每届任期4年,每年至少召开4次会议。本届议会为第13届人民议会,是1992年4月根据多数制和比例制相结合的办法选举产生,共有议席140个,其中民主党92席,占议员总数的65.71%;社会党38席,占27.14%;社会民主党7席;人权联盟党2席;共和党1席。议长皮·阿尔布诺里(Pjeter Arbenori),1992年4月6日就任。议会下设10个专门委员会。本届议会在10个月的时间里,已通过各项法律110项。

【政府】部长会议是国家最高权力执行机关。本届部长会议于1992年4月18日经议会批准成立,为战后近50年来第1届非共产党政府。部长会议主席亚历山大·梅克西(Aleksander Meksi),部长会议副主席兼农业食品部长雷杰普·乌卡(Rexhep Uka),部长会议副主席兼公安部长巴什基姆·科普利库(Bashkim Kopliku),部长会议秘书长武尔内特·阿代米(Vullnet Ademi),财政和经济部长根茨·鲁利(Genc Ruli),外交部长阿尔弗莱德·塞雷齐(Alfred Serreqi),司法部长库德雷特·切拉(Kudret Cela),工业、矿产和能源部长阿布杜拉·扎亚(Abdyl Xhaja),外贸和对外经济关系部长阿尔坦·霍查(Artan Hoxha),国防部长萨费特·茹拉利(Safet Zhulali),交通运输部长法托斯·比廷斯卡(Fatos Bitincka),建设、住房和国土规化部长伊利尔·马努希(Ilir Manush),卫生和环境保护部长特里坦·谢胡(Tritan Shehu),教育部长于利·韦伊西乌(Ylli Vejsiu),文化、青年和体育部长西米特尔·阿纳格诺斯蒂(Dhimiter Anagnosti),旅游部长奥斯曼·谢胡(Osman Shehu),劳动、移民、社会救济和救济受政治迫害者部长达沙米尔·谢希(Dashamir Shehi),科学技术委员会主席马克西姆·科诺米(Maksim Konomi),国家监察委员会主席布莱里姆·切拉(Blerim Cela)。

【司法机构】最高法院和各级人民法院行使审判权。最高法院和总检察院由人民议会选举产生。最高法院院长努罗·霍蒂(Nuro Hoti)。马克西姆·哈吉亚(Maksim Haxhia)于1992年4月由民主党提名担任总检察长,9月又因"在职期间不执行法律"被民主党占多数的议会解除职务。12月议会选举阿卢什·德拉高什(Alush Dragosh)任总检察长。

【政党】阿自1990年底开始实行多元化以来,改变了仅有一党的局面,各种政党纷纷成立,现有党派近30个。

(1)阿尔巴尼亚民主党(Partia Demokratike e Shqipërisë):1990年12月成立。有党员10万余人。在1992年3月议会大选中,该党获得议会的多数席位,成为执政党。原党主席萨利·贝里沙当选共和国总统。现党主席埃德瓦尔·塞拉米(Edvard Selami),地拉那大学哲学教师,党的创始人之一,1992年8月,民主党召开全国非常代表会议,将包括原副主席阿尔班·伊马米(Arben Imami)在内的7人开除出党。该党主张走和平民主的议会道路,搞市场经济和私有化。

(2)阿尔巴尼亚社会党(Partia Socialiste e Shqiperise):1991年6月由原劳动党(共产党)改名而来,但自称是一个"全新的党"。有党员10万人,主要成员为劳动党党员。在1992年3月的议会大选中失败,沦为在野党。现在议会中有议席38个,为阿国内第二大党。6月20日社会党召开全国第一次代表大会,法托斯·纳诺(Fatos Nano)连任党主席。该党为中左派党,主张建立民主社会,走向欧洲,但反对在经济上搞激进的改革,反对全盘否定阿解放几十年来的历史。该党在7月举行的全国地方选举中获胜,掌握了半数以上的地方政权。

(3)民主联盟党(Aleanca Demokratike Shqiptare):1992年11月成立,由民主党内分裂而来,党的领导多为原民主党的高层人士。主要成员为知识分子。主席奈里丹·柴卡(Neritan Ceka)曾担任过民主党的副主席。该党为中右派,主张将阿建成西欧式的国家,通过多元合作与各党圆桌会议的方式解决国内政治、经济危机。该党在议会中有议席6个。

【重要人物】萨利·贝里沙:总统、武装部队总司令、国防委员会主席。1944年生于特罗波亚,1967年毕业于地拉那大学医学系,1972年加入劳动党。曾任党的支部书记、党中央领导人的保健医生。1980年赴法国进修,获医学博士学位,回国后任医学教授、心脏科医生。1990年12月发起组建阿第一个反对党民主党。1991年2月担任该党主席。1991年3月,在阿第一次多元议会选举时当选为议员。1992年4月,当选为共和国总统。已婚,有一子一女。

经　济

阿正处在从计划经济体制向市场经济体制过渡时期。民主党4月执政后政府在其施政纲领中提出的经济改革计划是,农业土地私有化,加快商业、服务业、渔业的私有化,第二步进行轻工和食品工业私有化,对重工业则需4～5年的时间。工业私有化的办法是免费向成年人发放有价证券,向私人出售、拍卖、建立合资企业或同外国人签订管理合同等,鼓励私营企业,实行住房私有化,全面放开物价,放开商业和外贸。随后又在美国和欧共体专家指导下制定了阿经济改革短期战略和实施措施,承认阿经济遭到严重破坏,其程度相当于第二次世界大战造成的破坏,正处于全面、深刻的经济危机之中。自1989年以来,国内生产总值每年递减50%。尽管新政府制定并部分落实这些激进改革措施,1992年阿国民经济仍未摆脱严重的危机,国民生产总值下降

25%，农业产量只达正常年景的一半，全国食品供应主要靠外来援助，工业生产下降60%，大部分企业因缺乏原材料、能源或机器设备严重损坏而停工，失业人口骤增，国家财政亏空，经济秩序混乱，人民生活水平降低到了空前的水平。

国民生产总值(1992年)：25亿美元。

国民生产总值增长率(1992年上半年)：－10～－11%。

货币名称：列克；1列克＝100钦达尔卡。

汇率(1992年12月)：1美元＝100列克。

通货膨胀率(1992年月平均)：10%。

失业率(1992年)：30%。

【资源】主要矿藏有：石油、沥青、铬、铜、镍、铁、煤等。水力资源较丰富。

【工业】阿现有合资企业70多家，资金总额6000万美元。1992年工业生产各项指标比1991年大幅度下降，石油上半年产量为29.4万吨，下降48%；天然气4600万立方米，下降72%；电力8.57亿度，下降58%；铬矿8.6万吨，下降86%；原煤11.4万吨，下降89%；采矿下降70%，化肥30%，轻工50%，建材70%，运输50%。

【农业】全国有耕地面积709800公顷，其中农田占82.9%。1992年粮食产量为37万吨。截至1992年底，全国土地私有化达90%以上，原农业生产合作社已解散。原属集体的农业机械、牲畜、果木也都分到农户。阿全国现有小牲畜350万头。

【交通运输】以公路运输为主。公路总长7450公里，铁路总长720公里。都拉斯港是全国最大的海港，大部分外贸物资由此出入。该港与意大利的里雅斯特港和巴里港有轮渡。地拉那有通往雅典、罗马、布达佩斯、布加勒斯特、苏黎世、巴黎和索非亚7条国际航线，其中大部分由外国航空公司的飞机往返飞行。1992年成立了第一家阿与外国合营的航空公司，有飞机飞往罗马和苏黎世。地拉那里那斯机场是唯一的民用机场。

【财政金融】处于最严重的时期。1991年国家财政赤字达55亿列克，1992年比1991年多3倍。外债总额达6亿美元。

【对外贸易】同50多个国家和地区有贸易往来。1992年进出口总额为1.6亿美元。进出口贸易额中，私人公司占了相当比重，接近一半。

【外国资本】为了引进外资，议会通过了有关法律，政府采取了相应措施，但由于政治、经济、法律、社会诸因素，迄今得到外资总额为1亿多美元。

【外国援助】一年多来，阿从外国、主要是欧共体国家和国际货币基金组织等国际金融机构获得援助9亿美元，其中大部分为人道主义的食品援助。

人民生活

1992年全国平均月工资为1000列克。自8月1日起放开了所有价格。食品价格上涨了300～400%，列克贬值55%，国家机关和企业职工生活水平下降了3～3.4%。

军　事

阿尔巴尼亚人民军原名阿尔巴尼亚民族解放军，1943年7月10日建立，此日被定为建军节。1992年11月，阿多元议会作出决定，将建军节改为12月4日。共和国总统是武装部队总司令和国防委员会主席。国防部是全军最高作战指挥机构。总参谋长伊利亚·瓦绍(Ilia Vasho)。阿实行义务兵制；服役期限：陆军2年，海军、空军和特种专业兵3年。1991年11月恢复军衔制。与意大利、土耳其、美国等军队有合作关系。自1991年底至今，意大利800多名官兵驻阿分发欧共体援阿物品。总兵力40400人，其中陆军30000人，海军3200人，空军7200人。军费开支占国家预算的10%。

文化教育

【教育】实行8年制义务教育。地拉那大学是全国最高学府。另外新设有地拉那农业大学、斯库台师范大学。全国中小学生在校人数约为80万。

【新闻出版】全国各种报刊约160种，其中主要有：《民主复兴报》，周六刊，发行量10万多份；《人民之声报》，周六刊，发行量不足10万份；《共和报》；《选择报》；《团结报》，周一刊；《工会会员报》，周二刊，独立工会报，1991年创刊；《青年之声报》；《明镜报》，原名《劳动报》；《光明报》；《十一月》。

1992年，或因纸张供应紧张、或因印刷厂罢工，报纸出版工作不正常。

阿尔巴尼亚通讯社为国家通讯社。地拉那广播电台为国家广播电台，除对内广播外，还有对阿侨广播和用多种外语对外广播。阿尔巴尼亚电视台为国家电视台，1981年开播彩色电视节目，现在每天播放节目十余个小时。阿通社和广播电视局独立于各政党，广播电视局直属阿议会。

对外关系

民主党执政后在其施政纲领中确定了其外交政策的中心，即推动国际社会支持阿向民主和市场经济过渡，同时努力使阿尔巴尼亚人问题国际化。为此，阿把同美国、西欧的关系放在首位，把这些国家视为阿新民主的可靠后盾。新政府领导人，总统、议长、总理、外长等人先后出访了美国、法国、意大利、欧共体。意大利、土耳其和希腊总理、美副国务卿及德、意、奥外长先后访阿。在优先发展对西方国家关系的同时，阿也注重发展同阿拉伯国家的关系，1992年，阿成为加入伊斯兰会议组织的第一个欧洲国家。

作为原南斯拉夫的邻国，阿尔巴尼亚极为关注这一地区的局势。主张在国际社会的干预下，通过和平手段解决地区冲突，要求派联合国维持和平部队控制局势，防止冲突进一步扩大。

1992年，阿与沙特阿拉伯、波黑建立了外交关系。阿提出申请加入北约，还积极参与地区合作，如黑海经济合作会议等。

【同我国的关系】1949年11月23日中阿两国建立大使级外交关系。1954年互设大使馆。50～70年代两国曾有过亲密的友好合作关系，1978年双边关系出现曲折。1983年两国先从贸易往来开始，恢复了双边交往。1989、1991年阿副外长、外长先后访华；1990、1992年我副外长两次访阿，保持了两国外交部间的接触。

1992年4月11日，杨尚昆主席和万里委员长分别电贺阿新任总统贝里沙和议长阿尔布诺里。4月21日，李鹏总理和钱其琛国务委员兼外长分别电贺阿新任总理梅克西和外长塞雷齐。5月19日，李鹏总理会见了即将离任的阿尔巴尼亚驻华大使帕帕约尔吉。7月25～27日，中国外交部副部长田曾佩访问阿尔巴尼亚，与阿副外长斯塔罗瓦就两国关系和共同关心的国际问题举行了会谈。阿总统、总理分别会见了田副部长。8月26日，阿尔巴尼亚新任驻华大使埃莱兹向杨尚昆主席递交了国书。9月30日，阿总统夫妇应邀出席我驻阿使馆国庆招待会，这是1978年以来的第一次。11月，在中国驻阿尔巴尼亚大使顾懋萱离任之际，阿总统、议长、总理分别会见了顾大使，都表示了对华的友好感情。

1992年，由于阿尔巴尼亚国内局势变化和经济困难等原因，两国官方贸易基本停止，仅有为数不多的私商成交了几笔买卖，商品交易额约为180万美元。

1992年11月，中国红十字会向阿红十字会捐款1万美元，用于救济阿北方水灾地区。12月，中国无偿援阿价值50万元人民币的医疗器械。根据中阿两国1991～1992年文化教育交流计划，1992年中方接受了两名阿尔巴尼亚公费进修生。10月，在地拉那举办了中国工艺品展览。应中国对外友协和全国总工会的邀请，阿中友协和阿工会联合会代表团分别对中国进行了访问。

中国驻阿尔巴尼亚共和国大使：顾懋萱（女，至1992年11月）。馆址：地拉那斯堪德培街57号。电话：(00355-42)32385。传真：(00355-42)33159。商务处电话、传真：32077。

阿尔巴尼亚驻中国大使：塔希尔·埃莱兹（1992年8月上任）。馆址：北京光华路28号。电话：5321120。商务处电话：5321116。

阿与台湾无官方正式关系。

【同美国的关系】1991年3月阿美两国在华盛顿签署复交备忘录，结束了自1939年以来两国关系长期中断的历史。1992年4月新政府执政纲领中，将美国列为阿对外关系的首要国家。4月，美驻阿大使向阿总统转交布什总统信函，告诉美将向阿增加价值3500万美元的援助。5月，布什总统宣布取消对阿的贸易限制，对销往美国的阿商品给予最低关税待遇，但条件是阿政府调整其移民政策。5月30日，美国副国务卿伊格尔伯格访问阿尔巴尼亚。6月15日阿总统贝里沙访问美国，与布什总统会晤。8月，布什发表声明，美国会批准给阿贸易最惠国待遇。8月底，美国第六舰队一军舰和美国军事代表团访阿。9月，阿6名驻美外交官因涉嫌调戏美便衣女警察而被波士顿警方拘捕。

【同意大利的关系】1992年阿意两国保持了频繁的高级别接触。1月，意大利国防部长访问阿尔巴尼亚，视察分发援品的鹈鹕行动情况（注："鹈鹕行动"系意大利政府应阿要求，于1991年9月向阿派出800名军人及车辆设备，帮助阿尔巴尼亚分发意大利及欧共体国家援助物品。原计划期限3个月，后又延长至今）。3月，意总参谋长率军事代表团访阿。4月意外长访问阿港口城市都拉斯，视察设在那里的"鹈鹕行动"总部。5月，阿尔巴尼亚总统贝里沙出访梵蒂冈，顺访意大利；8月，贝里沙总统访问意大利。9月，阿总理梅克西访意。10月，意大利—阿尔巴尼亚联合银行成立。12月意大利总统斯卡尔法罗访阿，两国签署航空运输及和平开发大陆架和利用地下资源两个协定。近两年来，意大利向阿提供的经济援助约1.8亿美元，居西方国家之首。

【同土耳其的关系】1992年1月，阿军参谋长率军事代表团回访土耳其。阿外长也同期对土进行了访问。3月，阿民主党主席（后任共和国总统）贝里沙访问土耳其。5月，土总理德米雷尔率团访阿。双方签署睦邻友好、投资保护、公安合作、各领域合作等4个协议。土向阿提供5000万美元贷款，另给一些人道主义援助。8月，土耳其驱逐舰访问阿港口城市都拉斯；阿国防部长率高级军事代表团访土。9月，阿总参谋长率团访土。11月，土国防部长访阿，双方签署《两国政府军事训练合作协议》与《国防技术合作协议》。

【同英国的关系】两国于1991年5月复交后，便开始就双边关系中的黄金、沉船悬案进行专家级谈判。1992年5月阿英两国达成协议，英国归还二战期间由德国掠走、一直存在英的阿黄金1.574公斤，价值1800万美元。与此同时，阿赔偿二战期间英国两艘军舰在科孚海峡被水雷击中所造成的损失200万美元。7月英国外交大臣赫德访问阿尔巴尼亚。12月，英皇家海军一驱逐舰对阿进行友好访问。

【同欧共体的关系】1992年1月，欧共体向阿派出常驻代表，同时作为阿财政部的经济顾问。5月，阿尔巴尼亚总统贝里沙访问布鲁塞尔，会见德洛尔主席。同月，阿总理梅克西率政府代表团参加在布鲁塞尔举行的部长会议，并与欧共体签经贸合作协议。7月，应阿方要求，二十四国集团在阿首都地拉那召开会议，讨论研究援阿问题。至此时，欧共体国家已向阿提供了价值9亿美元的援助，其中80%已落实。会上，欧共体承诺至1993年夏收前，再向阿提供一些食品援助。11月，二十四国集团代表在地拉那开会，讨论落实7月会议精神，决定1993年向阿提供1亿美元的农业援助，并要求阿对国营农场实行私有化。12月，双方于5月份签的经贸合作协议生效，互相提供最惠国待遇。同月，欧共体向阿提供65万美元的援助物品，用于救助水灾地区。

（阿 组）

爱 尔 兰

国名 爱尔兰(Ireland)。

面积 68890平方公里(《经济季评》1992/1993)。

人口 352万(1991年)。绝大部分为爱尔兰人。官方语言为爱尔兰语和英语。居民94%信奉罗马天主教，其他信奉基督教新教、长老会等教派。

首都 都柏林(Dublin)，人口102.4万(1992年)。

国家元首 总统玛丽·罗宾逊(Mary Robinson)夫人，1990年12月3日就职。

简 况

位于欧洲西部的爱尔兰岛南部。西濒大西洋，东北与英国的北爱尔兰接壤，东隔爱尔兰海同英国相望。海岸线长3169公里。温带海洋性气候。平均气温1月4℃，7月15℃。公元432年圣帕特里克到此传播基督教及罗马文化。12世纪进入封建社会。1169年英国入侵。1541年起英王成为爱尔兰国王。1916年都柏林爆发抗英的"复活节起义"。1921年12月6日英被迫允许爱南部26郡成立"自由邦"，北部6郡仍归英国。1937年爱宣布"自由邦"为共和国，仍留在英联邦内。1948年12月21日脱离英联邦。1949年4月18日英承认爱独立，但拒绝归还北方6郡。

政 治

1992年共和党与进步民主党继续联合执政，2月12日雷诺兹接替豪伊的总理职位之后，政局仍然不稳。10月爱尔兰高等法院就爱曾违反禁运向伊拉克出口牛肉一案进行审查，联合政府工商部长奥马利(进步民主党)和总理雷诺兹(共和党)互相攻击，雷指责奥过去的作证是"不负责任和不诚实的"，奥则认为雷实际上是指控他犯有"伪证罪"，要求雷收回指控。二者互不相让，奥遂携另一进步民主党内阁部长退出联合政府。随即共和党在对政府的信任案表决中失利，被迫宣布解散议会，于11月26日举行大选。大选后由共和党和工党组成联合政府。新政府于1993年1月13日正式组阁。雷诺兹继续任总理，工党领袖迪克·斯普林任副总理兼外长。

【宪法】现行宪法于1937年6月14日经议会通过，同年12月29日生效，后修改过10次。宪法规定：爱尔兰国体为共和国，领土包括爱尔兰全岛及其所属岛屿和领海；总统由选民直接选举，任期7年，有权召集和解散议会，任命内阁总理及阁员，并兼任军队统帅。

【议会】由总统和参众两院组成。众议员按比例代表制选举产生，任期5年。本届众议院于1992年12月14日选出，为第27届议会，共有166名议员。议席分配是：共和党67席，统一党45席，工党33席，进步民主党9席，其他12席。参议院60名议员，其中11名由总理提名，6名由大学选出，43名由全国五大行业(文教、农渔、工商、行政、职工)选出。本届参议院于1989年10月选出。议长肖恩·多尔蒂(Sean Doherty)，1989年11月1日就任。

【政府】1993年1月13日共和党和工党组成本届联合政府。内阁共有15名成员(工党6名)，包括：总理阿尔伯特·雷诺兹(Albert Reynolds)，副总理兼外交部长迪克·斯普林(Dick Spring)，财政部长伯蒂·艾亨(Bertie Ahern)，社会事务部长迈克尔·伍兹(Michael Woods，原渔业部长)，司法部长梅尔·盖根—奎因夫人(Mrs. Maire Geoghegan-Quinn，原旅游、运输及交通部长)，就业及企业部长卢艾利·奎因(Ruairi Quinn)，环境部长迈克尔·史密斯(Michael Smith)，国防及海事部长大卫·安德鲁斯(David Andrews，原外交部长)，农业及食品部长乔·沃尔什(Joe Walsh)，旅游及贸易部长查利·麦克里维(Charlie Mc Creevy，原社会福利部长)，运输、能源及交通部长布赖恩·考恩(Brian Cowen，原劳工部长)，平等及法律改革部长默维恩·泰勒(Mervyn Taylor)，艺术、文化及爱尔兰语事务部长迈克尔·希金斯(Michael D Higgins)，卫生部长布伦丹·豪林(Brendan Howlin)，教育部长尼亚姆·布利斯纳奇夫人(Mrs. Niamh Bhreathnach)。

【司法机构】最高法院为最高司法机关，由大法官和其他6名最高法院法官组成。下设高等法院、巡回法院和地区法院。法官由政府推荐，总统任命。大法官托马斯·芬雷(Thomas Finlay)，总检察长约翰·默里(John Murray)。

【政党】爱尔兰共有9个政党。其中较有实力的有：共和党、统一党、进步民主党和工党。

(1)共和党(Fianna Fail)：1926年成立，为爱第一大党，党员约7～8万。1992年1月30日，领袖豪伊因电话窃听丑闻案被迫宣布辞职。2月6日，该党议会党团会议以绝对多数选举阿尔伯特·雷诺兹(原译艾伯特·雷诺兹)为领袖。

(2)统一党(Fine Gael)：1933年成立，党员约1.9万。领袖约翰·布鲁顿(John Bruton)，1990年11月20日就职。

(3)进步民主党(The Progressive Democrats):1985年12月21日成立,党员约1万。领袖德斯蒙德·奥马利(Desmond O'Malley)。

(4)工党(The Labour Party):成立于1912年。现有党员约7000人。领袖迪克·斯普林(Dick Spring)。

(5)新芬党(Sinn Fein):1905年成立。1970年分裂为"正式派"和"临时派"。主张用武力实现南、北爱统一,与非法军事组织"爱尔兰共和军"相互支持。领袖加里·亚当斯(Gerry Adams)。

(6)工人党(The Workers' Party):由新芬党"正式派"组成,1977年定名为新芬工人党,1982年改称现名。党员约3000多人(包括北爱支部)。在工人中有较大影响。1992年2月前党主席德罗萨等人分裂出去,力量有所削弱。现任党主席玛丽安·唐纳利女士。

(7)民主左派党(The Democratic Left):1992年2月从原工人党分裂出来。称其目的是要"扩大民主以建立自由的社会主义社会"。在部分工人中有影响。成员不足千人。领袖普伦希亚斯·德·罗萨(Proinsias de Rossa)。

(8)绿党(The Green Party):1982年成立,在中青年中较有影响,在政界影响不大。约有党员500人。党的协调人罗吉尔·加兰。

(9)爱尔兰共产党(The Communist Party of Ireland):1933年6月成立。原名爱尔兰工人党,1970年3月与北爱共产党合并,改称现名。党员约200人。领袖迈克尔·奥瑞登(Michael O'Riordan)。

【重要人物】玛丽·罗宾逊:总统。无党派人士。1944年5月21日生于爱西部的梅奥郡,其父是医生。天主教徒。1963～1967年在都柏林三一学院法律系学习,毕业后赴美国哈佛大学法律系进修一年。曾获文科硕士学位、法学学士学位和法学硕士学位。1969年晋升为三一学院法律系教授,同年当选为爱尔兰参议员。1976年加入工党,1985年退党。1988年创建"爱尔兰欧洲法律中心"。多年来,一面从事教学,一面从事律师工作。1990年底任总统。丈夫尼古拉斯·K·罗宾逊,新教徒,职业律师。　**阿尔伯特·雷诺兹**:总理。1935年11月生于罗斯科门郡。毕业于斯来果郡的萨默黑尔学院。曾任朗福德郡的议会议员、农业委员会委员、卫生委员会委员和郡商会主席。1977年进入众议院(议会)。1979～1981年任邮电部和运输部部长,1982年3～12月任工业与能源部长。自1983年以来,任共和党副领袖。1983年3月至1984年10月任共和党工业与就业事务发言人,1984年10月至1987年3月任该党能源事务发言人。1987年3月至1988年11月任工业与商业部长。1988年11月、1989年7月两次任财政部长,1991年11月被总理豪伊解职。1992年2月当选共和党领袖,2月12日正式担任总理。1993年1月13日起连任。

经　济

爱尔兰在传统上是个农牧业国。80年代后半期,由于政府采取紧缩政策,经济回升,逐渐走出低谷。自1991年以来,爱经济受到西方经济衰退的严重影响,但1992年经济仍保持了低增长势头,国内生产总值增长2.5%,债务对国民生产总值比率为104%,进出口贸易顺差28亿爱镑,经常性国际收支盈余19亿爱镑。失业问题仍然严重,失业人数高达30万。

国民生产总值(1992年):254亿爱镑。

人均国民生产总值(1991年):6536爱镑。

国民生产总值增长率(1992年):1.5～2%。

人均收入(1991年):5148爱镑。

货币名称:爱尔兰镑;1爱镑=100便士。

汇率(1991年):1爱镑=1.61美元;

1爱镑=0.91英镑。

通货膨胀率(1992年年底):3%。

失业率(1992年):20.8%。

【资源】铅锌矿已探明的储量为9840万吨,是欧洲最大的铅锌生产国之一。还有一定含量的重晶石、铜、磷酸盐、石膏矿等。泥煤蕴藏丰富,分布占全国面积的15%,泥煤发电占电力供应的18%。天然气储量估计为382亿立方米,能提供20%的能源,可开采20年。所需能源的49%依靠进口石油。全国森林覆盖率为5%。

【工业】1991年工业产值(包括建筑业)90.60亿爱镑,占国民生产总值的42%。爱尔兰的工业主要分为食品、饮料、烟草、纺织、制衣、制鞋、木材加工、造纸、化工、采矿、金属、机械制造业等几大部分。到1991年4月止,工业从业人员人数32.2万,占总就业人数的27.1%。主要工业生产指数如下(1985年=100):

	1989	1990	1991
化工	144.8	147.2	181.5
金属与机械	178.1	186.3	185.1
食品	126.2	128.9	136.5
纺织	111.1	117.2	119.0
服装制鞋和皮革	87.0	86.8	77.2

【农业】以畜牧业为主,粮食不能自给。主要农作物有小麦、燕麦、马铃薯、甜菜等,约占全部农产品的11%。牛在畜牧业中占重要地位,牛肉、活畜和乳制品占全部农产品出口的70%。耕地面积为82%,其中76%用于草场(1990年的统计)。1991年农业生产总值31.295亿爱镑,约占国内生产总值的8.5%。农业从业人员15.5万,占总就业人数14%。主要农牧产品产值如下(单位:亿爱镑):

	1989	1990	1991
牛	12.08	12.14	11.91
猪	1.75	1.76	1.82
羊	1.65	1.42	1.50
家禽	0.91	0.99	
牛奶	11.90	10.42	9.69

大麦	1.11	0.98	
小麦	0.47	0.61	
马铃薯	0.46	0.41	0.53
蔬菜	1.08	1.21	
甜菜	0.54	0.57	0.55

【旅游业】外汇收入的重要来源。1990年旅游收入15.5亿爱镑，约占国民生产总值6.8%。1991年外国游客人数为304.6万。著名旅游点有西部湖区、沿海风景区等。

【交通运输】内陆交通运输以公路和铁路为主，前者承担客运量96%，货运量90%。

铁路：总长1330英里(约2140公里)；1990年客运量2510万人次，货运量330万吨。

公路：总长92300公里；1990年有私人车辆79.6万辆。

水运：绝大多数国际贸易货物运输由海运承担；主要港口有都柏林、科克、利默里科等；1990年各港口总吞吐量3200万吨。

空运：都柏林、科克和香农3个国际机场与8个国家的29个城市有定期航班；1991年民航客运量618万人次。

【财政金融】1990～1992年政府财政收支情况如下(单位:亿爱镑)：

	1990	1991	1992
收入	82.69	87.76	93.11
支出	84.21	90.76	96.50
赤字	1.52	3	3.39

截至1991年底，外汇储备为32.56亿爱镑。1989年国际收支顺差3.71亿爱镑。1991年政府内外债总额为272亿爱镑。

【对外贸易】在经济中占有举足轻重的地位。1990年外贸出口总额(包括商品和服务)占国民生产总值的77%。1989～1991年外贸情况如下(单位:亿爱镑)：

	1989	1990	1991
出口额	146.01	143.43	150.31
进口额	122.86	124.82	128.64
差额	23.15	18.61	21.67

主要出口农畜产品、化工、医药和电子设备等；主要进口原料、半成品和能源。主要贸易对象有包括欧共体国家在内的19个国家。英国是其最大的贸易伙伴，1990年爱对英出口占其出口总额的28%，从英进口占进口总额的38.2%。

【对外援助】1991年爱对外经援为4200万爱镑，主要受援国为非洲贫穷国家。

人民生活

1991年周平均工资男工275.63爱镑，女工162.80爱镑；周平均工时男工42.8小时，女工37.0小时。1991年政府用于福利和医药健康方面的费用总计为47.0亿爱镑，占国民生产总值的19.7%。1990/91年度，95%的家庭有电视机，68%拥有电话。

军事

总统为武装部队最高统帅。武装部队直接受国防部领导。全国划分为东部、南部、西部和克拉四大军区。实行志愿兵役制，预备役期为6年，正规军服役期为3年。

1991年，现役军人为1.29万人(100人为女兵)，其中海军900人，空军800人。爱派驻外国的维持和平部队约有854人，主要驻地为黎巴嫩及中东地区。1991年国防费用为3.20亿爱镑，占国民生产总值的1.2%。

文化教育

【教育】中、小学实行义务教育，大学由国家提供部分经费。1991年政府支出的教育经费为13.48亿爱镑，占国内生产总值的5.2%。1989/90年度在校学生96.9万，其中小学生占58%，中学生35%，大学生7%。著名大学有：1908年成立的爱尔兰国立大学，下设4所学院；1591年成立的都柏林大学，下设"三一"学院。

【新闻出版】全国性日报8种，1989年上半年总发行量160万份。此外还有5种星期日报及许多周报、月报和杂志，地方性报纸80余种。主要报刊有《爱尔兰独立报》、《爱尔兰时报》和《爱尔兰新闻报》。英国报纸和杂志销量很大。

爱尔兰国家广播电视公司有2个电视节目台和2个广播节目台。

对外关系

奉行中立政策，不参加任何军事集团，重视发展同英美及欧共体的关系。重视联合国的作用。积极参加维持和平部队，支持裁军。主张同发展中国家进行合作，赞成南北对话。

在重大国际问题上基本上同欧洲共同体采取一致的立场：反对军备竞赛，要求两个核大国履行削减一半核武器的承诺。支持核不扩散条约，要求签署全面核禁试条约和早日达成禁止生产、拥有和使用化学武器的国际协议；认为"人权无国界"、"人权高于一切"，对人权关心不构成对别国内政的干涉；认为发展中国家的债务、产品价格低、资金减少及环境等是威胁人类生存的问题。主张应优先考虑缓解贫困、消除饥饿、缩小富国与穷国间的差距；主张西欧联合自强，支持欧洲一体化进程。1992年2月签署了马斯特里赫特条约并于6月18日公民投票通过。在欧共体扩大问题上，主张先接纳瑞典等富国。爱属中立国，不参加欧共体防务合作；主张建立独立、主权和领土完整的柬埔寨，在此基础上使柬问题获得公正、永久和全面解决，支持1991年10月23日柬埔寨四方签署的联合国关于全面政治解决柬问题的"巴黎协议"；一贯主张在联合国主持下召开国际中东和会，在安理会第242号和338号关于"以土地换和平"的决议下，全面、公正和永久地解决阿以冲突；支持欧共体和联合国为和平解决前南斯拉夫问题所作的努力，要求安理会采取有效措施尽快解决南问题。支持伦敦和平会议并派出军事人员参加监督团和维和部队，通过联合国难民署捐款10万爱镑，约合18万美元，并表示愿意接受前南难民200人；主张南非通过和平方式完全废除种族隔离制度，鼓励南非政府和非洲人国民大会党等进行谈判；支持南、北朝鲜成为联合国成员国，赞成双方直接政治对话。敦促朝鲜履行"核不扩散条约"和国际原子能机构的安全协议。爱同韩国有大使级外交关系，同朝鲜无外交关系。

爱已同64个国家建交。

【同我国的关系】1979年6月22日建交。1992年两国友好关系继续发展：2月李鹏总理和钱其琛外长分别致电爱新任总理雷诺兹和新任外长安德鲁斯，祝贺他们当选。6月爱中文协会会长陈敏琪率团访华。6月底，我经贸部副部长谷永江率采购团访爱。10月爱总统罗宾逊夫人和杨尚昆主席互致信函，讨论关于向索马里灾民提供紧急援助的问题。双方还有一些有关经济技术的团组互访。我航空公司租赁的爱飞机达34架。

据我海关统计，至1992年11月止，中爱贸易额为3796万美元，其中我出口1922万美元，比1991年增长9.7%；我进口1875万美元，比1991年增长45.2%。我方顺差47万美元。

我国驻爱尔兰大使：韩利利。馆址：40 AILESBURY ROAD, DUBLIN 4, IRELAND。电话：2691707，2696756。电传号：2839938。商务处传真：(01)-696966。

爱尔兰驻华大使：多兰夫人(THELMA M. DORAN)。馆址：中国北京日坛东路3号。电话：5322691。商务处电话：5322168。

爱尔兰同台湾未建立过外交关系，但近年来爱台关系有所发展。1991年爱台贸易额为2.06亿美元。台湾不断向爱投资，台驻爱办事处更名，9月台湾"环境署长"赵少康和"经济部政务次长"江丙坤去爱活动。

【同英国的关系】重视保持和加强同英国长期、稳定的友好关系。英是爱的主要经贸关系伙伴之一。到目前为止，英在爱有40家企业，投资额达30亿美元，为第二大投资者(仅次于美国)。爱从英进口占其进口总额的40%，爱对英出口占爱出口总额的30%。英在爱进出口贸易中居第二位。

北爱问题是爱英关系的重要方面。雷诺兹总理1992年2月上台后同英首相梅杰就北爱问题举行过多次会晤，并达成协议，同意就北爱问题举行定期会晤，以保持通过政治谈判解决北爱问题的势头。一年来，北爱问题虽未取得实质性进展，但谈判气氛有所改善。

【同美国的关系】爱重视同美国关系，双方关系密切。爱在美约有4000万后裔。美在爱是最大投资者；在爱进出口贸易中居第三位。

美支持爱、英通过政治谈判解决在北爱问题上的争端。自1987年以来，美向"援助爱尔兰国际基金"提供了约2亿美元的援助，部分用以发展北爱经济。雷诺兹总理于1992年3月中旬派外长安德鲁斯赴美，要求美对政治解决北爱问题继续给予支持。9月雷诺兹总理和工商部长奥马利先后非正式访美，以寻求美籍爱尔兰后裔的工商企业家来爱投资开办工厂和企业，以有利于解决爱的经济困难和失业问题。

【同前苏联各共和国的关系】同俄罗斯、乌克兰、白俄罗斯、哈萨克斯坦以及原波罗的海三国建交。爱重视同独联体的关系，密切注视独联体各国局势的发展，表示愿同国际社会一起为恢复其经济作出贡献；坚持认为独联体国家的经济改革应同政治同时进行，以利于巩固建立在法治、自由和政治多元化基础上的开放社会；对独联体国家间的冲突表示关切，要求在欧安会的框架内通过政治对话和谈判解决争端。

【同非洲国家的关系】关心非洲贫穷国家，积极参加联合国维持和平部队。外长安德鲁斯和总统鲁宾逊夫人先后对遭受严重灾害的索马里慰问和了解情况，爱总统并向联合国秘书长做了灾情报告，向有关国家领导人致信，呼吁国际社会和欧共体、联合国等国际机构给索马里灾民提供紧急救济。外交国务部长戴利出访了非洲有关国家。（耿海凌）

爱沙尼亚

国名　爱沙尼亚共和国(The Republic of Estonia)。

面积　45100平方公里。

人口　1526700人(1993年1月1日)。爱沙尼亚族占61.5%，俄罗斯族占30.3%，乌克兰族占3.1%，白俄罗斯族占1.8%。官方语言为爱沙尼亚语。13世纪起爱沙尼亚族信奉天主教，16世纪后改信基督教路德宗。19世纪中叶，部分农民改信东正教。

首都　塔林(Tallinn)，人口50.5万(1990年1月1日)。

国家元首　总统伦纳特·梅里(Lennart Meri)，1992年10月5日当选。

自然地理　位于波罗的海东岸。北临芬兰湾，东同俄罗斯联邦相邻，南与拉脱维亚接壤，西南濒里加湾。海岸线长3794公里。全境为平原，有800个大小岛屿。河流较短，河水较浅。主要湖泊:楚德湖和维特西雅尔夫湖。属向大陆性过渡的海洋性气候。2月平均气温－6℃,7月平均气温17℃。年降水量600～700毫米。

历　史

爱沙尼亚民族形成于12～13世纪。13世纪,爱人民先后击退日耳曼和丹麦人的入侵。13世纪30年代至16世纪中叶,被日耳曼十字军征服,成为立窝尼亚的一部分。16世纪末被瑞典、波兰立陶宛王国和丹麦瓜分。从17世纪中叶起瑞典又统治了全境。根据1721年尼斯塔特和约,爱并入俄国。爱人民参加了1905至1907年的革命、1917年的二月革命和十月社会主义革命。1917年10月末建立了苏维埃政权。1918年2月24日宣布独立,成立资产阶级共和国,11月29日又建立爱沙尼亚苏维埃社会主义共和国。1919年被民族资产阶级和白卫军推翻,建立了资产阶级的爱沙尼亚共和国。1934年5月发生法西斯政变。1940年6月,苏根据1939年莫洛托夫—里宾特洛甫秘密补充议定书出兵爱。7月21日建立爱沙尼亚苏维埃社会主义共和国;同年8月6日加入苏联。

政　治

1988年11月16日,爱最高苏维埃通过宪法修正案,提出爱最高权力机关在一定情况下可以中止执行苏联法律,规定土地、矿藏、水源、森林等自然资源归共和国所有。1989年11月12日,爱宣布1940年加入苏联的宣言"无法律效力"。1990年3月25日,在共产党20次代表大会上,因对是否建立独立共产党意见不一,党内分裂成独立派和苏共派;3月30日最高苏维埃宣布爱向独立"过渡";5月8日宣布改国名为爱沙尼亚共和国。1991年1月27日爱共(独立派)举行21次代表大会,通过新党章,宣布爱共是独立的政治组织。8月20日爱最高苏维埃宣布独立;8月24日爱政府通过决议停止爱共(苏共派)的活动。9月6日苏联国务委员会承认爱独立。9月17日爱加入联合国。

爱独立后,政局不稳,经济危机严重。爱沙尼亚人和俄罗斯人之间的民族矛盾尖锐,党派斗争加剧。1992年9月举行议会大选;10月选出新总统并组成独立之后的第3届政府。

【宪法】现行宪法(爱沙尼亚共和国宪法)于1991年8月20日宣布独立之后制定,1992年6月28日通过,7月3日生效。该宪法除序言部分外,共15章168条。第1章至15章的题目是:总则,基本权利、自由和义务、人民、议会、共和国总统、共和国政府、立法、财政和国家预算、对外关系和外交条约、国防、审计委员会、大法官、法院、地方政府、宪法修改条款。

【议会】一院制。职能:通过法律;决定进行全民公决;选举共和国总统;批准或宣布废除外交条约;授权总理组织政府;通过国家预算并批准国家预算执行报告;经总统提名,任命最高法院院长、爱沙尼亚银行董事会主席、总审计长、大法官以及国防军司令或总司令;经最高法院院长提名,任命最高法院各位法官;任命爱沙尼亚银行董事会董事;经政府提议,决定发放政府贷款以及国家对其他财政义务的承诺;向爱沙尼亚人民、外国政府及国际组织提出声明、宣言及呼吁;确定民族功勋位次、军衔和礼宾次序;决定对共和国政府、总理及各个部长进行不信任投票;宣布全国处于紧急状态;根据总统提议对外宣战、进行军事动员或解除动员;解决宪法所规定的总统、政府、其他国家机关或地方政府职权以外的所有行政问题。选举制度:按比例通过自由选举选出议员;实行统一、直接普选,采用无记名投票方式;年满21周岁且有选举资格的公民都可以竞选议员。共101个席位。任期4年。但本届议会任期为3年,以使新取得国籍的公民能尽早参加议会选举。本届议会于1992年9月20日产生。各党派所占议席:祖国党(包括民族联盟党、祖国党、自由民主党)29席,中间派(包括人民中间党)15席,温和派(包括社会民主党、农村中间党)12席,农村联盟8席,联合党联盟(包括联合党)8席,保皇派(包括保皇党)8席,爱沙尼亚公民党6席。10月5日余罗·努吉斯(Ulo Nugis)当选为议长。

【政府】现政府于1992年10月22日组成。主要成员:总理马尔特·拉尔(Mart Laar),外交部长特里维米·维里斯特(Trivimi Velliste),经济部长托马斯·希尔德麦(Toomas Sildmae,1993年2月5日任命),司法部长卡伊托·卡马(Kaido Kama),国防部长哈因·雷巴斯(Hain Rebas),环境部长安德列斯·塔朗德(Andres Tarand),文化部长帕乌尔—埃利克·鲁莫(Paul-Eerir Rummo),农业部长扬·列查尔(Jaan Leetsar),财政部长马迪斯·余里盖(Madis Uurike),内政部长拉格莱·帕雷克(Lagle Parek,女),社会部长马尔尤·拉乌里斯丁(Marju Lauristin,女),交通及通讯部长安蒂·梅斯特(Andi Meister),不管部部长(主管改革事务)莉娅·汉尼(Liia Hanni,女),不管部部长(主管能源事务)阿尔沃·宁登贝格(Arvo Niitenberg),不管部部长(负责同俄谈判)尤里·卢伊克(Juri Luik,1992年12月1日任命)。

【行政区划】截至1992年8月,全国划分为15个县,县下设区(28个),区下设乡(179个)和村级苏维埃(13个)。在实行自治改革期间,这13个村级苏维埃又多改为乡。至1993年初,村级苏维埃的数目降至4～5个,而乡的数目随之相应增加。有35个城市,其中6个重点城市:塔林(TALLINN)、塔尔图(TARTU)、纳尔瓦(NARVA)、派尔努(PARNU)、维尔杨蒂(VILJANDI)、瓦尔加(VALGA),另外还有29个县属镇。

【司法机构】分为三级:国家法院,地区法院,城乡法院。国家法院院长莱特·马鲁斯特(Rait Maruste)。国家法院有12位法官。检察长雷沃·乌尔盖(Leo Urge)。

宪法规定设立大法官职位,负责监督由议会、中央政府及地方政府所颁布的法令是否符合宪法。

【政党】目前较活跃的政党多是在80年代末争取独立运动期间出现的，最早出现的是民族独立党。祖国党、温和派、民族独立党为执政党；人民中间党和“安全之家”为主要在野党。民主劳动党(原爱共)和俄罗斯民主运动在议会中未占有席位。

(1)祖国党：1992年11月21日由共和联合党、基督教民主联盟、基督教民主党、保守人民党合并组成。约有1000名党员。总理拉尔任该党主席，伊沃·鲁尔(Ivo Rull)任总书记。

(2)民主劳动党：原爱共1992年11月28日爱沙尼亚共产党在塔林举行了第22次代表大会，会议决定将党的名称改为“爱沙尼亚民主劳动党”，并选举产生了新的中央委员会和中央领导人。瓦伊诺·维尔亚斯(Vaino Valjas)为党主席，赫拉尔·爱勒尔(Hillar Eller)为总书记。该党代表工薪收入者和困苦人的利益。现有党员3000多名，其中积极分子约1300人。党纲具有“社会民主主义”的性质。

【重要人物】伦纳特·梅里：总统。1929年3月29日出生于塔林。少年在巴黎和柏林上小学。1941年随父母被流放到西伯利亚，1946年返回塔林。1953年毕业于塔尔图大学历史系。1953～1955年任塔尔图“瓦涅穆伊涅”剧院创作部主任。1955～1961年任爱沙尼亚广播电台记者，之后为自由作家。1963～1971年和1976～1978年在塔林电影公司任编剧和导演。1986～1989年任爱沙尼亚作家协会秘书。1989年创建“爱沙尼亚研究所”，并任所长。1990年任爱外交部长。1992年出任驻芬兰大使，同年10月5日任现职。　**余罗·努吉斯**：议会议长。1944年4月28日出生于塔林市。1967年毕业于明斯克理工学院。1970～1973年任“特古尔”厂总工程师。1974～1980年任“EHITUSDETAIL”实验厂厂长。1980～1986年任“DUNAMO”滑雪器材制造厂厂长。1986～1990年任“埃斯托普拉斯特”生产协会总经理。共和联合党创始人之一，1990年担任该党主席，爱沙尼亚代表会议(即“影子议会”，为最高委员会的反对派)的成员。1990～1992年任爱最高委员会委员和议长。1992年10月5日任现职。　**马尔特·拉尔**：总理。1960年生。1983年毕业于塔尔图大学。1983～1985年任塔林市第24中学历史教员。1987～1990年任爱文化部文化古迹保护司司长。1989年加入爱沙尼亚基督教民主联盟。1990年当选为爱沙尼亚最高委员会(当时的最高苏维埃)议员。1991～1992年曾是宪法大会的成员之一。1992年9月20日作为“祖国”竞选联盟的候选人当选为议员。1992年10月22日就任现职。　**特里维米·维里斯特**：外交部长。1947年生。1971年毕业于塔尔图大学语言专业，曾专修过德国文学。1971～1976年任爱沙尼亚苏维埃加盟共和国出版委员会的首席编辑。1976～1987年任“镰刀与锤子”文化杂志社的首席记者。1987～1991年任爱沙尼亚“纪念碑和古迹保护协会”主席。1991年5月任爱外交部参赞。1992年4月任爱外交部副部长。1992年10月22日任现职。

经　济

工农业较发达，是原苏联经济发展水平最高的国家之一。工业产值占国民经济总产值的60%以上。主要工业部门有液体燃料和煤气的提炼、金属加工、机器制造、轻工业和食品工业。畜牧业在农业中占绝对优势，主要饲养奶牛、肉牛和猪。种植业以谷物为主。沿海一带渔业较发达。石油、煤和天然气均依赖原苏各共和国供应；粮食的43%也靠近口。独立之后，推行私有制，全面放开物价，迅速向市场经济过渡。由于联盟解体引起经济联系减弱或中断，经济转轨造成混乱，能源和食品供应出现危机，经济形势十分严峻。1992年国内生产总值比上年下降28%，头3个季度工业生产比上年同期减少40%。

国内生产总值(1991年)：178亿卢布。

货币名称：爱沙尼亚克朗。

汇率(1992年6月)：1马克＝8克朗。

通货膨胀率(1992年月平均)：3.4%。

失业人数(1992年)：20000名(正式登记)。

【资源】有油页岩、泥炭、磷钙石、建筑材料等。森林占国土面积的36%，其中针叶林占森林面积的33%。

【工业】1991年工业产值占国民生产总值48.9%。1992年9月份工业产值为9.518亿克朗，比1991年同期下降了40%(按可比价格计算)。以油页岩的开采和加工工业、金属加工、机器制造、轻工业和食品工业著称。油页岩开采量占原苏联4/5，从油页岩中提炼液气燃料和煤气。电力工业发达，电力的90%以上是靠烧油页岩的火电站提供的，发电量超过拉脱维亚和立陶宛发电量的总和。机械工业主要生产耗金属量少的产品，如仪表、无线电器材、电机等。木材加工和造纸业较发达。棉织品产量占本地区首位。食品工业主要生产熏猪肉、鱼产品和乳制品。主要工业产品产量如下：

	1990	1991	1992
油页岩(百万吨)	22.5	19.6	18.85
发电量(百万度)	17180.5	14627.2	11113
交流电机(件)	202700	202000	66432
矿物肥料(千吨)	215.5	180.5	59.8
合成洗涤剂(千吨)	39.5	28.0	
植物纤维质(千吨)	68.4	65.7	
纸张(千吨)	77.3	77.5	34.3
水泥(千吨)	938.0	705.0	483
门窗玻璃(千平方米)	1638	1600	760
棉布(百万平方米)	169.2	167.5	111.3
针织品(百万件)	23.0	22.4	15.5
鞋袜(百万双)	7.2	6.3	

【农牧业】全员劳动力中约有14.6%从事农业生产，其产值占国民生产总值的17.9%。畜牧业是农业的主导部门。以奶、肉为主。饲养牛、猪、羊，其产品产值

占农业总产值的70%。种植业主要生产谷物(大麦、黑麦、小麦)、饮料、马铃薯和蔬菜。经济作物有亚麻和甜菜。1989、1990年爱沙尼亚农产值分别为19、17亿卢布。1989年粮食、肉、奶、蛋总产量分别为100万吨、23万吨、128万吨和60万吨。

【交通运输】以铁路和公路运输为主,空运和水运也很发达。

铁路:总长1026公里,其中108公里为双轨铁路,132公里为电气化铁路;1991年爱沙尼亚铁路公司客运量1580万人次,货运量为2850万吨。

公路:总长29694公里(1991年统计),其中国营公路14816公里;公路网密度.660公里/千平方公里,54%的国营公路为石铺路面。

空运:爱沙尼亚航空公司(国营)在塔林、塔尔图、库列萨尔、凯尔德拉、帕尔努和维尔杨蒂拥有26个货运和民航机场;爱航的航班定期飞赫尔辛基、斯德哥尔摩、法兰克福、阿姆斯特丹、哥本哈根、莫斯科、圣彼得堡、明斯克、基辅等,另外芬航、汉莎和斯堪的纳维亚航空公司有飞塔林的定期航班。

水运:塔林至赫尔辛基和斯德哥尔摩之间有定期海上客运;1991年在国际航线上的客运量为85万人次;在爱本土与各岛屿间还有渡轮运营;国营公司"塔林港务局"管辖市港、木加港和芬普利港,1991年共有1736轮次在这些港口停靠,当年的货物吞吐量达1194.3万吨。

【财政金融】截至1992年12月31日,黄金与外汇储备达27.756亿爱克朗,折合2.1亿美元。1990～1991年,虽然产值和实际收入均大幅度下跌,但国库预算帐面上结余。1992年财政收支持平。

【对外贸易】1992年7～12月出口贸易额为41.83亿爱克朗,顺差7500万爱克朗。

1992年4～9月进口商品情况:

序号	门　类	折合克朗(百万)	占总量的百分比
1	矿物燃料、矿物油及其蒸馏后的副产品、烟煤制品、石蜡	654.0	26.8
2	核反应堆和锅炉,设备及机械装置,其小部件和连接件	395.4	16.2
3	陆上运输工具(不含铁路常备车辆和有轨电车及其部件与备品备件)	325.8	13.4
4	电机、有关设备及部件、录音及复制器材、电视音像复制及其他部件	55.2	2.2
5	白糖及糖果	55.4	2.3
6	光学仪器、照像器材、电影摄影器材及设备、量具、控制仪表及精密仪器和设备、部件与备品备件	45.0	2.0
7	棉(棉纱、棉布等)	45.0	1.9
8	非针织服装及装饰品	42.9	1.8
9	钢铁制品	42.6	1.8

注:上述这9类物资占爱沙尼亚在这期间进口总额24.378亿爱克朗的72.4%,即17.64亿爱克朗。

1992年4～9月份出口商品情况:

序号	门　类	折合克朗(百万)	占总量的百分比
1	棉(棉纱、棉布等)	247.7	9.1
2	鲜奶、奶制品、鸡蛋、天然蜜以及本表其他栏目未提及的畜产品	238.6	8.7
3	木材和木材制品	234.9	8.6
4	书籍、报刊、版画及其他印刷品、手稿、印刷文字、蓝图(还有债券、钞票)	186.9	6.8
5	钢材及铜制品(主要为金属屑)	130.0	4.8
6	镍材及镍制品	128.6	4.7
7	肉类、鱼类及海味(含软体动物)制成品	125.6	4.6
8	家具、床垫、弹簧床架、枕头及其他填塞家具的辅助材料、灯具以及本表其他栏目未提及的照明器材固定设备、预制建材	124.5	4.6
9	陆上运输工具(不含铁路常备车辆与有轨电车),其部件及备品备件	100.4	3.7

注:上述9大类物资占这期间进口总额27.341亿爱克朗的55.5%,即15.172亿爱克朗。

1992年1～11月出口国统计:

序号	出口国	以克朗计算贸易额(百万)	占总额的百分比
1	俄罗斯	1022.4	21.5
2	芬　兰	892.5	18.5
3	拉脱维亚	552.7	11.6
4	乌克兰	376.5	7.9
5	瑞　典	329.0	6.9
6	荷　兰	241.0	5.1
7	德　国	174.3	3.7
8	美　国	115.6	2.4
9	波　兰	83.1	1.7
10	立陶宛	70.1	1.5

1992年1～11月进口国统计:

序号	进口国	以克朗计算贸易额(百万)	占总额的百分比
1	俄罗斯	1309.6	31.1
2	芬　兰	1015.8	24.1
3	德　国	308.7	7.3
4	瑞　典	243.8	5.8
5	立陶宛	149.3	3.5
6	乌克兰	143.5	3.4

7	日　本	126.4	3.0
8	美　国	107.7	2.6

【外国援助】1992年爱获得外援约合15亿克朗，人道主义外援达1.74亿克朗，其中含0.74亿克朗的谷物。从外国获得的贷款计达1.16亿美元。1993年外国答应向爱提供的信贷额为1.05亿美元，其中将近50%来自欧共体。截至1993年1月，主要援助国及援助数额为：中国3000万人民币商品贷款和500万人民币的食品和消费品援助；国际货币基金组织4100万美元债券；世界银行分15年提供3000万美元贷款；欧洲议会分7年提供6000万美元贷款；芬兰北方投资银行2600万芬兰马克贷款；挪威4200万挪威克朗技术培训贷款；世界银行3910万欧洲货币单位的贷款(1992年12月2日进行谈判)；瑞典1000万瑞典克朗的无偿经援；美国分两年提供500万美元贷款和分30年提供1000万美元贷款；日本分15年提供2000万美元的贷款；欧共体分7年提供4000万欧洲货币单位的贷款；意大利1000万美元饲料和粮食贷款；世界银行分15年向塔林市提供1500万美元改造供暖设施的贷款。

人民生活

1989年职工月平均工资270.1卢布，国营农场工作人员的月平均工资300.9卢布，集体农庄庄员的月平均工资317.6卢布；按人均计算的国营和合作社商业(包括公共饮食业)零售贸易额2164卢布；每100户职工和农庄庄员文化生活用品和家庭耐用消费品的拥有量分别为：黑白电视机55台和63台，彩电59台和53台，录音机59台和56台，照相机45架和36架，电冰箱和冰柜97台和95台，洗衣机80台和91台，吸尘器84个和75个，缝纫机74台和70台，小汽车35辆和54辆，摩托车7辆和13辆；按人均计算的居民住宅面积，城市19.7平方米，农村25.9平方米；每万名居民拥有48.3个医生，116.2个中等医务人员，121.7张病床。1992年平均月工资为538爱克朗(未扣除所得税)。

爱独立后，物价上涨，失业人数增加。大约有8万名职工被强制休假，不发工资。人民生活水平明显下降。

军　事

最高苏维埃于1991年9月3日通过关于建立本国武装力量的决定。现役军人总数为2000人，另有2000人属边防部队。1992年军费预算占国家预算的4%。安·拉内沃兹任国防军总参谋长。

文化教育

【教育】1989年共有600所各类普通学校(20万学生)，26所中等专业学校(1.99万学生)，6所高等学校(2.63万学生)；1989年每千名15岁以上的居民中受过高等和中等教育的801人，其中受过高等教育的117人；每万名居民中高等学校和中等专业学校毕业的专门人材分别为19人和31人；在国民经济部门就业的受过高等教育和中等专业教育的专家22.82万人，其中受高等教育的10.11万人，受中等专业教育的12.71万人；在国民经济部门就业的受过高等教育和中等专业教育的女专家为13.81万人。截至1990年，全国有各类学校561所。在校学生23.3万人，其中大学生2.4万。著名高校有：塔尔图大学、塔尔图农学院、塔林技术大学、塔林艺术学院、塔林教育学院、音乐学院、商业学院等。

【新闻出版】1989年共出版2070种书籍和小册子，总发行量1330万份；每千人拥有的书籍和小册子11588份。现有主要报纸：《日报》(1940～1990年为《青年之声》)，1990年2月创刊，发行量3.3～3.5万份，独立报纸，爱沙尼亚文；《民族之声》，1940年创刊，发行量6.7万份，属议会和政府，爱沙尼亚文；《爱沙尼亚》，1940年11月创刊，发行量1.5万份，属议会和政府，俄文；《爱沙尼亚青年》，1950年7月创刊，发行量3.5万份，独立报纸，俄文。

主要通讯社：波罗的海通讯社，1990年创立，独立通讯社，使用爱沙尼亚文、拉脱维亚文、立陶宛文、俄文、英文；爱沙尼亚通讯社，1920年创立，属欧通社联盟，使用爱沙尼亚文、英文、俄文。

主要电视台、广播电台：爱沙尼亚电视台，1955年开播，独立电视台，使用爱沙尼亚语、俄语；爱沙尼亚广播电台，1934年开播，独立广播电台，使用爱沙尼亚语、俄语、英语、德语、芬兰语。

主要期刊：《爱沙尼亚共和国法律知识》，1918年创刊，属政府办公厅，使用爱沙尼亚文、俄文、英文。

对外关系

奉行面向西方，回归欧洲的外交政策。目标是先加入欧洲委员会，然后加入欧洲共同体。主张继续保持与俄罗斯等原苏联各共和国的关系，尤其是经济联系。对发展与中国的关系持积极态度。现有112个国家承认爱，其中67个国家与之建交，38个国家已派驻外交代表。向爱派驻外交代表的国家是：阿根廷、澳大利亚、奥地利、比利时、佛得角、加拿大、智利、中国、丹麦、芬兰、法国、德国、英国、匈牙利、冰岛、印度、爱尔兰、意大利、日本、韩国、拉脱维亚、立陶宛、墨西哥、荷兰、新西兰、挪威、菲律宾、波兰、俄罗斯、南非、西班牙、瑞典、瑞士、土耳其、美国、新加坡、危地马拉、梵蒂冈。欧共体也向爱派有外交代表。

【同我国的关系】1991年9月11日中爱建交。两国友好合作关系发展顺利。1992年5月，应李鹏总理邀请，爱总理季特·维亚希访华。杨主席、李总理分别与维进行会见和会谈。双方签订了两国政府间经贸合作协定。这次访问进一步推动了两国友好合作关系的发展。

1992年4月国家科委副主任惠永正访爱；4月塔林国际青年中心代表团、11月塔林市议会主席麦采梅斯访华。

中国驻爱沙尼亚大使：孙大栋。馆址：使馆设在塔林。电话：602626。

爱沙尼亚在中国未设使馆。

【同俄罗斯的关系】爱在经济上对俄有很大的依赖性，仍继续保持与俄的关系。在俄罗斯军队何时撤离爱的问题上两国矛盾尖锐。1992年2月，双方讨论了从爱撤军问题，但未能就具体时间达成协议。两国存在领土问题，并就此进行过多次谈判。

【同欧洲组织和各国的关系】非常重视发展同欧洲组织和各国的关系。1991年首先同冰岛、瑞典缔结了最惠国协议；12月10日与欧洲自由贸易联盟发表联合声明，确定爱与欧洲自由贸易联盟成员国之间发展贸易和放宽贸易限制的可行性及开展合作的领域。1992年2、3月先后与芬兰和瑞典签署经贸合作议定书；6、12月又与挪威和瑞士签署了自由贸易协定。还先后与芬兰、瑞典、挪威、法国、丹麦、荷兰及德国缔结了促进和保护投资条例。

【同美国的关系】重视同美国的关系。1991年爱外长和总统阿诺尔·吕特尔先后访问美国。美国则向爱提供了贷款。（乌白波）

安道尔

国名 安道尔公国(The Principality of Andorra)。

面积 465平方公里。

人口 46976人(1986年)。当地人12843人，属加泰罗尼亚族。其他为外国移民，其中西班牙人25880人，法国人3492人。官方语言为加泰罗尼亚语，通用法语和西班牙语。居民多信奉天主教。

首都 安道尔城(Andorra La Villa)，人口18463人(1986年)。

国家元首 法国总统弗朗索瓦·密特朗(François Mitterrand)和西班牙塞奥—德乌赫尔地方主教胡安·马尔迪·阿拉尼斯(Juan Marti Alanis)同为国家元首，称为两大公。

简况

位于西南欧法国和西班牙交界处的内陆国。属山地气候，年平均气温9.1℃。安道尔是9世纪时查理曼帝国为防范摩尔人的骚扰而在西班牙边境地带建立的小缓冲国。1278年法、西缔结和约，对安道尔分别享有行政统治权和宗教统治权，双方均有权任命自己的代表和接受象征性贡金。1868年制定新宪法，召开首次议会。1982年1月4日实行体制改革，行政权从议会改由政府行使。

政治

安道尔事务由法国和西班牙塞奥—德乌赫尔教区共管。两大公通过由他们各自任命的常设代表行使职权，受理安道尔议会提出的议案。法国总统的常设代表由东比利牛斯省省长担任，塞奥—德乌赫尔地方主教的常设代表由教区助理主教担任。国家的立法权由安道尔总委员会(即议会)行使，但须经两大公批准。总委员会由普选产生，共28名委员，7个行政区各选4名，任期4年，每2年改选半数。1992年1月30日，在安道尔发生首次公民抗议活动后，总委员会宣布解散，并于4月5日举行大选。本届总委员会于1992年4月选出，议长赫尔迪·法拉斯(Jordi Farras)。现政府于1992年5月成立。总理是进步党主席奥斯卡尔·里巴斯·雷伊戈(Oscar Ribas Reig)，1990年1月当选，连任至今。政府设有财政和工商、农业和自然遗产、公共事业、卫生社会福利及旅游体育5个部。

根据1971年修改的选举法，年满21岁的男女公民有选举权，年满25岁的有被选举权。

安道尔无军队，现有73名警察。

经济

60年代前，居民主要从事畜牧业和农业，后逐步转向商业和旅游业。经济发展较稳定，年国民生产总值保持在3.6亿美元左右，人均约9000美元。森林面积17915公顷，占全国面积37%，归国家和市政会所有。水力资源丰富，利用高山融雪建了许多小水电站，主要矿藏有铁、明矾和铅。农业人口仅占全国人口的0.6%，主要农产品有马铃薯和烟草等，畜牧业以牛、羊为主。主要工业有小型毛纺、烟草、木材加工。

对外贸易的主要伙伴是法国和西班牙。1991年同法国的贸易额850亿比塞塔，其中从法进口440亿比塞塔，对法出口410亿比塞塔。同西班牙的贸易额1648亿比塞塔，其中对西出口458亿比塞塔，从西进口1190亿比塞塔。主要进口产品是建筑材料、面粉、酒、橄榄油、食品及生活日用品，多供应给外国旅游者，主要出口产品是羊毛、牲畜、皮革、香烟、木材、黄油、奶酪。

商业旅游业发达，收入占国民经济90%以上。每年接待外国游客1000万人次，其中多为过境旅客。

安道尔无关税，无本国货币，境内通用西班牙比塞塔和法国法郎。1991年7月1日，安道尔加入欧洲关税同盟。

文化教育

实行免费教育。全国普及小学教育，有小学16所，中学4所。全国有图书馆、博物馆和医院各1所，均设在安道尔城。全国有两家电台，分别由西班牙和法国管理。（赵本堂）

奥　地　利

国名　奥地利共和国(The Republic of Austria，Republik Oesterreich)。

面积　83853平方公里。

人口　781.21万(1991年)。96%以上是奥地利人。少数民族有斯洛文尼亚人、克罗地亚人和匈牙利人，约占人口的0.52%。官方语言德语。78%的居民信奉天主教。

首都　维也纳(Wien)，人口1533200人(1991年统计)。

国家元首　总统托马斯·克莱斯蒂尔(Dr. Thomas Klestil)，1992年5月25日当选，7月8日就任。

简　况

位于中欧南部的内陆国。东邻匈牙利，南接斯洛文尼亚和意大利，西连瑞士和列支敦士登，北与德国、捷克和斯洛伐克接壤。属海洋性向大陆性过渡的温带阔叶林气候。平均气温1月－2℃，7月19℃。公元前400年在此建立诺里孔王国，12世纪中叶形成王国，从此奥有了自己独立的历史。1278年开始了哈布斯堡王朝对奥长达640年的统治。18世纪初，哈布斯堡领土空前扩大，奥上升为强国。1815年维也纳会议后成立了以奥为首的德意志邦联，1866年在普奥战争中失败，邦联解散。1867年与匈牙利签约，成立奥匈帝国。1918年第一次世界大战中失败，帝国解体，成立共和国。1938年3月被希特勒德国吞并。二战后被苏、美、英、法四国占领。1945年4月成立第二共和国。1955年5月，四个占领国同奥签订《重建独立和民主的奥地利国家条约》，宣布尊重奥的主权和独立，10月占领军撤出，10月26日奥通过永久中立法，宣布不参加任何军事同盟，不允许在其领土上设立外国军事基地。自1947年起一直由人民党、社民党或单独或联合执政。1987年社民党和人民党组成联合政府。1990年10月奥大选后社民党和人民党继续联合执政。

政　治

1992年奥政局基本平稳。5月举行总统选举，人民党总统候选人克莱斯蒂尔当选。社民党和人民党的联合政府较前稳定。奥地利中立政策有所调整，积极争取早日加入欧共体。

【宪法】现行宪法1920年11月10日生效。1925年和1929年通过两项附则。1934年宪法被废除。1945年奥重建后宣布1920年宪法和两个附则继续有效。宪法规定，奥为联邦制共和国，总统是国家元首，由普选产生，任期6年。总理为政府首脑。

【议会】分为国民议会和联邦议会。国民议会制定法律，主持新政府的就职仪式，通过不信任表决罢免联邦政府和它的成员。联邦议会代表各州的利益，有权将国民议会通过的法律提案驳回，但如国民议会坚持原案，联邦议会则不能再提异议。国民议会议员共183席，按比例代表制产生，任期4年。本届国民议会1990年10月产生，各党所占席位：社民党80席，人民党60席，自由党33席，绿党10席。议长海因茨·费舍尔(Heinz Fischer)。联邦议会议员共63人，由各州按人口比例选派，议长由各州多数党议员轮流担任，任期半年。

【政府】现政府于1990年12月17日由社民党和人民党联合组成。主要成员如下：总理弗朗茨·弗拉尼茨基(Franz Vranitzky，社民党)，副总理兼科研部长艾尔哈德·布塞克(Erhard Busek，人民党)，财政部长费迪南德·拉西纳(Ferdinand Lacina，社民党)，外交部长阿洛伊斯·莫克(Alois Mock，人民党)，内政部长弗朗茨·勒施纳克(Franz Loeschnak，社民党)，经济部长沃尔夫冈·许瑟尔(Wolfgang Schuessel，人民党)，国防部长维尔纳·法斯拉本(Werner Fasslabend，人民党)，司法部长尼科劳斯·密夏勒克(Nikolaus Michalek，无党派)。

【司法机构】全国设3个最高法院：宪法法院，审理涉及宪法、特别是地方与联邦政府纠纷的案件，院长路德维希·阿达莫维奇(Ludwig Adamovich)；行政法院，审理涉及官方机构及其工作人员的案件，院长阿尔弗雷德·科布齐纳(Alfred Kobzina)；最高法院，审理刑事和民事案件，院长瓦尔特·梅尔尼茨基(Walter Melnizky)。最高检察官奥托·米勒(Otto Mueller)。

【政党】(1)奥地利社民党(Sozialdemokratische Partei Osterreichs)：主要执政党。1889年成立。1919～1920年执政，1934年被取缔。1945年改名为社会党，1991年6月改现名。现有党员59万。主席弗朗茨·弗拉尼茨基。

(2)奥地利人民党(Oesterreichische Volkspartei Partei)：主要执政党。前身是1887年建立的基督教社会党，1945年改用现名。主席艾尔哈德·布塞克。

(3)奥地利自由党(Freiheitliche Partei Österreichs)：1955年成立，前身是“独立者联盟”。现有党员3.5万人。近年来，该党排外情绪不断上涨。主席尤尔根·海德尔(Juergen Haider)。

(4)绿党：主要组织是“绿色选择”和“联合绿党”，共有成员1600人左右。议会党团主席马德莱娜·彼特罗维奇(Madeleine Petrovic)。

(5)奥地利共产党(Kommunistische Partei Österreichs):1918年成立。党员7500人。实行集体领导,联邦理事会总书记瓦尔特·伯尔(Walter Baier)。

【重要人物】托马斯·克莱斯蒂尔:总统。人民党人。1932年11月4日生于维也纳。曾获商业贸易博士学位。1957年进入联邦总理府工作,1959年进入外交界,历任驻洛杉矶总领事、外交部国际会议和国际组织事务司司长、驻联合国常任代表、驻美国大使等职。1987年任外交部秘书长。1992年当选总统。　**弗朗茨·弗拉尼茨基**:总理。1937年10月生于维也纳。曾获商学博士学位。1970年任财政部长顾问,1976年任信贷银行副总经理。1981年任州银行总经理。1984年任财政部长。1986年6月起任总理。

经　济

发达的资本主义工业国。现政府1987年执政后,对经济和产业结构进行了调整,强调提高经济效益和加强企业竞争并采取措施整顿经济,包括国有企业私有化等。1992年,受西方经济不景气的影响,奥经济增速放慢。私人和公共消费略有增长,建筑业景气。与东欧国家的外贸增幅较大。旅游业收入增长放慢。

国内生产总值(1991年):19168亿先令。

人均国内生产总值(1991年):24.51万先令(约合20984美元)。

国内生产总值增长率(1991年):3%。

国民收入(1991年):16589亿先令。

货币名称:奥地利先令;1先令=100格罗申。

汇率(1991年平均值):1美元=11.68先令。

通货膨胀率(1991年):3.3%。

失业率(1991年):5.8%。

【资源】矿产主要有石墨和镁,另有褐煤、铁、石油和天然气等。森林、水力资源丰富。森林覆盖率44.2%,有林场370万公顷,木材蓄积量7.6亿立方米。

【工业】1990年工业产值7740亿先令,占国民生产总值的43.26%。主要工业部门有采矿、钢铁、石化、造纸和纺织等。1990年工业职工人口为108万,占职工总数的37.1%。主要工业品产量如下(单位:万吨):

	1989	1990	1991
生铁	382	345	344
粗钢	472	428	418
轧钢	373	371	343
生铝	16.9	16.2	14.6
纸张	236	293	310
褐煤	214	244	208
石油	116	114	128
石墨	1.5	2.2	1.9
木材(万立方米)	1382	1570	1150
天然气(亿立方米)	13.2	12.9	13.3

(资料来源:奥地利新闻局统计手册、奥地利中央统计局手册、1991年奥地利年鉴)

【农林业】继两年农业好收成后,1991年农林业收入391亿先令,比上年下降9%。1991年农林业人口27.1万,占全国人口的3.5%,农林业产值占国内生产总值的3.4%。可耕地占全国面积的20%。牧场占28.8%。农业发达,机械化程度高,农产品自给率达112%。主要农产品产量如下(单位:万吨):

	1989	1990	1991
小麦和黑麦	176	183	175
玉米	149	162	157
马铃薯	84.5	79.4	79
甜菜	264	249	252

猪牛存栏数(单位:万头):

	1989	1990	1991
猪	377	369	363
牛	256	258	253

(资料来源:同上)

【旅游业】旅游业发达。1991年接待游客2574万人次,其中外国游客1910万人次,宿夜人次13007万,总收入1465亿先令,占国内生产总值的7.6%,人均旅游收入1603美元。全国有各级旅馆19992家,私人旅店48165家,共有床位97.06万张。主要旅游点是蒂罗尔、萨尔茨堡、克恩顿和维也纳。游客主要来自德、荷、英、法等国。

【交通运输】奥地利地处欧洲中心,是欧洲重要的交通枢纽。近年来交通运输情况如下:

铁路:1991年总长5782公里,其中约3100公里已电气化;客运量1.73亿人次,货运量6470万吨。

公路:1991年通车的联邦公路总长11745公里,其中高速公路1532公里;拥有各类机动车434万辆,其中小轿车310万辆。

水运:1991年内河航线长350公里;客运量46万人次,货运量678万吨。远洋商船28艘,共13万吨位。

空运:1989年有3家航空公司:奥地利航空公司,有24架飞机,航线总长15.8万公里,飞往35个国家36座城市;私营蒂罗尔航空公司,有5架飞机;私营劳达航空公司有4架飞机。1991年这3家公司共运送旅客347万人次,其中奥航运客265万人次;有6个机场,主要国际机场是维也纳施威夏特机场。

管道运输:有3条输送油、气的国际管道,1991年运输原油、天然气和过境的油、气共5360万吨。

【财政金融】1989～1991年财政收支情况如下(单位:亿先令):

	1989	1990	1991
支出	5403	5644	6195
收入	4776	5016	5568
赤字	627	628	627

(资料来源:1992年奥地利统计概况)

1991年,黄金储备373亿先令,外汇储备1027亿先令;国际收支逆差18亿先令;国债9377亿先令,约占国内生产总值的48.9%,其中外债1486亿先令。

【对外贸易】在经济中占重要地位。同 150 多个国家和地区有贸易关系。近几年外贸情况如下(单位:亿先令):

	1989	1990	1991
进口额	5147	5562	5918
出口额	4293	4661	4790
差　额	−854	−901	−1128

(资料来源:同上)

主要出口产品是钢铁、机械、交通工具、化工制品和食品。进口主要是能源、原料和消费品。德国、意大利和瑞士是奥三个最大的贸易伙伴。

【对外援助】1991 年对外援助占奥国内生产总值的 0.33%,比 1990 年增加 33.3%,达到 63.8 亿先令。发展援助的重点是农业、水力、卫生、能源、基础设施、职业培训、科学合作和提供奖学金等。主要受援国为坦桑尼亚、卢旺达、佛得角、布隆迪、加纳、尼加拉瓜、不丹等国。

人民生活

实行全国社会保险和救济制度,主要有医疗、失业、退休和事故四大类保险。1990 年人均国民收入 201715 先令。全国共有医生 24895 人,平均每 306 人有 1 位医生。有各类医院 331 家,病床 86943 张。每一百个家庭拥有小汽车 63 辆、电话 87 部、彩色电视机 88 台。

军　事

奥地利防务由联邦政府负责。总统为武装部队最高统帅,政府则通过国防部长对部队实施作战指挥。实行义务兵役制,服役期 6 个月,在退役后 15 年内要完成 60 天的复训。如不参加复训,服役期则为 8 个月,专业人员另加30～90 天。

有现役武装部队 5.47 万人,其中陆军 5 万人。编成 1 个部队司令部,辖 1 个机械化师。被称为野战单位的部队分为地区防御部队和架子单位两部分:前者编成军部 2 个,辖营 8 个,另设地区司令部 9 个,和平时期负责训练和武器保养,战时负责动员和乡土防护军;后者保持机动旅 8 个。乡土防护军编制 6 个步兵团。空军 4400 人,属于陆军的一部分,编 1 个师部,4 个团,作战中队 3 个。1991 年国防预算 181.08 亿先令。

文化教育

【教育】学龄儿童享受 9 年义务教育,学费、书费和上学交通费由国家负担。凡持有高中毕业文凭可免试上大学。1989 年各类中小学有 53105 个班,学生 1138568 人。教育经费 431 亿先令,占国家预算的 7.2%。高等学校 18 所,最著名的是维也纳大学。高校学生 186659 人,其中外国学生 17609 人,教师 1.4 万。1990 年高等教育经费 190 亿先令,约占国内生产总值的 1.1%。

【新闻出版】全国共有 240 家出版社。1989 年出版各种书刊 10358 余种。日报 21 家,主要有:《新皇冠报》、《信使报》、《维也纳日报》、《新闻报》。

奥地利通讯社:1946 年建立,系报刊和广播合作性的股份有限公司,以向奥报纸和电台提供世界各大通讯社的消息为主,有时也发布奥官方消息。

1924 年建立广播电台。1957 年增播电视节目。现电台播放 3 套节目,并用德、英、法、西四种语言对外广播。电视台播放两套节目。

对外关系

奥地利为"永久中立国",奉行积极的中立政策,在意识形态和社会制度方面奥是西方世界的一部分。近年来,国际形势剧变,为适应形势的变化,奥中立政策有所调整:支持欧共体的一体化政策,谋求早日加入欧共体;积极参与欧洲集体安全体系的建设;继续发展同匈、捷等东欧邻国的友好关系,对前南斯拉夫的局势极为关注。

认为近几年来联合国在国际事务中发挥着越来越大的作用,充分利用了 1990 年当选为联合国安理会成员国的机会,积极谋求在国际上发挥作用;要求完全禁止核武器,主张签订禁止研制、生产、储存和消灭化学武器的多边公约;奥是首批承认斯洛文尼亚、克罗地亚和波黑的西方国家之一。波黑内战爆发后,奥对塞尔维亚施压,拒绝在外交上承认南联盟,支持西方对南采取全面制裁;中东是奥石油进口的主要地区,奥与阿拉伯国家保持友好关系。承认巴勒斯坦和以色列的生存权利,反对以色列对阿拉伯国家的侵略,谴责以色列驱逐巴勒斯坦人,支持巴勒斯坦国的成立,同意巴解驻维出纳代表升格为大使并任命驻突尼斯大使为驻巴解正式代表,但未正式承认巴勒斯坦国,主张通过直接谈判解决中东问题,呼吁以色列停止暴力行为,同巴代表进行认真对话。

【同我国的关系】1971 年 5 月 28 日同我国建立大使级外交关系。建交后两国关系发展正常。1989 年政治风波后两国关系受一定影响,后渐复正常。1991 年 10 月钱其琛外长访奥,两国关系全面恢复。1992 年奥国民议会议长费舍尔、联邦议会常务副议长施图岑贝格、奥联邦商会主席马德塔纳、内政部长勒施纳克、总检察长米勒先后访华;1 月底李鹏总理在出席联大首脑会议期间会见了奥总理弗拉尼茨基。人大副委员长陈慕华、教委主任李铁映、机电部长何光远、能源部长黄毅诚等先后访奥。

1991 年,中奥签署了"避免双重征税协定";奥专利局局长访华,签署了关于工业产权保护等有关问题的纪要。1992 年举行了科技混委会和经贸混委会会议;同年 6 月 5 日中国国际航空公司开辟了北京—维也纳航线。

两国经贸、科技、文化、民间关系发展良好。据我方统计,1991 年两国贸易总额为 3.49 亿美元,其中我向奥出口 0.53 亿美元;进口 2.96 亿美元。

中国驻奥地利大使:胡本耀。中国驻奥大使馆的馆址:Metternichgasse 4,1030 Wien。电话:7143149。电传:135794CHINBA。文传号:7136816。商务处电话:7143140。文传号:7130037。签证处电话:7125527。

奥地利驻华大使：迪特里希·布科夫斯基(Dr. Dietrich Bukowski)。馆址：100600，北京建外秀水南街5号。电话：5322061。电传：22258。文传号：5321505。商务处电话：5321677。电传：22270。文传号：5321149。签证处电话：5322061。

【同美国的关系】与美国保持良好关系。1991年，奥总理及两位部长访美，美国商业部长访奥。1991年奥向美出口140亿先令，从美进口230亿先令。

【同东欧国家的关系】重视与俄国的关系，与东欧国家有传统的密切关系。积极支持东欧国家实行多党制、自由化和市场经济，强调西方国家应尽最大努力帮助东欧国家渡过难关。但近两年东欧难民潮冲击着奥地利，对奥内政影响较大。1991年奥与东欧多国高级往来频繁，奥议长、总理先后访捷；奥总理访匈；奥外长访波。1992年奥新总统上任不久，便出访匈和捷。1991年奥向俄国和东欧国家贷款922亿先令；在东欧约有300多个合资企业，其中主要在匈、波、捷三国。与东欧国家的贸易增长幅度大，进口占奥进口总额的6%；出口占11.3%。1991年奥在西方经济合作与发展组织国家中向前苏联和东欧国家的出口仅次于德、意、美居第四位。

【同欧共体的关系】积极靠拢欧共体，支持欧洲一体化的进程。在奥推动下，欧洲自由贸易联盟和欧共体于1992年5月签订了建立"欧洲经济区"的协议。奥于1987年申请加入欧共体，双方于1993年2月开始正式谈判。奥接受欧共体关于建立欧洲政治和经济货币联盟的"马斯特里赫特条约"，表示要成为西欧联盟的观察员。1991年奥向欧共体国家出口3010亿先令，进口3800亿先令。

【同德国的关系】与德国关系甚密。德是奥最大的贸易伙伴，占奥贸易总额的41%。1991年奥向德出口1870亿先令。奥对德国东部的投资兴趣很大，现有60多家奥公司在那里设立了分公司，接管了原东德的20家工厂企业。

(王善堂)

白俄罗斯

国名　白俄罗斯共和国(The Republic of Belarus)。

面积　207600平方公里。

人口　1025.9万(1990年1月1日)。白俄罗斯族占77.9%，俄罗斯族占13.2%，波兰族占4.1%，乌克兰族占3%。官方语言为白俄罗斯语。白俄罗斯族信奉东正教。在白俄罗斯西北部一些地区信仰天主教及东正教与天主教的合并教派。

首都　明斯克(Minsk)，人口163.7万(1990年1月1日)。

国家元首　最高苏维埃主席斯坦尼斯拉夫·斯坦尼斯拉沃维奇·舒什克维奇(Станислав Станиславович Шушкевич)，1991年9月19日就任。

自然地理

位于东欧平原西部。东邻俄罗斯，北、西北与拉脱维亚和立陶宛交界，西与波兰毗连，南与乌克兰接壤。全境大部分是平原。西北部是丘陵，南部是波列西耶沼泽地带。东南部有第聂伯河及其支流普里皮亚季河、别列津纳河和索日河，北部有西德维纳河，西部有涅曼河，西南部有布格河。有1.08万个小湖泊，素有"万湖之国"美誉。土壤以生草灰化土为主，约占60%。属温和大陆性气候。1月平均气温-8～-4℃，7月平均气温17～19℃。年均降水量500～700毫米。

历　史

白俄罗斯人是东斯拉夫族的一支。9～11世纪其大部分领土属于基辅罗斯。12世纪建立了一些封建公国，如波洛茨克公国，图罗夫一平斯克公国等。从14世纪起被并入立陶宛大公国。从1569年起隶属波兰立陶宛王国。18世纪末被俄罗斯兼并。白俄罗斯人民参加了1905～1907年的革命，1917年的二月革命和十月社会主义革命。第一次世界大战期间曾一度被德军占领。1917年11月，建立了苏维埃政权。1919年1月1日成立白俄罗斯苏维埃社会主义共和国。同年2月～8月改称立陶宛一白俄罗斯苏维埃社会主义共和国。1922年加入苏联。1945年成为联合国创始国之一。

政　治

1990年7月27日白最高苏维埃通过主权宣言。1991年8月25日，最高苏维埃通过独立法，宣布独立，同时通过决议，暂时中止白俄罗斯共产党的活动，在国家机关和企业实行非党化；9月19日决定把国名改为"白俄罗斯共和国"，修改宪法，确定新的国旗和国徽。12月8日，白、俄、乌领导人在明斯克签署"独立国家联合体协议"，宣告苏联解体。12月10日，白俄罗斯共产党人党成立，并宣布是白俄罗斯共产党的合法继承者。

白独立之后，实行非党化和三权分立，同时维持原有国家领导机构的设置和最高领导人的连续性与稳定性。国内没有大的政治动荡，政局相对稳定。1991年6月通过了设立国家总统职务的决议，总统法仍在起草中。国内20多个政党和组织在重大问题上多赞同或不反对政府的立场。最大的反对派组织——人民阵线，在群众中影响不大。它曾提出要求议会和政府辞职，遭议会否决。1992年5月26日，白俄罗斯共产党人党被允许登记。1993年2月，白俄罗斯共产党恢复了合法地位。

【宪法】1991年，白最高苏维埃宪法委员会开始制定新宪法，准备于1993年5月在最高苏维埃第11次会议上通过。

【议会】称白俄罗斯最高苏维埃。本届议会产生于1990年3月，由居民分区直接选举产生，是白最高权力机构，任期5年，席位360个。最高苏维埃主席斯坦尼斯拉夫·斯坦尼斯拉沃维奇·舒什克维奇于1991年9月19日当选。1992年10月，本届议会第10次会议通过决议，将于1994年3月提前举行大选，选举新的立法及执行机构。

【政府】称部长会议。现政府于1990年4月组成。主要成员：部长会议主席维亚切斯拉夫·弗朗采维奇·克比奇(Вячеслав Францевич Кебич)，部长会议第一副主席米哈伊尔·弗拉基米罗维奇·米亚斯尼科维奇(Михаил Владимирович Мясникович)，部长会议副主席亚历山大·约西福维奇·博卡奇(Александр Иосифович Бокач)、斯坦尼斯拉夫·瓦西里耶维奇·布里尔(Станислав Васильевич Бриль)、米哈伊尔·伊万诺维奇·杰姆丘克(Михаил Иванович Демчук)、伊万·阿尔比诺维奇·克尼克(Иван Альбинович Кеник)、尼古拉·尼古拉耶维奇·科斯季科夫(Николай Николаевич Костиков)、谢尔盖·斯捷潘诺维奇·林格(Сергей Степанович Линг)，内务部长弗拉基米尔·杰米亚诺维奇·叶戈罗夫(Владимир Демьянович Егоров)，住房公共事务部长鲍里斯·瓦西里耶维奇·巴图拉(Борис Васильевич Батура)，卫生部长瓦西里·斯捷潘诺维奇·卡扎科夫(Василий Степанович Казаков)，外交部长彼得·库兹米奇·克拉夫琴科(Петр Кузьмич Кравченко)，新闻部长阿纳托利·伊万诺维奇·布捷维奇(Анатолий Иванович Бутевич)，文化部长叶甫根尼·康斯坦丁诺维奇·沃伊托维奇(Евгений Константинович Войтович)，林业部长格奥尔基·安德烈耶维奇·马尔科夫斯基(Георгий Андреевич Марковский)，国防部长巴维尔·巴甫洛维奇·科兹洛夫斯基(Павел Павлович Козловский)，教育部长维克托·阿纳托里耶维奇·盖谢诺克(Виктор Анатольевич Гайсенок)，工业建设部长阿纳托利·弗兰采维奇·莫伊谢耶维奇(Анатолий Францевич Мойсеевич)，资源部长弗拉基米尔·米哈伊洛维奇·舍佩尔(Владимир Михайлович Шепель)，邮电部长伊万·米哈伊洛维奇·格里楚克(Иван Михайлович Грицук)，农业粮食部长费奥多尔·弗拉基米罗维奇·米罗奇茨基(Федор Владимирович Мирочицкий)，社会保障部长奥莉佳·布罗尼斯拉沃夫娜·达尔格莉(Ольга Брониславовна Даргель)，公路建设部长斯坦尼斯拉夫·巴甫洛维奇·亚楚塔(Станислав Павлович Яцута)，商业部长瓦连京·伊万诺维奇·拜达克(Валентин Иванович Байдак)，运输公共交通部长斯捷潘·伊里奇·什卡皮奇(Степан Ильич Шкапич)，财政部长斯捷潘·彼得罗维奇·扬丘克(Степан Петрович Янчук)，食品部长尼古拉·斯特凡诺维奇·亚库舍夫(Николай Стефанович Якушев)，能源部长瓦连京·瓦西里耶维奇·格拉西莫夫(Валентин Васильевич Герасимов)，司法部长列昂尼德·安德列耶维奇·达舒克(Леонид Андреевич Дашук)，国家建筑建设委员会主席尤里·亚历山德罗维奇·普普利科夫(Юрий Александрович Пупликов)，国家对外经济联络委员会主席弗拉基米尔·瓦列里亚诺维奇·拉德克维奇(Владимир Валерьянович Радкевич)，国家工业核能安全生产监督委员会主席亚历山大·鲍里索维奇·祖耶夫(Александр Борисович Зуев)，国家消除切尔诺贝利灾害后果委员会主席伊万·阿尔比诺维奇·克尼克(Иван Альбинович Кеник)，国家工业及跨部门生产委员会主席弗拉基米尔·伊万诺维奇·库连科夫(Владимир Иванович Куренков)，国家统计分析委员会主席弗拉基米尔·尼古拉耶维奇·尼奇波罗维奇(Владимир Николаевич Ничипорович)，国家居民劳动和社会保护委员会主席格奥尔基·彼得罗维奇·巴杰伊(Георгий Петрович Бадей)，国家体委主席弗拉基米尔·尼古拉耶维奇·雷任科夫(Владимир Николаевич Рыженков)，国家生态委员会主席阿纳托利·马克西莫维奇·多罗费耶夫(Анатолий Максимович Дорофеев)，国家经济计划委员会主席谢尔盖·斯捷潘诺维奇·林格(Сергей Степанович Линг)，国家海关委员会主席格奥尔基·米哈伊洛维奇·舒库尔季(Георгий Михайлович Шкурдь)，国家安全委员会主席爱德华·伊万诺维奇·希尔科夫斯基(Эдуард Иванович Ширковский)，国家银行行长斯坦尼斯拉夫·安东诺维奇·波格丹克维奇(Станислав Антонович Богданкевич)，对外经济银行行长根纳季·斯坦尼斯拉沃维奇·阿列伊尼科夫(Геннадий Станиславович Алейников)，工商委员会主席弗拉基米尔·基里洛维奇·列松(Владимир Кириллович Лесун)。

【行政区划】共有6个州(布列斯特州、维捷布斯克州、戈梅利州、格罗德诺州、明斯克州、莫吉廖夫州)、118个区、99个市、112个镇、1479个村。主要城市：戈麦尔、维切布斯克、莫吉廖夫、博布鲁伊斯克、格罗德诺、布列斯特、巴拉诺维奇、奥尔沙、鲍里索夫。

【司法机构】原司法机构没有改变。由于白独立，新设立了总检察长职务。最高检察院检察长瓦西里·伊万诺维奇·绍洛多诺夫(Василий Иванович Шолодонов)，最高法院院长卡拉瓦伊·弗拉基米尔·谢尔盖耶维奇(Каравай Владимир Сергеевич)。

【政党】现有20多个政党和组织。主要政党有：

(1)白俄罗斯共产党人党(Партия Коммунистов Белорусии)：白目前最大的政党，1992年5月26日登记，成员约2万，多为原苏共党员。其宗旨是反对剥削、反对压迫、反对民族仇视，主张建立公正的无阶级社会，恢复苏联。实行集体领导。主要领导人为维克托·奇金

(Виктор Чикин)。

(2)争取民主、社会进步和公正运动(Движение за Демократию, социальный прогресс и Справедливость):1991年11月2日成立,1992年2月7日登记,成员约1.5万。该党坚持十月革命理想,主张以国家和集体所有制为主,实行社会保障,实现民族平等、公民和睦,恢复苏联。其成员多为共产党人党成员。实行集体领导。主要领导人为维·奇金,L·什科利尼科夫(Л. Школьников)等。

(3)白俄罗斯人民阵线(Беларусский Народный Фронт):1989年6月成立。该党声称要消除共产党对政权的垄断,建立人权国家,实行私有制,实现白俄罗斯化;提出在白举行全民公决,提前解散议会和政府。主席3·波兹尼亚克(З. Позняк)。

(4)白俄罗斯农民党(Беларусская Крестьянская Партия):1991年2月成立,4月登记。该党主张人的价值高于一切,否定民族主义,恢复土地私有制,建立私人农场。主席E·卢金(E. Лугин)。

(5)白俄罗斯社会民主大会(Беларусская Социал-демократическая Громада):1991年3月成立。其宗旨和任务是以西欧社会民主思想为基础,实现全人类价值,建立人道、民主的社会,实行多种经济成分,主张疏远俄罗斯。主席奥列格·特鲁索夫(Олег Трусов)。

【团体】有工会联合会、妇女联合会、青年联盟等。

【重要人物】斯坦尼斯拉夫·斯坦尼斯拉沃维奇·舒什克维奇:最高苏维埃主席。1934年12月出生在明斯克市。白俄罗斯族。1956年毕业于国立白俄罗斯列宁大学,后在白俄罗斯科学院物理研究所获得博士学位。物理学家、教授。1959年在白俄罗斯科学院物理研究所任助理研究员。1960～1961年在明斯克无线电厂任高级工程师。1967～1969年在明斯克无线电工程学院任副院长。从1969年起先后担任国立白俄罗斯列宁大学副教授、教授、核物理系主任。自1986年起为该大学主管科研工作的副校长。在此期间,他因工作成绩卓著获白俄罗斯国家奖金。1991年9月19日任现职。已婚,有两个子女。 **维亚切斯拉夫·弗朗采维奇·克比奇**:部长会议主席。1936年生。白俄罗斯族。毕业于白俄罗斯工学院。1958年参加工作,历任明斯克自动化生产线工厂工艺工程师,明斯克基洛夫拉床、切割机床生产联合体总经理。从1985年12月起担任白俄罗斯苏维埃社会主义共和国部长会议副主席,国家计划委员会主席。1990年4月任现职。

经 济

工农业生产在原苏联国民经济中占有较重要的地位。机械制造和畜牧业分别在工业和农业生产中占主导地位。为原苏联牛奶、油类、亚麻和马铃薯的主要产区之一。白独立后,为避免人民生活水平急剧下降,采取了渐进式改革。1990年10月,议会通过了向市场经济过渡的基本纲要。1991年3月,政府制定了实施基本纲要的具体措施。在逐步向市场经济过渡的过程中,注重发挥国家计划管理和宏观调控的作用。1991年5月议会通过了关于稳定经济和居民社会保障计划及执行本年度预算的非常措施。1992年6月政府提出摆脱经济危机的方案。1992年先后通过了企业法、所有制法、投资活动法、租赁法、就业法等。对所有制改革持审慎态度,基本上保留了原有国营企业和农庄农场的所有制形式。在商业、服务业等部门进行私有化试点。至1992年年中,142家国有和市属企业实现非国有化和私有化,建立了40多个私营金融机构,其就业人数不足职工总数的2%。国家从私有化所得收入仅5亿卢布。在物价改革方面,白采取了逐步放开的方案。1992年1月3日放开了物价,但对生活必需品仍实行国家调节。因此,白物价涨幅和居民生活水平下降程度均小于大多数独联体国家;但总的经济形势仍然十分严峻。1992年国民收入、工业和农业生产分别比上年下降11%、9.4%和15%。

国民收入(1992年):7800亿卢布。

货币名称:卢布和卢别里。两种货币同时流通。

零售物价和服务费用(1992年):上涨1116.4%。

工业品批发价格(1992年):上涨2470%。

失业率(1992年):0.5%。

【资源】主要矿产资源有钾盐、岩盐、泥炭、石油、磷灰石等。大小河流2万多条,总长9.06万公里。森林覆盖率达1/3以上。境内共有3.1万多种动物,其中脊椎动物有434种。

【工业】1992年工业总产值为11584亿卢布。以机械制造、化工、电子工业、光学仪器、石油加工业、木材加工、轻工和食品加工为主。机械制造和金属加工占工业生产的26.1%,其中以汽车和拖拉机制造业以及机床制造业最为突出。仪表制造业、无线电电子工业较发达。化学工业主要生产无机肥料、化学纤维、合成橡胶、染料、塑料等。钾肥生产占世界钾肥总产量20%左右。木材加工工业主要生产家具、预制板房、胶合板、纸浆等。轻工业主要有纺织、针织、制革、制鞋等。其中亚麻纺织品占原苏的10%。根据1988年统计,白生产的化肥占原苏联18.1%,化纤占28.1%,摩托车占21.3%,电视机占10.8%,电冰箱占11.3%,金属切削机床占10.5%。

【农业】1992年农业总产值为3641亿卢布。农业用地约980万公顷(占领土面积47.2%)。1988年亚麻产量占原苏联的26.6%,马铃薯占13%。畜牧业发达,其产值占农业总产值的50%以上。1988年肉和奶的产量占原苏联总产量的6%和7%。

【交通运输】1990年铁路总长5570公里,公路总长48900公里,内河航道3900公里。干线管道2000公里。天然气管道1500公里左右。1988年铁路客运量为1.40亿人次,公路客运量为22.35亿人次,内河客运量为11.62亿人次。同前苏联100多个城市及欧洲、北美有定期航班。

【财政金融】1992年预算收入为2873亿卢布。按独联体内商定的比例，白分摊前苏联外债35亿美元。白已同俄达成协议，这笔债务由俄负责偿还，同时白放弃对前苏联在海外财产的要求。从1993年起，白将发行国债。

【对外贸易】同92个国家有贸易关系。1992年对外贸易总额为18.015亿美元，其中出口为10.609亿美元，进口为7.404亿美元。同上年相比，出、进口分别减少36%和62%。主要贸易伙伴是俄罗斯等前苏各共和国。此外，还有波兰、奥地利、瑞士、德国、美国、保加利亚、南斯拉夫、英国。白对外贸易的54%为易货贸易。

【外国资本】至1992年底，在白登记的有716家合资企业和116家独资企业。

【外国援助】截至1992年，获得德国、奥地利、意大利、欧洲复兴开发银行、世界银行、欧共体、美国等国家和国际金融机构的贷款约18亿美元。

人民生活

1989年职工月平均工资227.8卢布，国营农场工作人员的平均工资224.5卢布，集体农庄庄员的月平均工资211.7卢布；按人均计算的国营和合作社商业（包括公共饮食业）零售贸易额1559卢布；每100户职工和农庄庄员文化生活用品和家庭耐用消费品的拥有量分别为：黑白电视机56台和87台，彩电41台和9台，录音机44台和21台，照像机13架和3架，电冰箱和冰柜91台和79台，洗衣机66台和67台，吸尘器53个和17个，缝纫机47台和39台，小汽车17辆和11辆，摩托车12辆和20辆；按人均计算的居民住宅面积城市15.1平方米，农村22.1平方米；每万名居民拥有40.6个医生，114.4个中等医务人员，135.4张病床。1992年居民的货币收入为3902亿卢布，人均3.78万卢布。平均月工资为4900卢布。每千人拥有电话机200部。1992年，由于经济形势恶化，通膨加剧，财政拮据，失业人数增加，居民生活水平下降，多数居民生活困难。

军　　事

1991年9月23日最高苏维埃通过决定，根据“足够原则”建立自己的防御系统和国家安全系统。1992年1月11日决定将部署在白俄罗斯境内的一切武装力量（战略力量除外）归共和国部长会议管辖，将国防事务部改组为国防部，3月18日决定从3月20日起着手建立本国的武装力量。原苏联在白部署10个作战师、470架作战飞机、72枚洲际弹道导弹。原有军队17万人，按白法律规定，军队不得超过人口的1%，现正在裁减。1992年国防预算约占国家预算的13%。1993年国防预算为565亿卢布，约占国家预算的7%。现任国防部长巴维尔·巴甫洛维奇·科兹洛夫斯基上将，总参谋长尼古拉·巴甫洛维奇·丘尔金少将（Николай Павлович Чуркий）。

文化教育

【教育】1992年文教经费约占预算的14%。1989年，共有56000所各类普通学校（150万学生），145所中等专业学校（14.71万学生），33所高等学校（18.94万学生）。著名高等学校为白俄罗斯国立大学。1989年每千名15岁以上的居民中受过高等和中等教育的770人，其中受过高等教育的108人；每万名居民中高等学校和中等专业学校毕业的专门人材分别为30人和42人；在国民经济部门就业的受过高等和中等专业教育的专家143.61万人，其中受高等教育的63.91万，受中等教育的79.7万；在国民经济部门就业的受过高等和中等教育的女专家为88.92万人。

【新闻出版】1989年共出版2980种书籍和小册子，总发行量5900万份；每千人拥有书籍和小册子5770份。现有主要报刊：《苏维埃白俄罗斯报》，1927年8月创刊，发行量约80万份，用俄文出版，是政府机关报，基本上反映传统派的观点；《人民报》，1990年10月创刊，发行量约60万份，用白俄罗斯文出版，是议会报纸，基本上反映自由派观点；《为了祖国的荣誉》，1921年6月创刊，用俄文出版，军队报纸，基本上反映传统观点。

主要通讯社：白俄罗斯通讯社，原为国家通讯社，现名义上已独立。

广播、电视台：白俄罗斯广播电台，白俄罗斯电视台。

对外关系

奉行中立、无核政策。将保持和加强与前苏联各共和国，尤其是与俄罗斯和乌克兰的传统关系作为外交重点。积极争取世界各国的承认并与之建立外交关系。非常重视发展同中国的友好合作关系。截至1992年年底，已得到100多个国家的承认，同50多个国家建交。

【同我国的关系】1992年1月20日同我国建交。一年来，两国友好合作关系稳步发展。1992年1月19～24日，白部长会议主席克比奇率团访华。这是苏联解体后，独联体国家领导人的首次来访。1993年1月，应杨尚昆主席的邀请，白最高苏维埃主席舒什克维奇对我国进行了正式访问。江泽民总书记、李鹏总理和万里委员长分别同舒举行了会见和会谈。双方签署了中白联合声明等7项文件。访问进一步促进了两国友好合作关系的发展。1992年8月，全国人大常委会副委员长赛福鼎·艾则孜率全国人大代表团访白。这是白独立之后，我迄今前往访问的级别最高的代表团。访问增进了中白两国间的了解和友谊。

1992年，两国间重要交往还有：白教育部副部长基什库尔诺（4月）、白国家计划经济委员会副主任康德拉坚科（7月）、白部长会议副主席杰姆丘克（11月）访华。中国人民对外友好协会副会长陈昊苏、国家科委副主任惠永正（4月）、轻工业部长曾宪林（8月）访白。

中国驻白俄罗斯大使：王行达。使馆设在明斯克。电话：69-04-01。

白俄罗斯驻华使馆临时代办：沙利莫。馆址设在北京塔园外交公寓。电话：5326426。

【同独联体的关系】白是独联体的创始国之一，对独联体始终持积极态度，并赞同邦联或一体化的发展方向。白在独联体的各种冲突中常常起调解、折衷的作用，是独联体重要的稳定因素和平衡力量。1992年5月，出于中立立场，白未签署部分独联体国家加入的“共同安全条约”。1993年1月，白在独联体章程上签字。

【同俄罗斯的关系】白在市场和能源供应方面对俄罗斯有很大的依赖性。在维护自己的独立和主权的原则基础上，与俄罗斯保持密切关系。1992年7月，白、俄两国政府代表团举行会谈，签署了30项文件，就政治、经济、军事、贸易、科技等各个领域全面加强协调合作达成协议。1992年上半年白的战术核武器已全部运往俄罗斯。白欢迎俄美签署限制进攻性战略武器条约，希望尽快消除境内的核武器。

【同美国的关系】由于白是原苏联四个拥有核武器国家之一，在欧洲有一定的影响，美重视与白的关系。1991年12月18日，美国国务卿贝克抵明斯克访问，与白最高苏维埃主席舒什克维奇和部长会议主席克比奇举行会谈。双方讨论了核安全和向白提供援助问题。1992年11月，白部分人民代表在议会上揭露美干涉白内政的行径，并向美大使提出抗议。 （乌白波）

保 加 利 亚

国名 保加利亚共和国（The Republic of Bulgaria，Република България）。

面积 110993.6平方公里（包括河界水域）。

人口 8472724人（1992年12月4日）；出生率11.7‰，死亡率12.1‰，自然增长率－0.4‰。保加利亚人占85％，土耳其人9％。保加利亚语为官方语言和通用语言。土耳其语为主要少数民族语言。居民主要信奉东正教，少数人信奉伊斯兰教。

首都 索非亚（София），人口122万（1990年12月31日）。

国家元首 保加利亚共和国总统热留·热列夫（Желю Желев），1990年8月1日当选，1992年1月19日连任。任期5年。

简　况

位于欧洲巴尔干半岛东南部，与土耳其、希腊、南斯拉夫联盟、马其顿、罗马尼亚接壤，东濒黑海。海岸线长378公里。北部属大陆性气候，南部属地中海式气候。平均气温1月－2～2℃，7月23～25℃。年平均降水量平原450毫米，山区1300毫米。公元681年自多瑙河北岸南下的斯拉夫人和自高加索北部西迁的古保加利亚人在多瑙河流域建立斯拉夫保加利亚王国（史称第一保加利亚王国）。1018年再次被拜占庭侵占。1185年建立第二保加利亚王国。1396年被土耳其奥斯曼帝国侵占。1877年俄国对土耳其宣战，土战败，保于次年摆脱土耳其的统治。两次大战保均为战败国。1944年9月9日苏军和保加利亚游击队解放了索非亚，成立了以保共和农民联盟为主体的祖国阵线政府。1946年9月15日成立保加利亚人民共和国。此后保共长期处于执政地位。1989年保政局发生重大变化，11月姆拉德诺夫取代日夫科夫出任保共中央总书记和国务委员会主席（1990年4月改任总统）。12月7日，反对派组织联合组成民主力量联盟。1990年6月10日，保举行首次多党议会选举，社会党获胜组成一党政府。反对派民盟获36.2％的选票，首次进入议会。8月1日，民盟主席热列夫取代姆拉德诺夫当选总统。11月15日，社会党政府辞职。12月21日，无党派人士波波夫出任总理。1991年10月，保再次举行大选，民盟获胜执政。

政　治

1992年，保国内局势继续经历复杂深刻的变化。激烈的党派斗争和工潮，使社会紧张，政局动荡不定。

1月，保举行首次总统全民直接选举，共有22对总统和副总统候选人参加竞选，投票率75.4％。12日在第一轮投票中，所有候选人均未获半数以上选票。19日对得票最多的两对候选人、民盟支持的前总统热列夫和社会党支持的沃尔加诺夫二对候选人进行第二轮投票。结果，热和沃分获2738420和2443434张选票，各占所有选票的52.85％和47.15％。热列夫领先。21日，中央选举委员会根据宪法规定宣布热列夫和他的竞选伙伴迪米特洛娃当选保总统和副总统。22日，热列夫和迪米特洛娃宣誓就职。

1992年初，民盟执政伊始即通过政治、法律、行政和经济等手段推行以“非共产党化”和“休克疗法”的经济改革为核心的政治、经济体制转轨计划。“非共产党化”计划的主要措施是：“没收保共及其卫星组织侵吞的国家和公民个人的财产”；解散“由共产党执政时期沿袭下来的官僚机构”；解雇“不称职的”经济领导人和国家公务人员；清查“与80年代强迫土族人改名运动中的有关人员，追究他们的法律责任”等。继社会党党部大楼被没收后，社会党党报印刷厂被收归国有、一批前保共政权的高级官员因“保共经济责任案”等被拘捕和起诉、一大批在国家机关、军、警和企事单位工作的前保共党员被解职、开除或勒令退休。议会还制定通过一系列法律、法规实施“非共产党化”计划。银行和信贷法规定，近15年来在保共及保共领导的共青团、祖国阵线、工会、反法西斯老战士委员会和农盟等组织中央和地方任职的人员5年内不得在银行担任领导职务。退休法对上述专职人员的工龄不予承认。新土地法和财产返还法恢复在前保共政权期间被没收和收归国有的土地等不动产原所有者的所有权或赔偿其损失。

民盟的非共化计划不仅遭到社会党等在野党的反对和抵制，也在民盟内部产生严重分歧，成为总统同民盟领导集团关系恶化的重要原因之一。2月，被解雇的外交部西欧司副司长和保前驻印尼大使相继宣布绝食，抗议外交部的裁员计划。社会党发表声明，对绝食者表示同情，反对搞"新的专制"并抨击民盟搞"政治清洗"。保外交部长则表示，机构调整和人事变动是保民主化进程的组成部分，无论任何抗议都不能动摇政府的决心。民盟议员、政府部长和政治家110人在瓦尔纳举行会议，指责社会党和民主中心企图制造动乱和政府危机。民盟议员团亦发表声明，指责社会党和一些"中间势力"企图推翻政府，威胁将视社会党为恐怖组织并通过议会立法禁止社会党的活动。3月，民盟全国协调委员会通过了拟向议会提出的"非共产党化"法草案。对此，总统热列夫表示，体制的转换必须依靠人民的支持，通过民主的方式进行，而不是采取专制和恐怖的手段。民主中心发表声明，称民盟正企图转移公众视线，以掩盖其政府的无能。与此同时，围绕所谓"黑材料"事件，总统热列夫同政府发生激烈冲突。据报，"黑材料"系指受总统领导的国家情报局告发第一副总理兼外长加内夫将保驻外机构中的情报人员的名单交土族人"争取权利与自由运动"组织主席多甘，而多又将其交土耳其驻保大使一事。政府要求总统热列夫澄清此事并将国家情报局划归内务部管辖。加本人公开声称，保是议会制，不是总统制，谁要将议会和总统本末倒置，谁就是搞政变。议长萨沃夫则指责热列夫对组阁干涉太多，破坏民盟同土族人"争取权利与自由运动"组织的关系。热指责民盟接管国家情报局的要求违反政党法，是旨在恢复极权制，将导致民主进程的倒退。热声称，必要时他将寻求人民的支持。

3月下旬，政府同工会的关系开始紧张。政府认为保南部的铜矿和铅锌矿经营亏损、污染环境，拟下令关闭。该计划如实施将导致25万工人失业。工会坚决反对政府的这一计划，并要求改善劳保条件，增加工资，指责工商部长对矿工的困境负有责任并要求其辞职。25日，政府同矿工工会的谈判未能达成协议。次日，总理亲往矿区劝阻工人也未能奏效。30日，罢工开始。4月1日，政府满足了罢工工人的要求，罢工停止。15日，政府宣布大幅度提高食品等商品价格后，保两大工会立即表示反对，并宣布停止同政府接触。独立工联要求政府改组。"支持"劳联要求工商、财政部长辞职。

4、5月间，保社会各界要求政府改组的呼声高涨，而政府内部矛盾也在加剧。总理迪米特洛夫同国防部长卢杰夫在一些问题上发生激烈冲突。前者得到民盟大部分议员的支持，后者则得到总统、部分议员、土族人"争取权利与自由运动"和"支持"劳联的支持，双方互不相让。内外矛盾的压力使政府陷入危机。5月20日，在各种政治势力的干预和影响下，政府被迫进行改组。第一副总理兼外长加内夫被免去第一副总理的职务，国防、工商和农业3名部长被撤换。

政府改组后，政局继续动荡，经济形势严峻。1～7月份生产下降20%，失业率14%，通膨率50%。在农村，土耳其族人因实施土地法土地归还原主的条款将无地可耕，大批举家离保迁土。据报，6～9月，共约12万人迁土，形成80年代末以来保第二次向土耳其的大规模移民潮，也促使土族人"争取权利与自由运动"组织同政府关系紧张。该组织发言人称，是政府的政策导致了大量失业、通货膨胀和生活贫困化，强调政府对土族人大批外迁负有不可推卸的责任。6月20日，总统热列夫发表电视讲话，呼吁"不要过多地追究过去，人为地制造社会紧张"，主张实现"全国和解"。热的主张遭到民盟强硬派的严厉抨击，称热在体制转轨和非共化尚未完成的情况下笼统地提"全国和解"是"荒唐和不切合实际的"，是"政治投机"。6月30日，保总检察长塔塔尔切夫宣布对前保共最后一届政府的所有成员和当时保共中央书记处的全体成员立案侦察，其中当时的副总理、社会党议员卢卡诺夫为主要被告。7月7日，议会以130票赞成和102票反对通过关于取消卢卡诺夫议员豁免权的决议。13日，卢因被指控在1986～1989年任副总理期间参与"非法"以巨资援助一些第三世界国家、减免别国对保的债务，使保造成损失，被检察机关拘捕。对此，社会党反映强烈，指责议会已成为民盟政治迫害的工具，宣布社会党议员团将不定期地停止参加议会活动。社会党还致信总统热列夫，要求解除塔塔尔切夫总检察长的职务。在此期间，全国各地罢工潮再起。6、7月份，首都索非亚和瓦尔纳、鲁塞、布尔加斯等大城市均发生规模不同的经济和政治性的罢工，特别是7月中旬索非亚公交系统的工人连续5天的大罢工，使全市交通基本瘫痪。10月份中小学教师举行全国性罢工。

夏秋之际，保各种政治势力之间的斗争加剧，政局更加动荡。执政的民盟面临日益加大的压力。7月22日，社会党恢复参加议会活动并提出对政府的不信任案，被议会以130票反对、104票赞成所否决。8月30日，总统热列夫举行记者招待会，公开抨击政府同社会各界对立，奉行"自我毁灭"的政策，要求对民盟的战略进行"根本性改革"，并再次呼吁全国和解。热的发言人还宣布，今后热将有条件地参加民盟的政治会议。9月中旬，民盟召开有民盟各方面代表参加的政治会议，讨论保当前形势和民盟的政策。会上，以总理迪米特洛夫为一方同以总统热列夫为一方发生激烈冲突。有人甚至当面指责总统"亲共"，"维护苏联影响"，是"民盟的叛徒"，并提出要废黜总统，热愤然退席。这标志着民盟内部两派已摊牌。社会党、土族人"争取权利与自由运动"组织、民盟温和派和议会外一些党派以及两大工会和东正教会均对热的"全国和解"主张表示不同程度的支持。9月24日，议会经过两天的激烈辩论通过了土族人“争取权利与自由运动”组织提出的对民盟强硬派人物、议长萨沃夫的弹劾案。这是该组织在议会首次在重大问题上同社会党采取联合行动。它表明，民盟同土族人“争取权利与自由运动”组织的政治合作破裂，民盟已丧失议会多数地位。10月20日，议会就总理迪米特洛夫的顾问违反联合国武器禁运规定，参与向马其顿非法出口武器一事通过一项决议，称这一事件“损害了保的声誉和国家安全”，要求迪对此负责。政府要求议会对其进行信任表决。28日，议会以120票对111票否决了对政府的信任案。迪米特洛夫立即宣布政府集体辞职。

民盟政府的辞职使保陷入一场严重的危机，各政党围绕组阁问题展开激烈角逐。根据法律程序，民盟和社会党先后组阁，均未果。前者由于坚持以前政府原班主要人马组阁并继续执行前政府的政策而遭议会拒绝。后者因其提名的总理人选拥有保、法双重国籍，违反宪法关于总理不得拥有外国国籍的规定，被总统取消组阁权。结果，土族人“争取权利与自由运动”组织成了最后一个有组阁权的政党，如其组阁努力也失败，将按照宪法规定，解散议会，提前举行大选。在此情况下，“争取权利与自由运动”组织先企图将组阁权交民盟，由民盟出面组织有“争取权利与自由运动”组织参加的两党政府，但因双方在政府主要人选及“争取权利与自由运动”组织参加政府的条件上分歧严重而谈判失败。“争取权利与自由运动”组织遂提名总统经济顾问柳本·贝罗夫为总理，组织专家政府。12月30日，议会以124票赞成，25票反对，民盟多数议员拒绝参加投票的情况下，批准了以贝罗夫为总理的新政府组成人员，从而结束了长达两个月之久的政府危机。

【宪法】现行宪法1991年7月12日通过，次日在《国家报》公布后生效。宪法规定，保为议会制国家，总统象征国家的团结并在国际上代表保。

【议会】称国民议会，行使立法权和监督权并有对内政外交重大问题作出决定的权力。实行比例代表制，由选民直接选出，任期4年。本届议会于1991年10月21日产生，共240议席，其中民盟110席，社会党106席，“争取权利和自由运动”组织24席。议长阿·约尔旦诺夫(Александър Йорданов)。

【政府】称部长会议，1992年12月30日组成。主席兼外交部长柳本·贝罗夫(Любен Беров)，副主席兼商业部长瓦伦廷·卡拉巴舍夫(Валентин Карабашев)，副主席兼交通部长内伊乔·耐耶夫(Нейчо Неев)，副主席兼劳动社会福利部长埃夫格尼·马廷切夫(Евгени Матинчев)，环境部长瓦伦廷·鲍谢夫斯基(Валентин Босевски)，工业部长鲁门·比科夫(Румен Биков)，财政部长斯托扬·亚历山德罗夫(Стоян Александров)，国防部长瓦伦廷·亚历山德罗夫(Валентин Александров)，内务部长维克托尔·米哈伊洛夫(Виктор Михаилов)，司法部长米绍·沃尔切夫博士(д-р Мишо Върчев)，区域发展和建设部长赫里斯托·托泰夫(Христо Тотев)，教育、科学和文化部长马林·托多罗夫教授(проф. Марин Тодоров)，农业部长格奥尔基·塔内夫(Георги Танев)，卫生部长坦乔·古加洛夫(Танчо Гугалов)。

【司法机构】设最高法院、总检察院、地方法院、军事法院和相应的检察机关。决定将建立最高行政法院。1991年起设宪法法院，负责监督宪法的执行。宪法法院由12名法官组成，其中总统任命三分之一，国民议会和法官代表大会各选举三分之一。1992年起设最高司法委员会，负责向总统提出最高法院院长、最高行政法院院长和总检察长任免建议及决定其他法官、检察长和侦察员的任免、调动和职务升降等。最高司法委员会由25人组成，其中最高法院院长、最高行政法院院长和总检察长为当然委员，其余由国民议会和司法机关各选举11人。最高法院院长阿·马诺夫(Асен Манов)，总检察长伊·塔塔尔切夫(Иван Татарчев)，均由总统根据最高司法委员会的提名任命。

【政党】截至1992年2月，根据政党法注册105个政党，主要有：

1. 民主力量联盟(Съюз на демократичните сили)：1989年12月7日成立，是一个松散的政治联盟，最初包括16个政党和组织。1990年6月首次参加大选获144个议席。1991年10月分裂成“运动派”、“中心派”和“自由派”。同年10月各派单独参加大选，“运动派”在大选中获胜执政。其他派别的组织均未获得足够的选票而未能进入议会。中央领导机构为全国协调委员会，主席菲·迪米特洛夫(Филип Димитров)。

民盟的主要政党和组织有：

(1)独立社会自由党，主席尼·瓦西列夫。

(2)民主党，主席斯·萨沃夫。

(3)民主俱乐部联盟主席，约·瓦西列夫。

(4)激进民主党，主席埃·康斯坦丁诺娃。

(5)1945年后受迫害者俱乐部，主席迪·巴塔洛夫。

(6)共和党，主席伦·鲁萨诺夫。

(7)联合民主中心，主席斯·加内夫。

2. 保加利亚社会党(Българска социалистическа партия)：前身是保社会民主工党，1891年7月20日成立。1919年5月25日22大改名共产党，并参加第三国际。1944年后曾连续执政47年。1990年2月保共14大(特别)决定走民主社会主义道路并于4月改名为社会党。1990年9月39大取消党章中关于社会党是马克思主义政党的提法，将党的标志——党旗改为印有白色社会党保文缩写字母的红旗，党徽改为白色绿叶红玫瑰。1991年10月在大选中失利，成为在野党。现拥有48万党员，是保人数最多的政党。主席让·维德诺夫(Жан Виденов)。

3. “争取权利与自由运动”组织(Движение за права и свободи)：1990年1月4日成立，主要由土耳其少数民族组成。1990年4月26日在索非亚法院注册为政党。6月在大国民议会选举中获23议席。1991年10月在国民议会选举中获24席，成为议会第三大政党。主席阿·多甘(Ахмед Доган)。

4. 保加利亚统一农民联盟(Единен български народен земеделски съюз)：前身为保加利亚农民联盟，成立于1899年12月28日，是欧洲最老的农民党之一。1919～1923年曾单独执政。1947年与保共合作并接受保共纲领，曾长期在国民议会中拥有1/4的议席。1989年12月放弃保共纲领。1991年7月联合农盟其他一些派别组成统一农民联盟。同年10月在大选中失利未能进入议会。总书记阿纳斯塔西娅·莫泽特女士(Анастасия Мозер)。

较大的政党还有：民主中心、绿党、保加利亚企业家集团、保加利亚保皇者联盟、保加利亚商业党、捍卫特尔诺沃宪法自由联盟。

【重要人物】热留·热列夫：总统。1935年3月3日生于舒门市塞里诺沃村。索非亚大学哲学系毕业，研究员。1961～1965年在索非亚大学学习期间，曾写过"物质的哲学定义"论文。由于批评列宁有关物质的理论被学校除名并于1965年被开除出保共。著有《法西斯论》一书。一度因反政府政治活动被拘留，开除公职，驱逐出索非亚市。曾任民主力量联盟协调委员会主席。1990年当选总统。1992年1月连任。已婚，有两个孩子。　**柳本·贝罗夫**：总理。1925年10月6日生于索非亚。毕业于索非亚国立大学经济系。1971年起任索非亚高等经济学院经济历史教授。1976年获经济学博士学位。1985年起在保科学院巴尔干研究所任教授。1990～1991年为全国社会利益三方协调委员会委员(政府代表)。1990年起任总统经济顾问。已婚，有两个孩子。　**菲利普·迪米特洛夫**：民盟主席。1955年3月31日生于索非亚。毕业于索非亚大学法律系，曾任律师。1990年12月11日起任民主力量联盟全国协调委员会主席。1991年11月～1992年10月任总理。已婚。

经　济

出口导向型经济。进出口主要依赖于前经互会国家。1985年以来，经济处于停滞和下降状态。1986～1990年，社会总产值、国民收入和外贸年平均分别下降0.4%、0.1%和5.3%。1989年底决定逐步向市场经济过渡，在平等的条件下发展包括私有制在内的多种所有制经济，优先发展农业、轻工业、旅游和服务业。1991年2月，在世界银行的协助下开始实施"休克疗法"经济改革，主要措施有：减少国家财政对物价的补贴，大幅度提高燃料、动力、热力、各种交通和通讯费用、放开食品等消费品价格，由市场调节、列弗汇率实行自由浮动、大幅度提高银行存贷利率、土地实行私有化，恢复原土地所有者的土地所有权、决定尽快开始国营企业的私有化工作等。实施上述措施后，食品等消费品市场供应紧张的状况缓解、列弗的汇率基本稳定、外汇储备增加、私营零售商业和服务业迅速发展。但同时也产生一些新的问题：通货膨胀严重、工业生产大幅度滑坡、进出口贸易总额锐减、失业人数骤增、人民生活水平急剧下降，经济仍处于危机之中。

社会总产值(1991年)：1954亿列弗。

人均社会生产总值(1991年)：21711列弗。

社会生产总值增长率(1991年，按可比价格)：－19.5%。

国民收入(1990年)：313.7亿列弗。

货币名称：列弗；1列弗＝100斯托丁卡。

汇率(1991年12月16日)：1美元＝22.59列弗。

通货膨胀率(1991年)：500%。

失业率(1991年)：12%。

【资源】自然资源贫乏。主要矿藏有煤、铅、锌、铜、铁、铀、锰、铬、盐矿和少量石油。森林面积300多万公顷，占全国总面积27%。

【工业】1990年工业产值为590.27亿列弗，占社会生产总值的67.3%，所创国民收入占国民总收入的57.3%。1991年工业生产下降22%，只相当于1981年的60%，其中电机和电子工业、冶金、化学石油加工和纺织业分别下降43%、37%、35%和34%。1990年全国共有工业企业2706个；从业人口145.6万人，占全国总劳力的38.01%。主要工业部门有冶金、机械制造、化工、电机和电子、食品和轻纺等。主要工业品产量如下(单位：万吨)：

	1988	1989	1990
钢	288	289	218
煤	3573	3430	3167
电力(亿度)	451	443	421
纯碱		115.3	104.6
化肥	247	242	226.6
机床(台)		17082	14760

(资料来源：1990年保加利亚统计手册)

【农业】1990年农业产值为131亿列弗，占社会总产值11%。1990年共有耕地464.3万公顷；从业人口64.99万人，占全国总劳力的17%。近年主要农产品产量如下(单位：万吨)：

	1988	1989	1990
谷物	796.5	965	799
烟草	9.1	6.5	5.2
水果	176.8	182	157

(资料来源：同上)

【旅游业】旅游业发达，与1000多家外国旅游公司有业务联系。1990年有旅馆603家，床位11.13万张，接待外国游客1032.9万人次。

【交通运输】1990年全国客运总量391.15亿人公里，货运总量908.8亿吨公里。

铁路：总长6604公里；客运量77.9亿人公里，货运量141.3亿吨公里。

公路：客运量259.1亿人公里，货运量93.32亿吨公里。

水运：内河客运量300万人公里，货运量16.1亿吨公里；海上客运量1900万人公里，货运量650.9亿吨公里。

空运：客运量37.59亿人公里，货运量4500万吨公里。

管道运输：石油运输6.8亿吨公里。

【财政金融】1988～1990年国民财政收入情况（单位：亿列弗）：

	1988	1989	1990
收入	229.52	242.78	248.34
支出	229.42	242.63	282.55

1991年欠西方外债110亿美元。外汇储备3亿美元。

【对外贸易】1990年出口总额约占社会总产值13%。保与110多个国家有贸易关系。近年外贸情况如下（单位：亿列弗）：

	1988	1989	1990
总　额	281	260	207
进口额	143	127.9	101.6
出口额	138	136.7	104.9

1990年，同前经互会国家的贸易额占外贸总额的80%，其中同苏联的贸易额占外贸总额的50%以上。主要从苏进口原油、钢材、矿产品、天然气、木材等；同西方国家的贸易占11%；同发展中国家的贸易占9%。1991年外贸进出口比上年减少60%左右，其中出口减少50%左右，进口减少70%，与前苏联的贸易下降75%。

【外国资本】1991年5月17日颁布实施外国投资法，1992年修订后重新公布。允许外商在保合资或独资经营，一般无须要求批准，军事等特定部门和领域除外。外企利润率为40%，如外资股超过49%和价值10万美元以上者，可按30%的优惠率计征。外国投资者可以将投资所得的外汇利润、利息、红利和其他外汇收入汇出保境。投资者因投资被征用而获得的赔偿金、清算所得份额（不超过作为资本投入的外汇额）如是列弗，有权从保加利亚人民银行按当天汇率兑换成外汇携出保境。1992年外国在保投资额约2.5亿美元，主要是美国、希腊、日本、德国和瑞士等国。

人民生活

1990年人均收入3490列弗，职工平均工资4200列弗；人均消费：肉75.2公斤、奶195公斤、蛋275个、蔬菜109公斤；全国实行免费医疗，每千人拥有病床10张、医生3.2名；每百户拥有电视机105台、洗衣机93台、电冰箱98台、小汽车42辆、电话57部；人均住房面积18.1平方米。1991年以来，人民生活水平普遍下降。

军　事

保人民军建立于1944年9月。1990年1月26日国务委员会决定取消军队和警察中的党组织，禁止在部队开展党派活动。同年9月成立总统安全委员会，由主席、副主席、秘书和委员组成。主席和副主席由总统和副总统担任。安全委员会负责制定与武装力量有关的对内对外政策，战时制定反对外来侵略的方针政策。1991年11月8日，国防部长改由文职官员担任。士兵服役期为一年半，受过高等教育者为一年。总兵力13万人，陆军9.7万人，海军1万人，空军2.3万人。

1990/91年度国防开支44.7亿列弗。

文化教育

【教育】全国实行免费教育。1990/91年度有各类学校4165所，在校生155.1万人，教师11.6万人。著名高等学府有索非亚大学。

【新闻出版】1990年发行杂志967种，报刊541种，发行量分别为5821.5万册和9.005亿份。主要报刊：《言论报》（保社会党机关报，前身为《工人事业报》，1927年3月5日创刊，1990年4月4日改名）、《祖国报》（祖国联盟机关报，1942年12月31日创刊）、《民主报》（民主力量联盟机关报，1990年2月12日创刊）、《农业旗帜报》（农民联盟机关报），均用保加利亚文出版。

主要通讯社：保加利亚通讯社。国家通讯社，隶属部长会议。成立于1898年，在世界重点城市派常驻记者，同世界上许多国家的通讯社有合作关系和业务联系。

索非亚新闻社。国家资助，民间经营，主要负责对外宣传和报道。

保加利亚广播电台：全国性国家广播电台，业务受议会监督，其领导人由议会任免。成立于1929年。1958年后开始全天播音。现有4套全国性节目。对外用11种语言广播，每天44小时。

保加利亚电视台：全国性国家电视台，业务受议会监督，其领导人由议会任免。建成于1958年，1959年正式开播。现有2套节目，均为彩色。

对外关系

对外政策的基本原则是现实主义和实用主义。外交的重点和目标是维护民族利益、国家的安全和领土完整。优先发展同欧美等西方发达国家的关系，使保迅速加入欧洲的各种机构。发展同巴尔干国家的睦邻关系。同与保有传统合作关系的国家发展友好、互利的关系。

对前南斯拉夫地区的冲突表示忧虑，担心冲突会影响和波及保，主张前南地区各国之间的边界划分和内部分歧等问题通过谈判协商解决，支持联合国和国际社会为解决前南地区问题所进行的政治努力，呼吁国际社会平等对待马其顿、波黑、克罗地亚和斯洛文尼亚的独立，不赞成把南斯拉夫联盟开除出国际组织，表示保将不介入前南地区的冲突，也不允许外国利用保领土对南进行军事干预，反对巴尔干国家卷入前南地区的冲突，要求向保南边境派国际观察员，认为联合国和北约在必要时应出兵制止波黑战争。截至1991年12月14日同129个国家建交。

【同我国的关系】1949年10月4日建交。50年代，两国关系很好，60年代初起，两国关系变冷。1984年起两国关系逐步改善并恢复正常，各方面往来增多。1991年3月，外交部长钱其琛对保进行正式访问。10月，保国防部长穆塔夫契耶夫大将访华。1992年4月，保副总理兼科教部长瓦西列夫访华并分别同我国自然科学基金会和教委签订了合作文件。6月，保副外长多布列夫来华同我国外交部副部长田曾佩磋商，并同文化部签订了中保两国1991～1994年文化合作计划。据海关统计，1992年两国进出口贸易总额为4103万美元，其中我出口1700万美元，进口2403万美元。

中国驻保加利亚大使：白寿绵。馆址：索非亚"Анри Барбюс"大街5-7号。电话：722127。电传：22545 TOOK BG。

保加利亚驻华大使：加别洛夫。馆址：北京建国门外秀水北街4号。电话：5321946；5321916。传真：5322826。

【同美国的关系】1947年恢复公使级外交关系，1950年断交，1959年再度复交，1966年升格为大使级外交关系。两国关系长期紧张。1989年后两国关系逐步改善并恢复正常。1990年2月，美国国务卿贝克访保。1991年4月7日，美国副总统奎尔访保。7月应美俄亥俄州州长及美实业家协会的邀请，保总统热列夫访美。1992年1月，保外长在美参加国际讨论会期间同美国务卿贝克举行了会见。3月，保总理迪米特洛夫对美进行工作访问。5月，美第一副国务卿访保。7月，保总统热列夫同美总统布什在赫尔辛基会晤。

【同邻国的关系】1992年，保继续重视同邻国的关系，但因承认马其顿独立和波黑内战等问题同南斯拉夫联盟和希腊的关系出现困难。1月15日，保宣布承认马其顿、波黑、克罗地亚和斯洛文尼亚4个前南斯拉夫共和国独立，引起南斯拉夫和希腊的强烈反应。南召见保大使表示强烈抗议。希召见保大使，对保承认马其顿共和国独立表示忧虑，认为保此举将导致巴尔干不稳定，表示希不再支持保加入欧洲委员会和取得欧共体联系国地位的努力。保外长公开指责希拒绝承认马其顿。两国围绕马其顿问题公开争吵，政治关系受损，但其他方面的交流与合作仍正常进行。波黑内战爆发后，保指责南插手并于5月16日召其驻南大使回国"述职"。6月4日，保政府宣布执行安理会制裁南的757号决议的措施：要求南减少其驻保使馆人员；停止官方人士的正式访问及科技和文化交流，禁止南运动员来保参赛，中断同南的航空联系、进出口贸易和过境运输。8月2日，南总理帕尼奇对保进行私人访问。1992年1月15日保承认马其顿共和国后，两国关系迅速发展。2月和5月，两国外长互访。8月，马其顿共和国总统访保，两国决定在对方首都互设总领馆。10月，马总统对保进行"私人"访问，同保总统进行了会晤。保同罗马尼亚的关系继续保持友好关系。1月，罗总统访保，双方签订两国友好、睦邻和合作条约。2月，保外长访罗。保同土耳其关系实现正常化，各方面的往来频繁。5月，保总理访土，两国签订睦邻、友好和合作条约。7月，保总理应邀出席土一水电站的投产仪式，并同土总理举行了会谈。两国军事领导人频繁接触。保国防部长、总参谋长、空军和陆军总司令先后访土。保土两军签订军事合作协定。两国军队从边境地区后撤。3月和9月，双方先后因捕鱼和移民问题引起公开争吵。

（王俊岭）

比　利　时

国名　比利时王国(The Kingdom of Belgium，Royaume de Belgique)。

面积　30528平方公里(包括荷兰境内飞地巴勒—埃尔东)。

人口　总数997.9万(1991年3月1日)。其中讲荷兰语的弗兰德区576.9万，讲法语的瓦隆区325.6万(包括讲德语的6.8万)，使用荷法两种语言的布鲁塞尔区95.4万。官方语言为法语和荷兰语。90%的居民信奉天主教。

首都　布鲁塞尔(Bruxelles)，人口95.4万(1991年3月1日)。

国家元首　国王博杜安一世(Baudouin I)，1951年7月17日即位。

简　况

位于欧洲西部。北连荷兰，东邻德国，东南与卢森堡接壤，南和西南与法国交界，西北隔多佛尔海峡与英国相望。海岸线长66公里。属海洋性温带阔叶林气候。年平均气温10℃。公元前克尔特族的比利其人在此居住。公元前57年起长期为罗马人、高卢人、日耳曼人分割统治。9～14世纪被各诸侯国割据。14～15世纪建立了勃艮第王朝。随后又陆续遭西班牙、奥地利、法国统治。1815年被并入荷兰。1830年10月4日独立。1958年加入欧共体，并与荷兰、卢森堡结成经济联盟。长期以来，讲荷兰语的弗拉芒地区和讲法语的瓦隆地区存在着地区及语言民族矛盾，由此不但造成政党分裂，还使政府一度更迭频繁。

政　治

1992年3月6日，德阿纳组成四党(荷语基督教人民党、荷语社会党、法语社会党和法语基督教社会党)联合政府，在议会中仅拥有简单多数。3月9日，德阿纳首相在向议会宣读政府施政纲领时强调，新政府将紧缩国家财政，继续国家体制改革和解决一些人们关心的社会问题；主张对外的首要目标是实现"联邦制的欧洲"，并加强联合国的作用。为贯彻施政纲领，政府寻求与各政党对话。经过内部协商，终于在9月底就1993年预算追加方案和国家体制改革方案达成一致。

按照欧共体12国马斯特里赫特首脑会议的要求，比众参两院分别于1992年7月和11月批准通过了马约。

【宪法】1831年2月7日颁布，已多次修改。宪法规定比实行世袭君主立宪制。国王为国家元首、三军最高统帅。国王和议会共同行使立法权，国王与政府共同行使行政权，实权在政府，政府对议会负责。1993年2月6日，众议院表决通过修宪法案，正式决定比利时由中央集权国家变为联邦政体国家。

【议会】本届议会于1991年11月24日经普选产生，任期4年。众议员212名；参议员185名，其中直接选举106名，省议会选举52名，遴选26名，法定1名（阿尔贝亲王）。各党派席位如下：

党派	众院	参院
荷语基人党	39	36
法语社会党	35	30
荷语社会党	28	27
荷语自由党*	26	22
法语自由党	20	18
法语基社党	18	16
弗拉芒集团	12	6
法语生态党	10	11
弗拉芒人民联盟	10	8
荷语生态党	7	7
法语民主阵线	3	2
罗森党	3	1
国民阵线	1	

*　该党于1992年11月宣布解散，另组新党"荷语自由民主党"。

参议院议长弗朗克·斯瓦伦(Frank Swaelen，荷语基人党)，1992年1月6日连任。众议院议长夏尔·弗尔迪南·诺东(Charles Ferdinand Nothomb，法语基社党)，1991年12月26日连任。

【政府】本届政府于1992年3月6日组成。主要成员：首相让—吕克·德阿纳(Jean-Luc Dehaene)，副首相兼交通、公企大臣居伊·戈姆(Guy Coëme)，副首相兼外交大臣维利·克拉斯(Willy Claes)，副首相兼司法和经济事务大臣梅尔基奥尔·瓦特莱(Melkchior Wathelet)，财政大臣菲利普·梅斯达特(Philippe Maystadt)，国防大臣莱奥·戴尔克鲁瓦(Léo Delcroix)，外贸和欧洲事务大臣罗贝尔·于尔班(Robert Urbain)。

【司法机构】全国设222个治安审理所，26个初审法院，5个上诉法院，1个最高法院。九省各设一个重罪法庭。三级法院均有相应的检察机构。各级法院的法官均由国王直接或根据同级议会的提名任免，终身任职。各级检察长由国王根据政府提名任免。最高法院院长夏泰尔(M. Chatel)。最高检察院检察长克林斯(E. Klings)。

【政党】主要有9个政党。近年来，绿党势力发展较大。

(1)荷语基督教人民党(Christelijke Volks Partij)：有党员13.2万。前身是基督教社会党，成立于1815年。1846～1936年称天主教联盟，1945年改称基督教社会党。1968年因民族矛盾分裂为荷语基督教人民党和法语基督教社会党。1992年10月，该党召开代表大会，埃尔曼·范隆皮伊(Herman Van Rompuy)再次当选为主席。

(2)法语基督教社会党(Parti Social-Chrétien)：有党员5万。1968年由前身基督教社会党分裂而成。主席是热拉尔·德珀雷(Gérard Deprez)。

(3)法语社会党(Parti Socialiste)：有党员15万。前身是工人党。1885年成立。1945年改称社会党，1978年因民族矛盾分裂为法语社会党和荷语社会党。1992年1月，该党召开代表大会，居伊·斯皮塔尔斯辞去主席职务，菲利普·布斯坎(Philippe Busquin)当选为主席。

(4)荷语社会党(Socialistische Partij)：有党员14万。1978年由前身工人党分裂而成。1992年1月，该党召开代表大会，范登布鲁克(Frank van Den Broucke)连任主席。

(5)弗拉芒人民联盟(Volksunie)：1954年成立，弗拉芒民族主义政党，党员5.2万。1992年6月，联盟委员会选举新的领导机构，贝尔·昂西奥(Bert Anciaux)当选为主席。

(6)荷语自由民主党(Vlaams Liberalen en Democraten)：前身为荷语自由进步党，有党员7.3万人，1992年11月宣布解散，另组新党。该党在原有基础上向各党开放。主席居伊·维尔霍夫斯达特(Guy Verhofstadt)。

(7)法语革新自由党(Parti Réformateur Libéral)：党员6.5万。1846年成立。1979年由前身自由党分裂而成。1992年3月，该党举行全党直接大选，让·高乐(Jean Gol)当选为主席。

(8)布鲁塞尔法语民主阵线(Front Démocratique des Bruxellois Francophones)：1964年成立，党员约1万人。主席乔治·克来尔法伊特(Georges Clerfayt)。

(9)比利时共产党人联盟(Union des communistes de Belgique)：1921年成立，党员不到1万人。主席路易·范盖特(Louis van Geyt)。

此外还有生态党、弗拉芒集团、比利时劳动党、比利时进步团结共产党(前比马列共)等小党。

【重要人物】博杜安一世：国王。1930年9月7日生于布鲁塞尔，1951年7月17日登基，为比第五位国王。1950年获中将军衔。1960年结婚，无子女。1981年5月访华。爱好体育、摄影、音乐、打猎等。　**让—吕克·德阿纳**：首相。1940年8月7日生于法国蒙彼利埃。法学博士。1981年任社会事务与机构改革大臣。1982年当选参议员，1987年当选众议员，1988～1992年任副首相兼交通与机构大臣。1992年3月出任首相。已婚，有四个子女。

经　济

发达的资本主义工业国家，战后经济发展较快。70年代和80年代初曾遇经济滞胀，1983年起经济缓慢回升后一直维持低速增长。比经济高度依赖国际经济环境，80%的原料靠进口，50%以上的工业产品供出口。随着国际贸易的发展，比自1982年起一直执行以控制财政开支和社会福利增长、保持低通膨的经济紧缩政策。1991年以来，经济持续低速增长。高赤字、高债务、高失业率是阻碍比经济发展的主要因素。

国民生产总值(1991年)：68277亿比郎。

人均国民生产总值(1991年)：68.42万比郎。

国民生产总值增长率(1992年)：1.4%。

国民收入(1991年)：54824亿比郎。

货币名称：比利时法郎；1比郎＝100生丁。

汇率(1991年平均数)：1美元＝34.2比郎。

通货膨胀率(1992年)：2.4%。

失业率(1992年)：12.2%。

【资源】据估测，煤蕴藏量为37亿吨，其中有开采价值的18亿吨，瓦隆地区的煤层已开采殆尽。此外尚有少量铁、锌、铅、铜等。森林面积约60万公顷，占全国面积的20%。

【工业】1990年工业产值20538亿比郎，占国内生产总值的31.2%。主要工业部门有钢铁、机械、有色金属、化工、纺织、玻璃、煤炭等行业。工业就业人口104.2万(1991年6月30日)，占总劳力的27.7%。主要工业品产量如下(单位：万吨)：

	1989	1990	1991
煤炭	189.3	103.6	63.4
钢	1095.1	1141.9	1134.0
铜	56.3	54.2	47.8
机械制造	783.1	791.9	737.3
石油产品	2715.2	2703.2	3003.3
水泥	672.0	692.9	718.4
纸张与纸板	126.6	131.6	125.9
电力(亿度)	639.1	671.6	681.3

(资料来源：1992年比利时统计概览)

【农业】1990年农牧业总产值为1243亿比郎，占国内生产总值的1.9%。农业就业人口9.9万，占总劳力2.6%(1991年6月30日)。1991年耕地面积为134.3万公顷，其中牧场面积61.6万公顷，谷物种植面积31.2万公顷。主要农作物产品产量如下(单位：万吨)：

	1988	1989	1990
谷物	220.7	224.2	198.6
肉类	132.7	133.1	131.9
鲜奶(亿公升)	29.5	29.9	28.9
鸡蛋(亿个)	27.6	26.9	29.4

(资料来源：同上)

主要牲畜存栏数如下(单位：万头、匹)：

	1989	1990	1991
马	2.3	2.1	2.1
牛	312.7	324.9	324.3
猪	647.4	670.0	623.6

(资料来源：同上)

【服务业】第三产业发展迅速，1989和1990年产值分别达42794和45827亿比郎，分别占国民生产总值的69.5%和69.7%。1990年，银行、商业和保险占第三产业产值的38.2%，交通运输占11.5%，公共服务占17.6%，其他服务占32.7%。截至1991年6月30日，就业人数261.7万。

【旅游业】旅游业发达。1988年拥有旅馆2105家，其他各种旅游设施1240处，外国游客1143.4万人夜。主要旅游点是阿登山区、北海海滨和布鲁塞尔市。1986年旅游收入503亿比郎，占国内生产总值的1%。

【交通运输】以公路运输为主。1990年交通运输情况如下：

铁路：总长3479公里；客运量65.39亿人公里，货运量83.54亿吨公里。

公路：总长15945公里，其中高速公路1649公里；有15811辆大客车，531275辆货车，361.3万辆小汽车(1989)；货运量320.49亿吨公里。

水运：内河航道总长1559.5公里；商船2214艘，共164.8万吨，货运量54.48亿吨公里；有3个海港，外贸海运装货量5081.7万吨，卸货量9064.3万吨；最大的安特卫普港年吞吐能力约1亿吨。

空运：有各种类型的运输飞机793架，运输网络联系49个国家，74个城市；客运量842.7万人次；货运量22.9万吨(1987)；布鲁塞尔国际机场经停63家外航班机。

【财政金融】1992年预算赤字明显下降，但仍庞大，达3825亿比郎(1991年6491亿)；债台高筑，年甚一年，公共债务达82887亿比郎，其中外债10100亿，占负债总额12.2%。近几年财政收支及公共债务情况(单位：亿比郎)：

	1989	1990	1991
财政收入	14469	15567	23954
财政支出	15716	15511	20975
公共债务	67882	72246	77510

(资料来源：同上)

1991年第四季度，比卢(森堡)外汇储备110.7亿美元，比卢经济联盟黄金储备81.6亿美元；比国际经常项目收支盈余约41亿美元。

【对外贸易】外贸是比经济命脉，1991年出口总额40240亿比郎，占国民生产总值的58.9%。近三年进出口贸易情况如下(单位：亿比郎)：

	1989	1990	1991
进口额	38790	40020	41200
出口额	39400	39430	40240
差　额	610	－590	－960

进出口主要产品是原料制品、运输器材、化工产品和食品。主要贸易伙伴是欧洲共同体成员国，其次是其他欧洲国家、北美、亚洲、非洲。1991年占比外贸进出口情况如下(%)：

	进口	出口
共同体成员国	72.8	75.2
其他欧洲国家	8.5	7.6
北美	5.3	4.1
亚洲	7.6	8.6

【对外援助】1991年外援总额300亿比郎，约占国民生产总值的0.45%，其中对非洲援助占77.2%，亚洲10.7%，受援国达100余个。主要受援国：卢旺达、布隆迪和扎伊尔。1990年比利时开始推行重点外援政策，即减少外援国家数目，减少多边外援款额。

人民生活

1990年人均国民收入52.33万比郎(约1.56万美元)，工业职工平均月薪约8.62万比郎。每千人拥有4.1名医生、8.1张病床、384.6辆小汽车、329.6台电视机、392.1台电话机。平均每套住宅2.7人。消费品价格指数1991年为327(1970＝100)。

军　事

国王是武装力量名义上的最高统帅。平时武装力量由国防大臣领导，战时由内阁首相指挥。国防委员会是最高决策机构，首相任主席。国防部是军队的领导机关，总参谋长行使军事指挥权。总参谋长夏列尔。实行义务兵和志愿兵相结合的兵役制度，以志愿兵为主，国内服役期1年，国外服役期10个月。

三军总兵力86922人，其中陆军1个空降旅，3个机械化旅，共31163人；海军2艘指挥舰，2艘护卫舰，11艘扫雷舰艇，共2830人；空军72架 F-16战斗机，1个运输中队和1个营救中队，共13070人；民兵32122人；文职人员5842人；医务人员2015人。在德驻军近2万人。另有1600余人被派往前南、索马里等国参加联合国维持和平行动。

1992年国防预算990亿比郎。

文化教育

【教育】实行6～18岁免费义务教育制。教育由地区政府管理。教育经费占国民生产总值的5.5%。卢汶大学为比著名高等学校。1991年教育情况如下：

	学校(所)	学生(人)	教师(人)
小学	4294	727647	45261
中学	2481	812991	63583
大学	17	103505	5349

【科研】医学、基础生物学、化学、电信等科研领域较先进。科研活动以公司企业为主，其次是高等院校、政府部门。重要科研机构有皇家科学院和皇家海外科学院，全国拥有3.2万名科研人员。科研经费每年约600亿比郎，其中政府拨款占40%。

【新闻出版】1988年有日报49种，周报1459种，其他期刊4756种，主要用荷文和法文出版，极少数用德文出版。主要报刊有：《标准报》(荷文)、《自由比利时报》(法文)、《最新消息报》(法文)、《晚报》(法文)。《标准报》发行量30余万份，居首位，其余10至30万份。

比利时通讯社于1936年创建。国家广播局建于1930年，1960年分为两个独立的广播电视台，分别用法语、荷语播送广播、电视节目，隶属地区政府领导。

对外关系

主张以欧共体为核心实现欧洲的统一，支持和参与联合国维持和平行动。大力推动欧洲建设，认为马约的签订是欧共体一体化进程的重大进步，欧共体的扩大必须在深化的基础上进行，要求加强小国在欧共体的地位，赞同欧共体加强自身的防务能力，支持法、德提出的组建欧洲军团的倡议。认为前南斯拉夫问题是欧洲面临的最大危险，会危及整个欧洲的安全和稳定，主张欧安会、北约和西欧联盟之间应建立互补关系，欧安会应成为联合国的地区机构，以控制欧洲现存的危机并预防发生新的冲突。认为维持中、东欧地区政治、社会经济稳定至关重要，主张发展同波、匈、捷的联系国关系，同俄罗斯建立伙伴关系。主张加强联合国的作用解决地区热点问题，支持和参与其对前南斯拉夫、索马里等国的维持和平行动。主张在非洲推行"民主化"，援助应与"人权"挂钩。支持中东的和平进程，反对原教旨主义在中东和北非的蔓延。主张减轻第三世界国家的债务。

现与约160个国家有外交关系，在90多个国家设有使领馆。1992年以来，先后承认斯洛文尼亚、克罗地亚和波黑共和国；同独联体10个国家(俄罗斯、阿塞拜疆、乌克兰、乌兹别克斯坦、亚美尼亚、白俄罗斯、摩尔多瓦、哈萨克斯坦、吉尔吉斯斯坦和塔吉克斯坦)建立外交关系。

【同我国的关系】1971年10月25日建交。建交后，两国关系发展顺利。比方来访的主要有：国王博杜安一世和王后，首相廷德曼斯和马尔滕斯，中方出访的主要有：国家主席李先念，国务院总理赵紫阳。

1992年，中比关系在政治、经贸、文化和科技等领域均有发展。3月，国务委员兼外交部长钱其琛访比，与比副首相兼外交大臣克拉斯会谈。其后，国家计委副主任甘子玉、纺织部长吴文英、邮电部副部长杨贤足等相继率团访比。两国经贸关系持续发展，贸易额达9.98亿美元，中方出口5.39亿美元，进口4.59亿美元(中国海关统计)。比方决定向中方提供2.5亿比郎(约800万美元)政府新贷款。两国教育、文化交流和友好省市往来方面也有所发展。

中国驻比大使：丁原洪。馆址：443-445，AVENUE DE TERVUREN 1150 BRUXELLES。办公室电话：7715857。领事部电话：7712681。传真电话：7714131。商

务处电话：6404006、6404210。

比利时驻华大使：德法尔克。馆址：北京朝阳区三里屯路6号。办公室（兼领事）电话：5321736。传真电话：5325097。

比利时在台湾设有“比利时贸易协会”。台湾在比设有“台北经济文化办事处”。据比海关统计，1991年比台贸易额为8.85亿美元，比出口4.0亿，进口4.85亿。

【同美国的关系】二次世界大战以来，比同美国一直保持政治、经济和军事方面的密切关系。强调与美的联盟“是不可缺少的”，主张欧美保持“伙伴关系”。在联合国框架内支持美国在伊拉克上空建立禁飞区并对伊采取的军事行动。注意和美、法保持接触，协调对扎伊尔的政策。对美威胁要对欧共体因欧美农产品贸易问题采取惩罚措施反应强烈，对其单方面宣布制裁欧共体钢材出口认为不能接受。除共同体成员国外，美是比最大的贸易伙伴。

【同独联体和东欧及前南斯拉夫的关系】苏联解体后，重视同独联体国家的关系。1992年1月1日起承认俄罗斯替代原苏联的地位。现除土库曼外，已与其他独联体国家建立了外交关系。1992年4月，比方宣布破获克格勃间谍网，驱逐了俄罗斯驻比使馆四名外交官，并向俄外交部提出抗议。在东欧着重发展与波、匈、捷的关系。承认前南斯拉夫联邦的斯洛文尼亚、克罗地亚和波黑共和国的独立，并与美、英、法等国共同提议将南斯拉夫开除出联合国。

【同邻国和西欧国家的关系】比是欧共体创始国之一，同邻国关系密切。同卢、荷两国关系尤为特殊。三国结成比荷卢经济联盟，在一些国际机构中采取共同立场，三国之间还有防务协定。1990年6月比、荷、卢、法、德签署的五国商品、资本、人员自由流通协定于1992年生效。在批准马约过程中，积极与德、法协调立场，并对丹麦公决否决、英国推迟批准表示震惊和不满。

比外贸的主要对象是欧共体国家。1991年比从欧共体进口占比外贸的72.8%，出口占75.2%。在欧共体国家对比贸易和在比投资中，德国均居首位，荷法次之。

【同其他国家的关系】重视同第三世界国家的关系，与前殖民地扎伊尔、布隆迪和卢旺达三国有特殊关系。近年来，比扎多次发生龃龉。1992年8月，受比支持的齐塞克迪被扎国民大会选为新总理，比外交大臣致电祝贺；9月，扎发生内乱，比以保护侨民安全为由威胁出兵干预；1993年2月初，比在出兵撤侨被扎方阻止在刚果首都后，与美、法共同要求蒙博托总统将权力交给齐塞克迪总理。比扎关系恶化后，比于1991年5月取消对扎的专款援助，但向扎非政府组织陆续提供了2.16亿比郎的医疗援助。1993年2月，比政府决定向扎提供1.7亿比郎援助，主要用于支持扎“民主化”进程。1990年10月，卢旺达发生内乱，应卢政府请求，比伞兵赴卢帮助平息内乱，1991年比决定向卢增加经济援助，但强调其援助要同“民主化”和人权挂钩。

比重视同阿拉伯国家的关系，主张国际社会努力“全面、公正、持久地”解决阿以争端和巴勒斯坦问题。1993年2月，比外交大臣访问突尼斯时强调，比将全力为阻碍欧洲与马格里布对话的利比亚与西方关系问题找到一项可接受的解决办法；呼吁不惜一切代价维护中东和平进程。

80年代以来，比同亚洲国家和地区的关系有较大发展，注意加强同亚太国家和地区的经贸关系。1992年10月，比国王访问日本和韩国，外交大臣陪同前往；7月，比外交国务秘书表示比为柬埔寨重建追加7亿比郎援助；10月和11月，比财政大臣、外贸大臣先后访问新加坡、文莱、香港和台湾地区。（刘学宝）

冰　岛

国名　冰岛共和国(The Republic of Iceland)。

面积　103106平方公里。

人口　262202人(1992年12月1日)。均为冰岛人，属日耳曼族。冰岛语为国语。英语为通用语言。全国93%的人口信奉基督教路德宗福音派。

首都　雷克雅未克(Reykjavik)，人口10万(1992年中)。

国家元首　总统维格迪丝·芬博阿多蒂尔(Vigdis Finnbogadottir，女)，1980年8月1日就职，1984年8月1日、1988年8月1日、1992年8月1日连任。

简　况

位于欧洲西北部的北大西洋中，靠近北极圈，为欧洲第二大岛。海岸线长约4970公里。属寒温带海洋性气候，变化无常。年平均气温5℃，首都平均气温1月4℃，7月11.2℃。夏季日照长，冬季日照极短。秋季和冬初可见极光。8世纪末爱尔兰修道士首先移居冰岛。9世纪后半叶挪威开始向冰岛移民。930年建立议会和冰岛联邦。1262年臣属于挪。1380年冰、挪同归丹麦统治。1904年获内部自治。1918年冰、丹签订联邦法，规定冰为主权国家，但外交事务仍由丹控制。1940年被德国占领，冰丹关系中断。同年英军进驻，次年美军取代英军驻冰。1944年6月16日冰议会正式宣布解散冰丹联盟，17日成立冰岛共和国。此后，执政的主要政党有独立党、进步党、人民联盟和社会民主党，但多为两三个党联合执政。

政　治

1991年4月20日议会大选，原从独立党分裂出去的公民党失去了全部议席，独立党比上届增加8席。原四党联合政府因政策分歧未能重新组阁。4月30日独立党和社民党成立了两党联合政府。独立党主席、原雷克雅未克市长大卫·奥德松出任总理，社民党主席汉尼巴尔松任外长。新政府对内推行自由竞争的市场经济政策，对外主张积极参加北约、北欧、联合国以及欧安会合作，并通过加入欧洲经济区来参与欧洲一体化进程，以维护冰利益。1992年政局较稳定。

【宪法】1944年6月17日颁布，1959、1968年修订。宪法规定，冰岛实行共和制，议会和总统执掌立法权，法院执掌司法权，总统和政府执掌行政权。总统通过直接选举产生，任期4年，可连选连任。冰岛不建立军队。

【议会】议会原分上下两院，1991年10月合并为一院，共有议员63名，任期4年。本届议会于1991年4月20日选举产生，共有5个政党，其中独立党占26席，进步党13席，社会民主党10席，人民联盟9席，妇女竞选组织5席。议长萨罗梅·索凯斯多蒂尔(Salcme Sorkelsdottir，独立党)，1991年5月就任。

【政府】1991年4月30日组成独立党和社会民主党两党联合政府，各占5个部长席位。主要成员为：总理大卫·奥德松(David Oddsson)，渔业兼司法和宗教部长索尔斯坦·帕尔松(Sorsteinn Palsson)，财政部长弗瑞兹瑞克·索弗松(Frizrik Sophusson)，农业和交通部长哈尔都·布伦达尔(Halldor Blondal)，文化和教育部长欧拉夫·埃纳松(Olafur G. Einarsson)(以上为独立党部长)；外交部长荣·巴·汉尼巴尔松(Jon Baldvin Hanibalsson)，工业和贸易部长荣·西古兹松(Jon Sigursson)，社会部长尤罕娜·西古扎多蒂尔(Johanna Sigursardottir)，卫生部长西格瓦杜·比约格文松(Sighvatur Bjorgvinsson)，环境部长埃祖·古兹纳松(Eidur Gudnasson)(以上为社会民主党部长)。

【司法机构】实行最高法院和地方法院两级审判制。最高法院有6名大法官，由总统任命，终身任职。最高法院院长由6法官轮流担任，任期两年。

【政党】(1)独立党(Independence Party)：第一大党，1929年成立。党员约2.3万。主席大卫·奥德松。

(2)进步党(Progressive Party)：1916年成立。党员约6000名。主席斯坦格里米尔·赫尔曼松(Steingrimur Hermannsson)。

(3)社会民主党(Social Democratic Party)：1916年成立。主席荣·汉尼巴尔松。

(4)人民联盟(People's Alliance)：1968年正式成立。其前身系冰岛共产党和左翼社会民主党。1991年11月修改党纲，宣布今后奉行社会民主政策。党员约2600余人。主席奥拉夫·格里姆松(Olafur Ragnar Grimsson)。

(5)冰岛妇女联盟(Women's Alliance)：1983年3月成立。强调环境保护；主张谨慎地吸收、利用外资，维护国民经济的独立性；主张渔业资源、能源、地热、水力资源等为国有。突出强调男女平等，维护妇女儿童的权利，主张在冰政治、经济、文化等各个领域中都应充分发挥妇女的作用。对内主张中立、撤走美军基地，反对在冰岛从事武器或武器零部件的生产活动和使用冰岛交通设施运送武器；主张冰岛及周围海域为无核区；强调与欧共体发展经贸合作关系；反对参加欧共体和欧洲经济区。党员约800人。主席克里斯汀·奥斯特凯勒斯多蒂尔(Kristin Astgeirsdottir)。

(6)冰岛工人党：1991年成立。将改善工人的待遇作为其纲领的主要内容。

【重要人物】维格迪丝·芬博阿多蒂尔：总统。无党派。1930年生于雷克雅未克市。曾在冰岛大学攻读英语、法语、教育学；在法国、丹麦学习文学、戏剧。曾任图书管理员、中学教员、导游和剧院经理。1980年参加总统竞选获胜，成为世界上第一位由自由选举产生的女总统。1984、1988、1992年三次连任。　**大卫·奥德松**：总理。1948年1月17日出生。1974年毕业于冰岛大学法律系。同年当选雷克雅未克市政委员，1982年任市长。1990年当选独立党副主席，1991年3月10日就任主席。同年4月当选议员，随后出任总理。

经　济

渔业是国民经济主要支柱，鱼产品出口占贸易出口约3/4。工业以鱼产品和畜产品加工为主。经济上对外贸依赖极大，1990年进出口总额相当于国民生产总值的56.4%。80年代初经济严重衰退，政府采取了紧缩政策等措施，1984年起经济开始回升，1988年鱼产量达170.3万吨，为历史最高纪录。但由于国际市场鱼价下跌，造成冰岛鱼产品出口锐减，致使许多与鱼产加工有关的企业亏损、倒闭，对冰经济是一沉重打击。同时通货膨胀率上升，1988年以来冰岛克朗已连续六次贬值，失业增加。1989年以来，经济形势略有好转，通膨率明显下降，但经济回升乏力。1991年新政府上台后，实行企业私有化，压缩政府开支。

国民生产总值(1991年)：3882.45亿冰岛克朗。

人均国内生产总值(1991年)：24322美元。

国民生产总值增长率(1991年)：1.2%。

货币名称：冰岛克朗。

汇率(1991年平均)：1美元＝59.20冰岛克朗。

通货膨胀率(1992年)：2.4%。

失业率(1992年)：2.5%。

【资源】渔业、水力和地热资源丰富。可开发的年水力发电量为640亿度，地热能年发电量可达72亿度(1991年地热能源利用36亿度，多用于取暖)，目前已开发的只占7%。目前，85%的冰岛居民已利用地热温泉取暖。其他自然资源匮乏。

【工业】基础薄弱。1990年制造业产值占当年国内生产总值的13.5%；发电42亿度；1991年工业品出口约占出口总额的17%。1990年冰总劳动力为12.4万人，其中制造业就业约占14%(不包括鱼产加工工业)。近年来主要工业产品产量如下(单位:万吨):

	1989	1990	1991
铝锭	8.8	8.7	8.9
硅铁	6.8	6.0	4.7
滤净剂	2.5	2.6	2.3
水泥	11.8	11.1	10.9

(资料来源:1992/93年《英国经济季评》丹麦、冰岛合刊)

【农牧业】以畜牧业为主。肉、奶、蛋自给有余，粮食、蔬菜、水果基本依靠进口。可耕地面积1000平方公里，占全国总面积的1%。1990年农业人口占劳动力总人口4.9%。近年来主要产品产量如下(单位:万吨):

	1988	1989	1990
牛奶	11.20	11.23	11.97
羊肉	1.13	1.15	1.07

(资料来源:1991年冰岛基本统计)

1990年牲畜存栏数:羊54.85万只，牛7.49万头，马7.17万匹，家禽21.49万只。

【渔业】是冰岛的经济支柱。1991年捕鱼量为99.1万吨，1989年渔业和渔产加工占当年国内生产总值的16.2%，1990年鱼产品出口占当年出口总额75%。主要有毛鳞鱼、鳕鱼和青鱼。1990年共有渔船1005艘，总吨位12.98万吨。

【服务业】1990年冰各类服务行业就业人数占总劳动力的38.7%，包括政府和私人服务业、财政、保险、商业、旅馆、餐厅和其他服务行业。其产值占国内生产总值的46.9%。

【旅游业】1980年起大力发展旅游事业，1991年外国游客人数达14.35万人，旅游收入(含旅客机票费)为123.81克朗，均为历史最高水平。主要旅游点有火山地貌、地热喷泉等。

【交通运输】无铁路，海运和空运比较发达。1989年有公路1.32万公里。1990年商船队有20艘轮船，总吨位37054吨。雷克雅未克为主要港口。1990年全国共有各类飞机284架，其中双引擎61架。凯夫拉维克机场为主要航空港。1992年冰岛航空公司客运量为807000人次，货运量为12300吨。

【财政金融】近几年政府财政收支情况如下(单位:亿克朗):

	1989	1990	1991
收入	799.71	924.53	999.52
支出	860.56	968.99	1124.88
差额	−61.85	−44.46	−125.36

(资料来源:1992/93年英国经济季评)

1991年外汇和黄金储备4.63亿美元，累积外债达1910.40亿克朗，相当于国民生产总值49.9%。

【对外贸易】近年来进出口贸易额如下(单位:亿克朗):

	1989	1990	1991
进口额	802.50	966.21	1015.38
出口额	800.72	926.25	915.60
差　额	−1.78	−39.96	−99.78

(资料来源:同上)

1991年进口中消费品占33.33%，资本货物(包括船只、飞机、工业设备等)占33.33%，燃料、润滑油占8.3%。主要出口产品有鱼产品、铝锭、硅铁、毛纺织品等。1991年主要贸易对象及其占进出口总额的比例(%)如下:

	进口		出口
德国	13.0	英国	23.4
美国	10.4	美国	12.6
丹麦	8.6	德国	12.1
英国	8.2	法国	10.1
瑞典	7.6	西班牙	4.8
挪威	5.5	瑞士	4.0
欧洲共同体	52.4	欧洲共同体	66.8
小自由贸易区	17.1	小自由贸易区	7.7

(资料来源:《英国经济季刊》1992/93年丹麦、冰岛合刊)

【对外援助】1991年援助发展中国家为1.07亿冰岛克朗，约占国民生产总值0.09%。主要是向国际开发协会、联合国设在冰岛的地热大学等提供赠款。1991年7月冰政府和红十字会分别向中国遭受水灾的地区捐款约合8万美元和1.6万美元。

【外国资本】主要投资国是瑞士、挪威、日本，投资项目是铝厂、硅铁厂和滤净剂厂，截至1991年底，外国在冰投资约为18.65多亿克朗。

人民生活

1990年每小时最低工资为225克朗。1989年每千人有医生2.7名，电视机300台，小汽车490辆，电话494部。

军　事

1949年加入北大西洋公约组织，1951年同美国签订防务协定，由美国代表北约在冰岛建立空军基地，负责防务。1992年，基地驻有美军3090人。美在冰基地现有F-15型战斗机12架、猎潜飞机9架。冰有一支海洋巡逻队，约100人，装备9艘快艇和少量飞机，负责渔区保护工作。全国约有警察600名。自1993年1月1日起成为西欧联盟联系国。

文化教育

【教育】实行10年(6～16岁)义务教育。1989年文教科研经费约占国家预算的5.3%。全国在100年前就已无文盲。1989年学校、学生及教师情况如下:

	学校(所)	学生(人)	教师(人)
初等教育	212	42283	
中等教育	50	15699	1248
高等教育	5	5240	

【新闻出版】1992年共有日报5家，《晨报》、《新时报》、《萌芽日报》和《人民报》为全国性报刊。其他报纸55家。此外还有各种期刊约518家。最大的《晨报》1989

年日发行4.9万份。无官方通讯社。有国营广播电台和电视台各1个，1986年增加商业电视台1个、私人广播电台3个、1992年增加私人电视台1个。

对外关系　通过参加北约、联合国以及北欧合作，确保国家的独立与安全。积极发展同北欧邻国的政治、经济、文化关系；重视同西欧国家的经济合作，十分重视维护冰岛的海洋经济权益；注意发展同第三世界国家的关系，支持第三世界关于建立国际经济新秩序的要求。1992年与格鲁吉亚和乌克兰建交。

【同我国的关系】1971年12月8日同我建交。建交后，两国关系不断发展。1979年耿飙副总理访冰。1986年赫尔曼松总理访华。1987年两国在北京正式签署了《中华人民共和国政府和冰岛共和国政府贸易协定》。1990年以来两国关系不断改善和发展。1991年4月冰岛新任驻华大使英格瓦松来华赴任并向杨尚昆主席递交国书。同年12月，中国新任驻冰岛大使郑耀文赴任，并向冰总统芬博阿多蒂尔递交国书；同月，中冰庆祝建交20周年，两国外长互致贺电，冰总理奥德松和外长汉尼巴尔松出席我大使举行的招待会。

中国驻冰大使：郑耀文（常驻丹麦）。馆址：VIDIMELUR 29，107 REYKJAVIK。电话：354-1-26751。传真：354-1-626110。电传：2148 KINEMB IS。

冰岛驻中国大使：英维·西古尔杜尔·英瓦松（Ingvi Sigurdur Ingvarsson）冰岛未在华设馆，大使不定期来华活动。

【同美国的关系】同美关系特殊。安全防务以及经济上对美依赖很大。1989年双边贸易额达3.38亿美元，其中冰向美出口1.91亿，进口1.47亿。1988年8月，冰总理帕尔松访问美国；1989年2月美国国务卿贝克访问冰岛。1991年9月，冰总理奥德松非正式访美。

【同东欧国家的关系】对苏联解体感到高兴。但对俄罗斯在冰周围的海、空军事活动感到关切，希同俄罗斯保持正常的国家关系。冰积极支持立陶宛、拉脱维亚和爱沙尼亚三国的独立斗争，在西方国家中于1991年8月率先承认并同三国建立外交关系。

【同其他国家的关系】同北欧邻国关系密切，在政治、经济、文化和社会福利等方面保持着广泛的合作。在国际问题上，重视同北欧邻国磋商、协调立场。1989年5月瑞典首相卡尔松访问冰岛，1989年6月芬兰总理霍尔维克访问冰岛。1990年10月，冰总统访问芬兰。1991年10月冰总理访问挪威。　（*石朝晖*）

波　兰

国名　波兰共和国（The Republic of Poland）。

面积　312683平方公里。

人口　3842万（1992年底）。波兰人占98%，其余为乌克兰人、白俄罗斯人、立陶宛人、俄罗斯人、德意志人和犹太人等。官方语言为波兰语。全国约90%的居民信奉罗马天主教。

首都　华沙（Warsaw），人口242万（1991年底）。

国家元首　总统莱赫·瓦文萨（Lech Walesa），1990年12月9日当选。

简　况　位于欧洲中部，西与德国为邻，南与捷克、斯洛伐克接壤，东与俄罗斯、立陶宛、白俄罗斯、乌克兰相连，北濒波罗的海。海岸线长524公里。属海洋性向大陆性气候过渡的温带阔叶林气候。平均气温1月－5～－1℃，7月17～19℃。

波兰国家起源于西斯拉夫人中的波兰、维斯瓦、西里西亚、东波美拉尼亚、马佐维亚等部落的联盟。18世纪被沙俄、普鲁士和奥地利3次瓜分，1918年恢复独立，波兰结束了125年的亡国史。第二次世界大战期间法西斯德国侵占波兰。战后40多年由波兰统一工人党执政。1988年12月和1989年1月波党分两阶段举行十中全会，通过了《关于政治多元化和工会多元化立场》的决议。2月6日至4月5日举行"圆桌会议"，签署了《有关工会多元化立场》、《有关政治改革问题的立场》和《有关社会和经济政策及体制改革问题的立场》三个文件，达成了团结工会合法化、改行总统制和议会民主等重要协议。4月7日议会通过六项法案，使圆桌会议结果法律化。4月17日团结工会重新登记注册，获得合法地位。6月提前举行议会大选，团结工会在众议院获得35%的席位（即全部属于自由选举的席位），在参议院获得99%的席位。7月19日国民大会（众议院加参议院）选举雅鲁泽尔斯基为总统。8月19日雅鲁泽尔斯基提名由团结工会人士马佐维耶茨基任总理。9月12日组成了由马佐维耶茨基领导的以团结工会为主体，以团结工会和统一农民党、民主党国会联盟为基础的，有波兰统一工人党参与的新政府。1990年1月，波兰统一工人党第11次代表大会宣告该党停止活动。

政　治　1989年团结工会执政后，在政治上实行政治多元化和多党制，在经济上推行旨在稳定经济、控制通货膨胀并以培育市场经济、实行私有化为目标的经济纲领，在对外关系上努力为确保其在现有边界内的国家独立、主权和经济技术的发展特别是解决偿付外债方面的困难创造有利的国际条件，积极与邻国和本地区其他国家建立良好关系，争取加入欧共体和北约，"重返欧洲"。1990年12

月提前举行总统选举，“团结工会”主席瓦文萨当选总统。马佐维耶茨基因竞选总统失败，辞去了总理职务，众议院根据总统提名，任命自由民主大会党主席别莱茨基为总理。1991年10月27日，波兰举行“战后第一次自由的国会选举”，有29个政党团体进入议会。由于议席分散，无一政党能单独组阁。各党派经过两个月的协商，于1992年1月产生了以奥尔舍夫斯基为首的政府。奥上台后，由于各种政治势力本来矛盾很大，而法律对国家机构的职权分配缺少明确规定，因而政府同总统和议会的斗争迅速加剧，导致众议院于6月4日以绝对多数票罢免了奥政府。6月5日，众议院任命农民党主席帕夫拉克为总理，但帕因组阁失败辞职。7月10日，众议院任命民主联盟的苏霍茨卡女士为总理，11日通过了苏霍茨卡政府成员名单。苏霍茨卡政府是团结工会上台后的第4届波兰政府，由议会7个党派联合组成，在众议院占微弱多数。

1993年2月12日众议院通过苏霍茨卡政府提出的1993年度预算案，规定1993年预算赤字为81万亿兹罗提（相当于国民生产总值的5%），通货膨胀率为32%左右。

【宪法】现行宪法是在1952年制定的，迄今已经过十多次修改。1989年12月29日，波兰议会再次通过宪法修正案，更改了国名、国徽，并对宪法中有关波兰国体性质和国家根本政治经济制度的章节作了重大修改。1992年8月1日，波兰议会以2/3的多数票通过《波兰共和国执法当局和立法当局相互关系法》（俗称“小宪法”），对国会、总统和政府的职责和权限作了较明确的规定，从1992年12月8日起生效。

【议会】波兰议会由众议院和参议院组成。众议院是国家最高权力机构，议员460名，通过直接选举产生，任期4年。本届众议院于1991年10月27日产生。共29个党派或竞选实体被选进众议院，其中得票最多的是民主联盟，占62席。但1992年9月20日民主联盟内部发生分裂，民主右翼论坛成员退出民主联盟，与基督教民主党另组议员党团，民主联盟在众议院中的席位减少至56席，变为众议院第二大党，而波兰社会民主党等左派政党组成的民主左派联盟在众议院占60席，位居第一。占第三至第十位的是：天主教竞选运动（49席），波兰农民党（48席），独立波兰联盟（46席），中间派协议会（44席），自由民主大会党（37席），农民协议会（28席），“团结工会”（27席），波兰啤酒之友党（16席）。众议院议长维斯瓦夫·赫沙诺夫斯基（Wieslaw Chrzanowski），1991年11月25日当选。

参议院是根据波兰议会1989年4月通过的立法增设的第二院。有参议员100名。1989年6月18日通过自由选举产生了第一届参议院。本届参议院于1991年10月27日选举产生。参议院议长奥古斯特·海乌科夫斯基（August Chelkowski），1991年11月26日当选。

【政府】1992年7月11日众议院批准的政府组成名单如下：部长会议主席（亦称总理）汉娜·苏霍茨卡（Hanna Suchocka，女），部长会议副主席（主管经济事务）亨利克·戈雷舍夫斯基（Henryk Goryszewski），部长会议副主席（主管政治事务）巴维尔·翁奇科夫斯基（Pawel Laczkowski），部长会议办公厅主任扬·马利亚·罗基塔（Jan Maria Rokita），外交部长克日什托夫·斯库比舍夫斯基（Krzysztof Skubiszewski），国防部长雅努什·奥内什凯维奇（Janusz Onyszkiewicz），内务部长安哲伊·米尔恰诺夫斯基（Andrzej Milczanowski），建筑和国土规划部长安哲伊·布拉特科夫斯基（Andrzej Bratkowski），文化和艺术部长扬·布韦申斯基（Jan Bleszynski），国民教育部长兹多比斯瓦夫·弗利索夫斯基（Zdobyslaw Flisowski），司法部长兹比格涅夫·迪卡（Zbigniew Dyka），农业和食品经济部长加布列尔·扬诺夫斯基（Gabriel Janowski），环保、自然资源和林业部长齐格蒙特·霍尔特曼诺维奇（Zygmunt Hortmanowicz），工商部长瓦茨瓦夫·涅维亚罗夫斯基（Waclaw Niewiarowski），卫生和社会保健部长安哲伊·沃伊蒂瓦（Andrzej Wojtyla），财政部长耶日·奥夏汀斯基（Jerzy Osiatynski），劳动和社会政策部长雅采克·库龙（Jacek Kuron），所有制改造部长雅努什·莱万多夫斯基（Janusz Lewandowski），邮电部长克日什托夫·基利安（Krzysztof Kilian），交通和海洋经济部长兹比格涅夫·雅沃尔斯基（Zbigniew Jaworski），对外经济合作部长安哲伊·阿伦达尔斯基（Andrzej Arendarski），中央计划署署长耶日·克罗皮夫尼茨基（Jerzy Kropiwnicki），不管部长（负责与欧共体联系事务）扬·克日什托夫·别莱茨基（Jan Krzysztof Bielecki），不管部长（负责议会和政党联系事务）耶日·卡明斯基（Jerzy Kaminski），不管部长（主管私有企业事务）兹比格涅夫·埃塞蒙特（Zbigniew Eysymont），科学研究委员会主任维托尔德·卡尔柴夫斯基（Witold Karczewski）。

【司法机构】最高法院是国家最高审判机关，对其他法院的审判活动实行监督。下设民事和行政、刑事、劳动和社会保险、军事等法庭。最高法院第一院长亚当·斯特舍姆博什（Adam Strzembosz）。检察院现作为一个司隶属于司法部，总检察长职能由司法部长行使。最高行政法院专门受理涉及国家行政部门的各种决定的诉讼；国务法庭专门受理有关国家和政府领导人违反宪法和议会法令的案件，庭长由最高法院第一院长兼任；宪法法庭专门审理和裁决中央国家机构发出的各项法令和文件是否符合宪法原则，庭长由众议院选举。

【政党】波兰实行政治多元化和多党制以来，相继出现了许多政党。据不完全统计，到1992年底，在华沙省法院登记注册的政党有近200个。其中最主要的政党有：

(1)波兰共和国社会民主党（Socjademokracja

Rzeczypospolitej Polskiej)：1990年1月成立。目前拥有党员近6万人。最高委员会主席亚历山大·克瓦希涅夫斯基(Aleksander Kwasniewski)，执行委员会总书记莱舍克·米莱尔(Leszek Miller)。

(2)民主联盟(Unia Demokratyczna)：1990年12月成立。主席是团结工会上台后波兰第一任总理马佐维耶茨基(Tadeusz Mazowiecki)。

(3)波兰农民党(Polskie Stronnictwo Ludowe)：由原统一农民党易名而成。现有党员17.43万人。就党员人数而言，是波兰最大的政党。在波兰半数农村和3/4的乡活动。主席为曾当了33天总理的瓦尔戴马尔·帕夫拉克(Waldemar Pawlak)。该党党纲和宣言称，党要首先致力于革新农业，摒弃资本主义的自由主义，又摒弃马克思主义的集体主义。建议以"第三条道路"来确立经过调整的市场经济并增加国家对农业的干预。该党自称为"中间党"，信守农民的价值、基督和民族价值。

(4)基督教民族统一党(Zjednoczenie Chrzescijansko-Narodowe)：1990年12月登记。现有党员5200名，其中地方组织成员400人。该党遵循天主教学说和民族利益。宣称要努力把各种力量团结起来，以保证波兰国家的独立和民族的主权。党愿意确保尊重全体公民的自由、个人尊严、平等和福利。党不仅反对共产党的集体主义，也反对个人自由主义，维护公民大家庭。主席是现任众议院议长维·赫沙诺夫斯基。

(5)独立波兰联盟(Konfederacja Polski Niepodleglej)：1979年9月成立，1990年8月登记。拥有党员近3万名。党的纲领宣称，独立波兰联盟是毕苏茨基所领导的政治潮流的当代继承者。主张实现现实的政治多元化，进行激进的经济改革，实行私人经济成分占主导地位的经济体制。主席莱舍克·莫楚尔斯基(Leszek Moczulski)。

(6)自由民主大会党(Kongres Liberalno-Demokratyczny)：1990年2月成立，有党员3100人。该党主张在波兰实行西方资本主义国家的议会民主制度和自由市场经济，提倡快速私有化的方针。中央理事会主席多纳尔德·图斯克(Donald Tusk)。

(7)中间派协议会(Porozumienie Centrum)：1991年3月成立。基督教民主主义政党。赞成自由、民主，主张国家搞非共化，建立私有制市场经济。主席雅罗斯瓦夫·卡钦斯基(Jaroslaw Kaczynski)。

【重要人物】莱赫·瓦文萨：总统。生于1943年。1961年毕业于中等农业技术学校。1961～1967年在国营机械中心当电技工，在此期间还服兵役两年。1967～1980年先后在格但斯克列宁造船厂、格但斯克建筑装配厂、格但斯克电子设备装配厂工作。后一阶段一直在格但斯克造船厂当电工。1970年十二月事件中曾任列宁造船厂罢工委员会委员。1980年8～9月工潮期间，任格但斯克联合罢工委员会主席。1980～1981年任格但斯克团结工会联合筹备委员会主席，1981年起任团结工会全国委员会主席。1981年12月13日波兰实行军管，被当局拘禁近一年。1982年11月获释。此后，仍以团结工会名义从事活动。1989年2～4月代表团结工会和反对派参加"圆桌会议"，同当局谈判。同年6月团结工会在议会大选中获胜后，提议建立以团结工会为主体的联合政府。1990年4月再次当选为团结工会全国委员会主席。12月9日当选为波兰总统。1991年2月团结工会第三次代表大会上免去他原担任的该工会主席职务。信奉天主教。1983年获诺贝尔和平奖。已婚，有4子4女。 **汉娜·苏霍茨卡**：总理。法学博士。1946年生于波兰卡利什省。1968年在波兹南密茨凯维支大学法律系毕业后留校任教，一年后因不愿参加波兰统一工人党而被辞退。1972年返校任职，1975年在校获法学博士学位。曾在美国哥伦比亚大学进修，后到德国海伦堡公共法律研究所从事研究工作。1982年执教于卢布林天主教大学，此后一直在波兰科学院法学研究所和人权中心工作。参加过许多案件的审判，发表过不少有关法制问题、国家组织系统、人权问题的论文。1969年加入波兰民主党。1980年被选为波兰议员。因在议会立法委员会会议上反对通过战时状态法，在议会全体会议上反对通过关于宣布团结工会非法的法令，受到民主党党内处分。同年成为团结工会的会员和顾问。1984年退出民主党。1989年6月4日被选为众议院议员，1991年10月27日再次当选。民主联盟党员。曾任波兰众议院立法委员会副主席、欧洲委员会议会副主席、波兰驻欧洲议会代表团团长。1992年7月11日被任命为波兰总理。未婚。

经 济

在世界上具有中等发展水平。1989年成立以团结工会为主体的政府后，开始推行以建立发达资本主义国家的模式为目标的"休克疗法"式的经济变革，大幅度放开物价，放开商品流通，允许私人经商(包括从事外贸)、私人开银行，开始建立有价证券交易所、股票市场，而且实行本国货币与外币在国内自由兑换。这使恶性通货膨胀由原来的三位数降为两位数，市场供求趋于平衡。1992年通膨率比上年下降27个百分点。变革三年来，1992年首次出现了经济增长，与1991年相比，工业总产值增长了4.2%，其中加工工业总产值增长约2%。国内生产总值在农业生产因大旱而下降较多的情况下仍有所增长。1992年国民经济中每月平均名义工资为288万兹罗提，比1991年增长约38%，但因商品和消费性服务价格上涨，实际消费水平下降了7.6%左右。1992年12月底，劳动局登记在案的失业人数达250.93万人，比1991年12月底增加35.38万人，失业率有所上升。

自1990年8月1日《国营企业私有化法》生效之日起至1992年11月30日，共有2387家国营企业进入私有化程序。至1992年底，登记注册的国内资本私营公司有11387家，比1991年增加约24%，其中从事商业活动的公司最多，约占35%；登记注册的外资公司10131家，比

1991年底增加5335家，即增加了一倍。华沙有价证券交易所自1991年4月开始营业以来，交易额大幅度增长，1991年营业额为2918亿兹罗提，1992年增加到23020亿兹罗提(增长788.9%)。在此期间股票数量从170万股增加到1160万股(增长682.3%)。允许在交易所上市的股份公司的数目也在增多。至1992年12月底共有16家股份公司的股票上市(1991年只有9家)。1992年在整个工业销售产值中，私营成分占31%，而1991年为24.6%。

国内生产总值(1991年)：8243299亿兹罗提。

人均国内生产总值(1991年)：2155.39万兹罗提。

国内生产总值增长率(1992年)：1%。

货币名称：兹罗提。

汇率(1992年平均)：1美元＝15500兹罗提。

通货膨胀率(1992年)：43%。

失业率(1992年底)：13.7%。

【资源】主要矿藏是煤，储量1170亿吨，其中硬煤1000亿吨，褐煤170亿吨。硫磺蕴藏量1亿吨。有色金属矿藏有铜、锌、铅、铝、银等。森林面积870万公顷。

【工业】1991年工业总产值在国民生产总值中占40.2%，按现行价格计算为3313585亿兹罗提。其中有外资参与的工业企业产值占工业总产值的5.3%。1992年工业总产值比1991年增长4.2%。1991年工业部门从业人员424.99万，占就业总数的27.2%。近年主要工业产品产量如下(单位：万吨)：

	1990	1991	1992
硬煤	14800	14000	13100
褐煤	6760	6940	6690
焦炭	1370	1140	
原钢	1360	1043	990
轧钢	983.6	803.6	750
电解铜	34.6	37.8	
硫磺(按纯量计算)	466.0	393.5	
发电量(亿度)	1360	1350	
小轿车(万辆)	26.6	16.7	
化肥(按纯量计算)	185.5	146.1	
水泥	1250	1200	1190

1992年生产天然气4.015亿立方米、食糖143.5万吨。

【农牧业】1991年农业总产值为510918亿兹罗提(现行价格)，在国民生产总值中占6.2%。1992年农业生产比1991年下降11.9%。1991年6月农业用地为1876万公顷，其中耕地为1436万公顷。1991年底农村人口占全国人口的38%，其中农业劳动者有426.48万，占就业总数的27.3%。主要农产品产量如下(单位：万吨)：

	1989	1990	1991
小麦	846	902.6	927
黑麦	621	604.6	590
大麦	390.9	421.7	425.7
燕麦	218.5	211.9	187.3
甜菜	1437.4	1672.1	1141.2
马铃薯	3439	3631.3	2903.8
油菜籽	158.6	120.6	104.3
牛奶(亿公升)	159.3	153.7	140.2
鸡蛋(亿个)	80.3	76.0	65.1

近几年牲畜存栏数如下(单位：万头或万只)：

	1989	1990	1991
牛	1073.3	1004.9	884.4
其中奶牛	499.4	491.9	457.7
猪	1883.5	1946.4	2186.8
羊	440.9	415.9	323.4
鸡	6275.5	5201.3	5020.2

(资料来源：1992年波兰统计年鉴)

1991年全国农村共有拖拉机117.88万台，平均每16公顷农用地占有1台拖拉机，平均每公顷施化肥95公斤。

【旅游业】1991年接待外国游客3685万人次，比1990年增加一倍多。游客中最多的是德国人、前苏联人和原捷克斯洛伐克人。1991年全国各种旅馆和旅游之家共计70万所。主要旅游胜地是华沙，沿海城市格但斯克、索波特和什切青，以及托伦、奥尔什丁、南部古城克拉科夫、山城扎科帕奈、克雷尼查和东部的比亚沃维耶扎森林区等。

【交通运输】1991年交通运输情况如下：

铁路：标准轨铁路总长23852公里，其中电气化铁路11510公里；客运量401.15亿人公里，货运量651.46亿吨公里。

公路：总长22.6万公里；有611.2万辆小轿车，115.1万辆载重汽车；客运量417.2亿人公里，货运量396.41亿吨公里。

水运：内河航运线总长3997公里；货运量7.37亿吨公里，客运量为0.21亿人公里；共有海运货运船224艘，403万载重吨；货运量2022.81亿吨公里，客运量1.95亿人公里；海运商港有5个，货物吞吐量4178.5万吨，主要海港有格但斯克、格丁尼亚、什切青等。

空运：波兰民航公司有飞机27架，同33个国家、国内外43个城市有定期航班，国际航线45条，总长度为107857公里；客运量35.89亿人公里，货运量4500万吨公里；有7个国际机场，主要国际机场是华沙奥肯切机场。

管道运输：石油及其产品输送管道总长度为2040公里，输送量为263.99万吨。

【财政金融】近几年财政收支情况如下(单位：亿兹罗提)：

	1989	1990	1991
收入	301085	1962405	2108851
支出	336871	1938013	2418577
差额	－35786	24392	－309726

据1993年1月波兰财政部的初步统计，1992年波兰国家财政收入为311.9万亿兹罗提，支出为381.2万亿

兹罗提，财政赤字为69.3万亿兹罗提。

截至1992年12月底，波兰外债为470亿美元和48亿转帐卢布。

【对外贸易】1989～1991年波兰进出口情况如下（单位：亿兹罗提）：

	1989	1990	1991
进口额	148642	905127	1642593
出口额	194762	1360552	1577159
差　额	46120	455425	－65434

1992年波兰外贸出口总额为160亿美元，进口总额为154亿美元，主要贸易伙伴是意大利、美国、德国等。

1992年波兰主要出口煤、钢材、铜、硫磺、机电产品、轻工产品、化工产品等；主要进口石油及其产品、天然气、药品、汽车及其组装部件等。

【外国资本】截至1992年底，波兰吸收各类外资总额达20亿美元。各国在波兰的外国投资总额中所占比例分别为：德国37%，瑞典8%，美国7.9%，奥地利6.9%，法国5.1%，英国4.9%，意大利4.1%，荷兰3.9%，瑞士3.9%，丹麦2.8%。外国资本占波外合资企业资本总额的85%。

人民生活

1992年国民经济领域职工每月平均名义工资为288万兹罗提，比1991年增长约38%；靠当雇工和社会补助来维持生计的家庭的名义收入比1991年增长32.1%左右；由于商品和消费性服务价格上涨（1992年12月商品和劳务价格比1991年12月上涨44.3%），居民收入的实际购买力比1991年下降了7.6%左右。在1992年社会开支总额中，退休金和抚恤金占77.6%，来自社会保险方面的补助占15.5%，失业金占6.9%。失业金开支总额达15万亿兹罗提，比1991年增加44.2%（1991年为10.4万亿兹罗提）。

军　事

1943年10月12日建立波兰人民军。1990年改称波兰军队。参谋总长塔德乌什·维莱茨基。

1991年初武装力量总人数为26万人。

1991年国防开支为182108亿兹罗提，占国家财政支出总额的7.5%。

文化教育

【教育】基础教育（小学）八年，普通中等教育或职业、专业教育四年，高等教育一般四、五年。1991年中、小学教育经费为262830亿兹罗提，高等教育经费为64414亿兹罗提，各占国家财政支出总额的10.9%和2.7%。著名的高等学府有华沙大学、克拉科夫雅盖隆大学、华沙工业大学、波兹南密茨凯维支大学等。1991/92学年各级学校、学生、教师数目如下：

	学校（所）	学生（万人）	教师（万人）
小学	18424	530.27	32.15
普通中学	1342	54.88	2.66
职业和中等专业学校	8013	178.75	8.95
高等院校（其中包括军警高校）	117	42.82	6.32

1992年，国家预算中用于教育、文化和卫生及社会保健的开支达131万亿兹罗提，比1991年增长近55%，占国家财政支出总额的60%以上。

【新闻出版】波兰报刊实行私有化以来，报刊发行情况变化不定。1992年9月底，全国出版发行的报刊达1000种，其中月刊近400种，周刊150种，日报75种（全国日报19种，地方日报56种）。主要报刊有：《选举报》，平时发行55万份，节假日发行84万份，是波兰发行量最多的日报；《共和国报》，平时发行20.9万份，节假日最高发行21.2万份；《华沙生活报》，平时发行12.8万份，节假日发行23.8万份。还有《论坛报》、《政治》周刊、《经济生活》周刊等。

国家主要通讯社是波兰通讯社，成立于1944年。国家主要电台和电视台是波兰广播电台和波兰电视台。

1990年10月，波兰众议院通过关于允许开办私营电台和电视台的法令后，到1992年12月，波兰全国已有私营电台30家，私营电视台10家。

对外关系

随着苏联及苏联东欧集团的解体，波兰已从根本上改变过去多年受苏联控制和威胁的国际处境。至1992年10月28日，前苏联驻波兰的军队已全部撤离波兰。目前波兰对外政策的基本目标是确保本国的独立、主权和边界安全，并为国内的经济政治转轨和未来国家的发展创造尽可能有利的国际条件。波主要寄希望于扩大对西欧国际组织的参与，利用国际机制来保证自己的安全和发展。为此，波提出要“重返欧洲”，申请加入欧共体和北约。1991年12月波与欧共体签署了从1993年起成为欧共体联系国的协议。1991年11月25日波正式被接纳为欧洲委员会成员国，并签署了欧洲委员会《保护人权和基本自由公约》。由于目前多数北约成员国不同意北约扩大范围，波迄今只加入了北大西洋“合作委员会”。此外，波还努力与邻近国家加强合作，希望使波兰成为横跨东西欧、贯串南北欧的桥梁和纽带。波同匈牙利、捷克和斯洛伐克已签署了相互逐渐降低关税、到2001年完全消除贸易壁垒的协议。波对发展同世界其他地区国家的关系也很重视。现同近140个国家有外交关系，并积极参与联合国等国际组织的事务。

波兰认为，两极格局已经终结，世界正在向多极化方向发展，但现在爆发世界性大战的可能性不存在。希望未来是多极世界，在世界上建立均衡关系；

认为联合国可进行改革，使之在开展国际合作方面发挥更积极有效的作用。国际上应建立起各国都需遵守的、能有效解决国际矛盾和冲突的机制与准则。但对联合国的改革必须十分慎重；

波希望加强北约等欧洲集体安全机制，主张保持美国在欧洲的存在；

波兰主张，如原南地区形势恶化，就应采取更坚决的措施，但这必须是一种国际性的行动，不能由一两个国家决定。南问题的最终解决不能靠军事施压。

波兰希望与独联体各国特别是俄国等波兰的邻国建立和发展广泛的合作关系。对其中的有核国家的政策动向非常关注。

【同我国的关系】1949年10月7日两国建立大使级外交关系。60年代中期后来往逐渐减少，70年代后期又有所增加，80年代以来关系恢复正常。1991年两国外长实现了互访，为新形势下两国关系的发展奠定了基础。1991年波参议院议长斯泰尔马霍夫斯基、众议院外委会主席盖莱梅克分别访华。1992年12月，波兰政府科研委员会主席卡尔柴夫斯基访华，参加了中波科技合作委员会第二十三届会议。同月，波中央计划署署长克罗皮夫尼茨基访华。1992年5月和9月我国人大副委员长陈慕华、人大外委会副主任委员符浩分别回访波兰。7月，中国外交部副部长田曾佩赴波进行了两国副外长级的例行磋商。9月，我军总长迟浩田应邀访波，这是30多年来我访问波兰的最高级别的军事代表团。1992年两国贸易总额为近2.1亿美元。

中国驻波兰大使：刘彦顺。馆址：波兰华沙，波尼弗拉泰尔斯卡街1号。电话：(004822)313836。电传号：(063)813589 CHINA PL。

波兰驻中国大使：兹·邓鲍夫斯基。馆址：北京建国门外日坛路1号。电话：5321235。

1992年，华沙与台北两城市决定互设办事处，从事民间的经贸和文化活动。

【同美国的关系】1981年波实行“战时状态”后，美国对波实行经济制裁，两国关系恶化。后逐步恢复正常，1987年2月美取消对波制裁措施。1988年两国恢复互派大使。1989年7月布什总统访波。1991年3月瓦文萨总统访美，美宣布减免由政府担保的波兰债务的70%。1992年4月波总理奥尔舍夫斯基访美，7月，布什总统再次访波。

【同独联体国家的关系】1992年5月，波外长斯库比舍夫斯基在1992年度外交政策报告中表示波重视发展与其东邻的关系。同月，瓦文萨访问俄罗斯，两国签署了《睦邻友好合作条约》和关于原苏军撤出波兰的协定及其附加议定书等11个文件。10月，叶利钦派特使向波方移交了1940年联共中央政治局关于枪杀14700名波军军官和11000名波兰战俘的文件副本，即卡廷事件的绝密文件。同月，俄罗斯联邦代总理盖达尔访波，与波总理签署了《两国过境运输合作协定》和《两国相互保护和支持投资协定》等文件。28日，前苏军战斗部队全部撤离波兰。此外，波外长访问了波罗的海三国，与三国分别签署了《睦邻友好条约》和《宣言》。5月、6月，乌克兰总统克拉夫丘克和白俄罗斯最高苏维埃主席舒什克维奇相继访波，双方也订立了《睦邻友好条约》。

【同德国的关系】1990年两德统一，波德两国签署了《波兰共和国和德意志联邦共和国关于确认两国目前边界的条约》。1991年6月两国签署《睦邻友好合作条约》。1992年2月德国宣布免除波拖欠的55.4亿美元债务中的一半，以支持波经济改革。3月，瓦文萨总统访德。10月，波德两国政府代表在波兰西部城市绿山市草签《波德两国边界协定》，这是对1990年签署的《两国边界条约》的具体化和补充。11月，苏霍茨卡总理访德，双方签署了《边界通道协议》和《边境小规模人员流动协议》，并同意成立波德混合工商联合会。

【同东欧地区国家的关系】1992年5月，波、捷、匈三国举行第三次首脑会晤，决定共同努力，申请成为欧共体正式成员国。9月，波总理苏霍茨卡与捷总理克劳斯在波捷边境小镇会晤。12月，波兰、匈牙利、捷克、斯洛伐克四国在克拉科夫签署关于成立中欧自由贸易区的协定，规定到2001年四国完全消除贸易壁垒。

【同其他国家的关系】1992年5月，英国首相梅杰访波，两国签署了联合声明和经济政治备忘录。英方宣布免除波兰人入境签证，增加1400万美元经济援助，支持波兰发展小企业。9月，比利时副首相兼外交大臣访波，与波外长签署了《两国政府联合宣言》，比决定把波欠其6亿美元债务减免一半。10月，波总理访问布鲁塞尔，表示波兰要求加入北约。同月，波总理还访问了意大利。此外，瓦文萨总统访问了埃及(5月)、波外长访问了以色列(11月)。3月，日本宣布减免波欠其债务的30%。12月，波荷两国签署了两国航空运输协定和两国在海岸和港口建设领域进行科技合作的协定。　（筱　如）

波斯尼亚和黑塞哥维那

国名　波斯尼亚和黑塞哥维那共和国(The Republic of Bosnia and Herzegovina，Republika Bosna i Hercegovina)。简称波黑。

面积　51129平方公里。

人口　4364574人(1991年)。主要有穆斯林族(43.7%)、塞尔维亚族(31.4%)和克罗地亚族(17.3%)。官方语言为塞尔维亚--克罗地亚语。主要宗教是伊斯兰教、东正教和天主教。

首都　萨拉热窝(Sarajevo)，人口525980人(1991年)。

国家元首　主席团主席阿利雅·伊泽特贝戈维奇(Alija Izetbegović),1990年就任。

自然地理

位于欧洲巴尔干半岛中西部。北部、西部和南部与克罗地亚接壤,东部与南斯拉夫联盟为邻,南部极少部分濒临亚得里亚海,海岸线长约25公里。地形以山地为主,平均海拔高度693米,狄那里克阿尔卑斯山脉的大部分自西北向东南横贯全国,最高山峰为马格利奇山,海拔2386米。境内多河流,主要河流有奈雷特瓦河、博斯纳河、德里纳河、乌纳河和伐尔巴斯河。北部为温和的大陆性气候,南部为地中海式气候。北部1月平均气温－2～－1℃,7月20～22℃;南部分别为5～7℃,24～27℃。年降水量从西向东为1500～700毫米,南部沿海地带为1100～1500毫米。

历　史

6世纪末7世纪初,部分斯拉夫人南迁到巴尔干半岛定居。12世纪末叶,建立了独立的波斯尼亚国。14世纪末,波斯尼亚曾是南部斯拉夫人最强盛的国家。1391年特弗尔科国王死后,出现封建家族割据的局面,国家开始衰落。1463年被土耳其征服,直到1878年柏林国际会议决定奥匈帝国不定期占领波黑。1908年,奥匈兼并波黑。1914年6月28日,奥匈帝国皇太子斐迪南在萨拉热窝被刺身亡,引发了第一次世界大战。1918年第一次世界大战结束后,南部斯拉夫民族成立了塞尔维亚—克罗地亚—斯洛文尼亚王国,1929年改称南斯拉夫王国,波黑被划分为几个行政省。1945年,南斯拉夫各族人民取得反法西斯战争胜利,成立南斯拉夫联邦人民共和国,1963年改称南斯拉夫社会主义联邦共和国,波黑成为其中一个共和国。1990年末,波黑举行战后首次多党制大选,波黑共盟下台,三个民族的政党即波黑民主行动党、波黑塞尔维亚民主党和波黑克罗地亚民主共同体获胜联合执政。

政　治

1991年10月15日,波黑共和国穆斯林族和克罗地亚族议员在塞尔维亚族议员抵制的情况下,宣布脱离南斯拉夫独立。1992年1月9日,塞尔维亚族人宣布成立波黑塞尔维亚共和国。同年3月,波黑就国家是否独立举行全民公决,穆族和克族赞成独立,塞族抵制投票。此后,局势急剧恶化并爆发武装冲突。4月7日,欧共体等承认波黑独立。同日,波黑塞尔维亚人民议会宣布波黑塞尔维亚共和国独立。波黑武装冲突很快升级为大规模战争。5月19日,南斯拉夫联盟共和国籍军人全部撤出波黑。5月22日,波黑加入联合国。7月4日,波黑克罗地亚族人宣布成立赫尔采格—波斯尼亚克罗地亚共同体。

自波黑爆发武装冲突以来,欧共体和联合国一直在进行调解和斡旋,但收获不大,波黑境内的战争仍在持续。

【宪法】1989、1990和1991年,波黑三次修改了1974年制定的共和国宪法。共和国设7人主席团,由公民以无记名投票方式通过普选产生,任期4年,主席团委员可以连任一届。

【议会】议会是国家最高权力机构,由公民院和区院组成。公民院设130个席位,区院由各区和各城市共同体各选出一名议员组成。议员以无记名方式通过直接普选产生。

【政府】政府是议会权力执行机构。议会根据主席团的提名以无记名投票方式选举政府总理,并根据政府总理的提名以无记名投票方式选举政府成员和任命各部部长。1992年4月4日,原总理尤莱·佩利万辞职。同年4月21日,波黑主席团决定由佩利万继续担任总理并对政府进行改组。此后,佩再次辞职。1992年底,米莱·阿克马契奇(Mile Akmačić)就任总理。外交部长哈里斯·西拉伊季奇(Haris Silajdjić)。波黑爆发冲突以后,塞尔维亚族成员退出政府。

【行政区划】1991年波黑划分为109个区。

【司法机构】共和国设宪法法院和普通法院。

【政党】共和国主要政党有:

(1)波黑民主行动党(Stranka demokratske akcije):1990年5月成立,主要由穆斯林族组成,约有党员65万。主张维护国家统一,国家边界不可侵犯和民族平等。1990年12月在本共和国议会(共240席)选举中,获86席。主席阿利雅·伊泽特贝戈维奇。

(2)波黑塞尔维亚民主党(Srpska demokratska stranka Bosne i Hercegovine):1990年7月成立,主要由塞尔维亚族人组成,约有党员40万。主张各民族均享有民族自决权,要求建立邦联制的波黑共和国。1990年在本共和国议会选举中获72席。主席拉多万·卡拉季奇(Radovan Karadjić)。

(3)波黑克罗地亚民主共同体(Hrvatska demokratska zajednica Bosne i Hercegovine):1990年8月成立,主要由克罗地亚族人组成,约有党员30万。主张克罗地亚族人民享有民族自决权,反对穆斯林族建立极权国家。1990年在本共和国议会选举中获44席。

【重要人物】阿利雅·伊泽特贝戈维奇:波黑共和国主席团主席。1929年生于波黑共和国,穆斯林族。上大学期间,因政治罪被判3年徒刑。1982年,又因所著《伊斯兰宣言》一书被判处14年重刑,后被减刑释放。1990年5月,建立民主行动党并任主席。　**米莱·阿克马契奇**:总理。克罗地亚族人。1992年底就任波黑总理。

经　济

境内自然资源较丰富。1989年社会总产值511.9万第纳尔(按1972年不变价格计算)。主要经济部门为采矿、冶金、化工、纺织、食品加工等。近两年,由于受原南地区危机影响,特别是波黑战争的破坏,经济损失巨大,已不能正常运转。

社会生产总值(1989年):511.9万第纳尔(按1972年不变价格计算)。

人均社会产值(1990年):1609美元。

国民收入(1989年):236.80亿第纳尔。

货币名称:第纳尔(dinar)。

失业率(1990年):20.3%。

【资源】自然资源丰富,主要有铁、煤、铝矾土、铅锌等。森林和水力资源丰富。森林覆盖率为41%。

【工业】1989年工业产值占社会总产值的50.4%。1990年就业人数占总人口的23.3%,其中工业就业人数占44.0%。工业部门以采掘业、机器制造业、家具制造、纺织、皮革、食品加工等为主。1990年波黑就业人数占居民总数的23.3%,其中44.0%为工业就业人数。1990年主要工业产品产量为:发电146.32亿度、煤1792万吨、铁142.1万吨、铝8.9万吨、拖拉机3.4万台、小汽车3.8万台、电视机2.1万台。

【农牧业】1989年农渔业产值占社会总产值的13.3%。农业就业人数为68.3万人(1981年)。1990年主要农牧产品产量为:小麦457万吨、玉米73.4万吨、肉类16.4万吨、奶8.94亿升。1991年主要牲畜存栏数:牛85.3万头、猪61.7万头、羊131.7万只、家禽1060.7万只。

【服务业】旅馆服务业主要包括旅馆、饭店、餐厅、咖啡馆、酒吧等。1990年有7797个单位,其中旅馆161家、标准饭店472家,共有从业人员38049人,流通总量为58.07亿第纳尔。

【旅游业】旅游设施较齐全,主要有旅馆、浴场、私人小旅馆、汽车宿营地、温泉和疗养胜地等。1990年共有51557张床位,旅游者过夜总数为379.4万人次。主要旅游区是亚得里亚海海滨和萨拉热窝附近的冬季体育中心等。

【交通运输】波黑位于原南斯拉夫的中心地区,部分连接原南与欧洲的重要交通干线经过波黑。交通运输以铁路和公路为主。

公路:1990年全国道路总长21168公里;有小汽车436933辆,货车37454辆;客运量27.37亿人公里,货运量30.66亿吨公里。

空运:有2个机场,主要机场是萨拉热窝机场。

【对外贸易】1989年出口占社会总产值的15%,进口占22%。1990年出口额为28.76亿美元,进口额为25.48亿美元。

人民生活

1989年,全国有医生和牙医8297人,有病床19841张。自1992年爆发战争以来,人民生活水平急剧下降,食品和医药用品极端匮乏。为解决人民的生存问题,1992年联合国组织向波黑运送了大批人道主义救济物资。

军　事

爆发战争后,境内三大民族均有自己的武装部队。其中,塞尔维亚族约有6.7万兵力(包括塞尔维亚志愿军等),克罗地亚族拥有5万兵力(包括克罗地亚国防军等),穆斯林族拥有约3～5万兵力。

文化教育

【教育】1989/90年度全国有小学2211所,在校生为538475人;中学241所,在校生为165807人。全国著名大学是萨拉热窝大学。

【新闻出版】1990年有报纸242种,总发行量为10275万份。刊物92种,总发行量为188.7万。

全国有电台48个,电视中心1个。

对外关系

截至1992年6月,波黑已得到50多个国家的承认,并已加入联合国。是不结盟运动的来宾国。

【同我国的关系】我国政府十分关注波黑局势的发展,希望波黑冲突各方通过谈判和平解决争端,表示愿与国际社会一道为公正合理解决原南地区危机而努力。我国支持波黑加入了联合国,并宣布中国人民尊重各国人民的选择,将在适当的时候承认波黑共和国。1992年6月,应中国人民外交学会邀请,波黑外长哈里斯·西拉伊季奇非正式访华。同年10月,中国红十字会通过国际红十字会向波黑人民提供5万美元的人道主义现汇援助。

【同美国的关系】1992年4月,美承认波黑独立。同年8月,两国建交。

【同西方国家的关系】1992年4月,欧共体宣布承认波黑共和国独立。英、法、德等西方国家积极参与解决波黑问题,并向波黑提供大量的人道主义援助。1992年6月,法国总统密特朗访问波黑,目的是为了帮助开放萨拉热窝机场,用于人道主义援助。

【同邻国的关系】波黑与南斯拉夫尚未相互承认和建交。1992年7、8月,南联盟总理帕尼奇两次访问波黑。克罗地亚是第一个承认波黑独立的国家,也是迄今唯一在波黑设有使馆的国家。1992年7月21日,两国签订友好合作协定。同年9月23日,两国签署了共同防御协议。1992年,两国总统多次会晤。　(文　理)

丹　麦

国名　丹麦王国 (The Kingdom of Denmark, Kongeriget Danmark)。

面积　43093平方公里(不包括格陵兰和法罗群岛。根据1991年北欧统计年鉴)。

人口　516.2万(1992年1月统计)。丹麦人占96%以上,外国移民约占3.2%。官方语言为丹麦语。绝大多数人信奉基督教路德宗。

首都 哥本哈根(Copenhagen),人口171.37万(1991年1月统计)。

国家元首 女王玛格丽特二世(Margrethe Ⅱ),1972年1月14日即位。

简 况

位于欧洲北部,包括日德兰半岛大部和406个岛屿。南同德国接壤,西濒北海、北与挪威、瑞典隔海相望。海岸线长7314公里。属海洋性温带阔叶林气候。平均气温1月0℃,7月17℃。约公元985年形成统一王国。11世纪20年代征服整个英格兰和挪威。1397年与瑞典、挪威结成卡尔马联盟,丹处统治地位。1849年建立君主立宪政体。两次大战中均宣布中立。1940年4月至1945年5月被德国占领。战后多由社会民主党、自由党、激进党等主要政党或单独或联合执政。1949年参加北约,1973年加入欧共体。

政 治

1990年12月12日大选后,保守党和自由党两党组成联合政府。这是保守党和自由党自1982年以来第五次组成以它们为主体的不同组合的联合政府。1993年1月14日,丹公布了历时2年多时间的关于泰米尔难民事件的调查报告,施吕道首相因被指责未如实向议会说明情况,并提供了"导向非常错误、不正确的情况",于1月15日向女王辞职。此后,丹麦社会民主党主席拉斯姆森在多数政党的支持下组成了包括中央民主党、激进党和基督教人民党的四党联合政府。新政府在议会179个议席中占有90席,是1971年以来的第一届多数政府。

【宪法】现行宪法于1915年制定,1920、1953年两度修改。宪法规定,丹为君主立宪制,经议会5/6的多数通过,最高当局可以将某些主权交给某种"国际机构"。

【议会】一院制,共179个议席,议员经普选产生,任期4年。本届议会于1990年12月12日产生,社会民主党占69席、保守党30席、自由党29席、社会主义人民党15席、进步党12席、中央民主党9席、激进党7席、基督教人民党4席。此外,格陵兰和法罗群岛各占2席。议长海宁·拉斯姆森(Henning Rasmussen)。

【政府】现政府于1993年1月25日组成,有24名成员,其中社会民主党占15名、中央民主党4名、激进党3名、基督教人民党2名。政府成员:首相保尔·尼罗普·拉斯姆森(Poul Nyrup Rasmussen)、经济政策协调大臣米米·雅可布森(Mimi Jacobsen)、经济大臣玛丽安妮·耶尔维德(Marianne Jelved)、能源大臣杨·苏尔森(Jann Sjursen)、财政大臣莫恩斯·吕格曹夫特(Mogens Lykketoft)、外交大臣尼尔斯·海尔维·彼德森(Niels Helveg Petersen)、农业和渔业大臣比扬·韦斯特(Bjoern Westh)、环境大臣斯汶·敖根(Svend Auken)、通讯和旅游大臣阿纳·梅尔基奥尔(Arne Melchior)、教育大臣奥勒·维格·彦森(Ole Vig Jensen)、住房兼北欧及波罗的海合作大臣弗莱明·库夫德—斯汶森(Flemming Kofod-Svendsen)、援外大臣海勒·黛恩(Helle Degn)、内政大臣比尔德·威丝(Birte Weiss)、劳工大臣于德·安德森(Jytte Andersen)、税收大臣奥勒·斯台瓦德(Ole Stavad)、国防大臣汉斯·海格鲁普(Hans Haekkerup)、文化大臣于德·希尔登(Jytte Hilden)、卫生大臣托本·隆德(Torben Lund)、交通大臣海尔格·莫登森(Helge Mortensen)、工业大臣杨·特罗伊堡(Jan Troejborg)、司法大臣艾尔钤·奥尔森(Erling Olsen)、社会大臣卡恩·耶斯佩森(Karen Jespersen)、技术开发和应用研究大臣斯汶·伯格斯坦(Svend Bergstein)、宗教大臣阿纳·奥勒·安德森(Arne Ole Andersen)。

【司法机构】法院分三级。全国有1所最高法院、2所中级法院和84所初级法院。此外,还有海事与商业法庭、特别诉讼法庭、仲裁法庭和宗教法庭等专门法庭。最高法院由1名院长和14名法官组成,院长和法官由政府(司法大臣)推荐,女王任命,任职到退休,法院独立行使职权。最高法院院长彼得·莫·克里斯登森(Peter M. Christensen)。检察机构隶属司法部,设检察长1名和检察官9名,均由女王任命,任职到退休。检察长斯弟·艾斯伯约恩·彦森(Stig Asbjoern Jensen)。

【政党】(1)社会民主党(The Social Democratic Party):1871年成立。党员9.4万。曾长期单独或与其他政党联合执政。1982年下野。主席保尔·尼罗普·拉斯姆森。

(2)中央民主党(The Central Democratic Party):1973年11月由从社会民主党分裂出来的议员建成。党员约1800多人。主席米米·雅可布森(Mimi Jacobsen)。

(3)激进自由党(The Radical Liberal Party):简称激进党,1905年成立。党员6000多人。主席托基尔·穆勒(Thorkild Moeller)。

(4)基督教人民党(The Christian People's Party):1970年成立。党员8500多人。主席严·肖尔森(Jann Sjursen)。

(5)保守人民党(The Conservative People's Party):简称保守党,执政党之一。1916年成立。党员3.1万。主席保尔·施吕道(Poul Schluter)。

(6)自由党(The Liberal Party):执政党之一。1870年成立。党员7.4万。主席乌弗·艾勒曼—彦森。

(7)社会主义人民党(The Socialist People's Party):1959年从丹麦共产党分裂出来。党员7800人。主席霍尔格·柯·尼尔森(Holger K. Nielsen)。

(8)进步党(Progress Party):1972年成立,党员8400人。主席约翰内斯·绥恩森(Johannes Soerensen)。

【重要人物】玛格丽特二世:女王。1940年4月16日生于哥本哈根。曾就读于哥本哈根大学、奥尔胡斯大学、剑桥大学、巴黎大学和伦敦经济学院。1972年1月14日登基,是丹麦历史上第二位女君主。 **保尔·尼罗普·拉斯姆森**:首相。1943年6月15日生。1971年大学毕业后担任总工会经济顾问，1986～1988年任总工会首席经济顾问。1988年当选为议员。1987年当选为丹麦社会民主党副主席；1992年 4月当选为该党主席。1993年1月25日出任政府首相。

经　济

发达的资本主义国家之一，以造船、水泥、机械、电子、医药、农牧渔业和食品加工等行业为主要经济部门。1982年四党政府上台后奉行严格控制工资增长和财政支出、限制私人消费和稳定丹麦克朗汇率的紧缩政策，使高通货膨胀率、巨额国际收支逆差和高额财政赤字逐步得到控制。1992年通膨率较上年下降0.25个百分点。国际收支顺差达286 亿克朗，财政赤字为 400亿克朗。1991年外债总额继续有所下降，达2640亿克朗。

国民生产总值(1991年)：8028.33亿丹麦克朗(约合1300亿美元)。

人均国民生产总值(1991年)：16.1万丹麦克朗(约合2.52万美元)。

经济增长率(1991年)：1.2%。

货币名称：丹麦克朗。

汇率(1991年平均值)：1 美元＝6.40丹麦克朗。

通货膨胀率(1992年)：2.0%。

失业率(1992年)：11.1%。

【资源】资源比较贫乏，除石油外，其他矿藏很少，所需100%煤炭靠进口。森林覆盖率为12%，面积为50.1万公顷。北海大陆架石油蕴藏量估计为 2.3亿吨，天然气蕴藏量约2000亿立方米。探明褐煤储量为9000万立方米。北海和波罗的海为近海重要渔场。

【工业】在国民经济中占主导地位。工业产值约占国民生产总值的48.5%，工业品约60%供出口，约占出口总额的3/4。主要有石油开采、造船、水泥、电子、化工、制药、纺织、家具和食品加工等。船用主机、水泥设备、助听器、啤酒、酶制剂和人造胰岛素等产品在世界享有声誉。1991年产石油和天然气合1040万吨(其中原油700万吨、天然气33亿立方米)，已自给有余。企业以中小型为主。1990年有50人以上企业8389家，职工38.3万人，占总就业人数的 14.5%。主要工业部门的产值如下(单位：亿克朗)：

	1989	1990
原料生产	8.15	7.67
食品、饮料、烟草	1054.3	1072.9
服装、制革、纺织	133.5	128.4
木材和家具	136.1	144.2
印刷、造纸、出版	228.9	235.6
化工、炼油、塑料、橡胶	472.7	494.3
石、玻璃、泥陶	116.5	116.4
造船、钢铁、机械	955.0	1016.6
其他工业	48.3	51.8

【农业】农牧业高度发达。1990年农牧业总产值为518.85亿克朗，占当年国民生产总值的6.8% 。其中畜牧业产值为343.7亿克朗。特点是农牧结合，以牧为主，畜牧业占农业总产值66%。农业科技水平和生产效率居世界先进国家之列。每个农民可供养约178人。农畜产品除满足国内市场外，2/3供出口，猪肉、奶酪和黄油出口量居世界前列，丹还是世界上最大的貂生产国，1991年年产1000万张貂皮，价值10.6亿克朗。1992年农业劳动力11万人，占全国总劳动力的4.15%。80%以上的农民既从事种植业又经营饲养业。

1991年家畜、家禽存栏数：马3.2万匹，牛222.1万头，羊18.8万头，猪972.2万头，鸡1508.6万只。奶产量464.0万吨，蛋 8.4万吨。1990木材采伐量约201.8万立方米。主要农作物产量如下(单位：万吨)：

	1990	1991
大麦	498.4	504.1
小麦	395.3	395.3
黑麦	54.4	54.5
燕麦	12.1	12.6

(资料来源：1992年丹麦统计年鉴)

【渔业】世界10大渔业国之一，欧洲共同体内最大渔业国，1991年总捕获量161.8万吨，价值35.59亿丹麦克朗。主要渔业产品有鳕鱼、比目鱼、青鱼、鳗鱼和虾等。1991年有专业渔民3767人，1990年有渔船2747艘，其中50吨以上的有422艘，总吨位约11.4万吨。

【服务业】服务行业发达，包括国家政府和市政的公共及私营服务、财政和保险服务及其他服务，其产值约占实际国民收入的60%左右。近年来产值及其在实际国民收入中所占比例等如下：

	1988	1989	1990
产值(亿克朗)	4357	4689.94	4967.52
在实际国民收入中比例(%)	70.24	70.96	71.53
就业人数(万人)	158.13	157.64	157.75
占劳动力总数的比例(%)	68.51	68.69	68.97

【旅游业】1991年旅游收入222.29亿克朗，旅游支出为216.00亿克朗。主要旅游点有哥本哈根、世界著名童话家安徒生的故乡——欧登塞，日德兰半岛西海岸和最北角斯卡晏。

【交通运输】海、陆、空交通发达。商船主要从事国际运输。

铁路：1990年有国营铁路2344公里(不含私营铁路494公里)；客运量50.51亿人公里，货运量797.3万吨。

公路：1991年总长70922公里，其中高速公路653公里；1990年有机动车189.3万辆。

水运：1991年500吨以上的商船517艘，吨位578.2万吨；全国有港口100余个，以哥本哈根为最大。1989年抵达丹麦港口船只34978艘次(不包括客轮和轮渡)，总计5828万吨。

空运：哥本哈根卡斯楚普机场是丹最大的航空港，1991年离港人数达586.9万人次。

【财政金融】1988年以来财政情况如下(单位：亿

克朗)：

	1989	1990	1991
收入	2215	2215	1804
支出	2227	2285	2479
内债	4839	4065	4624
外债	2880	2820	2640
税收	3888	3900	4020

(资料来源：同上)

丹麦国家银行1991年黄金储备34.64亿克朗，外汇储备为445.6亿克朗。

【对外贸易】外贸是丹经济的命脉，所需原料和燃料主要靠进口。产品销售有赖于国际市场，连年顺差。对外贸易情况如下(单位：亿克朗)：

	1989	1990	1991
进口额	1921	1926	2059
出口额	2098	2211	2285
差　额	176	286	226

(资料来源：同上)

进口产品主要是石油、煤、化工产品、钢铁、机械、运输设备、棉纺产品、纸和饲料等。出口产品主要有肉、鱼、乳制品、化工、机械、仪表、电子产品、家具、纺织品和服装。1991年主要进出口国家占丹进、出口总额情况如下(%)：

出口		进口	
德国	22.4	德国	22.1
瑞典	11.5	瑞典	10.8
英国	10.3	英国	8.0
法国	5.8	美国	6.3
挪威	5.5	荷兰	5.7
欧共体	54.0	欧共体	52.7
欧洲自由贸易联盟	24.5	欧洲自由贸易联盟	22.8

(资料来源：1992年第4期英国经济季评)

【对外援助】1991年丹麦对外援助总额为80.28亿克朗，占当年国民生产总值的0.97%，其中双边援助额为38.7亿克朗，多边援助为36.97亿克朗，行政经费3.29亿克朗。丹麦提供发展援助的主要国家有(单位：亿克朗)：坦桑尼亚(5.43)、孟加拉国(3.65)、印度(2.60)、肯尼亚(2.13)、埃及(1.95)。援助重点是医疗卫生和农村发展。

人民生活

以高收入、高消费、高税收为其特征。1990年社会福利(医疗保健、失业保险、养老、家庭福利等)开支2309.8亿克朗，人均4.5万克朗。1991年失业人数为29.6万人。1990年全国有医生1.43万人，病床29104张。

军　事

丹麦女王是武装力量的名义统帅。平时，国防司令是武装部队最高指挥官；战时，只负责后勤及兵员保障，作战指挥权移交给丹麦作战部队司令(在北约军事机构中任北约盟军波罗的海通道司令部司令)。现国防司令斯汶·埃·蔡德。国防委员会是国防司令的咨询机构。实行义务兵和志愿兵相结合的兵役制。义务兵服役期9个月，志愿兵是经过9个月义务兵训练之后，然后再至少服役2年。

总兵力2.96万人。其中陆军1.7万人，编为2个师、5个机械化步兵旅、6个团、8个独立步兵营。装备各型坦克256辆、装甲输送车718辆、各种炮348门、反坦克导弹140枚、飞机28架。海军5700人，编有1支海岸舰队，下辖4个分舰队。装备各型舰艇73艘，内含作战舰艇65艘，还装备直升飞机8架。空军6900人，编为3个战斗轰炸机中队、2个歼击机中队、1个侦察机中队、1个运输机中队、1个搜索与救援中队，共有各型飞机132架，内含战斗机95架，还有导弹36枚。

1992年国防拨款为160亿克朗。

文化教育

丹麦孕育了童话家安徒生和原子物理学家尼尔斯·玻尔等世界文化名人和科学家；本世纪以来有11位丹麦人获得诺贝尔奖；奉行“使每个社会成员在文化方面得到发展”的文化方针，鼓励地方加强文化事业。

【教育】教育事业发达。对7～16岁儿童实行9年制义务教育。1991年国家教育经费开支为193.93亿克朗。最著名的高等学府有哥本哈根大学(建于1479年)、奥尔胡斯大学(建于1928年)、丹麦技术大学和皇家兽医和农业大学。1990/91年度有中小学3000所，学生63.22万人；高中157所，学生7.19万人，教师7.78万人；综合性大学5所，学生5.78万人；技术、农业、商业、艺术、音乐等院校89所，学生6.8万人。

【科研】重要科研机构有：丹麦皇家科学院、技术科学院、尼尔斯·玻尔研究所和国家血清研究所。有科研人员3.59万人，1991年科研经费140亿克朗(其中私人达60.28亿克朗，政府等公共部门达52克朗)。占国民生产总值1.68%，其中私人部门支出占59%，国家部门占41%。

【新闻出版】1990年全国有日报48种，星期日报13种，期刊杂志35种，商业技术及地方报刊506种。主要报纸有：《政治报》，1991年发行量平日版14.9万份，星期日版19.6万份；《贝林时报》，平日版12.9万份，星期日版18.0万份；《日德兰邮报》，平日版14.4万份，星期日版23.3万份；《自由时闻报》，1871年创刊，平日版4.7万份。

丹麦通讯社：1866年创立，丹唯一的全国性通讯社，由各大报纸联合经办。

丹麦电台：1925年创立，丹麦最大的全国性广播电台和电视台。丹麦电视二台：1988年创立，1989年开播。

对外关系

丹视北约、欧洲共同体、北欧合作和联合国为其外交和安全政策的“四根支柱”。近年来为顺应国际形势变化，正相应调整其对外政策，同欧共体的关系正在成为丹对外政策的主体。

认为国际形势已发生了根本性变化，东西方冲突已成为过去，两极世界已不复存在。但还存在许多不稳定因素，局部战争时有发生，南北矛盾、地区冲突、民族问题、“人权”、贫困、恐怖主义等问题是威胁人类安全的因素。

丹政府积极支持欧共体一体化进程，认为欧共体在欧洲未来的政治经济格局中将发挥核心作用。丹选民对欧共体向联盟方向发展疑虑较多。1992年6月2日，丹公民投票否决了欧共体马斯特里赫特欧洲联盟条约。

认为原南斯拉夫地区危机是一个深刻、严重的欧洲事件，主张由欧洲人来解决这一问题。反对对这一地区进行军事干预，但可以进行人道主义干预。丹已向这一地区派出约900名士兵和一艘军舰参加联合国在这一地区的维持和平活动。

重视南北合作，主张通过全球谈判建立国际经济新秩序。

力促北欧国家尽早加入欧共体，在欧共体内加强北欧合作，以便对未来欧洲的发展施加影响。

丹已同150多个国家建立外交关系。

【同我国的关系】1950年5月11日建交，1956年2月15日由公使馆升格为大使馆。70年代以来两国交往发展较快。1989年我国政治风波后，丹同欧共体国家一道对我进行“谴责”和制裁。1990年后两国关系逐步趋向正常。丹访华的主要有：女王玛格丽特二世（1979年），首相哈特林（1974年）、约恩森（1981年）、施吕道（1986年），议长斯汶·雅可布森率领的丹麦议会代表团（1983年），外交大臣乌弗·艾勒曼—彦森（1985年），王太后英格丽特（1987年）和王夫亨里克亲王（1989年）。我国出访丹麦的主要有：谷牧副总理（1978年）、王任重副总理（1979年）、黄华外长（1980年）、习仲勋副委员长率领的全国人大代表团（1981年）、赵紫阳总理（1984年）。

1992年6月和11月，田纪云和朱镕基副总理先后访问丹麦。两国政府签有民航协定、海运协定、经济技术合作协定、投资保护协定、科技合作议定书和避免双重征税协定以及中丹贷款赠款协定。1992年中丹贸易额为2.91亿美元，其中我出口1.52亿美元，进口1.39亿美元。

中国驻丹麦大使：郑耀文。馆址：OREGARDS ALLE 25，2900 HELLERUP COPENHAGEN。电话：625806（值班室、办公室），611013（商务处）。国家地区号：45-31。电传：27019 CHINEM；19106 CNCOEM（商务处）。传真：(31) 625484；(31) 612913（商务处）。

丹麦驻中国大使：符魏廉（H. E. Mr. William Fris-Moeller）。馆址：三里屯东5街1号（办公处）。Chancery：No. 1，Dong Wu jie，San Li Tun。电话：5322431 5322432 5322437 5322438。传真（FAX）：5322439。电传（TELEX）：22255 amdan cn。

【同美国的关系】美国是丹麦的主要盟国，近年来丹政府加强了同美国的交往和磋商。1991年丹麦女王玛格丽特二世、首相施吕道访美。1992年3月和7月，丹外交大臣艾勒曼—彦森和财政大臣迪尔摩斯先后访问美国；6月美国国防部长切尼访问丹麦，同月美国中央情报局局长秘密访丹。

【同俄罗斯和独联体国家的关系】认为西方国家应援助并同俄罗斯和独联体国家合作，希望这一地区尽可能稳定。1992年10月，丹外交大臣艾勒曼—彦森访问俄国。10月丹外交大臣艾勒曼—彦森访问乌克兰，主持了丹驻乌使馆的开馆仪式，并同乌方签订了《两国公民自由往来协定》及《投资保护协定》。

【同东欧和波罗的海国家的关系】近年来，丹麦政府积极发展对东欧国家的关系。1992年7月27日至8月1日，丹女王玛格丽特二世伉俪及王储和外交大臣访问爱沙尼亚、拉脱维亚和立陶宛三国；9月匈牙利国防部长访问丹麦；11月波兰总统对丹进行正式访问。

【同西方国家的关系】1992年3月，丹女王玛格丽特二世访问法国，主持在巴黎举办的北欧海盗展；10月丹女王玛格丽特二世伉俪对挪威进行正式访问；9、10月丹首相施吕道和外交大臣艾勒曼—彦森对英国、德国和法国进行工作访问；11月外交大臣艾勒曼—彦森分别对英国、法国、德国、意大利、西班牙和希腊进行工作访问。此外，6月丹工业大臣访问日本，5月葡萄牙总统苏亚雷斯访问丹麦。

【同以色列的关系】1992年12月以色列外长佩雷斯对丹麦进行了工作访问。

【同南非的关系】1992年2月，南非非国大领袖曼德拉应丹政府邀请访丹；4月，丹外交大臣艾勒曼—彦森应邀访问南非，艾与南非外长博塔进行了会谈，会见了南非总统德克勒克和非国大主席曼德拉。

【同第三世界国家的关系】丹重视发展同第三世界国家的关系。1992年1月，丹外交大臣艾勒曼—彦森访问了肯尼亚、贝宁和加纳；7月越南副总理和国家合作及投资委员会主席访问丹麦；10月尼加拉瓜总统正式访问丹麦。丹外交部决定从7月1日起关闭丹驻利比亚大使馆，只保持名誉领事级外交关系。 （甄建国）

德 国

国名 德意志联邦共和国（The Federal Republic of Germany，Die Bundesrepublik Deutschland）。

面积 357050平方公里。

人口 8027万(1991年)。主要是德意志人,有少数丹麦人、吉卜赛人和索布族人,总人口中有630多万外籍人。通用德语。居民主要信奉基督教新教和天主教,其中近3000万人信奉基督教新教,2800多万人信奉天主教。

首都 柏林(Berlin),人口343万(1991年)。

国家元首 联邦总统理夏德·冯·魏茨泽克(Dr. Richard von Weizsäcker),1984年7月1日就任,1989年5月23日连任,任期5年。

简 况

位于欧洲中部。东邻波兰、捷克,南毗奥地利、瑞士,西界荷兰、比利时、卢森堡、法国,北接丹麦并濒北海和波罗的海。海岸线长1333公里。西北部海洋性气候较明显,往东、南部逐渐向大陆性气候过渡。平均气温7月14~19℃,1月－5~1℃。

962年建立德意志民族的神圣罗马帝国。1871年建立统一的德意志帝国。1914年挑起第一次世界大战。1919年建立魏玛共和国。1939年发动第二次世界大战。战后被美、英、法、苏四国占领。1949年5月23日西部颁布《基本法》,建立德意志联邦共和国。同年10月7日东部成立德意志民主共和国。1990年10月3日,民主德国正式加入联邦德国,德国实现统一。在12月举行的第一届全德选举中,联盟党和自民党获胜,科尔继任总理。

政 治

1992年,德国内政争论主要围绕如何为振兴东部筹措资金、限制外国人避难和向北约范围以外派遣德军等问题。4月,在巴符州和石荷州的州选中,原执政党都受重挫,以排外为旗帜的共和党和德意志人民联盟分别进入两州议会,在德国政界引起震动。国防部长因向土耳其偷运坦克事件辞职,卫生部长也因故辞职。任职长达18年的根舍外长宣布辞职,又引起种种猜测。社民党和联盟党内部都出现要求成立大联合政府的呼声,科尔政府的威望大大下降。春季,西部公共服务行业爆发了18年来最大规模的罢工。科尔总理调整了内阁,表示坚决反对成立大联合政府。执政三党在限制政府开支等问题上达成妥协。1992年有43.8万外国难民涌入德国,另有23万多东欧德裔人移居德国。德国共发生2000多起袭击外国人事件。尤其在8月,罗斯托克等地区先后发生袭击难民营、殴打外国人的排外浪潮,引起国际上的普遍关注,损害了德国在国际上的形象。德国政府采取措施,取缔了一些极右组织,打击了极右、新纳粹分子的活动。与此同时,朝野双方就修改《基本法》有关避难权问题展开了激烈的争论,执政党主张修改《基本法》,限制滥用避难权,最后双方达成妥协。在向北约范围以外派兵问题上,联合政府内部和朝野双方也发生持续的争论。联盟党原主张修改《基本法》,允许德军参加联合国"维持和恢复和平"的行动,后认为不经修改也可以参加由联合国、欧安会、北约或西欧联盟授权的"维持和平"行动,经议会批准,也可参加"恢复和平"的行动。自民党则主张一定要修宪才能派德军参加联合国"恢复和平"的作战行动。1992年,德国先后派兵参加了联合国在柬埔寨维持和平行动、监督对前南斯拉夫禁运行动,并决定参加在索马里建立和平的行动。

【宪法】《德意志联邦共和国基本法》系临时宪法,于1949年5月生效。1956、1968年曾作过较大修改。1990年8月两德"统一条约"对《基本法》某些条款又作了适应性修订。《基本法》规定,德国是联邦制国家,外交、国防、货币、海关、航空、邮电属联邦管辖。国家政体为议会共和制。联邦总统为国家元首。联邦总理为政府首脑。

【议会】由联邦议院和联邦参议院组成。联邦议院行使立法权,监督法律的执行,选举联邦总理,参与选举联邦总统和监督联邦政府的工作等。每届任期4年。参加议会的各党议员分别组成议会党团。本届联邦议院于1990年12月2日选出,共662名议员。各党席位分配为:基民盟268席,社民党239席,自民党79席,基社盟51席,民社党17席,联盟90/绿党8席。议长丽塔·聚斯穆特女士(Rita Süssmuth,基民盟)。联邦参议院参与联邦立法和行政,维护各州的利益。由各州政府按人口比例指派3~7名州政府成员组成,共68席。参议院议长由各州州长轮流担任,任期1年,总统因故不能行使职权时代行总统职务。议长奥斯卡·拉冯泰(Oskar Lafontaine,社民党),任期至1993年10月31日。

【政府】联邦政府由联邦总理和联邦部长若干人组成。现政府由基民盟—基社盟和自民党于1991年1月17日组成,后略有变动。有内阁成员20名,其中基民盟11名,基社盟4名,自民党5名。联邦政府成员是:联邦总理赫尔穆特·科尔(Dr. Helmut Kohl,基民盟),副总理兼联邦外交部长克劳斯·金克尔(Dr. Klaus Kinkel,自民党),联邦内政部长鲁道夫·赛特斯(Rudolf Seiters,基民盟),联邦司法部长萨比娜·洛伊特豪泽尔—施纳伦贝格尔(Sabine Leutheusser-Schnarrenberger,女,自民党),联邦财政部长特奥多尔·魏格尔(Dr. Theodor Waigel,基社盟),联邦经济部长君特·莱克斯罗特(Günter Rexrodt,自民党),联邦粮食、农业及林业部长约亨·博尔歇特(Jochen Borchert,基民盟),联邦劳工及社会部长诺贝尔特·布吕姆(Dr. Norbert Blüm,基民盟),联邦国防部长福尔克尔·吕厄(Volker Rühe,基民盟),联邦家庭及老年事务部长汉内洛勒·伦施(Hannelore Rönsch,女,基民盟),联邦妇女及青年部长安格拉·梅尔克尔(Dr. Angela Merkel,女,基民盟),联邦卫生部长赫斯特·赛霍夫(Horst Seehofer,基社盟),联邦交通部长京特·克劳泽(Prof. Dr. Günther Krause,基民盟),联邦环境、自然保护及核反应堆安全部长克劳斯·托普弗尔(Prof. Dr. Klaus Töpfer,基民盟),联邦邮电部长沃尔夫冈·伯驰(Wolfgang Bötsch,

基社盟），联邦规划、建筑及城建部长伊尔姆嘉特·亚当—施韦策（Dr. Irmgard Adam Schwaetzer，女，自民党），联邦研究及技术部长马蒂亚斯·威斯曼（Matthias Wissmann，基民盟），联邦教育及科学部长赖纳·奥尔特勒普（Prof. Dr. Rainer Ortleb，自民党），联邦经济合作部长卡尔—迪特·施普朗格（Carl-Dieter Spranger，基社盟），联邦特别任务部长弗里德利希·博尔（Friedrich Bohl，基民盟）。

【司法机构】联邦宪法法院是最高司法机构，主要负责解释《基本法》，监督《基本法》的执行，有16名法官，由联邦议院和联邦参议院各选一半，经联邦总统任命，任期12年。正、副院长由联邦议院和联邦参议院轮流推举。现任院长罗曼·赫尔佐克（Prof. Dr. Roman Herzog，基民盟）。

此外设有联邦法院（负责民事和刑事案件）、联邦行政法院（负责一般行政司法案件）、联邦纪律法院（负责公职人员违反纪律的案件）、联邦财政法院（负责财政案件）、联邦劳工法院（审理劳工案件）、联邦社会法院（审理社会福利纠纷）和联邦专利法院（审理有关专利问题的案件）。

现任联邦检察长亚历山大·冯·施塔尔（Alexander von Stahl）。

【政党】德国是一个多党制的国家，主要有以下政党：

（1）基督教民主联盟（Christlich Demokratische Union Deutschlands）：简称基民盟。主要执政党。1950年10月正式建党。现有党员79万人。1947年以来与基社盟结成姊妹党。1949～1969年执政，1982年10月再度执政至今。主席赫尔穆特·科尔。

（2）基督教社会联盟（Christlich Soziale Union in Bayern e. V.）：简称基社盟。执政党。1945年12月成立。现有党员18万人。主席特奥多尔·魏格尔（Dr. Theodor Waigel）。

（3）自由民主党（Freie Demokratische Partei）：简称自民党。1948年12月正式建党。现有党员16.2万人。与联盟党联合执政。主席奥托·格拉夫·冯·拉姆斯多夫（Otto Graf von Lambsdorff）。

（4）德国社会民主党（Sozialdemokratische Partei Deutschlands）：简称社民党。1875年由德国工运中的拉萨尔派"全德工人联盟"同倍倍尔—李卜克内西派"德国社会民主工人党"合并而成。纳粹时期被取缔，1945年10月重建。有党员93.5万人。现为主要在野党。1992年11月，社民党召开特别党代会，修正了其在海外派兵和限制避难问题上的立场，赞成德军参加联合国"维持和平行动"，但仍不同意德军参加类似海湾战争的"恢复和平"的作战行动，并且必须修改《基本法》；有条件地赞成修改《基本法》关于避难权的规定，以限制外国难民涌入德国；在筹措振兴东部的资金问题上，主张向高收入者增收附加税等。主席比约·恩格霍姆（Björn Engholm）。1991年5月任职。

（5）民主社会主义党（Partei des Demokratischen Sozialismus）：简称民社党。前身是东德统一社会党，1990年2月改为现名。党员15万多人。1993年1月，民社党党代会制定出该党纲领，主张政治多元化，称社会主义为其奋斗目标，要消除资本主义私有制的主导地位，主张平等、互助、人的解放、社会公正与和平。主席洛塔·毕斯基（Lothar Bisky）。1993年1月任职。

（6）联盟90/绿党（Bündnis90/Grüne）：1990年初在东德成立的小党，党员人数不足6000。组织松散，其政治主张接近于西德绿党。1990年12月全德大选中，联盟90和东德绿党联名参选并在东部获5.9%的选票，从而进入联邦议会并占8席。

（7）绿党（Die Grünen）：1980年1月在原西德地区成立，现有党员3.8万人。1983年首次进入联邦议会，1990年底丧失议席。该党现正准备同东部地区的联盟90/绿党联合。领导机构是联邦理事会，其中2人为发言人，相当于党主席。现任发言人：鲁特格·福尔莫（Ludger Volmer）、克里斯蒂娜·魏斯克（Christine Weiske）。

（8）德国的共产党（Deutsche Kommunistische Partei）：1968年成立，前身为1956年被禁止的德国共产党，目前党员约1万人，主席霍尔伯特·米斯（Herbert Mies）。

（9）共和党（Die Republikaner）：1983年成立，现有党员2万人。自称是"社会、爱国主义政党"，主要争取工农选民，反对外来移民，主张关闭边界，反对批准"马约"。1989年1月曾进入西柏林议会，1992年4月进入巴符州议会。主席弗朗茨·朔恩胡贝尔（Franz Schönhuber）。

【重要人物】理夏德·冯·魏茨泽克：联邦总统。1920年4月15日生于斯图加特。曾在牛津大学攻读法律和历史。第二次世界大战爆发后辍学，应征服兵役。战后在哥廷根大学学习，1954年获法学博士学位。后主要在工业、银行和宗教界任职。1954年加入基民盟，1969年当选为联邦议员。1973年当选为基民盟—基社盟联邦议会党团主席，1980年任联邦议院副议长，翌年任西柏林市长，1984年5月当选联邦总统，1989年连任。喜欢古典音乐和登山。著有《德国历史在继续》一书。1953年结婚，妻子玛丽安娜·冯·魏茨泽克，有四个孩子。　**赫尔穆特·科尔**：联邦总理。1930年4月3日生于路德维希港。1947年加入基民盟。1950年起先后在法兰克福和海德堡大学学习。1958年获哲学博士学位。1965年任莱茵兰—普法尔茨州基民盟主席，1969年出任该州州长。1973年当选为基民盟主席至今。1976年任联盟党联邦议会党团主席。1982年10月出任联邦总理，1983年3月、1987年3月和1991年1月多次当选。喜欢阅读传纪文学和历史文学，著有《康拉德·阿登纳1876～1976》一书。爱好收集矿石和古典音乐。妻子汉露丽·科尔。有两个儿子。

经　济

联邦德国是高度发达的资本主义工业国。战后经济恢复和发展较快。德国统一后,治理东部负担沉重,公共债务激增,利率居高不下,政府提高税收,企业负担加重。1992年,在世界经济不景气、东部经济困难等因素影响下,西部经济进入衰退,国内生产总值增长率只有1.5%,投资不振,通膨加剧,公司倒闭增多,失业上升;东部国内生产总值增长6.1%,但经济增长不稳,需要西部财政的大量补贴,尚未形成以市场为支柱的经济,失业严重,工资增长过快,已相当于西部的60%,但劳动生产率只及西部的40%。1992年德国经济主要数字如下*:

国民生产总值(估计):29848亿马克。

人均国民生产总值:约37000马克。

国民生产总值实际增长率:1.3%。

国民收入:20968亿马克(1992年西德)。

货币名称:德意志马克;1马克=100芬尼。

汇率(年平均):1美元=1.55马克。

通货膨胀率:4%(西德),12.4%(东德)。

失业率:6.6%(西德),14.8%(东德)。

* 由于两德统一,东德有些数字暂缺,全德有些数字仍分开统计。

(资料来源:德意志联邦银行月报1993年第2期)

【资源】德国矿藏资源贫乏,除煤和钾盐比较丰富外,仅有少量铁、石油、天然气等。硬煤的探明储量为2300亿吨,可采储量约240亿吨;褐煤可采储量约940亿吨;其他矿藏的探明储量为:钾盐约130亿吨,铁矿石16亿吨,石油5000万吨,天然气约5000亿立方米。东南部有少量铀矿。矿产主要靠进口。森林覆盖面积占全国面积29%,水域占2%。

【工业】1991年,德国工业产值10673亿马克,增长6.1%,占国内生产总值的38.3%。西部工业高度发达。工业结构及特点:(1)侧重重工业。机械、化工、电气和汽车等部门是工业的支柱,占全部工业产值的40%以上。其他如石油加工、电子、核能利用、航空和航天等部门也很发达。(2)布局均衡。各地区根据资源和地理条件,因地制宜发展工业。(3)外向型。主要部门的产品一半或一半以上销往国外。(4)垄断程度高。只占工业企业总数2%、1000人以上的大企业占有工业就业人数和营业额的一半以上。(5)中小企业多。众多的中小企业专业化较强,平均技术水平较高。就业人数1190.3万人,占西部就业人数的40.5%。

东部地区工业主要有机器制造、化工、电子电器、光学仪器制造、褐煤和钾盐开采、轻纺和食品加工等部门,集中于南部和中部地区,现处于结构调整之中。

近几年德国主要工业产品产量如下(单位:万吨):

	1989	1990	1991
发电(亿度)	4408.9	4499.5	4570
天然气(亿立方米)	147.6	141.8	132
硬煤	7143	7015.9	6643.8
褐煤	11008	35841*	11167.6
汽油、柴油	3266	3864.9*	4146.8*
取暖油	2832	2988.8	3524.3*
水泥	2849.9	3777*	3434.1*
粗钢	4069.5	4377.3*	3877.8*
汽车(万辆)	482.2	513.8*	499.2*
塑料	917.6	948	1011.5*
纸和纸浆	1124	1205.4*	1213.6*
电视机(万台)	323.6	422.7*	329.7
啤酒(亿立升)	89.2	117.1*	114.8*

* 为全德数字,其余为西德数字。

【农牧业】德国农业发达。1991年共有农业用地1713.7万公顷,其中67.4%为耕地,31%为草场和牧场。农林渔业产值355亿马克,占国内生产总值的1.3%。农业产值的1/3来自农作物,2/3来自畜牧业。农产品可满足本国需要的80%。1990年西德农业就业人数为107万,占西德全部就业人数的3.6%,平均一个全劳力养活75个人。有农业企业62.9万个,以中小企业为主,其中绝大部分占有的土地少于50公顷。农业机械化程度高,使用拖拉机117.3万台,联合收割机14万台,生产效率提高较快。东德农业亦很发达,机械化和专业化程度较高。两德统一后,东部农业处于调整之中,就业人数目前为20万。

近几年德国主要农牧渔业产品产量如下(单位:万吨):

	1989	1990	1991
谷物	3694.5	3757.9	3926.6
马铃薯	1661.7	1403.8	1020
甜菜	2698.6	3059.9	2592.5
水果	92.4*	137.1	46.2*
葡萄汁(亿立升)	13.2*	9.2	10.1
蔬菜	254.5	192.6	173.9
猪存栏数(万头)	3417.7	3081.8	2606.3
牛存栏数(万头)	2028.7	1948.8	1713.3
牲畜屠宰量	651.9	502.6*	592.1
牛奶	3243.6	2367.2*	2891.6
黄油	71	66.5	55.2
海洋捕鱼	16.6*	23.4	19.9

* 为西德数字。

【服务业】包括商业、交通运输业、电信、银行、保险、出租房屋、教育、文化、医疗卫生等部门,1991年产值为12108亿马克,占德国国内生产总值的43.5%,如包括公共部门,其比重则更高。1990年西部地区服务业就业人数为1287.6万人,占总就业人口的43.9%。

【旅游业】旅游业发达。每年有大量国内外游客在德国旅游。1991年夏季,德国有各种旅馆5万余家,床位204万个,旅馆过夜人次共2.66亿,其中外国人0.33亿人夜;1990年西德旅馆和饮食服务业销售额为583.5亿马克,占国内生产总值的2.4%。德国就业者每年一般有5～6周假期。一半以上的成年人每年至少旅游一次,在国内旅游者约占1/2。1991年用于国外旅游的支出超过510亿马克。1992年德国人的旅游人次为4470万人，其中2930万人次到国外旅行。

【交通运输】德国交通运输业十分发达，是全国经济的重要组成部分。公路、水路和航空运输全面发展，但以公路为主，公路密度为世界之冠；铁路货运量则在逐年减少。

1990年德国货运总量约43亿吨，3500亿吨公里(不含海运)，其中公路占66.2%，铁路7.2%，内河5.3%，管道1.4%，航空0.14%。客运总量103.8亿人次，1718亿人公里。

铁路：1990年德国铁路总长44118公里，其中电气化铁路16060公里；有机车15507辆，客车厢19235节，货车皮42.5万节；客运量16.4亿人次，619.8亿人公里；货运量5.4亿吨，1030.2亿吨公里；截至1991年底，联邦铁路债务累计379.6亿马克。

公路：1990年德国公路总长221062公里，其中高速公路10854公里，高速公路长度居世界第二。1991年全国注册汽车共4572.9万辆，其中小轿车3762.1万辆，卡车170.4万辆，拖挂货车386.5万辆。1990年西德公路货运量为28.4亿吨，1698.4亿吨公里；人员运输的近4/5通过私人汽车，德国私人汽车客运量估计为335亿人次，6850亿人公里，1/5使用公共交通工具，公共交通工具客运量86.9亿人次，890.3亿人公里。

水运：1990年，德国拥有远洋商船1064艘，总吨位543.5万吨，货运量1.56亿吨；全国17个主要港口吞吐量为1.62亿吨，其中汉堡港区吞吐量5675万吨；内河航道总长6830公里，各种内河船舶7461艘，货运量2.31亿吨，548亿吨公里；内河港口吞吐量2.8亿吨。

空运：航空运输业发达，1990年共有航空企业160家，各种商用飞机970架，客运量180亿人公里；航空运输业销售额178亿马克；各机场进出港旅客8131万人次，货物吞吐量146万吨；法兰克福机场是世界主要航空港之一，进出港旅客和货物吞吐量分别为2871万人次和108.2万吨；德国汉莎航空公司飞往90多个国家的200个机场，有飞机219架。货运量101.7万吨(含邮件)，客运量2250万人次；国际货、客运量均居世界前列。

【财政金融】80年代以来奉行紧缩财政政策，财政状况比较稳定。两德统一后，联邦政府为治理和发展东部地区大举借债，财政拮据。1991年三级政府债务净增1177亿马克，占国民生产总值近4%。公共债务总额已达11712亿马克，占当年国民生产总值的41%，还债付息额即达1528亿马克。联邦政府决定，限制、节约、调整开支，控制债务增长。

1991年联邦、州和市镇三级政府财政收入8370亿马克，支出9595亿马克。社会福利、国防和还债付息仍是联邦政府的最大支出项目。

近几年联邦政府财政状况如下(单位：亿马克)：

	1989	1990	1991
收入	2778	2905	3535
支出	2929	3115	4055
赤字	151	210	520
累积债务	4905	5422	5864

(资料来源：德意志联邦银行月报1992年第12期)

1991年德国黄金外汇储备973.4亿马克，其中黄金储备136.88亿马克。国际收支经常项目逆差328亿马克，外贸盈余219亿马克。到1992年年中，德国在国外的财产总值达17781亿马克，债务达12682亿马克。马克币值稳中有升。

【对外贸易】德国是西方主要工业国中对外贸依赖程度最高的国家。1986年以后连续三年出口额居世界第一位。1990年两德实行货币联盟后内需剧增，导致进口大幅增加，外贸盈余减少。1992年，由于世界经济不景气，东欧市场萎缩，德国出口仅增加1.5%，进口减少0.2%。外贸盈余328亿马克。出口额占国内生产总值22.3%，是世界第二大出口国。近几年来外贸情况如下(单位：亿马克)：

	1990	1991	1992
出口额	6620.4	6658.1	6706
进口额	5566.6	6439.1	6378
差　额	1053.8	219	328

(资料来源：德意志联邦银行月报1993年第2期)

出口产品主要是汽车、机械、化工和电器产品，进口以石油、天然气、电子、电器产品、化工和汽车为主。贸易对象主要是西方工业国，分别占德国进、出口的80%和85%以上。

1991年德国同主要贸易伙伴国出口及进口情况(单位：亿马克)：

	出口	进口	差额
法国	875	788.7	86.3
意大利	612.8	597.1	15.7
荷兰	560.6	626.6	－66
英国	506.8	426.9	79.9
比、卢	487.3	458.9	28.4
美国	417.2	422.2	－5
奥地利	395.5	269	126.5
瑞士	376.4	253.2	123.2
西班牙	265	168.7	96.3
前苏联	176.8	141	35.8
日本	164.9	396.6	－231.7
瑞典	149.8	145	4.8

(资料来源：德意志联邦银行月报1992年第12期)

【对外投资】1990年，德国在国外直接投资478.1亿马克，在国外的直接和间接投资余额为2317.6亿马克，比上年增长12.2%。主要集中在西方工业国，共同体国家1053.1亿，占40.8%，美国533.9亿，占27%，其他工业国368亿，占16%，发展中国家184.7亿，仅占9.7%。投资部门主要有化工、电子、工业、金融和机械制造业。

【对外援助】1950～1990年官方对外援助累计1696亿马克，其中1990年为103亿马克，占国民生产总值的0.42%。官方对外援助主要以财政合作(提供优惠贷款)和技术合作(免费派遣专家、提供设备及培训人员等)的方式进行。1990年技术合作额为29.1亿马克。援助一般提供给发展中国家的基础设施、工业和农业项目。在累积外援分配中,亚洲572亿,占33.7%;非洲715亿,占41.5%;中南美洲211亿,占12.4%;南欧125亿,占7.3%。

【外国资本】1990年,外国在德国直接投资166.8亿马克,在德国的直接投资余额为1396.2亿马克,比上年增长10%。主要来自美国(419.1亿)、瑞士(189.5亿)、荷兰(189.1亿)、英国(114.6亿)、日本(103.9亿)和法国(91.9亿)。从70年代中期以来,外国在联邦德国投资的增长低于联邦德国在外国投资的增长。外国投资主要集中在商业、石油加工、化工、金融、汽车制造、信息技术、电器和机械制造部门。

人民生活

1991年西德国民收入19962亿马克,人均31338马克。每个中等家庭供支配的平均月收入为4905马克,近86%用于消费,其中饮食占17.9%,房租占20.2%。每100个中等收入家庭拥有耐用消费品数字如下:轿车96.5部、电话97.7部、电视机98.5台、录像机58.5台、音响设备70.4台、家用电脑37.7台、照像机98架、冰箱79.5台、冷藏柜73.7台、洗碗机61.8台、自动洗衣机98台。东德中等收入4口之家供支配的月平均收入为3488马克。

1990年,德国共有住房3385.6万套(所)。平均每套82平方米,有房间4.3间,人均34.8平方米。医院2417所,病床67.1万张,医生24.4万人。平均每千人有病床8.5张,医生2.98人。

军　事

1956年1月正式建立联邦国防军。最高军事决策机构是联邦安全委员会,其主席为联邦总理。军队平时由国防部长领导,战时由联邦总理任军队最高统帅。实行义务兵役制,服役期限12个月。

1990年10月德国统一时,德军共有兵力57.67万人,根据两德和美、英、法、苏达成的《关于最终解决德国问题的条约》及《欧洲常规裁军协定》,德须在1994年底以前将其兵力裁减为37万,其中陆军25.78万、空军8.32万、海军2.9万。目前德军正处于调整之中。

至1992年底,德军现役部队兵力为44.7万人,其中陆军31.6万人,包括野战陆军部队20.3万人,编为3个军、12个师和36个旅。本土陆军兵力为6.4万人,编为3个本土陆军司令部、8个军区、18个乡土防卫旅、15个乡土防卫团。海军3.52万人,下设舰队司令部、海军支援司令部、海军局。共辖19个分舰队。空军9.58万人,设有航空队司令部、空军局和空军支援司令部。辖5个师。

另有文职人员15万人。

1955年5月联邦德国加入北大西洋公约组织。

北约6个成员国在德国驻有部队,总兵力已减至20多万,其中美国约14.8万人,英国6.28万余人,法国1.6万人,比利时1.9万人,荷兰4700人,加拿大5100余人。尚有前苏军17.7万驻在德国。1992年12月,科尔总理访俄时,俄国领导人已答应在1994年8月底以前,将前苏军全部从德国撤走。

1992年德国国防预算为521亿马克,占当年联邦预算的12.3%。

文化教育

教育和文化艺术事业由各州政府主管,联邦政府负责教育规划、职业教育和高校的立法,并通过各州文教部长联席会议协调全国的教育工作。全国性的文化艺术活动由联邦政府予以资助。对外文化交流由外交部协调归口。

【教育】大、中、小学和职业教育发达。实行12年制的义务教育,公立学校学费全免,教科书等学习用品部分减免。1990年,各级财政初等和高等教育经费支出971.9亿马克,占当年公共财政支出的10.1%,占国民生产总值的4.2%;如加上私人经济对教育的支出,高达近1600亿马克,占国民生产总值近7%。小学学制4～6年,普通中学学制5年,实科中学学制6年,文理中学学制9年。业余教育普及。最古老的海德堡大学建于1386年。1991年德国有各类学校及学生、教师数字如下:

	学校(所)	学生(万人)	教师(万人)
各类中小学	38294	913.3	49.3**
职业学校	8110	247.2	11.6
大专院校	312	178.2*	16.3**

*　其中外国学生11.2万。

**　为西德数字。

【科研】1950年西德全部研究与发展经费仅为6.5亿马克,不足国内生产总值的0.7%。1991年增至749.2亿马克,比重上升到2.9%。其中企业研究费用476亿马克。从事科研人员共计43.2万人,其中高级研究人员17万多人。联邦研究和技术部负责制定科研规划和协调全国的科研活动,提出未来科研的重点任务。联邦教育和科学部主管高等学校的研究,职权范围较小。

从事科研工作的机构除高等院校、政府直属的70多个研究机构和12个大型研究中心及企业的研究机构外,还有:(1)马克斯·普朗克学会:综合性科研机构,有63个研究所,3228名研究人员。(2)弗朗霍夫学会:主要进行综合性应用研究,下属37个研究所,有研究人员1714人。

【新闻出版】新闻出版事业发达,报刊种类繁多。1990年西部有新闻企业3085家,从业人员28.3万。发行1233种日报及附刊,8106种期刊杂志。日报发行量2542万份,杂志发行量约3.27亿份,其中销售1.69亿份。新闻出版事业销售额418亿马克。1991年,发行量最大的日报是主要刊载马路新闻的《图片报》,450万份。全国性报纸主要有《南德意志报》,发行量38.9万份;《法兰克福汇报》,39.1万份;《世界报》,22.4万份;《时代》周报,49.5万份。发行量最大的地方性报纸是《西德意志汇报》,发行量72.4万份。杂志中时事政治性周刊《明镜》发行量108.3万份。《明星》画报130万份,《彩色》画报89.7万份。大报业托拉斯施普林格报业集团垄断了全国报纸出版量的1/5。

大通讯社有三家:(1)德意志新闻社,1949年成立,总社在汉堡,下属41个国内分社和76个国外分社;(2)德意志电讯社:1971年成立,总社在波恩,主要面向国内,对外只用德文向瑞士、卢森堡发消息;(3)德意志通讯社,即前民德的德通社。

两家全国性广播电台:(1)德国广播电台,由联邦政府和州广播电台出资兴办,主要负责对国内广播;(2)德意志电波电台,由联邦出资兴办,用包括中文在内的33种语言向全世界广播。此外还有11家州电台。州电台均属德国广播协会,共同经营《德国电视台》,播放全国性的"第一套节目"及地方性的"第三套节目";另一全国性电视台是《德国电视二台》,由各州共同组建,播放"第二套节目"。从1986年起,电视二台与奥地利电台及瑞士广播电视协会共同播放一套卫星电视节目《3 Sat》,德国电视台则单独播放自己的卫星电视节目《1 Plus》。1985年出现第一家私人电视台。

德国的书籍出版量在国际上仅次于美国和俄国,居第3位。1990年德国共出新版和再版书籍7万余种,其中简装书1.03万余种。

对外关系

外交政策的方针是:立足欧共体和北约,维护自身安全;积极推进欧洲一体化,实现欧洲经济、货币和政治联盟,目标是实现以欧共体为核心的全欧联合,最终建立欧洲合众国;继续保持同美国的联盟和美国在欧洲的存在;帮助独联体国家和东南欧各国"向民主和市场经济过渡",并争取与之普遍建立睦邻、友好与合作关系;主张加强欧安会职能,建立全欧合作安全结构;谋求德国在国际上"担负起更大的责任",积极参与国际事务;积极发展同第三世界的合作,缓和南北矛盾,主张和平解决各种地区冲突。

南斯拉夫危机爆发后,德国强调民族自决原则,率先承认克罗地亚和斯洛文尼亚独立。对前南斯拉夫内战不止、难民外逃极为担忧,认为塞尔维亚领导人应对此负主要责任。德派海军舰只和航空力量参加了北约和西欧联盟在地中海监督禁运行动。认为当务之急是制止冲突扩大,和平、政治解决冲突,希望波黑三族达成协议,对三族的生存权给予同等的尊重和保障,承认该地区多民族混居的性质。支持万斯－欧文计划,支持法俄结束对萨拉热窝围困的建议,并支持美国新政府关于解决前南斯拉夫问题的新建议。

强调"实现欧洲联盟是德国欧洲政策的核心目标","欧洲一体化是整个欧洲联合的基础"。在欧共体国家批准《马约》过程中出现问题后,德表示毫无保留地支持《马约》,坚持既定目标,实现经济货币联盟,反对搞"两种速度"的欧洲;强调欧洲在外交和安全政策上必须用"一个声音说话",既要欧洲自己的防务政策,也要同大西洋联盟、特别是美国进行合作;不能降低货币联盟的标准;加强欧洲议会的作用;保持各国的特性;积极主张先吸收欧洲自由贸易联盟国家、后吸收东欧国家加入欧共体。

主张联合国精简机构,加强秘书长地位,向欧安会等地区组织授权以加强地区组织的作用;称在增加安理会常任理事国问题上不带头,但一旦改革联合国宪章,如其他国家提出要求,德也将要求成为常理国。

欢迎海湾战争后中东和会的召开,主张阿以双方放弃使用武力,既确保以色列的生存和安全,也要承认巴勒斯坦人民的自决权;要求以停止在占领区建移民点,阿拉伯国家取消对以的贸易禁运;未承认巴勒斯坦国,但巴解组织在德设有代表处;主张实现中东地区的军备控制,通过国际协议建立中东地区的安全结构。

认为东西方缓和后,南北冲突地位上升,但也为南北合作开辟了新的机会;主张加强南北对话和合作,增加对发展中国家的援助,但强调援助要以受援国尊重人权、民主、法治、"亲市场"的经济秩序和限制军备开支为条件;主张西方工业国更多地向第三世界开放农产品市场;帮助发展中国家保护环境;从扶贫入手解决南部难民涌向北方工业国问题。

【同我国的关系】我国于1949年10月27日和1972年10月11日先后同民主德国、联邦德国建交。两德重要来访有:卡斯滕斯总统(1982年),施密特总理(1975年),科尔总理(1984、1987年);格罗提渥总理(1955、1959年),乌布利希第一书记(1956年),昂纳克总书记(1986年)。中方重要出访有:周恩来总理(1954年),华国锋总理(1978年),赵紫阳总理(1985、1987年),胡耀邦总书记(1986年)。

1992年,两国关系进一步恢复。3月,国务委员兼外交部长钱其琛访问德国,同德国总理科尔、外长根舍进行了会谈。双方强调,发展中德关系不仅符合两国人民的根本利益,而且也有利于世界和平与稳定。能源部长黄毅诚、机电部长何光远访问了德国。德国联邦议院副议长、环保部长、邮电部长、交通部长、汉堡州长等先后访华。10月底,德国外长金克尔访华,他表示两国关系已恢复正常。12月,德国议会取消了近几年来对同中国经贸关系的限制。

两国签订的重要协定有:海运协定、民航协定、科技合作协定、经济合作协定、卫生合作协定、技术合作协定、投资保护协定、和平利用核能合作协定、避免双重征税协定、财政合作协定、商标互惠协议、内河航运协议、两国外交部建立磋商制度的议定书。

多年来,联邦德国一直是我国在西欧的最大贸易伙伴。1992年两国贸易总额为64.7亿美元,其中中国出口24.4亿美元,进口40.2亿美元,分别比1991年增加4.1%和31.9%。文化、教育和科技合作发展也较快。据不完全统计,我国在联邦德国留学、进修人员超过8000人。

中国驻德国大使：梅兆荣。馆址：Kurfürstenallee 12，D-W 5300 Bonn 2，Germany。电话：0049/228/361095。电传：(041)885655，传真：0049/228/361635。签证处电话：0228/361095。经济商务处地址：Friedrich-Ebert-Strasse 59 D-W 5300 Bonn 2，Germany。电话：0049/228/353622，-28，-54。电传：885672。传真：0049/228/356781。

德国驻华大使：Armin Freitag（傅泰民）。馆址：(100600)北京东直门外大街5号。电话：5322161-65。电传：22259 aapek cn。传真：5325336。

贸易促进处地址：(100600)北京三里屯东4街3号。电话：5325556，5321181。电传：210250 aapkh cn。签证处地址：(100600)北京三里屯东4街3号。电话：5325556，5321181，5323308。电传：210250 aapkh cn。传真：5325335。

【同美国的关系】与美国关系密切。认为保持德美友谊依旧是德国外交政策的"基石"，"对未来具有生死存亡的意义"。1992年3月，科尔总理访问美国，同布什总统就安全问题、关贸总协定谈判、联合国环保会议、前南斯拉夫等问题进行了会谈，双方在农产品贸易问题上存在较大分歧，在援助独联体国家问题上达成一致，共同强调美继续在欧保持驻军的意义。4月底，德国总统魏茨泽克对美国进行了正式国事访问，称德美处于一种"责任伙伴关系"，而美起"领导作用"。6月，金克尔外长访美，同布什总统等就前南斯拉夫局势、德法欧洲军团等问题进行了会谈。

【同西欧国家的关系】德国统一后把推动西欧一体化、逐步实现欧洲经济、货币和政治联盟作为德对外政策的重要目标。

重视同法国的关系，把德法合作视为西欧联合的核心与动力。1992年除第59、60届首脑会晤外，还举行多次双边和多边首脑会晤，中心议题是欧洲局势和欧洲建设。5月，德法首脑会晤，正式签署了德法军团成立的协定。在欧共体国家批准"马约"过程中出现问题后，德法首脑一致主张继续推进欧洲一体化进程，"不能让最慢的船决定船队的速度"。在欧洲货币体系危机中，德国联邦银行对法郎给予了大力支持。12月，两国首脑会晤时，双方一致拒绝修改"马约"，称不允许欧洲统一进程出现中断。双方达成一致，于1993年1月开始欧共体与挪威、芬兰、奥地利、瑞典和瑞士5国谈判加入欧共体问题。法方表示不接受欧共体委员会同关贸总协定在农产品问题上达成的协议，德方则强调妥协。双方还就德法军团同北约的关系达成协议。

德国与英国订有政府首脑定期会晤制度。1992年科尔总理同梅杰首相磋商的中心议题是欧洲局势和欧洲建设。9月欧洲货币体系发生危机，德英之间出现龃龉，英方称危机是德国的高利率造成的，德方予以驳斥。此外，英为前英国空军元帅建纪念碑，遭到德国内的反对；德要纪念A4火箭发射40周年，引起英国内的强烈批评，德不得不放弃纪念活动。10月，英国女王对德国进行正式国事访问，渲染两国友好关系。11月，英国政府决定推迟到1993年批准"马约"，引起德国不满。同月，梅杰同科尔会晤，双方努力淡化两国关系中的矛盾。英劝说德在农产品问题上站在英一边，以对法国施压。

【同独联体和东欧国家的关系】德国重视同俄罗斯的关系，对独联体地区形势动荡不定极为担忧，希望俄遵守已签国际条约、特别是在核裁军、常规裁军以及从德撤军方面承担的国际义务。1992年7月，德俄达成协议，决定逐步恢复伏尔加德裔人共和国。10月，金克尔外长访俄，希望两国协调行动，反对民族主义暴力，称对伏尔加德裔人共和国问题的处理是今后两国关系发展的准绳。12月，科尔总理访俄，俄方答应在1994年8月底以前从德提前撤走全部前驻德苏军，德方同意增加5.5亿马克建房援助，俄方放弃要德为前苏军撤走后营地不动产付费，德方也放弃要俄为营地环境污染付费，德方答应俄缓期8年偿还欠原东德企业的债务，并答应给俄罗斯、乌克兰和白俄罗斯10亿马克补偿纳粹受害者，德方还答应在巴黎俱乐部为俄推迟还债说情，双方签订了一个文化协定和一个德在技术和资金上帮助俄销毁核武器和化学武器的协定。

2月，乌克兰总统克拉夫丘克访德，德方表示希望乌作为无核国家加入核不扩散条约，愿意帮助乌建立市场经济，乌表示愿同德建立睦邻关系，同欧共体建立固定合作，德方允予支持。4月，吉尔吉斯斯坦总统阿卡耶夫访德，吉方希望全面扩大两国关系，德方答应提供援助，支持吉同欧共体订立合作协定，并表示关心德裔人在吉的生活状况。5月哈萨克斯坦总理捷列先科、9月总统纳扎尔巴耶夫访德，德希望哈作为无核国家加入核不扩散条约，希望哈改善其境内德意志少数民族的状况。

德国十分重视与波兰的关系，强调德波和解的重要性。1992年4月，波兰总统瓦文萨访德，主张东中欧国家建立自己的结构，以克服经济落后，接近欧共体，表示要亲自关心波兰的德意志少数民族。德方表示愿意帮助波靠近欧共体，强调东西欧不能被贫富的鸿沟隔裂开来。

德国同捷克斯洛伐克的关系也有发展。2月，科尔总理和根舍外长访捷，同捷签订两国睦邻友好合作条约。条约未明确指出慕尼黑协定从一开始就是无效的，提到二次大战后对德意志人的驱赶，没有涉及退还苏台德德意志人财产问题，德方也未表示放弃这一要求。条约在德、捷都引起一定不满。

2月，德国同匈牙利签订了友好合作与伙伴关系条约，德方表示支持匈加入欧共体，匈方表示要保护德意志少数民族，支持德在欧洲、联合国和世界上发挥更强的作用，成为欧洲一体化进程的领导力量。

4月，德国同罗马尼亚签订了友好合作与伙伴关系条约。德支持罗接近欧共体，罗表示要保护德意志少数民族。

【同亚洲国家的关系】德国同日本的关系有所发展。1992年2月，根舍外长访日，双方商定要加强磋商。4月，日本首相宫泽访德。德方敦促日本援助俄罗斯，不要以俄归还北方四岛为先决条件，主张德日两国在世界政治中担负更大的责任。

德国同土耳其的关系一度出现紧张。3月，土当局出动军队镇压库尔德人的骚乱，动用了德提供的武器，招致德国朝野一致谴责，德国政府决定停止对土的军事援助。土方非常恼火，总统厄扎尔把德国比作"希特勒德国"。7月，金克尔外长访土，以修复两国关系。

【同第三世界国家的关系】德国政府认为发达国家与发展中国家相互依存。德国的燃料、原料和半成品2/3来自发展中国家。

1992年，尼日利亚总统巴班吉达(2月)、蒙古总理宾巴苏伦(2月)、约旦国王侯赛因(3月)、塞浦路斯总统瓦西利乌(3月)、马来西亚最高元首阿兹兰(9月)访问了德国。

德国总统魏茨泽克访问了坦桑尼亚、也门、墨西哥。（李　文）

俄罗斯联邦

国名　俄罗斯联邦(The Russian Federation，Российская Федерация)和俄罗斯(Russia，Россия)。

面积　1707.54万平方公里。

人口　1.486亿(1992年底)。境内有大小民族100多个，其中俄罗斯族占82.6%(1989年)。其他主要少数民族有鞑靼、乌克兰、楚瓦什、巴什基尔、莫尔多瓦、达格斯坦、白俄罗斯、日耳曼、犹太、乌德穆尔特、马里、车臣、印古什、奥塞梯、哈萨克、亚美尼亚、阿尔瓦等。俄语为官方语言。主要少数民族都有自己的语言和文字。主要宗教为东正教，其次为伊斯兰教。

首都　莫斯科(Москва)，人口891万(1991年1月1日)。

国家元首　总统鲍里斯·尼古拉耶维奇·叶利钦(Борис Николаевич Ельцин)，1991年6月12日当选。

自然地理

位于东欧和北亚。北邻北冰洋(巴伦支海、白海、喀拉海，拉普捷夫海，东西伯利亚海、楚科奇海)，东濒太平洋(白令海、鄂霍茨克海、日本海)，西面和西南面靠大西洋(波罗的海、黑海、亚速海)和里海，陆地邻国西北面有挪威、芬兰，西面有爱沙尼亚、拉脱维亚、立陶宛、波兰、白俄罗斯、乌克兰，南面有格鲁吉亚、阿塞拜疆、哈萨克斯坦，东南面有蒙古、中国和朝鲜。隔海与日本和美国阿拉斯加相望。海岸线长33807公里。西部大部是平原，有东欧平原和西西伯利亚平原，两大平原之间为乌拉尔山脉；东部是以高原(中西伯利亚高原)和山地(远东山地等)为主，欧洲部分的南部为大高加索山脉(主峰厄尔布鲁士山海拔5642米)。主要河流欧洲部分有：伏尔加河(3531公里，欧洲最长河流)、顿河；亚洲部分有：鄂毕河、叶尼塞河、勒拿河(均在4000公里以上)、中俄界河阿穆尔河(黑龙江)等。较大的湖泊有：里海、贝加尔湖、拉多加湖、奥涅加湖、泰梅尔湖等。主要岛屿有：萨哈林岛(库页岛)、法兰士约瑟夫地群岛、新地岛、北地群岛、新西伯利亚群岛。大部地区处于北温带，以大陆性气候为主，但处于多种气候带，由北往南从北寒带到亚热带，从西北端的海洋气候到西伯利亚的剧烈大陆性气候再到远东的信风气候。温差普遍较大，月平均气温从1℃到25℃。年降水量平均为150～1000毫米。

历　史

6世纪欧洲东部斯拉夫人氏族制度开始解体，逐渐形成若干部落公国。882年诺夫哥罗德大公奥列格占领基辅，宣布基辅为罗斯(基辅地区斯拉夫人称罗斯人)各城之母，拥有全俄罗斯土地。由此各地均称为"罗斯"，基辅遂成为统一的俄罗斯国的中心，并于988年皈依基督教。13世纪分裂成许多独立的封建公国。15世纪下半叶，伊凡三世建立俄罗斯中央集权国家——莫斯科大公国。1547年伊凡四世(雷帝)改大公称号为沙皇，先后征服喀山汗国、阿斯特拉罕汗国，并逐渐向西伯利亚扩张。彼得一世(彼得大帝)于1700～1721年发动北方战争，战胜瑞典后取得波罗的海出海口，接着又对波斯作战，获里海岸土地。1721年改国号为俄罗斯帝国。叶卡捷琳娜二世统治时期，两次同土耳其作战，三次参与瓜分波兰，夺取了今拉脱维亚南部经立陶宛、白俄罗斯、乌克兰直至克里米亚的广大地区。亚历山大一世通过对波斯、瑞典、土耳其等国的战争，取得了格鲁吉亚、阿塞拜疆等地。从19世纪50年代起，沙皇俄国胁迫中国清朝政府签订一系列不平等条约，割去150多万平方公里的中国领土。

1861年2月废除农奴制。19世纪与20世纪之交成为军事封建帝国主义国家。1898年俄国社会民主工党成立。该党领导人民经1905年第一次俄国革命，于1917年11月7日(俄历10月25日)胜利地完成了十月社会主义革命，建立了世界上第一个社会主义国家——工农兵代表苏维埃。接着又经过3年艰苦斗争，粉碎了14个帝国主义国家的武装干涉和国内地主资本家的武装叛乱。1922年12月30日，根据列宁的建议，俄罗斯联邦、南高加索联邦、乌克兰、白俄罗斯4个苏维埃社会主义共和国结成联盟，成立苏维埃社会主义共和国联盟(后联盟逐渐扩大为15个加盟共和国)。

从1922年成立苏联后，俄联邦作为最大的加盟共和国，在联盟内发挥主导作用。俄联邦本身虽然也同其他加盟共和国一样有自己的国旗、国徽、宪法以及立法(最高苏维埃)和行政(部长会议)机构，但它们并无独立的内外政策，只作为地方机关行使职权。1990年5月29日，叶利钦在俄罗斯联邦第一次人民代表大会上当选为该共和国最高苏维埃主席。同年6月12日，俄罗斯联邦最高苏维埃发表《主权宣言》，宣布俄联邦拥有"绝对主权"，将奉行独立的内外政策，共和国法律高于苏联法律。1991年6月叶利钦在公民投票中被选为俄联邦总统。同年8月，苏联发生"8.19"事件。10月28日，叶利钦在俄罗斯联邦第5次人民代表大会上被授予总统特别权力并亲自兼任政府首脑。同年12月8日，俄联邦与白俄罗斯、乌克兰3个共和国签署《独立国家联合体协议》，宣布组成"独立国家联合体"；12月21日，原苏联11个加盟共和国签署《阿拉木图宣言》和《独立国家联合体协议议定书》。至此，苏联解体，俄罗斯联邦成为完全独立的国家。

政　　治　1992年是俄罗斯联邦作为独立国家存在和活动的第一年，局势动荡，复杂多变。经济上推行"休克疗法"式的激进经济改革，政治上领导层内部围绕改革问题出现裂痕，总统、政府与议会之间的矛盾不断激化，民族分离主义倾向也在发展并发生了地区冲突。(1)1992年1月2日，俄罗斯政府在副总理盖达尔主持下开始推行以全面放开物价、紧缩银根、稳定财政、大规模实行私有化为主要内容的"休克疗法"。执行的结果未能达到稳定经济、刺激生产的预定目标，人民生活水平急剧下降，经济状况进一步恶化。(2)1992年召开了两次人民代表大会：4月6～21日，俄联邦召开的第6次人民代表大会上，通过了《关于俄罗斯联邦经济改革进程的决议》，对政府前一段"休克疗法"的经济改革持基本否定的态度，要求放慢改革速度，并对"改革的策略和方法进行重大修正"。同时又通过了《支持俄罗斯联邦改革进程的宣言》。9月22日，俄议会又在第5次会议上对政府实施经济改革的工作做了"不能令人满意"的评价，否决了政府关于深化经济改革的方案。12月1～14日，俄联邦召开第7次人民代表大会，通过了《关于经济改革进程的决议》，指出政府实施经济改革的形式和方法"不符合大多数公民的利益"。大会否决了总统建议代总理盖达尔为总理候选人的提名，选举原政府副总理切尔诺梅尔金为政府总理。同时还通过了《关于稳定俄罗斯联邦宪法体制的决议》，规定于1993年4月11日就新宪法基本原则举行公民投票。(3)1992年3月31日，俄罗斯联邦所属各共和国、州、边疆区等86个主体签署了俄罗斯联邦条约。已宣布独立的车臣共和国拒绝在条约上签字；鞑靼斯坦共和国表示，除国防外，一切权力均应归共和国所有，虽派代表出席签字仪式，但未在条约上签字。巴什科尔托斯坦、萨哈、科米、卡累利阿等共和国虽签署了该条约，但都附加了条件。4月16日，俄联邦人代会决定将国名恢复历史上的旧称"俄罗斯"。但一些代表认为这一国名不能反映联邦制。17日经反复争论，最后决定使用两个同等地位的正式国名："俄罗斯联邦"和"俄罗斯"。(4)1992年，随着政治斗争形势的变化，内阁成员几经变化。6月初，叶利钦签署总统令，任命了议会副主席弗·舒梅科为政府第一副总理，格·希扎、维·切尔诺梅尔金、鲍萨尔特科夫和阿·丘拜斯分别为政府副总理。6月中旬，叶利钦放弃兼任总理职务，任命副总理盖达尔为代总理。11月，叶利钦解除了总统国务秘书根·布尔布利斯、政府副总理米·波尔托拉宁的职务。12月23日，叶利钦根据第7次人代会的结果，签署俄新政府组成名单，对原政府班子再次做出调整，除新总理外，增添了尤·费·雅罗夫、鲍·格·费奥多罗夫两名副总理。(5)北奥塞梯与印古什因领土争端于10月30日在北奥塞梯共和国首都弗拉季高加索市郊发生武装冲突，这是首次在俄境内发生的民族冲突。双方动用了装甲车、火炮等重武器，造成大量人员伤亡，数万人流离失所。11月2日，叶利钦总统宣布在北奥塞梯共和国和印古什共和国境内实行为期一个月的紧急状态。目前该地区冲突形势有所缓和，但问题尚未解决。

【宪法】经1991年5月重大修改的现行宪法是1978年依据苏联第4部宪法制定的《俄罗斯苏维埃社会主义联邦共和国宪法》。1992年4月18日在俄罗斯第6次人民代表大会上讨论通过了俄罗斯新宪法草案的"总体构想"和"基本条款"。

【议会】由4级组成。(1)俄罗斯联邦人民代表大会，国家最高权力机关，每届任期5年，每年召开两次会议。成员1041人。拥有解决国家最重要的宪法问题、政治问题和社会经济问题的权力。(2)俄罗斯联邦最高苏维埃，由人民代表大会选举产生并向其报告工作的常设权力机关，行使立法和监督职能。由平等的共和国院和民族院两院及若干委员会组成。(3)最高苏维埃主席团，由主席、副主席、两院主席、有关委员会主席等人组成，职能是召集最高苏维埃会议，协调各个委员会的工作。(4)最高苏维埃主席鲁斯兰·伊姆拉诺维奇·哈斯布拉托夫(Р. И. Хасбулатов)，1991年10月就任。

【政府】俄罗斯联邦部长会议是国家权力最高执行机关。现有1名总理，1名第一副总理，7名副总理，21名部长，7名委员会主席：总理维·斯·切尔诺梅尔金(В. С. Черномырдин)，第一副总理弗·菲·舒梅科(В. Ф. Шумейко)，副总理鲍·费·萨尔特科夫(Б. Г. Салтыков)，副总理鲍·格·费奥多罗夫(Б. Г. Федоров)，副总理格·斯·希扎(Г. С. Хижа)，副总理阿·鲍·丘拜斯(А. Б. Чубайс)，副总理谢·米·沙赫赖(С. М. Шахрай)，副总理亚·尼·绍欣(А. И. Шохин),副总理尤·费·亚罗夫(Ю. Ф. Яров),安全部长维·帕·巴兰尼科夫(В. П. Баранников),财政部长瓦·瓦·巴尔丘克(В. В. Барчук),邮电部长弗·鲍·布尔加克(В. Б. Булгак),国防部长帕·谢·格拉乔夫(П. С. Грачев),对外经济联络部长谢·尤·格拉济耶夫(С. Ю. Глазьев),环境和自然资源保护部长维·伊·丹尼洛夫—丹尼尔扬(В. И. Данилов-Данильян),内务部长维·费·叶林(В. Ф. Ерин),运输部长维·鲍·叶菲莫夫(В. Б. Ефимов),外交部长安·弗·科济列夫(А. В. Козырев),劳动部长根·格·梅利基扬(Г. Г. Меликьян),原子能部长维·尼·米哈伊洛夫(В. Н. Михайлов),燃料能源部长尤·康·沙弗兰尼克(Ю. К. Шафраник),经济部长安·阿·涅恰耶夫(А. А. Нечаев),居民社会保障部长埃·亚·帕姆菲洛娃(Э. А. Памфилова),文化部长叶·尤·西多罗夫(Е. Ю. Сидоров),教育部长叶·维·特卡琴科(Е. В. Ткаченко),交通部长根·马·法捷耶夫(Г. М. Фадеев),司法部长尼·瓦·费奥多罗夫(Н. В. Федоров),新闻出版部长米·亚·费多托夫(М. А. Федотов),农业和食品部长维·尼·赫雷斯通(В. Н. Хлыстун);俄罗斯联邦国家建筑和建设问题委员会主席叶·弗·巴辛(Е. В. Басин),俄罗斯联邦国家反垄断政策和支持新经济结构委员会主席列·阿·博钦(Л. А. Бочин),俄罗斯联邦国家公民社会保障和恢复遭受切尔诺贝利和其他辐射灾难区域委员会主席瓦·雅·沃兹尼亚克(В. Я. Возняк),俄罗斯联邦国家海关委员会主席阿·谢·科鲁格洛夫(А. С. Круглов),俄罗斯联邦北部社会经济发展委员会主席弗·彼·库拉明(В. П. Курамин),俄罗斯联邦国家同独联体成员国经济合作委员会主席弗·米·马希茨(В. М. Машиц),俄罗斯联邦国家民防、紧急情况和消除自然灾害后果委员会主席谢·库·绍伊古(С. К. Шойгу)。

【行政区划】1992年1月20日,俄罗斯联邦最高苏维埃通过决议,确定了俄中央和参加俄罗斯联邦的地方行政区域的权力。境内的16个自治共和国全都升格为共和国,5个自治州,除犹太州外,也都升格为共和国。12月10日,俄联邦第7次人民代表大会批准了6月4日俄最高苏维埃通过的俄罗斯联邦《关于在俄罗斯版图内成立印古什共和国法》。现俄全国共划分为21个共和国,1个自治州,10个自治区,49个州,6个边疆区,以及莫斯科、圣彼得堡2个直辖市。21个共和国为:北奥塞梯苏维埃社会主义共和国,达吉斯坦共和国,卡巴尔达—巴尔卡尔共和国,卡尔梅克共和国,巴什科尔托斯坦共和国,科米苏维埃社会主义共和国,卡累利阿共和国,马里共和国,莫尔多瓦苏维埃社会主义共和国,布里亚特苏维埃社会主义共和国,图瓦共和国,楚瓦什共和国,乌德穆尔特共和国,萨哈(雅库特)共和国,鞑靼斯坦共和国,车臣共和国,阿迪格苏维埃社会主义共和国,戈尔诺—阿尔泰共和国,卡拉恰伊—切尔克斯共和国,哈卡斯共和国,印古什共和国(在签署联邦条约时,该共和国尚未成立)。

【司法机构】俄罗斯最高法院总统提名,最高苏维埃选举产生,任期5年。院长维·米·列别杰夫(В. М. Лебедев),1989年就任。现任总检察长瓦·波·斯捷潘科夫(В·Р· Степанков)由俄第三次非常人民代表大会任命,1991年就任。

【政党】截至1992年6月底,俄罗斯联邦已经正式注册登记的政党、组织有1000多个,还有一些没有注册登记。较大的政党、组织约有25个,但没有一个是执政党,其中影响较大的有:

(1)民主俄罗斯运动(Движение “Демокра-тическая Россия”):正式成立于1990年10月,其前身是叶利钦竞选俄罗斯联邦最高苏维埃主席期间成立的“民主俄罗斯”选举联盟。叶利钦曾是该运动的领导人,但叶并未参加其中的任何一个政党和组织。现领导为格·雅库宁(Г. Якунин)、列·波诺马廖夫(Л. Пономарев)。成员约15万人。成立之初,约有10多个民主党派和运动。1991年“8.19”事件后,该运动经过了两次大的分裂。俄罗斯民主党、基督教民主运动、人民自由党等许多党派都先后退出该运动。现在该运动主要包括俄罗斯自由劳动党(Российская партия свободного труда)、立宪民主党(Партия конституционных демократов)、俄罗斯共和党(Республиканская партия России)、俄罗斯基督教民主党(Российская христианско-демократическая партия)和俄罗斯自由民主党(Свободная демократическая партия России),其领导人分别是格尔曼(Герман)、佐洛塔列夫(Золотарев)、李森科(Лысенко)、丘耶夫(Чуев)和阿韦尔基耶夫(Аверкиев)。该运动坚决支持以“休克疗法”为特征的激进经济改革方针,要求继续加快经济改革和私有化步伐,主张国家加入世界经济体系,依靠西方资本进行改革。

(2)公民联盟(Гражданский союз):成立于1992年6月21日。该联盟主要由当前俄罗斯政坛上较有影响的三个党派组成。一是以副总统阿·弗·鲁茨科伊(А. В. Руцкой)为首的自由俄罗斯人民党(Народная партия Свободная Россия),其前身为俄罗斯共产党人民主党,创建于1991年8月,现有党员约7万人。二是以尼·特拉夫金(Н. Травкин)为主席的俄罗斯民主党(Демократическая партия России),该党现有党员5万名。三是以阿·沃尔斯基(А. Вольский)为主席的全俄复兴联盟,该联盟是军工部门和大型国营企业利益的代表,掌管着俄70%的工业企业。在经济上,赞成搞市场经济,但主张搞渐进式的经济改革,加强国家对经济的干预和对居民的社会保护,并对价格实行必要的调控,同时认为不应寄希望于西方援助,应依靠本国资源和潜力,刺激国内投资的积极性。在政治上,主张保持俄罗斯的完整,建立一个多民族的民主国家,反对任何政治极端主义。

(3)救国阵线(Фронт Национального спасения):成

立于1992年10月24日。该阵线是由前共产党人为骨干的一些组织、民族主义组织(包括帝制派)和其他一些反政府派别联合组成的反对派集团。其主要代表人物是谢·巴布林(С. Бабурин)、根·久加诺夫(Г. Зюганов)、伊·康斯坦丁诺夫(И. Константинов)、弗·伊萨科夫(В. Исаков)等。阵线成立的主要目标是"力求使叶利钦总统和现政府辞职","夺取政权"并将"以完全合乎宪法的方式达到这一目的";主张终止现行改革,重建苏联。目前阵线有成员10多万人。

(4)俄罗斯自由民主党(Либерально-демократическая партия России):1989年12月成立,1990年3月召开第一届全苏代表大会,通过了党纲和党章,选举弗·日里诺夫斯基(В. Жириновский)为主席。现有党员约1.7万名。该党在经济上主张进行货币改革,停止向国外出口资源;在政治上主张建立有权威的政府,加强秩序、权力和军队,并不排除使用暴力达到目的的可能性。

(5)俄罗斯联邦共产党(Коммунистическая партия Российкой Федерации):其前身是俄国社会民主工党,成立于1898年。随着历史的演变,该党的组织和名称曾多次更改。1925年改名为苏联共产党(布);1952年又改名为苏联共产党。1925年以后俄罗斯未再有自己单独的共产党。1990年6月21日,在俄联邦发表《主权宣言》后,俄罗斯共产党人召开第一次代表大会,成立了俄罗斯联邦共产党。选举伊·库·波洛兹科夫(И. К. Полозков)为俄共中央第一书记。1991年8月6日,俄共中央召开全会,改选瓦·亚·库普佐夫(В. А. Купцов)为俄共中央第一书记。1991年"8.19"事件后,俄共中央被解散,活动被禁止,财产被没收。1992年2月13～14日,俄共第二次代表大会在莫斯科举行,重建并恢复俄共活动。大会选举出由89人组成的俄共中央执委会,根·久加诺夫(Г. Зюганов)当选为中央执委会主席。大会宣布现有党员约45万人。其性质和任务是:以创造性发展的马列主义为基础,主张建立公正、自由、平等的社会,建立真正的苏维埃形式的人民政权,巩固民族的联邦国家。强调在俄联邦宪法和法律范围内进行活动,利用议会、非议会的一切形式进行斗争并夺取政权。该党的近期目标是阻止国家资本主义化,建立有计划的市场经济,在独联体各国间缔结新的国家间条约。

此外,在俄罗斯还有几个由原苏共、俄共党员建立的政党,如俄罗斯劳动人民社会党、俄罗斯共产党人联盟、俄罗斯共产主义工人党、全联盟共产党(布尔什维克)等。

【团体】(1)俄罗斯独立工会联合会(Федерация независимых профсоюзов России):成立于1991年5月,包括40个部门工会组织和77个地区工会组织,共有会员6000万人。主席依·叶·克洛奇科夫(И. Е. Клочков)。

(2)俄罗斯青年全国委员会(Национальный совет молодежи России):成立于1992年1月,是一个政治协商性的青年联合会,包括俄社会和各党派的青年组织43个,其中23个以观察员身份参加。主席符·列普欣(В. Лепухин)。

(3)俄罗斯青年联盟(Российский союз молодежи):成立于1990年1月,共有会员35万人,在全俄各地有71个分支机构。主席符·符·拉谢夫斯基(В. В. Лащевский)。

(4)俄罗斯妇女联盟(Союз женщин России):成立于1990年11月,包括全俄各地妇女组织88个。主席阿·瓦·费杜洛娃(А. В. Федулова)。

【重要人物】鲍里斯·尼古拉耶维奇·叶利钦:俄罗斯联邦总统。1931年出生于斯维尔德洛夫斯克州一个农民家庭,俄罗斯族。1955年毕业于乌拉尔工学院建筑系。1961年加入苏联共产党。历任苏共斯维尔德洛夫斯克州第一书记、苏共中央委员、苏共中央建筑部长、苏共中央书记、莫斯科市委第一书记和苏共中央政治局候补委员。1987年被解除苏共中央政治局候补委员及其他党内职务,改任苏国家建委第一副主席。1989年3月当选为苏联人民代表。1990年5月就任俄罗斯联邦最高苏维埃主席。同年7月在苏共二十八大开会期间宣布退出苏共。1991年6月12日经普选担任俄罗斯联邦总统。1992年12月17～19日曾访华。 **鲁斯兰·伊姆拉诺维奇·哈斯布拉托夫**:俄罗斯联邦最高苏维埃主席。1946年生,车臣族。1965年毕业于莫斯科大学。1966年加入苏共。1972年起在科学院从事研究工作。1990年6月在俄罗斯联邦第一次人民代表大会上当选为俄罗斯联邦最高苏维埃第一副主席。1991年10月在俄罗斯联邦第5次人民代表大会上当选为俄罗斯联邦最高苏维埃主席。 **维克多·斯捷潘诺维奇·切尔诺梅尔金**:俄罗斯联邦部长会议主席,即政府总理。1938年生于奥伦堡州的一个乡村,俄罗斯族。毕业于古比雪夫工学院。1957年参加工作。1957～1960年在苏联军队中服役。1961年加入苏共。历任苏共中央重工业部督导员、苏联天然气工业部副部长、部长。1986年当选为苏共中央委员。1992年6月起担任俄罗斯联邦部长会议副主席。同年12月在俄罗斯联邦第7次人民代表大会上当选为俄罗斯联邦部长会议主席。

经　济

俄罗斯联邦拥有巨大的经济潜力。工农业都较发达。总产值约占原苏联国家生产总值的70%。但在近期,俄处在经济体制转轨时期,生产呈下降的趋势。苏联解体导致的传统经济联系中断,更加剧了经济状况的恶化。同1991年相比:

国民生产总值增长率(1992年):－19%。

国民收入增长率(1992年):－20%。

货币名称:卢布。

官方汇率(1993年1月29日):1美元＝575卢布。

通货膨胀率(1992年):2600%。

失业人数(1992年):60万。

【资源】自然资源十分丰富，种类多，储量大，自给程度高。石油、天然气、铁矿石、钾盐、煤炭储量均居世界前列。其他如泥炭、磷灰石、黄金、铜、锌、锡、银等储量也都很丰富。森林覆盖面积占全国领土面积的2/5以上。江河纵横，水力资源充沛。

【工业】工业基础雄厚，部门齐全。以机械、钢铁、有色冶金、石油、天然气、煤炭、森林工业及化工等重工业为主，纺织、食品、木材和木材加工业也很发达。能源工业占突出地位，石油、天然气和煤炭产量分别占原苏联的4/5、2/3和3/5左右。但由于长期以来原苏联片面重视重工业和军事工业，目前俄工业内部结构不合理，民用工业落后状况尚未根本改变。1992年工业产值为16.135万亿卢布，按可比价格计算比上年下降18.8%。近几年主要工业产品产量如下：

	1990	1991	1992
石油（包括凝析油，万吨）	51600	46200	39300
天然气（亿立方米）	6410	6492	6476
煤（万吨）	39500	35400	33700
钢（万吨）	8960	7710	6700
轧材（万吨）	6370	5510	4680
电视机（万台）		433.2	364.1
洗衣机（万台）		526.9	428.4
冰箱、冰柜（万台）		363.3	318.7

（资料来源：1993年俄罗斯国家统计委员会公布的材料及其他资料）

【农业】农用地约占全国领土的30%，可耕地面积约1.3亿公顷。农牧业并重，畜牧业生产值（约占60%）高于种植业。主要农作物有小麦、大麦、燕麦、玉米、水稻和豆类。经济作物以亚麻，向日葵和甜菜为主。近几年主要农牧业产品产量如下：

	1990	1991	1992
粮食（万吨）	11670	8910	10680
甜菜（万吨）	3230	2430	550
马铃薯（万吨）	3080	3430	3780
肉（屠宰量，万吨）	1011.2	937	1270
奶类（万吨）	5570	5200	4700
蛋类（亿个）	475	471	426

（资料来源：1993年俄罗斯国家统计委员会公布的材料）

【服务业】服务行业（不含公共饮食业）在国民经济中比重很少。1990～1992年居民有偿服务业产值分别为427、576、3400亿卢布。1992年的数字为卢布大幅度贬值所致。实际上1992年同1991年相比，居民多种服务锐减。旅游服务、疗养健身服务、日常服务、文化服务分别减少49%、42%、37%、25%。

【旅游业】为新兴经济部门之一，不够发达，在国民经济中不占重要地位。

【交通运输】各类运输俱全，铁路、公路、水运、航空都起着重要作用。1991年交通运输状况如下：

铁路：总长15.81万公里（其中电气化铁路长3.8万公里）；客运量2547亿人公里，货运量23260亿吨公里。

公路：总长89.3万公里；客运量2507亿人公里，客运量650亿吨公里。

水运：内河航道线10.2万公里；内河商船14378艘，货运量1960亿吨公里。海运商船799艘；货运量4640亿吨公里；港口主要有：摩尔曼斯克、圣彼得堡、符拉迪沃斯托克（海参崴）、纳霍德卡、新俄罗斯斯克等。

空运：客运量1504亿人公里，货运量24亿吨公里。

管道运输：石油管道长6.51万公里，天然气管道总长14.86万公里。

【财政金融】近几年俄罗斯联邦国家财政预算情况如下（单位：亿卢布）：

	1990	1991	1992
收入	1823	2917	60483
支出			75000

（资料来源：同上）

1990年预算赤字约为1.2万亿卢布。1991年国家内债为100亿卢布。1992年货币发行量比1991年增加15.9倍。截至1992年底，外债为740亿美元。

【对外贸易】俄外贸体制还处于变化之中。由于近年来俄工农业生产呈下降趋势，俄对外贸易额也在下降。近几年进出口情况如下（亿美元）：

	1990	1991	1992
出口额	715.5	508	381
进口额	805	443	350

（资料来源：同上）

【外国资本】迄今外国在俄投资累计约40亿美元，其中1992年约10亿美元。

【外国援助】1992年除用于支付外债本息的货款外，俄实际得到的外国贷款约16亿美元。此外，还获得人道主义援助物资共51万吨。

人民生活

1992年城市职工月平均工资6158卢布，比1991年增长10.2倍。与此同时，1992年消费品物价比1991年平均上涨25倍，而基本食品的价格上涨达100～125倍。

军　　事

俄罗斯现有军队250万人（其中包括铁道部队约70万）。1992年3月16日，俄罗斯成立国防部，叶利钦总统亲自兼任国防部长。6月下旬，俄罗斯国防部领导班子组成，原国防部第一副部长帕·谢·格拉乔夫大将升任国防部长。10月9日，俄罗斯"国防法"正式公布生效。这项法律规定：除正规军外，俄罗斯武装力量还包括边防、内务、安全、政府通讯、民防和铁道部队；武装力量由议会、总统、政府按宪法规定的权限共同指挥，总统是武装力量的最高统帅；军队的任务是抵抗外来侵略和履行俄罗斯承担的国际义务；军队人数不得超过全国人口数量的1%；实行义务兵与合同兵两种服役方式，服役期限分别为：舰队水兵2年，其他士兵1年半，受过高等教育的1年等。俄军的建设和改革将分三个阶段。最终军队总人数将减至150万。

文化教育

【教育】教育体制分为学前教育、普通中小学教育、职业技术教育、中等专业教育和高等教育。已基本消灭文盲。目前俄教育体制正在进行改革，已出现集体和私人办学。1992年国家教育经费为185.6亿卢布。1991年有高等院校567所(其中综合性大学48所)，在校大学生314.53万；中等专业学校2605所，在校学生220.2万；普通教育学校6.99万所，在校学生2093.6万人，教师1465万人。著名高等院校有：国立莫斯科罗蒙诺索夫大学、莫斯科鲍曼高等技术学校、国立圣彼得堡大学。

【新闻出版】1990年出版书籍和小册子41234种，15.531亿册；杂志和其他定期出版物3681种，年发行量50.1亿，其中日发行量为26.5826万。

主要报刊(创刊年)：《文学报》(1830年，曾停刊，1929年复刊)，现由作家自由论坛办；《俄罗斯新闻报》(1992年)，俄罗斯政府办；《俄罗斯报》(1991年)，最高苏维埃办；《独立报》(1991年)，莫斯科苏维埃办；《消息报》(1917年)，该报新闻集体办；《真理报》(1992年)，国际真理报股份公司办；《苏维埃俄罗斯报》(1956年)，该报新闻集体办；《红星报》(1924年)，国防部办；《劳动报》(1921年)，独立工会联合会办；《工人论坛报》(1992年)，工业企业家联盟和独立工会联合会办；《共青团真理报》(1925年)，该报新闻集体办；《莫斯科新闻》周刊(1930年)；《星火杂志》(1923年)；《新时代》杂志(1943年)；《经济与生活》周刊(1918年)。

俄罗斯国家通讯社为俄通社—塔斯社，其前身是于1992年1月23日成立的俄罗斯通讯社。1992年1月15～16日原苏联14个共和国通讯社负责人开会并通过决议，自1992年1月30日起各共和国利用原苏联塔斯社设备。俄总统于同年1月30日签署命令，决定俄罗斯国家通讯社的正式名称为俄通社—塔斯社。

俄罗斯电视台有："奥斯坦基诺"电视台，其前身是苏中央电视台。现归原苏联有关国家所有和资助；俄罗斯电视台和俄罗斯教学台。

俄罗斯广播电台有：第一广播电台(原苏中央广播电台)、俄罗斯广播电台、青春广播电台、奥菲士广播电台(音乐台)。

对外关系

俄罗斯的对外政策尚处在形成阶段，俄政府提出的俄对外政策基本构想是：对外政策应符合俄罗斯民族的根本利益；保证实现俄作为强国所承担的国际责任；以政治手段解决争端；注重在平等互利基础上发展同所有国家的关系，尤其注重同邻国发展关系，以建立周边"睦邻地带"；力争使独联体变成具有影响的地区性国际组织；同西方国家建立伙伴和盟友关系，同时又要防止片面地面向某个地区。

俄在联合国安理会通过对南斯拉夫联盟实行制裁、向波黑派遣维持和平部队、停止南斯拉夫联合国席位等重大决议时，均投了赞成票。1992年7月17日，俄总统叶利钦签署命令，决定俄执行联合国安理会对南制裁的决议，停止同南斯拉夫的一切经贸联系。俄还向联合维持和平部队派去了一个步兵营。从1992年底开始，俄开始表明不完全与西方相同的立场。1993年1月31日，俄政府总理切尔诺梅尔金在瑞士接受记者采访时强调，必须用"政治手段"制止波黑战争，反对对塞族动武，主张对波黑对立三方都采取制裁措施，而不仅针对塞尔维亚。2月2日，俄外交部发表声明，表示支持前南斯拉夫问题国际会议两主席提出的解决波黑问题的一揽子计划。

俄在伊拉克问题上基本上因袭原苏联的态度，在联合国对伊制裁等问题上同美、英、法等西方国家持一致的立场。1992年8月26日，美国总统布什未经联合国安理会讨论通过，代表美、英、法三国宣布决定将伊南部北纬32度线以南地区划为"飞行禁区"时，俄表示支持并通知伊方，俄将与美、英、法三国一起于8月27日开始实施禁飞区计划。9月1日，俄派2艘战舰去波斯湾参加西方国家对伊的军事制裁。1993年1月6日，美、英、法、俄联合向伊拉克发出最后通牒，限令伊当局在48小时内撤走禁飞区的导弹。此后，俄在伊问题上立场有所变化。1月18日，俄外交部发表声明，对美及其盟国轰炸南部造成平民人员伤亡表示遗憾，要求采取此类行动应得到安理会的批准，主张同伊进行对话。此后，即派特使出访伊拉克，调解伊同西方的关系并探讨俄伊双边关系的问题。

俄支持全面政治解决柬埔寨冲突的巴黎协议。1992年1月2日，俄外交部发表声明，对尽快在柬建立联合国临时权力机构以履行巴黎协议持积极态度，并表示俄准备同有关国家一起参加该机构的工作。6月10日，俄外交部代表发表声明，谴责"红色高棉"破坏停火协议、扩大控制区、拒绝与联合国临时权力机构进行建设性合作的行动，重申忠于柬的民族和解目标，支持柬各方彻底履行巴黎协议，要求"红色高棉"严格履行自己的义务。6月22日，俄副外长拉夫罗夫率团参加了经济恢复和重建柬埔寨的国际会议。

俄作为中东和会的两主席之一，积极参与中东问题的调解。1992年1月28～29日，中东多边会谈在莫斯科举行，俄外长科济列夫在会上致词，表示愿起到一个"诚实中间人的作用"，俄"对中东各国都一视同仁"，并愿同这个地区的所有各国发展平等互利的经济联系。会议期间，科在会见以色列外长时指出，以继续在被占领土建立居民点使中东和谈进程复杂化。6月17日，俄外交部发言人发表声明指出，保障"顺利推进"中东和平进程是俄"对外政策的一个优先领域"。

同原苏联有外交关系的国家均同俄罗斯继承了原有的外交关系。此外，同俄新建交的国家有原苏联其他14个共和国，以及南非共和国(1992年2月28日)。

【同我国的关系】1991年12月27日中俄在莫斯科签署《会谈纪要》，正式建立了两国关系。1992年，中俄两国在政治、经济、贸易、科技、文化、军事等各个领域的关系都得到了健康、稳定的发展。1月31日，在联合国安理会成员国首脑会议期间，李鹏总理与叶利钦总统举行了会见。双方表示，中俄是两大邻国，两国关系应提高到一个新的水平。3月，俄外长科济列夫访华。11月24～26日，钱其琛国务委员兼外长访问俄罗斯，受到俄总统、议长和代总理的接见，双方确定了叶利钦总统访华的具体日期。此外，田纪云副总理率团赴俄参加中俄经贸混委会第一次会议，国防部长秦基伟、轻工部长曾宪林、高检院代表团也先后访俄。俄副总理绍欣、独联体联合武装力量总参谋长萨姆索诺夫、俄外经部长阿文、科学院院长奥西波夫、原子能部长米哈伊洛夫、文化和旅游部长希多罗夫、司法部长费奥多罗夫、总监察长波尔德列夫、最高法院院长列别杰夫等也先后访华。

12月17～19日，叶利钦总统正式访华，两国领导人就双边关系和重大国际问题深入交换了意见。双方重申在和平共处五项原则基础上，发展两国间长期稳定的睦邻友好、互利合作关系。访问期间，双方签署了中俄《联合声明》和发展各个领域合作的24个文件。《联合声明》确立了发展相互关系的基本原则，为两国在各方面关系的进一步发展奠定了基础，从而使两国关系进入了一个新的发展阶段。

中俄经贸关系发展势头良好，边贸、地贸、企业间的直接联系发展活跃。两国贸易额稳步上升，按我国海关统计，1992年达58.5亿美元，超过中苏贸易额的最高年份。

苏联解体后，俄罗斯联邦承诺继续履行原苏联同我国签订的条约义务。1992年2月13日俄罗斯联邦议会批准了中苏国界东段协定。3月16日中俄两国外长在北京互换了协定批准书。9月，哈萨克斯坦、吉尔吉斯斯坦、塔吉克斯坦、俄罗斯四国政府签订协定，决定组成联合代表团与中国继续进行边界谈判和边境地区裁军谈判。10月，中国政府代表团同四国政府联合代表团在北京就中国与上述四国的边界问题举行了第6轮谈判。双方商定从1993年初开始草拟相应的边界协定和继续讨论尚未协商一致的边界地段。1992年关于边境地区裁军问题举行了三轮谈判。12月28日，中俄两国外长在北京签署了《中华人民共和国政府和俄罗斯联邦政府关于在边境地区相互裁减军事力量和加强军事领域信任问题的谅解备忘录》。

1992年俄台来往较多，俄台贸易额达6亿美元。1、4月份台“外交部次长”章孝严两度访俄。俄官方人士也相继访台。9月15日，俄总统叶利钦签署关于俄联邦与台湾关系的命令，重申俄承认只有一个中国，中华人民共和国政府是代表全中国人民的唯一合法政府，台湾是中国不可分割的一部分，承诺俄联邦“不同台湾建立官方的国家关系”。

中国驻俄罗斯联邦大使：王荩卿。馆址：莫斯科，友谊街6号。电话：9382006。电传：413981 CHINASU。商务处电话：9382005。领事部电话：1431543。

俄罗斯联邦驻华大使：伊·阿·罗高寿（И. А. Рогачев）。馆址：北京东直门中街4号。电话：5322051。商务处电话：5322181。领事部电话：5321267。

【同美国的关系】1991年1月3日，美国务院宣布同俄罗斯已建立正式的外交关系。1月16日，美国第一副国务卿巴塞洛缪率代表团访俄，双方就核武器及安全等问题进行磋商。2月1日，叶利钦在参加安理会首脑会议后，与美国总统布什在戴维营讨论了裁军、俄经济改革等问题，发表了关于两国新关系的戴维营声明，宣布双方不再彼此视为潜在的敌人。4月1日，布什公布美国援助独联体各国一揽子计划。5月11日，美国务院宣布，由于俄向印度提供火箭发动机，美将断绝同俄空间机构宇宙设备局进行设备或技术交易两年，但不影响美同俄政府机构的贸易。6月15～17日，叶利钦访美，同布什就进一步削减进攻性战略武器、两国经济和贸易合作以及共同关心的问题进行谈判，双方签署了确认俄美伙伴和友好关系的“华盛顿宪章”、大规模裁减进攻性战略武器的框架性协议，以及双边关系共同声明、在各个领域开展合作的共30多项文件。访问期间，白宫发表了美国援助俄罗斯的声明，宣布美参加西方240亿美元援助，支持俄经改计划。11月4日，俄总统叶利钦电贺克林顿当选为美国总统，表示希望俄美关系进一步发展，两国不仅应成为伙伴，而且应成为盟国。叶邀请克在就任后立即对俄进行正式访问。同时，俄最高苏维埃批准了1991年7月31日签署的苏美削减战略武器条约。1993年1月2～3日，美国总统布什访问莫斯科，同俄总统叶利钦签署了俄美第二阶段削减进攻性战略武器条约。条约规定，双方在2003年前，把各自的战略核弹头削减2/3，即削减到3000枚和3500枚之间，并且将销毁全部陆基多弹头洲际弹道导弹，将潜艇单道导弹弹头削减至1700至1750枚。

【同西欧国家的关系】俄罗斯积极谋求在政治和经济上同西欧发展关系。北大西洋合作委员会于1991年12月召开第一次会议时，叶利钦致函表示，俄把加入北约看成其长期的政治目标。自1992年1月起，俄开始正式参加了北约合作委员会会议。1992年5月8日，俄外长科济列夫在法国的斯特拉斯堡举行的记者招待会上发表一项关于俄希望作为正式成员加入欧洲委员会的声明。俄同共同体关系也在加强。1992年5月30日，欧共体委员会主席德洛尔应邀访问莫斯科，同叶利钦就欧共体向俄提供技术援助等问题进行会谈。7月8日，叶利钦应邀到幕尼黑同西方七国首脑会晤，主要讨论西方对俄援助问题。七国首脑答应分阶段实施对俄的240亿美元的援助计划。俄还积极参与黑海、波罗的海等地区经济组织的工作。与此同时，俄同西欧各国的双边关系也得到广泛的发展。1991年11月21～23日，俄总统叶利钦出访德国，同德国签署了“俄罗斯德国政治关系基本原则的共同声明”。德国领导人表示支持俄向自由市场经济过渡；叶利钦允诺将在伏尔加沿岸地区建立日耳曼人共和国。同年12月15～16日，德国总理科尔对俄进行了正式访问，双方就债务、撤军以及进一步合作方面签署了8项文件。1991年12月19～20日，叶利钦访问意大利，两国签署了“俄罗斯意大利关系原则宣言”。意方答应将原定给苏联的12.5亿美元贷款改为向俄提供食品、日用品，并支持俄加入国际货币基金组织、世界银行和欧洲复兴开发银行等国际组织。意还倡议为俄建立50～100亿美元的稳定货币基金。1992年3月29日至4月2日，意大利总统科西加对俄进行了正式访问。1992年1月30日，叶利钦顺访了英国，同英国首相梅杰签署了关于两国关系的15点“联合声明”，宣布俄英已是“友好国家和伙伴”。同年11月9～10日，叶利钦对英国进行正式访问，同英签订了《俄美关系原则条约》、《经济合作协定》等6个文件。英宣布向俄提供2.8亿英镑信贷。1992年2月1日，叶利钦顺访了加拿大，双方签署了“加拿大和俄罗斯联邦友好与合作宣言”，签订了新的“谷物”协定；加向俄提供了31亿加元的信贷限额。6月18～20日，叶利钦对加拿大进行了正式国事访问，两国签署了《和睦与合作条约》、贸易和商业关系协定以及其他领域合作的几个文件。1992年2月5～7日，叶利钦对法国进行正式访问，同法国总统密特朗签署了“反映两国伙伴关系”的《俄法条约》及一系列合作协定。法允诺向俄提供35亿法郎贷款。同年4月1～2日，奥地利总统弗拉尼茨基对俄罗斯进行了正式访问，签署了具体合作的协议。11月28日，马耳他总理费内克－阿米达访俄，两国签署了友好与合作联合宣言。

【同独联体其他成员国的关系】俄视独联体各国为近邻，把发展同这些国家的关系放在优先考虑的位置。

1992年，俄与乌克兰在如何处理苏解体后财产、债务、核武器及克里米亚领土归属问题上较多摩擦，两国关系比较紧张。4月8日，俄乌总统达成协议，双方决定组成代表团就黑海舰队的地位问题进行谈判。6月23日，俄乌两国总统在达戈梅斯会晤，双方签署了进一步发展两国关系的协定，决定逐步建立海关，开放边界并决定黑海舰队暂由两国共同使用等。8月3日，俄乌两国首脑在雅尔塔举行会谈，双方就黑海舰队问题达成协议，确定3年内该舰队暂由俄乌两国联合指挥。1993年1月14日，乌克兰总统和总理访问莫斯科。俄乌两国总理在莫斯科举行会谈，就一般性问题签署了5项文件，但在偿还原苏联所欠债务和资产的分配等主要问题上陷入僵局。15日，叶利钦和乌总统克拉夫丘克在克里姆林宫就两国关系中存在的一系列问题举行会谈，双方发表了会谈公报，商定共同任命过渡时期俄乌联合舰队的司令官、建立一个协调委员会以促进两国所签各项协议的执行，并签订了领事协定和互免签证协定。但两国首脑仍未就相互供货、相互结算和偿还原苏联所欠外债等主要问题达成妥协。

1992年俄与摩尔多瓦的关系主要是就处理摩境内的民族热点——德涅斯特河沿岸斯拉夫人聚居地区的冲突问题频繁接触。7月，俄总统叶利钦同摩尔多瓦总统斯涅古尔在莫斯科举行会晤，就和平解决德涅斯特河沿岸地区武装冲突问题达成停火协议，决定向冲突地区派遣和平部队，建立隔离带。俄摩还达成协议，决定组成联合维持和平部队派往该地区以维持那里的秩序。叶利钦同斯涅古尔签订了一项关于和平解决德河地区武装冲突的原则协议，一致同意停止冲突和政治解决冲突的基础是恪守摩领土完整、尊重人权，以政治方式确定德河沿岸地区的地位。9月1日，叶利钦、斯涅古尔就发展两国关系及用政治手段进一步调解德河沿岸地区冲突问题举行会谈，并讨论了两国经济合作问题。

1992年，俄同白俄罗斯、土库曼斯坦、吉尔吉斯斯坦、亚美尼亚、乌兹别克斯坦、阿塞拜疆建立了较紧密的双边关系。5月25日，叶利钦与来访的哈萨克斯坦总统纳扎尔巴耶夫签署了俄哈友好合作互助条约，双方商定拥有共同的军事战略空间，共同使用现有的军事基地和军事设施，承认现存边界不可侵犯，决定进行经济、科技合作以建立共同经济区。5月30日，叶利钦与来访的乌兹别克斯坦总统卡里莫夫签署了俄乌国家关系、友好与合作原则条约。6月，俄与土库曼斯坦签订了两国军事合作议定书，并于7月31日签订了友好合作条约以及在经济、政治、外交、军事等方面合作的协议。6月10日，俄与吉尔吉斯斯坦签订了友好互助合作条约和军事合作协定。7月20日，俄与白俄罗斯签署了大约30项有关加强俄白双边关系的文件。9月30日，俄代总理盖达尔访问亚美尼亚，双方签订了经贸等一系列协定。10月12日，俄与阿塞拜疆签署了友好合作安全条约。

【同东欧国家的关系】1992年俄同东欧国家的关系得到了恢复和发展。3月31日至4月1日，捷克总统哈韦尔访问莫斯科，同叶利钦举行会谈。双方签订了俄捷友好关系和合作条约，就发展两国经贸关系问题交换了意见。5月11～12日，俄第一副总理盖达尔对捷进行工作访问，双方主要讨论了恢复两国经贸关系问题。8月3～4日，叶利钦总统访问保加利亚，双方签订了俄保友好和合作条约，还签订了俄保两军合作协定。因结算和支付方面分歧较大，双方未能就经贸关系达成协议。此次访问是俄保新型关系的开始。11月11日，叶利钦访问匈牙利，同匈总统盖茨举行了会谈。双方签订了《关于双边军事关系协定》、《与从匈牙利撤出原苏联军队有关的财产问题协定》、《关于解决俄罗斯欠匈牙利债务问题协定》等7个文件。此外，俄外长科济列夫访问了罗马尼亚，还遍访了前南斯拉夫各国。议长哈斯布拉托夫访问了阿尔巴尼亚。

【同邻国的关系】1992年1月22日，俄联邦国务秘书、第一副总理布尔布利斯访问芬兰，双方签订了《俄芬关于两国关系的基础条约》，以取代1948年苏芬友好合作互助条约。7月11日，俄总统叶利钦对芬兰进行正式访问，同芬兰总统进行了会谈，主要讨论恢复双边经济联系等问题。双方互换了俄芬基础条约的批准书，并签署了一系列有关经贸、科技和文教合作的文件。11月30日，芬兰总理访俄，同俄代总理盖达尔举行会谈，主要讨论恢复双边经济关系问题。1992年11月23～28日，挪威国防部长霍尔斯特访俄，同俄国防部长格拉乔夫举行会谈，主要讨论欧洲，特别是北欧的安全问题。1992年，俄就从波罗的海撤军问题与立陶宛、拉脱维亚和爱沙尼亚三国分别进行了几轮谈判。9月8日，俄总统叶利钦同立陶宛最高苏维埃主席兰茨贝吉斯在莫斯科举行会谈，双方就撤军问题达成协议。按确定的撤军时间表，俄军将在1993年8月31日之前完全撤出立陶宛。俄与拉脱维亚和爱沙尼亚在这方面的谈判由于意见分歧未能取得突破。1992年俄同波兰建立了新型关系。5月21～23日，波兰总统瓦文萨正式访俄，双方签订了《俄波友好睦邻合作条约》、《俄从波撤军条约》等十几个文件。10月2日，俄代总理盖达尔访波，同瓦文萨总统、苏霍茨卡总理举行了会谈，主要讨论俄波之间的债务问题。双方签署了三个有关经贸合作的文件。1992年，俄与格鲁吉亚主要围绕解决格境内的民族热点——南奥塞梯和阿布哈兹地区冲突问题频繁接触。4月2～3日，俄外长科济列夫访格，双方发表联合公报，宣布双方相互承认是主权国家，并根据国际法、联合国宪章等原则建立相互关系。6月24日，叶利钦和格国务委员会主席谢瓦尔德纳泽在索契会晤，双方就南奥塞梯地区实现停火达成协议。两国决定自7月1日起建立大使级外交关系。8月30日，俄、格和阿布哈兹三方代表在索契会晤，就格阿停止武装冲突等问题达成协议。9月3日，俄、格、阿三方及俄北高加索各共和国的领导人在莫斯科达成于5日在阿布哈兹地区停火的协议。同时，叶利钦在莫斯科就阿布哈兹冲突同谢瓦尔德纳泽举行了单独会晤。21日，俄外交部发表声明，指责格和阿布哈兹双方没有遵守9月3日在莫斯科达成的停火协议。28日，叶与谢在莫斯科再次会晤，讨论阿布哈兹冲突问题，双方表示将履行关于解决冲突协定的各项条款。但俄格双方在阿布哈兹问题上仍不时互相进行指责。1992年俄恢复与发展了与蒙古的关系，3月4～9日，蒙政府总理宾巴苏伦访俄，双方主要讨论了经贸合作问题。11月3～6日，蒙国防部长热丹巴访俄，双方就地区形势和双边合作问题交换了意见，但未能就俄撤军后遗留财产问题达成协议。1993年1月19～21日，蒙总统奥其尔巴特访俄，双方就发展双边合作和地区、国际问题交换了意见，签署了俄蒙友好关系与合作条约。但因意见分歧未就债务和俄撤军后的财产处理问题达成协议。1992年，俄同朝鲜人民民主共和国的关系有所疏远。俄停止了对朝鲜的财政、军事和其他方面的援助，交往也明显减少，但俄仍尽力维持双边关系。7月28日，俄外交部发表声明指出，前苏联与朝鲜民主主义人民共和国的友好合作互助条约仍然有效。1993年1月29日至2月1日，俄派副外长作为特使访朝，就双边关系和国际问题进行磋商，提出更新两国条约法律基础的问题。

【同其他国家的关系】1992年俄同日本的关系因在北方领土问题上的分歧，未能取得突破，但双边关系有所发展。日外相渡边1月、5月两度访俄，并提出发展日俄关系的三条件：一、俄应加快向市场经济过渡，成为非军事化国家；二、俄应在国际上奉行公正合理的政策；三、加快签署俄日和约，尽早解决北方领土问题。1月31日，俄总统叶利钦与日首相宫泽在联合国总部会晤，双方商定叶将于9月访日。俄日关于缔结和约的副外长级磋商在莫斯科继续举行。8月2～8日，俄副总理波尔托拉宁访日，为叶访日做准备。波希望日方不要在领土问题上对叶逼得过急，日方表示并不指望立即归还四岛，但俄日经济关系也不可能有大的进展。8月25日，俄总统办公厅主任彼得罗夫访日，表示叶访日将重申分五个阶段解决领土问题的立场。9月10日，俄外交部宣布，叶利钦已决定无限期推迟访日。叶在解释决定推迟访日时称，这是因为日政府在北方领土问题上坚持强硬立场。1992年，俄同韩国的关系取得突破性的发展。3月18～19日，俄外长科济列夫应邀访韩，受到韩总统卢泰愚的接见。双方商定叶利钦将于9月访韩。6月29～30日，韩国外长李相玉访俄，为叶访韩作准备。叶取消访日后，将访韩日期改为11月。11月18～20日，叶利钦应邀正式访问韩国，分别同韩总统、总理、执政的民自党领袖金泳三等举行会谈。双方签署了俄韩相互关系基础条约和发展经济、军事合作的政府文件。1992年俄印关系得到了恢复和发展。2月22日，俄外交部代表团访印，双方签署了俄印1992年经贸合作议定书，印还答应向俄提供85亿卢比的技术贷款。5月3～5日，俄政府第一副总理布尔布利斯访印，双方主要讨论经济合作问题并签署了经贸关系文件。俄决定履行合同义务，继续向印提供火箭发动机。8月3～10日，俄议会主席哈斯布拉托夫率议会代表团访印，会见了沙马尔总统、拉奥总理等。9月9～12日，印国防部长帕瓦尔访俄，双方讨论了加强军事合作问题。1993年1月27～29日叶利钦总统访印，双方签署了新的友好合作条约，达成了多项经济和防务协议，并解决了两国长期以来的债务争端。

1992年，俄与拉美国家的关系也有所发展。6月，俄副总统鲁茨科伊遍访了委内瑞拉、阿根廷、巴西等国。俄与古巴的关系在1992年有所恢复并逐渐转入正常。5月14日，俄古双方同时宣布自即日起恢复双方关于俄从古巴撤军的谈判。9月18日，俄与古就撤军问题的谈判结束，俄将于1993年中以前分阶段从古撤出俄驻军。11月3日，古副总理索托访俄，双方签署了经贸科技协定和俄古相互提供石油和白糖的补充备忘录。双方还同意共建古巴的哈拉古阿核电站，俄将继续保持在古的无线电监听站。但双方未能解决古欠俄的200亿美元的债务问题。

1992年俄同中东和非洲一些国家保持了外长级的来往。 （宜 楚）

法 国

国名 法兰西共和国(The Republic of France，La République Française)。

面积 551602平方公里(包括科西嘉及其他岛屿，1992年法国年鉴)。

人口 5750万(1992年12月)。其中法兰西人约占90%，还有布列塔尼人、巴斯克人、科西嘉人等。通用法语。居民中79%的人信奉天主教，20%的人信奉基督教新教、犹太教和伊斯兰教等其他宗教。

首都 巴黎(Paris)，人口215.2万，连同郊区共906万(1990年)。

国家元首 总统弗朗索瓦·密特朗(François Mitterrand)，1981年5月10日当选，1988年5月蝉联。

简 况

位于欧洲西部。与比、卢、德、瑞、意、西、安道尔、摩纳哥接壤，西北隔英吉利海峡和多佛尔海峡与英国相望。海岸线长约3000公里。大部分地区属海洋性温带阔叶林气候，南部属亚热带地中海式气候。1月平均气温北部1～7℃，南部6～8℃；7月北部16～18℃，南部20～23℃。公元5世纪法兰克人移居到这里，843年成为独立国家。17～18世纪路易十四统治时期达到封建社会鼎盛时代。1789年7月14日爆发资产阶级大革命。此后曾先后建立过五次共和国和两次帝国。1871年巴黎人民武装起义，成立巴黎公社。1958年戴高乐领导建立第五共和国。戴高乐、蓬皮杜、吉斯卡尔·德斯坦、密特朗先后出任总统。

政 治

1992年4月，贝雷戈瓦接替克勒松夫人出任总理，继续执行经济上紧缩，政治上向中间派开放的政策，重点解决经济问题，为迎接1993年议会选举作准备。法1992年举行了3月地方议会选举和9月参议员部分改选，执政的社会党得票率下降，传统右翼获得相对多数，生态组织得到加强。在议会中，由于执政的社会党没有稳定多数席位，政府不得不多次使用宪法49－3条款，由政府承担责任，不经表决强行通过一些法案。

1992年法社会风潮迭起。农民为反对修改共同体农业政策举行大规模示威游行，导致农业部长辞职。此外，大、中学生、码头工人、货车司机等也纷纷举行示威，要求保障就业、改善条件等。

【宪法】现行第五共和国宪法1958年9月28日公民投票通过，10月4日生效。这是法国第16部宪法。1976年第五次修改。宪法规定，总统为国家元首和武装部队统帅，任期7年，由选民直接选举产生。总统有权任免总理和批准总理提名的部长；主持内阁会议、最高国防会议和国防委员会；有权解散议会；可超越议会将某些重要法案直接提交公民投票表决；在非常时期，总统拥有“根据形势需要采取必要措施”的全权。总统离职期间，由参议院议长暂行总统职权。

【议会】由国民议会和参议院组成。拥有制定法律、监督政府、通过预算、批准宣战等权力。国民议会共有577个议席，任期5年。本届国民议会于1988年6月选出。议长亨利·埃马纽埃利(Henri Emmanuelli)，1992年1月22日当选。参议院共321席，参议员任期9年，每3年改选1/3。本届参议院于1992年9月选出，议长勒内·莫诺里(Rene Monory)，1992年10月2日当选。1992年各党派在两院中所占席位如下：

国民议会	577
社会党(包括左翼激进党等)	275
法国共产党	26
保卫共和联盟	127
法国民主联盟	91
中间派联盟	39
无党派人士	18
国民阵线	1
参议院	321
社会党	71
法国共产党	15
保卫共和联盟	91
独立共和人士联盟	47
欧洲民主联盟	21
中间人士联盟	66
无党派人士	10

【政府】本届政府于1992年4月4日组成，后经两次改组，除总理外有国务部长及部长20人，部长级代表8人，国务秘书14人：总理皮埃尔·贝雷戈瓦(Pierre Beregovoy)，国务部长兼国民教育和文化部长雅克·朗格(Jack Lang)，国务部长兼外交部长罗朗·迪马(Roland Dumas)，国务部长兼公职和行政改革部长米歇尔·德勒巴尔(Michel Delebarre)，掌玺和司法部长米歇尔·沃泽尔(Michel Vauzelle)，内政和公安部长保尔·基莱斯(Paul Quiles)，国防部长皮埃尔·若克斯(Pierre Joxe)，经济和财政部长米歇尔·萨潘(Michel Sapin)，环境部长塞戈莱娜·鲁瓦雅尔(Segolene Royal)，装备、运输和住房部长让一路易·比昂科

(Jean-Louis Bianco),工业和外贸部长多米尼克·斯特劳斯—卡恩(Dominique Strauss-Kahn),劳动、就业和职业培训部长马蒂娜·奥布里(Martine Aubry),农业和农村发展部长让—皮埃尔·苏瓦松(Jean Pierre Soisson),预算部长马丹·马尔维(Martin Marlvy),与议会联系部长兼政府发言人路易·梅尔马兹(Louis Mermaz),社会事务和融合部长勒内·特拉德(Rene Teulade),卫生和人道主义行动部长贝尔纳·库什内尔(Bernard Kouchner),海外省和海外领地部长路易·勒庞塞克(Louis Le Pensac),研究和空间部长于贝尔·居里安(Hubert Curien),邮电和通讯部长埃米尔·祖卡雷利(Emile Zuccarelli),青年和体育部长弗雷德里克·布雷丹(Frederique Bredin)。

【司法机构】分为普通法院和行政法院两个系统,两种系统之上设争议法庭,负责处理这两种法院在权限上的争议案件。

普通法院为民事和刑事法院,包括以下审级:(1)初审法庭,全国有464个;(2)大审法庭,全国有181个;(3)治安法庭;(4)轻罪法庭;(5)专门法庭,主要有劳资协调委员会和商务法庭等;(6)重罪法庭,每省设1个;(7)上诉法院,分民事和刑事上诉机构。全国有35个。上诉法院的判决是最后的判决;(8)最高法院,是普通法院系统中最高一级的审判机关,设在巴黎。它只负责审理原案判决时所引用的法律是否适当。如取消原判,需发回原法庭重新审理。最高法院院长皮埃尔·德莱(Pierre Drai)。行政法院负责审理涉及国家机关之间的行政案件或公民对国家机关提出的诉讼。院长由总理兼任

【政党】第五共和国实行多党制。除传统左右翼四大党外,近年来生态组织和极右翼国民阵线的力量有所加强。

(1)社会党(Parti Socialiste):前身是1905年成立的"工人国际法国支部",1920年图尔代表大会上发生分裂,多数派另组共产党,少数派仍保留原名。1969年改组成立社会党,1971年与密特朗领导的"共和体制协议会"及其他左翼组织合并。党员约20万(1987年)。1981年成为主要执政党。1986年立法选举中失去议会多数,但在1988年立法选举中再获相对多数,组阁执政。该党采取团结左翼,开展与绿党的对话,与极右翼做坚决斗争的策略,主张继续进行经济现代化、维护社会公正事业,强调保持法核力量,积极推动公民投票通过建立欧洲一体化的马约。1992年1月9日,罗朗·法比尤斯(Laurent Fabius)接替7日辞职的皮埃尔·莫鲁瓦出任第一书记。

(2)保卫共和联盟(Rassemblement pour la République):前身是戴高乐1947年创立的"法兰西人民联盟",后经多次易名,1976年改用现名。党员88.5万(1986年)。1958～1981年是主要执政党。1986年3月立法选举后与法国民主联盟共同组阁,希拉克出任总理。1988年6月立法选举败北后,再度成为反对党。主张坚持以核威慑为后盾,反对国家对经济过多干预,赞成通过马约。主席雅克·希拉克(Jacques Chirac),总书记阿兰·朱佩(Alain Juppé)。

(3)法国民主联盟(Union pour la Démocratie Française):主要是由共和党、社会民主人士中心、社会激进党、社会民主党、前景与现实俱乐部等5部分于1978年2月结成的选举联盟,同年6月正式宣告建党。党员30万。1986年立法选举中与保卫共和联盟一起成为议会多数派并入阁。1988年支持前总理巴尔竞选总统失败后,成为反对党。该党保持自由中间派色彩,提倡在社会、经济、文化等领域实行自由化政策,积极推动通过马约。主席瓦莱里·吉斯卡尔·德斯坦(Valery Giscard d'Estaing)。

该联盟主要政党情况:

①共和党(Parti Républicain):前身是吉斯卡尔·德斯坦1966年创立的"独立共和党"。1977年5月与吉斯卡尔派另两个组织"支持共和国总统全国委员会"、"社会与自由一代"合并,组成共和党。党员19万人。主席热拉尔·隆盖(Gérard Longuet)。

②社会民主人士中心(Centre des Démocrates Sociaux):由原"民主中心"、"进步与民主中心"和"新民主俱乐部"等组织于1976年5月合并而成。党员约5万人。近年来,该党在联盟内离心倾向增强,政治上更偏向中间。主席皮埃尔·梅埃涅里(Pierre Méhaignerie),总书记雅克·巴罗(Jacques Barrot)。

(4)法国共产党(Parti Communiste Français):1920年12月成立。登记党员约33万(1987年)。1981年5月密特朗当选总统后,法共在政府中有4名部长。因反对政府的经济紧缩政策,于1984年7月宣布不再参加政府,同年9月宣布结束与社会党等左翼政党联合的左翼联盟战略。近几年影响下降。法共强调自己不会变成"社会民主党",在国际问题上批评欧洲防务建设会对法国造成损害。近年来党内要求改革的呼声日高。总书记乔治·马歇(Georges Marchais)。

(5)国民阵线(Front National):成立于1972年10月,前身是被取缔的极右组织"新秩序党"。党员约10万。该党代表极端的民族主义思潮,煽动排外主义,反对欧共体经货联盟和政治联盟建设。在1986年立法选举中首次进入国民议会。主席让—玛丽·勒庞(Jean-Marie Le Pen)。

(6)绿党(Les Verts):成立于1984年,由"土地之友"组织和"保持生态运动党"合并而成。党员约5000人。要求建立生态平衡社会,争取社会平等。1989年6月在欧洲议会选举中异军突起,得票超过中间派和法共名列第四。全国书记居伊·康博(Guy Cambot)。

【重要人物】弗朗索瓦·密特朗:总统。1916年10月26日生于法国夏朗德省。巴黎大学毕业。当过律师和记者。二战时参加抵抗运动。1946～1958年历任海外省和

海外领地部长、退伍军人部长、总理府国务秘书、国务部长、内政部长和国务掌玺部长等职。1964年组成共和体制协议会，翌年与社会党、激进党结成社会民主左翼联盟，并作为左翼候选人参加总统竞选。1971年社会党重建，任第一书记。1974年以左翼统一候选人身份第二次竞选总统。1981年第三次竞选总统成功，于5月21日正式就任总统。1988年总统选举中蝉联。喜好文学，著有《中国面临挑战》、《真理之我见》、《此时此地》等书。夫人达尼埃尔·密特朗，有两个孩子。 **皮埃尔·贝雷戈瓦**：总理。1925年12月23日生于塞纳海滨省。16岁开始在纺织厂做工。先后当过钳工、铣工和铁路工人。二战时投身抵抗运动。他是独立社会党和统一社会党的创始人之一。1969年加入改组后的社会党。1981年密当选总统后任总统府秘书长。1982年任社会事务部长。1984年至1992年先后在三届社会党内阁中担任财政部长。自1983年起兼任奈维尔市市长，1986、1988年两度当选国民议会议员。喜好足球、自行车、拳击运动。夫人吉尔贝特·贝雷戈瓦，有三个孩子。

经　济

法国是发达的工业国家，国内生产总值在西方国家中仅低于美、日、德，居第四位。

1984年以来，政府执行较为严厉的紧缩政策，大力进行产业结构调整，经济保持低速稳定增长。1988年5月社会党重新执政后，保持了经济政策的延续性，避免由于政策摇摆而引发经济动荡。除暂时搁置国有化政策外，还采取了逐年降低税率、减轻企业负担等措施，以求经济平稳发展。上述政策在控制通货膨胀、促进外贸、恢复国际收支平衡方面产生了积极作用，但未能使严重的失业问题有所改观。1992年法经济受西方经济普遍不景气的影响，增长放慢，国内市场疲软，企业投资下降，但外贸有所改善，获得305亿法郎顺差，通膨率继续保持在较低水平。

国内生产总值(1992年)：70815亿法郎。

人均国内生产总值(1992年)：122655法郎。

国内生产总值增长率(1992年)：1.8%。

货币名称：法郎。

汇率(1992年12月)：1美元＝5.51法郎。

通货膨胀率(1992)年：2%。

失业率(1992年)：10.5%。

【资源】铁矿蕴藏量约70亿吨，但品位低、开采成本高，所需铁矿石的大部分仍依赖进口。煤储量约210亿吨(其中褐煤100亿吨)，有开采价值的为14.7亿吨。铝土矿储量9000万吨。有色金属储量很少，几乎全部依赖进口。石油储量只有3000多万吨。天然气储量2500亿立方米，所需石油的99%、天然气的75%依赖进口。水力资源约1000万千瓦，水力资源和地热的开发利用比较充分。森林面积约1500万公顷，覆盖率26.7%。占欧共体森林总面积的25%，人均拥有绿化面积0.28公顷。

【工业】1992年工业总产值为26951亿法郎，占国内生产总值的38.4%。主要工业部门有矿业、冶金、汽车制造、造船、机械制造、纺织、化学、电器、动力工业、日常消费工业、食品加工业和建筑业等。新兴工业如核能、石油化工、海洋开发、航空和宇航等部门近年来发展较快，在工业产值中所占比重不断提高。核电设备能力、石油和石油加工技术居世界第二位，仅次于美国。航空和宇航工业仅次于美、独联体，居世界第三位。钢铁工业、纺织业占世界第六位。但工业中占主导地位的仍是传统工业部门，其中钢铁、汽车、建筑为3大支柱。1991年工业人口占总劳力的29.9%。随着第三产业的发展，工业在国民经济中的比重有逐步减少的趋势。主要工业产品产量如下(单位：万吨)：

	1990	1991	1992
粗钢	1899.4	1843.4	1794.9
生铁	1409	1340.7	1275.6
原煤(含褐煤)	1289	1211.5	1105.8
水泥(万立方米)	2650.8	2502.19	2159.1
纸浆	219.5	243.2	260
小汽车(万辆)	321	312.2	332.5
发电量(亿度)	3719	4333	4414
其中核电	2947	3149	3217

(资料来源：据法国国家统计局、法汽车制造商协会和法国电力公司统计)

【农牧业】1992年农业产值为2317亿法郎，约占国内生产总值的3.3%。法是仅次于美国的世界第二大农产品出口国。其葡萄酒产量居世界第一，甜菜产量居世界第二，牛奶产量居世界第三，肉类产量居世界第四，小麦、玉米产量居世界第五，蔬菜、水果和马铃薯产量也位居西欧前列。法农产品和食品大量出口，在外贸平衡中起重要作用。但农产品严重过剩，必须在激烈的国际竞争中寻找新出路。法农业用地面积3150万公顷，其中耕地面积占56%(1768.6万公顷)，草地占41%(1307万公顷)，葡萄水果占5%(160万公顷)。1990年农业人口占总劳动力的6.3%。主要农产品产量如下(单位：万吨)：

	1988/89	1989/90	1990/91
小麦	2244.5	2727.9	2782.2
大麦	702	688.7	710.4
玉米	978.2	1195.4	813.3
葡萄酒(亿升)	58.1	54.5	55.6

(资料来源：法国统计月报)

主要畜牧业产品产量如下(单位：万吨)：

	1989	1990	1991
牛肉	165.98	170.93	153.8
羊肉	15.27	15.53	14.8
猪肉	159.72	162.24	166.5
牛奶(亿升)	229.39	275.88	226.2

(资料来源：同上)

【服务业】包括商业、运输、电信、旅馆、餐馆、供水、环卫、修理等部门，在法国经济中所占比重逐年上升。1992年产值为40917亿法郎，占国内生产总值的

58.3%。1991年服务业从业人数占总劳动人口的68.7%。近年来服务业迅速发展,其中电信、信息、旅游服务和交通运输部门业务量增幅较大。

法国商业发展很快,创收最多的是食品销售。在种类繁多的商店中,超级商店和超级市场最具活力,几乎占全部商业活动的一半。

【旅游业】法国是世界著名的旅游国,首都巴黎、地中海和大西洋沿岸风景区及阿尔卑斯山区是旅游胜地。此外吸引游客的还有某些历史名城、卢瓦尔河畔的古堡群、布列塔尼和诺曼底的渔村、科西嘉岛等。法有饭店和旅馆约2万个,客房52.7万套;从事旅游业的职工人数近46万人,其中饭店和旅馆32万人,旅行社2.61万人。1990年旅游业受海湾危机影响,收入减少,外国到法旅游者约5000万人,旅游收入为423亿法郎。1991年旅游业得到恢复,来法游客5200万人,盈利506亿法郎。

【交通运输】法交通运输发达,无论水、陆、空运输均极为便利。

铁路:1990年总长34070公里,其中电气化铁路12609公里;法在发展高速火车方面走在世界前列。巴黎至里昂的高速火车1981年正式投入使用;1989年12月,法研制成功最新高速火车,时速482.4公里;1990年客运量639.7亿人公里,货运量515.32亿吨公里。

公路:公路网遍及全国各地,1989年公路总长80.52万公里,其中高速公路6763公里;有小汽车2200万辆、货车290.4万辆、公共汽车及大客车7.3万辆、摩托车367.5万辆;货运量1148.77亿吨公里。

水运:内河航运主要由国家经营,内河航道8568公里,其中运河航道4613公里,主要内河港口有巴黎港;1989年内河运输船总计3845艘,总吨位209.6万吨,货运量66.48亿吨公里;法75%的进口物资和20%的出口物资是通过海运,1990年有远洋商船216艘,总吨位358万吨,全境港口吞吐量2.97亿吨;主要港口有马赛港和勒阿佛尔港。

空运:原有法国航空公司、联合航空公司、国内航空公司等三大航空公司;其中法航客运量居世界第三,共有飞机114架,航线总长105万公里,通达73个国家和地区的186个城市;为增强竞争力,国内航空公司和联合航空公司于1991年决定并入法航;1990年总客运量3282万人次;主要机场有巴黎的戴高乐机场和奥利机场等。

【财政金融】政府财政支出的主要来源是税收,法国家税收高于美、日等国,占国内生产总值的45.6%,主要来自增值税(41%),其他还有所得税、公司税、社会福利税等。政府财政预算执行情况如下(单位:亿法郎):

	1988	1989	1990
预算支出	11435	11641	12332
预算收入	10303	10672	11431
赤字	1132	969	901

1991年12月法国黄金、外汇储备总额为3265.77亿法郎,其中黄金1643.86亿法郎,欧洲货币单位567.77亿法郎,外汇899.17亿法郎,国际货币基金组织的特别提款权154.97亿法郎。

1992年法国际收支盈余157亿法郎。

1991年11月国债为18908亿法郎,其中内债18528.77亿法郎,外债379.28亿法郎。

【对外贸易】法国对外出口在世界贸易中占第四位,居美国、德国和日本之后。法是世界第三大军火出口国,1992年法军火出口总额约为500亿法郎,占全部出口总额的近4%。近年外贸情况如下(单位:亿法郎):

	1989	1990	1991
出口额	11430	11762	12211
进口额	11860	12262	12512.9
差　额	－430	－500	－301.9

(资料来源:法国统计月报)

法进口商品主要有能源和工业原料等,出口商品主要有机械、汽车、化工产品、钢铁、农产品、食品、服装、化妆品和军火等。法对外贸易的一半以上在欧洲共同体内部进行,美国是法在共同体之外的最大贸易伙伴。1990年对外贸易分布情况如下(单位:亿法郎):

	出口额	占出口总额%	进口额	占进口总额%
欧洲	8205	69.7	8839.68	72.1
欧共体	7166.64	62.7	7557	59.7
其中德国	1969.32	16.7	2386.92	19.5
英国	1080.6	9	918.24	7.5
东欧	153.6	1.3	280.56	2.3
其中苏联	80.52	0.7	181.8	1.5
美洲	1128.72	9.6	1389.72	11.3
其中美国	695.88	5.9	1033.08	8.4
非洲	801.12	6.8	613.68	5
亚洲	993.12	8.4	1438.44	11.7
其中中东	275.28	2.3	353.88	2.8
日本	219.36	1.9	508.8	4
中国	76.32	0.6	120	0.97
大洋洲	75.72	0.6	66.72	0.5

(资料来源:同上)

【对外投资】近年来法对外投资增加很快,投资总额至1990年达1435亿法郎。1992年1～11月法对外投资达687.28亿法郎。法国对外投资主要集中在欧洲共同体成员国,占投资总额的47.7%。对美国和石油输出国组织成员国、非洲、拉美的投资也较高,并以工业、能源、服务部门为多。大多数投资采用企业兼并或购买公司股份的形式。

【对外援助】1981年社会党执政后,提出将使对发展中国家的援助额达到联合国提出的占国内生产总值0.7%的目标。法对第三世界提供发展援助的主要对象是法语非洲国家。1992年对外援助达406亿法郎,占国内生产总值的0.57%,比上年增加一个千分点。

【外国资本】近两年外国对法工业部门的投资加快，其中欧共体成员国对法投资占外国在法投资总额的约50％；其次是美国，约占22％左右。1992年1～11月外国在法投资总额为541.76亿法郎。目前，法政府积极采取措施鼓励外国在法投资，如放宽条例、为投资提供帮助等。

人民生活

法国社会福利较完备，从1983年起，社会福利金额占国民收入30.6％。社会保险包括医疗、工伤、家庭津贴、退休金和残疾者照顾等。医疗保险包括全部或部分药费、医疗费、住院费、化验费等，病人只付就诊费。工伤保险全部免费，并可领取营养费，直至痊愈。如工伤致死，配偶可领取死者原工资的30％，其头两个子女可各领15％。家庭津贴包括低收入家庭补助、子女津贴、分娩津贴和幼儿入托补助等。1989年政府增设最低生活保证金。按规定男60岁、女55岁可以退休，退休老人可获得最低限度的养老金，其配偶可领取此养老金的一半。一般退休者可领取原工资的70％。但目前尚有40万人不在社会保险之列；有37万人仍需自费医疗；有20～40万人无住所。1991年7月各行业最低月工资为5519法郎。1991年1月最低养老金每月2980.8法郎。1992年12月法失业人数达297.8万人。法有各类医院约3800所，病床约71.25万张。1990年每10万人拥有医生279名，平均358人有1名医生。现51％的家庭拥有自己的住房，74.6％拥有汽车，94.5％装有电话，94％有1台彩电，97.5％有1台冰箱，85％有洗衣机，31％有洗碗机等，常用家庭电器已很普及。

军　事

法目前的国防体制是在戴高乐政府1959年“国防组织法”基础上建立起来的。总统是武装力量的最高统帅，在其领导下有内阁会议、国防委员会和小型国防会议等3个军事决策机构，其中内阁会议是最高决策机构，负责制定国防政策、决定国家总动员和进入各级戒备状态等。总理对国防政策的贯彻执行实施领导，下设国防总秘书厅和国防部。奉行独立自主的防务政策，实行义务和志愿两种形式的兵役制度。

武装力量由陆、海、空军和宪兵组成。1991年总兵力54.23万人，其中陆军28.03万人，空军8.92万人，海军6.52万人，宪兵约8万人。另有国防部管理和领导的文职人员12.78万人。

陆军共分为6个军区，下设22个军分区。编为1个集团军司令部，3个军司令部，下设10个师；1个快速行动部队司令部，下设5个师和约30个地方独立团。主要装备有坦克1197辆，直升机433架。

海军共分为3个军区，编为地中海舰队、大西洋舰队以及印度洋分舰队和太平洋分舰队。拥有各种舰艇112艘，总吨位27.3万吨，其中航空母舰2艘。海军航空兵有作战飞机约200架。

空军分为4个军区。有各种飞机2000架，其中战斗机315架，各种运输机200余架。本土有各种作战和后勤基地40多个。

宪兵分为6个管辖区，各管辖区的范围与陆军军区相同。宪兵分为地方宪兵和机动宪兵。主要装备有300辆各型装甲车，36架直升机和6架轻型飞机。

三军参谋长雅克·朗萨德海军上将。陆军参谋长阿梅代·蒙沙尔上将、海军参谋长阿兰·科阿塔内阿上将、空军参谋长让·弗勒里上将。

法核力量包括战略核力量及战术核力量。战略核力量包括2个战略轰炸机联队（36架幻影Ⅳ型）、18枚射程为3500公里的地对地战略弹道导弹、6艘导弹核潜艇。战术核力量包括陆军的4个冥王星导弹团，空军的2个幻影Ⅲ型战斗机中队和3个美洲豹式飞机中队，海军的2个超级军旗飞机中队。中子弹已试验成功。

国外驻军：法在印度洋、太平洋和非洲等地驻军2万多人，并有海军基地和可使用的机场、港口10余处。

1992年国防预算为1954.8亿法郎，约占国内生产总值的3.26％。1989年6月法国防部提出名为“2000年的军队”的计划，决定从1990年起分两年对军队实行大规模改组，取消或减少23个参谋部，使军事部署与核威慑战略更紧密地结合起来。

文化教育

【教育】教育体制比较复杂多样并具特色。6～16岁为义务教育。学前教育在公立和私立的幼儿学校、幼儿班中进行。初级教育学制5年。中等教育包括普通中等教育和中等职业技术教育两类。普通中等教育分为初中教育和高中教育两个阶段，学制7年，初中4年，高中3年。中等职业技术教育主要包括技术高中、职业高中、艺徒培训中心、就业前教育适应班等4种类型和层次。高等教育分为综合性大学、高等专业学院、高等技术学校和承担教学任务的科研教育机构4类。现有综合性大学77所，比较著名的有：巴黎大学、格勒诺布尔第一大学、斯特拉斯堡第一大学、里尔第一大学、里昂第一大学等。1991年国民教育预算2477.93亿法郎。文盲率0.79％。1989/90学年各级学校数目、学生和教师人数：

	学校（所）	学生（万人）	教师（万人）
学前教育	18486	253.6	7.4
初级教育	45686	407.4	23
中等教育	11268	440.9	33.4
高等教育	279	129.9	4.66

（资料来源：法国年鉴《Guid》1991年）

【科研】法重视科研事业，现已形成一个比较完整、技术发达的科研体系。在农业、核能、航空、电讯、海底油气开发、太阳能利用、宇宙学、地球学与海洋学、物理学、生物学等领域内具有世界先进水平。重要科技成果有空中客车、阿里亚娜火箭、超凤凰反应堆核电站、深海潜水器、高速火车等。从80年代起，法成立了科研部，随后又制定了科技法。主要科研机构均由国家创办。1939年成立的国家科研中心是法最大的公共科研机构，隶属教育部，主要从事基础理论、特别是自然科学方面的基础理论研究，共有职工2万多人，其中科研人员1.1万人。其他还有国家空间研究中心、原子能委员会、国家海洋开发研究院、国家信息和自动化研究所、巴斯德研究所和国家农艺学研究院。

1991年民用科研费用为477亿法郎，加上企业和军事科研经费总额为1630亿法郎，占国内生产总值的2.4%。1992年民用科研费用达到510亿法郎，全部科研费用增加到1730亿法郎。全国现有科研人员31万人，占总劳动人口的1.29%；其中研究员和教授12.45万人。

【新闻出版】全国共有法文日报136种，主要报纸有：《世界报》，发行量39万份；《费加罗报》，发行量44万份，属埃尔桑报业集团；《法兰西晚报》，发行约30万份，属埃尔桑集团；《解放报》，发行约16万份；《人道报》，法共机关报，发行量10万份；《巴黎日报》，发行量8万份。地方报纸主要有：《西部法兰西报》，发行量72万份，是法国发行量最大的报纸；《北方之声》，发行37万份。

主要杂志：《快报》、《观点》、《新观察》、《巴黎竞赛画报》周刊、《费加罗杂志》等。

法国新闻社：简称法新社，世界五大通讯社之一。重组于1944年9月，前身是由查理·哈瓦斯1835年创立的哈瓦斯通讯社。1956年政府确定法新社的独立地位，但其财政管理仍由国家控制。在国外有112个分社，向7000种报纸、2500家电台和400多家电视台供稿。

广播电台：法国国家广播公司成立于1975年，控制法国的广播事业，下设6个广播电台：联播台、文化台、音乐台、蓝色台、7号台、巴黎地区新闻台。此外，还有国家广播公司和地方共同投资的17个独立的地方台。为加强对外宣传，国家广播公司专设独立的法国国际台，对外广播几乎遍及全世界。1982年社会党左翼政府通过新法令，取消国家对电台的垄断，允许私人和团体设立电台。目前，全国私营电台近1300家，主要有卢森堡电台、蒙特卡洛电台、欧洲一台等。

电视台：现有5家电视台。2、3台为国营；1、4、6台为私营，1992年4月电视5台因财政不佳而倒闭。

对外关系

近年来，为了适应国际形势的深刻变化，法对其外交政策进行了相应的调整，基本特点是：继续维护法独立的外交和防务政策，保持独立的核威慑力量；强调发挥联合国在国际事务中的作用；与美在政治上既结盟又保持相对的独立性；忠于北大西洋组织，但不重返其军事一体化；积极促进欧洲一体化建设，主张以欧共体为核心实现欧洲的重新统一，将欧洲建设成为独立的一极；支持独联体和东欧国家的民主进程；重视发展与第三世界的关系，主张加强南北对话。

承认斯洛文尼亚、克罗地亚和波黑共和国的独立，拒绝承认由塞尔维亚和黑山共和国组成的新南联盟为前南斯拉夫的继承国。南内战爆发后，法呼吁召开由联合国安理会和有关国家参加的国际会议讨论南局势并向南派出了约4500名士兵，执行联合国维持和平使命和进行人道主义援助。随着波黑内战的升级，法态度开始强硬，谴责塞族对波黑的入侵和实施“种族清洗”政策。法目前的政策是：在对南危机保持一定军事压力的同时，优先谋求政治解决波黑冲突，支持欧文—万斯的和平计划，主张一旦政治努力失败，应对南进行军事干预，但强调只有在联合国安理会通过决议的范围内和美国参加军事干预的情况下，法才能介入对南的军事干预；主张以联合国242号和338号决议为基础解决中东冲突，认为以色列应该拥有真正可靠的、公认的边界，拥有维护自身安全的手段；巴勒斯坦人民作为一个民族应拥有自己的地位，自己的祖国。认为巴勒斯坦问题是中东问题的核心，巴解目前仍是唯一代表巴人民的组织，呼吁以色列与其对话，并在被占领土上举行自由选举。法认为中东和平是一个漫长的进程，因此，在该地区应实行“分阶段逐步实施和平”的政策。1992年法总统密特朗对以色列进行了正式访问，迪马外长多次访问中东有关国家，试图促成叙以对话。法认为欧洲与中东局势的发展有直接关系，欧共体应参与组织中东和会；要求伊全面严格地遵守联合国有关决议，支持在伊南部建立禁飞区，主张对伊违反联合国安理会通过的禁飞区决议的挑衅行为进行严厉的打击，但同时强调盟国对伊的军事打击应严格限制在联合国决议的范围内。欧洲是法外交的根本立足点。法积极推动欧共体各国签署《马斯特里赫特条约》，与德国共同创建了欧洲军团。1992年6月丹麦否决马约，欧洲一体化进程遇到严重困难时，法提出了马约不容修改，明确反对欧洲联合中的两种或多种速度，要求欧共体十二国一起前进。1992年9月21日，法国举行公民投票，以51.05%的微弱多数通过马约。为帮助丹麦重新批准马约，法在欧共体爱丁堡首脑会议上同意给丹麦例外条款。针对欧洲公众对欧洲联合可能削弱各国主权的担忧，法强调扩大欧洲议会对欧共体的监督，增加欧共体决策的透明度。为保持欧洲联合的势头，法还同意欧共体于1993年初与有关申请国就加入欧共体问题举行谈判。但认为原东欧国家目前加入欧共体的条件尚未成熟；认为苏、东欧的剧变符合西方的利益，基本消除了对西方的军事威胁，但前苏联解体引发的混乱局面将持续一段相当长的时期。能否稳定俄罗斯局势对欧洲乃至世界安全与稳定至关重要，因此法重视发展与俄罗斯的关系，积极支持叶利钦采取的稳定局势、推进改革的措施，并同意将以前允诺给前苏联的大部分援助转给俄，但更多的是提供技术援助。法对独联体的核武器扩散和核技术人员的流失表示担心，要求独联体拥有核武器的国家对此作出具体、可靠的保证，法还积极参与独联体的核武器销毁和收聘核技术人才的工作。强调裁军的根本目的是加强安全，各类军备的裁减要遵守总体平衡的原则，强调联合国在军控和裁军方面发挥作用。法仍坚持原提出的参加核裁军谈判的三项条件:(1)美俄率先大幅度削减战略核武器,使之与法核力量差距大大缩小;(2)消除欧洲常规力量的不平衡和化学武器的威胁;(3)不得发展影响现有核威慑基础的新的防御体系。在核裁方面,欢迎美俄签署《第二阶段限制战略武器条约》;1992年4月,法宣布暂停一年核试验;8月3日正式加入《不扩散核武器条约》;11月致函美、俄、英、中四国首脑,建议五大国就停止核试问题进行磋商。法反对美提出的全球防御系统计划,认为这将损害法的核威慑力量。在常规裁军方面,主张在欧安会框架内进行欧洲裁减常规军备谈判。在裁减化学武器方面,1993年1月13日,法在巴黎召开的《禁止化学武器公约》的签约会议上签署了上述公约并重申,一俟达成消除化学武器协议,法可同其他国家一起停止研制、生产和储存化学武器。

【同我国的关系】中法于1964年1月27日建立外交关系。1992年,中法双边关系因法批准售台幻影战斗机遇到严重困难。1992年11月,法政府不顾中方的强烈反对,批准达索等公司向台湾出售60架幻影2000—5型战斗机。11月26日,中国外交部副部长田曾佩召见法国驻华大使,向法提出最强烈抗议。12月23日,外交部副部长姜恩柱召见法驻华大使指出,法国政府批准达索公司向台湾出售幻影战斗机,严重恶化了两国关系,法国政府的行为已对两国关系的基础造成严重的损害,中方要求法方在一个月内关闭法驻广州总领馆。

根据中方的统计,1992年度,中法双边贸易额为22.5亿美元,其中我出口7.6亿美元,进口14.9亿美元,分别较去年同期增长4.1%和下降4.7%。

中国驻法国大使:蔡方柏。馆址:11,Avenue George V 75008 Paris。电话:47233445,47233677。电传:614436 F。文传:47202422。签证处地址:9,Avenue Victor Cresson 92130,Yssi-Les-Moulineaux。电话:47367790。文传:47363446。商务处地址:21,Rue de l'Amiral d'Estaing 75016 Paris。电话:47201747。电传:649492 F。

法国驻中国大使:克洛德·马腾。馆址:北京三里屯东3街3号。电话:5321331,5321332。商务处地址:京广中心37层。电话:5014866-70。

法在台湾设有"法在台北协会"、"法亚贸易促进会"等机构;台湾在法设有"法华经济贸易观光促进会"等机构。近年来,法与台湾关系有所发展。

1992年1～11月,法国对台贸易额为30.11亿美元,其中法进口19.74亿美元,出口10.37亿美元。

【同美国的关系】近一年来,两国围绕建立欧洲安全新格局及贸易磨擦的矛盾有所发展,在乌拉圭回合农产品谈判中双方立场针锋相对。1992年5月,法国外长迪马访问美国,会见了美总统布什、国务卿贝克、国防部长切尼,分别与其讨论了欧美关系、前苏联以及南斯拉夫内战等问题。7月6日,密特朗总统与布什总统在慕尼黑七国首脑会议开幕前夕进行了会晤,讨论了欧洲安全、法德军团、乌拉圭回合谈判等问题,双方表示希望欧洲和美国继续一道维护欧洲安全并共同采取措施支持世界经济的复苏。

【同前苏联各共和国的关系】重视发展与独联体国家的关系,尤其是与四个核国家的关系,积极促其采取措施,防止核武器扩散和保证核电站安全。独联体成立后,法即承认俄罗斯是前苏联的合法继承人。先后承认了乌克兰、哈萨克斯坦、白俄罗斯、亚美尼亚、摩尔多瓦、乌兹别克斯坦、土库曼斯坦、阿塞拜疆、吉尔吉斯斯坦、塔吉克斯坦、格鲁吉亚共和国的独立。1992年1月22～26日,迪马外长访问了俄罗斯、乌克兰、哈萨克斯坦和白俄罗斯,与其领导人就双方建交事宜和核安全问题进行了磋商;2月5～7日,俄总统叶利钦对法进行国事访问,法俄签署了《法俄条约》以及十多项有关经济、财政、核技术、领事方面的合作协议。6月16日,乌克兰总统克拉夫丘克访法,双方签署了法乌谅解、合作协定;9月23日,哈萨克斯坦总统纳扎尔巴耶夫对法进行国事访问,同法签署了法哈友好、谅解合作协定和保护投资协定。1991年8月27日,法在欧共体范围内承认了立陶宛、拉脱维亚、爱沙尼亚三个共和国的独立;8月28日,迪马外长访问波罗的海三国,签署了与其恢复外交关系的声明。1992年5月13～15日,密特朗总统对波罗的海三国进行了访问,明确支持三国要求前苏联军队撤出其领土的要求。访问期间,法同立陶宛签署了谅解、友好合作协定,并分别与爱沙尼亚和拉脱维亚签署了投资保护协定。

【同西欧国家的关系】1992年2月13日,科尔总理赴法与密特朗总统举行会谈,讨论南局势和马约签署后的欧共体建设问题;5月21～22日,科尔总理赴法拉罗舍尔市与密特朗总统举行第59次法德首脑会晤,讨论了欧洲军团和欧共体建设等问题,正式签署了法德军团成立的协定;6月3日,法德首脑发表联合声明,对丹麦公民投票否决马约表示遗憾,同时表达法德继续欧洲建设的决心;9月22日,科尔总理访法,与密特朗总统讨论法国批准马约的情况和欧洲建设中出现的新问题,双方强调要继续执行马约规定的欧洲一体化进程;12月3～4日,密特朗总统赴波恩,与科尔总理举行第60次首脑会晤,表示要继续推动欧共体一体化建设和欧共体作出一定的妥协促使丹麦重新批准马约。

1992年6月9～12日,英国女王伊丽莎白二世对法进行国事访问,分别会晤了密特朗总统、贝雷戈瓦总理;7月28日,法总理贝雷戈瓦访问英国,与梅杰首相就双边关系和国际问题交换了看法;9月30日,英首相梅杰访问法国,与密特朗总统就英批准马约问题进行磋商。

1992年7月2日,法总理贝雷戈瓦赴马德里,与西班牙首相冈萨雷斯就欧洲建设问题交换了看法;11月19日,法总统密特朗与西班牙首相冈萨雷斯在法阿尔比市举行第6届首脑会晤。双方一致表示要尽快实施马约的决心，冈萨雷斯表示西坚决支持法在关贸总协定谈判中所持的立场。

1992年3月2日，意大利总统科西加对法进行工作访问，与密特朗总统就南斯拉夫局势、马约的实施、欧洲防务等问题交换了看法；11月9日，密特朗总统与意大利总理阿马托在巴黎举行第13届法意首脑会晤。双方一致认为欧洲联盟的进程不可逆转，欧洲国家在关贸总协定的谈判中应采取一致的立场。

1992年1月13日，密特朗总统对卢森堡进行正式友好访问；3月10日，密特朗总统会见了对法进行私人访问的葡萄牙总统苏亚雷斯；5月25～26日，爱尔兰总统罗宾逊夫人对法进行国事访问，与密特朗总统就国际问题交换看法；5月26日，瑞典首相比尔特访法，与密特朗总统就瑞加入欧共体问题进行了磋商；6月10日，比利时首相德阿纳访法，会见了密特朗总统和贝雷戈瓦总理；10月12～14日，奥地利总统克莱斯蒂尔对法进行正式友好访问，向密特朗总统表达了奥希望尽快加入欧共体的愿望；10月14日丹麦首相施吕道访法，与密特朗总统就丹公民投票否决马约后的新形势交换看法；11月30日至12月1日，比利时国王博杜安及王后对法进行国事访问。

【同东欧国家的关系】1991年4月9日，波兰总统瓦文萨访法，与密特朗总统举行了会谈，双方签署了《友好条约》，1992年3月18～19日，波兰总理奥斯维斯基对法进行正式友好访问，与密特朗总统、克勒松总理就发展双边关系问题进行了磋商。

1991年10月1日，捷克斯洛伐克总统哈韦尔访法，与密特朗总统签署了《友好合作条约》，1992年10月12日，捷克斯洛伐克总理对法进行私人访问，会见了法总理贝雷戈瓦。

1991年11月20日，罗总统伊利埃斯库访法，与法签署了《友好合作协定》，1992年11月23～24日，伊利埃斯库总统对法进行私人访问，会见了密特朗总统，双方就南斯拉夫局势和加强两国关系进行了磋商。

1992年2月17～18日，保加利亚总统热列夫访法，同密特朗总统就双边关系问题举行了会谈。双方签署了《法保谅解、友好与合作条约》，条约确定了两国外长定期会晤制度和在加强欧洲安全方面进行合作。

1992年1月15日，法国宣布承认斯洛文尼亚和克罗地亚共和国独立；4月8日，法宣布承认波黑共和国独立；7月17日，密特朗总统在巴黎会见南斯拉夫总理帕尼奇。

【同中东国家的关系】1992年1月28～30日，法总统密特朗对阿曼进行正式访问，与苏丹卡布斯就海湾地区局势举行会谈，密表示法准备参加加强海湾国家安全的工作。

1992年2月25～28日，埃及总统穆巴拉克访法，与密特朗总统就利比亚涉嫌法飞机爆炸事件进行了磋商；10月25日，法总理贝雷戈瓦访问阿曼与埃及；11月19～20日，埃及总统穆巴拉克对法进行正式访问，与密特朗总统就中东和平进程问题进行了磋商。

1992年3月16日，约旦国王侯赛因访法，与密特朗总统就海湾局势和双边关系进行了磋商。11月27～28日，密特朗总统对约旦进行国事访问，两国领导人讨论了中东和平进程问题。7月27～29日，黎巴嫩总理索勒赫对法进行正式访问，会见了法总统密特朗和总理贝雷戈瓦，与其就黎推迟偿还法债务问题进行了磋商；10月21日，巴解政治部主任卡杜米应法邀请访法，与法领导人就中东和平进程等问题进行了磋商；11月18日，以色列总统赫尔佐克对法进行私人访问，会见了密特朗总统和贝雷戈瓦总理；11月25～27日，法总统密特朗对以色列进行正式访问，会见了以总统、总理，双方讨论了中东和平进程，以希望法在中东和平进程中发挥作用，密呼吁以同巴解对话。

【同亚洲国家的关系】1992年1月14～18日，巴基斯坦总理谢里夫对法进行正式访问，同密特朗总统、克勒松总理就两国的军事和核电方面的合作等问题举行了会谈；2月29日，蒙古总理宾巴苏伦访法，会见了法总统密特朗，法保证为蒙的经济发展作贡献，并允诺于1993年初重开法驻蒙大使馆。

1992年3月10日，土耳其副总理伊诺努访法，与密特朗总统就纳—卡冲突交换了看法。4月13～14日，法总统密特朗对土耳其进行正式访问，这是继戴高乐1968年访土以来首位访土的法国元首。密与土耳其总统厄扎尔讨论了土加入欧共体、地区局势、双边关系等问题。12月23～28日，密特朗总统对土耳其进行私人访问，与土总统、总理、外长就纳—卡的亚美尼亚人和阿塞拜疆人之间的武装冲突问题进行了磋商，密要求土对冲突施加影响；

1992年3月29日至4月2日，金边方面负责人洪森对法进行工作访问，与法领导人就柬局势和柬重建问题举行了会谈。

1992年4月29～30日，日本首相宫泽对法进行工作访问，同法总统密特朗、总理贝雷戈瓦举行了会谈，双方讨论了对俄援助、日本加入欧安会、北方四岛回归、乌拉圭回合谈判等问题。密表示法支持日收复北方四岛的要求，但反对日将此作为援俄的先决条件；11月23～24日，印度尼西亚总统苏哈托对法进行正式访问，与密特朗总统讨论了南北合作、柬埔寨局势和双边关系等问题。

【同非洲国家的关系】1992年3月10日，科特迪瓦总统博瓦尼访法，受到密特朗总统的接见；6月1～4日，塞内加尔总统迪乌夫对法进行国事访问，与法总统密特朗就非洲局势、双边关系交换了看法；6月10日，赞比亚总统奇卢巴访问法国，与密特朗总统就双边关系问题进行了磋商；7月17日，卢旺达总统哈比亚利马纳对法进行工作访问，与密特朗总统就双边关系问题交换看法，密表示支持卢国内的民主进程；11月2～3日，法总理贝雷戈瓦访问摩洛哥，与哈桑二世就双边关系、移民和摩与欧共体的合作问题进行了磋商；11月30日，加蓬总统邦戈和马里总统科纳雷分别对法进行了工作访问，会见了密特朗总统。

1992年10月5～7日，第十七届法非首脑会议在加蓬首都利伯维尔举行，法总理贝雷戈瓦代表密特朗总统出席了会议。贝在会上提出了“安全、民主、发展”的口号，强调非洲在实行民主的同时，应团结起来发展经济，宣布成立拥有40亿法郎的债务转换基金会，用于减轻喀麦隆、刚果、科特迪瓦和加蓬的债务负担和国内经济发展。

【同拉美国家的关系】1992年2月17～19日，阿根廷总统梅内姆对法进行正式访问，同法总统密特朗就双边关系、经济、军事合作交换了看法；4月8～11日，加拿大总理马尔罗尼对法进行正式访问，会见了密特朗总统、贝雷戈瓦总理，双方就双边关系和乌拉圭回合贸易谈判等问题进行了磋商；5月20日，密特朗总统分别会见了哥斯达黎加、洪都拉斯和巴拿马总统；7月12～14日，智利总统艾尔文对法进行正式访问，会见了密特朗总统、贝雷戈瓦总理，与法签署了投资保护协定。这是智利总统25年来首次访法；7月21日，墨西哥总统萨利纳斯访法，会见了密特朗总统，双方就加强两国关系问题进行了磋商。　（杨小革　梁志斐）

法 罗 群 岛

名称　法罗群岛(The Faroe Islands)。

面积　1398.85平方公里。

人口　47500人(1992年底统计)。几乎全部是斯堪的纳维亚人的后裔法罗人。语言主要为法罗语，通用丹麦语。多数人信奉基督教。

首府　曹斯哈恩(Thorshavn)，人口1.47万(1990年底统计)。

总督　本特·克林德(Bent Klinte)，1988年4月1日就职。

简　况

位于挪威、苏格兰和冰岛之间的北大西洋中。由17个居民岛及一些小岛组成。属温和的海洋性气候。平均气温1月5.1℃，7月6.8℃。约公元700年爱尔兰僧侣移居于此。约1000年挪威国王使岛民信奉基督教。1035年成为挪属地。1397年成为卡尔马联盟的组成部分，受丹麦管辖。二次大战期间受英国控制。1948年起成为丹麦的一个内部自治地区。1974年与欧共体签署自由贸易协定。1977年宣布 200海里渔区。1984年宣布为无核区。岛上设有北约的雷达设施。

政　治

设有自治议会和自治政府。公共卫生、福利和教育的立法权属丹麦立法当局。外交、防务、司法、警察、教会和金融由丹政府掌管。地下资源由该群岛和丹麦共同开发和利用，利润平分。总督由丹君主任命。该群岛在丹议会中有两个席位。有自己的旗帜、邮票和货币，丹币也可流通。在1990年底举行的自治议会选举后，在野的社民党成为议会第一大党，并重新成为执政党之一。

【自治议会】每4年选举一次，共有32个议席，分 7个选区按比例代表制普选产生。本届议会于1990年12月17日产生，社会民主党占10席，人民党7席、联合党6席、共和党4席、自治党3席、基督教人民党2席。议长安芬·卡尔斯贝格(Anfinn Kallsberg，人民党)。

【政府】本届自治政府是在1990年12月17日地方议会大选后，经过1个多月的谈判，于1991年1月由社会民主党和人民党组成。政府共有6名成员，其中社会民主党3名，人民党3名。1993年1月自治政府改组。主席玛丽塔·彼德森(Marita Petersen，社会民主党)兼管政府、外交、行政和公共雇员工资；副主席约格万·松斯坦(Jogvan Sundstein，人民党)主管财政、税收、市政和北欧事务等；托玛斯·阿拉博(Thomas Arabo，社会民主党)主管商业、工业、教育、旅游；约翰纳斯·埃德斯高(Johannes Eidesgaard，社会民主党)主管社会、卫生、劳工市场、文化和宗教事务；斯汶·奥格·埃尔弗森(Sven Aage Ellefsen，人民党)主管能源、交通和环境等事务；约恩·彼德森(John petersen，人民党)主管渔业、农业。

【政党】(1)社会民主党(Social Democratic Party)：1925年建党，1928年进入议会。主席阿特利·达姆(Atli Dam)。

(2)人民党(People's Party)：1940年建党，同年进入议会。主席约格万·松斯坦。

(3)联合党(Coalition Party)：1906年建党以来，一直在议会拥有席位。主席保利·艾勒弗森(Pouli Ellefsen)。

(4)共和党(Republican Party)：1948年建党，1950年进入议会。主席西格纳·汉森(Signer Hansen)。

(5)自治党(Independence Party)：自治议会中的一个小党。该党在1948年法罗群岛实行内部自治以来，仅在三届议会中未参加自治联合政府。

经　济

群岛周围有丰富的渔业资源。除鱼产品和部分羊肉能自给外，其余全靠进口。捕鱼和鱼产品加工工业在经济中占主导地位，产值约占国民生产总值的1/3，出口额占总出口的95%。

国民生产总值(1988年)：64.21亿丹麦克朗。

人均国民生产总值(1988年)：13.47万丹麦克朗。

货币名称：法罗尔克朗(同丹麦克朗等值)。

汇率(1991年平均值)：1美元＝6.40克朗。

【渔业】渔业在法罗群岛经济中占重要地位，1990年捕鱼量26.9万吨，其中食用鱼16.8万吨，工业用鱼10.1万吨。1991年拥有渔船248艘，总计78281吨。

【农业】由于夏季气温低，仅生长马铃薯和一些蔬菜。有丰富草场，畜牧业较发达。1989年养牛2080头。

【对外贸易】对外贸依赖很大。丹麦是其主要贸易对象，自丹进口占总进口的40%多，出口占总出口的约16%。近年来贸易情况如下(单位：亿丹麦克朗)：

	1988	1989	1990
进口额	32.21	25.30	20.84
出口额	23.77	25.62	25.78

1990年主要进出口国家的贸易额如下(单位：亿丹麦克朗)：

出口		进口	
丹麦	5.43	丹麦	9.03
德国	4.55	挪威	4.08
英国	3.51	冰岛	1.15
法国	2.08	瑞典	1.02
西班牙	1.96	英国	1.00

【财政金融】近年财政基本平衡，预决算结果如下(单位：亿丹麦克朗)：

	1989	1990	1991
收入	29.42	30.73	27.23
支出	29.42	30.73	27.23

1989年国际收支逆差为6.54亿丹麦克朗。1991年丹麦政府对自治政府的拨款为7.85亿克朗。

人民生活

1988年人均收入约1.4万美元。1990年有医院3所，病床356张，医生124名，其中包括牙科医生42名。

文化教育

对7～14岁儿童实行义务教育，丹麦语为必修课。无文盲。1990/91年度有中小学72所，学生8236人。有师范、技术、商业等专业学校10所，据不完全统计学生近1500人。法罗学院是唯一的高等基础教育学院。有7家报社，1家电台。

（甄建国）

梵　蒂　冈

国名　梵蒂冈城国(The Vatican City State，Stato della Città del Vaticano)。

面积　0.44平方公里。

人口　1380人，常住人口仅540人。主要是意大利人。官方语言为意大利语和拉丁语。信奉天主教。

首都　梵蒂冈城(Città del Vaticano)。

国家元首　教皇约翰·保罗二世(Giovanni Paolo II)，原名卡罗尔·沃依蒂瓦(Karol Wojtyla)，波兰人，1978年10月16日选出。

简　况

位于意大利罗马城西北角的高地上，是世界上最小的国家。属亚热带地中海型气候，平均气温1月为7℃，7月为24℃。2世纪时，罗马城主教因驻帝国首都，政治、经济势力最大，便希图凌驾其他主教之上，后其影响日盛，渐独占"教皇"之称。756年教皇斯提芬二世获得法兰克国王丕平所赠罗马城及周围区域，拥有世俗权，是为教皇国之始。此后疆域屡有变迁，国家数次亡兴。1870年教皇国并入意大利王国，教皇退居梵蒂冈宫中，世俗权力结束。1929年2月11日墨索里尼同教皇庇护十一世签订《拉特兰条约》。意承认梵蒂冈为属于教皇的主权国家，教皇正式承认教皇国的灭亡，另建梵蒂冈城国。

政　治

梵蒂冈城国是一个政教合一的国家。教皇是梵蒂冈的首脑，有最高的立法、司法、行政权。教皇自称"基督在世代表"，教皇由红衣主教2/3多数选出，任职终身。红衣主教团是教皇的咨询机构，现有红衣主教162人，其中23人是教皇于1991年5月任命的。作为红衣主教团的补充，教皇保罗六世于1965年设立主教会议，当教皇有重大决定时，就召开主教会议。梵蒂冈有自己的卫队(由瑞士人组成)、邮政电讯机构、公共事业机构和银行等。它发行的货币和邮票可在意大利流通、使用。1992年10月，教皇宣布为蒙冤359年的著名科学家伽利略平反。

【政府】1988年6月教皇宣布"教廷改革"，对一些机构进行了调整。现中央机构有国务秘书处、圣部、理事会等。国务秘书处是教皇直接领导的工作机构，协助教皇行使其职权，主管内政和外交事务，由红衣主教衔的国务卿主持。国务卿由教皇任命，地位仅次于教皇。现任国务卿安杰洛·索达诺(Angelo Sodano，意大利人)和对外关系秘书(即外交部长)让·路易·托朗(Jean-Louis Tauran，法国人)均为1990年12月2日就任。

圣部负责处理宗教专门事务。现有教义部、东方教会部等9个圣部。

【司法机构】梵蒂冈有3个法庭，即最高法庭、上诉法庭、教廷赦罪院。

【重要人物】教皇约翰·保罗二世：1920年5月18日生于波兰克拉科夫市的瓦多维策。二次大战前在雅盖隆大学学习哲学。战时曾在采石场和化工厂做工，并学习神学。战后取得神父教职。1946～1948年在罗马学习神学。回国后在雅盖隆大学获神学博士学位。1958年被授予主教职位，任克拉科夫教区的大主教。1967年7月，被提升为红衣主教。1978年10月16日当选为罗马教廷第266任教皇。

经 济 梵蒂冈既无工农业，也无自然资源。财政收入主要靠旅游、邮票、不动产出租、特别财产款项的银行利息、梵宗教银行盈利和向教皇赠送的贡款以及教徒的捐款等。梵在北美、欧洲许多国家有数百亿美元的投资，其资本渗透到意大利众多的经济部门，特别是银行信贷和不动产系统，仅地产一项就达46万余公顷。黄金、外汇储备达100多亿美元。

70年代中期以来，梵在西方经济危机的冲击下也面临日益严重的财政困难，特别是由于银行投资失误和增加梵工作人员工资之后，财政连年赤字，1990年以后赤字一直高达8600多万美元。

文化教育 梵蒂冈在意大利、法国、西班牙、比利时、美国、加拿大、巴西、智利、埃塞俄比亚、菲律宾、日本等国家设有大学或神学院。此外，还在世界许多国家和地区设有学校、医院和文化机构。

梵蒂冈有藏书丰富的图书馆和16世纪修建的天文台。梵蒂冈博物馆是世界上著名的博物馆之一，收藏许多艺术珍品。

【新闻出版】《罗马观察家》报是梵唯一的官方日报；《教廷文汇》，官方月刊；《宗座年鉴》，官方年鉴；《宗座活动》，梵蒂冈内外活动大事记，每年出版一次。

有自己的广播电台，用30多种语言每天24小时播音。

对外关系 梵蒂冈同145个国家和地区有正式外交关系，在联合国设常驻观察员。梵派驻在天主教国家的圣使享受当然使团长待遇。

【同我国的关系】梵同我国无外交关系。新中国成立以后，梵蒂冈采取敌视新中国的政策，严重干涉我国内政。我国广大爱国神职人员和教徒组织起来，实行独立自主、自办教会的方针。目前，梵仍同台湾保持所谓“外交关系”。

【同意大利的关系】梵蒂冈同意大利关系密切。两国在修改拉特兰条约问题上曾存在矛盾，双方在1984年2月签署了修改“政教协议”(拉特兰条约)的协定。1992年11月27日，意大利新任总统斯卡尔法罗正式访问梵蒂冈。

【同美国、西欧国家的关系】梵同美国关系一直很好。1984年1月，梵美在断交117年之后复交。梵同西欧国家特别是信奉天主教的国家关系很密切，教皇经常访问这些国家。

【同前苏联、前南斯拉夫国家的关系】1992年1月13日梵承认克罗地亚、斯洛文尼亚独立，2月与两国建立外交关系。1992年梵同俄罗斯、乌克兰、亚美尼亚、阿塞拜疆、格鲁吉亚、摩尔多瓦、白俄罗斯、哈萨克斯坦、乌兹别克斯坦、吉尔吉斯斯坦等共和国建立外交关系。

【同亚非拉国家(地区)的关系】1992年2月，教皇出访西非三个伊斯兰国家：塞内加尔、冈比亚和几内亚；4月梵与蒙古建立外交关系。6月，教皇第九次出访非洲，访问了安哥拉、圣多美和普林西比。

近年来，拉美地区受民族解放运动的影响，天主教内解放神学派发展较快，同梵的分歧增加。梵对此十分重视，教皇多次访问拉美地区。1992年9月21日梵同墨西哥建立外交关系，10月教皇访问多米尼加共和国圣多明各并出席拉美主教会议。 (张利民)

芬 兰

国名 芬兰共和国(The Republic of Finland, Suo-men Tasavalta)。

面积 33.8145万平方公里（1992年芬兰统计年鉴)。

人口 502.9万(1992年1月)。芬兰族占93.6%，瑞典族占6.2%，还有少量萨米人(以前曾称为拉普人)。芬兰语和瑞典语均为官方语言。88.4%的居民信奉基督教路德宗，1.1%信奉东正教。

首都 赫尔辛基(Helsinki)，人口49.25万(1991年1月)。

国家元首 总统毛诺·科伊维斯托(Mauno Koivisto)，1982年1月27日就任，1988年3月1日连任。

简 况 位于欧洲北部。西北邻瑞典，北接挪威，东界俄罗斯，南临芬兰湾，西濒波的尼亚湾。海岸线长1100公里。全国1/4的土地在北极圈内。属温带针叶林气候。平均气温冬季－14～－3℃，夏季13～17℃。12世纪后半期开始隶属于瑞典，14世纪中叶正式成为其一部分。1809年俄瑞战争后成为俄国的大公国。1917年12月6日独立。1918年工人阶级发动武装起义，成立革命政权，后遭镇压。

1939～1940年芬苏战争(芬称"冬战")之后，芬被迫同苏联签订向苏割让领土的和约。1941～1944年纳粹德国进攻苏联，芬参与对苏战争(芬称"续战")。1947年2月，芬作为战败国与苏联等国签订了巴黎和约。1948年4月，又与苏联签订了"友好合作互助条约"。二战后巴锡基维、吉科宁先后任总统。1982年1月，社民党人科伊维斯托当选总统。在1987年议会选举中，联合党获胜，与社民党、瑞典人民党组成"蓝红"政府，改变了战后40多年主要由"中左派"政党执政的局面。1988年的总统选举首次采用双重选举制，科伊维斯托当选连任。

政　治

1991年3月举行议会选举，在野的中间党获胜，跃居为全国第一大党，与联合党、瑞典人民党和基督教联盟组成四党联合政府，这是芬战后40多年来首次组成"纯资产阶级政府"；联合党与社民党为期4年的"蓝红合作"因大选失利宣告结束。社民党在连续执政25年后首次在野。1992年芬执政党与在野党之间围绕国内经济问题斗争激烈，执政党尽管在10月举行的芬地方选举中失利(得票比上次地方选举减少5.8%)，但因在议会享有多数，其执政地位尚不受影响。

【宪法】1919年7月17日颁布生效。宪法规定，国家立法权由议会和共和国总统共同行使；总统是国家元首，拥有解散议会、任命政府、掌管外交、统帅三军等实权，每6年选举一次。

【议会】最高立法机关。由选民直接选举的200名议员组成，任期4年。主要职能是立法、监督政府、监督财政。本届议会是1991年3月选举产生的，中间力量55席，社民党48席，联合党40席，左派联盟19席，瑞典人民党11席，绿色联盟10席，基督教联盟8席，农村党7席，其他组织2席。议长伊尔卡·苏奥米宁(Ilkka Suominen，联合党)，1991年4月30日就任。

【政府】本届政府是1991年3月议会选举后，4月26日组成。成员：总理埃斯科·阿霍(Esko Aho，中间党)，副总理兼外贸部长佩尔蒂·萨洛莱宁(Pertti Salolainen，联合党)，外长帕沃·韦于吕宁(Paavo Vayrynen，中间党)，社会卫生部长约尔玛·胡达宁(Jorma Huuhtanen，中间党，1992年4月接替埃娃·库西科斯基)，国防部长伊丽莎白·雷恩(Elisabeth Rehn，瑞典人民党)，贸工部长贝卡·多米斯托(Pekka Tuomisto，中间党，1992年8月接替卡乌高·尤汉达洛)，财政部长伊洛·维纳宁(Iiro Viinanen，联合党)，文化部长居蒂·伊索霍卡娜—阿苏玛(Tytti Isohookana-Asunmaa，中间党)，环境部长希尔芭·别蒂凯伊宁(Sirppa Pietikainen，联合党)，开发合作部长托米·冈卡涅米(Toimi Kankaaniemi，基督教联盟)，农林部长马尔蒂·布拉(Martti Pura，中间党)。

【司法机构】最高司法机关为最高法院和最高行政法院。最高法院由院长和23名法官组成，负责审理民事和刑事案件。最高行政法院由院长和25名法官组成，负责审理政府机构和省、市(县)机构的行政案件。起诉机关是各级检察院，最高检察长有权出席内阁会议，监督内阁和政府各部门的决定是否符合宪法规定。最高法院和最高行政法院的院长、法官以及最高检察长均由总统任命。最高法院院长奥拉维·海伊诺宁(Olavi Heinonen)，最高行政法院院长安蒂·苏维朗达(Antti Suviranta)，最高检察长约尔玛·阿尔托(Jorma S. Aalto)。

【政党】芬兰是一个多党制国家，在1991年3月议会选举中注册的政党有17个，但力量最大的是中间力量、社民党和联合党。

(1)芬兰中间力量(The Centre in Finland)：简称中间党，1906年成立。曾先后称农村居民联盟、农民联盟和中间党，1988年6月举行党代会改为现名。党员28.6万人。芬议会第一大党。二次大战后一直入阁。1987年3月议会选举后被排斥在政府之外。1991年3月议会选举获胜，以第一大党资格组阁。主席埃斯科·阿霍。

(2)民族联合党(The National Coalition Party)：简称联合党。1918年成立。芬议会第三大党，党员约7万。1987年4月入阁。主席佩尔蒂·萨洛莱宁。

(3)瑞典人民党(The Swedish People's Party)：1906年成立。由芬兰的瑞典族人组成，党员5万余人。主席奥雷·诺尔贝克(Ole Norrback)。

(4)芬兰基督教联盟(The Finnish Christian Union)：1958年成立，盟员1.8万，以基督教教义作为联盟的宗旨。1960年议会选举中首次获得席位。1991年3月议会选举后入阁，主席托米·冈卡涅米(Toimi Kankaanniemi)。

(5)芬兰社会民主党(The Finnish Social Democratic Party)：1899年成立，原名芬兰工人党，议会第二大党，党员8.2万。1991年3月议会选举失利后宣布在野。1993年3月10日，主席乌尔夫·松特奎斯特(Ulf Sundqvist)因个人原因辞职，新的党主席将于同年6月选出。

(6)芬兰左派联盟(The Finnish Left Union)：简称左联。1990年5月由芬兰共产党和人民民主联盟合并组成。现有党员3.42万。主席科拉斯·安德松(Claes Andersson)。

(7)绿色联盟(The Green League)：由不同思想的协会和地区性协会组成，无个人盟员。1983年3月议会选举中首次获得2个议席；5月举行第一次全国性会议。1987年秋，决定成立绿色联盟。1991年3月议会选举后议席大幅度增加，但因能源政策上分歧未能入阁。主席贝卡·萨乌里(Pekka Sauri)。

(8)芬兰农村党(The Finnish Rural Party)：原名小农党，1959年从芬兰中间力量分裂出来。党员2万。1983年议会选举后首次参加政府。1990年8月，因提出国民养老金的预算提议未被采纳，退出政府。1991年议会选举后在野。主席迪娜·麦盖莱(Tina Makela)。

(9)芬兰共产党(团结)(The Finnish Communist Party [Unity]):1986年4月由从前芬共中分裂出来的一派组成。1990年芬共停止活动并入"左联"后,该党继续开展活动,宣称要继承芬兰共产党的传统。党员约1.5万。主席于尔约·哈卡宁(Yrjo Hakkanen)。

另外,还有自由人民党、宪法右派党、养老金领取者党等几个小党。

【重要人物】毛诺·科伊维斯托:总统。1923年11月25日出生于土尔库一个木匠家庭。青年时期当过木工、码头工、小学教员等。1947年加入社民党。1956年获哲学博士学位。50年代入银行界。1968年任中央银行总裁,同期先后任芬在国际复兴开发银行和国际货币基金组织中的代表。1966～1967年和1972年先后两次任财政部长,1968～1970年、1979～1982年两次任总理。1982年起任总统。爱好打排球。主要著作有:《错误的政策》(1978年)、《路线方针》(1983年)、《政策与制定》(1988年)。夫人泰莱尔沃·科伊维斯托(Tellervo Koivisto)为经济学硕士。生有一女。 **埃斯科·阿霍**:总理。1954年5月20日生于韦特里一农民家庭。1980年获政治学硕士学位。1974～1980年任中间党执委会委员兼青年组织主席,1977～1980年为芬兰青年委员会委员和议会青年政治委员会委员,1979～1980年为外长政治秘书。1983年进入议会。1990年当选芬中间党主席。1991年4月任议长,当月26日出任总理。夫人吉尔斯蒂·阿霍(Kirsti Aho)。有3个子女。

经　济

80年代,芬兰经济以年平均增长3.7%的速度持续发展。1989年人均国民生产总值居世界第四位。但80年代末以来,芬兰工业投资和国内需求过旺,国民经济增长过快,国际收支逆差严重,经济过热矛盾突出。与此同时,芬主要的出口国经济不景气,芬同苏联的贸易大幅度下降。因此,芬经济从1990年下半年起出现严重衰退,全年国民生产总值仅增长0.4%。1991年国民生产总值下降6.2%。1992年经济继续衰退,国家财政困难,银行亏损严重,投资不振,内需疲软,失业率居高不下。为摆脱经济危机,重新启动经济,芬政府不顾在野党和工会的反对,坚持奉行以出口带动国民经济发展,以节支代替举债的经济复苏政策,并通过建立银行基金和追加预算支持银行度过难关。为减少财政赤字,芬政府还将从1993年起削减公共福利开支100亿马克。1992年9月芬被迫将马克与欧洲货币单位脱钩,实行自由浮动,致使马克在不到一年内实际贬值35%。

国内生产总值(1992年):4910亿芬兰马克。

人均国内生产总值(1992年):9.71万芬兰马克。

国内生产总值增长率(1992年):－3.5%。

国民收入(1991年):4090亿芬兰马克。

货币名称:芬兰马克。

汇率(1992年平均数):1美元＝4.483 芬兰马克。

通货膨胀率(1992年):3%。

失业率(1992年底):18.6%。

【资源】森林资源丰富,覆盖率达66%,约2006.5万公顷,木材储积量18.8亿立方米。矿产资源以铜较多,还有少量的铁、镍、钒、钴等。泥炭资源丰富,能量相当于40亿吨石油。有两座核电站(四个核反应堆),核能相当于453.2 万吨石油。

【工业】1991年工业产值为979.52亿芬兰马克,占国内总产值22.2%。木材加工和金属工业为经济两大支柱,约占工业产值的52%。近年来,化工、电子工业部门迅速发展。造纸工业具有世界先进水平,是世界第二大纸张、纸板出口国,世界第四大纸浆出口国,新闻纸占世界新闻纸总产量的6%。1985～1990年工业年均增长率为2.3%。1991年工业生产下降10.6%。1991年工业从业人口为50.2万人,占总劳力的21.5%。主要工业品产量如下(单位:万吨):

	1988	1989	1990
锯木(万立方米)	791.1	740.5	740
胶合板(万立方米)	60	62.3	64.3
纸浆	900	910	889
纸张、纸板	870		896
新闻纸	144.4	136.9	142.9
生铁	217.3	228.4	228.3
粗钢	280	292.1	286
发电(亿度)	530.7	533.8	541.2

(资料来源:1992年芬兰统计年鉴)

【农林业】农林产值大体相同,1991年为236.44亿芬兰马克,占当年国内生产总值的5.4 %。农、林密切结合,几乎所有农户都经营一定数量的林地。森林管理、育苗、栽植、采运等均居世界先进行列。年采伐量5400万立方米。1989年耕地约245.31万公顷。1991年从事农林业的劳动力19.8万人,约占总劳力的8.5 %。主要农产品为小麦、大麦、燕麦、马铃薯和油料作物。农畜产品自给有余。主要农畜产品如下(单位:万吨):

	1988	1989	1990
小麦	28.46	50.72	62.7
大麦	161.18	162.99	172
燕麦	85.73	144.38	166
黑麦	4.89	19.59	24.4
牛奶(万公升)	266.8		260
黄油	6.18	6.01	6.56
肉类	41.5	38.3	33.8
鸡蛋	7.7	7.57	7.6

(资料来源:同上)

【服务业】服务业发达,特别是进入80年代以来发展更为迅速。基本分为私人服务业和公共管理服务业两大类。主要包括商业、贸易、旅馆、饭店、银行、保险、社会性服务业和公共服务业。1980～1990年服务业产值年均增长3.8%。1991年服务业产值占国民生产总值的63.7 %,从业人口为146.1万,占总劳力的62.4%。

【旅游业】1991年外国来芬旅游者共400 余万人,旅游收入约50.4亿马克。全国共有旅馆754家。主要旅游点是赫尔辛基、土尔库、中部湖泊地带、北部拉毕地区和阿兰岛。

【交通运输】交通运输业发达，1991年产值为374亿芬兰马克，占国民生产总值的8.5 %。1990年交通运输情况：

铁路：总长5846公里，其中28%电气化；客运量33.31亿人公里，货运量83.57亿吨公里。

公路：总长7.64万公里，其中高速公路450公里；各种机动车223.3万辆，其中客车194.8万辆、货车28.48万辆；客运量561亿人公里，货运量263亿吨公里。

水运：内河航线长9550公里，沿海航线长7730公里；客运量360.5万人，货运量123.6万吨；商船451艘；总吨位109.36万吨；客运量665.46万人，货运量2035.6万吨；港口近30个，吞吐量5889.5万吨；重要港口有赫尔辛基、土尔库、波里和科特卡。

空运：共有4家航空公司，49架飞机，国际航线35条；客运量96.53亿人公里，货运量1.35亿吨公里；国际机场有赫尔辛基、土尔库和坦佩雷。

【财政金融】国家财政收支情况（单位：亿马克）：

	1989	1990	1991
收入（不包括借债）	1348.28	1387.39	1585.22
支出	1294.59	1408.93	1585.17

（资料来源：《芬兰统计年鉴》1992年10月）

收入主要靠税收。1991年税收为1339.46亿马克。1991年底外汇储备336.16亿马克，黄金储备218亿马克。1992年国际收支逆差228亿马克。到1992年底净外债累计2346亿马克。

【对外贸易】出口收入占国民生产总值的1/3 强，约80% 的木材加工产品和40% 的金属工业产品供出口。森林工业和金属工业出口分别占总出口量的39%和43%。所需能源的80%和许多工业原料均需进口。1992年芬外贸出口竞争力因马克贬值得以提高，出口增长16%，进口增长8%。近年对外贸易情况如下（单位：亿马克）：

	1990	1991	1992
出口额	1013.31	928.72	1070
进口额	1030.28	877.20	950
差　额	－16.97	51.52	120

（资料来源：1992年芬兰海关统计）

主要贸易对象为欧洲共同体和欧洲自由贸易联盟。1991年芬对欧共体国家的进、出口分别占芬进、出口总额的45.9%和51.2%；对欧洲自由贸易联盟国家的进、出口分别占19.9%和20.6%。对前苏联的进、出口下降了27%和65%，占芬进出口总额的8.5%和4.9%。

人民生活

1990年，人均国民收入8.6万马克，实际国民收入增长5.4%，消费品物价指数比1989年上涨3.3%。1990年全国拥有病床62424张；每413人1名医生；每千人有汽车449辆、电视机380台、电话535台。人均住房面积30.5平方米；96%的家庭有电冰箱。

军　事

总统为军队最高统帅。国防委员会是最高咨询机构。总理负责领导民政方面的国防活动。国防军司令负责军事方面的国防活动。国防军司令杨·克伦贝格（1990年3月任职）。实行义务兵役制，服役期8～11个月。

芬平时有武装力量共3.28万人。陆军2.73万人，编为9个旅、7个团、7个营。海军2500人，编2支舰队。空军3000人，编3个战斗机联队。

1991年国防预算为89.45亿马克，占国家预算的5.64%，约占国内生产总值的1.78%。

文化教育

【教育】教育事业较发达。全国实行9年一贯制的义务、免费教育。1990年全国有各类学校5922所，在校学生97.58万人，教师6万余人。1991年教育经费预算为291.57亿马克，约占国家预算的18.34%。著名高等学校有赫尔辛基大学、赫尔辛基技术大学、坦佩累大学等。1990年各级学校数、学生及教师人数：

	学校（所）	学生（人）	教师（人）
基础学校	4869	599240	42601
中学	464	98089	6185
职业学校	546	163802	16107
高等院校	22	113347	7788

【新闻出版】1991年，全国共有报纸393种，其中日报63种；各种杂志、期刊4096种。主要报刊发行量：《赫尔辛基报》48.25万份，《晨报》14.46万份，《新芬兰报》9.21万份，《首都日报》6.58万份，《国土报》1.23万份，《芬兰社会民主党人报》3.60万份，《芬兰画报》10.78万份。

有5家通讯社。最大的芬兰通讯社（简称芬通社），于1915年成立，属半官方性质，同世界主要通讯社均有业务联系。外国在芬的通讯分社有15家。

芬兰广播公司：1926年成立，1934年改为国营。对外用芬兰语、瑞典语、英语、德语和法语广播。

芬兰电视台：1958年正式播送，现在分为电视1、2、3台。此外还有私营的广告电视台。70年代开始有有线电视（赫尔辛基有线电视）。

对外关系

战后一直奉行同苏联保持睦邻友好关系、不介入大国冲突、同各国发展友好关系的“积极的和平中立政策”。近年来，为适应欧洲形势的变化，逐渐调整外交政策，在继续坚持中立政策的同时，强调要重新估价中立政策的实质和性质，芬中立的核心是军事不结盟和防务独立。

认为当前世界和欧洲形势发生了重大变化，冷战和东西方对峙已结束，以相互依存和合作为特征的世界新秩序正在出现。但各种未知数有可能导致新的不稳定。经济和科技因素越来越多制约国际关系。欧洲爆发大规模战争的危险大大减少，但东西欧经济上的差异、民族矛盾和生态危机对欧洲构成新的威胁。应通过广泛的合作及运用和平手段来解决这些问题。欧安会应成为欧洲安全新体制的基础和框架，在预防、控制和和平解决冲突以及在促进经济合作方面发挥重要作用。欢迎美国、俄罗斯就裁减核、常规武器和装备提出的建议，认为美、俄裁减武器，有利于战略稳定和国际安全。但认为俄罗斯西北部、科拉半岛和圣彼得堡地区的军事力量不会很快裁减，原苏军也不会很快从波罗的海三国撤出。因此希望加快裁军进程并照顾北欧国家的特殊利益。认为世界形势缓和后，联合国及安理会的作用得到加强，一个强有力的联合国尤其符合小国的利益。主张联合国不仅应致力于结束冲突，更重要的是防止冲突，同意联合国作为最后手段采取军事行动以确保国际安全。积极参与联合国维持和平活动，目前在中东等地派有一千余人。截至1992年6月，已同157个国家建交。

【同我国的关系】1950年10月28日中芬建交，1951年互设公使馆，1954年升格为大使馆。建交以来两国关系一直正常友好，近年来有显著发展。1986年和1988年，芬总理索尔萨和总统科伊维斯托先后来访，这分别是中芬建交以来芬政府首脑和国家元首首次访华。耿飙副总理、习仲勋副委员长和吴学谦外长先后于1979、1981、1986年访芬。双方签有双边年度贸易协定和支付协定、航空协定、海运协定、经济工业和科技合作协定、文化协定和投资保护协定、关于对所得避免双重征税和防止偷税漏税的协定、开发信贷协定和科技合作协定。1989年我政治风波后，芬未采取任何制裁措施，继续同我发展关系。同年11月，芬外贸部长萨洛莱宁如期访华。1990～1991年两国重要的互访有：芬议会第一副议长海旦麦基—奥兰德尔、外交部国务秘书维托尔、贸工部长尤翰达洛访华。国务委员兼北京市长陈希同、经贸部长郑拓彬、彭冲副委员长访芬。1992年中芬重要互访有：芬外长韦于吕宁访华(10月)、芬总统夫人泰莱尔沃·科伊维斯托对华进行私人访问(4月)。李鹏总理出席巴西联合国环境与发展大会后回国途中在芬过境停留(6月)、朱镕基副总理和田纪云副总理(11月和6月)分别访芬、陈慕华副委员长在芬过境(6月)。1992年两国贸易额为3.45亿美元，其中我进口为2.52亿美元，出口为0.93亿美元，分别增长28.7%和20.5%。

我驻芬兰大使：乔宗淮。馆址：Vanha kelkkamaki 9-11, 00570 Helsinki, Finland。电话(国家地区号3580)：684 8371(办公室)，684 8976(领事部)，684 8416(商务处)。传真：684 9551(办公室)，686 9595(商务处)。电传：124661 CHINA SF (办公室)，126055 CHINA SF (商务处)。

芬兰驻华大使：李斯蒙(Ilkka Ristimaki)。馆址：北京塔园外交人员办公楼1单元10楼1号，邮政编码100600。电话：532 1817，532 1806，505 2301(商务处)，532 3123(商务处)；传真：5321884。电传：22129 FINLA CN。

同台湾贸易额：1991年对台出口739亿芬兰马克，从台进口820亿芬兰马克。

【同前苏联和东欧国家的关系】战后以来，芬苏之间一直保持密切的关系，1948年芬苏友好合作互助条约是两国关系的基础。1991年底苏联解体后，芬宣布承认俄罗斯继承苏联，将芬俄关系视为芬苏关系的继续。同时，芬宣布承认独联体所有成员国。1992年1月，芬同俄罗斯签署"芬俄关于两国关系基础的条约"和经济合作协定以及芬俄在毗邻地区合作的协定，同时宣布废除"芬苏友好合作互助条约"。1992年7月，俄罗斯总统叶利钦访芬。至1992年7月，芬已同前苏联所有共和国建交。前苏联曾是芬最大的贸易伙伴。但近年来，两国贸易持续下降。从1991年初起，芬苏将记帐贸易改为现汇贸易。1991年两国贸易约占芬外贸总额的4%左右。

东欧形势变化后，芬继续保持和发展同东欧各国的关系并向东欧国家提供双边和多边援助，重点支持东欧国家加强环保工作。

芬对南斯拉夫国内的冲突表示不安，主张按欧安会原则和平解决南争端；支持欧安会和欧共体为制止南暴力行为和寻求和平解决所做的努力；在第四十七届联大讨论中止新南联盟的席位时，芬投了赞成票。芬还向南危机地区派出300人的工程部队。芬于1992年1月承认克罗地亚和斯洛文尼亚并与之建交。

【同欧共体的关系】欧共体国家是芬兰的重要资金和贸易市场。与欧共体的贸易占芬外贸总额的50%左右，芬对外投资近一半面向欧共体国家。长期以来，由于冷战的影响，芬一直视加入欧共体违背芬的中立政策，同欧共体的关系不密切，但积极通过欧洲自由贸易联盟加强同欧共体的合作。1991年芬迅速调整了对欧共体的政策，认为欧共体已成为全欧政治、经济发展的关键因素，芬只有加入欧共体才能最好地维护芬的民族利益。芬于1992年3月18日正式申请加入欧共体，并于1993年2月初开始就此与欧共体进行谈判。

【同北欧国家和美国的关系】同北欧国家的传统合作是芬外交政策的重要支柱。芬主张在欧洲局势变化和西欧一体化发展的形势下，应更新北欧合作，使之进一步深化。

芬重视同美国的关系。芬议长、外长和国防军总参谋长分别于1992年3月、2月和6月访美。美总统里根于1988年5月顺访芬兰。同年2月和5月美副总统奎尔和国防部长切尼分别访芬。5月，芬决定从美购买64架F/18型战斗机，总金额达130亿马克。6月，芬成为北大西洋合作委员会NACC的观察员。

【同第三世界国家的关系】近年来同第三世界国家的关系发展较快。自1983年以来，芬总统、总理、外长和外贸部长等对亚非拉发展中国家进行了100多次访问，已同20多个国家签订了经济、工业和科技合作协定。积极主张南北对话，支持建立新的国际经济秩序。1989年芬开发援助首次达到占国民生产总值0.7%。

1991年开发援助拨款为36.87亿马克，占国民生产总值的0.75%。从1992年起，芬为了减少国家支出，决定今后逐年减少对外援助，同时也在调整外援政策，并表示今后在发展合作中将更多地注意受援国的民主和人权状况。（倪晓京）

荷 兰

国名 荷兰王国（The Kingdom of the Netherlands）。

面积 41526平方公里(1992年1月)。

人口 1512.95万(1992年1月)。90%以上为荷兰族，此外还有弗里斯族。官方语言为荷兰语，弗里斯兰省讲弗里斯语。居民36%信奉天主教，26%信奉基督教(包括各革新教派)。

首都 阿姆斯特丹(Amsterdam)，人口713407人(1992年1月)。政府所在地海牙(Den Haag)，人口445287人(1992年1月)。

国家元首 贝娅特丽克丝女王(Beatrix Wilhelmina Armgard)，1980年4月30日即位。

简 况

位于欧洲西部。东邻德国，南接比利时，西、北濒北海。海岸线长1075公里。27%的面积低于海平面，1/3的面积仅高出海平面1米。从13世纪即开始围海造田，增加土地面积约60万公顷。属海洋性温带阔叶林气候。平均气温1月2℃，7月19℃。年平均降水量765毫米。16世纪前长期处于封建割据状态。1568年爆发延续80年的反抗西班牙统治的战争。1579年北部七省成立荷兰共和国(正式名称为尼德兰联省共和国)。1648年西正式承认荷独立。17世纪曾为海上殖民强国。1795年法军入侵。1814年脱离法国，翌年成立荷兰王国。1848年成为君主立宪国。二次大战后基本上由教派党与工党或自由党联合执政。

政 治

1989年基民盟工党联合政府组成以来，继续执行紧缩政策，计划将政府财政赤字占国民收入的比例每年减少0.5个百分点。1992年受国际经济衰退的影响，经济增长放慢，通货膨胀加剧，给荷政府的目标带来困难。1992年初，在准备下一年度财政预算时荷兰政府提出减少社会保险开支、控制工资增长幅度等措施来进一步减少政府财政赤字、抑制通货膨胀。为此工潮迭起，先后有奶制品企业职工、冶金行业职工、铁路职工和教师等举行罢工，要求提高工资待遇。荷政府内部亦因削减额分配不公而出现矛盾，有的大臣甚至以辞职相威胁。后经各方妥协让步，终达成协议。

【宪法】1814年3月29日颁布。1848年修改。宪法规定荷兰是世袭君主立宪王国。立法权属国王和议会，行政权属国王和内阁。还规定了议会(两院)的具体职权及组成。国务委员会为最高国务协商机构，成员由国王指定。

【议会】分一、二两院(即上、下院)，任期均为4年。一院议员75名，由省议会选出，本届议会一院于1991年6月产生。各党在一院所占议席如下：基督教民主联盟27席，工党16席，自由民主人民党12席，六六民主党12席，绿色左派联盟4席，政治革新党2席，新教政治联盟1席，革新政治联盟1席。二院议员150名，按比例代表制通过直接普选产生，本届议会二院于1989年9月6日选出。各党在二院所占议席如下：基督教民主联盟54席，工党49席，自由民主人民党22席，六六民主党12席，绿色左派联盟6席，右翼小党6席，中心党1席。一院议长维林克(Tijeenk Willink，工党)，1991年6月11日就任。二院议长迪特曼(W. J. Deetman，基民盟)，1989年9月14日就任。

【政府】本届内阁1989年11月由基督教民主联盟和工党联合组成。现内阁共有14名大臣(基民盟和工党各7名)和11名国务秘书，主要有：首相兼内阁事务大臣吕贝尔斯(R. F. M. R. Lubbers，基民盟)，副首相兼财政大臣柯克(Willem Kok，工党)，外交大臣科伊曼斯(Prof. Pieter Hendrik Kooijmans，基民盟)，国防大臣特尔贝克(Relus ter Beek，工党)，经济大臣安德利森(Koos Andriessen，基民盟)，发展合作大臣普朗克(Jan Pronk，工党)，经济部国务秘书(外贸大臣)范罗依(I. van Rooy，基民盟)。

【司法机构】全国设62个基层法院(乡镇法院)，19个中级法院(地区法院)，5个上诉法院和1个最高法院。此外还设有军事法庭、行政法庭等若干特别法庭。

基层法院负责审理一般性民事与刑事案件，中级法院负责审理较重大的民事及刑事案件(上述两级法院均为初审法院)。上诉法院专门负责审理上诉、抗诉案件。最高法院院长罗依(Mr. S. Royer)，最高检察长莱顿(Mr. J. Leijten)。各级法院法官均系高等院校法律专业毕业，由女王任命，任期终身(实际到70岁)。

【政党】(1)基督教民主联盟(Christen Democratisch Appel)：由原天主教人民党、基督教历史同盟和反对革命党3个教派党联合而成，1980年正式组成该党。党员约13.8万。主席范费尔森(W. van Velzen)，二院议会党团长布林克曼(L. C. Brinkman)。

(2)工党(Partij van de Arbeid)：1946年成立，前

身是1894年建立的社会民主党。党员约10万。主席罗登贝格(Rottenberg),二院议会党团长沃尔特根斯(Thijs Woltgens)。

(3)自由民主人民党(Volkspartij voor Vrijheid en Democratie):1948年成立。党员约6.8万。主席范列文女士(van Leeuwen-Schut),二院议会党团长鲍尔克斯坦(Frits Bolkestein)。

(4)六六民主党(Democraten'66):1966年由工党、自由党中分裂出来的左翼激进分子组成。党员约1万余。主席杨森(Ries Jansen),二院议会党团长范米尔洛(Hans van Mierlo)。

(5)政治革新党(Staatkundig Gereformeerde Partij):1918年成立。党员2.3万。主席斯拉赫伯姆(H. Slagboom),二院议会党团长范德弗里斯(B. J. van der Vlies)。

(6)绿色左派联盟(de Groene Links):1989年5月由政治激进党、荷兰共产党、和平社会党和新教人民党等左翼党合并而成。党员约1万。主席普拉特弗特(L. Platvoet),二院议会党团长里娅·贝克斯(Ria Beckers)。

其他政党还有:中心党、新教民主党、革新政治联盟、绿党、新荷兰人民联盟、新教政治联盟、社会主义工人党等。

【重要人物】贝娅特丽克丝:女王。1938年1月31日生。1956年入莱登大学学习,1959年获法律学士学位,1961年获硕士学位。1980年4月30日继承王位,为荷兰王国第六代君主。1977年以王储身份访华。爱好绘画、雕刻和音乐。 **吕贝尔斯**:首相。1939年5月7日生于鹿特丹。就读于鹿特丹经济学院。1962年毕业后任机械厂经理。1964年起先后任基督教青年雇主协会主席,天主教金属制造业雇主协会主席,荷兰基督教雇主联盟理事。1973～1977年任经济大臣,1977年当选为二院议员,1978年任基民盟二院议会党团长,1982年11月任内阁首相,1986年第二届基民盟与自由党联合政府组成,连任首相。1989年11月基民盟和工党组成联合政府,吕第三次出任首相。对国际经济颇有研究。

经 济

发达的资本主义国家。为出口型经济,商品与服务的出口约占国民生产总值的55%,高于西欧其他国家。电子、化工、水利、造船以及食品加工等技术先进,金融服务和保险业发达;农业以高集约化、高产著称,农产品出口额居世界第二。80年代中以来保持较高经济增长率,其中1989年为4.2%,1990年为3.9%,高于欧共体平均水平。但受国际经济形势影响,近年来经济增长放慢。

国内生产总值(1991年):5435亿荷兰盾。

人均国内生产总值(1991年):31930荷兰盾。

国内生产总值增长率(1991年;1992年):3%;1.6%。

国民收入(1991年):5420亿荷兰盾。

货币名称:荷兰盾。

汇率(1991年平均):1美元=1.87荷兰盾。

通货膨胀率(1991年):4%。

失业率(1991年):4.5%。

【资源】自然资源贫乏,但天然气丰富,1988年全国探明总储量为17700亿立方米。格罗宁根省气田是世界大气田之一。

【工业】荷工业发达。1982年以来,吕贝尔斯政府逐步减少了对造船等传统工业的财政补贴,积极鼓励发展新兴工业,特别重视发展空间、显微电子和生物工程领域中的高技术。主要工业部门有食品加工、化工、石油化工、冶金、机械制造、电子工程、造船、印刷、钻石加工和飞机制造等。鹿特丹是欧洲最大的炼油中心。荷是世界主要造船国家之一。1991年开采天然气817亿立方米,居世界第四位。出口达344亿立方米(1990年),居世界第二位。动力48.6%靠本国天然气发电供给。全国工业人口为153.5万(1990年),占全国总劳力的24%。主要工业产品产量(单位:万吨):

	1989	1990	1991
生铁	516.3	496	469.7
粗钢	568.1	541.2	360.8
钢材	361.9	360.8	365.2
石油产品	7294.5	7054.2	7728.9
天然气(亿立方米)	717.15	722.38	817
发电量(亿度)	730	719	743.5

(资料来源:1993年荷兰统计手册)

【农牧业】1991年农牧渔业总产值395.8亿荷盾,占国内生产总值的8%。1991年从事农牧业的人口28.82万(其中一半从事畜牧业),占全国就业人口4%左右。1991年全国耕地和牧场199万公顷,农牧场12.26万个。畜牧、园艺业发达。畜牧业产值占农牧业总产值2/3左右。农牧产品55%以上供出口,1991年农牧渔业出口值(包括在荷加工转口的农产品产值)达615.88亿荷盾,仅次于美国,居世界第二位。1990年农牧渔业出口顺差261.82亿荷盾。在全世界花卉交易总额中,荷兰占60%以上,1990年出口达69.36亿荷盾。农产品加工工业十分发达。主要农畜产品产量(单位:万吨):

	1989	1990	1991
小麦	104.68	107.59	94.41
玉米	268.56	236.3	233.67
马铃薯	685.56	703.62	694.92
甜菜	768.16	862.3	718.9
蔬菜	302.50	326.4	360.7
水果	48.20	51	42
牛肉	32.2	37.2	42.6
猪肉	163.6	167.2	159.1
家禽	49	52.5	54.7
牛奶	1137.5	1123.5	1108
鸡蛋	65.5	60.2	60.3

牲畜存栏数(单位:万头、只):

	1990	1991	1992
牛	492.6	505.7	492
猪	1391.5	1319.6	1416.1
羊	170.2	187.8	195.4
鸡	9276.5	9362.4	9937.2

（资料来源：同上）

【服务业】80年代以来，服务业发展迅速，占国内生产总值的一半以上，主要集中于运输和银行、保险等部门。从业人数391.6万人（1991年3月），占总劳力的72%。近几年服务业产值情况如下：

	1988	1989	1990
服务业产值(亿荷盾)	2968.81	3141.73	3324.35
占国内生产总值(%)	66	66.1	65

【旅游业】全国旅游休假区近20处。主要观光点为海岛、旧城、运河、鲜花种殖区、博物馆等。阿姆斯特丹每年吸引近一半旅游者。1986年旅馆、青年旅舍、休养所、野营场等共有床位171.3万张，1991年外国游客1720.5万人。1987年荷旅游收入为76亿荷盾。荷兰人在国外旅游开支为75.4亿荷盾。

【交通运输】陆、海、空运输均十分发达。1991年情况如下：

铁路：总长2780公里，其中电气化铁路1939公里；客运量127.9亿人公里，货运量30.4亿吨公里。

公路：总长118214公里，其中高速公路2105公里；机动车辆636.4万辆，其中货车52.7万辆，小轿车556.9万辆；公路客运量1618.1亿人公里，货运量212.6亿吨公里。

水运：海运商船总数410艘，总吨位289万吨；内河船只6011艘，总吨位599.4万吨；内河航运线总长度5052公里，货运量2.06亿吨；港口总吞吐量3.77亿吨；鹿特丹港为世界第一大港，吞吐量2.925亿吨。

空运：全国有各种民用飞机1939架，机场12个，国际机场3个；阿姆斯特丹的斯希波尔机场是欧洲主要国际航空港之一，起降飞机23.26万架次，客运量1624.3万人次，货运量65.4万吨。

【财政金融】70年代以来，荷政府实行福利政策，致使荷财政赤字率逐年上涨，1983年占国民生产总值比例达10.1%。1982年后，吕贝尔斯内阁实施紧缩财政政策。1989年第三届吕贝尔斯内阁组成以来，继续执行紧缩政策，1992年财政赤字率已降至4.25%。近几年财政决算收支状况（单位：亿荷盾）：

	1989	1990	1991
收入	1566.37	1560.79	1740.10
支出	1817.68	1832.09	1910.69
赤字	251.31	271.30	170.59

（资料来源：同上）

1991年黄金和外汇储备555.54亿荷盾。国家累积债务3210亿荷盾。

【对外贸易】外贸在经济中占重要地位，出口额约占国民生产总值的50%，长期顺差。外贸总额仅次于美、日、德、英、法、意、加。居世界第八位。近年来外贸情况如下（单位：亿荷盾）：

	1990	1991	1992
总　额	4687.63	4834.18	4790
出口额	2391.81	2488.09	2480
进口额	2295.82	2346.09	2310
差　额	95.99	142	170

（资料来源：同上）

进口主要为原料、半制成品、机械等，出口中制成品占70%。主要贸易伙伴为欧洲共同体国家，分别占其进口64%和出口的77%以上（1991年）。1991年主要贸易对象及与荷的进、出口额（单位：亿荷盾）：

	进口	出口
德国	602.27	733.16
比利时、卢森堡	333.41	355.74
法国	178.39	265.28
英国	203.85	232.11
美国	183.50	95.69
意大利	87.18	159.24
日本	85.54	22.92

（资料来源：同上）

【对外援助】80年代以来，荷兰官方外援金额平均每年40亿荷盾，占国民生产总值1%左右，居发达国家前列。1993年官方发展合作预算支出为65.6亿荷盾。双边援助主要给予最穷国和同荷兰有特殊关系的国家，如印度、印尼、孟加拉国、巴基斯坦、斯里兰卡、坦桑尼亚等；多边援助多用于农业、教育、医疗卫生部门。

人民生活

1991年人均国民收入31930荷盾，约合18000美元。月均净工资3556荷盾，年平均工时1744小时，每周39.4小时。1991年消费品价格指数为108（1985年为100）；耐用消费品普及率：电冰箱97%，冰柜54%，洗衣机100%，彩色电视机95%，录相机50%，激光唱机48%，家用电脑25%，小汽车65%；各类医院754家，每千人拥有病床12张以上，医生2.42人（不包括牙医和助产士）；每千人拥有电话470部。

军　事

荷在第二次世界大战前为中立国，战后加入北约，并以北约的集体防卫政策作为其国防政策的基础。女王为全国武装力量最高统帅，实际指挥权掌握在内阁手中。防务委员会是国防部最高决策机构，国防大臣为委员会主席。国防参谋长赫拉夫上将。荷武装部队负有保卫荷属安的列斯群岛安全的义务。实行志愿和义务相结合的兵役制（实行20～35岁义务兵役制），服役期14～17个月。1992年总兵力105000人，其中陆军63000人，海军20000人，空军18000人，宪兵等约4000人。荷在荷属安的列斯群岛的库拉索建有一个海军基地，在德国部署了一个旅（5700人），派有105人随联合国和平部队驻扎在埃及的西奈半岛，驻冰岛30人。1991年3月国防大臣提出未来10年防务问题报告，提出将本着少而精的原则改组国防力量，增加灵活性和机动性，1992～1994年削减军费15.8亿荷盾。1992年国防预算支出141亿荷盾，占预算支出总额的7%。

文化教育

【教育】实行5～16岁义务教育制。学校分幼儿教育(4～6岁)、小学(6～12岁)、中学(12岁以上)、大学。中小学校分为公立和私立两种。残疾儿童有专门学校。1992年度教育预算330亿荷盾，占预算支出总额的16.1%。1992年有幼儿生、小学生共146.4万，残疾小学生11.2万，中学生75.1万，初、中等职业学校学生75.6万，大学生19.4万，高等职业学校学生26.3万。著名高等院校有莱登大学、乌特勒支大学、阿姆斯特丹自由大学、格罗宁根大学、鹿特丹大学、德尔夫特理工大学和瓦格宁根农业大学等。

【科研】在水文、水利、航海和天文学等方面的研究颇有成就。主要科研机构有：(1)荷兰皇家科学院：1908年建立，下设数学与自然科学部、历史与文学部。(2)荷兰应用自然科学研究院：1930年成立，下设35个研究所，4900名工作人员，其中科研人员1100名。(3)荷兰纯科学研究院：1950年建立。科研经费相当于当年国民生产总值的2%。

【新闻出版】现有日报近90家(其中全国性日报8家)，综合性和专业性期刊约4000家。1992年主要报刊及发行量(份)：《电讯报》72.59万，《每日汇报》40.51万，《人民报》35.46万，《海牙报》16.05万，《新鹿特丹商业报》25.05万，《誓言报》10.08万，《忠诚报》16.84万；《埃尔什维尔周刊》12.15万。

荷兰通讯社：半官方新闻通讯机构。

有5个全国广播电台、10个地区广播电台和150个地方广播电台，电视台有三套广播节目。电视广播覆盖率100%，其中76%的家庭可接收有线电视。全国有30个广播组织，由新闻媒介委员会根据各组织会员人数分配广播时间，其中8大广播组织拥有绝大部分广播时间。

对外关系

欧共体和北约成员国。主张以和平、安全、民主和尊重人权为基础建立国际新秩序。强调推动欧共体政治、经济一体化和保持欧美合作，反对建立西欧独立防务；主张从政治和经济两方面支持前苏联和东欧国家的民主化和经济改革；主张欧共体协助美国推动中东和谈取得成果。

1992年1月16日承认斯洛文尼亚和克罗地亚，主张承认马其顿，并对塞尔维亚采取制裁措施。派310名士兵参加联合国和平部队，承担费用3200万荷盾(占总额的1.5%)。主张以欧安会为模式在中东建立一个经济、安全合作机制，阿、以各方以“土地换和平”的原则进行谈判，以停止在占领区设居民点，阿拉伯国家解除对以的经济制裁；在海湾地区加强欧共体同海湾合作委员会国家的政治、经济合作。派遣1000名军事人员参加联合国柬埔寨维持和平部队和15名专家去柬协助排雷。

截至1993年1月，荷与179个国家建交。1992年以来新建交国家有：拉脱维亚、立陶宛、爱沙尼亚、斯洛文尼亚、克罗地亚、俄罗斯、亚美尼亚、白俄罗斯、阿塞拜疆、格鲁吉亚、乌克兰、吉尔吉斯斯坦、塔吉克斯坦、土库曼斯坦、乌兹别克斯坦、哈萨克斯坦、摩尔多瓦、纳米比亚、捷克和斯洛伐克。

【同我国的关系】1950年3月7日宣布承认我国，1954年11月19日两国建立代办级外交关系，1972年5月18日升格为大使级。后因荷批准向台湾出口两艘潜艇，1981年两国关系降为代办级。1984年2月恢复大使级外交关系。1980年10月范阿赫特首相、1987年5月吕贝尔斯首相访华，1985年5月赵紫阳总理访荷。

1990年10月以来，中荷关系逐渐改善。1992年2月14日，荷政府决定不批准向台湾出口潜艇。荷外交大臣范登布鲁克(10月)、经济大臣安德利森(4月)、外贸大臣范罗依(11月)先后访华；1992年，邹家华副总理、李铁映国务委员分别于9月和11月访荷。1992年中荷贸易额17.08亿美元，其中我出口12亿美元，进口5.08亿美元，分别比上一年增长12.9%和18.3%。

中国驻荷兰大使：王庆余。馆址：Adriaan Goekooplaan 7；邮政编码2517 JX Den Haag，the Netherlands。电话：3551515。电传：32018 CHIEM NL。传真：3551651。领事处电话：3559209。商务处电话：01751-15559。电传：31699 CHICO NL。传真：01751-11206。

荷兰驻中国大使：郝德扬。馆址：北京塔园外交人员办公楼1单元15楼2号。电话：5321131。电传：2227 NETH CN。传真：5324689。

1992年4月荷外贸大臣范罗依访台。1991年荷台贸易额37.95亿荷盾(约合22亿美元)，其中荷出口12.75亿荷盾，进口25.20亿荷盾。

【同美国的关系】荷美关系密切。政治上荷主张同美保持平等伙伴关系，军事上依靠美核保护伞，强调美在欧洲的军事存在对欧洲与荷兰的安全是不可缺少的。美是荷在欧洲共同体以外最大的贸易伙伴，双方互为在对方的主要投资国。

【同前苏联及东欧国家的关系】欢迎前苏联发生的变化，先后于1991年8月和1992年1月承认波罗的海三国和独联体各国。但关注前苏联解体后出现的混乱，担心民族冲突升级，核武器和核技术扩散以及大批难民西涌，危害西欧和自身利益，希前苏联的变化能和平、民主和有秩序地进行。主张对原苏联各国政治上给予全力支持，经济上通过具体合作项目给予援助，1992年荷允向独联体和东欧国家提供3亿荷盾的援助。1992年4月，荷宣布驱逐4名俄罗斯间谍。

支持东欧国家的政治民主化和经济自由化，同时认为这些国家政治和经济上的困难有可能威胁其长期稳定，主张通过增加同东欧国家的经贸关系加强其对西欧的依赖性，重点向波、匈、捷等国提供援助并向其开放欧共体市场，从而带动其他东欧国家完全融入“民主国家大家庭”。

【同苏里南的关系】1992年6月，苏总统罗纳德·费内希恩访荷，双方签署了一项合作协定。协定恢复了以前被中止的13亿荷盾(约7.2亿美元)对苏援助。

【同印尼的关系】印尼是荷重点经援国家，荷并担任援助印尼国际财团主席。但荷一直批评印尼侵犯人权并以减少经援相威胁。1991年11月发生印尼军队在东帝汶射杀示威者的事件后，荷公开予以谴责并中止对印尼援助。1992年3月25日，印尼政府宣布不再接受荷的援助。　（中　原）

捷克斯洛伐克

国名　捷克和斯洛伐克联邦共和国（The Czech and Slovak Federal Republic）。

面积　127900平方公里。

人口　15615118人(1992年6月30日)。捷克族占62.9%，斯洛伐克族占32%。主要少数民族有匈牙利、波兰、德意志、乌克兰、茨冈等。官方语言为捷克语和斯洛伐克语。主要宗教为天主教，教徒约占人口的50%。

首都　布拉格(Prague)，人口121.2万(1990年底)。

国家元首　总统瓦茨拉夫·哈维尔(Václav Havel)，1989年12月29日当选，1990年7月再次当选，1992年7月辞职，以后总统职位空缺。

简　况

为中欧内陆国家。东邻乌克兰，南毗匈牙利、奥地利，西接德国，北靠波兰。属海洋性向大陆性气候过渡的温带阔叶林气候。平均气温1月－1～5℃，7月15～19℃。公元5～6世纪有西斯拉夫人定居。9世纪属大摩拉维亚帝国。906年帝国灭亡后，以布拉格为中心建立捷克公国(后改称王国)，斯洛伐克沦于匈牙利人之手。16世纪起，整个捷克和斯洛伐克大部在哈布斯堡王朝统治下。1918年10月28日独立，建立捷克斯洛伐克共和国。1938年“慕尼黑”后，被德国占领。1945年5月，全境解放。1948年2月后，捷共长期执政。1989年底，形势剧变。1992年12月31日，联邦解体。从1993年1月1日起，捷克和斯洛伐克成为两个独立的主权国家。

政　治

1992年6月，捷举行大选，选举联邦议会议员以及捷克、斯洛伐克两个民族议会的议员。捷克地区公民民主党和斯洛伐克地区的争取民主斯洛伐克运动获胜，上台执政。两个执政党在国家结构形式、总统人选以及经济改革等问题上存在严重分歧。公民民主党主张保持现行的联邦制，否则就分家；选举哈维尔为总统；继续推行“休克疗法”的经济改革。争取民主斯洛伐克运动则主张建立由两个具有国际法主体地位的共和国组成邦联或国家联盟；反对哈维尔连任总统；在经济改革方面，主张斯洛伐克走适合自己实情的道路。经过多次谈判，双方就联邦解体达成协议，于7月2日组成过渡性质的联邦政府，为分家作准备。7月3日，举行总统选举。哈维尔竞选连任失利，于7月20日退位，总统职位空缺。两个执政党的主席克劳斯和麦恰尔分别出任两个共和国政府总理。斯洛伐克和捷克民族议会先后通过了宪法。10月8日，联邦议会通过《权限法》，将联邦政府部分职权转到各共和国。将联邦政府原13个部撤至6个，即外交部、国防部、内务部、财政部、经济部和监察部。两个执政党就联邦解体方式、财产分割等问题又进行了多次谈判，签署了双边友好条约和20多个合作协议。不少在野党反对分裂，要求保持联邦，致使联邦解体法难产。直到11月25日联邦议会第3次表决时才达到法定票数得以通过。

【宪法】1960年7月11日捷克斯洛伐克国民议会通过宪法。1968年10月27日通过宪法性法律，决定实行联邦制，捷克斯洛伐克社会主义共和国由两个平等的民族共和国即捷克社会主义共和国和斯洛伐克社会主义共和国组成。1989年11月29日，捷联邦议会批准修改宪法，取消关于捷共在社会政治生活中的领导作用的条款，并修改了关于捷共领导民族阵线和以马列主义世界观进行教育的条款。12月28日，联邦议会两院联席会议修改了宪法中有关总统誓词中“忠于社会主义事业”的提法。1990年3月，两个民族共和国改名为“捷克共和国”和“斯洛伐克共和国”。4月，联邦议会通过一项宪法修正案，将国名改为“捷克和斯洛伐克联邦共和国”，同时修改了国徽。1991年2月27日，捷联邦议会通过关于成立宪法法院的宪法性法律。1992年11月25日，联邦议会通过了《捷克和斯洛伐克联邦共和国解体法》，规定捷联邦将于1992年12月31日自动解散；从1993年1月1日起，捷克和斯洛伐克联邦将成为两个独立的国家。

【议会】1.联邦议会是国家最高权力机关和立法机关，由具有平等地位的人民院和民族院组成。本届议会于1992年6月大选后产生，任期5年。两院各有议员150名，共300名。捷克地区的公民民主党和基督教民主党联盟，共获85个席位(人民院48席，民族院37席)。斯洛伐克的争取民主斯洛伐克运动获57席(人民院24席，民族院33席)。其他主要政党所占席位为：左翼联盟(捷摩共和民主左翼党)34席，民主左翼党23席，社会民主党16席，斯洛伐克民族党15席，基督教民主运动和共和党各14席，人民党13席，自由社会联盟12席，匈牙利基督教民主党、共处党、匈人民党10席。联邦议会主席米哈尔·科瓦奇(Michal Kováč),第一副主席菲利普·谢迪维(Filip Šedivy)。人民院主席瓦茨拉夫·本达(Václav Benda),民族院主席罗曼·泽列纳伊(Roman Zelenaj)。

2. 民族议会(1)捷克共和国民族议会:捷克民族议会于1992年6月29～30日组成,共有议员200人。各主要政党所占席位为:公民民主党和基督教民主党联盟76席,左翼联盟35席,社会民主党、自由社会联盟各16席,人民党15席,公民民主联盟、摩拉维亚西里西亚运动及共和党各占14席。议会主席米兰·乌赫德(Milan Uhde)。

(2)斯洛伐克共和国民族议会:斯洛伐克民族议会于1992年6月23日组成。共有议员150人。各主要政党所占席位为:争取民主斯洛伐克运动74席,民主左翼党29席,基督教民主运动18席,斯洛伐克民族党15席,匈基督教民主运动、共处党、匈人民党联盟14席。议会主席伊万·加什帕罗维奇(Ivan Gasparovič)。

【政府】1. 联邦政府是国家最高权力机关的执行机关,由总理、副总理及各部部长组成,由总统任免。本届政府在捷大选后由两大执政党——公民民主党和争取民主斯洛伐克运动经过反复谈判协商后组成,是联邦解体前的最后一届联邦政府。其成员有:总理扬·斯特拉斯基(Jan Strasky),第一副总理(兼管监察部)鲁道夫·菲尔库斯(Rudolf Filkus),副总理(兼管经济竞赛部)米兰·齐奇(Milan Čič),副总理(兼管劳动、社会事务部和生活环境委员会)米罗斯拉夫·马采克(Miroslav Macek),副总理(兼管交通、邮电部)安东宁·鲍迪什(Antonín Baudyš),外交部长约瑟夫·莫拉夫奇克(Jozef Moravčík),国防部长因姆里赫·安德列依恰克(Imrich Andrejčák),内务部长彼得·切尔马(Petr Čermák),财政部长扬·克拉克(Jan Klak),经济和计划部长雅罗斯拉夫·库贝奇卡(Jaroslav Kubečka)。

2. 各共和国政府(1)捷克共和国政府:总理瓦茨拉夫·克劳斯,副总理(兼财政部长)伊万·科恰尔尼克(Ivan Kočárník),副总理(兼民政管理和立法部长)扬·卡尔沃达(Jan Kalvoda),副总理(兼农业部长)约瑟夫·卢克斯(Josef Lux),经济政策与发展部长卡雷尔·迪巴(Karel Dyba),国民资产管理与私有化部部长伊日·斯卡利茨基(Jiří Skalicky),国际关系部长约瑟夫·泽列涅茨(Josef Zieleniec),教育、青年和体育部长彼得·皮季哈(Petr Pitha),文化部长因德日赫·卡巴特(Indrich Kabát),劳动和社会事务部长因德日赫·沃迪奇卡(Indrich Vodička),卫生部长彼得·洛姆(Petr Lom),司法部长伊日·诺瓦克(Jiří Novák),内务部长扬·鲁姆尔(Jan Ruml),工业、商业和旅游部长弗拉基米尔·德卢希(Vladimír Dlouhý),国家监察部长伊戈尔·涅麦茨(Igor Němec),生活环境部长弗兰蒂谢克·本达(František Benda),经济竞赛部长斯塔尼斯拉夫·别列赫拉德克(Stanislav Bělehrádek)。(2)斯洛伐克共和国政府:总理弗拉吉米尔·麦恰尔,副总理兼监察部长罗曼·科瓦奇(Roman Kováč),副总理兼对外关系部长米兰·克尼亚什科(Milan Kňažko),经济、工业、商业和旅游部部长卢多维特·切尔纳克(L'udovít Černák),财政部长尤利乌斯·托特(Julius Toth),劳动和社会事务部长奥尔加·凯尔托肖娃(Olga Keltošová),生活环境委员会主席约瑟夫·兹洛哈(Jozef Zlocha),国民资产管理和私有化部长卢博米尔·多尔戈什(Lubo-mír Dolgoš),农业、食品、森林和水利部长彼得·巴佐(Peter Baco),文化、教育、青年和体育部长杜尚·斯洛博德尼克(Dušan Slobodník),卫生部长威廉·索博尼亚(Viliam Soboňa),内务部长约瑟夫·图希尼亚(Jozef Tuchyňa),司法部长卡塔丽娜·托特娃(Katarina Tóthová),交通邮电、建设建筑部长罗曼·霍夫鲍维尔(Roman Hofbauer)。

【司法机构】捷克斯洛伐克联邦、捷克和斯洛伐克两民族共和国以及下设各县均设有法院和检察院。此外,还有自成体系的军事法院和军事检察院,以及公证机关和经济仲裁机关。联邦最高法院为国家最高司法机关,院长、副院长及法官均由议会直接选举产生。联邦检察院是国家最高检察机关,总检察长由总统直接任免。1992年3月2日,哈维尔总统任命马尔丁·拉乌科(Martin Lauko)为总检察长。1991年2月27日,联邦议会两院联席会议通过成立宪法法院的宪法性法律。1992年1月31日,哈维尔总统任命12名宪法法院法官,任命埃尔内斯特·瓦尔科(Ernest Valko)为该院正院长。

【政党】在多元化政治制度下,截至1992年6月大选前,捷约有156个政党和政治运动,其中主要有:

(1)公民民主党(Civil and Democratic Party):1991年2月在"公民论坛"全国非常代表大会上产生,4月正式成立。该党为右翼政党。其政治主张为:坚决反对经济政治中任何社会主义倾向,致力于建立私有制及商品、劳务等自由市场,在自由公民原则基础上而不是在民族原则基础上建立共同国家。目前有党员约2.5万人。主席瓦茨拉夫·克劳斯。

(2)争取民主斯洛伐克运动(The Movement Strive for Democratic Slovakia):于1991年3月在斯洛伐克公众反暴力组织委员会全体会议上产生,6月召开成立大会。该组织为自由中间派政治运动。其政治主张为:实行民主、人道主义和法制原则,建立在社会市场经济原则基础上的多元化社会,并使其纳入欧洲一体化进程,在联邦制基础上解决国家结构形式问题。主席弗拉吉米尔·麦恰尔。

(3)公民运动(Civil Movement):产生于1991年2月"公民论坛"全国非常代表大会,1991年4月召开成立大会。为中间派政治运动。主张实现个人自由、人道主义和广泛民主,发扬欧洲文明传统精神,继承第一共和国时期和当代西方的人道主义和民主传统,向市场经济过渡，在联邦制基础上建立一个民主和社会正义的国家。主席伊日·丁斯特比尔(Jiří Dienstbier)。

(4)捷克和摩拉维亚共产党(The Communist Party of Czech and Moravia)：作为一个独立的政党于1990年3月成立。1991年2月以前曾系捷摩共和斯洛伐克民主左翼党联盟成员。该党为左翼政党。其政治主张为：实现民主社会主义，主张民主多元化，反对权力垄断，促进社会主义和共产主义运动内部消除分裂，加入多元左翼力量的行列。目前该党有38万党员。主席伊日·斯沃博达(Jiří Svoboda)。

(5)民主左翼党(Party of the Democratic Left)：其前身为斯洛伐克共产党。1990年11月与捷克和摩拉维亚共产党组成联邦，1991年2月改名为民主左翼党。曾系捷克和摩拉维亚共产党和斯洛伐克民主左翼党联邦成员，1991年12月退出。该党为左派政党，致力于实现民主社会主义。其宗旨是捍卫体力劳动者和脑力劳动者的利益，主张从极权向多元化民主以及社会市场经济过渡。积极参加社会党国际的活动。目前有党员4.7万人。主席彼得·维斯(Peter Weiss)。

(6)捷克斯洛伐克社会民主党(The Czecho-slovak Social Democratic Party)：捷社会民主党曾是奥地利社会民主党的一部分，1938年解散，1945年恢复，1948年与捷共合并，1989年11月恢复活动。该党继承社会民主运动传统，系社会党国际成员。政治上系中左派政党。致力于将劳资利益统一的社会政策，主张建立社会市场经济和多种、平等形式的所有制。主张保持共同国家。有党员1.32万人。主席伊日·霍拉克(Jiří Horák)。

(7)基督教民主运动(The Christian Democratic Movement)：是斯洛伐克地区的基督教运动。主张建立社会正义的经济制度，各种所有制的并存，在社会市场经济范围内为自由经营创造适宜的条件，振兴斯洛伐克。现有党员65万人。主席扬·恰尔诺古尔斯基(Ján čarnogurský)。

(8)争取自治民主运动—摩拉维亚和西里西亚协会：于1990年4月成立。该组织为中翼政治运动，致力于摩拉维亚和西里西亚在全国范围内取得自治地位，主张维持共同国家或采取捷克、摩拉维亚和西里西亚、斯洛伐克三方联合的联邦国家结构形式。主席扬·克利切尔(Jan Kryčer)。

【重要人物】瓦茨拉夫·哈维尔：联邦总统。1936年10月5日生于布拉格企业主家庭。当过化学实验员。1955～1957年在布拉格捷克理工大学经济系学习。服兵役后在ABC剧院、扎勃拉德利剧院工作，先后担任舞台技术人员、编剧、助理导演、剧作家。其间曾在音乐艺术学院戏剧系学习。1968年为无党派人士俱乐部成员，独立作家俱乐部主席，同年起为捷克笔会成员。1969年被禁止从事艺术活动，当工人。1970～1989年三次入狱，被关押近五年。1977年1月为“七七宪章”组织发起人和第一个发言人，1989年9～12月为该组织临时发言人。1989年11月为“公民论坛”主要代表。同年12月当选为总统。1992年7月退位。　**瓦茨拉夫·克劳斯**：捷克共和国总理，公民民主党主席。1941年6月19日生于布拉格。1963年毕业于布拉格经济学院外贸专业。1963～1970年为捷科学院经济研究所研究人员。1971～1986年在捷国家银行工作。1988～1989年任捷科学院预测研究所研究员。1989年11月任公民论坛协调中心成员。1990年10月当选为公民论坛主席。1991年2月公民论坛分裂为公民民主党和公民运动等，4月当选为公民民主党主席。1989年12月起任联邦财政部长。1990年6月连任。1991年10月出任联邦政府副总理。1992年7月2日任捷克政府总理。　**弗拉吉米尔·麦恰尔**：斯洛伐克共和国总理，争取民主斯洛伐克运动主席。1942年7月26日生于兹沃伦。1959年任日阿尔县人民委员会经济科干事，后在青年联盟中任职，曾担任捷青年联盟阵线县委书记。1966年任科拉罗夫青年建筑工地主任。1967～1968年任青年联盟县委主席。1969年被解除职务。1970年被开除出捷共。1970～1973年在杜布尼察重型机械厂冶炼厂做炼钢辅助工。1973～1990年在内姆肖瓦玻璃包装公司先后担任科员和法律顾问。1990年1～6月，任斯洛伐克内务环保部长。1990年7月至1991年4月任斯洛伐克政府总理。1991年6月当选为争取民主斯洛伐克运动主席。1992年6月大选后任斯洛伐克政府总理。　**米哈尔·科瓦奇**：联邦议会主席。1930年9月5日生于卢比沙。毕业于贸易学院，后在合作社作过会计工作。1950～1954年就读于布拉迪斯拉发经济学院，毕业后留校任教。1955～1971年，任布拉迪斯拉发国家银行副行长，其间曾在古巴大学任教(1964～1965年)。1967～1969年任伦敦实业银行副行长。1971～1978年，在捷国家银行布拉迪斯拉发分行工作。1978～1989年，在捷中央经济计划研究所做科研工作。1989年12月～1990年7月，任斯洛伐克政府财政、价格和工资部长。1990年7月～1991年5月，分别担任斯洛伐克政府财政和价格部长、斯洛伐克经济委员会副主席，斯洛伐克政府财政部长。1990年6月起，为联邦议会人民院议员。1990年6月至1991年4月为公众反暴力组织成员。1991年4月起，为争取民主斯洛伐克运动成员。1992年6月25日任捷联邦议会主席、主席团成员。　**扬·斯特拉斯基**：联邦政府总理。1940年12月24日生于比尔森。1958年毕业于比尔森贸易学院。后在捷国家银行比尔森布罗维采分行工作。1963～1970年在布拉格查理大学学习哲学和经济。1964年加入捷共，1969年退出。从1971年起先后在捷国家银行、布拉格一区分行工作。1990年2～4月，为布拉格商业银行工作人员。曾任捷克共和国政府总理特约顾问。1990年4月至1991年任布拉格商业银行副行长。1991年5月至1992年7月为公民民主党推选为捷克共和国政府副总理、政府经济委员会主席。1992年大选后为联邦议会议员。1992年7月2日起，任捷联邦政府总理。

经　济

1992年是捷克斯洛伐克向市场经济过渡的第二年。尽管这一年捷国内政局动荡，联邦解体，但经济机制的转换和市场经济基础的初步奠定，使捷经济发展出现转机，下滑势头减缓，私有制经济开始在国民经济中发挥作用。

1991年，捷开始实施私有化计划和全面放开物价，取消外贸垄断，向市场经济过渡。到1992年，基本完成了小私有化工作，使小作坊、小商店和小工厂转为私人经营。1992年5月，捷开始推行大私有化，将国营企业转为私营企业或股份公司。整个大私有化将在1993年结束。1992年，捷工业生产下降幅度锐减，其中建筑业出现明显增长趋势。外贸状况良好。通货膨胀率保持东欧国家最低水平，克朗与外汇的比价保持稳定。有50亿美元的外汇储备。全年失业人口持续减少。捷克共和国经济情况比斯洛伐克更好。但是，由于所有制关系的改变，实行市场经济、改变产业产品结构，捷经济中仍然存在许多问题。主体工业生产仍持续下滑，国营企业生产经营情况普遍不如私人企业。企业之间三角债严重。产品出口仍有困难。吸收外资较少。

国民生产总值(1990年)：17430亿克朗。

人均国民生产总值(1990年)：116200克朗。

国民收入(1990年)：6732亿克朗。

货币名称：捷克斯洛伐克克朗。

汇率(1992年底)：1美元＝28.29克朗。

通货膨胀率(1992年)：捷克11.1%，斯洛伐克10%。

失业率(1992年9月30日)：5.19%。

【资源】褐煤、硬煤和铀矿蕴藏丰富，其中褐煤和硬煤储量约133亿吨和63亿吨，分别居世界第三位和欧洲第五位。有少量锰、铝、铜、萤石、菱镁矿和石墨等。石油、天然气和铁矿储量很小，依赖进口。全国有1/3面积为森林。流经捷境的多瑙河为欧洲内河航运大动脉，伏尔塔瓦河和瓦赫河上建有不少水电站。

【工业】1991年捷工业生产总值为1990年的74.6%。主要工业部门有机械、化工、冶金、纺织、燃料、电力、食品、建材、木材加工等。从业人数为233万人，约占总劳动力的1/3。1992年捷工业生产比1991年下降约11%。近年主要工业产品产量如下(单位：万吨)：

	1989	1990	1991
煤	11737.1	10757.3	
电(亿度)	830.73	805.74	833.31
钢	1546.5	1487.7	1207.1
化纤	20.8	20.0	
小汽车(万辆)	18.9	19.1	17.6
载重汽车(万辆)	5.06	4.76	

(资料来源：捷1991年统计年鉴、1993年经济报)

【农业】1992年捷农业生产比1991年下降约12%，其中捷克共和国农作物生产下降14%、畜牧业下降10.1%，斯洛伐克则分别下降10.2%和14.5%。捷农业中种植业约占43%，畜牧业约占57%。从事农业生产的劳动力有80万人，占全国劳动力的10%。现有耕地472.8万公顷。近年主要农牧产品产量如下(单位：万吨)：

	1988	1989	1990
粮食(总计)	1190.2	1204.2	1256.4
其中：小麦	655	635.6	671
黑麦	53.4	71	73.6
大麦	341.1	355	407
玉米	99.6	100	46.8
马铃薯	366	316.7	253.4
甜菜	548.1	638.9	560.8
肉(毛重)	184.7	188.1	184.3
奶(亿公升)	67.5	68.88	67.2
蛋(亿个)	55.96	56.28	56.65

(资料来源：1991年捷统计年鉴、捷经济报)

【旅游业】1992年前三个季度到捷旅游人数达6200万人次，国家净收入10亿美元。旅游业收入已成为捷外汇主要来源。近两年捷旅游业发展迅速，游客猛增，主要来自德国、奥地利等国。有各级旅馆3400多家。主要旅游点有：布拉格、温泉城卡罗维发利、塔特拉山等。

【交通运输】捷交通运输以公路、铁路和航空运输为主。特别是公路运输发达。1992年捷克共和国交通运输量增加5.1%，斯洛伐克则有所下降。

铁路：总长13111公里，其中复线2896公里，电气化铁路3909公里；客运量193.35亿人公里，货运量643.26亿吨公里。

公路：总长73751公里，其中高速公路548公里；客运量433.82亿人公里，货运量118.8亿吨公里。

水运：海轮18艘，总吨位29.9万吨，货运量135.48亿吨海里；内河航运线475公里，客运量1219万人公里，货运量44.22亿吨公里。

空运：国内航线3525公里，国外航线159821公里；客运量23.48亿人公里，货运量0.58亿吨公里。

【财政金融】1991年捷财政预算赤字186亿克朗。1992年捷财政情况比1991年有所好转。其中捷克共和国全年财政收入2541亿克朗，财政赤字仅10.2亿克朗。斯洛伐克共和国财政赤字92.9亿克朗。联邦赤字63.6亿克朗。在全部财政收入中，约2/3来自经济收入，税收所得收入的比重有所上升。

捷现有黄金105吨，外汇储备50亿美元。有外债98亿美元，主要用于国家外汇储备。

【对外贸易】1992年捷外贸总额为5807亿克朗。捷克共和国出口下降1.8%，进口增加20.7%；斯洛伐克进口下降5.3%，出口增加1.9%。同发达国家贸易的比重上升到近60%。近年外贸情况如下：

	1989	1990	1991
进口额	2147.02	2382.02	3231.5
出口额	2175.3	2152.57	3336.4
差　额	28.28	－229.45	104.9

(资料来源：1991年捷统计年鉴、1993年捷统计概览)

主要进口产品为石油、天然气、铁矿砂、棉花及轻工业品。主要出口产品为各类机械设备、汽车、农产品及一些原材料等。主要贸易伙伴为德国、独联体、奥地利、波兰、瑞士、美国、意大利和匈牙利等。

【外国资本】1991年捷境内有外国投资6.4亿美元，1992年吸收外国资本12亿美元。其中主要投资国为美国、德国和法国，但德国在整个投资总额中所占比重最大。这些投资主要集中在食品、建筑、银行业、商业和服务业，大多是短期能收回投入资本的部门。

人民生活

1992年由于捷经济情况好转，居民的实际收入增加。上半年，工业和建筑部门职工的平均工资增加21～23%，实际工资增加8～10%。全年捷克共和国居民收入实际增加9%，斯洛伐克为13%；居民生活费分别比上半年增加11.4%和10.9%。捷克职工平均月收入4793克朗，斯洛伐克4900克朗(国营企业)。收入的增加带来了银行存款的增多。1992年捷开始改革公费医疗制度，逐步向医疗保险制度过渡。1990年平均268人拥有1名医生，每千人拥有病床7.9张。每百家平均拥有洗衣机148台，电冰箱119台，电视机131台，小汽车55辆。人均住房面积16.1平方米。

军　事

捷克斯洛伐克军队(原名捷克斯洛伐克人民军)，最初由二战中在苏建立的第一军、国内游击队和流亡在国外的旧军队合编而成。1944年10月6日，第一军进入捷国土作战，这一天后被定为建军节。总统是武装力量最高统帅。国防委员会是最高决策机构。国防部是最高指挥机关。1990年根据哈维尔总统的决定，捷军撤消总政治部等各级政治机构；国防部发布了非政治化命令，使捷军逐步向职业化过渡。随着联邦的解体，捷军也按2:1分为两个国家的军队。

捷实行义务兵役制，服役期为18个月，1993年起缩至12个月。1990年捷总力15.4万，其中陆军8.73万，空军4.48万。1990年捷军费开支40.59亿美元，占国民生产总值的3.7%。捷1990年派兵参加海湾战争，1992年派兵参加联合国驻南斯拉夫和平部队。

文化教育

【教育】实行义务教育，无文盲。免收学费和课本费，对学生食宿费给予补贴，发助学金、奖学金和低息贷款。根据1990年颁布的有关法律，允许成立私立学校和教会学校，对高中的就学方式及中专、大学的学制等作了新的规定。布拉格查理大学创办于1348年，是中欧最古老的大学，现有16个院系(其中4个在外地)。捷克技术大学创办于1707年，为中欧同类大学历史最悠久者。布拉迪斯拉发考门斯基大学创办于1919年，为斯洛伐克最著名的综合大学。1990/91年度各类学校学生、教师情况如下：

	学校(所)	学生(万人)	教师(人)
幼儿园	11360	568475	50732
九年制学校	6319	1916382	—
高中	360	166959	—
中专	586	284001	—
残疾人学校	1356	102387	11934
高等学校	37	181978	19350

(上述九年制学校、高中、中专所列数目中含私立和教会学校)

【新闻出版】1990年捷全国发行出版各种报纸和刊物2559种，发行量达36·9亿份/册。主要报纸有：《闪电》(25万份/天)、《今日青年阵线》(40万份/天)、《红色权利报》(35万份/天)，另外还有《人民报》、《经济报》、斯洛伐克的《真理报》(25万份/天)、《劳动报》和《新时代》等。

捷克斯洛伐克通讯社(捷通社)为国营，于1918年10月29日成立。同年12月在斯洛伐克成立斯通社，并于1919年与捷通社合并。现捷通社在国内有分社16个，驻外分社19个，与20多家外国通讯社有业务联系。

捷克斯洛伐克电台于1923年5月18日在布拉格、1926年8月在布拉迪斯拉发开始播音，1948年国有化并成立统一的国家电台。1990年全年用十余种语言播出各种节目62900小时。

捷克斯洛伐克电视台于1953年5月1日在布拉格开始试播，1954年正式播放节目，为国营。现有四套节目。

对外关系

1992年6月大选后组成的捷联邦政府继续奉行现行的外交政策；重视发展与北约、西欧联盟和欧洲委员会的关系，加强在欧安会范围内的合作，积极参加欧洲一体化进程。重视同美国的关系，加强同俄罗斯以及波、匈等邻国的关系。同时，在外交工作中，充分考虑到国家可能分裂的因素，力求使分裂后的捷克和斯洛伐克能作为两个国际法主体参与所有国际活动，并使捷国家分裂不致于引起中欧的不稳定。在这一年里，捷分别与乌克兰、白俄罗斯、乌兹别克斯坦、吉尔吉斯斯坦、格鲁吉亚、摩尔多瓦、塔吉克斯坦、土库曼斯坦、阿塞拜疆、斯洛文尼亚、克罗地亚和文莱建立了外交关系。捷支持欧洲一体化，并积极使自己能纳入这一进程。把加入欧共体和北约作为自己的长远目标。在地区冲突，特别是在前苏联、前南斯拉夫地区冲突问题上支持联合国的各项决议。到1992年，捷已与159个国家和地区建立了外交关系。

【同我国的关系】1949年10月6日，中捷建交。1957年3月27日签订了中捷友好合作条约。60年代两国关系经历了曲折的发展过程，70年代逐步有所好转。80年代以来，两国关系改善并得到全面发展。1989年11月捷形势剧变后，中捷两国在和平共处五项基本原则基础上保持和发展友好合作关系。

1992年，捷联邦监察部长科任科娃(2月9～16日)、联邦外贸部第一副部长伊·布拉贝茨(4月19～24日)、捷海关总局局长依·赫罗诺夫斯基(5月15～19日)等先后访华，捷克工贸部长德卢希(10月18～20日)也顺访广州、深圳。此外，捷摩共主席伊·斯沃博达（3月17～23日）访华。中国经贸部副部长谷永江（7月8～13日）、海关总署吴乃文副署长（7月20～23日）率团访捷。中捷签署了两国海关事务合作协定。

10月7日，中国驻布拉迪斯拉发总领馆开馆。1992年12月28日，中国政府宣布从1993年1月1日起承认捷克和斯洛伐克两共和国，并与之建立大使级外交关系。中国驻捷联邦大使馆改为中国驻捷克共和国大使馆；中国驻布拉迪斯拉发总领馆升格为中国驻斯洛伐克共和国大使馆。

1992年中捷两国进出口商品总额为2.133亿美元。

1991年7月，"台北经济和文化办事处"在捷登记注册，并于1992年开始工作。1991年捷与台贸易额为4100万美元。

中国驻捷大使：万永祥。大使馆馆址：布拉格6区，佩莱街22号。电话：3123245（办公室、领事签证处），3123247（商务处）。传真：00422-342703。

中国驻布拉迪斯拉发总领事：齐国辅。馆址：布拉迪斯拉发，乌多尔娜街7号。

捷联邦驻华大使：朱达（Bořivoj Čuda），1992年9月25日离任。大使馆馆址：北京建国门外日坛路。电话：5321531。传真：5325653（使馆），5324814（商务处）。

【同西方国家的关系】1992年，前联邦议会主席杜布切克、总理恰尔法、外长丁斯特比尔以及捷克和斯洛伐克两共和国的总理和一些部长分别访问了美、英、德、意、瑞士等西方国家。6月大选后，联邦议会主席科瓦奇访问了美国，捷克政府总理克劳斯先后访问了奥、英、美、法，斯洛伐克政府总理麦恰尔访问了德、奥。

1992年2月27～28日，德国总理科尔访捷，两国签署了睦邻友好合作条约。5月，英国首相梅杰访捷。7月，奥地利总统克勒斯蒂尔与捷总统哈维尔在捷克南部会晤。

【同波兰和匈牙利的关系】1992年5月，哈维尔总统与瓦文萨、安托尔在布拉格会晤。三国国防部长四次会晤，三国经济部长（4月）、劳动社会事务部长（5月）会晤。10月，克劳斯、麦恰尔赴伦敦参加捷、波、匈三国首脑与欧共体主席、英国首相梅杰的会晤。同月，捷联邦副总理皮雷克、捷克国际关系部长泽列涅茨和斯洛伐克对外关系部长克尼亚什科赴卢森堡参加欧共体成员国与捷、波、匈三国外长会晤。

12月21日，捷、斯、波、匈外贸部长签署中欧自由贸易区协定。捷、波、匈和乌克兰于2月联合签署了边境经济文化合作协定。

1992年捷联邦议会主席杜布切克（2月）、捷克总理克劳斯（8月）、斯洛伐克总理麦恰尔（9月）、联邦国际部长安德列依恰克（9月）、捷克副总理兼财政部长科恰尔尼克分别访匈。匈牙利国务秘书和外交部长访捷。斯、匈签署经济合作协定（10月）。

斯洛伐克对外部长德麦什、总统顾问冯德拉、联邦议会副主席兼民族院主席泽列纳伊、捷克国际关系部长泽列涅茨先后访波。捷克总理克劳斯与波兰总理苏霍斯卡在边境会晤（9月）。

【同原苏联及其他东欧国家的关系】1992年1月，捷联邦政府宣布承认独联体各国并与之建交。3月3日至4月1日，哈维尔总理访问俄罗斯。联邦总理恰尔法（6月）、捷克总理皮特哈尔特（5月）分别访俄。俄罗斯第一副总理盖达尔（5月）、俄外长科济列夫（1月）分别访捷。两国签署友好合作条约。联邦总理恰尔法、捷克总理皮特哈尔特分别访问乌克兰。外长丁斯特比尔访问罗马尼亚、斯洛文尼亚（1月），斯洛伐克民族议会主席米克洛什科（1月）、政府总理恰尔诺古尔斯基（4月）先后访问保加利亚。捷其他一些部长分别访问罗、南等国。6月大选后，联邦议会主席科瓦奇访问克罗地亚，联邦议会副主席本达访问罗马尼亚。克罗地亚总理格雷西奇（5月）访捷。

【同亚、非、拉国家的关系】1992年4月22～28日，捷总统哈维尔访问日本、韩国。捷克总理皮特哈尔特访问泰国（2月），斯洛伐克国际关系部长德麦什访问印度（4月），捷克农业部长库巴特访问以色列（1月），联邦经济部长库贝奇卡访问伊朗（10月）。日本劳动大臣近腾雄访捷（1月）。联邦总理恰尔法访问南非（5月）。南非总理德克勒克（2月）、南非非国大主席曼德拉（5月）分别访捷。

【同国际组织的关系】1992年2月，欧共体外长委员会通过捷与欧共体临时贸易协定。9月，欧洲议会延期批准捷与欧共体联系国协定。3月，欧共体委员会副主席班格曼访捷。同月，外长丁斯特比尔赴赫尔辛基参加欧安会续会。3月30日至4月3日，丁又率欧安会代表团赴纳卡地区了解战情。7月，哈维尔总统与莫拉夫奇克外长赴赫尔辛基参加欧安会首脑会议。8月，外长莫拉夫奇克作为欧安会主席率团访问南斯拉夫。9月，欧安会首次财政委员会会议、欧安会高级代表会议在布拉格举行。2月，捷联邦议会主席杜布切克赴斯特拉斯堡参加欧洲国家议长会议。4月，欧洲委员会秘书长拉卢米尔夫人访捷。3月，外长丁斯特比尔赴布鲁塞尔参加北大西洋合作委员会成员国外长会议。4月，国防部长多布罗夫斯基赴布鲁塞尔参加北约与原华约成员国的总参谋长会议。5月，外长丁斯特比尔和国防部长多布罗夫斯基赴波恩参加西欧联盟外长和国防部长会议。9月、10月，北约中欧盟军司令冯翁达、副司令克劳斯先后访捷。　（何　钧）

克 罗 地 亚

国名　克罗地亚共和国(The Republic of Croatia,Republika Hrvatska)。

面积　56538平方公里。

人口　476万(1991年)。主要有克罗地亚族(77.9%)、塞尔维亚族(12.2%),其他为穆斯林族、匈牙利族、意大利族、阿尔巴尼亚族、捷克族等。官方语言为克罗地亚语。主要宗教是天主教(76.5%)和东正教(11.1%)。

首都　萨格勒布(Zagreb),人口868238人(1992年)。

国家元首　总统弗拉尼奥·图季曼(Franjo Tudjman),1990年5月当选,1992年8月连任。

自然地理

位于欧洲中南部,巴尔干半岛西北部。西北和北部分别与斯洛文尼亚和匈牙利接壤,东部与南斯拉夫联盟、波斯尼亚和黑塞哥维那为邻,南濒亚得里亚海。地形分三部分:西南部和南部为亚得里亚海海岸,岛屿众多,克尔克岛是最大的岛屿。海岸线曲折蜿蜒,长1777.70公里;中南部为高原和山地,拂累比特山脉和狄那里克阿尔卑斯山脉的一部分从西北向东南横贯其间,最高峰位于第纳拉山,海拔1831米;东北部为潘诺平原的一部分,是克的主要产粮区,66.4%的人口居住在这里。库帕河是克境内最长的河流,长296公里。流经克主要河流有萨瓦河(562公里)、德拉瓦河(305公里)和多瑙河。气候依地形相应分为地中海式气候、山地气候和温带大陆性气候。年降雨量沿海地带为700～1000毫米、山区和高原为1000～2000毫米、北部和东部为800～1200毫米。

历　史

6世纪末7世纪初,斯拉夫人移居到巴尔干半岛定居。8世纪末至9世纪初,克罗地亚曾建立早期封建国家。10世纪,建立了强盛的克罗地亚王国。1102～1527年,克罗地亚处于匈牙利王国统治之下。1527～1918年,克罗地亚受哈布斯堡王朝的统治,直到奥匈帝国崩溃。1918年12月,克罗地亚与其他南部斯拉夫民族联合成立塞尔维亚—克罗地亚—斯洛文尼亚王国,1929年改称南斯拉夫王国。1941年,德、意法西斯入侵南,建立了克罗地亚独立国。1945年,南斯拉夫各族人民赢得反法西斯战争胜利,于同年11月29日宣告成立南斯拉夫联邦人民共和国,1963年改称南斯拉夫社会主义联邦共和国,克成为六个共和国之一。

政　治

1990年5月,克举行二战后首次多党制大选,克共盟下台,克民主共同体获胜执政。同年12月克通过新宪法,规定克成为主权和民主国家。1991年5月底,克举行全民公决,赞成克独立。同年6月25日,克议会通过决议,宣布克脱离南斯拉夫社会主义联邦共和国独立。此举遭到克境内塞尔维亚族聚居区的强烈反对,与克当局发生武装冲突和战争。1992年2月,联合国安理会通过决议,决定向克的塞族地区派遣联合国保护部队。3月,战火基本平息,联合国保护部队进驻。5月22日,克罗地亚加入联合国。1992年8月,克举行大选,克民主共同体再次获胜,继续执政。同月,图季曼总统任命赫尔沃耶·沙里尼奇为政府总理。1993年3月29日,沙里尼奇宣布政府集体辞职,图季曼总统接受辞呈,并委任尼基察·瓦伦蒂奇组织新政府。

【宪法】1990年12月22日,克罗地亚共和国议会公布新宪法,于当日生效。宪法规定,总统任期5年,任期不得超过两届。

【议会】两院议会制,称代表院和省院。议员以无记名投票方式通过直接选举产生,任期4年。本届议会于1992年8月选举产生,议长斯蒂佩·梅西奇(Stipe Mesic)。宪法规定,代表院由100～160名议员组成,主席由议长兼任。本届代表院共设138个席位,其中克民主共同体85席,克社会自由党14席,民主改革党11席,人民党6席,达尔马提亚行动党、伊斯特拉民主主义党和里耶卡民主联盟三党联盟6席,权力党和无党派人士各5席,克农民党和塞尔维亚人民党各3席。宪法规定,省院由每省各选出3名议员组成。共和国总统有权任命5名省院议员。共和国总统任满后,成为省院终身议员。本届省院共设63个席位,其中克民主共同体37席,克社会自由党16席,克农民党5席,伊斯特拉民主议会3席,克人民党1席,克民主改革党1席。

【政府】国家权力执行机构。本届政府于1993年4月产生,由克罗地亚民主共同体一党组成。总理尼基察·瓦伦蒂奇(Nikica Valentic),副总理弗拉迪米尔·舍克斯(Vladimir Seks)、马泰·格拉尼奇(Mate Granić)、博里斯拉夫·什凯格罗(Borislav Škegro),国防部长戈伊科·舒沙克(Gojko Šušak),内务部长伊万·亚尔尼亚克(Ivan Jarnijak),外交部长兹登科·什克拉巴洛(Zdenko Škrabalo),工业、造船和能源部长伊万·契尔马克(Ivan Čermak),财政部长佐兰·亚什奇(Zoran Jašić),交通联络部长伊维察·穆德罗尼奇(Ivica Mudronic),司法部长伊维察·茨尔尼奇(Ivica Crnic),农、林部长伊万·塔尔纳伊(Ivan Tarnaj),教育、文化和体育部长韦斯娜·吉拉尔迪—尤尔基奇(Vesna Girardi-Jurkić),劳动和社会保险部长约瑟普·尤拉斯(Josip Juras),旅游和贸易部长尼科·布利奇(Niko Bulić),建设和环境保护部长兹拉特科·托姆契奇(Zlatko Tomčić),卫生部长尤拉伊·伊尼亚弗罗(Juraj Njavro),科技部长伊沃·萨纳戴尔(Ivo Sanader),不管部长切多米尔·帕弗洛维奇(Čedomir Pavlović)、伊万·马伊达克(Ivan Majdak)和兹拉特科·马泰沙(Zlatko Mateša)。

【行政区划】全国划分为21个省,419个区。各省名称如下:萨格勒布、克拉皮纳—扎戈尔、锡萨克—莫斯拉瓦(内设格利纳自治州)、卡尔洛瓦茨、瓦拉日丁、科普里弗尼察—克里热弗齐、别洛瓦尔—比洛戈尔、普里莫尔—戈兰、利卡—塞尼、维洛维蒂察—波德拉瓦、波热加—斯拉沃尼亚、布罗德—波萨瓦、扎达尔—克宁(内设克宁自治州)、奥西耶克—巴拉尼亚、希贝尼克、武科瓦尔—斯里耶姆、斯普利特—达尔马提亚、伊斯塔尔、杜布罗夫尼克—内雷特瓦、梅吉穆尔斯卡省,首都萨格勒布市享有省的地位。

【司法机构】克设宪法法院和普通法院。宪法法院院长亚德兰科·茨尔尼奇(Jadranko Crnic)。最高法院院长米兰·武科维奇(Milan Vukovic)。最高检察院检察长斯捷潘·赫尔采格(Stjepan Herceg)。克法院分区、地区和共和国三级,现正在酝酿设立省级法院。

【政党】(1)克罗地亚民主共同体(Hrvatska demokratska zajednica):1989年6月成立,约有党员100万。政治上主张议会民主;经济上主张实行市场经济。在1990年和1992年共和国大选中获胜执政。主席弗拉尼奥·图季曼(Franjo Tudjman)。

(2)克罗地亚社会自由党(Hrvatska socijalno liberalna stranka):1989年5月20日成立,约有党员1万人。该党强调个人的价值。主席德拉任·布迪沙(Drazen Budisa)。

(3)克罗地亚农民党(Hrvatska seljacka stranka):成立于1904年12月24日,1948年停止活动,1989年恢复活动。约有党员1.7万。主席德拉戈·斯蒂帕茨(Drago Stipac)。

【团体】克工会现有三个工会组织:自主工会(Samostalni sindikat)、独立工会(Nezavisni sindikat)和克罗地亚工会联合会(Hrvatska udruga sindikata)。其中自主工会人数最众。

【重要人物】弗拉尼奥·图季曼:总统。1922年5月14日生于克罗地亚,克罗地亚族。1937年加入南斯拉夫共产党。1941年参加反法西斯战争。1960年被授予陆军少将军衔。1961年退役。1961～1967年任萨格勒布工人运动历史研究所所长。1962～1967年任克罗地亚劳动人民社会主义联盟(社盟)国际关系委员会主席和社盟总务委员会秘书处成员。1967年被开除出原南共盟。1989年6月创建克罗地亚民主共同体并担任该党主席。1990年5月当选克总统至今。懂英语和德语。 **尼基察·瓦伦蒂奇**:总理。1950年11月24日生于克罗地亚,克罗地亚族。曾任萨格勒布电台新闻政治节目记者和《法学家》杂志主编及责任编辑。1978～1983年创建住宅建筑合作社和克最大的住宅建筑承包公司并任经理。1983～1990年开设经济问题律师事务所。1990年至今,任克最大的"伊纳石油公司"总裁、克议会代表院议员和总统委员会委员。1993年3月29日,图季曼总统委任瓦组建新政府。瓦是克民主共同体成员。已婚。有两个孩子。夫人是萨格勒布区级法院法官。

经　济

属经济中等发达国家。1991年6月,原南斯拉夫危机爆发,克经济损失巨大。1992年社会总产值比1990年下降约50%。1992年8月沙里尼奇政府成立后,公布了稳定经济纲领,决定通过控制工资总额、紧缩货币和减税等措施刺激经济增长,遏制通货膨胀。1993年4月瓦伦蒂奇政府成立后,采取了类似上届政府的经济措施,以发展经济。

货币名称:克罗地亚第纳尔(hrvatski dinar)。

汇率(1992年12月):1美元约等于800克罗地亚第纳尔。

失业率(1992年):17%。

【资源】克森林和水力资源丰富,森林覆盖率为50%。其他有石油、天然气、铝等。

【工矿业】1989年工矿业按1972年不变价格计算为384.8万第纳尔。主要工业部门为:冶金、石油化工、化工、食品加工、纺织、造船和木材加工等。1990年主要工业产品产量为:发电87.48亿度、煤17.3万吨、石油207.9万吨、铝7.4万吨、拖拉机518.6万台、大卡车3千台、电视机1.9万台。

【农业】克农业较发达。1990年全国拥有农业用地322.0万公顷。1990年主要农业产品产量为:小麦160.2万吨、玉米195.0万吨。1990年主要畜牧产品产量为:肉类37.8万吨、奶8.94亿升。1990年牲畜存栏总数为:牛75.7万头、猪162.0万头、羊75.3万只、家禽1651.2万只。

【服务业】克服务业较发达,国家收入的30.4%来源于服务业。旅馆服务业主要包括旅馆、旅游接待点、饭店、餐厅、咖啡馆、酒吧等,共有14598个单位,其中旅馆479所,标准饭店854家,共有从业人员98586人(1990年)。1990年流通总额为221.46亿第纳尔。

【旅游业】国家外汇收入的主要来源之一。政府十分重视发展旅游业。在正常情况下,克每年约接待500万游客,主要来自德国、奥地利、意大利和英国等。1990年旅游者过夜总数为5252.3万人次。近两年,由于原南斯拉夫危机,旅游业受到很大影响。克旅游设施较齐全,主要有:旅馆、浴场、私人小旅馆、汽车宿营地等。1990年有床位862680张。主要旅游区是风景秀丽的亚得里亚海海滨。

【交通运输】克交通较发达,以铁路和公路为主。

铁路:总长2425公里,其中35%已实现电气化。

公路:总长27380公里,其中现代化公路占相当比重;1990年有小汽车863136辆,货车48042辆;客运量70.04亿人公里,货运量28.52亿吨公里。

水运:共有402艘船舶,总载重量464万吨;海运较发达;主要海港有里耶卡、斯普里特、杜布罗夫尼克、希贝尼克;河运最重要的是多瑙河航道,主要港口为武科瓦尔、奥西耶克、茹帕尼亚。

空运:有国际机场8个,体育机场11个。主要机场:萨格勒布机场。

【财政金融】截至1993年5月克外汇储备8.04亿美元。

【对外贸易】实行进出口贸易基本自由的政策,鼓励出口。1990年进出口贸易额分别是51.88亿美元和40.20亿美元。1992年出口45.89亿美元,进口44.61亿美元,主要出口纺织品、基础化工产品、造船、食品、石油和化工制品、电子产品、皮革制品和金属加工产品。主要进口石油、半成品、生活消费品。

克对外贸易主要对象为欧洲国家、发展中国家。与欧洲国家的进出口贸易额分别占其进出口贸易总额的72.5%和76.9%。最主要的贸易伙伴是意大利、德国、斯洛文尼亚。

人民生活

原南斯拉夫危机爆发前,克罗地亚生活水平较高,人均国民收入曾达约3000美元。近两年,在原南危机影响下,生活水平明显下降。1992年生活费用比1991年增长634%。1989年,全国拥有医生和牙医12317人,病床35603张。

军　　事

1991年建立克罗地亚军队。宪法规定,国家总统为克武装部队最高统帅。实行义务兵役制,服役期10个月。有现役军人约10.5万,预备役军人10万。其中陆军10万(包括5万名机动预备役军人),空军250人(尚在建设中),防空部队4000人,海军约5000人。准军事部队:警察4万人,克国防军1万人。

文化教育

【教育】实行小学义务教育制度,文化教育程度较高。全国有小学816所,1989/90年度小学在校生为506707人,小学教师31272人;中学191所,1990/91年度在校生212000人;中学教师有13200名和3300位专家。全国有4所大学中心:萨格勒布、里耶卡、奥西耶克和斯普利特,共包括52所高等院校,60780名大学生,6360名大学教师和2840位专家。最著名的大学是萨格勒布大学。

【新闻出版】1990年有报纸572种,总发行量为34170.2万份。主要报纸:《晚报》、《信使报》和《自由达尔马提亚报》等,用克罗地亚语出版。刊物有352种,总发行量为635.7万份。

全国有电台55个,电视中心1个。

克罗地亚通讯社为国家通讯社。

对外关系

克奉行独立自主的外交政策,主张在相互尊重主权、领土完整、互不干涉内政和平等互利的原则基础上同各国发展关系。重视同欧美国家发展友好与合作关系,积极要求加入欧洲一体化进程。是不结盟运动的观察员国。截至1993年1月18日有102个国家承认克独立。截至1993年5月4日,与克建交的国家有78个(不包括欧共体)。

【同我国的关系】1992年4月27日,我国宣布承认克罗地亚共和国。同年5月13日,中克建立外交关系,双方表示将在和平共处五项原则基础上继续保持和发展友好合作关系。建交后,两国关系有了新的发展。

在中国与原南斯拉夫友好关系范围内时,中克之间就在各领域开展了交往与合作。萨格勒布与上海是友好城市。克罗地亚共和国同我辽宁省建立有友好关系。

1992年10月,克旅游贸易部长布兰科·米克沙率克代表团访华,双方签署了中克两国经济贸易协定。

中国驻克罗地亚大使:谢锡勤。馆址:萨格勒布克瓦泰尔尼科瓦111号(Kvaternikova 111 临时办公地址)。电话:(3841)197277。传真:(3841)197279。

克罗地亚驻中国大使:安德里亚·科亚科维奇(Andrija Kojakovic)。馆址:北京建国门外大街外交公寓2-2-22。电话:5326241。电传:5326242。

克罗地亚同台湾有贸易关系。

【同美国的关系】克重视并致力于与美建立密切关系。1992年4月7日,美国宣布承认克罗地亚。8月6日,两国建交。克总统曾访问美国。

【同西方国家的关系】克十分重视同西方国家的关系,同英、法、意等国关系良好。重视欧洲经济共同体的作用,积极致力于加入欧洲一体化进程。1992年1月15日,欧共体宣布承认克独立。英、法、意、德等国已同克建立外交关系。1992年7月8日,克加入欧安会。

【同邻国的关系】克重视与邻国的关系,主张同邻国发展睦邻友好。由于波黑境内居住着部分克罗地亚族人,克十分关注波黑局势的发展,主张应通过三个制宪民族协商解决问题。1992年7月21日,克同波黑签订友好合作协定。同年9月23日,两国签署了共同防御协议。克总统图季曼和波黑总统伊泽特贝戈维奇多次互访。克境内的塞尔维亚族聚居区的地位问题是决定克与南联盟两国关系正常化的关键。为此,1992年两国总统多次会晤,表示愿意通过对话解决问题,逐步使两国关系正常化。目前两国已成立国家间委员会,并在对方首都互设联络处。克同斯洛文尼亚保持正常的国家关系。1991年6月25日两国分别宣布脱离原南斯拉夫独立后,很快相互承认。1992年2月6日,克斯建交。两国间存在领土纠纷问题,双方主张通过对话解决问题。1992年1月15日,克同匈牙利建交。两国关系良好。（文　理）

拉 脱 维 亚

国名 拉脱维亚共和国(Republic of Latvia)。

面积 64589平方公里。

人口 268.7万(1990年1月1日)。拉脱维亚族占52%,俄罗斯族占34%,白俄罗斯族占5%,乌克兰族占3%。官方语言为拉脱维亚语。绝大多数拉脱维亚人信奉基督教路德宗,少数人信奉罗马天主教。

首都 里加(Riga),人口91.7万(1990年1月1日)。

国家元首 最高苏维埃主席阿纳托利斯·戈尔布诺夫斯(Anatolijs Gorbunovs),1990年5月当选。

自然地理

位于波罗的海东岸。南、东南、东和北依次与立陶宛、白俄罗斯、俄罗斯联邦、爱沙尼亚毗邻。为丘陵和平原,以灰化土为主,约一半多为可耕地。主要河流是道加瓦河。较大的湖泊有卢巴纳斯湖和烈兹斯湖。气候属海洋性气候向大陆性气候过渡的中间类型。1月平均气温-5℃。7月平均气温17℃。年降水量500～600毫米。湿度大,天空多云,阴天多达150～180天。

历 史

公元10～13世纪建立了几个早期的封建公国。13～16世纪,由日耳曼十字军统治。1562年部分领土被波兰和瑞典瓜分。18世纪被俄罗斯帝国吞并。1917年11月在部分领土上建立了苏维埃政权。1919年1月成立了拉脱维亚苏维埃社会主义共和国。1920年成立了资产阶级共和国。1940年6月苏军进驻,恢复苏维埃政权,同年7月21日成立拉脱维亚苏维埃社会主义共和国,8月5日加入苏联。

政 治

1987年6月,拉脱维亚赫尔辛基人权小组要求拉脱维亚政治独立,并于1988年10月开始了民族独立运动。1989年人民阵线通过了最终目的为争取拉脱维亚独立的纲领。1990年3月议会大选后,人民阵线在议会中获得了66%的席位。5月4日,拉最高苏维埃通过关于恢复拉脱维亚独立的宣言并改国名为拉脱维亚共和国。1991年8月22日拉最高苏维埃宣布共和国正式独立。9月6日苏联国务委员会承认其独立。9月17日拉加入联合国。

拉独立后,国内仍存在不少社会矛盾和冲突。最突出的是当局推行的民族和民族语言政策,引起了俄罗斯族等其他少数民族的不满,激化了民族矛盾。

【议会】拉脱维亚共和国最高苏维埃是最高立法机构,于1990年3月选举产生,共有201名代表,其中138名来自人民阵线。最高苏维埃设主席、2名副主席、15个委员会。主席阿纳托利斯·戈尔布诺夫斯,第一副主席代尼斯·依万斯(Dainis Ivans),副主席安德烈依斯·克拉斯汀斯(Andrejs Krastins)。最高苏维埃设法律委员会,经济委员会,农业和林业委员会,工业委员会,建设、能源、运输、计算机科学委员会,海洋事务委员会,贸易和服务业委员会,环境保护委员会,健康和社会福利委员会,教育、科学和文化委员会,自治和社会事务委员会,人权和民族问题委员会,国防和内部事务委员会,外事委员会,预算委员会,资格和道德行为委员会。

【政府】称部长会议。主席伊瓦尔斯·戈德马尼斯(Ivars Godmanis),外交部长格奥尔格斯·安德列耶夫斯(Georgs Andrejevs)。有建设建筑部、外交部、经济部、能源部、财政部、内务部、文化部、农业部、物资资源部、林业部、工业部、交通部、运输部、社会福利部、教育部、司法部、贸易部、卫生部、渔业部。

【行政区划】分为26个区、56个市、37个镇、469个村。

【司法机构】检察长亚尼斯·斯克拉斯季恩什(Янис Скрастиньш)。

【政党】主要政党组织有7个:

(1)人民阵线(Народный фронт):主席罗姆阿尔达斯·拉茹卡斯(Ромуальдас)。

(2)争取拉脱维亚民族独立运动(Движение за национальную независимость Латвии):主席维斯瓦尔迪斯·拉齐斯(Висвалдис Лацис)。

(3)自由党(Либеральная партия):主席亚尼斯·达诺斯(Янис Даносс)。

(4)社会民主党(Социально-демократическая партия):主席乌尔迪斯·别尔津什(Улдис Берзиньш)。

(5)绿党(Партия зеленых):主席奥列克·巴塔列夫斯基(Олег Батаревский)。

(6)民主劳动党(Партия демократичнеского труда Латвии):主席尤里斯·博亚尔斯(Юрис Боярс)。

(7)拉脱维亚公民委员会(Комитет Гражда Латвии)。

【重要人物】阿纳托利斯·戈尔布诺夫斯:拉脱维亚共和国最高苏维埃主席。1942年出生。拉脱维亚族。毕业于里加工学院和党中央社科院。工程师。1985～1988年在共产党机关工作,任拉脱维亚共产党中央委员会书记;1988～1990年任最高苏维埃主席团主席。曾为苏联人民代表,拉脱维亚最高苏维埃代表。 **伊瓦尔斯·戈德马尼斯**:部长会议主席。生于1951年。毕业于拉脱维亚大学物理系。1986～1990年在拉脱维亚大学任教;1989～1990年任拉脱维亚人民阵线副主席;拉最高苏维埃代表。 **格奥尔格斯·安德列耶夫斯**:外交部长。1932年出生。毕业于拉脱维亚医学院。教授、麻醉师。拉最高苏维埃代表。1992年11月任外长。

经　济

工农业较发达。工业在波罗的海沿岸地区居首位，农业居第二位。在原苏联时期，工业以生产耗金属少的机器制造业著称，主要生产电器、无线电、电子设备和医疗器械。给原苏联其他共和国进行来料加工，其成品返销。畜牧业最为发达，其产值占农业产值的68%。1990年工业在国民经济中的比例占51%，农业为22%。

拉脱维亚独立后，制定了经济改革计划，开始推行私有制，允许办私人公司，出现了商业银行，建立了拉脱维亚银行，发行本国货币，实行新的税收体系和独立预算。1991年期间，拉同原苏联共和国的贸易关系被破坏，能源和其他进口商品的供应遇到严重困难，导致生产大幅度下降。1992年1～11月通货膨胀率与1991年同期相比为1050%。

国内生产总值(1992年1～9月)：1210.21亿拉脱维亚卢布(按现行价格)。

货币名称：拉脱维亚卢布(过渡性)。

通货膨胀率(1991年)：300%。

失业人数(1992年11月)：约有39500待业人员，正式登记注册的失业人数为27600人。

【资源】有泥炭以及白云石、石英砂、石膏等建筑材料。森林覆盖率38%。

【工业】1992年1～9月工业产值为467.23亿拉脱维亚卢布，占国内生产总值的39%。生产原苏联相当一部分的电话器材、31%的无线电收音机和电唱机、32%的客车车辆、25%的冷藏装置、17%的洗衣机和柴油机(80年代初数字)。此外，金属加工、化工、木材、轻工和食品工业也较发达。化学工业主要生产染料、化纤、塑料和药品；木材加工工业主要生产家具、火柴、高级纸张；轻工业以针织业尤为发达；食品工业主要是乳酪的制造和鱼品加工。

【农业】1989、1990年农业产值分别为31、27亿卢布。1992年1～9月农业、狩猎和林业产值为329.17亿拉脱维亚卢布，占国内生产总值的27%。种植业以生产谷物、亚麻、甜菜、饲料和土豆为主。畜牧业主要是奶、肉两用的养畜业，饲养牛和猪。养蜂业普遍，75%的集体农庄有养蜂场。1989年粮食、肉、奶、蛋产量分别为33.6万吨、33万吨、198万吨和8.9亿个。

【交通运输】主要以铁路和海运为主。

铁路：总长2380公里。

公路：总长2.71万公里，其中硬面路占62.3%。

水运：内河航线全长350公里。主要港口有里加、文茨皮尔斯和利耶帕亚。

天然气管道由乌克兰的达沙瓦通往里加和利耶帕亚。

【对外贸易】1992年1～11月出口总额(按可比价格)为139.42亿拉脱维亚卢布(1991年为77.05亿拉脱维亚卢布)，进口总额(前9个月)为370.73亿卢布。主要出口产品为化纤布和线、玻璃板和玻璃制品、漆料、橡胶鞋、火车客车厢、大轿车、木材、收音机、电话机、牛奶及奶制品；主要进口：电、汽油、柴油、天然气、液化气、煤。主要出口国家有：俄罗斯、乌克兰、白俄罗斯、比利时、立陶宛、芬兰。

1992年拉同主要贸易伙伴俄罗斯的贸易额较1991年大为减少。1991、1992年拉与俄罗斯进、出口贸易情况分别为：

进口	1991	1992
汽油	9.14万吨	8.8千吨
柴油	74.3万吨	6.8万吨
天然气	36.12亿立方米	19.34亿立方米
煤	46.6万吨	17.2万吨
黑色金属	11.5万吨	5.5千吨
出口	1991	1992(1～10月
肉	3.56万吨	4.1千吨
奶制品	2.02万吨	5.77万吨
轧材	18.3万吨	2.09万吨
发动机和发电机	2529台	614台
化肥	1.1万吨	3.8千吨
小公共汽车	7千辆	3.1千辆

【外国资本】截至1992年11月底，外国投资为1.355亿美元。

人民生活

1989年职工月平均工资249.9卢布，国营农场人员的月平均工资260.9卢布，集体农庄庄员的月平均工资264.2卢布；按人均计算的国营和合作商业(包括公共饮食业)零售贸易额2055卢布；每100户职工和农庄庄员文化生活用品和家庭耐用消费品的拥有量分别为：黑白电视机48台和66台，彩电60台和39台，录音机56台和49台，照像机31架和17架，电冰箱和冰柜95台和93台，洗衣机82台和84台，吸尘器77个和51个，缝纫机62台和52台，小汽车29辆和33辆，摩托车12辆和19辆；按人均计算的居民住宅面积城市17.6平方米，农村24.5平方米；每万名居民拥有50个医生，119个中等医务人员，147.1张病床。

拉独立后，经济形势严峻，通货膨胀，供应困难，人民生活水平明显下降。

军　事

1991年11月26日，拉国防部长表示，拉将建立保卫陆地、海上和空中边界的部门，还将建立由几个机动营组成的快速反应部队和由志愿者组成的民兵组织。另据拉第一副总理称，拉保卫边界和治安的军队人数将不超过6000～8000人。

文化教育

【教育】1989年，拉共有900所各类普通学校(40万学生)，57所中等专业学校(3.81万学生)，10所高等学校(4.56万学生)；1989年每千名15岁以上的居民中受过高等和中等教育的838人，其中受过高等教育的115人；每万名居民中高等学校和中等专业学校毕业的专门人材分别为23人和36人；在国民经济各部门就业的受过高等教育和中等专业教育的专家35.77万人，其中受高等教育的16.26万人，受中等专业教育的19.51万人；在国民经济各部门就业的受过高等教育和中等专业教育的女专家为22.66万人。主要高等院校：拉脱维亚大学，里加工学院。

【新闻出版】1989年共出版1927种书籍和小册子，总发行量1690万份；每千人拥有的书籍和小册子6305份。主要报刊：《独立日报》，拉脱维亚文日报，官方报纸。《拉脱维亚青年报》，拉文日报。《独立日报》，俄文。《觉醒报》，拉文日报。《今日苏维埃青年报》，俄文日报，创刊于1945年3月28日，原为拉共青团机关报。《拉脱维亚全景报》，俄文日报，创刊于1991年。

通讯社：拉脱维亚国家通讯社。

对外关系

外交政策的主要目标是“回归欧洲”。拉领导人在共和国独立后，频频出访西方国家，到处寻求援助和支持。

【同我国的关系】1991年9月12日中拉建交。1992年1月4日中国在拉设立大使馆。1月底拉与台签订了领事关系协定。拉方不顾我严正交涉，一意孤行。并于2月上旬允许台在拉开设“台湾总领事馆”。我政府被迫决定从拉撤出中国大使馆。

【同俄罗斯的关系】1991年1月25日与俄建交。两国在经济、财产分割、撤出俄在拉驻军、领土等问题上矛盾尖锐。1992年4月，两国代表团举行关于从拉撤出原苏联驻军的第三轮谈判，但仍未取得实质性结果。1992年1月22日，拉最高苏维埃作出决议，“不承认俄罗斯对阿布列涅市和阿布列涅县6个乡的吞并”。3月11日俄最高苏维埃发表声明指出，拉的领土要求是“企图恶化两国关系和损害欧洲现有边界不可侵犯的原则”。

【同美国的关系】拉重视同美的关系。1990年11月，拉议会主席访美，希望在政治、经济上与美合作。

（乌白波）

立 陶 宛

国名 立陶宛共和国(Republic of Lithurnir)。

面积 65200平方公里。

人口 375.1万(1993年1月)。立陶宛族301.6万(80.4%)，俄罗斯族32.6万(8.7%)，波兰族26.3万(7.1%)，白俄罗斯族5.9万，乌克兰族4万，犹太人6919人。官方语言为立陶宛语。主要信奉天主教(立陶宛人和波兰人)，其次是东正教(俄罗斯人、白俄罗斯人和乌克兰人)。

首都 维尔纽斯(Vilnius)，人口59.62万(1992年1月)。

国家元首 总统阿尔吉尔达斯—米科拉斯·布拉藻斯卡斯(Algirdas-Mykolas Brazauskas)，1993年2月25日就职。

自然地理

位于波罗的海东部。北界拉脱维亚，东与白俄罗斯毗连，西南与俄罗斯加里宁格勒州和波兰相邻，西濒波罗的海。全境大部分为平原，以灰化土为主。约有3000个湖泊，主要有涅曼河。属海洋性向大陆性过渡的气候。1月平均气温－5℃，7月平均气温17℃。年平均降水量630毫米。

历 史

公元1240年建立立陶宛大公国。13～15世纪反对日耳曼封建天主教的侵略。1558～1583年参加了反俄国的立窝尼亚战争。根据1569年的卢布林条约，立陶宛与波兰合并为波兰立陶宛王国。立陶宛大部分领土和整个立陶宛(除克莱佩达边疆区外)先后于1795年和1814年并入俄罗斯。立陶宛人民参加了1905～1907年的革命、1917年的二月革命和十月社会主义革命。1918年2月16日签署宣布立陶宛国家独立文件。1918年12月成立立陶宛苏维埃社会主义共和国。1919年2～8月建立了立陶宛白俄罗斯苏维埃社会主义共和国。1919年4月，波兰资产阶级占领维尔纽斯，8月末在立建立资产阶级共和国。1926年12月，建立了法西斯独裁政权。1940年6月，法西斯政权被推翻，重建苏维埃政权；7月21日成立立陶宛苏维埃社会主义共和国；8月3日加入苏联。

政 治

在原苏联各共和国中，立最早提出脱离联盟，争取民族独立。从1987年8月开始，立国内要求独立和反对独立的两种政治力量尖锐对立；8月23日，立陶宛、拉脱维亚和爱沙尼亚三共和国首都数以千计的市民上街游行，对1939年8月23日苏联与德国签署的条约(其秘密条款规定把波罗的海三国划归苏联)表示不满。1988年10月22日反对派组织“争取改革运动”(即“萨尤季斯”)成立，该组织极力主张脱离苏联。在激进民族主义情绪压力下，立当局从最初争取民族主权、经济独立，发展到要求退出苏联。1989年5月18日，立最高苏维埃修改宪法，强调苏联的法律和法令只有在立最高苏维埃批准后才能在立生效。8月23日，立、拉、爱三国的“萨尤季斯”和“人民阵线”一起举行“波罗的海之路”大规模行动，大约200万人拉起长达600公里的“人链”，抗议1939年签订的苏德条约。12月20日，立陶宛共产党召开20大，通过立共纲领和章程等文件，宣布脱离苏共。布拉藻斯卡斯当选立共(独立派)第一书记。12月26日，苏共中央非常会议宣布立共独立行动非法。1990年1月11日，戈尔巴乔夫受苏共中央委托赴立进行劝阻，未果；3月11日立新选出的最高苏维埃（“萨尤季斯”占2/3席位）正式宣布立陶宛独立，改国名为“立陶宛共和国”。“萨尤季斯”领导人兰茨贝吉斯当选为最高苏维埃主席。之后，联盟中央与立当局围绕立独立问题进行了激烈的对抗。1991年8月2日，立最高苏维埃通过没收立共（苏共派）财产的决定。“8·19”事件后，立最高苏维埃又宣布共产党非法，禁止其活动。9月6日，苏联国务委员会承认立独立。立独立后，政局不稳，经济形势恶化，党派斗争尖锐，民族矛盾突出，人民的不满情绪日益增长。1992年10月，议会进行大选。以兰茨贝吉斯为代表的“萨尤季斯”遭到失败，布拉藻斯卡斯领导的劳动民主党获胜。新的议会和政府产生。1993年2月14日，布拉藻斯卡斯当选为总统。

【宪法】现行宪法于1992年10月13日经最高苏维埃通过后交10月25日全民公决投票通过，11月2日生效。共15章154条款：包括立陶宛国家、人和国家、社会和国家、国民经济和劳动、议会、共和国总统、政府、宪法法院、法院、地方自治和管理、财政和国家预算、国家检查、外交政策和国家保卫、宪法修改和最后条款等。宪法规定，立是一个独立的民主共和国，由人民缔造，主权属于人民。国家权力由议会、总统、政府和法院实施。政权机构的权力由宪法规定。国家和人民生活的重大问题通过全民公决决定。领土是统一的和不可分割的。国家边界只能根据立陶宛共和国国家条约（由议会4/5的议员批准通过）进行变更。人的权利受法律保护，人的自由和私有财产不可侵犯。年满18岁的公民享有选举和被选举权。立无国教。禁止新闻检查。经济以私有制、个人经营自由化为基础，反对对生产和市场进行垄断，保护竞争自由。土地、内水、森林、公园的所有权只属于立公民和国家。凡年龄在40岁以上、在立居住不少于3年的立公民可以竞选总统。总统由全民通过无记名投票直接选举产生。每届任期5年，只能连任两届。总统的主要权力包括：决定外交政策的重大问题。签订国际条约并提交议会批准。任命外交代表。任命总理（需经议会通过）和授权其组成政府。接受政府及部长的辞呈并在政府辞职后15天内提出新总理候选人交议会通过。任免各部部长及国家机构领导人。在国家受到武装进攻、国家主权和领土完整受到威胁时作出抵抗外来侵略、实行军事状态和动员的决定，并将决定提交议会确认。每年向议会作形势和内外政策报告。宣布议会大选日期。有权签署、颁布议会通过的法律或否定该法律。

【议会】1992年7月7日，立最高苏维埃通过对临时基本法的修改和补充，决定将“最高苏维埃”更名为“议会”。本届议会于1992年10月25日经全民选举产生。立议会是最高立法机关，一院制，有141名议员，每届任期4年。劳动民主党占73席，“萨尤季斯”联盟占30席，社会民主党占8席，波兰人联盟占4席，基督教民主联盟占1席，民族联盟占3席，独立党占1席，基督教民主党、政治犯和被流放者联盟与民主党共占18席，中间运动占2席，独立运动占1席。1992年11月25日，议会选出主席、副主席。布拉藻斯卡斯当选为议会主席，根据立宪法，在立总统选出之前，布自即日起代理总统职务，而议会副主席契斯洛瓦斯·尤尔舍纳斯（Чесловас Юршенас，劳动民主党）代理议会主席职务。除尤外，议会副主席还有埃吉迪尤斯·比契考斯卡斯（Эгидиюс Бичкаускас，中间运动）、阿洛依扎斯·萨卡拉斯（Алоизас Сакалас，社会民主党）。议会主要权限：讨论和通过宪法修改案，颁布法律，通过关于举行全民公决的决定，确定总统选举时间、国家机构的设立及其领导人的任免，表决通过或否定总统提名的总理候选人、审议和表决总理提出的政府计划，根据政府建议设立或取消政府的部门，监督政府工作并可对政府某个部长提出不信任，任命宪法法院和最高法院法官、院长和立陶宛银行行长，确定地方自治委员会选举时间，通过国家预算和监督其执行情况，批准和废除共和国签订的国际条约，规定立的行政划分，颁布大赦令，宣布全国动员和决定动用武力。

【政府】本届政府于1992年12月17日组成。主要成员（未设副总理）：总理布罗尼斯拉瓦斯·鲁比斯（Брониславас Лубис），经济部长尤柳斯·韦谢尔卡（Юлюс Веселка），能源部长廖纳斯－瓦伊多塔斯·阿施曼塔斯（Лянас-Вайдотас Ашмантас），财政部长爱德华达斯·维利恰利斯（Эдуардас Вилькялис），国防部长奥德留斯·布特恰维丘斯（Аудрюс Буткявичюс），文化教育部长达伊纽斯·特龙库纳斯（Д айнюс Трункунас），林业部长约纳斯－里曼塔斯·克利马斯（Йонас-Римантас Климас），工业贸易部长阿尔贝塔斯－安布拉泽尤斯·西尼亚维丘斯（Альбертас-Амбразеюс Синявичюс），邮电信息部长金陶塔斯·任佳利斯（Гинтаутас Жинтя-лис），社会保障部长特奥多拉斯·梅代斯基斯（Теодорас Медайскис），建筑与城市发展部长阿尔吉尔达斯·瓦普希斯（Альгирдас Вапшис），交通部长约纳斯·比尔日什基斯（Йонас Биржишкис），卫生部长维陶塔斯·克里亚乌扎（Витантас Кряуза），司法部长约纳斯·普拉别斯季斯（Лйонас Прапестис），外交部长波维拉斯·季利斯（Повилас Гилис），内务部长罗马西斯·魏捷库纳斯（Ромасис Вайтекунас），农业部长里曼塔斯·卡拉济亚（Римантас Каразия），地方自治不管部长阿尔吉曼塔斯·马图利亚维丘斯（Альгимантас Матулявичюс）。

【行政区划】分为44个地区、423个区，11个共和国直辖市。主要城市：考纳斯、克莱佩达、夏乌里亚。

【司法机构】司法机构为最高法院和区（市）法院，法官由选举产生，任期5年。办案过程中的分歧交由国家仲裁院裁决。司法监督由总检察长或其下属的地方检察长执行。最高法院院长明陶塔斯·洛西斯（Mindaugas Losyc），总检察长阿尔图拉斯·保劳斯卡斯（Arturas Paulauskas）。1993年2月3日议会通过立陶宛共和国宪法法院法。宪法法院的职能是监督立最高国家机构的法律和法律文件是否符合宪法，保证宪法最高机构的法律制度，向议会和总统就下列问题作出结论：立总统选举和议员选举是否符合法律，总统的身体健康状况是否允许其继续履行职务，所签订的国际条约是否与宪法相抵触，议员和国家负责人的具体行动是否违宪。宪法法院院长尚未任命。

【政党】现已登记的政党组织有20个。

(1)立陶宛劳动民主党(Д емократическая партия труда Литвы)：1990年12月8日建立，是一个具有社会民主主义性质的改革党。原第一副主席吉季米纳斯·基尔基拉斯(Гидиминас Киркилас)现为该党代主席(原该党主席布拉藻斯卡斯在当选总统后，根据宪法规定于2月19日退党)。设有委员会主席团。拥有15000名党员。党员大部分为原无党派人士和少数原立共成员。该党是在前立共独立派的基础上建立起来的。1989年12月立共20大通过立共独立宣言，宣布脱离苏共。布拉藻斯卡斯曾为该党第一书记。劳动民主党曾与当时的"萨尤季斯"运动联合一起为争取立的独立、退出原苏联进行斗争。1991年1月后，"萨尤季斯"组成政府，而劳动民主党成为在野反对派。1992年10月25日，劳动民主党在议会选举中获胜，成为执政党。该党推行社会民主主义政策。现阶段的主要任务是巩固独立，要求外国军队立即撤出并且赔偿损失，建立一个独立、民主的国家。经济上主张实行彻底改革，但反对过激；主张用新的经济机制逐渐取代原苏联式经济机制，反对在未建立起新的经济机制之前破坏原有的经济机制；认为应减轻经济改革给人民带来的严重后果。在对外政策方面，主张在发展和西方关系的同时，保持与原苏联各共和国的关系，尤其是经济联系。

(2)"萨尤季斯"(Саюдис)：1992年8月24日登记注册。于1988年起在立第二大城市考纳斯开始活动，尔后遍及各地。当时主要任务是争取独立，退出苏联。在1990年初的最高苏维埃选举中获得多数席位，成为执政党。该党主席兰茨贝吉斯当选为最高苏维埃主席。1991年底以来，由于该党内部争权夺利，发生分裂，许多人倒向左派和中间派，参加劳动民主党、社会民主党或另组新党。到1992年初，议会中支持"萨尤吉斯"的代表已由原来的大多数变为少数。1992年10月在议会大选中遭到失败。此后，"萨尤吉斯"举行会议，委托其名誉主席兰茨贝吉斯组成组织改组委员会，并提出改组方案。

(3)立陶宛基督教民主党(Христианско-демократическая партия Литвы)：1904年创建，1989年2月5日恢复。有5千多名成员，主席波维拉斯·卡季柳斯。

(4)立陶宛社会民主党(Социалдемократическая партия Литвы)：1896年创建，1989年8月12日恢复。有550名成员。主席为奥托扎斯·萨马拉斯(原卫生部长)。

其他政党有：立陶宛民主党(Д емократическая Партия Литвы)，立陶宛人道主义党(Литовская партия Гуманистов)，绿党(Партия зеленыхЛитвы)，独立党(Партия незави-симости Литвы)，共和党(Литовская республиканская партия)，农民联盟(Союз земледельцев Литвы)，波兰人联盟(Союз поляков Литвы)，政治犯和被流放者联盟(Союз политзаключенных иссыльных Литвы)，政治犯联盟(Союз политзаключенных Литвы)，民族进步运动(Д вижение национального прогресса Литвы)，中间运动(Д вижение центра Литвы)，基督教民主党人联盟(Союз христианско-демократов Литвы)，公民宪章(Хартия ГражданстваЛитвы)，立陶宛未来大会(Форум будущего Литвы)，爱国者联盟(Союз патриотов Литвы)，温和运动(Д вижение умеренных Литвы)等。

【重要人物】阿尔吉尔达斯—米科拉斯·布拉藻斯卡斯：总统。1932年生于罗基什基斯市。立陶宛族。1951年毕业于凯沙多里斯市中学。1956年毕业于立陶宛考纳斯工学院。工程师。经济学副博士。1956～1958年在建筑部门工作。1958～1962年在能源建设托拉斯任局长，在考纳斯钢筋水泥构件厂任建设队队长。1962～1966年任建筑材料工业部局长、部长。1967～1977年任共和国计划委员会第一副主席。1977～1978年任立陶宛共产党中央委员会书记。1988～1990年任该党中央委员会第一书记。1990～1991年任立陶宛共和国副总理。1992年11月25日当选为议会主席，根据立宪法，自当日至1993年2月25日任立陶宛临时代理总统。1993年2月14日在大选中当选为立总统，并于2月25日宣誓就职。爱好狩猎。妻子尤莉亚为医生。有两个女儿。　**契斯洛瓦斯·尤尔舍纳斯**：议会副主席。1938年5月18日出生在依格纳林区帕尼日什克村一个农民家庭。1955年毕业于依格纳林区中学。1960年毕业于维尔纽斯国立大学。1958～1960年任"建设"周刊记者。1960～1964年为"真理报"记者。1964～1973年为立陶宛电视台评论员，主编。1973～1975年为立陶宛共产党中央委员会工作人员。1975～1978年任立陶宛苏维埃社会主义共和国部长会议副局长。1978～1983年为"晚间新闻"报编辑。1983～1988年为立共中央委员会处长。1988～1989年为立陶宛电视台政治评论员。1989～1990年任共和国部长会议新闻发言人。1990～1991年为立部长会议与最高苏维埃新闻联络员。1991年任立陶宛共和国政府新闻顾问。1991年2月24日当选为立最高苏维埃代表。1992年10月25日当选为立议会议员。1992年11月25日当选为立议会副主席，并根据立宪法自1992年11月25日起任议会临时代理主席。妻子亚德维加为新闻工作者。有一个儿子。　**布罗尼斯拉瓦斯·鲁比斯**：总理。1938年10月8日出生于普伦格。副教授，化学副博士。在中学时，父亲被流放在西伯利亚，其间曾在砖瓦厂干活以帮助家庭。毕业于考纳斯工学院，后在约纳瓦市氮肥厂工作，先后担任工厂车间主任、生产部门主任工程师。1986年起，任国家氮肥企业总经理。曾在考纳斯技术大学化学系任教，在美国、日本、芬兰和其他国家作过学术报告。曾为立陶宛共和国最高苏维埃代表。任立陶宛工业家联盟副会长。1992年7月24日至12月3日任立陶宛共和国副总理。1992年11月17日任总理。无党派人士。已婚。有一女儿。业余爱好帆船运动。

经　济

工农业比较发达。工业以发展消耗金属少的工业部门著称，如电子、电机和无线电器材工业、计算机设备工业、仪表和机床制造。农业以畜牧业为主。立资源贫乏，所需的石油、天然气、棉花和金属等基本上由原苏联其他共和国提供，谷物也不能自给。绝大多数产品在原苏联内部消化。独立之后，抛弃了原苏联的经济体制，向西方市场经济过渡。1991年初开始放开物价，11月1日再度涨价。1992年1月8日起，各种物价成倍上涨。与此同时，私有化进程全面展开。1991年2月28日，最高苏维埃主席签署《立陶宛共和国国家财产初级私有化法》。到1992年12月，89%的居民购买了住房，农业部门国有财产约4/5、企业固定资产的15.2%已私有化。1992年经济危机进一步加深，国民生产总值是上年的39%；工业部门、建筑业和农业生产比1989年分别减少55%、48%和39%。

国内生产总值(1992年前9个月)：1706.643亿券。

人均国内生产总值(1992年前9个月)：45438券。

人均国民收入(1992年前9个月)：38823券。

货币名称：券，是正式货币“立特”的替代货币，1992年10月1日发行。

汇率(1993年2月底)：1美元＝430券左右。

通货膨胀率(1992年)：1163%。

失业人数(1992年1月)：4.42万。

【资源】有泥炭、矿物建筑材料。森林覆盖率26.4%。多野生动物，有60种哺乳动物，300种鸟类和50多种鱼类。

【工业】生产原苏联90%的电动机床和大部分的电子计算机、录音器材、钻头和电焊机，100%家用电表，70%的电视机原件，30%的拖拉机零件。化肥产量占波罗的海沿岸地区第一位，化纤占第二位。1992年前9个月工业产值为746.739亿券。1992年前11个月工业生产比上年同期下降51.2%。17种产品中的16种(化肥、纸浆、纸、水泥、自行车、电冰箱、录音机、糖、牛奶和鱼类罐头、配合饲料等)生产减少10%。工业产品的产量(按可比价格)11月比10月减少14.1%，比1991年同期减少72.2%。

【农业】畜牧业产值占农业产值70%。种植业生产谷物、亚麻、甜菜、马铃薯和蔬菜。畜牧业以奶、肉为主，饲养牛、猪。肉、乳人均产量居原苏联各共和国之首。养蜂和养鱼业也较发达。1992年农业在国民生产总值所占比例由1989年30%下降为11%。1992年农畜产品的收购量与1990年相比下降幅度为：粮食：71%，马铃薯：17%，蔬菜：19%，甜菜：61%，亚麻：21%，肉禽类：66%，牛奶：58%，禽蛋：63%。牲畜存栏数大幅度减少：牛：87%，猪：57%，马：94%，禽类：64%。羊的下降幅度也较大；1990年每头奶牛产奶3688公斤，而1992年则降为993公斤。

【交通运输】交通方便，以铁路运输为主。

铁路：1985年底全国铁路运营线达2014公里。

公路：1985年底公路长3.9万公里，其中硬路面2.66万公里。

水运：内河航线共计628公里。克莱佩达港是立重要港口城市，四季通航。

空运：除与原苏联一些共和国有定期航班外，还有国际航班飞往哥本哈根、法兰克福、柏林等。

天然气管道从乌克兰的达沙瓦通往维尔纽斯、考纳斯、帕涅维日斯和克莱佩达。

【对外贸易】1992年前3个季度出口商品额为926.16亿卢布(占进出口总额的91.3%)，进口额为87.89亿卢布(占进出口总额的8.67%)。主要出口产品为食品、饮料、烟(占15%)、纺织品(14%)、机床和电子设备(14%)、畜牧产品(13.4%)。主要进口黑色金属(38.7%)、化工制品(10.4%)。立向78个国家出口，从58个国家进口。主要贸易伙伴是俄罗斯、乌克兰、德国、波兰。1992年12月向西方国家的出口额占总额的10.6%(1991年同期为3.5%)，向爱沙尼亚、拉脱维亚、格鲁吉亚、独联体出口占29.3%(1991年同期为35.9%)。

人民生活

1989年职工月平均工资244.1卢布，国营农场工作人员的月平均工资242.7卢布，集体农庄庄员的月平均工资257.3卢布；按人均计算的国营和合作社商业(包括公共饮食业)零售贸易额1803卢布。1990年全国共有住房面积7240万平方米，平均每人19.4平方米，其中城市为17.2平方米，农村为24.1平方米。1990年每100户家庭中拥有：电视机115台，摩托车13辆，洗衣机77台，收音机107台，自行车87辆，缝纫机47台；每千人拥有医院病床46.2个。1989年每千人拥有小汽车438.2辆。

军　事

1991年10月3日，立最高苏维埃通过决定，成立边疆国防部。到1992年1月立军队已有7个营的编制。1992年11月19日，立议会通过国防部长布特恰维丘斯提出的恢复立陶宛军队的法令，宣布自即日起立陶宛军队正式恢复，并决定11月23日为建军节。目前驻立陶宛的俄罗斯军队有1.75万人。

文化教育

【教育】现有学前机构1422所，普通教育学校2147所、中等专业学校65所、高等院校14所。主要高等院校有：维尔纽斯大学、维尔纽斯工业大学、维尔纽斯师范大学、立陶宛音乐学院、维尔纽斯艺术学院、立陶宛警官学院、考纳斯大学、考纳斯工学院、考纳斯医学院、立陶宛兽医学院、立陶宛农学院、立陶宛理科师范学院、克莱佩达大学、希奥利艾师范学院。1989年有50万普通学校学生，5.17万中等专业学校学生，6.94万高等学校学生在校。1989年每千名15岁以上的居民中受过高等和中等教育的753人，其中受过高等教育的106人；每万名居民中高等学校和中等专业学校毕业的专门人才分别为29人和42人；在国民经济各部门就业的受过高等教育和中等专业教育的专家53.26万人，其中受高等教育的22.99万人，受中等专业教育的30.27万人；在国民经济各部门就业的受过高等教育和中等专业教育的女专家为32.24万人。

【新闻出版】现有642种报纸期刊，17家电台和37家电视台。

主要报刊：《立陶宛艾达斯报》，立陶宛文日报，1917年创刊。在苏联时期被禁止，恢复独立后为立陶宛国家报纸。除刊登议会和政府的正式消息、领导人讲话外，还充当"萨尤季斯"的机关报；每周发行五期，周日和周一停刊。《立陶宛回声报》，俄文日报，创刊于1940年。原为立陶宛议会和政府机关报，现为独立报刊。主要刊登官方消息。每周发行五期，周日和周一停刊。《立陶宛早报》，立陶宛文日报。原为共青团机关报，独立后改用现名，为独立报纸。每周五期，周日和周一停刊。《立陶宛早报》，俄文周报，与《立陶宛早报》属同一个编辑部。《真理报》，立陶宛文日报，原为立陶宛共产党机关报。立陶宛劳动民主党成立后成为该党机关报。每周五期，周日和周一停刊。《共和国报》，立陶宛文日报。立独立后创刊，独立报刊。"萨尤季斯"执政时，以批评政权机构为主。每周五期，周日和周一停刊。《共和国报》，俄文周报，与立文《共和国报》同属一个编辑部。《立陶宛之声报》，俄文周报，立独立后创刊。主要为在立陶宛的俄罗斯族人摘登立各大报刊的消息和文章。

立陶宛国家通讯机构为立陶宛通讯社。

立国家广播电台为立陶宛广播电台，设两套节目，播出时间每天共计38小时，其中有半小时用英语播出。此外，立还有许多私人电台。

立中央电视台为立陶宛电视台，每天用立陶宛语播放电视新闻、文艺等节目，其间5分钟用俄语播发简短新闻。另外还有考纳斯立陶宛电视台和东立陶宛电视台，以及一些私人电视台。

对外关系

外交重点在欧洲，主要目标为争取加入欧共体，进而加入北约。出于经济和传统两方面原因，与原苏联各共和国仍保持较多的联系。布拉藻斯卡斯上台后，强调奉行东西方平衡的政策，表示要调整同俄罗斯的关系，尤其改善经济关系。目前，与立建交的国家有73个，在立设立使馆的国家有16个。

【同我国的关系】1991年9月14日中立建交。两国友好合作关系稳步发展。立经济部长阿尔别尔塔斯·希梅纳斯、副外长罗卡斯·别尔纳塔斯、最高苏维埃外事委员会主席维德曼塔斯·波维廖尼斯、国防部长奥德留斯·布特恰维丘斯先后访华；我副外长田曾佩、国家科委技术委员会副主任惠永正访立。中立两国签订了经济贸易合作协定、科技合作协定、领事协定、互免签证议定书，草签了投资保护协定。从1987年至今，中国在立已登记注册了28家合资企业或公司；天津氨基酸公司和天津国际经济技术合作公司与立一家生物技术研究所于1992年底在天津建立了生产干扰素的合资企业。1992年11月27日至12月5日，中国青年舞蹈家小组在立访问演出。

中国驻立陶宛大使：陈棣。使馆电话：65-11-97。

立陶宛未在中国设使馆。

【同俄罗斯的关系】立在石油供应和产品销售市场方面对俄罗斯有很大的依赖性，其境内还驻扎着俄罗斯军队。两国在经济和撤军问题上矛盾尖锐，进行过多次谈判。1992年6月，立最高苏维埃主席兰茨贝吉斯与俄总统叶利钦在莫斯科就下半年石油供应、相互结算及从立撤军等问题举行会谈；9月，两国首脑就撤军问题进行单独会见。会见后两国国防部长签署了俄军撤出时间表，规定俄军应在1993年8月31日前全部撤出。

【同爱沙尼亚和拉脱维亚的关系】立非常重视发展同爱沙尼亚和拉脱维亚的关系。三国经常在政治和经济问题上采取一致行动。1990年4月18日，立、爱、拉三国总理签署了经济合作一揽子协议，决定成立波罗的海统一市场。三国还就经济发展战略分工达成协议。三国总统于1990年5月12日签署了《关于拉脱维亚、立陶宛和爱沙尼亚一致与合作宣言》，恢复第二次世界大战前的波罗的海委员会同盟。同一天，三国元首还签署了《关于参加欧安会的联合声明》。1991年"8·19"事件后，三国一起提出要求苏军在1991年12月1日前撤出三国首都。1992年初，三国共同向独联体成员国首脑发出呼吁，要求从三国撤出俄军，召回在三国服兵役的独联体国家的公民，并且不允许向三国派驻新兵。

【同美国的关系】立重视同美国的关系。1990年5月，立国家元首访问美国。美国政府于1991年2月开始对立政府提供经济援助。

（乌白波）

列支敦士登

国名　列支敦士登公国（The Principality of Liechtenstein，Das Fuerstentum Liechtenstein）。

面积　160平方公里。

人口　29386人(1991年12月31日)。多为列支敦士登人。外国人为11021人,占37.5%,主要是瑞士人(4587)、奥地利人(2229)和德国人(1085)。官方语言为德语。天主教为国教,信奉天主教的居民占87%,基督教8.5%。

首都　瓦杜兹(Vaduz),人口4887人(1991年12月31日)。

国家元首　汉斯—亚当二世(Hans Adam II)公爵,1989年11月13日即位。

简　况

位于阿尔卑斯山中部和莱茵河谷的内陆国。西邻瑞士,东接奥地利。气候温和,平均气温1月1.1℃,7月19.9℃。列支敦士登人是公元500年以后到此的阿勒曼尼民族的后裔。1719年1月23日以列支敦士登亲王之姓氏建国。1805年列加入"莱茵联盟"。1815年加入"德意志联盟"。1866年宣告独立。此后一直保持中立。

政　治

政体为世袭君主立宪制,公爵拥有最高决定权。人民通过选举议员或提出人民倡议、参加公民投票行使政治权利。1992年,欧洲一体化是列国政府与人民普遍关注的问题。围绕着何时就参加欧洲经济区进行公民表决以及列可否考虑加入欧洲共同体这两个问题,列国家元首、公爵汉斯—亚当二世同列国政府之间产生了严重的意见分歧。公爵主张提前就列国加入欧经区举行公民表决,并要求尽早提出加入欧共体的申请。至1992年10月底,矛盾激化,公爵要求政府作出提前进行公民表决的决定,并称,否则他将要求政府辞职,解散议会。后经多方协商,达成妥协:列国公民表决仍按原定计划于1992年12月11日和13日进行;如公民表决拒绝加入欧经区,列则同瑞士讨论加入欧共体的各种可能性。公民表决结果表明,多数公民支持加入欧经区。

此外,1992年6月27～28日,列公民就选民年龄问题进行了投票表决,投票率仅为36.5%,但其中56.3%的人反对将选民年龄从20岁降至18岁。

【宪法】1921年10月5日制定,规定国家政体为君主立宪制,国家元首世袭。

【议会】实行一院制。人民直接选举议会,议长是人民最高代表,议会参与立法和缔结国家条约、掌管财政,监督政府。每届议会任期4年。本届议会1989年3月产生,有议员25名,祖国联盟13席,进步公民党12席。议长每年改选一次,现任议长卡尔海因茨·里特尔(Kalheinz Ritter)。

【政府】政府成员由亲王根据议会的建议任命。本届政府1989年5月组成,任期4年。首相汉斯·布隆哈尔特(Hans Brunhart),主管外交、财政、教育等事务;副首相赫尔伯特·维勒(Herbert Wille),主管内政、文化、司法和环保等事务。三位兼职政府成员为彼得·沃尔夫(Peter Wolff),负责社会和卫生;雷内·里特尔(Rene Ritter),负责经济;威尔弗里德·毕谢尔(Wilfried Buechel),负责交通。

【司法机构】法院分三级:地方法院、中级法院和最高法院。高级法院共有7名法官,由亲王根据议会的举荐任命,任期4年,现任最高法院院长马克斯·比佐泽罗(Max Bizozzero)。

【政党】现有3个政党,其中联合执政的两个政党为:

(1)祖国联盟(Vaterlaendische Union):1918年成立。主席奥斯瓦尔德·克兰茨(Oswald Kranz)。1991年底上任。

(2)进步公民党(Fortschrittliche Buergerpartei):成立于1918年。主席汉斯于尔克·马克赛(Hansjoerg Marxer)。1992年3月30日正式上任。

以上两党联合执政,政治主张基本一致,都主张君主制和民主相结合,主张社会进步,思想基础是基督教原则。

【重要人物】汉斯—亚当二世:国家元首。1945年2月14日生于瑞士苏黎世。曾在维也纳和瑞士圣加伦学习并在伦敦一家银行受过职业培训。获经济学士学位。1984年8月其父弗朗茨·约瑟夫二世将大部分权力授予他,由他领导政府事务。1989年11月13日约瑟夫二世逝世,同日,汉斯—亚当宣布继位,定名汉斯—亚当二世。在财政和经济方面有专长,主张积极参与国际事务。在其执政后,列先后参加了联合国、欧洲自由贸易联盟和欧洲经济区。已婚,有4个子女。

经　济

原是贫穷的农业国,大多数人从事畜牧业,只有小规模的纺织和陶瓷等工业。战后40多年已发展成为工业国。邮票业是国家财政的重要财源之一。列支敦士登自1912年开始印刷邮票,并以发行优美的邮票闻名遐迩。1991年邮票发行收入2160万美元。1991年,世界范围的经济萧条对列国经济产生了影响,金属业受影响最严重,建筑业、旅游业均呈下降趋势,非金属业保持了稳定。失业率上升至0.5%。只有银行业情况较好,三家银行营业总额达189亿瑞郎。此外,1992年4月和1993年1月,又有两家银行开业。列支敦士登与瑞士为同一经济区,无社会生产总值的确切统计。

国民总收入(1991年):11.65亿瑞士法郎。

国民总收入增长率(1991年):6.6%。

人均收入(1991年):40345瑞士法郎。

货币名称:瑞士法郎;1法郎=100生丁。

汇率(1991年):1美元=1.435瑞士法郎。

通货膨胀率(1991年):5.9%。

失业率(1991年):0.5%。

【资源】有较丰富的大理石矿藏。森林面积55.6平方公里,占领土面积的34.8%。

【工业】工业发达。主要有冶金、仪表制造、陶瓷、化工、医药、电子、纺织和食品加工等。真空镀膜产品和假牙生产享有国际声誉。工业产品质量高，有竞争力，主要向瑞士和欧洲共同体国家出口。1991年全国有工业企业33个，组成工商协会，统筹进出口业务。从业人员10435人，占就业人口的51.1%(包括在列国就业的外国人)。

【农业】农业可耕地面积38.9平方公里。农业人口355人，占就业人口的1.7%。以种植饲料和畜牧为主。牛奶生产占农业生产的2/3，1991年牛奶产量为1314万公斤，酿酒量7.8万立升。

【服务业】从业人员9654人，占就业人员的47.2%(包括在列国就业的外国人)。

【旅游业】列支敦士登风光绮丽，地处欧洲南北交通要道，王室藏画展及高山滑雪场等为发展旅游业创造了有利条件，成为主要的经济部门。1991年有55家旅馆，1363张床位，旅游宿夜数14.3万人次，接待旅游者71211人，主要来自瑞士和德国。

【交通运输】以公路运输为主。1991年全国有机动车21785辆。

【财政金融】1991年政府财政结算(单位：亿瑞郎)：收入4.39，支出4.36，盈余0.03。

【对外贸易】1991年工业出口总额22.46亿瑞郎，比上一年增长1.5%。其中向瑞士出口3.336亿瑞郎，占14.9%；向欧共体国家出口10.187亿瑞郎，占45.3%；向欧洲自由贸易联盟国家出口4.552亿瑞郎，占20.3%。

人民生活

世界上最富有的国家之一。1991年人均收入40345瑞郎。现有医生28名，每1031人拥有1名医生。全国拥有电话17499部，电视机10099部，电传机和传真机244部。每千人拥有小汽车600辆。

军　事

1868年废除军队。根据宪法规定，紧急情况下，“每个有持械能力”的公民(60岁以下)都有义务保卫祖国。1933年成立“列支敦士登安全团”即警察部队。目前有警察53名。

文化教育

【教育】政府是教育事业的最高领导机关，“教育委员会”是政府的咨询机构。教育制度：幼儿园2年，小学5年，中学4年，高中5年。本国无高等学校，中学毕业生主要到瑞士和奥地利上大学。此外还设有弱智儿童的“补习学校”，残疾儿童的“特殊学校”，成人教育的“技术学校”。职业教育与瑞士合作。另还建有一所“音乐学校”。1991年有幼儿园57所，在园儿童700人；1991/92年度中、小学及“特殊学校”在校生总数为3603人，教师390名；音乐学校在校生2486人，教师86名。1991年列大学生人数为446人。

【新闻出版】有两家报纸：《列支敦士登人民报》，发行量8700份；《列支敦士登祖国报》，发行量8500份。尚无广播电台和电视台。1992年11月开辟一套电视新闻节目，以图片和文字形式介绍列国内新闻。

对外关系

奉行中立的外交政策，与瑞士保持着特殊的关系。根据1919年两国达成的协议，瑞士驻外机构代表列国在外国的利益，但列保留与其他国家建立外交关系的权利。根据1923年签订的关税条约，两国边界开放，建立共同经济区，使用统一货币——瑞士法郎。

列与奥地利的关系也很密切。1938年以前，列支敦士登的亲王都住在维也纳。目前，两国除签有国家条约外，在司法合作、教育及社会生活领域也签有一系列协定。

至1991年底，列只同瑞士、奥地利和梵蒂冈有大使级外交关系。1991年上半年，列提出与欧共体和欧贸联国家外交关系升级的愿望，现已有英国、意大利、葡萄牙、德国、荷兰、希腊、挪威、瑞典等国家以及以色列向列国派驻了大使(均由驻瑞士大使兼任)。有39个国家向列派总领事或领事。列向联合国总部、欧洲委员会、欧贸联总部、瑞士、奥地利(非常驻)和梵蒂冈(非常驻)派驻了大使。

近年来，列日趋重视发展对外关系，各方面突出列作为一个独立主权国家的地位。欧洲一体化是列国1992年外交工作的重点。继1990年9月加入联合国，1991年5月加入欧洲自由贸易联盟后，1992年5月，列政府参与签署了欧经区条约，同年12月，列国公民表决赞成列政府关于加入欧经区的决定。

【同我国的关系】中列于1950年9月14日建交。1988年9月14日，中国向列国派驻了总领事(由驻苏黎世总领事兼任)。

1991年中列进出口贸易额89万美元，其中我出口9万美元，进口79万美元。

中国驻苏黎世兼驻列支敦士登公国总领事：许右军。总领馆地址：Bellariastrasse 20，8002 Zuerich。电话：01/201 1005，01/201 1073(签证处)。传真：01/2017712。电传：817096 GKCN CH。

瑞士联邦驻中国大使：舒爱文(Dr. Erwin Schurtenberger)。馆址：北京三里屯东五街3号。电话：532 2736。传真：532 4353。　(彭方千)

卢　森　堡

国名　卢森堡大公国(The Grand Duchy of Luxembourg，Le Grand-Duché de Luxembourg)。

面积　2586.3平方公里。

人口　38.98万(1992年)。其中卢森堡人约占70.6%,外籍人占29.4%(主要为德、美、比、西、法、意、荷、葡侨民)。官方语言是法语,通用德语,卢森堡语为民间口语。97%的居民信奉天主教。

首都　卢森堡(Luxembourg),人口7.72万(1991年)。

国家元首　大公让(Grand-Duc Jean),1964年11月12日即位。

简　况

位于欧洲西北部的内陆国。东邻德国,南毗法国,西、北与比利时接壤。属海洋—大陆过渡性气候。年平均气温9℃。公元前50年有高卢人部族居住。公元400年后日耳曼人入侵,先后成为法兰克王国和查理曼帝国的一部分。936～1354年,先后为神圣罗马帝国阿登伯爵、卢森堡伯爵和卢森堡公爵的自治领地。15～18世纪历受西班牙、法国、奥地利统治。1815年维也纳会议决定卢为大公国,由荷兰王兼领,同时又为德意志同盟的成员。1839年伦敦协定承认卢为独立国家。19世纪中叶成为中立国。1868年实行君主立宪制。1890年前拿骚公爵阿道夫成为卢大公,彻底摆脱荷兰王统治。两次大战中均被德国占领。1948年放弃中立政策,次年加入北约。1958年参加欧洲共同体。

政　治

卢现政府于1989年由基社党和社工党联合组成。1992年卢政局稳定,但因医疗保险改革问题,政府和工会关系紧张,农民举行示威游行反对欧共体同美国就农产品问题达成的协议,海关官员亦游行表示对1993年欧洲内部大市场形成后自己职位的担心。

1993年卢将举行地方选举,1994年举行大选。

【宪法】1868年10月17日颁布。1919年起曾多次修改,宣布废除一切秘密条约、放弃传统的中立政策等。宪法规定,大公拥有立法权和行政权。实际上,议会行使立法权;政府行使行政权,并对议会负责。

【议会】一院制,为最高立法机构。本届议会于1989年6月18日普选产生,有议员60名,任期5年。各党所占席位如下:基督教社会党22席、社会工人党18席、民主党11席、民主与合理退休金行动委员会4席、绿党2席、绿色环保组织2席、共产党1席。基社党的埃—舍尔普杰·埃尔纳(Hennicot-Schoepges Erna)当选议长。1989年7月就任。

【政府】本届政府于1989年7月14日组成,共12名成员,基社党和社工党各半,主要成员有:首相兼国务、国库、文化大臣雅克·桑特尔(Jacques Santer,基社党),副首相兼外交、外贸、合作、武装力量大臣雅克·普斯(Jacques Poos,社工党),财政兼劳工大臣让·克洛德·容克(Jean-Claude Juncker,基社党),经济兼公共工程、运输大臣罗贝尔·戈贝尔斯(Robert Goebbels,社工党)。

【司法机构】全国设1个高等法院、2个地区法院、3个治安法院。各级法院的法官均由大公任命,终身制。最高法院院长让·韦伯(Jean Weber)。1992年10月1日被任命。总检察长卡米尔·勒瓦姆赫(Camil le Wampach)。

【政党】(1)基督教社会党(Parti Chretien-Social):简称基社党。执政党。1914年成立。原名"右派党",1944年改用现名。党员9600余人。主席让·克洛德·容克(Jean Claude-Juncker)。

(2)社会工人党(Parti Ouvrier Socialiste):简称社工党。执政党。1902年成立。原名卢森堡社会民主党,1945年改用现名,党员约6000余人。主席本·法约(Ben Fayot)。

(3)民主党(Parti Democratique):1904年成立。前身是自由党,1945年在自由党基础上重建,称民主爱国集团,1955年改用现名。党员6000余人。主席夏尔·戈伦斯(Charles Goerens)。

(4)民主与合理退休金行动委员会(Aktiounskomitee fir Demokratie a Rentegerchtegkeet):1989年成立。原名为"争取5/6退休金"行动委员会,1992年改用现名。主席罗贝尔·梅伦(Robert Mehlen)。

(5)绿党(Parti Vert Alternatif):1983年成立。现有党员1900余人。未设主席,11人全国理事会集体领导。

(6)绿色环保组织(Liste Verte Initia Ecologiste):1986年从绿党分离出来,现有党员约2000人。主席尤布·韦贝尔(Jub Weber)。

(7)卢森堡共产党(Parti Communiste Luxembourg):1921年成立,现有党员500余人。主席阿洛伊兹·比斯多尔夫(Aloyse Bisdorff)。

【重要人物】让:卢森堡大公,国家元首。1921年1月5日生于卢森堡市。1940年5月德军入侵卢森堡后随家移居加拿大,1942年10月转赴英国,11月加入英国部队。1944年9月参加了解放卢森堡的战斗,后晋升上校,并任军队总监。1951～1961年任国务委员会委员。1964年11月12日正式即位。　**雅克·桑特尔**:首相兼国务、国库、文化大臣。1937年5月18日生于瓦瑟比利。法律博士。曾任基督教社会党议会秘书、文化和社会事务国务秘书、基社党秘书长等。1974～1982年任基督教社会党主席。1975～1979年当选为欧洲议会议员、欧洲议会副议长。1976～1979年任卢森堡市副市长。1979～1984年任财政、劳动和社会事务大臣。1984年7月任首相,1989年7月连任。

经　济

卢系经济发达国家,但资源贫乏,市场狭小,经济对外依赖性大。钢铁工业是卢的主要经济支柱,人均钢产量一直保持在8～10吨左右,居世界首位。金融、广播电视业同钢铁业并列为卢经济的三大支柱,第三产业约占国民生产总值的65%。首都卢森堡是欧洲金融中心之一。截至

1992年底，在卢注册银行已达213家，卢国民生产总值的15%和税收的20%均来自银行业。卢广播电视台(RTL)是西欧收视率较高的电视台之一。

1992年卢经济继续低速增长。经济增长率预计为3.2%。在经济中起支柱作用的钢铁业生产下降8%，其他工业增长3.9%，银行纯利润增加3.1%。

国民生产总值(1991年)：4200亿卢郎。

国民收入(1990年)：3234亿卢郎。

货币名称：卢森堡法郎(简称卢郎)。

汇率(1991年)：1美元＝34.2卢郎。

通货膨胀率(1991年)：3.5%。

失业率(1991年)：1.4%。

【资源】资源贫乏。有森林近9万公顷。

【工业】以钢铁为主，化工、机械制造、橡胶、食品工业也有较大发展。工业产值约占国民生产总值的1/3。1992年工业增长速度预计为3.0%。从业人员5.8万。1991年产钢338万吨。

【农业】以畜牧业为主，粮食不能自给。农牧业产值约占国内生产总值的2.1%。有耕地12.5万公顷。农业人口约占4%。主要农产品有小麦、黑麦、大麦、玉米。1991年主要农牧产品产量(单位：万吨)：

小麦	4.2	奶	26.2
玉米	31.3	肉	2.5
杂粮	9.6	黄油	0.36

【旅游业】1991年去卢旅游人数约为77万人次。卢有各类旅馆近400家，客房8000余间。

【交通运输】1991年公路总长5091公里(其中高速公路78公里)，各种车辆24.1万辆(1992)，第一季度货运量6.3亿吨公里；铁路271公里(其中电气化铁路162公里)，客运量2.8亿人公里，货运量7.1亿吨公里；航空客运量96.4万人次，货运量15.2万吨。

【财政金融】近年财政收支情况(单位：亿卢郎)：

	1989	1990	1991
收入	1034	1100	1091
支出	1025	1096	1085
差额	9	4	6

1991年国际收支经常项目盈余487亿卢郎。

截至1992年6月，卢国家债务总额为88亿卢郎，其中内债44亿卢郎，外债10亿卢郎，其余为流动债务。

【对外贸易】80%的产品供出口，主要出口产品为钢铁。原料和消费品的80%靠进口。主要贸易对象是欧洲共同体国家，同欧共体的贸易额占其外贸总额的87%。近几年来外贸情况(单位：亿卢郎)：

	1989	1990	1991
出口额	2128	2107	2144
进口额	2447	2538	2771
差　额	－319	－431	－627

【对外援助】1991年对外发展援助总额约为12.62亿卢郎，占国民生产总值的0.3%，受援国多为非洲国家。

人民生活

1991年人均国民收入约2万美元。职工年平均工资107.9万卢郎。每千人拥有住宅近200幢(套)、小汽车470辆、电视机360台、电话451部、14张病床、2.5名医生。

军　事

大公为武装部队最高统帅。军队总人数为1700人，由陆军、宪兵和警察组成。其中陆军700人，编为1个步兵营和1个独立连，装备有5辆装甲运输车和一些反坦克导弹。宪兵550人，警察450人。陆军实行志愿兵役制，服役期限为3年。宪兵和警察实行招募制。

卢森堡为北大西洋公约组织成员国，同美国签有共同防务协定，同德国签有共同防卫边境地区领土的协定。1989年国防开支约为26亿卢郎，占预算总额的2.5%。

文化教育

【教育】法律规定，所有年满6岁儿童必须接受9年义务教育。1989年教育经费约为153亿卢郎，占国家预算的15%左右。1990/91年度有小学生26612人，中学生7594人，技校、职业学校学生11735人，大学生4997人。

【科研】重要科研机构有：大学中心，高等技术研究所，大公国研究院，地球动力研究中心等。

【新闻出版】有6家日报，5种用德文出版，1种用法文出版，日发行量共约13万份。其中：《卢森堡言论报》(德文)，日发行7.5万余份，《日报》(德文)，日发行2.5万余份，《新闻》(德文)，日发行2万余份，《洛林共和报》(法文)，日发行2万余份。卢森堡电视台用法、德、卢语播送，星期日还有意大利语节目。卢森堡广播电台用法、德、英、卢、荷等多种语言广播。

对外关系

卢是欧洲共同体创始成员国之一。主张国际关系的准则应是：平等、不使用武力和武力威胁、反对军备竞赛、遵守国际法、尊重人权、反对暴力、反对恐怖主义。强调在国际政治生活中应建立一个尊重少数的原则，主张每个国家不论其面积大小、人口多少，均应得到尊重，其合法权益应予以考虑。

认为东欧剧变、苏联解体彻底改变了二战后的雅尔塔体系，各地区的形势也发生着深刻的变化。但又认为，海湾战争、南斯拉夫内战和苏联的解体等新危机严重威胁着欧洲的安全。旧的格局被打破，新的格局尚未形成，世界处在重新调整之中。主张欧洲在新的世界格局中占有位置；认为北约仍是欧洲安全体系的主要支柱，是维持欧洲稳定、安全和合作的基石。在南斯拉夫问题上，积极参与欧共体的斡旋行动，派遣官兵参加联合国和平部队，向南提供了5100万卢郎的援助。主张在联合国历次有关决议的基础上全面解决中东问题；承认以色列，并保障其安全，承认巴勒斯坦人民的自决权，主张阿、以直接谈判，以从被占领土撤出。认为巴勒斯坦问题是中东问题的核心，巴勒斯坦人民由谁代表应由巴人民自己决定。积极主张欧共体参加有关中东问题的国际和平会议。同142个国家有外交关系。

【同我国的关系】1972年11月16日与我建交。1979年9月，卢大公访华。1987年11月，国家主席李先念访卢。

1992年中国和卢森堡的关系继续恢复和发展。10月16～22日，卢外交、外贸、合作、武装力量国务秘书沃尔法特率团访华。沃就双边关系和国际问题同中方进行了会谈，邹家华副总理会见了沃一行。双方表示愿进一步恢复和发展中卢两国关系。

据中国海关总署统计，1992年中国同卢森堡的进出口商品总额为1292万美元，其中中方出口额为147万美元，进口额为1145万美元。

中国驻卢森堡大使：赵梁。馆址：2，RUE VAN DER MEULEN，DOMMELDANGE L-2152 LUXEMBOURG。电话：352-436991，436992。电传：2434 AMCHIN LU。

卢森堡驻中国大使：乔治·桑特尔（Georges Santer）。馆址：北京市东城区内务部街21号。电话：5135937。

1976年5月，台湾在卢设立"孙逸仙文化中心"。1992年9月，该机构更名为"台北经济和文化办事处"。1978年4月，台"中华航空公司"和"卢森堡货运航空公司"签订了货运协定。1982年4月起，台"华航"飞机以"卢货航"租机名义飞卢。

【同其他国家的关系】卢是欧共体创始国之一，积极主张西欧联合，支持加快欧共体建设，以尽快实现欧洲政治和经济联盟，制定共同的外交、安全和防务政策。1992年7月，卢批准了马斯特里赫特条约。卢在传统上与比利时和荷兰的关系密切（与比、荷分别组成比卢经济联盟和比荷卢经济联盟）。1992年1月法国总统密特朗访问了卢森堡，这是20年来法国总统对卢的第一次访问。9月，德国总理科尔访问卢森堡，双方表示要进一步发展双边关系，扩大经济和文化合作。

卢重视发展同美国的关系，卢大公、首相等分别致电祝贺克林顿当选美国总统。

卢对东欧国家的政治、经济变化表示大力支持。1992年，卢与波、捷、保、匈、罗、波罗的海三国等高级政治互访频繁，签订了一些经济、法律方面的协定。卢重视发展同第三世界国家的关系，支持南北对话。

（李福顺）

罗马尼亚

国名　罗马尼亚（România）。

面积　237500平方公里。

人口　2274.9万（1992年1月7日）；出生率1.36%，死亡率1.06%，自然增长率0.3%（1990年）。罗马尼亚族约占89.4%，匈牙利族占7.1%，日耳曼族0.5%，其余22个民族为茨冈、乌克兰、塞尔维亚、犹太、鞑靼、土耳其等。官方语言为罗马尼亚语。主要民族语言有匈牙利语、德语。主要宗教为东正教。

首都　布加勒斯特（Bucuresti），人口2350984人（1992年1月）。

国家元首　总统扬·伊利埃斯库（Ion Iliescu），1990年5月20日当选，1992年10月再次当选。

简况

罗马尼亚位于东南欧巴尔干半岛东北部。北和东北分别与乌克兰和摩尔多瓦为邻，南接保加利亚，西南和西北分别与南斯拉夫和匈牙利接壤，东南临黑海。海岸线长245公里。温带大陆性气候。平均气温1月为1～7℃，7月为16～23℃。罗马尼亚人的祖先为达契亚人。大约公元前1世纪，布雷比斯塔建立了第一个中央集权和独立的达契亚奴隶制国家。公元106年达契亚国被罗马帝国征服以后达契亚人与罗马人共居并逐渐融合，形成罗马尼亚民族。此后逐渐形成瓦拉几亚、摩尔多瓦和特兰西瓦尼亚三个公国。前两者长期附属奥斯曼帝国，后者则受土耳其人、匈牙利人控制。其间，1600～1601年三个公国曾实现短暂统一。1859年瓦拉几亚和摩尔多瓦合并，1862年起称罗马尼亚，但仍隶属奥斯曼帝国。1877年俄土战争时，罗向土宣战，获胜后于5月9日宣告国家独立。1881年改称罗马尼亚王国。1918年奥匈帝国解体后，曾处在其统治下的特兰西瓦尼亚等地区回归罗马尼亚，形成统一的民族国家。二战期间，安东尼斯库政权参加德、意、日法西斯同盟。1944年8月23日罗马尼亚共产党领导武装起义。1945年3月6日以格罗查为首的民主政府成立。1947年12月30日成立罗马尼亚人民共和国。1944～1965年乔治乌—德治为党和国家最高领导人，1965年尼古拉·齐奥塞斯库当选为罗共中央第一书记（7月改称总书记）。同年改国名为罗马尼亚社会主义共和国。1967年12月齐奥塞斯库担任国务委员会主席，1974年3月当选总统。

1989年12月22日，齐奥塞斯库政权被推翻，罗马尼亚救国阵线委员会接管罗马尼亚的一切权力。易国名为罗马尼亚。

1990年5月20日，扬·伊利埃斯库当选罗马尼亚总统。1992年9月罗全国大选，扬·伊利埃斯库再次当选罗马尼亚总统。

政治

1992年2月全国地方选举，选出新的市、镇、乡长和地方议员。3月救国阵线召开第三次全国代表大会，在救阵纲领问题上，大会代表中间产生严重分歧，最后通过了罗曼派纲领，反对罗曼派纲领的大会代表退出救阵，另组民主救阵。9月举行总统和议会选举，扬·伊利埃斯库在第二轮投票中击败民主协议会候选人康斯坦丁内斯库，再次当选为罗马尼亚总统。在议会选举中，民主救阵得票领先，成为议会中第一大党。民主协议会位居第二。进入议会的其他政党还有救国阵线、罗马尼亚民族团结党、匈牙利族民主联盟、大罗马尼亚党、社会主义劳动党和农业民主党。

【宪法】1991年11月21日，罗议会通过新宪法，12月8日全民公决予以通过，13日罗参众两院联席会议，正式宣布新宪法开始实施。

【议会】国家最高权力机关和唯一的立法机构，由参议院和众议院组成。本届议会于1992年9月27日经普选产生。参议员143名：民主救国阵线49席，由18个政党组成的民主协议会34席，救国阵线18席，罗马尼亚民族团结党14席，匈牙利族民主联盟12席，大罗马尼亚党6席，农业民主党5席，社会主义劳动党5席；众议员328名：民主救国阵线117席，民主协议会83席，救国阵线43席，罗马尼亚民族团结党30席，匈牙利族民主联盟27席，大罗马尼亚党16席，社会主义劳动党12席。参议院议长奥利维乌·盖尔曼(Oliviu Gherman)，众议院议长阿德里扬·讷斯塔塞(Adrian Nastase)，1992年10月28日就任。

【政府】1992年11月19日，无党派人士尼古拉·沃克罗尤(Nicolae Vacaroiu)就任总理，成立由民主救阵成员和独立人士组成的新政府。本届政府成员如下：总理尼古拉·沃克罗尤(Nicolae Vacaroiu)，国务部长兼经济协调、战略和改革委员会主席米舒·内格里佐尤(Misu Negritoiu)，国务部长兼劳动和社会保障部长达恩·米尔恰·波佩斯库(Dan Mircea Popescu)，国务部长兼财政部长弗洛林·吉奥尔杰斯库(Florin Georgescu)，国务部长兼外交部长特奥多尔·维奥雷尔·梅列什卡努(Teodor Viorel Melescanu)，司法部长彼得·尼诺苏(Petre Ninosu)，国防部长尼古拉·斯皮罗尤(Nicolae Spiroiu)，内务部长乔治·伊万·德内斯库(George Ioan Danescu)，工业部长杜米特鲁·波佩斯库(Dumitru Popescu)，农业和食品部长伊万·万恰(Ioan Vancea)，运输部长保罗·特奥多鲁(Paul Teodoru)，电讯部长安德烈·基里克(Andre Chirica)，贸易部长康斯坦丁·泰库列斯库(Constantin Teculescu)，旅游部长达恩·马特伊·阿加顿(Dan Matei Agaton)，公共工程和国土整治部长马林·克里斯泰亚(Marin Cristea)，水利、森林和环境保护部长奥雷尔·康斯坦丁·伊利耶(Aurel Constantin Ilie)，教育部长利维乌·马约尔(Liviu Maior)，研究和技术部长多鲁·杜米特鲁·帕拉德(Doru Dumitru Palade)，卫生部长尤利安·明库(Iulian Mincu)，文化部长米哈伊·戈卢(Mihai Golu)，青年和体育部长格奥尔基·安杰列斯库(George Angelescu)，同议会关系部长瓦列尔·多尔内亚努(Valer Dorneanu)。

【司法机构】中央设有最高法院和总检察院，县、市设有地方法院和检察院。最高法院院长瓦·博格德内斯库(Valeriu Bogdanescu)，总检察长米哈依·乌尔皮乌·波帕·凯雷杰亚努(Mihai Ulpiu Pop-Cherecheanu)。

【政党】1989年12月22日以前罗马尼亚实行一党制，此后实行多党制。截至1992年10月罗马尼亚共有144个政党登记注册，另有12个少数民族政治组织和团体。目前的主要政党有：

(1)罗马尼亚民主救国阵线(Frontul Democrat al Salvarii Nationale Din Romania)：1992年3月因对政纲存在分歧，一部分表示坚持救阵成立时的政纲和1990年5月20日大选纲领的救阵成员宣布同罗曼派救阵决裂，另立新党，并于4月30日以民主救国阵线名称重新登记注册。6月27日民主救阵举行全国代表大会，通过了党章、党纲，选出了全国委员会领导机构，奥利维乌·盖尔曼当选为民主救阵全国委员会主席。9月罗议会选举中，民主救阵在议会中所获席位居各党之首，取代救阵成为执政党。

(2)国家农民党(基督教—民主)(Partidul National Taranesc-Crestion si Democrat)：成立于1989年12月27日，由原国家农民党(1926年成立，1947年被取缔)和国家基督教农民党(1989年12月25日成立)合并而成。主席科尔内留·科波苏(Corneliu Coposu)，总书记利维乌·贝特里纳(Liviu Petrina)。

(3)罗马尼亚救国阵线(Frontul Salvarii Nationale Din Romania)：1989年12月22日成立，12月26日，选举伊利埃斯库为委员会主席。1990年2月6日登记注册为政党。4月7日召开第一届全国代表会议，选出以扬·伊利埃斯库为主席的领导委员会。1990年5月20日大选后，在众议院和参议院获得多数席位，并组阁执政。1991年3月救阵第二次全国代表大会选举彼得·罗曼(Petre Roman)为全国领袖，扬·奥雷尔·斯托依卡(Ion Aurel Stoica)为执行局主席。1992年3月救阵召开第三次全国代表大会，通过了罗曼派纲领并选举罗曼为救阵主席。由于政见分歧，救阵分裂，一部分成员退出救阵，另组民主救阵。

(4)罗马尼亚民族团结党(Partidul Unitatii Nationale Romane)：由原特兰西瓦尼亚罗马尼亚人民族联盟党(成立于1990年3月15日)和罗马尼亚人民阵线合并而成。主席格奥尔基·富纳尔(Gheoghe Funar)。

(5)匈牙利族民主联盟(Uniunea Democrata Maghiara Din Romania)：主席多莫科什·杰扎(Domokos Geza)。

(6)大罗马尼亚党(Partidul "Romania Mare")：成立于1991年6月20日。主席科尔内留·瓦迪姆·图多尔(Corneliu Vadim Tudor)。

(7)罗马尼亚社会主义劳动党(Partidul Socialist al Muncii Din Romania):1990年11月16日,部分原罗共党员与劳动民主党的代表举行会议,决定成立罗马尼亚社会主义劳动党。主席伊利耶·维尔德茨(Ilie Verdet)。

(8)公民联盟党(Partidul al Iantei Civice):成立于1990年11月。主席为尼古拉·马诺列斯库(Nicolae Manolescu)。

【重要人物】扬·伊利埃斯库:总统。1930年3月3日生。奥尔特尼察人。50年代在布加勒斯特工学院和莫斯科动力学院学习。1944年参加罗共青团。1949年被选进共青团中央。1953年加入罗马尼亚共产党。1954年为罗劳动青年联盟执行局候补委员。1956年任共青团中央书记兼罗全国大学生联合会主席。1965年罗共九大当选为候补中委,同年任党中央宣传部长,并任大国民议会对外政策委员会副主席。1967年12月任团中央第一书记兼部长会议青年部长。1968年4月在罗共中央全会上当选中央委员。1969年罗共十大为中央候补执行委员。1971年2月罗共中央全会上当选为中央书记,主管宣传工作。同年被解除中央书记职务,改任蒂米什县委书记。1974年11月任雅西县委第一书记。同年罗共十一大再次当选为罗共中央候补执委。1979年8月至1984年3月任罗全国水利资源委员会主席。1979年罗共十二大降为中央委员。1984年罗共十三大落选。1984年任技术出版社社长。1989年12月22日罗马尼亚成立救国阵线委员会,26日当选为救国阵线委员会主席。1990年1月1日当选为救国阵线委员会执行局主席。2月13日当选为罗马尼亚全国联盟临时委员会主席。4月8日在救国阵线第一次全国代表会议上当选为领导委员会主席并被推选为总统候选人。1990年5月当选罗总统。1992年10月11日罗马尼亚大选中获得61.43%的选票,再次当选罗马尼亚总统,1992年10月30日宣誓就职。夫人尼娜·伊利埃斯库(Nina Iliescu)是冶金工程师。

经　济

1989年12月22日后开始改革计划经济体制,向市场经济过渡。1991年罗相继通过了"土地法"、"外国投资法"、"私有化法"、"工资法"等一系列法令。

社会产品总值(1992年):54500亿列伊。

人均社会生产总值(1992年):23.97万列伊。

社会产品总值增长率(1992年):-15%。

国民收入(1990年):6930.49亿列伊。

货币名称:列伊。

汇率(1992年12月):1美元=460列伊。

月平均通货膨胀率(1992年):9.6%。

失业率(1992年):8.4%。

【资源】矿藏有石油、天然气、煤、铝土矿、金、铁、锰、锑、盐、铀、铅等,森林面积为625万公顷,约占全国面积的26%,其中69.2%为阔叶林,30.8%为针叶林,水力资源蕴藏量为565万千瓦。内河和沿海产多种鱼类。

【工业】1992年工业产值为68820亿列伊,比上年下降21.8%,与1989年相比下降54%,工业劳动生产率比上年下降13.8%。1992年除煤炭、焦炭、化肥、大型客车等生产较上年增产外,其余主要工业产品产量均不同程度下降,其中钢产量下降24.5%,电力下降4.6%,石油下降2.6%,天然气下降10.8%,纺织品下降33.7%等。工业生产中存在的主要问题是原材料和能源紧缺、工业生产能力利用率低、企业资金周转困难、工业产品积压严重等。近几年主要工业产品产量如下:

	1990	1991	1992
钢(万吨)	968.7	711.6	537.16
发电量(亿度)	641.6	562.3	537.83
净煤(万吨)	3820	3241.4	3831.7
天然气(亿立方米)	278.6	248.1	221.35
石油(万吨)	800	679.2	661.4
化肥(万吨)	174.2	109.2	140.98
拖拉机(万台)	2.56	2.25	2.15
小轿车(万辆)	8.42	7.39	6.38

(资料来源:1991年2月罗国家统计资料、1992年罗国家统计资料)

【农业】1992年农业总产值为17900亿列伊,比上年下降9.2%。1992年粮食比上年减产700万吨,同1989年相比,小麦和黑麦减产将近60%,玉米减产约18%,甜菜减产约61%,马铃薯减产约37%,畜牧业生产大幅度下降。1992年罗不得不进口小麦、大麦、玉米共约150万吨。

罗全国农业面积1476万公顷,其中耕地面积945万公顷,耕地中水浇地322万公顷。1990年农村人口占全国人口的45.7%。近几年主要农产品产量如下(单位:万吨):

	1990	1991	1992
粮食	1717.4	1930.6	1228.88
其中:玉米	681.1	1049.7	682.83
小麦	737.8	555.9	322.76
甜菜	327.2	469.1	287.74
马铃薯	285.2	163.41*	232.94*
向日葵	55.6	61.2	77.40
大豆	14.12	17.86	12.62
蔬菜	222.5	211.1	263.23

* 为秋季产量。

近几年牲畜存栏情况如下(单位:万头或万只):

	1990	1991
牛	643.7	538.1
猪	1324.8	1200.3
羊	1364.1	1506.7

(资料来源:1990年12月、1992年2月和12月罗全国统计委员会统计资料)

【服务业】1992年向居民提供的服务额为8371亿列伊,比上年下降2.3%。商业服务业中,私营经济、个体商户占商业零售总额44.9%,占服务营业额26%。

【旅游业】旅游资源比较丰富,60年代末、70年代初开始有计划地进行统一开发。1990年共接待外国游客653万多人。罗同30个国家的400余家旅游机构有业务往来,有19个驻外办事处。旅游设施3246个,床位35.32万张。主要旅游点有布加勒斯特,黑海海滨,多瑙河三角洲,摩尔多瓦地区北部,中、西喀尔巴阡山山区等。

【交通运输】以公路、铁路运输为主,水运、空运发展很快。1990年交通运输情况:总货运量20.94亿吨,比1989年下降26%;总客运量25.09亿人次,比1989年减少20%。

铁路:总长11348公里,其中3680公里为电气化铁路;货运量2.19亿吨,占货运总量9.8%。

公路:总长72816公里,其中高速公路和全国公路14683公里;货运量19.344亿吨,占货运总量87.3%。

水运:内河航运货运量1204万吨,占货运总量0.5%。海运货量为2759万吨。康斯坦察是最大的海港,现已有100多个泊位,年吞吐量可达6500万吨;商船总吨位逾500万吨,现有6条国际班轮航线。

空运:罗与38个国家的首都或城市通航;有4个国际机场,主要的是首都布加勒斯特奥托佩尼机场和康斯坦察米哈伊尔·科格尔尼恰努机场。空运货运量为3.7万吨,占货运总量1.3%。

管道运输:石油输送量2349万吨,占总运输量1.1%。全国已形成石油、天然气输送网络。

【财政金融】1992年财政预算赤字为1952亿列伊,财政赤字占社会生产总值的3.6%。外债总额为32.42亿美元,其中71.3%为国家债务,其余为国家担保的贷款,中长期外债为19亿美元,国际货币基金组织、欧共体、世界银行、国家复兴开发银行为罗主要债权国。

【对外贸易】1992年同世界150个国家和地区有经贸关系往来,外贸在国民经济中占有很大比重。发展对外贸易是罗经济发展的主要目标之一。1992年外贸出口额比上年增加13.6%,进口额比上年增加1.5%,外贸逆差比1991年有所减少。出口产品以冶金、化工、纺织品为主。在罗外贸中,私人企业占罗出口的26.1%,占进口额的32.3%。1990～1992年对外贸易情况如下:

	1990	1991	1992
总　额	70.68亿卢布	14.04亿卢布	2.325亿卢布
	86.01亿美元	86.66亿美元	93.89亿美元
出口额	26.93亿卢布	8.29亿卢布	0.885亿卢布
	34.67亿美元	35.20亿美元	40.19亿美元
进口额	43.75亿卢布	5.75亿卢布	1.44亿卢布
	51.34亿美元	51.46亿美元	53.7亿美元
差　额	−16.82亿卢布	2.5亿卢布	−0.56亿卢布
	−16.67亿美元	−16.5亿美元	−13.51亿美元

(资料来源:1991年12月和1992年12月罗全国统计委员会资料)

主要出口机器、设备、运输工具、化工产品、家具和日用工业品;主要进口能源和原材料、机器、设备和日用消费品。

【外国投资】1991年罗通过《外国投资法》,至1992年12月外国投资总额为5.436亿美元,注册资本为1354亿列伊,其中外汇为5.377亿美元,外资企业约21056家。主要投资国家为:美国、荷兰、德国、英国、法国、意大利、加拿大、西班牙、希腊和土耳其。主要投资领域为:服务业、商业、食品工业、旅游业、农业、石油勘探和开采工业、冶金工业等。1992年外商直接投资约2.8亿美元。

【外国援助】1991年1月,24国集团开始向罗提供经济援助,迄今已为罗安排了47亿美元的援款,其中8.748亿美元为无偿援助,38亿美元为有偿援助,其中欧共体援款约10亿美元,4.4亿美元为无偿援助;欧共体和24国集团成员国援款23亿美元,4.58亿美元为无偿援助;国际经济和财政金融组织以信贷和借贷形式提供的援款约18亿美元。外援类别:人道援助(无偿)3.34亿美元,技术援助(无偿)4.94亿美元,财政援助(有偿)15亿美元,出口信贷、担保和私人投资24亿美元。欧共体还向罗提供1亿美元改善罗收支平衡贷款。

人民生活

1992年罗职工人数为647万人,失业人数为93万人,失业率为8.4%。1992年居民消费品价格上涨199.2%,全年消费品价格上涨指数为上年的2倍,与1990年相比上涨12.3倍,其中食品类物价上涨指数达14.7倍。1992年职工全年净工资比上年增加163.8%,工资收入比物价上涨幅度低15%,同1990年相比,平均工资虽增加8.5倍,但扣除物价上涨因素,居民实际收入减少28.6%,退休人员实际收入减少37.2%,居民购买力进一步下降。职工最低月工资为12920列伊(8月),全年平均月工资为19756列伊。全年月平均退休金为8789列伊。商业部门的商品零售额为16093亿列伊,比上年下降17.5%。

军　事

1944年10月25日为建军节。国防委员会是罗军最高决策机构,伊利埃斯库总统兼任委员会主席。国防部是罗军最高军事领导机构。现任国防部长为尼古拉·斯皮罗尤。罗政权更迭后,国防部所属机构进行了调整:取消最高政委会,增设教育科学文化部和总装备部,并将后勤部改称总后勤部,原属内务部的安全部队划归国防部领导。此外,成立了陆军司令部,将空军司令部和国土防空司令部合并为防空司令部,并成立统一的防空参谋部,同时扩编海军司令部,总参谋部由陆、海、空三军参谋部组成。罗马尼亚实行义务兵役制,计划逐步实行军旅制。1990年初,罗临时政府决定把陆军、空军和国土防空军服役期限由16个月缩为1年;海军由2年缩为18个月,大专院校学生毕业后服兵役6个月。

总兵力约20万人,其中陆军17.8万人,海军6000人,空军1.9万人,国土防空军1万人,边防军2万人。1989年罗马尼亚国防预算117.86亿列伊,占国家预算支出的3.8%。1990年12月罗按所签限制常规武器协议，削减武器40%，保留430架战斗机，120架反坦克直升飞机，2100辆装甲车，1475口径在100毫米以上的火炮等。

文化教育

1990年国家对社会文化活动的投资为6.28亿列伊。

【教育】现行教育体制分学龄前、小学、初中、高中，职业中学、高等教育和培训、进修教育。全国已普及10年制义务教育，1990年计划普及12年制义务教育。全部教育免收学费。1990/91年度全国共有各级学校28167所，在校学生为504万余人，约占全国人口的24%，教学人员26.58万人。全国著名高等学府：布加勒斯特大学、克鲁日—纳波卡大学、雅西大学等。1990/91年度各级学校数目及学生人数：

	学校(所)	学生(万人)
学龄前教育	12529	75.21
小学和初级中学	13375	270.06
高等中学	1198	99.57
技校、工长学校	1017	65.82
高等学校	48	19.28

【新闻出版】1990年发行报刊1500多种。主要报刊：《真理报》，原名《火花报》，1989年12月改为现名；《自由罗马尼亚报》，《晨报》，《今日报》，《全国信使报》，《自由青年报》，原名《青年火花报》，1989年12月后改为现名；《未来报》，《正义报》，《经济论坛》，原名《经济杂志》，1989年后改为现名；《抉择》，原名《社会主义时代》，1989年12月后改为现名；《世界》，国际问题周刊。

罗马尼亚新闻社：国家通讯社，原名罗马尼亚通讯社，1949年建立。罗马尼亚广播电视台：国家的广播电台和电视台。罗广播事业创建于1929年。对外用罗马尼亚语和12种外语广播。

电视开办于1958年，现已建成电视中心。1983年8月开始黑白、彩色混播，现已全部播放彩色节目。罗同100多个国家的广播、电视系统有联系。

对外关系

对外政策的主要目标是支持经济改革和社会民主化进程，致力于加入欧洲一体化；奉行优先发展同美国和西欧国家的关系、重视同所有邻国发展睦邻合作关系和继续向世界各国开放的对外政策；支持摩尔多瓦巩固独立和主权，同时努力发展两国特殊的兄弟关系和加强两国在政治、经济和文化上的一体化。目前，罗同160多个国家保持外交、经贸和其他领域的关系。

【同我国的关系】中国和罗马尼亚于1949年10月5日建立大使级外交关系。长期以来，两国之间存在着密切的友好合作关系。1992年6月12日，李鹏总理在巴西参加联合国环境与发展大会期间会晤了罗总统伊利埃斯库。李鹏总理表示，虽然罗马尼亚政治情况发生了很大变化，但中罗两国人民的友谊是长存的，中国愿意同罗马尼亚发展友好合作关系。伊利埃斯库表示，自从他1991年访华以来，两国关系得到保持并继续发展，在国际问题上也有很好的配合，罗方对此十分满意。1992年2月5日，钱其琛国务委员兼外交部长在马德里会见了罗外长讷斯塔塞，双方就双边关系和共同关心的国际问题交换了看法。

1992年罗访华的重要代表团有：总统新闻顾问米罗诺夫(3月)、运输部副国务秘书瑟雷斯库(3月)、青年联盟第一副主席特拉扬·马尔库(3月)、国家银行副行长索阿雷(4月)、普拉霍瓦县县长尼·巴拉诺耶乌(4月)、科学和教育部副国务秘书米尔恰·乔治乌(4月)、罗军副总参谋长保尔·沙尔佩少将(5月)、众议院议长马尔茨安率领的罗中友好议员代表团(7月)、布勒伊拉县县长帕·维奥雷尔(8月)、科学院院长米哈伊·德勒格内斯库(10月)、罗和平联盟副主席米哈伊·阿尔博塔(10月)、罗文化基金会副主席米·久加留(10月)、罗最高法院院长瓦·博格达内斯库(11月)、商业、外贸、旅游部国务秘书乔治·阿尔布(11月)、《晨报》第一副总编格·特·波普(11月)、罗社会主义劳动党伊利耶·维尔德茨(11月)。

1992年中方访罗的代表团有：国家体委副主任刘吉率领的体委代表团(1月)、黑龙江省友好代表团(3月)、司法部副部长金鉴率领的司法代表团(5月)、最高人民检察院副院长梁国庆率领的高检代表团(5月)、工会代表团(5月)、军事检察院检察长李宜俊少将(6月)、商业部副部长张世尧率领的商业部代表团(7月)、经贸部副部长谷永江率领的政府经贸代表团(7月)、外交部副部长田曾佩(7月)、对外友协秘书长许群率领的友协代表团(7月)、解放军总参谋长迟浩田率领的中国军事代表团(8月)、最高法院副院长林准率领的最高法院代表团(9月)、宋庆龄基金会副主席刘启林率领的中国儿童代表团(9月)、中国新闻代表团(9月)、《人民日报》副主编唐纪宇率领的《人民日报》代表团(10月)、武警部队司令周玉书中将率领的中国公安武警代表团(11月)、济南军区副政委蔡仁山少将率领的解放军友好参观团(12月)。

据中国海关总署统计，1992年，中国与罗马尼亚进出口商品总额为2.1639亿美元，其中中国进口1.5159亿美元，出口0.6480亿美元，入超差额8680万美元，与上年相比进口增加26.2%，出口减少3.8%。

中国驻罗马尼亚大使：李凤林。馆址：布加勒斯特SOS. NORDULUI NR. 2 BUCU RESTI。

【同前苏联各共和国的关系】1991年12月苏联解体后，罗相继承认前苏联各共和国的独立并先后与之建立了外交关系。

1992年2月2日，罗总统伊利埃斯库同乌克兰总统克拉夫丘克在瑞士会晤，双方表示将保持和发展良好的睦邻关系，决定建立外交关系；3月13日，罗外长讷斯塔塞访问俄罗斯，商讨解决摩尔多瓦德涅斯特河沿岸地区冲突等问题；7月，罗外长讷斯塔塞访问哈萨克斯坦、吉尔吉斯斯坦、乌兹别克斯坦、塔吉克斯坦、土库曼斯坦五国；7月12日，罗总统伊利埃斯库访问白俄罗斯，双方签署了政治宣言；7月11日，罗总统伊利埃斯库访问爱沙尼亚，双方签署了两国友好合作条约。

1992年2月，白俄罗斯外长克拉夫契安科访罗，两国签署建交文件；5月，俄罗斯内务部长菲奥多洛维奇访罗，签署罗俄两国内务部双边合作协议；6月，立陶宛经济部长访罗，双方签署了两国贸易、经济、科技合作等协定；7月，乌克兰对外经贸部长访罗，与罗签署了经济、科技合作等协定，双方商定相互提供最惠国待遇；9月，乌克兰外长兹连科访罗，双方签署领事条约、科教合作协定并就签署两国友好合作条约进行磋商。

【同摩尔多瓦的关系】1992年1月26日，罗总统伊利埃斯库与摩总统斯涅古尔在摩边境城市温盖尔会晤，商讨有关发展两国合作的问题；3月21日，摩总统斯涅古尔访罗，同罗总统、总理、议长会谈，双方对独联体会议有关解决摩局势问题的立场表示欢迎；3月28日，摩总统宣布"实施紧急状态"后，罗总统表示完全支持摩政府为捍卫独立、主权所作的努力，罗各政党发表声明，声援摩正义斗争；4月6日，罗、摩、乌、俄四国外长在基什涅夫会晤，发表了共同采取措施平息德涅斯特河东岸地区冲突的声明；4月12日，罗总统伊利埃斯库同摩总统斯涅古尔在苏恰瓦会晤，双方讨论了摩德涅斯特河东部地区的局势；5月8日，摩外长茨乌访罗；5月20日，罗总统伊利埃斯库访摩，双方签署了有关经济、文化、卫生等方面的5个合作协定；6月9～10日，摩外长茨乌访罗；6月25日，罗、摩、俄、乌四国元首在伊斯坦布尔会晤，就解决摩冲突达成完全停火、脱离军事接触、建立混合检查小组、设置平民安全通道、要求联合国和欧安会予以支持和考虑德涅斯特左岸地位等协议；7月3日，罗、摩、俄、乌四国外长在莫斯科会晤，讨论摩冲突问题；8月18～19日，摩总理桑盖利访罗，签署了经济合作备忘录；8月28日，罗、摩两国总统会晤，双方就两国关系和经济合作等问题进行了会谈。12月6日，摩外长茨乌访罗；12月14～15日，罗国防部长斯皮洛尤访摩，双方签署了两国国防部合作协定。

【同美国的关系】1880年6月14日建立外交代表级关系，同年8月转为公使级外交关系。1941年12月12日中断外交关系。1946年2月7日恢复外交关系，1964年6月1日，升格为大使级外交关系。

1992年1月，罗内务部长巴比乌克访美；1月，罗外交部国务秘书埃纳访美，双方签署了两国政府关于美和平志愿队在罗活动的协定；4月4日，罗美贸易协定在布加勒斯特签定；4月14日，罗外交部国务秘书森杜列斯库访美；5月28日，美副国务卿伊格尔伯格访罗，双方签署了两国相互鼓励和保持投资协定；6月30日，罗美在罗签署鼓励私人投资协定；7月，美国会批准1993年援外法，其中对罗援助450万美元；7月7日，美空军参谋长访罗；7月9～10日，在欧安会首脑会议期间，罗总统伊利埃斯库和外长讷斯塔塞分别同美国总统布什和国务卿贝克举行会晤；7月30日，罗美在罗签署美在布加勒斯特开设教育和科学交流办事处协定；9月30日，美国会众议院以283票对88票否决给罗最惠国待遇的议案；10月1日，罗总统伊利埃斯库发表声明对美众议院否决给罗最惠国待遇表示遗憾，对美国务院发言人的表态表示欢迎；10月19日，美前总统国家安全事务助理布热津斯基访罗，表示美不谋求在罗建立军事基地，但要同罗保持友好关系；10月24日，美参议院外委会顾问加尔布莱特访罗；10月26日，美总统布什电贺伊利埃斯库当选总统时表示，美支持罗向民主和尊重公民权利方向发展，期待与罗总统和新政府进行合作；11月4日，罗总统电贺克林顿当选美国总统；11月7日，美驻罗大使表示，克林顿当选美总统后，美对罗政策不变，继续支持罗民主化、经济改革和尊重人权；11月24日，罗文化中心在纽约开幕。

【同周边国家的关系】1992年1月27日，罗总统伊利埃斯库访问保加利亚，两国总统签署了两国友好合作、睦邻条约；1月18日，罗政府发表声明，决定承认斯洛文尼亚和克罗地亚独立并愿与其建立外交关系；1月，罗国防部长斯皮罗尤将军率代表团访问土耳其；2月，罗外长讷斯塔塞访问土耳其，签署了双边经济合作协定、反毒品走私协议等；2月，罗外长讷斯塔塞出席在伊斯坦布尔举行的黑海区域国家经济合作会议，草签了建立经济合作区的有关文件；3月，罗外长访问希腊，参加罗、希政府合作委员会会议；5月30日，罗正式承认波黑共和国为独立国家；6月，罗总统伊利埃斯库出席在伊斯坦布尔召开的黑海11国首脑会晤，签署了黑海经济合作与增加本地区相互信任、解决冲突的宣言；6月3日，罗政府发表声明表示罗将遵守安理会关于制裁南的决议，但执行该决议将给罗带来严重影响(初步估计直接损失3.5亿美元，间接损失25亿美元)，要求赔偿的权利，并希对南的制裁能尽快解除；7月1日，罗外长讷斯塔塞在土耳其参加"黑海地区国家、土耳其和中亚国家"会议；7月5日，罗外长讷斯塔塞与塞尔维亚外长在蒂米什瓦拉会晤，讨论南局势等问题；8月28日，罗外长讷斯塔塞访问斯洛文尼亚；8月29日，罗外长讷斯塔塞访问克罗地亚，两国建立外交关系；10月8日，罗文化中心在布达佩斯开幕；11月，罗军队总参谋长、国防部国务秘书乔普里纳访匈，双方草签1993年军队合作议定书；12月10～11日，罗外长梅列什卡努出席在土耳其举行的黑海经合组织国家外长会议。

1992年1月，捷克斯洛伐克副总理兼外长迪恩斯特比尔访罗，两国外长草签了两国友好、合作和谅解条约；2月，保加利亚外长斯·加纳夫访罗；同月保内务部长约·索科洛夫访罗，双方签署内务部合作协定；2月20日，塞尔维亚总统米洛舍维奇访罗；2月，土耳其总参谋长访罗，签署了罗土两军合作协定；3月，斯洛伐克共和国外长米·克尼亚什科访罗；7月，土耳其国防部长梅·亚扎尔访罗，土耳其内政部长阿·阿克苏访罗，双方签署罗、土内务部合作协定；7月，阿尔巴尼亚外长阿·塞莱齐访罗，双方签署领事协定；8月2日，南斯拉夫总理帕尼奇访罗；9月，斯洛伐克副总理兼国际关系部长克尼亚什科访罗；9月，匈牙利内务部长别特尔访罗，签署两部合作计划；9月30日，匈文化中心在布加勒斯特开幕；10月，阿尔巴尼亚国防部长萨·茹拉里访罗，双方签署两国军事合作协定。

【同发达国家和欧洲及国际组织的关系】1992年1月，罗财经部长丹尼耶列斯库访问瑞士，两国签署瑞士给罗4000万美元贷款协议；2月，罗外长讷斯塔塞访问西班牙，双方签署了罗西友好合作条约和旅游合作协议等文件；3月，罗在日本大阪设立了总领事馆；4月，罗外长讷斯塔塞访问瑞士；9月11～13日，罗总统伊利埃斯库访问西班牙；9月13～14日，罗总统伊利埃斯库分别同意大利总统和总理进行会晤，并同罗马教皇会晤；11月24日，罗总统伊利埃斯库访法，同法总统密特朗会晤；11月20日，罗外长梅列什卡努出席在奥地利举行的中欧国家外长会议；12月1～3日，罗外长梅列什卡努出席在法举行的西欧联盟议会会议。

1992年2月，英国国防部长访罗，双方签署了两军人员交流、合作谅解备忘录；3月，奥地利外长莫克访罗；4月21日，德国副总理兼外长根舍访罗，两国外长签署了两国友好条约，双方决定在锡比乌和慕尼黑互设总领馆；4月，卢森堡大公国副总理兼外长波斯访罗；11月，卢森堡国民议会议长访罗；12月19～20日，英外交大臣赫德访罗。

1992年1月21日，联合国开发署向罗提供30万美元，用于帮助罗中、短期的私有化计划；1月23日，欧共体向罗提供2.45亿美元贷款，用于罗平衡收支情况和加强外汇储备；1月31日至2月2日，罗总统伊利埃斯库作为特邀来宾出席在瑞士举行的世界经济论坛会议；2月，北约秘书长韦尔纳访罗，出席布加勒斯特—北约—大西洋中心成立仪式；3月，罗外长讷斯塔塞参加在布鲁塞尔举行的北大西洋合作委员会特别会议；4月，罗总统伊利埃斯库出席在雅典举行的“世界新秩序中的欧洲与地中海”国际会晤；4月2日，国际货币基金会组织代表团访罗，签署了向罗提供5亿美元贷款的协定，以帮助罗进行经济改革；4月29日，世界银行决定向罗提供4亿美元贷款，日本另附加1亿美元贷款；6月2日，国际复兴和开发银行批准给罗4亿美元结构调整贷款；6月4～8日，罗外长讷斯塔塞出席在奥斯陆举行的北大西洋合作委员会会议；6月12～16日，罗总统出席在巴西举行的世界环境会议，会见了联合国秘书长、匈牙利、巴拉圭、哥伦比亚、南朝鲜、爱沙尼亚、立陶宛、保加利亚、哥斯达黎加总统，西班牙、斯洛文尼亚、克罗地亚总理等；6月11日，世界银行批准给罗1亿美元贷款，以帮助罗个体农业和食品工业的发展；6月16日，罗外长、国防部长出席在波恩举行的西欧联盟外长特别会议；7月8～10日，罗总统伊利埃斯库出席在赫尔辛基召开的欧安会首脑会议，会议期间会晤了美、俄、保、法、哈萨克、加拿大总统和希、土总理等；9月15日，欧洲重建与发展银行决定向罗提供7700万欧洲货币单位的贷款；11月16日，国际货币基金组织批准给罗7700万美元贷款，用于平衡罗国际收支；11月17日，罗与欧共体草签了关于罗成为欧共体联系国的协定；11月27日，罗同欧洲自由贸易联盟草签自由贸易协定；11月21～24日，执行主席、北约副秘书长克林德勒率北约政治委员会代表团访罗；12月7日，罗与欧共体签署贷款协定，欧共体再向罗提供约1亿美元贷款，帮助罗平衡收支；12月10日，罗与欧洲自由贸易联盟在日内瓦签署自由贸易区协定；12月14～15日，罗外长梅列什卡努出席在斯德哥尔摩举行的欧委会第三届外长理事会会议；12月19日，罗外长梅列什卡努出席北约合作委员会会议。

【同发展中国家的关系】1992年1月，黎巴嫩外长访罗，双方同意签署相互保护投资协定；7月25～27日，罗总统伊利埃斯库访问科威特，双方签署了政治、经济、文化关系合作协定；7月，约旦外长塔·马斯里访罗。9月1日，阿联酋外交部副国务秘书访罗，两国签订经济、技术合作协定；10月1日，马来西亚副总理访罗。

罗于1992年2月2日同乌克兰、2月13日同白俄罗斯、6月1日同巴拉圭、6月15日同吉尔吉斯斯坦、7月15日同哈萨克斯坦、7月20日同塔吉克斯坦、7月21日同土库曼斯坦、8月29日同克罗地亚分别建立外交关系；12月18日，罗外交部发表公告，罗政府从1993年1月1日起承认斯洛伐克和捷克。（骆　忆）

马　耳　他

国名　马耳他共和国(The Republic of Malta)。

面积　316平方公里。

人口　36.17万(1992年9月)。主要为马耳他人，其余为阿拉伯人、意大利人、英国人等。马耳他语和英语为官方语言。天主教为国教，少数人信奉基督教新教和希腊东正教。

首都　瓦莱塔(Valletta)，人口9199人(1990年底)。

国家元首　总统文森特·塔博恩(Dr. Vincent Tabone)，1989年4月4日就任。

简况

位于地中海中部的岛国，有"地中海心脏"之称。全境由五个岛屿组成，其中马耳他岛面积最大，海岸线长180公里。属亚热带地中海型气候。11～3月平均气温9℃；4～10月平均气温31℃。年平均降水量560毫米。公元前10至前8世纪，腓尼基人到此定居。前218年起受罗马人统治。9世纪起先后被阿拉伯人、诺曼人占领。1523年，耶路撒冷圣·约翰骑士团从罗得岛移居这里。1798年，法国军队将骑士团逐出。1800年被英国人占领，1814年沦为英国殖民地。1947～1959年及1961年起获得一定程度的自治，1964年9月21日独立。1966年举行第一次大选，国民党获胜执政。1971～1987年，工党连续执政达16年之久。1987年，国民党在大选中获胜重新上台。

政治

1992年马耳他政局比较稳定。年初，国民党利用执政的有利条件，宣布提前于2月22日举行大选，结果以51.78%比46.53%得票率获胜，蝉联执政。大选后，政府继续执行民族和解政策，缓和朝野矛盾，主动同反对党接触，合作选出分别由国民党和工党人士担任的议会正副议长。工党为缓和局势，也宣布停止抵制总统，停止非暴力抵抗运动，宣布结束工党与总工会合并状态。

【宪法】1964年7月21日颁布的独立宪法规定，马耳他为君主立宪政体，英国女王为马耳他国家元首。1974年12月13日修改宪法，马成为共和国，总统为国家元首。

【议会】一院制，称众议院。普选产生，任期5年。本届议会于1992年2月22日选举产生，议会席位重新恢复到65席，其中国民党(执政党)占34席，工党(反对党)占31席。议长劳伦斯·冈齐(Lawrence Gonzi)，1988年10月10日就任。1992年2月连任。

【政府】1992年2月大选后新组成的现内阁主要成员有：总理埃迪·芬内克·阿达米(Eddie Fenech Adami)，副总理兼外交部长圭多·德·马科(Guido De Marco)，教育和人力资源部长米夫苏德·鲍尼其(Mifsud Bonnici)，内政和社会发展部长路易斯·加利亚(Louis Galea)，经济服务部长博内罗·杜普伊(Bonello Du Puis)，环境部长迈克尔·法尔松(Michael Falzon)，食品、农业和渔业部长劳伦斯·盖特(Lawrence Gatt)，戈佐事务部长安东·塔博恩(Anton Tabone)，财政部长约翰·达里(John Dalli)，社会保障部长乔治·赫兹勒(George Hyzler)，司法部长约瑟夫·芬内克(Joseph Fenech)，青年和艺术部长麦克尔·弗仑多(Michiel Frendo)，交通通讯部长弗朗西斯·扎密特·迪麦克(Froncis Zammit Dimech)。

【司法机构】高等法院为最高司法机构，由1名大法官和8名法官组成，由总统根据总理的推荐任命，任职到65岁退休。现任大法官约瑟比·米富苏德·鲍尼其(Prof. Giuseppe Mifsud Bonnici)，1990年10月17日就任。总检察长博治·巴德(Borg Barthed)，1990年任职。

【政党】(1)国民党(Nationalist Party)：1921年成立。党员3.2万。领袖埃迪·芬内克·阿达米。

(2)马耳他工党(Malta Labour Party)：1920年成立。现有党员约3万余人。领袖阿尔弗雷德·桑特(Alfred Sant)。1992年3月26日就职。

(3)马耳他共产党(Communist Party of Malta)：1969年成立，党员117人。主席查尔斯·扎密特(Charles Zammit)。

【重要人物】文森特·塔博恩：总统。1913年3月13日出生于马耳他戈佐岛维多利亚镇。1937年毕业于马耳他皇家大学。1966年当选为议员。1966～1971年任劳工和社会福利部长。1962～1972年当选为国民党总书记。1973～1977年任国民党第一副领袖；此后至1985年任国民党执委会主席。1987年大选后任外交部长。1989年4月4日当选为总统。 **埃迪·芬内克·阿达米**：总理。1934年2月7日出生于马耳他比卡拉镇。1958年毕业于马耳他皇家大学，获法学博士学位。1961年开始从事政治活动，被选为比卡拉镇国民党委员会主席，1961年起任国民党全国委员会委员，1975年任国民党助理总书记，后又担任全国行政委员会主席，1977年4月11日当选为国民党领袖。1969年起在历届大选中当选为议员。1987年5月出任总理。1992年2月，国民党在大选中获胜后连任总理。

经济

1992年，经济继续保持良好的发展势头。国内生产总值和国民生产总值增长幅度较大，国内外投资活跃；旅游业兴旺，1～9月，游客比去年同期增加15.8%，全年游客可望达到百万，旅游收入占国民生产总值的30%。但财政赤字居高难下，债务增加，已由1986年的2140万马镑增至214亿马镑，贸易逆差继续扩大。

国内生产总值(1991年；1992年1～9月)：7.108亿马镑；5.67亿马镑。

国民生产总值(1991年；1992年1～9月)：8.512亿马镑；6.744亿马镑。

人均国民生产总值(1991年；1992年)：2219马镑；2368马镑。

国内生产总值增长率(1991年；1992年1～9月)：9.4%；8.1%。

国民生产总值增长率(1991年；1992年1～9月)：7.8%；7%。

货币名称：马耳他镑。

汇率(1992年12月)：1马镑＝2.752美元。

通货膨胀率(1992年)：3.9%。

失业率(1992年)：2.65%。

【资源】除盛产建筑用石灰岩外，无矿产资源，且缺淡水。

【工业】1990年工业总产值5.151亿马镑，占国内生产总值的79.29%。1991年1～9月工业总产值4.188亿马镑，占同期国内生产总值的79.93%。主要工业为修船和造船，其他有食品加工、修配、纺织和成衣、制鞋等轻工业。

【农业】1991年农牧渔业产值2350万马镑，占国内生产总值的3.46%。1992年1～9月农牧渔业产值1750万马镑，占国内生产总值的3.1%。粮食主要依赖进口，耕地面积为1.2万公顷。截至1992年9月农牧渔业劳动力3199人。农产品主要有小麦、大麦、马铃薯、洋葱、豆类和蔬菜等。

【旅游业】1991年来马旅游者为89.5万人，创历史最高记录，外汇收入1.753亿马镑。1992年1～9月份来马旅游者808200人，外汇收入1.348亿马镑。截至1992年9月，全国有旅馆132家，合计床位43354个。

【交通运输】全国有公路1533公里。1989～1991年分别有各种汽车143136辆、140904辆、149688辆。1989年进入马港口船只3751艘，港口吞吐量为220万吨；1990年进入马港口船只2921艘。马海运公司共有5艘货轮，总吨位为11300吨。外国在马注册船只293艘，总吨位为625万吨。马航空公司共有10架客机，卢卡机场为国际机场。1989/90年度，马航空公司客运量为601619人次，包机载客达419046人次。1992年马航载客量为130万人次。

【财政金融】近年财政收支情况如下（单位：亿马镑）：

	1990	1991	1992（1～9月）
支出	3.817	4.174	2.766
收入	3.856	4.118	2.369

外汇储备1990年为5.727亿马镑。1991年9月为5.795亿马镑。1990年外债4531万马镑。

【对外贸易】同100多个国家和地区有贸易关系，最重要的贸易对象是欧共体。1990和1991年，马向欧共体出口分别占其出口总额的78.6%和77.5%，进口分别占总进口的75.3%和53.4%。主要进口消费品、石油、能源、燃料、汽车、粮食。主要出口轻工产品、纺织品、成衣、皮革制品等。近年马对外贸易情况如下（单位：亿马镑）：

	1990	1991	1992（1～9月）
进口额	6.250	6.832	5.544
出口额	3.579	4.050	3.626
差　额	－2.671	－2.782	－1.918

（资料来源：马耳他经济概览）

人民生活

1991年国民生产总值人均为2219马镑。1992年为2368马镑，比上年增长7.7%。1991年平均周工资56.22马镑。1992年9月为59.49马镑。实行免费医疗，每千人有病床10张。61岁退休，退休金为原工资的2/3。每千人拥有小汽车415.8辆，电话502.5部，电视403.7台。

军　事

不设国防部，武装部队由内务部管辖。1991年有正规军1340人，准军事部队700人。1991年和1992年军费开支分别为507万和544万马镑。

文化教育

【教育】中、小学免费教育。1990年教育经费为2940万马镑，占国家预算支出的10.6%。1990年在校学生89800人，1991年为91800人。

【新闻出版】主要报刊：《地平线》，1962年创刊，发行1.7万份；《祖国报》，1970年创刊，发行1.8万份；《时报》，1935年创刊，发行1.8万份。

马耳他广播电视公司，受广播局监督。

对外关系

根据1987年修改的宪法规定，马奉行中立不结盟政策，不加入任何军事联盟、不允许外国在马设立军事基地。1992年，马继续开展多边外交；努力谋求加入欧共体，积极参与地中海地区合作，注意发展和保持同邻国的友好关系；作为不结盟运动成员，重视该运动在新形势下的作用。

认为两极世界已经结束，一个多极世界正在出现；多极化趋势应包括广大中小国家，它们也可以为世界和平与安全作出贡献；希望以合作代替冲突，促进南北对话；强调新的秩序应反映联合国宪章所体现的各成员国独立、主权和相互平等的原则。

一贯重视联合国的作用，认为应根据形势发展需要建立“第二代联合国”，重组安理会，反对滥用否决权，但同时认为现在时机尚不成熟。

一贯支持巴勒斯坦事业，认为解决阿以冲突的关键是认真执行安理会242号和338号决议，以色列应撤出被占领土，巴勒斯坦人有权重建家园；支持中东问题国际和会；主张取消对以色列的贸易制裁。

认为没有地中海的安全就没有欧洲的安全；积极倡导地中海和平与合作机制，主张地中海沿岸的欧洲和马格里布国家加强合作，共同维护这一地区的安全与稳定。1991年10月，被接纳为西地中海论坛正式成员。

认为在新形势下应赋予不结盟运动以新的内容，将其纳入联合国的轨道，使联合国成为该运动发挥政治和经济作用的论坛，呼吁运动成为第三世界国家的喉舌，在和平与发展问题上发挥作用并在建立国际政治经济新秩序中承担责任。

对前南斯拉夫局势表示担忧，支持联合国和欧安会为解决前南危机所作的努力；倡议在萨拉热窝召开欧安会外长会议，采取措施缓解波黑局势。允诺接收部分儿童难民，随时准备参加联合国维持和平行动。

【同我国的关系】1972年1月31日中马建交。两国友好合作关系一直稳步发展。1984年，李先念主席访马。1985年和1991年，总统巴巴拉女士和文森特·塔博恩分别访华。

1992年两国关系继续稳步发展。1月，在中马建交20周年之际，两国主要领导人互致贺电，塔博恩总统夫妇出席我大使举行的庆祝招待会；4月，双方就利用马政府还款为我建造两艘供应船达成协议；6月，两国有关部门在京草签了中马避免双重征税和避免偷漏税协定；8月，马教育部长率团访华，同文化部签署了《中马文化、科学合作协定》。1992年，中马经济合作保持良好势头。目前，我在马经济合作项目增至13个，中方参加人员171人。中马贸易也有大幅度增长，1～9月，两国进出口贸易总额达1728万美元，比前年同期增长42%。

中国驻马耳他大使：尹玉福。馆址：KARMNU COURT，LAPSI STREET，ST JULIAN S，MALTA。电话：356-334695/344889。电传：1385 CHINEM MW MALTA。传真：356-344730。商务处电话：356-317121。

马耳他驻华大使（非常驻）：艾弗列斯特·萨利巴（Evarist Saliba）。馆址：北京市塔园外交人员公寓1-22。电话：5323114。

【同美国的关系】1992年2月，布什总统电贺阿达米总理连任，表示美期待着同马在诸多共同关心的问题上进行合作。同月，马武装部队以象征性价格从美购买5架固定翼飞机。9月，马以补贴价格从美进口4000吨小麦。11月，马外长德马科就美驻安理会代表指责马违反联合国制裁南斯拉夫一事向美驻马大使提出抗议。德表示美不向马政府打招呼即提出指责是不应该的。

【同俄罗斯的关系】1992年12月，阿达米总理对俄进行正式访问，同俄总统、总理举行会见和会谈。双方签署了友好合作宣言、为期两年的贸易议定书及医学交流协议和文化协定。双方还同意就禁止毒品走私进行合作。

【同欧共体的关系】1992年4月，德马科外长访问欧共体总部，同欧共体部长理事会主席签署了"商业合作网协定"，欧共体同意向马提供150万马镑赠款。9月，德马科外长率12名议员赴布鲁塞尔出席欧共体—马耳他联合议会会议；11月，阿达米总理访问欧共体总部，同欧共体主席德洛尔举行会谈，双方讨论了马加入欧共体问题。

【同意大利的关系】1992年10月，塔博恩总统访问意大利，意总统重申意支持马加入欧共体。同月，德马科外长访意，同意外长就马申请加入欧共体问题交换意见，双方还讨论了地中海局势及阿、以冲突等问题。

【同英国的关系】1992年5月，英国女王访马。7月，德马科外长访问英国，与赫德外交大臣就马申请加入欧共体问题举行会晤。英表示赞成马加入欧共体，认为马在地中海可发挥积极作用。8月，英9架战斗机及1艘护卫舰访马。

【同利比亚的关系】1992年1月，经济部长达里率团赴利出席马、利经济混委会第13次会议；2月，德马科外长访利；4月，利比亚领导人贾卢德访马，会见阿达米总理和德马科外长，就洛克比空难事件交换意见；同月，马新闻局发表声明称，马将遵守安理会对利实行制裁的决议。德马科外长在接受记者采访时表示：马在解决洛克比事件问题上不依附于任何外国，有权就该事件的是非曲折作出判断。

【同印度的关系】1992年1月，塔博恩总统对印度进行国事访问，分别与印度总统和总理举行会谈，双方签署了文化协定和经济、工业、科技合作协定。（晓　军）

马　其　顿

国名　马其顿共和国（The Republic of Macedonia，Republika Makedonija）。

面积　25713平方公里。

人口　2033964人（1991年）。主要有马其顿族（64.6%）和阿尔巴尼亚族（21%），其余为土耳其族（4.8%）、茨冈人（2.7%）和塞尔维亚族（2.2%）。官方语言为马其顿语。主要宗教是东正教和伊斯兰教。

首都　斯科普里（Skoplje），人口504932人（1981年）。

国家元首　总统基罗·格利戈罗夫（Kiro Gligorov），1991年1月27日当选。

自然地理

位于欧洲东南的巴尔干半岛的中部，属内陆国。西邻阿尔巴尼亚，北接南斯拉夫联盟，东部与保加利亚接壤，南部与希腊为邻。西部和东部为山地，最高峰为戈莱姆科拉布山峰，海拔2753米。境内多河、湖。主要河流有：瓦尔达尔河、布雷加尔尼察河等；主要湖泊有：奥赫里德湖（348.8平方公里，其中229.9平方公里属于马其顿）和普雷斯帕湖（274平方公里，其中176.8平方公里属于马其顿）。瓦尔达尔河河谷为人口最稠密地区。马其顿主要属温和的大陆性气候，部分地区受地中海气候的影响。

历　史

自斯拉夫人迁居马其顿地区以来，该地区长期处在拜占庭和土耳其等的统治之下。1912年第一次巴尔干战争中，塞尔维亚、保加利亚和希腊军队占领了马其顿地区。1913年第二次巴尔干战争后，马其顿地区被塞、保和希瓜分。地理上，属于塞尔维亚的部分称瓦尔达尔马其顿、属于保加利亚的部分称皮林马其顿、属于希腊的部分称爱琴海马其顿。第一次世界大战结束后，瓦尔达尔马其顿随塞尔维亚并入塞尔维亚—克罗地亚—斯洛文尼亚王国（1929年改称南斯拉夫王国）。第二次世界大战后，南斯拉夫联邦人民共和国成立（1963年改称南斯拉夫社会主义联邦共和国），原属塞尔维亚的那部分马其顿成为南斯拉夫联邦的组成单位，称马其顿共和国。

政　治

1990年，马其顿共和国举行战后首次多党制大选，马其顿内部革命组织—争取马其顿民族统一民主党、马其顿社会民主联盟和争取马其顿民主繁荣党三党获胜联合执政。1991年9月8日，马其顿就国家独立举行全民公决，确定了公民要求生活在一个独立主权国家的愿望。11月20日，马其顿正式宣布独立。1992年9月4日，马其顿产生新政府，其纲领是：维护国家和平与稳定，争取国际承认；稳定经济，消除国家经济总崩溃的危险，加快经济改革，实行市场经济，把马建成民主法制的国家。为防止原南地区战火向马其顿蔓延并在巴尔干半岛引发更大范围冲突的危险，1992年12月11日，联合国安理会应马其顿政府请求通过决议，决定向马其顿派遣联合国维持和平部队，部署在马其顿与阿尔巴尼亚和南斯拉夫的边界线上。由于希腊不同意马其顿使用"马其顿"作为国名，马其顿加入联合国问题一直未得到解决，后经前南斯拉夫问题国际会议两主席的调解和斡旋，1993年4月8日马其顿遂得以以"前南斯拉夫马其顿共和国"的临时国名加入联合国。正式国名待马其顿、希腊和前南斯拉夫问题国际会议两主席协商解决。

【宪法】1991年11月17日马其顿通过新宪法，规定马其顿是一个主权、独立、民主和福利国家，总统以无记名投票方式通过普选产生，任期5年，最多只能当选两任。1992年1月6日，马议会对宪法进行修改，规定马对邻国没有领土要求，不干涉他国的主权和内政。

【议会】议会设120～140个席位，议员任期4年。本届议会设120个席位，其中马其顿内部革命组织—争取马其顿民族统一民主党占37席，马其顿共盟—民主改造党31席，争取马其顿民主繁荣党25席。

【政府】政府是国家权力执行机构。总理由议会选举产生。本届政府由5党联合组成，于1992年9月4日就职。总理布兰科·茨尔文科夫斯基（Branka Crvenkovski）。

【行政区划】1991年全国划分为34个区。

【司法机构】共和国设宪法法院和普通法院。

【政党】主要政党有：

(1)马其顿内部革命组织—争取马其顿民族统一民主党（Vnatresnamakedonska revolucionerna organizacija-demokratska partija za makedonsko narodno edinstvo）：1990年6月成立，约有党员10万人。主张建立独立的马其顿共和国，通过实行市场经济将马建成富裕的国家。主席柳普乔·盖奥尔吉埃夫斯基（Ljupco Georgievski）。

(2)马其顿共盟—民主改造党（Savez komunista Makedonije-partija demokratskog preobrazaja）：前身为马共盟，成立于1943年，1989年改为现名。主张建立民主的马其顿国家和遵循市场经济规律的新的经济体制。主席佩塔尔·戈舍夫（Petar Gosev）。

(3)争取马其顿民主繁荣党（Partija za demokratski prosperitet vo Makedonija-PDP）：1990年5月成立。主席奈夫扎特·哈利利（Nevzat Halili）。

【重要人物】基罗·格利戈罗夫：马其顿共和国总统。1917年5月3日生于马其顿共和国，马其顿族。1941年参加反法西斯战争。1944年加入南斯拉夫共产党。战时曾任南斯拉夫反法西斯人民解放委员会委员、马其顿反法西斯人民解放委员会书记。战后曾在马其顿和原南斯拉夫联邦政府中任职。1964年12月当选为南共盟中央委员。1967年9月至1969年5月任南联邦执行委员会副主席（联邦政府副总理）。1969年5月当选为南共盟主席团委员和主席团执行局委员。1971年7月当选为南联邦主席团委员。1974年5月至1978年5月任南联邦议长，同时任南共盟中央主席团委员。1978年5月后当选为联邦会议成员，主要从事经济政策研究。1991年1月27日，当选为马其顿共和国首任总统。

经　济

在原南各共和国中，马属经济不发达共和国。主要经济部门为矿业、冶金、食品加工等。近两年因受原南地区危机影响，马经济蒙受重大损失，形势严竣。

社会生产总值(1989年)：229.8万第纳尔(按1972年不变价格计算)。

国民收入(1989年)：113.62亿第纳尔。

货币名称：代纳尔(denar，马其顿独立后发行的新货币)。

汇率(1993年2月)：1美元＝1.2万代纳尔。

失业率(1990年)：36.3％。

【资源】马其顿资源比较丰富，主要有铁、铅、锌、铜等。森林和水力资源较丰富。森林覆盖率为35％。

【工业】1989年工矿业产值为121.4万第纳尔(按1972年不变价格计算)。主要工业部门有冶金、化工、木材加工、食品加工等。1990年主要工业产品产量为：发电57.55亿度、煤663.5万吨、铁24.7万吨、铝6千吨。

【农牧业】1990年农业用地132万公顷。1981年农业人口392299人。1990年主要农牧产品产量：小麦23.1万吨、玉米8.0万吨、肉类4.2万吨、奶1.80亿升。1991年主要牲畜存栏数：牛28.7万头、猪17.9万头、羊229.7万只、家禽572.9万只。

【服务业】旅馆服务业主要包括旅馆、饭店、餐厅、酒吧、咖啡厅等。1990年共有3497个单位，其中旅馆72家、标准饭店246家，流通总额为30.06亿第纳尔。

【旅游业】1990年有82411张床位。旅游者25.8万人，过夜总数为310万人次。主要旅游设施有旅馆、浴场、私人小旅馆、汽车宿营地等。主要旅游区是奥赫里德湖等地。

【交通运输】马交通不够发达，以铁路和公路为主。

公路：1990年全国道路总长10591公里。1990年有小汽车230847辆、货车15944辆；客运量14.92亿人公里，货运量21.89亿吨公里。

空运:有2个机场,主要机场是斯科普里机场。

【对外贸易】1990年出口额11.13亿美元,进口额15.31亿美元。主要进口燃料、机械设备、运输设备、农用机器。出口建筑材料、纺织品及加工食品。

人民生活　1989年人均社会总产值为1581美元。近两年因受原南地区危机影响,人民生活水平严重下降。1989年全国拥有医生和牙医5425人,病床11097张。

军　事　1992年1月,政府建议创建自己的军队。同年4月,征召第一批新军。马其顿宪法规定,国家总统为武装部队最高统帅。有现役军人2万,预备役军8万。

文化教育　**【教育】**全国有小学1087所,中学91所。1989/90年度小学在校生268960人;中学在校生71505人。全国著名的大学是斯科普里大学。

【新闻出版】1990年有报纸112种,总发行量2756.2万份。刊物有74种,总发行量34.7万。

全国有电台30个,电视中心1个。

对外关系　主张在相互尊重主权、领土完整、互不干涉内政和平等互利的原则基础上发展同各国的友好合作关系。马独立后外交活动重点在于争取国际社会的普遍承认和早日加入联合国。为此,马国家领导人多次出访联合国和西方主要国家。截至1993年2月,只有保加利亚、斯洛文尼亚、克罗地亚、俄罗斯、立陶宛、土耳其、波黑等10余国宣布承认马其顿,斯洛文尼亚等5国同马建交,另有德、意、法等6国在马设总领馆。

【同我国的关系】我国表示愿在适当的时候承认马其顿。1992年12月,马总统特使、副外长里斯托·尼科夫斯基应中国人民外交学会的邀请非正式访华。关于马其顿国名问题,中国表示希望有关各方通过对话和协商解决。

在与原南斯拉夫关系范围内时,中国就同马其顿建立了比较密切的关系。马其顿同我江西省结为友好省。

【同美国的关系】马重视美国的作用。马领导人多次呼吁美承认马并支持其加入联合国。迄今,美未承认马。

【同欧共体国家的关系】马十分重视欧共体的作用,致力于加入欧洲一体化进程。重视同欧共体国家发展关系。

【同邻国的关系】马主张在相互尊重主权、领土完整、互不干涉内政的原则基础上发展与邻国的睦邻友好关系。马同希腊两国关系因马国名问题处于紧张状态。希腊认为,马其顿系跨国际地理概念,范围包括希腊的马其顿地区,马其顿名称本身意味着对希有领土要求。因此,只要马其顿不改国名,希腊就不允许国际社会承认。马其顿认为,马自己有权决定本国的名称,希腊阻挠国际社会承认马和马加入联合国是没有道理的。由于希腊的反对,马其顿以"前南斯拉夫马其顿共和国"作为临时国名加入联合国。正式国名待马其顿、希腊和前南斯拉夫问题国际会议两主席协商解决。1992年1月15日,保加利亚承认马其顿。但表示不承认马其顿民族,反对马其顿把保加利亚的皮林马其顿居民当成非保加利亚人。1993年2月保总统热列夫非正式访马。由于马其顿境内的阿尔巴尼亚族问题,马同阿尔巴尼亚的关系比较紧张。由于希腊与马其顿就国名问题存在争端,南斯拉夫联盟共和国明确表示,南不会在欧共体之前承认马其顿。1992年10月,南总理帕尼奇访马。

（文　理）

摩　尔　多　瓦

国名　摩尔多瓦共和国(Republic of Moldova)。

面积　33700平方公里。

人口　436.7万(1991年1月1日)。摩尔多瓦族占63.9%,乌克兰族占14.2%,俄罗斯族占12.8%,还有加告兹族、保加利亚族和犹太族等。主要语言为摩尔多瓦语。摩尔多瓦族信奉东正教。

首都　基希讷乌(Kishinev),人口75.1万(1990年1月1日)。

国家元首　总统米尔恰·斯涅古尔(Mircea Snegur),1990年9月就任。

自然地理　位于东欧平原与喀尔巴阡山交界地带。北、东、南与乌克兰毗邻,西与罗马尼亚接壤。丘陵与河谷平原各半。西部的最高点巴拉涅什特山海拔为430米。主要有德涅斯特河和普鲁特河。2/3的土地为黑钙土。属温带大陆性气候。1月平均气温－5～－3℃,7月平均气温19～22℃。年降水量400～500毫米。

历　史　公元12～13世纪,在摩尔多瓦领土上建立了一些早期的封建国家。13～14世纪,遭受蒙古鞑靼人和匈牙利人的入侵。1359年建立了独立的摩尔多瓦公国。16～18世纪处于奥斯曼帝国的统治之下,爆发过多次民族解放斗争。其间,1600～1601年瓦拉几亚、摩尔多瓦和特兰西瓦尼亚3个公国曾短暂统一。1859年1月24日瓦拉几亚和摩尔多瓦再度合并，1862年起称罗马尼亚，仍隶属奥斯曼帝国。19世纪初，俄国通过布加勒斯特和约将普鲁特河和德涅斯特河之间的部分摩尔多瓦领土（比萨拉比亚）划入其版图。1918年，比萨拉比亚再次归并罗马尼亚。1924年，在德涅斯特河左岸地区建立了摩尔达维亚苏维埃社会主义自治共和国，属乌克兰管辖。1940年6月，根据苏联和德国签订的莫洛托夫—里宾特洛甫秘密议定书，比萨拉比亚和北布科维纳被并入苏联版图。1940年8月2日，在摩尔达维亚苏维埃社会主义自治共和国和大部分比萨拉比亚土地上建立了摩尔达维亚苏维埃社会主义共和国，成为原苏联的15个加盟共和国之一。

政　治

摩最高苏维埃于1990年5月修改共和国宪法，取消了有关共产党领导作用的条款；6月5日通过决定将摩尔达维亚苏维埃社会主义共和国国名改为摩尔多瓦苏维埃社会主义共和国；6月23日发表主权宣言；1991年5月23日通过决议，更改国名为摩尔多瓦共和国；8月27日宣布独立。12月21日摩签署了《阿拉木图宣言》和《独立国家联合体协议议定书》，加入独联体。该文件迄未得到议会批准。

摩南部的加告兹人和东部讲俄语的居民先后于1990年8月、9月宣布成立"加告兹共和国"和"德涅斯特河沿岸共和国"。摩政府宣布这一行动为非法。从1990年下半年开始，摩军警同德涅斯特河沿岸地区武装的冲突不断升级。1992年6月，俄罗斯第14集团军直接卷入。7月21日，俄摩两国总统签订和平解决冲突的原则协议，规定由俄、摩、德河东部地区三方组成和平部队进驻冲突地区。此后，局势趋于缓和，但矛盾没有得到真正的解决。

摩独立后，实行议会民主、三权分立和多党制。现有18个政党，主要有激进派人民阵线和稳健派农民党。前者在议会中占78个席位，后者占101个席位。

【宪法】正在制定中。议会准备1993年通过。宪法草案中的第一、二条内容如下：(1)摩尔多瓦是一个主权、独立、完整和不可分割的国家。国家的组织形式是共和国。它是一个法制和民主的国家。(2)国家主权属于人民。行使主权的直接手段是公决和宪法确立的代表机构。任何社会集团、政党、群众组织、个人不得以人民名义行使权力。篡夺政权被认为是最严重的反人民罪。

【议会】摩尔多瓦共和国议会是最高立法机关，行使对国家政权的监督权。规定由370名议员组成。本届议会议员人数为366名，分为三派：民主派（主张以摩人民阵线的纲领为基础）；农民党派（由农业行政和技术领导阶层组成）；讲俄语的议员。各党派所占议席：基督教—民主人民阵线78席，民主农民党101席，青年联盟2席，妇女协会1席，生态绿色联盟1席，复兴与繁荣民主党6席，社会民主党4席，统一权利平等运动2席。议会主席彼得·鲁钦斯基(Petru Lucinschi)，于1993年2月4日当选。

【政府】本届政府于1992年8月4日组成。主要成员：总理安德烈·桑盖利(Andrei Sangheli)，第一副总理尼古拉·安德罗纳蒂(Nicolae Andronati)，副总理米哈依·高什高丹(Mihai Coscodan)，副总理瓦伦丁·古内夫(Valetin Cunev)，副总理尼古拉·奥雷尼克(Nicolae Olenic)，国务部长格奥尔基·古萨克(Georghe Gusac)，经济部长塞勒旧·切尔丹(Sergíu Certan)，财政部长麦尔尼克·克劳蒂亚(Melnic Claudia)，农业和食品部长维达利耶·高林乔依(Vitalie Gorincioi)，司法部长阿利克塞·巴勒伯内亚格勒(Alexei Barbineagra)，工业部长（空缺），建筑和建设部长瓦莱留·切波达里(Valeriu Cebotari)，交通部长（空缺），信息、情报和电讯部长扬·卡希安(Ion Casian)，商业和物资部长图多尔·斯勒尼讷(Tudor Slanina)，市政住宅管理部长米哈依·塞维洛万(Mihail Severovan)，劳动和社会保护部长杜米特鲁·尼代尔古(Dumitru Nidelcu)，对外经济关系部长安德烈·凯普蒂内(Andrei Cheptine)，外交部长尼古拉·茨乌(Nicolae Tiu)，内务部长康斯坦丁·安多奇(Constantin Antoci)，国家安全部长瓦西里·卡尔莫伊(Vasile Calmoi)，国防部长巴维尔·克良戈(Pavel Greanga)，卫生部长格奥尔基·吉迪林(Ghoerghe Ghidirim)，科学和教育部长尼古拉·莫特卡什(Nicolae Matcas)，文化和宗教部长扬·翁古雷亚努(Ion Ungureanu)，青年、体育、旅游部长彼得·桑杜拉奇(Petru Sandulachi)。

【行政区划】现有41个行政区，将改为9～12个县。将分为市、县、小城镇、乡。除首都之外的主要城市有：蒂拉斯波尔、宾杰里（蒂吉纳）、伯尔茨。

【司法机构】最高法院下设刑法和民法委员会及主席团。最高法院院长巴维尔·巴勒伯腊特(Pavel Barbalat)。摩尔多瓦共和国检察院下设市镇检察院、县检察院和军事检察院。摩尔多瓦共和国检察院长杜米特鲁·伯斯多万(Dumitru Postovan)。

【政党】现有18个政党。主要政党有：

(1)基督教—民主人民阵线：1988年成立，由知识分子组成，成员18000人，在议会中占78个席位。该党主张进行改革，反对依附独联体，主张摩尔多瓦与罗马尼亚合并。主席尤烈·劳什卡(Iurie Rosca)。

(2)民主农民党：1989年成立，由原共产党员、集体农庄主席和乡村的各级领导组成，成员8900人，在议会占101个席位。该党反对一切西化，坚持同俄罗斯保持固有的联系、同独联体保持关系，不同意摩罗合并。主席杜米特鲁·莫茨潘(Dumitru Motpan)。

此外还有摩尔多瓦复兴和繁荣民主党、社会民主党、基督教民族党、"绿色联盟"等。

【重要人物】米尔恰·斯涅古尔：总统。1940年出生在弗洛雷什蒂区的一个农民家庭。摩尔多瓦族。1961年毕业于基什尼奥夫农学院，获农业科学副博士学位。1968～1970年在基什尼奥夫农学院研究生部学习。1973年出任该共和国农业部土地管理和先进工艺推广总局局长。1978～1981年担任农作物科研所所长，后在摩共中央主管农业。1989年当选为摩尔多瓦共和国最高苏维埃主席团主席，1990年任摩尔多瓦共和国最高苏维埃主席。同年9月，在最高苏维埃会议上被选为摩尔多瓦总统。1991年12月8日，经全民普选当选为摩尔多瓦共和国总统。

经　济

是原苏联水果（尤其盛产葡萄）、玉米、向日葵和蔬菜的种植地区之一。独立之后，经济状况不断恶化。为稳定经济，制定了改革计划，采取了一些行政、税收和金融等措施。1992年1月2日起放开价格。1月4日议会通过《摩尔多瓦共和国对外经济活动原则法》，允许在摩境内建立外国独资企业。议会通过的《租赁法》规定国民经济各部门和各种所有制的财产均可租赁。为防止本国商品大量外流，从2月1日起发行代金券。11月，摩政府提交议会审议实行紧急经济状态的决定草案。决定规定了保护国内市场的具体措施。1992年头10个月的工业产值比去年同期下降26.3%，肉类减少38%，奶类减少36%，蛋类减少40%。粮食比去年减产100万吨，水果、蔬菜、甜菜及其他农作物的产量只相当去年产量的70～75%。

国民生产总值(1992年)：1250亿卢布。

国民收入(1992年)：148亿卢布。

货币名称：摩尔多瓦库邦券和俄罗斯卢布同时流通。

汇率(1993年2月17日)：1美元＝600卢布。

失业人数(至1992年底)：约25万人。

【资源】主要有建筑材料、磷钙石、褐煤等。缺乏天然气、石油、煤。地下水资源丰富，约有2200个天然泉。森林占全国领土面积的8%，主要树种为柞树、千金榆树、水青冈树等。野生动物有獐、狐狸和麝鼠等。

【工业】1992年工业产值为1199亿卢布。食品工业在国民经济中占首要地位，约占工业总产值的50%。主要产烟、酒、糖、植物油和罐头。其中，葡萄酒产量约占原苏联16.5%，水果蔬菜罐头约占14%，植物油约占5.6%。机器制造业主要为农业和食品工业服务。此外还有电子仪表、化学、轻工、建筑材料工业等。

【农业】1989、1990年农业产值分别为51、44亿卢布。1992年大旱，农业产值为32.7亿卢布。种植业在农业产值中占69%左右，主要种植水果、蔬菜和谷物。经济作物有烟草、甜菜和向日葵。烟叶和葡萄的收购量在原苏联各共和国中居第一位，甜菜和水果居第三位，蔬菜的销售量居第四位。奶肉两用的畜牧业有较大发展。

【交通运输】以公路和铁路运输为主。

铁路：总长1150公里；年客运量1.5亿人次，货运量1600万吨。

公路：总长1.03万公里；年运输量1.08亿吨公里。

管道运输：输气管道长度为170公里，年输送量为16亿立方米。

【财政金融】1992年头8个月财政收入只达财政预算的一半。全年的财政赤字为150亿卢布。

【对外贸易】1992年外贸进口总额为2.131亿美元，出口总额3.679亿美元。

【外国资本】1992年头9个月，吸收了5180多万美元的外国投资。

【外国援助】1992年主要援助国(国际组织)及援助数额为：美国1000万美元的粮食援助；欧共体2700万欧洲货币单位贷款；中国3000万人民币商品贷款；罗马尼亚22亿列依技术贷款；俄罗斯20亿卢布的技术贷款。1993年1月13日提供约100万美元的药品。1993年世界银行将提供7000万美元的贷款，国际货币基金会、世界银行和欧共体将提供2000万美元的人道主义援助和技术贷款。

人民生活

1989年月平均工资：职工200.6卢布，国营农场工作人员196.1卢布，集体农庄庄员196.5卢布；国营和合作社商业(包括公共饮食业)零售贸易额人均1273卢布；每100户职工和农庄庄员文化生活用品和家庭耐用消费品拥有量分别为：黑白电视机62台和87台，彩电33台和6台，录音机33台和12台，照像机11架和1架，电冰箱和冰柜90台和83台，洗衣机73台和64台，吸尘器51个和17个，缝纫机24台和41台，小汽车16辆和10辆，摩托车9辆和20辆；居民人均住宅面积城市14平方米，农村20.7平方米；每万名居民拥有40.1个医生，118个中等医务人员，126.9张病床。

摩独立后，社会经济状况严重恶化，人民生活水平不断下降。1992年物价上涨13倍，人民实际收入和生活水平大幅度下降。

军　事

1992年3月17日摩最高苏维埃通过了《国防法》、《武装力量法》、《摩尔多瓦公民兵役法》、《军队和接受军训的公民及其家属的社会保障和法律保障法》。同日，摩总统斯涅古尔宣布就任摩武装力量总司令，宣布原苏联驻摩的军队、装备和设施归共和国所有，并在此基础上组建摩国民军。国防部长巴维尔·克良戈将军。现有军官约2700人。摩计划组建一支总数为1.4～2万人的军队。1993年预算草案中的军费开支为23亿卢布。

文化教育

【教育】1989年共有1600所各类普通学校(70万学生)，51所中等专业学校(5.21万学生)，9所高等学校(5.55万学生)。1989年每千名15岁以上的居民中受过高等和中等教育的755人，其中受过高等教育的87人；每万名居民中高等学校和中等专业学校毕业的专门人才分别为19人和37人；在国民经济各部门就业的受过高等和中等专业教育的专家47.32万人，其中受过高等教育的20.66万人，受过中等教育的26.66万人；在国民经济各部门就业的受过高等和中等教育的女专家为29.24万人。1993年国家预算草案中的文教经费为187亿卢布。主要高等院校有摩尔多瓦国立大学、摩尔多瓦国立农业大学、基希讷乌工学院、基希讷乌国立教育学院、医学院、艺术学院、音乐学院等。

【新闻出版】主要报纸有:《主权摩尔多瓦》(政府报,每周出四期罗马尼亚文、一期俄文),《文学与艺术》;《农村生活》(农民党报),《人民之声》,《摩尔多瓦青年》,《国家》(基督教—民主人民阵线报)。主要刊物有:《比萨拉比亚》,《摩尔多瓦妇女》,摩尔多瓦与世界》,《摩尔多瓦文学》。

通讯社、广播电视台有:摩尔多瓦通讯社,摩尔多瓦国家广播电台,摩尔多瓦国家电视台。

对外关系

奉行以确立真正独立地位为中心的全方位外交。保持与原苏联各共和国的传统关系,重点发展与它们的经济联系。与独联体若即若离。积极发展同邻近国家和西方各国的联系,努力开拓同以中国为重点的亚洲各国关系。截至1992年12月15日,与摩建交的国家有:墨西哥、瑞士、日本、德国、古巴、丹麦、朝鲜民主主义人民共和国、土耳其,韩国、以色列、加拿大、蒙古、埃及、中国、泰国、匈牙利、保加利亚、乌克兰、俄罗斯、格鲁吉亚、美国、芬兰、波兰、挪威、塔吉克斯坦、法国、罗马尼亚、越南、比利时、荷兰、印度尼西亚、阿曼、葡萄牙、新加坡、印度、老挝、克罗地亚、摩洛哥、希腊、南非、布隆迪、瑞典、塞浦路斯、西班牙、阿尔巴尼亚、菲律宾、捷克、斯洛伐克、科威特、伊朗、奥地利、拉脱维亚、新西兰、尼日利亚、加纳、梵蒂冈、卢森堡、亚美尼亚、阿塞拜疆、立陶宛、吉尔吉斯斯坦等。

【同我国的关系】1992年1月30日中摩建交。此后,两国友好合作关系得到迅速发展。11月5～11日,应杨尚昆主席的邀请,斯涅古尔总统对我国进行了正式访问。江泽民总书记、杨尚昆主席和李鹏总理分别同斯涅古尔举行了会见和会谈。访问期间,两国就政治、经济、文化、体育、民航、旅游等领域的合作签署了14项文件。这次访问为中摩两国友好合作关系奠定了良好的基础。

此外,1992年1月16～19日,我经贸部部长助理刘山在率团访摩,签订了两国政府间经贸协定。7月11～16日,摩工商会主席冈德拉布拉率团访华,与中国贸促会签订了两会合作协议。10月31日至11月7日,以副会长解建群为首的贸促会代表团访摩,与摩农业部、商业部、工商会签订了易货贸易和投资合资意向书。1992年中摩进出口贸易总额为7万美元,其中中国出口额为5万美元,进口额为2万美元。

中国驻摩尔多瓦大使由中国驻罗马尼亚大使李凤林兼任,使馆设在基希讷乌,使馆电话:23-78-56。

摩尔多瓦在中国尚未设使馆。

【同独联体的关系】1991年12月摩签署了加入独联体的文件,但该文件至今未得到议会批准。摩在经济上对独联体各国有很大的依赖性,同时在一些重大问题上又保持自己独特的立场。1992年2月在明斯克举行的独联体国家首脑会议上,摩不同意由独联体最高军事机构指挥常规武装力量,拒绝在有关协议上签字。1993年1月在明斯克独联体首脑会议上,摩又拒签独联体章程。

【同俄罗斯的关系】在德涅斯特河沿岸地区问题上两国矛盾尖锐。1992年4月5日,摩总统致电俄总统,对俄人民代表大会准备讨论德河地区问题表示不能容忍,指出这是对摩内政的干涉。4月8日,俄人代会通过支持德河地区居民的决定。为寻求政治解决的途径,摩、俄、乌、罗4国外长多次会晤,并于4月7日通过了立即全面停火和冲突双方脱离接触的宣言。5月24日,四方又签署了一项旨在停止暴力活动的协议。但武装冲突仍未终止。6月19日,冲突再度升级,驻扎在该地区的俄罗斯第14集团军直接卷入。6月25日,在罗马尼亚总统斡旋下,摩俄两国总统在伊斯坦布尔达成停火协议。7月21日,两国总统在莫斯科签订了俄摩关于和平解决德涅斯特河地区武装冲突的原则协议。俄表示尊重摩的独立和领土完整,摩允诺让德河地区居民行使自决权。两国领导人同意组建三方和平部队以制止冲突。此后,该地区局势趋于平静,两国关系有所缓和。

摩同俄有着传统的经济联系,在获取能源方面严重依赖俄国。

【同罗马尼亚的关系】摩与罗马尼亚不仅毗邻,而且同文同种,关系特殊。摩宣布独立当天,罗即予以承认。两国外长很快签署了建交协议和关于两国公民凭护照或其他官方文件自由互访的政府协议书。1992年5月,两国签署了一体化友好条约。对是否合并问题,摩领导人表态慎重:一方面主张加强摩罗两国之间的密切关系,另一方面主张摩尔多瓦统一和不可分割,如合并,则需要通过全民公决。

【同美国的关系】1992年2月美国国务卿贝克访摩,美决定与摩建交,并支持摩加入联合国和国际货币基金组织。6月24日,摩美签署商业协定,美给予摩最惠国待遇。8月12日,摩总理抵华盛顿,摩加入世界银行和国际货币基金组织。自摩独立以来,美先后向摩提供1000万美元的食品援助和100万美元的药品援助。(乌白波)

摩纳哥

国名　摩纳哥公国(The Principality of Monaco, La Principauté de Monaco)。

面积　1.92平方公里(1989年欧洲年鉴)。

人口　29972人(1992年统计)。其中摩纳哥人4481人,占总人口的15%;外籍人中法籍占47%,意大利籍占16%,还有希腊及瑞士籍人。官方语言是法语,此外还通用意大利语、英语和摩纳哥方言。96%的人信奉天主教。

首都　摩纳哥(Monaco-ville),人口约1500人。

国家元首　兰尼埃三世亲王(Prince Rainier Ⅲ),1949年5月9日即位。

简况

位于欧洲西南部,三面被法国包围,南面濒临地中海。海岸线长5.16公里。属地中海型亚热带气候。年平均气温7～8月为26℃,1～2月8℃。1338年成为独立公国。曾先后受西班牙、法国保护。1793年、1860年两度被法吞并。1861年曼托纳、罗克布伦两大城市脱离摩纳哥,使其领土面积由20平方公里缩小到现有面积。1911年颁布宪法成为君主立宪国。1912年和1918年先后同法国建立关税同盟和签订确定两国政治关系的条约。1919年同法签约规定,一旦国家元首逝世而无后裔,摩将并入法国。

政治

【宪法】现行宪法于1962年12月17日颁布。宪法规定摩为君主世袭立宪制,亲王为国家元首,王位由亲王的合法和直系子嗣继承,男性优先。在没有合法子嗣的情况下,过继的子嗣亦可继承王位。继位的法定年龄为21岁。亲王对外代表国家,有权签署条约。亲王得到两个咨询性委员会的辅佐:其一是枢密院,有7名成员,任期3年。在签订国际协议、解散议会以及大赦等问题上,亲王必须征求枢密院的意见;其二是国务委员会,有成员12名。宪法还规定,取消神权、国民议会有权修改宪法、妇女享有选举权等。

【议会】一院制。立法权由亲王提议,内阁以亲王的名义起草草案,议会对草案和预算进行讨论、投票。最后由亲王颁布生效。议会无权推翻内阁。议会有议员18名,由直接普选产生,任期5年。议长和副议长每年由议会在议员中选举产生。本届议会于1992年选出,其中民族民主联盟获得15席,行动与进步党2席,无党派人士1席,议长雅克·杜邦(Jacques Dupont)。

【政府】内阁在亲王主持下,由1名国务大臣及3名内阁成员组成。国务大臣由亲王从巴黎推荐的3名高级官员中选定,主要负责全面工作及外交。其他3名内阁成员也由亲王指定,分别负责内政、公共工程与社会事务和财政经济。国务大臣雅克·杜邦1991年上任。内政事务顾问米歇尔·厄翁(Michel Eon),公共工程与社会事务顾问贝尔纳·福特里埃(Bernard Fautrier),财政经济顾问让·巴斯托莱利(Jean Pastorel)。

【司法机构】最高法院有5名正式成员及候补成员,分别由议会、国务委员会、枢密院、上诉法院和民事法院推荐。亲王拥有司法权,委托法院以他的名义执法。最高法院院长由亲王指定。最高法院院长保罗·路透(Paul Reuter)。

【政党】民族民主联盟(Union nationale et démocratique):系摩唯一的政党,成立于1962年。该党支持亲王的政策。主席让—夏尔·雷伊(Jean-Charles Rey)。

【重要人物】兰尼埃三世亲王:摩纳哥国家元首。1923年5月31日生。曾在法国蒙彼利埃大学和巴黎政治学院读书。1944年被立为王储。1944～1945年在法国军队服役,为预备役上校。1948年创建摩纳哥红十字会。1949年5月9日继承外祖父路易二世亲王之位成为国家元首。夫人已去世,有一儿两女。

经济

旅游业在摩的经济中占有重要的地位(约占55%),工业则较为薄弱。摩工业门类主要有建筑、医药、精密仪器、服装等。摩无农业。国民收入主要来自旅游业、不动产、中小工业、银行保险以及邮票、赌博、税收等。近年来,税收在国民收入中所占比重逐渐增大。政府不向本国人和外国人征收所得税,但增值税收入很高,占全部国家预算收入的55%。国家烟草、邮票专卖占国民收入的14%,其余为旅游收入。

货币名称:法国法郎和摩纳哥辅币。1美元＝5.51法郎(1992年12月)。

1992年摩财政收入为31.7亿法郎,支出31.74亿法郎,赤字为0.04亿法郎。摩对外贸易计算在法国对外贸易内,因此也包括在欧洲经济共同体内。

【旅游业】摩纳哥是欧洲著名旅游胜地。每年都举行大量文艺活动,吸引游客,其中蒙特卡洛国际杂技节、国际礼花节等世界闻名。摩有旅馆房间2400多个,饭馆140家。1988年在摩下榻的旅游者达23.18万人,其中意大利人占5.4万人次,法国人占5万人次,美国人占3.1万人次。

【交通运输】公路总长50公里。铁路总长1.7公里,并入法国铁路网,由法国国营铁路公司管理。有两个港口,主要用于停靠各类游艇,商船则可在锚地短期停泊。有一直升机往返于法国的尼斯国际机场和摩纳哥之间。

文化教育 对6～16岁的儿童实行义务教育，教育体制与法国相同。中小学在校学生人数约5千人，其中公立学校学生近4千人、私立学校学生1千5百余人。入学率和教育普及率均达99%。国内无大学。摩海洋博物馆和研究所在国际上享有声誉。主要报刊有1858年创刊的《摩纳哥报》，每周一期，由政府出版。境内设有著名的蒙特卡洛电台和电视台。

对外关系 摩一贯主张维护世界和平与安全，努力和远近的所有国家保持密切关系。摩重视地区合作，通过与法建立的法摩关税同盟而成为共同关税地区。摩政府为迎接1993年欧共体统一大市场正式建立正积极准备。

摩不是联合国成员，但在联合国总部设有常驻观察员办事处。摩是1975年欧洲安全与合作会议《最后文件》的签字国和欧洲共同体的联系国。

摩在法、意、荷、比、卢、瑞、德、梵等国设有公使馆，还在世界一百多个城市设有名誉领事馆。40多个国家在摩设有领事馆或名誉领事馆。

根据1918年法摩关系条约规定，摩采取外交措施前须事先与法国政府达成协议。（杨小茸）

南斯拉夫

国名 南斯拉夫联盟共和国(The Federal Republic of Yugoslavia, Savezna Republika Jugoslavija)。

面积 102173平方公里。

人口 1052.4万(1990年)。主要有塞尔维亚族(63.3%)、黑山族(5%)、阿尔巴尼亚族(16.6%)、穆斯林族(3.3%)和匈牙利族(3.1%)等。官方语言为塞尔维亚语。主要宗教是东正教。

首都 贝尔格莱德(Belgrade)，人口1553854人(1991年)。

国家元首 总统多布里察·乔西奇(Dobrica Ćosić)，1992年6月15日就任。

自然地理 位于欧洲巴尔干半岛的中北部。西部与克罗地亚、波斯尼亚和黑塞哥维那接壤，北部和西北部同匈牙利和罗马尼亚为邻，东部与保加利亚交界，南邻前南斯拉夫马其顿及阿尔巴尼亚。南部部分地区濒临亚得里亚海。海岸线长200公里。境内多山脉，河流众多。杰拉维察峰是最高峰，海拔2656米。气候主要为大陆性和地中海式气候。

历　史 公元6～7世纪，部分斯拉夫人越过喀尔巴阡山移居巴尔干半岛。9世纪起，开始形成塞尔维亚、杜克里亚(后称泽塔，即现在的黑山地区)等国家。14世纪塞尔维亚曾是巴尔干最强盛的国家。15世纪起，土耳其征服塞尔维亚，统治长达400余年；泽塔王朝沦陷，黑山在200年的时间里一直处于土耳其的边境省地位。1878年柏林会议承认塞尔维亚和黑山独立。1882年和1910年，塞尔维亚和黑山相继分别成为王国。1918年第一次世界大战后，南部斯拉夫民族联合成立了塞尔维亚—克罗地亚—斯洛文尼亚王国，1929年改称南斯拉夫王国，塞尔维亚和黑山成为其中的一部分。1941年，第二次世界大战爆发，德、意法西斯入侵并占领南斯拉夫王国。1945年，南人民赢得反法西斯战争的胜利。同年11月29日，塞尔维亚和黑山人民与其他南部斯拉夫民族联合成立南斯拉夫联邦人民共和国，1963年改称南斯拉夫社会主义联邦共和国。1991年，南斯拉夫社会主义联邦共和国的斯洛文尼亚、克罗地亚、波斯尼亚和黑塞哥维那、马其顿四共和国相继宣布独立。1992年4月27日，南斯拉夫社会主义联邦共和国议会通过新宪法，宣布塞尔维亚和黑山两共和国联合成立南斯拉夫联盟共和国。

政　治 1992年5月31日，南举行首次议会选举，塞尔维亚社会党和黑山社会主义者民主党为本共和国得票最多的政党。6月15日，乔西奇当选南首任总统。7月14日，帕尼奇就任南首任总理并组成政府。12月20日，南联盟和共和国两级同时提前举行大选。塞尔维亚社会党和黑山社会主义者民主党在两级选举中再次成为得票最多的政党。12月29日，南议会通过对帕尼奇政府的不信任案，决定由副总理孔蒂奇代理总理一职。1993年3月2日，联盟议会选举孔蒂奇为总理并批准新政府的组成。新政府的施政纲领强调，政府的首要任务是争取解除对南的国际制裁并和平、永久和公正地解决前南危机，以便实现下述目标：回到国际大家庭，重新确认南的合法国际地位；恢复经济；制止通货膨胀；建立有效的市场经济体系。

【宪法】1992年4月27日，颁布南斯拉夫联盟共和国第一部宪法。宪法规定，南总统和总理不能选自同一个共和国。

【议会】联盟议会是国家最高权力机关，下设共和国院和公民院。共和国院设40个席位，两共和国各占20席；公民院至少设60个席位，议员以无记名投票方式通过直接选举产生，任期4年。共和国院和公民院分别设主席和副主席。本届议会于1992年12月选举产生。在公民院的138个议席中，塞尔维亚共和国占108席，其中塞社会党47席、激进党30席、塞民主运动20席、民主党5席、伏伊伏丁那匈牙利民主共同体3席、民主党和改革者联盟2席、民主者、改革者和公民团体联盟1席；黑山共和国占30席，其中社会主义者民主党17席、社会党5席、塞激进党4席、人民党4席。在共和国院的40个议席中，塞尔维亚共和国占20席，其中塞社会党12席、塞激进党8席；黑山共和国占20席，其中社会主义者民主党15席、人民党3席、塞激进党2席。公民院主席拉多万·博若维奇(Radovan Božović)。共和国院主席米洛什·拉杜洛维奇(Miloš Radulović)。

【政府】联盟政府是联盟议会的权力执行机关。政府总理由联盟议会选举产生。政府任期4年。本届政府于1993年3月就职，设总理、副总理(3名)和部长(17名)。主要成员有：总理拉多耶·孔蒂奇(Radoje Kontić)，副总理兼财政部长约万·泽比奇(Jovan Zebic)，副总理阿西姆·特拉契维奇(Asim Telačević)，副总理兼外交部长弗拉迪米尔·约万诺维奇(Vladislav Jovanović)，内务部长焦尔杰·布拉戈耶维奇(Djordje Blagojević)，国防部长帕弗莱·布拉托维奇(Pavle Bulatović)、法律部长佐兰·斯托亚诺维奇(Zoran Stojanović)，对外经济关系部长米洛拉德·温科维奇(Milorad Unković)，贸易部长米洛斯拉夫·伊瓦尼舍维奇(Miloslav Ivanišević)、经济、工业和能源部长托莫斯拉夫·西莫维奇(Tomoslav Simović)，交通、联络部长布拉戈耶·卢契奇(Blagoje Lučić)，农业部长洛弗雷·科弗列科(Lovre Kovljeko)，新闻部长斯洛博丹·伊戈尼亚托维奇(Slobodan Ignjatović)，教育文化部长斯拉弗科·戈尔迪奇(Slavko Gordić)，劳动、卫生、社会保险部长(Velibor Popović)，人权部长马尔吉特·萨沃维奇(Margit Savović)，不管部长托米察·拉伊契维奇(Tomica Raičević)。

【行政区划】由塞尔维亚(Srbija)和黑山(Crna Gora)两共和国组成〔其中塞尔维亚共和国下设伏伊伏丁那(Vojvodina)、科索沃和梅托希亚(Kosovo i Metohija)两自治省〕。共和国下设29个州，州下设211个区。

【司法机构】设宪法法院、军事法院和普通法院。法院和检察院分为四级：联盟、共和国、州和区。宪法法院分联盟和共和国两级。宪法法院院长亚历山大·巴科契维奇(Aleksandar Bakočević)。联盟法院院长奥里沃耶·武基切维奇(Orivoje Vukičević)。

【政党】(1)塞尔维亚社会党(Socijalisticka partija)：成立于1990年7月，由原塞尔维亚共产主义者联盟和塞劳动人民社会主义联盟合并而成。主张民主社会主义，联邦制的南斯拉夫，现代法治国家和经济发达、文化繁荣的塞尔维亚。主席斯洛博丹·米洛舍维奇(Slobodan Milošević)，总书记佩塔尔·什昆德利奇(Petar Skundrić)。该党有党员35万。在1990年底举行的共和国议会选举中获胜执政。

(2)黑山社会主义者民主党(Demokratska stranka socijalista)：原黑山共产主义者联盟，1991年6月改为现名。1990年在本共和国议会选举中获胜执政。主张统一的、完整的、民主的、现代的南斯拉夫联邦，实行自由选举和市场经济，享有充分权力，相互平等。主席莫米尔·布拉托维奇(Momir Bulatović)。

此外还有塞尔维亚激进党，塞尔维亚民主运动和黑山人民党。

【重要人物】多布里察·乔西奇：南斯拉夫联盟共和国总统。1921年12月29日生于塞尔维亚共和国，塞尔维亚族。南著名作家，其作品被译成20多国文字，在世界上具有一定知名度。1941～1945年参加反法西斯战争。战后在文化界和政治界担任各种领导职务。曾任几届原南联邦和共和国议会议员。50年代末退出政治生活，专心从事文学创作。1968年，作为塞尔维亚共盟中央委员，因政见不同而与南共盟分道扬镳。1976年成为塞尔维亚科学院院士。1992年6月当选为南斯拉夫联盟共和国首任总统。 **拉多耶·孔蒂奇**：南斯拉夫联盟共和国总理。1937年7月7日生于黑山共和国，黑山族。曾任尼克希奇铁路技术和商业总经理。1978～1981年任原南联邦执行委员会(联邦政府)委员。1981～1982年任原南工程师和技术员协会主席团主席。1984～1986年任黑山执行委员会副主席(共和国副总理)。1984～1988年再次出任原南联邦执行委员会委员。后当选为原南联邦议员，曾担任黑山共和国议会驻联邦议会代表团执行主席。1991年任黑山共和国发展基金会代理经理。1992年7月14日起任南政府副总理，代理总理。1993年3月起任现职。

经济

属中等发达国家，主要经济部门为矿业、冶金、汽车制造、纺织和食品加工等。近两年，由于受原南地区危机和联合国全面制裁的影响，南经济状况大大恶化。工业生产大幅度下跌，许多工厂停产、倒闭，大批工人被迫休假，失业急剧增加，通货膨胀率居高不下，人民生活水平严重下降。1992年社会总产值比1991年下降27%。1992年生产比1991年下降22%。1993年3月新政府产生后，颁布施政纲领，强调要恢复经济，制止通货膨胀和建立有效的市场经济体系。

社会总产值(1989年)：1592.7万第纳尔(按1972年不变价格计算)。

人均社会总产值(1989年)：15.21万第纳尔(按1972年不变价格计算)。

国民收入(1989年)：754.63亿第纳尔。

货币名称：第纳尔(dinar)。

汇率：1美元＝4.8万第纳尔(1993年4月)。

通货膨胀率(1992年)：19810.2%。

失业率(1990年)：19.7%。

【资源】南矿藏有铜、铅、锌、铝、煤等，森林覆盖率28%，水力资源丰富。

【工业】1989年工业产值占社会总产值的44.2%。主要工业部门有冶金、汽车制造、纺织、食品加工等。1990年主要工业产品产量为：发电409.48亿度、煤

4553.1万吨、石油106.3万吨、铁101.2万吨、铜15.1万吨、铝8.1万吨、拖拉机3122.4万台、小汽车17.9万台、卡车8.4千辆、电视机14.4万台。

【农牧业】农业十分发达。耕地面积374.6万公顷，占南国土面积的37%。塞尔维亚共和国的伏伊伏丁那自治省素有粮仓之称。1990年主要农牧产品产量为：小麦386.9万吨、玉米362.3万吨、肉类77.1万吨、奶20.25亿升。1991年主要牲畜存栏数为：牛209.7万头、猪435.4万头、羊304.4万只、家禽3021.3万只。

【服务业】旅馆服务业主要包括：旅馆、旅游接待点、饭店、咖啡厅、餐厅、酒吧等。1990年共有15626个单位，其中旅馆318家，标准饭店1686家，从业人员94419人，流通总额为164.78亿第纳尔。

【旅游业】南重视旅游业的发展。旅游设施主要有：旅馆、浴场、滑雪场、汽车宿营地等。1990年南有床位253544张，旅游者过夜总数为2100万人次。主要旅游区是亚得里亚海海滨，国家公园(占地总面积2363平方公里)等。

【交通运输】南交通发达，是欧洲重要交通枢纽之一。以铁路和公路为主。

铁路：总长3959公里，其中电气化铁路1342公里。

公路：总长46019公里，其中现代化公路26949公里(包括374公里的高速公路)；1990年共有小汽车1405455辆，货车92874辆；客运量67.33亿人公里，货运量67.79亿吨公里。

水运：航道总长1375公里；位于黑山共和国的巴尔海港是南最大的海港。

空运：有5个机场，主要机场为贝尔格莱德的苏尔钦机场。

【财政金融】1992年外汇储备近13亿美元。

【对外贸易】采取进出口基本自由的政策，鼓励出口。1992年出口总额约25亿美元，比1991年降低46%；进口39亿美元，比1991年降低1/3。1992年5月30日联合国安理会通过对南实行全面制裁的第757号决议后，南的对外经济贸易活动陷入停顿。

南主要出口粮食、水果、蔬菜、有色金属、服装、铁、钢等，主要进口石油、天然气、原料、公路交通工具等。欧共体国家是南的主要贸易对象，1992年与南的贸易额分别占南进口总额的38%和出口总额的40%。

人民生活

因受原南地区危机的影响和在国际制裁之下，南人民生活水平急剧下降，1992年生活费用比1991年增长20096%。1989年有医生21235名，牙医4702名。1989年，全国有病床62128张。

军　事

1992年4月27日南斯拉夫联盟共和国成立后，对原南斯拉夫人民军进行了改革。南宪法规定，总统为南军最高统帅，并任国防最高委员会主席。南实行义务兵役制，服役期12个月。有现役军人13.5万人。预备役军人40万。陆军10万，海军约6000人，空军2.9万人。1992年军费预算约3.76亿美元。

文化教育

【教育】实行8年制义务教育。7～10岁的儿童均能接受基础教育。全国著名的大学有贝尔格莱德大学、诺维萨德大学、尼什大学、克拉古耶瓦茨大学、波德戈里察大学和普里什蒂那大学。南有小学5091所、中学505所、专门学校424所，1989/90年度在校生为128万人。高等院校有137所，1990/91年度在校生为157276名。

【新闻出版】1990年有报纸962种，总发行量58342.4万份。刊物569种，总发行量为1351.6万。主要报纸有《战斗报》和《政治报》，用塞尔维亚文出版。

1990年全国共有电台65个，电视中心6个。

对外关系

奉行独立自主的不结盟政策，主张在相互尊重主权、领土完整、互不干涉内政、完全平等的原则基础上同各国发展关系。1992年5月30日，联合国安理会通过第757号决议，决定对南实行全面制裁。1992年9月19日，安理会通过第777号决议，决定中止南的联合国席位，南需就加入联合国问题提出申请。同年9月22日，联合国大会亦通过同样内容的决议。因此，争取早日解除制裁和重返国际社会，成为南对外政策和活动的中心。

【同我国的关系】中南两国关系正常、友好。1992年4月27日，中国宣布驻原南斯拉夫社会主义联邦共和国大使转任驻南斯拉夫联盟共和国大使。由于联合国对南实行全面制裁，两国关系和交往受到影响。1992年9月，南总理帕尼奇访华。

中国驻南斯拉夫大使：张大可。馆址：贝尔格莱德米鲁丁国王大街6号(Kralja Milutina 6 Beograd)。电话：331484。电传：11146 KINAMB YU。商务处地址：贝尔格莱德瓦西利耶·加切舍大街5号(Vasilije Gacese 5 Beograd)。电话：651630。电传：12492 CACCOYU。

南斯拉夫驻中国大使馆临时代办：约尔丹·迪尼奇(Jordan Dinič)。馆址：三里屯东6街1号。电话：5323516/5321562(中秘)。传真：5321207。商务处设在南驻华使馆内。电话：5323516。电传：22403 CN。

南与台湾有贸易关系。

【同美国的关系】1992年4月27日南斯拉夫联盟共和国宣告成立后，美表示不予承认。同年5月22日，美责令南关闭其在纽约和旧金山的领馆，驱逐南驻美武官，撤回美驻南大使。6月24日，布什总统下令驱逐南驻美大使，关闭南驻芝加哥领馆。

【同西欧国家的关系】1992年4月27日南斯拉夫联盟共和国宣告成立后，欧共体表示不予承认。同年5月12日，欧共体12国决定撤回驻南大使。

【同邻国的关系】南重视同邻国的关系，主张在相互尊重主权、领土完整、互不干涉内政和平等互利的原则基础上发展与邻国的睦邻友好关系。南同匈牙利间存在少数民族问题。匈认为生活在南的匈牙利民族的地位和权利没有得到尊重。南政府认为境内的匈牙利人享有充分的少数民族权利。南同罗马尼亚的关系因受联合国的制裁，两国交往受到影响。保加利亚主张巴尔干国家不要卷入原南地区危机。迄今，南同马其顿未相互承认。由于希腊与马其顿之间在马国名问题上存在争执，南表示不会在欧共体之前承认马。南同阿尔巴尼亚的关系不好。阿指责南不尊重南境内的科索沃阿尔巴尼亚民族的地位和权利。支持南境内阿族人成立科索沃共和国。南政府坚决反对外部因素干涉其内政，认为科索沃阿族人享有充分的少数民族权利。南同克罗地亚迄今未相互承认。克境内的塞尔维亚族地位问题是决定南克国家关系正常化的关键，两国总统曾多次会晤，表示愿通过对话解决问题。目前，两国已成立国家间委员会，并在对方首都互设联络处。迄今，南同波黑共和国未相互承认。1992年由于波黑的塞尔维亚族和穆斯林族发生战争，两国关系极度恶化。（文　理）

挪　威

国名　挪威王国(The Kingdom of Norway，Kongeriket Norge)。

面积　386958平方公里(包括斯瓦巴德群岛、扬马延岛等属地)。

人口　427.4万(1992年)。95%为日耳曼族挪威人，北部有萨米族约3万人。官方语言为挪威语。90%居民信奉国教基督教路德宗。

首都　奥斯陆(Oslo)，人口46.7万(1992年)。

国家元首　国王哈拉尔五世(Harald V)，1991年1月21日即位。

简　况

位于北欧斯堪的纳维亚半岛西部。东邻瑞典，东北与芬兰和俄罗斯接壤，南同丹麦隔海相望，西濒挪威海。海岸线长2.1万公里。属海洋性气候。首都年平均气温5.9℃。斯瓦巴德群岛位于巴伦支海北侧，由斯匹茨卑尔根、东北地岛、熊岛等岛屿组成，面积约为6.24万平方公里，气候寒冷多雾，除6～8月外，气温均在0℃以下。9世纪形成统一王国。9～11世纪进入全盛期。14世纪中叶开始衰落。1380年与丹麦结盟，受制于丹。1397年与丹麦、瑞典结成以丹为首的卡尔马联盟，1532年瑞典退出，挪仍为丹统治。1814年被丹割与瑞典，成立瑞挪联盟。1905年独立，选丹麦王子卡尔为王，称哈康七世。斯瓦巴德群岛于1194年被挪威人发现，1920年2月挪、丹、美、英、法、意、荷、日、瑞典等9国签订斯瓦巴德条约，规定其为非军事区、主权属挪，缔约各国均有在岛上从事开发资源的平等权利，1925年8月正式并入挪版图。

1940年4月被德国占领，1945年获解放。1957年哈康七世逝世，其子即位，称奥拉夫五世。战后由工党、保守党或单独或与其他政党联合执政。1989年9月举行的大选中，原执政党工党失利，10月16日组成以叙瑟为首相的保守党、基督教人民党、中央党三党联合政府。

政　治

1990年10月，三党联合政府宣布由于三党在谈判建立欧洲经济区协定问题上意见分歧而决定辞职。11月3日，工党组成少数派政府重又执政。1991年1月18日，在位33年的国王奥拉夫五世因病去世，终年88岁。其子继任国王。1992年9月政府进行了改组，更换了近1/3的内阁成员。政局较稳定。

【宪法】现行宪法于1814年5月17日通过，此后经多次修订。宪法规定挪为世袭君主立宪国。国王为国家元首兼武装部队统帅，并提名首相人选，但无权解散议会。1990年5月29日议会批准修宪，准许王室女性成员同男性一样继承王位，但适于1990年以后出生的成员。

【议会】由165名议员组成，任期4年。分上下两院，除制定法律先由下院后由上院讨论外，其他问题均由两院合并讨论。本届议会于1989年9月选出，工党占63席，保守党37席，基督教人民党14席，中央党11席，进步党22席，社会主义左翼党17席，芬马克人民行动阵线1席。议长尤·班柯夫(Jo Benkow)，1989年10月再次当选连任。

【政府】本届政府于1990年11月3日由工党组成，1992年9月曾进行改组。现政府共有19名阁员，其中有8名妇女。内阁成员：首相格罗·哈莱姆·布伦特兰(Gro Harlem Brundtland，女)，外交大臣托尔瓦·斯托尔滕贝格(Thorvald Stoltenberg)，经济和能源大臣芬·克里斯登森(Finn Kristensen)，国防大臣约翰·约·霍尔斯特(Johan Joergen Holst)，市政劳工大臣贡纳尔·贝尔格(Gunnar Berge)，行政管理大臣奥德妮·阿莱克桑德森(Oddny Aleksandersen，女)，农业大臣贡荷尔·欧依昂恩(Gunnhild Oeyangen，女)，司法大臣格莱特·法莱姆(Grete Faremo，女)，渔业大臣扬·亨·奥尔森(Jan Henry Olsen)，环保大臣图尔别恩·班森(Torbjoern Berntsen)，交通大臣谢尔·奥普赛特(Kjell Opseth)，社会大臣格莱特·克纽德森(Grete Knudsen，女)，卫生大臣瓦内尔·克里斯蒂埃(Werner Christie)，宗教教育和科研大臣古德蒙·海内斯(Gudmund Hernes)，商业航运大臣别恩·图·哥达尔(Bjoen Tore Godal)，儿童与家庭部大臣格莱特·贝尔格特(Grete Berget，女)，文化大臣奥丝·克莱弗兰(Ase Kleveland，女)，财政大臣西格别恩·永森(Sigbjoern Johnsen)，对外援助大臣卡丽·

诺·拉森(Kari Nordheim Larsen,女)。

【司法机构】法院分三级,独立行使职能。全国设有最高法院,5个高等民事和刑事法院(二审法院),110个区、市法院(初审法院)。此外,还设有某些特别法院,如劳资纠纷法院等。最高法院院长艾琳·桑德内(Erling Sandene),1984年就任。检察院检察长乔治·里勃一莫恩(Georg Rieber-mohn),1986年就任。

【政党】(1)工党(Labour Party):1887年成立,为挪第一大党,在工会中有较大的影响。战后是主要执政党。1992年11月原主席布伦特兰夫人辞去工党领袖一职,该党总书记图尔别恩·雅格朗(Thorbjoen Jagland)接任。

(2)保守党(Conservative Party):1884年成立,挪第二大党。主席卡茜·菲弗(Kaci Kullmann Five)。

(3)基督教人民党(Christian Democratic Party):1933年成立。主席谢尔·邦德维克(Kjell Bondevik)。

(4)中央党(Centre Party):1920年成立。主席安娜·兰斯坦恩(Anne Enger Lahnstein)。

(5)进步党(Party of Progress):1973年成立。主席卡尔·哈根(Carl Hagen)。

(6)社会主义左翼党(The Socialist Left Party):1975年成立。主席埃立克·索尔海姆(Erik Solheim)。

其他政党还有:自由党、工人共产党(马列)、挪威共产党等。

【重要人物】哈拉尔五世:国王。1937年2月21日生于奥斯陆。1940年4月,德国入侵挪威后,随其母及两个姐姐应美国总统罗斯福之邀侨居美国,战后回国。1955年高中毕业后入挪威军事学院学习四年。1960～1962年在英国牛津大学学习历史、经济和政治学,1984年11月获英国约克大学荣誉博士学位。1977年获陆海空上将军衔。1957年9月起为挪王储,开始参与国事活动。1991年1月21日即位。1985年4月作为王储首次访问我国。　**格罗·哈莱姆·布伦特兰**:首相。1939年生于奥斯陆。毕业于奥斯陆大学医学系。1977年起连任议员。曾任工党政府环境保护大臣。1981年2～10月任首相,是挪历史上第一位女首相。1986年5月至1989年10月第二次出任首相。1990年11月起再次任首相。

经　济

挪威是拥有现代化工业的发达国家。经济部门以海上石油、航运、水电、电气冶金、化工、造船和木材加工业较为发达。70年代经济年增长率平均为4%左右。进入80年代经济遇到困难,1983年形势好转,经济持续增长。1986年因石油价格暴跌和美元汇率下降,财政急剧恶化,国际收支出现巨额逆差。挪采取控制国内需求、限制消费等紧缩措施,经济失衡有所缓解,通膨率下降,国际收支呈现顺差。1990年下半年起,挪取消了石油生产限额,石油收入急增,外贸顺差大幅度增加。近年来受西方经济衰退影响和因自身经济缺乏竞争力等问题,挪经济形势恶化,失业率持续上升,达到战后最高水平。1992年12月,在欧洲货币危机的冲击下,挪威克朗宣布实行自由浮动。

	1991	1992
国民生产总值(亿克朗):	6867	6998
人均国民生产总值(万克朗):	16.1	16.4
国民生产总值增长率:	1.9%	2.9%
汇率(1美元合克朗数):	6.48	6.21
通货膨胀率:	3.4%	2.3%
失业率:	5.5%	5.9%

货币名称:挪威克朗;1克朗＝100欧尔。

【资源】已发现有开采价值的石油和天然气蕴藏量为50亿当量吨,天然气2万亿立方米。其他矿产资源为:煤2～5亿吨,铁0.3亿吨,钛0.18亿吨。水力资源丰富,可开发的水电资源约3100万千瓦,已开发90%。北部沿海是世界著名渔场。

【工业】在国民经济中占重要地位,产值(包括石油天然气)约占国民生产总值的1/3。主要传统工业部门有航运、水电、电力冶金、造纸、木材加工、鱼产品加工和造船业。挪是西欧最大的铝生产国和出口国,镁的产量居世界第二,铁合金产品大部分供出口。70年代兴起的近海石油工业已成为国民经济重要支柱。1992年石油天然气产量达1.34亿当量吨,比上年增长11%,超过英国成为西欧最大石油生产国。近年主要工业产品产量如下(单位:万吨):

	1989	1990	1991
原油	7488.7	8186	9335
天然气(亿立方米)	307.8	278.1	272.7
原铝	86.3	84.5	83.3
粗钢	67.8	37.6	43.8
铁合金	90	90.4	86
水泥	137.5	126.1	114.7
化肥(纯氮量)	53	55	53.7
纸浆	218.8	216.9	200.8
发电量(亿度)	1191.2	1216	1109

【农林渔业】年产值约占国民生产总值3%。从事农林渔业人口约占就业人口5.8%。耕地面积8978平方公里,牧场1110平方公里。粮食自给率约一半左右。主要产品产量(单位:万吨):

	1989	1990	1991
谷物(小麦)	118	156(22)	146(25)
马铃薯	45.5	48.7	41.5
牛奶	186	186	181
肉类	20.5	21	20.8

1991年牲畜、家禽存栏数:牛100万头,猪60万头,羊90万只(1岁以上),鸡370万只。可采伐的森林面积有666万公顷,1990/91年度年木材采伐量为990万立方米。渔业是重要的传统经济部门,以近海捕捞为主,主要是鳕鱼、鲱鱼、鲐鱼、毛鳞鱼等。1991年捕鱼量为194万吨。鱼产品90%供出口,出口额占商品出口总额的6.5%。

【服务业】在国民经济中占有重要地位,包括商业、银行保险业等商业性服务和公共服务等,产值占国民生产总值近2/3,从业人数约占总劳力的3/5。近几年产值情况:

	1989	1990	1991
产值(亿克朗)	4031	4272	4470
占国民生产总值(%)	64.8	64.6	65.13

【旅游业】1991年旅游业外汇收入109亿克朗,出国旅游外汇开支214亿克朗。旅游业外汇收支逆差105亿克朗。

【交通运输】海运业发达。1991年交通运输情况如下:

铁路:总长4044公里,其中电气化铁路2426公里;客运量21.5亿人公里,货运量26.7亿吨公里。

公路:总长8.91万公里;机动车总数194.9万辆。

水运:商船队总吨位4820万吨(1992年底),其中在国外注册的商船吨位有1330万吨;主要港口有奥斯陆、特隆汉姆和卑尔根,奥斯陆港年吞吐量约1000万吨。

空运:客运量799.2万人次;重要机场有奥斯陆、卑尔根和斯塔万格等。

【财政金融】近年来国家财政情况如下(单位:亿克朗):

	1989	1990	1991
财政收入	3620	3934	4038
财政支出	3310	3583	3836
外汇储备(亿美元)	137.8	153.3	132
国际收支	17	290	330
净外债额(亿美元)	189	147	107

(资料来源:挪威中央统计局公布数字)

【对外贸易】对外贸易地位重要,连年顺差。1991年进、出口额分别相当于国民生产总值36%和45%。近几年对外贸易(包括商品和劳务)情况如下(单位:亿克朗):

	1989	1990	1991
出口额	2620	2914	3080
进口额	2360	2434	2491
差　额	260	480	589

主要出口石油、天然气、有色金属、各类机械、鱼产品、化工产品。主要进口机械、电器设备、运输工具、石油制品、纺织品、食品。

1991年主要贸易伙伴在挪外贸中所占百分比(%)如下:

	出口	进口
英国	26.5	8.7
德国	11.1	14.4
瑞典	10.4	15.5
北美	8.6	11.5
欧洲共同体	66.4	48.3
小自由贸易区(EFTA)	14.5	21.2

(资料来源:同上)

【对外援助】1991年援外金额76亿克朗,相当于国民生产总值1.1%。主要受援国有坦桑尼亚、莫桑比克、博茨瓦纳、赞比亚、孟加拉国、斯里兰卡等。外援中双边与多边项目约各占一半。多边援助中一半以上通过联合国机构实施。1985年开始向发展中国家提供混合贷款。

人民生活

1991年挪人均国民产值约合2.48万美元。工人年工资实际增长约2.2%,消费物价上涨3.4%。年平均失业率为5.5%,呈上升趋势。1988年全国每千人有医生3.45人、病床16张;平均寿命女为79.6岁,男为73.1岁。每千人有小汽车380辆、电话机线路511条,电视机344台。

军　事

国王为名义上的最高统帅。内阁通过国防大臣掌握全军。最高作战指挥机构为国防最高司令部,国防司令托罗尔夫·莱因上将。奉行与美国和北约结盟的防务政策。自1993年1月1日起成为西欧联盟联系国。

实行义务兵役制,服役期陆军12个月、海空军15个月。

总兵力3.7万。陆军2万,编为1个旅群,一个诸兵种合成群等;装备坦克170辆、火炮380门、飞机30余架。海军7600人,编为舰队和海岸炮兵部队;装备作战舰艇80艘,其中潜艇14艘、导弹艇39艘。空军9400人,编为4个歼击机中队、1个战斗轰炸机中队、1个海上巡逻机中队、2个运输机中队、3个直升机中队、1个防空导弹营;装备各型飞机180余架,其中作战飞机110多架,地对空导弹120余枚。三军后备力量有20万人。近年来,随着欧洲形势的重大变化,挪正在调整防务政策,压缩军费开支,削减部队数量,提高装备质量。

1991年国防费用为224亿克朗,相当于挪国民生产总值的3.3%,年实际增长率为零。

文化教育

【教育】实行9年制义务教育。学校大多数为公立,中央负责高等教育,地方负责中等教育和初等教育。教育经费约占政府开支的12%。1989年在校学生总数约81.6万,教师6.16万。有初等学校3442所,学生49万;中等学校883所,学生20.9万;高等院校244所,学生11万多。奥斯陆大学1813年成立,是挪威最大的综合性大学。此外还有卑尔根大学、挪威工学院等著名高等学府。

全国拥有各类专业图书馆380所,公共图书馆1339所。

【科研】1989年科研经费相当于国民生产总值的2%。科研基金一半以上由政府提供,其余由科研单位自筹。1992年6月,挪议会批准将原有主要研究机构(挪威社会与人文科学研究委员会、挪威技术与自然科学研究委员会、挪威农业科学研究委员会、挪威渔业研究委员会等)合并组成新的"挪威科研理事会",下设6个分部,分别负责工业和能源、生物生产和改良、环境与发展、文化和社会、自然科学和技术方面的研究工作。

【新闻出版】1991年全国出版各种日报59种，报纸日平均发行量210万份。主要报纸有：《晚邮报》、《工人报》、《世界之路报》、《日报》、《卑尔根时报》等，其中发行量最大的《世界之路报》日发行量36.5万份。

挪威通讯社(NTB)：1867年成立，属非官方，总部设在奥斯陆。

挪威国家广播公司(NRK)：1933年建立，分广播、电视两部分，隶属文化部，总部在奥斯陆。

对外关系

以同北约的合作和欧美团结为其外交和安全政策的基础。积极发展与欧洲共同体及北欧的合作，重视发展与东欧的关系。积极致力于裁军与缓和。通过联合国积极参与国际事务。近年来，面对国际局势的急剧变化，挪正调整政策，进一步向欧共体靠拢。认为世界正处于新旧秩序交替的剧烈变动之中，经济问题、社会动乱和民族矛盾及环境遭到破坏已构成新的不安全因素，强调挪威未来的安全有赖于通过欧洲和国际合作寻求共同解决世界所面临的挑战。主张通过加强北约合作建立新的欧洲安全秩序，支持加强欧安会机构，支持南北对话，主张联合国在维护国际和平和安全方面发挥更大作用。挪一贯重视裁军工作，主张大量裁减核武器和常规军备。支持达成欧洲常规裁军协定，对俄美达成第二阶段削减战略核武器条约表示欢迎，呼吁有关国家尽快予以批准实施。主张限制武器贸易，防止扩散A、B、C武器。1992年6月，挪提出1995年签署全面禁核试条约。同月挪外交大臣致信美、俄、中、英四国外长，呼吁停止核试验。在巴勒斯坦问题上，承认巴解组织，但未承认巴勒斯坦国，强调以色列有生存权利。支持召开中东和会解决中东问题。挪现同140多个国家和地区有外交关系。

【同我国的关系】1954年10月5日建交。建交以后，两国关系正常。80年代两国关系有较大发展。

1989年6月中国发生政治风波后，两国曾一度中断了官方往来。1990年12月，挪威政府决定全面恢复对华关系。此后，两国关系不断改善，政治往来逐步恢复。1992年中挪关系又有新的进展，两国恢复了高级访问，在各个领域的合作迅速发展。6月，田纪云副总理率中国政府代表团访挪，与挪商业航运大臣举行会谈，会见了挪代理首相、外交大臣斯托尔滕贝格和经济大臣；双方强调两国经济的互补性，一致认为应扩大两国贸易，把经济技术合作提高到新的水平。12月，朱镕基副总理应挪威商业航运大臣戈达尔邀请率团访挪，挪国王、首相、外长和经济能源大臣分别会见，朱副总理同戈达尔大臣举行会谈；双方表示要扩大两国经济合作领域，采取措施加强中挪经贸技术合作。此外，中方访挪的还有：农业部长刘中一(8月)、交通部长黄镇东(9月)、姜恩柱副外长(7月)及民政部副部长陈虹(5月)、监察部副部长何勇(7月)、广东省副省长张高丽(6月)、河北省副省长顾二熊(9月)等。挪方访华的有：前首相、现议会外委会成员叙瑟(1月)，外交政策研究所代表团(8月)，对外援助署署长格里姆斯达(9月)和中央银行行长斯考朗(10月)等。

1992年6月，中挪第八次混委会会议在奥斯陆举行。同年9月，挪威科学与工业研究理事会和自然与人文科学研究理事会相继派团访华，同国家科委和国家自然科学基金会分别签订了科技合作备忘录。

根据中国海关总署的统计，1992年中挪两国进出口商品总额为3.08亿美元，其中中国出口额为1.43亿美元，进口额为1.65亿美元，分别比上年增加61.6%和减少31.8%。

中国驻挪威大使：王桂新。馆址：TUENGEN ALLE 2B，0244 OSLO 2，NORWAY。电话：4722492052。电传：(0056) 71919 KIN AN N。传真：4722921978。

挪威驻中国大使：霍尔维克，(JAN TORE HOLVIK)。馆址：北京三里屯东一街1号。电话：5322261。传真：5322392。电传：22266 NORAM CN。

【同美国的关系】美国是挪的主要盟国，同美国和北约合作是战后挪传统外交、安全政策的基石。1991年苏联解体后，挪仍强调北约对欧洲未来安全的核心作用，主张在不损及同美国及北约纽带关系的同时，努力谋求扩大同欧洲的联系。1992年双方重要互访有：挪首相访美(6月)，国防大臣两次访美(3月和6月)。北约欧洲盟军司令访挪(6月和9月)。

【同前苏联各共和国及东欧国家的关系】挪战后奉行同苏联保持正常睦邻关系的方针。苏解体后，挪陆续承认了前苏联各共和国的独立。早在1991年8月下旬，挪即与立陶宛、拉脱维亚、爱沙尼亚三国建交。同年12月16日，挪宣布承认俄罗斯为独立国家。12月24日，挪承认乌克兰和白俄罗斯两国独立。1992年1月2日，挪承认亚美尼亚、阿塞拜疆、哈萨克斯坦、摩尔多瓦、乌兹别克斯坦、土库曼斯坦六国独立。同年1月20日，宣布承认吉尔吉斯斯坦和塔吉克斯坦两国独立。同年3月20日，承认格鲁吉亚为主权国家。1992年重要互访有：挪外交大臣先后访问了白俄罗斯、俄罗斯、乌克兰、爱沙尼亚、拉脱维亚和立陶宛，国防大臣访问俄罗斯；俄外长、国防部副部长、拉脱维亚总理访挪。1992年10月6日，挪驱逐俄驻挪使馆1名外交官。

挪对南斯拉夫危机表示忧虑，认为这是对欧洲安全秩序的严重打击，支持联合国调停解决南危机，并参加了联合国赴南维持和平部队。1992年1月15日，挪宣布承认斯洛文尼亚和克罗地亚独立。同年4月7日，承认波斯尼亚—黑塞哥维那独立。1992年挪与东欧国家的重要互访有：挪外交大臣访问前南斯拉夫、克罗地亚、波黑等国，克罗地亚议长等访挪。

【同西欧国家的关系】近年来，挪积极推动欧洲自由贸易联盟与欧共体就谈判建立欧洲经济区达成一致，挪议会于1992年10月16日批准了欧洲经济区条约。

同年11月25日，挪工党政府正式提出挪威加入欧共体的申请。1992年重要互访有：挪国王访问瑞典、冰岛，挪首相访问了欧共体总部和希腊，外长访问了德国、英国；瑞典首相、德国总理、丹麦女王、外交大臣和欧共体副主席等访挪。

【同第三世界国家的关系】主张发展同第三世界国家的合作并提供援助。1992年挪首相访问了巴西。南非非洲国民大会领导人曼德拉、尼加拉瓜和塞浦路斯总统等先后访问了挪威。 （高　源）

葡　萄　牙

国名　葡萄牙共和国（The Portuguese Republic，A Republica Portuguesa）。

面积　92072平方公里。其中大陆面积88941平方公里，亚速尔群岛2335平方公里，马德拉群岛796平方公里。

人口　1060万（1991年中）。99%以上为葡萄牙人，余为西班牙人等。官方语言为葡萄牙语。97%以上居民信奉天主教。

首都　里斯本（Lisbon），人口83.05万（1991年）。

国家元首　总统马里奥·阿尔贝托·诺博雷·洛佩斯·苏亚雷斯（Mário Alberto Nobre Lopes Soares）博士，1986年3月9日就职，1991年连任，为期5年。

简　况

位于欧洲伊比利亚半岛的西南部。东、北连西班牙，西、南濒大西洋。海岸线长800多公里。北部属海洋性温带阔叶林气候，南部属亚热带地中海式气候。平均气温1月7～11℃，7月20～26℃。1143年成为独立王国。15、16世纪在非、亚、美洲建立大量殖民地，成为海上强国。1580年被西班牙侵占，1640年摆脱其统治。1703年沦为英国附属国。1891年成立第一共和国。1910年10月成立第二共和国。1926年5月建立军人政府。1932年萨拉查就任总理，实行法西斯独裁统治。1974年4月25日，一批中下级军官组成的"武装部队运动"推翻统治葡40余年的极右政权，开始民主化进程。1985年10月社会民主党组成一党少数政府。1986年苏亚雷斯当选葡60年来第一位文人总统。1987年大选中，社民党获胜，组成一党多数政府。

政　治

社民党上台后，执行有控制的经济发展战略，并充分利用欧共体提供的大量援助，使葡经济得到持续稳定的发展。1990年初曾两度改组政府。1991年1月，社会党支持的现任总统苏亚雷斯在第一轮总统选举中获绝对多数选票，蝉联总统。同年10月，社民党再度在大选中获胜，组成一党多数政府。至此，社民党、社会党两党地位进一步巩固，葡政坛"两极化"倾向趋于明朗。目前，葡政局比较稳定，经济发展保持良好势头。

【宪法】现行宪法1976年制定。1989年第二次修改。宪法规定："总统、议会、政府和法院"是国家权力机构；总统为武装部队最高司令，根据政府提名任免总长和三军将领。总统按规定并听取各党派、国务委员会的意见后才能解散议会，只有"在必要时"才能解散政府和免去总理。宪法还规定："经济权力服从于民主政治权力"，"公有、私有和集体所有多种所有制并存"。

【议会】一院制，议员230人，任期4年。本届议会于1991年10月6日选出，各党议席分配如下：社会民主党136席，社会党71席，以共产党为主的民主团结联盟17席，社会民主中心党5席，全国团结党1席。议长巴尔博扎·德梅洛（Barbosa de Melo）。

【政府】本届政府于1991年10月31日就职，主要成员有：总理阿尼巴尔·卡瓦科·席尔瓦（Cavaco Silva），总理府部长兼国防部长费尔南多·诺格拉（Fernando Nogueira），议会事务助理部长路易斯·门德斯（Luis Mendes），财政部长布拉加·德马塞多（Braga de Macedo），外交部长杜朗·巴罗佐（Durao Barroso），贸易和旅游部长法里亚·德奥利维拉（Faria de Oliveira）。

【司法机构】最高法院是各级法院的最高机构，院长由有关法官选举产生。共和国总检察院是检察部门的最高机构，由共和国总检察长主持。最高法院院长奥古斯托·维托尔·科埃略（Augusto Vitor Coelho），共和国总检察长若泽·纳尔西佐·达库涅·罗德里格斯（Jose Narciso da Cunha Rodrigues）。

【政党】（1）社会民主党（Partido Social Democrata）：执政党。1974年5月成立，原名人民民主党，1976年改为现名。现共有党员11万。主席阿尼巴尔·卡瓦科·席尔瓦。

（2）社会党（Partido Socialista）：最大在野党。1973年4月在"葡萄牙社会主义行动"基础上重建。党员7万多。1992年2月，安东尼奥·古特雷斯（Antonio Guterres）当选为新的总书记。

（3）葡萄牙共产党（Partido Comunista Portugues）：1921年成立。现有党员21万。1992年葡共十四大选出卡洛斯·卡瓦利亚斯（Carlos Carvalhas）为新的总书记。

（4）社会民主中心党（Centro Democratico Social）：1974年7月成立。前身是全国人民行动。党员约3万。主席曼努埃尔·蒙特罗（Manuel Monteiro）。

其他政党还有：葡萄牙民主运动、人民君主党、人民民主联盟、葡萄牙劳动者共产党、社会主义团结工人党以及革命社会党等。

【重要人物】马里奥·洛佩斯·苏亚雷斯：总统。1924年12月生于里斯本。曾在里斯本大学和巴黎大学攻读文学、哲学、历史和法律，并获法学博士学位。后担任律师工作。学生时代投身于反对独裁统治的斗争，12次被捕入狱。1968年被流放到圣多美岛，1970年起流亡法国。1973～1986年任葡社会党总书记，并当选为社会党国际副主席。1974年"四·二五"政变后，历任临时政府外长、国务部长，第一、二、九届宪法政府总理，1986和1991年两度当选总统。已婚，有一子一女。　**阿尼巴尔·卡瓦科·席尔瓦**：总理。1939年生于南部阿尔加维。1964年毕业于葡最高财经学院财政专业。1971年赴英国约克大学经济系深造。1973年获哲学博士学位。1966年起历任最高财经学院助教、副教授、葡天主教大学教授。1979年获里斯本大学经济系公共经济特别教授称号。1977年被任命为葡萄牙银行研究室主任。曾任《经济》杂志社社长。1974年5月加入社会民主党。1980年1月至1981年1月，任第六届宪法政府财政和计划部长。1985年5月起任社民党全国政治委员会主席。1985年11月、1987年8月和1991年10月任第10～12届宪法政府总理。已婚，有两个子女。

经　济

葡是西欧经济较落后的国家之一。工业基础较薄弱，农业生产水平较低。能源、原材料和粮食对外依赖严重。1985年秋社民党政府开始推行有节制的扩展政策，加之1986年葡加入欧共体以来，得到大量拨款、经济发展较快，人均收入增加，金融状况逐年好转。1986～1990年，经济年平均增长率为4.7%，但通膨仍高。

国民生产总值(1991年；1992年)：99401亿埃斯库多；101289.6亿埃斯库多。

人均国内生产总值(1991年；1992年)：105万埃斯库多(合7268美元)；102.8万埃斯库多(约合7298美元)。

经济增长率(1991年；1992年)：3%；1.9%。

货币名称：埃斯库多；1康托＝1000埃斯库多。

汇率(1992年)：1美元＝144.48埃斯库多。

通货膨胀率(1992年)：9%。

失业率(1992年)：3.9%。

【资源】矿产资源较丰富，但分布较分散，未进行大规模开采。主要矿产有：钨、铜、黄铁、铀、赤铁、磁铁矿和大理石等，钨储量居西欧第一位。森林面积360万公顷，占国土面积的1/3。

【工业】工业产值1991年约为24776.3亿埃斯库多，占国内生产总值的24.9%；1992年约为25321.4亿埃斯库多，增长率为2.2%。工业从业人数为145万，占总劳力的34.7%。主要工业部门有纺织、服装、食品、造纸、软木、电子器械、陶瓷等。修造船业较发达。软木产量占世界总产量的一半以上，出口占世界第一位。主要工业产品产量如下(单位：万吨)：

	1987	1988	1990
钢	39.6	42	76.8
水泥	557.2	646.2	664.2
棉纱	12.72	12.36	11.6
煤	26.4	22.8	29.04
发电量(亿度)	192.48	213.72	225.16

(资料来源：1991年1月联合国统计月报)

【农牧渔业】1990年农牧渔林业产值占国内总产值6.2%，农业总产值6538亿埃斯库多，林业总产值2348亿埃斯库多。可耕地355万公顷，其中水浇地63万公顷。从业人口92.6万，占总劳力的2.1%。近年主要农产品产量如下(单位：万吨)：

	1990	1991	1992
小麦	29.63	30.70	55.6
稻米	15.91	15.30	15.2
燕麦	7.21	8.00	7.9
裸麦	8.57	7.00	8.4
玉米	65.76	65.80	64.6
马铃薯	103.76	94.80	118.7

(资料来源：葡国家统计局)

海洋捕捞以沙丁鱼、金枪鱼、鳕鱼为主。1990年水产245628吨，1991年(1～9月)164170吨。

【服务业】1987年服务业就业人口为181万，占全国劳动人口的43.4%。1990年服务业产值为47289亿埃斯库多，占国内生产总值的55.7%。

【旅游业】葡外汇收入的重要来源和弥补外贸赤字的重要手段。1987年以来，入境游客一直保持在1600万人以上。1990年和1991年两年的1～9月净收入分别为3802亿和2965亿埃斯库多。根据葡国家银行统计，1992年1～9月，旅游收入为5500亿埃斯库多。截至1986年，葡共有星级旅馆284家，48571个床位，另有客栈(包括小型家庭旅游客栈)、温泉、旅店以及野营营地。主要旅游点为里斯本、法鲁、波尔图、马德拉岛等地。

【交通运输】以公路运输为主。

铁路：1988年国营铁路总长3588公里(434公里实现电气化)，私营铁路48.5公里；全国有机车约300台；客运量60.36亿人公里，货运量17.04亿吨公里。

公路：1987年干线总长18878公里；有机动车265.2万辆。

水运：以海运为主，1986年商船总吨位169.18万吨；1987年全国港口吞吐量415.63万吨。

空运：1987年有飞机37架，国际航线50条；1989年客运量62.76亿人公里，货运量1.734亿吨公里。

【财政金融】近几年财政收支情况如下(单位：亿埃斯库多)：

	1990	1991	1992
收入	33050	40500	32956
支出	39400	46800	32395

赤字	6350	6300

（资料来源：英《经济季评》1992年）

侨汇收入是葡重要经济支柱之一。1991年和1992年两年1～9月侨汇收入分别为5116亿和7013.2亿埃斯库多。

截至1991年底，葡外债达162.45亿美元，黄金储备折合美元达177.2亿。1992年（1～9月），外债总额209.2亿美元，黄金储备为1606万盎司。

【对外贸易】1990年葡进出口总额相当于国内生产总值的70%。1992年外贸比上年增加8.7%。近三年的外贸统计如下（单位：亿美元）：

	1990	1991*	1992**
进口额	248.2	263	260
出口额	163	163	162.4
差　额	－85.2	－100	－97.6

*　为估计数，资料来源：英《经济季评》。

**　根据葡国家银行预测数字。

进口主要产品有机械、车辆、石油、粮食、蔬菜等，出口主要产品为服装、机械、纺织、鞋类、木材、纸浆和运输器材等，大理石出口占世界第二位（1988年为19万吨）。主要贸易对象是欧洲共同体成员国（1990年占葡进出口总额的70%以上）。1992年与欧共体贸易额17656亿埃斯库多，占外贸总额的75.3%。

【外国资本】1991年外国在葡投资约70亿美元。1992年外国投资继续上升，预计其总额可达100亿美元。外资主要来源于英国、德国、西班牙、法国等欧共体成员国，主要投资方向为银行、保险、旅馆及旅游设施等。

人民生活

为保持国民经济的持续发展，政府近年来逐步减少了国家对食品、交通等的补贴，规定工资增长要低于经济增长的幅度。1991年葡人均收入超过4200美元。1991年工业、贸易、服务和农业等部门的最低工资为45000埃斯库多。1987年每千人拥有电话161台，小汽车126辆，电视机158台，医生2.6人。

军　事

总统为三军最高统帅，国防部长通过总参谋部和各军种参谋部领导武装力量。总参谋长苏·卡尔内罗上将。1992年修订了新的兵役制，实行义务兵、自愿兵、合同兵三结合的兵役制。服役期：义务兵4个月，自愿兵8～10个月，合同兵不定期但至少1年以上。

陆军3.31万，编为1个混合旅，3个步兵旅，1个特种部队旅，3个骑兵团，3个作战训练场，1个防空体系，1个海岸炮兵部队，2个工兵团。准军事力量为国民卫队（16799人）、公安警察（18000人）、边防部队（8000人）。

海军1.5万，装备3艘护卫舰、3只潜艇、8艘小型护卫舰、6艘近海炮艇、12艘海岸巡逻艇。

空军1.34万，有5个飞行大队，4个运输大队。自1991年配备了20架F—16战斗机，总共有战斗机83架。

文化教育

【教育】实行9年义务教育（也称基础教育）。高中教育3年，大学4～5年。1989年教育预算为3107亿埃斯库多，占当年公共开支的20%。就业人口中仅2.1%受过高等教育，文盲约占总人口的20%。主要高等学校有科英布拉大学和里斯本大学等。1986年10月葡各类学校、学生数如下：

	学校（所）	学生数（万人）
学前教育中心	2895	5.8
小学	9728	75
中学预备班及中学	895	87.8
高等院校	59	9

【新闻出版】全国性报刊23家，地方性报纸216种。主要报刊有：《快报》，私营周报；《晨邮报》，私营日报；《新闻日报》，半官方；《新闻报》，国家参与资本。

卢萨社是1987年由葡萄牙通讯社和葡萄牙新闻社合并而成的国家通讯社。

有葡萄牙广播电台、复兴电台（宗教背景）、商业电台。电视台一家，有二个频道。

对外关系

主张在平等互利基础上同世界各国普遍发展友好合作关系，视同欧、美的传统关系为其对外政策的基石。把积极参与和促进欧洲一体化、忠于北约义务以及加强同非洲葡语国家关系作为其外交的重点。近年来对东欧国家的急剧变化和前苏联的解体十分关注，重视和这些国家发展关系。继续努力发展与拉美以及北非地区的传统关系，重视与非洲和拉美的葡语国家发展关系。

认为当前国际形势极为复杂。主张加强南北对话，缩小发展中国家与发达国家之间的鸿沟，以建立国际经济新秩序。积极参加欧共体一体化进程，1992年12月葡议会通过了马斯特里赫特条约。主张尊重各国民族特征和国家主权，维护各成员国利益，促进共同发展。主张欧共体在未来欧洲新格局中起主导作用，欧共体在世界事务中发挥更突出的作用，继续发挥北约的欧洲支柱作用，维持美在欧洲的存在。

对东欧变化、苏联解体，政治上给予积极支持，主张通过和平对话、谈判解决问题，反对诉诸武力；主张持久、公正地解决中东问题，希望该地区有关各国通过对话和平解决争端；支持南非进行的政治改革，努力发展同安哥拉和莫桑比克的关系，谋求政治解决南部非洲地区冲突。

【同我国的关系】中葡1979年2月8日建交。此后两国人员往来和文化体育及经济贸易交流不断增加。葡方主要来访有：总统埃亚内斯（1985年）、总理席尔瓦（1987年）、议长维托尔·克雷斯波（1988年）。中方主要出访有：国家主席李先念（1984年）、国务院总理李鹏（1992年）、人大常委会副委员长廖汉生（1987年）。近年来，葡积极主张欧共体恢复和改善对华关系，高层次访问逐年增多。1992年体委主任伍绍祖（2月）、高检院副检察长肖扬（6月）、国务院经贸办副主任张彦宁（7月）、人大外委会副主任姚广(11月)、国务委员兼教委主任李铁映(11月)先后访葡。1992年,两国签署投资保护协定。

1992年双边贸易额为6693万美元。其中中国出口额为4400万美元,比上年增长24.1%,进口额为2293万美元,比上年增长-4.8%。

中国驻葡大使:武韬。馆址:Rua Sao Caetano №2, 1200 Lisboa, Portugal。电话:3961882(签证处), 3969999。电传:0404-14762 CHINLIP。商务处地址: Rua Antonio de Saldanha, 42 1400 Lisboa Portugal。电话:3011947。电传:0404-13274 CNCOMP。

葡萄牙驻中国大使:德维拉斯·博斯(Jose Manuel de Villas Boas)。馆址:北京三里屯外交人员办公楼2单元72号。电话:5323497,5323220。传真:5324637。电传:2236 PORTB CN。

【同欧洲共同体的关系】葡积极支持并参与欧洲一体化进程,主张分阶段发展经济货币联盟,但反对搞"一个欧洲,两种速度"。1992年初,欧共体决定对葡提供两项援助,一是对1992～1995年葡食品加工提供1360亿埃斯库多(10亿美元)拨款;二是对葡1992～1998年农业计划投资330亿埃斯库多(2.4亿美元)。1992年,葡从欧共体所得款项3008亿埃斯库多,其纯收入为1706亿埃斯库多,占国民生产总值的4.7%。

【同美国的关系】葡是美国的传统盟国。1975～1989年初,美对葡直接援助达12亿美元,商业贷款20亿美元(用于购买美农产品)。1983年底,葡与美续订为期7年的美租用葡亚速尔群岛拉日什基地协定,美允给葡13.25亿美元的军援和经援。1991年1月底,两国就续签协议开始谈判。

【同非洲葡语国家的关系】发展同非洲葡语国家(莫桑比克、安哥拉、佛得角、几内亚比绍、圣多美和普林西比)关系是葡外交重点之一。由于历史原因,葡同五国的关系较为密切。近几年,为发挥葡在欧、非两大陆的桥梁作用,葡积极恢复和发展同五国在各个领域的合作。葡同佛得角、几内亚比绍、圣多美和普林西比的关系发展顺利,1991年3月葡总统出席了佛新任总统蒙特罗的就职仪式,蒙也在同年11月回访了葡,11月圣普总理访葡,8月几比总统因私访葡。1989～1990年葡向几比提供了40亿埃斯库多的援助。葡同安哥拉和莫桑比克的关系已有改善,努力推动安、莫的国内和平进程。1991年5月促成安政府和反对派安盟在葡签署了安哥拉和平协议,积极在葡政府和"抵运"间斡旋,参与莫的和平进程。

【同西班牙的关系】两国签有"友好和互不侵犯条约",总理每年会晤一次。1990年两国政府首脑举行两次会晤,同年葡西贸易额8277亿埃斯库多,西出口5122亿埃斯库多,为葡最大卖主。

【同前苏联和其他东欧国家的关系】从80年代中期起,葡苏关系有所改善。1991年5月葡总统专程赴苏参加纪念萨哈罗夫的活动,并会见了戈尔巴乔夫总统和叶利钦。葡议会外委会也访问了苏联。

葡同东欧等国家交往近年有所加强。1990年3月皮涅伊罗外长以欧洲委员会部长理事会主席身份遍访东欧各国。1990年底,捷克和斯洛伐克总统哈维尔访问了葡萄牙。葡对前苏联的解体和东欧其他国家的演变持欢迎态度。

(尚京堂　辛世海)

瑞　典

国名　瑞典王国(The Kingdom of Sweden, Konungariket Sverige)。

面积　449965平方公里(不包括领海面积)。

人口　864万(1991年底)。90%属瑞典人(日耳曼族后裔)。北部有芬兰族约 3万人,萨米族近 2万人。外国移民及其后裔约80万(其中半数为外籍侨民)。官方语言为瑞典语。95%的国民信奉国教基督教路德宗。

首都　斯德哥尔摩(Stockholm),人口68万(1991年底)。

国家元首　国王卡尔十六世·古斯塔夫(Carl XVI Gustaf),1973年 9月15日即位。

简　况

位于北欧斯堪的纳维亚半岛东半部。西和西北部邻挪威,东北接芬兰,东濒波罗的海,西南临北海。海岸线长7624公里。大部分地区属温带针叶林气候,最南部属温带阔叶林气候。平均气温2月北部-12.9℃,南部-0.7℃,7月北部12.8℃,南部17.2℃。11世纪形成统一国家。1157年兼并芬兰。1397年与丹、挪组成卡尔马联盟,受丹统治。1523年推翻丹麦统治,古斯塔夫·瓦萨被推举为国王,开始了瑞典的强盛时期。16～17世纪屡次向外扩张,占领了现爱沙尼亚、拉脱维亚、立陶宛、俄罗斯、波兰和德国大片土地,建立了瑞典波罗的海王国。1718年与俄、丹、波作战失败后随之衰落。1809年再次战败,将芬兰割予俄国。1810年法国元帅贝纳多特当选为王储。1814年参加反拿破仑战争,并从丹取得挪威,成立瑞挪联盟。1905年挪独立。在两次大战中均守中立。战后多由社民党单独或同其他政党联合执政。

政　治

现政府自1991年10月4日上台执政以来,集中精力振兴本国经济,极力主张加入欧共体,积极开拓国际市场,寻求贸易伙伴。对内精简机构，压缩公共开支，加强科研等。1992年正式成为欧洲经济区条约国，确定1993年2月1日与欧共体开始首轮“加入”谈判。

【宪法】现行宪法由三个基本法组成：政府法典（1809年制定，1974年修改）、王位继承法（1810年制定，1979年修改），新闻自由法（1949年制定）。此外还有议会组织法，介乎于基本法和普通法之间。宪法规定瑞典实行君主立宪制，国王是国家元首，议会是国家唯一立法机构，由普选产生。政府是国家最高行政机构，对议会负责，国王不能干预议会和政府工作。国王作为国家的象征仅履行代表性或礼仪性职责。国王的最长子女是法定王位继承人。

【议会】一院制，共 349名议员，通过全国大选直接产生，任期3年。大选后15天召集新议会首次会议，选出正副议长，议长提名首相，首相得到议会多数信任后组成内阁。本届议会于1991年9月15日选出，社民党138席，温和联合党80席，人民党33席，中央党31席，基督教民主党26席，新民主党25席，左翼党16席，环境党得票因未达到4％而退出议会。9月30日原第一副议长、保守党人英格叶德·特鲁德松（Ingegerd Troedsson）当选为瑞典第一位女议长。

【政府】本届政府系由保守党、人民党、中央党和基督教民主党联合组成的少数派政府。主要成员：首相卡尔·比尔特（Carl Bildt，保守党），外交大臣玛格丽达·乌格拉斯（Margaretha af Ugglas，保守党，女），外援大臣阿尔夫·斯文松（Alf Svensson，基民党），欧洲事务和外贸大臣乌尔夫·丁克斯皮尔（Ulf Dinkelspiel，无党派），税收大臣布·隆德格伦（Bo Lundgren，保守党）。

【司法机构】法院分3级。有1所最高法院，6所中级法院和97所初级法院。皇家最高法院由院长和23名法官组成。最高法院院长和法官职务实行终身制。最高法院院长斯文·纽芒（Sven Nyman），1990年就职。全国有86个区级检察院，24个省级检察院和1个国家检察院。国家检察长托尔斯滕·扬松（Torsten Jonsson），1989年就职。

【政党】议会组织法规定，政党在大选中只有获得全国选票的4％或一个选区的12％才能进入议会。

（1）温和联合党（Moderata Samlingspartiet）：亦称保守党。1904年成立，约有党员15万人。主席卡尔·比尔特。

（2）人民党（Folkpartiet liberarena）：亦称自由党，1934年成立，党员约 7万人。主席本特·韦斯特贝里（Bengt Westerberg）。

（3）中央党（Centerpartiet）：1913年成立，原名农民协会，1958年改为现名。有党员约20万。主席奥洛夫·约翰松（Olof Johansson）。

（4）基督教民主党（Kristdemokratiska samhallspartiet）：1964年成立，党员2.5万。主席阿尔夫·斯文松。

（5）瑞典社会民主工党（Sveriges Socialdemokratiska Arbetarparti）：简称社民党。1889年成立。党员120万。主席英瓦尔·卡尔松（Ingvar Carlsson）。

（6）新民主党（Ny demokrati）：1990年秋成立。主席依安·瓦赤梅斯特（Ian Wachtmeister）。

（7）左翼党（Vasterpartiet ）：1917年成立，原名左翼党—共产党人，1990年党代会决定改现名，有党员约2万人。主席古德隆·希曼（Gudrun Schyman）。

【重要人物】卡尔十六世·古斯塔夫：国王。1946年4月30日生于斯德哥尔摩。1966年高中毕业后在部队接受军事训练，1968年在乌普萨拉大学和斯德哥尔摩大学进修。1973年 9月15日即位。爱好狩猎和滑雪。1976年6月与现王后、德国人希尔维亚结婚。生有二女一子。1981年携王后访华。 卡尔·比尔特：首相、保守党主席。1949年生于哈尔姆斯塔德市。在大学学过政治，1973～1974年任保守党学联主席，1976～1978年任首相府专家，1979～1981年任国务秘书，1986年起任保守党主席，1990年起兼任国际民主联盟代主席。1991年10月3日当选首相。曾于1987和1988年之交作为在野的保守党主席访华，1989年秋曾过境来华。1984年同保守党前主席布曼之女弥娅·布曼结婚，生有一女一子。

经 济

实行发达的私营工商业与比较完善的国营公共服务部门相结合的“混合经济”，50、60年代经济发展迅速。70年代工业结构向高技术产业改造。80年代经济获得一定发展。近年来工业投资不足，产品成本增加，通货膨胀居高不下，经济陷于停滞。近两年来瑞典经济连续负增长，工业生产共下降近20％，在西欧货币危机的冲击下，1992年10月瑞政府采取大幅度提高利率、降低企业税收、削减政府开支和社会福利等措施，以减缓经济危机，维持瑞货币地位，但未能奏效，不得不于12月宣布瑞克朗退出欧洲货币体系，实行自由浮动，实际贬值约18％。

国民生产总值（1991年）：14330亿瑞典克朗。

人均国民生产总值（1991年）：165830克朗。

国民生产总值增长率（1992年）：－1.3％。

货币名称：瑞典克朗；1克朗＝100奥尔。

汇率（1991年底）：1 美元＝6.05瑞典克朗。

通货膨胀率（1991年）：8％。

失业率（1991年、1992年）：2.7％、3％。

【资源】已探明铁矿储量36.5亿吨，品位约60％。森林覆盖率为57％，蓄材25.7亿立方米。水力资源丰富。铀储量25～30万吨，尚未开发。

【工业】产值占国民生产总值30％，主要有矿业、机械制造业、电力设备、汽车、纸浆造纸、化工、森林工业和建筑等。1991年工业生产下降 8.6％，是自40年代初以来下降最多的一年。主要工业产品产量如下（单位：万吨）：

	1987	1988	1989
铁矿砂	1971	2044	2158
生铁	241.9	249.2	263.8
粗钢	460.8	477.9	466
纸浆	969.1	1007	1035
小汽车(万辆)	41.6	38.4	1439
发电(亿度)	1419.3	1414	

(资料来源:1992年英国经济季评)

【农业】产值约占国民生产总值2%。耕地面积285万公顷。农业从业者约占总就业人数的3.4%(1989年)。粮食、肉类、蛋和奶制品自给有余,蔬菜、水果要靠进口,农产品自给率达80%以上。1990年政府计划5年内减少50万公顷耕地,屠宰8万头奶牛,每年缩减2000农户。主要农作物产量如下(单位:万吨):

	1988	1989	1990
小麦	129.5	175.1	224.3
黑麦	12.7	31.9	33.5
大麦	187.8	187.0	212.3
燕麦	133	145.5	158.4
马铃薯	128	117.9	118.6
甜菜	243.8	265.4	277.6
油菜籽	21.5	34.1	42.2

(资料来源:1992年瑞典统计年鉴)

畜牧业产值约占农业总产值的80%。1990年牲畜存栏数:牛 167万头、羊39万头、猪217万头、家禽1100万只;产牛奶 352万吨、肉类46万吨、鱼23.9万吨。

【服务业】1988年底在商业、旅游、饭店就业62.4万人,在银行保险业就业35万人,在公共管理和其他劳务部门就业163万人。劳务产值占国民生产总值的62%。

【旅游业】旅游设施可提供22.1万个床位。主要旅游城市有首都斯德哥尔摩,西部港口城市哥德堡和北极圈内的基律纳。瑞典人多去南欧度假,旅游收支一直逆差,1990年逆差188亿克朗。

【交通运输】铁路:1990年底全长1.121万公里;客运7700万人次,货运量5400万吨。

公路:1990年有公路20.5万公里,其中有国、省道9.81万公里,高速公路929万公里;注册小汽车362万辆,公共汽车1.5万辆,卡车31万辆,拖拉机33.4万辆。

水运:1990年底有100吨以上货轮446艘,总吨位293万吨;1989年国际货运1.1亿吨;内河水运居次要地位,总长640公里。

空运:北欧航空公司为瑞典、丹麦和挪威共有,瑞典占3/7股份;1990年客运量166亿人公里,货运量19.8亿吨公里。

【财政金融】1990年5月17日,瑞典克朗与欧洲货币挂钩。政府近几年来财政收支情况如下(单位:亿克朗):

	1990/91	1991/92	1992/93*
收入	4244	4549	3818
支出	4250	4555	4990

* 为预算数字。

(资料来源:瑞典政府1992/93年预算报告)

国际收支等财政金融情况如下(单位:亿克朗):

	1989	1990	1991
国际收支	−212.68	−342	−250
国债(其中外债)	5824(835)	6267(736)	6270(370)
黄金储备(万盎司)	607	606	606
外汇储备(亿美元)	97	186	122
消费物价指数	188.1	207.6	

(1980年为100)

【对外贸易】瑞典为外向型经济,工业生产的一半以上出口,不少大公司出口率达80～90%。近几年对外贸易情况如下(单位:亿克朗):

	1990	1991
出口额	3398	3327
进口额	3234	2988
差　额	164	339

(资料来源:英国经济季评 1992/93)

主要出口各类机械、运输设备、特种钢制品、家用电器、纸浆纸张、化工医药产品;主要进口石油及石油产品、机械、纺织品、化工产品。

1990年主要贸易伙伴在瑞典外贸中所占比例(%)如下:

	出口	进口
联邦德国	13.9	19.3
英国	10.1	8.0
美国	8.6	8.6
挪威	8.3	7.9
丹麦	6.8	7.6
芬兰	6.8	6.8

(资料来源:1993年英国经济季评)

【对外援助】1992/93财政年度对外援助144.6亿克朗,约占国民生产总值的近 1%,其中75亿用于双边援助。主要受援国:坦桑尼亚5.3亿、印度4.1亿、莫桑比克3.95亿、尼加拉瓜2.8亿、赞比亚2.7亿、越南2.25亿。

人民生活

高工资、高福利、高税收。1988年双职工四口之家平均税后收入为19.5万克朗,单职工四口之家为15.1万克朗,比前一年增长了 7.5%。1991年平均每千人有 3名医生、16张病床、416辆小汽车、890台电话机、385台电视机。人均住房50平方米,年用纸233公斤。

军　　事

国王为名义上的统帅,内阁为实际最高权力机构。军事指导委员会由三军总司令任主席,负责协调三军关系,向国防大臣提供咨询意见,无决定权。国防大臣通过三军总司令指挥全军。三军总司令本特·古斯塔夫松上将。瑞典强调建立相对强大的独立防务力量和军事不结盟。和平时期注重包括军事防务、民防、经济防务和心理防务的总体国防建设。实行义务兵役制,18～24岁男子必须服役,服役期为7.5～10个月,此后还要参加5次18～25天的复役。

军队总额6.5万人,其中陆军4.6万人;海军1.2万人，有潜艇12艘，大小水面舰只50多艘；空军8000人有22个全天候战斗机中队。战时可动员75万人。1992/93年度军费开支367亿克朗，占预算总额的7.5%。

文化教育

【教育】1992/93年度文化教育经费为611亿克朗，占预算总开支的12.5%，在政府各部预算中居第四位。实行9年一贯制小学义务免费教育。小学有在校生88万，毕业后90%直接升入高中。高中开始分专业，学制2～4年不等，现有在校生28.5万，毕业后有45%直接升入高等学校。有综合性大学6所和其他高等专业院校，在校学生19.2万人，每年新生近4万人。其中著名的有斯德哥尔摩大学、乌普萨拉大学、皇家工学院、斯德哥尔摩商学院、卡洛林斯卡医学院。

【科研】1990年科研费用349亿克朗，相当国民生产总值的2.86%，占世界科研总开支的1%，科研和开发工作分散，大学、科研所、企业都从事科研和开发工作。目前确定的科研重点课题是社会科学、信息技术、生物科学、环保、能源、森林和食品加工工业。主要科研机构有皇家科学院，主要负责基础理论研究；皇家工程科学院，负责应用科学研究；皇家林业科学院等。

【新闻出版】1991年出版报纸 177种，日总发行量496万份。主要报纸有：《快报》，54.9万份；《每日新闻》，39.3万份；《晚报》，36.4万份；《哥德堡邮报》，27.5万份；《瑞典日报》，22.7万份。

瑞典通讯社于1921年创立，为半官方新闻机构。1925年设立了广播股份公司，1956年电视广播实行正规化，成立了瑞典广播电视股份公司，该公司下设4个独立的分公司——瑞典全国广播电台、地方广播电台、教育广播电台和瑞典电视台。

对外关系

长期奉行中立不结盟政策，即“和平时期不结盟，以求战争时期守中立”，并以强大国防为后盾。近年来对其外交政策进行了重大调整，称中立不再是表述瑞外交政策的恰当概念，瑞将全面参加欧安会和即将建立的欧洲联盟范围内的安全和外交政策合作。但在目前过渡时期瑞将坚持军事不结盟。1992年瑞同12个国家建立了外交关系：白俄罗斯（1月14日），斯洛文尼亚（1月29日），克罗地亚（1月29日），马绍尔群岛（2月14日），吉尔吉斯斯坦（3月25日），哈萨克斯坦（4月7日），乌兹别克斯坦（4月8日），土库曼斯坦（4月10日），阿塞拜疆（5月8日），摩尔达维亚（6月12日），亚美尼亚（7月10日），格鲁吉亚（9月19日），波黑（12月15日）。

【同我国的关系】1950年5月9日同我国正式建交，曾长期支持恢复我国在联合国和其他国际组织的合法权利。两国间签有贸易、航空、海运、工业和科技合作、投资保护和避免双重税收等协定。1989年我政治风波后对我进行了“谴责”和“制裁”。1990年以来两国关系逐渐恢复和发展。1992年两国关系得到了迅速改善和显著发展，走上了正常化轨道。瑞典工商大臣韦斯特贝里来华参加中瑞经贸、工业和科技合作混委会会议（6月），瑞典司法大臣劳伦来华出席在上海举办的瑞典哥德堡市“沉船展览”开幕式（8、9月之交），瑞教育大臣恩克尔来华观看我为瑞发射卫星（10月）。我副总理朱镕基（11月）、田纪云（5月）、能源部长黄毅诚（4月）、机电部长何光远（9月）等分别访瑞。

中国驻瑞典大使：唐龙彬。馆址：LIDOVAGEN 8 115 25 stockholm，sweden。电话：6679704。传真：6625955。国家地区号：46-8。

瑞典驻华大使：林德思。馆址：北京东直门外大街3号。电话：5323331。电传：5325008。

【同美国的关系】1812年建交。两国在政治、经济、科技、文化、军事等方面有着传统的密切关系。瑞曾强烈谴责美侵越战争，也曾对美国在中美洲的政策表示不满。近年来，瑞对美外交政策的批评很少，更多地强调两国的合作关系。主张美国军事力量留驻欧洲。瑞认为保持同美国的密切关系具有重要的战略意义。近几年来，瑞同美国的关系不断改善。瑞新政府1991年上台后更加强了同美国的关系。1992年瑞首相访美时称“瑞美关系从未像现在这样好。美国在欧洲的存在比以往任何时候都重要，90年代欧洲更加需要美国的参与”。美总统布什说，美瑞两国关系是“稳固的伙伴关系”。

【同东欧国家的关系】认为苏的解体和东欧的变化使欧洲形势大为改善，但对俄的军事实力仍表示忧虑，要求俄尽快从波罗的海撤军，支持独联体国家向市场经济方向发展。积极支持波罗的海三国争取独立的斗争，并于1991年8月与其他北欧国家首批承认并同三国建交。瑞计划今后3年每年拨款10亿瑞克朗（约合2亿美元）援助原苏联和东欧地区。瑞谴责现南斯拉夫对波黑的干涉和侵略，要求南立即从波黑撤军。积极参加联合国对南制裁和在南的维和活动，并已向该地区提供约2000万美元的人道主义援助。

【同邻国的关系】瑞同北欧邻国有着传统的密切关系，认为欧洲已发生了巨大变化，必须重新估价北欧合作并对其进行改革。主张北欧国家全部加入欧共体，并把在欧洲经济合作区和欧共体范围内进行合作作为北欧合作新的出发点。

【同其他国家的关系】瑞重视同发展中国家的关系，主张发达国家应该援助发展中国家发展经济、改善人民生活，并促进其向尊重人权、民主化和市场经济方向发展。同情并支持不结盟运动。认为该运动致力于摆脱殖民主义和大国影响、对国际和平和发展具有重大意义。瑞自1973年以被邀客人身份参加不结盟活动。

（姜凤英）

瑞　士

国名　瑞士联邦(Confederation of Switzerland)。

面积　41293.2平方公里。

人口　6871500人(1991年)。其中瑞士人占83.1%,外籍人占16.9%。德、法、意语为官方语言,居民中讲德语的占65%,法语18%,意大利语10%,拉丁罗曼语1%,其他语言6%。信奉基督教的居民占44%,天主教48%,其他宗教3%。

首都　伯尔尼(Bern),人口13.4万(1990年12月31日)。

国家元首　1993年度联邦主席阿道夫·奥吉(Adolf Ogi),1992年12月当选,任期一年。

简　况

位于中欧的内陆国。与奥地利、列支敦士登、意大利、法国和德国接壤。属温带气候,年平均气温9℃。1291年8月1日,乌里、施维茨和下瓦尔登3个州在反对哈布斯堡王朝的斗争中秘密结成永久同盟,此即瑞士建国之始。1815年维也纳会议确认瑞士为永久中立国。1848年制定宪法,设立联邦委员会,成为统一的联邦制国家。在两次世界大战中均保持中立。

政　治

自1959年起,一直由激进民主党、社会党、基督教民主党和中间民主联盟组成联合政府,政局稳定。1991年10月进行了立法选举,仍由以上四党联合执政。1992年,瑞士在参与欧洲一体化抑或坚持瑞士的传统中立政策之间,面临了前所未有的历史性选择。为适应国际形势发展变化的需要,瑞士对其传统的中立政策作了重新评价,并积极参与国际事务。1992年1月,联邦委员会决定派观察员和民警参加联合国在南斯拉夫的维持和平部队;4月,联邦委员会决定参加联合国对利比亚的制裁行动;5月,瑞士政府与欧洲自由贸易联盟其他成员国一道签署了欧洲经济区协定;5月17日,瑞士公民表决多数支持瑞士加入国际货币基金组织和世界银行;18日,联邦委员会遂决定申请加入欧共体。12月6日,瑞士公民表决否决了瑞士政府关于加入欧经区的决定。

【宪法】1848年制定通过,1874年以来曾多次修改。宪法规定,瑞士是联邦制国家,各州为主权州,有自己的宪法。联邦政府管辖外交、国防、铁路、国家公路、邮电、海关、联邦税收和货币,其他由各州管辖。各州必须遵守联邦的全国性立法并接受联邦的监督。根据宪法规定,瑞士实行"公民表决"(即公民投票)和"公民倡议"形式的直接民主。即凡修改宪法条款、签订15年以上的国际条约或加入重要国际组织,必须经过公民表决,由公民和各州通过方能生效。

【议会】联邦议会由具有同等权限的国民院和联邦院组成,是联邦的立法机构。只有两院取得一致,法律或决议方能生效。国民院有200名议员,由公民普选产生,任期4年;联邦院有46名议员,任期因州而异,最长4年。两院议长任期1年。1993年度国民院议长保罗·施密特哈尔特(Paul Schmidhalter,基督教民主党),联邦院议长奥托·皮勒(Otto Pille,社会民主党)。

本届议会1991年10月产生,各政党在两院所占席位如下:

政党名称	联邦院	国民院
激进民主党	18	44
基督教民主党	16	37
社会党	3	43
中间民主联盟	4	25
绿党		14
自由党	3	10
独立党	1	5
汽车党		8
人民福音党		3
民主党		5
迪溪诺阵线	1	2
民主联盟		1
劳动党		2
无党派		1

【政府】联邦委员会是国家最高行政机构,由7名委员组成,分任7个部的部长,实行集体领导。设主席和副主席(均由联邦委员轮任)任期一年,不得连任。

1993年度联邦委员会组成如下:主席兼交通能源电讯部长阿道夫·奥吉(中间民主联盟),副主席兼财政部长奥托·施蒂希(Otto Stich,社会党),外交部长勒内·费尔贝(Rene Felber,社会党,1993年3月31日辞职),军事部长卡斯帕·维利热(Kaspar Villiger,激进党),公共经济部长让—巴斯卡尔·德拉姆拉(Jean-Pascal Delamuraz,激进党),司法警察部长阿诺德·科勒(Arnold Koller,基民党),内政部长弗拉维奥·科蒂(Flavio Cotti,基民党)。

【司法机构】(1)联邦法院:行使司法权,由30名联邦法官和15名助理法官组成,议会选举产生,任期6年,正、副院长每两年改选1次。1991～1992年联邦法院院长罗伯特·帕特里(Robert Patry)。(2)联邦保险法院:由9名法官组成,议会选举产生,正、副院长每两年改选1次。1992～1993年院长鲁道夫·吕埃特利(Rudolf Rueedli)。

【政党】大小政党共有30多个,主要政党:

(1)激进民主党(Parti radical-democratique):1894年成立。党员12万。主席弗朗茨·施泰内格(Franz Steinegger)。

(2)瑞士社会党(Parti Socialiste Suisse):1888年成立。党员6万。主席彼得·伯德曼(Peter Bodenmann)。

(3)基督教民主党(Parti democrate-chretien):建于1912年。前身是"人民保守党",1970年改为现名。党员6万。主席卡洛·施密特(Carlo Schmid)。

(4)中间民主联盟(Parti de l' Union democratique du Centre):1919年由农民党和民主党合并组成。党员8万。主席汉斯·乌尔曼(Hans Uhlmann)。

(5)瑞士劳动党(Parti Suisse du Travail):始称瑞士共产党,1912年成立,1944年改为现名。有党员4000人左右。主席让·施皮尔曼(Jean Spielmann)。

【重要人物】阿道夫·奥吉:1993年瑞士联邦主席,中间民主联盟成员。1942年生。1979年当选为国民院议员,1984年当选为瑞士人民党主席,1987年11月当选为联邦委员,任交通能源电讯部部长。1993年12月9日当选为瑞士1993年度联邦主席。酷爱滑雪。已婚,有两个孩子。

经　济

高度发达的资本主义工业国。采取自由经济政策,政府尽量少干预,吸收大量外籍工人从事工资较低的劳动。对外主张自由贸易,反对贸易保护主义政策。受世界经济不景气的影响,瑞士经济1992年出现0.5%的负增长。除出口、保险和银行业外,投资和消费均现疲软。工业开工率下降,失业率上升,至1992年1月,失业率达3.9%,创1939年来最高纪录。

国民生产总值(1991年):3464.6亿瑞郎。

人均国民生产总值(1991年):50416瑞郎。

国民生产实际增长率(1991年;1992年):－0.3%;－0.5%。

货币名称:瑞士法郎;1法郎＝100生丁。

汇率(1991年):1美元＝1.435瑞士法郎。

通货膨胀率(1991年):5.9%。

失业率(1991年):1.3%。

【资源】水力资源丰富,利用率达95%。1991年森林面积约120万公顷,覆盖率为全国面积的25%。

【工业】1991年和1992年工业增长率分别为0.5%和0%。1991年工业、手工业职工122.6万人,占就业人口的34.4%。主要工业部门有机械、化工、纺织、钟表、食品工业。雀巢食品公司为世界最大食品公司。1991年发电量541亿度。1992年钟表出口额74亿瑞郎,比上一年增加7.5%。

【农业】约占国民生产总值的4%。1991年从事农业人口19.72万人,占就业人口5.5%。主要农作物有小麦、燕麦、马铃薯和甜菜。肉类基本自给,奶制品自给有余。

【旅游业】旅游业很发达,已有200多年历史,是瑞士经济的重要组成部分。拥有旅馆6468个,床位26.71万张。1991年旅游宿夜数7789万人次,共收入208亿瑞郎,其中国外旅游者花费127亿,本国人花费81亿。为发展山区旅游建有轮齿轨铁路94公里,专线登山铁路50多条,电缆吊车线400多条,还有1000多条滑雪电缆吊椅线。主要旅游点有莱蒙湖畔、苏黎世、卢塞恩、迪溪诺等。

【交通运输】以公路和铁路运输为主。

铁路:总长5348公里,全部电气化;1991年客运量2.71亿人次,货运量5100万吨。

公路:总长7.1万公里;1991年全国拥有小汽车306.6万辆,货车48.2万辆;客运量78.3亿人次,货运量4782万吨。

水运:现有海运商船22艘。

空运:瑞士航空公司航线总长34.9万公里,有飞机716架,运输能力为88.6亿吨公里,1991年客运量857万人次,货运量2.89万吨;主要国际机场有苏黎世和日内瓦。

管道运输:有输油管道239公里,年输油能力1850万吨。

【财政金融】近几年联邦政府财政收支情况如下(单位:亿瑞郎):

	1990	1991	1992
收入	311.7	334.9	349.53
支出	301.1	355.01	378.16
差额	10.6	－20.11	－28.63

1991年外汇储备404.5亿瑞郎,其中黄金储备119亿瑞郎。

【对外贸易】外贸在经济中占重要地位。95%的原料、能源和60%的消费品依靠进口;工业产品的70～90%需外销。据瑞士海关统计,近3年进出口情况如下(单位:亿瑞郎):

	1990	1991	1992
进口额	966.1	950.3	923.3
出口额	882.6	879.5	921.4
差　额	－83.5	－70.8	－1.9

主要出口商品是机械、冶金、化工医药、钟表、纺织品、服装以及食品,进口商品主要是原料、燃料半成品和耐用消费品。主要贸易对象是欧洲共同体国家、小自由贸易区国家和美国。

【对外投资】1991年在国外资产总额7422亿瑞郎。主要投资国家是:荷兰、英国、加拿大、德国、法国、美国等。

【对外援助】1991年瑞士对外发展合作援助约11.6亿瑞郎,占国民生产总值的0.34%,其中双边援助占79.2%。分配比例是:非洲29.8%,亚洲20.2%,拉美10.6%。援助项目主要是农业和乡村建设。

【外国资本】1991年外国在瑞士资本总额4667亿瑞郎。

人民生活　实行高工资、高福利、高消费政策。1991年人均收入43153瑞郎。1990年工资收入的主要分配比例是：食品19.2%，住房14%，娱乐12%，交通11.3%。1991年有医生14000名，平均每500人拥有1名医生。每千人有机动车446辆。

军　事　实行民兵制，无常备军。凡20～50岁身体健康的男性公民都必须服役，军官复训至55岁，全部服役期约一年。服役期间和退役后，单兵武器装备均归个人保管。妇女可自愿服辅助役。联邦委员会掌握最高指挥权并通过军事部领导军队。职业军官700名，职业士官800人，平时总兵力2.8万人左右，战时可动员62万多人。重视国防建设，更新武器装备。1991年国防开支52.35亿瑞郎，占联邦政府预算的15.5%，占国民生产总值的1.9%。民防有完善的组织机构、定期的训练制度。至1990年瑞士已建成具有"三防"能力的地下掩体580万个。

文化教育　**【教育】**教育事业由各州管理，自筹经费，自编教材。全国实行9年义务教育制。有10所高等院校，其中苏黎世高等工业大学和洛桑高等工业大学直属联邦。1991/92年度9年义务教育学生72.7万人，高中及职业学生28.8万人，高等学院学生89156人。

【新闻出版】有两个通讯社：瑞士通讯社和瑞士政治通讯社。全国有报纸253种。影响最大的德语报纸是《新苏黎世报》。各语区均有广播电台，德、法、意语区各设有一电视台。

对外关系　瑞士为"永久中立国"，奉行积极的中立政策。"普遍性"、"善良服务"和"国际合作"构成外交政策的三要素。普遍性，就是同世界上一切国家建立外交关系而不管其政治制度和意识形态如何。善良服务，就是利用其中立地位，在国际纠纷中提供服务或充当敌对双方的外交代表。国际合作，就是通过经济、技术和财政合作来促进世界和平与稳定，繁荣国际贸易，保障瑞士有稳定的原料来源和市场。

瑞士认为当前世界正经历着深刻的政治演变，既充满希望又前景莫测，亚太地区是最有希望的地区。瑞士对外关系过去一向立足于欧洲，很少涉足其他地区。近年来，为适应国际形势的变化，瑞对其中立政策进行了一定的调整：加强了外交活动，联邦委员出席国际会议和进行双边访问比过去大大增加；支持"南北对话"；列席不结盟国家会议等。1992年3月，关于调整中立政策的专家论证报告重新评价了传统的中立政策，指出中立政策不是目的，而是外交手段；中立政策应更强调国际社会的团结一致，而不是孤立。除积极参与欧洲一体化以外，1992年5月，瑞士加入世界银行和国际货币基金组织。作为非联合国成员，瑞士还主动参加了联合国维持和平行动，从财政、物资及派遣人员方面均增加了援助。继1990年参加对伊拉克实行制裁后，1992年4月瑞士又参加了联合国对利比亚的制裁。

瑞士赞成西欧联合，希望西欧强大起来。随着欧共体逐步扩大并实行一体化，瑞担忧经济上受损失、政治上被孤立，因此十分重视通过各种灵活方式加强与欧共体的联系。1991年10月瑞士政府决定申请加入欧洲经济区。翌年12月，瑞士就加入欧经区举行公民表决，结果以微弱多数被否决。

1992年1月，瑞士与克罗地亚、斯洛文尼亚两国正式签署建交协议。4月，联邦政府决定承认波黑共和国并与之建立外交关系。瑞士政府还派遣观察员和民警参加联合国维持和平部队以及派员参加监督波黑地区取消战俘营的国际代表团。

尊重巴勒斯坦人民的自决权，承认以色列在国际承认的边界内生存和安全的权利，认为巴解是解决中东问题的一个重要因素。

强调大国应率先裁军，主张实现东西方军力尽可能低水平的均衡，裁减核武器、常规裁军和禁止化学武器应同时进行，核查必不可少，人权是安全不可缺少的内容。

瑞支持国际社会和平解决柬问题的努力，愿派志愿人员参加联合国维持和平行动并向柬提供服务。

瑞公开谴责"8·19"事件；支持苏联各加盟共和国独立，系世界上第一个承认其独立的国家。但又担心苏解体后一个核国家变为多个核国家，核武器失控。

【同我国的关系】1950年9月14日，中国与瑞士建交。

1992年1月29日，应瑞士政府邀请，国务院总理李鹏对瑞士进行了成功的访问，这是两国建交以来第一位中国总理访问瑞士。访问期间，李鹏总理与瑞士联邦主席兼外长费尔贝就双方共同感兴趣的问题进行了友好的交谈。

1992年7月7～11日，应中国经贸部长李岚清邀请，瑞士联邦委员、经济部长德拉姆拉率瑞士经贸代表团访华。访问期间，双方签署了《知识产权保护谅解备忘录》。

据我海关统计，1992年中瑞贸易额6.83亿美元，其中我出口1.6亿，进口5.23亿，中方逆差3.36亿。

中国驻瑞士大使：辛福坦。馆址：Kalcheggweg 10, 3006 Bern。电话：031/44 73 33；031/43 45 93（领事部）。传真：031/43 45 73。电传：912616 CHAM CH。

商务处地址：Widmannstrasse 7, 3074 Muri/Bern。电话：031/52 14 01/03/04。传真：031/52 05 75。电传：912629 HBCN CH。

瑞士驻华大使：舒爱文（Dr. Erwin Schurtenberger）。馆址：北京三里屯东五街3号。电话：532 2736。传真：532 4353。

台湾当局在瑞原设有"孙逸仙文化中心"和"远东贸易中心"。1991年4月和1992年5月分别改名为"台北文化经济代表团"和"台北贸易办事处"。1991年台与瑞贸易额8.86亿美元。

【同欧洲共同体国家的关系】瑞士的基本利益在欧洲，与欧共体的政治、经济关系密切。政治上与德、法、意、英等国经常磋商。1992年5月瑞申请加入欧共体。1991年瑞出口产品的58.8%流向欧共体国家，进口产品的70.2%来自欧共体；瑞士从欧共体进口465.14亿美元，出口360.78亿美元，瑞方逆差104.36亿美元。瑞海外投资的40%在欧共体。在瑞的外籍人中有60万人来自欧共体国家。

【同美国的关系】1868年建立外交关系。政治关系良好，经济关系比较密切。主张加强西欧与美团结。1992年，联邦主席兼外长费尔贝（以欧洲委员会部长理事会主席身份）、司法警察部长科勒尔、内政部长科蒂先后访美。两国经常就国际经济和货币问题进行磋商。瑞士反对美的贸易保护主义措施。1991年瑞士从美进口49亿美元，出口50亿美元。（彭方千）

圣马力诺

国名　圣马力诺共和国（The Republic of San Marino，La Repubblica di San Marino）。

面积　61.19平方公里。

人口　23496人，人口增长率2.6‰（1991年）。90%为圣马力诺人，旅外侨民约12230人。国语为意大利语。居民大多信天主教。

首都　圣马力诺（San Marino），人口约4178人（1988年）。

国家元首　由两名权力相等的执政官共同担任，任期半年，不能连任，三年后可再次当选。执政官由大议会选举产生，每年分别于3月和9月改选。4月1日和10月1日就职。执政官既是国家元首，又是政府和议会首脑。1992年4～10月，埃尔内斯托·贝内德蒂尼（Ernesto Benedettini，天民党）和杰尔马诺·德比亚吉（Germano De Biagi，社会党）为执政官。1992年10月至1993年4月，罗密欧·莫里（Romeo Morri，天民党）和马里诺·赞诺蒂（Marino Zanotti，社会党）为执政官。

简　况

位于欧洲亚平宁半岛东北部的内陆国。四周与意大利接壤。属亚热带地中海气候。冬季最低气温－2℃，夏季最高气温30℃。公元301年建国。1263年制定共和国法规，是欧洲最古老的共和国。15世纪起确定现国名。1851年曾先后被奥地利帝国、教皇军等侵占。一次大战中保持中立。二次大战期间被德国侵占。1944年对德宣战。战后由共产党、社会党、天民党等轮流联合执政。

政　治

1986年7月，左翼联合政府因共产党（现名民主进步党）和社会党关系恶化而倒台，天民党和圣共组成"纲领政府"。1991年11月，圣马力诺统一社会党以及社会民主党并入社会党。1992年2月，天民党退出政府，天民党和民进党的"纲领政府"宣告结束；3月天民党和社会党组成新的政府。圣政局进入一个新阶段。在对外政策上，圣积极参与国际事务，保持同意大利的友好关系。

【宪法】现行宪法起源于14世纪，17世纪正式通过，称为"第一号宪章"，其后稍有修改。

【议会】一院制，名为大议会，由两名执政官主持。其任务是立法、选举执政官、通过财政预算、批准条约和任命高级官员等。有60名议员，由全国普选产生，任期5年。在1988年5月底的议会选举中，天主教民主党获27席，民主进步党（原圣共）18席，统一社会党8席，社会党7席。

【政府】于1992年3月1日组成，阁员10名，不设总理，外长起总理作用。外长加布里埃莱·加蒂（Gabriele Gatti，天民党），内政部长安东尼奥·沃尔比纳里（Antonio Volpinari，社会党），财政部长克莱里奥·加拉西（Clerio Galassi，天民党），工业部长弗奥伦佐·斯托尔费（Fiorenzo Stolfe，社会党），商业部长奥塔维亚诺·罗西（Ottaviano Rossi，天民党），文教、司法部长埃玛·罗西（Emma Rossi，社会党），劳工部长桑特·坎杜奇（Sante Canducci，天民党），卫生部长伦佐·吉奥蒂（Renzo Ghiotti，天民党），邮电、交通、旅游部长奥古斯都·卡萨利（Augusto Casali，社会党），农业部长皮尔·纳塔利诺·穆拉罗尼（Pier Natalino Mularoni，天民党）。

【政党】（1）圣马力诺天主教民主党（Partito Democristiano Sammarinese）：执政党。成立于1948年，圣第一大党，有2400名党员。总书记皮埃尔·马里诺·梅尼古奇（Pier Ma-rino Menicucci）。

（2）圣马力诺社会党（Partito Socialista Sammarinese）：执政党。1892年成立，1991年11月同圣马力诺统一社会党和社会民主党合并，约有党员1100名。总书记安东尼奥·沃尔比纳里。

（3）民主进步党（Partito Progressita Democratico）：在野党。为圣第二大党。1941年成立，原名圣马力诺共产党，1990年4月30日改现名。约有党员1200人。总书记斯特法诺·马齐纳（Stefano Macina）。

此外还有共和党。

经　济

战后经济稳步发展，结构发生了根本性变化，从过去的农业国变成了一个工业和第三产业十分发达的国家。1987年就业人口中第三产业占44%。在经济上同意大利关系极为密切。

国内生产总值(1987年):1.88亿美元。

货币名称:意大利里拉。

汇率(1992年):1美元=1228里拉。

通货膨胀率(1987年):4.5%。

失业率(1991年1～9月):5%。

【资源】自然资源贫乏。

【工业】圣工业有纺织、服装、水泥、制革、造纸、陶瓷等。工业产值占国民收入的25%。1990年全国从业人口的43%以上从事制造业和建筑业。铝制品厂是欧洲最大的铝制品厂之一。手工业产值占国民收入10%,主要有小手工艺、服装、陶瓷和制革等。

【农业】农业日益衰退,可耕地面积6000公顷,近600个农场,1990年从业人口占总从业人口的2.5%。主要农产品是葡萄、橄榄、小麦、玉米。

【旅游业】旅游业发达,是国民经济的支柱,产值占国内生产总值的60%。有大小旅馆近800家。1990年游客达291万人次。整个国家财政收入的45～50%靠旅游业。

【交通运输】无铁路和机场,仅有公路,总长220公里。到1991年9月底,共有汽车28891辆。

【财政金融】财政收入主要来源于税收、发行邮票和世界闻名的纪念币。此外,按照同意大利签的新协议,意自1987年起每年向圣提供90亿里拉的海关补贴和200亿里拉的低息贷款(35年内还清)。1992年圣财政预算收入为4130亿里拉,支出为4817亿里拉。

【对外贸易】1986年进口额为4290万美元。出口额为3200万美元。从原苏联进口天然气,从意大利进口石油制品、工业原料、电力、粮食和副食品。

人民生活

1988年人均年收入为2200万里拉(约1.5万多美元)。全体公民享受公费医疗。1992年平均每3.4居民有一台电视机,每1.6居民有一部电话。

军　　事

无正规军。有民兵80人,仪仗队68人,古堡卫队12人,军乐队51人,宪兵31人。

文化教育

【教育】实行小学、初中义务教育。扫盲率达97%。1986年有小学14所,学生1370人,教师173人;中学3所,学生940人,教师140人。有工业技术学校、音乐学校、艺术修复中心各一所。此外还有一些专业培训班和夜校。国家对出国上大学者给予补助。

【新闻出版】无报纸,只有一些不定期发行的刊物。有电台和电视台各一家。

对外关系

圣马力诺外交政策的宗旨是维护国家的独立和主权,主张大小国家一律平等,愿意同一切友好的国家发展关系,奉行积极中立的外交政策,支持裁军、维护世界和平,反对武装干涉和侵略;强调各国合作,互相尊重独立、主权和领土完整。强调南北对话,主张发达国家帮助不发达国家。强调各国人民都要发展经济,进行合作,这是维护和平的一个基本条件;认为维护世界和平是各国政府和人民的首要任务,和平不仅意味着没有战争,也包括尊重人权和维护人的价值。主张全面裁军,销毁核武器,保障世界和平;认为欧洲正在经历着深刻的变化,由对峙走向安全与合作,从而克服了欧洲长期分裂的局面。欧洲一些国家正在朝着尊重人权、基本自由、多元化民主、市场经济、社会公正的方向发展,这有利于欧洲的稳定和一体化进程。欧洲一些地区出现的紧张局势应通过和平方式解决。各国应增强相互信任和合作精神;认为欧安会是保证未来欧洲和平、安全与合作最有效的机制,必须加强它的作用;主张国际社会,特别是欧安会应尽最大努力和平解决南斯拉夫危机,同时考虑联邦各族人民的合法愿望;圣先后多次以客人身份参加不结盟会议,1991年3月圣外长参加了在马耳他举行的不结盟会议;一贯主张南北朝鲜通过谈判实现和平统一。近年来,圣积极参加国际活动和发展同国际组织的关系,1987年9月向联合国派驻观察员,1992年3月2日加入联合国。1992年12月加入世界银行和世界货币基金组织。圣积极同各国发展友好关系,首先是加强同意大利以及其他欧洲国家的关系。已同意、法、比、梵、奥、捷、埃及、瑞典、马耳他军事骑士团和中国建立大使级外交关系,同美、加、英、德、日、印度、西班牙等30多个国家建立了领事级正式关系。

【同我国的关系】自1971年5月6日建立领事级正式关系以来,双方友好关系不断发展。1991年7月15日起两国关系升格为大使级外交关系。圣访华的主要有:外长吉龙齐(1972)、雷菲(1985)、加蒂(1991),社会党主席贾科米尼(1983),圣共总书记巴鲁利(1983)、吉奥蒂(1987),执政官吉安·佛朗哥·泰伦齐、罗萨诺·扎费拉尼(1988)、内政部长塞尔瓦(1991)。我国访圣的有:政府代表、驻法大使黄镇(1971),邮电部长钟夫翔(1977),黄华外长(1979),中共中央书记处书记胡启立(1983),政治局委员乔石(1986)、宋平(1989),吴学谦外长(1987)。两国签订了文化教育合作协定、互免签证协议。1991年5月8～11日加蒂外长访华,同钱其琛外长代表各自政府签署《中华人民共和国政府和圣马力诺共和国政府关于将两国关系升格为大使级外交关系的协定》。

1992年中国同圣马力诺进出口的商品总额为45万美元,我出口22万美元,比上年下降37.3%,进口23万美元,比上年增加1019.3%。

中国驻意大利大使:李宝城兼任驻圣马力诺大使。馆址:Via Bruxelles 56 00198 Roma。值班室电话:8313458。电传:622051 CINA。传真:8442275。

圣马力诺在华未设使馆。

【同意大利的关系】圣意关系十分密切。圣重视改善和发展同意大利的关系。早在1897年，两国就签订“意圣友好睦邻条约”，1971年签订“友好睦邻条约”的补充协定，将强加于圣的“保护性友谊”改为“永久性友谊”。1979年两国关系由总领事级升为大使级。1990、1991年意总统访圣。

【同美国的关系】圣重视对美关系。1960年美赠款为圣修建一条输水管。圣外长曾三次访美。

【同前苏联的关系】圣主张同苏发展关系。圣外长曾两次访苏。1987年圣大议会代表团访苏。1991年8月，圣谴责苏联用武力镇压波罗的海的爱沙尼亚、拉脱维亚、立陶宛共和国，宣布承认三个共和国的独立并与其建立正式关系。

【同法国的关系】圣法关系良好。圣在法有近千名侨民。1885年圣就向法派驻公使，法是最早与圣建立外交关系的国家。1982年圣国家元首访法。1987年9月圣政府在圣举行1987/89年度的“法国双年节”。

【同欧洲共同体的关系】1983年与欧洲共同体建立了外交关系。1984年9月圣外长访问欧共体时要求放宽对圣的外贸限制，在制定预算时应把圣考虑在内。1986年双方就此达成协议。 （吴 刚）

斯洛文尼亚

国名 斯洛文尼亚共和国（ The Republic of Slovenia，Republika Slovenija ）。

面积 20256平方公里。

人口 222万(1991年)。90%为斯洛文尼亚族，其余有克罗地亚族、塞尔维亚族和穆斯林族等。官方语言为斯洛文尼亚语。主要宗教是天主教。

首都 卢布尔雅那(Ljubljana)，人口323291人(1991年)。

国家元首 总统米兰·库昌(Milan Kučan)，1990年4月当选，1992年12月连任。

自然地理

位于欧洲中南部，巴尔干半岛西北端。西接意大利，北邻奥地利和匈牙利，东部和南部与克罗地亚接壤，西南濒临亚得里亚海。海岸线长46.6公里。特里格拉夫峰为斯境内最高的山峰，海拔2864米。最著名的湖泊是布莱德湖。斯气候分山地气候、大陆性气候和地中海式气候。

历 史

6世纪末，斯拉夫人迁徙到巴尔干半岛定居。9～20世纪初，斯洛文尼亚一直在德意志国家和奥匈帝国的统治之下。1918年底，斯洛文尼亚与其他南部斯拉夫民族联合成立塞尔维亚—克罗地亚—斯洛文尼亚王国。1929年改称南斯拉夫王国。1941年，德、意法西斯入侵南斯拉夫。1945年，南斯拉夫各族人民赢得反法西斯战争的胜利，并于同年11月29日宣告成立南斯拉夫联邦人民共和国(1963年改称为南斯拉夫社会主义联邦共和国)，斯洛文尼亚为其中的一个共和国。此后长期由斯洛文尼亚共产主义者联盟执政。

政 治

1990年5月，斯洛文尼亚举行二战后第一次多党制大选，斯民主联盟上台执政。1991年6月25日，斯议会通过决议，宣布脱离南斯拉夫社会主义联邦共和国，成为独立主权国家。1992年5月22日，斯洛文尼亚加入联合国。

【宪法】1991年12月23日，斯洛文尼亚共和国议会公布新宪法。宪法规定实行总统制，总统由直接普选产生，任期5年，最多连任两届。

【议会】两院议会制，称国民院和国务院。国民院为主要立法机构，由90名议员组成，以无记名投票方式通过直接选举产生，任期4年。国务院代表公民和社会行使监督权并有否决权。国务院议员任期5年，由40名议员组成，其中雇主代表、雇工代表和农民、小商、自由职业者代表各4名，非营利单位代表6名，地区利益代表22名。本届议会于1992年12月产生。共有8个政党进入议会国民院，其中自由民主党获22席，基督教民主党15席，社会民主改革党联合其他左派党获14席，民族党12席，人民党10席，民主党6席，绿党5席，社会民主党4席。国民院主席海尔曼·里盖尔尼克(Herman Rigelnik)。1992年12月23日当选。国务院主席伊万·克里斯坦(Ivan Kristan)。

【政府】国家权力执行机构。本届政府由自由民主党、基督教民主党、绿党和社会民主改革党、民主联盟等联合组成，于1993年1月25日就任，共17名成员。总理雅奈兹·德尔诺夫舍克(Janez Drnovšek，自由民主党)、财政部长米蒂亚·加斯帕里(Mitja Gaspari，同上)、经济关系和发展部长达沃林·克拉春(Davorin Kračun，同上)、教育和体育部长斯拉弗科·加贝尔(Slavko Gaber，自由民主党)、司法部长米哈·科济茨(Miha Kozinc，同上)、环境和区域规划部长米哈·亚兹宾舍克(Miha Jazbinšek，同上)、副总理兼外交部长洛伊泽·佩泰尔莱(Lojze Peterle，基督教民主党)、内务部长伊沃·比济亚克(Ivo Bizjak，同上)、农林部长约热·奥斯泰尔茨(Jože Osterc，同上)、交通和通讯部长伊戈尔·乌梅克(Igor Umek，同上)、劳动、家庭和社会保险部长约日查·普哈尔(Jozica Puhar，代表社会民主改革党、民主联盟等几个左派党)、经济事务部长马克斯·塔伊尼卡尔(Maks Tajnikar，同上)、科技部长拉多·博欣茨(Rado Bohinc，同上)、文化部长塞尔盖伊·佩尔汉

(Sergej Pelhan，同上)、卫生部长博日达尔·沃利奇(Božidar Voljč，绿党)和国防部长亚奈兹·扬沙(Janez Jansa，社会民主党)。

【行政区划】全国划分为62个区。

【司法机构】设宪法法院和普通法院。宪法法院院长佩泰尔·亚姆布雷克(Peter Jambrek)。检察院分基层检察院、高级检察院和共和国检察院三级。

【政党】斯有大小政党共85个，其中主要有：

(1)自由民主党(Liberalna demokratska stranka)：在原斯洛文尼亚社会主义青年联盟的基础上演变发展起来，约有党员1.4万人。倡导人人平等，尊重人权；主张政府应取得更大成就，降低通货膨胀率，增加外汇储备。主席雅奈兹·德尔诺夫舍克(Janez Drnovšek)。

(2)基督教民主党(Slovenski Krščanski demokrati)：成立于1989年3月，约有党员3.5万人。主张保护人权，倡导社会平等和团结。主席洛伊泽·佩特尔莱(Lojze Peterle)。

(3)社会民主改革党(Stranka socijaldemokratičnih reformi)：该党前身是斯洛文尼亚共产主义者联盟，约有党员2.3万人。主张实行社会民主。

(4)民族党：主张建立完全独立和主权完整的国家，发展自己的科技。该党的口号是"斯洛文尼亚和斯洛文尼亚人应该有标准的生活条件和住房"。有党员1900人。

(5)人民党：原名农民党。易名后仍代表农民的利益，但扩大了机构。有党员3.3万人。

【团体】(1)自由工会联盟：有会员43万，是斯规模最大的工会。

(2)工会独立联盟：有14个分会，会员占斯就业人员的1/4。

【重要人物】米兰·库昌：总统。1941年生于斯洛文尼亚，斯洛文尼亚族。1958年加入原南斯拉夫共产主义者联盟。1969～1972年任斯共盟中央委员会书记处成员。1973～1978年任斯社盟会议书记。1978年任斯共和国议长。1982年任原南共盟中央委员会主席团成员。1986～1989年任斯共盟主席。1990年4月作为斯社会民主改革党的候选人当选为斯共和国总统。当选后，中止同社会民主改革党的关系。1992年12月再次当选为斯共和国总统。　**雅奈兹·德尔诺夫舍克**：总理。1950年生于斯洛文尼亚，斯洛文尼亚族。1974年加入原南共盟。曾任卢布尔雅那银行特尔博夫列分行行长，南驻埃及使馆经济参赞助理，斯共和国议会社会政治院代表，斯工会联合会国际委员会主席等职。1984年当选为原南联邦议会共和国和自治省院代表。1989年5月任原南联邦主席团主席。1990年5月任满后，任原南联邦主席团委员。1991年6月斯洛文尼亚宣布独立后，辞去原南联邦主席团委员职务返斯，任斯自由民主党主席。1992年4月，斯议会宣布原政府不受信任，授命德组阁。同年5月14日，德正式上任，12月斯大选后再次出任总理。

经　济

斯属中等发达国家，有一定的工业、科技水平。近年来，由于原南地区危机，经济发展受到影响，国民生产总值呈下降趋势。1991年比1990年下降15%，1992年比1991年预计下降7%。1992年，特别是德尔诺夫舍克总理执政以来，斯为改善经济状况采取了四项措施：其一稳定物价，控制货币发行量，缩减财政开支，努力降低通货膨胀率；其二通过私有化法，加快私有化，以期提高生产率；其三恢复银行财政能力；其四刺激消费，增加生产。以上措施取得了初步效果，1992年下半年工业生产开始回升，外贸形势好转，通膨得到遏制，外汇储备增加，外债略有减少。

国内生产总值(1991年)：126.51亿美元。

国民收入(1992年)：120亿美元。

货币名称：托拉尔(Tolar)。

汇率(1992年)：1美元约等于70托拉尔。

通货膨胀率(1991年)：147%。

失业率(1992年)：11.7%。

【资源】斯矿产资源主要有汞、煤、铅锌等，储量不多。森林和水力资源丰富，森林覆盖率为49.7%。

【工业】1991年工业生产占国民生产总值的38.2%。工业部门以黑色冶金、造纸、家具制造、制鞋、纺织、食品加工等为主。1992年上半年工业生产比1990年下降25%。1990年主要工业产品产量：发电123.99亿度、煤558.3万吨、铁50.4万吨、铅10万吨、小汽车7.4万辆、电视机19.1万台。

【农牧业】农业不能满足本国需要。斯独立前，每年从原南其他地区大量购进粮食和其他农产品。1990年主要农牧产品产量：小麦20万吨、玉米33.8万吨、肉类21.1万吨、奶5.79亿升。1991年主要牲畜存栏数：牛53.3万头、猪58.8万头、羊2万只、家禽1276.6万只。

【服务业】服务业较发达。1992年因受原南危机影响，服务业产值严重下降。斯旅店服务业主要包括旅馆、旅游接待点、饭店、餐厅、咖啡馆、酒吧等。斯共有4069个从事旅店业的单位，其中旅馆140家，标准饭店209家，共有从业人员24988人(1990年)。1990年流通总额为81.86亿第纳尔。

【旅游业】斯重视发展旅游业，旅游业较发达。主要旅游区是亚得里亚海海滨和南部阿尔卑斯山。主要旅游设施有：旅馆、浴场、旅游接待点、私人小旅馆、汽车宿营地、帐篷宿营地、滑雪场、溶洞、疗养康复中心等。1990年有床位91215张。原南危机爆发前，每年约有300万旅游者，主要来自德国、意大利、英国、奥地利、荷兰等。1991年，旅游人数为140万人次，旅游者过夜总数490万人夜。

【交通运输】斯地理位置较好，交通较发达，与许多国际铁路、公路和航空线相通，电气化铁路和现代化公路占相当大的比重。

公路：1990年共有小汽车574474辆，货车28400辆；

客运量64.44亿人公里，货运量34.40亿吨公里。

水运：主要海港为科佩尔。

空运：有3个机场，主要机场是卢布尔雅那机场。

【财政金融】截至1992年10月，外汇储备为10亿美元，外债17.32亿美元。1991年外债为18.66亿美元。

【对外贸易】出口占国民生产总值的57%。同欧共体国家、欧洲自由贸易联盟国家和其他工业国均有贸易关系，其中德国和意大利是斯主要的贸易伙伴。近年来，由于受苏联、东欧变化和原南危机的影响，斯失去了35～40%的市场。为寻找新市场，斯提出外贸战略改革的三个方向：第一继续发展欧洲发达国家市场；第二原材料和半成品面向中等发达国家和地区，重点在台湾、韩国、新加坡和香港；第三消费品面向东欧。近几年斯洛文尼亚进出口情况（单位：亿美元）：

	1989	1990	1991
出口额	33.82	41.18	38.58
进口额	32.01	47.27	41.36
差　额	1.81	－6.09	－2.78

斯主要出口产品为：汽车、家具、药品、冰箱、冰柜、铅、电加热器、鞋类、纸张等。主要进口产品为：汽车、原油、瓦斯、计算机设备、摩托车、各种泵等。

【外国资本】1988～1990年外国投资额分别为17.8亿、96.7亿、333.2亿美元。

人民生活

1991年人均国民收入为6000美元，1992年约为5800美元。近两年因受原南危机影响，生活水平有所下降。1989年，全国拥有医生和牙医5133人，有病床14187张。

军　　事

1991年6月正式建立斯洛文尼亚军队。斯宪法规定，总统为国家武装部队最高统帅。实行义务兵役制，服役期7个月。有现役军人1.5万，预备役军人8.5万。陆军1.5万，分7个军区。准军事部队：警察4.5千人和5千预备役人员。1992年军费预算1.7亿美元。

文化教育

【教育】文化教育程度较高。1991年有小学842所，中学149所，大专院校28所。1989/90年度小学在校生为227677人，中学在校生为88683人。主要大学是卢布尔雅那大学和马里博尔大学。

【新闻出版】1990年有报纸375种，总发行量1258.3万份。刊物274种，总发行量719.4万。主要报纸《劳动报》、《共和国报》、《每日新闻》和《斯洛文尼亚人》等，主要用斯洛文尼亚语出版。国家通讯社：斯洛文尼亚通讯社，简称STA。全国有电台22个，电视中心2个。

对外关系

斯奉行独立自主的对外政策，主张在相互尊重主权、平等互利的原则基础上同各国发展关系。重视欧共体的作用，积极寻求加入欧洲一体化进程。是不结盟运动来宾国。截至1993年3月中旬，斯已得到106个国家的承认，并同其中的77个国家建立了外交关系。

【同我国的关系】1992年4月27日，中国正式承认斯洛文尼亚共和国。同年5月12日，中斯在斯首都卢布尔雅那正式签署建交联合公报，双方表示愿在相互尊重主权、互不干涉内政、平等互利和和平共处的原则基础上继续保持和发展两国间的友好合作关系。

在与原南斯拉夫关系范围内时，中国同斯洛文尼亚在各个领域进行了较好的合作。1981年，我成都市与卢布尔雅那市结为友好城市。1986年我四川省与斯洛文尼亚共和国建立了友好关系。

斯外长迪·鲁佩尔应中国人民外交学会邀请于1992年2月非正式访华，国务委员兼外长钱其琛会见了鲁一行。中斯建交后，两国关系又有了新的发展。1992年6月，李鹏总理在世界环保大会期间与斯总理雅·德尔诺夫舍克进行了会晤。同年11月，斯外交部副部长沃伊卡·拉芙芭尔率斯经贸代表团访华，双方签署了中斯经济贸易协定。

据斯方统计，1992年中斯贸易额2042.8万美元。中方出口额1989万美元，进口额53.8万美元。

中国驻斯洛文尼亚大使：鲁培新。馆址：卢布尔雅那采斯塔纳布尔多115号（Ul. Cesta na brdo 115 Ljubljana）。电话：(3861)272283。传真：(3861)272283。

斯洛文尼亚驻中国临时代办：萨姆埃尔·日博加尔（Samuel Zbogar）。临时馆址：建国饭店122房间。电话：5002233-122。

近年来，斯洛文尼亚同台湾贸易关系发展较迅速。1989年斯出口100多万美元，进口438万美元，1991年斯出口372.6万美元，进口2075.2万美元。

【同美国的关系】1992年4月7日，美宣布承认斯洛文尼亚。8月，两国建交。斯重视同美国的关系，两国关系良好。

【同西方国家的关系】1992年1月15日，欧共体宣布承认斯独立。现英、法等西方大国均同斯建有外交关系。斯十分重视同西方国家的关系，重视欧共体的作用，积极致力于加入欧洲一体化进程。1992年11月，斯同欧共体草签了经贸合作协定。这是欧共体与原南各国间签署的第一个重要合作协定。

【同邻国的关系】斯重视并主张同邻国发展睦邻友好关系。1992年1月15日，斯同奥地利建交，两国关系良好。1992年1月15日，意大利宣布承认斯洛文尼亚，两国关系良好。1992年1月15日，斯与匈牙利建交，两国关系良好。1991年6月25日，斯与克罗地亚两国同时宣布独立，并很快相互承认。1992年2月6日，斯克建交。斯克间存在领土争端，1992年10月克总统访斯期间，同斯总统和总理分别进行会谈，双方主张根据睦邻友好和相互谅解的原则解决两国间存在的问题。　（文　理）

乌克兰

国名　乌克兰(Ukraine)。

面积　603700平方公里。

人口　5183.9万(1990年1月1日)。乌克兰族占72.7%,俄罗斯族占22%,白俄罗斯族占1%,犹太族占1%。官方语言为乌克兰语。主要宗教为东正教,西部部分地区信仰天主教。

首都　基辅(Kiyev),人口262.4万(1990年1月1日)。

国家元首　总统列昂尼德·马卡罗维奇·克拉夫丘克(Леонид Макарович Кравчук),1991年12月1日当选。

自然地理

位于东欧西南部。东邻俄罗斯,北界白俄罗斯,西与波兰、斯洛伐克毗连,西南同匈牙利、罗马尼亚和摩尔多瓦接壤,南濒黑海和亚速海。海岸线长654公里。境内大部分地区为平原和丘陵,西部为沃伦丘陵、波多利斯克丘陵、第聂伯丘陵;东南部为顿涅茨山和亚速海沿岸丘陵,北部为波列西耶低地,中部是第聂伯河沿岸低地,西南部是喀尔巴阡山(最高峰海拔2061米),南部为克里米亚山地(最高点海拔1545米)。主要河流有第聂伯河、南布格河、德涅斯特河、北顿涅茨河、普鲁特河、多瑙河(出口处)。属温和大陆性气候,克里米亚半岛南岸为亚热带气候。1月平均气温,东北部－8～－7℃,克里米亚半岛南岸2～4℃;7月平均气温,西北部18～19℃,东南部23～24℃。年降水量西北部为600～700毫米,东南部为300毫米。

历　史

公元前10世纪出现了阶级社会。公元9～12世纪,乌克兰大部分地区归属于基辅罗斯。12～14世纪,克罗斯部族逐步形成俄罗斯、乌克兰和白俄罗斯3个民族。大约从14～15世纪起,乌克兰人开始以一个具有独特语言、文化和生活方式的独立民族共同体出现。13～15世纪先后遭蒙古鞑靼人、日耳曼人和土耳其人入侵。从14世纪起,处于立陶宛大公国和波兰等国的统治之下。1654年东乌克兰归并俄罗斯。18世纪90年代,西乌克兰也归并俄罗斯。乌克兰人民参加了1905～1907年的革命、1917年的二月革命和十月社会主义革命。1917年12月成立乌克兰苏维埃社会主义共和国。1922年12月30日加入苏联。1939年11月西乌克兰与乌克兰苏维埃社会主义共和国重新合并。1940年北布科维纳和比萨拉比亚的部分领土并入乌克兰。在卫国战争期间,乌克兰被德国法西斯军队占领。1944年10月重获解放。外喀尔巴阡省于1945年6月、克里米亚半岛于1954年先后划归乌克兰。1945年成为联合国成员国。

政　治

1989年夏顿巴斯煤矿发生罢工之后,乌国内局势开始动荡。9月,持激进观点的民族主义组织"鲁赫"(即"乌克兰人民争取改革运动")成立。它主张脱离苏联。该组织当时是议会反对派的核心,控制了基辅市和西乌克兰的大部分地区。1990年7月16日乌议会通过《主权宣言》,"8.19"事件后又通过禁止乌共活动的命令。1991年8月24日,乌议会宣布独立。12月1日就此举行全民公决,90%的人赞成独立,克拉夫丘克同时当选为第一任总统。12月5日,乌议会发表告世界各国议会和各国人民书,宣布在本国境内废除1922年关于成立苏联的条约及以后所有苏联宪法、法令。8日,乌与白俄罗斯、俄罗斯领导人在明斯克签署建立独立国家联合体协议,宣布苏联作为国际法主体和地缘政治实体已不复存在。

乌独立后,国内出现了某些不稳定因素。首先克里米亚要求脱离乌克兰。1992年4月29日,乌议会通过《克里米亚自治共和国地位法》,宣布克为乌的一个"自治"组成部分。对此,克议会于5月5日通过了关于克里米亚共和国独立的法令,并准备就克独立问题举行全民公决。乌议会宣布这一决定违法。乌采取种种措施制止克的分离,并迫使克议会取消关于独立的决定,暂停全民公决的准备工作。其次,1992年,由于经济出现严重困难,乌政府先后陷入"一月危机"、"六月危机"和"九月危机"。之后,福金总理被迫辞职。10月13日,库奇马接任总理。库政策主张相对务实,且较注重社会保护,新政府对乌的政局起到了相对稳定的作用。

【宪法】新宪法正在制定中。

【议会】称乌最高苏维埃,是立法机构。目前乌议会的职能正在发生变化,议会下属执行机构部分权力已转到当地的各级"总统代表"手中。正在进行全民讨论的新宪法将乌议会改名为"乌克兰国民议会",且有立法职能和监督权。有权决定总统选举,就职宣誓和去留问题;根据总统提名任免总理;任免法院院长、副院长,法官及银行行长;决定武装力量结构;对总统的命令和决定拥有否决权;干预财政、外交、司法、国防、内务和安全部长,以及外交代表机构主要人物的任免;批准乌所签署的条约、协议;制定财政预算并监督、检查执行情况。乌最高苏维埃采取自下而上的"人民代表"选举制,在"最高苏维埃人民代表"基础上选出"最高苏维埃主席团"、各常设委员会委员、主席(议长)、副主席(副议长)等。目前正在制定新的选举法。乌议会一届为4年。现议会是1990年3月产生的。现议长(最高苏维埃主席)伊万·斯捷潘诺维奇·普柳希(Иван Степанович

Плющ)，1990年12月由总统提名当选。乌议会共有450个席位(新宪法规定的席位不变)，现议会各党派所占席位：以前乌共为主的多数派234席，反对党少数派87席，独立人士122席。

【政府】乌独立后的第一届政府于1992年9月下旬辞职，同年10月新政府组成。其主要成员为：总理列昂尼德·达尼洛维奇·库奇马(Леонид Данилович Кучма)，第一副总理伊戈尔·拉法伊洛维奇·尤赫诺夫斯基(Игорь Рафаилович Юхновский)，副总理瓦西里·伊万诺维奇·叶夫图霍夫(Василий Иванович Евтухов)、弗拉基米尔·瓦西里耶维奇·杰米亚诺夫(Владимир Васильевич Демьянов)、维克托·米哈依洛维奇·平泽尼克(Виктор Михайлович Пинзеник)、尤利·雅科夫列维奇·约费(Юлий Яковлевич Иоффе)、尼古拉·格里戈里耶维奇·茹林斯基(Николай Григорьевич Жулинский)，内务部部长安德烈·弗拉基米洛维奇·瓦西里申(Андрей Владимирович Василишин)，能源与电气化部部长维塔利·弗奥德罗维奇·斯克利亚罗洛夫(Виталий Хедорович Скляров)，外交部部长阿纳托利·马克西莫维奇·兹连科(Анатолий Максимович Зленко)，通信部部长奥列格·彼德罗维奇·普罗日瓦里斯基(Олег Петрович Проживальский)，外经部部长伊万·伊万诺维奇·格尔兹(Иван Иванович Герц)，文化部部长伊万·米哈依洛维奇·久巴，林业部部长瓦列里·伊万诺维奇·萨莫普拉夫斯基(Валерий Иванович Самоплавский)，青年事务及体育部部长瓦列里·菲利波维奇·鲍尔佐夫(Валерий Хилиппович Борзов)，机械制造、军工及军转民部部长维克托·伊万诺维奇·安东诺夫(Виктор Иванович Антонов)，国防部部长康斯坦丁·彼得罗维奇·莫罗佐夫(Константин Петрович Морозов)，教育部部长彼得·米哈依洛维奇·塔兰丘克(Петр Михайлович Таланчук)，环境保护部部长尤里·伊万诺维奇·科斯坚科(Юрий Иванович Костенко)，劳动部部长米哈伊尔·格里高里耶维奇·卡斯科维奇(Михаил Григорьевич Каскевич)，社会保障部部长阿尔卡基·维塔里耶维奇·叶尔绍夫(Аркадий Витальевич Ершов)，工业部部长阿纳托里·康斯坦丁诺维奇·格鲁布琴科(Анатолий Констатинович Голубченко)，统计局局长尼古拉·伊万诺维奇·鲍里先科(Николай Иванович Борисенко)，运输部部长奥列斯特·德米特里耶维奇·克里姆普什(Орест Дмитриевич Климпуш)，保护切尔诺贝利核事故受难者部部长格奥尔基·亚历山德罗维奇·戈托夫奇茨(Георгий Александрович Готовчиц)，财政部部长格里高利·亚历山德罗维奇·彼亚塔琴科(Григорий Александрович Пятаченко)，司法部部长瓦西里·瓦西里耶维奇·奥诺宾科(Василий Васильевич Онопенко)，内阁部部长阿纳托利·康斯坦丁诺维奇·洛博夫(Анатолий Константинович Лобов)，安全委员会主席叶夫根尼·基里洛维奇·马尔丘克(Евгений Кириллович Марчук)，保卫国界国家委员会主席瓦列里·亚历山德罗维奇·古边科(Валерий Алексадрович Губенко)，国家财产基金会主席弗拉基米尔·弗拉基米洛维奇·普里亚德科(Владимир Владимирович Прядко)，反垄断委员会主席阿列克塞·列昂尼多维奇·扎瓦达(Алевсандр Пеонидович Завада)，国家银行行长维克托·安德列耶维奇·尤申科。

【行政区划】共有24个州和1个自治共和国(克里米亚)，479个区、436个市、927个镇、8996个村。主要城市：哈尔科夫、敖德萨、第聂伯罗彼得罗夫斯克、顿涅茨克、扎波罗热、克里沃伊罗格、利沃夫。

【司法机构】中央一级为乌克兰最高法院和乌克兰最高仲裁法院(审理经济方面的纠纷)。

【政党】现有政党和团体近50个，其中正式登记注册的政党20个。目前较有影响的政党有"鲁赫"、"新乌克兰党"和"社会党"。

(1)"鲁赫"(即"争取乌克兰改革人民运动")：于1989年9月成立。成员曾达5万人左右，在各地设有基层组织。1992年12月，"鲁赫"第四次全乌克兰大会后内部发生分裂，组成新的政党"乌克兰人民鲁赫"。该党主张建立民族民主和人权的国家，实行以总统为首的议会—总统制共和国，最终发展到德国模式的联邦制国家，赞成地方经济和预算自治，主张私有化、实行市场经济。主席维切斯拉夫·乔乐诺维尔(Вичеслав Чорновил)。

(2)新乌克兰党：成立于1992年6月。现有成员近3万人，其中包括前任和现任内阁成员、议员、部分政党领导人和企业家。"新乌克兰党"被称为前共产党人和民主人士的混合体。在迫使乌前内阁辞职过程中，该党起了重要作用。目前，该党的目标是，争取解散现议会，提前举行议会选举。该党主张自由民主和社会民主，用文明方式解决问题；实行市场经济和私有化。其主要任务是对执法机构和立法机构进行监督，并谋求在议会占多数席位。主席弗拉基米尔·费连科(Владимир Филенко)。

(3)社会党：成立于1991年11月。现有成员近5万人。该党被认为是由前共产党人组成的。在政治上主张作建设性的反对派，力主各政治党派和团体在平等基础上为建设国家和民族繁荣公平存在，反对极端和民族主义，反对歧视前共产党。在经济上，主张实行渐进的改革，先由国家实行指导性调控，然后改变生产关系，发展生产。主席亚历山大·莫罗兹(Александр Мороз)。

【重要人物】列昂尼德·马卡罗维奇·克拉夫丘克：总统。1934年1月出生于乌克兰罗夫诺州一个农民家庭，乌克兰族。1958年毕业于基辅大学，经济学副博士。曾在切尔诺维茨财经学校担任政治经济学教师。1960年起开始从事党务工作。曾被选为乌克兰人民代表。1990年7月当选为乌克兰最高苏维埃主席。1991年12月

1日当选为乌克兰总统。其父在第二次世界大战中阵亡。妻子安东尼娜在基辅大学任教。有一子。 **伊万·斯捷潘诺维奇·普柳希**：最高苏维埃主席。1941年生于切尔尼戈夫州的农村。乌克兰族。曾就读于农业技术学校，乌克兰农业科学院及社会科学院。曾任农艺师，集体农庄的基层负责人、主席，国营农场和农业联合体的经理，并在乌共基辅州委工作过。1984年后，任基辅州人民代表苏维埃执委会副主席和主席。1990年被选为基辅州苏维埃主席。同年6月被选为乌克兰最高苏维埃第一副主席，1991年12月任现职。 **列昂尼德·达尼洛维奇·库奇马**：总理。1938年出生于乌克兰北部的切尔尼戈夫州，乌克兰族。无党派人士。1960年毕业于第聂伯罗彼得罗夫斯克大学，技术科学副博士，列宁奖金获得者。库在乌最大的军工企业"南方"机械制造厂工作30余年，历任工程师、高级工程师、主任设计师及总设计师助理等职。1975～1982年间先后任"南方"设计局和"南方"机械制造厂生产联合委员会党委书记。1982～1986年任"南方"设计局第一副局长和总设计师。1986年12月被任命为"南方"机械制造厂生产联合企业总经理。1990年当选为人民代表。库还是乌最高苏维埃国防与国家安全问题常设委员会成员，以及直接隶属总统的企业家和总统代表委员会的成员。1992年10月任现职。 **阿纳托利·马克西莫维奇·兹连科**：外交部部长。1938年生。乌克兰族。毕业于基辅矿山工业技校、基辅大学国际关系系。1967年从事外交工作，先后任随员、二秘。1973～1987年在联合国教科文组织工作，先后任乌克兰驻教科文组织的副代表和常驻代表。1987年起任乌外交部副部长，之后任第一副部长，1990年任现职。

经　济

是原苏联继俄罗斯之后第二大经济强国。1990年国民生产总值占原苏联的16.5%，工业产值占16%，农业产值占22.5%。矿藏丰富。主要有煤、铁、锰等。钢铁、飞机制造、精密仪器制造、化学工业均较发达。素有"粮仓"之称，粮食产量约占全苏联的1/4。1990年原苏联83%的糖及55%的植物油均由乌提供。乌独立之后，由于与原苏联各国的经济联系中断、新旧体制转轨脱节，经济形势越来越严峻。虽然采取了一些向市场经济过渡的改革措施，但没有取得实质性的进展。1992年1月2日，乌被迫跟随俄罗斯放开了价格，但对一些关键部门（原料、能源、交通运输、药品、农产品等）仍实行价格控制。1月10日在全国发行有价证券——库邦。3月颁布了《国营企业私有化基本法》。4月23日经内阁批准向国际货币基金组织提交了《乌克兰经济改革计划及其政策》方案，但该方案规定的一些指标，并未如期完成。9月，政府提出迅速实行自由市场经济计划。这一计划由于福金总理辞职而不了了之。10月，新总理库奇马上台并采取了一些措施：宣布退出卢布区，实行币制改革；加强同独联体各国，尤其是俄罗斯的经济联系；发行1.52亿私有化财产证券；大幅度提高包括面包在内的许多食品和消费品价格，并提高最低工资和最低退休金数额。1993年2月，议会通过了本年度发展国家经济政策原则的政府行动计划。同前一年相比，1992年国民生产总值下降14%。1992年1～11月国民收入下降了18%，工业产值减少9%，粮食收购计划只完成64%。

货币名称：乌克兰库邦。

月通货膨胀率（1992年1～9月）：30%。

【资源】拥有72种矿藏资源，主要有煤、石油、天然气、铁、锰、镍、汞、钛、石墨、耐火土、矿物化学原料、建筑材料等。铁矿石储量约194亿吨，锰的储量居世界前列，无烟煤和烟煤储量390亿吨，褐煤60亿吨。水力资源丰富。森林占共和国领土面积的14.1%。动物种类繁多，有350多种鸟类，约100种哺乳动物和200多种鱼类。

【工业】1992年工业产值（按可比价格计算）比1991年减少了9%。主要工业部门有燃料动力、采矿、黑色冶金、机器制造、化工和食品工业等。轻工业、造纸和木材加工业也较发达。较大的热电站有多勃罗特沃尔、兹米耶夫、普里第聂伯、扎波罗热、斯拉维扬斯克、布尔什京、拉迪任等发电站。第聂伯河上有一系列水力发电站：第聂伯列宁、第聂伯捷尔任斯克、卡霍夫卡、克列缅楚格、卡涅夫、基辅等水电站。乌生产的煤占原苏联27.5%，铁约占50%、钢占36.3%、钢管约占25%，焦炭占50%，化肥占21%，硫酸占18%，砂糖占60%，电力占20%，铁矿石占50%，锰矿石占75%。

【农业】农业用地约4220万公顷，占领土面积的70%。种植业以生产谷物和甜菜为主。畜牧业以奶肉两用为主，主要饲养牛、羊和猪。1989、1990年农业产值分别为508、490亿卢布。1992年农业产值与上一年相比几乎下降了11%。1992年谷物总产量为3850万吨（比1991年少0.4%）。糖用甜菜的总产量为2860万吨（比1991年少21%），向日葵籽210万吨（比1991年少8%），蔬菜500万吨（比1991年少11%），马铃薯2040万吨（比1991年多产40%）。与1991年相比，1992年肉类减产14%（屠宰重量为350万吨），奶减产15%（1910万吨），蛋类减产11%（134亿个）。

【交通运输】以铁路运输为主。铁路总长22800公里。公路总长169万公里，其中硬路面159万公里。1992年全年货运量18亿吨，客运量69亿人次。内河航道约4500公里。第聂伯河、德涅斯特河、多瑙河、杰斯纳河、黑海和亚速海可通航。主要港口有敖德萨、伊利伊乔夫斯克、赫尔松、尼古拉耶夫、伊兹梅尔、日丹诺夫等。

干线管道1.4万公里以上。

【财政金融】1992年国家预算收入15530亿库邦。预算支出19204亿库邦，财政赤字为3674亿库邦。

【对外贸易】1992年出口总额36亿美元，比上年下降38%。出口国家达99个，主要集中在原东欧社会主义国家。出口商品中主要以原料、日用品及其材料为主，占出口总额的83%，机械产品只占16%。出口总额中易货部分占50%以上。

主要进口产品:石油、燃料重油、天然气、轻工业机械、卡车、棉布、毛料、针织品。

主要出口产品:黑色冶金制成品、煤、铁矿石、化学工业及有色冶金机械、农业机械、计算机、冷冻设备、糖。

【外国资本】截至1992年,外国在乌投资9亿美元左右。

人民生活

1989年职工月平均工资217.7卢布,国营农场工作人员的平均工资216.1卢布,集体农庄庄员的平均工资184.3卢布;按人均计算的国营和合作社商业(包括公共饮食业)零售贸易额1326卢布;每100户职工和农庄庄员文化生活用品和家庭耐用消费品的拥有量分别为:黑白电视机52台和85台,彩电49台和11台,录音机49台和18台,照相机15架和2架,电冰箱和冰柜95台和78台,洗衣机77台和67台,吸尘器63个和18个,缝纫机53台和40台,小汽车19辆和13辆,摩托车10辆和25辆;按人均计算的居民住宅面积城市16.3平方米,农村20.4平方米;每万名居民拥有43.9个医生,115.8个中等医务人员,134.7张病床。近一二年,国内经济危机严重。库邦贬值,物价上涨,职工的工资增长远远低于物价的上涨,居民生活水平不断下降。1991年1月至1992年6月,职工的工资增长8.8倍,而物价上涨26.9倍。许多居民已生活在贫困线以下。

军　事

1992年1月3日,乌宣布开始组建自己的军队。4月6日,乌总统发布命令,宣布接管在其境内的全部常规部队,并组建自己的海军。目前,乌武装力量分为陆、海、空三个军种,总兵力约65万人,不久将裁减到40～45万人。现有176枚洲际弹道导弹,核弹头1280个;作战坦克6318辆,装甲车7689辆,火炮3852门,战斗机1494架,直升机229架。乌准备以南方和西方两个战役司令部取代原来的基辅、敖德萨、外喀尔巴阡三个军区。乌陆军拟组建7～8个合成师,6～7个摩托化步兵和坦克旅,6～7个炮兵旅,2～3个陆军航空兵旅;空军组建3个航空集群;海军组建几个舰艇支队和陆战队。乌国防部长1人,第一副部长1人,副部长3人。现任国防部长康·莫罗佐夫。

文化教育

1991年用于社会文化设施及科研的经费为292.99亿卢布,其中用于文化、教育及科研的经费占国家预算支出的16.8%。

【教育】1989年共有2.17万所各类普通学校(710万学生),738所中等专业学校(77.66万学生),147所高等学校(88.88万学生);1989年每千名15岁以上的居民中受过高等和中等专业教育的794人,其中受过高等教育的104人;每万名居民中高等学校和中等专业学校毕业的专门人材分别为27人和44人;在国民经济中就业的受过高等和中等专业教育的专家682.2万,其中受高等教育的294.21万,受中等教育的387.99万;在国民经济中就业的受过高等和中等教育的女专家为416.82万人。

【新闻出版】1989年乌克兰共和国出版报纸1763种,零售2404.5万份,每百人46份;期刊杂志203种,零售1040.4万份,每百人20份;书籍8449种,零售1.9亿本,每百人366本。主要报纸有:《苏维埃乌克兰》、《乌克兰青年报》、《工人报》、《基辅晚报》和《敖德萨晚报》等。主要刊物有:《胡椒》、《苏维埃妇女》、《银幕新闻》、《乌克兰》、《科学与社会》和《祖国》等。

乌克兰电讯社设在基辅。1924年在哈尔科夫开始首次无线电广播。广播使用乌克兰语、俄语、摩尔多瓦语、匈牙利语和德语、英语。1951年基辅电视中心开始工作。

对外关系

主张奉行"向全世界开放"的外交政策。努力成为欧洲大家庭的一员,谋求欧洲大国地位。十分重视发展与西方的关系。强调要保持和发展同独联体各国的关系,但反对把独联体变成国家实体。重视发展同中国的关系。截至1993年2月1日,135个国家承认其独立,111个国家与之建交,42个国家在基辅开设使馆。

【同我国的关系】1992年1月4日中乌建交。两国关系发展顺利。10月29日至11月3日,克拉夫丘克总统应杨尚昆主席的邀请对我国进行正式访问。江泽民总书记、杨尚昆主席和李鹏总理分别同克举行了会见和会谈。两国就政治、经济、文化、卫生、民航等领域的合作签署了12项文件。这次访问促进了两国友好合作关系的进一步发展。8月18～25日,全国人大常委会副委员长赛福鼎·艾则孜率全国人大代表团访乌,与乌总统克拉夫丘克、议长普柳希、第一副总理西蒙年科、第一副外长马卡列维奇进行了会见和会谈。这是乌独立之后我首次往访的级别最高的代表团。

两国主要交往还有:1992年4月,中国人民对外友好协会副会长陈昊苏、国家科委副主任惠永正访乌;4月底至5月初乌教育部副部长维·维·索科尔、8月乌对外经济联络和商业部部长安·尼·沃龙科夫、9月乌国家地质和矿产资源利用委员会主席格夫里连柯访华。

1992年中乌进出口总额为10460万美元,其中我国出口额为8115万美元,进口额为2345万美元。

我国驻乌克兰大使:张震。使馆设在基辅,电话:227-84-02。

乌驻华大使:普柳什科。馆址:北京塔园外交公寓。电话:5326359。

【同俄罗斯的关系】两国主要围绕黑海舰队划分、克里米亚归属、核武器控制、原苏联财产的分割等问题矛盾时起时伏。(1)1992年6月,克拉夫丘克总统与叶利钦总统在达格梅斯首次会晤,就分割黑海舰队问题达成原则协议。8月,两总统在雅尔塔第二次会晤,签署了《乌俄关于在前苏联黑海舰队基础上组建乌克兰海军和俄罗斯舰队的原则协议》,确定1995年以前为乌海军和俄舰队建立前的过渡时期。在此期间,黑海舰队直属乌俄总统管辖。会晤之后,乌俄关系明显改善,但矛盾并没有解决,仅把"热点"问题冻结起来。(2)克里米亚归属问题。联盟解体后,克里米亚部分居民要求独立或加入俄联邦的情绪愈加强烈起来。俄罗斯议会于1992年5月21日通过决议。宣布1954年把克里米亚划入乌克兰的决议无效。对此,乌总统指出,这一决议是对乌直接的领土要求,将使乌俄两国关系紧张化。此后,随着乌俄总统会晤、克里米亚地区暂停举行关于独立问题的全民公决,两国在克问题上的争执有所缓解,但也只是将问题搁置起来。(3)关于核武器问题。乌指责俄未同其商量单方面向美国作出削减原苏联战略核武器的承诺。俄美签署第二阶段进攻性战略武器条约后,乌表示,对该条约不承担任何义务,要求西方为其销毁境内核武器提供援助,要求俄及其他大国对乌作出安全保证。(4)关于原苏联财产分割问题。两国虽然多次谈判,也达成过某些协议,但并未最终解决,仍然争吵不休。

【同独联体的关系】乌是独联体创始国之一。乌与独联体保持关系,但反对其国家化,在一些重大问题上坚持自己的独特立场。1992年5月,在塔什干首脑会议上,乌未在独联体集体防务条约上签字。1993年1月,在明斯克会议上,乌拒签独联体章程。

【同美国的关系】乌非常重视发展同美国的关系。1991年11月克拉夫丘克访问美国,争取对其独立的支持。12月,美国务卿贝克访乌,与克拉夫丘克总统就核武器控制、防止核扩散和美乌双边关系等问题进行会谈。此后,美副国务卿巴塞洛缪、国防部副部长沃尔福威茨、参议院外交委员会主席佩尔、众议院军事委员会主席阿斯平等相继到乌活动。1992年4月美高级代表团访乌,双方就在乌建立销毁核导弹的专门科学中心及工厂问题举行会谈。（乌白波）

西　班　牙

国名　西班牙(Spain,España)。

面积　504750平方公里。

人口　3904万(1991年)。主要是卡斯蒂利亚人(即西班牙人),少数民族有加泰罗尼亚人(约600万人)、巴斯克人和加里西亚人。卡斯蒂利亚语(即西班牙语)是官方语言和全国通用语言。在加泰罗尼亚、巴斯克和加里西亚三个少数民族地区,其各自的民族语言亦为官方语言。94%的居民信奉天主教。

首都　马德里(Madrid),人口291万(1991年)。

国家元首　国王胡安·卡洛斯一世(Juan Carlos I),1975年11月22日登基。

简　况

位于欧洲西南部伊比利亚半岛。西邻葡萄牙,东北与法国、安道尔接壤,北濒比斯开湾,南隔直布罗陀海峡与非洲的摩洛哥相望,东和东南临地中海。海岸线长约3904公里(不包括巴利阿里群岛和加那利群岛)。中部高原属大陆性气候,北部和西北部沿海属海洋性气候。首都平均气温1月4.9℃,8月22.5℃。1492年"光复运动"胜利后,建立统一的西班牙封建王朝。同年10月12日哥伦布抵达西印度群岛。此后西逐渐成为海上强国,在欧、美、非、亚均有殖民地。1588年"无敌舰队"被英国击溃,开始衰落。1873年建立第一共和国。1931年建立第二共和国。1947年佛朗哥宣布西为君主国,自任终身国家元首。1975年11月佛朗哥病死,胡安·卡洛斯一世登基。1976年7月国王任命原国民运动秘书长阿·苏亚雷斯为首相,开始向西方议会民主政治过渡。1982年10月工人社会党在大选中获胜组阁。此后工社党在1986年、1989年两次大选中蝉联执政。

政　治

近年来,工社党和政府内部的思想和意识形态分歧及权力之争日趋公开化,某些腐败现象开始繁衍滋生,加上政府的紧缩经济政策在一定程度上损害了劳动者利益,导致群众的不满,政府威信有所下降。在1991年5月举行地方议会和市政选举中,工社党得票率略有回升,但在首都马德里的市政选举中失利。经过整顿的人民党选票增加,并在马德里市政选举中获绝对多数。联合左翼仍位居第三。社民中心惨败。1992年,西政府制定了西班牙同欧洲经济拉平计划,争取1997年使西班牙经济赶上发达国家。这一计划得到社会、特别是经济界较广泛支持。政府在反恐怖活动斗争中取得较大成果。西成功举办了塞维利亚世界博览会和巴塞罗那奥运会。工社党内矛盾有一定程度缓和。

【宪法】现行宪法于1978年12月6日全国公民投票通过,12月29日生效。宪法规定西班牙是社会与法治的国家,实行议会君主制,王位由胡安·卡洛斯一世的直系后代世袭。国王为国家元首和武装部队最高统帅,政府负责治理国家并向议会报告工作。宪法承认和保证民族及地区的自治权。

【议会】由参议院和众议院组成,行使国家的立法权,审批国家财政预算,监督政府工作。立法权以众议院为主,参议院为地区代表院。议员由普选产生,任期4年。本届议会于1989年11月21日组成。众议员350名,参议员208名。两院议席分配情况如下:

	众议院	参议院
工人社会党	175	108
人民党	107	77
联合左翼	17	1
社会民主中心	14	1
加泰罗尼亚民主联合	18	10
巴斯克民族主义党	5	4
人民团结	4	3
其他党派	10	4

众议长费利克斯·庞斯(Felix Pons),参议长胡安·何塞·拉沃尔达(Juan José Laborda)。1989年11月就任,两人均为工人社会党党员。

【政府】现政府为工人社会党一党政府,于1989年12月6日就职,后有所调整,有18名成员。主要有:首相费利佩·冈萨雷斯(Felipe González),副首相纳西索·塞拉(Narciso Serra),外交大臣哈维尔·索拉纳·马达里亚加(Javier Solana Madariaga),国防大臣胡利安·加西亚·巴尔加斯(Julián Garcia Vargas),经济财政大臣卡洛斯·索尔查加(Carlos Solchaga),工业、商业和旅游大臣何塞·克劳迪奥·阿兰萨迪(José Claudio Aranzadi)。

【司法机构】最高领导机构是司法权总委员会,由20名成员组成,最高法院院长兼任主席。司法机构分司法系统和行政法系统两大系统。此外,还设有国家总检察院,下辖各级检察院及派驻各司法部门的检察官。最高法院院长帕斯夸尔·萨拉(Pascual Sala),国家行政法院院长费尔南多·马特奥·拉赫(Fernando Mateo Lage),国家总检察长埃利希奥·埃尔南德斯(Eligio Hernandez)。

【政党】主要政党有:(1)西班牙工人社会党(Partido Socialista Obrero Español):1879年成立,党员约26万人。主席拉蒙·卢比亚尔(Ramón Rubial),总书记费利佩·冈萨雷斯。

(2)人民党(Partido Popular):原名人民同盟。1977年创立,党员约32万。最大的反对党。在1991年5月的地方议会和市政选举后,该党为树立中间形象,内外政策作了调整。提出遏制左派,沿着改革之路,走向中间,在下届大选上台执政的战略。主席何塞·玛丽亚·阿斯纳尔(Jose Maria Aznar)。

(3)西班牙共产党(Partido Comunista de Espana):党员约5.5万人。1920年成立。在1991年的十三大上,主张取消共产党的势力得以进一步扩大,但西共主要领导仍强调坚持马克思主义,不考虑解散西共。总书记胡里奥·安吉塔(Julio Anguita)。

(4)社会民主中心(Centro Democrático y Social):1982年成立,党员48869人。主席拉斐尔·卡尔沃·奥尔特加(Rafael Calvo Ortega),总书记何塞·路易斯·戈麦斯·加尔塞拉多(Jose Luis Calcerrado),1992年当选。

(5)加泰罗尼亚民主联合(Convergencia Democratica de Cataluna):与另外一个民族主义政党加泰罗尼亚民主团结在加泰罗尼亚自治区联合执政。1975年成立,党员约1万人。主席霍尔迪·普约尔(Jordi Pujol),总书记米格尔·罗加(Miguel Roca)。

(6)巴斯克民族主义党(Partido Nacionalista Vasco):1895年成立,巴斯克自治区执政党,党员约4万人。主席哈维尔·阿萨柳斯(Javier Arzallus)。

【重要人物】胡安·卡洛斯一世:国王。1938年1月5日生于罗马,西班牙波旁王朝末代国王阿方索十三世之孙。幼时随父旅居意大利、瑞士和葡萄牙等国。1955年起,先后在西海、陆、空三军军事学院和大学学习,毕业后到政府各部门实践行政管理,1969年7月由佛朗哥指定并经议会通过为王位继承人,1975年11月登基。爱好滑雪、狩猎、航海、航空。1962年与希腊公主索菲亚结婚,有二女一子。 **费利佩·冈萨雷斯**:首相。1942年3月5日生于塞维利亚。1966年毕业于塞维利亚大学法律系,1962年加入社会主义青年团。1964年加入工人社会党,1974年当选为总书记。1982年10月任首相,1986年和1989年两次连任。

经 济

西是较发达的资本主义工业国。国内生产总值在经合发组织国家里占第8位,占世界第12位。1990年国内生产总值约4500亿美元。国民经济三大部类中服务业占57.4%,工业占37.5%,农业占5.1%。1982年工社党政府上台后实行紧缩加有限扩展政策,自1987年起,经济增长速度连续三年保持在5%以上,国内投资增长率保持在14%左右。但近两年来,由于国内需求扩展过猛,出现了经济过热、结构失衡的现象。政府采取了控制货币供应量增长、加强税收、削减预算等紧缩手段,西经济增长明显放慢,1991年经济增长2.5%,公共赤字和通膨指数居高不下,失业人数增加,外贸持续逆差。为迎接欧洲统一大市场的挑战,西政府实行了经济拉平计划,采取措施使西的各项经济指标逐渐向欧共体平均水平靠近。

国内生产总值(1991年):547700亿比塞塔。

人均国内生产总值(1991年):12400美元。

国内生产总值增长率(1991年):2.5%。

人均国民收入(1991年):1126685比塞塔。

货币名称:比塞塔。

汇率(1991年):1美元=100比塞塔。

通货膨胀率(1991年):5.5%。

失业率(1991年):16.4%。

【资源】主要矿产储藏量:煤88亿吨,铁19亿吨,铜400万吨,锌190万吨,黄铁矿5亿吨,汞70万吨。林业资源主要集中在北部沿海一带,森林总面积1179.2公顷。

【工业】1990年工业产值(含建筑业)为16.72万亿比塞塔,占国内生产总值的32.68%,增长率几乎为零,1991年为负增长。工业从业人口为410万,占就业人口总数的33.4%。主要工业部门有造船、钢铁、汽车、水泥、采矿、建筑、纺织、化工、皮革、电力等行业。主要工

业产品产量如下(单位:万吨):

	1988	1989	1990
钢铁	1186	1280	1306
造船	27.1	32.5	38.4
汽车(万辆)	149.8	163.9	167.9
水泥	2437.2	2737.5	2809.2
塑料	187.8	193.4	207.8

(资料来源:1992/93年英国经济季评)

【农业】1990年农业产值为24433亿比塞塔,占国内生产总值的4.78%。耕地面积2042万公顷,农业就业人口为148.6万人,占总就业人口的11.8%。主要农牧渔产品产量如下(单位:万吨):

	1989	1990	1991
小麦	546.8	476	539.2
大麦	939.4	941.4	914.1
玉米	332.8	305.1	320
稻谷	34.2	56.9	58.7
马铃薯	536.6	536.2	519.8
甜菜	733.3	724.5	670.6
水果	366.6	307.8	352.2
蔬菜	954.7	928.7	910.8
葡萄酒(亿公升)	32.631	42.458	32.502
肉类	328.5	337.9	358.8
捕鱼	96.1	97	90.9
鲜奶(亿公升)	64.49	65.78	64.00
蛋类(亿打)	8.46	8.94	8.48

(资料来源:西BBV银行1991年经济报告)

【服务业】是西国民经济的一个重要支柱,包括文教、卫生、商业、旅游、科研、社会保险、运输业、金融业等。从业人口为625.4万人,占就业人口总数的53.14%。80年代以来,其平均增长速度一直高于整个国民经济增长速度。1991年西服务业产值按不变价格计算比1990年增长了2.8%。

【旅游业】是西经济的重要支柱和外汇的主要来源之一。1991年来西游客达5350万人,创汇约199.11亿美元,旅游收入约占国内生产总值的3.6%。目前全国共有各种旅馆、客栈2.8万多个,床位180万个。另有用于向游客出租的公寓415万套。全国共有1756个旅行社,下设2044个分社。著名旅游点有马德里、巴塞罗那、塞维利亚、太阳海岸、美丽海岸等。

【交通运输】以陆路交通运输为主。公路运输占运输总量的83%。1988年交通运输情况:

铁路:总长12721公里;客运量169.80亿人公里,货运量121.4亿吨公里。

公路:总长153612公里(其中高速和快速公路总长为2854公里);各种车辆总数1388万辆。

水运:商船952艘,总吨位为465.2万吨;海运装货量8144.7万吨,卸货量14498.6万吨,客运量1333万人次;主要港口27个,其中最主要的有巴塞罗那、毕尔巴鄂、桑坦德尔等。

空运:客运量6828万人次,货运量37.3万吨;国际机场29个,主要机场是马德里巴拉哈斯机场和巴塞罗那机场。

【财政金融】近年来西财政收入支出情况如下(单位:亿比塞塔):

	1989	1990	1991
经常项目收入	94490	101200	112050
经常项目支出	89240	96860	109790
资本流入	1230	1410	1670
投资和资本转移	16120	18770	17240
赤字	9650	13030	13310

西财政收入主要靠直接税和间接税,分别占财政收入的46.21%和41.79%(1990年)。1990年公共赤字为1.3万亿比塞塔,占国内生产总值的3.2%。赤字主要靠银行透支、发行公债和借外债来弥补。内债为16.3万亿比塞塔,占国内生产总值的36.5%(1990年10月底)。1991年底西黄金、外汇储备为662.83亿美元,公、私外债总计为500亿美元。1992年国际收支逆差达2.44万亿比塞塔,占当年国民生产总值的4.1%。

【对外贸易】1991年,西进出口总额为15.9万亿比塞塔,约占全年国内生产总值的30%。全年贸易逆差达3.45万亿比塞塔,占国内生产总值的6.3%。近两年外贸情况如下(单位:亿比塞塔):

	1990	1991
进口额	89147.41	96721.48
出口额	56427.91	62256.70
差　额	−32719.5	−34464.78

(资料来源:同上)

主要进口石油、工业原料、机械设备和消费品。主要出口钢材、汽车、水泥、皮革制品、纺织品、葡萄酒和橄榄油等。主要贸易伙伴是欧洲共同体和美国,1990年西对欧共体的进、出口总额分别是53006.4亿比塞塔和39103.65亿比塞塔,对美进、出口总额分别是7448.07亿比塞塔和3289.13亿比塞塔。

【对外投资】1991年西对外投资额为6769亿比塞塔,比上年增加48.8%。

人民生活

工社党政府的目标是建设"社会福利国家",几年来不断增加福利开支。职工均可享受社会保险,费用由国家担负30.8%,企业和个人承担69.2%。1990年西社会保险开支为6.45万亿比塞塔,人均国民收入11122美元,年底失业人口235万。平均寿命为74.3岁。1990年工资增长率8.1%,消费物价上涨指数6.5%。

军　事

武装力量由正规军和国家安全部队组成,国王为最高统帅。国防部负责政府的防务政策并领导国防工业。军队最高指挥机构是三军参谋长联席会议。国防参谋长何塞·罗德里格·罗德里格中将。国防委员会是国防事务的最高咨询机构,国王为当然主席,但通常由政府首相主持。成员有副首相、国防、外交、内政大臣、国防参谋长、三军参谋长。

实行义务兵役制和志愿兵相结合的兵役制度，义务兵服役期为9个月。

西正规军总兵力为27万人，陆军划6个军区，5个师，15个旅（其中伞兵旅、空运旅和两个骑兵旅为独立旅）。另还有海外军团和特种部队。海军编9个司令部，另有航空兵和陆战队。空军分为作战空军、战术空军、加那利群岛空军、空运、训练等5个司令部和1个空军司令部群。国家安全部队72708人。

1990年国防预算为8704.33亿比塞塔，占国家总预算的7.47％。

文化教育

【教育】小学实行免费义务基础教育（6～14岁），统一综合中学为3年，大学4～5年。1988年全国教育经费为13000亿比塞塔，主要大学有马德里康普鲁坦塞大学，萨拉曼卡大学，巴塞罗那中央大学等。1987/88年度各级学校、学生、教师情况：

	学校（所）	学生（人）	教师（人）
基础教育	22429	6146776	201143
中　　学	2692	1422443	52619
职业培训	2219	799506	33777
高等学校	300	960000	

【新闻出版】全国共有报刊160多种，全国性杂志100多种。主要报刊及发行量：《国家报》，发行量372742份；《阿贝塞报》，247228份；《先锋报》，195088份；《雅报》，75447份；《会晤》周刊，571216份；《变革16》周刊，140250份。

主要通讯社：埃菲社，官方通讯社，1939年1月创办。另外还有私营的欧洲通讯社、罗戈斯通讯社。

广播电视总局统管电台、电视台。全国共有200多家电台，最重要的有西班牙国家广播电台和私营的西班牙广播公司、洲际电台和西班牙人民广播电台。

电视台分官方电视台和私人电视台。西班牙电视台为官方电视台，有两套节目。此外还有安达卢西亚、加泰罗尼亚、加里西亚、巴斯克和马德里自治区电视台。1989年政府批准建立了多频道、天线－3和电视5台三家私人电视台。

对外关系

对外主张“和平与安全”，奉行“欧洲的、西方的”外交政策。以推动欧洲联合为核心，以马格里布和拉丁美洲为重点，开展全方位外交。西认为国际形势已发生了明显和深刻的变化，一个新的国际格局正在形成轮廓，世界处于一个不稳定和捉摸不定的时代。主张建立一个公正和稳定的国际新秩序，推动世界向多极化发展。东西方对立的消失使南北矛盾更加突出，发达国家与发展中国家的差距在扩大。裁军将会加强世界的安全与稳定，主张在裁减核武器的同时，也要开辟生、化武器的裁军进程。积极参加联合国维持和平行动。认为马斯特里赫特条约是新欧洲的基础和核心，积极推动欧共体内部大市场的建设。积极评价苏联和东欧局势的变化，并给以政治和经济上的支持。承认前苏联各共和国并同其建交。重视同俄罗斯发展关系。支持前南斯拉夫和平会议的进程，支持万斯、欧文两主席和平计划，反对军事干预。主张在中东地区以合作发展代替战争和冲突。认为马德里中东和会是解决阿以冲突、和睦相处的出发点，中东和平进程已经进入了新阶段。积极主张召开地中海安全与合作会议。关注并参与柬埔寨的和平进程，支持关于柬和平会议取得的成果。现已同135个国家和地区建立了外交、领事和商务关系。

【同我国的关系】1973年3月9日同我国建交。两国政治、经济、文化关系不断发展。西对华主要来访有：胡安·卡洛斯国王（1978年），冈萨雷斯首相（1985年、1993年），德卡瓦哈尔参议长（1985、1989年），我对西的重要出访有：李先念主席（1984年），赵紫阳总理（1986年）。两国签有航空协定、文化协定、发展经济和工业合作协定、科技合作基础协定和避免双重征税协定。

1990年以来，中国同西班牙在各个领域里的友好合作关系得到了恢复和发展。同年11月，西班牙外交大臣奥多涅斯访华，这是1989年下半年以来欧共体国家第一位外交部长来华访问。1991年2月国务委员兼外长钱其琛访西。1992年，中西关系发展较快，两国经贸合作不断扩大。2月，李鹏总理访西，进一步推动了两国关系的发展。7月，田纪云副总理赴西主持塞维利亚世界博览会中国馆日活动。9月，邹家华副总理访西，国务委员兼外长钱其琛在联大会晤西外交大臣索拉纳。同年，中西签署了投资保护协定和司法协助条约。

据我海关统计，1992年两国贸易额为6.84亿美元，我向西出口3.29亿美元，进口3.55亿美元。

中国驻西班牙大使：原涛。馆址：C/Arturo Soria 113。电话5194242。电传27719 CHNAM E。领事部电话：5193651。商务处电话：4135892。电传22808 EMCHI E。

西班牙驻中国大使：马丁内斯。馆址：北京市朝阳区三里屯路9号。电话：5321986。

西在台设有商务办事处。1985年，台远东贸易服务中心在西设立办事处。台设在马德里的“孙中山文化中心”于1991年6月改名为“台北文化经济中心”。据西方统计，1991年西台贸易额达9.22亿美元。

【同美国的关系】西美关系密切。两国先后签订防务合作协定和友好合作条约等。目前美军已从托雷洪和萨拉戈萨两基地全部撤出，仅保留罗塔和莫隆两个海空军基地。西仍重视同美保持友好。两国首脑对西美关系的不断改善表示满意。两国间高层政治往来日趋频繁。继1991年西国王访美后，1992年冈萨雷斯访问了美国，双方就重大国际问题交换了意见，并建立了不定期的最高级磋商制度。美是西仅次于欧共体的第二大贸易伙伴，双边贸易额近年来一直保持在100多亿美元以上。美资占外国在西投资总额的近1/3。

【同前苏联和东欧国家的关系】长期以来，西苏关系比较冷淡。1989年苏联和东欧发生剧变后，西调整了对苏的政策。独联体建立后，承认其各共和国的独立并同其建交。注重发展同俄罗斯在各个领域内的友好合作，承认俄罗斯为前苏联国际义务的合法继承人，并宣布西同前苏联签订的40多个协定和15亿美元的贷款对俄罗斯仍然有效。1992年，西俄两国保持了正常关系，俄总理和副总统访问了西班牙，西外交大臣也访问了莫斯科。东欧局势发生变化后，西继续发展同东欧国家的关系。西与罗马尼亚、匈牙利、捷克和斯洛伐克签订了友好合作条约。

【同邻国的关系】近年来，西与法国关系发展很快，领导人定期互访，建立了部长级全面磋商制度，并在地中海共同防务和打击恐怖活动等方面密切合作。西与葡萄牙签有友好合作条约，两国领导人保持定期会晤和磋商。西重视发展同摩洛哥和阿尔及利亚等国的关系，近几年关系有明显改善，同其签署了友好合作条约。西同利比亚的关系也有所改善。西还增加对这些国家的经济援助，并加强军事合作。西积极支持马格里布地区的一体化进程，多次倡议召开地中海和平与安全会议。西支持联合国为解决西撒问题采取的和平行动。但是，西、摩对休达、梅利利亚两地归属问题一直有争议。

【同西欧国家的关系】在政治、经济、防务上积极推动西欧联合，是西外交政策的重要目标。1992年11月，西议会正式批准了马斯特里赫特条约。积极推动欧共体政治经货联盟的建设。主张欧共体应有共同的外交防务政策，加强西欧联盟的作用。

【同拉丁美洲国家的关系】与拉美国家有特殊传统关系。主张建立伊比利亚—美洲共同体，认为拉美是欧洲在大西洋彼岸的延伸，发展同拉美国家的关系是西外交重点之一。近年来，西与拉美国家的高层政治往来日趋频繁，合作领域不断拓宽。1991年7月西国王胡安·卡洛斯一世和首相冈萨雷斯出席了在墨西哥举行的第一次伊比利亚美洲首脑会议。1992年7月在马德里召开了第二次伊比利亚—拉丁美洲首脑会议，19个拉美国家的元首出席了会议。西已同拉美7个国家签订了友好合作协定，同另外3个国家签订了双边合作协定。西向拉美提供170多亿美元的贷款和投资。

（赵尚林　赵本堂）

希　腊

国名　希腊共和国（The Hellenic Republic）。

面积　131990平方公里，15％的面积为岛屿。

人口　10256464人（1991年普查）。98％以上为希腊人，讲希腊语，信奉东正教。主要少数民族是土耳其人，信奉伊斯兰教。

首都　雅典（Athens），人口3096775人（1991年普查）。

国家元首　总统康斯坦丁·卡拉曼利斯（Constantine Karamanlis），1990年5月5日就任。

简　况

位于巴尔干半岛最南端。北界保加利亚、前南斯拉夫马其顿、阿尔巴尼亚，东北与土耳其的欧洲部分接壤，西南濒爱奥尼亚海，东临爱琴海，南隔地中海与非洲大陆相望。海岸线长约15000公里。属亚热带地中海气候。平均气温冬季6～12℃，夏季26～30℃。西方文明的发祥地。公元前3000至前1400年克里特岛就存在米诺斯文化。公元前800年出现奴隶制城邦国家，前5世纪为鼎盛时期。1821年3月25日希爆发反对奥斯曼帝国统治的战争，并宣布独立。1832年为王国。1974年12月改为共和国。此后由新民主党、泛希腊社会主义运动轮流执政。

政　治

1990年4月大选后，新民主党组成了以康斯坦丁·米佐塔基斯为总理的一党政府。三年来，政府对内实行紧缩经济政策，对外加强同美国、北约和欧共体的关系，积极支持欧洲联合。1992年政府在前南斯拉夫马其顿共和国独立问题上争议较大，导致萨马拉斯外长被解职。社会各界对政府经济政策批评较多，罢工浪潮不断。主要反对党泛希社运要求政府辞职，尽早举行大选。

【宪法】现行宪法于1975年6月11日正式生效。宪法规定实行“总统议会共和制”，总统为国家元首，任期5年，可连任一次；立法权属议会和总统，行政权属总统和总理，司法权由法院行使。1986年通过的宪法修正案使总统权力大大缩小。

【议会】一院制。议会的主要职能是立法和监督政府工作。由全国普选产生。全国共分56个选区，共有300名议员。本届议会于1990年4月22日产生，任期4年。新民主党占152席，泛希腊社会主义运动124席，左派与进步力量联盟14席，希共7席，穆斯林无党派人士2席，生态党1席。议长阿萨纳西奥斯·察尔达里斯（Athanasios Tsaldaris，新民主党），1990年4月22日就职。

【政府】现政府于1990年4月11日宣誓就职。1992年12月进行了改组，主要成员如下：总理康斯坦丁·米佐塔基斯（Constantine Mitsotakis），副总理察尼斯·察奈塔基斯（Tzannis Tzannetakis），外交部长米哈利斯·帕帕康斯坦丁努（Michalis Papaconstantinou），国防部长雅尼斯·瓦尔维齐奥迪斯（Ioannis Varvitsiotis），国民经济部长兼财政部长斯蒂凡诺斯·曼诺斯(Stephanos Manos),工商部长瓦西利斯·孔多雅诺普洛斯(Vassilis Kontoyannopoulos)。

【司法机构】全国法院分初级、上诉及最高法院三级。最高司法机构包括最高法院和最高行政法院。未设独立的检察机构,各级法院设有检察官,初级地方治安法院设有公诉人。最高法院院长瓦·科基诺斯(B. Kokkinos)。

【政党】1990年有30多个政党参加议会竞选。主要政党是:

(1)新民主党(New Democracy):执政党。1974年9月在原国民激进联盟基础上成立,党员约20余万人。曾于1974~1981年执政。1990年再次执政。主席康斯坦丁·米佐塔基斯。

(2)泛希腊社会主义运动(Panhellenic Socialist Movement):简称泛希社运。最大反对党。1974年9月成立,党员约20万人(1985年5月)。1981~1989年执政。主席安德烈亚斯·乔治·帕潘德里欧(Andreas George papandreou)。

(3)左翼与进步力量联盟(Coalition of Left and Progressive Forces):原系1989年初由希共和左翼党联合其他小党组成的竞选联盟。1992年6月召开第一次代表大会,宣布正式成立统一的政党。成员约2万人。该党强调社会主义不是通过夺取政权而建立的制度,也不是模式,而是通过民主制推动业已成熟的社会结构改革的过程。市场是人类生产成就,是不可替代的经济机制,不能把它同资本主义相提并论。主席玛丽亚·扎玛娜基(Maria Damanaki)。

(4)希腊共产党(Communist Party of Greece):1918年成立,党员约3.2万人(1991年12月)。名誉主席哈利劳斯·弗洛拉基斯(Harilaos Florakis),总书记阿莱卡·帕帕莉卡(Aleka Papariga,女,前译为帕帕利加)。

其他政党有民主复兴党、生态党等。

【重要人物】**康斯坦丁·卡拉曼利斯**:总统。1907年3月8日生于北部马其顿地区色雷市附近。1927年毕业于雅典大学法律系。当过律师。1935年进入政界,当选为议员。二次大战后多次当选为议员。1946~1955年历任劳工、交通、社会事务、国防和公共工程大臣等职。1955年起担任首相8年。1956年创建国民激进联盟,任主席。1963年下半年该联盟在大选中失败后,卡离开希腊,侨居巴黎11年。1974年军人政权下台后,被总统召请回国,复任总理,同年9月组建新民主党,任主席。1980年5月至1985年3月任总统并辞去新民主党主席的职务。1990年5月5日再度出任总统。1979年11月曾作为总理访华。离婚。 **康斯坦丁·米佐塔基斯**:总理。1918年10月18日生。二次大战期间被德国法西斯关押。战后,多次当选为自由党、中间派联盟议员,曾任交通、财政大臣等职务。1967~1974年在希腊军政权统治时期,流亡西德和法国。1977年组建新自由党,自任主席,并当选为议员。1978年新自由党并入新民主党,米在新民主党政府中先后任协调部长和外交部长。1984年9月起任新民主党主席。1990年4月11日出任总理。已婚,有三女一子。

经 济

希腊是欧共体中经济欠发达国家。经济基础薄弱,对外依赖较严重。80年代起国内生产总值曾出现负增长。1988年经济形势虽有好转,但由于经济政策不稳定,经济形势又趋恶化。1990年新民主党政府执政后,推行紧缩政策,其目标是减少公共赤字、控制通膨率,摆脱经济困境。1992年继续对公共部门进行非国有化改造,裁减人员和限制工资增长,通过立法扩大征税范围和改革社会保险制度,经济状况与前一年相比有所好转。

国内生产总值(1991年):128630亿德拉克马。

人均国内生产总值(1991年):129万德拉克马。

国内生产总值实际增长率(1991年):1.8%。

货币名称:德拉克马。

汇率(1991年):1美元=182.5德拉克马。

通货膨胀率(1991年):19.5%。

失业率(1991年):8.1%。

【资源】主要矿产有铝矾土(储藏量10亿吨),褐煤(储藏量56亿吨)、镍、铬、镁、石棉、铜、铀、金、石油、大理石等。森林覆盖率为20%。

【工业】1990年总产值为25160亿德拉克马,占国内总产值的27.3%。工业基础较薄弱,技术落后,规模小。主要由采矿业、制造业、能源、建筑业组成。1988年从业人数为99.2万人,占全部劳动力的27%。工业增长速度为5.6%。主要产品产量如下:

	1988	1989	1990
石油(万吨)	110.6	90.6	82.5
褐煤(万吨)	4630	4980	4990
发电量(亿度)	304	315	320
铝矾土(万吨)	250.8	260.3	
建筑(万立方米)	5980	6734.8	
电冰箱(万台)	11.35	12.99	
电烤箱(万台)	9.96	11.71	
电视机(万台)	8.44	3.37	

(资料来源:1992/93年经济季评)

【农业】1990年农、牧、渔业产值约14470亿德拉克马,占国内总产值的15.7%。耕地面积396万公顷,占全国面积的30%。1990年从事农业人数占全国城乡总劳力的25%。主要农牧渔业产品产量(单位:万吨):

	1988	1989	1990
小麦	255	200.5	196.5
大麦	69.5	49.6	34.1
玉米	211.6	170	199.2
燕麦	7.4	5.7	6.3
稻米	11.6	11	11
烤烟	14.2	12.4	13

西红柿	192.9	210	189.1
甜菜	190	250	272.4
马铃薯	85	100	99.6
葡萄	26.6	24.3	20.5
葡萄干	13.7	13.8	9.5
橄榄	12.4	15.2	12.8
橄榄油	29	12.4	19.7
柠檬	15.8	19	17.1
柑桔	78	90	88.6
苹果	29.5	26	34.8
桃子	61.1	58.2	82
肉类	44.5	45.6	45.2
牛奶	174.1	178.8	171
鱼	11.5		

（资料来源：联合国粮农组织统计材料、经济季评）

【服务业】经济的重要组成部分。80年代以来一直以高于整个国民经济平均增长水平的速度发展。1988年总产值为36000亿德拉克马，占国内总产值的55.6%。

【旅游业】获得外汇、维持国际收支平衡的重要经济部门。60年代以来旅游业发展迅速，70年代起旅游人数虽持续增长，但收入增长不多。1991年共有6647家旅馆，444333张床位。主要旅游点：雅典卫城、德尔菲太阳神殿、奥林匹亚古运动场建筑群、克里特岛迷宫、埃皮达夫罗斯露天剧场、维尔吉纳马其顿王墓、圣山、罗得岛、科孚岛等。旅游业情况如下：

	1989	1990	1991
游客人数（万）	842	921.4	827.1
旅游收入（亿美元）	20	25.75	25.66

（资料来源：希腊旅游组织）

【交通运输】国内运输以公路为主，对外主要靠海运。

铁路：总长2577公里；1989年客运量1390万人次，货运量210万吨。

公路：1987年国家级公路8945公里，省级公路29161公里；1990年总共约有277.9万辆机动车辆，其中小轿车约173万辆，大轿车2.1万辆，载重汽车76.6万辆，摩托车25.6万辆。

水运：拥有世界最大的商船队，但挂希腊旗的商船不足一半；1991年希商船总吨位达4790万吨，其中挂希腊旗商船2065艘，吨位2470万吨；1991年海运收入17.75亿美元，占希全部无形收入的16%；主要港口为比雷埃夫斯、萨洛尼卡、沃洛斯和佩特雷，1988年希腊港口总吞吐量为5600万吨。

空运：奥林匹克航空公司有35架大型喷气客机，国际航线39条，国内有32个机场，主要国际机场是雅典埃列尼孔机场；1988年客运量78.41亿人公里，货运量为1.15亿吨公里，货物及邮件69793吨。

【财政金融】财政收支情况如下（单位：亿德拉克马）：

	1990	1991	1992
常规预算收入	29700	42100	47150
支出	46800	59000	52807
赤字	17100	16900	5657

（资料来源：1992/93年经济季评、希腊财政部）

1991年黄金外汇储备为60.46亿美元，经常项目赤字14.58亿美元，比1990年减少了59%。外债约17亿美元。

【对外贸易】1990年出口总额约占国内生产总值的11%。同100多个国家有贸易关系。欧共体是希最大贸易伙伴。现与欧共体各国的贸易额占其进出口商品总额的64%左右，其中联邦德国约占20%。外贸情况如下（单位：亿美元）：

	1989	1990	1991
出口额	59.89	63.6	67.8
进口额	150.75	186.52	190.9
差　额	−90.86	−122.92	−123.1

（资料来源：希腊银行月报）

1990年主要出口商品为成衣、鞋、石油产品、水果、纺织品、烤烟、橄榄油、铝制品、水泥。主要进口商品为原油、石油产品、汽车、纸、木材、工业机械设备、肉类、电机和电器。

【外国援助】1991～1992年希从美获得约3.5亿美元的低息军事贷款。

人民生活

自1984年以来，经济形势严峻，外债增加，经常项目赤字及公共赤字居高不下，通货膨胀率比欧共体各国平均数字高3～4倍，人民实际收入下降。1991年人均国民收入6000美元。1988年每千人有400辆汽车，400部电话，76%的家庭有自己的住宅。1986年每千人有电视机174台，正规医生3名（1985年）、病床5.3张。

军　事

总统为名义上的武装部队最高统帅。总理负责国防政策和部队建设，任最高国防委员会主席。国防部长在总理领导下，实施国防政策和管理武装部队。总参谋长主管作战指挥机构。现任总参谋长雅尼斯·维里瓦基斯。希军队受本国和北约双重指挥。实行义务兵役制，服役期陆军15～19个月，海军19～23个月，空军17～21个月。正规军总兵力16.25万人（1990年）。陆军11.7万人，编为4个军部、包括1个装甲师、1个机械化师、10个步兵师、1个空降突击师，另有装甲营、炮兵营和导弹营。海军1.95万人，装备有10艘潜艇、12艘驱逐舰、7艘护卫舰，另有巡逻艇和直升机。空军2.6万人，编为7个作战飞机联队和1个运输联队。另有宪兵2.5万人，海岸警卫队及海关部队4000人。

1991年国防预算为3233.7亿德拉克马，占国家总预算的5.47%。

文化教育

【教育】实行9年义务教育制，公立中小学免费，大学实行奖学金制。1991年教育经费为4716亿德拉克马，占国家总预算的

7.9%。著名大学有雅典大学、萨洛尼卡大学、克里特大学、佩特雷大学、雅典工学院。1991/92学年各级学校、学生、教师情况如下：

	学校(所)	学生(人)	教师(人)
幼儿园	5468	133600	7929
小学	7283	791200	36879
初中	1785	444000	27319
高中	1375	382400	24651
大学	17	119500	8018
其他高等院校	70	84000	5583

(资料来源:1992/93年经济季评)

【新闻出版】1989年有影响的全国性报纸15种，地方报纸3种；杂志种类很多，较有影响的有5种。1990年主要日报发行量：《民族报》84735份；《自由新闻报》167186份；《每日报》34670份；《新闻报》132839份；《激进者报》28740份。《论坛报》为周报，1988年发行量为153669份。

雅典通讯社：成立于1896年，官方通讯社，同世界各主要通讯社均有联系。马其顿通讯社：成立于1991年10月，半官方通讯社。

希腊广播和电视组织：1938年成立，受政府新闻秘书处领导，现该组织统一管理三个国营广播电视台，并有权批准建立地方和私人广播电视台。国营电台每天24小时广播，除希文外，有英、法、阿拉伯文新闻节目。国营电视台每天从上午至午夜播放节目。近两年许多私人商业广播电视台开播，并转播美国和欧洲通过卫星播放的一些电视节目。较有影响的私人商业电视台有："大频道"、"29频道"、"天线"、"新频道"等4个电视台。

对外关系

强调维护民族利益和国家安全是外交政策的基本原则之一。政治、经济和防务上主要依靠西欧和美国，在此基础上发展同各国的友好合作关系。认为世界形势不稳定、不明朗，新的冲突可能代替意识形态的对抗。一些国家的内战正在对地区和世界和平构成威胁。西方政策的反复无常和东欧不能顺利地实现民主化，使国际秩序难以得到控制。强调北约与西欧联盟在保证西欧安全方面起互补作用。支持欧洲联合，相信欧共体建立经货联盟和政治联盟不仅将促进欧洲的进步与繁荣，而且有利于欧共体的贸易伙伴国。认为前南斯拉夫危机使巴尔干地区政治、战略力量重新组合，民族主义膨胀，威胁该地区和欧洲的稳定。主张和平解决前南斯拉夫危机。参与欧共体对前南问题的调节。不赞成对前南进行军事干预，呼吁前南的邻国不卷入军事干预。支持召开中东问题国际会议，欣赏美国为召开中东和会所作的努力，认为会议的召开是公正、持久解决中东问题的开端。1992年内希同以下13个国家建交：乌克兰、白俄罗斯、哈萨克斯坦、格鲁吉亚、土库曼斯坦、吉尔吉斯斯坦、塔吉克斯坦、乌兹别克斯坦、亚美尼亚、阿塞拜疆、摩尔多瓦、克罗地亚和斯洛文尼亚。

【同我国的关系】1972年6月5日建交以来，两国关系稳步发展。希对华重要来访有：总理卡拉曼利斯(1979年)、帕潘德里欧(1986年)和总统萨采塔基斯(1988年)。我重要出访有：总理赵紫阳(1986年)和国务委员兼外交部长钱其琛(1991年)。

1992年是中希建交20周年，两国国家元首和外长分别互致贺电。4月，希共总书记帕帕莉卡对我国进行了访问。6月，以希腊国民经济部秘书长乔治·塞奥法努斯为团长的政府经贸代表团应邀访华，出席中希政府经贸混委会第三次会议，签署了《中华人民共和国政府和希腊共和国政府关于鼓励和相互保护投资协定》，续签了《中华人民共和国政府和希腊共和国政府经济、工业和技术合作协定》。9月，钱其琛国务委员兼外长在联合国会见了希腊外长帕帕康斯坦丁努。12月，希腊总理特使、副外长波利多拉斯访华。6月，以国务院经贸办公室副主任张彦宁为团长的中国采购团访希。1992年中希双边贸易额为9677万美元。

中国驻希腊大使：吴家淦。馆址：2A KRINON P. PSYCHICON ATHENS。电话：00301-6723282。电传：214383 PRCGR。传真：00301-6723819。商务处电话：00301-6723281。电传：226848 CPRC GR。

希腊驻华大使：潘泰利斯·梅格利迪斯。馆址：北京光华路19号。电话：5321317。

中希建交后，希与台湾断交。台将其原驻希使馆改为"远东贸易中心"。希在台设有"希腊共和国外贸促进组织驻华名誉代表办事处"，办理台湾人赴希腊签证介绍信等。1990年12月，"远东贸易中心"更名升格为"台北经济文化办事处"。希台贸易已超过了1亿美元。

【同美国的关系】战后希在政治、经济、军事上长期依靠美国。目前80%的军事装备仍来自美国。美在希设有军事基地并部署了核武器。1983年9月8日双方签订防务和经济合作协定，取代了1953年签订的防务合作协定。该协定规定在5年内，美国在希保留4个基地，每年向希提供5亿美元军事贷款。1990年7月8日希美续签了为期8年的防务合作协定。由于美政府已决定关闭两个基地，新协定规定美在希腊继续保留两个基地。1991年7月布什总统正式访希，同年12月米佐塔基斯总理对美国进行了正式访问。1992年11月希总理赴美出席希腊雕塑展开幕式期间，会见了布什总统。根据美撤除欧洲核武器的决定，于同年5月份完成了撤除美在希的所有战术核武器工作。希欢迎克林顿当选为美国新总统，寄望美为推动巴尔干和地中海地区的缓和以及世界和平与合作起更大的作用。

【同欧洲共同体的关系】发展同欧共体关系是希对外政策的重点。经济上与欧共体关系密切。自1981年加入欧共体后，每年均获得大量资助(1991年为40.34亿美元)，是希弥补贸易逆差的重要来源之一。支持欧共体建设经货联盟和政治联盟，希议会于1992年7月以压倒多数批准了马斯特里赫特条约。主张西欧联盟应成为欧共体的军事机构，并于1992年11月加入该联盟。

【同前苏联各共和国的关系】苏解体后，希承认俄罗斯继承前苏联地位。1992年8月俄副外长邱尔金访希。同年11月希外长访俄，草签了希俄加强政治、经济、文化领域合作的协定。承认波罗的海三国的独立并与之复交。同乌克兰等11国也建立了外交关系。

【同巴尔干国家的关系】重视发展同巴尔干国家睦邻友好关系。倡议并积极推动巴尔干的区域合作。曾提出建立巴尔干无核区建议。1988～1989年希参加了两次巴尔干外长会议。1991年1月13～14日希总理首次正式访阿。1992年5月希总理访阿时，双方就在希的阿移民问题达成了谅解。双方同意在季诺卡斯特和雅尼纳互设领馆。1991年希总理先后访问保加利亚和罗马尼亚，同保、罗分别签订了友好合作条约。1992年5月保总理迪米特洛夫访希，两国领导人就前南斯拉夫形势交换了看法，双方认为坚持边界不可侵犯的原则是维护巴尔干地区和平的前提。同年罗外长访希。希决定向罗提供5000万美元商品贷款。

同前南斯拉夫各国关系比较复杂。承认克罗地亚、斯洛文尼亚和波—黑独立。在欧共体与塞尔维亚之间起桥梁作用。同马其顿关系紧张。不承认马的独立，认为马使用希古代地名，并对希有领土要求，它的独立威胁希的安全。坚持要马更改国名、放弃领土要求作为承认其独立的条件。1992年11月希政府声明前南斯拉夫马其顿共和国的边界不可侵犯，并呼吁马的邻国阿、塞和保作出同样的保证。

【同阿拉伯国家的关系】同阿拉伯国家有传统友谊。希进口石油的70%来自阿拉伯国家。承认巴解组织并允许其在希设外交团。1990年5月同以色列建立全面外交关系，与此同时将巴解外交团升为外交代表处。1992年5月希总理访以时，签署了希以经济合作协定和文化交流协定。

【同土耳其的关系】70年代后，希土两国在塞浦路斯问题和划分爱琴海大陆架、领海、领空以及飞行情报区等问题上分歧较大。1987年3月，希土围绕爱琴海大陆架划分和石油开采权问题爆发一场严重危机。嗣后两国都采取了一些缓和关系的措施。1988年6月，土总理36年来首次访问希腊。希现政府强调通过对话解决两国间的分歧，并主张塞浦路斯问题的解决应是改善希土关系和完全恢复土耳其与欧共体联系国关系及加入欧共体的前提。1991年7月希总理建议希、土、保三国边界地区实现非军事化，土有异议。1992年两国间保持高层接触。2月，两国总理借参加达沃斯经济会议之机会晤。6月，希总理非正式访土，同土总统会晤，双方对两国间出现友好、和解气氛表示满意。希总理出席在伊斯坦布尔举行的黑海经济合作区11国领导人首次会议期间，会见了土总理。

【同塞浦路斯的关系】希是塞独立的保证国之一，两国关系密切。支持塞希族关于解决塞问题的立场，主张根据两族人的比例建立一个独立、统一和中央集权的联邦国家。支持1992年在联合国秘书长主持下塞两族代表举行会谈，强调会谈应首先在领土划分和难民重返家园问题上取得进展。　（李桂芳　赵丽莹）

匈　牙　利

国名　匈牙利共和国(The Republic of Hungary，Magyar Köztársaság)。

面积　93031平方公里。

人口　1033.5万(1992年1月1日)。主要民族是马扎尔族(即匈牙利族)，约占98%。少数民族有德意志族、斯洛伐克族、罗马尼亚族、塞尔维亚族、克罗地亚族和斯洛文尼亚族。官方语言为匈牙利语。主要信奉天主教和基督教新教。

首都　布达佩斯(Budapest)。人口201.8万(1991年1月1日)。

国家元首　总统根茨·阿尔帕德(Göncz Árpád)，1990年8月3日就职。

简　况

中欧内陆国家。东邻罗马尼亚，南接斯洛文尼亚、克罗地亚和南斯拉夫联盟，西与奥地利为邻，北同斯洛伐克、乌克兰接壤。属温和大陆性气候，平均气温1月为－4～－2℃，7月为18～23℃。公元896年马扎尔游牧部落从乌拉尔山西麓和伏尔加河湾一带移居多瑙河盆地。1000年，圣·伊斯特万国王建立封建国家。15世纪下半叶马嘉什国王统治时期是匈历史上较为辉煌的时期。1526～1699年土耳其人入侵。1849年4月建立匈牙利共和国。1919年3月21日，匈牙利苏维埃共和国成立。1945年4月苏联红军在匈人民配合下解放匈全境。1949年8月20日成立匈牙利人民共和国。1956年10月23日爆发匈牙利事件。1989年2月社工党决定实行多党制并重新评价匈牙利事件。10月6日社工党改名为匈牙利社会党，同月18日改共和国主席团为总统制，23日宣布改为匈牙利共和国。

政　治

现政府是1990年春天大选后由民主论坛、小农党和基督教民主人民党联合组成。政府的施政纲领声称，它将根据“四项基本原则”工作：一是成为自由的政府，每个公民在法律面前享有同等的权利和义务，全面实行新闻、文化和教育自由；二是成为人民的政府，实行人民至上的原则；三是成为经济转折的政府；四是成为欧洲的政府。原宪法节8月20日定为国庆日。

两年半中，匈议会制定、修改法律225项，作出决定175项，为新制度的建立和巩固打下了基础。为加快市场经济的建设，1992年通过了私有化法并大力实施“补偿法”。计划3～4年内将全民所有制比例由现在的80％以上降至50％以下。自称对外工作重点在欧洲，执行“回归欧洲”的政策。德国已成为匈第一大贸易伙伴。在东欧原社会主义国家中率先同欧共体签署联系国协议，计划1993年1月起生效。同欧洲其他主要政治、军事组织的来往也很密切。同时，愿同世界各大国保持良好关系，重视发展同远东国家的关系。

1992年经济仍很困难，人民生活水平下降，社会矛盾错综复杂，罢工时有发生，党派斗争激烈，执政党强调社会要稳定。

【宪法】1989年10月18日国民议会通过修正宪法法案，对宪法做了重大的原则修改。根据修改后的宪法，国名改为匈牙利共和国，取消集体国家元首制的人民共和国主席团，改行总统制。取消马列主义政党的领导作用，实行多党制议会民主和市场经济。在国家机构中体现分权的原则。

【议会】称国民议会，是国家最高权力机构，每5年普选一次。新国会于1990年5月组成，由6个政党的386名国会代表组成。现议席分配如下：民主论坛165席，自由民主主义者联盟92席，小农党44席，社会党33席，青年民主主义者联盟22席，基督教民主人民党21席，无党派人士10席。国会下设10个常设委员会和4个特别委员会。议会休会期间，常设委员会可以要求政府成员向其汇报工作。国会主席绍鲍德·捷尔吉（Szabad György，民主论坛），1990年8月3日由议员秘密选举产生。

【政府】国家最高行政机构。由13个部组成。本届联合政府于1990年5月23日组成，迄今已经过多次改组，现政府成员如下：总理安托尔·约瑟夫博士（Dr. Antall József，民主论坛），内务部长博罗什·彼得博士（Dr. Boross Péter，无党派人士），农业部长萨博·亚诺什博士（Dr. Szabó János，小农党），国防部长菲尔·拉约什博士（Dr. Für Lajos，民主论坛），司法部长鲍尔绍伊·伊什特万博士（Dr. Balsai István，民主论坛），财政部长萨博·伊万博士（Dr. Szabó Iván，民主论坛），环境保护及地区发展部长久尔科·亚诺什博士（Dr. Gyurkó János，民主论坛），交通、通讯和水利部长沙姆舒洛·捷尔吉博士（Dr. Schamschula György，民主论坛），外交部长耶森斯基·盖佐博士（Dr. Jeszenszky Géza，民主论坛），劳动部长基什·久洛博士（Dr. Kiss Gyula，小农党），文教部长马德尔·费伦茨博士（Dr. Mádl Ferenc，民主论坛），工商部长洛托尔曹伊·亚诺什·米克洛什博士（Dr. Latorcai János Miklós，民主论坛），国际经济关系部长卡达尔·贝拉博士（Dr. Kádár Béla，无党派人士），人民福利部长舒尔扬·拉斯洛博士（Dr. Surján László，基督教民主人民党），另还有4位不管部长：菲泽希·蒂博尔博士（Dr. Füzessy Tibor，基督教民主人民党），纳吉·费伦茨·尤热夫（Nagy Ferenc József，小农党），蓬戈尔·艾尔诺博士（Dr. Pungor Ernö，无党派人士）和萨博·道马什博士（Dr. Szabó Tamás，民主论坛）。按照法律规定，各部部长由总理提名，共和国总统任命。

【司法机构】最高法院院长由国民议会选举产生，任期5年，院长索尔特·帕尔博士（Dr. Solt Pál），1990年6月25日当选。最高检察长由国民议会选举产生。最高检察长捷尔吉·卡尔曼博士（Dr. Györgyi Kálmán），1990年6月25日当选。从1990年1月1日起设立宪法法院，其任务是监督宪法的执行。

【政党】共有30多个政党，大部分是80年代末成立的。目前不少党的社会地位尚不稳定，政治主张也互有交叉。1990年大选后，6个党进入国会。

（1）匈牙利民主论坛（Magyar Demokrata Fórum）：国会党、执政党。成立于1988年春，党员人数约3.7万。内部大致分为三派：基督教民主派，人民—民族派，民族自由派。1991年12月，匈牙利民主论坛召开第5次全国会议，修改了党的基本章程，增设了常务执行主席。安托尔·约瑟夫再次当选为主席，现任国防部长菲尔·拉约什当选为常务执行主席。国会党团负责人科尼亚·伊姆雷（Konya Imre）。

（2）独立小农和公民党（Független Kisgazda-Földmunkás és Polgári Párt）：国会党、执政党。始建于1930年，1988年11月重建，成员6万。1991年6月29日小农党召开代表大会，重新选举了党的领导机构，托尔詹·尤热夫博士（Dr. Torgyán József）任主席。

（3）基督教民主人民党（Kereszténydemokrata Néppárt）：国会党、执政党。成立于40年代，1989年9月30日重建。党员约1.8万。主席舒尔扬·拉斯洛博士。

（4）自由民主主义者联盟（Szabad Demokraták Szövetsége）：国会党。1988年11月13日成立。成员3.25万，有地方组织970个，为国会中最大的反对党。主张建立一个独立、民主、福利国家，实现自由经营，建立发达资本主义国家模式。主席派特·伊万（Petö Iván）。

（5）匈牙利社会党（Magyar Szocialista Párt）：国会党。1989年10月7日由匈牙利社会主义工人党改为现名。党员人数4万。1990年3月大选中失去执政党地位。宗旨是在承认资产阶级某些价值观的同时保持社会主义的某些价值观。该党取消了无产阶级专政，主张实行多党制及建立以混合所有制为基础的市场经济。主席霍恩·久洛（Horn Gyula）。

（6）青年民主主义者联盟（Fiatal Demokraták Szövetsége）：国会党。成立于1988年3月30日，成员约1.3万。主席团由13人组成。国会党团领导人乌尔班·维克托尔博士(Dr. Orbán Viktor)。

(7)匈牙利社会主义工人党(Magyar Szocialista Munkáspárt):匈牙利社会主义工人党改名为社会党后,原社会主义工人党的部分党员于1989年12月18日和1990年1月27日分两阶段重新召开社工党第14次代表大会。党员6.5万。主席蒂尔迈尔·久洛(Thürmer Gyula)。

(8)匈牙利社会民主党(Magyarországi Szociáldemokrata Párt):成立于1890年,在历史上曾两次同匈牙利共产党合并。1989年1月9日再度宣告成立,11月加入社会党国际。党员2万。主席派特劳肖维奇·安娜(Petrasovits Anna)。

议会外的近30个政党主要还有:农业联盟、独立社会民主党、匈牙利十月党、匈牙利绿党、匈牙利激进党、匈牙利共产主义者党、匈牙利自由党、匈牙利民族党、匈牙利工人民主联盟、社会民主人民党、民族民主联盟、共和党等。

【重要人物】根茨·阿尔帕德:总统。1922年生于布达佩斯。先后毕业于大学法律系和农业大学。1944年获法学博士学位。曾任小农党总书记的秘书。1958年因参与1956年事件被判处无期徒刑。1963年大赦时获释,之后从事文学翻译和文学创作。1989年底当选为匈牙利作家协会主席、自由民主主义者联盟全国委员会委员。1990年5月2日在国民议会首次会议上当选为议长。1990年8月当选总统。　**安托尔·约瑟夫**:总理。1932年生于布达佩斯。毕业于厄特沃什·罗兰大学文学院历史一档案系。1969年获博士学位。曾在国家档案馆、教育研究所工作。当过中学教员。1956年匈牙利事件期间因任中学革委会主任被拘留。1964年后在医学历史博物馆的图书馆和档案馆历任研究员、副馆长和馆长。1988年参加匈民主论坛,1989年10月当选主席。1990年民主论坛在大选中获胜,出任总理。　**绍鲍德·捷尔吉**:国民议会主席。1924年生于阿拉德(现属罗马尼亚)。1950年毕业于厄特沃什·罗兰大学文学院历史一档案专业。曾任国家档案馆管理员。1954年起先后任大学讲师、副教授和教授。1969年获科学博士学位。1982年当选为科学院通讯院士。匈民主论坛发起人之一,1989年当选为民主论坛主席团委员。1990年5月作为民主论坛代表当选为国会副主席,同时任国会代理主席。1990年8月当选为国会主席。写过许多专业书籍、科普知识和科学论文。

经　济

匈牙利是一个具有中等发展水平的工农业国家。加工工业、农业比较发达。70年代中期以来经济困难加重,80年代初有所好转。1985年以来经济情况进一步恶化。1990年9月公布了安托尔政府的三年复兴计划,目标是要建立一个与世界市场相结合、建立在私有制基础上的、现代化的福利市场经济。1991年4月政府又发表了关于经济改造和发展的四年纲要。根据该纲要,从经济政策的重点看,1991年是调整和私有化年,1992年是反通货膨胀和建立可兑换货币年,1993年是稳定和启动的一年,1994年则是增长和向欧洲紧靠的一年。

近两年匈经济严重困难,但国际支付能力仍能保持。1992年国内生产总值下降5%,工业生产预计下降10%,财政赤字将超过2000亿福林,投资减少。居民实际收入下降,23%的居民生活在贫困线以下,失业人数达64万。

国内生产总值(1992年):26550亿福林。

国内生产总值增长率(1992年):-5%。

人均国内生产总值(1990年):3177美元。

货币名称:福林;1福林=100菲列。

汇率(1992年3月17日):1美元=79.82福林。

通货膨胀率(1992年):23%。

失业率(1992年):12%。

【资源】自然资源比较贫乏。主要矿产资源是铝矾土,蕴藏量居欧洲第三位。此外还有少量褐煤、石油、天然气、铀、铁、锰等。森林覆盖率为18.1%。

【工业】1991年工业总产值17841亿福林。匈根据本国国情,发展一些有特长的或知识密集型的企业,如电讯器材、仪器、化工、特别是制药业和大型交通运输工具制造等。1991年各部门在工业总产值中所占比例为:矿业6.4%,电力8.2%,冶金7.8%,机械17.2%,建材2.8%,化工21.3%,轻工业11.5%,食品24.3%,其他工业0.5%。1990年工业在职职工(包括建筑工人)为105.15万人,占全国在职职工人数的37.9%。近年来主要工业产品产量如下(单位:万吨):

	1989	1990	1991
煤炭	2003	1757.8	1697.4
天然气(百万立方米)	6176	4932	5040
石油	196.6	197.4	188.1
铝矾土	264.4	255.9	203.7
生铁	195.4	169.7	131.1
原钢	335.6	296.3	193.1
铝	7.5	7.5	5.2
电(亿度)	295.96	284.10	297.28
公共汽车(辆)	11980	7994	4756

(资料来源:1990和1991年匈牙利统计手册)

【农牧林业】农业在匈国民经济中占举足轻重的地位,不仅为国内市场提供了丰富的食品,而且出口较多,为国家挣大量外汇。1991年匈人均粮食产量达1527公斤,人均肉产量214公斤。农产品出口占全部出口的25%。1990年农牧林业总产值为4462.8亿福林。农牧林业职工人数68.55万,占全国各行业在职职工总数的15.3%。1990年粮食总产量1256.1万吨。农牧业总产值中,种植业占54.9%(其中粮食和豆类25.3%,工业作物6.4%,蔬菜5.9%,水果5.1%,葡萄3.5%,其他占8.7%),畜牧业产值占45.1%(其中牛11.4%,猪17.8%,家禽12.5%,其他3.4%)。近年来主要农畜产品产量如下(单位:万吨):

	1989	1990	1991
小麦	650.9	616.1	595.4
大麦	132.4	135.8	155.2
玉米	674.2	431.7	750.9
大米	2.8	3.9	2.5
甜菜	529.8	474.1	575
马铃薯	81.9	74.6	86.1
水果	158.4	144.4	133
菜牛	27.8	25	29
肉猪	131.7	129	138.5
肉羊	4.4	3.5	3.3
肉禽	58.2	59.2	46
鱼	2.7	2.5	2.5
蜂蜜(吨)	20000	16853	15000
奶(亿升)	27.79	27.63	25.66
蛋(亿个)	45.76	46.79	42.60

近几年主要畜禽存栏数如下(单位:万只、万头):

	1989	1990	1991
牛	159.8	157.1	142
猪	766	800	599.3
各种家禽	3419	2829.4	2971.1

(资料来源:1990年和1991年匈牙利统计手册)

【旅游业】比较发达。1991年旅游总收入10.023亿美元,总支出4.428亿美元,盈余5.595亿美元。入境者3326.5万人次,其中旅游者2186万次。匈公民出国1431.7万人次。1990年各大饭店共有床位54000个,其他旅馆有床位近30万个。主要旅游点有:布达佩斯、巴拉顿湖、多瑙河湾、马特劳山。

【交通运输】铁路、公路网比较发达、形成了以首都为中心,通向全国和邻国的铁路和公路网。1991年全国货运量268亿吨公里。1990年运程客运量234.19亿人公里。

铁路:总长13200公里,其中电气化铁路2249公里;客运量1.9亿人次,货运量为119亿吨公里。

公路:总长29919公里(高速公路281公里);货车总数20.8302万辆,小轿车194.46万辆(私有车191.2万辆),公共汽车、电车、地铁(车厢)等车辆27881辆;公路和城市货运量44.35亿吨公里,长途客运量5.24亿人次,地方客运辆20.31亿人次。

水运:有船316艘,水路长1373公里;客运量331万人次,货运量306.3万吨。

空运:民航飞机29架,航线41条,总长为53300公里。客运量104.5万人次,货运量1537.4万吨公里;有国际机场2个:费里海吉1、2号。

管道运输:总长5591公里;其中输油管道1204公里,天然气管道4387公里,总输送量43.40亿吨公里。

【财政金融】1988～1990年财政收支情况如下(单位:亿福林):

	1988	1989	1990
收入	8982	10636	12790
支出	9084	11123	12797
赤字	102	487	7

(资料来源:同上)

至1992年底国际收支约有10亿美元盈余,外汇储备达50亿美元。净外债130亿美元,每年还本付息37.4亿美元。外债偿还率已从70%降到了30%。

【对外贸易】对外贸易在国民经济中占有重要地位,国民收入的一半通过外贸实现。近年来对西方国家贸易比例逐渐扩大。1992年匈出口超过107亿美元,进口超过110亿美元,外贸逆差为3.56亿美元。70%的产品向西方出口,达70亿美元,其中50%面向欧共体国家。从西方进口的50%也来自欧共体。1992年对欧共体的出口增加了14.5%。1990年,匈与经互会各国签订了新的贸易协定,取消以卢布结算的易货贸易体制,向经互会国家的出口额由1989年占总出口额的41%下降到29%,进口也由40%下降到32%。去年对东欧国家的出口增加了14%,但对发展中国家的出口却下降30%。1988～1990年进出口情况如下(单位:亿福林):

	1988	1989	1990
进口额	4609	5235	5449
出口额	4923	5713	6063
差　额	314	478	614

(资料来源:1990年匈牙利统计年鉴)

1990年主要进口产品:石油622.4万吨,汽油50万吨,柴油85.4万吨,天然气63.19亿立方米,小轿车15.49万辆,植物油工业饲料65.4万吨,化肥55.7万吨,卡车2.15万辆,钢板40.1万吨,煤103.9万吨,焦炭43.6万吨,铁矿砂169.2万吨,生橡胶9472吨。主要出口产品:钢材107.9万吨,公共汽车7991辆,氧化铝67.5万吨,电视机17.1万台,皮鞋993.1万双,小麦112万吨,肉23.4万吨,禽肉18.9万吨,向日葵油20万吨,水果35.8万吨,水果罐头20.36万吨,各种成药165亿福林。主要贸易对象为德国、独联体国家、奥地利、捷克斯洛伐克、意大利、南斯拉夫、波兰、美国、法国等。

【外国资本】近几年引进的外资增加较快,现总额已达48亿美元,绝大部分是1989年以后引进的,其中60%集中在生产领域。1992年引进17亿美元。最大的投资者是美国,其资金占1/3,其次是德国。到1992年底合资企业已超过15000家,这些企业占匈出口的1/6。从投资的比例看,商业部门的比例最大。从合资企业和投资数量看,则工业部门最多。这有利于发展第三产业和加快私有化进程。匈政府主要是以税律优惠来吸引外资。

人民生活

匈政府对居民给予一些社会补贴办法,如退休金、家庭补贴、生育和抚养儿童的补助金,还在医疗、教育、文化、体育和旅游方面给居民以优惠补贴。1991年物质生产部门职工月平均净收入达12266福林。农牧林业部门职工月净收入为10064福林。1990年居民收入的82.7%用于日常消费,6.7%用于造房,10.9%节余。人均食品消费量:肉类和鱼类75.8公斤,奶和奶制品169.9公斤,蛋389个,糖38.2公斤，油类(黄油、食用油、人造黄油)38.6公斤，面粉和大米110.4公斤，啤酒105.3公升，水果70公斤。全国退休人员达268万人，占全国居民的25.9%，平均退休金8341福林。全国共有医生39508人，平均每万人有医生38.2人；病床104072张，平均每万人有100.7张。1990年平均每百户拥有小轿车52辆，电冰箱102台，冷冻箱44台，电视机128台(其中彩电42台)，洗衣机110台。1992年1月1日全国共有住宅391.7万套，平均每套63.2平方米，平均每间居住1.11人。

军　事

1990年2月匈牙利人民军改名为匈牙利国防军，以突出匈武装力量的防御性质和反映匈历史传统。匈宪法规定共和国总统是武装力量最高统帅。国防部是最高军事统率机关。实行义务兵役制，服役期限原空军两年，其他军种一年半，从1991年起改为一年。总兵力10.6万人，其中陆军8.4万，空军2.2万人。1992年的国防军费为600亿福林，其中523亿福林为国家预算的拨款，另73亿福林为国防部自己创收。

文化教育

【教育】实行10年义务教育制，幼儿免费入托，在小学实行免费教育。学制小学8年，中学(包括职业中学)4年，大学4～6年，医科大学7年。国家通过补贴办法使每个有升学条件的子女都有享受高等教育的机会。1986年9月起实施新教育法，扩大各类学校在业务上和经济上的自主权，促使学校生活民主化。1990年的教育预算费1164.7亿福林。主要大学有布达佩斯厄特沃什·罗兰科学大学、布达佩斯工业技术大学、布达佩斯经济科学大学、塞梅尔维依什医科大学、李斯特·费伦茨音乐学院、米什科尔茨重工业技术大学、科苏特·拉约什科学大学、格德勒农业大学。1990年各级学校数目、学生及教师人数：

	学校(所)	学生(人)	教师(人)
小学	3641	1081200	89276
中学	780	309400	24017
技工学校	317	225265	12060
高等学校	77	83200	17477

【新闻出版】1990年全国共发行报刊和杂志1490种，其中日报35种，周刊122种，半月刊103种，月刊532种。总发行量12.75亿份，其中日报7.86亿份，杂志4.89亿份。近年来匈办报无须批准，只要到文教部登记即可。不少日报有外国股份。全国日报及发行量：《人民自由报》32.4万份，《人民之声报》17.2万份，《人民体育报》14.6万份，《今日》11.6万份，《匈牙利民族报》10.3万份，《匈牙利新闻报》8.4万份等。

国家通讯社是匈牙利通讯社，1880年成立。

主要广播电台：科苏特广播电台(1949年成立)和裴多菲广播电台，两台均为国营电台。还有巴尔托克广播电台，陶努比乌什广播电台。广播时间每周448小时。

国家电视台为匈牙利电视台，1958年成立，每周播放时间151小时。

对外关系

安托尔政府奉行开放的多方位外交政策，强调独立自主，优先考虑民族利益；重点转向西方，但又不脱离东方。积极同西方发展政治、经济关系，已参加欧洲委员会，是欧共体的联系国，并争取90年代末加入欧共体。强调同原苏联各共和国和东欧国家关系要建立在新的基础上。重视同日本等亚太国家发展关系，调整和第三世界的关系。对华关系仍强调愿同我保持和发展良好关系。主张裁军、消除军事集团、撤走外国军队。致力于建立睦邻关系。匈主张通过谈判与和平途径解决冲突，支持原南斯拉夫6个共和国的自决权和主权，保障各少数民族的权利。宣称处理同南关系要"谨慎"，要防止"卷入"，表示不参加对南的任何军事行动，并持中立态度，不表态。表示支持联合国解决南危机的努力，对安理会关于向波黑运送人道主义援助物资的770号决议投了赞成票，主张发挥联合国安理会和欧安会的作用。匈总理认为，西方国家对解决南冲突的"支持"显得无力或延误，应该更加坚决、更加有效。截至1991年12月同144个国家建立了外交关系。

【同我国的关系】1949年10月6日建交。1992年双方的互访主要有：匈牙利外交部长耶森斯基·盖佐、国际经济关系部部长卡达尔·贝拉博士、人民福利部部长舒尔扬·拉斯洛博士、财政部副国务秘书德勒克·贝拉、社工党主席蒂尔迈尔·久拉先后访华。人大常委会副委员长陈慕华、中国人民解放军总参谋长迟浩田上将、最高法院副院长林准、司法部副部长郭德治、社会科学院副院长江流先后访匈。

根据我国海关统计，1992年中国与匈牙利的商品进出口总额为6389万美元，我出口4500万美元，进口1889万美元。同年两国签定了避免双重税收协定并草签了航空协定。

中国驻匈牙利大使：陈之骝。馆址：1068　布达佩斯 VI. Benczurutca 17。

匈牙利驻华大使：梅可岚女士(H. E. Mrs. Klára Mészáros)。馆址：北京三里屯东直门外大街10号。电话：5321431。

1990年6月起台湾在布达佩斯设有贸易办事处。两年半中匈台贸易额增长较快，1991年为7410万美元，预计1992年可达到8000万美元。

【同独联体的关系】1992年匈同独联体各国的关系不断恢复和发展。匈同俄罗斯的关系是正常的。匈总理和总统先后于1991年底和1992年10月访问了莫斯科。叶利钦总统1992年11月对匈进行了回访，签了俄向匈提供1956年事件的全部档案，两国按"零点方案"即双方都不支付财产损失解决苏军从匈撤走后的财产结算的协议。1991年匈俄贸易额为20亿美元，俄出口12亿，进口8亿。1992年上半年匈俄贸易额为25亿美元，匈出口增加40%。匈出口的产品主要是：公共汽车、汽车配件、药品、纺织品等，从俄进口石油、天然气、煤、木材、化工产品等。

独联体已有5个国家（俄罗斯、乌克兰、摩尔多瓦、白俄罗斯、乌兹别克斯坦）同匈建交。俄罗斯、乌克兰在匈设有大使馆。

【同东欧国家的关系】近两年，匈、波、捷三国合作不断加强，在同欧共体和北约的关系中不断协调观点和统一步骤。决定每年举行一次首脑和外长会晤。三国签定了自由贸易协定，军事合作也已开始。1992年10月三国首脑在伦敦同欧共体主席、英国首相梅杰会晤。

1992年匈总理访问布拉格，捷克和斯洛伐克总理也先后访匈。匈和捷克斯洛伐克围绕伯什·纳吉毛罗什水电站的争论时起时伏，对两国关系产生一定的消极影响。1992年5月匈决定废除两国1977年签定的合建水坝的协议后，10月捷动工改变多瑙河河道。两国政府相互指责，匈向联合国提出要求“国际参与”。

1992年9月波总理访匈，表示匈波自由贸易协定可先生效。1991年两国贸易额为4.33亿美元。

匈罗关系一直不好，在匈少数民族问题上不时相互指责。

【同原南斯拉夫的关系】匈南关系过去一直较好。南国内民族矛盾激化以来，两国关系日趋紧张。匈曾向克罗地亚非法出售武器，南指责匈干涉南斯拉夫内政，匈对南飞机多次入侵匈领空提出抗议，指责南对匈族人权的粗暴侵犯。南进入匈的难民达数万人，对匈造成较大经济损失。匈外长在联合国要求保护伏伊伏丁那匈族的利益，要求制定保护少数民族利益的国际保证机制。

匈于1992年1月15日同斯洛文尼亚共和国和克罗地亚共和国建立了外交关系。1992年匈总统访问了斯洛文尼亚，南总理访问了匈牙利。

【同美国的关系】近年来两国关系发展顺利，领导人互有往来。美给匈无限期最惠国待遇。两国签有“有害物处理的技术合作协定”、“发展航运服务的协定”、“交换绘图和空中侦察资料协定”及海关之间的互助协议等。匈军官可在美军事学院和参谋部进行培训。1991年两国双边贸易额已达4亿美元。

【同西欧国家的关系】几年来，匈同西欧国家的关系发展较快，德国已成为匈最大的贸易伙伴，贸易额占匈外贸总额的30％左右。1992年德国总理、英国首相、葡萄牙总理、奥地利总统、北约秘书长先后访匈。匈总统、总理、党派负责人也陆续访问西方国家。

欧洲的主要政治组织都接纳匈为成员。1990年11月成为欧洲委员会成员。1992年起匈已成欧共体的联系国，取消了进口匈工业品的数量限制，而且取消了部分产品的关税，对农产品也是如此，并不断增加配额，匈不再是巴统限制的国家。同北约组织的来往也很密切，主张北约多对东欧的安全作出保证。

1992年在匈召开了欧洲委员会议会第44次夏季会议和欧安会首届议会成立大会。

【同以色列的关系】1989年9月18日与以色列恢复了中断22年的大使级外交关系。1989年以色列总理沙米尔两次访匈。1991年5月匈总理安托尔访问以色列，两国签署了科技合作协定、避免双重税协定和投资保护协定。6月以总统哈伊姆·赫尔佐克访匈。（朱鹤今）

意 大 利

国名 意大利共和国（The Republic of Italy，La Repubblica Italiana）。

面积 301279平方公里。

人口 56411000人（1991年10月）。主要是意大利人。讲意大利语，个别边境地区讲法语和德语。大部分居民信奉天主教。

首都 罗马（Roma），人口269.3万（1991年10月）。

国家元首 总统奥斯卡·路易吉·斯卡尔法罗（Oscar Luigi Scalfaro），1992年5月25日就职。

简 况

位于欧洲南部，包括亚平宁半岛及西西里、撒丁等岛屿。北以阿尔卑斯山为屏障与法国、瑞士、奥地利、斯洛文尼亚接壤，东、南、西三面分别临地中海的属海亚得里亚海、爱奥尼亚海和第勒尼安海。海岸线长约7200多公里。大部分地区属亚热带地中海式气候。年平均气温1月2～10℃，7月23～26℃。意大利系文明古国，历经罗马共和（前509～前28）和罗马帝国（前27～476）时期后，962年受神圣罗马帝国统治。11世纪诺曼人入侵南部并建立王国。12～13世纪分裂成许多王国、公国、自治城市和小封建领地。16世纪起先后被法、西、奥占领。1861年3月建立意大利王国。1870年王国军队攻克罗马，完成统一。1922年10月31日墨索里尼上台，实行长达20余年的法西斯统治。1946年6月2日成立共和国。战后意政府更迭频繁，每届政府平均寿命不足一年，但政府的内外政策具有相对稳定和连续性的特点。

政 治

1992年是意大利的多事之秋。4月，举行议会选举。5月，总统易人，斯卡尔法罗当选为意第九任总统。6月，社会党人朱利亚诺·阿马托组成由天民党、社会党、社民党和自由党参加的四党联合政府。新政府面临严峻的政治和经济形势：传统的政党体制受到严重冲击，包括选举制度在内的各种体制的改革成为燃眉之急；黑手党的有组织的犯罪活动日趋猖獗；经济很不景气，预算赤字和公共债务庞大、失业增加、投资减少、货币贬值。为此意政府采取紧缩开支，增加税收，部分国有企业私有化，冻结工资等经济措施。

〖宪法〗现行宪法为1947年12月22日由立宪大会通过。宪法规定意大利是一个建立在劳动基础上的民主共和国。总统对外代表国家，由参、众两院联席会议选出。总理由总统任命，对议会负责。

〖议会〗分参议院和众议院。两院具有同等权利，各自可通过决议，但两院决议相互关联。议会有立法权并决定重大政治问题和监督政府工作。除少数终身参议员外，参、众议员均由普选产生。第11届议会于1992年4月选出，任期5年。参议院议员324名，议长乔万尼·斯帕多利尼(Giovanni Spadolini，共和党)，1987年就任，1992年连任。众议院议员630名，议长焦尔焦·纳波利塔诺(Giorgio Napolitano，左翼民主党)，1992年就任。各政党在两院所占席位如下：

	众议院	参议院
天主教民主党	206	107
左翼民主党(原共产党)	107	64
社会党	92	49
北方联盟	55	25
社会运动—全国右派	34	16
重建共产党	35	20
社会民主党	16	3
共和党	27	10
自由党	17	4
激进党(帕内拉派)	7	
绿党	16	4
网络党	12	3
混合小组	6	10

〖政府〗本届政府成立于1992年6月28日，是意战后第51届政府，由原来的32个部减为24个部，其中天民党11人，社会党7人，社民党2人，自由党2人，无党派人士2人。成员如下：总理朱利亚诺·阿马托(Giuliano Amato，社会党)，外交部长埃米利奥·科隆博(Emilio Colombo，天民党)，国防部长萨尔沃·安多(Salvo Andò，社会党)，内政部长尼古拉·曼奇诺(Nicola Mancino，天民党)，司法部长克劳迪奥·马尔泰利(Claudio Martelli，社会党)，国库部长皮耶罗·巴鲁奇(Piero Barucci，无党派人士)，预算和经济计划部长(负责对意大利南部的投资事务)佛朗哥·雷维利奥(Franco Reviglio，社会党)，财政部长乔万尼·戈里亚(Giovanni Goria，天民党)，教育部长罗萨·鲁索·耶尔沃利诺(Rosa Russo Jervolino，天民党)，公共工程部长弗朗切斯科·梅洛尼(Francesco Merloni，天民党)，农业部长乔万尼·丰塔纳(Giovanni Fontana，天民党)，运输部长贾恩卡洛·泰西尼(Giancarlo Tesini，天民党)，邮电部长毛里齐奥·帕加尼(Maurizio Pagani，社会民主党)，工业部长朱塞佩·瓜里诺(Giuseppe Guarino，天民党)，劳工部长尼诺·克里斯托福里(Nino Cristofori，天民党)，对外贸易部长克劳迪奥·维塔洛内(Claudio Vitalone，天民党)，卫生部长弗朗切斯科·德洛伦佐(Francesco De Lorenzo，自由党)，旅游和娱乐部长马格里塔·博尼韦尔(Margherita Boniver，社会党)，文化部长阿尔贝托·隆基(Alberto Ronchey，无党派人士)，环境部长卡洛·里帕·迪梅亚纳(Carlo Ripa Di Meana，社会党)，大学和科研部长桑德罗·丰塔纳(Sandro Fontana，天民党)，民防部长费尔迪南多·法基亚诺(Ferdinando Facchiano，社会民主党)，社会事务部长阿德里亚诺·邦皮亚尼(Adriano Bompiani，天民党)，城区事务部长卡尔梅洛·孔特(Carmelo Conte，社会党)，欧共体政策部长拉法埃莱·科斯塔(Raffaele Costa，自由党)。

〖司法机构〗最高司法委员会是最高司法权力机构，拥有研制独立司法体制和任命法官的权力，由24人组成，总统任主席，最高法院院长和总检察长为当然成员。其他成员由选举产生，任期4年，不得连任和兼职。宪法法院主要是检查和监督法律条文是否合乎宪法。由15名法官组成，任期9年，不得兼职，享有豁免权。宪法法院院长弗朗切斯科·萨雅(Francesco Saja)，最高法院院长安东尼奥·布朗卡乔(Antonio Brancaccio)。

〖政党〗意主要政党有：(1)天主教民主党(Democrazia Cristiana)：1918年成立，前身为人民党。党员约180万。战后一直是主要执政党。政治书记米诺·马尔蒂纳佐利(Mino Martinazzoli)。

(2)意大利左翼民主党(Partito Democratico della Sinistra Italiano)：原名意大利共产党。1921年成立，1991年改为现名。党员80万。长期居反对党的地位。总书记阿基莱·奥凯托(Achille Occhetto)。

(3)意大利社会党(Partito Socialista Italiano)：意第三大党。1892年成立，党员35万。书记贝蒂诺·克拉克西(Bettino Craxi)。

(4)意大利社会民主党(Partito Socialista Democratico Italiano)：成立于1952年，由从社会党分裂出来的派别组成的“工人社会党”和“统一社会党”合并而成。党员约3万人。书记卡洛·维齐尼(Carlo Vizzini)。1993年4月任现职。

(5)意大利共和党(Partito Repubblicano Italiano)：1897年成立，党员8万。书记焦尔焦·拉·马尔法(Giorgio La Malfa)。

(6)意大利自由党(Partito Liberale Italiano)：1922年成立。1944年重建。党员约4万。书记雷纳托·阿尔蒂西莫(Renato Altissimo)。

(7)意大利社会运动—全国右派(Movimento Sociale Italiano-Destra Nazionale)：1946年成立。党员约18万。书记姜佛朗科·费尼(Gianfranco Fini)。

(8)北方联盟(Lega nord)：1984年4月在意北部经济发达地区建立的政党，党员15万，代表企业家和中间阶层利益，对中央政府管理效能低下和腐败不满，主张“区域自治”。书记翁贝托·博西(Umberto Bossi)。

另外，意还有激进党、绿党、重建共产党、网络党等许多小党。

〖重要人物〗奥斯卡·路易吉·斯卡尔法罗：总统。1918年生于诺瓦拉市，天民党人。1946年当选为意制宪会议议员，1948年至今的历次大选中均当选为众议员。曾任众议院副议长，并在历届政府中担任运输部长、公共教育部长、内政部长等职务。还担任过天民党副书记、组织书记等职。1992年5月任总统。**朱利亚诺·阿马托**：总理。1938年5月生于都灵。毕业于法律系，任罗马大学宪法法学教授，经济学家。1958年加入社会党。1978年当选社会党中央委员会委员。1979年任总理府协调委员会主任，1980年任国家参与改革委员会主任。1983年6月当选为众议员。先后担任过总理府事务副部长、国库部长和副总理等职。1992年6月出任总理。

经　　济

意是发达的资本主义工业国之一。与其他西方发达国家相比，意资源贫乏，工业起步较晚。但注意适时调整经济政策，重视研究和引进新技术，促进经济发展。从1986年起，意国内生产总值超过了英国。但近几年意经济衰退，增长速度明显放慢，财政赤字、通货膨胀和高失业率是困扰经济发展的主要不稳定因素。

国内生产总值(1992年)：1507万亿里拉(约合12272亿美元)。

人均国内生产总值(1991，1992年)：2500万里拉(约合19500美元)，2700万里拉(约合21755美元)。

国内生产总值增长率(1992年)：0.9%。

货币名称：里拉。

汇率(1992年)：1美元＝1228里拉。

通货膨胀率(1992年)：5.4%。

失业率(1992年)：11.1%。

〖资源〗矿产资源贫乏，仅有水力、地热、天然气、大理石、汞、硫磺等资源，还有少量铅、铝、锌和铝矾土等。

〖工业〗意发展工业所需的能源和原料主要依赖国外，产品的1/3以上供出口，因此工业具有明显的加工出口的特点。意国家参与制企业比较发达。伊利、埃尼和埃菲姆是三大国营财团，在全国工业产值中约占1/3，经营范围涉及钢铁、造船、机械、石油、化工、军火等部门。但近年来，有些国家参与制企业经营不力，严重亏损。政府正逐步推行对主要国有企业私有化政策。中小企业在意经济中占有重要地位，在制革、制鞋、服装、纺织、家具、首饰、酿酒、机械、大理石开采及电子工业等部门均占优势，具有专业化程度高、适应能力强、劳动力安排富于伸缩性和产品出口的比例大等优点。此外，还有繁荣的“地下经济”，它们大多是家庭式微型企业。据估计，这类企业的产值约占国内生产总值的15%左右。意原油加工能力居世界第六，每年炼油约1亿吨左右。钢产量居世界第六位，欧洲第二，塑料和拖拉机产量均居世界第六，发电量居世界第九。1990年工业产值比1989年增长0.1%，占国内生产总值33.7%。1991年工业就业人数为679.7万，占总就业人数的32.3%。近几年，意主要开发以电子工业为主的新兴产业。主要工业产品产量如下：

	1989	1990	1991
钢铁(万吨)	2518	2546.7	2507.6
水泥(万吨)	3912	3997.5	3973.2
汽车(万辆)	197.1	187.3	162.7
电冰箱(万台)	408.2	397.2	415.5
硝酸(万吨)	110.8	103.6	98.8
计算机(万台)	51.9	42.1	33
电视机(万台)	239.1	232.4	243.4
洗衣机(万台)	433.8	434.9	502.9
洗碗机(万台)	74.6	74.3	89.3
摩托车(万辆)	63.0	72.4	62.6
氨	176.1	145.4	139.2

(资料来源：1992/93年经济季评)

〖农业〗1989年农业产值占国内生产总值5%。1990年农业产值为236840亿里拉，比1989年下降1%。1991年从事农业的人口为166.6万人，占总就业人数的7.9%。1986年全国农、牧、林业面积约为2697.4万公顷，占全国总面积的88.54%。近三年主要农作物产量如下(单位：万吨)：

	1989	1990	1991
小麦	741.2	810.9	928.8
玉米	638.8	586.4	620.6
葡萄	944.9	843.4	
橄榄	281.9	102.0	
马铃薯	244.0	233.8	222.7
西红柿	566.0	558.0	606.9

〖服务业〗1989年第三产业产值占国内生产总值56.6%。1990年第三产业的产值为234.28万亿里拉，比1989年增长4%；1991年就业人数为1258.9万，占总就业人数的59.8%。

〖旅游业〗旅游业发达，旅游收入是弥补国家收支逆差的重要来源。意旅游资源丰富，气候湿润，风景秀丽，有良好的海滩和山区，公路四通八达，旅馆多为中小型，文物古迹很多。主要旅游城市是罗马、佛罗伦萨和威尼斯。1990年抵意外国游客1.91亿人次。

〖交通运输〗国内运输主要依靠公路，公路担负客运量的2/3，货运量的70%。

铁路：1988年总长19566公里；1991年客运量464亿人公里，货运量219亿吨公里。

公路：1987年总长为302563公里，其中高速公路6091公里；1991年前10个月全国通行的汽车2011万辆。

水运：1986年有商船、渔船2031艘，总吨位为806万吨；1990年抵港货物2.88亿吨(其中2.27亿吨来自国外)；离港货物1.03亿吨(其中4200万吨运往国外)；主要港口有热那亚、那不勒斯、威尼斯、的里雅斯特、塔兰托、里窝那、锡拉库扎等。

空运：国营航空公司是"意大利航空公司"，1991年运载国际旅客770万人次；乘其他航空公司抵、离意的旅客1140万人次；国内航线旅客1280万人次。主要机场有罗马的菲乌米奇诺，米兰的利纳特、马尔佩萨，都灵的卡塞莱等。

管道运输：输油管总长3793公里（1983年），天然气输气管道总长17323公里（1984年）。

【财政金融】财政入不敷出，巨额赤字一直是意经济的一大难题。1989年赤字约合1270亿美元。近三年的财政赤字以及所占国内生产总值的百分比如下（单位：万亿里拉）：

	1988	1989	1992
财政赤字	123.855	140.976	162
占国内生产总值（%）	11.5	11.5	11

1992年底，意外汇储备540亿美元。1990年国际收支逆差140亿美元，1991年逆差161.1亿美元。意弥补财政赤字主要办法是靠发政府债券，国家债台高筑，1991年底，国债高达1.23万亿美元，相当于国内生产总值的105%，居西方七国之首。

【对外贸易】对外贸易是意经济的主要支柱。近三年的进出口额和差额如下（单位：万亿里拉）：

	1989	1990	1991
进口额	209.91	217.35	225.77
	（1535亿美元）	（1804亿美元）	（1847亿美元）
出口额	193.05	203.43	209.74
	（1405亿美元）	（1688亿美元）	（1708亿美元）
差　额	－16.85	－13.92	－16.03
	（－122亿美元）	（－216亿美元）	（－139亿美元）

进口以石油、原料和食品等为主，出口以机械设备、化工产品、家用电器、纺织、服装、皮鞋、金银首饰等轻工产品为主。意国外市场主要在欧洲。1991年意主要贸易伙伴在意进、出口贸易中所占百分比如下：

	进口（%）	出口（%）
德　国	20.9	21.0
法　国	14.2	15.2
美　国	5.6	6.9
荷　兰	5.7	3.2
英　国	5.7	6.7
瑞　士	4.4	4.2
沙　特	1.3	1.0

人民生活

1992年意政府为解决经济难题，冻结工资，取消了实行多年的滑动工资制。1991年私人消费增长率为2.5 %。1991年失业人数265.3万。1986年全国公立医院有病床307851张，平均每千人拥有5.4张，有医生67005人，平均每千人拥有1.2人。1987年平均每千人约有电视机500台，小汽车约500辆。1991年平均每两人拥有一部电话机。

军　事

国防体制是以国防部长（文官）为首，国防参谋长和国防秘书长分别主管军事和后勤管理的双轨制。实行义务兵和志愿兵相结合的兵役制度。义务兵服役期陆、空军为12个月，海军为18个月。总统为武装部队最高统帅。1991年总兵力50.3万人（含宪兵）。

1991年国防预算为217.5亿美元，占国内生产总值的1.75%。

意是北约成员。北约南欧盟军7个司令部均设在意。美国在意还设有许多军事基地与设施，驻军1.5万人，美第六舰队司令部设在那不勒斯附近的加埃塔。撒丁岛附近的马达莱纳岛为美国的核潜艇基地。

文化教育

【教育】宪法规定，6～14岁儿童享受义务教育。1989/90学年，全国有小学生3138548人，初中生2852614人，高中生184万人，高等学校学生784379人。著名大学有罗马大学、米兰"博可尼"大学、波伦亚大学、帕多瓦大学、那不勒斯大学、比萨大学和佛罗伦萨大学等。

【新闻出版】主要报纸及发行量：《晚邮报》，约80万份；《共和国报》，78万份；《新闻报》，约55万份；《信使报》，31万份；《今日报》，28万份；《时代报》，19万份；《24小时太阳报》，30万份。另外，各政党均有自己的机关报。

主要综合性期刊：《时代》周刊，《欧洲人》周刊，《展望》周刊，《快报》周刊，及意最大的宗教性期刊《基督教家庭》。

安莎通讯社：1945年建立，意大利最大通讯社。意大利广播电视公司：国营伊利垄断集团控制，向邮电部负责。广播电台有3套节目，年播音1.8万多小时；有3个电视台，年播节目6000小时。此外，意还有大量私人广播电台和电视台。

对外关系

对外政策的基本点是：立足西欧，积极推动欧洲共同体一体化进程；联合美国，但又主张建立西欧共同的安全、防务和外交政策；主张世界多极化和加强地区性合作；积极支持处于急剧变化中的独联体和东欧各国；主张进一步发展南北对话增加对第三世界国家的援助；推动欧共体全面恢复对华关系，促进发展双边政治、经济合作。

认为国际形势趋向缓和，世界应朝多极化方向发展。国际政治新秩序应建立在地区集团达成谅解和世界各大国逐步加强磋商的基础上。国际经济新秩序应基于发达国家和发展中国家之间、原料丰富国家和原料贫乏国家之间合作的关系之上。

积极支持美俄裁军谈判。主张北约继续发挥作用，同时又认为西欧应有共同的防务政策；对1989年以后前苏联和东欧各国的动荡日益担心，认为这种局面不仅没有促进欧洲的一体化，相反却使欧洲处于"瓦解"状态。强调意和欧共体对独联体和东欧各国提供更多援助，但应持谨慎态度；支持东欧各国同欧共体大力发展关系。关注前南斯拉夫局势，但行动较谨慎；主张加强地中海地区的合作，尤其是同不结盟国家的接触与合作。强调意、法、西等国在该地区发挥"凝聚"作用，认为欧共体应积极参与和推动中东和平进程;欢迎联合国主持下的柬和平进程,希望参加柬埔寨的重建工作。关心朝鲜半岛局势,欢迎半岛形势的缓和;意重视南北对话,主张全面谈判解决债务问题。强调对发展中国家的援助。主张欧共体应将其国民生产总值的1%用于援助发展中国家和不发达国家,发展同这些国家的关系,促进其民主化进程和经济发展。意重新重视在非洲发挥作用,积极参与莫桑比克和索马里的和平进程;强调加速欧共体一体化的积极作用,反对推迟或修改马斯特里赫特条约所确定的一体化进程。主张加强国际磋商解决欧洲金融货币危机。

同120多个国家有外交关系。

【同我国的关系】1970年11月6日中意建交。多年来,两国政府交往频繁,意重要人士访华的有:总统佩尔蒂尼(1980年),众议院议长约蒂(1981年),参议院议长科西加(1984年),总理克拉克西(1986年)。我方重要访问有:华国锋总理(1979年),赵紫阳总理(1984年),胡耀邦总书记(1986年),李先念主席(1987年),吴学谦国务委员兼外长(1987年)。两国签有海关、民航、商标注册、科技文化、经济、保护投资、领事、互免双重征税等协议或条约。两国分别在上海和米兰设立了总领馆,有23对省市建立了友好省市关系。

1992年中意两国友好合作关系保持全面恢复势头,相互往来频繁。我访意的主要有:李鹏总理(1月),纺织工业部长吴文英(6月),山东省长赵志浩(7月),邹家华副总理(9月),航空航天部长林宗棠(11月),全国人大外委会副主任姚广(11月)。意访华的主要有:伊利集团董事长诺比利(2月),意总理外交顾问瓦塔尼(3月),埃尼集团董事长卡里阿利(4月),左翼民主党书记处书记巴索利诺(7月),意中经济文化交流协会主席科隆博率团访华(9月)。1992年两国贸易额近28.4亿美元,我方出口10.9亿美元,进口17.5亿美元。

中国驻意大利大使:李宝城。馆址:Via Bruxelles 56,00198 Roma。值班室电话:8313458。电传:622051 CINAI。商务处电话:3287206。传真:3287206。领事部电话:8413467。

意大利驻华大使:奥利维耶罗·罗西(Oliviero Rossi)。馆址:北京三里屯东2街2号。电话:5322131-2-3-4。商务处、签证处电话:5322131-2-3-4。

【同西欧国家的关系】同西欧国家关系十分密切。意领导人同欧共体领导人频繁磋商,协调对外政策,推动欧共体各国尽早批准马斯特里赫特条约。主张加快欧共体政治、经济和货币一体化进程,主张欧共体实行共同的外交和防务政策,加强欧共体国家同欧洲自由贸易联盟国家的联系,大力促进"中欧倡议"组织的活动。呼吁缩小共同体内的南北经济差距。1992年8月和11月总理阿马托两次访法,9月和10月总统斯卡尔法罗先后访西和德,11月英国首相梅杰访意。

【同美国的关系】战后同美国一直保持密切的政治、经济、军事关系。强调大西洋主义、欧美团结,同时主张欧美平等伙伴关系。美是意第三贸易伙伴。两国就反恐怖、反毒品签有协议,在中东、海湾战争、欧美贸易、第三世界等问题上有一些分歧。

【同前苏联、东欧国家的关系】对前苏联和东欧国家经历的动荡表示担忧,主张对独联体和东欧各国给予政治上的支持和经济上援助,但又持谨慎态度。1992年3月意总统科西加在外长德米凯利斯陪同下访问俄罗斯,11月意外长埃·科隆博访俄。意俄签署意向俄提供18亿美元信贷协议。1991年上半年,意从独联体进口商品达28340亿里拉,出口达11550亿里拉。

意重视同东欧国家关系,对原南斯拉夫局势恶化和阿尔巴尼亚形势深表关切,但行动较谨慎,主张西欧联盟舰队在亚得里亚海对南进行监视,但又注意协调同北约的关系,强调一切行动需在联合国名义下进行。承认斯洛文尼亚和克罗地亚两共和国独立。1992年7月南斯拉夫联盟共和国总理帕尼奇访意,12月马其顿共和国总统格利戈罗夫访意。积极支持阿尔巴尼亚民主进程。为防止阿难民大规模外流,意分别向阿提供3000万美元和7000万美元的援助。意阿签署了1992～1994年三年合作计划。1992年5月阿总统阿里亚访意,12月意总统斯卡尔法罗访阿。

【同地中海、中东地区邻国的关系】意特别关注地中海局势,主张大力发展同地中海沿岸和中东各国的关系。支持和促进中东和平进程。1992年10月和12月以色列外长佩雷斯和总理拉宾分别访意。10月,意外长科隆博访问埃及和叙利亚。

【同第三世界国家的关系】主张南北对话,削减债务和增加对第三世界国家的援助。意认为它是连接欧、亚、非大陆的"天然桥梁"。意重视同亚太地区国家的关系,加强同东南亚国家的经济合作。关心柬埔寨在联合国监督下实现和平进程,表示愿参加其重建,加强同越南的双边往来。关注朝鲜半岛形势,欢迎北南双方高级会谈缓解紧张局势。1992年1月意外长德米凯利斯先后访问越南和柬埔寨。

(汤庭国)

英 国

国名 大不列颠及北爱尔兰联合王国(The United Kingdom of Great Britain and Northern Ireland)。

面积　242500平方公里(1992年英国年鉴)。

人口　5548.7万(1991年统计);人口出生率13.9‰。其中英格兰4616.1万,威尔士279.9万,苏格兰495.7万,北爱尔兰157万。官方及通用语言均为英语。威尔士北部还使用克尔特语,苏格兰西北高地及北爱尔兰通用盖尔语。居民多信奉基督教,主要分英格兰教会(亦称英国国教圣公会,其成员约占英成人的60%)和苏格兰教会(亦称长老会,有成年教徒83.9万)。另有天主教徒570万,伊斯兰教徒150万,犹太教徒40万,佛教徒2万。

首都　伦敦(London),人口680万(1990年)。

国家元首　女王伊丽莎白二世(Elizabeth Ⅱ),1952年2月6日即位。

简　况

位于欧洲西部的岛国。由大不列颠岛(包括英格兰、苏格兰、威尔士)、爱尔兰岛东北部和一些小岛组成。隔北海、多佛尔海峡、英吉利海峡与欧洲大陆相望。海岸线总长11450公里。属海洋性温带阔叶林气候。最高气温不超过32℃,最低气温不低于-10℃。1～5世纪英格兰东南部遭罗马帝国统治。后盎格鲁、撒克逊、朱特人相继入侵。7世纪开始形成封建制度,829年英格兰统一,史称"盎格鲁—撒克逊时代"。1066年诺曼底公爵渡海征服英格兰,建立诺曼底王朝。1640年爆发资产阶级革命,1649年5月19日宣布为共和国。1660年王朝复辟,1668年发生"光荣革命",确定了君主立宪制。1707年英格兰与苏格兰合并,1801年又与爱尔兰合并。18世纪后半叶至19世纪前半叶成为世界上第一个完成工业革命的国家。1914年占有的殖民地比本土大111倍,是第一殖民大国,自称"日不落帝国"。一次大战后开始衰落,其世界霸权地位逐渐为美国所取代。二次大战严重削弱了其经济实力,殖民体系土崩瓦解。

政　治

1992年4月举行大选时,经济不景气,执政的保守党内部矛盾加剧,反对党工党对执政党不断发难,击败保守党的呼声日益高涨。各党派共推出候选人2964人,其中保守党654人,工党634人,自民党632人。结果,保守党以21席多数获胜,组成自1979年以来的第4届保守党政府。以约翰·梅杰为首的新内阁组成后积极地推行具有"梅杰特色"的新政策。对内,坚持执行低税收、低开支的财政政策,抑制通膨,稳定物价;继续推行私有化和限制工会权力的政策;改进公共服务;缓和苏格兰和威尔士的民族主义情绪。对外,力图在欧共体一体化进程中起主导作用;继续突出人权外交。但在是否批准马约问题上保守党内部矛盾激化,10月因政府宣布关闭31座煤矿,在伦敦引发了近20万人的示威游行,保守党地位下降。

工党在这次大选中增加了89席,但仍以65席之差败给保守党。

【宪法】无成文宪法,以历来涉及国家根本问题的惯例、传统、宣言、法案为行宪准则。主要有大宪章(1215年)、人身保护法(1679年)、权利法案(1689年)、议会法(1911、1949年)以及历次修改的选举法、市自治法、郡议会法等。政体为君主立宪制。国王是国家元首,联合王国武装部队总司令和英国国教的世袭领袖,形式上有权任免首相、各部大臣、高级法官和各属地的总督,召集、停止和解散议会等。但实权在内阁。

【议会】是最高司法和立法机构,由国王、上院和下院组成。上院(贵族院)包括王室后裔、世袭贵族、新封贵族、上诉法院法官和教会大主教及主教。至1991年11月,上院共有1176人,议长麦凯勋爵(Lord Mackay of Clashfern)。下院(平民院)议员由普选产生,任期5年(政府可决定提前大选)。本届下院于1992年4月选出,共设651个议席。保守党占336席,工党271席,社会自由民主党20席。议长贝蒂·布斯罗伊德(Betty Boothroyd,女),是英国历史上第一位女议长。

【政府】实行内阁制。由女王任命在议会选举中获多数席位的政党领袖出任首相,并组阁,向议会负责。本届内阁于1992年4月组成,主要成员有:首相约翰·梅杰(John Major),大法官兼上院议长麦凯勋爵,外交大臣道格拉斯·赫德(Douglas Hurd),财政大臣诺曼·拉蒙特(Norman Lamont),内政大臣肯尼思·克拉克(Kenneth Clarke),国防大臣马尔科姆·里夫金德(Malcolm Rifkind),贸工大臣迈克尔·赫塞尔廷(Michael Heseltine),运输大臣约翰·麦格雷戈(John Macgregor),掌玺大臣兼上院领袖约翰·韦克汉姆(John Wakeham),枢密院长官兼下院领袖安东尼·牛顿(Antony Newton),农渔、食品大臣约翰·格默(John Gummer),环境大臣迈克尔·霍华德(Michael Howard),威尔士事务大臣戴维·亨特(David Hunt),社会保障事务大臣彼得·李利(Peter Lilley),兰开斯特公爵郡大臣威廉·沃尔德格雷夫(William Waldegrave),苏格兰事务大臣伊恩·兰(Ian Lang),民族遗产大臣彼得·布鲁克(Peter Brook),北爱尔兰事务大臣帕特里克·梅休(Patrick Mayhew),教育科学大臣约翰·帕顿(John Patten),卫生大臣弗吉妮亚·博顿利(女,Verginia Bottomley),就业大臣吉莉恩·谢波德(女,Gillian Shephard),财政部首席大臣迈克尔·波蒂洛(Michael Portillo)。

【司法机构】分民事法庭和刑事法庭两个系统。各地区体制有所不同。在英格兰和威尔士,民事审理机构按级分为郡法院、高等法院、上诉法院民事庭、上院。刑事审理机构按级分为地方法院、刑事法院、上诉法院刑事庭、上院。英国最高司法机关为上院,它是民、刑案件的最终上诉机关。全国共有1000多个法庭。大法官麦凯勋爵。

1986年成立皇家检察院,隶属于国家政府机关,负责受理所有的由英格兰和威尔士警察机关提交的刑事诉讼案。总检察长和副总检察长是英政府的主要法律顾问并在某些国内和国际案件中代表王室。

【政党】政党体制从18世纪起即成为英宪法中的重要内容。目前，英全境参加议会选举的约有12个党派。

(1)保守党(Conservative Party)：现执政党。前身为1679年成立的托利党，1833年改称现名。党员约150万。领袖约翰·梅杰。1991年4月诺曼·福勒爵士(Sir Norman Fowler)被任命为主席。

(2)工党(Labour Party)：主要反对党。1900年成立，原名劳工代表委员会，1906年改用现名。党员600余万。1992年大选失利后，原领袖金诺克和副领袖哈特斯利宣布引咎辞职。7月18日原影子内阁正副财政发言人约翰·史密斯(John Smith)和玛格丽特·贝特克(Margaret Beckett)当选为新的正副领袖。

(3)社会自由民主党(The Social and Liberal Democratic Party)：1988年3月由原自由党和社会民主党内支持同自由党合并的多数派组成。现有党员约10余万。领袖帕迪·阿什当(Paddy Ashdown)，主席里格斯沃恩(Wrigglesworth)。

英国其他政党还有：民主左翼(Democratic Left)、英共新党(The communist Party of Britain)、绿党(Green Party)等。

【重要人物】伊丽莎白二世：国家元首。全称为"托上帝洪恩，大不列颠及北爱尔兰联合王国以及其他领土和属地的女王、英联邦元首、基督教的保护者伊丽莎白二世"。1926年4月21日生，为已故英王乔治六世的长女。1952年2月6日继位，1953年6月2日加冕。女王丈夫为菲利普亲王，长子查尔斯王子受封为威尔士亲王，是英国王储。 **约翰·梅杰**：首相。1943年3月29日生。毕业于拉特里什中学，1960年加入保守党。1965～1979年在渣打银行任职。1968～1971年任伦敦兰贝思区议会会员。1979年在亨廷顿选区当选为下院议员。1981～1983年任内政国务大臣驻议会私人秘书。1983年任政府助理督导。1984～1985年任财政部专员。1985～1986年任社会保障事务政务次官。1986～1987年任社会保障事务国务大臣。1987～1989年任财政首席大臣。1989年7～10月任外交大臣。1989年10月至1990年11月任财政大臣。1990年11月28日任首相至今。

经济

英国的国内生产总值在西方国家中居第五位。自1981年下半年起，经济保持8年低速增长，通货膨胀率一度明显下降，失业现象有所缓和。但政府公共开支不断扩大，债台高筑。1990年下半年经济进入衰退，至今仍未复苏，是战后最长的一次衰退。主要表现为经济增长乏力、固定投资下降，工业产量出现负增长，失业持续上升。1992年，英国内生产总值下降0.7%，国际收支逆差227亿美元，政府财政赤字370亿英镑。自退出欧洲货币体系共同浮动机制，英镑实际贬值达14%。为刺激经济增长，利率已从12%调低至7%。

国内生产总值(1991年)：5840亿英镑。

人均国内生产总值(1991年)：10200英镑。

国内生产总值增长率(1991年)：－0.5%。

货币名称：英镑；1镑＝100便士。

汇率(1992年12月)：1英镑＝1.56美元。

通货膨胀率(1992年12月)：3%。

失业率(1992年12月)：10.3%(290万人)。

【资源】欧共体中能源最丰富的国家。主要有石油、天然气、煤等。煤可采储量达46亿吨。石油储量6.9亿至43.9亿吨，为世界第六大产油国。天然气可采储量达8890亿至30100亿立方米。铁矿储量为27亿吨。森林覆盖面积227万公顷。

【工业】1990年制造业产值1069.95亿英镑，占国内生产总值的22.4%，从业人口509.5万，占总劳动力的22%。目前纺织、采矿、冶金、机械等传统工业日趋落后，产品缺乏竞争力，须进行更新改造。航空、电子、化工等新兴工业较先进。海底石油开采、信息工程、卫星通讯、微电子技术等方面近年来有较大发展。主要工业品产量如下(单位：万吨)：

	1988	1989	1990
煤	10170	9830	8930
粗钢	1826.2	1874	1784.1
电力(亿度)	2885.1	2929	2985
原油	8566.2	8769.9	8867
汽车(万辆)	154.4	162.6	156.6
新闻纸	54.12	56.88	
合成橡胶	29.58		

(资料来源：英国中央统计局1992年度统计摘要)

【农牧渔业】1990年农业产值为67.43亿英镑，约占国内生产总值的1.5%。农业生产水平很高。全国3/4的土地用于农业，大部分为私营农场。

1990年从事农业的人口约27.7万，约占全国劳动力的0.96%，产品能满足全英需求的2/3。近几年主要农产品产量如下(单位：万吨)：

	1988	1989	1990
小麦	1172	1403	1403.5
大麦	871	807	789.4
燕麦	54.5	52.5	52.9
马铃薯	689.9	626.2	639
甜菜	815	811.5	800

英国1/3的农场专门从事养殖业，1990年牲畜和家禽存栏数：牛1205.7万头，羊4378.8万只，猪744.7万头，家禽12438.4万只。畜产品产量和牲畜屠宰量：牛奶145.8亿升，鸡蛋9.4亿打，牛肉99万吨，羊肉39万吨，猪肉76万吨，家禽肉103万吨。

英是欧洲最重要的捕鱼国之一，可满足本国2/3的需求量。1990年捕鱼量(不包括鲑鱼和大麻哈鱼)为62.1万吨。

【服务业】近年来发展较快。1991年总产值占国内生产总值的65%，从业人口在1520万以上，占总就业人数的71%。

【旅游业】英最重要的经济部门之一。全英约有旅行社2971家，办事处8000个，就业人口150万。1990年外国来英旅游人数达1800万，收入78亿英镑。英国人出国旅游达3090万人，消费99亿英镑。英旅游服务设施齐全，主要旅游点有：伦敦、爱丁堡、加的夫、布赖顿、格林尼治、斯特拉福、牛津、剑桥等。(服务业、旅游业资料来源：1993年英国年鉴)

【交通运输】以陆路为主，铁路运输发达。伦敦有十分发达的地铁网；不少机场在计划扩建。1990年12月1日英法海底隧道贯通，计划于1993年开始使用。1991年的交通运输情况：

铁路：总长16588公里；客运量410亿人公里，货运量158亿吨公里。

公路：总长360000公里，其中3032公里为高速公路；车辆总数2450万辆，其中小汽车2030万辆，轻型货车220万辆，其他货车44.9万辆，公共交通汽车(包括出租车)10.9万辆；货运量1362亿吨公里。

水运：共有商船785艘，总吨位为1480万吨；内河航运线总长3750公里；共有大小港口300多个，其中吞吐量超过1000万吨的有12个，总吞吐量为4.738亿长吨，1长吨＝1.016吨；主要港口：萨仑沃、伦敦、蒂斯—哈特浦尔、米尔福德—黑文、格里姆斯比—因明翰、福斯、南安普顿、奥克尼、菲利克斯托、米德维、多佛、利物浦。

空运：1992年有航空飞机约800架(不包括直升飞机)；1991年民用机场客运量9730万人次，货运量110万吨；年客流量在100万以上的国际机场有12个，主要有希思罗、盖茨维克、曼彻斯特、格拉斯哥、伯明翰。

北海油田的石油大多通过水下输油管道运回陆地，总长约1686公里，输气管道约5330公里；1989年输送石油和天然气共计1.21亿吨。

【财政金融】每年4月5日开始新的财政预算年度。政府财政预算支出包括公共支出(中央政府和地方政府开支)、支付债务利息和财务调整，财政预算收入含直接间接税和公共部门贷款两项。政府预算财政收支情况如下(单位：亿英镑)：

	1992/93	1993/94	1994/95
收入	2300	2600	2810
支出	2580	2660	2790
差额	－280	－60	2

1990年底，英黄金储备73亿美元，外汇储备358亿美元。

1990年国际收支逆差235亿美元。1990年3月底，内债达1859亿英镑，外债达295亿英镑，占国内生产总值的6.3％。

【对外贸易】英为世界第五大贸易国，商品和劳务出口约占国内生产总值的1/3，与世界上80多个国家和地区有贸易关系，主张公开的多边贸易体系和世界贸易的进一步自由化。近年来对外贸易情况如下(单位：亿英镑)：

	1988	1989	1990
进口额	1019.7	1169.87	1207.13
出口额	803.46	923.89	1020.38
差　额	－216.24	－245.98	－186.75

(资料来源：1992英中央统计局年度统计摘要)

主要出口机械、汽车、航空设备、电器和电子产品、化工产品、石油等，进口原材料、食品等。多年来，英商品贸易均为逆差，并对平衡经常项目国际收支起决定作用。

英国最大的贸易伙伴是欧洲共同体。1990年同欧共体的贸易占英整个对外贸易的一半以上，其次是其他西方国家、北美、经合组织成员国、石油输出国家、发展中国家、东欧以及独联体国家。从单一国家来说，德国是英最大的出口国和进口国，分别占英出口额和进口额的12.7％和15.8％，其次是美国，分别为12.5％和11.4％。

人民生活

实行公共保健、社会保险等福利制度，并向老人、儿童、残废人提供资助。1990/91财政年度政府为此支出841.11亿英镑，占政府总支出的近40％。英国财富高度集中，10％的富人占有市场财富的一半。其中最富有的只占全国人口的1％，拥有全国私人财富的1/4。80年代保守党政府推行私有化政策以来，持有股票的英国成年人已达24％。1990年男性雇员周工资295.6英镑，女性201.5英镑。1990年消费品价格平均指数为126.1(1987年1月13日＝100)。全国公立医院现约有50万张病床，每千人拥有约9张病床、8名医生。1989年底个人拥有的住房比例为65％，个人拥有的住房达1500万座。1988年底，每千人约拥有393座住房。1989年每100户中有电视机的98户(其中91户为彩电，51户有两台以上电视机)，有录像机的56.6户，有洗衣机的85.7户，有电话机的86.2户，有冰箱或冰柜的98户，有私人汽车的66户。

军　事

女王为英军名义上的最高统帅。内阁为最高军事决策机构。首相掌握最高作战指挥权。军事决策由“国防与海外政策”委员会审议。委员会主席由首相担任。国防部负责三军的指挥和管理。下设“国防会议”和参谋长委员会。政策建立在北大西洋公约组织集体防务的基础上，并保持一定的核威慑力量。英计划在90年代中，以美国的“三叉戟”导弹更新现有的“北极星”导弹，使其核力量现代化。实行募兵制，服役期3、6、9、12、15年不等，最高为22年。

1991年有武装力量29.81万人，其中陆军14.76万，海军6.21万，空军8.84万。1990年中，原驻西德的部队减少了一半，约33600人。在香港、塞浦路斯、直布罗陀、福克兰群岛、百慕大、伯利兹有驻军。另外作为联合国维持和平部队的一部分还派遣军队驻扎在黎巴嫩、西奈半岛、伊拉克等地。

1991/92财政年度，政府国防开支为240亿英镑，占总公共支出的9.8%。

文化教育

【教育】实行5～16岁的义务教育制度。1989年7月议会通过《教育改革方案》。1990/91财政年度教育经费为265亿英镑，占总公共支出的8.15%以上，基本无文盲。

中小学分公立和私立，公立学校学生免交学费；私立学校师资条件与教学设备都较好，但收费高，学生多为富家子弟。著名的高等学校有牛津大学、剑桥大学、伦敦政治经济学院、爱丁堡大学。1990/91年度各级学校、学生和教师情况如下：

	学校(所)	学生(万人)	教师(万人)
中小学校	35000	920	53
高等学校	47	35	3

【新闻出版】全国现共有约160种日报，约2000种周刊和6700种期刊，1991年1～6月各主要报刊平均日发行量如下(单位：万份)：《每日快报》156；《每日邮报》172，《每日镜报》296，《每日星报》88，《晨星报》0.9，《太阳报》370，《金融时报》29.15；《每日电讯报》107，《卫报》43.1，《独立报》39.4，《泰晤士报》40.6，《世界新闻》481，《星期日快报》162，《星期日镜报》281，《星期日邮报》194，《人民报》233.8，《星期日电讯报》57.6，《观察家报》57.9，《星期日泰晤士报》117.6。

通讯社主要有3家：(1)路透社：1850年成立，英官方新闻机构，世界重要通讯社之一，总部设在伦敦，在80多个国家派驻840名记者。(2)新闻联合社：1868年创办。由首都以外的英国和爱尔兰的一些主要日报联合经营，专门收集国内新闻。(3)交换通讯社：1872年创办，只向全国提供金融、体育和赛马消息，所提供的经济新闻和统计资料有一定的权威性。

英国广播公司：1922年创办，1936年播放电视。该公司有4个全国性的广播电台，还有对海外的广播电台用37种语言向各国播放节目，每周约735个小时。

独立广播局：前身是独立电视局，1954年创办。该局监管各商业公司广播、电视节目和承建、管理发射台，不制作节目。下属15个电视公司，有两家全国性电视广播系统。电视现共有4个频道，BBC1和BBC2现为英国广播公司拥有，独立广播局控制独立电视台ITV并拥有第四频道。

对外关系

1973年英加入欧洲经济共同体，自此欧洲在英外交中占“优先地位”。1991年11月，梅杰执政后，提出“英国要处在欧洲的中心”，强调英要在欧洲建设和发展中发挥积极和建设性的作用。随着东欧巨变，苏联解体，战后的两极体制终结，英对外交政策作了调整，从其传统利益和大国地位出发，以欧洲地区为重点，保持英美特殊关系，利用各种国际组织，旨在新格局中继续发挥大国作用。

认为冷战结束后，西方已不再面临大规模军事进攻的威胁。美国仍然是超级大国，但已不能垄断国际事务。几个世界性大国和一些地区性强国尤其是国际组织对国际形势的发展都有影响力。

认为原苏联和东欧地区的动乱是危险的，而且也将是长期的。目前的主要任务是遏制民族主义力量和寻求解决地区冲突的办法。

主张把西方的民主、自由、私有制、市场经济、多党制推广到全球。但同时承认“现在的世界是多样化的”，“各国在政治经济发展中寻找自己的道路”。

认为冷战结束后，美国的综合国力最强，但已无力垄断国际事务，因而国际组织日显重要，各国影响力的大小也随之表现其中。英强调联合国及其安理会的作用，反对增加安理会常任理事国。1992年，英除参加西方七国首脑会议、欧共体和欧安会活动外，较多地利用联合国安理会。年初，英国建议召开了联合国历史上第一次安理会首脑会议；在英担任欧共体主席国期间，积极参与和平解决前南斯拉夫危机，主持召开“伦敦会议”。另外，英还积极推动世界环发大会的召开。

欢迎美苏于1991年9、10月间分别宣布的裁减核武器计划，并宣布英计划销毁其现有的短程和战术核武器，英海军将不再携带深水炸弹，但同时表示仍将保留最低限度的核武器。英认为冷战结束并没有给世界带来太平，英和欧洲面临的威胁更加多变无常，坚持独立的核力量，强调防务的应变能力，反对美俄进一步削减核武器谈判涉及英核力量。

英支持召开大国和全球军控会议的倡议，认为首先应控制在中东地区出售大规模杀伤武器和建立武器销售登记制度。认为五大国在军售问题上的合作是控制中东军备竞赛的重要保证。

主张以停火和谈判的方式解决争端，支持联合国和欧共体的和平努力，但对军事卷入持谨慎态度。承认斯洛文尼亚、克罗地亚以及波黑共和国的独立。

1992年下半年担任欧共体主席国期间，英积极参与解决南问题的和平努力。7月，赫德外交大臣访问前南斯拉夫地区。8月，在英国的倡议下，在伦敦召开了前南斯拉夫问题国际会议，会议由联合国秘书长和梅杰首相联合主持，联合国安理会5个常任理事国和欧共体成员国等国家的代表以及前南冲突各方领导人与会，会议达成了“原则声明”、“会议工作方案”以及“关于波黑的声明”等文件。

英积极支持美通过联合国对伊拉克、利比亚实施制裁，在伊南部设立禁飞区。主张召开中东和会，认为美是中东和平的主要推动者，但联合国和欧共体也应发挥重要作用。英坚持以必须遵守联合国安理会242和338号决议，归还阿以战争期间非法占领的阿拉伯领土，停止在被占领土上继续建立定居点，并主张巴勒斯坦人享有自治的权利，支持由被占领土上的巴勒斯坦人组成巴勒斯坦代表团参加中东和会。但英迄今仍不承认巴解是巴人民的唯一合法代表和巴勒斯坦国。

英支持按联合国有关框架文件全面解决柬问题。表示巴黎协定必须严格执行，不反对西哈努克派和金边组建联合政府，主张对红色高棉施加压力，迫其接受安理会决议。1992年1月，英外交国务大臣凯斯纳斯访问柬埔寨。凯是英自1970年以来访柬最高官员。他宣布英计划在今后3年内将其提供的用于柬和平进程的专项资金总金额增加1倍，达到2千多万美元，使英用于柬和平进程的总金额超过1亿美元。

不主张孤立北朝鲜，支持南北朝鲜同时加入联合国。欢迎南北朝鲜签署的朝鲜半岛无核化协议和北朝鲜与国际原子能机构签署核保障协定，赞赏朝鲜接受国际原子能机构的核查。1992年6月中旬，朝西欧司司长访英，这是英朝在朝鲜战争后的首次接触。

强调西方意识形态范畴的所谓“人权”，近来又把“人权状况的改善”作为向第三世界国家、前苏联、东欧国家提供经援和发展关系的先决条件。但英国内也屡屡发生侵犯人权的事例。1991年4月联合国人权委员会在纽约举行会议，对英国人权问题提出质询；1991年大赦国际发表报告批评英司法部门严重破坏人权，尤其是在北爱尔兰。

【同我国的关系】1954年6月17日中英达成互派代办的协议。1972年3月13日两国签订了升格为大使级外交关系的联合公报。自80年代以来，特别是1984年中英圆满解决香港问题以来，两国关系有较大发展，高级互访和其他往来不断增多。1989年下半年春夏之交的政治风波以后，英政府参与对华制裁，两国关系出现困难。1990年，两国关系有所改善，实现了副外长互访。1991年4月，英外交大臣赫德访华，双方建立了外长半年一次定期会晤制度。梅杰首相与李鹏总理多次互致信函，就中英双边关系包括香港问题以及国际问题交换意见。1991年9月梅杰首相访华，中英正式签署了《关于香港新机场建设及有关问题的谅解备忘录》；10月邹家华副总理访英。

1992年，中英关系在香港问题上的分歧公开化以前，基本保持了良好的发展势头。1月，李鹏总理出席安理会首脑会议时，会晤了梅杰首相；3月，钱外长访英；4月，英保守党在大选中获胜后，梅杰首相表示他本人重视中英关系，愿在广泛的国际事务和香港问题上同中国进行富有成效的合作；6月，李鹏总理和梅杰首相出席世界环发大会期间再次会晤；11月，朱镕基副总理访英。另外，1992年为中英关系升格20周年，双方举行庆祝活动。英驻华大使麦若彬举行晚宴，我驻英大使马毓真举行招待会，我对外友协举行午餐招待会。

中英其他关系也有所发展。5月，我卫生部副部长何界生和英卫生大臣博士顿利夫人代表两国在日内瓦签订一项新的卫生合作协议。10月，英国在华举办了电影周。此外，苏格兰芭蕾舞团11月来华演出。两国军事关系也有所松动。

近两年来，两国签订的重要协定有：中英大气科技合作备忘录、1991～1993年中英文化、教育和科技合作交流计划、香港新机场谅解备忘录、中英卫生合作协定。

1992年中英贸易额19.4亿美元，其中中国出口9.23亿美元，比去年增加26.8%；进口10.14亿美元，比去年增加7.6%。

在香港问题上，港督彭定康在发表的第一份施政报告中提出的对香港政治体制方案，违背了中英联合声明的有关规定；违背了英方关于要使香港政制发展同基本法衔接的承诺；违背了中英双方已达成的有关谅解；挑起了中英在这一问题上的公开争论和对抗。

在对台湾关系方面，英同意台驻英机构升格为“台北代表处”，贸工部国务大臣雷德伍德及前首相撒切尔夫人相继访台；英台贸易上升很快。

1992年，中国在英国的留学生总数达4600人，其中当年派出约300多人；英国计划内来华留学生共29人；计划外来华留学生182人，其中长期生86人，短期生96人。

中国驻英国大使：马毓真。地址：49-51 PORTLAND PLACE LONDON WIN 3AH UNITED KINGDOM。电话：071-6365197。电传：23851 CHINA G。商务处：56-60 LANCASTER GATE，LONDON W2 3NC。电话：071-2620253，071-7236647。电传：896440 CLEFSL G。签证处电话：071-6360796。

英国驻中国大使：麦若彬。地址：北京光华路11号。电话：5321961，5321962，5321963，5321964，5321937，5321938，5321939，5321930。

【同欧洲欧共体及其他西欧国家的关系】1992年，梅杰政府对欧继续积极推行其“英国要处在欧洲的中心”的政策目标，并利用下半年担任欧共体主席国的时机，推行一些更具成员国特色的英国主张。

2月19日，英保守党和欧洲议会的基民盟结盟，该决定从5月1日起生效。5月12日，英女王在欧洲议会发表演讲，阐述英的欧共体建设主张，这是英君主第一次对欧议会发表讲话；9月7日，英国皇家国际事务研究所与英外交部及欧共体委员会联合在伦敦举行题为《1992年之后的欧洲与世界》的大型研讨会，作为英担任欧共体主席国的一项重要活动。10月16日，英首相梅杰在伯明翰主持了欧共体特别首脑会议。会议发表了《主席国声明》、《关于前南斯拉夫的宣言》和《关于索马里的宣言》等文件。12月11日，欧共体首脑会议在英国的爱丁堡召开，会议发表了包括内部事务、丹麦批准马约问题、财政预算和对外关系四大部分的《主席国结论》。

英坚持欧共体只能是主权国家之间的紧密合作，反对建立削弱国家主权的超国家机构。英积极推动在1993年前完成单一市场的建设，强调欧共体的扩大问题；反对欧共体增加财政预算，要求削减农业补贴。另外，英继续强调突出其自身利益的一些主张，英坚持在1993年欧共体边界取消后保留其边界管制，对欧共体社会宪章持选择不加入态度，坚决不同意削减其欧共体预算回扣。

11月4日，梅杰在议会发表讲话，集中阐述了英的欧洲建设主张，梅杰强调，英在欧洲将来的发展中要起中心的作用；在经货联盟的第二阶段，货币政策仍然是各国政府的责任；欧共体的防务合作将在西欧联盟的框架内独立于欧共体实行，但同时西欧联盟的决定不应损害对北约的义务，与此同时，梅杰再次强调欧共体扩大的意义。

1992年，为增加其在欧共体事务上的回旋余地，英积极试图改善与德、法两国的关系。

6月5日，英首相访德，在波恩与德总理科尔举行会谈，并发表了联合声明；9日，英女王访法，称英的前途同欧洲密不可分，但英只有同法密切合作才能最充分地利用欧洲提供的机会。10月19日，英女王伊丽莎白二世和爱丁堡公爵对德国进行为期5天的国事访问。20日，英国防大臣里夫金德表示，英法两国已开始进行非正式的会谈，讨论如何协调两国的核政策以加强欧洲核威慑问题。10月23日，英首相梅杰和德国总理科尔共同提出了一项四点倡议，以挽救21日已经破裂的欧共体与美关于农业补贴的谈判。

但是，英法在欧共体农业政策上意见不一，而两国又共同反对德成为联合国安理会常任理事国。9月货币危机及年末英推迟批准马约后，英法、英德关系也显出紧张一面。

1992年，英经济呈衰退之势，德国因东部经济问题牵制，利率持高不下，所以，英镑在8月对马克汇率持续下跌，并创英镑对马克比价自1990年10月英加入汇率机制以来最低纪录。对此，英格兰银行、德国联邦银行、法国中央银行等对市场进行多次干预无效。9月16日，英财政大臣被迫宣布英镑暂退出汇率机制。其后，英多次强调汇率机制的"缺限"亟待纠正，否则英镑不会重新返回，并要求德降低利率，但遭到拒绝。

1991年12月，英在"单一货币"和"社会宪章"等问题上保留"最后选择权"的条件下，与欧共体其他国家达成马斯特里赫特条约。1992年，英批准马的进程一度较为顺利，但丹麦于6月公民投票否决了马约，形势随即转向，在党内欧洲怀疑派的牵制下，梅杰政府对马约的态度开始有所变化，一再拖延马约的批准日期。法、德等欧共体国家对此表示反对。迫于各方压力，11月4日，英议会下院就梅杰政府的欧共体政策进行辩论并付诸表决，结果以3票的微弱多数通过了政府提出的继续马约批准程序的议案。但11月5日，梅杰又宣布英将到1993年5月丹麦举行马约问题第二次公民投票之后才在议会对马约付诸表决。如获通过，英实际上成为欧共体中最后批准马约的国家。

1992年英、德、意、西继续就1986年开始的欧洲战斗机(EFA)计划前途进行磋商。期间，德以价格较高为由决定退出该计划，西支持英继续 EFA 计划的立场，意表示该计划与降低财政赤字的努力不相适应，于是该计划在8月被冻结。12月10日，四国重新达成协议，决定在推迟一年生产，降低成本30%的条件下继续执行欧洲战斗机的计划。

1991年，英向欧共体其他11国的出口贸易占英总出口的56.5%，比1990年增加3.6%；进口贸易占英总进口额的51.6%，比1990年减少0.7%。

【同美国的关系】二战后，英历届政府均十分重视"英美特殊关系"。两国领导人来往频繁，协调两国在国际问题上的立场。1992年，英美特殊关系依然是英国外交政策的重要一环。一方面，英积极支持美对伊拉克和利比亚实行制裁，参与在伊拉克南部设立禁飞区。6月，梅杰在去巴西出席联合国环境与发展大会途中访问美国，与布什在戴维营举行了会谈。12月，梅杰又以英首相和现任欧共体主席的双重身份对美进行工作访问，同布什总统在欧美贸易谈判和波黑实施禁飞问题上达成共识。与此同时，英主张维持美在欧洲的势力和影响，强调美国和北约在欧洲继续存在对欧洲的安全必不可少，坚持西欧联盟和法德联合军团只能作为北约安全机制的补充。

但是，近年来英对美的巨额财政和贸易赤字及贸易保护主义等损害西欧利益的经济政策也曾公开提出批评。目前，英国外交政策重心移向欧洲，美利益又逐步向亚太和拉美地区转移；另外，克林顿执政后，政策中国内因素加重，民主党社会政策与英保守党不一，因而，英美特殊关系也面临考验。

美是英的第二大贸易伙伴，英的海外投资有34%在美国，美在英的投资占外国在英投资总额的40%左右。1991年，英向美出口占英总出口的10.9%，比1990年减少1.6%；从美进口占英总进口的11.5%，比1990年增加0.1%。

目前，美在英共有驻军约21000人，其中除少数陆军人员外，有空军18500人，海军岸基部队2500人，另外，美在欧洲地区还驻有第6舰队。

【同独联体和东欧国家的关系】1991年苏联解体、东欧剧变后，英认为该地区经济混乱、政局动荡将是长期的，西方对其援助是杯水车薪，无济于事。英害怕俄的核武器扩散以及一些国家民族主义势力抬头，内战加剧，出现难民潮，祸及西欧，因此，英承认俄罗斯是原苏联的合法继承人，取代苏的联合国席位。英还提出加强欧安会的作用，对该地区可能出现的矛盾和冲突加以调解和处理；英主张给予该地区适当"技术援助"。1992年，英由于国内经济困难的掣肘，对该地区采取以外交为主，经济、技术为辅的政策。

1月，外交大臣赫德访问哈萨克、乌克兰和俄罗斯，与三国领导人集中讨论了安全和经济问题。5月，梅杰于大选后首次出访去匈牙利、捷克和斯洛伐克、波兰三国，表示全力支持三国政府。10月28日，梅杰作为欧共体主席国与欧共体委员会主席德洛尔和波兰、匈牙利、捷克和斯洛伐克总理在伦敦举行首脑会议，讨论欧共体与三国的关系以及前苏联和前南斯拉夫地区的形势。在英国的带头推动下，俄罗斯等独联体国家于今年加入了国际货币基金组织和世界银行。另外，英国于1月、5月、7月和10月先后四次参加了国际援助独联体协调会议。

11月，俄总统叶利钦访问英国，双方签订了226年来第一个友好条约及有关合作、裁军、前苏联债务等问题的5项协议。

【同第三世界国家的关系】英国同第三世界国家特别是英联邦国家有着传统的密切的经济合作和贸易关系，向120多个国家提供双边援助。但近年来，英对发展中国家提供的官方发展援助占国民生产总值的比例在下降，低于联合国规定的0.7%的指标。英表示，在向第三世界提供额外援助时，英不能作毫无限制的承诺，英将重视援助的数量和质量。同时，英对发展中国家的投资逐年减少。英对发展中国家的贸易占英外贸总额的比重也逐年下降。1991年进、出口分别降至12%和11.6%。

梅杰执政后，英将恢复英国在英联邦国家中的影响，和利用英联邦增大其对第三世界和在国际事务中的发言权作为英国外交的一个重要组成部分。南非国内形势发生变化后，使英同英联邦大多数国家围绕对南非制裁的对立得以缓解。冷战结束苏解体后，英联邦中发展中国家对英政治和经济上的需求增加，也为英增强在英联邦中地位提供了机会。1990年10月哈拉雷英联邦首脑会议上，梅杰将“人权”“民主”等原则塞进了《哈拉雷宣言》，以此压英联邦中发展中国家接受西方价值观念和市场经济。英宣称，英联邦作为一个组织正在获得新生，并称要为英联邦在当今世界中寻找一种新的作用。在对英联邦发展中国家提供援助时，梅杰政府越来越强调以这些国家实行政治多元化、尊重人权等为条件，通过援助干涉他国内政的倾向有所发展。

中东地区　1992年，英支持美通过联合国对伊拉克、利比亚实施制裁，英表示，西方没有因前南斯拉夫内战而转移目标，英强调对伊施加压力，以确保其销毁大规模毁灭性武器。3月31日，联合国通过了美、英、法三国提出的自4月15日起对利比亚实行制裁的决议。8月10日，英派遣驱逐舰和皇家海军参加与科威特联合进行的军事演习，表示，英对海湾地区的安全负有责任和义务。同月，英、法、美向萨达姆发出最后通牒，在伊南部实施禁飞区。

东南亚地区　1992年，英继续关注东南亚地区的局势发展，重视东盟的作用和影响。1月，英外交大臣赫德访问印度，向印度提出了加入核不扩散条约的可能性，并呼吁印度和巴基斯坦“消除相互间的不信任”。6月，梅杰对来访巴基斯坦总理谢里夫表示，英将为遣返三百万居住在巴基斯坦的阿富汗难民提供援助，并愿为解决克什米尔问题在印巴之间进行调解，希望印巴两国能够签署核不扩散条约。7月，英国外交大臣赫德以欧共体主席国身份在马尼拉举行的东盟与对话国外长会议上表示，欧共体将全面加强与东盟的合作。

拉美地区　1992年，英阿关于马岛石油问题谈判的高级别小组在伦敦举行第三次会议，仍然未能达成协议。

（马菽　傅智敏）

直布.罗陀

直布罗陀位于伊比利亚半岛南端，与西班牙南部的直布罗陀区相连。现为英国的殖民地。面积5.8平方公里。人口约3万（不包括英国驻军），其中直布罗陀人（意大利、马耳他、西班牙人后裔）约2万，英国人约5000，摩洛哥人约3000，余为印度人、葡萄牙人、巴基斯坦人和西班牙人。主要语言为英语，亦通用西班牙语。80%的人信奉天主教，其他的信奉新教、犹太教和伊斯兰教。总督德瑞克·瑞费尔(Derek Reffell)。属地中海气候。冬季平均温度为12～18℃，夏季为13～29℃。

1501年正式纳入西班牙版图。西班牙国王卡洛斯二世无嗣，嘱由法国波旁王族继承西王位。1700年卡洛斯二世死后，法国王路易十四之孙菲力普被宣布为西国王。但卡洛斯二世的外甥、奥地利查理大公按哈布斯堡王族的血缘关系也要求继承王位。由此在1701年爆发西班牙王位继承战争。英国和荷兰支持查理大公，并于1704年攻占直布罗陀。1713年交战双方签订乌特勒支和约，肯定了菲力普的西班牙国王地位，但作为交换条件，直布罗陀被割让给英国。英国占领直布罗陀后，驱逐了原有的西班牙居民，从外地大量移民。1909年英国在直布罗陀与西本土之间的中立地带修筑军事基地和机场并设栅栏，形成现今的边界。

直布罗陀作为英国的海外领地，由王室委派总督兼驻军司令，统管一切军政事务，重大问题需经英议会批准。

直布罗陀缺乏自然资源。有少量修理业和食品加工业。经济主要依赖对英、日及其他欧共体国家的贸易。出口主要是转口石油、对停泊船只供应油及香烟转口。食品进口占总进口的14%。每年接待380万外国游客，年旅游收入达1500万英镑。劳动人口有13600人，分布在船舶制造、商业、旅游及公共管理部门。

财政收入主要来自个人所得税、关税、不动产税、邮政和彩票。1989/90年度，财政收入为9420万英镑，支出为1.08亿英镑。有英资、本地和外国银行14个。1986～1992年英国向直布罗陀共提供600万英镑资助。

对5～15岁儿童实行免费义务教育。有12所公立小学和一所私立小学。另有2所公立中学和一所中专技校。

1988年公路长43公里，一座机场和海港。

共有6种报刊、一种日报和5种周报。直布罗陀电台每天以英、西两种文字播出17个小时。电视台每天播放5小时的英文节目。

西班牙从未放弃收复直布罗陀的要求。二次大战后，西加强了收复活动。1964年联合国非殖民化特别委员会认为"给予殖民地国家和人民独立宣言的条款完全适用于直布罗陀"，要求英西两国政府谈判解决直布罗陀争端。1966年联合国大会又通过决议，敦促"加快直布罗陀非殖民化"。英国拒绝谈判，并加速推行直布罗陀"自治"，于1967年在直布罗陀举行了归属问题的公民投票，结果绝大多数人赞成直布罗陀继续归属英国。联大通过决议指出这次公民投票违背了联合国的决议，再次敦促英西举行谈判。1969年直布罗陀议会通过新宪法，宣称直"是英国的一部分"，在"没有完全充分表达民意的公民投票的情况下，直布罗陀不应交给他国"。西班牙对此表示强烈不满，于1969年封锁边界，撤走在直工作的工人，中断与直的通讯和交通联系，禁止英国飞机飞越西领空。使直布罗陀成为孤岛。

1980年西英两国外交大臣在里斯本会晤，商定通过对话解决关于直布罗陀的一切分歧并恢复直布罗陀地区的直接联系。但后来双方对上述协议有不同解释，对话一拖再拖。1981年英国授予直布罗陀居民完全的英国国籍，为西英争端增加了新的困难因素。

1982年西班牙工人社会党执政后，双方采取了一些改善关系的措施，为通过谈判解决争端创造条件。1984年11月，两国外交大臣发表布鲁塞尔声明，英方首次接受开始谈判包括直布罗陀主权在内的各种问题。1985年2月5日，西政府宣布开放直布罗陀边境的栅栏及西本土与直布罗陀的陆海通道，英国则宣布给予西班牙人在直布罗陀工作、居住和购买房地产的权利。同日，两国外交大臣在日内瓦举行会谈。应英方要求，西以书面形式提出了收回直布罗陀主权的两个过渡性方案：(1)签署租约，为期20年；(2)暂时实行共治，共同享有主权。但双方在主权问题上都坚持各自的立场，谈判进展缓慢。英方强调它对直布罗陀拥有合法主权，有乌特勒支和约为凭，而且应尊重直布罗陀人的意愿。西班牙政府指出和约只规定直布罗陀的城堡、港口和防务工事等地面建筑物让与英，但未割让领土管辖权。

1987年12月，西英两国政府达成《关于共同使用直布罗陀机场的协议》。西外交大臣认为这是自英国占领直布罗陀以来，西在恢复对直布罗陀主权的进程中迈出的重要一步。由于直布罗陀当局有不同意见，上述协议尚未实施。

1991年3月18日，英国撤走其驻扎在直的最后一个营的陆军。

1992年，西班牙在直布罗陀问题上继续推行"耐心与坚定并举"的政策。由于直方的反对，西英有关共同使用直机场的谈判未获任何进展。（赵宏声　赵本堂）

美　洲

阿　根　廷

国名　阿根廷共和国(Republic of Argentina,República Argentina)。

面积　2776889 平方公里。

人口　3261 万(1991 年),其中白种人占 97%,多属意大利和西班牙血统。官方语言为西班牙语。87%的居民信奉天主教。

首都　布宜诺斯艾利斯(Buenos Aires),人口1150万(包括郊区)。

国家元首　总统卡洛斯·梅内姆(Carlos Menem),1989 年 7 月 8 日就职,任期 6 年。

简　况

位于南美洲东南部,西邻智利,北界玻利维亚、巴拉圭,东北与乌拉圭、巴西接壤,东濒大西洋。海岸线 2600 余公里。北部属热带气候,中部属亚热带气候,南部为温带气候。首都年平均气温 16℃。16 世纪前居住着印第安人。1535 年开始沦为西班牙殖民地。1816 年 7 月 9 日宣布独立。1852 年制定宪法,建立了联邦共和国。自 20 世纪 30 年代起出现军人与文人交替执政的局面。1983 年,阿方辛民选政府上台,恢复宪制,大力推进民主化进程。80 年代中后期,阿经济形势恶化,社会矛盾加剧,政治动乱迭起。1989 年,梅内姆当选总统。

政　治

梅内姆总统对内外政策进行了一些调整,为进一步实现国内政治稳定和经济发展采取了一系列措施。1992 年,阿政府抓紧落实改革开放,大力推行新自由主义政策,取得了较明显的成绩。经济在持续稳定中出现增长势头,政局继续保持稳定。与此同时,社会、政治矛盾也有所发展。阿总工会于年底举行了本届政府执政以来的第一次全国总罢工,要求政府改变经济、社会和劳工政策。

【宪法】1853 年 5 月 1 日立宪代表大会颁布第一部宪法。1860～1972 年曾多次修改。宪法规定,阿为联邦制国家,实行代议制民主。1976 年军人政变上台后,曾停止实施宪法。1983 年,阿方辛政府恢复了宪制。

【议会】国会分参、众两院。拥有联邦立法权。参议院下设 31 个委员会,参议员任期 9 年,每 3 年改选 1/3。众议院下设 26 个委员会,众议员任期 4 年,每两年改选 1/2。参、众议员可连选连任。参议院共 48 席,由全国 23 省和联邦首都各选出两名议员组成。1992 年参院改选后,正义党占 27 席,激进党占 14 席,剩下席位由各小党派占有。众议院共 257 席,由各省和首都选民按人口比例直接选举产生,正义党占 117 席,激进党占 84 席,其余席位由其他小党派占有。根据宪法规定,参议院议长由副总统兼任。由于副总统一职暂缺,故无参议长,临时参议长爱德华多·梅内姆(Eduardo Menem);众议院议长阿尔维托·彼里(Alberto Pierri),1989 年 11 月 29 日由众议院选举产生。

【政府】共设 8 个部。本届内阁于 1989 年 7 月组成,后进行多次调整。现内阁主要成员有:内政部长古斯塔沃·贝利斯(Gustavo Beliz),外交和宗教事务部长吉多·迪特利亚(Guido Di Tella),国防部长安东尼奥·埃尔曼·冈萨雷斯(Antonio Erman Gonzalez),经济部长多明戈·卡瓦略(Domingo Cavallo)。

【司法机构】最高法院由院长、8 名大法官和国家总检察长组成。院长从大法官中选举产生,任期 3 年,可连选连任。最高法院院长里卡多·莱韦内(Ricardo Levene),1990 年 4 月 26 日就任。总检察长奥斯卡·卢汉·法皮亚诺(Oscar Lujan Fappiano)。

【政党】全国共有政党 547 个,其中全国性政党 28 个,主要有:

(1)正义党(Partido Justicialista):又名庇隆主义党或庇隆主义运动,曾 3 次执政,现为执政党。1945 年由庇隆创建,现有 400 万党员。党内派别林立,有“革新派”、“正统派”等。“革新派”内为争当总统候选人又分裂为“梅内姆派”和“卡菲罗派”。全国委员会主席由第二副主席罗伯托·加西亚(Roberto Garcia)代理。

(2)激进公民联盟(Union Civica Radical):亦称激

进党。1891年成立,曾5次执政。现为阿最大的反对党。有党员277万。主张对内实行民主和社会改良,思想多元化,建立以计划为基础、保护私人积极性的经济制度。全国委员会主席马里奥·洛萨达(Mario Losada)。

(3)民主中间联盟(Union Del Centro Democrático):1982年8月成立。现有党员8万余人。政治上主张自由式的民主,经济上主张自由市场经济,全盘私有化。该党近年来发展较快,成为继正义党和激进党之后的第三大政治势力。主席费德里科·克来里西(Federico Clerici)。

(4)不妥协党(Partido Intransigente):1963年从不妥协激进公民联盟中分裂出来后组成。党员8万余人。主席奥斯卡·阿伦德(Oscar Alende)。

(5)统合发展运动(Movimiento de Integraciony Desarrollo):1963年成立,其前身为不妥协激进公民联盟。党员14万人。主席鲁道夫·卡尔沃(Rudolfo Calvo)。

【重要人物】卡洛斯·梅内姆:总统。1930年7月生于拉里奥哈省阿尼拉戈镇。1953年加入正义党,1955年毕业于科尔多瓦大学法律系。1971年任正义党拉里奥哈省主席。1973～1988年先后3次出任拉里奥哈省省长。1987年任正义党第一副主席,1988年7月成为正义党总统候选人。1989年5月大选获胜,当选阿第46届总统。

经 济

阿根廷是拉美大国之一,工业和农牧业均较发达,是世界粮食和肉类的重要出口国。80年代经济停滞不前。梅内姆执政后,实行以对外开放、自由市场经济和私有化为核心的新自由主义经济政策。1992年,政府继续进行经济调整,经济改革不断深化。由于稳定货币,紧缩财政,严格税收等措施得当,使通货膨胀得到控制,财政出现盈余,回流资金不断增加,外汇储备上升,经济在持续稳定中出现较大增长势头。经济面临的主要问题是生产性投资匮乏和外贸出现巨额逆差。

国内生产总值(1990年):1600亿美元。

人均国内生产总值(1990年):4900美元。

国内生产总值增长率(1991年):6%。

货币名称:比索。

汇率(1992年12月):1美元=1比索。

通货膨胀率(1992年):17.5%。

失业率(1992年):7%。

【资源】矿产资源有石油、天然气、煤炭、铁、银、铀、铅、锡、石膏、硫磺等。已查明蕴藏量:石油3.96亿吨,天然气7700亿立方米,煤炭6亿吨,铁3亿吨,铀2.94万吨。水力资源丰富。森林面积占全国总面积的1/3左右。沿海渔业资源丰富。

【工业】工业技术水平较高。工业产值占国内生产总值的1/3。主要有石油、钢铁、水泥、化工、纺织、汽车制造和食品加工等。核工业发展水平居拉美前列,现拥有3座核电站,能独立生产浓缩铀。钢产量居拉美第三位。机器制造业具有相当水平,阿产飞机已打入国际市场。食品加工业较先进,主要有肉类加工、乳制品、粮食加工、水果加工和酿酒等。阿是世界上葡萄酒主要生产国之一,年产量30亿公升。

近几年主要工业产品产量如下:

	1989	1990	1991
钢(万吨)	387.5	362.3	297.2
生铁(万吨)	331.9	290	232
发电量(亿度)	464.9	470	494.2
水泥(万吨)	419.7	339.9	438.5
原油(万立方米)	2655	2729	2824
天然气(亿立方米)	177.4	206.8	217.8
汽车(万辆)	12.8	9.9	13.8

【农牧渔业】农牧业发达,是世界主要粮食生产和出口国之一。农牧业产品及加工品出口额占外贸出口总额的75%。农业种植面积3084万公顷,主要种植小麦、高粱、玉米、大豆、向日葵、亚麻等。

畜牧业占农牧业总产值的40%。全国牲畜的80%集中在潘帕斯大草原。1991年牛存栏5000万头。牛肉产量达270万吨,出口37万吨。羊存栏3000万只,年产羊毛15万吨,出口8.4万吨,出口量居世界第四位。

渔业资源丰富,约670万吨,但未得到充分开发,年捕鱼量仅40万吨左右,一半以上供出口。

近几年主要农产品产量(单位:万吨):

	1988/89	1989/90	1990/91
小麦	830	1015	1159.8
玉米	426	500	695.1
大豆	675	1100	999.8
高粱	130	200	230
葵花籽	310	380	325.9
亚麻	41.8	51.5	47.2
棉花	53.6	87	88
糖	1078	1250	1350

【旅游业】近几年来,阿已成为南美最大的旅游国家。1991年外国游客共285万人,旅游收入达23亿美元。主要旅游点有巴里洛切风景区、伊瓜苏大瀑布、莫雷诺冰川等。

【交通运输】陆、海、空运均较发达,以陆运为主。

铁路:总长3.57万公里,年客运量124.7亿人公里,货运量79亿吨公里。

公路:总长29万公里,客运汽车410万辆,商运汽车150万辆。

海运:商船140艘,总吨位185万吨;沿海港口有12个,港口年吞吐量8500万吨。

空运:全国共有大型客机29架,机场400多个,其中80多个为主要机场。各省府、主要城市及重要旅游点每天均有航班往来,国际航线26条。年载客量370万人,营运额7亿多美元。

【财政金融】1991年财政收入约360亿美元，支出330亿美元，盈余30亿美元。外汇储备117亿美元，国际收支顺差25亿美元。1992年底阿同债权银行达成重新安排外债协定，加入了布雷迪计划，减债25亿美元。截至1992年底外债总额为580亿美元。

【对外贸易】在国民经济中占有重要地位。出口总额约占国内生产总值的15%。近年来，政府为刺激经济发展，调整了外贸政策，降低关税，开放进口，取消对进出口物资的数量及配额限制，外贸逆差明显增加。主要出口产品为谷物、牛肉、皮革、羊毛、油脂、栲胶、钢材、化工产品和机械；进口化肥、石油产品、铁矿砂、煤炭、精密仪器等。主要贸易伙伴为拉美国家、欧洲共同体、美国、前苏联、日本等。对外贸易情况如下（单位：亿美元）：

	1990	1991	1992
出口额	120.79	120	120
进口额	38.43	95	145
差　额	82.36	25	—25

【外国资本】阿吸收外资已有170年历史。1989年8月，梅内姆政府制订了新的外资法，提高外资的优惠条件，以扩大引进外资。目前阿外资总额约为70亿美元。其中美国占46%，西欧国家占40%。外国投资主要集中在石油、天然气、汽车制造、医药化工、金融机构和服务业等部门。近年来，民航、电信等公用事业部门已向外资开放，部分外债资本化也使外资总额有所增加。

人民生活

以前贫富差别较小，大多数居民属中产阶层。80年代以来人民生活水平下降，处于贫困线以下的人口从1980年的13%增至1990年的31%。职工月平均工资200美元左右。人均住房面积22平方米，70%的家庭拥有私人住房。家用电器普及，每百人40台电视机，9.4部电话。平均每6人1辆汽车，每千人有54张病床，每万人有37位医生和23.6名护士。

军　事

总统为武装部队最高统帅，下设国防委员会和军事委员会。国防委员会由副总统、内政部长、外交部长、国防部长和经济部长组成。军事委员会由国防部长、三军联合参谋长和陆、海、空三兵种参谋长组成。三军联合参谋长马里奥·坎迪多·迪亚斯(Mario Candido Diaz)。实行义务兵役制，服役期为一年。

总兵力7.6万人，其中陆军4.2万，海军2.1万，空军1.38万，另有宪兵1.8万，海岸警卫队9000人。

1992年国防开支为19.8亿美元。

文化教育

【教育】阿教育水平较高，实行义务初等教育。1992年文教经费占国家预算的8.8%。文化普及率为95.5%，儿童入学率为96%。阿共有528所高等学府，其中49所为综合性大学。著名大学有布宜诺斯艾利斯大学、拉普拉塔大学和科尔多瓦大学。1986/87年度各级教育情况如下：

	学校(所)	学生(人)	教师(人)
公立大学	338	635192	27781
私立大学	190	71824	14023
普通中学	2443	770615	111421
商业中学	1994	625830	74282
技术中学	1039	413264	57970
农牧中学	276	36119	7165
其他中学	118	13417	1966
小　学	21025	4906907	252259
学前教育	8677	766138	41665

【新闻出版】全国发行各类报纸2062种，周刊96种，还有250种外文出版物。其中首都及各省重要的报纸30家，发行量为240万份。主要报纸有：《民族报》，发行29万份；《号角报》，发行68万份；《纪事报》，发行70万份；《新闻报》，发行3万份。杂志月销售量460多万份，重要周刊有《市场》、《索莫斯》、《人物》等。

美洲通讯社系国家占多数股份的公司，属总统府新闻国务秘书处领导。阿根廷新闻社和报联社均为私人通讯社。

全国性和地方性广播公司151家，电视台71家。

对外关系

奉行独立自主的对外政策，坚持各国人民自决、不干涉内政和主权国家一律平等的原则。强调国家关系不受政治制度和意识形态的限制。主张和平与裁军，核研究仅用于和平目的并表示不发展核武器。要求建立国际经济新秩序，开展南北对话和南南合作，外交注重务实，强调同美等西方国家结盟，推动拉美地区一体化，同时发展同其他地区国家的关系。海湾战争后，认为美国在国际上的政治作用更加突出。但并没有出现由一个国家独霸世界的局面，今后世界多极化趋势将占主导地位。联合国应在本世纪世界面临的种种问题上发挥作用。到1991年底，已同110个国家有外交关系。

【同我国的关系】1972年2月19日建交。建交后两国关系有很大发展。1989年7月，梅内姆总统执政后，重视发展同我国友好合作关系。1990年两国元首实现互访，进一步加强了两国友好关系。

1992年11月，阿外长迪特利亚访华，两国外长进行了第一次政府间政治磋商，并签署了《中阿促进和相互保护投资协定》；同年5月，我地矿部长朱训访阿；6月，农业部长刘中一访阿；同月，李鹏总理与梅内姆总统在巴西环发大会期间进行了会晤。1992年，两国贸易额为3.24亿美元。

中国驻阿根廷大使：汤永贵。馆址：Av. Crisologo Larralde 5349，1431-Buenos Aires Republica Argentina。电话：5438862，5420054。电传：22871-CNINA AR。商务处电话：518172。签证处电话：5415085。

阿根廷驻中国大使：卡洛斯·卢卡斯·布兰科。馆址：三里屯东5街11号。电话：5322090，5322142。商务处电话：5322354。

台湾在阿首都设有“商务代表处”。1992年7月，阿在台北设立“贸易文化办事处”。1990年阿台贸易额约1.9亿美元。

〖同美国的关系〗阿美有传统的密切关系。梅内姆总统上台后，把加强同美关系作为其外交政策的重点，宣称奉行与美结盟的政策，积极谋求美支持其推行自由化经济政策。1992年，两国高层接触不断，官员互访频繁，美积极支持阿经济调整计划，恢复对阿军援，增加在阿投资，推动国际债权银行同阿签订“布雷迪计划”，两国在国际事务中继续保持密切合作，阿美盟友关系进一步巩固和发展。但阿美在贸易、债务和投资等方面仍有矛盾和摩擦。

〖同前苏联各共和国的关系〗苏解体后，阿承认俄罗斯联邦为苏“继承者”，表示愿为继续发展双边关系提供便利，并表示愿接纳前苏联移民。至1992年底，阿已承认所有独立的前苏加盟共和国。由于俄方支付能力问题，目前阿俄贸易急剧下降。

〖同英国的关系〗1982年4月阿英间爆发马尔维纳斯群岛战争，两国断交并处于敌对状态。梅内姆总统上台后，提出搁置马岛主权、恢复两国关系新建议，得到英方响应。经多次谈判，双方于1990年2月15日复交。近年来，阿英关系有所缓和，双方在经贸等领域的交流不断发展，但两国政府对马岛主权的立场未变。梅内姆总统多次强调通过外交途径收复马岛主权将是阿的首要任务。

〖同西欧国家的关系〗阿重视同西欧国家的关系。西欧是阿肉类出口的传统市场。马岛战争后，欧共体国家对阿实行经济制裁。梅内姆总统执政后，修复并加强了同西欧关系。1992年，梅内姆总统3次赴欧，先后访问了比利时、法国、西班牙、德国、意大利等国，争取西欧国家的经济援助。阿还与欧共体签订了在阿南大西洋海域捕鱼的协议。

〖同拉丁美洲国家的关系〗梅内姆总统执政后，把加强与拉美国家的关系作为对外工作的重点之一，主张拉美各国加强团结合作，维护自身的政治、经济权益，积极参与和推动拉美一体化进程。与其他拉美国家签订了一系列经济、贸易、科技、文化等双边协定。1992年，阿继续重视发展与拉美国家的关系，积极参加里约集团活动，十分重视“南方共同市场”，将其定为外交工作的优先项目。在阿倡议和推动下，美洲国家组织建立了对推翻宪法政府的国家实行集体干预的机制。

（朱解人）

阿鲁巴

名称 阿鲁巴(Aruba)。

面积 193平方公里。

人口 6.8万(1992年)，主要为印第安人与欧洲白人的混血后裔。1989年出生率为18.3‰，死亡率为6‰。官方语言为荷兰语，通用帕彼曼都语，也讲西班牙语和英语。80%以上的居民信奉天主教，少数信奉基督教新教。

首府 奥拉涅斯塔德(Oranjestad)，人口2万(1981年估计)。

总督 费利佩·特龙普(Felipe Tromp)，1986年1月1日就任。

简况

位于加勒比海南部小安的列斯群岛的最西端，属热带气候，年平均气温27℃。岛上最早的居民是阿拉瓦克印第安人。1499年西班牙占领该岛，1643年被荷兰殖民者用武力攻占。1807年被英国人占领，1814年重归荷兰管辖，成为荷属安的列斯群岛的一部分。1986年1月1日宣布正式脱离荷属安的列斯，成为一个单独的政治实体，防务和外交事务仍由荷兰负责，直到1996年1月该岛获得完全独立为止。

政治

1989年大选后，阿鲁巴人民选举运动同阿鲁巴爱国党、民族民主运动组成联合政府。1990年6月，阿鲁巴与荷兰政府重新谈判并达成一项新的协议，取消了关于1996年该岛完全独立的条款。

〖议会〗立法机构，一院制，由普选产生，有21个议席，任期四年。本届议会于1989年1月6日大选产生，阿鲁巴人民选举运动10席，阿鲁巴人民党8席，阿鲁巴爱国党1席，民族民主行动1席，新爱国党1席。

〖政府〗称为部长会议，通常由大选获胜的党派组成，任期四年。本届政府于1989年2月就职，同年8月内阁改组。现主要成员如下：总理兼总务部长纳尔逊·奥杜贝尔(Nelson O. Oduber)，副总理兼公共事务和卫生部长佩德罗·凯利(Pedro P. Kelly)，经济和旅游部长爱迪生·布里森(Eddison. Brieson)，财政部长罗兰·拉克雷(Roland Laclé)，对外关系办公室主任亨利·巴尔(Henry Baarh)。

〖司法机构〗本岛设初审法庭，在荷属安的列斯的库腊索岛设荷属安的列斯和阿鲁巴联合高级法院。首席法官和总检察长均为终身制，由荷兰女王同两实体的政府协商后任命。联合高级法院首席法官韦恩霍尔特(M. R. Wijinholt)，总检察长弗洛伦希奥·韦内特(Florencio Wernet)。

〖政党〗全岛有7个政党。主要是：

(1)阿鲁巴人民选举运动(Movimentu Electoral di Pueblo):主要执政党,也是议会中最大党。1971年成立,有党员1200人。1980年加入社会党国际。领袖纳尔逊·奥杜贝尔(Nelson O. Oduber)。

(2)阿鲁巴爱国党(Partido Patriótico Arubano):执政党之一。1949年成立。反对阿鲁巴完全独立。领袖利奥·钱斯(Leo Chance)。

(3)民族民主行动(Accion Democrático Nacional):执政党之一。1985年成立。领袖约翰·布伊(John Booi)。

(4)阿鲁巴人民党(Arubaanse Volkspartij):主要在野党。1942年成立。赞同阿鲁巴目前的"分离状态"。领袖亨尼·埃曼(Henny Eman)。

(5)新爱国党(Partido Patriótico Nobo):由阿鲁巴爱国党中分裂出来的人组成。领袖埃迪·沃勒曼(Eddy Werleman)。

经　济

经济主要依靠石油冶炼(包括石油运输和石油产品)和旅游业。1985年3月美国埃克森公司关闭了在该岛的庞大炼油厂,导致政府当年收入下降40%。失业率大幅度上升。为此政府采取了严厉的经济政策,其中包括减少公共雇员工资、提高税收和燃料价格等,并要求荷兰政府提供附加援助和延期偿还债款。1989年10月,阿鲁巴政府同美国海岸石油公司达成协议,于1990年11月恢复埃克森石油公司关闭的炼油厂的生产。但由于产量低、获利少,1991年2月再次关闭,4月重新开工。

国内生产总值(1991年):10.3亿美元。

人均国内生产总值(1990年):13360美元。

国内生产总值增长率(1991年):10%。

货币名称:阿鲁巴弗罗林;1弗罗林=100分。

汇率:1美元=1.79阿鲁巴弗罗林。

通货膨胀率(1990年):5.9%。

失业率(1988年):5%。

【资源】除有少量石灰石、磷酸盐矿外,无重要矿藏。

【工业】主要有石油提炼。轻工业仅限于烟草制品、饮料和一些消费品。1960年建成的海水淡化厂可日淡化海水2080万公升,为世界最大的海水淡化厂之一。

【农业】土质贫瘠,农业不发达。仅种植少量芦荟。1989年捕鱼880吨。

【旅游业】国民经济的支柱。1986年从业人员约4850人。1990年旅游收入6.26亿弗罗林。有著名的"棕榈海滨浴场"及早期印第安人的岩洞,吸引着不少的游人。1991年接待游客562731人次。游客主要来自美国、中南美洲和欧洲。

【交通运输】无铁路。公路长380公里。有全天候的公路网。1990年有小汽车24169辆,商业用车582辆,货车916辆。水路交通发达,主要港口奥拉涅斯塔德可停泊远洋轮。首府的贝亚特丽克丝国际机场有航线连接美国、欧洲、中美洲、南美洲和加勒比国家。阿鲁巴航空公司有6架飞机。

【财政金融】近几年财政收支情况如下(单位:亿荷属安的列斯盾):

	1989	1990	1991
收入	2.48	2.74	3.32
支出	2.74	2.94	3.34
差额	−0.26	−0.20	−2

(资料来源:1992/93年度经济季评)

1987年外债为8100万美元,1988年物价消费指数为108.0(1984年=100)。1991年9月外汇储备(不包括黄金)为1.235亿美元。

【对外贸易】近几年外贸情况如下(单位:亿美元):

	1989	1990	1991
出口额	1.0749	1.3441	1.75
进口额	3.9743	4.8799	5
差　额	−2.8994	−3.5358	−3.25

(资料来源:1992年第一期经济季评)

主要进口产品有矿物燃料和润滑油、机械和运输设备、食品、化工产品等。主要出口产品有矿物燃料和润滑油、原材料等。主要贸易对象为美国、委内瑞拉等。

【外国援助】外援主要依靠荷兰。1989年荷兰提供发展援助额2420万美元。1990年欧洲投资银行向阿提供了320万欧洲货币单位的贷款。

人民生活

政府对居民提供免费医疗。岛上有一所荷兰援建的现代化医院。1988年有电视机2万台,收音机4万部。1991年10月,福利金上升10%。1992年开始,除工业和建筑工人外,最低工资上升11%。

军　事

防务由荷兰负责。荷兰任命的总督为岛上武装力量总司令。荷兰在阿鲁巴驻扎海军。

文化教育

【教育】实行非义务教育。教育制度与荷兰类似。初等教育从6岁开始,学制6年。中等教育学制5年。成人文盲率约5%。政府教育开支约占预算的25%。1989年学校学生、教师情况如下:

	学校(所)	学生(人)	教师(人)
小学	26	6428	284
初中	9	1904	105
高中	1	1084	61
技术和职业学校	11	1883	267
师范学校	1	33	16
残疾人学校	3	212	33

【新闻出版】有6家报纸,其中主要有:《阿鲁巴朋友报》,荷兰文日报,发行量1.1万份(包括在荷属安的列斯);《新闻报》,英文日报,发行量8228份。

荷兰通讯社和美联社在该岛设有办事机构。

有6家广播电台,除一家为宗教和文化电台外,其余为商业电台。均用荷兰、英、西班牙、帕彼曼都语播音。

阿鲁巴电视台为1963年创立的商业电视台。

（李 茜）

安 圭 拉

名称 安圭拉(Anguilla)。

面积 96平方公里。

人口 8000人(1990年估计)。主要是黑人。人口出生率25.3‰,死亡率10.4‰(1987年)。英语为官方语言。多数居民信奉基督教。

首府 瓦利(Valley),人口3000人。

总督 布赖恩·坎特(Brian Canty),1989年11月25日就任。

简 况

位于东加勒比海背风群岛的北端,距圣基茨岛西北113公里。属亚热带气候。年平均气温27℃。1650年沦为英国殖民地。1825年6月英将该岛划归圣基茨岛管辖。1976年2月英国为安圭拉制定新宪法,正式确定安圭拉脱离圣基茨—尼维斯联合,重新成为直属英国的自治领。1982年4月1日安改由总督管理。

政 治

1989年2月举行大选,民族联盟领导人埃米尔·冈布斯留任首席部长。同年3月,首席部长冈布斯指责总督在任命一名统一党支持者为议员时未与其充分协商,从而导致一场制宪危机。同年11月25日,布赖恩·坎特就任总督。

【宪法】现行宪法是1976年由英国制订的,1980年、1982年和1990年曾三次修宪。规定总督由英国女王任命,拥有行政权,负责外事、防务和内部治安,在其他事务上与以首席部长为首的行政委员会协商。行政委员会对议会负责。

【议会】立法议会由11名成员组成,其中7名普选产生,2名由总督与首席部长磋商后任命,另2名由总检察长和常务财政秘书担任。任期5年。本届议会于1989年2月选举产生。安圭拉民族联盟占3席,安圭拉统一党占2席,安圭拉民主党占1席,独立人士占1席。

【政府】本届行政委员会于1989年2月大选后组成。成员有:首席部长兼内务、旅游和经济发展部长埃米尔·冈布斯(Emile R. Gumbs),财政、教育和社会发展部长奥斯本·弗莱明(Osborne Fleming),土地、农业、渔业和卫生部长埃利克·里德(Eric Reid),通讯、公共事业和工程部长肯尼思·哈里根(Kenneth Harrigan)。

【司法机构】设高等法院、上诉法院和地方法院。高等法院开庭时,东加勒比最高法院派出一名法官参加。

【政党】(1)安圭拉民族联盟(Anguilla National Alliance):执政党。前身是人民进步党,1980年改现称。领袖埃米尔·冈布斯。

(2)安圭拉民主党(Anguilla Democratic Party):前身是安圭拉人民党,1984年改为现名。领袖维克多·班克斯(Victor Banks)。

(3)安圭拉统一党(Anguilla United Party):1979年成立。领袖罗纳德·韦伯斯特(Ronald Webster)。

经 济

以渔业、畜牧业、晒盐业和造船业为主。1984年冈布斯出任首席部长以来,开始注重发展旅游业和捕鱼、捕虾业。80年代中期以来,经济发展较快。

国内生产总值(1990年):4448万美元。

人均国内生产总值(1990年):5560美元。

国内生产总值增长率(1990年):8.3%。

货币名称:东加勒比元;1东加元=100分。

汇率(固定汇率):1美元=2.7东加勒比元。

通货膨胀率(1990年):5.3%。

失业率(1990年):1.1%。

【工业】以晒盐业和造船业为主。晒盐业主要生产工业用盐,向特立尼达和多巴哥等国出口。另有一些鱼虾加工业。

【农渔业】主要种植玉米和蔬菜,供本岛居民食用。1988年农业产值占国内生产总值的6%。80年代后半期,渔业发展较快,捕获的鱼、虾主要用于出口,近几年鱼虾出口额占出口总额的90%。

【旅游业】政府近几年注意发展旅游业。1986年制定了旅游发展计划草案,内容包括改善航空交通条件和旅馆设施等。1988年有旅馆房间580间,旅游收入占国内生产总值的31.4%。1990年接待外国游客90474人,游客中57.5%来自美国,游客的旅游支出达9300万东加元,比前一年增加23.1%。

【交通运输】公路:总长128公里,其中80公里为柏油路。1983年注册机动车为2079辆。

水运:主要港口是路德港。

空运:有航线通往圣基茨、英属维尔京和加勒比其他岛国。沃布雷克机场是全岛唯一的机场。

【财政金融】1990年政府财政预算收入2680万东加元,支出2281万东加元。财政收入中除英国的援款外,大部分来自在国外工作的劳工的汇款,此外还有关税和邮票收入。

【对外贸易】1990年出口额100万东加元，进口额8800万东加元，逆差8700万东加元。主要进口粮食、建材、机器设备等。主要出口盐、鱼虾。主要贸易对象是：美国、波多黎各、美属维尔京群岛、特立尼达和多巴哥、英国等。

【外国援助】英国曾每年以援助形式给安赠款，1984年后提供发展援助，1990年英国同意提供4050万美元援助。

【人民生活】1990年有两家医院，分别有病床24张和36张。另外有两家私人诊所。1986年政府卫生预算160万东加元，占总开支的8.3%。1989年共有2000台收音机和1300部电话机。

文化教育

【教育】对5～14岁儿童实行免费义务教育。无高等学校。1986年政府教育预算180万东加元，占总开支的9.3%。有官办小学6所，中学1所，学生人数为2200人。1989年文盲率仅为5%。

【新闻出版】主要报刊有《政府信息报》和《官方报》。

安圭拉电台：1969年创立。1976年起为政府所有和经营，每天播音14个小时。

加勒比灯塔电台：私人商业性和宗教性电台，创建于1981年，每天播音20个小时。　（康　勇）

安提瓜和巴布达

国名　安提瓜和巴布达（Antigua and Barbuda）。

面积　441.6平方公里（安提瓜岛280平方公里，巴布达岛160平方公里，无人居住的雷东达岛1.6平方公里）。

人口　8.4万人（1991年）。绝大多数为非洲黑人后裔。英语为官方语言和通用语。多数居民信奉基督教。

首都　圣约翰（St. John's），人口3.6万（1988年）。

国家元首　英国女王伊丽莎白二世，由女王任命的总督代表。现任总督威尔弗雷德·埃比尼泽·雅各布斯（Wilfred Ebenezer Jacobs），1981年11月1日就任。

简　况

位于加勒比海小安的列斯群岛的北部，由主岛安提瓜和巴布达及雷东达小岛组成。属热带气候，年平均气温25℃。1493年哥伦布第二次航行美洲时到达该岛，并以西班牙塞维利亚安提瓜教堂的名字命名该岛。1520～1629年曾先后遭西班牙和法国殖民者入侵。1632年英国占领。1667年正式成为英国殖民地。1981年11月1日宣布独立，仍为英联邦成员国。

政　治

在1989年5月举行的大选中，安提瓜工党获胜，继续执政。1990年以来，因哥伦比亚贩毒集团购买以色列武器经安转运一事败露，以及执政党内部为争当总理接班人，矛盾公开化。1991年，数名内阁部长先后辞职，内阁多次改组。1992年，反对党指控维尔·伯德总理挪用公款，要求其辞职。在党内外压力下，维尔·伯德总理宣布1994年不参加大选。

【宪法】1981年11月1日正式生效。宪法规定安提瓜和巴布达是一个"统一的和享有主权的民主国家"；总督必须由本国人担任，由英国女王根据总理的建议任命，并根据内阁的决定行使职权。

【议会】由参议院和众议院组成，任期五年。参议员17人，由总督任命。其中11名（必须有一名巴布达居民）由总理提名，4名由反对党领袖提名，1名由总督自己决定，1名由巴布达委员会（巴布达地方政府的主要机关，其成员和作用由议会决定）提名。众议院17人，由直接选举产生。在1989年的大选中，安提瓜工党在众议院中取得15席，统一民族民主党获1席，巴布达人民运动（地方组织）获1席。参议长布雷德利·卡罗特（Bradley Carrot），众议长卡斯福特·默里（Casford Murray）。

【政府】本届政府于1989年3月组成，1991年多次改组。现主要成员是：总理维尔·康沃尔·伯德（Vere Cornwall Bird），副总理兼外交部长莱斯特·伯德（Lester Bird），财政部长兼贸易部长莫尔韦·约瑟夫（Molwyn Joseph），经济发展、工业和旅游部长罗德尼·威廉斯（Rodney Williams），工商贸易部长休·马歇尔（Hugh Marshall），新闻部长圣·卢斯（St. Luce）。

【司法机构】最高司法机关是东加勒比最高法院，但终审可上诉至英国枢密院司法委员会。本国设地方法院。东加勒比最高法院由高等法院和上诉法院组成。安有最高法院的一名法官常驻，主持地方法院的即决裁判。

【政党】(1)安提瓜工党（Antigua Labour Party）：1946年成立。执政党。领袖维尔·康沃尔·伯德。

(2)统一民族民主党（The United National Democratic Patry）：1985年由统一人民运动和民族民主党合并成立。属保守派组织。领袖艾弗·希思（Ivor Heath）。

此外，还有安提瓜加勒比解放运动、进步劳工运动及巴布达独立运动等政党。

【重要人物】维尔·康沃尔·伯德:总理。1910年12月7日生于圣约翰市。1939年被选为安提瓜和巴布达行业和劳工工会执委,1946年创建工党,1951年担任立法委员会主席,1956年任贸易和生产部长,1960年任内阁首席部长,1967年出任总理至今。已婚,有6个子女,其中儿子莱斯特·伯德现任副总理兼外交部长。

经 济

旅游业是国民经济中最重要的部门。近几年来,政府采取措施改变国民经济过分依赖旅游业的状况,鼓励制造业、农业和渔业生产的发展,使其经济结构多样化。1983～1987年国内生产总值连年递增。近年来,因受西方国家经济衰退影响,经济增长速度趋缓。

国内生产总值(1990年):9.184亿东加元。

人均国内生产总值(1990年):4985美元。

国内生产总值增长率(1991年):2.8%。

货币名称:东加勒比元。

汇率(固定汇率):1美元=2.7东加元。

通货膨胀率(1991年):6.5%。

【资源】仅有少量石灰石、粘土、建筑用石料及重晶石。

【工业】80年代以来,制造、装配和加工等轻工业发展较快。1988年,制造业产值占国内生产总值的5.6%,建筑业产值占国内生产总值的11%。主要产品有冰箱、电扇装配以及酿酒、服装、家用电器、陶器等。

【农业】包括家畜业、林业和渔业。有10%的劳动力从事农业劳动,粮食不能自给。近几年来,政府鼓励发展农业,减少食品的进口。1988年,农业产值占国内生产总值的3.8%。主要农产品有海岛棉、玉米、蔬菜和水果等。

【旅游业】在国民经济中占主导地位。全国有30%的劳动力从事旅游业,旅游收入占国内生产总值的70%。1991年游客总数为40.52万人,主要来自北美、英国和加勒比地区国家。

【交通运输】全国有240公里全天候公路,无铁路。首都圣约翰是天然深水港,有现代化的设施,可停靠万吨级远洋客货轮。维尔·伯德机场可起降大型喷气式客机。有6家外国航空公司的飞机飞往美国、加拿大、英国和所有英联邦加勒比地区国家。安提瓜和巴布达两岛之间每天有定期航班。

【财政金融】近几年财政收支情况如下(单位:百万东加元):

	1989	1990	1991
收入	203.2	229.0	228.4
支出	196.0	202.3	221.7
盈余	7.2	26.7	6.7

(资料来源:1992/93年度经济季评)

1990年底外汇储备为2750万美元。外债总额约3亿美元。

【对外贸易】每年贸易均为逆差。主要出口朗姆酒、陶器、床垫、泡沫塑料、蔬菜。进口食品、建材、农产品和汽车等。主要贸易对象是美国和加勒比地区国家。近几年进出口情况如下(单位:百万东加元):

	1989	1990	1991
出口额	85.3	89.6	89.6
进口额	939.1	967.1	967.1
差 额	−853.8	−877.5	−877.5

(资料来源:同上)

人民生活

国家提供免费医疗和退休金。有一家公立医院,35名医生,220张病床。此外还有25个健康中心和门诊所。平均每2308人拥有一个医生。1989年有私人汽车2万辆,公用汽车3000辆。1990年全国有电话7150部。

军 事

有国防军700人,是东加勒比地区安全体系的成员国。

美国在安有一个空军基地、一个海军基地,共驻有技术人员30多人,每年向安支付租金410万东加元。

文化教育

【教育】对5～16岁儿童实行免费义务教育。小学学制6年,中学学制5年。成人识字率97%。1988年有小学45所,中学17所,高等学院1所。

【新闻出版】主要报刊为《工人之声》,每周出版两次,发行3000份;《民族报》,每周出版一次;《出路报》,每周出版一次。

有一家电视台,两家广播电台,其中一家广播电台为伯德家族私人所有。"美国之音"在安设有转播站。

对外关系

奉行独立自主的外交政策,强调同所有的国家友好,注意加强同加勒比国家的团结与合作,积极推动地区一体化进程。呼吁建立国际经济新秩序,认为不公正的经济体系是引起中美洲内战爆发的根源。要求结束外来势力对中美洲事务的干涉,欢迎遣散该地区的非正规部队,鼓励冲突各派进行谈判以恢复和平。认为中东问题虽出现转机,仍应召开国际和平会议,通过对话和谈判实现和平解决。主张实现巴勒斯坦人获得家园的权力,以色列也应得以在安全和各方接受的边界内生存。认为岛国是气候环境变化的首要受害者,发达国家必须改变生产方式和消费习惯,发展中国家应有权获得和使用对环境无害的技术。安是不结盟运动观察员。1992年,安宣布同尼加拉瓜、危地马拉建立外交关系。

【同我国的关系】1983年1月1日中安建交后,两国的友好关系不断稳步发展。1983年,维尔·伯德总理访华;1985年,莱斯特·伯德副总理兼外长访华;1991年7月,安经济发展、工业和旅游部长威廉斯率团访华,双方签署了中国援助安提瓜和巴布达建设展览中心的专项贷款协定、银行帐务处理细则以及项目设计合同。1990年2月,刘华秋副外长访安,双方签署了中国向安提供无偿援助换文。

中国驻安提瓜大使：江承宗。馆址：CROSBIES，ANTIGUA。电话：1-809-4621125。电传：1-809-4626425。经济处：MCKIHHON WAY，PARADISE VIEW，ST. JOHN'S，ANTICUA W. I.。电话：1-809-4620986。电传：1-809-4620986。

【同美国的关系】安同美国关系密切。美国的援助和游客是安外汇收入的重要来源。目前，美在安设有空军基地（附高地面追踪站）和海军基地。

【同英国的关系】安是英联邦成员，在政治、司法及教育方面仍承袭英国体制。英每年向安提供相当数量的援助。

【同邻国的关系】安重视同加勒比国家发展关系，积极主张实现加勒比共同体经济一体化和更广泛的地区性合作。1982年10月，安同巴巴多斯、多米尼加联邦、圣文森特和格林纳丁斯等东加勒比国家签署了"地区安全体系备忘录"。（李　茜）

巴巴多斯

国名　巴巴多斯(Barbados)。

面积　431平方公里。

人口　257400人（1990年），其中90%以上是非洲黑人后裔，4%为欧洲人后裔。通用英语。居民多信奉基督教。

首都　布里奇顿(Bridgetown)，人口约10万(1990年)。

国家元首　英国女王伊丽莎白二世，由女王任命的总督代表。总督尼塔·巴罗女士(Nita Barrow)，1990年6月就任。

简　况

位于东加勒比海小安的列斯群岛最东端。海岸线长101公里。属热带雨林气候。气温通常在22～30℃之间。16世纪以前，印第安人阿拉瓦克族和加勒比族在此居住。1518年后西班牙人和葡萄牙人先后入侵，1624年英国人宣布占有该岛，1627年设总督管辖。1958年加入西印度联邦。1961年10月取得内部自治地位。1966年11月30日宣布独立，为英联邦成员国。独立后，民主工党执政。1976年9月大选中工党获胜执政。1986年5月民主工党执政至今。

政　治

1991年1月22日，巴举行全国大选，以桑迪福德为首的民主工党获胜，蝉联执政。但由于经济困难加剧，引起社会动荡。1992年工潮迭起。民主工党内部出现裂痕。政府一方面寻求国际货币组织的援助，一方面对工会采取对话安抚的手段。桑迪福德总理一年内两次改组内阁。

【宪法】1966年11月30日独立时生效。宪法规定不得对公民进行奴役、强迫劳动、非人道待遇、强行搜查、种族歧视等，保障信仰、集会和迁徙自由。

【议会】由参、众两院组成，任期5年。参议院21席，由总督任命，其中12席由总理提名，2席由反对党领袖提名，另7席由总督在社会各界名流中挑选。参议长弗兰克·沃尔科特(Frank Walcott)。众议院由28名议员组成，议员由选举产生，每个选区选出1名议员。本届议会于1991年1月大选产生。民主工党获18个席位，工党获10席。议长劳森·威克斯(Lawson Weekes)，1991年1月连任。

【政府】本届政府于1991年1月24日宣誓就职。现内阁主要及新任成员是：总理兼财政、经济事务和公职人员部长厄斯金·桑迪福德(Erskine Sandiford)，副总理兼公共工程、通讯和运输部长菲利普·格里夫斯(Philip Greaves)，总检察长兼外交部长莫里斯·金(Maurice King)，住房、土地部长伊夫林·格里夫斯(Evelyn Greaves)，财政经济事务部国务部长哈罗德·布莱克曼(Harold Blackman)，农业、食品和渔业部长哈考特·刘易斯(Harcourt Lewis)，贸易、商业、工业部长卡尔·克拉克(Carl Clarke)。

【司法机构】最高法院由上诉法院和高等法院组成，下设地方法院。英国枢密院司法委员会为终审上诉机构。首席法官丹尼斯·威廉斯(Danis Williams)，1987年1月2日就任。

【政党】(1)民主工党(Democratic Labour Party)：执政党。1955年从工党分裂出来组成，创始人是埃罗尔·巴罗。主席厄斯金·桑迪福德。

(2)巴巴多斯工党(Barbados Labour Party)：反对党。1938年成立，曾于1951～1961年、1976～1986年执政。领袖亨利·福德(Henry Forde)。

(3)民族民主党(The National Democratic Party)：成立于1989年2月，由从民主工党中分裂出来的理查德·海恩斯、彼提·米勒等4位后座议员发起组成。领袖理查德·海恩斯(Rechard Heins)。

(4)巴巴多斯工人党(Barbados Worker's Party)：成立于1985年5月，是由争取民族解放运动发展起来的。主席乔治·贝尔(George Belle)。

【重要人物】厄斯金·桑迪福德：总理。1937年3月24日生于巴巴多斯圣詹姆斯。1960年毕业于西印度大学（牙买加分校），获学士学位。1961～1963年就读于英国曼彻斯特大学，获经济学硕士学位。1967～

1971 年任民主工党总书记。1971 年起当选众议员。1971～1975 年任教育、青年、社会发展和体育部长。1975～1976 年任卫生部长。1986 年出任副总理兼教育、文化部长。1987 年 6 月继任总理。1991 年 1 月连任。已婚,有三个子女。喜欢唱歌、养花,博览群书。

经　济

旅游业、制造业和农业是巴经济三个主要部门。1990 年起,巴经济在经过几年持续低速增长后开始走下坡路。1991 年,经济继续恶化,政府被迫求助于国际货币基金组织。按该组织援助条件,巴将实行经济结构调整计划和紧缩政策,采取增税、减薪、裁员、限制进口、控制外汇和利率等措施。

国内生产总值(1991 年):33.93 亿巴元。

人均国内生产总值(1989 年):11140 巴元。

国内生产总值增长率(1991 年):－4.1%。

货币名称:巴巴多斯元。

汇率(1992 年):1 美元＝2 巴元。

通货膨胀率(1992 年):6.3%。

失业率(1992 年):25%。

【资源】无重要矿产资源,只有少量石灰石、石油和天然气。

【工业】重工业只有水泥厂。制造业主要是电子零部件、服装、纺织、纸张、家具、肥皂、食品加工以及制糖和酿酒等农产品加工。1989 年,制造业产值为 2.332 亿巴元,占国内生产总值的 8.1%。1988 年天然气产量为 3150 万立方米。1989 年产石油 38.93 万桶。

【农牧渔业】全国领土的 70%为可耕地。甘蔗种植占重要地位,是巴外汇的重要来源之一。1992 年产糖 5.4 万吨,比 1991 年下降 17%。1991 年糖和糖浆的出口收入 5780 万巴元,占出口总值的 20.3%。

有少量畜牧业,1990 年全国有牛 1.8 万头,猪 4.9 万头,羊 5.6 万只,山羊 3.4 万只,鸡 100 万只。1990 年捕鱼 2295 吨。

【旅游业】自然条件优越,是巴经济的主要支柱之一。旅游收入占国内生产总值的 12%,占外汇收入的 45%,全国就业人员中 14.9%从事旅游业。1991 年游客人数为 394222 人,比 1990 年下降 9%。

【交通运输】公路:总长 1650 公里,其中 1390 公里为沥青路面。1990 年建成一条连接格兰特利·亚当斯机场与布里奇顿港和工业区的公路。1988 年有 34250 辆小汽车,7000 辆商业车。

水运:首都布里奇顿是一个全天候的深水港,可停靠万吨级远洋客货轮。1989 年港口总吞吐量为 735850 吨。

空运:格兰特利·亚当斯机场是加勒比地区最现代化的国际机场之一,可起降大型喷气式客机。有直飞美国、英国和加拿大的国际航班。

【财政金融】近几年财政收支情况如下(单位:百万巴元):

	1989/90	1990/91	1991/92
收入	987.6	820.2	852.9
支出	851.7	846.8	824.5
差额	135.9	－26.6	28.4

(资料来源:1992/93 年度经济季评)

1990 年外汇储备为 1.1442 亿美元。1991 年黄金储备为 88 万美元。1992 年外债总额约为 7.787 亿美元。

【对外贸易】主要出口蔗糖和糖浆、朗姆酒、电子产品、服装、水泥和少量家具等;进口食品、饮料、烟草、石油、制成品、机械、建筑材料等。主要贸易对象为美国、英国、加拿大和加勒比共同体等。近几年对外贸易情况如下(单位:百万巴元):

	1989	1990	1991
出口额	374.5	421.1	411.6
进口额	1354.3	1407.9	1396.1
差　额	－979.8	－986.8	－984.5

1990 年主要贸易对象所占贸易总数的%:

	出口	进口
加共体	31.3	15.5
美国	13.3	33.7
英国	2.9	5.7
加拿大	2.8	7.5

(资料来源:同上)

【外国援助】1991 年,巴政府同国际货币基金组织达成协议,由该组织向巴提供 6490 万美元的财政援助。

人民生活

全国有 11 所医院,平均每万人有 84 张病床。有医生 228 人,每 1129 人有一个医生。有电话机 102000 部,私人汽车 34250 辆。

军　事

国防军建于 1978 年 4 月,包括常备军、后备军和学生军训团。1974 年成立的海岸警卫队在国防军成立后,成为其海上部队。1981 年建立空军。国防军参谋长为拉迪亚德·刘易斯。

现有常备军 400 人,其中海岸卫队 100 人,陆军 100 人,后勤 200 人。此外还有预备役人员 300 人。

1989/90 年度国防开支为 2350 万巴元。

文化教育

【教育】对 5～16 岁儿童实行免费义务教育。小学入学率为 100%,中学入学率为 89%,全国识字率为 98%。1990 年学校及学生情况如下:

	学校(所)	学生(人)
小学	89	31256
中学	36	32841
技校	8	2996
高校	1	1756

(资料来源:1991/92 年度经济季评)

【新闻出版】有两份日报、两份周报和一份杂志。《巴巴多斯鼓动报》,发行2.5万份。《民族报》,发行 2.5

万份。《巴巴多斯人》(月刊),每月出版8000份,发行32个国家。

加勒比通讯社为加勒比共同体和共同市场创办,成立于1976年1月7日,总部设在布里奇顿。

加勒比广播公司成立于1963年,国营,每天广播20小时。巴广播电台成立于1983年。

有一家国营电视台。1964年开始播放黑白电视节目,1971年11月在加勒比地区第一个开始播放彩色电视节目。

对外关系　巴外交政策的根本宗旨是在主权平等的基础上与各国发展互利关系,促进本国经济的发展,改善人民的生活。政府奉行独立自主和不结盟的外交政策。承认意识形态多元化和不同政治制度国家间和平共处的思想。主张在国际事务中推行公正、道义和尊重人权的原则,通过建设性合作建立一个新的国际经济秩序。近年来,巴在稳定与西方传统关系的同时,积极主张南北对话、南南合作、地区一体化和建立地区安全体系。支持拉美八国以及中美洲五国首脑为和平解决中美洲问题所做出的努力。主张在没有外国干涉和举行公正自由选举的基础上解决巴拿马危机。反对抗债,主张还债。要求立即召开包括私人商业银行参加的国际债务会议,研究和解决债务问题。主张召开国际会议,全面、公正、持久地解决中东问题。承认以色列有在安全的边界内生存的权利。

系不结盟运动成员国。1992年1月、4月分别宣布与危地马拉、纳米比亚建立外交关系。

【同我国的关系】1977年5月30日中、巴建交。建交后两国间的友好关系顺利发展。1980年亚当斯总理访华;1990年5月桑迪福德总理访华,双方签署了两国经济技术合作协定。1990年2月,刘华秋副外长访巴,双方签署了关于中国政府向巴政府提供无偿援助的换文。9月,经贸部部长助理刘岩率中国政府经济代表团访巴,出席我援建的体育馆开工典礼。1991年10月,中联部李北海秘书长率团访巴。1992年7月,罗干秘书长率团访巴,签署了我对巴第三批贷款协定。

中国驻巴巴多斯大使:江承宗。馆址:17 GOLF VIEW TERRACE ROCKLEY CHRIST CHURCH, BARBADOS。电话:1-809-4356890。电传:1-809-4358300。经商处地址:CORAL IALE APARTMENT, MAXWE COAST ROAD CHRIST CHURCH, BARBADOS。电话:4283384。

【同美国的关系】巴美于1966年11月建交。巴历届政府十分重视同美保持友好关系。现政府承认美在加勒比地区的安全和战略利益,但同时强调与美有政治关系不能损害巴本身的独立和主权。美是巴的主要贸易伙伴。巴旅游业主要以吸引美游客为主,1991年巴游客的30%来自美国。

【同加拿大的关系】进入80年代以来,巴同加拿大的关系发展较快,近年来,加是向巴提供援助最多的国家之一。

【同英国的关系】两国一直保持着良好的传统关系。英是巴在国外移民最集中的国家,相当巴国内总人口的1/5。英为巴出口商品提供优惠。

【同邻国的关系】加强与加勒比地区各国的友好合作关系始终是巴外交政策的核心。近年来,巴在促进共同体各国间在政治团结、经济合作和推进地区一体化进程等方面发挥着积极作用。　(李　菡)

巴　哈　马

国名　巴哈马国(The Commonwealth of the Bahamas)。

面积　13939平方公里。

人口　254685人(1990年7月),其中黑人后裔占80%以上,余为英国、加拿大和美国白人后裔,此外还有少数海地人、牙买加人和华人。出生率为20‰,死亡率5.4‰(1989年),自然增长率20‰。官方语言为英语。多数居民信奉基督教。

首都　拿骚(Nassau),人口191542人(1990年)。

国家元首　英国女王伊丽莎白二世。女王根据内阁提名任命总督为其代表。现任总督克利福德·达林爵士(Sir Clifford Darling),1992年1月2日就任。

简　况　位于美国佛罗里达州东南海岸对面,古巴北侧。由700多个岛屿和近2400个岩礁及珊瑚礁组成。属亚热带气候,年平均气温23.5℃。1492年哥伦布到达巴哈马群岛中部的圣萨尔瓦多岛(华特林岛)。1647年首批欧洲移民到此。1649年英属百慕大总督带领一批英国人占据群岛。1717年英国宣布巴哈马群岛为其殖民地。1783年英国、西班牙签订《凡尔赛和约》,正式确定为英所属。1964年1月实行内部自治。1973年7月10日独立,为英联邦成员国。

政　治　独立以来,进步自由党连续执政至1992年,政局一直较稳定。1992年8月,自由民主运动在大选中获胜,首次上台执政。英格拉哈姆总理号召民族团结,允诺建立公正政府,并表示要积极吸引外国投资,促进旅游业的发展,采取措施打击犯罪。

【宪法】现行宪法于1973年7月10日生效。宪法规定：议会由总督、参议院和众议院组成，任期五年。总督任命总理及反对党领袖，并根据总理推荐任命内阁部长。除总理外，内阁至少应有其他8位部长，总检察长为其中之一。

【议会】由参议院和众议院组成，任期均5年。参议院由总督任命的16名议员组成，其中9名由总理提名，4名由反对党领袖提名，另3名由总理和反对党领袖协商提出。众议院由普选产生的49名议员组成。本届议会1992年8月大选产生，自由民族运动占31席，进步自由党占18席。众议院议长弗农·西蒙尼特(Vernon Symonette)。

【政府】1992年8月大选后组成。主要成员有：总理兼财政和计划部长休伯特·亚历山大·英格拉哈姆(Hubert Alexander Ingraham)，总检察长兼司法、外交部长奥维尔·奥尔顿·腾奎斯特(Orville Alton Turnquest)，公共工程和设施部长弗兰克·霍华德·沃森(Frank Howard Watson)，社会服务、国家保险和住房部长珍妮特·格内特·博斯特威克(Janet Guennett Bostwick)，劳工、人力资源和培训部长莫里斯·伊莱贾·穆尔(Maurice Elijah Moore)，卫生和环境部长艾维·利昂娜·杜蒙特(Ivy Liona Dument)，教育和文化部长科尼利厄斯·阿尔文·史密斯(Cornelius Alvin Smith)，旅游部长布伦特·西蒙尼特(Brent Symonette)，农业和渔业部长坦尼森·罗斯科·加布里埃尔·韦尔斯(Tennyson Roscoe Gabriel Wells)，公共安全和移民部长阿林顿·格里菲斯·巴特勒(Arlington Griffith Butlen)，青年和人员培养部长阿尔杰农·西德尼·帕特里克·本尼迪克特·艾伦(Algernon Sidney Patrick Benedict Allen)，交通和运输部长特里萨·玛丽亚·莫克西(Theresa Maria Moxey)。

【司法机构】设有最高法院、上诉法院和地方法院，均受理刑事和民事案件。英国枢密院为终审裁决机关。最高首席法官特尔福·乔治斯(Telford Georges)，上诉法院院长肯尼思·亨利(Kenneth C. Henry)。

【政党】(1)自由民族运动(Free National Movement)：执政党。1972年成立。由从进步自由党分裂出来的议员和巴哈马联合党组成。领导人休伯特·英格拉哈姆。

(2)进步自由党(Progressive Liberal Party)：成立于1953年10月。该党在1967年首次大选中获胜，连续执政至1992年。1973年7月领导巴哈马独立。领导人林登·奥斯卡·平德林(Lynden Oscar Pindling)。

(3)民族社会主义先锋党(The Vanguard Nationalist and Socialist Party)：1971年成立。有500多名党员。领导人约翰·麦卡特尼(John McCartney)。

此外，还有人民民主力量等党派。

【重要人物】克利福德·达林：总督。1922年2月6日生。曾就读于新普罗维登斯学校。从政后加入进步自由党，1964年被任命为参议员，1967年当选众议员，其后曾任副议长、劳工和国民保险部国务部长、部长等职。1977年任众议院议长，同年获爵士衔。1992年1月就任总督。浸礼会教徒。爱好水上运动。　**休伯特·亚历山大·英格拉哈姆**：总理。生于1947年8月4日。1975年加入进步自由党，1977年当选议员。曾任住房及国民保险和社会服务部长。1986年以独立人士身份续任议员。1990年4月加入反对党自由民族运动，5月18日出任该党领袖。1992年8月22日出任总理。浸礼会教徒。已婚，有6个子女。爱好读书和游泳。

经　济

加勒比地区最富裕的国家之一。旅游业和金融业是国民经济最重要的部门。近两年巴政府在政策上作了些调整，提出经济多样化，但迄今无明显进展。1991年经济出现衰退。1992年农业和渔业略有起色。1992年8月，安德鲁飓风席卷巴岛，给巴造成约2.5亿美元的损失。

国内生产总值(1991年)：25.2亿美元。

国内生产总值增长率(1991年)：1%。

人均国内生产总值(1991年)：9900美元。

货币名称：巴哈马元；1元＝100分。

汇率(1992年)：1美元＝1巴哈马元。

通货膨胀率(1991年)：4.5%。

失业率(1989年5月)：11.7%。

【资源】有石油、天然气、盐等。

【工业】有伐木、小船制造、水泥、食品加工、酿酒、制药等工业。1989年就业人员占总劳力的14.2%。制造业约占国内生产总值的10%。政府正试图通过税收方面的优惠来推动制造业的发展。近年来建筑业发展较快。

【农渔业】1991年发展较快，约占国内生产总值的8%。1989年就业人员占总劳力的4.4%。食品80%靠进口，部分蔬菜和水果能自给并有少量供出口。政府已开始实行一项农业发展计划，旨在增加可供出口的作物，并争取实现食品50%自给。主要农作物有甘蔗、番茄、香蕉、玉米、菠萝、豆类等。肉类生产基本上满足国内需求。

巴海域是世界重要渔场之一。1989年捕捞量为8149吨。主要出产螯虾、海螺、马林鱼、旗鱼和金枪鱼等。其中螯虾主要供出口。

【旅游业】在国民经济中占首要地位。从业人员占劳动力的60%。1991年接待外国游客362万人，90%的游客来自美国，收入12.6亿美元，占国内生产总值的50%。政府期望到本世纪末每年旅巴游客增至500万。1988年有187家旅馆，共12480个房间。

【交通运输】航空和海运较发达。

公路：总长3350公里，主要分布在新普罗维登斯、伊柳塞拉、大巴哈马、长岛以及卡特岛上。1989年有私人小汽车6.9万辆，商用车1.4万辆。

水运：巴是国际海运中心之一，有两个主要港口：

拿骚和弗里波特。目前在巴哈马注册的船只达760艘。1989年总载重吨位超过1500万吨。

空运：有通往美国、特克斯和凯科斯的航班。有两个国际机场（拿骚和弗里波特），可降大型客机；另有55处国内机场。共有飞机11架。1989年总客运量为103.2万人次。

【财政金融】政府收入主要来自关税，约占总收入的70%。近两年财政赤字及外债剧增，赤字约为1.57亿美元，外债3.37亿美元。1990年12月公债总额为7.666亿美元。1991年11月外汇储备（不包括黄金）为1.718亿美元。近几年财政收支情况如下（单位：亿巴哈马元）：

	1989*	1990*	1991
收入	4.480	4.893	4.755
支出	5.617	5.322	5.497
差额	-1.137	-0.429	-0.742

* 均系临时数字。

（资料来源：1992/93年度经济季评）

【对外贸易】主要出口石油、鱼、药品、酒、食盐、水泥等；进口食品、石油产品、服装、谷物、汽车、建筑材料等。1991年主要贸易对象为美国、日本和挪威。近年来进出口情况如下（单位：亿美元）：

	1989	1990	1991
出口额	2.592	3.076	4.755
进口额	12.035	12.288	11.542
差　额	-9.443	-9.212	-6.78

（资料来源：1992年第四期经济季评）

【外国资本】巴首都拿骚是世界主要金融中心之一。政府为吸收外资，通过一系列法令，免除外国公司的个人所得税，外汇自由兑换，金融保密等。金融业约占国内生产总值的20%，从业人员有3500人。目前在巴注册的外国银行、信托公司达394家，总资本约1700亿美元。

人民生活

巴财富分配不均，贫富悬殊。在拿骚的外侨年收入最高超过15000巴哈马元，最低仅为2000巴哈马元。1987年全国有收音机124407台、电视机53724台。1991年有电话机144570部。1987年政府卫生开支为7450万巴哈马元，占总开支的17%。1988年有6家医院，共982个床位，另有19家诊所，50多个医疗中心。

军　事

准军事海岸警卫队是巴唯一的安全部队。1990年6月共有警卫队员850人，警察2500人。警卫队负责人利昂·史密斯(Leon Smith)。

1990年防务预算为6570万巴哈马元，主要用于反贩毒运动。

文化教育

【教育】公立学校对5～14岁儿童实行免费义务教育。1987年教育经费为9650万巴元，占政府总预算支出的22.1%。1987年文盲人数为13500人，占全国人口的5%。巴哈马大学是一所综合性大学，建立于1974年，1990年8月在校学生约2051人。西印度大学在巴设有一个分院。1990年各级学校情况如下：

	学校（所）	学生（人数）
小学	101	25452
中学	37	23502
成人学校	86	10739
残疾儿童学校	5	268

【新闻出版】主要报刊有：《拿骚每日论坛》，发行量1.2万份；《拿骚卫报》，日报，发行量1.41万份；《弗里波特新闻报》，日报，发行量4000份。

巴哈马广播公司：国营，1936年建立。

巴哈马电视台：国营，1977年建立，属巴哈马广播公司所有，可接收美国电视节目和一些卫星节目。第二大城市弗里波特有一个有线电视网。

对外关系

奉行不结盟外交政策，坚持不干涉内政的原则。同英、美保持传统的密切关系，同时发展同其他英联邦国家和加勒比国家的友好合作关系。新政府上台后，倡导民族自决、独立自主、领土完整和互不干涉原则，主张国际合作，和平解决争端，对外关系中侧重经济因素。认为联合国已成为外交革命的中心，应在促进发展及国际经济合作方面发挥作用。在债务、金融、技术、贸易及商品等一系列问题的政策对话方面，联合国完全可以从政治上予以推动，在环境以及根除贫困等方面，联合国亦可发挥中心作用。认为1992年6月召开的关于环境保护的里约会议具有历史意义，对建立联合国持久发展委员会以监督里约峰会后续活动这一决定，持欢迎态度。巴哈马欢迎美俄两国总统1992年6月17日关于进一步削减核武库的决定，也欢迎他们就全球销毁化学武器问题而发表的联合声明，这些行动对裁军将具有重大积极意义，最近结束的关于召开禁止化学武器多国会议的谈判是向前迈出的又一步。巴完全支持全面总裁军。巴政府认为，只有世界上最强大的国家与其他国家合作，才能彻底根除毒品。每个国家必须在不受压力及威胁的情况下制定最适合本国利益的毒品管制政策。是联合国、美洲国家组织、不结盟运动和加勒比共同体成员国。已与50多个国家建有外交关系。

【同我国的关系】1973年巴独立时，我国政府致电祝贺，并予以承认。

1988年2～3月，巴总理平德林访问台湾。1989年1月，台"行政院长"俞国华访巴期间，巴哈马宣布与台湾当局"建交"。

【同美国的关系】同美国一直保持着传统的友好关系。美在巴设有大西洋海下试验和观察中心。美国曾批评巴哈马政府在制止毒品走私问题上措施不力，巴美关系曾因此一度比较紧张。近年来，巴与美在反贩毒斗争中合作密切。1987年6月双方签订了司法互助条约。巴与美在金融和社会领域的合作有所加强。1989

年1月，美国国防部长卡卢奇访巴。

【同邻国的关系】由于海地的大批非法移民(5万人左右，约占巴人口的20%)涌入巴境，两国关系紧张。 (董晓军)

巴拉圭

国名 巴拉圭共和国(The Republic of Paraguay，La República del Paraguay)。

面积 406752平方公里。

人口 430万人(1990年6月)。95%为印欧混血种人，其余为印第安人和白种人。官方语言为西班牙语，瓜拉尼语(Guarani)为民族语言。大多数居民信奉天主教。

首都 亚松森(Asunción)，人口约60万(1989年)。

国家元首 总统安德烈斯·罗德里格斯(Andrés Rodríguez)，1989年5月15日就任，任期至1993年8月15日。

简况

巴拉圭为内陆国家，与阿根廷、玻利维亚和巴西三国为邻。地处拉普拉塔平原北部。属亚热带气候，夏季平均温度为27℃，冬季为17℃。巴拉圭原住有土著瓜拉尼人。1537年，沦为西班牙殖民地。1811年5月14日宣告独立。19世纪70年代后，长期由红党与自由党交替当政。1954年5月4日，军人斯特罗斯纳同红党右翼发动政变上台，此后，斯连任8届总统，执政达35年。1989年2月2日，巴第一军区司令安德烈斯·罗德里格斯将军发动军事政变，推翻了斯特罗斯纳的独裁统治。同年5月，在大选中获胜，开始4年的总统执政时期。

政治

罗德里格斯政府实行“全国和解”和“向民主化过渡”的政策，在尊重人权，调解劳资纠纷及改善同教会关系，开放党禁等方面均取得成效。党内外矛盾有所缓和，政局基本稳定。1992年巴民主化进程进一步得到巩固，经济获得一定发展。但是，自然灾害严重、失业和通货膨胀率过高仍是巴政府面临的困难。同年6月，巴颁布新宪法。各党派均在为1993年5月举行的大选做准备。

【宪法】现行宪法于1992年颁布。宪法规定总统由选举产生，不得连选连任。公民享有结社、集会、罢工的自由。

【议会】分参、众两院。参议院由36名议员组成；众议院由72名议员组成，任期5年。根据宪法规定，在总统选举中获胜的党自动取得两院2/3的多数席位，其余席位由参加竞选的其他党派根据所得选票按比例分配。本届议会于1989年5月1日组成。席位分配如下：

	参议院	众议院
红党	24	48
真正激进自由党	10	19
二月革命党	1	2
激进自由党	1	1
基民党		1
自由党		1

参议院议长古斯塔沃·迪亚斯·德比瓦尔(Gustavo Diaz de Vivar)，众议院议长何塞·安东尼奥·莫雷诺·鲁菲内里(José Antonio Moreno Ruffinelli)。

【政府】本届政府于1989年5月15日组成。现主要内阁成员为：内政部长奥尔兰多·马丘卡·巴尔加斯(Orlando Machuca Vargas)，外交部长亚历克西斯·弗鲁托斯·巴埃斯肯(Alexis Frutos Vaesken)，财政部长胡安·何塞·迪亚斯·佩雷斯(Juan José Días Péres)。

【司法机构】最高法院由5名大法官组成。大法官须由35岁以上的本国公民担任，经参议院批准后，由总统任命，任期5年。最高法院院长何塞·阿尔维托·科雷亚(José Alberto Correa)。

【政党】(1)红党(Partido Colorado)：又名全国共和联盟(Asociación Nacional Republicano)或国家共和党(Partido Republicano Nacional)。执政党，1887年成立，是巴拉圭最早的执政党之一，从1954年起执政至今。约有100余万党员。该党代表大农牧主、大资产阶级利益，标榜民族主义和爱国主义。该党在1991年举行的全国市政选举和制宪选举中，均获绝对优势。主席路易斯·玛丽亚·阿加尼亚(Luis María Argaña)。

(2)真正激进自由党(Partido Liberal Radical Auténtico)：巴第二大党，为主要反对党。由1977年从激进自由党分裂出来的一批领导人组成，长期处于非法地位。1989年2月政变后获得合法地位。主席多明戈·拉伊诺(Domingo Laino)。

(3)激进自由党(Partido Liberal Radical)：1967年成立。由曾经流亡国外的老自由党人组成。1991年5月的市政选举中，获得146个市中的31个市长席位。主席阿尼阿诺·丹尼斯·埃斯蒂加里瓦(Aniano Denis Estigarriba)。

(4)二月革命党(Partido Revolucionario Febrerista)：1951年正式成立。前身是40年代中期成立的二月革命集中党。1989年5月大选中在众院获二席，参院获一席。主席欧克利德·阿塞维多(Euclides Acevedo)。

【重要人物】安德烈斯·罗德里格斯：总统。1923年6月19日生于巴拉圭南部圣萨尔瓦多一农民家庭。18岁从戎，1946年军校毕业，任骑兵少尉。1981年晋升到中将。曾任陆军第一军司令。1989年2月发动军事政变推翻斯特罗斯纳总统，自任临时总统。同年5月1日当选总统。已婚，有三个女儿。爱好骑马。

经　济

巴经济主要依靠农、牧、林三大部门。农业为主要经济支柱，工业薄弱。70～80年代，巴工业发展较快，年平均增长率为8.6%。罗德里格斯政府执政后，实行市场经济机制，改革金融体制，确定外汇自由兑换，汇率浮动，取消兑换补贴，改革税制，提高私人银行的作用，减少对中央银行的依赖；整顿国营企业，对长期亏损的国营酒厂、钢铁厂和水泥厂实行私有化；鼓励国外投资，增加产品出口。

国内生产总值(1991年)：60亿美元。

人均国内生产总值(1991年)：2250美元。

国内生产总值增长率(1991年)：2.1%。

货币名称：瓜拉尼。

汇率(1991年底)：1美元＝1370瓜拉尼。

通货膨胀率(1991年)：12%。

失业率(1991年)：6%。

【资源】盐矿和石灰石储量较大，还有少量铁、铜、锰、铁钒土、云母、岩盐、石灰石、石油等。在查科地区发现储量丰富的天然气。水力资源丰富，伊泰普水电站装机容量为1260万千瓦，为世界最大水电站。森林覆盖率为39%，面积约1500万公顷，原始森林占森林总面积的54%，出产珍贵的硬质木材。

【工业】巴工业基础薄弱，占国内生产总值的17.1%，主要是农、牧、林产品的加工工业。工厂规模小，大部分工业产品由家庭作坊生产。有日产7500桶石油的炼油厂。石油不能自给，60%依靠进口。电力自给有余，1989年发电量估计为13亿千瓦小时，较1984年增加73%。

近几年主要工业产品产量(单位：千吨)：

	1986	1987	1988
棉纱	99.98	84.17	187.4
水泥	178.71	269.19	255.64
面粉	107.82	115.41	104.51
酒精(百万公升)	20.69	28.07	30.31
单宁酸	5.67	13.86	5.64
棉纺织品(百万米)	11.76	6.17	13.87

(资料来源：巴拉圭中央银行，1990/91年度《经济季评》)

【农牧业】农业是国民经济的主要支柱之一，其产值约占国内生产总值的28%，几乎为全部出口来源。现有可耕地面积1100万公顷。全国46%的经济自力人口从事农业。主要农产品有大豆、棉花、烟草、小麦和玉米等。1961～1987年间巴国家发展银行将泛美开发银行提供贷款的23.5%投入农业部门，1990年增至34%。食品可以自给。1988～1990年主要农产品产量(单位：千吨)：

	1988	1989	1990
原棉	546	630	640
大豆	1397	1615	1795
小麦	314	432	370
玉米	1098	1000	1139

(资料来源：1991/92年度《经济季评》)

畜牧业曾在巴经济中占有重要地位。近年来肉类出口逐步被棉花和大豆代替，畜牧业在国民经济中的比重下降，增长率不高。1989年底存栏数：牛810万头，羊44.9万只，猪230.5万头。

【旅游】巴旅游业不发达。外国旅游者主要来自阿根廷和巴西。1988年接待旅游者约29万人次。1990年旅游人数有所增加。

【交通运输】以公路为主。公路全长14783公里，其中2094公里为柏油路。在巴拉圭境内长约700公里的泛美公路由亚松森通往玻利维亚。

铁路：全长1147公里。原由英国资本控制，1961年收归国有。中央铁路由首都直达边境，通过渡船与阿根廷联接。

水运：国家商船队主要承担由巴至阿根廷和乌拉圭的短途河运。此外，巴拉圭海外船运公司有商轮定期通往美国和欧洲的主要港口。

空运：巴有两个国际机场，分别位于亚松森和埃斯特城。国内航线由空军和国营航空公司经营。巴拉圭航空公司(LAP)为国家航空公司，有定期航班通往阿根廷、乌拉圭、玻利维亚、比利时和美国。1989年航程94.2万公里，载客量238775人次。与巴通航的有巴西、阿根廷、智利、玻利维亚、西班牙和德国等国的航空公司。

【财政金融】1988～1990年财政收支情况(单位：亿瓜拉尼)：

	1988	1989	1990
收入	297	570	825
支出	278	461	681
盈余	19	109	144

(资料来源：国际货币基金组织)

至1990年底外汇储备6.384亿美元。1991年6月外债总额为16.99亿美元。

【对外贸易】农牧产品为主要出口产品，其中仅棉花和大豆约占外贸创汇的80%。1990年棉花出口收入为3.30亿美元，大豆出口收入为1.15亿美元，肉类出口收入为1.15亿美元，其他出口产品有木材，毛皮等。1989年和1990年进出口情况如下(单位：亿美元)：

	1989	1990
出口额	13.0	9.90
进口额	10.50	9.00
差　额	2.50	0.90

(资料来源：巴中央银行统计)

主要进出口产品情况(单位：百万美元)：

出口(1990年)		进口(1990年)	
大豆	267.4	机器	470.4
皮棉	332.9	燃料和润滑油	146.3
木材	37.7	车辆及配件	103.4
肉及其产品	134.1	饮料和烟草	72.3
皮革	27.8	化工原料等	60.0
烟草	5.7	钢及铁制品	53.3
精炼油	25.1	其他金属制品	11.7
水果和蔬菜	2.8	纺织品	27.8
桐油	5.8	纸张	21.7
椰油	1.8	农机	14.5
玛黛茶	2.2	小麦及面	0.6

(资料来源:巴拉圭中央银行)

主要贸易对象国(1990年,百万美元):

出口额		进口额	
巴西	231.2	巴西	207.3
新西兰	146.6	阿根廷	151.2
斯威士兰	50.1	美国	146.8
阿根廷	55.5	阿尔及利亚	53.6
西德	44.5	日本	187.3
美国	39.4	英国	47.1
西班牙	14.5	西德	59.4
意大利	25.6	法国	33.2
		西班牙	5.3

(资料来源:巴拉圭中央银行)

【外国资本】现政府执政后,积极吸收外资。1991年制定国内外投资法,对外资实行特别优惠政策。规定5年内免缴95%的税收。主要投资国为意大利、葡萄牙、法国、西班牙、西德、英国、美国、日本、韩国、阿根廷、巴西等。

人民生活

1991年生活费用上涨13.3%。政府规定的最低工资标准为145美元,全国半数人的工资收入达不到最低工资额。巴土地高度集中,人口不到1%的人占有全国75%以上的土地,大多数农民无地或只有少量土地。农村比较贫困。全国有医护人员11278人,60%集中在首都;有医生2150人,每万人中有5~6名医生,全国有病床1459张。

军　事

宪法规定,总统为武装部队总司令。国防委员会是最高军事决策机构,由总统、全体内阁部长、武装力量参谋长和陆、海、空三军司令组成,总统任主席,国防部长任副主席。国防部为最高军事行政机关。实行义务兵役制,服役期陆军和空军为一年半,海军两年。武装力量由正规军和准军事部队组成。

全国总兵力为1.6万,其中陆军1.25万,海军2500,空军1000。预备役部队:陆军3.05万,海军2200,空军3600。准军事部队(包括首都警察)6000。

1992年国防预算为1742.934亿瓜拉尼。

文化教育

【教育】实行小学6年义务教育制。1990年文盲率为15%。1991年教育经费预算为312.3亿瓜拉尼。1987年全国有小学4101所,在校生579687人,教师28136人;中学740所,学生148516人,教师2448人;大学2所,学生30222人。

【新闻出版】主要报纸有:《红色ABC》,日发行量7.5万份。《今日报》,日发行量4万份。《祖国报》,日发行量8000份。《论坛报》,日发行量3万份。《最后时刻》,日发行量4.5万份。

对外关系

实行对外开放政策,宣称愿同世界所有国家发展友好合作关系。在国际事务中,主张不干涉内政、捍卫人民自决、国际合作和相互尊重等原则,积极发展同美国、西欧和周边国家的传统友好关系,努力参与地区事务和一体化进程。逐步调整对原苏联各共和国、东欧及古巴的政策。

主张巴拿马问题通过协商和平解决,反对外国干涉。认为世界新秩序的特点不应是形式上的团结,而应是切实有效的国际合作。巴是里约集团和南方共同市场的成员。至1992年底,已同世界近50个国家建立了外交关系。

【同我国的关系】中巴尚无外交关系。有少量贸易和人员往来。1989年巴真正激进自由党国际书记拉斐尔·萨吉尔应我国际交流协会邀请访华,人大常委会万里委员长会见。1992年4月和9月,巴拉圭政党代表团和政党议员代表团分别访华,吴学谦副总理等分别会见。11月,巴最大反对党真正激进自由党主席多明戈·拉伊诺率团访华,中共中央政治局常委胡锦涛会见了该团。1986年我贸促会副会长刘绍山应巴银行协会邀请访巴,并同巴银行协会签署了合作意向书。

1992年两国进出口商品总额为3672万美元。其中我出口为1132万美元,进口为2540万美元。

巴于1957年同台湾"建交"。1988年6月台在埃斯特市设总领馆。同年8月台"行政院长"俞国华访巴。1989年5月台"行政院副院长"施启扬率团参加罗德里格斯就职仪式。1990年6月,罗德里格斯访台。1991年3月,台向巴提供155万美元无偿援助,修建一座年产8万吨的化肥厂。同年4月13日,巴台成立工商联合会。5月13日,台军参谋总长陈龄抵巴参加巴独立180周年庆典活动。9月18日,台新任驻巴"大使"郭宗清抵巴履任。

1989年以来,巴台年贸易额均达5000万美元以上。

【同美国的关系】巴、美关系密切,斯特罗斯纳执政期间两国一度疏远。罗德里格斯执政后两国关系逐步改善。布什总统曾致电罗德里格斯表示愿与其合作。罗向美表示执行尊重人权、恢复民主、积极缉毒等政策。1990年3月,美国副总统奎尔访巴并转交了布什总统给罗德里格斯总统的信件。布什在信中赞赏巴现政府取得的政绩及在维护人权方面取得的进展。1990年6月,罗德里格斯访美时,同布什总统会晤。1991年8

月，美国决定撤消对巴的经济制裁。1992年，美国向巴提供了贷款，巴美关系明显好转。

【同巴西的关系】巴拉圭同巴西保持传统的友好关系。巴西在政治、经济、文化等方面对巴拉圭均有较大影响。两国签订有多项双边合作协定。1974年两国开始合建世界上最大的伊泰普水电站。1985年巴西出资5亿美元资助巴拉圭修建通向大西洋海岸的公路。1989年2月政变后，巴西承认巴拉圭临时政府。1990年3月，罗德里格斯总统参加巴西总统科洛尔的就职仪式。但是，双方在有关水电站的管理和利润分配等问题上存在分歧。

【同阿根廷的关系】巴历来同阿根廷保持着良好的睦邻关系。阿根廷为巴提供水路方便使之获得出海口。1979年，两国正式签订合建亚西雷塔水电站协议。1989年2月巴发生政变后，阿第一个承认巴新政府。1990年4月，巴、阿两国总统出席连接两国边界城市的国际桥梁落成仪式。1990年5月，罗德里格斯总统对阿根廷进行国事访问。1991年4月，阿总统梅内姆访巴拉圭。同年6月，罗德里格斯总统访阿根廷。1992年，双方再次实现了首脑互访。但1992年双方在阿根廷提高从巴拉圭进口商品税的问题上发生了摩擦。

（吴元山）

巴　拿　马

国名　巴拿马共和国(The Republic of Panama，República de Panamá)。

面积　77082平方公里(包括1432平方公里的运河区)。

人口　232.9万(1990年)。自然增长率21‰。其中印欧混血种人占65%，黑人13%，白人11%，印第安人10%。西班牙语为官方语言。85%的居民信奉天主教，4.7%信奉基督教新教，4.5%信奉伊斯兰教。

首都　巴拿马城(Ciudad de Panamá)，人口83.1万(1990年)。

国家元首　总统吉列尔莫·恩达拉·加利马尼(Guillermo Endara Galimany)，1989年12月21日就任。

简　况

位于中美洲地峡。东连哥伦比亚，南濒太平洋，西接哥斯达黎加，北临加勒比海。连接中美洲和南美洲，沟通大西洋和太平洋。海岸线长2988公里。地近赤道，属热带海洋性气候。年平均气温23～27℃。1501年沦为西班牙殖民地。1821年成为大哥伦比亚共和国的一部分。1903年在美国的支持下，宣布脱离哥伦比亚独立。同年美、巴签订了由美修建和管理运河的条约，美取得修建和经营运河的永久垄断权和运河区的永久使用、占领和控制权。1979年巴美签订的关于运河的新条约生效，运河由双方共管。

政　治

1989年恩达拉政府上台后，即整肃原国防军旧部，将其改建为警察部队，规定其主要任务为维护治安和边防，并让100多名前国防军军官退役。执政联盟内部矛盾重重，以至发生分裂。1991年4月总统宣布将参加联合执政的基督教民主党逐出政府，以副总统阿里亚斯·卡尔德隆为首的基民党成为反对党，但仍有保留地支持政府的政策。1992年11月15日，政府就6月底议会通过的宪法修正案进行全民公决。修正案对现行宪法的序言及57项条文进行修改。主要内容为取消军队、健全司法制度等。由于65%的选民投了反对票，公决失败，现行宪法仍继续有效。此外，由于政府执行紧缩经济政策，许多中、小企业破产，失业增加，通货膨胀加剧，贫富更加悬殊。社会秩序混乱，恐怖活动、抢劫、毒品走私等案件有增无减，各种形式的罢工和抗议活动不断。

【宪法】现行宪法于1972年10月11日生效，1978年和1983年进行过修改。规定国家三权分治，总统为国家元首，通过直接选举产生，任期5年，不得连任。

【议会】国民议会为一院制，行使立法权。由67名议员组成，通过民选产生，任期5年。本届议会于1991年9月1日组成，其中基督教民主党28席，民族主义共和自由运动16席，阿尔努福党7席，真正自由党4席，民主革命党10席，劳工党、自由党各1席。议长卢卡斯·萨拉克(Lucas Zarak)，1992年9月1日当选，任期一年。

【政府】本届政府于1989年12月26日组成，1991年4月改组。主要政府成员有：第一副总统里卡多·阿里亚斯·卡尔德隆(Ricardo Arias Calderon)，1992年12月17日辞职，由第二副总统吉列尔莫·福特(Guillermo Ford)接任，计划和经济政策部长德利亚·卡德纳斯(Delia Cardenas)，内政和司法部长胡安·切瓦利尔·布拉沃(Juan Chevalier Bravo)，外交部长胡里奥·利纳雷斯(Julio Linares)，公共工程部长阿尔弗雷多·阿里亚斯(Alfredo Arias)，财政和国库部长马里奥·加林多(Mario Galindo)，工商部长罗伯托·阿尔法罗(Roberto Alfaro)，卫生部长吉列尔莫·罗利亚·皮门特尔(Guillermo Rolla Pimentel)，教育部长马科斯·阿拉尔孔(Marcos Alarcón)，住房部长吉列尔莫·埃利亚斯·基哈诺(Guillermo Elías Quijano)。

【司法机构】司法权由最高法院和总检察院行使。

最高法院设9名法官，由政府任命，议会通过，任期10年。最高法院院长卡洛斯·卢卡斯·洛佩斯(Carlos Lucas López)。总检察长罗赫略·克鲁斯(Rogelio Cruz)，1992年12月被解职，同月，豪尔赫·拉蒙·巴尔德斯(Jorge Ramon Valdés)任临时总检察长。

【政党】有几十个政党，主要有：

(1)民族主义共和自由运动(Movimiento Liberal Republicano Nacional)：参加执政联盟。创建于1981年，现有党员5.1万人。总书记路易斯·吉列尔莫·卡斯科·阿里亚斯(Luis Guillermo Casco Arias)。

(2)阿努尔福党(Partido Arnulfista)：参加执政联盟。1988年8月从真正巴拿马主义党中分裂出来而成立。1989年5月同真正自由党等联合组成公民反对派民主联盟参加大选并获胜，取得合法地位。有党员11.2万人。主席米雷娅·莫斯科索·德格鲁韦尔(Mireya Moscoso de Gruber)。总书记卡洛斯·杨·阿达梅斯(CarlosYoung Adames)。

(3)基督教民主党(Partido Democrático Cristiano)：反对党。建于1960年11月。其前身是1956年成立的基督教社会民主行动(1957年改名为基督教民主运动)，1980年取得合法地位。1989年12月入阁执政，1991年4月执政联盟破裂，该党退出政府，成为反对党。有党员35785人。主席里卡多·阿里亚斯·卡尔德隆(Ricardo Arias Calderón)，总书记卡米洛·布雷内斯(Camilo Brenes)。

(4)民主革命党(Partido Revolucionario Democrático)：反对党。1978年由托里霍斯将军倡议筹建，1979年9月正式成立。有党员16万人。1989年12月以前一直为执政党。1992年10月召开四大，11月在否决宪法修正案的公决中起了重要作用，号召成立全国立宪代表大会，以取代现政府。主席赫拉尔多·冈萨雷斯(Gerardo González)，总书记埃内斯托·佩雷斯·巴利亚达雷斯(Ernesto Pérez Balladares)。

参加执政的还有真正自由党；反对党还有自由党、劳工党、巴拿马主义学说党、全国自由党等。

【重要人物】吉列尔莫·恩达拉·加利马尼：总统。1936年5月12日生于巴拿马城。曾在阿根廷和美国学习，毕业于巴拿马大学法律系，获法律和政治学硕士学位，后在美国纽约大学读研究生。1963年起从事律师职业。1968年在阿努尔福政府担任计划和经济政策部长。1971年被捕入狱，后被流放国外。1977年返回巴拿马，协助阿努尔福·阿里亚斯重建巴拿马主义党，1982年该党分裂，与阿里亚斯另建真正巴拿马主义党，任副书记。1988年阿里亚斯逝世后成为阿里亚斯派的领导。1989年5月，作为公民反对派联盟的总统候选人在大选中获胜，但是大选结果被取消。12月20日美军入侵巴拿马后第二天宣誓就任总统。

经　济

巴拿马运河区、地区金融中心、科隆自由贸易区和商船队是巴经济的四大支柱。商业和劳务收入在国民经济中占有重要地位。1987～1989年，经济一直处于严重萧条状态。1990年巴新政府实施国家发展和经济现代化计划，经济有所恢复。当年国民生产总值比上年增长3.4%。1991年起，巴议会先后通过社会保险改革法、税收改革法及国营企业私有化法令。1992年初巴偿还了6.458亿美元的债务，国际金融机构陆续向巴借贷，使巴财政金融逐步走向正常。为繁荣经济、解决失业问题，1992年12月31日，恩达拉总统颁布了科隆地区自由港法。

国内生产总值(1991年)：20.427亿巴波亚。

人均国内生产总值(1991年)：828美元。

国内生产总值增长率(1991年)：4.6%。

货币名称：巴波亚。流通美元。

汇率(1991年)：与美元等值。

通货膨胀率(1991年)：1.7%。

失业率(1991年)：18%。

【资源】全国70%以上的土地为热带森林所覆盖，林业资源丰富，主要有红木、雪松、棕榈树、橡胶树等。矿产有金、银、铁、铜、钼、铝矾土、盐、汞、硫磺和煤等。除盐和铝矾土外，其余矿藏尚未开采。

【工业】工业基础薄弱，无重工业。主要有采矿业、制造业、建筑业等。全国14.1%的劳力从事工业生产。1991年制造业产值为1.93亿美元，占国内生产总值9.4%，比上年增长11.2%。主要工业有食品加工、服装加工、造纸、皮革等。主要工业产品产量如下：

	1989	1990	1991 *
糖(千吨)	102.0	111.2	122.4
啤酒(百万升)	111.2	124.7	130.6
盐(千吨)	18.0	22.2	26.0
奶制品及奶粉(千吨)	21.7	23.3	22.1
香烟(百万支)	636.8	830.7	771.4
发电(亿度)	25.70	26.51	27.90

* 为初步统计数字。

(资料来源：1992年拉美经委会统计、1992年欧洲年鉴)

【农业】耕地面积230万公顷，占全国土地面积的1/3。1991年全国26.6%的劳力从事农牧业。农牧林渔业总产值达2.305亿美元，比上年增长5%，占国内生产总值的11.3%。水稻、玉米、豆类为主要农作物，香蕉、糖、甘蔗和咖啡为主要经济作物。

主要农鱼产品产量如下(单位：万吨)：

	1989	1990	1991 *
香蕉	125.4	126.7	
甘蔗	128.0	131.6	128.9
咖啡	1.05	0.99	1.01
稻米	18.54	21.0	21.9
玉米	9.37	9.15	9.51
捕鱼	15.5	10.1	11.8

* 为初步统计数字。

(资料来源：同上)

【旅游业】有旅游客房3935间。1991年外国游客达30多万人，比上年增加1%，收入达2亿多美元，为巴第三大收入来源，占国内生产总值10%。1992年来巴观光者达367140人。著名旅游区为巴拿马运河的阶梯式大闸门、孔塔多拉旅游胜地、圣布拉斯群岛和雷岛等。1989～1991年外国游客以及收入情况如下：

	1989	1990	1991
外国游客(人)	200436	212069	286835
收入(亿美元)	1.02	1.07	1.46

(资料来源：1992年欧洲年鉴)

【交通运输】国内交通以公路为主。

公路：总长10014公里；1990年注册车辆17.87万辆。

铁路：总长580公里；1990年客运量77003人次。

水运：巴是海运大国。巴拿马运河连接大西洋和太平洋，担负着全世界5%的贸易货运。1991年在巴注册的商船16573艘，总吨位达7270万吨，均居世界第一位。挂旗费1990年收入达4500万美元。巴大小港口15个。年吞吐量近300万吨。克里斯托瓦尔港系最大港，巴尔沃亚港为第二大港。这两大港占巴国际贸易运输的75%。瓦尔蒙特港系渔港。

空运：巴是拉美空运中心之一，全国有近250个大小机场和停机坪；最大的托库门(原名奥马尔·托里霍斯)国际机场，每天可起降100多架次飞机，年客运量150多万人次。1990年全国空运近百万人次，货运约4万吨。

【财政金融】近几年中央政府财政收支情况如下(单位：百万美元)：

	1988	1989	1990*
收入	603	564	923
支出	846	892	1027
赤字	243	328	104

* 为初步统计数字。

(资料来源：1991年拉美经委会统计)

1991年3月国际储备3.62亿美元。至1991年底外债总额63.758亿美元。

【对外贸易】历年有巨额逆差。主要进口工业制成品、石油及成品油、运输设备、机械及食品等；主要出口香蕉(1990年4070万箱)、蔗糖、海虾、咖啡、石油产品。主要出口对象为美国、德国、哥斯达黎加、意大利和波多黎各等，进口主要来自美国、日本、哥斯达黎加、德国、委内瑞拉、厄瓜多尔等。

科隆自由贸易区位于巴拿马运河大西洋入海口处，始建于1948年。现有1550多家公司专事转口贸易，还有16家银行，是仅次于香港的世界第二大自由贸易区，财政收入占国内生产总值3.8%。1991年通过该贸易区进口和出口或再出口总额75亿美元，创自由区成立40多年来最高纪录。1992年进出口贸易额达90多亿美元，比上年增长20%。

1989～1991年对外贸易情况如下(不包括科隆自由贸易区的转口贸易。单位：亿美元)：

	1989	1990	1991*
出口额	2.97	3.15	4.15
进口额	8.67	13.63	4.98
差　额	－5.7	－10.48	－0.83

* 为初步统计数字。

(资料来源：1992年拉美经委会报告)

人民生活

1987年公共部门人均年工资5416巴波亚，科隆自由贸易区4123巴波亚，运河区17556巴波亚；最低工资巴拿马城2246巴波亚，其他地区1699巴波亚。1991年物价指数比上年提高1.1%。1988年每808人有一名医生，每1000人有3.5张病床。1987年全国有电视机475990台，电话机223000部。

军　事

1989年美军入侵巴拿马，原国防军瓦解。1990年2月10日巴决定解散国防军，建立警察部队，受政府直接领导，其主要职责是维护国家治安和防务。

总兵力为116550人。国家警察局长奥斯瓦多·费尔南德斯(Oswaldo Fernández)，1991年10月30日上任。

1991年防务开支7500万美元。

文化教育

【教育】对6～15岁儿童实行义务教育。1992年教育经费为1.875亿美元，占国家预算的11.3%。1990年全国成人文盲率为11.9%。著名高等学府有巴拿马大学、技术大学、圣玛丽亚大学和地峡大学。1990年各类学校及教师、学生情况如下：

	学校(所)	教师(人)	学生(人)
小学	2659	13505	351020
中学	336	9754	195903
大学	8	3328	53072
特别学校*	25	401	5801
辅导学校**	29	192	4099

* 伤残及弱智人学校。

** 3年以下学制学校。

(资料来源：1992年欧洲年鉴)

【新闻出版】全国有各类报纸几十种，多为西班牙文。主要报刊及发行量：《新闻报》，3～4万份；《巴拿马美洲报》，3万份；《自由论坛报》与《巴拿马美洲报》系姊妹报。《世纪报》，3万份；《巴拿马明星报》，1万多份。

有电台95家，大部分为商业台。

有5家电视台：巴拿马无线广播公司电视台，建于1960年；地峡电视台，建于1983年；教育电视台，建于1972年；空中之波电视台，建于1961年；国家电视台，建于1961年。

对外关系

历届政府宣称奉行独立自主、不结盟的外交政策，把收复运河主权作为对外政策的基本目标。主张在平等和相互尊重的基础上同世界各国，特别是同拉美国家发展友好关系。恩达拉政府上台后，大部分拉美国家未予承认。巴政府采取灵活和让步策略，以改善与拉美国家的政治、经济和文化关系，逐步摆脱国际孤立状态。巴新政府积极促进并参加中美洲一体化进程。重视加强同中美洲的政治一体化，以增强巴在拉美事务中的发言权，对经济一体化持谨慎态度。认为南北关系应建立在相互尊重和所有地区人们的劳动均享有合理价值的基础之上。乌拉圭回合谈判不应搁浅，区域性经济组织不应成为保护主义的领地。巴政府强烈谴责在海地发生的推翻宪制政府的军事政变，1991 年 10 月 4 日，巴中止与海地的外交关系，并对其实行经济制裁。

1991 年 5 月与巴哈马建交，1992 年 11 月与圣基茨和尼维斯建交。巴已同近 80 个国家建有外交关系，在 40 多个国家设有使馆，有 70 多个国家在巴设使馆。

【同我国的关系】两国未建交。新华社在巴拿马设有分社。1984 年 7 月，我在科隆自由贸易区设立中国拉美贸易中心。1990 年 5 月，巴拿马省省长、民族主义共和自由运动副书记阿罗查访华。1991 年 8 月，阿罗查率两名议员及该党顾问再度访华。1991 年 2 月，巴议长阿隆索·费尔南德斯访问深圳和蛇口。5 月，招商局常务副董事长袁庚去巴考察。1992 年 8 月，中联部拉美局副局长李扬访巴。

1992 年中、巴贸易总额 1.3509 亿美元，其中中方出口 1.32 亿美元，进口 309 万美元。

巴同台湾当局于 1954 年 5 月建立"外交关系"。1974 年台在科隆设"领事馆"，台"中央社"还在巴设有分社。巴、台年平均贸易额保持在 2.5 亿美元左右，台在巴投资为 1000 万美元。1990 年台向巴拿马储蓄银行提供 1100 万美元贷款。1991 年 2 月，巴议长费尔南德斯率议会代表团访台；8 月，外长利纳雷斯访台，表示支持台加入关贸总协定。1992 年 2 月，议长马科·阿梅利奥访台；3 月工商部长阿尔法罗访台。2 月 5 日，台湾国际商业银行给巴 4000 万美元贷款。9 月，恩达拉总统在第 47 届联大发言，要求国际社会承认台湾为"国家"并讨论台湾加入联合国的问题；10 月，恩达拉总统访台并参加"双十节"活动。

【同美国的关系】巴美关系在巴对外关系中占有特殊地位。1964 年 1 月巴美断交，同年 4 月复交。1989 年美军入侵巴拿马。恩达拉政府成立后，美国即予以承认，并宣布解除对巴的经济制裁。美开发银行恢复对巴援助。同年 12 月美军全部撤回运河区。巴拿马议会批准美军和平部队重返巴拿马活动。1990 年 4 月和 11 月，恩达拉总统和阿里亚斯副总统先后访美，受到布什总统的接见。布什表示支持巴政府致力于民主进程和恢复经济的努力。11 月，美国务卿贝克访巴。1991 年 4 月，双方签署司法互助协定。美还决定投资 2 亿美元，参加拓宽运河的"蛇弯航道"工程。1992 年 1 月，巴美签署增加巴纺织品向美出口配额谅解备忘录。2 月，美国防部长切尼访巴，与恩达拉总统商谈拆除美驻巴军事基地问题。1992 年 6 月，布什总统访巴，遭到巴示威者抗议。11 月，巴政府对克林顿当选美总统表示高兴，并相信民主党人的胜利不会影响巴美关系及托里霍斯一卡特协定的执行。此外，1989 年美政府曾允诺向恩达拉政府提供 10 亿美元援助。据美国际开发署报告，自 1990 年 1 月至今，美已向巴提供 5.43 亿美元，占 53%。

【同前苏联各共和国的关系】1991 年 3 月同前苏联建立外交关系。苏联解体后，巴表示愿与独联体发展关系。1991 年 11 月宣布与立陶宛、拉脱维亚建交。1992 年 1 月，巴承认俄罗斯联邦及独联体其他 11 个成员国。

【同其他欧洲国家的关系】1991 年 10 月，巴外长与罗马尼亚签署了贸易合作协定和经济技术合作协定，并研究了在两国互设领事馆问题。1992 年 10 月，巴外长访罗，双方签署了"两国政府间贸易协定"、"两国间经济和技术合作协定"及"两国外交部高级官员磋商制度议定书"。1991 年 11 月，巴与德国签署了林业发展合作意向书。

【同拉丁美洲国家的关系】1989 年 12 月美国入侵巴拿马后，大多数拉美国家予以谴责，不承认恩达拉政府。巴同墨西哥、秘鲁、厄瓜多尔等国因诺列加时期人员政治避难问题关系紧张。巴为摆脱在国际上的孤立局面，主动改善与拉美国家的关系。1991 年巴允许在墨西哥、秘鲁、厄瓜多尔、古巴驻巴使馆避难的前政府官员离境。1991 年 1 月和 7 月恩达拉总统参加在墨举行的萨尔瓦多《和平协定》签字仪式和伊比利亚美洲首脑会议后，巴、墨关系大大改善。1992 年 1 月巴任命前农牧部长罗德里格斯为驻墨新大使，墨方予以接受。巴与哥伦比亚的关系较前密切。1992 年 3 月，哥伦比亚总统加维里亚访巴，双方就加强司法合作等签署了联合公报。哥总统表示愿为巴重返里约集团进行斡旋，并希望拉美国家支持巴的民主化进程。1990 年 2 月，巴副总统阿里亚斯·卡尔德隆出访秘鲁，寻求两国关系正常化，双方决定互派大使。1991 年 10 月巴曾因两名"失踪"军官问题一度同秘关系紧张。1992 年 4 月，藤森自我政变后，巴中止与秘外交关系，并指责藤森政府破坏宪制。1990 年巴驱逐古巴大使，两国关系降为代办级。1991 年 3 月巴恢复向古派遣领事；8 月，应巴议会邀请，古巴副议长索伊拉·贝尼特斯访巴，促使两国关系有所改善。1991 年 8 月，巴与哥斯达黎加加强了双边贸易谈判，双边年贸易额达 7500 万美元。1992 年 1 月 31 日，两国就巴进口哥奶粉达成最终协议。

【巴拿马运河和运河区问题】现行运河管理委员会于 1979 年 10 月 1 日建立，分供应和管理两大部分，下设海运局、工程局、建设局和综合服务局。现运河管理委员会主任希尔托·瓜尔迪亚，巴拿马人，于 1990 年 9 月就职，任期至 2000 年。

美国在运河区设有南方司令部，有驻军 12500 人，

92个军事单位，16个办事机构。

根据1979年生效的托里霍斯—卡特协定，美国应在2000年以前关闭在运河两岸的军事基地，运河完全归还巴拿马。美国会有议员要求修改运河条约，提出美驻军在2000年后继续留在运河区的议案。但美驻巴大使表示，美政府不打算谈判1977年签署的托里霍斯—卡特协定。恩达拉总统亦多次申明巴政府不重新谈判运河基地问题。巴先后成立了运河特设委员会和两洋地区全权委员会，但就巴拿马人接管运河尚无切实可行的方案。对美军去留问题巴国内亦有不同看法。

【关于香蕉出口问题】1992年5月，恩达拉总统出访英、法、比利时，要求欧共体取消从1993年1月起对拉美向该市场出口的香蕉实行限额和征收20%关税的决定，谈判未果。10月，巴等九个香蕉出口国在瓜亚基尔发表声明，指责欧共体的这一政策将损害拉美国家的经济。（傅新蓉）

巴　西

国名　巴西联邦共和国(The Federative Republic of Brazil ,República Federativa do Brasil)。

面积　8511965平方公里。

人口　1.5亿(1992年)。白种人占54.77%，黑白混血种人占38.45%，黑种人占5.89%，黄种人占0.63%，印第安人约占0.16%。人口增长率为18‰(1991年)。葡萄牙语为官方语言。88%的居民信奉天主教。

首都　巴西利亚(Brasília)，人口约160万(包括卫星城，1991年)。

国家元首　总统伊塔马尔·佛朗哥(Itamar Franco)，1992年12月29日就职，任期至1994年12月30日。

简　况

位于南美洲东南部。北邻法属圭亚那、苏里南、圭亚那、委内瑞拉和哥伦比亚，西界秘鲁、玻利维亚，南接巴拉圭、阿根廷和乌拉圭，东濒大西洋。海岸线长7400多公里。大部地区处热带，只有最南部地区处亚热带。亚马孙平原年平均气温27～29℃，南部地区年平均气温16～19℃。1500年4月22日葡萄牙航海家佩德罗·卡布拉尔发现巴西。16世纪30年代葡派远征队在巴建立殖民地，1549年任命总督。1807年拿破仑入侵葡萄牙，葡王室逃到巴西。1820年葡王室迁回里斯本。葡王子佩德罗留巴任摄政王。1822年9月7日宣布独立，建立巴西帝国。1889年11月15日推翻帝制，成立共和国。1964年军人政变上台。1985年3月军政府还政于民。1989年11月15日巴西举行全民直接选举总统，费尔南多·科洛尔当选总统。1992年12月29日科洛尔总统因受贿丑闻被迫宣布辞职。副总统伊塔马尔·佛朗哥即日就任总统。

政　治

1992年科洛尔总统被弹劾，国家陷入严重的政治危机，经济发展也受到严重影响。年初伊始，多位内阁成员以权谋私的丑闻接连被曝光，为此科洛尔总统于4月大幅度改组内阁，组成多党联合政府，以继续推行新自由主义经济政策。5月，总统的胞弟披露不法企业家法利亚斯利用总统影响牟取暴利，科洛尔总统涉嫌受贿。同月巴西国会成立众院特别调查委员会，经广泛取证，提出总统犯有被动受贿和"渎职"罪的报告。9月29日，众议院以绝对多数通过弹劾总统议案。10月2日科洛尔离职，接受参议院审查，副总统佛朗哥就任代总统。12月29日在参议院对弹劾案判决时，科洛尔提出辞职。但参院决定仍剥夺其政治权力8年。同日根据巴西宪法规定，国会召开特别会议，宣布总统职位空缺，代总统佛朗哥正式就职，任巴西第37届总统。长达半年之久的政治危机最终以民主的方式得以解决。佛朗哥就任总统后，组成了以支持弹劾科的各政党为主体的全新内阁，并由原来的15个部增至21个。公开提出建设廉洁政府，提高办事透明度的口号，制定了反衰退、刺激经济增长、促进贸易、治理通膨、消除贫困的政策。较多关注与缓和社会贫富悬殊的矛盾，采取改革税制、完善社会保障系统的措施，调整对国有企业私有化政策等。此外，10月3日，还在全国顺利地举行了市政选举。

【宪法】第一部帝国宪法于1882年产生。1988年10月5日正式颁布巴西历史上第八部宪法。新宪法有9章245条，规定总统由直接选举产生，任期由六年改为五年，取消了总统直接颁布法令的权力。新宪法还规定保障人身自由，废除严刑拷打，取消新闻检查，规定罢工合法，16岁以上公民有选举权等。1989年10月，各州级议会根据新宪法的规定，修改并通过了州级宪法。

【议会】议会是国家最高权力机关。由参众两院组成。两院议长、副议长两年改选一次，参议长兼国会主席。参议员81人，每州3人，任期8年，每4年改选1/3或2/3。众议员503人，根据人口确定各州名额，任期4年。1993年2月2日选出新任参、众议长。参议长温伯托·卢塞纳(Humberto Lucena ,民运党)。众议长伊诺森西奥·奥里维拉(Inocencio Oliveira，自由阵线党)。各党在议会中的席位如下：

	参议院	众议院
巴西民主运动党	27	102
自由阵线党	17	80
民主工党	5	44
巴西社会民主党	9	40
民主社会党	4	42
劳工党	1	35
巴西工党	8	33
国家复兴党	5	31
基督民主党	4	19
自由党		18
革新工党		13
社会工党		11
巴西社会主义党	1	11
基督社会党		6
巴西共产党		5
社会改革党		3
社会主义人民党		3
全国动员党		1
绿党		1
无党派		5

【政府】现政府于1992年10月组成，设21个部，主要政党均参加政府。内阁成员名单如下：外交部长费尔南多·恩里克·卡尔多佐(Fernando Henrique Cardoso)，司法部长毛里西奥·科雷亚(Mauricio Correa)，财政部长埃里塞乌·雷曾德(Eliseu Resende)，运输部长阿尔贝托·戈德曼(Alberto Goldman)，农业、供应和土改部长拉扎罗·巴尔博扎(Lazaro Barbosa)，教育和体育部长穆利里奥·英盖尔(Murilio de Hingel)，文化部长安东尼奥·奥阿伊斯(Antonio Houaiss)，劳工和行政部长瓦尔特·巴雷利(Walter Barelli)，社会劳保福利部长安东尼奥·布里托(Antonio Brito)，卫生部长雅米尔·哈达德(Jamil Haddad)，工商旅游部长安德拉德·维埃拉(Andrade Vieira)，矿能部长保利诺·西塞罗(Paulino Cicero)，地区一体化部长阿莱山德雷·科斯塔(Alexandre Costa)，邮电部长乌戈·纳波莱昂(Hugo Napoleao)，社会福利工程部长儒塔伊·马加良斯(Jutahy Magalhaes)，环境部长科蒂尼奥·若热(Coutinho Jorge)，科技部长伊斯拉埃尔·瓦加斯(Isarael Vargas)，计划部长耶达·克鲁修斯(Yeda Crusius)，陆军部长泽尼尔多·佐罗阿斯特罗(Zenildo Zoroastro)，海军部长伊万·赛尔帕(Ivan Serpa)，空军部长莱里奥·洛博(Lelio Lobo)。

【司法机构】根据1988年10月5日颁布的新宪法，最高联邦法院、联邦上诉法院、最高司法院、最高劳工法院、最高选举法院、最高军事法院和各联邦地区法院行使司法权。最高联邦法院由11名大法官组成，大法官必须是35岁以上65岁以下的巴西公民，经参议院批准后由总统任命。最高联邦法院院长西内·桑切斯(Sydney Sanches)，于1991年5月2日当选，任期两年。

【政党】1989年在最高选举法院正式注册登记的政党共有33个，主要有：

(1)巴西民主运动党(Partido do Movimento Democratico Brasileiro)：1980年1月成立。前身是1965年成立的巴西民主运动。在军政府时期的前15年，该党是唯一合法的反对党，它为恢复巴西的民主生活作出了不懈努力。1985年在总统间接选举中首次获胜。1989年在总统选举中败北。现仍为巴西第一大党。1991年3月，该党召开了党代会，选出了新的全国执委会，奥雷特斯·桂西亚(Orestes Quércia)当选为党的主席。

(2)自由阵线党(Partido da Frente Liberal)：1984年12月成立，全国第二大党，现有50万党员。主要由原民主社会党内持不同政见者组织的“自由阵线”派成员组成。1985年曾与民运党组成“民主联盟”联合执政。1991年5月，该党举行了第四次全国代表大会。党的主席若泽·蒙特罗(Jose Monteiro)。

(3)民主工党(Partido Democrático Trabalhista)：1979年成立。前身是巴西工党的一部分，现有党员90多万人。1991年12月，该党在里约热内卢举行了第三次全国代表大会。会议就教育和新自由政治、经济模式等问题进行了讨论。该党系社会党国际成员。党的领袖莱昂内尔·布里佐拉(Leonel Brizola)，现任里约热内卢州州长。党主席内伊瓦·莫雷拉(Neiva Moreira)。

(4)巴西社会民主党(Partido da Social Democracia Brasileira)：1988年6月25日成立，由一批因对巴民运党现状不满而退出该党的人组成。1991年9月，该党在巴西利亚举行全国代表大会。会议选举了新的全国执委会。塔索·热雷萨蒂(Tasso Jereissati)当选为党的主席。

(5)民主社会党(Partido Democrático Social)：1980年3月成立。其前身是全国革新联盟，为军政府时期的执政党。1991年8月，该党举行了全国代表大会。保罗·马卢夫(Paulo Maluf)当选党的主席。

(6)劳工党(Partido dos Trabalhadores)：1979年12月成立，是以圣保罗冶金工人、工会领导人和知识分子为主体的政党，现为巴西主要左派政党。1991年11月，该党在圣保罗举行了全国代表大会，对当前的国际、国内形势，党的奋斗目标及本党的斗争策略进行了讨论。路易斯·伊格纳西奥·卢拉·达席尔瓦(Luis Ignácio Lula da Silva)连任党的主席。

(7)巴西工党(Partido Trabalhista Brasileiro)：1945年成立。1964年军人政变后被迫停止活动。1979年重新组建。1991年6月，该党在巴西利亚举行了第一次全国代表大会。大会选举产生了全国执委会。派瓦·穆尼斯(Paiva Munis)再次当选党的主席。

(8)国家复兴党(Partido de Reconstrucão Nacional)：在野党，1989 年 2 月由四个小党联合组成。主席丹尼尔·托里尼奥(Daniel Tourinho)。

(9)社会主义人民党(Partido Popular Socialista)：1992 年 1 月成立。前身为巴西共产党，1961 年改用巴西的共产党。1985 年 5 月获合法地位，现有党员 12 万人。1992 年 1 月 24 日，该党召开了党的第十次全国代表大会，主要讨论苏联解体后“巴西的共产党向何处去”。在此问题上党内发生分裂，该党宣布解散。以党主席罗伯特·弗莱雷(Roberto Freire)为首的“现代派”(占会议代表总数的 70%)，决定放弃马克思主义及镰刀、锤子的徽记，改名成立社会主义人民党。

(10) 巴西共产党(Partido Comunista do Brasil)：1962 年从巴西的共产党中分裂出来，并把 1922 年 3 月 25 日作为建党日。主要成分是城乡劳动者，青年学生和自由职业者。1985 年 7 月获合法地位。1992 年 2 月该党在巴西利亚召开了第八次全国代表大会，并通过了党的决议。决议指出，在国际形势发生剧变后，“社会主义革命仍然是解决当代问题的选择”。“巴西共产党当前的任务仍是反对帝国主义、支持劳动阶层的斗争。”主席若昂·阿马佐纳斯(João Amazonas)。

其他政党有：巴西人民党，基督教民主党，巴西基督教民主党，自由党，巴西市政党，巴西民主党，人民党，巴西皇家君主运动，民族主义党，真正共产劳工党，社会主义进步党，巴西全国退休者党，巴西青年党，社会主义党，国家秩序重建党，新纪元党，进步共和党等。

【重要人物】伊塔马尔·佛朗哥：总统。1931 年 6 月 28 日生于米纳斯·吉拉斯州的儒伊斯德福拉市。1954 年毕业于该市联邦大学工程系，后在巴最高军事学院进修巴西能源政策。1964 年加入巴西民主运动后，于 1967～1974 年两度出任儒伊斯德福拉市市长。1974 年当选为参议员。1982～1990 年再度当选。在参议院曾历任参议院第三秘书，联邦区事务委员会副主席，经济委员会主席，财政委员会主席，外委会、能源委员会、行政事务委员会委员，立宪大会立法委员会第二副主席，民运党参院党团副领袖和代领袖等职。1986 年转入自由党。1987 年任自由党参院党团领袖。1989 年加入国家复兴党与科洛尔联袂竞选，于同年 12 月 17 日当选为巴西副总统。1992 年 5 月退出国家复兴党，成为无党派人士。同年 10 月 2 日就任巴西代总统，12 月 29 日正式就任巴西总统。著有《新闻与议会》、《当今巴西黑人》、《外债和国家主权》等书，喜欢古典音乐。1978 年离婚。有两个女儿。

经　济

经济实力居拉美首位。1981～1983 年经济陷入严重衰退。1984～1987 年由于国际利率和石油价格下跌，政府实施的经济调整计划奏效，一度使经济明显复苏。1988 年后经济虽然有增长，但通膨严重。1990 年 3 月，科洛尔总统执政以来，提出“新巴西计划”，对巴西经济实施以降低通膨为主要目的的治理整顿。一度使经济出现回升趋势。1992 下半年由于政治危机，导致经济衰退严重，财政赤字居高不下，失业增加，人民生活水平下降。年底佛朗哥正式就任总统后，提出了恢复国民经济，抑制通膨，增加社会福利，改革税收的新经济计划。目前巴西经济仍较困难。

国内生产总值(1992 年)：4305 亿美元。

人均国内生产总值(1992 年)：2890 美元。

国内生产总值增长率(1992 年)：－0.93%。

货币名称：克鲁塞罗。

汇率(1993 年 3 月)：1 美元＝22000 克鲁塞罗。

通货膨胀率(1992 年)：1174%。

【资源】已探明铁矿砂储量 650 亿吨，产量和出口均为世界第二位，品位较高，多数在 60%以上。铀矿、铝矾土和锰矿储量均占世界第三位。此外还有较丰富的铬矿、镍矿和黄金矿。煤矿储量 230 亿吨，但品位很低。石油 36 亿桶，油页岩相当于 15 亿桶石油，天然气 1330 亿立方米。森林面积 442 万平方公里，覆盖率为 52.2%。木材储量 658 亿立方米。水力资源丰富，约 2.13亿千瓦。

【工业】居拉美首位。70 年代建成了比较完整的工业体系。1992 年工业产值 1330 亿美元，占国内生产总值的 38%。主要工业部门有：钢铁、汽车、造船、石油、水泥、化工、冶金、电力、建筑、纺织、制鞋、食品等。核电、通讯、电子、飞机制造、信息、军工等已跨入世界先进国家行列。机器设备自给率达 80%以上。从业人员约 1500 万人，占总劳力的 25%。1992 年工业仍未恢复增长，下降 4.5%，其中纺织、机械、冶金、电器下降幅度较大。主要工业产品产量如下：

	1990	1991	1992
钢(万吨)	2060	2260	2390
汽车(万辆)	91	96	107
石油(百万桶)	238	228	238
水泥(万吨)	2610	2750	
黄金(吨)	90	88.5	70

(资料来源：巴西官方公布的数字)

【农牧业】农业产值近年来占国内生产总值比重下降，现约占 7%。咖啡、蔗糖、柑桔生产居世界第一。可可、大豆为世界第二。玉米居世界第三。粮食一般能自给，小麦尚需进口一部分。已耕地面积约 5300 万公顷，尚有 3 亿多公顷土地未开发。农业劳动力 2340 万人。1992 年粮食总产量 6895 万吨，比上年度增长 19%。畜牧业较发达，牧场 2 亿公顷，1980 年就实现人均一头牛。1991 年牛奶产量 930 万吨。主要农牧产品产量如下(单位：万吨)：

	1990	1991	1992
稻谷	742	1060	1010
咖啡	228	230	180
可可	67.8	61	63
大豆	1988	1950	1941
小麦	313	295	274

玉米	1108	3050	3138
杂豆	248	290	262
猪肉	72.7	76	
牛肉	277.48	264	

(资料来源:巴西国家农产品供给公司)

【旅游业】有70多年的历史。1991年收入达15亿美元,1991年外国游客达136.1万人。全国注册旅行社有6600家,拥有大型宾馆1400家,有5000多套客房属国际一流水平。全国主要旅游点:里约热内卢、圣保罗、萨尔瓦多的教堂和古老建筑、巴西利亚、伊瓜苏瀑布、伊泰普水电站、玛瑙斯自由港、黑金城、巴拉那石林等。

【交通运输】公路运输占全国运输总量的70%,铁路占17%,水路不足10%。

公路:总长150万公里。各种车辆1300多万辆,公路客运量386亿人公里。

铁路:总长30350公里。

水运:商船总数2453艘,总吨位1059万吨。港口吞吐量3.4亿吨。主要港口有:桑多斯、维多利亚、里约热内卢等。

空运:全国有3家航空公司:里约格兰德、泛巴和圣保罗,拥有各种型号的波音大型客机100多架,与世界主要地区直接通航。全国主要城市建有国际机场,1992年首都巴西利亚转为国际机场。

【财政金融】近几年财政收支一直出现赤字。1990年和1991年财政赤字分别占国内生产总值的12.3%和8.1%。1990年收入3.98万亿克鲁塞罗,支出4.23万亿克鲁塞罗。

截至1992年12月,外汇储备为200亿美元。外债总额1165亿美元。1992年上半年巴与国际货币基金组织、巴黎俱乐部和商业债权银行先后签署债务协议。

【对外贸易】现政府对外贸政策实行了调整,取消进口许可制度和对出口的奖励和补贴,鼓励提高产品质量和加强出口竞争机制,宣布开放市场,降低关税等。近几年外贸情况如下(单位:亿美元):

	1990	1991	1992
进口额	203	210	362
出口额	313	316	205
差 额	110	106	−157

主要进口石油、化工原料、光学仪器、小麦等。出口钢材、交通运输设备、铁矿砂、纸浆、皮鞋、咖啡、糖、大豆、橙汁等。主要贸易伙伴为美国、欧共体、日本、中东及拉美邻国。

【外国资本】外国在巴主要投资部门为汽车、电力、冶金、化工、交通运输和机械等领域。1992年进入巴西的外资共172亿美元,其中72亿美元通过贷款,50亿美元通过在国际市场发行股票和债券,另外50亿是通过外国在巴西直接投资获得的。1992年吸收外资总额比1991年增长48%。美国在巴西投资总额约占外国在巴西投资总额的1/3,其次是德国、日本等。

人民生活

1992年人均国民收入2890美元,1993年1月最低工资调整为125万克鲁塞罗(约合80美元)。全国共有医院、诊所和卫生站3万余所,其中公立的约2万所,私立的1万余所。平均每千人拥有3.6张病床,1.4名医生。40%的居民住房缺乏基本卫生设施。平均每千人有100辆汽车,90部电话。全国贫富悬殊,占人口10%的最富阶层拥有60%的社会财富。至1992年9月巴艾滋病患者3.2万人,其中70%集中在圣保罗,已有11920名患者死亡,全国艾滋病毒感染者约达50万人。至1992年4月,亚马孙和东北部地区发现霍乱病患者4656人,死亡73人。

军 事

总统为三军最高统帅。武装部队高级司令、参谋长和总统府军办主任协助总统制定有关军事和处理军事事务。海、陆、空三军部长直接协助总统制定战略和有关军事计划,研究军事理论。巴实行义务兵役制,服役期一年。

三军总兵力32.42万人,其中陆军22.3万,海军5.05万,空军5.07万。预备役部队134万,准军事部队24.3万。

1992年军费35亿美元,占国家预算的0.8%。

文化教育

【教育】中小学实行两级制,第一级小学、初中共8年,第二级高中(包括技校、中专)3年。大学一般4～5年。一二级学校共有22万余所,其中公立约20万所,私立2万余所;在校教师约135万,在校学生3244万。高等教育机构900余所,其中公立220所,私立680余所;教师约150万,学生141.8万。全国35.5%的教育机构集中在圣保罗州。著名高等院校有圣保罗大学、里约热内卢联邦大学、圣保罗天主教大学、巴西利亚大学等。1990年文盲1773万,占全国人口的18.4%。

【新闻出版】全国日报有300余种,杂志650种,平均发行量在15万份以上。主要报刊有:《圣保罗之页报》,《环球报》,《圣保罗州报》和《巴西日报》。主要杂志有:《标题》,《请看》,《这就是先生》和《视界》。以上杂志均为周刊。

全国有广播电台2282家,大多为私人电台。电视台有7家,"环球台"为全国最大私营电视台,全国覆盖面为90%以上,节目播放时间从早6时至次日晨3～4时。其他较大的私营电视台有"标题"、"巴西电视网"和"班特兰德斯"等。政府管理的有两家国家电视台和教育电视台。

对外关系

奉行独立自主、人民自决、尊重主权、不干涉原则、和平解决冲突和友好共处的对外政策。确定对外关系的重点为美国、西欧、日本和拉美国家等。重视并积极推动拉美一体化进程。认为民主、尊重人权和信仰自由已成为当今世界潮流。但由于富国和穷国之间的差距进一步扩大,新的两极分化的出现，人类仍面临着维护世界和平与安全、合作与发展的巨大挑战。主张建立更加合理的国际政治、经济新秩序。要求对联合国安理会进行改革，重大国际事务的决策民主化。主张国际会议和多边机构应成为表达集体意愿的谈判和决策的场所。支持召开有巴勒斯坦人参加的中东问题国际和平会议。认为解决冲突的关键是要严格遵守国际准则、联合国宪章和安理会的有关决议。主张和平方案应包括通过和平方式，尊重巴勒斯坦人民自决权，以色列享有在国际社会公认的领土内安全生存权利等原则。支持联合国裁军大会为国际和平所作的努力和美与前苏联达成的限制核武器协议，主张在国际有效监督下实行普遍、全面和彻底的裁军，销毁所有核武器，对美俄宣布进一步削减核武器表示欢迎。但强调核裁军关系到全人类，应在大范围内解决，不能仅由核大国处理，而广大无核国家当旁观者。巴对《核不扩散条约》有保留。主张独立发展和掌握和平利用核能技术，反对核垄断。宣布不进行包括和平目的在内的一切核爆炸试验。1991 年 4 月，巴西与阿根廷联名向联合国裁军审议委员会提交了裁军建议，要求把制造大规模杀伤武器的敏感技术用于全球的和平与发展事业。同年 7 月，两国签署了放弃制造原子弹的协议，9 月两国又同国际原子能机构签署了接受其监督的核安全保障条约。坚持在维护国家主权和保证经济发展的前提下偿还外债。巴主张解决债务问题应由债权国和债务国共同承担责任，双方通过坦率诚恳的谈判来解决，不主张对抗。巴认为环境保护是全球性的重要问题，但不应因强调环保而忽视维护发展中国家主权和发展权。发达国家应对环保负主要责任，应向发展中国家提供环保资金和技术转让。1992 年 6 月，巴西在里约热内卢举办了第二次联合国环境与发展大会，61 个国家总统、40 个国家总理等 183 个国家和地区代表团与会。会议通过了《里约热内卢环境与发展宣言》、《21 世纪议程》和《关于森林问题的原则声明》等三项文件。

现已同 153 个国家建立了外交关系。

【同我国的关系】1974 年 8 月 15 日与我国建交。建交以来，两国在政治、经济、贸易、文化和科技等领域的合作关系取得全面发展。1992 年 2 月，巴西教育部长戈登堡率巴政府高级代表团访华，递交巴西总统科洛尔邀请李鹏总理出席联合国环发大会首脑会议的亲笔信。李鹏总理会见了代表团。3 月巴拉那州州长雷基昂率州代表团访华。此外，巴西民主工党众院党团领袖巴尔博扎率巴各主要政党众院党团领袖代表团访华。6 月李鹏总理出席在里约热内卢举行的第二次联合国环发大会首脑会议并会见巴西总统科洛尔。同年我国有 15 个副部级以上代表团访问巴西，主要有国务委员兼国家科委主任、国务院环境保护委员会主任宋健、四川省省长张皓若、湖北省省委书记关广富、全总工会主席倪志福、纺织部副部长季国标、中国人民银行副行长郭振乾、黑龙江省副省长杜显忠、湖南省副省长鲍克明、广东省副省长卢瑞、中国银行副行长凌志、新疆维吾尔自治区副主席玉素甫、浙江省副省长许行贯、地矿部副部长张文驹、冶金部副部长徐大铨等。

1992 年 6 月 15 日，我国驻里约热内卢总领馆正式开馆。7 月四川省与伯南布哥州签署建立友好省州协议。

1992 年两国双边贸易额为 5.84 亿美元，其中中国出口 0.64 亿美元，进口 5.2 亿美元。

我国驻巴西大使：沈允熬。馆址：SES. AV. DAS NACOES，LOTE 51，Q. 813，CEP：70443，BRASILIA-DF-BRASIL。电话：055-61-2448695。电传：(61)-1300 ERPC. BR。领事部电话：055-61-2442005。商务处电话：055-61-2484582。

巴西驻华大使：罗伯特・阿布德努尔（Roberto Abdenur）。馆址：北京光华路 27 号。电话：5322881。签证处电话：5322993。

台湾在巴西利亚新设“台北经济文化办事处”，台在圣保罗、里约热内卢的机构也改用同样名称，巴在台也设立了“巴西商务中心”。1991 年巴台贸易额约为 9.276亿美元。

【同美国的关系】巴把发展与美国的关系放在优先位置。巴美政治、贸易关系密切。美是巴主要的贸易伙伴、最大的债权国和投资国，投资额占外国在巴总投资的 1/3。巴对外贸易 25%左右是同美国进行的，两国 1991 年贸易额近百亿美元，其中巴出口 61 亿美元。1992 年 2 月和 11 月，美国防部长切尼和参谋长联席会议主席鲍威尔先后访问巴西。在外债谈判上，美推动债权银行与巴达成协议，并把巴列入布雷迪计划。巴支持美的《美洲事业倡议》，但不赞成与美重新缔结军事合作协定，反对美扩大制裁古巴的做法。尽管巴西在核能、环保、外债、贸易等方面调整了政策，但两国在上述领域的分歧和摩擦依然存在。

【同西欧国家的关系】巴同西欧国家有着传统密切的关系。西欧是巴主要的出口市场和资金、技术的来源地。西欧各国在巴投资总额约占同期外国在巴投资的 50%。1991 年，巴向欧共体出口额为 97.7 亿美元。巴政府十分重视与西欧国家发展关系，积极促成南方共同市场外长与欧共体外长举行对话，推动欧共体国家增加对巴和其他南方市场国家的投资、贷款和技术转让。巴同欧共体国家在农牧产品补贴、环保等问题上存有分歧，担心欧共体国家贸易保护主义抬头。对法国等针对巴西亚马孙地区提出“有限主权论”存有戒心。

【同日本的关系】日本是巴西发展与亚太地区国家关系的重点。日是巴在亚洲最大的贸易伙伴和原材料市场。至 1991 年底，日本在巴直接投资占全部外国在巴投资额的 9.7%，仅次于美国和德国。巴日两国签有移民协议，旅巴日侨和日裔达 100 多万。

【同独联体国家的关系】1991 年 12 月 26 日，巴正式承认独立国家联合体，并先后与新独立国家建交。1992年1月，巴西外长出席在华盛顿举行的47国协调援助独联体国家政策的会议。巴外长表示巴西不具备采取某些紧急行动的条件，也无力提供贷款和资金，但愿考虑加强同独联体国家进行各种双边合作的可能性。

【同拉美国家的关系】巴奉行睦邻友好政策，主张拉美国家把经常性磋商、地区一体化、保卫和平和本大陆自决作为基本原则。积极促进本地区联合自强，倡导利用本地区经济的互补性来为自身的发展谋出路。1992年2月，第二次亚马孙合作条约组织8国首脑会议在巴西玛瑙斯举行，会议通过了《关于第二次联合国环发大会的玛瑙斯宣言》和《关于8国对第二次联合国环发大会的共同立场文件草案》。6月科洛尔总统出席在阿根廷举行的第二次南方共同市场4国首脑会议，会议通过了南方市场至1994年底实现一体化的日程。10月巴西、阿根廷和乌拉圭三国总统在巴西利亚举行会晤，重申南方共同市场将按期于1995年1月1日正式成立。12月里约集团第六次首脑会议在阿根廷举行，巴西总统伊塔马尔提议在巴西利亚设里约集团常务秘书处，并呼吁加快一体化进程，争取建立地区共同市场。1992年巴向拉美一体化国家出口比1991年增加53%，仅向阿根廷出口就达27亿美元。

【同非洲国家的关系】巴与非洲有种族和文化渊源。巴强调加强同非洲的联系，积极发展经贸、文化关系。1992年7月巴西—安哥拉政府间第五次混委会在巴西利亚举行，双方签署了两国政府关于在矿业和能源领域进行技术合作的议定书。巴欢迎莫桑比克政府和莫抵运签署的和平协议，并向莫派兵参加联合国维持和平部队。巴同南非有外交关系，一向谴责南非当局的种族隔离政策，对德克洛克总统为废除种族隔离制度所采取的步骤表示赞赏。1992年恢复了与南非在文化、艺术、体育等领域的交流，并向南非派驻了大使。

【同中东和亚太国家的关系】中东地区是巴石油的主要来源和重要的贸易市场，1991年贸易额达28亿美元，巴同中东国家有着密切的经贸关系，重视从阿拉伯国家吸收外资。在海湾冲突中，巴谴责伊拉克入侵科威特，支持联合国安理会通过的各项有关决议。近几年来，巴同伊朗的关系发展较快，双方部长级互访频繁，经贸关系进一步扩大。

巴同亚太国家保持着密切的经贸关系，重视亚洲四小龙经济发展经验。1992年8月，巴西和韩国签署了两国通航协定，并于10月正式通航，成为南美第一个与韩国通航的国家。 (顾云芬)

百 慕 大

名称 百慕大群岛(The Bermuda Islands)。

面积 53.3平方公里。

人口 6万(1991年估计)。黑人约占61%，白人占39%。1988年出生率为15.6‰，死亡率为6.6‰。英语为官方语言和通用语。居民多信奉基督教。

首府 汉密尔顿(Hamilton)，人口6000(1988年估计)。

总督 洛德·沃丁顿(Lord Waddington)，1992年4月任命。

简 况

北大西洋西部群岛，由7个主岛及150余个小岛和礁群组成，距美国东海岸的南卡罗来纳州917公里。气候温和湿润，年平均气温21℃。1503年西班牙人胡安·百慕大首先发现该岛。1684年沦为英国殖民地，是英联邦中最早的英国殖民地。1940年3月英、美签订"行政协定"，美以一些旧驱逐舰为代价，租借该群岛中的摩根、特克尔和圣大卫三个岛屿，为期99年。1957年英国军队最后撤出百慕大群岛。1968年百慕大群岛获得内部自治权，百慕大联合党执政。

政 治

1989年2月举行全国大选，斯旺总理领导的百慕大联合党获胜继续执政。同年4月，英国政府宣布反对百慕大要求独立的计划。

【宪法】1968年制定。1973年和1979年两次修订。现行宪法规定，百慕大为英国殖民地，设自治政府；总督代表英国女王，通过总督委员会掌管外事、防务和内部治安；总理由议会多数党领袖担任，由总督任命；其他部长由总理任命，内阁对议会负责。

【议会】分参议院和众议院，任期均为五年。参议院由11人组成，3名由总督任命，总理推荐5名，反对党领袖推荐3名，亦均由总督任命。众议院由40人组成，普选产生。本届议会众议院于1989年2月9日选出，百慕大联合党占23席，进步工党占15席，民族自由党占1席，独立人士占1席。参议院议长艾伯特·杰克逊(Albert S. Jackson)。众议院议长戴维·威尔金森(David E. Wilkinson)。

【政府】本届政府于1989年4月组成，1992年4月改组，现主要内阁成员：总理约翰·斯旺(John W. D. Swan)，副总理克拉伦斯·詹姆斯(Clarence James)，环境部长安·卡特赖特·迪考托(Ann Cartwright De Couto)，旅游部长吉姆·伍尔里奇(Jim Woolridge)，财政部长戴维·索尔(David Saul)，教育和文化部长杰拉尔德·西蒙斯(Gerald Simons)，运输部长拉尔夫·马歇尔(Ralph Marshall)，青年、体育和文娱部长帕梅拉·戈登(Pamela Gordon)，卫生、社会服务和住房部长昆顿·艾德尼斯(Quinton L. Edness)，内政、劳工、立法、外交部长欧文·皮尔曼(Irving Pearman)，社会和文化事务部长伦纳德·吉本斯(Leonard Gibbons)，工程部长克拉伦斯·特塞拉(Clarence Terceira)。

【司法机构】设最高法院、上诉法院和三个地方法院。最高法院对一切严重的刑事、民事案件行使裁判权，并接受地方法院案件的上诉。上诉法院成立于1964年，职权与其他英联邦国家的上诉法院相同。首席法官詹姆斯·阿斯特伍德爵士(Sir James R. Astwood)，上诉法院院长丹尼斯·罗伯茨(Denys Roberts)。

【政党】有三个政党：

(1)百慕大联合党(United Bermuda Party)：执政党。1964年建立。温和的多种族右翼党。自1968年开始实行政党体制起，连续执政。领袖约翰·斯旺。

(2)进步工党(Progressive Labour Party)：反对党。1963年建立，左翼党，党员大多数为黑人。领袖弗雷德里克·韦德(Frederick Wade)。

(3)民族自由党(National Liberal Party)：1985年建立，是由百慕大联合党分裂出来的成员组成。领袖：吉尔伯特·达雷尔(Gilbert Darrell)。

经　济

主要依赖旅游业和国际金融业。人均国内生产总值居世界前列。

国内生产总值(1990年)：16.426亿百慕大元。

人均国内生产总值(1990年估计)：27560百慕大元。

国内生产总值增长率(1990年)：－1.5%。

货币名称：百慕大元；1元＝100分。

汇率(1972年7月固定价)：1美元＝1百慕大元。

通货膨胀率(1991年)：4.4%。

失业率(1991年估计)：6%。

【工业】由于缺乏自然资源，只有船舶修理、小船制造、制药和手工艺品等小型工业。近年来，政府积极鼓励发展轻工业生产。1989年从业人口约占劳动力总数的12.9%。

【农业】占国内生产总值2.5%。有可耕地600英亩，主要种植蔬菜、柑桔、香蕉等。80%的食品靠进口。农业劳动力缺乏。1991年，农、林、渔业从业人口仅占就业人口总数的1.6%。

【服务业】金融服务业是第二大经济部门，占国内生产总值的20%，外汇总收入的35%。由于百慕大政局稳定，没有外汇限制，并严格遵守金融保密法，该群岛成为世界最大的"海外"金融和商业中心之一。1991年底在百注册的国际公司有7090家，其中大部分为保险公司。1990年百慕大从中获益3.703亿百慕大元。百慕大是世界第五大船舶注册地。1989年注册船舶总载重吨位350万吨。

【旅游业】是最主要的经济部门，收入占国内生产总值的55%、外汇总收入的60%。从业人口占全国劳动力的70%。1991年接待外国游客512197人，旅游总收入4.543亿百慕大元。85%的游客来自美国，其余的来自加拿大、西欧国家。

【交通运输】交通运输情况如下：

公路：总长约240公里。1990年注册车辆45785辆，包括私人小汽车19112辆，商业用车3988辆。

水运：有三个主要港口：汉密尔顿、圣乔治和爱尔兰岛自由港。1991年有商船103艘，1989年货运总量63.26万吨。

空运：肯德利费尔德是唯一的国际机场，由美国海军管理。1989年客运总量7585941人次，货运量761吨(1986年)，空运邮件770吨。

【财政金融】近几年财政收支情况如下(单位：百万百慕大元)：

	1987/88	1988/89	1989/90
经常性收入	273.9	305.6	305.5
经常性支出	222.9	248.0	275.1
经常项目差额	51.0	57.6	30.4

(资料来源：1991/92年度经济季评)

关税、公司税、印花税和土地税是政府财政收入的主要来源，其中关税占总收入的35～40%。政府支出主要用于支付工资。

【对外贸易】几乎完全依赖进口。外贸历年巨额入超。主要进口产品为石油和石油产品、食品、饮料、机械和运输工具等。主要出口产品为朗姆酒、鲜花、药品以及石油产品的再出口。主要贸易伙伴是美国、英国、巴西、日本、哥伦比亚、瑞典、加拿大、瑞士和荷属安的列斯。近几年进出口情况如下(单位：百万美元)：

	1989	1990	1991*
出口额	50.0	60.0	60.0
进口额	527.0	526.0	456.0
差　额	－477.0	－466.0	－396.0

* 估计数字。

(资料来源：1992年第四期经济季评)

人民生活

政府为所有就业者提供养老金。1970年政府颁布了医院保险法，为所有居民提供医疗保险，并为儿童提供免费医疗，为老人提供医疗补贴。1985年有3个医疗中心，490张病床。1989年有87位医生、548名护士。1989/90财政年度政府卫生、社会福利和住房开支为6090万百慕大元，占总开支的22%。1987年有电话机56270部。1989年有收音机8万台，电视机5.5万台。1988年工人工资每周300～660百慕大元。

军　事

军事事务由北大西洋公约组织管理。美国在此设有军事基地。美国、加拿大和英国驻百军事人员达3000人。地方国防军有1个团共734人(1990年)。

文化教育

【教育】公立学校为5～16岁儿童和少年提供免费义务教育，并为高等教育及教师培训提供大量奖学金。1970年成人文盲率仅为1.6%。1989/90财政年度政府教育开支为4370万百慕大元，占总开支的15.9%。1986年拥有小学18所，中学9所，特别学校6所，私立学校5所。另有1所大学：百慕大学院。1983年各类学校共有学生10962人，1989年有教师623人。

【新闻出版】有一份日报，两份周刊，一份月刊和一份双月刊。《皇家日报》(晨报)，发行量17500份。《百慕大太阳》(周刊)，发行量1.25万份。《中洋新闻》(周刊)，发行量1.4万份。《百慕大人》(画报月刊)，发行量1万份。《工人之声》(双月刊)。

百慕大广播公司经营两家商业电视台和五家广播电台。另有一家圣乔治广播公司。百慕大许多地方可收看有线电视节目。

对外关系

外交由英国掌管。百慕大作为英国代表团的成员参加国际劳工组织、世界卫生组织和其他国际组织。美国在百慕大派有总领事。

(董晓军)

秘 鲁

国名 秘鲁共和国(The Republic of Peru, La República del Perú)。

面积 1285216平方公里。

人口 22879600人(1991年)。其中印第安人占41%，印欧混血种人占36%，白人占19%，其他人种占4%。西班牙语为官方语言，一些地区通用盖丘亚语、阿伊马拉语和其他30多种印第安语。96%的居民信奉天主教。

首都 利马(Lima)，人口6414500人(1990年)。

国家元首 总统阿尔韦托·藤森·藤森(Alberto Fujimori Fujimori)，1990年7月28日就职，任期五年。

简 况

位于南美洲西部。北邻厄瓜多尔、哥伦比亚，东界巴西，南接智利，东南与玻利维亚毗连，西濒太平洋。海岸线长2254公里。全境从西向东分为热带沙漠、高原和热带雨林气候。年平均气温西部12～32℃；中部1～14℃；东部24～35℃。公元11世纪印第安人以库斯科城为首府，在高原地区建立了印加帝国。15～16世纪初，形成了美洲的古代文明之一——印加文明。1533年沦为西班牙殖民地。1821年7月28日宣布独立。1985年6月大选，人民党获胜，阿兰·加西亚·佩雷斯7月28日出任总统。1990年4月和5月，举行两轮总统选举，"改革90"的阿尔韦托·藤森以较大优势当选为总统。

政 治

1990年7月藤森总统上台执政后，采取了一些严厉措施，控制了全国形势。在此基础上，实施休克性经济调整并收到一定效果，但也引起反对党的不满。在议会中，藤森政府常受到牵制，无法有效发挥作用。游击恐怖分子仍十分猖獗，活动扩及18个省、118个县。1992年4月5日，藤森总统依靠军方支持，采取断然措施，宣布中止宪法、关闭议会、改组司法系统，并将行政、立法、司法权收归政府。之后，藤森再次改组政府，将主要工作放在加快国营企业私有化和加强反恐怖斗争两件大事上，均取得一定成效。秘鲁两支反政府游击队"光辉道路"和"图帕克·阿马鲁"的首脑及一批领导骨干先后被政府捕获，使游击队遭受重创。传统政党在四·五事件后受到打击，地位下降，暂时失去与政府抗衡的力量。11月中旬，部分退役军人企图发动政变，被政府及时粉碎，未对整个政局产生影响。11月22日，秘成功举行制宪议会选举，以"改革90"和"新多数运动"组成的联盟取得胜利，藤森的地位得到巩固。

【宪法】颁布于1979年7月12日的宪法规定秘鲁"是在劳动基础上的独立自主的社会民主共和国"。总统由普选产生，任期五年，不得连选连任，但可以隔届参加竞选。1992年"四·五"事变后，藤森总统中止了该宪法的执行，并于11月选出新的制宪议会，将对宪法进行修改。

【议会】制宪议会于1992年11月22日选出，任期至1995年7月28日。制宪议会实行一院制，任务是负责修改1979年宪法，并提出修宪草案供全民公决。议会共设80个议席。制宪议会议员不得参加下两届正常议会的竞选。现任议长为海梅·吉山·田中(Jaime Yoshiyama Tanaka)。

各政党和组织在制宪议会中的议席情况：

新多数—改革90联盟	44席
基督教人民党	8席
廉政独立阵线	7席
革新运动	6席
左派民主运动	4席
民主协调运动	4席
工农全国阵线	3席
农业人民阵线	2席
团结民主党	1席
农民独立运动	1席

【政府】1992年四·五事件后，藤森总统再次对内阁进行改组。现内阁成员有：部长会议主席(总理)兼外

交部长奥斯卡·德拉普恩特·莱加达(Oscar de la Puente Raygada)、国防部长维克托·马尔卡·比利亚努埃瓦(Victor Malca Villanueva)、财经部长豪尔赫·卡梅特·戴克曼(Jorge Camet Dickman)、内政部长胡安·布里奥内斯·达维拉(Juan Briones Davila)、司法部长费尔南多·维加·桑塔加德阿(Fernando Vega Santagadea)、教育部长阿尔韦托·巴里利亚斯·蒙特内格罗(Alberto Varillas Montenegro)、农业部长阿夫萨隆·巴斯克斯·阿拉尔孔(Absalon Vasquez Alarcon)、能矿部长丹尼尔·大釜(Daniel Hokama Tokashiri)、工业部长阿方索·布斯塔曼特·布斯塔曼特(Alfonso Bu-stamante Bustamante)、卫生部长维克多·帕雷德斯·格拉(Victor Paredes Guerra)、渔业部长海梅·索贝罗·多伊良(Jaime Sobero Taira)、劳工部长奥古斯托·安东尼奥利·巴斯克斯(Augusto Antoniolli Vasquez)。

【司法机构】法院分四级:最高法院、高级法院、初审法庭和调解法庭。各级法官均通过全国或地方法官委员会考核推荐,由总统任命。最高法院大法官还需参议院批准。最高法院院长从最高法院大法官中选举产生,任期一年。最高法院院长路易斯·埃德蒙多·塞尔帕·塞古拉(Luis Edmundo Serpa Segura)。

国家检察院为独立机构,检察长由总统任命并经参议院批准,任期两年。国家检察总长兰卡·内利达·科兰(Blanca Nelida Colan)。

【政党】秘鲁政党林立,主要的有:(1)改革90(Cambio 90):执政党。秘鲁最年轻的政治组织。1989年7月,藤森同一批无党派人士创建。该党组织松散,无全国领导委员会,无地方组织。总书记:安德烈斯·雷希亚尔多·卡亚恩(Andrés Reggiardo Callan)。

(2)人民党(Partido del Pueblo):又称阿普拉党,第一大反对党,于1924年创建。党员和同情者近100万。1992年2月,前总统阿兰·加西亚·佩雷斯(Alan García Perez)被选为阿普拉党新的总书记。1992年四·五事件后,加西亚出逃在外。

(3)人民行动党(Acción Popular):在野党,1956年由费尔南多·贝朗德·特里创建。党员和同情者近60万。总书记费尔南多·卡梅尔·德尔索拉尔(Fernando Carmel del Solar)。

(4)基督教人民党(Partido Popular Cristiano):在野党,1966年由基督教民主党分裂出来的一部分人组成。党员和同情者近20万人。主席路易斯·贝多亚·雷耶斯(Luis Bedoya Reyes)。

(5)自由运动党(Partido de Movimiento Libertad):反对党,1988年8月由秘著名作家巴尔加斯·略萨发起建立"自由运动",并自己提名为总统候选人。1991年8月,"自由运动"改名为"自由运动党"。主席路易斯·布斯塔曼特·贝朗德(Luis Bustamante Belaúnde),总书记米格尔·维加·阿尔韦亚尔(Miguel Vega Albeal)。

其他重要政党还有:团结民主党、马里亚特吉统一党、秘共(红色祖国派)和秘共(团结派)等。

【重要人物】**阿尔韦托·藤森·藤森**:总统。1938年7月28日生于利马。其父1936年由日本南部小岛移民去秘。藤森青年时期就读于利马国立农业大学农业工程系,1961年毕业。随后赴欧美留学,分别获得美国威斯康星大学和法国斯特拉斯堡大学数学硕士学位。1984年起担任国立农业大学校长。1987～1989年同时担任全国大学校长委员会主席职务。在电视台担任过节目主持人。通晓英、法、日文。1989年7月,藤森同一批无党派人士成立了"改革90"运动,以"廉洁、技术、勤劳"为口号,提出既不同于左派又有别于右派的竞选纲领。1990年当选总统。已婚,有四个子女。

经　济

秘传统上为农、矿业国,经济在拉美属中等水平。秘矿产丰富,石油自给有余。秘还是世界上最大的古柯叶生产国,其产量占世界古柯叶总产量的60%,毒品美元对秘经济有重要的影响。藤森总统执政后,积极推行经济稳定计划,全面进行经济结构调整,控制了恶性通膨,实现了重返国际金融体系的目的。1992年四·五事件对秘经济造成冲击,使经济复苏进程搁浅,生产再次转入衰退。现经济仍然困难,资金短缺,投资乏力的问题一时不易解决。

国内生产总值(1991年):300.61亿美元。

人均国内生产总值(1991年):1367美元。

国内生产总值增长率(1992年):-2.7%。

货币名称:新索尔。

汇率(1992年12月):1美元=1.63新索尔。

通货膨胀率(1992年):56.7%。

失业率(1992年):6.6%。

半失业率(1992年):77.7%。

【资源】矿业资源丰富,是世界12大矿产国之一。主要有铜、铅、锌、金、银、铁和石油等。铋、钒储量在资本主义世界占首位,铜占第三位,银、锌占第四位。1987年新发现一储量10万公斤的黄金矿。至1988年探明的石油储量为12亿桶。森林覆盖率为58%,达7400万公顷,在南美洲仅次于巴西,水力和海洋资源也极为丰富。

【矿业】以采矿和冶炼为主,其产值在国民生产总值中约占13%,占全国财政收入的13%、税收的21%和出口创汇的43%。近几年主要矿产品产量如下(单位:万吨):

	1989	1990	1991
铜	36.4	31.8	38.2
铁	295.8	315.7	234.7
银(吨)	1839	1762	1769
铅	19.3	18.8	19.9
锌	59.4	58.4	62.8

石油(万桶)	4759.7	4704.9	4189.8

(资料来源:1992/93年度经济季评)

【工业】秘工业不发达，以加工和装配业为主。近几年主要工业产品产量如下(单位:万吨):

	1988	1989	1990
水泥	248.4	207.3	200.2
香烟(亿支)	22.4	21.6	27.0
冰箱(万台)	5.4	3.2	4.5
钢材	15.8	14.3	13.7
化肥	1.9	1.7	1.6
发电量(亿度)	100.4	96	95.6

(资料来源:秘鲁国家统计局)

【农牧渔业】农牧业产值约占国民生产总值的12%。1988年全国种植面积为240万公顷，其中灌溉面积70万公顷。牧场2000万公顷。秘是世界主要鱼粉、鱼油生产国。近几年主要农牧渔产品产量如下(单位:万吨):

	1989	1990	1991
大米	109.1	96.6	81.4
小麦	15.9	9.4	12.7
玉米	100.9	47.1	66.7
土豆	169	119	145
咖啡	10.5	8	8.2
甘蔗	633	608	599
捕鱼	668	651.1	663.5

(资料来源:1992/93年度经济季评)

【服务业】80年代以来，服务业有所发展。1989年产值在国内生产总值中约占50.6%。从业人口占劳动人口的50%左右。

【旅游业】秘鲁是印加文化的发祥地，其众多的古文化遗址吸引着前去参观的外国游客。1970～1980年间，游客平均年增长率为10.8%。1990年，去秘游客为27万，比1989年下降16.6%。1991年，由于流行霍乱，游客更少，仅1～5月旅游收入减少5亿美元。1992年，秘发生四·五事件，使旅游业进一步萧条。

【交通运输】铁路:秘是南美最早修建铁路的国家。1987年全国铁路总长2500公里，客运量400万人次，货运量500万吨，在南美居第六位。

公路:1987年公路全长69942公里，其中柏油路7459公里，但因年久失修，只有12%的道路系统处于良好状态，货运量占各种运输总量的80%。1989年有机动车615398辆，其中轿车占63.1%，卡车占36.9%。

水运:全国有港口28个，其中9个是深水港。卡亚俄是最重要的港口。东部丛林区的内河水道得到广泛的利用。

空运:全国有4家大航空公司，48个飞机场，其中3个为国际机场。年客运量700万人次，货运量100万吨左右。

【财政金融】近几年中央政府财政收支情况如下(单位:万新索尔):

	1988	1989	1990
收入	40340	750	58903
支出	52599	1268	79134
赤字	12259	518	20231

(资料来源:秘鲁国家统计局)

1991年的外债总额为226.42亿美元，偿债率为1.4%。至1992年底，外汇储备达23.67亿美元。

【对外贸易】近几年外贸情况如下(单位:亿美元):

	1989	1990	1991
出口额	34.88	32.76	33.07
进口额	22.91	28.85	35.15
差　额	11.97	3.91	－2.08

(资料来源:秘鲁中储银行)

主要出口矿产品、鱼粉、咖啡、糖、棉花等，传统产品的出口近年上升到占出口总值的30%左右，全部出口约占国内生产总值的12%。进口工业原料、制成品、食品等。主要贸易伙伴为美国、日本和德国，秘对三国的出口约占其出口总额的一半。此外，秘与比利时、卢森堡、英国、中国、巴西、哥伦比亚、前苏联各共和国、意大利、阿根廷、加拿大等也有贸易关系，但所占份额一般不超过3%。

【外国资本】外国资本在秘鲁主要投放在工矿业。近几年外国向秘直接投资额情况如下(单位:万美元):

	1988	1989	1990
投资额	10300	18200	9300
石油部门	5600	13100	7600
矿业部门	4700	5100	1700

(资料来源:秘鲁中储银行)

人民生活

1986～1990年，贫困家庭从17%上升到44%。1992年最低收入为每月15.5美元，生活在此水平的人口占全国总人口的60%。除家庭收入减少外，居民从国家方面得到的社会福利也相应减少，社会开支从1985年的人均41美元减少到1991年的12美元。辍学率明显上升，1991年有8～12%的贫困儿童中途退学进入劳工市场，以改善家庭收入。全国有医院353所，医疗中心920家，卫生所2600个，每千人拥有病床1.75张，医生1.08名，护士0.7名。每30人拥有1部电话机。

军　事

总统为武装力量最高统帅。国防委员会为最高军事决策机构，总统任主席。最高军事机构是武装力量联合指挥部，直属总统领导，成员有三军总司令，并轮流担任主席。实行义务兵役制，服役期两年。

总兵力12.7万人(其中义务兵7.15万人)。陆军8.5万人，装备各类型坦克400余辆、装甲运输车270辆、各种火炮616门、飞机38架。海军2.7万人(包括陆战队3500人和海军航空兵)，共有各种类型舰艇52艘，其中巡洋舰2艘、驱逐舰10艘、导弹护卫舰2艘、潜艇12艘、导弹快艇6艘，各种类型飞机40架。空军1.5万人，装备各种飞机291架，其中作战飞机91架、武装直升飞机16架,空对舰导弹30枚。1992年从尼加拉瓜购进苏制武器直升飞机19架。

准军事部队(警察)8.4万人,其中国民警察4.6万人,共和国警察2.1万人,侦缉警察1.7万人。

国防经费估计为43.62亿美元,占政府总预算的29.4%。其中国防部费用约8亿美元,内政部费用约6亿美元。

文化教育

【教育】1988年全国有各类学校共42547所,其中52所为大学(28所为公立,24所为私立),学生总数为45万人,35%在私立大学学习,正常毕业的仅为25%。1992年全国学生总数为7679000人,其中90%是中小学生,85%的学生在公立学校学习,75%的学生在城市。大中小学适龄学生入学率为76%,失学率达24%。1990年教员共271345人。全国15岁以上人口识字率85.1%。首都利马有14所大学。国立圣马科斯大学建于1551年,为南美大陆最古老的高等学府之一,也是秘学者和政治家的摇篮。

【新闻出版】全国共发行报纸56种,其中在利马发行11种,主要有:《共和国报》,发行量约为10万份;《商报》,发行量约15万份;《快报》,发行量12.3万份;《观察报》,发行量18万份;《人民报》,发行量7.5万份。主要周刊有:《埃克斯》周刊,发行量3万份;《人们》周刊、《请听》周刊,各发行2.5万份;《假面具》周刊,发行量3.5万份。

秘鲁新闻社和安第斯新闻社为官方通讯社。

电台550家,多数为私人经营的商业电台。

秘鲁共有15家电视台,其中9家设在利马(内有1家卫星电视台),只有3家可覆盖全国。电视七台为官方电视台。

对外关系

奉行独立、自主、不结盟、反帝、反霸和反殖的外交政策,赞成在和平共处五项原则基础上建立国际政治、经济新秩序。主张在联合国范围内加强国际合作。反对用武力解决国际争端,强调自决和不干涉内政原则。藤森总统执政后,对上届政府的外债政策作了调整,放弃了限额还债的立场,从而实现了重返国际金融体系的目的。在保持秘外交政策的连续性和稳定性的同时,将重点转向经济外交,增加了与拉美邻国以及美、日、西欧国家的经济关系,还加强了同太平洋地区国家的合作。1992年四·五事件后,秘将缓解国际政治压力作为外交工作的主要任务。经过不断努力,逐步改善了其在国际上的孤立处境。1992年6月,秘鲁总统藤森出席了在巴西里约热内卢举行的联合国环境与发展大会。9月30日,秘部长会议主席兼外长德拉普恩特出席在印尼雅加达举行的第十届不结盟国家首脑会议并发言。认为恐怖活动是造成秘人权状况恶化的根本原因,希国际社会对恐怖活动予以谴责并维护拉美的民主制度。

1992年与秘鲁建交的国家有:密克罗尼西亚联邦(5月7日)、乌克兰(8月6日)、斯洛文尼亚(9月11日)。

【同我国的关系】1971年11月2日中秘建交。建交后两国关系发展顺利,两国在政治、经济等各个领域的合作和交流正常进行。1990年中国政府特使、地矿部长朱训参加了秘总统的权力交接仪式。9月,钱其琛外长访问秘鲁。1991年4月,秘总统藤森夫妇对中国进行国事访问;11月,藤又顺访了深圳。1992年4月,秘总统藤森委派应我空军司令员王海的邀请前来访华的秘空军司令贝拉尔德上将会见我国务委员兼外交部长钱其琛,介绍秘国内局势及藤森总统所采取的措施。同月,中国和秘鲁经贸混委会首次会议在利马举行。9月,广东省副省长卢瑞华率广东省经济贸易代表团访秘。11月,中国驻秘鲁大使戴诗琪和秘部长会议主席兼外长德拉普恩特分别代表本国外交部签署两国外交部间建立政治磋商制度的议定书。为帮助秘人民渡过暂时困难,中国政府向秘鲁捐赠了部分文具、自行车等物资。

1992年,中国同秘鲁进出口贸易总额为3.45亿美元,比1991年略有增长,其中中国出口额为3547万美元,进口额为3.1亿美元。

中华人民共和国驻秘鲁共和国特命全权大使:戴诗琪。使馆地址:JIRON JOSE GRANDA 150 SAN ISIDRO LIMA 27, PERU。信箱:APARTADO POSTAL 2547。电话:429458(办公室、值班),429466(领事部)。国家地区号:51-14。电传:(036)25283 PE CHI LIMA。商务处地址:AV. JAVIER PRADO OESTE 2496 MAGDALENA DEL MAR。信箱:APARTADO POSTAL 170140。电话:5114-619536。电传:(036)25625 PE CHIS LIMA。

秘鲁共和国驻中华人民共和国特命全权大使:卡夫列尔·加西亚·皮克(Gabriel Garcia Pike)。使馆地址:三里屯外交人员办公楼2单元82号。Chancery:2-82 SAN LI TUN OFFICE BUILDING。电话:5324658 5323719。电传:22278 LEPRU CN。传真:5322178。商务处地址:三里屯9号楼12号。电话:5322976。传真:5323952。

台湾当局驻秘"远东贸易中心"于1989年11月改名为"台北经济文化办事处"。

【同美国的关系】秘、美传统关系很深,秘债务的70%、外国资本的50%均来自美国,秘出口的40%左右销往美国市场。藤森总统注意改善同美国的关系,赞扬布什的"美洲事业倡议"。美表示将向秘新政府提供广泛的援助与合作。1991年5月,秘美签署联合反毒协议。1991年9月,藤森总统正式访问美国。1992年2月,藤森总统出席在美国举行的第二次反毒首脑会议。1992年秘鲁四·五事件后,美参加对秘的制裁,随后又发生了秘空军误伤美运输机事件,美遂宣布中断原定给秘的3400万美元军援。秘政局稳定后,美秘于7

月20日签署合作协议，美承诺在扫毒方面向秘提供1100万美元资助。

【同前苏联各共和国和东欧国家的关系】苏解体后，秘已承认了除格鲁吉亚外的其他所有独立国家。1992年3月14日，秘鲁政府正式承认克罗地亚和斯洛文尼亚为独立主权国家。5月26日，秘宣布承认波黑共和国。

【同日本、亚太国家和地区的关系】秘、日关系发展较快。近几年来，日本在秘对外关系中的地位明显上升。秘是拉美国家中接受日援最多的国家，1991年，日贷款额为4.2亿美元(其中已兑现3.7亿美元)，捐赠为4000万美元。日在秘的直接投资约占秘外资总额的10%。秘对日出口占其出口总额的12%。秘欠日公私外债约8亿美元，占秘外债近20%。藤森总统于1990年7月访问日本。海部首相在会见时表示，日本政府将全面援助秘鲁的经济建设。至1990年3月，日本政府向秘政府提供了数笔救济赠款。1991年4月，藤森总统再次访问日本。同年，日本允诺为秘提供4亿美元的搭桥贷款，以解秘对外支付的燃眉之急。1992年3月，藤森总统第三次访问日本。

近年来，秘积极发展与亚太地区的经济合作，增加对太平洋盆地事务的参与。藤森认为，亚太地区是未来世界的经济中心。1991年5月，秘鲁正式加入"太平洋经济合作会议"。8月，秘政府宣布，决定尽快在新加坡、泰国、马来西亚和印度尼西亚建立大使馆，在奥克兰(新西兰)开设总领事馆。1991年11月，藤森总统访问了新加坡、泰国、马来西亚、香港等亚洲国家和地区。1992年2月，秘决定在香港设立"经济、贸易、移民事务协调处"，以推动秘在太平洋地区的经济交流。

【同西欧国家的关系】西欧国家是秘重要的贸易伙伴和资金来源，秘出口的30%输往西欧。秘历届政府均重视同西欧国家的关系。藤森执政后，为实现重返国际金融体系，进一步加强了同西欧的关系。1991年10月，藤森总统访问了比利时、西班牙、法国和意大利。1992年2月，藤森总统访问英国。四·五事件后，西欧各国普遍对秘制裁，但西班牙较早恢复了与秘的关系，提供了部分援助，秘部长会议主席兼外长德拉普恩特6月访问了西班牙。8月，德国议会代表团访问秘鲁。欧洲经济共同体表示要继续对秘的经援。1991年3月，欧共体在利马开设了大使级常驻代表处。

【同南美国家的关系】藤森总统执政后，强调拉美和安第斯小地区的团结与合作，努力加强同周边国家的关系。1992年1月，藤森总统为推动解决秘与厄瓜多尔之间的边界问题访厄，与厄总统博尔哈会谈。8月，藤森赴厄参加厄新总统杜兰·巴连就职仪式；12月，藤森再次赴厄进行私人访问，与杜兰·巴连就进一步改善两国关系问题进行磋商。此外，秘部长会议主席兼外长德拉普恩特和秘工业部长卡梅特等也曾多次访厄。1992年1月，秘总统藤森与玻利维亚总统萨莫拉在秘签署"伊洛声明"，秘同意玻使用秘鲁的伊洛自由港为出海口。秘鲁并在卫生等多方面加强与玻利维亚的合作。12月，玻利维亚外长麦克莱恩访问秘鲁，双方签署了五项合作议定书。1992年1月底，秘外长布莱克赴智利访问，会见了智利总统艾尔文并与智外长席尔瓦就互免签证等问题达成协议。12月初，秘能矿部长访问智利，同智方签定电力一体化文件。秘鲁四·五事件后，"里约集团"中止了秘鲁的成员国资格，巴拿马、委内瑞拉宣布与秘断交。委于1993年1月同秘复交。为敦促秘鲁恢复宪制，美洲国家组织在秘四·五事件后多次举行会议并派出3批代表团赴秘进行说项。藤森于5月18日亲自赴巴拿马出席美洲国家组织的会议，解释秘国内局势。 (赵五一)

波 多 黎 各

名称 波多黎各(Commonwealth of Puerto Rico)。

面积 8959平方公里。

人口 352万(1990年)，其中西班牙人占99.9%。官方语言为西班牙语，通用英语。居民信奉天主教。

首府 圣胡安(San Juan)，人口43.77万(1990年)。

总督 拉斐尔·埃尔南德斯·科隆(Rafael Hernandez Colon)，1985年1月就职，1989年1月连任，任期4年。

简 况

位于加勒比海大安的列斯群岛东部，北临大西洋，南濒加勒比海，东与美属、英属维尔京群岛隔水相望，西隔莫纳海峡同多米尼加共和国为邻。属热带雨林气候。1月平均气温24℃，7月为27℃。原为印第安人居住地。1493年哥伦布第二次去美洲大陆时发现此岛。1509年沦为西班牙殖民地。1869年波人民起义，宣布成立共和国，遭西班牙殖民军镇压。1897年实现内部自治。1898年美西战争后成为美殖民地。1917年美国把"美国公民籍"强加给波。1950年人民武装起义，宣布成立波多黎各共和国。1952年美给予波自由邦的地位，波名义上实行自治，外交、国防、关税等重要部门仍由美控制。

政 治

目前，波多黎各维持"自由邦"地位。但波的地位问题仍是内部斗争的焦点。1984年11月波举行大选，人民民主党的候选人拉斐尔·埃尔南德斯·科隆当选为总督，1988年11月再次当选。

【宪法】根据1952年美国强加的宪法，总督为最高行政长官，由选举产生，任期4年。下设部长会议。美国国会有权废除波议会通过的法律。

【议会】分参、众两院。参议员27人，众议员51人，任期4年。该岛人民选举出地方专员常驻美国国会，但只能在众院委员会参加表决。本届议会于1988年11月产生。人民民主党在参、众两院均获多数席位。

【政党】(1)人民民主党(Partido Popular Democratico)：执政党。1938年成立。党员66万人。1948年实行选举产生总督以来，该党曾多次执政。现任主席拉斐尔·埃尔南德斯·科隆。

(2)新进步党(Partido Nuevo Progresista)：1967年成立，党员22.5万人。1968年11月选举中曾成为执政党。该党主席卡洛斯·罗梅罗·巴尔塞罗(Carlos Romero Barcelo)曾连任两届总督。

(3)波多黎各独立党(Partido de la Independencia Puertoriqueno)：1946年成立。党员6万人。主席鲁文·贝里奥斯(Ruben Berrios)。

(4)波多黎各社会党(Partido Socialista Puertoriqueno)：原名争取波多黎各独立运动，1959年底由独立党分裂出来的一部分激进派人士组成。党员6000人。总书记卡洛斯·加利萨(Carlos Gallisa)。

(5)共产党(Partido Comunista)：1934年成立。1946年重建。总书记富兰克林·伊里萨里。

经　济

波人民的生活水平在拉丁美洲居于首位。以美国为主的外国资本控制了波的主要经济部门。由美联邦储蓄保险公司作保的商业银行和信托公司有14家，资金达97亿美元(1987年)；另有储蓄协会10家，资产62亿美元。近年来波注重与加勒比地区和拉美国家发展经济关系。能源生产发展较快，1985年水力和沼气发电量为1193800万度，其他电力生产为20900万度。建筑业产值1987年为25亿美元。1991年国民生产总值228亿美元，人均国民收入6450美元。1988年失业率为15%。货币使用美元。

【工业】主要有化工、电力设备、机械制造、石油、食品加工和服装等行业。

【农业】主要生产棉花、咖啡、甘薯、烟草、水果等。1984年渔业产值7900万美元，1986年捕鱼1327吨。

【旅游业】比较发达，1987年收入10亿美元。主要名胜有：蓬塞艺术博物馆、圣胡安老城、圣胡安大教堂、云盖雨林和波多黎各16～17世纪家庭博物馆等。

【交通运输】运输业较发达。1987年拥有汽车1087000辆。波为加勒比地区空运中心，圣胡安、蓬塞、马亚古埃斯均为海、空良港。

军　事

实行义务兵役制，拥有国民警卫队1.2万人。美在波有军事基地7个，驻军5万人。其中罗斯福罗兹基地是世界最大的海军基地，每年可接待4.5万架次飞机和1200艘舰只。

文化教育

【教育】对6～16岁儿童实行免费义务教育。有公立中小学1782所，私立中小学818所，高等学校69所(其中圣胡安大学规模最大)。全国有图书馆317座。1985年公立学校教师平均工资为12000美元。

【新闻出版】主要报纸：《世界报》、《新日报》、《圣胡安明星报》等。广播电台110个，电视台13个。

(易　初)

玻利维亚

国名　玻利维亚共和国(The Republic of Bolivia，República de Bolivia)。

面积　1098581平方公里。

人口　634万(1992年人口普查资料)。其中印第安人占54%，印欧混血种人占31%，白人占15%。官方语言为西班牙语。印第安人中通用克丘亚语、阿依马拉语或瓜拉尼语等。92.5%的居民信奉天主教。

首都　法定首都：苏克雷(Sucre)，人口10万(1988年)。政府、议会所在地：拉巴斯(La Paz)，人口188万(1992年)。

国家元首　总统海梅·帕斯·萨莫拉(Jaime Paz Zamora)，1989年8月6日就职，任期四年。

简　况

位于南美洲中部，内陆国，东北与巴西为界，南毗邻巴拉圭和阿根廷，西界智利、秘鲁。属温带气候，首都拉巴斯年平均气温10℃。公元13世纪为印加帝国的一部分。1538年沦为西班牙殖民地，史称上秘鲁。1825年8月6日宣布独立，为纪念解放者玻利瓦尔，最初取名玻利瓦尔共和国，后改为现名。

政　治

本届政府自1989年执政以来，对内致力于维护执政党联盟多党之间的协商与合作，巩固民主制度，保持政局稳定，发展民族经济，对外奉行独立和不结盟政策，积极参与国际事务。1992年随着经济调整的深化、私有化的出台及筹备1993年大选，社会矛盾有所发展，党派斗争加剧。

但由于政府采取适当放慢经济改革步伐、增加社会福利方面的财政投入等措施，未出现较大的社会冲突，政局基本稳定，经济继续保持增长。

【宪法】1826年颁布，1967年修改。宪法规定，国体为共和制，总统和副总统均由选举产生，任期4年，不得连任。1991年民族主义革命运动、民族主义民主行动党、左派革命运动等六党共同签署《圣克鲁斯宣言》，决定成立一工作委员会，研究修宪问题。

【议会】称国会。由参众两院组成。拥有通过和修改法律、审查议员资格、处理违法议员、弹劾政府部长等职权。宪法规定，共和国副总统是当然的国会主席。众议院130席，按各省人口比例分配名额，直接选举产生。参议院27席，每省3席，直接选举产生。每届国会任期4年。参众议长由两院分别选举产生，任期一年，可连选连任。本届国会1989年8月6日组成，国会主席路易斯·奥西奥·圣西内斯(Luis Ossio Sanjines)。参议长吉列尔莫·福尔顿·苏亚雷斯(Guillermo Fortun Suarez)，众议长加斯东·恩西纳斯·巴尔韦德(Gaston Encinas Valverde)，1992年8月6日选出。

各党在本届国会中的席位：

	参议院	众议院
民族主义革命运动	9	40
民族主义民主行动党	8	38
左派革命运动	8	33
祖国意识党	2	9
左派联盟		10

【政府】总统内阁制。总统为国家元首、政府首脑兼武装部队总司令。本届政府于1989年8月组成，主要成员有：副总统兼国会主席路易斯·奥西奥·圣西内斯、外交与宗教事务部长罗纳德·麦克莱恩·阿瓦罗亚(Ronald Maclean Abaroa)、内政、移民与司法部长卡洛斯·萨阿韦德拉·布鲁诺(Carlos Saavedra Bruno)、国防部长阿尔韦托·萨恩斯·克林斯基(Alberto Saenz Klinsky)、财政部长胡安·保罗·塞加拉(Juan Paulo Zegarra)、经济竞争和出口部长路易斯·费尔南多·坎佩罗(Luis Fernando Campero)。

【司法机构】由最高法院和地方法院组成。最高法院设在苏克雷，12名大法官由众议院选举产生，任期10年。院长埃德加·奥夫利塔斯·费尔南德斯(Edgar Oblitas Fernández)。总检察长安赫尔·巴尔迪维埃索·埃查苏(Angel Baldivieso Echasu)。

【政党】全国有合法政党70多个，主要有：

(1)左派革命运动(Movimiento de la Izquierda Revolucionaria)：执政党。1971年成立。在1989年大选第二轮议会选举中，同民族主义民主行动党达成《爱国协议》，组成以该两党为主的执政党联盟。1992年正式加入社会党国际。海梅·帕斯·萨莫拉被选为该组织的副主席。党的主席奥斯卡·埃德·佛朗哥(Oscar Eid Franco)。

(2)民族主义民主行动党(Acción Democrática Nacionalista)：执政党。1979年成立。党的领袖乌戈·班塞尔(Hugo Banzer)。

(3)民族主义革命运动(Movimiento Nacionalista Revolucionario)：在议会中拥有最多席位的主要反对党。1941年成立。该党领导人曾先后6次出任共和国总统，执政长达19年。1992年11月召开党的第16次全国代表大会，选出新的领导班子。党的领袖贡萨洛·桑切斯·德洛萨达(Gonzalo Sánchez de Lozada)。

(4)祖国意识党(Conciencia de Patria)：1988年成立。党的创始人和领袖卡洛斯·帕伦克(Carlos Palenque)。

(5)左派革命阵线(Frente Revolucionario de Izquierda)：1978年成立，其前身主要是1965年从玻共中分裂出来的一派，称玻共(马列)。该党参加现政府。主席奥斯卡·萨莫拉·梅迪纳塞利(Oscar Zamara Medinacelli)。萨莫拉1992年底由"爱国协议"提名为班塞尔的竞选伙伴。

其他较重要政党有：左派联盟、基督教民主党、团结公民联盟、全国左派运动、"四·九"革命先锋党、社会党、自由玻利维亚运动等。

【重要人物】海梅·帕斯·萨莫拉：总统。1939年4月15日生于科恰班巴市。律师。曾获哲学学士、社会和政治学硕士学位。1971年9月7日创建左派革命运动党，任该党主席。曾因组织反政府秘密抵抗运动遭逮捕，后流亡国外。1977年初秘密回国。曾参与创建安第斯议会，并在1980～1982年担任第一副议长。1982年10月至1984年12月出任西莱斯政府副总统。1989年当选总统。离婚，有二子。酷爱足球和收集公鸡图像。

乌戈·班塞尔·苏亚雷斯：爱国协议政治委员会主席。1926年5月10日生于圣克鲁斯。三星退役将军。毕业于拉巴斯军事学院。曾任玻军事学院院长、驻美使馆武官、驻阿根廷大使、教育部长等职。1971～1978年任军人政府总统。1979年创建民族主义民主行动党，任该党主席至今。1989年大选中放弃总统角逐，转而支持帕斯·萨莫拉出任总统，促成了本届联合政府的形成。1992年底被"爱国协议"提名为1993年总统候选人。爱好骑马和足球。已婚，有4个子女。

经　济

玻是世界著名的矿产品出口国，工业不发达，农牧产品可满足国内大部分需求，古柯种植在国民经济中占有比较重要的地位。是南美最贫穷的国家之一。1989年帕斯·萨莫拉政府执政后，继续执行上届政府的新自由经济政策，对国家经济结构进行调整。三年多来经济有所发展，货币相对稳定，通膨率下降，出口增加，被誉为拉美国家中经济稳定的典范。但由于资金匮乏，贫困化趋势有所发展，政府推行的私有化计划和"替代种植"发展战略阻力不小，经济发展面临不少困难。

国内生产总值(1991年)：50.07亿美元。

人均国内生产总值(1991年):820美元。

国内生产总值增长率(1992年):3.8%。

货币名称:玻利维亚诺;1玻利维亚诺=100玻分。

汇率(1992年底):1美元=4.09玻利维亚诺。

通货膨胀率(1992年):10.6%。

失业率(1992年):6%。

【资源】矿产资源丰富。有锡、锑、钨、银、锌、铅、铜、镍、铁等。锡的储量为115万吨,锑储量占西方世界的14%,居第二位。铁储量约450亿吨,在拉美仅次于巴西。已探明石油储量为1.88亿桶,天然气40万亿立方英尺。森林面积557700平方公里,占国土的51%。

【工业】1992年制造业增长率为6.8%。主要有食品加工、酿酒、卷烟、纺织等轻工业。矿业是国民经济的重要组成部分。1989～1991年主要矿产品产量如下(单位:千吨):

	1989	1990	1991
锑	8.5	8.2	9.1
铜(吨)	300	300	36
锡	15.8	17.7	18.0
银(吨)	267.1	297.0	366.7
铅	15.7	15.9	17.6
钨	1.4	1.3	1.3
锌	74.8	97.4	128.2
金(千克)	3595.5	5157.0	3400.0

(资料来源:拉美和加勒比经济委员会)

【农牧业】较落后。耕地面积33990平方公里,约占国土面积的3%,种植面积93.74万公顷,其中灌溉面积12.5万公顷。主要经济作物为棉花、咖啡、烟草和古柯。主要粮食作物为玉米、水稻、小麦、马铃薯和大豆。近几年主要农产品产量如下(单位:万吨):

	1989	1990	1991
稻米	19.4	20.7	25.7
玉米	35.1	32.5	51.0
小麦	6.0	5.1	10.4
马铃薯	63.9	56.9	85.5
咖啡	2.4	2.4	3.0
大豆	22.6	23.2	38.4
木薯	31.2	53.6	49.9

(资料来源:同上)

【旅游业】比较落后,缺乏基础设施,交通不便,通讯困难。近年来,由于国内安定,游客渐增,1990年达21.5万人,多为欧美游客,旅游收入9800万美元。

【交通运输】主要铁路和公路网集中在西部,边远地区依靠航空沟通。1991年公路全长41700公里。铁路全长3656公里。空运有玻利维亚劳埃德航空公司等3家本国航空公司。可通航的河流1.98万多公里。

【财政金融】1992年财政赤字0.24亿美元,占国内生产总值的3.7%。1991年财政收入9.89亿美元,支出12.86亿美元,赤字2.97亿美元。

1992年外汇储备2.63亿美元;银行储蓄15.57亿美元;外债37.14亿美元,人均外债580美元。

【对外贸易】主要出口铅、锡、锌、黄金、银等矿产品及天然气、大豆、木材、糖、皮革、咖啡和牲畜等。主要进口原材料及中间产品、工业设备、消费品和运输设备等。主要进出口对象是阿根廷、巴西、西欧、美国等。

1990～1992年进出口额如下(单位:亿美元):

	1990	1991	1992
进口额	9.02	9.42	11.33
出口额	9.55	9.27	7.08
差　额	0.53	−0.15	−4.25

(资料来源:玻利维亚国家统计局)

【外国援助】截至1992年10月底获双边和多边承诺的援助共计9亿美元。

【外国投资】1992年外国在玻的投资额为2.05亿美元,创历史最高水平。

人民生活

1990年政府规定最低工资为26美元。近几年经济虽保持增长,但人民的实际生活水平继续下降,有40%的人生活在极端贫困状态。据全国人口委员会估计,近年来,约有100万玻利维亚人移居国外,其中大多数在邻国当佣人。全国有42个保健区,共有11170名医务人员,1378所医院、诊所和防治中心。据联合国统计,只有21%的家庭拥有简单的卫生设施。1992年人均寿命60岁,新生儿死亡率为102‰,居拉美和加勒比地区首位。

军　事

实行义务兵役制,服役期一年。总兵力为5万人(1990年)。其中陆军3.4万人,有各种坦克、装甲车200辆,各种轻型炮200门。空军8500人,运输机30架,直升飞机30架,战斗机25架。海军7500人。准军事部队(国家警察)2万人。三军司令奥斯卡・巴尔加斯・洛伦塞蒂(Oscar Vargas Lorenzetti)。

文化教育

【教育】教育事业较落后。是拉美文盲较多的国家之一。1990年15岁以上的文盲占全国总人口的36.79%。小学实行免费义务教育。注册学生431748人,中学生52574人,中小学教师26294人。有大学11所,大学教授700～800人。著名大学有圣弗朗西斯科・哈维尔大学、圣安德烈斯大学。

【新闻出版】主要报刊有《现状报》,发行7.5万份;《每日新闻》,发行4.5万份;《日报》,发行3.5万份;《最后一点钟》,发行3.5万份;《今日报》,发行2.5万份;《祖国报》,发行3.5万份;《时代》杂志,发行2000份。

1991年有广播电台260家,其中132家设在城市,多为商业电台,用西班牙语、阿依马拉语和克丘亚语广播。

国家电视台创建于1964年,在拉巴斯等7个省有播转台。另有44个私营电视频道。

对外关系

奉行独立的、不结盟的对外政策,维护民族独立和主权,坚持各国人民自决、各国平等、不干涉别国内政、和平解决国际争端和维护国际法等原则。认为在旧的两极体制结束之后,保持一个多极世界对大家都有利。反对高度工业化国家把自己的意志强加于人。主张国际经济秩序的调整应当有利于发展中国家,特别是那些最不发达的国家。建议把科学技术变为全人类的共同财富,制定共同纲领,保护生态环境,国际市场自由化,让拉美加入到新世界贸易和经济的潮流中去。玻历届政府均表示愿正常偿还外债,1987年底以来,玻通过与国际私人银行、巴黎俱乐部、美国、阿根廷、巴西等国谈判,使玻外债由1985年的50亿美元减至1991年的33.87亿美元。玻还成为拉美第一个享受巴黎俱乐部给予的"多伦多待遇"的国家。玻是世界上第二大古柯叶生产国。希望国际社会,特别是消费毒品的工业国家积极参加反毒斗争。主张毒品消费国,要有防范措施,要采取预防政策;毒品买卖中间国,要禁止和取缔毒品的流通渠道。1992年玻政府提出"古柯文化",认为古柯叶具有药理作用,古柯茶有利于人体健康,应该把毒品与古柯严格加以区别,不能一概禁止。系里约集团、不结盟运动、"七十七国集团"、安第斯集团、拉普拉塔河流域组织和亚马孙合作条约组织的成员国。目前,玻与56个国家建立外交关系,外国在玻内地城市设有领事馆41家。

【同我国的关系】1985年7月9日与我国建交。两国关系发展顺利,各种往来不断。近年玻来访的主要有:三军司令佩雷多(1989年)、参议长洪堡、众议长索里亚诺率议会代表团(1989年)、副总统兼国会主席奥西奥(1990年)、众议长基弗(1991年)、陆军参谋长埃斯科瓦尔中将(1991年)。我访玻的主要有:阿沛·阿旺晋美副委员长率人大代表团(1990年)、公安部副部长胡之光率公安代表团(1990年)、钱其琛外长(1990年)、中联部部长朱良率党的代表团(1990年)。

1992年中玻高层往来是两国建交以来最多的一年。5月,帕斯作为玻第一位总统访华,使中玻友好合作关系得到进一步巩固和加强。两国政府签署了"经济技术合作协定"、"贸易协定"、"投资保护协定"及"科技合作协定"等8个文件及"中玻领事条约"。玻方其他重要来访的还有:空军司令戈麦斯中将、海军司令阿尔瓦雷斯中将、总统母亲、参议长福尔顿率民族主义民主行动党代表团、总统卫生顾问等。王汉斌副委员长率人大代表团访问了玻利维亚。

1992年我向玻出口商品额534万美元,无进口。我在玻有大豆、花生和水稻、蔬菜种植及茶叶加工三个技术小组,八个合资企业。

中国驻玻利维亚大使:汤铭新。馆址:CALLE 1, NO. 8532, LOS PINOS, CALACOTO LA PAZ, BOLIVIA。电话:793851(办公室),792902(值班室),794567(商务处)。电传:03093352(CHINALP BV)。

玻利维亚驻中国大使办公处:塔园外交人员办公楼2-3-1号(Chancery 2-3-1 Ta Yuan)。电话:5323074,5324370(签证处)。传真(FAX):5324686。

近几年,台加紧在玻推行"弹性务实外交",以金钱为诱饵,多方进行贿赂与拉拢,玻台关系有一定的发展。1990年玻外长伊图拉尔德秘密访台。1991年台在玻设立"中华民国(台湾)驻玻利维亚商务和领事办事处",玻在台开设驻"台北商务处",同年台向玻提供2500万美元贷款。1992年玻利维亚副总统奥西奥和众议长相继访台。

【同美国的关系】与美国关系历来密切。美在玻驻有庞大的外交及军事使团。玻是拉美地区接受美国援助的主要国家之一。1990年美向玻提供了1.35亿美元赠款,1991财政年度向玻提供1.32亿美元经援和4000万美元军援,免除玻欠美外债3.72亿美元。1990年5月,帕斯·萨莫拉总统应邀访美,双方在禁毒问题上达成了共识,并签署了禁毒计划、替植计划和玻军队参与扫毒的协议。1991年4月,玻议会批准接受美国112名军事顾问分两批去玻培训缉毒部队。但玻方坚持美顾问只作为民事人员,不享有外交豁免权。玻对美提出的"美洲倡议"表示欢迎和支持,并企望成为"倡议"的受益国。1990年8月,美副总统奎尔访玻。9月,玻、美成立了双边贸易和投资委员会,以协调双边经济关系。玻对克林顿上台表示欢迎,希望美新政府执行有利于拉美的政策。目前,美玻之间在签署新的引渡条约方面仍存在矛盾和斗争。

【同拉美国家的关系】历来重视发展同拉美各国,特别是同安第斯集团以及巴西、阿根廷和秘鲁等邻国的传统友好关系,积极主张拉美一体化并积极参与安第斯集团的政治、经济、外交一体化行动。与此同时,玻正在加强同南方共同市场的接触,表示愿在不退出安第斯集团的前提下加入南方共同市场。1990年8月,玻总统访巴西。10月,墨西哥总统萨利纳斯访玻。11月,厄瓜多尔总统博尔哈访玻。8月4~7日,乌拉圭总统拉卡列访玻。1992年1月玻同秘签署了伊洛协议,秘在伊洛港向玻提供一个自由区,供玻货物进出口与集散。1993年2月巴西总统伊塔马尔·佛朗哥访玻,巴玻两国签署买卖天然气协议。

【同智利的关系】玻在同智利的"太平洋战争"中失去沿海大片领土,成为内陆国。一百多年来,玻一直要求重新获得出海口。这个问题成了影响两国关系发展的症结。1978年两国因谈判破裂断交。目前,两国仅保持领事关系。1990年3月,玻政府表示愿意同智谈判,并欲以玻智两国关系的恢复促进出海口问题的解决。智利政府欢迎玻政府的新态度,表示愿与玻进行双边谈判和发展全面的友好关系,但仍拒绝承认玻智间存在着悬而未决的问题。近两年来,玻智贸易有较大发展，1992年智向玻出口（包括走私）近1亿美元。

【同阿根廷的关系】1972年两国达成为期20年的协议，玻向阿输送天然气。由于在价格及付款方式等问题上有分歧，阿方曾一度拒付和拖欠天然气款项。1989年8月底，玻阿达成互免两国间债务的协议。玻欠阿8亿美元的外债和阿欠玻3亿美元的天然气款一笔勾销。1990年，玻阿总统进行了互访，两国延长了天然气贸易协议，签署了共同扫毒协议。玻在马岛问题上支持阿根廷的主权立场，阿支持玻对出海口的要求。

【同日本的关系】1956年，两国签署了移民协定，随后1000个日本家庭移居玻。1975～1990年日向玻提供了1.3亿美元的无偿援助、2.3亿美元的贷款和0.4亿美元的赠款，成为向玻提供援助最多的国家之一。1990年11月，帕斯·萨莫拉总统对日进行正式访问，并出席了日天皇登基仪式。（赵明善）

伯　利　兹

国名　伯利兹(Belize)。

面积　22963平方公里。

人口　190792人(1991年普查)。多为混血种人和黑人，其次还有印第安人、玛雅人、印度人、华人和白人。出生率为28‰(1991年)，死亡率为4.2‰(1989年)。官方语言为英语，近半数居民通用西班牙语或克里奥尔语。居民中60%信奉天主教，其余多信奉基督教新教。

首都　贝尔莫潘(Belmopan)，人口3694人(1988年估计)。

国家元首　英国女王，由女王任命的总督代表。现任总督埃尔米拉·米尼塔·戈登夫人(Elmira Minita Gordon)，1981年9月21日就任。

简　况

位于中美洲东北部。北和西北与墨西哥接壤，西和南与危地马拉毗邻，东濒加勒比海。海岸线长322公里。属热带雨林气候。年平均气温25～27℃。原为玛雅人居住地。16世纪初沦为西班牙殖民地。1638年英国殖民者入侵。1862年英国正式宣布其为殖民地，改名英属洪都拉斯。1973年6月改名为伯利兹。1981年9月21日独立，为英联邦成员国。1984年统一民主党曼努埃尔·埃斯基维尔出任总理。

政　治

1989年9月，乔治·普赖斯领导的人民统一党在大选中获胜。1991年3月在全国7个区举行乡镇地方政府选举，人民统一党在5个区获胜，获得49个席位中的35席，统一民主党在两个区获胜。

【宪法】现行宪法于1981年9月生效。宪法规定：英国女王为伯利兹国家元首，由女王任命的总督(必须是伯利兹公民)代表；总督任命众议院多数党领袖为政府总理，并根据总理提名任命副总理及部长。反对党领袖亦由总督任命。

【议会】分参、众两院，任期5年。参议员8名，由总督任命，其中5名由总理提名，两名由反对党领袖提名，另一名由总督与伯利兹顾问委员会(总督的咨询机构)商定。众议员28名，由普选产生。人民统一党获15席，统一民主党获13席。后因一名统一民主党议员加入人民统一党，使席位各增减1席。参议院议长简·厄谢尔(Jane Usher)，众议院议长罗伯特·斯威夫特(Robert Swift)。

【政府】本届政府于1989年9月8日组成。主要成员如下：总理兼国防和财政部长乔治·普赖斯(George Price)，副总理兼产业部长弗洛伦西奥·马林(Florencio Marin)，经济发展、教育和外交部长赛义德·穆萨(Said Musa)，农业和渔业部长迈克尔·埃斯帕特(Michael Espat)，旅游部长格伦·戈弗雷(Glenn Godfrey)。

【司法机构】设上诉法院、最高法院和区法院。英国枢密院为终审裁决机关。上诉法院院长圣·亨利(K. Saint L. Henry)。首席法官乔治·布朗(George N. Brownn)。

【政党】(1)人民统一党(People's United Party)：执政党。1950年成立。党员约5000人。曾于1954～1984年执政。对内强调实行伯利兹民族主义。对外奉行不结盟政策。领袖乔治·普赖斯。

(2)统一民主党(United Democratic Party)：1974年由民族独立党、人民发展运动、自由党和黑人联合发展协会合并组成。党员约5000人。主张实行自由经济，鼓励外国投资。领导人曼努埃尔·埃斯基韦尔·比索诺(Manuel Esquivel Bisono)。

【重要人物】乔治·普赖斯：总理兼国防和财政部长。生于1919年1月15日。1950～1955年任工会领袖和人民统一党总书记，1956年任该党领袖。曾多次出任总理。人民统一党在1989年9月8日大选中获胜后，再度出任总理兼财政、内政、国防、贸易和商业部长职务。

经　济

以农业为主，工业不发达。人民生活用品绝大部分靠进口。1986年开始实行第一个五年经济计划，以促进经济多样化，发展出口型和替代进口产品的生产。近几年来，旅游、渔业和轻工业都有较快的发展。

国内生产总值(1991年):7.912亿伯利兹元。

人均国内生产总值(1990年):2804伯利兹元。

国内生产总值增长率(1991年):6.0%。

货币名称:伯利兹元;1元=100分。

固定汇率(自1976年起):1美元=2伯利兹元。

通货膨胀率(1991年):5.6%。

失业率(1989年):15%。

【资源】西北地区有石油、重晶石、锡石、黄金等矿藏,但未发现有可供商业性开采的储量。森林面积16568平方公里,占全国总面积的70%以上。产红木、苏木和染料木等贵重木材,红木被称为国木。沿海渔业资源丰富,盛产龙虾、旗鱼、海牛及珊瑚等。

【工业】主要是生产进口替代产品和出口农产品的加工业。主要工业有制糖、卷烟、啤酒、电池、面粉、成衣、化肥等。近年来服装业发展较快,成为仅次于制糖业的第二创收行业和提供就业机会的主要部门。1990年服装出口额为2860万伯利兹元。近年工业主要产品产量如下:

	1988	1989	1990*
香烟(亿支)	0.944	0.971	1.004
啤酒(万加仑)	64.0	70.4	83.3
面粉(万磅)	1980	2150	2309.6
化肥(吨)	8572	10005	11005
服装(万件)	369.6	349.2	216.8

* 估计数。

(资料来源:1992/93年度经济季评)

【农业】1990年,农渔林业产值为1.397亿伯利兹元,占国内生产总值的22.8%。1987年从事农业的劳动力占总劳动力的60%。主要农作物有甘蔗、水果、水稻、玉米、可可等,基本能自给。1990年农产品占出口额的80%,蔗糖创汇8600万伯利兹元,占总出口额的41%,渔业出口创汇1600万伯利兹元。近几年主要农产品产量如下:

	1989	1990	1991*
蔗糖(万吨)	9.09	10.03	10.19
糖浆(万吨)	2.84	2.94	
香蕉(万箱)	144	133.8	120
柑桔(万箱)	144.8	169.6	120
大米(万磅)	1110	1020	1530
玉米(万磅)	4140	4120	
牛肉(万磅)	210	320	
猪肉(万磅)	24.2	143	

* 估计数。

(资料来源:同上)

1989年牲畜存栏数:牛5.1万头,猪2.5万头,绵羊1000只,山羊1000只。

【旅游业】旅游业起步较晚,但有发展潜力。伯的世界第二大堤礁以及玛雅遗迹吸引着越来越多的游客。另外,伯还有8大野生动物保护区,其中有世界仅存的美洲虎和红足鲣鸟保护区。近几年来政府重视旅游业投资,游客人数在迅速增加。1990年游客221826人。1988年旅游收入为0.55亿伯利兹元。

【交通运输】公路:总长2000多公里。主要城镇间有公路相通。1990年共有机动车17063辆,其中9348辆为私人小汽车。

水运:伯利兹城是主要港口。伯与牙买加有定期班轮,每3个月开航一次。另外,伯与美国、英国和欧洲大陆等地都有良好的海上运输线。1988年装货12.4万吨,卸货12万吨。

空运:菲利普·戈德森国际机场有通往美国、中美洲邻国的航线。另有11个简易机场。1990年运送旅客450536人。

【财政金融】近几年财政收支情况如下(单位:亿伯利兹元):

	1989/90*	1990/91*	1991/92*
收入	1.802	2.047	2.462
支出	1.929	2.058	2.422
差额	-0.127	-0.011	0.04

* 均为估计数。

(资料来源:同上)

1991年外汇储备(不包括黄金)为0.53亿美元,外债估计为1.6亿美元。1989年偿债率为7.7%。

【对外贸易】主要出口糖、成衣、水果、木材、海产品;主要进口机械和运输设备、工业制品、日用品、食品和燃料。1991年主要贸易对象为美国、英国、墨西哥、加拿大。近几年外贸情况如下(单位:亿伯利兹元):

	1988	1989	1990
进口额	3.62	4.314	4.225
出口额	2.325	2.491	2.581
差　额	-1.295	-1.823	-1.644

(资料来源:同上)

【外国援助】1990年伯利兹获3040万美元援助,其中美国1200万,英国640万,加拿大190万,加勒比开发银行740万,联合国机构120万。

人民生活

门诊病人享受免费治疗。医院对无力支付费用者亦实行免费治疗。1990/91财政年度预算卫生开支为1820万伯利兹元,占总开支的7.9%。1988年共有卫生中心31个。1989年共有病床583个、注册医生88人。1988年有电视机1.2万台,收音机11万部。1991年3月有电话机17101部。

军　事

伯利兹国防军建于1978年,包括陆军、空军和海防队。1991年共有正规军660人,后备队500人,另有英国驻军1500人。1990/91年度军费开支为2240万伯利兹元。

文化教育

【教育】对6～14岁儿童实行免费义务教育。全国5%的人口为文盲。1990/91财政年度预算教育开支为3810万伯利兹元,占总开支的16.5%。1991年有小学236所,学生

46023人，教师1749人。1990年有中学29所，学生7904人，教师564人。1991年有专科学校8所，学生1726人。

【新闻出版】《伯利兹时报》，周报，发行量约5000份；《报导者》，周报，发行量6500份；《阿曼达拉报》，周报，发行量10000份；《今日伯利兹》，月刊，发行量14000份；《人民的脉搏》，周报，发行量5000份。

伯利兹电台为国家电台，建于1937年，每天用英语(80%)和西班牙语(20%)广播。1967年加入英联邦—加勒比—加拿大广播集团。另有一家私营电台。

伯利兹电视台24小时播放，主要播放美国卫星电视节目。

外交关系

奉行不结盟的对外政策。反对殖民主义和种族主义，主张同邻国及其他国家保持良好关系，努力促进中美洲的和平与稳定。

【同我国的关系】1987年2月6日两国建交。同年4月，伯总理埃斯基韦尔访华，两国签订了经济技术合作协定；10月，外交部副部长朱启祯对伯进行工作访问。1989年10月11日，普赖斯政府同台湾当局建立"外交关系"，10月23日，中国宣布中止同伯的外交关系。

【同美国的关系】伯美关系密切，伯总理多次访美。"美国之音"在伯建有转播站，美在伯有和平队员150人。

【同英国的关系】伯独立后继续保持同英国的传统关系。英多次向伯提供经援。1985年7月伯总理访英，10月英女王首次访伯。由于危地马拉对伯有领土要求，目前英在伯仍有驻军。

【同墨西哥的关系】两国关系一直很好。1991年9月，墨西哥总统萨利纳斯访问伯，墨、伯在矿产、海关、文物古迹、生态环境、电力、财政和运输等方面签署了7项协定。根据协定，墨对外贸易银行向伯中央银行提供600万美元，以资助两国的贸易往来。

【同危地马拉的关系】100多年以来，危地马拉一直宣称伯是其领土的一部分。伯独立时，危宣布不予承认。此后，双方就领土争端问题多次举行谈判。1991年9月，危宣布承认伯人民的自决，并与伯建立外交关系。

（董晓军）

多米尼加

国名　多米尼加共和国(The Dominican Republic, República Dominicana)。

面积　48464平方公里。

人口　720万(1990年)。黑白混血种人和印欧混血种人占73%，白人占16%，黑人占11%。1990年人口增长率21‰。官方语言为西班牙语。90%的居民信奉天主教，少数人信奉基督教新教和犹太教。

首都　圣多明各(Santo Domingo)，人口220万(1990年)。

国家元首　总统华金·巴拉格尔(Joaquin Balaguer)，1990年8月16日就职，任期4年。

简　况

位于加勒比海大安的列斯群岛中伊斯帕尼奥拉岛东部。东隔莫纳海峡与波多黎各相望，西接海地，南临加勒比海，北濒大西洋。北部、东部属热带雨林气候，西南部属热带草原气候。平均温度为25℃。原为美洲印第安人居住地。1492年哥伦布到此岛并命名为伊斯帕尼奥拉岛。1496年西班牙人在岛上建立圣多明各城，成为欧洲殖民者在美的第一个永久性居民点。1795年归属法国。1809年复归西班牙。1844年2月27日东部人民宣告独立，成立多米尼加共和国。

政　治

现任总统华金·巴拉格尔曾于1960年8月以副总统身份接任总统执政到1962年12月。1966年8月，巴拉格尔当选总统，此后连续执政长达12年之久。1986年5月巴拉格尔再次当选。1990年再次连任总统，但国内反对派力量增强。8月，巴拉格尔就职后，在反对派压力下宣布将任期从原定4年缩短为两年，并允诺1992年举行大选。但1992年反对党解放党内出现问题，反对派力量随之削弱，政府地位亦趋于相对稳定，巴趁机取消提前举行大选的诺言。与此同时，在税收和福利方面进行了一些政策改革并兴建一些公共工程。近两年来旅游业发展较快，自由贸易加工区不断扩大，政府财政盈余较多。现各政党正积极筹备参加将于1994年举行的大选。

【宪法】1966年11月颁布。规定为总统制国家，设总统和副总统。总统是国家元首、政府首脑，同时也是武装部队的最高统帅。总统由公民投票直接选举产生。每4年举行大选，可连选连任。

【议会】分参、众两院。参议员30人，由全国各省和国家区(即首都)各选1名。众议员120人，每省至少选两名。参、众议员任期均为4年。两院议长每年选举一次，可连选连任。本届议会于1990年产生。参议院中，执政党占16席，革命党占2席，解放党占12席。众议院中，执政党占42席，革命党占32席，解放党占44席，独立革命党占2席。参院议长何塞·奥斯瓦尔多·

莱赫尔·安基诺(Jose Osvaldo Leger Aquino),众议长诺尔赫·博特略·费尔南德斯(Norge Botello Fernandez)。

【政府】本届政府于1990年成立。内阁由16名国务秘书组成。主要内阁成员(1992年12月)有:总统府国务秘书诺埃·斯特林·瓦斯克斯(Noe Sterling Vasquez),武装部队国务秘书埃克托尔·加西亚·特哈达(Hector Garcia Tejada),外交国务秘书胡安·阿里斯蒂德斯·塔韦拉斯·古斯曼(Juan Aristides Taveras Guzman),内政和警察国务秘书阿蒂略·古斯曼·费尔南德斯(Atilio Guzman Fernandez),财政国务秘书利塞洛德·马尔特·德巴里奥斯(Licelot Marte de Barrios),工商国务秘书拉斐尔·安迪诺·贝略(Rafael Andino Bello),农业国务秘书尼古拉斯·康塞普西翁·加西亚(Nicolas Concepcion Garcia)。

【司法机构】由最高法院、检察院和司法部行使司法权。最高法院由9名法官组成,院长由参议院任命。全国有5个上诉法院和1个土地法院,另设有治安法院。现任最高法院院长内斯托尔·孔廷·艾瓦尔(Nestor Contin Aybar)。总检察长由总统任命,现任总检察长曼努埃尔·拉斐尔·加西亚·利萨尔多(Manuel Rafael Garcia Lizardo)。

【政党】全国有10多个政党。主要是:

(1)多米尼加基督教社会改革党(Partido Reformista Social Cristiano):执政党。1961年成立,原称多米尼加改革党,1984年与基督教社会党合并后改现名。主席华金·巴拉格尔(Joaquin Balaguer)。

(2)多米尼加解放党(Partido de la Liberacion Dominicano):1973年成立,由从多米尼加革命党分裂出来的前总统胡安·博什等人创建。现有党员数万人。该党主张马克思主义学说,但否定列宁主义。主张"人民支持下的专政"代替"代议制民主"。主席胡安·博什(Juan Bosch),总书记利迪奥·加德(Lidio Cadet)。

(3)多米尼加革命党(Partido Revolucionario Dominicano):1939年由胡安·博什等人创建。主张实行土地改革、废除大庄园主制、反对军人干预政治。有成员40余万。主席何塞·弗朗西斯科·培尼亚·戈麦斯(Jose Francisco Pena Gomez),总书记阿图埃依·德坎普斯(Hatuey Dacamps)。

(4)多米尼加共和国共产党(Partido Comunista de la Republica Dominicano):1942年成立。原称民主革命党,1944年改称多米尼加人民革命党,1965年改用现名。主张进行反帝、反封建的民族解放革命,最终实现社会主义和共产主义。主席何塞·伊斯拉埃尔·奎略(Jose Israel Cuello)。

另有全国和解运动、多米尼加人民运动、基斯科民主党等组织。

【重要人物】华金·巴拉格尔:总统。1907年9月1日生于圣地亚哥省的比索诺镇。曾获哲学和文学学士、法律学硕士、法学博士等学位。1936~1938年任总统府国务秘书和外交秘书及圣多明各大学校长。1940~1948年先后任多米尼加驻哥伦比亚、委内瑞拉、墨西哥、洪都拉斯等国大使和驻联合国代表。1949~1953年任总统府国务部长。1957年5月至1960年8月出任副总统及总统职务。1962年1月16日被军人政变推翻,流亡波多黎各和美国。1964年创建多米尼加改革党,任主席。1966~1978年任总统。1986年8月重新当选总统至今。

经　济

以农业、农产品加工业为主。巴拉格尔1990年连任总统后,提出经济共济协议:一方面扩大农业基础投资,大力发展旅游业和制造业,鼓励发展自由区加工业;另一方面放松政府对价格和汇率的控制,并增加工资。但通货膨胀失控,人民生活水平不断下降,国际石油价格上升引起进口石油锐减,导致国内发生能源危机,使经济严重衰退。1992年经济情况见好,货币兑换率稳定,私人投资增加,自由贸易区出口超过往年,经济增长速度明显加快。

国内生产总值(1991年):914.12亿比索(按1980年不变价格计算)。

人均国内生产总值(1991):12696比索(按当年价格计算)。

国内生产总值增长率(1992年):7.8%。

国民收入增长率(1992年):5.4%。

货币名称:多米尼加比索。

汇率(1992年5月):1美元=12.79比索。

通货膨胀率(1990年):6.4%。

失业率(1990年):29.2%。

【资源】矿产资源较丰富,主要有金、银、铁、铝矾土等。水力资源缺乏。主要依靠进口石油作为燃料。

【工业】1988年工业总产值为17.44亿美元,占国民生产总值的16.8%。以烟草加工、制糖、化肥、水泥生产为主,另有纺织、食品等加工业。从业人口约为43.5万,占总劳力的15%。近几年主要工业产品产量如下(单位:万吨):

	1988	1989	1990*
蔗糖	77.70	73.30	55.90
精糖	8.10	10.80	9.80
咖啡	6.80	6.50	5.90
卷烟(亿盒)	2.47	2.41	2.23
水泥	122.20	126.90	111.40

* 估计数字。

(资料来源:多米尼加共和国中央银行月刊)

【农业】国民经济的重要部门。1988年农业生产总值15.7亿美元,占国民生产总值的15.2%。从业人口110余万,占总劳力的40%。以种植甘蔗、烟草、咖啡、可可为主,另有水稻、香蕉、水果等。近几年主要农产品产量如下(单位:万吨):

	1988	1989	1990*
甘蔗	837.5	785.6	644.2
咖啡	13.6	12.9	11.9
可可	4.1	4.2	4.3
大米	46.0	46.2	40.5
西红柿	16.3	17.3	14.5

*　估计数字。　(资料来源:同上)

【旅游业】政府一向重视旅游业的发展。1991年外国游客达140多万,创汇8.77亿美元,是创汇最多的部门。全国有旅游客房2.2万间。主要客源是美国、加拿大及西欧各国。全国主要旅游点有圣多明各、加勒比湾、拉罗马纳、普拉塔港和金色海滩等。

【交通运输】以公路为主。1990年全国有沥青公路2万公里,铁路1242公里(其中80%的铁路从事甘蔗运输)。主要港口有圣多明各、拉罗马纳和普拉塔港。多米尼加航空公司和美洲航空公司经营通往美国、南美、西欧各国的航线。

【财政金融】近几年财政收支情况如下(单位:百万比索):

	1988	1989	1990
收入	4392.4	5712	6805
支出	4834.2	5724	6288
差额	−441.8	−12	517

(资料来源:多米尼加共和国中央银行月刊)

1991年12月国际储备5亿美元。外债总额约45.82亿美元(1991年),支付债息3.03亿美元。

【对外贸易】出口以食糖、可可、咖啡、烟草、服装和金、银、锡、镍、铁等为主;主要进口石油、燃料、食品、机电产品和化工原料。主要贸易对象是美国、西班牙、日本、委内瑞拉、墨西哥等国。1990年,67%的出口商品输往美国,46%的进口商品来自美国。近几年外贸进出口情况如下(单位:亿美元):

	1989	1990	1991
出口额	9.24	7.35	6.50
进口额	19.64	17.93	17.28
差　额	−10.40	−10.58	−10.78

(资料来源:国际货币基金组织统计年鉴)

人民生活

收入分配极不均衡,只占全国人口10%的人的收入占国民收入的38.5%。1990年人均国民收入为999美元。最低实际工资比1989年下降16.1%。1989年全国共有电话40余万门。

军　事

实行义务兵役制,服役期4年。武装部队首脑埃克托尔·加西亚·特哈多将军。

1990年全国武装力量总人数有2.28万,其中陆军1.5万,海军4000,空军3800。国家准军事警察部队1.5万,其中"特别行动部队"1000人。

1991年军费开支为7.56亿比索,占国内生产总值的1.2%。

文化教育

【教育】对7～14岁的儿童实行义务教育。中、小学入学率为80%。文盲率为20%。1988年教育经费占国家预算的6.7%。全国有小学5864所,中学1664所,各类高等院校8所。主要大学有圣多明各自治大学。

【新闻出版】主要报刊有:《利斯汀日报》,发行量5万份;《加勒比报》,发行量2.8万份;《国民报》,发行量4.5万份。全国有各类出版社15家。

多米尼加国家广播电视台为国营电视台,另有安第斯电视台和彩色屏幕电视台。全国有私营商业电台100余家。

对外关系

多政府奉行尊重领土完整和主权独立、互不干涉内政的外交政策,主张国际和平与安全应建立在尊重国家主权、意识形态多元化和各国人民自决权的基础之上,呼吁建立更加合理的国际经济新秩序,反对贸易保护主义政策。呼吁通过债权国与债务国之间的谈判与协商,寻求解决拉美债务问题;对美苏军事谈判和东西方关系缓和表示欢迎;支持和平解决柬埔寨问题;谴责国际贩毒和恐怖主义。

【同我国的关系】多同我无外交关系,但有一些友好往来。1987年2月,"多—中人民之友委员会"在圣多明各成立。1989年11月,以总书记埃斯特万·迪亚斯为团长的多米尼加劳动党代表团访华。1990年2月,我驻哥伦比亚大使王嵎生访多,会见了多总统、外长和工商部长等;6月,中国国际交流协会理事刘培根访多。

1992年中多贸易额为2018万美元,我出口2017万美元,比1991年增加112%,进口1万美元。

多与台湾当局有"外交关系"。1989年1月,台行政院长俞国华访多。1990年8月,"总统府资政"邱创焕出席巴拉格尔总统就职仪式。

【同美国的关系】多同美关系密切。1988年2～3月,多总统、副总统先后出访美国,寻求美国对多政府的支持。1990年8月,美劳工部长出席了巴拉格尔总统的就职仪式。多在经济上对美依赖较深,美在多有雄厚的资本,且是多最大的援助国家之一。多政府积极参加里根总统倡导的"加勒比盆地复兴计划"。

【同拉丁美洲国家的关系】多同许多拉美国家保持着良好的关系,多现政府表示要进一步加强同拉美、加勒比国家的友好合作关系,促进本地区政治、经济的发展。支持拉丁美洲经济一体化进程。1988年多副总统出访厄瓜多尔、哥伦比亚等拉美国家。1989年1月,巴拉格尔总统赴委内瑞拉参加新总统就职仪式。同年7月,副总统莫拉雷斯出访尼加拉瓜。1990年3月,多副总统出席智利新总统就职仪式,同时多外长出访委内瑞拉。阿根廷、洪都拉斯、巴西、哥斯达黎加等国副总统及其他拉美国家的特使出席了巴拉格尔总统的就职仪式。

(杨发全)

多米尼克

国名 多米尼克国(The Commonwealth of Dominica)。

面积 751平方公里。

人口 8.35万人(1990年)。主要为黑人和黑白混血种人。英语为官方语言。多数居民信奉天主教。人口增长率为13‰。

首都 罗索(Roseau),人口1.68万人(1988年估计)。

国家元首 总统克拉伦斯·塞缪雷特(Clarence Seignoret),1983年12月就任,1988年12月连任,任期5年。

简况

位于东加勒比海小安的列斯群岛东北部。东临大西洋,西濒加勒比海。年平均气温25~32℃。原为印第安部族阿拉瓦克人和加勒比人居住的地方。1493年哥伦布来到该岛。1763年《巴黎条约》规定该岛划归英国后,法国曾两度占领。1805年法国占领者放火烧毁了罗索,英国付出12000英镑的"赎金"后正式占领了多米尼加岛。1978年11月3日宣布独立。

政治

1990年5月举行全国大选,自由党获胜,查尔斯夫人蝉联执政。1991年4月,统一工人党在议会对政府提出不信任案,在议会表决时,该案以10票比11票未获通过。1992年5月,多政府为吸引外资,促进经济发展,宣布实行"经济公民"政策,规定凡是向旅游业、珠宝和计划兴建的国际机场投资超过3.5万美元的外国人,即可获得在多有"经济公民"的资格而允许永久居住。此政策遭反对党的反对。

【宪法】现行宪法于1978年11月3日独立时生效。宪法规定,总统由议会选举产生,任期5年,不得超过两任。

【议会】一院制,任期5年。共30席,其中21席由选举产生,5席由总理提名,4席由反对党领袖提名,由总统任命,称参议员。如议会愿意,参议员也可由选举产生。本届议会1990年5月选举产生,21个议席中,自由党11席,统一工人党6席,工党4席。议长克里斯平·索海杜(Crispin Sorhaidoo)。

【政府】本届政府于1990年5月大选后组成。现内阁主要成员有:总理兼财政和国防部长玛丽·尤金尼娅·查尔斯(Mary Eugenia Charles),外交部长布赖恩·艾莱恩(Brian Allegne),贸易、工业和旅游部长查尔斯·梅纳德(Charles Maynard),总检察长詹纳·阿穆尔(Jenne Armour)。

【司法机构】由东加勒比最高法院(上诉法院和高等法院组成)行使司法权力,其6名陪席推事中有1位为本国居民,负责即席裁决。地方初审法院处理涉及不超过500东加元的即席违法行为。

【政党】(1)多米尼克自由党(Dominica Freedom Party):执政党。1968年10月成立。前身是联合人民党。1980年7月起执政至今。领袖玛丽·尤金尼娅·查尔斯。

(2)多米尼克统一工人党(Dominica United Workers' Party):1988年7月成立。主要反对党。主张重视农业,提高工人的生活福利,受到中下层人民的同情和支持。1990年5月首次参加大选,获得6席。领袖爱迪生·詹姆斯(Edison James)。

(3)多米尼克工党(The Labour Party of Dominica):1985年1月17日成立,由原工党、统一工党和多米尼克解放运动合并组成。

【重要人物】玛丽·尤金尼娅·查尔斯:总理兼财政和国防部长。1919年5月生于多米尼克联邦。1942~1946年在加拿大多伦多大学学习法律,获法学士学位。1947年在伦敦内殿法学会取得律师资格。1950年回国当律师。1968年创建多米尼克自由党,任该党领袖。1975年当选为议员,任议会反对党领袖。1980年出任总理并连任至今。

经济

经济以农业为主。水电能满足能源需要的75%左右。近年来,政府努力推行农业多样化,并积极寻求外援、外资,以发展当地企业。

国内生产总值(1990年):1.412亿美元。

人均国民生产总值(1990年):2049美元。

国民生产总值增长率(1990年):7%。

货币名称:东加勒比元;1东加元=100分。

汇率(1976年7月以来):1美元=2.7东加勒比元。

通货膨胀率(1990年):1.4%。

失业率(1989年):15.5%。

【资源】有大量的浮石蕴藏,年产10万吨。地热和水力资源较丰富,有待开发。森林面积约360平方公里。

【工业】工业基础薄弱,仅有小型水果加工、服装、卷烟、酿酒、肥皂、榨油等轻工业。建筑业和制造业有所发展,1988年分别占国内生产总值的7.5%和8%。

【农业】全国约有9000个农户,10万英亩土地。1988年农业产值占国内生产总值的30%,约40%的劳动力从事农业。农产品出口收入约占外汇总收入的70～80%。主要农产品有香蕉、椰子、柑桔、可可等。1990年香蕉产量达5.6万吨，出口创汇8000万东加元。

【旅游业】旅游业不发达。近年来，多政府一直在争取吸收外资开发旅游业。全国有12家旅馆，400间旅游房间。1988年旅馆服务业收入占国内生产总值的5.5%。1991年游客总数达46310人。

【交通运输】公路：全天候公路1200公里；其他公路200公里。1989年由美国资助建成一条新公路。有各类车辆6072辆。

水运：最大港口是罗索，其次是朴次茅斯。年装卸量为8.4万吨。

空运：岛的北端有一国际机场。年客运量为1.3万人。

【财政金融】1990年政府财政支出1.379亿东加元，收入1.367亿东加元，赤字120万东加元。截至1990年外债已达0.83亿美元。1990年底国际储备为1450万美元。

【对外贸易】主要出口香蕉、果汁和其他水果等，进口食品、日用品等。英国为最重要贸易伙伴，其次是美国、加拿大、日本以及加勒比共同体国家。近几年进出口贸易情况如下(单位：百万东加勒比元)：

	1988	1989	1990
进口额	236.3	289.1	317.9
出口额	150.0	121.8	156.5
差　额	－86.3	－167.3	－161.4

(资料来源：1991/92年度经济季评)

人民生活

在罗索和朴次茅斯有医院，病床数分别为242张和50张。另有44个保健中心分布于全岛。1989年全国有41000台收音机，4000台电视机，5000部电话机。

军　事

是地区安全系统的成员。只有一支约300人的警察部队。

文化教育

【教育】对5～15岁儿童实行义务教育。全国有65所小学，学生15060人。有10所中学，学生3287人。还有两所高等学院和西印度大学的一个教学中心。成人文盲率5.6%。

【新闻出版】《新纪事》报，发行量4500份；另有《星报》等3种周刊。

国营的多米尼克广播公司用英、法两种语言播音。私营的江博电台用法语播音；还有一家教会电台。有一电视中转站转播巴巴多斯的电视节目。

对外关系

奉行"维护多米尼克及其邻国的自由和民主权利"的对外政策，表示愿与所有"既愿与多友好又不干涉多主权"的国家发展关系。主张加勒比地区一体化，加强同加勒比共同体国家的合作。赞成向风群岛四国组成政治联盟。多是加勒比开发银行、加勒比共同体、东加勒比国家组织和共同市场、英联邦成员国。

【同我国的关系】两国无外交关系。1978年11月多独立时，我国总理致电多总理表示祝贺并宣布承认。1978年多申请加入联合国时，我是提案国之一。

1983年5月8日，查尔斯总理访问台湾；5月10日与台湾建立"外交关系"。1985年10月和1989年9月，查尔斯总理又两次访台。

【同英国、美国等西方国家的关系】与英国有着传统的密切关系。同法国、美国关系较好。法国曾帮助查尔斯政府平息兵变，并向多提供过经援。美通过各种机构对多提供援助，帮助其发展农业、渔业、养蜂业、教育和卫生事业。1983年多曾积极支持美出兵入侵格林纳达。1990年8月2日，伊拉克入侵科威特后，多支持美等多国部队对伊的军事行动。1991年7月查尔斯总理访问美国。目前美在多有和平队员约20人。多与加拿大等国来往较多。

【与邻国的关系】与该地区国家关系较密切。1988年5月，特立尼达和多巴哥总理访多。同年11月，多独立10周年时，曾邀请11个加勒比国家首脑参加庆典。1989年2月，多米尼克和委内瑞拉外交关系升为大使级。1991年10月，委内瑞拉总统佩雷斯访问了多米尼克。

(康　勇)

厄　瓜　多　尔

国名　厄瓜多尔共和国(The Republic of Ecuador, República del Ecuador)。

面积　281341平方公里。

人口　964万(1990年11月普查)。自然增长率14.3‰(1990年)。印欧混血种人占41%，印第安人占34%，白种人占15%，黑白混血种人占7%，黑人和其他人种占3%。官方语言为西班牙语，印第安人通用克丘亚语。94%的居民信奉天主教。

首都　基多(Quito)，人口140万(1990年)。

国家元首　总统西斯托·杜兰·巴连(Sixto Duran Ballen)，1992年8月10日就职。

简况

位于南美洲西北部。东北与哥伦比亚毗连,东南与秘鲁接壤,西临太平洋。海岸线长930公里。赤道横贯国境北部。东西部属热带雨林气候,山区盆地为热带草原气候,山区属亚热带森林气候。平均气温沿海为23～25℃,东部地区23～27℃。古代境内居住着印第安部落。15世纪属于印加帝国。1532年沦为西班牙殖民地。1809年8月10日独立,但仍被西班牙殖民军占领。1822年结束了西班牙的殖民统治,后与哥伦比亚、委内瑞拉组成大哥伦比亚共和国。1830年该共和国解体后,宣布成立厄瓜多尔共和国。

政治

1991年11月,议会通过了关于1992年总统和议会的新选举法。1992年7月5日,共和团结党和保守党联合推举的总统候选人西斯托·杜兰当选为总统。新政府于8月10日上台后,组成以企业家为主的内阁班子,对外主张向全世界开放,强调经济贸易关系在对外关系中的重要性,对内主张全国和解和加快经济发展步伐。9月宣布新的经济政策和措施,内容包括提高电力和燃料价格;货币贬值35%;增加税收;对部分国营企业实行私有化;精简国家机构等。此后,各行各业纷纷举行罢工,抗议政府的经济政策。在议会中占多数的反对党议员也抨击政府的经济政策,否决总统提交的法案,要求质询能矿、工商、财政和社会福利部长,最终导致能矿部长巴雷罗辞职。

【宪法】现行宪法于1979年8月10日正式生效,系第18部宪法。宪法规定,总统由选举产生,任期4年,不得连任。1992年12月通过宪法修改法案,对司法部门的体制和结构作了重大调整。

【议会】称国民议会。实行一院制,行使最高立法权力。议员共77名,其中全国议员12名,由全国普选产生,任期4年;省议员65名,由各省按人口比例选举产生,任期两年。议长、副议长由议会全体会议选举产生,任期一年,可连选连任。本届议会于1992年8月10日组成。各党派在议会中所占席位情况:

	省议员	全国议员
基督教社会党	18	3
罗尔多斯党	11	2
共和团结党(执政党)	10	2
民主左派党	6	1
人民民主党	4	1
保守党(执政党)	5	1
人民民主运动	3	1
社会党	2	1
激进自由党	2	
人民力量集中党	1	
民族解放党	1	
阿尔法罗激进阵线	1	
人民革命行动党	1	

现议长卡洛斯·巴列霍(Carlos Vallejo),1992年8月当选。

【政府】总统为共和国最高行政首脑。现政府于1992年8月10日组成。现任成员有:内政、司法和警察部长罗伯特·敦·巴雷罗(Roberto Dunn Barreiro),外交部长迭戈·帕雷德斯·培尼亚(Diego Paredes Pena),国防部长何塞·加利亚多·罗曼(Jose Gallardo Roman),财政和公共信贷部长马里奥·里瓦德内拉·特拉韦萨里(Mario Rivadeneira Traversari),能源和矿业部长巴勃罗·巴克里索(Pablo Baquerizo),工商一体化和渔业部长卡洛斯·毛里西奥·平托(Carlos Mauricio Pinto),农业和牧业部长马里亚诺·维克多·冈萨雷斯(Mariano Victor Gonzalez),公共工程和交通部长佩德罗·洛佩斯(Pedro Lopez),劳动和人才部长阿尔弗雷多·科拉尔(Alfredo Corral),社会福利部长玛丽亚娜·阿古多(Mariana Argudo),教育和文化部长爱德华多·培尼亚(Eduardo Pena),公共卫生部长莱昂纳多·比特里(Leonardo Viteri),住房和城建部长弗朗西斯科·阿尔沃诺斯(Francisco Albornoz),新闻和旅游部长卡洛斯·贝拉(Carlos Vera),总统府政府事务秘书长何塞·马尔多纳多(Jose Maldonado)。

【司法机构】有三大系统,即最高法院及其下属的高等法院、法庭、裁判所;检察院;行政诉讼法庭。最高法院由16名法官组成,均由议会任命,任期4年,可连任。最高法院院长由法官选举产生,任期两年。现任院长弗朗西斯科·阿科斯塔·耶佩斯(Francisco Acosta Yepez),1993年1月27日当选。总检察长由总统提名,经议会批准,任期4年。总检查长卡洛斯·拉雷亚佩基(Carlos Larreapegui)。

【政党】目前有16个合法政党,主要有:

(1)共和团结党(Partido Union Republica):执政党。1991年7月成立。党员约15万人。现任代理全国主席拿破仑·伊卡萨(Napoleon Icaza)。

(2)厄瓜多尔保守党(Partido Conservador Ecuatoriano):执政党,是厄最老的政党之一,1885年创建。党员5万。该党在历史上曾多次执政,70年代以来一直处于在野地位。1992年与共和团结党联合参加总统竞选获胜,成为执政党,其负责人阿尔贝托·达希克当选为副总统。党主席何塞·马尔多纳多(Jose Maldonado)。

(3)民主左派党(Partido de Izquierda Democratica):1977年11月正式建党。党员65万,为厄最大政党。对内主张民主、自由、社会正义和发展民族经济。主席安德烈斯·巴列霍(Andres Vallejo)。

(4)基督教社会党(Partido Social Cristiano):反对党。1945年成立时称基督教民主党,1951年改现名。党员20万人(1988年)。主席海梅·内沃特(Jaime Nebot)。

(5)厄瓜多尔罗尔多斯党(Partido Roldosista Ecuatoriano)：前身为罗尔多斯运动。1982年创建。党员3万人。主席阿布达拉·布卡拉姆(Abdala Bucaram)。

(6)人民民主党(Democracia Popular)：1978年成立。1981～1984年执政。党员15万人。主席哈米尔·马乌阿德(Jamil Mahuad)。

此外还有厄瓜多尔社会党、人民力量集中党、阿尔法罗激进阵线、左派广泛阵线、人民民主运动、厄瓜多尔激进自由党、厄瓜多尔人民革命行动党、自由党、人民变革和民主党及厄瓜多尔马列共产党。

【重要人物】西斯托·杜兰·巴连：总统。1921年7月14日生于美国波士顿。毕业于美国哥伦比亚大学。厄基社党创始人之一。曾任厄公共工程部长、基多市长。1984年当选全国议员，后担任全国住房委员会主席。曾执教于厄天主教大学并任中央大学建筑系主任。1991年另建共和团结党。1992年7月5日当选总统。

经　济

是南美地区经济相对落后的国家，工业基础薄弱，农业发展缓慢。曾以"香蕉之国"闻名于世，1992年香蕉产量和出口量均居世界第一位。随着石油工业的迅速发展，带动了原来比较落后的制造业，使国民经济结构发生显著变化。1988年以来执行宏观调控与市场调节相结合的"新结构主义"经济政策，国民经济发展迟缓的局面有所扭转。西斯托·杜兰政府于1992年执政后实行紧缩政策，力争减少公共开支和财政赤字，强化金融管理体制，严格财政纪律，大力发展出口农牧业，实行对外开放和自由贸易，引进外国资金和技术。目前国际储备有所增加，通货膨胀得到一定控制，但全国经济形势未见明显好转。

国内生产总值(1991年)：120.42亿美元。

人均国内生产总值(1991年)：1248美元。

国内生产总值增长率(1992年)：3.5%。

货币名称：苏克雷。

汇率(1992年12月)：1美元＝1860苏克雷。

通货膨胀率(1992年)：62.2%。

失业率(1992年)：17.14%。

【资源】自然资源较为丰富，矿藏以石油为主。已探明石油储量为16亿桶，天然气储量2250亿立方米。此外，有金、银、铜、铁、锰、煤、硫磺等。森林覆盖率68%。水力和渔业资源丰富。

【工业】主要有石油和采矿业、制造业、建筑和电力工业等。1990年石油和采矿业产值12572.42亿苏克雷，占国内生产总值的12.5%；制造业为19034.55亿苏克雷，占国内生产总值的16.3%；电力、煤气和自来水为1012.68亿苏克雷，占国内生产总值的1.6%。近几年主要工业产品产量如下：

	1988	1989	1990
钢铁(万吨)	2.3	2.3	2.0
石油(万桶)	11285	10300	10600

(资料来源：厄中央银行)

【农牧渔业】1990年农牧渔业总产值为11013.85亿苏克雷，占国内生产总值的17.4%。全国可耕地面积为695万公顷。已种植面积201万公顷，占29%。经济自立人口的34.6%从事农牧渔业。粮食不能自给。香蕉、可可、咖啡为传统出口农产品。1992年香蕉产量340万吨，出口量251.5万吨，出口收入6.36亿美元。大虾出口收入5.16亿美元，咖啡出口收入0.58亿美元，可可出口收入0.45亿美元。

近几年主要农作物产量如下(单位：万吨)：

	1988	1989	1990
稻米	95.5	86.7	84.0
香蕉	257.6	257.6	305.5
可可豆	8.5	8.3	9.7
咖啡豆	34.2	12.9	13.5
大麦	5.1	5.6	4.2
甘蔗	259.5	291.4	325.6
玉米	40.6	48.5	46.5
马铃薯	33.8	36.2	36.7
棕榈果	67.4	90.3	83.4

(资料来源：厄中央银行)

【服务业】服务业产值、增长率及在国内生产总值中的比例如下(单位：亿苏克雷)：

	1988	1989	1990
产值	652	35696	51114
占生产总值%	40.2	48.5	48.8

(资料来源：1991年厄中央银行统计年鉴)

【旅游业】厄历来重视旅游业。1991年旅游人数为36万人，旅游收入3.5亿美元。约有7万人从事旅游业。主要旅游点有基多、瓜亚基尔、昆卡、因巴布拉省、东部亚马孙河流域和加拉帕戈斯群岛(龟岛)。基多市被联合国命名为"人类财富"，龟岛被誉为"人类自然财产"。

【交通运输】交通事业自80年代起发展较快。

公路：全长4.31万公里，其中沥青路面6040公里，硬石路面2.1万公里，其余是土路。1988年全国有机动车辆33.6万多辆。

铁路：全长1169公里。

空运：国际机场两个，在基多和瓜亚基尔市。国内航线民用机场有17个。厄瓜多尔航空公司为国营，拥有10架大型客机。私人航空公司两家，还有属空军管辖的TAME公司。1989年国家航空公司国际航线客运量25.9万人次，客运收入1.01亿美元。

水运：拥有一个8艘油船的石油船队，两家私人海运公司，渔船1700余艘。主要港口有瓜亚基尔、埃斯梅腊达斯、博利瓦尔和曼塔。瓜亚基尔港每年吞吐量约280万吨，占厄进出口量的70%。埃斯梅腊达斯为重要油港。

管道运输：由东部阿格略湖至埃斯梅腊达斯港，全长503公里，最大输送量每天达31万桶。

【财政金融】近几年财政收支情况(单位：亿苏

克雷)：

	1990	1991
收入	13631.49	16244.66
支出	12075.66	15094.22
差额	1555.83	1550.44

(资料来源：厄中央银行)

1992年底厄外汇储备8亿美元；外债125亿美元，1988～1992年付债息17亿美元。

【对外贸易】奉行"出口商品多样化"和"出口市场多样化"政策，保护和发展民族工业，鼓励工业制成品和半制成品出口。厄每年对外贸易总额相当于国内生产总值的40%以上。1992年厄出口总额达29.79亿美元，创历史最高水平。与94个国家和地区有贸易关系。近几年进出口贸易情况(单位：亿美元)：

	1990	1991	1992
出口额(离岸价)	27.14	28.51	29.79
进口额(离岸价)	17.11	22.07	20.26
差　额	10.03	6.44	9.53

(资料来源：同上)

主要出口石油、虾、香蕉、可可和咖啡。主要进口机械设备、工业原料、燃料和润滑剂、电器以及半制成品等。主要贸易伙伴是美国、欧共体、日本和拉美国家，其中同美国的贸易额约占其外贸总额的40%左右。

【外国资本】1972～1990年，厄政府批准的外国在厄投资总额为8.83亿美元，投资的29%来自美国，18.9%来自西欧各国。外资投放集中在制造业部门和农牧渔业部门，近几年则侧重于金融部门。1991年吸收外资0.85亿美元。1993年1月，厄颁布《投资法》。

【外国援助】1982～1991年，世界银行向厄提供了9.51亿美元贷款，美洲开发银行向厄提供11.5亿美元贷款，安第斯开发协会1992年向厄提供2.5亿美元贷款。1989～1991年，意大利援助厄农业和教育项目资金为1.8亿美元，美国给厄900万美元用于进口美国生产资料，西班牙向厄提供3.5亿美元贷款。1992年比利时向厄提供7900万法郎无息贷款。

人民生活

80年代后期，由于生产萎缩，物价上涨，人民实际生活水平明显下降。1990年人民购买力下降14%。厄每年政府预算的7～8%用于卫生事业。目前，全国有300多家公、私立医院，上千处诊所，1.5万张病床。职业医生1.05万人，每千人平均一名医生。

军　事

共和国总统是武装部队的最高统帅，通过国防部长和三军联合指挥部统率全军。国防部长由总统任免。三军联合指挥部由三军司令组成，负责制定平时和战时的训练和作战计划。三军联合指挥部司令为陆军中将阿方索·阿拉尔孔。实行义务兵役制，服役期两年。

总兵力4.2万人。其中陆军3.5万人，编为4个军、6个师、2个装甲旅、9个步兵旅、1个总统警卫团、1个伞兵旅。装备轻型坦克195辆、装甲车45辆、装甲输送车75辆、地对空导弹240枚、飞机40架。海军4000人，装备驱逐舰2艘、护卫舰6艘、潜艇2艘、导弹快艇6艘、巡逻艇7艘、运输舰4艘、飞机8架。空军3000人，编为4个航空团、一个轻型轰炸机中队、2个强击机中队、2个截击机中队、1个平叛飞机中队、1个平叛和教练机中队。装备飞机110余架，其中作战飞机65架。

另有海岸警卫队200人，预备役军人10万。

1991年军费为2260亿苏克雷，占国家预算的15%。

文化教育

【教育】近几年来，教育发展较快。政府预算的25～30%用于教育。目前国立大、中、小学实行免费教育，大学实行自治，保护私人办学自由。1990年农村文盲率为12.8%，城市为4.7%。著名高等院校有厄瓜多尔中央大学、天主教大学、瓜亚基尔大学和昆卡大学。1991年各级学校和在校教师及学生数：

	学校(所)	学生(人)	教师(人)
小学	14965	1846339	61039
中学	2551	785344	60126
技校	180	91000	
大学	24	190000	10000

【新闻出版】有50多种报纸和21种杂志，多为私人经营。主要报纸有：《商报》，发行12万份；《今日报》，发行7.5万份；《宇宙报》，发行15万份；《快报》，发行5万份。以上报刊均为西班牙文版。

厄瓜多尔新闻社为国家通讯社。

广播电台：全国有电台460多家，仅首都就有54家。主要有厄瓜多尔电台、天主教电台、基多电台、成就电台和安第斯之声电台。电台绝大多数为私人所有。

电视均为彩色台，私人经营。主要电视台：2台、4台、5台、8台、10台和13台。

对外关系

现政府奉行独立、自主和维护国家尊严和主权的对外政策，捍卫不干涉和人民自决的原则，主张和平解决国际争端，反对武力夺取领土。坚持不结盟政策，反对各种形式的霸权主义。主张全面向世界开放，努力扩大对外贸易，突出经贸关系在国际关系中的地位，重视与美国的关系，强调优先发展同拉美国家的关系。主张全面裁军，反对军备竞赛。主张拉美成为真正的无核区。谴责发达国家的贸易保护主义政策，积极要求建立国际经济、金融和货币新秩序。赞成债务国采取一致立场和联合行动，以争取合理的还债条件，强调债权国必须与债务国共同承担责任，争取政治解决外债问题。支持为解决中东地区冲突而召开巴勒斯坦问题的国际会议和中东和会。主张中美洲人民在没有外来干涉的情况下，以对话的和平方式解决自己的问题。截至1992年已与94个国家建交。

【同我国的关系】1980年1月2日同我国建交，建交后两国关系稳定发展。1992年厄方访华的有：议会代表团(3月)，劳动部长戈麦斯(4月)，最高法院院长格雷罗(4月)，公司管理总署署长萨拉萨尔(4月)，副总统帕罗迪(5月)，陆军工程兵司令利奥雷特(6月)，三军联合指挥部司令耶佩斯(6月)，内政、司法和警察部长贝尔杜加(7月)。中方重要的往访有：外交部长钱其琛(1989年6月)，全国妇联书记处书记康冷(1990年3月)，全国人大副委员长王汉斌(1991年7月)。

两国间签有贸易协定、经济和技术合作协定、贷款合作协定、经济技术合作协定、互免签证协议、扩大互免签证协议、无偿援助的换文和文化交流执行计划等。

1992年两国贸易额2100万美元，其中我进口351万，出口1748万美元。

中国驻厄大使：徐贻聪。馆址：Avenida Atanuapa No. 349 y Avenida Amazonas。信箱：17-1105143。电话：458927(值班室)，444362(领事部)，458128(经商处)。国家地区号：593-2。传真：593-2-444364。电传：(0308)22614 ECHINA ED。

台湾当局自1977年12月起在基多和瓜亚基尔设有商务处和商务分处。1991年厄台贸易额为7094万美元，其中厄出口5741万美元，进口1352万美元。

【同美国的关系】厄美经济关系较深，厄资金和技术大部分来自美国。美是厄石油的主要买主，占厄石油出口的59.4%。厄美签有军事协议。1986年费夫雷斯总统正式访美。1987年3月美副总统布什访厄。1990年7月，厄总统博尔哈正式访美。1992年7月杜兰以当选总统身份访美并会晤了布什总统。

【同独联体的关系】厄政府于1992年1月3日宣布承认独联体所有成员国并与它们保持正常的外交和经贸关系。

【同东欧国家的关系】厄与东欧国家保持正常的外交和贸易关系，政治交往不多。1991年12月，匈牙利总统访厄。厄1993年1月1日宣布同捷克共和国和斯洛伐克共和国建立外交关系。

【同拉丁美洲国家的关系】主张在拉美实行"真正的一体化"，发展与拉美国家，特别是同邻国的关系，是厄对外关系的重点，表示愿加入墨西哥、委内瑞拉和哥伦比亚组成的3国集团。1992年7月，当选总统杜兰访问哥伦比亚，1993年2月，杜兰总统访问哥斯达黎加和墨西哥。

【同西欧、日本的关系】西欧和日本是厄所需资金、技术的重要来源，又是厄传统出口产品的重要市场，相互间签有多项经贸和科技合作协定。厄向欧洲共同体国家出口占其出口总额的12%。厄外债中10%的债权属日本商业银行。1992年7月，当选总统杜兰访问西班牙。10月，厄副总统访问英国。

【厄秘边界问题】1941年厄秘两国发生边界战争，厄战败。1942年1月两国签订"和平、友好和边界议定书"。60年代以来，厄多次宣布议定书无效。80年代初两国发生过边界武装冲突，经美洲国家组织调停实现停火。后厄秘关系有所缓和，不仅恢复了高层往来，而且就边界问题进行了双边对话。现政府主张继续同秘对话，认为邀请教皇保罗二世作为解决两国边界问题的仲裁是必要的，厄秘两国政府在和平解决边界问题方面迈出了重要一步。　(杨发金)

法属圭亚那

名称　法属圭亚那(Guyane Francaise)，法国海外省。

面积　90000平方公里。

人口　114600(1990年3月估计)。43%为克里奥尔人后裔，14%为华人，11%为法国人，8%为海地人，此外还有印第安人、越南人等。法语为官方语言，也讲克里奥尔语。77.6%的居民信奉天主教，4%信奉基督教新教。人口增长率为58‰(1982～1990年)。

首府　卡宴(Cayenne)，人口41637(1990年)。

省长　让—弗朗索瓦·迪基亚拉(Jean-Francois Di Chiara)。

简　况

位于南美洲东北部赤道附近，东南与巴西接壤，西与苏里南毗邻，北临大西洋。海岸线长320公里。属热带雨林气候，气温一般在27℃左右。17世纪初法国开始侵入。后经历了一段英、荷、法和葡萄牙之间相互争夺的时期。1676年被宣布为法属领地，称法属圭亚那。1808年英、荷两国复占领该地，直到1816年才最后归属法国。1946年被法国宣布为法国的"海外省"。1977年又同时成为法国的一个大区。

政　治

1986年3月，地方议会举行选举，左翼的圭亚那社会党获15个议席，乔治·奥迪利(Georges Othily)当选为议长。1988年9～10月间举行了省议会选举，左翼政党获14个议席，厄利·卡斯托尔(Elie Castor)当选为议长。1991年初经济不景气，失业率增加。10月，全省举行罢工反对法国政府向南非采矿公司提供矿山开发权。

【议会】有两个议会，即省议会和地方议会。前者有议席19个，后者31个。两议会均由普选产生，任期6年。圭在法国议会中有两名议员和一名参议员。现任地方议会和省议会分别在1986年和1988年选举产生。

【政府】法国委任的省长为最高行政负责人。政府由省长、两议会议长和在法国议会中的议员和参议员组成。名单如下：省长让—弗朗索瓦·迪基亚拉，地方议会议长乔治·奥迪利，省议会议长厄利·卡斯托尔，在法国国民议会的议员厄利·卡斯托尔、莱昂·贝特朗(Léon Bertrand)，在法国国民议会的参议员乔治·奥迪利。

【司法机构】设在马提尼克岛的法兰西堡法院为法属圭亚那和马提尼克的最高级法院。院长罗伯特·博瑟(Robert Bose)。检察长亨利·雅克敏(Henri Jacquemin)。法属圭亚那有一地方法院。

【政党】主要有：(1)圭亚那社会党(Parti Socialiste Guyanais)：第一大党，1956年成立。总书记安托尼·卡拉姆(Antoine Karam)。

(2)保卫共和联盟(Rassemblement pour la République)：1946年成立。右翼党派。主席保林·布鲁内(Paulin Bruné)。

(3)圭亚那民主运动(Action Démocratique Guyanaise)：主席安德烈·莱卡特(André Lecante)。

(4)法国民主联盟(Union pour la Démocratie Francaise)：1979年成立。主席克劳德·何阿春(Claude Ho A Chuck)。

经　济

以农业、林业和渔业为主，工业很少。经济发展主要依靠法国援助。大部份制成品、食品和能源需进口，失业率较高。林业、渔业和旅游业方面具有较大的发展潜力。1989年，法国政府决定在1989～1993年间拨款3.77亿法郎，用于改善基础设施和文化教育设施。作为法国的一部分，法属圭亚那为欧共体成员，1989～1993年间，欧共体共向法属圭亚那提供7300万欧洲货币单位的援助。

国内生产总值(1986年估计数)：1.86亿美元。

人均国内生产总值(1986年估计数)：2268美元。

国内生产总值平均增长率(1980～1985年)：0.3%。

货币名称：法国法郎。

汇率(1989年9月)：1美元＝6.347法郎。

通货膨胀率(1990年)：3.7%。

失业率(1990年)：13.9%。

外债(1988年9月)：12亿美元。

【资源】矿藏主要有铝矾土、高岭土和金矿等。森林覆盖率达90%，拥有热带特有的各种硬木及可提炼香精的花梨木。

【工业】大部分为小作坊，有制糖、酿酒、香精提炼、鱼虾加工等。1988年产朗姆酒7.56万升，发电2.43亿度，1990年产黄金870公斤。

【农林牧渔业】农业生产集中在沿海地区。主要农作物有水稻、木薯、甘蔗、蔬菜等。1990年产甘蔗2000吨，木薯10000吨，大米14325吨(国际粮农组织估计)。1987年产原木17.9万立方米，木材1.9万立方米。

1988年畜禽存栏数：牛13000头，猪8500头，羊1634只，家禽11.7万只。

渔业，尤其是捕虾发展较快。1987年鱼虾出口额0.334亿美元，其中虾出口额为0.311亿美元，占出口收入总额的57.8%。1989年捕鱼虾7439吨。

【旅游业】旅游业正在发展中。热带自然风光和内地印第安人村落对游客有很大吸引力。1987年接待游客1.45万人。

【交通运输】无铁路。

公路：总长713公里，其中国家级公路372公里，地区级公路341公里。有小汽车27010辆，公共汽车1120辆，货车7208辆。

水运：内河航运线总长3760公里。1988年进出港船只706艘，货运量52.2万吨。

空运：有一国际机场，1989年客运量345134人次，货运量6349吨。

【对外贸易】主要进口食品、石油和石油制品、机械和交通工具、制成品等。出口鱼虾、木材、大米、机械和交通设备等。主要贸易对象是法国、美国、日本、德国、特立尼达和多巴哥等国。1989年进口总额5.43亿美元，出口总额0.55亿美元，逆差4.88亿美元。

人民生活

实行与法国相似的社会保险制度。1986年有两所医院，共611张病床；一个医疗卫生中心和两个私人诊所，1987年有237名医生。1991年在首府卡宴开设了一家有342张病床的医院。1986年每千人拥有小汽车320辆。1987年拥有6.5万台收音机和1.4万台电视机。

军　事

1991年法国在法属圭亚那、瓜德罗普和马提尼克共驻军8800人。

文化教育

【教育】与法国教育制度相同，实行10年免费义务教育。1988年各级学校数目及学生人数如下：

	学校(所)	学生(人)
小学	73	16312
中学和技术学校	20	9260
大学分院	1	290

此外，1988年在库鲁新开设了一所工学院。

【新闻出版】《法属圭亚那报》(每周两期)，发行量4000份。《圭亚那—马提尼克报》(日报)，发行量1000份。《圭亚那报》(日报)，发行量16000份。

卡宴广播电台，每周播音120小时。安提巴广播电台，每周播音126小时。托特莫诺广播电台，每日播音24小时。法国海外广播电视公司，每天播音16小时，每周播放电视节目32小时。

(康　勇)

哥伦比亚

国名　哥伦比亚共和国(The Republic of Colombia, La República de Colombia)。

面积　1141748平方公里。

人口　3290万(1990年)。其中,印欧混血种人占58%,白人占20%,黑白混血种人占14%,其余为印第安人和黑人。官方语言为西班牙语。大多数居民信奉天主教。

首都　原名波哥大,1991年7月3日改名为圣菲波哥大(Santa Fe de Bogotá),人口约578万(1987年)。

国家元首　总统塞萨尔·加维里亚·特鲁希略(César Gaviria Trujillo),1990年8月7日就任。

简　况

位于南美洲西北部,东邻委内瑞拉、巴西,南接厄瓜多尔、秘鲁,西北角与巴拿马相连,北临加勒比海,西濒太平洋。海岸线长2900公里。平原南部和太平洋沿岸为热带雨林气候,向北逐渐转为热带草原和干燥草原气候。首都圣菲波哥大年平均气温14℃。古代为奇布查族等印第安人的居住地。1536年西班牙人占领该地,并建立殖民制度。1810年7月20日哥宣布脱离西班牙独立,后遭镇压。1819年南美解放者西蒙·玻利瓦尔领导的起义军大败西班牙殖民军后,哥重获解放。1821～1822年建立了包括现厄瓜多尔、委内瑞拉、巴拿马和哥在内的大哥伦比亚共和国。1829～1830年该共和国解体。1831年改名为新格兰纳达共和国。1861年称哥伦比亚合众国。1886年改称现名。独立后,保守党和自由党轮流执政。1990年5月,自由党塞萨尔·加维里亚当选总统。

政　治

加维里亚总统1990年8月上台后,积极倡导宪法改革,推进国内和平进程。1991年7月5日颁布新宪法。10月27日,全国公民根据新宪法选举了新议会。1992年5月,政府与游击队的谈判破裂,国内恐怖浪潮又起。曾在1991年6月向司法当局自首的麦德林贩毒集团头号毒枭巴勃罗·埃斯科瓦尔于1992年7月越狱逃跑,至今逍遥法外。由于国内恐怖活动加剧,经济设施遭到严重破坏,政府被迫于11月宣布实行国内紧急状态,提出十项非常措施,其中包括断绝游击队的财源,冻结怀疑来自绑架、抢劫或用于资助游击队的财产等。

【宪法】现行宪法于1991年颁布,是在1886年宪法基础上修改而成。新宪法主要内容为:实行代议制民主,立法、行政和司法三权分离。总统是国家元首兼政府首脑,亦是武装部队统帅,由直接选举产生。新宪法中第一次设副总统,省长也由直接选举产生。

【议会】本届议会于1991年10月27日选出,由参、众两院组成。参议员102名,众议员161名,均由直接选举产生,每届任期4年。参议长铁托·鲁埃达(Tito Rueda)。众议长塞萨尔·佩雷斯(Cesar Perez)。两院议长任期一般均为一年,可连选连任。

各党派在本届议会中的席位如下:

	参议院	众议院
自由党	56	87
社会保守党	9	25
民主联盟	9	13
民族拯救运动	5	10
其他政党和独立人士	23	26

【政府】本届政府1990年8月7日组成,1991年11月改组并新设外贸部。主要及有变动的内阁成员是:内政部长法维奥·比列加斯·拉米雷斯(Fabio Villegas Ramirez),外交部长诺埃米·萨宁·波萨达(Nohemi Sanin Posada,女),财政部长鲁道夫·欧梅斯·罗德里格斯(Rudolfo Hommes Rodriguez),司法部长安德烈斯·冈萨雷斯·迪亚斯(Andres Gonzalez Diaz),国防部长拉斐尔·帕尔多·鲁埃达(Rafael Pardo Rueda),经济发展部长路易斯·阿尔贝托·莫雷诺(Luis Alberto Moreno),矿业能源部长吉多·努莱·阿明(Guido Nule Amin),邮电部长威廉·哈拉米略·戈麦斯(Willian Jaramillo Gomez),外贸部长胡安·曼努埃尔·桑托斯(Juan Manuel Santos)。

【司法机构】最高法院由20名法官组成,任期8年,不得连任。最高法院院长每年改选一次。现任最高法院院长佩德罗·拉丰特·皮亚内塔(Pedro Lafont Pianeita)。总检察长由议会选举产生,任期4年,不得连任。现任总检察长古斯塔沃·德格雷伊夫(Gustavo De Greiff)。

【政党】全国有五个主要政党:

(1)自由党(Partido Liberal):执政党。19世纪40年代成立,是哥第一大党。现有党员270万(自称470万)。1989年6月,该党加入社会党国际。主席阿方索·洛佩斯·米切尔森(Alfonso López Michelsen)。

(2)社会保守党(Partido Social Conservador):最大的在野党。1842年成立。原名为保守党,1987年改为现名。现有党员160万。目前,党内严重分裂,分成以帕斯特拉纳为首的主流派和以戈麦斯为首的民族救国运动。

(3)"四·一九运动"民主联盟(Alianza Democrática 19 de Abril):前身系"四·一九运动"游

击队。1990年3月9日,该运动与上届政府达成和平协议,放下武器,并组成合法政党。1992年9月,该党加入"社会党国际"。领导人安东尼奥·纳瓦罗。

(4)哥伦比亚共产党(Partido Comunista de Colombia):1930年成立。现有党员约5万人。1942～1947年称社会民主党。1953年交出武器,1957年起重新公开活动。总书记希尔维托·比埃拉(Gilberto Viera)。

(5)独立革命工人运动(Movimiento Obrero Independiente Revolucionario):1969年9月成立。由原工学运动部分成员和一些工会合并而成。中央执行委员会书记弗朗西斯科·莫斯克拉(Francisco Mosquera)。

【重要人物】塞萨尔·加维里亚·特鲁希略:总统。1947年3月31日生于利萨拉尔达省佩雷拉市。毕业于波哥大安第斯大学经济系,获经济学博士学位。1970年开始其政治生涯,曾先后任自由党佩雷拉市政议员、市长、国民议会议员、众议院第三委员会(经济事务)主席和众议院议长。1985年任自由党全国领导委员会副主席。1986～1989年任财政部长和内政部长,并多次代行总统职务。1990年5月27日当选为总统,8月7日就任。已婚,有一子一女。

经 济

哥伦比亚是拉美经济平稳发展的国家之一,曾是以生产咖啡为主的农业国,现仍是世界第二咖啡生产国。近20年来,经济逐步实行多样化,工矿业发展迅速。加维里亚政府为适应世界经济变革的潮流,实行开放政策,积极准备推行自由贸易,取消进口许可证制,降低资本货产品的进口税,同时颁布反倾销法,以保护本国基础工业。根据美洲发展银行1990年统计,哥国民生产总值在拉美占第五位,人均产值占拉美第14位,属中等发达国家。

国内生产总值(1990年):418亿美元。

人均国内生产总值(1991年):1435美元。

国内生产总值增长率(1992年):3.3%。

货币名称:比索。

汇率(1992年底):1美元=730比索。

通货膨胀率(1992年):25.13%。

失业率(1992年):9.9%。

【资源】自然资源丰富。已探明的煤炭储量约240亿吨,居拉美首位,占拉美储量的40%以上,为世界第五大煤炭出口国。1992年发现新的大油田,石油储量增加到45亿桶。铝矾土储量为1亿吨。铀的储量为4万吨。此外还有黄金、绿宝石等矿藏。水力发电能力为9308.5万千瓦。森林覆盖面积5300万公顷,每年可伐木材1.16亿立方米。

【工业】以制造业为主,1991年工业产值为25.8亿美元,从业人员约90万。1992年工业增长5%左右,矿业增长11%,建筑业增长10%。采矿业有黄金、铁、铂、石油和煤炭等。

主要工矿产品产量如下:

	1989	1990	1991
煤炭(万吨)	1890	2046	2100
石油(万桶)	14800	16000	15500
黄金(万盎司)	94.9	94.4	111.7

(资料来源:哥煤炭公司、石油公司、贵金属局)

【农业】以咖啡为主,产量和出口量居世界第二位。1991年农业产值50.83亿美元,从业人员211万。可耕地面积3500万公顷。农业耕地500万公顷,1991年播种面积466.8万公顷。1992年农业增长1%左右。除咖啡外,还种植香蕉、高粱、玉米、可可豆等。粮食尚不能自给,每年进口约占粮食消费总量的10%左右。1991年缺粮87.4万吨,进口小麦和面粉60万吨,大米5万吨。

主要农作物产量如下(单位:万吨):

	1989	1990	1991
水稻	210.2	211.7	173.9
玉米	104.4	121.3	127.4
香蕉	115.7	124.4	115.0
棉花	29.4	31.4	41.4
小麦	8.0	10.5	9.4
高粱	69.5	77.7	73.8
咖啡(万吨)	664	845	1048

(资料来源:哥农业部、共和国银行和哥全国咖啡生产者联合会)

【旅游业】哥是拉美重要的旅游中心之一,旅游业较发达。1992年接待外国游客89.1万人,收入约5亿美元。主要旅游区有:卡塔赫纳、圣玛尔塔、波哥大、圣安德列斯群岛、麦德林、瓜希腊半岛、博亚卡省等。

【交通运输】以公路运输为主。

公路:全长9.8万多公里;1988年有车辆137.5万辆。公路运输占全国货运量的90%。

铁路:全长5000余公里;1988年客运量124.5万人次,货运量93.4万吨。

水运:内河航运较发达,马格达莱纳河是沟通内陆同加勒比海的主要航道,全长1761公里;主要港口有:圣玛尔塔、巴兰基利亚、卡塔赫纳、布韦那文图拉和图马克。"大哥伦比亚商船队"为主要运输公司。1988年国际海运装货1641.5万吨,卸货604.2万吨。

空运:共有45个机场,其中5个国际机场。主要机场为埃尔多拉多、普恩特阿埃雷奥。有3家航空公司,其中阿维安卡是拉美最早成立的航空公司,与17个国家通航。1988年航空客运量,国内载客551.7万人次,国际抵达旅客111.4万人次;货运量国内载货93614万吨,国际装卸货11.57万吨。

【财政金融】中央政府财政收支情况如下(单位:亿比索):

	1989	1990	1991
收入	1536	2088	3165
支出	1786	2268	3203
赤字	250	180	38

(资料来源:拉美经社理事会)

1992年底国际储备为83亿美元。外债143.81亿美元。

【对外贸易】主要出口咖啡、香蕉、鲜花、纺织品和成衣等，鲜花出口占世界第二位。进口主要为机电产品、运输器材、化工产品等。主要贸易对象为美国、欧洲经济共同体、安第斯集团和日本。

近几年外贸情况如下(单位：亿美元)：

	1989	1990	1991
出口额	60.31	71.05	75.72
进口额	45.57	50.88	45.35
差　额	15.74	20.17	20.37

(资料来源：哥伦比亚共和国银行)

人民生活

1991年，哥对全国不满周岁的婴儿一律予以免费医疗，其他人实行医疗保险制，每月需缴纳工资的5.5～7%。1991年全国共有951所医院和诊所，每10000居民拥有5名医生。

军　事

总统为最高统帅。国防部长协助总统领导和管理三军及警察部队。武装力量总司令部是最高军事指挥机构。实行义务兵役制，服役期两年。三军司令拉斐尔·帕尔多·鲁埃达(Rafael Pardo Rueda)。

1990年总兵力13.6万人。陆军11.5万，分编为步兵旅、独立机械化营、别动营、伞兵营和高炮营等。海军1.4万，共2支舰队，2个陆战营和海军航空队，1支2500人的海军陆战队；拥有各种类型舰只60艘，其中潜艇6艘，驱逐舰4艘，护卫舰3艘。空军7000人，编为战斗队、空运队和训练支援队；拥有各类飞机约300架，其中作战飞机约30架。此外还有准军事部队8.15万人。

1992年国防预算约3.57亿美元，占国家预算的14.54%。

文化教育

【教育】实行小学义务教育。普通教育学制为小学5年，初中4年，高中和职高两年。高等教育中，2～3年制为大专和技术学院，4～6年制为大学本科，2～3年制为研究生院。1990年教育经费约7475万美元，占国家预算的14.51%。全国约有700万文盲，占总人口的23%。全国共有学龄前教育学校4406所，教师9500人，学前儿童生25.9万人；小学33900所，教师13.2万人，学生400万人；中学4200所，教师9.3万人，学生180万人；高等院校216所，教师4万人，学生37万人。著名高等学府有：哥伦比亚国立大学、哈维里亚那大学、安第斯大学、国立师范大学等。

【新闻出版】全国约有400种报刊杂志。主要报纸有：《时代报》，发行25～35万份；《旁观者报》，发行22万份；《新世纪报》(原名《世纪报》)，发行近3万份；《共和国报》，发行5万多份。主要杂志有《向导》，周刊；《新边疆》，周刊；《经济综合》，周刊；《星期》，周刊；《口号》，周刊。以上报刊均为西班牙文。

哥伦比亚新闻社是哥最大的私人通讯社，成立于1981年，向全国近20家报纸和电台提供新闻。

全国共有495个广播电台。“国家电台”是唯一国营电台，创建于1940年。“哥伦比亚广播公司”、“全国广播公司”和“托德拉尔”电台为较大的3家私人广播公司，在全国均设有一些分台和转播台。

电视业始于1954年。全国共有15家电视台，其中3家全国性电视台和播放台为国家所有，但一、二台通过合同向私人电视节目制作台和播放台出租，第三台为国家直接管理，播放文化教育等节目。

对外关系

奉行独立自主、不结盟和多元化的外交政策。主张尊重各国人民自决，坚持不干涉及和平解决国际争端的原则。重视发展与本地区及邻国的关系，积极参与“里约集团”的活动和推动拉美国家的团结合作和一体化进程。在加强与美国等西方工业化国家传统关系的同时，注意发展同第三世界国家的友好关系，特别重视同环太平洋国家和地区发展关系。主张建立公正、和平的国际新秩序。反对干涉内政，认为“里约集团”应成为国际新秩序的积极参加者。主张大力加强地区的协调和合作，力争哥和拉美地区在未来世界格局中占据一定地位。主张以民主方式解决中美洲国家的政治和社会问题。认为毒品问题已成为国际性问题，呼吁毒品生产国和消费国共同承担责任。提议建立“国际刑事法庭”负责对贩毒分子的审判。反对以缉毒为名干涉别国内政。主张拉美各国协调行动，以发展促还债，不赞成集体谈判解决债务问题，反对抗债；呼吁债权国改善还债条件，降低利率，延长还债期，增加新贷款。坚持不重新谈判本国外债的立场，按期还本付息。认为拉美一体化是解决拉美全部问题的唯一出路，不容拖延。拉美国家应克服分歧，开展各种合作。

哥与世界上142个国家建有外交关系。1992年，哥与克罗地亚、马绍尔群岛建立了外交关系。哥是美洲国家组织、七十七国集团(1993年哥任主席)、不结盟运动、国际咖啡组织和香蕉出口国联盟的成员国，也是安第斯集团、拉美经济体系、拉美一体化协会、里约集团、卡塔赫纳集团、拉美禁核组织和南太平洋常设委员会等地区组织的成员国。

【同我国的关系】自1980年2月7日建交以来，两国关系稳步发展。1992年哥来访的有：总统夫人(5月)，众议院和参议院两代表团(7月和8月)。我访哥的有：王汉斌副委员长率领的全国人大代表团(4月)，刘中一部长率领的农业部代表团(5月)，7月，经贸部佟志广副部长率经贸代表团访哥，并向哥提供无偿援助150万元人民币；9月，中国煤炭进出口总公司与哥煤炭公司签订了“上点火蜂窝煤”技术转让协议。1992年3月，我在哥设武官处。1992年中哥两国贸易总额为3636万美元，其中，我方出口1331万美元，进口

2305万美元。

中华人民共和国驻哥伦比亚共和国特命全权大使：俞成仁。馆址：Calle 71，No. 2A-41 SANTA FE DE BOGOTA，COLOMBIA S. A.。电话：2354168（办公室），2558548（传达室），2115411（商务处），2124988（文化处），2118137（领事部）。电传：571 217895。传真：(035) 45387，CHINA CO。

哥伦比亚共和国驻中华人民共和国特命全权大使：阿尔瓦罗·埃斯卡利翁（Alvaro Escallon）。馆址：北京建国门外光华路34号。电话：5323377，5321713，5323367（领事事务）。

台湾当局在波哥大市设有"台北商务处"。1992年8月27日，哥总统府新闻局发布消息说外贸部长桑托斯宣布将在台设商务处，以支持推动双方出口商的活动。

【同美国的关系】与美传统关系密切，经济上对美依赖较深。80年代，美在哥共投资21亿美元，占外国在哥投资总额的64%以上。美也是哥的主要贸易伙伴，年贸易额在38亿美元左右。哥对美贸易保护主义持批评态度。加维里亚总统1990年8月就职后，表示将继续重视发展同美的传统关系，已三次出访美国。1991年2月，双方签署了司法合作、经贸合作等方面的协议。1992年7月，布什总统签署了给哥及其他安第斯国家贸易优惠的法令，哥大部分产品将可免税进入美国。美支持哥政府的反毒斗争。1991年，哥在新宪法中废除与美执行了100多年的"引渡条约"。1992年6月，哥对美高法院作出的美可以在国外绑架罪犯的裁决作出强烈反应。

【同西欧国家的关系】哥一贯重视发展与西欧国家的经贸关系，1991年，哈拉米略外长两次参加"里约集团"同欧共体的对话。近年来，西欧已成为哥的主要贸易伙伴。哥同欧共体年贸易额在25亿美元以上，占哥出口总额的25%以上。今后，欧共体每年将从哥进口4500万吨煤，为此向哥提供9亿美元的贷款，用于哥煤矿的开发。

1992年1月，西班牙首相冈萨雷斯访哥。10月，哥总统加维里亚访西，签订了友好合作条约，确定西到1996年共向哥提供15亿美元的贷款。1992年6月，英国首相梅杰在参加世界环发会议前访哥，他是第一个访哥的英国首相。梅杰支持哥推动签署一个新的世界咖啡协议。1993年，英将对哥新发现的大油田投资2亿美元。

【同拉美国家的关系】重视发展同拉美及加勒比地区国家的友好合作关系。1991年，加维里亚总统访问了委内瑞拉、厄瓜多尔、墨西哥、巴西等国；委内瑞拉、智利、危地马拉、萨尔瓦多等国总统也访问了哥伦比亚。1992年初，哥与委内瑞拉签署了自由贸易协议，哥6000多种产品获免税。年底，两国总统还签署了电力联网协议。两国的贸易额达12亿美元。1992年哥还与厄瓜多尔建立了自由贸易区，两国总统进行了互访。同年，哥与巴拿马总统进行了互访，哥支持巴重返里约集团。哥政府主张改善同古巴的关系，增加与古巴的来往，希望以此促成古巴自己实行"民主化"，从而和平地返回拉美大家庭。1991年7月，哥政府宣布同古恢复领事和贸易关系，并表示这是两国复交的第一步。

哥与委内瑞拉、尼加拉瓜存在领土纠纷。

【同亚洲国家的关系】开始重视同环太平洋亚洲国家的关系。1992年9月，哥被接纳为太平洋经济合作理事会（PECC）成员国（MIEMBRO ASOCIADO）。哥与日本的贸易关系较多，日现是哥的第三大卖主，第六大买主。1991年，哥对日出口2.74亿美元，进口4.94亿美元。1985～1990年，日共向哥提供53.8亿日元的援助。1985年1月，日外相安倍访哥，这是1908年两国建交以来，日第一位内阁部长访哥。1992年6月，日前首相海部俊树访哥。1992年，哥外贸部长桑托斯访问以色列，寻求以购买更多的哥煤。1991年，两国的贸易额达6900万美元，其中哥进口4900万，出口2000万。

（张莉敏　贾红）

哥斯达黎加

国名　哥斯达黎加共和国（Republic of Costa Rica，República de Costa Rica）。

面积　51100平方公里。

人口　310万人（1991年）。白人和印欧混血种人占95%，黑人占3%。印第安人2.4万，华侨、华人约5万。官方语言为西班牙语。95%的居民信奉天主教。

首都　圣何塞（San José），人口80万（1989年）。

国家元首　总统拉斐尔·安赫尔·卡尔德隆·福涅尔（Rafael Angel Calderón Fournier），1990年5月8日就职，任期4年。

简　况

位于中美洲南部。东临加勒比海，西濒太平洋，北接尼加拉瓜，东南与巴拿马毗连。海岸线长1200公里。高原地区年平均气温16～19℃，沿海地区23～25℃。原为印第安人居住地。1564年沦为西班牙殖民地。1821年9月15日宣布独立。1823年加入中美洲联邦。1848年8月30日成立共和国。

政　治

卡尔德隆政府1990年5月上台。1992年，哥政府强调在政治上加强本党内的团结，开展同反对党派的对话，加紧推行新自由主义经济调整。一年来，哥政局比较稳定，社会矛盾有缓解，没出现过影响全局的社会冲突。经济上为压缩通货膨胀、减少财政赤字，采取了削减税率、消除某些物品的进口障碍、改善本国产品质量、降低银行利率、对国家机构进行裁员等措施，并已初步见效。民族解放党及一些小党已开始酝酿候选人，准备参加下届大选。

【宪法】现行宪法于1821年12月1日制订，1949年11月7日进行了第11次修改。宪法规定总统为国家元首和政府首脑，由两名副总统和内阁协助，总统和副总统由直接选举产生，任期4年，不能连任。内阁成员由总统任命。总统缺位时，依次由第一副总统、第二副总统和议长接任。

【议会】一院制，称"立法大会"。由57名议员组成，任期4年，不能连任。本届议会于1990年2月选出，其中基督教社会团结党29名，民族解放党25名，卡塔戈农业党1名，人民联盟1名，民众联盟1名。议长每年改选一次。现议长罗伯托·托瓦尔·法哈(Roberto Tovar Faja)，1992年5月1日就任。

【政府】本届政府于1990年5月8日组成。主要成员有：第一副总统赫尔曼·塞拉诺·平托(Germán Sarrano Pinto)，第二副总统阿诺尔多·洛佩斯·埃昌迪(Arnoldo López Echandi)，外交和宗教事务部长贝恩德·尼豪斯·克萨达(Bernd Niehaus Quesada)，总统府部长罗兰多·拉克莱·卡斯特罗(Rolando Lacle Castro)，内政和警察部长路易斯·菲什曼·松辛斯基(Luis Fishman Zonzinski)，经济、工业和贸易部长贡萨洛·法哈多·萨拉斯(Gonzalo Fajardo Salas)，财政部长特尔莫·巴尔加斯(ThelmoVargas)，计划和经济政策部长埃利奥·法利亚斯·贝内加斯(Helio Fallas Venegas)，外贸部长罗伯托·罗哈斯·洛佩斯(Roberto Rojas López)。

【司法机构】最高法院由一名首席法官和17名法官组成，由议会选举产生，任期8年。任满时如无议会2/3议员的反对，可自动连任。下设最高上诉法院、民事法院和刑事法院等。下级法院法官由最高法院任命，地方法院分省、县、区3级。最高法院院长米格尔·布兰科·基罗斯(Miguel Blanco Quiros)，总检察长费尔南多·索拉诺·卡雷拉斯(Fernando Solano Carreras)，1986年5月16日就任。

【政党】全国有20个政党，主要为：

(1)基督教社会团结党(Partido Unidad Social Cristiana)：执政党。1983年12月由民主复兴党、民族共和党、基督教民主党和人民联盟党合并组成。主席马里奥·金塔纳·穆斯马尼(Mario Quintana Musmani)，总书记丹尼尔·查韦里·索托(Daniel Chaverri Soto)。

(2)民族解放党(Partido Liberación Nacional)：1951年10月成立。主要反对党，党员63万。1953年起曾6次执政。主席丹尼尔·奥杜维尔·基隆(Daniel Oduber Quirón)，总书记瓦尔特·科托·莫利纳(Walter Coto Molina)。

(3)人民先锋党(Partido Vanguardia Popular)：原名哥斯达黎加共产党。1931年6月成立，1943年改称现名。总书记温贝托·巴尔加斯·卡尔沃(Humberto Vargas Carbo)。

其他政党有：爱国阵线、进步党等。

【重要人物】拉斐尔·安赫尔·卡尔德隆·福涅尔：总统。1949年3月14日生于迪里安瓦。其父卡尔德隆·瓜尔迪亚于1940～1944年为哥斯达黎加总统。卡尔德隆·福涅尔15岁开始其政治生涯，1974年当选为议员，1974～1976年两次当选为议会外委会主席，1977年3月任团结党主席。1978～1980任外交部长。1983年12月至1984年任基督教社会团结党主席，1990年2月当选总统。

经　济

1992年，卡尔德隆政府进一步对经济进行调整，大力发展旅游业、制造业，努力减少财政赤字，国民经济增长率从上年的1.5%上升到5%，财政赤字占国内生产总值的比例从上年的2%降到1.5%，贸易逆差从上年的2.2亿美元降到约1.2亿美元(165亿克朗)，通货膨胀大幅度降低，经济状况有所好转。

国内生产总值(1991年)：8359.02亿科朗。

人均国内生产总值(1992年)：234920科朗。

国内生产总值增长率(1992年)：5%。

货币名称：科朗。

汇率(1993年1月)：1美元＝138科朗。

通货膨胀率(1992年)：16.9%。

失业率(1992年)：4.1%。

【资源】铝矾土蕴藏量约1.5亿吨，铁蕴藏量估计为4亿吨，煤蕴藏量约为5000万吨。森林资源丰富，森林面积60万公顷。

【工业】以食品加工、纺织、制革等轻工业为主。1990年加工工业产值比上年增长2.9%，占国内生产总值的18.5%，建筑业产值比上年减少3%，占国内生产总值的4.1%。

【农牧渔业】农业以生产咖啡、香蕉、甘蔗等经济作物为主。1989年粮食丰收，达到基本自给。1990年的农业产值比上年增长3.9%，占国内生产总值的19.6%。1989～1991年的主要农作物产量如下(单位：万吨)：

	1989	1990	1991
咖啡	15.8	16.2	16.4
香蕉	142.4	153.9	162.6
甘蔗	251.1	275.2	294.5
可可	0.4	0.4	0.3

大米	20.4	18.9	17.5
玉米	8.1	7.3	7.9
豆类	2.2	3.2	3.7
高粱	0.7	0.4	0.3

主要鱼、畜产品产量如下(单位:万吨):

	1989	1990	1991
牛肉	15.8	16.8	17.1
猪肉	2.0	2.0	2.7
家禽肉	2.3	2.5	2.7
牛奶(亿公斤)	4.10	4.27	4.40
鸡蛋(亿个)	3.40	3.60	3.94
鱼类	3.4	2.2	1.9

(资料来源:拉美经济委员会统计,1991年为初步统计数字)

【服务业】在国民经济中占有重要地位,其产值占国内生产总值一半以上。1990年电力、煤气、自来水、交通运输、邮电等部门产值占国内生产总值的8.1%,其他服务行业(商业、旅馆、金融业等)占国内生产总值的49.7%。

【旅游业】在国家外汇收入来源中,旅游业仅次于香蕉,居第二位。1992年(1~9月)接待游客45万多,其中16万是美国游客,6.1万是欧洲国家的,其次是尼加拉瓜、巴拿马及本国旅游者,收汇约3.2亿美元,比上年同期增长21%。主要旅游胜地有伊拉苏、波阿斯火山和西班牙殖民文化遗址等。

【交通运输】以公路为主。

公路:总长29470公里,其中高速公路5037公里。1989年约80%的货运、95%的客运由公路承担。

铁路:总长1389公里。1989年货运量122.7万吨。

水运:拥有轮船1029艘,总吨位57万吨。主要港口为彭塔雷纳斯和利蒙港。

空运:两家航空公司经营10条国内航线、14条国际航线。首都有胡安·圣玛丽娅国际机场。

【财政金融】1989~1991年的财政收支情况如下(单位:亿科朗):

	1989	1990	1991
总收入	651.00	761.00	1000.73
总支出	824.31	989.66	1241.81
赤　字	173.31	228.66	241.08

(资料来源:同上,1991年为初步统计数)

1992年11月,黄金和外汇储备为8亿美元,外债32.87亿美元。

【对外贸易】在经济中占重要地位,主要出口香蕉、咖啡和蔗糖,进口机械设备、化工产品和燃料。主要贸易对象是美国、日本、西欧和中美洲国家。1990~1992年进出口情况如下(单位:亿美元):

	1990	1991	1992
出口额(离岸价)	13.58	21.79	25.30
进口额(到岸价)	20.62	22.30	28.25
差　额	−7.04	−0.51	−2.95

(资料来源:同上)

【外国援助】主要从美国等西方国家和联合国组织机构获得贷款或赠款。1992年,美国向哥提供44万美元的经援,260万美元的军援。

人民生活

1991年消费物价指数上涨28.7%。最低工资提高了10%,但由于货币贬值,普通工人的月工资仅保持在130美元左右。

军　事

1950年哥宪法规定解散军队,成立国民警卫队。这支警察部队从80年代开始军事化进程。1989年有警察27000人。警察、公安部门开支约占全国预算的4%。

文化教育

【教育】国家财政预算的23%用于教育事业。小学实行义务教育,中学实行免费教育,文化水平居拉美国家前列。1990年文盲率为9.2%。1989年有小学3068所,中学241所,公立大学5所。在校学生人数:小学、初中423000人,高中148000人,大学73500人。主要高等院校有哥斯达黎加大学和国立大学。

【新闻出版】有6家日报,主要是:《民族报》,发行8.5万份;《自由新闻》,发行5万份;《共和国报》,发行5.8万份。

全国有130家电台,12家电视台。

对外关系

1983年11月发表中立宣言,宣布哥将在一切军事冲突中保持永久、积极和非武装的中立。卡尔德隆政府上台后,表示要继续奉行中立的和平外交政策,支持各国人民自决和不干涉内政的原则。在坚持外交多元化原则的同时,特别注意密切与美国的关系。支持推动中美洲地区的和平进程,但反对中美洲政治一体化。通过扩展与中美洲国家的合作,密切周边关系。同时注意加强与拉美国家的团结,共同寻求建立一种国际经济新秩序的可能性。近年来注意与发达国家加强经济往来,主张建立公正的国际经济新秩序,希望债权国与债务国共同寻求合理解决债务问题的办法。1992年同格林纳达建立外交关系。

【同我国的关系】哥同我国无外交关系。1979年3月新华社在哥首都设分社。此后双方略有往来。前总统卡拉索和菲格雷斯分别于1984年10月和1985年9月访华。1988年10月,副议长克林顿·克鲁克香克率立法大会代表团访华。1988年11月,哥人民先锋党总书记巴尔加斯访华。

1992年我与哥进出口贸易总额为617万美元,其中我向哥出口130万美元,进口487万美元。

哥同台湾当局有"外交关系"。1990年8月,哥外贸部长罗哈斯访台。11月,卡尔德隆总统访台,与台湾签订了经济技术合作协定。1991年8月,台"副总统"李元簇、"外长"钱复访哥。1992年7月,台"外交部次长"程建人访哥,与哥签署了加强合作的声明,向哥卫生部赠款 8.3 万美元。1990 年哥台贸易总额为 4924 万美元，其中哥进口 4668 万美元，出口 256 万美元。

【同美国的关系】与美国关系密切。美称哥是民主国家的"样板"，给哥提供"强有力的援助"。1990 年哥美贸易额达 20 亿美元。在拉美国家中率先响应布什总统在拉美建立自由贸易区的建议并与美签订自由贸易的初步协定。1990 年 9 月、1991 年 10 月和 12 月卡尔德隆总统三次访美。1992 年 11 月，卡尔德隆总统在圣何塞就克林顿当选总统表示，哥政府期待着与美保持良好的关系。

【同前苏联各共和国的关系】1991 年 12 月，哥宣布承认前苏联境内的各共和国并准备逐步与它们建交。

【同拉丁美洲国家的关系】重视同拉美国家的关系，特别是同中美洲国家的关系，支持拉美经济一体化。1992 年 11 月，哥政府发表声明谴责在委内瑞拉发生的政变图谋。哥同古巴无外交关系，但 1992 年古巴共产党中央委员温贝托·卡布雷拉访问了哥议会并与哥磋商建立政治关系事宜。1992 年，卡尔德隆总统访问了哥伦比亚、智利、巴拉圭、阿根廷、厄瓜多尔、危地马拉，并出席了第 12 次中美洲国家首脑会议，出席了在巴西举行的联合国环境与发展会议，出席了在马德里举行的第二届伊比利亚美洲国家首脑会议和在美国夏洛茨维尔召开的中美洲经济首脑会议。1992 年访问哥的有：危地马拉总统塞拉诺、尼加拉瓜总统查莫罗夫人、墨西哥总统萨利纳斯和巴拿马副总统里卡多·阿里亚斯。

【同欧洲国家的关系】哥重视发展同西欧国家的关系。但 1992 年，双方关系因香蕉问题而出现阴影。1992 年 12 月 19 日，拉美 8 个香蕉生产国的总统在哥斯达黎加首都圣何塞举行了紧急会议并发表声明，反对欧共体"高度限制进口拉美香蕉的贸易制度"，强调"欧共体作出的这项决定明显违背乌拉圭回合谈判的原则和目标"。

（施汉芳）

格 林 纳 达

国名　格林纳达(Grenada)。

面积　344 平方公里。

人口　11 万(1990 年)，黑人约占 80%。英语为官方语言和通用语。居民多信奉天主教。

首都　圣乔治(St. George's)，人口 9000(1988 年)。

国家元首　英国女王，女王任命总督为其代表。现任总督保罗·斯库恩(Paul Scoon)，1978 年 9 月就任。

简　况

位于东加勒比海向风群岛的最南端，南距委内瑞拉海岸约 160 公里。属热带海洋性气候。年平均气温 26℃。原为印第安人居住地。1498 年被哥伦布发现。1650 年归属法国。1762 年被英国占领。1763 年 2 月 10 日根据《巴黎条约》，法国正式将格转让给英国。1779 年被法国重新占领。1783 年根据《凡尔赛条约》正式确认为英国所有，从此沦为英国殖民地。1974 年 2 月 7 日宣布独立。

政　治

1990 年 3 月 18 日举行全国大选，国家民主大会党获胜，与民族党组成联合政府，国家民主大会党领袖尼古拉斯·布拉斯韦特出任总理。

【宪法】现行宪法于 1974 年独立时生效。1979 年 3 月 13 日曾停止实行。1983 年 11 月恢复。

【议会】分参、众两院，任期均为 5 年。参议院 13 席，由总督根据总理和反对党领袖提名任命。众议院 15 席，普选产生。1990 年 3 月大选中，国家民主大会党获 7 席，统一工党获 4 席，民族党、新民族党各获两席。1990 年大选至今，已有 3 名统一工党议员宣布退党，1 名民族党议员宣布成为独立议员。

【政府】本届政府于 1990 年 3 月 22 日组成，12 月 4 日改组，1991 年外交部长本·琼斯与交通、工程和公用事业部长肯尼·拉尔辛(Kenny Lalsingh)辞职。现主要成员有：总理兼外交、新闻、内务及国家安全部长尼古拉斯·布拉斯韦特(Nicholas Brathwaite)，总检察长、财政、贸易和工业部长乔治·布里干(George Brigan)，农业、食品和渔业部长菲尼斯莱·圣·路易斯(Phinsley St. Louis)。

【司法机构】格林纳达最高法院由一个高等法院和两级上诉法院组成。地方上诉法院由首席法官主持，巡回上诉法院是终审上诉法院，由 3 名法官组成，每年开庭两次。还有地方法院，负责即决裁判。现任首席法官丹尼·拜伦(Danis Byron)。

【政党】主要政党为：(1)国家民主大会党(the National Democratic Congress)：执政党，成立于 1987 年 10 月 18 日。领袖尼古拉斯·布拉斯韦特。

(2)新民族党(The New National Party)：1984 年 8 月成立。曾于 1984 年 12 月大选获胜执政。领袖米切尔。

【重要人物】尼古拉斯·布拉斯韦特：总理。生于 1925 年。职业教育家，曾任格林纳达教育学院院长、格首席教育官和英联邦加勒比青年事务部主任。1983～1984 年出任临时政府首脑，曾任前总理布莱兹的顾问。1989 年 1 月加入国家民主大会党，任该党政治领袖。1990年3月任现职。

经　济

农业和旅游业是主要经济部门，其次是制造业和建筑业。近几年主要经济部门收入下降，财政拮据。政府为改善经济状况，采取了紧缩开支，发展私人企业和农业，鼓励外国投资、修改税收制度等措施。

国内生产总值(1991年)：4.22亿东加元。

人均国内生产总值(1990年)：2000美元。

国内生产总值增长率(1991年)：3.0%。

货币名称：东加勒比元。

汇率：1美元=2.7东加元。

通货膨胀率(1991年)：2.7%。

失业率(1990年)：30%。

【资源】有一定储量的石油，但尚未开采。森林面积40.47平方公里。

【工业】工业不发达，有一些食品加工、酿酒、服装等轻工业。产品主要供国内需要，但也有些产品出口到加勒比共同体国家和美国。

【农业】1989年农业产值占国内生产总值的17.7%。耕地约占全国土地面积的70%，主要种植肉豆蔻、香蕉、可可、椰子、甘蔗、棉花和热带水果。是世界上仅次于印度尼西亚的第二大肉豆蔻生产国，有“香料之国”之称。1990年香蕉产量为7900吨。

【旅游业】1985年政府制订了发展旅游业的五年计划。1990年有旅游客房1105间。政府目前正在建造旅馆，到1994年可达2000间。1991年游客总数为288640人。1990年旅游外汇收入为1.014亿东加元，占外汇总收入的63.3%。

【交通运输】全国有公路980公里，无铁路。海空交通便利。首都圣乔治有深水港设施，可停靠大型远洋客货轮。萨林斯角国际机场有通往加勒比共同体各国和伦敦、北美的客货航班。

【财政金融】近几年财政收支情况如下(单位：百万东加元)：

	1989	1990	1991
收入	162.9	146.4	157.6
支出	174.8	160.9	164.5
赤字	11.9	14.5	6.9

(资料来源：1992/93年度经济季评)

1990年底有外汇储备1796万美元。截至1991年初，外债总额为1亿东加元。

【对外贸易】主要出口肉豆蔻、香蕉、可可、水果等；进口食品、工业品和原料等。每年贸易均有巨额逆差。主要贸易对象为英国、美国、加拿大、加勒比共同体国家和欧洲共同体。

近几年进出口情况如下(单位：百万东加元)：

	1989	1990	1991
出口额	75.5	71.4	71.7
进口额	267.8	283.9	295.6
差　额	−192.3	−212.5	−223.9

(资料来源：同上)

人民生活

1990年全国有3所医院，329张病床，37名医生。1990年，全国有电话机7150部。

军　事

无正规军，有警察约600人。

文化教育

【教育】对6～14岁儿童实行免费义务教育，全国识字率97%。小学和中学学制均是7年。每个区都设有职业培训中心。1990年有小学57所，中学18所。

【新闻出版】有5家周报，主要是《格林纳达之声报》，发行2.5万份；《民族报》，发行2000份；《格林纳达卫报》，发行2500份。此外，还有《西印度时报》和《情报员》。

格林纳达电台为国营，1984年10月开始播音，每天用英语广播13个小时，也转播美国之音和英国广播公司的新闻节目。1986年，由美国资助建立一小型电视台，可转播特立尼达和多巴哥、巴巴多斯的电视节目。

对外关系

强调发展同美国、欧洲共同体、南美主要国家和加勒比地区国家的关系。重视加勒比地区一体化运动和地区合作。

【同我国的关系】1985年10月1日中格两国建立外交关系。1989年7月19日，格林纳达政府宣布与台湾当局建立“外交关系”。8月7日，我国中止了与格的外交关系。

【同美国的关系】两国政治、经济关系密切。1983年10月美入侵格，推翻了革命军事委员会。1990年3月，格新政府组成后，布什即给布拉斯韦特发去贺电，希望美与格继续在经济发展、安全及反国际贩毒等方面进行合作。1983～1989年，美一共向格提供了1.2亿美元的无偿经济援助。1990年美又向格提供了340万美元援助以帮助格发展旅游业和改善城市排水系统。

【同邻国的关系】格积极主张实现加勒比经济一体化和更广泛的区域合作，与邻国的双边交往和经贸往来有所加强。

(李　茜)

格 陵 兰

名称　格陵兰(Greenland)。

面积　217.56万平方公里。

人口　55385人(1992年1月统计),其中绝大多数是格陵兰人,丹麦人约占1/5。语言主要为格陵兰语。居民大多数信奉基督教路德宗。

首府　戈特霍普(Godthaab),人口12751人(1992年1月统计)。

总督　曹·希德·彼德森(T. Hede Pedersen),1979年5月1日就任。

简　况

世界第一大岛。在北美洲东北部。全岛约4/5的地区在北极圈内,最北端距北极约805公里。海岸线长39310公里。全年平均气温在0℃以下,最冷可达-70℃。约公元前1000年加拿大北部的因纽特人迁至北部定居,以狩猎为生。公元982年移居冰岛的挪威人发现该岛并将它命名为格陵兰(意为"绿地")。1261年成为挪威的殖民地。1380年挪威与丹麦结盟,转由丹管辖。1933年海牙国际法庭判归丹麦。1953年丹麦宪法规定格陵兰为丹的一个州。1973年随丹麦一起加入欧洲共同体。1979年5月1日起正式实行内部自治。1985年正式退出欧共体。

政　治

自治议会和自治政府负责本岛税收、教育、职业培训、文化和社会福利等事务,防务、外交和货币由丹麦政府掌管。岛上地下资源属该岛和丹麦共有,双方对资源开发问题均有否决权。总督由丹麦君主任命。格在丹麦议会中有两个席位。格有自己的旗帜。1991年3月举行大选,组成由前进党和工人党两党联合的政府。

【议会】自治议会设27个议席,经普选产生,任期4年。本届自治议会于1991年3月5日选举产生,各党议席为:前进党11席,团结党8席,工人党5席,中央党2席,北极党1席。议长本特·弗里特里克森(Bendt Frederiksen)。

【政府】本届自治政府于1991年3月由前进党和工人党组成。新政府共有7名成员:主席拉斯·埃米尔·约翰森(Lars Emil Johansen),埃米尔·阿勃尔森(Emil Abelsen)负责经济事务;凯·依厄泽(Kaj Egede)负责实业;玛丽娅娜·彦森(Marianne Jensen)负责文化、教育、劳工市场和宗教事务;奥弗·罗辛·奥尔森(Ove Rosing Olsen)负责卫生、环境事务;亨利特·拉斯姆森(Henriette Rasmussen)负责社会事务;科比克·克莱斯特(Kupiik Kleist)负责住房和技术事务。

【政党】(1)前进党(Siumut):1977年7月成立。主席拉斯·依米尔·约翰逊(Lars Emil Johansen)。

(2)团结党(Atassut):1978年1月成立,前身是团结运动,1981年改现名。主席康拉德·斯丁霍尔特(Konrad Steenholdt)。

(3)工人党(Inuit Ataqatigiit):由1978年从前进党分裂出来的左翼人士组成。主席阿加鲁克·伦厄。

(4)北极党(Issittup Partiia):1987年5月成立。

【重要人物】曹·希德·彼德森:总督。1937年7月13日生于木工家庭。1956年考入哥本哈根大学,1962年获法学学士衔。1963～1966年任纳克斯科夫市警察局科长。1966～1967年任格陵兰部秘书。1967～1969年任格陵兰州长府科长,1969～1971年任处长。1971～1973年任格陵兰部科长,1973～1976年任格陵兰市政联合会秘书处主任,1976年任格陵兰部处长,1979年被任命为格陵兰总督。

经　济

捕鱼业和鱼产品加工业是主要经济部门。1977年建立200海里渔区。1991年有吨位在20吨以上的渔船131艘,总吨位为55873吨。1990年总捕鱼量为20万吨,价值4.93亿克朗。主要水产品是鳕鱼、虾、格陵兰大比目鱼和鲑鱼。

货币名称:丹麦克朗,1991年年均汇率:1美元=6.40克朗。

【狩猎业和牧业】狩猎业是传统行业,有1/4人口以此为生。1985年收购海豹皮50526张、狐狸皮1182张。畜牧业以羊为主,1984年屠宰羊14721只。

【资源与采矿业】地下蕴藏铅、锌、冰晶石、铬、煤、钨、钼、铁、镍、铀和石油等资源,其中冰晶石已基本开采完。1985年生产锌矿石11.9万吨,铅矿石2.6万吨。1989年在岛的东部发现金矿,初步探明储量价值为12亿克朗,每年可采12吨。

【交通运输】主要交通工具是船、直升飞机和雪橇等。同丹麦、加拿大和冰岛有定期航班或客货轮联系。1991年共有汽车3397辆,其中小轿车1915辆、卡车1366辆。

【财政金融】1989年自治政府财政收入56.29亿克朗,支出52.21亿克朗。1989年丹麦政府的格陵兰事务各项开支总额为29.56亿克朗。

【对外贸易】近年格陵兰商品进出口情况如下(单位:亿克朗):

	1989	1990	1991
进口额	29.15	27.56	25.76
出口额	30.55	27.95	21.78

差 额 1.40 0.39 −3.98

主要出口鱼产品、裘皮和矿产品，进口各种生产资料和生活资料。1991年主要进口国是丹麦(17.21亿克朗)、挪威(2.65亿克朗)、日本(1.03亿克朗)、德国(0.83亿克朗)、美国(0.68亿克朗)；主要出口国是丹麦(20.37亿克朗)、英国(5.93亿克朗)、日本(1.85亿克朗)。

人民生活 1991年有医院18所，医生71人，牙医29人，护理人员483人，1989年有病床444张。

军 事 丹麦在格设有格陵兰司令部，具体负责防务、渔区巡逻、海上救援、海洋测量和气象服务。

1941年4月9日，丹美签订"格陵兰防务协定"，美取得在岛上建立军事设施的权利。岛上现有美国和北约的空军基地、雷达站和预警系统。

文化教育 【教育】实行9年义务教育制，丹麦文为必修课。1991/92年度有中小学88所，在校学生9650名，教师922人，其中格陵兰当地的教师628人。有高等师范学院一所。10年级以上的中等教育和大学学业要到丹麦专修。

【新闻出版】主要报刊有《格陵兰邮报》、《前进报》和《团结报》。格陵兰广播电视台播放格陵兰语和丹麦语广播和电视节目。 (甄建国)

古 巴

国名 古巴共和国(The Republic of Cuba, República de Cuba)。

面积 110860平方公里。

人口 1080万(1992年估计)。人口出生率17.6‰，死亡率6.8‰，自然增长率10.3‰。白人占66%，黑人占12%，混血种人占21.9%。通用西班牙语。部分居民信奉天主教。

首都 哈瓦那(La Habana)，人口208万(1989年)。

国家元首 国务委员会主席菲德尔·卡斯特罗·鲁斯(Fidel Castro Ruz)，1976年12月就任，1981年起连任至今。

简 况 位于加勒比海西北部。是西印度群岛中最大的岛国。东与海地相望，南距牙买加140公里，北离美国佛罗里达半岛南端217公里。海岸线长约6000公里。全境大部分地区属热带雨林气候，仅西南部沿岸背风坡为热带草原气候，年平均气温为25.5℃。1492年哥伦布航海抵达古巴。1511年沦为西班牙殖民地。1902年5月20日成立古巴共和国。1959年1月1日由菲德尔·卡斯特罗领导的起义军推翻了巴蒂斯塔的独裁统治，并于2日建立革命政府。1961年卡斯特罗宣布古开始社会主义革命。1991年10月，古巴共产党宣布，古巴坚持社会主义道路，坚持共产党的领导，坚持计划经济。承认过去照搬别国发展模式是犯了政治性错误。

政 治 1991年以来，国际形势发生的巨大变化，特别是苏联的解体，给古巴造成诸多困难。为适应新的国际形势，古政府对其内外政策做了大幅度的调整。

1992年7月，全国人民政权代表大会第三届11次会议通过宪法修改草案。首次把古巴民族英雄何塞·马蒂的思想与马列主义并列作为国家和社会的指导思想写进宪法。会议还决定增设国防委员会。10月，古共中央政治局发表公报，宣布撤消犯有严重错误的政治局委员阿尔达纳党内一切职务，在此后不久召开的古共四届三中全会上又将其开除出党。同月，第三届全国人民政权代表大会举行第十二次会议，讨论并通过了新的选举法。1993年2月24日，古首次以无计名投票方式直接选举全国和省级人大代表。3月15日，召开第四届全国人民政权代表大会，卡斯特罗再次当选国务委员会主席。

【宪法】现行宪法于1976年2月通过，宪法规定古巴是"在拉美建立的第一个社会主义国家，实行无产阶级专政"。1992年7月，全国人民政权代表大会第三届11次会议通过宪法修改草案，修改和补充的主要内容有：(1)把马蒂思想与马列主义并列作为指导思想；(2)以无计名投票方式直接选举全国和省级人民政权代表大会的代表；(3)授权国务委员会主席宣布在全国或部分地区实行紧急状态。

【议会】全国人民政权代表大会，为国家最高权力机关，每年举行两次例会。大会代表由市代表大会选举产生，每届任期5年。第四届全国人民政权代表大会代表于1993年2月产生，共有代表589人。主席里卡多·阿拉尔孔·德克萨达(Ricardo Alarcón de Quesada)，副主席海梅·克龙贝特·埃尔南德斯—巴克罗(Jaime Crombet Hernández-Baquero)。国务委员会是大会休会期间的常设机构，由全国人民政权代表大会选出。根据宪法规定，国务委员会主席是国家元首和三军司令。主席菲德尔·卡斯特罗·鲁斯。

【政府】即部长会议，是国家最高行政机构。本届部长会议于1986年12月产生，后经改组。主要成员：主席菲德尔·卡斯特罗·鲁斯，第一副主席兼革命武装力量部部长劳尔·卡斯特罗·鲁斯（Raúl Castro Ruz），外贸部长里卡多·卡布里萨斯·鲁伊斯（Ricardo Cabrisas Ruiz），内务部长阿韦拉多·科洛梅·伊瓦拉（Abelardo Colomé Ibarra），外交部长罗伯特·罗瓦伊纳·冈萨雷斯（Roberto Robaina González），司法部长卡洛斯·阿马特·福雷斯（Carlos Amat Fores）。

【司法机构】最高人民法院是国家最高司法机构。最高人民法院院长、法官、全国总检察长、副总检察长均由全国人民政权代表大会选举和罢免。总检察长是最高人民法院领导委员会的成员。最高人民法院院长何塞·劳尔·阿马罗·萨卢普（José Raul Amaro Salup）。总检察长拉蒙·德拉克鲁斯·奥乔亚（Ramón de la Cruz Ochoa）。均从1986年1月起任职。

【政党】古巴共产党（Partido Comunista de Cuba）：唯一的合法政党。1961年，“七·二六运动”、“人民社会党”和“三·一三革命指导委员会”三个组织合并成古巴革命统一组织。1962年改名为古巴社会主义革命统一党。1965年改用现名。有成员611627人（1992年）。第一书记菲德尔·卡斯特罗·鲁斯，第二书记劳尔·卡斯特罗·鲁斯。

【重要人物】菲德尔·卡斯特罗：古巴共产党中央委员会第一书记、国务委员会主席、部长会议主席、革命武装力量总司令。1926年8月13日生于奥连特省。1949年加入古巴人民党。1950年毕业于哈瓦那大学法律系，曾获法学博士学位。1953年率一批青年攻打圣地亚哥的蒙卡达兵营失败后被捕。1955年大赦获释后流亡墨西哥并组织了“七·二六”运动”。1956年回到古巴，在马埃斯特腊山区开展反对巴蒂斯塔反动独裁的武装斗争。1959年出任总理。1976年起任国务委员会主席至今。

经　济

80年代中期以来，由于国际市场糖价持续疲软，使古蔗糖出口损失严重。近两年来，古能源和食品短缺，处于严重的经济困难时期。1992年，由于能源和原材料严重匮乏，多数企业开工不足，设备大量闲置；对外贸易大幅度下降，进口能力由1989年的81亿美元降至22亿美元，经济陷入全面危机。为克服经济困难，古政府继续将食品计划、生物工程和旅游业作为国家优先发展的项目。同时，进一步放宽外国投资政策，将合资范围从旅游业扩大到农业和一些工业部门。

社会生产总值（1991年）：215.20亿比索。

人均社会生产总值（1991年）：1992比索。

社会生产总值增长率（1991年）：－15%。

货币名称：比索。

汇率（1992年1月）：1美元＝0.76比索。

【资源】铁矿蕴藏量35亿吨，镍1460万吨，铬200万吨，钴80万吨，此外还有锰、铜等。1987年森林覆盖面积和植树面积占全国面积的20%，盛产名贵的硬木。现探明的石油蕴藏量不多。

【工业】1989年工业产值123.89亿比索，占社会生产总值的46%。以制糖业为主，是世界主要产糖国之一，占世界糖产量的7%以上，为世界最大的糖出口国。1991/92年度产糖700万吨。工业部门现有从业人员76.8万人。主要工业产品产量如下（单位：万吨）：

	1989	1990*
镍（含钴）	4.65	4.2
铜	2759	
钢	31.42	
水泥	375.88	223.6
发电（亿度）	152.37	162
化肥	90	
纺织品（亿平方米）	2.19	
石油		84

*　为估计数字。

（资料来源：古巴国家统计局）

【农牧渔业】1989年农业产值41.47亿比索，约占社会生产总值的15.4%。1989年69万人从事农牧业。农村人口占全国人口的27%。55%的农业耕地用于种植甘蔗，其次是水稻、烟草、柑桔。主要农产品产量如下（单位：万吨）：

	1989	1990
水稻	53.2	50
烟草	4.29	4.4
酸性水果	82.8	100
咖啡	2.9	2.7
块茎作物	68.2	

畜牧业存栏数（单位：万头）：

	1989	1990
菜牛	492	
奶牛	36.9	57
猪	129.2	185
羊	85.3	49.5
家禽（百万只）	27.9	28

畜牧业和渔业产品产量（单位：万吨）：

	1989	1990
牛奶	92.4	110
牛肉	28.9	14.1
猪肉	11	8.9
肉鸡	11.8	11
鸡蛋（亿个）	25.23	25.83
捕鱼	19.2	

（资料来源：同上）

【旅游业】近年来，古将旅游业作为国家重点发展项目，并大量吸引外资。1992年外国游客近50万人，比1991年增长30%以上。外汇收入可达5亿美元，增长35%。1988年全国共有旅馆321个，客房3万余间。全国有海滩289个，其中巴拉德罗海滩是世界有名的旅游胜地。

【交通运输】以公路为主。

公路：总长4.9万余公里（铺路面公路14478公

里),1989年货运量9023万吨,客运量2754万人次,1989年产值21.5亿比索。

铁路:总长14838公里,其中7000多公里是专为制糖业服务的窄轨铁道。另有147公里电气铁路。货运量1575万吨。

海运:1989年有商船117艘,总吨位140万吨,货运量1036万吨。有17个港口,主要港口有哈瓦那和圣地亚哥港。

空运:有48架客机,两架运输机。国际航线23条。1989年客运量:国际旅客50万人次,国内旅客70万人次。

【财政金融】最近几年财政收支情况如下(单位:亿比索):

	1988	1989	1990*
总收入	113.85	119.035	124.60
总支出	125.32	135.275	144.40
赤 字	11.47	16.24	19.80

* 为估计数字。 (资料来源:同上)

1990年底,国际货币储备8790万比索,黄金和贵重金属储备1900万比索。截至1989年底,欠西方国家债务为61.65亿美元。

【对外贸易】蔗糖是主要出口产品,1989年出口原糖约712万吨,创汇39.14亿比索,占全部外汇收入的72.6%。此外还出口镍、柑桔、雪茄烟、朗姆酒等。主要进口石油、粮食、机械、化肥、化工产品等。贸易对象有中国、西班牙、日本、法国、加拿大、原苏联及东欧国家。近几年进出口情况如下(单位:亿比索):

	1988	1989
出口额	55.18	53.92
进口额	75.79	81.24
差 额	−20.61	−27.32

(资料来源:同上)

人民生活

1989年生产部门每人年平均工资2260比索,非生产部门2311比索。国家提供免费医疗。现有医院341所,其中综合性医院76所,其他诊疗所、防疫站和研究所1944所,血库23个。1992年有医生42634名,平均每250人有一名医生;有病床77739张,每千人拥有病床7.3张。儿童死亡率10.2‰,人均寿命75.2岁。

军 事

古巴革命武装部队前身为起义军,1959年改为现名。12月2日为建军节。国务委员会主席为武装部队统帅。革命武装力量部负责三军的指挥和管理。实行义务兵役制,服役期两年,每年征兵两次。

总兵力:正规部队18.05万人。其中陆军14.5万人,编为3个军区和1个军分区,2个集团军司令部,4个军部,3个装甲师,3个机械化师,13个步兵师,1个空降突击旅,8个步兵独立团,1个炮兵师和2个特种行动营等。海军1.35万人,有作战舰艇140艘,编为舰队、陆战队和海岸防卫队。空军2.2万人,有各种作战飞机500余架,编为4个强击机中队,16个截击机中队,4个运输机中队,8个直升机中队和30个防空导弹营。

后备役部队50万人,准军事组织国家保安队1.5万人,边防警备队3500人,劳动青年军10万人,民防卫队5万人,地方民兵130万人。

1990年国防和国内安全预算为13.798亿比索,约占总预算的9.55%。革命武装力量部部长劳尔·卡斯特罗·鲁斯。

文化教育

【教育】实行9年制免费义务教育。1990年文教卫生和科技经费共计为54.58亿比索,占国家预算的37.8%。有47所大学,其中哈瓦那大学是全国最有名的高等学府。1991年有教师23.75万,有中小学校11591所,技校487所,成人学校568所,学生264万。

【新闻出版】主要报刊有:《格拉玛报》,发行约70万份;《波希米亚》周刊,每期大约发行30万份。

拉美通讯社为官方国际通讯社,是拉美最大的通讯社,创建于1961年,在全世界设有37个分社。国家通讯社:创建于1974年4月,主要负责国内新闻报道。

全国性广播电台5家:时钟电台、进步电台、起义电台、音乐电台和解放电台。对外广播电台1家:古巴哈瓦那国际电台,用8种语言播音。

全国性电视台2家:国家电视6台和起义电视台。

对外关系

强调争取独立、和平和发展是古外交政策的基本点。坚持捍卫独立、自主和自己选择道路的权利,并主张不同社会制度的国家和平共处。认为世界格局已由两极体制演变成当今的单极体制。东欧社会主义国家的消失和苏联的解体是一场政治灾难,促使全球的政治、经济和军事力量发生第二次世界大战后最大的重新组合,是共产党人、革命者乃至世界各国人民在本世纪内遭受的最严重挫折。主张全世界人民都享有尊严、权利、独立与和平。认为国际新秩序不应由几个大国来决定,国家不论大小、贫富、强弱,都有权参与国际事务。要求取消不平等贸易、贸易保护主义、商品倾销和高利率,主张执行联大通过的建立国际经济新秩序的原则,以解决第三世界国家深刻的经济危机。认为一体化是第三世界国家唯一的出路,也是拉美国家发展的必由之路。表示愿同其他拉美国家一道实现一体化并加强相互间的合作。认为债务问题是拉美国家生死攸关的问题。目前,拉美国家在国际贸易中未享有等价交换,深受剥削。主张债务国应成立一个集团,统一立场,同债权国进行谈判。主张实行"世界性人权观念",强调各国社会形态、文化传统不同,行使人权的方式应由各国自己确定。同时指出,西方利用"人权",实质是把它作为开展意识形态斗争、实现其霸权图谋和干涉别国内部事务的工具。愿在相互尊重和互利的基础上,通过各种途径继续同独联体国家在各个领域里发展各种形式的关系。

1992年2月同伯利兹建立领事关系。3～5月，先后与乌克兰、摩尔多瓦、吉尔吉斯斯坦、土库曼斯坦、塔吉克斯坦、亚美尼亚、阿塞拜疆、哈萨克斯坦、白俄罗斯、格鲁吉亚、圣文森特和格林纳丁斯建立外交关系。9月，与斯洛文尼亚和克罗地亚建立外交关系。截至1992年底，古与139个国家有外交关系，与5个国家有领事关系。

【同我国的关系】1960年9月28日中古建交。1966年起两国除保持大使级外交关系和贸易关系外，其他方面的往来先后中止。1983年起两国各个领域的交往陆续恢复。1989年后，两国关系全面恢复正常。古访华的主要有：古巴国家银行行长切·格瓦拉(1960年)、总统多尔蒂斯科(1961年)、政府部长纳兰霍(1988年)、外长马尔米耶卡(1989年)、国务委员会副主席、部长会议副主席罗德里格斯(1991年)。我访古的主要有：全国人大常委会副委员长郭沫若(1960年)、外长钱其琛(1989年)、全国人大常委会副委员长陈慕华(1991年)。

1992年1月，古国家价格委员会主任阿图罗·古斯曼访华。2月，国务院副秘书长何椿霖率中国政府经贸代表团出席在哈瓦那举行的中古政府经贸混委会第四次会议，签署了1992年中古贸易议定书、中国向古巴提供经援贷款协定以及原糖作价原则换文和会谈纪要。4月，古巴与各国人民友好协会会长塞尔西奥·科里埃利访华。古共政治局委员阿尔梅达率党政代表团，古革命武装力量部第一副部长胡利奥·卡萨斯率军事代表团访华。5月，民政部副部长多吉才让率团访古。同月，古邮电部第一副部长梅塞德斯·卡拉赛达访华。中央委员、统战部副部长万绍芬率中国共产党代表团访古。6月，农业部长刘中一率中国政府农业代表团访古，双方签署了"农业、渔业合作备忘录"。7月，国家旅游局局长刘毅率团访古，同古方签署了"旅游合作协定"。6月，李鹏总理在联合国环发大会期间同卡斯特罗主席进行了会晤。8月，古巴渔业部副部长奥尔图斯基率渔业专家组访华。外交部副部长刘华秋对古进行工作访问，卡斯特罗主席等古党政领导人分别会见。9月，中华全国总工会主席倪志福率工会代表团访古，同古中央工会总书记罗斯签署"友好合作协议"。同月，最高人民检察院副检察长陈明枢访古，双方签署了《中华人民共和国最高人民检察院和古巴共和国总检察院合作协定》。10月，监察部副部长徐青率团访古。同月，古国家经济合作委员会主任梅伦德斯访华。古巴共产党经济考察团来华进行考察访问。11月，古共中央政治局委员、国务委员会委员、部长会议执委会秘书拉赫访华，李鹏总理会见。期间，刘华秋副外长和古驻华大使格拉分别代表本国政府签署了中古《关于民事和刑事司法协助协定》。同月，中国人民解放军总后勤部副部长刘明璞率团访古。12月，古巴外贸部长卡布里萨斯来华出席中古经贸混委会第五次会议，双方签署了"1993年中古贸易议定书"等文件。

1992年两国贸易总额为38307万美元，其中中国出口额为20023万美元。

中华人民共和国驻古巴共和国特命全权大使：陈久长。馆址：Calle 13 No. 551 entre C y D. Vedado Ciudad de la Habana-Cuba。使馆电话：33-3614，33-3005。传真：53-7-33-3092。领事部电话：33-3364。商务处地址：Calle 42 No. 313 esquina A 5 Ta Av. Miramar，Ciudad de la Habana-Cuba。电话：33-2585。

古巴共和国驻中华人民共和国特命全权大使：何塞·阿曼多·格拉·门切罗(José Armando Guerra Menchero)。馆址：建国门外秀水南街1号，北京。电话：5322822，5322827(翻译)，5321714(值班)。商务处电话：5322129，5321990。

【同俄罗斯等国家的关系】1992年古先后同独联体国家建交。古、俄关系亦有所恢复。1992年1月，俄罗斯外交部发言人表示，俄古关系将建立在"尊重自由选举，不干涉内政，平等与合作的基础上"。同月，古外贸部长卡布里萨斯访问塔吉克斯坦和吉尔吉斯斯坦，并分别同两国签署贸易合作协定。2月，古外贸部长访问白俄罗斯，两国签署为期五年的经贸合作协议。3～4月，古副外长伊达尔戈先后访问乌克兰、摩尔多瓦、吉尔吉斯斯坦、土库曼斯坦、塔吉克斯坦、亚美尼亚、阿塞拜疆、哈萨克斯坦、白俄罗斯和格鲁吉亚并分别同上述国家签署建交协议。3月，古经济合作委员会主任梅伦德斯访问俄罗斯和乌克兰。9月，古、俄就俄罗斯从古巴撤军达成协议。根据协议，俄将分阶段于1993年上半年全部撤出其军事力量。同月，俄副外长G·马涅多夫访古。11月，古部长会议副主席索托、外贸部长卡布里萨斯率团访俄。两国签署了贸易协定等文件。

【同美国的关系】1959年1月，美国承认古巴临时政府。1961年1月3日，美宣布同古断绝外交和领事关系。1992年2月，美众议院西半球事务小组委员会主席、民主党议员托里切利提出一项旨在加强对古巴压力的法案，即"托里切利法案"。根据这一法案，美将进一步扩大对古的贸易制裁，禁止美国内及其海外的公司同古进行贸易。该法案还规定，在古港口停泊过的外国船只半年内不得进入美港口；美将不向给古财政援助和贸易优惠的国家提供经济援助。同月，布什总统在迈阿密《先驱报》撰文阐述美对古政策时说，只要卡斯特罗独裁政权在台上一天，美就不会与古关系正常化，并重申希望古人民通过和平、有秩序和不流血的方式获得自由。3月，布什总统在竞选中表示，美将对古保持强大压力，并希望成为第一个踏上古巴自由土地的美国总统。4月，布什总统命令美财政部阻止同古贸易的任何船只进入美国港口。9月和10月，美参、众两院分别通过"1992年古巴民主法案"，即"托里切利法案"。对此，古全国人民政权代表大会发表声明，谴责美国会通过的法案企图以饥饿扼杀古巴人民。10月，布什总统批准“托里切利法案”。古共四届三中全会和人民政权代表大会例会分别发表决议和声明，称“托里切利法案”是对古巴人民的屠杀行为，古决不接受别国强加的准则。此外，该法案受到许多国家，特别是拉美国家和欧共体的反对和谴责。11月，美政府以从事间谍活动为由驱逐古巴一名驻联合国的外交官。同月，联合国大会以59票赞同、3票反对和71票弃权通过古巴提出的关于停止对古巴的经济封锁的提案。古外长阿拉尔孔称，这是对反古巴运动的有力打击，也是世界向美国新政府发出的一个信号。12月，美国和平牧师团在美90多个城市募集的物资运抵古巴。在欢迎仪式上，卡斯特罗主席指出，美国对古实行的封锁是会取消的，但这决不会在短期内实现，而是要通过长期和艰苦的斗争。

【同拉丁美洲国家的关系】近年来，古重视发展同拉美国家的关系，愿与拉美国家密切合作，推动地区一体化。古还决定参加《拉丁美洲禁止核武器条约》(特拉特洛尔科条约)。1992年1月，古外长马尔米耶卡出席萨尔瓦多和平协议签字仪式。2月，厄瓜多尔议长曼努埃尔·萨尔加多率团访古，就两国关系和共同感兴趣的国际问题交换了意见。同月，古部长会议执委会秘书拉赫访墨，同墨外交部、企业界及友好团体进行了广泛的接触。2月，伯利兹副总理兼自然资源部长弗洛伦西奥·马林访古，双方签署了建立领事和贸易关系的协定。同月，古外贸部长卡布里萨斯访问哥伦比亚。3月，古外长马尔米耶卡访问墨西哥并出席伊比利亚美洲首脑会议筹备会议。同月，古高教部长费尔南多·贝西诺访问巴西。4月，古国家经济合作委员会主任梅伦德斯访问智利并出席拉美经济委员会会议。同月，厄瓜多尔副外长访古，双方签署了海关谅解备忘录。5月，圣文森特和格林纳丁斯外交兼旅游部长赫伯特·扬访古，双方签署建交协议。6月，卡斯特罗主席出席在巴西召开的联合国环发会议，在大会发言时指出，消费国家对野蛮破坏环境应负主要责任，应更好地分配财富与技术，建立公正的国际经济秩序。同月。古副外长拉蒙·桑切斯·帕罗迪率团出席加勒比共同体第13届首脑会议。古向大会提出以观察员身份加入该组织的申请。厄瓜多尔议长法维安·阿拉尔孔访古。8月，古全国人民政权代表大会主席埃斯卡洛纳率团参加厄瓜多尔新总统杜兰的就职仪式。9月，古文化部长阿曼多·哈特·达瓦洛斯访问多米尼加共和国。同月，古国家经济合作委员会主任梅伦德斯和副外长帕罗迪出席在委内瑞拉首都举行的第18届拉美经济体系会议并重申，经济和政治一体化是拉美国家争取共同发展的最可行的选择。同月，古共青联第一书记罗伯特·罗瓦伊纳访问墨西哥。11月，古外长阿拉尔孔访问委内瑞拉，双方签署了“技术合作协议”和“文化合作协议”，并就互免外交护照签证进行了换文。

【同非洲、亚洲国家的关系】古与44个非洲国家有外交关系，并和其中大部分国家有党的关系。1992年1月，古国家价格委员会主任阿图罗·古斯曼访问越南并出席在河内举行的经济和科技合作混委会，双方签署了1992年贸易协议等5个文件。同月，古外贸部长卡布里萨斯访问朝鲜，两国签署5年期的贸易与支付协定。2月，古部长会议副主席何塞·拉蒙·费尔南德斯先后访问叙利亚、伊朗、利比亚和突尼斯。同月，古国家经济合作委员会主任梅伦德斯访问伊朗，同伊农业部长共同主持两国第四次混委会。2月，古外长马尔米耶卡出席在塞浦路斯举行的不结盟运动外长会议。4月，古共中央政治局委员阿尔梅达率党政代表团访问朝鲜并参加金日成主席80寿辰和朝人民军建军60周年庆祝活动。同月，古商业部长曼努埃尔·比拉·索萨访问尼日利亚。尼总统巴班吉达对古为非洲做出的贡献表示赞赏并愿加强双方的合作。加纳交通和运输部长克瓦米·佩帕拉访古并出席两国政府间混委会。5月，古外交部长马尔米耶卡访问越南。6月，津巴布韦总统穆加贝访古。同月，巴勒斯坦国外长卡杜米访问古巴。几内亚外交和国际合作部长依布拉依马·西拉访古。古卫生部长特哈访问伊朗，两国签署卫生合作协议。7月，古经济合作委员会副主任贝尼特斯访问莫桑比克，两国签署了经济和科技合作协定。8月，朝鲜副外长车凤柱访问古巴。9月，古国务委员会副主席阿尔梅达出席在印度尼西亚举行的不结盟运动首脑会议，苏哈托总统会见，双方就两国关系及南南合作等问题交换了意见。12月，古外贸部长卡布里萨斯访问越南，两国签署了1993年易货贸易议定书。

【同西欧及其他国家的关系】1992年1月，西班牙全国统计委员会主席何塞·克韦多访古。4月，古全国人民政权代表大会主席埃斯卡洛纳访问法国。同月，加拿大渔业和海洋部长约翰·卡内尔·克罗斯比访古。5月，古共青联第一书记罗瓦伊纳访问德国。6月，由于充当古流亡组织的联络员，一名以旅游者身份进入古的加拿大记者被古巴政府驱逐出境。7月，卡斯特罗主席出席在西班牙马德里举行的第二届伊比利亚美洲首脑会议。卡在大会发言中不点名批评美国企图独霸世界，批评一些社会主义国家出卖灵魂；呼吁拉美国家团结起来，实现一体化。同月，西班牙首相冈萨雷斯非正式会见古流亡组织“民主纲领”的领导成员。8月，法国预算部长米歇尔·夏拉斯访古。同月，古渔业部长豪尔赫·奎尔沃访问西班牙。10月，欧共体发表声明，对美国总统不顾欧共体方面的抗议而批准旨在进一步加强对古巴实行经济封锁的“托里切利法案”深表遗憾。声明表示，欧共体不能接受美国单方面限制欧共体同其他国家之间的经贸关系的做法，并保留在必要时向关贸总协定提出诉讼的权利。11月，部长会议执委会秘书拉赫访问法国，密特朗总统会见。12月，法国总统密特朗夫人出席在古巴举行的拉美电影节，卡斯特罗主席和阿拉尔孔外长分别会见。　　　　（王连昌）

瓜 德 罗 普

名称　瓜德罗普(Guadeloupe,法国海外省)。

面积　1780平方公里。

人口　386988人(1990年3月普查)。77%为黑白混血人,10%为黑人,10%为欧洲人与美洲印第安人混血人种。法语为官方语言,通用克里奥尔语。大多数居民信奉天主教。

首府　巴斯特尔(Basse-Terre),人口14107人(1990年)。

省长　弗兰克·佩里埃(Frank Perriez)。

简　况

位于加勒比海小安的列斯群岛中部。东濒大西洋,西临加勒比海,西北为瓜德罗普海峡,南是多米尼加海峡。属热带雨林气候,气温20～30℃。1493年哥伦布到达该岛。16世纪时由西班牙统治。1635年法国殖民者占领该岛。后英国殖民者曾几度从法国殖民者手中夺得该岛。1815年起又重新处于法国殖民者的统治之下。二次大战后,该岛划为法国一个海外省,变总督为省长。1977年被划为一个法国大区。

政　治

历史上,右翼和中间党派的政治势力最大,长期掌握行政权,但近几年来遇到了左翼党派的挑战。左翼党派联盟在1985年的省议会选举和1986年的地方议会选举中均获胜。在1988年的省议会选举中,左翼党派再度获胜,获42个席位中的26席。1989年3月举行地方选举,左翼和右翼党派分别在20和13个市获胜。

【议会】分省议会和地方议会,均由普选产生,任期6年。本届省议会于1988年10月产生,有42个议席。议长多米尼克·拉雷弗拉(Dominique Larifla),1988年10月就任。地方议会有41席,在1986年3月的选举中,瓜德罗普保卫共和联盟获15席,瓜德罗普社会党联盟获12席,瓜德罗普共产党获10席,法国瓜德罗普民主联盟获4席。议长费利克斯·普罗托(Félix Proto),1986年3月就任。

瓜德罗普在法国国民议会中有4名议员,在参议院中有2名参议员。

【政府】法国委任的省长为最高行政负责人。政府由省长、两议会议长、经济和社会顾问委员会主席及在法国议会中的众议员和参议员组成。

【司法机构】有一个高级法院,2个中级法院和4个初级法院。高级法院院长琼·莱文蒂(Jean Levanti)。检察长杰里·圣罗斯(Jerry Sainte-Rose)。

【政党】主要有:(1)瓜德罗普社会党联盟(Fédération Guadeloupéenne du Parti Socialiste):在同法国社会党保持合作的情况下,于1987年宣布成为自主的政党。第一书记多米尼克·拉雷弗拉。

(2)瓜德罗普保卫共和联盟(Fédération Guadeloupéenne du Rassemblement pour la République):主席丹尼尔·博布龙(Daniel Beaubrun)。

(3)法国瓜德罗普民主联盟(Fédération Guadeloupéenne de l'Union pour la Démocratie Française):主席马塞尔·埃斯德拉斯(Marcel Esdras)。

(4)瓜德罗普共产党(Parti Communiste Guadeloupéen):1944年创建。原为法国共产党海外省支部,1958年脱离法共。总书记克里斯琴·塞莱斯特(Christian Celeste)。

经　济

以农业、旅游业和轻工业为主。其发展主要依靠法国援助。失业率较高。外贸有赤字。

国内生产总值(1986年):15.26亿美元。

人均国内生产总值(1986年):4536美元。

货币名称:法国法郎;1法郎=100生丁。

汇率(1990年9月):1美元=5.2425法郎。

通货膨胀率(1990年):4%。

失业率(1988年):24%。

【工业】以制糖、酿酒、食品和加工业等为主。工业产值占国内生产总值的15.9%,就业人员占就业人口总数的18%。1988年产原糖7.61万吨,朗姆酒745.5万升。发电6.81亿度。

【农业】农、林、渔业产值占国内生产总值的11.1%,就业人数占就业总人数的14%。主要农作物是甘蔗和香蕉。1989年香蕉出口占出口总额的27.8%。1989年产甘薯0.7万吨,山药1.2万吨,蔬菜18万吨,瓜0.2万吨,椰子0.3万吨,菠萝0.3万吨,香蕉5万吨。1990年产甘蔗37.3万吨。森林面积为395平方公里。1989年牲畜存栏数:牛65000头,猪29000头,羊88000只。1989年捕鱼8360吨。

【旅游业】瓜德罗普是著名的旅游胜地。旅游业是重要的经济部门,就业人员占就业总人数的9%。1988年有房间4722间,接待旅游者32.87万人次。游客主要来自法国和美国。

【交通运输】无铁路,公路较发达。

公路:总长2093公里,其中国家级公路330公里。有小汽车69200辆,公共汽车500辆,货车500辆。

水运:皮特尔角为主要港口,最近在巴斯特尔建成一新港。1989年装货39.7万吨,卸货123.4万吨。

空运:有一现代化国际机场。另有3个小机场。有通往巴黎、安提瓜和巴布达等地的航班。航空公司共有9架飞机。1988年客运量138.38万人次,货运量1.14万吨。

【对外贸易】主要进口食品、机械和交通工具等,出口食品、饮料、香蕉、蔗糖、朗姆酒等。主要贸易伙伴是法国,占进口总额的71.9%,出口总额的64.6%。此外还有德国、日本、意大利、美国和马提尼克等。1987～1989年进出口情况(单位:亿美元):

	1987	1988*	1989
进口额	10.402	71.69	12.05
出口额	0.917	9.09	10.63
差 额	−9.485	−62.60	−1.42

* 单位:亿法郎。

(资料来源:1990、1991、1992年欧洲年鉴)

【外国援助】1989～1993年期间,欧共体将提供1.66亿欧洲货币单位的援助。

人民生活

有一家省级医院,8家总院,6家妇产医院,一家精神病院和一家疗养院,另有13家私人诊所。有医生491名,牙医114名。每千人有病床12.3张,医生1.2名。每千人有小汽车206辆。1989年的消费物价指数为177.8(1980年为100);有电视机100000台、收音机85000部。

文化教育

【教育】教育体制与法国相同,公立学校对6～16岁的学生实行免费义务教育。1990年有小学222所,学生39290人;中学75所,学生49846人;1988年有大学分院1所,学生2373人。

【新闻出版】《法属安的列斯群岛报》是唯一的日报(法文版),发行量25000份。此外还有《瓜德罗普2000报》,发行量4000份;《亚卡塔报》,发行量6000份;《竞技报》,发行量6000份;《社会进步报》(周刊),发行量5000份。

有法国海外广播和电视台,每天24小时播出。此外还有安的列斯广播电台和加勒比国际广播电台。

(傅长华)

圭 亚 那

国名 圭亚那合作共和国(The Cooperative Republic of Guyana)。

面积 214969平方公里(包括现在圭管辖之下、与委内瑞拉有争议的面积约15.9万平方公里的埃塞奎博地区,不包括与苏里南有纠纷的面积约1.7万平方公里的科兰太因河上游地区)。

人口 751266人(1991年估计),印度人后裔占51%,黑人30%,混血种人、印第安人、华人、白人等占19%。英语为官方语言和通用语。居民50%信奉基督教,33%信奉印度教,9%信奉伊斯兰教。

首都 乔治敦(Georgetown),人口18万(1988年估计)。

国家元首 总统契迪·贾根(Cheddi B. Jagan),1992年10月9日就职。

简 况

位于南美洲北部。西北与委内瑞拉交界,南与巴西毗邻,东与苏里南接壤,东北濒大西洋。属热带雨林气候,年平均气温24～32℃。公元9世纪起印第安人在此定居。15世纪西班牙人入侵。17～18世纪为荷兰占领,1814年荷兰将其转让给英国,1831年正式成为英国殖民地,并取名英属圭亚那。1966年5月26日宣布独立。1968年起由人民全国大会党执政。1970年2月23日成立圭亚那合作共和国。1985年12月霍伊特当选总统。

政 治

1992年10月5日,圭亚那举行大选,人民进步党获胜。同年12月31日,贾根总统发表新年献词,保证圭政府在廉政方面起表率作用,建立高尚的道德行为准则;保证实行社会和经济正义,货币不再贬值,实际工资不再下降。同时要求人们实行民族团结,作出个人牺牲,努力工作,摆脱贫困的恶性循环。

【宪法】现行宪法于1980年10月生效。宪法规定总统为国家元首、政府首脑和武装部队最高统帅;总理为总统助手。1988年2月议会通过了宪法修正案,进一步加强了议会的权力。

【议会】为一院制。1980年新宪法规定,议会由国民议会和总统组成,任期5年。议员65人,其中53人由直接选举产生,10人由地方委员会各选一名,另两名由地方民主机构全国代表大会选出。本届议会于1992年10月大选产生,直接选出的53席中,人民进步党占28席,人民全国大会党占23席,联合力量党1席,劳动人民同盟1席。议长德里克·贾根(Derek Jagan),1992年12月17日就任。

【政府】本届政府于1992年10月13日组成。成员包括:总统契迪·贾根,总理兼工程部长塞缪尔·海因兹(Samuel Hinds),总统府秘书长罗杰·伦奇昂(Dr. Roger Luncheon),法律事务部高级部长、总检察长伯纳德·德桑托斯(Bernard De Santos),农业部高级部长里普·戴曼·珀索德(Reepu Daman Persaud),农业部部内部长克林顿·科利莫(Clinton Collymore),内政部高级部长弗罗兹·穆罕默德(Feroze Mohamed),财政部高级部长阿斯加·艾利(Asgar Ally),教育文化发展部高级部长戴尔·毕斯诺思(Dr. Dale Bisnauth),劳工、人力服务和社会保障部高级部长亨利·杰弗里(Henrey Jefferey),劳工、人力服务和社会保障部部内部长英德拉·昌达帕尔(Indra Chandarpal),卫生部高级部长盖尔·泰克赛拉(Gail Teixeira),工程、通讯和地区发展部部内部长哈里·珀索德·诺克塔(Harry Persaud Nobta),外交部高级部长克莱门德·罗西(Clement Rohee),总统府高级部长(主管新闻)摩西·纳加木图(Moses Nagamootoo),贸易、旅游和工业部高级部长施里·昌德(Shree Chand),美洲印第安人事务部部长维伯特·德索萨(Vibert De Souza),总统府部长(主管公共服务部)乔治·冯昂(George Fung-on)。

【司法机构】最高法院由上诉法院和高等法院组成,上诉法院由大法官、首席法官和议会指定的其他人员组成。大法官是上诉法院院长,首席法官负责高等法院的工作。大法官为乔治(K. George),上诉法院法官为哈珀(R. Harper),均于1988年4月上任。

【政党】(1)人民进步党(The People's Progressive Party):1950年1月成立,执政党。领袖兼总书记契迪·贾根。

(2)人民全国大会党(The People's National Congress):主要反对党。1957年10月伯纳姆等人脱离人民进步党后组成。党员约5万人。领袖休·德斯蒙德·霍伊特(Hugh Desmond Hoyte)。

(3)联合力量党(The United Force):1960年成立。领袖菲尔登·辛格(Feilden Singh)。

(4)劳动人民联盟(Working People's Alliance):1975年成立,初期为政治联盟,1979年正式建党,自称马克思主义政党。主席尤西·克瓦亚纳(Eusi Kwayana)。

【重要人物】契迪·贾根:总统。1918年3月22日生于穆兰特港。曾就读于圭亚那皇后学院和美国哈佛大学,获美国西北大学牙医学院牙外科博士等学位。1950年创建人民进步党,任领袖。1953年任农业部长,1957～1961年任贸易和工业部长,1961～1964年任总理兼发展和计划部长。1992年10月7日当选总统。喜爱网球和游泳。已婚,有两个子女。　**塞缪尔·海因兹**:总理兼工程部长。1943年12月27日生于德默拉拉东海岸。曾就读于圭皇后学院、美国新布伦斯维克大学,获化学工程学学士学位。自1967年至任总理前,曾在林顿的铝土公司历任加工处首席工程师,加工处主管,产品质量、研究和开发部门主管。曾任圭亚那人争取改革和发展民主行动主席。1992年10月10日宣誓就任总理。已婚,有3个子女。

经　济

铝矾土、蔗糖和大米为圭三大经济支柱。独立后,政府采取措施发展民族经济,保护本国资源,并逐步将大部分外资企业收归国有。1989年在国际货币基金组织的协助下开始实施"经济复兴方案"。其主要内容是:全部或部分出售亏本的国营企业以及能从私人资金和技术中得到好处的国营企业,1992年制糖业亦私有化。

国内生产总值(1991年):2.974亿美元。

人均国内生产总值(1991年):394美元。

国内生产总值增长率(1991年):6.1%。

货币名称:圭亚那元;1元=100分。

汇率(1992年2月):1美元=121.3圭元。

通货膨胀率(1991年):80%。

失业率(1991年):30%。

【资源】矿藏有铝矾土、金、钻石、锰、钼、铜、钽、钨、镍、铀等。森林面积占全国土地的83%,为16.4万平方公里,有1000多个品种。水力资源丰富。

【工矿业】1991年制造业和采矿业产值分别占国内生产总值的11.6%和10.8%,从事这两种行业的人员占总劳力的29%。糖、米、椰子、木材、铝土、金、钻石加工占制造业生产的75%。采矿业包括开采铝土矿、黄金、宝石。铝土和铝的出口是圭最大的创汇来源。1989～1991年主要矿产品的产量如下:

	1989	1990	1991
铝土(万吨)	134	142.3	134.8
黄金(盎司)	17258	38713	59154
钻石(克拉)	8000		

(资料来源:1992/93年度经济季评)

【农业】1988年从事农业人员占总劳动力的23.2%。1991年农业产值占国内生产总值25%。主要种植水稻和甘蔗,还有椰子、水果、蔬菜、烟草等。1991年甘蔗产值占国内生产总值的10.8%。圭是加勒比地区最大的鱼虾出口国,同时拥有英语加勒比地区90%的森林资源。主要农、林、渔业产品产量如下(单位:万吨):

	1989	1990	1991
蔗糖	16.74	13.2	16.2
稻米	14.23	9.34	15.08
鱼	3.24	3.3	3.6
木材(立方米)	14.66	14.55	15.06

(资料来源:同上)

【旅游业】圭内地风景秀丽,有著名的凯厄图尔瀑布,但旅游业尚不发达。

【交通运输】沿海地区交通较发达。

铁路:没有公共铁路,有一条矿区专用铁路,长约133公里。

公路:全长8870公里。1990年底共有注册机动车66898辆,其中私人小汽车21115辆,出租车6941辆,摩托车17881辆,小公共汽车2878辆。

水运:有1077公里内河航道。首都乔治敦和新阿姆斯特丹为主要港口。1989年装货量1726吨,卸货量671吨。

空运:有一国际机场,内地有一些小型简易机场。每周有从加拉加斯经乔治敦到西班牙港和苏里南的航班。

【财政金融】近年来政府财政收支情况如下(单位:亿圭元):

	1989	1990	1991
收入	32.09	53.58	118.17
支出	37.10	76.24	128.29
赤字	5.01	22.66	10.12

(资料来源:同上)

1991年外债约为20亿美元,国际储备为1亿美元。

【对外贸易】近年来进出口情况如下(单位:亿圭元):

	1989	1990	1991
出口额	61.23	102.08	283.98
进口额	70.12	122.90	342.75
差　额	−8.89	−20.82	−58.77

(资料来源:同上)

主要出口糖、铝土、大米、黄金、虾、木材和朗姆酒;进口食品、燃料和化工品。1991年糖、铝土和大米出口额分别为104.74亿、89.53亿和21.03亿圭元,糖和铝土的出口占出口总收入的68%。主要贸易对象是英国、美国、德国、加拿大、日本、加勒比共同体以及拉美邻近国家。

【外国援助】1990年圭共吸收外资2.719亿美元,其中国际货币基金组织援助1.037亿美元,世界银行5310万美元,加勒比开发银行3220万美元。美国赠款100万美元,另外提供价值600万美元的商品援助,加拿大提供援助3070万美元,英国1820万美元,德国1180万美元,日本900万美元,法国290万美元,意大利40万美元。1990～1995年,泛美开发银行开始在圭实施初级教育改善计划。5年期间该行将投资4640万美元,用于新建27所小学和改建3所。1991年美、英、荷、法相继取消圭到期债务共1.345亿美元。

人民生活

国家为老人提供退休金,并为孕妇提供产假福利及为工伤事故者提供抚恤金。1989年国营部门每天最低工资为30圭元;全国有213个医疗单位,111个医生,15个牙医,29个麻醉师,172个助产士和854个护士。1988年估计共有电视机3万台,收音机30万台,电话机4.1万部。

军　事

1990年国防军有1950人,其中陆军1500人,空军300人,海军150人。国防军总参谋长乔·辛格(Joe Singh)。实行志愿兵役制,服役期3年。另外,1976年建立的准军事部队有2000人;1974年成立的圭国民服务队有1500人。

1990年军费支出预算为2.777亿圭元。

文化教育

【教育】政府实行教育“圭亚那化”。6～14岁少年儿童享受免费教育。1991年9月起,政府对中学、专科和职业学校学生实行收费。1990年成人识字率为96.4%,为西半球最高国之一。1988年教育开支占政府总支出的6.4%。学校及学生人数如下:

	学校(所)	学生(人)
小学	432	130003
中学	88	64518
专科	15	4647
大学	1	1626

(资料来源:1991/92年度经济季评)

【新闻出版】《圭亚那纪事报》,发行量约6万份,星期日刊10万份;《镜报》(周报),发行量2万份;《新国家报》(周报),发行量2.6万份;《大钟楼新闻报》(每周6期),发行量1.1万份,星期刊2万份。

圭亚那新闻社:官方通讯社,1981年1月成立。另有圭亚那公共通讯社。圭亚那广播公司:官方电台,1979年成立。有一实验电视台,主要接收附近国家的电视节目。

对外关系

奉行独立自主的不结盟政策,反帝、反殖、反对种族主义,支持民族解放运动。主张与各国发展友好合作关系。推动加勒比一体化运动,是加勒比共同体和共同市场创始国之一。积极参加不结盟运动。贾根执政后采取务实、温和政策,从根本上改变了其过去长期标榜“信仰共产主义”的政治主张,积极改善与美、英等西方国家的关系的同时加强同周边国家的关系。支持拉美八国集团为和平解决中美洲问题所作的努力,主张该地区人民在不受外来干涉的前提下走自己的政治、经济和社会发展道路。呼吁发达国家在共同承担责任和国际相互依赖的原则上政治解决债务危机。主张全面裁军,特别是核裁军。支持南非和纳米比亚人民的正义斗争。反对南非的种族隔离政策,主张对南非种族主义政权实行全面的制裁。支持召开有关中东问题的国际和平会议。已同90多个国家建立了外交关系。

【同我国的关系】1972年6月27日中圭建交。圭方主要来访的有:伯纳姆总理和总统(1975年和1984年),阿瑟·钟总统(1977年),人大党主席、副总统拉姆萨罗普(1981年和1984年),第一副总统兼总理格林(1987年),副总理帕里斯(1988年),副总理科宾(1988年),国民议会议长纳拉因(1989年),外交部长杰克逊(1990年4月)。中方主要访圭的有:耿飚副总理(1978年),阿沛·阿旺晋美副委员长(1981年),纺织工业部部长吴文英(1988年),外交部副部长刘华秋(1990年),经贸部部长助理田润之(1992年)。

两国签有经济技术合作协定和文化协定。

1991年中国向圭亚那出口商品额为267万美元,无进口。

中国驻圭亚那大使：王保民。馆址：108，Duke Street，Kingston Georgetown，Guyana。电话：592-2-71651，592-2-71652。电传：2251 CHINAEMBA GY。经商处电话：592-2-67428，592-2-69965。

圭亚那驻华大使：罗纳德·奥斯汀（Ronald M. Austin）。馆址：建国门外秀水东街1号。电话：5321337。

【同美国的关系】按人均计算圭曾是获得美贷款最多的国家之一。80年代初，由于圭公开谴责美入侵格林纳达，圭美关系曾一度恶化，美停止对圭的一切援助。1985年霍伊特上台后，双方往来逐步增多。1988年9月，霍对美进行了非正式访问，受到了里根政府的热情接待。1989年霍两次访美。同年美决定向圭提供700万美元的贷款以购买美小麦。1990年9月，格林总理对美进行一周的访问；同年10月美前总统卡特以"自由当选的政府首脑委员会"主席身份访圭，就圭大选问题进行考察。1991年3月，圭美签署协议，重新安排圭欠美债务2200万美元。

【同邻国的关系】圭与委内瑞拉对埃塞奎博地区的归属问题久有争执，涉及到2/3的圭亚那领土（15万多平方公里）。1966年2月，委、英、圭三方签订了日内瓦协议，商定通过协商解决边界问题。1970年6月，圭、委签署了西班牙港议定书，决定将领土争议问题搁置12年。1982年10月委外长致函圭外长，建议由联合国秘书长根据1966年的日内瓦协定对两国领土争议进行调停。1983年3月，圭外长复函同意委方建议。同年4月，联合国秘书长正式接受调解圭委两国的领土纠纷。1985年2月，委外长访圭。1986年，两国签订了经济合作协定。1988年和1989年，霍伊特总统两次访委，1990年委总统、圭总理以及两国外长进行了互访，两国关系有了明显改善。两国在贸易、经济、科技、卫生等领域的往来增多，并签订了一系列协议。同年3月，圭委正式通航。1991年委高级军事代表团访圭，双方讨论了军事、技术和文化合作问题，并签订协议。同年11月，圭委混委会举行第四次会议。

圭与苏里南的领土纠纷，主要在科兰太因河上游地区的新河三角洲，涉及面积1.7万平方公里。1979年两国总理互访，双方认为边界问题存在已久，同意交双方专门机构进行研究，通过谈判和平解决争端。1989年圭苏总统互访，决定将领土之争交给有关部门进行讨论。目前两国边界较平静。1990年5月、1991年4月，圭苏合作委员会在苏、圭首都举行会议，讨论两国贸易、科技、渔业、自然资源开发、移民等方面的合作问题。

近年来，圭同巴西关系发展较快。1989年两国总统进行互访，促进了双边经济技术合作的发展。1990年3月，霍伊特总统赴巴参加巴西总统就职典礼。

【同古巴的关系】1972年12月建交。1973年卡斯特罗访圭，1975年4月、1977年7月和1984年9月，伯纳姆三次访古。1975年两国成立混合委员会，签订了经济、科技、文教等协议。1983年10月，圭古签订了新闻交流合作协议。1984年4月签署了在劳工、社会治安和合作社方面进行合作的备忘录。1981年1月和1984年11月，古外长两次访圭。1989年1月，霍伊特总统访古。1990年6月，古外长对圭进行访问，双方签署了延长两国互免签证议定书和外交部合作备忘录。目前，古巴在圭服务的医生已达104人。（傅长华）

海　地

国名　海地共和国（The Republic of Haiti，La Repubique d'Haiti）。

面积　27750平方公里。

人口　650万（1990年）。黑人占95%，混血人和白人后裔占5%。官方语言为法语和克里奥尔语，90%居民使用克里奥尔语。居民中信奉天主教的占80%，信奉新教的占5%，农村中盛行伏都教。

首都　太子港（Port-au-Prince），人口55万（1988年）。

国家元首　总统让·贝特朗·阿里斯蒂德（Jean-Bertrand Aristide），1991年2月7日就职，任期5年，现流亡在外。

简　况

位于加勒比海北部，伊斯帕尼奥拉岛（即海地岛）西部。东界多米尼加共和国，南临加勒比海，北濒大西洋，西与古巴和牙买加隔海相望。海岸线长1080余公里。北部属热带雨林气候，南部为热带草原气候。年平均气温24～26℃。1492年哥伦布发现伊斯帕尼奥拉岛，即今日的海地和多米尼加共和国。1502年该岛被西班牙据为殖民地。1697年该岛西部割让给法国，称法属圣多明各。1804年1月1日宣告独立，取国名海地。1915～1934年被美占领。1957年9月至1986年2月杜瓦利埃家族对海地实行长达27年的独裁统治。

政　治

1990年12月16日，阿里斯蒂德当选第四十届总统，成为历史上第一任民选总统。阿为改变国内严酷的政治、经济和社会状况，上台不久，便宣布对腐败机构，包括军队、法院和政府部门进行整顿，引起军人和上层社会不满。1991

年 9 月 29 日武装部队总司令拉乌尔·塞德拉斯发动军事政变,推翻了阿政府并宣布驱逐总统出境。阿被迫流亡国外。10 月 8 日,政变军人强迫议会选举约瑟夫·内雷泰为"临时总统"。

【宪法】现行宪法于 1987 年 3 月 29 日通过。宪法规定行政权由总统、总理和两院制议会分享,并规定克里奥尔语和法语同样为官方语言。

【议会】分参、众两院。本届议会 1990 年 12 月 16 日组成。参议员 27 人,众议员 83 人;参议长厄德里什·雷蒙(Eudrice Raymond),众议长埃尔斯特·佩德洛·卡斯(Ernst Pedro Casseus)。1992 年 2 月议会届满后,未举行新的议会选举。

【政府】本届政府于 1991 年 2 月 17 日组成。政变后,约瑟夫·内雷泰(Joseph Nerette)出任"临时总统"。主要内阁成员有:总理让·雅克·奥诺拉特(Jean-Jacques Honorat),内政和国防部长夏尔·博勒(Charles Beaulieu),外长让·罗贝尔·西蒙尼斯(Jean-Robert Simonise),司法部长安托万·勒孔特(Antoine Leconte),新闻部长亨利·比基昂(Henri Piquion),农业部长克洛德·皮埃尔·路易(Claude Pierre-Louis),教育部长约瑟夫·德西(Joseph Desir),卫生部长格雷热尔·让·路易(Greger Jean-Louis),商业部长弗朗索瓦·博齐(Francois Bouzi)。

【政党】1986 年 8 月,政府的全国委员会颁布了一项法令,承认创建者不少于 20 人、支持者不少于 2000 人的政党为合法政党。自此,许多政党和政治联盟相继成立,主要有:

(1)全国进步民主同盟(Alliance Nationale pour la Democratie et le Progres):1989 年成立。

(2)国民大会党 (Asesemblee Populaire Nationale):极左派组织。

(3)民主团结联盟(Confederation d'Unite Democratique):领导人伊万·保罗(Evans Paul)。

(4)争取改革和民主全国阵线(Front National pour le Changement et la Democratie):1990 年成立,包括 15 个政治组织。领导人伊万·保罗(Evans Paul)。

(5)全国协调阵线(Front National de Concertation):1987 年成立,温和派极左派组织。领导人热拉尔·古尔盖(Gerard Gourgue)。

(6)民主运动大会国民委员会(Comite National du Congres des Mouvements Democratiques):领导人韦克托·伯努瓦(Victor Benoit)。

(7)反镇压阵线(Front contre la Repression):1989 年成立,由 25 个左派党组成。

【重要人物】让·贝特朗·阿里斯蒂德:总统。1953 年 7 月 15 日生于海地萨尔特鲁,毕业于海地大学,获心理学硕士学位。1982 年被接纳为神父,任太子港圣何塞教区大主教。1991 年 2 月 7 日就任总统。同年 9 月 29 日发生军事政变,被迫流亡国外。

经 济

以农业为主,是拉丁美洲最穷的国家,也是世界上最不发达的国家之一。受世界经济衰退、飓风灾害等影响,80 年代以来经济一直处于下降和停滞状态。

国民生产总值(1989 年):25.56 亿美元。

人均国民收入(1989 年):400 美元。

国民生产总值增长率(1989 年):1.1%。

货币名称:古德。

汇率(1989 年):1 美元=5 古德。

通货膨胀率(1989 年):10.9%。

【资源】主要矿藏有铝矾土、金、银、铜、铁等,其中铝矾土储量较大,约 1200 万吨。也有一些林业、渔业资源。

【工业】基础薄弱。1988 年工业总产值为 2.77 亿美元,占国民生产总值的 16.1%。工业集中在太子港,主要有来料加工、纺织、制鞋、制糖、建筑材料等。主要工业产品产量如下(单位:万吨):

	1988	1989	1990
面粉	10.6	10.0	7.6
糖	3.0	2.8	1.2
食用油	8.1	10.0	11.1
水泥	26.5	23.6	18.0

(资料来源:1991 年联合国拉美经济委员会统计资料)

【农业】1988 年农业生产总值为 4.42 亿美元,占国民生产总值的 32.9%。全国 70%的人口在农村。可耕地面积 55.5 万公顷,其中 12.5 万公顷为水浇地。但已耕种面积只有半数。粮食不能自给,主要农产品有咖啡、棉花、可可、大米、玉米、高粱、香蕉、甘蔗等。主要农产品产量如下(单位:万吨):

	1988	1989	1990
咖啡	3.77	3.84	3.72
可可	0.30	0.50	0.51
大米	12.05	12.39	12.99
玉米	20.50	18.60	18.60
高粱	13.60	12.32	12.50
香蕉	47.60	49.98	50.93
甘蔗	546.0	595.8	600.8

(资料来源:同上)

【服务业】包括商业、饮食业和旅馆业。1989 年产值为 10.32 亿古德,占国民生产总值的 38.4%。

【旅游业】旅游业收入是外汇主要来源之一。游客大部分是居住在国外的海地人和美国、加拿大人,近年来旅游人数有所下降,1990 年有游客 5.09 万人。

【交通运输】以公路运输为主。

公路:总长 3200 公里,其中铺面公路 600 公里。车辆总数 5.2 万辆。

铁路:总长 240 公里,只用于运输甘蔗。

空运:海地航空公司于 1969 年成立,有飞机 35 架。现代化机场一座。

海运：主要海港有太子港和海地角。

【财政金融】近几年财政收支情况如下(单位：亿古德，按1980年的不变价格计算)：

	1988	1989	1990
收入	11.57	12.66	12.14
支出	11.89	13.83	13.28
赤字	0.32	1.17	1.14

(资料来源：同上)

1989年外汇储备1200万美元，公共外债8.11亿美元。

【对外贸易】近几年进出口情况如下(单位：亿美元)：

	1989	1990	1991
进口额	2.593	2.248	3.004
出口额	1.483	1.390	1.629
差　额	−1.110	−0.858	−1.375

(资料来源：1991/92年度英国经济季评)

1989年主要进口食品、石油、油脂、化工产品、机械、车辆等，主要出口咖啡、可可、香精油、食糖、剑麻等。主要贸易伙伴是美国，向美国的出口占总出口的48%，62%的进口来自美国。

【外国援助】阿里斯蒂德上台后，美、法、德增加了对海地的援助，分别提供8200万、4100万、2500万美元。石油输出国组织基金会许诺贷款3300万美元。1991年7月世界银行也曾答应向海地提供3.43亿美元，1993年再提供9900万美元。海地政变后，外援几乎全部停止，仅得到少量食品和药品。1988～1990年外国经济援助如下(单位：亿美元)：

	1988	1989	1990
双边	1.015	1.389	1.173
其中美国	0.410	0.680	0.500
多边	0.508	0.686	0.719
其中国际开发协会	0.200	0.110	0.130
总计	1.523	2.075	1.892

(资料来源：1992/93年度英国经济季评)

人民生活

1988年，75%的人生活在世界银行规定的贫困线以下，全国平均最低日工资为3美元，首都为3.12美元，其他省份为2.88美元。贫富悬殊，占全国人口5%的富人占有全国财富的90%。1989年平均寿命55岁，儿童死亡率9.4%。每7130个居民中有1名医生。

军　事

1990年有总兵力7400人。陆军7000人。海军海岸巡逻队250人，有4艘军舰。空军150人。

1987年军费预算0.284亿美元，占国家预算的11%。

文化教育

【教育】法律规定7～13岁的儿童享受免费义务教育，但只有20%的儿童完成小学教育。城市成人文盲率为54%，农村则高达85%。有海地大学等7所高等学校。1989年政府用于教育的经费为2.134亿古德，占年财政总支出的19.7%。

【新闻出版】主要报纸有：《晨报》(日报)，发行量5000份；《新世界》，发行量6500份；《信使报》(晚报)，发行量6000份；《全景报》(日报)，发行量2.5万份。

官方通讯社为海地通讯社，1981年成立。

全国有12家广播电台，两家电视台。

对外关系

1977年宣布实行200海里经济区和12海里领海。阿里斯蒂德总统表示愿同更多的国家发展关系，并多方寻求国际援助。1991年9月发生军人政变后，许多国家发表声明表示谴责。第四十六届联大一致通过决议，谴责海地军人政变，呼吁立即恢复阿里斯蒂德的总统职权。美洲国家组织亦宣布中断与海地的一切经济、金融和贸易联系，取消对海地的援助和技术合作，冻结其国外资产。

【同我国的关系】同我国基本上无来往。同台湾当局保持“外交关系”。

【同美国的关系】历史上同美国的关系密切。美支持阿里斯蒂德政府。阿当选总统后曾多次同美国驻海地大使会晤，寻求美国的支持和帮助。1990年美国向海地提供了6000万美元的经济援助。海地政变后，美发表声明，谴责政变军人破坏海地民主进程，要求立即恢复阿的总统职权。美国总统布什在白宫会见流亡的阿总统，宣布不承认海地军人政权。

【同拉丁美洲国家的关系】1991年1月7日海地发生未遂政变之后，多米尼加共和国政府声明，不允许政变头目进入多国境。1991年2月7日，古共政治局委员、圣地亚哥省省委书记拉索率团参加阿里斯蒂德总统就职仪式。委内瑞拉总统佩雷斯也出席了阿的就职仪式，并允以优惠价向海地出口石油并向新政府提供药品和粮食等紧急援助物资。1991年4月，里约集团在波哥大通过决议，向海地提供支持。海地军事政变后，一些拉美国家发表声明表示谴责。1990年12月3日，里约集团13国总统发表声明，重申严格执行美洲国家组织对海地实行经济和贸易制裁的决定。

【海地难民问题】海地政变后，大批难民纷纷逃离家园，给邻近国家造成了一定负担，成为海地政变后又一突出的国际性问题。美洲国家组织对海地难民问题做出了较温和的反应，对海地难民大量向邻国外流表示“深切的忧虑”，呼吁拉美和国际社会向难民提供紧急援助，并指出海地恢复民主是解决难民问题不可缺少的条件。难民大部分逃往美国。最初为解决大批难民流入造成的压力，美除了有选择地批准部分难民进入美国外，还说服委内瑞拉、洪都拉斯、牙买加等国接收部分难民。随着这一问题日益严重，美改变了做法，在海上截获海地难民并直接遣返回国。但问题迄未解决。

(王继学)

荷属安的列斯

名称 荷属安的列斯(The Netherlands Antilles)。

面积 800平方公里(不包括阿鲁巴,下同)。其中库腊索岛444平方公里,博内尔岛288平方公里,圣马丁岛34平方公里,圣尤斯特歇斯岛21平方公里,萨巴岛13平方公里。

人口 19万(1990年)。80%为黑白混血种人,有少数白人。荷兰语和帕彼曼都语为官方语言,也讲西班牙语和英语。85%的居民信奉天主教,10%的居民信奉基督教新教。

首府 威廉斯塔德(Willemstad),人口13万(1988年)。

总督 杰姆·沙勒(Jaime M. Saleh)。

简况

全境由加勒比海中相距800多公里的南北两组岛屿组成。北组岛屿包括圣尤斯特歇斯、萨巴、圣马丁岛南部,属热带雨林气候;南组岛屿由库腊索、博内尔岛组成,属热带草原气候。年平均气温28℃。1499年西班牙殖民者在库腊索登陆。1527年西班牙占领南部三岛(包括阿鲁巴岛),1634年易手荷兰,成为荷殖民地。北部3岛于1493年被哥伦布发现,17世纪中叶被荷兰占据,此后多次易主,直到1816年才最后确定为荷兰属地。1954年群岛获得完全的内部事务自治权。1986年1月阿鲁巴岛脱离荷属安的列斯。1988年5月组成以玛丽娅·佩特斯夫人为首的新联合政府。

政治

1990年3月举行大选,民族人民党在议会中获7个议席,保持了第一大党的地位,同圣马丁民主党、劳工解放阵线等4个政党再次组阁。目前,库腊索岛政府要求脱离荷属安的列斯,成为荷兰王国的一个单独实体。

【宪法】宪法规定:荷兰和荷属安的列斯是在平等的基础上为保护共同的利益和相互提供帮助而联合的;荷属安的列斯在内部事务上享有完全的自治权;总督代表荷兰国王,由荷兰国王任命;安的列斯政府任命一名全权部长代表安的列斯参加荷兰内阁;荷兰掌管安的列斯的外交和国防事务。

【议会】一院制,有22个议席,由普选产生,任期4年。本届议会于1990年3月产生,民族人民党有7个议席。以该党为首的执政联盟占有15个议席。议长威廉斯(R. Williams)。

【政府】由总督和部长会议组成。部长会议主席即政府总理。本届政府于1990年4月就职。现成员如下:总督杰姆·沙勒,总理玛丽娅·莉贝丽娅·佩特斯夫人(Maria Liberia Peters),副总理兼财政部长吉尔伯特·德保拉(Gilbert Depaula),贸易、工业和就业部长科尼利斯·斯米茨(Cornelis Smits)。

【司法机构】有联合高级法院,各岛有初审法庭。高级法院首席法官、总检察长及高级法院法官均为终身制,由荷兰女王同荷属安的列斯政府协商后任命。高级法院首席法官韦恩霍尔特(M. R. Wijnholt),总检察长皮特斯(Dr. R. F. Pietersz)。

【政党】政党较多,但每个政党很难在议会得到足够的席位单独执政。主要政党有:

(1)民族人民党(Partido Nashonal di Pueblo):执政党之一,1948年成立。主席玛丽娅·莉贝丽娅·佩特斯夫人。

(2)圣马丁民主党(Democratic Party-St. Maarten):执政党之一。主席克劳德·沃希(Claude Wathey)。

(3)劳工解放阵线(Frente Obrero de Liberashon)。执政党之一,1969年成立。主席威尔逊·戈德特(Wilson Godett)。

(4)博内尔进步联盟(Unión Patriótico Bonairiano):执政党之一,有党员2134人。主席拉迪·埃利斯(Rudi Ellis)。

经济

工业相对不发达,长期以炼油业为主。80年代初旅游业取代了炼油业的位置,成为最重要的经济部门。是重要的海外金融中心。80年代末,荷兰经援减少,政府被迫采取紧缩措施,同时加紧发展经济多样化。

国民生产总值(1989年):13.41亿美元。

人均国内生产总值(1987年):5280美元。

国内生产总值增长率(1991年):1.6%。

货币名称:荷属安的列斯盾或弗罗林;1盾=100分。

汇率(1991年):1美元=1.79荷属安的列斯盾。

通货膨胀率(1991年1月库腊索):5.1%。

失业率(1990年库腊索):19.8%。

【工业】1985年政府买下荷兰壳牌石油公司设在库腊索的炼油厂,将其租给委内瑞拉国家石油公司。1986年3月日产量23万桶,出口到南美和北美洲。1987年11月,委内瑞拉国家石油公司同意对该炼油厂投资2500万美元。1989年产原盐35.4万吨。近年来建筑业发展较快,1989年产值由1985年的0.59亿盾增至1.15亿盾。

【农业】耕地面积8000公顷。主要生产芦荟、高粱、豆类、蔬菜、热带水果等。1990年9月牲畜存栏数:牛

8000头，猪3000头，山羊1.4万只，绵羊1万只。圣马丁岛渔业发展较快，但产量不能满足内部需求。1989年捕鱼1200吨。

【金融服务业】有3万多家公司在荷属安的列斯注册，1988年政府收入2.5亿荷属安的列斯盾。1990年9月，"海外"银行资产达289亿盾。

【旅游业】旅游业发达。1990年接待游客147.1万人次，收入达8.04亿荷属安的列斯盾。圣马丁和博内尔岛的海滨对旅游者有很大吸引力。游客主要来自美国、欧洲。

【交通运输】无铁路。

公路：各岛均有良好的全天候公路网。总长813公里(库腊索岛550公里，博内尔岛210公里，圣马丁岛53公里)。1988年约有小汽车67500辆，商业用车14000辆。

水运：主要港口在库腊索。1989年吞吐量约为3727.5万吨，其中装货1856万吨，卸货1871.5万吨。

空运：库腊索、圣马丁、博内尔均有国际机场。有通往美国、阿鲁巴、委内瑞拉、苏里南及加勒比国家的航线。1988年运送乘客196万人次。

【财政金融】中央政府财政收支情况如下(单位：亿荷属安的列斯盾)：

	1988	1989	1990
收入	3.65	2.98	4.03
支出	3.44	3.23	5.39
差额	0.21	－0.25	－1.36

(资料来源：1992年欧洲年鉴)

1990年外债总额为18.5亿美元。1991年6月外汇储备(不包括黄金)为1.36亿美元。

【对外贸易】1988～1990年对外贸易情况如下(单位：亿美元)：

	1989	1990	1991＊
出口额	1.75	1.11	1.58
进口额	10.20	1.67	1.79
差　额	－8.45	－0.56	－0.21

＊　系估计数字。

(资料来源：1992/93年度经济季评)

外贸以进口原油、出口石油产品为主。原油进口额占进口总额的90%以上。主要出口对象是美国、英国、瓜德罗普。出口额分别占出口总额的41.1%、7.3%和4.7%。主要进口对象为委内瑞拉、美国、荷兰，进口额分别占进口总额的42.1%、21.3%和7.9%。

【外国援助】主要依靠荷兰的援助。1989年从荷兰获得的发展援助为0.699亿美元。

人民生活

政府提供免费医疗，并对穷人提供食品救济。有8家医院，每千人拥有医生0.84人，病床6.47张；小汽车245辆。有电视机3.2万台，收音机12.5万部，电话机49561部。1987年政府卫生开支0.282亿安的列斯盾，社会保险和福利开支1.673亿安的列斯盾，分别占总开支的5.4%和32.2%。

军　事

国防由荷兰负责。总督任军队总司令。荷兰在安的列斯驻扎海军。

文化教育

【教育】教育制度与荷兰相同。政府教育开支约占预算的1/3，教育设施良好。识字率几乎是100%。1987年各级学校、学生和教师数：

	学校(所)	学生(人)	教师(人)
小学	85	22073	1231
中学	23	9396	664
技术和职业学校＊	35	7760	750
师范学校＊＊	1	98	28
大学＊＊	1	677	53
残疾人学校	18	1750	190

＊　1986年数字。

＊＊　1983年数字。

(资料来源：1992年欧洲年鉴)

【新闻出版】有7份日报。主要报刊有：《库腊索朋友报》(荷兰文)，发行1万份；《新闻消息报》(荷兰文)，发行8000份；《消息报》(帕彼曼都语)，发行1.2万份；《新闻报》(帕彼曼都语)，发行1.29万份。

主要通讯社为荷兰通讯社。

共有15家广播电台。主要有：加勒比广播电台，1955年建台，用荷兰语、英语、西班牙语和帕彼曼都语播音；库腊索广播协会：1933年建台，用帕彼曼都语播音；世界广播电台：用4种语言对南美、中美、北美和加勒比广播。

有5家电视台，主要有：背风群岛广播公司电视台，安的列斯电视台和库腊索电视台。　(李　茜)

洪　都　拉　斯

国名　洪都拉斯共和国(The Republic of Honduras，República de Honduras)。

面积　112088平方公里。

人口　529.8万(1992年估计)。印欧混血种人占86%，印第安人占10%，黑人和白人各占2%。官方语言为西班牙语。大多数居民信奉天主教。

首都　特古西加尔巴(Tegucigalpa)。宪法规定首都由特古西加尔巴城和科马亚圭拉城(Comayagüela)共同组成。首都地区人口80万(1990年)。

国家元首　总统拉斐尔·莱昂纳多·卡列哈斯(Rafael Leonardo Callejas),1990年1月27日就职,任期4年。

简　况

位于中美洲北部。北临加勒比海,南濒太平洋的丰塞卡湾,东、南同尼加拉瓜和萨尔瓦多交界,西与危地马拉接壤。海岸线长1033公里。沿海属热带雨林气候,年平均气温31℃;中部山区凉爽干燥,年平均气温为23℃。原为土著印第安人居住地,16世纪沦为西班牙殖民地。1821年9月15日独立。1823年参加中美洲联邦。1838年联邦解体后成立共和国。20世纪50年代以后,基本上由自由党、国民党两大传统政党分别执政。1989年11月26日国民党人拉斐尔·莱昂纳多·卡列哈斯当选总统。新政府上台后,在政治上实行全国和解政策,多次与反政府游击队举行谈判,于1991年与洪联合革命领导委员会、辛乔内罗阵线和洛伦索·塞拉亚革命阵线三支游击队组织达成和平协议。

政　治

1992年,洪政局基本稳定,各政党忙于大选前的准备工作。执政党国民党内部两派纷争进一步激烈,9月才选出奥斯瓦尔多·拉莫斯·索托为该党的唯一总统候选人。全国最大的反对党自由党也在10月进行了选举,卡洛斯·雷伊纳获胜。在经济上,洪政府执行的结构性调整已在宏观经济方面初见成效。但由此引起的生活费用上涨,广大工人、农民和职员生活水平下降,失业严重,社会贫困等问题也遭到有关各方的指责,罢工抗议和示威不时发生,劳资冲突不断,暴力犯罪事件突出。

【宪法】现行宪法于1982年1月20日生效。宪法规定,国家实行共和和代议制,立法、司法和行政三权分立。总统是国家元首、政府首脑和军队统帅。总统由直接选举产生,任期4年,不得连任。

【议会】国民议会为全国最高立法机构。一院制。议员由选民直接选举,任期4年。本届议会于1990年1月25日产生,议员128名,其中国民党71名,自由党55名,团结革新党2名。议长鲁道夫·伊里亚斯·纳瓦斯(Rodolfo Irías Navas)。

【政府】本届政府于1990年1月18日组成,1992年1月总统改组内阁,撤换了劳工、国防、计划3位部长。现内阁主要成员为:内政和司法部长塞林·迪斯夸·埃尔维尔(Celín Discua Elvir),外交部长马里奥·卡里亚斯·萨帕塔(Mario Cariás Zapata),财政和公共信贷部长雷内·阿东·马图特(René Ardón Matute),经济和贸易部长卡洛斯·查因(Carlos Chahín),国防和公安部长阿维拉·索莱诺(Avila Soleno),通讯、公共设施和交通部长毛罗·门布雷尼奥(Mauro Membreño)。

【司法机构】由最高法院、上诉法院和一般法院组成。最高法院院长和共和国总检察长由国民议会选举产生,任期4年,可连选连任。最高法院由9名法官和7名候补法官组成,现任院长奥尔兰多·洛萨诺·马丁内斯(Orlando Lozano Martínez)。总检察长莱昂纳多·马图特·穆里略(Leonardo Matute Murillo)。

【政党】主要政党有:(1)国民党(Partido Nacional):又称"蓝党",执政党。1902年正式成立。党内分为卡列哈斯全国运动和奥斯瓦尔多主义两派。主席伊里亚斯·纳瓦斯(Irias Navas)。

(2)自由党(Partido Liberal):又称"红党",最大在野党。1881年成立。曾8次执政。目前分为由前议长卡洛斯·奥尔宾·蒙托亚为首的蒙托亚派和前中央执行委员会主席拉斐尔·皮内达·庞塞为首的弗洛雷斯派。党主席罗穆阿尔多·布埃索·佩纳尔瓦(Romualdo Bueso Penalba)。

(3)革新团结党(Partido de Innovación y Unidad):1970年成立,1980年取得合法地位。主张建立"多元的文人政府"。主席赫尔曼·莱特塞拉尔(Germán Leitzelar)。

(4)基督教民主党(Partido Demócrata Cristiano):1969年成立,1981年取得合法地位。主席埃尔索尔·迪马斯·塔沃拉(Erzol Dimas Tabora)。

(5)洪都拉斯共产党(Partido Comunista de Honduras):1927年成立,1954年重建。1981年取得合法地位。党员约1万人。同古巴关系密切。总书记里戈韦托·帕迪亚·鲁斯(Rigoberto Padilla Rush)。

【重要人物】拉斐尔·莱昂纳多·卡列哈斯:总统。1943年11月14日生于特古西加尔巴一个富人家庭,农业经济学家。曾在荷兰和美国留学,毕业于美国密西西比大学农业经济系。1970年起在几届军政府中任过职。曾任国民党中央委员会执行主席。1989年9月当选国际民主联盟副主席。1990年1月就任总统。

经　济

洪都拉斯是拉美最贫穷的国家之一,工业不发达,严重依赖香蕉和咖啡两种农产品的出口。80年代以来,经济发展缓慢,国内生产总值增长率一直低于人口增长率。1990卡列哈斯执政后,制定了调整经济结构法,采取了经济紧缩政策,提高公共服务费,实行消费税法,提高银行利率,降低关税,精简政府机构,鼓励出口,推动农业发展。1992年,经济调整取得了一些积极成果,财政赤字、公共开支有所减少,经济增长超过4%,国内货币储备增长,汇率稳定,通货膨胀得到控制,由上一年的21.4%降到6%,债务得到重新安排,并获得世界多边金融机构的贷款。但是,经济仍面临诸多困难,外债负担依然沉重,失业问题严重,尤其是主要出口产品香蕉的出口受到欧共体的配额限制,咖啡的国际价格又下跌至30年来最低水平,使洪损失近1亿美元。

国民生产总值(1991年,按1988年不变价格计算):39.95 亿美元。

人均国民生产总值(1991 年):754 美元。

国内生产总值增长率(1991 年):3.2%。

货币名称:伦皮拉;1 伦皮拉=100 分。

汇率(1992 年 10 月):1 美元=5.8 伦皮拉。

通货膨胀率(1992 年):8.8%。

失业率(1991 年):8.4%。

【资源】主要矿藏有金、银、铜、铅、锌、煤、锑、铁等,其中银产量曾居中美洲首位。森林资源丰富,占全国面积的一半,盛产松木、杉木及红木等优质木材。

【工业】以传统的木材加工和制糖业为主,另有化工、水泥、纺织业等。主要工业产品产量如下:

	1989	1990	1991 *
水泥(万吨)	64.9	69.8	69.3
布(万码)	1996.2	1670.8	1914.8
香烟(亿盒)	1.28	1.34	1.26

* 为初步数字。

(资料来源:1992 年拉美经委会统计)

【农牧业】以农业为主,1991 年农牧业产值占国内生产总值的 22.8%。可耕地面积 139 万公顷,占全国面积的 34%。67%的经济自立人员从事农业。盛产香蕉,其他农产品有咖啡、甘蔗、玉米和棉花等。粮食不能自给。主要农作物产量如下(单位:万吨):

	1989	1990	1991 *
香蕉	107.7	103.1	95.9
咖啡	9.9	11.8	10.0
甘蔗	265.7	289.2	312.5
玉米	49.8	56.2	55.8

* 为初步数字。

(资料来源:同上)

【服务业】商业、交通运输、保险、水电等各项服务业 1991 年的产值占当年国内生产总值的 53.1%。

【旅游业】1985 年以来外国游客数量逐年增加。1988 年接待游客 21.8 万人。

【交通运输】交通运输以铁路为主。

铁路:总长 1780 公里,其中可运行的 1004 公里。集中在北部沿海地区,其中一部分为香蕉和甘蔗专用运输线。

公路:总长 18494 公里(1989 年),主要有泛美公路和两洋间公路。

水运:南北均有海港,主要港口有科斯特、特拉、塞巴和特鲁希略。

空运:有 4 个国际机场:特古西加尔巴、圣佩德罗苏拉、拉塞瓦、塔兰卡。两个航空公司:国家航空运输公司和洪都拉斯航空服务公司,有航线通往美国、墨西哥和中美洲一些国家。1989 年旅客周转量 4.76 亿人公里,货运量 220 万吨公里。

【财政金融】近几年政府财政收支情况如下(单位:亿伦皮拉):

	1989	1990	1991 *
收入	15.23	20.56	28.40
支出	22.83	28.51	33.29
赤字	7.60	7.95	4.89

* 为初步数字。

(资料来源:同上)

1991 年国际储备为 9050 万美元。1992 年外债总额 31.59 亿美元。

【对外贸易】1992 年洪进出口贸易增长 4.5%,进口 9 亿美元,出口 8.85 亿美元。1991 年香蕉出口创汇 3.3 亿美元,占出口总额的 42.7%;咖啡出口 1.46 亿美元,占出口总额的 18.7%。此外还出口糖、冻肉和木材等。主要进口机器设备、交通器材、化工产品、燃料和润滑油、各种制成品以及粮食等。主要贸易对象是美国,1991 年洪向美出口 5.5 亿美元,占洪出口总额的 60%;进口 4.21 亿美元,占进口总额的 50%。其次是欧洲经济共同体、中美洲国家及日本。1989～1991 年对外贸易情况如下(单位:亿美元):

	1989	1990	1991 *
进口额	8.72	8.80	8.80
出口额	8.51	8.12	7.80
差　额	−0.21	−0.68	−1.00

* 为初步数字。

(资料来源:同上)

【外国援助】主要从美国、日本、欧洲经济共同体、世界银行、国际货币基金组织获得贷款、赠款或物质援助。1990 年美给洪援助共 2.095 亿美元,其中军援 0.213亿美元。

人民生活

1992 年最低工资增加 13.7%,但其实际水平仍低于 1982 年的 15%。全国一半人口处于极端贫困之中。平均寿命66.3 岁,儿童死亡率 5%。有 46 家医院,683 所医疗站,共有床位 5639 张。艾滋病患者位居中美洲第一位。

军　事

1954 年 10 月 21 日建军。总统为武装力量最高统帅。宪法规定对 18～30 岁的公民实行义务兵役制,服役期为 8 个月。武装部队共有 18200 人,其中陆军 15000 人,海军 1100 人,空军 2100 人,此外还有公安部队 4500 人。武器装备均由美国提供,军官大多由美国培训。武装部队司令路易斯·阿隆索·迪斯夸·埃尔维尔将军(Luis Alonso Discua Elvir)。

1992 年军费开支 4570 万美元,美国给予 2100 万美元的军援。经常与美国进行联合军事演习。

文化教育

【教育】1991 年教育预算为 5.61亿伦皮拉。文盲率 32%。城市小学为 6 年制,农村小学 3 年制。

全国学校、学生和教师数如下:

	学校(所)	学生(人)	教师(人)
小学	7335	880000	25000
中学	474	136000	6000

大学　4　34000　1200

设在首都的国立自治大学成立于1846年，在中美洲有一定影响。

【新闻出版】 主要报纸有《新闻报》，发行4.2万份；《时代报》，发行3万份；《论坛报》，发行5万份。主要刊物有《社会行动》和《中美洲官方指南》。

1988年全国有281家电台和9家主要电视台。洪都拉斯电台为官方电台，美洲电台为商业电台。

对外关系 卡列哈斯政府宣称遵循国际法则，主张各国和平共处，相互尊重领土主权；支持中美洲民主与和平进程；主张拉美国家一体化，加强同拉美国家的关系。主张拉美国家团结起来共同协商解决债务问题。1991年9月，洪以观察员身份出席了在阿克拉举行的不结盟运动第十届部长会议。1992年12月，卡列哈斯总统代表中美洲国家作为观察员出席了里约集团第六次首脑会议。

【同我国的关系】 同我国无外交关系，但有些往来。1988年5月，洪国民议会副议长何塞·安东尼奥·费尔南德斯率议会代表团访华。1991年7月，洪国民党总书记、国民议会秘书长卡洛斯·卡夫列尔·卡丹率洪国民党代表团访华。1992年7月，中国国际交流协会理事李北海率中国交流协会代表团访洪；9月，洪改革党政治局委员富内斯和阿吉拉尔访华；10月，洪国民党总书记卡丹再次访华。

1992年中、洪贸易总额为1028万美元，其中我国出口1025万美元，进口3万美元。

洪与台湾建有"外交关系"，台在洪设有"使馆"。1991年8月，台"副总统"李元簇访洪。10月，卡列哈斯总统访台。1992年9月，洪总统和其他中美洲国家首脑访问台湾，讨论加强经济和政治关系的问题。11月，台中央银行行长谢森中访洪。此外，洪台企业代表团互访频繁，台在洪有不少投资。

【同美国的关系】 同美国关系一向密切。两国签有军事合作协定，美在洪驻有军事使团，两国联合军事演习十分频繁。1990年和1991年美分别向洪提供2.095亿和1.238亿美元的经济、军事援助。1991年9月，卡列哈斯总统访美期间，两国签署协议，美免除洪欠美的8.68亿美元债务的一半。1992年5月，卡再次访美。但从自身民族利益出发，洪仍注意保持一定的独立性。由于中美洲形势的缓和，美削减了对洪援助，1992年为4200万美元。

【同尼加拉瓜的关系】 洪曾是尼加拉瓜反政府武装力量活动的主要基地，两国边界时有冲突发生。1990年以来关系迅速改善。1991年2月，两国妥善解决了在丰塞卡湾发生的武装冲突。9月，尼总统访洪，两国关系进一步得到改善。1992年5月13日，尼政府宣布撤销其在国际法院对洪的起诉。

【同萨尔瓦多的关系】 洪同萨尔瓦多有400平方公里的领土争端。为此曾断交，还发生100小时战争。1980年两国签订"和平总条约"，关系有所好转，双方同意由海牙国际法庭裁决两国争端。1992年9月11日，国际法庭最后裁决，在两国有争议的面积为418.6平方公里的陆地和32个太平洋岛屿中，2/3划归洪都拉斯，1/3划归萨尔瓦多。两国均表示尊重和履行该裁决。洪支持萨政府与游击队签署和约。1992年1月卡列哈斯总统出席了萨和平协定的签字仪式。洪萨两国还积极参与地区一体化。1992年5月，洪、萨、危三国总统签署了一项自由贸易协定，建立"北三角"自由贸易区，决定自1993年起三国之间实行贸易自由和资本自由流动。

【同墨西哥、委内瑞拉的关系】 卡列哈斯政府重视发展同墨、委的关系。卡就职后，立即出访两国，墨、委总统也相继回访。洪与两国签有石油供应协定。1992年1月，洪总统再次访墨，洪欠墨的5300万美元的债务的87%得到了重新安排。1992年卡列哈斯总统访问委内瑞拉，表示对委民主的坚定支持。

【同日本、西欧国家的关系】 与日本、西欧国家有重要的贸易关系。1990年，洪总统和内阁各部长相继出访西欧、日本，以争取这些国家的经济支持和贷款。1991年3月，卡列哈斯总统往访西班牙、意大利和瑞士，以拓展洪与欧共体的经济技术合作，推动洪产品向该地区的出口。1992年5月，卡再访欧洲，就欧共体对香蕉出口建立份额制等限制措施做工作，但未果。

（卢燕柳）

加　拿　大

国名　加拿大(Canada)。

面积　9970610平方公里。

人口　2710万(1991年统计)。英裔居民约占42%，法裔居民约占27%，其次是意大利、德国、乌克兰等欧洲人后裔。土著人71.17万(1986年统计)，约占全国人口的3%。英语和法语同为官方语言。居民中信奉天主教的占47.3%，信奉基督教新教的占41.2%。

首都　渥太华(Ottawa)，人口86.4万(1991年，包括赫尔市)。

国家元首　英国女王伊丽莎白二世。女王任命总督为其代表。总督雷蒙·纳蒂辛(Ramon Hnatyshyn)，

1990年1月29日就职。

简　况

位于北美洲北半部。东临大西洋,西濒太平洋,南界美国,北靠北冰洋。大陆和沿海岛屿海岸线长24万多公里。东部气温稍低,南部气候适中,西部气候温和湿润,北部为寒带苔原气候。中西部最高气温达40℃以上,北部最低气温可低至-60℃。原为印第安人与因纽特人居住地。16世纪起沦为法、英殖民地,后又被法割让给英国。1867年,英将加拿大省、新不伦瑞克和诺瓦斯科舍合并为一个联邦,成为英国最早的自治领。此后其他省相继加入。1926年,英国承认加和英有"平等地位",始获得外交上的独立。1931年,成为英联邦成员国,其议会也获得了同英议会平等的立法权。100多年来由自由党和保守党轮流执政。1935年以来主要由自由党执政。1984年9月举行第33届大选,进步保守党人马尔罗尼就任总理。

政　治

1992年,加保守党政府继续以促成新的修宪协议和使经济复苏为主要施政目标。马尔罗尼总理与10省2地区和土著人代表经过马拉松式的艰苦谈判,终于在8月28日达成一项新的修宪协议。为保证该协议在联邦和各省议会顺利通过,马尔罗尼总理决定以全国公民投票方式对该决议进行表决,结果55%的选民投票反对而遭否决。这是继1990年"米奇湖协议"夭折之后,马尔罗尼政府在修宪问题上再次受挫。经济不景气直接影响人民的生活水平,并使社会问题日见增多。因此,保守党政府在选民中的地位继续下降,反对党力量相对上升,各种政治力量对比更趋复杂化。

【宪法】加至今没有一部完整的宪法,主要由在各个不同历史时期通过的宪法法案所构成,其中包括1867年在英国议会通过的《不列颠北美法案》、1867～1975年通过的宪法修正案,以及1982年在加议会通过的《1982年宪法法案》。宪法规定,加实行联邦议会制,尊英王为加国家元首,其代表是总督,英、法语均为官方语言。宪法宗旨:为了和平、秩序和良好的政府。

【议会】由参议院和众议院组成。参议院有112名议员,由总理提名,总督任命,名额按各省人口比例和历史形成的惯例分配。1965年6月2日前任命的为终身职,此后任命的到75岁退休。参议长居伊·夏博诺(Guy Charbonnean),1984年11月任命。众议院295席,由各省按人口比例直接选举出的议员组成,任期5年。本届众议院是第34届,1988年11月选出。议席占有情况为:进步保守党159席,自由党81席,新民主党44席,魁北克集团8席,改良党1席,独立人士2席。众议长约翰·阿伦·弗雷泽(John Allen Fraser),1988年12月12日当选。

【政府】内阁制,由众议院中占多数席位的政党组阁,其领袖任总理。本届政府由进步保守党于1988年11月组成。1989年1月、1990年1月、1991年4月及1993年1月进行了4次改组,现有阁员35名,主要内阁成员如下:总理布赖恩·马尔罗尼(Brian Mulroney),枢密院主席、宪政事务部长查尔斯·约瑟夫·克拉克(Charles Joseph Clark),副总理兼财政部长唐纳德·弗兰克·马赞考茨基(Donald Frank Mazankowski),工业、科学和技术部长、国际贸易部长迈克尔·威尔逊(Michael Wilson),外交部长巴巴拉·麦克杜格尔(Barbara Mcdougall),国防部长金·坎贝尔(Kim Campbell),对外关系部长、老年人事务部长莫尼克·韦齐纳(Monique Vezina)。

【司法机构】各省设有初、中、高三级法院,主要司法业务均在省内审理。联邦法院主要裁决有关经济方面的案件。最高法院由9名法官组成,仲裁重大政治、法律和有关宪法问题以及重大民事和刑事案件,最高法院的裁决为最后裁决。最高法院大法官安东尼奥·拉莫尔(Antonio Lamer),1990年7月就任。司法部长、总检察长皮埃尔·布莱(Pierre Blais),1993年1月就任。

【政党】(1)进步保守党(Progressive Conservative Party):执政党。1854年成立。该党在阿尔伯塔、曼尼托巴和诺瓦斯科舍等省执政。领袖布赖恩·马尔罗尼。

(2)自由党(Liberal Party):主要反对党。1873年成立。该党在魁北克、新不伦瑞克、爱德华太子岛和纽芬兰等省执政。1990年5月3日,领袖特纳因两次大选失利而辞职。新领袖让·克雷蒂安(Jean Chretien)。

(3)新民主党(New Democratic Party):1961年由"平民合作联盟"与"加拿大劳工大会"联合而成。该党在不列颠哥伦比亚、萨斯喀彻温和安大略等省和育空地区执政。领袖奥德雷·麦克劳克林(Audrey Mclaughlin)。

其他政党还有:社会信用党、魁北克人党、改良党、加拿大共产党等。

【重要人物】雷蒙·纳蒂辛:总督。1934年3月16日生于萨斯喀彻温省萨斯卡吞市,乌克兰后裔,曾在萨斯喀彻温大学获法律学士学位,先后任律师和大学讲师。1973年被任命为王室法律顾问。1974年当选为保守党联邦众议员。曾任能源、矿产资源部长、科技国务部长、政府驻众议院领袖、枢密院主席和司法部长兼总检察长。1990年1月任加第34届总督。　**马丁·布赖恩·马尔罗尼**:总理。1939年3月20日生于魁北克省贝科莫镇,毕业于拉瓦尔大学法律系,曾任劳务律师。1976年任加拿大铁矿公司法律顾问兼副总裁,后任总裁。1983年6月当选为进步保守党领袖,8月当选联邦众议员 。1984年9月任总理,1988年11月连任。

经　济

加是西方七大工业化国家之一。制造业和高科技产业较发达,资源工业、初级制造业和农业亦是经济的主要支柱。对外资、外贸依赖严重。1982～1988年经济连续七年增长,但后期通膨压力逐渐加重。为防止经济"过热",维持经济稳定增长，加中央银行采取高利率紧缩政策。自1989年起，经济增长明显减缓。1990年下滑加速，在第2季度陷入衰退，全年国内生产总值实际增长仅为0.5%。进入1991年后，衰退加深，全年国内生产总值出现1.7%的负增长。从1992年起，加经济开始走出谷底，但企业投资和个人消费仍然回升乏力，联邦债务已高达近5000亿加元，而政府因负债沉重，坚持紧缩开支的财政政策，也难于采取更多的措施来刺激经济增长。

国内生产总值(1992年)：6995亿加元。

人均国内生产总值(1992年)：2.58万加元。

国内生产总值增长率(1992年)：0.9%。

国民收入(1990年)：4962.44亿加元。

货币名称：加拿大元；1加元＝100分。

汇率(1993年1月)：1美元＝1.2851加元。

通货膨胀率(1992年)：1.5%。

失业率(1992年11月)：11.8%。

【资源】矿藏有60余种，主要有金、铜、锌、镍、铁、铀、铅、钾、硫磺、石棉等。1989年已探明的原油储量为80亿桶，天然气储量为1万亿立方米。森林覆盖面积为440万平方公里，产材林面积163.5万平方公里，分别占全国领土面积的44%和17%；木材总蓄积量为172.3亿立方米。占有世界淡水水面的15%，领土面积中有75万平方公里由淡水覆盖。

【工业】1990年总产值1276.26亿加元(1986年价格)，占国内生产总值25.02%；其中制造业总值913.16亿加元，从业人口200.1万，占全国就业人口的14.6%。近3年主要工业产品产量如下：

	1989	1990	1991
汽车(万辆)	193.3	174.8	166.9
原油(万立方米)	9726.7	9690.6	9548.9
天然气(亿立方米)	972.89	994.14	1106.3
铁矿砂(万吨)	3944.5	3565.2	3300
钾(万吨)	701.4	737.2	
煤(万吨)	7047.5	6826.8	6935.5
锌(万吨)	127.3	132	117.6
铜(万吨)	70.4	79.4	78.9
镍(万吨)	19.6	19.1	18.2
铅(万吨)	26.9	22	21.2
金(万克)	15949.4	16434.7	18350
铀(万公斤)	1099.5	973.4	
发电量(亿度)	4821.5	4660.6	4619.8

(资料来源：1991/92年度加拿大经济观察)

【农牧业】1990年农业及农业服务业总产值112.02亿加元(1986年价格)，占国内生产总值2.2%。主要种植小麦、大麦、亚麻、燕麦、油菜籽等作物。可耕地面积约占全国土地面积16%，其中已耕地面积约6800万公顷，占全国土地面积8%。农业从业人口约42.8万，占总就业人口约3.4%。近几年主要农作物产量如下(单位：万吨)：

	1989	1990	1991
小麦	2458	3271	3282
大麦	1167	1392	1264
燕麦	355	285	189
油菜籽	306	328	430

(资料来源：同上)

牲畜存栏情况如下(单位：万头)：

	1987	1988	1989
牛	1080.2	1086.3	1100.4
猪	999.6	1074.8	1077.9
羊	48.1	47.5	48.1

【服务业】80年代以来发展迅速。1990年商业服务产值为2440.89亿加元(1986年价格)，占当年国内生产总值的47.8%，从业人口为767.3万人，在当年全国总劳动力中所占比例为56%。

【旅游业】旅游收入约占国内生产总值4%，也是重要外汇收入来源。1989年旅游外汇收入72亿加元。全国有60万人直接从事旅游服务业，有30万间旅馆客房，7.2万家餐馆，3100家旅行社。全国有18个国家公园、安大略省的尼亚加拉大瀑布为主要旅游点。

【交通运输】铁路：1988年铁路总长91365公里，有火车机车3836辆，货车皮134156辆，客车厢1233辆；客运量2700万人次，货运量3亿吨。

公路：1988年公路总长27万公里；各类车辆1630万辆，其中小汽车1200万辆；客运量15.4亿人次；货运量约2.5亿吨。

水运：圣·劳伦斯运河长3769公里，是世界最长的运河。最大的港口是温哥华港，年吞吐量达7000万吨。1988年沿海及内陆港口抵离商船61118艘，总注册吨位(相当于100立方英尺的货/客运舱位)2.87亿吨，货运量3.89亿吨。

空运：约有商业飞机4500架，主要机场61个，包括多伦多、温哥华、卡尔加里和蒙特利尔国际机场。1989年客运量约3700万人次，货运量约64.9万吨。

【财政金融】联邦政府近几年财政收支情况如下(单位：亿加元)：

	1989/90	1990/91	1991/92
收入	1172.31	1207.5	1241
支出	1403.13	1512.5	1555
赤字	230.82	305	314

(资料来源：加拿大联邦政府预算)

1991年10月外汇储备总额148.47亿美元，黄金储备3.64亿美元。国际收支经常项目赤字220.36亿加元。至1991年3月联邦债务累计3885亿加元，其中外债2600～2900亿加元，偿债支付412亿加元，占国内生产总值6.3%。

【对外贸易】对外贸依赖严重，1990年出口总额占国内生产总值的21.8%。最近几年的外贸情况如下(单位：亿美元)：

	1990	1991	1992
出口额	1273	1267	1309
进口额	1199	1212	1241
差　额	74	55	68

（资料来源：1991/92年度加拿大经济观察）

主要出口汽车及零配件、其他工业制品、林产品、金属和能源产品；主要进口机械设备、汽车及零配件、工业材料、其他消费品及食品。主要贸易对象是美国、日本和英国，1990年与他们的贸易分别占加出口总额的75.39%、5.22%和2.37%；占进口总额的68.54%、6.07%和3.64%。

【对外援助】1990/91年度加官方对外发展援助预算金额为25.65亿加元，约占当年国内生产总值0.38%。

人民生活

加实行一系列的社会福利保险制度，包括失业保险和失业救济、医疗保险、养老金、家庭津贴和残疾津贴等多项内容，由联邦、省和市3级政府分类负担和管理。1990年人均国民收入18654加元，工人平均周工资512加元。1987年，全国共有1040家医院，每千人拥有7张病床。每467人有1位医生；99%家庭有私人住宅，57%家庭有冷冻箱。

军　事

总督为形式上的武装部队最高司令，总理是实际上的最高统帅，国防部长在国防参谋长的协助下负责武装部队建设并领导全国部队。加以北大西洋公约组织的集体防务和与美国的双边战略和防务合作为其防务政策的两大支柱。1991年9月加国防部公布新防务计划，计划逐步削减常备兵员，增加预备役部队，同时增加武器装备在国防开支中的比重，并已宣布在1994年底之前撤回全部驻欧部队。实行义务兵役制。武装部队实现独特的三军统一体制，在国防总指挥部之下分设海上、空中、机动、通讯和北方地区部队5大职能司令部。

1991年总兵力8.7万人，其中陆军23500人，海军17100人，空军24500人，通讯部队3500人。加拿大驻欧洲部队6600人，另有4000多人参加联合国在中东、阿富汗、塞浦路斯、前南斯拉夫、柬埔寨等地区的维持和平部队和国际观察和监督活动。

1990/91财政年度国防预算为121.45亿加元，约占政府总开支的8%。

文化教育

【教育】联邦政府不设专门机构，教育管理权归省级政府。各省教育经费基本依靠自筹，联邦政府也提供一定的资助。普及中、小学教育。1989/90年度，全国直接用于教育的经费共434.68亿加元，占国内生产总值的6.7%。著名学府有多伦多大学、不列颠哥伦比亚大学、拉瓦尔大学、阿尔伯塔大学和麦吉尔大学等。1989/90年度各级院校情况如下：

	学校(所)	学生(万人)
中小学	1541	507.43
大中专科学校	198	31.5
大学	70	51.39

【新闻出版】1988年有110家日报，日发行量580余万份。英文报纸主要有《多伦多星报》，发行量52万份；《环球邮报》，唯一全国性日报，发行量33万份。主要法文报纸有《蒙特利尔日报》，发行量31万份。杂志有1300种，年发行量4.2亿本。主要杂志有《麦克林斯》，新闻周刊。

主要通讯社：加拿大通讯社，由106家日报共同拥有，成立于1917年；有300余名记者，分布在加14个城市，在纽约、华盛顿和伦敦设有分社。此外还有索瑟姆通讯社和加拿大合众社等。

加拿大广播公司是加主要的全国性电台、电视广播公司，1936年建立，为国营，用英、法语对国内广播，覆盖率达全国人口的99.4%；该公司的国际广播电台于1945年建立，用包括华语在内的11种语言播音。

加拿大广播公司电视台拥有由31家电视台组成的英、法语电视网，覆盖率达全国人口的99.2%。此外，主要私营电视台有：加拿大电视台（系英语播音的全国性电视台）、环球电视台（系地区性英语电视台）和四季电视台（系地区性法语电视台）。

对外关系

加拿大把维护世界和平与国家安全、促进经济增长置于其对外政策的首位。重视与美国的战略结盟关系，注重依靠北约集体防务和美国的战略威慑来保障西方和加自身的安全。80年代末，相应调整对外政策。继续加强与美国的密切结盟关系，重视对北约的义务，但主张北约发挥更多的政治作用和扩大欧安会的作用，并倡议在北太平洋地区建立合作安全对话机制，使缓和进程在亚太地区有所体现。同时注意积极发展与欧共体、亚太和拉美各国的关系，进入90年代后，将建立地区性合作安全体系及对话机制和强化联合国的作用、促进公开自由的国际贸易体制和反对贸易集团化、在全球推动民主和人权价值观的建立以及环境保护作为外交政策的四大基石。十分重视反对武器扩散、反对国际恐怖主义和毒品走私等国际性问题。强调建立新的国际秩序不是任何一个国家所能承担，必须由所有工业发达国家共同努力才能完成；反对单边主义和单极世界；主张"人权超越主权"。对原南斯拉夫局势十分关注，主张通过和平谈判解决流血冲突。加于1992年5月开始对南实行制裁，包括召回大使、关闭南驻多伦多总领馆、中断从南进口、停止双边科技和文体交流等措施。同年7月，加宣布接受26000名南难民。同年8月，加宣布派一艘驱逐舰前往亚得里亚海监督执行联合国对塞尔维亚和黑山共和国的制裁决定。目前，加向南共派出1200名维和部队，提供2525万加元的人道主义援助。主张全面政治解决柬问题。柬全国最高委员会成立后，加予以支持，强调联合国应在解决柬问题中发挥作用，参加了柬问题巴黎国际会议并签署了柬埔寨冲突全面政治解决的协议；积极支持和参与联合国在柬的维和行动。支持朝鲜北南双方对话，赞成双方同时加入联合国；欢迎双方总理会谈签署“和解、互不侵犯和合作交流协议”；对双方达成朝鲜半岛无核区联合宣言表示赞赏。主张全面禁止核武器和化学武器，防止外空军备竞赛，支持禁止核扩散条约。重视裁军，主张把核及常规武器保持在一个最低水平，欢迎美苏达成削减战略武器协议，支持欧洲常规裁军。主张建立一个全面的、有效的框架处理大规模的武器扩散问题，赞成对常规武器及军事技术建立转让登记制度，以求通过增加透明度控制扩散。认为解决中东问题的基础是联合国242、238号决议，强调巴解必须承认以色列的生存权利，主张巴、以在领土妥协和互相尊重合法权利的基础上相互承认，认为中东地区的主要问题必须通过阿以双边会议加以解决。积极支持和参加中东问题多边和谈。

【同我国的关系】1970年10月13日与我建交。建交后，双边关系发展顺利，加总督、总理和参、众议长分别对我国进行了访问。我国家主席、人大常委会委员长和总理访问了加拿大。但在1989年春夏之交的政治风波后，加对我实施制裁，两国关系的发展遇到困难。近两年来，双方关系有所恢复，但进展缓慢。加政府迄今未取消对我采取的制裁措施。

1992年，双边关系继续有所改善，政治、经济、科技、文教以及友好省市之间的交往进一步恢复。加众议长弗雷泽(随加中儿童健康基金会代表团)，工业、科技和国际贸易部长威尔逊，萨斯喀彻温省长，曼尼托巴省长，安大略省长等访华；中国邮电部部长杨泰芳，河北省长，湖北省长以及黑龙江，四川，上海，天津等省市领导访加。李鹏总理在出席联合国环发大会期间与马尔罗尼总理简短会见，两国外长在多边场合也多次会见，两国副部长级互访逐渐增多。

1992年中加双边贸易额25.79亿美元，其中我出口6.53亿美元，较1991年增加17.6%；进口19.26亿美元，较1991年增长17%。

中国驻加拿大大使：张毅君。馆址：515 ST. PATRICK STREET, OTTAWA, KIN 5 H3 CANADA。电话：(613) 789-3434。传真：(613) 789-1911，789-3514。商务处地址：(同上)。电话：(613) 789-3511。传真：(613) 789-3515。

加拿大驻华大使：碧福(Fred Bild)。馆址：朝阳区东直门外大街19号(邮编100600)。电话：(总机)532-3536。传真：(86-1) 532-4072。商务处地址：(同上)。电话：(总机) 532-3536 (转分机) 3355。传真：(86-1) 532-4072。

【同美国的关系】美是加的主要盟国，长期以来，两国关系十分密切。加在经济上、军事上对美依赖尤深，历届政府都把对美关系摆在对外政策的首位。两国政府首脑间保持年度会晤制度，内阁成员亦定期进行磋商，经常就重大国际问题和双边关系交换看法，协调行动；在北美防务、军工生产、情报交换等方面签有一系列双边协议。两国互为最大的贸易伙伴，双方于1988年签署自由贸易协议，1989年1月1日该协议生效。1992年两国领导人互访频繁，加总理马尔罗尼两次访问美国，双方外长和其他部长多次互访。两国在前南斯拉夫局势、独联体局势、柬埔寨等重大国际问题上互通情况，密切磋商，协调立场，呼应行动。1992年，美加双边贸易额达2269亿加元，其中加向美出口1223亿加元，从美进口1046亿加元。但冷战结束后，加美在双边贸易问题上的摩擦有所增加。

【同独联体国家的关系】苏联解体后，加迅速承认独联体各国，并积极发展同它们的关系。1992年，俄罗斯总统叶利钦(两次)、吉尔吉斯斯坦总统阿卡耶夫和摩尔多瓦总统斯尼戈尔先后访加。加总督纳蒂辛访乌克兰，加工业、科技和贸易部长威尔逊率企业界人士访俄罗斯、乌克兰和哈萨克斯坦，加外长访俄罗斯。加对俄等独联体国家遇到的困难及可能导致的不稳表示关切，主张西方国家尽可能多地向它们提供援助，以帮助它们顺利完成向市场经济的转轨。加先后向独联体国家提供了20多亿加元的商业贷款、食品信贷和人道主义援助，还向乌克兰、爱沙尼亚、拉脱维亚、立陶宛、亚美尼亚、俄罗斯等国提供关税优惠待遇。

【同西欧国家的关系】加同西欧国家在政治、经济、军事和文化等方面有着传统的密切联系，因此，加历届政府都对发展同西欧国家的关系给予优先考虑。在重大国际问题上，加重视同西欧各国进行磋商和协调行动。冷战结束后，加认为西欧已不再面临来自前苏联的军事威胁，主张北约应加强政治作用，并适当削减军事力量。加已宣布将于1994年底前从西欧撤出其全部驻军。欧共体是加主要贸易伙伴，又是在加第二大外国投资者，1991年与加的双边贸易额为258亿加元，在加直接投资308亿加元。

【同拉丁美洲和加勒比国家的关系】加是美洲国家组织成员国，加政府很重视发展与该地区国家，尤其是加勒比英联邦国家的关系。近年来，双方高层互访频繁。拉美和加勒比国家是加第二大对外投资场所，加在该地区的私人投资已达40多亿加元，遍及旅游、金融、保险、采矿、交通等重要经济部门。1986年，加政府决定对从加勒比英联邦国家进口的大部分商品免除关税。

(解晓岩)

开曼群岛

名称　开曼群岛(The Cayman Islands)。

面积　259平方公里。

人口　27000人(1991年),黑人占25%,白人占20%,余为混血种人。1990年外国人占总人口的34%。1989年出生率为17.2‰,死亡率为4.4‰。英语为官方语言和通用语。居民多信奉基督教。

首府　乔治敦(George Town),人口12921人(1989年)。

总督　迈克尔·戈尔(Michael Gore),1992年就任。

简　况

位于加勒比海西北部,距牙买加西北290公里。属亚热带气候。受信风影响,平均气温仅21℃左右。1503年哥伦布发现该群岛。1670年根据《马德里斯科条约》,开曼群岛归英国统治,但在1959年前的280年间,群岛实际上为当时的英国殖民地牙买加的属地,由牙买加总督全权管辖。1962年牙买加独立后,群岛才单独成为英国直辖殖民地,由英女王任命的总督行使管辖权。

政　治

60年代中期党派政治停止后,群岛无正式的政党。立法会议选举一般在几个小组和独立人士候选人之间进行。所有候选人均保证进一步发展开曼经济,拥护保持与英国的隶属关系。1991年第一个新的政党“进步民主党”成立。在1992年11月的选举中,民族组获胜。

【宪法】1959年制定,1972年、1992年两次修订。根据新宪法规定,总督代表英国女王,由女王任命,负责外事、防务、内部治安和公共服务事业,并任行政委员会主席;行政委员会由首席秘书、副首席秘书、财政秘书、总检察长、副检察长和立法会议自身选出的4人组成。从下届大选起,立法会议由选举产生的15名成员和总督任命的4名官方成员组成。

【议会】称立法会议,任期4年。本届议会于1992年11月选举产生,扩大至15名成员,其中12名属民族组。

【政府】称行政委员会。本届行政委员会于1992年11月组成。主要成员:主席迈克尔·戈尔,首席秘书勒缪尔·赫尔斯顿(Lemuel Hurlston),财政秘书乔治·麦卡锡(George McCarthy),总检察长理查德·科尔斯(Richard Coles),农业、交通、工程和自然资源部长约翰·麦克莱恩(John Mclean),教育、文化和航空部长杜鲁门·鲍登(Truman Bodden),卫生和服务部长麦基瓦·布什(McKeeva Bush),旅游、环境和计划部长托马斯·杰弗逊(Thomas Jefferson)。

【司法机构】设有群岛大法院(相当于最高法院)、即决法院、青少年法院和上诉法院(在牙买加),英国枢密院为开曼最高上诉机关。大法院每年开庭6次,审理民事和刑事案件,接受即决法院的上诉。首席法官丹尼斯·马隆爵士(Sir Dennis Malone)。

【政党】进步民主党(The Progressive Democratic Party):1991年8月由立法会议中的一位后座会员麦基瓦·布什(McKeeva Bush)发起创建,为60年代中期以来的第一个新政党。该党支持维护与英国的隶属关系。

经　济

金融服务和旅游业是两大经济支柱。1962、1966年开始实行的国外公司法和金融法以及稳定的政局、发达的交通,促进经济快速增长。1987年金融服务业、旅游业就业人数分别占总劳力的15%和35%。1987年初立法会议提出一个五年经济发展计划,在1988～1992年期间投资2060万开曼元,用于改善公路、港口、机场状况以及供水、污水排除工程。劳动力缺乏,需引进大量劳务。

国内生产总值(1990年):7.152亿美元。

人均国内生产总值(1990年):26160美元。

国内生产总值增长率(1991年):1.4%。

货币名称:开曼元;1元=100分。

固定汇率:1美元=0.83开曼元。

通货膨胀率(1991年):8.0%。

失业率(1989年):6.2%。

【工业】规模极小。主要生产建材、首饰、家具和化学包装用具。

【农业】受土地贫瘠、雨水少、劳动力费用高3个因素所约束。1988年收入占国内生产总值近1%。主要作物为蔬菜、热带水果等。90%以上的粮食靠进口。

【服务业】金融服务业是经济的一个重要部门,收入约占政府总收入的40%。由于开曼政局稳定,没有外汇限制,不收直接税,并严格遵守金融保密法,该群岛成为世界最大的“海外”金融中心之一。1990年共有22000多家外国公司在开曼注册,其中有540家银行(包括世界最大的50家银行中的43家)和信托公司、353家保险公司,总资产为2000亿美元。每年为开曼提供5500万开曼元的收入。

【旅游业】是主要经济支柱,占国内生产总值的70%和外汇收入的75%左右,就业人员为1500余人。1990年外国游客总数614870人。1989年旅游收入为1.44亿开曼元。80%的游客来自美国,其余的来自欧洲、加拿大、牙买加等。

【交通运输】无铁路。

公路：总长254公里，其中201公里为柏油路。1990年注册的机动车为14136辆。

水运：有船可达佛罗里达、牙买加、哥斯达黎加和海地。主要港口是乔治敦。1989年国际货运量为156.5万吨。

空运：有通往休斯敦、迈阿密和牙买加金斯敦的定期航班。有两个国际机场：欧文·罗伯茨和杰勒德·史密斯。均可供喷气客机起降，有8个航空公司在此运营。

【财政金融】政府财政收入主要来自进口税、印花税、注册费、版税、财产税和旅游者税。近几年财政收支情况如下(单位：百万开曼元)：

	1989	1990	1991 *
收入	100.5	100.3	122.5
支出	96.4	118.3	123.5
差额	4.1	−18.0	−1.0

* 预算数字。

(资料来源：1992/93年度经济季评)

【对外贸易】外贸严重入超。但是，旅游和来自"海外"金融业的收入以及国外汇款大体上抵销了巨大的贸易赤字。主要出口产品为海龟肉、皮革和贝壳；主要进口机械、运输设备和食品。主要贸易伙伴是美国、英国、加拿大、日本。从美进口约占进口总额的75%。

近几年对外贸易情况如下(单位：百万开曼元)：

	1989	1990	1991
出口额	2.1	3.1	2.5
进口额	215.7	239.7	222.9
差　额	−213.6	−236.6	−220.4

(资料来源：同上，1991年为1992年第四期经济季评)

人民生活

儿童享受免费医疗。1990年有两所医院，70张病床，23名医生。此外还有4个地区卫生中心，1家诊所。1990年政府卫生开支1390万开曼元(占总开支的12.9%)，社会福利开支540万开曼元(占总开支的4.6%)。1990年有电话19394部，1989年有收音机22000部，电视机5000台。

军　事

由英国负责防务。

文化教育

【教育】公立学校对5～15岁学生实行免费义务教育。1990年政府教育开支为1480万开曼元，占总开支的13.6%。1990年学校、学生情况如下：

	学校(所)	学生(人)
公立小学	9	1421
私立小学、中学	6	1319
公立中学	3	1952
大学	2	

(资料来源：1992年欧洲年鉴)

【新闻出版】主要报纸有两份：《开曼人罗盘报》，发行量4500份；《商业协会新闻》，发行量1500份。杂志有《新星》，月刊。

开曼电台：政府商业电台，1976年起用英语全天播音。开曼国际大学电台：1973年创立，播放文化教育节目。

当地没有电视台，但大约有2000个卫星接收器，可收看10多个频道美国卫星电视节目。 (董晓军)

马尔维纳斯群岛

名称 马尔维纳斯群岛(Islas Malvinas)，英国称福克兰群岛(Falkland Islands)。英国属地。

面积 约12173平方公里。

人口 2041人(1991年)，97%是英国人后裔。居民中80%信奉基督教。

首府 斯坦利港(Port Stanley)，人口1239人(不包括军队，1986年)。

总督 罗纳德·桑普森(Ronald Sampson)。

简　况

位于阿根廷南端以东的南大西洋水域，西距阿根廷500多公里。全境由索莱达、大马尔维纳斯两大主岛和200多个小岛组成。气候寒湿，年平均气温5℃。1690年英国船长约翰·斯特朗在此登陆，并将两岛间的海峡命名为"福克兰"。1764年法国在东福克兰建立居民点，次年英国占领西福克兰岛。1767年法国将东福克兰交给当时南美地区的殖民主西班牙。1770年开始由西班牙管辖，但岛上仍有英国驻军。1774年英国海军撤离，同时声称英仍对群岛拥有主权。1816年阿根廷从西班牙殖民统治下获得独立。1820年阿宣布马岛为阿领土不可分割的一部分。英国于1828年以最早发现为由提出主权要求，并于1833年1月武装占领马岛。1966年两国就马岛归属问题开始谈判。1981年谈判破裂。1982年4月2日阿政府派兵占领马岛，英国宣布同阿断交。6月14日英国远征军攻占马岛首府，阿被迫同意撤出马岛。1984年2月阿建议向马岛派遣联合国和平部队，11月又提出按"香港租借"方式解决马岛问题，均遭英拒绝。1986年11月，阿建议在马岛试行由联合国、阿根廷和英国实行"三旗"、共管的过渡性办法。1986年10月英国宣布马岛周围150海里为"渔业保护区"。1988年3月，英国在马岛举行大型军事演习。

政　治　经多次谈判，阿英于1990年2月15日达成复交协议。复交后，阿英两国政府均重申了对马岛主权的要求。1992年7月，联合国非殖民化委员会一致通过一项由智利和委内瑞拉提出的决议案，再次要求阿英加紧对话，和平解决马岛争端。10月，英单方面宣布在马岛近海水域开采石油，引起阿方强烈反应。12月，阿英两国达成一项在南大西洋捕鱼的总协议。

经　济　马岛蕴藏有丰富的泥炭以及铅、煤、铁、银等矿藏资源，近海有石油和天然气。居民主要从事畜牧业和渔业。自1986年起，马岛当局向在该岛专属区捕鱼的外国渔船征收捕鱼特许税，1990年此项收入达4300万美元。岛上有绵羊70万只，牛1万头，马5000匹。“马尔维纳斯公司”经营全岛的进出口贸易，主要出口产品为羊毛、皮革；进口日用必需品和生产资料。马岛除同英国保持经济往来外，与乌拉圭也有贸易关系。

文化教育　实行义务教育。对5～15岁的儿童、少年提供免费教育。首府阿根廷港（斯坦利港）设有小学和初级中学，1988年小学生176人，中学生130人。每年选送学生去英国学习。岛上有医疗设施。但危重病人仍需送往阿根廷救治。

（朱解人）

马 提 尼 克

名称　马提尼克(Martinique)，法国海外省。

面积　1100平方公里。

人口　359572人(1990年3月普查初步结果)，主要是黑白混血种人。1988年出生率为19‰，死亡率为6.2‰。法语为官方语言，通用克里奥尔语。大多数居民信奉天主教。

首府　法兰西堡(Fort-de-France)。人口101540人(1990年)。

省长　琼·克劳德·鲁乐(Jean-Claude Roure)。

简　况　位于东加勒比海东部、小安的列斯群岛最北端。属热带雨林气候。年平均气温26℃。最早居民为加勒比海印第安人。1502年6月哥伦布在此登陆。1635年法军占领该岛，1674年法宣布该岛为法领地，1946年改为法国海外省。1974年成立了由间接选举产生的省议会。1977年又同时成为法国的一个大区。

政　治　在1988年的省议会选举中，左翼党派获45个席位中的23席。1990年10月14日地方议会举行选举，倾向独立的党派取得重大进展，而左翼党联盟则失去了在议会中的绝对多数。

【议会】分省议会和地方议会，均由普选产生，任期6年。本届省议会于1988年10月产生，有45个议席。议长埃米尔·莫里斯(Emile Maurice)，1988年10月就任。地方议会有41席，在1990年10月选举中，由马提尼克进步党、马提尼克社会主义联盟和马提尼克共产党组成的左翼党联盟获21个席位，马提尼克独立运动获7席。议长卡米尔·达西勒斯(Camille Darsières)，1990年10月就任。马提尼克在法国国民议会中有4名议员，在参议院中有2名参议员。

【政府】法国委任的省长为最高行政负责人。政府由省、两议会议长和在法国国民议会中的议员和参议员组成。

【司法机构】法兰西堡上诉法院为马提尼克的最高上诉法院。院长雷内·凯斯(René Cases)。检察长亨利·雅克敏(Henri Jacquemin)。马提尼克还有两家地方法院。

【政党】有8个政党，主要有：

(1)马提尼克进步党(Parti Progressiste Martiniquais)：1957年创建。主席埃梅·塞塞雷(Aimíe Césaire)。

(2)马提尼克社会主义联盟(Fédération Socialiste de la Martinique)：主席米歇尔·伊约约(Michel Yoyo)。

(3)马提尼克共产党(Parti Communiste Martiniquais)：1957年成立。主席阿尔芒德·尼科拉斯(Armand Nicolas)。

(4)保卫共和联盟(Rassemblement pour la République)：书记斯蒂芬·巴古(Stephen Bagoe)。

(5)法国民主联盟(Union pour la Démocratie Française)：主席琼·马兰(Jean Maran)。

经　济　以农业为主，工业多为加工业。经济基础薄弱，主要依靠法国援助。失业率较高，对外贸易历年均有赤字。

国内生产总值(1986年)：19.99亿美元。

人均国内生产总值(1986年)：6006美元。

货币名称：法国法郎；1法郎＝100生丁。

汇率(1990年9月)：1美元＝5.2425法郎。

通货膨胀率(1989年)：2.9%。

失业率(1988年)：29%。

【工业】主要工业部门有食品加工、制糖、酿酒、炼油和水泥等。1986年工业产值占国内生产总值的

16.7%。1986年产水泥20万吨。1988年产原糖7501吨，朗姆酒855万升，发电5.85亿度，朗姆酒出口占出口创汇总额的11%。

【农业】1986年农、林、渔业产值占国内生产总值的12%。1989年从业人口占就业总数的12%。耕地面积占国土面积的25%。1987年甘蔗种植面积3458公顷，香蕉6766公顷，菠萝893公顷。1989年产甘蔗20.7万吨，香蕉15.5万吨，菠萝1.7万吨。1988年香蕉出口占出口创汇总额的48%。森林覆盖率为26%，1987年产木材1.3万立方米。1990年牲畜存栏数：牛3.5万头，猪4.9万头，绵羊3.3万只，山羊7.89万只。1989年捕鱼3314吨。

【旅游业】是重要的经济部门和外汇收入的主要来源之一。1987年旅游创汇1.8亿美元。1990年接待游客42万人次。

【交通运输】公路较发达，无铁路。

公路：总长882公里，其中一级公路267公里，二级公路615公里。1984年有小汽车14万辆，公共汽车700辆，货车2000辆。

水运：1988年港口吞吐量为227.5万吨，其中卸货156.8万吨，装货70.7万吨。

空运：有国际机场和小型机场各一个。马提尼克航空公司有4架飞机。1988年客运量127.6万人次，货运量1.23万吨。

【对外贸易】主要进口食品、石油和石油产品、化肥、机械和电器等。主要出口食品、石油产品、香蕉、饮料和朗姆酒等。法国为最主要的贸易对象，1988年对法国的进出口额分别占马提尼克进出口总额的64%。其他主要贸易伙伴有德国、意大利、日本、英国、美国、瓜德罗普等。近几年进出口情况如下（单位：亿法郎）：

	1986	1987	1988
进口额	60.65	67.08	77.22
出口额	14.96	11.63	11.72
差　额	−45.69	−55.45	−65.50

（资料来源：1990/91年度政治家年鉴）

【外国援助】1989～1993年期间，欧共体将提供1.64亿欧洲货币单位的援助。

人民生活

社会福利体制与法国相同。1984年每千人拥有小汽车426辆，1986年有医院17家、病床3711张、医生519名。1987年有电视机4.5万台，收音机5.9万部。

军　事

1989年法国在马提尼克、法属圭亚那、瓜德罗普共驻军8200人。

文化教育

【教育】公立学校对6～16岁学生实行免费义务教育。1982年成人文盲率为7.2%。1989年各级学校数目及学生、教师人数如下：

	学校（所）	学生（人）	教师（人）
小学	210	32649	2004
中学	75	43480	2745
大学分院	1	2743	

【新闻出版】主要报刊有：《每周星期日报》，周刊，发行1.2万份；《法属安的列斯群岛报》，日报，发行3万份。

加勒比国际广播电台为唯一的电台。有一家电视台：法国海外广播电视台。　　（李　茜）

美　国

国名　美利坚合众国（The United States of America）。

面积　9372614平方公里（本土面积）。

人口　2.514亿（1990年中）。其中白人占84.1%，黑人占12.4%，华人约100多万。通用英语。57%的居民信奉基督教新教，28%信奉天主教，2%信奉犹太教，信奉其他宗教的占4%，不属于任何教派的占9%。

首都　华盛顿哥伦比亚特区（Washington D.C.），人口约60.7万（1990年），其中65.8%是黑人。

国家元首　总统乔治·赫伯特·沃尔克·布什（George Herbert Walker Bush），1989年1月20日宣誓就职。

简　况

位于北美洲中部，领土还包括北美洲西北部的阿拉斯加和太平洋中部的夏威夷群岛。北与加拿大接壤，南靠墨西哥湾，西临太平洋，东濒大西洋。海岸线长22680公里。大部分地区属大陆性气候，南部属亚热带气候。中北部平原温差最大，芝加哥1月平均气温−3℃，7月24℃。墨西哥湾沿岸1月平均气温11℃，7月28℃。原为印第安人聚居地。15世纪末西班牙、荷兰、法、英等国开始向北美移民。到1733年，英已建立了13个殖民地。1775年爆发独立战争。1776年7月4日通过了《独立宣言》，正式宣布建立美利坚合众国。1787年制定了联邦宪法，1788年底，华盛顿当选为第一任总统。在1776年后的100年内，美领土几乎扩张了10倍。1988年11月8日布什当选为美第41任总统。

政　治

布什就职后，提出致力于解决吸毒、犯罪以及福利、儿童抚育、无家可归者等社会问题，并把削减联邦财政赤字、平衡预算列为首要解决的国内问题，但成效甚微。布什政府经历了战后持续时间最长、复苏最乏力的经济衰退。1992年4月30日，洛杉矶因法庭判决1991年3月殴打一名黑人司机的4名白人警官无罪而发生了27年来最为严重的大规模种族冲突，持续3天，造成50多人死亡，2000多人受伤，6000多人被捕，约4000多座建筑被毁。此案于1993年2月3日从新开庭审理，4月18日洛杉矶地区法庭宣布两名白人警官有罪，他们将于8月接受判刑。1992年美国举行冷战后的首次大选。由于美国内经济不景气，社会问题成堆，选民求变心切，而共和党候选人、现任总统布什不能面对现实，提出适应新形势要求的对策，始终处于不利的竞选地位。11月3日，大选揭晓，民主党总统候选人、原阿肯色州州长比尔·克林顿(Bill Clinton)以赢得370张选举人票的绝对优势获胜，当选美国第52届、42任、41位总统，将于1993年1月20日宣誓就职。参议员阿尔伯特·阿诺德·戈尔(Albert Arnold Gore，Jr.)当选副总统。此次大选中，得克萨斯州亿万富翁、独立候选人佩罗获19%的普选票，创下美独立候选人得票的最高纪录。同时进行的国会选举结果是：众院全部改选的435个席位中，民主党获259席，共和党175席，独立人士1席；参院改选的1/3席位(35席)中，民主党得20席，共和党15席。两党在国会的力量对比未发生根本变化，民主党仍拥有两院多数。

【宪法】1776年7月4日制定了宪法性文件《联邦条例》。1787年5月制定了宪法草案，1789年3月第一届国会宣布生效。它是世界上第一部作为独立、统一国家的成文宪法。两个世纪以来，共制定了26条宪法修正案。重要的修改有：1791年9月由国会通过的包括保证信仰、言论、出版自由和和平集会权利在内的宪法前10条修正案，后通称"民权法案"；1865年和1870年通过的关于废除奴隶制度和承认黑人公民权利的第13条和15条修正案；1920年通过的承认妇女享有选举权的第19条修正案；1951年通过的规定总统只能担任两届的第22条修正案；1967年通过的规定总统如不能行使职权由副总统升任总统的第25条修正案。宪法的主要内容是建立联邦制的国家，各州拥有较大的自主权，包括立法权；实行三权分立的政治体制，立法、行政、司法三部门鼎立，并相互制约。

【议会】国会是最高立法机构，由参、众两院组成，两院议员由各州选民直接选举产生。参议员每州2名，共100名，任期6年，每两年改选1/3。众议员按各州的人口比例分配名额选出，共435名，任期两年，期满全部改选。两院议员均可连任，任期不限。参、众议员均系专职，不得兼任政府职务。参议院设有16个常设委员会和4个专门和特别委员会。众议院设有22个常设委员会和5个专门和特别委员会。此外，国会还设有4个参、众联合委员会。本届国会是102届，于1990年11月6日产生。参议员中共和党占44名，民主党占56名。众议员中共和党占167名，民主党占267名，社会党1名。参议院议长由副总统兼任，另设临时议长，现任临时议长罗伯特·伯德(Robert C. Byrd，民主党)，多数党(民主党)领袖乔治·米切尔(George J. Mitchell)，少数党(共和党)领袖罗伯特·多尔(Robert Dole)。众议院议长托马斯·弗利(Thomas S. Foley，民主党)，多数党(民主党)领袖理查德·格普哈特(Richard A. Gephardt)，少数党(共和党)领袖罗伯特·米歇尔(Robert H. Michel)。

【政府】总统内阁制。总统是国家元首、政府首脑兼武装部队总司令。有权召开国会紧急会议。总统的行政命令与法律有同等效力。总统通过大选间接选举产生，任期4年。政府内阁由各部部长和总统指定的其他官员组成。内阁实际上只起总统助手和顾问团的作用，没有集体决策的权力。1989年1月20日布什总统宣誓就职。副总统为丹·奎尔(Dan Quayle)。主要内阁成员有：国务卿詹姆斯·贝克(James Baker)〔后由副国务卿劳伦斯·伊格尔伯格(Lawrence Eagleburger)接任〕、财政部长尼古拉斯·布雷迪(Nicholas Brady)、国防部长理查德·切尼(Richard Cheney)、贸易代表卡拉·希尔斯(Carla A. Hills)。除内阁外，美政府还包括一些独立机构。

【司法机构】设联邦最高法院、联邦法院、州法院、上诉法院以及一些特别法院。最高法院和联邦法院的院长和法官由总统提名经参议院批准任命。最高法院可以宣布联邦和各州的法律违宪，而使之归于无效。最高法院由首席法官1人和法官8人组成，为终身职。首席法官威廉·伦奎斯特(William Rehnquist)。

【政党】美国有大小党派约15个，但在国内政治及社会生活中起重大作用的只有共和党和民主党。

(1)共和党(Republican Party)：现为美国的执政党，成立于1854年。1861年林肯就任总统，共和党首次执政。此后至1933年的70多年中，除16年外，共和党一直坐白宫。1933年以后，曾于1953年1月至1961年1月、1969年1月至1977年1月执政。1981年1月重新执政至今。该党没有固定的党员人数，一般在总统大选中投共和党候选人票者就成其党员。主席利·爱特沃特(Lee Atwater)。

(2)民主党(Democratic Party)：1791年成立，当时称共和党，1794年改称民主共和党，1828年改为民主党。1861年南北战争前夕，民主党内部分裂。该党的南方奴隶主策划叛乱。南北战争结束后，民主党在野24年。1885年克利夫兰当选总统执政。此后该党又大部分时间在野。1933年开始，民主党人罗斯福、杜鲁门、肯尼迪、约翰逊、卡特先后当选总统执政。1981年再度下野。其党员是大选中投其候选人票的选民。主席罗纳德·布朗(Ronald Brown)。

其他小党派是：美利坚独立党、民主行动美国人、美国美利坚党、美国共产党、全国联合党、纽约州保守党、纽约州自由党、社会工党和社会工人党等。

【重要人物】乔治·赫伯特·沃尔克·布什：总统。1924年生于马萨诸塞州。共和党人。二次大战期间在太平洋舰队当飞行员。1954年毕业于耶鲁大学。早年在得克萨斯州经营石油。1966～1967年任众议员。曾历任常驻联合国代表、共和党全国委员会主席、美驻华联络处主任、中央情报局局长等职。1977年重返商界。1981～1988年出任副总统。1988年11月当选总统。爱好体育、打猎，著有《展望未来》一书。已婚，有4子1女。　丹·奎尔：副总统。1947年生于印第安纳州。共和党人。1977年获印第安纳大学法学博士学位。1969～1975年服役于印第安纳州国民警卫队。其后曾操律师业。1976～1980年任国会众议员。1981～1988年任参议员。1989年1月就任副总统。喜爱高尔夫球。已婚，有2子1女。

经　济

美国经济高度发达，工农业生产门类齐全，集约化程度高，国内生产总值占世界首位。在经历80年代低速增长后，1990年7月美国经济陷入战后第九次衰退。1992年，美国经济逐渐走向复苏，4个季度分别增长2.9%、1.5%、3.4%和4.8%。据美国商务部初步统计，1992年实际国内生产总值增长2.1%。长期困扰美国经济的财政赤字和债务有增无减。1992财政年度，美国联邦财政赤字创下了2902亿美元的历史最高记录；联邦债务累计达4.07万亿美元，年偿债利息近2000亿美元。外贸赤字再度回升，全年为963亿美元，比1991年(662亿美元)增加了31%。经常项目赤字为624亿美元。

布什政府在执政前期，主张通过宏观经济调节和税收政策，力争在控制通货膨胀的前提下，使经济持续增长。同时，依靠经济增长和削减开支，而不是增加税收来压缩财政赤字，逐步实现格拉姆—拉德曼修正案确定的指标，到1993年达到预算平衡。随着经济的衰退和赤字的加剧，布什政府逐步调整了政策。1990年10月，白宫和国会达成削减财政赤字的一揽子协议，规定通过增税和节支，将1991财政年度的联邦赤字削减401亿美元，未来五年内减少赤字4962亿美元，并把1993年达到预算平衡的目标推迟至1996年实现。但从1991年开始，布什政府面对经济复苏乏力的颓势，被迫增加财政开支和降低利率来刺激经济，导致赤字进一步上升。

国内生产总值(1992年)：6.08万亿美元。

人均国内生产总值(至1992年第3季度)：19310美元(按1987年不变价格计算)。

国内生产总值增长率(1992年)：2.1%。

国民收入(至1992年第3季度)：47140亿美元。

货币名称：美元。

通货膨胀率(1992年)：2.9%。

失业率(1992年年终)：7.3%。

【资源】自然资源丰富。煤、石油、天然气、铁矿石、钾盐、磷酸盐、硫磺等矿物储量均居世界前列。其他矿物有铜、铅、钼、铀、铝矾土、金、汞、镍、碳酸钾、银、钨、锌、铝、铋等。战略矿物资源钛、锰、钴、铬等主要靠进口。煤总储量35996亿吨。1987年探明的原油储量270亿桶。已探明天然气储量56034亿立方米。森林面积约44亿亩，覆盖率达33%。1989年运转中的核反应堆有110座，发电量共5.69千万亿英国热单位。

【工业】工业发达，部类齐全，生产集中，垄断程度高，拥有巨大的生产能力。1992年工业总产值约19711亿美元(按1982年不变价格计算)。汽车和建筑业在国民经济中占有重要地位，被称为美国经济的两大支柱。近10多年来，新技术被广泛运用于对传统工业的改造，一批劳动密集型的"夕阳工业"被淘汰或转移到国外。高新科技发展迅速，在一些新兴的工业区，科研机构与工业部门更加紧密地结合，使产品更新换代日益迅速。传统的农业地区也开始注意发展新兴中小型工业和高科技产业。主要的工业产品有石油产品、化肥、水泥、钢铁、塑料及树脂制品、新闻纸、汽车、机械、天然气、电力等。近几年部分主要工业产品的产量如下：

	1988	1989	1990
原油(亿桶)	29.75	28.54	26.84
煤(万吨)	86143	88405	
发电量(亿度)	27016	27807	28070
钢(万吨)	9063	9794	9801
汽车(万辆)	1122.6	1085.2	978.3
棉布(亿平方码)	45.18	45.89	44.64

(资料来源：1993年联邦储备公报)

【农业】1989年农林牧渔业国民收入共1010亿美元。1990年农业销售收入为1700亿美元。1991年农业就业人口321万人。耕地面积1.75134亿英亩，占全国总面积的20%。1991年全国有大小农场210万个，农业区主要分布在得克萨斯、密苏里和依阿华等州。农业高度发达，机械化程度高。主要农产品有玉米、小麦、大麦、燕麦、蔗糖、土豆、大豆、水果、牛肉、猪肉等。其中小麦、玉米、大豆等产量多年来占世界前列，粮食总产量约占世界1/5。1990年农产品出口外汇收入高达387.83亿美元，是美国外汇收入最大的项目之一。近几年主要农产品的产量如下：

	1989	1990	1991
小麦(亿蒲式耳)	20.36	27.38	19.80
玉米(亿蒲式耳)	75.27	79.33	74.74
燕麦(亿蒲式耳)	3.738	3.571	2.425
大麦(亿蒲式耳)	4.034	4.188	4.644
大米(亿英担)	1.545	1.549	1.544
皮棉(万包)	1223.3	1561.7	1761.4
肉类(亿磅)	395.92	387.87	395.85

(资料来源：1993年联邦储备公报)

【服务业】1992年美国的非农业部门就业人口为1.14亿人，其中从事服务业的人数最多，约计2927万人。1992年服务业的产值为3.21万亿美元，约占国内生产总值的50%强，居国民经济各部门产值之冠。

【旅游业】1989年，到美国旅游观光的外国游客达3830万人，共消费430亿美元；同年美国游客在国外共消费426亿美元，美国旅游收支首次出现顺差。在美国消费数额最大的外国游客分别来自日本、加拿大、墨西哥、英国、德国、法国、澳大利亚等。

【交通运输】美国拥有完整的交通运输网络，交通运输工具多种多样。有关情况如下：

铁路：二战以来处于衰落状态。1988年铁路客运量为128.27亿人英里；1989年铁路货运量约1.048万亿吨英里，在货运总量中所占的比重由1970年的39.8%降至1989年的37.3%。

公路：总长388万英里(1986年)；1989年各种注册车辆约1.8867亿辆；公路货运量约7120亿吨英里，占货运总量的25.3%。

水运：1989年内河货运量为4440亿吨英里，占货运总量的15.8%。

空运：航空运输在交通运输总量中的比重逐年提高；1988年客运量6290亿人公里；1989年国内货运量约98.2亿吨英里，占货运总量的0.35%。

管道运输：1989年石油管道运输共5970亿吨英里，占货运总量的21.2%。

【财政金融】二次大战后，美国联邦政府的开支逐年增加。历届政府都以发放公债作为弥补赤字主要手段。同时，美国政府越来越依靠外资弥补财政赤字和外贸逆差。到1991年底，美净外债约达3615亿美元。美国是当今世界上最大的债务国。近几年联邦政府财政收支情况如下(单位：亿美元)：

	1990	1991	1992
预算收入	10315	10542	10916
预算支出	12519	13229	13818
赤字	2204	2687	2902
年终联邦债务	33648	38017	40646

(资料来源：1993年联邦储备公报)

【对外贸易】1991年美国进出口总额为9100亿美元，约占国内生产总值的15%强，对外贸易额居世界前列。1991年出口量超过德国，重新成为世界头号出口大国。80年代以来，美国每年都有巨额贸易逆差，并且几乎逐年上升，直到1988年美元大幅度贬值之后，外贸逆差才开始有所下降。布什政府的对外贸易政策重点是加强同西欧、日本的宏观经济协调，以便稳定和推动国际经济、金融、贸易的平稳发展，防止西方经济的大起大落。同时，面对欧洲统一大市场的形成和世界贸易区域化、集团化的趋势，美国一方面要求日本、西欧对美国进一步开放市场，另一方面加快北美自由贸易区的建设步伐，并积极推动"美洲事业倡议"的实施，以对付欧、日的挑战。近年来，主要出口产品有化工产品、机械、车辆、飞机、电子设备、武器、大豆、小麦、木材、棉花等。主要进口产品是汽车、电子器材、机械、钢材、纺织品以及天然橡胶、锡、铬、锰、锑、铂、镍、铜、锌、铝、钨、石油等原材料。主要贸易伙伴是加拿大、日本、德国、英国、中国台湾省、韩国、法国、意大利、中国、新加坡、荷兰、香港等。近几年美对外贸易情况如下(单位：亿美元)：

	1989	1990	1991
出口额	3643	3935	4220
进口额	4729	4953	4880
差　额	－1086	－1018	－660

(资料来源：同上)

【对外投资】1991年美国在海外的直接投资达4501.96亿美元。主要分布情况：欧共体国家1887.1亿美元(其中英国682.61亿美元，德国329.42亿美元，法国204.95亿美元)，加拿大685.1亿美元，日本229.18亿美元，香港64.3亿美元，澳大利亚156.27亿美元。

【对外援助】1990年美国对外援助额为157.27亿美元，其中经济援助108.34亿美元，军事援助48.93亿美元。经援主要分布在：欧洲1.41亿美元，近东和南亚25.65亿美元(以色列11.95亿美元，埃及9.01亿美元，巴基斯坦2.76亿美元)，东亚4.82亿美元(菲律宾3.14亿美元)，拉美14.86亿美元，非洲6.66亿美元。军援主要对象是：以色列17.92亿美元，埃及12.96亿美元，土耳其5.01亿美元，巴基斯坦2.30亿美元，菲律宾1.43亿美元。

【外国资本】1990年外国在美国的私人投资为4037亿美元，其中5个国家的投资占所有外国投资的77%。主要投资国：英国1080亿美元，日本834亿美元，荷兰643亿美元，加拿大277亿美元，德国277亿美元。

人民生活

1991年国民收入45442亿美元，人均可支配个人收入按1987年不变价格计算为13886美元。1991年美国贫困人口为3570万，占全国总人口的14.2%。社会福利分为社会保险和非社会保险福利两种。属于社会保险项目的有：老残保险、失业保险、其他就业保险。属于非社会保险福利项目的有：对抚养儿童困难家庭的补助、补充保障收入、食品券、医疗补助、住房补助、能源补助。1992财政年度社会保险税和捐款收入为4136.89亿美元。1991年人均寿命：男72岁，女79岁；出生率：15‰；死亡率：9‰；人口自然增长率：0.6%；婴儿死亡率：8.9‰。1989年，平均每198人有病床1张，每404人有医生1人。

军　事

总统兼任武装部队总司令，掌握最高指挥权。进攻性战略武器和核武器的使用，集中控制在总统手中。国家军事指挥系统由国家安全委员会、国防部及参谋长联席会议组成。国家安全委员会是最高决策机构，由总统、副总统、国务卿、国防部长组成，参谋长联席会议主席、中央情报局局长列席。国防部是总统指挥全军的办事机构。参谋长联席会议及三军参谋部负责拟定作战计划和具体实施作战指挥。参谋长联席会议主席科林·鲍威尔陆军上将。

截至1992年9月30日，美国现役官兵总人数为180.7万。其中陆军61万，空军47万，海军(包括海军陆战队)72.7万。另有编组后备役人员113.8万，文职人员100.7万。

驻在美国本土的兵力约137.1万。海外兵力43.4万，其中驻太平洋地区为18.3万，驻欧、非及中东地区23.45万，驻美洲地区1.65万。

美国同世界上41个国家和地区订有多边或双边军事条约，在30余个国家和地区设有大约1100处军事基地和设施，向40个国家和地区提供军事援助，与94个国家或地区订有援外军事教育与训练计划。

战略核力量：分别隶属空、海两个军种。战略导弹有1418枚，其中陆基洲际导弹930枚，潜射导弹488枚。战略轰炸机190架。战略核弹头总计为11324枚。

美近年国防开支情况如下(单位：亿美元)：

	1990	1991	1992
国防开支	3140	2875	2826
占联邦政府开支(%)	24.7	20.9	19.8
占国民生产总值(%)	5.7	4.9	4.8

文化教育

【教育】中、小学教育主要是由各州教育委员会和地方政府管理。学校分公立、私立。多数州实行10年义务教育。各州学制不一，大部分为小学6年、初中3年、高中3年。高等教育有两年制的初级学院和技术学院，4年制的大学本科和2～4年的研究生院。1991年教育及有关项目开支约为546.3亿美元，占联邦财政开支的5.1%。根据美国人口普查局的调查，1990年美国成人文盲约占其总人口的4%。

著名高等学府有：哈佛大学、麻省理工学院、哥伦比亚大学、加利福尼亚大学伯克莱分校、斯坦福大学、芝加哥大学、乔治·华盛顿大学、耶鲁大学、加州理工学院、约翰·霍普金斯大学、普林斯顿大学、乔治敦大学等。

近几年各级学校数目和教师人数如下：

	公立学校(所)	私立学校(所)	教师(万人)
小学	61500		163.2
中学	22800		111.2
大学	1600	2000	39.07

1990年各级学校学生人数如下(单位：万人)：

	公立	私立
小学	2561.4	406.6
中学	1541.2	112.9
大学	1074.1	297.0

【新闻出版】美国的报纸已有约300年历史。报业系统庞大，1991年全国发行量最大的10家英文报纸情况如下(单位：份)：《华尔街日报》，1795448；《今日美国》，1418477；《洛杉矶时报》，1177253；《纽约时报》，1110562；《华盛顿邮报》，791289；《长岛新闻》，762639；《纽约每日新闻》，759068；《芝加哥论坛报》，723178；《底特律自由报》，598418；《旧金山记事报》，553433。

1991年全国发行量最大的10种期刊情况如下(单位：份)：《现代成熟》，22450000；《NRTR/AARP新闻公报》，22174021；《读者文摘》，16306007；《电视指南》，15353982；《全国地理杂志》，9921479；《宅园美化》，8003263；《家族》，5151534；《家政》，5028151；《麦考尔氏杂志》，5009358；《妇女家庭杂志》，5002900。

美国最有影响的三大报纸为《纽约时报》、《洛杉矶时报》和《华盛顿邮报》，分别创办于1851年、1881年和1877年。

美联社是美国最大的通讯社，1848年在芝加哥成立，1893年成为联营公司，1900年将总部迁到纽约。在国外有3个总分社、60多个分社，它和世界上115个国家有交换新闻关系。该社有近万名工作人员。合众国际社是美国第二大通讯社。1958年由前合众社和国际新闻社合并组成，总部设在纽约。国外有80多个分社，拥有一个世界范围的图片网。该社有工作人员约1万人。

美全国有电视台1000多家，其中商业电视台968家，教育电视台325家，有线电视网7900余家。全国共有广播电台8807家，对外广播电台19家。最大的两家对外广播机构为美国之音和美军广播电视网，均属官方电台。美国最大的全国性广播网是全国广播公司(NBC)、哥伦比亚广播公司(CBS)、美国广播公司(ABC)和有线电视新闻广播公司(CNN)。

对外关系

1992年，布什政府外交上大选色彩较浓，对外主动行动不多。一年来，美国继续推进外交政策调整，安全和防务战略上重点转向对付地区冲突，更加重视防止核等大规模杀伤性武器和导弹及其技术的扩散；更加注重经济因素在国际关系中的作用，贸易保护主义倾向有所上升。同时，美对联合国等国际多边机制更加重视，提出以美国领导下的"集体介入"来解决国际危机。美外交重点继续放在欧洲和中东地区，对亚太地区关注程度有所上升。克林顿当选总统后，注重保持外交政策的连续性，同时提出要进行新的调整，提出了新政府外交政策的振兴经济、确保防务和推进民主"三大支柱"。同时，克重申美将继续广泛介入国际事务，不会奉行孤立主义。对前南斯拉夫问题，美一度采取比较超脱的立场。但面对巴尔干局势趋向恶化，国内外压力增大，美逐步调整政策，由后台走向前台。4月7日，美与欧共体协调立场，宣布承认波黑、克罗地亚和斯洛文尼亚三个共和国独立。5月30日，联合国安理会通过了由美、英、法提出的全面制裁南联盟的第757(1992)号决议。6月24日，布什下令单方面对南联盟采取新的制裁行动，宣布驱逐南大使，关闭南驻芝加哥领事馆并力促停止塞尔维亚继承前南联邦在联合国及其他国际组织中的席位。6月30日，美宣布将参与对萨拉热窝的紧急空运行动，并准备运用海、空军力量，为向波黑提供人道主义援助给予空中侦察、巡逻等军事掩护和保障。此后，美海军陆战队的六艘舰艇驶入亚得里亚海。8月6日，布什宣布美决定与波黑、克罗地亚、斯洛文尼亚三国建交，并声称美在必要时，将使用武力保护在波黑执行国际救援任务的美国士兵。8月13日，联合国安理会通过了美牵头提出的采取一切必要措施，包括使用武力，以确保对波黑提供人道主义救援的决议。8月26～28日，欧共体和联合国等国际组织在伦敦召开前南问题国际会议，美在会上态度强硬，主张向塞尔维亚施加高压，迫其就范。10月2日，布什敦促联合国通过一项禁止塞尔维亚在波黑上空作战斗飞行的决议，指出美已作好准备，为盟国实施此项禁令提供军事力量。布什还宣布，他已指示国防部长恢复参加向萨拉热窝运送救援物资的行动，并于10月3日开始生效。此后，欧安会及北约成员国均先后表示支持美提出的“禁飞区”计划。美在中东致力于加强在海湾的军事存在，维护美在中东的石油利益，推动中东和平进程，保持该地区的相对稳定。在阿以和谈问题上，美继续对以色列沙米尔政府采取高压政策，冻结100亿美元贷款担保，迫其在停建居民点等问题上对阿拉伯国家做出妥协。由于美国内竞选紧张，加之沙米尔政府政策僵化，致使中东和谈屡屡陷入僵局。7月初，以色列拉宾政府上台，美及时调整政策。7月19～24日，美国务卿贝克第九次出访中东，提出美对和谈的“六点方案”，旨在修补美以关系，推动中东和谈。8月7～13日，拉宾访美，与布什举行会谈，重申美以“战略伙伴关系”。双方就美向以提供100亿美元贷款担保原则达成协议，同时宣布第六轮中东和谈于8月24日在华盛顿复会。此后，拉宾政府对以往政策进行了较大调整，使中东和谈取得某些进展。但12月17日，以色列驱逐415名巴勒斯坦人，致使正在进行的第八轮谈判中断。同日，布什分别会见了包括巴勒斯坦在内的各方代表，企图使谈判继续进行下去，但阿以双方终因立场尖锐对立，分歧难以弥合，和谈再度陷入僵局。1992年5月初开始，国际社会恢复对陷于内战和饥荒之中的索马里进行大规模救援行动，美国对此予以支持。8月，美经与联合国协调，宣布派空军从肯尼亚的蒙巴萨港向索南部和肯北部的索难民营大规模空运食品。随着索局势进一步恶化，美在国内外舆论压力下，开始考虑对索采取军事行动。12月3日，联合国通过美国等提出的决议草案，授权美国等成员国对索马里采取大规模军事行动，以确保人道主义援助的进行。4日，布什总统宣布对索采取“恢复希望行动”，向索派出2.8万名部队。1993年元月，美表示，随着索局势的好转，美将从索逐步撤军，把对索的军事控制权交给联合国维持和平部队。

【同我国的关系】50～60年代，美国对我实行公开敌视的政策。1950年6月朝鲜战争爆发后，美武装插足台湾，干涉我国内政，并同蒋介石签订“共同防御条约”。在历届联大上，阻挠恢复我在联合国的合法席位，企图通过制造“两个中国”或“一中一台”，阻挠台湾与大陆和平统一。1955年8月，中美大使级会谈开始，历时15年，共举行了136次会谈，未就涉及中美关系的实质问题达成协议。美国还多次入侵我国领空。1969年尼克松当选总统后，逐步改变对华政策。1972年2月，尼克松访华，双方发表了上海公报。1973年5月中美互设联络处。1975年12月，福特总统访华。在卡特总统执政期间，美方接受了我“断交、撤军、废约”的三原则，两国于1978年12月16日发表了建交公报和两国政府各自的声明。1979年1月1日中美建交，同日，美宣布断绝同台湾的“外交关系”，后撤走驻台美军，并终止了美台“共同防御条约”。美国国会于1979年3月通过了违反两国建交公报原则、干涉中国内政的《与台湾关系法》。1982年8月17日中美发表“八·一七”公报，对美国向台湾出售武器问题作出了分步骤直至最后彻底解决的规定。里根总统任期内，中美实现副总理级以上互访共8次。

1989年2月布什总统访华，5月万里委员长访美。当年6月，北京发生政治风波后，布什于6月5日宣布采取对华制裁措施，两国关系恶化。1990年两国关系有所松动。11月30日至12月1日钱其琛外长正式访美。这是1989年6月以来中国高层官员首次正式访美。1991年，中美关系取得一定程度改善，双方重要政治往来进一步增加。1月14日至2月1日，黄华副委员长率团访美，会见了布什总统等。11月15～17日，美国国务卿詹姆斯·贝克访华，江泽民总书记、杨尚昆主席和李鹏总理等予以会见。贝克此访是1989年6月以来美国国务卿首次访华。访问取得了积极成果，有助于中美关系的改善。但是，美国仍以“人权”为借口，干涉中国内政。4月18日，外交部副部长刘华秋就美国总统布什4月17日在白宫会见达赖事向美国政府提出强烈抗议。

1992年，中美关系继续有所改善。1月31日，李鹏总理在联合国总部与布什总统会晤，6月13日，两位领导人在巴西出席联合国环发大会期间再次会面。2月21日，美国国务院发言人宣布美国取消1991年6月实施的对华制裁。3～8月，外交部副部长刘华秋和美国副国务卿坎特先后举行三次政治磋商。10月10日，经贸部副部长佟志广和美国贸易副代表莫斯科在华盛顿分别代表本国政府正式签署“中华人民共和国政府和美利坚合众国政府关于市场准入的谅解备忘录”。12月1～6日，美国参议院情报委员会主席博伦、外委会主席佩尔、军事委员会成员莱文等访华，江泽民总书记予以会见。12月10～20日，国务委员兼科委主任宋健率中国科技代表团访美。12月16～19日，美国商务部长巴巴拉·富兰克林访华，中美商务联委会第七次会议在北京举行。

据中国海关统计，1992年中美双边贸易总额为174.93亿美元，其中中国出口85.93亿美元，从美进口89亿美元，中国逆差3.07亿美元。截至1992年9月底，美国在华投资项目共3900个，投资协议总金额63.4亿美元。

1992年中美关系仍存在一些障碍和问题。1月31日，美国国务院发表"人权报告"，对我国国内情况进行歪曲和攻击，干涉我国内政。8月28日，外交部副部长刘华秋就美国政府决定向台湾出售F16战斗机一事召见美国驻华大使芮效俭，奉命向美国政府提出最强烈抗议。10月5日，布什总统签署"1992年美国—香港政策法"，旨在通过美国国内立法从政治上插手香港事务，干涉我国内政，我向美提出抗议。10月9日，布什总统签署"1992年中国学生保护法"，严重违反中美签订的有关协议精神，阻挠中国留学生回国，中方就此提出抗议并表示绝不接受美方的决定。

中国驻美国大使馆大使：李道豫。馆址：20008美国哥伦比亚特区华盛顿市西北区康涅狄克大道2300号。2300 CONNECTICUT AVENUE, N.W. WASHINGTON, D.C. 20008 U.S.A.。电话：(001202) 3282500。

美国驻华大使馆大使：芮效俭。馆址：建国门外秀水北街三号。电话：5323831。

【同前苏联各共和国的关系】苏联解体后，美对俄等独联体各国的外交政策重点是维护该地区的稳定和防止核扩散；积极建立和发展与俄罗斯的"伙伴"和"结盟"关系；以援助为诱饵推动其民主化进程。1992年1月3日美财政部长布雷迪宣布，美支持俄罗斯和其他独联体国家加入国际货币基金组织和世界银行。22日，布什在美召开的47国援助前苏联共和国会议上，宣布要国会批准6亿美元新援助。2月1日，布什与来访的俄罗斯总统叶利钦举行会晤，双方签署了有关美俄关系的戴维营声明，保证在相互信任和尊重的基础上进一步加强合作。11日，美农业部宣布向前苏联的11个共和国提供两亿美元的信贷担保。12日，贝克对摩尔多瓦、亚美尼亚和阿塞拜疆等中亚六国进行访问。17日，叶利钦和贝克就核裁军与美援俄问题举行会谈。同日，美德俄外长发表联合声明支持建立一个帮助前苏核专家的国际中心。19日，白宫宣布美已决定同阿塞拜疆、塔吉克斯坦、土库曼斯坦和乌兹别克斯坦建立外交关系，并在3月15日以前设立大使馆。3月21日，布什总统打电话给俄罗斯总统叶利钦表示支持俄加入国际货币基金组织。23日，美国务院说，美已开始向原苏联12个共和国运送2.2万吨新的食品和医疗援助。同日，布什打电话给俄罗斯总统叶利钦，表示美德将敦促盟国支持俄罗斯的经济改革。24日，白宫宣布，美国与格鲁吉亚共和国建立外交关系。27日，白宫发表关于与前苏联各加盟共和国扩大贸易的声明。4月1日，布什在白宫宣布美援助独联体国家的一揽子计划。同日，民主党总统候选人克林顿主张有条件地向叶利钦提供援助。14日，美军方宣布将向独联体国家提供1.8吨食品和医疗用品。27日，西方七国财长在华盛顿达成了向俄罗斯提供240亿美元的一揽子援助计划。5月23日，美国务卿贝克在里斯本与俄、乌、哈、白等四国签署了执行削减核武器条约的协议。6月15～17日，俄总统叶利钦与美总统在华盛顿举行正式首脑会晤。两国签署了有关政治、安全和经济关系的七项协议，其中包括进一步削减战略核武器的协议，并发表了确定未来美俄伙伴关系的"华盛顿宪章"。7月2日，美参议院外委会批准削减战略武器条约。10日，美、俄等29国在赫尔辛基签署削减常规武器协议。10月1日，美参议院批准削减战略武器条约。4日，美众议院通过向前苏联提供总额为4.17亿美元的一揽子援助法案。6日，美俄签署有关核储存援助协议。30日，美敦促俄国恢复从波罗的海三国撤军。11月30日，布什在俄第七次人代会前夕打电话表示支持叶利钦。同日，克林顿致信支持叶利钦在国内民主和经济改革方面的努力。12月13日，美俄在斯德哥尔摩就进一步削减两国战略武器条约举行会谈。27日，美俄外长在日内瓦会见，商讨签订第二阶段削减战略武器协议问题。30日，美俄宣布，布什总统和叶利钦总统定于1993年1月3日在莫斯科会晤，签署美俄第二阶段削减战略武器条约。

【同新西兰和澳大利亚的关系】随着新西兰在禁止美国核动力舰艇访新港口问题立场上的逐步松动，1992年两国关系有所改善。在布什总统提出裁减战略核武器的建议后，新西兰总理吉姆·博尔杰即于1月29日发表讲话，称赞布什的核裁建议是"主动行动，是美在核问题上采取的又一个值得欢迎的步骤。"8月12日，新国防部长沃伦·库珀撰文称，新西兰有必要同美重建强有力的防务关系。随后，于12月新又提出一份《关于美英核舰访新是否安全的调查报告》。美对新在核问题上采取的合作态度表示赞赏，希望新尽快行动以恢复美新安全防务关系。两国经贸关系一直较为平稳。1990年，双边贸易总额为28.388亿美元，美向新出口15.896亿美元，进口12.496亿美元。

一年来，美澳盟国关系进一步得到加强，《澳新美安全条约》继续在美澳双边轨道上运转。1991年12月底至1992年1月初，布什总统对澳大利亚进行了正式访问，这是25年来美总统首次访澳。布什与澳新上任总理保罗·基廷就双边贸易、美补贴出口农产品政策以及美对制成品征收关税问题举行会谈。1月29日，澳大利亚对布什裁减战略核武器的建议表示欢迎，称这是"朝着正确方向迈出的一步"。5月初，美国防部长切尼访澳，探讨美利用澳军事设施的可行性。对此，澳表示合作。美支持澳提出召开亚太地区政府首脑会议的倡议。10月1日，美国与澳大利亚部长级年度磋商在华盛顿举行，美代理国务卿伊格尔伯格与澳外交贸易部长埃文斯就全球、地区和双边问题进行了讨论，并发表联合公报。两国贸易关系密切，美是澳第二大贸易伙伴。此外，澳是美商品名列第11位的出口市场。1991年，澳对美出口商品达44亿美元。

【同加拿大的关系】美国和加拿大政治、经济关系密切，为"传统的特殊盟友"。两国政府首脑每年定期会晤一次，就重大国际问题和双边关系进行磋商。1992年1月14日，加外长麦克杜尔访美，同美国务卿贝克就双边关系和国际局势，包括中东和谈与独联体各国的形势，广泛地交换了意见。4月6～8日，加、美、墨自由贸易第五次谈判在加举行，三国贸易部长就达成北美自由贸易协定协调立场。5月19～21日，加总理马尔罗尼对美国进行正式工作访问，与布什总统讨论了加输美软木、加生产本田汽车出口美国以及加镁出口问题，双方还就西方七国首脑会议、叶利钦访加美、北美自由贸易协定等国际问题交换了意见。8月12日，加总理马尔罗尼宣布，与美、墨谈判的北美自由贸易协定已达成协议。9月7日，加总理马尔罗尼赴美出席美、加、墨三国北美自由贸易协定的草签仪式。12月10日，加总理马尔罗尼在克林顿当选美国总统后首次访美。12月18日，美、加、墨三国领袖分别在三国首都签署了北美自由贸易协定。美、加两国密切的经贸关系进一步发展，但摩擦时有发生。1990年美加双边贸易额达1743亿美元。1991年美向加出口的商品为851亿美元，而加对美的出口则是911亿美元，贸易总额为1762美元。3月6日，美商业部宣布，因加政府对其林木业公司补贴，从即日起对从加进口的软木增加14.48%的特别关税。这是继美对加生产的日本本田轿车进口美国须征2.5%关税后又一重大经济纠纷。4月13日，美国宣布，对出口美的加啤酒进行征税。7月24日，加工贸部长宣布，为报复美对安大略省输入美的啤酒征收关税，加方将在安大略省对美部分进口啤酒征收50%的关税。此外，加还将增加对美出口加的牙签和地毯进行征税报复。

【同日本的关系】日本是美国在亚太地区最重要的盟国。50年代双方签订了《美日安全条约》，并以此为发展两国关系的基础。长期以来，美日在政治、军事、经济等方面关系密切。1992年1月7日，布什总统访日，与宫泽首相就减少美日贸易赤字、双边关系、民间合作、新一轮多边贸易谈判以及国际形势等问题举行了会谈。访问期间，两国签署了《美日两国首脑关于世界经济增长战略的联合声明》和《有关美日全球伙伴关系的东京宣言》，双方强调两国对重建冷战后新时代负有特殊责任，并把此次会谈作为建立美日全球伙伴关系的起点，两国还对《美日安全条约》再次作出承诺；此外，还决定采取有效措施谋求解决两国之间日益突出的经济和贸易问题。5月13日，美副总统奎尔访日，与渡边外相会谈时重新确认美日全球性伙伴关系。6月30日至7月1日，日本首相宫泽访美，在西方七国首脑会议召开前与布什总统就向俄罗斯及其他独联体国家援助事协调美日立场，双方还就世界经济和美日贸易障碍等问题进行了磋商。访问期间，美首次表示基本上支持日任安理会常任理事国。同时，双方还一致同意支持中国的改革与开放政策。

【同西欧国家的关系】美与西欧国家的关系仍处于冷战后的调整与变化时期。双方在维持盟国框架，相互协调行动的同时，矛盾较前增多，摩擦也渐趋频繁。在安全防务上，美仍坚持以北约为核心。5月26～27日，北约国防部长召开会议，批准了北约"可以使用军队以维护欧洲冲突地区的和平"的决议，显示北约已从冷战时的"前沿防御"转向全方位的防御战略，其职能范围从保卫16个成员国的领土安全扩大到在欧安会所属52个成员国的广大地区实施"维和行动"。此外，北约战略重点也将从中西欧地区转移到南欧地中海一线。10月20日，北约国防部长会议制订在全欧范围内进行维和行动的计划，并且一致同意把前华约国家包括进去。美欧间在安全防务问题上同时出现了一些分歧和矛盾。5月22日，法国和德国宣布将组建一支3.5～4万人的"欧洲军团"，美对此反应强烈，但对12月2日法、德同意该军团在紧急情况下可以听从北约组织指挥的承诺表示满意。

7月6～8日，第18届西方七国首脑会议在慕尼黑举行。会议的主题是如何同前苏联和东欧国家建立"新伙伴关系"；加强国际合作，促进世界经济的发展。会议发表了《政治宣言》和《经济宣言》，并就南斯拉夫局势发表声明。但未就援俄联合行动提出具体计划，也未在乌拉圭回合贸易谈判问题上取得进展。7月8日，俄罗斯总统叶利钦与西方七国首脑举行会晤，西方国家表示将向俄等东欧国家提供援助，促进这些国家的改革进程和经济发展。

美欧在钢铁、航空、汽车制造等贸易和经济领域，特别在农产品补贴问题上的冲突日渐激烈。4月22～23日，欧共体理事会主席、葡萄牙总理席尔瓦和欧共体委员会主席德洛尔访美，与布什会谈。双方未能就农产品补贴、劳务、知识产权等问题达成妥协。11月5日，布什宣布美将对欧共体等某些农产品征收10亿美元的报复性关税。此后，欧共体声称要采取反报复措施，致使美欧贸易争端激化。11月20日，美欧在华盛顿就农产品补贴问题终于达成协议，双方激烈的冲突暂告平息。但法国总理贝雷戈瓦则强烈反对，声言法将在欧共体内部使用否决权。

【同东欧国家的关系】一年来，东欧地区政治、经济、社会危机进一步深化。美对东欧国家虽仍奉行提供援助，推动民主化进程，保持东欧相对稳定的政策，但由于美正值大选年，布什政府对东欧事务一时无暇顾及，未采取重大行动。7月5日，布什在慕尼黑西方七国首脑会议前夕，对波兰进行了五个小时的访问，答应向波提供1000万美元的住房建设基金，并允将呼吁其他国家尤其是发达国家同意波10亿美元的波币稳定基金用于其他目的。对罗马尼亚，美也改变了以往的保留政策，转而采取比较积极的态度。4月，美同罗马尼亚签署了两国贸易协定及和平利用核能协定，此后又决定向罗提供1000万美元无偿农业贷款。5月，美进出口银行宣布恢复对美公司向罗出口提供担保。5月28日，美副国务卿伊格尔伯格访罗，签署了两国相互鼓励和保护投资的协定。伊表示，美罗关系日益密切，再次走上在经济和政治领域良好合作的轨道，并允诺继续向罗提供援助。鉴于巴尔干地区动荡的局势，美对阿尔巴尼亚亦给予了重视。5月30日，伊格尔伯格访阿，会见了阿总统，并与阿总理、外长分别举行会谈。双方讨论了援阿问题，并就阿国内及巴尔干地区局势等问题交换了意见。美允诺援阿价值1000万美元的植物油，并将支持阿成为北约协商委员会成员国。6月14～18日，阿总统贝里沙访美，会见了布什和国务卿贝克等。访问期间，布什签署了对阿贸易最惠国待遇法令，同时允许提供部分棉花、黄油等人道主义援助。至此，美对阿援助增至6000万美元。

【同伊拉克的关系】美对伊拉克采取高压政策，旨在迫使伊全面遵守联合国决议。双方矛盾尖锐，时有激化。7月5日，伊拉克以维护国家主权为由，拒绝联合国检查人员进入农灌部大楼核查大规模毁灭性武器的有关材料，从而引发了一场激烈的对抗。7月25日，美总统布什以实施军事打击相威胁，迫萨达姆就范。7月26日，伊驻联合国代表安巴里与联合国检查小组负责官员埃克乌斯达成协议，准许检查小组进入农灌部大楼。至此，联合国检查小组重返伊拉克，美伊冲突暂得缓解。8月26日，布什又以保护伊南部什叶派穆斯林居民为由，宣布在伊北纬32°以南地区实施“禁飞区”计划。12月27日，伊一架战斗机被美军用飞机击落，美伊冲突再度升级，酿成此后美对伊进行了一系列空中打击。

（张全胜　郑泽光　丛培武　岳晓勇　施隆壮　黎宝光　高树茂）

美属维尔京群岛

名称　美属维尔京群岛（The Virgin Islands of the United States）。

面积　354平方公里（其中圣克鲁斯岛为218平方公里，圣托马斯岛83平方公里，圣约翰岛52平方公里）。

人口　101809人（1990年）。黑人占85%，白人占15%。居民主要是西印度群岛人、法国人、西班牙人。英语为官方语言。居民多信奉基督教新教，少数信奉天主教。

首府　夏洛特·阿马利亚（Charlotte Amalie），位于圣托马斯岛。人口48.60万。

总督　亚历山大·法雷尔利（Alexandor A. Farrelly），1987年就任。

简　况

位于大西洋和加勒比海之间，西距波多黎各64公里，由圣托马斯、圣约翰和圣克鲁斯3个主岛和约50个小岛等组成。属热带草原气候，2～7月为旱季，9～12月为湿季。年均气温26℃。原始土著居民为加勒比地区的印第安人。1493年哥伦布发现该群岛。16世纪起先后受西班牙、法国、荷兰和英国控制。1670年丹麦将圣托马斯和圣约翰两岛据为殖民地。1733年丹麦从法国手中买走圣克鲁斯岛后便成为丹麦的西印度群岛。1917年美国用2500万美元向丹麦买下该群岛，由美国海军部管辖，该群岛居民从1927年起成为美国公民，但不能参加美国总统的选举。1954年修订群岛组织法，规定该岛居民享有一定限度的自治权，成立了经选举产生的15人参议院。

政　治

1970年以前，民主党执掌地方政权，总督由美国总统任命。1970年起总督改由普选产生，任期4年。在1970年的总督选举中，共和党领导人梅尔文·伊文思当选。1974年由民主党分裂出来的独立公民运动领袖西里尔·伊·金出任总督。1978年由副总督路易斯接替。1986年民主党在大选中获胜，该党领导人亚历山大·法雷尔利出任总督。

【宪法】1980年7月，该岛第四次制宪会议通过一部宪法草案，并于1981年7月获得美国国会批准。但在1981年11月3日举行的公民投票中为该岛选民否决。

【议会】为一院制，由15名议员组成，任期两年。

【政府】本届政府于1987年组成。主要成员：总督亚历山大·法雷尔利，享有行政管辖权，副总督德里克·霍吉（Derek M. Hodge），地区审计事务代理部长罗杰·米乔德·（Roger E. Michaud）。

【政党】主要政党有：（1）民主党（Democratic Party）：源于1936年成立的各种俱乐部。1962年该党正式得到法律承认，并加入美国民主党全国委员会。从60年代起一直控制着议会。主席圣克莱尔·威廉斯（St. Claire N. Williams）。

（2）共和党（Republican Party）：前身是一个政治俱乐部。受当地白人地主、实业家和某些富有的有色人种团体支持。领导人安·艾布拉姆森（Ann Abramson）。

（3）独立公民运动（Independent Citizens Movement）：1968年成立。主要得到下层有色人种群众的支持。70年代初、中期为当地一支重要的第三种政治力量。领导人约翰·伯尼埃(John Berniet)。

经　济　该岛经济在很大程度上依赖美国,美游客为其旅游收入的主要来源,美是该岛出口商品的主要市场。1989年国内生产总值为13.4亿美元,国民收入人均11052美元。失业率为3.3%。1990年有银行8家。货币使用美元。

【工业】主要工业部门有炼油、酿酒、手表制造、纺织、电子工业。圣克鲁斯岛有世界上最大的炼油厂,日炼油能力为72.8万桶。朗姆酒年产值4000万美元。1987年建筑行业产值1.67亿美元。

【农业】养牛、捕鱼、蔬菜及水果种植为主要行业。近年来政府鼓励粮食作物的生产。

【旅游业】是该岛重要经济部门。1991年旅游者多达194.27万。主要旅游名胜有:圣约翰岛的维尔京群岛国家公园,海滨浴场,印地安古迹和丹麦移民史迹等。

【交通运输】1985年拥有车辆48800辆。海、空运输较发达,圣托马斯和圣克鲁斯岛均有国际机场。

【对外贸易】外贸主要面向美国市场,大宗贸易主要是进口原油,出口石油制品。1985年进出口额为70.98亿美元。

军　事　1967年美国政府将设在圣托马斯岛的海军基地移交给该岛管理。目前美国在圣克鲁斯岛西岸保持一个雷达声纳追踪站和一个海岸追踪控制中心。

文化教育　【教育】实行12年义务教育。小学8年,中学4年。1987年有34所国立中小学,1所大学。

【新闻出版】主要报刊有:《维尔京群岛新闻》、《信风》及《自尊》杂志;有7家电台和4家电视台。(易　初)

蒙特塞拉特

名称　蒙特塞拉特(Montserrat)。

面积　102平方公里。

人口　1.3万(1991年),主要是黑人。官方语言为英语。居民信奉基督教、新教和天主教。

首府　普利茅斯(Plymouth),人口3800人(1988年)。

总督　戴维·泰勒(David Taylor),1990年5月就任。

简　况　位于加勒比海东北、小安的列斯群岛之中。东北、东南分别与安提瓜岛和瓜德罗普岛隔水相望。属热带气候,年平均气温30℃。1493年哥伦布到达此岛。1632年沦为英国殖民地,后曾两次被法国占领。1783年再度沦为英国殖民地。1871～1956年为背风群岛的一部分。1958～1962年为"西印度联邦"成员。1967年1月举行公民投票,仍继续为英国直属殖民地,由英国女王任命总督直接统治。1978年奥斯本任首席部长。1987年8月25日,蒙提前举行大选,人民解放运动获胜,约翰·奥斯本继续担任首席部长。

政　治　1991年9月,执政党人民解放运动正副首席部长矛盾严重激化,副首席部长兼交通工程部长查默斯跳槽加入反对党民族发展党,致使执政的人民解放运动在执行理事会中失去多数,不得不提前一年于10月8日举行大选。成立不到一个月的国家进步党获胜。人民解放运动仅获一席。

【宪法】1960年1月1日生效。宪法规定总督代表英国女王,负责防务、外事和内部治安,任执行理事会主席。1989年12月对新宪法进行修正,增加了保护个人的基本权利和自由、准许该岛享有自决权等条款。

【议会】称立法会议。由12名成员组成:议长、7名普选产生的议员、官方成员和指定的人员各两名(总检察长和财政秘书)。本届议会1991年10月选举产生。国家进步党获四席,人民解放运动获一席,民族发展党获一席,独立人士获一席。议长:霍华德·弗格斯(Howard Fergus)。

【政府】称执行理事会。由总督、4个选举产生的部长(1名首席部长和3个部长)和两个指定人员(总检察长和财政秘书)组成。本届理事会于1991年10月大选后产生。成员为:主席戴维·泰勒总督,首席部长兼经济发展部长鲁本·米德(Rueben Meade),副首席部长兼交通和工程部长戴维·布兰德(David Brandt),农业、贸易、土地和住房部长查尔斯·柯农(Charles Kirnon),教育、卫生和公共服务部长拉泽尔·豪斯(Lazelle Howes),总检察长奥德尔·亚当斯(Odel Adams),财政秘书约翰(C.T.John)。

【司法机构】设有即席裁决法院和地方法院。最高终审机构为东加勒比最高法院。该法院驻蒙陪席推事(巡回)阿尔伯特·里查德(Albert Rechead)。地方法官波尔吉特·艾特瓦鲁(Baljit Etwaroo)。

【政党】有4个政党:

(1)国家进步党(National Progressive Party):执政党。1991年9月成立。领袖鲁本·米德。

(2)人民解放运动(People's Liberation Movement):1975年成立。领袖约翰·奥斯本(John Osborne)。

(3)民族发展党(National Development Party):在野党。1984年成立。领袖伯特兰·奥斯本(Bertrand Osborne)。

(4)进步民主党(Progressive Democratic Party):1970～1978年曾执政。领袖尤斯塔斯·戴尔(Eustace Dyer)。

经济

以旅游业、服务业和农业为主。近年来,蒙通讯业和金融业发展迅速,正逐渐成为政府的主要收入来源之一。为实现农产品自给的目标,政府把农业作为发展重点之一,制定了一系列发展计划。同时大力发展轻工业,减少经济对旅游业和农业的依赖。

国内生产总值(1988年):1.463亿东加勒比元。

人均国内生产总值(1990年):6133美元。

国内生产总值增长率(1990年):13.5%。

货币名称:东加勒比元。

汇率(固定汇率):1美元=2.7东加勒比元。

通货膨胀率(1990年):6.8%。

失业率(1990年):2%。

【工业】是政府重点发展部门,目前规模较小。主要生产轻工产品,如电子零件、塑料袋、皮制品等。从业人数占劳动人口的30.9%。1990年,制造业产值占国内生产总值的5%,建筑业产值占国内生产总值的17.9%。1988年从业人数占劳动人口的19.8%。1989年电子产品出口创汇410万东加元。

【农牧渔业】可耕地较少。主要种植棉花、土豆、红薯、辣椒、热带水果和蔬菜等,其中土豆、红薯、芒果和酸橙可向邻岛出口。1990年农业产值在国内生产总值中占2.1%。1988年养牛3000头,猪1000头,羊11005只,家禽50500只。1988年捕鱼100吨。

【旅游业】是经济的重要部门。游客主要来自北美。1990年旅游收入为1070万东加勒比元。

【交通运输】无铁路。

公路:总长269公里。1990年全国有注册机动车2708辆。

水运:有通往美国和邻近国家及地区的航线。主要港口是普利茅斯。1988年有270艘货船抵港,卸货47026吨,装货663吨。

空运:有航班通往安提瓜、瓜德罗普、圣基茨和尼维斯。主要机场是布莱克伯恩机场。1988年运客量为30272人,运货量为214吨。

【财政金融】近年财政收支情况(单位:万东加元):

	1989	1990	1991
收入	3580	4220	4530
支出	3260	3690	3890
盈余	320	530	640

(资料来源:1992/93年度经济季评)

1989年外汇储备为6310万美元,1990年外债为270万美元。

【对外贸易】长期严重入超。出口产品是电子产品、棉制品和包装用品。1991年出口电子产品520万东加元。主要进口食品、机械、运输工具和燃料。主要贸易对象是美国。

近几年贸易情况(单位:万东加勒比元):

	1989	1990
出口额	420	480
进口额	8360	11480
差　额	－7940	－11000

(资料来源:1992/93年度经济季评)

【外国援助】援助来自英国、加拿大、欧洲共同体、联合国、加勒比开发银行和美国国际开发署。米德政府上台后即与加勒比开发银行和欧洲共同体谈判,获得了1000万美元的赠款和贷款,用来重新修建被1990年飓风摧毁的港口及其他设施。

人民生活

1988年有一家总医院,另有内设67张病床的12家保健中心,7名医生。儿童、孕妇和老人可免费治疗口腔疾病。1985年有小汽车1492辆。1988年共有收音机4500台,电视机1250台,电话机3938台,传真机46台。

文化教育

【教育】对入公立学校的5～14岁儿童实行免费义务教育。1988年学校及学生情况:

	学校(所)	学生(人)
小学	12	1403
中学	3	1043
学前教育	10	466
师专	1	72

西印度大学在首都普利茅斯设立一美术系。1988年有学生185人。

【新闻出版】有两份英文周刊:《蒙特塞拉特新闻》,发行量1200份;《蒙特塞拉特时报》,发行量1000份。

蒙特塞拉特电台:政府电台,1952年创立,1957年首次播音。安的列斯电台:商业性电台,1963年创立,用英、法两种语言播音。ZGM调频94:商业性电台,1984年创立。

安的列斯有限电视台:有两个频道。另有卫星有限电视台。

对外关系

1974年加入加勒比共同体和共同市场。1981年7月4日成为东加勒比国家组织成员。

【同我国的关系】1985年3月我驻巴巴多斯大使对蒙特塞拉特进行私人访问,受到总督和首席部长接见。

(傅长华)

墨西哥

国名　墨西哥合众国(The United States of Mexico, Los Estados Unidos Mexicanos)。

面积　1972546平方公里。

人口　81249645人(1990年普查),其中印欧混血种人占90%,印第安人约1000万,外国侨民19万。官方语言为西班牙语。居民中92.6%信奉天主教,3.3%信奉基督教新教。

首都　墨西哥城(Ciudad de México),人口14987051人(1990年普查)。

国家元首　总统卡洛斯·萨利纳斯·德戈塔里(Carlos Salinas de Gortari),1988年12月1日就职,任期6年。

简　况

位于北美洲南部。东临墨西哥湾和加勒比海,西、南濒太平洋,北邻美国,南接危地马拉和伯利兹。海岸线长10143公里。墨西哥高原终年气候温和,全国大部分地区分旱、雨两季,年平均气温在20℃左右。墨西哥是印第安人古文化中心之一。闻名世界的古玛雅文化、托尔特克文化和阿兹台克文化都是墨西哥印第安人创造的。1519年西班牙殖民者入侵墨西哥,1522年在墨西哥城建立新西班牙总督区。1810年9月16日伊达尔戈神父发动起义,开始了独立战争。1821年宣告独立。翌年5月伊图尔比德建立"墨西哥帝国"。1824年10月建立联邦共和政体。1910年发生资产阶级民主革命,1917年颁布资产阶级民主宪法,宣布国名为墨西哥合众国。1929年革命制度党建立,执政至今。

政　治

1988年大选中,革命制度党的候选人萨利纳斯以50.74%选票当选。1989年,政府同工人、农民及企业家签署《稳定和发展经济协议》,对巩固其执政地位,推动经济稳步发展,产生了一定积极效果。1991年,各方同意将协议有效期延至1993年底。在1989～1992年多数州选举中,执政党顶住了反对党的冲击,保持了优势地位,但国家行动党在下加利福尼亚州和奇瓦瓦州选举中获胜。在1991年的中期选举中,革命制度党以62%的选票取得参、众议院多数席位,革命制度党威信有所回升。国家行动党得票增多,再次成为最主要的反对党。民主革命党得票率大大减少,失去了第二大党地位。1991～1992年,政府继续加强同社会各界的沟通,国内政局仍能基本保持稳定,未发生大的暴力冲突事件。但由于经济出现困难,社会不满情绪有所增加,反对党进一步加紧了宣传活动。1991年11月,萨利纳斯总统提出了指导其内外政策的新民族主义理论,在当今和21世纪,墨西哥民族主义必须保证实现下述四项基本原则:捍卫国家主权,尊重自由,促进公正,发展民主。1992年5月,革命制度党召开第十五次全国代表大会,确立以"社会自由主义"为党的指导思想。

【宪法】1824年颁布独立后第一部宪法,规定墨由君主立宪制改为联邦制共和国政体。1836年宣布取消联邦制。1857年的《墨西哥合众国联邦宪法》规定通过立法机构限制政府的职权。1917年2月5日颁布了强化国家与政府权力的《墨西哥合众国宪法》。该宪法于同年5月1日起生效并执行至今,此期间曾进行过多次修改。宪法共分9章,136条。根据宪法,总统由直接普选产生,任期6年,终身不得再任;土地和水域及一切自然资源属于国家;工人实行8小时工作制,有权组织工会、进行罢工等。墨各州制定本州宪法,但州政府所行使的权力必须受国家根本法的约束。1991年12月,议会通过对宪法第27条、130条的修改,宣布停止自宪法生效以来实行的土地改革,实行村社土地私有化;承认教会享有公民团体的法人地位。

【议会】联邦议会由参、众两院组成,行使立法权。职权主要有:批准条约及总统关于法院、财政、外交、军队高级官员的任命,修改宪法,批准总统出访,必要时任命临时总统。两院各自的最高领导机构是大委员会,由主席、秘书(相当于副主席)和若干成员组成。参议院共有64名议员,其中31个州和联邦区(首都)各选两名议员。本届参议院议席中61席属执政的革命制度党,2席属民主革命党,国家行动党1席。自1988年9月1日起,任期6年,不得连任。参议院大委员会主席埃米里奥·冈萨雷斯·帕拉(Emilio M. González Parra)。本届众议院由500名议员组成,其中革命制度党320名,民主革命党41名,国家行动党89名,重建卡德纳斯阵线党23名,真正革命党15名,社会主义人民党12名。自1991年9月1日起,任期3年,不得连任。众议院大委员会主席费尔南多·奥尔蒂斯·阿拉纳(Fernando Ortíz Arana)。

【政府】本届政府于1988年12月1日组成,后经改组。主要及有变动的成员为:内政部长何塞·帕特罗西尼奥·冈萨雷斯·布兰科·加里多(José Patrocinio González Blanco Garrido),外交部长费尔南多·索拉纳·莫拉莱斯(Fernando Solana Morales),国防部长安东尼奥·里维略·巴桑(Antonio Riviello Bazán),财政和公共信贷部长佩德罗·阿斯佩·阿梅利亚(Pedro Aspe Armella),联邦审计署长玛丽亚·埃莱娜·巴斯克斯·纳瓦(María Elena Vasquez Nava),能源、矿业和国营工业部长埃米略·洛索亚·萨尔曼(Emilio Lozoya

Thalmann)，贸易和工业发展部长海梅·塞拉·普切(Jaime Serra Puche)，社会发展部长路易斯·唐纳多·科洛西奥·穆列塔(Luis Donaldo Colosio Murrieta)，公共教育部长埃内斯托·塞迪略·庞塞·德莱昂(Ernesto Zedillo Ponce de León)。

【司法机构】分为全国最高法院、大区法庭和地区审判庭三级。各州和联邦区还分别设高级法院。全国最高法院由21名法官和5名候补法官组成，法官由总统提名，参议院通过。最高法院院长乌里塞斯·斯切米尔·奥多涅斯(Ulises Schmill Ordóñez)。大区法庭和地区审判庭的法官由最高法院指派，任期4年。联邦政府设有共和国总检察院和联邦区司法总检察院。总检察长由总统任命。共和国检察长豪尔赫·卡皮索·马格雷戈(Jorge Carpizo Macgregor)，联邦区司法检察长米格尔·蒙特斯·加西亚(Miguel Montes García)。此外，还设有联邦劳动保护检察院、联邦消费者检察院、保护儿童和家庭检察院、高级土地法庭等。

【政党】较有影响的全国性政党有10余个，其中6个获得合法登记。

(1)革命制度党(Partido Revolucionario Institucional)：1929年3月4日成立，执政至今。曾先后称国民革命党和墨西哥革命党，1946年起用现名。党员1060万(1992年统计)，设有工人、农民和人民三大部。绝大多数工会、农会及其他职业者组织均属该党。全国执行委员会主席赫纳罗·博雷戈·埃斯特拉达(Genaro Borrego Estrada)，总书记何塞·路易斯·拉马德里(José Luis Lamadrid)。

(2)民主革命党(Partido Revolucionario Democrático)：1989年5月成立。其前身是全国民主阵线。墨西哥社会党1989年5月12日加入该党。在1988年大选中获31.06%的选票，成为全国第二大党，党员人数曾达到173万。但在1991年的中期选举中仅得到118万张选票，力量与影响急剧下降，党员人数也大为减少。党中央执行委员会主席：夸特莫克·卡德纳斯·索洛萨诺(Cuauhtémoc Cárdenas Solórzano)。

(3)国家行动党(Partido de Acción Nacional)：1939年成立。1948年获合法登记，参加选举。党员55万。在大选中获选票居第三位。在1991年的中期选举中上升为第二位，获172万张选票。党主席路易斯·阿尔瓦雷斯(Luis Alvarez)。

(4)社会主义人民党(Partido Popular Socialista)：成立于1948年6月，创始人为隆巴多·托雷达诺。党内成员以农民为主，知识分子和工人比例较低。成员曾达到近40万，后减少到10余万。现有众议员12名。1991年1月，该党举行14大，通过了新的党章和原则声明。总书记茵达莱西奥·萨亚戈(Indalecio Sayago)，组织书记夸乌特莫克·阿梅斯瓜(Cuahutémoc Amezcua)。

此外，还有重建卡德纳斯阵线党、真正革命党、革命劳工党、墨西哥民主党等。

【重要人物】卡洛斯·萨利纳斯·德戈塔里：总统。1948年4月3日生于墨西哥城。1971年墨国立自治大学毕业，1978年获美国哈佛大学政治经济学博士学位。曾长期在墨政府财政、金融部门工作。1982～1987年任计划预算部长，1988年12月就任总统。爱好打网球和骑马。著有关于农业生产、国家的指导作用及公共企业的调整等内容的书籍。已婚，有3个子女。

经　济

国内生产总值居拉美第二位。70年代后期，国民经济在石油工业带动下取得了高速度发展。1982年爆发了严重的财政金融危机。1988年12月萨利纳斯总统执政后，同企业界、工会、农会签署了《经济稳定和发展协议》。1989年5月，政府提出《1989～1994年全国发展计划》。近4年中政府采取的主要措施：控制物价上涨和工资提高幅度；与外国债权银行签署减债协议，减轻外债压力；鼓励进出口贸易、提高墨西哥经济的竞争力、降低通货膨胀率；放宽对外资的限制，吸引外资，保护工艺与知识产权；对非战略性国有企业实行私有化，使私营部门占国内生产总值的比例达到87%；改革税收制度；控制公共消费，推行具有竞争性的财政体制，减少财政赤字等。与此同时，墨还与美洲一些国家谈判或签署自由贸易协定。1992年墨经济继续保持稳步增长，财政赤字首次消失，国际储备增加，外国投资大量增加，通货膨胀率进一步降低。

国内生产总值(1991)：2825.71亿美元。

人均国内生产总值(1991)：3350美元。

国内生产总值增长率(1991)：3.6%。

国民收入(1991)：2688.81亿美元。

货币名称：比索。

汇率(1992年12月)：1美元＝3090比索。1993年1月1日发行新比索，1新比索＝1000比索。

通货膨胀率(1992年)：11.5%。

失业率(1992年)：2.7%。

【资源】矿业资源丰富，主要有石油、天然气、金、银、铜、铅、锌、砷、铋、汞、镉、锑、磷灰石、天青石、石墨、硫磺、萤石、重晶石等。石油储量656亿桶(1991年)，居世界第八位。其他矿物储量：银2.28万吨，铅320万吨，锌360万吨，铋1.13万吨，汞1.5万吨，煤42亿吨，铁6亿吨(均为1984年)，金138万公斤(1987年)，铀4500吨，磷5280万吨(1991年)。1989年石墨储量居世界第一位，萤石、铋储量占世界第三位。1989年白银、铋、天青石产量占世界首位，钡、萤石、石墨、硫磺产量占世界第二位，锑产量占世界第三位。森林覆盖面积为4500万公顷，约占领土总面积的1/4。水力资源约1000万千瓦。海产主要有金枪鱼、海蟹、沙丁鱼等。

【工矿业】门类比较齐全，但发展不平衡。制造业占首要地位，1991年其产值占国内生产总值的22.8%，建筑、纺织、服装业恢复发展，运输设备、水泥、化工产品、电力各业持续增长。石油产量居世界第七位，1991

年平均日产原油267.8万桶，日出口原油139.3万桶，收入74亿美元。专营出口加工的客户工业进一步发展，1991年达1848家企业，产值共42亿美元。1991年工矿业产值占国内生产总值的27.7%。1991年主要矿产品产量如下：金8.0吨，银2200吨，镉1200吨，铜26.7万吨，钼2600吨，铅15.88万吨，锌29.37万吨，盐700万吨。1990年产锑2400吨，铋700吨，磷48.7万吨。1989年产煤424.4万吨，焦炭218.16万吨，铁矿石537.3万吨，锰15万吨，硫磺208.33万吨，萤石7.8万吨，磷64.5万吨。近几年主要工业品产量如下：

	1988	1989	1990
钢(万吨)	785.35	785.09	868.19
水泥(万吨)	2330.4	2376.0	2450.4
原油(百万桶)	945	943	963.4
白银(千吨)	2.584	2.308	2.262
电视机(万台)	58.05	62.5	64.65
汽车(万辆)	14.88	18.96	12.36
轿车(万辆)	34.8	45.48	61.44

(资料来源：拉美经委会)

【农牧业】全国有可耕地3000万公顷，已耕地2100万公顷。农村人口2500万。1991年农牧业产值占国内生产总值的7.5%。主要种植玉米、高粱、小麦、大豆、水稻、棉花等。1992年粮食生产获得丰收，但粮食还需部分进口。剑麻产量居世界前列。全国牧场占地7900万公顷，主要饲养牛、猪、羊、马等，畜产品部分出口。林业、渔业在国民经济中的比重较小。主要农产品产量如下(单位：万吨)：

	1989	1990	1991
玉米	1094.5	1463.5	1426.3
高粱	480.6	579.8	427.0
小麦	437.4	393.1	412.1
菜豆	58.6	128.7	141.3
大米	63.7	39.4	35.1
大豆	99.2	57.5	73.0
咖啡	34.3	44.0	32.5

(资料来源：拉美经济委员会，1991年为初步数字)

【服务业】80年代以来，包括水、电、煤气供应及交通运输在内的基本服务业稍有发展，商业、旅馆和餐馆等服务业略有下降。服务业从业人口占经济自立人口的12%。1991年服务业产值占国民生产总值的61.2%，其中商业占26.1%。

【旅游业】旅游业较发达，居世界前五位。目前已成为美国、加拿大以外美洲第三个重要旅游地。1991年共接待游客650万人，创汇38.7亿美元。全国共有36万套客房。墨西哥城、阿卡普尔科、蒂华纳、坎昆等均为著名旅游胜地。

【交通运输】交通运输业比较发达，以公路交通和航运为主。近年铁路运输服务质量提高，客运量有所增加。

公路：总长324350公里，汽车780万辆(1989)。

铁路：总长26510公里；客运量2051.5万人次，货运量5379.1万吨(1989)。地铁总长131.5公里。

水运：商船32267艘，总吨位474万吨；1989年货运量1.66亿吨，客运量86.4万人。港口84个，其中海港75个，主要港口有墨西哥湾的坦皮科、韦拉克鲁斯和太平洋沿岸的马萨特兰、曼萨尼略等。

空运：民航飞机约5000架，同欧美、日本及中南美洲许多国家通航。1989年客运量3061万人，货运量16.2万吨。商业性机场45个，其中38个是国际机场。

【财政金融】近几年政府财政收支预算及执行情况如下(单位：亿比索)：

	1989	1990	1991
总收入	902044	1177103	1776169
总支出	1157937	1371457	1484042
预算赤字	271950	192230	320160(盈余)
财政赤字	255893	194354	292127(盈余)

1991年国际收支情况(单位：亿美元)：

外汇储备	179.75
经常项目收支	－132.83
资本项目收支	201.79
国际收支总额	68.96
外债	1041.25

(资料来源：墨西哥银行)

【对外贸易】墨同70多个国家和地区有贸易关系，其中以美国为主要贸易对象。近年实行贸易开放政策，鼓励本国产品出口，逐步放宽进口限制，对外贸易额显著增长。1991年贸易总额为672.9亿美元，比上年增加16%。在出口结构上也发生变化，1982年非石油产品占总额22.9%，1990年上升至62.26%。

近几年对外贸易情况如下(单位：亿美元)：

	1990	1991	1992
进口额	267.73	375.3	537.77
出口额	297.99	271.7	306.56
差　额	30.26	－103.6	－231.21

(资料来源：拉美经委会、墨西哥银行报告，1992年为初步数字)

主要出口商品为原油、汽车、汽车零配件、咖啡豆、蔬菜、钢材及化工、机械产品。主要进口商品为汽车材料、电器、化工产品、食品、饮料、钢材、纸浆、纺织、石化产品。1991年贸易对象占墨外贸总额的比例如下(%)：

	出口	进口
美国	74.5	70.7
加拿大	5.5	0.8
西班牙	3.1	1.3
日本	4.1	6.0
法国	1.5	2.3
英国	1.5	1.9
德国	1.5	5.2

(资料来源：1992年经济季评)

【外国资本】近几届政府均采取大力引进外资的政策。1989年制定新的外资法，进一步放宽对外国投资者的限制，简化审批手续。规定在一些部门中1亿美元以下的外资可占企业资本的100％。1992年底外国直接投资积累为473.95亿美元，1991～1992年共增加了170.85亿美元。1991年外国在墨投资情况如下（单位：亿美元）：美国214.66；英国19.88；德国20.41；日本15.29；瑞士14.15；法国14.47；西班牙7.36；加拿大4.91；瑞典3.64；意大利0.54；其他23.45；总计338.76。

人民生活

贫富悬殊严重，占人口30％的人拥有全国总收入的一半，穷人占总人口的46.3％。约700万工人领取约合4.4美元/日的最低工资。80年代起，政府通过人民必需品公司低价出售农牧产品，以保证人民基本生活水平。全国医务人员20多万名，90％以上集中在城市。主要医疗系统：(1)社会保险委员会：平均每千人1.07名医生；(2)国家职工与社会服务委员会：平均每千人1.652名医生，0.939张病床。1986年共有1498.6万套住宅，5370万人拥有1006.5万套私宅，其余2617万人住492.1万套公寓。

军　事

2月19日为建军日(1913年)。总统为武装力量最高统帅，下辖国防部、海军部和总统府参谋部。陆军和空军由国防部指挥。实行全国义务兵役制和志愿兵役制。规定年满18岁的男性公民在军队义务服务一年，陆、海军正规部队和空军为志愿兵役制，服役3年。现总兵力14万人，其中陆军10.55万人，海军2.55万人，空军0.8万人。每年军费开支仅占总预算的1％以下。

文化教育

【教育】教育事业由国家兴办，小学实行义务教育，部分大学实行自治。小学学制6年，中等教育分中学3年和大学预科(即高中)3年，大学一般为5年。1991年教育经费占总预算的17.3％。现政府强调深化教育改革，注重提高教育质量。1992年5月，政府和工会签署“全国基础教育现代化协议”，提出了基础教育现代化的目标。1992年全国有文盲670万人，文盲率为7.8％。墨西哥国立自治大学是全国最大的综合性大学，有30万名学生，2.5万名教师。次为国立工学院，有8万多名学生，5000名教师。

1990/91年度学生人数如下：

	人数(万)	比例(％)
幼儿、小学	1724	69.6
中等学校	629	25.4
大学	109	4.4

【新闻出版】全国有270种报纸和100多种全国性刊物。主要报刊有：《国民报》，发行量6万余份；《至上报》，发行量20余万份；《消息报》，发行量20万份；《月报》，发行量6万份；《墨西哥先驱报》，发行量20万份；《永久》周刊。

墨西哥通讯社为官方通讯社，属内政部，同埃菲社、法新社有新闻交换协定，同美联社、合众社有抄收新闻关系。

广播电台主要有：墨西哥拉美之声，成立于1930年，私营，商业性较强；大学广播电台，成立于1937年，属国立自治大学，以文化教育为主。

全国有191家私营电视台，其中特莱维萨电视公司所属的4个电视台规模较大，除墨本土以外，还向美国和中南美洲国家播放电视节目。属政府的墨西哥电视台协会拥有4个频道，向全国播放节目。

对外关系

历届政府在对外关系中坚持尊重国家主权和各国权利平等，以及各国人民自决、不干涉内政、和平解决争端等原则。对外政策的基点是维护国家安全，通过发展对外关系解决本国经济困难和谋求经济的发展，强调务实和多元化。主张全面彻底裁军，加强国际合作。认为当前世界局势发生了深刻变化，区域性合作和建立经济集团的趋势增强，但过去悬而未决的问题依然存在，国际社会为全面、彻底裁军所做的努力仍不很充分，南方国家的经济滞退危及这些国家的民主进程，南北方之间的不平衡危及人类的生存。21世纪初世界的特征将是缓和、相互依存、多极化、穷富国差距进一步拉大。对此，墨必须采取新的战略，以维护主权、发展、民主和正义。支持中美洲国家为恢复经济和社会发展所作的努力。墨政府支持萨尔瓦多政府和游击队在墨举行谈判，并于1992年1月在墨签署了萨尔瓦多和平协议。墨认为，不结盟运动是世界平衡的决定性因素之一，调整国际关系的强大力量，是维护世界和平与正义的工具。不结盟意味着民族独立和自由，寻求和平和消除对抗。没有不结盟运动，就没有今天的世界。支持巴勒斯坦人民自决，主张在尊重主权、对话和遵循国际准则的前提下，彻底解决中东问题。但没有承认巴勒斯坦国。同以色列有外交关系，要求其从占领的阿拉伯领土撤走。主张首先停止一切核试验，然后实现核裁军。主张实行全面、彻底的裁军，在裁军过程中，需建立国际司法程序，使得用于军备的开支转为支持穷国的发展。主张坚决与贩毒作斗争，强调应从生产、运输、销售、流通到消费各个环节全面扫毒。墨十分重视同其他国家联合扫毒，同十余个国家签有合作协定，同时强调不干涉内政、互相尊重主权的原则，不允许外国监督、视察，反对建立泛美扫毒部队。墨认为，捍卫人权是各国政府的义务和国际社会共同承担的责任。墨捍卫人权和人的基本自由，但反对将人权问题政治化。国际合作必须以尊重各国人民的自决权为前提，人权事业不应成为侵犯国家主权的借口。国际人权组织的职能应严格限制在解决人权问题的范围之内。

1992年墨与独联体各国、斯洛文尼亚、克罗地亚、梵蒂冈建交，与南非关系正常化。建交国达到172个。

【同我国的关系】1972年2月14日同我国建交。埃切维里亚、洛佩斯·波蒂略、德拉马德里三届总统分别于1973、1978和1986年访华。杨尚昆主席和赵紫阳总理分别于1990年、1981年访墨。两国先后签订了贸易、科技、文化、旅游、海运、社会经济计划工作和互惠信贷协定及领事条约。1991年5月墨外长索拉纳、11月监察部长巴斯克斯、副外长罗森塔尔访华。1992年8月，刘华秋副外长访墨，10月墨副外长巴罗斯访华。1992年我国访墨的有工会、贸易、银行、民政、渔业方面的代表团。

1991年两国贸易额达2.35亿美元，为历史最高水平，其中中国向墨西哥出口0.87亿美元，进口1.48亿美元。

中国驻墨西哥大使：黄士康。馆址：Avenida Río Magdalena 172 Colonia Tizapan，Delegación Alvaro Obregón Mexico 20 D.F.。电话：(52-5)5480898。电传：1773907 ECHIME。

中国驻墨西哥商务处地址：Platon No. 317 Colonia Polanco C. P. 11560 Mexico D. F.。电话：5207838。电传：1763515 OCHIME。

墨西哥驻中国大使：豪尔赫·爱德华多·纳瓦雷特(Jorge Eduardo Navarrete)。馆址：北京朝阳区三里屯东大街5号。电话号码：5322547。

1989年台湾远东贸易中心在墨设立代表处，1990年墨企业家国际事务委员会在台设立办事处。1991年双方贸易额5.47亿美元。

【同美国的关系】两国于1825年建交。1846年美国入侵墨，1848年2月墨、美签订和约，墨被迫将北部230万平方公里的土地割让给美国。墨历届政府均重视对美关系，奉行睦邻政策，同时保持自身的独立性。1990年6月，1991年4月、9月、12月，1992年7月、10月萨利纳斯总统6次访美，1990年11月美国总统布什访墨。两国总统多次讨论了墨美自由贸易协定以及边境问题、缉毒和环境保护等问题。两国自由贸易谈判于1991年中正式开始，1992年12月，墨、美、加正式签署了北美自由贸易协定。1990年2月，墨政府同外国债权银行签署减债协议，墨成为美"布雷迪计划"第一个受益国。目前美在墨投资占墨外资总额的72%。与美贸易占外贸总额的60%，墨外债35%是欠美国的。两国主要在美实行贸易保护主义、限制墨海产捕捞及墨边境移民、缉毒等问题上有分歧。1992年6月，美最高法院就墨一医生被美绑架事作出裁决，允许从外国绑架刑事嫌疑犯。此事引起墨和不少拉美国家强烈反对，1992年12月，美宣布将医生无罪释放。1992年10月，墨政府发表声明反对美国为加深对古巴经济封锁而通过的"托里切利法案"。1993年1月，萨利纳斯总统在美国得克萨斯州奥斯汀会见了美国当选总统克林顿。

【同俄罗斯的关系】1992年1月，墨与独联体11国建交，原驻苏大使改任驻俄罗斯大使。1992年10月，俄罗斯最高苏维埃主席团副主席费拉托夫访墨。

【同拉美国家的关系】墨一向重视同拉美国家的关系，将拉美放在墨外交中的优先地位。萨利纳斯总统执政以来，出访了危地马拉、伯利兹、哥斯达黎加、洪都拉斯、牙买加及南美洲所有的西葡语国家。萨尔瓦多、危地马拉、哥伦比亚、尼加拉瓜、智利、哥斯达黎加、洪都拉斯、玻利维亚、秘鲁、阿根廷的总统和伯利兹总理分别访墨。墨积极支持拉美民主化进程，努力推动地区一体化及经济合作的发展。1991年1月，墨和中美洲国家首脑会议在墨举行，决定在1996年以前建立墨西哥中美洲自由贸易区，1992年8月，墨和中美洲国家经济部长就此签署了框架协议。同月，墨、委宣布决定继续以优惠价格向中美洲国家供应石油。1991年7月，第一次伊比利亚美洲国家首脑会议在墨举行。21个美、欧西葡语国家元首及政府首脑出席了会议，会议通过了"瓜达拉哈拉宣言"。8月，墨宣布减免尼加拉瓜部分债务。9月，萨利纳斯访智利期间，两国总统签署了拉美第一个自由贸易协定。10月，墨、哥、委总统在墨科苏梅尔举行三国集团首脑会议，宣布尽快谈判签署三国间的自由贸易协定和加强地区的经济发展。12月，萨利纳斯出席了在卡塔赫那举行的15国集团第二次首脑会议及里约集团、三国集团首脑会议。1992年7月，萨利纳斯出席了在西班牙举行的第二次伊比利亚美洲国家首脑会议，在会上提出希望各国首脑支持立即停止对古巴的经济、政治和文化封锁。

【同欧洲国家的关系】墨注意发展同欧洲国家的关系，特别是同西欧国家的关系。1960年，墨同欧洲共同体建立关系。目前，欧洲共同体已成为墨的第二大投资者，同时也是墨的第二大贸易伙伴。1991年6月底至7月初，萨利纳斯总统访问了德国、意大利和捷克斯洛伐克。德、意两国同意增加在墨的投资，墨与德决定建立双边外交事务磋商制度，与意大利决定成立两国委员会。访意期间，萨利纳斯在梵蒂冈会见了教皇胡安·保罗二世。1992年8月，萨利纳斯访问了英国、法国、西班牙和匈牙利，与英、法、西三国签署了8.35亿美元的共同投资协议，墨匈两国一致同意加强双边经贸关系。1992年9月，墨与梵蒂冈建交。11月，德国总统魏茨泽克访墨。

【同亚太国家的关系】近年来，墨重视发展与亚、太地区国家的关系。1990年6月，萨利纳斯总统访问了日本、新加坡和澳大利亚。目前，日本是墨的第三大债权国和投资国。萨利纳斯访日期间，日答应向墨提供16.05亿美元贷款。墨是太平洋盆地经济理事会的成员国。1990年9月，太平洋经济合作会议决定吸收墨为正式会员国。1991年9月，韩国总统卢泰愚访墨，双方签署了科技、旅游和社会经济计划等三项合作协议。同月，马来西亚总理马哈蒂尔·穆罕默德访墨。11月，印度尼西亚总统苏哈托访墨。1992年4月，墨加入亚太议会集团。6月，科威特国埃米尔艾哈迈德访墨。9月，新西兰总理詹姆斯·博尔格访墨。

（徐　庆）

尼加拉瓜

国名　尼加拉瓜共和国(The Republic of Nicaragua, La República de Nicaragua)。

面积　13万平方公里。

人口　3999231人(1992年尼统计和普查协会数字),人口密度为每平方公里33人。印欧混血种人占69%,白人17%,黑人9%,印第安人5%。官方语言为西班牙语。居民多信奉天主教。

首都　马那瓜(Managua),人口85万(1986年估计)。

国家元首　总统比奥莱塔·巴里奥斯·德查莫罗(Violeta Barrios de Chamorro,女),1990年4月25日就职(其正式任期为1991年1月10日至1997年1月10日)。

简　况

位于中美洲地区中部。北界洪都拉斯,南连哥斯达黎加,东临加勒比海,西濒太平洋。海岸线长约820公里。属热带雨林气候。1～5月为旱季,5～12月为雨季。年平均气温25.5℃。早期土著居民为印第安人。1502年哥伦布航行抵此。1524年沦为西班牙殖民地。1821年9月15日宣告独立。1823年加入中美洲联邦。1839年建立共和国。1936年索摩查就任总统,建立了长达40余年的亲美独裁统治。1979年桑地诺民族解放阵线建立民族复兴政府。1990年2月25日举行大选,桑解阵失败,全国反对党联盟候选人比奥莱塔·巴里奥斯·德查莫罗当选总统。

政　治

现政府实行民族和解政策。1992年政府继续裁军进程,将桑地诺人民军从28万裁减至1.62万,同时与新的前反政府武装和桑地诺人民军退役军人达成遣散协议,国内和平得到巩固。但政治危机加剧。执政的全国反对派联盟同总统查莫罗夫人在对待桑解阵等问题上存有严重分歧。内政部长和中央银行行长因此先后辞职。8月5日,副总统戈多伊、议长塞萨尔和马那瓜市市长阿莱曼发表声明,公开要求总统改变政策。9月5日总统宣布撤换警察司令。议会内部斗争激烈,长期处于不正常状态。由执政联盟中的9名议员组成的"中间派集团"和桑解阵议员联合抵制以塞萨尔议长为首的一派。由于议长不服从最高法院关于9月2日选举无效的裁决,9月30日总统宣布不批准议会通过的任何法律,并于12月29日命令内政部占领议会。1993年1月9日,议会选举塔夫拉达为新议长,但遭到以前议长为首的一派的坚决抵制。1月12日,执政联盟正式宣布为政府的反对派。

由于经济严重困难,公职人员要求增加工资争取经济权益的罢工不断。反政府武装的活动仍时有发生,还出现了一些极左组织。1992年11月,私人企业界主要领导人塞格拉被暗杀。

【宪法】1986年8月18日由国民议会通过,1987年1月生效。宪法规定:尼是一个独立、自由、自主、统一和不可分割的国家。总统由选举产生,任期6年,总统为国家元首、政府首脑和武装部队最高司令。公民有集会、罢工等权利。

【议会】国民议会为一院制,其职能包括制定和解释法律,宣布大赦,批准国家预算和国际条约,选举最高法院大法官,决定政治和行政区划等。本届议会于1990年4月24日任职,任期6年。共92席,其中全国反对派联盟51席,桑解阵39席,基督教社会党1席,革命团结运动1席。议长古斯塔沃·塔夫拉达(Gustavo Tablada),1993年1月9日就任,任期两年。

【政府】本届政府于1990年4月25日组成。1992年1月、1993年1月两次改组,更换了卫生和建筑运输部长,并新成立社会行动和旅游两个部。现政府主要及有变动的成员为:副总统比尔希奥·戈多伊(Virgilio Godoy),国防部长由总统兼任,总统府部长安东尼奥·拉卡约(Antonio Lacayo),外交部长埃内斯托·莱亚尔(Ernesto Leal),经济与发展部长巴勃罗·佩雷拉·加利亚多(Pablo Pereira Gallardo),内政部长阿尔弗雷多·门迭塔(Alfredo Mendieta),卫生部长玛尔塔·帕拉西奥斯(Martha Palacios),建筑和运输部长巴勃罗·比希尔(Pablo Vigil),财政部长埃米利奥·佩雷拉(Emilio Pereira),社会行动部长威廉·巴埃斯(William Baez),旅游部长费尔南多·古斯曼(Fernando Guzmán),对外合作部长埃鲁因·克吕格尔(Eruin Krüger),司法部长吉列尔莫·巴尔加斯·桑地诺(Guillermo Vargas Sandino)。

【司法机构】设最高法院和若干上诉法院及共和国法院。最高法院由国民议会选举产生的9名大法官组成,院长由总统任命,现任院长是罗德里戈·雷耶斯·波托卡雷罗(Rodrigo Reyes Portocarrero)。1980年3月政府决定由司法部取代总检察院。

【政党】登记注册的政党有21个,主要为:

(1)全国反对派联盟(Unión Nacional Opositora),执政党。1989年9月成立。由独立自由党、制宪自由党、新自由党、保守人民联盟、民族保守党、社会主义党、共产党、基督教社会人民党、社会民主党和民主运动等1个政党组成。1990年4月执政后,联盟内派系矛盾突出以戈多伊副总统为首的一派指责总统"同桑解阵联合执政"。1992年10月,联盟把在议会同桑解阵结盟的社会主义党和中美洲一体化党两党开除。1993年1月,耶盟正式宣布为政府的反对派。联盟的领导机构是政治委员会。协调员萨尔瓦多·伊卡萨(Salvador Icaza)。

(2)桑地诺民族解放阵线(Frente Sandinista de Liberación Nacional)：主要反对党。1961年7月23日成立。成员3.75万人。1979年7月至1990年4月执政。1991年7月召开党的首届代表大会。1992年9月该党作为观察员加入社会党国际。党的最高领导机构全国领导委员会有9名成员。总书记丹尼尔·奥尔特加·萨阿维德拉(Daniel Ortega Saavedra)。

(3)革命团结运动(Movimiento de Unidad Revolucionaria)：1989年5月取得合法地位。1990年单独参加大选。主要领导人莫伊塞斯·哈桑(Moisés Hassan)。

其他政党有：马列主义人民行动运动、保守主义社会党、中美洲统一党、全国自信民主党、劳工革命党、全国统一自由党、民族行动党等。

【重要人物】比奥莱塔·巴里奥斯·德查莫罗：总统。前反对索摩查独裁统治著名民主人士佩德罗·华金·查莫罗的夫人。1929年2月28日出生在里瓦斯省的一个农牧场主家庭。1948年毕业于美国弗吉尼亚州一所罗马天主教女子学校的秘书专业。1950年与尼《新闻报》社长佩德罗·华金·查莫罗结婚。1978年查莫罗被谋杀后，查莫罗夫人继任《新闻报》社长，并投身于反索摩查独裁的斗争。1979年7月任民族复兴执政委员会成员。1980年因与桑解阵政见分歧，退出执政委员会。此后，她一直主持发行《新闻报》，对桑解阵政府持强烈批评态度。1989年9月被全国反对派联盟提名为总统候选人。1990年2月当选总统。有5个子女。

经　济

尼是农业国，主要产棉花、咖啡、甘蔗、香蕉。80年代桑解阵执政期间由于长期战乱、自然灾害、美国的经济封锁加上政府政策失误，尼经济非常困难。1990年4月查莫罗夫人执政后逐步调整经济政策，先后颁布私人银行法、外国投资法、促进出口法等法案。1991年3月起执行稳定经济计划，在遏制恶性通货膨胀和减少财政赤字方面取得了一些实效。同时，恢复了在国际金融机构的信誉，债务谈判取得积极成果。1992年，政府加快了国营企业私有化进程，已将351家国营企业中的213家出售。1992年尼遭受火山爆发和海啸两大自然灾害，加上出口产品国际市场价格下跌，美国冻结援助等原因，经济严重困难。10月起政府采取新的紧缩措施，将原已降至10%的销售税重新增至15%。紧缩政策造成人民生活水平进一步下降，失业率上升。

国民生产总值(1991年；按1988年不变价格计算)：19.39亿美元。

人均国民生产总值(1991年)：485美元。

国内生产总值增长率(1992年)：0.5%。

货币名称：科多巴。

汇率(1993年1月10日)：1美元=6科多巴。

通货膨胀率(1992年)：4%。

失业率(1992年)：58%(包括半失业劳动人口)。

【资源】拉美主要产金国之一，已探明有106条金矿脉，年产量曾达7万盎司，居世界第13位。其他矿藏有银、锑、锌、铜、铅等。地热资源丰富。有两处石油矿藏。森林占全国面积的43%，出口松木和桃花心木。鱼虾等水产较丰富。

【工业】工业基础薄弱。1991年交通运输业、制造业、建筑业、电力、矿业等部门的产值占国内生产总值的33.9%。与1990年比较，制造业增加了10%，建筑业和矿业分别下降10.9%和4.6%。工业生产增长指数如下(1980年=100)：

	1989	1990	1991*
食品业	73.0	72.3	82.5
饮料业	83.9	90.8	152.0
烟草业	81.3	72.5	105.3
纺织业	125.9	102.0	58.8
制革业	51.3	46.6	75.4
木材业	45.8	54.9	73.1
造纸业	289.2	265.5	327.3
化工	88.4	83.0	95.9
橡胶	25.9	31.5	17.3
机械及电器	77.0	123.0	69.6

* 初步统计数字。

(资料来源：1991年拉美经济委员会统计)

【农牧渔业】农业产值占国内总值的24.9%(1991年估计)。农牧业是国家主要出口创汇部门。农业劳动力约39万人，占经济自立人口的29%。可耕地面积约4000万公顷，已耕地87万公顷。主要农作物有棉花、咖啡、甘蔗、香蕉、玉米、水稻、高粱等。1991年农业生产下降4.6%。主要农产品产量如下(单位：千担)：

	1989	1990	1991*
棉花	567	537	648
咖啡	945	932	601
香蕉	4990	5291	5681
玉米	4910	4885	4375
稻米	1402	1494	1598
菜豆	1333	1360	1200
高粱	2245	1697	1545
甘蔗	38500	47838	55884

* 初步统计数字。

(资料来源：同上)

牲畜屠宰数情况如下(单位：万头)：

	1989	1990	1991*
牛	32.3	41.8	34.8
猪	18.2	12.9	12.7
禽肉(百万磅)	12.0	15.0	22.9

* 初步统计数字。

(资料来源：同上)

【服务业】商业、交通运输、保险、水电等各项服务业从业人员近40万，约占经济自立人口的36%。1990年和1991年的产值分别占当年国内生产总值的52.6%和

49.7%。

【旅游业】尼结束内战后旅游业有所发展，1992年有15万游客，外汇收入2000万美元。著名旅游点有尼加拉瓜湖、圣地亚哥火山等。

【交通运输】主要靠铁路、公路和水路运输。

铁路：总长345公里。1987年旅客周转量2500万人公里，货物周转量6800万吨公里。

公路：总长24748公里，其中柏油路1500公里。1989年拥有各种车辆7.4万部，其中轿车3.1万辆，货车4.3万辆。

水运：1981年注册商船总吨位为1.8万吨。重要的国际商港有位于太平洋岸的科林托港和位于大西洋岸的布卢菲尔兹港。国内有5条河流可局部进行水运。

空运：有12架客运飞机。1989年旅客周转量7700万人公里，货物总周转量180万吨公里。国际航线通往迈阿密、墨西哥城、哈瓦那和中美洲各国的首都。大、小机场20多个，其中马那瓜的塞萨尔·奥古斯托·桑地诺机场为国际机场。

【财政金融】近几年财政收支占当年国内生产总值的百分比：

	1989	1990	1991*
收入	23.4	20.4	21.8
支出	26.7	44.7	25.2
赤字	3.3	24.3	3.4

*　初步统计数字。

(资料来源：同上)

1992年外债总额为91.72亿美元。

1992年应付债息占出口值比率为122%，债务率为3394%。

【对外贸易】外贸在经济中占有十分重要的地位，1988年出口总额约占国内生产总值的8%左右。同50多个国家和地区有贸易关系。

对外贸易情况如下(单位：亿美元)：

	1989	1990	1991*
出口额	3.41	3.92	3.38
进口额	6.67	6.82	8.24
差　额	－3.26	－2.90	－4.86

*　初步统计数字。

(资料来源：同上)

主要出口棉花、咖啡、蔗糖、牛肉、海产品、香蕉、金、银等；进口石油、工业原料、机器设备、车辆、生活用品等。主要贸易对象是加拿大、美国、德国、俄罗斯、日本、古巴和中美洲国家。

【外国援助】1979～1988年共获外援66.68亿美元。其中97%来自前苏联等经互会国家。1990年4月政府更迭后，美国、西欧和日本恢复了对尼援助。1992年尼获得5亿美元的援助，其中捐款和贷款各占30%和70%。1990～1991年美共给尼6.14亿美元援助，1991年9月至1992年9月，美洲开发银行共给尼2亿美元贷款。

人民生活

由于经济长期困难，1983～1992年人均收入下降43%。全国拥有50多所医院，2000多名医生，5000多张病床。电话60000部。电视机21万台，平均每1000人有67台。尼是世界上最贫困国之一。1992年儿童死亡率为71%。

军　事

1961年桑解阵成立后即领导游击斗争。1979年游击队正名为桑地诺人民军。1990年宣布裁军并废除义务兵役制，1992年底有人民军1.62万人。1992年国防预算为5000万美元，占政府预算的10%。桑地诺人民军总司令温贝托·奥尔特加上将，总参谋长华金·夸德拉中将。

文化教育

【教育】实行中小学义务教育。小学学制6年，中学4年，大学4年。革命胜利后曾开展全国性扫盲运动。1988年教育和文化事业开支占政府总开支的8.5%。1989年文盲率为24.6%。1993年2月政府颁布一系列教育改革措施。有4所大学，其中最著名的是马那瓜国立大学。

1986年各类学校、学生、教师情况：

	学校(所)	学生(人)	教师(人)
学龄前教育	853	72569	2254
小学	4526	556084	17199
中学		193902	7465

【新闻出版】报纸及刊物的总发行量约30多万份。其中报纸20万份。主要报纸有：《新闻报》，发行7.5万份。《街垒报》，1990年1月30日以前为桑解阵机关报，现发行量为9.5万份。《新日报》，发行4.5万份。

全国有广播电台44家。

全国有电视台5家，6频道为国家台，2频道、4频道、8频道和21频道为私营。

对外关系

查莫罗夫人执政后宣布新政府愿在遵循主权、自决和互相尊重的原则下与所有的国家建立和发展关系，并称将继续奉行不结盟的外交政策。尼支持所有旨在缓和国际紧张局势、制止军备竞赛和推动裁军的行动。对当前国际形势出现缓和表示欢迎。主张定期召开中美洲国家首脑会议，积极促进该地区的和平进程与发展。认为世界已形成由美国、大欧洲(东西欧)和日本组成的政治、经济三大极。东欧变化和苏联解体带来对资金和技术的需求，西方将减少以往对第三世界的资金提供。主张加强南南合作，并改善南北经济关系。不结盟运动应该顺应国际上出现的新的政治和经济潮流。

1992年6月和7月，总统查莫罗夫人先后出席在里约召开的联合国环发会议和在西班牙举行的第二届伊比利亚美洲首脑会议。1992年同安提瓜和巴布达、圣卢西亚建交。

【同我国的关系】1985年12月7日两国建交。1986年9月奥尔特加总统访华。1990年10月体育部长弗雷奇访华。10月25日至11月3日，阿圭略议长访华。1990年4月，中国政府特使、卫生部长陈敏章应邀出席尼总统权力交接仪式。6月，以全国人大常委会委员顾明为团长的全国人大代表团访尼。10月，经贸部部长助理刘岩率政府经济代表团访尼，并签署中国向尼提供3000万元人民币贷款协定。11月，我红十字会捐赠价值10万元人民币的救灾物资。11月6日，尼宣布与台湾“复交”。11月9日中国政府宣布中止与尼的外交关系。1991年7月，应桑解阵的邀请，中联部刘培根局长访尼并出席该党“一大”。1992年3月，应中共的邀请，桑解阵全国领导委员会成员鲁伊斯率桑解阵代表团访华。7月，中联部李扬副局长应邀出席在马那瓜举行的“圣保罗”论坛第三次会议。9月11日，中国红十字会就尼遭受海啸向尼红十字会发去慰问电并捐赠1万美元。

1992年，中国同尼进出口贸易总额为124万美元，其中我出口102万美元，进口22万美元。

尼同台湾当局有“外交”关系。1991年8月，台湾“副总统”李元簇访尼，允向尼提供3000万美元贷款，此前，台已给尼6000万美元贷款。1992年3月，总统查莫罗夫人访台，台允减免尼所欠1500万美元债务并签署农牧业、文教等合作协定。7月，台“经济部长”萧万长率经济代表团访尼，同尼签署“技术协作备忘录”和“投资保护条约”。9月，中美洲外长同台“外长”在台北会晤时，台允给尼3000万美元贷款。

【同美国的关系】1979年7月24日美国承认尼民族复兴政府。尼政府谴责美对尼发动不宣而战的战争，此后两国关系一直比较紧张。1990年2月，以美国前总统卡特为首的观察员小组在尼监督大选。3月13日布什宣布取消自1985年以来对尼的经济封锁，把尼重新列入美提供发展和贸易信贷的最惠国名单，恢复从尼进口原糖。4月25日副总统奎尔参加尼总统权力交接仪式。美支持尼民主化和稳定经济。尼寻求同美国在“平等、相互尊重和互利基础上”的友好合作。1991年4月尼总统首次正式访美。6月两国签署“自由贸易框架协议”。9月，尼政府宣布撤消1986年桑解阵政府在国际法庭对美国的赔偿要求。同月，美宣布减免尼所欠2.6亿美元的债务(占尼欠美债总数的88%)。据尼官方宣布，1990～1991年，美国共给尼6.14亿美元的援助。1992年1月，尼美签署“友好合作协议”。6月起，美政府应共和党参议员赫尔姆斯等的要求冻结对尼1.16亿美元的援助。尼政府一方面声称不屈服压力，同时派内政、外交部长赴美斡旋。12月，美政府宣布恢复对尼援助并兑现5000万美元，从而结束了两国“6个月的冷淡”关系。1993年1月克林顿就职时，尼总统查莫罗夫人表示希望密切与美国的友好合作关系。

【同前苏联各共和国的关系】1991年9月3日，尼宣布承认波罗的海三国独立并与它们建交。12月26日，尼在苏解体后即承认俄罗斯联邦。1992年9月，尼同俄罗斯就减免24.4亿美元债务达成协议(占欠前苏联债务总额的80%)。

【同中美洲邻国的关系】1990年4月查莫罗夫人执政后尼同邻国关系大有改善。4月19日萨尔瓦多外长宣布自尼新政府上台之日起恢复与尼的外交关系。9月13日国际法院宣布，尼有权参与解决洪都拉斯与萨尔瓦多在丰塞卡湾的边界争端。12月中美洲第九次首脑会议表示支持尼政府为和平、稳定民主和发展所作的努力。1991年2月，尼同洪妥善解决在丰塞卡湾发生的武装冲突事件。9月，尼总统25年来首次访洪。尼支持萨内战的和平解决，1992年1月，尼总统出席了在墨西哥城举行的萨和平协定的签字仪式。4月，尼总统访哥斯达黎加。5月13日，尼政府宣布撤消在国际法庭对洪的起诉。6月，在马那瓜召开第12届中美洲首脑会议。尼军司令温·奥尔特加于9月和11月分别访问哥、洪。

【同古巴的关系】尼1979年革命胜利后即与古复交。两国政府签有各种合作协定。古向尼派出军事顾问、医生、教师及其他专业技术人员。1990年3月桑解阵全国委员会执委会副协调员阿尔塞访古。3月8日卡斯特罗主席表示将停止对尼新政府的军援，但在尼医务和建房人员可继续留任。3月23日，在尼的160名军事顾问全部撤离。4月25日，古派部长会议副主席费尔南德斯出席尼总统权力交接仪式。6月古派医疗队前往尼大西洋沿海水灾地区参加救灾工作，并赠尼11吨药品和700吨食品。1991年9月，尼副外长莱亚尔说，古巴是拉美大家庭的一个成员，尼欢迎古重返美洲国家组织。古在尼有115名医生。1992年4月尼卫生部长访古时要求古派更多的医生援尼。

【同其他拉美国家的关系】查莫罗夫人执政后，尼同拉美国家的关系普遍得到改善。1990年9月和10月，查分别访问墨西哥和委内瑞拉。1991年2月，尼墨就重新安排尼欠墨的10.5亿美元债务达成协议。4月，委总统佩雷斯访尼，两国签署了能源合作协议。6月，尼外长访问哥伦比亚，两国签署一项在反贩毒斗争中进行合作的协议。1992年3月，尼总统出访巴西、阿根廷和智利3国。阿允免除尼所欠6500万美元的债务(占尼欠阿债务总额的93%)。10月，尼总统访委，声援佩雷斯总统。

【同西欧、日本的关系】查莫罗夫人执政后，西欧、日本恢复了对尼的援助。1991年，查先后访问了日本、比利时、捷、德、法、意等国。4月，西班牙国王访尼。12月，巴黎俱乐部11个成员国同尼签署一项特别协议，减免尼所欠8.3亿美元的债务的75%。此外，西班牙、意大利分别给尼1亿美元援助。1992年7月，尼宣布德国将减免尼所欠3.5亿美元的债务(占欠德债务总额的45%)。10月，总统查莫罗夫人访问挪威、瑞典、丹麦和芬兰4国，4国允在1993年保持给尼1亿美元的援助。(陈红娣)

萨尔瓦多

国名 萨尔瓦多共和国(The Republic of El Salvador, República de El Salvador)。

面积 21393平方公里。

人口 535万(1991年估计数),自然增长率19‰。印欧混血种人占89%,印第安人10%,白人1%。西班牙语为官方语言,纳华语为土著语言。居民90%以上信奉天主教。

首都 圣萨尔瓦多(San Salvador),人口48.4万(1987年)。

国家元首 总统阿尔弗雷多·克里斯蒂亚尼(Alfredo Cristiani),1989年6月1日就任,任期5年。

简 况

位于中美洲北部。东部、北部同洪都拉斯交界,南濒太平洋,西部、北部同危地马拉接壤。海岸线长256公里。除南部沿岸为狭长平原外,其余为山地高原,境内多火山,被誉为"火山之国"。沿海和低地气候湿热,山地气候凉爽。年平均气温17~25℃。原为印第安人居住地。1524年沦为西班牙殖民地。1821年9月15日独立。1823年加入中美洲联邦。1841年2月18日宣布成立共和国。独立后政局动荡,政权更迭频繁。

政 治

现政府于1989年6月上台执政,对内遵循自由、廉正、法制与安全的原则。对外主张人民自决,不干涉和和平解决国际争端。1992年,萨结束长达12年的内战,实现了全国和平。1月16日,萨政府和游击队法拉本多·马蒂民族解放阵线在墨西哥城正式签署《和平协定》。根据协定,双方从2月1日起至10月31日停止武装对抗;马蒂阵线解除武装转为合法政党;政府军裁减一半和修改宪法等。1月23日,萨议会通过一项大赦令,允许大赦游击队员,但不包括严重的政治犯。2月1日,在联合国的严格控制下,萨政府军和游击队开始正式停火。但由于双方在土地归属、裁减军队和取消游击队军事机构等方面存有分歧,致使和平进程进展缓慢,无法在10月31日完成和平协定。10月26日,在联合国秘书长的建议下,双方同意将完成和平协定的期限延长到12月15日。12月4日,萨最高选举法院宣布马蒂阵线为第九个合法政党。同月15日,萨举行全国和解仪式,宣告实现和平。

【宪法】现行宪法于1983年12月15日通过。宪法规定,总统由全国直接选举产生,任期5年。

【议会】国民议会为一院制。本届议会于1991年3月10日选举产生,任期3年,共有84名议员。其中执政的民族主义共和联盟占39席,基督教民主党26席,全国协和党9席,民主联盟8席,民族主义民主联盟和真正基督教运动各1席。议长罗伯托·安古洛(Roberto Angulo)。

【政府】本届政府于1989年6月1日组成,主要内阁成员有:副总统弗朗西斯科·梅里诺·洛佩斯(Francisco Merino López),外交部长曼努埃尔·帕卡斯·卡斯特罗(Manuel Pacas Castro),经济部长何塞·阿图罗·萨夫拉·库里(José Arturo Zablah Kuri),财政部长埃德温·萨格雷拉·博格莱(Edwin Sagrera Bogle)。

【司法机构】司法权由最高法院和总检察院行使。最高法院院长由议会选举产生,任期3年,可以连任。院长毛里西奥·加夫列尔·古铁雷斯·卡斯特罗(Mauricio Gabriel Gutiérrez Castro)。总检察长毛里西奥·爱德华多·科罗拉多(Mauricio Eduardo Corolado)。

【政党】主要政党有:

(1)民族主义共和联盟(Alianza Republicana Nacionalista):执政党。1981年成立。与军方关系密切。主张以私营企业为基础发展社会市场经济,对外贸易自由化,反对银行国有化和进行经济改革。主席阿尔曼多·卡尔德隆·索尔(Armando Calderón Sol)。

(2)基督教民主党(Partido Democrático Cristiano):1960年12月成立。约有党员15万。主张拉美一体化和进行社会改革。总书记菲德尔·查韦斯·梅纳(Fidel Chavez Mena)。

(3)全国协和党(Partido de Conciliación Nacional):由前总统胡利奥·里维拉于1961年创建。1962~1979年执政。主张尊重私人企业。总书记西罗·克鲁斯·塞佩达(Ciro Cruz Zepeda)。

(4)真正基督教运动(Movimiento Auténtico Cristiano):1988年9月由一批从基督教民主党中分裂出来的人创建。原名真正基督教民主运动,后与中立共和持久运动联合并改为现名。同年11月被承认为合法政党。总书记吉列尔莫·格瓦拉·拉卡约(Guillermo Guevara Lacayo)。

(5)民主联盟(Convergencia Democrática):基本力量为原革命民主阵线。1987年11月为参加1989年总统选举,由革命民主阵线与其他左派政党联合组成的左翼联盟。该党是法拉本多·马蒂民族解放阵线的政治同盟。

(6)法拉本多·马蒂民族解放阵线(Frente "Farabundo Marti" Para la Liberación Nacional):1980年成立,由法拉本多·马蒂人民解放军、全国抵抗武装力量、人民革命军、中美洲劳工革命党和萨尔瓦多共产党组成的反政府武装。1992年1月与政府签署《和平协定》,同年12月被承认为合法政党并宣布将首次参加1994年的总统选举。现有党员6000多人。总协调员沙菲克·豪尔赫·汉达尔(Shafik Jorge Handal)。

此外,还有全国革命运动、基督教社会人民运动、民主行动党、社民党等。

【重要人物】阿尔弗雷多·克里斯蒂亚尼:总统。生于1947年11月22日。曾就读于美国华盛顿乔治敦大学,后成为企业管理家和咖啡出口商,也是萨中部圣维森特省最大的咖啡种植园主。1984年前曾任萨咖啡和棉花生产者联合会领导人。1984年加入民族主义共和联盟并任该党执委会领导人。1985年当选为国民议会候补议员。1988年当选为国会议员,并出任民族主义共和联盟总书记。1989年3月当选为总统,同年6月就职。酷爱体育,特别是摩托车运动,青年时代曾获全国摩托车赛冠军。有3个子女。

经　济

以农业为主,工业基础薄弱。长期内战和1986年10月发生的大地震使国民经济濒临崩溃的边缘。1989年新政府上台后,实行新自由主义经济政策,采取了一系列措施,但收效不大。1990年政府实施经济复兴计划:加强宏观经济的控制,增加就业机会,扩大资本货产品生产,鼓励出口,降低通货膨胀,减少公共财政赤字。1992年政府实行征收增值税,提高公共服务价格,加快国营企业私有化,经济得到进一步增长。

国民生产总值(1991年):477.92亿美元。

人均国民生产总值(1991年):1058美元。

国民生产总值增长率(1991年):3.9%。

国民收入(1989年):32.56亿美元。

货币名称:科朗。

汇率(1992年5月):1美元=8.02科朗。

通货膨胀率(1991年):14.4%。

失业率(1989年):33%。

【资源】矿藏有金、银、铜、铁、石油、煤、锌、铅、水银、硫磺等,还有较丰富的地热和水力资源。森林面积约占全国面积的13.4%。是世界主要树胶生产国之一。

【工业】1989年工业产值为58.36亿科朗,从事工业的人口占总劳力的19.3%。主要有食品加工、纺织、成衣制作、卷烟、制糖、水泥、炼油和汽车装配等。

【农业】农业是国民经济的支柱,1989年农业产值为37.67亿科朗。全国43.2%的人口从事农业生产。80%的农产品供出口,约占全国外汇收入的80%。可耕地面积210.4万公顷。主要农产品产量如下(单位:千担):

	1989	1990	1991*
咖啡	1900	3400	3000
棉花	540	373	306
甘蔗	3825	4638	5944
玉米	12956	12794	13100
菜豆	1240	969	1264
水稻	1246	1385	1255

*　估计数。

(资料来源:1992/93年度经济季评)

主要牲畜存栏数及畜牧产品产量如下:

	1989	1990	1991*
牛(万头)	12.0	12.2	12.5
猪(万头)	12.1	11.2	11.8
禽类(万吨)	2.1	3.2	3.2
牛奶(百万瓶)	352	370	371
鸡蛋(百万个)	589	589	598

*　估计数。

(资料来源:联合国拉美经济委员会1991年统计资料)

【旅游业】萨尔瓦多是古代玛雅文化发祥地之一。火山、高原湖泊及太平洋沿岸的海滨浴场景色宜人,吸引了很多旅游者。自1979年内战以来旅游业受到很大影响。1989年外国游客为13.1万人。

【交通运输】以公路为主。

公路:总长12164公里,其中泛美高速公路306公里。1989年共有汽车12万辆,其中小汽车5.5万辆,客货车6.5万辆。

铁路:全国有铁路674公里。1990年客运量38.6万人次,货运量32.47万吨。

水运:主要港口有拉乌尼翁、拉利伯塔德和阿卡胡特拉港。其中阿卡胡特拉港是中美洲重要港口之一,年吞吐量达250万吨。

空运:首都附近有伊洛潘戈国际机场。萨尔瓦多航空公司有通往中美洲各国首都、墨西哥城、迈阿密和洛杉矶的国际航线。1990年客运量为504793人,货运量14359吨。

【财政金融】近几年财政收支情况如下(单位:亿科朗):

	1989	1990	1991*
收入	26.24	35.68	43.58
支出	41.55	51.48	67.76
赤字	15.31	15.80	24.18

*　估计数。

(资料来源:同上)

1991年国际储备为4.60亿美元。外债为22.16亿美元。外债构成情况如下(单位:百万美元):

	1989	1990	1991*
外债总额	2169	2226	2216
公共外债	2017	2076	2102
私人外债	152	150	114
中长期外债	2023	1800	2072
短期外债	146	425	144

*　估计数。

(资料来源:同上)

【对外贸易】政府采取鼓励出口、特别是非传统产品出口的政策。主要出口产品有咖啡、棉花、糖、虾等,进口原材料、燃料、工业制成品和消费品。主要贸易对象是美国、德国和中美洲共同市场成员国。近几年进出口情况如下(单位:百万美元):

	1989	1990	1991
出口额	497	580	600
进口额	1161	1262	1365
差 额	-644	-682	-765

主要出口产品(单位:百万美元):

	1989	1990	1991
咖啡	229.5	258.9	225.1
棉花	1.1	1.3	1.6
糖	13.5	20.3	39.2
虾	10.1	14.3	16

主要进口产品(单位:百万美元):

	1989	1990	1991*
消费品	330	399	396
石油和燃料	97	122	116
建筑材料	111	78	105
肥料	37	30	32
资本货	314	235	314

* 估计数。

(资料来源:1992/93年度经济季评)

1990年主要贸易对象国占进出口的百分比(%):

	进口	出口
美国	39.2	40.6
危地马拉	11.4	12.3
德国	5.0	13.6
墨西哥	7.6	
荷兰		9.2
哥斯达黎加		6.5
委内瑞拉	4.7	

(资料来源:1992年第四期经济季评)

【外国资本】美国是最大的投资国,控制着萨全部的空运、2/3的铁路及大部分咖啡的生产。美私人投资约1亿美元,主要分布在银行、炼油、机械制造等部门。德国、意大利等西欧国家也有部分投资。近几年来,日本投资逐渐增加,主要集中在电子和纺织部门。

【外国援助】萨是拉美地区接受美国援助最多的国家之一。1979~1989年美共向萨提供了42亿美元的经援、信贷和军援;1990年为4.65亿美元(其中经援2.3亿,信贷1.45亿,军援0.85亿);1991年为3亿美元(其中经援2.15亿美元,军援0.85亿美元);1992年(1~9月)为2.68亿美元。此外,国际货币基金组织1990年向萨提供5000万美元紧急贷款,以支持萨政府1990~1991年经济计划;1992年提供了5900万美元信贷。美洲开发银行允诺在1992~1993年间将向萨提供5.5亿美元的贷款,以支持萨国家重建计划。

人民生活

1989年8月,克里斯蒂亚尼总统颁布一项"社会拯救计划",旨在"把萨建设成一个没有极端贫困的国家",主要内容有增加就业机会、改善住房条件、降低食品价格、加快公共事业和东部农村地区的发展。为实现该计划,政府投资2亿美元。目前,全国仍有33万户家庭处于极端贫困状态。1989年农业工人的最低工资上调了16%,工业、商业和服务行业人员最低工资上调了13.3%,而同期消费品价格上涨指数为18%左右,食品涨价达31%。1985年有医生1649人,病床4224张。

军 事

1992年,萨政府根据《和平协定》颁布了新的征兵法,实行自愿兵役制,18~30岁的青年自愿服兵役。萨军队将在1994年前从6.3万裁减至3.15万人。1993年国防预算为1.012亿美元,占国民预算的15.78%。武装力量总参谋长希尔韦托·鲁维奥(Gilberto Rubio)。

文化教育

【教育】中、小学实行义务教育。小学9年,中学3年。1993年教育预算为1.302亿美元,占国民预算的20.15%。著名大学有圣萨尔瓦多大学和中美洲大学等。1989年各级学校、学生和教师数如下:

	学校(所)	教师(人)	学生(人)
学前班	908	903	65727
小学	4160	22143	1066696
中学	468	1338	95078
大学	40	1523	80818

(资料来源:1992年欧洲年鉴)

【新闻出版】全国共有5份报纸。主要报刊有:《新闻画报》,日报发行量97312份,周报发行量115564份;《今日报》,发行量75786份;《世界报》,日报发行量58032份,周报发行量61822份。

全国约有75家商业电台。国家电台由总统府新闻局管辖。游击队有两家电台:一是人民革命军的"我们必胜"电台,另一是人民解放力量的"法拉本多·马蒂"电台。

全国有5家电视台,其中3家为私营商业电视台。

对外关系

主张人民自决、不干涉和和平解决国际争端;认为维护和平、促进社会经济发展是国与国之间关系的优先目标;重视发展同美国和中美洲邻国的关系。主张多边谈判,支持联合国监督中美洲和平协议的执行。认为美国在巴拿马有直接利益,美有权监督和控制巴的一些区域。萨于1989年12月21日宣布承认巴拿马恩达拉政府。1992年6月,萨同俄罗斯建立外交关系。现已同45个国家有外交关系。

【同我国的关系】与我国无外交关系。双方有贸易来往,但数额不大。1992年我国与萨贸易进出口总额940万美元。我出口910万美元,进口30万美元。

萨同台湾当局有"外交关系"。双方签有农业、贸易、文化技术等合作协定。台在萨派有农技团,指导水产养殖及农作物栽培。1992年3月台湾立法院副院长沈世雄访萨。1990年2月,克里斯蒂亚尼总统访台,寻求台湾的财政援助与合作。1992年9月萨外长帕卡斯访台。1990年萨同台湾贸易额为2002万美元,其中萨出口2000万美元。

【同美国的关系】同美国关系密切,是美第三大受援国。1990年1月，克里斯蒂亚尼总统访美。1991年4月，美国参谋长联席会议主席科林·鲍威尔和国际事务助理国务卿阿伦索分别访萨。1992年11月美参谋长联席会议主席鲍威尔访萨。12月美免除萨4.64亿美元外债。

【同欧洲国家的关系】近年，萨重视发展同欧洲国家的关系。1992年2月，德国经济合作部长施普朗格访萨。同月，法国外交国务秘书维维拉访萨。同年4月，萨外长帕卡斯访问德国，10月西班牙国防大臣加西亚访萨。

【同拉丁美洲国家的关系】萨同危地马拉、哥斯达黎加等邻国及拉美其他国家的关系近年有所加强。1988年9月，萨、危两国签订了睦邻关系的文件，并确定在两国边界河上合建一座大坝。1989年5月，当选总统克里斯蒂亚尼访问危地马拉、哥斯达黎加和洪都拉斯。同年6月，危、哥、洪3国总统参加了克的就职仪式。1990年1月，克应邀出席了洪都拉斯总统权力交接仪式。同年3月和6月克分别访问委内瑞拉和墨西哥。1989年8月和12月，克里斯蒂亚尼总统先后出席了在洪都拉斯特拉城和哥斯达黎加圣伊西德罗召开的中美洲5国首脑会议。1990年5月，克出席了在尼加拉瓜举行的中美洲首脑会议。同年8月28日，萨恢复同尼加拉瓜的外交关系。1991年1月，委内瑞拉总统佩雷斯访萨。同年克里斯蒂亚尼总统访问了智利、乌拉圭、阿根廷、洪都拉斯和哥伦比亚。萨外长帕卡斯访问了哥伦比亚和哥斯达黎加。1992年5月，克里斯蒂亚尼总统访问洪都拉斯，同洪总统签署了一项自由贸易协定，并同洪都拉斯、危地马拉两国总统签署了3国间自由贸易和投资协议。6月和12月，克里斯蒂亚尼总统先后出席了在尼加拉瓜和巴拿马举行的第12、13届中美洲国家首脑会议。10月和11月，萨、危两国总统进行互访。

萨同洪都拉斯有领土纠纷，曾为此发生过武装冲突。1986年9月，两国政府决定将领土争议问题提交海牙国际法庭裁决。1992年9月，国际法庭作出裁决，将6个有争议地区中的5个地区划归洪都拉斯，1个地区归萨尔瓦多，萨、洪两国均表示尊重国际法庭的裁决。

（刘翠英）

圣基茨和尼维斯

国名　圣基茨和尼维斯联邦（The Federation of Saint Kitts and Nevis），但圣克里斯托弗和尼维斯（St. Christopher and Nevis）仍通用。

面积　267平方公里，其中圣基茨174平方公里，尼维斯 93平方公里。

人口　5万（1991年估计）。主要是黑人，占94%，另有白人和混血种人。英语为官方和通用语。信奉基督教。

首都　巴斯特尔（Basseterre），人口18500人（1988年）。

国家元首　英国女王，由女王任命的总督代表。现任总督克莱门特·阿林德尔（Clement Arrindell），1983年 9月19日就任。

简　况

位于东加勒比海背风群岛北部，由圣基茨、尼维斯及桑布雷罗等岛屿组成。属热带海洋性气候，平均温度26℃。1493年哥伦布到达圣基茨岛，1623年被英国占领。此后法国一度占领该岛两端。1783年根据《凡尔赛条约》，该岛正式归属英国。尼维斯岛于1628年沦为英国殖民地。1983年9月9日独立，为英联邦成员。1984年6月，人民行动运动和尼维斯革新党组成联合政府执政。

政　治

人民行动运动和尼维斯革新党在1989年3月举行的大选中获胜，再次组成联合政府。1990年10月，尼维斯总理西米恩·丹尼尔在尼维斯革新党第20届年会上主张尼维斯在1992年地方选举前脱离圣基茨。西蒙兹总理则表示尼维斯人可根据宪法规定是否愿意脱离。

【宪法】现行宪法于1983年 9月19日独立时生效。宪法规定圣基茨和尼维斯实行联邦制，给尼维斯以最大自主权。尼维斯不仅有自己的立法机关，也有自己的政府机关，设总理和副总督。

【议会】称国民议会，为一院制，共14席。其中11席由选举产生，2名由总理提名，1名由反对党领袖提名。任期 5年。1989年大选中，人民行动运动获 6席，尼维斯革新党获2席，工党获2席，关心市民运动获 1席。议长伊凡·布坎南（Ivan Buchanan）。

【政府】本届政府于 1989年3月22日组成，1992年4月1日进行改组。现内阁成员有：总理兼财政、内务和外交部长肯尼迪·西蒙兹（Kennedy Simmomds），副总理兼教育、青年、社区事务、通讯、工程及公共事务部长悉尼·莫里斯（Sydney Morris），农业、土地、住房和发展部长休·黑里格（Hugh Heyliger），旅游、贸易和工业部长菲茨罗伊·琼斯（Fitzroy Jones），劳工、卫生和妇女事务部长康斯坦斯·米切姆（Constance Mitcham），总理府部长约瑟夫·帕里（Joseph Parry），财政部长理查德·凯恩斯（Richard Caines），总检察长塔普利·西顿（Tapley Seaton），不管部长拉尔夫·吉姆斯（Ralph Gumbs）。

【司法机构】由东加勒比最高法院行使司法权力。

【政党】（1）人民行动运动（People's Action Movement)：执政党，成立于1965年。代表中产阶级利益。领袖肯尼迪·西蒙兹。

(2)尼维斯革新党（Nevis Reformation Party）：1970年成立。成员 1万人。1980年至今，与人民行动运动联合执政。领袖西米恩·丹尼尔(Simeon Daniel)。

(3)工党（Labour Party)：1932年成立。主要势力在圣基茨岛。该党1952～1980年多次执政。1980年大选失败，成为反对党。领袖登齐尔·道格拉斯(Denzil Douglas)。

(4)人民民主党(People's Democratic Party)：主要影响在尼维斯岛。领导人西奥多·霍布森(Theodore Hobson)。

【重要人物】肯尼迪·西蒙兹：总理兼财政、内务和外交部长。1936年 4月12日生。曾获医学学士和理学学士学位，在美国麻醉学院任研究员。1965年参与创建人民行动运动并任该党第一副主席，1976年当选为主席。1979年被选为议员。1983年出任总理至今。已婚，有 4个子女。

经　济

制糖业是国民经济主要支柱，外汇收入的主要来源。近年来，圣政府为使经济多样化，重视发展轻工业和旅游业。

国内生产总值(1990年)：3.442亿东加元。

人均国内生产总值(1990年)：3559美元。

国内生产总值增长率(1991年)：3%。

货币名称：东加勒比元。

汇率(1976年至今)：1美元＝2.7东加勒比元。

通货膨胀率(1990年)：5%。

失业率(1991年)：1%。

【工业】主要是制糖业。此外还有农产品加工、轧棉、服装、电子元件、食品生产和酿酒等。近年来建筑业和制造业兴旺。1988年建筑业和制造业产值分别占国内生产总值的11.1%和15%。

【农业】1990年农业收入占国内生产总值的8.6%。从业人口占总劳动力的30%。以种植甘蔗和棉花为主。其他农产品有椰子、水果、香蕉、蔬菜等。尼维斯岛生产海岛棉。1990产糖量为 15178吨。1989年产棉 35185磅。1990年全国共有牛7000头，猪 4000头，羊 25000只。1988年捕鱼 250万磅。

【旅游业】是圣经济发展最迅速的部门，每年收入以18%的速度增长，现已成为圣经济收入的重要来源。1990年接待过夜游客 75790人，游船客为 33940人。1990年旅游收入约为1.15亿东加元，占国内生产总值的5.7%，就业人数占总劳动力的6.4%。1991年接待游客135737人。1989年全国共有22家旅馆，1353张床位。

【交通运输】铁路：为窄轨，总长58公里，在圣基茨(主要运输甘蔗)。

公路：300公里。1988年共有注册车辆6565辆。

水运：主要港口为巴斯特尔深水港。1987年海运装货量为 3.3万吨，卸货量为 3.7万吨。有国营客轮进行各岛间客运。

空运：在首都附近和尼维斯各有一个机场，有通往北美、英国和加勒比其他国家的航线。

【财政金融】近年来政府财政收支情况如下(单位：亿东加勒比元)：

	1989	1990	1991
收入	0.915	1.007	91.8
支出	0.845	0.956	94.7
差额	0.07	0.051	－2.9

(资料来源：1992/93年度经济季评)

1991年国际储备为1660万美元。外债为3720万美元。

【对外贸易】主要出口蔗糖，占总出口的 60%。1989年出口 24800吨，收入3200万东加元。进口机械、食品、化工产品。主要贸易对象是美国、英国、加拿大、日本及加勒比共同体成员国。近几年对外贸易情况如下(单位：万东加勒比元)：

	1989	1990
出口额	7790	5120
进口额	27510	27530
差　额	－19720	－22410

(资料来源：1992/93年度经济季评)

【外国援助】1991年，欧洲经济共同体宣布在1990～1994年间按第四个洛美协定向圣提供1150万东加元，其中800万为赠款，350万为发展项目投资款；世界银行和国际发展协会共同贷款300万美元用于发展农业项目；世界粮食计划组织从1992年1月起4年内向圣提供550万东加元的援助。另外，英国和中国台湾也向圣提供了援助。

人民生活

1987年有医生22人，4个医院有258个床位，还有22个保健中心。1988年全国有 22850台收音机，7000台电视机。1987年全国有5500台电话。

军　事

有一小型志愿国防军和一个特别战术警察队。

文化教育

【教育】对5～17岁学生实行小学义务教育。80年代末期识字率为95%(估计)。1988年各级学校数目及学生、教师人数情况：

	学校(所)	学生(人)	教师(人)
小学	32	7473	331
中学	6	4204	288
院校	2	194	37

【新闻出版】主要报刊有：《民主者》，每周六出版，发行约3000份。《劳动者发言人》，每周三、六出版，发行6000份。

全国有3家广播电台和1家广播电视台。

对外关系

主张在互相尊重主权、基本权利和自由的基础上，扩大同世界各国的关系，抵制“任何大国对小国的操纵和胁迫”。主张实行包括核武器、常规和化学武器在内的全面裁军，认为中导条约是整个世界在武器限制和裁军进程中的一大成就。重视加勒比地区一体化运动，支持东加勒比地区合作；但对倡议中的东加勒比政治联盟持慎重态度，建议东加勒比国家组织的领导人在此问题上不要急于作出决定。

【同我国的关系】圣与我国未建交，但有往来。应中国人民外交学会的邀请，圣前总督弗雷德·菲利普斯爵士夫妇于1983、1986、1988年先后3次访华。

1983年10月 8日，西蒙兹总理访问台湾，与台湾当局建立了“外交关系”。台在圣设有“使馆”。1988年西蒙兹总理第三次访台，台也派出了伪“不管部长”为首的代表团访圣。1988年初圣教育部长等人赴台出席蒋经国的葬礼。1990年 5月，西蒙兹总理赴台参加李登辉就职仪式。1991年以台伪“不管部长”为首的代表团访圣。

【与其他国家、地区的关系】同英、美、加拿大、委内瑞拉、哥伦比亚、特立尼达和多巴哥，尤其与东加勒比地区的安提瓜和巴布达、蒙特塞拉特的关系较为密切。

（傅长华）

圣卢西亚

国名　圣卢西亚(St. Lucia)。

面积　616平方公里。

人口　151290人(1990年普查)。出生率11.3‰，死亡率5.5‰。90%以上是黑人，5.5%为黑白混血种人，另有少数白人和印度人。官方语言为英语。绝大多数居民信奉天主教。

首都　卡斯特里(Castries)，人口57322人(1990年普查)。

国家元首　英国女王，女王任命总督为代表。现任总督斯坦尼斯劳斯·詹姆斯(Stanislaus James)，1988年10月10日就任，1992年2月连任。

简　况

位于东加勒比海向风群岛中部。为一火山岛，面积在向风群岛中居第二位。属热带气候。年平均气温26℃。最早居民为印第安人。1639年英国人入侵该岛。1651年，被法国人占领。以后英、法长期在此争夺。1814年根据《巴黎条约》正式将该岛划为英国殖民地。1979年2月22日宣布独立，为英联邦成员，约翰·康普顿任总理。同年7月举行大选，阿伦·路易西接任总理。1982年5月康普顿再任总理，并于1987年4月大选后连任。

政　治

1992年5月，圣举行了独立后的第四次大选，以康普顿为首的统一工人党再次获胜。

【宪法】现行宪法于1979年2月22日独立时生效。规定国家元首为英国女王，女王任命总督为代表。议会有权修改宪法。

【议会】分参众两院，每届任期5年。参议院11席，由总督任命，其中6席由总理提名，3席由反对党领袖提名，2席由总督指定。众议院17席，由选举产生，总检察长为当然成员。1992年5月大选中，统一工人党获11席，圣卢西亚工党6席。参议长亨利·吉劳迪(Henry Giraudy)。众议长圣克莱·丹尼尔(St. Clair Daniel)。

【政府】本届政府于1992年5月组成，成员如下：总理兼计划和发展部长约翰·康普顿(John Compton)，副总理兼外交、贸易和工业、内政部长乔治·马利特(George Mallet)，旅游、公共事务、国民动员部长罗曼努斯·兰锡夸特(Romanus Lansiquit)，交通、工程和运输部长格雷戈里·艾夫里尔(Gregory Avril)，卫生和地方部长斯蒂芬森·金(Stephencon King)，教育、文化和劳工部长路易斯·乔治(Louis George)，农业、土地、渔业和森林部长艾拉·多维内(Ira D'auvergne)，社区发展、社会事务、体育和合作社部长德斯蒙德·布拉恩韦特(Desmond Brathwaite)，总检察长兼司法部长洛兰·威廉斯(Lorraine Williams)，总理办公室国务部长迈克尔·皮尔格林(Michael Pilgrim)。

【司法机构】由东加勒比最高法院(由上诉法院和高等法院组成)行使司法权力。高等法院由首席法官和7名陪席推事组成。上诉法院由首席法官主持，包括两名上诉法官。高等法院负责解释宪法和处理涉及基本权利和自由方面的案件。首席法官为文森特·弗洛伊萨克(Vincent F. Floissac)。

【政党】主要有3个政党：

(1) 统一工人党(The United Workers Party)：1964年由人民进步党和全国劳工运动合并而成。同年参加大选获胜，执政至1979年。1982、1987、1992年三次大选连续获胜。曾领导圣卢西亚于1979年取得独立。鼓励国内外私人投资。领袖约翰·康普顿。

(2)圣卢西亚工党(St. Lucia Labour Party)：1946年成立，曾于1951～1964年执政。1979年大选获胜重新上台。1982年因内部分裂而下台。领袖朱利安·亨特(Julian Hunte)。

(3) 进步劳工党(Progressive Labour Party)：1981年5月10日成立，是从工党分裂出来的组织。领袖乔治·奥德伦(George Odlum)。

【重要人物】约翰·康普顿：总理兼计划和发展部长。1926年5月生于圣文森特。1948～1949年在英国攻读法律和经济。1950年获律师资格。1951年回圣卢西亚开业当律师。1954年当选议员，并加入圣卢西亚工党。1957年任贸易和生产部长。1957～1961年任工党副领袖。1961年退出工党，另组全国劳工运动。1964年全国劳工运动和人民进步党合并成统一工人党后，当选为党的领袖。同年6月任内阁首席部长。1967年3月出任总理。1979年2月领导圣卢西亚取得独立。同年7月大选失败下台。1982年5月再次出任总理至今。

经　济

农业在国民经济中仍占主要地位，其次是制造业和旅游业。80年代以来，政府强调农业结构多样化，提供贷款和市场，并进行土地登记，旨在实现粮食自给。近年来，制造业和旅游业发展较快。

国内生产总值(1990年)：6.224亿东加元。

人均国民生产总值(1990年)：2414美元。

国内生产总值增长率(1991年)：2.5%。

货币名称：东加勒比元。

固定汇率：1美元＝2.7东加元。

通货膨胀率(1991年)：6.1%。

失业率(1991年)：15%。

【资源】无重要矿藏，但有丰富的地热资源，南部有硫磺矿。

【工业】1990年工业产值为4.19亿东加元。70年代以来，制造业发展较快，已成为第二大产业。1990年占国内生产总值的13.5%。主要生产出口型的轻工业产品，如肥皂、椰油、朗姆酒、饮料及电子装配、服装等。近年来，建筑业发展很快。为促进工业发展，政府计划将南部的维厄堡建成自由工业区。

【农业】1990年农业产值占国内生产总值的18.8%。1/3的就业人口从事农业劳动。粮食不能自给。主要农产品有香蕉和椰子，还有可可、香料及其他水果等。1990年香蕉产量为131669吨，其中出口13万吨，外汇收入达1.88亿东加元。1990年全国共有牛1.3万头，猪1.2万头，羊2.8万只。

【旅游业】是第三大产业。全国有近1300间旅馆房间。游客主要来自北美和欧洲国家。1991年旅游收入为4.704亿东加元，比上年增加3.3%。过夜游客为15.959万人，游船游客为16.278万人。

【交通运输】公路总长970公里。1990年全国注册机动车共有12759辆。卡斯特里港和旧堡港是重要的进出口岸。有两个机场。

【财政金融】1991年度政府财政收入2.774亿东加元，支出2.155亿东加元，盈余0.619亿东加元。

1990年外债总额为5820万美元，1991年底外汇储备为4.875亿美元。

【对外贸易】每年均有贸易逆差。出口以初级农产品为主，进口粮食、食品、石油、机械及其他工业品和日用品。主要贸易对象是美国、英国、加拿大及加勒比共同体成员国。

1989～1991年进出口额如下(单位：百万东加元)：

	1989	1990	1991
出口额	294.6	343.4	286.2
进口额	739.1	731.6	802.0
差　额	－444.5	－388.2	－515.8

【外国援助】1979年圣独立以来，从4个洛美协定获得总额为1940万欧洲货币单位的援助。1991年欧共体向圣贷款350万东加元；英国向圣贷款280万东加元；美国提供89370东加元的援助。

人民生活

全国有5家医院、545张病床、32个保健中心和20个社区中心、61名医生、5名牙医和236名护理人员。有8家影院。1990年全国有9.9万台收音机、3000台电视机。1990年有电话7500部。

军　事

只有一支300人的圣卢西亚皇家警察部队。

文化教育

【教育】实行5～15岁儿童义务教育。80年代末识字率为60%。1988年学校、学生及教师情况：

	学校(所)	教师(人)	学生(人)
小学	82	1082	33120
中学	12	352	6391
技校	2		558

【新闻出版】主要报刊有：《圣卢西亚之音》，每周三、六出版，发行量5000份；《战斗者》，周刊，发行量2000份；《先锋报》，双周刊，发行量2000份。

圣卢西亚广播电台是国家广播电台，用英语广播。加勒比国际电台用法语、英语广播。

有一家电视台：圣卢西亚电视台，主要接收美、巴巴多斯、特立尼达和多巴哥节目。

对外关系

奉行不结盟的外交政策，积极发展同第三世界国家的关系，支持建立新的国际经济秩序。致力于加勒比地区一体化，主张东加勒比各岛国首先联合成一个统一的国家。

【同我国的关系】1979年2月独立时，我国总理致电表示祝贺并宣布承认。我驻牙买加大使作为中国政府代表出席了独立仪式。1983年4月，我购圣债券100万美元。

1984年5月，圣与台湾当局建立了“外交关系”。1990年5月，圣卢西亚总理康普顿赴台参加李登辉的就职仪式。

【同其他国家的关系】与英、美、加拿大和委内瑞拉关系较密切。

(傅长华)

圣皮埃尔和密克隆省

名称　圣皮埃尔和密克隆群岛（The Islands of St. Pierre and Miquelon)。

面积　242平方公里。其中圣皮埃尔岛25平方公里，密克隆岛110平方公里，朗格拉德岛91平方公里。

人口　6392人(1990年普查)。其中圣皮埃尔岛5683人，密克隆岛709人。1990年人口出生率75‰，死亡率33‰。多为法国移民后裔。官方语言为法语。几乎所有的居民信奉天主教。

首府　圣皮埃尔市(Saint-Pierre)。

省长　卡迈尔·克里萨特(Kamel Khrissate)。

简　况

位于北美洲加拿大纽芬兰岛以南25公里的大西洋中。全境由圣皮埃尔、密克隆、朗格拉德等8个岛屿组成，距法国本土布勒斯特港约4000多公里。气温较低，多雾潮湿。年平均气温为5.6℃。1520年被葡萄牙人若塞·阿尔瓦雷斯·法关迪斯发现。1536年法国人雅克·卡蒂耶命名该岛为圣皮埃尔和密克隆群岛。1604年法国渔民建立第一个永久性居民点。1914年根据《巴黎公约》该群岛归法国所有，1946年改为法海外领地，1976年改为海外省。法国政府任命一名行政长官(省长)为其代表。圣皮埃尔和密克隆在法国国民议会和参议院各选举一名议员，在国民议会经济社会委员会选举一名委员。1986年9月阿尔贝·庞当选为参议院议员，11月热拉尔·格里尼翁当选为国民议会议员，1988年6月连任。

政　治

1989年3月，法国和加拿大政府与圣皮埃尔和密克隆达成有权在该岛海域捕鱼的协议，协议规定了法国和加拿大至1991年底的年捕鱼定额。同时，双方政府均同意国际仲裁法庭对有争议的海域和专有经济区的划分。1990年10月，岛民对法国驻圣马劳岛的渔业公司在他们的海域大肆捕鱼，破坏渔业资源又提出强烈抗议。1991年7月，国际仲裁法庭在纽约开始对圣皮埃尔和密克隆与加拿大有争议的海域进行审议。

【议会】地方议会，也称省议会。由普选产生，有议员19名；圣皮埃尔15名，密克隆4名，任期6年。本届议会于1988年9～10月选出，社会党及其他左翼党获13席，民主同盟等党获6席。1989年3月举行市政选举，社会党控制了23个市政的选举，右翼反对党只控制了6个。议长马克·普朗泰热内(Marc Plantege nest，社会党)。

【政府】本届政府于1992年2月成立。主要成员有：行政长官卡迈尔·克里萨特，经济和社会委员会主席雷米·布里昂(Rémy Briand)，法国国民议会议员热拉尔·格里尼翁(Gerard Grignon)，参议院议员阿尔贝·庞(Albert Pen)。

【司法机构】圣皮埃尔有上诉法院，院长米西尔·阿罗德(Michel Arotte)，初审法院，院长热拉德·埃克罗尼韦瑟(Gérad Egronieverseau)。

【政党】主要政党有社会党(Parti Socialiste，左翼党)、共和党(Rassemblement pour la République)、法国民主同盟(Union pour la Démocratie Française)和民主社会中心党(Centre des Démocrates Sociaux)。

经　济

圣皮埃尔和密克隆没有农业，只有少量的蔬菜种植、养猪及禽、蛋生产。传统的经济是渔业及鱼产品加工业。1990年拖网渔船捕鱼占99%。1989年从事渔业生产的人口占总劳动人口的19%。圣皮埃尔港是不冻港，给过往船只提供给养服务也是重要的经济收入之一。80年代末以来，政府还大力发展旅游业。近年来该岛随着与法国和加拿大捕鱼区争端的解决，经济得到稳定发展。

货币名称：法国法郎。

通货膨胀率(1989年)：6.3%。

失业率(1989年)：7.7%。

【工业】主要为鱼产品加工业。有两家鱼产品公司生产冻鱼、腌鱼及鱼肉饲料。1990年总产量为5457吨。

【渔业】1988～1990年捕鱼总量(单位：吨)：8952，9401，13156。其中拖网渔船捕鱼分别为：8631，9047，13013。

【旅游业】有1家旅行社，80家旅馆。1987年开辟了圣皮埃尔—加拿大蒙特利尔的旅游航空线，旅游人数不断增加。1989年游客为1.42万人，1990年增加到1.49万人。

【交通运输】以海、空运输为主。1990年有汽车2792辆。

海运：有定期海轮通往加拿大的哈利法克斯、悉尼、路易斯堡。在圣皮埃尔与加拿大哈利法克斯和新斯科舍之间有集装箱运输服务。圣皮埃尔海港有1200米深的码头和3艘汽船。1990年进港船只达1272艘，卸货量7948吨。

空运：圣皮埃尔有一机场，航线通往法国和加拿大。圣皮埃尔航空公司有航线直飞哈利法克斯、新斯科舍等地，几家地方航空公司在该群岛与纽芬兰岛之间飞行。1990年客运量28176人，货运量247吨。

【财政金融】1991年预算支出1.31亿法郎。1990年从法国获得援助2.78亿法郎。

【对外贸易】1990年进口额4.71亿法郎，出口额2.26亿法郎。主要进口燃料、建筑材料、服装及日用品，出口鱼和鱼制品。主要贸易对象是法国、美国、加拿大和西班牙。

人民生活 有1所综合性医院，68张病床，6名医生。1988年又新建成1所综合性医院。1990年有收音机6300台，电视机4200台。

文化教育 【教育】教育制度与法国相同，对6～16岁儿童实行义务教育。1990年有小学8所，教师50人，学生866人；中学3所，教师55人，学生691人。另有2所技校。

【新闻出版】报刊主要为《政府公报》，双周刊。法国海外广播电视台为政府创办。电视台有2个频道。此外还有大西洋电台。 （子 扬）

圣文森特和格林纳丁斯

国名 圣文森特和格林纳丁斯(St. Vincent and The Grenadines)。

面积 389 平方公里。

人口 11.8万(1990年估计)。其中黑人占65.5%，混血种人占19%，白人占3.5%，印度人 占5.5%。通用英语。多数居民信奉基督教和天主教。人口增长率11‰(1980～1989年)。

首都 金斯敦(Kingstown)。人口23221人(1989年估计)。

国家元首 英国女王。女王任命总督为其代表。现任总督戴维·杰克(David Jack)，1989年9月就任。

简 况 位于小安的列斯群岛南部。由主岛圣文森特和格林纳丁斯群岛及北部的贝基亚、卡努安、马斯蒂克等小岛组成，为火山岛国。属热带气候，5～11月为雨季，余为旱季。年平均气温26℃。1498年哥伦布到达圣文森特岛时，加勒比族印第安人已在岛上居住。1627年英国占领该岛。后法国声称对此岛拥有主权，两国为争夺该岛进行多次战争。1783 年《凡尔赛条约》确认英国对该岛的统治。1979年10月27日圣文森特和格林纳丁斯宣布独立，仍是英联邦成员国。12月5日举行独立后的第一次大选，罗伯特·米尔顿·卡托被任命为政府总理。1984年7月詹姆斯·米切尔就任总理。

政 治 在1989年5月举行的大选中，新民主党以绝对优势获胜，赢得全部议席，米切尔再度当选总理。1992年1月，米切尔总理决定设立独立的外交部，旨在扩大对外交往，增加与国外的经济联系。

【宪法】现行宪法于1979年10月27日独立时生效。规定国家元首为英国女王，女王任命总督为其代表。议会为一院制，每届任期5年。议会可对宪法进行修改。总督行使行政权力，总理和议长由总督任命。

【议会】原为一院制。1986年改为两院制，任期五年。众议院15席，由普选产生，参议院6席，由总督任命，其中4席由总理提名，2席由反对党领袖提名。本届议会于1989年5月16日选出，新民主党获得众议院全部席位。现任议长蒙蒂·莫尔(Monty Maule)。

【政府】本届政府于1989年5月20日组成，并于1992年改组。现内阁主要成员：总理兼财政部长詹姆斯·米切尔(James Mitchell)，总检察长兼司法和新闻部长帕内尔·坎贝尔(Parnel Campbell)，工业、农业和劳工部长阿伦·克鲁克尚克(Allan Cruikshank)，教育、文化、青年和妇女事务部长约翰·霍恩(John Horne)，外交兼旅游部长赫伯特·扬(Herbert Young)，贸易和消费事务部长乔纳森·彼得斯(Jonathan Peters)。

【司法机构】由东加勒比最高法院(包括高等法院和上诉法院)行使司法权力，其陪席推事中有1位为圣公民。圣的3位地方法官中有1位任最高法院注册干事。

【政党】主要政党有：

(1) 新民主党(New Democratic Party)：执政党。1975年12月由詹姆斯·米切尔创建。有2000人。领导人詹姆斯·米切尔。

(2)圣文森特工党(St. Vincent's Labour Party)：1955年成立，曾于1967～1972年、1974～1984年执政。现为主要反对党。领袖文森特·比奇 (Vincent Beach)。

(3) 人民政治党(People's Political Party)：1952年成立，是全国最老的政党。1957年和1962年大选获胜连续执政。1967年大选中失败。1972年大选后，该党联合当时的无党派人士詹姆斯·米切尔执政，米切尔任总理。1974年9月该党对米切尔提出不信任案，导致政府倒台。同年12月与工党组成联合政府，1978年退出政府。领袖克莱夫·坦尼斯(Clive Tennis)。

其他政党还有：联合人民运动、进步民主党、全国统一运动、民众运动、国家改革党等。

【重要人物】**詹姆斯·米切尔**：总理兼财政部长。1931年3月15日生于贝基亚岛。毕业于设在特立尼达和多巴哥的皇家热带农学院和加拿大不列颠哥伦比亚大学理学院。1966年加入圣文森特工党并当选为议员。1967～1972年任贸易、农业和旅游部长。1972年辞去部长职务并被开除出党。1972～1974任总理。1975年组建新民主党并任该党主席。1984年7月再次出任总理至今。

经　济

农业是经济的基础。有少量的农产品加工及小型制造业。旅游业占有重要地位。

国内生产总值(1990年)：4.332亿东加勒比元(按市价)。

人均国民生产总值(1990年)：1050美元。

国内生产总值增长率(1990年)：4.0%。

货币名称：东加勒比元；1东加元=100分。

汇率(1976年7月以来)：1美元=2.7东加勒比元。

通货膨胀率(1990年)：9.1%。

失业率(1990年)：4%。

【工业】有少量的农产品加工及服装、皮革、榨油和肥皂等小型工业。小型制造业发展缓慢，主要产品有水泥、面粉和家具等。1990年制造业收入占国内生产总值的7.8%，建筑业收入占17.9%。

【农业】农业是经济的主要支柱，1990年占国内生产总值的25.9%，务农人数占总劳动力的25.7%，农产品占出口总额的94%。可耕地占土地总面积的1/3以上。主要种植香蕉、葛根、甘蔗、椰子等。圣是世界上最大的葛粉生产国。1989年葛薯产量为121吨。香蕉为主要经济作物，种植面积达1600公顷，1990年的产量为8.14万吨，出口创汇1.1亿东加元，占总出口额的一半。

【旅游业】80年代以来发展较快。1990年接待外国游客13万人，游客的旅游支出达4600万美元。旅游区主要集中在格林纳丁斯群岛。1992年，在贝基亚岛和尤宁岛分别有两座机场投入使用，促进了旅游业的发展。

【交通运输】无铁路。

公路：有全天候公路620公里(1987年)。1989年，有客车4500辆，商业车辆3600辆，摩托车1200辆。

水运：在金斯敦有一深水港，1989年货运量为23.7万吨。

空运：有一国际机场，1989年客运量为5万多人次。

【财政金融】1989/90年度经常性收入为1.599亿东加元，支出为1.345亿东加元，盈余0.254亿东加元。1990年，外债为5170万美元。1990年底国际储备为2649万美元。

【对外贸易】进口以食品、机械、基本工业品为主，主要出口香蕉(1989年占出口总额的45%)、蔬菜(1988年占出口总额的22.1%)和葛粉。主要贸易对象为英、美和加勒比国家。近几年对外贸易情况如下(单位：百万美元)：

	1988	1989	1990
出口额	85.3	74.6	78.7
进口额	122.3	127.5	137.8
差　额	−37.0	−52.9	−59.1

(资料来源：1992/93年度经济季评)

【外国援助】1991年4月，根据第四个洛美协定，圣文森特政府和欧共体签订了一项协议，规定在1990～1994年，由欧洲投资银行向圣发放400万美元贷款和2000万美元风险投资，用于乡村发展和改善社会基础设施。

人民生活

1987年有39名医生和236名护理人员，有4家医院和35所诊所，共有病床520张。全国有收音机5.8万台(1988年)、电视机17500台(1990年)、电话9400部(1990年)。

军　事

防务由英国负责。是地区安全系统的成员。无正规军队，仅有一支489人的警察部队。1988/89财政年度国防开支为830万东加元，占总支出的5.9%。

文化教育

【教育】实行小学免费教育。1988年有小学61所，中学21所，技术学校1所，师范学院1所。成人文盲率15%。1988/89财政年度教育费用为2740万东加元，占总支出的19.6%。

【新闻出版】主要有《文森特人》周报，发行量3800份；《星报》；《圣文森特之声》；《正义报》；《政府公报》，发行量370份；《新时代》。

有一家国营电台：圣文森特和格林纳丁斯电台。

对外关系

表示奉行维护民族尊严和地区团结的外交政策，愿与既能提供援助，又具有民主传统的国家合作。同美国、英国、加拿大以及加勒比地区国家关系密切。主张加勒比一体化，赞成向风群岛四国组成政治联盟。

【同我国的关系】1979年圣独立时，我国总理曾致电祝贺并宣布承认，我驻巴巴多斯大使作为政府代表参加了独立庆典。

1981年圣同台湾当局建立了“外交关系”。1990年8月，圣总理米切尔访台。

【同美国和欧洲国家的关系】与美国关系密切。1983年10月，曾派出警察部队支持美国出兵格林纳达。海湾战争中，支持美国等多国部队的军事行动。1991年11月，米切尔总理访问了美国、英国、荷兰、匈牙利、丹麦、德国和意大利。

(康　勇)

苏　里　南

国名　苏里南共和国(The Republic of Suriname)。

面积　163265平方公里(包括同圭亚那有争议的1.7万平方公里)。

人口　43.2万(据苏民政局1992年公布材料)。其中克里奥尔人占32%，印度斯坦人占35%，印度尼西亚人占15%，丛林黑人占10%，印第安人占3%，华人占3%，其他人种占2%。另约有18万苏里南人旅居荷兰。荷兰语为官方语言，通用苏里南语。各民族均有自己的语言。居民的42%信奉基督教，27%信奉印度教，20%信奉伊斯兰教。

首都 帕拉马里博(Paramaribo)，人口18.4万人(1987年调查)。

国家元首 总统鲁纳多·罗纳德·费内希恩(Runaldo Ronald Venetiaan)，1991年9月16日就职，任期5年。

简况

位于南美洲北部。东邻法属圭亚那，南界巴西，西连圭亚那，北濒大西洋。地势南高北低。属热带雨林气候。年平均气温23～27℃。原为美洲印第安人居住地。1593年被西班牙探险者宣布为其属地。1602年荷兰人开始到此定居。1630年英国移民迁此。1667年英、荷签订条约，苏成为荷兰殖民地。1815年维也纳条约正式确立荷对苏的殖民主地位。1975年11月25日宣布独立，成立共和国。以鲍特瑟为首的军人集团长期掌握实权。

政治

1991年5月25日苏里南举行全国大选，由民族党、进步改革党、印尼农民党和工党组成的“新民主和发展阵线”在大选中获胜。9月16日，“新阵线”政府宣誓就职。1992年，苏政府继续致力于恢复法制、实现国内和平和争取经济好转。由于苏政府的努力和美、荷等国的支持，军队的权力已有所削弱，并被从法律上取消了干涉政权的条款，非法武装组织也于8月8日和政府达成了和平协议。但经济未见好转并在进一步恶化。

【宪法】1987年10月新宪法生效。宪法规定：总统是国家元首、政府首脑、国务委员会主席、武装部队总司令；国民议会为国家最高权力机关；部长委员会是最高行政机关；政府由总统、副总统和部长委员会组成，副总统任部长委员会主席，对总统负责；国务委员会指导国家领导机关的工作，监督政府执行国民议会的决定，根据“设立国务委员会”法案的规定，成员由政党、工会、企业界和军方代表组成；法院的司法独立，不受任何方式的干涉。1992年3月26日，苏国民议会经过3天的辩论，一致通过了政府递交审议的有关军队条款的宪法修改草案。修改后的宪法明确规定：军队担负并执行纯军事任务，它隶属于有关当局并对其负责。

【议会】国民议会为一院制，设51个席位，任期5年。本届国民议会于1991年5月大选产生。新民主和发展阵线占30席，民族民主党占12席，九一民主选择9席。议长为进步改革党主席贾格纳斯·拉奇蒙(Jaggernath Lachmon)，1991年7月就任。

【政府】本届政府于1991年9月17日组成，后经过3次调整，主要成员如下：政府首脑、总统鲁纳多·罗纳德·费内希恩，副总统、部长委员会主席尤勒斯·阿杜加(Jules R. Adjodhia)，国防部长西赫夫里德·吉尔兹(Siegfried Gilds)，外交部长苏巴斯·蒙格拉(Subhas Mungra)，计划发展合作部长埃迪·塞道克(Eddy Sedoc)，地区发展部长吕夫斯·诺特梅尔(Rufus Nooitmeer)，财政部长希尔顿贝尔赫(H. Hildenberg)，贸易工业部长简·戈巴丹(Tjan Gobardhan)。

【司法机构】设最高法院和检察院。法院法官实行任职终身制。另有3个地方法院。最高法院院长弗雷德·拉姆达特·米西尔(Fred Ramdat Misier)，1988年4月5日就职。总检察长雷德尔(R. M. Reeder)。

【政党】有政党10多个，主要政党有：

(1)苏里南民族党(Nationale Partij Suriname)：1946年成立，主要由克里奥尔人组成。主席亨克·阿龙(Henck Arron)。

(2)进步改革党(Vooruitstrevende Hervormings Partij)：1949年成立，1974年改为现名。党员主要是印度斯坦人。主席贾格纳斯·拉奇蒙(Jaggernath Lachmon)。

(3)印尼农民党(Kerukanan Tulodo Pranatan Ingil)：1947年创建，党员主要是印度尼西亚人后裔。主席威廉·索米达(William Soemita)。

(4)进步工农联盟(Progressieve Arbeiders en Landbouwers Unie)：1977年3月成立，属左派党，党员主要是知识分子。主席伊万·克罗利斯(Iwan Krolis)。

(5)民族民主党(Nationale Democratische Partij)：1987年6月成立。主席尤勒斯·威登博茨(Jules Wijdenbosch)。

(6)苏里南工党(Surinaamse Partij van de Arbeid)：1987年7月成立。核心成员多为C—47工会和政府职员工会干部。主席弗雷德·德尔比(Fred Derby)。

(7)九一民主选择(Het Demokratisch Alternatief 91)：1991年3月10日由宾达瓦里马党、革新进步党、兄弟团结政治联盟及选择论坛4个党组成的政治联盟。

【重要人物】鲁纳多·罗纳德·费内希恩：总统。1936年6月18日生于帕拉马里博市。1964年毕业于荷兰莱顿大学，获数学、物理学硕士学位。毕业后，长期在教育部门工作。1973～1980年、1988～1990年两次出任教育和人民发展部长。1988年起任民族党顾问委员会主席。1991年9月6日当选为共和国总统。 **尤勒斯·阿杜加**：副总统兼部长委员会主席。1945年1月27日出生。曾在苏里南大学攻读法律。1961年起长期在司法部门工作。1988～1990年在“阵线”政府中任司法警察部长。1988年起任进步改革党顾问委员会委员。1991年9月当选为副总统。 **德西·鲍特瑟**：1945年10月13日生于多姆堡。1965年起先后进商业学校和荷兰军事学校学习，后在荷兰军队服役。1975年回国，任军士长。1980年2月25日领导16名军士发动政变，4月被军人委员会指定为国家部队司令。1985～1987年兼任政府首脑，最高磋商委员会主席。长期担任国家部队司令、军事当局主席，1992年12月和政府发生矛盾，在内外压力下提出辞去一切军职。

经　济

主要部门是铝矿业、加工制造业和农业。1986年丛林军对政府开始游击战以后，铝矿生产逐年下降，苏财政收入减少，赤字上升，外汇储备剧减。1988年和1989年经济一度好转。1991年9月"新阵线"政府执政后，荷兰、美国等恢复对苏援助。1992年11月，议会通过了政府的经济调整计划。

国内生产总值(1991年)：23.31亿苏盾。

人均国内生产总值(1991年)：5817苏盾。

国内生产总值增长率(1991年)：－2.5％。

货币名称：苏里南盾；1苏盾＝100分。

汇率(1990年11月)：1美元＝1.78苏盾。

通货膨胀率(1990年)：21.7％。

失业率(1988年)：27％。

【资源】矿产主要有铝土，蕴藏量4.9亿吨，占世界铝土蕴藏量的1.9％。其他矿产有石油、铁、锰、铜、镍、铂、黄金等。近年来在近海发现石油。森林和水力资源丰富。森林覆盖面积占全国面积的95％。

【工业】以矿业和加工制造业为主。工业就业人数占总就业人数的20％。1989年，矿业产值为0.42亿美元，加工制造业产值为1.39亿美元，分别占国内生产总值的3.6％和12％。制造业中有粮食加工、酿酒、香烟、建材业等。铝土、氧化铝和铝锭的产值占国内生产总值的15％，出口收入占出口总收入的75％。近几年铝矿产品产量(单位：万吨)：

	1989	1990	1991
铝土	343.4	326.1	313.6
铝锭	1.2	3.13	3.1

(资料来源：1992/93年度经济季评)

【农林牧渔业】1989年农林渔业产值为1.23亿美元，占国内生产总值的10.7％。就业人数占就业总数的16.7％。可耕地面积6.2万公顷。稻米、水果、甘蔗为主要农作物，此外还有棕榈、咖啡、可可等。稻米和水果还是重要的出口产品，占出口总收入的15％左右。捕虾业也是重要的赚汇业，虾出口额占出口总收入的7.5％。农牧业主要产品产量(单位：万吨)：

	1986	1987	1988＊
大米	30	27.2	24.4
棕榈油	0.3	0.1	0.3
香蕉	4.4	4.3	4.5
柑桔	1.2	1.4	
牛肉	0.1	0.1	0.1
猪肉	0.1	0.1	0.1
虾	0.32	0.34	

＊　为估计数。

(资料来源：同上)

1989年畜禽存栏数：牛9万头，山羊7000只，绵羊8000只，猪2.5万头，鸡700万只。1988年鱼虾出口额为3400万美元。1987年产木材23.5万立方米。

【旅游业】旅游业不发达。1989年接待游客10264人。

【交通运输】以公路和水运为主。

铁路：总长225公里。

公路：总长8886公里，1990年有小汽车36755辆，小货车12424辆，公共汽车2049辆，摩托车750辆。

水运：内河航线近4500公里。首都为主要港口。1989年装货92.8万吨，卸货67.4万吨。

空运：有一个国际机场，有4条国际航线。1989年运送旅客11.5万人。

【财政金融】近几年财政金融收支情况如下(单位：亿苏盾)：

	1987	1988	1989
收入	4.658	5.823	7.404
支出	9.485	10.977	11.435
差额	－4.827	－5.154	－4.031

(资料来源：同上)

1990年外汇储备为0.21亿美元，黄金储备为0.154亿美元。1990年外债总额达1.1亿美元。

【对外贸易】经济对外贸的依赖很深。主要出口产品为铝土、铝锭、氧化铝，其次为大米、虾、木材和水果等。主要进口产品为燃料、工业原材料和半制成品、机械、交通和生活用品。主要贸易对象是荷兰、挪威、荷属安的列斯、美国、巴西、特立尼达和多巴哥、日本等。近几年对外贸易情况如下(单位：亿美元)：

	1989	1990	1991
出口额	5.492	4.659	3.828
进口额	3.317	3.744	4.342
差　额	2.175	0.915	－0.514

(资料来源：同上)

【外国援助】1990年获国际发展援助2.391亿苏盾，其中荷兰提供2亿，欧洲共同体发展基金提供0.16亿，美洲开发银行提供0.113亿，欧洲投资银行提供0.06亿。

人民生活

有现代化的医疗设施，1985年每千人拥有医生0.54人、病床4.9张。社会福利事业主要由私人组织和宗教团体承担。1986年政府用于医疗卫生事业的费用为0.344亿苏盾，用于社会保障和福利事业的费用为0.577亿苏盾。1989年全国共有收音机26.2万台、电视5.5万台、电话33897部。

军　事

独立前国防由荷兰负责，军队为荷兰国防军的一部分，独立后改编成苏里南军队。1991年总兵力2200人，其中陆军1900人，海军200人，空军100人。1991年10月，苏总统宣布以后将裁军至1500人。1992年3月苏议会通过的宪法修正案决定取消900人的准军事部队。1990年国防预算为1.198亿苏盾，占预算总额的10.3％。

文化教育

【教育】基本沿用荷兰的教育体制，中小学实行免费义务教育。全国有1所大学——苏里南大学，下设法学院、经济学院和医学院。80年代，政府大力开展扫盲教育，到1990年成人文盲率为5.1%。1990年教育预算为2.5亿苏盾，占预算总额的21.5%。1986年各级学校、学生及教师数如下：

	学校(所)	学生(人)	教师(人)
小学	301	59633	3954
中学	89	23217	1588
师范学校	1	1583	
职业学校	8	4202	
大学	1	1198	187

【新闻出版】有《真理时报》(私营，荷兰文日报)，发行量8000份；《西方晚报》(私营，荷兰文晚报)，发行量1.5～1.8万份。

苏里南通讯社：同西方、拉美、加勒比各大通讯社有业务联系，每天出版荷文、英文新闻稿。

有9家广播电台。主要有：苏里南广播基金会：创建于1965年，由政府经营，用荷兰语和当地语言播音，东加勒比和南美洲东北部可收听到该台的播音。苏里南国际广播电台：创建于1984年，由政府经营，用荷兰语、英语和苏里南语播音，每周两次。K.B.C.电台：创建于1985年，用当地语言和英语广播。帕拉马里博电台：创建于1957年，用当地语言、英语和西班牙语广播。鼓声电台：创建于1958年，用当地语广播。

苏里南电视台：建于1965年，由政府经营，用当地语言、荷兰语和英语播放节目，同荷兰、美国、英国、德国、巴西和加拿大的电视台有业务联系。阿波尼电视台：1985年建立，由政府经营，用荷兰语、英语、葡萄牙语和西班牙语播放节目。

对外关系

奉行不结盟的外交政策，维护和平共处、民族自决和不干涉的原则。主张以联合国宪章、不结盟运动和美洲国家组织章程为准则，同各种意识形态和政治体制的国家发展关系。重视发展与拉美国家的关系，积极参加拉美和加勒比一体化运动。希望国际社会支持苏为重建经济、恢复民主所作出的努力。认为裁军有利于世界的发展、繁荣与和平，主张所有核国家应在联合国的监督下削减核武器。主张中美洲问题由该地区国家自己解决。呼吁外国不要插手中美洲事务，反对使用武力或以武力相威胁，支持中美洲五国通过谈判和平解决争端。认为外债问题不仅阻碍了债务国的经济发展，而且影响了这些国家的社会稳定，已成为严重的政治问题。主张债权国和债务国共同承担责任，通过对话寻找公正、持久的解决办法。支持召开中东问题国际会议。

【同我国的关系】1976年5月28日两国建交。1977年5月12日中国在苏里南设大使馆。建交后两国关系不断发展。苏方访华的有：代总统米西尔(1984年11月来华休假旅行)，海仑贝格外长(1986年4月)，教育、科学和文化部长李福秀(1987年6月)，蒙格拉外长(1992年5月)，民族党主席阿龙(1992年9月)。中方访苏的有韩叙副外长(1984年)，经贸部顾问程飞(1985年)，经贸部副部长吕学俭(1987年)，刘华秋副外长(1990年2月)，经贸部部长助理刘岩(1990年10月)。此外，中国政府特使沈智焕曾于1988年1月和1991年9月两次出席苏新任总统的就职仪式。

中苏两国签署的协定有：中国帮助苏里南建设体育馆的贷款协定(1984年9月)、经济技术合作协定(1986年4月)、文化协定(1987年6月)、无偿援助换文(1990年2月)、经济技术合作协定(1990年10月)。

中国驻苏大使：汤柏生。馆址：ANTON DRAGTENWEG 154 P.O. BOX 3042 PARAMARIBO SURINAME。电话：451570 451210。电传：197 CEP512 SN。商务处地址：EROSSTRAAT 4 P.O. BOX 8116 PARAMARIBO SURINAME。电话：450490 452560。

苏在中国未设大使馆、商务处等机构。

【同荷兰的关系】1975年苏独立时，两国签订了荷兰向苏里南提供35亿荷盾的发展援助条约。1982年"一二·八"事件后，荷兰中止了对苏的发展援助。1987年1月，苏赶走荷兰大使，荷也驱逐了苏代办。1988年初苏民选政府上台后改善了与荷关系，同年两国重新互派大使，荷恢复了对苏发展援助。1990年12月荷因苏发生军事政变再次中止了对苏发展援助。1991年9月，苏"新阵线"政府上台后，苏荷关系开始改善。1992年6月，费内希恩总统访问荷兰，两国签订了指导双边关系的框架协议，同意在民主、法制、经济等各个领域开展合作，荷准备将1975年对苏发展援助中的10亿荷盾余款用于支持苏实施经济调整计划，并允诺援款用完后继续提供援助。

【同美国的关系】美是苏主要贸易伙伴。1980年苏发生军事政变后，美数次派官员访苏，加强两国的军事、文化交流，并给予一些经济援助。1990年12月24日苏军队发动政变，美予以谴责并决定推迟新任驻苏大使的赴任时间。苏"新阵线"政府上台后，两国关系逐渐恢复正常。1992年2月，费内希恩总统对美国进行了工作访问，与布什总统会晤，双方同意在推进民主化进程和缉毒问题上进行合作，美还答应向苏提供800万美元的贷款，用于购买小麦、玉米和豆油。

【同巴西的关系】与巴西的关系较密切。苏两届政府总理和军队司令鲍特瑟都访问过巴西。1985年签定了巴西向苏提供2000万美元的贷款协定。1989年3月巴西总统萨尔内访问苏里南；同年8月苏总统尚卡尔访问巴西。1990年12月24日苏军队发动政变后，巴西予以谴责。1991年1月底巴西政府派代表团访苏，与苏过渡政府、军事当局接触。1992年1月，巴西外交部秘书长率巴政府代表团访苏。

【同圭亚那的关系】与圭亚那有领土纠纷，争议地区面积约1.7万平方公里。1989年3月苏里南总统尚卡尔访问圭亚那，同年8月圭亚那总统霍伊特访问苏里南。1991年2月，苏过渡政府总统克拉赫访问圭亚那，与霍伊特总统会晤，霍表示圭苏合作不受苏国内局势的影响。1991年9月，霍伊特总统出席了费内希恩总统的就职仪式。

【同委内瑞拉的关系】1985年两国签订了渔业协定。1989年2月苏里南副总统兼部长委员会主席阿龙出席委内瑞拉新总统佩雷斯的就职典礼。同年10月委内瑞拉总统佩雷斯访问苏里南。苏1990年12月发生军事政变后，委中止了与苏的外交关系，在苏仅保留一名官员负责领事事务。1991年7月，苏里南举行大选后，委内瑞拉向苏派出代办；9月佩雷斯总统出席了费内希恩总统的就职仪式，佩表示委将帮助苏尽快恢复经济。1992年1月，委同意向苏提供400万美元的贷款。　（康　勇）

特克斯和凯科斯群岛

名称　特克斯和凯科斯群岛（The Turks and Caicos Islands）。

面积　430平方公里。

人口　12350人（1990年5月普查），黑人占90%以上，余为混血种人和白人。1982年出生率为25.5‰，死亡率为4.6‰。官方语言是英语。多数人信奉基督教。

首府　科伯恩城（Cockburn Town），人口2500人（1987年估计）。

总督　迈克尔·布雷德利（Michael Bradley），1987年3月就任。

简　况

位于巴哈马群岛东南端。距海地北部约145公里。东部濒临大西洋。西部同古巴隔水相望。整个群岛约有30多个岛屿，其中8个岛有人居住。属亚热带气候，年平均气温27℃。原为印第安人的阿拉瓦部族和卢卡约斯部族居住地。1512年被西班牙人发现。1766年成为英国殖民地。1799年归巴哈马管辖，1873～1959年归牙买加管辖。1962年牙买加独立后，该群岛仍为英属殖民地。1972年英女王第一次任命主管该群岛的总督。1976年制定新宪法，同时举行第一次大选，人民民主运动获胜。

政　治

1988年人民民主运动以绝对优势在大选中获胜，奥斯瓦德·斯克平思任首席部长。1991年4月3日举行大选，米西克为首的进步民族党获胜执政。

【宪法】1976年生效。规定总督代表英国女王，由女王任命，拥有行政权，掌管外事、内部治安、防务和任命官员。设立法会议和行政委员会。总督任行政委员会主席。该委员会由8人组成：3名当然成员（首席部长、财政秘书、总检察长），5名由总督从立法会议成员中指定。1986年英国政府因该岛首席部长参与贩毒解散了行政委员会，中止了部长制政府形式，代之以三人顾问委员会。1988年3月，宪法经修改后重新颁布。

【议会】称立法会议。由3名指定成员、行政委员会中的3名当然成员和13名普选产生的成员组成。本届议会1991年4月大选后组成。进步民族党占8席，人民民主运动占5席。议长埃米莉·桑德斯（Emily Saunders）。

【政府】称行政委员会，由9人组成。本届行政委员会于1991年4月大选后组成。主要成员：主席迈克尔·布雷德利总督，财政秘书奥斯汀·罗宾逊（Austin Robinson），总检察长格伦·加特兰（Glen Gatland），首席秘书保罗·费比恩（Paul Fabian），首席部长兼旅游、计划和私营部门发展部长查尔斯·华盛顿·米西克（Charles Washington Misick），副首席部长兼卫生和教育部长罗伯特·霍尔（Robert Hall），自然资源部长阿拉贝拉·史密斯（Arabella Smith），渔业、工程和移民部长奥尔登·德拉姆（Alden Durham），交通运输部长迈克尔·米西克（Michael Misick）。

【司法机构】设最高法院。首席法官常驻巴巴多斯，首席法官不在期间由一位地方法官代理。上诉法院设在巴哈马的拿骚。英国枢密院为其最高上诉法院。首席法官弗雷德里克·格拉德斯通·史密斯爵士（Sir Frederic Gladstone Smith）。地方法官杰克逊（M. Jackson）。

【政党】有4个政党：

（1）进步民族党（Progressive National Party）：执政党。领袖查尔斯·华盛顿·米西克。

（2）人民民主运动（People's Democratic Movement）：反对党。领袖德里克·泰勒（Derek H. Taylor）。

（3）全国民主联盟（National Democratic Alliance）：1987年成立，由从进步民族党中分裂出来的成员组建。曾参加1988年大选，但未获席位。领袖阿里尔·米西克（Ariel Misick）。

（4）特克斯和凯科斯团结党（Turks and Caicos United Party）：1985年成立。领袖格伦·埃文斯·克拉克（Glenn Evans-Clarke）。

经　济

自然资源缺乏，基础设施薄弱，无制造业，主要生产部门是渔业和盐业。收入主要来自旅游业和金融服务业。

国内生产总值（1989年估计）：6850万美元。

人均国内生产总值（1989年估计）：4824美元。

国内生产总值增长率(1988年):19.6%。

货币名称:美元;1美元=100分。

失业率(1989年):12%。

【农渔业】农业规模很小,种植少量玉米、豆类、水果和蔬菜。渔业是重要经济部门,有世界上最大的海螺养殖场,鱼产品是主要出口产品,1986年龙虾和海螺分别占出口总额的28%和63%。鱼产品出口年收入为400万美元。1988年总捕捞量1650吨。农业和渔业人口占全部劳动力的1/5。

【服务业】金融服务业是近几年新兴产业,由于没有外汇管制和不收税,发展较快,成为主要经济部门。1989年10月在该群岛注册的国际公司有7932家。为吸引海外金融业务,1990年政府通过一项新的银行和保险业规定。

【旅游业】政府重视发展旅游业。是财政和外汇收入的主要来源之一。从业人口约2000人。1990年外国游客总数48756人,游客大部分来自美国。1989年旅游收入为340万美元。

【交通运输】公路:总长121公里,其中24公里是沥青路。1984年注册的机动车为1564辆。

水运:有通往迈阿密和佛罗里达的货运航班。1989年国际货运量估计为29.4万吨。主要港口有格兰德特克、浦罗韦登舍和南凯科斯。

空运:有航班可通迈阿密、海地、多米尼加共和国和巴哈马。格兰德特克、浦罗韦登舍、南凯科斯和北凯科斯都有国际机场。

【财政金融】关税是财政收入的主要组成部分,约占45%。此外英国每年继续提供大量资金,用于基本建设工程和技术合作。工资和补贴占经常性开支的51%。1990年3月,公债为140万美元。近几年财政收支情况如下(单位:百万美元):

	1987/88	1988/89	1989/90*
经常性收入	13.04	17.64	20.30
经常性支出	14.70	17.32	20.03
资本支出	3.05	6.27	23.92
英国预算拨款	2.02	0.24	
英国发展援助	2.89	6.14	23.78

* 估计数字。

(资料来源:1992/93年度经济季评)

【对外贸易】历年严重入超。主要进口食品、饮料、制成品、原材料和燃料。出口产品为龙虾、海螺和鱼产品。主要贸易伙伴是美国、英国以及邻国。1987/88年度出口410万美元,进口3320万美元,逆差2910万美元。

【外国援助】英国是最大的援助国,1988/89年度援款108万美元。1988年,特克斯和凯科斯当局同英国政府签署协定,规定英国在3年内每年提供500万英镑拨款。1987～1991年间联合国提供100万美元的援助。

人民生活

1990年有1所医院,24张病床,10家诊所,10名医生。1985年有电话1446台,1989年有收音机6000台。该岛有国际直拨电话、传真等设施。

文化教育

【教育】公立学校实行免费义务教育。1985年教育开支140万美元,占总开支的11.2%。1989年有公立小学14所,私立小学1所,学生1401人;公立中学4所,学生903人,另有一所私立中学。

【新闻出版】有《特克斯和凯科斯时事》,双月刊;《特克斯和凯科斯新闻报》,周报;《海螺新闻报》,周报。

有一家私营电视台和三家商业电台,其中特克斯和凯科斯广播电台为政府所有。可通过卫星收看美国电视节目。

(董晓军)

特立尼达和多巴哥

国名 特立尼达和多巴哥共和国(The Republic of Trinidad and Tobago)。

面积 5128平方公里,其中特立尼达岛4827平方公里,多巴哥岛301平方公里。

人口 125.2万(1991年中估计)。80年代年均人口增长率17‰。黑人占43%,印度人占40%,其余17%为混血种人及欧洲人、华人和阿拉伯人后裔。英语为官方语言和通用语。居民中34%信奉天主教,25%信奉基督教新教,25%信奉印度教,6%信奉伊斯兰教。

首都 西班牙港(Port of Spain),人口44.4万(1987年)。

国家元首 总统努尔·穆罕默德·哈桑纳利(Noor Mohammed Hassanali),1987年3月19日就任,1992年2月18日连任。

简　况

位于小安的列斯群岛的东南端。特立尼达岛为南美大陆的延伸,西南和西北各向南美大陆伸出一角,中间形成帕亚海湾,与委内瑞拉隔海相望。多巴哥岛在特立尼达岛东北,相距约33公里。属热带雨林气候。1～5月为旱季,6～12月为雨季。气温20～30℃。特立尼达岛原为印第安人阿拉瓦克族和加勒比族的居住地。1498年哥伦布经过该岛附近,宣布为西班牙所有。1781年被法国占领。1802年根据《亚眠条约》划归英国。多巴哥岛历经英、法、西、荷多次争夺,1814年根据《巴黎条约》沦为英国殖民地。1889年两岛成为一个统一的英殖民地。1962年8月31日独立,以英国女王为国家元首。1976年8月1日改为共和国,仍是英联邦成员国。

政　治

1986年12月15日全国大选,民族复兴联盟击败执政30多年的人民民族运动,阿瑟·鲁宾逊就任总理。在1991年12月16日举行的全国大选中,人民民族运动党获胜执政,该党领袖帕特里克·曼宁出任总理。民运党政府执政后,重视国内经济问题,致力于摆脱经济困境,对外积极发展与西方国家的关系。力争得到美国等西方国家和国际金融机构的贷款与投资。1992年9月举行了地方政府选举,在139个议席中,民运党获得84席,控制了14个地方政府中的10个。

【宪法】现行宪法于1976年8月1日生效。宪法规定特多为共和国,继续留在英联邦内;总统为国家元首,由参、众两院选举产生,任期5年;全国至少每5年举行一次大选,政府由大选中获众议院多数席位的政党组成,对议会负责。

【议会】分参、众两院,任期均为5年。参议院31席,由总统任命,其中总理提名16人,反对党领袖提名6人,另9人由总统在社会名流中选任。众议院36席,普选产生。1991年12月大选中,人民民族运动党获21席,联合民族大会党获13席,民族复兴联盟党获2席。本届议会于1992年2月就职,现任参议长约瑟夫·伊曼纽尔·卡特(Joseph Emmanuel Carter),众议长奥卡·西波尔(Occah Seapaul)。

【政府】本届政府1991年12月24日组成。主要成员有:总理帕特里克·曼宁(Patrick Manning),外交部长拉尔夫·马拉吉(Ralph Maraj),财政部长温德尔·莫特利(Wendell Mottley),检察长兼法律事务部长基思·索宾(Keith Sobion),贸易、工业和旅游部长布赖恩·桂东(Brian Kuei Tung),国家安全部长拉塞尔·哈金斯(Russel Huggins),计划和发展部长伦尼·塞斯(Lenny Saith)。

【司法机构】设最高法院和7个地区裁判法院以及1个劳资关系法庭。最高终审法院为英国枢密院。最高法院由高等法院和上诉法院组成。高等法院由首席法官、1名高等法院法官和6～16名陪席推事组成,对民事和刑事案件行使裁判权。上诉法院由首席法官(任院长)和另外5名法官组成,接受所有法院案件的上诉。首席法官由总统商总理任命。现任首席法官克林顿·伯纳德(Clinton Bernard)。总检察长基思·索宾。

【政党】主要政党有:

(1)人民民族运动党(People's National Movement):执政党,温和的民族主义政党。1956年1月15日成立,1956～1986年执政。1991年12月大选获胜后再次执政。政治领袖帕特里克·曼宁。

(2)联合民族大会党(United National Congress):1989年4月成立,现为议会内最大的反对党。主要代表印度人利益。领袖巴斯迪奥·潘迪(Basdeo Panday)。

(3)民族复兴联盟(National Alliance for Reconstruction):1985年9月8日由民主行动大会党、联合劳工阵线、塔皮亚·豪斯运动和民族复兴组织4党联合组成。现有党员6.5万余人。曾于1986～1991年执政。政治领袖阿瑟·罗宾逊(Arthur Robinson)。

(4)全国联合行动委员会(National Joint Action Committee):成立于1967年,是由一些激进工会、学生和青年组织、文体组织等组成的联合团体。领导人马坎达尔·达加(Makandal Daaga,原名 Geddes Granger)。

【重要人物】努尔·穆罕默德·哈桑纳利:总统兼武装部队总司令。1918年8月13日生,1947年毕业于加拿大多伦多大学,获法学学士学位。1948年起在特多担任过律师、地方法官、上诉法院法官等职。1984年退休。1987年3月19日就任总统,1992年2月18日连任。 **帕特里克·曼宁**:总理。1946年8月17日生于圣弗尔南多市。毕业于西印度大学牙买加莫纳分校地质系。1971年开始从政,当选为圣弗尔南多东部选区民运党议员。1978年担任财政部长。1981～1986年任能源和自然资源部长。1986年底民运党大选失败后,出任该党领袖。1991年12月16日,民运党在大选中获胜,就任特多总理。

经　济

特多原是一个农业国,以甘蔗和蔗糖生产为主。70年代开始石油生产后,经济发展加快。目前,石油业是特多最重要的经济部门,近几年产值占国内生产总值的20～27%、财政收入的25%左右,产品出口占外汇总收入的70%左右。1982年以来世界石油价格下跌,特多经济受到严重打击。政府财政赤字,外债猛增,外汇储备锐减,失业率上升。国内生产连续8年下降,1989年降至谷底。1990年,经济增长0.7%,1991年又增长2.7%,石油产量回升,外贸顺差,经济形势逐步好转。

国内生产总值(1991年):209亿特元。

人均国内生产总值(1991年):17173特元。

国内生产总值增长率(1991年):2.7%。

货币名称:特立尼达和多巴哥元;1元=100分。

汇率(1989年12月):1美元=4.25特元。

通货膨胀率(1991年):3.8%。

失业率(1991年底):17.4%。

【资源】主要有石油和天然气。1989年已探明石油储量5.36亿桶(不包括重油储量)。天然气储量3960亿立方米。是世界最大的天然沥青产地之一。特立尼达岛南部的沥青湖面积约47公顷,估计储藏量1200万吨。

【工业】产值占国内生产总值近50%。以石油开采和提炼为主,其次为建筑业和制造业。由于石油价格下跌,石油生产1987年以来平均每年下降3%,石油业产值在国内生产总值中的比重也从1980年的40.2%降为1989年的27.8%。但财政收入的25%、外汇收入的68%仍来自石油业。近年来,政府鼓励经济多样化。制造业发展较快，在国内生产总值中占9.3%，主要工业部门有化肥、钢铁、汽车和家用电器的装配等。特多的氨肥出口居世界第二，1990年销售液态氨超过100万吨。建筑业在国内生产总值中的比重从1983年的13.6%下降为1991年的9.2%。主要工业品产量如下：

	1989	1990	1991
石油(万桶)	5475	5475	5258
天然气(亿立方米)	71.46	64.66	66.40
化肥(万吨)	233.6	235.1	246.6
水泥(万吨)	38.42	43.79	48.56
汽车(辆)	2105	2239	6103
电视机(台)	2002	6392	13013
冰箱(台)	12453	13206	12557
沥青(万吨)	1.93	1.92	2.1

(资料来源：特多能源部；1992/93年经济季评)

【农业】1991年农业产值占国内生产总值的2.6%，就业人数占总就业人口的11.8%。主要种植甘蔗、咖啡、可可、柑桔、椰子和水稻等。75%的食品靠进口。全国可耕地约23万公顷。主要农业产品产量如下：

	1989	1990	1991
蔗糖(万吨)	9.7	11.8	10
可可(吨)	1400	2100	1300
咖啡(吨)	1200	1900	900
柑桔(吨)	3800	2200	2500

(资料来源：1992/93年经济季评)

【旅游业】旅游业是第四大外汇来源。近年来，特多政府改变经济过多依赖石油业的状况，大力发展旅游业。从1985年起采取了修建旅馆、改善机场设施和服务等措施，并加深了多巴哥岛的斯卡伯勒港以利游艇进出和停泊。1991年游客(含游艇游客)近22万，游客中有1/3来自美国。

【交通运输】原有175公里铁路已停止使用，现以公路运输为主，公路可通全国所有主要城镇。

公路：总长5175英里。1989年底有私人车辆24.5万辆，商业车辆8万辆。

水运：主要为海运，主要港口有4个：西班牙港、利萨角、恰瓜拉马斯和塔巴拉多角，其中西班牙港最大。有通往世界各大港口的海运线。1988年总吞吐量为1180万吨。

空运：特立尼达岛和多巴哥岛各有一机场。1987年客运量13万多人次，货运量1100万吨公里。

【财政金融】近几年财政收支情况如下(单位：亿特元)：

	1989	1990	1991
收入	52.36	57.77	66.62
支出	59.52	61.89	74.82
赤字	7.15	4.12	8.2

(资料来源：1992/93年经济季评)

在1991年财政收入中，44.5%来自石油业，非石油业收入占55.5%，主要是各种税收；工资和各种补贴分别占财政支出的38.6%和33.3%。

1991年底外汇储备为3.89亿美元。同年底债务总额107.6亿特元，其中外债为10.82亿美元。

【对外贸易】政府实行外汇管制和进口限制措施，使外贸从1982年和1983年的入超转为出超。主要出口石油产品(1990年占出口总收入的68%)，其次为化工产品和钢铁制品；主要进口制成品、机器和运输设备以及食品、牲畜等。主要贸易对象是美国、欧洲共同体和加勒比共同体国家，其中美国是最大的贸易伙伴，每年向美出口约占总出口额的60%，从美进口约占总进口额的40%。近几年外贸情况如下(单位：亿美元)：

	1989	1990	1991
出口额	15.71	20.55	17.38
进口额	12.15	10.97	13.96
差　额	3.56	9.58	3.42

(资料来源：1992/93年经济季评)

【外国援助】1992年，国际货币基金会同意从今年起特多向该组织偿还的6亿美元债务中，拿出1亿向特多重新投资。世界银行同意向特多提供2700万美元贷款用于商业发展和工业调整。美洲开发银行向特多提供3150万美元贷款用于农村道路和桥梁建设。

人民生活

政府向老年人和失业者分别提供养老金和失业救济金。1988年，全国有36所医院和诊所，4607张病床和1205名医生。1990年，政府用于卫生的支出为5.47亿特元，占总支出的10%。1989年全国有收音机57万台，电视机37万台。

军　事

国防军始建于1962年，由陆军、空军和海岸卫队组成。总统为国防军司令，总参谋长负责军队日常事务。1990年总兵力3300人，陆军2650人，海岸卫队600人，空军50人。还有一支4000人的准军事警察部队。1985年国防开支为1.8亿特元。

文化教育

【教育】中、小学实行免费义务教育。1985年政府制定新的"教育计划法案"(1985～1990年)，5年内增拨4亿特元，用于新建中小学及其他教学设施。1990年教育经费7.5亿特元，占财政预算经常开支13.7%。1991年全国有小学468所，小学生189099人，小学教师7626人。中学97所，中学生97912人，中学教师4805人。成人文盲率为4.5%。有3所职业学校，学生4245人。有一所西印度大学分校——圣一奥古斯汀学院，还有东加勒比农学院和一所教师培训学院。

【新闻出版】有4份日报。主要报刊：《特立尼达卫报》，发行5.3万份；《特立尼达和多巴哥快报》，发行6万份。

全国有两家电台：(1)全国广播公司，国营商业性广播电台，1957年建立，设两套节目，分别称610电台和100调频立体声电台；(2)特立尼达广播有限公司，私营电台，1974年8月31日建立。

特立尼达和多巴哥电视台：国营商业电视台，1962

年创立。

对外关系　奉行独立自主和不结盟的外交政策，维护民族独立和国家主权，坚持不干涉别国内政原则，反对殖民主义和种族主义，主张建立国际经济新秩序，发展平等互利的国际经济合作，积极推进加勒比一体化进程。在与西方保持密切关系的同时，强调加强与第三世界国家的联系，特别是加强同加勒比共同体和加勒比地区的合作。认为发达国家和发展中国家之间两极分化现象日益严重。主张第三世界加强政治、经济、文化和科技合作，建立公平分享原料、技术和社会利益的国际经济新秩序。主张债务国和债权国谈判解决债务问题，偿还债务应以不损害债务国的经济发展为前提。在债务问题上，第三世界国家应加强合作。是不结盟运动的成员国。认为不结盟运动是代表第三世界的，可以防止两极分化。主张不结盟运动应采取更加均衡的政治立场，把工作重点从政治领域转移到经济领域。提出不结盟运动应该强调和坚持公正、公平、自决、人权、民主和法制。主张全面裁军，反对一切核试验和任何形式的扩军活动，是部分核禁试条约、防止核扩散条约和拉美禁核条约的签字国。对联大有关禁止核试验和宣布印度洋为和平区等提案投赞成票。对召开世界裁军会议提案也投赞成票。在第三届裁军特别联大上倡议成立国际刑事法院，对违反国际禁运武器的个人以及非法贩运者追究刑事责任。是海洋法公约的签署国。支持12海里领海和200海里经济区的主张，但认为200海里专属经济区不适合加勒比情况，主张在该地区建立特殊的海洋制度。认为国家管辖权以外的海底区域是“全人类的共同财富，不得单方面开发”，“所有国家都应公平地参与管理和分享开发这些资源所带来的好处”，主张建立具有广泛权力的国际机构来管理和开发这些资源。根据近年来南非国内形势的变化，特多希望南非能重新被纳入国际社会，并取消了与南非人员往来方面的限制。主张按照安理会242号决议解决中东问题，认为恢复巴勒斯坦人的民族权利、以色列全面撤出其占领的阿拉伯领土，是在中东建立公正持久和平的先决条件。关注中美洲局势，支持八国集团为争取和平解决中美洲问题所作的努力。建议中美洲冲突各方在进行和平谈判的同时，接受联合国和拉美维持和平部队。强调加勒比地区各国主权不可侵犯，呼吁大国不要把争夺、冲突和紧张带进加勒比地区，主张在该地区禁止一切核武器和建立外国军事基地，和平友好地解决地区问题，使加勒比成为和平区。认为非法走私毒品和武器是美洲国家面临的首要问题，应采取措施进行控制。呼吁各国在监视毒品走私和情报等方面密切合作，积极主张召开禁毒问题特别联大会议。同80多个国家建有外交关系。

【同我国的关系】1974年6月20日两国建交。1975年4月我在特多设立大使馆，由我驻圭亚那大使兼驻特多大使。1983年9月我向特多派出首任常驻大使。此后，两国友好合作关系得到发展。特多来访的有：威廉斯总理(1974、1975年)，钱伯斯总理(1985年)，众议长尼赞·穆罕默德(1987年)，社会发展、福利和妇女地位部长格洛里亚·亨利(1988年)，工业、企业和旅游部长戈登(1988年)。往访的有：阿沛·阿旺晋美副委员长(1981年)，韩叙副外长(1982年)，经贸部长副部长贾石(1984年)，中联部副部长朱良(1985年)，朱启祯副外长(1986年)，刘华秋副外长(1990年)，国务院秘书长罗干(1992年)。

1985年，两国签订了《贸易、经济和科学技术合作协定》。

中国驻特多大使：程绍良。馆址：39 ALEXANDRA STREET, ST. CLAIR。PORT OF SPAIN TRINIDAD AND TOBAGO。电话：6226976。电传：(0294)22393 PRC WG。商务处地址：同上。电话：6226843。

【同美国的关系】美国是特多第一大贸易伙伴。1991年12月民运党获胜执政后，曾表示继续发展与美国的关系；布什总统致电祝贺曼宁就任总理，并希望两国在共同关心的领域里进行合作。1992年5月，曼宁总理访问美国。1992年6月22日，在美国法院作出关于不管当事国是否反对，美可以将罪犯从外国绑架到美国受审的裁决，马拉吉外长发表声明，对这一裁决表示关注，认为在处理主权国家间的关系时应遵守法律、公认的引渡司法程序及国际准则。

【同西欧国家和加拿大的关系】特多注重保持与西欧国家密切的政治和经济关系，积极参加英联邦会议。1990年3月，罗宾逊总理出席加共体首脑与加拿大马尔罗尼总理的会晤。7月，特多工业、企业和旅游部长蒂瓦里访加。1990年9月，英联邦财政部长会议在特多举行。1991年7月，特多政府为吸引投资和游客，决定对欧共体成员国公民进入特多免办签证。1992年曼宁总理与马尔罗尼总理会晤，讨论了双边经贸关系、禁毒等问题。

【同拉美国家的关系】重视加勒比地区的团结与合作，是加勒比共同体和共同市场的创始国之一。积极推动成立加勒比上诉法院和人权委员会，促进地区一体化进程。1991年2月，特多发起并主持召开了首届加勒比地区经济会议。1992年2月，特多政府决定，今后加共体国家的公民前来特多将免办签证。1992年3月，曼宁总理提出特多、圭亚那、巴巴多斯三国采取措施结成经济和政治联盟的倡议，10月，曼宁就此与圭亚那总统贾根、巴巴多斯总理桑迪福德进行了会晤，得到积极的响应。1990年2月，乌拉圭向特多派驻大使并筹建使馆，两国同意在飞机燃料油、润滑油和沥青生产等方面进行合作。3月，司法和国家安全部长理查森作为政府特使出席巴西新总统的就职典礼。10月，罗宾逊总理访问牙买加。1991年1月，罗宾逊总理与委内瑞拉总统佩雷斯和牙买加总理曼利就海湾战争问题进行了会晤。1992年1月，巴巴多斯总理桑迪福德访问了特多。1992年3

月，古巴重工业部副部长访问特多，商讨了古从特多进口石油的问题。1992年访问特多的还有：圣文森特总理米切尔(4月)、智利外长(5月)、阿根廷外长(7月)、格林纳达总理布拉斯韦特(10月)。10月份，曼宁总理赴圭亚那参加贾根总统的就职仪式。6月和10月，特多主持了第13届加共体首脑会议和加共体首脑特别会议。委内瑞拉是特多第二大贸易伙伴。特多重视同委的关系，两国签有《反毒品走私条约》和《文化协定》。1990年1月，罗宾逊总理访委。同年4月，罗宾逊总理再次访委，访问结束时，双方发表了联合公报，签署了划分两国海域和海底界限的协定和避免发生捕鱼冲突的备忘录。1991年两国互换了《1990年特多和委内瑞拉海洋划界条约》的批准书。1991年12月，曼宁当选特多总理后，佩雷斯总统致电祝贺并邀请曼访委。1992年10月13日和23日，曼宁总理两次访委，与佩雷斯总统讨论两国经贸关系和海地问题。

【同亚非国家的关系】特多和印度来往较多，双方签有经贸科技协定和文化协定。1991年12月，特多和印度就在特多兴建圣雄甘地文化合作学院签订了议定书。1991年7月，罗宾逊总理在牙买加与南非非洲人国民大会主席曼德拉举行了会晤。1991年10月，罗宾逊总理访问了尼日利亚，两国签订了《文化教育合作协议》和《经济和科技合作协议》。 (康　勇)

危地马拉

国名　危地马拉共和国(The Republic of Guatemala, República de Guatemala)。

面积　108889平方公里。

人口　990万(1992年)，年平均增长率29‰。土著印第安人占43%，印欧混血种人占57%。官方语言为西班牙语，另外有玛雅语、基切语等23种土语。绝大多数居民信奉天主教，25%的居民信奉基督教新教。

首都　危地马拉城(Guatemala City)，人口200万(1992年)。

国家元首　总统豪尔赫·安东尼奥·塞拉诺·埃利亚斯(Jorge Antonio Serrano Elías)，1991年1月14日就任。

简　况

位于中美洲西北部。西部和北部与墨西哥相接，东北是伯利兹，东南与洪都拉斯和萨尔瓦多接壤，东临加勒比海的洪都拉斯湾，南濒太平洋。海岸线长约500公里。以亚热带森林气候为主，平均气温16～20℃。危是古代印第安人玛雅文化中心之一。1524年沦为西班牙殖民地。1821年9月15日宣布独立。1823年组成中美洲联邦。1839年建立共和国。1990年11月举行大选，豪尔赫·塞拉诺当选总统。

政　治

1991年1月，新总统豪尔赫·塞拉诺宣誓就职。这是危独立170年以来首次文人政权之间的移交。塞拉诺总统主张加强法制，消除暴力，建立团结和解的政府；积极推动政府同游击队对话，实现全面持久和平；促成劳、资、政府3方达成社会协议，共同克服经济危机。1991年4月政府与游击队组织"危地马拉全国革命联盟"开始和谈，至1992年底已举行10轮，尚未达成任何协议，谈判仍将继续。

【宪法】现行宪法1985年5月经国民议会通过，1986年1月14日生效。宪法规定：总统由选举产生，任期5年。总统为国家元首、政府首脑和武装部队总司令。军人必须在退役5年后才能参加竞选总统。宪法还规定，危为多元政治制度，取消对共产党的禁令。

【议会】国民议会为一院制，行使立法权。由136名议员组成(包括25名中美洲议会议员)，其中25名按比例代表制选举产生，其余86名议员经全民选举产生，每届任期5年。本届议会1990年11月选举产生。各党派所占席位情况：执政的团结行动运动13席，全国中间派联盟41席，基督教民主党27席，全国先锋党12席，其余席位分别由民主制度党、民族解放运动、社会民主党等占有。宪法规定，卸任总统和副总统为当然议员。设议长和3名副议长，任期1年。议长何塞·洛沃(José Lobo)，1993年1月就任。

【政府】本届政府于1991年1月14日组成，后经过几次改组。总统塞拉诺兼任政府首脑。内阁由副总统和14名部长组成：副总统古斯塔沃·埃斯皮纳·萨尔格罗(Gustavo Espina Salguero)，外长贡萨洛·梅嫩德斯·帕克(Gonzalo Menéndez Park)，内政部长弗朗西斯科·佩尔多莫(Francisco Perdomo)，国防部长何塞·多明戈·加西亚·萨马约亚(José Domingo García Samayoa)，财政部长理查德·艾特肯黑德·卡斯蒂略(Richard Aitkenhead Castillo)，经济部长古斯塔沃·萨拉维亚(Gustavo Saravia)，教育部长玛丽娅·路易萨·贝尔特拉内纳(María Luisa Beltranena)，能源和矿业部长塞萨尔·费尔南德斯(César Fernández)，劳工和社会部长马里约·索洛萨诺·马丁内斯(Mario Solozano Martínez)，卫生部长欧塞维奥·德尔锡德(Eusebio del Cid)，文化部长欧尼塞·利马(Eunice Lima)，农业部长阿道夫·博普尔·卡雷拉(Adolfo Boppel Carrera)，邮电、交通和公共工程部长阿尔瓦罗·埃雷迪亚·席尔瓦

(Alvaro Heredia Silva),城乡发展部长里卡多·卡斯蒂略·西尼瓦尔迪(Ricardo Castillo Sinibaldi)。

【司法机构】全国设最高法院和上诉法院,各省设初级法院。最高法院院长胡安·何塞·罗迪尔·佩拉尔塔(Juan José Rodil Peralta)。

【政党】合法政党几十个,主要有:

(1)团结行动运动(Movimiento de Acción Solidaria):执政党。1987年8月成立,有成员3000多人。主张全国团结和解,进行结构性改革,对付经济危机。总书记豪尔赫·塞拉诺·埃里亚斯(Jorge Serrano Elias)。

(2)全国中间派联盟(Unión del Centro Nacional):1984年成立,有成员4000人左右。反对暴力和腐败。总书记豪尔赫·卡皮奥·尼科列(Jorge Carpio Nicollé)。

(3)危地马拉基督教民主党(Democracia Cristiana Guatemalteca):1955年成立。前身是基督教民主运动。有党员2600余人。自称中左组织。1986～1990年曾执政。总书记路易斯·阿方索·加夫雷拉·伊达尔戈(Luis Alfonso Cabrera Hidalgo)。

(4)民族解放运动(Movimiento de Liberación Nacional):1959年成立。由民族民主运动党分裂出来的右翼势力组成,代表大地主、大资产阶级和外国垄断集团的利益,公开反共,有党员3499人。总书记马里奥·桑多瓦尔·阿拉尔孔(Mario Sandoval Alarcon)。

(5)民主制度党(Partido Institucional Democrático):1964年成立,为右派党。曾多次与他党结成联盟参加竞选获胜。

(6)危地马拉劳动党(Partido Guatemalteco de Trabajo):原称危地马拉共产党,1949年成立,1952年改为现名。约有2500多人。总书记冈萨雷斯(González)。

其他政党还有:全国先锋党、社会民主党等。

【重要人物】豪尔赫·安东尼奥·塞拉诺·埃利亚斯:总统。1945年4月26日出生于危地马拉城。毕业于危地马拉圣卡洛斯大学,后又在美国和瑞典进修,获电力工程师职称,曾在大学任教授。1974～1976年任全国经济计划委员会人力资源部主任。1982～1983年任里奥斯·蒙特将军领导的军政府的国务委员会主席。1985年,作为全国合作民主党和革命党组成的联盟的候选人参加总统竞选。1987年前后,作为各反对党的代表参加全国和解委员会,为推动全国和平进程曾起过突出作用。1987年8月,创建团结行动运动,并担任该运动总书记。1990年被确定为总统候选人。已婚,有5个子女。

经　济

以农业为主,工业基础比较薄弱。外国资本在国民经济中占重要地位。现政府积极推动经济改革,注意宏观调控。通过降低利率,稳定货币和汇率,发展外向型经济。1992年经济继续保持增长势头。对外贸易增幅较大,贸易逆差亦有所扩大。国家财政收支趋于平衡。

国内生产总值(1991年):469.88亿格查尔。

人均国内生产总值(1991年):4967格查尔。

国民生产总值增长率(1991年):3.2%。

货币名称:格查尔。

官方汇率(1991年底):1美元=5.03格查尔。

通货膨胀率(1992年):12%。

失业率(1991年底):40.5%。

【资源】矿产有铅、锌、铬、锑、金、银、水银、镍等。石油储量约24亿桶,已勘探的鲁韦尔桑托西奇纳哈油田储量1.27亿桶。森林面积占全国面积的38%。

【工业】在中美洲各国中较为发达。传统工业有采矿业、制造业、纺织、食品加工、制药和造纸等。近几年建筑业发展很快。1990～1991年各工业部门产值(单位:百万格查尔)及占当年国内生产总值的百分比如下(按1958年不变价格计算):

	1990		1991	
	产值	%	产值	%
矿业	9	0.3	8	0.2
制造业	507	14.9	517	14.8
电力、煤气、水	74	2.2	88	2.5
建筑	85	2.5	74	2.1
交通运输	261	7.7	291	8.3

(资料来源:1992/93年度经济季评)

【农业】在国民经济中占重要地位,经济作物出口是外汇收入的主要来源。1991年农业、林业和渔业产值为25亿美元,占当年国内生产总值的25.7%。全国50%以上的劳动力从事农业生产。可耕地116.5万公顷,占全国总面积的15%左右。危是中美洲第二大咖啡生产国,小豆蔻出口居世界首位。1989～1991年主要农作物产量如下:

	1989	1990	1991*
咖啡(千担)	3900	4400	4530
棉花(千担)	902	829	904
香蕉(千担)	7932	7826	8075
甘蔗(千吨)	7006	8835	9082
玉米(千担)	27104	28099	24892
稻谷(千吨)	976	977	1026
菜豆(千担)	1969	2600	2247

*　初步统计数字。

(资料来源:1991年拉美经济委员会统计)

【旅游业】1992年接待外国游客53.8万人,比去年增加5%,创汇2.4亿多美元。全国有2～5星级旅馆客房7000余间。主要旅游点有:蒂卡尔、奇奇卡斯特南戈、亚柯哈和纳库穆等玛雅文化遗址和阿蒂特兰湖风景及一些火山风光。

【交通运输】以公路运输为主。1990年公路全长13352公里,其中大部分为沥青路。靠太平洋和大西洋两岸有高速公路。1990年有轿车16万辆,货车13.5万辆。

铁路:总长1139公里,连结首都和主要海港,北方和南方省份有铁路分线。

水运：内河航线990公里，全年可通航的仅260公里，其余只有雨季可通航。主要港口有：巴里奥斯港、桑托·托马斯、德卡斯蒂里亚、圣何塞、钱佩里科和格查尔港。

空运：危地马拉国家航空公司有通往中美洲各国、巴拿马、多米尼加共和国、西班牙、荷兰、墨西哥和美国的航线。奥罗拉机场为主要国际机场。有2架波音727—100型飞机及其他客货机。

【财政金融】1989～1991年财政收支情况如下（单位：亿格查尔）：

	1989	1990	1991＊
收入	22.39	27.12	42.54
支出	31.30	35.06	40.59
差额	－8.91	－7.94	1.95

＊ 为初步统计数字。

（资料来源：1991年拉美经委会统计）

1991年国际储备为5.54亿美元，外债25.60亿美元，其中公共外债22.53亿美元，私人外债3.07亿美元。

【对外贸易】1989～1991年进出口情况如下（单位：亿美元）：

	1989	1990	1991＊
进口额	16.41	16.50	18.52
出口额	11.26	12.11	12.35
差 额	－5.15	－4.39	－6.17

＊ 为初步统计数字。

（资料来源：同上）

1989～1991年主要产品出口情况如下（单位：百万美元）：

	1989	1990	1991＊
咖啡	380.0	316	281
棉花	27.7	25.0	22
香蕉	87.1	86	80
糖	92.1	153	141
豆蔻	27.5	34	43

＊ 为初步统计数字。

（资料来源：同上）

主要贸易对象是美国、墨西哥、德国、萨尔瓦多、哥斯达黎加、委内瑞拉、意大利、日本等。1988年对美国出口占全部出口额的49.4％，从美国进口占全部进口的51.2％。

军　事

正规军实行义务兵役制，服役期为两年。共和国总统为武装部队总司令，但其命令要通过国防部长下达执行。

总兵力46000人，编为5个旅。海军1000人，空军1300人，其余为陆军。国民警察10700人，金融警察2100人。

1990年国防开支0.72亿美元。

文化教育

【教育】实行小学义务教育。小学6年，中学6年。全国有5所大学，其中1所国立大学，4所私立大学，1986年大学生占全国人口总数的0.65％。1990年成人文盲率44.9％。1990年教育经费支出5.65亿格查尔，占国家预算的14.3％。

1990年学校、在校生、教师数如下：

	学校(所)	学生(万人)	教师(万人)
小学	9265	127.01	3.68
中学	1877	29.12	1.98
大学	5	6.67	0.4

【新闻出版】较大的报纸有：《中美洲日报》，发行1.5万份；《写真报》，发行6万份；《自由新闻报》，发行6.85万份；《时报》，发行2万份。以上报纸均用西班牙文出版。

共有95家广播电台，其中《危地马拉之声》等5家电台受政府控制，84家私人商业用电台，6家私人电台主要播放教育节目。有24家电视台。

对外关系

对外奉行独立自主、务实、多元化和不结盟的外交政策。积极推动中美洲一体化进程。在相互尊重的基础上发展和巩固同美国的传统友好关系。主张同所有国家建立和发展友好合作。认为国际金融机构要求债务国执行紧缩政策是不适宜的，会造成经济衰退。主张债务国根据本国经济增长情况和偿付能力调整本国债务结构，克服经济困难。

1992年12月15日与阿联酋建立大使级外交关系。1993年1月与俄罗斯恢复中断30多年的外交关系。危已同50多个国家建立外交关系。

【同我国的关系】中、危无外交关系，有少量经济、贸易和人员往来。1989年3月，危议会代表团访华。

1992年中危贸易总额为1735万美元，其中我出口1730万美元，进口为5万美元。

危同台湾于1960年9月建立"外交关系"。双方签有贸易、技术合作等协定，相互给予最惠国待遇。1992年6月，台"外交部长"钱复率团列席第12届中美洲首脑会议，后赴危主持台湾驻拉美地区"使节"会议；8月底，危总统塞拉诺访台；9月，危外长出席在台北举行的中美洲—台湾混委会第一次工作会议，支持台湾加入包括关贸总协定在内的各个国际组织。

【同美国的关系】危同美在政治、经济和军事等方面有传统关系，但也有一些矛盾。塞雷索总统执政时强调在相互尊重的基础上同美建立良好关系。1990年12月美宣布中止向危提供经援，要求危调整经济结构，1991年又宣布停止军援，要危改善人权状况。危政府对美压力反应强烈。美在危有军事使团、军事顾问，有两处军事基地。

【同墨西哥的关系】危军政权统治时期，两国曾因难民问题发生边境冲突。近几年来两国关系得到改善和发展。1991年2月召开两国委员会会议，除发表联合声明外，双方就危推迟向墨偿还0.7亿美元外债及遣返5万多危难民事达成协议，并同意建立边境自由贸易区和进一步加强政治、经济、缉毒等领域的合作。

【同伯利兹的关系】1991年8月，危正式承认伯利兹人民的自决权，并宣布两国建立大使级外交关系。同时，伯利兹议会通过关于危有权经伯领土、领海取得加勒比入海口的法律。至此，两国间百余年的历史纠纷获得解决。

（林　棘）

委内瑞拉

国名　委内瑞拉共和国(The Republic of Venezuela，República de Venezuela)。

面积　916700平方公里。对现圭亚那管辖之下约159000平方公里的埃塞奎博地区有主权要求。

人口　19455429人(1992年人口普查)。印欧混血种人占58%，白人29%，黑人11%，印第安人2%。官方语言为西班牙语。居民98%信奉天主教，1.5%信奉基督教新教。

首都　加拉加斯(Caracas)，人口278万(1990年)。

国家元首　总统卡洛斯·安德烈斯·佩雷斯(Carlos Andrés Pérez)，1989年2月2日就职。

简　况

位于南美洲大陆北部。东与圭亚那为邻、南同巴西接壤，西与哥伦比亚交界，北濒加勒比海。海岸线长2813公里。委全境除山地外基本上属热带草原气候。气温因海拔高度不同而异，山地温和，平原炎热。加拉加斯年平均气温21℃，年温差为4℃。古代为印第安人阿提瓦克族和加勒比族的居住地。1498年哥伦布第三次航行美洲时发现委内瑞拉。1523年西建立第一个殖民点库马纳，1567年沦为西班牙殖民地。1811年7月5日宣布独立。随后西蒙·玻利瓦尔领导起义军同西班牙殖民军进行了长期艰苦的战争。1823年最终摆脱了西班牙殖民统治。1822～1829年委同现哥伦比亚、巴拿马和厄瓜多尔组成"大哥伦比亚共和国"。1830年建立委内瑞拉联邦共和国(1953年起改用现名)。1988年12月安德烈斯·佩雷斯当选总统。

政　治

1991年政府实行经济调整，采取价格放开、货币紧缩等措施，限制了工资增长，人民生活负担加重，社会不满情绪增加。从11月开始，涌现工潮学潮，并发生多起骚乱和示威者与警察的流血冲突。1992年，党派斗争加剧，社会矛盾激化。2月4日和12月27日两次发生未遂军事政变，基社党等反对党加强了对政府的攻击，提出缩短总统任期的要求和佩雷斯总统本人犯有贪污公款等罪行的指控。尽管经过努力，动荡的局势得到控制，但政府和执政党威信下降，在12月举行的地方选举中，主要反对党基社党占据优势，上升为第一大党。

【宪法】现行宪法于1961年颁布，1973年5月和1983年3月先后通过了修正案。宪法规定：委为联邦制国家，实行代议制民主。总统通过直接选举产生，任期5年，不得连选连任，但隔两届可再参加竞选。

【议会】国民议会由参、众两院组成，任期5年。参、众议长任期一年，可连选连任。参议长由执政党议员出任；参院第一、二副议长则分别由第二大反对党和执政党出任；议会各专门委员会主席席位按各政党在议会中所占比例分配，参院外委会主席通常由执政党出任，众院外委会主席通常由第一大反对党出任。本届国民议会于1989年1月成立，参议院49席，众议院201席。主席兼参院议长佩德罗·帕里斯·蒙特西诺斯(Pedro Paris Montesinos，民行党)；副主席兼众院议长路易斯·恩里克·奥韦尔托(Luis Enrique Oberto，基社党)。主要政党议席分配如下：

	参议院	众议院
民主行动党	23	97
基督教社会党	22	67
争取社会主义运动	3	18
民主新一代	1	6
激进事业		3
其他政党		10

【政府】内阁部长由总统任命。本届政府于1989年2月成立，后经几次改组。总统任政府首脑，主要内阁成员有：内政部长赫苏斯·拉蒙·卡蒙纳(Jesus Ramon Carmona)，外交部长费尔南多·奥乔亚·安蒂奇(Fernando Ochoa Antichi)，财政部长佩德罗·罗萨斯·布拉沃(Pedro Rosas Bravo)，国防部长伊万·希门内斯·桑切斯(Ivan Jimenez Sanchez)，开发部长弗兰克·德阿马斯(Frank de Armas)，农牧部长乔纳森·科莱斯(Jonathan Coles)，邮电部长罗伯托·史密斯(Roberto Smith)，司法部长何塞·弗朗西斯科·库马雷·纳瓦斯(Jose Francisco Cumare Navas)，总统府秘书部长比阿特丽斯·兰赫尔·曼蒂利亚(Beatriz Rangel Mantilla)，协调和计划国务部长里卡多·豪斯曼(Ricrdo Hausman)，能矿部长阿利里奥·帕拉(Alirio Parra)。

【司法机构】设有最高法院、高级法院、专门法院、初审法院及州、县(区)级和市镇级法院。最高法院下设行政、民事和刑事3个审判庭，每庭由5名大法官组成。最高法院共15名大法官，由国民议会选举产生，任期9年，每3年更换1/3成员，可连选连任。其他法院的法官由全国司法委员会任命。最高法院院长贡萨洛·罗德里格斯·科罗(Gonzalo Rodriguez Corro)。总检察长埃斯科瓦尔·萨隆(Escobar Salon)。

【政党】占1989年议会选票比例0.5%以上的全国性政党共10个:民行党、基社党、争取社会主义运动、民主新一代、激进事业、人民选举运动、民主共和联盟、一号方案组织、共产党和国民舆论。

(1)民主行动党(Partido de Acción Democrática):执政党。1941年9月13日成立,现有党员280万人。主张把委变成"没有特权、没有社会和经济不平等的民主社会"。主席温贝托·切利(Humberto Celli)。

(2)基督教社会党(Partido Socialcristiano):第一大反对党。1946年1月13日成立,现有党员120万。主张建立一个"既非利己主义的资本主义,又非极权主义的共产主义的公有制社会"。最高领袖拉斐尔·卡尔德拉(Rafael Caldera)。总书记何塞·古利埃尔(José Curiel)。

(3)争取社会主义运动(Movimiento al Socialismo):1971年1月19日成立,由脱离委内瑞拉共产党的一部分中央委员组成,现有党员15万余人。该党承认马克思主义,主张通过选举取得政权。现为第三大党。主席阿赫利亚·拉亚(Argelia Laya)。

(4)民主共和联盟(Unión Republicana Democrática):1945年12月10日创建,1947年2月召开第一次全国代表大会,正式宣布联盟为一个政党,自称是为人民大众的、革命的和民族主义的政党。党主席巴勃罗·冈萨雷斯(Pablo Gonzalez)。

(5)委内瑞拉共产党(Partido Comunista de Venezuela):1931年开始创建,1937年8月正式成立。1945年取得合法地位。现有党员4000多人。1963年因进行游击活动被宣布为非法。1965年底起逐步停止武装斗争。1969年恢复合法地位。党主席赫苏斯·法利亚(Jesús Faría)。

【重要人物】卡洛斯·安德烈斯·佩雷斯:总统。1922年10月27日生于塔奇拉州鲁比奥市的一个中产阶级家庭。曾在委中央大学学习法律,并先后在哥伦比亚波哥大的自由大学和哥斯达黎加大学就读。15岁开始从政。1941年当选为民行党全国领导委员会委员。1945年10月参加了推翻梅迪纳独裁政权的斗争。随后任革命执政委员会主席贝当古的私人秘书和内阁会议秘书。1947年任塔奇拉州民主行动党总书记。1947~1948年当选众议员。1948年1月希门尼斯发动政变,佩被捕入狱。1950年获释后流亡国外。1958年希门尼斯政权垮台后回国,并再次当选议员。在贝当古的第二任政府中,先后任总统府特别顾问和内政部副部长、部长等职。1968~1972年任民主行动党总书记。1974年3月至1979年3月任总统。1989年2月再次出任总统。已婚,有二子二女。天主教徒。不沾烟酒。酷爱斗牛和棒球。

经 济

委是拉美地区经济较发达的国家之一,石油是国民经济的支柱。80年代的世界经济危机和债务危机,以及"进口替代"经济模式的种种弊端,使委经济陷入严重困境。1989年起佩雷斯政府决心实现委经济发展战略从"内向型"向"外向型"模式转换,并开始推行具有新自由主义色彩的经济调整计划。其具体作法是:减少政府开支,放开汇率和利率,取消政府补贴,鼓励私人投资,吸引外资和国营企业私有化,力争国际金融新贷款。经过3年的努力,经济诸方面严重失衡的现象得到纠正,生产逐渐恢复,经济开始复苏,国民经济连续3年增长,但1992年财政赤字增加,国际储备有所下降,同时引起了一系列的社会问题。

国内生产总值(1991年):5163.46亿玻利瓦(按1984年价格计算)。

国内生产总值增长率(1991年):9.2%。

货币名称:玻利瓦。

汇率(1992年底):1美元=79.7玻利瓦。

通货膨胀率(1991年):30%。

失业率(1991年):8.5%。

【资源】1992年已探明石油储量632亿桶,天然气储量34280亿立方米,铁矿储量19.98亿吨,铝土矿储量2亿吨,煤矿储量5.1亿吨,黄金储量1万吨。此外,还有镍、金刚石等矿产资源。水力资源丰富。森林覆盖率为56%。

【工业】1990年各工业部门产值(按1984年价格计算)及其占国内生产总值百分比分别为:石油工业1031.3亿玻利瓦,占21.9%;制造业781.71亿玻利瓦,占16.6%;建筑业235.57亿玻利瓦,占5%;水电79.27亿玻利瓦,占1.7%。主要工业部门有石油、铁矿、建筑、食品加工、纺织、炼钢、炼铝、汽车装配等。1990年从业人口为:石油采矿64446人,制造业1032406人,水、电、煤气65605人,建筑业503314人,共占总劳动人口的25.5%。主要工业产品产量如下:

	1989	1990	1991
原油(亿桶)	6.941	7.720	8.645
炼制油(亿桶)	3.264	3.335	3.7
天然气(亿立方米)	380.53	401.45	
铁(万吨)	1839	2010	2099
黄金(公斤)	6413.9	7700.9	4200
金刚石(万克拉)	21.33	33.34	
煤(万吨)	211.33	218.95	269.6
发电量(亿度)	544.88	557.50	

(资料来源:1992年总统《国情咨文》)

【农业】1991年农业总产值274.1亿玻利瓦,占国内生产总值的5.3%,农牧业人口808624人,占总劳动人口的11%。1986年全国可耕地面积2600万公顷。种植面积228万公顷,牧场1750万公顷,森林覆盖面积310万公顷。农业生产不能满足国内需求,约22%的食品依靠进口。主要农产品产量如下(单位:万吨):

	1989	1990	1991
稻谷	31.31	40.10	61.1
玉米	92.11	100.24	102.5

高粱	59.52	37.63	61.5
马铃薯	22.57	20.04	21.5
原棉	8.72	8.51	18
咖啡	7.26	7.64	7.3
甘蔗	780.8	690.1	707
烟草	1.49	1.45	1.4

1991年产牛奶14.6亿升。牲畜存栏数：牛190万头，猪172.7万头，羊88.5万只，家禽26万只。

【服务业】1988～1990年商业和饮食服务业收入分别为755.25亿、635.81亿和653亿玻利瓦，分别占当年国内生产总值的15.4%、14.1%和13.9%。1990年下半年从业人员1382888人，占总劳动人口的21%。

【旅游业】1990年外国游客551842人，旅游收入4.45亿美元。委有旅行社904家，旅馆2015家，客房6.8万间，床位77373个。著名游览点为安赫尔瀑布和玛格丽塔岛。

【交通运输】汽车运输量占全国总货运量的70%和客运量的90%。

公路：总长77529公里(其中柏油路26429公里，高速公路700公里)。1986年有小汽车230万辆，货车120万辆。

铁路：铁路总长400多公里，目前运行268公里。1990年客运量62.8万人次，货运量33.2万吨。加拉加斯地下铁路全长40公里，每天运客60万人次。

水运：商船99艘，总吨位94.8万吨；内河航线总长1000多公里；全国有8个国际港口，33个油港和2个铁矿砂港，1990年港口总吞吐量649.3万吨。主要港口为拉瓜伊拉港、卡贝略港、马拉开波港和奥尔达斯港。

空运：拥有大型飞机58架。1991年航空客运量669万人次。国际机场9个，主要国际机场为西蒙·玻利瓦尔机场。

管道运输：原油运输管道6370公里，成品油运输管道480公里，天然气运输管道3690公里。

【财政金融】1990年政府财政收入的83.1%来自石油出口，12.2%来自国内税收。政府财政收支情况如下(单位：亿玻利瓦)：

	1989	1990	1991
收入	3276.24	5648.52	10340
支出	3002.78	5770.56	9970.8
差额	273.45	－122.04	369.2

1991年底国际储备134亿美元，其中中央银行储备132.36亿美元。国际收支盈余24.24亿美元，公共内债总额2671.5亿玻利瓦，公共外债总额268.21亿美元，当年还外债32.65亿美元。

【对外贸易】外贸在经济中占有十分重要的地位。委现与世界100多个国家和地区有贸易关系。实行自由贸易政策，降低关税，取消关税壁垒，简化进出口手续，开放国内市场，使国家经济朝外向型方向发展。1990年9月加入"关税和贸易总协定"。1991年委最高进口关税从原先的135%降至50%。近年进出口贸易情况如下(单位：亿美元)：

	1989	1990	1991
出口额	129.15	172.78	198.21
进口额	72.83	65.43	99.54
差　额	56.32	107.35	98.67

(资料来源：1992年委总统《国情咨文》)

主要出口原油、石油化工产品、铝锭、钢材、铁矿砂、金属制品等。主要进口机电产品、工业原材料、汽车原配件、建筑材料和食品。主要贸易对象为美国(分别占委进、出口贸易的44.5%和52.4%)，其余是德国、意大利、日本、巴西、法国、古巴、荷兰、西班牙和哥伦比亚等。

【外国资本】佩雷斯政府对外国资本实行鼓励政策。1990年委修改了《外资法》，扩大了向外资开放的领域，目前除石油、铁、天然气和金融等个别部门外，其他经济部门均已允许外资进入。同时还取消了对外资利润汇出和再投资等方面的限制。1991年委获外国直接投资累计40.96亿美元。

人民生活

1991年人均国民收入2610美元。1991年政府规定城市和农村最低工资分别为6000玻利瓦和4500玻利瓦。全年物价指数上涨率31%。1989年每千人拥有病床2.8张、医生1人、小汽车130辆、电视机154台、电话80台。委居民收入不等，贫富悬殊。

军　事

总统为武装力量最高统帅。最高国防决策机构为国家安全与防务委员会，由总统任主席。国防部为最高军事行政机关，负责武装力量的管理、训练、装备及军工生产等工作。武装力量由正规军和准军事部队组成。最高军事指挥机构为全国武装力量最高委员会，由国防部长、武装力量总监、联合参谋长及陆、海、空军和国民警卫队司令组成，国防部长任主席。实行义务兵役制，士兵服役期两年(海军两年半)。武装力量总监爱德华多·莫拉·希门尼斯空军中将(Eduardo Mola Jimenez)；联合参谋长曼努埃尔·埃因斯·阿斯普鲁亚陆军中将(Manuel Heinz Azpurua)；陆军司令卡洛斯·胡里奥·佩尼亚洛萨·桑布拉诺中将(Carlos Julio Penaloza Zambrano)；海军司令胡安·阿赫尼斯·加西亚中将(Juan Argenis Garcia)；空军司令路易斯·多明戈·蒙塞拉特·佩雷斯中将(Luis Domingo Monserrat Perez)；国民警卫队总司令曼努埃尔·伊韦达卡·罗梅罗中将(Manuel Ibedaca Romero)。

总兵力70122人，陆军32000人，编为4个步兵师，1个骑兵师。海军10418人，编有舰队、航空兵和陆战队。空军7704人，编为10个中队。国民警卫队2万人，系准军事部队。

1990年国防开支为4537.9万玻利瓦，占当年国内生产总值的1%。

文化教育

【教育】对6～15岁儿童实行义务教育。1990年教育经费预算为

487.51亿玻利瓦，占国家预算总额的11%。文盲率10%。著名大学有：委内瑞拉中央大学、西蒙·玻利瓦尔大学、安德烈斯·贝略天主教大学。1990年全国有各类学校26966所，其中高等院校87所。1989/90学年学生和教师人数如下：

	学生(人)	教师(人)
学前教育	570615	24696
基础教育	3871040	171431
中等教育	279742	30447
高等教育	528473	39489

【新闻出版】 有100多种报纸杂志。主要报纸有：《国民报》，发行量17.5万份；《宇宙报》，发行量14万份。主要杂志有《塞塔》、《周刊》、《埃利特》、《波希米亚人》等。以上报刊均用西班牙文出版。

委内瑞拉通讯社为国营通讯社。

广播电台173家，其中首都28家，除国家广播电台外，其余均为私营和商业性电台。电视事业始于1952年。现有6家电视台，其中国营2家。

对外关系

奉行独立自主和民族主义的对外政策，遵循不干涉、不结盟和人民自决的原则。现政府强调其对外政策的基础是：共处、主权、领土完整、相互合作、支持民主、捍卫人权、主持国际正义、维护第三世界的权益和促进拉美一体化。佩雷斯总统再次执政后，保持了外交的连续性，并在推动拉美经济一体化等方面取得了进展。认为国际形势正处于重大变动时期。冷战和两极观念已经消除，民主化已成为世界潮流。但霸权主义和强权政治依然存在，东西方缓和并未缓解南北之间的矛盾，第三世界反遭到遗弃。主张开创一个协调一致、尊重各国政治选择和主权、相互合作与支持的新时代。主张建立一个公正、稳定、合理和有利于发展中国家的国际新秩序。反对少数大国主宰国际事务，要求发展中国家参与制定指导国际关系新秩序的准则。认为东西方冲突消失后，需要建立一种新型的、相互依存而并非相互对抗的南北关系。积极主张和大力推动南南合作，认为第三世界只有联合自强才能解决自身的问题。主张加强联合国的权力和领导作用，并对其体制进行改革，以反映近年来国际格局发生的重要变化，使其更为有效。提出在联合国内部实行民主化，扩大安理会成员并取消常任理事国否决权。委从1991年1月1日至1993年12月31日任安理会非常任理事国。主张全面裁军。建议联合国各成员国削减军费10%，用于解决儿童的贫困和营养问题。认为非法贩毒是对全人类的犯罪，已对拉美民主构成严重威胁，因此必须联合起来同贩毒集团进行坚决斗争，但反对大国以缉毒为由损害别国主权。委同一些拉美和加勒比国家签有反毒品走私协议。委把维护人权作为其外交政策的基础之一。认为人权问题是超越国界的问题，国际社会有权关注和过问某些国家违反人权的行为，这并不意味着对其内政的干涉。同时也认为西方在人权问题上实行的是双重标准。认为外债是第三世界国家发展的最大障碍，解决债务危机关系全人类的命运。强调债权国和债务国应共同承担责任，公正、合理、全面、持久地解决这一问题。认为"布雷迪计划"是积极的，但谴责西方发达国家没有对外债问题给予足够的重视。认为在新的国际形势下，不结盟运动的重要性更加突出，当前该组织的作用应该是积极促进南南合作和推动南北对话。认为彻底解决巴勒斯坦问题是在中东地区建立和平的唯一途径。主张以色列撤出阿拉伯被占领土，巴勒斯坦人民独立和自决权、以色列和中东地区其他国家的生存权都应受到尊重。委与以色列、阿拉伯国家和巴勒斯坦解放组织均保持友好关系。

1992年与俄罗斯联邦、拉脱维亚共和国、波黑共和国、捷克共和国、斯洛伐克共和国建交。截至1992年底，同127个国家建有外交关系。

【同我国的关系】 1974年6月25日两国建交，此后两国关系稳步发展。1992年两国经贸混委会举行了第二次会议。1月委前总统卡尔德拉访华。9月我最高人民检察院副检察长陈明枢率高检院代表团访委。

1991年我向委出口额160.2万美元，进口额12.5万美元。

我驻委大使：黄志良。馆址：Quinta El Oriente, Av. El Paseo, Prados del Este, Caracas。电话：774949，9783653。电传：21734 CHINAVC。传真：582-9780876。商务处电话：771415。传真：9784864。

委驻华大使：爱德华多·索托(Eduardo Soto)。馆址：北京三里屯路14号。电话：5321295，5322694。

台湾在委设有"台湾商务处"。1991年台向委出口额6300万美元，进口额3700万美元。

【同美国的关系】 委美经济关系较深。美是委的最大债权国和投资国，也是委的最大贸易伙伴。委是美的第三大石油供应国并在美石油部门有大量投资。加强同美政治经济关系是委外交的重点。1992年1月，两国签订了科技合作协定。美政府在委发生军人政变时也给予委政府政治上的支持。

【同西欧国家及日本的关系】 委十分重视同这些国家发展关系，以求引进资金、技术和增加出口。相互间签有多项经贸和科技合作协定。同西欧、日本的贸易额占委进出口额的30%左右。

【同拉丁美洲和加勒比国家的关系】 1992年同加勒比共同体13个成员国签署了贸易与投资协议，允许这些国家的产品利用委单方面免税的优惠条件进入委市场；同哥伦比亚达成相互取消进口关税的协议，使双边贸易额在当年创历史最高纪录；同智利达成到1999年完全取消关税的协定。近两年来，委同古巴关系也不断发展，委政府反对美国针对古巴的托里切利法案，佩雷斯总统在第46届联大发言中呼吁美国停止对古巴的经济封锁和恢复对话。

(蔡润国)

乌 拉 圭

国名 乌拉圭东岸共和国(The Oriental Republic of Uruguay, La República Oriental del Uruguay)。

面积 176215平方公里。

人口 309.4万(1990年)。其中白人占90%,印欧混血种人占8%。官方语言是西班牙语。多数居民信奉天主教。自然增长率为5.08‰。

首都 蒙得维的亚(Montevideo),人口近140万(1990年)。

国家元首 总统路易斯·阿尔韦托·拉卡列(Luis Alberto Lacalle),1990年3月1日就职,任期5年。

简 况

位于南美洲东南部。北邻巴西,西界阿根廷,东南濒大西洋。境内地势大部分平坦。乌拉圭河为乌与阿根廷的界河。内格罗水库是南美最大的人工湖之一。属温带气候,平均气温7月约10℃,1月23.3℃。古代乌拉圭河东岸居住着查鲁亚印第安人。1516年西班牙探险队到此。1726年西班牙殖民者建立蒙得维的亚,乌沦为西班牙殖民地。1825年8月25日胡安·安东尼奥·拉瓦列哈等一批爱国者收复了蒙得维的亚城,宣告乌拉圭独立。20世纪上半叶乌经济稳定、社会安宁,有"南美的瑞士"之称。1973年发生军事政变。1984年7月军政府决定还政于民。同年11月25日红党候选人胡利奥·玛丽亚·桑吉内蒂当选总统。1989年11月26日白党候选人拉卡列当选为总统,并于翌年3月就任。

政 治

拉卡列总统执政后,继续执行"巩固民主、振兴经济"的政策,主张同全国所有政治力量进行对话。在广泛阵线和新空间两大左派联盟拒绝入阁的情况下,与主要传统政党红党组成"全国一致"政府。该政府在稳定国内局势、协调两党立场、推动国家部分经济计划实施方面发挥了一定作用,但无明显成效。1991年以来,随着国内社会、经济矛盾的加深,"全国一致政府"分歧加大。红党三派中的两派已退出该政府,"全国一致政府"已名存实亡。为深化改革,拉卡列总统于1992年2月进行内阁改组。同年12月,乌举行《公共企业法》全国公决,结果白党政府的企业私有化政策失败,现政府的经济改革受挫。目前乌政局基本稳定。

【宪法】1830年7月18日颁布第一部宪法,后多次修改。1973年军人政变后停止实施宪法。1985年民选政府成立后即予恢复。宪法规定实行民主共和制,设总统和一名副总统,均由选举产生,任期5年。总统可隔届再次竞选。总统为武装力量最高统帅,副总统为当然参议员,兼任国会主席和参议长。

【议会】称国会,分参、众两院,由30名参议员和90名众议员组成,均由公民直接选举产生,任期5年,可连选连任。本届国会于1989年11月26日选举产生,1990年2月15日组成。各党派在国会中所占席位如下:

	参议院	众议院
白党	12	39
红党	9	30
广泛阵线	7	21
新空间	2	9

参议院议长贡萨洛·阿吉雷·拉米雷斯(Gonzalo Aguirre Ramírez),1990年3月1日就任,任期5年。众议长阿莱姆·加西亚(Alem García),1992年3月15日就职,任期一年。

【政府】本届政府于1990年3月1日组成。总统、副总统、各部部长及总统府秘书长组成部长会议。1992年2月进行内阁改组,任命财经部长伊格纳西奥·德波萨达斯(Ignacio de Posadas),工业和能源部长爱德华多·阿切(Eduardo Ache),住房、领土规划和环境部长何塞·玛·米耶雷斯(Jose Maria Mieres)。其他主要成员为:内政部长胡安·安德烈斯·拉米雷斯(Juan Andrés Ramírez),国防部长马里亚诺·罗米欧·布里托·塞奇(Mariano Romeo Brito Cecchi),外交部长塞尔希奥·阿夫雷乌(Serio Abreu)。

【司法机构】最高法院由5名大法官组成,大法官由议会批准。5名法官轮流担任院长,任期一年。

【政党】红党和白党系乌两大传统政党,在乌交替执政。近20年来,左翼党派势力也在不断壮大,主要有广泛阵线和新空间。

(1)白党(Partido Blanco):又称民族党,执政党。1835年成立,是乌第一大党。1973年6月曾被军政府取缔,1982年恢复合法地位。对内主张实行土改和银行国有化;对外实行不结盟政策。1985年红党执政后,白党积极支持政府实行的各项政策。党内有"埃雷拉主义运动"、"全国罗查运动"、"保卫祖国运动"等派系。全国领导委员会主席卡洛斯·卡特(Carlos Cat)。

(2)红党(Partido Colorado):1836年成立。1973年曾被军政府取缔。1982年恢复合法地位。对内主张巩固民主,在全国和解与团结的基础上振兴经济;对外奉行独立自主的政策。党内主要有"统一巴特列主义"、"巴特列主义论坛"和"巴特列红党团结"、"九四运动"等派别。总书记何塞·路易斯·巴特列(Jose Luis Batle)。

(3)广泛阵线(Frente Amplio):1971年大选前成

立。由共产党、社会党以及红党和白党内分裂出来的民族主义派别组成。主张实行土改和银行国有化。1973年被军政府宣布为非法，1984年7月被允许公开活动。近年来，阵线力量日益壮大，成为政府施政的主要掣肘力量。主席利维尔·塞雷尼(Liber Seregni)。

(4)新空间(Nuevo Espacio)：1989年大选前成立。由争取人民政府党、基督教民主党、公民联盟和一体化运动组成。该组织仅为一个松散的选举联盟。

【重要人物】路易斯·阿尔韦托·拉卡列：总统。1941年7月13日生于蒙得维的亚。毕业于乌拉圭共和国大学法律和社会学系。当过律师和电台记者。1971年当选众议员。曾被军政府流放，1981年创建埃雷拉全国委员会，任总书记，翌年进入白党全国领导委员会。1971年起，先后当选全国众议员、参议员，1987年任副参议长。1990年3月1日就任总统。已婚，有一女二子。

经　济

市场经济系乌拉圭传统经济模式。1990年3月拉卡列总统执政后，未对经济战略作大的调整。但为摆脱困境并实现经济稳定发展，制定了"减轻外债负担，削减公共开支，抑制通货膨胀，力争国民经济持续稳定发展"的经济政策。1991年3月，乌与巴西、阿根廷、巴拉圭一起签署了成立南锥共同市场的条约。为提高其在该市场的竞争力，乌采取了压缩财政赤字，控制通膨，减免生产资料进口税，改善投资环境，欢迎外国投资，鼓励推动民族工业发展等措施，使乌经济出现上升趋势。1992年国内生产总值增长率达到6.5%。

国内生产总值(1992年)：112亿美元。

人均国内生产总值(1992年)：3730美元。

国内生产总值增长率(1992年)：6.5%。

货币名称：新比索；1新比索＝100生太伏。

汇率(1992年底)：1美元＝3482新比索。

通货膨胀率(1992年)：58.91%。

失业率(1992年)：8.26%。

【资源】盛产大理石、紫水晶石、玛瑙、乳白石等。已探明有较重要的铁、锰矿藏。

【工业】工业门类不齐全，重工业基础薄弱，以农牧产品加工业为主。1989年制造业、建筑业及能源产值约占国内生产总值的28%。有肉类加工、榨油、酿酒、制糖及罐头、面粉、牛乳、干酪加工等。其次是纺织业，主要加工羊毛和生产棉纺及化纤制品。能源主要靠石油和水力发电，石油全部依赖进口。1990和1991年发电量分别为54.26亿和58.67亿度。

【农业】乌是农牧业国，可耕地和牧场面积占国土面积的90%，约为4200万英亩，其中85%为牧场。农牧业劳动力约占全国劳动力的15%。农作物以粮食为主，小麦占粮食播种面积的1/3以上。粮食基本自给并少量出口。畜牧业在国民经济中占重要地位，肉类、羊毛、皮革等传统产品出口约占总额的2/3。渔业资源丰富，盛产鲈鱼、鳀鱼和鳕鱼。捕鱼以近海作业为主。1989年农、牧、渔业产值占国内生产总值的10.8%。1988年，农牧业生产增长1.7%，渔业下降26.1%。受严重干旱影响，1989/90年度农业生产下降。主要农作物产量如下(单位：万吨)：

	1988	1989	1990
小麦	30.78	54.24	54.24
大米	38.06	53.72	35.7
玉米	11.83	6.02	11.23
高粱	12.12	6.9	5.94
大豆	7.2	3.85	5.1
大麦(制啤酒)	12.38	20.26	20.26
葵花籽	3.26	4.49	2.87
燕麦	5.83	5.76	
亚麻	0.29	0.1	0.1

畜牧渔业产量情况如下：

	1989	1990	1991
羊毛(万吨)	8.7	9.63	9.38
牛奶(亿立升)	9.75	9.87	
牛屠宰量(万头)	168.7	141.4	114.4
牛存栏(万头)		869.2	888.9
羊屠宰量(万只)		194.9	173.2
羊存栏(万只)		2524.4	2594.1
捕鱼量(万吨)	12.42	8.89	14.5

(资料来源：乌拉圭中央银行、共和国银行和财政部)

【旅游业】旅游业发达，70%的游客来自阿根廷，其次来自巴西、巴拉圭和智利。国家重视发展旅游业，先后于1985年4月和1989年7月成立旅游部、旅游协会。埃斯特角和蒙得维的亚是主要旅游中心。近几年来，旅游收入占乌外汇收入的第二或第三位。1990/91年度游客达近80万人，收汇5亿多美元。

【交通运输】以公路为主，占全部货运量的80%以上。交通运输大部分由政府控制。

公路：总长5.2万公里(1989年)，其中1.13万公里为沥青路，碎石路4万公里。全国共有车63.34万辆，其中小轿车26.27万辆。客运量17.08亿人次。

铁路：总长3200公里，由国家经营。1989年货运量129.6万吨公里。

水运：为重要运输手段，内河航线1250公里，海运不发达。蒙得维的亚港是全国最大的港口，其次还有科洛尼亚、派桑杜和埃斯特角等港口。

空运：有两家大的航空公司，普卢纳(Pluna)公司负责国际航线，与阿根廷、巴西、智利、巴拉圭、玻利维亚、西班牙等国通航。塔穆(Tamu)公司负责国内航线。首都的卡拉斯科机场是国内最大机场。

【财政金融】近几年财政收支情况如下(单位：亿新比索)：

	1989	1990	1991
收入	7536	17387	37143
支出	9184	17462	36369
差额	－1648	－75	774

（资料来源：乌拉圭中央银行）

1991年外债总额73.83亿美元，国际储备23.03亿美元。

【对外贸易】在国民经济中占有重要地位，外贸总额约占国内生产总值的35%。乌强调以发展对外贸易来带动经济的发展，采取鼓励出口、出口产品多样化和出口市场多元化政策。乌与100多个国家和地区有贸易往来，主要出口产品为羊毛、肉类、皮革、大豆和棉花。进口的主要是机电产品、原料和燃料。传统的贸易伙伴有阿根廷、巴西、美国和欧洲共同体国家。乌也积极在亚、欧国家开拓新的贸易市场。

近几年来外贸情况如下（单位：亿美元）：

	1990	1991	1992
出口额	17.02	15.96	17.02
进口额	14.11	16.22	20.58
差　额	2.91	－0.26	－3.56

人民生活

乌是社会福利较多的国家，政府对失业、退休、残疾、妇孺、工伤、疾病等均实行福利补贴。实行满30年工龄退休制。政府用于医疗方面的投资不断增加，从1985年的150万美元增至1987年的450万美元。1986年全国有69家国立医院。1988年全国有医生近8000人。1989年儿童死亡率降至21.2‰。人均寿命为72～74岁。全国有53万部电话。每10人1辆机动车。每360人1名医生。每千人573台收音机、125台电视机。1985～1990年初的5年期间，工人实际工资增长15%，消费增长21%。1990年职工工资下降10%左右。全国最低工资为80美元左右。

军　事

实行志愿兵役制，服役期1～2年，可延长。1989年全国总兵力2.8万人，其中陆军1.7万人，海军7000人，空军4000人。1988年国防费用为435.496亿比索，约占国家预算的8.5%。

文化教育

【教育】教育事业发达。实行中小学义务教育，大学和专科学校免收学费。文盲率5%左右。设在首都的共和国大学是全国唯一的综合性大学，有20个院系，学生近10万人。天主教大学为私立大学。全国有中小学生60余万人，教师3.8万。1989年全国教育经费为8990万美元，占国家预算的10.6%。

【新闻出版】首都有6份较重要的日报和15种政治杂志，内地有30多种报纸。主要报纸有：《国家报》，发行8万份；《晨报》，发行4万份。

全国有各类电台104家，其中首都地区有39家。

全国有电视台20家，其中首都地区有4家。

对外关系

奉行和平与开放、尊重别国主权、不干涉内政和不诉诸武力的外交政策。主张多元外交，外交关系不受政治制度的限制，在自决和不干涉别国内政的原则基础上同世界各国保持和发展友好合作关系。强调外交指导方针是维护国家利益，注意经济外交。优先发展同拉美地区、特别是邻国的关系，大力倡导地区一体化，积极参加与巴西、阿根廷的经济一体化进程。重视并注意发展与美国及西欧的传统关系。赞成打破旧的并建立新的国际秩序。支持南斯拉夫各共和国的独立，已承认克罗地亚、斯洛文尼亚为自由和独立的国家。支持召开中东和平会议，希望通过谈判实现该地区和平。应联合国邀请，参加了中东和平部队。认为拉美大陆的任务是发展经济，应通过繁荣经济来巩固民主政体，面对世界经济集团化的趋势，拉美地区只能团结起来，走共同发展的道路。积极参加南锥共同市场，并呼吁扩大地区经贸合作，逐步实现拉美一体化。目前，已与100多个国家建立了外交关系。

【同我国的关系】中乌于1988年2月3日建交。建交后，两国关系发展顺利。乌方重要的来访有：桑吉内蒂总统（1988年11月）、格罗斯外长（1990年10月）。中方重要的访问有：杨尚昆主席（1990年5月）、航空航天工业部部长林宗棠（1990年3月）、纺织部部长吴文英（1990年10月）。两国签署了贸易协定、经济技术合作协定和文化教育合作协定。

1992年7月，中乌经贸混委会第四次会议在北京举行。双方草签了贸易谅解意向备忘录。1992年中乌贸易额为1.1亿美元，其中我进口9329万美元。

中国驻乌拉圭大使：杨许强。馆址：JUAN MANUEL FERRARI 1329 CASILLA DE CORREO 18966 11500 MONTEVIDEO。电话：619997（领事部）、601800（商务处）。

乌拉圭驻中国大使：胡利奥·卡耶塔诺·杜拉尼奥纳·比斯孔蒂（Julio Cayetano Duranona Visconti）（中文名字杜福卢）。馆址：塔园外交人员办公楼2-7-2。电话：5324445、5324413。

乌拉圭政府恪守中乌两国建交公报原则，不与台湾发展官方关系。1992年9月，台湾在乌拉圭设立“台北经济文化办事处”。1990年乌台贸易总额为1446万美元。台进口以粮食为主，出口主要是电子和机械产品。

【同美国的关系】1867年4月5日两国建交。乌同美国保持着传统的友好关系。乌拉圭政府支持美国制裁伊拉克的行动。对北美自由贸易协定持欢迎态度，但对美国在贸易问题上的保护主义作法以及对古巴进行制裁的“托里切利”法案给予谴责。

【同前苏联各共和国的关系】苏联解体后，乌承认了立陶宛、爱沙尼亚、拉脱维亚、俄罗斯、亚美尼亚、白俄罗斯、乌克兰等国的独立。1992年6月，亚美尼亚总统访问了乌拉圭。

【同拉丁美洲国家的关系】乌十分重视发展同拉美国家的友好关系，并把发展与邻国的关系放在首位。重视拉美的经济一体化，于1991年3月与巴西、阿根廷、巴拉圭一起签署了成立南锥四国共同市场的条约。1992年，拉卡列总统参加了在阿根廷召开的南方共同市场成员国会议。乌接待了阿根廷、巴拉圭等国总统的访问。

【同其他国家的关系】注意保持与发展同欧共体国家的政治、经贸关系，积极争取经济技术援助和投资，1991年10月，与英国签署了保护投资协定。为开拓市场，乌不断加强与亚太、中东地区及东欧国家的往来。1992年，乌拉圭总统、副总统和外长等分别访问了西班牙、日本、韩国等。 （吴元山）

牙 买 加

国名 牙买加(Jamaica)。

面积 10991平方公里。

人口 2374193人(1991年普查)，黑人和黑白混血种人占90%以上，余为印度人、白人和华人。1990年出生率估计为24.8‰，死亡率为5.1‰。英语为官方语言和通用语。多数居民信奉基督教，少数人信奉印度教和犹太教。

首都 金斯敦(Kingston)，人口82万(包括市郊，1987年估计)。

国家元首 英国女王，由女王任命的总督代表。现任总督霍华德·费利克斯·汉兰·库克(Howard Felix Hanlan Cooke)，1991年8月1日就任。

简 况

位于加勒比海西北部。东隔牙买加海峡与海地相望，北距古巴约140公里。为加勒比海第三大岛，海岸线长1220公里。属热带雨林气候，年平均气温27℃，原为印第安人阿拉瓦克族居住地。1494年哥伦布来到此地，1509年沦为西班牙殖民地。1655年被英国占领。1866年成为英直辖殖民地。1962年8月6日宣告独立，为英联邦成员国。1989年2月，人民民族党在大选中获胜，曼利出任总理。

政 治

1992年3月，人民民族党实现了从曼利到帕特森的顺利交接。帕特森总理继续推动改革进程，主要措施包括：大量出售政府在各公司和企业股份，加速私有化进程；控制货币发行，鼓励私商用银行存款利息购买股票，以利扩大生产规模，同时减少货币流通量，压低社会需求，降低通货膨胀威胁；制定优惠措施，刺激投资。1992年12月，帕特森总理提出改善经济的办法：增加投资和出口，提高生产力；1995年中断与国际货币基金组织的联系；保持牙元汇率稳定，实行低通货膨胀率政策；保证政府收支平衡；政府各机构提高投资效益。

【宪法】现行宪法于1962年8月6日生效。宪法规定，由总督任命众议院多数党领袖为政府总理，并根据总理提名任命部长。内阁由总理和不少于11名部长组成，对议会负责。反对党领袖亦由总督任命。

【议会】由参、众两院组成，任期5年。参议员21名，由总督任命，其中总理推荐13名，反对党领袖推荐8名。众议员60名，普选产生。本届众议院于1989年2月选出，人民民族党获45席，工党获15席。参议院议长温斯顿·琼斯(Winston Jones)，1991年10月就任；众议院议长黑德利·坎宁安(Headley Cunningham)，1989年2月就任。

【政府】本届政府于1989年2月13日组成，1991年12月29日内阁集体辞职，1992年1月1日组成新内阁，同年3月，曼利总理辞职。1992年3月30日，帕特森总理宣誓就职。原内阁成员全部留任，原司法部长拉特雷被重新吸收入阁。现主要成员有：总理兼国防部长珀西瓦尔·帕特森(Percival Patterson)，财政和计划部长休·斯莫尔(Hugh Small)，农业部长西摩·马林斯(Seymour Mullings)，生产、矿业和商业部长卡莱尔·邓克利(Carlyle Dunkley)，公共事业、运输和能源部长罗伯特·皮克斯吉尔(Robert Pickersgill)，旅游和环境部长约翰·乔诺(John Junor)，外交和外贸部长戴维·库尔(David Coore)，国家安全和司法部长奈特(K. D. Knight)。

【司法机构】有最高法院、上诉法院和专门法院。各院院长均由总理提名，经反对党同意后由总督任命，任期不限。最高法院院长爱德华·扎卡(Edward Zacca)，上诉法院院长罗(I. D. Rowe)。

【政党】有10多个政党，主要为：

(1)人民民族党(People's National Party)：执政党，1938年9月成立。现有党员12.5万。曾于1955～1962年和1972～1980年执政。该党1989年2月重新执政后，对其70年代政策进行了调整，对内推行自由市场经济，发挥私人企业作用。领导人珀西瓦尔·帕特森。

(2)牙买加工党(Jamaica Labour Party)：成立于1943年7月。主张自由的市场经济，鼓励私人企业开发牙经济。该党曾于1944～1955年、1962～1972年和1980～1989年2月执政。领导人爱德华·西加(Edward Seaga)。

(3)牙买加工人党(Workers' Party of Jamaica)：前身是1974年成立的工人解放联盟，1978年12月改建为工人党。总书记特雷弗·芒罗(Trevor Munroe)。

(4)牙买加共产党(Communist Party of Jamaica)：1975年3月成立。主席赫·杰·辛克莱(H. G. Sinclair)。

【重要人物】**霍华德·费利克斯·汉兰·库克**：总督。1915年11月13日生于牙买加圣詹姆斯区。毕业于英国伦敦大学。回国后历任中学教员、校长、保险公司经理、人民民族党主席。1962～1980年连续当选为众议员，此间曾出任公务人员部、教育部部长等职。1989年3月出任参议院议长。1991年8月1日就任总督。已婚。有二子一女。喜爱音乐、足球和板球。 **帕西瓦尔·帕特森**：总理。1935年4月10日生于牙买加圣安德鲁区。毕业于西印度大学。1960年赴英国经济学院学习，取得律师资格后加入牙买加律师协会，现为英国王室法律顾问。1959年从政，1967年当选为议员，并成为反对党人民民族党议院领袖。1983年出任党主席，1992年3月出任总裁。曾任工业、旅游和外贸部长、外交部长、副总理兼生产、发展和计划部长等职。1992年3月30日就任总理。1992年12月14日，被英国女王任命为皇家枢密院成员。

经　济

铝土、蔗糖和旅游业是国民经济中最重要部门和外汇收入主要来源。近年来，加工制造业有较快的发展。石油、粮食及工业品大部分靠进口。1986年起国民生产总值开始由负增长变为正增长。1989年2月人民民族党执政后，执行发展农业、吸引外资、促进出口的经济政策。1989年牙主要创汇的铝土和氧化铝的生产和出口上升，旅游业情况发展良好。农业遭飓风破坏后，恢复较快，尤其是蔗糖和香蕉业形势较好。但经济形势仍相当严峻，社会供求矛盾日益尖锐。巨额外债和贸易逆差，造成了外汇严重短缺，牙元多次贬值，物价大幅度上涨。为缓和外汇求大于供的矛盾，稳定牙元与美元的汇率，政府采取了紧缩银根、提高利率、节约开支等措施。1991年，国内生产总值增长缓慢，通货膨胀加剧。

国内生产总值(1991年)：423.67亿牙元。

国内生产总值增长率(1991年)：0.2%。

人均国内生产总值(1990年估计)：11803牙元。

货币名称：牙买加元；1元＝100分。

汇率(1992年12月)：1 美元＝21.8牙买加元。

通货膨胀率(1991年)：80.2%。

失业率(1990年)：15% 。

【资源】主要有铝土，储量约20多亿吨，为世界第三大铝土生产国。其他矿藏有钴、铜、铁、铅、锌和石膏等。森林面积26.5万公顷，多为杂木。

【工业】铝土的开采冶炼是最重要的工业部门，长期为4家美资企业和1家加拿大企业所控制，现牙已控制3家美资企业铝土开采业的51%。1991年铝土、氧化铝纯收入为2.4亿美元。制造业比较发达，1990年产值占国内生产总值的16.9%，从业人员占总就业人口的15.2%。此外还有制糖业和其他食品加工、饮料、卷烟、金属制品、电子设备、建筑材料、化学制品和纺织等工业。1992年，纺织、服装业发展迅速，出口各种商品达3.7亿美元，比1991年增加23.3%，政府收入7000万美元，成为继旅游、铝土矿后第三大外汇来源。主要工业品产量如下(单位：万吨)：

	1989	1990	1991
铝土	950	1092	1150
氧化铝	240	286.9 *	301 * *
蔗糖	19.7	20.4	
水泥	43.6	51	
卷烟(百万支)	1393	1386	

*　牙铝土协会公布数字。

* *　1992年欧洲年鉴。

(资料来源：1992/93年度经济季评)

【农林渔业】年产值占国内生产总值的7.8%，占出口额的12%。耕地面积约27万公顷，森林面积约占全国总面积的20%。1990年农林渔业人口为232800人，占总劳力的26.1%。主要种植甘蔗和香蕉，其他还有可可、咖啡和红胡椒等。粮食需大量进口。为减少进口，并使农产品出口多样化，政府鼓励种植蔬菜、水果及稻米。

【旅游业】重要经济部门，主要外汇来源。近年来旅游业发展迅速，1991年接待外国游客1319053人，比上年增加6.7%，旅游收入约为7.7亿美元。游客大部分来自美国。

【交通运输】以公路为主。

公路：有良好的公路网，公路总长17925公里，约4991公里为水泥路面，其中786公里为一级公路。1988年有客车9.5万辆，商业用车1.75万辆。

铁路：总长339公里。1989年客运量为110万人次。另有4条专运铝土的铁路线。

水运：沿海有13个港口，金斯敦港为世界第七大天然港，是加勒比海一个主要的中转站，有现代化码头和仓库。1989年货运量为1337万吨。

空运：有诺曼·曼利和唐纳德·萨格斯特国际机场。牙买加航空公司有通往北美、欧洲和加勒比国家的航线。

【财政金融】历年财政收支均有较大赤字，主要靠借外债弥补，1989年公债总额为45亿美元。截至1991年底，外债为38亿美元，为世界上人均负债最多的国家之一。1990年偿债率为31.7%。1991年外汇储备(不包括黄金)为1.061亿美元。近几年财政收支情况如下(单位：亿牙元)：

	1988/89	1989/90	1990/91 *
收入	60.203	79.434	101.392
支出	49.91	61.370	74.655
基本建设支出	32.08	15.326	18.424
差额	−21.787	2.738	8.313

*　估计数字。

(资料来源：同上)

【对外贸易】主要进口石油、食品、机械产品等，出口铝矾土、氧化铝、蔗糖和香蕉等。1990年出口氧化铝289万吨，1991年出口铝土430万吨。1992年铝土、氧化铝出口总收入为5.7亿美元。历年贸易均有逆差。1991年主要贸易伙伴为美国、英国、德国和加拿大。近年来对外贸易情况如下(单位：亿美元)：

	1989	1990	1991
进口额	16.064	16.796	15.512

出口额	10.004	11.575	11.452
差 额	−6.060	−5.221	−4.060

（资料来源：1992年第四期《经济季评》）

【外国援助】1992年，荷兰向牙提供贷款180万美元，赠款224万荷兰盾。德国提供价值570万美元的援助。美国政府提供援款2530万美元，低息贷款3000万美元，并馈赠价值410万美元的玉米。美国国际开发署提供援款1500万美元。加勒比开发银行提供1.06亿的信贷。英国援助950万英镑。加拿大提供1000万加元的援助。

人民生活

1990年人均国民收入11862牙元。生活费用较高，贫富悬殊。政府部门工作人员和企业职工退休后享受养老金。全国有公费医疗服务，公立医院30所，病床7648张，医生759人。1990/91年度政府卫生预算开支估计为8.54亿牙元，约占总开支的8%。1990年约有电视机48.4万台，收音机148.1万台。1989年有电话177808部。

军　　事

军队总指挥是参谋长，现任参谋长彼得·布雷迪。1991年国防军兵力共有4220人。其中陆军3000人，海防军180人，空军170人，预备队870人。编有4个陆军营、1个空军中队、1个海防队。另有警察部队6300人。1990/91年度军费开支估计为2.391亿牙元，约占总开支的2%。

文化教育

【教育】中小学实行免费教育。1988年有小学893所，教师10251人，学生339163人；中学141所，教师9061人，学生241000人。此外，还有若干所中等专科学校，其中师范学校学生2309人。加勒比英联邦国家地区性“西印度大学”在牙设有分校，学生3197人，有艺术、农业、教育、法律、工程、医学、自然科学、社会科学等系。1990/91财政年度教育开支估计为15.248亿牙元，约占总开支的14%。成人文盲率18%。

【新闻出版】主要报刊有：《新闻集锦日报》，发行量42100份。《明星晚报》，为《新闻集锦日报》的晚报，发行量49500份。《牙买加之声》周刊，发行量2000份。《旭日报》，双周刊，发行量2.5万份。《牙买加纪事报》，日报，发行量约3万份。

牙买加通讯社：为官方通讯社，1984年成立。

牙买加广播公司：1959年政府拨款建立，设有广播电台和电视台，电视台为商业性。牙买加电台：1950年建立，由21个团体合资开办，每天24小时播音。

对外关系

奉行独立的、不结盟的外交政策，坚持不干涉原则，主张发展与各国的友好合作关系，反对种族主义和种族隔离；积极发展与加勒比国家的团结与合作，推进加勒比地区一体化进程。认为东西方之间的铁幕已经消除，但南北之间的鸿沟依然存在，应着手弥合这一鸿沟。联合国应发挥中心作用，创造有利于国际经济的环境。支持联合国维和作用。主张敦促主要工业国立即签署海洋法公约，对国际法的承诺作出具体表示。认为债务危机已是发展中国家日益贫困的象征，呼吁发达国家帮助发展中国家解决债务问题，要求联合国组织各方面举行建设性会谈，建立一个旨在解决债务问题的国际机构。认为中美洲形势出现了缓和，地区和平进程取得了进展，支持中美洲5国总统为实现地区和平而进行的努力。主张有关方面进行合作以求得中东问题的全面解决，以色列应撤出1967年以来所占领的阿拉伯领土。完全支持阿以直接谈判。强烈谴责南非政权推行种族隔离政策。积极主张禁止毒品的生产和贩运，要求建立联合国反贩毒国际法庭，以便受害国提出诉讼。主张建立一支联合国部队对付美洲大陆的毒品走私活动。

1992年1月，荷兰与牙的外交关系由代办级升为大使级。2月，牙驻日本大使馆开馆。11月，牙与新加坡建交。已同80多个国家建立了外交关系。

【同我国的关系】1972年11月21日两国建交。建交以来两国关系不断发展。牙主要来访有：1976年9月库尔副总理，1985年6月副总理兼外交和外贸部长希勒，1986年10月工商部长瓦兹，1987年7月国家安全部长安德森，1987年9月牙议会代表团，1990年1月牙众议长坎宁安和副参议长福勒启尔，1991年6月总理曼利，1991年11月工商部长斯莫尔。我方访牙的主要有：1978年7月耿飚副总理，1982年外交部副部长韩叙，1986年5月经贸部副部长吕学俭，1990年4月纺织工业部长吴文英。

1992年两国关系继续发展。5月，牙首任驻华大使德里克·罗伊·圣克莱尔·赫文（常驻日本）向杨尚昆主席递交国书。11月，以康西·陈为团长的牙中友协代表团访华。4月，王汉斌副委员长率全国人大代表团访牙。7月，罗干秘书长率中国政府代表团访牙。1992年，中国向牙出口商品额为847万美元，无进口。

中国驻牙买加大使：王建立。馆址：8 SEAVIEW AVENUE KINGSTON 10 JAMAICA。电话：92-70850（办公室、值班），92-76816（商务处）。电传：3693 CHINAEMB JA。

1989年4月，牙买加政府宣布关闭牙投资贸易促进公司在台湾的贸易办事处。1991年11月，牙港务局在台设立办事处，1992年7月升级为“牙买加商务和贸易办事处”。

【同美国的关系】美国是牙最大的经援国和贸易伙伴。牙美关系密切。1980～1988年，美对牙援助达8.5亿美元。牙人民民族党政府上台后，强调加强和改善同美国的关系。1989年3月曼利总理出访美国。此后牙外交、工商、能源、司法、旅游等部长先后访美。1990年1月，美国副总统奎尔访牙。同年5月，曼利总理再次访美。12月美财政部副部长访牙。1991年美向牙提供了1700万美元的援助，并免除了牙欠美2.167亿美元的债务。同年5月，曼对美进行私人访问。1992年2月，美参谋长联席会议主席鲍威尔访牙。3月，曼利总理访美。

【同独联体国家的关系】牙政府于1992年1月正式承认俄罗斯联邦和其他10个独联体成员国。

【同英国的关系】牙与英国保持着传统的友好关系。英在牙投资较多，牙英贸易仅次于牙美贸易。英是牙食糖和香蕉的传统市场。英在农业、林业、建筑业等方面向牙提供了一些援助。1989年6月、1990年3月，曼利总理两次访问英国。1990年10月，英国皇室安妮公主访牙。1992年6月，牙总督库克访英。

【同加拿大的关系】加在牙总投资1.4亿多美元，并有4家银行。牙航空公司中有加拿大股份和技术人员。1989年3月，曼利总理访问加拿大。

【同古巴的关系】1972年12月牙古建交。1980年11月工党执政时，驱逐了古驻牙大使。1981年2月牙中止了与古巴签订的关于古巴帮助培训牙技术人员的协定和部分经济、文化合作项目，并撤回了派驻古巴学习的100多名青年；10月牙政府要求古巴交出3名通缉犯，并宣布与古巴断交。1989年2月人民民族党政府重新执政后，表示牙将考虑与古巴恢复外交关系问题。1990年7月27日，牙、古恢复了大使级外交关系。

【同其他拉丁美洲和加勒比国家的关系】重视与拉美和加勒比地区国家的关系，是加勒比共同体和共同市场创始国之一。1992年9月，帕特森总理访问委内瑞拉，续签了圣何塞条约，签订了互免公务签证协议。10月，洪都拉斯总统访牙。11月，帕出访阿根廷，12月出访智利，签订了技术合作协议和互免签证协议。

【同欧洲国家的关系】欧洲共同体国家是牙重要的贸易伙伴、出口市场及经济援助国。1989年6月，曼利总理访问法国、西班牙、瑞典等国家。　（董晓军）

英属维尔京群岛

名称　英属维尔京群岛（The British Virgin Islands）。

面积　153平方公里。

人口　17730人（1991年普查），人口出生率17.7‰，死亡率6.8‰。主要是黑人。通用英语。多数人信奉基督教。

首府　罗德城（Road Town），人口3000人（1988年）。

总督　约翰·马克·艾布洛斯·赫德曼（John Mark Ambrose Herdman），1986年11月就任。

简　况

位于大西洋和加勒比海之间，距波多黎各东海岸100公里，与美属维尔京群岛毗连。共有70个岛屿，有人居住的为16个。属亚热带气候，年平均气温21～32℃。原始土著居民为加勒比地区的印第安人。1493年哥伦布发现该岛。1666年被英国占领。1872年成为英国殖民地背风群岛的一部分，受背风群岛总督管辖至1960年。此后该岛由被任命的首席部长负责管理。1986年9月大选后，斯托特被任命为首席部长。

政　治

1990年11月2日举行大选，全岛4个政党及17名独立人士参加竞选。以拉维蒂·斯托特为首的维尔京群岛党获胜蝉联执政。

【宪法】现行宪法1967年4月生效，1977年6月修订。规定总督由英王任命，负责防务、治安、外事、司法和部分财政事务，并拥有有限立法权；设行政委员会，由总督、总检察长、首席部长和另外3名部长组成，处理行政事务。总督任行政委员会主席；首席部长由总督在立法委员会多数党成员中指定。

【议会】立法委员会由9名直接选举成员、议长和总检察长组成。1990年11月大选，维尔京群岛党获6席，独立人民运动1席，独立人士两席。议长基思·弗拉克斯（Keith Flax）。

【政府】本届行政委员会于1990年11月大选后组成，成员有：主席马克·赫德曼；首席部长兼财政部长拉维蒂·斯托特（H. Lavity Stoutt），副首席部长兼自然资源和劳工部长拉尔夫·奥尼尔（Ralph O'Neal），通讯、工程和公共事业部长特伦斯·莱特索姆（Terence Lettsome），卫生、教育和福利部长路易斯·沃特斯（Louis Walters），总检察长唐纳德·特罗特曼（Donald Trotman）。

【司法机构】司法受辖于东加勒比最高法院。岛内设最高法院和上诉法院以及一个地方法院、一个青少年法院和一个裁判权法院。东加勒比最高法院在岛内设一位常驻陪席推事。现任陪席推事西尔维亚·伯特兰（Sylvia Bertrand）。

【政党】有3个政党：

（1）维尔京群岛党（Virgin Islands Party）：执政党，70年代初成立。领袖拉维蒂·斯托特。

（2）独立人民运动（Independent People's Movement）：1989年成立。领袖奥马尔·霍奇（Omar Hodge）。

（3）统一党（United Party）：60年代中期成立。主席罗埃·皮克林（Roy Pickering）。

经　济

主要依靠旅游业。近年来由于金融业的发展，经济一直高速增长，但1991年较低。

国内生产总值（1988年）：1.313亿美元。

国内生产总值增长率（1991年）：2%。

人均国内生产总值(1991年):9946美元。

货币名称:美元。

通货膨胀率(1987年):1%。

【工业】有制造业,但规模较小,主要生产朗姆酒、旅游品、书籍和建材等。1987年从事制造业的人员占总劳力的16%。近年来,建筑业发展很快,1988年其产值占国内生产总值的6.5%,1988年从业人员占总劳力的18%。

【农业】粮食自足,且可少量出口。农业产值约占国内生产总值的4%,从业人员占劳动人口的1.8%。约有农田5000英亩,草场10000英亩。主要种植水果、蔬菜和甘蔗。甘蔗主要用于酿造朗姆酒。有畜牧养殖业。渔业产品主要供出口。1988年生产水果250吨,蔬菜540吨,牛肉1850吨;有牛2000头,猪3000头,羊20000只。

【服务业】金融服务业和房地产业是新兴产业。1989年底注册的国际公司有13000多家。

【旅游业】是最重要的经济部门,从业人口占劳动人口的26%,1991年共接待游客215294人。1990年旅游收入为1.29亿美元,占国内生产总值的28%。游客主要来自美国。

【交通运输】岛内以公路运输为主。

公路:总长约107公里。1990年底有6000辆载客汽车。

水运:有直达英国、美国和荷兰的航线。主要港口波塞港。

空运:有通往迈阿密以及美属维尔京、圣克里斯托弗等附近岛国的航线。主要机场是牛肉岛机场,另有2个小机场。

【财政金融】近几年财政收支情况如下(单位:万美元):

	1989	1990	1991
收入	3280	4070	5070
支出	3240	3790	4600
差额	40	280	470

(资料来源:1992/93年度经济季评)

1985年国际储备为62万美元。1991年外债为2900万美元。

【对外贸易】历年均为入超。主要进口产品是机器、食品和燃料,分别占进口总额的30%、26%和15%。主要出口食品、生禽、酒类和运输器械。主要贸易对象是美国、波多黎各、英国和美属维尔京群岛。1989年出口额220万美元,进口额1.775亿美元。

【外国援助】援助主要来自英国。1991年英国援助(包括技术援助)达290万美元。

人民生活

基本没有人失业。1989年有1所医院,50张病床,1987年有11名医生和2名牙医,1988年医疗卫生开支估计为428万美元。1988年有收音机7000台,电视机3000台。1991年有电话机13000多台。

文化教育

【教育】中、小学实行免费义务教育。有1所高等学校——维尔京群岛大学。成人文盲率约为5%。1988年教育开支为499万美元。

1988年各级学校和师生数量情况如下:

	学校(所)	教师(人)	学生(人)
小学	27	104	2463
中学	4	81	1143
大学	1		

(资料来源:1991年《欧洲年鉴》)

【新闻出版】有3份报刊:《英属维尔京灯塔报》,周刊,发行量2000份。《维岛太阳报》,每周发行2次,发行量2000份。《欢迎报》,双月刊,主要介绍旅游信息。

维尔京群岛有限广播公司创立于1965年,设ZBVI电台,进行商业性广播。英属维尔京群岛有线电视台,主要通过电缆收看美属维尔京群岛和波多黎各的电视节目。ZBTV西印度有限电视台为商业性电视台。

(傅长华)

智　利

国名　智利共和国(Republic of Chile,Republica de Chile)。

面积　756626平方公里(含岛屿面积)。

人口　1338万(1991年6月),印欧混血种人占75%,白人20%,印第安人3%,其他2%。官方语言为西班牙语。在印第安人聚居区使用马普切语。85%的居民信奉天主教,10%信奉基督教新教。

首都　圣地亚哥(Santiago),人口为517万(1991年)。

国家元首　总统帕特里希奥·艾尔文·阿索卡尔(Patricio Aylwin Azócar),1990年3月11日就职,任期4年。

简　况

位于南美洲西南部,安第斯山脉西麓。东邻阿根廷,北界秘鲁、玻利维亚,西濒太平洋,南与南极洲隔海相望。海岸线长约1万公里。境内多火山,地震频繁。北部主要是沙漠气候;中部属亚热带地中海式气候;南部为多雨的温带阔叶林和寒带草原气候。年平均气温9~22.5℃。古代境内居住着阿劳干人、火地人等印第安民族。15～16世纪初属于印加帝国。1535年西班牙殖民者从秘鲁侵入智利北部。1541年建立圣地亚哥城后,智利沦为西班牙殖民地。1810年宣布自治。此后在民族英雄贝尔纳多·奥希金斯领导下进行武装斗争。1817年2月与阿根廷联军击败西班牙殖民军。1818年2月12日宣告独立,成立智利共和国。二次大战后,经济上基本受制于美国。60年代以后多次对美资铜矿实行"智利化"、"国有化"。

1973年9月,军警发动政变,皮诺切特将军上台,1974年6月任总统。1989年12月举行大选,皮诺切特于1990年3月交权。

政　治

1990年3月11日,艾尔文总统宣誓就职,智利结束了长达16年的军人统治,恢复了代议制民主。艾政府对内外政策进行了重大调整,提出了"巩固民主、寻求和解、重返国际社会"的总目标。对内实行温和、稳妥的务实政策,得到大多数党派的支持与合作。对外奉行务实的多元化和平外交。1992年,国内政治矛盾进一步得到缓和,政局稳定,民主过渡阶段的任务已基本完成。在国际上,特别是在拉美地区的地位和作用明显提高与增强。

【宪法】现行宪法由军政府制定,1980年9月以公民投票方式通过,1981年3月11日生效。宪法规定,总统是国家元首和政府首脑,每届任期8年。1989年通过的宪法修改内容包括:下届总统任期减为4年,不得连任;修改宪法需参、众两院各3/5的多数通过,重要内容的修改则需2/3的多数等。现政府主张对宪法的一些主要条款作修改。1991年11月,智议会通过宪法修正案,并于1992年6月30日举行了地方选举。1992年,政府再次提出修改宪法及选举法、改革立法、司法机构的任命制等9项民主改革草案并提交议会审议。

【议会】国民议会实行参、众两院制。本届议会于1990年3月11日组成。议会由直接选举的120名众议员、38名参议员和9名指定参议员以及终身参议员组成。参议员任期8年,每4年改选一半。众议员任期4年。参议长加夫列尔·巴尔德斯(Gabriel Valdés,基民党),众议长何塞·安东尼奥·比埃拉—加略(José Antonio Viera-Gallo,社会党)。主要党派在议会中所占席位(直接选举产生的)如下:

	参议院	众议院
基民党	13	38
民族革新党	12	31
社会党和争取民主党	5	25
独立民主联盟	2	13
无党派人士	2	4
其他	4	9

【政府】智政府由21个部委组成,现内阁于1990年3月11日就任,主要成员有:内政部长恩里克·克劳斯·鲁斯克(Enrique Krauss Rusque),外交部长恩里克·席尔瓦·西马(Enrique Silva Cimma),国防部长帕特里西奥·罗哈斯·萨阿韦德拉(Patricio Rojas Saavedra),经济部长豪尔赫·马歇尔·里维拉(Jorge Marshall Rivera),财政部长阿历杭德罗·福克斯莱·里奥塞科(Alejandro Foxley Rioseco),政府秘书长恩里克·科雷亚·里奥斯(Enrique Correa Rios),总统府秘书长埃德加多·伯宁格尔·考塞尔(Edgardo Boninger Kausel),计划合作部长塞尔希奥·莫利纳·席尔瓦(Sergio Molina Silva)。

【司法机构】全国设最高法院、16个上诉法院和3个军事法院。各省、县设初级法院。1981年2月设立宪法法庭,由总统任命的7名法官组成。最高法院院长恩里克·科雷亚·拉夫拉(Enrique Correa Labra),1991年5月18日就职,任期3年。

【政党】智有各类政党50多个,其中主要政党有:

(1)基督教民主党(Partido Demócrata Cristiano):1957年7月成立,最大执政党,有党员9.1万人(1991年)。主张实现真正的基督教主义,建立民主制度。其领导人艾尔文当选为军政府后的第一任总统。主席爱德华多·弗雷(Eduardo Frei),总书记赫纳罗·阿里亚加达(Genaro Arriagada)。

(2)民族革新党(Renovación Nacional):1987年2月由右翼的民族联盟、独立民主联盟和全国劳动阵线合并而成。后独立民主联盟又分裂出去。为第二大党。有党员6.8万人(1990年)。其宗旨是建立充分尊重个人自由的社会。主席安德烈斯·阿拉曼·萨瓦拉(Andrés Allamand Zavala),总书记罗伯特·奥桑东(Roberto Ossandon)。

(3)争取民主党(Partido por la Democracia):1987年12月成立。第三大党。有党员6.4万人(1990年)。一些不愿在军人统治下登记合法的政治力量和人士为参加竞选斗争而临时成立的"工具党"。后改变初衷,决定在恢复文人政府后继续保留该党,主要成分是社会党成员。主席塞尔希奥·比塔尔(Sergio Bitar,1992年上任)。总书记豪尔赫·绍尔松(Jorge Shaulsohn)。

(4)社会党(Partido Socialista):1933年4月正式成立,有党员5.7万人(1990年)。党内派系较多,1989年12月阿拉特和阿尔梅达两大派宣布联合,规定主要任务为巩固真正民主体制,实现民主谅解和争取建立社会主义民主。但认为在目前形势下,社会主义理论要革新。已有不少左派小党和前智共党员加入了该党。主席赫尔曼·科雷亚(Germán Correa),总书记路易斯·迈拉(Luis Maira)。

(5)共产党(Partido Comunista):1912年6月成立。原名社会主义工人党,1922年改为现名。有党员4.7万人(1990年)。1970～1973年与社会党等联合执政,1983年同社会党阿尔梅达派等组成"人民民主运动",1985年被宪法法庭宣布为非法党。1989年大选中支持艾尔文。1990年10月正式登记注册,恢复合法地位。对现政府采取批评性支持立场。主席博洛迪亚·泰特尔鲍姆(Volodia Teitelbóm)。总书记格拉迪斯·马林(Gladys Marín,女)。

【重要人物】帕特里希奥·艾尔文·阿索卡尔:总统。1918年11月26日生于智利的比尼亚德尔马市一个中产阶级家庭,毕业于智利大学法律系。是智利基民党创建人之一,先后7次担任该党主席,是党内温和派的代表。1965～1973年任参议员,1971～1972年任参议长。1989年12月当选总统。已婚,有3子2女。

经　济

80年代起,智利政府执行增加积累和投资,大力促进出口及加强私有企业的经济政策,在国内鼓励存款。采取降低最低投资额,进一步完善投资法,允许外债债券资本化等措施吸引外国投资。在对外贸易中采取限入奖出的政策,大力提倡出口产品多样化,减少对铜出口的依赖。近年来,智利经济持续稳定发展,国内生产总值增长率均在5%以上,成为拉美少数经济发展较快的国家之一。1990年,智经济进行了调整,放慢了增长速度,1991年开始步入稳定发展时期。

国内生产总值(1991年):312 亿美元。

人均国内生产总值(1991年):2234 美元。

国内生产总值增长率(1991年):6%。

货币名称:比索。

汇率(1991年):1 美元=349比索。

通货膨胀率(1991年):18.7%。

失业率(1991):5 %。

【资源】矿藏、森林和水产资源丰富,以盛产铜闻名于世,素称"铜矿之国"。已查明的铜蕴藏量达1.85亿吨,居世界第一位,占世界储藏量的1/4 。铁藏量约12亿吨。煤约50亿吨。此外,还有硝石、钼、金、银、铝、锌、碘、石油、天然气等。森林占全国面积的13.6%,盛产温带林木,木质优良,是拉美第一大林产品出口国。世界第五大产鱼国。

【工矿业】工矿业是国民经济的命脉。1991年工业总产值为1044.51亿比索(1977年价格),占国内生产总值的21.7%,增长率为5.5%;矿业总产值370.60亿比索,占国内生产总值的8.8%,增长率为4.8%。铜出口占世界第一位,1991年出口额达36.17亿美元,占智出口总额的39.7%。硝石产量居世界首位,锂的产量居世界第二位。工矿业从业人口83.23万人(1991年),占总劳动力的 18.8%。主要工矿业产品产量如下(单位:吨):

	1989	1990	1991
铜	1620000	1600000	1810000
金	20	27	28
银	490.5	633.1	669.5
铁矿砂	9286000	8248000	8464000
石油(千立方米)	1281.9	1137.9	1033.3
纸浆	647000	644000	930400
新闻纸	438000	462000	485000

【农林牧渔业】1991年农、林业产值401.94亿比索(1977年价格),占国内生产总值的7.9%,增长率1.2%。农业劳动力82.23万人,占全国总劳动力的18.9%(1991年)。全国主要农作物播种面积96.1万公顷。主要农产品产量如下(单位:万吨):

	1989	1990	1991
小麦	176.55	171.7	158.9
燕麦	16.45	20.6	20.7
大麦	8.51	9.2	10.7
水稻	18.52	13.6	11.7
玉米	93.85	82.3	83.6
马铃薯	88.16	82.9	84.4
甜菜	280.97	232.7	214.9
菜豆	7.30	8.7	11.7
油菜籽	11.29	5.3	5.8

(资料来源:智利中央银行1987～1991年统计汇编)

1991年水果种植面积为12.97万公顷,出口额为9.49亿美元。

全国森林覆盖面积8.42万平方公里,人工种植林134万公顷。自然林761.65公顷。主要林产品为木材、纸浆、纸张等。1991年林业出口额为9.13亿美元,比上年增长6.8%。

牧场面积12.93万平方公里。1990年牛的存栏数为340万头,羊480万只,猪125 万头,马34万匹。

1991年渔业产值42.94亿比索(1977年价格),占国内生产总值的0.84%,增长率8.3%。捕鱼583万吨,鱼粉产量122.8万吨,鱼粉出口4.6亿美元。

1991年农产品和海产品出口12.2亿美元,占出口总额的13.5%。

【旅游业】重视发展旅游业。除原有的沿海海滨和南部的风景区外,近几年又投资开辟了一些新的旅游点,进一步完善旅游服务设施,建造滑雪中心,组织南极观光和国际音乐会等。1990年全国有旅游饭店728个,外国游客达66.7万人次,旅游收入2.96亿美元。

【交通运输】铁路:总长 8613 公里,其中电气化铁路1654公里。1991年客运量为982.4万人次,货运量为603.5万吨。首都圣地亚哥的地铁全长27.25公里。

公路:总长7.9万公里。其中泛美公路为3600公里。1990年全国有车辆111.5万辆。其中小轿车71.1万辆,货车33.22万辆,公共汽车2.87万辆,其他车辆为4.35万辆。1988年客运量3738万人次,货运量为1270万吨。

海运:商船队拥有79艘船,总吨位为120万吨,担负着智50%的进出口运输任务。国际海运航线19条。1990年国内外船只装卸量分别为2856.2万吨和1918.97万吨。有70多个沿海港口,其中主要港口16个,货物总吞吐量达4778.7万吨。主要港口有:瓦尔帕莱索、塔尔卡瓦诺、安托法加斯塔、圣安东尼奥、彭塔阿雷纳斯等。

空运:有两家航空公司。智利国家航空公司有波音飞机11架,10条国际航线。私营的铜业航空公司有波音飞机7架,6条国际航线。1991年国内航线年客运量88.9

万人次，货运能力17.92万吨公里，货运量9.92万吨公里。国际航线客运量49.26万人次，货运能力97.55万吨公里，货运量60.57万吨公里。全国有大小机场325个，其中国际机场6个，主要有首都的阿图罗·梅里诺·贝尼特斯机场和北部阿里卡市的查卡柳塔机场。

【财政金融】1989、1990年的财政收支情况如下（单位：亿美元，当年值）：

	1989	1990
收入	79.49	77.68
支出	82.90	74.16
差额	-3.41	3.52

（资料来源：智利中央银行1987～1991年统计汇编）

1991年黄金储备为66亿美元。外汇储备为164.1亿美元。

【对外贸易】经济在很大程度上依赖对外贸易，实行低关税的自由贸易政策。目前同世界上近167个国家和地区有贸易关系。近几年贸易情况如下（单位：亿美元）：

	1989	1990	1991
出口额	80.80	85.80	90.48
进口额	65.02	72.72	76.86
差　额	15.78	13.08	13.62

（资料来源：智利中央银行）

智主要进出口产品情况（单位：亿美元）：

出口额			
产品	1989	1990	1991
铜	40.21	37.95	36.17
其他矿产品	4.51		
农、渔业	9.95	9.79	12.21
工业	26.13	27.41	33.16
进口额			
产品	1989	1990	1991
食品	2.58		
消费品	12.34	10.43	13.92
中间产品	37.03	43.13	46.62
（石油）	(6.36)	(8.94)	(8.01)
资本货	19.49	23.22	20.41

（资料来源：智利中央银行1987～1991年统计汇编）

主要贸易国情况：

占智出口(%)			
国别	1989	1990	1991
美国	17.8	17.1	17.6
德国	11.2	11.0	7.8
其他欧洲国家	17.8	17.3	17.5
日本	13.7	16.2	18.2
其他亚洲国家	11.8	10.0	11.0
占智进口(%)			
巴西	10.8	8.0	9.4
其他拉美国家	10.2	9.6	10.7
美国	20.8	19.6	21.2
德国	7.4	7.4	6.7
其他欧洲国家	12.5	15.1	11.4
日本	11.3	8.1	8.7
其他亚洲国家	7.1	5.2	8.8

（资料来源：同上）

【外国资本】1991年批准外资34亿美元，已落实11.04亿美元。主要投资部门集中在矿业、服务业和工业。主要投资国是美国、加拿大、英国、日本等。

人民生活

1991年年均最低收入为33000比索。1990年就业人数为439万人，社会保险经费支出15.78亿美元，享受社会保险人数347万人。1990年，智全国有公立医院183个，床位32913张；私人医院37个，床位10336张，全国共有医生14334人，平均1259人拥有一个医生。1989年卫生经费支出2.45亿美元（1990年值）。人均寿命72岁。1990全国拥有电话86.42万台，平均每百人6.56台。

军　事

总统为武装力量最高统帅。总统通过国防部对全军和警察部队实施行政领导和作战指挥。国家安全委员会是国家安全问题的最高决策机构。国防部长由文职人员担任。国防部下辖的国防参谋部是国防咨询机构，负责协调和制定三军和警察的作战、训练、情报、军事预算和购买武器装备等事宜。国防部长和国防参谋长均无权调动和指挥军队。各军种司令直接领导和指挥部队。实行义务兵役制，服役期两年。

总兵力为12.5万人，其中陆军5.4万人，海军2.9万人，空军1.28万人，警察3万人。警察为主要治安力量。

1990年国防预算为5.59亿美元。智军费开支每年平均在11亿至15亿美元之间，约占国民生产总值的5%，居南美国家首位。

文化教育

【教育】实行8年义务基础教育。中等学校分为两种：一是科学—人文学校，即普通中学；一种为技术—职业学校，分工业、商业、技术和农业等门类。全国有各类学校9000多所，其中高等教育院校298所，职业学校82所，技术培训中心156个。著名大学有：智利大学、智利天主教大学、圣地亚哥大学。1991年各级学校在校生人数为：基础教育205.2万，中等教育73.9万，高等教育25.01万。1990年教育经费为6.6亿美元（1990年值）。1991年文盲率为4.8%。

【新闻出版】全国有报社87家（1989年），发行的报纸有83种，杂志279种，简报69种，总发行量为2.6亿多份。主要报纸有：《信使报》，发行量平日12万份，星期日25万份；《民族报》，发行量2万份；《三点钟报》，发行量17万份；《二点钟报》（晚报），发行量3万份；《最后消息报》，发行量15万份。主要杂志有：《埃尔西亚》，发行量14.6万份（1991年底停刊）；《事件》，发行量2.5万份；《今日》，发行量3万份；《新情况》，发行量3万份。

主要通讯社为环球通讯社。

全国有电台326家（1990年），主要广播电台有国家电台、波塔莱斯电台、农业电台和矿业电台。

主要电视台有:国家电视台(7台)、智利大学电视台(11台,1960年建台)和天主教大学电视台(13台,1959年建台)。

对外关系 奉行独立自主多元化外交,坚持各国平等,不干涉他国内政。艾尔文总统把恢复智利的国际形象作为新政府外交政策的首要目标。3年来,智利的国际地位和影响得到显著提高和改善。智是卡塔赫纳外债会议的与会国。反对成立债务国俱乐部,主张改善还债条件,希望通过谈判解决债务问题。主张实现全面彻底裁军,禁止使用核武器和停止核试验,不使用化学和生物武器。支持建立在"社会正义和国际合作"基础上的国际经济新秩序和更加公正平等的国际经济、贸易和金融体系,主张南北对话,反对工业发达国家的贸易保护主义。认为"南南对话"是必要的。希望促进和扩大发展中国家间的双边和多边合作。1991年9月被恢复不结盟运动成员国地位,表示将为恢复不结盟国家在世界事务中的地位和作用而努力。认为200海里专属经济区是智利的神圣不可侵犯的主权。1992年智同爱尔兰、乌克兰、津巴布韦、爱沙尼亚、立陶宛、朝鲜、越南等国建交和复交。目前已同世界上149个国家建立和保持外交或领事关系。

【同我国的关系】1970年12月15日智利成为南美洲第一个同我建交的国家。建交后,两国关系发展顺利。至1991年,来访的主要有阿尔梅达、库维略斯、德尔瓦列三任外长,军人执政委员会成员、空军司令马太,众议长比埃拉-加略等。去访的主要有杨尚昆主席,国务委员兼外长吴学谦,国务委员陈俊生,政府特使、航空航天部部长林宗棠,空军司令员王海,监察部部长尉健行,人大常委会副委员长王汉斌等。

1992年,中智关系发展顺利,经贸合作有了新的发展。11月,艾尔文总统作为智第一位国家元首访华,推动两国关系进入一个新的阶段。1992年访智的主要团组有:中国人民银行副行长郭振乾(3月)、地矿部长朱训(4月)、广东省副省长卢瑞华(9月)等。智方访华的有:联合国秘书长特别代表、智常驻联合国大使索马维亚(2月)、智外交部政策总司长波塔莱斯(8月)、智利生产发展委员会副主席阿贝留克(11月)等。

1991年两国贸易额2.01亿美元,智出口1.07亿,进口0.94亿。

中国驻智利大使:朱祥忠。馆址:AV. PEDRO DE VALDIVIA 550 SANTIAGO, CHILE。电话号码:(52 6) 2339880 (办公室),(52 6) 2339898 (领事部),(52 6) 2339856 (文化处)。电传号码:240863 EMBCH CL。中国驻智利使馆商务处地址:AV. PEDRO DE VALDIVIA 1032。电话号码:(562) 2239988。电传号码:242190 SICOM CL。

智利驻华大使:爱德华多·布拉沃。馆址:北京三里屯东四街1号。电话号码:5322074,5321591。电传号码:22252 CHILE CN。

台湾在智设有"台北商务处"。1991年智台贸易额达5.07亿美元。

【同美国的关系】艾尔文政府重视同美国的关系,愿在平等、公正的基础上同美保持良好的关系。1990年3月,美国副总统奎尔出席艾尔文总统就职典礼。同年10月,艾尔文总统访问美国,经过双方的多次谈判,美于1990年12月布什访智前夕宣布恢复给智利的"关税普优制"待遇,取消制裁智的"肯尼迪修正案",智政府认为这标志着两国关系的正常化。1991年3月、5月和6月,智国防部长、经济部长和财政部长先后访美,寻求进一步加强两国经贸和军事合作的途径。1992年5月,艾尔文再次访美,双方签署了科技合作基础协议。美国是智利的最大贸易伙伴和投资国。

【同前苏联各共和国和东欧国家的关系】近几年,随着智民主化进程的发展,智与除阿尔巴尼亚以外的前苏联、东欧各国都先后恢复了外交关系。苏联解体后,智先后承认并同波罗的海三国、俄罗斯、乌克兰、白俄罗斯等国建交。1992年1月承认克罗地亚和斯洛文尼亚独立。

【同西欧国家的关系】西欧是智的主要贸易伙伴,对欧共体国家的出口额占智出口总额的40%多。艾尔文政府重视巩固和发展同西欧国家的传统关系,新政府的参、众议长、外长、内长、财长和经济部长先后出访西欧并接待了西班牙国王夫妇、法国总理和议长、德国总理、经济合作部长、荷兰外贸部长的来访。1991年4月,艾尔文总统访问了西班牙、英国、荷兰、意大利、梵蒂冈、德国和欧洲议会,进一步改善和加强了同西欧国家的政治、经济关系。1992年7月,艾尔文出访了法国、葡萄牙、比利时和西班牙等国,签署了一系列合作协定。

【同拉丁美洲国家的关系】艾尔文政府把巩固和加强同拉美各国,特别是周边国家的关系放在首位,积极推动拉美地区和双边关系一体化。新政府上台后迅速同拉美主要国家墨西哥、巴西、阿根廷恢复和建立了密切关系。艾尔文总统先后出访了巴西、秘鲁、厄瓜多尔、墨西哥、委内瑞拉、哥伦比亚、阿根廷等国并接待了墨西哥、哥伦比亚、阿根廷、乌拉圭、萨尔瓦多等国总统的访问。1990年9月智正式加入里约集团。

智同玻利维亚和古巴尚未复交。1991年7月,智同古仅恢复了领事关系。艾政府表示,古巴只有在不干涉智内政的先决条件下,智才同其复交。虽然智、玻在出海口问题上分歧依存,但近两年两国元首和外长在许多国际场合进行了接触,经济往来逐渐增多。(张蓬阳)

大 洋 洲

澳 大 利 亚

国名　澳大利亚联邦(The Commonwealth of Australia)。

面积　7682300平方公里。

人口　1753万(1992年6月)。其中95%是英国和其他欧洲国家的移民后裔。土著居民占1.1%,约16万人。华侨和华人约30万人。80年代人口自然增长率约为1.4%。通用英语。居民中有98%信奉基督教,少数人信奉犹太教、伊斯兰教和佛教。

首都　堪培拉(Canberra),人口29.35万(1991年)。

国家元首　英国女王伊丽莎白二世。女王任命总督为其代表。现任总督比尔·海登(Bill Hayden),1989年2月就任。

简　况

澳大利亚位于南太平洋和印度洋之间,由澳大利亚大陆和塔斯马尼亚等岛屿组成。东濒太平洋的珊瑚海和塔斯曼海,北、西、南三面临印度洋及其边缘海。海岸线长20125公里。北部属热带,大部分属温带。年平均气温北部27℃,南部14℃。原为土著人居住。1770年,英国航海家詹姆斯·库克抵澳,宣布澳为英殖民地。1788年1月26日,英首批移民抵澳,后来这一天被定为澳国庆日。1900年7月,英议会通过"澳大利亚联邦宪法"和"不列颠自治领条例"。1901年1月1日,澳各殖民区改为州,组成澳大利亚联邦,成为英自治领。1931年成为英联邦内的独立国家。1984～1990年,霍克三次连任总理。

政　治

1991年12月基廷取代霍克出任总理,对内阁进行了有限改组,努力维护工党内部团结,批评反对党提出的大幅度增加消费税方案,认为这会加重人民负担,迫使反对党对其税改方案作了调整。目前,两党力量相当,随着大选的临近,两党角逐加剧。

【宪法】澳大利亚联邦宪法由英国议会于1900年7月9日通过。1986年英国女王在澳签署了"与澳大利亚关系法"。据此,澳最高法院享有终审权,终止英国议会和政府对澳各州的权力,英国法律对澳不再有效。

【议会】联邦议会是立法机构,由女王(由总督代表)、众议院和参议院组成。本届议会于1990年3月选出。众议员148名,按各州人口比例选出,任期3年,其中工党78名,自由党—国家党联盟69名,独立人士1名。众院议长利奥·麦克利(Leo Mcleay),1990年5月连任(1993年1月辞职)。参议员76名,每州选12名,两个地区各选2名,一般任期6年,每3年改选一半。本届参院中,工党占32席,自由党28席,国家党6席,民主党8席,独立人士2席。参议院议长克里·沃尔特·西贝拉(Kerry Walter Sibraa),1990年5月连任。

【政府】本届政府于1990年4月4日宣誓就职。1991年曾两次改组。同年12月19日,工党议会党团开会选举保罗·基廷为该党领袖。20日,基宣誓就任澳第25届总理并于27日改组内阁。核心内阁成员是:总理保罗·基廷(Paul Keating),副总理兼卫生、住房和公共福利部长布赖恩·豪(Brian Howe),工业、商业和技术部长约翰·巴顿(John Button),外交贸易部长加里思·埃文斯(Gareth Evans),国库部长约翰·道金斯(John Dawkins),财政部长拉尔夫·威利斯(Ralph Willis),总检察长迈克尔·达菲(Michael Duffy),就业、教育和培训部长金·比兹利(Kim Beazley),社会保障部长尼尔·布卢伊特(Neal Blewett),消费事务部长珍妮特·麦克休(Jennette Mchugh),国防部长罗伯特·雷(Robert Ray),移民、地方政府和少数民族事务部长格里·汉德(Gerry Hand),艺术、体育、环境和领土部长罗丝琳·凯利(Roslyn Kelly),劳资关系部长彼德·库克(Peter Cook),行政事务部长尼克·波尔克斯(Nick Bolkus),初级产业和能源部长西蒙·克林(Simon Crean),资源和旅游部长艾伦·格里菲斯(Alen Griffiths),运输通讯部长鲍勃·柯林斯(Bob Collins),退伍军人事务部长兼总理北方领土事务助理本杰明·汉弗莱斯(Benjamin Humphreys)。

【司法机构】最高司法机构是联邦高等法院,亦称澳大利亚高级法院,它对其他联邦法院、州法院、地区法院具有上诉管辖权,并对涉及宪法解释的案件作出决定,由1名大法官和6名法官主持。现任首席法官安东尼·弗兰克·梅森(Anthony Frank Mason)。另有4个具有全国权限的联邦法院:联邦法院、联邦工业法院、联邦清产法院和联邦家庭法院。

【政党】澳有大小政党15个,主要政党是:

(1)澳大利亚工党(Australian Labour Party):执政党,建于1891年,自1940年以来曾10次执政。约有集体党员120万,个体党员5万,为澳最大政党。1988年6月举行了第38届全国代表大会,就经济、防务、贸易、对外关系等29个议题进行了讨论,并通过了有关决议。1990年9月举行了全国代表大会特别会议,通过了政府通讯部长比兹利提出的澳通讯业和航空公司私有化的两项决议。领袖保罗·基廷。

(2)自由党(Liberal Party):反对党,1944年成立,前身是建于1931年的澳大利亚联合党。党员10.3万。主张自由贸易,发展私人企业,利用资源,吸引外资。曾多次与国家党联合执政。领袖约翰·休森(John Hewson)。

(3)国家党(National Party):反对党,建于1918年,原称乡村党,后称国家乡村党,1982年改用现名。党员约14万。主张发展制造工业,保护初级产品市场和价格。曾与自由党联合执政。领袖蒂姆·费希尔(Tim Fischer)。

其他政党有澳大利亚民主党、无核澳大利亚党、澳大利亚共产党(马列)、澳大利亚社会主义党、共产主义团结协会、社会主义工人党等。

【重要人物】比尔·海登:总督。1933年1月23日生于昆士兰州。曾在惠特拉姆工党政府中任社会保障部长和财长。1978年当选为工党领袖,1983年让位于霍克,同年3月工党执政后出任外长。1987年7月至1988年8月任外交、贸易部长。1989年2月就任澳第21届总督。有1子2女。 **保罗·基廷**:总理。1944年1月18日生于悉尼。15岁加入工党。1975年,先后担任工党在农业、能源及资源方面的发言人。1979～1983年任新州工党主席。1983年成为影子内阁国库部长。曾先后任工党政府北方领土部长、国库部长、副总理等职。1991年12月当选为工党领袖并就任总理。有4个子女。

经　济

澳是一个后起的发达资本主义国家。经济以农牧业、采矿业和制造业为主,盛产羊、牛、小麦和蔗糖,同时也是世界矿产品五大资源国和生产国之一。1990年第二季度以来,经济连续出现负增长,1991年第三季度国内生产总值又下降0.3%,比同年第一季度下跌3.2%。陷入60年来所未有的衰退时期。1990/91财政年度,制造业产值下降5.5%,企业破产达1.3万例。失业率不断上升,小麦因严重旱灾比1990年减产700万吨,农产品总量减少16%。国际收支不平衡,连续出现逆差。澳政府采取了紧缩财政、货币和工资政策并推行微观经济改革,以图扭转经济困难局面,但这些措施又导致了新的失业和经济萎缩。另外,由于政府尚未根本改变产业结构,澳经济仍主要依靠矿业和农牧业支撑,制造业薄弱,受国际市场的影响较大,因此澳经济短期内难以摆脱这场衰退。

国内生产总值(1991/92年度):3848亿澳元。

人均国内生产总值(1991/92年度):21950澳元。

国内生产总值增长率(1991/92年度):1.6%。

货币名称:澳大利亚元。

汇率(1993年2月):1澳元=0.675美元。

通货膨胀率(至1992年):0.3%。

失业率(1993年1月):10.9%。

【资源】矿产资源丰富。铝矾土、铁矿砂、镍、锌、锰的储量和产量都在世界前5位。矿产蕴藏量:铝矾土约62亿吨,铁矿砂350亿吨,铝3121万吨,锌5624万吨,铀29.9万吨(占西方世界的16%),黑煤5300亿吨,褐煤1260亿吨。石油储量能自给70%左右。森林覆盖面积仅占国土的5%,天然森林面积约4100万公顷,2/3为桉树,用材林种植面积7616万公顷。渔业资源丰富。

【工业】以工矿业和制造业为主。工矿业占国民生产总值14%,制造业占19%。制造业主要是装配、建筑、化工等,多为外资控制。矿产品一半以上出口,占出口总额的38%。主要工矿业产品产量如下:

	1989/90	1990/91	1991/92
钢(万吨)	668.1	621.9	644.4
原油(亿立升)	319.9	319.6	313.1
天然气(亿立升)	200.9	211.1	225.4
水泥(万吨)	707.5	611.0	570.9
棉布(万平方米)	4510.1	4285.4	4188.1
汽车(万辆)	38.6	31.1	26.9
冰箱(万台)	34.6	36.3	37.2
洗衣机(万台)	33.0	32.6	29.6
彩电(万台)	15.8	16.7	17.7
电力(亿度)	1519.0	1538.2	1564.1
褐煤(万吨)	4624.5	4285.4	4188.1
铁矿砂(万吨)	10988.8	11141.5	11440.0
铝矾土(万吨)	3991.4	4167.0	3985.4

【农牧业】农牧业产品的生产和出口在国民经济中占有重要位置。农牧业用地4.85亿公顷,占全部国土的64%,而劳动力仅占全国人口的2.5%。现有农牧场18万余家。主要农作物有小麦、大麦、甘蔗和水果。

主要农牧产品产量如下(单位:万吨):

	1989/90	1990/91	1991/92
小麦	1421.4	1500.6	1068.8

大麦	404.4	410.8	447.1
羊毛			83.6
牛肉	167.6	175.9	176.0
羊肉	33.3	37.7	36.7
小羊肉	29.5	28.7	27.5
猪肉	31.7	31.2	32.8
禽类	42.5	43.0	45.7

【服务业】服务业是澳经济中最大的组成部分。近10年来，与澳经济其他部门相比，越来越重要。其中最主要的是零售和批发行业，其次是公共社团服务和建筑行业。其就业人数占整个就业人数的76.5%。产值占澳国内生产总值的68.2%(1989年)。

【旅游业】旅游业是澳经济主要组成部分，占国内生产总值5.6%，从事旅游业人数为44.6万人。1991/92年度旅游业收入266亿澳元。澳气候温和，旅游资源丰富，除著名的海滨城市悉尼、墨尔本、布里斯班、阿得雷德和佩思外，昆士兰的黄金海岸和北部地区的达尔文市也成为新开发的重要旅游点。

【交通运输】国际海、空运输业发达。悉尼是南太平洋主要交通运输枢纽。交通运输占国内生产总值的7.5%(1992年)。80年代后期交通运输情况如下：

铁路：政府经营的铁路3.84万公里，各州还有私营铁路；1988/89年度政府铁路客运量4.16亿人次，货运量1.78亿吨。

公路：98.45万公里，其中35.91万公里为沥青路，车辆990万辆。

水运：贸易港口75个；商船队共拥有115艘船，载重吨位398万吨；1988/89年度海运进口量3460万净吨，出口量2.666亿净吨。

空运：有民用飞机6615架；1987/88年度国内飞行1.54亿公里，客运量为1498万人次；1988/89年度国际航线客运量831万人次；"快达"航空公司原为澳国营航空公司，1990年9月，澳工党全国代表大会特别会议决定将49%的股份出售给私人，但外资股份不得超过35%，政府必须就航空公司私有化进程同工会进行协商。

【财政金融】近几年财政预算情况如下(单位：亿澳元)：

	1989/90	1990/91	1991/92
收入	944.53	1010	967.76
支出	879.53	929.50	1105.08
差额	65.00	80.50	－137.32

截至1992年6月底，黄金储备36.39亿美元，外汇储备177.56亿美元。至1992年12月，外债总额1682亿澳元。国际收支赤字1991/92年度为119亿澳元。消费价格指数(1989/90年度＝100)：1992年8月为107.3。

【对外贸易】澳对国际贸易依赖很大，外贸收入在国内生产总值中占35%，澳与60多个国家和地区有贸易关系。澳外贸收入的70%来自农牧业和矿产品。制成品的进口占80%以上。近年的进出口情况如下(单位：亿澳元)：

	1989/90	1990/91	1991/92
进口额	392.16	492.56	674
出口额	359.09	518.83	690
差　额	－33.07	26.27	16

澳主要出口产品有铁矿砂、羊毛、铝、小麦、牛羊肉、食糖和煤等。主要进口服装、汽车、电器等。主要贸易对象是日本、美国、欧洲共同体、东盟、韩国和新西兰等。

【对外投资】80年代以来，澳在海外投资持续增长，由1980/81年度的141亿澳元增至1988/89年度的763.70亿澳元。主要投资对象为美国、新西兰、英国和巴布亚新几内亚等。

【对外援助】通过"澳大利亚国际发展援助局"以赠款方式向90多个国家提供援助，其中大部分不附带条件。每年拨款总额为11亿澳元左右，主要用于帮助发展中国家发展教育、医疗和粮食生产，兴办合作项目，提供预算资助和救济款。主要援助对象是太平洋岛国和东南亚地区。巴布亚新几内亚是最大的受援国。1990/91年度的海外援助预算为16.96亿澳元，占国内生产总值的0.35%。

【外国资本】鼓励外资是澳政府一项重要经济政策。截至1991年3月，外国在澳投资总额达2700.15亿澳元，主要来自日、美、英和国际资本市场。其中美国为506亿澳元，日本为473.87亿澳元。外国对澳投资主要集中在采矿、制造业、石油、冶炼、制药和房地产方面。

人民生活

澳是一个福利社会，福利的种类多而齐全，主要有：失业救济金、退伍军人及其家属优抚金、残疾人救济金、退休金等。1990/91年度联邦用于社会福利的开支为246.6亿澳元，占总支出的25%。1989/90年度人均国民收入15780美元。目前的工资制度按工种分为35大类，每类中分成若干级别。按1990年2月的工资标准，全国职工人均周工资477.40澳元，其中男职工517.30澳元，女职工431.50澳元。实行全国统一的医疗保险制度，所有在澳居住超过6个月的人(不包括外交官及其家属)，都可以享受医疗保险制度的各种待遇。1989年每1000人中平均有53张病床，每570人中有1名医生。1988年澳统计表明，99.5%的家庭有1个以上电冰箱，43%的家庭有电冰箱加冰柜，93.3%的家庭有1台以上彩电；90%以上的家庭有洗衣机；85%的家庭有1部以上电话；80%的家庭有1辆以上小汽车，29.1%的家庭有2辆以上小汽车。

军　事

澳总督为武装部队总司令。国防部为军队行政管理机构。国防委员会为总司令的参谋机构，国防部长任主席。国防军司令为国防部长的首席军事顾问。现任国防军司令彼得·格雷森上将。实行志愿兵役制。

总兵力6.8万，其中陆军3.03万，海军1.565万，空军2.21万，后备役军人2.9万。

1990/91年度国防开支90.65亿澳元，占国内生产总值的2.4%。

澳视澳新美军事联盟为国防政策的基石，与美国在军事上保持密切关系。目前美在澳的军事和科研基地共有20余处，包括海军通讯站、导航站和卫星跟踪站等。

文化教育

【教育】教育事业主要由州政府负责，各州设教育部，独立主管本州大、中、小学和技术教育学院。联邦政府只负责给全澳大学和高等教育学院提供经费、制订和协调教育政策，因此，没有专门的教育部，只有就业、教育和培训部。1990/91年度教育支出预算为82.61亿澳元，占联邦总支出的8.1%。1990年成人识字率98.5%。学校分公立、私立两种，实行学龄前教育、中小学12年义务教育和高等教育。1990年全国有中小学和技术学校10007所，在校人数304万。其中小学生132.4万。中学生129万。全国高校68所，在校学生45万。著名高等院校有澳国立大学、堪培拉大学、墨尔本皇家理工学院、格里菲斯大学、墨尔本大学、悉尼大学、新南威尔士大学、莫那什大学、默多克大学、麦夸里大学、新州理工学院等。澳广泛进行职业教育培训，重视师资队伍建设，科技教育发展迅速。

【新闻出版】有4大报业集团：先驱报和时代周刊杂志集团、默多克新闻公司、费尔法克斯公司和帕克新闻联合控股公司。主要报刊有：《澳大利亚人报》，发行22.8万份；《悉尼先驱晨报》，发行26万份；《世纪报》，发行24万份；《金融评论》，发行12万份；《堪培拉时报》，发行4万份。全国有200多家报纸，绝大部分是地方报纸，其中有85种民族报纸，用30种文字出版。在4大报业集团中，默多克新闻公司发展最快，近年来还买下了英国的《泰晤士报》和美国的《纽约邮报》，已成为国际性的报业集团。澳有期刊1400多种，《澳大利亚妇女周刊》是发行量最大的刊物，达80多万份。《公报》周刊（1880年创刊）是最老的刊物之一。

澳联合新闻社是澳最大通讯社，总部在悉尼，1964年起与路透社结为联社。

澳有4种性质的广播电台和电视台。(1)官办，澳大利亚广播委员会(ABC)。统管全国国有广播、电视，总部设在悉尼。委员会下有88个广播电台，9个短波电台，86个电视台。(2)民族电视台，主要为来自世界各地的不讲英语的移民服务，现有2个台。(3)商业电台、电视台，全国有125个商业广播电台和50个商业电视台。(4)公众广播电台。一般由热心公众事业的私人团体经营。

对外关系

澳外交政策的最高目标是捍卫国家主权和独立，促进国家经济繁荣和建立良好的国际秩序。澳外交政策的重点是，在继续保持同西方发达国家的密切关系的同时，加强同亚太地区国家的关系。澳积极参加国际事务，谋求发挥一个中等国家的作用。澳工党政府认为，当今世界正处在全球战略、政治、经济结构发生重大变革的时期，冷战已结束，旧的意识形态的对立已不复存在。国际间相互依赖日增，多极化趋势在发展。澳把推动核裁军、防止核战争作为澳对外政策的重要目标，把人权问题视为对外政策的重要组成部分。主张联合国应作为和平与安全的最高国际保证，澳认为，应在联合国宪章的基础上建立自由、和平和繁荣的国际新秩序和更加开放的、公平的多边贸易新体制。澳认为，海湾战争为解决中东问题提供了机会，主张召开中东问题国际会议，讨论中东安全问题，保留美国在海湾地区的现有军事装备，对中东地区各国的军控作出适当安排。澳认为，中东和平的关键是解决阿、以冲突。各方必须确保巴勒斯坦人民的包括独立和建立国家的自决权和以色列在安全的、公认的境界内的生存权，同时，还要保证伊拉克和科威特的领土完整。澳主张全面政治解决柬埔寨问题。澳认为，有关联合国柬埔寨过渡时期权力机构权力的规定，不需再改。各派保留的30%军队的处置应听取未来柬新政府的意见，并希望尽快向柬派遣军事斡旋团。1992年9月澳总理基廷访柬。1992年11月，埃文斯外长专程来京参加柬埔寨问题非正式磋商。澳政府特别重视裁军问题，高度评价《不扩散核武器条约》，希望世界上所有重要国家，特别是有核国家早日成为该条约的签字国。反对在外层空间进行军备竞赛，欢迎美俄签署第二个削减战略武器协议。积极倡导并签署了禁止化学武器公约。澳主张建立更为自由、开放的多边贸易体制，反对贸易保护主义，愿为建立国际经济新秩序作出努力。澳认为亚太地区是世界经济发展最迅速的地区，全球经济活动中心已转向太平洋地区，主张以地区经济合作来推动南北关系。澳是"亚太经济合作"的发起国，强调其宗旨是建立开放的多边贸易体制，并推动乌拉圭回合贸易谈判。1992年4月，澳总理基廷提出召开"亚太首脑会议"的倡议。1993年2月，基廷又建议以亚太经济合作会议作为基础，建立亚太经济一体化市场。澳要求联合国紧急干预南斯拉夫局势，阻止南内战升级，帮助实现和平。澳已于1992年1月承认克罗地亚和斯洛文尼亚的独立。

澳同90多个国家和地区有外交或经贸关系。

【同我国的关系】1972年12月21日两国建交以来，双方在政治、经济、文化、科技等领域的合作关系得到全面、迅速的发展。两国领导人多次进行互访，双方签有贸易、投资、征税、文化、科技、教育、领事和民航等一系列协定。1989年春夏之交的政治风波发生后，澳政府对华采取制裁措施，1991年两国关系全面恢复正常。1992年双边交往和互访有较大增加，2月和6月，朱镕基副总理和钱其琛国务委员兼外长先后访澳。4

月，澳外交贸易部长埃文斯访华，主持了澳驻华使馆新馆启用仪式。11月，澳贸易和海外发展部长克伦来京出席两国部长级经联会第六次会议。12月，澳外交贸易部副秘书长史密斯来京参加中澳外交部官员第七次政治磋商和两国第六次裁军磋商，取消除军、警交往和军品贸易以外所有的对华限制措施。1992年澳大利亚在广州设立总领事馆。

1992年中国访澳的高级官员还有：纺织工业部副部长王曾敬，商业部长胡平，北京市副市长张健民，物资部副部长陆叙生，贸促会会长郑鸿业，江苏省副省长杨晓堂，建设部长侯捷，国务院经贸办副主任俞晓松，中国人民银行副行长周正庆，国家计委副主任房维中，机电部副部长陆燕荪，水利部副部长周文智，新闻出版署署长宋木文和国家气象局局长邹竞蒙等。澳大利亚访华的高级官员和代表团有：交通和通讯部长理查森，工业、商业和技术部长巴顿，首席大法官梅森，初级产业和能源部长克林，国家分析署署长米勒，国家审计长泰勒，初级产业和能源部秘书长杰弗·米勒，议会两院外交、国防及贸易联合委员会主席克里斯·沙赫特为团长的议员代表团，艺术、体育、环境、旅游及海外领地部长法廷，移民、地方政府和少数民族事务部秘书长康尼贝尔和昆士兰州副总理伯恩斯等。

1992年，中澳双边贸易总额为23.3亿美元。其中中方出口额为6.6亿美元，进口额为16.7亿美元。目前，中国在澳投资开办的非贸易性企业63个，投资总额达3.18亿美元，澳在中国开办的投资项目共295个，协议投资额4.13亿美元。

中华人民共和国驻澳大利亚大使：石春来。馆址：15 Coronation Drive Yarralumla, Canberra A. C. T. 2600。电话：(06) 2734780(值班室)，(06) 2734785(商务处)。传真：(06) 2411530。

澳大利亚驻中华人民共和国大使：雷涛乐(H. E. M. D. LIGHTOWLER)。馆址：北京东直门外大街21号。电话：5322331。传真：5324605。

【同美国的关系】澳政府视澳美关系为外交政策的"基石"，希望美在全球保持军事存在。虽然"澳新美条约"因新政府坚持反核政策而瘫痪，澳仍同美保持密切的盟国关系。澳允许美继续使用在澳的军事基地，表示澳所支持的南太无核区将不限制美核舰艇进入澳港口，支持美在亚太地区的军事存在。目前，美在澳仍有许多处军事和科研基地。1985～1989年澳总理霍克5次访美。1989年，美副总统奎尔作为布什总统的特别代表访澳。1991年12月底，美总统布什正式访澳。这是自1967年以来首位美国总统访澳。美是澳第二大贸易伙伴，1990年双边贸易额为175亿澳元，其中澳从美进口118亿，向美出口57亿。澳对美补贴出口农产品持批评态度。

【同日本的关系】60年代末以来，日本一直是澳最大的贸易伙伴。1988/89年度，双边贸易总额达216.1亿澳元。日在澳投资仅次于美国，居第二位。1989/90年度，日在澳直接投资49亿澳元，不动产投资45亿澳元。工党政府重视加强同日本的政治、经济关系。1984、1986、1987和1990年，澳前总理霍克4度访日。1992年9月，基廷总理访日。1988年7月，竹下登首相访澳。

【同前苏联各共和国的关系】前苏联解体后，澳宣布承认了独联体中所有的共和国为独立国家，澳已同俄罗斯建交，并将同其他共和国建交。澳是同波罗的海三国建交最早的国家之一。

【同东盟国家的关系】澳视东盟为近邻，1974年同东盟正式建立关系。澳是东盟的对话国之一。近年来，前总理霍克和外交贸易部长埃文斯曾分别访问东盟多数国家。1992年4月和9月，基廷总理分别访问了印尼和新加坡。泰国、马来西亚和新加坡总理也分别访澳。澳同东盟的贸易发展迅速。东盟已成为澳第三大贸易伙伴。1990/91年度，双边贸易额达78亿澳元。

【同朝鲜及韩国的关系】澳对朝鲜半岛局势十分关切。对朝鲜北、南双方进行对话表示欢迎。澳与朝鲜民主主义人民共和国于1974年建交，次年断交，迄今未恢复，但愿同其保持对话。澳同韩国有外交关系，政治、经济关系密切。前总理霍克曾于1984年2月和1989年1月两次访韩。韩国总理卢信永1986年3月访澳，总统卢泰愚1988年11月访澳。1987/88年度双边贸易额达28.02亿澳元。

【同南太平洋国家的关系】澳对南太平洋国家有较大影响，认为对该地区安全负有特别责任。澳倡导和缔结南太无核区条约，支持南太论坛保护渔业资源的要求，支持论坛与地区外国家举行对话。澳很重视南太地区各国的合作关系和该地区的经济发展。澳帮助南太岛国建立海上巡逻网和气象站，改善通讯设施和民航。1988年9月、1989年7月和1992年1月底，埃文斯外长3次访问南太岛国，强调澳重视南太地区，将继续致力于发展同南太各国的关系，把南太岛国作为今后的重点援助对象，并把对南太地区的援助保持在现有的水平。

（杨世祥）

巴布亚新几内亚

国名 巴布亚新几内亚独立国(The Independent State of Papua New Guinea)。

面积 461893平方公里。

人口 390万(1989年)。98%属美拉尼西亚人,密克罗尼西亚人、波利尼西亚人和华人占1%,白人占1%。官方语言为英语,皮金语较为流行,地方语言700余种。巴布亚多讲莫土语,新几内亚多讲皮金语。居民中93%为基督教徒,传统拜物教也有一定影响。

首都 莫尔斯比港(Port Morsby),人口17万(1987年)。

国家元首 英国女王伊丽莎白二世。女王任命总督为其代表。总督维瓦·科洛韦爵士(Sir Wiwa Korowi),1991年11月18日就任。

简 况

位于太平洋西南部。西与印度尼西亚的伊里安查亚省接壤,南隔托雷斯海峡与澳大利亚相望。属美拉尼西亚群岛。全境共有600个岛屿。海岸线全长8300公里。海拔1000米以上属山地气候,其余属热带雨林气候。沿海地区平均温度21.1~32.2℃,山地比沿海低5~6℃。新几内亚高地早已有人定居。1511年葡萄牙人发现新几内亚岛。18世纪下半叶,荷兰、英国、德国殖民者接踵而至。1906年英属新几内亚交澳大利亚管理,改称澳属巴布亚领地。德属部分在第一次世界大战中被澳军占领,1920年12月17日国际联盟委托澳管理。1949年澳将原英属和德属两部分合并为一个行政单位,称"巴布亚新几内亚领地"。1975年9月16日独立。迈克尔·索马雷为首任总理。1988年7月拉比·纳马柳任总理。

政 治

在1992年7月举行的大选中,人民民主运动党领袖温蒂联合其他几个党,击败纳马柳,出任总理。新政府强调优先发展农、林、渔业,加快矿产、能源和旅游业的发展,放宽吸收外资政策,改善投资环境。制定"肃贪廉政"等措施,改善政府形象。奉行各国和平相处、互相尊重国家主权和领土完整的对外中立政策。

【宪法】现行宪法于1975年8月15日制定,同年9月15日生效。

【议会】一院制。议员108人,任期五年。本届议会于1992年7月选出,议长比尔·斯凯特(Bill Skate)。

【政府】1992年7月产生,内阁由27人组成,主要成员:总理派亚斯·温蒂(Paias Wingti),副总理兼财政部长朱利叶斯·陈(Julius Chan),外交部长约翰·卡普廷(John Kaputin),贸易和工业部长大卫·梅(David Mai),农业和家畜部长罗伊·埃瓦拉(Roy Evara),劳工就业部长卡斯坦·梅巴瓦(Castan Maibawa),教育部长安德鲁·贝英(Andrew Baing),内务、体育和青年部长安德鲁·波塞(Andrew Posai),国防部长保尔·托西安(Paul Tohian),司法部长菲利蒙·恩贝尔(Philemon Embel),教养事务部长约翰·坎恩普(John Kamp),矿产与石油部长马斯凯特·扬加柳(Masket Iangalio)。

【司法机构】设有最高法院(又称上诉法院)、国家法院和地方法院。

【政党】全国政党较多,在议会注册的有11个。主要为:

(1)人民民主运动党(People's Democratic Movement):执政党。1985年成立。由潘古党中分裂出来的成员组成。该党对内强调优先发展农、林、渔业,对外奉行中立政策。领袖派亚斯·温蒂。

(2)巴布亚新几内亚联盟党(Papua and New Guinea Union Party):简称潘古党(Pangu Party)。在野党,1966年成立。注重"民族化"政策,对外奉行"有选择的外交政策"。领袖杰克·吉尼亚(Jack Genia)。

其他主要政党还有美拉尼西亚联合阵线、人民行动党、人民进步党、美拉尼西亚联盟、民族党、巴布亚党、民族促进联盟、同乡党、自由党等。

【重要人物】维瓦·科洛韦:总督。1948年7月7日生于高地省,信仰基督教。当过教员,后去澳大利亚国立大学进修国际法与外交实践专业。曾任巴新驻欧共体二秘。1977~1991年连续3届当选巴新议会民族党议员,先后任卫生部长、公共设施部长、矿业能源部长等职。1991年11月出任第六任总督。有子女6人。

派亚斯·温蒂:总理、人民民主运动党领袖。1951年2月2日生于高地省会哈根山。1972~1975年在巴新大学政治经济系学习期间,曾任学生会主席和巴新—中国友好协会主席。1977年当选议员,并任运输部长、执政党议会召集人、副总理兼国家计划部长、副总理兼教育部长等职。1985年3月18日温辞去政府职务,并当选为议会反对党领袖。同年11月出任总理,1987年8月连任。1988年7月下野后为反对党领袖。1992年7月大选中获胜,再次出任总理。

经 济

经济落后,大部分居民仍过着自给自足的原始部落生活。经济以农业为主,工业除矿业外,其他方面发展缓慢,航空业发展较快。

国内生产总值(1992年):38.476亿基那。

人均国内生产总值(1992年):1040基那。

国民经济增长率(1992年):8.5%。

货币名称:基那。

汇率(1992年):1美元=1基那。

失业率(1992年):约30～40%。

通货膨胀率(1992年):4.5%。

【资源】矿藏丰富,铜矿储量9.44亿吨,铜金共生矿储量约4亿吨。此外还有富金矿、铬、镍、铝矾土、海底天然气和石油等资源。森林资源丰富,但多为天然热带雨林,覆盖面积达40万平方公里,可采林区15万平方公里。林木总蓄积量约29亿立方米,可采蓄积量为5亿立方米。

【工业】工业产值占国民经济总值的10%,主要为矿业,大部分产品出口。1991年主要工业产品产量:精炼铜18万吨,银100吨,金55吨,棕榈油16.5万吨,发电量14亿度。

【农业】农业是国民经济的支柱,农业产值占国内生产总值的40%,可耕地面积占全国土地5%。农业人口占全国人口的87%。巴新是南太平洋最大的椰油和椰干生产国,椰干出口仅次于印尼。1992年主要农产品产量(单位:万吨):椰干4.7,可可豆3.7,咖啡4.7,天然橡胶0.26。

1978年宣布200海里经济区后,巴新的捕鱼区达130万平方公里。渔业资源丰富,盛产金枪鱼、对虾和龙虾。金枪鱼年捕鱼量约10万吨,出口3万吨。各种鱼出口共2346吨。

【旅游业】旅游业在国民经济中有一定地位。1987年和1988年分别接待外国游客34977人和40529人,游客以澳、美、英、日、新西兰人为主。

【交通运输】以公路交通为主。

公路:总长23600公里,1987年注册车辆4.5万辆。

水运:共有商船约300艘(1985年);主要港口有莫尔斯比港、莱城和腊色尔等16个港口;1987年国际海运装货262.3万吨,卸货186万吨。

空运:有国营新几内亚航空公司和与澳大利亚合营的塔莱尔国内航空公司;主要机场有莫尔斯比国际机场和莱城机场,此外还有注册机场450个,平均每7110人一个机场;1986年客运量5.28亿人公里,货运量890万吨公里。

【财政金融】近两年财政预算情况如下(单位:亿基那):

	1992	1993
总收入	11.944	13.309
总支出	13.8	14.926
赤　字	1.856	1.617

1992年外汇储备4亿美元左右,内外债总额达31亿基那。

【对外贸易】外贸在经济中占重要地位。外贸情况如下(单位:亿基那):

	1990	1991
进口额	10.57	13.35
出口额	11.21	12.40
差　额	0.64	-0.95

主要出口铜金矿砂、木材、椰干、椰油、可可、咖啡、棕榈油、橡胶等初级产品。主要进口食品、饮料、纺织品、化工产品、燃料油及机械运输设备。主要贸易对象有日本(占出口总额30%,进口总额15%)、德国(占出口总额21.3%)、澳大利亚(占出口总额8.4%,进口总额40%)、英国、新加坡、美国等。

【外国资本】外资总额约10亿基那,澳大利亚资本达9亿多基那,日资约1亿基那。巴新工、矿、林、农、渔各业几乎均为澳、日、英、美各国资本所控制。

【外国援助】自1976年以来,巴新的外援主要来自澳大利亚,澳援占全部外援的60%。提供援助的还有新西兰、日本、美国、英国、韩国、欧洲共同体、联合国开发署、世界银行、亚洲开发银行和美洲银行等。

人民生活

全国有医疗中心184个,分中心236个。

军　事

巴新军队创建于1940年,与澳大利亚签有防御合作计划。总兵力为3750人。1992年度国防开支6000万基那,同时接受澳大利亚军援3200万基那,合计占国家预算总额的5%左右。

文化教育

【教育】初级教育6年,中级教育4～6年,有官办和民办两种学校。国家制定了五年教育计划,以发展教育事业。每年教育经费占财政预算的15%以上。文盲占全国人口的一半。著名高等学校是巴布亚新几内亚大学。近年学校及学生情况如下:

	学校(所)	学生(人)
小学	2437	377000
中学	121	50650
大学	2	近万人

【新闻出版】主要报刊有:《巴布亚新几内亚集合邮报》、《新几内亚新闻》、《巴布亚新几内亚时报》和《同乡报》。

巴布亚新几内亚国际通讯社:官方通讯社。

巴新国家广播委员会:成立于1973年,现经营两套全国性广播节目,均用英语播出。另外19个地方电台用十几种地方语言广播。

EMTV电视台是全国唯一的电视台,创建于1987年,为私营企业。

对外关系

对外奉行中立政策,强调同南太地区及东南亚邻国的合作关系。认为法国应使新喀里多尼亚早日独立。反对在南太平洋地区试验、获得、储存、发展、制造和使用核武器,主张建立南太无核区。1992年5月,巴新被接纳为不结盟运动组织的正式成员。已同69个国家建立外交关系。

【同我国的关系】1976年10月总理索马雷访华，于同月12日与我建交。建交后，两国领导人时有互访。巴新几任副总理和多名部长访华。两任议长、议员团、青年、新闻和学生代表团也曾先后访华。1991年4月纳马柳总理、5～6月艾里总督先后访华。纳访华时，同我签订了新的经济技术合作协定和双向投资保护协定。李先念副总理和胡耀邦总书记分别于1980年5月和1985年4月访问巴新。两国签有技术合作的谅解备忘录、技术合作协定和关于向巴新提供贷款的协定。1991年9月，中国政府代表团访巴新，出席我援建的约翰·盖斯体育中心启用仪式和巴新独立16周年庆典。

中国驻巴布亚新几内亚特命全权大使：王弄笙。馆址：Sir John Guise Drive, Waigani, Papua New Guinea, P. O. Box 1351, BOROKO, PNG。电话：(675) 259836（值班，办公室），(675) 251190（商务处）。传真：(675) 258247。

巴新驻中国大使：拉里·胡洛（Larry Hulo）。馆址：塔园外交人员办公楼2单元11层2号。电话：5324312，5324709。

【同澳大利亚的关系】近年来，巴新政府强调减少对澳的依赖。1989年5月，巴新总理纳马柳同澳总理霍克签署了一项为期五年、澳向巴新提供15亿澳元的发展合作条约。两国同时还签署了双重税制条约。同年8月，澳在巴新莱城开设总领馆。1990年澳总理霍克访问巴新，1992/93年度，巴新将从澳大利亚得到2.59亿澳元预算援助，项目援助为4600万澳元。1991年9月巴新总理纳马柳访澳。1992年4月，澳总理基廷和夫人访巴新，参加澳新军团日50周年庆祝活动，澳反对党领袖休森也应邀参加该活动。1992年8月、11月巴新副总理兼财长朱利叶斯·陈两次访澳。

【同新西兰的关系】新西兰平均每年向巴新提供50万基那的赠款。1989年11月，新西兰向巴新林业项目赠款40万基那。1990年新西兰参与调停巴新的布干维尔危机。1991年12月，巴新总理纳马柳访问新西兰，并同新西兰总理博尔格举行了会谈，双方签署了发展合作协定，新向巴新提供500万新元的发展项目援助。

【同美国的关系】1990年纳马柳总理3次访美。美国一公司已申请在巴新开发油田。两国的军事合作也逐渐增多。巴新同意美军舰在其港口停靠，并允许美核舰在特殊情况下经磋商后停靠巴新港口。1989年4月，两国就签订《经济发展合作协定》举行了首轮谈判。美国支持南太地区有关国家提出的关于禁止漂网捕鱼的倡议。

【同独联体国家的关系】1992年4月8日纳马柳总理发表声明，承认独联体。1992年8月，卡普廷外长宣布，俄罗斯由于经济原因，关闭驻巴新大使馆。

【同南太平洋其他岛国的关系】1988年3月，巴新、所罗门群岛和瓦努阿图3国总理在瓦努阿图首都签署了美拉尼西亚族三国"先锋集团"合作原则声明及公民互免签证协议。1991年12月纳马柳总理对新喀里多尼西进行首次访问，支持新喀于1998年实现政治独立。1990年，巴新布干维尔铭记岛"革命军"宣布脱离巴新，成立"布干维尔共和国"，并得到所罗门群岛政府的支持，巴新与所关系因此恶化。1992年7月，温蒂政府上台后，两国关系曾一度缓解，但所继续支持布军，巴新与所的关系又趋紧张。

【同东盟国家的关系】加强与东盟国家的关系是巴新对外工作的重点之一。近年来，巴新外长一直以观察员身份出席东盟外长会议。1987年6月，东盟外长会议同意巴新成为东盟和睦与合作条约签字国。巴新与印尼和马来西亚有技术合作和人员培训协定。1987年3月，巴新和印尼签订相互尊重、友好和合作条约。1989年9月，巴新外长索马雷出席了巴新驻印尼佳亚普拉总领馆的开馆仪式。1992年8月，印尼外长阿拉塔斯访巴新，并出席印尼驻巴新瓦尼莫领馆的开馆仪式。1992年新加坡外长访巴新，双方商讨了有关技术合作、航空服务以及签署投资促进和保护协定等事宜。

【同日本的关系】近年来，两国关系发展较快。索马雷外长、财政与计划部长波拉、环境与保护部长吉姆·韦姆先后访日。1990年总督艾里访日，出席日本天皇登基仪式。日本外相仓成、厚生大臣津岛雄二等也分别访巴新。日本已成为巴新产品的最大出口国。从日本进口的产品占巴新进口总额的18%，仅次于澳大利亚。日本在巴新投资总额为2亿多基那，是巴新第二大经援项目提供国。1974年至今，已累计提供了4亿多基那的项目援助。

【同韩国的关系】1989年12月，韩国与巴新签订贷款谅解备忘录，由韩国政府向巴新提供3000万基那贷款以修建公路。1989年巴新与韩国双边贸易总额已近2亿基那。1990年7月，巴新外长索马雷访问韩国。

【同西欧国家的关系】巴新是英联邦成员，英国每年向巴新提供10万美元左右的援助。英在巴新布干维尔铜矿、德国在巴新奥克特迪铜矿都有较大的投资。1989年9月，与德国签订向巴新提供230万基那的优惠贷款协议。德国总共已向巴新提供了1.3亿马克援助，其中2000万为赠款，4000万为优惠贷款。

【同欧共体的关系】1991年3月，巴新外长索马雷与欧共体驻巴新代表签署贷款协定。该协定规定欧共体决定向巴新提供1.1亿基那贷款。1992年3月，欧共体宣布，据洛美协定，欧共体向巴新提供的总额为9600万基那贷款均改为赠款，巴新不须再偿还过去15年的有关贷款。

（张冬莲）

北马里亚纳群岛自由联邦

名称　北马里亚纳群岛自由联邦(The Commonwealth of the Northern Mariana Islands)。

面积　475平方公里。

人口　43345人(1990年),多数属密克罗尼西亚人种,另有少数西班牙人、德国人和日本人。通用英语。信奉基督教。

首府　塞班岛(Saipan Island),人口39090人。

总督　洛伦佐·迪利昂·格雷罗(Lorenzo I. De Leon Guerrero),1989年就任。

简　况

位于北太平洋,由17个岛屿组成,其中只6个岛有人居住。塞班岛最大,人口最多。属热带气候,年均气温27℃,3500年前就有人居住。1521年被葡萄牙航海家麦哲伦首次发现。1565年被西班牙占领。1899年西班牙将北马里亚纳群岛卖给德国。一次大战爆发后,被日本占领,二次大战期间被美军攻占。联合国于1947年将北马里亚纳交美国托管,与帕劳、密克罗尼西亚、马绍尔群岛构成美太平洋岛屿托管地的4个政治实体。1972年与美就未来政治地位进行谈判。1975年同美签署《自由联邦条约》,并于同年6月公民投票通过了该条约。根据该条约,北马里亚纳在政治上同美国合并,享有一定的内政自主权,但外交、国防由美国负责。1986年11月美国总统宣布北马里亚纳为美国的一个自由联邦。

政　治

1990年12月,联合国安理会通过终止部分太平洋托管领土托管协定的决议,结束北马里亚纳的托管地位,北马里亚纳正式成为美国的一个自由联邦。

【宪法】1978年1月实施自由联邦宪法,地方政府实行行政、立法和司法三权分立。国家元首是美国总统。总督和副总督主持政府。

【议会】分参、众两院。

【司法机构】分美地区法院和自由联邦审判院。

经　济

主要依靠美国的财政援助。根据其与美国签订的1986～1992年财政协定,美向其提供2.28亿美元的财政援助。同时,其还可享受美向各州提供的联邦资助。1989年全岛生产总值为5.12亿美元。通用美元。

【农业】主要生产咖啡、可可豆、水果和烟草等。渔业资源丰富。

【旅游业】重视发展旅游业,是其主要外汇收入来源,约占工业生产总值的37%。

【交通运输】海上交通方便,塞班、洛塔和提尼安3个岛上都有港口。

文化教育

【教育】1986/87年度在校学生6050人,有中小学30所,其中14所为私立学校。有一所技校。

【新闻出版】有《自由联邦观察家》和《马里亚纳面面观》两种周刊。有广播电台和电视台。　(易　初)

帕劳共和国

名称　帕劳共和国(The Republic of Palau),又称贝劳(Belau)。

面积　458平方公里。

人口　15122人(1990)。人口增长率0.7%。多属密克罗尼西亚人种。通用英语。信奉基督教。

首府　科罗尔(Koror)。

国家元首　总统中村邦夫(Kuniwo Nakamura),1993年1月就任,任期4年。

简　况

位于西太平洋,关岛以南700英里处,属加罗林群岛,是太平洋进入东南亚的门户之一。由200多个火山型和珊瑚岛屿组成,其中只有8个岛有常住居民。属热带气候,年均温度27℃。4000年前就有人居住。1710年被西班牙探险家发现,但直至18世纪末欧洲人才开始涉足这一地区。1885年被西班牙占领,1898年被西卖给德国。一次大战中被日本占领,二次大战期间被美国攻占。联合国于1947年将其交美国托管,与密克罗尼西亚联邦、马绍尔群岛和北马里亚纳群岛构成太平洋岛屿托管地的4个政治实体。1969年,帕劳开始就未来政治地位同美国谈判,并于1982年8月与美签订《自由联系条约》,但由于该条约在多次公民投票中均未达75%的法定多数而未获通过。目前,帕劳仍为美的托管地。

政　治

【议会】由参、众两院组成。参院有14名参议员,众院有16名众议员。

【政府】总统和副总统经普选产生，任期4年。

【司法机构】分最高法院、全国法院和下属法院3级制度。

经　济　经济落后，仅能生产一些最基本的粮食。产椰子、甘蔗、菠萝，渔业资源丰富。1984年帕有外国投资公司42家，1985年有外籍工人520名。流通货币为美元。

【农业】1985年农业产值为124581美元。

【旅游业】注意发展旅游业，是其一部分外汇收入来源。1985年游客为12092人，旅游收入380万美元。

【交通运输】境内有机场、港口和卫星通讯系统。全国有公路22.5公里。1985年有1700辆机动车。

【财政金融】严重依赖美国援助。1985年政府预算支出为2682万美元，其中1627万美元为美国援助。

人民生活　当地工人年均收入约为3880美元。有一所医院和13所诊疗所。1984年有148名医生，132名护士。

文化教育　【教育】有小学25所，中学1所。1985年在校学生总数为3345人。

【新闻出版】主要报纸有《帕劳报》，官方周刊。有广播电台和电视台，电视节目主要转播美国节目。

（易　初）

法属波利尼西亚

名称　法属波利尼西亚(French Polynesia)。

面积　4200平方公里。

人口　199031人(1991年6月)。其中77%为波利尼西亚人，其他为欧裔和华裔。讲塔希提语，官方语言为法语。居民中约有55%的人信奉基督教。

首府　帕皮提(Papeete)，人口23496人(1983年)。

高级专员　让·蒙珀扎特(Jean Montpezat)，1987年11月10日就任。

简　况　位于太平洋东南部，由社会群岛、土阿莫土群岛、甘比尔群岛、土布艾群岛、巴斯群岛、马克萨斯群岛和腊帕岛等组成。位于社会群岛的塔希提岛最大，岛上有火山和泻湖。属热带雨林气候。年平均气温27℃。公元300年由当地波马雷王朝统治。1521年麦哲伦航行到此。1842年塔希提岛成为法国保护地，1880年沦为殖民地。至19世纪末其他岛屿亦被并入。1957年成为法海外领地，正式命名为现名，由总督管理，领地大会和政府委员会协助其工作。1977年7月，法国同意法属波利尼西亚内部自治。法国保留外交、防务、财政和司法权，政府委员会权力有所增强。高级专员取代总督成为行政首脑。1984年9月，法国议会授予领地政府更大的权力。政府委员会被部长会议所取代，主席由领地大会选出，加斯通·弗罗塞为首任主席，并于1986年4月连任。

政　治　1987年2月雅基·托伊拉接任部长会议主席。12月8日在领地议会中被击败后辞职。翌日前政府经济、旅游和海运部长亚·里昂蒂耶夫当选主席。1991年加斯通·弗罗塞当选为部长会议主席。

【议会】领地议会为领地权力机构，由41名选举议员组成，任期5年。领地议会选出至少由5～12人组成的部长会议。本届议会是1991年3月17日选举产生，主席埃米勒·沃瑙顿(Emile Vernaudon)。议会的41个议席中，有24席为共和党占有，其余各政党只占有17席。法属波利尼西亚还选出1名参议员和2名众议员参加法国议会。领地议会以下，每岛或每一市区有一个市政委员会，即地方政府。共有48个委员会，970名委员。法国派出的高级专员代表法国直接对领地重大问题实施控制。

【政府】称部长会议，由主席和若干名部长组成，负责处理行政事务，任期5年。本届部长会议于1991年4月组成，加斯通·弗罗塞(Gaston Flosse)任部长会议主席，其他主要成员：社会福利、就业、职业培训和劳工部长马克·马马图阿阿胡塔普(Marc Maamaatua-iahutapu)，教育和技术培训部长雷蒙·凡·巴斯托拉尔(Raymond van Bastolaer)，财政和行政改革部长帕特瑞克·佩奥西勒(Patrick Peaucellier)，发展、能源、工程、住房计划和港务部长加斯通·唐桑(Gaston Tong-Sang)。

【司法机构】分初审法庭、诉讼法院和高等法院。一般案件由初审法庭和诉讼法院审理。

【政党】主要政党有：

(1)共和党(The Tahoeraa Huiraatira Party)：执政党，与法国保卫共和联盟关系密切。领袖加斯通·弗罗塞。

(2)普普党(Pupu Here Aia)：第二大党，主张建立与法国保持密切关系的波利尼西亚国。领袖让·优文钦(Jean Juventin)。

(3)马那党(La Mana Te Nunaa)：主张完全独立。总书记雅克基·德罗赖特(Jacques Drollet)。

(4)波利尼西亚解放阵线党(Polynesia Liberation Front Party)：主张独立，反对法国核试验。领袖奥斯卡·特马茹(Oscar Temaru)。

(5)指引之光党(Te Tiarama):领袖亚历山大·里昂蒂耶夫。

其他还有:联合阵线党、新陆地党等。

【重要人物】加斯通·弗罗塞:部长会议主席、共和党领袖。法国后裔,生于塔希提岛。有25年从商和从政的历史。1984年任法属波利尼西亚部长委员会主席,1987年2月辞职。1986年被任命为法国海外省和海外领地部负责南太平洋事务的国务秘书。1991年4月任部长会议主席。 **亚历山大·里昂蒂耶夫**:前部长会议主席。他是两名参加法国议会的法属波利尼西亚的代表之一,曾任法属波利尼西亚部长委员会的经济、旅游和海洋事务部长。

经　济

旅游业是经济的主要支柱。工农业虽有些产品,但数量有限。主要收入来源靠法国援助。1990年法援助6.78亿美元。为发展经济和促进法属波利尼西亚地区化,法政府已拟定一项1989～1993年经济和社会发展五年计划,1989年底开始实行。

国内生产总值(1989年):2850亿太平洋法郎。

人均国内生产总值(1989年):148.1万太平洋法郎。

货币名称:太平洋法郎。

汇率(1991年9月30日):1美元=102.95太平洋法郎。

通货膨胀率(1990):1.5%。

失业率(1990):15%。

【资源】海洋渔业资源丰富,产鱼和珍珠贝。1986年发现有开采价值、品位较高的钴矿。

【工业】有椰油厂、啤酒和饮料厂、发电厂、食品厂等小工厂。1987年产椰油9104吨,1990年发电(塔希提岛)2.906亿度。

【农业】主要农产品有椰干、蔬菜、水果、香草和咖啡。畜产品有牛奶、牛肉和猪肉等。1986年产蔬菜4833吨、水果7657吨。1988年产椰子15万吨、香草26吨、咖啡4吨。畜产品产量:牛奶2000吨、猪肉1177吨、鸡蛋27972吨。1989年捕鱼3344吨。1990年牲畜存栏数:牛7000头、马2000匹、猪32000头、羊14000只。

【旅游业】旅游业发达。政府对发展旅游业十分重视,1989年有旅馆住房4000间。1990年接待外国游客132361人。

【交通运输】陆路运输主要靠汽车。

公路:总长792.2公里,其中1/3为柏油路面,2/3为石头路面;1987年注册车辆54979辆。

水运:主要港口是帕皮提,远洋轮定期停泊于此。1986年国际航运旅客1014人,货运68.41万吨;国内航运旅客416335人,货运34.7万吨。

空运:法阿机场是唯一的国际机场,还有约40个较小的简易机场;1987年国际航线运送旅客391519人次,运送货物8535吨;国内航线运送旅客384604人次,运送货物586吨。

【对外贸易】主要进口商品为谷类食品、石油产品、金属制品等;出口产品为椰油、香草、水果和珍珠贝等。主要进口国是法国、美国、新西兰、澳大利亚、新加坡和欧洲经济共同体等。外贸逆差颇大,1990年外贸逆差达809.16亿太平洋法郎。

军　事

法国驻军5000人,并在穆鲁罗瓦岛和方阿陶法岛建有核试验场,自1966年以来一直进行核试验。1975～1987年中进行了90多次地下核试验。尽管澳大利亚和新西兰提出强烈抗议,1987年法国仍宣布继续进行核试验。

文化教育

【教育】实行8年义务教育(6～14岁)。有小学239所(其中公办的223所),小学生约4万人;中学34所(其中公办的24所),中学生约1.5万人;中专学生3000多人。师专1所,学生约120人。教师共有3215人。1983年有200名学生享受奖学金留学法国和其他国家。1987年开办了太平洋大学。

【新闻出版】有法文日报《塔希提电讯报》和《新闻报》等。《塔希提公报》以英、法两种文字出版,日报。世界上一些主要的通讯社如法新社、美联社、路透社和合众国际社等在法属波利尼西亚派驻记者。

塔希提电台由法国广播电台海外军事部管理。据估计,1988年有8万台收音机和3.5万台电视机(其中彩电3万台)。

(张冬莲)

斐　济

国名　斐济共和国(The Republic of Fiji)。

面积　18333平方公里。

人口　746326人(1991年)。其中48.9%为斐济族人,46.2%为印度族人。官方语言为英语、斐济语和印地语,通用英语。51%的人信奉基督教,40%信奉印度教,8%信奉伊斯兰教。

首都　苏瓦(Suva),人口7.5万(1990年)。

国家元首　总统佩纳亚·加尼劳(Penaia Ganilau),1987年12月就任,1992年4月连任。

简 况

位于西南太平洋中心，由332个岛屿组成，其中106个有人居住。多为珊瑚礁环绕的火山岛，主要有维提岛和瓦鲁阿岛等。属热带海洋性气候，常受飓风袭击。年平均气温24～30℃。斐济人世居于岛上。19世纪上半叶欧洲人开始移入。1874年10月沦为英殖民地。1879～1916年，大批印度人作为英国的合同工到此种植甘蔗。1970年10月10日独立，为英联邦成员。独立以来长期由卡米塞塞·马拉为首的联盟党(以斐济族为主)执政。1987年兰布卡发动政变后改称斐济共和国。同年12月原总督加尼劳被任命为总督，马拉出任总理并组成临时政府。

政 治

1992年5月，斐济举行自1987年军事政变以来的首次大选，恢复了议会制度。大选结果，以兰布卡为主席的政治党同一般选民党和独立人士组成联合政府。兰布卡总理对内提出建立由各政治党派参加的民族团结政府，对外执行与所有国家友好的政策。

【宪法】1987年9月第二次军事政变后，废除了1970年颁布的独立宪法。1990年7月25日新宪法生效。已成立各党议员组成的联合议会委员会讨论修宪问题。

【议会】新宪法规定议会设两院——酋长院(参议院)和代表院(众议院)，任期均为4年。参院有34席，其中24席由大酋长委员会推荐，总统批准，10席由总统指定(其中1席由罗图马委员会推荐)。众院70席，其中斐族人37席，印度族27席，罗图马人1席，其他族5席。两院均设正、副议长职位。参议长：图阿基陶·索卡纳乌托(Tu' Uakitau Cokanauto)；众议长：阿佩尼萨·库里桑吉拉(Apenisa Kurisagila)。

【政府】本届政府于1992年6月组成。西蒂维尼·兰布卡(Sitiveni Rabuka)任总理兼内政、移民部长，其他主要成员有：副总理兼外交、外贸部长菲利普·博列(Filipe Bole)；副总理兼斐济事务和地区发展部长蒂莫西·瓦西库拉(Timoci Vesikula)；财政和经济计划部长保罗·玛努埃利(Paul Manueli)；贸易、工业和旅游部长哈罗德·鲍威尔(Harold Powell)。

【司法机构】设上诉法院、最高法院和地方法院。最高法院由首席法官和不多于7名法官组成。首席法官为上诉法院院长蒂莫西·图伊旺加(Timoci Tuivaga)。

【政党】主要政党有：

(1)斐济政治党(Fijian Political Party)：执政党。1990年6月斐济大酋长委员会会议宣布成立，其基础系原联盟党的主体——斐济人协会，主要代表斐济族人的利益。1991年10月，该党首次代表大会上，兰布卡少将当选主席。

(2)民族联合党(National Federation Party)：1962年由当时的联合党和民族党合并组成，主要成员为印度族人，代表印度族工商业者和蔗农的利益。1986年12月与工党结盟，仍为斐主要反对党。主席巴尔万特·辛格·拉卡(Balwant Singh Rakka)。

(3)工党(Labour Party)：成立于1985年7月，为多民族政党，由蔗农、知识分子和青年组成。主席蒂莫西·巴万德拉(Timoci Bavadra)。1986年12月与民族联合党联盟，由巴万德拉任领袖，1987年4月大选获胜执政，不久即被军事政变推翻，1989年11月，巴逝世，由其遗孀接任领袖。主席乔卡佩西·科罗伊夫人(Mrs. Jokapeci Koroi)。

【重要人物】佩纳亚·加尼劳：总统，斐4大酋长之一。生于1918年，斐济族人。二次大战期间在斐军服役当军官，战后进英国牛津大学学习两年，后返斐任行政官员。1953年重返军界，赴马来西亚服役，晋升营长。1957年曾任斐殖民政府立法委员会和执行委员会委员。1970年斐独立后，历任工程、交通、旅游、内政部长和副总理等职。1983年2月出任总督。1987年12月被任命为斐济共和国总统。 **卡米塞塞·马拉**(Kamisese Mara)：第一副总统，斐第四大酋长。1920年5月生于劳群岛的拉肯巴岛。早年曾在新西兰和英国攻读医学和经济。1950年后历任县长、大行政区专员和立法委员会委员。1965年组建联盟党。1967～1970年任斐济首席部长。1970～1987年4月任总理。斐军事政变后，于1987年12月出任临时政府总理。1992年7月出任第一副总统。 **西蒂维尼·兰布卡**：总理。生于1948年9月13日。曾在斐济维多利亚女皇学校、惠灵顿和印度的武装部队参谋学院学习。1968年加入斐济皇家武装部队。1980年晋升为中校，在尤尼菲尔总部任安全计划与作战军官。1981年被授予帝国勋章。1987年晋升为上校，任斐济武装部队司令，同年晋升为准将。1992年6月任政府总理。

经 济

南太平洋岛国中经济较好的国家，其经济构成是：农林、渔业产值占19.6%，工业占21.1%，交通运输占10.2%，服务业占49.1%。糖业和旅游业是国民经济两大支柱。糖生产占农业产值的一半和出口总值70%。政府重视发展农业，扩大制造业和加工业，发展林业，开发海洋资源。兰布卡政府积极发展外向型经济。继续执行免税工厂和免税区的政策，并采取了一些促进投资的新措施，将进口关税由30%降为约25%。减少政府对经济的直接干预。对斐族人兴办的企业实行特殊优惠措施。

国内生产总值(1990年)：18.6亿斐元。

人均国民生产总值(1990年)：2565斐元。

国内生产总值增长率(1991年)：－0.4%。

货币名称：斐济元。

汇率(1991年)：1斐元＝0.677美元。

通货膨胀率(1991年)：6.5%。

【资源】热带雨林覆盖面积85万公顷，约占全国土地面积的一半，有开采价值的约25万公顷。有一个金矿,年出口值约24万斐元。还有少量铜、银资源,铝矾土、石油资源在勘探中。渔业资源丰富,盛产金枪鱼。

【工业】以榨糖为主,其次是椰子加工、木材加工和黄金开采。除蔗糖外,加工工业产值约占国内生产总值的10%。主要工业产品产量如下:

	1988	1989	1990
糖(万吨)	36.3	46.1	40.8
原木(万立方米)	18.8	16.2	
黄金(公斤)	4273	4222	3921

(资料来源:澳大利亚国际发展援助局《斐济经济》)

近年来,服装业发展较快。1985年,服装出口不足100万斐元,1991年已达1.31亿斐元。

【农业】可耕地面积85万英亩,主要产甘蔗、椰子、香蕉等。甘蔗产值占国民生产总值7%。小麦全靠进口,大米能自给70%。近年来斐政府努力发展多种经营,推广水稻种植。主要农产品产量如下(单位:万吨):

	1988	1989	1990
甘蔗	318.5	409.9	401.6
稻米	3.1	3.2	3.2
椰油	0.7	0.8	1.2
可可	0.024	0.037	0.040

(资料来源:同上)

【旅游业】旅游业收入居国民经济第二位。1991年外国游客25.9万人,收入2.5亿斐元。游客主要来自澳大利亚和新西兰,近年日本游客增加相当快。

【交通运输】斐济为南太地区交通枢纽。首都苏瓦系重要国际海港,可泊万吨轮。楠迪机场可起降波音747等大型客机。斐国内以公路运输为主,十分便利。

公路:总长3300公里(沥青路面400多公里);1989年注册机动车80139辆。

铁路:总长725公里(窄轨),用于运输甘蔗。

水运:注册商船747艘;苏瓦、楠迪、劳托卡、莱维卡为斐济重要国际港口。

空运:斐济太平洋航空公司系国际航空公司,拥有5架飞机,飞往东京、悉尼、奥克兰、瓦努阿图、图瓦卢、汤加、所罗门等地;1987年抵离旅客46.7万人次,中转旅客15.87万人次。

【财政金融】1990年政府财政支出5.4亿斐元,收入5.35亿斐元,赤字500万斐元。1992年8月外汇储备4.58亿斐元。1991年外债约占国民生产总值的18.8%。

【对外贸易】长期入超。主要出口到英国(占34.9%)、澳大利亚、新西兰、美国。出口品种构成:糖39.7%,服装23.6%,黄金8%,鱼8%。进口主要来自澳大利亚(29%)、新西兰、日本、美国、新加坡。进口以燃料油、运输设备、化工产品、食品等为主。进出口情况如下(单位:亿斐元):

	1989	1990	1991
出口额	5.72	7.64	6.31
进口额	9.38	10.15	8.28
差　额	−3.66	−2.51	−1.97

(资料来源:同上)

【外国资本】外资控制了斐济经济命脉。国内市场商业网点主要操纵在两家澳大利亚跨国公司手中。银行、保险、海运、电讯、石油产品经营等亦为外资所控制。

【外国援助】外国援助主要来自澳大利亚、新西兰、英国、美国、日本、欧洲经济共同体和联合国。1989年达5212万斐元。1990年为4230万斐元。

军　事

斐只有陆军和海军,1990年军队编制为5015人。斐在黎巴嫩和西奈半岛等地派出1300人的兵力。海军250人,装备有7艘舰艇,其中3艘为海洋巡逻艇。1990年国防预算1937万斐元。

文化教育

【教育】文教事业在南太平洋岛国中较发达。实行免费教育。每年教育经费约占政府总预算支出的17.6%。学龄儿童入学率近100%。全国有大学1所(南太平洋大学)。1987年各级学校数及学生、教师人数情况如下:

	学校(所)	学生(人)	教师(人)
小学	700	136567	4436
中学	141	43942	2646
师范学校	3	205	34
技校	37	2518	212

【新闻出版】主要报刊有:英文版《斐济时报》,发行量为3.5万份;《每日邮报》,发行2万份;《太平洋岛屿》,月刊。

主要电台有斐济电台一台和二台,均用英语、斐济语和印地语广播。

对外关系

主张同所有国家发展关系,继续保持同西方国家的传统关系;积极发展同邻国的关系;重视保护和促进斐在国外的经济利益。将外交政策的重点从传统依赖澳大利亚和新西兰转向东南亚国家和地区,谋求发展贸易关系和寻求外援和投资的多样化。正寻求以观察员身份参加东盟组织的对话。已同66个国家建交,在8个国家设有使馆。

【同我国的关系】中斐1975年11月5日建交。1990年4月,马拉总理第三次正式访华,签署了经济技术合作协定。1991年4月,斐总统加尼劳访华,此前中斐外交部官员举行了首次磋商。1992年6月,李鹏总理对斐进行友好访问;8月,彭冲副委员长访斐;9月,斐军队司令爱佩利·加尼劳访华。

中国驻斐济大使:华君铎。馆址:147 Queen Elizabeth Drive, Suva, Fiji。电话:(679)300215。传真:(679)300950。

【同澳大利亚、新西兰的关系】斐同澳、新有着传统的密切关系,高级官员互访频繁,澳、新为斐最主要的援助国。1987年斐军事政变后,澳、新拒绝承认并停止经济援助。1992年，澳、新实现同斐关系的正常化。斐总理兰布卡和副总理兼外长博列访问了澳、新，澳国防部长和新西兰贸工部长进行了回访。斐同澳、新的军事合作全面恢复。

【同美国的关系】美国是斐济糖和其他农产品的主要市场，也是斐旅游和投资的重要来源之一。斐重视同美国发展关系。斐济政变后，斐仍同美国保持良好关系，允许美核舰艇停泊其港口。1991年初，马拉总理访美。

【同南太平洋岛国的关系】1992年，斐同南太岛国的关系进一步加强。斐决定向岛国派出巡回大使，以此加强同本地区国家的相互关系，并将在巴布亚新几内亚设立使馆。在贸易方面，向岛国提供单方面的优惠条件。

（吴荣和）

关　岛

名称　关岛(Guam)，美国“未合并的领土”。

面积　541平方公里。

人口　133152人(1990年)。其中查莫罗人约占一半，其余主要为菲律宾人和美国大陆移民，还有密克罗尼西亚人和关岛土著人。官方语言除英语外，还有西班牙语，本地人讲查莫罗语。信奉天主教。

首府　阿加尼亚(Agaña)。

总督　约瑟夫·F·阿达(Joseph F. Ada)。

简　况

位于中太平洋西部马里亚纳群岛南端，在夏威夷以西5300公里处。属热带雨林气候。年均气温26℃。常有地震。1521年麦哲伦在环球航行中抵达关岛。1565年被西班牙人占领。1898年美西战争后割让给美国。1941年被日本占领，1944年被美军夺回后，成为主要海空军基地，归美海军部管辖。1950年美通过法案，宣布关岛为美“未合并的领土”。给予关岛地方政府自治权力，划归美内政部管辖。

政　治

关岛居民是美国公民，但不参加美国选举。1969年美众议院通过选举总督的法令，1971年第一任民选总督就任。1972年美国会通过法案，允许关岛产生一名众院代表，在众院下设委员会有表决权，但在众院大会无表决权。议会由21人组成，普选产生，任期两年。法院法官由美国总统任命，任期8年。政府由总督和副总督领导，下设15个行政部门。政党有民主党和共和党，分属美国的民主党和共和党。全岛划分为19个地区。

经　济

主要依靠旅游业和美军在该岛海空基地的开支。1987年游客达483954人。1989年联邦在该岛开支达6.8亿美元(绝大部分为军事费用)。1988年国民生产总值为10亿美元，人均收入为7675美元。货币使用美元。主要工业有建筑、轻工、食品加工、炼油等。主要农作物有烟草、水果等。主要贸易对象是美国及亚太地区国家。

军　事

关岛的安德逊空军基地是美国在太平洋地区的一个重要战略空军基地。美海军在阿加尼亚设有航空站，阿卜拉港有潜艇基地。美海军陆战队和海岸警卫队在岛上有驻军。1965年以来，联合国托管理事会多次通过决议，呼吁美撤除军事基地并给岛上居民自治权。

文化教育

有37所小学，19所中学，2所高等学校。有《太平洋每日新闻》、《关岛论坛》日报及《太平洋之声》周刊、《太平洋日界报》晚报等。

（易　初）

豪兰岛和贝克岛

豪兰岛(Howland Island，曾译霍兰岛)和贝克岛(Baker Island，曾译培克岛)是太平洋中部靠近赤道处的两处珊瑚环礁，为美国领地。西距基里巴斯的吉尔伯特群岛约1100公里，东南距菲尼克斯群岛的坎顿岛和安德伯利岛约600公里。两岛相距约56公里。豪兰岛长2.4公里，宽0.9公里，陆地面积不到1.6平方公里。1828年被美国人发现。贝克岛长1.6公里，宽1.1公里，陆地面积1.5平方公里。1852年被美国人发现。1857年美国宣布对两岛拥有主权。19世纪下半叶，美国人和英国人曾在此采集鸟粪。1935年美国人在豪兰岛建立居民点，并在贝克岛修建了一座灯塔。翌年两岛划归美内政部管辖。1937年美在豪兰岛修建了一个机场。1943年美军在贝克岛建空军基地。现两岛均无人居住。豪兰岛为夏威夷和澳大利亚之间的中途航空站。美海岸警卫队每年来此巡逻。1974年两岛行政上归美内政部管理。

（易　初）

基里巴斯

国名　基里巴斯共和国（The Republic of Kiribati）。

面积　810.5平方公里（陆地总面积）。

人口　7.5万人（1992年）。90%以上属密克罗尼西亚人种，余为波利尼西亚人和欧洲移民。官方语言为基里巴斯语和英语。居民多数信奉基督教。

首都　塔拉瓦（Tarawa），人口2.6万（1992年）。

国家元首　总统蒂阿陶·蒂安纳吉（Teatao Teannaki），1991年7月就任，任期4年。

简　况

位于太平洋中部的岛国，由33个岛屿组成，分属吉尔伯特群岛、大洋岛、菲尼克斯（凤凰）群岛、莱恩（线岛）群岛，是世界上唯一地跨赤道、横越国际日期变更线的国家。属热带海洋气候。年平均气温27℃。3000年前已有马来—波利尼西亚人定居。约14世纪斐济人和汤加人入侵后与当地人通婚，产生了基里巴斯民族。1892年吉尔伯特群岛与埃利斯群岛部分岛屿沦为英国“保护地”。1916年被划入“英属吉尔伯特和埃利斯群岛殖民地”（1975年埃利斯群岛分出，改称图瓦卢）。二次大战中，被日本侵占。1977年1月1日实行内部自治。1979年7月12日独立，改称基里巴斯，为英联邦成员。耶雷米亚·塔巴伊连任3届总统。

政　治

1991年7月3日举行总统选举，蒂安纳吉当选第四任总统。政局基本稳定。较严重的国内问题是巴纳巴岛人要求把巴岛分离出来与斐济建立联邦关系，政府反对，只允许最大限度的自治。自独立以来，基政府一直把争取经济独立作为国家的奋斗目标。

【宪法】现行宪法是以1977年《吉尔伯特法》为基础制定的，1979年独立后正式生效，故又称“独立宪法”。宪法规定，总统由议会提名，经公民投票产生，任期4年，连任不得超过3次。

【议会】一院制。共41个议席，任期4年。本届议会1991年5月大选产生。贝雷斯塔拉·尼斯（Beretitara Neeti）连任议长。

【政府】总统既是国家元首，又是政府首脑。内阁称部长委员会，由总统、副总统、部长（最多8名）和检察总长组成。主要成员有：总统兼外交和外贸部长蒂阿陶·蒂安纳吉，副总统兼财政和经济计划部长陶马斯·尤塔（Taomati Iuta），内政和乡村发展部长比纳塔·蒂塔埃卡（Binata Tetaeka），检察总长迈克尔·塔克布韦布韦（Michael Takabwebwe）。

【司法机构】设有高级法院和地方法院。高级法院由首席法官和陪席推事组成。地方法院负责审理民事和刑事案件并负责调解有关土地问题的纠纷。

【政党】主要政党有：

（1）国家进步党（National Progressive Party）：执政党。蒂安纳吉总统为该党领袖。

（2）基督教民主党（Christian Democratic Party）：主要反对党，成立于1985年。主席塔布罗罗·斯托（Teburoro Tito）。

（3）基里巴斯联合党（Kiribati Uniting Party）：主席特瓦列卡·特乌托阿（Tewareka Teutoa）。

【重要人物】蒂阿陶·蒂安纳吉：总统。生于1939年。中学毕业后在民政部门从事审计工作。1972年在英国进修合作管理课程。1974年当选议员。自1976年起，先后担任国务、教育、内政、财政和经济计划部长等职。1985年任副总统。1991年再度当选议员。1991年7月3日当选基独立后第二位总统。

经　济

经济自给自足，大部分地区经济为原始经济。磷酸盐被开采殆尽后，渔业资源成为基主要经济来源。近几年来，基政府积极发展海洋渔业，以及椰子和蔬菜种植。为争取经济独立，基政府计划将更多的投资用于开发国内资源生产部门，努力发展多样化经济，鼓励开发海洋资源，发展渔业和小规模加工制造业，鼓励发展小型私人企业。1987年1月基被联合国列为最不发达国家之一。

国内生产总值（1991年）：4692万澳元（按市场价格）。

人均国内生产总值（1991年）：621澳元。

货币名称：澳大利亚元是合法货币，英镑也通用。

通货膨胀率（1991年）：5.7%。

【资源】1979年以前产磷酸盐，由英国、澳大利亚、新西兰合股开采，现已枯竭。近海海底有锰、镍等矿藏。渔业资源丰富。

【工业】只有一些工艺品、腌鱼和小船修造行业以及饼干厂和饮料厂。

【农业】椰子为主要农作物。1991年椰干出口量为5300吨。农产品还有薯类、面包果、香蕉、木瓜、露兜果。另有少量猪和家禽。

【渔业】渔业资源丰富，主要有金枪鱼、鲷鱼、鲣鱼、海虾。1979年4月1日，基政府宣布200海里渔业区，规定一切外国海船须向基政府申请许可执照，方可在基渔业区捕鱼。每年可收约300万澳元的外国渔船捕鱼费。基政府十分重视发展本国捕鱼业，同时也努力争取同外国政府搞捕鱼联合企业。

【旅游业】1991年接待外国游客2419人。1988年有旅馆客房40间。圣诞岛为主要旅游点。

【交通运输】以海运为主，塔拉瓦为主要海港。基政府正努力发展岛上公路运输。

公路：总长640公里，全国有机动车约2000辆。

水运：基里巴斯航运公司共有客、货轮10艘，经营各岛间的客、货运业务。

空运：通加卢航空公司共有客、货飞机4架；机场18个。首都塔拉瓦有国际机场并有通往图瓦卢、斐济和檀香山的国际航线。

【财政金融】国家财政预算主要依靠外国援助。1988年预算总收入2494.7万澳元，总支出2143.4万澳元；1989年经常性支出1700万澳元，1990年经常性收入和支出均为2170.5万澳元。目前国内收入主要靠以前开采磷矿的税收所储基金的应计利息。1991年这笔基金达2.63亿澳元，贸易逆差主要由该基金利息弥补。

【对外贸易】1979年底以来，由于磷矿枯竭，出口锐减，外贸从顺差变为逆差。目前主要出口椰干和鱼产品。1991年出口额约为416.2万澳元，进口额3323万澳元。

【外国援助】主要来自英国、澳大利亚、新西兰、日本以及欧洲发展基金、联合国和亚洲开发银行。

人民生活

全国人均收入500澳元，是南太平洋地区最低的国家之一。实行公费医疗，有3所医院，200张病床，医生16人，85%的村社设有诊疗所。人均寿命为60岁(1990年)，人口年增长率为2.2%。政府提倡和推广计划生育。

军　　事

无军队，仅有警察256名。

文化教育

【教育】推行普及小学教育政策，实行免费教育制度。有小学103所，中学7所，技校4所，还有1所海员培训学校。基每年向国外派留学生和进修生约170人。文盲人数超过全国人口的20%。

【新闻出版】双周刊《生命和智慧之树》为基文和英文混合版，因纸张缺乏，不时停刊。

塔拉瓦电台(1984年建)，用基语和英语播音，每天播3次。

对外关系

奉行与所有国家发展友好和谅解关系的政策。重视与南太平洋地区国家和英联邦国家发展关系。支持南太平洋区域化，强调通过国际合作发展第三世界经济力量。反对在南太平洋进行核试验，反对大国掠夺南太平洋岛国海洋资源。截至1992年，基与33个国家建交，在国外未设外交机构。在基设外交机构的国家有中国、澳大利亚、英国和新西兰。

【同我国的关系】1980年6月25日两国建交。1985年和1988年塔巴伊总统两次访华，1988年6月基贸易、工业和劳动部长访华。1990年2月我在基设立使馆，同月，由经贸部副部长吕学俭为团长的中国政府经济代表团访基，同基签署了中、基两国经济技术合作协定。根据该协定，我将为基扩建机场跑道。1992年8月，彭冲副委员长应邀率全国人大代表团访基。同年8月底，基总统蒂阿陶·蒂安纳吉访华。1993年6月，基里巴斯议长尼斯访华。1992年中基贸易额为102万美元，皆为基方进口。

中国驻基里巴斯大使：王少华。馆址：P. O. Box 30，Tarawa，Republic of Kiribati。电话：(686)21486。传真：(686)21116。

【同英国的关系】与英国关系密切。英在基设有高级专员署，基政府一些重要部门职位聘用英国人担任。基依赖英国的财政、技术援助。英从1979～1990年每年向基提供200万澳元财政援助。但基强调独立自主，自1986年起不再接受英国的预算援助。

【同澳大利亚、新西兰的关系】基重视同澳、新，尤其是同澳的关系。澳每年向基出口700～800万澳元商品，占基总进口额的一半。澳、新在基里巴斯巴纳巴人搞分离活动问题上，同情基政府反对分离活动的立场。1981年底澳在基设立高级专员署。1989年澳向基提供300万澳元援款。

【同美国的关系】1979年9月20日，美基签订了友好条约，并于1983年9月23日交换了条约批准书。据此，美放弃对基14个岛屿的主权要求，基允许美保留对其军事设施的排他性使用和在基经济区的捕鱼权。该条约有效期10年。目前，美仍使用其设在基的军用机场、深水码头、宇宙观察站和多弹头导弹追踪站。基对美不承认基200海里渔业区和在基200海里内进行掠夺性捕鱼表示不满。

（程　雷）

库克群岛

名称　库克群岛(The Cook Islands)。

面积　240平方公里。

人口　18552人(1991年)。库克毛利人占92%，属波利尼西亚人种；欧洲人占3%。通用波利尼西亚方言和英语。69%居民信奉基督教，15%信奉罗马天主教。

首府　阿瓦鲁阿(Avarua)，位于拉罗汤加岛。

国家元首代表　英国女王代表阿佩纳拉·肖特(Apenera Short)。

简　况

位于南太平洋，属波利尼西亚群岛。由15个小岛组成(其中两个无人居住)。属热带雨林气候。年平均气温24℃。毛利人世居岛上。1773年英国库克船长探险到达这里，现名即来源于此。1888年沦为英国保护地。1901年6月成为新西兰领土。1965年8月4日新宪法生效，实行完全的内部自治，同新西兰自由联合，国防和外交由新西兰负责，岛民既是英国臣民又是新西兰公民。自治后由库克群岛党领袖艾伯特·亨利任总理。1987年7月由前外岛事务部长罗巴斯继任总理。

政　治

1989年1月19日举行大选，以罗巴斯为首的民主联合政府倒台，库克群岛党获胜，杰弗里·亨利任总理。

【宪法】1964年由立法议会批准库克群岛宪法。

【议会】一院制。由24名议员组成，议员由普选产生，任期5年。本届议会于1989年1月经过大选产生，执政的库克群岛党16席，民主党8席。反对党领袖普浦克·罗巴斯(Pupuke Robati)，议长诺图蒂·塔灵加(Raututi Taringa)。

【酋长院】由代表各个岛屿和拉罗汤加各地区的酋长组成，1966年成立，其主要职能是就土地使用和传统习惯向议会和政府提出建议。

【政府】本届政府于1989年2月1日组成，内阁由总理和8名部长组成：总理兼财政、计划和经济发展、国营企业、文化发展部长杰弗里·亨利(Geoffery Henry)，副总理兼对外事务、税收、能源、移民部长英纳提欧·阿卡鲁鲁(Inatio Akaruru)，教育、医疗卫生、立法部长尼格雷提纳·普纳(Ngeretina Puna)，邮电、通讯部长丹·卡马纳(Dan Kamana)，农业、贸易、运输部长维恩·泰雷亚(Vaina Tairea)，内务、地方政府、妇女事务部长库拉·斯特里克兰(Kura Strickland)，司法、土地、新闻、体育部长蒂基·马塔波(Tiki Matapo)，海洋资源部长本·托马(Ben Toma)，旅游、工程、公共服务、供水部长托姆·马斯特斯(Tom Marsters)。

【司法机构】设有高级法院和上诉法院。高级法院分为民事庭、刑事庭和土地庭，有2名由新西兰任命的常设法官。高级法院的各种上诉呈递到库克岛上诉法院。上诉法院3名法官，其中1名必须是新西兰上诉法院或高级法院法官。上诉法院的上诉可以呈递到伦敦枢密院。另设有儿童法院审理少年犯罪案。首席法官克林顿·罗帕爵士(Clinton Roper)。

【政党】主要政党有：

(1)库克群岛党(The Cook Islands Party)：1965年成立。领袖杰弗里·亨利。

(2)民主党与库克群岛党(分裂派)的联合党(The Coalition of Democratic Party and Cook Islands Party〔break away group〕)：在野党。民主党于1971年成立，民主党和库克群岛党曾于1987年组成联合政府。领袖罗巴斯。

其他还有民主图穆党。

经　济

以出产水果、捕鱼和旅游业为主。岛上缺少有价值的矿产资源。南部微型环礁主要种植热带水果。北部微型环礁主要种植椰子和捕鱼。经济发展困难，严重依赖外援。每年财政预算赤字靠外援和旅外侨民(在新西兰约2.4万人)汇款来弥补。外援主要来自新西兰。1990/91财政年度，新给库援助1430万新元，其中财政补贴870万新元，是世界上按人口平均受援最多的国家之一。从1986/87财政年度起，新西兰政府每年削减对库的财政补贴50万新元，并拟在20年内完全取消。

国内生产总值(1986年)：6327万新元，比上年度增加21.9%。

人均国内生产总值(1990年)：5842新元。

货币名称：新西兰元；1新元＝100分。

汇率(1992年12月)：1美元＝1.96新元。

通货膨胀率(1991年)：4.6%。

【工业】有水果加工厂、服装厂、电子部件装配厂和为旅游业制造和加工库克群岛纪念硬币、邮票、贝壳以及手工艺品的作坊。

【农业】出产椰干、香蕉、柑桔、菠萝、咖啡、芋头和木瓜等。饲养猪、山羊和家禽等。海域有200万平方公里，但渔业发展刚刚起步，珍珠养殖业颇有前途。1988年首次收获珍珠。据库克渔业部门估计，珍珠养殖业的产值很快可达2000万新元。

【旅游业】主要经济来源之一，也是解决就业的主要渠道，由政府统一管理。近年来，旅游业不断发展。游客数量由1976年的1万人增至1987年的3.2万人，旅馆客房由108间增至649间。1987年旅游业收入2900万新元。1990年旅游人数34357人。主要旅游点为拉罗汤加岛和艾图塔基岛。

【交通运输】公路不发达。陆路交通工具主要是小汽车和马车等。有3个海运港口，分别在拉罗汤加岛、艾图塔基岛和彭林岛，以拉罗汤加岛的阿瓦蒂乌港为最大，可进3000吨货轮。新西兰船运公司负责库克群岛海运，每周两次。当地船运公司西尔克和博伊德有限公司负责本地海运，有两艘船。拉罗汤加岛上的阿瓦鲁阿国际机场可供波音747飞机起降。艾图塔基岛有一机场，在另外3个岛仅有飞机跑道。除国内航线外，库克群岛国际航空公司和拉罗汤加航空公司有国际航班飞往悉尼和奥克兰。新西兰航空公司、澳大利亚安塞特航空公司、波利尼西亚航空公司、瑙鲁航空公司和夏威夷航空公司有飞往库克群岛的定期航班。

【对外贸易】主要出口产品有桔汁、椰干、香蕉和服装等，工业和生活用品几乎全靠进口。主要贸易对象是新西兰和日本。进口80%来自新西兰，出口78%销往新西兰。1990年进口额(到岸价格)8633万新元，1991年出口额(离岸价格)943万新元。

文化教育

【教育】对4岁儿童进行学龄前教育,对6～15岁儿童实行义务教育。小学免费,中学生只交15新元学费。现有9所中学、36所小学、1所师范学校。现有中小学生5479人,教师300多人。有些中小学由教会主办。学生主要是派到新西兰和斐济留学。

【新闻出版】有一家日报《库克群岛新闻》,用英文和毛利文出版;两家周刊《周末刊》和《阿卡托依拉报》。官办的电台库克群岛电台用英语和毛利语广播,转播澳大利亚和新西兰电台的国际和地区消息。拉罗汤加还有一家私人电台。库克群岛广播公司办有库克群岛电视台,除转播新西兰电视新闻外,主要播放美国和澳大利亚节目。

对外关系

库克群岛政府在新西兰的奥克兰和惠灵顿、美国的夏威夷、澳大利亚的堪培拉和法属波利尼西亚的帕皮提派有常驻代表。根据自治法,库克政府有权接受外国大使,并直接与外国和国际机构打交道。新西兰也鼓励库克同其他国家建立广泛的联系。库克群岛是南太平洋委员会、南太平洋论坛等地区组织的成员,也是联合国开发署、粮农组织、教科文组织、世界卫生组织、亚太经社委员会、亚洲开发银行等多边组织的成员。1982年12月,库克群岛在联合国海洋法公约上签字。库克群岛与中国台湾省、韩国、挪威签有渔业协定,与美国签订有边界条约。

(吴祖球)

马绍尔群岛共和国

国名 马绍尔群岛共和国(The Republic of The Marshall Islands)。

面积 171平方公里。

人口 4.99万(1992年)。多属密克罗尼西亚人种。马绍尔语为官方语言,通用英语。信奉基督教。人口自然增长率40‰。

首都 马朱罗(Majuro),人口2.3万人(1992年估计)。

国家元首 总统阿马塔·卡布阿(Amata Kabua)。

简　况

位于中太平洋。由29个环礁岛群和5个小岛共1225个大小岛屿组成。共分两部分,在东南面的称日出群岛,在西北面的称日落群岛,中间相隔约208公里。绝大多数人口集中在首都和夸贾林岛上。属热带气候,年均气温27℃。16世纪初被西方航海者首次发现。1788年英船长约翰·马绍尔到此勘察,该群岛由此得名。1886年成为德国的保护领地,第一次世界大战初被日本占领,1944～1947年美国对其实行军管,后与帕劳、北马里亚纳群岛和密克罗尼西亚联邦构成太平洋岛屿托管地的4个政治实体,1982年10月与美国正式签署《自由联系条约》,并于1986年11月3日生效。1990年12月22日,联合国安理会通过决议,正式结束马绍尔群岛共和国的托管地位。

政　治

1992年大选,卡布阿总统连任。马政局较稳定。马政府致力于发展经济,重点开发渔业、旅游业和人力资源,增强国家自力更生能力,重视发展同各国的友好关系。

【宪法】于1979年3月通过,5月1日生效。宪法规定实行总统制,总统为国家元首,也是政府首脑,由议会选举产生。

【议会】一院制,由33名议员组成,任期四年。本届议会于1991年11月18日大选产生。上届33名议员有24名连任。议长科塞·诺特(Kessai A. Note)连任。

【政府】内阁由总统任命的10名部长组成。本届政府于1992年1月产生。内阁主要成员:总统阿马塔·卡布阿,外交部长汤姆·基吉纳(Tom D. Kijiner),财政部长鲁宾·扎克拉斯(Ruben R. Zackhars),运输和通讯部长库尼奥·莱马雷(Kunio D. Lemari),资源与发展部长阿姆萨·乔纳森(Amsa Jonathan),司法部长库纳·阿伯纳(Kunar Abner),内务部长布伦森·华塞(Brenson Wase)。

【司法机构】设高等法院和最高法院。大法官克林顿·阿什福德(Clinton Ashford)。

【政党】东西方民主党(Ratak-Talik Democratic Party):亦称日出日落民主党,为马唯一的反对党,1991年5月成立。该党主席约翰·西尔克(John Silk)。

【重要人物】**阿马塔·卡布阿**:总统。生于1928年11月17日。1955年毕业于美国的夏威夷大学,后回马绍尔群岛从事教育工作。1965～1979年参加密克罗尼西亚托管地议会工作。1975～1979年任马绍尔群岛政治地位委员会主席。1979年当选总统,并于1992年大选获胜蝉连。有7个子女。

经　济

1992年马内阁批准了1992～1997年第二个五年计划。目标是缩小首都与外岛之间的发展距离,增强国家自力更生能力,逐步改变过去经济严重依赖外援和进口,包括消费品和技术人才。根据该计划,马政府将重点开发渔业、旅游业和人力资源等。

国内生产总值(1991年):6847万美元。

人均国民收入(1991年):1377美元。

货币：流通美元。

通货膨胀率：3.4%。

【资源】有些岛屿上蕴藏磷酸盐矿。渔业资源丰富。

【农业】产椰干，为主要出口资源。1991年椰干产量为4200吨。1988年外国渔船（主要是日本）捕捞金枪鱼19166吨，1989年为6231吨。

【交通运输】公路总长152公里，1988年各类机动车1230辆。马绍尔航空公司有定期航班飞往国内许多岛屿以及檀香山和邻近的南太岛国。远洋客货轮定期来往于澳大利亚、日本和马绍尔群岛之间。

【财政金融】美国经援和导弹基地收入是财政收入的主要来源。1992年度财政预算6700.7万美元。美国援款占1992年度预算的61%强。外债为1.5亿美元。

【对外贸易】1991年进口额4438.9万美元，出口额225.3万美元。

【外国援助】1992年美国的援款总额为5031.5万美元，包括条约援款及其他赠款。日本以项目援助为主，平均每年援马400～500万美元。澳大利亚已赠巡逻艇一艘及少量技术援助。亚洲开发银行已同意1991～1993年向马提供优惠贷款、赠款及其他技术援助共1300万美元。

人民生活　首都和伊拜岛各有一所医院，病床113张，医生20名，护士95名。

军　　事　无军队，有170名警察。

文化教育　**【教育】**1991年有公、私立中小学102所，公、私立中学10所，中小学生14000人。公立学校免交学费。马绍尔群岛学院（专科）原系密克罗尼西亚学院分部，学生310名。马学生在外留学117名。

【新闻出版】主要报纸有私人办的《马绍尔群岛周刊》。政府不定期出版公报。有政府和私人电台和电视台。有卫星通讯设备。

对外关系　马政府支持民族独立、发展地区合作，主张保护海洋资源和环境，建立南太平洋无核区，并以积极的姿态参与亚太地区及世界各国间的和平与合作。马为亚太经社理事会联系国、国际民航组织成员、南太平洋论坛成员国、亚太议员论坛、亚行等国际和地区组织成员和联合国正式成员国。马同34个国家建交并在美国、斐济、中国、日本和联合国总部设使馆并派常驻大使。

【同我国的关系】1990年11月16日两国建交。建交后，两国友好关系稳步发展。卡布阿总统（1991年3月和1992年5月）、科塞·诺特议长（1991年10月）先后访华。我国人大常委会副委员长彭冲（1992年7月）访马。中、马签订了《中马政府经济技术合作协定》、《中马教育合作备忘录》、《中马两国政府民用航空运输协定》。1992年，中国向马出口商品总额3万美元，无进口。

中国驻马绍尔群岛共和国大使：周锦明。馆址：Embassy of the People's Republic of China in the Republic of the Marshall Islands Majuro 96960。电话：(692) 625-3275。传真：(692) 625-3267。

马绍尔群岛共和国驻中国大使：劳伦斯·爱德华兹。馆址：北京塔园外交人员办公楼1-12-2。电话：5325819。传真：5325693。邮政编码：100600。

【同美国的关系】马受美托管近40年，与美关系密切。根据马美《自由联系条约》，马享有内政、外交自主权，但防务15年内由美负责。马公民可以自由出入美国。马在华盛顿设有使馆，在夏威夷设有领馆。美在马也设有使馆。

【同日本的关系】马曾被日本占领。马日关系密切。日每年平均援助额达400～500万美元。马在日设有使馆。

【同澳大利亚、新西兰的关系】马重视同澳、新关系。澳每年向马提供一定数额的援助。　（刘　菲）

美属萨摩亚

名称　美属萨摩亚（American Samoa），又称东萨摩亚。

面积　197平方公里（陆地面积）。

人口　50900人（1992年）。多属波利尼西亚人种，西萨摩亚、美国和其他岛国人约1.6万，还有少量韩国人和华人。人口年增长率37‰。讲萨摩亚语，通用英语。居民信奉基督教新教和天主教。

首府　帕果帕果（Pago Pago），人口1.35万（1986年）。

总督　阿菲奥格·鲁塔里（Afioga A. P. Lutali），1993年1月就职。

简　　况　位于中太平洋南部国际日期变更线东侧，属波利尼西亚群岛。包括萨摩亚群岛的土土伊拉、奥努乌、罗斯岛、马努阿群岛的塔乌、奥洛塞加、奥福岛，以及斯温斯岛。70%的土地为丛林覆盖。属热带雨林气候。平均温度21～32℃。2500年前已有人居住。1722年荷兰人抵此。后法、英、德、美相继侵入。1899年根据美、英、德3国协定，东萨摩亚从萨摩亚群岛中划出，成为美国殖民地。1922年成为美国非建制领土。1951年以前是美国海军基地，由美国海军部管辖。1951年7月划归美国内政部管辖。总督为最高行政官。

政　治

1977年11月，彼得·塔里·科尔曼在首次普选中当选总督，并于1980年连任。1984年11月，阿菲奥格·鲁塔里当选总督。1988年11月，彼得·塔里·科尔曼击败鲁塔里，重新当选为总督。1992年11月，鲁塔里再次当选总督。

【议会】有参、众两院。参院有18个席位，参议员用从选区酋长中推选的传统方法产生，任期两年。众议院有21个席位，其中20席由选举产生，另1席为斯温斯岛代表，任期两年。参议院主席勒图利·托劳阿（Letuli Tuloa），众议院议长图阿纳伊图·图伊阿（Tuana'itu Tuia），均于1987年就任。

【政府】总督鲁塔里，副总督陶埃斯·苏尼阿（Tauese Sunia）。

【司法机构】有高级法院和地方法院。大法官由美国内政部任命。现任大法官迈克尔·克鲁斯（Michael Kruse）。

【政党】（1）民主党（Democratic Party）：主席法加法加·丹尼尔·兰基尔德（Fagafaga Daniel Langkilde）。

（2）共和党：主席蒂奥·福阿维埃（Teo Fuavai）。

【重要人物】阿菲奥格·鲁塔里：总督。曾任东萨教育委员会主席。早年进入政界，历任参、众两院议长。1978年以前任常驻美国国会的东萨代表。1984年11月当选为总督。1988年大选失利。1992年重新当选为总督。

经　济

土地贫瘠，多山。仅产少量香蕉、芋头、蔬菜。粮食、水果、肉类和蔬菜不能自给。劳动力总数为12000人，其中87%受雇。然而，东萨63%的劳动力为外籍人，其中26%为西萨摩亚人。经济依赖美国的援助。1991年通货膨胀率为3.3%。通用美元。1991年12月受“维尔”旋风袭击，损失严重。美国提供1亿美元援助，2400万联邦低息贷款。

【工业】主要工业是美国投资的两家鱼罐头厂，年加工量15万吨。1989年出口额为36700万美元，占当年东萨总出口额的95%。

【农业】以传统作物为主，如香蕉、芋头、蔬菜等。1984年农业产值为500万美元。

【交通运输】拥有各种机动车辆5396辆；有天然良港，可泊万吨轮；国际机场可起降大型客机。

【财政金融】1993年度财政预算为1.3415亿美元。1990年财政赤字达1760万美元。

【对外贸易】1989年出口额为3.8631亿美元。主要进口矿产品、建筑材料、食品。出口以鱼罐头为主。主要贸易伙伴为美国和日本。

人民生活

就业人员年均收入在4000～5000美元左右。工人最低工资每小时在1.84～3.00美元之间。有中心医院1所，卫生中心2所。

文化教育

【教育】中小学全部实行免费义务教育。政府拥有26所小学、4所中学、1所中等技术学校。另有8所私立学校。1986年在校学生总数为12919人。

【新闻出版】报刊有《萨摩亚新闻》周刊和《美属萨摩亚政府通讯》。

WVUV 电台：商业电台。1975年由政府租借萨摩亚广播公司。用英语和萨摩亚语播音。

KVZK 电视台：建于1964年，为政府所有，现有3个频道。

（刘　菲）

密克罗尼西亚联邦

国名　密克罗尼西亚联邦（The Federated States of Micronesia）。

面积　700.8平方公里（陆地面积）。

人口　108490人（1990年）。多属密克罗尼西亚人种。英语为官方语言。信奉基督教。

首都　帕利基尔（Palikir）。

国家元首　总统贝利·奥尔特（Bailey Olter），1991年5月就任。

简　况

位于北太平洋，属加罗林群岛。岛屿为火山型和珊瑚礁型，多山地。由波纳佩、科斯雷、雅浦和特鲁克4个大岛组成。属热带气候。年均气温27℃。16世纪被西方航海者发现。19世纪英、美、德、西班牙先后入侵。一次大战被日本攻占，二次大战时被美国占领。后与马绍尔群岛、北马里亚纳群岛和帕劳构成太平洋岛屿托管地的4个政治实体。1979年密克罗尼亚联邦成立。1982年密与美国正式签订《自由联系条约》，并于1986年11月生效。1990年12月，联合国安理会通过了决议，正式结束密克罗尼西亚联邦的托管地位。

政　治

1991年5月举行大选，贝利·奥尔特当选总统。新政府强调加强国内团结，加速发展经济，特别是渔业、农业和旅游业的发展，继续谋求国际承认和支持。

【宪法】1979年5月10日通过并生效。根据宪法规定，实行总统制，总统为国家元首，也是政府首脑，从议会“全任期”议员中选举产生。

【议会】一院制，由来自4个州的14名议员组成，其中10名议员任期2年，其他4名为任期4年的“全任期”议员。本届议会于1991年3月15日大选产生，议长杰克·弗里茨(Jack Fritz)连任。

【政府】各部部长由总统提名，议会批准后组成联邦内阁。本届政府于1991年5月11日组成，主要成员为：总统贝利·奥尔特，副总统雅各布·尼纳(Jacb Nena)，外交部长雷西欧·莫瑟斯(Resio S. Moses)，财政部长艾尔·图思(Al J. Tuuth)，人才资源部长伊莱尔·普雷特里克(Eliuel K. Pretrick)，交通、通讯部长罗伯特·韦尔贝彻(Robert Weilbacher)，国家计划部长马塞利诺·阿克陶卡(Marcelino K. Actouka)，资源与发展部长阿斯特里奥·塔克西(Asterio R. Takesy)。

【司法机构】设最高法院、州法院。大法官马丁·伊纳格(Martin Yinug)。检察长加米洛·诺凯特(Camillo Noket)。

【重要人物】贝利·奥尔特：总统。1932年3月7日生于波纳佩州。夏威夷大学毕业后回岛从事教育工作。1965年当选第一届密克罗尼西亚议会副议长。曾任第二至第六届议会财经委员会主席。奥任密克罗尼西亚联邦未来政治地位和过渡委员会副主席时，在密、美就《自由联系条约》谈判中起了重要作用。奥还任第一、二届国会外事委员会主席。1983～1987年任密克罗尼西亚副总统。1991年5月任总统。

经　济

经济落后，绝大多数人的经济生活以村落为单位。产椰子、胡椒、芋头、面包果等农产品。鱼类资源丰富，尤以金枪鱼著名。粮食及生活用品均靠进口。经济依赖美国的援助。密政府制定的第二个五年计划(1992～1997年)中强调利用本国资源发展经济，重点在渔业、农业和旅游业，同时积极争取发达国家和国际金融组织提供资金和技术。

国内生产总产值(1986年)：1.72亿美元。

人均国内生产总值(1986年)：1600美元。

货币：流通美元。

【工业】工业落后，只有少量加工工业，如椰油加工厂和成衣加工业。建筑和机械修理行业部分由外国人经营。1990年工业部门向国家上缴利税410万美元。

【农业】农业落后，胡椒质佳，出口国外。

【旅游业】1991年游客为25000人次。

【交通运输】有简易码头和公路，全国公路长约170公里。境内有机场，可供大型飞机起降。太平洋密克罗尼西亚航空公司每周有航班来往夏威夷、波纳佩、特鲁克和关岛之间，还经营关岛至日本、菲律宾、澳大利亚、中国台湾、韩国、香港和印度尼西亚等航线。

【财政金融】1990年财政收入1.62亿美元，支出为1.28亿美元。

【对外贸易】1989年出口总额706万美元，进口额6554万美元。

【外国援助】根据《自由联系条约》，美国计划在1986～2001年间，共向密提供13.4亿美元的援助。截至1991年，日本向密提供无偿援助约500万美元。

人民生活

全国有4所医院，共有325张床位；医生36人，护士227人，牙医13人。

文化教育

【教育】1986年中小学在校学生总数为28416人。密克罗尼西亚学院分院设在波纳佩州，有52名教职员和170名学生。

【新闻出版】联邦政府出版《民族团结》报，雅浦、特鲁克和科斯雷州政府也分别有自己的刊物和《时事通讯》。有四个国营广播电台和一个私营广播电台。雅浦州有一国营电视台。4个州设有电话、电报、邮政和地面卫星设施。

对外关系

密目前的外交重点是：争取国际社会承认；注重发展同南太诸岛国的关系；谋求国际经济技术援助，发展民族经济。密是南太平洋论坛、南太平洋委员会、太平洋岛屿发展计划、太平洋椰子共同体、亚太广播联盟、国际民航组织、世界卫生组织和亚洲开发银行的成员，亚太经社会、亚太议员论坛和联合国正式成员。1991年7月，密还成功地主办了第22届南太平洋论坛会议和论坛会议后对话会。至1992年密已同26个国家建交。

【同我国的关系】1989年9月11日中密两国建交。建交后两国友好关系顺利发展。哈格莱尔加姆总统(1990年1月)、弗里茨议长(1991年11月)、奥尔特总统(1992年9月)先后访华。我国人大常委会副委员长彭冲(1992年7月)访密。中、密签定了《中密经济技术合作协定》、《中密政府文化合作协定》和关于中国政府向密政府提供无偿援助的换文。1992年，中国向密出口商品总额24万美元，无进口。

中国驻密克罗尼西亚联邦大使：李钦平。馆址：Embassy of the People's Republic of China in the Federated States of Micronesia Palikir，Pohnpei，96241。电话：(691) 320-5575。传真：(691) 320-5578。

【同美国的关系】密受美托管40多年，同美有特殊关系。根据密美《自由联系条约》，密享有内政、外交自主权，但防务15年内由美负责，密不得让其他国家利用密领土和海域从事军事目的的活动。密公民可以自由出入美国。密在华盛顿设有使馆，在檀香山和关岛设有联络处。美在密也设有使馆。

【同日本的关系】密曾被日本占领，日在密有较多移民，因而有较密切的政治和经济关系。日本是密最大进口国，密有形出口的60%输往日本。密、日之间签有捕鱼协定。日向密提供的无偿援助主要用于在各州修建冷冻厂。日在密派有志愿队员(类似美和平队)。日游客日益成为密旅游业的支柱。密在日设有使馆，日由其驻关岛总领事兼任驻密临时代办。1990年11月，哈格莱尔加姆总统赴日参加日新天皇即位典礼。

【同澳大利亚的关系】近年来两国关系发展较快。澳最早向密派常驻大使。澳向密赠送了两艘巡逻艇，密总统专程前往澳出席移交仪式。1990年5月，波纳佩州政府同澳金枪鱼开发公司达成了在密合资捕鱼的协议，建立"加罗林渔业公司"，投资总额达1300万美元。1991年澳大利亚向密提供120万澳元援助。（刘 菲）

瑙 鲁

国名 瑙鲁共和国(The Republic of Nauru)。

面积 24平方公里(陆地面积)。

人口 9100人(1992年)，其中瑙鲁人占57％，其他为南太平洋岛国人、华人、菲律宾人和欧洲人，外籍人主要在磷矿公司工作。出生率33‰。瑙鲁语为国语，通用英语。居民多数信奉基督教新教，少数信天主教。

首都 不设首都。行政管理中心在亚伦区(Yaren District)。

国家元首 伯纳德·多威约戈(Bernard Dowiyogo)，1989年12月当选。

简况

位于南太平洋西部、赤道以南约60公里处，为一珊瑚礁岛。全岛长6公里，宽4公里，3/5被磷酸盐所覆盖。属热带雨林气候。气温24～33℃。瑙鲁人世居岛上。1798年英国船"猎手"号首抵瑙鲁。1888年被并入德国马绍尔群岛保护地。20世纪初英国人获准在此开采磷酸盐。1919年国际联盟将瑙鲁划归英国、澳大利亚和新西兰共管，由澳代表3国行使职权。1942～1945年被日本占领。1947年成为联合国托管地，仍由澳、新、英共管。1968年1月31日独立，同年11月成为英联邦特别成员(不出席英联邦政府首脑会议)。1989年12月，多威约戈当选总统。

政治

现政府主张积极开展对外友好交往，在经济上要自力更生。

【宪法】1968年1月29日通过。实行共和总统制。总统为国家元首，也是政府首脑，由议会选举产生。

【议会】一院制，由18名议员组成，任期3年。本届议会于1989年12月9日选举产生。议长尼梅斯·埃克沃纳(Nimes Ekwona)。

【政府】内阁由总统和总统挑选的4名议员组成。本届政府于1989年12月产生。主要成员：总统兼岛屿发展、工业、民航、外交、内政和公共服务部长伯纳德·多威约戈，工程和社会服务部长兼协助总统部长文森·德特纳莫(Vinson Detenamo)，卫生和教育部长文西·克洛杜马(Vinci Clodumar)，司法部长尼梅斯·埃克沃纳(Nimes Ekwona)，财政部长金扎·克洛杜马(Kinza Clodumar)。

【司法机构】设最高法院、地方法院和家庭法院。大法官加文·多恩(Gaven Donne)。

经济

单一经济。主要依靠磷酸盐矿开采业。初级农产品十分有限，几乎所有食品和饮用水都靠进口。渔业资源较丰富，但未能开发。考虑到15～20年后磷酸盐矿资源将开采尽，瑙鲁在国外进行了大量投资。财政收入主要来自磷酸盐矿的巨额收入和在国外的房地产长期投资。

国民生产总值(1987年)：约1亿澳元。

人均收入：13000澳元。

通用货币：澳元。

汇率(1992年1月)：1美元＝1.33澳元。

【工业】每年约200万吨磷酸盐矿销往澳大利亚和新西兰，总收入1亿澳元。

【农业】在国民经济构成中，农业处于次要地位。有种植业、牲畜业和渔业。1985年椰干年产量2000吨，养猪2000头。

【交通运输】有环岛沥青公路，全长19公里，共有机动车1840辆。瑙鲁太平洋公司负责主要航运，有6艘货船，总吨位为6.5万吨。瑙鲁航空公司有2架波音737客机，定期来往澳大利亚、新西兰、斐济、基里巴斯和所罗门群岛等。

【财政金融】1986年收入1.0394亿澳元，支出7678万澳元。

【对外贸易】1982/83年度，出口总额1.2亿美元，进口总额1440万美元，顺差1亿多美元。

人民生活

实行免费医疗，有2所医院。

军事

无军队，防务由澳大利亚协助。

文化教育

【教育】实行免费义务教育。有3所小学和2所中学。共有1018名小学生和317名中学生。高等教育在国外接受，费用由政府提供。

【新闻出版】有双周刊《公报》，发行950份。瑙鲁广播电台为官方电台。有通讯卫星地面接收站。

对外关系

奉行不结盟政策。主张同各国人民友好。瑙鲁是南太平洋论坛、南太平洋委员会和亚洲开发银行成员国。瑙于1986年7月签署了南太平洋无核区条约。与英、美、日、新、澳和其他南太平洋岛国有外交关系。

【同我国的关系】1979年我国驻斐济大使和中国武术团先后访瑙。1982年7月湖南杂技团访瑙。1991年7月，瑙鲁总统多威约戈就我国遭受水灾致函我国政府表示慰问并捐款1万美元。

1980年5月瑙鲁同台湾当局建立"外交关系"。1990年8月，双方宣布建立"全面外交关系"，台在瑙的"总领事馆"也升格为"大使馆"。

（刘　菲）

纽　埃

名称　纽埃(Niue)。

面积　258平方公里。

人口　2145人(1989年)，居住在新西兰的纽埃人约12000人。属波利尼西亚人种。英语为官方语言，纽埃语为民族语言。居民中75%信奉埃克利西亚纽埃教，10%信奉摩门教，5%信奉罗马天主教。

首府　阿洛菲(Alofi)，居民约900人。

政府首脑　总理法兰克·路易(Frank Lui)，1993年就任。

简　况

位于太平洋南部国际日期变更线东侧，属波利尼西亚群岛。西距汤加约480公里，岛的四周有珊瑚礁环绕。地处热带。年平均气温24.7℃。1000多年前波利尼西亚人在此定居。1774年被英国人发现，1900年成为英国"保护地"。1901年作为库克群岛的一部分归属新西兰，1904年单设行政机构。1974年10月19日实行内部自治，同新西兰自由联合，防务和外交事务由新西兰负责。新西兰政府在纽埃派驻有代表。

政　治

1987年组成6人委员会，负责审查纽埃的经济、社会状况，并考虑重新恢复纽埃作为新西兰管辖地的可能性。纽埃人既是英国臣民又是新西兰公民。

【宪法】1974年10月19日，纽埃实行内部自治，并颁布宪法。宪法规定，由内阁制定政策和管理纽埃，总理由议会推选，任期3年，可连任。

【议会】一院制。1984年3月31日产生立法议会。由20名议员组成，其中14名是乡村选区议员，6名由普选产生，任期3年。本届议会于1993年2月27日选举产生。议长商姆·塔格拉基(Sam Tagelagi)。

【政府】本届政府于1993年3月组成。内阁由议会选出的总理和由总理从议会挑选的3名部长组成。总理兼经济、运输、旅游、警察、卫生事务部长法兰克·路易(Frank Lui)，财政、教育、行政事务部长杨·维维安(Young Vivian)，公共工程、广播、工商业关系部长费萨·彼希贾(Fisa Pihigia)，农业、社区事务、通讯部长塔马·波西玛尼(Tama Posimani)。

【司法机构】设有一个高级法院，由大法官和陪审推事负责，有向新西兰最高法院上诉的权力。另设土地法院，处理土地纠纷。大法官迪龙(J. D. Dillion)。

【政党】纽埃人民行动党(Niue People's Action Party)：1987年成立，是纽埃历史上第一个政党，也是唯一的政党。领袖杨·维维安。

经　济

自然资源贫乏。1984年国内生产总值约670万新元，人均2350新元。经济上依靠新西兰补贴和侨民汇款，每年财政预算赤字靠新西兰援助来平衡。1992/93年度，新西兰援助款额达750万新元，其中550万新元为财政补贴。使用新西兰货币。1美元＝1.96新元(1992年)。

【工业】仅限于小型水果加工。年产锯木仅几百立方米，用于当地建设。

【农业】农业不发达，主要饲养家禽和生猪及牛。森林5400公顷。可耕地2.1万公顷。主要产椰子、薯类、芋头和水果等。出口少量酸橙、椰干、蜂蜜和石灰。

【旅游业】有一座饭店，每年接待1000多名游客，游客大部分来自新西兰。

【交通运输】公路全长128公里，丛林卡车道96公里，注册车辆1438辆。国际航空由瑙鲁航空公司提供。每周有1次航班往返于奥克兰和纽埃之间。哈南国际机场建于1970年。海运不定期，到新西兰、库克群岛和塔希提岛的航运业务由新西兰船运公司经营。阿洛菲港口无停泊设施。

【对外贸易】主要贸易对象为新西兰。新西兰对从纽埃进口的商品免征关税。1992年，纽埃对新西兰出口额为1768188新元，从新西兰进口额475万新元。

人民生活

实行免费医疗，有30张病床。医疗费用由新西兰资助。

文化教育

【教育】学校由政府管理，对5～14岁儿童实行义务教育。有1所小学，20名教师，350名学生；1所中学，28名教师，310名学生。教师主要从当地挑选，每年还从新西兰或其他国家聘请15～20位教师。

【新闻出版】政府新闻处出版英文和纽埃周刊《托希塔拉纽埃》。纽埃广播公司为政府所有，下设"阳光"广播电台和纽埃电视台。

对外关系

1981年在新西兰奥克兰市设立领事馆。纽埃是南太平洋论坛、南太平洋委员会和南太平洋论坛渔业局正式成员。

（郭贵芳）

诺福克岛

名称 诺福克岛(Norfolk Island)。

面积 34.5平方公里。

人口 1912人(1991年8月),其中永久定居者约1478人。主要为来自皮特开恩的英国人后裔,余为澳大利亚、新西兰移民。讲英语和皮特开恩语。信奉基督教新教和天主教。

行政中心 金斯敦(Kingston)。

行政官 麦克唐纳(H. B. Mac Donald)。

简　况 位于太平洋西南部,西南距澳大利亚的悉尼1676公里。为火山岛,海岸线长32公里。属亚热带气候。日平均气温最高15.8～26.5℃,最低11～23.4℃。1774年由英国库克船长发现并命名。1788年成为英属澳大利亚新南威尔士殖民地的一部分。1914年英国将该岛移交澳大利亚管理,澳总督委派一名行政官。1960年成立由选举产生的诺福克岛委员会,为行政官的咨询机构。

政　治 1979年经澳内务部长和诺福克岛委员会协商,制定了《1979年诺福克岛法》。此法规定建立立法会议,兼有立法和行政权,但澳保留对该岛的主权。同年选举产生了立法会议,成员9人,任期3年。立法会议选举1名议长(称首席部长)、1名副议长和6名行政委员(相当于部长)。司法机构有最高法院和小型议事法庭。

经　济 旅游业是该岛经济的基础。年均旅游人数为2800～3000人。渔业资源丰富。农作物有香蕉和其他水果。粮食不能自给,需从澳、新进口。东西方航空公司经营悉尼至该岛间的客运和货运。新西兰航空公司每周有班机从奥克兰至该岛。公路约80公里。同悉尼有国际电话联系。1987/88年度财政收入487.2万澳元,主要来自关税和出售邮票;支出484万澳元;1988/89年度经常性支出491.39万澳元,资本支出51.4万澳元。1985/86年度进口额2300万澳元,出口额260万澳元。

文化教育 对儿童、中小学学生实行免费义务教育。1986年6月注册学生315人。有《诺福克岛人》和《诺福克岛新闻》周刊和一个广播电台。

(杨世祥)

皮特开恩群岛

名称 皮特开恩群岛(Pitcairn Islands Group)。

面积 5.2平方公里。

人口 59人(1988年)。均为皮特开恩人。官方语言为英语,本地语为英语和塔希提语的混合语。信奉基督教。

首府 亚当斯敦(Adamstown)。

总督 罗宾·拜厄特(Robin Byatt)。

简　况 位于新西兰和巴拿马之间的东南部太平洋上,属波利尼西亚群岛。包括皮特开恩岛及其附近无人居住的3个环礁,皮岛为火山岛。属亚热带气候。气温18～24℃。1767年英国探险家菲利普·卡特莱发现此岛。1790年英国"邦蒂"号(又译"慷慨"号)哗变船员和一些塔希提岛居民到此定居。1887年正式成为英国殖民地。1898年受英国西太平洋高级专员管辖。1952年行政权转归英属斐济殖民地总督。1970年斐济独立后,英国驻新西兰高级专员兼任皮特开恩群岛总督。

政　治 根据1964年地方政府法,岛上成立10人委员会,委员会由行政官主持,任期3年。行政官布赖恩·扬(Brian Young)。

经　济 主要收入来自出版邮票、投资利润和英国的不定期赠款,给外国渔船以捕鱼许可权也有一定收入。1987年5艘日本渔船交付5000美元获准在皮特开恩群岛200海里水域捕鱼1年。1987/88财政年度总收入为922700新元,支出799700新元。贸易通常以易货方式进行。货币名称:新西兰元。1美元＝1.97新元(1992年)。

【**农业**】种植水果、蔬菜和薯类。家庭捕鱼和饲养家禽较为普遍。

【**交通运输**】岛上无机场。通过少量不定期船只来往保持与外界的联系。

人民生活 无医院,仅有1名护士。居民生病必须去新西兰或塔希提就医,政府负担2/3费用。

文化教育　【教育】实行小学免费教育，有一名来自新西兰的教师。岛上无中学，新西兰免费提供中学教育。

【新闻出版】皮特开恩教育官员每月出版一页新闻。岛上设有一个电台。

（刘　菲）

所罗门群岛

国名　所罗门群岛(Solomon Islands)。

面积　29785平方公里。

人口　31万(1990年统计)，其中93%属美拉尼西亚人种，白人约2000人，华人约300多人。全国有87种方言，通用皮金语，官方语言为英语。居民95%以上信奉基督教新教和天主教。

首都　霍尼亚拉(Honiara)，人口3.05万人(1987年)。

国家元首　英国女王。女王任命总督为其代表。总督乔治·利平(H. E. Sir George Lepping)，1988年7月就任，任期五年。

简　况　位于太平洋西南部，属美拉尼西亚群岛，共900多个岛屿。最大的瓜达尔卡纳尔岛面积6475平方公里。境内多火山、河流。属热带雨林气候，终年炎热，无旱季。首都霍尼亚拉年均温度27℃。早在3000年前已有人在此居住。1568年被西班牙人发现并命名。后荷兰、德国、英国等殖民者相继到此。1885年北所罗门成为德国保护地，同年转归英国(布卡和布干维尔岛除外)。1893年成立"英属所罗门群岛保护地"。二次大战期间一度被日本占领。1976年1月2日实行内部自治。1978年7月7日独立，为英联邦成员国。1980年8月举行独立后首次大选，凯尼洛雷亚连任总理。1981年8月底人民联盟党领袖所罗门·马马洛尼出任总理。1984年10月凯尼洛雷亚再次当选为总理。1986年阿莱布亚任总理。

政　治　1989年2月举行大选，人民联盟党取胜，马马洛尼再次当选总理。

【宪法】1978年6月8日英国议会通过所罗门群岛新宪法，同年7月7日生效。宪法规定，所为君主立宪国，英女王为国家元首，由总督代表。

【议会】国民议会是最高权力机关，为一院制，有38名议员，每四年普选一次。本届议会于1988年10月产生，议长沃塔·本(Waeta Ben)。由议会选举产生的总理负责组阁。

【政府】现政府于1989年3月组成，1990年10月改组，新内阁成员有：总理所罗门·马马洛尼(Solomon Mamaloni)，副总理兼卫生部长巴德利·德维西(Baddeley Devesi)，外交、贸易关系部长乔伯·杜德莱·陶辛加(Job Dudly Tausinga)，财政和经济计划部长克里斯托弗·哥伦布·艾贝(Christopher Colombus Abe)，商业和初级产业部长艾尔弗雷德·麦蒂阿(Alfred Maetia)，省务部长艾伦·库鲁苏(Alan Qurusu)，警察司法部长艾伯特·拉奥雷(Albert Laore)，交通、工程、公用事业部长本·盖尔(Ben Gale)，教育、人力资源部长山姆·阿拉西阿(Sam Alasia)，自然资源部长维克多·恩吉利(Victor Ngele)，农业、土地部长乔治·留拉莫(George Luialamo)，房产、政府事务部长阿伦·凯马凯扎(Allen Kemakeza)，通讯部长迈克尔·梅纳(Michael Maina)。

【司法机构】沿用英国的司法制度，高等法院由大法官和一名陪审推事组成。1982年设上诉法院。各行政区设有区法院和地方法院。代理大法官约翰·穆利亚(John Muria)，检察长弗兰克·卡布伊(Frank Kabui)。

【政党】现有8个政党，主要有：

(1)人民联盟党(People's Alliance Party)：执政党。1979年由人民进步党和农村联盟党合并而成。主张两院制，实行联邦政府，扩大省政府权力，优先发展农村经济，并主张把所变为自由港。对外采取"与一切国家友好，不与任何国家为敌"的政策。领袖戴维·考西马埃(David Kausimae)。

(2)联合党(United Party)：1980年成立。重视发展农村经济和对外贸易，注重与英、澳、新西兰、美、巴布亚新几内亚和其他南太平洋岛国发展关系。领袖皮特·凯尼洛雷亚(Peter Kenilorea)。

(3)所罗门工党(Solomon Labour Party)：1988年成立。领导人约瑟·图哈努库(Joses Tuhanuku)，是所罗门群岛反对党领袖。

其他还有爱乡党、国家民主党和全国进步阵线等。

【重要人物】**所罗门·马马洛尼**：总理。1943年1月生。曾就读于新西兰。1970～1973年任政府理事会成员、主席。1973～1974年任地方委员会委员。1973年创建人民进步党，任该党主席。1974～1976年任第一届自治政府首席部长。1979年任人民联盟党领袖，1990年退出该党。1981～1984年任总理。1989年再次出任总理。爱好体育。

经　济　独立以来，经济有较大发展，已由过去的单一经济，逐步转变为农、渔、矿、林、旅游等多样化经济。牛肉、粮食、蔬菜基本自给。但所经济近年来仍存在严重困难，通货膨胀率已由1984/85年度的4%升至20%以上，1988/89年度国际收支赤字为1000万所元。所元对主要西方货币平均贬值

50%。为克服经济困难,1990年以来,政府采取了一系列经济紧缩政策,如调整所元汇率、削减政府开支预算、部分调整税率、国营企事业单位私有化、调整经济结构、鼓励加工出口等。

国民生产总值(1990年):4.1亿所元。

人均国民生产总值(1990年):约1323所元。

国民经济增长率(1990年):5.6%。

货币名称:所罗门群岛元(简称所元)。

汇率(1992年1月):1美元=2.82所元;1澳元=2.11所元。

通货膨胀率(1990年):10%。

【资源】有铝土、镍、铜、金、磷酸盐等矿藏。已探明铝土矿储量3000万吨,磷酸盐1000万吨。水力资源丰富。森林覆盖面积占陆地总面积的90%,约263万公顷。林木总储量1.27亿立方米,商品材蓄积量4810万立方米。

【工业】有鱼产品、家具、塑料、服装、木船、香料、食品和饮料等小工厂和采矿业。工业仅占国内生产总值的5%。

【农业】农村人口占总人口的90%以上,农业收入占国内生产总值的60%。主要农作物是薯类、椰子、香蕉、油棕、可可、香料等。1988年产椰干2.5万吨,椰子20万吨,甘薯5.1万吨,棕榈油1.5万吨,水稻6000吨。

【渔业】盛产金枪鱼,是世界上渔业资源最丰富的国家之一。金枪鱼年捕量约为8万吨。鱼产品为第三大出口商品,渔业产品年产值约3120万所元(1990年)。

【交通运输】全岛有1900公里公路干线。其中首都地区柏油路面公路100公里,农村土路1770公里。除霍尼亚拉国际机场外,还有27个小飞机场。霍尼亚拉是主要港口。

【财政金融】财政收入在很大程度上依赖外援。1990年财政预算总额为4.02亿所元,其中预算收入为1.5亿所元,预算支出为2.52亿所元,预算赤字为1.02亿所元。1990年内债总额为1.2亿所元,外债累计高达3.71亿所元;外汇储备4300万所元。

【对外贸易】主要出口椰干、木材、鱼产品、棕榈油等。1987年金枪鱼出口占总出口的40%,是主要出口产品;原木出口额3500万所元,占出口总额的31%,为第二大出口产品。进口商品主要是机械设备、交通工具、食品和汽油等。主要贸易对象为澳大利亚、日本、英国等。外贸进出口情况如下(单位:万美元):

	1990	1991
出口额	7040	8350
进口额	9210	11010
差　额	−2170	−2660

(资料来源:1993年3月世界银行统计)

【外国援助】争取多边援助,强调外援使用权必须由所决定。外援主要来自英、澳、新西兰、日本等国。1985/86年度澳向所提供了739.7万澳元的援助。1987/88年度英国向所提供的援助达1.42亿所元。日本每年提供200万所元。根据第三个洛美协定,1986～1991年间欧洲共同体将向所提供2700万所元的援助。

人民生活

有9所医院,900多张床位,还有135个医疗所和农村医疗站。1988年人均收入900所元(约合432美元)。

军　事

无军队,仅有500多名警察。

文化教育

【教育】保持美拉尼西亚的传统文化。教育水平低,文盲约占人口的49%。全国有小学423所,小学生34522人;中学20所,中学生5085人。中小学生数占适龄儿童和少年的1/3。技术学院和师范学校各1所。

【新闻出版】有私人出版的周报《所罗门星报》;政府办的所罗门群岛广播电台用英语和皮金语广播。

对外关系

所罗门强调国际和睦、友谊、相互尊重、和平及人类尊严等外交原则。奉行不与任何大国结盟的政策,坚持在谨慎和有选择的基础上发展同各国的政治和经贸关系,有选择地利用外资和外援。所重视与英国、澳大利亚和新西兰等传统友好国家的关系,同时也注重与南太地区各国发展友好合作关系,主张与亚太国家合作,承担对本地区有关组织的义务。已同34个国家建立了外交关系。并在澳大利亚、瓦努阿图设有驻外机构。英、澳、新西兰、美、日、巴新、韩国在所设立使馆。

【同我国的关系】与我国无外交关系。

1985年9月与台湾当局建立大使级"外交关系"。

【同英国的关系】所英关系密切。所原是英的殖民地,被英统治85年。1978年所独立后,政府部门的顾问等仍由英国人担任。在经济上,英是所重要的援助者及贸易伙伴。

【同澳、新的关系】近年来澳所关系有很大发展。所独立时就表示要与澳大利亚建立一种特殊的关系。所前总理、副总理等要员先后访澳。所在澳布里斯班设有总领馆。1990年1月,利平总督对澳进行了私人访问。澳每年援所550万澳元,是所的重要援助国,也是所最主要的进口国。澳在所还经营银行、航运和锯木厂。

新西兰对所也积极进行外交、贸易活动,所则寻求新的援助和投资。1989年,新向所提供经援440万所元,1990年的经援与上年持平。同年6月,所新签订了两国民航合作协定。1990年,新西兰外长马歇尔访所。

【同巴布亚新几内亚和瓦努阿图的关系】所与巴新和瓦努阿图关系比较密切。1988年3月,3国总理在瓦首都维拉港签署了美拉尼西亚3国"先锋集团"的声明,并定期举行领导人会晤,协调对外立场。但所与巴新有领土纠纷。1990年所罗门参与调停布干维尔岛危机并为其提供谈判场所。1991年1月,巴新外长索马雷与布干维尔岛反政府力量的代表前布岛省省长卡布在所罗门首都霍尼亚拉签署了和平协议。1992年2月,巴新总理纳马柳致函所总理马马罗尼，强烈抗议所政府为布干维尔革命军从事分裂巴新活动提供场所。同年7月，温蒂政府执政后，两国关系曾一度有所缓和，实现了多年来两国总理的首次会晤。但此后，所政府仍继续支持布军，并且支持巴新新几内亚各岛省省长反对巴新政府取消省府的行动。两国关系再度紧张。

【同日本的关系】早在所独立前，日就同所签订了渔业协定，合办"所罗门大洋渔业公司"。该公司的出口值占所出口总值的1/4以上。此外，日本还经营所的一部分木材加工业和伐木业。日还在所勘探铝矾土矿。1986/87年度，日向所提供了1000万所元赠款。

（张冬莲）

汤　加

国名　汤加王国(The Kingdom of Tonga)。

面积　747平方公里。

人口　94648人(1986年11月)，其中98%是汤加人(属波利尼西亚人种)，余为欧洲人及其后裔和其他太平洋岛屿人。通用汤加语和英语。居民多数信奉基督教。

首都　努库阿洛法(Nukualofa)，人口28899人(1986年11月)。

国家元首　国王陶法阿豪·图普四世(Taufa'ahau Tupou IV)，1967年登基。

简　况

位于南太平洋西部、国际日期变更线西侧，西邻斐济。由汤加塔布、哈派、瓦乌3个群岛组成，共172个岛屿(其中36个有人居住)。无河流。属热带雨林气候。平均气温南部23℃，北部27℃。3000多年前已有人在此定居。约从950年起至今经历4个王朝，现为1845年乔治·图普一世建立的陶法阿豪王朝。17～18世纪，荷兰、英国、西班牙等先后入侵。19世纪基督教传入。1900年成为英国保护国。1970年6月4日独立，并成为英联邦成员国。

政　治

国王掌握军政大权。议长、内阁大臣和省长等高级官员均由国王任命。社会分王族、贵族和平民3个阶层，但社会权力集中在贵族手中。近年来，随着工商业的发展，新兴资产阶级形成一股政治力量。在议会中平民议席与贵族议席相等。但是真正的军、政大权仍掌握在国王手中，其权力远远大于欧洲的立宪君主。

【议会】一院制。由全体内阁成员、9名贵族议员和9名平民议员组成。每3年大选一次。贵族议员是从全国33名贵族中选举产生，平民议员经普选产生，议长由国王在贵族议员中任命。无政党。议会最少每年举行一次会议。国王有权召开或解散议会，议会通过的法案需经国王批准方能生效。本届议会于1990年5月产生，议长富西图阿(Fusitu'a)。

【政府】内阁由包括首相、副首相在内的8名内阁大臣以及瓦乌岛和哈派岛的两名省长组成，终身任职。主要内阁成员：首相兼农、林、渔业和海洋大臣巴伦·瓦埃亚(Baron Vaea)，副首相兼教育、工程、民航大臣胡阿卡瓦梅利库(Hu'akavameiliku)，外交兼国防大臣图普托阿王储(Tupouto'a)，财政大臣塞西乐·科克尔(J. Cecil Cocker)，警察大臣赛奥西·阿考奥拉(Siaosi' Akau'ola)，土地测量和自然资源大臣马阿富·图普(Ma'afu Tupou)，瓦乌岛省长图伊阿菲图(Tu'i'afitu)，哈派岛省长法卡范努阿(Fakafanua)。

【司法机构】设枢密院、上诉院、最高法院、土地法院和地方法院。最高法院首席法官和其他法官均由国王任命。最高法院大法官杰弗里·马丁(Geoffrey W. Martin)。

【重要人物】陶法阿豪·图普四世：国王。1918年生于努库阿洛法。1943年毕业于澳大利亚悉尼大学，获文学、法学学位。曾任教育兼卫生大臣。1949～1965年任首相兼教育、农业和外交大臣。1965年12月继承其母的王位，1967年7月5日登基。1970～1973年曾任南太平洋大学校长。

经　济

以农业为主。主要出口椰产品和香蕉。粮食不能自给。工业不发达，严重依赖外援。政府采取措施刺激国内消费，鼓励私人投资以发展交通、能源、旅游等方面的建设。近年来，地方制造业、渔业、服务行业和旅游业有所发展。1989年经济增长了3%，1984～1989年制造业产量增长了33.2%，就业增长13.5%，工资增长103.6%。

国民生产总值(1990年)：约9000万潘加。

货币名称：潘加。

汇率(1992年底)：1美元＝1.2585潘加。

通货膨胀率(1991年)：7.5%。

【资源】渔业和森林资源丰富。1985年渔业和森林资源占国内生产总产值的40.5%。

【工业】1975年设工业区。政府强调建立小型工业并向产品多样化方向发展。现有140个小企业加工农产品，主要是椰子加工厂、制席等手工业，也生产五金文具及服装等轻工产品。近年来建立了塑料管子厂、木炭厂和罐头厂等。

【农业】农业为经济支柱，产值占国民生产总值的50%以上。主要农产品有椰干、香蕉、菠萝和芋头等。椰干最高年产量3万吨。1988年产椰子5.3万吨，甘薯

1.8万吨，椰干6000吨，香蕉5000吨；有牛8000头，马9000匹，猪6.5万头。

【旅游业】是收入重要来源之一。1989年和1990年旅游收入为1150万潘加和1450万潘加 。

【交通运输】以水路运输为主。

公路：总长433公里；1984年有商业车辆3397辆，私人车1561辆，摩托车832辆。

水运：首都努库阿洛法为重要港口。1985年全国水运量127.75万吨。

空运：共有6个机场；友好岛国际航空公司承担汤加国内及首都努库阿洛法至美属萨摩亚首府帕果的空运业务。

【财政金融】1992/93财政年度预算为1.1亿潘加，其中经常性开支占5120万潘加，经济发展开支占5940万潘加。

【对外贸易】外贸长期逆差。1991年出口额2150万潘加，进口额7680万潘加，逆差5530万潘加。主要出口鱼类产品、椰干、香蕉、香草、根茎作物及椰油，椰油占出口总额一半以上。主要进口肉类、面粉、燃料和建筑材料。主要贸易对象为澳大利亚、新西兰、美国和日本。澳、新和日本分别占汤加进口的34%、39%和12%。

【外国援助】外援主要来自英国、新西兰、澳大利亚、德国、日本、亚洲开发银行和欧洲共同体。1991年亚洲开发银行贷款703万潘加，赠款36.5万潘加。1991～1995年欧共体将提供援款1220万潘加。

人民生活　全国有医院4所，门诊所14个，保健站33个。1985年有医生55名，牙医24名，护士281名。

军　事　军队由步兵、皇家卫队和海军组成，共200人。国王任总司令。另有300名警察。

文化教育　【教育】公办学校对6～14岁儿童实行免费教育。政府和英联邦国家提供奖学金送学生出国深造。1989/90年度政府教育费用占财政预算总支出的13.36%。1985年各级学校数目及学生人数如下：

	学校(所)	学生(人)
小学	112	17019
中学	54	14655
中专	10	430
师范学校	1	126

【新闻出版】主要报刊为《汤加记事报》，周刊，分英文和汤加文版两种；双月刊杂志及月刊《今日汤加》。“友好岛屿之声”为国家广播电台，用英语和汤加语广播。汤有两个私营电视俱乐部，会员交纳一定会费后，可观看电视节目。节目主要是外国新闻和美国喜剧。

对外关系　关心地区安全与稳定，支持澳新美军事联盟，希望美在太平洋地区发挥主导作用。积极参加地区合作，主张建立南太平洋无核区，但尚未签署南太无核区条约。已同近30个国家建立外交关系。

【同我国的关系】与我国无外交关系。1992年中汤贸易额为169万美元，皆为汤进口。

1972年汤与台湾当局“建交”。台在汤加有“大使馆”。1990年，汤在台北设“商务办事处”。

【同澳大利亚和新西兰的关系】同澳、新关系密切。两国是汤的援助国，1987/88年度，新西兰援款为405万新元。1991/92年度澳大利亚援助了810万澳元，1992/93年度计划援助840万澳元。

【同美国的关系】近几年与美国的政治、军事关系有所加强。1967年以来，美向汤加共派出1000名和平队员，目前尚有34名。1990年，美国和汤加签订协议，美向汤提供290万潘加，用于发展小型渔业项目。（陈用林）

图　瓦　卢

国名　图瓦卢(Tuvalu)。

面积　26平方公里(水域面积约130万平方公里)。

人口　约1万(1991年)。属波利尼西亚人种。英语是官方语言，图瓦卢语为通用语言。信奉基督教。

首都　富纳富提(Funafuti)，人口2810人(1991年)。

国家元首　英国女王，总督是女王的代表。总督托阿利皮·劳蒂(Toaripi Lauti)，1990年10月就任。

简　况　位于中太平洋南部、国际日期变更线西侧。由9个环形小珊瑚岛群组成，其中8个有人居住。富纳富提为主岛。海岸线长15英里。属热带海洋性气候。年平均气温29℃。图瓦卢人世居岛上。1892年英宣布图瓦卢和附近的吉尔伯特为英“保护地”。1916年被划入“英属吉尔伯特和埃利斯群岛殖民地”。1975年10月法律上同吉尔伯特分离，改用旧名图瓦卢(意为八岛之群)。1978年6月实行自治，10月1日独立，为英联邦特别成员(不出席英联邦政府首脑会议)，由托阿利皮·劳蒂任总理。1981年9月由托马西·普阿普阿继任。1985年9月普阿普阿连任总理。

政　治

没有政党。1989年9月举行大选，比肯尼比尤·佩纽当选总理。

【宪法】新宪法于1978年10月1日独立时生效。按宪法规定，图为英联邦成员国。英女王根据总理推荐任命总督。总理由议员选举产生。内阁对议会负责，由总理和4名部长组成。总检察长为政府的主要法律顾问。1986年6月修改宪法，总督失去对政府所提建议的否决权。

【议会】一院制，由12名议员组成，任期4年。本届议会于1989年9月产生，议长科基阿·马劳乌(Kokea Malau)。

【政府】本届政府内阁于1989年9月组成，主要成员有：总理兼外交和经济计划部长比肯尼比尤·佩纽(Bikenibeu Paenju)，副总理兼财政与商业部长阿历萨纳·克莱斯·赛卢卡博士(Alesana Kleis Seluka)，自然资源与内政部长托穆·赛翁尼(Tomu Sione)。8个岛屿委员会为地方政府。

经　济

资源匮乏，土地贫瘠，农业落后，几乎无工业。家族是生产和生活的最基本单位。集体劳动，所获物品在家族内平分。买卖主要是以物易物。

农业主要有椰子、鱼、家禽、猪等。渔业资源丰富，但无开发能力。外汇收入主要靠外援、邮票和椰干出口、收取外国在图海域的捕鱼费和在瑙鲁磷矿工作的侨民汇款。图与日本、韩国和中国台湾省签有渔业协定，每年可获捕鱼费30万澳元。

国内生产总值(1987年)：280万澳元。

人均国内生产总值(1987年)：346澳元。

货币名称：图瓦卢硬币。通用澳大利亚货币。

【交通运输】以水运为主。首都富纳富提有深水港。图瓦卢有通往斐济等的不定期班轮。基里巴斯航空公司每周有一班自塔拉瓦飞富纳富提的班机。斐济航空公司每周有3次自苏瓦飞富纳富提的航班。境内有沙石公路4.9公里。

【财政金融】1988年财政收入470万澳元，其中英国援助97.7万澳元，图信托基金提供80万澳元。1989年预算：收入537万澳元，支出540万澳元。

【对外贸易】近年来，年出口额约100万澳元，主要出口椰干；进口额约280万澳元，主要进口食品、燃料、制成品、机械及交通工具。主要贸易对象为新西兰、澳大利亚、美国和日本。

【外国援助】主要来自英、澳、新、日、加拿大、欧洲发展基金和联合国开发计划署。1984～1987年获外援2920万澳元，其中985万来自英国，450万来自澳大利亚；获新西兰提供2700万新元的援款和贷款。自1987年起，英国对图财政预算援款每年减少10万澳元。为解决由此带来的困难，图政府制订了一项发展基础设施计划，并于同年6月设立图瓦卢信托基金，澳、新、英、日本和韩国为主要捐助国，1989年基金达3370万澳元。1990年利息达100万澳元，用于政府支出，占年预算的25%。现还发动其他国家参加捐款。1986年，图被联合国列为最不发达国家之一。从此，图可从世界银行得到特许贷款。根据关贸总协定，图出口商品可获特别关税待遇。

人民生活

有1所医院，36张床位。

文化教育

【教育】普及小学教育。全国有11所小学，61名教师，在校生1349人。1所中学，在校生280人。还有1所海员训练学校，52名学生。

【新闻出版】图瓦卢电台为官方电台，用图瓦卢语和英语播音。

对外关系

奉行与所有国家友好合作的政策。同英、澳关系较深。同斐济关系密切，在斐设有高级专员署，是图在海外的唯一常驻外交机构。图与英联邦成员国和比利时、智利、荷兰、法国、德国、日本、韩国等有外交关系。参加的国际组织有关贸总协定、亚太经社会、南太平洋论坛、南太平洋委员会及万国邮政联盟。1979年初图与美国签订了友好条约(1983年9月生效)。根据这一条约，美放弃对图瓦卢南部4小岛的主权要求。1986年2月图因对法国继续在法属波利尼西亚进行核试验不满而拒绝法军舰访图。1990年7月图要求英、美赔偿在二战中破坏图农田修筑机场的损失。1992年6月，总理佩纽出席在巴西举行的联合国环发大会，并在会上呼吁采取措施，防止温室效应的影响，否则将使赴图投资者却步。他对美国在环发会上的立场表示失望。

【同我国的关系】1988年6月，图总理普阿普阿随同南太岛国领导人访华，受到李鹏总理的会见。

台湾于1979年同图"建交"，由台驻汤加"大使"兼任驻图"大使"。

(吴荣和)

托　克　劳

名称　托克劳(Tokelau)。

面积　12.2平方公里。

人口　1600人(1992年)。主要是波利尼西亚人和少数欧洲人。讲托克劳语和英语。居民70%信奉基督教，28%信奉罗马天主教。托克劳人既是英国臣民，又是新西兰公民。

首府　法考福(Fakaofo),约有650人。

简　况　位于中太平洋东南部,南距西萨摩亚约480公里。包括阿塔富、努库诺努、法考福3个珊瑚环礁。年平均气温28℃。1877年成为英国保护地。1925年英国将行政权移交新西兰总督。1948年该群岛主权移交新西兰并划入新西兰疆域。1976年改称托克劳。

政　治　由新西兰外交部任命行政长官管理。现任行政长官林赛·瓦特(Lindsay Wait)。托克劳与西萨摩亚政府签订了协议,在阿皮亚设立托克劳事务办公室,行政长官派办公室秘书代表他管理具体事务。现任秘书卡西米洛·佩雷斯(Casimilo Perez)。办公室有6名主任,5名托克劳人,1名西萨摩亚人,分别负责行政、卫生、教育、财政、公益事务、农渔业和经济发展。

【司法机构】原由纽埃高级法院负责托克劳的民事和刑事诉讼。1986年移交给新西兰高等法院。新西兰最高法院负责上诉案件。各岛专员和村长可依法处理民事和刑事诉讼。

经　济　土地贫瘠。出产椰子、面包果、木瓜和香蕉等。产鱼,饲养少量猪和家禽,经济主要收入来源是出口椰干、邮票、纪念币和一些手工艺品。每年由新西兰提供财政资助,1990/91年度为433.8万新元。南太平洋委员会、南太平洋经济合作组织和联合国开发署也提供少量援助。新西兰货币、托克劳纪念硬币,以及西萨摩亚货币同时流通。1美元=1.96新元(1992年)。

【交通运输】交通运输极不发达。无港口。水运全靠外国海运公司提供。1981年与汤加沃纳太平洋海运公司签订租船契约,为期四年。1986年1月开始,斐济苏瓦海运公司与新西兰政府签订合同,每月给托克劳提供一次航运。

人民生活　当地人主要从事捕鱼和饲养家禽。有3所医院,护士大都在斐济和西萨培训。

军　事　无军队。仅有7名警察,法考福3名,阿塔富3名,努库诺努1名。无监狱,惩罚采取指责、交款和劳动的方式。

文化教育　**【教育】**各岛设立一所学校,对5～16岁儿童实行免费教育。共有42名教师和18名辅导员。新西兰教育部提供管理和教学设备。学校选择学习成绩优秀的学生到新西兰、西萨摩亚和纽埃深造。

【新闻出版】托克劳事务办公室定期出版一份托克劳文和英文的新闻通讯。三大岛均设有广播电台,主要用于气象预报和商船联络。　(郭贵芳)

瓦利斯群岛和富图纳群岛

名称　瓦利斯群岛和富图纳群岛(Wallis Islands and Futuna Islands)。

面积　274平方公里。

人口　13600人(1986年)。多为波利尼西亚人,余为欧洲人。官方语言为法语,通用波利尼西亚语。信奉罗马天主教。

首都　马塔乌图(Mata-Utu),人口约8072人。

高级行政官员　罗伯特·波米斯(Robert Pommies)。

简　况　位于太平洋西南部国际日期变更线西侧。两群岛相距约160公里,均属波利尼西亚群岛。瓦利斯群岛包括主岛乌韦阿及附近的22个小岛,面积159平方公里。富图纳群岛由富图纳和阿洛菲两个小岛组成,面积115平方公里。地处热带,气温通常为23～30℃。瓦利斯群岛和富图纳群岛分别于1842年和1888年被法国占领,成为法保护地。1913年成为法殖民地。1959年改为法海外领地。

政　治　由法国派驻的高级行政官员和领地议会管理。

【领地议会】共有20名议员,任期5年。现任领地议会主席曼努埃莱·利希阿希(Manuele Lisiahi)。由议会产生的一名代表参加法国参议院,另由普选产生的一名代表参加法国国民议会。现任国民议会议员索西福·马克佩·帕皮莱欧。

【政府】高级行政官为地方政府首脑,领地议会协助其工作。此外有3名国王(瓦利斯群岛1名,富图纳群岛2名)管理当地事务。

【政党】政党多与法国本土政党有联系,主要有:法国民主联盟、左翼激进党人运动、保卫共和联盟、地方人民联盟等。

经　济　以农业为主,主要农作物有面包果、香蕉、椰子、木薯、芋头等。主要收入来自法国政府的援助和在新喀里多尼亚镍矿工作的岛民汇款。目前在新喀里多尼亚当镍矿工人的瓦利斯和富图纳人有1.5万余名(包括家属)。通用太平洋法郎。1989年9月1美元合115.41太平洋法郎。

【交通运输】瓦利斯岛和富图纳岛分别有环岛公路及港口。瓦利斯航运公司有船只驶往新喀里多尼亚、斐济和瓦努阿图。

瓦利斯岛有1个国际机场,有飞往努美阿的国际航线。瓦、富两岛间有班机往返。

人民生活　实施免费医疗制。该群岛有3所公立医院，93张床位，5名医生。1987年有公立中、小学13所，学生4622名。

文化教育　【新闻通讯】法兰西海外广播电台用瓦利斯语和法语播音。1986年9月开始播放电视节目。　（刘　菲）

瓦努阿图

国名　瓦努阿图共和国（The Republic of Vanuatu）。

面积　12190平方公里。

人口　15.5万（1990年估计）。其中95%为瓦努阿图人，属美拉尼西亚人种；余为法裔、英裔、华裔、波利尼西亚移民以及其他一些附近岛国人。官方语言为英语、法语和比斯拉马语，通用比斯拉马语。84%的人信奉基督教。

首都　维拉港（Port Vila），人口约2万。

国家元首　总统弗雷德·蒂马卡塔（Fred Timakata），1989年1月30日就任，任期5年。

简　况　位于太平洋西南部。东邻斐济，西南邻新喀里多尼亚。属美拉尼西亚群岛，包括约80个岛屿（其中66个有人居住）。最大的桑托岛（又称圣埃斯皮里图岛）面积3947平方公里。属热带海洋性气候。首都维拉港平均气温22～27℃。数千年前瓦努阿图人即在此生息。1768年法国人到此。1774年英国库克船长到此并将该地命名为“新赫布里底”。1906年10月，英、法签署了共管公约，该地沦为英法共管殖民地。1963年出现了第一个政党——乡村党，要求收回土地和实现独立。1978年1月实行内部自治。1980年7月30日独立，瓦努阿库党领袖沃尔特·利尼出任首任总理，索科马努任总统。1983年11月举行独立以来的首次大选，利尼连任总理。

政　治　1989年1月12日，索科马努因支持瓦努阿库党总书记索佩的反政府活动被解除总统职务。1月30日，弗雷德·蒂马卡塔出任总统。1991年瓦举行大选，温和党联盟与民族联合党联合执政。

【宪法】现行宪法于1979年制定，1980年生效。宪法规定：总统由议会和地方委员会主席组成的选举团选举产生，任期5年。立法权归议会，行政权归部长会议。总理由议会选举产生，内阁部长由总理任命。宪法申明瓦努阿图所有土地属土著人所有，规定10月5日为宪法日。

【议会】称代表议会，一院制，共46席，任期4年。本届议会于1991年12月大选产生。瓦努阿库党占10席，温和党联盟占19席，民族联合党占10席，余为其他小党所得。议长阿尔弗雷德·马森（Alfred Maseng）。

【政府】内阁称部长会议。本届政府于1991年由温和党联盟和民族联合党联合组成。主要成员有：总理马克西姆·卡洛特·科尔曼（Maxime Carlot Korman），副总理兼司法、文化及妇女事务部长塞西·雷金瓦努（Sethy J. Regenvanu），内务部长查尔斯·纳科（Charles Nako），经济事务部长塞奇·沃豪（Serge Vohor）。

【司法机构】设上诉法院、最高法院和负责传统事务的地方法院。首席法官由总统任命。现任首席法官弗雷德里克·库克（Frederick Cooke）。

【政党】主要政党有：

（1）温和党联盟（Union of Moderate Party）：执政党。成立于1974年。成员约2.6万。主席塞奇·沃豪（Serge Vohor）。

（2）民族联合党（National United Party）：执政党。1991年9月成立，主要由瓦努阿库党原主席利尼派组成。沃尔特·利尼（Walter Lini）任主席，前议长奥内恩·塔希（Onneyn Tahi）任总书记。

（3）瓦努阿库党（Vanuaku Party）：原名新赫布里底民族党，成立于1971年。1991年发生分裂。主席唐纳德·卡尔波卡斯（Donald Kalpokas）。

其他还有土地联盟、美拉尼西亚进步党、国家民主党等。

【重要人物】弗雷德·蒂马卡塔：总统。1936年10月14日生于埃马埃岛。在坦戈阿岛师范学院和斐济的达武列伍神学院学习过。曾先后在卢甘维尔城、维拉港、乌里皮夫岛的长老会任职。1975～1980年任谢泼德岛酋长代表会议代表主席。1980～1983年出任副总理兼内政部长。1983～1987年任议会议长。1989年任总统，兼任太平洋神学院理事会主席。有3子1女。　**马克西姆·卡洛特·科尔曼**：总理。生于1941年4月26日。1959年毕业于师范学校，后任校长。1966～1976年在英法共管政府中任行政官员。1977年当选维拉港议员，并连任至今。1979～1983年任议长。1987年任反对党领袖。卡曾为温和党联盟总书记。1991年任瓦努阿图联合政府总理，兼管外交事务。

经　济　从1982年起实行为期15年的发展国民经济计划，第一个五年计划（总预算额110亿瓦图）已基本达到目标。此发展计划旨在10～15年内实现经济自足。在此期间实施了区域专业化计划，在北部优先发展可可，在中部地区发展养牛和咖啡种植业，同时维拉港和塔那岛工业中心将得到发展。政府还重视发展旅游业。由于受世界经济衰退的影响，目前经济较困难。1987年被联合国列为最不发达国家之一。

国内生产总值(1987年)：130亿瓦图。

货币名称：瓦图。

汇率(1991年底)：1美元＝111.7瓦图。

通货膨胀率(1988年)：16%。

【资源】原有锰矿开采已尽，新探明尚有少量锰矿、热液铁矿、镍、铜和铝矾土等，还有大量的白榴火山灰。森林覆盖率占其总面积的70%左右。渔业资源丰富，盛产金枪鱼。

【工业】主要有椰子、冻鱼、牛肉加工业和其他一些小规模的工厂。1984年工业产值7.76亿瓦图，占国内生产总值8.6%。1986年工业产值达9.58亿瓦图。

【农业】农业是经济的主要部门，农村人口占全国人口的86%。农业区集中在沿海和低洼平原地区。主要农作物有椰子、薯类、芋头、可可、果菜和咖啡等。目前政府正在推广种植南美硬质树木。养牛业发展很快。1988年产椰子28.1万吨、椰干2.6万吨、蔬菜8000吨；养牛10.5万头。1986年出口40612吨椰产品，创汇4.43亿瓦图。

【旅游业】旅游收入是重要的外汇收入。1987/88年度接待外国游客1.4万人，主要游览胜地有塔那、埃菲特和桑托、马拉库和彭蒂科斯岛。

【交通运输】交通以水路为主。全国各岛水路总长780公里。公路总长1318公里；1986年全国有机动车辆4515辆。首都维拉港和桑托港为国际海港，桑托港的吞吐量为2500吨。维拉港有国际机场。美拉尼西亚航空公司有飞机6架，除包揽瓦24个空运点的业务外，还经营航空旅游业务。

【财政金融】收入主要靠出口农、鱼产品、税收和旅游业。1993年财政预算为4300万美元，比1992年高出830万美元。

【对外贸易】在经济中占较重要地位。主要进口食品、饮料、工业制品和石油产品。主要进口国：澳大利亚、日本、新西兰。主要出口椰干(占总收入的70%)、鱼、可可、肉和肉类制品。主要出口国：荷兰、法国和日本。

【外国资本】外资总额为30亿美元。主要投资在信托保险、法律事务所和其他金融机构。

【外国援助】1986年共接受外援4.1亿瓦图，主要来自英、法、澳、新。1987年遭风灾，造成1.4亿美元的损失。澳、英、加拿大、法、新西兰、美国等向瓦提供救济援助。1989年外国援助达3000万美元。

军事

无正规军，有机动运输能力部队600人，警察1000人。

文化教育

【教育】小学未实行义务教育，但免交学费。大部分儿童不能入学。政府正致力于全国统一教育制度。南太平洋大学在维拉建有分校。1982～1986年教育经费为49.74亿瓦图。1986年有小学305所，学生2.4万人；中学21所，学生2904人。

【新闻出版】《瓦努阿图周报》，有比斯拉马文、英文和法文3种文版。

对外关系

瓦政府奉行维护民族独立的不结盟政策，反对外来干涉和大国控制，强调对外关系的“广泛性”，要求建立国际关系新秩序。重视与南太平洋地区国家的关系。现已同72个国家和地区有外交关系。

【同我国的关系】1982年3月26日中瓦建交。1983年5月两国签订了经济、技术合作议定书。同年7月利尼总理访华。1987年12月索科马努总统对中国进行了正式友好访问。1990年瓦总统蒂马卡塔(10月18～28日)和外长卡尔波卡斯(7月28日至8月5日)分别访华。1988年4月，外交部副部长朱启祯访瓦。1990年7月，刘华秋副外长应邀出席瓦独立10周年庆典。1992年8月彭冲副委员长应邀率全国人大代表团访瓦。9月经贸部副部长王文东率中国政府经济代表团访瓦。

1992年中瓦贸易总额为704万美元，皆为瓦方进口。

中国驻瓦努阿图大使：杜钟瀛。馆址：Embassy of the People's Republic of China in Vanuatu, Private Mail Bag: 071, Port Vila, Vanuatu。电话：(678)23598。传真：(678)24877。

【同美国的关系】1986年瓦同美建立外交关系，同年10月与南太平洋其他岛国一起同美签订了5年捕鱼协议，允许美国金枪鱼捕捞船在瓦专属捕鱼区作业。

【同其他国家的关系】瓦同英、法(原为瓦的共管宗主国)关系密切。瓦重视同澳、新的关系。澳为瓦第一个五年计划的最大援助国。瓦努阿图、巴布亚新几内亚和所罗门群岛同是“美拉尼西亚先锋集团”的成员国。上述3国外长每年会晤一次，协调其在地区事务上的行动。瓦与日本经济合作发展较快，双方在渔业、肉类、旅游业方面建立了合资关系。 (陈用林)

威　克　岛

威克岛(Wake Island)。面积6.5平方公里。位于中途岛及关岛中间。岛上无本土居民。暂住人口包括美空军、文职人员及泰国承包商。威克岛在经济上无价值，因地处关岛和夏威夷之间，战略地位重要，被称为"太平洋的踏脚石"。1962年美在岛上建成了现代化机场。1964年完成了新的海底电缆的铺设，该岛还是檀香山和关岛海底电缆的连结点。1972年该岛由美国防部接管。1974年用作导弹试验基地。70年代中期至今，成为美空军紧急降落基地。现由美空军管辖，是美民航和军用飞机从檀香山到东京和关岛的加油站。　(易　初)

西　萨　摩　亚

国名　西萨摩亚独立国(The Independent State of Western Samoa)。

面积　2946平方公里。

人口　162100人(1991年)。出生率30‰。绝大多数为萨摩亚人，属波利尼西亚人种；还有少数南太平洋其他岛国人、欧洲人和华裔以及混血人种。官方语言为萨摩亚语，通用英语。多数居民信奉基督教。

首都　阿皮亚(Apia)，人口3.5万(1992年)。

国家元首　马列托亚·塔努马菲利第二殿下(H. H. Malietoa Tanumafili Ⅱ)，1962年就任，为终身元首。

简　况

位于太平洋南部，萨摩亚群岛西部，由萨瓦伊和乌波卢两个主岛及7个小岛组成。境内大部分地区为丛林覆盖。属热带雨林气候。年平均气温28℃。3000年前已有萨摩亚人在此定居。约1000年前被汤加王国征服。1250年马列托亚家族赶走汤加入侵者，成为独立王国。1722年荷兰人发现萨摩亚。19世纪中叶，英、美、德国相继侵入。1899年，根据英、美、德3国签订的条约，西萨摩亚沦为德国殖民地，东萨摩亚由美国统治。一次大战爆发后，新西兰对德宣战，占领萨摩亚。1920年，国际联盟把西萨交新西兰管理。二次大战后，联合国将西萨交新西兰托管。1954年开始实行内部自治。1962年1月1日宣布独立。独立后，马列托亚与另一位传统首领共同履行国家元首职责。1963年4月该传统首领去世，马列托亚成为唯一的终身元首。

政　治

1991年3月西萨实行有史以来第一次普选，人权保护党获胜。目前政局较稳定。由于"维尔"旋风给全国造成严重损失，现政府正致力于灾后重建和恢复工作。

【宪法】1960年制定，1962年1月1日生效。规定国家元首由议会选出，任期五年。第一任国家元首为终身职。除元首外，还设立代表委员会，委员不多于3名。其职能是，一旦元首出缺或不能行使职务时，代行国家元首的职权。目前有两名委员：马塔阿法·法阿苏阿马莱阿乌伊·普埃莱(Mataafa Faasuamaleaui Puela)和图伊马列艾利法诺·瓦阿列托阿·苏阿劳维(Tuimalealiifano Vaaletoa Sualauvi)。

【议会】一院制，称立法议会。设议长、副议长各1名，有47名议员，任期3年。原规定除自由选区外，只有获得"马他伊"头衔的人才有选举权和被选举权。1991年3月改为普选。本届议会产生于1991年5月。议长阿法马萨加·法图·瓦伊里(Afamasaga Fatu Vaili)。1991年11月25日，西萨议会以2/3多数通过3个宪法修正案：(1)内阁部长由8名增至12名；(2)议员任期由3年增至5年；(3)增加2名议员，议员总数由47名增至49名。这三个法案在元首签字后即生效。这使西萨成为南太各国中唯一实行议员5年制的国家。1992年3月，根据上述修正案，补选了3名议员，反对党领袖埃菲当选。

【政府】本届政府于1991年5月组成，主要成员：总理兼内务部和外交部部长托菲劳·埃蒂·阿莱萨纳(Tofilau Eti Alesana)，财政、贸商和工业部长图依拉埃帕·萨依莱莱(Tuilaepa Sailele)，农业部长米萨·塔利方尼·莱兹拉夫(Misa Telefoni Retzlaff)，邮电部长托伊·奥库索(Toi Aukuso)，教育部长费阿美·瑙阿密·马塔阿法(Fiame Naomi Mata'afa)，工程部长利阿法·维塔里(Leafa Vitale)，卫生部长萨拉·瓦伊米里(Sala Vaimili)，交通部长杰克·内茨勒(Jack Netzler)，司法部长弗伊马奥那·洛托马乌(Fuimaono Lotomau)，土地和环境部长法索塔乌劳阿·帕蒂(Fa'aso'otauloa Pati)，妇女和内政部长波拉塔依瓦奥·福西(Polataivao Fosi)，青年、体育和文化部长普莱·拉迈科(Pule Lameko)，劳动部长乌伊·维利亚穆(Vui Viliamu)。

【司法机构】设最高法院、地方法院、上诉法院和土地头衔法院。大法官蒂阿瓦阿苏伊·法莱法图·萨波鲁(Tiavaasue Faleafatu Sapolu)。

【政党】现有两大政党:

(1)人权保护党(The Human Rights Protection Party):执政党。成立于1979年5月。对内主张坚持国家宪法,保护公民权利和自由,提高人民的文化和生活水平。对外奉行同各国友好的政策,加强同南太平洋邻国的关系。1982年和1985年大选获胜。1985年党内发生分裂后下台。1988年和1991年大选,人权保护党获胜而执政。领导人托菲劳·埃蒂·阿莱萨纳,副领袖图依拉埃帕·萨依莱莱。

(2)萨摩亚民族发展党(The Samoa National Development Party):反对党。成立于1988年3月。该党由图普奥拉·埃菲领导的基督教民主党和瓦阿伊·科洛内领导的人权党分裂派组成。领袖图普奥拉·埃菲(Tupuola Efi),副领袖瓦阿伊·科洛内(Vaai Kolone)。

【重要人物】马列托亚·塔努马菲利第二殿下:国家元首。1913年1月生。曾赴新西兰学习。1940年为新西兰驻西萨摩亚总督的顾问。1959年为独立工作委员会两主席之一。1962年独立后,担任首任国家元首。 **托菲劳·埃蒂·阿莱萨纳**:总理。1924年6月4日生。1957年当选为议员。1979年初和其他几名议员创建人权保护党。1982年任总理,1985年蝉联。1985年12月,被迫辞职。1988年3月再次出任总理。1991年5月大选获胜,第四次出任总理。已婚,有14个孩子。

经　济

以农业为主。被联合国列为最不发达国家之一。西萨政府批准的第七个国家经济发展计划(1992~1994年),强调人才资源开发,促进企业的发展,积极引进外资。1991年12月,"维尔"旋风使全国受灾损失总额达7.13亿塔拉,是全年国民总产值的两倍,使经济受到严重影响。

国民生产总值(1992年):26160万塔拉。

货币名称:塔拉。

汇率(1992年):1美元=2.32塔拉。

【资源】森林面积占全国面积的54%,可采量为400万立方米。生产性的森林面积为25.6万英亩,非生产性的森林面积为12.5万英亩。除一部分森林为国家保留地外,大部分森林属各个村庄传统所有。每年伐木量约3万立方米。经济水域3.7万平方公里。因缺乏技术和资金,尚无力开发其渔业资源,目前年捕鱼量仅为3000吨。

【工业】工业基础十分薄弱。独立后,初步建立了一批消费工业和农产品加工业。工业产值占国内生产总值的7%。主要有椰油厂、啤酒厂、卷烟厂、木材厂、火柴厂、家具厂、肥皂厂、服装厂、食品厂、饲料厂、印刷厂和食品加工厂,多数是与外国合资或用外援建成的。

【农业】全国80%为农业人口。农业产值占国内生产总值的45%。农产品出口占外汇收入的70%。全国有土地70万英亩,其中适宜于农业的有50万英亩。主要种植椰子、可可、咖啡、芋头、香蕉、木瓜和面包果。1991年主要农产品出口创汇1800万塔拉,其中芋头出口额710万塔拉,椰油550万塔拉。

【旅游业】1991年来旅游的人数为39414人,收入3300万塔拉。西萨政府已批准了南太平洋委员会为其制定的旅游事业计划书,计划到2001年来西萨旅游人数达到102000人,收入达1.17亿塔拉。

【交通运输】全国公路总长2042公里,其中柏油公路260多公里。阿皮亚港为西萨主要对外港口,可泊5.5万吨级轮船。法莱奥诺机场为西萨唯一国际机场,可起降波音747客机。

【财政金融】近年财政预算情况如下(单位:万塔拉):

	1992	1993
收入	20500	18900
支出	26600	22900
差额	−6100	−4000

1991年外汇储备为1.61亿塔拉。

【对外贸易】主要出口椰油、可可、香蕉、芋头和木材。进口石油、机械设备、车辆、服装、电器、食品和日用品。主要贸易伙伴为澳大利亚、新西兰、东萨摩亚和美国。

1991年出口额1800万塔拉,进口额2.32亿塔拉。

【外国援助】主要援助国有澳大利亚、新西兰、日本、欧洲共同体、中国以及国际组织等。1992年获得的外援主要有:欧共体100万塔拉,亚洲开发银行36.5万美元,澳大利亚900万澳元,新西兰900万新元,日本4341.7万塔拉以及我国的经援等。

人民生活

1988年西萨人均国民收入约550美元。1990年2月物价指数为287.6点,比1989年同期增长了15.5%。机动车辆总数为4937辆。世界卫生组织1992年度向西萨提供了22.4万美元援助。全国有医生53人,护士300人,牙医14人。国家医院2所,地区医院7所,卫生中心9所,卫生分中心14个。

军　事

没有军队,有警察332名,负责治安和交通。

文化教育

【教育】中小学教育基本普及,文盲占2%。有国立小学177所,中学21所,教会学校36所,师范学校2所。国立大学(为大学预备科)1所,还有南太平洋大学分校——阿拉富阿农学院。1992年,澳大利亚向纳尔逊图书馆捐赠价值1000塔拉图书,澳南太文化基金会赠款14.2万塔拉,联合国教科文组织国际通讯发展计划赠款9万美元。

【新闻出版】主要报纸有:《萨瓦利》,官方月刊,萨文版发行1万份,英文版500份;《萨摩亚时报》,私营周报,发行2500份;《萨摩亚观察家》,私营周报,发行2000份。

萨摩亚广播电台为官方电台。

对外关系　奉行与各国友好的政策，主张维护民族独立和主权，反对殖民主义、军备竞赛，要求建立国际经济新秩序。积极参加南太平洋论坛活动和地区合作。支持建立南太平洋无核区，反对在该地区进行核试验和倾倒核废料。现已同40多个国家和地区有外交关系。

【同我国的关系】1975年11月6日两国建交。1976年西萨国家元首马列托亚访华，并签署了经济、技术合作协定。1980年西萨总理图普奥拉·埃菲访华。1989年托菲劳·埃蒂总理访华。1985年胡耀邦总书记访西萨。中国向西提供无息贷款和赠款，用于蔬菜种植、体育设施、供水设施和派遣医疗组等项目。

1992年，两国贸易额约362万美元。

中国驻西萨摩亚大使：乐俊清。馆址：Embassy of the People's Republic of China in Western Samoa Vailima，Apia。电话：(685) 22474。传真：(685) 21115。

【同新西兰的关系】新曾为西萨的宗主国，西萨与之关系密切。1962年两国签订友好条约。目前，新每年向西萨提供600多万新元的援助，是其主要援助国之一。1992年新西兰向西萨提供900万新元的援助。新政府还将资助西萨建电视台。1992年1月，新西兰副总理麦金农访西萨。同年，西萨财政部长萨依莱莱访新。

【同澳大利亚的关系】澳是西萨最大的援助国，每年向西萨提供900万澳元的援助。"维尔"旋风后，澳向西萨提供400万澳元的援助。1992年两国双边合作计划总额达2100万塔拉。1992年2月，澳外交和贸易部长埃文斯访西萨。同年，西萨财政部长萨依莱莱访澳。

【同日本的关系】重视同日本的关系。1972年日本向西萨派志愿人员，至今已有200多人在西萨服务过。日已成为西萨主要援助国之一。1992年4月，托菲劳总理访日，日政府决定提供4300万塔拉的救灾援助，并承担3项援助项目：1. 码头修建项目(1700万)。2. 阿皮亚市区修建新的防波堤(1500万)。3. 修建萨瓦依岛上的医院(1100万)。

【同美国的关系】重视同美国的关系，要求美提供直接援助。美有70名和平队员在西萨工作。1990年美对西萨的援助达200多万美元。美军技术人员140人到西萨帮助建造桥梁。（刘　菲）

新喀里多尼亚

名称　新喀里多尼亚(New Caledonia)。

面积　19103平方公里。

人口　152000人(1990年)。其中卡纳克人(美拉尼西亚人)约6.5万，占43%；欧裔人约5.6万，占37%；其他为南太岛国和亚洲人。官方语言为法语。居民信奉天主教和基督教新教。

首府　努美阿(Noumea)，人口65110人(1989年)。

总督　弗尔南·维博(Fernard Wibaux)，1985年5月就任。

简　况　位于西南太平洋，距澳大利亚东岸1207公里。由5个小群岛组成，属美拉尼西亚群岛。岛上多火山，沿海有平原。属热带草原气候，年平均气温23℃。新喀最早的居民是从巴布亚和波利尼西亚群岛移居来的。18世纪法国人、英国人先后抵达该群岛。1853年成为法国殖民地。1946年法国宪法规定其为法海外领地。1956年选出首届领地议会。1976年法允许领地政府享有处理某些内部事务的自治权。1979年3月新喀拒绝了法提出与其保持10年联系的建议，法因此解散了当地政府。同年6月举行领地议会选举。1985年4月法宣布"新喀将于1987年举行公民投票。"同年9月举行地方选举。1986年12月联合国大会通过了把新喀重新列入联合国非自治领土名单的决议。

政　治　80年代以来，新喀独立运动不断高涨。1988年6月新喀对立两派——保卫喀里多尼亚在共和国内同盟和卡纳克社会主义民族解放阵线，同法国就确定该岛未来地位的公民投票法草案进行讨论，经过艰苦谈判，终于在巴黎签订了《马提翁协议》。根据该协议，自1988年开始，新喀由法国直接统治一年，然后实行有限的地方自治，新喀划分为3个自治省。经过10年过渡，将于1998年举行公民投票，决定是否独立。1989年5月4日，"解阵"主席马里·蒂巴奥和总书记叶文纳被极端分子暗杀。从1989年7月14日(法国共和200周年大庆)起，法把大部分权力交给了新选出的3个省议会。

【议会】称领地议会，立法机构。本届领地议会于1989年6月由普选产生，任期5年，共54席：议长西蒙·洛克霍特(Simon Loueckhote)。1989年6月，新喀举行省议会选举，在全岛3省54个席位中，卡纳克社会主义民族解放阵线赢得北方省和洛亚尔提省19个席位，反对独立的保卫喀里多尼亚在共和国内同盟在首府努美阿所在的南部省获得27个席位，其他党派只占8席。6月16日，3省议会分别选出议长。省议会下设市政会。另外，由选举院产生1名参议员、2名众议员，参加巴黎的参议院和国民议会。

【政府】本届政府于1984年11月18日由共和党组成。自1984年起，领地政府主席改由选举产生，但法国高级专员兼新喀里多尼亚政府代表阿雷因·克里斯纳茨(Alain Christnacht，1991年任命)仍掌握防务、外交、移民和司法等大权。其他成员是地区合作长官杰克·耶卡威(Jacques Jekawe),新喀里多尼亚秘书长西埃里·拉塔斯特(Thierry Lataste),领地议会主席西蒙·洛克霍特(Simon Loueckhote)。

【政党】主要政党有:

(1) 保卫喀里多尼亚在共和国内同盟(Rassemblement Pour La Caledonie Dans La Republique):亦称共和党,执政党。1979年由保卫共和联盟和保卫喀里多尼亚同盟合并而成。主张永远与法国联系,反对独立。与法国保卫共和联盟关系密切。领袖杰·拉弗勒(Jacques Lafleur)。

(2) 卡纳克社会主义民族解放阵线(The Kanak Socialist National Liberation Front):简称“解阵”。1984年9月24日成立,由喀里多尼亚联盟、喀里多尼亚社会主义党、卡纳克联合解放阵线和美拉尼西亚进步联盟等5个党、1个工会和1个妇女组织组成。成员主要为卡纳克族人。主张实现卡纳克人独立。主席让—马利·蒂保(Jean-Marie Tjibaou)。

其他还有:卡纳克社会主义解放党、喀里多尼亚明天党、大洋洲联盟和反对新殖民主席阵线等。

【重要人物】弗朗索·伯克:“解阵”5个成员组织之一——喀里多尼亚联盟领袖。当过牧师,是已故“解阵”领袖马里·蒂巴奥的亲密助手。 **乌莱盖**:“解阵”5个成员组织之一——卡纳克联合解放阵线的领导人,亦为“解阵”的负责人之一。曾任新喀领地议会副主席。

经济

以采矿冶炼业为主。1988年国民生产总值为2244.98亿太平洋法郎,即11.35亿美元。1985年通货膨胀率为5.2%。货币名称:太平洋法郎。1000太平洋法郎=9.031美元=55法国法郎(1987年6月)。

【资源】镍矿储量居世界第一,铬、铁矿也很丰富,森林面积约25万公顷。

【工业】有食品、饮料加工和汽车配件、建材、塑料包装等工业。1988年产精炼镍47800吨,铬精矿砂70300吨。镍开采和加工占国民生产总值的1/3。

【农业】可耕地150万公顷。白人占有90%的土地,卡纳克人仅占有5%土地。主要农产品有玉米、蔬菜、水果、椰子、咖啡、芋头等。畜牧业占总产值的5%。

【旅游业】1990年游客为8.7万人次。首府有世界闻名的水族馆。

【交通运输】新喀航空公司设有国内、国际航线。无铁路。主要港口是努美阿。有船只536艘。

【财政金融】1991年预算总支出33.45亿太平洋法郎,财政收入33.45亿太平洋法郎。其中法国财政援助1200万美元。

【对外贸易】1990年出口额为439亿太平洋法郎,进口额为599亿太平洋法郎。主要出口产品有镍矿砂及其产品,还有少量农产品。主要进口食品、纺织品、燃料、机器、运输工具等。贸易每年有逆差,出口只抵进口的85%。主要贸易对象是法国、欧洲共同体其他国家、美国、日本、澳大利亚和新西兰。

人民生活

1984年人均国民收入7830美元。首府诊所拥有176张床位。

军事

法国在新喀设有陆海空军事基地。现有法军事人员约8000人,其中法国驻军约3000人,警察宪兵约2800人。

文化教育

【教育】全国有小学279所,中学74所(普通中学43所,技校31所)。中小学生总数(含技校)为55244人。高专5所,学生1007人。在法国读大学的有100人。1987年,南太平洋大学在努美阿建立分校。

【新闻出版】有《新喀里多尼亚新闻》(日报)和巴布亚新几内亚出版的《信使邮报》(日报)。有广播电台和电视台,均用法语广播。 (张冬莲)

新西兰

国名 新西兰(New Zealand)。

面积 270534平方公里。

人口 343.332万(1992年9月统计)。欧洲移民后裔占73.8%,毛利人占15.2%,其他民族占12.9%。华侨和华裔2万余人(1991年10月统计)。通用英语,毛利人讲毛利语。70%的居民信奉基督教新教和天主教。人口自然增长率31‰(1989年)。

首都 惠灵顿(Wellington),人口40.185万(1991年3月统计)。

国家元首 英国女王伊丽莎白二世。总督为女王代表,由女王任命,任期5年。现任总督为凯瑟琳·蒂泽德夫人(Catherine Tizard),1990年12月12日就任。

简况

位于太平洋西南部的岛国,介于赤道和南极之间。由南岛、北岛及一些小岛组成。距澳大利亚1100英里。海岸线长6900公里。全境多山,平原狭小。属温带海洋性气候。平均气温夏季20℃左右,冬季12℃左右。早在14世纪时,毛利人就在新定居。1642年荷兰航海者在新登陆。1769~1777年,英国库克船长先后5次到新。此后英向新大批移民并宣布占领。1840年英迫使毛利人族长签订《威坦哲条约》,规定新为英殖民地。1907年英被迫同意新独立,成为英联邦的自治领。1947年成为主权国家,并为英联邦成员。自1935年以来，由工党和国民党轮流执政。1990年10月大选，国民党获胜，同年11月组成政府。以博尔格为首的国民党政府同前工党政府相比，政治上较亲美；经济上更加务实，大力促进出口，多方吸引外国在新投资。

政　治

1992年政局稳定。国民党政府执政地位较前巩固，经济开始走出谷底，对外更加突出"经济外交"，并掀起"亚洲热浪"，认定新的"未来在亚洲"。

【宪法】无成文宪法。其宪法是由英国议会和新西兰议会先后通过的一系列法律和修正案以及英国枢密院的某些决定所构成。

【议会】只设众议院，由普选产生，任期3年。本届议会为第43届议会，于1990年11月28日产生。共97席，其中国民党67席、工党29席、新工党1席。议长罗宾·格雷(Robin Gray)，1990年11月28日就任。

【政府】总督和内阁成员组成的行政会议是法定的最高行政机构。行政会议由总督主持，总督缺席时由总理或高级部长主持。总督行使权力必须以行政会议的建议为指导。内阁掌握实权，由议会多数党组成。本届内阁于1990年11月2日组成。内阁主要成员为：总理兼安全情报事务部长吉姆·博尔格(Jim Bolger)，副总理兼对外关系和贸易部长、外交部长、太平洋岛屿事务部长唐·麦金农(Don Mckinnon)，卫生部长、国家服务部长、就业部长比尔·伯奇(Bill Birch)，财政部长鲁思·理查森(Ruth Richardson)，商业部长、工业部长、外交贸易部协理部长、贸易谈判部长菲利普·伯登(Philip Burdon)，国防部长、地方政府部长、负责战争抚恤部长沃伦 库珀(Warren Cooper)。

【司法机构】有上诉法院、高等法院、地方法院和受理特殊问题的专门法院。上诉法院由首席大法官、院长和4名法官组成。首席大法官托马斯·艾彻伯(Thomas Eichelbaum)。上诉法院院长罗宾 ·库克爵士(Robin Cooke)。

【政党】有大小政党12个。主要政党有：

(1)新西兰国民党(The New Zealand National Party)：执政党，于1936年由统一党和改良党合并而成。主张发展私人企业，反对国家过多地干预经济。约有20万党员。曾于1949～1957年、1960～1972年、1975～1984年执政。领袖吉姆·博尔格。

(2)新西兰工党(The New Zealand Labour Party)：反对党，于1916年成立。主张实行民主社会主义原则，认为在社会、经济、文化、政治方面法律上人人平等。约有12万党员和22万工会集体党员。曾于1938～1949年、1957～1960年、1972～1975年、1984～1990年执政。领袖迈克·穆尔(Michael Moore)。

其他政党有：新西兰新工党、新西兰共产党、新西兰社会主义统一党、新西兰民主党、新西兰马列主义者团结组织等。

【重要人物】凯瑟琳·蒂泽德夫人：总督。1929年生于奥克兰市。曾就读于奥克兰大学，获动物学学士，后在奥克兰大学任教。曾担任奥克兰市政委员会委员、市长。1990年12月13日，就任新西兰总督。爱好文艺。著有《海洋资源大全》等书。有4个孩子。　**吉姆·博尔格**：总理。1935年生于新西兰北岛的塔拉纳基。牧场主，曾任新西兰农场主联合委员会会员。60年代初，加入国民党。1972年开始当议员。从1975年起，曾先后担任过农渔部、毛利事务部、农业银行与金融公司部政务次官、渔业部长和农业部协理部长、劳工部长兼移民部长等职。1984年，当选为新西兰国民党副领袖。1986年，当选为该党领袖。1990年11月，出任新西兰政府总理。有9个子女。

经　济

新西兰是经济发达国家。50年代初期，人均国内生产总值居世界第3位，至1987年已降到第23位。经济以畜牧业为主。半个世纪以来，虽建立了一些工业，畜牧业产品出口收入仍占总出口收入60％以上。80年代中期以来，政府推行减少国家干预，发展市场经济，紧缩财政开支的政策。本届国民党政府1990年11月执政以来，实行削减政府开支，推行低通货膨胀、低利率以促进投资和外贸出口的政策，藉此带动国内经济复苏。1992年，新经济开始走出谷底，扭转了连续18年的国际收支赤字状况，通货膨胀率、汇率和银行利率都较低，有利于生产投资。存在的问题仍是外债负担沉重，失业队伍庞大，社会犯罪增多。

国内生产总值(1989/90年度)：697.85亿新元。

人均国内生产总值(1989/90年度)：20831新元。

国内生产总值增长率(1992年)：2.7％。

国民收入(1988/89年度)：559.6亿新元。

货币名称：新西兰元；1新元＝100分。

汇率(1992年12月)：1美元＝1.96新元。

通货膨胀率(1992年)：1％。

失业率(1992年)：10.3％。

【资源】矿藏主要有煤、金、铁矿、天然气，还有银、锰、钨、磷酸盐、石油等，但储量不大。石油储量3000万吨，天然气储量为1700亿立方米。森林资源丰富，森林面积729万公顷，占全国土地面积的26.8％，其中具有经济价值的木材约200万公顷。每年种植人造林4万公顷。渔产丰富，200海里经济区内捕鱼潜力每年约50万吨。

【工业】以农林牧产品加工为主，主要有奶制品、毛毯、食品、皮革、烟草、造纸和木材加工等轻工业，产品主要供出口。近20年来，陆续建立了一些重工业，如炼钢、炼油、炼铝和制造农用飞机等企业。1988年主要工业产品产量：煤2713千吨，黄金4963公斤，煤气180.18十亿焦耳，原油79.30十亿焦耳，电力294.58亿度，水泥72.9万吨，化肥101.6万吨，各类服装2108.4万件，铁矿砂2351万吨。

近几年主要工业产品产量(单位:万吨):

	1987/88	1988/89	1989/90
煤	240.1	271.3	
木材(万立方米)	182.2	187.7	212.1
纸浆	121.2	125.9	123.4
纸和纸板	70.1	73.5	75.7
纤维板	21.7	29.1	30.8

(资料来源:1991/92年度经济季刊)

【农业】农业高度机械化。主要农作物有小麦、大麦、燕麦、水果等。粮食不能自给,需要从澳大利亚进口。

近几年主要农作物产量(单位:万吨)如下:

	1986/87	1987/88	1988/89
小麦	33.7	20.6	13.5
大麦	40.1	35.6	32.6
燕麦	78.6	64.0	65.9
玉米	17.6	13.7	13.9

(资料来源:1991年新西兰统计局)

【畜牧业】畜牧业发达,是新西兰经济的基础。至1989年6月,共有牧场82687个,占地面积1640万公顷。其中牧羊场24387个,占总数29%;奶牛场16672个,占总数20%;肉羊场10562个,占总数13%。羊肉和奶制品出口量居世界第一位,羊毛出口量居第二位,粗羊毛产量占世界总产量的40%。1989/90年度,生产羊毛30.90万吨,肉类101.2万吨。近几年主要牲畜存栏数如下(单位:万头):

	1988	1989	1990
牛	810	783	807
羊	6460	6060	5830
鹿	60.6	78.0	
猪	41.4	41.1	

(资料来源:同上)

近几年主要畜产品产量和捕鱼量(单位:万吨):

	1987/88	1988/89	1989/90
肉类	118.5	117.1	101.2
羊毛	34.6	34.1	30.9
黄油	24.2	20.0	23.2
奶酪	12.8	12.4	12.0
脱脂奶粉	17.1	15.8	
水产捕获量	54.58	56.44	67.77

(资料来源:1991/92年度经济季刊)

1989/90年度主要行业产值(单位:亿新元):

农、渔、猎	45.24
林木	14.81
采矿	7.36
制造	129.03
电、水、煤气	21.20
建筑	29.72
运输、通讯、仓储	54.71
财政、保险	101.55
其他	
总计	697.85

(资料来源:同上)

1991年3月主要行业从业人数(单位:万人):

农、林、渔	15.380
采矿	0.430
制造	26.280
电力、煤气、水	1.430
建筑	8.030
批发和零售贸易	30.220
运输、贮藏、通讯	9.670
财政、保险等	14.380
社会服务	39.940
其他	
总计	146.350

(资料来源:同上)

【旅游业】风景优美,旅游胜地很多,著名的有罗托鲁阿、怀拉基、怀托莫莫溶洞、库克山、昆斯敦等。旅游业是外汇主要收入之一。1991年旅游人数963830人,比1990年减少1.2%。

【交通运输】交通运输发达,通讯联络畅通。港口众多,航空、公路和铁路四通八达。进出口货物主要靠海运。近些年,运输和通讯行业发生了重大变化,政府逐步减少或取消了国营部分。

铁路:总长4426公里;客运量1520万人次,货运量892万吨(至1988年3月)。

公路:总长92659公里,其中铺面公路53388公里,碎石料公路39271公里(至1990年6月)。

海运:航线9条,港口40个。奥克兰、惠灵顿、利特尔顿、达尼丁、陶朗加港口是重要的集装箱港口。1991年,港口装货量11389000短吨,卸货量7619100短吨。

空运:1989年,国内航线客运量443万人次,货运量4286万吨;国际航线客运量326万人次,货运量14612万吨。共有机场156个。国际机场有奥克兰机场和克赖斯特彻奇机场。国际航线通达悉尼、东京、洛杉矶、法兰克福、伦敦、香港、中国台湾等。

【财政金融】近3年财政金融状况不佳,财政预算情况如下(单位:亿新元):

	1989/90	1990/91	1991/92
总收入	304.41	301.36	280.51
总支出(净)*	311.71	308.27	293.68
差额	−7.30	−6.91	−13.71

* 总支出中不包括重大工程项目开支。

1991年3月底,外汇储备为66.08亿新元。1991年第三季度国际收支经常项目赤字为4.77亿新元。1991年9月,政府部门和私人部门外债总额510亿新元,占国内生产总值约70%,人均负债15000新元。

【对外贸易】新西兰严重依赖外贸。发展对外贸易是新西兰对外政策的主要方面。60年代,英国一直是新最大的出口市场,占新出口总额的80%以上。70年代中期以来,新对英的出口直线下降,1989/90年度仅占其出口总额的7.2%。目前,澳、日、美、欧共体12国为新最重要的贸易伙伴。新重视同加拿大、东亚国家和中东国家发展贸易。近年来，新西兰越来越把贸易重点转向亚太地区。新西兰出口产品主要是肉类、羊毛、奶制品、林木产品、水果、鱼类，进口产品主要是车辆、机电设备、原油、原生橡胶、氧化产品。

近几年进出口情况（单位：亿新元）：

	1989/90	1990/91	1992
进口额（到岸价）	152.28	153.27	171.2
出口额（离岸价）	144.21	158.48	183
差　额	−8.07	5.22	11.8

1990年主要贸易伙伴在新西兰出口贸易中所占的比例：澳大利亚16.3%、日本19.6%、美国13.3%；在新西兰进口贸易中所占的比例：澳大利亚20.7%、美国17.8%、日本16.8%。

【对外援助】对外援助以双边援助为主，也参加一些地区和联合国机构的多边援助。外援主要集中在南太平洋岛国，用于农牧业、林业、卫生保健、教育事业和人员培训。1991/92财政年度，对外援助额约为1.465亿新元，占国内生产总值的0.21%。其中双边援助额为1.244亿新元，多边援助0.221亿新元。对南太岛国的援助额占其对外双边援助总额的70%以上。

1991/92年度对有关方面的双边援助（单位：万新元）：库克群岛1433，纽埃950，托克劳500，西萨摩亚600，印尼360，菲律宾200。

对库克群岛、纽埃和托克劳除给予双边援助外，还给予财政补贴（库克群岛870万新元，纽埃630万新元，托克劳430万新元）。对其他国家双边援助的绝大部分以商品和技术服务的形式提供。

人民生活

实行免费教育和免费医疗，还实行多种社会福利补贴，如失业补贴、国家养老金、残疾人补助、家务女佣补助等。1989年人均国民收入为9800美元。1990年12月，人均年工资收入15976美元。1990年，共有病床27415张，每1万人拥有病床95张，每10万人拥有医生17名。

军　事

历届政府均以1951年同澳大利亚和美国签订的《澳新美安全条约》作为其防务政策的基石。工党1984年执政后采取反核立场，于1987年通过了《新西兰无核区、裁军和军备控制法案》，禁止美国核舰艇访新，美国中止了同新西兰的防务合作。国民党1990年11月执政后表示希望恢复同美国的防务关系，愿意考虑审议美国核动力舰艇进入新西兰港口的问题。并于1992年12月提出了一份关于美英核舰访新是安全的调查报告。此外，新西兰、英国、澳大利亚、马来西亚和新加坡于1971年签署了“五国联防安排”。1989年11月，新决定全部撤走驻扎在新加坡的军队，但强调将通过五国联防与东南亚国家继续保持防务关系。新现在新加坡仅设有一个军事联络小组处理“五国联防”事务。新同澳大利亚签有双边防务合作协定。1991年5月，国民党政府公布新西兰防务白皮书。白皮书声称：新西兰防务政策的目标是，维护新西兰、库克群岛、纽埃和托克劳的主权和安全；为南太国家和南太地区的安全与稳定作出贡献。

新西兰1972年底取消征兵制后实行志愿兵役制。1989年有海军2547人，陆军5718人，空军4183人；三军总人数12448人，文职人员3326人。总督为武装部队总司令。

1988/89年度军费开支为13.91亿新元，占国内生产总值的2.1%。

文化教育

受英国传统文化影响较深。土著毛利人的雕刻艺术和歌舞在新西兰文化中有一定地位。

【教育】国立中小学实行免费教育，入学年龄为5岁；对6～15岁青少年进行义务教育。1991/92年度教育预算支出为45.69亿新元，比上年度增加3.38亿新元，占预算总支出的15.5%。全国有6所高等院校：奥克兰大学、维多利亚大学、坎特伯雷大学、梅西大学、奥塔哥大学、林肯农学院。1989年学校和学生数：

	学校（所）	学生（人）
小学	3232	421394
中学	415	233843
专科学校	24	120001
师范	6	4772
大学	6	79223

【新闻出版】全国共有报纸148种，刊物590种。其中日报32种，总发行量105.5万份。独立报业有限公司和威尔逊—霍顿有限公司为第一和第二大报业集团，控制了19家主要日报，占全国日报发行量的81%。主要报刊有：《新西兰先驱报》，日发行量25万份，新最大日报。《奥克兰明星报》，日发行量为11.1万份，新最大的每日晚报。《晚邮报》，日发行量为8.67万份。《新闻报》，日发行量8.56万份。还有《明星报》、《自治领报》、《克赖斯特彻奇明星报》、《每周新闻》等。

新西兰报联社是全国的新闻通讯社，由41家主要报社联合组成。创建于1880年。

新西兰电台成立于1925年，原属新西兰广播公司，1988年8月成为独立的国营企业。在全国有1个国家台、32个商业台和1个音乐台。国家台重点播发时事和国内政治新闻。新西兰电台也用有限的短波向南太平洋转播国家台节目。

新西兰电视台于1962年正式播放节目，原由新西兰广播公司统管，1988年8月成为独立的国营企业。有两个台：电视一台从惠灵顿播出，覆盖全国人口的99.96%；电视二台从奥克兰播出，覆盖面为全国人口的98.82%。电视三台是新西兰唯一的一家私人电视台，1989年11月开播，覆盖面为全国人口的85%。电视台播送的节目主要购自英国、美国和澳大利亚，自制节目仅占33.8%。

对外关系

新西兰外交政策的根本目的是维护世界，特别是南太平洋地区的和平；保障新西兰的主权与安全；促进新西兰与其他国家的经济贸易关系。主张全面裁军，禁止核武器，减少冲突和加强国际合作。1990年11月，新西兰国民党执政后提出，新西兰今后三年外交政策的主要目标是重新加入西方阵营，恢复同美国和英国的防务关系；为南太平洋地区的安全与稳定作出贡献；进一步发展同澳大利亚的关系；积极参与亚太地区的经济合作。主张集体安全；赞成召开中东国际和平会议；欢迎政治解决柬埔寨问题所取得的进展；认为南非正处于变革时期，应与之对话；强调一个地区的军备裁减不能导致另一个地区的军备增加；主张改革国际农产品贸易制度和削减对农产品的出口补贴；希望关贸总协定乌拉圭回合谈判取得成功。已同85个国家有外交关系。

【同我国的关系】中、新于1972年12月22日建立外交关系。建交以来，两国在各个领域的友好合作关系发展顺利。新西兰前总理马尔登、朗伊先后访华。新西兰现任总理博尔格曾以反对党领袖身份访华。我国领导人李先念、赵紫阳、胡耀邦、万里和李鹏等曾先后访问新西兰。

1992年，中新关系有较大发展。2月和6月，朱镕基副总理和钱其琛国务委员兼外长先后访新。4月，新副总理兼对外关系和贸易部长麦金农访华。6月和7月，我驻奥克兰总领馆和新驻上海总领馆先后正式开馆。中新全年双边贸易额为3.66亿美元，比1991年增长了56.1%。其中我方出口0.87亿美元，增长33.4%；我方进口2.79亿美元，增长64.8%。

中国驻新西兰大使：李金华。馆址：6 Glenmore Street Wellington N. Z.。电话：00-64-04-4721382。电传：CHINEBM NZ 074-3843。商务处电话：9-5224424。传真：5224407。

新西兰驻华大使：鲍迈克(M. J. Powles)。馆址：北京市朝阳区日坛东二街1号。电话：(1) 5322731。电传：22124 RATACN。

1972年12月，新西兰与台湾断交。目前，新台交往主要是经贸往来。1973年，台在新设立"亚东贸易中心"，处理双方经贸事务。1988年4月，新在台北设立"新西兰工商办事处"，处理新台贸易、工商事务。1991年，"亚东贸易中心"改称"台北经济文化办事处"。1991年8月，新西兰航空公司开航台北。近年来，新台贸易发展较快。1990年，新台贸易总额6.367亿新元(3.824亿美元)，新出口2.677亿新元(1.606亿美元)，新进口3.697亿新元(2.218亿美元)。

【同美国的关系】新西兰历届政府都强调同美国的关系和《澳新美安全条约》的重要性。1984年新西兰工党执政后奉行反核政策，禁止美核舰艇进入新西兰港口。美国中止其根据《澳新美安全条约》对新西兰所承担的防务义务，将新西兰从盟国地位降为友好国家地位，中断高层互访。1990年11月，国民党执政后表示要努力重建同美国等西方国家的传统伙伴关系，特别是同美国的防务关系。1991年9月，新西兰总理博尔格出席联大期间，同美国总统布什进行了接触。美国宣布将拆除海面舰载核武器后，新表示愿意考虑审议美国核动力舰艇访问新西兰港口的安全问题，并成立了一个审议小组。1992年12月，该小组提出了一份关于美英核舰访新是安全的调查报告，博尔格总理对报告表示欢迎，但又称，"政府目前无意改变有关法规"。新美两国经济关系一直较正常。1990年，新美贸易双边总额47.309亿新元(28.388亿美元)，新出口20.813亿新元(12.496亿美元)，新进口26.496亿新元(15.896亿美元)。

【同澳大利亚的关系】新澳各方面的关系都很密切。1944年，新澳曾签订《堪培拉条约》，该条约为双方政治磋商和经济合作奠定了基础。新澳签订有防务协定、后勤支援合作协定。1989年，新澳签署了合建12艘护卫舰协议。经济方面，新澳于1983年签订了《进一步密切经济关系协定》。1990年6月，新澳宣布开始建立澳新自由贸易区。1991年2月，新西兰总理博尔格访澳，同澳总理霍克就双边关系和海湾危机、南非问题、南太形势、关贸总协定等交换了意见。1990年度，新澳双边贸易额为59.990亿新元(35.994亿美元)，新出口30.206亿新元(18.124亿美元)，新进口29.784亿新元(17.870亿美元)。

【同日本的关系】1952年，新西兰同日本建交。日是新西兰主要的贸易伙伴。也是新西兰外资和旅游业的重要来源。1991年4月，日本外相中山太郎访问新西兰。11月，新西兰副总理兼对外关系和贸易部长麦金农访问日本。1990年度，新日双边贸易总额47.545亿新元(28.526亿美元)，新出口29.603亿新元(15.361亿美元)，新进口21.942亿新元(13.165亿美元)。

【同英国的关系】新英之间有传统的政治、经济、文化等方面的联系。历史上，新西兰的贸易主要同英国进行。英国加入欧洲共同体后，欧共体虽保持同新西兰的黄油和羊肉贸易，但逐步削减进口限额。1991年2月，英国外交和国务兼英联邦事务大臣卡思内斯访问新西兰。同年4月和10月，新西兰副总理兼对外关系和贸易部长麦金农和总理博尔格先后访问了英国。1990年度，新英双边贸易额为13.2亿美元。

【同法国的关系】1985年7月，法国特工人员在新西兰奥克兰港口炸沉绿色和平组织的旗舰"彩虹勇士号"，新法关系一度紧张。1990年5月，国际仲裁法庭对"彩虹勇士号"争端作出仲裁，由法出资建立友好基金作为赔偿。1991年4月，法国总理罗卡尔访问新西兰，双方签署了建立两国友好基金协议，法出资200万美元，用以促进两国友好关系。访问期间，罗卡尔再次就炸沉"彩虹勇士号"船只事向新西兰表示道歉。新法关系缓和。法国仍坚持在南太平洋进行核试验，新西兰继续持反对立场。1989/90年度，新法双边贸易额4.35亿新元，新进口2.58亿新元，新出口1.77亿新元。

【同东南亚国家的关系】新西兰同东南亚国家，特别是同东盟国家的关系密切。新支持东盟关于在东南亚建立和平、自由、中立区和无核区的主张。新在亚太地区经济合作等问题上一直同东盟保持密切联系。新积极参加每年东盟召开的对话会议。东盟国家是新对外援助的主要对象之一。

【同前苏联各加盟共和国的关系】苏联解体后，新西兰表示愿同独联体国家发展友好合作关系。1991年12月，新西兰同立陶宛、拉脱维亚、爱沙尼亚建交。

【同南太平洋岛国的关系】新西兰同南太平洋岛国有着密切的传统关系，已同所有独立的南太平洋岛国建交，并向其中绝大部分国家派驻了外交使节。新每年向南太平洋岛国提供的双边援助占其双边外援总额的70％以上。1988/89年度，新同该地区国家（包括澳大利亚）的进出口贸易总额达5.15亿新元，其中出口4.02亿新元，进口1.13亿新元。新同该地区一些有军队的国家签有互相支援计划，并负责对岛国专属经济区的海上巡逻。

【同东欧国家的关系】1992年11月，新西兰同克罗地亚、斯洛文尼亚和波斯尼亚—黑塞哥维那建交。新政府决定通知原南驻新大使馆和驻奥克兰总领事馆闭馆。1993年1月，新西兰副总理兼外长麦金农表示欢迎捷克和斯洛伐克以独立的国家加入国际社会。新常驻波恩大使将兼任捷和斯两国大使。　（吴祖球）

约翰斯顿岛

约翰斯顿岛（Johnston Atoll）是美国无建制领地。位于太平洋中部，东北距檀香山1130公里。主要由4个小岛组成，属波利尼西亚群岛。约翰斯顿岛较大，有居民327人（1980年）。岛上降水量少，无淡水水源。

1807年被英国海军舰长查尔斯·詹姆斯·约翰斯顿发现。1858年夏威夷王国和美国对该岛归属发生争议。1898年美吞并夏威夷后该岛属美国。1934年由美海军部管辖，并在岛上修建了基地。1941年宣布为美海军防务区，建立海军航空兵站。1948年改由美空军管辖，作为核武器试验区和飞机加油站。现该岛属美核防务署管辖，不对公众开放。　（易　初）

中　途　岛

中途岛（Midway Island）位于太平洋北部，地处太平洋东、西两岸的中途，属波利尼西亚群岛。东南距檀香山约1850公里。为珊瑚礁，周长24公里，由沙岛和东岛及北部的泻湖构成。陆地面积4.7平方公里。人口2200人（1983年）。属亚热带气候。

1859年被美国人布鲁克斯发现。1867年被美占领，1903年建成海军基地，并由于其所处美加州及日本中途的地理位置而被美海军改为现名。1905年沙岛上建成夏威夷与菲律宾之间的海底电缆连结站。1935年建成民用航空站。1940年美国海军修建了航空和潜艇基地。1942年6月3～6日，美日曾激战于此。二次大战后，其商业航空站的地位下降，1950年取消了定期航班。现岛上有潜艇和空军基地，还设有野生动物保护区。岛上无本土居民，仅有一些美军事人员。属美海军部管辖。

（易　初）

南极洲

南极洲又称第七大陆，是地球上最后一个被发现而且唯一无土著人居住的大陆。南极洲地处地球最南端，与其他大陆隔南大洋相望，是地球上最偏远、最寒冷、自然景色最壮观的大陆。也是地球上至今领土主权悬而未决的大陆。

地　理

南极洲为通常所说的南大洋即太平洋、大西洋、印度洋的南部水域所包围。它与南美洲最近的距离为965公里，距新西兰2000公里、澳大利亚2500公里、非洲南端3800公里。总面积为1390万平方公里，相当于中国与印巴大陆面积的总和，居世界第五位。整个南极大陆被一巨大的冰盖所覆盖。平均海拔2350米。南极横断山脉将南极大陆分成东、西两部分，西南极在地质上较年轻而东南极比较古老。东南极冰盖最高点为4100米。西南极的文森山高达5140米，是南极的最高峰。

【冰盖】南极洲98%的地域被一个直径为4500公里的永久冰盖所覆盖。其冰架一直延伸到它周围的海域。南极夏季的冰架面积为265万平方公里，冬季可扩展到南纬55度，面积达1880万平方公里。南极冰盖的平均厚度为2000米，最厚处为4750米。冰盖的总贮冰量为2500万立方公里，占全球冰总量的90%。如其融化，全球海平面将上升50～60米。南极冰盖将1/3的南极大陆下沉到海平面之下，有的地方被压至海平面1000米以下，伯德次冰川盆地被沉最深的地方达海平面下2500米。如无冰盖露出水面的南极陆地仅为700万平方公里。南极冰盖自其中心向四周沿海扩展，在冰下地貌平缓区，冰盖每年向外扩展速度为几米到几十米；在冰下地貌起伏很大的地区，冰的扩展则形成冰川，其运动速度从100米到1000米不等。罗斯冰架、罗恩冰架、艾默里冰架每年的向外运动速度为900～1300米。

【气候】南极素有"寒极"之称。南极低温的最根本原因是冰盖将80%的太阳辐射反射掉了。从而使南极热量入不敷出，成为永久性冰封雪盖的大陆。南极仅有冬夏两季之分，4～10月为冬季，11～3月为夏季。南极沿海地区夏季月平均气温在0℃左右，内陆地区为－35～－15℃；冬季沿海月平均气温为－30～－15℃，内陆地区为－70～－40℃。位于东南极大陆的前苏联"东方站"在1983年6月记录到的最低温度为－88.3℃。南极气温随纬度和海拔的增高而下降，东南极的气温比西南极低。

南极虽然贮存了全球75%的淡水资源，但因其是以永久固态方式存在的，因此南极又是异常干燥的大陆，有"白色沙漠"之称。南极沿海地区年降雪量相当于900毫米，而内陆仅为50毫米。

在南纬50～70°南大洋水域，低压气旋不断，有时环南极水域中的低压气旋可同时有6个之多，并自西向东运动，风速可达85公里/小时。

南极大陆的冷空气自海拔高的极点地区向地势较低的沿海区运动，形成强烈的"下降风"，其风速最大可达300公里/小时。有时可连刮数日。

【生物与食物链】3000万年前南极是个气候温和、草丰林茂、动物成群的大陆。到了2800万年前，南极冰盖逐渐形成。绝大多数动植物便绝迹了。今日南极大陆上高等动物和开花植物已不复存在。现仅存340余种植物，其中包括200多种地衣、85种苔藓、28种伞状菌和25种欧龙牙草。沿海有两种显花植物和近千种海藻。南极陆上仅有一些微生物和少数无脊椎动物生存于植物丛、地衣、泥沼中。目前在南极发现的无脊椎动物有387种。海洋无脊椎动物127种，陆上无脊椎动物107种。

与南极大陆贫乏的生物种类相比较，南大洋生物资源异常丰富。南大洋生态系中有个稳定的食物链即浮游植物→浮游动物→磷虾→乌贼、鱼类→企鹅、鸟类→海豹→鲸。这是个最简单的表达方式。磷虾是南大洋食物链中关键的一环，其总贮量约为6.5亿吨。除磷虾外，乌贼贮量约为一亿吨和近两万种鱼类。南极共有21种企鹅，主要有帝企鹅、王企鹅、阿德雷企鹅、金图企鹅与玳瑁企鹅。它们大都生活在南纬45～55°地区。

【矿物】南极洲原为古冈瓦那大陆的一部分，因此南极洲与其他大陆一样也蕴藏着丰富的矿物资源与油气资源。根据近30多年在南极进行地球物理调查所获得的资料和依据板块构造理论对有亲缘板块拼接的结果证实，南极洲存在着丰富的煤、铁资源与石油天然气资源。煤资源主要存在于南极横断山脉，为二叠纪煤，贮相较浅，煤块呈凹凸状。以查理斯王子山脉的比瓦湖地区的二叠纪煤的品位较好。南极铁矿贮存于东南极的因德比地到威尔科斯地之间的地区，但是最大的铁矿也在查理斯王子山脉，其范围延绵几十公里，厚度达70公里。在与南美洲隔海相望的南极半岛上有贮量与品位颇低的铜矿存在。此外，在南极洲还有金、银、铂、铬、锡、铅、铝等多种金属矿藏。

近代地球物理调查结果证实，南极大陆本土缺乏贮存石油的地质条件，而在其大陆坡上则存在着颇具远景的油气资源地区，诸如罗斯海、威德尔海、别林斯高晋海、普里兹湾、毛德皇后海盆、斯科特海盆等海区。在南极矿物中以南极的油气资源最富有吸引力与开发远景。但鉴于开发的技术困难和实施开发后的经济效益比等因素，开发南极资源仍是很遥远的事。如果认真审视当今的世界形势与南极的法律地位，珍视南极特有的生态环境，并充分认识南极生态系在全球生态系中的特殊作用，以及充分认识南极的科学价值与荒芜价值，那么人类就会在开发南极与保护南极之间做出明智的选择。

【地质】南极洲原是古冈瓦那大陆的核心部分。大约在1.85亿年前古冈瓦那大陆先后分裂为非洲南美洲板块、印度板块、澳洲板块并相继与之脱离。大约在1.35亿年前非洲南美板块一分为二，形成了今日的非洲板块与南美板块。大约在5500万年前澳洲板块最后从冈瓦那大陆上断裂下来飘然北上，于是只剩下了今日的南极洲。自罗斯海至威德尔海的南极横断山脉将南极大陆分成东、西两部分。东南极与西南极在地质上截然不同。东南极是一个古老的地盾，距今约30亿年。而西南极并非地盾，它是由若干板块组成的，在地质年龄上远比东南极年轻。横断山脉距今约有5～6亿年的历史，在中国、澳大利亚、新西兰均发现过与横断山脉相近和相同的化石。南极大陆与其它大陆在地质特征上最接近的是距今2.8亿年的冰河期，当覆盖大地的冰层退去时在地表上留下了深度达3000米厚的沉积层。这与在澳大利亚、印度、南非、南美和南极的沉积层相同。

南极洲发现史

古希腊传说中的对称学的理论认为存在着一个与已知的北方大陆相对应的未知南方大陆。从18世纪起，探险家们纷纷扬帆南下去寻找这传说中的南方大陆。1772～1775年英国詹姆斯·库克船长历时3年8个月航行97000公里、环南极航行一周，几次进入极圈，但他最终未发现陆地。他认为不存在传说中的南方大陆，即使存在也是在南纬60°以南，而且人类难以从那个大陆上受益。

1819年俄国沙皇派别林斯高晋船长率“东方号”与“和平号”两船去寻找南方大陆。别林斯高晋历时两年零21天分别在69°53′S、82°19′W和68°43′S、73°10′W发现了两个岛。1823年2月英国的詹姆斯·威德尔南下到74°15′S，创造了当时南下的最高纬度。1837年9月至1840年11月法国迪蒙·迪尔维尔受命南下，他原想超过威德尔创造的南下高纬度记录，没有成功。但他于1840年1月19日发现了岛屿，他以他夫人的名字命名他发现的陆地为阿德雷地，并命名其沿海水域为迪尔维尔海。后人还以其夫人的名字命名了一种企鹅，即今日的阿德雷企鹅。英国的詹姆斯·罗斯试图登南磁极，他于1841年驶入后来以他的名字命名的罗斯湾，但他为重重冰障所阻无法到达他预测的南磁极——75°30′S、154°E。1908年英国的埃尔涅斯特·沙克尔顿成功地挺进到88°23′，离南极点仅差180公里，但由于其食品耗尽不得不折返。1909年道格拉斯·莫森、艾德沃斯·戴维斯和阿里斯太尔·麦凯首次到达当时为72°24′S、155°18′E的南磁极。1911年12月14日和1912年1月17日挪威的卢阿尔·阿蒙森和英国的罗伯特·斯科特率领的探险队先后到达南极点。但斯科特等人在返回时因食品耗尽而全部遇难。

从1772年库克扬帆南下到19世纪末先后有很多探险家驾着帆船去寻找南方大陆，历史上把这一时期称为帆船时代。二十世纪初到第一次世界大战前，尽管这段时间很短暂，但人类先后征服了南磁极和南极点，涌现出了像沙克尔顿、阿蒙森、斯科特等可歌可泣的英雄探险家。历史上称这一时期为英雄时代。第一次世界大战后至50年代中期，人类在南极探险中逐渐用机械设备取代了狗拉雪橇。1928年英国的胡伯特·威尔金驾机飞越南极半岛，1929年美国人理查德·伯德驾机飞越南极点，同年另一个美国人林肯·艾尔斯沃斯驾机从南极半岛顶端飞至罗斯冰架。飞机在南极探险方面为人类宏观正确地认识南极大陆提供了可靠的手段。历史上称这一时期为机械化时代。从1957～1958年的国际地球物理年起到现在，众多的科学家涌入南极，他们在那里建立常年考察站，进行多学科的科学考察。人们称这一时期为科学考察时代。

南极洲的法律地位

【对南极的领土要求】从1908年到1941年，共有7个国家先后对南极洲提出了领土要求。

1908年，英国第一个宣布对西经20～50°、南纬50°以南和西经50～80°、南纬58°以南包括福克兰群岛（马尔维纳斯群岛）和南极半岛在内的扇形地块及其水域拥有主权。1923年英国又以斯科特、罗斯等英国早期探险者最先发现并通过对别国捕鲸者颁发捕鲸执照所实行的管理为依据，对从东经160°到西经150°、南纬60°以南的罗斯扇形地区提出领土要求并委托新西兰总督管理。这也是新西兰目前所要求的那块扇形大陆。实际上，英国当时的真正企图是要将整个南极大陆纳入其版图。为此英国在1926年决定对澳大利亚以南和毗邻印度洋那片为人很少探查的南极大陆进行考察，为其对这片偌大的西南极大陆提出领土要求做准备。

1929～1931年由澳大利亚人莫森率领的英国—澳大利亚—新西兰联合考察队对上述地区进行了考察。接着，英国在1933年代表澳大利亚对南纬60°以南、东经45～136°和东经142～160°相当于南极大陆2/5的650万平方公里的陆地和水域提出了领土要求。

法国以他们的探险者最早发现阿德雷沿岸为理由，于1924年对东经136～142°、南纬67°以南的一块狭长地域提出领土要求，1938年又重申并将这块地域延伸到极点和南纬60°。

1938年德国派了一艘测绘船对毛德皇后地一带进行了闪电式的考察，在6天半的时间里，他们用飞机对毛德皇后地60万平方公里的地区进行了航空调查与拍照，并且每隔25公里空投一颗曲十字金属标记物。挪威对德国的考察活动深感不安，认为挪威的捕鲸者最早到此捕鲸，他们比任何国家对毛德皇后地一带具有更密切的关系。于是挪威在1939年1月声明对东经45°至西经20°之间的地域拥有主权。但是由于挪威反对以扇形原则解决它与前苏联在北极的划界问题，为保持其与北极划界问题的一致性，挪威对毛德皇后地的领土要求既没向南延伸到极点，也没有规定其北部边界的纬度。

二次大战期间，德国舰艇以凯尔盖朗岛为基地在亚南极水域时常出没拦劫袭击商船和捕鲸船，从而突出了南美大陆与南极半岛之间德雷克海峡的军事意义。为此智利在1940年宣布对西经53～90°之间、南纬60°以南的地域拥有主权。阿根廷于1941年宣布对西经25～74°、南纬60°以南的地域拥有主权。智利和阿根廷提出领土要求的依据是南美大陆与南极半岛地质上的亲缘关系，有效占领理论以及西班牙原来所宣称的对南极领土要求的继承。

英国、智利、阿根廷3国对南极提出领土要求的大部分地区相重叠，致使3国之间矛盾迭起、冲突不断。在1947年和1955年，英国两度就3方在南极领土要求纷争问题上诉国际法院，但智利和阿根廷认为南极半岛是他们的领土，拒绝由国际法院审理此案。

美国自30年代末始，曾为提出对南极的领土要求做过一些准备。1939年罗斯福总统曾明确指示美国当时进行南极考察的人员在南极多设置一些美国标记物。伯德在其第三次南极考察时，在无人要求的玛利伯德地两侧各建了一个站。美国在1945～1947年间，组织了代号为"跃进"的大规模南极考察计划，他们出动了13艘船、25架飞机、4000多人对南极大陆60%的海岸进行了考察和航空拍照。美国曾一度将西经90～150°之间的扇形地块视为其领土。但美国在经过审慎地权衡之后，发现他们准备要的那块大陆既贫瘠又难于进入，而且一旦提出领土要求就把自己的活动范围限制到那块土地上了，从而失去了到其他地方建站的自由。为此，美国于1948年通过外交途径邀请英国、法国、挪威、澳大利亚、新西兰、智利、阿根廷7国共同商讨南极问题。美国提出由美国与上述7国对南极实行共管或由联合国托管。但与会各国中只有新西兰表示可以考虑其领土要求，其余6国坚持其对南极的领土要求，会议没有取得任何结果。

美国和其他7国的活动引起了前苏联的关注。1950年6月8日苏联照会上述8国政府，表示不承认任何国家以任何方式对南极提出的领土要求，不承认在没有其参加的情况下做出的有关南极的任何决定。前苏联的坚决立场以及其早期探险者在南极考察中所占有的地位（如1819～1821年别林斯高晋的南极探险活动）使美国和其他领土要求国不得不重新考虑解决南极领土纷争的途径。

到本世纪40年代，阿根廷、澳大利亚、法国、新西兰、挪威、英国7国已对83%的南极大陆提出了领土要求。其中澳、法、新、挪4国互相承认各自的领土要求；阿、智、英3国要求的领土互相重叠，3方坚持各自的主权要求，互不承认它方的主权要求；美、前苏联不承认任何国家对南极的领土要求，同时保留他们自己对南极提出领土要求的权利。

由于对领土要求的纷争，致使南极大陆成了多种矛盾的焦点。这些矛盾的存在与发展，在客观上需要有一个多边条约以缓解各种矛盾与纷争。1959年12月1日阿根廷、澳大利亚、比利时、智利、法国、日本、新西兰、挪威、南非、英国、美国、苏联等12个国家的代表在华盛顿签署了《南极条约》，该条约第四条规定冻结对南极的领土要求，没有提出领土要求的国家也不准重新提出要求。从1959年至今，没有任何国家重新提出南极的领土主权要求。

【南极条约体系】在1957～1958国际地球物理年期间，来自阿根廷、澳大利亚、比利时、智利、法国、日本、新西兰、挪威、南非、美国、英国、苏联等12个国家的1000多名科学家奔赴南极，他们将政治分歧、领土纷争搁置一边，从后勤保证、科学考察到资料交换等方面进行了广泛而卓有成效的合作。美国抓住当时出现的这种转机，艾森豪威尔总统于1958年5月2日致函国际地球物理年期间参加南极考察的其他11国政府，邀请他们派代表到华盛顿共同商讨南极问题。从1958年6月起，12国代表经过60多次会议，终于在1959年12月1日签署了《南极条约》(1961年6月23日生效)。美国为南极条约的保存国政府。《南极条约》的主要内容为：禁止在条约区从事任何带有军事性质的活动，南极只用于和平目的；冻结对南极任何形式的领土要求；鼓励南极科学考察中的国际合作；各协商国都有权到其他协商国的南极考察站上视察；协商国决策重大事务的实施主要靠每年一次的南极条约的例会和各协商国对南极的自由视察权。南极条约协商国依据其国名英文字母的排列顺序轮流坐庄主办会议，承担一切会议费用。南极条约的工作语言为英语、法语、俄语、西班牙语。会议主办国必须为会议提供4种语言的同声传译和文件。

我国于1985年5月9日加入南极条约组织，1985年10月7日被接纳为协商国。《南极条约》现有41个成员国，其中澳、阿根廷、比、智、法、日、新西兰、挪威、南非、英、美、俄、波、德、巴西、印度、中、乌拉圭、意、瑞典、西、芬、秘、韩国、荷、厄26国为协商国；捷、丹、罗、保、巴布亚新几内亚、匈、古、朝、希、奥、加拿大、哥伦比亚、瑞士、危地马拉15国为非协商国。

继《南极条约》签订后南极条约协商国又于1964、1972、1980年先后签订了《保护南极动植物议定措施》、《南极海豹保护公约》和《南极生物资源保护公约》。1988年6月通过了《南极矿物资源活动管理公约》的最后文件。1991年10月南极条约协商国在马德里通过了《南极环境保护议定书》，并于10月4日开放签字。《南极条约》和上述公约以及历次南极条约协商国通过的140余项建议措施，统称为南极条约体系。

南极条约协商国第16届协商会议决定，将每两年举行一次的协商会议改为每年一届的年会。由外交部和国家南极考察委员会组成的中国代表团出席了1985年10月在布鲁塞尔、1987年9月在里约热内卢、1989年10月在巴黎、1991年10月在波恩举行的第13～16届南极条约协商国会议，并参加了第6～10次以及1988年6月在惠灵顿举行的最后一次南极矿物资源活动管理公约的谈判。

1990年11月19日至12月6日第11届南极条约协商国特别协商会议在智利举行。会议就南极环境保护与已经开放签字的《南极矿物资源活动管理公约》两者间的关系进行了激烈的辩论。本届会议的第二、三、四次会议分别于1991年的4月、6月、10月在马德里举行。南极条约协商国经过充分的协商达成一致，通过了《南极条约环境保护议定书》及Ⅰ—南极环境评估；Ⅱ—南极动、植物保护；Ⅲ—南极废物处理与管理；Ⅳ—防止海洋污染；Ⅴ南极特别保护区5个重要的附件，该议定书已于1991年10月4日开放签字，在所有的协商国批准同意后生效。该议定书中第25条规定自议定书生效之日起，50年内禁止在南极进行矿物资源活动。从而确保了南极大陆未来50年的和平与安宁，为全面保护南极，科学地认识南极奠定了基石。

第16届南极条约协商国会议于1991年10月7～18日在波恩举行，会议通过了13项建议备忘录并发表了南极条约30周年宣言。宣言重申了《南极条约》的宗旨与原则："为了全人类的利益，南极应永远专用于和平目的，不应成为国际纷争的场所与目标。"宣言建议1991～2000年为国际南极合作十年。

第17届南极条约协商国会议于1992年11月9～20日在意大利的威尼斯市举行。会议就设立南极条约组织的常设秘书处和南极旅游两个主要议题进行了激烈的辩论。关于设立常设秘书处的问题，南极条约协商会议已讨论多年，一些国家担心秘书处被少数国家垄断和破坏南极条约坚持多年的协商一致的原则，因此不同意设立秘书处。但南极条约环境保护议定书的签订给这个问题带来了转机，多数国家认为不设立秘书处，无法及时有效地监视和解决在南极可能出现的环境问题。为此缔约国都同意设立一个小型的服务性的秘书处，以协助各会议主办国筹备会议和承担两次会议间的信息交流等工作。

会议期间美国和阿根廷两国分别提出以华盛顿和布宜诺斯艾利斯为秘书处所在地，后经多次非正式磋商，多数国家倾向同意布宜诺斯艾利斯为秘书处所在地。但会议并未就此达成协议。

会议对南极旅游问题争论激烈，德、法、意、西、智5国主张将此议题作为一单独附件，纳入《南极环境保护议定书》，而美、英、新等国则认为关于南极环境保护的5个议定书已包括了关于南极旅游的诸方要求，无需制订新文件。两派之争的实质是欧洲环境派与开展南极旅游派的限制与反限制之争。

赴南极旅游是各国公民的权利，国际社会无权禁止南极旅游；但保护南极环境，使之免遭破坏与污染则是南极条约协商国的义不容辞的义务。1982～1983年度赴南极旅游的人数仅为720人，而1992～1993年度南极旅游者已达6500人。日渐增多的南极旅游者和南极环境日渐受到威胁的形势，使南极旅游问题越来越受到南极条约组织的关注。订于1994年4月在日本举行的第18届南极条约协商国会议将就设立秘书处和南极旅游问题进行进一步的讨论。

南极条约组织系非联合国机构。1983年联合国大会上马来西亚等国提出将南极问题列入联大议程，主张南极是全人类的共同遗产，应由联合国管理南极。马来西亚等国的主张遭到了南极条约协商国的一致抵制，因此尽管南极问题自1983年以来一直列在联大议程内，但至今未取得进展。

【南极研究科学委员会】南极研究科学委员会简称SCAR，隶属国际科联，它是专门组织、协调南极科学研究的国际性学术组织。SCAR每两年召开一次会议，以促进南极条约协商国成员国之间及与其他国际学术组织的交流与合作。SCAR大会期间还举行生物、地质、冰川、气象、高空大气物理、大地测量与制图、人体生理医学等学科的分组学术讨论会和南大洋生态与生物资源，海豹等方面的专家组会议。SCAR自1958年成立至今召开过22次会议。1991年是《南极条约》生效30年，SCAR在德国不来梅举行大规模的南极科学会议，回顾、总结了30年来在南极研究方面各重大学科取得的进展。目前SCAR研究最重大的课题是南极在全球地圈—生物圈计划中的作用。SCAR现有21个正式成员国和7个非正式成员国。我国在1986年6月举行的第19届SCAR会议上被接纳为正式会员，并参加了第20、21、22届SCAR会议。我国也成立了与国际SCAR相对应的中国南极研究科学委员会，其作用是统一协调全国的南极科学研究工作。中国科学院学部委员孙鸿烈为该委员会主任。中国极地研究所所长董兆乾在第21届SCAR会议上当选为SCAR的副主席。

【我国与南极】我国从1980年起派科学家到外国南极考察站同外国科学家一道开展南极科学研究，1981年5月成立了统管全南极工作的国家南极考察委员会，武衡为该委员会主任。我国于1983年6月加入南极条约组织，1984年11月派遣第一支中国南极考察队赴西南极并于1985年2月20日在南设得兰群岛的乔治王岛上(62°13′S、58°58′W)建成了中国第一个南极考察站——长城站。1985年10月我国成为南极条约协商国，获得了参与决策南极重大事务的权利。为深入南极大陆本土进一步开展科学研究，我国决定在与长城站遥遥相对的南极大陆的东边再建一个站。为此国家南极考察委员会于1988年10月4日派出二人组成的先遣组，半年之内两次下南极，三过西风带，在澳大利亚私人南极探险家迪克·史密斯先生和前苏联"进步站"的大力帮助下抵达拉斯曼地区。他们在冰山叠嶂雪岩交错的地区几经徒步勘测，最后确定了69°22′S、76°22′E为预选站址。1988年11月20日我"极地号"考察船载着116名考察队员自青岛启航，经太平洋、印度洋，穿越咆哮的西风带，突破连绵冰区，安全航行17876海里，挺进南极圈，首次登上东南极大陆本土。在那里，他们克服重重危难，仅用28天就完成了"中山站"建设的第一期工程，并留下20名队员越冬，从而实现了当年建站当年越冬的目标。

从1984年至今我国已派出了9次考察队。从第五次起，考察队兵分两路，一路奔向长城站，一路奔向中山站，在南极夏季每站考察队员约50人，冬季约为20人。从1988/89年度开始接待外国科学家到长城站进行科学考察。我国在两个考察站上进行的主要考察项目有：地球物理、生物、地质、冰川、环境、气象、高空大气物理、人体生理医学等。经过9次南极考察之后，我们积累了南大洋航行和科学考察的经验，培养锻炼了一支具有相当水平的科学研究队伍。从1990年起我国的南极考察已从建站为主阶段转为以科考为主的阶段。

【南极探险】1989年7月27日，由中国、法国、美国、苏联、英国、日本6国各1名队员组成的1990国际横穿南极探险队从南极半岛的海豹冰原岛峰出发，沿着过南极点："东方站"最后到达"和平站"的最长路线开始了他们仅靠狗拉雪橇与滑雪板横穿南极大陆的征程。探险队历尽艰难险阻，于1989年12月11日抵达南极点并发表了《南极宣言》。宣言指出：南极是地球上一块伟大的自然丰碑，应该成为没有政治疆界的科学圣地，表达了探险队对南极环境保护的关注及其所主张的人类在南极需要和平、合作与友谊的宗旨。探险队于1990年3月3日胜利抵达此次探险的终点——前苏联的"和平站"。此次探险共用了219天；行程5986公里。探险队在到达南极点和终点时分别收到了李鹏总理和其他5国政府首脑的贺电。探险队的6名成员是：队长让·路易·艾地安(法国，医生出身，职业探险家，1946年生)、威尔·斯蒂格(美国，地质学者，职业探险家，1944年生)，队员维克多·巴雅尔斯基(苏联，1950年生)、杰卡·萨莫斯(英国，1950年生)、秦大河(中国，冰川学家，1947年生)、舟津圭三(日本，1957年生)。

秦大河系中国科学院兰州冰川冻土研究所冰川学家。他先后于1983～1984年间在澳大利亚凯西站、1987年底至1988年底在中国南极长城站越冬考察，具有在南极进行科学考察的丰富经验，担任过中国第四次考察队副队长、长城站越冬站长。此次他受国家南极考察委员会派遣参加国际横穿南极探险队，在考察中负责冰川、雪样的取样工作，胜利地完成了探险任务，从而成为中国历史上第一个徒步到达南极点和横穿南极大陆的人和世界上第一个在"不可接近地区"采集雪样的科学家。为此，国家南极考察委员会授予他一等功，中国科学院破例提升他为研究员。 (李占生)

国际组织和国际会议

国际组织

联合国

The United Nations—UN

联合国概况

【成立日期】1942年1月1日，正在对德、意、日法西斯作战的中、美、英、苏等26国代表在华盛顿发表了《联合国宣言》。当时，“联合国”只是作为对德、意、日法西斯进行战争的各国的总称。1943年10月30日，中、美、英、苏四国在莫斯科发表《普遍安全宣言》，提出有必要建立一个普遍性的国际组织。1944年8～10月，苏、英、美三国和中、英、美三国先后在华盛顿橡树园举行会谈，讨论并拟定了组织联合国的建议案。1945年4月25日，来自50个国家（波兰因故未参加）的代表在美国旧金山召开联合国国际组织会议。6月26日，50国代表签署了《联合国宪章》。同年10月24日，中、法、苏、英、美和其他多数签字国递交批准书后，宪章开始生效，联合国正式成立。1947年，联合国大会决定，10月24日为联合国日。

【宗旨和原则】联合国的宗旨是：维护国际和平与安全；发展国际间以尊重各国人民平等权利及自决原则为基础的友好关系；进行国际合作，以解决国际间经济、社会、文化和人道主义性质的问题，并且促进对于全体人类的人权和基本自由的尊重；作为协调各国行动的中心，以达到上述共同目的。为实现上述宗旨，联合国应遵循下列原则：(1)联合国组织基于所有会员国主权平等的原则；(2)各会员国应该忠实履行他们依宪章规定所承担的义务；(3)各会员国应该以和平方法解决他们的国际争端；(4)各会员国在他们的国际关系中不得以不符合联合国宗旨的任何方式进行武力威胁或使用武力；(5)各会员国对联合国依照宪章所采取的任何行动应给予一切协助；(6)联合国在维护国际和平与安全的必要范围内，应确保使非会员国遵循上述原则；

(7)联合国组织不得干涉在本质上属于任何国家国内管辖的事项,但此项规定不应妨碍联合国对威胁和平、破坏和平的行为及侵略行径采取强制行动。

【会员国】凡要求加入联合国的国家必须提交一份申请书,声明接受宪章所载义务,由安理会推荐,经联合国 2/3 多数的会员国通过,即被接纳为会员国。安理会对联合国某一会员国采取防止行动或强制行动时,联合国大会可根据安理会建议中止该国行使会员国的权利和特权。安理会可以恢复这些权利和特权的行使。对一再违背宪章原则的会员国,大会可根据安理会的建议将其开除出联合国。截至 1993 年 1 月,联合国共有会员国 180 个,其中创始会员国 50 个(原捷克和斯洛伐克共和国是创始会员国之一,于 1993 年 1 月 1 日分为捷克、斯洛伐克两个国家并同时于 1 月 19 日被联合国接纳为新会员国);另外,常驻联合国观察员 5 个(见附表)。会员国在联合国所在地设有常驻代表团,观察员在联合国设有常驻观察员办事处。

【总部】联合国总部在美国纽约。联合国欧洲办事处在瑞士日内瓦。

【出版物】《联合国纪事》(UN Chronicle)季刊,用中、英、法、西、俄和阿拉伯六种文字发行;《联合国年鉴》(Year Book of the United Nations),英文。

【徽记和旗帜】联合国的正式徽记是一个从北极看上去的世界图,周围是用一个橄榄枝圆环围绕着的图案。联合国旗帜的底色为浅蓝色,正中的图案是一个白色的联合国徽记。

【组织机构】联合国有六个主要机构:大会、安全理事会、经济及社会理事会、托管理事会、国际法院和秘书处。

(1)大会:由全体会员国组成。根据宪章规定,大会有权讨论宪章范围内的任何问题或事项,并向会员国和安理会提出建议。大会接受并审议安理会及联合国其他机构的报告;选举安理会非常任理事国、经社理事会和托管理事会的理事国;大会和安理会各自选举国际法院的法官;根据安理会推荐批准接纳新会员国和委任秘书长。联合国的预算和会员国分摊的会费比额都需经大会讨论决定。每一会员国在大会有一个投票权。宪章还同时规定,关于安理会正在审议的任何争端或局势,非经安理会请求,大会不得提出任何建议。

大会每年举行一届常会,在 9 月份的第三个星期二开幕,通常持续到 12 月中下旬。大会可在会议期间决定暂时休会,并可在以后复会,但必须在下届常会开幕前闭幕。每届常会开会时,各国往往派外交部长或其他部长级官员率代表团出席,一些国家元首和政府首脑也到会发表讲话。

1946 年 1 月召开了第一届联合国大会。

1992 年 9 月 16 日至 12 月 23 日,召开了第 47 届联合国大会。此次大会共有议题 140 多项,包括地区冲突、裁军、世界经济、社会等重大问题。很多国家的代表在一般性辩论中发言,其中包括一些国家的国家元首、政府总理、外长等。我国由外交部长钱其琛率团与会并在大会一般性辩论中发言。大会共通过了 300 多项决议和决定。

常会全体会议由大会主席(或副主席)主持。大会设主席 1 人,副主席 21 人,由全体会议选举产生。副主席按地区分配原则选出,即:非洲 6 人、亚洲 5 人、东欧 1 人、拉美 3 人、西欧及其他国家 2 人、安理会常任理事国 5 人。大会主席所属地区分配的副主席名额减少 1 人。大会主席由上述 5 个地区轮流推选本地区某国代表并经大会选举担任。1992 年第 47 届联合国大会主席是原保加利亚外长加内夫。

常会设七个主要委员会(见附图)。各委员会由全体会员国组成,负责讨论大会分配给该委员会的议题并提出建议。各委员会的决议以简单多数表决通过,然后提交大会全体会议通过,成为大会决议。各委员会选举主席一人,副主席二人和报告员一个。

大会还设有两个程序委员会:总务委员会由大会主席、副主席和七个委员会的主席组成,负责就议题项目的通过、议题的分配和会议的组织工作提出报告,交大会全体会议决定;全权证书委员会由大会根据上届大会主席提议而任命的九个会员国组成,负责审查各国出席会议代表的全权证书。

大会另有两个常设委员会:行政预算咨询委员会由大会任命的 16 人组成,负责联合国方案预算的专业审查,并协助第五委员会工作;会费委员会由大会任命的 18 名专家组成,负责就各会员国间分摊联合国的会费问题向大会提供意见。

大会还设有一些其他机构或委员会,例如给予殖民地国家和人民独立宣言执行情况特别委员会(简称非殖特委会或 24 国委员会)、反对种族隔离特别委员会、印度洋特别委员会、联合国维持和平行动特委会、联合国宪章特委会、东道国关系委员会等等。

大会的正式语文是中、英、法、俄、西班牙和阿拉伯文;工作语文是英文和法文。

大会应安理会或过半数会员国的请求或经过半数会员国对任何会员国的请求表示赞同后,可于 15 天内召开联大特别会议,24 小时内召开紧急特别联大。截至 1992 年底,大会已召开了 17 届特别联大和 9 届紧急特别联大。

大会表决的原则是:凡属重要问题的决定,例如关于和平与安全的建议,安理会、经社理事会、托管理事会理事国的选举,接纳新会员国,会员国权利的中止及会员国的开除,托管及预算事务等,均需经出席并参加投票的会员国以 2/3 的多数通过;其他问题只须以简单多数通过。

(2)安全理事会:由 5 个常任理事国和 10 个非常任理事国组成。宪章规定,中、法、苏、英、美为常任理事国。由于前苏联于 1991 年底解体,其席位于 1991 年

12月27日由俄罗斯继承。非常任理事国按地区分配原则选出，即亚洲2个、非洲3个、拉美2个、东欧1个、西欧及其他国家2个，由大会选举产生，任期两年，每年改选5个，不能连选连任。安理会1992年非常任理事国是：奥地利、比利时、科特迪瓦、厄瓜多尔、匈牙利、印度、日本、摩洛哥、委内瑞拉和津巴布韦。

按宪章规定，安理会在维护国际和平及安全方面负有主要责任。安理会的职能是：根据宪章规定作出全体会员国都有义务接受并执行的决定；调查任何国际争端或可能引起国际磨擦的任何局势，促请争端当事国采用和平的方法解决争端；断定威胁和平、破坏和平或侵略行为，并可采取经济、外交或军事制裁行动来反对侵略；负责拟订军备管制的计划；向大会推荐新会员国和秘书长；行使联合国关于战略托管的职能。安理会在履行其职能时，应遵照联合国宪章的宗旨和原则及其他规定。

安理会的表决原则是：每一理事国有一个投票权；程序问题由15个理事国中至少9个理事国的赞成票决定；任何一个常任理事国投反对票，都可以否决实质问题的决议案，即每个常任理事国在实质问题上都拥有否决权。同时宪章还规定，关于和平解决争端的决议，争端的当事国不得参加表决。

安理会主席由各理事国依国名的英文字母顺序按月轮流担任。1992年，中国是8月份安理会主席。

大会、秘书长以及任何会员国都可以提请安理会注意可能危及国际和平与安全的争端和局势。应邀参加安理会会议的非理事国的会员国或非会员国，可以参加讨论，但无表决权。

安理会会议一般在联合国总部举行。

安理会设有军事参谋团和接纳新会员国委员会以及若干特设机构。军事参谋团由五个常任理事国的总参谋长或其代表组成，负责向安理会提供有关安理会支配的军队的战略指导问题、军备管制问题和可能的裁军问题的意见和帮助。接纳会员国委员会由15个安理会理事国组成，审议有关国家加入联合国的申请并将审查结果报告安理会。目前安理会的特设机构主要有维持和平行动部队和军事观察团以及根据安理会有关决议设立的制裁委员会。

(3)经济及社会理事会：在大会权力之下，负责协调联合国及各专门机构即所谓“联合国系统”的经济和社会工作，由54个理事国组成。理事国任期三年，每届联大改选其中18个，可以连选连任。其席位按地区分配如下：亚洲和非洲24个；拉丁美洲10个；东欧6个；西欧及其他国家14个。上述分配原则同样适用于安理会常任理事国。从1971年起中国一直是经社理事会理事国。

经社理事会设有各种会期、常设和特设委员会，以及6个职司委员会和5个区域委员会(见附图)。按地区设立的区域委员会，旨在协助该地区经济社会发展，加强该地区内国家之间的经济关系与世界其他地区国家的关系，受经社理事会领导。各职司委员会、区域委员会或常设机构研究的问题，均需向经社理事会提出报告。

经社理事会同国际劳工组织等16个关于经济、社会、文化性质的“联合国专门机构”(见附表)建立工作关系。此外，关税及贸易总协定和国际原子能机构也被列入与之建立关系的政府间机构。

(4)托管理事会：联合国负责监督对置于国际托管制度下的领土的管理机构。托管理事会成员数目不定，管理托管领土的理事国和不管理托管领土的理事国的名额应保持平衡。随着托管领土和管理国数目的减少，托管理事会的规模也相应缩小。现只有五个理事国：美国(管理国)、中国、法国、英国和俄罗斯。

按规定，托管理事会每年举行一次会议，负责审查托管领土管理国的报告，会同管理国接受的审查托管领土居民的请愿书，按期视察托管领土。托管理事会的决议，由半数以上赞成票通过，经联合国大会通过才能生效。根据宪章规定，有关结束战略领土托管的事宜应由安理会决定。原有的11块托管领土现只剩下由美国管理下的一块太平洋岛屿托管地——帕劳。

(5)国际法院：联合国的重要司法机构。设在荷兰海牙。法院由15名不同国籍的独立法官组成。法官分别由大会和安理会从各国政府委派的由最著名的国际法专家组成的各国团体所提名的候选人中选举产生和在两机构中他们必须获绝对多数赞成票才能当选，任期9年，可连选连任。当选的法官应具有在其本国被任命担任最高司法职务所要求的资格或者是公认的国际法权威。选举结果必须使法院作为一个整体能代表世界各种主要的文化和法律体系。国际法院选举正、副院长各1人，任期3年，可连选连任。现任院长罗伯特·犹德尔·詹宁斯(英国)，副院长小田滋(日本)。我国著名法学家倪征日奥从1985年起当选为法官。

国际法院规约是宪章的组成部分。联合国会员国是规约的当然当事国，均可成为法院受理案件的当事国。非会员国如声明接受安理会提出的条件(如承认法院规约、接受法院判决、承担一定比额的法院费用等)亦可成为规约当事国。国际法院的管辖范围包括各国提交国际法院的一切事项。各当事国向国际法院提出诉讼案件原则上是自愿的。但对曾声明接受国际法院强制管辖权的国家，当它们之间发生争端时，只要一方将争端提交国际法院，他方就必须承认法院有权受理该案。受理人案件由法院作出判决后，当事国均应遵守。如当事国一方不履行国际法院的判决所规定的义务，当事国的另一方可提请安理会确定应当采取的措施，以执行国际法院的判决。

国际法院作出的司法判决或发表的咨询意见，均由出席法官的过半数决定。当对两种意见投票数相等时，由院长或代理院长职务的法官投决定票。

(6)秘书处:为联合国其他机构服务,并执行这些机构制定的方案和政策,由秘书长和联合国所需要的成员组成。

秘书长是联合国的行政首长,由安理会推荐经大会任命,任期5年,可连任。秘书长的职能是:在大会、安理会、经社理事会和托管理事会的会议中,以秘书长资格行使职权,向大会提交关于联合国工作的年度报告和必要的补充报告,有权将其认为有可能威胁国际和平与安全的事件提请安理会注意。此外,根据大会和安理会授权负责有关决议的实施。联合国成立以来,已有6任秘书长:特里格夫·赖伊(Trygve Lie,挪威,1946年2月至1953年4月),达格·哈马舍尔德(Dag Hammarskjold,瑞典,1953年4月至1961年9月),吴丹(U Thant,缅甸,1961年11月至1971年12月),库尔德·瓦尔德海姆(Kurt Waldheim,奥地利,1972年1月至1981年12月),哈维尔·佩雷斯·德奎利亚尔(Javier Pérez de Cuéllar,秘鲁,1982年1月至1991年12月),布特罗斯·布特罗斯·加利(Boutros Boutros-Ghali,埃及,1992年1月起至1996年12月)。

联合国职员由秘书长按照大会所确定的规章委派。宪章规定,雇用职员和决定服务条件时的"首要考虑"是保证最高的工作效率、才干和品德的必要性,同时应该注意到在尽可能广泛的地域基础上录用职员的重要性。

按照宪章规定,秘书长和秘书处职员只对联合国负责,秘书处是在总部和外地进行联合国组织日常工作的国际工作人员班子,不得请求或接受任何政府的指示。

联合国在许多国家设置新闻中心或新闻服务处。它还以30种语文对世界各国和地区广播有关联合国的新闻节目。

(张万海)

附 1

联合国组织机构图

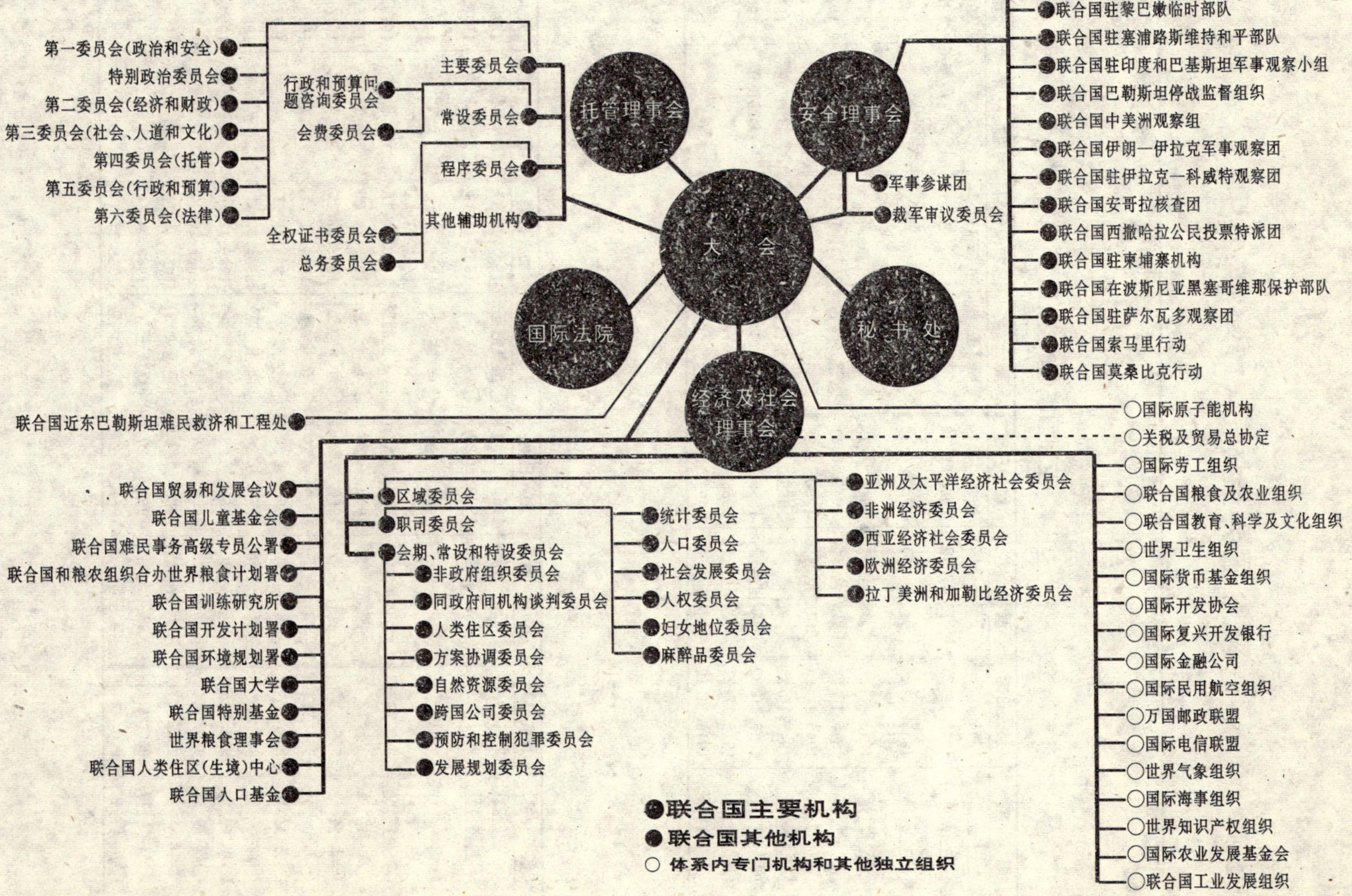

第一委员会(政治和安全)
特别政治委员会
第二委员会(经济和财政)
第三委员会(社会、人道和文化)
第四委员会(托管)
第五委员会(行政和预算)
第六委员会(法律)
行政和预算问题咨询委员会
会费委员会
全权证书委员会
总务委员会
主要委员会
常设委员会
程序委员会
其他辅助机构
托管理事会
安全理事会
大会
国际法院
秘书处
经济及社会理事会
军事参谋团
裁军审议委员会
联合国脱离接触观察员部队
联合国驻黎巴嫩临时部队
联合国驻塞浦路斯维持和平部队
联合国驻印度和巴基斯坦军事观察小组
联合国巴勒斯坦停战监督组织
联合国中美洲观察组
联合国伊朗—伊拉克军事观察团
联合国驻伊拉克—科威特观察团
联合国安哥拉核查团
联合国西撒哈拉公民投票特派团
联合国驻柬埔寨机构
联合国在波斯尼亚黑塞哥维那保护部队
联合国驻萨尔瓦多观察团
联合国索马里行动
联合国莫桑比克行动
联合国近东巴勒斯坦难民救济和工程处
国际原子能机构
关税及贸易总协定
国际劳工组织
联合国粮食及农业组织
联合国教育、科学及文化组织
世界卫生组织
国际货币基金组织
国际开发协会
国际复兴开发银行
国际金融公司
国际民用航空组织
万国邮政联盟
国际电信联盟
世界气象组织
国际海事组织
世界知识产权组织
国际农业发展基金会
联合国工业发展组织
联合国贸易和发展会议
联合国儿童基金会
联合国难民事务高级专员公署
联合国和粮农组织合办世界粮食计划署
联合国训练研究所
联合国开发计划署
联合国环境规划署
联合国大学
联合国特别基金
世界粮食理事会
联合国人类住区(生境)中心
联合国人口基金
区域委员会
职司委员会
会期、常设和特设委员会
非政府组织委员会
同政府间机构谈判委员会
人类住区委员会
方案协调委员会
自然资源委员会
跨国公司委员会
预防和控制犯罪委员会
发展规划委员会
统计委员会
人口委员会
社会发展委员会
人权委员会
妇女地位委员会
麻醉品委员会
亚洲及太平洋经济社会委员会
非洲经济委员会
西亚经济社会委员会
欧洲经济委员会
拉丁美洲和加勒比经济委员会
联合国主要机构
联合国其他机构
体系内专门机构和其他独立组织

附 2　联合国会员国表（1994 年 2 月）

亚洲国家（38）

国名	加入日期	国名	加入日期	国名	加入日期	国名	加入日期
中国	1945.10.24	○泰国	1946.12.16	○尼泊尔	1955.12.14	○卡塔尔	1971.9.21
○菲律宾	1945.10.24	○巴基斯坦	1947.9.30	○日本	1956.12.18	○阿曼	1971.10.7
○伊朗	1945.10.24	○也门	1947.9.30	○马来西亚	1957.9.17	○阿拉伯联合酋长国	1971.12.19
○黎巴嫩	1945.10.24	○缅甸	1948.4.19	○塞浦路斯	1960.9.20	○孟加拉国	1974.9.17
○沙特阿拉伯	1945.10.24	○以色列	1949.5.11	○蒙古	1961.10.27	○越南	1977.9.20
○叙利亚	1945.10.24	○印度尼西亚	1950.9.28	○科威特	1963.5.14	○文莱	1984.9.21
○土耳其	1945.10.24	○柬埔寨	1955.12.14	○马尔代夫	1965.9.21	○朝鲜	1991.9.17
○印度	1945.10.30	○斯里兰卡	1955.12.14	○新加坡	1965.9.21	○大韩民国	1991.9.17
○伊拉克	1945.12.21	○约旦	1955.12.14	不丹	1971.9.21		
○阿富汗	1946.11.19	○老挝	1955.12.14	○巴林	1971.9.21		

非洲国家（53）

国名	加入日期	国名	加入日期	国名	加入日期	国名	加入日期
○埃及	1945.10.24	○贝宁	1960.9.20	○坦桑尼亚	1961.12.14	几内亚比绍	1974.9.17
○利比里亚	1945.11.2	○加蓬	1960.9.20	○布隆迪	1962.9.18	○莫桑比克	1975.9.16
南非	1945.11.7	○科特迪瓦	1960.9.20	○卢旺达	1962.9.18	○圣多美和普林西比	1975.9.16
○埃塞俄比亚	1945.11.13	○马达加斯加	1960.9.20	○阿尔及利亚	1962.10.18	○佛得角	1975.9.16
○利比亚	1955.12.14	尼日尔	1960.9.20	○乌干达	1962.10.25	○科摩罗	1975.11.12
○摩洛哥	1956.11.12	○刚果	1960.9.20	○肯尼亚	1963.12.16	○塞舌尔	1976.9.21
○苏丹	1956.11.12	○索马里	1960.9.20	马拉维	1964.12.1	○安哥拉	1976.12.11
○突尼斯	1956.11.12	○多哥	1960.9.20	○赞比亚	1964.12.1	○吉布提	1977.9.20
○加纳	1957.3.3	布基纳法索	1960.9.20	○冈比亚	1964.12.1	○津巴布韦	1980.9.25
○几内亚	1958.12.12	○马里	1960.9.28	○博茨瓦纳	1966.10.17	○纳米比亚	1990.4.1
○喀麦隆	1960.9.20	○塞内加尔	1960.9.28	○莱索托	1966.10.17	○厄立特里亚	1993.5.28
中非	1960.9.20	○尼日利亚	1960.10.7	○毛里求斯	1968.4.24		
○乍得	1960.9.20	○塞拉利昂	1961.9.27	斯威士兰	1968.9.24		
○扎伊尔	1960.9.20	○毛里塔尼亚	1961.10.27	○赤道几内亚	1968.11.12		

拉丁美洲国家(33)

国名	加入日期	国名	加入日期	国名	加入日期	国名	加入日期
○阿根廷	1945.10.24	○秘鲁	1945.10.31	○乌拉圭	1945.12.18	多米尼克国	1978.12.18
○巴西	1945.10.24	哥斯达黎加	1945.11.2	○厄瓜多尔	1945.12.21	圣卢西亚	1979.9.18
○智利	1945.10.24	○哥伦比亚	1945.11.5	○牙买加	1962.9.18	圣文森特和格林纳丁斯	1980.9.16
○古巴	1945.10.24	○墨西哥	1945.11.7	○特立尼达和多巴哥	1962.9.18	伯利兹	1981.9.25
多米尼加共和国	1945.10.24	巴拿马	1945.11.13	○圭亚那	1966.9.20	○安提瓜和巴布达	1981.11.11
萨尔瓦多	1945.10.24	○玻利维亚	1945.11.14	○巴巴多斯	1966.12.9	圣基茨和尼维斯	1983.9.23
海地	1945.10.24	○委内瑞拉	1945.11.15	巴哈马	1973.9.18		
尼加拉瓜	1945.10.24	危地马拉	1945.11.15	格林纳达	1974.9.17		
巴拉圭	1945.10.24	洪都拉斯	1945.12.17	○苏里南	1975.12.4		

东欧国家及独联体国家(27)

国名	加入日期	国名	加入日期	国名	加入日期	国名	加入日期
○波兰	1945.10.24	○匈牙利	1955.12.14	○吉尔吉斯斯坦	1992.3.2	○克罗地亚	1992.5.22
○俄罗斯	1945.10.24	○罗马尼亚	1955.12.14	○乌兹别克斯坦	1992.3.2	波斯尼亚和黑塞哥维那	1992.5.22
○乌克兰	1945.10.24	○拉脱维亚	1991.9.17	○亚美尼亚	1992.3.2	○格鲁吉亚	1992.7.30
○白俄罗斯	1945.10.24	○立陶宛	1991.9.17	○塔吉克斯坦	1992.3.2	○捷克	1993.1.16
○南斯拉夫	1945.10.24	○爱沙尼亚	1991.9.17	○阿塞拜疆	1992.3.2	○斯洛伐克	1993.1.16
○阿尔巴尼亚	1955.12.14	○摩尔多瓦	1992.3.2	○土库曼斯坦	1992.3.2	○前南斯拉夫马其顿共和国	1993.4.8
○保加利亚	1955.12.14	○哈萨克斯坦	1992.3.2	○斯洛文尼亚	1992.5.22		

西欧国家(22)

国名	加入日期	国名	加入日期	国名	加入日期	国名	加入日期
○丹麦	1945.10.24	○荷兰	1945.12.10	○爱尔兰	1955.12.14	○列支敦士登	1990.9.18
○法国	1945.10.24	○比利时	1945.12.27	○意大利	1955.12.14	○圣马力诺	1992.3.2
○卢森堡	1945.10.24	○冰岛	1946.11.19	○葡萄牙	1955.12.14	摩纳哥	1993.5.28
○英国	1945.10.24	○瑞典	1946.11.19	○西班牙	1955.12.14	安道尔	1993.7.28
○希腊	1945.10.24	○奥地利	1955.12.14	○马耳他	1964.12.1		
○挪威	1945.11.27	○芬兰	1955.12.14	○德国	1973.9.18		

北美、大洋洲国家(11)

国　名	加入日期	国　名	加入日期	国　名	加入日期	国　名	加入日期
○新西兰	1945.10.24	○加拿大	1945.11.9	○西萨摩亚	1976.12.15	○密克罗尼西亚	1991.9.17
○美国	1945.10.24	○斐济	1970.10.13	所罗门群岛	1978.9.19	○马绍尔群岛	1991.9.17
○澳大利亚	1945.10.24	○巴布亚新几内亚	1975.10.10	○瓦努阿图	1981.9.15		

一、会员国总数:184个(在国名下标有横线的50国为联合国创始会员国,其中亚洲9,非洲4,拉丁美洲20,东欧及独联体5,西欧8,北美、大洋洲4)。

二、同中国建交的会员国:155个(在国名前标有○号,其中亚洲36,非洲46,拉丁美洲17,东欧及独联体26,西欧20,北美、大洋洲10)。此外,中国还同巴勒斯坦国、瑞士、基里巴斯有外交关系。

三、常驻联合国观察员总数:3个(瑞士、梵蒂冈、巴勒斯坦)。

四、1990年5月22日,阿拉伯也门(加入日期:1947.9.30)和也门民主人民共和国(加入日期:1967.12.14)合并成为一个会员国,称为"也门"。

五、德意志民主共和国于1990年10月3日并入德意志联邦共和国。

六、原捷克和斯洛伐克共和国于1993年1月1日分成捷克、斯洛伐克两个国家,并于1993年1月19日同时加入联合国。

七、南斯拉夫席位问题请参见《原南斯拉夫问题》。

联合国部分重要议题

联合国行政预算问题

第47届联大五委审议的主要议题有:财政危机问题、1992～1993年两年期方案预算有关问题、联合国经费分摊比额表、维和行动经费筹措的行政及预算问题等,经过会员国3个多月的艰苦努力,大部分议题取得协商一致。

近年来,财政危机问题一直困扰着联合国,为了应付日常开支,秘书长动用了所有现金储备,包括各种基金和维和基金帐户余额。秘书长在其提交给本届联大的报告中写道,"据7月份预计,11月将出现5500万美元的赤字,除非立即收到现金,否则联合国将不得不停止业务活动。"为此,秘书长再次提出了征收欠款利息、保留预算结余、增加周转金水平以及建立各种基金等若干可能采取的措施。第47届联大期间,会员国对秘书长的报告提出了许多不同的意见。大多数国家不同意增加周转基金及增设的基金,认为这样并不能从实质上解决财政危机,相反变相转嫁欠费国的责任。他们纷纷呼吁欠款国家尽快缴清欠款。一些国家指出由于财政危机暂停了有关财务规定,截留了应退还给会员国的财政结余,实际上已经增加了这些国家的财政负担;一些出兵国强调由于拖欠会费使出兵国得不到联合国的补偿,因而也加重了这些国家的负担。会员国普遍反对商业借款,认为这一办法弊多利少,处理不好会给联合国带来更多麻烦。一些国家支持对欠款征收利息,美国则表示坚决反对。某些发展中国家的欠费国也表示不同意。也有一些国家强调应区别拖欠会费和当年还未交清的实际问题等。经多次磋商,联大未做出实质决定,只要求秘书长根据现有资料继续提供联合国欠出兵国债务的情况。

秘书长年初对联合国秘书处进行了调整,将总部各部合并为六个主要部门,并向本届大会提交了1992～1993两年期订正概算的报告,说明秘书处机构调整后的员额和资源变化情况,其中包括裁减13名高级员额而产生的440万美元的结余。经过会员国讨论,联大决定1993年联合国预算拨款总数为12.734亿美元,会员国摊款总额为10.152亿美元。

虽然今年不是制订新比额表的一年,但由于新增加了一些会员国,联合国会费比额表不得不进行调整。47届联大五委关于这一议题的审议非常复杂和艰苦。在一般性辩论中共有55个国家代表作了发言。五委先后开了12次全体非正式磋商和多次小规模的非正式磋商,但终未达成一致意见,最后还是在五委和大会付诸表决才就1993～1994两年的比额表达成决议。有关会费比额表的诸方法等内容的审议,也因磋商未果,大会最后决定推迟到续会再议。

关于建立维和行动储备金问题,秘书长在其关于财政危机的报告中提出建立一个金额为5000万美元的维和行动基金，以解决维和行动初期费用，基金来源于联合国过渡时期援助团和两伊观察团的结余。会员国普遍原则赞成这一建议。经过反复磋商，最后大会决议决定自1993年起建立一个单独的维和储备基金，总金额为1.5亿美元，所需资金，部分来源于联合国过渡时期援助团和两伊军事观察团的部分结余，计6300万美元，其余不足部分用陆续收回的会员国欠款补足。此外，决议还规定秘书长仍应在大会已经授权的范围内掌握使用基金，今后是否考虑扩大其承付权限的问题待定。

联合国维持和平行动经费分摊办法与正常预算不同。根据有关决议，所有会员国分为4个组：1.安理会常任理事国；2.发达国家；3.发展中国家；4.最不发达国家。其中，第4组国家的比额按其会费比额的10%计算；第3组国家按其会费比额的20%计算；第2组国家比额与会费比额相同；其余部分由5个常任理事国按比例分摊（目前我国会费比额为0.77%，维持和平行动摊款比额为0.96%）。这种分组方法始于20多年前的一项政治决定，目前存在着许多偏差，不完全反映会员国的支付能力。如有一些发达国家被列入了第3组，有些虽属于发展中国家，但人均收入却很高。秘书长向本届大会提交了一个报告，其中建议按国民人均收入5000美元为标准划分第2组和第3组成员。一些人均收入较高的中小国家对此表示强烈不满。另外，由于苏联解体后独立的12个新会员国被分在第3组，俄罗斯的维和比额也因此大幅度下降，由此而产生的差别拟由其他4个常任理事国承担。美国增加的最多，表示难以接受。由于会员国对此分歧意见很大，最后决议只决定请五委主席在第47届会议期间召集一个不限成员的工作组，审议分组问题。

由于会员国分歧意见较大和时间关系，大会决定将人事、维和摊款分组等问题推至大会续会审议。

本届联大五委还对审计委员会的报告和人事等议题进行了审议。中国代表团积极参加了所有议题的讨论和决议草案的磋商工作。 （张万海）

柬埔寨问题

1978年12月，越南大规模军事入侵柬埔寨。1979年1月，联合国安理会审议了越南侵占柬埔寨问题。安理会不结盟成员国提出的要求外国军队撤出柬埔寨的决议草案，由于苏联的否决，未获通过。同年第34届联合国大会审议“柬埔寨局势”的议题时，以压倒多数通过了东盟等30多个国家共同提出的决议草案，要求外国军队全部撤出柬埔寨，尊重柬埔寨的主权、独立和领土完整。此后至1989年，联合国大会每年均将柬埔寨问题作为重要议题审议，每次都以压倒多数的赞成票通过决议，要求从柬埔寨撤出全部外国军队；恢复并尊重柬埔寨的主权、独立、领土完整、中立和不结盟地位；以及尊重柬埔寨人民的自决权利。中国对这些决议均投了赞成票。

1989年7月30日至8月31日，在法国巴黎召开了关于柬埔寨问题的国际会议，虽未达成政治解决协议，但确立了全面政治解决柬埔寨问题的原则。

1990年1～8月，安理会五个常任理事国分别在纽约和巴黎举行了六轮副外长级磋商，并于8月达成了五个常任理事国关于全面政治解决柬埔寨问题的框架文件。

1991年10月23日，柬埔寨问题巴黎会议部长级会议召开，柬埔寨各方及与会各国的外长签署了《柬埔寨冲突全面政治解决协定》，标志着历时13年的柬埔寨问题最终获得解决。

1992年2月19日，联合国秘书长根据安理会第718号决议向安理会报告，提出行使巴黎协议的授权计划，在柬埔寨建立联合国过渡时期权力机构。安理会于2月28日一致通过第745(1992)号决议，批准秘书长的报告，决定建立联柬权力机构，驻期不超过18个月；柬选举最迟于1993年5月举行；在柬选举登记结束前将各方军事力量全部复员；对安置、遣返难民提供自愿援助。

3月15日，根据安理会这一决议，联柬权力机构正式建立，该机构由联合国秘书长特别代表、日本人明石康主管。

3月30～31日，33个国家和12个国际组织的代表在日本东京举行援助柬埔寨重建国际会议筹备会。

6月20～22日，援柬重建国际会议在东京举行。这是落实巴黎协定关于柬恢复与重建有关条款的一次重要会议，33个国家和12个国际组织的代表出席，通过了关于柬重建及和平进程的两个东京宣言。会上各方认捐额达8.8亿美元，超出了秘书长呼吁书中6亿美元的目标。我国代表在会上宣布，过渡时期向柬最高委员会提供1000万美元的援助。

7月21日，经过多次磋商，安理会一致通过关于柬问题的第766号决议。决议对联柬权力机构在实施巴黎协定中遇到的困难深表关切，并就此决定采取一些措施。决议要求有关各方认真履行其义务，协助联柬权力机构实施巴黎协定。

10月7～8日，联合国五常任国和印尼、泰国、日本、德国、澳大利亚等10国高级官员在纽约就柬问题举行了非正式磋商，就柬形势和下一步工作交换了意见并起草了一项安理会决议草案。

11月30日，安理会以14票赞成、1票弃权通过了关于柬问题的第792号决议。我国代表投了弃权票，并作了解释性发言，指出我赞成决议草案中的一些内容，如要求各方履行遵守停火义务及进行克制等。但决议中也包含制裁和三方选举的内容。我们认为这不符合巴黎协定，不仅无助于问题的解决反而会加深分歧和

矛盾，可能使柬局势出现新的复杂问题。 （武善秀）

海湾问题

1992年，安理会定期就是否应继续对伊拉克制裁问题和伊执行安理会有关决议情况举行会议，通过了关于伊拉克和科威特边界问题的773号决议和关于征用部分伊被冻结海外石油资产的778号决议。

根据安理会687号决议，安理会每隔60天便审议伊拉克执行安理会决议的情况和对伊制裁问题。历次审议所发表的主席声明均称伊拉克尚未全面、无条件地遵守安理会决议及有关义务，要求伊就此采取相应行动。声明还认为成员国在是否存在必要条件修改对伊制裁机制问题上无一致意见。

关于销毁伊拉克武器特委会工作，安理会多次就伊执行687号决议的情况、伊要求特委会飞机停止在伊上空的监测飞行、拒绝联合国检查小组进入伊农灌部大楼、禁止联合国武器核查人员乘坐联合国飞机抵离伊境等发表主席声明，痛惜和谴责伊拉克政府不与联合国合作，未充分、彻底和完全地公布其拥有和研制武器的情况，未按特委会要求在指定时间内销毁有关弹道导弹的设备，从而严重违反了687号决议的有关规定；要求伊拉克政府明确和无条件地接受和执行安理会决议的有关义务。

关于伊拉克人道主义问题，安理会于9月2日通过主席声明，对伊关于联合国各机构在人道主义方案的作为和言论表示关切，要求伊同国际人道组织合作，迅速作出各种安排，以确保继续执行联合国人道主义方案。

8月6日，安理会以14票赞成、1票（厄瓜多尔）弃权通过关于伊拉克和科威特边境问题的773号决议。决议敦促有关国家对伊科划界委员会的工作予以充分合作。

10月2日，安理会以14票赞成、1票（中国）弃权通过关于征用部分伊被冻结的海外石油资产问题的778号决议。该决议规定，所有国家应将其控制的伊拉克政府、国家机关、公司或机构在1990年8月6日或其后的石油收益尽快转入联合国代管帐户。决议还敦促所有国家尽快从其他来源向代管帐户提供款项。

（叶学农）

中东问题

由于始于西班牙马德里的中东和会仍在进行中，1992年联合国对中东问题的审议较为平淡。

1月6日，安理会举行正式会议，审议以色列决定驱逐12名巴勒斯坦人问题，并以15票赞成一致通过第726号决议。该决议强烈谴责以色列关于恢复驱逐巴勒斯坦平民的决定，要求以不要采取驱逐行动，并确保所有被驱逐者立即安全返回。

2～5月，以色列军队多次入侵和轰炸黎巴嫩南部。在黎巴嫩常驻代表的要求下，安理会就此进行磋商，并几次通过主席声明，指出以色列军队入侵黎巴嫩南部及联合国维和部队所在地，不但侵犯黎巴嫩主权和领土完整，有损中东和平进程，而且还损害联合国维和行动的权威和信誉。

4月3日，安理会应巴勒斯坦常驻观察员要求紧急磋商阿拉伯被占领土问题，并于4日凌晨召开正式会议，就加沙地带局势通过主席声明。该声明对加沙地带局势不断恶化、特别是对巴勒斯坦人伤亡事件表示严重关切；谴责所有暴力行为，敦促最大限度克制；敦促以色列遵守《关于在战时保护平民的日内瓦第四公约》，尊重并按安理会有关决议行事；请秘书长按照安理会有关决议就以色列占领下巴勒斯坦平民处境发挥斡旋作用。

12月18日，安理会就以色列大规模驱逐巴勒斯坦人举行正式会议，并以15票赞成一致通过第799号决议。该决议强烈谴责并坚决反对以色列驱逐巴勒斯坦人的行动，重申《日内瓦第四公约》适用于被占巴勒斯坦领土，认为以色列的行动违反对该公约承担的义务，重申黎巴嫩独立、主权和领土完整，要求以色列保证所有被驱逐人安全、迅速返回，并请秘书长派遣一名代表前往该地区就这一严重局势同以色列政府交涉，并向安理会提出报告。

从11月下旬起，联大开始审议"中东局势"和"巴勒斯坦问题"，并通过几项决议。在审议中，各国普遍对中东和巴勒斯坦问题久拖不决感到忧虑，纷纷呼吁国际社会采取实际行动保护被占领土巴勒斯坦居民并对马德里中东和会表示欢迎。

11月29日是联合国大会1977年确定的"声援巴勒斯坦人民国际日"。联合国巴勒斯坦人民行使不可剥夺权利委员会每年就此在联合国总部和其他地点举行特别会议，动员国际舆论支持巴勒斯坦人民争取合法民族权利的正义斗争，呼吁早日公正、合理地解决中东问题。许多国家和组织每年向大会发声援电。1992年11月28日，我国政府总理李鹏向纪念会发去了声援电。

（章启月）

塞浦路斯问题

塞浦路斯问题多年来一直是联合国议程上的一个重要议题。自1964年以来，联合国安理会、大会多次审议塞问题并通过一系列决议。自1968年以来，联合国秘书长及其特别代表根据联合国有关决议在塞希、土两族之间进行了一系列调解努力。两族在秘书长斡旋下就和平解决塞问题进行了长期的谈判。多年来谈判时断时续，但由于双方在一些实质性问题上立场严重对立，一直未能取得进展。秘书长曾就塞未来的宪政安排、立法机构、领土分配等问题提出过各种建议和设想，但均未获双方共同接受。原定1991年9月召开的塞问题国际会议也因双方在会议形式、未来政体、领土和难民等问题上的立场没有松动而流产。

1992年，国际社会为政治解决塞浦路斯问题进行了积极努力。加利出任联合国秘书长不久，即开始新的斡旋活动，提出了内容涉及总目标、指导原则、宪政安排、领土调整、流离失所者、安全和保障、经济发展以及过渡性安排等问题的"整套设想"，力图推动双方早日达成解决塞问题的全面框架协议。按秘书长的设想，未来的塞浦路斯国将由两族在政治平等的基础上建立一个宪政上是两族，领土上是双区的联邦；每个邦国由一族管理，并保证该族在其地区内的人口和土地所有权占显著多数；联邦政府不得侵犯邦国的权力和职能，两个邦国之间也不可相互侵犯对方的权力和职能；为保证国家统一，塞国将保持单一国际人格、单一主权、单一国籍和领土完整；两族安全将通过1960年《保证条约》和《同盟条约》加以保障，联邦成立时未列入《同盟条约》的所有非塞浦路斯人军队撤出塞岛；两个邦国之间的界线将在地图上划明，迁徙自由、居住自由和拥有财产的权利将在领土调整所引起的重要安置工作完成后实行，并由各邦国以符合联邦宪法的议定方式加以管理。秘书长认为，"全套设想"是多年来不断努力的结果，虽然是一种折衷办法，但已顾及并保护了每一方的根本利益；包括领土调整、流离失所者在内的所有问题均已得到应有的澄清；只要双方显示必要的政治意愿，则达成全面框架协议、政治解决塞问题便指日可待。秘书长多次强调，塞问题旷日持久、拖而不决的状况不能再继续下去了，联塞部队经费困难已难以维持现有规模，如果双方仍不能达成协议，则安理会应当考虑其他解决办法。

6月18日至11月11日，塞希族领导人瓦西利乌和土族领袖登克塔什在秘书长斡旋下赴纽约联合国总部举行了两轮近距离间接会谈和一轮联合会议，就"整套设想"有关问题进行了实质性讨论。为在领土调整和流离失所者等关键问题上先打开突破口，秘书长向双方出示了划分两个邦国边界的地图，提出土族领土占塞岛的27%（现为37%），并让出比较富庶的莫尔富地区。对此，登克塔什表示地图事先未与土族商量，土族拒绝考虑。瓦西利乌则表示愿继续谈判，但土族必须承诺接受包括地图在内的"整套设想"作为谈判的基础。此外，双方在宪政安排、权力分配等问题上的立场也相距甚远。会谈最终陷入僵局，但双方原则同意1993年3月复会继续会谈。

在上述会谈前后，安理会五个常任理事国多次集体会见塞两族领导人，努力推动谈判进程。安理会也先后多次通过决议或发表主席声明，支持秘书长的斡旋努力和"整套设想"，敦促双方与秘书长合作，尽快就全面解决塞问题达成框架协议。4月10日，安理会一致通过第750号决议，重申塞问题的解决办法是建立两族双区、两族政治平等的联邦，并保证塞的单一主权和国际人格、单一国籍和领土完整，要求双方不得在谈判中引进不同概念；强调在秘书长主持下召开由塞两族和希腊、土耳其参加的高级别国际会议是制定全面框架协议的有效机制。8月25日，安理会一致通过第774号决议，重申第750号决议的目标并核可秘书长提出的包括领土调整地图在内的"整套设想"。11月25日，安理会又一致通过第789号决议，注意到塞土族的某些立场在根本上与"整套设想"抵触，呼吁塞土族调整立场；重申应不再拖延地按照"整套设想"达成全面协定；促请有关各方承诺采取包括大幅度削减驻塞外国军队、与联塞部队密切合作、承诺由联合国主持下进行全塞人口普查等在内的建立信任措施，以有助于1993年3月完成解决进程。

我国政府一贯尊重塞浦路斯的独立、主权、领土完整和不结盟地位；积极支持联合国秘书长为解决塞问题所作的一切努力；希望塞希、土两族互谅互让，消除分歧，克服障碍，通过和平谈判，圆满解决塞问题。对安理会上述决议均投了赞成票。

关于联合国驻塞浦路斯维持和平部队，我国在1981年前均不参加其延期决议的投票。1981年12月起，我对联塞部队的延期一直投赞成票。

联塞部队的经费筹措问题是近年来联合国维持和平行动领域的一个日益为人关心的问题。根据安理会第186(1964)号决议，联塞部队经费由提供分遣队的各国政府以及塞浦路斯政府承担，同时，联合国秘书长可接受自愿捐款。由于塞问题久拖不决，而近年来收到的捐款越来越少，因此出兵国纷纷要求由联合国成员国分摊经费来代替捐款。安理会成员国对此意见不一，多数国家认为目前还不存在改变筹款方式的条件。

（陈　旭）

维持和平行动问题

联合国维持和平行动是指联合国根据有关联合国决议向冲突地区派遣军事人员以恢复或维护和平的一种行动。维持和平行动在联合国宪章中并未提及，它是在联合国调解和解决地区冲突的实践中逐步发展而来的。

维持和平行动的目的，主要是遏制威胁和平的局部冲突的扩大或防止冲突的再起，从而为其最终的政治解决争取时间，创造条件。它的具体职责视情况和需要有所不同，一般包括：监督停战或停火、撤军；观察、报告冲突地区的局势；监督执行脱离接触协议；协助恢复治安或维持秩序;防止非法越界或渗透等;近年来维和行动范围有所扩大,已涉及监督大选、公民投票;提供或保护必要的人道主义援助等。

维持和平行动的建立一般由安理会决定,在历史上,联合国大会偶尔也做出过决定。维和行动的部署必须征得当事各方的同意。其具体组织由联合国秘书长商安理会决定。维持和平行动主要有两种形式:军事观察团和维持和平部队。前者一般由非武装的军官组成,后者由武装的军事分遣队组成。维持和平行动属非强制性行动,军事观察员不携带武器,维持和平部队通常不得擅自使用武力,除非迫不得已进行自卫。维持和平行动人员在执行任务时必须严守中立,保持客观,不得卷入冲突的任何一方,更不能非法干涉所在的东道国的内政。维持和平行动属临时性措施,一般均有一定期限,可视情况需要由安理会决定延期。

联合国最早的维持和平行动是 1948 年向中东地区派遣的联合国巴勒斯坦停战监督组织。截至 1992 年底,联合国共采取了 26 起维持和平行动,目前仍在执行行动任务的有 13 起:

1. 联合国停战监督组织(UNTSO):1948 年 6 月根据安理会第 50 号决议成立,监督阿、以停战。目前共有 270 名军事观察员,分布在埃及、以色列、叙利亚、约旦、黎巴嫩五国。简称"停战监督组织"。

2. 联合国驻印度和巴基斯坦军事观察员小组(UNMOGIP):1949 年 1 月根据安理会第 47 号决议建立,监督印、巴之间在克什米尔的停火。目前有军事观察员 38 名。简称"印巴观察小组"。

3. 联合国驻塞浦路斯部队(UNFICYP):1964 年 3 月根据安理会第 186 号决议建立,监督停火及维护缓冲区。目前共有军人和民警近 2200 名。简称"联塞部队"。

4. 联合国脱离接触观察员部队(UNDOF):1974 年 6 月根据安理会第 350 号决议建立,在戈兰高地监督叙利亚、以色列的停火,并在双方之间建立缓冲区。目前共有部队及警察 1350 人。简称"脱离接触部队"。

5. 联合国驻黎巴嫩临时部队(UNIFIL):1978 年 3 月根据安理会第 425 号决议建立,确认以色列从黎南部撤军,并协助黎政府恢复对该地区的统治。目前兵力为 5800 余人。简称"联黎部队"。

6. 安哥拉核查团第二期(UNAVEM II):1991 年 5 月根据安理会第 696 号决议建立,监督安哥拉人运、安盟之间的停火安排、选举等活动。共有军事观察员、警察监测员等 479 人。

7. 联合国驻伊拉克和科威特军事观察员(UNIKOM):1991 年 4 月根据安理会第 687 号决议建立,监测伊、科之间的非军事区。共有军事观察员 423 名。简称"伊科观察团"。

8. 联合国西撒公民投票特派团(MINURSO):1991 年 4 月根据安理会第 690 号决议建立,监督西撒公民投票进程。由于联合国计划受阻,目前有关人员尚未全部部署。现有军人 365 名。简称"西撒特派团"。

9. 联合国萨尔瓦多观察团(ONUSAL):1991 年 5 月根据安理会第 693 号决议建立,最初任务为监督萨国内人权状况,后根据安理会第 729 号决议扩大了任务,包括监督停火等。目前共有近 300 名军事观察员和 311 名文职警察。简称"联萨观察团"。

10. 联合国柬埔寨过渡时期权力机构(UNTAC):1992 年 2 月根据安理会第 745 号决议建立,执行"巴黎协定"。已部署军事人员 15100 名,警察 2500 名(按计划应部署两万名)。简称"联柬权力机构"。

11. 联合国保护部队(UNPROFOR):1992 年根据安理会第 743 号决议建立,最初主要为执行联合国在克罗地亚的计划。后按 764、776 等决议进一步扩大任务,包括保证萨拉热窝机场的安全和运行、保护波黑人道救济活动。目前共部署了 1.6 万多名军事人员及警察、文职人员等(按计划需部署两万余人),其中在克罗地亚有一万余名军人。简称"联保部队"。

12. 联合国索马里行动(UNOSOM):1992 年根据安理会第 751 号决议(4 月)、767 号决议(7 月)和 774 号决议建立,主要是保护人道救济活动。目前仅部署了 50 名军事观察员和 500 名保安部队(按计划应部署 3500 名保安部队)。简称"联索行动"。

13. 联合国莫桑比克行动(ONUMOZ):1992 年 12 月 16 日根据安理会第 797 号决议建立,主要任务是监测和平协定的执行,包括监督政府和抵运间的停火、遣散部队、监督大选和建立警察部队等。预计将派出各种军事、警察和文职人员近万名。简称"联莫行动"。

截至 1992 年底,不包括尚未部署的联莫行动,联合国维和行动共有人员约 5 万名,近 70 个国家派人参加。1992 年维和行动预算约达 28 亿多美元(包括联莫行动 3 亿多美元)。

随着国际形势发生深刻变化,联合国维持和平行动现已进入了一个机会与挑战并存的时期。一方面,随着东西方冷战的结束,人们普遍对联合国维持国际和平与安全的作用寄予厚望,希望联合国维持和平行动的作用能根据联合国宪章的宗旨和原则得到进一步的加强;另一方面,由于某些冲突久拖不决,使得作为临时性措施的维持和平行动面临长期化的趋势,加之某些成员国出于各种原因拒绝缴纳摊款,给现有某些维和行动造成了严重的财政困难,也给今后实施新的维和行动增添了不利的因素。

我国自 80 年代以来,逐步调整了有关政策,对联合国维持和平行动采取了积极的支持态度。我国不仅承担了有关费用,而且就如何加强该行动的作用和提高其效能问题逐步提出了一系列自己的原则和主张。1986 年,我国应联合国方面邀请派人考察了中东"停战监督组织",并于同年全部缴纳了我国过去由于众所周知的原因而一直拒付的有关维持和平行动的欠款。

1988年,我国成为联合国维持和平行动特别委员会成员。1989年,我国首次派人参加维持和平行动,向联合国纳米比亚过渡时期协助团派遣了20名文职选举监督员。1990年,我国向联合国停战监督组织派遣了5名军事观察员。1991年,我国向伊科观察团派遣了20名军事观察员,向西撒特派团派遣了20名军事观察员。1992年,我国向联合国柬埔寨过渡时期权力机构派遣了47名军事观察员和400人的工程兵大队以及3名文职人员。 (陈 旭)

西撒哈拉问题

西撒哈拉问题属于历史遗留问题。西撒哈拉原为西班牙殖民地,1975年11月,摩洛哥、毛里塔尼亚、西班牙在西班牙首都马德里达成协议:西班牙同意结束对西撒哈拉的殖民统治,在西撒建立西、摩、毛临时行政机构。1976年2月26日西班牙宣布完全撤出西撒。1976年4月26日,摩洛哥和毛里塔尼亚两国签署分治西撒决议,摩占西撒北部,毛占南部。

阿尔及利亚反对摩洛哥和毛里塔尼亚分治西撒,积极支持西撒人阵(即"萨基亚哈姆拉和里奥德奥罗人民解放阵线")争取西撒独立的斗争。1976年2月27日,西撒人阵宣布成立阿拉伯撒哈拉民主共和国。1979年8月,毛里塔尼亚与西撒人阵签订和平协议,放弃对西撒的领土要求,退出西撒。摩随即占领原毛占区。

1979～1983年,非统组织分别在其第16、18、20届首脑会议上通过了有关决议,要求冲突双方摩洛哥和西撒人阵直接谈判,在西撒全面停火和举行公民投票。

自1975年以来,联合国多次通过关于西撒问题的决议,重申西撒人民有不可剥夺的自决和独立的权力。1980年,联大要求摩与人阵直接谈判解决西撒问题。1984～1987年,历届联大继续通过内容基本相同的决议。1988年8月联合国秘书长德奎利亚尔在纽约先后向摩洛哥外交大臣和西撒人阵代表递交了关于和平解决西撒冲突的建议,摩表示原则同意,西撒人阵表示有条件接受。9月在43届联大期间,安理会通过了授权秘书长任命西撒特别代表的决议。1989年,西撒问题出现了一些有利于政治解决的变化。1月,西撒人阵和摩洛哥举行了冲突13年来的首次直接谈判,就西撒形势和公民投票问题交换意见。同月和6月联合国秘书长西撒问题的特别代表和秘书长分别访问北非地区,在征得摩洛哥和西撒人阵双方同意后,决定尽快成立执行解决西撒问题和平建议的技术团。1990年6月联合国安理会通过了一项决议,批准秘书长提出的关于在联合国监督下解决西撒争端的和平计划。

1991年,西撒问题的政治解决出现了新的进展。4月,安理会一致通过了690号决议,批准秘书长关于在西撒组织公民投票的修正案,同时还批准成立联合国特派团。5月,联合国通过了联合国西撒特派团的预算。之后,秘书长任命了特派团的主要军事和文职部门领导人。9月,联合国特派团宣布西撒正式停火。但是,由于摩洛哥和西撒人阵双方在确定选民名单标准上有分歧,秘书长的和平计划未能如期进行。12月,安理会一致通过725号决议,核可秘书长在非统合作下组织并监督西撒公决投票,要求冲突双方同秘书长充分合作。在46届联大上,四委还通过了关于西撒问题的决议,支持秘书长为西撒人民实现自决进行公民投票所作出的努力。

1992年,西撒问题的政治解决无明显进展。秘书长关于西撒问题的解决计划在执行时遇到困难和延迟,应在1992年1月举行的公民投票三次延期,联合国在西撒的维持和平行动陷于进退两难的境地。其主要原因是摩洛哥和西撒人阵在公决投票资格问题上的立场相距甚远,违反停火的事件时有发生。6月和8月,安理会先后召开会议就西撒局势和秘书长提出的报告进行磋商,欢迎双方同意并已开始在秘书长解决计划框架内进行会谈,以重新推动该计划的执行;同意秘书长关于维持西撒特派团目前的部署和人员配备的建议;赞成双方必须严格遵守停火,停止任何危及"解决计划"的挑衅行动;希望双方对秘书长及其特别代表在执行计划中为尽快取得进展所作的努力提供全面合作。10月,在第47届联大上,四委通过了关于西撒问题决议,呼吁双方作出特别努力,保证解决计划获得成功。

中国政府一直关注西撒问题,主张西撒人民自决,支持联合国和平计划和秘书长为实现公决所作的努力。 (张 洪)

索马里问题

索马里的政局自1990年以来剧烈动荡。1991年1月,反政府组织联合大会攻克总统府,推翻西亚德政权,成立临时政府,改国名为索马里共和国,但其他各派拒绝承认。5月,索北部宣布成立"索马里兰共和国"。以后,执政的联合大会发生内讧,联合大会主席和临时政府总理两派分据首都摩加迪沙北、南部,频频交火,造成数万平民伤亡,市政设施遭严重破坏。

1992年以来,索马里境内局势进一步恶化,引起国际社会的严重关切。为促使索交战两派停火,国际社会加紧调解活动。在联合国、非统、阿盟和伊斯兰会议组织的努力下,索两派于2月达成停火协议,并于3月生效。联合国安理会也于1、3、4、7、8月分别通过了有关索问题的第733、746、751、767和775号决议。733号决议强烈敦促冲突各方停止敌对行动;决定根据宪章第七章的规定,所有国家立即对索实行武器和军事设备禁运;促请各方采取必要措施,以确保派往索进行人道主义援助人员的安全。根据第746、751和775号决议,联合国决定向摩加迪沙派遣20名文职和军事人员组成的技术小组,制订一项联合国监测停火的执行计划;建立一个由安理会管辖的联合国索马里行动;并部署50名联合国观察员和500名武装人员。之后,又向索增派了3000名联合国部队。

年底,索马里的形势发生急剧变化。战乱和干旱使索政治、经济危机深重。部族主义的盛行使索局势更加复杂。全国约有12个主要政党和政治组织,却没有一个能够控制整个国家、有效行使权力的政府,各派互相敌视,全国处于无政府状态之中。数十万难民外逃,全国三分之二的人口(约450万)处于饥饿之中。旷日持久的冲突和战乱给索马里人民造成了巨大的物质和生命财产损失。联合国人道主义救援工作经常遭到暴力袭击,陷于瘫痪,运输救济物资的船只不能安全抵港,到港物资也无法安全分发。

为应付这一危机局势,安理会于12月3日一致通过由美国提出的决议(第794号),授权秘书长及有关国家采取一切必要行动,为索境内的人道主义救济行动创造安全环境。12月8日,经联合国授权、由美国组织指挥、多国参加的护援行动开始付诸实施。护援部队进驻索马里后,索局势发生了积极变化。摩加迪沙社会秩序逐渐恢复,救援活动开始深入内地,索交战双方于12月11日举行了会谈。

中国对索马里局势一直表示关切,对索人民的不幸遭遇深表同情,希望索尽快结束冲突,恢复正常秩序。我国支持在联合国框架内寻求解决索马里危机的办法。考虑到索马里在没有有效政府的情况下长时间以来的混乱局面,我国赞同多数非洲国家的要求以及秘书长的建议,同意联合国采取授权某些国家采取军事行动的方式。我国认为,从长远角度看,只有通过有关方面的对话和协商,促成民族和解,才能真正解决争端,实现索马里境内的持久和平与稳定。　(张　洪)

原南斯拉夫问题

1992年,原南斯拉夫危机已发展成为国际社会最为关注的地区热点。从1991年10月份以来,联合国和安理会已直接介入了该问题的调解活动。仅1992年一年,安理会就此通过23个决议,并与欧共体联合主持召开了伦敦会议,为该危机的解决作出种种努力。但目前波黑等原南斯拉夫地区的战火仍未熄灭,局势依然十分严重。

关于制裁问题:5月30日,安理会以13票赞成、2票(中国、津巴布韦)弃权通过对南实施全面经济制裁的第757号决议。11月16日,还通过第787号决议(中国、津巴布韦弃权),进一步加强制裁,实施了陆地和海上封锁措施。安理会负责监督武器禁运和经济制裁执行情况的724委员会多次举行会议,审议各国执行有关决议的情况。

关于人道主义援助问题:由于波黑战火持续不断,向波黑提供必需的食品和药品的国际救援工作连连受挫。8月13日,安理会通过第770号决议(中国、津巴布韦、印度弃权)授权各国采取一切必要措施保障救援物资的运送。10月,安理会又通过两项决议,在波黑领空建立禁飞区。

关于南斯拉夫联盟共和国的联大席位问题:原南斯拉夫于4月27日宣告解体,在原南范围内成立了5个国家。斯洛文尼亚、克罗地亚和波黑相继加入联合国,马其顿因希腊反对未能得到欧共体和国际社会的普遍承认。安理会和大会分别于9月通过决议,决定南斯拉夫联盟共和国不能自动继承原南在联合国的会籍,必须重新申请加入,并不得参加大会的工作。按照安理会决议规定,安理会还将定期审议此问题。

原南斯拉夫问题伦敦会议:8月26～27日,欧共体和联合国在伦敦共同主持了原南斯拉夫问题国际会议。安理会五个常任理事国、欧共体各成员国、欧安会、伊斯兰会议联盟和原南各共和国等30多个国家和国际组织的400名代表与会。会议通过多项文件,就全面解决南斯拉夫危机达成了一系列总的原则。会议还决定成立国际会议指导委员会,作为解决原南斯拉夫危机的常设机制。中国驻英国大使马毓真作为钱其琛外长的代表率团出席了伦敦会议。此外,中国参加了在日内瓦的指导委员会会议,但未参加其下设的几个工作组。

中国十分关注原南斯拉夫地区局势的发展,真诚希望波黑和原南各方以各族人民利益为重,尽快停止内战和冲突,通过谈判和协商和平解决彼此间的争执。中国赞赏和支持国际社会为解决该地区危机和恢复和平作出的重大努力,而且在力所能及的范围内作出了自己的贡献。但国际社会应当避免采取任何可能加剧冲突各方对立和激化矛盾的行动,更不应直接卷入冲突。　(章启月)

安理会首脑会议和秘书长“和平纲领”报告

1992年1月31日,联合国有史以来首次安理会首脑会议在纽约联合国总部召开。这次会议是在英国首相梅杰倡议下召开的,会议的议题是“安理会在维护国际和平与安全方面的责任”。安理会15个成员国中,美国、法国、俄罗斯、摩洛哥、委内瑞拉、厄瓜多尔6国总统,中国、英国、日本、印度、比利时、奥地利、佛得角7国政府首脑,以及津巴布韦、匈牙利两国外长出席了会议。各国领导人在发言中就当前国际形势、联合国及安理会的作用、裁军、人权等问题阐述了各自的立场。李鹏总理在发言中阐述了中国对当前国际形势的看法，指出当今世界面临的和平与发展两大问题仍未得到解决；世界要和平、国家要稳定、经济要发展是世界人民的共同愿望；不谋求霸权、不搞强权政治应当成为国际上普遍遵循的原则。李鹏总理从政治、经济、人权、裁军等方面全面宣传了中国关于建立国际新秩序的主张，表明了中国支持联合国及安理会根据联合国宪章的宗旨和原则在国际事务中发挥积极作用的立场。

同日，会议一致通过了一项主席声明，认为安理会在新的国际环境下已经开始更有效地履行其维持国际和平与安全的主要责任，肯定了联合国维持和平行动在缓解地区冲突方面发挥的积极作用，要求秘书长就如何根据宪章的规定，加强联合国从事预防性外交，促成和平与维持和平的能力并提高其效率等方面在1992年7月1日前向联合国会员国提交报告。

6月17日，联合国秘书长加利根据安理会首脑会议的上述要求，提交了题为《和平纲领：预防性外交、建立和平与维持和平》的报告。该报告内容广泛，包括了一系列关于国际集体安全的构想和建议，引起各方普遍重视。自6月30日起，安理会多次讨论并发表主席声明。在10月29日的声明中，安理会决定每月至少就报告进行一次讨论，并将于1993年春就此召开特别会议；鼓励会员国根据各自情况向秘书长表明可向联合国提供维和部队或能力的意愿；建议会员国向秘书处提供有一定经验的军事和文职人员，增强在秘书处任职的军事人员及处理维和事务文职人员的编制和能力。在11月30日的声明中，安理会欢迎并支持秘书长关于事实调查的建议，同意根据不同情况和需要采取相应的事实调查形式。强调加强秘书处在资料收集和分析方面的能力。在12月30日的声明中，安理会同意因按宪章第七章实施制裁措施而面临经济问题的国家有权按照宪章第50条的规定同安理会进行协商，对此安理会应予以适当审议。

从10月起，联合国大会多次开会并成立工作组对报告进行讨论。并于12月18日一致通过决议，强调必须尊重国家主权、领土完整和政治独立的原则，促进和平解决国际争端，加强联合国在预警、收集和分析资料方面的能力；确认进行事实调查、建立信任措施的必要性；鼓励秘书长加强联合国在提供人道主义援助方面的作用；重申保证一个稳定财政基础的重要性；强调联合国大会、安理会、秘书长一起可在预防性外交方面发挥重要作用。

中国代表在发言中表明中国作为安理会常任理事国一贯支持联合国在维护世界和平与稳定，促进全球发展，解决国际争端方面所作的积极努力；强调联合国从事预防外交、建立和平与维持和平的一切活动必须始终以宪章的宗旨和原则作为行动的指南，并遵循多年来确定的并被实践证明行之有效的原则，特别是尊重国家主权、不干涉成员国内政、以和平方法解决国际争端等原则。（陈　旭）

联合国部分机构

联合国组织机构庞杂，设立了各种理事会、委员会或其他名称的机构，除已介绍的部分机构外，下面再介绍一些比较重要或同我国关系较多的机构。

联合国经社理事会六个职司委员会

统计委员会（Statistical Commission） 根据联合国经社理事会1946年6月21日通过的第八号决议成立。该委员会成员由经社理事会按地区分配原则选举产生，任期4年。成员24名（非洲国家5名，亚洲国家4名，拉丁美洲国家4名，西欧及其他国家7名，东欧国家4名）：伊朗、匈牙利、加拿大、挪威（以上任期至1992年）、肯尼亚、多哥、赞比亚、俄罗斯、阿根廷、法国、德国、荷兰（以上任期至1993年）、加纳、摩洛哥、中国、巴基斯坦、捷克斯洛伐克、波兰、牙买加、美国（以上任期至1995年）、印度、日本、乌克兰、巴西、墨西哥、澳大利亚、瑞典、英国（以上任期至1996年）。

职能和主要活动：帮助经社理事会推动国际统计服务工作，促进各国统计工作的发展，增强各国统计间的可比性；帮助经社理事会协调各专门机构的统计工作，发展秘书处的中心统计服务，为联合国各机构提供与搜集、分析以及传递统计信息相关的咨询。

在1971年通过的1566号决议中，经社理事会决定，统计委员会协调工作的最终目的应当是，创造一个统一的通过联合国系统的机构和组织搜集、整理以及传递国际统计资料的体系。这一体系要特别考虑审评经济和社会状况的需要。具体说来，就是根据联合国第二个国际发展十年提出的政策措施和目标，照顾到发展中国家的需要。

统计委员会每两年召开一次全体会议。1993年2月该委员会在纽约举行了第27届会议。我国家统计局局长张塞率团出席了会议。（张　越）

人口委员会(Population Commission) 根据经社理事会1946年10月3日通过的第三号决议而建立。该委员会成员由经社理事会根据地区分配原则选举产生,任期4年。成员27名(非洲国家7名,亚洲国家5名,拉丁美洲国家5名,西欧及其他国家7名,东欧国家3名):波兰、玻利维亚、法国、卢旺达、尼日利亚、日本、瑞典、伊拉克(以上任期至1991年)、埃及、巴西、哥伦比亚、德国、孟加拉国、比利时、乌干达、土耳其、乌克兰(以上任期至1992年)、中国、伊朗、博茨瓦纳、墨西哥、巴拿马、美国、俄罗斯、赞比亚(以上任期至1993年)。

职能和主要活动:研究人口变化,包括移民及其对经济和社会条件所产生的影响,并在这方面对经社理事会提供咨询。该委员会研究并提出政策建议,用以影响人口的规模和结构,以及因此而产生的变化;并就联合国机构和专门机构可能提出的任何其他有关人口的问题进行研究和提供咨询。1975年5月6日,经社理事会进一步要求委员会每两年审查一次连续监测世界人口行动计划的结果,全面审评该计划的执行情况。1975年经社理事会决定,联合国秘书长应与被选举国政府磋商,确定本国代表的提名,以便保证人口委员会工作所涉及的各个专业能够得到均衡的反应。为了同其他与人口问题相关的机构保持密切联系,统计委员会和社会发展委员会的代表应受邀参加人口委员会的工作,但没有表决权。该委员会每两年开一次全体会议。1991年2月在纽约举行了第25届例会,我计划生育委员会副主任常崇煊率团出席了会议。 (李 征)

社会发展委员会(Commission for Social Development) 根据经社理事会1946年6月21日决议设立,原称社会委员会,1966年7月29日改为现名。该委员会成员由经社理事会按地域分配原则选举产生,任期4年,现有成员32个(非洲国家8个、亚洲国家6个、东欧国家4个、拉丁美洲和加勒比海国家6个、西欧及其他国家8个)。任期至1994年的国家有:塞浦路斯、伊朗、加纳、几内亚、马达加斯加、尼日利亚、阿根廷、多米尼加共和国、奥地利、瑞典、乌克兰。任期至1996年的国家有:中国、菲律宾、喀麦隆、津巴布韦、玻利维亚、智利、丹麦、马耳他、荷兰、南斯拉夫。

职能和主要活动:根据联合国大会和经社理事会的要求,社会发展委员会的主要职责是研究和讨论国际社会领域的形势和趋势;对社会发展的目标和政策提出建议;对青年、老年、残疾人等许多领域采取的实际措施提出意见和建议;并与在经社理事会享有咨询地位的有关非政府组织建立工作关系。该委员会应向经社理事会提交工作报告,自1971年起,每两年召开一次会议,在闭会期间,日常事务由设在维也纳的联合国社会发展和人道事务中心负责。

1989年中国首次当选为社会发展委员会的成员并参加了该委员会第31届会议,此前中国曾派观察员出席了一些届会。1991年2月,中国派团参加了该委员会第32届会议。 (丛 光)

人权委员会(Commission on Human Rights) 根据经社理事会会议决议于1946年2月成立,是联合国处理人权问题的主要机构。成员由经社理事会按地区分配原则选举产生,任期3年。根据联大第三委员会的决议,人权委员会成员自1991年起增至53名(非洲国家15名、亚洲国家12名、拉美和加勒比国家11名、东欧国家5名、西欧国家和其他国家10名):任期至1993年的有布隆迪、冈比亚、毛里塔尼亚、赞比亚、中国、印度尼西亚、日本、阿根廷、秘鲁、委内瑞拉、捷克斯洛伐克、澳大利亚、奥地利、德国、葡萄牙;任期至1994年的有安哥拉、加蓬、肯尼亚、莱索托、利比亚、尼日利亚、突尼斯、孟加拉国、塞浦路斯、印度、伊朗、斯里兰卡、叙利亚、智利、哥斯达黎加、乌拉圭、哥伦比亚、巴巴多斯、古巴、保加利亚、俄罗斯、加拿大、荷兰、英国;任期至1995年的有多哥、几内亚比绍、毛里求斯、苏丹、马来西亚、韩国、巴基斯坦、巴西、墨西哥、罗马尼亚、波兰、法国、芬兰、美国。

职能和主要活动:人权问题是联合国的主要活动领域之一。《联合国宪章》强调人权问题的重要意义,并规定促进全人类之人权和基本自由是联合国的一项主要宗旨。人权委员会的职责有:根据《联合国宪章》有关维护人权的宗旨和原则,在人权领域进行专题研究、提出建议和起草国际人权文书并提交联合国大会通过(截至1992年底,联合国已制订并通过了71个关于人权的公约、议定书和宣言等国际文书,其中最重要的有《世界人权宣言》、《公民权利和政治权利国际公约》、《经济、社会和文化权利国际公约》、《发展权利宣言》等);接受并处理联大或经社理事会交给的事务,其中包括调查侵犯人权的有关指控,处理侵犯人权的有关来文。长期以来,委员会将由于种族隔离、种族主义、殖民主义、外国统治、侵略与占领造成的大规模粗暴侵犯人权的问题作为其优先审议的重点,如南部非洲、巴勒斯坦民族自决权遭受侵犯等。委员会同时审议个别国家严重、持续侵犯人权的问题。委员会还设有特别报告员和专题工作组,对特定国家和地区以及一些专门课题进行调查研究。

人权委员会每年年初召开一次为期六周的全体会议。除正式成员外,联合国其他成员国、非成员国、各专门机构、区域组织、具有经社理事会咨询地位的非政府组织和联合国所承认的民族解放运动组织等,均可派观察员列席会议。第48届会议于1992年1月27日至3月6日在日内瓦举行,会议审议了26项议题,通过了83项决议和19项决定。

目前,人权委员会及其下属机构正在起草的人权文书有《个人、团体和社会机构在促进和保护普遍确认的人权和基本自由方面的权利和责任宣言》和《土著人权利世界宣言》。

我国自1979年起连续三年以观察员身份出席人权委员会会议。1981年当选为该委员会成员，并连任至今。自1982年起，我国每年派代表团参加该委员会届会。

人权委员会最主要的下属机构是防止歧视和保护少数小组委员会，其职权范围是(1)承担研究项目，特别是根据《世界人权宣言》进行研究，就防止与人权和基本自由有关的任何类型的歧视和保护在种族、宗教和语言上属于少数人等问题向委员会提出建议；(2)履行经社理事会或人权委员会赋予的任何其他事务。每年于8月在日内瓦举行为期四周的会议。成员由各国政府推荐，经人权委员会按地区分配原则（非洲7名、亚洲5名、拉美5名、东欧3名、西欧和其他国家6名）选举产生26名委员（或称专家），任期4年，以个人身份工作。自1984年起，我国人权问题专家顾以信、田进相继当选为该小组委员会成员。1990年田进专家连任至今。

附： **人权中心（Centre for Human Rights）** 联合国秘书处下设的处理人权事务的办事机构，设在日内瓦，由副秘书长办公室和六个科组成，在纽约联合国总部还设有一办事处。主任是联合国负责人权事务的助理秘书长法尔（Ibrahim Fall，塞内加尔）。

（陈伟雄）

妇女地位委员会（Commission on the Status of Women） 根据经社理事会决议，于1946年成立。成员由经社理事会按地区分配原则选举产生，任期4年。成员国45个（非洲国家13个、亚洲国家12个、东欧国家4个、拉丁美洲和加勒比国家9个、西欧及其他国家7个）。任期至1993年的国家有巴哈马、塞浦路斯、厄瓜多尔、埃及、加纳、印度、印尼、伊朗、牙买加、马来西亚、尼日利亚、乌干达、津巴布韦。任期至1994年的国家有孟加拉国、保加利亚、科特迪瓦、意大利、墨西哥、荷兰、菲律宾、卢旺达、俄罗斯、美国、扎伊尔。任期至1995年的国家有：智利、中国、捷克斯洛伐克、赞比亚、委内瑞拉、西班牙、秘鲁、巴基斯坦、马达加斯加、芬兰。任期至1996年的国家有：泰国、日本、几内亚比绍、苏丹、阿尔及利亚、哥伦比亚、古巴、奥地利、德国、澳大利亚、白俄罗斯。

职能和主要活动：该委员会是联合国处理有关妇女问题的主要机构，其主要职责是促进妇女在政治、经济、社会、公民及教育诸方面权益的实现和男女平等原则的实施，并就有关妇女权益的迫切问题向经社理事会提出建议和报告。

该委员会在1970年以前每年召开一次会议，从1971年起改为两年一次；1987年经社理事会通过1987/12号决议，决定从1988年起到2000年改为每年召开一次会议，以便审查和评价“到2000年提高妇女地位内罗毕前瞻性战略”的执行情况。该委员会没有常设性机构，在闭会期间，日常事务由设在维也纳的联合国社会发展和人道事务中心提高妇女地位司负责。

妇女问题是联合国社会领域活动的重点之一。联合国自成立以来通过了一系列旨在提高妇女地位、维护妇女正当权益和促进男女平等的决议、宣言和公约。为使这些国际文书的条款得以实施并敦请国际社会和各国政府进一步加强对妇女问题的关注，根据该委员会的建议和1975在墨西哥召开的世界妇女会议的建议，联合国宣布1975年为国际妇女年，1976～1985年为联合国妇女十年，1980和1985年先后在哥本哈根（丹麦）和内罗毕（肯尼亚）召开了妇女十年中期和终期世界会议（即第二次和第三次世界妇女大会）。在终期会议上制定了“到2000年提高妇女地位内罗毕前瞻性战略”。

1992年3月11～20日在维也纳召开了妇女地位委员会第36届会议，会上一致通过了第36/8号决议，接受并感谢我国政府的邀请，决定第四次世界妇女大会将于1995年在北京召开，然后，着重讨论了第四次世界妇女大会的筹备工作。此外，会上还审议了提高妇女地位内罗毕前瞻性战略执行情况等传统议题。我国派代表团出席了会议。

作为妇女十年活动的一部分，联合国于1979年12月18日通过了“消除对妇女一切形式歧视公约”。截至1992年10月29日，已有119个国家批准或加入该公约，我国于1980年加入该公约。（孟宪英）

麻醉品委员会（Commission on Narcotic Drugs） 根据经社理事会1946年2月16日决议成立，其前身为“鸦片和其它危险毒品贩运顾问委员会”。成员由经社理事会从联合国会员国、麻醉品公约参加国、麻醉药品和精神药物的重要生产国和消费国中选出，同时注意公平地域分配原则，任期4年。现有成员国53个：中国、澳大利亚、巴哈马、保加利亚、比利时、冈比亚、哥伦比亚、加纳、利比亚、马来西亚、墨西哥、日本、瑞典、塞内加尔、俄罗斯、西班牙、匈牙利、牙买加、印度尼西亚、英国（以上20国任期至1993年）、埃及、巴基斯坦、秘鲁、波兰、玻利维亚、德国、法国、菲律宾、荷兰、加拿大、加蓬、捷克、莱索托、马达加斯加、美国、摩洛哥、南斯拉夫、尼加拉瓜、尼日利亚、挪威、瑞士、泰国、突尼斯、土耳其、委内瑞拉、乌拉圭、叙利亚、牙买加、伊朗、意大利、印度、智利、韩国（以上33国任期至1995年）。

麻醉品委员会在闭会期间，日常业务由设在维也纳的联合国国际麻醉品管制署负责处理。

职能和主要活动：该委员会是联合国麻醉品管制领域的决策机构，协助经社理事会制定国际管制和禁止麻醉品滥用和非法贩运的政策和措施，草拟必要的国际公约并执行有关公约所授予的其他职责。1991年经社理事会授予该委员会以下三项新职能：审议《全球行动纲领》的执行情况、审议《联合国系统麻醉品滥用管制行动计划》的发展和执行情况、向联合国国际麻醉品管制署(简称“联合国禁毒署”)提供政策指导并监督其活动,并决定该委员会今后每年召开一次届会(原每两年召开一次届会,必要时可召开特别会议)。委员会下设中、近东麻醉品非法贩运和有关事务小组委员会及四个地区性协调委员会:亚太地区、非洲地区、欧洲地区和拉丁美洲及加勒比地区国家麻醉品法执行机构负责官员会议。四个地区性委员会每年(除该年召开区域间会议外)分别举行会议,就本地区管制和禁止麻醉品滥用和非法贩运问题进行审议并提出建议,交麻醉品委员会会议通过。联合国区域间国家麻醉品法执行机构负责官员会议于1986、1989年先后举行两届会议。

该委员会成立后制定了一系列有关国际公约、协定和议定书。在以往各公约、协定书等文书的基础上,该委员会分别制定了《1961年麻醉品单一公约》和《1971年精神药物公约》。1988年12月,通过了《联合国禁止非法贩运麻醉药品和精神药物公约》(1990年11月11日生效)。

1987年6月,召开了“联合国麻醉品滥用和非法贩运问题国际会议”。根据1987年第42届联大第112号决议,每年6月26日为“打击麻醉品滥用和非法贩运国际日”(简称“国际禁毒日”)。1988年6月26日,该委员会和联合国新闻部共同在联合国总部举行首次纪念活动。1990年2月,关于禁毒问题的联合国大会第17届特别会议在纽约召开。

1972年5月,我国代表首次在经社理事会会议上介绍了我国禁毒政策和成就,并声明台湾当局盗用中国名义对两个麻醉品公约的签字和批准是非法、无效的。1973年,我国派观察员出席该委员会第25届会议。1981年起,我国以观察员身份出席该委员会的历届会议和特别会议,自1986年1月1日起成为该委员会成员。我国于1985年分别加入《1961年麻醉品单一公约》和《1971年精神药物公约》。我国积极参加麻醉品新公约的制定工作,派团参加了1988年11月至12月举行的联合国通过《禁止非法贩运麻醉药品和精神药物公约》全权代表会议并签署了该公约。1989年9月4日,七届全国人大常委会第九次会议批准了该公约。

(李小益)

联合国国际麻醉品管制署

United Nations International Drug Control Programme—UNDCP

【成立日期】1991年1月根据联合国大会第45/179号决议成立。由于国际麻醉品滥用和非法贩运形势日益恶化,为增强联合国在国际麻醉品管制领域的中心作用,提高效率,1990年联合国大会决定将联合国原负责麻醉品工作的三个机构(联合国麻醉品司、国际麻醉品管制局秘书处和联合国麻醉品滥用管制基金)合并为一个统一的麻醉品管制机构——联合国国际麻醉品管制署(简称“联合国禁毒署”)。

【宗旨】在国际范围内协调麻醉品管制活动。

【主要负责人】执行主任杰奥吉奥·贾科梅里(Giorgio Giacomelli,意大利),1991年3月1日就任,联合国副秘书长。

【总部】设在奥地利维也纳。

【出版物】《麻醉品问题简集》(Bulletin on Narcotics),每年出版两期,阿、英、法、俄(选登)、西文。内容摘要译中文。

【主要活动】作为协调国际麻醉品管制活动的主要中心,执行《全球行动纲领》、《控制麻醉品滥用今后活动的综合性多学科纲要》、国际麻醉品管制条约以及联合国大会、经社理事会和麻醉品委员会有关决议和决定所赋予的职责。该署基金由执行主任直接负责,来自自愿捐款,主要用于在发展中国家开展禁毒合作项目。

【同我国的关系】1991年5月,贾科梅里执行主任访华,与中方和缅甸代表团就开展“金三角”地区禁毒合作事进行会谈,并签署了《三方会谈纪要》。李鹏总理和王芳国务委员分别会见了贾一行。1992年6月,中国、缅甸和该署签署了三方禁毒合作项目文件。

(李小益)

联合国开发计划署

United Nations Development Programme—UNDP

【成立日期】正式成立于1965年,其前身是1949年设立的“技术援助扩大方案”和1959年设立的“特别基金”。

【宗旨】帮助发展中国家加速经济和社会发展,向它们提供系统的、持续不断的援助。

【主要负责人】署长威廉·德雷珀三世(William Draper Ⅲ,美国),1986年5月就任,1989年12月连任,任期至1993年12月31日。

【总部】在美国纽约。

【出版物】《世界发展》(World Development)月刊;《联合国开发计划署通讯》(UNDP News);《人的发展报告》(Human Development Report)等。

【组织机构】该署的领导机构是理事会。由48个理事组成。它们是:发展中国家27个(非洲11个、亚洲加南斯拉夫9个、拉美7个)、西欧发达国家17个、东欧国家4个,任期3年,每年在经社会上改选1/3,可连任。自1979年以来,理事会通常每年举行一次为期一周的特别会议处理紧急业务问题。

该署总部秘书处和四个地区局(亚太、非洲、拉美和加勒比、阿拉伯国家),以及全球性和地区间项目司、欧洲股等,在100多个国家和地区设有常驻代表处。该署署长由联合国秘书长任命、联合国大会认可。该署的资金主要来源于各国政府的自愿捐款。

【主要活动】该署是联合国发展业务系统的中央筹资机构和中心协调组织。其援助项目是无偿的,主要由工发组织、粮农组织、联合国技术合作部、世界卫生组织、联合国教科文组织、贸易和发展会议等30多个机构承办和具体实施。援助项目主要搞"投资前活动"和"技术合作",即派专家进行发展项目的可靠可行性考察,担任技术指导或顾问。该署也提供部分设备、研究资金和人员培训方面的奖学金。

开发署第39届理事会于1992年5月4～29日在日内瓦举行。会议主要审议并批准了57个国家的国别方案。会议还讨论了国家执行、方案方式、高层管理结构改革、《人的发展报告》、对各独联体国家提供援助、方案一级活动的评估和协调以及1992～1993年预算修改等26个议题。会议还审议了联合国人口基金1991年度业务活动和援助方案的实施情况。我经贸部派团参加了会议。

【同我国的关系】我国于1972年10月开始参加该署的活动。1975～1977年、1979年至今,我国连续当选为该署理事会理事,我国与该署的方案合作始于1978年。1979～1992年该署援华资金(承诺额)为4.78亿美元(含第三国别方案),完成执行额为2.89亿美元,400多个项目。中国共向该署捐款2424万美元和1480万元人民币,其中1992年人民币捐款额为285万元人民币。该署援华第三国别方案(1991～1995年)将在5年内安排援华指示性规划数1.89亿美元。

1979年9月,该署在我国设立了常设代表处。

【驻华代表机构】联合国开发计划署驻华代表处。代表赫尔科姆(Arthur Holcombe,美国)。 (李 征)

联合国环境规划署
United Nations Environment Programme—UNEP

【成立日期】1972年第27届联合国大会根据同年6月在瑞典斯德哥尔摩召开的联合国人类环境大会的建议,决定建立联合国环境规划署。该署于1973年1月正式宣告成立。简称联合国环境署。

【宗旨】促进环境领域内的国际合作,并提出政策建议;在联合国系统内提供指导和协调环境规划总政策,并审查规划的定期报告;审查世界环境状况,以确保正在出现的具有广泛国际影响的环境问题得到各国政府的适当考虑;经常审查国家与国际环境政策和措施对发展中国家带来的影响和费用增加的问题;促进环境知识的取得和情报的交流。

【成员】所有联合国成员国、专门机构成员和国际原子能机构成员均可加入环境署。现有100多个国家参加其活动。

【主要负责人】执行主任伊丽莎白·道德斯维尔(Elizebath Dowsewell,加拿大),1993年接替托尔巴上任。

【总部】在肯尼亚首都内罗毕。

【出版物】《联合国环境规划署新闻》(UNEP News),月刊。

【组织机构】(1)理事会:由58个成员组成,任期4年,可以连任。理事会席位按区域分配如下:非洲16,亚洲13,东欧6,拉美10,西欧及其他国家13。每年改选理事会成员中的半数。现理事会成员有:阿根廷、奥地利、孟加拉国、巴巴多斯、博茨瓦纳、巴西、保加利亚、布隆迪、加拿大、智利、中国、哥伦比亚、哥斯达黎加、科特迪瓦、捷克、斯洛伐克、芬兰、法国、加蓬、冈比亚、德国、圭亚那、印度、印尼、日本、约旦、肯尼亚、科威特、莱索托、利比亚、马耳他、毛里求斯、墨西哥、荷兰、新西兰、挪威、阿曼、巴基斯坦、秘鲁、菲律宾、波兰、卢旺达、沙特、西班牙、斯里兰卡、苏丹、泰国、多哥、突尼斯、土耳其、乌干达、英国、美国、俄罗斯、委内瑞拉、南斯拉夫、扎伊尔、津巴布韦。理事会例会每两年举行一次。每6年召开一次为期一周的特别理事会,讨论有关全球环境规划的变化并批准下一个全系统中期环境方案。(2)环境基金:主要来自成员国自愿认捐。主要用途是为该署提供正常预算外资金,用于支付或部分支付该署活动经费,以及与其他联合国机构、国际组织、各国政府和非政府组织进行合作的费用。(3)秘书处:联合国系统内环境活动和协调中心。

【主要活动】1972年6月联合国人类环境会议通过《人类环境宣言》(即《斯德哥尔摩宣言》)和《人类环境行动计划》。同年27届联大决定将每年6月5日确定为世界环境日。环境规划署正式成立后,其主要活动包括:(1)环境评价,具体工作部门包括全球环境监测系统、全球资料查询系统、国际潜在有毒化学品登记中心。(2)环境管理,包括人类住区的环境规划和人类健康与环境卫生、陆地生态系统、海洋、能源、自然灾害、环境与发展、环境法。(3)支持性措施,包括环境教育、培训、环境情报和技术援助。环境规划署和有关机构还经常举办同环境有关的各种专业会议。

1992年2月3～5日,联合国环境署理事会第三次特别会议在内罗毕召开。本届特理会讨论了准备提交给联合国环境与发展大会的综合性环境状况报告;对抗沙漠化行动计划;联大42/186和42/187号决议的后续行动等一系列重大的全球环境问题,是联合国环境与发展大会前的一次重要国际会议。

为1992年6月的联合国环境与发展大会的召开,环境规划署协调了一系列公约的谈判与磋商,其中包括参与了《生物多样性公约》、《巴塞尔公约》和《蒙特利尔议定书》等的谈判,推动了环境与发展大会的进程。

联合国环境与发展大会之后，环境规划署又召开了《巴塞尔公约》第一次缔约大会，并公布了"世界环境奖"，中国环保局局长曲格平再次获此殊荣。

【同我国的关系】自1973年至今，我国一直是环境理事会成员。1987年，环境规划署同我国就在中国设立"国际沙漠化治理研究培训中心"达成协议，该中心总部设在兰州。同年，李鹏副总理和国家环保局曲格平局长获"联合国环境规划署金质奖章"，《中国环境报》、三北防护林小组和北京大兴县留民营大队书记张占林获"全球500佳"环境奖。1988年6月，中国科学院沙漠研究所、浙江省萧山县山一村和太原钢铁厂职工李双良获环境奖。1989年6月3日，李鹏总理就人类环境问题发表电视讲话，纪念"世界环境日"。1990年，中国开始与环境规划署合作举办生态农业国际培训班，中方专家授课，为非洲国家培训生态农业方面的专家。1990年9月，环境规划署执行主任托尔巴访华，出席在杭州举办的第四届世界湖泊环境管理及保护大会。李鹏总理在北京会见了托尔巴一行。1991年8月，托尔巴执行主任访华，出席在北京召开的发展中国家与国际环境法研讨会。自1977年以来，我国在内罗毕设立驻联合国环境规划署代表处。常驻代表现由我驻肯尼亚大使兼任。

自1976年起，中国开始向环境署基金捐款，并于1982年起改为每年定期捐款。1992年，我向该署捐款62万元人民币，其中25%以可兑换货币支付。

（刘 华）

可持续发展委员会
Commission On Sustainable Development

【成立日期】联合国环境发展大会于1992年6月在巴西里约热内卢召开，会上通过了《里约环境与发展宣言》和《二十一世纪议程》等文件，并决定于1992年47届联大上审议建立"可持续发展委员会"。1993年2月，在经社理事会组织会议上，该委员会正式选举产生。

【宗旨】可持续发展委员会是经社理事会的一个职司机构，其宗旨是保证环境与发展大会后续行动的有效性；推动环发领域中的国际合作；审查《二十一世纪议程》的实施。该委员会的具体职能包括：

(1)追踪联合国系统在实施《二十一世纪议程》、将环境与发展密切结合方面取得的进展；(2)考虑各国提供的关于实施《议程》情况的信息，包括各国在此方面面临的资金、技术转让等问题；(3)审议执行《议程》中义务的进展情况，包括提供资金和技术转让，以及发达国家的官方援助是否按联大文件要求达到了占其国民生产总值的0.7%的水平；(4)通过经社理事会向联大提出报告。

【成员】由53个成员组成，任期3年，由经社理事会从联合国会员国及专门机构的成员国中产生。遵循"公平地域分配原则"，席位分配如下：亚洲组11、非洲组13、拉美组10、东欧组6、西欧及其他13。联合国经社理事会于2月16日选举产生可持续发展委员会成员国如下：亚洲：中国、巴基斯坦、韩国、印度尼西亚(3年)，新加披、瓦努阿图、斯里兰卡、菲律宾(2年)，日本、印度、马来西亚(1年)；非洲：纳米比亚、突尼斯、马拉维、布基纳法索、加蓬(3年)，贝宁、尼日利亚、阿尔及利亚、埃及(2年)，安哥拉、马达加斯加、摩洛哥、几内亚(1年)；拉美：安提瓜和巴布达、玻利维亚、乌拉圭、智利(3年)，巴西、哥伦比亚、古巴(2年)，委内瑞拉、墨西哥、巴巴多斯(1年)；东欧：俄罗斯、波兰(3年)，捷克、匈牙利(2年)，保加利亚、白俄罗斯(1年)；西欧：德国、荷兰、比利时、土耳其、冰岛(3年)，奥地利、法国、挪威、澳大利亚(2年)，加拿大、英国、美国、意大利(1年)。以后当选的国家均任期3年，每年改选三分之一。

【组织机构】(1)委员会：由53个成员国组成。关于委员会会议的地点，美国及一些拉美国家和亚洲国家主张在纽约，欧共体和一些法语国家坚持在日内瓦。最后达成的妥协决议除明确规定委员会第一次会议在纽约举行外，将此后的会议地点写明"日内瓦和/或纽约"。(2)秘书处：联大有关决议要求联合国秘书长建立一明确的、能干的秘书班子，为可持续发展委员会提供服务。秘书长不久前决定设立"政策协调与可持续发展部"，并任命德赛(印度)为副秘书长负责此部工作。(3)高层咨询委员会：由联合国秘书长任命一个由科学、资金、经济等领域的知名人士组成的高层咨询委员会，主要职能是就实施《二十一世纪议程》向可持续发展委员会、经社理事会及联大提供专家咨询。

【会议的组织安排】委员会每年开一次会，包括一高级别(部长级)会议。根据联大有关决议及该委员会组织会议的决定，将《二十一世纪议程》各章分为跨领域问题和环境领域问题两类共九组，资金、技术转让等跨领域问题每年审议，环境领域中各问题分3年审议，1997年会议将对整个《二十一世纪议程》进行综合审议。关于非政府组织的参与，各方同意此问题留待制定委员会的议事规则时最后解决，并请秘书长本着保证委员会政府间性质的原则，参照经社理事会、环发大会及其筹委会的议事规则或有关规定提出建议。关于欧共体的参与，各方一致同意在其主管领域内并在无投票权的前提下可根据委员会议事规则充分参与其工作。

（刘 华）

联合国贸易和发展会议
United Nations Conference on Trade and Development—UNCTAD

【成立日期】1964年3～6月在日内瓦举行的联合国贸易和发展会议(简称贸发会议)建议在联合国内设立一个常设机构以处理有关贸易和发展问题,同年12月30日联大通过决议,决定成立贸发会议,作为它的常设机构之一。

【宗旨】促进国际贸易,以加速经济发展;制定有关国际贸易的方针和政策;采取行动以便通过多边贸易协定;并作为协调各国政府和区域经济集团贸易和发展政策的中心。

【成员】179个(1992年5月),其中联合国成员175个和4个(摩纳哥、梵蒂冈、瑞士、汤加)专门机构或国际能源机构的成员。

【主要负责人】秘书长达奇(K. K. S. Dadzie,加纳),1986年1月任职,1990年连任,1993年3月任期结束。

【总部】在瑞士日内瓦。

【出版物】《贸易与发展》(Trade and Development)年报;《最不发达国家》(The Least Developed Countries)年报。

【组织机构】(1)贸发大会:一般每4年举行一次,所有成员国都可参加。(2)理事会:由全体成员国组成。在贸发大会闭会期间,执行贸发大会的各项决定,对有关贸易和发展问题进行研究并提出报告。第八届贸发大会对理事会机构进行调整后理事会下设商品、消除贫困、发展中国家的经济合作、发展服务部门、优惠问题共5个委员会。其他所属机构有特别委员会和政府间小组。(3)秘书处:主要为贸发大会、理事会及其附属机构服务。贸发会议负责人由联合国秘书长任命,联大认可。

【主要活动】贸发会议积极主张建立新的国际经济秩序,在推动南北谈判和促进南南合作方面发挥着积极作用。在贸发会议范围内,发展中国家团结一致,同发达国家进行了多年的艰苦谈判,取得了一定成果,推动设立了普惠制、达成了《班轮公会行动守则》、商品共同基金协定等对发展中国家较为有利的国际协议,有些已付诸实施,使发展中国家有所获益。进入80年代,由于西方国家采取了强硬态度,贸发会议在南北对话方面没有取得实质性进展。因此,目前贸发会议内发展中国家和发达国家之间围绕着加强还是削弱贸发会议作用的斗争十分激烈。

贸发会议及其理事会历届会议讨论的主要议题有:(1)初级产品问题,主要是稳定价格和解决市场问题;(2)制成品问题,主要是反对保护主义,减少和消除对发展中国家的关税和非关税壁垒问题;(3)货币和资金问题,主要是讨论解决发展中国家债务问题,向它们提供资金以及国际货币制度的改革问题;(4)发展中国家间经济合作问题;(5)航运、技术转让、最不发达国家和岛屿国家、不同经济社会制度国家间贸易等。自1964年以来,贸发会议在日内瓦、新德里、圣地亚哥、内罗毕、马尼拉、贝尔格莱德、日内瓦、卡塔赫纳共举行了8次大会。

第八届大会于1992年2月6～25日在卡塔赫纳举行。主题是加强国家和国际行动以及多边合作以实现可靠和公平的世界经济。会议就发展资源、国际贸易、服务、技术、商品以及贸发体制等问题进行审议,通过了《卡塔赫纳宣言》和题为《新的发展伙伴关系:卡塔赫纳的承诺》的最后文件。会议决定对贸发会议的职能、工作方向、政府间机构及工作方法进行改革。

商品共同基金协定于1989年6月19日起正式生效。该基金总裁是布迪·哈尔坦蒂奥(印尼),1989年7月就任;总部设在荷兰阿姆斯特丹。

由贸发会议秘书处主办的第二次联合国最不发达国家问题会议于1990年9月3～14日在巴黎举行。

【同我国的关系】在联合国恢复我合法席位以后,我于1972年即参加了贸发会议的活动。现在我是贸发会议、贸发理事会以及其所属的各主要委员会的成员。根据贸发会议的决议,经过谈判我已取得了除美国外其他主要发达国家所实施的普惠制待遇。我参加了贸发会议第3～8届大会和贸发理事会以及商品、贸易优惠、航运、保险、技术转让等委员会和政府间专家组会议。 (白永洁)

联合国人口基金
United Nations Population Fund—UNFPA

【成立日期】1966年第21届联合国大会通过一项决议(第221号),保证联合国系统的组织在人口方面提供技术援助。1967年秘书长设立了人口活动信托基金,1969年定名为联合国人口活动基金,1987年联合国大会决定(42/430号)改名为联合国人口基金。英文缩写保留UNFPA。

【宗旨】筹建响应人口和计划生育需要的能力;在发达国家和发展中国家提高对人口问题的认识和促进解决人口问题的可能战略;应发展中国家的要求以最适合各国需要的方式和方法解决其人口问题并对各国主权和文化社会态度给予应有的尊重;在联合国系统促进人口方案起指导作用并协调基金所支持的各项计划。

【主要负责人】执行主任沙迪克博士(Nafis Sadik 女,巴基斯坦),1987年就任,为联合国副秘书长衔。

【出版物】《年度报告》(Annual Report);《人口》(Population,月刊),英、法、西、阿文。

【组织机构】人口基金直属联合国大会,其理事会由联合国开发计划署理事会兼任,并对人口基金的行政、财务等事宜负责。开发计划署每年在年度报告中向经社理事会报告人口基金的工作情况。行政领导为执行主任。人口基金在45个国家设有办事处。资金来源于各国政府和私人的自愿捐款。1989年人口基金认捐和其他资金总额为1.81亿美元。美国以人口基金参与中国所谓的"强迫性人口方案"为借口,1985年削减并于1986年停止了捐款。

【同我国的关系】联合国恢复我国合法权利以来,人口基金同我国的关系逐步发展。1979年5月,人口基金代表团在北京同我国签署了"谅解备忘录"。人口基金向我国提供三个周期(1980~1984、1985~1989、1990~1994)援款共1.57亿美元。中国政府投入6.9亿人民币。在全国各地建立约90个合作项目,着重帮助中国进行避孕药品和器具的生产、妇幼保健、人口统计、计划生育科研等。1989年8月,人口基金1989年度国别审评会在北京召开。10月举行了中国和人口基金合作十周年总结和展览。人口基金还两次赞助"亚洲议员人口和发展会议"在北京召开(1981年10月和1987年9月)。1989年1月16~21日,人口基金执行主任沙迪克访华。1979~1992年,中国共向人口基金捐款534万美元和82万元人民币,其中1992年捐款76.5万美元。

【驻华代表机构】联合国人口基金驻华代表处。代表由开发计划署驻华代表兼任。驻华国别主任司徒格斯(Sterling Scruggs,美国),1990年5月上任。

(李 征)

联合国儿童基金会
United Nations Children's Fund—UNICEF

【成立日期】1946年12月11日成立,当时称联合国国际儿童紧急基金会。1953年改现名,简称儿童基金会。英文缩写保留UNICEF。

【宗旨】原为二次大战受害儿童提供紧急救济,1950年后致力于解决发展中国家儿童中的营养不良、疾病和教育等问题。

【主要负责人】执行主任詹姆斯·格兰特(James P. Grant,美国),1980年1月上任,一直连任。1989年再次连任,任期5年。

【总部】在美国纽约。

办事处:东南非、中西非、美洲加勒比、东亚巴基斯坦、中东北非、南中亚6个区域办事处和其他5个驻外办事处。

【出版物】《儿童基金会新闻》(UNICEF News)季刊,英、法、德、西文;《世界儿童状况》(The State of the World's Children)。

【组织机构】(1)执行局:领导机构,由41个参加联合国或其专门机构的国家代表组成。执行局成员由经社理事会按地区分配和主要捐款国和受援国代表性原则选举产生,任期3年,可连任。每年在联合国总部或其他商定地点举行年会,必要时可举行特别会议。席位分配:非洲9名、亚洲和南斯拉夫9名、东欧4名、拉美6名、西欧及其他国家12名,另一席按地区组每3年轮一次。选举在经社理事会进行。1980年中国当选为执行局成员,一直连任。1989年5月,我国再次当选为执行局成员,任期3年,从1989年8月1日开始。目前,该执行局成员如下:中国、阿曼、埃及、澳大利亚、巴巴多斯、巴基斯坦、白俄罗斯、贝宁、比利时、秘鲁、波兰、玻利维亚、德国、法国、菲律宾、芬兰、韩国、荷兰、加拿大、津巴布韦、喀麦隆、利比里亚、美国、孟加拉国、墨西哥、南斯拉夫、尼加拉瓜、尼日利亚、日本、瑞典、瑞士、圣多美和普林西比、苏丹、俄罗斯、泰国、乌干达、乌拉圭、意大利、印度、印尼、英国。(2)秘书处:在执行主任领导下处理日常事务,并在有关国家设办事处。儿童基金会在联合国内处于半独立地位,向经社理事会报告工作。

资金主要来源于各国政府、有关国际组织和私人的自愿捐款以及出售贺年卡。

【主要活动】初期主要为二次大战后欧洲和中国儿童紧急需要提供食品、医药和衣物。1950年后应发展中国家政府的要求,致力于国别方案及以社区为基础的服务,帮助其改善儿童的生活,使之健康成长。通过援助合作方案,在儿童保健、营养、教育、福利、职业训练等方面提供援助。儿童基金也为救灾提供紧急援助。1965年儿童基金会曾被授予诺贝尔和平奖。联合国大会曾宣布1979年为国际儿童年。儿童基金会每年度发布世界儿童状况报告。1990年9月30日世界儿童问题首脑会议在纽约联合国总部举行。会议通过了《儿童生存、保护和发展世界宣言》和《执行九十年代儿童生存、保护和发展世界宣言行动计划》。

1992年6月15~26日该基金会执行局会议在纽约召开。会议审议并通过了20个有关政策、方案、行政和财务预算的建议。

【同我国的关系】1979年中国与儿童基金会发展合作关系。自1980年至今,儿童基金会向中国提供了四期援助方案(1980~1981、1982~1984、1985~1989、1990~1994),共75个项目,总金额达2.1916亿美元,其中正常方案资金为1.3916亿美元,用于资助妇幼卫生保健、儿童教育和福利事业。合作项目成效突出的是扩大儿童免疫方案。中国宣布1988年在省一级、1990年在县一级实现儿童免疫率分别达到85%的目标。儿童基金会执行主任格兰特先后7次访华。

1979～1992年，中国政府共向儿童基金会捐款494万美元和26万元人民币，其中1992年为72.5万美元。

【驻华代表机构】1981年儿童基金会在北京建立联合国儿童基金会驻华办事处，现任代表拉赫曼(Farid Rahman，巴基斯坦)。 （李 征）

联合国难民事务高级专员公署
Office of the United Nations High Commissioner for Refugees—UNHCR

【成立日期】根据1950年第五届联合国大会决议于1951年1月1日在日内瓦成立，简称难民署。成立初期的主要任务是处理两次大战期间遗留下来的欧洲难民问题，原定期限为3年，后因世界各地不断出现难民问题，致使任期不断延长，每次延长5年，最近一次延至1998年12月31日。

【宗旨】保护难民并促使难民问题获得永久解决。

【主要负责人】高级专员绪方贞子女士(Mrs. Sadako Ogata，日本)，1991年上任，任期3年。

【总部】设在瑞士日内瓦。

【出版物】《难民》(Refugees)月刊，以英、法、西文出版，从1985年起不定期出版中文版。

【组织机构】难民高专方案执行委员会：该组织的领导机构，1958年成立，成员由经社理事会从那些“关心和致力于解决难民问题”的国家中选举产生，适当考虑地区代表性。每年10月左右在日内瓦举行届会。此外，还根据需要不定期地召开执委会非正式会议。执委会负责批准和监督难民署的援助方案，并应高专请求对其依据难民署章程规定履行职责提出建议。执委会现有46个成员国：中国、阿尔及利亚、阿根廷、澳大利亚、奥地利、巴基斯坦、巴西、比利时、丹麦、德国、法国、梵蒂冈、芬兰、哥伦比亚、荷兰、加拿大、莱索托、黎巴嫩、马达加斯加、美国、摩洛哥、纳米比亚、南斯拉夫、尼加拉瓜、尼日利亚、挪威、日本、瑞典、瑞士、苏丹、索马里、泰国、坦桑尼亚、突尼斯、土耳其、委内瑞拉、乌干达、希腊、伊朗、以色列、意大利、英国、扎伊尔、埃塞俄比亚、匈牙利、菲律宾。

联合国难民事务高级专员为难民署最高负责人，由联合国秘书长提名经联大选举产生。每届任期3年，可连任。难民高专每年通过经社理事会向联大提交执委会报告。

【主要活动】根据该署章程规定，高级专员的工作纯属非政治和人道主义及社会性质，主要职责是向世界各地的难民(不含由联合国其他机构负责提供救济和援助的难民)提供国际保护和援助，并通过协助各国政府(或经有关国家政府同意后协助私人组织)为难民自愿遣返或为其在新国度同化提供便利的方式求得难民问题的永久解决。章程规定，难民系指因有正当理由畏惧由于种族、宗教、国籍或有某种政治见解的原因遭受迫害而离开其原籍国而不能或不愿受该国保护的人。此外，难民署还根据联大授权向由于国内武装冲突、外国入侵、自然灾害、贫困等原因外逃的人或国内流离失所者提供援助。

该署的保护和援助活动主要是通过实施援助方案来实现的，分为一般方案和特殊方案两种。由于世界难民人数不断增加，援助方案所需资金也随之增加，由1978年的8000万美元增至1992年的近10亿美元。援助方案所需资金来自各国政府和非政府组织的自愿捐款。50年代该署援助活动主要在欧洲，60和70年代援助重点在非洲。70年代末以后，难民问题日益严重，遍及亚、非及拉美。90年代以来，世界难民形势更加严峻，原有难民问题尚未获得解决，新的难民问题又接踵而至，欧洲也面临二战以来最为严重的难民问题。1992年10月在日内瓦举行43届难民执委会会议，绪方高专表示，“难民问题已不是发生在遥远的第三世界的无足轻重的现象”。迄今世界难民人数已愈1800万，主要集中在亚、非两洲，其中非洲难民为600多万，亚洲500多万，欧洲300多万，其他地区400多万(主要在中东地区)。为解决难民问题而举行的主要会议有：与联合国秘书长联合召开的印支难民国际会议(1979年3月)；向柬埔寨人民提供援助国际会议(1980年5月)；与非洲统一组织一起召开的第一次(1981年4月)和第二次(1984年7月)援助非洲难民的国际会议；关于南部非洲难民、回返者和流离失所者境况的国际会议(1988年)；向原南斯拉夫战乱受害者提供人道主义援助的国际会议(1992年7月)；向索马里提供人道主义援助的第一次(1992年10月)和第二次(1992年12月)协调会议。

【同我国的关系】1971年我国恢复了在联合国的合法席位后，难民高专执委会于1972年终止了台湾当局的执委资格。我国于1979年6月恢复了在执委会的活动，每年均派团出席执委会届会，并派部长级代表团出席了五次有关难民问题的国际会议。我国接受并安置了28万多印支难民。该署于1979年下半年开始向在华的印支难民提供援助。我国每年均向难民署援助方案认捐，双方合作关系良好。难民事务高级专员曾多次访华。1992年7月绪方贞子高专率团访华。

【驻华代表机构】联合国难民事务高级专员公署驻中国任务代表办公室。主要负责人：驻华任务代表罗汉昆(Mr. Kasidis Rochanakom，泰国)，1992年12月到任。地址：北京三里屯东7街2号。电话：5321647。

（王东华）

世界粮食计划署

World Food Programme—WFP

【成立日期】根据1961年第16届联大和第11届粮农组织大会的决议建立，由联合国和粮农组织合办，1963年正式办公。

【宗旨】以粮食为手段帮助受援国在粮农方面达到生产自救和粮食自给的目的。

【成员】42个(1992年底)。

【主要负责人】执行干事凯特琳·贝尔蒂尼女士(Catherine Bertini，美国)，1992年就职。

【总部】在意大利罗马。

【出版物】《世界粮食计划署新闻》(WFP Journal)季刊。

【组织机构】(1)粮食援助政策和计划委员会：领导机构，由30个联合国和粮农组织成员组成，任期三年，可连任，每年改选1/3。成员有：澳大利亚、芬兰、几内亚、加拿大、美国、孟加拉国、苏丹、匈牙利、意大利、印度(以上任期至1992年底)；比利时、喀麦隆、日本、马达加斯加、挪威、巴西、中国、肯尼亚、荷兰、巴基斯坦(以上任期至1993年底)；安哥拉、朝鲜、法国、德国、墨西哥、罗马尼亚、哥伦比亚、古巴、英国(以上任期至1994年底)。该委员会负责审批执行干事提出的粮食援助项目，审查已批准的项目的执行情况，帮助制定和协调短期和长期粮食援助政策，每年开会两次。(2)秘书处：日常办事机构，主持日常工作的执行干事由联合国秘书长和粮农组织总干事商粮食援助政策和计划委员会后联合任命，任期五年，可连任。

【主要活动】该署是联合国内负责多边粮食援助的机构。援助分紧急救济、快速开发项目和正常开发项目三种。其活动资源主要来自各国政府自愿捐献的物资、现金和劳务。

1992年4月23～24日，该署粮食援助政策和计划委员会第二次特别会议在意大利举行，新任命的执行干事贝尔蒂尼女士宣誓就职。5月25～29日，第33届粮援委会议在罗马召开。10月26日至11月30日，第34届粮援委会议在罗马召开。

【同我国的关系】我国于1979年正式参加该署活动。1980年该署在北京正式设立驻华代表处。我国曾多次以观察员身份出席该署会议。1987年我国当选为粮食援助政策和计划委员会成员。

1992年10月10～17日，该署新任执行主任贝尔蒂尼女士应我国农业部长的邀请访华，田纪云副总理会见了她。贝在各地亲眼看到中方执行项目的成果，对此大加赞赏，认为中方执行项目认真，效果较好，是发展项目中提倡自力更生的范例。她表示今后对执行得好的发展项目要继续给予支持。

该署1979～1992年已批准和承诺无偿援助我国57个项目，总金额约6.87亿美元(其中1992年为3690万美元)。我国从1981年起开始向该署认捐，截至1992年底，共向其认捐673.7万美元和126万元人民币(其中1992～1993年为100万美元，1993～1994年为220万美元)。

【驻华代表机构】世界粮食计划署驻华代表处代表由联合国系统发展业务活动协调代表赫尔科姆(Arthur Holcombe，美国)兼任。执行主任毛里齐奥·尼奥齐(Maurizio Gnoccsi，意大利)。 (沈　宏)

世界粮食理事会

World Food Council—WFC

【成立日期】根据1974年世界粮食会议建议，同年12月联合国大会决定建立。

【宗旨】促进和协调执行联合国大会有关粮食的各项决议所需的政治行动，监测和评估世界粮食形势，提出解决世界粮食问题的战略和措施，协调各国的粮食和农业政策。

【成员】由36个成员组成，成员由经社理事会提名，在联合国大会选举，任期三年，可连任，每年改选1/3。成员包括：阿根廷、埃及、秘鲁、布隆迪、丹麦、法国、卢旺达、日本、匈牙利、也门、伊朗、意大利(以上任期至1992年底)；孟加拉国、加拿大、哥伦比亚、肯尼亚、墨西哥、土耳其、保加利亚、中国、冈比亚、莱索托、尼泊尔、美国(以上任期至1993年底)；阿尔巴尼亚、澳大利亚、中非、德国、危地马拉、洪都拉斯、印尼、尼加拉瓜、俄罗斯、斯威士兰、泰国、乌干达。

【主要负责人】执行主任琼特(Gerald Ion Trant，加拿大)，1986年就任，1990年连任。

【总部】在意大利罗马。

【组织机构】该理事会是直属联合国大会的职能机构，通过经社理事会向大会报告，理事会年会由会议选举的主席(任期两年)主持。理事会秘书处负责日常行政和业务工作，由执行主任领导，执行主任任期四年，由联合国秘书长商理事国和粮农组织总干事任命。

【主要活动】其任务是协调联合国系统内有关粮食方面的政策，每年召开由理事国部长级人员出席的会议，就国际粮农领域的重大政策问题开展讨论，向联大提出建议。该理事会成立以来讨论的主要实质性问题有建立国际农业发展基金会、确定发展中国家所需农业援助资金的缺粮国标准、制订《战胜世界饥饿的合作行动纲领》(又称《开罗宣言》)等。

该理事会第18届部长级会议于1992年6月23～26日在肯尼亚首都内罗毕举行。会议主要讨论了全球饥饿与营养不良状况、开展新的绿色革命、改进理事会工作等议题。该理事会特设委员会会议于1992年9月14～15日在纽约召开。

【同我国的关系】我国曾以观察员身份列席理事会第六、七届会议。1982年以来我国一直是该理事会成员。1987年6月该理事会第13届会议在北京举行，通过了《北京宣言》。（沈 宏）

亚洲及太平洋经济社会委员会
Economic and Social Commission for Asia and the Pacific—ESCAP

【成立日期】1947年3月在上海成立。原名亚洲和远东经济委员会。其总部1949年迁往曼谷，1974年改现名，简称亚太经社会，是联合国经社理事会下属五个区域委员会之一。

【宗旨】亚太经社会是联合国在亚太区域唯一的政府间综合性经济社会组织。它是本区域内的国家和地区在经济和社会发展方面加强联系、交流经验、进行区域合作的一个重要渠道，同时也是讨论本区域国家和地区共同关心的经济和社会问题的讲坛。

【成员】58个（1992年），其中正式成员48个：中国、阿富汗、澳大利亚、不丹、巴布亚新几内亚、巴基斯坦、朝鲜*、斐济、菲律宾、柬埔寨、基里巴斯、老挝、密克罗尼西亚联邦*、马绍尔群岛共和国*、孟加拉国、缅甸、马来西亚、马尔代夫、蒙古、瑙鲁、尼泊尔、韩国、日本、所罗门群岛、斯里兰卡、泰国、汤加、图瓦卢、文莱、瓦努阿图、新西兰、西萨摩亚、新加坡、印度、印尼、伊朗、越南、法国、荷兰、英国、美国、俄罗斯、乌兹别克斯坦*、哈萨克斯坦*、阿塞拜疆*、吉尔吉斯斯坦*、塔吉克斯坦*、土库曼斯坦*（*为1992年第48届年会或会后不久加入，其中密克罗尼西亚联邦和马绍尔群岛共和国系于第48届大会由准成员升为正式成员）。准成员10个：北马里亚纳群岛联邦、库克群岛、关岛、香港、纽埃、贝劳共和国、美属萨摩亚、澳门、法属波利尼西亚*、新喀里多尼亚*（*为第48届大会时加入）。

【主要负责人】执行秘书艾哈迈德（R. Ahmed，巴基斯坦）。1992年4月1日上任。

【总部】在泰国曼谷。

【出版物】《亚太经济、社会概览》（Economic and Social Survey of Asia and the Pacific）年刊。此外还有月刊、季刊或不定期专业刊物几十种。

【组织机构】（1）大会：最高权力机构。属部长级，每年3月或4月召开。下设专题委员会、其他委员会和特别机构。专题委员会3个：区域经济合作委员会、环境和持续发展委员会、通过经济增长和社会发展扶贫委员会。其他委员会2个：运输和通信委员会、统计委员会。特别机构2个：最不发达国家和发展中内陆国家特别机构、太平洋发展中岛国特别机构（注：原按专业分工的7个立法委员会在亚太经社会第48届大会上被撤销）。（2）执行机构：秘书处。下设11个司和若干直属处。最高行政领导是执行秘书（联合国副秘书长级），由联合国秘书长任命，任期4年，可连任。（3）附设机构：分为两类，第一类为区域机构。它们在组织上同亚太经社会保持一定联系，每年向大会提出工作报告，如亚太发展中心、亚洲近海矿物资源联合勘探协调委员会、亚太统计研究所、亚太技术转让中心、台风委员会、湄公河下游盆地考察协调委员会。第二类已独立，仅在业务上同亚太经社会保持联系，如亚洲开发银行、亚洲清算联盟、亚洲再保险公司、亚洲椰子联营协会、天然橡胶生产者协会、东南亚锡发展中心、胡椒联营组织和亚太电信组织等。

【主要活动】包括为成员和准成员提供研讨经济社会问题的政府间论坛；向亚太区域的发展中国家和地区提供技术援助和咨询服务；开展区域性的经济、科技和发展问题的专题研究；利用联合国正常预算、成员捐款和其他国际机构与捐助国的资助，组织并协调本区域国家和地区在经济、科技和社会领域的合作活动。1992年4月14～23日，亚太经社会第48届会议在北京举行。这是我建国以来联合国组织在我国举行的级别最高、规模最大的重要会议。联合国秘书长加利出席了开幕式并致辞，这在亚太经社会历史上尚属首次。李鹏总理也应邀在开幕式上发表讲话。会议的主题是“亚太地区经济合作：前景、优先次序和政策选择”。中国对会议的成功作出了很大的贡献，使会议通过了旨在加强区域经济合作的著名的《北京宣言》，该宣言确定了平等互利、共同繁荣、实行开放、尊重多样性和协商一致为亚太经济合作的指导原则。

【同我国的关系】中国是亚太经社会的创始会员国之一。从1971年我在联合国一切合法权利得到恢复后，亚远经委会即邀请我参加该组织的一切活动。从1973年起，我国每年派代表团出席其届会。1978年7月，我国向亚太经社会派了常驻代表和副代表。1987年4月，国务委员兼外长吴学谦率政府代表团出席纪念亚太经社会成立40周年的亚太经社会第43届会议。从1979年起，我国每年向亚太经社会捐款，用于亚太经社会与我国政府部门的合作活动。1992年我国捐款为12万美元和55万元人民币。我国各业务部门也积极参加亚太经社会各机构与区域项目开展的各项合作活动。亚太经社会同我国一直保持着良好的合作关系。（王 斌）

联合国大学

United Nations University—UNU

【成立日期】1972年联合国大会在一项决议中决定建立一所国际大学，该大学是联合国大会的一个具有自决地位的机构，其名称为联合国大学。1973年联合国通过了联合国大学章程。1975年该大学正式创建于东京。

【宗旨】致力于对人类生存、发展和福利等全球性问题进行行动对策研究和对青年学者和研究工作者进行研究生水平的培训。

【主要负责人】校长埃依托尔·吉尔古利诺·德·苏萨(Heitor Gurgulino de Souza，巴西)，1987年9月就任。

【总部】在日本东京。

【出版物】《联合国大学通讯》月刊，英、法、西、日文。

【组织机构】联合国决议规定，联合国大学为一个由许多研究机构组成的学术系统，而不是政府间组织。它由一个具有规划和协调作用的中心机构与一套非集中化的附属研究机构组成。理事会由联合国秘书长和教科文总干事共同任命的24人组成，每年开会两次。理事会下设机构与方案、财政与预算、条例与规划三个委员会。大学的日常事务由校长领导的总部常设机构负责。校长办公室下设计划与资金开发部、发展研究部、区域和全球研究部、全球知识部、规划与评核处等几部分。活动经费来自大学基金(目前认捐额已超过2.6亿美元)的收益及各国政府和其他机构的捐款和项目支助。1992～1993双年度预算为6000万美元。

【主要活动】自建立以来，该大学通过为一些国家(主要是发展中国家)的专业人员提供奖学金，进行高级培训，举办国际研讨会，建立研究中心等各种形式的活动，开展了内容广泛的学术研究和交流。该大学的第二个中期计划(1990～1995)确定了目前的方案活动主要集中于以下五个领域：人的普遍价值和全球责任；世界经济的新方向；维持全球生命支持体系；科学技术的进步；人口活力和人民福利。

截至1988年1月，共有38个研究机构或单位参加到联合国大学这个研究网络中来。此外，它还建立了一些自己的高级培训中心，如1985年开始招生的芬兰赫尔辛基世界发展经济研究所；1988年在科特迪瓦亚穆苏克罗建立了非洲自然资源研究所。此外，生物技术(委内瑞拉)、计算机软件开发(澳门)、新技术及社会影响(荷兰)、高级研究(日本)以及和平利用外层空间、环境、社会等研究中心也即将建成或正在筹划当中。还有人建议在东京建立一个基金，用以加强大学本部。

【同我国的关系】从1980年起，我国有关部门先后与该大学签订了一些专业合作协议，较广泛地参加了该大学的活动，其中包括该大学出资为我提供奖学金，安排我科技人员出席国际会议和进行研究等项目，或派遣专家来华咨询。1983年我国家科委科技情报所方法研究室主任赵棣华当选为理事。1985年5月，中国社会科学院与该大学在北京共同举办了亚洲发展经验与前景国际学术讨论会。截至1988年，我国向该大学捐款15万美元。 (张 越)

联合国训练研究所

United Nations Institute for Training and Research—UNITAR

【成立日期】1963年联合国大会通过决议，要求秘书长建立联合国训练研究所(简称训研所)，调动尽可能多的政府和私人的资金资源支持训研所的成立。1965年训研所成立。1966年该所开始工作。

【宗旨】加强联合国在维持和平与安全和促进经济与社会发展方面的有效性。该所主要职能是对从事多边和双边外交的人员进行训练，对当前世界的重大问题进行专题研究。

【成员】凡联合国会员国、专门机构成员国和国际原子能机构成员国均可以参加其活动。

【主要负责人】执行主任马塞尔·布瓦萨德(Marcel Boisard，瑞士)。

【总部】1992年第47届联大通过决议，决定将训研所总部从美国纽约迁至瑞士日内瓦。

【出版物】《训研所新闻》(UNITAR News)年刊；还有多种专题学术性研究报告和书籍。

【组织机构】董事会是训研所的决策机构，负责制定基本政策，审议或采纳训研所执行主任提出的预算建议。董事会由联合国大会主席、秘书长、经社理事会主席以及训研所执行主任四位当然董事及由秘书长商大会主席和经社理事会主席后任命的至多可达30人的董事组成。任命的董事每届任期三年，每年改选1/3。目前，董事会除当然董事外共有17人。

训研所由训练部、研究部和一个未来研究特别项目组成。它的图书馆藏书1.2万册，文件20万份。训研所在日内瓦设有地区办事处。

【主要活动】其活动有训练和研究两部分。训练活动以举办训练班和研讨会为主要形式，培训来自各国的多、双边外交官。该所研究集中在世界和平、安全、经济、社会各领域的一些重大问题，已出版研究著作上百种。近年来，由于训研所与联合国其它机构业务重叠，以及管理不善等原因，各国捐款越来越少，处境困难。训研所现已作出努力，纠正上述问题。此外，1989年第44届联大通过决议，授权训研所成为联合国开发署的执行机构,以改善训研所资金周转状况。

〖同我国的关系〗1979 年 10 月,该所与我国社会科学院、国际问题研究所等单位建立了工作联系。随后,我有关部门派人参加了该所举办的一些国际会议和培训项目。我国前驻联合国大使赖亚力和国际问题研究所副所长裴默农曾先后任该所董事会董事。我于 1991 年恢复对该所的捐款,1981～1992 年我共向该所捐款 4 万元人民币和 12 万美元。该所执行主任曾于 1984 年 7 月来华访问,现任执行主任于 1993 年 2 月访华。 (张　越)

联合国人类住区委员会
United Nations Commission on Human Settlements
联合国人类住区(生境)中心
United Nations Center for Human Settlements—UNCHS(Habitat)

〖成立日期〗1977 年联合国大会决定将住房、造房和规划委员会改为人类住区委员会,并于 1978 年 10 月 12 日正式建立了联合国人类住区(生境)中心,简称"人居中心"。

〖宗旨〗在联合国系统内协调人类住区活动并审议和评价其效果;实施人类住区项目;交流全球人类住区情况;促进世界科学团体和非政府组织在人类住区发展方面的合作。

〖成员〗所有联合国成员均可参加人居中心的活动和竞选人类住区委员会成员。该委员会隶属经济社会理事会。人类住区委员会有 58 个成员,任期 4 年,可连任。席位分配如下:非洲 16、亚洲 13、东欧 6、拉美 10。

〖主要负责人〗执行主任亚考特·拉马昌德兰(Arcot Ramachandran,印度),自人居中心成立起连任至今。

〖出版物〗《居住消息》(UNCHS Habitat News),每年 3 期。

〖组织机构〗人居中心是人类住区委员会的常设执行机构,设有秘书处、研究与发展处、技术合作处、行政管理处、信息视听及文献处。另外,人类住区基金会通过自愿捐款的方法向人居中心提供联合国固定活动经费以外的项目费用。

〖主要活动〗人类住区委员会从 1989 年起每两年召开一次会议,研究人类住区状况,制定相应的方针政策和工作规划,讨论预算与行政问题。人居中心的工作集中在安置政策与战略、居住区的规划、住所与社会服务、建筑业的发展、人类住区的低造价基础设施、土地问题、调动人居发展资金、人居的组织和管理等 8 个方面。对发展中国家在住房建设、城市规划、建筑材料应用、培训和咨询;组织技术经验交流;制定人类居住发展战略规划和预测;组织成员国进行双边或多边合作。1985 年联合国大会决定每年 10 月第一周的星期一为"世界住房日"。1991 年 4 月 28 日至 5 月 7 日,人类住区委员会第 13 届会议在津巴布韦的哈拉雷举行。

〖同我国的关系〗1980 年 7 月人居中心执行主任拉马昌德兰访华,与我国有关部门商讨双方合作问题。自 1985 年起,我国派观察员出席人类住区委员会的历届年会。1988 年在经社理事会上中国当选为联合国人类住区委员会成员,任期 4 年。我国委派我驻肯尼亚大使兼任常驻人居中心代表。任期从 1989 年 1 月 1 日开始。1989 年 4 月中国代表团第一次作为正式代表参加了人类住区委员会第 12 届会议。同年 7 月中国委派我驻肯尼亚大使兼任常驻联合国人居中心代表。1990 年,我常驻联合国人居中心代表处正式成立。1991 年,联合国人居中心信息办公室在北京正式成立。1992 年 11 月人居中心执行主任拉马昌德兰访华,受到李鹏总理接见。1992 年我向人居中心认捐 2 万美元和 10 万元人民币。 (李　征)

联合国近东巴勒斯坦难民救济和工程处
United Nations Relief and Works Agency for Palestine Refugees in the Near East—UNRWA

〖成立日期〗1948 年,阿拉伯国家和以色列之间爆发的第一次大规模武装冲突造成大批阿拉伯人沦为难民。为援助难民,联合国大会于 1949 年 12 月 8 日建立了联合国近东巴勒斯坦难民救济和工程处,简称近东救济工程处。每届联大都要审议对巴勒斯坦难民救济问题,并通过一系列关于该处工作的决议。

〖宗旨〗在找到解决由于 1948 年巴勒斯坦阿拉伯一以色列冲突而丧失了家园和生计的难民问题的办法之前,向那些难民提供救济和援助。

〖主要负责人〗主任专员伊尔泰尔·蒂尔克门(Ilter Turkmen,土耳其),1991 年 1 月就任。

〖总部〗在奥地利维也纳。

〖出版物〗《主任专员年度报告》(Annual Report of the Commissioner General of UNRWA);《联合国巴勒斯坦难民救济情况》(UNRWA—a Survey of United Nations Assistance to Palestine Refugees),每两年一期;《今日巴勒斯坦难民》(Palestine Refugees Today—the UNRWA Newsletter)季刊。

〖组织机构〗该处业务由总部和分设于约旦、黎巴嫩、叙利亚以及被占领的约旦河西岸和加沙地带的五个办事处进行管理。设在纽约和开罗的小型联络处同联合国总部和埃及政府保持联系。该处还设有咨询委员会和经费筹措委员会为其服务。

【主要活动】据该处1990年7月1日至1991年6月30日的主任专员报告，目前在该处登记的巴勒斯坦难民达260万人，其中住在难民营的人数约87万。随着时间的推移，近东救济工程处的作用已由过去重点向难民提供救济发展到现在主要办教育和提供卫生保健及一般人群所需的社会服务。它现共开办了640所初级学校和8个职业、教育培训中心，并开设100余个医疗诊所。自1988年起该处在黎巴嫩、西岸和加沙地区又恢复了紧急援助和救济工作。

该处的经费主要靠各国政府、政府间和非政府组织以及个人自愿捐款，故财政一直困难。近年来，以色列对被占巴勒斯坦领土起义人民的残暴镇压造成巴勒斯坦居民的大量伤亡，生活条件恶化，大大加剧了该处的困难。1991年度联合国共有近百个成员国向该处捐款。1990年该处总支出为2亿多美元。

【同我国的关系】我国自在联合国合法席位恢复以后，参加了历年联大关于近东救济工程处工作议题的审议，并对有关决议均投赞成票。自1981年起我国正式开始向该处认捐，每年5万美元(1982年为7万)。从1991年起捐款增至6万美元。该处前任主任专员贾科梅利曾两次访华，第二次是1990年10月。

中国代表在第47届联大特别政治委员会上发言时表示支持该工程处的工作并赞扬全体工作人员，在前任和现任主任专员的杰出领导下，在十分艰苦甚至危险的条件下，克服种种困难，做了不少卓有成效的工作。　　(章启月)

和平利用外层空间委员会
Committee on the Peaceful Uses of Outer Space—COPUOS

【成立日期】1958年联合国大会首次讨论了和平利用外层空间问题，并决定设立一个由美苏等18国组成的“和平利用外层空间特设委员会”。1959年联合国大会通过决议，将委员会成员扩大为24国，改称“和平利用外层空间委员会”，简称“外空委员会”。

【宗旨】制定外空国际合作项目，促进外空国际合作计划；研究外空探测和利用的有关科技问题和可能产生的法律问题。

【成员】53个(1993年2月)：中国、阿尔巴尼亚、阿根廷、埃及、澳大利亚、奥地利、巴基斯坦、巴西、保加利亚、贝宁、比利时、波兰、布基纳法索、德国、厄瓜多尔、法国、菲律宾、哥伦比亚、荷兰、加拿大、捷克、喀麦隆、肯尼亚、黎巴嫩、罗马尼亚、美国、蒙古、摩洛哥、墨西哥、南斯拉夫、尼日尔、尼日利亚、葡萄牙、日本、瑞典、塞拉利昂、苏丹、俄罗斯、土耳其、委内瑞拉、乌克兰、乌拉圭、匈牙利、叙利亚、伊拉克、伊朗、意大利、印度、印尼、英国、越南、乍得、智利。其中，希腊和土耳其、西班牙和葡萄牙每两国占一个席位，3年轮换一次；捷克斯洛伐克因自1993年1月1日起分为捷克共和国、斯洛伐克共和国两个国家，其在外空委席位由捷克共和国继承。

【主要负责人】主席彼得·霍恩费勒(Peter Hohenfellner，奥地利)。

【总部】在美国纽约联合国总部内。

【出版物】各种会议文件和研究报告。

【组织机构】外空委员会下设科学技术小组委员会和法律小组委员会，委员会及两个小组委员会每年各举行一次会议。科技小组委员会主要审议和研究探测及和平利用外空的有关科技问题以及促进空间技术的国际合作和应用；法律小组委员会主要审议和研究和平利用外空活动中产生的法律问题，起草有关的法律文件和公约。上述两个小组委员会均由所有成员国组成。外空委员会主要审议两个小组委员会的工作及不由小组委员会审议的一般性外空问题，就委员会的工作作出决定并向联合国大会提出建议等。

【主要活动】该委员会自1959年成立以来，已制订了1项宣言、3项原则和5个国际条约，1项宣言为《各国探索和利用外层空间活动的法律原则宣言》，3项原则为《各国利用人造地球卫星进行国际直接电视广播所应遵守的原则》、《从外空遥感地球的有关原则》、《关于外空使用核动力源原则》(1992年联大通过)，5个国际条约是《关于各国探测和利用包括月球和其他天体在内外层空间活动的原则条约》、《关于援救航天员，送回航天员及送回射入外空之物体之协定》、《外空物体所造成损害之国际责任公约》、《关于登记射入外层空间物体的公约》和《指导各国在月球和其他天体上活动的协定》，上述5个条约均已生效。

外空委员会的经常性活动有：研究并促进气象、通信、导航、直接广播和遥感地球资源等各种卫星的国际合作；举办国际、区域和区域间的研究会议及讨论会和讲习班；促进外空研究的情报交换等。此外，根据联合国应用方案同联合国粮农组织、世界气象组织、国际电信联盟、国际宇航联合会、国际空间法学会、联合国教科文组织等机构合作，开展技术交流活动；通过开发计划署援助有关国家发展将空间技术应用于经济和社会发展所需要的技术。联合国大会根据外空委员会的建议，于1968年8月在维也纳召开了第一次联合国探测与和平利用外层空间大会，并于1982年8月在维也纳召开了第二次大会。外空委员会及其两个小组委员会目前正在审议的主要议题有：维持外层空间用于和平目的的方式和方法；在外空使用核动力源原则草案；第二次外空大会建议的执行情况；国际空间年；空间和地球环境以及适用外层空间的探索和利用应是为了促进所有国家的福利和利益特别要考虑到发展中国家的需要这一原则所涉及的法律问题等。

1992年6月15～26日，外空委员会在纽约联合国总部举行1992年届会(第35届会议)；其科学技术小组委员会于同年2月25日至3月8日在纽约联合国总部召开第29届会议，主席是约翰·卡弗(John H. Carver，澳大利亚)；其法律小组委员会于3月23日至4月10日在联合国日内瓦办事处召开第31届会议，主席是瓦奇拉夫·米库卡(Vaclav Mikulka，捷克斯洛伐克)。外空委员会本届会议继续优先审议了维持外层空间用于和平目的的方式和方法，还审查了下列工作：第二次联合国探索及和平利用外层空间会议各项建议的执行情况、核动力源问题、卫星遥感地球特别包括对发展中国家的应用问题、共同利益原则问题、空间与地球环境问题、地球静止轨道及外空定义定界问题等。1989年联大通过决议确定1992年为国际空间年，外空委员会利用第一次会议举行了纪念活动。

【同我国的关系】1980年6月我派观察员代表团参加了外空委员会第23届会议。1980年11月3日联合国正式接纳我国为该委员会成员国。我国派代表团出席了联合国第二次外空大会，以及此后历届外空委员会和两个小组委员会会议。我国于1983年12月加入了《关于各国探测和利用包括月球和其他天体在内的外层空间活动的原则条约》，于1988年12月加入了《关于援救航天员、送回航天员及送回射入外空之物体之协定》、《外空物体所造成损害之国际责任公约》和《关于登记射入外层空间物体的公约》。

1992年我国继续派代表团出席了外空委员会及两个小组委员会届会，并积极参加了对各项议题的审议。在科技小组委员会上，我国代表团提交了中国关于空间碎片问题的研究报告。在外空委会议上，我国代表团提交了一份工作文件："空间技术的附带利益。"我国积极支持联合国外空应用方案的实施，并于外空委会议期间向联合国外空司捐赠3万美元现金，以支持联合国外空应用方案及国际空间年的有关活动。

(陈佩洁)

同联合国建立关系的政府间机构

联合国粮食及农业组织
Food and Agriculture Organization of the United Nations—FAO

【成立日期】联合国粮食及农业组织，简称粮农组织，正式成立于1945年10月16日。

【宗旨】提高营养和生活水平；实现农、林、渔业等粮食和农业产品生产和分配效率的改进。改善农业人口状况，从而为扩展中的世界经济做出贡献，并确保人类免于饥饿。

【成员】161个(另外，欧共体为成员组织)。

【主要负责人】总干事爱德华·萨乌马(Edouard Saouma，黎巴嫩)，1976年就任，连任至今。

【出版物】《粮农状况》(State of Food and Agriculture)年度报告；《谷物女神》(Ceres)双月刊；以及各种专业年鉴和杂志。

【组织机构】(1)大会：最高权力机构，全体成员均可参加，每两年举行一次。(2)理事会：隶属于大会，在大会休会期间执行大会所赋予的权力。一般每两年至少开会三次。由大会选出的独立主席(任期两年，由各地区轮流担任，现任主席安托万·圣特兰)和49个理事国组成。理事国按地区分配原则选出，任期三年，可连任，每年改选1/3。理事国包括：澳大利亚、孟加拉国、佛得角、科特迪瓦、埃及、法国、印度、意大利、肯尼亚、菲律宾、苏丹、瑞典、英国、赞比亚(以上任期至1993年底)，安哥拉、阿根廷、智利、哥斯达黎加、古巴、塞浦路斯、德国、匈牙利、伊朗、日本、韩国、马达加斯加、墨西哥、尼日利亚、卢旺达、沙特阿拉伯、坦桑尼亚、特立尼达和多巴哥(以上任期至1994年底)，中国、比利时、巴西、加拿大、哥伦比亚、刚果、捷克和斯洛伐克、印度尼西亚、黎巴嫩、利比亚、尼日利亚、巴基斯坦、西班牙、泰国、突尼斯、美国、委内瑞拉、扎伊尔(以上任期至1995年底)。理事会下设计划、财政、章程及法律、农业、林业、渔业、商品、粮食安全等常设委员会。(3)秘书处：执行机构。负责人是总干事，由大会选出，任期6年，可连任。总干事在大会和理事会的监督下指导粮农组织的工作。粮农组织在亚太、非洲、拉美、近东、欧洲和北美等6个区域以及联合国纽约总部和日内瓦分部设有区域代表或联络办事处。

【主要活动】(1)向成员国提供世界粮食形势的分析情报和统计资料，对世界粮农领域的重要政策提出建议交理事会、大会审议。(2)帮助发展中国家研究制订发展农业的总体规划和专业规划，按照规划向多边援助机构和发达国家寻求援助贷款，并负责组织援助项目。(3)通过国际农产品市场形势分析和质量预测组织政府间协商，促进农产品的国际贸易。(4)通过提供资料、召开各种专业会议、举办培训班、提供专家咨询等推广新技术，组织农业科技交流。

该组织第21届亚太区域大会于1992年2月10～14日在印度首都新德里举行。会议主要审议了亚太区域粮农形势、通过发展农产品加工业增加农村就业和收入、防止土地退化的区域战略等议题。

该组织第17届非洲地区会议于1992年7月20～24日在加纳首都阿克拉举行。会议主题是"为维持非洲农业争取良好环境"。会议讨论了非洲在发展农业和维护生态环境方面的严峻形势，通过了《关于为维持非洲农业良好环境的宣言》。

【同我国的关系】我国是该组织的创始国之一。1971年该组织邀请我国参加活动。1973年我国代表团出席粮农组织第17届大会，并当选为理事国。同年我国向该组织派出常驻代表，并建立了我国驻粮农组织代表处(现改为中国常驻联合国粮农机构代表处)。1983年1月，粮农组织在北京设立代表处。该组织现任总干事萨乌马曾4次访华。

我国从1978年开始接受该组织的援助，截至1992年底，该组织共为我国提供技术援助项目90多个，价值1000万美元；信托基金项目8个，价值1700万美元，主要用于发展农业及有关的培训、试验和考察等。1992年，我向该组织捐款300万美元和17万元人民币。

【驻华代表机构】联合国粮食农业组织驻华代表处。代表阿马尔·库瑞西(Ajmal Qureshi，巴基斯坦)。

(沈　宏)

联合国教育、科学及文化组织

United Nations Educational, Scientific and Cultural Organization—UNESCO

【成立日期】1945年11月，在由美、英、法、中等41个《联合国宪章》签字国参加的筹备会上通过联合国教育、科学及文化组织《组织法》，1946年11月在巴黎召开第一届大会，1946年11月4日正式成立，简称教科文组织。

【宗旨】"通过教育、科学及文化来促进各国之合作，对和平与安全做出贡献，以增进对正义、法治及联合国宪章所确认之世界人民不分种族、性别、语言或宗教均享人权与基本自由之普遍尊重。"

【成员】172个(1992年12月)。3个准会员是阿鲁巴、英属维尔京群岛和荷属安的列斯群岛。

【主要负责人】大会主席贝瑟尔·阿伦·奥格特(Bethwell Allan Ogot，肯尼亚)，1991年10月当选。执行局主席玛丽·伯纳德—穆尼埃(Marie Bernard-Meunier，加拿大)，1991年11月当选。总干事费德里科·马约尔(Federico Mayor，西班牙)，1987年11月当选。

【总部】在法国巴黎。

【出版物】主要出版物有：《教科文组织信使》(The UNESCO Courier)，月刊，中、英、法、西、俄等30多种文字；《教科文组织消息》(UNESCO Sources)，月刊，中、英、法、西、葡文；《教科文组织统计年鉴》(Statistical Yearbook)，英、法、西文；《教育展望》(Prospects-Quarterly Review of Education)，季刊，中、英、法、阿、西、俄文；《科学对社会的影响》(Impact of Science on Society)，季刊，中、英、法、西、俄、阿文；《自然与资源》(Nature and Resources)，季刊，中、英、法、西文；《国际社会科学杂志》(International Social Science Journal)，季刊，中、英、法、阿、西、俄文。

【组织机构】(1)大会：最高权力机构。由全体会员国参加。一般每两年召开一次。有特殊情况时，可召开特别大会。主要职能是负责决定该组织的方针政策，审议和通过该组织的计划与预算以及中期规划，审议总干事的工作报告，通过国际公约和建议，批准各项法律文件，接纳新会员，修改《组织法》，改选执行局委员和其他下设机构理事会成员，任命 总干事等。(2)执行局：大会闭会期间的管理和监督机构。由51名委员组成，每年举行两次(开大会的当年举行3次)届会。委员现由会员国提名的个人经大会选举产生，任期4年；每两年改选半数，不得连任，具有代表大会、各自会员国政府和个人三重身份。第26届大会(1991年)通过决议，对《组织法》有关条款作出修正，自1993年第27届大会，执行局改由大会选出的会员国组成。执行局的主要职能是：审议秘书处拟定的中期规划和计划与预算草案并向大会提出建议，监督计划的执行，审议应会员国、执行局或总干事要求列入议程的任何议题，向大会推荐总干事人选等。(3)秘书处：执行机构。负责起草该组织计划与预算以及中期规划，并在大会通过后具体执行；负责执行大会和执行局决定，并按大会和执行局要求提出各种报告。秘书处由各会员国招聘的各类职员组成。其最高行政首长为总干事，由大会选举产生，任期6年。可连任一届。在总干事之下，设副总干事2名，分管业务计划和行政管理；助理总干事若干名，分管教育、自然科学、社会科学、文化、交流及信息部门以及对外关系局 。此外，为协调地区性活动，增进会员国之间的地区性合作，该组织在亚洲及太平洋地区、非洲、阿拉伯国家、拉丁美洲及加勒比地区设有各类办事处，在纽约、日内瓦和维也纳设有联络处，在日内瓦、巴黎和汉堡分别设有国际教育局、国际教育规划研究所和教育研究所；向一些会员国派驻代表，并设有若干教育、科学和文化中心。总部和各地工作人员共约2700余人。

【主要活动】主要活动形式为：召开各种政府性或非政府性国际会议，举办专业讨论会、研究班、培训班，提供奖学金；开展人员和信息交流，举办试点项目，开展国际合作，发起国际运动，推动扫盲、文化遗产保护事业等，并为会员国提供咨询；制订准则性文件(公约、建议、宣言等)；推动会员国加入有关教育、科学、文化等方面的公约，实施各种建议、宣言等；出版书刊，促进信息传播；教科文组织还同500多个各方 面 的非政府国际组织有“咨询及协作”(A类)、“信息及咨询”(B类)和“互通信息”(C类)等三种类型的联系。

教科文组织自1977年起,每6年制定一次中期规划,确定在6年中业务活动的方针和内容。根据中期规划,每两年制订一次计划与预算。第三个中期规划(1990～1995年)包括7个重大计划领域。

1. 教育与未来。包括3项计划:(1)争取全民基础教育;(2)面向21世纪的教育;(3)促进和支持教育的发展。

2. 科学为进步和环境服务。包括3项计划:(1)科学技术为发展服务;(2)环境与自然资源的管理;(3)科学、技术与社会。

3. 文化:过去、现在和未来。包括世界文化发展十年(1988～1997)和3项计划:(1)国际文化合作、保护和丰富文化特性;(2)文化为发展服务;(3)文化遗产的保存和利用。

4. 交流为人类服务。包括3项计划:(1)新闻的自由流通与互助;(2)交流为发展服务;(3)新交流技术的社会文化影响。

5. 变化中世界的社会科学及人文科学。包括两项计划:(1)社会科学及人文科学在国际上的发展;(2)对社会变革的分析以及社会科学及人文科学对其他重大计划领域的贡献。

6. 教科文组织对有关发展的预测性研究和战略的贡献。包括两项计划:(1)人在发展中的作用;(2)对发展的预测性研究。

7. 教科文组织对和平、人权和消除一切形式之歧视的贡献。包括两项计划:(1)人之思想中的和平;(2)人权以及对消除种族隔离和其他一切形式之歧视的贡献。

第三个中期规划期间,教科文组织还同有关国际组织合作,开展两个动员性项目(“扫盲”和“青年塑造未来”)和一个特别项目(“对消除种族隔离的贡献——走向无种族隔离的世界”)。

【同我国的关系】中国是联合国教科文组织的创始国之一。1971年10月25日联合国大会通过决议,恢复我国在联合国的合法席位。同年10月29日,教科文组织随即决定恢复我在该组织中的合法席位,成为联合国系统第一个恢复我合法席位的专门机构。1972年10月,我国首次派代表团出席了该组织第17届大会,并当选为执行局委员。此后,我国出席了该组织的历届大会,并连选连任执行局委员。现任执委滕藤于1989年10月28日在该组织第25届大会上当选,任期至1993年11月。1974年3月,我国第一次向该组织派出常驻代表团。1979年2月,经中央批准,中华人民共和国联合国教科文组织全国委员会正式成立,负责协调我国政府有关部门和非政府组织涉及教科文组织的工作,并负责与该组织秘书处和各会员国教科文组织全国委员会的联络工作。1984年5月,教科文组织向中国派驻科技代表。1990年,改为联合国教科文组织驻北京办事处。1985年4月,中国政府向教科文组织捐款60万美元,帮助它克服因美国退出而遇到的财政困难。近年来,中国遵循教科文组织《组织法》的宗旨,本着促进世界和平、国际了解和人类进步并为我国现代化建设服务的精神,针对教科文组织作为政府间智力合作机构着重提供知识、信息、经验和思想的特点和优势,积极地、逐步地扩大了在其各主管领域内与该组织的合作。1992年,经国务院批准,我国先后正式加入了由教科文组织发起制定和管理的《具有国际意义的湿地,特别是作为水禽栖息地的公约》和《世界版权公约》。1992年9月14～19日,教科文组织在日内瓦召开了以“教育对文化发展的贡献”为主题的第43届国际教育大会,我国政府派以国家教育委员会副主任邹时炎为首的代表团出席了会议。新疆维吾尔自治区教育委员会荣获教科文组织1992年度“野间国际扫盲奖”。为加强国际智力合作,教科文组织成立了由21位国际杰出人士组成的“特设思考论坛”,我国清华大学著名教授张维当选为论坛成员。1992年11月,教科文组织执行局委员、澳大利亚工党全国主席巴里·琼斯应邀访华,受到李鹏总理接见。以中国联合国教科文组织全国委员会主任滕藤为首的代表团,出席了1992年11月30日至12月4日在堪培拉召开的第十届亚太地区联合国教科文组织全国委员会会议。教科文组织世界遗产委员会第16届会议于1992年12月7～14日在美国圣菲举行,我国政府提名的湖南省武陵源、四川省九寨沟和黄龙三个国家级风景名胜区作为自然遗产被批准列入《世界自然和文化遗产名录》,我国首次当选世界遗产委员会副主席。新华通讯社于1992年起在我国以中文出版发行《教科文组织通讯》(月刊)。

【驻华代表机构】教科文组织驻北京办事处(UNESCO Office, Beijing)。办公地点:北京建国门外5号楼153号。邮政编码:100600。电话:5321725。

(马燕生)

世界卫生组织

World Health Organization—WHO

【成立日期】1946年7月在纽约举行建立一个国际卫生组织的国际会议通过了世界卫生组织组织法,1948年4月7日得到了26个联合国会员国批准生效。1948年6月24日在日内瓦召开了第一届世界卫生大会。

【宗旨】使全世界人民获得尽可能最高水平的健康。该组织给健康下的定义为“身体、精神和社会生活的完美状态”。为实现2000年人人享有卫生保健的战略目标,要采取初级卫生保健措施。

【成员】186个(1993年5月),新增加11个。

【主要负责人】总干事中岛宏博士(Dr. Hiroshi Nakajima,日本),1988年7月21日就任,在1993年5月第46届世界卫生大会竞选连任获胜,任期五年。

【总部】在瑞士日内瓦。

【出版物】《世界卫生组织月报》(Bulletin of the World Health Organization),每年6期,英、法、阿、俄文;《疫情周报》(Weekly Epidemiological Record),英、法文;《世界卫生统计》(World Health Statistics Report)季刊,英、法文;《世界卫生论坛》(World Health Forum)季刊,英、法、中、阿、俄、西文;《世界卫生》(World Health)月刊,英、法、俄、西、德、葡、阿文。

【组织机构】(1)世界卫生大会:最高权力机构。每年举行一次。主要任务是审议总干事的工作报告、规划预算、接纳会员国和讨论其他重要议题。(2)执行委员会:由世界卫生大会选出的32名(目前只有31名)会员国政府指定的代表组成,任期三年,每年改选1/3。(3)秘书处:常设办事机构。下设非洲、美洲、欧洲、东地中海、东南亚、西太平洋六个地区办事处。总干事是秘书处行政和业务首席官员,经秘密投票选举产生。

【主要活动】该组织自提出人人享有卫生保健的全球战略至2000年前共有三个工作总规划。第八个工作总规划(1990~1995)是其中的第二个,它反映了卫生组织对全球战略、特别是国家战略的继续支持,规划阐明了卫生组织在卫生部门以及卫生组织影响所及的其他部门的活动的优先领域并提出了可采用的方法,规划的重点是加强国家卫生体制基础结构、特别是强调支持发展中国家,但对发达国家的需要也给予充分考虑。在第八个工作总规划期间,在继续重视初级卫生保健的同时,卫生组织将对以下五个领域予以特别重视:1.在变化的环境中的人类的健康;2.为了健康所需的适宜的食品和营养;3.作为整个卫生保健和人类发展组成部分的疾病综合防治;4.为宣传、教育、管理和科学研究而进行信息传播;5.加强最需要帮助的国家的卫生发展的支持。1993年世界卫生组织着手制定第九个工作总规划(1996~2001)将对全球社会经济、科技、卫生、环境等变化,做出及时的重要反应。

1992年5月4~14日,第45届世界卫生大会在日内瓦举行。该组织170多个成员国的1200多名代表出席会议。上届大会主席蒙古卫生部长帕格瓦扎布·尼亚木达瓦在开幕式上致词强调:"人类健康与良好的卫生设施是个人发挥其潜力、国家维护其社会经济发展的先决条件。"阿联酋卫生部长艾哈迈德·赛义德·巴迪当选本届大会主席。会议重点围绕卫生、环境与发展的关系,世界防治艾滋病战略和婴儿营养等主题展开讨论。代表们审议了该组织起草的卫生与环境报告及世界卫生状况报告。后一个报告指出:世界上随时都有10亿多人口(约占世界总人口的1/5)在遭受疾病的折磨。全世界每年有5000万人死亡,其中4650万与疾病直接有关。在所有疾病中,艾滋病仍然对人类健康构成巨大威胁。慢性病是导致成年人死亡的主要原因。心脏病和癌症每年分别使1200万成年人和270万人丧生。目前全世界有20亿人感染乙型肝炎病毒,24亿人感染肠道病虫,每天约有6000名儿童因得不到免疫而死亡。

在1993年5月第46届世界卫生大会上中岛宏总干事强调,必须在卫生组织及其会员国之间、在会员国之间、北南之间、贫富之间、国家与贫民之间、国家与地区、公立与私立部门、卫生工作者与患者以及个人与其自身健康之间形成一种新的伙伴关系,它意味着相互负责、相互尊重和分担。世界卫生组织1994~1995双年度正常工作预算为8.2亿美元。

【同我国的关系】我国是该组织的创始国之一,1972年第25届世界卫生大会恢复了我国在该组织中的合法席位。其后我出席该组织历届大会和西太区委员会会议,多次被选为执委会委员,并与该组织签订了关于卫生技术合作的备忘录和基本协议,双方的技术合作得到了迅速发展。迄今我与该组织已召开了14次技术合作协调规划会议;我国已有63个卫生研究和服务单位被指定为该组织合作中心;100多位专家应聘担任该组织专家咨询团成员。该组织给我国1992~1993年度正规预算拨款为530万美元,1992年预算外资助200万美元。该组织1981年在北京设立驻华代表处。1992年我卫生部副部长何界生率中国代表团出席了第45届世界卫生大会。他在发言中说,中国卫生事业取得重要进展,并将根据国情努力推进卫生改革,人口出生率已下降到1990年的21.06‰,人均期望寿命提高到69岁。中国预防医学科学院流行病与微生物学研究所所长郑庆斯医生在本届大会上以其在老年病研究领域取得的成就荣获世界卫生组织雅克奖。

【驻华代表机构】世界卫生组织驻华代表处。地址:北京东直门外新东路1号塔园外交公寓9号楼2单元151号。电话:5325633。驻华代表:季卿礼医生(Dr. R. W. K. Gee)。

(韩铁如)

国际货币基金组织
International Monetary Fund—IMF

【成立日期】根据1944年7月签订的"国际货币基金协定"于1945年12月27日与世界银行同时成立,1947年3月1日开业。1947年11月15日起成为联合国的一个专门机构。简称货币基金组织。

【宗旨】稳定国际汇兑,消除妨碍世界贸易的外汇管制,在货币问题上促进国际合作,并且通过提供短期贷款,解决成员国国际收支暂不平衡时产生的外汇资金需要。

【成员】175个(1993年1月)。

【主要负责人】总裁康德苏(Michel Camdessus,法国)。1987年当选,1992年连任。

【总部】在美国华盛顿。

【出版物】《世界经济概览》(World Economic Outlook)、《国际金融统计》(International Financial Statistics,月刊)、《国际货币基金概览》(IMF Survey,周刊)、《贸易统计指南》(Direction of Trade Statistics,月刊)、《国际收支统计》(Balance of Payments Statistics ,月刊)、《政府财政统计年鉴》(Government Finance Statistics Yearbook)等。

【组织机构】(1)理事会:最高权力机构。由各成员国派正、副理事各一名组成,一般由各国的财政部长或中央银行行长担任。各理事单独行使本国的投票权(各国投票权的大小由其所缴基金份额的多少决定)。(2)执行董事会:负责处理日常业务的机构。由24名执行董事组织,其中5名由份额最多的五个国家(美、英、法、德国、日本)派任,不参加执董选举。其余19名执行董事由基金组织成员国按地区组成19个选区产生,每两年选举一次,其中沙特阿拉伯、俄罗斯和中国分别单独组成自己的选区。每个选区选出的执行董事行使的表决权是其所代表选区各国表决权的总和。总裁负责基金组织的业务工作,由执行董事会推选,任期五年,可连任,历任总裁按惯例均由欧洲人担任。

【份额、表决权和借款】该组织的资金主要来源于各成员国认缴的份额。各成员国份额由该组织根据各国的国民收入、黄金和外汇储备、进出口贸易额以及出口占国民收入比重等几项经济指标确定。缴纳份额时,25%为可兑换货币或特别提款权;75%为本国货币。成员国份额愈大,其所享有的表决权即决策权愈大。1992年11月10日,基金协定第三次修正案通过,该组织第九次增资即已生效。据此,基金成员认缴份额总计为1352亿特别提款权,增幅为50%。成员国的主要权利是按照所缴份额的一定比例借用外汇。此外,成员国有义务提供经济资料并在本国的外汇政策和管理方面接受组织的监督。

【主要活动】货币基金组织主要向成员国提供短期国际收支平衡贷款。近年来根据发展中国家普遍遇到的较长期的经济结构调整问题,基金组织先后开展了一些中期贷款业务。1991/92年(截至4月30日,基金共向53个成员国提供了资金承诺额为87亿特别提款权。

【同我国的关系】我国是该组织的创始国之一,新中国诞生后我国的席位长期被台湾非法占据。1980年4月17日我代表权得到恢复。其后我代表团参加了该组织历届年会。我在该组织中的份额为33.85亿特别提款权,占总份额的2.31%,居第11位。我自1980年恢复在货币基金组织的席位后单独组成一个选区并派任一名执行董事。我共拥有34102张选票,占总票数的2.27%。

我国1981年2月和1986年11月分别借入基金第一档信贷约6亿和4.5亿特别提款权,现已全部偿清。

该组织于1991年在北京设立常驻代表处。

(彭毅平)

国际开发协会
International Development Association—IDA

【成立日期】1959年10月在华盛顿举行的国际复兴开发银行(世界银行)第14届年会上,根据美国的提案通过了建立国际开发协会的决议。该协会于1960年9月24日正式成立,是世界银行的附属机构。简称开发协会。

【宗旨】在世界银行最贫穷的成员国中为减少贫困和促进发展制定和实施有效的规划。

【成员】142个(1992年6月30日)。成员分为两类,第一类主要为资金捐助国,第二类为资金接受国。

【主要负责人】由世界银行行长普雷斯顿兼任协会会长。

【总部】在美国华盛顿。

【组织机构】(1)理事会:最高权力机构。(2)执行董事会:负责处理日常业务的机构。协会会长由世界银行行长兼任。协会的正、副理事和正、副执行董事也全部由该成员国在世界银行中的正、副理事和正、副执行董事兼任。

【资金主要来源】(1)成员国认股;(2)世界银行每年从赢利中拨给一定数额的资金;(3)部分成员国定期捐赠的补充资金。补充资金是该协会最主要的资金来源,一般以三年为一期,由第一类成员和部分第二类成员捐助。至今该协会已进行了十次补充资金。第十次补充资金于1992年12月完成,总额达130亿特别提款权,约合180亿美元。加上以前贷款回收资金,该协会供1994财年至1996财年使用资金总额合计为160亿特别提款权,约等于220亿美元。

【主要活动】该协会是国际复兴开发银行(世界银行)的附属机构,是世行发放优惠贷款(一般称为软贷款)的窗口。软贷款是指专门向低收入国家提供用以促进其经济发展的无息优惠贷款(每年收手续费0.75%,未使用部分每年收承诺费0.5%,还款期一般为50年,内含宽限期10年,主要为项目贷款)。成员中年人均国民生产总值在580美元以下(按1989年美元计算)的国家有资格获得此种贷款,但其中80%以上的部分给予那些年人均国民生产总值在470美元以下的国家。该协会1992财年承诺总额为65亿美元。

【同我国的关系】我国是协会的第二类成员国,即使用开发协会贷款的成员国。我在协会中的认股额为3960万美元,按规定向协会实缴认股额10%的外汇。至1992年6月30日,我国共拥有165488票表决权,占总数的2%。

自1980年我恢复在协会会员席位到1992财年,该协会对我软贷款项目37个,承诺额达65.84亿美元。其中,1992财年该协会对我贷款项目8个,承诺额为9.49亿美元。 (彭毅平)

国际复兴开发银行(世界银行)
International Bank for Reconstruction And Development—IBRD (World Bank)

【成立日期】根据1944年7月布雷顿森林会议的决定,于1945年10月27日与国际货币基金组织同时成立,1946年开业,1947年11月15日起成为联合国的一个专门机构。又称世界银行。

【宗旨】通过促进生产性资本投资协助成员国的建设和开发;通过担保和参与私营部门的贷款及其他投资,推动外国投资并促进国际贸易的长期均衡增长。

【成员】175个(1993年1月)。

【主要负责人】行长普雷斯顿(Preston,美国),1991年就任,任期5年。

【总部】在美国华盛顿。

【出版物】《年度报告》(World Bank Annual Report)、《世界发展报告》(World Development Report)等。

【组织机构】(1)理事会:最高权力机构。由各成员派正、副理事各一名组成,每年开一次会议。(2)执行董事会:负责处理日常业务的机构。由24名执董组成,其中5名由掌握股份最多的国家派任,不参加执董竞选。其余19名由其他成员国按地区组成19个选区产生,每两年选举一次,其中沙特、中国和俄罗斯均单独组成自己的选区。历任行长按惯例均由美国派任。

【股本和资金来源】该行创始法定资本为100亿美元,后有三次普遍增股。第一次在1959年,核准增加100%。第二次在1980年,核准总额为400亿美元,使该行的资本增加了一倍。1988年4月12日,世行理事会通过决议,批准世行进行第三次普遍增资,增加法定资本748亿美元,使其总额达到1714亿美元。其中新的认缴股中实缴股金为3%,其余作为待缴股金。普遍增资使世行年贷款能力超过200亿美元。除普遍增资外,还有临时的选择性增资。该行所需借贷资金主要从世界主要工业国的资本市场筹措。

【主要活动】世界银行的主要业务是向发展中成员国提供长期项目贷款,主要是面向政府即由政府担保的项目贷款,资助它们兴建某些建设周期长、利润率偏低但又为该国经济和社会发展必需的建设项目。近年来,环境保护和减少贫困在该组织业务领域中日趋重要。1992财年(止于6月30日),世行集团的承诺总额达217亿美元,其中:国际复兴开发银行152亿美元,国际开发协会65亿美元。

【同我国的关系】我国是该组织的创始国之一,新中国诞生后我国的席位长期被台湾非法占据。1980年4月14日,世界银行声明,自中华人民共和国政府在国际复兴开发银行、国际开发协会和国际金融公司中代表中国之日起,该三机构将按协定只同作为唯一代表成员国中国的中华人民共和国发生关系。其后我代表团参加了该组织历届年会。该组织于1985年在京设立常驻代表处。我在该组织中的份额为42.19亿美元,占总份额的2.77%。投票数为35221,占总投票数的2.71%,居第十位。我自1980年恢复在世行的席位后单独组成一个选区并派任执行董事。

至1992财年(6月30日结束),世行对我贷款承诺额近132亿美元,项目达109个。1992财年,世行对我贷款项目16个,承诺总额为25亿美元。

1992年4月27～28日,财政部副部长项怀诚率团出席了国际货币基金组织/世界银行在华盛顿举行的春季例会。9月22～24日,国务委员兼财政部长王丙乾率团出席了国际货币基金组织/世界银行在华盛顿举行的联合年会。 (彭毅平)

国际金融公司
International Finance Corporation—IFC

【成立日期】1951年3月,美国为扩大对私人企业的国际贷款,建议在世界银行附设国际金融公司。经联大和经社理事会讨论通过后,决定由世界银行同其成员国政府草拟协定条款。1956年7月24日该公司正式成立,并于1957年10月成为联合国的一个专门机构。

【宗旨】通过鼓励成员国,特别是欠发达地区生产性私人企业的增长来促进经济发展,因而补充了国际复兴开发银行的活动。

【成员】146个(1992年6月底)。

【主要负责人】由世界银行行长普雷斯顿兼任总裁。

【总部】在美国华盛顿。

【组织机构】(1)理事会:最高权力机构。由每个成员国派正、副理事各一名组成。(2)执行董事会:负责处理公司日常业务活动的机构。由24名执行董事组成,其中5名由公司中认股份额最大的5个国家派任,其余19名由其他成员国每两年选举一次产生,其成员组成与世界银行同。

【股本和资金来源】(1)1985年12月,理事会通过决议将法定股本增至13亿美元。1992年5月,公司决定增资10亿美元,即增加到23亿美元。(2)该公司的主要资金来源是通过向世界银行借款的方式筹集。

【主要活动】该公司虽为世界银行的附属机构,但是独立的法人,其资金与世界银行的资金完全分开。该公司主要是通过向发展中国家的私营企业发放贷款或以入股方式进行投资,来促进借款国国内经济的发展。在贷款和投资时,按项目与发达国家的商业银行和其他金融机构以银团方式进行合作,这种贷款不需要由政府提供担保。

1992财年,该公司本身批准的融资额为18亿美元,为167个项目提供了融资,批准的项目的总投资成本为120亿美元。

【同我国的关系】1980年我国在世界银行的合法席位得到恢复,我即成为该公司的成员。截至1988年6月,我国共拥有该公司的9115股份,加250个会员股共享有9365票表决权,占总表决权的0.85%。1985年该公司首次批准给我国贷款项目。至1992年底,该公司对我的贷款额约7000万美元。 (彭毅平)

国际民用航空组织
International Civil Aviation Organization—ICAO

【成立日期】1944年11月1日至12月7日,52国在美国芝加哥举行国际民用航空会议,签订了《国际民用航空公约》(简称芝加哥公约),并决定成立过渡性的临时国际民用航空组织。1947年4月4日芝加哥公约生效,国际民用航空组织正式成立,5月13日成为联合国的一个专门机构。

【宗旨】芝加哥公约宣称:由于发展国际民用航空有助于各国和人民间的友好和谅解,滥用它则将威胁普遍安全;由于世界和平有赖于促进各国和人民间的合作,并有赖于减少磨擦,因此制订一些原则和办法,以使国际民用航空业能安全而有秩序地发展,使国际航空运输能基于机会均等之上并经济而健康地营运。

【成员】173个(1993年3月)。

【主要负责人】理事会主席阿沙德·柯台特博士(Assad Kotaite,黎巴嫩),1976年就任,1992年11月再度连任,任期至1995年。秘书长菲力浦·罗夏(Philippe Rochat,瑞士),1991年8月1日就任,任期至1994年7月31日。

【总部】在加拿大蒙特利尔市。

【出版物】《国际民航组织公报》(ICAO Bulletin)月刊,英、法、西文。

【组织机构】(1)大会:最高权力机构,每三年举行一次。(2)理事会:常设机构,由33个理事国组成,每届大会选举产生。每年举行三次例会。理事会下设航空技术、航空运输、法律、联营导航设备、财务和制止非法干扰国际民航等六个委员会。(3)秘书处:处理日常工作,设航空技术、航空运输、法律、技术合作和行政服务等五个局,以及对外关系办公室等。另外,设西非和中非(达喀尔),南美(利马),北美、中美和加勒比(墨西哥城),中东(开罗),欧洲(巴黎),东非和南非(内罗毕),亚洲和太平洋(曼谷)等七个地区办事处。

【主要活动】该组织的大量日常工作是通过制订和修改《国际民航公约》的18个技术附件,以确定各国应采用的统一的民航技术业务标准,包括飞行程序、国际航路、空中交通管制、通信、气象、机务维修、适航、国际机场及设施等方面统一的国际标准;该组织还通过对各国航空运输政策和业务活动的调研(包括对各成员国航空协定进行登记汇集,统计运输业务数据,跟踪运力、运价市场变化等),并通过协调、简化机场联检手续等一系列活动,促进国际航空运输业务有效而经济地发展,力避不公平的竞争;管理在冰岛和丹麦设立的公海联营导航设施;充任联合国开发计划署向缔约国提供的民航技援项目的执行机构。

1991年10月14～18日在中国北京召开了第27届亚太地区民航局长会议。出席本届会议的有30个国家和地区及4个国际组织的代表和观察员共150多人,国务委员兼外交部长钱其琛出席开幕式并讲了话,我民航局长蒋祝平当选为大会主席。国际民航组织理事会主席阿沙德·柯台特博士专程前来出席了会议。

【同我国的关系】我国派代表出席了1944年的芝加哥会议。1947年该组织正式成立时,我国即为其成员国。1974年2月15日我国政府决定恢复参加该组织的活动。自1974年至1992年底,我国连选连任该组织理事会理事国。我国代表还担任理事会下设的航空技术委员会、航空运输委员会、人事委员会和制止非法干扰民航安全委员会的成员。我国在该组织总部所在地蒙特利尔设有常驻代表处。

自1980年以来,我国与国际民航组织合作,承办了四个技援项目,联合国开发计划署投入约400万美元,国际民航组织提供技术服务,包括选派专家、安排培训、采购设备等。四个项目是:1.北京首都机场现代化项目;2.加强并使航空气象服务现代化及培训气象人员项目;3.加强并使民航培训设施现代化项目;4.非雷达航管培训项目。 (张志良)

万国邮政联盟
Universal Postal Union—UPU

【成立日期】1874年10月9日成立,时称"邮政总联盟",1878年改为现名,1948年成为联合国的一个专门机构，简称万国邮联。

【宗旨】以万国邮政联盟的名义组成一个邮政领域以便互相交换函件。转运自由在整个邮政领域内得到保证。组织和改善国际邮政业务，并在力所能及的范围内，参与会员国所要求给予的邮政技术援助。

【成员】177个(1992年12月31日)。1992年新增会员国9个：立陶宛、爱沙尼亚、纳米比亚、拉脱维亚、克罗地亚、哈萨克斯坦、斯洛文尼亚、亚美尼亚、摩尔多瓦。

【主要负责人】国际局总局长A·C·博多·德·巴罗斯(A. C. Botto De Barros，巴西)，1985年就任，1990年1月1日连任，任期5年。

【总部】为万国邮联国际局，在瑞士伯尔尼。

【出版物】《邮联》(Union Postale)季刊，用法、德、英、阿拉伯、中、西班牙、俄7种文字出版(合订本)。

【组织机构】(1)大会：最高权力机构。原则上每5年召开一次大会。在特殊情况下可召开非常大会。(2)执行理事会：大会休会期间的执行机构，由40个理事国组成。每年举行一次年会。每届大会至少更换一半理事国，任何理事国不得连任3届。(3)邮政研究咨询理事会：负责研究有关邮政业务的技术、经营管理和经济方面的问题，由35个理事国组成。每年召开一次年会。(4)国际局：万国邮联在其所在地设立的中央办事处。由总局长领导并受执行理事会的监督，是各会员国邮政主管部门的联络、信息和咨询机构。

【主要活动】1992年4月27日至5月13日在瑞士伯尔尼召开了本届执行理事会第三次年会。会议审议了万国邮联改革和万国邮联法规改编等问题，通过了1993年度的预算为29087690瑞士法郎，比上一年增加了5.3%。

5月14～15日在伯尔尼召开了万国邮联历史上首次高级特别会议，以便为1994年万国邮联汉城大会做准备。78个会员国派部长级或总局长级代表团与会。会议围绕"未来的邮政"和"未来的万国邮联"两个议题进行了深入讨论，分析了当前邮政和万国邮联所处的环境，提出了未来发展的倾向性意见。

10月12～23日在伯尔尼召开了邮政研究咨询理事会年会。年会期间还召开了"人力资源"、"研究与发展"、"国际特快专递业务"和"邮政市场"等4个研讨会。

【同我国的关系】我国于1914年3月1日加入万国邮联。1951年3月台湾当局窃取了中国在万国邮联的席位。1972年4月万国邮联决定恢复我国的合法席位。在1989年万国邮联华盛顿大会上，我国被推选为大会副主席，并当选为执行理事会和邮政研究咨询理事会理事国。在执行理事会的成立会议上，我国被推选为该理事会的副主席。1992年我派代表团分别参加了两理事会年会和高级特别会议。

1992年6月20～26日，受万国邮联委托，我国在北京承办了由亚太地区18个发展中国家和新西兰、澳大利亚、日本等国家共33名高级邮政官员参加的"邮政市场"国际研讨会。 (屈德禄)

世界气象组织
World Meteorological Organization—WMO

【成立日期】1949年9月在华盛顿市召开了45国气象机构负责人大会(中国代表参加了大会)，决定将1873年在维也纳第一届国际气象大会创建的非政府机构——国际气象组织改组为政府间组织——世界气象组织。1950年3月23日世界气象组织公约正式生效，世界气象组织正式诞生。1960年将每年3月23日定为世界气象日。

【宗旨】促进设置站网方面的国际合作以进行气象、水文以及与气象有关的地球物理观测；促进设置和维持各中心以提供气象和与气象有关的服务；促进建立和维持气象及有关情报快速交换系统；促进气象和有关规则的标准化，确保以统一的规格出版观测和统计资料；推进气象学应用于航空、航海、水利、农业和人类其他活动；促进业务水文活动，增进气象和水文部门间的密切合作；鼓励气象及有关领域内的研究和培训，帮助协调研究和培训中的国际性问题。

【成员】166个(1992年12月底)，其中国家会员161个，地区会员5个。1992年的新成员是拉脱维亚(5月15日)、立陶宛(6月3日)、斯洛文尼亚(8月20日)、爱沙尼亚(8月21日)、亚美尼亚(9月16日)和克罗地亚(10月9日)。

【主要负责人】主席邹竞蒙(Zou Jingmeng，中国国家气象局局长)，1991年5月第11次世界气象大会连任主席，任期至1995年第12次世界气象大会。秘书长奥巴西教授(G. O. P. Obasi，尼日利亚)，第11次世界气象大会再次被任命，任期至1995年底。

【总部】秘书处在瑞士日内瓦。

【出版物】《世界气象组织公报》(WMO Bulletin)，季刊。不定期刊物有：新闻公报、技术报告、会议最终报告等。均用英、法、俄、西班牙文出版。

【组织机构】(1)世界气象大会：最高权力机构，每4年召开一次，视情可召开特别大会。主要任务是制订该组织的活动方针和政策，确定未来4年的各项计划，批准财务预算等。(2)主席团：由主席、3位副主席和秘书长组成，每年开会两次，主要研究大会、执行理事会决议和决定的贯彻执行及一些紧迫问题。(3)执行理事会：大会闭会期间的执行机构。由主席、3位副主席、6位区协主席和26名大会选举产生的气象或水文气象局局长组成，一般每年6月开会，主要研究贯彻大会决议、批准年度计划和双年度预算。(4)区域协会：根据地理区域分为6个区域协会,即非洲、亚洲、南美洲、北中美洲、西南太平洋和欧洲。4年召开一次届会,研究贯彻大会、执行理事会决议,协调本区域气象业务和科研等各项计划的实施。(5)技术委员会:根据专业性质设有8个技术委员会,即基本系统委员会(CBS)、大气科学委员会(CAS)、仪器和观测方法委员会(CIMO)、水文学委员会(CHy)、气候学委员会(CCL)、农业气象学委员会(CAgM)、海洋气象学委员会(CMM)、航空气象学委员会(CAeM)。技术委员会一般每4年召开一次届会,其任务是根据大会、执行理事会和区域协会的决定,组织协调本专业领域内的各项活动。(6)秘书处:日常办事机构,负责协调各项计划和大会、执行理事会及有关组织机构各项决议的贯彻,由秘书长主持工作。

【主要活动】1992年的主要活动是贯彻执行第11次世界气象大会所通过的决议和决定。世界天气监视网计划仍是本组织的骨干计划。世界气候计划和全球气候变暖作为全球关注的热点不断得到改进和加强,科研发展计划、气象应用计划、水文和水资源计划、教育和培训计划、区域计划和技术合作计划进展顺利。世界气象组织/联合国环境署政府间气候变化委员会(IPCC)活动深入开展,各工作组的工作在完成所赋予任务基础上,政府间气候变化专业委员会对其工作组结构作了调整。政府间气候变化框架公约谈判继续进行。6月在巴西召开联合国环发大会(UNCED),气候变化框架公约通过并签署。根据联合国环发大会通过的21世纪议程和气候变化框架公约,该组织着手研究环发大会的后续行动。年内召开的主要会议有:政府间气候变化专业委员会第七、第八次全会及政府间气候变化委员会主席团会议,气候变化框架公约政府间谈判第五、第六次会议,世界气象组织主席团会议,执行理事会第44届会议,基本系统委员会第十届会议和台风委员会第25届会议等,我国均派代表团出席了上述会议。国家气象局局长邹竞蒙、副局长骆继宾还随李鹏总理出席了6月在巴西召开的联合国环境和发展大会。李鹏总理代表中国于1992年6月11日在气候变化框架公约上签字。

【同我国的关系】中国为1947年华盛顿市气象局局长会议世界气象组织公约签字国。1972年2月24日世界气象组织恢复我国的合法席位。同年3月该组织秘书长戴维斯博士访问与我商谈参加其活动问题。随后我先后参加了世界天气监视网计划、世界气候计划、科研发展计划、水文和水资源计划、教育培训计划、区域计划和技术合作计划。1973年以来,我国一直为该组织执行理事会成员。国家气象局局长邹竞蒙于1983年第9次世界气象大会当选为该组织第二副主席,1987年第10次世界气象大会当选为主席,成为我国在联合国专门机构中唯一担任主席职务的人,并于1991年第11次世界气象大会连任。自1972年以来,世界气象组织与我国的合作关系发展顺利,前任主席及历届秘书长等高级官员多次访华,并受到我政府领导人的接见。许多国际会议在华举行,我对外技术援助及技术转让和输出不断扩大,我国气象事业现代化建设所取得的成就和中国学者的科技水平均受到世界气象组织和各国气象部门及专家的好评。1992年1月政府间气候变化专业委员会第一工作组会议在广州举行,来自世界各地的著名气候专家100余人出席会议并通过了气候变化科学评价的补充报告。1992年10月5～9日国际暴雨和洪涝学术讨论会在安徽省黄山市举行,国家气象局、水利部、中国科学院和安徽省的主要领导出席了会议。1992年12月8～14日亚太经社会/世界气象组织台风委员会第25届会议在广东珠海举行,来自亚太地区及联合国机构的代表约60人与会,朝鲜和澳门代表作为新成员首次出席。同年,我国利用向该组织自愿合作计划(VCP)的捐款除向十多个国家提供气象仪器装备援助外,还组织了非洲十个国家气象局局长及世界气象组织代表参加的来华气象考察,这种具有中国特色的考察活动已成为世界气象组织自愿合作计划的一种新形式得到确认。年内我国气象专家还分别作为联合国聘请专家赴孟加拉国、越南和朝鲜等国帮助工作,进行技术转让,受到联合国开发计划署、世界气象组织及各国的好评。　(王才芳)

国际海事组织
International Maritime Organization—IMO

【成立日期】根据1948年通过、1958年3月17日生效的《政府间海事协商组织公约》,1959年1月13日在英国伦敦正式成立政府间海事协商组织,并召开了第一届大会。自1982年5月22日起改名为国际海事组织。本组织自成立之日起即是联合国系统中负责处理海运技术问题的一个专门机构。

【宗旨】促进各国的航运技术合作、鼓励各国在促进海上安全、提高船舶航行效率、防止和控制船舶对海洋污染方面采取统一的标准,处理有关的法律问题。

【成员】137个正式成员(1992年12月底)。香港和澳门为联系成员。爱沙尼亚、克罗地亚、卢森堡为新成员。

【主要负责人】秘书长威廉·奥尼尔(W. A. O'neil,加拿大),1990年1月1日就任。

【总部】在英国伦敦。

【出版物】《国际海事组织新闻》(IMO NEWS)季刊,英文;本组织所制订的各种公约、规则和建议案及决议。

【组织机构】(1)大会:最高权力机构,由全体成员国代表组成,每两年召开一次。任务是批准工作计划和财务预算,选举理事会成员,审议并通过各委员会提出的有关海上安全、防止海洋污染及其他有关规则的建议案。(2)理事会:由大会选出的32个理事国组成,成员分为三类:A类是8个在提供国际航运服务方面具有最大利害关系的国家;B类是8个在国际海上贸易方面具有最大利害关系的国家;C类是16个作为地区代表当选的国家。任期两年,可以连任。(3)海上安全委员会:由全体成员国的代表组成,每年至少召开一届会议。负责协调有关海上安全的技术性问题。该委员会下设10个小组委员会,即:稳性、载重线和渔船安全;防火;培训与值班标准;航行安全;集装箱与货物;散装化学品;危险货物运输;救生设备与搜寻救助;设计与设备;无线电通信。(4)海上环境保护委员会:由全体成员国的代表组成,每年至少召开一届会议,负责协调防止并控制船舶造成海洋污染方面的活动。(5)法律委员会:由全体成员国的代表组成,每年至少召开一届会议,负责审议本组织范围内的法律事务。(6)技术合作委员会:由全体成员国的代表组成,每年至少召开一届会议,负责协调技术合作方面的工作,其目的是促进各成员国实施本组织制订的国际公约及其他国际规则。(7)便利运输委员会:理事会下设的附属机构,在理事会认为必要时召开会议,负责研究有关便利国际海上运输方面的活动、减少有关船舶进出港口的手续和简化所涉及的文件。(8)秘书处:负责保存国际海事组织制订的公约、规则、议定书、建议案和会议记录以及会议文件等,并负责处理日常事务的常设机构。设有海上安全司、海上环境保护司、法律事务和对外关系司、行政司、会议司和技术合作司。

【主要活动】制订和修改有关海上安全、防止海洋污染,便利海上运输和提高船舶航行效率及与之有关的海事责任方面的公约、规则、议定书和建议案,交流这方面的实际经验和海事报告,利用联合国开发计划署等国际组织提供的经费和捐助国提供的捐款,为发展中国家提供一定的技术援助。1992年国际海事组织共召开24次会议,除理事会、各专业委员会和小组委员会的会议外,还有国际油污基金组织第15届大会、伦敦倾废公约缔约国第15届协商会议、有关油污民事责任公约和油污赔偿基金公约议定书的外交大会。我国派代表或观察员出席或列席了这些会议。

在有关油污民事责任公约和油污赔偿基金公约议定书的外交大会上,对两个公约的"1984年议定书"的生效条件作了相应的修改、形成这两个公约的"1992年议定书"。会议通过了以下5项决议:1. 承认根据《油污民事责任公约》和《油污民事责任公约1992年议定书》签发的证书;2. 设立1992年国际油污赔偿基金;3. 防止"1984年议定书"和"1992年议定书"油污赔偿机制相互冲突,明确"1984年议定书"不再生效,并要求对新的油污赔偿机制感兴趣的国家只加入该两个公约的1992年议定书;4. 已表示同意受"1984年议定书"约束的国家的某些条约法问题,要求国际海事组织和国际油污赔偿基金组织协助他们解决可能遇到的条约法律问题;5. 对某一国家收油人的摊款采用临时封顶办法,强调这种办法不能作为先例运用到其他公约。

【同我国的关系】自1973年我国正式加入该组织以来,除派代表团出席会议外,还选派了19名专业干部到世界海事大学进修。1984年在大连海运学院成立世界海事大学大连分校。

国际海事组织制订并负责保存的国际公约和议定书共有37项,其中已经生效的有26项,我国已经接受18项。

我国曾在该组织第9~15届大会上当选为B类理事国,并在1989年和1991年召开的第16和17届大会上当选为A类理事国。该组织秘书长曾多次来华访问。 (*危敬添*)

世界知识产权组织
World Intellectual Property Organization—WIPO

【成立日期】该组织是"国际保护工业产权联盟"(巴黎联盟)和"国际保护文学艺术作品联盟"(伯尔尼联盟)的51个成员国于1967年7月14日在瑞典斯德哥尔摩共同缔约建立的一个政府间组织;它的前身是保护知识产权联合国际局。1974年12月该组织成为联合国的一个专门机构。

【宗旨】通过国际合作,促进世界范围内对知识产权的保护;集中管理各国际知识产权联盟的行政事务以及有关的国际知识产权条约。

【成员】133个(1993年1月31日),1992年新加入的国家为:阿尔巴尼亚(6月30日)、捷克共和国(1月1日)、拉脱维亚(1月21日)、立陶宛(4月30日)、斯洛伐克共和国(1月1日)。

【主要负责人】总干事鲍格胥(Dr. Arpad Bogsch,美国),1973年12月1日上任,1979、1985、1991年连任,任满日期1995年11月30日。

【总部】在瑞士日内瓦。该组织在美国纽约联合国大厦设有联络处。

【出版物】《工业产权》(Industrial Property, La Propriété industrielle)月刊,英、法文;《版权》(Copyright, Le Droit d'auteur)月刊,英、法文;《国际商标》(Les Marques internationales)月刊,法文;《国际外观设计通报》(International Designs Bulletin, Bulletin des dessins et modèles internationaux)月刊,英、法文;《专利合作条约公报》(PCT Gazette, Gazette du PCT)双周刊,英、法文;《世界知识产权组织通讯》(WIPO Newsletter),不定期,阿、英、法、葡、俄、西文。《亚太知识产权》(Intellectual Property in Asia and the

Pacific)，不定期，英文。

【组织机构】(1)大会：最高权力机构。每两年召开一次。(2)成员国会议：由全体成员国组成，每两年召开一次，与大会同期同地点举行。(3)协调委员会：大会和成员国会议的咨询机构及执行机构。(4)国际局：该组织以及受该组织管理的各联盟的秘书处，受大会和成员国会议管理，由以总干事为首的来自各国的常任职员组成；总干事由大会根据协调委员会提名任命，任期六年(本届任期四年)。国际局下设有关工业产权法律、版权法律、情报、公约保存以及专利、商标、外观设计和原产地名称注册等业务机构。

【主要活动】该组织的主要活动按其宗旨而开展。在促进世界范围内对知识产权的保护方面，该组织鼓励缔结新的国际条约及各国知识产权立法的现代化，向发展中国家提供法律技术援助，收集和传播有关情报，为发明、商标、外观设计等在多国获得法律保护提供服务并努力促进成员国之间在知识产权法律保护方面的合作。

在集中管理各国际知识产权联盟的行政事务方面，该组织通过其秘书处，即设在瑞士日内瓦的国际局对工业产权和版权的14个联盟实行集中管理，有利于各联盟之间的相互协调。

1992年该组织继续召开协调各国商标法某些规定的专家委员会会议、国家间知识产权纠纷处理专家委员会会议以及制定关于版权问题的伯尔尼公约议定书专家委员会会议。该组织还派出专家到成员国举办培训班、讲习班或研讨会，进行工业产权和版权基本知识，专利、商标审查专门知识，工业产权局行政管理计算机化，专利情报数据库的利用等知识的培训和研讨。

【同我国的关系】自1980年6月3日我国加入该组织以来，该组织始终与我国保持着良好的合作关系，我国现为该组织的协调委员会、预算委员会、大楼基建委员会、工业产权发展合作常设委员会以及工业产权情报常设委员会成员。　(马连元)

国际农业发展基金会

International Fund for Agricultural Development—IFAD

【成立日期】1974年11月召开的世界粮食会议决定成立国际农业发展基金会。1976年6月，91国政府通过了《成立国际农业发展基金会的协定》。1977年11月30日协定生效。1978年1月1日基金会开始业务活动。

【宗旨】筹集更多的资金，以优惠条件帮助发展中国家发展农业。

【成员】147个(1992年底)。

基金会成员分为三类：第一类为经合组织成员国(即发达国家)，第二类为石油输出国，第三类为其他发展中国家。

【主要负责人】总裁伊德里斯·雅泽里(Idriss Jazairy，阿尔及利亚)，1984年11月就任，1988年11月连任，任期至1992年11月。

【总部】在意大利罗马。

【出版物】《年度报告》(Annual Report)。

【组织机构】(1)管理大会：最高权力机构，由成员国各派一名理事和副理事组成，每年开会一次。行政首长为总裁，由管理大会选出，任期四年，可连任。(2)执行局：在管理大会闭会期间主持工作，由36国组成(三类成员各选6名正式委员和6名候补委员)。目前的成员包括：德国、意大利、日本、荷兰、挪威、美国、阿尔及利亚、印尼、科威特、尼日利亚、沙特、委内瑞拉、科特迪瓦、莱索托、尼泊尔、泰国、巴西、古巴(以上为正式委员)。英国、法国、加拿大、比利时、瑞典、利比亚、伊拉克、阿联酋、加蓬、卡塔尔、伊朗、巴拿马、塞浦路斯、墨西哥、印度、塞内加尔、埃塞俄比亚(以上为候补委员，空缺一名)。执行局主席由总裁兼任。

【主要活动】农发基金的资金主要来源于成员国认捐，其中第一、二类成员按比例分摊认捐，第三类成员自愿认捐。自成立以来，该基金已进行了四期资金认捐工作。创始资金(1978～1980年)为10亿美元，三期补充资金(1981～1983年、1985～1987年、1989～1991年)总额为15.58亿美元(截至1991年1月)。资金的使用分贷款和赠款(赠款一般占财政年度资金的12.5%)。该基金会自1978～1990年底在92个国家实施了289个开发项目，贷款总额为28.72亿美元。

1992年1月21～23日，该基金会第15届管理大会在罗马举行。会议批准了阿尔巴尼亚、柬埔寨的入会申请。会议还批准了基金会1992年工作计划和预算，决定成立工作小组，研究第四期补充资金的筹集时间和方式。

该基金会第45次执行局会议于4月12～16日在卡塔尔召开，46个代表团分别代表经济合作组织、石油输出国组织和发展中国家三组成员国与会。会议决定向亚、非、拉和中东、北非地区9个项目提供贷款，其中包括向我吉林省开发低洼地使之旱涝保收项目提供2760万美元贷款。会议就第四次补充资金进行了第一次磋商，初步确定三年内筹集6亿美元补充资金。

【同我国的关系】我国于1980年1月加入农发基金会，并自第三届起出席了历届管理大会。1986年10月基金会总裁访华。至1992年底，我国已从农发基金会得到总额为1.84亿美元的8个项目的贷款(其中1992年贷款2962万美元；1993年2700万美元)，用于发展畜牧、盐碱地改良、农村信贷、淡水养鱼和农业综合开发等方面。1989年9月，我确认向第三期补充资金认捐800万美元，在1990～1992年分期支付。截至1992年底，我国共向该基金会认捐1184万美元(其中

1992年为260万美元)。 (沈 宏)

联合国工业发展组织
United Nations Industrial Development Organization—UNIDO

【成立日期】1965年12月第20届联大决议决定设立联合国工业发展组织。1967年1月,工发组织正式成立。1975年第二届联合国工发大会建议将工发组织改为联合国专门机构。1979年工发组织第二届全权代表大会通过了《联合国工业发展组织专门机构章程》及有关决议。1985年6月正式改为专门机构。

【宗旨】促进和加速发展中国家在全球、区域和国家以及各级促进工业发展和合作。

【成员】现有成员160个。

【主要负责人】总干事小多明哥·林·夏松(Domingo L. Siazon, Jr., 菲律宾),1985年9月就任,1989年11月连任,1993年1月离任。

【总部】在奥地利维也纳。

【出版物】《工业与发展》(Industry and Development);《联合国工发组织新闻通讯》(UNIDO Newsletter)月刊等。

【组织机构】(1)大会:最高权力机构,由全体成员国参加,每两年举行一届常会。(2)理事会:由大会选出53个成员国组成,任期四年,每两年改选一半,可连任,每年举行一次例会。理事国包括:埃及、奥地利、秘鲁、芬兰、哥斯达黎加、古巴、墨西哥、荷兰、摩洛哥、尼日利亚、瑞士、塞内加尔、沙特、苏丹、俄罗斯、特立尼达和多巴哥、土耳其、乌干达、西班牙、希腊、匈牙利、叙利亚、伊拉克、伊朗、印度、印尼、扎伊尔(以上任期至1993年);白俄罗斯、比利时、玻利维亚、巴西、喀麦隆、智利、中国、捷克和斯洛伐克、埃塞俄比亚、法国、德国、加纳、几内亚、意大利、日本、科威特、挪威、巴基斯坦、韩国、罗马尼亚、泰国、突尼斯、英国、美国、津巴布韦(以上任期至1995年)。(3)秘书处:大会和理事会的执行机构。主要负责人是总干事,由大会根据理事会的推荐任命,任期四年,可连任一次。

【主要活动】工发组织是联合国系统的一个多边援助执行机构,从三个方面来促进发展中国家的工业发展:涉及直接援助的现场业务活动;组织研究会、讨论会、专家小组会和培训方案等的支援活动;促进发达国家和发展中国家的金融和商界、学术团体和其机构建立直接联系的促进活动。该组织还在一些成员国设有投资促进服务组织,并愈益重视通过捐款和商业性投资筹集资金。

该组织第九届理事会于1992年5月22～28日在维也纳举行。会议审议了工发组织的政策、财政状况、协商制度、国别方案、电脑化方案以及世界能源问题、技术合作、发展中国家间的经济合作、技术发展与转让等。

该组织第十届理事会于1992年11月2～6日在维也纳举行。会议审议了1992年工发组织特定活动的进度报告、方案预算委员会的报告、阿拉伯国家工业发展特别方案、工发组织环境方案、特别信托基金项目准则以及工发组织的目标、职能、组织和人员结构等议题。

【同我国的关系】我国在1972年的第27届理事会上当选为理事国后,一直连任。

1974年,我在维也纳设立常驻工发代表处。我常驻代表现由我驻维也纳代表团代表陈士球大使兼任。1981年,工发组织派驻华高级工业发展现场顾问。

1992年,工发组织在我国参与执行联合国援助机构的51个项目,并利用工发组织资金资助我国17个项目,总金额达586万美元。1992年,中国向工发组织捐款40万美元和35万元人民币。截至1992年底,中国累积向工发组织捐款314万美元和1260万元人民币。

1992年4月18～22日,工发组织总干事夏松应邀访华。

【驻华代表机构】该组织驻华代表机构设在联合国开发计划署驻华代表处内,其驻华国别主任现为伊安·戴维斯(Ian Graham Davies,澳大利亚)。

(沈 宏)

关税及贸易总协定
General Agreement on Tariffs And Trade—GATT

【成立日期】关税及贸易总协定(简称总协定)的前三部分的基本条款,作为"临时适用议定书"于1948年1月1日开始临时实施。1965年总协定又增加了关于发展中国家的第四部分。

【宗旨】在处理成员国的贸易和经济事业的关系方面,以提高生活水平、保证充分就业、保障实际收入和有效需求的巨大持续增长、扩大世界资源的充分利用以及发展商品生产与交换为目的,努力达成互惠互利协议,大幅度削减关税及其他贸易障碍和取消国际贸易中的歧视待遇。

【成员】105个正式成员(1992年12月)。新成员是莫桑比克、纳米比亚。

【主要负责人】秘书处总干事阿瑟·邓克尔(Arthur Dunkel,瑞士),1980年上任,1986年连任。

【总部】在瑞士日内瓦。

【出版物】《关税及贸易总协定活动》(GATT Activities)年刊;《国际贸易》(International Trade)年刊;《基本文件选编》(Basic Instruments and Documents)。

均为英、法、西文。

【组织机构】(1)缔约国大会:最高权力机构。一般每年举行一次,讨论和处理总协定执行中的重要问题,保证总协定条款的实施。大会一般根据协商一致的原则作出决定,很少进行投票。(2)代表理事会:在缔约国大会休会期间负责处理总协定的日常和紧急事务。下设若干常设和临时委员会或工作组。(3)贸易发展委员会:下设两个常设分委会。(4)秘书处:为上述职能机构提供各种经常性的服务。

【主要活动】总协定的主要活动是进行多边贸易谈判和协调成员国的贸易争端。自总协定缔结至1985年9月,进行了七次多边贸易谈判。第一次于1947年4～10月在日内瓦。第二次于1949年4～10月在法国安纳西。第三次于1950年9月至1951年4月在英国托奎。第四次于1956年1～5月在日内瓦。第五次于1960年9月至1961年7月在日内瓦,又称"狄龙回合"。第六次于1964年5月至1967年6月在日内瓦,又称"肯尼迪回合"。第七次于1973年9月至1979年4月在日内瓦。因在东京发起,又称"东京回合"。

1986年9月15～20日,总协定缔约国部长级大会在乌拉圭埃斯特角举行,大会决定发动新一轮多边贸易谈判(乌拉圭回合),成立一个贸易谈判委员会来主持谈判。

1990年12月3～7日,乌拉圭回合部长级会议在比利时布鲁塞尔举行。107个国家和地区派代表出席了会议。会议旨在就所有15个议题进行最后阶段的磋商和谈判以期结束这一轮多边贸易谈判。但是,由于美国和欧共体在农业补贴问题上僵持不下,致使整个谈判未能如期结束而被迫休会。中国作为乌拉圭回合的参加国亦派出部长级代表团出席了会议。

1991年,乌拉圭回合因农产品问题贸易谈判未取得进展,除了服务业等少数几个议题的谈判有所进展外,整个谈判徘徊不前。在此情况下,总干事邓克尔于12月以贸易谈判委员会主席身份提出了"最后协议草案",希望谈判各方能在此基础上迅速完成乌拉圭回合谈判,但谈判进程因美欧分歧再次受阻被迫延期。

总协定虽然不是联合国专门机构,但与联合国有联系,经常派代表出席联合国的一些专门机构的会议。此外,总协定还同联合国贸发会议合办了一个国际贸易中心,旨在帮助发展中国家制订和执行促进出口的计划。

在1990年5月16日举行的关贸总协定理事会上,苏联被接纳为观察员。

【同我国的关系】我国是总协定的创始国之一。联合国于1971年10月恢复我合法席位后,自1982年起,我先后派代表列席了第38～46届缔约国大会。1984年1月18日我国正式成为总协定下属的国际纺织品贸易协议的成员。1984年11月16日总协定理事会决定同意我列席代表理事会及下属机构的会议。1985年4月我开始参加发展中国家的非正式磋商组活动。

1986年4月23日,英国和我驻日内瓦代表团先后向总协定副总干事马吐递交了各自政府关于香港被视为总协定缔约方的声明。1986年5月22日总协定理事会常会上,理事会主席声明香港于4月23日正式成为缔约方。1991年1月11日,葡萄牙和我国驻日内瓦代表团代表同时向总协定总干事递交了关于澳门成为总协定缔约方问题的各自政府的照会和声明。按总协定规定,澳门从即日起成为总协定缔约方。

1986年7月,我国正式提出恢复在关贸总协定的缔约国地位的申请。1987年2月,我向总协定正式递交我外贸制度备忘录,3月总协定理事会决定成立中国问题工作组。我国于1988年6月向总协定缔约方发出进行关税减让谈判的邀请。1988年2月、4月、6月和9月在日内瓦举行的总协定中国问题工作组会议上,我代表团解答了主要缔约国就我国外贸制度备忘录提出的问题。在1989年2月及4月的工作组会上,缔约国完成了对我国外贸制度的评估。1992年2月、10月和12月的工作组会在继续审议我经贸体制的同时开始讨论我恢复议定书的框架。

1992年9月,总协定理事会会议决定成立台湾问题工作组,审议台作为单独关税区加入总协定的申请并按惯例允台以观察员身份参加理事会此后的会议。

(白永洁)

不结盟运动
The Non-Aligned Movement

【成立日期】1956年，铁托、纳赛尔和尼赫鲁进行会谈，提出不结盟的主张。嗣后，他们又与苏加诺、恩克鲁玛进行会谈。1961年6月在开罗召开了由20个国家发起的第一次不结盟国家首脑会议筹备会议。同年9月，第一次不结盟国家和政府首脑会议在贝尔格莱德举行，25国出席了会议，不结盟运动正式形成。

【宗旨】不结盟运动奉行独立、自主和非集团的宗旨和原则；支持各国人民维护民族独立、捍卫国家主权以及发展民族经济和民族文化的斗争；坚持反对帝国主义、新老殖民主义、种族主义和一切形式的外来统治和霸权主义；呼吁发展中国家加强团结；主张国际关系民主化和建立国际政治经济新秩序。在国际形势发生剧烈变化后，大多数不结盟国家主张保持不结盟的队伍；认为不结盟的基本原则仍然具有生命力；同时，不少不结盟国家也主张加强不结盟运动在经济领域的活动，并改进不结盟运动的工作方法，以适应形势。在1992年9月举行的第十次不结盟首脑会议上，主席国印度尼西亚提出：运动在继续关注世界政治问题的同时，以更多的力量谋求解决经济方面的问题，并加强与77国集团等组织的协调。这一观点为会议所接受。

【成员】107个(1992年底)：阿尔及利亚、阿富汗、阿联酋、阿曼、埃及、埃塞俄比亚、安哥拉、巴巴多斯、巴布亚新几内亚、巴哈马、巴基斯坦、巴勒斯坦、巴林、巴拿马、贝宁、秘鲁、玻利维亚、伯利兹、博茨瓦纳、不丹、布基纳法索、布隆迪、朝鲜、赤道几内亚、多哥、厄瓜多尔、菲律宾、佛得角、冈比亚、刚果、哥伦比亚、格林纳达、古巴、圭亚那、吉布提、几内亚、几内亚比绍、加纳、加蓬、柬埔寨、津巴布韦、喀麦隆、卡塔尔、科摩罗、科特迪瓦、科威特、肯尼亚、莱索托、老挝、黎巴嫩、利比里亚、利比亚、卢旺达、马达加斯加、马尔代夫、马耳他、马拉维、马来西亚、马里、毛里求斯、毛里塔尼亚、缅甸、孟加拉国、蒙古、摩洛哥、莫桑比克、纳米比亚、南斯拉夫、尼泊尔、尼加拉瓜、尼日尔、尼日利亚、塞拉利昂、塞内加尔、塞浦路斯、塞舌尔、沙特阿拉伯、圣多美和普林西比、圣卢西亚、斯里兰卡、斯威士兰、苏丹、苏里南、索马里、坦桑尼亚、特立尼达和多巴哥、突尼斯、瓦努阿图、委内瑞拉、文莱、乌干达、乌兹别克斯坦、新加坡、叙利亚、牙买加、也门、伊拉克、伊朗、印度、印尼、约旦、越南、赞比亚、扎伊尔、乍得、智利、中非。

【主要负责人】第十次不结盟国家首脑会议执行主席为印度尼西亚共和国总统苏哈托。

【组织机构】不结盟运动不设总部，无常设机构，无成文的章程。不结盟运动定期召开国家和政府首脑会议、全体外长会议、协调局外长会议等。近几年来，还不定期地召开过专业性的部长级会议、地区性会议和某些特设委员会的会议。

首脑会议是最重要的会议。1970年起，首脑会议每三年举行一次。第四次首脑会议决定成立协调局，负责协调各成员国的立场，监督首脑会议宣言和决定的实施。协调局成员的数额不限，由有关的常驻联合国代表负责日常工作，每月召开一次会议，也可随时开会。不结盟运动的各种会议采取协商一致的原则。

【主要活动】截至1992年底，不结盟运动举行了十次国家和政府首脑会议和十一次全体外长会议。

1992年5月14～16日，不结盟协调局部长级会议在印尼巴厘岛举行。73个成员国派团与会。会议的主要任务是为将于9月举行的第十次首脑会议作准备。会议讨论了印尼起草的首脑会议《最后文件》草案，内容包括国际形势、不结盟运动的作用，以及经济、中东、南非、人权等问题。虽然在接纳斯洛文尼亚为来宾国、克罗地亚为观察员国等问题上出现分歧，但会议充分肯定了不结盟运动继续存在与发展的必要性，廓清了前一时期在这一问题上的不同观点和模糊认识，因而在不结盟运动的历史上具有重要意义。

1992年9月1～6日，第十次不结盟国家和政府首脑会议在印尼首都雅加达举行。此次会议是国际形势巨变后的首次首脑会议，具有承前启后的重要意义，是运动历史上的一个转折点。107个成员国及大部分来宾国和观察员国均派团出席，内含64位国家或政府首脑。会议通过了《雅加达文告》、《最后文件》以及关于南斯拉夫局势、索马里局势等七个决议。这次会议的成功，表明该运动已渡过危机，为今后朝积极方向发展开辟了前景，并对国际形势等重大问题基本达成共识；会上许多国家严厉批评西方人权政策和各种形式的霸权主义；有些国家认为南北经济矛盾取代了东西方之间的冷战，多数认为今后不结盟运动应更加关心经济和发展问题，把缩小南北差距作为一个主要目标；会议在就若干问题展开争论的同时，呼吁和维护了运动自身的团结；印尼在此次会议上正式并顺利地接任主席国，将对运动产生积极影响。此外，会议还呼吁发挥联合国作用并改革联合国。这次会议还接纳了文莱、巴布亚新几内亚、乌兹别克斯坦为新成员国；欢迎柬埔寨重返不结盟运动;恢复了缅甸在运动中的席位;同意菲律宾由观察员国转为正式成员国。同时,会议还正式核准了中国、泰国等作为运动观察员国的地位。

【同我国的关系】中国一贯重视同不结盟运动的关系。运动成立之初,周恩来总理即致电祝贺,陈毅副总理也明确表示赞成和支持运动的成员国"采取和平中立和不结盟的政策"。70年代,中国突出支持不结盟运动反帝、反霸的斗争。80年代以来,中国按照改革开放精神进一步调整外交政策,与不结盟运动在国际社会、尤其是在联合国的相互协调、配合日趋密切。1986年7月,中国领导人指出:"中国独立自主外交政策的基本原则和不结盟运动的宗旨是一致的。"中国总理和外长在不结盟运动举行首脑会议或全体外长会议时均致电祝贺。

随着冷战的结束,中国认为发展中国家更需要相互支持,以促进和平与发展两大主题真正获得解决,并反对仍然存在的霸权主义和强权政治。在此形势下,中国于1991年11月致函不结盟运动主席国,正式申请成为不结盟运动的观察员国。中国与该运动的关系,也由从外部支持发展到在运动队伍内相互支持的新阶段。

1992年1月10日,设在纽约的不结盟国家协调局在其大使级会议上一致同意接受中国为运动的观察员。5月14日,在印尼巴厘岛举行的不结盟国家协调局部长级会议上,一致核准了该局大使级会议的上述决定。9月1日,在印尼雅加达举行的不结盟国家第十次首脑会议上,最后核准了部长们的决定。至此,中国完成了一切必要手续,成为不结盟运动的观察员国。

按照不结盟运动的惯例,中国外交部副部长刘华秋应邀率中国代表团出席了不结盟协调局在巴厘岛举行的部长级会议。刘副部长在会上致词指出:"尽管国际形势近年来有了重大的变化,两个军事集团对抗的局面已不复存在,然而,不结盟运动的原则和宗旨代表着历史进步的方向,合乎时代潮流,体现了各国人民的愿望,经过了历史的考验,仍然有坚强的生命力。不结盟运动在国际风云变幻和复杂的斗争中不断发展壮大,现在已拥有一百多个成员国,在国际舞台上发挥着不可忽视的作用和影响,是当代维护世界和平,促进世界发展的强大力量。"

应印尼总统苏哈托的邀请,国务委员兼外长钱其琛率中国政府观察员代表团出席了在雅加达举行的第十次不结盟国家和政府首脑会议。钱其琛代表杨尚昆主席、李鹏总理对会议的召开以及印尼担任运动的主席国表示最热烈的祝贺。他在讲话中进一步指出:"三十多年前,在东西方对峙、两大军事集团严重对抗的严峻形势下,正是不结盟运动勇敢地站出来,反对帝国主义、殖民主义和种族主义,反对国际关系中的霸权主义和强权政治,反对超级大国的军备竞赛,并坚定不渝地推动南北对话、加强南南合作、促进建立国际经济新秩序,为世界和平与发展事业作出了积极的贡献。"钱其琛强调:"在国际关系中,强权政治和霸权主义依然存在,以强凌弱、以富欺贫、以大压小的不公正现象仍然不断发生。""所有这些都表明,在新的国际形势下,不结盟运动的基本宗旨和原则仍具有重要的现实意义;不结盟运动作为发展中国家的论坛,仍然可以在国际舞台上发挥不容忽视的重要作用。"钱其琛重申:"一个改革、开放、发展繁荣的中国,有利于加强我们同不结盟国家的相互支持和共同发展。中国同不结盟运动的友谊经历了历史的考验。今后国际形势无疑还会有种种变化,但有一点不会发生变化,那就是:中国将永远是不结盟运动的真诚朋友。"钱其琛还会见了印尼总统苏哈托、印尼国务部长和外交部长,并同与会的其他国家领导人或外长进行了20场友好会晤。中国以观察员国身份出席不结盟国家首脑会议,标志着中国与不结盟运动的关系揭开了新的篇章。 (丁世中)

伊斯兰会议组织
Organization of the Islamic Conference—OIC

【成立日期】1970年3月举行第一次伊斯兰国家外长会议,决定成立伊斯兰会议组织。1970年5月正式成立。

【宗旨】促进各成员国之间的团结,加强它们在经济、社会、文化、科学等方面的合作;努力消除种族隔离和种族歧视,反对一切形式的殖民主义;支持巴勒斯坦人民恢复其民族权利和重返家园的斗争;支持一切穆斯林人民保障其尊严、独立和民族权利的斗争。

【成员】49个(1992年):阿尔巴尼亚、阿尔及利亚、阿富汗、阿联酋、也门、阿曼、阿塞拜疆、埃及、巴勒斯坦、巴基斯坦、巴林、贝宁、布基纳法索、冈比亚、吉布提、吉尔吉斯斯坦、几内亚、几内亚比绍、加蓬、喀麦隆、卡塔尔、科摩罗、科威特、黎巴嫩、利比亚、马尔代夫、马来西亚、马里、毛里塔尼亚、孟加拉国、摩洛哥、尼日尔、尼日利亚、桑给巴尔、塞拉利昂、塞内加尔、沙特、苏丹、索马里、突尼斯、土耳其、文莱、乌干达、叙利亚、伊拉克、伊朗、印尼、约旦、乍得。其中阿尔巴尼亚、吉尔吉斯斯坦、桑给巴尔于1992年12月2日被接纳为成员。1992年9月28日，苏丹宣布由于该组织秘书处取消原定在喀土穆召开的第21次外长会议，而决定冻结其在该组织中的成员国资格。

【主要负责人】秘书长哈米德·阿尔加比德（Hamid Algabid，尼日尔），1989年1月就任，任期4年。

【总部】秘书处在沙特阿拉伯吉达。

【组织机构】(1)首脑会议：最高权力机构。不定期举行。(2)外长会议：每年分别在一个成员国举行一次。(3)秘书处：常设机构。另外下设伊斯兰开发银行、耶路撒冷委员会、阿富汗问题委员会、伊斯兰和平委员会、伊斯兰法庭、伊斯兰发展基金会和伊斯兰经贸常设委员会。

【主要活动】伊斯兰国家首脑会议：从该组织正式成立之前的1969～1991年共召开六次。前五次分别于1969年9月22～25日在摩洛哥拉巴特、1974年2月22～24日在巴基斯坦拉合尔、1981年1月25～29日在沙特阿拉伯麦加和塔伊夫、1984年1月16～19日在摩洛哥卡萨布兰卡、1987年1月26～29日在科威特举行。1988年4月10～11日，该组织在科威特举行小型首脑会议。第六次首脑会议于1991年12月9～11日在塞内加尔达喀尔举行，44国元首或代表与会，伊拉克抵制，此会宗旨主要是谋求在新形势下伊斯兰国家的团结一致。会议主要讨论了中东问题等一些地区冲突及伊斯兰国家经济合作等问题，发表了《达喀尔宣言》，通过了有关政治、经济、文化等方面的30多项决议。会议强调加速伊斯兰国家经济发展，通过了八项有关决议，呼吁加强成员国之间的经济互助合作，建立伊斯兰国家南南合作机制，加速一体化进程，逐步建立伊斯兰共同市场。呼吁国际社会、伊斯兰开发银行，特别是富有的成员国向该组织一些最不发达的国家增加援助，减免其债务。这次会议也暴露了伊斯兰世界、特别在阿拉伯成员之间存在的严重分歧。1991年12月5～8日在达喀尔举行了外长会议，为此次首脑会议作准备，制定了首脑会议的议事日程。

外长会议：截止1992年2月，共召开20次外长会议。1990年7月31日，第19次外长会议在开罗举行。8月2日，因伊拉克入侵科威特，会议中止。1991年8月4～8日，第20次外长会议在土耳其伊斯坦布尔召开。44个伊斯兰国家的外长或代表出席了会议。会议主要讨论了加强伊斯兰国家团结合作、海湾危机以来国际和地区形势发展，特别是海湾和中东问题。1992年6月17～18日，第五次伊斯兰国家外长特别会议在伊斯坦布尔举行。38个国家的外长或部长出席会议。会议主要讨论了波黑冲突、阿以争端、塞浦路斯局势、阿塞拜疆和亚美尼亚争端等问题，并就波黑冲突、阿以争端、以色列入侵黎巴嫩南部问题通过三项决议。关于波黑问题的决议重申全力支持波黑人民“维护国家主权和领土完整的正义斗争”，呼吁成员国承认波黑独立，欢迎和支持安理会对塞尔维亚和黑山共和国实行制裁。1992年12月1～2日，第六次伊斯兰国家外长特别会议在吉达召开，除苏丹和伊拉克外，来自47个伊斯兰国家的外长或代表以及前南斯拉夫问题伦敦会议两主席万斯与欧文应邀与会，波黑共和国总统和阿尔巴尼亚总统作为贵宾参加了会议开幕式。会议的中心议题是研究当前形势下如何进一步支持波黑穆斯林，并讨论了巴勒斯坦问题及援助索马里饥民事宜。会议决定接纳阿尔巴尼亚、吉尔吉斯和桑给巴尔为该组织成员国；成立由沙特、土耳其等国和该组织秘书处组成的联络小组，敦促安理会和其他国际组织就波黑问题采取行动。

【同我国的关系】1974年2月第二次首脑会议召开时，周恩来总理向大会发出贺电。1981年1月第三次首脑会议召开时，赵紫阳总理向大会发出贺电。1986年5月，伊斯兰开发银行决定向中国赠款406万美元。1987年1月第五次首脑会议召开，赵紫阳总理向大会发出贺电。1991年3月，伊斯兰会议组织秘书长阿尔加比德致函李鹏总理，阐述该组织对解决巴勒斯坦和中东问题的立场。1991年12月第六次首脑会议召开时，李鹏总理向大会致电祝贺。1992年12月22日，伊斯兰会议组织秘书长阿尔加比德就波黑问题致函杨尚昆主席，表示“相信中国会尽一切努力促使安理会采取有效措施，制止塞尔维亚的侵略，保证波黑的独立和完整”。12月23日，该组织秘书长阿尔加比德致函李鹏总理，“高度赞扬中国对安理会799号决议投赞成票，希望中国为该决议的执行、使被以色列当局近期驱逐的400多名巴勒斯坦人尽快返回家园继续作出努力”。

（李明茹）

社会党国际

Socialist International—SI

【成立日期】1951年6月在德国法兰克福成立（但自认为其历史由1864年第一国际开始）。社会党国际是主张民主社会主义的政党与组织的国际联合体。

【宗旨】加强成员党之间的关系，通过协商一致来协调他们的政治态度和活动，并同其他以社会主义为方向和希望与它合作的政党发展关系。

【成员】截至 1992 年底，由总共得到两亿多选民支持的 111 个成员党和组织组成，共有党员 2500 多万，在 24 个国家执政或参与执政（带★者为执政或参政党）。它们按不同的权利义务分为五类，即(1)正式成员党（有发言权、表决权和缴纳会费义务）66 个：阿根廷人民社会党，阿鲁巴人民选举运动★，埃及民族民主党★，爱尔兰工党，爱沙尼亚社会民主党，澳大利亚工党★，奥地利社会党★，巴巴多斯工党，巴拉圭二月革命党，巴西民主工党，北爱尔兰社会民主工党，保加利亚社会民主党，冰岛社会民主党★，比利时法语社会党★，比利时弗拉芒社会党★，波多黎各独立党，玻利维亚左派革命运动★，上沃尔特进步阵线（布基纳法索），丹麦社会民主党，德国社会民主党，多米尼加（共和国）革命党，厄瓜多尔左翼民主党★，法国社会党★，芬兰社会民主党，哥斯达黎加民族解放党，海地民族进步革命党，荷兰工党★，荷属库拉索岛新安的列斯运动，加拿大新民主党，捷克斯洛伐克社会民主党，拉脱维亚社会民主工人党，黎巴嫩社会进步党★，立陶宛社会民主党，卢森堡社会主义工人党★，马耳他工党，马来西亚民主行动党，毛里求斯工党，美国民主社会主义者组织，美国社会民主党人组织，摩洛哥人民力量社会主义同盟，挪威工党★，葡萄牙社会党，日本民主社会党，日本社会党，瑞典社会民主党，瑞士社会民主党★，萨尔瓦多民族革命运动，塞浦路斯社会党，塞内加尔社会党★，圣马力诺社会党★，斯洛伐克社会民主党，突尼斯民主宪政联盟★，土耳其社会民主人民党★，危地马拉社会民主党，委内瑞拉民主行动党★，西班牙工人社会党★，泛希腊社会主义运动，新西兰工党，牙买加人民民族党★，以色列工党★，以色列统一工人党★，意大利社会党★，意大利社会民主党★，意大利左翼民主党，英国工党，智利激进党★；(2)咨询成员党（有发言权和缴纳会费义务）25 个：阿尔巴尼亚社会民主党，阿尔及利亚社会主义力量阵线，巴基斯坦人民党，秘鲁人民党，波兰社会党，斐济工党，菲律宾民主社会党，佛得角争取独立非洲党，格陵兰前进党，哥伦比亚自由党★，圭亚那劳动人民同盟，海地全国民主运动大会党，罗马尼亚社会民主党，马达加斯加民族团结党，蒙古社会民主党，尼泊尔大会党★，圣基茨—尼维斯工党，圣卢西亚工党，圣文森特和格林纳丁斯工党，突尼斯人民团结运动，委内瑞拉人民选举运动，乌拉圭全民政府党，科特迪瓦人民阵线，智利民主党★，智利社会党★；(3)观察员党（有出席正式会议权利和缴纳会费义务）8 个：贝宁民主力量进步同盟，贝宁社会进步民主运动，哥伦比亚“四·一九”民主联盟，尼加拉瓜桑地诺民族解放阵线，斯洛文尼亚社会民主党，匈牙利社会党，匈牙利社会民主党，中非爱国进步运动；(4)兄弟组织（有发言权和表决权）3 个：国际猎鹰运动（社会党教育国际），社会党妇女国际，社会党青年国际联盟；(5)联系组织（有发言权）9 个：工人体育国际，国际社会民主报业联合会，国际民主教师联合会，欧洲共同体社会党联盟，欧洲议会社会党团，世界劳工犹太复国主义运动，亚洲—太平洋社会党组织，犹太工人联盟，中、东欧社会党联盟。

【主要负责人】主席皮埃尔·莫鲁瓦（Pierre Mauroy，法国），第一副主席布伦特兰（Gro Harlem Brundtland，女，挪威），1992 年 19 大当选。

【总部】在英国伦敦。

【出版物】《社会党事务》（Socialist Affairs），季刊，英文。

【组织机构】(1)代表大会：最高权力机构。每 3 年召开 1 次，代表限额为各正式成员党和兄弟组织不超过 8 人（表决权只有 1 票），咨询成员党、观察员党和联系组织不超过 4 人。吸收或开除成员党需 2/3 多数表决通过。(2)理事会：最高执行机构。由正式成员党和兄弟组织组成（1 党 1 票），每年召集 2 次，在代表大会闭幕期间代表社会党国际决定政策与原则，召集各种会议，设立专门委员会和研究小组，批准年度预算。(3)财务与行政委员会：由理事会选出的 9 个正式成员党或兄弟组织组成。(4)秘书处：常设机关。

【主要活动】社会党国际的原则纲领是 1989 年《斯德哥尔摩宣言》，1992 年 19 大通过的《变化世界中的社会民主主义》等文件根据近年形势的变化做了一些调整。认为意识形态和军事的全球性对抗结束后，应以社会民主主义为指导建立“全球安全、责任分担、国际合作”的世界新秩序，而新保守主义即极端自由主义以及极端民族主义和原教旨主义是这一进程的主要障碍。认为新保守主义动摇福利国家，损害国际合作，实行“新保护主义”，扩大南北差别，使国际上包括西方公众对民主制度失去信心。主张以国家作用克服市场的缺陷和实行社会公正，加强教育和职业培训，强调受教育也是一项基本人权。认为民族主义、原教旨主义是新的冲突与战争渊薮，强调少数民族、少数人文化等权利是人权的重要成分。它主张加强联合国并使之民主化，强调只有联合国体系才有世界经济的决策权。同时主张建立地区合作与安全体系和实行区域一体化，地区性问题首先应由有关地区自己解决。认为欧洲一体化是政治上制约多国资本和经济上协调政策的唯一出路。主张尽快完成乌拉圭回合谈判并逐步使关贸总协定成为对全球市场进行控制并对社会公正进行保障的工具。主张发达国家提供的发展援助在本世纪末达到其国民生产总值 1%。在援助对象方面，主张原苏联、东欧与第三世界并重，但强调提供援助和市场准入要同有关国家的环境、人权、裁军政策挂钩，并主张改革布雷顿森林体系以使这些国家同该体系相结合。

1992年1月21日和5月30～31日，社会党国际先后在伦敦和达喀尔举行非洲工作会议，决定继续支持非洲民主化进程，加强同非洲政党的联系和在非洲的活动。3月13～14日，主席团在马德里举行特别会议，商定了19大的主题、该国际新主席的人选和吸收新成员党等问题，讨论了原苏联、巴尔干和中东等问题，并通过决议要求印尼从东帝汶撤军。3月28日和6月8～11日，环境委员会先后在伦敦和里约热内卢开会，并在里约热内卢会后发表了该国际《里约热内卢宣言》。5月16～17日，经济政策委员会在阿姆斯特丹开会，讨论了南北关系、国际货币政策和妇女问题。6月24日，裁军理事会在赫尔辛基开会，讨论欧安会问题并决定该理事会今后将转而重视地区和平与安全以及冲突的解决等问题。6月29日，人权委员会在伦敦开会，强调要保护少数民族和少数人文化等权利。9月15～17日，在柏林举行19大，通过《变化的世界中的社会民主主义》等文件；选举法国前总理莫鲁瓦为该国际主席；修改了该国际章程，在成员中增设"观察员党"，吸收了包括意大利左翼民主党、匈牙利社会党等前共产党在内的25个新成员党。肯定和赞扬勃兰特自1976年任该国际主席以来使该国际在第三世界特别是拉美得到发展，通过提出和平、裁军、发展等系统的主张，扩大了影响，支持并推动了苏联东欧的变化。大会还决定把东欧、非洲作为工作重点。虽然大会文件在涉及民主化进程时仍对中国有所指责，但表示支持"中国坚持开放、改革的现行道路"并欢迎中韩建交。11月，主席莫鲁瓦等电贺克林顿当选美国总统，莫鲁瓦还致函美国民主党全国委员会主席，称克林顿当选反映了美国人民对变革的愿望。

【同我国的关系】社会党国际重视同中国共产党发展关系。1982年双方开始正式接触。1985年中共代表参加该国际维也纳裁军大会。1986年中共观察员应邀出席其17大，同年其秘书长应邀访华。此后，其一些下属委员会曾邀我出席会议。1989年邀我党出席其18大，我未与会。这次大会文件就我平暴进行指责，但仍重视我国际地位和影响，承认我改革开放的成绩。

（廖　东）

国际民主联盟

International Democratic Union—IDU

【成立日期】1983年6月在英国伦敦成立。国际民主联盟是国际上中、右翼政党的联合组织，下属三个地区性组织：欧洲民主联盟（1978年成立）、太平洋民主联盟（1982年成立）、加勒比海民主联盟（1986年成立）。

【宗旨】促进成员党的共同哲学，建立其双边或多边的持久性关系，鼓励其相互支持，并为此提供交流观点和信息的论坛。

【成员】截至1992年底，由总共得到1.8亿选民支持的34个成员党和组织组成，在25个国家和地区执政或参政（下带★者为执政党、参政党），它们按不同的入盟方式和权利分为：(1)成员党（三个地区性组织的成员党和经成员党一致同意接纳的其他政党，有参加联盟一切活动的权利和表决权）30个：奥地利人民党★，澳大利亚自由党，伯利兹统一民主党，丹麦保守人民党，德国基督教民主联盟★，德国基督教社会联盟★，多米尼加（联邦）自由党★，法国保卫共和联盟★，芬兰民族联合党★，哥伦比亚保守党★，格林纳达新民族党★，韩国民主自由党★，洪都拉斯国民党★，加拿大进步保守党★，美国共和党，挪威保守党，葡萄牙人民党，日本自由民主党★，瑞典温和联合党★，塞浦路斯民主大会党★，圣基茨和尼维斯人民行动运动★，圣文森特和格林纳丁斯新民主党★，危地马拉团结行动运动★，西班牙人民党，希腊新民主党★，新西兰国民党★，匈牙利民主论坛★，牙买加工党，英国保守党★，中国国民党★（中国台湾省）；(2)联系成员党和组织（由成员党一致同意接纳，有咨询地位，无表决权）4个：玻利维亚民族主义民主行动党★，马耳他国民党★，纳米比亚特恩哈尔民主联盟，尼加拉瓜保守党★。

【主要负责人】主席卡尔·比尔特（Carl Bildt，瑞典），任期1992～1994年。

【总部】在英国伦敦。

【出版物】《民主国际》（Democratic International）季刊，英文。

【组织机构】(1)党的领袖会议：最高权力机构，由各成员党的领袖或主席参加，每两年召开一次，选举领导人，确定工作目标，就有关问题设立常设委员会，各成员党有一票表决权，除程序问题经简单多数通过外，重大问题需一致通过，吸收地区性组织以外的成员党和联系组织需一致通过，开除需2/3多数；(2)执委会：由主席、副主席、司库、执行书记和三个地区组织的主席、书记组成，党的领袖会议闭会期间，每半年开会一次，指导和监督联盟的日常工作，筹备党的领袖会议，通过年度预算，补选联盟领导人，就有关问题设立临时委员会;(3)秘书处:常设机关,由执委会执行书记牵头处理日常事务并负责协调各成员党之间及其对外关系。

【主要活动】联盟的指导原则见之于在党的领袖会议上由各党领袖签字的原则宣言,主张政治民主和私有制,人权,机会均等和法治之下的经济发展;主张分权制的开放性社会,加强家庭的作用,通过社会福利特别是通过自助解决社会问题;主张社会导向的市场经济,创造就业机会、实行低税收和消费者选择;主张反对左和右的极权主义,加强同一切民主国家的合作。

自成立以来,共举行了5次党的领袖会议,前4次地点和时间分别是:伦敦(1983.6),华盛顿(1985.7),西柏林(1987.9),日本东京(1989.9)。1992年10月,第五次党的领袖会议在西班牙马德里举行,主要讨论了冷战结束后各地区性问题,世界贸易,民主、安全与进步等问题,会议对前苏联东欧剧变和欧共体的发展进程表示欢迎。 (陈金祥)

联合国协会世界联合会

World Federation of United Nations Associations—WFUNA

【成立日期】1946年8月在卢森堡成立,为非政府国际组织,简称"世联会"。其前身为"国际联盟协会世界联合会"。

【宗旨】开展旨在增强对联合国的了解和支持的"人民运动",促进联合国宪章的宗旨和原则的实现。

【成员】75个(1991年底),其中74个为不同国家或地区的联合国协会,另一个为"国际青年学生支持联合国运动"组织;具体分布在下列国家(地区):中国、阿富汗、阿根廷、澳大利亚、奥地利、孟加拉国、巴巴多斯、白俄罗斯、玻利维亚、保加利亚、布基纳法索、布隆迪、加拿大、智利、刚果、古巴、塞浦路斯、捷克斯洛伐克、丹麦、埃及、芬兰、法国、德国、加纳、希腊、危地马拉、匈牙利、冰岛、印度、印度尼西亚、爱尔兰、以色列、意大利、牙买加、日本、肯尼亚、莱索托、卢森堡、马来西亚、马里、毛里求斯、墨西哥、蒙古、尼泊尔、韩国、荷兰、新西兰、尼日利亚、挪威、巴基斯坦、秘鲁、菲律宾、波兰、罗马尼亚、塞内加尔、塞拉利昂、新加坡、西班牙、斯里兰卡、瑞典、瑞士、泰国、突尼斯、土耳其、乌干达、苏联、英国、坦桑尼亚、美国、南斯拉夫、赞比亚、津巴布韦,以及香港、马恩岛。

【主要负责人】会长瓦希利奥夫人(Androulla Vassilliou,塞浦路斯),1991年11月当选。执委会主席格林维尔·伍德(Geoffrey Greenville-Wood,加拿大),1991年11月当选。秘书长哈格玛耶(Marek Hagmajer,波兰),1981年9月当选。上述职务每届任期均为两年,可连选连任,但会长及执委会主席连任期限不得超过两届。

【总部】在瑞士日内瓦。

【出版物】《世联会公报》(WFUNA Bulletin)。

【组织机构】(1)全体大会:最高决策机构。每两年召开一次。(2)执行委员会:其成员由全体大会选举产生,任期四年,每两年改选1/2。每年举行两次会议。(3)财务委员会:与执委会会议同期召开。(4)秘书处:常设机构。处理日常工作。

【主要活动】该组织与联合国各机构保持密切工作关系,通过全体大会、地区会议以及各种专题纪念会、讨论会,就裁军、和平与安全、经济及社会发展和人权等重大问题形成决议或声明,并派代表出席联合国会议宣传有关立场,以及动员群众,对各国政府制定政策和联合国机构通过决议施加舆论影响。其另一中心工作是在尚未建立联合国协会的国家吸收支持本会宗旨的个人及团体为联系会员以促进在这些国家建立正式的联合国协会。1991年11月召开的第33届大会,支持将于1992年6月在巴西举行的联合国环境与发展会议,并通过了"关于二十一世纪行动日程的建议";讨论了联合国在当前形势下面临的机遇和挑战,强调必须以联合国宪章为基础建立国际新秩序。此外,大会还肯定了近年来采取的会务改革措施,决定加强与加拿大合作,共同筹建"联合国问题世界研究所"。

【同我国的关系】中国联合国协会于1946年成立,是"世联会"的创始会员之一。1985年7月17日,我国联合国协会恢复活动,同年9月30日正式重返该会,现任会长谢启美。80年代末期,台湾方面曾在某些势力的支持下申请加入世联会,香港联合国协会的一些领导人也曾试图利用世联会的影响推动"香港问题国际化",但世联会执委会坚持原则,重申尊重我国的领土主权完整,断然否决了他们的申请和议案。自1985年起,毕季龙连续当选为世联会执委会委员,并曾于1989年至1991年期间担任执委会主席。我国联合国协会参加"世联会"的各种会议,开展与其他联合国协会之间的交流,就与联合国有关的重大问题组织学术或群众性活动,并于1988年荣获联合国"和平使者"奖。 (任 录)

国际行动理事会
Inter Action Council

【成立日期】1983年3月7～9日，应日本前首相福田赳夫和当时的联合国开发计划署署长莫尔斯的邀请，6位前国家元首或政府首脑在维也纳开会，决定正式成立国际行动理事会。该理事会是由30多位前国家元首和政府首脑组成的非政府性的国际组织。

【宗旨】理事会成员通过定期就国际形势、和平与安全、世界经济、发展、人口和环境等重要问题交换意见，提出建议和解决方案，以促进国际间的合作。

【主要负责人】名誉主席日本前首相福田赳夫，主席德国前总理赫尔默特·施密特，副主席葡萄牙前总理德·平塔西尔戈夫人。

【成员】理事会理事包括荷兰前首相范阿赫德、意大利前总理安德雷奥蒂、英国前首相卡拉汉、墨西哥前总统德拉马德里、澳大利亚前总理弗雷泽、法国前总统吉斯卡尔·德斯坦、新加坡前总理李光耀、尼日利亚前总统奥巴桑乔、以色列前总理佩雷斯、韩国前总理申铉碻、秘鲁前总理乌洛瓦、阿根廷前总统阿方辛、哥斯达黎加前总统阿里亚斯、法国前总理戴尔马、匈牙利前总理福克、瑞士前联邦主席福格勒、苏联前总统戈尔巴乔夫、赞比亚前总理利苏洛、摩洛哥前首相奥斯曼、南斯拉夫前联邦主席里比契奇、西班牙前首相苏亚雷斯、瑞典前首相乌尔斯藤、埃及前总理阿里、尼泊尔前首相比斯塔、泰国前总理江萨、美国前总统福特、波兰原统一工人党第一书记盖莱克、黎巴嫩前总理胡斯、安哥拉前总理多纳西门托、哥伦比亚前总统博雷罗、巴西前总统萨尔内和加拿大前总理特鲁多。联合国开发计划署前署长莫尔斯(美国)为荣誉理事。

【组织机构】(1)指导委员会：决定理事会会议议程和地点，特邀来宾名单等重要问题，其成员为施密特、福田纠夫、弗雷泽、博雷罗等。(2)秘书处：在纽约和巴黎的小型秘书处负责日常事务。(3)政策委员会：1985～1988年的四年间曾每年举行一次会议，由数十位来自各国的部长及其他知名人士参加，为理事会届会审议的问题提出建议。(4)特设专家组：理事会还视需要设立由理事会成员主持的专家组，探讨解决具体问题的办法。1984～1992年期间，共组织专家组17个，讨论的问题涉及和平与安全、经济发展、人口、环境等。

【主要活动】理事会每年举行一次会议，就和平与安全、经济发展等当前人类面临的重大问题展开讨论，提出适当建议。每届会议通过的“最后声明”由会议主席负责递交美、俄、中等国的领导人，以及联合国、西方七国首脑会议，或通过其组织的访问团赴有关国家进行宣传，力图影响国际事务。迄今为止共举行过10届会议。1992年5月28～31日，第10届会议在墨西哥中部城市克雷塔罗举行。30位前国家与政府领导人出席本次会议。此次会议的主题是“人类生存和世界新秩序”、“拉美的危机与变革”。会议认为，消除贫困和裁军应是国际社会优先解决的两大问题，并指出企图把“干涉权利”作为一种国际原则的想法是危险的。会议发表的有45点内容的最后声明说，世界上有10亿人口生活在绝对贫困状态中，如果不控制人口增长，将会有更多的人陷于贫困。声明指出，贫困是拉美国家首要的政治、经济和社会问题，但如果不解决大多数国家的债务问题，没有宏观经济的稳定，克服贫困与解决其他社会问题是不可能的。声明说，新的地区性自由贸易区不应成为损害多边贸易交流基础的堡垒。在“乌拉圭回合”内部达成一项全球性协定，将保证世界经济的增长，将为商品和劳务的交流进行深入谈判提供机会。声明说，债务和美国财政赤字问题是威胁世界经济的“定时炸弹”。声明呼吁美国消除赤字，解决债务恶化问题。第11届理事会已定于1993年5月13～16日在中国上海召开。

【同我国的关系】从1985年起，我国全国人大常委会前副委员长、中国共产党中央顾问委员会常委黄华应理事会邀请作为特邀客人参加了理事会会议及政策委员会的活动。1990年，黄华因故未能出席汉城会议，中国世界经济学会会长浦山代表黄华列席了会议。此外，我专家还应邀参加了有关专家组的工作。

(章启月)

亚非法律协商委员会

Asian-African Legal Consultative Committee—AALCC

【成立日期】亚非法律协商委员会(简称亚非法协)是亚非地区目前唯一的政府间法律协商机构,其前身亚洲法律协商委员会是根据万隆会议精神,由缅甸、锡兰(现斯里兰卡)、印度、印度尼西亚、伊拉克、日本和叙利亚等七国共同倡议,于 1956 年 11 月建立的。1958 年该组织吸收非洲国家入会,并改称亚非法律协商委员会。

【宗旨】亚非法协的宗旨是在国际法领域为各成员国政府提供咨询,为亚非国家在共同关心的法律问题上进行合作提供论坛。

【成员】截至 1993 年 2 月有 42 个正式成员、1 个联系成员和 2 个常任观察员。正式成员:中国、阿曼、阿联酋、也门、埃及、孟加拉国、巴基斯坦、巴勒斯坦国、朝鲜、菲律宾、冈比亚、加纳、卡塔尔、科威特、肯尼亚、利比亚、缅甸、马来西亚、毛里求斯、蒙古、尼泊尔、尼日利亚、日本、沙特阿拉伯、塞拉利昂、塞内加尔、塞浦路斯、斯里兰卡、新加坡、苏丹、叙利亚、索马里、泰国、坦桑尼亚、土耳其、乌干达、伊朗、伊拉克、印度、印度尼西亚、约旦以及韩国;联系成员:博茨瓦纳;常任观察员:澳大利亚、新西兰。

【组织机构】亚非法协章程规定,委员会由各参加国政府指派委员组成,但实际上各参加国现在均以政府代表团名义与会。秘书处是常设机构,设在新德里,负责处理日常事务并贯彻委员会的决定。另外,各成员国还在新德里设有联络官,沟通与秘书长的联系。

【主要负责人】秘书长恩赞加(Frank X. Njenga,肯尼亚),1988 年 3 月就任,1991 年 4 月连任。

【总部】在印度新德里。

【出版物】届会报告、专门法律问题的特别报告,以及亚非国家的有关协定、法规和判例汇编等。

【主要活动】亚非法协通常每年召开一次年会,截至 1993 年,共召开了 32 届年会。其主要活动是对亚非地区国家所共同关心的重大法律问题交换意见和情况,并就联大第六委员会(法律委员会)、国际法委员会、国际贸易法委员会、海洋法会议等讨论的一些法律问题协调立场和提出建议。

1992 年 1 月 25 日至 2 月 1 日,亚非法协第 31 届年会在巴基斯坦首都伊斯兰堡举行。巴基斯坦政府对与会各国代表予以热情接待,巴基斯坦总统和议长分别接见并宴请了各国代表。这届年会举行了两天的国际环境法特别会议,就各国关于联合国环境与发展大会、气候变化公约和生物多样性公约的立场进行了磋商,通过了《关于国际环境法一般原则的声明》。会议还就联合国国际法十年、国际河流、国家及其财产的管辖豁免、海洋法、难民地位与待遇、前殖民国家的责任、国际贸易法等议题进行了讨论和协商。

1993 年 2 月 1～6 日,亚非法协第 32 届年会在乌干达首都坎帕拉举行。乌干达总统穆萨维尼出席了开幕式并发表了讲话。会议除讨论了法协的传统议题以及近年来国际普遍关心的问题,如:海洋法、贸易法、难民地位与待遇、联合国国际法十年、联合国环境与发展大会的结果和后续行动等外,还着重就卡塔尔将亚非法协总部移至其首都多哈的建议进行了磋商并通过了一项决议,决定接受卡塔尔建议,除非现东道国印度提出更好建议。这个问题如能解决将有助于亚非法协总部协定的达成。会议还专门就人权问题成立了工作组,讨论并通过了《坎帕拉人权宣言》。此届会议还决定接受缅甸为亚非法协正式成员国。

除每年的届会外,该组织还召开一些届间会议讨论组织事项或届会没有解决的问题,并常与其他国际组织共同举办研究专门问题的会议。

亚非法协与联合国关系密切,1980 年被接纳为联合国常任观察员。

【同我国的关系】亚非法协同我国保持着友好的关系。1980 年该组织在印尼雅加达召开第 21 届年会,并庆祝万隆会议 25 周年,我国首次应邀派观察员代表团出席了会议。此后,我又应邀两次参加亚非法协年会。1983 年 11 月 14 日我国政府正式加入亚非法协。1985～1993 年,我国以正式成员国身份参加了第 24～32 届年会。

(王新霞)

阿拉伯国家联盟
League of Arab States—LAS

【成立日期】1945年3月22日，在埃及倡议下七个阿拉伯国家的代表在埃及首都开罗举行会议，通过了《阿拉伯联盟宪章》，阿拉伯国家联盟正式成立，简称阿拉伯联盟或阿盟。

【宗旨】密切成员国间的合作关系，协调彼此间的政治活动、捍卫阿拉伯国家的独立和主权、全面考虑阿拉伯国家的事务和利益，各成员国在经济、财政、交通、文化、卫生、社会福利、国籍、护照、签证、判决的执行以及引渡等方面进行密切合作。成员国相互尊重国家的政治制度，彼此之间的争端不得诉诸武力解决，成员国与其他国家缔结的条约和协定对其他成员国无约束力。

【成员】21个(1992年)：阿尔及利亚、阿联酋、阿曼、埃及、巴勒斯坦国、巴林、吉布提、卡塔尔、科威特、黎巴嫩、利比亚、毛里塔尼亚、摩洛哥、沙特、苏丹、索马里、突尼斯、叙利亚、也门、伊拉克、约旦。

【主要负责人】秘书长艾哈迈德·伊斯马特·阿卜杜勒·马吉德博士(Dr. Ahmed Esmat Abdel Meguid，埃及)，1991年5月15日当选。

【总部】阿盟宪章规定，阿盟总部的永久地址为开罗。由于埃及和以色列签订和约，1979年3月31日，阿拉伯国家外交和经济部长会议决定，将阿盟总部由开罗迁至突尼斯。1990年9月10日，在开罗举行的阿盟部长理事会紧急会议决定，宣布自即日起着手将阿盟总部从突尼斯迁回开罗，自10月31日起阿盟总部恢复在开罗办公。

【出版物】《阿拉伯事务》月刊，阿拉伯文；《新闻公报》(Information Bulletin)，阿、英文。

【组织机构】(1)首脑会议：最高权力机构，1964年起开始举行，商讨地区性重大问题。1978年第九次首脑会议决定，每年11月召开首脑会议，并可应成员国要求召开特别首脑会议或紧急首脑会议。(2)理事会：由全体成员国代表组成，每年3月和10月举行例会，也可以应两个以上成员国的要求随时召开特别会议或紧急会议。例会由成员国轮流主持。协商一致的决议对所有成员国均有约束力。理事会下设政治、文化、经济、交通、社会、法律、阿拉伯石油专家、新闻、卫生、人权、行政和财政事务、气象、阿拉伯合作事务专家、阿拉伯妇女、青年福利和联络员等16个委员会及机构。(3)秘书处：负责执行理事会决议，设秘书长一人，副秘书长八人。

其他组织机构有：联合防御理事会、经社理事会、阿拉伯内政部长理事会、阿拉伯卫生部长理事会、阿拉伯社会事务部长理事会、阿拉伯住房部长理事会、阿拉伯青年部长理事会、阿拉伯新闻部长理事会、阿拉伯经济统一理事会、阿拉伯教育、文化和科学组织、阿拉伯工业发展组织、阿拉伯农业发展组织、阿拉伯国家民航理事会、阿拉伯国家广播联盟、阿拉伯劳工组织、阿拉伯通讯卫星组织和抵制以色列特别局等。

阿盟在阿根廷、埃塞俄比亚、奥地利、巴西、比利时、德国、俄罗斯、法国、荷兰、加拿大、肯尼亚、墨西哥、美国、日本、瑞士、塞内加尔、希腊、意大利、印度、英国等设有办事处或新闻中心。

【主要活动】阿盟自成立以来共举行过12次首脑会议。前11次先后在开罗(1964)、亚历山大(1964)、卡萨布兰卡(1965)、喀土穆(1967)、拉巴特(1969)、阿尔及尔(1973)、拉巴特(1974)、开罗(1976)、巴格达(1978)、突尼斯(1979)、安曼(1980)举行，其中比较重要的有三次：第四次通过了对以色列的“不承认、不谈判、不和解”的原则；第七次会议强调巴解组织是巴勒斯坦人民的唯一合法代表；第九次会议强调不允许阿拉伯任何一方或几方单独谋求解决阿以冲突，谴责戴维营协议，决定一旦埃及和以色列签订和约，将对埃及实行政治和经济制裁。第12次首脑会议于1981年11月在摩洛哥非斯举行，因与会国对沙特的中东和平计划发生分歧，会议开幕几小时后立即宣布休会。次年9月在非斯复会，通过了解决中东问题的八项原则。此后阿盟再未举行过首脑会议。

自1985～1990年，阿盟特别首脑会议共举行过六次：第一次在卡萨布兰卡(1985.8.7～9)，第二次在安曼(1987.11.8～11)，第三次在阿尔及尔(1988.6.7～9)，第四次在卡萨布兰卡(1989.5.23～26)，第五次在巴格达(1990.5.28～30)。

1990年8月10日，阿盟第六次特别首脑会议在开罗举行，15国元首和阿曼、毛里塔尼亚、摩洛哥、索马里、伊拉克元首代表与会，突尼斯未出席。会议讨论了由于伊拉克入侵科威特造成的海湾危机及其解决办法，以12票赞成、2票弃权、3票保留、3票反对通过了如下决议：(1)重申阿盟部长理事会1990年8月3日紧急会议决议，支持伊斯兰会议组织1990年8月4日外长会议决议。(2)重申遵守联合国安理会660号、661号和662号决议，认为这些决议体现了国际法准则。

(3)谴责伊拉克对科威特的侵略，不承认伊拉克吞并科威特及由此带来的一系列政治后果，要求伊拉克立即无条件地把军队从科威特撤至8月1日以前的位置。(4)强调科威特的主权、独立、领土完整和合法政权必须得到恢复，支持其为实现这一目标所采取的一切措施。(5)谴责伊拉克在沙特边界集结部队威胁海湾各国，支持沙特等海湾国家根据阿盟联合防御条约及经济合作条约第2条、联合国宪章第51条和安理会661号决议实行合法自卫所采取的一切措施。(6)响应沙特等海湾合作委员会国家的要求向其派遣阿拉伯部队，帮助这些国家的武装力量，保卫其领土及地区安全，反击外来侵略。(7)责成阿盟秘书长关注上述决议的执行情况，并在15天内向阿盟理事会提出报告。

截至1992年底，阿盟部长理事会共举行了98次例会，并召开了多次特别会议或紧急会议。1991年5月15日，在开罗举行的第95次阿盟部长理事会会议一致推选埃及前副总理兼外长艾哈迈德·伊斯马特·阿卜杜勒·马吉德博士为阿盟第五任秘书长。

1992年3月22日，阿盟部长理事会在开罗举行紧急会议，讨论由洛克比炸机事件引发的利比亚与美国等西方国家的危机。会议未接受利比亚提出的“阿盟拒绝安理会拟议中的对利比亚实行经济制裁”的要求，但敦促联合国推迟对利比亚的制裁。会议决议呼吁安理会避免采取任何可能对这一地区造成消极后果的经济、军事或外交制裁措施。会议谴责各种形式的恐怖活动，欢迎利比亚准备与国际社会合作解决危机，决定成立一个由突尼斯、阿尔及利亚、利比亚、叙利亚、埃及、摩洛哥、毛里塔尼亚和阿盟秘书长组成的部长级委员会，以研究解决利比亚危机的办法。4月29～30日，第97次阿盟部长理事会会议在开罗举行。会议决议希望利比亚同西方国家的关系得到合理解决；呼吁有关各方继续协商，以便寻求一项各方均可接受的和平解决办法；对制裁利比亚的联合国安理会748号决议深感不安。决议还谴责各种形式的国际恐怖主义。

7月4～5日，阿盟外长紧急会议在开罗举行。本次会议是应黎巴嫩的请求为解决黎以领土争端而召开的。会议呼吁联合国迫使以色列执行安理会第425号决议撤掉其在黎南部建立的安全区。

9月12～14日，第98次阿盟部长理事会在开罗举行，会议议题主要有：阿拉伯国家的安全、中东地区销毁大规模杀伤性武器及阿布穆萨岛的主权等问题。会议发表一项声明，呼吁不要干涉伊拉克内政，支持伊拉克的主权和统一，谴责伊朗侵占阿布穆萨岛，支持阿联酋对该岛的主权。

【同我国的关系】双方一贯重视发展关系，阿盟曾多次派团来华访问。我国与阿盟之间的友好合作关系不断得到发展。1991年5月16日，国务委员兼外长钱其琛致电马吉德，祝贺他当选阿盟秘书长。1992年9月23日，国务委员兼外长钱其琛在联合国会见了阿盟秘书长马吉德。双方就中东地区形势、中国与阿盟关系等问题交换了意见。 （李炳茹）

阿拉伯议会联盟
Arab Inter-Parliamentary Union—AIPU

【成立日期】1974年6月21日。

【宗旨】加强阿拉伯议会间的往来和交流；协调、统一这些议会在国际上和其他各方面的活动；加强同其他地区议会联盟和国家议会组织的交往；协调、统一阿拉伯国家立法；研讨阿拉伯世界的共同性问题，在国际上促进阿拉伯民族事业。

【成员】16个(1992年)：阿尔及利亚、阿联酋、埃及、巴勒斯坦、吉布提、科威特、黎巴嫩、利比亚、毛里塔尼亚、摩洛哥、苏丹、突尼斯、叙利亚、也门、伊拉克、约旦。索马里在国内发生动乱后无议会，其成员国资格被冻结。

【主要负责人】秘书长阿卜杜·拉赫曼·布巴维(Abder Rahman Boubaoui，阿尔及利亚)。副秘书长努尔丁·波希科吉(摩洛哥)。

【总部】在叙利亚大马士革。

【出版物】《阿拉伯议会》(The Arab Parliament)双季刊和《议会对话》(Parliamentary Dialogue)季刊，均为阿、英、法文。《情况公报》(Information Bulletins)，阿文。

【组织机构】(1)大会：按规定，每两年召开一次，由各国议会组织派代表团参加，东道国议长任主席。(2)理事会：由各国议会组织各派两名议员任代表，按字母顺序由各国议长轮流担任主席，每年开会一次，必要时可举行紧急会议。(3)总秘书处：由秘书长领导，秘书长每两年由理事会选举产生。

【主要活动】截至1989年6月，大会共举行过五次会议，前四次分别在大马士革(1974年6月)、阿尔及尔(1981年3月)、巴格达(1983年5月)和安曼(1986年3月)举行。1989年6月19～20日，第五次大会在阿联酋首都阿布扎比举行，阿联酋联邦国民议会议长海拉尔·艾哈迈德·卢塔当选为会议主席。

理事会共举行22次会议,前16次(自1974年8月至1985年11月16日)先后在突尼斯、大马士革、喀土穆、开罗、安曼、里斯本(1978年3月27日和31日,阿议联在里斯本出席国际议联理事会期间,举行了第六次理事会)、阿尔及尔、巴格达、科威特、拉巴特、萨那、亚丁和巴格达等地举行。第17～20次理事会分别于1986年3月10日、1988年、1989年6月18日和1990年4月18日在安曼、突尼斯、阿布扎比和巴格达举行。第21次理事会于1991年2月27日在阿尔及尔闭幕。1991年5月25～26日,第21次理事会续会在利比亚首都的黎波里举行。会议强调恢复和加强阿拉伯团结与合作;支持巴勒斯坦事业和维护黎巴嫩统一、独立、主权和领土完整;欢迎科威特恢复主权,要求尊重伊拉克领土完整和取消对伊经济制裁;呼吁国际社会敦促以色列签署核不扩散条约,并将其现有核设施置于国际原子能机构的监督之下。1992年1月14～15日,阿拉伯议会联盟在利比亚的黎波里召开紧急会议,即第22次理事会,一致通过决议,反对美、英因美机爆炸案可能对利比亚采取的政治、军事行动,支持利比亚的立场。会议决定会后即派阿议联代表团分访亚洲、非洲、欧洲、美洲有关国家,阐述阿议联对利比亚涉嫌炸机事件的立场,争取支持。1992年5月2～5日,阿拉伯议会联盟特别会议在利比亚的黎波里召开。所有成员国均由议长或副议长率团出席会议。会议发表了公报,并致电利比亚领导人卡扎菲。公报强调坚决同利比亚站在一起,支持利比亚为维护独立、安全所采取的各种措施;谴责安理会748号决议,认为该决议非法;呼吁安理会和国际社会执行联合国关于阿以争端的决议;重申必须执行阿拉伯共同防御协定和阿拉伯国家经济一体化宪章。

阿拉伯议会联盟参加各国议会联盟的多边议会活动,同各国议会、议会组织进行接触。该联盟按计划每年与欧洲议会联盟轮流在一个阿拉伯国家或西欧国家首都举行一次对话,主要讨论加强阿拉伯国家和西欧国家在政治、经济和文化等方面的合作,会上通过的决议或建议均提交有关政府考虑。

1984年3月,27个阿拉伯国家和非洲国家的议会代表在突尼斯召开首次非洲—阿拉伯议会对话会议,并决定每两年召开一次对话会议。

【同我国的关系】1985年,我国人大与该联盟建立了联系。同年10月,该联盟首次派以秘书长布巴维为首的代表团访华,耿飚副委员长会见了该团。1992年2月22～26日,该联盟代表团访华,就利比亚涉嫌参与炸机事件与中方交换意见,彭冲副委员长予以会见,符浩常委与之进行了会谈。同年4月10日,出席各国议会联盟87届大会的该组织主席卡杜拉(现任叙利亚议长)会见了正在喀麦隆访问的中国人大代表团,并邀请中国人大代表团访问设在大马士革的该组织总部。5月,该组织主席卡杜拉致函万里委员长,再次邀请中国人大代表团访问其总部,并希望就双方共同关心的问题交换意见。 (李明茹)

东南亚国家联盟
Association of Southeast Asian Nations—ASEAN

【成立日期】东南亚国家联盟(简称东盟),其前身是马来西亚、菲律宾和泰国于1961年7月31日在曼谷成立的东南亚联盟。1963年马、菲因领土争执而中断外交关系,东南亚联盟陷于瘫痪。1965年8月新加坡脱离马来西亚成为独立国家。1966年马、菲关系好转,开始酝酿恢复东南亚联盟或重组其他组织。1967年8月7～8日印尼、马来西亚、菲律宾、新加坡和泰国的外长在曼谷举行会议,发表了《东南亚国家联盟成立宣言》,即《曼谷宣言》,正式宣布成立东南亚国家联盟。1967年8月28～29日,东盟在马来西亚首都吉隆坡举行部长级会议,决定由东南亚国家联盟取代东南亚联盟。

【宗旨】《东南亚国家联盟成立宣言》中规定的东盟宗旨和目标是:(1)以平等与协作精神共同努力促进本地区的经济增长、社会进步和文化发展;(2)遵循正义、国家关系准则和联合国宪章促进本地区的和平与稳定;(3)促进经济、社会、文化、技术和科学等问题的合作与互相支援;(4)在教育、专业和技术及行政训练和研究设施方面互相支援;(5)在充分利用农业和工业,扩大贸易、改善交通运输和提高人民生活水平方面进行更有效的合作;(6)促进对东南亚问题的研究;(7)同具有相似宗旨和目标的国际和地区组织保持紧密和互利的合作,探寻与其更紧密合作的途径。

【成员】6个(1992年):印尼、马来西亚、新加坡、菲律宾、泰国和文莱。总面积3048959平方公里,人口3.296亿。观察员:巴布亚新几内亚、越南、老挝。

【主要负责人】1992年常务委员会主席为菲律宾外交部长劳尔·曼格拉普斯(Raul S. Manglapus)。秘书长达图·阿吉特·辛格(Datuk Ajit Singh,马来西亚)。

【总部】秘书处在印度尼西亚雅加达。

【出版物】《东盟常务委员会年度报告》(Annual Report of the Asean Standing Committee)、《东盟通讯》(Asean Newsletter)双月刊,均为英文。

【组织机构】(1)部长会议:六国外长会议是政策制定机构,每年轮流在成员国举行一次例会和至少一次非正式会议。紧接外长会议之后举行的对话国会议,由东盟外长及其对话伙伴国(美国、日本、欧共体、澳大利亚、新西兰、加拿大、韩国)的外长出席,讨论政治、经济、东盟与对话伙伴的合作等问题。由经济、贸易部长和劳工部长组成的经济部长和劳工部长会议不定期在各国轮流举行,讨论东盟各国有关经济和社会合作的问题。(2)常务委员会:由当年主持外长会议的东道国外长任主席,其他成员国驻该国的大使任委员,负责筹备和主持外长会议,会后执行外长会议的决议,并有权代表东盟发表声明。(3)秘书处:东盟的行政总部,负责协调各成员国国家秘书处和主持召开秘书长会议等日常工作,对部长会议和常务委员会负责。东盟秘书长由各成员国轮流担任,任期两年。1992 年 1 月 27 日召开的第四次东盟首脑会议决定将"东盟秘书处秘书长"改为"东盟秘书长",根据资格和条件任命,并晋升为部长级。秘书处成员聘请专家担任,不再由各国均摊派遣。(4)常设委员会:负责研究和实施部长会议决定的有关东盟各国合作的规划和建议。设有贸易和旅游、工业、矿业和能源、粮食、农业、林业、文化、新闻、交通运输、财政、银行、科学技术、社会发展和预算等 9 个委员会。上述委员会分别设在成员国首都,直接对各自的部长负责。(5)特别委员会:负责研究和处理有关东盟经济合作和对外经济关系中的一些特殊问题。它设有 8 个特别委员会,即东盟特别协商委员会、东盟—布鲁塞尔委员会、中央银行和货币管理委员会、印度支那重建和复兴委员会、贸易问题高级官员委员会、东盟—日内瓦委员会、合成橡胶问题高级官员委员会和砂糖问题高级官员委员会。

【主要活动】东盟首脑会议不定期召开。1992 年 1 月第四届首脑会议决定今后每三年召开一次首脑会议。截至 1992 年 2 月,共举行了四次首脑会议。第一次首脑会议于 1976 年 2 月在印尼巴厘岛举行,会上签署了《东南亚友好合作条约》和《东南亚国家联盟协调一致宣言》。1977 年 8 月,在马来西亚吉隆坡举行的第二次首脑会议确定东盟扩大区域经济合作,加强同美、日、澳、新(西兰)和欧洲共同体的对话和经济联系。1987 年 12 月在菲律宾马尼拉举行了第三次首脑会议,签署了《马尼拉宣言》、《东南亚友好合作条约》修正议定书及四项经济协定。第四次首脑会议 1992 年 1 月在新加坡举行,会议签署了《1992 年新加坡宣言》、《东盟经济合作框架协定》和《有效普惠关税协定》等三个文件。

截至 1992 年底,东盟已召开了 25 届外长会议。1991 年 7 月在吉隆坡召开了第 24 届东盟外长会议,会议发表了关于柬埔寨问题的声明。会议决定正式接纳韩国为对话国。1992 年 7 月在马尼拉召开了第 25 届东盟外长会议,会议发表了"联合公报"和《东盟关于南中国海宣言》。越南、老挝首次参加东盟外长会议,签署了《东南亚友好合作条约》,并被吸收为东盟观察员。

政治方面:1971 年 11 月,东盟在吉隆坡举行的外长会议上签署了《东南亚中立化宣言》,即《吉隆坡宣言》,正式宣布把东南亚建成"和平、自由和中立区"作为努力争取的目标和"首要职责"。1976 年 2 月,东盟政府首脑在印尼巴厘签署《东南亚友好合作条约》,宣布根据联合国宪章和万隆会议十原则加强东南亚和平、友谊和相互合作。东盟始终坚持建立东南亚"和平、自由和中立区"的主张,并提出了建立东南亚无核区的设想。坚持全面执行政治解决柬埔寨问题的巴黎协定。反对欧共体提供援助要与人权、环保问题挂钩的做法。第四次东盟首脑会议对美国及西方关于制裁缅甸的要求未予置理。第 25 届东盟外长会议,继续顶住西方的压力,坚持对缅采取"建设性接触"政策;明确反对西方国家把人权和环保同经济合作和发展援助挂钩。

经济方面:成立 25 年以来,东盟经济合作逐步发展。由于各国之间产品碰头,互补性差,相互贸易额不大,约占东盟贸易总额的 18%,而享受互惠的贸易仅占总额的 5%。近年来,东盟各国日益认识到加强经济合作的重要性,并加快了合作步伐。1991 年 10 月第 23 届东盟经济部长会议在吉隆坡召开,会议在有关捍卫发展中国家经济权益的一系列问题上达成共识。会议一致同意将在 15 年内建成东盟自由贸易区的建议提交第四次东盟首脑会议讨论决定。会议还探讨了扩大地区经济合作的途径,决定原则接受马来西亚提出的建立"东亚经济会议"的设想(最初为"东亚经济集团")。第四次东盟首脑会议决定从 1993 年起,在东盟内部实行普惠关税制度,享有优惠关税的商品共计 15 大类,数千种。通过了在 15 年内建成东盟自由贸易区的提议,将关税最终降至 0 到 5%,基本实现成员国之间互免关税。但对"东亚经济会议"设想未达成一致。1992 年 10 月第 24 届经济部长会议在马尼拉召开,会议同意于 1993 年 1 月 1 日起对 15 大类产品调低关税。关于"东亚经济会议",会议同意委托东盟秘书处具体研究并提出其宗旨及组建方案,供东盟各国讨论。此外,成员国之间合作也有所进展,如,1989 年底新加坡提出的新加坡、马来西亚柔佛州和印尼巴淡岛组成"成长三角"(南三角)的经济合作建议,经过三方的共同努力,已取得相当进展;马来西亚提出的马槟城、印尼苏门答腊、泰南合建"三角"(北三角)合作计划也正在筹划之中。1993 年元月初泰、马两国总理会晤时希望尽快实现这一计划,加速有关地区的开发和经济发展。1991 年东盟国家的国民生产总值约为 3700 多亿美元;1992 年对外贸易总额达 3400 多亿美元左右,平均经济增长率为5.7%左右。

军事方面：东盟各国积极发展双边和多边军事合作。马来西亚分别同印尼、泰国和新加坡缔结了“边界协定”或“安全安排”。印尼、马来西亚和菲律宾三国共同签订了边界联合巡逻协定；根据协定，可交换情报和共同训练军事人员，还经常举行双边或多边的军事演习。近年来，东盟各国都强调增强自身防卫力量，同时均程度不同地表示了要加强军事合作的愿望，但不赞成东盟组成军事集团，多数国家都希望美国继续保持在这一地区的军事存在。

【同我国的关系】我同马来西亚、菲律宾和泰国于70年代先后建立了外交关系。1990年8月8日我同印尼复交。同年10月3日我同新加坡建交。1991年9月30日，我同文莱建交，我同东盟国家关系进入了全面发展的新阶段。中国十分重视同东盟国家的睦邻友好关系。1988年11月，李鹏总理宣布了中国政府发展同东盟各国关系的四项原则：一、在国家关系中，严格遵循和平共处五项原则；二、在任何情况下，都坚持反对霸权主义的原则；三、在经济关系中，坚持平等互利和共同发展的原则；四、在国际事务中遵循独立自主、互相尊重、密切合作、相互支持的原则。

1990年8月和12月李鹏总理两次出访东盟国家，1991年6月和1992年1月，杨尚昆主席先后访问印尼、泰国、新加坡和马来西亚。1992年8月，姚依林副总理访问马来西亚、新加坡。东盟各国领导人亦先后访问了中国。1991年马来西亚最高元首、新加坡总统和泰国总理访华。1992年印尼副总统、执政党主席、泰国公主、王储和新加坡资政等访华。

1991年7月，钱其琛外长应邀出席了东盟外长会议开幕式，并与东盟六国外长进行对话，从而开始了中国同东盟建立对话关系的进程。钱外长在对话中表示，中国愿同东盟在政治、经济、科技和安全等方面建立更加密切的合作关系。愿同东盟各国政府一起，采取一切可能的积极措施，建立协调磋商和对话机制。中国主张在和平共处五项原则的基础上建立新型的、公正的国际政治和经济新秩序。中国尊重并支持东盟关于建立东南亚和平、自由、中立和无核区的主张，支持东盟为加强区域经济合作、维护本国资源和经济权益以及建立国际经济新秩序所做的努力。1992年7月，钱外长应邀出席第25届东盟外长会议，并与东盟六国外长进行磋商，就加强双方经贸、科技领域的合作及共同关心的地区问题交换了意见，取得了广泛的共识。关于加强经贸、科技合作，钱外长建议，中国同东盟签订经贸合作协定，或签订经贸合作联委会协定，以建立磋商制度。中国愿同东盟科技委员会建立联系和合作关系等。东盟外长对上述建议普遍表示欢迎，同意由东盟常务委员会尽快采取后续行动。关于地区安全和南沙问题，钱外长重申：中国不谋求霸权和势力范围，反对填补“真空”也无意填补“真空”，并建议本地区国家逐步建立安全对话机制，共同维护地区和平与稳定。在南沙问题上，中方强调中国重视同存在争议的国家的友好合作关系，不愿看到因为存在分歧而发生冲突。重申“搁置争议、共同开发”的主张，表示愿在条件成熟时同有关国家谈判解决，条件不成熟可暂时搁置。

中国与东盟在科技和经贸合作等方面的关系亦进一步发展。1991年8月，中国国家科委科技代表团访问马来西亚和新加坡期间分别与东盟科技委员会主席哈桑(马来西亚科学环境部秘书长)和新加坡科技局(东盟科技委员会在新的协调、执行机构)主任邹绍强进行了接触，他们都表示欢迎中国与东盟科技委员会发展关系。1992年2～3月，国务委员兼国家科委主任宋健率中国科技代表团访问马来西亚和新加坡，访新期间，双方签订了中新科技合作协定。同年7月马来西亚科学、环境部长刘贤镇访华，双方正式签署了中马科技合作协定。1992年，中国同东盟六国的贸易总额达84.7亿美元。截止1991年年底，东盟各国在华累计投资14亿美元。

(王灿芬)

海湾阿拉伯国家合作委员会

Cooperation Council for the Arab State of the Gulf—GCC

【成立日期】1981年5月25～26日，六个海湾国家元首在阿联酋开会，签署了合作委员会章程，并宣布成立海湾阿拉伯国家合作委员会，简称海湾合作委员会。

【宗旨】实现成员国之间在一切领域内的协调、合作和一体化，以达到他们的统一；加强和密切成员国人民间的联系、交往和合作；推动六国的工业、农业、科学技术的发展、建立科学研究中心、举办联合项目，鼓励私营企业间的合作。

【成员】6个(1992年)：阿联酋、阿曼、巴林、卡塔尔、科威特、沙特。

【主要负责人】秘书长法希姆·本·苏尔坦·卡西米(Shaikh Fahim Bin Sultan Al Qasimi，阿联酋)，1992年12月当选。

【总部】总秘书处设在沙特阿拉伯利雅得。

【组织机构】(1)最高理事会:最高权力机构。由成员国元首组成。主席由各国元首按国名英文字母顺序轮流担任,任期一年。现任主席为阿联酋总统扎耶德·本·苏尔坦·阿勒那哈扬。(2)部长理事会:由成员国外交大臣(部长)或代表他们的其他大臣组成。主席由各国按字母顺序轮流担任,任期一年。(3)总秘书处:由秘书长和负责政治事务及负责财经事务的两名助理秘书长主持工作。秘书长由最高理事会任命,任期三年。

【主要活动】合作委员会自成立以来,每年11月或12月轮流在六国首都召开首脑会议。至1992年12月共举行了13次首脑会议。六国的外交、国防、石油和财经等大臣也定期召开会议。会议主要商讨六国和海湾及中东地区面临的政治、经济、外交、军事等重大问题,互通情况,协调立场,共商对策,联合行动。

自1981年起,第1～13次首脑会议先后在阿布扎比(1981.5)、利雅得(1981.11)、麦纳麦(1982.11)、多哈(1983.11)、科威特城(1984.11)、马斯喀特(1985.11)、阿布扎比(1986.11)、利雅得(1987.12)、麦纳麦(1988.12)、马斯喀特(1989.12)、多哈(1990.12)、科威特城(1991.12)、阿布扎比(1992.12)举行。

1992年12月21～23日,第13次首脑会议在阿拉伯联合酋长国首都阿布扎比召开,六国元首出席。会议讨论了海湾地区形势的最新发展和伊拉克执行联合国安理会决议的情况,以及六成员国之间在政治、军事、安全和经济诸方面的合作等问题。会议任命了阿联酋外交部国际司司长法希姆·卡西米为新秘书长,接替自该组织成立以来一直担任秘书长职务的比沙拉。会议发表了《最后公报》和《阿布扎比宣言》。会议呼吁国际社会继续对伊拉克保持压力,迫其执行安理会的所有决议,但重申维护伊统一和领土完整;强调用和平方式解决阿联酋同伊朗之间的岛屿争端;支持中东和平努力,并希望这一努力能实现阿、以争端和巴勒斯坦问题全面、持久、公正解决;谴责以色列驱逐400多名巴勒斯坦人的行径;支持安理会为拯救索马里难民采取的行动,呼吁索冲突各方以民族利益为重,摒弃分歧,同国际社会合作恢复索安全与稳定;对波黑局势持续恶化表示不安,重申吉达伊斯兰国家外长会议关于波黑问题的决议,要求安理会取消对波黑的武器禁运。关于地区安全,会议强调集体安全意识,称六国安全是不可分割的整体,并通过六国国防大臣会议关于军事合作的建议。经济合作方面,会议对该组织财经大臣委员会作出的逐步实行统一关税的决定予以肯定,并责成该委员会制定完整的章程提交下次首脑会议讨论。会议还对实现经济一体化和建立海湾经济共同体长远目标作了一些技术性安排。通过了实行商品新零售法规、制定发明专利制度和设立专利局的决定。对《大马士革宣言》(1991年3月),六国表示继续恪守《宣言》的原则和宗旨。会议决定第14次首脑会议于1993年12月在沙特阿拉伯举行。

1992年9月9～10日,《大马士革宣言》签字国(海湾六国和埃及、叙利亚)外长会议在多哈举行。八国外长一致强调《宣言》的必要性和重要性,认为它是在阿盟范围内对阿拉伯新秩序原则的体现;赞赏阿拉伯国家在中东和谈中的立场;强调加强经济合作的重要性,决定成立由《宣言》签字国财、经部长组成的委员会,对经济合作提出建议。

1992年5月16日,海湾合作委员会和欧共体在科威特举行第三次外长会议,主要讨论两个集团间经济和贸易合作问题,海湾国家对欧共体计划征收能源税的建议表示忧虑。与会外长还就中东和平进程和海湾地区安全等问题交换了意见。

【同我国的关系】1990、1991和1992年,国务委员兼外长钱其琛在出席联大会议期间会见了六国外交大臣,同他们就海湾形势交换了意见,并阐述了中国对海湾地区问题的原则立场。1991年7月,李鹏总理访问科威特期间会见了海湾合作委员会秘书长比沙拉,重申我国支持海湾国家奉行联合自强、共同维护地区和平与稳定的方针。1992年8月26日至9月1日,海湾合作委员会秘书长比沙拉率合作委员会代表团访华,这是该组织秘书长首次对我国进行的正式友好访问。李鹏总理、荣毅仁副委员长、钱其琛国务委员兼外长等分别同比一行会见、会谈。1992年7月,海湾合作委员会负责政治事务的助理秘书长马斯克里访华,雷洁琼副委员长、吴学谦副总理分别会见。1992年10月,中国国际贸易促进委员会和海湾合作委员会所属海湾工业咨询组织联合在京举办"中国与阿拉伯海湾国家工业经济合作研讨会"。这是中国与海湾合作委员会六国举办的第一次大规模的会议。沙特电力工业大臣等海湾六国的政府官员和工商人士近百人与会,李鹏总理向研讨会发了贺词。1992年11月和12月,全国友协代表团和中国新闻工作者代表团先后访问六成员国。

(吴传清)

非洲统一组织
Organization of African Unity—OAU

【成立日期】1963年5月22～26日在埃塞俄比亚亚的斯亚贝巴举行的非洲独立国家首脑会议于25日通过了《非洲统一组织宪章》，决定成立非洲统一组织（简称非统组织），确定5月25日为“非洲解放日”。

【宗旨】促进非洲国家的统一与团结，协调并加强非洲国家之间政治、外交、经济、文教、卫生、科技、防务和安全等方面的合作，努力改善非洲各国人民的生活，保卫他们的主权、领土完整与独立，从非洲根除一切形式的殖民主义，在对联合国宪章给予应有的尊重情况下促进国际合作。

【成员】51个（1992年）：阿尔及利亚、埃及、埃塞俄比亚、安哥拉、贝宁、博茨瓦纳、布基纳法索、布隆迪、赤道几内亚、多哥、佛得角、冈比亚、刚果、吉布提、几内亚、几内亚比绍、加纳、加蓬、津巴布韦、喀麦隆、科摩罗、科特迪瓦、肯尼亚、莱索托、利比里亚、利比亚、卢旺达、马达加斯加、马拉维、马里、毛里求斯、毛里塔尼亚、莫桑比克、纳米比亚、尼日尔、尼日利亚、塞拉利昂、塞内加尔、塞舌尔、圣多美和普林西比、斯威士兰、苏丹、索马里、坦桑尼亚、突尼斯、乌干达、赞比亚、扎伊尔、乍得、中非以及阿拉伯撒哈拉民主共和国（在1984年11月非统组织第20届首脑会议上被接纳，原成员国摩洛哥遂宣布退出非统组织）。

【主要负责人】首脑会议和部长理事会应届主席分别由每次会议选出。第28届首脑会议执行主席为塞内加尔总统阿卜杜·迪乌夫（Abdou Diouf）。秘书长萨利姆·艾哈迈德·萨利姆（Salim Ahamed Salim，坦桑尼亚）。

【总部】秘书处设在埃塞俄比亚亚的斯亚贝巴。

【组织机构】（1）国家元首和政府首脑会议：最高机构。一般每年开会一次，开会的法定人数为全体成员的2/3，一切决议均由2/3多数作出。（2）部长理事会：由成员国的外交部长或其他部长组成，并负责筹备首脑会议。（3）秘书处：常设机构。设有秘书长和4名副秘书长。秘书长由首脑会议选举产生，任期4年。（4）解放委员会（又称非洲解放运动协调委员会）：1963年5月成立，现有成员23国。常设秘书处设在坦桑尼亚首都达累斯萨拉姆，负责计划并协调非洲独立国家对非洲未独立国家和地区的民族解放运动的援助，管理援助基金。（5）调解、和解与仲裁委员会：1964年成立，设在亚的斯亚贝巴。由首脑会议选出21人组成，任期5年，任务是通过和平方式解决成员国之间的争端。（6）3个专门委员会：经济和社会委员会，教育、文化、科学和卫生委员会、防务委员会。

【主要活动】截至1992年底，共召开了28届首脑会议。前27届首脑会议地点（时间）：开罗（1964.7）、阿克拉（1965.10）、亚的斯亚贝巴（1966.11）、金沙萨（1967.9）、阿尔及尔（1968.9）、亚的斯亚贝巴（1969.9、1970.9、1971.6）、拉巴特（1972.6）、亚的斯亚贝巴（1973.5）、摩加迪沙（1974.6）、坎帕拉（1975.7～8）、路易港（1976.7）、利伯维尔（1977.7）、喀土穆（1978.7）、蒙罗维亚（1979.9）、弗里敦（1980.7）、内罗毕（1981.6）、亚的斯亚贝巴（1983.6、1984.11、1985.7、1986.7、1987.7、1988.5、1989.7、1990.7）、阿布贾（1991.6）。1982年因各成员国在西撒和乍得等问题上有重大分歧，未能召开首脑会议。此外，该组织于1980年4月在尼日利亚首都拉各斯召开了非洲经济问题特别首脑会议，1987年11月在亚的斯亚贝巴举行了非洲外债问题特别首脑会议。

1992年6月29日至7月1日，非统组织第28届首脑会议在塞内加尔首都达喀尔举行。塞内加尔总统阿卜杜·迪乌夫当选为执行主席。会议着重讨论了关于解决非洲国家内部冲突、非洲经济一体化、南非局势、严重的爱滋病等问题，并通过了相应的23项决议和两个决定。非统秘书长萨利姆在会上提出，非统组织应建立一个防止、处理和解决冲突的机构，通过外交、政治、法律和军事手段，维护成员国在民主过渡时期的和平与稳定。内容包括：扩大非统秘书长在调解冲突中的作用和权力；建立一个常设机构——国家元首和政府首脑会议执行局，一个法院和一支维持和平部队。此外，设立一笔维持和平基金。该机构还有一个任务是，加强非统组织同联合国和非洲地区组织在解决冲突方面的合作。会议通过一项决定，原则同意建立这个机构，要求秘书长深入研究与此机构有关的组织、活动细节以及资金来源等问题，并在听取成员国意见后，提出具体建议，交下届首脑会议审议。关于非洲经济一体化的决议，敦促尚未批准《非洲经济共同体条约》的成员国尽快批准条约，以便加快经济一体化进程，要求秘书长着手准备实施条约的议定书。关于南非局势，会议根据南非非洲人国民大会等反种族隔离组织提出的要求和建议，通过了有关决议，强烈谴责屠杀黑人的博伊帕通惨案，要求安理会召开紧急会议讨论南非危机问题并采取相应措施制止那里的暴力行为，要求国际社会和成员国在成立黑人和白人联合临时政府之前不要同南非建立官方关系。会议还通过一项关于向艾滋病开战的宣言。

【同我国的关系】非统组织每届首脑会议召开之际，我国总理均致电祝贺。李鹏总理在1992年6月28日的贺电中指出，“自第27届非统首脑会议以来，国际形势发生了巨大变化。广大非洲国家紧密团结在非统组织旗帜下，为非洲大陆的和平与发展进行了不懈的努力。非洲各国正在深化政治、经济、社会等方面的改革，选择适合本国情况的政治制度和经济模式。非统组织和广大成员国积极调解地区冲突和争端，并同严重的自然灾害进行顽强斗争。非洲国家努力发挥集体自力更生精神，推进非洲经济共同体的建设进程。我们坚信，非洲国家和人民一定能够克服前进道路上的困难，不断取得新的成就。”非统组织一些代表团和领导人曾先后访华。1992年2月10～12日，外交部副部长杨福昌访问埃塞俄比亚期间会见非统秘书长萨利姆，并同他就非洲和国际问题交换了看法。双方还希望中国同非统组织之间的关系进一步发展。 （徐人龙）

南南磋商与合作首脑级集团
Summit Level Group for South-South Consultation and Cooperation

【成立日期】南方委员会成立(1987)前后，该委员会主席尼雷尔曾在很多场合提出，南方应有一个更加完善、更加有效的机构协调南南合作、推动南北对话。1989年9月不结盟运动第九次首脑会议在南斯拉夫首都贝尔格莱德召开；会前，尼雷尔以南方委员会主席的身份向会议提交文件，再次重申了这一主张。秘鲁总统阿兰·加西亚继而具体提出了定期举行南南首脑磋商会议的设想。该届不结盟首脑会议经过讨论，决定并宣布成立南南磋商与合作首脑级集团。

【宗旨】更有效地推进“南南合作”，制定南南合作行动计划，促进发展中国家的经济发展；协调发展中国家对发达国家所采取的立场，促进南北对话。

【成员】16个(1992年)：阿尔及利亚、阿根廷、巴西、埃及、印度、印度尼西亚、牙买加、马来西亚、墨西哥、尼日利亚、秘鲁、塞内加尔、委内瑞拉、南斯拉夫、津巴布韦、智利。

【组织机构】目前只在日内瓦设立了技术支持组织，但因经费和人力所限发挥作用不显著。该组织无正式经费，各级会议主要利用东道国的资源。

【主要活动】每年在各成员国轮流举行一次首脑会议，就重大国际问题进行磋商、协调，就南南合作拟定具体项目，使之付诸实施；在首脑会前举行部长级会议；此外，还不定期举行集团首脑个人代表会议，就国际问题、合作项目和首脑会晤等进行具体协调和安排。第一届首脑会议于1990年6月1～3日在马来西亚吉隆坡举行，讨论了发展中国家债务、南南合作、环境保护等问题。第二届首脑会议于1991年11月27～29日在委内瑞拉加拉加斯举行，讨论了海湾战争和苏联发生重大变化后的世界形势、南方国家在新的国际格局中的位置和经济发展问题。第三届首脑会议于1992年11月21～23日在塞内加尔达喀尔举行，着重讨论了加强南南合作、促进南北对话以及其他发展中国家面临的紧迫问题；强调加强南南合作是本集团存在的基础，公平合理是南北对话的指导原则，并表示该集团将为建立国际新秩序而努力。会议还决定在生产、贸易、电讯、交通以及信息、文化、旅游方面加强合作；决定建立南方贸易投资银行、为非洲国家设立职业培训中心、建立地区和跨地区的南方教育中心等。会议还决定接纳智利为集团的成员国，下届首脑会议将于1993年11月在印度举行。

【同我国的关系】我国重视南南磋商与合作首脑级集团，赞赏并支持其宗旨。该集团对加强与我国的关系也十分重视。1992年10月8日，委内瑞拉总统卡洛斯·安德烈斯·佩雷斯代表该集团致函李鹏总理，邀请中国参加该集团将于11月举行的第三次首脑会议。11月10日，李鹏总理复函佩雷斯总统，重申中国政府赞赏和支持该集团的宗旨，表示愿同其成员国加强联系。李鹏总理同时指出，在经过一段时间的熟悉和了解后，双方将会找到进行合作的适当途径。 （丁世中）

中部非洲安全问题常设协商委员会

Organisation du Comité consultatif permanant chargé des questions de sécurité en Afrique Centrale

【成立日期】根据中部非洲国家经济共同体成员国建议，联合国第46届大会于1991年12月6日一致通过了加强地区信任措施的决议。1992年5月8日，联合国秘书长加利宣布成立中部非洲安全问题常设委员会。

【宗旨】加强中部非洲国家经济共同体成员国之间的信任、和平与团结，以便在中部非洲地区建立"和平、安全、合作与发展区"。

【成员】11个(1992年)：布隆迪、赤道几内亚、刚果、加蓬、喀麦隆、卢旺达、圣多美和普林西比、扎伊尔、乍得、中非、安哥拉。

【组织机构】协商委员会执行局。喀麦隆被选为执行局主席，加蓬为第一副主席、布隆迪为第二副主席，圣普为总报告人。任期均为半年。

【主要活动】1992年7月27～31日在喀麦隆首都雅温得召开部长级组织会议。除安哥拉外，其余10个成员国均派代表出席。联合国裁军事务局局长普罗沃斯拉夫·达维尼克(Prvoslav Davinic)代表联合国秘书长参加了会议。会议目的是加强中部非洲国家经济共同体成员国之间的信任、和平与团结，以便在中非地区建立"和平、安全、合作与发展区"。会议通过的行动纲领，为中部非洲各国提出了当前急需实现的目标和今后力争达到的目标。

当前急需实现的目标是：1.外交方面：尊重国家主权，缔结互不侵犯条约；建立国家元首间的热线联系，加强他们之间的会晤；定期举行国防、内政和外交部长以及军队参谋长会议；增加军事活动透明度，任何一个国家举行军事演习必须事先通知其他国家并邀请观察员前往观察；不生产、不谋取或转让核武器和生物化学武器等具有大规模杀伤性的武器，参加限制军备和裁军国际条约；通过实行人道主义措施鼓励难民自愿回国。2.关于建立和平秩序：加强和巩固民主化进程，促进尊重人权；遵守已签署的条约，建立控制危机机制；在人民中树立和平、安全和发展的理想；在难民问题上进行合作，教育他们遵守接待国的法律和文化习俗；派军事代表团互访，采取具体措施逐步减少军事力量、设备和预算，协助军队的重建和转业军人的安置。

今后力争达到的目标是：加强中部非洲每个国家对其他国家的外交参与；举行联合军事演习和军事训练及混合巡逻，训练实行人道主义紧急援助的能力；建立非洲军事区和和平区，建立制止危机的跨国参谋部，其任务是在适当时候研究建立一支维持和平部队；建立和加强和平解决纠纷机制，加强地区一体化；发展跨边界合作，加强边界地区接触，制定共同发展经济的措施。 (田嘉禾)

非洲葡语五国首脑会议

Summit of the Five African Heads of States of Official Portugese Language, Cimeira dos Cinco Chefes de Estado de Lingua Oficial Portuguesa

【成立日期】1976年5月，非洲葡语五国外长在圣多美和普林西比首都圣多美召开部长会议，决定召开五国首脑会议。

【宗旨】协调对外政策，在政治、经济等领域密切合作，实现战胜不发达的共同目标。

【成员】5个(1992年)：安哥拉、佛得角、几内亚比绍、莫桑比克、圣多美和普林西比。

【组织机构】(1)首脑会议：最高组织机构，一般两年左右举行一次，轮流在5国首都举行。协调主席由每届首脑会议东道国元首担任。(2)部长委员会：在首脑会议闭会期间负责协调和处理有关事务。一般每年举行一次会议，协调部长由每届首脑会议东道国外长轮流担任。下设财政、银行和保险，贸易，交通运输，干部培训、调研和文化，法律、司法和行政管理，卫生、社会通讯、劳工和农业等六个分委会，负责各有关领域的合作事宜。

【主要活动】第1～9届首脑会议先后在罗安达(1979.6)、马普托(1980.3)、普拉亚(1982.9)、比绍(1983.12)、圣多美(1985.2)、罗安达(1986.4)、马普托(1987.5)、比绍(1988.6)、普拉亚(1989.12)举行。第

一、二次特别首脑会议分别在马普托(1984.4)、罗安达(1989.10)举行。

1992 年 3 月 9～10 日,非洲葡语五国第 10 届首脑会议在圣多美举行。会议的主题是经济和财政问题。五国总统讨论了加强相互间政治外交合作并开展切实可行的经济技术合作、五国同葡萄牙及欧共体关系问题。会议还讨论了五国现状,特别是安哥拉和莫桑比克形势。会议就东帝汶问题发表声明,声援东帝汶人民争取自决权的斗争。会后发表了公报。　(李飞月)

独立国家联合体
Commonwealth of Independent States—CIS

【成立日期】1991 年 12 月 8 日,前苏联中的俄罗斯、乌克兰、白俄罗斯 3 共和国领导人在明斯克聚会,签署了一项关于建立独立国家联合体(简称独联体)的协定,并宣布“苏联作为国际法主体和地缘政治现实,将要停止其存在”。12 月 13 日,哈萨克斯坦等中亚 5 国表示愿意作为“平等的创始国”参加独联体。12 月 21 日,11 个共和国领导人穆塔利博夫、舒什克维奇、叶利钦、纳扎尔巴耶夫、阿卡耶夫、斯涅古尔、纳比耶夫、尼亚佐夫、克拉夫丘克、卡里莫夫、彼得罗相在阿拉木图召开会议(格鲁吉亚代表以观察员身份参加)。会议通过了《阿拉木图宣言》和《关于武装力量的议定书》等文件,宣告成立独立国家联合体及苏联停止存在。

【宗旨】根据 1993 年 1 月 22 日独联体第八次首脑会议签署的《独联体章程》规定:独联体以所有成员国的主权平等为基础。独联体不是国家,也不拥有凌驾于国家之上的权力。它是为各成员国进一步发展和加强友好、睦邻、族际和谐、信任、谅解和互利合作关系服务的。成员国在国际安全、裁军、军备监督和军队建设方面实行协调的政策,保证独联体内部安全,包括借助于军事观察员小组和集体维持和平部队。一个或数个成员国的主权、安全和领土完整一旦受到威胁,国际和平与安全受到威胁时,各成员国应立即进行协商,协调立场和采取对应措施。

【成员】10 个(1992 年底):白俄罗斯、俄罗斯、哈萨克斯坦、吉尔吉斯斯坦、摩尔多瓦、塔吉克斯坦、土库曼斯坦、乌克兰、乌兹别克、亚美尼亚。阿塞拜疆虽然签署了《阿拉木图宣言》,但议会迄今未予批准。章程规定:在通过此章程前签署并批准了 1991 年 12 月 8 日成立独联体协定和 1991 年 12 月 21 日关于该协定议定书的国家才是独联体创始国;此章程通过后一年之内承担章程义务的创始国是独联体成员国;同意章程目的和原则并承担章程义务的其他国家经所有成员国同意也成为独联体成员。愿参加独联体某次活动的国家可根据有关协定成为联系国;其他国家代表可以观察员身份出席独联体各机构会议;成员国可退出独联体,但需在退出前 12 个月书面通知章程交存国(白俄罗斯)。

【总部】协商协调委员会设在白俄罗斯明斯克。

【组织机构】独联体最高机构国家元首理事会每年召开两次会议,政府首脑理事会每年召开 4 次会议。一个成员国即可提议召开非例行会议。各国领导人按照其国家俄文名称字母顺序轮流主持会议。会议一般在明斯克举行。国家元首和政府首脑理事会分别成立常设和临时工作机构和辅助机构。外长委员会根据首脑委员会决定协调成员国对外政治活动。国防部长理事会是国家首脑委员会负责解决军事政策和军事建设问题的机构。还设有独联体国家军事合作联合参谋长职务及经济法院、人权委员会等。协商协调委员会是独联体的常设执行和协调机构,负责执行首脑委员会的决定,每个国家派两名全权代表常驻该委员会,其领导人协调员由国家首脑委员会任命,下设秘书处等机构。独联体工作语言为俄语。

【主要活动】截至 1993 年 1 月底,独联体共召开了 8 次首脑会议,基本上处于“独多联少”、“松而不散”的状态。各次首脑会议情况如下:

第一次:1991 年 12 月 21 日在阿拉木图举行。11 国领导人在会晤过程中签署了有关建立独立国家联合体的明斯克协定的议定书、阿拉木图宣言、独立国家首脑会议关于武装力量临时司令部的议定书、独联体协调机制协定、独联体国家元首理事会依法继承联合国宪 章对前苏联规定的权利和义务的决定、对核武器采取共同措施的协定,决定任命原苏联国防部长、空军元帅沙波什尼科夫为独联体武装力量临时总司令。

第二次:1991 年 12 月 30 日在明斯克举行。11 国国家元首签署了战略力量协定。还签署了“独立国家联合体国家元首理事会和政府首脑理事会临时协定”、关于消除切尔诺贝利核事故后果的措施的议定书、关于起草保护里海渔业资源协定的议定书、关于起草咸海问题和消除斯皮塔克地震造成的后果协定的议定书。

第三次:1992 年 1 月 16 日在莫斯科举行。9 国元首参加了会议。乌兹别克领导人卡里莫夫因卡拉卡尔帕克发生水灾、摩尔多瓦总统斯涅古尔因病没有参加会晤。与会者签署了 7 个文件,批准了战略部队军人和在一般任务部队服役的军人的入伍誓词。还签署了关于批准为国家元首理事会会议和政府首脑理事会会议作组织技术准备和举行会议的工作小组临时条例的议定书。

第四次:1992年2月14日在明斯克举行。独联体9国最高领导人讨论了政治、军事、经济和国际法等方面的问题,并签署了20个文件。

第五次:1992年3月20日在基辅举行。9个国家元首和吉尔吉斯斯坦、塔吉克斯坦政府首脑出席。与会者决定任命萨姆索诺夫上将为独联体联合武装力量总参谋长,任命马克西莫夫大将为独联体联合武装力量战略力量司令,任命谢苗诺夫上将为一般任务部队司令。会议着重讨论了联合武装力量武器和军事技术装备的保障原则,以及组织科学技术工作的协议。

第六次:1992年5月15日在塔什干举行。乌兹别克斯坦、俄罗斯、哈萨克斯坦、白俄罗斯、亚美尼亚和土库曼斯坦派最高级代表团与会,其他5国代表团分别由副总统、总理或副总理率领。会晤的主要结果是通过了关于独联体联合武装力量内护法机构的决议,草签了集体安全条约,确定了军事观察员小组的地位,通过了成立独联体维持和平部队的决定。

第七次:1992年7月6日在莫斯科举行。除阿塞拜疆外的10国最高领导人讨论了经济合作问题、与实施集体安全机制有关的问题、与人道主义合作有关的问题。

第八次:1993年1月22日在明斯克举行。10国首脑率团出席,阿塞拜疆以观察员身份与会。会议通过了关于成立跨国银行、调节有价证券跨国市场和独联体章程三个决定,乌克兰、土库曼斯坦和摩尔多瓦未在独联体章程上签字。会议未能就战略核武器的归属作出决定。 (沉 思)

北大西洋公约组织
North Atlantic Treaty Organization—NATO

【成立日期】1949年4月4日。

【宗旨】北大西洋公约规定,该组织的目的是,各成员国"在集体防务和维持和平与安全方面联合努力","促进北大西洋地区的稳定和福利"。

【成员】16个(1992年3月):比利时、冰岛、丹麦、德国、法国、荷兰、加拿大、卢森堡、美国、挪威、葡萄牙、土耳其、西班牙、希腊、意大利、英国。

【主要负责人】北大西洋理事会荣誉主席由各成员国外交部长轮流担任,任期一年。现任秘书长韦尔纳(Manfred Woerner ,德国),1988年7月1日就任。1992年12月17日,北约理事会会议决定将其任期延长至1996年6月30日。军委会主席艾德(Vigleik Eide,挪威),1989年10月1日就任。欧洲盟军最高司令约翰·沙利卡什维利将军(John Shalikashvili,美国),1992年6月25日就任。

【总部】在比利时布鲁塞尔。

【出版物】《北大西洋公约组织评论》(NATO Review),用英、法、荷、德、意、西文(以上双月刊),丹、希、葡、土文(以上季刊),冰、挪文(以上年刊)编辑出版。

【组织机构】(1)北大西洋理事会:即部长理事会,最高决策机构。由成员国外交部长组成,必要时国防部长、财政部长甚至政府首脑也可与会。一般每年开会两次。(2)防务计划委员会:由参加北约防务一体化指挥系统的13国国防部长组成(法国于1966年7月1日退出一体化机构;西班牙于1982年加入北约,但未参加一体化机构;冰岛因无军队也未参加)。每年开会两次,负责审议北约防务政策和军事计划。1966年北约又设立专门负责核防务政策的核防务委员会和核计划小组(法、冰未参加)。1968年,除法、冰之外的北约欧洲成员国国防部长组成非正式的北约"欧洲集团"。(3)常任代表理事会:亦称常设理事会,由各成员国一名大使级代表组成,在部长理事会和防务计划委员会休会期间负责日常工作。(4)国际秘书处:负责北约会议的准备、组织和联络工作。秘书长除领导秘书处外,也是部长理事会、防务计划委员会、核防务委员会和核计划小组的主席。(5)军事委员会:系北约最高军事指挥机构,由参加军事一体化指挥系统的成员国总参谋长组成(法国派联络官参加;冰岛因无国防军,派文官参加;西班牙派常驻代表参加)。每年约开会三次,负责就北约防务问题向部长理事会和防务计划委员会提出建议,并对下属各主要战区司令部实施领导。军委会主席由委员会成员推选,任期2~3年。其日常事务由各国参谋长任命的常驻军事代表组成军事代表委员会负责办理。军委会下设国际军事参谋部,负责实施军委会的政策和计划。此外还设有三个地区性军事指挥机构:欧洲盟军司令部、大西洋盟军司令部、美国—加拿大地区计划小组(1991年12月北约国防部长会议决定撤销海峡盟军司令部)。

另外还有北大西洋议会。这是北约成员国议会间组织,议员由各国议会指定,名额按国家人口比例分配。议会宗旨是鼓励各国议会的合作，密切各国议会与北约机构的联系，推动实现北大西洋公约的目标。议会每年秋季召开全会。

【主要活动】通过部长理事会和防务计划委员会会议，就国际重大政治问题进行磋商、协调立场；研究和制订统一战略和军事行动计划；每年都举行各种军事演习。

北约成立后，同华约长期紧张对峙。进入70年代后，北约在“坚持不懈地努力缓和东西方关系、逐步扩大合作领域”的同时，强调加强联盟团结和保持足够的防务能力。

1987年召开的北约部长会议强调北约“灵活反应”战略和“前沿防御”战略仍是北约防务的基础；重申欧美防务不可分割，美核力量对欧洲承担的义务对整个联盟安全是不可缺少的，美军继续以目前水平驻扎在西欧起着不可替代的作用；同时“欢迎举行涉及整个欧洲即从大西洋到乌拉尔山的常规力量稳定问题的谈判”。

1988年3月2～3日，北约在布鲁塞尔召开第八次首脑会议。会后发表了题为《朝着常规武器控制目标前进》的声明和会议最后公报。北约提出了欧洲常规裁军谈判的三项目标：(1)在较低水平上建立稳定、可靠的常规力量均势；(2)消除不利于稳定和安全的不均衡状态；(3)消除发动突然袭击和大规模进攻行动的能力。会议重申坚持北约的威慑战略，表示“注意到苏政策中出现了令人鼓舞的变化迹象”，同时又强调苏“丝毫未放松其军事努力”；北约必须既与苏保持对话，谋求改善东西方关系，又要提高警惕，保持有力的防务。6月9～10日召开的北约外长会议对美苏莫斯科首脑会晤结果表示欢迎，特别是对会晤“用了空前的篇幅谈人权问题”表示满意。会议讨论了东欧的形势和前景，认为西方应根据东欧各国进行改革的不同程度对它们区别对待，争取在军控、人权和经济关系方面推动东西方关系的发展。公报还强调要维护柏林及其周围形势的平静和稳定，并将此作为“东西方关系的基本因素”。12月1～2日召开的北约防务计划委员会会议通过了关于《加强联盟的集体安全》的报告，一致同意为改善和加强北约的“欧洲支柱”和“北美支柱”而共同努力，并拟筹建一个由西德、英国、荷兰、比利时四国组成的“欧洲空降师”，以加强北约北翼的防务。12月8～9日，北约部长理事会会议对戈尔巴乔夫7日在联合国大会宣布的单方面裁军计划表示欢迎，但又强调这不能完全消除苏联发动突然袭击和大规模进攻的能力。会议就欧洲常规裁军谈判提出了四点建议。

1989年5月12日，北约部长理事会举行会议，欢迎苏联将在年内单方面削减500枚短导的建议，但指出由于北约过去10年已单方面削减了2400枚短导，苏迈出的这一步“还不够大”。5月29～30日，北约在布鲁塞尔举行纪念北约成立40周年首脑会议，通过了《关于军控与裁军的总体方案》，并正式肯定了美国总统布什在会上提出的欧洲常规裁军的新建议：(1)北约和华约各自可拥有的地面进攻武器的最高限额为：2万辆坦克，2.8万辆装甲车和1.6万辆至2.4万门大炮；(2)两大集团将各自陆基战斗机和直升机按北约目前水平削减15%；(3)美驻西欧作战部队兵力将裁减20%；美苏驻欧兵力的总限额各为27.5万；(4)双方在六个月至一年内就欧洲常规裁军达成协议，并于1992年或1993年实施完毕。会议还就北约内部争执已久的短导问题达成妥协。会议表示，准备从经济、技术上适当支持苏联、东欧发生的具有“革命性”的变化。6月8～9日北约防务计划委员会会议批准了1989年《部长指南》，并一致同意维持每年军费开支增长3%的长期目标。10月24～25日，北约国防部长会议拒绝了苏联提出的在2000年解散华约和北约的建议，并再次呼吁苏单方面将其短导减少到北约当时的水平。11月28～29日北约防务委员会会议通过了1990～1994年北约兵力计划。12月4日第10次北约首脑会议强调，在欧洲形势巨变的情况下，西方应加强协调，维持欧洲的边界现状。会议还讨论了东西方关系、裁军和欧洲前途问题并在以下三个方面调整政策：(1)更加积极支持戈尔巴乔夫推行的“改革”和“开放”。(2)认为解决“德国命运”问题必须坚持四个原则：现有边界不可侵犯；坚持和平和渐进的过程；在北约和欧共体范围内考虑；通过自决的途径。(3)强调进一步加强欧共体的内部建设，将会促进欧洲新秩序的建立。12月14～15日举行的北约外长会议对美国国务卿贝克提出的加强北约政治作用的计划表示欢迎，对苏联不阻拦东欧改革表示赞扬，重申德国人民在欧洲一体化范围内、在和平自决情况下实现统一。

1990年5月3日，北约外长会议提出一项欧洲核裁军的倡议，同时断然拒绝了苏联坚持要统一后的德国留在北约之外的要求。5月20～22日举行的北约国防部长会议一致同意重新考虑自60年代以来一直支配西方军事思想的概念，并认为“来自华约的威胁已不复存在”。6月7～8日北约外长会议着重讨论了北约组织的未来作用和德国统一后在北约的地位问题。会议同意北约发挥新的政治作用，表示北约“决心抓住欧洲深刻变革所带来的历史性机遇，帮助在欧洲建立以自由、公正和民主为基础的新的和平秩序”。会议欢迎华约6月7日首脑会议声明，并认为统一后的德国留在北约不会影响苏联的合法利益。7月5～6日举行的北约第11次首脑会议发表了《关于改革后的北大西洋公约组织的伦敦宣言》，其主要内容是：(1)建议华约国家和北约国家联合发表声明，宣告不再互为敌手，相互不使用武力或以武力相威胁；建议华约国家与北约建立经常性的外交联系；邀请苏总统戈尔巴乔夫和东欧国家领导人到北约理事会发表讲话；(2)北约的“前沿战略”将由“缩小编制的前沿存在”政策所取代，减少对核武器的依赖,使之成为"最后的作战手段";(3)建议在年底举行的欧安会首脑会议上签署第一个欧洲常规裁军协定,届时将对统一后的德国兵力加以适当限制。在苏联采取对等行动的条件下北约将从欧洲消除全部核大炮;(4)建议至少每年举行一次欧安会成员国首脑会晤或部长级会议,建立欧安会秘书处、监督选举机制、防止冲突中心以及议会代表机构。12月6～7日和17～18日,北约相继举行了国防部长和外长会议,深入讨论了北约军事战略调整和职能转换问题。会议认为北约作为西方集体安全的保障机制必须继续存在;安全与稳定比以往任何时候都不可能单凭军事手段获得;北约必须在可预见的将来保留适合自身安全需要的最低限度的核力量和常规力量;美国应积极参与欧洲的政治和继续保持其在欧洲的存在。

1991年5月28～29日,北约召开国防部长会议,决定:进一步调整"前沿防御"战略,代之以"应付危机"战略;大幅度精简部队,使之成为一支武器装备先进、高度机动灵活、由七个军组成的主力防御部队;组建一支七万人的快速反应部队;各成员国武装力量组成后备部队,构成北约新的三层次防御体系。6月6～7日召开的外长会议就北约和欧共体各自如何发挥保证欧洲安全作用达成妥协。会议声明指出北约仍将是处理西欧安全与防务的主要论坛,并强调北约谋求同东欧建立"建设性的伙伴关系",向东欧国家提供某种安全保护,同时提出了广泛的"合作计划"。11月7～8日举行的北约首脑会议通过了《北约新的战略概念》、《和平与合作宣言》、《关于苏联局势的声明》和《关于南斯拉夫局势的声明》等文件。会议批准对北约军事战略作出的重大调整,即:从过去主要对付苏联转向"全方位"防御;放弃"前沿防御"战略,明确北约今后的主要任务是"预防冲突和处理危机";缩小部队规模,提高其灵活、机动和快速反应能力;调整"灵活反应"战略,削减核武器,但仍将保持一定的核威慑力量。会议强调北约在欧洲防务中要继续起主要作用,同时欧美应共同努力建立一个包括北约、欧共体、西欧联盟以及欧安会在内的新安全结构。会议决定成立"大西洋合作委员会",邀请苏、波、匈、捷、保、罗和波罗的海新独立的三国参加将于12月举行的首次特别外长会议,以确定双方在政治、安全方面的磋商和合作关系。《关于苏联局势的声明》对苏联存在的核扩散危险表示严重关切,敦促苏严格履行已达成的各项裁军协议,并强调苏政治上的变化应与经济自由化和建立市场经济同步进行。法国拒绝在此声明上签字,并表示北约并非"神圣同盟",反对扩大北约的政治职能。12月12～13日北约国防部长会议根据11月首脑会议的新的战略方针,一致同意准备制定应付突发事件的军事行动总计划。会议并通过了调整军事指挥机构和削减军队的决定,撤销了原四个军事指挥机构中的海峡司令部,重新划分了欧洲盟军司令部的防区范围。北约军事一体化部队总数将减少20～30%。会议发表的关于苏联事态的声明,呼吁苏联有关当局"通过和平方式寻求转变进程",呼吁谋求独立的各加盟共和国遵守有关核武器和非核武器的各项军备控制协议,敦促它们把核武器置于一个单一的权力机构控制之下。12月19日北约先举行了该组织16国外长会议,紧接着于20日同原华约国家保加利亚、捷克斯洛伐克、匈牙利、波兰、罗马尼亚以及拉脱维亚、立陶宛和爱沙尼亚外长联合举行了北大西洋合作委员会(以下简称"北合会")第一次会议。正在解体中的苏联只派了驻比利时大使出席会议。北约外长会议发表的"最后公报"宣布:由北约动用军队后勤手段向苏紧急运送和分发人道援助物资;由北约提供技术和专家帮助前苏联有关共和国销毁核武器并要求它们"确保对核武器进行切实、负责和可靠的控制","努力阻止核武器和其他大规模杀伤武器的扩散"以及"核技术和材料的出口";北约和欧安会之间建立某种联系。北合会发表了《关于对话、伙伴关系和合作的声明》。"声明"决定加强北约和原华约成员国的联系机制,每年举行一次成员国外长会议,每两个月举行一次大使级会议。声明还确定了双方的合作范围,其中包括防务计划、军控、军转民、科技和环保等。

1992年3月10日,北合会在布鲁塞尔举行外长特别会议,决定接纳独联体11个共和国为新成员国(对非独联体的格鲁吉亚,北约称其加入只是时间问题)。会议着重讨论了独联体内纳-卡地区民族冲突以及尽快批准和实施《欧洲常规军力条约》等问题。会议还通过了各成员国在政治、安全等领域加强合作的详细工作计划,并发表了一项声明。4月1日,北约同东欧5国及独联体12国国防部长在布鲁塞尔举行首次联席会议。会议通过一项声明:(1)力争使1990年已签署的《欧洲常规军力条约》不同独联体再谈判即得到批准并尽快生效;希望参加欧洲常规裁军第二阶段谈判的国家在欧安会第四次续会召开首脑会议前达成限制军队人数协议,实现进一步裁军;独联体国家再次确认对前苏联的核武器实行统一控制,并愿加入核不扩散条约。(2)确定双方具体合作方式,以西方治军模式改造"新伙伴"国军队。北约将通过组织研讨会、培训班、参观访问等多种形式介绍西方治军方式,参与对方军队改造;北约国家文、军职人员组成专家小组到对方国防部和军事部门工作;北约将在防务计划和军事预算制定、文官和议会对军队的控制监督、军事演习和训练、现役与后备役比例配置、军事基地环保、军队参与救援等十几个领域与对方合作。(3)会议决定每年至少开一次国防部长级会议,定期召开一系列最高军事当局会议(如参谋长合作会议等)。参谋长合作会议于4月10日召开,集中讨论了改造前华约国家军队的措施及核武库控制等问题,确定了双方合作的具体计划。

4月10日,北约军委会主席艾德宣布,北约本月底将在意大利那不勒斯建立一支地中海常驻海军部队。

5月4日，北约总部负责人与首次来访的日本防卫厅长官宫下会谈，一致认为双方要在安全方面进行更加紧密的合作，北约对日本拟参加联合国维和表示理解。

5月26～27日北约国防部长会议在布鲁塞尔召开，6月4日和5日北约外长会议和"北合会"外长会议相继在奥斯陆召开。(1)北约国防部长会议决定，原则上同意北约参与欧安会主持的维和行动，并提交外长会议通过；该会议批准了北约军事指挥机构的改革计划；北约总部人员将削减20%；欧洲盟军司令部下辖的北部司令部将同过去的海峡司令部合并，组建一个西北司令部；北约成员国同意分担一部分美国在欧洲的军事装备储存费(每年约3亿美元)。会议还讨论了法德此前宣布成立的欧洲军团问题。(2)北约外长会议通过了北约参与欧安会主持的欧洲地区维持和平行动原则。会议称，北约将按照自己的程序，逐一地支持欧安会负责的维和行动，包括提供北约的人力物力和专门技术，并要求常务委员会依据北约军事当局的意见确定提供这种支持的切实可行的选择方案和方法。外长会议还通过了关于南斯拉夫及纳卡问题的声明。(3)"北合会"外长会议主要由北约16国同东欧5国及原苏联的8个共和国签署了《欧洲常规军力条约》议定书。会议吸收阿尔巴尼亚为其第37个成员国，芬兰为观察员。

7月16日，为确保对南斯拉夫的禁运，北约宣布动用地中海海军部队在亚得里亚海同西欧联盟合作执行海上监督，9月10日又决定派预警侦察机监视波黑上空的禁飞区。

10月2日，北约正式建立10万人的快速反应部队，总部设在德国比勒费尔德。

10月20日，北约14国国防部长召开核计划小组会议。会议通过了新的核指导方针，并责成军委会在12月前拟订出应急方案和包括原华约国家在内的全欧维和行动计划。会议最后公报称，新的战略思想为减少对核武器的依赖作了准备，同时再次肯定了核威慑力量的作用，包括以欧洲为基地的核力量。会议敦促前苏联安全可靠地集中、储存和销毁核武器。会议对大规模毁灭性武器的扩散表示特别关注。会上，美国通知北约盟国，美国国会决定把1993年美国为北约基地提供的基础设施费用从15亿美元的1/4削减到6100万美元。

12月10～11日北约国防部长会议，17日、18日北约外长会议和"北合会"外长会议相继在布鲁塞尔召开。北约两长会议发表了最后公报和关于前南斯拉夫的声明。本次秋季理事会决定"根据自己的程序逐案支持联合国安理会领导下的维持和平行动"。据此，北约决定以军事力量介入南斯拉夫危机，但由于在对待波黑局势问题上分歧很大，未能就采取具体军事行动达成协议。北约决定在希腊拉里萨建立地面部队司令部，并将在希腊北方重要港口卡瓦拉市部署不仅管辖巴尔干地区，也管辖从西欧到波斯湾地区的快速反应旅。本届"北合会"发表了声明和1993年工作计划，要求成员国就维和进行多层次磋商和合作，包括维和行动训练和联合演习等。东欧国家同意联合维和。波、匈等国并表示愿提供本国的军事基地作为维和行动的训练中心。罗马尼亚会前提出加入北约，并允许北约在罗黑海海滨城市阿吉杰建立海军基地。 (李九年)

欧洲委员会
The Council of Europe—CE

【成立日期】1949年5月5日，爱尔兰、比利时、丹麦、法国、荷兰、卢森堡、挪威、瑞典、意大利和英国在伦敦签订《欧洲委员会法规》，正式成立该组织。

【宗旨】努力实现更紧密的欧洲联合；促进成员国的经济和社会进步；维护议会民主和人权原则。

【成员】26个(1993年1月)：爱尔兰、奥地利、比利时、冰岛、丹麦、德国、法国、荷兰、列支敦士登、卢森堡、马耳他、挪威、葡萄牙、瑞典、瑞士、塞浦路斯、圣马力诺、土耳其、西班牙、希腊、意大利、英国、芬兰、匈牙利、波兰、保加利亚(1992年5月加入)。1993年1月1日，捷克斯洛伐克分裂，其成员国资格被取消。

【主要负责人】欧洲委员会议会议长米格尔·安赫尔·马丁内斯(Miguel Angel Martinez，西班牙)，1992年5月当选。秘书长卡特琳·拉吕米埃尔(Cathrine Lalumiere，法国)，1989年5月当选。

【总部】在法国斯特拉斯堡。

【出版物】《论坛》(Forum)，季刊，英、法、德、意文；《欧洲委员会出版目录》(Catalogues des Publications du Conseil de l'Europe)，年刊。

【组织机构】(1)部长委员会：最高决策和执行机构，由成员国各派一名代表(一般为外长)组成，每年召开两次会议。下设部长代表委员会，由成员国各派一名常驻代表(大使级)组成，负责处理日常事务。主席由各成员国代表轮流担任，任期半年。(2)议会：咨询机构，有辩论权，没有立法权，可向部长委员会提出建议。截至1992年底，议员总数为202人，候补议员202人，议员因故不能出席时由候补议员替补。议员由各成员国从本国议员中推举产生，名额根据各成员国人口比例分配，最多18名，最少2名。分6个党团：社会党、基督教民主党、独立党(保守党)、自由党、民主主义者联合党团和共产党。通常每年召开春、秋、冬季3次会议。一般决议由简单多数通过，重大决议以2/3多数通过。议会下设常务委员会，在议会休会期间负责日常工作，每年至少开3次会。还设有政治、经济、社会、文教、司法和农业问题等13个专门委员会。议长由全体议员选举产生，任期一年，通常连任3年。副议长10人。(3)秘书处：正、副秘书长各1人，设法律、人权、社会与卫生、文教、财政和环保6个处，处理日常事务。秘书长由部长委员会提名，再经议会选举产生，任期5年，可连任。此外，欧洲委员会还设有欧洲地方和地区当局会议、专门部长会议、欧洲人权委员会、欧洲人权法院、欧洲青年中心、欧洲青年基金组织和社会发展基金等机构。

以色列派观察员参加欧洲委员会议会会议。截至1993年2月，欧洲委员会议会先后吸收阿尔巴尼亚、白俄罗斯、克罗地亚、爱沙尼亚、立陶宛、摩尔多瓦、斯洛伐克、捷克、罗马尼亚、俄罗斯、斯洛文尼亚和乌克兰以欧洲委员会特邀代表身份出席欧洲委员会议会会议。南斯拉夫特邀代表身份于1991年11月25日被取消。1992年6月，欧洲委员会议会第44次夏季会议决定，将过去欧洲委员会的联系国和观察员国统一改称“合作国”。

【主要活动】该组织自成立以来，一直围绕着“欧洲合作与联合”的目标开展活动，其主要任务是审议各成员国共同关心的有关政治、人权、经济、社会、科技和文化等问题，并通过推动各成员国政府签订协议和公约、或通过向成员国政府提出建议等方式，谋求在上述领域里采取统一行动。截至1992年底，欧洲委员会已通过公约148个。其中比较重要的法律文件有：欧洲人权公约(1950年)，欧洲社会宪章(1961年)，欧洲社会安全公约(1972年)，欧洲文化公约(1977年)，欧洲保护野生动植物和自然环境公约、制止恐怖主义公约(1977年)，关于防止酷刑、不人道和有辱人格的待遇或惩罚的欧洲公约(1987年)，关于在税务方面相互提供行政协助的欧洲公约(1988年)，保护人类免受生物医学损害的框架公约(1990年)，关于移民本地化问题的《法兰克福宣言》(1991年)等。欧洲委员会作为联合国的观察员，同联合国及其专门机构以及大部分欧洲政府间组织都签订了合作协定和交换资料、互派观察员的协定。80年代以来，该组织对国际政治、经济和科技等问题更加关注。

1991年，欧洲委员会活动主要围绕以下三个方面：

1. 积极协调欧洲委员会同欧共体、欧安会等组织的活动，联合倡议了第四次四方会议(欧共体理事会、欧共体委员会、欧洲委员会和欧洲委员会部长委员会)；举行了讨论加强民主体制的第三届斯特拉斯堡大会。

2. 根据东中欧所发生的巨大变化，加强了同上述地区国家的关系。吸收波兰和捷克斯洛伐克为正式会员；接纳阿尔巴尼亚、波罗的海三国、罗马尼亚、俄罗斯联邦、斯洛文尼亚等国为特邀代表。加强了关于在中、东欧援助与合作的“DEMOSTHENE”计划。

3. 加强了成员国在“大欧洲”方面的计划。

1992年5月6日起，由土耳其出任欧洲委员会主席国，任期半年。5月7日，保加利亚被正式接纳为该组织第27个成员。9月10～11日，欧洲委员会在伊斯坦布尔召开了特别会议，27个成员国及格鲁吉亚、独联体各国等出席会议。11月5日，欧洲委员会一项有关少数民族语言的协定开放供签署，27个成员中的11国签署了协定。该协定的目的在于保护区域性语言并促进它们在教育、行政、法律、传播媒介和文化活动中的应用。协定列举了数十种语言，包括意第绪语和吉普赛语等不仅在欧洲特定区域使用的语言。据估计，使用此数十种语言的欧洲人达5000万。

【同我国的关系】从70年代末起，我国同欧洲委员会开始交往。1985年10月，欧洲委员会议会议长阿伦斯访华。1988年5月，欧洲委员会议会通过关于《欧洲同中华人民共和国经济关系和合作的报告》，要求欧洲委员会成员国政府和欧洲共同体给中国以最惠国待遇，让更多的中国产品进入欧洲市场，支持中国重返关税及贸易总协定。同年5月11～19日，欧洲委员会议会议长路易·戎率议会代表团访华。1989年4月17～19日，欧洲委员会邀请达赖出席“世界和平与人权问题”研讨会。6月28日，欧洲委员会议会政治问题委员会开会，无理指责中国平息在北京发生的政治风波是“镇压”，并对此表示“谴责”。

(刘玉俐)

西 欧 联 盟
Western European Union — WEU

【成立日期】1948年3月17日，法国、英国、荷兰、比利时和卢森堡签署《布鲁塞尔条约》，宣布成立布鲁塞尔条约组织。1954年10月23日，布鲁塞尔条约组织五国与德国和意大利签署《巴黎协定》，对布鲁塞尔条约进行了修改，将布鲁塞尔条约组织改为西欧联盟。条约有效期50年(目前对此有歧见，一种意见认为应从1948年算起，另一种认为应从1954年算起)。

【宗旨】促进欧洲的团结和推动欧洲统一的进程；协调成员国之间在防务、武装力量和军工生产方面的政策，以增强成员国集体防御能力；加强成员国间经济、社会和文化方面的合作。

【成员】10个(1992年11月)：比利时、德国、希腊、法国、荷兰、卢森堡、葡萄牙、西班牙、意大利、英国。另有丹麦和爱尔兰两个联系国；土耳其、挪威和冰岛三个观察员。

【主要负责人】议长哈特穆特·佐尔(Hartmut Soell，德国社民党人)，1992年6月当选。秘书长范·埃克伦(W. F. van Eekelen，荷兰)。

【总部】常设理事会和秘书处设在伦敦。议会、军备监督处和常设军备委员会设在巴黎。

【出版物】《西欧联盟议会记录》(Proceedings of the WEU Assembley)，英、法文。

【组织机构】(1)部长理事会：最高决策机构。由各成员国外交部长组成，每年开会两次，主席由各成员国外长轮流担任，任期一年，现任主席国为意大利(1992年7月1日至1993年6月30日)。自1984年10月起，参加部长级会议的还有各成员国的国防部长。平时由各成员国驻英国大使和英国外交部次官组成常设理事会。下设军备监督处和常设军备委员会。1986年底增设欧洲安全政治委员会，由成员国外交部政治总司长组成，定期就安全政策进行磋商。(2)议会：咨询机构。由各成员国出席欧洲委员会议会的代表组成，每年开会两次。议长每年选举一次。议会下设防务与军备、总务、科学、预算与行政、程序与权力、同各国议会联系等6个常设委员会。(3)秘书处：部长理事会的办事机构。秘书长兼任常设理事会主席。(4)参谋长会议：每年开会两次。(5)咨询论坛：由常设理事会和东欧8国大使组成，每年至少开会两次，地点设在布鲁塞尔。

【主要活动】该组织成立初期，不断采取措施密切各成员国在安全问题上的联系，尤其要使联邦德国参加共同防务(但在军备方面对其实行限制)。由于西欧在防务上主要依靠北约，西欧联盟的主要活动集中于协调成员国在安全和东西方关系问题上的立场，并未实际发挥其防务职能。直至80年代初，部长理事会只是不定期举行会议，基本上无重大活动。议会每年6月和12月在巴黎召开春秋两次会议。

1984年6月12日，西欧联盟在巴黎举行中断多年的外长会议，正式宣布西欧联盟的“复活”。10月26～27日，西欧联盟七国外长和国防部长在罗马举行首次联席会议，发表《罗马宣言》，宣布重振西欧联盟。会议决定：今后每年定期召开两次外长和国防部长联席会议。

1991年1月17日，西欧联盟召开外长和国防部长特别理事会，决定各成员国驻海湾部队开始实施战时方案，并由法国统一协调指挥各成员国驻海湾海军部队的军事行动。海湾战争爆发后，西欧联盟承担了西欧参战部队的部分后勤保障工作，并协助执行了战后排雷任务。3月，西欧联盟召开国防部长会议，决定成立“卫星情报与开发署”。拟先向法、美等国购买卫星图片，然后共同发展“太阳神”侦察卫星，并争取在1994年投入使用。此外，各成员国还强调加强红外、雷达、激光等侦察器材的合作研制。9月30日，西欧联盟外长和国防部长特别会议在布鲁塞尔举行，专门讨论南斯拉夫问题。除9个成员国外，爱尔兰、丹麦、希腊、土耳其和加拿大五国的代表也与会。会议未能就是否使用干预方式制止南内战问题取得一致。10月29日，西欧联盟部长理事会特别会议在波恩举行，就欧洲的安全结构问题交换意见。11月18日，在波恩举行西欧联盟部长理事会，讨论南斯拉夫、苏联、东欧及欧洲防务问题。会议决定建立一条“人道主义走廊”，用军舰保障向南斯拉夫被围困的城市提供援助；部长们在会上一致同意西欧联盟国家将参加联合国在南斯拉夫的维持和平行动。会议还建议同保加利亚、波兰、匈牙利和捷克斯洛伐克举行特别会晤。关于欧洲防务，与会国认为他们在欧洲防务结构问题上的立场更接近了。但是，关于建立北约组织“欧洲支柱”的讨论被再次推迟到12月举行。会后发表的声明表示，西欧联盟是欧洲联盟发展不可分割的一部分，将作为欧洲联盟防务的组成部分和加强大西洋联盟欧洲支柱的手段进一步发展，西欧联盟将提出一项欧洲共同防务政策并监督这项政策的具体实施，以进一步扩大自己的军事作用。

12月9日，西欧联盟成员国外长在欧共体马斯特里赫特首脑会议期间草签了《西欧联盟与欧洲联盟和北约关系的宣言》。主要内容有:(1)西欧联盟将成为欧洲联盟的防务组成部分,并以此加强北约中的欧洲支柱;(2)将负责制订并执行欧洲共同防务政策;(3)为加强与欧洲联盟的合作关系,将以适当方式协调两机构会议的地点和日期及工作方式,加强西欧联盟秘书处与欧洲联盟理事会及其秘书处间的合作,并研究协调两机构轮任主席国及任期的可能性;(4)为加强与北约的合作关系,将增大联盟成员国在北约内的作用、责任和贡献,联盟的行动将与北约采取的立场相一致,并协调两组织会议的日期、地点及工作方式;(5)为加强西欧联盟,将研究以下措施:成立计划小组,加强与北约在军事方面的合作,尤其是在后勤、运输、训练和战略监视方面的合作,召开成员国参谋长会议,组建联盟军队,加强军工生产的合作,考虑组建欧洲军工局的可能性;(6)将西欧联盟理事会和秘书处由伦敦迁往布鲁塞尔。

1992年5月21日,西欧联盟常设理事会与北约常务会议举行第一次联席会议,讨论了两机构关系的现状及加强合作的具体措施。

6月19日,西欧联盟在德国波恩举行部长理事会,会后发表了《彼得斯堡宣言》,其主要内容是:(1)支持欧安会在欧洲发挥防止冲突、管理危机和维持和平的作用;(2)决定组建西欧联盟军队;(3)决定不迟于1993年1月将西欧联盟理事会和秘书处迁往布鲁塞尔;(4)决定成员国参谋长每年举行两次会议,在总部迁往布鲁塞尔后,各国代表团将增加军人代表;(5)欢迎欧洲独立计划小组(GEIP)3月6日作出的关于准备停止该小组活动,将其职权并入西欧联盟的决定,责成联盟与该小组共同研究成立欧洲军工局的可能性;(6)欢迎欧洲小组(EUROGR OUPE)5月25日作出的关于考虑将该小组的全部或部分职能并入西欧联盟的建议;(7)联盟军队可用于人道主义行动、撤侨、维持和平、管理危机和恢复和平的军事行动;(8)决定在10月1日前完成计划小组的组建工作,地点设在布鲁塞尔,属理事会领导;(9)确定了观察员和联系国在联盟内的地位和职权。

理事会会议结束后,联盟部长理事会与东欧8国(捷克斯洛伐克、匈牙利、波兰、保加利亚、罗马尼亚、爱沙尼亚、立陶宛和拉脱维亚)的外交和国防部长举行会晤,决定将双方部长级会晤制度化,每年至少会晤一次;并成立一咨询论坛,由西欧联盟常设理事会和东欧8国的大使组成,每年至少会晤两次,地点设在布鲁塞尔。

6月26日,西欧联盟成员国参谋长在伦敦举行了第一次参谋长委员会会议,会议研究了在南斯拉夫采取行动的各种方案。

7月11日,在赫尔辛基举行部长理事会特别会议,决定向亚得里亚海派遣由5～6艘军舰组成的一支舰队,负责监督对南斯拉夫禁运措施的实施情况,并研究了与北约协调行动的方式。

8月28日,在伦敦举行外交和国防部长特别会议,决定向南斯拉夫派遣西欧联盟维持和平部队,其中英国派遣1800人、意大利1200人、法国1100人、西班牙300～400人、荷兰120～200人、比利时100人,德国只给予后勤和卫生支持。

10月14日,咨询论坛举行第一次会议,讨论了加强双方在论坛内合作和与欧安会合作的问题,以及共同关心的安全问题。

11月,西欧联盟接受北约于11月5日通过的关于加强两机构合作的基本规定文件。文件规定:(1)加强互通情况;(2)相互参加对方的各种会议,可由秘书长或助手或其他高级官员与会;(3)加强军事计划方面的合作;(4)协调部长级会议的内容和时间。

11月20日,在罗马举行部长理事会,会后发表了《罗马会议公报》和《关于前南斯拉夫问题的声明》。公报的主要内容有:(1)接纳希腊为第10名成员国,接纳丹麦和爱尔兰为联系国,土耳其、挪威和冰岛为观察员;(2)责成常设理事会就欧洲独立计划小组的职权合并到西欧联盟的问题采取具体措施;(3)就欧洲小组部分职权并入西欧联盟的问题准备一份报告,提交1993年春季部长理事会讨论。关于原南斯拉夫问题声明的主要内容是:授权西欧联盟的海、空军力量在亚得里亚海阻截船只,并可上船检查;与北约海军加强协调。

这次会议第一次以西欧联盟秘书长名义邀请北约秘书长和欧洲政治合作秘书长参加。英国外交大臣以欧共体轮任主席国和英国代表的名义出席了会议。会议未就欧共体委员会代表出席会议问题达成一致。

【同我国的关系】1983年4月7～22日,西欧联盟议会副议长兼总务委员会主席贝内特率议会总务委员会代表团访华。1985年10月7～20日,由议长让—马利·卡罗率领的西欧联盟议会代表团访华。

1989年5月12～20日,西欧联盟防务与军备委员会主席彼得·吉特曼率团访华。6月6～9日在巴黎举行的西欧联盟议会第35届会议春季会议上,通过了由英国保守党议员维尔金森提出的一项决议,"谴责"中国平息在北京发生的政治风波。12月7日,西欧联盟通过了由该联盟防务与军备委员会访华后提出的关于《中华人民共和国地缘政治形势的发展及其在防务方面的后果》的报告。该报告对中国政府平息1989年春夏之交在北京发生的政治风波进行所谓谴责,同时又吁请联盟成员国在适当时候发展同中国的政治、技术、经济、商业和文化关系,强调有必要举行会谈以使西欧和中国在武器控制问题上达成一致意见。

(冯建武)

北欧理事会
The Nordic Council—NC

【成立日期】1952年3月，丹麦、冰岛、挪威、瑞典四国就成立北欧理事会达成协议，1953年2月13日在哥本哈根召开北欧理事会第一次会议。1955年10月芬兰加入，1970年阿兰群岛和法罗群岛分别加入芬、丹代表团。1984年格陵兰代表作为丹麦代表团的成员与会。

【宗旨】是北欧五国议会和政府间的协商和咨询机构。1962年五国签订的赫尔辛基条约（北欧理事会宪章）规定理事会的宗旨是：维持和发展北欧国家间在立法、文化政策、社会政策和经济政策以及交通运输和通讯方面的合作。条约规定理事会对北欧各国政府提出建议并促进其实现，以加强和扩大北欧各国间的合作。

【成员】五国：冰岛、丹麦、芬兰、挪威、瑞典；三个内部自治区域：阿兰群岛（芬兰）、法罗群岛（丹）、格陵兰（丹）。

【主要负责人】理事会主席团主席安高·约恩森（Anker Joergensen，丹麦），1992年11月就任，任期至下届理事会全会召开。

【总部】主席团秘书处在瑞典斯德哥尔摩。

【出版物】《北欧交流》（Nordisk Kontakt），月刊，另设特刊和增刊，文章分别使用丹麦、芬兰、挪威、瑞典文。

【组织机构】(1)理事会：由成员国议员中选出87名理事组成，丹麦（包括法罗群岛和格陵兰）、芬兰（包括阿兰群岛）、挪威、瑞典各20名，冰岛7名，任期1年。每年春季轮流在北欧五国首都召开全体会议。五国政府首脑和部长均可与会，有发言权，无表决权，也不选入理事会或主席团的其他机构。(2)理事会主席团：理事会休会期间的最高执行机构，有成员10名，由五国出席北欧理事会全体会议代表团的正副团长组成。理事会主席团主席通常是理事会召开全会时的东道国代表团的团长。(3)北欧部长理事会：1971年赫尔辛基条约修改后成立，由五国各派一名部长组成，是北欧五国政府之间和北欧国家政府与北欧理事会之间合作与联系的渠道。(4)7个常设委员会：法律、文化、社会、环境、经济、预算和《北欧交流》编辑部。(5)主席团秘书处：负责与各成员国代表团的联系和调查研究工作。

【主要活动】目前北欧国家间已经实现的合作有：互免签证，统一的劳务市场，侨民相互享受侨居国的社会福利，设立北欧文化基金和工业发展基金，建立北欧投资银行等。

1992年3月3～6日，北欧理事会第40届会议在芬兰赫尔辛基召开，举行了40周年庆祝活动，并首次邀请外国首脑出席北欧理事会活动。德国总理科尔在会上发表讲话。本届会议的主要议题是讨论北欧大部分国家已经决定或酝酿申请加入欧共体一事对北欧合作的影响。比较一致的看法是，今后北欧将主要集中在外交和安全问题上以及北欧有特殊利益的领域进行更深入的合作。会上，五国财政部长决定在今后三年内向波罗的海三国投资5.6亿马克，以帮助其经济建设。

1992年11月9日北欧理事会第41届会议在丹麦奥尔胡斯市举行，挪威首相和外交大臣在北欧合作史上首次分别代表北欧五国政府首脑及外交部长作主题报告，重点是北欧同欧共体关系问题。强调要使北欧合作更加有效，以加强"北欧在欧洲的声音"。"如果把我们关闭在北欧的小圈子里，这将直接违背北欧的利益，北欧国家同欧洲一体化愈密切，北欧合作的可能性就愈大"。"如果不是所有北欧国家都加入欧共体，北欧国家间在欧共体内外就会拉开相互距离。现在的北欧合作不是要抵制欧洲的发展，而是要充分发挥北欧的作用。"

8月，五国政府首脑在瑞典讨论北欧合作，北欧与波罗的海三国合作和俄罗斯军队撤出波罗的海国家问题。首脑们一致同意全面承担起北欧未来合作的政治责任和北欧在外交和安全政策方面的联系。五国首脑批准了关于北欧理事会的未来的报告并首次表示对参加欧洲扩大的外交、安全和经济政策合作有共同兴趣。

1992年北欧理事会的部长理事会活动较频繁。1月，五国外长讨论了联合国、欧安会、原苏联加盟共和国的独立、南斯拉夫、中东、伊拉克、朝鲜和南非等国际问题。5月，五国外长又在芬兰讨论了当前北欧外交与安全形势的发展，以及波黑冲突、中东和平进程、禁止核扩散和联合国维和部队的资金问题等。同月，除冰岛外的北欧四国国防部长在芬兰开会，讨论了共同关心的联合国维和活动等问题，探讨了北欧国家在参加上述活动中进行磋商和合作的可能性。8月，五国外长（丹麦为外交部秘书长）在挪威讨论了巴伦支海合作区问题、欧共体发展问题、核安全问题等。9月，五国环境部长在挪威举行的会议后表示，北欧国家在环保领域的合作将集中在海洋、空气、化学品自燃和环境政策及其管理手段等五个方面，工作重点是解决波罗的海地区和科拉半岛的环境污染问题及改善俄罗斯和波罗的海三国的核电站安全等问题上。11月，五国外援部长在奥斯陆举行会议，芬兰、瑞典、挪威三国决定1993年预算中的外援拨款，芬兰从占国民生产总值的0.6%减少到0.4%，瑞典从1%减少到0.7%，挪威从1.09%减少到1.02%，只有丹麦增加了0.03%，达1%。

（姜凤英）

美洲国家组织

Organización de los Estados Americanos—OEA

【成立日期】1890年4月14日，美国同拉美17个国家在华盛顿举行的第一次美洲会议上，决定建立美洲共和国国际联盟及其常设机构美洲共和国商务局。此后，4月14日被定为"泛美日"。1948年在波哥大举行的第九次会议上，通过了《美洲国家组织宪章》，遂称为美洲国家组织。

【宗旨】加强本大陆的和平与安全；确保成员国之间和平解决争端；成员国遭到侵略时，组织声援行动；谋求解决成员国间的政治、法律、经济问题，为促进各国经济、社会、文化发展进行合作，加速美洲国家一体化进程。

【成员】35个(1992年)：阿根廷、安提瓜和巴布达、巴巴多斯、巴哈马、巴拉圭、巴拿马、巴西、古巴、秘鲁、玻利维亚、多米尼加共和国、多米尼加联邦、厄瓜多尔、哥伦比亚、哥斯达黎加、格林纳达、海地、洪都拉斯、加拿大、美国、墨西哥、尼加拉瓜、萨尔瓦多、圣卢西亚、圣文森特和格林纳丁斯、圣基茨和尼维斯联邦、苏里南、特立尼达和多巴哥、危地马拉、委内瑞拉、乌拉圭、牙买加、智利、圭亚那、伯利兹。

1962年以来该组织不允许古巴参加其活动，但仍视其为成员国。

埃及、奥地利、比利时、德国、法国、梵蒂冈、荷兰、摩洛哥、葡萄牙、日本、瑞士、沙特阿拉伯、塞浦路斯、西班牙、希腊、意大利、以色列和韩国向该组织派有常驻观察员。此外，该组织还视情况邀请一些国家作为特别观察员出席其全体会议。

【主要负责人】秘书长若昂·克莱门特·巴埃纳·苏亚雷斯(Joao Clemente Baena Soares，巴西)，1984年3月就任，1988年11月连任，1993年任满。

【总部】在美国华盛顿。在日内瓦设有驻欧洲办事处，在各成员国设有办事机构。

【出版物】《美洲》(America)，每年6期，英、西、葡文。

【组织机构】(1)大会：最高机构。各成员国参加，每年举行一次。经2/3成员国同意，可召开特别大会。(2)外长协调会议：根据《泛美互助条约》规定，常设理事会内绝对多数票赞成即可召开，就共同关心的紧急问题进行协商。如涉及军事合作问题，则同时召集成员国最高军事当局代表参加的防务咨询委员会开会。(3)常设理事会：由成员国各派一名大使级代表组成。主席、副主席轮流担任，任期半年。下设泛美和平解决争端委员会、泛美教科文理事会。(4)秘书处：常设机构。受大会领导和常设理事会监督。秘书长和副秘书长均由大会选举产生，任期5年，只能连任1次。(5)两个咨询机构：泛美法律委员会、泛美人权委员会。(6)专门机构：泛美卫生组织、泛美儿童学会、泛美妇女委员会、泛美史地学会、泛美印第安人学会、泛美农业科学委员会。此外，还有泛美人权法院、泛美防务委员会、泛美统计局、泛美行政管理法院、泛美核能学会、泛美紧急基金会等。

【主要活动】1992年5月18～23日，美洲国家组织第22届大会在巴哈马首都拿骚举行，34个成员国的外长或代表出席了会议。大会就民主、人权、禁毒、自由贸易、环保、反贫困、反对种族歧视和建立西半球安全委员会等问题进行了讨论，并发表了《拿骚声明》及一系列有关决议。会议还决定年内召开特别大会，讨论合作、发展以及修改美洲国家组织宪章等问题。此前该组织还召开过外长特别会议，研究了海地、秘鲁和古巴政局。秘鲁总统藤森亲临会场就秘"国家复兴计划"作了解释性发言。

1992年12月14～15日，美洲国家组织第16次特别大会在华盛顿举行，34个成员国的外长参加了会议。大会的主要议题是修改美洲国家组织宪章，建立该组织维护西半球代议制民主政权机制。大会通过了阿根廷关于中止政变政府成员国资格的提案和墨西哥关于消除贫困是促进和巩固民主的组成部分及各国应承担义务的提案，并就上述宪章条款的修改发表了《华盛顿议定书》。

（顾稼丰）

拉丁美洲议会

Parlamento Latinoamericano—PARLATINO

【成立日期】1964年12月11日。

【宗旨】促进拉美和加勒比各国的团结，捍卫代议制民主和民选制度，并推动拉美一体化进程全面发展。

【成员】由拉丁美洲和加勒比22个国家和地区的民选议会代表团组成。它们是：阿根廷、阿鲁巴、玻利维亚、巴西、智利、哥伦比亚、哥斯达黎加、古巴、多米尼加共和国、厄瓜多尔、萨尔瓦多、危地马拉、洪都拉斯、墨西哥、荷属安的列斯、尼加拉瓜、巴拿马、巴拉圭、秘鲁、苏里南、乌拉圭和委内瑞拉。

【总部】设在巴西的圣保罗市。

【主要负责人】主席温贝托·塞里(Humberto Cellih)，委内瑞拉民主行动党议员，1991年当选，任期两年。

【组织机构】一院制。主要机构有：(1)大会：最高决策机构，由各成员国议会代表团组成，每两年举行一次例会。必要时，可举行特别会议。(2)领导委员会：大会休会期间负责日常工作的机构。每6个月举行1次会议，必要时可举行特别会议。由主席、2名候补主席、议会成员国各1名副主席、秘书长、副秘书长、议会总部主任以及协商理事会主席等组成。(3)总秘书处：办事机构，兼有协调和监督的职能。负责召集各种议会成员国会议。协助领导委员会准备大会议程和起草工作文件，散发协议、提案或声明；执行预算并向大会提出财政报告。拥有行使其职能所需要的和领导委员会批准的人事安排的权力。(4)常设委员会：共设13个，负责分析、研究和调查工作。这些委员会是：农业、渔业和农村发展委员会，文化、教育和科学技术委员会，经济和财政委员会，土著人和种族问题委员会，司法委员会，政治问题委员会，保护用户和消费者委员会，人权委员会，反毒委员会，能源和矿业委员会，环境和旅游委员会，卫生、劳动和社会安全委员会，公用事业委员会。(5)特别委员会：2个。负责外债问题和新议会总部建设工作。(6)协商理事会：咨询机构，负责立法和政治咨询工作。

【主要活动】1991年7月，在哥伦比亚的卡塔赫纳举行第13届大会，22个议会成员国和海地的代表出席了会议。大会选举了1991～1993年拉丁美洲议会新的领导机构，修改议会章程，分析和审查各常设委员会的工作报告，根据面临的新形势提出未来的工作建议。会上，为恢复拉丁美洲议会的活动，委内瑞拉代表团提出了更新议会组织结构，改善职能以及制定新的章程和规定的意见。

1992年5月，拉丁美洲议会领导委员会第15次会议在巴拉圭首都亚松森举行，中心议题是分析拉丁美洲地区的政治形势，强调维护民主制度和人权，反对独裁和诉诸武力的行为，对拉美地区一些国家的民主制度受到破坏给与特别的关注，强调各国人民更多地参与本国的经济与社会发展，要求各成员国政府和议会为巩固民主制度和推动地区一体化而共同努力。会后发表了亚松森声明。6月，拉丁美洲议会就环境与发展问题向在里约热内卢举行的联合国环发大会首脑会议提出建议，强调环境恶化对不发达国家造成损害，发达国家应对环境恶化和人类灾难承担责任；要求重新审视国际货币基金组织和世界银行的作用及偿还外债的机制，建议提出更准确地衡量国际经济金融关系中实际得失的手段。7月18日，拉丁美洲议会领导委员会与中美洲议会、安第斯议会和亚马孙议会的代表在利马举行特别会议，重申对民主、多党制和代议制政体原则的“不可动摇的信念”和“牢固的政治信仰”，要求尊重各成员国政府，恢复正常的宪法秩序，并就秘鲁局势做出决议(利马声明)，指出秘鲁形势的严重性，批评秘政府缺乏政治愿望，要求秘政府立即结束侵犯个人和集体权利的行为，恢复民主制度。1974年，拉丁美洲议会和欧洲议会开始建立持久的对话关系，双方相互承认在各自大陆一体化进程中所发挥的作用。截至1992年，双方共举行了10次对话，第11次对话预定于1993年5月在巴西圣保罗举行。拉丁美洲议会坚持同拉丁美洲一体化协会(ALADI)开展协作以促进拉美一体化进程，推动拉美地区经济社会的协调平衡发展，逐步建立拉丁美洲共同市场。

【同我国的关系】1993年3月，钱其琛国务委员兼外长访问巴西圣保罗市时，曾应拉丁美洲议会的邀请参观了拉丁美洲议会总部。 (田浪琦)

里约集团
El Grupo de Rio

【成立日期】1986年12月16～17日，孔塔多拉集团4国和利马集团4国等8国外长在巴西里约热内卢举行会议，决定建立"政治磋商和协调常设机构"，推动拉美一体化进程，被称为8国集团。1988年下半年起，巴拿马被暂停成员国资格。1990年3月，7国外长会议决定该集团的正式名称为"里约集团"。

【宗旨】就拉美地区的政治、经济和社会等重大问题进行磋商，协调彼此的立场，并决定采取相应的行动，以促进拉美一体化事业的发展。

【成员】10个：阿根廷、巴西、哥伦比亚、墨西哥、委内瑞拉、乌拉圭、智利、厄瓜多尔、玻利维亚、巴拉圭。另外，邀请加勒比和中美洲各推荐一个国家作为代表参加该集团的活动。1992年4月，秘鲁被中止成员国资格。

【组织机构】首脑会议为最高级别的政治磋商会议，每年召开一次。不设办事机构。根据拉美地区形势的变化，不定期召开外长或其他专业部长磋商会议，由每年首脑会议东道国的外交部负责联络。

【主要活动】截至1992年底，该集团共召开6次首脑会议。前5次首脑会议分别在墨西哥的阿卡普尔科市(1987.11)、乌拉圭的埃斯特角(1988.10)、秘鲁的伊卡(1989.10)、委内瑞拉的加拉加斯市(1990.10)和哥伦比亚的卡塔赫纳市(1991.12)召开。1992年2月8日，里约集团在委内瑞拉首都加拉加斯举行外长特别会议，强烈谴责委内瑞拉发生的未遂军事政变，并对委内瑞拉政府表示声援。1992年4月13日，阿根廷外长迪特利亚代表里约集团在华盛顿宣布，因秘鲁总统宣布中止宪法、解散议会，中止秘鲁的里约集团成员国资格。1992年5月28～29日，里约集团与欧共体第二次部长级会议在智利首都圣地亚哥举行。22个成员国的外长或代表参加了会议。会议发表的政治声明，重申拉美和欧共体国家捍卫人权与民主的保证，要求秘鲁恢复宪制，谴责海地践踏人权，要求古巴尊重人权和实行民主化。双方签署了推动欧共体向拉美投资，为拉美一体化提供咨询、加强双方科技合作及帮助里约集团成员国培训中小企业家等协议。欧共体将向拉美地区给予资助，欧洲投资银行也允将向拉美国家提供贷款。1992年12月1～2日，第六次首脑会议在阿根廷首都布宜诺斯艾利斯举行。巴西、阿根廷、墨西哥、哥伦比亚、乌拉圭、智利、厄瓜多尔、玻利维亚、巴拉圭等9国总统与会，委内瑞拉因国内局势紧张改由外长参加，秘鲁和巴拿马未被邀请。观察员国洪都拉斯总统和牙买加总理分别代表中美洲和加勒比海国家列席了会议。与会总统就巩固民主、发展经济、促进社会稳定、加速地区一体化进程和维护拉美国家权益等问题在深入讨论的基础上达成共识，并发表了《布宜诺斯艾利斯声明》。

（顾稼丰）

安第斯集团
El Grupo Andino

【成立日期】1969年5月，秘鲁、玻利维亚、厄瓜多尔、哥伦比亚和智利政府的全权代表在哥伦比亚的卡塔赫纳城讨论一体化协定，26日在波哥大签署了《小地区一体化协定》，后称《卡塔赫纳协定》。同年10月16日协定生效。1973年2月13日委内瑞拉加入。1976年10月30日智利退出。

【宗旨】充分利用本地区的资源，促进成员国之间平衡和协调发展，取消成员国之间的关税壁垒，组成共同市场，加速经济一体化进程。该组织规定，对玻利维亚和厄瓜多尔给予优惠待遇。

【成员】5个(1992年)：秘鲁、玻利维亚、厄瓜多尔、哥伦比亚、委内瑞拉。

派有观察员的国家或国际组织：阿根廷、埃及、澳大利亚、奥地利、巴拉圭、巴西、比利时、丹麦、德国、法国、芬兰、加拿大、美国、墨西哥、南斯拉夫、日本、瑞典、瑞士、乌拉圭、西班牙、意大利、印度、英国、以色列、韩国、美洲开发银行、欧洲共同体、国际劳工组织、世界卫生组织、美洲国家组织。

【总部】设在秘鲁利马。

【出版物】《安第斯集团》(Grupo Andino)月刊，西班牙文。

【组织机构】(1)卡塔赫纳协定委员会：最高权力机构。由各成员国政府的全权代表组成，每年召开三次例会。根据成员国的要求，可召开特别会议。主席轮流担任，任期一年。(2)技术委员会：技术和执行机构。由协定委员会任命的三名成员组成，任期一年。(3)外交部长理事会：由成员国外交部长组成，负责成员国共同的对外政策。(4)总秘书处：协助技术委员会进行工作，下设经济政策、法律事务、工业、全面规划等部门。(5)咨询委员会：由成员国各派一名代表组成，为协定委员会和技术委员会就专门问题进行咨询。(6)经济和社会顾问委员会：由企业和劳工各15名代表组成，负责同成员国经济界人士联系。(7)安第斯开发公司：负责筹措和发放贷款，特别是资助经济落后的成员国。(8)拉丁美洲储备基金会：帮助成员国平衡国际收支，协调成员国的外汇、货币和财政政策，促进拉美国家之间贸易的发展，增强拉美国家与国际货币基金组织的谈判地位。(9)安第斯议会：咨询机构。由成员国协会各派五名议员组成，每年召开一次例会。(10)安第斯法院：由成员国各派一名法官组成，负责解决争端和解释法律。

【主要活动】1979年5月，五国首脑签署了《卡塔赫纳授权书》，将安第斯集团的活动由经济合作扩大到政治领域。1989年5月和12月，安第斯集团先后在哥伦比亚的卡塔赫纳和厄瓜多尔的加拉帕戈斯群岛举行了两次首脑会议，分别通过了《卡塔赫纳宣言》和《加拉帕戈斯声明》，要求成员国协调立场，采取实际步骤，推动一体化进程的发展。1990年11月，安第斯集团第四次首脑会议在玻利维亚首都拉巴斯举行，会议通过了《拉巴斯纲要》，确定了安第斯集团五国于1992年1月1日建成自由贸易区，并在1995年底建立共同市场的目标。1991年5月和12月，安第斯集团第五、六次首脑会议分别在加拉加斯和卡塔赫纳举行，批准了关于建立自由贸易区的协议。1992年2月和4月安第斯集团召开了两次特别会议，重点讨论建立共同对外关税标准和一体化发展面临的困难等问题。4月5日，秘鲁总统藤森宣布中止宪法，解散议会。对此，委内瑞拉宣布中断同秘鲁的外交关系。安第斯集团第七次首脑会议遂被无限期推迟，安第斯地区一体化发展面临严重危机。6月15～17日，安第斯集团部长级会议在基多举行，各成员国工商部长与会。会上秘鲁对确立共同对外关系、取消出口补贴和建立自由贸易区的议案投了否决票，安第斯集团建立自由贸易区的计划被迫推迟。此次会议通过了成员国之间"领空开放"协议。8月26～27日，安第斯集团全体代表会议在利马举行。会议决定在原有基础上对玻利维亚、哥伦比亚和委内瑞拉的产品再减免75%的关税；厄瓜多尔于9月30日加入自由贸易区，其产品将不受限制地进入其他成员国市场；厄、玻接受共同对外关税标准，取消900种受保护商品清单，哥、委从9月30日起取消出口补贴；安第斯集团定于1993年12月31日起实施共同对外关税。同时同意秘于1993年12月31日前部分中止履行安第斯集团的权利和义务，不参加自由贸易区，不执行共同对外关税政策。会议还决定成立一个拥有司法权的最高委员会，解决地区贸易中出现的有关问题。

(杨万明)

中美洲国家组织
Organización de Estados Centroamericanos—ODECA

【成立日期】1951年10月14日，中美洲5国外长在圣萨尔瓦多签署《中美洲国家组织宪章》(1952年1月9日生效)。1962年12月12日又在巴拿马城签署新的宪章(1965年3月30日生效)，按照美洲国家组织形式进行改组，将原有的经济、防务、文教等地区性机构合并，组成现组织。

【宗旨】加强中美洲国家之间的联系；为避免争执和隔阂进行磋商，以确保在共同问题上可能发生的冲突得以和平解决；通过合作和共同行动推动各成员国经济、社会和文化的发展。

【成员】5个(1992年)：哥斯达黎加、洪都拉斯、尼加拉瓜、萨尔瓦多和危地马拉。

【主要负责人】秘书长里卡多·胡亚雷斯·马克斯(Ricardo Juarez Marquez，危地马拉)。

【总部】中美洲办公处设在萨尔瓦多首都圣萨尔瓦多。

【出版物】《工作报道》(Boletin Informativo Laboral)季刊；《教育报道》(Boletin Informativo de Educacion)季刊；《回顾》(Memoria)年刊。均为西班牙文。

【组织机构】(1)最高委员会：成员国首脑会议，不定期举行。(2)外长会议：主要领导机构。每年召开一次，需要时召开特别会议。(3)执行委员会：由外长或其指定的代表组成，下设总秘书处，负责日常事务。秘书长由选举产生，任期4年。(4)经济委员会：由成员国经济部长组成，也是中美洲共同市场的最高机构。此外还有：文教委员会，由教育部长组成；防务委员会，由国防部长或负责防务的相应部长组成；立法委员会，由每个成员国的3名议员组成；中美洲法院，由各成员国最高法院院长组成。

【主要活动】截至1992年底，中美洲国家为解决地区冲突，实现和平与发展共召开了13次首脑会议。前11次首脑会议分别在危地马拉的埃斯基普拉斯(1986年5月、1987年8月)和安提瓜(1990年6月)、哥斯达黎加的圣何塞(1988年1月、1989年12月)、萨尔瓦多的圣萨尔瓦多(1989年2月)、洪都拉斯的特拉(1989年8月)和特古西加尔巴(1991年12月)、尼加拉瓜的蒙特利马尔(1990年4月)召开。

1992年6月4～5日，第12次中美洲国家首脑会议在尼加拉瓜首都马那瓜举行。本届大会除中美洲5国总统参加外，阿根廷总统和伯利兹总理分别以特邀贵宾和观察员身份列席。会议通过《马那瓜声明》，强调维护法制、巩固民主和加快一体化进程等任务和目标。同年12月9～11日，第13届中美洲国家首脑会议在巴拿马城举行。会议决定成立中美洲一体化体系，总部设在萨尔瓦多首都圣萨尔瓦多，首任秘书长由洪都拉斯的埃雷拉·卡塞雷斯担任。该体系由中美洲总统、中美洲法院、地区银行、经济秘书处、行政秘书和一些决策机构(如总统、副总统、外长会议等)组成。中美洲法院将设在尼加拉瓜，它将解决一体化体系内部出现的冲突。会议发表了《最后声明》，强烈谴责发达国家的贸易保护主义和欧共体对进口拉美香蕉实行的配额制。

(顾稼丰)

澳新美理事会
ANZUS Council

【成立日期】澳新美理事会是澳大利亚、新西兰和美国3国结成的军事联盟组织。1951年9月1日澳、新、美3国在美国旧金山签订《澳新美安全条约》，1952年4月29日条约正式生效。根据条约第七条规定成立澳新美理事会，作为签字国之间的协商机构。

【宗旨】缔约国将“保持和发展它们单独及集体军事力量”；缔约国中任何一国受到“威胁”时，“共同进行协商”；缔约国中任何一国受到“武装攻击”时，应共同行动。

【成员】3个(1990年)：澳大利亚、美国、新西兰。

【主要负责人】理事会代表为美国国务卿和澳大利亚、新西兰外交部长。

【组织机构】(1)理事会会议：由外长出席，一般每年开会一次，轮流在各成员国举行，无常设机构。(2)理事会助理会议：由外长助理出席，不定期。(3)军事代表会议：由美国的太平洋舰队司令和澳、新两国的国防参谋长出席，不定期。

【主要活动】截至1986年年底，该理事会共举行了34届年会。

1985年1月和2月，美国两次提出在3月举行澳新美联合军事演习后，将派一艘军舰访新，但遭新拒绝。对此，美国取消了原定于3月举行的联合军事演习，并取消了1985年7月在澳召开的澳新美理事会年会。1986年8月11日，以舒尔茨国务卿和海登外长为首的美澳高级官员在旧金山举行澳新美联盟部长理事会年会。年会未邀请新西兰外长出席。会后发表的联合公报宣布，由于新西兰禁止核舰入港的政策违背了澳新美安全条约，美“将中止它根据条约对新安全承担的责任”。

1990年10月，澳外交贸易部长埃文斯、国防部长雷同美国国务卿贝克、国防部长切尼在华盛顿举行了部长级年度例行磋商。双方讨论了全球、地区和双边关系问题。这是自1985年新西兰被中止参加理事会议以来澳美有关部长举行的第6次会晤。会后发表了联合公报，突出澳美防务和安全合作。双方认为，在全球战略形势发生历史性变化的形势下，加强两国在澳新美条约下的安全合作，仍有重要意义。美支持澳以结盟为基础的自力防务政策，鼓励澳继续承担盟国的责任。澳希望美保持在亚太地区的军事存在，认为这有利于加强本地区的信心和安全感。双方对新西兰继续阻挠澳新美条约的恢复表示遗憾。1992年10月1日，澳大利亚与美国部长级年度磋商在华盛顿举行。双方在磋商中希望新西兰重返“澳新美条约”。

新西兰国民党于1990年11月执政后，表示愿重新考虑禁止核动力舰入港的立场，希望恢复同美的防务关系。1991年9月，新西兰总理博尔格出席联大期间，同美国总统布什进行了接触。美国宣布将拆除海面舰载核武器后，新表示愿意考虑审议美国核动力舰访问新西兰港口的安全问题，并于1992年12月提出了一份关于美英核舰访新是安全的调查报告。博尔格总理对报告面世表示欢迎．鉴于反核问题在新是个非常敏感的问题，且新大选在即，故博表态谨慎，称调查报告已向禁止核动力舰访新的法规发出了挑战，接着又称，“政府目前无意改变有关法规”。

(吴祖球)

南太平洋委员会
South Pacific Commission

【成立日期】1947年2月6日，当时在南太平洋地区有属地和托管地的美国、英国、法国、澳大利亚、新西兰和荷兰等6国政府签署了《堪培拉协议》，宣布成立南太平洋委员会(一度取名南海委员会)。1962年荷兰把西伊里安移交给印度尼西亚后退出。

1950年该委员会为了使南太平洋地区的属地和托管地有发表意见的机会，决定每3年召开一次“南太平洋会议”。该地区的所有国家和属地都可以参加。1967年后，改变为每年召开一次。1973年根据澳大利亚建议，南太平洋委员会和南太平洋会议每年举行一次联席会议，1974年起执行，通称“南太平洋会议”。但此前仅美、英、法、澳、新、西萨摩亚、瑙鲁、斐济、巴布亚新几内亚、所罗门群岛、图瓦卢、库克群岛和纽埃13个政府成员代表才有选举权。在1983年第23届南太平洋会议上，根据澳大利亚的提议，规定现有的27个成员都有选举权。

【宗旨】促进南太平洋地区各国(地区)人民的经济发展、社会福利和进步。与其他国际组织合作，向南太岛国提供经济技术援助。

【成员】27个(1992年)。其中主权国家16个：美国、英国、法国、澳大利亚、新西兰、汤加、西萨摩亚、瑙鲁、斐济、巴布亚新几内亚、所罗门群岛、图瓦卢、基里巴斯、瓦努阿图、马绍尔群岛共和国、密克罗尼西亚联邦；属地和托管地11个：美属萨摩亚、关岛、法属波利尼西亚、新喀里多尼亚、瓦利斯和富图纳群岛、库克群岛、纽埃、托克劳、皮特开恩群岛、北马里亚纳自由联邦以及尚未结束托管的贝劳共和国。

【主要负责人】秘书长阿蒂·乔治·索科马努(Ati George Sokomanu，前瓦努阿图总统)，1992年11月就任。

【总部】在新喀里多尼亚首府努美阿。

【出版物】《活动月刊》(Monthly News of Activities)；《南太平洋会议报告》(Report of the South Pacific Conference)年刊。均为英、法文。

【组织机构】1983年起，27个成员代表组成南太平洋委员会整体委员会，为南太平洋委员会最高决策机构。有权任命南太平洋委员会主要官员。每年在年会之前4个月举行会议。

【主要活动】在医疗卫生、社会进步、经济发展方面提供咨询，提出工作计划。在1976年举行的第16届会议上，委员会的活动范围扩大到农村发展、青年和团体事务、特别专家协商、文体、教育交流以及海洋资源的开发和研究等。1986年11月举行的第26届会议讨论了科技、文教和社会发展方面的合作。1987年10月举行的第27届会议重申在促进该地区的社会、经济和文化发展上继续发挥重要作用。1989年11月在关岛举行的第29届会议上，讨论并通过了禁止在南太水域使用漂网捕鱼的决议。

1990年9月，第30届南太委员会年会在努美阿召开。1991年在汤加举行第31届年会。1992年10月在斐济召开第32届会议。会议通过下年度的预算为2200万美元，选举索科马努为新任秘书长，确定努美阿仍为总部所在地，否定了斐济关于将总部迁往苏瓦的要求。本届会议未就吸收日本、智利为新成员作出决定。

(吴荣和)

南太平洋论坛
South Pacific Forum—SPF

【成立日期】1971年8月5～7日，在新西兰的倡议下，西萨摩亚、汤加、斐济、瑙鲁、库克群岛、澳大利亚和新西兰在惠灵顿召开南太平洋七方会议，正式成立“南太平洋论坛”，并决定每年召开一次会议。

【宗旨】加强南太地区各国(地区)在贸易、经济发展、航空、海运、电讯、能源、旅游、教育等领域及其他共同关心的问题的合作和协调。近年来，论坛已逐渐发展成为协调对外政策、加强区域合作的地区性组织。

【成员】15个(1992年)：澳大利亚、新西兰、斐济、西萨摩亚、汤加、库克群岛、瑙鲁、巴布亚新几内亚、纽埃、基里巴斯、所罗门群岛、图瓦卢、瓦努阿图、密克罗尼西亚联邦、马绍尔群岛。

【主要负责人】论坛秘书长耶雷米亚·塔巴伊(Ieremia Tabai,基里巴斯共和国前总统),1992年2月就任。

【总部】论坛秘书处在斐济苏瓦。

【出版物】《年度报告》(Annual Report);《SPEC活动》(SPEC Activities)月刊,均为英文。

【组织机构】1972年建立常设机构——南太经济合作局(SPEC),1988年改称论坛秘书处。秘书处下设服务部和计划部。计划部分管贸易、投资、运输、电讯、能源、地区石油和非加太—欧共体六个处;服务部分管管理服务、财务、政治、经济、计算机和新闻出版六个处。除论坛秘书处外,还设有论坛渔业局、海运公司和南太平洋贸易委员会等。

【主要活动】论坛自成立以来,除1972年举行两次会议外,每年举行一次会议,1976年3月和10月举行了两次特别会议。1977年8月,该组织决定实行200海里经济区,并成立了论坛渔业局。1985年8月在腊罗通加举行的第16届会议上通过了南太平洋无核区条约。1986年8月在苏瓦举行的第17届会议上通过了将新喀里多尼亚问题列入联合国非殖民化委员会的议题。1987年5月,在阿皮亚举行的第18届会议上讨论了斐济军事政变问题和新喀里多尼亚独立问题。1989年,论坛又发表禁止漂网捕鱼作业的"塔拉瓦宣言"。1990年在瓦努阿图共和国举行的第21届会议对美国拟在约翰斯顿岛销毁化学武器表示不满。1991年,在密克罗尼西亚联邦召开第22届会议,主张加强各成员国在地区安全、经济发展和环境保护等方面的合作。

1992年7月8～9日在所罗门群岛举行的第23届会议,除了讨论环境保护等传统议题外,着重讨论了小岛国的特殊需要和加强与亚太地区关系等问题。

从1989年起,论坛开始邀请中、美、英、法、日和加拿大等国出席论坛首脑会议后的对话会议,1991年又增邀欧共体出席对话会议。

【同我国的关系】1988年2月,我驻斐济大使徐明远应邀参加论坛地区机构协调委员会在苏瓦召开的关于建立对话关系的讨论会。1990年8月,刘华秋副外长作为中国政府代表首次应邀出席了第21届论坛首脑会议后的对话会议。1991年4月,论坛秘书长亨利·纳萨利应邀访华。1992年7月,刘华秋副外长第三次作为政府代表出席在所罗门群岛霍尼亚拉举行的第23届论坛会议后的对话会。在会上,刘提出"相互尊重、平等互利、彼此开放、共同繁荣、协商一致"作为发展与包括南太国家在内的亚太国家友好合作关系的方针。同年9月,论坛新任秘书长塔巴伊访华,受到吴学谦副总理会见。

(吴荣和)

国际航空运输协会
International Air Transport Association—IATA

【成立日期】前身是1919年在海牙成立的国际航空业务协会,二次大战时解体。1944年12月,出席芝加哥国际民航会议的一些政府代表和顾问以及空运企业的代表聚会,商定成立一个委员会为新的组织起草章程。1945年4月16日在哈瓦那会议上修改并通过了草案章程后成立。

【宗旨】"为世界人民的利益,促进安全、正常而经济的航空运输,扶植航空交通并研究与此有关的问题";"对于直接或间接从事国际航空运输工作的各空运企业提供合作的途径";"与国际民航组织及其他国际组织协力合作"。

【成员】凡国际民航组织成员国的空运企业,经其政府许可都可成为会员。从事国际飞行的空运企业为正式会员,只经营国内航班的为准会员。截至1990年底共有204个会员(其中正式会员170个,准会员34个)。

【主要负责人】理事长皮埃尔·让纽(Pierre Jeanniot,加拿大),1992年就任。

【总部】总部在加拿大蒙特利尔,执行机构在瑞士日内瓦。

【出版物】《国际航空运输协会评论》(IATA Review)季刊,英文版。

【组织机构】(1)年度大会:最高权力机构。(2)执委会:执行委员27人,由年会选出的空运企业高级人员组成,任期3年,每年改选1/3。该协会的年度主席为执委会的当然委员。(3)常设委员会:运输业务、技术、财务和法律委员会。(4)秘书处:办事机构。在新加坡、日内瓦、贝鲁特、布宜诺斯艾利斯、华盛顿设地区办事处;在曼谷、日内瓦、伦敦、内罗毕、里约热内卢和达喀尔设地区技术办事处;在日内瓦设清算所。

【主要活动】1988年,协会着手改革其职能和机构,将其活动分为三个不同类别:(1)同业活动——代表会员进行会外活动,向具有权威的国际组织和国家当局申述意见,以维护会员的利益;(2)协调活动——

监督世界性的销售代理系统，建立经营标准和程序，协调国际航空运价；(3)行业服务活动——承办出版物、财务金融、市场调研、会议、培训等服务项目。通过上述活动，统一国际航空运输的规则和承运条件，办理业务代理及空运企业间的财务结算，协调运价和班期时刻，促进技术合作，参与机场活动，进行人员培训等。

1990年10月29～30日在日内瓦举行了第46届年会，讨论国际民航运输状况、民航与环境、民航信息技术及市场开发等问题。

【同我国的关系】1951年协会同万国邮联执委会在开罗举行联席会议商讨降低邮资问题时，我国曾派员出席。协会前任理事长哈马舍尔德及埃舍都曾来华访问。我国民航也曾派观察员出席过协会的一些技术、业务会议，参加过一些航班时刻协调活动。自1987年起，我国民航参加了该组织的"航空保安咨询委员会"。我国空运企业迄未参加该组织，但同该组织保持着友好密切联系。 （张保建）

二十四国集团
The Group of 24

【成立日期】1972年2月77国集团在秘鲁首都利马举行部长级会议，决定由该集团中的24个成员国组成二十四国集团，全称为"关于国际货币事务的24国政府间集团"。

【宗旨】24国集团是发展中国家为在国际金融与货币领域内协调其立场和政策、制定发展中国家关于国际货币制度改革、债务问题与资金转移等重大问题的共同政策和方针而成立的政府间组织。

【成员】24个(1992年12月)：阿尔及利亚、阿根廷、埃及、埃塞俄比亚、巴基斯坦、巴西、秘鲁、菲律宾、哥伦比亚、加纳、加蓬、科特迪瓦、黎巴嫩、墨西哥、南斯拉夫、尼日利亚、斯里兰卡、叙利亚、特立尼达和多巴哥、委内瑞拉、危地马拉、印度、伊朗、扎伊尔。

【组织机构】24国集团是部长级会议，由各国参加国际货币基金组织和世界银行联合年会的理事或副理事参加。会议设一位主席、两位副主席。部长会议前先举行副手会议。部长级会议一般在基金组织的临时委员会和基金组织与世界银行的发展委员会前夕召开，以协调立场。出席会议的还有基金组织和世界银行的工作人员，以及联合国贸发会议、工发组织、石油输出国组织的代表。24国集团本身不设秘书处，使用基金组织的秘书处服务。

【主要活动】该组织作为发展中国家自己的工作机构代表发展中国家就国际经济的重大问题向国际货币基金组织、世界银行以及联合国提交有关报告。

1988年6月在华盛顿举行的24国集团副手级会议提出一份题为"基金组织在有增长的调整中的作用"的报告，全面阐述了发展中国家对基金组织一些重大政策问题的立场。

【同我国的关系】我国从1980年恢复在基金组织与世界银行的合法席位后，一直以"被邀请者"身份出席该组织的副手级会议与部长级会议，并在部长级会议上发言。1992年9月18～19日，我国财政部副部长迟海滨出席了在华盛顿举行的24国集团部长会议，并作了发言。 （彭毅平）

洛美协定
Lome Convention

【成立日期】1975年2月28日，非洲、加勒比和太平洋地区46个发展中国家(简称非加太地区国家)和欧洲经济共同体9国在多哥首都洛美开会，签订贸易和经济协定，全名为《欧洲经济共同体—非洲、加勒比和太平洋(国家)洛美协定》，简称《洛美协定》或《洛美公约》。

【成员】截至1991年12月，第四个《洛美协定》签字国共81个国家。欧洲经济共同体12国：爱尔兰、比利时、丹麦、德国、法国、荷兰、卢森堡、葡萄牙、西班牙、希腊、意大利、英国。非加太地区69国，其中非洲46国：埃塞俄比亚、安哥拉、贝宁、博茨瓦纳、布基纳法索、布隆迪、赤道几内亚、多哥、佛得角、冈比亚、刚果、吉布提、几内亚、几内亚比绍、加纳、加蓬、津巴布韦、喀麦隆、科摩罗、科特迪瓦、肯尼亚、莱索托、利比里亚、卢旺达、马达加斯加、马拉维、马里、毛里求斯、毛里塔尼亚、莫桑比克、纳米比亚、尼日尔、尼日利亚、塞拉利昂、塞内加尔、塞舌尔、圣多美和普林西比、斯威士兰、苏丹、索马里、坦桑尼亚、乌干达、赞比亚、扎伊尔、乍得、中非;加勒比15国:安提瓜和巴布达、巴巴多斯、巴哈马、伯利兹、多米尼加共和国、多米尼加联邦、格林纳达、圭亚那、圣基茨和尼维斯联邦、圣卢西亚、圣文森特和格林纳丁斯、苏里南、特立尼达和多巴哥、牙买加、海地;太平洋8国:巴布亚新几内亚、斐济、基里巴斯、所罗门群岛、汤加、图瓦卢、瓦努阿图、西萨摩亚。

【主要活动】第一个《洛美协定》于1975年2月28日在洛美签署,1976年4月1日生效,有效期五年。它取代了1975年1月底到期的《雅温得协定》和《阿鲁沙协定》。规定欧洲共同体五年内向非加太地区国家提供42亿美元经援。第二个《洛美协定》于1979年10月31日在多哥续签,1980年4月起生效,有效期五年。欧共体五年内向非加太地区国家提供的经援增至56.07亿欧洲货币单位(约合74.57亿美元)。参加签署该协定的非加太地区成员国增至63个。第三个《洛美协定》于1984年12月8日在多哥续签,1986年5月1日起生效,有效期五年(1985年3月1日至1990年2月28日)。该协定确认了双方之间的平等伙伴和相互依存关系,共同体在五年内向非加太地区国家提供财政援助85亿欧洲货币单位(约合93.5亿美元)。参加签署该协定的非加太地区成员国增至66个。

第四个《洛美协定》于1989年12月15日在多哥续签,定于1990年3月开始生效,有效期由5年改为10年。根据这一协定,欧共体在头5年内将向非加太地区国家提供财政援助120亿欧洲货币单位(合132亿美元),其中108亿为赠款,12亿为优惠贷款。总额比上一个《洛美协定》增加40%。后五年的援助届时另行讨论。新协定的主要内容还有:(1)放宽对非加太地区国家产品进入欧共体市场的限制,非加太国家的制成品凡在本国的增值部分达45%(此前为60%)即可免税进入欧共体市场,其享受专门资助的出口产品清单中新增黄金和铀;欧共体自1992年起将开始对非加太地区国家开放酒类市场,并减少对其农产品如柑桔、草莓和西红柿等进口的限制,而且不再要求非加太地区国家退还按有关规定已索取的价格补偿。(2)禁止欧共体成员国与非加太地区国家进行任何关于有毒、危险及核废料的交易。(3)拿出全部财政援助的10%作为专款支持非加太国家近年来所进行的经济结构调改计划。

鉴于签约国对第四个《洛美协定》的批准程序进展缓慢,欧共体部长理事会决定,将其正式全面实施日期由原定的1991年3月1日推迟到7月1日。为避免新协定全面实施前出现"法律空白",还决定在第三个《洛美协定》于1990年2月28日期满后采取的一系列过渡性措施的实行截止期,由原定的1991年2月28日顺延至1991年6月30日。

1992年3月欧共体—非加太第15届联合议会第一次会议在圣多明各召开,与会者要求根据《洛美协定》对发展中国家实行关税优惠;9月28日至10月1日联合议会第二次会议在卢森堡召开,中心议题是"民主、人权、与非加太国家经济发展",与会代表呼吁制定新的南北合作政策。会议就非洲饥荒、干旱、艾滋病和地区冲突等议题通过了一系列决议。 (王世廷)

经济合作与发展组织
Organization for Economic Co-operation and Development—OECD

【成立日期】1960年12月14日,加拿大、美国及欧洲经济合作组织的成员国等共20个国家签署公约,决定成立经济合作与发展组织。在公约获得规定数目的成员国议会的批准后,经济合作与发展组织于1961年9月30日在巴黎正式宣告成立,简称经合组织。

【宗旨】帮助成员国政府制定和协调促进欧洲及全球的经济和社会福利的政策,以提高各成员国的生活水准,保持财政的相对稳定,促进整个经合组织 地区的经济和社会的发展,推动世界经济的增长。同时帮助改善发展中国家的经济状况,促进非成员国的经济发展。

【成员】24个(1992年底):澳大利亚、奥地利、比利时、冰岛、丹麦、德国、法国、芬兰、加拿大、荷兰、卢森堡、美国、葡萄牙、日本、挪威、瑞典、瑞士、爱尔兰、西班牙、希腊、意大利、新西兰、土耳其、英国。此外,欧洲共同体委员会一般也参加该组织的活动,南斯拉夫则以特别地位参加。

【主要负责人】秘书长让—克洛德·拜耶(Jean-Claude Paye,法国),1984年上任。

【总部】在法国巴黎。

【出版物】《经合组织活动》(秘书长年度报告)(Activities of OECD);《经合组织(综合问题手册)》

(OECD);《经合组织消息》(News form OECD)月刊;《经合组织观察家》(The OECD Observer)月刊;《金融统计》(Financial Statistics);《经合组织经济调研》(各国年报)(Economic Surveys by OECD);《外贸统计》(Foreign Trade Statistics)月刊;《经合组织经济展望》(OECO Economic Outlook)半年一期;《发展援助的努力及政策》(Development Assistance Efforts and Policies)年刊等。均为英、法文。

【组织机构】(1)理事会:最高权力机构。由各成员国的代表组成,负责处理该组织总政策的各项问题,并为实现该组织的目标而决定成立附属机构,批准预算等事宜。一般每年召开一次部长级会议,主席由年会选举产生,任期一年。主席兼任秘书长。理事会的决议和建议须经全体成员国同意。(2)执行委员会:由理事会每年选派14个成员国的代表组成。执委会经常举行会议研究处理理事会交办的各项工作,有时还召集各成员国政府高级官员参加的特别会议。(3)秘书处:由秘书长主持,负责处理该组织的日常事务。

【主要活动】该组织下设200多个专业委员会和工作小组,负责各个领域的具体工作。如经济政策,经济和发展审议,环境保护,发展援助,技术合作,贸易支付,金融市场,财政事务,旅游,消费者政策,农业,科学,技术政策,计算机和通讯政策,教育,工业,能源政策,人才和社会事务等。这些机构经常举行会议,讨论研究该组织中各成员国的经济发展现状及其前景,并就国际经济、金融及贸易等各方面的关系变化提出相应的对策和建议。一般每年举行2～3次会议。其中有关经济政策方面的问题由经济政策委员会和经济发展回顾委员会负责研究。经济发展回顾委员会每年对各成员国的经济状况进行相互检查,提出报告,以协调各成员国间的经济政策。有关能源方面的研究由能源委员会负责。为应付石油价格的起伏,能源委员会除负责协调各成员国之间的能源政策外,还着重负责研究短、中、长期的能源前景,长期的能源消费,能源替代,能源研究和开发,以及国际能源市场状况,产油国和石油消费国之间关系等问题,并提出研究报告。发展援助方面的问题由发展援助委员会和技术合作委员会及其下属的工作小组负责研究。发展援助委员会负责研究确定援助国家和地区开发利用国家资源的方法,以加速国际经济的发展,以及扩大并改善发展援助的方式和其它长期资金的流动。发展援助委员会的成员主要是经合组织中的资本输出国,主要有:加拿大、法国、德国、意大利、日本、英国和美国等。同时该委员会下属的工作小组还负责研究南北经济问题,其中包括经合组织与发展中国家的经济关系。技术合作委员会的主要职责是制定与监督各成员国区域的技术援助规划,促进成员国技术援助的发展。国际贸易委员会负责研究并提出要保持和改善开放性多边贸易制度,加强各成员国与非成员国,尤其是同发展中国家的贸易关系。金融和财政事务委员会经常探讨对受援国和地区的资助方式,研究各成员国在金融领域里的合作关系,提出并逐步消除国际间所存在的劳务和资本流动的障碍。粮食、农业和渔业委员会经常回顾农业政策的发展状况,改善适合于农业发展的经济条件,精确地预测生产和市场前景。此外,有关委员会和工作小组还就如何改善南北关系,向发展中国家转让技术,提供官方发展援助,反对贸易保护主义,以及发展中国家的债务问题等提出过一些积极的设想和建议。该组织还与一些国际机构建立了正式联系,并经常进行交流。

1992年5月18～19日,经合组织第31届部长级理事会在巴黎举行。会议认为西方经济复苏将比预期的缓慢,有些成员还对日本和德国放慢经济增长速度提出批评。秘书处认为各国政府"几乎没有任何行动余地来促使复苏步伐的加快"。与会者分析,为促使复苏早日出现,各成员国应调整经济结构,减少失业,减少国家补贴,对就业人员进行培训,同时应加强多边合作,使国际贸易自由化。多数与会者要求德国改变高利率政策,要求日本进一步增加公共开支,扩大内需,以促使西方经济回升。但德、日两国拒绝了上述要求。

1992年经合组织成员国的经济仍处于调整复苏之中,经济发展状况仍然不景气。经合组织国家经济的不景气对对外投资影响较大,使其对外投资不振,24个成员国中,除美国外,去年上半年的对外投资均已减少。据有关资料表明,1991年经合组织全年的投资额为1623亿美元。1992年前六个月的对外投资为679亿美元,比上一年同期的736亿美元减少57亿美元。其中德国和法国的投资分别为70亿美元和69.7亿美元,均比上年同期明显下降。而投资大国日本去年上半年的投资仅为69.3亿美元,比1991年同期减少119.7亿美元,只有美国对外投资基本保持在上一年同期的水平,为260亿美元。

(谭雅玲)

国际能源机构
International Energy Agency—IEA

【成立日期】1974年2月召开的石油消费国会议决定成立能源协调小组来指导和协调各国的能源工作。同年11月15日，经济合作与发展组织各国在巴黎通过了建立国际能源机构的决定。11月18日，16国举行首次工作会议，签署了《国际能源机构协议》，并开始临时工作。1976年1月19日该协议正式生效。

【宗旨】各成员国间在能源问题上发展合作，包括：调整各成员国对石油危机的对策，发展石油供应方面的自给能力，共同采取节约石油需求的措施，加强长期合作以减少对石油进口的依赖，建立在石油供应危机时分享石油消费的制度，提供石油市场情报，以及促进它与石油生产国和其他石油消费国的关系等 。

【成员】23个(1993年)：爱尔兰、澳大利亚、奥地利、比利时、丹麦、德国、法国、芬兰、荷兰、加拿大、卢森堡、美国、挪威、葡萄牙、日本、瑞典、瑞士、土耳其、西班牙、希腊、新西兰、意大利和英国。观察员：经济合作与发展组织和欧洲共同体的成员国均可作为观察员参加该机构的会议。

【主要负责人】执行干事：黑尔加·施特格(Helga Steeg，女，德国)，1989年6月上任。

【总部】在法国巴黎。

【出版物】《石油市场月报》(Monthly Oil Market Report)；《油气统计与能源产销季报》(Quarterly Oil Statistics and Energy Balances)；《能源价格与税收季报》(Energy Prices and Taxes)；《油气统计年报》(Annual Oil and Gas Statistics)；《经合组织国家的能源产销》(Energy Balances of OECD Countries，1960～1979)，1991年12月出版；《国际能源机构国家的能源政策》(Energy Policies of IEA Countries)，1991年12月出版。均为英文版。

【组织机构】(1)理事会：最高权力机构，由各成员国政府的能源部长或高级官员为代表的一名以上代表组成。(2)管理委员会：理事会的执行机构，由各成员国的主要代表一人以上组成。(3)四个常设小组：能源研究与发展小组；长期合作小组；石油市场小组；与石油生产国和其他石油消费国关系小组。(4)煤炭工业顾问委员会和石油工业顾问委员会各一个，由该工业的经理人员组成。

【主要活动】(1)关于国际能源机构应付石油危机的重要措施就是在出现石油短缺时，实行"紧急石油分享计划"，即当某个或某些成员国的石油供应短缺7%或以上时，该机构理事会可作出决定，是否执行石油分享计划。该机构各成员国根据相互协议分享石油库存，限制原油消耗，向市场抛售库存等措施。海湾战争爆发期间，该机构首次实施了应急计划。(2)该机构还要求各成员国保持一定数量的石油储存，即不低于其90天进口量的石油存量。(3)在长期合作方面，该机构采取了加强能源供应的安全，促进能源市场稳定，在能源保存上合作，加速代替能源的发展，建立新能源技术的研究与发展，改革各国在能源供应方面的立法和行政上的障碍等措施。(4)开展石油市场的情报和协商制度，以便使石油市场贸易稳定和对石油市场未来发展有较好的信念，以及加强与产油国和其他石油消费国的关系。在这方面，该机构于1992年先后对世界石油消费量日益增加表示关注，它估计：1992年上半年比去年同期上升0.75%，第三季度增长1.5%，第四季度又增加1%。(5)对能源与环境的关系采取行动，如限制汽车、工厂和燃煤的火力发电厂的排放物，对较干净的燃料进行研究，该机构还对全世界的核电安全表示关注，目前全世界近30个国家和地区拥有近440座核反应堆，核电提供世界电力20%，核能发电是21世纪能源战略的重点，因此，在发展核能时，一定要制订更加严格的安全制度和标准。(6)该机构定期对世界能源前景作出预测，供全世界参考。该机构于1992年预计：全世界石油市场上中东地区的石油所占份额从80年代下降之后，今后将从1990年的27%上升到2000年的40%，其他地区如墨西哥、阿拉斯加、西伯利亚、北海等处的产量均将下降或陷于停滞。 (刘恩照)

世界经济论坛
World Economic Forum

【成立日期】世界经济论坛由瑞士日内瓦大学教授克劳斯·施瓦布于1971年倡议创建。它是瑞士的一个独立的非官方机构。

【宗旨】研究和探讨世界经济领域存在的问题并促进国际经济合作和交流。

【主要负责人】主席克劳斯·施瓦布(Klaus Schwab,瑞士),自创建连任至今。

【总部】在瑞士日内瓦。

【出版物】1988年1月开始出版英文《世界联系》(World Link)季刊。此外,每年还不定期出版一些介绍该组织活动的小册子。

【主要活动】世界经济论坛每年1月末、2月初在瑞士达沃斯召开"世界经济研讨会",称为"达沃斯会议"。截至1992年3月已举办过22届。"达沃斯会议"在西方被称为"非官方的国际经济最高级会谈"。每年参加"达沃斯会议"的通常有来自50多个国家的1000多位政界、企业界和新闻机构的领袖人物。

该组织第22届年会于1992年1月30日至2月4日在达沃斯举行。此届年会的主题是:全球合作与激烈竞争。来自80个国家的1000名代表参加了会议,其中部长以上的领导人多达153名,比以往多一倍以上,包括31个国家的总统或总理,这些都是前所未有的。本届年会着重探讨了亚洲在未来世界新秩序中的作用、东欧与独联体的现状和前景、欧洲及其新现实、世界新秩序及其安全等重大问题。与会者普遍认为,亚洲经济活力举世瞩目,在整个世界经济中的地位将日益加强;独联体成员国及东欧国家经济形势严峻、社会局势紧张,它们之间的磨擦突出,前景不容乐观;未来的世界将是一个多极世界,竞争将会加剧,合作更为重要。

由于近年来东亚地区的经济极具活力,而欧洲则具有雄厚的技术力量和经济实力,这两个地区的经济合作前景广阔。为进一步促进欧洲和东亚各国、各地区的企业和企业家之间的相互了解,扩大欧洲与东亚的经济合作与联系,世界经济论坛和香港贸发局于1992年10月14～16日在香港联合举办了"欧洲—东亚经济论坛"第一次会议,来自东亚、欧洲各国和地区的300多名政府官员和经济界人士及学者专家出席了会议。大会主要讨论了东亚经济的现状和前景、欧亚合作、亚洲的和平与安全、中国和日本在东亚和世界经济中的作用及地位,以及香港的前途及其未来在中国经济中的作用等问题。与会者普遍对东亚经济发展表示乐观。对加强欧(东)亚合作持积极态度。我国也派团参加了这次会议。中国代表团团长,国家计委副主任王春正发表了题为"九十年代中国经济的走向"的演讲,介绍了我国改革开放的成就,阐述了加快改革开放和经济发展的战略方针,表达了中国进一步加强与东亚和欧洲合作的愿望。

【同我国的关系】我国同该组织保持着密切的联系。自1979年以来,我国应邀连续派代表团参加达沃斯会议。1992年1月30日,李鹏总理应邀出席会议,成为我国参加历届年会的最高级别领导人。李总理发表了题为《九十年代的中国经济》的主旨演说,全面阐述了我国改革开放以来的成就和今后的发展。

(黄　河)

石油输出国组织
Organization of the Petroleum Exporting Countries—OPEC

【成立日期】1960年9月10日,伊拉克、伊朗、科威特、沙特阿拉伯和委内瑞拉的代表在巴格达开会,决定联合起来共同对付西方石油公司,维护石油收入,14日宣告成立石油输出国组织,简称"欧佩克"。

【宗旨】协调和统一成员国的石油政策,并确定以最适宜的手段来维护它们各自和共同的利益。

【成员】12个(1992年)。除上述5国外,还有阿尔及利亚、阿拉伯联合酋长国、加蓬、卡塔尔、利比亚、尼日利亚和印度尼西亚。原成员国厄瓜多尔于1992年退出。

【主要负责人】现任主席阿尔及利亚石油部长布塞纳(Boussena),秘书长印度尼西亚前石油部长苏布罗托(Subroto)。

【总部】在奥地利维也纳。

【出版物】《石油输出国组织公报》(OPEC Bulletin)月刊;《石油输出国组织评论》(OPEC Review)季刊;《年度报告》(Annual Report);《统计年报》(Annual Statistical Bulletin)等。

【组织机构】(1)大会:最高权力机构。一般由成员国石油部长率领的代表团组成,每年至少开会两次(必要时可召开特别会议),以制定总政策,通过理事会提交的报告和建议,批准成员国委任的理事和选举理事会主席。(2)理事会:负责执行大会决议和指导该组织的管理。由各成员国派一名理事组成,任期两年,每年至少开会两次。(3)秘书处:在理事会指导下承担执行职能。由秘书长、副秘书长及研究司、人事行政司、公共关系司、法律事务处、秘书长办公室等部门组成。秘书长是该组织依法授权的代表,任期两年。秘书处内还设一专门机构——经济委员会,协助该组织把国际石油价格稳定在公平合理的水平上。为维护油价,监督各成员国执行减产协议,1984年12月底欧佩克部长会议决定建立油价和产量监督委员会。

【主要活动】该组织成立后,展开了坚持不懈的斗争,其成员国夺回了制定油价和控制石油生产的权利。

1992年2月12～15日,欧佩克市场监督委员会第六次部长级会议在日内瓦举行,会议达成协议,决定限制欧佩克的石油生产,从近期日产量约2420万桶减少到2298.2万桶,这项决定从3月1日起生效。会议还重新规定了各成员国日产原油配额,并决定设立两个"监督委员会下属委员会",严格监控各成员国执行欧佩克协议的情况。1992年5月21～22日,欧佩克石油部长在维也纳举行会议,决定把第三季度的原油最高日产量维持在2298万桶的水平上。同时,由于科威特战后经济亟待恢复,所以科威特可以不受其配额约束。9月17日,欧佩克石油部长在日内瓦举行会议,决定把第四季度的产油量维持在每天2420万桶的水平上,以期使油价上升到每桶21美元的预定目标,但仍不限制科威特的产量。11月25～27日,欧佩克第92届部长级会议确定欧佩克成员国1993年第一季度石油生产最高限额为每天2458万桶。由于欧佩克内部矛盾尖锐,厄瓜多尔退出了欧佩克,成为该组织自成立以来第一个退出的国家。

当前,全球环境问题引起了世界许多国家的关注,由于在环境污染和环境保护问题上发达国家与发展中国家存在着认识分歧和利益矛盾,欧佩克成员国担心发达国家或联合国作出对发展中国家特别是对石油生产国不利的决定,因而于1992年4月11日召开了环境保护研讨会,4月23日又在维也纳主持举办了"石油输出国组织成员国与独立石油出口国家部长级联席会议",13个欧佩克成员国和包括中国在内的12个独立石油出口国的石油部长或大使参加了这次会议。会议的主要目的是:协调石油生产国的立场,造成舆论影响,以求在联合国"环境与发展大会"上讨论通过有关环保方面的决议时,能够体现发展中国家的利益,特别是以石油工业为支柱产业的欧佩克成员国的利益。这次会议表明了欧佩克在国际重大问题上的独立性及其鲜明的态度和立场,也产生了一定的国际影响。

(黄　河)

伊斯兰开发银行
Islamic Development Bank—ISDB

【成立日期】在巴基斯坦和埃及的共同倡议下,伊斯兰组织会议于1973年12月在沙特阿拉伯吉达开会,该组织各国财政部长讨论了成立伊斯兰银行的事宜。随后于1974年8月12日正式成立了伊斯兰开发银行,并于1975年10月20日正式开业。

【宗旨】加强伊斯兰组织会议成员国之间金融和经济的互助合作,使这些国家的经济稳定发展,人民生活有所改善。同时坚持伊斯兰的原则,向其成员国对社会经济的长期发展有重要影响的社会基础项目提供贷款、技术援助,以此促进各成员国的社会进步和经济发展。

【成员】47个(1992年12月):阿富汗、阿尔及利亚、巴林、孟加拉国、贝宁、文莱、布基纳法索、喀麦隆、乍得、科摩罗、吉布提、埃及、加蓬、冈比亚、几内亚、几内亚比绍、印度尼西亚、伊朗、伊拉克、约旦、科威特、黎巴嫩、利比亚、马来西亚、马尔代夫、马里、毛里塔尼亚、摩洛哥、尼日尔、阿曼、巴基斯坦、巴勒斯坦解放组织、卡塔尔、沙特阿拉伯、塞内加尔、塞拉利昂、索马里、苏丹、叙利亚、突尼斯、土耳其、乌干达、阿联酋、也门。

【主要负责人】行长兼董事长阿曼德·穆罕默德·阿里(Dr. Ahmand Muhammad Ali,沙特阿拉伯),1975年就任。

【总部】在沙特阿拉伯吉达。

【出版物】《年报》(Annual Report)。

【组织机构】(1)理事会:最高权力机构。由各成员国委派的一名理事和候补理事组成,一般由各成员国的财政部长或其代理人担任，通常每年举行一次会议。(2)董事会：执行机构。由11名成员组成，其中5名成员是由认缴股本最多的5个国家指定的，另外6名成员由其他认股国的董事选举产生。董事会选举产生行长，任期五年。董事一般任期三年。董事会负责处理银行的日常业务。

【银行资本】该行法定资本为20亿伊斯兰第纳尔。伊斯兰第纳尔是伊斯兰开发银行的记帐单位，其与特别提款权的价值相等。截至1990年7月认购资本为19.6087亿伊斯兰第纳尔，已缴资本16.6231亿伊斯兰第纳尔。截至1992年12月，伊斯兰开发银行的资本金为53亿美元，其中沙特阿拉伯是最大的认购者，占全部资本金的26%。

【主要活动】该行的具体业务活动有吸收存款，同时通过各种方式筹集资金，设立专用基金以解决其成员国的经济困难，对成员国之间的国际贸易提供资金援助，向成员国提供技术咨询，培训经济、金融专业人员，并以入股或贷款的形式向生产和社会基础建设项目的公私企业提供资金，向经济和社会发展项目以融资或技术援助的方式给予援助，以此促进各成员国间的经济发展，尤其是生产资料的发展。该行发放贷款的原则是不准发放高利和附息贷款，因此所发放贷款的原则都是只收取劳务费的无息贷款。提出这一原则的主要原因是其成员国都是发展中国家，而且其中有20个成员国是被联合国确定为世界上最不发达国家。到1987年8月，该行共发放贷款15.653亿伊斯兰第纳尔，主要用于项目融资和技术援助，同时还发放了43.548亿伊斯兰第纳尔的外贸融资贷款。从1987年8月25日到1988年8月12日，该行为108个项目的业务提供了5.9635亿伊斯兰第纳尔的资金援助，其中项目融资为1.5563亿，技术援助为507万，外贸融资为4.3564亿。在项目融资和技术援助资金中，35%用于公共事业，18%用于工矿业，16%用于社会福利，15%用于交通运输，10%用于农业项目。从1988年8月到1989年8月，该行为104个项目提供了5.805亿伊斯兰第纳尔的资金援助。从1989年8月2日到1990年7月22日，该行为117个项目提供了6.3055亿伊斯兰第纳尔的资金援助。同年还发放了15笔无息贷款，总额为4997万伊斯兰第纳尔。进入90年代以后，为进一步促进伊斯兰国家经济和贸易的发展，该行不断增加贷款的金额，其中包括向贸易活动提供资金、贷款和投资。1993年该行将提供7.0805亿伊斯兰第纳尔(9650万美元)的贷款，以支持成员国的经济发展和贸易拓展。其中包括向摩洛哥提供1.17亿伊斯兰第纳尔(1600万美元)，用于扩展摩洛哥的电讯网络，同时还将提供约1.10亿伊斯兰第纳尔(1500万美元)的贷款使摩能支付从沙特和阿联酋购买原油的开支；向巴基斯坦提供约1.1亿伊斯兰第纳尔(1500万美元)的贷款，支持其用于购买沙特的原油；向约旦提供7337万伊斯兰第纳尔(1000万美元)用于扩展其电力设施；向马来西亚提供约1.01亿伊斯兰第纳尔(1380万美元)，支持其建立一所大学；向孟加拉国提供7337万伊斯兰第纳尔(1000万美元)用于购买沙特的化肥。以上贷款的期限均为25年，其中包括5年的宽限期。

为促进伊斯兰区域穆斯林国家的经济发展和社会进步，该行还与一些国际金融机构及区域性金融机构建立了业务联系和合作关系。（谭雅玲）

阿拉伯石油输出国组织
Organization of Arab Petroleum Exporting Countries—OAPEC

【成立日期】1968年1月9日。

【宗旨】协调成员国间的石油政策，协助交流技术情报，提供训练和就业机会，促进各成员国在石油工业方面的合作，利用成员国的资源和潜力建立石油工业各个领域的联合企业。其原则是不干涉和不违背石油输出国组织(欧佩克)权威性机构决定的石油政策。

【成员】12个(1992年)：阿尔及利亚、阿联酋、巴林、埃及、伊拉克、卡塔尔、科威特、利比亚、沙特、叙利亚、突尼斯和也门。

【主要负责人】主席阿卜杜勒·哈迪·穆罕默德·坎迪勒(Abdul Hadi Candil，埃及)，1989年11月当选。秘书长阿里·艾哈迈德·阿蒂加(Ali Ahmad Attiga，利比亚)。

【总部】在科威特城。1990年8月2日伊拉克入侵科威特后，该组织的工作改在开罗和沙特的吉达进行，同年12月8日，阿拉伯石油输出国组织在开罗举行了第45届部长级理事会会议，宣布将该组织总部暂时从科威特城迁往开罗。

【出版物】《石油与阿拉伯合作》季刊，阿拉伯文；《秘书长年度报告》(Secretary General's Annual Report)，阿、英文。

【组织机构】(1)部长理事会：最高权力机构，由各成员国石油部长组成，主席由各国轮流担任，每年召开两次会议。(2)执行局：由各成员国石油部副部长组成。(3)秘书处：按理事会和执行局制定的政策处理日常事务。下设经济、碳化氢工业、能源、法律、新闻、公共关系、财政等部门。

【主要活动】截至1990年底该组织共举行了45届部长理事会例会。该组织成立后陆续建立了为石油生产服务的运输、培训、投资、咨询等企业和公司，主要有阿拉伯石油海运公司、阿拉伯造船和修船公司、阿拉伯石油投资公司、阿拉伯石油服务公司、阿拉伯工程咨询公司。

近年来，阿拉伯石油输出国组织定期或不定期地组织和参加了各种形式的会议和讨论会，如阿拉伯国家工业发展会议、阿拉伯矿产会议、阿拉伯能源会议等。此外该组织还与欧共体、日本等共同举办了一些讨论会。

自1989年以来，阿拉伯石油输出国组织部分成员国在石油政策上存在分歧。1990年上半年，世界石油市场供大于求，油价下跌。该组织中的沙特、科威特、阿联酋、卡塔尔和伊拉克五国举行会议，达成限产保价协议。五国表示立即按1989年11月欧佩克协议规定的配额生产石油。但这次会议未能消除他们之间的分歧。同年7月15日，伊拉克指控科威特同阿联酋超产石油，降低油价，不执行欧佩克制定的限产保价政策，使伊拉克蒙受140亿美元的损失。科威特和阿联酋拒绝了伊拉克的指责。

伊拉克和科威特在石油问题上的分歧成为两国争端的主要问题之一。8月2日，伊拉克出兵入侵并占领了科威特，从而引发了海湾危机和海湾战争。8月6日，联合国安理会通过第661号决议，宣布对伊拉克实行全面经济制裁，伊拉克及其占领下的科威特石油生产、销售陷入停顿状态。1991年2月27日，科威特的独立、主权和领土完整得以恢复。但在战争期间科全国900口油井中的727口油井被伊拉克点燃，直至1991年11月6日油井大火才全部被扑灭，耗资21亿美元。海湾战争给科威特石油工业造成的损失高达750亿美元。1991年7月28日，科威特恢复了石油生产和出口。到1992年底，科石油日产量已达150万桶。1991年8月，联合国通过决议，允许伊拉克出口价值16亿美元的石油，用于进口食品和药品。伊认为这损害了它的主权，迄未接受。据伊拉克石油部长宣布，截至1992年秋，伊石油日产量已达250万桶，接近海湾战争前的水平。阿拉伯石油输出国组织另一成员国沙特趁海湾战争之机将本国原油日产量由原来的550万桶提高到850万桶。

附：各成员国1990年和1991年石油产量及已探明储量

国别	1990年产量（万吨）	1991年产量（万吨）	储量（亿吨）
沙特	33000	40550	320
科威特	10070	963	129
利比亚	6760	7705	29.18
阿尔及利亚	3950	4055	12.09
阿联酋	11024	12520	133
卡塔尔	2000	1970	4.52
巴林	240	220	0.21
伊拉克	8800		136
突尼斯	450	380	2.47
埃及	4390	4400	5.27
叙利亚	2030	2500	10.73
也门	990	1000	10

（资料来源：《世界经济季评》1992/93年度）

（李炳茹）

太平洋经济合作理事会
Pacific Economic Cooperation Council—PECC

【成立日期】太平洋经济合作理事会（以下简称PECC）是在1980年9月建立的，该机构曾被称作“太平洋经济合作会议”，1992年改为此名。

【宗旨】PECC是由工商企业界、政府和学术界三方人士组成的协商性国际组织。其宗旨是：在自由和开放经济交流的基础上，本着伙伴关系、公平和互相尊重的精神，加强经济合作，以充分发挥太平洋盆地的潜力。

【成员】20个（1992年底）：中国、俄罗斯、澳大利亚、秘鲁、菲律宾、加拿大、韩国、马来西亚、美国、墨西哥、日本、泰国、文莱、新加坡、新西兰、印尼、智利，以及中国台北、香港、南太平洋岛国（作为一个整体）。另哥伦比亚为准成员。

【主要负责人】应届常委会主席由筹备应届大会国家的太平洋经济合作委员会主席担任。1992年9月至1994年3月PECC常委会主席诺尔丁·索比（Nordin Sopiee，马来西亚）。常设秘书处总干事戴维·帕森斯（David Parsons，澳大利亚）。

【总部】常设秘书处在新加坡。

【出版物】《太平洋经济展望》年度报告；《太平洋经济合作理事会通讯》（《PECC News Letter》）。

【组织机构】(1)大会：PECC的主要论坛，一般一年半召开一次，各个成员委员会和一些相关国际组织的代表参加，此外还邀请一些国家和国际组织的代表以观察员或来宾身份出席。(2)成员委员会:各国(地区)的成员委员会由各国(地区)工商企业界、政府和学术界三方人士组成。(3)常务委员会:由各成员委员会的代表组成。常委会指导PECC发展进程,制定PECC声明和主张以及PECC各机构的工作程序,接纳新成员。(4)协调组:由专题组的负责人、各成员委员会代表和专家组成,指导日常的资料收集和研究工作,检查、总结各专题组工作,并向常委会提出行动建议。(5)专题组:由成员委员会代表和对有关专题有兴趣的机构和个人组成。个人参加专题会议需经东道国成员委员会邀请,并报常委会。专题组是PECC活动的基层机构,现有9个,即:渔业开发与合作专题组,农业政策、贸易与发展专题组,贸易政策论坛,矿产能源论坛,太平洋经济展望专题组,太平洋岛国专题组,运输、电信、旅游专题组,科技专题组,人力资源开发专题组。

【主要活动】1992年PECC各级机构主要活动如下:

大会:PECC第九届大会于9月23~25日在旧金山举行,会议通过了题为"开放性的地区主义:全球经济合作的太平洋模式"的《旧金山宣言》,讨论了太平洋经济展望、区域集团化、PECC的地位、作用和趋向等问题。九大除大会外还召开了六个专题分组会议,包括"90年代的太平洋航空运输业"、"电信"、"矿产能源的贸易与投资"、"太平洋地区的粮食市场"、"以科技为基础的经济增长"和"资本流动、投资和增长",中国代表团出席了大会。

常委会:共开过4次会议,即:檀香山会议(1.22)、西雅图会议(5.22)、旧金山会议(9.22,9.25)。在九届大会前后共召开了两次常委会,9月22日常委会主要讨论了PECC与APEC的关系问题;9月25日常委会经表决同意接受哥伦比亚为PECC准成员。

协调组会议:西雅图会议(5.21)、旧金山会议(9.21)。

专题组:(1)太平洋经济展望工作组于1月6~7日在旧金山召开美国、日本经济预测会议;3月在大阪召开国别经济预测、地区经济预测以及地区国外直接投资变化形式研讨会。(2)科技专题组于2月24~25日在香港举行顾问组会议;5月14~15日在雅加达召开专题组会议;11月9~10日在雅加达举行科技人力资源研讨会。此外,渔业专题组(2.24~25)、农业政策、贸易与发展专题组(5.14~16)、矿产能源论坛(5.13~15)、太平洋岛国专题组(6.9~10)、人力资源开发专题组(6.15~16)、"三T"专题组(7.5~8)、贸易政策论坛(7.15~17)均召开了有关专题会议。

【同我国的关系】中国太平洋经济合作全国委员会1992年除出席了大会和历次常委会、协调组会议外,并派专家代表参加了多种专题组活动。1992年9月25日常委会建议PECC第11届大会在中国召开;矿产能源论坛建议该专题第6届大会在中国召开,上述建议得到了中方的积极响应。

【驻华代表机构】无驻华代表机构,中国太平洋经济合作全国委员会是PECC的成员机构,于1987年6月成立,全国人大副委员长荣毅仁任名誉会长,中国国际问题研究中心总干事李鹿野任会长。常设工作班子为中国太平洋经济合作全国委员会秘书处。地址:北京台基厂头条3号,电话:5131421。 (汪 巍)

南亚区域合作联盟

South Asian Association for Regional Cooperation—SAARC

【成立日期】1985年12月。

【宗旨】促进在经济、社会、文化和科学技术领域内的相互合作,以尊重主权平等、政治独立、互不干涉内政和平等互利为合作原则。这种合作仅作为双边和多边合作的补充,不应同成员国承担的双边和多边义务相抵触。联盟各级机构按照协商一致的原则作出决定。不讨论成员国之间有争议的双边问题。

【成员】7个(1992年):孟加拉国、不丹、印度、马尔代夫、尼泊尔、巴基斯坦和斯里兰卡。

【主要负责人】秘书长I·H·扎基(Ibrahim Hussain Zaki,马尔代夫),1992年1月上任。

【总部】常设秘书处在尼泊尔加德满都。

【组织机构】(1)成员国首脑会议:每年一次,必要时可随时召开,轮流在各成员国举行。东道国元首或政府首脑担任本届主席。至1991年底已举行过六次。(2)部长理事会:由成员国外交部长组成,每年至少举行两次会议。有权决定秘书长人选。(3)协调委员会:由成员国外交秘书组成,不定期开会。(4)秘书处:常设办事机构。

【主要活动】第一届首脑会议于1985年12月在孟加拉国首都达卡举行,会上签署了《南亚区域合作联盟宪章》,宣告南盟成立。

第二届首脑会议于1986年11月在印度的班加罗尔举行,通过了《班加罗尔宣言》,制定了发展旅游、货币交换、学术交流等合作计划。

第三届首脑会议于1987年11月在加德满都举

行，通过了《加德满都宣言》，与会七国外长签署了建立南亚粮食储备协议及反恐怖活动条约。

第四届首脑会议于1988年12月在巴基斯坦首都伊斯兰堡举行，发表了《伊斯兰堡宣言》和联合公报，重申将继续和扩大在农业、灌溉、科技、反恐怖等方面的合作，同意制定《南盟2000年——基本需求展望》的区域计划。

第五届首脑会议于1990年11月在马尔代夫首都马累举行，通过了《马累宣言》，同意设立南盟基金。会议宣言在伊拉克侵吞科威特问题上明确支持联合国决议，强调和平解决危机。与会七国外长签署了南盟控制毒品条约。

第六届首脑会议1991年12月在斯里兰卡首都科伦坡举行，通过了《科伦坡宣言》，决定成立地区消除贫困委员会和发展基金，同意考虑斯里兰卡关于建立南亚特惠贸易区的建议。会议宣言强调发展权具有与人权同等重要的地位，反对利用人权干涉别国内政；呼吁各国加强在反恐怖、禁毒、环保等方面的合作。

第七届首脑会议原订于1992年12月在孟加拉国首都达卡举行，由于印度阿约迪亚巴布里清真寺被毁引发了全国性的教派冲突，印度总理拉奥不能按计划与会，会议遂延期一个月举行。1993年1月，印国内教派冲突未息，孟国内穆斯林反印度教情绪强烈，拉奥总理又一次取消与会计划，首脑会议再次推迟举行。

【同我国的关系】我国赞赏和支持南盟为加强南亚各国间合作做出的努力和取得的进展，希望南盟在维护南亚地区的和平与稳定中发挥积极作用。我与该组织成员国在经济、贸易等不同领域保持着友好合作关系。

（延秀生）

非洲开发银行

African Development Bank—ADB

【成立日期】1963年7月非洲高级官员及专家会议和非洲国家部长级会议先后在喀土穆召开，通过了建立非洲开发银行的协议。同年8月4日该行正式成立，1966年7月1日开始营业。

【宗旨】通过提供投资和贷款，利用非洲大陆的人力和资源，促进成员国经济发展和进步，优先向有利于地区的经济合作和扩大成员国间的贸易项目提供资金和技术援助，帮助研究、制定、协调和执行非洲各国的经济发展计划，以逐步实现非洲经济一体化。

【成员】76个。非洲地区成员包括非洲统一组织的50个独立国家及摩洛哥。1982年5月银行理事会通过决议，欢迎非洲以外的国家参加。截至1992年12月有25个非洲以外的国家加入，即中国、阿根廷、巴西、加拿大、美国、印度、日本、南斯拉夫、科威特、沙特阿拉伯、澳大利亚、奥地利、比利时、丹麦、芬兰、法国、德国、意大利、瑞典、挪威、葡萄牙、瑞士、荷兰、英国和韩国。

【主要负责人】行长兼董事长巴巴卡尔·恩迪亚耶(Babacar N'Diaye，塞内加尔)，1985年5月上任。

【总部】在科特迪瓦阿比让。

【出版物】《年报》(Annual Report)；《非洲开发银行消息》(ADB News)月刊；《季报》(Quarterly Statement)；《基本资料》(Basic Information)半月刊；《统计手册》(Statistical Handbook)年刊；《各成员国业务状况一览》(Summaries of Operation in Each Member Country)。

【组织机构】(1)银行理事会：最高权力机构。由各成员国委派一名理事组成，一般为成员国的财政和经济部长。每年举行一次会议(必要时可举行特别理事会)，讨论制定银行业务方针和政策，决定银行重大事项，负责处理银行的组织和日常业务。理事会年会负责选举行长和秘书长。(2)董事会：由理事会选举产生，银行的执行机构。共有成员18名(非洲以外国家占6名)，任期3年，一般每月举行两次会议。

非洲开发银行内设13个业务部门，下属7个地区办事处。这7个地区办事处分别设在喀麦隆、埃塞俄比亚、几内亚、肯尼亚、摩洛哥、尼日利亚和津巴布韦。1986年该行调整了组织机构，扩大了资本和业务范围，调整为3个区域(东非、西非和中非)。同时成立了一个负责拨款的独立机构。

【银行资本】最初法定资本为2.5亿美元，1983年6月对外开放后，由于非洲以外国家参加，该行资本从29亿美元增长到63亿美元，其中非洲国家资本额占2/3。这是该行对外开放后，仍要使领导权掌握在非洲国家手中所做的必要限制。1986年该行理事会批准成立的一特别委员会决定将法定资本从65亿美元增加到196亿美元，并从1987年6月开始执行。到1990年底，该行的认购资本为212.461亿美元，已缴资本为25.034亿美元。

【主要活动】该行贷款的对象是非洲地区成员国，主要用于农业、运输业和公共事业，年息为9.86%。贷款的期限一般为12～20年。该行初创时，贷款数额有限，但从1985年起有较大发展。截至1986年底，该行累计发放贷款84.4亿美元。1988年该行对84个项目,发放贷款21.76亿美元。1989年为36个项目发放贷款29亿美元。1990年该行发放贷款32.81亿美元。其中公用事业项目占27.3%,工业项目占21.1%,农业项目占20.8%,交通运输项目占10.2%,教育和卫生项目占9.1%,其它项目占11.5%。截至1990年底,该行累计发放贷款共188.849亿美元。与此同时,该行为抗议非非洲成员国集团的压力,大幅度减少了非项目贷款的比率,主要是结构和区域改革的贷款项目,贷款比率从1987年的35.7%下降到1988年的25.7%,1990年下降至21.3%。近年来,尽管非洲和国际经济环境不佳,但该行业务仍不断发展。1990年6月初举行的非洲开发银行董事理事会上,决定设立300万美元的救济基金,以解决非洲的贫困问题。1988年,该行创立了非洲企业机构"圆桌",定期召开会议以鼓励和支持非洲私人企业的发展。1990年3月该行主持召开了关于非洲私人企业和投资发展的专题会议。1992年该行发表的一项报告称,非洲大陆1991年国内生产总值比上年增长3.1%,农业的产量和产值分别增长4%和2.8%。冶炼工业增长3%、农业3.5%、加工工业5.5%,后者表明非洲国家使用本国原料明显增长。报告认为,尽管出口增长率低和投资水平降低,但1991年非洲经济仍令人鼓舞。

该行与其附属机构非洲开发基金、尼日利亚信托基金和非洲投资发展国际金融公司共同组成非洲开发银行集团。该集团设有理事会,由非洲开发银行各成员国选派一名理事组成。由理事会选举产生董事会,董事会共有18名成员,其中12名成员任期3年,每年召集一次会议。非洲开发银行行长兼任非洲开发集团董事长,任期5年,副董事长4名,任期3年。

为促进非洲的经济发展,非洲开发银行还同非洲及非洲以外的机构开展金融方面的合作。该行与亚洲开发银行和泛美开发银行业务联系广泛,与阿拉伯的一些金融机构和基金组织建立融资项目。该行还在一些地区性金融机构中参股。

【同我国的关系】我国于1985年5月8日和10日先后加入非洲开发基金和非洲开发银行,拥有该行股本1250万非洲开发银行记帐单位,约合1507.93万美元,非洲开发基金股本5072万非洲开发基金记帐单位,约合4934.792万美元。(谭雅玲)

非洲石油生产国协会

African Petroleum Producers' Association—APPA

【成立日期】1987年1月26～27日,非洲石油生产国能源部长或代表在尼日利亚首都拉各斯举行会议,决定成立非洲石油生产国协会。

【宗旨】促进成员国之间在石油勘探、生产、提炼、石化工业、人力资源、掌握技术及立法等方面的合作;促进成员国之间的技术援助;互通情报,促进成员国协调贸易方针和策略;通过合作加强对成员国的能源情况及其政策的了解;研究向非洲石油进口国提供帮助的方法和途径,以满足他们对能源的需求。

【成员】11个(1992年):阿尔及利亚、埃及、安哥拉、贝宁、刚果、加蓬、科特迪瓦、喀麦隆、利比亚、尼日利亚、扎伊尔。突尼斯为观察员。

【主要负责人】第九次部长理事会主席埃及石油部长哈姆迪·巴奈比(Hamdi El-Banbi),任期6个月。执行秘书苏伊迪·穆罕默德(Souidi Mohamed),任期3年。

【总部】常设秘书处设在刚果布拉柴维尔。

【组织机构】(1)部长理事会:最高权力机构。每六个月举行一次会议。成员国按字母顺序轮流作东道主并担任主席。(2)常设秘书处:日常工作机构。

【主要活动】协会成立以来已举行九次部长理事会会议。前八次会议地点(时间):阿尔及尔(1987.7)、罗安达(1988.1)、科托努(1988.7)、雅温得(1989.1)、布拉柴维尔(1989.7)、利伯维尔(1990.1)、的黎波里(1990.7)、阿布贾(1991.5)。

第九次会议于1992年1月30～31日在科特迪瓦的阿比让举行。埃及石油部长哈姆迪·巴奈比当选为应届主席。会议通过了关于建立协会技术合作基金的决议。基金总额为3500万美元,其中50%由会员国均摊,其余50%由会员国、私人或国际组织捐赠。基金主要用于会员国最关心的石油生产、技术和贸易等领域的合作。会议还通过了协会今后十年的行动指导计划,审议了特别委员会关于向非洲无油国提供石油的报告,决定由特委会和执行秘书共同就此事提出建议。会议还对欧佩克为减少石油产量所做的努力感到满意,对于经济合作和发展组织的许多成员国征收二氧化碳排放税对石油需求带来的消极影响表示关切。

协会成立以来共组织了六次研讨会。主要内容是:石油税收、立法、勘探和生产合同、非洲矿床地质类型及科研费用等。尼日利亚帮助成员国培训石油生产技术人员。

据统计,协会成员国石油储量占世界石油总储量

的 7.1%，天然气储量占 5.1%，石油产量占世界总产量的 9%。 （徐人龙）

协商委员会

Conseil de l'Entente

【成立日期】1959 年 5 月 29 日，布基纳法索、贝宁、尼日尔和科特迪瓦四国总理在阿比让开会，决定成立协商委员会。1966 年 6 月多哥正式加入。

【宗旨】加强成员国之间的经济合作，增强经济活动的有效性，促进各国经济共同发展。

【成员】5 个（1991 年）：贝宁、布基纳法索、多哥、科特迪瓦、尼日尔。

【主要负责人】执行主席尼日尔总统阿里·赛义布（Ali Saïbou），行政秘书卡亚（Paul Kaya，刚果）。

【总部】行政秘书处在科特迪瓦阿比让。

【出版物】《非洲协商》（Entente Africaine）季刊，《年度活动》（Rapport d'activité），均为法文。

【组织机构】(1)首脑会议：最高权力机构。每年举行一次。(2)行政委员会：执行机构。主席由成员国国家元首轮流担任。(3)管理委员会：由成员国各出 3 名代表（分别代表各自国家的外交、财政和计划、发展部）组成。由担任行政委员会主席的国家的代表主持。(4)行政秘书处：行政委员会的常设办事机构。(5)互助和借款保证基金：负责经济发展的主要机构。资金来源是成员国会费、外国贷款和赔款以及收取利率差额。设在阿比让。

【主要活动】80 年代，由于世界经济危机给各国经济发展带来不利影响，成员国提出把“互助和借款保证基金”的部分投资收入，用来支付成员国外债的利息和扩大投资能力的基本资金。截至 1987 年 12 月 31 日，“互助和借款保证基金”有资金 140 亿非洲法郎，“基金”向成员国直接提供贷款 2 亿非洲法郎，主要用于发展粮食生产和中、小企业以及打井等农村水利项目，至 1988 年 3 月，五国共打井 2000 眼。1988 年 3 月起为每个成员国打井 1000 眼的第二期计划正在执行中。

1978 年以来，协商委员会成员国彩票房总经理每年举行一次会议，协商彩票发行量和抽奖时间。1989 年为庆祝协商委员会成立 30 周年，协商委员会举办优秀农民评奖和特别奖抽签活动，拨款 1.25 亿非洲法郎（每个成员国 2500 万）作为“国家奖”，奖励各国优秀农、牧、渔、林和手工业生产者；另拨 2500 万非洲法郎作为“协商委员会奖”，奖励各国“国家奖”获得者中 5 名最佳者。拨款 750 万非洲法郎（五国彩票房出资 500 万，互助和借款保证基金出资 250 万）作为“特别奖”，用于中奖国社会、文化项目投资；科特迪瓦抽签中奖。

1992 年 12 月 21 日，互助借款保证基金第 70 次会议在阿比让召开。会议通过基金 1993 年预算为 8.97 亿非洲法郎；决定继续推行能源、环境和支持中、小企业方面的计划，并实施新的水利计划。 （杨富国）

西非国家经济共同体

Communauté Economique des Etats de l'Afrique de l'Ouest—CEDEAO

【成立日期】1975 年 5 月 28 日，在尼日利亚和多哥元首的倡议下，西非 15 国（不包括后来加入的佛得角）在尼日利亚原首都拉各斯召开首脑会议，签署《西非国家经济共同体条约》，正式成立共同体。这是目前非洲最大的区域性经济合作组织，成员国总面积 630 万平方公里，约占非洲总面积的 1/5；人口 1.5 亿，约占非洲总人口的 1/3。

【宗旨】促进成员国经济、社会和文化合作与发展，提高人民生活水平，加强相互间的关系，为非洲的进步与发展作出贡献。

【成员】16 个（1992 年）：贝宁、布基纳法索、多哥、佛得角、冈比亚、几内亚、几内亚比绍、加纳、科特迪瓦、利比里亚、马里、毛里塔尼亚、尼日尔、尼日利亚、塞拉利昂、塞内加尔。

【主要负责人】1992/93 年度执行主席贝宁总统尼塞福尔·索格洛（Nicéphore Soglo）。

【总部】1991 年 7 月，执行秘书处新大楼在尼日利亚新首都阿布贾正式落成。

【组织机构】(1)国家元首和政府首脑会议：最高权力机构。每年召开一次。执行主席由各成员国轮流担任，任期一年。(2)部长理事会：由每个成员国的两名部长组成，每年举行两次会议，负责监督共同体机构的运转情况，审查并通过执行秘书处和专门委员会的建议。(3)执行秘书处：负责处理共同体日常事务。(4)技术和专门委员会：共有六个，负责为部长理事会准备工作报告，审议提交部长理事会通过的计划。(5)共同体法庭：负责监督各成员国遵守共同体条约和有关法律，调解成员国之间的分歧。此外还设有合作、补偿和发展基金，西非中央银行委员会，西非国家经济共同体商业银行等。

【主要活动】截至1992年底共举行了15次国家元首和政府首脑会议，前14次会议召开的地点(时间)分别为：拉各斯(1978年4月)、达喀尔(1979年5月)、洛美(1980年5月)、弗里敦(1981年5月)、科托努(1982年5月)、科纳克里(1983年5月)、洛美(1984年11月，1985年7月)、阿布贾(1986年6月，1987年7月)、洛美(1988年6月)、瓦加杜古(1989年6月)、班珠尔(1990年5月)、阿布贾(1991年7月)。

第15次会议于1992年7月27～29日在塞内加尔首都达喀尔举行。十位国家元首和六位政府代表与会。会议选举贝宁总统索格洛为1992/93年共同体执行主席，确定第16届首脑会议于1993年7月在贝宁科托努举行。会议主要讨论了修改共同体条约、加速地区经济一体化和利比里亚危机等问题，并通过了《最后公报》。经过修改的共同体条约的要点是：1.建立共同体议会和经社理事会；2.成立八个技术委员会；3.在拉各斯和洛美各设一个大使委员会，负责共同体与各国政府间的联系；4.强化防务互助，建立共同体军事机制，负责解决成员国间争端；5.对从本地区以外进口的物资每年一次性征收1%地区税，以补充共同体经费不足；6.组建共同体法院，监督各成员国和所属机构执行决议的情况。会议着重讨论了发展本地区经济的具体措施，制定了一项“最低行动纲领”，对各国今后一年内需优先做到的事项作出了明确规定，以促进地区经济一体化。各国领导人更加重视地区安全和稳定，强调必须有一个和平的环境，才能实现地区经济一体化。为推动利比里亚和平进程，会议决定对泰勒采取强硬态度，限其一个月内切实执行1991年10月关于利问题的亚穆苏克罗和平协议，否则将予以制裁。

西非国家经济共同体为解决利比里亚问题作出了巨大努力，向利派驻有约1.5万人的维持和平部队。1992年，共同体为谋求解决利问题曾几次举行特别首脑会议。应西非国家经济共同体要求，联合国安理会于11月19日召开会议，以15票对零票通过了对利实施全面、彻底武器禁运的第788号决议。 (江 澄)

西非经济共同体
Communauté Economique de l'Afrique de l'Ouest—CEAO

【成立日期】1972年6月，原西非国家关税同盟成员布基纳法索、科特迪瓦、马里、毛里塔尼亚、尼日尔、塞内加尔六国元首和贝宁总统代表在巴马科举行首脑会议，多哥派代表以观察员身份与会。六国元首签署成立西非经济共同体条约，取代西非国家关税同盟。1973年4月17日，六国元首和以观察员身份与会的贝宁、多哥代表在阿比让签订共同体条约附加议定书，宣布西非经济共同体正式成立。1974年1月1日共同体条约和附加议定书正式生效。

【宗旨】在成员国之间实行关税互惠，协调发展政策，在工业、农业、交通运输、外贸、旅游、能源和科学研究方面进行广泛的合作，促进经济发展，实现地区统一。

【成员】7个(1992年)：贝宁(1984年加入)、布基纳法索、科特迪瓦、马里、毛里塔尼亚、尼日尔和塞内加尔。多哥和几内亚为观察员。

【主要负责人】本届共同体执行主席为尼日尔总统阿里·赛义布(Ali Saïbou)。部长理事会执行主席为尼日尔财政和计划部长拉瓦尔·沙法尼(Laoual Chafani)。总秘书处秘书长马马杜·海达拉(Mamadou Haïdara，马里)。

【出版物】《年度报告》(Rapport Annuel)；《非洲一体化》(Intégration Africaine)，双季刊。均为法文。

【组织机构】(1)首脑会议：最高决策机构。原每年举行一次，第12届首脑会议决定以后每两年召开一次，轮流在成员国举行，由东道国国家元首任执行主席。(2)部长理事会：由成员国财政部长或与议题有关的政府成员组成，现每年举行一次会议，主席由成员国财政部长轮流担任。(3)总秘书处：常设办事机构。由秘书长领导，负责执行首脑会议和部长理事会的决议。(4)审计署：负责监审财务开支等问题，现由两名成员组成。(5)仲裁法庭：处理共同体成员国之间和共同体事务的法律裁决。(6)共同体发展团结和干预基金会：1977年成立，由各成员国出资，实施共同体统一规划项目。成立时资本为50亿非洲法郎。1987年以来由总经理管理“基金”。共同体秘书长任“基金”董事会主席。

(7)共同体发展基金会。(8)地区合作税务局。

【主要活动】共同体通过专家会议、部长理事会和首脑会议协商解决问题,重要事项均由首脑会议决定。截至1992年底,已举行13次首脑会议,各次会议地点(时间):尼亚美(1975.4)、达喀尔(1976.4)、阿比让(1977.6)、巴马科(1978.10)、努瓦克肖特(1979.10)、尼亚美(1980.10)、达喀尔(1981.12)、亚穆苏克罗(1982.12)、尼亚美(1983.10)、巴马科(1984.10)、瓦加杜古(1986.3)、努瓦克肖特(1987.4)、科托努(1989.10)。

1992年11月,共同体第29届财政部长理事会会议在布基纳法索首都瓦加杜古召开。会议的主要议题为第14届首脑会议作筹备工作。根据部长理事会报告,共同体行政预算负债为19亿非洲法郎,发展基金负债450亿非洲法郎。 (杨富国)

中非国家经济共同体

Communauté Economique des Etats d'Afrique Centrale—CEEAC

【成立日期】1983年10月17～18日,中部非洲国家元首和政府首脑会议在加蓬首都利伯维尔举行,会议签署了成立中非国家经济共同体条约。

【宗旨】促进成员国之间在经济和社会活动的各个领域进行协调和合作。主要目标是取消成员国之间的关税和其他所有进出口商品的税收,建立和保持共同对外贸易关税率,制定对第三国的贸易政策,逐步取消成员国在人员、财产、劳务、资本等方面自由活动的障碍,建立合作和发展基金。

【成员】11个(1992年):布隆迪、赤道几内亚、刚果、加蓬、喀麦隆、卢旺达、圣多美和普林西比、扎伊尔、乍得、中非、安哥拉(1992年加入)。

【主要负责人】1992年执行主席布隆迪总统皮埃尔·布约亚(Pierre Buyoya)。秘书长卡萨萨·希尼亚塔·穆塔梯(Kasasa Cinyata Mutati,扎伊尔),1990年9月就任。

【总部】总秘书处在加蓬利伯维尔。

【组织机构】(1)共同体国家元首和政府首脑会议:最高决策机构。每年开会一次,轮流在各成员国举行,由东道国元首任主席。(2)部长理事会:每年召开两次,主席由各成员国轮流担任。(3)总秘书处:主持共同体日常工作,设秘书长一人。还有法庭、咨询委员会等机构。

【主要活动】截至1992年底共召开了八次首脑会议,前七次会议地点(时间)为:布拉柴维尔(1984.12)、雅温得(1986.1)、利伯维尔(1987.8)、金沙萨(1988.2)、班吉(1989.3)、基加利(1990.1)、利伯维尔(1991.1)。

1992年5月16～17日共同体第八次首脑会议在布隆迪首都布琼布拉举行。着重讨论当前共同体最紧迫的财政困难问题,并决定采取以下具体措施:1.各成员国在1992年6月底以前付清1992年度会费的50%和全部欠款,确实无力如期偿还者,应订出还款时间表,除乍得外,最迟不得超过三年。2.削减共同体本年度预算,由400万美元减为350万。3.精简机构,裁减秘书处人员,节约开支,提高效率。4.授权秘书长同欧共体、联合国开发计划署、非洲开发银行、世界银行等进行谈判,争取援助。5.8月底前对共同体的财务状况作彻底清查,提出解决办法。此外,长期作为观察员的安哥拉,主动申请加入共同体,成为正式成员国。

(田嘉禾)

中部非洲关税和经济联盟

Union Douanière et Economique de l'Afrique Centrale—UDEAC

【成立日期】1964年12月,刚果、加蓬、喀麦隆、乍得、中非五国首脑在刚果首都布拉柴维尔举行会议,签署关于建立中部非洲关税和经济联盟条约,以取代赤道关税联盟。条约自1966年1月1日生效。

【宗旨】通过建立经济和关税联盟,保持共同的对外贸易关税率,并协调成员国的经济发展政策,以促进地区经济合作,最终实现联盟经济一体化。

【成员】6个(1991年):赤道几内亚、刚果、加蓬、喀麦隆、乍得、中非。

【主要负责人】1992 年执行主席赤几总统奥比昂·恩圭马·姆巴索戈(Obiang Nguema Mbasogo)。秘书长托马斯·达卡伊·康加(Thomas Dakayi Kamga,喀麦隆)。

【总部】总秘书处在中非班吉。中部非洲国家银行是联盟中央银行,在喀麦隆雅温得。中部非洲国家发展银行是联盟投资银行,在刚果布拉柴维尔。

【出版物】《外贸年鉴》(Annuaire du Commerce Extérieur),法文;《统计公报》(Bulletin de Statistiques Générales),法文。

【组织机构】(1)国家元首理事会:最高机构。由成员国国家元首或其代表组成,每年至少开会一次。主席由各国首脑轮流担任,任期一年。(2)管理委员会:常设议事机构。由成员国财政部长和负责经济发展的部长组成。每年至少开会两次,但习惯上每年只在首脑会议前夕开会,为首脑会议作准备。主席由各成员国两部长之一轮流担任。(3)总秘书处:主持联盟日常工作。设秘书长一人。下设关税和财务司(包括统计)、经济发展司。经济发展司下设工业协调,运输、邮政和电讯,农村经济,科学研究和劳动,社会保险五个处。

【主要活动】联盟作为关税整体,成员国间为自由贸易区,对外实行统一税率,但各成员国必要时可增收附加税。一些重要的工业项目从整个联盟范围内加以考虑。成员国间实行共同的投资法和单一税制,但税率可由成员国政府分别制定。建立了团结基金,以消除地区性贫富不均和发展水平的差异。各成员国的公民在联盟区域内享有移居权和自由开业权。1975 年建立了中部非洲国家发展银行,负责地区性及各成员国发展项目的投资。努力推进本地区经济一体化进程。

1992 年 12 月 14～15 日,第 28 次首脑会议在赤道几内亚的巴塔召开。赤几、加蓬和刚果总统参加会议,乍得和中非总理及喀麦隆经社理事会主席代表各自总统出席。会议着重研究了振兴地区经济、协调关税税率、解决总秘书处的财政困难等问题,通过了整顿联盟总秘书处、1993 年度预算、各机构工作报告等并强调进一步加强各成员国之间团结的愿望。 (田嘉禾)

萨赫勒地区国家常设抗旱委员会

Le Comité Permanent inter-Etats de lutte contre la sécheresse au Sahel—CILSS

【成立日期】1973 年 9 月,萨赫勒地区八国元首在布基纳法索瓦加杜古召开首脑会议,决定成立萨赫勒地区国家常设抗旱委员会,简称“抗旱委员会”。

【宗旨】动员并协调各成员国和国际社会的力量,共同抗御萨赫勒地区的干旱,保护生态环境平衡,恢复农牧业生产,争取粮食自给。

【成员】9 个(1991 年):布基纳法索、佛得角、冈比亚、几内亚比绍(1986 年加入)、马里、毛里塔尼亚、尼日尔、塞内加尔、乍得。

【主要负责人】第十届首脑会议执行主席布基纳法索总统布莱斯·孔波雷(Blaise Compaore),部长理事会协调部长佛得角渔业、农业和农村发展部长安东尼奥·多罗萨里奥(Antoine Gualberto do Rosario),执行秘书阿里·贾尔博尔(Aly Djabord Diar,乍得)。

【总部】执行秘书处在布基纳法索瓦加杜古。

【组织机构】(1)首脑会议:最高决策机构。每两年举行一次。首脑会议执行主席由成员国国家元首轮流担任。(2)部长理事会:由成员国农业或农村发展部长组成,每年举行一次会议。其使命是根据首脑会议确定的方针和任务决定所要采取的具体行动。在与会部长中推选一人为协调部长,任期两年,主持理事会会议,处理理事会的事务。(3)执行秘书处:常设机构。执行首脑会议和部长理事会规定的任务和有关决议,处理抗旱委员会的日常事务。(4)农业、水文、气象研究中心:设在尼日尔首都尼亚美。(5)萨赫勒研究所:设在马里首都巴马科。

【主要活动】截至 1992 年底“抗旱委员会”已举行过十次首脑会议。

1992 年 4 月 10～11 日,第十届首脑会议在布基纳法索首都瓦加杜古举行。此前,分别举行了专家技术委员会第七次会议和第 28 届部长理事会会议,为此次首脑会议做准备。

第十届首脑会议通过了第 28 届部长理事会的工作报告,决定将“振兴与持久发展计划”提交下届部长理事会会议审定。会议成立了负责精简机构和节约开支特别办公室,研究实施方案提交下届部长理事会审议;决定限期偿付拖欠的会费并按时缴纳同年会费;委托本届执行主席筹组抗旱组织出席联合国环境和发展会议代表团;授权本届执行主席致函联合国环境和发展会议,表示加强合作和商签防止干旱和沙漠化的国际协定,呼吁国际社会关注萨赫勒地区的极端贫困化。

会议还发表了“瓦加杜古宣言”和“最后公报”,推举布基纳法索总统孔波雷为本届(1992～1993 年)执行主席,任命佛得角渔业、农业和农村发展部长安东尼奥·多罗萨里奥为新的协调部长，决定下届会议于1994年在佛得角首都普拉亚召开。

联合国环境与发展会议、非洲统一组织等国际组织派代表出席了本届首脑会议。欧共体—非加太集团(洛美协定)代表允诺向抗旱组织成员国提供财政和技术援助。萨赫勒俱乐部亦同时在瓦加杜古召开了第九次会议，以协调双方合作。

11月11～12日，抗旱委员会在瓦加杜古召开专家会议。会议认为1991～1992年度成员国粮食生产、销售和贮存总的情况优于上年度，但在有些国家尚存在粮食危机，预测1992～1993年度除毛里塔尼亚外各成员国粮食形势乐观，马里自给有余。 （杨富国）

印度洋委员会
Indian Ocean Commission—IOC

【成立日期】1982年12月21日。

【宗旨】《印度洋委员会成员国合作总协议》规定，缔约国将在外交、经济与贸易、农业、渔业与资源保护、文化、科学技术、教育与司法等方面进行合作，并确定首先在渔业、航空运输和建立地区海运服务方面进行合作，协调成员国间的贸易，相互提供贸易便利，把成员国连成一个更为广阔的市场。

【成员】5个(1992年)：马达加斯加、毛里求斯、塞舌尔、科摩罗、留尼汪。

【主要负责人】主席为科摩罗外交与合作国务部长赛义德·哈桑·赛义德·哈希姆(Said Hassane Said Hachim)，1992年8月以后改为赛义德·阿图马纳·赛义德·阿默德(Said Athoumane Said Ahmed)。常设秘书处秘书长是马达加斯加的亨利·拉佐隆德雷布(Henri Rasolondraibe)。

【总部】常设秘书处设在毛里求斯睦邻岛。

【组织机构】(1)部长理事会：最高机构，由各成员国指定的政府成员或政府代表组成，主席由各国轮流担任，每届任期一年。每年举行一次例会，决定该组织的重大问题。(2)常务联络官委员会：协助部长理事会并负责执行部长理事会的决议，其成员由各成员国指定。(3)常设秘书处：负责协调印度洋委员会内部活动，并协助该委员会内的各种组织正常运转。(4)技术委员会：就不同问题进行研究，并确定合作项目。现已设立商业、贸易委员会；旅游常设委员会；手工业常设委员会；地区工业合作委员会；环境保护委员会；地区海运交通委员会；体育常设委员会；金枪鱼常设委员会。另外，还有一些专家小组。

【资金来源】行政经费由各成员国分摊，各国的份额是：马达加斯加和留尼汪(法国)分别为40%，毛里求斯12%，科摩罗5%，塞舌尔3%。发展经费主要是欧共体通过洛美协定提供的援助。1992年，印度洋委员会分别与欧共体和联合国开发计划署达成援助协议。在今后五年内，欧共体将向委员会提供3000万埃居，开发计划署将提供50万美元。

【主要活动】该组织每半年举行一次专家会议，每年举行一次部长会议。1992年10月，第十届部长理事会在科摩罗首都莫罗尼召开。各国部长重申在经济一体化进程中加强地区合作的愿望，研究了改进现有机构的工作，以使其更加有效地运转，讨论了多方寻求财政援助的办法以及财政预算等问题。会议还讨论了下任秘书长的人选。根据规定，1993年该组织的执行主席将由留尼汪(法国人)担任。

其主要成果有：成立了印度洋工商会联合会，经济界人士建立了联系；讨论了关税及其税率；协调和交换外贸统计；在秘书处设立了经济、社会文献中心；出版了进出口指南；研究了地区海运；组织了两届商品交易会。已开始实施的项目有：区域金枪鱼项目；气象合作计划；手工业、旅游和香料作物支助项目；教育、文化、环境和卫生项目等。 （魏 国）

南部非洲发展共同体
Southern African Development Community—SADC

【成立日期】1992年8月17日，原南部非洲发展协调会议成员国首脑在纳米比亚首都温得和克举行会议，签署关于建立南部非洲发展共同体条约、宣言和议定书，宣告南部非洲发展共同体成立，取代南部非洲发展协调会议。

【宗旨】在平等、互利和均衡的基础上建立开放型经济，打破关税壁垒，促进互相投资、贸易、人员、货物和劳务的自由往来，逐步统一货币，最终实现地区经济一体化。

【成员】10个(1992年)：安哥拉、博茨瓦纳、津巴布韦、莱索托、马拉维、莫桑比克、纳米比亚、斯威士兰、坦桑尼亚、赞比亚。

【主要负责人】首脑会议主席凯图米莱·马西雷爵士(Ketumile Masire，博茨瓦纳总统)；理事会主席莫哈依(F. G. Mogae，博茨瓦纳副总统兼财政和发展计划部长)。

【总部】博茨瓦纳首都哈博罗内。

【出版物】《年度报告》(Annual Report)，英文。

【组织机构】(1)首脑会议：最高决策机构；每年至少举行一次，地点不固定；选举产生主席、副主席，轮流担任，任期商定。(2)理事会：由各成员国经济计划或财政部长组成，向首脑会议负责，主要职责是监督共同体的运行和发展及政策和计划的实施；每年至少开会一次；主席和副主席分别由共同体主席国和副主席国任命。(3)委员会：向理事会负责，与秘书处密切配合，主要职责是指导、协调特定部门的合作和一体化政策及计划。(4)官员常设委员会：由各成员国经济计划或财政部常秘或同等级别官员组成，起理事会技术咨询委员会作用；每年至少开会一次；主席和副主席由理事会主席国和副主席国任命。(5)秘书处：主要执行机构，负责实施首脑会议和理事会的决策及共同体的计划，协调成员国政策和战略；执行秘书向理事会负责，由首脑会议根据理事会推荐任命，任期四年。(6)法庭：确保遵守和正确解释条约及其辅助文件的条款，向首脑会议和理事会提供咨询意见。

【主要活动】在1992年8月17日举行的宣告共同体成立的首脑会议上，首脑们回顾了本地区政治、经济形势，讨论了原南部非洲发展协调会议《行动计划》实施情况和1992年《年度报告》，研究了共同体与南非和东南部非洲优惠贸易区的关系。会议赞扬安哥拉政府和人民为实现持久和平与安全所做的努力；赞赏莫桑比克总统希萨诺与莫抵运领导人德拉卡马1992年8月7日在罗马签署的联合声明；对南非暴力造成的紧张局势表示关切，呼吁有关各方、特别是南非政府采取各种必要措施结束暴力；要求国际社会向南非政府施加压力，并呼吁南非所有民主力量团结起来，以便早日建立能为大多数南非人接受的宪政体制。会议欢迎民主新南非加入共同体；表示注意到东部和南部非洲优惠贸易区有关领导人关于两组织合并的建议，认为两组织各有独特的目标和使命，应作为自主和互补的实体继续存在。　（柏　麟）

东部和南部非洲优惠贸易区
Preferential Trade Area for Eastern and Southern Africa—PTA

【成立日期】1981年12月21日正式成立。

【宗旨】成员国通过集体努力，改造和完善自身的经济结构，在平等互利的基础上发展贸易，并在工业、农业、运输、电讯、金融等领域进行合作；从削减贸易关税开始，直到最终取消所有关税壁垒，建成东部和南部非洲经济共同体，至2000年成为非洲经济共同体的一部分。

【成员】18个(1992年底)：埃塞俄比亚、安哥拉、布隆迪、吉布提、津巴布韦、科摩罗、肯尼亚、莱索托、卢旺达、马拉维、毛里求斯、莫桑比克、斯威士兰、索马里、苏丹、坦桑尼亚、乌干达、赞比亚。

【主要负责人】第十次首脑会议执行主席赞比亚总统弗雷德里克·奇卢巴(Frederick J. T. Chiluba)。秘书长宾古·瓦·穆萨里卡(Bingu Wa Mutharika，马拉维)。

【总部】在赞比亚首都卢萨卡。

【组织机构】(1)首脑会议：每年举行一次。(2)部长理事会：不定期举行。(3)政府级专家委员会和技术委员会。(4)秘书处：在津巴布韦首都哈拉雷。(5)贸易和发展银行：在布隆迪首都布琼布拉。(6)结算银行：在哈拉雷。

【主要活动】截至1992年12月已举行了十次首脑会议。前九次会议地点(时间)：卢萨卡(1981.12)、哈拉雷(1983.12，1984.7)、卢萨卡(1985.12)、亚的斯亚贝巴(1986.12)、坎帕拉(1987.12)、阿鲁沙(1988.12)、内罗毕(1989.12)、姆巴巴纳(1990.11)。此外于1986年5月在布琼布拉召开了特别首脑会议。

1992年1月30～31日，第十次首脑会议在赞比亚首都卢萨卡举行。赞比亚总统奇卢巴当选为应届会议主席。会议敦促秘书长穆萨里卡采取必要措施以实现在2000年前建立共同市场的目标。会议提出重新审议优惠贸易区条约，以便考虑与南部非洲发展协调会议合并问题。会议决定采取一系列旨在促进成员国之间贸易的措施：1992年3月1日前实行公路过境费和优惠贸易区行车牌照；通过一项旨在最终采用共同货币的金融协调方案；1993年以前执行工业综合发展计划并对工业进行普查，以便共同利用成员国的资源；改善铁路运输，使之成为货物和人员流通的主要渠道；批准了建设东部和南部非洲铁路网计划，包括在埃塞俄比亚和苏丹之间建设新铁路并使之与南部非洲铁路相衔接；向成员国航空公司提供财政支持，以促进货物和人员流动；取消警察路障和限制性移民控制等非关税壁垒。会议还授权秘书长制定一项保护成员国免受南非经济控制的方案。

（徐人龙）

大湖国家经济共同体

Communauté Economique des Pays des Grands Lacs—CEPGL

【成立日期】1976年8月18日，布隆迪、卢旺达、扎伊尔三国（均为坦噶尼喀湖和基伍湖沿岸国家，习惯称大湖国家）总统在卢旺达基塞尼会晤，签署了友好合作条约和建立大湖国家经济共同体协定，9月20日该组织正式成立。

【宗旨】保证各成员国及其人民的安全，促进经济发展和贸易往来，加强政治、军事、经济、科学、文化等方面的合作。

【成员】3个（1992年）：布隆迪、卢旺达、扎伊尔。

【主要负责人】1991/92年度执行主席扎伊尔总统蒙博托·塞塞·塞科（Mobutu Sese Seko）。

【总部】秘书处在卢旺达基塞尼。

【出版物】《大湖国家经济共同体季评》（CEPGL Quarterly Review）。

【组织机构】(1)首脑会议：最高权力机构。每年召开一次例会，必要时可随时举行特别会议。执行主席由各成员国国家元首轮流担任。(2)部长理事会：每年举行两次会议，其中一次为首脑会议作准备。(3)常务执行秘书处：日常办事和研究机构。设常务执行秘书一人和副秘书两名，任期四年。(4)仲裁委员会：由成员国指定的四名法官组成，首席法官由首脑会议执行主席任命。

专门机构：农牧研究所（设在布隆迪的基特加）、大湖国家开发银行（设在扎伊尔的戈马）和大湖能源组织（设在布隆迪的布琼布拉）。

【主要活动】在历次首脑会议上，三国元首除就非洲和国际形势交换意见外，主要讨论了维护三国共同边界地区的和平与安全和加强大湖地区经济、技术合作和贸易往来问题。共同体在开展经济、技术合作和贸易往来方面主要活动有：通过大湖国家开发银行推动实施共同体规划的发展项目；开展大湖能源组织的活动；建立农牧业资料中心，制定共同体科技合作计划；签订共同体自产工业品自由交换、运输保险合作、贸易和关税协定；签署了共同体成员国植物保护和卫生协定，以及共同体优惠税率、环境保护措施议定书；通过了关于建立防治热带传染病研究所和关于气象、天文和环境合作协议。1991年3月第13次首脑会议通过了共同体1991～1995五年计划。

第14次首脑会议于1992年8月1日在卢旺达基塞尼召开。会议主要讨论了加强地区安全和经济合作问题。会议决定：三国首脑年初商定建立的常设安全委员会尽快开始工作；国防和安全部长会议制度化，恢复共同体三方安全委员会季度例会；成员国需严格执行有关集体安全的决议和决定，尤其禁止危及成员国安全的人和军用物资滞留和过境；谴责报刊等宣传品煽动仇恨和分裂，对妄图破坏三国睦邻关系的报刊依法严处；负责难民事务的各国部长应积极动员难民自愿回国，安置不愿返回祖国的难民必须远离边境150公里，并禁止他们从事颠覆祖国的活动。会议要求各成员国尽快批准共同签署的经济合作协议和条约，已获批准的则要切实执行；各国要克服困难，加强相互间的贸易往来。会议还决定削减共同体执行秘书处预算，改组秘书处和专门机构。会议还讨论了当前的国际形势和本地区有关问题。

（田嘉禾）

巴黎统筹委员会

Coordinating Committee on Export Controls—COCOM

【成立日期】1950年1月1日正式成立输出管制统筹委员会，因总部设在巴黎，一般称为巴黎统筹委员会，简称巴统。

【宗旨】对社会主义国家实行禁运，限制其成员国向社会主义国家出口战略物资。

【成员】17个(1992年3月)：比利时、丹麦、德国、法国、荷兰、加拿大、卢森堡、美国、挪威、葡萄牙、日本、土耳其、西班牙、希腊、意大利、英国、澳大利亚。

【总部】在法国巴黎。

【组织机构】该委员会由各成员国委派的官方代表组成，对外不公开。设有协商小组(决策机构)和调整委员会等机构，日常工作由常设秘书处主持。委员会不定期举行会议。

【主要活动】长期以来，巴黎统筹委员会执行美国宣布的对社会主义国家实行战略物资禁运政策，控制西方国家对社会主义国家的战略物资出口，是西方借以限制社会主义国家技术进步的重要工具。受控制的物资分为尖端技术产品、军用武器装备和稀有物资等三大类。随着国际间经济往来的增多、新技术的不断涌现和普及，以及美国不断修改其对外贸易法，巴统对禁运物资的具体内容逐步有所调整。苏联解体后，巴统在向原限制对象国出口民用高技术方面不断放宽限制，同时也对原限制对象国出口高技术和军品加强监控，特别是防止核和导弹技术向第三世界扩散。

60年代以来，西欧一些成员国为了自身的经济利益，不断突破巴统禁运限制，与苏联、东欧国家发展贸易。80年代中后期，由于东西方关系进一步缓和，特别是东欧形势发生急剧变化，西欧一些国家积极主张巴统大幅度减少对苏联、东欧国家高技术产品的出口限制。美国政府在国内企业界和西欧盟国的压力下，态度也渐趋灵活。1990年6月6～7日，巴统举行高级会议，同意较大幅度地放宽对苏联、东欧国家出口高技术产品的限制。会议决定自当年7月1日起，在当时控制的116种民用高技术产品中开放涉及精密机床、计算机和通讯设备三大类的30种产品，其审批权限下放到各成员国。巴统还决定对苏联、东欧国家区别对待，对已经“保证建立严格的出口管理制度，确保西方高技术不落入苏联军方手中”的波兰、匈牙利、捷克斯洛伐克三国给予特殊待遇，允许向这三国出口更为先进的通讯设备和光导纤维等。1991年2月，巴统召开官员级会议，在机床技术和产品方面作出了一些自由化的规定。此外，会议还对匈、波、捷三国在最终用户证明手续方面给予特殊待遇，但强调不能向苏联转让有关技术。9月，巴统又作出新的规定，将必须得到其特别许可证才能出口的高技术商品数目削减一半。1992年2月，巴统从限制名单中排除了匈牙利。6月初，巴统例会决定建立巴统成员国同巴统限制对象国进行对话的非正式论坛。会议决定放宽光缆通讯等尖端通讯器材和技术的出口限制，允许成员国与巴统限制对象国之间建立光缆通讯等。会议认为目前仍有必要维持和保留巴统，主要原因是俄罗斯走向不明。11月下旬，在巴黎召开巴统第一次合作讨论会，共有42个国家参加，其中17个巴统成员国，18个前苏联、东欧等巴统限制对象国，7个观察员国，蒙古作为观察员首次与会。会议主要讨论了放宽巴统限制问题。巴统方面提出的总体设想分三阶段进行：一、进一步缩短审批时间；二、取消审批手续，交各成员国自主判断；三、把符合条件的国家从限制名单上勾销，其条件是：1.由政府担保进口的战略物资和技术只用于民生，不转手第三国；2.必须按西方标准建立系统的出口管理体制。

【同我国的关系】50～60年代，巴统对我国禁运一直掌握很严。自70年代开始，随着我国同巴统各成员国关系的发展，巴统对我国的态度逐渐有所变化。进入80年代后，巴统对我国态度进一步松动，于1985年和1988年先后两次向我国开放了共48个民用高技术产品，审批程序也有所简化。1989年北京发生政治风波后，巴统决定暂停放宽向我国出口高技术的限制。1992年6月初，巴统例会决定，上海和广州两个城市可与巴统成员国间建立光缆通讯线路。

(张晓阳)

巴黎俱乐部
Paris Club

【成立日期】成立于1956年，是一个非正式的官方机构。由于其经常在法国巴黎克莱贝尔大街的马热斯蒂克旅馆聚会，故称巴黎俱乐部。

【宗旨】专门为发展中国家讨论与协调西方债权国的官方债务推迟偿还事宜。

【成员】由法国委派一位部长或高级官员任该俱乐部主席。该俱乐部始终是一个没有固定成员和组织章程的特殊集团，其核心成员是经济合作与发展组织中的工业化国家，主要有美国、英国、法国、德国、意大利、日本、荷兰、加拿大、比利时、瑞典等。在一般情况下，俱乐部的会议除了债务国和债权国派员参加外，国际货币基金组织、世界银行、经济合作与发展组织和联合国贸发会议也派观察员参加。

【主要活动】随着世界各国利用外资的规模不断扩

大，有的国家，尤其是发展中国家的债务负担日益加重，无法按期偿还，要求重新安排偿债期的国际性谈判也就日益频繁。巴黎俱乐部正是在这方面发挥了作用。债务国可以通过该俱乐部为其从他国政府获得的贷款和由债权国政府机构承保或担保的出口信贷中寻求债务重新安排。巴黎俱乐部所讨论的债务问题，最初只限于由国家担保的出口信贷和由国家直接提供的贷款，一般不涉及私人商业信贷。但到80年代初期，发展中国家的债务状况逐步恶化，债务不断上升，巴黎俱乐部考虑到全球的债务问题，尤其是非洲的具体债务问题难以解决，因此除提供受到担保的出口信贷外，还把协商范围扩大到所有的政府间贷款。

巴黎俱乐部只是当债务国长期拖欠的债务无力偿还并濒于破产的情况下，应债务国的要求才召开会议进行讨论协商。开会时，一般先由债务国代表（一般为财政部长）对其经济状况提出详细报告，并对需要延缓偿债的数额和性质作出估算。然后由国际货币基金组织代表对该国的经济，特别是国际收支状况和前景以及该国与基金组织的往来情况作出分析，再由世界银行代表对该国的中长期经济前景作出预测。然后各债权国代表就对该国债务重新安排的一般条件进行协商并达成协议。随后债务国与债权人，以协商确定的债务重新安排总原则为基础，进行双边谈判。只有达成双边协议，这场重新谈判才算合法。

巴黎俱乐部磋商债务重新安排协议的一般原则是：(1)只涉及债权国政府机构提供的或担保的贷款；(2)不适用于短期债务和过去已重新安排过的债务（特殊情况除外）；(3)包括过期未付欠款和指定的一年内到期债务；(4)只对在指定期限内到期债务的85～90%进行重新安排，推迟偿还期一般为7～8年，其中宽限期3～4年，很少采用以新贷款还老贷款的办法；(5)债务国不得为在巴黎俱乐部之外已经重新安排的债务谋求更为有利的处理，也不得按照这些类似条件重议这种债务；(6)如果债务国是国际货币基金组织的成员国，将要求其在重新安排条文生效前与基金组织商定一个稳定经济的计划。近来一些协议规定，债务国需将调整经济的措施通报国际货币基金组织，并执行国际货币基金组织通过的计划之后方可给予新的债务重新安排。最初，巴黎俱乐部的主要工作对象是拉丁美洲国家，后逐步参与了非洲等国家的债务减缓工作。

巴黎俱乐部自成立以来，按照其宗旨，对发展中国家的债务减缓作出了一定的努力。尤其是近几年，随着发展中国家的债务数量的不断增长，债务问题日趋严重，巴黎俱乐部的作用也日益增强。1988～1989年，巴黎俱乐部重新安排债务22次，总额为252亿美元，涉及33个国家，其中14个国家重新安排三次以上，26个国家是第二次重新安排债务。1990年休斯敦发达国家经济首脑会议提出“考虑解决官方债务问题”的建议之后，巴黎俱乐部同意在重新安排债务时提供更长的偿还期和宽限期，并且提供进行债务互换的可能性，债权国可通过债务对股权，债务对环境或债务对发展等互换，把部分外债转换成本币债务。到1991年1月，4个中下等收入的国家（刚果、萨尔瓦多、洪都拉斯和摩洛哥）以及一个低收入国家（尼日利亚）从以上新条件中受益，重新安排的债务获得了较长的偿还期和宽限期。巴黎俱乐部虽然在缓解发展中国家债务方面发挥了一定的作用，但是重新安排债务的办法只能使债务国暂度难关，而不能从根本上解决发展中国家的债务问题。

（谭雅玲）

欧洲共同体

European Communities—EC

【成立日期】欧洲共同体包括欧洲煤钢共同体、欧洲原子能共同体和欧洲经济共同体（即西欧共同市场），其中以欧洲经济共同体最为重要。1951年4月18日，法国、联邦德国、意大利、荷兰、比利时和卢森堡在巴黎签订了建立欧洲煤钢共同体条约，1952年7月25日生效。1957年3月25日，六国又在罗马签订了建立欧洲经济共同体条约和欧洲原子能共同体条约，统称《罗马条约》，1958年1月1日生效。1965年4月8日，六国签订了布鲁塞尔条约，决定将上述三个共同体的机构合并，统称欧洲共同体，但三个组织仍各自存在，以独立的名义活动。布鲁塞尔条约于1967年7月1日生效。

【宗旨】《罗马条约》申明，各成员国“决心在欧洲各国人民之间建立愈益密切的联合基础”，“消除分裂欧洲的壁垒”，“保证它们国家的经济和社会的进步”，“继续不断改善人民的生活和就业的条件”，“保证稳定”，并“愿意通过共同贸易政策”，“为逐步废止国际交换的限制作出贡献”。1986年2月签署的修改《罗马条约》的《欧洲单一文件》强调，“欧洲共同体及欧洲政治合作旨在促进欧洲团结的发展”，“共同为维护世界和平与安全作出应有贡献”。1991年10月欧共体首脑会议通过进一步修改《罗马条约》的《欧洲联盟条约》指出，联盟的宗旨是“通过建立无内部边界的空间，加强经济、社会的协调发展和建立最终实行统一货币的经济货币联盟，促进(各成员国的)经济和社会的均衡、持久进步”，并“通过实行最终包括共同防务政策的共同外交和安全政策，在国际舞台上弘扬联盟的个性”。

【成员】12个(1992年)：爱尔兰、比利时、丹麦、德国、法国、荷兰、卢森堡、葡萄牙、西班牙、希腊、意大利和英国。1992年12月召开的欧共体爱丁堡首脑会议决定，从1993年起开始与奥地利、瑞典、芬兰及稍后与挪威就它们加入欧共体的问题进行正式谈判。由于瑞士全民公决否决了瑞加入“欧洲经济区”的决定，瑞士加入欧共体的问题将视瑞政府在申请加入欧共体方面的态度而定。

【组织机构】(1)理事会：分为部长理事会和欧洲理事会。部长理事会是欧共体的决策机构，拥有欧共体的绝大部分立法权。部长理事会分为总务理事会和专门理事会，前者由各国外长组成，讨论和决定共同体的各项重要问题，后者由各国专业部长组成，讨论所主管的专业性问题。欧洲理事会即欧共体成员国首脑会议，为欧共体内部建设和对外关系制订大政方针。1974年12月欧共体首脑会议决定，自1975年起使首脑会议制度化，并正式称为欧洲理事会。1987年7月生效的《欧洲单一文件》中规定，欧洲理事会由各成员国国家元首或政府首脑，以及欧洲共同体委员会主席组成，每年至少举行两次会议。理事会主席由各成员国轮流担任，任期半年。顺序按本国文字书写的国名字母排列。1989～1994年轮任主席国的顺序为西、法、爱、意、卢、荷、葡、英、丹、比、希、德。理事会总秘书处设在比利时布鲁塞尔。秘书长尼尔斯·爱·恩·艾阿斯勃尔(Niels E. N. Eresboll，丹麦)。

(2)委员会：常设执行机构。负责实施共同体条约和共同体理事会作出的决定，向理事会和欧洲议会提出报告和立法动议，处理共同体日常事务，代表共同体进行对外联系和贸易等方面的谈判。委员会由17人组成，法、德、英、意、西各2人，其余成员国各1人。主席由首脑会议任命，委员经各成员国共同协商后，由部长理事会任命。委员任期4年，主席任期2年，均可连任。本届委员会于1993年1月6日起任职，主席雅克·德洛尔(Jacques Delors，法国)，1985年1月7日起任现职，1987年连任至今。委员会总部在比利时布鲁塞尔。

(3)欧洲议会：欧洲共同体的监督、咨询机构，有部分预算决定权，并可以2/3多数弹劾委员会，迫其集体辞职。本届议会是1989年6月经第三次普选产生，共有议员518名，其中法、德、英、意各81名，西60名，荷25名，比、希、葡各24名，丹16名，爱15名、卢6名。议会每届任期5年，设议长1人，副议长14人，任期均为两年半，可连选连任。现任议长埃贡·阿尔弗雷德·克莱普施(Egon Alfred KLEPSCH，德国基民盟议员，1992年1月14日当选)。秘书长恩科里·芬奇(Encori Vinci，意大利)。本届议会下设19个委员会，共有10个议会党团。议会秘书处设在卢森堡。每月一次的议会例行全体会议在法国斯特拉斯堡举行，特别全体会议和各党团、委员会会议在布鲁塞尔召开。1992年12月召开的欧共体爱丁堡首脑会议正式确认斯特拉斯堡为欧洲议会全会所在地，并决定从1994年起将欧洲议会议员增至567名，各成员国的席位分配情况将为：德99名，法、英、意各87名，西64名，荷31名，比、希、葡各25名，丹16名，爱15名，卢6名。

(4)欧洲法院：欧共体的仲裁机构，负责审理和裁决在执行共同体条约和有关规定中发生的各种争执。现有13名法官和6名检察官，任期6年。每3年部分更换。法院院长由法官中推选，任期3年。现任院长麦肯齐·斯图尔特(Lord Mackenzle Stuart，英国)。法院设在卢森堡。1989年9月1日增设了初审法庭，负责审理企业竞争和涉及共同体官员的诉讼案。

【出版物】主要有：《欧洲共同体公报》(Journal officiel)、《欧洲共同体月报》(Bulletin des Communautés européennes)、《欧洲文献》(Le Dossier de l'Europe)、《欧洲新闻—对外关系》(Europe Information Relations extérieures)、《欧洲经济》(Economie européenne)、《欧洲共同体统计月报》(General statistics)、《欧洲共同体对外贸易统计月报》(Commerce extérieur-Statistiques mensuelles)等，用共同体成员国各国文字出版。

【经济实力】欧洲共同体是世界上一支重要的经济力量。至1991年底，12国面积为236.3万平方公里，人口3.4585亿。1991年欧共体12国国内生产总值为62515亿美元。欧共体是世界上最大的贸易集团，1991年外贸总额达28315.2亿美元，其中出口13728.36亿美元，进口14586.84亿美元。

【主要活动】一、内部建设：(1)建立关税同盟和共同外贸政策。欧共体对外实行统一的关税率，成员国之间取消商品的关税和限额(西、葡1986年加入后，与其他成员国之间的关税需经过10年的过渡期后才能完全取消)。从1970年起基本实现了共同外贸政策，规定在关税的变动、贸易和关税协定的缔结、贸易自由化措施、出口政策等方面建立一致行动的原则；在与第三国签订贸易协定时，只能由欧共体委员会根据部长理事会的授权进行谈判。自1973年起，该规定也适用于“国营贸易”国家，至此，欧共体全面实现了统一的外贸政策。

(2)实行共同农业政策。建立共同农业基金，统一农产品市场和价格，对农产品出口予以补贴，并调整农业结构。西班牙和葡萄牙1986年加入欧共体后，在农产品方面享受7～10年的过渡期。共同农业政策的实施大大促进了欧共体农业的发展，但也引起了农业开支的过分膨胀，并造成农产品严重过剩。80年代中期，欧共体曾对共同农业政策进行改革，对部分农产品生产实行严格的配额制，实施限制价格政策，调整干预机制，加强和扩大生产者共同负责制，并采取新的稳定生产和收入措施，制定关于新农业结构政策规则，取得了一些成效。1992年5月，12国又就进一步改革共同农业政策达成协议，决定逐步以对农民的直接补贴取代已实行30年的对农产品价格补贴和出口补贴，同时降低农产品价格，鼓励土地休耕，并从1993年开始，3年内将粮食价格下调29%，对接受休耕15%土地的农户按种植面积予以补贴；牛肉价格也将下调15%，并将减少奶农的生产配额。

(3)实行共同渔业政策。欧共体自1977年起将各成员国在北大西洋和北海沿岸的捕鱼区扩大为200海里，作为共同体的共同捕鱼区，由共同体统一管理，并授权欧共体委员会与第三国谈判渔业协定。1983年1月25日，共同体内部就捕鱼配额的分配、渔业资源的保护和渔产品的销售等达成了协议。至此，欧共体基本形成了共同的渔业政策。

(4)创立欧洲货币体系。1978年12月欧共体首脑会议决定建立欧洲货币体系，并于1979年3月13日正式实施。主要内容是：第一，建立"欧洲货币单位"，使之逐步起结算和储备货币的作用；各参加国将本国黄金和外汇储备的20%交给欧洲货币合作基金，供向有困难的参加国提供短期信贷或干预货币市场之用。1989年6月21日，西班牙和葡萄牙货币加入欧洲货币单位。至此，共同体所有成员国货币均已成为欧洲货币单位的组成部分。第二，建立欧洲货币体系的汇率浮动机制，各参加国货币只能在中心汇价的上下各2.25%的幅度内波动。西班牙的比塞塔和英镑先后于1989年6月19日和1990年10月8日加入了该汇率浮动机制，波动幅度为6%。葡萄牙于1992年4月加入汇率机制，浮动幅度也为6%。希腊至今尚未加入该机制。1992年9月，西欧发生货币危机，欧洲货币体系受到严重冲击，英国英镑和意大利里拉暂时退出汇率机制，西班牙比塞塔汇率两次下调共11%，葡萄牙埃斯库多汇率下调6%，爱尔兰镑亦宣布贬值10%。

(5)建立总预算。1967年欧洲共同体建立了总预算。1970年4月决定建立"自身财源"(1980年完全实行)，主要包括4部分：农产品进口差价税；工业品进口关税；各成员国对商品零售征收的增值税的一部分(最多不超过1.4%)；各国按其在共同体国民生产总值中所占比例缴纳一定数量的摊款。

在1992年12月召开的爱丁堡首脑会议上，12国就欧共体1993～1999年的中期预算达成协议，决定1993和1994年的支出最高限额仍维持1992年占12国国民生产总值1.2%的水平；从1995年起，逐步提高支出水平，使之于1999年达到12国当年国民生产总值的1.27%。

欧共体1993年预算总开支为691.77亿欧洲货币单位，其中用于农业的开支约占总预算的50%。

(6)基本建成内部统一大市场。1985年6月欧共体首脑会议批准了建设内部统一大市场的计划《欧洲单一文件》，1986年2月由各成员国正式签署。统一大市场的目标是逐步消除各种非关税壁垒，包括有形障碍(海关关卡、过境手续、卫生检疫标准等)、技术障碍(法规、技术标准)和财政障碍(税制、税率差别)，于1993年1月1日实现商品、人员、资本和劳务自由流通。为此，欧共体委员会于1990年4月前提出了实现上述目标的282项指令。截至1992年底，其中的96%已获理事会通过，215项已在12国普遍生效；需各成员国纳入本国立法的179项指令，已有近80%完成法律手续。由于英国、爱尔兰和丹麦在彻底取消人员的边界检查方面仍有保留，12国间的人员自由流通尚无法完全实现，但商品、资本与劳务的自由流通已基本实现。1985年，德、法、荷、比、卢五国发起签订申根协议，之后，意、西、葡、希四国先后加入。至此，除英、丹、爱外的九国将根据申根协议，从1993年夏天起完全取消对各类人员，包括已进入欧共体国家的非欧共体公民的内部边界检查。申根协议签署国还于1992年11月达成协议，决定对120个国家的公民实行共同签证。1993年1月1日，欧共体宣布其统一大市场已基本建成。

(7)建立政治合作制度。《欧洲单一文件》把在外交领域进行政治合作正式列入共同体条约。为此，部长理事会设立了政治合作秘书处，定期召开成员国外交部长参加的政治合作会议，讨论并决定欧共体对各种国际事务的立场。《欧洲单一文件》经各国议会(爱尔兰经公民投票)履行批准手续后于1987年7月1日起生效。

(8)筹建经济与货币联盟。1989年4月，欧共体委员会主席德洛尔提出了分三阶段实现经济货币联盟的计划(德洛尔计划)：第一阶段(初始阶段)，加强成员国经济和货币政策的协调，修改《罗马条约》，为经货联盟提供法律基础，逐步取消各成员国的外汇管制，实现资本自由流通，所有成员国货币均加入欧洲货币体系的汇率机制；第二阶段(过渡阶段)，建立欧洲中央银行体系，以监督成员国经济和货币的发展情况，初步建成经货联盟构架，但货币政策的决定权仍属于各成员国；第三阶段(最终阶段)，建立欧洲中央银行，制定和实施货币政策，以欧洲货币单位为欧共体12国的单一货币。

1990年7月1日起，欧共体开始实施经货联盟的第一阶段，法、德、英、意、荷、比、卢、丹八国率先实现了资本自由流通。10月28日，在欧共体罗马特别首脑会议上，除英国外的11个成员国一致同意于1994年1月1日起开始实施经货联盟第二阶段，并规定了实施该阶段的有关条件。同年12月15日，12国开始举行关于建立经货联盟的政府间会议。经过一年的谈判，12国于1991年12月在欧共体马斯特里赫特首脑会议上就经货联盟条约达成协议，确认欧共体将于经货联盟第三阶段建立统一的中央银行，发行单一货币，并规定了各国为进入第三阶段在利率、汇率、财政赤字和公共债务方面必须达到的条件。条约规定,到1996年底,欧共体如有7国达到这些条件,12国即可以有效多数作出从1997年起进入第三阶段的决定。否则,达标国家将于1999年1月起自动进入第三阶段。英国作为特例,届时可自行决定是否进入第三阶段。

(9)筹建政治联盟。1990年4月,法国总统密特朗和联邦德国总理科尔联合倡议于当年底召开关于政治联盟问题的政府间会议。同年10月,欧共体罗马特别首脑会议进一步明确了政治联盟的基本方向。同年12月14日,欧共体有关建立政治联盟问题的政府间会议开始举行。经过一年的谈判,12国在1991年12月召开的马斯特里赫特首脑会议上通过了政治联盟条约。条约的主要内容是:12国将实行共同的外交和安全政策,并将最终实行共同的防务政策;西欧联盟作为欧共体政治联盟的组成部分,将负责制订和执行联盟在防务方面的决定;欧共体的职权范围将进一步扩大到环保、科研、工业政策、社会政策、运输等一系列新领域,但英国将在社会政策方面享有例外权;12国公民将同时具有"欧洲公民"身份,有权在其居住的欧共体任何一国参加1994年的欧洲议会选举,并可最早于1995年参加所在国的市镇选举;12国将加强在司法和内政方面的合作,尽快成立欧洲刑警组织;欧洲议会将在欧共体大市场、科研、环保和发展合作等领域获得共同立法权;部长理事会将在诸多领域实行特定多数表决制,以提高决策效率。

欧共体政治联盟条约与经济货币联盟条约一起统称《欧洲联盟条约》,即马斯特里赫特条约(简称"马约"),1992年2月由12国正式签署,原计划经各国批准后,于1993年1月起生效。1992年6月,丹麦全民公决中否决了"马约",英国亦决定推迟批准,遂至1992年底,欧共体仅有10国批准"马约"。为争取公众的支持,促使丹麦(通过再次公决)和英国顺利批约,欧共体在1992年10月召开的伯明翰特别首脑会议上,表示要使欧共体"更加民主","接近公民",并加强决策的透明度,维护各国的民族特征,强化"分权"原则,使欧共体只负责各国难以有效管理的事务。1992年12月召开的欧共体爱丁堡首脑会议同意丹麦在执行"马约"有关共同防务、共同货币、欧洲公民国籍和司法警察合作条款方面享受例外权。丹麦政府宣布将于1993年5月再次就"马约"组织全民公决。英国将在丹麦第二次公决后决定何时将"马约"交议会进行最后表决。

二、对外关系:欧共体同世界上许多国家和地区建立和发展了关系。至1992年底,已有150个国家向欧共体派驻外交使团,欧共体委员会也已在96个国家以及日内瓦、纽约、巴黎、维也纳等国际组织所在地派驻代表团。欧共体同其中的绝大多数国家缔结了贸易协定、经贸合作协定或其他协定,并与一些地区性组织建立了比较密切的关系。

(1)与欧洲自由贸易联盟的关系。欧洲自由贸易联盟是欧共体的最大贸易伙伴。1991年双方成员国之间的贸易总额为2727.96亿美元,占欧共体外贸总额9.63%。自1984年1月1日起,双方完全取消了工业品关税。1984年4月,两大集团首次举行部长级联席会议,并发表了建立18国《欧洲经济区》的卢森堡宣言。双方于1990年6月20日正式开始就建立19国(包括后来加入欧洲自由贸易联盟的列支敦士登)《欧洲经济区》的谈判,并于1991年10月22日达成了协议。根据协议,双方将从1993年1月起实行商品、人员、劳务和资本四大流通,欧洲自由贸易联盟国家将为此而将欧共体1500多项法规纳入本国立法。届时,欧共体与欧洲自由贸易联盟将形成贸易量占世界贸易总额40%以上的全球最大的自由贸易区。1992年5月2日,欧共体与欧洲自由贸易联盟签署了《欧洲经济区协定》。该协定在提交各成员国批准的过程中,于12月6日遭瑞士公民投票否决。至1993年1月,除瑞士以外的所有欧洲自由贸易联盟成员国以及欧共体均已批准。在瑞士否决后,欧共体委员会于1993年1月12日提出关于"欧洲经济区补充协定"方案,主要内容是希协定于1993年7月1日起生效,敦促列支敦士登脱离与瑞士缔结的关税同盟,重新确定欧洲自由贸易联盟国家向欧共体提供的"共同发展基金"份额。该方案已于1993年2月1日获欧共体12国批准,将提交欧洲自由贸易联盟作为谈判基础。俟双方就补充协定达成协议后,欧洲经济区才能正式实现。

(2)与美国的关系。欧共体与美国经济、政治关系密切,美是其第二大贸易伙伴。1991年双方贸易总额为1999.32亿美元,占欧共体外贸总额的7.06%,双方还互为重要投资场所,并签有钢铁、核能供应、和平利用原子能和加强核聚变研究合作等协定。1990年2月底,欧共体主席国爱尔兰总理豪伊访美,与美国总统布什发表"联合声明",提出欧共体与美国政府在原有的专业部长级会议的基础上,增加新的磋商机制,即欧共体主席国首脑、欧共体委员会主席与美国总统之间,欧共体12国外长与美国国务卿之间每半年磋商一次,欧共体主席国或"三驾马车"(现任、上任和下任主席国)外长与美国国务卿之间还可进行专题性磋商。同年11月22日,双方发表了《欧共体与美国关系宣言》,确认了双方伙伴关系的准则、共同目标、在各领域里的合作及上述磋商制度。但双方在经贸等领域不时发生摩擦。1991年,随着关贸总协定《乌拉圭回合》多边贸易谈判进入最后阶段,欧共体与美国立场尖锐对立。1992年11月20日,美宣布将对欧共体出口的某些农产品征收200%的惩罚性关税。之后,双方就农产品贸易问题再次谈判,终于达成协议:欧共体同意从1994年1月起的6年内,将补贴的农产品出口量削减21%,油料作物播种面积减少15%。但法国表示不能接受。欧共体与美国在关贸协定中的其他领域亦至今尚未达成协议。1993年1月26日,美克林顿政府宣布将对来自

19个国家的输美碳素钢征收高达109%的惩罚性关税，其中包括7个欧共体国家每年向美出口的200万吨钢材。欧共体委员会表示不能接受，将向关贸总协定投诉，并考虑采取报复措施。1993年2月1日，美国又威胁说，如欧共体不在3月22日前废止对美歧视性的公共采购规定，美将禁止其政府机构购买欧共体的通信和发电设备。美欧间经贸关系进一步紧张。

(3)与日本的关系。欧共体同日本近年来高级互访频繁。1991年5月，欧共体委员会主席德洛尔访日。7月，日本首相海部访问欧共体主席国荷兰，与荷兰首相和欧共体委员会主席共同签署了《欧日关系宣言》，确认了双方关系的指导原则、共同目标及磋商制度，规定欧共体主席国首脑和委员会主席与日本首相每年会晤一次，欧共体“三驾马车”外长及委员会副主席每半年与日本外相会晤一次。欧日关系中目前存在的主要问题是欧共体对日本贸易长期存在高额逆差。1991年欧共体与日本的贸易总额为934.32亿美元，欧方逆差达274亿美元。1992年，欧共体对日贸易逆差进一步上升至300亿美元。欧共体要求日本能给予类似日美消除贸易结构障碍协议的便利和对欧共体产品进一步开放市场。日本对欧共体限制日产品进口表示要向关贸总协定提出申诉。1992年7月，日本首相宫泽在访问英国期间同欧共体理事会主席英国首相梅杰和欧共体委员会主席德洛尔举行了第二次欧日首脑会晤，双方同意在经贸问题上继续紧密磋商，减少摩擦，加强协调，寻找合适的解决方法，以纠正欧对日的巨额贸易逆差。

(4)与东欧国家的关系。欧共体已与所有东欧国家建交。1991年12月16日，欧共体与波、匈、捷三国正式签署联系国协定。协定规定，三国的最终目标是加入欧共体，并将为此而从现在起努力使其立法与欧共体立法相适应；双方将定期举行包括最高级别在内的各级政治对话，以使双方的对外政策趋于一致；双方将在1992年3月协定生效后的5～10年内逐步取消关税、配额等贸易壁垒，实现商品、人员、劳务和资本的自由流通，并开展在工业、文化、科技、教育等领域的合作；欧共体允向三国提供财政和技术援助。该协定原计划于1992年完成批准手续，1993年初生效。由于捷联邦解体，欧共体推迟了对协定的批准工作。从1993年1月1日起分成捷克共和国和斯洛伐克共和国的两个独立国家，需就联系国协定同欧共体重新讨论。1992年12月21日，欧共体与保加利亚草签了联系国协定。1993年2月1日，欧共体同罗马尼亚签署了联系国协定。1992年5月，欧共体与阿尔巴尼亚签订了经济贸易合作协定。

在与南斯拉夫关系上，1992年1月15日，欧共体12国宣布承认斯洛文尼亚和克罗地亚两国独立，并同时宣布欧共体将继续主持南和平会议。3月，南内战战火蔓延至波黑。3月18日，在欧共体调解下，波黑穆斯林族、克罗地亚族和塞尔维亚族三方代表就波黑前途达成原则协议，决定未来波黑由三个不同民族语区组成主权国家。4月初，欧共体和美国相继承认波黑独立，引起塞族强烈不满，三方武装冲突急剧升级。欧共体主持的波黑和会虽达成多次停火协议，但均未得到遵守，欧共体对塞态度趋硬。4月17日，塞尔维亚和黑山组成南斯拉夫联盟共和国。5月11日欧共体12国决定召回驻南斯拉夫大使，不承认南联盟，并主张暂冻结南斯拉夫在欧安会的席位。5月下旬，欧共体推动联合国通过决议对南斯拉夫实行石油禁运并中断同它的其他经济往来。6月底，欧共体里斯本首脑会议指责塞尔维亚应对前南斯拉夫局势负主要责任，拒绝承认南联盟为原南斯拉夫的继承国，并称不排除使用武力确保人道主义行动。8月26日，欧共体同联合国共同主持召开关于前南斯拉夫问题的国际会议，就全面解决南危机达成一系列总的原则，并决定成立处理原南斯拉夫危机的指导委员会，由欧共体特使、英国前外交大臣欧文和联合国秘书长特使万斯主持，负责原南斯拉夫问题国际和谈。9月22日，第47届联大决定中止南斯拉夫在联合国的席位，由欧共体起草的联合国决议说，南斯拉夫联盟应另行申请加入联合国，并且在其被接纳为成员国之前不得参加联合国大会的工作。1992年12月欧共体爱丁堡首脑会议就前南斯拉夫问题发表声明，谴责塞尔维亚，要求在波黑建立居民安全区，向波黑与塞尔维亚边境派遣观察员，主张加强对塞的制裁，并要求联合国安理会必要时不惜诉诸武力来使建立禁飞区的决议得到严格遵守。1992年6月和12月的两次欧共体首脑会议均决定在马其顿共和国更改国名前不承认该国。

欧共体根据1989年7月巴黎七国首脑会议决定，负责在西方24国集团的范围内协调对东欧各国的经济援助。欧共体还发起筹建旨在援助东欧的《欧洲重建与发展银行》(1990年5月29日在巴黎签署了组建协议，1991年3月正式成立，欧共体占该银行股份的51%)和欧洲人员培训基金。由欧共体提出通过的西方24国援助计划规定了享受该援助的政治、经济条件，即必须“尊重人权”、“建立多党制”、实行“自由选举”和“市场经济”等。

(5)与独联体和波罗的海三国的关系。1991年12月8日，俄罗斯、乌克兰和白俄罗斯宣布成立独立国家联合体。12月21日，独立国家联合体扩大至原苏联11个共和国(波罗的海三国和格鲁吉亚未参加)。26日，戈尔巴乔夫辞职，苏联宣告解体。1992年1月欧共体外长会议讨论并肯定了欧共体委员会提出的关于同独联体建立新关系的政策。欧共体先后出席或主持了1992年1月在华盛顿、1992年5月在里斯本、10月在东京举行的援助独联体国际会议。欧共体在西方对其援助的份额中约占74%。1992年5月，欧共体、美国和日本就建立莫斯科国际科技中心达成协议，以避免原苏核能科技人员外流，欧共体出资2500万美元。同月，欧共体与波罗的海三国签署了经济贸易合作协定，指出双方的目标是建立联系国关系。1992年召开的欧共体三次首脑会议均表示支持独联体国家向“民主”和市场经济过渡。1991年10月欧共体决定给前苏联提供20亿欧洲货币单位的援助。其中12.5亿为官方贷款，5亿为商业贷款，2.5亿为紧急援助。苏联解体后，欧共体决定将上述援助分别提供给前苏各国，大部分给俄罗斯，但提出三项条件：受援国须承诺分担前苏联的外债，并采取行动偿还债务，无力偿债时，须以国家资产担保还债。阿塞拜疆和乌兹别克拒绝承担偿还前苏外债的义务，俄罗斯拒绝以国有资产担保还债。欧共体于1992年7月10日与满足了上述三项条件的独联体9国签订了发放贷款的议定书。7月13日，欧共体决定向俄罗斯提供首批1.5亿欧洲货币单位的贷款，10月19日又决定发放贷款3.49亿欧洲货币单位。欧共体还决定与独联体各国签订新型的经贸合作协定。

(6)与第三世界国家的关系。60年代以来，欧共体与一些第三世界国家签订多项协定，通过提供财政、技术援助和贸易优惠，保持和发展同这些国家传统的经济联系，其中主要是《洛美协定》。1989年12月15日，欧共体与非洲、加勒比海、太平洋地区的68个国家签署了第四个《洛美协定》。根据协定，欧共体将在五年内向非加太国家提供总额为120亿欧洲货币单位的财政援助和优惠贷款，协定在第一章“合作目标与准则”第5条中强调要“尊重人权”。

欧共体重视海湾、中东地区的安全与合作问题。1990年8月2日海湾危机爆发后，欧共体多次发表声明谴责伊拉克侵占科威特，对伊采取了一系列禁运措施，要求伊无条件撤军，恢复科的主权和合法政府；战争爆发后，欧共体支持以美国为首的多国部队对伊采取军事行动；海湾战争结束后，欧共体在1991年4月的卢森堡首脑会议上决定向联合国提出在伊拉克北部建立库尔德人“安全区”的动议，获安理会通过。这次首脑会议还提出了欧共体关于实现中东和平和海湾战后安排的主张，即：召开中东和会，解决阿以冲突、支持埃及、叙利亚等8国组成地区安全集团；限制向中东和海湾地区出售武器，销毁化武等大规模杀伤武器。会议指出，解决阿以冲突，建立民主和法制体制及消除该地区国家间的贫富鸿沟是实现中东稳定的必要条件。1990年1月，欧共体与海湾合作委员会国家之间的合作协定生效。3月，双方举行首次合作理事会会议，10月，开始签订自由贸易协定的谈判。1991年5月，双方又在卢森堡举行了第二次部长级会议。1992年5月欧共体和海湾合作委员会举行第三次外长会议，双方讨论了经济、政治、安全各方面的合作问题，认为应继续推进中东和谈势头，根据安理会242号和338号决议解决中东问题。

欧共体对地中海沿岸国家执行地中海总政策，先后同该地区国家签订了联系协定或部分联系协定以及工业、贸易、科技和财政合作协定。1990年5月欧共体委员会向部长理事会提交了关于新地中海政策的文件，海湾危机加速了欧共体对这一新政策的审定。12月部长理事会就新地中海政策的三项内容作出了总体决定，即分别与西、东马格里布国家和以色列就签订第四个财政议定书举行谈判，以便在1991年11月起的5年内向这些国家提供总额为23.75亿欧洲货币单位的财政援助，提供更多的贸易优惠，并加强地区性横向财政合作。1991年4～9月，欧共体先后与突尼斯、埃及、阿尔及利亚、摩洛哥、叙利亚、以色列和黎巴嫩签订了1992～1996年的第四个财政协定书。

1992年1月，欧洲议会以摩洛哥存在侵犯人权问题为由拒绝批准欧共体与摩洛哥的第四个财政协定书，从而冻结了对摩的财政援助。1月下旬摩决定中断同欧共体就续签渔业协定的谈判。2月摩又宣布放弃与欧共体签订的第四个财政协定书。后双方经过反复协商于5月草签了摩与欧共体的渔业协定。欧共体委员会12月9日建议欧共体1993年起与摩谈判签订联系国协议，主要内容包括建立政治对话制度，逐步建立自由贸易区并进行财政合作。

欧共体关注阿以冲突问题，坚持1980年威尼斯首脑会议决定的各项原则，即承认以色列的生存权和巴勒斯坦人民的自决权，主张通过政治谈判和平解决阿以冲突，巴解组织应参预中东和谈。1989年6月，欧共体马德里首脑会议发表声明，首次承认巴解组织参加中东国际和会的代表资格。海湾战争结束后，欧共体支持美国为召开中东和会所作的努力，并以观察员身份出席了1991年10月30日在马德里召开的中东和会第一阶段会议。欧共体主席国荷兰外交大臣代表欧共体在和会开幕式致辞中，呼吁阿拉伯国家停止对以色列的贸易抵制，呼吁以色列停止在被占领土上建造移民点，强调中东实现和平的基础是执行安理会242和338号决议，“以领土换和平”，中东各国有权在得到承认和安全的边界内生活，巴勒斯坦人有权自决，以色列应撤出黎巴嫩。欧共体还参加了1992年1月28日起在莫斯科举行的中东和会第三阶段会议。1992年12月召开的欧共体爱丁堡首脑会议重申全力支持中东和平进程，并将努力发挥积极的建设性作用。

欧共体同东南亚国家联盟于1977年建立大使级对话关系。1990年2月双方在马来西亚举行了第8次年度外长联席会议，7月在雅加达举行了第23次部长级会议，就双边贸易与合作以及地区政治、经济问题交换了意见。双方迄今已签订了两个为期五年的合作协定。1991年5月，双方在卢森堡举行了第九次外长会议，讨论签订新的双边合作协定问题。欧共体对建立亚太经济合作区表示关注，重视东盟国家在建立该合作区中所起的特殊作用。1992年10月双方在马尼拉举行了第十次外长会议，强调加强双方政治与经济合作。

欧共体于1991年11月12日就柬埔寨问题发表

声明，欢迎柬问题巴黎协定签署，重申支持联合国在实施协定方面发挥作用，认为国际社会应向柬提供财经援助，帮助柬遣返难民和重建国家，表示欧共体未签署巴黎协定的成员国愿加入有关保证柬主权、独立、领土完整与不可侵犯、中立和民族团结的协定。1992 年 1 月 28 日，欧共体委员会决定向柬提供 300 万欧洲货币单位的援助，以帮助柬遣返难民。4 月欧共体派代表团访柬，以表示对柬和平进程的支持。欧共体决定派其常驻曼谷的代表兼任驻柬埔寨全国最高委员会的大使。5 月，欧共体决定向柬提供 920 万欧洲货币单位的紧急援助。

欧共体关注南部非洲形势的发展，对南非的种族隔离制度持批评态度。1987 年 5 月欧共体对南非实行一些制裁措施。1990 年 2 月南非黑人领袖曼德拉获释后，欧共体决定派“三驾马车”外长访问南非，并恢复了与南非的科学与文化交流。在德克勒克政权进一步采取缓和与黑人矛盾的措施后，欧共体又于 1991 年 2 月决定取消对南非的投资禁令，3 月决定取消对进口南非黄金、钢铁产品的限制，4 月原则取消对南非的最后贸易制裁措施，但某些非贸易性制裁措施仍然有效。1992 年 4 月，欧共体又决定解除对南非的石油禁运。

欧共体于 1971 年同拉美国家建立了大使级对话关系，80 年代以来进一步加强了同拉美、特别是中美洲国家的经济关系与政治对话。1990 年欧共体分别与里约集团、中美洲国家组织、安第斯条约组织分别举行了定期的部长级会议。1991 年 4 月，欧共体与里约集团在卢森堡再度举行部长级会晤，与墨西哥签订了新的经贸合作协定。同月，南锥体共同市场四国(阿根廷、巴西、巴拉圭、乌拉圭)外长访问了欧共体，双方讨论了签订贸易、财政、投资等合作框架协议的问题。1992 年 5 月，欧共体与里约集团第二次部长级会议在圣地亚哥召开，就贸易、拉美民主、外债、缉毒和环保等问题交换了意见。继与墨西哥、智利和阿根廷签署了包括人权条款的“第三代”经济贸易合作协定之后，欧共体又于 1992 年 2 月与巴拉圭、4 月与巴西签订了同类协定。1993 年 1 月与中美洲的哥斯达黎加、萨尔瓦多、危地马拉、洪都拉斯、尼加拉瓜和巴拿马草签了“第三代”合作协定。1992 年 12 月，欧共体 12 国农业部长召开会议，通过关于限制拉美香蕉进口的决定，将来自拉美国家的香蕉进口限制在每年 200 万吨，限内部分征收 20%的关税，超限额部分征收 170%的关税。

欧共体亦与非《洛美协定》成员国的发展中国家建立和保持着财政和技术合作关系。1990 年 12 月欧共体理事会同意在今后的五年内向亚洲、拉美地区的 30 余国提供总额为 27.5 亿欧洲货币单位的财政技术援助。

【同我国的关系】1975 年 5 月 8 日，中国同欧洲经济共同体达成建立正式关系的协议。同年 9 月，中国在布鲁塞尔设立驻欧共体使团。1984 年 11 月 1 日，中国又同欧洲煤钢共同体和欧洲原子能共同体建立了关系，从而实现了与欧共体的全面建交。1988 年 5 月，欧共体委员会在华设立代表团。

建交后，双方人员往来频繁，领导人多次互访。自 1983 年起，双方每年举行定期政治磋商，并在联合国大会期间举行外长级会晤。双边贸易逐年增加，合作领域不断扩大。双方签订了贸易协定、纺织品协定、能源合作协定、贸易和经济合作协定等，将合作扩大到工矿、农业、能源、交通、通讯、环境保护等七个领域，合作方式也更加多样化。从 1980 年起，欧共体给予中国部分商品普遍优惠制待遇。从 1984 年起，双方每年举行一次经贸事务部长级会晤。

1989 年 6 月北京发生政治风波后，中国同欧共体的关系遇到了某些困难。同年 6 月底召开的欧共体马德里首脑会议发表《关于中国的声明》，宣布对中国实行一系列“制裁”。1990 年 10 月，欧共体外长会议决定解除大部分对华制裁措施。

1992 年，中国同欧共体的关系在双方的共同努力下，在前几年不断改善的基础上得到了进一步的恢复和发展。3 月，国务委员兼外交部长钱其琛访问了欧共体委员会，与安德里森副主席举行会谈，并会见了德洛尔主席。6 月，李鹏总理在出席联合国环境和发展大会期间，与德洛尔主席进行了交谈。同月，国家科委副主任惠永正访问欧共体，受到欧共体委员会副主席潘多尔菲的接见；欧共体委员会副主席安德里森和布里坦在布鲁塞尔会见了中国赴西欧采购团团长、国家计委副主任甘子玉。9 月，钱其琛国务委员兼外长在出席联大会议期间，会晤了欧共体“三驾马车”(英、丹、葡)外长及欧共体委员会副主席安德里森。10 月，全国人大外事委员会副主任姚广率领全国人大代表团访问了欧洲议会。11 月，国家科委副主任朱丽兰访问欧共体委员会，与欧方确定了 1992～1993 年度双方科技合作项目。法国总理特使、英国首相特使(7 月)、德国外长、荷兰外交大臣(10 月)等欧共体国家的高级政府官员也访问了中国。

1992 年，中国同欧共体国家的贸易总额为 174.14 亿美元，其中中国出口 76.01 亿美元，进口 98.13 亿美元。中国还于 1992 年第二次向欧共体国家派出大型采购团，成交 23 亿美元。

1992 年，欧共体决定恢复中国的发展援助受援国地位，并给中国以 990 多万欧洲货币单位的发展援助。

【驻华代表机构】欧洲共同体委员会驻华代表团。团长杜侠都(Pierre Duchateau 法国)，1988 年 5 月 26 日到任。地址：北京塔园外交人员办公楼 2 单元 6 层 1 号。电话：532 4443。

(高存铭　刘志明)

国际清算银行

Bank for International Settlements—BIS

【成立日期】根据1930年1月20日签订的海牙国际协定,于同年5月由英国、法国、意大利、德国、比利时、日本等国的中央银行,以及代表美国银行界利益的三家大银行(摩根银行、纽约花旗银行、芝加哥花旗银行)组成的银行团共同组成。后来,欧洲的其他国家以及澳大利亚、加拿大和南非的中央银行也先后加入该行。该行为世界上历史最长、最老的国际金融机构。

【宗旨】最初成立的目的是办理第一次世界大战后德国赔款的支付和与"杨格计划"有关的业务。以后又接受各国中央银行的委托,代为买卖黄金和外汇,发行债券,办理政府间借款等清算业务。其主要宗旨是促进中央银行之间的合作并向它们提供更多的国际金融业务的便利,在国际金融清算业务中充当受托人或代理人,行使中央银行的银行职能。

【成员】参加该行的共有30个国家的中央银行:爱尔兰、澳大利亚、奥地利、比利时、冰岛、丹麦、德国、法国、芬兰、荷兰、加拿大、南非、南斯拉夫、挪威、葡萄牙、日本、瑞典、瑞士、土耳其、西班牙、希腊、意大利、英国;美国仍由几家大银行组成的银行团参加。东欧国家参加的有保加利亚、波兰、捷克和斯洛伐克、罗马尼亚、匈牙利,但战后以来,东欧国家很少参加国际清算银行的业务活动。

【主要负责人】董事会主席兼行长本特·丹尼斯(Bengt Dennis,瑞典)。

【总部】在瑞士巴塞尔。

【出版物】《年度报告》(Annual Report),用英、法、德、意文出版。

【组织机构】(1)股东大会:最高权力机构。通常每年举行一次会议,由认购该行股票的各国中央银行派代表参加。股东大会负责通过年度报告、资产负债表、损益计算书以及利润分配办法。投票根据认股数按比例分配。此外股东大会也向所有在国际清算银行中的存款者发出邀请。(2)董事会:掌握行政管理的实权。由比、法、德、意、英和创始国的中央银行行长及其推荐人员共10人组成,荷兰、瑞士和瑞典的中央银行行长作为协作成员参加,共13人,并负责选举董事长、副董事长各1名及11名董事,每年召开会议10次左右。董事会主要负责制定政策。其下属有经理部、货币经济部、秘书处和法律处。国际清算银行委托英国的英格兰银行和美国的纽约联邦储备银行为其代理行。

【银行资本】该行创立时的法定资本为5亿金法郎。金法郎是1865年法国、瑞士、比利时等国成立拉丁货币联盟时发行的一种金币(含金量为0.29032258克纯金)。该行始终以金法郎作为记帐单位,其含金量至今未变。1985年,该行法定资本增至15亿金法郎,按1987年6月折算比价,约合29亿美元。资本分为60万股,每股为2500金法郎。认股后先付25%,其余部分在该行决定收取时再行缴付。到1990年12月,认缴资本为11.83亿金法郎,已缴资本为2.96亿金法郎。目前其认缴资本已达15亿金法郎。该行创始国成员掌握的股份始终占绝大多数,虽然该行的资金来源主要是各国中央银行的认股,但私营机构及个人也可购买股票,但私股不能参加股东大会。该行股本的85%为各成员国的中央银行所有,15%为私人股份。

【主要活动】主要业务项目是:办理存款、放款、贴现业务、买卖黄金、外汇和债券;同中央银行签订特别协议,代办国际结算业务,协助各国中央银行管理货币储备与金融投资。该行先后成为欧洲经济合作与发展组织、欧洲支付联盟、欧洲煤钢联营、黄金总库、欧洲货币合作基金以及国际红十字会的金融代理人。1990年该行共吸收全球80多个国家中央银行的存款,其中世界外汇储备占10%以上。该行每月举行一次西方国家中央银行行长会议(主要是"十国集团",即美、英、法、日、意、荷、比、瑞典、加拿大、德以及瑞士等11国的中央银行,通常称"巴塞尔俱乐部"),商讨国际金融货币政策,这对西方货币金融市场具有重大影响。

1982年年底,国际清算银行决定向非该行股东的中央银行(如阿根廷、巴西和墨西哥的中央银行)提供贷款,贷款额达30亿美元。1986年又向墨西哥中央银行和尼日利亚中央银行分别提供11亿美元和2.5亿美元的临时贷款;1987年向阿根廷中央银行提供两笔金额为10亿美元的临时贷款;1988年向南斯拉夫、巴西和阿根廷中央银行分别提供2.5亿美元和5亿美元的临时贷款;1989年向墨西哥中央银行提供20亿美元的临时贷款;1990年向委内瑞拉、圭亚那和匈牙利中央银行分别提供了4亿美元、1.78亿美元和2.8亿美元的临时贷款。

【同我国的关系】1984年12月,中国人民银行与该行正式建立了业务联系,并存放了一定数量的外汇和黄金。1985年6月,我国首次派代表团参加在瑞士巴塞尔举行的该行第55届年会。近几年,中国人民银行与该行业务关系发展良好。 (谭雅玲)

欧洲投资银行
European Investment Bank—EIB

【成立日期】根据1957年《建立欧洲经济共同体条约》(即《罗马条约》)的规定,于1958年1月1日在布鲁塞尔成立,1959年正式开业。它是欧济经济共同体成员国合资经营的金融机构。

【宗旨】根据《罗马条约》第130条的规定,其主要任务是在不营利的前提下向成员国的建设项目提供低息或无息贷款。其业务重点是对共同体内落后地区兴建的项目、对有助于促进工业现代化的发展及结构改革的计划、对有助于共同体或其成员国的项目提供贷款和保证,同时也对共同体以外的地区输出资本,但贷款兴建的项目须对共同体有特殊意义(如改善能源供应等)。随着欧洲建设的发展,该行于1985年又提出了促进统一大市场建设和为实现欧洲经济货币联盟及政治联盟服务的方针,以此促进各成员国的经济协调发展。

【成员】12个(1992年底):爱尔兰、比利时、丹麦、德国、法国、荷兰、卢森堡、葡萄牙、西班牙、希腊、意大利和英国。

【主要负责人】行长恩斯特—京特·布鲁德(Ernst Gunther Broder,德国),1984年8月上任。

【总部】在卢森堡。

【出版物】《欧洲投资银行消息》(EIB Information Bulletin)季报;《年报》(Annual Report)。一般用英、法、德、意、荷、丹、希等文字印刷。

【组织机构】(1)理事会:最高权力机构。通常负责决定银行的信贷方针政策,一般由各成员国的财政部长组成,设有主席一人。(2)董事会:由各成员国政府任命的22名正式董事及12名候补董事,以及由欧共体委员会提名并经理事会批准的一名正式董事和一名候补董事组成。董事会主要负责银行的信贷与资金,以确保银行的经营符合《罗马条约》的原则。(3)管理委员会:常设执行机构。负责主持银行的日常业务,由行长和行长任命的六位副行长组成。下设总管理、欧共体内业务、欧共体外业务、金融与财务、调研、法律事务、技术咨询7个部门。

分支机构有:设在罗马的意大利部,设在布鲁塞尔的代表处,设在雅典、伦敦、里斯本和马德里的联络处。

【银行资本】主要由各成员国分摊,同时也向共同体以外的资本市场筹措。1988年该行在金融市场上筹资近77亿欧洲货币单位,比1982年增加约37%。1991年该行在国际金融市场上筹措资金137亿埃居(约合174亿美元),比1990年增加24%。该行连续三年借款居世界首位,筹集资金的货币有13种,其中埃居25亿、美元22.6亿、英镑18.37亿,以及其它货币等。

该行成立初期的资本为10亿美元,1979年欧洲货币体系成立后,资本改为欧洲货币单位。随着欧共体的不断扩大,该行资本也随之增长,截至1991年12月,该行认购资本为576亿欧洲货币单位,其中法国、德国、意大利和英国各占19.1%,西班牙占7.0%,比利时和荷兰各占5.3%,丹麦占2.7%,希腊占1.4%,葡萄牙占0.9%,爱尔兰占0.7%,卢森堡占0.1%。

【主要活动】吸收资金为欧共体内国家的地区发展,能源开发,兴建公共设施和改造老企业提供贷款。该行还受欧共体其它组织机构的委托,通过发行债券在资本市场上筹资,并代为管理所筹资金。同时还为欧共体代管援助非洲、加勒比、太平洋地区和国家发展地方工业的风险资金,主要是向上述地区的工农业、能源和旅游部门提供低息贷款。由于欧洲统一大市场的目标日益临近,该行通过提供或担保长期信贷来促进各成员国的经济平衡发展,在金融财政方面发挥着日益明显的调节作用。该行把促进欧共体各成员国的经济和社会协调发展,确保1992年底建成统一大市场的目标顺利实现作为其根本任务。1988年该行发放的贷款额首次突破100亿欧洲货币单位,达101.75亿欧洲货币单位,其中约95亿是在欧共体内部发放的,主要用于资助共同体的地区开发、基本建设、工业发展和环境保护等方面的一些项目。另外7亿多给予地中海地区国家以及参加洛美协定的非洲,加勒比和太平洋(简称非加太)国家。1991年该行对欧共体成员国的贷款额达144.22亿埃居(约合178.83亿美元),占贷款总额的94%,其中2/3用于意大利、西班牙、爱尔兰和英国的北爱尔兰地区的基础设施建设、能源及环保等方面。为促进统一大市场的建立,1991年该行用于欧洲交通和通讯网络建设的贷款达38亿埃居(约合47.12亿美元);为促进欧共体工业在国际上的竞争地位,用于工业改造和促进其现代化的投资达10亿埃居(约合12.40亿美元);为保护环境和合理开发自然资源,贷款19亿埃居(约合23.56亿美元);在能源方面投资27亿埃居(约合33.48亿美元)。截至1991年底,该行贷款累计额为743亿埃居(约合921.32亿美元),比1990年增加了17%。1991年该行向发展中国家和其它非欧共同体成员国发放贷款为9.16亿埃居(约合11.35亿美元)，比 1990 年增加了28.5%，贷款对象为 24 个非加太国家、7 个地中海国家和 3 个东欧国家。其中东欧国家为 2.85 亿埃居(约合3.5亿美元)，比 1990 年增加32.5%，占整个非成员国接受贷款总额的31.1%。向地中海国家发放贷款为2.415亿埃居(约合 2.99 亿美元)，比 1990 年下降近 30%。向非加太国家发放贷款3.895 亿埃居(约合4.82亿美元)，比 1990 年增加约154%，占向非欧共体成员国贷款总额的42.5%，1990年为 21.5%。

该行在金融市场上严守国际金融往来的规则和条件，因而在国际上享有良好的声誉，被列为三"A"称号的最佳银行。目前该行在借贷活动中实行多方位、多层次和多样化的灵活方针，并为实现欧共体内部统一大市场的目标作出了努力。 (谭雅玲)

欧洲复兴开发银行
European Bank for Reconstruction and Development—EBRD

【成立日期】1989 年 10 月法国总统密特朗提出建立欧洲银行的设想。1990 年 5 月 29 日，欧洲所有国家以及美国、日本等国和欧洲共同体委员会及欧洲投资银行正式签约同意立即着手筹建欧洲复兴开发银行。1991 年 4 月 15 日欧洲复兴开发银行在英国伦敦正式成立，30 个国家的元首出席了开业典礼。

【宗旨】在考虑加强民主、尊重人权、保护环境等因素下，帮助和支持东欧、中欧国家(主要指保加利亚、捷克斯洛伐克、匈牙利、波兰、罗马尼亚、原南斯拉夫和独联体各国)向市场经济转化，以此调动上述国家中个人及企业的积极性，促使他们向民主政体和市场经济过渡，最终与西欧合为一体，形成所谓"大欧洲"。

【成员】43 个(1992 年 12 月)：澳大利亚、奥地利、比利时、保加利亚、加拿大、塞浦路斯、捷克斯洛伐克、丹麦、埃及、芬兰、西班牙、瑞典、瑞士、卢森堡、法国、德国、希腊、匈牙利、冰岛、以色列、意大利、日本、列支敦士登、土耳其、英国、美国、荷兰、俄罗斯、马耳他、墨西哥、摩洛哥、葡萄牙、新西兰、挪威、波兰、南斯拉夫、罗马尼亚、韩国、中国台湾、阿尔巴尼亚、拉脱维亚、立陶宛、爱沙尼亚。欧洲共同体委员会和欧洲投资银行也参加其活动，并在其中参股。

【主要负责人】首任行长阿塔利(J. Attali，法国)。

【总部】在英国伦敦。

【组织机构】(1)理事会：最高权力机构。由每个成员国委派正副理事各一名，每年举行年会一次。(2)董事会：代理理事会行使权力。由 23 名成员组成，董事任期 3 年。董事会负责指导银行的日常业务工作，并负责选举行长。行长任期 4 年。

【银行资本】该行股本为 100 亿欧洲货币单位(约合 123 亿美元)，实缴股本为 30 亿欧洲货币单位。根据该行成立的章程规定，成员国须在前 5 年内以分期付款的方式平分作 5 次交清股本。目前美国是其成员国中最大的股份拥有者，约占有 10%的股份。其次是法国、德国、英国、意大利和日本，他们各拥有 8.5%的股份。东欧国家共拥有 11.9%的股份，其中前苏联为 6%(俄罗斯将分担其中 2/3)。参股的非欧洲国家有：韩国、以色列、摩洛哥、埃及、加拿大、澳大利亚、墨西哥、新西兰等。中国台湾被拒绝参股。

【主要活动】该行的主要业务为：(1)提供必要的技术援助及人员培训；(2)帮助受援国政府制订政策及措施，推动其经济改革，帮助其实施非垄断化、非中央集权化及非国有化；(3)为基本建设项目筹集资金；(4)参加筹建金融机构及金融体系，其中包括银行体系及资本市场体系；(5)帮助支持筹建工业体系，尤其注意扶持中小型企业的发展。该行的经营方针是"发展银行业务及商业投资银行的业务兼顾"。该行计划分批向东欧、中欧国家提供优惠贷款和非援助性的商业贷款。此外还将提供援助性和非援助性的投资。头 5 年内该行计划提供 402 亿欧洲货币单位的资金(约合 500 亿美元)。8 年内提供 1830 亿欧洲货币单位(约合 2200 亿美元)的资金。该行已在研究和拟定中的资助项目约有 300 多项，涉及面较广，其中包括农业、金融、食品、商业、化学、电信、交通、环境保护、旅游、文教等方面。受贷对象主要为东欧和中欧国家的私营经济部门和正在私有化的原国营企业。该行要求所有的贷款项目都须经过严格的经济可行性研究，只有风险较小的项目才有可能获取资金。该行初步确定了其 60%的贷款将用于支持东欧和中欧国家私人企业的发展，其中包括国营企业私有化的转换；40%的贷款用于支持国营企业的发展。根据计划的安排，该行的首批贷款提供给匈牙利和波兰。截至 1991 年 10 月，该行已向东欧国家发放了 4 笔贷款。 (谭雅玲)

欧洲自由贸易联盟

European Free Trade Association—EFTA

【成立日期】1960年1月4日，奥地利、丹麦、挪威、葡萄牙、瑞典、瑞士和英国在斯德哥尔摩正式签订《建立欧洲自由贸易联盟公约》，即《斯德哥尔摩公约》。该公约经各国议会批准后于同年5月3日生效，联盟正式成立。又称小自由贸易区。

【宗旨】在联盟区域内实现成员国之间工业品的自由贸易和扩大农产品贸易；保证成员国之间的贸易在公平竞争的条件下进行；发展和扩大世界贸易并逐步取消贸易壁垒。

【成员】7个(1992年2月)：奥地利、挪威、瑞典、瑞士、冰岛、芬兰、列支敦士登。

【主要负责人】秘书长格奥尔格·赖施(Georg Reisch，前译乔治·赖尔什，奥地利)，1988年4月16日就任。

【总部】在瑞士日内瓦。

【出版物】《欧洲自由贸易联盟公报》(EFTA Bulletin)，季刊，用英、法、德和斯堪的纳维亚诸国文字出版；《欧洲自由贸易联盟贸易》(EFTA Trade)，年刊，英、法、德文合订本；《欧洲自由贸易联盟年度报告》(EFTA Annual Report)，英、法、德文。

【组织机构】(1)理事会：最高权力机构。由各成员国部长或常驻代表组成，每年开会两次。主席由成员国轮流担任，任期半年。有关承担新义务的决定须全体一致通过，其他问题以多数通过。下设关税、贸易专家、预算、农渔业、经济、经济发展等常设委员会。(2)秘书处：处理日常事务，设秘书长、副秘书长各一人。(3)咨询委员会：由各国指定的雇主、工会代表和个人组成，在每次理事会开会前举行会议。此外还设有欧洲自由贸易联盟国家议员委员会等机构。

【主要活动】80年代以来，欧贸联多次举行会议，呼吁加强协调国际经济政策，支持在关贸总协定范围内举行一系列新的多边贸易谈判，进一步加强和扩大多边贸易体系，继续努力同贸易保护主义作斗争。

欧贸联十分重视同欧洲共同体发展经济关系。1989年3月，欧贸联在奥斯陆举行首脑会议，会后发表声明重申，与欧共体之间的合作将由工业品自由贸易扩大到科研、技术、教育、运输、环境及社会政策等领域，并表示愿与欧共体一道探讨建立共同决策和管理机构。1990年6月20日，欧贸联与欧共体就建立欧洲经济区问题展开正式谈判。此后，两组织进行了长达16个月的多轮谈判，在诸如过境运输、渔业市场以及建立“协调发展基金”等有较大争议的问题上逐步达成妥协。

1991年10月22日，欧贸联与欧共体在卢森堡就建立欧洲经济区问题达成协议，主要内容有：从1993年1月1日起，两大经济组织19国之间实现商品、劳务、资本和人员的自由流通，废除关税和进口限额，统一工业和产品标准，加强和扩大在环保、交通、教育、科技、旅游、社会政策领域里的合作。欧贸联成员国将接受1500余项欧共体法律，将其作为欧洲经济区的法律基础。协议还规定，由欧贸联和欧共体共同组成的部长理事会和法院将作为欧洲经济区的最高决策机构和仲裁机构。同年12月，隶属于欧共体的欧洲法院作出裁决，认为上述协议中有关成立独立的经济区法院的规定违反了欧共体法律。后经紧张谈判，欧贸联最终作出让步，同意取消由双方组成的独立法院；竞争领域的分歧，如纯属欧贸联或在同欧共体的经贸额中欧贸联占1/3以上的案件由欧贸联法院审理，涉及双方其他情况的案件均由欧共体法院审理。

1992年5月2日，欧贸联与欧共体正式签署了欧洲经济区协定及其他有关双边协定，然后交与各国批准。12月6日，瑞士就批准欧洲经济区协定举行公民投票，投票结果否决了该协定。

至1993年1月，除瑞士外的所有其他欧贸联成员国及欧共体成员国都已批准欧洲经济区协定。协定原定于1993年1月1日起实施，由于瑞士否决而被迫推迟。考虑到瑞士否决了协定，欧共体委员会于1月12日通过一项议案，正式提出关于“欧洲经济区补充协定”的方案，对原协定的部分内容，主要是“共同发展基金”条款进行了修改。共同发展基金指未来欧洲经济区中富裕国家用于援助欠发达国家的各类发展合作项目的固定基金。欧贸联国家原同意向经济相对落后的西班牙、希腊等欧共体国家提供15亿欧洲货币单位的低息贷款和5亿欧洲货币单位的赠款，其中瑞士所承担的份额为27%。补充协定通过减少基金贷款利息补贴的方式，一定程度上弥补了瑞士退出而造成的差额。2月25日，欧共体与欧洲自由贸易联盟各国在布鲁塞尔就“欧洲经济区补充协定”达成协议。协定双方一致表示，希望象征着欧洲18个国家经济一体化的欧洲经济区能在1993年的7月1日正式实现。

欧洲经济区建成后，将形成一个人口达3.8亿、生产总值占世界生产总值30%、贸易额占世界贸易总额

40%的世界最大自由贸易区。 （张晓阳）

比荷卢经济联盟
Union Economique Benelux

【成立经过】1944年9月5日，比利时、荷兰、卢森堡三国流亡政府在伦敦签署比荷卢关税联盟协定。1946年，三国决定将关税联盟逐步扩大成为经济联盟。1958年2月3日，在海牙正式签署《比荷卢经济联盟条约》，1960年11月1日正式生效，为期50年，期满后可顺延10年。

【宗旨】发展三国关系，协调三国之间的财经和社会事务政策，加强与大国的竞争地位。

【成员】3个：比利时、荷兰、卢森堡。

【主要负责人】经济联盟理事会主席3人：万辛克(L. G. Wansink，荷兰)、罗兰茨(R. Roelants，比利时)、阿莱克斯(J. Alex，卢森堡)。

【总部】秘书处设在比利时布鲁塞尔。

【出版物】《比荷卢资料》(Benelux Review)；《比荷卢杂志》(Benelux)，季刊；《比荷卢新闻》(Benelux News)，月刊；《比荷卢公报》(Benelux Bulletin)，不定期；《比荷卢统计》(Benelux Statistics)，半年刊。

【组织机构】(1)部长委员会：最高权力机构。负责监督和保证联盟条约的实施，三国外长每年数次开会讨论三国合作问题，三国首相、专业大臣们不定期开会讨论相互协调问题。部长委员会主席由三国部长轮流担任，任期六个月，决议须一致通过。(2)经济联盟理事会：最高执行机构，由三位主席(每国一名)及各委员会主席组成。负责协调各委员会工作，并起部长理事会与各委员会之间的媒介作用。(3)委员会和专门委员会：9个委员会，分别为对外关系，货币和财政，工业和商业，农业、食品和渔业，关税和税收，交通运输，社会事务，法律，人员流动和定居委员会。11个专门委员会，分管统计协调，国家预算比较，公共卫生，招标，中产阶级，管理和司法合作，人员流动，领土整治，旅游，环境和能源。(4)秘书处：负责日常事务并向部长委员会提出有关实施联盟条约的建议。设秘书长3人，每国1名。(5)法院：负责解释有关法律条款并提供咨询意见。由三国最高法院选出的9名法官(每国3名)组成。设检察长3名(每国1名)。(6)议会间咨询委员会：三国政府的咨询机构，由49名议员组成(比、荷各21名，卢7名)。该委员会的职权不仅限于经济问题，还负责政治合作问题。(7)经济社会顾问委员会：由各国相应的经济和社会组织指派27名代表组成，每国9名。

【主要活动】三国之间已实现商品、人员自由流通；三国职工和商人在比荷卢的任何一国均享有同等权利；三国在社会保险、公共卫生、环境保护、领土整治、经济、工业、能源、港务、旅游、税收、比利时法郎与荷兰盾的汇率、对第三国支付结算等方面协调政策；三国作为一个经济实体对外签署有关签证和接受外国移民协定，并在欧洲共同体、经济合作与发展组织、世界卫生组织等国际机构中采取共同立场。1986年9月，三国签署比荷卢地区跨国合作公约。

比荷卢经济联盟曾是欧洲共同体的雏形。三国经济发展和生活水平接近，地理位置优越。三国认为在一体化方面已走在前面，有些问题在共同体内达成协议以前，可在三国范围内先行促其实现；为了维护已取得的成果，比荷卢联盟必须继续前进。1985年，在实现人员、商品自由流通方面取得成功的基础上，比荷卢经济联盟又与两个大邻国，法国和德国达成“申根协议”，计划逐步实现五国间的自由往来，从而为实现欧洲统一大市场先行一步，作出样板。1990年，法国、德国、比利时、荷兰、卢森堡五国正式签订了“申根条约”。

根据1991年的资料统计，比荷卢三国有2556万人口，国民生产总值达5102亿美元。据海关统计，1992年比荷卢同中国贸易额为27.19亿美元。 （李福顺）

美洲开发银行
Banco Interamericano de Desarrollo—BID

【成立日期】1959年12月30日成立。该行是美洲国家组织的专门机构，其他地区国家也可加入。非拉美国家不能利用该行资金，但可参加该行组织的项目投标。

【宗旨】“集中各成员国的力量，对拉丁美洲国家的经济、社会发展计划提供资金和技术援助”，并协助它们“单独地和集体地为加速经济发展和社会进步作出贡献”。

【成员】44个(1992年)。其中拉美25个：阿根廷、巴巴多斯、巴哈马、巴拉圭、巴拿马、巴西、秘鲁、玻利维亚、多米尼加共和国、厄瓜多尔、哥伦比亚、哥斯达黎加、圭亚那、海地、洪都拉斯、墨西哥、尼加拉瓜、萨尔瓦多、苏里南、特立尼达和多巴哥、危地马拉、委内瑞拉、乌拉圭、牙买加、智利；北美洲2个：加拿大、美国；欧洲15个：奥地利、比利时、丹麦、德国、法国、芬兰、荷兰、挪威、葡萄牙、瑞典、瑞士、西班牙、意大利、英国和南斯拉夫；亚洲2个：日本、以色列。

【主要负责人】行长恩里克·伊格莱西亚斯(Enrique Iglesias，乌拉圭)，1988年4月1日就任。

【总部】在美国华盛顿。

【出版物】《年度报告》(Anual Report)，英文；《拉美一体化》(Integracion Latinoamericana)月刊，西班牙文，在阿根廷出版。

【组织机构】(1)理事会：最高权力机构。由各成员国委派一名理事组成，每年举行一次会议。(2)执行董事会：理事会领导下的常设机构。由12名董事组成，其中拉美国家8名，美国和加拿大各1名，其他地区国家2名，任期3年。(3)行长和副行长：在执行董事会领导下主持日常工作。行长由理事会选举产生，任期5年，副行长由执行董事会任命。此外，该行在拉美成员国首都及巴黎和伦敦设有办事处。

【资金来源】(1)成员国分摊；(2)发达国家成员国提供；(3)在世界金融市场和有关国家发放债券。1960年开业时拥有资金8.13亿美元；1990年底资金增加到470亿美元，其中美国占20%，加拿大占4%。

【主要活动】提供贷款促进拉美地区的经济发展；帮助成员国发展贸易；为各种开发计划和项目的准备、筹资和执行提供技术合作。1964年该行在布宜诺斯艾利斯设立了拉美一体化研究所，负责培养高级技术人才，研究有关经济、法律和社会等重大问题，为成员国提供咨询。银行的一般资金主要用于向拉美国家的公、私企业提供贷款，年息通常为8%，贷款期10～25年；特别业务基金主要用于拉美国家的经济发展项目，年息1～4%，贷款期20～40年。1984年决定设立美洲投资公司，首批筹资2亿美元，主要用于促进建立、扩展和改造中小型企业，以推动本地区成员国的经济发展。此外，银行还掌管美国、加拿大、英国、德国、挪威、瑞典、瑞士、委内瑞拉、阿根廷等国政府及梵蒂冈提供的一些信托基金。截至1992年底，该行共向拉美国家提供贷款630亿美元。各成员国的表决权按加入股份的多寡而定。截至1991年底，各方面表决权为：美国占34.66%，拉美地区国家53.76%，加拿大4.38%，其他地区成员国7.2%。按章程规定，拉美地区国家表决权在任何情况下不能低于现比例。1987年3月，第28届年会改选了执行董事会，并讨论了美国提出的更改该行否决程序的建议。美国拟以增加它在该行资金75%为条件，换取对银行贷款的最终决定权，会议未予同意。1988年3月，第29届年会讨论扩大资金等问题，但没有达成具体协议。1989年3月，第30届年会达成增加资金265亿美元的协议。行长伊格莱西亚斯说，此协议结束了行内“长达3年的对抗和误解”，并将为该行1990～1993年向拉美国家贷款225亿美元的计划铺平道路。协议还拒绝了美国希望在该行贷款方面拥有否决权的要求。第31、32、33届年会分别在加拿大的蒙特利尔(1990)、日本的名古屋(1991)和多米尼加共和国的圣多明各(1992)举行。

【同我国的关系】1991年4月，在日本名古屋举行的第32届年会上，中国首次应邀派出以中国人民银行副行长白文庆为团长的代表团作为观察员出席了会议。1992年4月，中国人民银行代表团再次应邀作为观察员出席了在多米尼加共和国的圣多明各举行的第33届年会。(蔡维泉)

拉丁美洲经济体系
Sistema Económico Latinoamericano—SELA

【成立日期】1975年10月17日，拉美23国政府代表签署《巴拿马协议》(1976年6月7日生效)宣告成立。

【宗旨】促进拉美地区合作，支持地区一体化进程，推动制定和执行经济、社会发展规划和项目，协调拉美国家对经济社会问题的共同立场和战略。

【成员】26个(1992年)：阿根廷、巴巴多斯、巴拉圭、巴拿马、巴西、秘鲁、玻利维亚、多米尼加共和国、厄瓜多尔、哥伦比亚、哥斯达黎加、格林纳达、古巴、圭亚那、海地、洪都拉斯、墨西哥、尼加拉瓜、萨尔瓦多、苏里南、特立尼达和多巴哥、危地马拉、委内瑞拉、乌拉圭、牙买加、智利。

【主要负责人】常任秘书萨尔瓦多·阿雷奥拉(Salvador Arreola)。1991年10月就任。

【总部】常设秘书处在委内瑞拉加拉加斯。

【出版物】《拉美经济体系简讯》(SELA NOTICIAS)、《拉美经济体系动态》(SELA en Accion),均为西班牙文。

【组织机构】(1)拉丁美洲理事会:最高机构。由各成员国政府任命一名全权代表组成,每年举行一次部长级例会。如理事会作出决定或不少于1/3的成员国提出要求,可举行部长级或非部长级特别会议。理事会设主席1人、副主席2人、报告人1人(共同组成主席团),由各国代表轮流担任。(2)常设秘书处:技术行政机构。常任秘书由理事会推选,任期4年。(3)行动委员会:就专门问题制定纲领、计划并协调共同行动的临时性机构,根据理事会或有关成员国的决定而建立。每个行动委员会至少由3个成员国组成,其他成员国可以自由加入或退出。

【主要活动】根据《巴拿马协议》,该组织系拉美国家协调共同立场、"维护拉美国家真正合法利益"和"协调拉美国家为建立一个公正合理的国际经济秩序做出努力"的常设机构。截至1992年底,该组织已召开了18次理事会例会和7次特别会议。1992年9月10～11日,拉美经济体系第18次理事会在加拉加斯举行,27个国家代表出席会议。例会主要讨论对外贸易、地区合作、一体化和地区社会政策等问题。会议发表声明,对欧共体限制拉美香蕉进口表示担忧,呼吁欧共体采取妥善解决办法,不要损害拉美香蕉生产国利益。会议讨论了美国对出口小麦进行补贴问题,认为这有损于国际自由贸易原则,严重阻碍乌拉圭回合谈判的成功。会议代表还要求务必就国际咖啡协定重开谈判,争取年内签订一项新的协议。代表们还研究了拉美国家外债状况,分析了北美自由贸易协定的签署对美拉贸易和投资的影响。会议最后还通过决定,加强同西欧、日本、东南亚、东欧和加拿大的关系。 (李灿荣)

加勒比共同体和共同市场
The Carribbean Community and Common Market—CARICOM

【成立日期】1973年8月1日。

【宗旨】目标是实现地区经济一体化。主要任务是:通过加勒比共同市场进行经济合作;协调成员国外交政策;在卫生、教育、文化、通讯和工业等领域提供服务和进行合作。

【成员】13个(1992年):安提瓜和巴布达、巴巴多斯、巴哈马、伯利兹、多米尼加联邦、格林纳达、圭亚那、圣卢西亚、圣基茨和尼维斯联邦、圣文森特和格林纳丁斯、特立尼达和多巴哥、牙买加,以及蒙特塞拉特。多米尼加共和国、海地和苏里南为观察员。

【主要负责人】秘书长罗德里克·雷恩福德(Roderic Rainford,牙买加),1983年就任。

【总部】秘书处在圭亚那乔治敦。

【出版物】《加勒比共同体指南》(Caricom Respective)季刊;《加勒比共同体消息》(Caricom Release)不定期。均为英文。

【组织机构】(1)成员国政府首脑会议:最高决策机构。(2)共同市场理事会:由各成员国指定的部长组成。(3)共同体秘书处:常设工作机构。(4)共同体下设机构:卫生、教育、劳工、外交、财政、农业、矿业、工业、运输、科技和旅游等11个部长级常设理事会。(5)共同体联系机构:加勒比法律教育委员会、加勒比发展银行、加勒比考试委员会、加勒比投资公司、加勒比气象研究所、加勒比航运理事会、东加勒比共同市场、东加勒比国家组织、西印度大学、圭亚那大学。

【主要活动】截至1992年底,加勒比共同体举行了13次首脑会议和3次特别会议。1992年3月19日,加勒比共同体政府首脑第三次特别会议在圣文森特和格林纳丁斯首都金斯敦举行。会议讨论了成员国人员自由流动、使用共同货币、增加投资和建立统一市场问题。6月29日至7月1日,第13次政府首脑会议在特立尼达和多巴哥首都西班牙港举行。12个成员国政府首脑出席会议。巴哈马未与会。委内瑞拉外长作为观察员出席会议。会议主要讨论了加速加勒比地区经济一体化、修改共同对外关税税则、颁发统一护照、确定共同货币以及有关卫生、教育、科技等事宜。会议还讨论了委内瑞拉申请加入加共体问题。10月13日,加勒比共同体与委内瑞拉在加拉加斯签署一项贸易和投资协议,规定加勒比共同体国家的产品可免税进入委市场,委产品在加勒比共同体享受优惠待遇。协议有效期5年。 (李灿荣)

亚马孙合作条约组织
Tratado de Cooperacion Amazonica

【成立日期】1978年7月3日，巴西、秘鲁、玻利维亚、厄瓜多尔、哥伦比亚、圭亚那、苏里南、委内瑞拉8国外长在巴西利亚签署《亚马孙合作条约》。1980年3月，条约正式生效。

【宗旨】加强成员国之间的合作，促进亚马孙地区的协调发展，推动拉美一体化。各成员国保证：该地区商业通航自由，合理利用水力资源，在保证生态平衡、保护动植物资源以及在该地区经济、社会发展方面进行科技合作，促进卫生保健事业，协调交通和通讯事业的发展，开展边境贸易和旅游。

【成员】8个(1992年12月)：巴西、秘鲁、玻利维亚、厄瓜多尔、哥伦比亚、圭亚那、苏里南、委内瑞拉。

【组织机构】(1)外长会议：最高权力机构。由一个成员国提议并至少得到其他4国的支持即可举行，成员国按其国名的字母顺序轮流担任会议东道国。(2)亚马孙合作理事会：由成员国高级代表组成，每年举行一次例会。应多数成员国要求，理事会可举行特别会议。理事会例会按成员国国名的字母顺序轮流在各国举行。理事会下设秘书处。此外，各成员国建立常设的全国委员会，负责在本国贯彻有关决议。

【主要活动】1992年2月，第二次亚马孙合作条约组织成员国首脑会议在巴西玛瑙斯市召开。巴西、玻利维亚、哥伦比亚、圭亚那、苏里南、厄瓜多尔6国总统以及委内瑞拉外长，秘鲁住房和建筑部长分别代表总统出席。会议通过了《玛瑙斯宣言》和《关于八国对第二次联合国环境和发展大会的共同立场文件草案》。会议决定将上述两个文件提交6月在巴西里约热内卢举行的环发大会审议。会议还通过关于"支持委内瑞拉总统和人民粉碎未遂军事政变"的提案。《玛瑙斯宣言》共有16条。8国重申将遵守1989年5月的《玛瑙斯宣言》的原则和宗旨，并一致认为：国民经济与社会发展要与环境保护相结合；国际范围的生产、消费与分配方式导致了发展中国家的环境保护问题，主要是生态体系恶化，大部分人生活在贫困中。8国认为，发达国家对环境恶化负有重大责任，因此不应将保护生态的义务强加给发展中国家；为解决环境问题，需要国际合作的新姿态，即增加资金投入，方便技术转让，扩大贸易往来，大幅度解决外债问题等。8国表示将负起责任，努力保护亚马孙的森林资源并对其行使各国主权。对此，国际社会应予以支持与合作。《共同立场文件草案》主要涉及气候变化，生物和生物工艺多样化，保护森林和水利资源，防止土壤流失和沙漠化，以优惠条件转让技术，健全环境保护机构，保障包括印第安人和土著居民在内的公民生存权利等11项内容。巴西总统科洛尔指出，这次会议标志着一个重要时刻，即所有亚马孙合作条约的成员国对环境保护与发展问题达成了共识，并用一个声音说话。

(蔡维泉)

南方共同市场
Mercado Comun del Sur—MERCOSUR

【成立日期】1991年3月26日，阿根廷、巴西、巴拉圭和乌拉圭4国总统在巴拉圭首都签署《亚松森条约》(11月29日生效)，宣布建立南方共同市场。

【宗旨】通过有效利用资源、保护环境、协调宏观经济政策、加强经济互补、促进成员国科技进步和实现经济现代化、改善居民生活条件、推动拉美地区经济一体化进程。

【成员】阿根廷、巴西、巴拉圭和乌拉圭。

【组织机构】(1)理事会：最高决策机构。由成员国外交部长和经济部长组成。理事会主席由各缔约国外长轮流担任，任期半年。理事会至少每年举行一次有4国总统参加的会议，必要时可召开若干次会议。(2)共同市场小组：执行机构。负责实施条约和共同市场理事会作出的决议，就执行贸易开放计划、协调宏观经济政策、商谈与第三国协定等提出建议。共同市场小组由成员国各派出4名正式成员和4名候补成员组成，代表本国外交部、经济部和中央银行。共同市场小组下设贸易事务、海关事务、技术标准、税收和金融政策、陆路运输、海上运输、工业和技术政策、农业政策、能源政策、宏观经济政策协调等10个工作组。共同市场小组行政秘书处设在乌拉圭首都蒙得维的亚。

【主要活动】1992年6月,南方共同市场4成员国第二次首脑会议在阿根廷的拉斯莱尼亚斯举行,智利和玻利维亚总统作为观察员列席。会议确定了在1995年以前对各成员国宏观经济政策、产业和体制等150多项政策进行协调和调整的时间表。通过的决议要求1994年9月前统一4国对外关税;设立反倾销条款;1993年内统一度量衡以及制定保护消费者利益和公平竞争的统一法律;实行共同的边境管理办法;调整税收、物价和公共事业收费结构等。玻利维亚向共同市场理事会递交了正式加入申请。与会6国总统发表联合声明,对美国最高法院通过准许在他国拘捕嫌疑犯的法案表示忧虑。决定在"南方共同市场条约"中增加"实行民主体制"条款。会议还决定南方共同市场将作为集团在拉美一体化协会等机构中进行活动,协调了在关贸总协定等多边机构活动中的立场。12月,南方共同市场成员国在乌拉圭首都蒙得维的亚举行首脑会议,审议南方共同市场纲领、一体化日程及进展情况。4国总统签署了"联合公报",通过了关于建立4国农业部长定期磋商的常设机制的决议。4国总统主张应加强与世界各地区和各国贸易的发展,推动与美国在4+1框架协定内的合作关系,重视发展北美自由贸易区的关系,赞赏南方共同市场与欧共体国家合作的成果,并责成有关机构研究加强与欧共体、日本、世界银行及其他国际金融机构关系等问题。 (蔡维泉)

国际航运会议常设协会
Permanent International Association of Navigation Congresses—PIANC

【成立经过】国际航运会议常设协会是一个由会员国支持的非政治性和非盈利性的国际学术团体。1885年召开第一届国际内河航运会议。在1902年的第九届大会上正式成立国际航运会议常设协会。

【宗旨】为了人类的利益,顾及所有环境影响,通过促进并鼓励内河及海上航道(河流、河口、运河、进港航道)、内河及海上港口和沿海地区与近海建筑物的设计、施工、改进、维护和经营,来推进内河及海洋航运的维护与发展。

【成员】截至1992年12月,该协会共有2543个会员,其中团体会员654个,个人会员1419人,终身会员470人。

【主要负责人】协会主席罗伯特·代帕普(Robert De Paepe),秘书长伊尔·亨利·范德维尔登(Ir Henri Vandervelden),根据协会章程规定,主席和秘书长应由比利时人担任。

【总部】在比利时布鲁塞尔。

【出版物】《国际航运会议常设协会新闻》(PIANC NEWS),以及每届大会期间出版的论文集。

【组织机构】(1)常设国际委员会:领导机构,由支持协会的国家政府代表组成,每年召开一次会议。负责审查并批准执行委员会和财务审核委员会的年度报告和预算;确定国际大会的时间、地点和议题;审议执行委员会关于大会准备工作的报告,批准国际大会的议题纲要;决定政府补助金和会费以及国际大会的经费;审核和修改协会的规则,批准新会员名单,委任名誉会员等。(2)理事会:由协会主席、副主席、秘书长和成员国的首席代表组成,只有成员国的首席代表有表决权。理事会每年至少召开一次会议,但不能超过两次。协助执行委员会处理协会事务,研究常设国际委员会委托的问题和授权决定的问题;起草每届大会议题的提纲;通过提交给常设国际委员会的协会年度预算。(3)执行委员会:由协会的主席、副主席和秘书长组成。其任务是确保协会工作正常进行;向理事会提交协会活动的年度报告和年度预算草案。(4)财务委员会:由常设国际委员会的3～5名政府代表组成,负责审查执行委员会年度报告的财务部分。(5)常设技术委员会:可在协会宗旨所规定的范围内,成立研究专门技术问题的国际委员会。并可要求成员国的首席代表通过成立当地国家委员会来协助工作。(6)发展中国家问题常设委员会:负责验明发展中国家的需求和协会可能提供的援助,负责同这些国家建立联系,鼓励他们参加协会并协助他们参加活动,组织或倡导与他们的特殊需要直接有关的活动,包括举办研讨会或讲习班。

【主要活动】收集和出版有关内河及海上航道、内河及沿海港口的设计、施工、改进、维护和经营方面的情报资料和学术论文,并研究这些方面的具体问题。召开国际会议交流会员的经验和研究成果。为发展中国家提供技术援助,举办与发展中国家特殊需要有关系的讲习班和专题研讨会。1990年5月,该协会在日本大阪召开了第27届国际航运大会和常设国际委员会年会,41个国家和地区以及4个国际组织的专家学者

809 人与会。会议征集并印发了围绕 10 个专题的学术论文 145 篇。会议决定于 1994 年在波兰的格但斯克召开第 28 届国际航运大会。

【同我国的关系】我国于 1982 年加入该协会,自加入该协会以来,共参加了协会召开的 3 次会议。

(危敬添)

国际海事卫星组织

International Maritime Satellite Organization—INMARSAT

【成立日期】1979 年 7 月 16 日正式宣告成立,并于同年 10 月 24～26 日在伦敦召开第一届大会。该组织是海运国家为提高船舶通信效率而共同投资筹建的一个经营性技术机构,实为一个国际合营股份公司,总投资额为 3 亿美元。

【宗旨】为改进海上通信而提供必需的空间段,从而有助于改进海上遇险和人身安全通信、海上公共通信并提高船舶航行效率以及无线电通信和定位能力。

【成员】67 个(1992 年 12 月 31 日):中国、阿尔及利亚、阿根廷、阿联酋、阿曼、埃及、澳大利亚、巴基斯坦、巴林、巴拿马、巴西、白俄罗斯、保加利亚、比利时、秘鲁、冰岛、波兰、丹麦、德国、法国、菲律宾、芬兰、哥伦比亚、克罗地亚、古巴、韩国、荷兰、加拿大、加蓬、喀麦隆、捷克斯洛伐克、卡塔尔、科威特、利比里亚、罗马尼亚、马来西亚、马耳他、美国、莫桑比克、摩纳哥、南斯拉夫、尼日利亚、挪威、毛里求斯、葡萄牙、日本、瑞典、瑞士、沙特阿拉伯、斯里兰卡、俄罗斯、突尼斯、土耳其、乌克兰、西班牙、希腊、新加坡、新西兰、伊拉克、伊朗、以色列、意大利、印度、印度尼西亚、英国、智利。其中 1991 年以来加入的新会员有冰岛、马耳他、毛里求斯、克罗地亚。

【主要负责人】总干事欧洛夫·兰德堡(Olof Lundberg,瑞典),任期 6 年,可连选连任,从成立起连任至今。

【总部】在英国伦敦。

【出版物】《国际海事卫星组织通讯》(INMARSAT FOCUS),《国际海事卫星组织公约》、《国际海事卫星组织业务协定》、《国际海事卫星组织特权与豁免议定书》、《在领海和港口内使用国际海事卫星组织船舶地面站国际协议》、《国际海事搜救卫星计划协定》以及大会和理事会的议事规则。

【组织机构】(1)大会:最高权力机构,由全体成员国代表组成。每两年召开一次大会,必要时可召开特别会议。负责审议本组织的活动、宗旨、规划、制订政策;批准建立提供无线电定位、遇险和安全操作的附加空间段设施;选举地区理事、审议和决定终止成员资格等。(2)理事会:由 22 个签字国代表组成,其中 18 个为具有最高投资股份的签字国或签字国集团的代表。另外 4 个按地区和照顾发展中国家利益的原则由大会选举产生。每年至少召开 3 次会议。负责确定海事卫星通信的要求,并为空间段的设计、研制、建造、安装、购置或租用、经营、保养和使用,以及为满足这些要求获取任何必要的发射服务制定政策、计划、程序和措施。制定陆上、船上和海上环境中建筑物上的地面站接入国际海事卫星组织空间段的标准和批准程序,以及验证和监测接入和使用该组织空间段的地面站的运行标准和批准程序。向大会提出有关建议及包括财务事项在内的有关本组织活动的定期报告。(3)执行局:日常事务管理机构,由总干事及其他工作人员组成。总干事是本组织的主要执行人和法人代表,由理事会从签字国提出的候选人中选出并经大会批准。

【主要活动】讨论海事卫星通信的要求、制定地面和船站接入国际海事卫星组织空间段的标准和批准程序,确定空间段方案和卫星轨道、制定财务政策。该组织已确定了第三代空间段,分布在大西洋、印度洋和太平洋三个区域。国际海事卫星组织于 1985 和 1989 年两次修改公约,同国际民航组织签订协议,将业务扩大到航空及其陆上移动领域,以便更有效地使用空间段和发展业务,并决定于 1991 年底启用 B/M 标准。

【同我国的关系】我国于 1979 年 7 月 13 日签署《国际海事卫星组织公约》,并授权北京船舶通信导航公司作为中国的签字者签署了《国际海事卫星组织业务协定》。我国是最早参加该组织的成员国之一。为了更好地贯彻国际海事卫星组织的宗旨,我国自 80 年代初就致力于建立运行在太平洋和印度洋两个洋区的 A、C 标准海事卫星地面站的工作。该地面站已于 1991 年 6 月全面投入使用,对印度洋和太平洋区域提供船舶通信服务。我国签字者已五次当选为理事。

(危敬添)

世界海事大学
World Maritime University—WMU

【成立经过】根据国际海事组织第12届大会通过的一项决议，该组织秘书长同联合国开发计划署总干事和瑞典运输部长商定，在瑞典马尔默创办世界海事大学。该校于1983年7月1日正式开学，其经费由联合国开发计划署拨款和捐助国及瑞典政府的资助。

【宗旨】为发展中国家培训海事方面的专业技术人才，促进各国更有效地实施国际海事组织所制订的各种国际公约和规则，以实现更安全的航运和更清洁的海洋，并提高航运与港口服务的效益。

【主要负责人】名誉校长为国际海事组织秘书长威廉·奥尼尔(W. A. O'Neil)，校长沃特斯(D. M. Waters)。

【总部】在瑞典马尔默。此外，世界海事大学在阿尔及利亚、阿根廷、孟加拉国、巴西、中国、科特迪瓦、埃及、加纳、印度、马来西亚、墨西哥和摩洛哥等国设有12所分校。

【出版物】《世界海事大学手册》(World Maritime University Handbook)，英文年刊。

【组织机构】该大学由60人组成的董事会进行管理，多数都是由国际海事组织秘书长任命的，少数是代表联合国各专门机构的前任官员。董事会每年召开一次会议。

【主要活动】自1983年创办以来，该校已为115个国家培养了700余名硕士生，其多数是发展中国家的学员，平均年龄在35岁左右。该校设有海上安全管理、一般海事管理、航运管理、港口管理和海事教育与培训等5种专业课程，学制两年。

【同我国的关系】截至1992年年底，我国共选派19名专业干部到世界海事大学进修。1984年，国际海事组织秘书长同我国交通部商定，在大连海运学院成立世界海事大学大连分校，其任务是为亚太地区的发展中国家举办各种专业短训班。自该分校成立以来，共举办了20余期短训班，有近千名学员到该分校接受培训。 (危敬添)

国际港口协会
International Association of Ports and Harbours—IAPH

【成立日期】1952年11月，日本港口协会邀请一些国家的港务局长参加其成立30周年大会。大会建议成立一个永久性的国际组织来促进世界港口管理当局之间的信息交流与合作。经筹备，1955年11月在美国洛杉矶召开第一届国际港口大会，由世界范围的港务管理当局组成的非政府性国际民间组织——国际港口协会宣告成立。

【宗旨】通过交流港口发展、组织、经营管理新技术的信息，促进和提高世界港口的效率，在互惠互利的基础上鼓励观点、政策和规则的统一，谋求改善世界港口的条件和效率，关心保护其会员在政府或其他机构中的合法权益，代表港口努力寻求与船东、航运公司及其他有关方面的合作，促进水运和远洋航运事业的全面发展，在世界所有港口之间建立并促进相互的良好关系与合作。

【成员】截至1992年年底，共有230个正式会员，大多数为港口当局，110个与港口有关的联系会员，来自80多个沿岸国。我国大连、天津、青岛、秦皇岛、上海、南京、广州、湛江等8个港口和中国港口协会于1992年6月加入国际港口协会。

【主要负责人】会长约翰·马瑟(John Mather，英国)，秘书长日下宏(Hiroshi Kusaka，日本。)

【总部】在日本东京。

【出版物】《港口》(Ports & Harbors)、《国际港协名录》(Directory of IAPH)。

【组织机构】(1)大会：由出席会议的全体成员，包括其代表和代理人组成，每两年召开一次会议。(2)理事会：由协会的正副主席和会议副主席、地区当选的理事组成。每一国家，正式会员在10名以内者，可有一名当选为理事，有10～20名正式会员者，可有两名当选为理事，有20名正式会员以上者，可有3名当选为理事。此外，该协会还设有6个专业技术委员会，即：1.货物装卸作业委员会，负责审查港口装卸设备和系统的规划、发展及操作等方面的事宜；2.港口和船舶安全、环保及结构委员会，负责研究港口结构、维护保养及安全作业的有关事宜；3.贸易促进委员会，负责研究港口贸易的简化程序和文件格式等事宜，包括当地、国内、国际计算机数据的交换与处理；4.港口发展委员会，负责促进发展中国家同发达国家港口之间的合作，提出、制订并实施有关培训、教育和指导等方面的计划；5.港口权益法律保护委员会，审查并修订有关港口利益方面的国际规定；6.公共事务委员会，负责整个地区的发展事宜，论证公众对港口发展、作业、港区工业发展等方面的意见。

【主要活动】检查与评估货物装卸设备及系统的规则，对发展中国家的港口培训、教育和技术援助提出咨询，制订并实施各项计划、审查和评估有关港口权益方面的国际法，讨论港口的建设与维护及水上安全作业，包括港口环境保护、船舶交通管制、危险品管理、污染控制及事故处理。通过收集公众对港口开发和生产的态度，鼓励港口发展，评估港口对社会日常生活带来的影响，制订公共关系战略以处理可能出现的问题。1991年该协会在西班牙巴塞罗那召开了第17届国际港口大会，1993年将在澳大利亚悉尼召开第18届国际港口大会。

【同我国的关系】1990年国际港口协会负责人来华访问，1991年中国港口协会派代表团访问日本，就中国港口协会及广州、大连、南京、青岛、秦皇岛、上海、天津、湛江等8个港口加入国际港口协会一事，同国际港口协会总部负责人取得共识、达成谅解。1992年6月，中国港口协会及广州等8个港口正式办理加入国际港口协会的手续。1993年4月将派代表团出席在澳大利亚悉尼召开的第18届国际港口大会。（危敬添）

国际大坝委员会
International Commission on Large Dams—ICOLD

【成立日期】1928年7月6日在法国巴黎正式成立，并举行了第一次执行会议，有英、美、法、意、罗和瑞士6国参加，选举了正副主席。该委员会为一独立的民间学术组织。

【宗旨】通过有关情报交流和包括技术、经济、财务、环境和社会现象问题的研究，促使大坝及其有关工程的规划、设计、施工、运行和维护的技术进步。

该会通过以下工作实现其宗旨：(1)一些国家委员会的情报交流；(2)在一定时间内组织执行会议、大会以及其它会议；(3)组织合作研究和试验；(4)发表论文集、公报和文件。

【成员】78个：中国、阿尔巴尼亚、阿尔及利亚、阿根廷、埃及、爱尔兰、澳大利亚、奥地利、巴基斯坦、巴拉圭、巴西、保加利亚、比利时、秘鲁、冰岛、波兰、玻利维亚、朝鲜、丹麦、德国、多米尼加共和国、俄罗斯、法国、菲律宾、芬兰、哥伦比亚、哥斯达黎加、韩国、荷兰、洪都拉斯、加拿大、加纳、捷克斯洛伐克、津巴布韦、科特迪瓦、肯尼亚、克罗地亚、莱索托、黎巴嫩、利比亚、卢森堡、罗马尼亚、马达加斯加、马来西亚、美国、摩洛哥、墨西哥、南非、南斯拉夫、尼泊尔、尼日利亚、挪威、葡萄牙、日本、瑞典、瑞士、塞浦路斯、斯里兰卡、苏丹、泰国、突尼斯、土耳其、危地马拉、委内瑞拉、乌拉圭、西班牙、希腊、新西兰、匈牙利、叙利亚、伊拉克、伊朗、意大利、印度、印度尼西亚、英国、赞比亚、智利。

【主要负责人】主席毕尔切尔（Dr. Wolfgang Pircher，奥地利），任期1991～1994年。秘书长卡蒂隆（Joannes Cotillon，法国）。

【总部】中心办公室在法国巴黎。

【出版物】每届大会用英、法文出版四卷论文集和一卷讨论文集。不定期出版各专业委员会的技术总结（公报），每年中心办公室出版年报一册，每3～5年出版一次全世界大坝登记。

【组织机构】设主席一人，每3年改选一次。副主席6人，每年改选两名。秘书长一人、司库一人和秘书等组成中心办公室。执行委员会为最高权力机构，每年召开一次会议，各成员国的国家委员会可派4人参加。经主席建议、执行委员会通过，可设立专业委员会，每届6年。现共有19个专业委员会。它们是：主席辅助、大坝设计分析计算、大坝设计中的地震现象、水力学、大坝混凝土、土石坝材料、大坝造价、大坝环境、大坝安全、大坝基础、泥沙、大坝老化、尾矿坝、设计洪水、公众关系、世界大坝登记、边界河流、字典词汇和大坝失事统计。

【主要活动】每3年组织一次大会，每次讨论4个技术问题。在执行会议时，东道国可提出一个技术问题讨论一天。1992年9月在西班牙格拉纳达市举行的第60届执行会议共有62个国家473名代表和174位陪同人员参加，是历次执行会议参加国最多的一次。非会员国喀麦隆和海地以及世界银行派观察员出席。会中举行了大坝与非常洪水的国际讨论会。

1993 年 11 月将在埃及开罗举行第 61 届执行会议。

1994 年 11 月将在南非德班举行第 62 届执行会议和第 18 届大会。会上将讨论现有大坝安全评估及其加固、水库运行中取得的环境经验、大坝分期兴建加高或改善、溢洪道和底孔的老化问题。

【同我国的关系】1973 年我国代表团做为观察员第一次列席第 41 届执行会议，并参加了第 11 届大坝会议，提交了两篇论文。1974 年被接受为正式成员国。此后除两次执行会议未参加外，其余所有的执行会议和大会都有代表参加。先后提交的论文有 62 篇，进行了 4 次大坝登记。为了交流经验、介绍我国建坝情况和技术，先后编印了英文专著两册。我国的李鹗鼎(1981～1984)、沈崇刚(1988～1991)曾被选为国际大坝委员会副主席。

1987 年 5 月 18～23 日曾在北京举行过第 55 届执行会议并讨论了大坝与地震专题。

从 1990 年以来，我国举办的国际讨论会得到国际大坝委员会赞助的有抽水蓄能、碾压混凝土坝和大坝安全监测等。1993 年 10 月将举行的高土石坝国际讨论会也得到了国际大坝委员会的支持。　(沈崇刚)

国际海道测量组织
International Hydrographic Organization—IHO

【成立日期】1919 年 6 月在伦敦召开了第一届国际海道测量大会，会议决定成立常设机构。1921 年 6 月国际海道测量局在摩纳哥正式成立。1967 年第九届国际海道测量大会通过了《国际海道测量组织公约》，该公约于 1970 年 9 月在联合国注册并正式生效。国际海道测量局成为该组织的总部机构。

【宗旨】协调各国海道测量部门之间的活动；尽可能地使海图和航行资料一致化、标准化；采纳可靠和有效的方法进行海道测量；发展海道测量方面的科学技术。有助于航海的便利和安全。

【成员】59 个(1993 年 2 月)：中国、阿根廷、阿曼、埃及、澳大利亚、巴布亚新几内亚、巴基斯坦、巴林、巴西、比利时、秘鲁、冰岛、波兰、朝鲜、丹麦、德国、多米尼加共和国、厄瓜多尔、俄罗斯联邦、法国、菲律宾、斐济、芬兰、古巴、韩国、荷兰、加拿大、马来西亚、毛里塔尼亚、美国、摩纳哥、南非、南斯拉夫、尼日利亚、挪威、葡萄牙、日本、瑞典、塞浦路斯、斯里兰卡、苏里南、泰国、特立尼达和多巴哥、土耳其、危地马拉、委内瑞拉、乌拉圭、西班牙、希腊、新加坡、新西兰、叙利亚、伊朗、意大利、印度、印尼、英国、扎伊尔、智利。1992 年 10 月 22 日巴林正式加入该组织，成为该组织第 59 个成员国。

【主要负责人】指导委员会主席克里斯特・安德森(Christian Andreasen，美国海军少将)，1992 年在第 14 届国际海道测量大会上当选，任期五年。

【总部】在摩纳哥蒙特卡洛。

【出版物】《海道测量公报》(Hydrographic Bulletin)月刊；《国际海道测量评论》(Hydrographic Review)半年刊。均为英、法、西班牙文版。还有《年鉴》(Yearbook)，海图规范(Chart Specification of the IHO)等共 50 余种。

【组织机构】(1)国际海道测量大会：每 5 年召开一次；(2)指导委员会：每届大会从各成员国提名的候选人中选举不同国籍的 3 人组成，并选举其中一人为主席，在两届大会之间主持工作；(3)国际海道测量局：由指导委员会领导管理，担任秘书处工作。该局聘有海道测量、制图、编辑等高级专家担任专业助理，以及少量行政管理人员。还设有海图标准化委员会、无线电航行警告发布委员会、电子海图委员会、财务委员会等和地区性的区域海道测量委员会以及各种临时性的专门工作机构。

【主要活动】已召开过 14 次大会。主要议题是围绕实现海道测量、海图制图和航海文件的一致和标准化，以及协调各国海道测量部门之间的活动。1992 年 5 月在摩纳哥召开的第 14 届大会上，审议并通过了关于修改该组织有关条例和技术决议、保护海图及航海图书出版物版权、建立世界电子海图数据库等 28 项提案。1992 年该组织修订出版了《国际海图规范》、《世界航行警告指南》、《南极海道测量及制图状况》、《电子海图标准》、《数字化数据交换标准》等多种重要专题出版物。1992 年该组织召开会议，分别讨论了关于电子海图、海图版权、南极海道测量合作等议题。该组织拟于 1995 年中期召开一次特别大会，研究有关世界电子海图数据库的有关问题。该组织与联合国海洋法会议、国际海事组织等十多个国际组织关系密切，共同活动较多。

【同我国的关系】我国是 1919 年第一次国际海道测量大会的参加国，是最早成员国之一。1979 年我国政府承认国际海道测量组织公约，恢复参加该组织活动。1982、1987 和 1992 年我国派代表出席了第 12、13 和第 14 届大会。1988 年 8 月，我国加入东亚海道测量委员会，并派代表出席了1990年10月在日本召开的第五届大会。1980和1989年该组织指导委员会主席曾到我国访问。该组织成员国古巴和加拿大海道测量局局长分别于1990年和1992年访问了我国。

（李树兵）

国际航标协会
International Association of Lighthouse Authorities—IALA

【成立日期】自1929年起，各国航标当局定期每四年举行一次会议，会议在第二次世界大战期间中断。1950年第四次会议在巴黎召开，此后每5年召开一次。1957年7月1日国际航标协会正式成立。该协会为非政府间的国际组织。

【宗旨】通过航标的改进、协调、海上交通管理的实施或其它适当的方法来促进船舶安全、经济和高效航行。

【成员】由四类组成：(1)A或B会员：任何国家的主要航标当局都可以申请，在考虑选举权和不同的会费标准后，可自由选择成为A或B会员。(2)联系会员：负责航标的其他单位、团体或科学机构可以申请。(3)工业会员：为出售航标设备的制造商或销售者，提供航标服务的团体或根据合同提供技术咨询的单位可以申请。(4)名誉会员：理事会授予对协会工作做出重要贡献的个人。

A会员有选举权和被选举权。B会员只有选举权。其他会员无选举权。会员可放弃会籍。理事会对两年未交会费的会员或有损协会基本利益的会员终止其会籍。截至1991年12月末共有会员217个，其中A会员46个，B会员33个，联系会员36个，工业会员64个，名誉会员38个。A会员如下：中国、阿尔及利亚、阿根廷、阿曼、埃及、爱尔兰、澳大利亚、巴基斯坦、巴西、比利时（两个A会员）、冰岛、波兰、朝鲜、丹麦、德国、法国、芬兰、古巴、荷兰、加拿大、科威特、马来西亚、美国、莫桑比克、南非、南斯拉夫、尼日利亚、挪威、葡萄牙、日本、瑞典、沙特阿拉伯、俄罗斯、苏格兰、突尼斯、土耳其、西班牙、希腊、伊朗、意大利、印度、英国、扎伊尔、韩国、香港。

【主要负责人】主席范太尔博士(Dr. Van Tiel，荷兰)，任期1990～1994年。秘书长马修斯先生(N. F. Matthews)，任期至1994年。

【出版物】《国际航标协会会刊》(The IALA Bulletin)，英、法文对照季刊；《新闻》(News)，英文季刊。

【组织机构】(1)会员大会：最高权力机构。每5年召开一次。会员大会决定政策，选举理事会成员，修改会章。(2)理事会：负责会员大会闭幕期间的工作。由20人组成。本届和下届会议东道国的航标当局负责人为指定成员，并任主席和副主席。其余18名成员选举产生。理事会成员任期为两届会员大会之间，可连任。理事会定期开会，至少每年一次。(3)秘书处：理事会的日常工作机构。理事会指定秘书长为协会的法人代表和首席执行人。设常务秘书一人协助秘书长工作。(4)技术委员会：由理事会决定建立技术委员会或工作组研究专门问题，出版适当的建议、指南或标准。(5)工业委员会：由工业会员选举主席、副主席、秘书及委员2人，负责工业会员的事宜。工业委员会成员任期为两届会员大会之间。(6)文件委员会：由理事会决定设置，负责研究起草指定文件。

【主要活动】召开会员大会，并同时举行国际航标协会讨论会和航标设备展览会。为世界各国航标机构提供技术信息交流，对相互间有兴趣的问题进行正式的和非正式的讨论。对技术委员会的研究成果作出评价和决议。1990年6月在荷兰费尔德霍文召开第12次大会和国际航标协会讨论会。来自56个国家和地区的70个航标机构，50个工业会员和11个国际组织的代表466人出席会议。大会修改了协会章程，改选了理事会成员，决定第13次大会将于1994年在美国檀香山召开。这次讨论会对112篇论文分为6个专题进行讨论。工业委员会选出了本届工业委员会委员，美国自动动力公司任主席。展览会由13个国家35个工厂或咨询单位参加展出。

国际航标协会根据导航系统现状，推荐劳兰C和恰卡系统作为世界范围内标准的地面无线电导航系统，采取支持和鼓励会员国之间扩大和改善劳兰C和恰卡覆盖区，包括在可行地区建立劳兰C/恰卡联合链的有效合作的政策，并多次召开有关劳兰C系统的会议。1990年国际航标协会在日本东京召集日本、中国、韩国、前苏联讨论劳兰C与恰卡系统在远东水域的使用。1991年3月在莫斯科召开会议，成立远东劳兰C/恰卡技术工作组(FELT)，并召开第一次会议。由日本、中国、韩国、美国、前苏联等国参加。主持人为国际航标协会秘书长，会议讨论了由苏联起草的开展劳兰C/恰卡无线电导航国际合作的协议草案。1991年9月技术工作组第二次会议在东京召开，讨论关于劳兰C/恰卡采用时间基准和联合控制、监测方法等问题，并修改了协议草案。1992年4月技术工作组第三次会议在法国巴黎国际航标协会总部召开,除对协议草案进行最后修改外,还对台链配置、同步方式等进行了讨论协调。1992年9月技术工作组第四次会议在莫斯科召开,随着9月7日远东水域劳兰C/恰卡联合导航服务国际项目协议正式签署,上述工作组宣告解散。远东无线电导航服务理事会同时成立。随后召开了第一次理事会(FERNS 1),通过了6项技术决议案。另外,国际航标协会与国际港口协会、国际航海研究协会、国际船东联合协会及国际引航协会联合起草了《船舶的识别、登记、通讯、船迹、自动报告系统与VTS连同工作的要求》、《VTS功能—通讯部分》、《邻近的VTS之间的协调》、《VTS操作者的招募、资格及培训指南》等;国际航标协会与国际港口协会、国际引航协会共同编写了《世界船舶交通服务指南》。

【同我国的关系】1955和1980年我国应邀派代表团参加该组织第五和第十次大会。1981年5月26日我国通知国际航标协会:中国决定采用国际航标协会推荐采用的国际统一浮标制度(A区)。1984年我国加入国际航标协会,为A会员。1985、1990年我国先后参加第11、12次大会。1986年我国成为国际航标协会海上浮标系统的缔约方。1988年我国上海航标厂参加国际航标协会,为工业会员。并派代表参加国际航标协会工业会员大会。1990、1991和1992年我国先后参加国际航标协会组织的远东水域劳兰C/恰卡会议并成为远东水域劳兰C/恰卡联合导航服务国际项目协议的签署国。 (郭 莘)

国际标准化组织

International Organization for Standardization—ISO

【成立日期】1947年2月23日正式成立。

【宗旨】在全世界促进标准化和有关工作的发展,以利于国际物资交流和服务,并发展在知识、科学、技术和经济活动中的合作。

【成员】截至1993年1月,共有正式成员71个,其中8个因拖欠会费被暂停成员资格;通讯成员21个。正式成员:中国、阿尔巴尼亚、阿根廷、冰岛、爱尔兰、埃及、埃塞俄比亚、澳大利亚、奥地利、巴基斯坦、巴西、保加利亚、比利时、波兰、丹麦、德国、俄罗斯、法国、菲律宾、芬兰、古巴、荷兰、韩国、加拿大、捷克斯洛伐克、津巴布韦、利比亚、罗马尼亚、马来西亚、美国、摩洛哥、墨西哥、南非、南斯拉夫、挪威、葡萄牙、日本、瑞典、瑞士、塞浦路斯、沙特、斯里兰卡、斯洛文尼亚、泰国、坦桑尼亚、特立尼达和多巴哥、突尼斯、土耳其、委内瑞拉、西班牙、希腊、新加坡、新西兰、匈牙利、叙利亚、牙买加、以色列、意大利、印度、印尼、英国、越南、智利;被暂停资格的成员:阿尔及利亚、朝鲜、哥伦比亚、肯尼亚、蒙古、孟加拉国、乌拉圭、伊朗。通讯成员:阿曼、爱沙尼亚、阿联酋、巴巴多斯、巴布亚新几内亚、巴林、秘鲁、卡塔尔、科威特、立陶宛、马达加斯加、马拉维、马里、毛里求斯、马耳他、尼泊尔、塞舌尔、文莱、乌干达、约旦、香港。

【主要负责人】主席海因兹(J. A. Hinds,美国),任期1992～1994年。秘书长艾克尔(L. D. Eicher,美国),1985年上任,任期不定。

【总部】中央秘书处设在瑞士日内瓦。

【出版物】《国际标准化组织年鉴》(ISO Memento),《国际标准化组织月报》(ISO Bulletin),《国际标准化组织会员和机构》(ISO Members),《国际标准目录》(ISO Catalogue),《国际标准化组织手册》(ISO Handbook)等。均为英、法文。

【组织机构】(1)全体大会:最高权力机构。由各成员团体指定的代表组成,至少每3年召开1次。(2)理事会:常务领导机构。由主席、副主席、司库和18个理事国代表(每年改选1/3)组成,任期3年。理事会下设执行局、技术局及合格评定委员会(CASCO)、消费者政策委员会(COPOLCO)、发展委员会(DEVCO)、情报委员会(INFCO)、标准物质委员会(REMCO)、标准化原理委员会(STACO)、避孕套认证委员会(DCC)。(3)中央秘书处:负责日常行政事务及技术工作的计划与协调,指导各技术组织的工作,编辑出版ISO标准及各种出版物,代表ISO与其他国际组织联系。(4)技术委员会(TC),由理事会授权成立。根据工作需要,技术委员会可下设分技术委员会(SC)和工作组(WG)。截至1992年底,ISO共有179个TC、620个SC、1885个WG和25个特别研究组。还和国际电工委员会共同成立联合技术委员会(JTC),其下设分技术委员会和工作组。

【主要活动】截至1992年底,共制订出版ISO国际标准8651个。1992年9月16～18日在日内瓦召开了ISO第46届理事会会议,主要内容:(1)ISO管理体制改革及机构改革,一致通过或原则赞同的建议是加强技术管理,技术局改为技术管理局,人员增加,职责扩大,全体大会改为一年召开一次,以便更多的中小国家参与 ISO 管理;(2)1993 年召开一次特别全体大会,讨论涉及管理体制改革的章程和办事细则修改问题;(3)大会决议中国仍属发展中国家,土耳其、以色列和香港不再是发展中国家和地区;(4)理事会一致通过我国代表李瑞为技术局成员,任期为 1993~1995 年;(5)1993 年 6 月在北京或中国某南方城市召开一次欧共体统一市场合格评定国际研讨会,规模 200 人。

1992 年 4 月 16~17 日在日本东京召开了 ISO 9000(质量管理与质量保证)系列国际标准论坛。10 月 14 ~16 日和 20~22 日,先后在日内瓦 ISO 总部召开了 ISO/TAGA(有关计量学标准化的顾问组)第三次全体会议和 ISO 标准物质委员会(REMCO)第 16 届会议。

【同我国的关系】1992 年我国共派出 41 个团组、119 人次参加了 ISO 召开的各种会议。在 ISO 第 46 届理事会上,我国家技术监督局副局长李瑞当选为技术局成员。1992 年 7 月 14~16 日,由我国承担秘书处工作的 ISO/TC 202“微束分析”在北京成功地召开了第一次全体会议。会上订出了工作计划,成立了 7 个分技术委员会,分配了承担秘书处工作的成员组织。1992 年我国缴纳会费 458177 美元。 (杜方炯)

国际电工委员会

International Electrotechnical Commission—IEC

【成立日期】1906 年 6 月正式成立。

【宗旨】促进电气、电子工程领域中标准化及有关方面问题的国际合作,以增进国际间的相互了解,并希望各成员国在其本国条件许可的条件下,在其国家标准化工程中采用 IEC 标准。

【成员】42 个(1992 年底):中国、埃及、爱尔兰、澳大利亚、奥地利、巴基斯坦、巴西、保加利亚、比利时、波兰、朝鲜、丹麦、德国、俄罗斯、法国、芬兰、韩国、荷兰、加拿大、捷克斯洛伐克、罗马尼亚、马来西亚、美国、南非、南斯拉夫、挪威、葡萄牙、日本、瑞典、瑞士、泰国、土耳其、西班牙、希腊、新加坡、新西兰、匈牙利、以色列、意大利、印度、印尼、英国。

【主要负责人】主席吉瑟尔(Dr. H. Gissel,荷兰),任期 1993~1995 年。秘书长雷本(A. M. Raeburn,英国),任期不定。

【总部】中央办公室在瑞士日内瓦。

【出版物】《IEC 国际标准》(IEC Publication)、《IEC 标准目录》(IEC Catalogue)、《IEC 年报》(IEC Annual Report)、《IEC 年鉴》(IEC Yearbook)等,均为英、法文。

【组织机构】(1)理事会:最高权力机构,由主席、副主席、前任主席、司库、秘书长及各国家委员会主席组成,每年至少召开一次会议。(2)执行委员会:负责处理理事会交办事项,由主席、副主席、前任主席、司库、秘书长及 12 名执行委员会成员(经各国家委员会提名、由理事会选举产生)组成。12 名执委任期 6 年,每两年改选其中的 1/3,不得连任。每年至少召开一次会议。(3)总政策委员会:负责技术管理、与各国家委员会联系以及协助 IEC 官员进行管理工作,由主席、两名副主席、前任主席、司库、秘书长及 6 名理事国代表组成。(4)中央办公室:办事机构,执行理事会及执行委员会的决定,由秘书长及所需工作人员组成。(5)技术委员会(TC):负责起草标准等技术工作,下设分技术委员会(SC)和工作组(WG)。截至 1992 年底,共有 85 个技术委员会、121 个分技术委员会。(6)ISO/IEC 联合技术委员会(JTC):已成立技术计划联合委员会(JTPC)和第一联合技术委员会(JTCI)。(7)咨询委员会:协助执行委员会工作,现设有电子电讯、安全、电磁兼容三个咨询委员会。(8)认证管理委员会:理事会的下属机构,已建立电子元器件认证体系(IECQ)和电气设备安全标准认证体系(IECEE)。(9)国际无线电干扰特别委员会(CISPR):IEC 下属的半独立机构,由 IEC 的每个国家委员会和有关国际组织的代表组成。

【主要活动】截至 1992 年 10 月共制订出版 2700 个 IEC 国际标准。1992 年 9 月 28 日至 10 月 9 日在荷兰鹿特丹召开了第 56 届 IEC 大会,同时召开了理事会、执行委员会、总政策委员会和 31 个制订标准的 TC、SC 会和约 100 个 WG 会。大会正式代表共约 70 人。大会就以下几个管理方面的问题作出重要决议:(1)IEC 的战略规划,认为国际标准化工作要为更开放的国际市场服务,为清除贸易中的技术壁垒服务,明确了三项主要任务,即制定国际标准、为合格认证服务、为质量保证服务;(2)关于标准化良好行为规范准则,决议邀请国际贸易联盟(ITU)和关税贸易总协定(GATT)共同修改、协调一致;(3)环境保护问题,要求各技术委员会在提出新工作项目时必须将环境因素作为内容之一,并决定成立一个特别小组起草工作指南;(4)版权和销售出版物政策建议,经理事会批准并决定执行,其中一项重要原则是,为制订标准作参考而非供出售的国际标准,可以复印、翻译和免交版税;(5)修改章程、增补“准会员”条款，提出了准会员资格、权利和义务的规定；(6)决定成立合格评定政策组，由一位副主席任组长，以协调各个TC在制订标准时考虑认证的要求和各地区、国家的认证体系；(7)其他问题，如与地区标准化组织的合作、改选执委会委员、今后几年召开IEC大会的地点和时间等。

【同我国的关系】1992年我国共派出33个团组、31人参加了IEC的各种会议。作为IEC副主席，我国家技术监督局副局长鲁绍曾参加了1992年1月23日及28日在日内瓦总部召开的TC62“电医疗设备”和TC87“超声”特别工作组会议和1992年9月28日至10月9日的第56届IEC大会。我国派出21人参加大会。1992年我国缴纳会费178313美元。 (杜方炯)

国际米制公约组织
Convention du Mètre

【成立日期】1875年5月20日。

【宗旨】发展基础计量科学技术，推广和发展国际单位制，保证计量单位的准确一致。

【成员】46个(1992年)：中国、阿根廷、埃及、爱尔兰、澳大利亚、奥地利、巴基斯坦、巴西、保加利亚、比利时、波兰、朝鲜、丹麦、德国、多米尼加共和国、俄罗斯、法国、芬兰、韩国、荷兰、加拿大、捷克斯洛伐克、喀麦隆、罗马尼亚、美国、墨西哥、南非、南斯拉夫、挪威、葡萄牙、日本、瑞典、瑞士、泰国、土耳其、委内瑞拉、乌拉圭、西班牙、匈牙利、伊朗、以色列、意大利、印度、印尼、英国、智利。

【主要负责人】国际计量委员会主席金德(D. Kind，德国)，1987年上任，1991年连任，任期4年。国际计量局局长奎恩(T. J. Quinn，英国)，1988年上任。

【总部】在法国巴黎。

【出版物】《计量学》(Metrologia)，季刊，英文。

【组织机构】(1)国际计量大会：最高权力机构。每4年召开一次。任务是普及和完善米制，批准新的计量基本单位，听取国际计量委员会的工作报告，改选计量委员会委员。(2)国际计量委员会：由18个成员国推荐18名计量学家，经国际计量大会选举产生。每届大会改选1/3。任务是负责起草和执行国际计量大会的决议和监督国际计量局的工作。(3)国际计量局：常设机构。任务是建立主要物理量基准，保存国际原器，组织国家基准的国际比对，组织交流计量技术，进行和协调基本物理常数的测定。下设单位、米定义、电学、光度学、温度、秒定义、电离辐射测量标准、质量与相关量共8个咨询委员会。每个咨询委员会一般每两年召开一次会，讨论有关技术问题，并提出建议。

【主要活动】1992年9月29日至10月1日在法国巴黎召开了第81届国际计量委员会会议。会议的主要内容是：(1)国际计量局局长及各实验室主要研究人员汇报一年来的研究成果，包括1伏约瑟夫森阵列电压标准、激光频率标准、公斤国家原器及硅光二极管光谱响应率的国际比对等；(2)讨论BIPM与ISO、IEC、OIML联合工作组起草的“测量不确定度表达式指导原则”；(3)审议化学分析计量工作组报告；(4)讨论成立“广义相对论在计量学中的应用”工作组的建议，通过国际计量委员会对实现米定义进行修订的决议并建议各国家实验室继续从事长期的计量基础性研究和进行地区性标准比对。会议还讨论了财政决算和由于前苏联及其继承国俄罗斯未能交纳1991、1992两年大约200万金法郎会费所带来的困难和采取的措施。

【同我国的关系】1977年5月10日我国致函法国政府申请加入米制公约，同年6月6日法国政府复照确认。1979年我国代表王大珩教授当选为国际计量委员会委员。1992年9月王大珩、高洁2人出席了第81届国际委员会会议，同月还派出2人参加了由国际计量局召开的第八届米定义咨询委员会(CCDM)。1992年我国交纳会费85633美元。 (杜方炯)

国际法制计量组织
Organization International de Métrologie Légale—OIML

【成立日期】1955年10月12日。

【宗旨】搜集各国法制计量机构及法制计量器具的

文献和情报，确定法制计量的一般原则，制定并推荐国际性计量技术法规，组织新检定方法的国际交流，协调国际间制造、使用和检定计量器具中出现的技术和管理问题，推动国际计量立法的一致和促进国际间贸易，促进成员国主管法制计量部门的联系。

【成员】截至1992年底共有正式成员49个：中国、阿尔及利亚、埃及、埃塞俄比亚、爱尔兰、澳大利亚、奥地利、巴基斯坦、巴西、保加利亚、比利时、波兰、朝鲜、丹麦、德国、俄罗斯、法国、芬兰、古巴、韩国、荷兰、肯尼亚、加拿大、捷克斯洛伐克、喀麦隆、罗马尼亚、美国、摩洛哥、摩纳哥、南斯拉夫、挪威、葡萄牙、日本、瑞典、瑞士、塞浦路斯、沙特、斯里兰卡、坦桑尼亚、突尼斯、西班牙、希腊、匈牙利、以色列、意大利、印度、印尼、英国、赞比亚；通讯成员37个：阿尔巴尼亚、阿曼、巴巴多斯、巴林、巴拿马、秘鲁、冰岛、博茨瓦纳、布基纳法索、菲律宾、斐济、哥伦比亚、哥斯达黎加、加纳、科威特、利比亚、卢森堡、马拉维、马来西亚、马里、毛里求斯、蒙古、孟加拉国、墨西哥、尼泊尔、塞内加尔、塞舌尔、特立尼达和多巴哥、土耳其、委内瑞拉、乌干达、叙利亚、新西兰、约旦、也门，以及香港。

【主要负责人】国际法制计量委员会主席贝尔克兰(M. K. Birkeland，挪威)，1980年上任，任期6年，现连任。国际法制计量局局长阿塔内(B. Athane，法国)。

【总部】在法国巴黎。

【出版物】《公报》(Bulletin)，季刊，英、法文。

【组织机构】(1)国际法制计量大会：最高权力机构，一般每4年召开一次。(2)国际法制计量委员会：领导和咨询机构，每两年召开一次。(3)国际法制计量局：常设机构。(4)指导秘书处和报告秘书处，由各成员国承担，负责技术工作。现共有30个指导秘书处、139个报告秘书处。指导秘书处协调各计量领域(如长度、质量、流量、电量等)的工作。报告秘书处负责具体研究课题。

【主要活动】1992年2月10～12日在法国巴黎召开了主席团理事会。会议有6项议题：财政问题，第九届大会的筹备工作，1991年报告秘书处工作及1992年计划，技术工作程序，实施新程序需要建立的新体制，其他问题。1992年11月2～6日在希腊召开了第27次CIML会议及第九届国际法制计量大会，大会的主要议题是：正式成员及通讯成员情况、发展中国家问题、与其他国际组织关系、长期政策与计划、各秘书处的工作、OIML认证制度等。

【同我国的关系】1985年4月25日我国成为该组织的正式成员。1992年2月我国派出2人参加了主席团理事会，11月派出4人参加了第九届国际法制计量大会，还派2人参加了在英国召开的SP7/S，5“自动衡器会议、派1人参加了在巴黎召开的SP14/S，1及S，2“声学测量仪器”及“听力测量仪器”会议。1992年我国交纳会费25733美元。

(杜方炯)

国际物品编码协会

International Article Numbering Association—EAN

【成立日期】1977年成立了欧洲物品编码协会。以后世界各主要国家的编码组织相继加入，1981年更名为国际物品编码协会。为了体现EAN的国际性和反映它的主要工作已由普及条码转为推广条码的应用技术，如电子数据交换(EDI)等，1992年再次更名为“国际EAN”。

【宗旨】加速开发全球性的物品识别系统，协调条形码的应用，确保会员组织在采用代码识别及符号表示规则上充分一致。该协会为非赢利性团体。

【成员】截至1992年12月4日，共有58个国家和地区的52个编码组织参加。它们是：中国、阿根廷、爱尔兰、澳大利亚、奥地利、巴西、保加利亚、比利时和卢森堡、冰岛、秘鲁、波兰、丹麦、德国、厄瓜多尔、俄罗斯、法国、芬兰、哥伦比亚、古巴、韩国、荷兰、捷克斯洛伐克、克罗地亚、马来西亚、马耳他、墨西哥、南非、南斯拉夫、挪威、葡萄牙、日本、瑞典、瑞士、斯洛文尼亚、塞浦路斯、泰国、土耳其、突尼斯、委内瑞拉、乌拉圭、西班牙、希腊、新加坡、新西兰、匈牙利、以色列、意大利、英国、智利、中美洲六国(巴拿马、哥斯达黎加、洪都拉斯、尼加拉瓜、萨尔瓦多、危地马拉)、中国台湾、香港。

【主要负责人】主席法哈林(R. Fahlin，瑞典)，任期一年。秘书长莱耐普(V. Leneep，比利时)，1992年2月1日上任，任期不定。

【总部】在比利时布鲁塞尔。

【出版物】《EAN年报》(EAN Annual Report)，英文。《EAN通讯》(EAN Newsletter)，英文，不定期刊物。其他不定期出版物有《EAN规范》(EAN Specification)、《EAN电子数据交换标准》(EANCOM)，均为英文。

【组织机构】(1)会员大会：权力机构，每年召开一次，主要任务是修改章程、财政预决算、讨论通过年度报告及工作计划、讨论吸收新会员、选举主席副主席等重大事项。(2)管理委员会:负责行政管理。(3)编码组织主任会议:负责技术咨询。(4)战略委员会:负责发展战略研究。(5)秘书处:常设机构,负责处理日常事务。(6)技术委员会:负责具体技术问题。

【主要活动】1992年5月19～30日在布鲁塞尔召开了EAN全体会员大会,主要议程是:讨论1992年EAN年度报告,通过1992/93年度工作计划,听取技术与系统委员会、通讯系统委员会和欧洲标准化委员会TC225的工作报告,通过将EAN改名为"国际EAN"(EAN International),同时和北美统一代码委员会(UCC)采用共同标志来标识国际通用条码机构,确定召开下届全会的时间和地点等。1992年11月7～12日在巴黎召开了EAN各国编码协会负责人会议,主要内容是:通报EAN管理委员会关于更改EAN名称的决议,研究有关电子数据交换(EDI)技术规范的制订和实施情况,讨论是否指定机构对EAN会员国的条码检测仪进行统一校正,介绍与有关国际组织(UCC、AIM—自动识别设备制造商协会、国际EDI研究所)的合作,和确定下次各国编码组织协会负责人会与EAN1993年全会一起于1993年5月在瑞士召开。

【同我国的关系】1991年4月18日我国以中国物品编码中心名义加入该组织。1992年5月在布鲁塞尔召开的全体会员大会和11月在巴黎召开的各国编码协会负责人会议我国均派2人参加。因我国代表首次出席该两会会议,因此受到特别欢迎。1992年我国缴纳会费354960比利时法郎(折合11678美元)。

(杜方炯)

国际世界语协会
Universala Esperanto-Asocio—UEA

【成立日期】由1908年成立的"环球世界语协会"和1936年成立的"国际世界语联盟"在1947年合并而成。

【宗旨】该会是一个旨在宣传和推广世界语的国际性组织,对民族、种族、宗教和社会问题采取中立态度。其目的在于使用世界语,加强各国世界语者之间的联系,促进各国世界语组织之间的合作,进行文化交流,使世界语最终成为国际通用语。主张以世界语为国际共同语言,消除大国语言排挤小国语言不平等现象,呼吁联合国等国际组织采用世界语为工作语言。

【成员】有个人会员和团体会员。截至1992年12月,个人会员有27217人,分布于114个国家(地区)。团体会员原有50个。1992年,南斯拉夫世界语协会因南斯拉夫解体已自行解散,而克罗地亚和斯洛文尼亚世界语协会被接纳为团体会员;同时,俄罗斯世界语协会取代了原苏联世界语协会在国际世界语协会的位置。所以,现有团体会员51个,除上述三国以外,还包括下列国家(地区)的世界语组织:中国、阿根廷、爱尔兰、爱沙尼亚、澳大利亚、奥地利、巴基斯坦、巴西、保加利亚、比利时、秘鲁、冰岛、波兰、丹麦、德国、法国、芬兰、哥伦比亚、古巴、韩国、荷兰、加拿大、捷克斯洛伐克(包括捷克世界语协会和斯洛伐克世界语协会)、科特迪瓦、拉脱维亚、立陶宛、卢森堡、马耳他、美国、墨西哥、南非、挪威、葡萄牙、日本、瑞典、瑞士、委内瑞拉、乌克兰、西班牙、希腊、新西兰、匈牙利、以色列、意大利、英国、扎伊尔、智利。

【主要负责人】会长约翰·韦尔斯(John C. Wells,英国);秘书长伊恩·杰克逊(Ian Jackson,英国),均于1992年再次当选连任,任期3年,至1995年。

【总部】在荷兰鹿特丹。

【出版物】《世界语》(Esperanto)月刊,世界语文。

【组织机构】(1)委员会:由各团体会员及个人会员分别照章选出。每3年改选一次。主要职能为制定总的工作方针,选举领导机构,决定财政预、决算等。(2)理事会:领导机构。由委员会选出的会长、副会长、秘书长及若干理事组成。协会在各国设有代表和总代表,负责征收会费、联系会员和为会员服务等。

【主要活动】该协会每年举行一次国际世界语大会,轮流在各国召开。大会内容包括专题学术报告会、专业性分组讨论会、用世界语创作的作品竞赛等。1992年7月25日至8月1日在奥地利维也纳举行了第77届国际世界语大会,有69个国家和地区的3033人报名参加了大会。大会决定:第78届国际世界语大会将于1993年7月24～31日在西班牙巴伦西亚举行。

【同我国的关系】中华全国世界语协会于1980年8月正式作为团体会员加入该协会。此前,中华全国世界语协会曾于1956、1959、1964、1978年派团参加国际世界语大会。1980年后,我派团参加每届国际世界语大会。1992年中华全国世界语协会副秘书长祝明义率团出席了第77届国际世界语大会。

(祝明义)

国际笔会
International PEN

【成立日期】1921年10月5日，在英国女作家道森·斯各特倡议下，41位作家在伦敦聚会，宣布成立国际笔会，决心团结各国作家，维护世界和平。

【宗旨】“文学虽来源于不同民族和国家，但不顾政治或国际间的动荡，而成为国与国之间沟通的手段”，“作为人类的共同遗产的艺术作品，不应受到民族或政治情绪的影响”，“笔会会员应随时利用自己的影响增进各国之间的理解和尊重……为人类在同一世界和平共处的理想而奋斗”。主张“本国及各国间不受限制的思想传播”，“反对本国、本地区及世界各国、各地区对表达自由的任何限制”。

【成员】分布在67个国家和地区的107个笔会中心(1991年10月)。

【主要负责人】会长乔治·肯拉德(Gyorgy Konrad，匈牙利)，1990年5月当选。总书记亚历山大·布洛克(Alexandre Blokh，法国)，1981年9月当选，1986年5月和1990年5月两次连任。

【总部】在英国伦敦。

【出版物】《国际笔会名著选》(PEN International Bulletin of Selected Books)，半年刊，英、法文。

【组织机构】国际笔会除会长外，还设有副会长若干人。日常工作由总书记负责主持，下设一个办公室。国际笔会设有在狱作家委员会、作家紧急基金会、翻译委员会与和平委员会。在狱作家委员会的主要工作是调查因写作而被捕入狱的作家情况，向各笔会中心报告，组织呼吁、声援和要求赦免的活动。在狱作家问题是国际笔会会议上争论激烈的一个问题。作家紧急基金会的主要工作是从财政上配合在狱作家委员会，即用金钱或实物援助在狱作家及其家属。基金会由荷兰笔会掌管，经济来源依靠各国作家的捐赠。翻译委员会主要是组织用小语种写成的文学作品翻译成通用语言。1990年5月在葡萄牙召开的大会上，决定成立团结基金会，为经济困难的笔会会员提供出席笔会会议的费用。

【主要活动】国际笔会的会议大体分三种：代表大会、专题文学会议、各笔会中心代表会议。代表大会原则上每年举行一次。第57届大会于1992年4月20～25日在西班牙的巴塞罗那召开。

【同我国的关系】中国笔会中心于1980年4月在北京成立，同年5月在南斯拉夫召开的国际笔会会议上被正式接纳为国际笔会会员。1989年5月在荷兰召开的第53届代表大会上，西方的一些与会代表在人权问题上攻击我国，遭到我代表的有力驳斥。此后，在第54届、55届、56届和57届代表大会上，均有一些笔会中心提出决议草案，借所谓“人权”问题攻击我国。

(金坚范)

国际奥林匹克委员会
International Olympic Committee—IOC

【成立日期】1894年6月23日在巴黎召开的国际体育代表大会上成立。发起人是法国教育家皮埃尔·顾拜旦男爵。简称国际奥委会。

【宗旨】依据奥林匹克宪章，在全世界的范围内领导奥林匹克运动健康地发展；鼓励组织和发展体育运动和体育比赛；保证按期举办奥运会；鼓励青年参加体育活动并从中受到教育，为建立一个和平和更加美好的世界而作出贡献。奥林匹克的口号是：“更快，更高，更强”。

【成员】国际奥委会所领导的奥林匹克运动包含所有同意并遵守奥林匹克宪章的组织和个人，他们隶属于奥林匹克运动的标准是得到国际奥委会的承认。目前，已获得国际奥委会承认的组织有：国家或地区奥委会184个；其管辖的运动项目被列为奥运会比赛的国际单项体育联合会30个；其他国际单项体育联合会17个；奥运会组织委员会，目前有：1994年利勒哈梅尔(挪威)第17届冬季奥运会组委会，1996年亚特兰大(美国)第26届奥运会组委会，1998年长野(日本)第18届冬季奥运会组委会；世界性的或每个洲的国家或地区奥委会协会组织，其中有：各国奥委会总会

(ANOC),非洲国家奥委会总会(ANOCA),亚洲奥林匹克理事会(OCA),泛美体育组织(PASO),欧洲国家奥委会总会(AENOC),大洋洲国家奥委会总会(ONOC);国际奥委会所承认的体育组织还有一些由国际单项体育联合会所组成的协会:国际单项体育联合会总会(GAISF),夏季奥林匹克项目国际单项体育联合会总会(ASOIF),冬季奥林匹克项目国际单项体育联合会总会(AIWF),等等。

【主要负责人】主席胡安·安东尼奥·萨马兰奇侯爵(Marquis de Samaranch,Juan Antonio Samaranch,IOC President,西班牙),1980年8月就任,1989年8月连任。

【总部】在瑞士洛桑。

【出版物】《奥林匹克月刊》(Olympic Review),《奥林匹克通讯》(Olympic Message),《新闻概要》(Press Highlights)。

【组织机构】国际奥委会是一个非政府性的,非盈利性的和永久性的国际组织,它以协会的形式存在,具有法人资格,于1981年9月17日得到瑞士联邦委员会的承认。它的组织机构形式是:国际奥委会全体委员会议(简称"全会"),执委会和主席。

国际奥委会从它认为有资格的人选中选择和选举其委员。国际奥委会委员必须是一个国家的公民,这个国家有一个被国际奥委会承认的国家奥委会。另外,国际奥委会委员必须至少能讲国际奥委会全会上使用的语言的一种,即:法语或英语。国际奥委会委员在年满75周岁的当年年底必须退休。因年龄或健康原因而退休的委员可成为名誉委员。

在一个国家所选举的委员不得超过一人,但国际奥委会可在举办过奥运会或冬季奥运会的国家选举第二个委员。1992年2月在法国阿尔贝维尔召开的第98届国际奥委会全会决定:国际奥委会主席有权指派2名国际奥委会委员。

国际奥委会委员是国际奥委会在这些国家的代表,并非是这些国家派往国际奥委会的代表。截至1993年3月15日,国际奥委会有委员91人,名誉委员23人。

全会至少每年召开一次。它是国际奥委会的最高权力机构,负责对奥林匹克宪章的制订,修改和解释;选举奥运会举办城市;选举国际奥委会委员。全会的决定是最终的。

国际奥委会执委会由主席1人,副主席4人和另外6名委员组成。主席任期8年,可连选连任4年。副主席任期4年,但至少经过四年的间隔才能重新当选此职。执委任期4年,在卸任的当年不得连选连任,除非他当选上主席或副主席。

执委会负责处理国际奥委会的日常事务,包括:准备全会的议事日程;向全会提交修改章程的建议及其他各类报告;批准国际奥委会的内部行政机构,根据主席的通知,委派和免除总干事,秘书长等职;负责保存国际奥委会的会议记录;颁布各种必要的规定和条例。

主席主持国际奥委会的一切活动,并永久性地代表国际奥委会。主席在他认为需要时,可指派成立某些永久性的或特别委员会或工作小组,确定它们的权力范围,任命其成员。国际奥委会现设立的下属委员会有:国际奥林匹克学院委员会、运动员资格委员会、反对种族隔离和奥林匹克主义委员会、运动员委员会、文化委员会、财务委员会、医务委员会、奥林匹克运动委员会、财务新来源委员会、第12届奥林匹克代表大会筹备委员会、奥林匹克项目委员会、新闻委员会、国际奥委会广播电视委员会、奥林匹克团结委员会、群体委员会、奥运会协调委员会、奥林匹克勋章理事会、奥林匹克运动理事会和体育仲裁法庭。

【主要活动】奥运会最早始于古希腊的奥林匹亚,由古代希腊人民为祭神和崇拜英雄而举行的一些竞赛活动逐渐发展形成的。

第一届古代奥运会于公元前776年举行,共举行过293次。公元393年被罗马皇帝狄奥多西废除。

1889年法国的顾拜旦男爵提出恢复奥林匹克运动的建议。第一届近代奥运会于1896年在希腊举行。以后每四年举行一次。即使其间因故不能举行,届数仍然依次照算。第26届奥运会将于1996年7月20日至8月4日在美国亚特兰大市举行。各届奥运会[第6(1916)、12(1940)、13(1944)届因战争未举办]举办日期、地点、参赛国和运动员人数如下:

年份	举办日期	城市名称	届数	参赛国数	运动员数
1896	4.6~4.15	雅典	1	13	295
1900	5.20~10.28	巴黎	2	21	1077
1904	7.1~11.23	圣路易	3	12	554
1908	4.27~10.31	伦敦	4	22	2034
1912	5.5~7.22	斯德哥尔摩	5	28	2504
1920	4.20~9.12	安特卫普	7	29	2591
1924	5.4~7.27	巴黎	8	44	3075
1928	5.17~8.12	阿姆斯特丹	9	46	2971
1932	7.30~8.14	洛杉矶	10	38	1331
1936	8.1~8.16	柏林	11	49	3980
1948	7.29~8.14	伦敦	14	58	4062
1952	7.19~8.3	赫尔辛基	15	69	5867
1956	11.22~12.8	墨尔本	16	67	3342
	6.10~6.17	斯德哥尔摩		29	
1960	8.25~9.11	罗马	17	84	5396
1964	10.10~10.24	东京	18	94	5586
1968	10.12~10.27	墨西哥	19	113	6626
1972	8.26~9.11	慕尼黑	20	122	7894
1976	7.17~8.1	蒙特利尔	21	88	6189
1980	7.19~8.3	莫斯科	22	81	5923
1984	7.28~8.12	洛杉矶	23	140	7055
1988	9.17~10.2	汉城	24	160	9417
1992	7.25~8.9	巴塞罗那	25	172	10563*
1996	7.20~8.4	亚特兰大	26		

* 参加巴塞罗那奥运会的172个国家和地区奥委会中包括以"独联体"名称参赛的前苏联和以"个人"名义参赛的南斯拉夫运动员。"10563"为实际报名的运动员人数。

冬季奥运会从1924年起开始举行,每四年一次。届数按实际举行的次数计算。第16届冬季奥运会于1992年2月在法国的阿尔贝维尔举行。自此以后,冬季奥运会与夏季奥运会不在同一年度举行。第17届冬季奥运会将于1994年在挪威的利勒哈梅尔举行。各届冬季奥运会的举办日期、地点、参赛国和运动员人数如下:

年份	举办日期	城市名称	届数	参赛国数	运动员数
1924	1.25～2.5	夏蒙尼	1	16	294
1928	2.11～2.19	圣莫里茨	2	25	464
1932	2.4～2.13	普莱西德湖	3	17	252
1936	2.6～2.16	加米施—帕腾基兴	4	28	669
1948	1.30～2.8	圣莫里茨	5	28	669
1952	2.14～2.25	奥斯陆	6	30	694
1956	1.26～2.5	科蒂纳丹佩佐	7	32	820
1960	2.18～2.28	斯阔谷	8	30	666
1964	1.29～2.9	因斯布鲁克	9	36	933
1968	2.6～2.18	格勒诺布尔	10	37	1293
1972	2.3～2.13	札幌	11	35	1128
1976	2.4～2.15	因斯布鲁克	12	37	1261
1980	2.13～2.24	普莱西德湖	13	37	1283
1984	2.8～2.19	萨拉热窝	14	49	1490
1988	2.13～2.28	卡尔加里	15	57	1759
1992	2.8～2.23	阿尔贝维尔	16	64	2174
1994	2.12～2.27	利勒哈梅尔	17		
1998		长野	18		

目前,夏季奥运会设有31个体育运动项目:田径、足球、游泳(含跳水、水球、花样游泳)、篮球、排球、曲棍球、体操、举重、自行车、摔跤、柔道、射击、射箭、击剑、皮划艇、赛艇、帆船、马术、拳击、手球、乒乓球、羽毛球、网球、现代五项和棒球。冬季奥运会设有:冬季两项、滑雪(含高山滑雪、越野滑雪、花样滑雪、跳台滑雪和北欧混合)、滑冰(含速度滑冰、短道速滑、花样滑冰)、冰球、雪车和雪橇。

截至1993年3月,国际奥委会全体委员会议已举行了99次。1989年8月在波多黎各圣胡安举行的第95届全会上,萨马兰奇再次当选为主席,中国委员何振梁当选为副主席。会议还通过了参加1992年巴塞罗那奥运会足球运动员的年龄限制在23岁以下,决定从1996年奥运会后,取消表演项目的设置。

1990年9月在东京举行的第96届全会上,经过5轮秘密表决,美国的亚特兰大市赢得了举办1996年第26届奥运会的权利。全会还一致通过了修改了8年之久的《奥林匹克宪章》。

1991年6月在伯明翰召开第97届全会上,日本的长野赢得了举办1998年第18届冬季奥运会的权利。

2000年第27届奥运会的举办地点将于1993年9月21～23日在摩纳哥的蒙特卡罗市召开的第101届全会上表决决定。

国际奥委会执委会会议基本上每年召开4次。另外,从1952年起,国际奥委会执委会与国家奥委会之间不定期举行联席会议,至今,共举行了27次会议。

奥林匹克代表大会原则上每8年举行1次。出席代表大会的除国际奥委会委员和名誉委员外,还有各国际单项体联、中国奥委会和其他获得国际奥委会承认的体育组织的代表,以及被邀请的运动员和知名人士。至今,奥林匹克代表大会已举行过11次。第12届奥林匹克代表大会将于1994年8月29日至9月3日在巴黎召开,它也是现代奥林匹克运动恢复100周年的庆祝活动的一部分。第12届奥林匹克代表大会的中心议题是:奥林匹克运动对现代社会的贡献;现代的运动员;体育与社会;体育和新闻媒介。

【同我国的关系】中国奥委会早在1922年就得到了国际奥委会的承认。解放前,中国曾派运动员参加了1932年,1936年和1948年的三次奥运会。解放后,中国派队参加了1952年在赫尔辛基的第15届奥运会。但不久,当时的国际奥委会主席布伦戴奇(美国)把台湾列入了国际奥委会所承认的各国奥委会名单之中,企图制造"两个中国"。中国多次抗议交涉无效,于1958年声明中断与国际奥委会的关系。1975年中国奥委会要求国际奥委会恢复在奥林匹克运动中的合法代表权。1979年10月国际奥委会通过决议,确认我为"中国奥委会",使用中华人民共和国国旗和国歌;同时规定设在台北的奥委会为"中国台北奥委会",使用"不同于其目前使用的旗、徽和歌"。1979年11月26日国际奥委会正式通过这项决议,从而恢复了我在奥林匹克运动中的权利。

中国奥委会于1980年2月和1984年2月派队参加了第13届和第14届冬季奥运会。1984年7月,中国体育代表团全面参加了在洛杉矶举行的第23届奥运会,夺得金牌15枚,银牌8枚和铜牌9枚,实现了中国运动员在奥运会上无奖牌和无金牌历史性的"零的突破"。1988年2月和7月,中国奥委会分别派团参加了在卡尔加里和汉城举行的第15届冬季奥运会和第24届奥运会。1992年在阿尔贝维尔举行的第16届冬季奥运会上,中国运动员在速滑和短道速滑的比赛中,共夺得3枚银牌,这是中华人民共和国国旗第一次在冬季奥运会上升起。在1992年巴塞罗那奥运会上,中国运动员共夺得16枚金牌,22枚银牌和16枚铜牌,金牌总数在各国奥委会中列在第四位。

何振梁于1981年和1985年当选为国际奥委会委员和执委会委员。1989年8月,何振梁当选为国际奥委会副主席,这是中国人首次担任这个职务。目前,我国在国际奥委会下属小组委员会中任职的有:李宁(运动员委员会),屠铭德(群体委员会),杨天乐(医务委员会)，杨则宜(医务委员会)，章挺权(新闻委员会)。

我国荣获国际奥委会颁发的奥林匹克勋章的有：万里(金质奥林匹克勋章，1986年)、荣高棠(1983年)、钟师统(1984年)、黄中(1986年)、李梦华、陈镜开(1987年)、路金栋、陈先、宋中(1990年)、陈希同、伍绍祖、张百发(1991年批准)、张彩珍(1992年批准)。1986年，国际奥委会授予中国奥委会奥林匹克杯，以表彰我国对第三世界国家，特别是对非洲国家体育援助作出的巨大贡献。

近年来，中国奥委会一直与国际奥委会保持着良好的关系。中国奥委会得到国际奥委会赞助的体育活动有：1985年在北京举行的马拉松赛和第一届全国体育美术作品展览，1986年成都马拉松赛，全国农民篮球赛，全国少数民族运动会；1987年大连马拉松赛和在唐山举行的全国伤残人运动会；1988年洛阳马拉松赛；1989年昆明马拉松赛；1990年第二届全国体育美术作品展览和广州马拉松赛。国际奥委会于1991年3月在瑞士洛桑举行了"当代中国体育美术作品展览"。

1990年9月，应中国奥委会的邀请，国际奥委会主席萨马兰奇及委员来京参观了第11届亚运会。

1991年2月6日，中国奥委会在京召开了全体委员会议，确定北京为2000年第27届奥运会候选城市，并于1991年12月向国际奥委会提交了正式申请。

(张全胜)

附件一：1.国家/地区奥委会代码(名称)

AFG	(阿富汗)；	AHO	(荷属安的列斯群岛)；
ALB	(阿尔巴尼亚)；	ALG	(阿尔及利亚)；
AND	(安道尔)；	ANT	(安提瓜)；
ARG	(阿根廷)；	ARM	(亚美尼亚)*；
ARU	(阿鲁巴)；	ASA	(美属萨摩亚)；
AUS	(澳大利亚)；	AUT	(奥地利)；
AZE	(阿塞拜疆)*；	BAH	(巴哈马国)；
BAN	(孟加拉国)；	BAR	(巴巴多斯)；
BEL	(比利时)；	BEN	(贝宁)；
BER	(百慕大)；	BHU	(不丹)；
BIZ	(伯利兹)；	BLS	(白俄罗斯)*；
BOL	(玻利维亚)；	BOT	(博茨瓦纳)；
BRA	(巴西)；	BRN	(巴林)；
BRU	(文莱)；	BSH	(波斯尼亚—黑塞哥维那)*；
BUL	(保加利亚)；	BUR	(布基纳法索)；
CAF	(中非)；	CAN	(加拿大)；
CAY	(开曼群岛)；	CGO	(刚果)；
CHA	(乍得)；	CHI	(智利)；
CHN	(中国)；	CIV	(科特迪瓦)；
CMR	(喀麦隆)；	COK	(库克群岛)；
COL	(哥伦比亚)；	CRC	(哥斯达黎加)；
CRO	(克罗地亚)*；	CUB	(古巴)；
CYP	(塞浦路斯)；	DEN	(丹麦)；
DJI	(吉布提)；	DOM	(多米尼加)；
ECU	(厄瓜多尔)；	EGY	(埃及)；
ESA	(萨尔瓦多)；	ESP	(西班牙)；
EST	(爱沙尼亚)；	ETH	(埃塞俄比亚)；
FIJ	(斐济)(岛)；	FIN	(芬兰)；
FRA	(法国)；	GAB	(加蓬)；
GAM	(冈比亚)；	GBR	(英国)；
GEO	(格鲁吉亚)*；	GER	(德国)；
GEQ	(赤道几内亚)；	GHA	(加纳)；
GRE	(希腊)；	GRN	(格林纳达)；
GUA	(危地马拉)；	GUI	(几内亚)；
GUM	(关岛)；	GUY	(圭亚那)；
HAI	(海地)；	HKG	(香港)；
HON	(洪都拉斯)；	HUN	(匈牙利)；
INA	(印度尼西亚)；	IND	(印度)；
IRI	(伊朗)；	IRL	(爱尔兰)；
IRQ	(伊拉克)；	ISL	(冰岛)；
ISR	(以色列)；	ISV	(维尔京群岛)(美属)；
ITA	(意大利)；	IVB	(英属维尔京群岛)；
JAM	(牙买加)；	JOR	(约旦)；
JPN	(日本)；	KEN	(肯尼亚)；
KGZ	(吉尔吉斯斯坦)*；	KOR	(韩国)；
KSA	(沙特阿拉伯)；	KUW	(科威特)；
KZK	(哈萨克斯坦)；	LAO	(老挝)；
LAT	(拉脱维亚)；	LBA	(利比亚)；
LBR	(利比里亚)；	LES	(莱索托)；
LIB	(黎巴嫩)；	LIE	(列支敦士登)；
LIT	(立陶宛)；	LUX	(卢森堡)；
MAD	(马达加斯加)；	MAR	(摩洛哥)；
MAS	(马来西亚)；	MAW	(马拉维)；
MDV	(马尔代夫)；	MEX	(墨西哥)；
MGL	(蒙古)；	MLD	(摩尔多瓦)*；
MLI	(马里)；	MLT	(马耳他)；
MON	(摩纳哥)；	MOZ	(莫桑比克)；
MRI	(毛里求斯)；	MTN	(毛里塔尼亚)；
MYA	(缅甸)；	NAM	(纳米比亚)；
NCA	(尼加拉瓜)；	NED	(荷兰)；
NEP	(尼泊尔)；	NGR	(尼日利亚)；
NIG	(尼日尔)；	NOR	(挪威)；
NZL	(新西兰)；	OMA	(阿曼)；
PAK	(巴基斯坦)；	PAN	(巴拿马)；
PAR	(巴拉圭)；	PER	(秘鲁)；
PHI	(菲律宾)；	PNG	(巴布亚新几内亚)；
POL	(波兰)；	POR	(葡萄牙)；
PRK	(朝鲜)；	PUR	(波多黎各)；
QAT	(卡塔尔)；	ROM	(罗马尼亚)；
RSA	(南非)；	RUS	(俄国)*；
RWA	(卢旺达)；	SAM	(西萨摩亚)；
SEN	(塞内加尔)；	SEY	(塞舌尔)；

SIN	(新加坡);	SLE	(塞拉利昂);
SLO	(斯洛文尼亚);	SMR	(圣马力诺);
SOL	(所罗门群岛);	SOM	(索马里);
SRI	(斯里兰卡);	SUD	(苏丹);
SUI	(瑞士);	SUR	(苏里南);
SWE	(瑞典);	SWZ	(斯威士兰);
SYR	(叙利亚);	TAN	(坦桑尼亚);
TCH	(捷克斯洛伐克)**;	TGA	(汤加);
THA	(泰国);	TJK	(塔吉克斯坦)*;
TKM	(土库曼斯坦)*;	TOG	(多哥);
TPE	(中国台北);	TRI	(特立尼达和多巴哥);
TUN	(突尼斯);	TUR	(土耳其);
UAE	(阿拉伯联合酋长国);	UGA	(乌干达);
UKR	(乌克兰)*;	URU	(乌拉圭);
USA	(美国);	UZB	(乌兹别克斯坦)*;
VAN	(瓦努阿图);	VEN	(委内瑞拉);
VIE	(越南);	VIN	(圣文森特和格林纳丁斯);
YEM	(也门);	YUG	(南斯拉夫);
ZAI	(扎伊尔);	ZAM	(赞比亚);
ZIM	(津巴布韦)。		

* 为 1992 年得到国际奥委会承认的国家或地区奥委会;

** 从 1993 年 1 月起,捷克斯洛伐克分成捷克和斯洛伐克两个奥委会,尚待国际奥委会给予承认。

附件二:国际单项体育联合会(缩写)

国际业余田径联合会(IAAF);
国际赛艇联合会(FISA);
国际羽毛球联合会(IBF);
国际棒球联合会(IBA);
国际篮球联合会(FIBA);
国际雪车联合会(FIBT);
国际业余拳击联合会(AIBA);
国际皮划艇联合会(FIC);
国际业余自行车联合会(FIAC);
国际马术联合会(FEI);
国际击剑联合会(FIE);
国际足球联合会(FIFA);
国际体操联合会(FIG);
国际手球联合会(IHF);
国际曲棍球联合会(FIH);
国际冰球联合会(IIHF);
国际柔道联合会(IJF);
国际雪橇联合会(FIL);
国际业余摔跤联合会(FILA);
国际业余游泳联合会(FINA);
国际现代五项和冬季两项联合会(UIPMB);
国际滑冰联合会(ISU);
国际滑雪联合会(FIS);
国际乒乓球联合会(ITTF);
国际网球联合会(ITF);
国际射击联合会(UIT);
国际射箭联合会(FITA);
国际排球联合会(FIVB);
国际举重联合会(IWF);
国际帆船联合会(IYRU)。

亚洲—太平洋邮政联盟
Asian-Pacific Postal Union

【成立日期】1961 年 1 月 23 日,《亚洲大洋洲邮政公约》在马尼拉签署,1962 年 4 月 1 日起生效。根据该公约成立了"亚洲大洋洲邮政联盟"。1981 年 3 月改名为"亚洲太平洋邮政联盟",简称"亚太邮联"。

【宗旨】发展、便利和改善各会员国之间的邮政联系,促进邮政业务方面的合作。

【成员】23 个(1993 年 2 月):中国、阿富汗、澳大利亚、孟加拉国、不丹、印度、印度尼西亚、韩国、马尔代夫、文莱、日本、马来西亚、老挝、瑙鲁、尼泊尔、新西兰、巴基斯坦、巴布亚新几内亚、菲律宾、新加坡、斯里兰卡、泰国和越南。

【主要负责人】总部主任由菲律宾交通运输部邮政总局长萨民拓(Jorge V. Sarmiento)先生兼任,1991 年 12 月 3 日就职。

【总部】设在菲律宾马尼拉。

【组织机构】(1)代表大会:最高权力机构,由各会员国的代表组成,每 5 年举行一次。其主要任务是根据各国提案,对本联盟的法规进行修改;审议上届大会以来的工作报告和下个五年工作安排;批准财务预算和讨论亚太地区邮政技术合作等问题。(2)执行理事会:由所有会员国组成,在两届大会期间主持联盟的工作,每年召开一次会议。其职责是执行代表大会所赋予的各项任务;对总部工作进行监督;审查和批准联盟年度预算和帐目等。(3)亚太邮政培训中心:设在泰国曼谷。每年培训中级邮政官员约 140 名。

【主要活动】1990 年 11 月 28 日至 12 月 6 日在新

西兰罗托鲁阿举行了第六届代表大会。会议对亚太邮联法规重新进行了修订。新法规于1992年7月1日生效。1992年执行理事会于9月15～21日在印度召开。会议主要讨论了亚太邮联的人事和财务问题；联盟法规的重新编排；总部职员工资调整；邮政转变管理体制和商业化经营；改善邮政通信质量和加强特快专递业务等。

【同我国的关系】亚太邮联于1974年5月20日终止了台湾会籍。我于1975年11月13日加入亚太邮联。亚太邮联执行理事会1987年年会和亚太邮政培训中心管理委员会会议于1987年8月25日至9月1日在北京举行。这是该组织第一次在我国召开的会议。

（隋洪良）

亚洲—太平洋通讯社组织
Organization of Asia-Pacific Agencies—OANA

【成立日期】前身是1961年12月成立的亚洲通讯社组织。为了发展太平洋地区的通讯社作为自己的成员，1981年11月在吉隆坡举行的第五次大会通过决议改为现名，简称亚通组织。

【宗旨】增强和促进本地区新闻和信息的自由流通；鼓励消除政府对从事新闻传播的通讯社所采取的歧视行动和不必要的限制，以便增强世界人民在不遭受歧视的情况下对新闻信息的获取；建立新闻交换网，以促进新闻传播；积极参予纠正和改进发达国家和发展中国家之间信息不平衡状况和新闻流向；关心本组织各国、所在地区和区域在战胜贫穷、饥饿、失业和疾病与实现现代化方面所做的努力；致力于各民族之间的和平与了解，反对各种形式的种族歧视和殖民主义；加强本地区通讯社之间以及它们与世界其他地区通讯社之间为共同利益而展开的合作关系；共同学习，共同工作，并在必要时采取联合行动以加强编辑、培训、通讯和技术等方面的措施。

【成员】20个国家（地区）的26家通讯社（1992年底）：新华通讯社（中国）、巴赫塔通讯社（阿富汗）、安塔拉通讯社（印尼）、孟加拉国通讯社、东方通讯社（孟加拉国）、联合通讯社（孟加拉国）、巴特寮通讯社（老挝）、朝鲜中央通讯社、阿纳多卢通讯社（土耳其）、巴基斯坦联合通讯社、巴基斯坦国际新闻社、菲律宾通讯社、共同社（日本）、蒙古通讯社、马来西亚国家通讯社、尼泊尔民族通讯社、斯里兰卡国家通讯社、泰国通讯社、俄通社—塔斯社（俄罗斯）、伊朗通讯社、印度报业托拉斯、印度联合新闻社、印度斯坦新闻通讯社、印度新闻社、越南通讯社、联合通讯社（韩国）。

【主要负责人】主席为共同社社长犬养康彦（Mr. Yasuhiko Inukai，日本），1991年9月就任。

【总部】秘书处在日本东京共同社内。

【出版物】《亚通组织新闻通讯》（OANA Newsletter），季刊，英文。还出版了新闻摄影培训班的补充教科书《亚通组织新闻图片》（OANA Photojournalism）。

【组织机构】（1）大会：最高权力机构。每3年召开1次。（2）执行委员会：大会决议的执行机构。由大会选举的9个成员（主席、3名副主席和5名执行委员）组成。主席一般由本届大会东道主通讯社担任。前任主席和下届大会东道主通讯社一般担任副主席。执行委员会每年至少召开一次会议。（3）秘书处：负责日常工作，通常设在大会东道主通讯社内。秘书长的任命由执行委员会与主席协商决定，一般由东道主通讯社人员担任。现任秘书长由共同社的弘江口（Hiroshi Eguchi）担任。他是共同社国际部副主任。

【主要活动】在最初的近20年中，亚通组织由于缺少经费和地区性通讯网络，活动很少。各成员通讯社之间只是通过邮寄交换一些新闻稿和资料。1981年11月在亚通组织领导下成立了亚洲新闻交换网（简称亚新网），1982年1月开始工作。所有亚通组织的成员都是亚新网的成员。为使该网顺利运行，在亚通组织执委会领导下，成立了编辑工作小组和技术专家小组，负责解决新闻采写、编辑的问题和新闻交换过程中的电讯网络问题。目前，各成员通讯社每天相互收抄新闻50～60条，2万多字。

亚通组织不定期地举办新闻和通讯技术培训班。近几年中，在联合国教科文组织的资助下，亚通组织分别在德黑兰、河内和科伦坡开办了新闻摄影和特稿写作培训班，在雅加达举办了电脑化培训班，在东京举办了通讯技术人员培训班。

1992年9月30日至10月2日，亚通组织第13届执委会会议在莫斯科举行。会议决定接收孟加拉国的联合新闻社为亚通组织的正式成员，俄罗斯的新闻社为观察员。出席会议的代表就"21世纪亚洲通讯社面临的新挑战"这一议题进行了讨论。

【同我国的关系】新华社亚太总分社每天向亚新网发稿并抄收亚新网稿件。新华社的稿件被亚新网的许多成员采用。以副总编辑高秋福为首的新华社代表团出席了第13届执委会会议。1991年9月，在东京举行的亚通组织第八次大会上，新华社被选为亚通组织副主席，并决定于1994年举行的亚通组织第九次大会，由新华社作为东道主在北京召开。（康家林）

亚洲—太平洋广播联盟
Asia-Pacific Broadcasting Union—ABU

【成立日期】1964年7月1日成立，同年11月召开成立大会和第一届全会。原名"亚洲广播联盟"，1976年第13届大会改为现名，简称仍为亚广联。

【宗旨】在一切适当的领域维护会员的利益；促进和协调有关广播电视各种问题的研究及情况交流；推广各种有利于广播事业发展的措施，尤其是在广播电视用于教育和国家发展方面；尽最大努力保证所有会员尊重国际协定中有关广播方面的各项规定；努力通过广播电视为促进国际间的友好和亲善作出贡献。

【成员】截至1993年1月底，共有会员83个，代表50个国家和地区。会员分三类：正式会员、附加正式会员和准会员。正式会员39个，代表30个国家。附加正式会员17个，1992年菲律宾电台广播网（RPN）、香港都市电台、日本朝日广播公司、韩国基督教广播公司、韩国汉城广播公司等被接纳为附加正式会员。准会员27个，包括美国三大商业广播电视公司、英国广播公司、德国广播协会和法国广播电视组织等。

【主要负责人】主席达图·贾法尔·卡明（Dato' Jaafar Kamin，马来西亚广播电视台总台长），1992年元旦就任，任期3年。副主席川口幹夫（Mikio Kawaguchi，日本广播协会会长），1992年元旦就任，任期3年；副主席迈哈迪·塔比先（Mehdi Tabeshian，伊朗广播公司副主席），1993年元旦就任，任期3年。秘书长休·列昂纳德（Hugh Leonard，斐济广播公司前总经理），1985年7月任职，1991年5月连任，1993年5月再次连任，任期3年。

【总部】在马来西亚吉隆坡。另设东京办事处（将于1993年底关闭）。

【出版物】《亚广联新闻》（ABU News）和《亚广联技术评论》（ABU Technical Review），均为英文双月刊。

【组织机构】（1）大会：最高机构，每年秋季在本地区不同的国家召开。负责修改章程，选举主席、副主席、理事会成员，任命秘书长，批准各委员会的建议书及其他重要事项。（2）理事会：由13名成员组成，其中11名由正式会员选举，另2名由附加正式会员选举产生，每年召开两次会议。下设新闻和体育两个研究组，每年分别召开两次会议。（3）常设节目委员会和常设技术委员会，每年在大会前分别举行会议。（4）秘书处：常设机构。设秘书长、节目部主任和技术中心主任。另设东京办事处主任（1993年底将取消这一职务）。

【主要活动】（1）电视新闻交换，开办于1984年，原分为两个区每天通过卫星进行，现有12个成员参加。1989年5月1日起发展为多通道新闻交换，加快了新闻时效，提高了新闻的质量。1991年又采取了提高新闻质量和时效的措施，安装了联通各成员的电传和传真机，改善了技术传送的指标。（2）集体购买重大国际体育比赛的电视报道权，如奥运会、世界杯足球赛和亚运会等。（3）广播和电视节目交换、联合制作节目、组织每年一度的民间音乐广播节活动等。（4）每年一度的广播和电视节目评奖比赛，广播和电视评奖各设四项奖。（5）技术咨询、技术研讨会，每年一度的发展中国家成员技术论文评选以及经常性的人员培训等。

1992年按惯例召开了理事会、新闻研究组和体育研究组的各次例会，讨论了有关的问题。9月在北京召开的亚广联新闻交换协调员和技术协调员会议为亚广联首次将两会同时在同一地举行。组织并协助会员报道巴塞罗那奥运会是本年度的重要活动之一，并取得了出色的成果，在这次奥运会报道方面，还首次组织了电台记者联合报道的安排。11月在印尼巴厘岛举行的第29届大会及有关会议作出了多项决议，选举了副主席、决定关闭东京办事处、改选部分理事、适当增加吉隆坡总部的工作人员、重新任命秘书长、同意与广播电视有关的机构作为联系团体等。

【同我国的关系】1972年第9届大会通过欢迎我国广播电视组织行使在亚广联正式会员权利的决议。1973年我国广播电视组织以"中华人民共和国广播电视台"的名义参加活动，派代表团出席了自1974年以来的几乎历次会议（1976年未派代表出席当年的大会）。1976年当选理事，后连任。1990年未再竞选理事。1992年再度当选为理事，任期3年。1992年我国派代表参加了该组织的主要活动。我广电部外事司马元和副司长率八人代表团出席了在印度尼西亚巴厘岛召开的第29届大会及有关的会议。在大会前的节目评奖中，我国中央电视台获本年度电视新闻交换奖——艾伯特基金会奖，中央人民广播电台选送的节目《今日少林》获表扬奖，国际电台选送的节目《华东水灾》亦获表扬奖（即二等奖）。广播影视部高级工程师吴贤纶撰写

的技术论文《论新电视技术的发展战略》荣获本年度最佳技术论文奖。（马元和）

亚洲—太平洋广播发展机构
Asia-Pacific Institute for Broadcasting Development—AIBD

【成立日期】1977年4月和8月联合国开发计划署召集的两次会议决定成立，同年8月12日在马来西亚吉隆坡签署了《关于设立亚洲—太平洋广播发展机构的协定》。

【宗旨】促进本地区广播电视事业的发展，为成员国培训广播电视从业人员及为广播电视的发展提供咨询等。

【成员】22个(1992年底)：中国、阿富汗、巴布亚新几内亚、巴基斯坦、法国、菲律宾、斐济、老挝、马尔代夫、马来西亚、孟加拉国、尼泊尔、斯里兰卡、泰国、文莱、西萨摩亚、新加坡、伊朗、印度、印尼、越南、韩国。

【主要负责人】1992/93年度管理委员会主席由印尼担任。主任兼管理委员会秘书达图·阿布杜勒·穆罕默德(Dato' Abdullah Mohamad，马来西亚广播电视台前总台长)，1987年就任，1992年连任。

【总部】在马来西亚吉隆坡。

【出版物】《广播者》(BROADCASTER)季刊，英文。

【组织机构】管理委员会：最高权力机构。由11个拥有表决权的成员组成，除马来西亚为常任委员外，其余成员由选举产生。主席任期两年，通过管委会选举产生。每年召开一次管理委员会会议。管理委员会内另由其成员选举产生执行局，在管委会年会前举行会议。另外，邀请联合国开发计划署、联合国教科文组织、国际电信联盟、亚太广播联盟、英联邦技术合作基金管理机构以及私营和公营资助机构的代表参加会议，但无表决权。由管理委员会任命的主任主持该机构的日常工作。

【主要活动】协助各成员国广播电视机构培训工作人员，主要方式是主办有关的培训班或研讨会。自成立至1992年底共举办了约800项培训及有关活动，参加培训及有关活动的人员达1.2万人次以上。1992年7月10～16日在马来西亚吉隆坡召开了第18次管理委员会会议和执行局会议，改选了管委会部分成员，审议了该机构一年来的工作，重点讨论了克服财务困难的各项措施，东道国新闻部长达图·穆罕默德·拉赫迈特到会致词并提议召开成员国新闻部长会议讨论决定该机构面临的问题

【同我国的关系】1988年1月19日我国成为其正式会员国。1978～1992年该机构为我国培训了225名广播电视和其他新闻工作者，其中1992年有21位广播电视工作者参加了该机构举办的14个培训班或研讨会。另外，在1992年4月间，该机构派讲师在广州举办了灯光特技培训班，广东电视台及华南8省市电视台的12名人员参加了培训班，取得显著成果。1992年7月，我国广播电影电视部派代表正式参加了该机构第18次管理委员会会议，这是我国代表首次以管委会正式成员的身份与会。（马元和）

亚洲太平洋地区计量规划组织
Asia-Pacific Metrology Programme—APMP

【成立日期】1980年9月。

【宗旨】通过共享本地区计量实验室设备、技术和经验，提高各国的测量水平和能力。

【成员】21个(1992年底)：中国、澳大利亚、巴布亚新几内亚、巴基斯坦、菲律宾、斐济、韩国、基里巴斯、马来西亚、孟加拉国、尼泊尔、日本、斯里兰卡、泰国、新加坡、新西兰、印度、印尼、越南、香港、中国台湾。

【主要负责人】本届协调人为韩国标准科学研究院(KRISS)物理处理学博士朴镛喆(Jong-Chul Park)。1990年10月上任，任期4年。

【总部】设在协调人所在国，1991～1994年在韩国汉城。

【出版物】《APMP通讯》(APMP Newsletter)，英文，不定期刊物，1990年9月创刊。

【组织机构】设指导委员会，负责管理各项技术活动。指导委员会以地区协调人为首，由5个国家的5名

计量专家组成。地区协调人由指导委员会的5个成员轮流担任，任期4年。指导委员会每2年举行一次。每4年召开一次全体成员参加的总结会，总结前段工作，制定后4年工作规划。

【主要活动】1992年10月6～7日在韩国大田科学城召开了APMP第五届总结会。会议主要内容：(1)批准1988年11月21～23日在中国上海召开的第四届总结会报告，检查上届会议所安排工作的执行情况；(2)批准1990年10月25～26日在韩国召开的第九届指导委员会会议报告；(3)选举下届(1993～1996年)指导委员会委员，他们是：澳大利亚、中国、印度、香港地区、马来西亚、新西兰和韩国；磋商了下届协调人；(4)决定接纳日本、中国台湾、越南为APMP新成员；(5)拟定下届指导委员会会议于1994年在新西兰或日本召开，同时举办"发展中国家计量系统的国际认可"培训班；(6)同意APMP作为协办单位，参加1993年9月由我国航空航天部在西安主办的"第二届亚太区域仪器与测量国际讨论会"和1993年9月在北京召开的"国际电磁计量会议"。1992年10月8～19日在韩国标准科学研究院举办了"国家计量系统在工业中的作用"培训班，除APMP成员外，还有匈牙利、波兰、罗马尼亚、保加利亚、捷克斯洛伐克等东欧国家的计量人员参加。

【同我国的关系】1980年12月我国正式加入该组织。1992年10月我国代表、第五届指导委员会委员杨孝仁参加了在韩国召开的APMP第五届总结会及"国家计量系统在工业中的作用"培训班，并在培训班上做了"精密低电平直流测量"的学术报告。 (杜方炯)

太平洋区域标准会议
Pacific Area Standards Congress—PASC

【成立日期】1973年。

【宗旨】(1)交流信息和意见，并在协商一致的基础上采取必要措施，帮助协调国际标准化活动，以满足世界需要和促进国际贸易。(2)为太平洋区域国家提供一个地理上方便的发表建议意见的论坛，以便与国际标准化机构，特别是ISO和IEC，进行通信联系。(3)形成一个国际标准化机构的咨询联络单位。(4)了解国际标准化的未来要求和为满足这些要求的国际结构变化。

【成员】20个(1992年)：中国、澳大利亚、巴布亚新几内亚、俄罗斯、菲律宾、斐济、加拿大、韩国、马来西亚、墨西哥、美国、南非、日本、泰国、新加坡、新西兰、印尼、越南、智利、香港。

【组织机构】无常设机构。其秘书处由同意作为下次会议东道主的成员承担，并由各成员轮流承担会议东道主。秘书处的职责是承办全体会议和任命会议主席。每次会议主席经任命后即指定一个计划委员会，此委员会一直工作到下次会议。

【主要活动】1992年4月14～15日在日本东京召开了第15次大会。会议介绍了ISO、IEC近一年来的有关动态及其与关贸总协定在《良好行为守则》上的纠葛，讨论了当前国际标准化工作所面临的主要问题，包括标准化工作透明性、环境问题与国际标准化、自由贸易中的标准化和认证合作，以及ISO9000系列标准的贯彻和认证的开展等。由于国际的和区域的标准化形势急剧变化，会议决定自1992年开始，PASC大会由一年半召开一次改为一年一次。会议还决定，俄罗斯作为太平洋沿岸国家替代前苏联的PASC成员资格。

【同我国的关系】1992年4月我国国家技术监督局副局长李瑞率4人代表团参加了在东京召开的第15次PASC大会，在会上报告了上次(北京)大会各项决议的执行情况，介绍了ISO9000系列标准在中国的贯彻情况和发展趋势。 (杜方炯)

世界劳工联合会
World Confederation of Labour—WCL

【成立日期】1920年在海牙建立国际基督教工会联合会。1968年10月第16次代表大会改用现名，简称世界劳联。

【宗旨】自称是劳动者工会组织的国际运动。认为每个劳动者都是人，是自由的、同时又肩负责任的人。其尊严表现在应被所有人，包括国家和社会尊重的那些不可剥夺的基本权利之中。反对旨在把人当成一个工具使用的任何经济制度。应该打倒建立在私人和国家垄断基础上的社会、政治、经济制度。所有的人和全世界人民都有权公平享用全部土地资源和一切人们生产活动的成果。反对任何新老殖民制度,反对任何帝国主义或一国人民剥削另一国人民,一个集团或阶级剥削另一个集团或阶级的剥削形式。

【成员】1992 年有会员 4500 万。

【主要负责人】主席威利·贝朗斯(Willy Peirens,比利时),总书记卡洛斯·古斯特尔(Carlos Custer,阿根廷),任期均为 1989 年 11 月至 1993 年。

【总部】在比利时布鲁塞尔。

【出版物】《劳工》(Labour)月刊,用法、英、荷、德、西文出版;《闪光公报》(Flash Bulletin),双周刊。

【组织机构】(1)代表大会:最高权力机构。每 4 年举行一次。(2)联合委员会:代表大会闭会期间的权力机构,由 36 人组成。每年举行一次。(3)执行委员会:常设领导机构,由 8 人组成,包括主席、总书记和 6 名代表各地区及产业的副主席。(4)书记处:由总书记等组成,处理日常工作。

下设:公共事业雇员、教育工作者、运输、建筑和木材、纺织和服装、职员、农业和食品、产业工人等 8 个国际产业工会联合会。

下设地区性组织:拉美工人中央工会,总部在委内瑞拉加拉加斯;亚洲工会工作者兄弟会,总部在菲律宾马尼拉。

【主要活动】1992 年 1 月 19～23 日,世界劳联代表团在大马士革访问阿拉伯工联,双方表示"支持巴勒斯坦人民要求在巴勒斯坦领土上建立独立国家的正义斗争","以色列撤出被占阿拉伯领土"。关于中东问题,双方要求"严格执行联合国和安理会的各项决议"。5 月 11～14 日,在比利时奥弗赖瑟召开执委会会议,讨论了非洲的政治、经济和工会形势,决定重建世界劳联非洲区域组织,决定在 1993 年 11 月 22～27 日在多哥召开第 23 次代表大会。10 月 20～23 日,在罗马尼亚布加勒斯特召开执委会会议,检查了世界劳联"二十三大"的筹备情况,确定大会的主题是:"国际新秩序,工会的挑战,劳联的作用和职责"。会议通过了刚果和毛里求斯工会的入会申请,宣布在全世界 94 个国家和地区有会员组织。

【同我国的关系】1987 年 3 月,该会主席、副总书记等应邀访华。1989 年 6 月以后,劳联中止同中国工会的关系。

(王玉先)

世界工会联合会
World Federation of Trade Unions—WFTU

【成立日期】1945 年 10 月 3 日在法国巴黎正式成立。简称世界工联。

【宗旨】世界工联作为所有职工的群众性的民主的抗议组织,将其注意力和行动集中在各类职工的特有的和总的利益方面。它进行干预争取解决人类所面临的有关社会进步的一些问题,开展斗争反对各种形式的剥削,争取获得并保障全体劳动者的生活和劳动条件,争取在政治、经济、社会、文化或种族方面最终消除一切形式的剥削、统治或扩张主义,争取各国人民的政治和经济独立,根除不发达,建立一个正义的国际经济新秩序。实行政治和经济民主,保障劳动者的权利和自由,尊重人权,执行世界工会权利声明。建立正义和持久的和平,各国间和平共处,基于各国人民平等的合作,全面彻底裁军。

【成员】1990 年 11 月十二大前后变化较大,未公布新的成员情况。

【主要负责人】主席易卜拉欣·扎卡利亚(Ibrahim Zakaria,苏丹),总书记 A. N. 扎里科夫(A. N. Zharikov,前苏联),任期均为 1990 年 11 月至 1995 年 11 月。

【总部】在捷克布拉格。

【出版物】《闪光》(Flashes)半月刊,英、法、西文。

【组织机构】(1)代表大会:最高权力机构。每 5 年举行一次。(2)理事会:两次代表大会之间的权力机构。每 18 个月举行一次。(3)主席理事会:集体领导机构。每 5 年举行 2～3 次。(4)书记处:常设领导机构。由总书记、副书记和若干书记组成。

下设:农林、食品、建筑、化学、商业、教育、公务员、五金、纺织、运输、能源等 11 个产业工会国际。

【主要活动】1992 年 5 月 2 日,在古巴哈瓦那世界工联主席扎卡利亚与该会的拉美地区副主席以及部分拉美国家会员组织的代表开会讨论当前国际工运形势和世界工联的对策。5 月 27～29 日,在布拉格召开主席理事会会议,讨论了当前国际工运形势,通过决议强烈谴责美国对古巴进行经济贸易封锁。会议决定年底召开理事会会议,研究世界工联的经费、会址等问题。1993 年 3 月 12～13 日,在塞浦路斯拉尔纳加市召开主席理事会会议,决定 1993 年 10 月在华沙召开原定

1992年召开的理事会会议。会议发表公告谴责美国的托里塞利法和对古巴的封锁，对杀害秘鲁总工会总书记维卡表示愤慨，号召会员组织在"五一"节时举行"争取就业和工人权利国际日"活动。批准了巴西工人总联合会和巴基斯坦工会联合会的入会申请。

【同我国的关系】中国工会是世界工联的创始者之一。1966年12月世界工联16次理事会会议之后，中国工会停止了同它的联系。1990年4月，该会总书记（现主席）扎卡利亚出席在北京召开的联合国粮农组织第20届亚太地区会议时拜访了中华全国总工会。1990年11月，中国工会代表团作为观察员出席了该会第12次代表大会。1992年3月23日以总书记扎里科夫为首的世界工联代表团来华访问。 （王玉先）

国际自由工会联合会
International Confederation of Free Trade Unions—ICFTU

【成立日期】1949年12月7日在伦敦成立。简称自由工联。

【宗旨】维护和发展一个世界性的和区域性的，由自由、民主的工会组成的强有力的国际组织。它不受任何外来的控制，并致力于完成促进全世界劳动者利益和增进劳工尊严的任务；寻求普遍承认和实施工会组织的权利；支持工人斗争，加强国际工会组织的团结；抵制极权主义者或其它反劳工势力渗入和控制劳工组织；努力实现充分就业，消除种族、性别、国籍或宗教歧视，改善工作条件，建立和扩大社会保险，提高各国人民的生活水平；促进各国人民经济、社会和文化进步；支持建立集体安全的世界体系，支持联合国宪章的旨在保障世界民主和各国自由，反对极权主义和帝国主义侵略的一切措施。

【成员】1992年底宣布在117个国家和地区有164个会员组织，会员人数1.13亿。

【主要负责人】主席L. 特洛特曼(L. Trotman，巴巴多斯)，总书记恩佐·弗利索(Enzo Friso，意大利)，任期均为1992～1996年。

【总部】在比利时布鲁塞尔。

【出版物】《自由劳工世界》(Free Labour World)半月刊；《经济和社会公报》(Economic and Social Bulletin)双月刊。均用英、德、法、西文出版。

【组织机构】1992年3月第15次代表大会决定组织机构变动如下：(1)代表大会：最高权力机构。每4年召开一次。(2)执行委员会：代表大会闭会期间的权力机构。由47名执委和主席、总书记组成。每年开会一次。(3)总务委员会：在执委会闭会期间负责处理紧急和重大问题。由15名执委和主席、总书记组成。每年至少开会两次。(4)书记处：由总书记主持，副总书记协助，负责处理日常工作。

下设教育和青年部、联络和行政部、财政部、报刊出版部、经济和社会部。

下设地区性工人组织：美洲区域工人组织，总部在墨西哥城；亚洲和太平洋区域工人组织，总部在新加坡；非洲区域工人组织，总部在蒙罗维亚；南太平洋和大洋洲工会理事会。

国际职业书记处：包括建筑、矿工、五金、运输、化学能源、纺织服装、种植园农业、邮电、教师、公用事业、职员店员、印刷、食品、钻石、娱乐和新闻等16个产业工人联合会。

【主要活动】1992年6月，在日内瓦召开总务委员会会议，讨论了当前国际工运形势，总书记弗利索指责日本"联合"代表团5月访华。7月19～20日，在西班牙马德里召开西班牙美洲工会首脑会议。会议讨论了西葡和拉丁美洲地区的发展和民主问题，通过了将提交给第二届西班牙美洲国家首脑会议的文件。文件共包括9条内容，主要是要求各国政府制定新的社会和经济发展政策，正确处理南北相互依附关系以解决拉美的社会经济问题，建立公正的国际秩序。12月9～11日，在比利时布鲁塞尔召开执委会会议。会议制定了今后3年的行动纲领，谴责许多国家推行的新自由主义经济政策。会议通过决议支持联合国关于索马里局势的794号决议；谴责前南斯拉夫地区违反工会权利的现象和战争罪行。任命原驻日内瓦办事处主任劳伦森为助理总书记，加拿大劳工大会主席怀特为自由工联维护人权和工会权利委员会主席。

【同我国的关系】与中国工会未建立正式关系。该会多次通过决议或其他方式攻击我国和我国工会侵犯"人权"和"结社自由"。 （王玉先）

美洲区域工人组织
Organización Regional Interamericana de Trabajadores—ORIT

【成立日期】1951年1月12日，自由工联在美洲成立的地区性工会组织。

【宗旨】争取美洲劳动者的完全解放，建立政治、社会和经济民主，保障人权、工会自由、就业、健康、面包、住房和农民的土地；尊重人民的自决权；反对一切殖民主义、反对一切政治、经济、思想意识和宗教独裁；和平和自由对劳动者是第一位的，基本的；采取各种行动实现社会正义、自由、经济、社会、政治和工会民主，建立一个正义的、人道的社会。

【成员】1992年宣布有会员4500万，在下列国家和地区有会员组织：阿根廷、巴巴多斯、巴哈马、巴拉圭、巴拿马、巴西、秘鲁、波多黎各、伯利兹、多米尼加共和国、厄瓜多尔、哥伦比亚、哥斯达黎加、格林纳达、洪都拉斯、加拿大、美国、墨西哥、尼加拉瓜、萨尔瓦多、苏里南、特立尼达和多巴哥、危地马拉、委内瑞拉、乌拉圭、智利。

【主要负责人】主席阿方索·马达里亚加(Alfonso Sanchez Madariaga，墨西哥)，总书记路易斯·阿莱杭德鲁·安德尔松(Luis Alejandro Anderson，巴拿马)，任期均为1989～1993年。

【总部】在墨西哥城。

【出版物】《新方向》(New Directions)季刊，英、西文；《人权和工会权利消息综述》(Resumen Informativo Derechos Humanos y Sindicales)，不定期，西文。

【组织机构】(1)代表大会：最高权力机构。每4年开会一次，选举主席、总书记和司库等组成执行理事会。(2)执行理事会：两次代表大会之间的权力机构。每年开会一次。(3)执行委员会：最高领导机构。至少每年开会一次，由主席、总书记、司库和副主席组成。(4)书记处：常设领导机构。由主席、总书记和司库组成。

下设办事机构：组织部、教育部、社会经济部、人权和工会权利办公室、女工部。工会学校是泛美工会研究学院。

下设小地区组织：中美洲工人联合会、加勒比劳工大会。

【主要活动】1992年7月，在墨西哥城召开工会大会，讨论了拉美的经济和社会问题，指出新自由主义经济政策加剧了社会的不安定，要求工会运动加强合作，担负起自身的职责。8月，在墨西哥城与国际劳工组织等共同召开"美洲经济形势和社会保障国际会议"，墨总统萨利纳斯出席。会议交流了各国社会保障制度的经验，指出在新自由主义经济政策的进攻面前，美洲各国的社会保障处于危机之中。1993年2月18日，在墨西哥城召开执委会会议，会议讨论了将于4月21～23日在多伦多举行的美洲区域工人组织"八大"的计划、决议和日程。确定代表大会的主题是"民主与发展，社会平等和工会参与"。会议批准了巴西工人统一中央工会和巴拉圭工人统一中央工会的入会申请。

【同我国的关系】与中国工会未建立正式关系，双方定期交换出版物。

(王玉先)

拉丁美洲工人中央工会
Central Latinoamericana de Trabajadores—CLAT

【成立日期】1954年12月8日成立拉丁美洲基督教工会联合会。1971年11月改现名。

【宗旨】推动拉美各国工人组织起来，捍卫工人的自由民主结社权利，保障工人组织的自治和独立；在会员组织和全体工人中培养一种拉丁美洲的、深刻的革命觉悟，并在尊重各国不同情况的前提下，开展合适的行动加速劳动群众掌握财富、权利和文化；在拉美各国建立新的社会、经济和政治秩序；建立具有超国家的经济、社会、政治和文化新结构的拉美大家庭。

【成员】1992年宣布有会员2200万，并在下列国家和地区有会员组织：阿根廷、阿鲁巴、巴拉圭、巴拿马、巴西、秘鲁、波多黎各、玻利维亚、伯利兹、多米尼加共和国、多米尼加联邦、厄瓜多尔、法属圭亚那、哥伦比亚、哥斯达黎加、格林纳达、圭亚那、库拉索、海地、洪都拉斯、马提尼克、墨西哥、尼加拉瓜、萨尔瓦多、圣基茨和尼维斯联邦、圣卢西亚、圣文森特和格林纳丁斯、苏里南、特立尼达和多巴哥、危地马拉、委内瑞拉、牙买加、乌拉圭、智利。

【主要负责人】总书记埃米利略·马斯佩罗(Emilio Maspero,阿根廷),任期1987～1992年。

【总部】在委内瑞拉加拉加斯。

【出版物】《拉美工人中央工会通讯》(Informativo CLAT)双月刊;《消息》(Noticias)月刊,均为西班牙文。

【组织机构】(1)代表大会:最高权力机构。每五年开会一次。(2)理事会:两次代表大会之间的权力机构。由执委会成员和各会员组织的一名最高领导人组成。每18～24个月开会一次。(3)执行委员会:最高领导机构。由总书记、4名副总书记和20名委员组成,另有20名候补委员。(4)执行局:常设领导机构。由总书记和4名副总书记组成。

下设办事机构:组织部、社会通信部、国际关系部、培训部。工会学校是拉美工人大学。

下设小地区组织:加勒比工人工会理事会、安第斯工人工会理事会、中美洲工人联合会、南部国家工人工会理事会。

下设:建筑、农业、运输、食品饮料、银行保险、国家雇员、纺织、印刷造纸、合作社、邮电、新闻、教育文化、公务员、商业、电力、冶金、退休、女工、法律行动等19个地区产业工人联合会。

【主要活动】1992年4月10～11日,在委内瑞拉加拉加斯召开执委会。会议决议谴责秘鲁总统藤森的"自我政变",要求释放被捕的工会领导人;反对新自由主义经济政策,要求实现具有社会正义和互助团结精神的经济增长。7月15日,发表致第二届拉美和加勒比国家元首会议公开信,要求惩治腐败,坚决与造成贫穷的原因进行斗争,解决债务问题。11月9～12日,在多米尼加共和国圣多明各召开执委会会议,讨论了"拉美和加勒比工人的处境和问题",以及将于1993年9月召开的"十大"筹备工作情况。会议表示支持联合国关于在1995年召开全球社会发展大会的决议,反对社会保障私有化,反对新自由主义经济政策。会议通过了关于海地、哥伦比亚、古巴等国的决议。关于古巴的决议表示,"强烈谴责美国的托里切利法和对古巴的封锁"。11月20日,在墨西哥奎尔纳瓦卡举行第二届拉美关于社会发展和新的社会政策大会上提出了《拉美社会宪章》草案,内容包括经济和社会基本权利、劳动者的权利、工会和工人运动的权利、一体化进程中的权利与保障等。

【同我国的关系】1981年以来,拉美工人中央工会和中国工会领导人曾多次互访。该会总书记马斯佩罗和副总书记马利乌斯曾先后率团访华。中国工会代表团曾应邀出席该会八大、九大和庆祝成立30周年活动。1989年4月该会代表团访华。1989年12月中国工会代表团访委时曾拜会该会领导人。 (王玉先)

拉丁美洲工人工会团结常设代表大会

Congreso Permanente de Unidad Sindical delos Trabajadores de América Latina—CPUSTAL

【成立日期】1964年1月24～28日正式建立。

【宗旨】增加工人、职员和农业劳动者的工资;反对失业和超剥削;维护和扩大社会保障和社会救济;在工会团结原则基础上将结社、请愿和罢工权扩大到全体劳动者;争取教育民主化;实行真正的土改,实现耕者有其田;声援劳动者的争取维护自身权利和民族解放的斗争;在平等和尊重国家主权的基础上,建立各国间广泛的贸易、外交和文化关系;保卫和平,全面彻底裁军,销毁核武器,支持限制核武器条约,直接谈判解决国与国之间的争端,和平利用原子能能源。

【成员】有会员2300万,在下列国家和地区有会员组织:阿根廷、巴拿马、巴西、秘鲁、波多黎各、玻利维亚、伯利兹、多米尼加共和国、厄瓜多尔、法属圭亚那、哥伦比亚、哥斯达黎加、古巴、瓜德罗普、圭亚那、洪都拉斯、马提尼克、墨西哥、尼加拉瓜、萨尔瓦多、圣文森特和格林纳丁斯、特立尼达和多巴哥、危地马拉、委内瑞拉、乌拉圭、牙买加、智利。

【主要负责人】协调书记何塞·曼努埃尔·梅内塞斯(Jose Manuel Meneses,巴拿马),1992年3月上任。

【总部】在巴拿马城。

【出版物】《拉美工人工会团结常设代表大会新闻》(CPUSTAL),不定期,西文。

【组织机构】(1)理事会:即代表大会,最高权力机构。每两年开会一次。(2)执委会:由7个会员组织的代表组成,每年至少开会一次。(3)书记处:由协调书记负责日常工作。

下设:纺织、建筑、商业、教师、银行职员、食品、公务员、印刷、冶金、运输和电力等11个拉美产业工人联合会。

【主要活动】1992年5月,发表声明谴责美国的托里塞利法和对古巴的经济封锁,表示支持古巴人民的正义事业。10月,该会协调书记梅内塞斯出席在加拉加斯举行的“关于社会保障问题国际劳工组织美洲成员国大会”，与与会的其他工会组织发表联合声明，指出社会保障是一项为联合国人权宣言所明确承认的不容剥夺的个人权利，要求在解决当前的社会保障制度危机时要切实贯彻互助、普遍和再分配原则，社会保障制度的改革必须吸收工会组织参加。11月2～6日，在多米尼加共和国圣多明各参加“第一届拉美工人统一会晤”，与会的共有来自19个国家的42个工会组织。会议通过了《圣多明各宣言》，表示要在相互尊重，不附加任何条件，不强加于人和不搞任何形式的霸权的原则基础上寻求建立拉美工会的统一行动和团结合作的新形式。

【同我国的关系】1964年成立时曾邀请中华全国总工会出席，因故我代表团未能与会，仅致电祝贺。近年来双方在国际活动中有接触。（王玉先）

伊斯兰世界联盟
Muslim World League—MWL

【成立日期】1962年，18个伊斯兰国家首脑和知名学者，根据沙特阿拉伯的倡议，在麦加召开了世界伊斯兰大会，会议决定成立伊斯兰世界联盟（此为阿拉伯文名称，英文一般译为“穆斯林世界联盟”），简称“伊盟”。从1974年起，伊盟组织机构逐步完善，影响日益扩大。目前，已成为世界上最大的伊斯兰国际组织，在联合国享有“非政府性咨询机构”的地位。

【宗旨】在世界范围内，传播伊斯兰教教义，扩大伊斯兰教的影响，维护穆斯林权益，协助世界各地穆斯林组织和团体举办宣教活动，支持国际和平与合作。

【成员】约60个，主要有：沙特、巴基斯坦、印度、印尼、马来西亚、埃及、叙利亚、伊拉克、约旦、阿富汗、阿尔及利亚、摩洛哥、毛里塔尼亚、苏丹、尼日利亚、塞内加尔等国。

【主要负责人】秘书长阿卜杜拉·欧麦尔·纳绥夫博士（Dr. Abduelah Omar Nasseef，沙特阿拉伯），1983年当选，1988年连任至今。

【总部】总秘书处在沙特麦加。

【出版物】《伊斯兰世界消息》月刊，阿拉伯文版；《伊斯兰世界》周刊，有阿、乌尔都、英等文版；还有《伊盟杂志月刊》、《清真寺使命杂志》等。

【组织机构】（1）创建理事会：最高领导机构。由62名伊斯兰学者组成。委员的增减由秘书长推荐和创建理事会同意。其任务是确定伊盟宗旨、工作方针与政策。（2）总秘书处：常设执行机构。其职权是：负责伊盟的行政、财务工作；实施创建理事会的决议；同世界各国伊斯兰组织保持联系；组织各种会议；向创建理事会提出年度报告。秘书长每五年选举一次，可连任。总秘书处下设文教处、宣传处和研究室及伊斯兰资助协会、世界伊斯兰振兴机构等。（3）清真寺最高委员会：1975年成立。其宗旨为宣传并捍卫清真寺不受侵犯，保护伊斯兰基金，维护穆斯林权益。委员会在每年伊斯兰教历4月召开年会。下设机构有：《古兰经》朗颂家委员会、清真寺资助基金会、《古兰经》翻译机构、伊玛目（教长）与宣教学院。（4）教法委员会：下设教法理事会和伊斯兰天文部。

【主要活动】派员出席所有伊斯兰国际会议，包括历届伊斯兰国家首脑会议和外长会议。1974年，伊盟在麦加召开了世界伊斯兰组织会议；1980年在雅加达召开了首次伊斯兰新闻国际会议。1976～1978年，分别在非洲、北美和南美洲召开了三次伊斯兰会议，产生了上述各洲的协调委员，并在达喀尔、西班牙港、伊斯兰堡建立了协调委员会常设机构。伊盟还在贝宁、苏丹、索马里等国援建了医疗中心。每年朝觐期间，伊盟还举办伊斯兰学术、文化交流等活动，以加强各国穆斯林之间的联系。

【同我国的关系】1979年，中国穆斯林恢复中断十余年的赴麦加朝觐活动，中国伊斯兰教协会开始同伊盟建立了联系。1987年12月，伊盟秘书长纳绥夫博士来华主持伊盟在北京举办的伊斯兰教讨论会开幕式，并赴新疆、甘肃、宁夏等省访问。1990年5月，纳绥夫秘书长再次访华，出席了北京大学文化中心揭幕仪式，访问了陕西省。1985年，中国宁夏和新疆自治区主席先后赴沙特副朝，受到伊盟的热情接待。1990年4月，全国人大副委员长赛福鼎以中国著名伊斯兰学者身份对沙特进行了友好访问，并去麦加、麦地那做了副朝。1991年底，国务院宗教事务管理局副局长宛耀宾率团访沙，同伊盟负责人进行了友好会晤。1992年2月，中国伊斯兰教协会会长沈遐熙率团出席伊盟清真寺最高理事会和创建理事会年会。1991年中国穆斯林1517人赴沙朝觐。（李志国）

世界穆斯林大会
World Muslim Congress—WMC

【成立日期】1926年由阿拉伯王国(今沙特阿拉伯)国王伊本·沙特主持,在麦加召开成立大会。后该会长期处于瘫痪状态。1949年在卡拉奇召开第三届代表大会,决定重新恢复组织活动,并正式定名为世界穆斯林大会。该会在联合国享有"非政治性咨询机构"的地位。

【宗旨】在世界各地传播伊斯兰教,宣扬超国家、超民族、超地域的泛伊斯兰主义,维护与增进穆斯林国家的团结、合作,抵制马克思主义无神论和西方世俗化倾向的影响。

【成员】42个(1989年):阿尔及利亚、阿富汗、阿联酋、阿拉伯也门共和国、阿曼、埃及、巴基斯坦、巴勒斯坦、巴林、冈比亚、吉布提、几内亚、几内亚比绍、加蓬、喀麦隆、卡塔尔、科摩罗、科威特、黎巴嫩、利比亚、马尔代夫、马来西亚、马里、毛里塔尼亚、孟加拉国、摩洛哥、尼日尔、塞拉利昂、塞内加尔、塞浦路斯、沙特、苏丹、索马里、突尼斯、土耳其、叙利亚、也门民主人民共和国、伊拉克、伊朗、印度尼西亚、约旦、乍得。

【主要负责人】主席马鲁夫·达瓦利比(Marouf Daoualibi,沙特阿拉伯),自大会恢复以来一直担任此职。秘书长伊纳姆拉·汗(Inamullah Khan,巴基斯坦)。

【总部】在巴基斯坦卡拉奇。在吉隆坡、贝鲁特、摩加迪沙、纽约等地设地区性的办事机构。

【出版物】《穆斯林世界》(Muslim World)周刊,英文。

【组织机构】(1)代表大会:最高权力机构。不定期召开。(2)执行委员会:由大会选举产生,包括主席、副主席、秘书长、财务等七人。每年召开一次会议,听取秘书长工作报告。(3)秘书处:常设机构。由秘书长负责。

【主要活动】至今该组织已召开过九次代表大会。第九次代表大会于1988年3月30日至4月2日在卡拉奇召开,来自52个国家的150名代表出席了会议,1000多人出席了开幕式。大会中心议题是:"伊斯兰和为世界和平需要全球总动员"。其他议题有:巴勒斯坦问题、两伊战争问题、菲律宾摩洛族穆斯林问题等。大会最后宣读了《卡拉奇宣言》。

【同我国的关系】1962年在巴格达召开第五次代表大会时,曾邀请我国伊斯兰教协会派代表参加,因大会制造"两个中国",被我拒绝。1981年6月,我国派代表参加了该会召开的伊斯兰教讨论会。1986年10月,该会主席马鲁夫·达瓦利比博士率团访华。(张伟达)

世界基督教会联合会
World Council of Churches—WCC

【成立日期】1948年8月22日至9月4日,来自44个国家的147个新教各派教会组织在荷兰阿姆斯特丹举行会议,正式成立了世界基督教会联合会,简称"世基联"。

【宗旨】世基联的总纲声称:"世基联是各教会的联谊组织,这些教会根据《圣经》,承认主耶稣基督为上帝和救世主,并愿一起努力完成他们的共同使命,荣耀集圣父、圣子、圣灵为一体的独一的上帝。"

【成员】目前共有分布在各大洲100多个国家和地区的318个教会组织为会员。主要教会有:圣公会、浸礼会、基督会、独立派、路德宗、卫理公会、老派天主教会、东正教会、归正会、合一教会、五旬节派教会等。罗马天主教会不是正式会员,但派观察员参加世基联的主要会议。

【主要负责人】主席海因茨·赫尔德(Heinz Held,德国),1983年当选。总干事(秘书长)康拉德·赖泽尔(Konrad Raiser,德国),1992年8月当选。

【总部】在瑞士日内瓦。在纽约设有办事处。

【出版物】主要有:《普世教会评论》(Ecumenical Review)季刊,英文;《普世教会新闻》(Ecumenical Press Service)周刊,英、法文;《国际传教评论》(International Review of Mission)季刊,英文;《一个世界》(One World)月刊,英文。

【组织机构】(1)代表大会:最高权力机构。每6~7

年召开一次，成立7人大会主席团。(2)中央委员会：由大会选举产生，不超过150人，设正、副主席，每一年半开会一次。(3)执行委员会：由中央委员会推荐17～18人组成，每半年召开一次会议。(4)总秘书处：办事机构。由总干事负责。

世基联下设3个部：信仰与见证部、正义与服务部、教育与复兴部。每个部又分设4～5个委员会，其中比较重要的有：国际事务委员会，世界传教与福音委员会，教会互助、难民与世界服务委员会等。

【主要活动】世基联成立以来，先后在荷兰阿姆斯特丹、美国伊文斯顿、印度新德里、瑞典乌普萨拉、肯尼亚内罗毕、加拿大温哥华和澳大利亚堪培拉举行过七届大会。1991年2月7～20日在澳大利亚堪培拉举行了第七届代表大会。参加大会的除正式代表近千人外，还有联系代表、顾问、观察员、自费访问者、青年服务员、新闻记者等共三四千人。大会中心议题是："圣灵，求你降临，更新天地万物。"四个分题是："赐生命的主啊，保守你的创造"、"真理的灵啊，使我们得自由"、"合一的灵啊，使你的百姓和好"、"圣灵啊，改造我们，使我们成圣"。1992年8月24日，世基联选举康拉德·赖泽尔为新任秘书长。赖泽尔是德国人，曾是波鸿的鲁尔大学系统技术教授。他接替乌拉圭人艾米利奥·卡斯特罗出任此职。

【同我国的关系】世基联在1948年成立时，我国有中华基督教会、中华圣公会、华北公理会和中华基督教浸礼会四个教会组织参加，基督教界人士赵紫宸当选为中央委员会六名主席之一。1951年后中断往来。近十几年来，世基联对我国态度日趋友好，努力改善同我国基督教会的关系，对我国抗美援朝时期该会所作的不友好决议，曾多次表示歉意。1987年世基联在美国亚特兰大举行的执委会会议上，通过了与中国关系的决议，表示只承认我国基督教协会为中国基督教的代表。世基联有关中国的任何行动，必须由中国基协提出，或为中国基协认可。1990年，世基联总干事再度访华，希望中国基协成为该会正式会员。1991年2月，该会总干事以书面方式再度保证该会只承认一个中国，即中华人民共和国。丁光训主教和韩文藻、沈以藩先生三人代表团应世基联之邀，于1991年2月参加了世基联第七届代表大会。大会一致通过接纳中国基督教协会为世基联正式会员。（张伟达）

世界佛教徒联谊会
World Fellowship of Buddhists—WFB

【成立日期】1950年5月在科伦坡举行成立大会，有29个国家的代表参加。大会通过会章，决定六色旗为世界佛教教旗，法轮为佛教教徽。5月月圆日为佛诞节。

【宗旨】促进佛教徒严格实践佛陀的教义，弘扬佛法，加强佛教徒的紧密团结，交换各国佛教情况和意见，兴办社会、教育、文化、慈善等福利事业，讨论佛教徒对争取和平和一切众生的幸福应做的贡献。

【成员】组织成员称为区域中心。成员分布在：澳大利亚、奥地利、巴西、比利时、不丹、德国、法国、菲律宾、芬兰、韩国、荷兰、加拿大、加纳、柬埔寨、捷克斯洛伐克、老挝、马来西亚、美国、蒙古、孟加拉国、缅甸、尼泊尔、日本、瑞典、瑞士、斯里兰卡、苏联、泰国、坦桑尼亚、锡金、新加坡、印度、印度尼西亚、英国、越南、以及中国台湾省、香港等国家和地区。

【主要负责人】主席桑亚·达尔玛萨克提（Sanya Dharmasakti，泰国），1984年当选。

【总部】在泰国曼谷。

【出版物】《世界佛教徒联谊会评论》（WFB Review）季刊，英文。

【组织机构】(1)世界佛教徒代表大会：最高权力机构。一般每两年召开一次。(2)执行委员会：负责大会闭会期间的工作。成员由选举产生，设主席1人，副主席15人。下设财政、出版、弘法活动、慈善活动、团结统一、青年等6个委员会。

【主要活动】截至1992年底共召开过18次大会。第18次大会于1992年10月27日至11月3日在中国台湾省召开。大会中心议题是"互助、融合、发展。"

【同我国的关系】1956年我国佛教协会曾派代表团出席第4次大会，并当选为副主席。1958年第5次大会上，在我未出席的情况下，非法接纳台湾省的"中国佛教会"为区域中心。1960年第6次大会上，我代表团提出严正抗议，要求撤销上次大会的错误决定，遭无理拒绝，我代表团当即退出会场，以示抗议。从此，我国与该会没有正式关系。

1986年，中国佛教代表团出席了第15次大会。正在尼泊尔访问的以班禅额尔德尼·确吉坚赞大师为团长的我国人大代表团全体成员应邀出席了大会的开幕式，并宣读了李先念主席的贺电。1988年11月，中国佛教协会副会长明旸法师等5人以个人名义参加了第16次大会。1990年10月，以中国佛教协会副会长明旸法师为团长的中国佛教代表团一行5人，应东道主的邀请，出席了在韩国汉城召开的第17次大会。1992年在台湾省召开的“世佛联”第18次大会，大陆无人出席。

（张伟达）

海牙国际私法会议

Hague Conference on Private International Law—HCOPIL

【成立日期】海牙国际私法会议（以下简称海牙会议）是以逐步统一国际私法为目的的政府间国际组织。1892年，荷兰政府著名法学家、国际法学会会员阿塞尔建议荷兰政府向各国发出召开统一国际私法规则的国际会议的邀请。由于阿塞尔的这一建议，1893年9月13日，第一届海牙国际私法会议在荷兰海牙召开。

【宗旨】通过制定国际公约的方式，力争消除各国间民、商事法律的冲突，以达到逐步统一国际私法的目的。

【成员】38个（1992年12月）：中国、阿根廷、澳大利亚、奥地利、比利时、加拿大、智利、塞浦路斯、捷克、丹麦、埃及、芬兰、法国、德国、希腊、匈牙利、爱尔兰、以色列、意大利、日本、拉脱维亚、卢森堡、墨西哥、荷兰、挪威、波兰、葡萄牙、罗马尼亚、斯洛文尼亚、西班牙、苏里南、瑞典、瑞士、土耳其、英国、美国、乌拉圭、委内瑞拉。

【主要负责人】秘书长德鲁兹（G. A. L. Droz，法国）。

【总部】在荷兰海牙。

【出版物】《公约汇编》，自1954年起，每届大会后出版一集，主要内容包括大会所通过的公约案文，各国代表在审议公约草案时，就一些重要问题发言的记录，英、法文；《执行手册》，目前只有海牙取证公约和海牙送达公约的执行手册，主要涉及公约的解释、执行方式及具体案件的处理等问题，英、法文。

【组织机构】(1)大会：一般情况下每四年举行一次，由全体会员国参加，又称外交大会。大会的职权是审议和通过特别委员会提交的公约草案及海牙会议今后工作计划的建议。自第一届会议起，大会的主席习惯上由荷兰政府代表团团长担任。(2)荷兰政府常设委员会：海牙会议的指导机构。其职能是通过海牙会议常设事务局管理会议的日常事务；与成员国磋商，确定大会日期及安排会议日程。必要时，在征得各会员国同意后，可请求荷兰政府召开特别大会。(3)常设事务局：海牙会议的秘书机构，在荷兰政府常设委员会的指导下工作。常设事务局由荷兰政府根据荷兰政府常设委员会提名任命的不同国籍的人组成。设正、副秘书长各一人，首席秘书两人。其主要任务是负责大会和特别委员会的准备和组织工作，对将要制订的公约进行研究，并为特别委员会所讨论的问题提供材料。另外，它还负责与成员国的国家机构和代表以及其他有关的国际组织保持联系。(4)特别委员会：由大会和荷兰政府常设委员会根据需要设立，负责起草公约或研究任何属于海牙会议宗旨范围内的国际私法问题。主要由各国的法律专家组成，一般情况下每年举行一至二次会议，其工作或研究成果需交大会审议通过。

【主要活动】海牙会议的活动和发展可分为两个阶段：从1893年第一届会议到第二次世界大战前为第一阶段，当时海牙会议还不是一个固定的组织，而是由荷兰政府根据需要随时召集举行。参加会议的也主要限于属罗马法系的欧洲大陆国家。第二次世界大战后为第二阶段。1951年，第七届海牙会议上制订了《海牙国际私法会议章程》（1955年7月15日生效）。从此，海牙会议成为永久性的政府间组织，其成员也扩展到代表不同法系和不同社会制度的欧、亚、非及南、北美洲的许多国家。

到1993年5月底止，海牙会议共召开了17届外交大会，制定了40个公约，内容涉及民事诉讼程序、婚姻家庭、遗产继承、儿童保护、买卖合同及侵权行为等方面的法律适用问题。其中，海牙会议第一阶段所制定的公约有7个。这些公约由于种种原因现已失去效力，另外33个公约均为第七届至第十七届海牙会议期间制定的，目前已经生效的有20个，即《民事诉讼程序公约》、《有形动产国际买卖的法律适用公约》、《儿童抚养义务的法律适用公约》、《抚养儿童义务决定的承认和执行公约》、《关于未成年人保护的管辖权及法律适用公约》、《关于遗嘱方式的法律冲突公约》、《关于取消外国公文认证要求的公约》、《关于收养的管辖权、法律适用及判决承认的公约》、《民商事案件司法文书和司法外文书域外送达公约》、《承认和执行外国民商事案件判决公约的附加议定书》、《关于承认离婚和分居的公约》、《交通事故的法律适用公约》、《民商事案件的域外取证公约》、《产品责任的法律适用公约》、《承认和执行抚养义务判决的公约》、《关于抚养义务的法律适用公约》、《结婚仪式及承认婚姻有效公约》、《各国相互返还被诱拐儿童的民事问题公约》、《国际司法救助公约》、《信托的法律适用公约》。

海牙会议与许多国际组织和学术团体保持着经常

的联系，其中较有影响的组织有联合国贸易法委员会、欧洲经济共同体、亚非法律协商委员会、欧洲议会、美洲国家组织、国际统一私法学会、国际法学会、国际律师协会等。这些组织在国际立法活动中与海牙会议密切联系、相互协调，并对海牙会议所从事的工作提出建议或意见，有时还应邀派观察员列席海牙会议的外交大会或特别委员会。

【同我国的关系】自1981年起，我国曾多次应邀派代表作为观察员出席海牙会议的特别委员会，并参与了有关公约的讨论和制订工作。1986年10月，我国向海牙会议提交了加入申请。1987年7月3日，我国正式成为海牙国际私法会议的成员。根据海牙会议章程规定，我国指定外交部条约法律司与该组织的常设事务局进行经常联系。从1990年6月起，海牙会议连续召开三次特别委员会，研究制定《跨国收养儿童国际公约》的可能性，这一活动引起了国际社会的广泛重视，包括中国在内的共计约有60余个国家(其中有20多个非海牙会议成员国)和10多个国际组织的观察员代表参加了会议。1993年5月，海牙会议举行第十七届外交大会，审议《跨国收养之国际合作及儿童保护公约》草案，并庆祝海牙会议成立一百周年，中国政府派团参加了会议的各项活动。

自加入海牙会议以来，我国有关部门一直组织有关方面对第七届海牙会议以后制定的各项公约进行认真的研究。经全国人大常委会批准，我国于1991年3月2日决定加入《关于向国外送达民事或商事司法文书和司法外文书公约》，并于5月3日交存加入书，该公约于1992年1月1日起对我国生效。 (胡杏兰)

亚非人民团结组织
Afro-Asian People's Solidarity Organization—AAPSO

【成立日期】1957年12月26日至1958年1月1日，第一届亚非人民团结大会在开罗举行，会后成立了亚非人民团结理事会及其常设书记处。1960年4月11～15日，在几内亚首都科纳克里举行的第二届亚非人民团结大会决定将亚非人民团结运动的组织定名为“亚非人民团结组织”。

【宗旨】联合、协调和加强亚非人民的反帝、反殖斗争，加速亚非人民的解放并保证他们的经济、社会和文化的发展。

【成员】该组织的章程规定，亚非人民团结大会的参加者即为该组织的成员。据统计，现有80个正式会员国，包括参加过该组织的中国及马耳他和其他78个亚非国家：阿尔及利亚、阿富汗、阿曼、埃及、埃塞俄比亚、安哥拉、巴基斯坦、巴勒斯坦、巴林、贝宁、博茨瓦纳、布基纳法索、布隆迪、朝鲜、赤道几内亚、多哥、菲律宾、冈比亚、刚果、吉布提、几内亚、几内亚比绍、加纳、柬埔寨、津巴布韦、喀麦隆、科摩罗、科特迪瓦、科威特、肯尼亚、莱索托、老挝、黎巴嫩、利比里亚、利比亚、卢旺达、马达加斯加、马拉维、马来西亚、马里、毛里求斯、毛里塔尼亚、蒙古、孟加拉国、缅甸、摩洛哥、莫桑比克、纳米比亚、南非、尼泊尔、尼日尔、尼日利亚、日本、塞拉利昂、塞内加尔、塞浦路斯、斯里兰卡、斯威士兰、苏丹、索马里、泰国、坦桑尼亚、突尼斯、土耳其、文莱、乌干达、叙利亚、也门、伊拉克、伊朗、印度、印度尼西亚、约旦、越南、赞比亚、扎伊尔、乍得和中非。此外，前苏联也曾是该组织的成员，原东欧和拉丁美洲的一些国家是其联系会员。

【主要负责人】主席阿卜杜·拉赫曼·沙尔卡维(Abdar-Rahman ash-Sharqawi，埃及)，总书记努里·阿卜杜·拉扎克〔侯赛因〕(Nuri Abdar-Razzaq〔Husayn〕，伊拉克)。

【总部】在埃及开罗。

【出版物】《团结》(Solidarity)月刊，英、法、阿拉伯文。

【组织机构】(1)亚非人民团结大会：最高决策机构。每3年召开一次。(2)理事会：大会闭会期间的领导机构。每年开会一次。(3)主席团：由主席、3位副主席及12～20名知名人士组成。每年开会两次。(4)常设书记处：办事机构。

【主要活动】从1963年2月至1988年11月，先后在坦桑尼亚的莫希、加纳的温尼巴、埃及的开罗、阿尔及利亚的阿尔及尔和印度的新德里举行了第三至七届亚非人民团结组织大会。近年来未有重要活动。

【同我国的关系】我国是亚非人民团结组织的创始国之一，并一度积极参加其各项活动。后因情况变化，1967年3月17日，中国亚非团结委员会发表声明宣布，我国不再同该组织发生任何关系。80年代以来，该组织中的许多成员国一再希望我国参加该组织的活动。 (唐大盾)

国际会议

联合国国际海底管理局和国际海洋法法庭筹备委员会
Preparatory Commission for the International Sea-Bed Authority and for the International Tribunal for the Law of the Sea

【召开经过】第三次联合国海洋法会议从1973年12月3日开始举行，到1982年12月10日结束，会议最后签署了《联合国海洋法公约》(以下简称"公约")。在1984年12月9日开放签署期结束前，有159个国家(包括中国)和实体签署了公约，到1993年1月31日止，共有54个国家交存了批准书或加入书。公约规定自第60份批准书或加入书交存之日起12个月公约生效。公约第156条和附件六分别规定成立国际海底管理局和国际海洋法法庭，它们将于公约生效后正式成立。为使这两个机构一俟成立便可有效地开展业务和执行职务，第三次联合国海洋法会议决议一规定成立联合国海底管理局和国际海洋法法庭筹备委员会(以下简称"筹委会")，在公约生效前为两个机构的成立做必要的准备工作。

【时间和地点】筹委会自1983年以来每年举行一届会议，每届分春季和夏季会议两期。到1992年底为止共举行了10届22期会议。第一届的两期会议在牙买加首都金斯敦举行，第二届和第三届会议轮流在金斯敦和日内瓦举行，第四届至第十届会议轮流在金斯敦和纽约举行。

【参加者】按照第三次联合国海洋法会议决议一的规定，筹委会由签署和加入公约的国家和纳米比亚(由联合国纳米比亚理事会代表，后独立)的代表组成，为筹委会正式成员。第三次联合国海洋法会议《最后文件》签署国的代表可以观察员身份参加筹委会的审议，但无表决权。筹委会观察员有德国、以色列、约旦、英国、美国和委内瑞拉等。

【主要议题和结果】

一、筹委会的主要任务

(1)制订管理局及其各机构的规则、规章和程序，提出有关问题的建议；

(2)对因国际海底区域的矿物生产而受到最严重影响的发展中陆上矿产国将面临的问题进行研究和提出解决办法；

(3)采取一切必要措施以便使国际海底管理局的企业部尽早有效地开展业务；

(4)执行第三次联合国海洋法会议决议二，即关于多金属结核开辟活动的预备性投资的决议；

(5)对国际海洋法法庭的成立作出实际安排。

概括地说，筹委会的主要任务是：制订未来国际海底管理局和国际海洋法法庭的有关规则和规章，对未来国际海底管理局和国际海洋法法庭的成立作出一些实际安排；处理第三次联合国海洋法会议决议二所涉及的先驱投资者*问题。

二、筹委会的机构

(1)全体会议：全面负责筹委会的主要工作，并负责制订有关国际海底管理局及其各机构的规则、规章和程序，审议决议二规定的有关问题。

(2)陆产国问题特别委员会(第一特委会)：负责审议和处理陆产国所受影响问题。

(3)企业部特别委员会(第二特委会)：讨论企业部的活动和机构问题，以及其他有关问题的解决办法。

(4)海底采矿特别委员会(第三特委会)：制订有关国际海底区域勘探和开发的规则和规章。

(5)国际海洋法法庭特别委员会(第四特委会)：制订国际海洋法法庭规则及有关条约草案(如法庭总部协定、法庭特权和豁免议定书等)。

(6)总务委员会：筹委会的执行机构。负责筹委会会议的协调和安排工作，审查和批准先驱投资者的登记申请。总务委员会由36人组成：筹委会主席1人、副主席14人、总报告员1人、各特委会主席4人(每个特委会主席1人)和副主席16人(每个特委会设副主席

4人)。

三、筹委会工作的进展

筹委会第一届会议选举了主席和副主席,设立了工作机构,制订了筹委会议事规则。此后的各届各期会议陆续对有关议题、规则和规章进行审议,并就先驱投资者问题进行协商。中国政府代表团出席了筹委会的上述各届各期会议,参加了各委员会的工作。中国是筹委会副主席,为总务委员会36个成员之一。此外,中国还派人参加了由15名成员组成的技术专家组。

到1992年第10届夏季会议为止,筹委会先后审议了:国际海底管理局大会议事规则、先驱投资者申请登记规则、国际海洋法法庭规则、国际海底多金属结核探矿、勘探和开发规则、国际海底管理局理事会议事规则、国际海底管理局理事会法律与技术委员会议事规则、国际海底管理局经济规划委员会议事规则、国际海底管理局与其所在地牙买加之间的总部协定、国际海底管理局特权与豁免议定书、国际海洋法法庭与其所在地德国之间的总部协定、国际海洋法法庭特权与豁免议定书、国际海底管理局和国际海洋法法庭与联合国等国际组织与机构之间的关系协定等文件草案,并磋商解决国际海底多金属结核开发先驱投资者的登记及其履行有关义务的问题。此外,筹委会还就其职责范围内的其他有关议题进行审议和协商,并已取得一些进展。

1987年,法国、印度、日本和原苏联在筹委会获准登记为先驱投资者。

1991年,中国大洋矿产资源研究开发协会在筹委会获准登记为第5个先驱投资者。同年,筹委会还审查批准了东欧国际海洋金属联合组织(由波兰、捷克和斯洛伐克、保加利亚、古巴和俄罗斯组成,简称海金联)登记为先驱投资者的申请。登记为先驱投资者的国家在未来国际海底区域资源的勘探和开发方面将享有优先权。同时,按有关规定,先驱投资者也应承担一些义务。

在1992年的两期会议中,筹委会先后通过了关于中国和海金联履行义务的文件。按照这些文件,中国的义务少于法、日和俄罗斯,但略多于印度,而海金联的义务则与中国完全相同。筹委会还通过了有关法、日、俄罗斯和印度为国际海底管理局培训技术人员的一系列文件。 (高　凤)

* 先驱投资者:是指在1983年1月1日以前至少已将3000万美元(以1982年美元定值计算)用于国际海底开辟活动,且该款中至少10%已用于勘探区域的定位、勘查和评价的国家、实体、自然人或法人。在为实体、自然人或法人的情况下,有关国家应已签署公约或有一个或一个以上证明国已签署公约。在第三次联合国海洋法会议决议二(关于对多金属结核开辟活动的预备性投资)中,法国、印度、日本和苏联(现俄罗斯)及比利时、加拿大、联邦德国、意大利、日本、荷兰、英国和美国持有股份的四个实体(即海洋采矿联合公司、海洋管理公司、海洋矿产公司和肯尼科特财团)被列为先驱投资者。此外,先驱投资者还指在公约生效前为上述同样目的并支出同样金额的发展中国家或其自然人或法人等。

非洲—阿拉伯首脑会议
Afro-Arab Summit Conference

【召开经过】1973年11月底,第3次阿拉伯首脑会议宣布同意召开一次非洲、阿拉伯首脑会议。1974年10月,第7次阿拉伯首脑会议决定召开一次非、阿首脑会议。1976年4月,非洲统一组织和阿盟成员国在塞内加尔首都达喀尔举行首届非、阿外长会议,通过了《非、阿合作宣言和行动纲领草案》,并宣布1977年初召开第一届非、阿首脑会议。

【时间和地点】第一届非洲—阿拉伯首脑会议于1977年3月7日在埃及首都开罗举行。原定1980年3月召开的第二届首脑会议,因埃及和以色列于1979年签署《埃以和平条约》导致阿拉伯世界分裂,至今未能开成。

【参加者】60个非洲和阿拉伯国家(其中8个既是非洲国家也是阿拉伯国家)的元首或他们的代表以及巴勒斯坦解放组织的代表出席了第一届会议。

【主要议题和结果】第一届会议通过了《非洲—阿拉伯合作开罗宣言》、《政治宣言》、《非、阿经济和财政合作宣言》和《实现非、阿合作组织形式和方法》等文件。文件规定,首脑会议每3年召开一次;部长理事会每18个月举行一次;成立常设委员会,由非、阿各任命12名部长和非统组织、阿盟的秘书长组成;另外还成立八个专门机构和一个由双方秘书长领导的协调委员会。

常设委员会设在科威特,原则上每年召开两次会议。第11次会议于1989年10月6日在纽约联合国总部举行。会议听取了阿盟和非统组织秘书处关于如何巩固非、阿团结和政治合作问题报告以及关于非洲—阿拉伯金融组织和其他专门机构活动情况的报告,并讨论了巴勒斯坦和中东问题、中东和平国际会议、黎巴嫩危机、两伊矛盾等问题。1990年10月2日,常设委员会成员国外长在纽约举行非正式会议,就在国际新形势下推动非、阿合作问题进行了磋商。会议主要研究了以下问题：建立非洲—阿拉伯贸易优惠区框架协议草案；在突尼斯举办首届非、阿交易会；拟议中的非、阿金融和投资公司；非洲—阿拉伯文化研究所。原订1990年10月在阿尔及尔举行的第12次会议，先因海湾危机推迟至1991年，后又因阿尔及利亚局势变化，再次延期举行。（徐人龙）

法语国家首脑会议
Sommet de la francophonie

【召开经过】早在60年代，法国总统戴高乐即提出了建立"法语共同体"的设想。1986年，法国总统密特朗倡议召开了第一届法语国家首脑会议，以维护和加强法语在世界上的地位，广泛联合法语国家，扩大其政治和文化影响，增强法国的国际地位。与会的其他国家和地区亦都有各自文化、经济和外交上的考虑。

【时间和地点】第一届会议于1986年2月在法国举行，第二、三、四届会议先后于1987、1989和1991年在加拿大、塞内加尔和巴黎召开。首脑会议原则上每两年举行一次。

【参加者】五大洲47个国家和地区的代表先后参加会议。其中欧洲8个：法国、比利时及其讲法语的地区、卢森堡、瑞士、保加利亚、罗马尼亚和摩纳哥；非洲28个：贝宁、布基纳法索、布隆迪、喀麦隆、佛得角、中非、科摩罗、刚果、科特迪瓦、乍得、吉布提、埃及、埃塞俄比亚、赤道几内亚、加蓬、几内亚、几内亚比绍、马达加斯加、马里、毛里求斯、摩洛哥、尼日尔、卢旺达、塞内加尔、塞舌尔、多哥、突尼斯和扎伊尔；美洲6个：加拿大及魁北克和新不伦瑞克两省、多米尼加共和国、海地和圣卢西亚；亚洲4个：黎巴嫩、越南、柬埔寨和老挝；大洋洲1个：瓦努阿图。

【主要议题和结果】会议最初确定以维护法语的世界地位为中心议题，重点探讨在法语国家、地区之间加强语言、文化、科技的交流和合作，后来逐步向更广阔的领域扩展。

根据1991年11月在巴黎召开的第四届首脑会议的有关决议，1992年12月7～8日在巴黎召开了法语国家部长级会议，会议由法国负责法语国家事务和对外文化关系国务秘书主持，近40个法语国家和地区的代表与会。罗马尼亚、保加利亚和柬埔寨作为观察员出席。会议就当前国际重大问题交换了看法和意见，讨论了南北关系、对东欧国家的援助、第三世界国家债务以及组织法语国家观察团监督非洲国家选举等问题。

此前，法语国家和地区常设委员会于1992年3月初举行了首次会议，制订了该委员会组织章程，决定成立文化和语言、通讯和视听、农业、能源、环境、教育培训和青年、为发展和民主服务权利、科技信息以及高等教育和学术研究等9个专项计划委员会。前8个委员会由文化技术合作局领导，后一个委员会则由法语大学协会领导。各专项计划委员会分别由八个南方国家的专家和4个北方国家的专家组成，每位专家任期两年。（袁国厚）

法非首脑会议
Sommet Franco-Africain

【召开经过】1973年由法国倡议，并得到部分非洲法语国家的支持而召开，旨在通过国家元首之间的定期会晤，维护和加强法国同非洲法语国家之间政治、经济和文化联系。

【时间和地点】会议原定每两年举行一次，后改为每年举行一次，1988年又决定改为两年一次，轮流在法国和非洲国家召开。

【参加者】参加国不固定，分正式成员国与观察员。成员国开始是法国和非洲法语国家，后来逐渐扩大到一些英语、葡语和西语国家。现有正式成员国23个。观察员主要是非法语国家。

【主要议题和结果】会议无特定的议程，只是有关国家领导人就共同关心的问题进行协商，只发表公报，不通过决议。参加国亦不承担任何义务。迄今为止已举行17次会议。第1至第16届会议分别在巴黎（1973.11）、班吉（1975.3）、巴黎（1976.5）、达喀尔（1977.4）、巴黎（1978.5）、基加利（1979.5）、法国尼斯（1980.5）、巴黎（1981.11）、金沙萨（1982.10）、法国维特尔（1983.

10)、布琼布拉(1984.12)、巴黎(1985.12)、洛美(1986.11)、法国昂蒂贝半岛(1987.12)、卡萨布兰卡(1988.12)、法国拉博勒(1990.6)举行。

第17次会议于1992年10月5～7日在加蓬首都利伯维尔举行。除法国外,35个非洲国家的代表出席,其中有19位国家元首和政府首脑。纳米比亚总统努乔马首次与会。法国总统密特朗因健康原因缺席,由贝雷戈瓦总理代表出席。

这是两极格局结束后法国和非洲国家领导人的首次聚会。会议的中心议题是非洲的稳定与发展。会议突出了债务、原料价格、地区一体化、内部冲突、结构调整和环境等关系到非洲国家切身利益的实际问题。非洲国家代表指出,非洲国家从未遇到像今天这样在财政、经济和社会等方面"悲剧性的困难"。一方面,初级产品价格长期下跌,大大限制了非洲国家的收入;另一方面,沉重的债务负担直接制约着非洲的经济增长。在此背景下,要进一步促进南北关系的发展,就必须减轻非洲国家的债务负担。法国总理贝雷戈瓦表示,法国将按照国际惯例,寻求最有效的方式解决与债务和发展有关的问题;同时法国希望发达国家和国际金融机构照顾当前非洲的特殊情况,为非洲的发展共同作出努力。他宣布将创立一项价值40亿法郎的"债务转换发展基金",以减免撒哈拉以南非洲四个中等收入国家(加蓬、喀麦隆、科特迪瓦、刚果)的公共债务,将这笔钱用于支持它们的经济发展。他还再次保证非洲法郎不贬值,并重申法将在本世纪末将其每年对外援助额提高到占其国民生产总值的0.7%。会议最后公报赞扬了许多非洲国家在近几年中为推行民主化所作出的努力,并特别强调了"民主和发展之间的密切联系",认为没有经济的复兴,就不可能有持久的发展。公报决定法非各国外长们将于1993年4月在利伯维尔开会,以确定1994年在法国举行下次首脑会议的具体时间。

(李汉平)

非洲前线国家首脑会议

African Frontline States Summit

【召开经过】自1974年下半年起,南部非洲独立国家的领导人经常不定期地举行会议,就有关反对南非种族主义、支持本地区未独立国家争取民族独立等问题进行磋商,协调相互立场和行动。由于参加国地处非洲反对南非种族主义和争取民族独立与解放斗争的前线,人们习惯地称这些国家为非洲前线国家。前线国家由于所处的地理位置及其同南部非洲民族解放组织的传统关系,在支持南部非洲民族解放斗争和推动解决南部非洲问题上起着重要作用。

【时间和地点】会期和地点均不固定,由会议主席根据需要随时与成员国领导人商定。

【参加者】截至1992年底共有8国:坦桑尼亚、赞比亚、博茨瓦纳、莫桑比克、安哥拉、津巴布韦、纳米比亚和尼日利亚(1991年2月加入)。根据议题,邀请南部非洲有关民族解放组织领导人及个别非洲国家的代表参加。会议现任主席为津巴布韦总统穆加贝。

【主要议题和结果】1974年以来,前线国家首脑经常会晤商讨本地区形势,主要议题包括支持未独立国家争取民族解放斗争、反对南非种族主义统治和对邻国的侵扰以及有关成员国的国内和平进程等。根据需要,还举行外长会议或国防部长会议。

近五年来,首脑会议曾先后在罗安达(1987.11、1988.8、1989.4)、哈拉雷(1989.3、1989.8、1990、4、1991.2)、马普托(1988.7)、卢萨卡(1987.7、1988.12、1989.11、1990.1、1990.2、1990.3、1990.4、1990.9、1991.5)、达累斯萨拉姆(1987.9)、阿鲁沙(1988.12)、哈博罗内(1989.3)、亚的斯亚贝巴(1990.7)举行。

1992年3月12日,首脑会议在卢萨卡举行,赞比亚、津巴布韦、坦桑尼亚、博茨瓦纳总统,纳米比亚总理、安哥拉、莫桑比克外长出席,南非非国大副主席西苏鲁、泛非大主席马奎图列席。会议主要讨论了南非问题,敦促南非白人在即将于3月17日举行的白人公民投票中投票支持改革;对南非暴力冲突表示关切,要求有关各方严格遵守1991年9月签署的和平协议;呼吁南非进步力量加强团结,在推进政治解决南非问题进程中协调、统一行动。会议还讨论了安哥拉和莫桑比克形势,赞赏安哥拉政府的和平努力,呼吁安有关各方确保顺利实施1991年5月达成的和平协议;希望莫政府与抵运正在进行的和谈取得积极成果。会议一致选举津巴布韦总统穆加贝接替赞比亚前总统卡翁达担任首脑会议主席。

1992年12月11日,首脑会议在哈拉雷举行,津巴布韦、博茨瓦纳、坦桑尼亚、莫桑比克、纳米比亚、赞比亚总统和安哥拉总理出席,非统秘书长萨利姆、南非非国大主席曼德拉、泛非大第一副主席姆兰博列席。会议讨论了安哥拉局势等问题。会议强烈谴责安盟武装在大选后的暴力行为,呼吁安盟领导人尊重安人民的意愿,毫不含糊地接受大选结果。会议支持联合国在安的监督行动，建议扩大和加强在安的联合国核查团。会议谴责南非空军最近对纳米比亚、博茨瓦纳和津巴布韦领空的侵犯，对南非武装力量在安哥拉南部的军事行动表示关注，敦促联合国继续加强和监督对南非的武器禁运。会议强调莫桑比克政府和抵运不久前签署的和平协议为民族和解和莫人民的正常生活展现了新的前景，前线国家及整个国际社会应全力支持莫和平协议的实施。会议重申南非所有黑人解放组织组成爱国阵线的重要性，呼吁它们团结起来。（柏 麟）

七国经济最高级会议

The Seven Nation Economic Summit

【召开经过】1975 年 7 月初法国倡议召开法、美、日、英、德五国最高级首脑会议，7、8 月间五国代表经过协商原则上同意召开西方主要工业国最高级会议，9 月底五国最高级首脑会议筹备小组成立，10 月初的筹备小组会议决定邀请意大利参加。1976 年加拿大应邀与会，形成了七国集团。此后通称为西方七国首脑会议。

【时间和地点】第一次会议于 1975 年 11 月 15～17 日在法国举行。此后每年开会一次，轮流在各参加国举行。

【参加者】法国、美国、英国、德国、日本、意大利、加拿大。1977 年起，欧洲共同体委员会主席亦应邀参加会议。

【主要议题和结果】首脑会议本以讨论经济问题为宗旨，随着国际形势的发展，政治问题也日益成为重要议题。1975～1992 年，共举行 18 次会议，广泛讨论经济形势、经济政策、世界贸易、南北关系、同苏联和东欧的关系及对这些国家的援助和其它国际政治问题等，但每次会议侧重有所不同。

1992 年 7 月 6～8 日，第 18 次会议在慕尼黑举行。七国首脑科尔、布什、密特朗、梅杰、马尔罗尼、宫泽和阿马托及欧共体委员会主席德洛尔出席了会议。俄罗斯总统叶利钦被邀请在会后与七国首脑会晤。会议主要讨论了西方世界经济困难、援助俄罗斯等国，以及前南斯拉夫地区战乱等问题；发表了《政治宣言》、《经济宣言》、《关于前南斯拉夫问题的声明》和《主席国声明》四个文件。

题为《确定新的伙伴关系》的《政治宣言》称，“东西方对抗的结束”，为建立“新的伙伴关系”开辟了道路。这种关系的基础是政治和经济自由、人权、民主等，主要内容包括：“以前的东西方敌人将在经济、政治和安全问题上进行广泛合作”；制止核、其他大规模毁灭性武器及导弹的扩散，加强联合国的作用。《经济宣言》认为，“世界范围经济复苏的征兆在增加；强调各国要协调经济和财政政策，期望年底之前就乌拉圭回合谈判达成协议；欢迎东亚和东南亚在经济方面取得的成绩。但对世界各地，特别是撒哈拉沙漠以南非洲与贫困问题的斗争“感到担忧”，将增加对最贫困国家的援助，要求较富裕的发展中国家参与国际援助；欢迎前苏联新独立国家及东欧国家的政治和经济改革，欢迎它们加入世界经济体系，并向其提供多边双边援助，但强调援助将以它们的改革进展和在国际上的行为是否有责任感为条件；支持俄罗斯政府和国际货币基金组织之间的多阶段合作战略，并同意提供第一笔贷款，为业已宣布的总额为 240 亿美元的援助铺平道路。《关于前南斯拉夫问题的声明》表示，“对持续的南斯拉夫危机深感忧虑”；指责塞尔维亚族及南武装力量对危机“负有主要责任”；支持欧共体对南问题的努力，欢迎召开一次国际会议；为保障波黑共和国的人道援助，要求安理会不排除使用军事手段；不承认新的南联盟，并要求将其开除出欧安会和其他国际组织。关于中国问题，会议只进行了简单的讨论。《主席国声明》在谈到对华关系时说，中国“经济改革方面的最新进展是令人鼓舞的”，“想看到中国在政治改革方面作出更大努力”，“人权状况方面还需作出进一步重大改善”，欢迎中国加入《不扩散核武器条约》和执行《导弹技术控制制度》的准则及参数，“希望中国在国际领域发挥更加建设性的作用”。（武整运）

欧洲安全和合作会议
Conference on Security and Cooperation in Europe—CSCE

【召开经过】在苏联的推动下，1966年7月华沙条约国政治协商会议在宣言中，正式提出召开由欧洲国家参加的欧洲安全和合作会议(简称欧安会)的建议，遭到美国强烈反对。嗣后，美苏经长期争论和讨价还价，于1972年5月就召开欧安会问题达成协议。同年11月22日至1973年6月8日，与会35国在芬兰首都赫尔辛基召开大使级筹备会议，草拟了《赫尔辛基最后建议蓝皮书》，规定了欧安会会议讨论范围和议事日程。会议于1973年7月至1975年8月分三阶段进行：外长会议，通过了筹备会议起草的"蓝皮书"；专家会议，草拟出《欧洲安全和合作会议最后文件》(又称《赫尔辛基最后文件》)；首脑会议，签署《赫尔辛基最后文件》。根据"最后文件"有关条款的规定，此后，每隔一定时间召开与会国代表参加的续会，对"最后文件"的执行情况进行审议，并经常召开各种专家会议，就专门问题交换意见。欧安会及其续会和专家会议统称"欧安会进程"。

【时间和地点】1973年7月3～6日的第一阶段会议——外长会议，在赫尔辛基举行；1973年9月18日至1975年7月21日的第二阶段会议——专家会议，在日内瓦共召开了2400次会议；1975年7月30日至8月1日的第三阶段会议——在赫尔辛基举行首脑会议。

【参加者】52国(1992年12月)：爱尔兰、奥地利、保加利亚、比利时、冰岛、波兰、丹麦、德国、法国、梵蒂冈、芬兰、荷兰、加拿大、捷克和斯洛伐克、列支敦士登、卢森堡、罗马尼亚、马耳他、美国、摩纳哥、挪威、葡萄牙、瑞典、瑞士、塞浦路斯、圣马力诺、俄罗斯、土耳其、西班牙、希腊、匈牙利、意大利、英国、阿尔巴尼亚、爱沙尼亚、拉脱维亚、立陶宛、乌克兰、白俄罗斯、摩尔多瓦、亚美尼亚、阿塞拜疆、哈萨克斯坦、乌兹别克斯坦、土库曼斯坦、吉尔吉斯斯坦、塔吉克斯坦、格鲁吉亚、克罗地亚、斯洛文尼亚、波黑、南斯拉夫联盟(暂被中止与会资格)。

【主要议题和结果】会议集中讨论欧洲安全、经济合作、人员与文化交流及续会等四个方面的问题，即通常所说的"四个篮子"。赫尔辛基首脑会议签署的《欧洲安全和合作会议最后文件》主要有以下内容：关于欧洲安全问题的《指导与会国之间关系的原则宣言》，内列"主权平等、尊重主权固有的权利"，"禁止使用武力或以武力相威胁"，"边界不可侵犯性"，"国家领土完整"，"和平解决争端"，"不干涉内部事务"，"尊重人权和基本自由，包括思想、道德、宗教或信仰自由"，"各国人民的平等权利和自决"，"国与国之间的合作"，"忠实履行国际法规定的各项义务"等十项原则。

《经济、科学技术和环境方面合作》，其中包括促进"商务交流"，"工业合作"，"科学技术合作"，"环境保护合作"，"发展交通运输"，"促进旅游业"，"外籍劳工的经济和社会问题"，"专业和技术人员的培训"等内容。

《地中海的安全与合作》，规定增加与地中海沿岸国家的磋商，促进合作，减少该地区紧张局势。

《人道主义和其他方面的合作》，对东西方人员接触、旅行、通婚、新闻记者活动、文化与教育交流等提出具体要求并作出规定。西方要求尽量放宽限制；苏联则强调要在"充分尊重与会国之间关系原则的基础上"，"在有关国家可以接受的条件下"进行。

《最后文件》在实践中没有任何约束力。与会国、特别是苏美两国对文件条文的看法不同，双方在具体执行中经常爆发激烈争吵。

【第一次续会】又称贝尔格莱德续会，于1977年10月4日至1978年3月9日在贝尔格莱德举行。会议仅通过一份简短的《最后文件》，与会中小国家对会议结果纷纷表示不满和遗憾。

【第二次续会】又称马德里续会。1980年11月11日，外长级续会在马德里开幕。正式会议期间，由于美苏及北约和华约国家在苏联入侵阿富汗、波兰宣布战时状态、人权及召开欧洲裁军会议等问题上立场尖锐对立，经几次延期和八轮讨价还价后，与会国于1983年9月6日才就会议《最后文件》取得一致意见。这是苏联入侵阿富汗以来东西方达成的第一份协议。《最后文件》没有多少实质内容。9月7～9日，在马德里外长级续会的闭幕式上，北约和华约国家又就9月1日苏联在远东击落南朝鲜民航客机事件相互展开激烈的攻讦。这次续会时间之长超过了赫尔辛基欧安会首脑会议从筹备到签署《赫尔辛基最后文件》的全过程。

根据马德里续会《最后文件》的规定：1984～1986年，欧安会35国举行了"欧洲建立信任与安全措施和裁军会议"(简称欧裁会)第一阶段会议，东西方对这次会议的结果普遍表示欢迎和满意。

1984年10月，在威尼斯举行了"地中海地区科学、经济与文化合作讨论会"。

1985年5～6月，在渥太华召开了欧安会"人权问题专家会议”。10～11月，在布达佩斯举行了东西方“文化讨论会”(后称“文化论坛”)。

1986年4～5月27日，在伯尔尼召开了“欧洲人员交往专家会议”。

【第三次续会】又称维也纳续会。

第三次续会第一阶段会议在1986年11月4日至12月9日举行。

第二阶段会议在1987年1月27日至4月11日举行。

第三阶段会议从1987年5月5日至7月底举行。主要议程是讨论安全、裁军及人权问题，并拟定必要的协议和《最后文件》。三阶段会议，与会各国共提出约140项建议，数量之多超过了前两次续会(贝尔格莱德续会100项，马德里续会50项)。此外，北约和华约23国从1987年2月17日起在欧安会之外开始就全欧常规裁军谈判问题进行非正式预备性会谈，对裁减内容和参加谈判的人员问题进行反复探讨。

第四阶段会议于1987年9月22日至11月20日举行。

第五阶段会议于1988年1月22日至3月25日举行。会议集中讨论续会的《最后文件》，并取得一定进展。

第六阶段会议在1988年5月至12月举行。主要工作是在中立和不结盟国家于5月提出的草案的基础上制定续会《最后文件》。

1989年1月19日，欧安会第三次续会举行闭幕会议，通过了《最后文件》和《关于欧洲常规军力谈判的授权》及11个附件。续会在下述问题上取得了进展：(1)就欧洲常规军力谈判的目标、形式和范围等授权问题达成协议，决定1989年3月开始欧洲常规军力谈判，以取代长达15年之久、毫无成果的中欧裁军谈判。与此同时，举行由35个与会国参加的“欧洲建立信任和安全措施会议”第二阶段会议。(2)会议文件就保障和尊重人权、公民自由、平等权利和宗教信仰自由、便利公民移居和家庭团聚、保障通信自由和获得信息之权等作了明确规定，决定建立与会国相互监督机制，要求各国将其法律、法令和政策同国际法及欧安会的义务保持一致，并确定从1989年起分别在巴黎、哥本哈根和莫斯科举行三次人权问题的后续性年会。(3)决定加强经济、科技和环保方面的合作，促进合资企业和经济信息交流。确定1990年3月在波恩举行高级别的东西方经济合作会议。(4)决定于1992年3月在赫尔辛基召开欧安会第四次续会。此前三年中将就各种专门问题召开12次全欧会议。

1989年3月9～22日，欧洲建立信任与安全措施会议(又称斯德哥尔摩第二阶段会议)及华约和北约23国欧洲常规军力谈判会议同时在维也纳举行。

5月30日至6月23日，在巴黎举行人权会议。

1990年1月16日至2月5日，建立信任与安全措施军事学术讨论会在维也纳举行，欧安会35个成员国的武装部队最高司令和参谋长出席。会议交流并公开了各自的防务战略及安全方案。

3月19日至4月11日，欧安会经济合作会议在波恩举行。35国政府代表和经济界人士与会。会议结束时通过一项《最后文件》(亦称“波恩文件”)。

6月5～29日，欧安会第二次人权会议在哥本哈根举行。会议通过的《最后文件》是欧安会达成的第一个有关人权的文件。其主要内容是：(1)确认多元民主和以法治国是尊重人权的根本保证，建立以自由选举为基础的民主社会；实施国家与政党分离、法院独立等原则。(2)保障个人的民主、自由，确认公民的言论、结社、集会、信仰、游行、罢工、参加工会的自由及个人离返自己的国家的自由等。(3)少数民族享有民族文化、语言、宗教信仰和教育的权利和平等地位及保持民族特殊性。(4)对欧安会人权监督机制作出规定，如一国被另一国指控违反人权，该国要在四周内作出答复；如一国要求就此举行有关会议，则应在三周内举行。

1990年11月19～21日，欧安会在巴黎举行自1975年赫尔辛基首脑会议以来的第二次首脑会议。与会者除34个成员国(此时两个德国已实现统一)的元首或政府首脑外，还有联合国秘书长、欧共体委员会主席和欧洲委员会秘书长等。阿尔巴尼亚首次派观察员列席会议。会上，北约和华约22国签署了《欧洲常规武装力量条约》，并发表一项联合声明，宣布两大军事集团“不再互为敌手，相互间将建立新的伙伴关系并友好相处”。欧安会34国签署了《新欧洲巴黎宪章》，强调“欧洲对抗和分裂的时代已经结束”，各国关系将“建立在彼此合作和尊重的基础上”，欧洲的责任是实现“建立在人权和基本自由基础上的民主制度”、“经济自由化”和“共同安全”。“宪章”对1990年9月12日美、苏、英、法四大国在莫斯科签署的确认两个德国统一的条约表示欢迎，对欧安会各国在人道、安全、经济、文化、环境保护等方面的合作作出了安排，并决定将欧安会制度化和机构化，主要包括：每年至少举行一次外长会议，使之成为“欧安会政治磋商中心”；在布拉格设立一个负责欧安会日常事务的小型秘书处；在维也纳建立“防止冲突中心”，负责交流各国军事情报，核查各国的军备情况，减少冲突和防止发生冲突；在华沙建立监督“自由选举”的机构。

1991年6月19～20日，欧安会巴黎首脑会议决定成立的外长理事会首次会议在柏林举行。会议一致同意接纳阿尔巴尼亚为欧安会第35个成员国，从而使欧安会囊括了所有欧洲国家。会议通过了《建立突发事件磋商和合作机制》(简称“应急机制”)和《和平解决争端》两个文件。“应急机制”规定：如一成员国认为某国出现可能危及欧洲和平、安全或稳定的紧急事件，可要求其在48小时内对事件作出说明；如问题未获解决，只要有13个成员国同意，欧安会即可在三天内召集高级官员委员会会议进行磋商，就解决方案提出看法和建议。《和平解决争端》文件规定，扩大和加强“预防冲突中心”的作用，“为维护欧洲的和平与安全提供更进一步的保障”。会议还就南斯拉夫局势发表声明，表示尊重南的统一、领土完整和少数民族权利，要求南的问题通过和平手段加以解决。

7月3～5日，欧安会35个成员国全权代表在布拉格召开紧急会议，讨论南斯拉夫局势，并实施6月外长会议达成的关于欧安会成员国发生危机和武装冲突时成员国之间进行磋商和合作的协议。会议通过的《最后文件》紧急呼吁南冲突各方停火，和平解决冲突，并宣布派遣“欧安会小组”和“调解团”推动冲突各方停火并进行政治对话，观察各方执行协议情况。会议提出欧安会对解决南危机的原则是：支持南民主发展和领土完整，充分体现人权包括南各少数民族的权利，和平解决危机。

8月8～9日，欧安会35个成员国全权代表在布拉格召开第二次紧急会议，讨论南斯拉夫局势。会议通过了三个文件：呼吁南交战各方的武装力量脱离接触，撤出冲突地区，巩固现有停火成果，并对各派的正规军和非正规军进行有效的监督；欧共体观察员小组的活动从斯洛文尼亚扩大到克罗地亚，并拟增加观察员小组成员；要求南至迟于8月15日开始内部对话讨论南前景，强调不允许使用武力，必须完全尊重人权，包括少数民族的权利。会议建议南根据需要，接受欧安会派遣的“调解团”，协助南内部对话。

9月3～4日，欧安会35个成员国全权代表在布拉格召开第三次紧急会议，继续探讨和平解决南冲突的可能性。会议通过的联合声明表示，支持欧共体和南冲突各方于9月1日签署的关于将欧共体观察员小组活动扩大到克罗地亚和增派小组成员的备忘录。希望南各机构与观察员合作，并保证其安全；呼吁南冲突各方立即执行9月1日达成的停火协定。南政治和军事机构恢复和保持对军事行动的监督，本着赫尔辛基会议的有关原则和协定和平解决南问题。会议还分别就禁止向南出售武器问题和南前途问题通过了有关文件，决定禁止欧安会成员国在南冲突尚未结束之前向南各方出售武器和军事设施，呼吁各成员国就此采取措施并向欧安会预防冲突中心提供本国武器出口政策的有关情况；要求南各方立即就南前途问题举行会谈，而其结果必须是南各族人民都能接受的。

9月10日至10月4日，欧安会第三次人权会议在莫斯科举行，对危机深重的苏联和南斯拉夫未拿出任何办法。新独立的波罗的海三国（爱沙尼亚、拉脱维亚和立陶宛）加入欧安会，使其成员国增加到38国。会议通过的《最后文件》表示，38国在人权方面所作的承诺，关系到所有参加国合法和直接的利益，因此人权不只是有关国家的内部事务，要求成员国自愿同意外部专家去本国视察人权问题。如当事国拒绝，可委托至少由其他6国组成的“了解情况小组”调查有关情况并向欧安会提出报告。此外，会议还决定成立处理民族争端的高级官员小组。

1992年1月30～31日，欧安会外长理事会第二次会议在布拉格举行，为欧安会第四次续会作准备。会议决定吸收独联体10国为欧安会正式成员国，它们是：乌克兰、白俄罗斯、摩尔多瓦、亚美尼亚、阿塞拜疆、哈萨克斯坦、乌兹别克斯坦、土库曼斯坦、吉尔吉斯斯坦和塔吉克斯坦。俄罗斯继承原苏联资格。至此，欧安会成员国达48国。会议讨论了欧洲、特别是南斯拉夫和独联体的局势，全欧常规裁军，加强信任与安全措施及欧安会机构的职能等问题，通过了三个文件。关于继续加强欧安会机构问题的《布拉格文件》决定扩大维也纳预防冲突中心的职权；将设在华沙的监督自由选举办公室改名为民主制度与人权办公室；修改了欧安会决议需经协商一致通过的原则，规定在某一成员国发生严重违背欧安会有关精神的事件时，可在不征得该国同意的情况下作出有关决定。《防止武器扩散宣言》强调防止扩散大规模毁灭性武器，监督导弹技术，特别是对拥有核武器的原苏联各加盟共和国进行严格监督。《会议结论》呼吁各成员国参加关于裁减常规军备的谈判；决定向南斯拉夫派遣欧安会调查小组，了解尊重人权的情况。

【第四次续会】又称赫尔辛基续会。1992年3月24～26日，第四次续会外长级会议在赫尔辛基举行，美、英等十国外长因故未与会。会议就本次续会议题达成协议，确定今后由四个工作小组分别就欧安会的结构和作用、安全与裁军、人权以及经济和科技合作等问题进行讨论，提交七月首脑会议作出决定。会议宣布接纳格鲁吉亚、克罗地亚和斯洛文尼亚为欧安会新成员国。至此，欧安会成员国增至51个。北约和前华约成员国在会上签署了《开放天空条约》，并发表声明欢迎其它欧安会成员国尽快加入该条约。会议还讨论了阿塞拜疆与亚美尼亚在纳—卡地区的冲突问题，决定向该地区派遣调解团，并在适当时候在白俄罗斯首都明斯克举行有11方参加的关于这一问题的国际会议。3月27日至7月8日，续会转入官员级进行。其间，拟就了提交首脑会议通过的一系列决议和文件，并就波黑及南斯拉夫联盟在欧安会的成员国资格问题作出下述决定：4月30日，会议宣布接纳波黑为欧安会新成员国。至此，欧安会成员国增至52个。由塞尔维亚和黑山共和国组成的南斯拉夫联盟共和国席位待定。5月12日，欧安会危机委员会紧急会议通过波黑宣言，决定暂停南联盟参与欧安会对波黑问题的决策。7月8日，欧安会官员会议决定，从即日起至10月14日，中止南联盟参加欧安会的所有活动。7月9～10日，欧安会成员国首脑会议在赫尔辛基举行，从而结束续会。除南联盟被中止与会资格外，51国国家元首、政府首脑或代表与会。日本首次作为“特别客人”列席会议。会议通过了题为《变革的挑战》的最后文件，发表了关于南斯拉夫问题的声明，北约和原华约成员国签署了关于各国兵员上限的协定。会议决定：(1)欧安会为联合国的地区性组织，并具有维护和平的职能，即无论是某个成员国内部还是成员国之间发生冲突，欧安会均可求助于欧共体、北约、西欧联盟以及独联体来采取维和行动。(2)加强防止冲突机制，包括设立负责少数民族问题高级专员，建立类似欧共体式的"三驾马车"(现任、前任和下任主席)制度等。(3)进一步完善会议制度，每半年举行一次外长理事会，每两年举行一次首脑会议。(4)设立"安全合作论坛"(FSC)，负责在欧安会范围内组织新一轮裁军和加强信任措施谈判。(5)设立"经济论坛"，以促进发展市场经济。(6)同意日本今后可参加欧安会各级会议，但无决定权。关于纳卡冲突问题，由于有关各方意见不一，会议未能就此通过一项声明，原拟7月底前召开明斯克国际会议的计划落空。会议还放弃了向纳卡派100名非武装观察员的计划。另，会议决定下届首脑会议将于1994年在布达佩斯举行。

7月3～5日，欧安会52个成员国在布达佩斯举行欧安会首届议会成立大会。本届议会由308名议员组成，名额按各国人口和国民生产总值比例分配，并选出议会领导机构，芬兰议长伊尔卡·苏奥米宁当选为欧安会议会议长，另设副议长五人。议会每年开会一次，负责向成员国政府提出有关安全政策、经济合作和人权问题的建议。议会秘书处暂设在哥本哈根，负责处理日常事务。此外，大会还通过了致欧安会首脑会议的《布达佩斯声明》，主要涉及欧洲安全、经济合作、少数民族及南斯拉夫等问题。

8月13～14日，欧安会高级代表会议在布拉格举行，集中讨论了欧安会参与在前南斯拉夫地区的和平行动问题。会议通过四个文件：(1)政治决议表示对塞尔维亚入侵波黑地区深感不安。(2)给联合国秘书长的复信表示欧安会成员国愿意帮助联合国在前南地区从事的和平行动，包括监督波黑地区使用重型武器问题。(3)决定向科索沃、伏伊伏丁那和桑贾克地区各派一个约50人、为期半年的报道员团，以促进政府和居民间的对话，并了解遵守人权和少数民族权利的情况。(4)加强在塞尔维亚和黑山邻国的观察团，以防止南紧张局势扩大，并了解联合国制裁措施的执行情况。

11月9日，欧安会官员委员会会议在布拉格举行，决定继续中止南联盟共和国参加欧安会的所有活动至1993年，以等待联合国就南席位问题作出决定。

12月14～15日，欧安会部长理事会第三次会议在斯德哥尔摩举行。除南联盟被取消与会资格外，其余51个成员国全部与会。日本应邀派副外相作为观察员列席会议。会议着重讨论了欧洲安全面临的严重局势和如何进一步加强欧安会职能等问题，并作出一系列相应决议。会议通过的关于前南斯拉夫危机的声明严辞谴责塞现政权是"罪魁祸首"，敦促塞改弦易辙，否则将支持联合国采取更严厉的制裁措施，甚至将以武力在波黑实施空中禁飞区决议。会议决定派遣欧安会"三驾马车"向塞当局转达欧安会有关决议。美、俄还发表联合声明对塞进行谴责。关于欧安会职能问题，会议提出在欧洲持续动荡不定的形势下，欧安会不仅要执行更为积极的外交战略，而且还要进行机构改革和增加资金来源，以进一步提高欧安会的行动能力。会议决定：(1)设立欧安会秘书长，负责协调欧安会各机构工作，并与其它国际组织保持联系等；(2)正式设立少数民族问题高级专员，通过对话和采取信任措施，防止少数民族冲突严重恶化，推动有关冲突的解决；(3)签订《欧洲和平解决争端公约》，在日内瓦设立欧洲调解和仲裁法院，以解决成员国间的争执和冲突；(4)向热点地区派遣欧安会调查小组。

此次会议虽通过了法国和德国倡议制订的关于《欧洲和平解决争端公约》，但目前只有29国签字，美国和荷兰等国均表示不赞成。

(孙国琴)

欧洲建立信任与安全措施谈判

Negotiation on Confidence and Security Building Measures in Europe—CSBM

【召开经过】1983年9月9日结束的欧安会马德里续会《最后文件》规定：欧洲建立信任与安全措施和裁军会议(简称"欧裁会")第一阶段会议于1984年1月开始，主要讨论欧洲国家间增加相互信任和安全措施问题，以减少在欧洲发生军事冲突的危险，但不讨论裁军问题；所讨论的措施应"具有军事意义和在政治上有约束力"，并"涉及整个欧洲和与欧洲毗连的海域及空间"；欧裁会第一阶段会议(斯德哥尔摩会议)的结果要向1986年11月4日召开的欧安会维也纳续会报告，由续会决定是否以及何时何地进行欧裁会第二阶段会议，讨论在全欧范围内裁减军备的问题。

1989年1月19日结束的欧安会维也纳续会决定，由欧安会35个成员国举行欧洲建立信任和安全措施第二阶段谈判；北约和华约23个成员国同时举行欧洲常规军力谈判。

【时间和地点】1984年1月17～20日外长级会议

开幕式在斯德哥尔摩举行，1月24日会议转入大使级工作阶段，至1986年9月22日，第一阶段会议结束。

1989年3月6～8日，第二阶段谈判外长级开幕式在维也纳举行，1992年3月4日正式结束。

【参加国】参加欧安会的48国(1992年1月)。

【主要议题和结果】自1984年1月24日开始的第一阶段会议经过12轮谈判，于1986年9月21日签署了最后文件(即《斯德哥尔摩文件》)，就有关军事演习和监督等方面的信任措施达成六点协议。该文件于1986年1月1日起生效，并向1986年11月4日在维也纳召开的欧安会第三次续会作了报告。

1989年3月6～8日，第二阶段的外长级会议开幕式在维也纳举行。英国外交大臣杰弗里·豪在会上提出该阶段谈判的五个要点：(1)每年应准确无误地全面交换有关军事信息；(2)双方通报军事演习的内容要更详细；(3)为观察军事活动作出更好的安排；(4)为有关人员提供更多的活动自由；(5)加强就地质疑性核查制度。此后至1990年11月19日，陆续进行了七轮谈判，北约、华约及有关国家提出了自己的建议；各国最高级军事领导人举行了讨论会。谈判未取得明显进展。

1990年11月17日，参加信任与安全措施谈判的34国(两德已实现统一)一致通过由奥地利、芬兰、瑞典、瑞士四个中立国提出的建议，即《维也纳文件》。该建议的主要内容是：(1)每年不得晚于当年12月15日前通报本国的团以上军事单位、人员、武器装备及主要武器装备部署等情况；(2)每年通报本国下一年度军费开支预算，可向其他参加国提出有关澄清要求；(3)每个参加国有权就与自己有关的军事活动提出咨询或要求会晤，有关国必须在48小时内给予答复；(4)每个参加国有权提出召开全体会议的申请；(5)加强合作以防止出现具有军事性质的偶发事件；(6)每年应安排一次对空军基地的视察；(7)相互通报多于1.3万人、300辆坦克和200起飞架次的空军活动等信息；(8)每个参加国应邀请所有参加国派观察员观察通报的军事活动；(9)交换详细的军事活动年度表；(10)每年至少进行3次陆上或空中视察；(11)每年对六个军事单位进行一次就地评估访问；(12)建立参加国间直接通讯网；(13)参加国每年举行一次会议讨论执行信任与安全措施的情况。

11月19日，在巴黎举行的欧安会第二次首脑会议决定：1991年召开欧洲常规军力第一阶段谈判续会(CFE1A)和信任与安全措施第二阶段谈判续会，并向1992年欧安会赫尔辛基续会报告；赫尔辛基续会之后，将欧洲信任与安全措施谈判和欧洲常规军力谈判合并为一。

1992年3月4日，参加信任与安全措施第二阶段谈判续会的48国一致通过了《1992年维也纳文件》。该文件在加强信任与安全措施方面增加了以下新内容：(1)规定各成员国每个师的兵力为5000人，每个团/旅为1500人。如增加编制，须提前21天通报。即使非现役部队，如补充兵员超过2000人，也须提前12天通报；(2)可随时视察军事行动；(3)须事先通报将装备的主要新式武器系统和大型装备详细技术资料；(4)将须事先通报的演习或部队调动规模由原定的1.3万人降至9000人，主战坦克由300辆降为250辆，两栖或空降演习由5000人降至3500人；(5)将须邀请各国派观察员监督的演习或部队调动规模由1.7万人降至1.3万人；(6)人数为1.3万至4万人的大规模军事演习，各国每年不得超过六次，更大规模的演习每两年只许举行一次，且须提前通报；(7)将信任与安全措施适用范围由乌拉尔以西扩大到独联体的乌兹别克、哈萨克、吉尔吉斯、塔吉克和土库曼等五个亚洲国家。

7月9～10日，欧安会赫尔辛基第四次续会首脑会议决定将《欧洲建立信任与安全措施谈判》和《欧洲常规军力谈判》合并，成立"安全合作论坛"(FSC)，负责全欧新一轮常规军力和信任与安全措施的谈判。

同欧洲信任与安全措施谈判有关的还有"开放天空"谈判。两者虽无正式联系，但互为补充。"开放天空"谈判系由美国总统艾森豪威尔于1955年首次提议举行，但遭苏联拒绝。1989年5月，布什总统在北约首脑会议上再次提出该建议，得到苏联的赞同，双方同意举行"开放天空"谈判。

1990年2月12～18日，北约和华约在渥太华举行了"开放天空"第一阶段会议，达成了以下四点协议：(1)开放天空在对等和公平的基础上执行，对观察飞行确保最大程度开放和最小程度限制；(2)每个参加国有权进行并有义务接受观察飞行，飞行按年度定额，通过谈判确定公平的次数；(3)使用的非武装飞机和设备应能够在一切情况下完成观察任务；(4)鼓励其他国家，特别是欧洲的不结盟国家参加该"开放天空"体制。但由于双方在华约提出的关于航空器种类、监视设备和通报情况及将开放天空扩大到海洋和空间等问题上意见分歧，与会外长们同意将这些问题提交给工作小组谈判解决。会议还定于5月12日共同签署有关协议。

4月23日至5月4日，"开放天空"第二阶段谈判在布达佩斯举行，由于美、苏在一些问题上争执不下未能取得任何成果。之后，苏联要求推迟"开放天空"的谈判，该项谈判因此中止。

11月参加欧洲常规军力谈判各方、欧安会各成员国先后表示希望重开"开放天空"谈判。

1991年4月，北约提出与苏建议有所接近的新建议，但苏仍坚持出于安全考虑，有些地区应不被列入空中视察之内。

1991年9月至1992年3月，"开放天空"第三阶段谈判在维也纳举行。

1991年11月5日，苏联同意准许飞越其全部领空，并放弃飞越远东地区设有美军基地的国家领空的要求，从而消除了"开放天空"谈判的最后一个主要障碍。但各国在监督飞行次数、分享各国搜集的资料、监督飞机所用设备的国籍以及是否将"开放天空"条约扩大到欧安会38国等问题上仍存有分歧。

苏提出可将原建议的各国每年允许飞行的次数由25次提高到40次,并可在条约生效若干年后增到52次。土耳其则反对塞浦路斯成为签约国。

1992年3月18日,参加"开放天空"条约谈判的北约和原华约24国(新增白俄罗斯和乌克兰)就"开放天空"新条约问题达成一致,并于3月21日草签了该条约。条约的主要内容是:(1)各签约国有权在其他缔约国领空进行监督性飞行,但须提前72小时通知当事国;(2)原则上各国有权使用本国的飞机进行监督飞行,但被监督国也有权提供本国的飞机,费用由监督国承担;(3)明确规定了各签约国每年可允许的监督飞行次数:美国和俄罗斯联邦(包括白俄罗斯)各为42次;德国、英国、法国、加拿大、土耳其和乌克兰各为12次,其他国家分别为2~7次不等。

3月24日,出席欧安会第四次续会外长级会议的北约和原华约24国外长正式签署了《开放天空条约》,并发表声明欢迎其他欧安会成员国尽快加入该条约。《开放天空条约》将于1993年正式生效。 (冯建武)

欧洲常规军力谈判
Negotiation on Conventional Armed Forces in Europe—CFE

【召开经过】该谈判实际上是历时15年而毫无进展的"关于在中欧共同裁减部队和军备以及有关措施的谈判"(简称中欧裁军谈判)的继续和发展。1987年2月17日至1989年1月14日期间,北约和原华约23国在维也纳就欧洲常规裁军进行了预备性谈判,并作出如下决定:北约和华约的所有成员国都参加欧洲常规军力谈判;大幅度削减两约从大西洋至乌拉尔山以西的全欧洲范围内的陆、空军常规力量,包括兼具常规和核作战能力的"双用途武器",争取消除欧洲常规军力的不平衡,并实现常规力量的"低水平均衡",使各方只保留用于防御的力量,最终达到消除发动突然袭击和大规模进攻的能力,以确保欧洲的稳定和安全。双方决定采用"不对等"裁减原则,有优势的一方先减,达到平衡后再对等削减至低水平均势,并根据防御原则重新部署部队。双方还同意建立包括现场视察在内的严格的核查制度,与裁减军备分阶段同步进行。但海军、化学武器和战术核武器不纳入此次谈判。

【时间和地点】1989年3月9日至1990年8月10日,在维也纳共举行了第一阶段七轮谈判。第一阶段续会(CFE1A)于1991年2月14日在维也纳举行,1992年7月10日正式结束。

【参加国】北约和原华约35国(1992年3月):比利时、冰岛、丹麦、德国、法国、荷兰、加拿大、卢森堡、美国、挪威、葡萄牙、土耳其、西班牙、希腊、意大利、英国;保加利亚、波兰、捷克和斯洛伐克、罗马尼亚、匈牙利、俄罗斯、乌克兰、白俄罗斯、哈萨克斯坦、乌兹别克斯坦、拉脱维亚、立陶宛、爱沙尼亚、塔吉克斯坦、土库曼斯坦、摩尔多瓦、吉尔吉斯斯坦、亚美尼亚、阿塞拜疆。

【主要议题和结果】1989年3月6~8日在维也纳举行欧洲常规军力谈判开幕式,并于3月9~23日举行第一轮谈判。在开幕式上,苏联外交部长谢瓦尔德纳泽和英国外交大臣杰弗里·豪分别代表华约和北约提出裁军建议。此后至1990年8月,陆续进行了七轮谈判,并取得一些进展,但双方在作战飞机、战斗直升机的限额及核查问题上仍有分歧。

1990年11月19日,在欧安会巴黎首脑会议上,北约和华约22国(此时两个德国已实现统一)的元首和政府首脑正式签署了《欧洲常规武装力量条约》,从而结束了欧洲常规裁军的第一阶段谈判。该条约除前言部分外,共有23条,主要内容包括:(1)关于各类常规武器的最高限额。北约和华约在大西洋至乌拉尔地区各自可保留坦克2万辆,装甲车3万辆,火炮2万门,作战飞机6800架,战斗直升机2000架。此外,双方可在条约之外各保留430架陆基海军作战飞机,其中一国不能超过400架。(2)关于不同区域军备的最高限额。北约和华约在中欧区(含波、捷、匈、德、荷、比、卢七国)各自可保留坦克7500辆、火炮5000门、装甲车1.125万辆;在中欧扩大区(含中欧区及英、法、意、丹四国和苏波罗的海、白俄罗斯、喀尔巴阡、基辅四个军区),两约各保留坦克1.03万辆、火炮9100门、装甲车1.926万辆;在大西洋—乌拉尔区(含中欧扩大区及西、葡和苏莫斯科、伏尔加—乌拉尔两个军区),两约可各保留坦克1.18万辆、火炮1.1万门、装甲战斗车2.14万辆;在欧洲侧翼区(含罗、保、挪、冰、希、土六国及苏敖德萨、列宁格勒、北高加索、外高加索四个军区),两约各保留坦克4700辆、火炮6000门、装甲车5900辆。(3)关于一国在北约和华约军备总量中所占比重。北约或华约中的任何一国在总限额中所占的比重为33.3~37.8%,即一国最多可拥有坦克1.33万辆、装甲车2万辆、火炮1.37万门、作战飞机5150架和作战直升机1500架。(4)关于核查和销毁。北约和华约自条约生效之日起的40个月内,全部完成超过限额装备的销毁工作,即双方先用4个月时间进行现场核查,尔后分三阶段销毁裁减下来的全部装备。

由于该条约仅就限制五种常规武器等问题做出了具体规定,而未限制军队人数,两约商定1991年就此问题举行欧洲常规裁军的第一阶段续会谈判(CFE1A),并在1992年欧安会赫尔辛基续会前签署有关条约。

1990年11月26日,北约和华约在维也纳召开联合协商小组会议,为正式开始第一阶段续会谈判做准备。

第一阶段续会第一轮谈判于1991年2月14日至3月21日举行。在谈判中,北约与苏就如何解释《欧洲常规武装力量条约》有关条款等问题出现严重分歧。北约指责苏:(1)在签约前向乌拉尔以东地区转移了1.6万辆坦克、2.5万门火炮、1.59万辆装甲车和1000架战斗机。(2)签约后,苏将原部署在列宁格勒(现圣彼得堡)地区的三个陆军师,连同2600件重武器转为海岸防卫部队。(3)苏提供的数据埋伏较多。如苏原允诺将1600处军事设施供北约核查和监督,但1990年11月仅报895处。北约还提出苏在乌拉尔以西的四个海军陆战团的1100件重武器和战略导弹部队的1700件重武器也应纳入条约范围内。

苏则强调三个海岸防卫师和四个海军陆战团属海军所辖,它同战略导弹部队一起不属条约规定的裁减范围。由于双方争执不下,只好决定在双方对如何解释条约的问题没有解决之前,暂停削减双方军队人数的谈判。

3月,苏提出一折衷方案,建议苏已转编的三个师的编制不变,但其重武器可纳入条约规定的范围之内,列入库存。

第二轮谈判于4月15日举行,苏表示在保持三个师的编制不变的前提下,可在西部地区再裁减2600件重武器。北约则不再提裁减属于苏战略导弹部队的1700件重武器,但要求苏冻结其数量和质量。

第三轮谈判于6月14日举行。北约与苏就有关问题达成以下协议:(1)苏发表声明原则同意将三个海防师、四个陆战团和战略导弹部队的5400件武器纳入条约所规定的最高限额之内。北约则同意其中的753辆装甲车改装为低性能车辆之后,可不再纳入限额;战备导弹部队的1700辆装甲车也可不计入限额,但苏今后不得增加数量;另933辆坦克和972辆装甲车须改装成民用车或完全销毁。(2)苏发表政治声明说明处置转移到乌拉尔以东的重武器的方式。苏在1994年底前将其中的6000辆坦克、1500辆装甲车和7000门火炮全部销毁或改为民用。至此,美苏围绕如何解释条约条款的分歧得以解决,会谈随即进入正式谈判裁减军队人数和有关监督和核查措施的议题。

波、匈、捷联合建议除正规军外,与会各国的准军事部队也应纳入裁减之列。苏提出准军事部队(包括苏克格勃边防部队、内政部特别部队、防空部队地勤人员以及战略导弹阵地的防卫部队)应不属裁减范围,也无需互通有关信息。北约建议准军事部队可不纳入这次裁减范围,但海军陆战队的地面人员和海防部队属正规军,应予裁减,与会各国也应交换有关准军事部队的各种信息。

第四轮会谈于9月2日至10月18日举行。各国同意三个新独立的波罗的海国家不属于条约范围区,但应将苏在三国的重武器计算在内,其中包括600辆坦克,800辆装甲车和400门火炮。对这些装备的视察应征求三国的同意。

第五轮会谈于11月7日举行。11月21日,美、加、德、法、英、意、卢、挪、捷、匈、保等11国联合提出CFE1A条约草案,其主要内容是:(1)以各独立国家为单位计算各国应裁减的人数(1990年巴黎条约是以集团为单位计算)。(2)对陆军和空军制定不同的裁减标准。(3)对准军事部队仅要求各方相互交换有关详细信息。(4)制订修约程序及临时例外措施。(5)对现职军人转为准军事人员做出相应规定。(6)加强有关核查措施。

苏联解体后,已成为独立国家的原苏各共和国在重新分配苏根据条约规定应承担的重武器数额问题上分歧严重,致使条约难以在原苏各国获得通过。

12月20日,北约宣布成立一个有北约和原苏各国高级官员参加的高级工作小组(HLWG),负责协调原苏各国在份额分配上的分歧。1992年1月10日,高级工作小组举行了第一次会议。

第二次会议于2月21日在布鲁塞尔举行。会议主要成果是:(1)强调前苏各继承国应共同承担条约所规定的各项义务,而不应只由俄罗斯一家承担。(2)各国同意在5月底前就重新分配份额问题达成协议。目前已有俄罗斯、白俄罗斯、乌克兰、阿塞拜疆和亚美尼亚等五国就份额问题达成初步协议。(3)考虑到苏已解体的事实,北约同意对条约的个别条款进行技术性修改。

第三次会议于4月3日举行。独联体有关各国未按期提供各国所应分担的五种军备的数额,但各方允诺加快谈判速度,并一致同意在6月5日召开CFE特别会议之前结束分摊数额的谈判,以保障7月欧安会首脑会议后CFE条约能正式生效。

第四次会议于5月8日举行。5月15日在独联体塔什干首脑会议上,有关国家就重新分配数额问题达成原则协议。

第五次会议于5月25日举行,会议就独联体有关国家重新分配数额问题达成协议。

6月5日,欧洲常规军力谈判在奥斯陆举行特别会议,29国外长(与欧洲常规军力谈判地域范围有关的北约16国、东欧5国和独联体8国),正式签署了关于独联体有关国家重新分配原苏承担份额的议定书(见附表一)。该议定书不包括波罗地海三国，部署在该三国的俄罗斯军队将全部撤回俄，其装备纳入俄所承担的数额。

7月10日，在欧安会赫尔辛基首脑会议上，与欧洲常规军力谈判地域有关的29个国家正式签署了CFE—1A协议。该协议的主要内容有：(1)规定了有关国家军队人数的最高限额(由各国自报，亚美尼亚、阿塞拜疆、格鲁吉亚和摩尔多瓦未报，见附表二)。(2)规定了各国军队人数限额计算范畴。主要包括：陆军、空军和防空军全体人员；总部、各级指挥机关、直属部队和军事组织人员；陆基海军航空兵、海军陆战队以及在陆地上的海军指挥机关、单位和部队人员(海上人员不计在内)；一年内在军队服役达90天以上的预备役人员。(3)上述军队人数的情况需每年12月15日在缔约国间相互通报一次。(4)规定的最高限额具有强制性，如要修改需得到缔约国的一致同意。(5)当缔约国的安全利益受到威胁时，可临时提高军队人员限额，但必须提前42天向其他缔约国通报，临时超限时间不得超过120天。(6)动员预备役人员累计超过4万人时必须通报。(7)该协议无须各国议会批准。(8)该协议在CFE条约正式生效后40个月开始生效。

由于在欧安会赫尔辛基首脑会议前只有27个国家的议会正式批准了CFE条约(白俄罗斯和亚美尼亚议会因技术性问题未在欧安会首脑会议前批准该条约)，欧安会首脑会议决定自7月17日始，CFE条约临时生效，临时生效期为120天。至此，欧洲常规军力谈判全部结束。

7月9～10日，欧安会赫尔辛基第四次续会首脑会议决定将《欧洲常规军力谈判》和《欧洲建立信任与安全措施谈判》合并，成立《安全合作论坛》(FSC)，负责全欧新一轮常规军力和信任与安全措施的谈判。

1992年11月9日，CFE条约正式生效。

(冯建武)

附表一　　独联体有关国家分担CFE条约规定的原苏联份额一览表

武器种类		俄罗斯	乌克兰	白俄罗斯	摩尔多瓦	格鲁吉亚	亚美尼亚	阿塞拜疆	哈萨克	总　数
坦克(辆)	服役数	4975	3131	2850	210	220	220	220	无	10500
	储备数	1425	950	275	0	0	0	0	0	2650
	总　数	6400	4080	1800	210	210	210	210	0	13150
装甲运兵车(辆)	服役数	10525	4350	2175	210	220	220	220	0	17920
	储备数	955	700	425	0	0	0	0	0	2080
	总　数	11480	5050	2600	210	220	220	220	0	20000
	VBCI	7030	3095	1590	130	135	135	135	0	12250
	VCAL	574	253	130	10	11	11	11	0	1000
火炮(门)	服役数	5105	3240	1375	250	285	285	285	285	10825
	储备数	1310	800	240	0	0	0	0	0	2350
	总　数	6415	4040	1615	250	2850	285	285	0	13175
战斗机(架)		3450	1090	260	50	100	100	100	0	5150
直升机(架)		890	330	80	50	50	50	50	0	1500

附表二　CFE-1A 协定规定的有关国家军队人数最高限额　单位:万

国家	人数	国家	人数	国家	人数	国家	人数
白俄罗斯	10	保加利亚	10.4	捷克斯洛伐克	14	法国	32.5
希腊	15.86	冰岛	无	哈萨克斯坦	无	荷兰	8
波兰	23.4	罗马尼亚	23.248	西班牙	30	乌克兰	45
美国	25	比利时	7	加拿大	1.66	丹麦	3.9
德国	34.5	匈牙利	10	意大利	31.5	卢森堡	0.09
挪威	3.2	葡萄牙	7.5	俄罗斯	145	土耳其	53
英国	25						

第四十三届国际教育大会
International Conference on Education

【召开经过】根据联合国教科文组织第 26 届大会通过的 1.2 号决议和第 137 届执行局 5.2.2 号决定,由国际教育局理事会第 35 届会议(1992 年 1 月)确定会议组织工作,第 36 届会议(1992 年 9 月)确定会议议程。

【时间和地点】1992 年 9 月 14～19 日在瑞士日内瓦国际会议中心举行。

【参加者】出席会议的有:教科文组织的 125 个会员国、4 个非会员国、巴勒斯坦、联合国系统的 8 个组织、8 个其他政府间组织、17 个非政府组织和一个基金会。与会者达 551 人,其中有 54 位部长、26 位副部长以及 84 位代表和观察员。中国国家教委副主任邹时炎率 8 人代表团出席了本届大会。

【主要议题和结果】会议根据地区轮流的原则选举加拿大安大略省教育部长安东纽·西力坡(Antonio Silipo)为主席和 9 位副主席。本届大会是在联合国发起并与教科文组织共同庆祝世界文化发展十年(1988～1997)的背景下举行的,主题为“教育对文化发展的贡献”。在全会上各国代表团团长就会议主题展开了一般性辩论。同时,会议设 4 个工作组和 1 个委员会,对下述问题进行了讨论:(1)对教学计划中文化因素的认识;(2)教育在个人文化和艺术发展中的作用;(3)通过学校、社区和整个社会的相互作用促进文化的发展;(4)关于教育的文化和文化间方面的问题:教师的新职责;(5)审议第 42 届教育大会(1990 年 9 月)通过的扫盲教育 77 号建议的实施情况的初步报告。

会议最后通过了致各国教育部和文化部有关教育对文化发展的贡献的 78 号建议。《建议》的核心强调:“不管教育采取多么丰富多样的方式,它均应与文化保持积极相互影响的关系。”

中国代表团团长邹时炎在全会上发表了讲话。他从我国教育方针诸方面阐述了教育对文化发展的重要性。代表团其他成员分别参加了各个工作组的议题讨论,就会议有关文件和第 78 号建议提出了修改建议。

(王苏燕)

政府邮票印制业者会议
Government Postage Stamp Printers' Conference

【成立日期】1986 年 5 月 9 日,由美国、日本、意大利、法国、瑞典等 15 个国家在美国华盛顿召开会议,讨论并通过了《政府邮票印制业者会议章程》。根据这个章程,成立了政府邮票印制业者会议。

【宗旨】交流有关邮票的设计、生产方法、生产设备和材料、科学技术研究和开发以及一般管理实践等信息。

【成员】“会员国必须是一个国家的中央政府统辖

下的一个机构或机构的一部分，而且它印制的邮票必须达到该国家所需邮票印量的半数以上(51%)”。截至1993年2月共有会员国19个：中国、阿尔及利亚、智利、芬兰、法国、匈牙利、印度尼西亚、德国、意大利、日本、墨西哥、挪威、葡萄牙、西班牙、瑞典、美国、巴西、尼日利亚和韩国。

【组织机构】未设总部和常设职员。每届代表大会的事务由东道国负责。日常工作由指导委员会负责。指导委员会由应届大会主席、上届大会主席和下届大会主席以及由大会选出的两个委员组成。其职责是在两届大会期间负责制定下次会议的时间、计划和议程以及确定会议讨论邮票设计的专题等。

【主要活动】讨论邮票印制技术和邮票发展趋势等问题。为了提高邮票印制质量，每次会议都组织七种印制技术的邮票进行比赛。1989年大会，中国邮政参赛的胶印版兰花邮票获得这届胶印版邮票比赛一等奖。1992年大会，中国邮政参赛的胶印版韩熙载夜宴图邮票获一等奖。

各与会代表和观察员都必须视一切信息，诸如会议文稿、大会发言和讨论等，为绝秘文件，不得向非会员国的任何第三者泄露。

【同我国的关系】我国于1987年9月14日正式加入该组织。应我国邮电部邀请，政府邮票印制业者会议的邮票用纸研究组会议于1992年3月10～12日在北京举行。这是该组织第一次在中国召开会议。

(隋洪良)

便　览

1992年中国参加的国际公约一览表*

序号	公约名称	签订日期	签订地点	生效日期	我国参加情况
1	制止危及大陆架固定平台安全非法行为议定书	03/10/1988	罗马	03/01/1992	1988.10.25签署；1991.8.20交存批准书；1992.3.1对我生效
2	制止危及海上航行安全非法行为公约	03/10/1988	罗马	03/01/1992	1988.10.25签署；1991.8.20提交批准通知书；1992.3.1始对我生效
3	控制危险废物越境转移及其处置的巴塞尔公约	12/27/1989	巴塞尔	05/05/1992	1990.3.22签署；1991.12.17交存批准书；1992.5.5对我生效
4	联合国儿童权利公约	11/20/1989	纽约	09/02/1990	1990.8.29签署；1992.1.31批准加入；1992.4.2对我生效
5	经修正的关于消耗臭氧物质的蒙特利尔议定书	06/29/1990	伦敦	08/20/1992	1991.5.1批准加入；1991.6.13交存加入书；1992.8.20对我生效
6	北太平洋海洋组织公约	12/12/1989	渥太华		1991.10.22签署；1992.8.31交存加入书；1992.10.30对我生效
7	商品名称及编码协调制度的国际公约	06/14/1983	布鲁塞尔		1991.12.17批准加入，同时声明该公约自1992.1.1开始对我生效
8	不扩散核武器公约	01/07/1968	华盛顿、莫斯科、伦敦	05/03/1970	1991.12.29决定加入；1992.3.9向英国政府递交加入书；同时对我生效
9	关于特别是作为水禽栖息地的国际重要湿地公约	02/02/1971	拉姆萨	12/21/1975	1992.1.3批准加入；1992.3.31递交加入书；1992.7.31对我生效

（续　表）

序号	公约名称	签订日期	签订地点	生效日期	我国参加情况
10	联合国气候变化框架公约	05/22/1992	纽约		1992.6.11签署；1992.11.7批准；1993.1.5交存批准书
11	生物多样性公约	06/01/1992	内罗毕		1992.6.11签署；1992.11.7批准；1993.1.5交存加入书
12	伯尔尼保护文学和艺术作品公约	09/09/1986	伯尔尼		1992.7.1决定加入；1992.10.15对我生效（我参加的是1971.7.24修订的巴黎文本）
13	世界版权公约	07/24/1971	巴黎		1992.7.1决定加入；1992.10.30对我生效（原公约于1952.9.6订于日内瓦）
14	反对劫持人质国际公约	12/18/1979	纽约（开放签字）	06/03/1983	1992.12.28批准加入；1993.1.26交存加入书；1993.2.24对我生效

＊　本表日期顺序为月/日/年；

＊＊　本表收录我国签署、批准、接受、加入或退出的国际公约为当年情况。由于签署与完成生效的法律程序可能不在同一年内，同一公约可能多次收录，请查阅时注意。

1992年中国同外国签订的主要条约、协定一览表

序号	条约名称	签字日期	签字地点	中方签字人	对方签字人	生效日期	备　注
1	中华人民共和国和乌兹别克斯坦共和国建交联合公报	1992年1月2日	塔什干	中华人民共和国政府代表 外交部副部长 田曾佩	乌兹别克斯坦共和国政府代表 外交部长 马赫穆托娃	1992年1月2日	
2	中华人民共和国政府和乌兹别克斯坦共和国政府经济贸易协定	1992年1月2日	塔什干	中华人民共和国政府代表 对外经济贸易部部长 李岚清	乌兹别克斯坦共和国政府代表 总统内阁副主席 哈米多夫	1992年1月2日	
3	中华人民共和国和哈萨克共和国建交联合公报	1992年1月3日	阿拉木图	中华人民共和国政府代表 外交部副部长 田曾佩	哈萨克共和国政府代表 外交部长 苏列依曼诺夫	1992年1月3日	

（续　表）

序号	条约名称	签字日期	签字地点	中方签字人	对方签字人	生效日期	备　注
4	中华人民共和国和塔吉克共和国建交联合公报	1992年1月4日	杜尚别	中华人民共和国政府代表 外交部副部长 田曾佩	塔吉克共和国政府代表 外交部部长 拉赫马图拉耶夫	1992年1月4日	
5	中华人民共和国和乌克兰建交联合公报	1992年1月4日	基辅	中华人民共和国政府代表 中国驻俄罗斯大使 王荩卿	乌克兰政府代表 外交部副部长 马卡列维奇	1992年1月4日	
6	中华人民共和国和吉尔吉斯斯坦共和国建交联合公报	1992年1月5日	比什凯克	中华人民共和国政府代表 外交部副部长 田曾佩	吉尔吉斯斯坦共和国政府代表 外交部长 伊马纳利耶夫	1992年1月5日	
7	中华人民共和国政府和塔吉克斯坦共和国政府经济贸易协定	1992年1月5日	杜尚别	中华人民共和国政府代表 对外经济贸易部部长 李岚清	塔吉克斯坦共和国政府代表 对外经济联络部部长 米尔扎耶夫	1992年1月5日	
8	中华人民共和国政府和吉尔吉斯斯坦共和国政府经济贸易协定	1992年1月6日	比什凯克	中华人民共和国政府代表 对外经济贸易部部长 李岚清	吉尔吉斯斯坦共和国政府代表 对外经济联络部副部长 科伊丘耶夫	1992年1月6日	
9	中华人民共和国和土库曼斯坦建交联合公报	1992年1月6日	阿什哈巴德	中华人民共和国政府代表 外交部副部长 田曾佩	土库曼斯坦政府代表 外交部长 库利耶夫	1992年1月6日	
10	中华人民共和国政府和土库曼斯坦政府经济贸易协定	1992年1月7日	阿什哈巴德	中华人民共和国政府代表 对外经济贸易部部长 李岚清	土库曼斯坦政府代表 外交部长 库利耶夫	1992年1月7日	
11	中华人民共和国与亚洲开发银行贷款协定（普通业务，港口发展项目）	1992年1月7日	马尼拉	中华人民共和国授权代表 中国驻菲律宾大使 黄桂芳	亚洲开发银行行长 垂水公正	1992年3月12日	
12	中华人民共和国政府和亚美尼亚共和国政府经济贸易协定	1992年1月9日	埃里温	中华人民共和国政府代表 对外经济贸易部部长助理刘山在	亚美尼亚共和国政府代表 经济部第一副部长 萨尔基夏	1992年1月9日	

（续　表）

序号	条约名称	签字日期	签字地点	中方签字人	对方签字人	生效日期	备　注
13	中华人民共和国政府向马里共和国政府提供贷款的协定	1992年1月9日	巴马科	中华人民共和国政府代表 外交部长 钱其琛	马里共和国政府代表 计划与国际合作部部长 西塞·玛莉昂·卡伊达玛·西迪贝	1992年1月9日	
14	中华人民共和国政府向几内亚共和国政府提供无息贷款的协定	1992年1月11日	科纳克里	中华人民共和国政府代表 外交部长 钱其琛	几内亚共和国政府代表 计划和国际合作部部长 伊卜拉依马·西拉	1992年1月11日	
15	中华人民共和国政府和德意志联邦共和国政府财政合作协定(项目:水灾后重建援助)	1992年1月17日	波恩	中华人民共和国政府代表 中国驻德国大使 梅兆荣	德意志联邦共和国政府代表 外交部国务秘书 卡斯特罗普	1992年1月17日	
16	中华人民共和国政府和摩尔多瓦共和国政府经济贸易协定	1992年1月18日	基希讷乌	中华人民共和国政府代表 对外经济贸易部部长助理 刘山在	摩尔多瓦共和国政府 第一副总理 兼经济部部长 康斯坦丁·塔姆比扎	1992年1月18日	
17	中华人民共和国政府和白俄罗斯共和国政府经济贸易合作协定	1992年1月20日	北京	中华人民共和国政府代表 对外经济贸易部部长 李岚清	白俄罗斯共和国政府代表 对外经济联络委员会主席 拉德凯维奇	1992年1月20日	
18	中华人民共和国和白俄罗斯共和国建交协议	1992年1月20日	北京	中华人民共和国政府代表 外交部副部长 田曾佩	白俄罗斯共和国政府代表 外交部长 克拉夫琴科	1992年1月20日	
19	中华人民共和国和以色列国建交公报	1992年1月24日	北京	中华人民共和国政府代表 国务委员兼外交部长 钱其琛	以色列国政府代表 副总理 兼外交部长 戴维·利维	1992年1月24日	
20	中华人民共和国政府和朝鲜民主主义人民共和国政府贸易协定	1992年1月26日	平壤	中华人民共和国政府代表 对外经济贸易部副部长 王文东	朝鲜民主主义人民共和国政府代表 贸易部副部长 韩秀拮	1992年1月1日	
21	中华人民共和国和摩尔多瓦共和国建交联合公报	1992年1月30日	莫斯科	中华人民共和国政府代表 中国驻俄罗斯联邦大使 王荩卿	摩尔多瓦共和国政府代表 第一副总理、驻莫斯科常驻代表 切布克	1992年1月30日	

（续　表）

序号	条约名称	签字日期	签字地点	中方签字人	对方签字人	生效日期	备　注
22	中华人民共和国政府和立陶宛共和国政府经济贸易合作协定	1992年1月30日	北京	中华人民共和国政府代表 对外经济贸易部副部长 谷永江	立陶宛共和国政府代表 经贸部部长 希缅纳斯		尚未生效
23	中华人民共和国政府和葡萄牙共和国政府关于鼓励和相互保护投资协定	1992年2月3日	里斯本	中华人民共和国政府代表 对外经济贸易部部长 李岚清	葡萄牙共和国政府代表 贸易旅游部部长 奥里维拉		尚未生效
24	中华人民共和国和西班牙王国关于相互鼓励和保护投资协定	1992年2月6日	马德里	中华人民共和国政府代表 外交部长 钱其琛	西班牙王国代表 外交大臣 奥多涅斯		尚未生效
25	中华人民共和国与国际复兴开发银行贷款协定(偃师火电项目)	1992年2月7日	华盛顿	中华人民共和国授权代表 中国驻美国大使 朱启祯	国际复兴开发银行东亚及太平洋地区副行长 高特姆·卡奇	1992年5月7日	
26	中华人民共和国政府和越南社会主义共和国政府经济技术合作协定	1992年2月14日	河内	中华人民共和国政府全权代表 外交部长 钱其琛	越南社会主义共和国政府全权代表 外交部长 阮孟琴	1992年2月14日	
27	中华人民共和国政府和越南社会主义共和国政府关于互免签证的协定	1992年2月14日	河内	中华人民共和国政府代表 外交部长 钱其琛	越南社会主义共和国政府代表 外交部长 阮孟琴	1992年3月15日	
28	中华人民共和国政府和古巴共和国政府关于中国政府向古巴政府提供贷款的协定	1992年2月18日	哈瓦那	中华人民共和国政府代表 国务院副秘书长 何椿霖	古巴共和国政府代表 外贸部部长 卡布里萨斯	1992年2月18日	
29	中华人民共和国政府和塞舌尔共和国政府关于互免签证的协定	1992年2月20日	维多利亚	中华人民共和国政府代表 外交部副部长 杨福昌	塞舌尔共和国政府代表 卫生部部长 拉尔夫·亚当	1992年2月20日	
30	中华人民共和国政府和哈萨克斯坦共和国政府关于双方公民相互往来的协定	1992年2月26日	北京	中华人民共和国政府代表 外交部副部长 田曾佩	哈萨克斯坦共和国政府代表 外交部副部长 沙·阿·库尔曼古任	1992年3月26日	

（续　表）

序号	条约名称	签字日期	签字地点	中方签字人	对方签字人	生效日期	备　注
31	中华人民共和国政府和新加坡共和国政府科学技术合作协定	1992年3月2日	新加坡	中华人民共和国政府代表 国务委员、国家科学技术委员会主任 宋健	新加坡共和国政府代表 副总理兼贸工部部长 李显龙	1992年3月2日	
32	中华人民共和国政府和俄罗斯联邦政府关于经济贸易关系的协定	1992年3月5日	北京	中华人民共和国政府代表 对外经济贸易部部长 李岚清	俄罗斯联邦政府代表 外经部部长 阿文	1992年3月5日	
33	中华人民共和国政府和越南社会主义共和国政府海运协定	1992年3月8日	北京	中华人民共和国政府代表 交通部部长 黄镇东	越南社会主义共和国政府代表 交通运输邮电部部长 裴名流		尚未生效
34	中华人民共和国政府和越南社会主义共和国政府民用航空运输协定	1992年3月8日	北京	中华人民共和国政府代表 民用航空局局长 蒋祝平	越南社会主义共和国政府代表 交通运输邮电部部长 裴名流	1992年3月8日	
35	中华人民共和国政府和越南社会主义共和国政府邮电合作协定	1992年3月8日	北京	中华人民共和国政府代表 邮电部部长 杨泰芳	越南社会主义共和国政府代表 交通运输邮电部部长 裴名流	1992年3月8日	
36	中华人民共和国政府和乌兹别克斯坦共和国政府科学技术合作协定	1992年3月13日	北京	中华人民共和国全权代表 国务委员、国家科学技术委员会主任 宋健	乌兹别克斯坦共和国政府全权代表 副总理 拉希姆·拉德扎勃夫	1992年3月13日	
37	中华人民共和国政府和乌兹别克斯坦共和国政府关于鼓励和相互保护投资协定	1992年3月13日	北京	中华人民共和国政府代表 对外经济贸易部部长 李岚清	乌兹别克斯坦共和国政府代表 副总理 拉贾博夫		尚未生效
38	中华人民共和国政府和乌兹别克斯坦共和国政府关于建立中乌政府间经贸合作委员会的协定	1992年3月13日	北京	中华人民共和国政府全权代表 对外经济贸易部部长 李岚清	乌兹别克斯坦共和国政府全权代表 副总理 哈米多夫	1992年3月13日	
39	中华人民共和国政府和乌兹别克斯坦共和国政府关于中国向乌兹别克斯坦提供商品的政府贷款协定	1992年3月13日	北京	中华人民共和国政府全权代表 对外经济贸易部部长 李岚清	乌兹别克斯坦共和国政府全权代表 副总理 哈米多夫	1992年3月13日	

（续　表）

序号	条约名称	签字日期	签字地点	中方签字人	对方签字人	生效日期	备　注
40	中华人民共和国政府和乌兹别克斯坦共和国政府关于文化、教育、卫生、旅游和体育合作协定	1992年3月13日	北京	中华人民共和国政府代表 文化部副部长 刘德有	乌兹别克斯坦共和国政府代表 外交部长 乌拜杜拉·阿勃杜拉扎柯夫	1992年3月13日	
41	中华人民共和国政府和阿拉伯叙利亚共和国政府经济技术合作协定	1992年3月16日	大马士革	中华人民共和国政府代表 对外经济贸易部部长助理 田润之	阿拉伯叙利亚共和国政府代表 计划部副部长 苏白伊	1992年3月16日	
42	中华人民共和国政府和斯里兰卡民主社会主义共和国政府经济技术合作协定	1992年3月17日	科伦坡	中华人民共和国政府代表 对外经济贸易部副部长 王文东	斯里兰卡民主社会主义共和国政府代表 外交兼财政国务部长 哈罗德·海拉特	1992年3月17日	
43	中华人民共和国政府和尼泊尔王国陛下政府经济技术合作协定	1992年3月18日	北京	中华人民共和国政府代表 对外经济贸易部副部长 佟志广	尼泊尔王国陛下政府代表 财政国务大臣 马赫什·阿查里雅	1992年3月18日	
44	中华人民共和国政府和马尔代夫共和国政府经济技术合作协定	1992年3月19日	马累	中华人民共和国政府代表 对外经济贸易部副部长 王文东	马尔代夫共和国政府代表 外交部长 法苏拉·贾米尔	1992年3月19日	
45	中华人民共和国和突尼斯共和国领事条约	1992年3月31日	突尼斯	中华人民共和国全权代表 中国驻突尼斯大使 安惠侯	突尼斯共和国全权代表 外交国务秘书 努尔丁·马吉杜卜		尚未生效
46	中华人民共和国和阿塞拜疆共和国建交联合公报	1992年4月2日	巴库	中华人民共和国政府代表 中国驻俄罗斯联邦大使 王荩卿	阿塞拜疆共和国政府代表 外交部长 萨德霍夫	1992年4月2日	
47	中华人民共和国政府向布隆迪共和国政府提供贷款的协定	1992年4月3日	布琼布拉	中华人民共和国政府代表 对外经济贸易部部长助理 俞晓松	布隆迪共和国政府代表 对外关系和合作部部长 利贝尔·巴拉鲁尼雷哲	1992年4月3日	

（续　表）

序号	条约名称	签字日期	签字地点	中方签字人	对方签字人	生效日期	备　注
48	中华人民共和国和亚美尼亚共和国建交联合公报	1992年4月6日	埃里温	中华人民共和国政府代表 中国驻俄罗斯联邦大使 王荩卿	亚美尼亚共和国政府代表 外交部长 奥瓦尼相	1992年4月6日	
49	中华人民共和国与国际开发协会信贷协定（贫困省教育发展项目）	1992年4月10日	华盛顿	中华人民共和国授权代表 中国驻美国大使 朱启祯	国际开发协会东亚及太平洋地区副行长 高特姆·卡奇	1992年7月6日	
50	中华人民共和国与国际开发协会开发信贷协定（农村供水与环境卫生项目）	1992年4月10日	华盛顿	中华人民共和国授权代表 中国驻美国大使 朱启祯	国际开发协会东亚及太平洋地区副行长 高特姆·卡奇	1992年7月23日	
51	中华人民共和国政府和爱沙尼亚共和国政府科学技术合作协定	1992年4月20日	塔林	中华人民共和国政府全权代表 国家科学技术委员会副主任 惠永正	爱沙尼亚共和国政府全权代表 经济部部长 维特苏尔·黑多	1992年4月20日	
52	中华人民共和国政府和乌干达共和国政府经济技术合作协定	1992年4月21日	坎帕拉	中华人民共和国政府代表 对外经济贸易部部长助理 田润之	乌干达共和国政府代表 财政经济计划部部长 J·马扬贾·恩坎吉	1992年4月21日	
53	中华人民共和国与亚洲开发银行贷款协定（普通业务，莱芜钢铁厂扩建项目）	1992年4月21日	马尼拉	中华人民共和国授权代表 中国驻菲律宾大使 黄桂芳	亚洲开展银行行长 垂水公正	1992年7月24日	
54	中华人民共和国政府和立陶宛共和国政府科学技术合作协定	1992年4月22日	维尔纽斯	中华人民共和国政府全权代表 国家科学技术委员会副主任 惠永正	立陶宛共和国政府全权代表 不管部部长 亚·阿比夏拉	1992年4月22日	
55	中华人民共和国政府和白俄罗斯共和国政府科学技术合作协定	1992年4月24日	明斯克	中华人民共和国政府全权代表 国家科学技术委员会副主任 惠永正	白俄罗斯共和国政府全权代表 国家经济计划委员会副主席 弗·费·孔德拉坚科	1992年4月24日	
56	中华人民共和国政府和肯尼亚共和国政府经济技术合作协定	1992年4月24日	内罗毕	中华人民共和国政府代表 对外经济贸易部部长助理 田润之	肯尼亚共和国政府代表 副总统兼财政部部长 乔治·萨伊托蒂	1992年4月24日	

（续　表）

序号	条约名称	签字日期	签字地点	中方签字人	对方签字人	生效日期	备　注
57	中华人民共和国政府和马达加斯加政府经济技术合作协定	1992年4月25日	北京	中华人民共和国政府代表 对外经济贸易部副部长 王文东	马达加斯加政府代表 外交部长 塞泽尔·拉贝诺罗	1992年4月25日	
58	中华人民共和国政府和乌克兰政府科学技术合作协定	1992年4月27日	基辅	中华人民共和国政府全权代表 国家科学技术委员会副主任 惠永正	乌克兰政府全权代表 国家科学和工艺委员会主席 谢·米·里亚勃琴科	1992年4月27日	
59	中华人民共和国政府和匈牙利共和国政府关于互免签证的协定	1992年4月28日	北京	中华人民共和国政府代表 外交部长 钱其琛	匈牙利共和国政府代表 外交部长 耶森斯基·盖佐	1992年5月28日	
60	中华人民共和国政府和老挝人民民主共和国政府经济技术合作协定	1992年4月29日	北京	中华人民共和国政府代表 对外经济贸易部副部长 王文东	老挝人民民主共和国政府代表 外交部副部长 苏里冯	1992年4月29日	
61	中华人民共和国政府和基里巴斯共和国政府经济技术合作协定	1992年5月1日	塔拉瓦	中华人民共和国政府代表 中国驻基里巴斯大使馆临时代办 吴钟华	基里巴斯共和国政府代表 外交和国际贸易部常务秘书 马库丽塔·巴罗夫人		尚未生效
62	中华人民共和国和西班牙王国关于民事、商事司法协助的条约	1992年5月2日	北京	中华人民共和国代表 司法部部长 蔡诚	西班牙王国代表 司法大臣 托马斯·德拉夸德拉·萨尔塞多		尚未生效
63	中华人民共和国政府和玻利维亚共和国政府关于鼓励和相互保护投资协定	1992年5月8日	北京	中华人民共和国政府代表 国务委员兼外交部长 钱其琛	玻利维亚共和国政府代表 外交与宗教事务部长 罗纳德·麦克莱恩·阿瓦罗亚		尚未生效
64	中华人民共和国政府和玻利维亚共和国政府科学技术合作协定	1992年5月8日	北京	中华人民共和国政府代表 国务委员兼外交部长 钱其琛	玻利维亚共和国政府代表 外交与宗教事务部长 罗纳德·麦克莱恩·阿瓦罗亚		尚未生效
65	中华人民共和国政府和玻利维亚共和国政府经济技术合作协定	1992年5月8日	北京	中华人民共和国政府代表 国务委员兼外交部长 钱其琛	玻利维亚共和国政府代表 外交与宗教事务部长 罗纳德·麦克莱恩·阿瓦罗亚		尚未生效

（续　表）

序号	条约名称	签字日期	签字地点	中方签字人	对方签字人	生效日期	备　注
66	中华人民共和国和玻利维亚共和国政府贸易协定	1992年5月8日	北京	中华人民共和国政府代表 国务委员兼外交部长 钱其琛	玻利维亚共和国政府代表 外交与宗教事务部长 罗纳德·麦克莱恩·阿瓦罗亚		尚未生效
67	中华人民共和国政府和蒙古国政府关于中国政府向蒙古国政府提供贷款的协定	1992年5月9日	北京	中华人民共和国政府代表 对外经济贸易部部长 李岚清	蒙古国政府代表 国家发展部部长 巴特苏里	1992年5月9日	
68	中华人民共和国政府和蒙古国政府关于植物检疫的协定	1992年5月9日	北京	中华人民共和国政府全权代表 农业部常务副部长 马忠臣	蒙古国政府全权代表 对外关系部首席副部长 扎·乔音霍尔		尚未生效
69	中华人民共和国政府和蒙古国政府经济技术合作协定	1992年5月9日	北京	中华人民共和国政府代表 对外经济贸易部部长 李岚清	蒙古国政府代表 国家发展部部长 巴特苏里	1992年5月9日	
70	中华人民共和国政府和爱沙尼亚共和国政府经济贸易协定	1992年5月12日	北京	中华人民共和国政府代表 对外经济贸易部副部长 谷永江	爱沙尼亚共和国政府代表 贸易部部长 爱德里斯·塔姆		尚未生效
71	中华人民共和国政府和爱沙尼亚共和国政府关于中国向爱沙尼亚提供商品的政府贷款协定	1992年5月12日	北京	中华人民共和国政府代表 对外经济贸易部副部长 谷永江	爱沙尼亚共和国政府代表 贸易部部长 爱德里斯·塔姆	1992年5月12日	
72	中华人民共和国和斯洛文尼亚共和国建交联合公报	1992年5月12日	卢布尔雅那	中华人民共和国政府代表 外交部部长助理 戴秉国	斯洛文尼亚共和国政府代表 外交部长 鲁佩尔	1992年5月12日	
73	中华人民共和国和克罗地亚共和国建交联合公报	1992年5月13日	萨格勒布	中华人民共和国政府代表 外交部部长助理 戴秉国	克罗地亚共和国政府代表 外交部副部长 加格罗	1992年5月13日	
74	中华人民共和国政府和吉尔吉斯斯坦共和国政府关于中国向吉尔吉斯斯坦提供商品的政府贷款协定	1992年5月14日	北京	中华人民共和国政府代表 对外经济贸易部副部长 吴仪	吉尔吉斯斯坦共和国政府代表 外交部副部长 穆拉特别克·依马纳利耶夫	1992年5月14日	

（续　表）

序号	条约名称	签字日期	签字地点	中方签字人	对方签字人	生效日期	备　注
75	中华人民共和国政府和马绍尔群岛共和国政府民用航空运输协定	1992年5月17日	北京	中华人民共和国政府代表 中国民用航空局局长 蒋祝平	马绍尔群岛共和国政府代表 外交部长 基吉纳	1992年5月17日	
76	中华人民共和国政府和阿尔及利亚民主人民共和国政府科学技术合作协定	1992年5月22日	北京	中华人民共和国代表 国家科学技术委员会副主任 惠永正	阿尔及利亚民主人民共和国代表 科研国务秘书 哈拉迪		尚未生效
77	中华人民共和国政府向贝宁共和国政府提供贷款的协定	1992年5月27日	北京	中华人民共和国政府代表 国务委员兼外交部长 钱其琛	贝宁共和国政府代表 外交和合作部长 泰奥多尔·奥洛	1992年5月27日	
78	中华人民共和国政府和贝宁共和国政府关于互免签证的协定	1992年5月27日	北京	中华人民共和国政府代表 国务委员兼外交部长 钱其琛	贝宁共和国政府代表 外交和合作部长 泰奥多尔·奥洛		尚未生效
79	中华人民共和国和格鲁吉亚共和国建交联合公报	1992年6月9日	第比利斯	中华人民共和国政府代表 中国驻俄罗斯联邦大使 王荩卿	格鲁吉亚共和国政府代表 第一副总理兼外交部长 奇克瓦伊泽	1992年6月9日	
80	中华人民共和国政府和圭亚那合作共和国政府经济技术合作协定	1992年6月10日	乔治敦	中华人民共和国政府代表 对外经济贸易部部长助理 田润之	圭亚那合作共和国政府代表 农业部高级部长 帕特里克·麦肯奇	1992年6月10日	
81	中华人民共和国政府和匈牙利共和国政府关于对所得避免双重征税和防止偷漏税的协定	1992年6月17日	北京	中华人民共和国政府代表 国家税务局局长 金鑫	匈牙利共和国政府代表 财政部国务秘书 托勒克·贝劳		尚未生效
82	中华人民共和国和俄罗斯联邦关于民事和刑事司法协助的条约	1992年6月19日	北京	中华人民共和国代表 司法部部长 蔡诚	俄罗斯联邦代表 司法部部长 费多罗夫·尼·瓦		尚未生效
83	中华人民共和国与国际复兴开发银行贷款协定（浙江省公路项目）	1992年6月19日	华盛顿	中华人民共和国授权代表 中国驻美国公使 赵锡欣	国际复兴开发银行东亚及太平洋地区代理副行长 玛利安·汉格	1992年9月2日	

（续　表）

序号	条约名称	签字日期	签字地点	中方签字人	对方签字人	生效日期	备　注
84	中华人民共和国政府向圣多美和普林西比民主共和国政府提供贷款的协定	1992年6月24日	圣多美	中华人民共和国政府代表 中国驻圣普大使 安峰石	圣多美和普林西比民主共和国政府代表 合作与发展国务秘书 马特乌斯・梅拉・里塔	1992年6月24日	
85	中华人民共和国政府和希腊共和国政府关于鼓励和相互保护投资协定	1992年6月25日	北京	中华人民共和国政府代表 对外经济贸易部部长助理 田润之	希腊共和国代表 国民经济部秘书长 乔治・赛奥法努斯		尚未生效
86	中华人民共和国政府和希腊共和国政府经济、工业和技术合作协定	1992年6月25日	北京	中华人民共和国政府代表 对外经济贸易部部长助理田润之	希腊共和国代表 国民经济部秘书长 乔治・赛奥法努斯	1992年6月25日	
87	中华人民共和国政府和摩洛哥王国政府经济技术合作协定	1992年6月30日	拉巴特	中华人民共和国政府代表 对外经济贸易部副部长 王文东	摩洛哥王国政府代表 财政大臣 穆罕默德・巴拉达	1992年6月30日	
88	中华人民共和国与国际开发协会开发信贷协定及与国际复兴开发银行赠款协定（船舶废弃物处理项目）	1992年7月2日	华盛顿	中华人民共和国授权代表 中国驻美国大使 朱启祯	国际开发协会东亚和太平洋地区副行长 高特姆・卡奇	1992年12月21日	
89	中华人民共和国政府和亚美尼亚共和国政府关于鼓励和相互保护投资协定	1992年7月4日	北京	中华人民共和国政府代表 对外经济贸易部副部长 佟志广	亚美尼亚共和国政府代表 财政部长 扎尼克・扎诺扬		尚未生效
90	中华人民共和国政府和亚美尼亚共和国政府关于中国向亚美尼亚提供商品的政府贷款协定	1992年7月4日	北京	中华人民共和国政府全权代表 对外经济贸易部副部长 佟志广	亚美尼亚共和国政府全权代表 国务部长 奇弗塔拉良	1992年7月4日	
91	中华人民共和国政府和亚美尼亚共和国政府科学技术合作协定	1992年7月4日	北京	中华人民共和国政府代表 国家科学技术委员会副主任 周平	亚美尼亚共和国政府代表 高教和科学部副部长 阿拉姆・沙吉尼扬	1992年7月4日	
92	中华人民共和国政府和亚美尼亚共和国政府文化、教育、卫生、体育和旅游合作协定	1992年7月4日	北京	中华人民共和国政府代表 文化部副部长 刘德有	亚美尼亚共和国政府代表 经济部第一副部长 盖克・萨尔基相	1992年7月4日	

（续　表）

序号	条约名称	签字日期	签字地点	中方签字人	对方签字人	生效日期	备　注
93	中华人民共和国政府和突尼斯共和国政府经济技术合作协定	1992年7月4日	突尼斯	中华人民共和国政府代表 国务委员兼外交部长 钱其琛	突尼斯共和国政府代表 外交部长 哈比卜·本·叶海亚	1992年7月4日	
94	中华人民共和国与国际复兴开发银行贷款协定(地区水泥工业项目)	1992年7月9日	华盛顿	中华人民共和国授权代表 中国驻美国大使 朱启祯	国际复兴开发银行东亚和太平洋地区副行长 高特姆·卡奇	1993年1月5日	
95	中华人民共和国政府和科特迪瓦共和国政府关于中国向科提供贷款的协定	1992年7月10日	阿比让	中华人民共和国政府代表 国务委员兼外交部长 钱其琛	科特迪瓦共和国政府代表 总理府负责经济、财政和计划的部长级代表 达尼埃尔·卡布朗·丹康	1992年7月10日	
96	中华人民共和国政府和白俄罗斯共和国政府关于在卫生领域合作的协定	1992年7月10日	明斯克	中华人民共和国政府代表 中国驻白俄罗斯大使 王行达	白俄罗斯共和国政府代表 卫生部部长 卡扎科夫·瓦西里·斯捷帕诺维奇	1992年7月10日	
97	中华人民共和国政府和马来西亚政府科学技术合作协定	1992年7月13日	北京	中华人民共和国政府代表 国务委员兼国家科学技术委员会主任 宋健	马来西亚政府代表 科技环境部部长 刘贤镇		尚未生效
98	中华人民共和国政府和捷克和斯洛伐克联邦共和国政府海关事务合作协定	1992年7月21日	布拉格	中华人民共和国政府代表 海关总署副署长 吴乃文	捷克和斯洛伐克联邦共和国政府代表 对外贸易部海关总局局长 赫尔诺夫斯基		尚未生效
99	中华人民共和国与国际复兴开发银行贷款协定(邹县火电项目)	1992年7月22日	华盛顿	中华人民共和国授权代表 中国驻美国大使 朱启祯	国际复兴开发银行东亚和太平洋地区副行长 高特姆·卡奇	1992年10月23日	
100	中华人民共和国与国际开发协会的开发信贷协定(四川农业发展项目)	1992年7月22日	华盛顿	中华人民共和国授权代表 中国驻美国大使 朱启祯	国际开发协会东亚及太平洋地区副行长 高特姆·卡奇	1992年10月9日	

（续　表）

序号	条约名称	签字日期	签字地点	中方签字人	对方签字人	生效日期	备　注
101	中华人民共和国与亚洲开发银行贷款协定（广梅汕铁路项目）	1992年7月24日	马尼拉	中华人民共和国授权代表 中国驻菲律宾大使 黄桂芳	亚洲开发银行行长 垂水公正	1992年9月24日	
102	中华人民共和国政府和安提瓜和巴布达政府经济技术合作协定	1992年7月24日	圣约翰	中华人民共和国政府代表 国务院秘书长 罗干	安提瓜和巴布达政府代表 总理 维尔·康沃尔·伯德	1992年7月24日	
103	中华人民共和国政府和巴巴多斯政府经济技术合作协定	1992年7月27日	布里奇顿	中华人民共和国政府代表 国务院秘书长 罗干	巴巴多斯政府代表 总理兼财政和经济事务部部长 L·厄斯金·桑迪福德	1992年7月27日	
104	中华人民共和国政府和哈萨克斯坦共和国政府文化合作协定	1992年8月10日	北京	中华人民共和国政府代表 外交部长 钱其琛	哈萨克斯坦共和国政府代表 外交部长 苏列伊麦诺夫	1992年8月10日	
105	中华人民共和国和哈萨克斯坦共和国领事条约	1992年8月10日	北京	中华人民共和国政府全权代表 外交部长 钱其琛	哈萨克斯坦共和国全权代表 外交部长 苏列伊麦诺夫		尚未生效
106	中华人民共和国和立陶宛共和国领事条约	1992年8月15日	北京	中华人民共和国全权代表 外交部副部长 田曾佩	立陶宛共和国全权代表 外交部副部长 罗卡斯·别尔纳塔斯		尚未生效
107	中华人民共和国政府和俄罗斯联邦政府关于派遣和吸收中国公民在俄企业联合公司及机场工作的原则协定	1992年8月19日	莫斯科	中华人民共和国政府代表 对外经济贸易部副部长 谷永江	俄罗斯联邦政府代表 劳动部副部长 科斯马尔斯基	1992年8月19日	
108	中华人民共和国政府和大韩民国政府关于建立外交关系联合公报	1992年8月24日	北京	中华人民共和国政府代表 外交部长 钱其琛	大韩民国政府代表 外务部部长 李相玉	1992年8月24日	
109	中华人民共和国政府和坦桑尼亚联合共和国政府经济技术合作协定	1992年8月26日	北京	中华人民共和国政府代表 对外经济贸易部部长助理 俞晓松	坦桑尼亚联合共和国政府代表 外交和国际合作部部长 艾·哈·迪里亚	1992年8月26日	

（续　表）

序号	条约名称	签字日期	签字地点	中方签字人	对方签字人	生效日期	备　注
110	中华人民共和国政府和马耳他共和国政府文化合作协定	1992年8月29日	北京	中华人民共和国政府代表 文化部副部长 刘德有	马耳他共和国政府代表 教育与人力资源部部长 乌戈·鲍尼其		尚未生效
111	中华人民共和国政府和孟加拉人民共和国政府经济技术合作协定	1992年8月29日	北京	中华人民共和国政府代表 对外经济贸易部副部长 佟志广	孟加拉人民共和国政府代表 财政部经济事务部秘书 依纳姆·阿罕默德·乔杜里	1992年8月29日	
112	中华人民共和国与亚洲开发银行贷款协定（普通业务，广东热带作物发展项目）	1992年9月4日	马尼拉	中华人民共和国授权代表 中国驻菲律宾大使 黄桂芳	亚洲开发银行行长 垂水公正	1992年11月19日	
113	中华人民共和国政府和纳米比亚共和国政府经济技术合作协定	1992年9月8日	北京	中华人民共和国政府代表 对外经济贸易部副部长 王文东	纳米比亚共和国政府代表 贸易和工业部部长 本·阿马提拉	1992年9月8日	
114	中华人民共和国政府和伊朗伊斯兰共和国政府和平利用核能合作协定	1992年9月10日	北京	中华人民共和国政府代表 国务委员兼国家科学技术委员会主任 宋健	伊朗伊斯兰共和国政府代表 副总统兼原子能组织主席 阿姆洛拉希		尚未生效
115	中华人民共和国政府与密克罗尼西亚联邦政府文化合作协定	1992年9月19日	北京	中华人民共和国政府代表 文化部副部长 刘德有	密克罗尼西亚联邦政府代表 外交部长 莫塞斯		尚未生效
116	中华人民共和国政府和瓦努阿图共和国政府经济技术合作协定	1992年9月26日	维拉港	中华人民共和国政府代表 对外经济贸易部副部长 王文东	瓦努阿图共和国政府代表 总理 马克西姆·卡洛特·科尔曼		尚未生效
117	中华人民共和国政府和约旦哈希姆王国政府经济技术合作协定	1992年9月26日	安曼	中华人民共和国政府代表 交通部副部长 王展意	约旦哈希姆王国政府代表 工贸部大臣兼计划部代理大臣 阿卜杜拉·努苏尔	1992年9月26日	

（续 表）

序号	条约名称	签字日期	签字地点	中方签字人	对方签字人	生效日期	备 注
118	中华人民共和国政府和哈萨克斯坦共和国政府汽车运输协定	1992年9月26日	北京	中华人民共和国政府代表 交通部部长 黄镇东	哈萨克斯坦共和国政府代表 交通部部长 伊辛加林		尚未生效
119	中华人民共和国和土耳其共和国关于民事、商事和刑事司法协助的协定	1992年9月28日	北京	中华人民共和国代表 外交部副部长 杨福昌	土耳其共和国代表 外交部副部长 厄兹代姆·圣贝尔克		尚未生效
120	中华人民共和国与亚洲开发银行补充贷款协定（莱芜钢铁总厂扩建项目）	1992年9月28日	马尼拉	中华人民共和国授权代表 中国人民银行国际金融组织司司长 张明	亚洲开发银行行长 垂水公正		尚未生效
121	中华人民共和国政府和柬埔寨全国最高委员会经济技术合作协定	1992年9月29日	北京	中华人民共和国政府代表 对外经济贸易部部长 李岚清	柬埔寨国家元首 全国最高委员会主席 诺罗敦·西哈努克	1992年9月29日	
122	中华人民共和国政府和大韩民国政府关于鼓励和相互保护投资协定	1992年9月30日	北京	中华人民共和国政府代表 对外经济贸易部部长 李岚清	大韩民国政府代表 外务部部长 李相玉	1992年12月4日	
123	中华人民共和国政府和大韩民国政府关于成立经济、贸易和技术合作联合委员会的协定	1992年9月30日	北京	中华人民共和国政府代表 对外经济贸易部部长 李岚清	大韩民国政府代表 外务部部长 李相玉	1992年10月30日	
124	中华人民共和国政府和大韩民国政府贸易协定	1992年9月30日	北京	中华人民共和国政府代表 对外经济贸易部部长 李岚清	大韩民国政府代表 商工部部长 韩凤洙	1992年10月30日	
125	中华人民共和国政府和大韩民国政府科学技术合作协定	1992年9月30日	北京	中华人民共和国政府代表 国务委员兼国家科学技术委员会主任 宋健	大韩民国政府代表 科技部部长 金镇铉	1992年10月30日	
126	中华人民共和国政府和苏丹共和国政府经济技术合作协定	1992年10月1日	喀土穆	中华人民共和国政府代表 交通部副部长 王展意	苏丹共和国政府代表 财政和经济计划部部长 阿卜杜·拉希姆·哈姆迪	1992年10月1日	

（续　表）

序号	条约名称	签字日期	签字地点	中方签字人	对方签字人	生效日期	备　注
127	中华人民共和国政府和西萨摩亚独立国政府经济技术合作协定	1992年10月2日	阿皮亚	中华人民共和国政府代表 对外经济贸易部副部长 王文东	西萨摩亚独立国政府代表 总理 托菲劳·埃蒂·阿莱萨纳	1992年10月2日	
128	中华人民共和国与亚洲开发银行贷款协定（普通业务，沈阳——本溪公路项目）	1992年10月5日	马尼拉	中华人民共和国授权代表 中国驻菲律宾大使 黄桂芳	亚洲开发银行行长 垂水公正	1993年1月16日	
129	中华人民共和国政府和也门共和国政府经济技术合作协定	1992年10月7日	萨那	中华人民共和国政府代表 交通部副部长 王展意	也门共和国政府代表 建设部副部长 穆罕默德·阿瓦德·杜巴		尚未生效
130	中华人民共和国和巴基斯坦伊斯兰共和国领事条约	1992年10月7日	北京	中华人民共和国全权代表 外交部副部长 徐敦信	巴基斯坦伊斯兰共和国全权代表 外交国务部长 穆罕默德·西迪克·汗·坎久		尚未生效
131	中华人民共和国与国际复兴开发银行贷款协定（水口水电第二期贷款项目）	1992年10月20日	华盛顿	中华人民共和国授权代表 中国驻美国公使 赵锡欣	国际复兴开发银行东亚及太平洋地区副行长 高特姆·卡奇		尚未生效
132	中华人民共和国政府和土耳其共和国政府海运协定	1992年10月23日	安卡拉	中华人民共和国政府代表 交通部副部长 刘松金	土耳其共和国政府代表 运输和通信部次长 泰兰·德立西奥卢		尚未生效
133	中华人民共和国政府和克罗地亚共和国政府经济贸易协定	1992年10月27日	北京	中华人民共和国政府代表 对外经济贸易部副部长 吴仪	克罗地亚共和国政府代表 旅游贸易部长 布兰科·米克沙		尚未生效
134	中华人民共和国政府和以色列国政府贸易协定	1992年10月30日	耶路撒冷	中华人民共和国政府代表 对外经济贸易部部长助理 石广生	以色列国政府代表 外交部长 佩雷斯	1992年12月17日	
135	中华人民共和国与科威特阿拉伯经济发展基金会贷款协定（厦门国际机场扩建项目）	1992年10月30日	北京	中华人民共和国代表 对外经济贸易部贷款司司长 吕振	科威特阿拉伯经济发展基金会副总经理 巴德尔	1993年1月23日	

（续 表）

序号	条约名称	签字日期	签字地点	中方签字人	对方签字人	生效日期	备 注
136	中华人民共和国和乌克兰领事条约	1992年10月31日	北京	中华人民共和国全权代表 外交部长 钱其琛	乌克兰全权代表 外交部长 阿纳托里·马克西姆维奇·兹连科		尚未生效
137	中华人民共和国与乌克兰关于民事和刑事司法协助的条约	1992年10月31日	北京	中华人民共和国代表 外交部长 钱其琛	乌克兰代表 司法部长 瓦·奥诺边科		尚未生效
138	中华人民共和国政府和乌克兰政府关于鼓励和相互保护投资协定	1992年10月31日	北京	中华人民共和国政府代表 对外经济贸易部副部长 佟志广	乌克兰政府代表 经贸部部长 盖尔茨		尚未生效
139	中华人民共和国政府和乌克兰政府文化合作协定	1992年10月31日	北京	中华人民共和国政府代表 外交部长 钱其琛	乌克兰政府代表 外交部长 安·兹连科	1992年10月31日	
140	中华人民共和国政府和乌克兰政府关于互免公务旅行签证的协定	1992年10月31日	北京	中华人民共和国政府代表 外交部长 钱其琛	乌克兰政府代表 外交部长 安·兹连科		尚未生效
141	中华人民共和国政府和阿根廷共和国政府关于促进和相互保护投资协定	1992年11月5日	北京	中华人民共和国政府代表 外交部长 钱其琛	阿根廷共和国政府代表 外交部长 迪特利亚		尚未生效
142	中华人民共和国政府和沙特阿拉伯王国政府经济、贸易、投资和技术合作协定	1992年11月5日	北京	中华人民共和国政府代表 对外经济贸易部部长 李岚清	沙特阿拉伯王国政府代表 财政和国民经济大臣 阿巴·海勒	1993年1月12日	
143	中华人民共和国政府和摩尔多瓦共和国政府关于鼓励和相互保护投资协定	1992年11月6日	北京	中华人民共和国政府代表 对外经济贸易部副部长 谷永江	摩尔多瓦共和国政府代表 外经部部长 安·凯普蒂内		尚未生效
144	中华人民共和国政府和摩尔多瓦共和国政府文化合作协定	1992年11月6日	北京	中华人民共和国政府代表 文化部副部长 徐文伯	摩尔多瓦共和国政府代表 文化和宗教部副部长 米哈依·穆尔扎克	1992年11月6日	

（续　表）

序号	条约名称	签字日期	签字地点	中方签字人	对方签字人	生效日期	备　注
145	中华人民共和国政府向扎伊尔共和国政府提供贷款的协定	1992年11月6日	北京	中华人民共和国政府代表 对外经济贸易部部长 李岚清	扎伊尔共和国政府代表 计划、重建和供给部部长 阿·哈胡穆·伊桑戈马		尚未生效
146	中华人民共和国和摩尔多瓦共和国领事条约	1992年11月7日	北京	中华人民共和国全权代表 外交部长 钱其琛	摩尔多瓦共和国全权代表 外交部长 尼古拉·安东诺维奇·奇乌		尚未生效
147	中华人民共和国政府和摩尔多瓦共和国政府关于中国向摩尔多瓦提供商品的政府贷款协定	1992年11月7日	北京	中华人民共和国政府代表 对外经济贸易部副部长 谷永江	摩尔多瓦共和国政府代表 对外经济关系部部长 安德列·凯普蒂内	1992年11月7日	
148	中华人民共和国政府和摩尔多瓦共和国政府科学技术合作协定	1992年11月7日	北京	中华人民共和国政府代表 国务委员兼国家科学技术委员会主任 宋健	摩尔多瓦共和国政府代表 第一副总理 尼古拉·安德罗纳蒂	1992年11月7日	
149	中华人民共和国政府和摩尔多瓦共和国政府关于互免公务旅行签证的协定	1992年11月7日	北京	中华人民共和国政府代表 外交部长 钱其琛	摩尔多瓦共和国政府代表 外交部长 尼古拉·茨乌	1993年1月1日	
150	中华人民共和国政府和摩尔多瓦共和国政府关于互免团体旅游签证的协定	1992年11月7日	北京	中华人民共和国政府代表 外交部长 钱其琛	摩尔多瓦共和国政府代表 外交部长 尼古拉·茨乌	1993年1月1日	
151	中华人民共和国政府和斯洛文尼亚共和国政府经济贸易协定	1992年11月9日	北京	中华人民共和国政府代表 对外经济贸易部副部长 谷永江	斯洛文尼亚共和国政府代表 外交部副部长 沃·拉芙芭尔		尚未生效
152	中华人民共和国和玻利维亚共和国领事条约	1992年11月18日	拉巴斯	中华人民共和国全权代表 中国驻玻利维亚大使 谢汝茂	玻利维亚共和国全权代表 外交部第一副部长 肯普夫·苏亚雷斯		尚未生效
153	中华人民共和国政府和土库曼斯坦政府关于中国向土库曼斯坦提供商品的政府贷款协定	1992年11月21日	北京	中华人民共和国政府代表 对外经济贸易部副部长 谷永江	土库曼斯坦政府代表 副总理 瓦·格·奥特契尔措夫	1992年11月21日	

（续 表）

序号	条约名称	签字日期	签字地点	中方签字人	对方签字人	生效日期	备 注
154	中华人民共和国政府和土库曼斯坦政府关于鼓励和相互保护投资协定	1992年11月21日	北京	中华人民共和国政府代表 对外经济贸易部副部长 谷永江	土库曼斯坦政府代表 副总理 奥韦佐夫		尚未生效
155	中华人民共和国和土库曼斯坦领事条约	1992年11月21日	北京	中华人民共和国全权代表 外交部副部长 田曾佩	土库曼斯坦全权代表 副总理 奥·阿伊道格德耶夫		尚未生效
156	中华人民共和国政府和土库曼斯坦政府文化合作协定	1992年11月21日	北京	中华人民共和国政府代表 文化部副部长 陈昌本	土库曼斯坦政府代表 副总理 奥·阿伊道格德耶夫	1992年11月21日	
157	中华人民共和国政府和土库曼斯坦政府关于互免公务旅行签证的协定	1992年11月21日	北京	中华人民共和国政府代表 外交部副部长 田曾佩	土库曼斯坦政府代表 副总理 奥·阿伊道格德耶夫	1993年2月1日	
158	中华人民共和国政府和土库曼斯坦政府关于互免团体旅游签证的协定	1992年11月21日	北京	中华人民共和国政府代表 外交部副部长 田曾佩	土库曼斯坦政府代表 副总理 奥·阿伊道格德耶夫	1993年2月1日	
159	中华人民共和国和古巴共和国关于民事和刑事司法协助的协定	1992年11月2日	北京	中华人民共和国代表 外交部副部长 刘华秋	古巴共和国代表 古巴驻中国大使 阿塞·阿·格拉		尚未生效
160	中华人民共和国政府和白俄罗斯共和国政府文化合作协定	1992年11月25日	北京	中华人民共和国政府代表 文化部副部长 高占祥	白俄罗斯共和国政府代表 部长会议副主席 杰姆丘克·米哈依尔·伊万诺维奇	1992年11月25日	
161	中华人民共和国与亚洲开发银行贷款协定（普通业务，工业节能与环境改善项目）	1992年11月26日	马尼拉	中华人民共和国授权代表 中国驻菲律宾大使 黄桂芳	亚洲开发银行行长 垂水公正	1993年2月24日	
162	中华人民共和国政府向乍得共和国政府提供贷款的协定	1992年11月27日	恩贾梅纳	中华人民共和国政府代表 国务院副秘书长 席德华	乍得共和国政府代表 计划和合作部代部长 奥斯卡·约马吉·乌唐加尔	1992年11月27日	

（续　表）

序号	条约名称	签字日期	签字地点	中方签字人	对方签字人	生效日期	备　注
163	中华人民共和国政府和越南社会主义共和国政府关于鼓励和相互保护投资协定	1992年12月2日	河内	中华人民共和国政府代表 对外经济贸易部部长 李岚清	越南社会主义共和国政府代表 投资管理委员会主任 窦玉春		尚未生效
164	中华人民共和国政府和越南社会主义共和国政府文化协定	1992年12月2日	河内	中华人民共和国政府代表 文化部副部长 刘德有	越南社会主义共和国政府代表 文化通讯部副部长 武克连	1992年12月2日	
165	中华人民共和国政府和越南社会主义共和国政府科学技术合作协定	1992年12月2日	河内	中华人民共和国政府代表 科学技术委员会副主任 周平	越南社会主义共和国政府代表 国家技术及环境部副部长 黎贵安	1992年12月2日	
166	中华人民共和国政府向阿拉伯埃及共和国政府提供贷款的协定	1992年12月3日	开罗	中华人民共和国政府代表 中国驻阿拉伯埃及共和国特命全权大使 朱应鹿	阿拉伯埃及共和国政府代表 国际合作部部长 毛里斯·马克拉马拉博士		尚未生效
167	中华人民共和国政府和埃塞俄比亚过渡政府经济技术合作协定	1992年12月5日	北京	中华人民共和国政府代表 对外经济贸易部副部长 王文东	埃塞俄比亚过渡政府代表 外交部长 塞尤姆·梅斯芬	1992年12月5日	
168	中华人民共和国政府和莫桑比克共和国政府经济技术合作协定	1992年12月10日	北京	中华人民共和国政府代表 对外经济贸易部部长助理 田润之	莫桑比克共和国政府代表 外交部长 帕斯科亚尔·莫孔比	1992年12月10日	
169	中华人民共和国与国际复兴开发银行贷款协定（广东省公路项目）	1992年12月16日	华盛顿	中华人民共和国授权代表 中国驻美国公使 赵锡欣	国际复兴开发银行东亚及太平洋地区代理副行长 S·J·伯基		尚未生效
170	中华人民共和国与国际复兴开发银行贷款协定（河南省公路项目）	1992年12月16日	华盛顿	中华人民共和国授权代表 中国驻美国公使 赵锡欣	国际复兴开发银行东亚及太平洋地区代理副行长 S·J·伯基		尚未生效
171	中华人民共和国与亚洲开发银行贷款协定（普通业务，上海杨浦大桥）	1992年12月17日	马尼拉	中华人民共和国授权代表 中国驻菲律宾大使 黄桂芳	亚洲开发银行行长 垂水公正	1993年2月26日	

（续　表）

序号	条约名称	签字日期	签字地点	中方签字人	对方签字人	生效日期	备　注
172	中华人民共和国政府和俄罗斯联邦政府关于互免团体旅游签证的协定	1992年12月18日	北京	中华人民共和国政府代表 外交部长 钱其琛	俄罗斯联邦政府代表 外交部长 安·弗·科济列夫	1992年12月18日	
173	中华人民共和国政府和俄罗斯联邦政府关于中国向俄联邦提供商品的政府贷款协定	1992年12月18日	北京	中华人民共和国政府全权代表 副总理 田纪云	俄罗斯联邦政府全权代表 副总理 绍辛	1992年12月18日	
174	中华人民共和国政府和俄罗斯联邦政府文化合作协定	1992年12月18日	北京	中华人民共和国政府代表 外交部长 钱其琛	俄罗斯联邦政府代表 外交部长 安·弗·科济列夫	1992年12月18日	
175	中华人民共和国政府和俄罗斯联邦政府科学技术合作协定	1992年12月18日	北京	中华人民共和国政府代表 外交部长 钱其琛	俄罗斯联邦政府代表 外交部长 安·科济列夫	1992年12月18日	
176	中华人民共和国政府和俄罗斯联邦政府汽车运输协定	1992年12月18日	北京	中华人民共和国政府代表 交通部部长 黄镇东	俄罗斯联邦政府代表 副总理 绍辛		尚未生效
177	中华人民共和国政府和俄罗斯联邦政府关于在中国合作建设核电站和俄罗斯向中国提供政府贷款的协定	1992年12月18日	北京	中华人民共和国政府全权代表 能源部部长 黄毅诚	俄罗斯联邦政府全权代表 副总理 绍辛		尚未生效
178	中华人民共和国政府和俄罗斯联邦政府关于和平利用与研究宇宙空间方面进行合作的协定	1992年12月18日	北京	中华人民共和国政府代表 国务委员兼外交部长 钱其琛	俄罗斯联邦政府代表 副总理 绍辛	1992年12月18日	
179	中华人民共和国政府和古巴共和国政府关于中国政府向古巴政府提供专项贷款的协定	1992年12月19日	北京	中华人民共和国政府代表 对外经济贸易部部长 李岚清	古巴共和国政府代表 对外贸易部部长 里卡多·卡布里萨斯	1992年12月19日	
180	中华人民共和国政府和孟加拉人民共和国政府贸易协定	1992年12月21日	北京	中华人民共和国政府代表 对外经济贸易部部长 李岚清	孟加拉人民共和国政府代表 商业部长 M·K·安瓦尔	1993年1月1日	

（续　表）

序号	条约名称	签字日期	签字地点	中方签字人	对方签字人	生效日期	备　注
181	中华人民共和国政府向马里共和国政府提供贷款的协定	1992年12月23日	北京	中华人民共和国政府代表 对外经济贸易部部长助理 田润之	马里共和国政府代表 对外关系部部长 穆罕默德·阿卢塞尼·杜尔	1992年12月23日	
182	中华人民共和国与国际开发协会开发信贷协定（改革机构支持和投资前项目）	1992年12月30日	华盛顿	中华人民共和国授权代表 中国驻美国大使 朱启祯	国际开发协会亚洲地区代理副总裁 S·J·伯基		尚未生效
183	中华人民共和国政府和加纳共和国政府关于中国向加纳政府提供贷款的协定	1992年12月30日	阿克拉	中华人民共和国政府代表 机电部副部长 陆燕荪	加纳共和国政府代表 外交部副部长 穆罕默德·殷·钱伯斯博士	1992年12月30日	

中国与外国互免签证协议情况一览表

顺序	协　议　国	协议生效日期	互免签证的证件	备　注
1	捷克斯洛伐克	1956年6月1日	外交、公务特别护照	注1
2	阿尔巴尼亚	阿对中：1956年8月25日 中对阿：1956年8月26日	外交、公务、特别护照	
3	朝　鲜	1956年10月1日	外交、公务护照	
		1965年1月1日	因公普通、因公团体护照	
4	南斯拉夫	1980年1月9日	外交、公务、因公普通护照	注2
5	罗马尼亚	1981年9月16日	外交、公务、因公普通、有公务签证的普通或团体护照、海员证	重签
6	马尔代夫	1984年11月27日	外交、公务护照	
7	圣马力诺	1985年7月22日	外交、公务、因公普通、普通护照	
8	智　利	1986年5月7日	外交、公务、官员护照	
9	厄瓜多尔	1987年7月11日	外交、公务、官员护照	
		1988年12月25日	因公普通、特别护照	
10	秘　鲁	1987年7月16日	外交护照	
		1991年12月1日	公务、特别、因公普通护照	
11	保加利亚	1987年7月17日	外交、公务、因公普通护照	重签

（续　表）

顺序	协 议 国	协议生效日期	互免签证的证件	备 注
12	巴基斯坦	1987年8月16日	外交、公务、官员护照	
		1988年4月30日	因公普通护照	
13	哥伦比亚	1987年11月14日	外交护照	
		1991年11月14日	公务、官员护照	
14	玻利维亚	1987年11月15日	外交、公务、官员护照	
15	波　兰	1988年7月7日		修订
		1992年7月20日	外交、公务护照、海员证、机组人员证件	
16	原苏联	1988年8月14日	外交、公务、因公或加注“公务”字样的普通护照、海员证；边贸人员亦可凭双方同意的其它证件；有联程机票过境，24小时不出机场，无论何种护照均可免办签证	重签
		1989年9月3日	苏公民持国内身份证件加附页因公来华	注3
		1991年3月31日	团体旅游	
17	乌拉圭	1988年11月7日	驻对方使领馆常驻人员所持外交、公务、官员护照	
18	古　巴	1988年12月23日	外交、公务、官员、因公普通护照	
19	蒙　古	1989年4月30日	外交、公务、因公普通护照	重签
20	伊　朗	1989年7月12日	外交、公务护照	
21	委内瑞拉	1989年7月13日	外交、公务护照	
22	老　挝	1989年11月6日	外交、公务、因公普通、加注有效公务签证的普通护照	
23	孟加拉国	1989年12月18日	外交、公务、官员、因公普通、加注政府公务或免费字样的普通护照	
24	土耳其	1989年12月24日	外交、公务、因公普通、特别护照	
25	塞浦路斯	1991年10月2日	外交、公务护照	
26	塞舌尔	1992年2月20日	外交、公务护照	
27	越　南	1992年3月15日	外交、公务、因公普通护照	
28	哈萨克斯坦	1992年3月27日	外交、公务、因公普通、加注“公务”字样的普通护照	
29	匈牙利	1992年5月28日	外交、公务护照	重签
30	立陶宛	1992年9月14日	外交、公务护照、海员证（随船）	
31	摩尔多瓦	1993年1月1日	外交、公务、因公普通、加注“公务”字样的普通护照；团体旅游	
32	土库曼斯坦	1993年2月1日	外交、公务、因公普通、加注“公务”字样的普通护照；团体旅游	
33	白俄罗斯	1993年3月1日	外交、公务护照；团体旅游	
34	约　旦	1993年3月11日	外交、公务、特别护照	
35	乌克兰	1993年4月11日	外交、公务、因公普通、加注“公务”字样的普通护照	
36	塔吉克斯坦	1993年6月1日	外交、公务、因公普通、加注“公务”字样的普通护照	

注 1.适用于捷克共和国和斯洛伐克共和国公民。

注 2.适用于南斯拉夫联盟共和国和斯洛文尼亚、克罗地亚共和国公民。

注 3.目前独联体国家的公民持原苏联护照来我国或我国公民前往独联体国家暂按原中苏有关协议办理(已另签有协议的除外)。中国、俄罗斯互免团体旅游签证协议于1993年5月26日生效。

中国与外国建立的友好省(州)及友好城市一览表

自1973年6月至1992年底,我国共有28个省(自治区、直辖市)、126个城市同五大洲的56个国家建立了456对友好城市关系,其中1992年,建立友好关系的58对。现依国别及签字时间先后列表如下:

中国——阿根廷	
河北省——布宜诺斯艾利斯省	1992.5.19
中国——埃及	
北京——开罗	1990.10.28
上海市——亚历山大省	1992.5.15
中国——澳大利亚	
广东省——新南威尔士州	1979.9.1
江苏省——维多利亚州	1979.11.13
天津——墨尔本	1980.5.5
福建省——塔斯马尼亚州	1981.3.5
山东省——南澳大利亚州	1986.4.3
广州——悉尼	1986.5.12
佳木斯——肖尔海文	1987.4.2
浙江省——西澳大利亚州	1987.11.6
昆明——瓦加瓦加	1988.8.9
上海——昆士兰州	1989.5.24
海口——达尔文	1990.9.5
连云港市——科雷奥郡	1991.11.9
深圳市——布里斯班市	1992.6.22
中国——奥地利	
成都——林茨	1983.7.5
广西壮族自治区——克恩顿州	1987.2.10
贵州省——斯蒂里亚州	1987.6.2
中国——巴布亚新几内亚	
济南——莫尔斯比地区	1988.9
中国——巴基斯坦	
上海——卡拉奇	1984.2.15
乌鲁木齐——白沙瓦	1985.7.12
西安市——拉合尔市	1992.6.20
北京市——伊斯兰堡市	1992.10.8
中国——巴西	
浙江省——巴拉那州	1986.6.7
北京——里约热内卢	1986.11.24
四川省——伯南布哥州	1992.7.31
中国——白俄罗斯	
长春市——明斯克市	1992.5.18
中国——贝宁	
宁夏回族自治区——博尔古省	1987.1.20
中国——比利时	
上海——安特卫普	1984.5.27
湖南省——埃诺省	1985.4.18
陕西省——安特卫普省	1985.5.14
安阳——斯哈尔克	1985.9.12
福建省——列日省	1986.2.27
河南省——瓦隆地区	1988.4
河北省——东佛兰德省	1991.10.4
中国——秘鲁	
北京——利马	1983.11.21
中国——波兰	
上海——格但斯克省	1985.7.4
辽宁省——卡托维兹	1988.11.12
中国——布隆迪	
合肥——布琼布拉	1986.7.4
青海省——基特加省	1991.3.22
中国——朝鲜	
上海——咸兴	1982.6.18
江苏省——江源道	1984.11.8
山东省——黄海南道	1985.6.29
四川省——平安南道	1985.10.18
中国——丹麦	
哈尔滨——奥尔胡斯	1984.5.2
绍兴——欧登塞	1991.5.17
中国——德国	
武汉——杜伊斯堡	1982.10.8
安徽省——下萨克森州	1984.9.6
沈阳——杜塞尔多夫	1984.9.22
江西省——黑森州	1985.4.3
大连——不来梅	1985.4.17
浙江省——石荷州	1986.4.20
上海——汉堡	1986.5.29
辽宁省——巴登符滕堡州	1986.6.20
宁波——亚琛	1986.10.25
山东省——巴伐利亚州	1987.7.9
北京——科隆	1987.9.14

枣庄——施普洛克赫弗尔	1987.10.15
潍坊——福来星地区	1987.10.18
广州——法兰克福	1988.4.11
南京——莱比锡	1988.5.2
北京——柏林	1988.5.5
大连——罗斯托克	1988.5.16
四川省——北莱茵—威斯特伐利亚州	1988.7.7
抚顺——明兴·格拉德巴赫	1988.8.10
伊春——巴特维尔东根	1988.8.25
广东省——德累斯顿专区	1989.5.10
西安——多特蒙德	1991.5.27
江苏省——北威州	1992.8

中国——俄罗斯

*上海——列宁格勒(彼得堡)	1988.12.15
*内蒙古——赤塔州	1990.9.11
*吉林省——滨海边疆区	1990.11.19
*哈尔滨市——斯维尔德洛夫斯克	1991.4.22
*吉林——纳霍德卡	1991.7.16
朝阳市——苏尔古特市	1992.4.26
白城地区——巴尔瑙市	1992.4.30
通化市——马加丹市	1992.7.1
海拉尔市——赤塔市	1992.7.14
四平市——马哈齐卡拉市	1992.7.15
鞍山市——利佩茨克市	1992.7.20
河北省——列宁格勒州	1992.7.30
沈阳市——伊尔库茨克市	1992.8.12
辽阳市——克麦罗沃市	1992.8.15
大连市——符拉迪沃斯托克市	1992.9.10
延吉市——南萨哈林斯克市	1992.9.22
辽源市——切列波韦茨市	1992.10.28

中国——法国

成都——蒙特利埃	1981.6.22
重庆——图卢兹	1982.12.10
洛阳——图尔	1982.12.12
徐州——圣太田	1984.3.27
天津——北加莱海峡大区	1984.10.10
山东省——布列塔尼大区	1985.10.22
大连——勒阿弗尔市	1985.11.23
辽阳——塞尔吉·蓬图瓦兹	1986.5.13
西安——波城	1986.9.15
安徽省——弗朗什·孔泰大区	1987.5.18
四川省——南方—比利牛斯大区	1987.6.9
北京——巴黎大区	1987.7.2
上海——马赛	1987.10.26
广州——里昂	1988.4.5
淮阴——韦尼雪	1988.7.2
万县——热尔省	1988.10.20
宁波——鲁昂	1990.3.16
浙江省——上诺曼底大区	1990.3.18
福建省——下诺曼底大区	1990.12.6
宜昌——梅斯	1991.1.28
淄博——拉罗什	1991.5.17
邯郸市——上维埃纳省	1991.9.17
湖南省——中央大区	1991.10.28
海口市——圣纳泽尔市	1992.6.27

中国——菲律宾

杭州——碧瑶	1982.8.13
广州——马尼拉	1982.11.5
上海——大马尼拉	1983.6.15
厦门——宿务	1984.10.26

中国——芬兰

牡丹江——于伐斯屈拉	1990.10.22

中国——冈比亚

南宁——班珠尔	1987.6.22

中国——刚果

长沙——布拉柴维尔	1982.8.9

中国——荷兰

上海——鹿特丹	1979.11.23
南京——艾恩德霍芬市	1985.10.9

中国——加拿大

苏州——维多利亚	1980.10.22
黑龙江省——阿尔伯达省	1981.9.5
吉林省——萨斯喀彻温省	1984.6.5
广州——温哥华	1985.3.27
上海——蒙特利尔	1985.5.14
大庆——卡尔加里	1985.5.16
石家庄——萨斯卡吞	1985.5.31
江苏省——安大略省	1985.11.21
哈尔滨——埃德蒙顿	1985.12.5
重庆——多伦多	1986.3.27
珠海——苏里	1987.7.8
济南——贝贾那	1987.8.10
马鞍山——哈密尔顿	1987.10.1
成都——温尼伯	1988.2.25
绵阳——金斯顿	1989.11.10
长春市——温泽市	1992.8.25
沧州市——鲁珀特王子港市	1992.9.13
本溪市——布兰顿市	1992.10.17
岳阳市——卡斯尔加市	1992.10.21

中国——科特迪瓦

天津市——阿比让市	1992.9.26
鄂州市——阿本古鲁市	1992.12.24

中国——科威特

秦皇岛——科威特市	1987.11.2

中国——罗马尼亚

湖北省——加拉茨县	1987.5.27
武汉——加拉茨	1987.8.12
黑龙江省——普拉霍瓦县	1992.4.24

中国——马里

云南省——锡卡索大区	1990.11.24

中国——毛里求斯

佛山——路易港	1989.1.27

中国——美国

湖北省——俄亥俄州	1979.10.31
南京——圣路易斯	1979.11.2
上海——旧金山	1980.1.29

天津——费城	1980.2.10
北京——纽约	1980.2.25
安徽省——马里兰州	1980.6.10
河南省——堪萨斯州	1981.5.1
浙江省——新泽西州	1981.5.11
广州——洛杉矶	1981.12.8
大连——奥克兰	1982.3.30
杭州——波士顿	1982.5.1
武汉——匹兹堡	1982.9.27
辽宁省——伊利诺斯州	1982.9.30
四川省——华盛顿州	1982.10.11
无锡——查塔努加	1982.10.12
黑龙江省——威斯康星州	1982.10.18
陕西省——明尼苏达州	1982.10.19
四川省——密执安州	1982.11.9
重庆——西雅图	1983.6.3
河北省——衣阿华州	1983.7.22
广东省——马萨诸塞州	1983.11.2
湖南省——科罗拉多州	1984.1.23
北京——华盛顿	1984.5.15
福建省——俄勒冈州	1984.9.25
黑龙江省——阿拉斯加州	1985.2.15
洛阳——哈里斯堡	1985.3.24
青岛——长滩	1985.4.12
广东省——夏威夷州	1985.5.21
淄博——伊利	1985.5.28
济南——萨克拉门托	1985.5.29
长春——弗林特	1985.6.8
甘肃省——俄克拉何马州	1985.6.12
烟台——圣迭戈	1985.7.25
石家庄——得梅因	1985.8.8
海南岛——瓦胡岛	1985.8.23
沈阳——芝加哥	1985.9.5
湖北省——亚拉巴马州	1985.10.7
江西省——肯塔基州	1985.10.16
山西省——爱达荷州	1985.10.28
秦皇岛——托莱多	1985.10.28
厦门——巴尔的摩	1988.11.7
开封——威奇塔	1985.12.3
深圳——休斯敦	1986.4.3
桂林——奥兰多	1986.5.14
昆明——丹佛	1986.5.15
山东省——康涅狄格州	1986.5.27
东营——米德兰	1986.6.22
江西省——犹他州	1986.7.10
山西省——田纳西州	1986.12.24
北海——塔尔萨	1987.3.6
拉萨——博尔德	1987.4.10
丹东——威尔明顿(北卡罗来纳州)	1987.4.16
成都——菲尼克斯	1987.5.13
吉林——斯波坎	1987.5.29
浙江省——印第安纳州	1987.7.24
保定——夏洛特	1987.9.29
辽阳——乔利埃特	1988.4.15
柳州——辛辛那提	1988.5.5
长沙——圣保罗	1988.5.9
岳阳——泰特斯威尔	1988.5.12
宁波——威尔明顿(特拉华州)	1988.5.31
苏州——波特兰	1988.6.7
辽宁省——北卡罗来纳州	1988.7
镇江——坦佩市	1989.3.6
江苏省——纽约州	1989.4.21
西安——堪萨斯城	1989.4.29
营口——杰克逊维尔	1990.5.22
自贡——米德兰	1990.10.19
潍坊——普韦布洛	1991.3.30
福州——锡拉丘兹	1991.8.25
海南省——夏威夷州	1992.6.30
长治市——雷丁市	1992.7.27
云南省——得克萨斯州	1992.9.10
哈尔滨市——明尼阿波利斯市	1992.9.18
海口市——俄克拉何马州	1992.11.20

中国——蒙古

呼和浩特——乌兰巴托	1991.12.10
天津市——乌兰巴托市	1992.9.27
包头市——额尔登特市	1992.12.12

中国——摩洛哥

昆明——沙温	1985.5.14
上海——卡萨布兰卡	1986.9.8

中国——墨西哥

青岛——阿卡普尔科	1985.8.21
南京——墨西卡利	1991.10.14

中国——葡萄牙

珠海——塞图巴尔	1990.5

中国——日本

天津——神户	1973.6.24
上海——横滨	1973.11.30
西安——奈良	1974.2.1
上海——大阪市	1974.4.18
西安——京都	1974.5.10
南京——名古屋	1978.12.21
杭州——岐阜	1979.2.21
北京——东京都	1973.3.14
大连——北九州	1979.5.1
广州——福冈	1979.5.2
武汉——大分	1979.9.7
桂林——熊本	1979.10.1
青岛——下关	1979.10.3
哈尔滨——新潟	1979.12.17
合肥——久留米	1980.5.12
江苏省——爱知县	1980.7.28
福州——长崎	1980.10.20
长春——仙台	1980.10.27
天津——四日市	1980.10.28
沈阳——札幌	1980.11.18
上海——大阪府	1980.11.21

洛阳——冈山	1981.4.6
石家庄——长野	1981.4.19
秦皇岛——富山	1981.5.7
福州——那霸	1981.5.20
苏州——池田	1981.6.6
苏州——金泽	1981.6.13
沈阳——川崎	1981.8.18
无锡——明石	1981.8.29
郑州——浦和	1981.10.12
大同——大牟田	1981.10.16
乐山——市川	1981.10.21
昆明——藤泽	1981.11.5
扬州——唐津	1982.2.22
抚顺——磐城	1982.4.15
抚顺——夕张	1982.4.19
浙江省——静冈县	1982.4.20
大连——舞鹤	1982.5.8
广西壮族自治区——熊本县	1982.5.20
甘肃省——秋田县	1982.8.5
兰州——秋田	1982.8.5
山东省——山口县	1982.8.12
福建省——长崎县	1982.10.16
山西省——崎玉县	1982.10.27
长沙——鹿儿岛	1982.10.30
济南——和歌山	1983.1.14
鞍山——尼崎	1983.2.2
襄樊——犬山	1983.3.13
绍兴——福光町	1983.3.21
广东省——兵库县	1983.3.23
湖南省——滋贺县	1983.3.25
吉林——山形	1983.4.21
宁波——长冈京	1983.4.21
辽宁省——神奈川县	1983.5.12
绍兴——芦原町	1983.5.18
陕西省——京都府	1983.7.16
黑龙江省——新潟县	1983.8.5
厦门——佐世保	1983.10.28
承德——柏市	1983.11.1
河北省——长野县	1983.11.11
连云港——堺市	1983.12.3
山东省——和歌山县	1984.4.18
蚌埠——摄津	1984.5.5
辽宁省——富山县	1984.5.9
镇江——津市	1984.6.11
开封——户田	1984.8.21
四川省——广岛县	1984.9.17
济宁——足利	1984.9.21
成都——甲府	1984.9.27
齐齐哈尔——宇都宫	1984.9.30
佳木斯——韭崎	1984.10.10
扬州——原木	1984.10.23
温州——石卷	1984.10.23
牡丹江——大津	1984.12.3
岳阳——沼津	1985.4.5
芜湖——高知	1985.4.19
佛山——伊丹	1985.5.8
三门峡——北上	1985.5.25
四川省——山梨县	1985.6.18
绍兴——西宫	1985.7.23
烟台——别府	1985.7.26
锦州——高冈	1985.8.10
济南——山口	1985.9.20
安庆——茨木	1985.10.5
无锡——相模原	1985.10.6
潍坊——日向	1986.2.25
金县——七尾	1986.4.13
天津——千叶	1986.5.7
河北省——鸟取县	1986.6.9
黑龙江省——北海道	1986.6.13
嘉定县——八尾市	1986.9.13
咸阳——宇浩	1986.7.24
重庆——广岛	1986.10.23
河南省——三重县	1986.11.19
醴陵——瑞浪	1987.1.14
常州——高槻市	1987.3.18
泰安——桥本	1987.5.13
太原——姬路	1987.5.20
南通——丰桥	1987.5.26
湖州——岛田	1987.5.30
吉林省——宫城县	1987.6.1
呼和浩特——冈崎	1987.8.10
营口——太田	1987.9.25
承德——高崎	1987.10.6
中山——守口	1988.4.18
江西省——岐阜县	1988.6.21
咸阳——成田	1988.9.14
泉州——浦添	1988.9.23
南阳——南阳	1988.10.6
临汾——秩父	1988.10.7
嘉兴——富士市	1989.1.13
常熟——绫部市	1989.5.12
赤峰——稻泽市	1989.5.16
杭州——福井市	1989.11.23
汕头——岸和田	1990.5
唐山——酒田	1990.7.26
海南省——兵库县	1990.9.28
南昌——高松	1990.9.28
漳州——谏早	1991.4.15
盘锦——砺波	1991.4.26
沙市——会津若松	1991.6.15
常熟——川内	1991.7.26
丹东——德岛	1991.10.1
保定——米子	1991.10.13
湘潭——彦根	1991.11.1
铁岭市——鹿沼市	1992.3.15
信阳市——新见市	1992.4.16

常州市——所泽市	1992.4.19
绵阳市——庄原市	1992.4.20
威海市——宇部市	1992.5.17
双鸭山市——长井市	1992.5.21
江西省——冈山县	1992.6.1
衡阳市——栗东町	1992.10.7
宝鸡市——八幡市	1992.11.2
江苏省——福冈县	1992.11.4

中国——瑞典

唐山——马尔默	1987.9.18

中国——瑞士

昆明——苏黎世	1982.2.17

中国——塞拉利昂

合肥——弗里敦	1984.3.20

中国——塞浦路斯

南京市——利马索尔市	1992.9.23

中国——斯洛伐克

长春市——日利纳市	1992.11.23

中国——所罗门群岛

广东省——瓜达卡纳尔省	1985.1.25

中国——土耳其

上海——伊斯坦布尔	1989.10.23
北京——安卡拉	1990.6.20
天津——伊兹密尔	1991.9.23
鞍山——布尔萨	1991.11.8
日照——特拉布宗	1991.12.23

中国——土库曼斯坦

兰州市——阿什哈巴德市	1992.5.1

中国——乌克兰

*湖北省——乌克兰共和国	1990.2.27
*武汉——基辅	1990.10.19

中国——乌拉圭

山西省——卡内洛内斯省	1992.11.12

中国——西班牙

北京——马德里	1985.9.16

中国——希腊

上海——比雷埃夫斯	1985.6.24

中国——新西兰

桂林——黑斯廷斯	1981.3.24
甘肃省——克赖斯特彻奇	1984.4.22
无锡——哈密尔顿	1986.7.5
烟台——陶朗加	1986.9.18
厦门——惠灵顿	1987.6.23
广州——奥克兰市	1989.2.27
贵阳市——北帕默斯顿市	1992.8.17

中国——意大利

上海——米兰	1979.6.25
南京——佛罗伦萨	1980.2.22
苏州——威尼斯	1980.3.24
广西壮族自治区——西西里自治大区	1982.6.14
沈阳——都灵	1985.2.12
本溪——摩德纳	1985.3.7
秦皇岛——贝萨罗	1985.11.5
广州——巴里	1986.1.12
常州——普拉托	1986.6.6
辽宁省——艾米利亚·罗马涅大区	1987.5.29
石家庄——巴马	1987.9.22
芜湖——帕维亚	1988.1.25
邯郸——帕多瓦	1988.5.15
河北省——威尼托大区	1988.5.17
河南省——布利亚大区	1988.6.15
陕西省——特莱维索省	1988.7.20
蚌埠——贝尔加莫	1988.9.18
四川省——皮埃蒙特区	1990.2.27
深圳市——布雷西亚省	1991.11.12
山东省——马尔凯大区	1992.7.8
山西省——阿布鲁佐大区	1992.9.16
江苏省——托斯卡纳大区	1992.9.18
盐城市——基耶蒂市	1992.10.1

中国——印度尼西亚

北京市——雅加达特区	1992.8.4

中国——英国

厦门——加的夫	1983.3.31
长春——伯明翰	1983.7.7
济南——考文垂	1983.10.3
鞍山——设菲尔德	1983.10.17
太原——纽卡斯尔	1985.4.15
西安——爱丁堡	1985.4.16
武汉——曼彻斯特	1986.10.27
山西省——达比郡	1987.4.4
南通——斯旺西	1987.4.10
威海——彻特纳姆	1987.5.21
梧州——新港	1987.7.7
阳泉——彻斯特菲尔德	1987.9.24
大连——格拉斯哥	1987.10.27
阜新——邦斯雷	1988.1.21
广西壮族自治区——格文特郡	1988.4.29
广东省——斯特拉斯克莱德地区	1988.5.9
杭州——利兹	1988.6.8
四川省——莱斯特郡	1988.10.26
丹东——当卡斯特	1988.11.21
海口市——珀斯市	1992.2.3
江苏省——埃塞克斯郡	1992.7.16
唐山市——林肯市	1992.10.22

中国——扎伊尔

广东省——赤道省	1983.7.27

中国——前南斯拉夫

附:上海——萨格勒布	1980.6.18
北京——贝尔格莱德	1980.10.14
天津——萨拉热窝	1981.5.28
成都——卢布尔雅那	1981.10.26
长春——诺维萨特	1981.11.10
江西省——马其顿共和国 (含南昌市)(含斯科普里市)	1984.3.20
吉林省——伏伊伏丁那社会主义自治省	1986.10.15
四川省——斯洛文尼亚共和国	1986.10.27

辽宁省——克罗地亚共和国	1987.5.14	宁夏回族自治区——科索沃自治省	1988.7.12
贵州省——黑山共和国	1987.7.25	福建省——波斯尼亚—黑塞哥维那共和国	1988.11.9

注：有*号者为我国与前苏联建立的友好城(省、州、区)市关系。

1992年访华的外国国家元首和政府首脑

姓名	职务	国名	时间
克比齐	部长会议主席	白俄罗斯	1.19～24
捷列先科	总理	哈萨克斯坦	2.24～28
卡里莫夫	总统	乌兹别克斯坦	3.12～14
柯伊拉腊	首相	尼泊尔	3.16～22
西哈努克亲王	国家元首、全国最高委员会主席	柬埔寨	4.9～11
凯山	主席、老挝人民革命党中央委员会主席	老挝	4.26～5.3
宾巴苏伦	总理	蒙古	5.7～11
帕斯·萨莫拉	总统	玻利维亚	5.8～11
维希亚	总理	爱沙尼亚	5.9～13
阿卡耶夫	总统	吉尔吉斯斯坦	5.12～16
卡布阿	总统	马绍尔群岛	5.16～19
文卡塔拉曼	总统	印度	5.18～23
索格洛	总统	贝宁	5.26～31
捷列先科	总理	哈萨克斯坦	6.22*
阿鲁秋尼扬	副总统兼总理	亚美尼亚	7.2～6
成吉雪夫	总理	吉尔吉斯斯坦	8.3～5*
姆维尼	总统	坦桑尼亚	8.24～30
蒂安纳吉	总统	基里巴斯	8.25～31
努乔马	总统	纳米比亚	9.6～10
拉夫桑贾尼	总统	伊朗	9.9～12
帕尼奇	总理	南斯拉夫	9.14～16
奥尔特	总统	密克罗尼西亚	9.17～23
卢泰愚	总统	韩国	9.27～30
谢里夫	总理	巴基斯坦	10.6～10
穆巴拉克	总统	埃及	10.12～13
明仁和美智子	天皇和皇后**	日本	10.23～28
克拉夫丘克	总统	乌克兰	10.29～11.3
斯涅古尔	总理	摩尔多瓦	11.6～10
艾尔文	总统	智利	11.13～17
尼亚佐夫	总统	土库曼斯坦	11.19～23
叶利钦	总统	俄罗斯	12.17～19
科纳雷	总统	马里	12.21～25
赫尔佐克	总统	以色列	12.24～30

*　访问我国新疆。　　**　天皇不是国家元首，而是国家象征。

1990年世界各国(地区)按国民生产总值排列的位次

1980年位次	1990年位次	国家和地区	国民生产总值(亿美元)		1980年位次	1990年位次	国家和地区	国民生产总值(亿美元)	
1	1	美国	54652.00		37	21	中国台湾	1604.96	
3	2	日本	29606.19		24	22	奥地利	1563.94	
4	3	德国	16857.88	②	20	23	伊朗	1389.42	②
5	4	法国	11903.66	①	35	24	芬兰	1373.09	①
7	5	意大利	10775.22		28	25	丹麦	1239.94	
6	6	英国	9886.35		27	26	土耳其	1101.18	
—	7	俄罗斯	8598.80	②	33	27	挪威	1031.34	
10	8	加拿大	5550.39		25	28	印度尼西亚	1025.14	
11	9	西班牙	4871.38		22	29	阿根廷	1022.38	①
9	10	巴西	4620.35		31	30	南斯拉夫	981.46	①
8	11	中国	3697.52		23	31	南非	969.94	
14	12	澳大利亚	2819.48		15	32	沙特阿拉伯	861.15	③
12	13	荷兰	2795.32		42	33	泰国	793.47	
13	14	印度	2609.62	③	45	34	香港	712.64	①
—	15	乌克兰	2434.60	②	38	35	希腊	656.67	
30	16	韩国	2379.86		26	36	波兰	638.66	①
19	17	瑞士	2347.39		—	37	哈萨克斯坦	621.24	②
16	18	墨西哥	2276.65		—	38	白俄罗斯	613.88	②
17	19	瑞典	2200.72		49	39	葡萄牙	594.57	
18	20	比利时	1951.34		—	40	乌兹别克斯坦	558.25	②

① 国内生产总值(国民生产总值减去净对外收入)。
② 《亚洲周刊》的估计数。
③ 1989年数字。

注:如果汇率不切实际,数字就会被高估,中国1980年的位次以及1990年苏联各共和国的数字都应下调。1980年,苏联曾排在第2位。

(资料来源:1992年5月15日香港《亚洲周刊》)

1988～1991年世界主要国家(地区)人均国民收入

(单位:美元)

	1988年	1989年	1990年	1991年
美国	17850	18896	19726	20060
日本	20565	20185	—	—
加拿大	16278	17896	18281	18525
巴西	2184	2940	3073	—
墨西哥	2067	2422	2802	3216
原西德	17104	16868	20808	21502
法国	17229	17189	21016	21120

英国	14742	14770	17163	—
意大利	12767	13148	16462	—
瑞士	26464	25251	31626	32064
印度	319	304	327	—
中国	285	312	265	—
韩国	3681	4466	5084	5855
中国台湾	5769	6855	7241	8012
香港	9868	11247	12603	14406
新加坡	9350	10959	11856	14818
印尼	433	476	542	—
马来西亚	1934	2033	2283	—
菲律宾	600	644	665	666
泰国	992	1134	1303	—
南非	2067	2052	2310	—

(资料来源:1993年1月号日本《东洋经济统计月报》)

1990年国际储备总额最多的国家(地区)

位次	国家(地区)	国际储备总额(百万美元)	位次	国家(地区)	国际储备总额(百万美元)
1	美国	173094	9	英国	43145
2	德国①	104547	10	中国	34476
3	意大利	88595	11	荷兰	34401
4	日本	87828	12	新加坡	27748
5	中国台湾	77653	13	加拿大	23530
6	法国	68291	14	葡萄牙	20579
7	瑞士	61281	15	瑞典	20324
8	西班牙	57238	16	澳大利亚	19319

① 西德。
(资料来源:联合国《统计月报》)

1991年世界外汇储备最多的国家(地区)

1981年位次	1991年位次	国家和地区	储备金额(亿美元)	1981年位次	1991年位次	国家和地区	储备金额(亿美元)
1	1	中国台湾	763.90	16	21	挪威	132.32
4	2	日本	720.59	3	22	沙特阿拉伯	116.73
7	3	美国	666.60	20	23	比利时	110.97
10	4	西班牙	658.22	13	24	委内瑞拉	106.65
2①	5	德国	630.01	17	25	奥地利	103.32
6	6	意大利	486.79	24	26	马来西亚	102.22

18	7	中　国	430.60	—	27	文　莱③	100.00
8	8	英　国	418.90	19	28	印度尼西亚	92.58
5	9	法　国	312.84	45	29	芬　兰	76.09
9	10	瑞　士	290.04	38	30	丹　麦	74.04
14	11	新加坡②	275.34	30	31	以色列	62.79
62	12	葡萄牙	206.29	15	32	巴　西	61.77
29	13	瑞　典	183.31	34	33	智　利	61.34
11	14	荷　兰	177.98	22	34	哥伦比亚	59.88
40	15	泰　国	175.17	37	35	爱尔兰	57.40
25	16	墨西哥	172.95	12	36	利比亚	56.95
41	17	澳大利亚	165.34	35	37	阿联酋	53.65
31	18	加拿大	162.52	50	38	希　腊	51.89
21	19	香　港③	138.00	53	39	土耳其	51.44
36	20	韩　国	137.01	57	40	埃　及	48.13

①　西德。　②　包括若干黄金。　③　未公布,《亚洲周刊》的估计数。
(资料来源:1992 年 5 月 8 日香港《亚洲周刊》)

1992 年世界黄金储备最多的国家(地区)

1975 年位次	1992 年位次	国家和地区	黄金储备(万盎司)	1975 年位次	1992 年位次	国家和地区	黄金储备(万盎司)
1	1	美国	26187.0	13	21	南非	681.0
2	2	德国①	9518.0	—	22	俄罗斯③	675.0
4	3	瑞士	8328.0	19	23	瑞典	606.9
3	1	法国	8185.0	20	24	阿尔及利亚	558.0
5	5	意大利	6667.0	29	25	沙特阿拉伯	459.6
6	6	荷兰	4394.0	27	26	土耳其	415.2
7	7	比利时	3023.0	22	27	阿根廷②	412.3
10	8	日本	2423.0	31	28	利比亚	360.0
12	9	奥地利	1999.0	39	29	巴西	352.0
11	10	英国	1864.0	26	30	希腊	342.7
8	11	葡萄牙	1609.0	35	31	捷克斯洛伐克	311.4
14	12	西班牙	1562.0	76	32	印度尼西亚	310.1
—	13	中国台湾③	1354.0	43	33	菲律宾	263.8
—	14	中国	1270.0	23	34	科威特	253.9
9	15	加拿大	1191.0	33	35	泰国	247.6
15	16	委内瑞拉	1146.0	32	36	埃及	243.2
18	17	印度	1128.2	36	37	马来西亚	235.0
16	18	黎巴嫩	922.2	28	38	乌拉圭	226.3
17	19	澳大利亚	793.0	30	39	罗马尼亚	226.2
—	20	新加坡③	700.0	48	40	芬兰	200.2

①　1975 年仅为西德数字。
②　1991 年 12 月份数字。
③　《亚洲周刊》的估计数。
(资料来源:1992 年 11 月 20 日香港《亚洲周刊》)

1991年世界商品贸易中的主要出、进口国(地区)

(单位:亿美元和百分数)

位次 1990年	位次 1991年	出口国(地区)	1991年 价值	1991年 份额	年度变化 1990年	年度变化 1991年
2	1	美国	4220	12.0	8.0	7.5
1	2	德国	4030	11.4	16.0	−4.5
3	3	日本	3150	8.9	5.0	9.5
4	4	法国	2170	6.1	20.5	—
5	5	英国	1850	5.3	21.5	—
6	6	意大利	1690	4.8	21.0	−1.0
7	7	荷兰	1330	3.8	22.0	1.0
8	8	加拿大	1290	3.7	5.5	2.0
9	9	比利时—卢森堡	1170	3.3	17.5	−0.5
11	10	香港地区①	980	2.8	12.0	19.5
10	11	苏联②	780	2.2	−0.5	−25.0
12	12	中国台湾	760	2.2	1.5	13.5
15	13	中国	720	2.0	18.0	16.0
13	14	韩国	720	2.0	4.0	10.5
14	15	瑞士	620	1.7	24.0	−3.5
17	16	西班牙	600	1.7	25.0	8.0
18	17	新加坡③	590	1.7	18.0	12.0
16	18	瑞典	550	1.6	11.5	−4.0
19	19	沙特阿拉伯	490	1.4	56.5	11.0
21	20	墨西哥④	420	1.2	16.0	1.0
20	21	奥地利	410	1.2	29.5	—
22	22	澳大利亚	410	1.2	6.0	2.0
23	23	丹麦	360	1.0	25.0	3.5
26	24	马来西亚	350	1.0	17.5	18.5
24	25	挪威	340	0.9	25.5	0.5
		合计	29990	84.0	13.5	3.5
		全世界	35300	100.0	13.5	1.5

位次 1990年	位次 1991年	进口国(地区)	1991年 价值	1991年 份额	年度变化 1990年	年度变化 1991年
1	1	美国	5090	13.0	5.0	−1.5
2	2	德国	3900	10.7	22.0	9.5
3	3	日本	2360	8.9	12.0	0.5
4	4	法国	2320	6.4	21.5	−1.0
5	5	英国	2100	5.7	13.0	−6.0
6	6	意大利	1830	5.0	19.0	0.5
7	7	荷兰	1240	3.4	2.0	2.0
8	8	加拿大	1240	3.4	21.0	−0.5
10	9	比利时—卢森堡	1200	3.3	21.0	—
12	10	香港地区⑤	1000	2.7	14.5	21.0
11	11	西班牙	930	2.6	22.5	−6.0
13	12	韩国	820	2.2	13.5	17.0
9	13	苏联	700	1.9	5.5	−42.0
15	14	瑞士	660	1.8	19.5	−4.5
14	15	新加坡⑤	660	1.8	22.5	8.5
17	16	中国	640	1.8	−10.0	19.5
18	17	中国台湾	630	1.7	4.5	14.5
16	18	奥地利	510	1.4	26.0	3.5
19	19	墨西哥④	500	1.4	19.5	23.5
21	20	瑞典	500	1.4	11.0	−9.0
20	21	澳大利亚	420	2.2	−6.5	−1.0
22	22	泰国	380	2.0	28.5	15.5
23	23	马来西亚	380	2.0	30.0	30.0
26	24	丹麦	330	0.9	19.0	3.0
24	25	沙特阿拉伯	300	0.8	14.0	24.5
		合计	30640	83.8	13.5	1.5
		全世界	36600	100.0	13.5	1.5

① 包括再出口额:1990年为530亿美元,1991年为690亿美元。

② 由于估价困难,这里的数字仅是近似值。

③ 包括再出口额:1990年为180亿美元,1991年为210亿美元。

④ 包括通过各加工区的贸易流量的估计数。

⑤ 进口额中有很大一部分用于再出口。

(资料来源:1992年4月13日第21卷第8期《国际货币基金组织概览》)

1990年人均所获外援最多的国家(地区)

1984年位次	1990年位次	国家(地区)	人均所获外援*(美元)	1984年位次	1990年位次	国家(地区)	人均所获外援*(美元)
1	1	以色列	295.00	11	11	洪都拉斯	87.80
2	2	约　旦	282.50	25	12	尼加拉瓜	84.00
9	3	加　蓬	123.00	26	13	毛里求斯	82.49
4	4	博茨瓦纳	118.20	6	14	哥斯达黎加	81.00
8	5	牙买加	115.70	12	15	莱索托	78.00
21	6	埃　及	107.60	18	16	中非共和国	76.30
3	7	毛里塔尼亚	107.00	35	17	玻利维亚	68.40
16	8	塞内加尔	99.80	17	18	萨尔瓦多	66.50
5	9	巴布亚新几内亚	96.10	46	19	莫桑比克	60.20
15	10	刚　果	92.00	56	20	科特迪瓦	57.90

* 这些数字来自世界银行和亚洲开发银行,不包括苏联提供的援助。

(资料来源:1992年6月5日香港《亚洲周刊》)

世界主要国家(地区)三种产业变动情况

表1　　产业结构变动(占国内生产总值的%)

	第一产业		第二产业		第三产业	
	1965年	1990年	1965年	1990年	1965年	1990年
低收入国家	41	31	26	36	32	35
坦桑尼亚	46	59	14	12	40	29
索马里	71	65	6	9	24	26
孟加拉国	53	38	11	15	36	46
扎伊尔	20	30	32	33	48	36
尼日利亚	55	36	12	38	33	25
印　度	44	31	22	29	34	40
中　国	38	27	35	42	27	31
肯尼亚	35	28	18	21	47	51
巴基斯坦	40	26	20	25	40	49
赞比亚	14	17	54	55	32	29
印度尼西亚	51	22	13	40	36	38
埃　及	29	17	27	29	45	53
中等收入国家	19	12	34	37	46	50
玻利维亚	23	24	31	32	46	44
津巴布韦	18	13	35	40	47	47
菲律宾	26	22	27	35	47	43
摩洛哥	23	16	28	33	49	51

（续　表）

	第一产业		第二产业		第三产业	
	1965年	1990年	1965年	1990年	1965年	1990年
叙利亚	29	28	22	22	49	50
泰　国	32	12	23	39	45	48
突尼斯	22	16	24	32	54	52
土耳其	34	18	25	33	41	49
阿根廷	17	13	42	41	42	45
伊　朗	26	21	36	21	38	58
中上等收入国家	16	9	36	40	47	51
墨西哥	14	9	27	30	59	61
南　非	10	5	41	44	48	51
委内瑞拉	6	6	40	50	55	45
巴　西	19	10	33	39	48	51
韩　国	38	9	25	45	37	46
沙特阿拉伯	8	8	60	45	31	48
高收入国家	5	—	43	—	54	—
新加坡	3	0	24	37	74	63
意大利	—	4	—	33	—	63
澳大利亚	9	4	39	31	51	54
法　国	9	3	46	37	45	60
加拿大	6	—	40	—	54	—
美　国	3	—	38	—	59	—
德　国①	4	2	53	39	43	59
日　本	10	3	44	42	46	56

表2　　　　年平均增长率(%)

	第一产业		第二产业		第三产业	
	1966～1980年	1981～1990年	1966～1980年	1981～1990年	1966～1980年	1981～1990年
低收入国家	2.6	3.9	7.3	8.2	6.2	6.5
坦桑尼亚	1.6	4.1	4.2	0.0	10.8	1.3
埃塞俄比亚	1.2	−0.1	3.5	2.9	5.2	3.7
孟加拉国	0.6	2.6	1.5	4.9	3.6	5.8
扎伊尔	—	2.5	—	2.3	—	1.6
马　里	2.8	2.3	1.8	6.8	7.6	5.6
尼日利亚	1.7	3.3	13.1	−1.2	5.9	2.7
印　度	2.5	3.1	4.2	6.6	4.4	6.5
中　国	2.8	6.1	10.0	12.5	11.9	9.1
肯尼亚	5.0	3.3	9.7	3.9	7.2	4.9
巴基斯坦	3.3	4.3	6.4	7.3	5.9	6.9
加　纳	1.6	1.0	1.4	3.3	1.1	5.7
赞比亚	2.2	3.7	2.1	0.7	1.8	0.2
斯里兰卡	2.7	2.3	4.7	4.6	4.6	4.7
印度尼西亚	4.3	3.2	11.9	5.6	7.3	6.7
埃　及	2.7	2.5	6.9	4.3	13.7	6.7

(续　表)

	第一产业		第二产业		第三产业	
	1966～1980年	1981～1990年	1966～1980年	1981～1990年	1966～1980年	1981～1990年
中等收入国家	3.4	2.4	6.7	2.3	7.4	2.6
玻利维亚	3.8	1.9	3.7	−1.7	5.6	−0.4
菲律宾	3.9	1.0	7.7	−0.8	5.0	2.6
摩洛哥	2.4	6.4	6.1	2.8	7.1	4.1
喀麦隆	4.2	1.6	7.8	3.1	4.8	2.1
叙利亚	5.9	—	12.0	6.8	10.5	1.6
马来西亚	—	3.8	—	7.1	—	4.2
阿根廷	1.4	1.1	3.3	−1.1	4.1	−0.1
中上等收入国家	3.2	2.3	7.8	2.0	7.4	2.7
墨西哥	3.2	0.4	7.6	1.0	6.5	1.1
南　非	3.0	2.6	3.0	0.0	4.7	2.4
委内瑞拉	3.9	3.1	1.5	1.5	5.8	0.5
巴　西	3.8	2.8	10.1	2.1	9.4	3.4
匈牙利	2.7	1.6	6.4	−0.5	6.2	2.8
韩　国	2.3	0.7	7.1	1.0	6.4	2.6
沙特阿拉伯	4.1	14.6	11.6	−4.4	9.8	−0.3
高收入国家	—	1.7	2.7	—	4.5	—
新加坡	2.8	−6.2	11.9	5.4	9.1	7.2
比利时	—	2.0	—	1.9	—	1.6
英　国	—	−3.1	1.3	4.8	—	3.0
意大利	—	0.8	—	1.9	—	2.9
澳大利亚	—	3.2	—	3.2	—	3.7
奥地利	2.2	1.0	4.4	1.7	4.3	2.1
法　国	2.2	2.0	4.4	1.7	—	2.9
加拿大	0.7	0.2	3.5	3.2	6.4	3.5
美　国	1.0	—	1.7	—	3.3	—
德　国①	1.4	1.6	2.9	0.4	3.7	2.7
日　本	−0.6	1.3	7.1	4.5	6.8	3.8

表 3　　**就业结构变动**

	第一产业		第二产业		第三产业	
	就业人数(千人)	占就业总人口的%	就业人数(千人)	占就业总人口的%	就业人数(千人)	占就业总人口的%
中国②						
1975年	294150	77.1	50750	13.3	36780	9.6
1980年	281170	68.7	77360	18.3	55080	13.0
1985年	311050	62.4	104180	20.9	83500	16.7
1990年	340490	60.0	121580	21.4	105330	18.6

(续 表)

	第一产业		第二产业		第三产业	
	就业人数(千人)	占就业总人口的%	就业人数(千人)	占就业总人口的%	就业人数(千人)	占就业总人口的%
美国						
1975年	3505	4.1	25302	29.5	57039	66.4
1980年	3529	3.6	29136	29.3	66638	67.1
1985年	3179	3.0	28805	26.9	75166	70.2
1988年	3169	2.8	29676	25.8	82123	71.4
日本						
1975年	6610	12.7	18410	35.2	27210	52.1
1980年	5770	10.4	19260	34.8	30330	54.8
1985年	5090	8.8	19920	34.3	33060	56.9
1990年	4510	7.2	20990	33.6	36990	59.2
德国①						
1975年	1823	7.2	11615	45.9	11885	46.9
1980年	1522	5.9	11585	44.8	12726	49.3
1985年	1360	5.3	10473	41.0	13707	53.7
1987年	1372	5.1	10523	40.5	14121	54.4
英国						
1975年	397	1.8	9156	40.3	13157	57.9
1980年	361	1.6	8549	37.2	14062	61.2
1985年	341	1.6	6659	31.0	14506	67.5
1990年	279	1.2	6107	27.4	15936	71.4
法国						
1975年	2104	10.2	7853	37.9	10757	51.9
1980年	1841	8.7	7413	35.1	11873	56.2
1985年	1582	7.5	6485	30.6	13158	62.0
1989年	1381	6.4	6247	28.7	14111	64.9
意大利						
1975年	2964	15.8	8305	44.1	7549	40.1
1980年	2925	14.2	7772	37.8	9854	48.0
1985年	2296	11.0	6896	33.0	11702	56.1
1989年	1946	19.5	6074	34.7	8023	45.8

① 仅为前联邦德国数字。

② 中国就业人口指社会劳动者人数。包括全民所有制单位、各种合营单位、城镇集体所有制单位的全部职工,城镇个体劳动者、农村集体、个体劳动者,从事家庭副业其收入相当于一个社会劳动者最低收入水平或参加劳动累计在三个月以上的乡村劳动者。

(资料来源:世界银行《1992年世界发展报告》;中国国家统计局1991年《中国统计年鉴》;日本银行调查局1985、1991年《国际比较统计》)

1992年诺贝尔奖获奖名单

1992年每项诺贝尔奖金的金额为650万瑞典克朗(约合120万美元)。

物理学奖(1992年10月14日公布)

乔治·夏帕克(Georges Charpak,法国)　法国巴黎高等物理化学学院教授。1924年生于波兰。1955年在巴黎的法国学院获博士学位。1985年起任法国科学院院士。1989年荣获欧洲物理学会高能与粒子物理奖。1959年以来,他长期参加设在瑞士日内瓦的欧洲核子研究中心的工作。1968年,他在粒子物理学的研究过程中,发明并研制出一种称为多丝正比室的粒子探测器。这种探测器能够灵敏地探测粒子的踪迹,从而为科学家寻觅粒子的结构、运动状态、变化规律以及粒子间的相互作用,提供了一种必要的观测手段。1976、1984年诺贝尔物理学奖得主的成果就是利用夏帕克的发明取得的。它还被应用天体物理、宇宙线研究及医学和生物学等方面的研究。

化学奖(1992年10月14日公布)

鲁道夫·阿瑟·马库斯(Rudolph Arthur Marcus,美国*)　加利福尼亚理工学院教授。1923年生于加拿大蒙特利尔。在蒙特利尔麦吉尔大学获理学士和博士学位。1949年移居美国,在北卡罗来纳大学工作。1951年起在纽约州布鲁克林理工学院任教,后升任教授。1964～1968年任伊利诺伊大学物化教授。1978年起一直在帕萨迪纳加州理工学院任阿瑟·阿莫斯·诺伊斯化学讲座教授。他曾荣获多种科学奖,其中包括1984年的沃尔夫化学奖。瑞典皇家科学院称"他对化学系统中的电子转移反应理论作出了贡献"。他从1956～1965年发表了一系列有关电子转移反应的论文,发现了用简单的数学式表示分子系的能量如何受反应分子和最邻近分子结构变化的影响。他的理论为解释一些特别重要的化学现象——如植物为什么能存储光能、萤火虫为什么能发光、铁为什么会生锈等奠定了基础,并在所有的化学领域产生了实际效果。

生理学和医学奖(1992年10月21日公布)

埃德蒙·费希尔(Edmond Fischer,美国)　西雅图华盛顿大学教授。1920年4月6日生于中国上海。在日内瓦读完大学,曾在日内瓦大学、瑞士国家委员会工作。后移居美国。50年代初起在西雅图华盛顿大学工作,现为该校生物化学系教授。

埃德温·克雷布斯(Edwin Krebs,美国)　西雅图华盛顿大学教授。1918年6月6日生于衣阿华州。曾就读于伊利诺伊大学和圣路易的华盛顿大学。现为西雅图华盛顿大学生物化学系教授。

他们两人因在研究可逆的蛋白质磷酸化作用方面作出的贡献而分享诺贝尔生理学和医学奖。通常认为,蛋白质的相互受到严格控制,逆转蛋白质磷酸化作用是最重要的调节机制之一。他们的工作为解决器官移植排异现象、有效地治疗癌症首开先河,并开创了一个新的研究领域。这个领域已成为当前最为活跃和广泛的研究领域之一。

文学奖(1992年10月8日公布)

德里克·沃尔科特(Derek Walcott,圣卢西亚)加勒比海诗人兼剧作家,美国波士顿大学教授。1930年生于圣卢西亚岛。在家乡和牙买加受教育。1957年移居特立尼达。其父是英国人,为画家和诗人,母亲是社会工作者和业余剧作家。受父母影响,1948年他发表处女作《诗作25首》。成为专业作家前,教过拉丁文、法文和英文,并在《特立尼达卫报》当过记者、评论员。1962年成名作《一个绿色的夜晚》问世。80年代赴美国波士顿大学教授英语文学和创作。其最负盛名的代表作是1990年发表的《欧美罗斯》。这部长达64章的作品描述了加勒比地区的文化风情,瑞典文学院称它是一部"宏大的加勒比史诗",认为不同的文化背景造就了沃尔科特,加勒比海的生活经历、英语文化的影响和非洲血统是他创作的三大源泉。他曾获"英国女王诗歌金奖"(1988)、"斯密斯文学奖"(1991)等,有"当代荷马"之誉。1959年他创建了特立尼达戏剧创作社,其剧作有《猴山之梦》、《最后的狂欢节》等。

和平奖(1992年10月16日公布)

里戈贝尔塔·门楚(Rigoberta Menchu,女,危地马拉)　印第安人权活动家。1959年生于基切省一个贫苦印第安农民家庭。她的父亲比森特是一位农民领袖。在80年代初的一次争取印第安人权利的斗争中,在父母及兄弟均遭保安部队杀害后,她被迫流亡国外,但她并未停止斗争,继承父志,积极参与争取世界和平的各种活动。1983年她的《里戈贝尔塔自述》一书出版。书中描述了她在危地马拉内战中的成长过程和印第安人遭受的迫害。该书在国际上得到广泛赞扬,被翻译成11种文字。她曾被危政府指责为左翼游击队员,现为危地马拉农民合作联合会负责人之一,流亡墨西哥。她多次获得国际组织的奖励。挪威诺贝尔委员会称她为争取印第安人的权利进行了不懈的斗争,危政府也向她表示祝贺。她是第25位获诺贝尔奖的女性,也是76位和平奖获奖者中最年轻的。

经济学奖(1992年10月13日公布)

加里·贝克尔(Gary S. Becker,美国)　芝加哥大学教授。1930年生于宾夕法尼亚州波兹维尔。曾在普林斯顿大学攻读经济学。1955年在芝加哥大学获得博士学位。除1957～1968年任哥伦比亚大学教授，并于1957～1979年任职于国家经济研究署外，长期在芝加哥大学执教。担任过该校经济系主任和美国经济学联合会主席。现任芝加哥大学经济学和社会学系教授，兼任斯坦福大学胡佛研究所研究员。他是美国新自由主义经济学派的重要代表人物，也是美国探索经济理论和开辟经济学新领域的经济学家中的核心人物。瑞典皇家科学院称，早先人们主要是用社会学、人口统计学、犯罪学等社会学学科的理论来分析和研究人类行为及其相互关系，而贝克尔通过研究发现还可以运用经济理论来分析有关问题，因为在一些不同的领域中，个人行为遵循着相同的基础原则。他的理论促使经济学家们去进行新的探索。他把微观经济学的研究领域延伸到人类行为及其相互关系方面，其学说包括：人力资本理论、时间经济理论、婚姻家庭理论、微观人口理论等。他的研究都是围绕人类行为的经济分析展开的，其成果不仅对经济学，也对其他社会学科产生了较大影响。

第25届奥运会创世界纪录统计表和各项冠军一览表

1992年7～8月在巴塞罗那召开的第25届奥运会是奥运史上值得纪念的一页。所有奥委会成员国均报名参加，原苏联一些共和国以联合队名义参赛，受联合国抵制的南斯拉夫运动员也以个人名义参加了比赛，从而实现了奥运会历史上首次“全家福”。

第25届奥运会创世界纪录统计表

田径

男子400米跨栏　凯文·扬(美国)46秒78

男子4×100米接力　美国队37秒40

男子4×400米接力　美国队2分55秒74

游泳

男子4×200米自由泳接力　联合队7分11秒95

女子4×100米自由泳接力　美国队3分39秒46

男子400米自由泳　埃·萨多夫伊(联合队)3分45秒00

男子200米蛙泳　迈·巴罗曼(美国)2分10秒16

女子200米个人混合泳　林莉(中国)2分11秒65

女子4×100米混合泳接力　美国队4分2秒54

女子50米自由泳　杨文意(中国)24秒79

男子100米仰泳　杰·劳斯(美国)53秒86

男子1500米自由泳　基·帕金斯(澳大利亚)4分43秒48

射箭

女子70米单轮　赵允顶(韩国)338环

女子50米单轮　赵允顶(韩国)338环

女子个人全能单轮　赵允顶(韩国)1375环

女子团体单轮　韩国队4094环

男子个人淘汰赛　郑载宪(韩国)110环

亚·利普嫩(芬兰)110环

第25届奥运会各项冠军一览表（共257项，259枚金牌）

射箭

男子团体　西班牙队238环

女子团体　韩国队236环

男子个人全能　塞·弗吕特（法国）110环

女子个人全能　赵允顶（韩国）112环

田径

男子100米　林·克里斯蒂（英国）9秒96

男子200米　迈·马什（美国）20秒01

男子400米　奎·沃茨（美国）43秒50

男子800米　威·塔努依（肯尼亚）1分43秒66

男子1500米　费·加丘（西班牙）3分40秒12

男子5000米　迪·鲍曼（德国）13分12秒52

男子10000米　里·切利莫（肯尼亚）27分47秒72

男子110米栏　马·麦科伊（加拿大）13秒12

男子400米栏　凯文·扬（美国）46秒78

男子3000米障碍赛　马·伯里尔（肯尼亚）8分08秒84

男子20公里竞走　丹·蒙特罗（西班牙）1小时21分45秒

男子50公里竞走　安·佩洛夫（联合队）3小时50分13秒

男子4×100米接力　美国队37秒40

男子4×400米接力　美国队2分55秒74

男子马拉松　黄永祚（韩国）2小时13分23秒

男子跳高　索托马约尔（古巴）2.34米

男子跳远　卡·刘易斯（美国）8.67米

男子三级跳远　迈·康利（美国）18.17米

男子铅球　米·斯塔尔斯（美国）21.70米

男子铁饼　罗·乌巴塔斯（立陶宛）65.12米

男子标枪　扬·泽莱兹尼（捷克斯洛伐克）89.66米

男子链球　阿布杜瓦利耶夫（联合队）82.54米

男子撑杆跳高　马·塔拉索夫（联合队）5.80米

男子十项全能　罗·兹梅利克（捷克斯洛伐克）8611分

女子100米　加·德弗斯（美国）10秒82

女子200米　格·托伦斯（美国）21秒81

女子400米　玛一诺·佩尔克（法国）48秒83

女子800米　埃·范兰亨（荷兰）1分55秒54

女子1500米　阿·布尔梅卡（阿尔及利亚）3分55秒30

女子3000米　叶·罗马诺娃（联合队）8分46秒04

女子10000米　德·托卢（埃塞俄比亚）31分6秒02

女子100米栏　帕·帕图利杜（希腊）12秒64

女子400米栏　萨·冈纳尔（英国）53秒23

女子4×100米接力　美国队42秒11

女子4×400米接力　联合队3分20秒20

女子马拉松　瓦·叶戈罗娃（联合队）2小时32分41秒

女子跳高　海·亨克尔（德国）2.02米

女子跳远　海·德雷克斯勒（德国）7.14米

女子铅球　斯·克里维利娃（联合队）21.06米

女子铁饼　马·马尔滕（古巴）70.06米

女子标枪　西·伦克（德国）68.34米

女子七项全能　杰·乔伊纳一克西（美国）7044分

女子10公里竞走　陈跃玲（中国）44分32秒

羽毛球

男子单打　魏仁芳（印度尼西亚）

女子单打　王莲香（印度尼西亚）

男子双打　朴柱奉/金文秀（韩国）

女子双打　黄惠英/郑素英（韩国）

棒球　古巴队

篮球

男子　美国队

女子　联合队

拳击

48公斤级　罗·马塞洛（古巴）

51公斤级　崔喆洙（朝鲜）

54公斤级　霍·卡萨马约尔（古巴）

57公斤级　安·特夫斯（德国）

60公斤级　奥·德拉霍亚（美国）

63.5公斤级　埃·维南特（古巴）

67公斤级　迈·卡鲁斯（爱尔兰）

71公斤级　胡·莱穆斯（古巴）

75公斤级　阿·埃尔南德斯（古巴）

81公斤级　托斯滕·迈（德国）

91公斤级　费·萨翁（古巴）

91公斤以上级　罗·巴拉多（古巴）

皮划艇

男子激流单人皮艇　费拉齐（意大利）106.89分

男子激流单人划艇　卢·波莱尔特（捷克斯洛伐克）113.69分

男子激流双人划艇　美国队122.41分

男子皮艇单人500米　米·科莱赫曼宁（芬兰）1分40秒34

男子皮艇单人1000米　克·罗宾逊（澳大利亚）3分37秒26

男子皮艇双人500米　凯·布卢姆、托·古切（德国）1分28秒27

男子皮艇双人1000米　凯·布卢姆、托·古切（德国）3分16秒10

男子4人皮艇1000米　德国队2分54秒18

男子划艇单人500米　尼·包哈洛夫（保加利亚）1分51秒15

男子划艇单人1000米　尼·包哈洛夫（保加利亚）4分5秒92

男子划艇双人500米　亚·马塞科夫、季·多夫加列诺夫（联合队）1分41秒54

男子划艇双人1000米　乌·帕普克、英·施佩利（德国）3分37秒42

女子激流单人皮艇　米歇勒（德国）126.41分

女子皮艇单人500米　比·施密特（德国）1分51秒60

女子皮艇双人500米　拉·波特维赫、安·冯泽克（德国）1分40秒29

女子4人皮艇500米　匈牙利队1分38秒32

游泳

女子50米自由泳 杨文意(中国)24秒79
女子100米自由泳 庄泳(中国)54秒64
女子200米自由泳 尼·海斯莱特(美国)1分57秒90
女子400米自由泳 达·哈泽(德国)4分7秒18
女子800米自由泳 珍·埃文斯(美国)8分25秒52
女子100米仰泳 克·艾盖尔塞吉(匈牙利)1分0秒68
女子200米仰泳 克·艾盖尔塞吉(匈牙利)2分7秒06
女子100米蛙泳 埃·卢科夫斯卡娅(联合队)1分8秒
女子200米蛙泳 岩崎恭子(日本)2分26秒65
女子100米蝶泳 钱 红(中国)58秒62
女子200米蝶泳 萨·桑德斯(美国)2分8秒67
女子200米个人混合泳 林莉(中国)2分11秒65
女子400米个人混合泳 克·艾盖尔塞吉(匈牙利)4分36秒54
女子4×100米自由泳接力 美国队3分39秒46
女子4×100米混合泳接力 美国队4分2秒54
男子50米自由泳 亚·波波夫(联合队)21秒91
男子100米自由泳 亚·波波夫(联合队)49秒02
男子200米自由泳 叶·萨多维(联合队)1分46秒70
男子400米自由泳 埃·萨多夫伊(联合队)3分45秒
男子1500米自由泳 基·帕金斯(澳大利亚)14分43秒48
男子100米仰泳 马·图克斯伯里(加拿大)53秒98
男子200米仰泳 马·洛一苏维罗(西班牙)1分58秒47
男子100米蛙泳 内·迪贝尔(美国)1分1秒50
男子200米蛙泳 迈·巴罗曼(美国)2分10秒16
男子100米蝶泳 帕·莫拉莱斯(美国)53秒32
男子200米蝶泳 梅·斯图尔特(美国)1分56秒26
男子200米个人混合泳 塔·达尔尼(匈牙利)2分0秒76
男子400米个人混合泳 塔·达尔尼(匈牙利)4分14秒23
男子4×100米自由泳接力 美国队3分16秒74
男子4×200米自由泳接力 联合队7分11秒95
男子4×100米混合泳接力 美国队3分36秒93

跳水

男子跳板跳水 伦 奇(美国)676.53分
男子跳台跳水 孙淑伟(中国)677.31分
女子3米跳板 高 敏(中国)572.400分
女子跳台跳水 伏明霞(中国)461.43分

水球 意大利队

自行车

男子1000米计时赛 何塞·莫雷诺(西班牙)1分3秒342
男子个人争先赛 菲德勒(澳大利亚)
男子个人积分赛 隆巴迪(意大利)
男子4000米个人追逐赛 克·博德曼(英国)4分24秒496
男子4000米团体追逐赛 (德国队)
男子194公里个人公路赛 卡萨尔泰利(意大利)4小时35分21秒
男子公路100公里团体计时赛 德国队2小时1分39秒
女子个人争先赛 埃·萨卢玛(爱沙尼亚)
女子个人3000米追逐赛 佩·勒斯纳(德国)
女子公路70公里个人赛 瓦特(澳大利亚)2小时4分42秒

马术

团体3日赛 澳大利亚队288.60分
个人3日赛 里安·马特苏·摩根(澳大利亚)70.00分
盛装舞步团体 德国队5224分
盛装舞步个人 尼·尤普霍夫(德国)1626分
障碍跳跃团体 荷兰队12.00分
障碍跳跃个人 卢·贝尔鲍姆(德国)

击剑

女子花剑个人 焦·特里利尼(意大利)
男子花剑个人 奥莫内(法国)
男子重剑个人 埃·斯雷基(法国)
男子佩剑个人 本·萨博(匈牙利)
女子花剑团体 意大利队
男子花剑团体 德国队
男子重剑团体 德国队
男子佩剑团体 联合队

体操

男子团体 联合队585.450分
男子个人全能 谢尔博(联合队)59.025分
男子自由体操 李小双(中国)9.925分
男子吊环 谢尔博(联合队)9.937分
男子鞍马 谢尔博(联合队)、裴吉洙(朝鲜)9.925分
男子跳马 谢尔博(联合队)9.856分
男子双杠 谢尔博(联合队)9.900分
男子单杠 特·迪玛斯(美国)9.875分
女子团体 联合队 395.666分
女子个人全能 古楚(联合队)39.737分
女子跳马 亨·奥诺迪(匈牙利)、拉·米洛索维奇(罗马尼亚)9.925分
女子高低杠 陆莉(中国)10分
女子平衡木 塔·李森科(联合队)9.975分
女子自由体操 拉·米洛索维奇(罗马尼亚)10分

艺术体操 阿·季莫申科(联合队)59.037分

足球 西班牙队

手球

男子 联合队
女子 韩国队

曲棍球

男子 德国队
女子 西班牙队

柔道

女子72公斤以上级 庄晓岩(中国)
女子72公斤级 金美廷(韩国)
女子66公斤级 奥·雷维(古巴)
女子61公斤级 卡·弗勒里(法国)
女子56公斤级 布拉斯科(西班牙)
女子52公斤级 阿·马丁内斯(西班牙)
女子48公斤级 塞·努瓦克(法国)
男子95公斤以上级 卡莱奇维利(联合队)
男子95公斤级 安·科瓦克斯(匈牙利)
男子86公斤级 莱金格(波兰)
男子78公斤级 吉田秀彦(日本)
男子71公斤级 古贺稔彦(日本)
男子65公斤级 罗·桑巴约一卡尔多佐(巴西)
男子60公斤级 约·戈斯塞诺夫(联合队)

现代五项

团体　波兰队16018分

个人　阿·斯克吉帕斯克(波兰)5559分

赛艇

男子单人双桨　托·朗格(德国)6分51秒40

男子双人单桨无舵手　斯·雷德格雷夫、马·平森特(英国)6分27秒72

男子双人单桨有舵手　英国队6分49秒83

男子双人双桨　斯·霍金斯、彼·安东尼亚(澳大利亚)6分17秒32

男子4人单桨无舵手　澳大利亚队5分55秒04

男子4人双桨无舵手　德国队5分45秒17

男子4人单桨有舵手　罗马尼亚队5分59秒37

男子8人单桨有舵手　加拿大队　5分29秒53

女子单人双桨　埃·莉帕(罗马尼亚)7分25秒54

女子双人单桨无舵手　马·麦克贝恩、卡·赫德莱(加拿大)7分6秒22

女子双人双桨　克·克彭、卡·博龙(德国)6分49秒

女子4人单桨无舵手　加拿大队6分30秒85

女子4人双桨无舵手　德国队6分20秒18

女子8人单桨有舵手　加拿大队　6分2秒62

射击

女子气步枪　吕甲顺(韩国)498.2环

男子自选手枪　卢卡切克(联合队)658环

男子气步枪　尤·费德金(联合队)695.3环

女子运动手枪　玛·罗克文年科(联合队)684环

男子气手枪　王义夫(中国)684.8环

双向飞碟　张山(女)(中国)223中

男子小口径自选步枪卧射　李垠澈(韩国)702.5环

女子3×20标准步枪　劳·梅莉(美国)684.3环

男子手枪速射　拉·许曼(德国)885环

男子小口径自选步枪　格·佩季基亚涅(联合队)1267.4环

女子气手枪　玛·罗克文年科(联合队)486.4环

男子10米移动靶　亚科西茨(德国)673环

多向飞碟　佩·赫尔德利卡(捷克斯洛伐克)219中

花样游泳

女子单人　克·巴—斯普拉格(美国)191.848分

女子双人　卡·约瑟夫森、萨·约瑟夫森(美国)192.175分

乒乓球

男子单打　瓦尔德内尔(瑞典)

男子双打　吕林、王涛(中国)

女子单打　邓亚萍(中国)

女子双打　邓亚萍、乔红(中国)

网球

男子双打　博·贝克尔、米·施蒂希(德国)

女子双打　马·费尔南德斯、吉·费尔南德斯(美国)

男子单打　罗·马克(瑞士)

女子单打　珍·卡普里亚蒂(美国)

排球

男子　巴西队

女子　古巴队

举重

52公斤级　伊万诺夫(保加利亚)265公斤

56公斤级　全炳宽(韩国)287.5公斤

60公斤级　苏莱曼诺尔古(土耳其)320公斤

67.5公斤级　伊·米里托扬(联合队)357.5公斤

75公斤级　费·卡斯萨普(联合队)357.5公斤

82.5公斤级　皮·季马斯(希腊)370公斤

90公斤级　卡·卡希亚奇维利(联合队)412.5公斤

100公斤级　维·特雷戈博夫(联合队)410公斤

110公斤级　罗·韦勒(德国)432.5公斤

110公斤以上级　亚·库尔洛维奇(联合队)455公斤

古典式摔跤

48公斤级　贝·库契林科(联合队)

52公斤级　琼·龙宁根(挪威)

57公斤级　安汉奉(韩国)

62公斤级　马·皮里姆(土耳其)

68公斤级　阿·雷普卡(匈牙利)

74公斤级　姆·伊斯康达里安(联合队)

82公斤级　彼·法尔卡斯(匈牙利)

90公斤级　马·布利曼(德国)

100公斤级　海·米利恩(古巴)

130公斤级　阿·卡列林(联合队)

自由式摔跤

48公斤级　金一(朝鲜)

52公斤级　李鹤顺(朝鲜)

57公斤级　阿·迪亚斯(古巴)

62公斤级　约·史密斯(美国)

68公斤级　阿·法扎耶夫(联合队)

74公斤级　朴章洵(韩国)

82公斤级　凯·杰克逊(美国)

90公斤级　马·哈达采夫(联合队)

100公斤级　莱·哈贝洛夫(联合队)

130公斤级　布·鲍姆加特纳(美国)

帆船

女子390型　肯德尔(新西兰)

男子390型　弗·维德(法国)

星型　马·雷诺兹、哈·赫内尔(美国)

飞行荷兰人型　路·多雷斯特、多·曼里克(西班牙)

男子芬兰人型　何塞·加西亚(西班牙)

暴风雨型　伊·洛代、尼·黑纳德(法国)

女子欧洲型　琳·安代森(挪威)

男子470型　霍·埃斯特利奇、弗·卢(西班牙)

女子470型　特·卢卡斯、帕·卡夫雷拉(西班牙)

索林型　丹麦队

世界知识年鉴（1993/94年）

主　　编　王明修

副 主 编　肖　扬　蒋红妹　杨振武

孟淑贤　陈　平

责任编辑　陈　平　（国际大事

新闻事件

人物和名词）

田　非　（亚　　洲）

周明晟　（非　　洲）

穆　媛　（欧　　洲）

王惠珍　（美洲　大洋洲）

李士昌　（国际组织及便览等）

封面设计　郭宝珍

版式设计　车胜春

校对人员　李　斌　刘加宁　杜　静

余　岚　苏灵芝　杨　光

郭　强　韩玉清　颜　楠

(京)新登字 021 号

《世界知识年鉴》创办于 1936 年，本版为第 21 版。

1936 年、1937 年两版在上海出版，以后各版出版于北京。

1953 年、1954 年、1955 年、1957 年四版以《世界知识手册》为名。

以后各版为：

1958 年、1959 年、1961 年、1965 年；

1982年、1983 年、1984 年、1985～1986 年、1987 年、1988 年、1989/90 年、1990/91 年、1991/92 年、1992/93 年、1993/94 年。

世界知识年鉴
1993/94 年
世界知识出版社 编
世界知识出版社出版发行
(北京东单外交部街甲 31 号 邮政编码：100005)
世界知识出版社排版 中国科学院印刷厂印刷 新华书店经销
787×1092 毫米 16 开本 印张：60 插页：21 字数：2135000
1994 年 2 月第 1 版 1994 年 2 月第 1 次印刷 印数：1—4500
ISBN7-5012-0590-6/Z · 68 定价：65.00 元

←前南斯拉夫各共和国

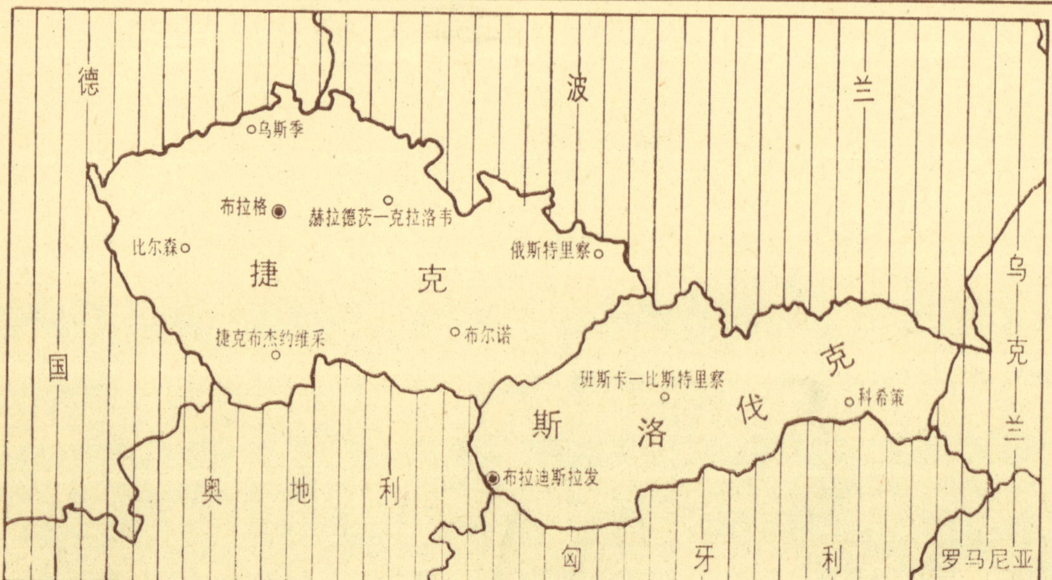

←捷克、斯洛伐克